SANTA BIBLIA

VERSIÓN POPULAR
Segunda Edición

Sociedad Bíblica Americana
Nueva York

La Biblia
Versión Popular

Segunda Edición

LA BIBLIA

Se llama Biblia al conjunto de escritos que en el judaísmo y el cristianismo se consideran de un valor religioso superior. La palabra *Biblia* se deriva del griego *biblía*, plural de *biblíon*, "librito". La Biblia es, pues, una pequeña biblioteca. La Biblia que los cristianos reconocen se compone de dos grandes secciones, llamadas respectivamente Antiguo y Nuevo Testamentos. La Biblia que los judíos reconocen es el Antiguo Testamento.

La Biblia trata de las relaciones entre Dios y el hombre. Por medio de ella Dios se revela a sí mismo y da a conocer su voluntad y su propósito redentor. Contiene, pues, la historia de la salvación. Muestra la acción poderosa de Dios en la historia humana. Esa acción se ve de modo especial en la vida de un pueblo, el pueblo de Israel. Para revelarse a los hombres, Dios se valió de seres humanos inspirados por su Espíritu Santo. Los autores de los escritos de la Biblia se sirvieron del lenguaje que hablaba el pueblo a que pertenecían y al que se dirigía el mensaje, en la época en que ellos escribían. Por eso los libros de la Biblia que forman el Antiguo Testamento se escribieron primeramente en hebreo y arameo, y los del Nuevo Testamento en griego. De esas lenguas originales se han hecho generalmente las traducciones, antiguas y modernas, a las demás lenguas del mundo.

Diversos autores escribieron los libros de la Biblia en el curso de más de mil años. Al hacerlo aprovecharon tradiciones orales y escritas que tuvieron a su alcance. La Biblia contiene poesía, en forma de poemas, himnos y cantos varios, así como declaraciones proféticas. También hay en ella narraciones de sucesos históricos y relatos que sirven de comparación o ejemplo, llamados parábolas. Hay igualmente conjuntos de leyes para la vida pública y privada, y especialmente para el culto, y para la instrucción moral y religiosa. Contiene también dichos sabios, proverbios y consejos prácticos. En el Nuevo Testamento hallamos, además, cartas escritas a iglesias, grupos e individuos.

Aun considerada simplemente como joya de la literatura universal, la Biblia es un libro incomparable. Pero para judíos y cristianos es muchísimo más: por su inspiración divina y por la suprema importancia de su tema central, es un libro único, el Libro por excelencia. Lo mismo judíos que cristianos, en el transcurso de los siglos, han escuchado en ella la voz de Dios, que les habla directamente, en su propia época y situación particular. Su mensaje ha demostrado un poder no igualado para cambiar la vida humana, así individual como social. Por eso cuantos han experimentado ese poder transformador y dan de él su testimonio al mundo, se refieren a la Biblia como la *Palabra de Dios*.

La presente edición de las Sagradas Escrituras contiene algunos materiales auxiliares importantes para el lector. Por ejemplo, una división del texto en secciones, con sus respectivos subtítulos; referencias a pasajes paralelos o semejantes, y a citas de un libro que se hacen en otro; notas al pie de página que incluyen datos de particular importancia cultural e histórica; un glosario, formado por palabras que requieren alguna explicación especial; una tabla cronológica, un índice y algunos mapas.

Los subtítulos son importantes porque ayudan a identificar el contenido general de cada sección. Las notas al margen ofrecen información sobre diferencias que ocurren en el texto y en el modo de entenderlo, con lo cual se ayuda al lector a comprender por qué ocurren diferencias entre las diversas traducciones. El sistema de referencias, preparado especialmente para esta edición, puede ser de gran ayuda para seguir al través de la Biblia temas importantes, así como para notar la forma en que sucesos y asuntos semejantes se tratan en diferentes partes de ella.

En esta edición esas referencias se citan de la siguiente manera: primero viene la abreviatura del libro donde aparece la cita paralela, luego vienen el número del capítulo, seguido de un punto; después de éste vienen el número o números que indican los versículos. Cuando hay varios versículos, una coma los separa; cuando se trata de todo un pasaje, un guión separa el número del versículo con que comienza la cita, del número del versículo con que termina. Por ejemplo, Gn 3.1, significa Génesis capítulo 3, versículo 1; Gn 3.1,4, significa Génesis capítulo 3, versículos 1 y 4, o sea que no se incluyen en la cita los versículos 2 y 3; Gn 3.1-19, quiere decir Génesis capítulo 3, del versículo 1 al 19. Cuando hay varias referencias seguidas, éstas van separadas una de otra por un punto y coma. Por ejemplo: Gn 3.1-19; Ex 5.12,14; Lv 24.1-4. En los libros que sólo tienen un capítulo, se omite naturalmente el número que lo indica, el cual sería 1, y se cita directamente el versículo. Por ejemplo: Abd 2, significa Abdías versículo 2; Flm 17, quiere decir Filemón versículo 17.

El *Glosario* es de especial importancia porque en él se explica el significado de palabras que son extrañas o que en la Biblia tienen un sentido particular que no siempre se halla en un diccionario general de la lengua castellana. La *Tabla Cronológica* permite darse cuenta a primera vista del orden relativo en que ocurrieron los sucesos y la época en que vivieron los principales personajes de la Biblia. Los *Mapas* muestran dónde se encontraban los sitios más importantes que se mencionan en la Biblia. Son así una valiosa ayuda para el conocimiento general de la geografía bíblica.

En esta traducción se ha hecho el esfuerzo para que el lector de hoy pueda entender lo mismo que entendían los que leían o que oían leer los escritos bíblicos en la lengua y la época en que se escribieron. Para ello se ha usado un lenguaje sencillo, fácil de ser entendido por la generalidad de los lectores actuales en Hispanoamérica. Por eso esta versión se llama "popular".

Las lenguas en que se escribió la Biblia tenían, como todas las lenguas, formas propias y a veces peculiares de expresarse. Cuando éstas se traducen al pie de la letra, con frecuencia se oscurece y hasta se pierde el significado de los escritos en sus lenguas originales. Por lo tanto, a veces ha sido necesario usar otras formas de expresión con tal de conservar con toda fidelidad el significado. Además, el trabajo de traducción se ha hecho, a la vez que encomendándose a la dirección divina, a la luz de los mejores conocimientos que hoy se tienen sobre los escritos bíblicos originales. Y por todo ello, esta versión puede resultar, en su manera de traducir, diferente de otras versiones.

ÍNDICE

ANTIGUO TESTAMENTO

NUEVO TESTAMENTO

ÍNDICE ALFABÉTICO DE LOS LIBROS
Y SUS ABREVIATURAS

ANTIGUO TESTAMENTO

La primera gran sección de la Biblia de los cristianos se conoce con el nombre de *Antiguo Testamento*. Por testamento se entiende usualmente el documento en que una persona declara su última voluntad en cuanto a sus bienes y otros asuntos personales. En el caso del Antiguo y del Nuevo Testamento, significa pacto, convenio o alianza. Esto se debe a que en el idioma griego bíblico la misma palabra, *diatheke*, significa ambas cosas, y con este doble significado se usa en He. 9.15-18. Antiguo Testamento equivale, pues, a Antiguo Pacto. Así llamó Pablo las escrituras sagradas de los judíos, refiriéndose principalmente al Pentateuco (2 Co 3.14,15). Y se le llama así porque para los cristianos contiene el antecedente, la imagen anticipada y la preparación del Nuevo Pacto encarnado en la persona de Jesucristo, de quien trata el Nuevo Testamento.

Mientras se escribía y completaba el Nuevo Testamento, los cristianos primitivos, al igual que los judíos, se referían al Antiguo simplemente como "la Escritura" o "las Escrituras". Sólo en 2 Ti 3.15 se le llama, por única vez en el Nuevo Testamento, "sagradas Escrituras".

El texto que sirve de base al Antiguo Testamento es el *masorético*. Se llama así porque es el oficialmente conservado, transmitido y autorizado por los eruditos bíblicos judíos llamados *masoretas*. El texto masorético utilizado en la presente versión es el de la *Biblia Hebraica* (3a. edición, 1937), editado por Rudolf Kittel, y cuando estuvo ya disponible, el de la *Biblia Hebraica Stuttgartensia*. El hebreo se escribía en un principio sólo con las consonantes, y a veces en los manuscritos no se veía claramente la separación entre palabra y palabra. Por eso, en algunos casos, las palabras del texto impreso se han dividido de manera diferente o se han leído con vocales diferentes. A veces los masoretas indicaban en el margen que el texto debía leerse, no como estaba escrito, sino de otro modo, así que, en ocasiones, la presente traducción ha seguido esa indicación. En otros casos se ha adoptado una variante o diferencia basada en uno o más manuscritos hebreos. Hay casos en que ningún manuscrito hebreo ofrece en un determinado pasaje un sentido satisfactorio de acuerdo con el contexto de que se trata. Entonces la traducción sigue a una o más de las versiones antiguas, como la griega (*Septuaginta*), la siriaca o la latina (*Vulgata*). Otras veces se adopta un texto reconstruido conforme a la opinión que prevalece entre las autoridades bíblicas, y que se identifica en las notas como "texto probable". Cuando la traducción se ha apartado del texto hebreo, esto se indica en la nota correspondiente.

En la Biblia hebrea, los libros se clasifican en tres grupos, llamados respectivamente la Ley, los Profetas y los Escritos. El primer grupo está formado por los primeros cinco libros (Pentateuco). En el segundo grupo se incluyen libros de historia, como los de Josué, Jueces, Samuel y Reyes. El tercer grupo comprende los libros restantes, terminando con los de Crónicas.

El Antiguo Testamento tiene relación principalmente con el pacto o alianza que Dios establece primero con los patriarcas, y después con sus descendientes, que vinieron a formar el pueblo de Israel. Dios eligió este pueblo para mostrar en él cómo se propone realizar sus designios para el género humano. En cuanto historia, el Antiguo Testamento relata cómo el pueblo de Israel fue unas veces fiel al pacto con Dios, y cómo otras veces se apartaba de él. Refiere los desastres que Israel sufría cuando caía en la infidelidad, y cómo, a pesar de todo, Dios, por su infinito amor, se mantenía fiel a sus promesas de redención, restauración y completa renovación.

GÉNESIS

Génesis significa "origen" o "comienzo". El primer libro de la Biblia relata el comienzo del universo, del género humano y de la civilización y, finalmente, el origen de Israel, el pueblo del Pacto. En tiempos en que predominaba la creencia en muchos dioses y en que las cosas creadas eran consideradas como potencias divinas, el Génesis proclamó un Dios único y eterno, creador de todo cuanto existe. Este libro establece desde el principio la relación de Dios con el hombre creado por él, a quien confía el dominio del mundo y para quien quiere el bien y la felicidad a cambio de obediencia y fidelidad. También relata el origen del pecado y el sufrimiento del hombre cuando éste prefiere su propia voluntad a la voluntad de Dios. Narra además cómo, ante la rebelión y el pecado del hombre, Dios comienza a actuar en la historia con el propósito de redimirle.

El libro puede considerarse dividido en dos grandes partes. La primera (capítulos 1—11) comprende la creación del universo y del hombre, el origen del pecado y el sufrimiento, los patriarcas desde Adán hasta Noé, el diluvio y el relato de la torre de Babel. La segunda (capítulos 12—50) refiere el origen de Israel, comenzando desde Abraham, Isaac y Jacob; la historia de los hijos de Jacob, José y sus hermanos; la emigración de Jacob y su familia a Egipto, y los comienzos de la nación israelita en ese país. En todo este relato, el protagonista es Dios mismo, que juzga y castiga a quienes hacen lo malo, pero protege, guía y ayuda a quienes lo aman y obedecen. Y así, habiendo comenzado este libro con la afirmación de que Dios creó el universo, concluye con la promesa de que Dios no dejará de cuidar de su pueblo.

La Creación

1 ¹ En el comienzo de todo, Dios creó el cielo y la tierra. ² La tierra no tenía entonces ninguna forma; todo era un mar profundo cubierto de oscuridad, y el espíritu de Dios se movía sobre el agua.

³ Entonces Dios dijo: "¡Que haya luz!"[a,b]

Y hubo luz. ⁴ Al ver Dios que la luz era buena, la separó de la oscuridad ⁵ y la llamó "día", y a la oscuridad la llamó "noche". De este modo se completó el primer día.[1]

⁶ Después Dios dijo: "Que haya una bóveda que separe las aguas, para que éstas queden separadas."

Y así fue.[2] ⁷ Dios hizo una bóveda que separó las aguas: una parte de ellas quedó debajo de la bóveda, y otra parte quedó arriba. ⁸ A la bóveda la llamó "cielo".[c] De este modo se completó el segundo día.

⁹ Entonces Dios dijo: "Que el agua que está debajo del cielo se junte en un solo lugar, para que aparezca lo seco."

Y así fue. ¹⁰ A la parte seca Dios la llamó "tierra", y al agua que se había juntado la llamó "mar".

Al ver Dios que todo estaba bien, ¹¹ dijo: "Que produzca la tierra toda clase de plantas: hierbas que den semilla y árboles que den fruto."

Y así fue. ¹² La tierra produjo toda clase de plantas: hierbas que dan semilla y árboles que dan fruto. Y Dios vio que todo estaba bien. ¹³ De este modo se completó el tercer día.

¹⁴⁻¹⁵ Entonces Dios dijo: "Que haya luces en la bóveda celeste, que alumbren la tierra y separen el día de la noche, y que sirvan también para señalar los días, los años y las fechas especiales."

Y así fue. ¹⁶ Dios hizo las dos luces: la grande para alumbrar de día y la pequeña para alumbrar de noche. También hizo las estrellas. ¹⁷ Dios puso las luces en la bóveda celeste para alumbrar la tierra ¹⁸ de día y de noche, y para separar la luz de la oscuridad, y vio que todo estaba bien. ¹⁹ De este modo se completó el cuarto día.

²⁰ Luego Dios dijo: "Que produzca el agua toda clase de animales, y que haya también aves que vuelen sobre la tierra."

Y así fue.[3] ²¹ Dios creó los grandes monstruos del mar, y todos los animales que el agua produce y que viven en ella, y todas las aves.

Al ver Dios que así estaba bien, ²² bendijo con estas palabras a los animales que había hecho: "Que tengan muchas crías y llenen los mares, y que haya muchas aves en el mundo."

²³ De este modo se completó el quinto día.

²⁴ Entonces Dios dijo: "Que produzca la tierra toda clase de animales: domésticos y salvajes, y los que se arrastran por el suelo."

[1] Lit. Hubo tarde y hubo mañana: un día. Forma hebrea de expresar la idea de un día completo. La misma forma aparece en los vs. 8, 13, 19, 23, 31. [2] Y así fue: según la versión griega. En el texto hebreo esta frase aparece al final del v. 7. [3] Y así fue: según la versión griega. En el texto hebreo no aparece esta frase.
[a] 1.3 2 Co 4.6. [b] 1.1-3 Jn 1.1-3. [c] 1.6-8 2 P 3.5.

Y así fue. ²⁵ Dios hizo estos animales y vio que todo estaba bien.
²⁶ Entonces dijo: "Ahora hagamos al hombre. Se parecerá a nosotros,ᵈ y tendrá poder sobre los peces, las aves, los animales domésticos y los salvajes, y sobre los que se arrastran por el suelo."

²⁷ Cuando Dios creó al hombre,
    lo creó parecido a Dios mismo;
    hombre y mujer los creó,ᵉ
²⁸ y les dio su bendición:ᶠ
    "Tengan muchos, muchos hijos;
    llenen el mundo y gobiérnenlo;
    dominen a los peces y a las aves,
    y a todos los animales que se
        arrastran."

²⁹ Después les dijo: "Miren, a ustedes les doy todas las plantas de la tierra que producen semilla, y todos los árboles que dan fruto. Todo eso les servirá de alimento. ³⁰ Pero a los animales salvajes, a los que se arrastran por el suelo y a las aves, les doy la hierba como alimento."
Así fue, ³¹ y Dios vio que todo lo que había hecho estaba muy bien. De este modo se completó el sexto día.

2 ¹ El cielo y la tierra, y todo lo que hay en ellos, quedaron terminados. ² El séptimo día terminó Dios lo que había hecho, y descansó.ᵍ ³ Entonces bendijo el séptimo día y lo declaró día sagrado, porque en ese día descansó de todo su trabajo de creación.ʰ ⁴ Esta es la historia de la creación del cielo y de la tierra.

El hombre en el jardín de Edén

Cuando Dios el Señor hizo el cielo y la tierra, ⁵ aún no había plantas ni había brotado la hierba, porque Dios el Señor todavía no había hecho llover sobre la tierra, ni había nadie que la trabajara. ⁶ Sin embargo, de la tierra salía agua que regaba todo el terreno. ⁷ Entonces Dios el Señor formó al hombreⁱ de la tierra misma, y sopló en su nariz y le dio vida. Así el hombre comenzó a vivir.
⁸ Después Dios el Señor plantó un jardín en la región de Edén, en el oriente, y puso allí al hombre que había formado. ⁹ Hizo crecer también toda clase de árboles hermosos que daban fruto bueno para comer. En medio del jardín puso también el árbol de la vidaⁱ y el árbol del conocimiento del bien y del mal.
¹⁰ En Edén nacía un río que regaba el jardín, y que de allí se dividía en cuatro.

¹¹ El primero se llamaba Pisón, que es el que da vuelta por toda la región de Havila, donde hay oro. ¹² El oro de esa región es fino, y también hay resina fina y piedra de ónice. ¹³ El segundo río se llamaba Gihón, y es el que da vuelta por toda la región de Cus. ¹⁴ El tercero era el río Tigris, que es el que pasa al oriente de Asiria. Y el cuarto era el río Éufrates.
¹⁵ Cuando Dios el Señor puso al hombre en el jardín de Edén para que lo cultivara y lo cuidara, ¹⁶ le dio esta orden: "Puedes comer del fruto de todos los árboles del jardín, ¹⁷ menos del árbol del bien y del mal. No comas del fruto de ese árbol, porque si lo comes, ciertamente morirás."ⁱ
¹⁸ Luego, Dios el Señor dijo: "No es bueno que el hombre esté solo. Le voy a hacer alguien que sea una ayuda adecuada para él." ¹⁹⁻²⁰ Y Dios el Señor formó de la tierra todos los animales y todas las aves, y se los llevó al hombre para que les pusiera nombre. El hombre les puso nombre a todos los animales domésticos, a todas las aves y a todos los animales salvajes, y ese nombre se les quedó. Sin embargo, ninguno de ellos resultó ser la ayuda adecuada para él. ²¹ Entonces Dios el Señor hizo caer al hombre en un sueño profundo y, mientras dormía, le sacó una de las costillas y le cerró otra vez la carne. ²² De esa costilla Dios el Señor hizo una mujer, y se la presentó al hombre, ²³ el cual, al verla, dijo:
    "¡Esta sí que es de mi propia carne y de mis propios huesos! Se va a llamar 'mujer', porque Dios la sacó del hombre."ⁱ
²⁴ Por eso el hombre deja a su padre y a su madre para unirse a su esposa, y los dos llegan a ser como una sola persona.ᵏ
²⁵ Tanto el hombre como su mujer estaban desnudos, pero ninguno de los dos sentía vergüenza de estar así.

Adán y Eva desobedecen a Dios

3 ¹ La serpienteⁱ era más astuta que todos los animales salvajes que Dios el Señor había creado, y le preguntó a la mujer:
—¿Así que Dios les ha dicho que no coman del fruto de ningún árbol del jardín?
² Y la mujer le contestó:
—Podemos comer del fruto de cualquier árbol, ³ menos del árbol que está en medio del jardín. Dios nos ha dicho que no debemos comer ni tocar el fruto de ese árbol, porque si lo hacemos, moriremos.
⁴ Pero la serpiente le dijo a la mujer:

ⁱ El texto hebreo usa aquí la palabra *adam*, que se ha traducido *hombre*, y que está relacionada con la palabra *adamá*, que significa *tierra*. Pero *adam* es también el nombre propio *Adán*, y así se ha traducido en 4.25 y siguientes.   ⁵ En hebreo, la palabra que en este versículo corresponde a *mujer* es la forma femenina de la palabra que corresponde a *hombre*.

ᵈ **1.26** 1 Co 11.7.   ᵉ **1.27** Mt 19.4; Mr 10.6.   ᶠ **1.27-28** Gn 5.1-2.   ᵍ **2.2** Ex 20.11; He 4.4,10.   ʰ **2.2-3** Ex 20.11.   ⁱ **2.9** Ap 2.7; 22.2,14.   ⁱ **2.17** Ro 6.23.   ᵏ **2.24** Mt 19.5; Mr 10.7-8; 1 Co 6.16; Ef 5.31.   ⁱ **3.1** Ap 12.9; 20.2.

—No es cierto. No morirán. ⁵ Dios sabe muy bien que cuando ustedes coman del fruto de ese árbol podrán saber lo que es bueno y lo que es malo, y que entonces serán como Dios.

⁶ La mujer vio que el fruto del árbol era hermoso, y le dieron ganas de comerlo y de llegar a tener entendimiento. Así que cortó uno de los frutos y se lo comió. Luego le dio a su esposo, y él también comió.ᵐ ⁷ En ese momento se les abrieron los ojos, y los dos se dieron cuenta de que estaban desnudos. Entonces cosieron hojas de higuera y se cubrieron con ellas.

⁸ El hombre y su mujer escucharon que Dios el Señor andaba por el jardín a la hora en que sopla el viento de la tarde, y corrieron a esconderse de él entre los árboles del jardín. ⁹ Pero Dios el Señor llamó al hombre y le preguntó:

—¿Dónde estás?

¹⁰ Él hombre contestó:

—Escuché que andabas por el jardín y tuve miedo, porque estoy desnudo; por eso me escondí.

¹¹ Entonces Dios le preguntó:

—¿Y quién te ha dicho que estás desnudo? ¿Acaso has comido del fruto del árbol del que te dije que no comieras?

¹² El hombre contestó:

—La mujer que me diste por compañera me dio de ese fruto, y yo lo comí.

¹³ Entonces Dios el Señor le preguntó a la mujer:

—¿Por qué lo hiciste?

Y ella respondió:

—La serpiente me engañó,ⁿ y por eso comí del fruto.

¹⁴ Entonces Dios el Señor dijo a la serpiente:

—Por esto que has hecho, maldita serás entre todos los demás animales. De hoy en adelante caminarás arrastrándote y comerás tierra. ¹⁵ Haré que tú y la mujer sean enemigas, lo mismo que tu descendencia y su descendencia.ⁿ Su descendencia te aplastará la cabeza, y tú le morderás el talón.

¹⁶ A la mujer le dijo:

—Aumentaré tus dolores cuando tengas hijos, y con dolor los darás a luz. Pero tu deseo te llevará a tu marido, y él tendrá autoridad sobre ti.

¹⁷ Al hombre le dijo:

—Como le hiciste caso a tu mujer y comiste del fruto del árbol del que te dije que no comieras, ahora la tierra va a estar bajo maldición por tu culpa; con duro trabajo la harás producir tu alimento durante toda tu vida. ¹⁸ La tierra te dará espinos y cardos,ᵒ y tendrás que comer plantas silvestres. ¹⁹ Te ganarás el pan con el sudor de tu frente, hasta que vuelvas a la misma tierra de la cual fuiste formado, pues tierra eres y en tierra te convertirás.

²⁰ El hombre llamó Evaᵉ a su mujer, pues ella fue la madre de todos los que viven. ²¹ Dios el Señor hizo ropa de pieles de animales para que el hombre y su mujer se vistieran, ²² y dijo: "Ahora el hombre se ha vuelto como uno de nosotros, pues sabe lo que es bueno y lo que es malo. No vaya a tomar también del fruto del árbol de la vida,ᵖ y lo coma y viva para siempre."

²³ Por eso Dios el Señor sacó al hombre del jardín de Edén, y lo puso a trabajar la tierra de la cual había sido formado. ²⁴ Después de haber sacado al hombre, puso al oriente del jardín unos seres alados y una espada ardiendo que daba vueltas hacia todos lados, para evitar que nadie llegara al árbol de la vida.

Caín y Abel

4 ¹ El hombre se unió con su esposa Eva. Ella quedó embarazada y dio a luz a su hijo Caín,⁷ y dijo: "Ya tengo un hijo varón. El Señor me lo ha dado." ² Después dio a luz a Abel, hermano de Caín. Abel se dedicó a criar ovejas, y Caín se dedicó a cultivar la tierra.

³ Pasó el tiempo, y un día Caín llevó al Señor una ofrenda del producto de su cosecha. ⁴ También Abel llevó al Señor las primeras y mejores crías de sus ovejas. El Señor miró con agrado a Abel y a su ofrenda,ᵠ ⁵ pero no miró así a Caín ni a su ofrenda, por lo que Caín se enojó muchísimo y puso muy mala cara. ⁶ Entonces el Señor le dijo: "¿Por qué te enojas y pones tan mala cara? ⁷ Si hicieras lo bueno, podrías levantar la cara; pero como no lo haces, el pecado está esperando el momento de dominarte. Sin embargo, tú puedes dominarlo a él."

⁸ Un día, Caín invitó a su hermano Abel a dar un paseo,⁸ y cuando los dos estaban ya en el campo, Caín atacó a su hermano Abel y lo mató.ʳ ⁹ Entonces el Señor le preguntó a Caín:

—¿Dónde está tu hermano Abel?

Y Caín contestó:

—No lo sé. ¿Acaso es mi obligación cuidar de él?

¹⁰ El Señor le dijo:

—¿Por qué has hecho esto? La sangre de tu hermano, que has derramado en la tierra, me pide a gritos que yo haga justicia.ˢ ¹¹ Por eso, quedarás maldito y

---

⁶ En hebreo, *Eva* y la palabra que significa *vida* tienen un sonido parecido.   ⁷ En hebreo, *Caín* y el verbo que significa *llegar a tener* tienen un sonido parecido.   ⁸ A *dar un paseo:* según varias versiones antiguas. En el texto hebreo no aparece esta frase.

ᵐ **3.1-6** Ro 5.12.   ⁿ **3.13** 2 Co 11.3; 1 Ti 2.14.   ⁿ **3.15** Ap 12.17.   ᵒ **3.17-18** Ro 8.20; He 6.8.   ᵖ **3.22** Ap 22.14.   ᵠ **4.4** He 11.4.   ʳ **4.8** Mt 23.35; Lc 11.51; 1 Jn 3.12.   ˢ **4.10** He 12.24.

expulsado de la tierra que se ha bebido la sangre de tu hermano, a quien tú mataste. [12] Aunque trabajes la tierra, no volverá a darte sus frutos. Andarás vagando por el mundo, sin poder descansar jamás. [13] Entonces Caín respondió al Señor:

—Yo no puedo soportar un castigo tan grande. [14] Hoy me has echado fuera de esta tierra, y tendré que vagar por el mundo lejos de tu presencia, sin poder descansar jamás. Y así, cualquiera que me encuentre me matará.

[15] Pero el Señor le contestó:

—Pues si alguien te mata, será castigado siete veces.

Entonces el Señor le puso una señal a Caín, para que el que lo encontrara no lo matara. [16] Caín se fue del lugar donde había estado hablando con el Señor, y se quedó a vivir en la región de Nod,[9] que está al oriente de Edén.

Los descendientes de Caín

[17] Caín se unió con su mujer, y ella quedó embarazada y dio a luz a Enoc. Luego Caín fundó una ciudad, a la que le puso por nombre Enoc, como a su hijo. [18] Enoc fue el padre de Irad, Irad fue el padre de Mehujael, Mehujael fue el padre de Metusael, y Metusael fue el padre de Lamec. [19] Lamec tuvo dos esposas: una de ellas se llamaba Ada, y la otra se llamaba Zila. [20] Ada dio a luz a Jabal, de quien descienden los que viven en tiendas de campaña y crían ganado. [21] Jabal tuvo un hermano llamado Jubal, de quien descienden todos los que tocan el arpa y la flauta. [22] Por su parte, Zila dio a luz a Tubal-caín, que fue herrero y hacía objetos de bronce y de hierro. Tubal-caín tuvo una hermana que se llamaba Naama. [23] Un día, Lamec les dijo a sus esposas Ada y Zila:

"Escuchen bien lo que les digo:
he matado a un hombre por
  herirme,
a un muchacho por golpearme.
[24] Si a Caín lo vengarán siete veces,
a mí tendrán que vengarme
setenta y siete veces."

El tercer hijo de Adán y Eva

[25] Adán[10] volvió a unirse con su esposa, y ella tuvo un hijo al que llamó Set,[11] pues dijo: "Dios me ha dado otro hijo en lugar de Abel, al que Caín mató." [26] También Set tuvo un hijo, al que llamó Enós. Desde entonces se comenzó a invocar el nombre del Señor.

Los descendientes de Adán
(1 Cr 1.1–4)

5 [1] Esta es la lista de los descendientes de Adán. Cuando Dios creó al hombre, lo hizo parecido a Dios mismo; [2] los creó hombre y mujer,[t] y les dio su bendición.[u] El día en que fueron creados, Dios dijo: "Se llamarán hombres."

[3] Adán tenía ciento treinta años cuando nació su hijo, al que llamó Set, y que era parecido a él en todo. [4] Después de esto, Adán vivió ochocientos años más, y tuvo otros hijos e hijas; [5] así que vivió novecientos treinta años en total. A esa edad murió.

[6] Set tenía ciento cinco años cuando nació su hijo Enós. [7] Después de esto, Set vivió ochocientos siete años más, y tuvo otros hijos e hijas; [8] así que vivió novecientos doce años en total. A esa edad murió.

[9] Enós tenía noventa años cuando nació su hijo Cainán. [10] Después de esto, Enós vivió ochocientos quince años más, y tuvo otros hijos e hijas; [11] así que vivió novecientos cinco años en total. A esa edad murió.

[12] Cainán tenía setenta años cuando nació su hijo Mahalaleel. [13] Después de esto, Cainán vivió ochocientos cuarenta años más, y tuvo otros hijos e hijas; [14] así que vivió novecientos diez años en total. A esa edad murió.

[15] Mahalaleel tenía sesenta y cinco años cuando nació su hijo Jared. [16] Después de esto, Mahalaleel vivió ochocientos treinta años más, y tuvo otros hijos e hijas; [17] así que vivió ochocientos noventa y cinco años en total. A esa edad murió.

[18] Jared tenía ciento sesenta y dos años cuando nació su hijo Enoc. [19] Después de esto, Jared vivió ochocientos años más, y tuvo otros hijos e hijas; [20] así que vivió novecientos sesenta y dos años en total. A esa edad murió.

[21] Enoc tenía sesenta y cinco años de edad cuando nació su hijo Matusalén. [22] Enoc vivió de acuerdo a la voluntad de Dios. Después que Matusalén nació, Enoc vivió trescientos años más, y tuvo otros hijos e hijas; [23] así que vivió trescientos sesenta y cinco años en total. [24] Como Enoc vivió de acuerdo con la voluntad de Dios, un día desapareció porque Dios se lo llevó.[v]

[25] Matusalén tenía ciento ochenta y siete años cuando nació su hijo Lamec.

---

[9] En hebreo, *Nod* y el verbo que significa *vagar* tienen un sonido parecido.   [10] Véase nota en 2.7.   [11] En hebreo, *Set* y el verbo que significa *él ha dado* tienen un sonido parecido.
[t] **5.2** Mt 19.4   Mr 10.6.   [u] **5.1–2** Gn 1.27–28.   [v] **5.24** He 11.5; Jud 14.

²⁶ Después de esto, Matusalén vivió setecientos ochenta y dos años más, y tuvo otros hijos e hijas; ²⁷ así que vivió novecientos sesenta y nueve años en total. A esa edad murió.

²⁸ Lamec tenía ciento ochenta y dos años cuando nació un hijo suyo, ²⁹ al que llamó Noé,¹² porque dijo: "El Señor maldijo la tierra, y tenemos que trabajar muy duro para cultivarla; pero este niño nos hará descansar." ³⁰ Después que Noé nació, Lamec vivió quinientos noventa y cinco años más, y tuvo otros hijos e hijas; ³¹ así que vivió setecientos setenta y siete años en total. A esa edad murió. ³² Noé tenía ya quinientos años cuando nacieron sus hijos Sem, Cam y Jafet.

La maldad de los hombres

6 ¹ Cuando los hombres comenzaron a poblar la tierra y tuvieron hijas, ² los hijos de Dios vieron que estas mujeres eran hermosas. Entonces escogieron entre todas ellas, y se casaron con las que quisieron. ³ Pero el Señor dijo: "No voy a dejar que el hombre viva para siempre, porque él no es más que carne. Así que vivirá solamente ciento veinte años."

⁴ Los gigantesʷ aparecieron en la tierra cuando los hijos de Dios se unieron con las hijas de los hombres para tener hijos con ellas, y también después. Ellos fueron los famosos héroes de los tiempos antiguos.

⁵ El Señor vio que era demasiada la maldad del hombre en la tierra y que éste siempre estaba pensando en hacer lo malo, ⁶ y le pesó haber hecho al hombre. Con mucho dolor ⁷ dijo: "Voy a borrar de la tierra al hombre que he creado, y también a todos los animales domésticos, y a los que se arrastran, y a las aves. ¡Me pesa haberlos hecho!"

⁸ Sin embargo, el Señor miraba a Noé con buenos ojos.ˣ

La barca de Noé

⁹ Esta es la historia de Noé.

Noé era un hombre muy bueno, que siempre obedecía a Dios. Entre los hombres de su tiempo, sólo él vivía de acuerdo con la voluntad de Dios.ʸ ¹⁰ Noé tuvo tres hijos, que fueron Sem, Cam y Jafet. ¹¹ Para Dios, la tierra estaba llena de maldad y violencia, ¹² pues toda la gente se había pervertido. Al ver Dios que había tanta maldad en la tierra, ¹³ le dijo a Noé: "He decidido terminar con toda la gente. Por su culpa hay mucha violencia en el mundo, así que voy a destruirlos a ellos y

al mundo entero. ¹⁴ Construye una barca¹³ de madera resinosa, haz cuartos en ella, y tapa con brea todas las rendijas de la barca por dentro y por fuera, para que no le entre agua. ¹⁵ Haz la barca de estas medidas: ciento treinta y cinco metros de largo, veintidós metros y medio de ancho, y trece metros y medio de alto. ¹⁶ Hazla de tres pisos, con una ventana como a medio metro del techo, y con una puerta en uno de los lados. ¹⁷ Yo voy a mandar un diluvio que inundará la tierra y destruirá todo lo que tiene vida en todas partes del mundo. Todo lo que hay en la tierra morirá. ¹⁸ Pero contigo estableceré mi pacto, y en la barca entrarán tus hijos, tu esposa, tus nueras y tú. ¹⁹ También llevarás a la barca un macho y una hembra de todos los animales que hay en el mundo, para que queden con vida igual que tú. ²⁰ Contigo entrarán en la barca dos animales de cada clase: tanto de las aves y animales domésticos, como de los que se arrastran por el suelo, para que puedan seguir viviendo. ²¹ Junta además toda clase de alimentos y guárdalos, para que tú y los animales tengan qué comer."

²² Y Noé hizo todo tal como Dios se lo había ordenado.ᶻ

El diluvio

7 ¹ Después el Señor le dijo a Noé: "Entre toda la gente de este tiempo, sólo tú vives de acuerdo con mi voluntad. Por lo tanto, entra en la barca junto con tu familia.ᵃ ² Toma siete machos y siete hembras de todo animal puro, pero sólo un macho y una hembra de los impuros. ³ Toma también siete parejas de cada clase de aves, para que se conserve su especie en el mundo, ⁴ porque dentro de siete días haré que llueva durante cuarenta días y cuarenta noches. ¡Voy a borrar de la tierra todo lo que vive, y que yo he creado!" ⁵ Y Noé hizo todo tal como el Señor se lo había ordenado.

⁶ Cuando el diluvio inundó la tierra, Noé tenía seiscientos años. ⁷ Y entró Noé en la barcaᵃ junto con sus hijos, su esposa y sus nueras, para protegerse del diluvio. ⁸ Los animales puros e impuros, los que vuelan y los que se arrastran, ⁹ entraron con Noé en la barca, de dos en dos, macho y hembra, como Dios se lo había ordenado.

¹⁰ A los siete días, el diluvio comenzó a inundar la tierra. ¹¹ Era el día diecisiete del mes segundo. Noé tenía entonces seiscientos años. Precisamente en ese día, se reventaron las fuentes del gran mar abajo, y se abrieron las compuertas del cielo

---

¹² En hebreo, *Noé* y la palabra que significa *descanso* tienen un sonido parecido.   ¹³ *Barca:* Lit. *cofre.*
ʷ 6.4 Nm 13.33.   ˣ 6.5-8 Mt 24.37; Lc 17.26; 1 P 3.20.   ʸ 6.9 2 P 2.5.   ᶻ 6.22 He 11.7.   ᵃ 7.7 Mt 24.38-39; Lc 17.27.

arriba.ᵇ ¹²Cuarenta días y cuarenta noches estuvo lloviendo sobre la tierra. ¹³En aquel mismo día entró Noé en la barca con sus hijos Sem, Cam y Jafet, y con su esposa y sus tres nueras. ¹⁴Con ellos entraron toda clase de animales salvajes y domésticos, y toda clase de animales que se arrastran y de aves. ¹⁵Todos los animales entraron con Noé en la barca, de dos en dos. ¹⁶Entraron un macho y una hembra de cada clase, tal como Dios se lo había ordenado a Noé, y después el Señor cerró la puerta de la barca. ¹⁷El diluvio duró cuarenta días. Al subir el agua, la barca se levantó del suelo y comenzó a flotar. ¹⁸El agua seguía subiendo más y más, pero la barca seguía flotando. ¹⁹Tanto subió el agua, que llegó a cubrir las montañas más altas de la tierra; ²⁰y después de haber cubierto las montañas, subió todavía como siete metros más. ²¹Así murió toda la gente que vivía en la tierra, lo mismo que las aves, los animales domésticos y salvajes, y los que se arrastran por el suelo. ²²Todo lo que había en tierra firme, y que tenía vida y podía respirar, murió. ²³Solamente Noé y los que estaban en la barca quedaron vivos; los demás fueron destruidos: el hombre, los animales domésticos, las aves del cielo y los animales que se arrastran; ²⁴pues la tierra quedó inundada durante ciento cincuenta días.

Fin del diluvio

8 ¹Entonces Dios se acordó de Noé y de todos los animales que estaban con él en la barca. Hizo que el viento soplara sobre la tierra, y el agua comenzó a bajar; ²se cerraron las fuentes del mar profundo y también las compuertas del cielo. Dejó de llover, ³y el agua comenzó a bajar poco a poco. Al cabo de ciento cincuenta días, el agua ya iba bajando, ⁴y el día diecisiete del mes séptimo la barca se detuvo sobre las montañas de Ararat. ⁵El agua siguió bajando, y el primer día del mes décimo se podían ver las partes más altas de los montes. ⁶Después de cuarenta días, Noé abrió la ventana de la barca que había hecho ⁷y soltó un cuervo; pero el cuervo volaba de un lado para otro, esperando que la tierra se secara. ⁸Después del cuervo, Noé soltó una paloma para ver si la tierra ya estaba seca; ⁹pero la paloma regresó a la barca porque no encontró ningún lugar donde descansar, pues la tierra todavía estaba cubierta de agua. Así que Noé sacó la mano, tomó la paloma y la hizo entrar en la barca.

¹⁰Noé esperó otros siete días, y volvió a soltar la paloma. ¹¹Ya empezaba a anochecer cuando la paloma regresó, trayendo una ramita de olivo en el pico. Así Noé se dio cuenta de que la tierra se iba secando. ¹²Esperó siete días más, y volvió a enviar la paloma; pero la paloma ya no regresó.

¹³Cuando Noé tenía seiscientos un años, la tierra quedó seca. El primer día del mes primero, Noé quitó el techo de la barca y vio que la tierra estaba seca. ¹⁴Para el día veintisiete del mes segundo, la tierra estaba ya bien seca. ¹⁵Entonces Dios le dijo a Noé: ¹⁶"Sal de la barca, junto con tu esposa, tus hijos y tus nueras. ¹⁷Saca también a todos los animales que están contigo: las aves, los animales domésticos y los que se arrastran por el suelo, para que se vayan por toda la tierra y tengan muchas crías y llenen el mundo."

¹⁸Entonces Noé y su esposa, y sus hijos y nueras, salieron de la barca. ¹⁹También salieron todos los animales domésticos y salvajes, los que se arrastran y los que vuelan. ²⁰Luego Noé construyó un altar en honor del Señor, tomó animales y aves puros, uno de cada clase, y los ofreció en holocausto al Señor. ²¹Cuando al Señor le llegó este olor tan agradable, dijo: "Nunca más volveré a maldecir la tierra por culpa del hombre, porque desde joven el hombre sólo piensa en hacer lo malo. Tampoco volveré a destruir a todos los animales, como lo hice esta vez.

²²"Mientras el mundo exista,
habrá siembra y cosecha;
hará calor y frío,
habrá invierno y verano
y días con sus noches."

El pacto de Dios con Noé

9 ¹Dios bendijo a Noé y a sus hijos, con estas palabras: "Tengan muchos hijos y llenen la tierra.ᶜ ²Todos los animales del mundo temblarán de miedo delante de ustedes. Todos los animales en el aire, en la tierra y en el mar, están bajo su poder. ³Pueden comer todos los animales y verduras que quieran. Yo se los doy. ⁴Pero hay una cosa que no deben comer: carne con sangre, porque en la sangre está la vida.ᵈ ⁵Yo pediré cuentas a cada hombre y a cada animal de la sangre de cada uno de ustedes. A cada hombre le pediré cuentas de la vida de su prójimo.

⁶"Si alguien mata a un hombre,ᵉ
otro hombre lo matará a él,

ᵇ7.11 2 P 3.6. ᶜ9.1 Gn 1.28. ᵈ9.4 Lv 7.26–27; 17.10–14; 19.26; Dt 12.16,23; 15.23. ᵉ9.6 Ex 20.13.

pues el hombre ha sido creado parecido a Dios mismo.*f*

7 Pero ustedes, ¡tengan muchos hijos y llenen el mundo con ellos!"*g*

8 Dios también les dijo a Noé y a sus hijos: 9 "Miren, yo voy a establecer mi pacto con ustedes y con sus descendientes, 10 y con todos los animales que están con ustedes y que salieron de la barca: aves y animales domésticos y salvajes, y con todos los animales del mundo. 11 Mi pacto con ustedes no cambiará: no volveré a destruir a los hombres y animales con un diluvio. Ya no volverá a haber otro diluvio que destruya la tierra. 12 Esta es la señal del pacto que para siempre hago con ustedes y con todos los animales: 13 he puesto mi arco iris en las nubes, y servirá como señal del pacto que hago con la tierra. 14 Cuando yo haga venir nubes sobre la tierra, mi arco iris aparecerá entre ellas. 15 Entonces me acordaré del pacto que he hecho con ustedes y con todos los animales, y ya no volverá a haber ningún diluvio que los destruya. 16 Cuando el arco iris esté entre las nubes, yo lo veré y me acordaré del pacto que he hecho para siempre con todo hombre y todo animal que hay en el mundo. 17 Esta es la señal del pacto que yo he establecido con todo hombre y animal aquí en la tierra." Así habló Dios con Noé.

Noé y sus hijos

18 Los hijos de Noé que salieron de la barca fueron Sem, Cam, padre de Canaán, y Jafet. 19 Estos fueron los tres hijos de Noé, y con sus descendientes se volvió a poblar la tierra.

20 Noé comenzó a cultivar la tierra, y plantó una viña. 21 Un día Noé bebió vino y se emborrachó, y se quedó tirado y desnudo en medio de su tienda de campaña. 22 Cuando Cam, o sea el padre de Canaán, vio a su padre desnudo, salió a contárselo a sus dos hermanos. 23 Entonces Sem y Jafet tomaron una capa, se la pusieron sobre sus propios hombros, y con ella cubrieron a su padre. Para no verlo desnudo, se fueron caminando hacia atrás y mirando a otro lado.

24 Cuando Noé despertó de su borrachera y supo lo que su hijo menor había hecho con él, 25 dijo:

"¡Maldito sea Canaán!

¡Será el esclavo más bajo de sus dos hermanos!"

26 Luego añadió:

"Que el Señor mi Dios bendiga a Sem,

y que Canaán sea su esclavo.

27 Dios permita que Jafet pueda extenderse;

que viva en los campamentos de Sem,

y que Canaán sea su esclavo."

28 Después del diluvio, Noé vivió todavía trescientos cincuenta años; 29 así que murió cuando tenía novecientos cincuenta años.

Los descendientes de Noé

(1 Cr 1.5–23)

10 ¹ Estos son los descendientes de Sem, Cam y Jafet, los hijos de Noé, que después del diluvio tuvieron sus propios hijos.

2 Los hijos de Jafet fueron Gomer, Magog, Madai, Javán, Tubal, Mesec y Tiras. 3 Los hijos de Gomer fueron Askenaz, Rifat y Togarma. 4 Los hijos de Javán fueron Elisa, Tarsis, Quitim y Rodanim.*14* 5 Estos fueron los descendientes de Jafet*15* que poblaron las costas, cada nación y clan en su propia tierra y con su propio idioma.

6 Los hijos de Cam fueron Cus, Mizraim, Fut y Canaán. 7 Los hijos de Cus fueron Seba, Havila, Sabta, Raama y Sabteca. Los hijos de Raama fueron Seba y Dedán. 8 Cus fue el padre de Nimrod, el primer hombre poderoso de la tierra. 9 Nimrod, por la voluntad del Señor, fue un gran cazador. De ahí viene el dicho: "Igual a Nimrod que por la voluntad del Señor fue un gran cazador." 10 Las principales ciudades de su reino fueron Babel, Erec, Acad y Calne,*16* en la región de Sinar. 11 De esta región salió Asur, que construyó las ciudades de Nínive, Rehobot-Ir, Cala 12 y la gran ciudad de Resén, que está entre Nínive y Cala.

13 De Mizraim descienden los ludeos, los anameos, los lehabitas, los naftuhítas, 14 los patruseos, los casluhítas y los caftoritas, de quienes descienden los filisteos.

15 Canaán fue padre de Sidón, su primer hijo, y de Het. 16 De Canaán descienden los jebuseos, amorreos, gergeseos, 17 heveos, araceos, sineos, 18 arvadeos, zemareos y hamateos. Después, todos los clanes cananeos se dispersaron. 19 El territorio de los cananeos llegó a extenderse en dirección a la región de Gerar, desde la

---

14 Rodanim: según varios mss. y 1 Cr 1.7. Heb. Dodanim. *15* Estos fueron los descendientes de Jafet: Cf. vs. 20, 31. En el texto hebreo no aparece esta frase. *16* Calne: lugar no identificado. El texto hebreo puede también traducirse: . . . y Acad, todas ellas en la región . . .
f 9.6 Gn 1.26. *g* 9.7 Gn 1.28.

ciudad de Sidón hasta el pueblo de Gaza, y en dirección de las ciudades de Sodoma, Gomorra, Adma y Zeboim, hasta el pueblo de Lasa. ²⁰ Estos fueron los descendientes de Cam, cada nación y clan en su propia tierra y con su propio idioma.

²¹ Sem, que fue el hermano mayor de Jafet, también tuvo hijos. Todos los hijos de Heber fueron descendientes de Sem. ²² Los hijos de Sem fueron Elam, Asur, Arfaxad, Lud y Aram. ²³ Los hijos de Aram fueron Uz, Hul, Geter y Mas. ²⁴ Arfaxad fue el padre de Sala, y Sala fue el padre de Heber. ²⁵ Después Heber tuvo dos hijos: uno de ellos se llamaba Peleg,¹⁷ porque en su tiempo la gente de la tierra se dividió; y el hermano de Peleg se llamaba Joctán. ²⁶ Joctán fue el padre de Almodad, Selef, Hazar-mavet, Jera, ²⁷ Adoram, Uzal, Dicla, ²⁸ Obal, Abimael, Seba, ²⁹ Ofir, Havila y Jobab. Todos estos fueron hijos de Joctán, ³⁰ y vivieron en las tierras que se extienden desde la región de Mesa hasta la de Sefar, que es la región montañosa del oriente. ³¹ Estos fueron los descendientes de Sem, cada nación y clan en su propia tierra y con su propio idioma.

³² Estos son los clanes de los hijos de Noé, según sus diferentes líneas de descendientes y sus territorios. Después del diluvio, se esparcieron por todas partes y formaron las naciones del mundo.

La torre de Babel

11 ¹ En aquel tiempo todo el mundo hablaba el mismo idioma. ² Cuando salieron de la región oriental, encontraron una llanura en la región de Sinar y allí se quedaron a vivir. ³ Un día se dijeron unos a otros: "Vamos a hacer ladrillos y a cocerlos en el fuego." Así, usaron ladrillos en lugar de piedras y asfalto natural en lugar de mezcla. ⁴ Después dijeron: "Vengan, vamos a construir una ciudad y una torre que llegue hasta el cielo. De este modo nos haremos famosos y no tendremos que dispersarnos por toda la tierra."

⁵ Pero el Señor bajó a ver la ciudad y la torre que los hombres estaban construyendo, ⁶ y pensó: "Ellos son un solo pueblo y hablan un solo idioma; por eso han comenzado este trabajo, y ahora por nada del mundo van a dejar de hacerlo. ⁷ Es mejor que bajemos a confundir su idioma, para que no se entiendan entre ellos."

⁸ Así fue como el Señor los dispersó por toda la tierra, y ellos dejaron de construir la ciudad. ⁹ En ese lugar el Señor confundió el idioma de todos los habitantes de la tierra, y de allí los dispersó por todo el mundo. Por eso la ciudad se llamó Babel.¹⁸

Los descendientes de Sem
(1 Cr 1.24-27)

¹⁰ Estos fueron los descendientes de Sem. Dos años después del diluvio, cuando Sem tenía cien años, nació su hijo Arfaxad. ¹¹ Después de esto, Sem vivió quinientos años más, y tuvo otros hijos e hijas.

¹² Arfaxad tenía treinta y cinco años cuando nació su hijo Sala. ¹³ Después de esto, Arfaxad vivió cuatrocientos tres años más, y tuvo otros hijos e hijas.

¹⁴ Sala tenía treinta años cuando nació su hijo Heber. ¹⁵ Después de esto, Sala vivió cuatrocientos tres años más, y tuvo otros hijos e hijas.

¹⁶ Heber tenía treinta y cuatro años cuando nació su hijo Peleg. ¹⁷ Después de esto, Heber vivió cuatrocientos treinta años más, y tuvo otros hijos e hijas.

¹⁸ Peleg tenía treinta años cuando nació su hijo Reu. ¹⁹ Después de esto, Peleg vivió doscientos nueve años más, y tuvo otros hijos e hijas.

²⁰ Reu tenía treinta y dos años cuando nació su hijo Serug. ²¹ Después de esto, Reu vivió doscientos siete años más, y tuvo otros hijos e hijas.

²² Serug tenía treinta años cuando nació su hijo Nacor. ²³ Después de esto, Serug vivió doscientos años más, y tuvo otros hijos e hijas.

²⁴ Nacor tenía veintinueve años cuando nació su hijo Taré. ²⁵ Después de esto, Nacor vivió ciento diecinueve años más, y tuvo otros hijos e hijas.

²⁶ Taré tenía ya setenta años cuando nacieron sus hijos Abram, Nacor y Harán.

Los descendientes de Taré

²⁷ Estos son los descendientes de Taré, que fue el padre de Abram, Nacor y Harán. Harán, el padre de Lot, ²⁸ murió en Ur de Caldea, antes que su padre Taré. Murió en el mismo lugar donde había nacido. ²⁹ Abram se casó con Sarai, y Nacor se casó con Milca, que era hija de Harán y hermana de Isca. ³⁰ Sarai no podía tener hijos porque era estéril. ³¹ Taré salió de Ur de los caldeos para ir a la tierra de Canaán, y se llevó con él a su hijo Abram, a su nieto Lot y a su nuera Sarai. Sin embargo, cuando llegaron a la ciudad de Harán, se quedaron a vivir allí. ³² Y Taré murió en Harán a la edad de doscientos cinco años.

---

¹⁷ Como en hebreo Peleg significa división, aquí hay un juego de palabras con el verbo dividir.
¹⁸ En hebreo, Babel y la palabra que significa confusión tienen un sonido parecido.

Dios llama a Abram

12 ¹ Un día el Señor le dijo a Abram: "Deja tu tierra, tus parientes y la casa de tu padre, para ir a la tierra que yo te voy a mostrar.ʰ ² Con tus descendientes voy a formar una gran nación; voy a bendecirte y hacerte famoso, y serás una bendición para otros. ³ Bendeciré a los que te bendigan y maldeciré a los que te maldigan; por medio de ti bendeciré a todas las familias del mundo."ⁱ

⁴ Abram salió de Harán tal como el Señor se lo había ordenado. Tenía setenta y cinco años cuando salió de allá para ir a la tierra de Canaán. ⁵ Con él se llevó a su esposa Sarai y a su sobrino Lot, y también todas las cosas que tenían y la gente que habían adquirido en Harán. Cuando llegaron a Canaán, ⁶ Abram atravesó toda esa región hasta llegar a Siquem, donde está la encina sagrada de More. Los cananeos vivían entonces en aquella región. ⁷ Allí el Señor se le apareció y le dijo: "Esta tierra se la voy a dar a tu descendencia."ʲ Entonces Abram construyó un altar en honor del Señor, porque allí se le había aparecido. ⁸ Luego se fue a la región montañosa que está al este de la ciudad de Betel, y allí puso su campamento. Betel quedaba al oeste de donde él había acampado, y la ciudad de Hai al este. En ese lugar Abram construyó otro altar e invocó el nombre del Señor. ⁹ Después siguió su camino, poco a poco, hacia la región del Néguev.

Abram en Egipto

¹⁰ Por aquel entonces hubo una gran escasez de alimentos en toda aquella región, y Abram se fue a vivir a Egipto durante algún tiempo, pues no había nada de comer en el lugar donde vivía. ¹¹ Cuando ya estaba llegando a Egipto, Abram le dijo a su esposa Sarai: "Mira, yo sé bien que tú eres una mujer hermosa, ¹² y que cuando los egipcios te vean, van a decir: 'Esta mujer es la esposa de ese hombre.' Entonces a mí me matarán, y a ti te dejarán con vida para quedarse contigo. ¹³ Por eso, para que me vaya bien y no me maten por causa tuya, diles por favor que eres mi hermana."ᵏ

¹⁴ Cuando Abram llegó a Egipto, los egipcios vieron que Sarai era muy hermosa. ¹⁵ También la vieron los funcionarios del faraón, el rey de Egipto, y le fueron a decir que aquella mujer era muy hermosa. Entonces la llevaron al palacio del faraón.

¹⁶ Por causa de Sarai, el faraón trató muy bien a Abram. Le regaló ovejas, vacas, esclavos, esclavas, asnos y camellos. ¹⁷ Pero también por causa de Sarai, el Señor castigó al faraón y a su familia con grandes plagas. ¹⁸ Por eso el faraón mandó llamar a Abram, y le dijo: "¿Por qué me has hecho esto? ¿Por qué no me dijiste que esta mujer es tu esposa? ¹⁹ Tú dijiste que era tu hermana, y yo pude haberla tomado por esposa. Anda, aquí la tienes. ¡Tómala y vete!" ²⁰ Entonces el faraón ordenó a sus hombres que hicieran salir de Egipto a Abram, junto con su esposa y con todo lo que tenía.

Abram y Lot se separan

13 ¹ Cuando Abram salió de Egipto, con su esposa y con todo lo que tenía, regresó a la región del Néguev. Su sobrino Lot se fue con ellos. ² Abram era muy rico, pues tenía oro, plata y muchos animales. ³ Del Néguev regresó poco a poco, hasta llegar al pueblo de Betel, y de ahí se fue al lugar donde había acampado primero, entre Betel y Hai. ⁴ Ese era el lugar donde antes había construido un altar, y allí invocó el nombre del Señor.

⁵ Lot también era muy rico, pues, al igual que su tío Abram, tenía muchas ovejas y vacas, y gente que acampaba con él; ⁶ pero en el lugar donde estaban no bastaba para alimentar a tantos animales. Ya no podían vivir juntos, ⁷ pues los que cuidaban el ganado de Abram se peleaban con los que cuidaban el ganado de Lot. Además, en aquel tiempo, los cananeos y ferezeos todavía vivían allí. ⁸ Así que un día Abram le dijo a Lot: "Tú y yo somos parientes, así que no está bien que haya pleitos entre nosotros, ni entre tus pastores y los míos. ⁹ Ahí está toda la tierra, para que escojas. Por favor, sepárate de mí. Si tú te vas al norte, yo me voy al sur, y si tú te vas al sur, yo me voy al norte."

¹⁰ Lot miró por todo el valle del río Jordán y vio que, hasta el pueblecito de Zoar, el valle tenía bastante agua y era como un gran jardín.¹⁹ˡ Se parecía a Egipto. (Esto era así antes de que el Señor destruyera las ciudades de Sodoma y Gomorra.) ¹¹ Entonces Lot escogió todo el valle del Jordán, y se fue al oriente del lugar donde estaban. De esta manera, Abram y Lot se separaron. ¹² Abram se quedó en Canaán, y Lot se fue a vivir a las ciudades del valle, cerca de la ciudad de Sodoma, ¹³ donde toda la gente era muy mala y cometía horribles pecados contra el Señor.

¹⁴ Después que Lot se fue, el Señor le

---

¹⁹ *Gran jardín:* Lit. *jardín del Señor,* en hebreo es un superlativo, para indicar grandeza o excelencia.
ʰ **12.1** Hch 7.2–3; He 11.8. ⁱ **12.3** Hch 3.25; Gá 3.8. ʲ **12.7** Hch 7.5; Gá 3.16. ᵏ **12.13** Gn 20.2; 26.7. ˡ **13.10** Gn 2.10.

dijo a Abram: "Desde el lugar donde estás, mira bien al norte y al sur, al este y al oeste; ¹⁵ yo te daré toda la tierra que ves, y para siempre será tuya y de tus descendientes.ᵐ ¹⁶ Yo haré que ellos sean tantos como el polvo de la tierra. Así como no es posible contar los granitos de polvo, tampoco será posible contar tus descendientes. ¹⁷ ¡Levántate, recorre esta tierra a lo largo y a lo ancho, porque yo te la voy a dar!"

¹⁸ Así pues, Abram levantó su campamento y se fue a vivir al bosque de encinas de un hombre llamado Mamre, cerca de la ciudad de Hebrón. Allí construyó un altar en honor del Señor.

Abram libera a Lot

14 ¹ En aquel tiempo Amrafel era rey de Sinar, Arioc era rey de Elasar, Quedorlaomer era rey de Elam, y Tidal era rey de Goim. ² Estos estuvieron en guerra contra Bera, rey de Sodoma, contra Birsa, rey de Gomorra, contra Sinab, rey de Adma, contra Semeber, rey de Zeboim, y contra el rey de Bela, pueblo que también se llama Zoar. ³ Estos cinco últimos juntaron sus ejércitos en el valle de Sidim, donde está el Mar Muerto. ⁴ El rey Quedorlaomer los había dominado durante doce años, pero a los trece años los cinco reyes decidieron luchar contra él. ⁵ Al año siguiente, Quedorlaomer y los reyes que estaban de su parte fueron a la región de Astarot Karnaim, y allí derrotaron a los refaítas; luego derrotaron a los zuzitas en Ham, a los emitas los derrotaron en Savequiriataim, ⁶ y a los horeos los derrotaron en los montes de Seir y los persiguieron hasta la llanura de Parán, que está junto al desierto. ⁷ Al regresar Quedorlaomer y los que estaban con él, llegaron a En-mispat, que también se llama Cades. Y destruyeron todo lo que encontraron a su paso en la región de los amalecitas, y también hicieron lo mismo con los amorreos, que vivían en la región de Hazezon-tamar.

⁸⁻⁹ Entonces los reyes de Sodoma, Gomorra, Adma, Zeboim y Bela fueron al valle de Sidim. Allí estos cinco reyes pelearon contra Quedorlaomer, Tidal, Amrafel y Arioc, que eran los cuatro reyes de Elam, Goim, Sinar y Elasar. ¹⁰ En todo el valle de Sidim había muchos pozos de asfalto natural, y cuando los reyes de Sodoma y Gomorra quisieron escapar de la batalla, fueron a caer en los pozos. Los otros reyes escaparon a los montes. ¹¹ Los vencedores se llevaron entonces todos los alimentos y cosas de valor que había en Sodoma y Gomorra, y se fueron

de allí. ¹² Como en Sodoma vivía Lot, el sobrino de Abram, también se lo llevaron prisionero junto con todo lo que tenía. ¹³ Pero un hombre que había escapado con vida vino a contarle todo esto a Abram el hebreo, que vivía en el bosque de encinas de Mamre el amorreo. Mamre era hermano de Escol y de Aner, y ellos estaban de parte de Abram.

¹⁴ Cuando Abram supo que su sobrino estaba prisionero, juntó a los criados de confianza que habían nacido en su casa, que eran trescientos dieciocho hombres en total, y salió con ellos a perseguir a los reyes hasta el pueblo de Dan. ¹⁵ Por la noche, Abram y su gente atacaron por sorpresa a los reyes y los persiguieron hasta Hoba, que está al norte de la ciudad de Damasco, ¹⁶ y les quitaron todo lo que se habían llevado. Así Abram libertó a su sobrino Lot, y recobró todo lo que era de su sobrino. También libertó a las mujeres y demás gente.

Melquisedec bendice a Abram

¹⁷ Cuando Abram regresó, después de haber derrotado a Quedorlaomer y a los reyes que estaban de su parte, el rey de Sodoma salió a recibirlo al valle de Save, que es el Valle del Rey. ¹⁸ También Melquisedec, que era rey de Salem y sacerdote del Dios altísimo, sacó pan y vino ¹⁹ y bendijo a Abram con estas palabras:

"Que te bendiga el Dios altísimo,
    creador del cielo y de la tierra;
²⁰ y alabado sea el Dios altísimo
    que te hizo vencer a tus enemigos."

Entonces Abram le dio a Melquisedec la décima parte de lo que había recobrado.ⁿ ²¹ Luego el rey de Sodoma le dijo a Abram:

—Dame las personas y quédate con las cosas.

²² Pero Abram le contestó:

—Le he jurado al Señor, al Dios altísimo que hizo el cielo y la tierra, ²³ que no voy a tomar nada de lo que es tuyo, ni siquiera un hilo o una correa para mis sandalias, para que nunca digas que tú fuiste el que me hizo rico. ²⁴ Yo no quiero nada para mí, excepto lo que ya comieron los criados. En cuanto a los hombres que me acompañaron, es decir, Aner, Escol y Mamre, ellos tomarán su parte.

Dios hace un pacto con Abram

15 ¹ Después de esto, el Señor le habló a Abram en una visión y le dijo:

—No tengas miedo, Abram, porque yo

ᵐ 13.15 Hch 7.5; Gá 3.16.   ⁿ 14.18-20 He 5.6—7.17.

soy tu protector. Tu recompensa va a ser muy grande.

[2-3] Pero Abram le contestó:

—Señor y Dios, ¿de qué me sirve que me des recompensa, si tú bien sabes que no tengo hijos? Como no me has dado ningún hijo, el heredero de todo lo que tengo va a ser Eliezer, de Damasco, uno de mis criados.

[4] El Señor le contestó:

—Tu heredero va a ser tu propio hijo, y no un extraño.

[5] Entonces el Señor llevó a Abram afuera, y le dijo:

—Mira bien el cielo, y cuenta las estrellas, si es que puedes contarlas. Pues bien, así será el número de tus descendientes.[n]

[6] Abram creyó al Señor, y por eso el Señor lo aceptó como justo[o] [7] y le dijo:

—Yo soy el Señor; yo te saqué de Ur de los caldeos para darte esta tierra como herencia.

[8] —Pero, Señor y Dios, ¿cómo podré estar seguro de que voy a heredar esta tierra? —contestó Abram.

[9] Y Dios le dijo:

—Tráeme una ternera, una cabra y un carnero, de tres años cada uno, y también una tórtola y un pichón.

[10] Abram trajo todos estos animales a Dios, los partió por la mitad y puso una mitad frente a otra;[p] pero no partió las aves. [11] Y los buitres bajaban sobre los cuerpos de los animales muertos, pero Abram los espantaba. [12] Cuando empezaba a anochecer, Abram se quedó profundamente dormido. De pronto lo rodeó una gran oscuridad y sintió mucho miedo. [13] Entonces el Señor le dijo:

—Debes saber que tus descendientes vivirán en un país extranjero, y que allí serán esclavos, y que serán maltratados durante cuatrocientos años.[q] [14] Pero yo también castigaré a la nación que va a hacerlos esclavos, y después tus descendientes saldrán libres y dueños de grandes riquezas.[r] [15] Por lo que a ti toca, morirás en paz cuando ya seas muy anciano, y así te reunirás con tus antepasados. [16] Después de cuatro generaciones, tus descendientes regresarán a este lugar, porque todavía no ha llegado al colmo la maldad de los amorreos.

[17] Cuando ya era de noche y todo estaba oscuro, apareció un horno que echaba humo y una antorcha encendida que pasaba por en medio de los animales partidos. [18] Aquel mismo día el Señor hizo un pacto con Abram y le dijo:

—Esta tierra se la daré a tus descendientes,[s] desde el río de Egipto[20] hasta el río grande, el Éufrates. [19] Es decir, la tierra de los ceneos, los cenezeos, los cadmoneos, [20] los hititas, los ferezeos, los refaitas, [21] los amorreos, los cananeos, los gergeseos y los jebuseos.

Agar y su hijo Ismael

16 [1] Sarai no podía darle hijos a su esposo Abram, pero tenía una esclava egipcia que se llamaba Agar. [2] Entonces le dijo a Abram:

—Mira, el Señor no me ha permitido tener hijos, pero te ruego que te unas a mi esclava Agar, pues tal vez tendré hijos por medio de ella.

Abram aceptó lo que Sarai le dijo, [3] y entonces ella tomó a Agar la egipcia y se la dio como mujer a Abram, cuando ya hacía diez años que estaban viviendo en Canaán. [4] Abram se unió a Agar, la cual quedó embarazada; pero cuando se dio cuenta de su estado comenzó a mirar a su señora con desprecio. [5] Entonces Sarai le dijo a Abram:

—¡Tú tienes la culpa de que Agar me desprecie! Yo misma te la di por mujer, y ahora que va a tener un hijo se cree más que yo. Que el Señor diga quién tiene la culpa, si tú o yo.

[6] Y Abram le contestó:

—Mira, tu esclava está en tus manos; haz con ella lo que mejor te parezca.

Entonces Sarai comenzó a maltratarla tanto, que Agar huyó. [7] Pero un ángel del Señor la encontró en el desierto, junto al manantial que está en el camino de Shur, [8] y le preguntó:

—Agar, esclava de Sarai, ¿de dónde vienes, y a dónde vas?

—Estoy huyendo de mi señora Sarai —contestó ella.

[9] Entonces el ángel del Señor le dijo:

—Regresa al lado de tu señora, y obedécela en todo.

[10] Además el ángel del Señor le dijo:

"Aumentaré tanto tus
    descendientes,
que nadie los podrá contar.

[11] Estás encinta y tendrás un hijo,
y le pondrás por nombre Ismael,[21]
porque el Señor escuchó tu
    aflicción.

[12] Será arisco como un potro salvaje;
luchará contra todos, y todos contra
    él;
pero él afirmará su casa
aunque sus hermanos se opongan."

[20] *Río de Egipto*, no significa aquí el Nilo sino el conocido como arroyo de Egipto (cf. Jos 15.4) llamado hoy *el-Arish*, al norte de la península del Sinaí y al suroeste de Palestina, cerca de la costa del Mediterráneo. [21] En hebreo, *Ismael* significa *Dios escucha*.

[n] **15.5** Ro 4.18; He 11.12. [o] **15.6** Ro 4.3,9,22; Gá 3.6; Stg 2.23. [p] **15.10** Jer 34.18-19. [q] **15.13** Ex 1.1-14; Hch 7.6.
[r] **15.14** Ex 12.40-41; Hch 7.7. [s] **15.18** Hch 7.5.

¹³ Como Agar había hablado con el Señor, le llamó "el Dios que ve", pues se decía: "Dios me ha visto y todavía estoy viva." ¹⁴ También por eso el pozo se llama: "Pozo del que vive y me ve". Este pozo está entre Cades y Bered.
¹⁵ Y Agar le dio un hijo a Abram,ᵗ y él lo llamó Ismael. ¹⁶ Abram tenía ochenta y seis años cuando Ismael nació.

La circuncisión como señal del pacto

17 ¹ Cuando Abram tenía noventa y nueve años, el Señor se le apareció y le dijo:
—Yo soy el Dios todopoderoso; vive una vida sin tacha delante de mí, ² y yo haré un pacto contigo: haré que tengas muchísimos descendientes.
³ Entonces Abram se inclinó hasta tocar el suelo con la frente, mientras Dios seguía diciéndole:
⁴ —Este es el pacto que hago contigo: Tú serás el padre de muchas naciones, ⁵ y ya no vas a llamarte Abram. Desde ahora te llamarás Abraham,²² porque te voy a hacer padre de muchas naciones.ᵘ ⁶ Haré que tus descendientes sean muy numerosos; de ti saldrán reyes y naciones. ⁷ El pacto que hago contigo, y que haré con todos tus descendientes en el futuro,ᵛ es que yo seré siempre tu Dios y el Dios de ellos. ⁸ A ti y a ellos les daré toda la tierra de Canaán, donde ahora vives, como su herencia para siempre;ʷ y yo seré su Dios.
⁹ Además, Dios le dijo a Abraham:
—Pero tú, cumple con mi pacto; tú y todos tus descendientes. ¹⁰ Este es el pacto que hago con ustedes y que deberán cumplir también todos tus descendientes: todos los hombres entre ustedes deberán ser circuncidados.ˣ ¹¹ Deberán cortarse ustedes la carne de su prepucio, y eso servirá como señal del pacto que hay entre ustedes y yo. ¹² De hoy en adelante, todo varón entre ustedes deberá ser circuncidado a los ocho días de nacido, lo mismo el niño que nazca en casa que el esclavo comprado por dinero a cualquier extranjero. ¹³ Tanto el uno como el otro deberá ser circuncidado sin falta. Así mi pacto quedará señalado en la carne de ustedes como un pacto para toda la vida. ¹⁴ Pero el que no sea circuncidado deberá ser eliminado de entre ustedes, por no haber respetado mi pacto.
¹⁵ También Dios le dijo a Abraham:
—Tu esposa Sarai ya no se va a llamar así. De ahora en adelante se llamará Sara.²³ ¹⁶ La voy a bendecir, y te daré un hijo por medio de ella. Sí, voy a bendecirla. Ella será la madre de muchas naciones, y sus descendientes serán reyes de pueblos.
¹⁷ Abraham se inclinó hasta tocar el suelo con la frente, y se rió, mientras pensaba: "¿Acaso un hombre de cien años puede ser padre? ¿Y acaso Sara va a tener un hijo a los noventa años?" ¹⁸ Entonces le dijo a Dios:
—¡Ojalá Ismael pueda vivir con tu bendición!
¹⁹ Y Dios le contestó:
—Lo que yo he dicho es que tu esposa Sara te dará un hijo, y tú le pondrás por nombre Isaac.²⁴ Con él confirmaré mi pacto, el cual mantendré para siempre con sus descendientes. ²⁰ En cuanto a Ismael, también te he oído, y voy a bendecirlo; haré que tenga muchos hijos y que aumente su descendencia. Ismael será el padre de doce jefes importantes, y haré de él una nación muy grande. ²¹ Pero mi pacto lo mantendré con Isaac, el hijo que Sara te va a dar dentro de un año, por estos días.
²² Cuando Dios terminó de hablar con Abraham, se fue de allí. ²³ Ese mismo día Abraham circuncidó a su hijo Ismael, y circuncidó también a todos sus siervos nacidos en su casa y a los que había comprado con su dinero. Todos los hombres que vivían en su casa y le servían, fueron circuncidados, tal como Dios se lo había ordenado. ²⁴⁻²⁵ Abraham tenía noventa y nueve años, y su hijo Ismael trece, cuando se les circuncidó la carne del prepucio. ²⁶ Abraham y su hijo Ismael recibieron el rito de la circuncisión aquel mismo día, ²⁷ junto con todos los hombres de su casa, lo mismo los siervos nacidos en su casa que los que habían sido comprados por dinero a los extranjeros.

Dios promete un hijo a Abraham

18 ¹ El Señor se le apareció a Abraham en el bosque de encinas de Mamre, mientras Abraham estaba sentado a la entrada de su tienda de campaña, como a mediodía. ² Abraham levantó la vista y vio que tres hombres estaban de pie frente a él. Al verlos, se levantó rápidamente a recibirlos,ʸ se inclinó hasta tocar el suelo con la frente, ³ y dijo:
—Mi señor, por favor le suplico que no se vaya en seguida. ⁴ Si a usted le parece bien, voy a pedir un poco de agua para que se laven los pies y luego descansen un rato bajo la sombra del árbol. ⁵ Ya que

---

²² En hebreo, *Abraham* y la palabra que significa *padre de muchas naciones* tienen un sonido parecido. ²³ En hebreo *Sara* significa *princesa. Sarai* es la forma antigua del mismo nombre. ²⁴ En hebreo, *Isaac* y la palabra que significa *reírse* tienen un sonido parecido.
¹⁶.15 Gá 4.22. ᵘ 17.5 Ro 4.17-18. ᵛ 17.7 Lc 1.55. ʷ 17.8 Hch 7.5-6. ˣ 17.10 Hch 7.8; Ro 4.11. ʸ 18.2 He 13.2.

han pasado por donde vive este servidor suyo, les voy a traer algo de comer para que repongan sus fuerzas antes de seguir su camino.

—Bueno, está bien —contestaron ellos.

[6] Abraham entró en su tienda de campaña y le dijo a Sara:

—¡Rápido! Toma unos veinte kilos de la mejor harina y haz unos panes.

[7] Luego Abraham corrió a donde estaba el ganado, escogió el mejor de los becerros, y se lo dio a uno de sus sirvientes, quien lo preparó inmediatamente para la comida. [8] Además del becerro, Abraham les ofreció cuajada y leche, y estuvo atento a servirles mientras ellos comían debajo del árbol.

[9] Al terminar de comer, los visitantes le preguntaron a Abraham:

—¿Dónde está tu esposa Sara?

—Allí, en la tienda de campaña —respondió él.

[10] Entonces uno de ellos dijo:

—El año próximo volveré a visitarte, y para entonces tu esposa Sara tendrá un hijo.[z]

Mientras tanto, Sara estaba escuchando toda la conversación a espaldas de Abraham, a la entrada de la tienda. [11] Abraham y Sara ya eran muy ancianos, y Sara había dejado de tener sus periodos de menstruación. [12] Por eso Sara no pudo aguantar la risa, y pensó: "¿Cómo voy a tener este gusto, ahora que mi esposo[a] y yo estamos tan viejos?" [13] Pero el Señor le dijo a Abraham:

—¿Por qué se ríe Sara? ¿No cree que puede tener un hijo a pesar de su edad? [14] ¿Hay acaso algo tan difícil que el Señor no pueda hacerlo? El año próximo volveré a visitarte, y para entonces Sara tendrá un hijo.[b]

[15] Al escuchar esto, Sara tuvo miedo y quiso negar. Por eso dijo:

—Yo no me estaba riendo.

Pero el Señor le contestó:

—Yo sé que te reíste.

Abraham pide a Dios por Sodoma

[16] Después los visitantes se pusieron de pie y empezaron a caminar hacia la ciudad de Sodoma. Abraham los acompañó para despedirse de ellos. [17] Entonces el Señor pensó: "Debo decirle a Abraham lo que voy a hacer, [18] ya que él va a ser el padre de una nación grande y fuerte. Le he prometido bendecir por medio de él a todas las naciones del mundo. [19] Yo lo he escogido para que mande a sus hijos y descendientes que obedezcan mis enseñanzas y hagan todo lo que es bueno y

correcto, para que yo cumpla todo lo que le he prometido." [20] Así que el Señor le dijo:

—La gente de Sodoma y Gomorra tiene tan mala fama, y su pecado es tan grave, [21] que ahora voy allá, para ver si en verdad su maldad es tan grande como se me ha dicho. Así lo sabré.

[22] Dos de los visitantes se fueron de allí a Sodoma, pero Abraham se quedó todavía ante el Señor. [23] Se acercó un poco más a él, y le preguntó:

—¿Vas a destruir a los inocentes junto con los culpables? [24] Tal vez haya cincuenta personas inocentes en la ciudad. A pesar de eso, ¿destruirás la ciudad y no la perdonarás por esos cincuenta? [25] ¡No es posible que hagas eso de matar al inocente junto con el culpable, como si los dos hubieran cometido los mismos pecados! ¡No hagas eso! Tú, que eres el Juez supremo de todo el mundo, ¿no harás justicia?

[26] Entonces el Señor le contestó:

—Si encuentro cincuenta inocentes en la ciudad de Sodoma, por ellos perdonaré a todos los que viven allí.

[27] Pero Abraham volvió a decirle:

—Perdona que sea yo tan atrevido al hablarte así, pues tú eres Dios y yo no soy más que un simple hombre; [28] pero tal vez falten cinco inocentes para completar los cincuenta. ¿Sólo por faltar esos cinco vas a destruir toda la ciudad?

Y el Señor contestó:

—Si encuentro cuarenta y cinco inocentes, no la destruiré.

[29] —Tal vez haya sólo cuarenta inocentes . . . —insistió Abraham.

—Por esos cuarenta, no destruiré la ciudad —dijo el Señor.

[30] Pero Abraham volvió a suplicar:

—Te ruego que no te enojes conmigo por insistir tanto en lo mismo, pero tal vez encuentres solamente treinta . . .

Y el Señor volvió a decirle:

—Hasta por esos treinta, perdonaré a la ciudad.

[31] Abraham siguió insistiendo:

—Mi Señor, he sido muy atrevido al hablarte así, pero, ¿qué pasará si encuentras solamente veinte inocentes?

Y el Señor respondió:

—Por esos veinte, no destruiré la ciudad.

[32] Todavía insistió Abraham:

—Por favor, mi Señor, no te enojes conmigo, pero voy a hablar tan sólo esta vez y no volveré a molestarte: ¿qué harás, en caso de encontrar únicamente diez?

Y el Señor le dijo:

—Hasta por esos diez, no destruiré la ciudad.

[z] 18.10 Ro 9.9.   [a] 18.12 1 P 3.6.   [b] 18.14 Jer 32.16,27; Lc 1.37; Ro 9.9.

³³ Cuando el Señor terminó de hablar con Abraham, se fue de allí; y Abraham regresó a su tienda de campaña.

Dios destruye Sodoma y Gomorra

19 ¹ Empezaba a anochecer cuando los dos ángeles llegaron a Sodoma. Lot estaba sentado a la entrada de la ciudad, que era el lugar donde se reunía la gente. Cuando los vio, se levantó a recibirlos, se inclinó hasta tocar el suelo con la frente ² y les dijo:

—Señores, por favor les ruego que acepten pasar la noche en la casa de su servidor. Allí podrán lavarse los pies, y mañana temprano seguirán su camino.

Pero ellos dijeron:

—No, gracias. Pasaremos la noche en la calle.

³ Sin embargo, Lot insistió mucho y, al fin, ellos aceptaron ir con él a su casa. Cuando llegaron, Lot les preparó una buena cena, hizo panes sin levadura, y los visitantes comieron.

⁴ Todavía no se habían acostado, cuando todos los hombres de la ciudad de Sodoma rodearon la casa y, desde el más joven hasta el más viejo, ⁵ empezaron a gritarle a Lot:

—¿Dónde están los hombres que vinieron a tu casa esta noche? ¡Sácalos! ¡Queremos acostarnos con ellos!

⁶ Entonces Lot salió a hablarles y, cerrando bien la puerta detrás de él, ⁷ les dijo:

—Por favor, amigos míos, no vayan a hacer una cosa tan perversa. ⁸ Yo tengo dos hijas que todavía no han estado con ningún hombre; voy a sacarlas para que ustedes hagan con ellas lo que quieran, pero no les hagan nada a estos hombres, porque son mis invitados.

⁹ Pero ellos le contestaron:

—¡Hazte a un lado! Sólo faltaba que un extranjero como tú nos quisiera mandar. ¡Pues ahora te vamos a tratar peor que a ellos!

En seguida comenzaron a maltratar a Lot y se acercaron a la puerta para echarla abajo, ¹⁰ pero los visitantes de Lot alargaron la mano y lo metieron dentro de la casa; luego cerraron la puerta, ¹¹ e hicieron quedar ciegos a los hombres que estaban afuera. Todos, desde el más joven hasta el más viejo, quedaron ciegos. Y se cansaron de andar buscando la puerta. ¹² Entonces los visitantes le dijeron a Lot:

—¿Tienes más familiares aquí? Toma a tus hijos, hijas y yernos, y todo lo que tengas en esta ciudad; sácalos y llévatelos lejos de aquí, ¹³ porque vamos a destruir este lugar. Ya son muchas las quejas que el Señor ha tenido contra la gente de esta ciudad, y por eso nos ha enviado a destruirla.

¹⁴ Entonces Lot fue a ver a sus yernos, o sea, a los prometidos de sus hijas, y les dijo:

—¡Levántense y váyanse de aquí, porque el Señor va a destruir esta ciudad!

Pero sus yernos no tomaron en serio lo que Lot les decía. ¹⁵ Como ya estaba amaneciendo, los ángeles le dijeron a Lot:

—¡De prisa! Levántate y llévate de aquí a tu esposa y a tus dos hijas, si no quieres morir cuando castiguemos a la ciudad.

¹⁶ Pero como Lot se tardaba, los ángeles lo tomaron de la mano, porque el Señor tuvo compasión de él. También tomaron a su esposa y a sus hijas, y los sacaron de la ciudad para ponerlos a salvo.ᶜ ¹⁷ Cuando ya estaban fuera de la ciudad, uno de los ángeles dijo:

—¡Corre, ponte a salvo! No mires hacia atrás, ni te detengas para nada en el valle. Vete a las montañas, si quieres salvar tu vida.

¹⁸ Pero Lot les dijo:

—¡No, señores míos, por favor! ¹⁹ Ustedes me han hecho ya muchos favores, y han sido muy buenos conmigo al salvarme la vida, pero yo no puedo ir a las montañas porque la destrucción me puede alcanzar en el camino, y entonces moriré. ²⁰ Cerca de aquí hay una ciudad pequeña, a la que puedo huir. ¡Déjenme ir allá para salvar mi vida, pues realmente es una ciudad muy pequeña!

²¹ Entonces uno de ellos dijo:

—Te he escuchado y voy a hacer lo que me has pedido. No voy a destruir la ciudad de que me has hablado, ²² pero ¡anda!, vete allá de una vez, porque no puedo hacer nada mientras no llegues a ese lugar.

Por eso aquella ciudad fue llamada Zoar.²⁵

²³ Cuando ya había amanecido y Lot había llegado a Zoar, ²⁴ el Señor hizo llover fuego y azufre sobre Sodoma y Gomorra; ²⁵ las destruyóᵈ junto con todos los que vivían en ellas, y acabó con todo lo que crecía en aquel valle. ²⁶ Pero la mujer de Lot,ᵉ que venía siguiéndole, miró hacia atrás y allí mismo quedó convertida en una estatua de sal.

²⁷ Al día siguiente por la mañana, Abraham fue al lugar donde había estado hablando con el Señor; ²⁸ miró hacia Sodoma y Gomorra, y por todo el valle, y vio que de toda la región subía humo, como si fuera un horno. ²⁹ Así fue como Dios destruyó las ciudades del valle donde Lot

²⁵ En hebreo, *Zoar* y la palabra que significa *pequeña* tienen un sonido parecido.
ᶜ **19.16** 2 P 2.7. ᵈ **19.24-25** Mt 10.15; 11.23-24; Lc 10.12; 17.29; 2 P 2.6; Jud 7. ᵉ **19.26** Lc 17.32.

vivía, pero se acordó de Abraham y sacó a Lot del lugar de la destrucción.

Origen de los moabitas y amonitas

[30] Después Lot tuvo miedo de quedarse en Zoar y se fue con sus dos hijas a la región montañosa, donde los tres se quedaron a vivir en una cueva. [31] Un día, la hija mayor le dijo a la menor:

—Nuestro padre ya está viejo, y no hay en toda esta región ningún hombre que se case con nosotras, tal como se acostumbra; [32] así que vamos a emborracharlo y a acostarnos con él para tener hijos suyos.

[33] Esa misma noche le dieron vino a su padre, y la mayor se acostó con él; pero su padre no se dio cuenta cuando ella se acostó ni cuando se levantó. [34] Al día siguiente, la mayor le dijo a la menor:

—Mira, anoche me acosté con nuestro padre, así que esta noche también lo emborracharemos para que te acuestes con él; así las dos tendremos hijos suyos.

[35] Esa noche volvieron a darle vino a su padre, y la menor se acostó con él; pero Lot tampoco se dio cuenta cuando ella se acostó ni cuando se levantó. [36] Así las dos hijas de Lot quedaron embarazadas por parte de su padre. [37] La mayor tuvo un hijo, al que llamó Moab,[26] que fue el padre de los actuales moabitas. [38] También la menor tuvo un hijo, al que llamó Benamí,[27] que fue el padre de los actuales amonitas.

Abraham y Abimelec

20 [1] Abraham salió del lugar donde estaba y se fue a la región del Néguev, y se quedó a vivir en la ciudad de Gerar, entre Cades y Shur. [2] Estando allí, decía que Sara, su esposa, era su hermana.[f] Entonces Abimelec, el rey de Gerar, mandó traer a Sara para hacerla su mujer; [3] pero aquella noche Abimelec tuvo un sueño, en el que Dios le dijo: "Vas a morir, porque la mujer que has tomado es casada."

[4] Sin embargo, como él no la había tocado, le contestó: "Mi Señor, ¿acaso piensas matar a quien no ha hecho nada malo? [5] Abraham mismo me dijo que la mujer es su hermana, y ella también afirmó que él es su hermano, así que yo hice todo esto de buena fe. No he hecho nada malo."

[6] Y Dios le contestó en el sueño: "Yo sé muy bien que lo hiciste de buena fe. Por eso no te dejé tocarla, para que no pecaras contra mí. [7] Pero ahora, devuélvele su esposa a ese hombre, porque él es profeta

y rogará por ti para que vivas; pero si no se la devuelves, tú y los tuyos ciertamente morirán."

[8] Al día siguiente por la mañana, Abimelec se levantó y llamó a sus siervos, y les contó todo lo que había soñado. Al oírlo, ellos tuvieron mucho miedo. [9] Después Abimelec llamó a Abraham y le dijo:

—¡Mira lo que nos has hecho! ¿En qué te he ofendido, para que hayas traído un pecado tan grande sobre mí y sobre mi gente? Esas cosas no se hacen. [10] ¿Qué estabas pensando cuando hiciste todo esto?

Así le habló Abimelec a Abraham, [11] y Abraham contestó:

—Yo pensé que en este lugar no tenían ningún respeto a Dios, y que me matarían por causa de mi esposa. [12] Pero es cierto que ella es mi hermana: es hija de mi padre, aunque no de mi madre; por eso pude casarme con ella. [13] Cuando Dios me dio la orden de salir de la casa de mi padre, le pedí a ella que, en cada lugar a donde llegáramos, dijera que yo era su hermano.

[14] Entonces Abimelec le devolvió a Abraham su esposa Sara. Además le regaló ovejas, vacas, esclavos y esclavas, [15] y le dijo:

—Mira, ahí tienes mi país; escoge el lugar que más te guste para vivir.

[16] A Sara le dijo:

—Lo que le he dado a tu hermano vale mil monedas de plata, y eso va a servir para defender tu buena fama delante de todos los que están contigo. Nadie podrá hablar mal de ti.[28]

[17] Entonces Abraham oró a Dios, y Dios les devolvió la salud a Abimelec y a su esposa. También sanó a sus siervas, para que pudieran tener hijos, [18] pues por causa de Sara, el Señor había hecho que ninguna mujer de la casa de Abimelec pudiera tener hijos.

El nacimiento de Isaac

21 [1] De acuerdo con su promesa, el Señor prestó atención a Sara y cumplió lo que le había dicho, [2] así que ella quedó embarazada y le dio un hijo a Abraham cuando él ya era muy anciano.[g] El niño nació en el tiempo que Dios le había dicho. [3] El nombre que Abraham le puso al hijo que Sara le dio, fue Isaac; [4] y lo circuncidó a los ocho días de nacido,[h] tal como Dios se lo había ordenado. [5] Abraham tenía cien años cuando Isaac nació. [6] Entonces Sara pensó: "Dios me ha hecho reír, y todos los que sepan que he tenido un hijo, se reirán conmigo. [7] ¿Quién le hubiera dicho a Abraham que yo llegaría a

---

[26] En hebreo, *Moab* y la palabra que significa *por parte del padre* tienen un sonido parecido.　[27] En hebreo, *Ben-amí* significa *hijo de mi pueblo.*　[28] *Mal de ti:* traducción probable. Heb. oscuro.
[f] 20.2 Gn 12.13; 26.7.　[g] 21.2 He 11.11.　[h] 21.4 Gn 17.12; Hch 7.8.

darle hijos? Sin embargo, le he dado un hijo a pesar de que él ya está viejo."

Agar e Ismael son echados de la casa de Abraham

[8] El niño Isaac creció y lo destetaron. El día en que fue destetado, Abraham hizo una gran fiesta. [9] Pero Sara vio que el hijo que Agar la egipcia la había dado a Abraham, se burlaba de Isaac.[29] [10] Entonces fue a decirle a Abraham: "¡Que se vayan esa esclava y su hijo! Mi hijo Isaac no tiene por qué compartir su herencia con el hijo de esa esclava."[i] [11] Esto le dolió mucho a Abraham, porque se trataba de un hijo suyo. [12] Pero Dios le dijo: "No te preocupes por el muchacho ni por tu esclava. Haz todo lo que Sara te pida, porque tu descendencia vendrá por medio de Isaac.[j] [13] En cuanto al hijo de la esclava, yo haré que también de él salga una gran nación, porque es hijo tuyo."

[14] Al día siguiente, muy temprano, Abraham le dio a Agar pan y un cuero con agua; se lo puso todo sobre la espalda, le entregó al niño Ismael y la despidió. Ella se fue, y estuvo caminando sin rumbo por el desierto de Beerseba. [15] Cuando se acabó el agua que había en el cuero, dejó al niño debajo de un arbusto [16] y fue a sentarse a cierta distancia de allí, pues no quería verlo morir. Cuando ella se sentó, el niño[30] comenzó a llorar.

[17] Dios oyó que el muchacho lloraba; y desde el cielo el ángel de Dios llamó a Agar y le dijo: "¿Qué te pasa, Agar? No tengas miedo, porque Dios ha oído el llanto del muchacho ahí donde está. [18] Anda, ve a buscar al niño, y no lo sueltes de la mano, pues yo haré que de él salga una gran nación." [19] Entonces Dios hizo que Agar viera un pozo de agua. Ella fue y llenó de agua el cuero, y dio de beber a Ismael. [20-21] Dios ayudó al muchacho, el cual creció y vivió en el desierto de Parán, y llegó a ser un buen tirador de arco. Más tarde su madre lo casó con una mujer egipcia.

Abraham y Abimelec hacen un pacto

[22] Más o menos por ese tiempo, Abimelec[k] fue a hablar con Abraham. Lo acompañaba Ficol, el jefe de su ejército. Y Abimelec dijo a Abraham:
—Vemos que Dios te ayuda en todo lo que haces. [23] Por lo tanto, júrame por Dios, en este mismo lugar, que no nos ha-

rás mal ni a mí ni a mis hijos ni a mis descendientes. Júrame que me tratarás con la misma bondad con que yo te he tratado, y que harás lo mismo con la gente de este país donde ahora vives.
[24] —Te lo juro —contestó Abraham.
[25] Pero Abraham le llamó la atención a Abimelec acerca de un pozo de agua que los siervos de éste le habían quitado. [26] Y Abimelec le contestó:
—Hasta hoy no he sabido nada de este asunto, pues tú no me lo habías dicho. Yo no sé quién ha podido hacer eso.
[27] Entonces Abraham tomó ovejas y vacas, y se las dio a Abimelec; y aquel mismo día los dos hicieron un trato. [28] Pero Abraham apartó siete ovejas de su rebaño, [29] por lo que Abimelec le preguntó:
—¿Para qué has apartado estas siete ovejas?
[30] Y Abraham contestó:
—Para que estas siete ovejas que yo te entrego sirvan como prueba de que yo hice este pozo.
[31] Por esta razón ese lugar se llamó Beerseba,[31] pues allí los dos hicieron un juramento.
[32] Una vez hecho el trato en Beerseba, Abimelec y Ficol regresaron al país de los filisteos. [33] Allí, en Beerseba, Abraham plantó un árbol, un tamarisco, e invocó el nombre del Señor, el Dios eterno. [34] Durante mucho tiempo, Abraham vivió en el país de los filisteos.

Dios pone a prueba la fe de Abraham

22 [1] Después de algún tiempo, Dios puso a prueba la fe de Abraham. Lo llamó por su nombre, y él contestó:
—Aquí estoy.
[2] Y Dios le dijo:
—Toma a Isaac, tu único hijo, al que tanto amas, y vete a la tierra de Moriah. Una vez allá, ofrécelo en holocausto sobre el cerro que yo te señalaré.
[3] Al día siguiente, muy temprano, Abraham se levantó y ensilló su asno; cortó leña para el holocausto y se fue al lugar que Dios le había dicho, junto con su hijo Isaac y dos de sus siervos. [4] Al tercer día, Abraham alcanzó a ver el lugar desde lejos. [5] Entonces les dijo a sus siervos:
—Quédense aquí con el asno. El muchacho y yo seguiremos adelante, adoraremos a Dios, y luego regresaremos.
[6] Abraham tomó la leña para el holocausto y la puso sobre los hombros de Isaac; luego tomó el cuchillo y el fuego, y

---

[29] *De Isaac:* según la versión griega. En el texto hebreo no aparece esta frase. [30] *El niño:* según la version griega. Heb. *ella.* [31] En hebreo, *Beerseba* significa *pozo del juramento,* o *pozo de los siete.*
[i] 21.10 Gá 4.29-30. [j] 21.12 Ro 9.7; He 11.18. [k] 21.22 Gn 26.26.

se fueron los dos juntos. [7] Poco después Isaac le dijo a Abraham:

—¡Padre!

—¿Qué quieres, hijo? —le contestó Abraham.

—Mira —dijo Isaac—, tenemos la leña y el fuego, pero ¿dónde está el cordero para el holocausto?

[8] —Dios se encargará de que haya un cordero para el holocausto, hijito —respondió su padre.

Y siguieron caminando juntos. [9] Cuando llegaron al lugar que Dios le había dicho, Abraham construyó un altar y preparó la leña; luego ató a su hijo Isaac y lo puso en el altar,[l] sobre la leña; [10] pero en el momento de tomar el cuchillo para sacrificar a su hijo, [11] el ángel del Señor lo llamó desde el cielo:

—¡Abraham! ¡Abraham!

—Aquí estoy —contestó él.

[12] El ángel le dijo:

—No le hagas ningún daño al muchacho, porque ya sé que tienes temor de Dios, pues no te negaste a darme tu único hijo.

[13] Abraham se fijó, y vio un carnero que estaba enredado por los cuernos entre las ramas de un arbusto; entonces fue, tomó el carnero y lo ofreció en holocausto, en lugar de su hijo.[m] [14] Después Abraham le puso este nombre a aquel lugar: "El Señor da lo necesario." Por eso todavía se dice: "En el cerro, el Señor da lo necesario."

[15] El ángel del Señor llamó a Abraham desde el cielo por segunda vez, [16] y le dijo:

—El Señor ha dicho: 'Puesto que has hecho esto y no me has negado a tu único hijo, juro por mí mismo [17] que te bendeciré mucho. Haré que tu descendencia sea tan numerosa como las estrellas del cielo y como la arena que hay a la orilla del mar.[n] Además, ellos siempre vencerán a sus enemigos, [18] y todas las naciones del mundo serán bendecidas por medio de ellos,[ñ] porque me has obedecido.'

[19] Abraham regresó al lugar donde se habían quedado sus siervos. Después todos juntos se fueron a Beerseba, donde Abraham se quedó a vivir.

Los hijos de Nacor

[20] Al cabo de algún tiempo, Abraham recibió la noticia de que Milca también le había dado hijos a su hermano Nacor. [21] El primero que nació fue Uz; luego nació su hermano Buz, y luego Kemuel, que fue el padre de Aram. [22] Luego nacieron Quesed, Hazo, Pildas, Jidlaf y Betuel. [23] Este Betuel fue el padre de Rebeca. Estos son los ocho hijos que Milca le dio a Nacor, el hermano de Abraham.

[24] Además, Nacor tuvo hijos con Reúma, su concubina. Ellos fueron Teba, Gaham, Tahas y Maaca.

Muerte y sepultura de Sara

23 [1] Sara vivió ciento veintisiete años, [2] y murió en Quiriat-arba, o sea la ciudad de Hebrón, en la tierra de Canaán. Abraham lloró por la muerte de Sara y le guardó luto. [3] Luego salió de donde estaba el cadáver de Sara y fue a decirles a los hititas de aquel lugar:

[4] —Aunque soy un extranjero entre ustedes,[o] véndanme un sepulcro para enterrar a mi esposa.[p]

[5] Y los hititas le contestaron:

[6] —¡Por favor, señor, escúchenos! Usted es entre nosotros un escogido de Dios. Entierre a su esposa en el mejor de nuestros sepulcros, pues ninguno de nosotros le negará su sepulcro para eso.

[7] Entonces Abraham se puso de pie, hizo una reverencia ante los hititas, [8] y les dijo:

—Si de veras quieren que yo entierre aquí a mi esposa, por favor pídanle de mi parte a Efrón, el hijo de Zohar, [9] que me venda la cueva de Macpela, que está en la orilla de sus terrenos. Yo la pagaré el precio total de la cueva, y así seré dueño de un sepulcro en este lugar.

[10] Como Efrón el hitita estaba allí entre ellos, le contestó a Abraham de manera que pudieran escucharlo sus paisanos y también todos los que pasaban por la entrada de la ciudad:

[11] —¡No, señor mío, por favor! Yo le regalo el terreno, y la cueva que está en el terreno. Mis paisanos son testigos de que yo se lo regalo. Entierre usted a su esposa.

[12] Pero Abraham volvió a hacer una reverencia a los habitantes del lugar [13] y le contestó a Efrón delante de todos:

—¡Por favor, escúcheme usted! Le ruego que acepte el dinero por el terreno, y después enterraré allí a mi esposa.

[14] Entonces Efrón le contestó:

[15] —Escúcheme, señor mío: el terreno vale cuatrocientas monedas de plata. Por esa cantidad no vamos a discutir, así que entierre usted a su esposa.

[16] Abraham aceptó pagar la cantidad que Efrón había mencionado en presencia de los hititas, y le pagó en plata contante y sonante. [17] De esta manera el terreno de Efrón que estaba en Macpela, al oriente de Mamre, es decir, el terreno con la cueva y todos los árboles que estaban dentro del terreno, [18] pasaron a ser propie-

l 22.9 Stg 2.21. m 22.1–13 He 11.17–19. n 22.16–17 He 6.13–14; 11.12. ñ 22.18 Hch 3.25; Gá 3.8. o 23.4 He 11.9,13.
p 23.4 Hch 7.16.

dad de Abraham. De ello fueron testigos los hititas y todos los que pasaban por la entrada de la ciudad.

19 Después de esto Abraham enterró a Sara en la cueva que estaba en el terreno de Macpela, al oriente de Mamre, lugar que también es conocido con el nombre de Hebrón, y que está en Canaán. 20 Así quedó en posesión del terreno y de la cueva que allí había, la cual los hititas le vendieron para sepultura.

Abraham busca esposa para Isaac

24 1 Abraham era ya muy viejo, y el Señor lo había bendecido en todo. 2 Un día llamó al más viejo de sus siervos, el que estaba a cargo de todo lo suyo, y le dijo:

—Pon tu mano debajo de mi muslo, 3 y júrame por el Señor, el Dios del cielo y de la tierra, que no dejarás que mi hijo Isaac se case con una mujer de esta tierra de Canaán, donde yo vivo, 4 sino que irás a mi tierra y escogerás una esposa para él entre las mujeres de mi familia.

5 El siervo le contestó:

—Pero si la mujer no quiere venir conmigo, ¿qué hago? ¿Debo entonces llevar a su hijo a la tierra de donde usted salió?

6 Abraham le dijo:

—¡No, no lleves allá a mi hijo! 7 El Señor, el Dios del cielo, que me sacó de la casa de mi padre y de la tierra de mis parientes y me prometió dar esta tierra a mis descendientes, también enviará su ángel delante de ti para que traigas de allá una esposa para mi hijo. 8 Si la mujer no quiere venir contigo, quedarás libre de este compromiso, pero ¡de ninguna manera lleves allá a mi hijo!

9 Entonces el siervo puso la mano bajo el muslo de su amo Abraham, y le juró que haría lo que le había pedido. 10 Después escogió regalos entre lo mejor que su amo tenía, tomó diez de sus camellos y se fue a la ciudad de Nacor, en Mesopotamia. 11 Cuando el siervo llegó a las afueras de la ciudad, ya empezaba a oscurecer. A esa hora las mujeres van a sacar agua. El siervo hizo descansar a los camellos junto a un pozo de agua, 12 y comenzó a orar: "Señor y Dios de mi amo Abraham, haz que hoy me vaya bien, y muéstrate bondadoso con mi amo. 13 Voy a quedarme aquí, junto al pozo, mientras las muchachas de este lugar vienen a sacar agua. 14 Permite que la muchacha a la que yo le diga: 'Por favor, baje usted su cántaro para que yo beba', y que me conteste: 'Beba usted, y también les daré agua a sus camellos', que sea ella la que tú has esco-

gido para tu siervo Isaac. Así podré estar seguro de que has sido bondadoso con mi amo."

15 Todavía no había terminado de orar, cuando vio que una muchacha venía con su cántaro al hombro. Era Rebeca, la hija de Betuel. Betuel era hijo de Milca y de Nacor, el hermano de Abraham. 16 Rebeca era muy hermosa, y además virgen; ningún hombre la había tocado. Bajó al pozo, llenó su cántaro, y ya regresaba 17 cuando el siervo corrió a alcanzarla y le dijo:

—Por favor, déjeme usted beber un poco de agua de su cántaro.

18 —Beba usted, señor —contestó ella.

Y en seguida bajó su cántaro, lo sostuvo entre las manos y le dio de beber. 19 Cuando el siervo terminó de beber, Rebeca le dijo:

—También voy a sacar agua para sus camellos, para que beban toda la que quieran.

20 Rápidamente vació su cántaro en el bebedero y corrió varias veces al pozo, hasta que sacó agua para todos los camellos. 21 Mientras tanto el siervo la miraba sin decir nada, pues quería estar seguro de que el Señor había hecho que le fuera bien en su viaje. 22 Cuando los camellos terminaron de beber, el hombre tomó un anillo de oro que pesaba como seis gramos, y se lo puso a ella en la nariz.32 También le dio dos brazaletes de oro que pesaban más de cien gramos, 23 y le dijo:

—Dígame por favor de quién es usted hija, y si hay lugar en la casa de su padre donde mis hombres y yo podamos pasar la noche.

24 Y ella contestó:

—Soy hija de Betuel, el hijo de Milca y de Nacor. 25 En nuestra casa hay lugar para que usted pase la noche, y también suficiente paja y comida para los camellos.

26 Entonces el siervo se arrodilló y adoró al Señor, 27 diciendo: "¡Bendito sea el Señor, el Dios de mi amo Abraham, pues ha sido fiel y bondadoso con mi amo, y me ha dirigido en el camino a la casa de sus parientes!"

28 Rebeca fue corriendo a la casa de su madre, a contar todo lo que le había pasado. 29 Tenía ella un hermano llamado Labán, el cual corrió al pozo a buscar al hombre, 30 pues había visto el anillo y los brazaletes que su hermana llevaba en los brazos, y le había oído contar lo que el hombre le había dicho. Labán se acercó al siervo de Abraham, que todavía estaba con los camellos junto al pozo, 31 y le dijo:

—Venga usted, bendito del Señor. ¿Cómo va usted a quedarse aquí afuera, si

---

32 *Y se lo puso a ella en la nariz*: según una versión antigua. En el texto hebreo no aparece esta frase.

ya he preparado la casa y un lugar para los camellos!

³² Entonces el siervo fue a la casa. Allí Labán descargó los camellos y les dio de comer, y luego trajo agua para que el siervo y sus compañeros se lavaran los pies.

³³ Cuando le sirvieron de comer, el siervo de Abraham dijo:

—Yo no podría comer antes de haber dicho lo que tengo que decir.

—Hable usted —dijo Labán.

³⁴ El siervo dijo:

—Yo soy siervo de Abraham. ³⁵ El Señor ha bendecido mucho a mi amo y lo ha hecho rico: le ha dado ovejas, vacas, oro y plata, siervos, siervas, camellos y asnos. ³⁶ Además, Sara, su esposa, le dio un hijo cuando ya era muy anciana, y mi amo le ha dejado a su hijo todo lo que tiene. ³⁷ Mi amo me hizo jurar, y me dijo: 'No dejes que mi hijo se case con una mujer de esta tierra de Canaán, donde yo vivo. ³⁸ Antes bien, ve a la familia de mi padre, y busca entre las mujeres de mi clan una esposa para él.' ³⁹ Y yo le dije: 'Mi señor, ¿y si la mujer no quiere venir conmigo?' ⁴⁰ Entonces él me contestó: 'Yo he andado en el camino del Señor, y él enviará su ángel contigo, para que te vaya bien en tu viaje y tomes una esposa para mi hijo de entre las mujeres de mi familia, es decir, de la familia de mi padre. ⁴¹ Sólo en caso de que mis parientes no quieran darte la muchacha, quedarás libre del juramento que me has hecho.'

⁴² "Así fue como hoy llegué al pozo, y en oración le dije al Señor, el Dios de mi amo Abraham: 'Si de veras vas a hacer que me vaya bien en este viaje, ⁴³ te ruego que ahora que estoy junto al pozo, pase esto: que la muchacha que venga por agua y a la que yo le diga: Por favor, déjeme usted beber un poco de agua de su cántaro, ⁴⁴ y que me conteste: Beba usted, y también sacaré agua para sus camellos, que sea ésta la mujer que tú, Señor, has escogido para el hijo de mi amo.' ⁴⁵ Todavía no terminaba yo de hacer esta oración, cuando vi que Rebeca venía con su cántaro al hombro. Bajó al pozo a sacar agua, y le dije: 'Deme usted agua, por favor.' ⁴⁶ Ella bajó en seguida su cántaro, y me dijo: 'Beba usted, y también les daré de beber a sus camellos.' Y ella me dio agua, y también a mis camellos. ⁴⁷ Luego le pregunté: ¿De quién es usted hija?' y ella me contestó: 'Soy hija de Betuel, el hijo de Nacor y de Milca.' Entonces le puse un anillo en la nariz y dos brazaletes en los brazos, ⁴⁸ y me arrodillé y adoré al Señor; alabé al Señor, el Dios de mi amo Abraham, por haberme traído por el camino correcto para tomar la hija del pariente de mi amo para

su hijo. ⁴⁹ Ahora pues, díganme si van a ser buenos y sinceros con mi amo, y si no, díganmelo también, para que yo sepa lo que debo hacer.

⁵⁰ Entonces Labán y Betuel le contestaron:

—Todo esto viene del Señor, y nosotros no podemos decirle a usted que sí o que no. ⁵¹ Mire usted, aquí está Rebeca; tómela y váyase. Que sea la esposa del hijo de su amo, tal como el Señor lo ha dispuesto.

⁵² Cuando el siervo de Abraham oyó esas palabras, se arrodilló delante del Señor hasta tocar el suelo con la frente. ⁵³ Luego sacó varios objetos de oro y plata, y vestidos, y se los dio a Rebeca. También a su hermano y a su madre les hizo regalos. ⁵⁴ Después él y sus compañeros comieron y bebieron, y pasaron allí la noche. Al día siguiente, cuando se levantaron, el siervo dijo:

—Déjenme regresar a la casa de mi amo.

⁵⁵ Pero el hermano y la madre de Rebeca le dijeron:

—Que se quede la muchacha con nosotros todavía unos diez días, y después podrá irse con usted.

⁵⁶ Pero el siervo les dijo:

—No me detengan más. Dios ha hecho que mi viaje haya salido bien, así que déjenme regresar a la casa de mi amo.

⁵⁷ Entonces ellos contestaron:

—Vamos a llamar a la muchacha, a ver qué dice ella.

⁵⁸ Llamaron a Rebeca y le preguntaron:

—¿Quieres irte con este hombre?

—Sí —contestó ella.

⁵⁹ Entonces dejaron ir a Rebeca y a la mujer que la había cuidado siempre, y también al siervo de Abraham y a sus compañeros. ⁶⁰ Y bendijeron a Rebeca de esta manera:

"Oh, hermana nuestra,
¡que seas madre de muchos
    millones!
¡que tus descendientes
conquisten las ciudades de sus
    enemigos!"

⁶¹ Entonces Rebeca y sus siervas montaron en los camellos y siguieron al siervo de Abraham. Fue así como el siervo tomó a Rebeca y se fue de allí.

⁶² Isaac había vuelto del pozo llamado "El que vive y me ve", pues vivía en la región del Néguev. ⁶³ Había salido a dar un paseo al anochecer. En esto vio que unos camellos se acercaban. ⁶⁴ Por su parte, Rebeca también miró y, al ver a Isaac, se bajó del camello ⁶⁵ y le preguntó al siervo:

—¿Quién es ese hombre que viene por el campo hacia nosotros?

—Es mi amo —contestó el siervo.
Entonces ella tomó su velo y se cubrió
la cara.
66 El siervo le contó a Isaac todo lo que
había hecho. 67 Luego Isaac llevó a Rebeca
a la tienda de campaña de su madre Sara,
y se casó con ella. Isaac amó mucho a Rebeca, y así se consoló de la muerte de su
madre.

Los descendientes de Abraham y Cetura

(1 Cr 1.32–33)

25 1 Abraham tuvo otra esposa, que se
llamaba Cetura. 2 Sus hijos con ella
fueron Zimram, Jocsán, Medán, Madián,
Isbac y Súa. 3 Jocsán fue el padre de Seba
y Dedán. Los descendientes de Dedán fueron los asureos, los letuseos y los leumeos.
4 Los hijos de Madián fueron Efa, Efer,
Hanoc, Abida y Elda. Todos estos fueron
descendientes de Cetura. 5 Isaac heredó
todo lo que Abraham tenía. 6 A los hijos
de sus otras mujeres, Abraham solamente
les hizo regalos, y cuando todavía vivía
los separó de su hijo Isaac, enviándolos a
la región del oriente.

Muerte y sepultura de Abraham

7 Abraham vivió ciento setenta y cinco
años en total, 8 y murió de muerte natural,
cuando ya era muy anciano. Y fue a reunirse con sus antepasados. 9 Sus hijos
Isaac e Ismael lo sepultaron en la cueva
de Macpela, que está al oriente de Mamre,
en el terreno de Efrón, el hijo de Zohar el
hitita. 10 Este terreno era el que Abraham
había comprado a los hititas.[q] Allí fue sepultado Abraham, junto a su esposa Sara.
11 Después que Abraham murió, Dios bendijo a Isaac, que se había quedado a vivir
junto al pozo "El que vive y me ve".

Los descendientes de Ismael

(1 Cr 1.28–31)

12 Estos son los hijos de Ismael, el hijo
de Abraham y de Agar, la esclava egipcia
de Sara, 13 en el orden en que nacieron:
Nebaiot, que fue su hijo mayor; luego Cedar, Adbeel, Mibsam, 14 Misma, Duma,
Massa, 15 Hadar, Tema, Jetur, Nafis y Cedema. 16 Estos son los nombres de los doce
hijos de Ismael, y con esos mismos
nombres se conocieron sus propios territorios y campamentos. Cada uno era jefe
de su propia gente.
17 Ismael tenía ciento treinta y siete
años cuando murió, y fue a reunirse con
sus antepasados. 18 Sus descendientes se
establecieron en la región que está entre
Havila y Shur, frente a Egipto, en la ruta a
Asiria. Allí se establecieron, a pesar de la
oposición de sus hermanos.

Nacimiento de Jacob y Esaú

19 Esta es la historia de Isaac, el hijo de
Abraham. 20 Isaac tenía cuarenta años
cuando se casó con Rebeca, que era hija
de Betuel y hermana de Labán, los arameos que vivían en Padan-aram. 21 Rebeca
no podía tener hijos, así que Isaac le rogó
al Señor por ella. Y el Señor oyó su oración y Rebeca quedó embarazada. 22 Pero
como los mellizos se peleaban dentro de
su vientre, ella pensó: "Si esto va a ser así,
¿para qué seguir viviendo?" Entonces fue
a consultar el caso con el Señor, 23 y él le
contestó:

"En tu vientre hay dos naciones,
dos pueblos que están en lucha
desde antes de nacer.
Uno será más fuerte que el otro,
y el mayor estará sujeto al menor."[r]

24 Llegó al fin el día en que Rebeca tenía
que dar a luz, y tuvo mellizos. 25 El primero que nació era pelirrojo, todo cubierto de vello, y lo llamaron Esaú.[33]
26 Luego nació su hermano, agarrado al
talón de Esaú con una mano, y por eso lo
llamaron Jacob.[34] Isaac tenía sesenta años
cuando Rebeca los dio a luz.

Esaú vende sus derechos de hijo mayor

27 Los niños crecieron. Esaú llegó a ser
un hombre del campo y muy buen cazador; Jacob, por el contrario, era un hombre tranquilo, y le agradaba quedarse en el
campamento. 28 Isaac quería más a Esaú,
porque le gustaba comer de lo que él
cazaba, pero Rebeca prefería a Jacob.
29 Un día en que Jacob estaba coci-
nando, Esaú regresó muy cansado del
campo 30 y le dijo:
—Por favor, dame un poco de ese guiso
rojo que tienes ahí, porque me muero de
hambre.
(Por eso a Esaú también se le conoce
como Edom.)[35]
31 —Primero dame a cambio tus derechos de hijo mayor —contestó Jacob.
32 Entonces Esaú dijo:
—Como puedes ver, me estoy muriendo
de hambre, de manera que los derechos de
hijo mayor no me sirven de nada.

[33] La palabra hebrea que significa *vello* tiene un sonido parecido a *Seir,* que es otro nombre de *Esaú.* (Véase 36.8) [34] En hebreo, *Jacob* tiene un sonido parecido a *talón,* y también está relacionado con el verbo *hacer trampa.* (Véase 27.36)
[35] En hebreo, *Edom* y la palabra que significa *rojo* tienen un sonido parecido.
[q] **25.10** Gn 23.3–16. [r] **25.23** Ro 9.12.

[33] —Júramelo ahora mismo —insistió Jacob.

Esaú se lo juró, y así le cedió a Jacob sus derechos de hijo mayor.[s] [34] Entonces Jacob le dio a Esaú pan y guiso de lentejas. Cuando Esaú terminó de comer y beber, se levantó y se fue, sin dar ninguna importancia a sus derechos de hijo mayor.

Isaac se va a Gerar

26 [1] En ese tiempo hubo una gran escasez de alimentos en toda aquella región, además de la que hubo cuando Abraham aún vivía. Por eso Isaac se fue a Gerar, donde vivía Abimelec, rey de los filisteos. [2] Allí el Señor se le apareció y le dijo: "No vayas a Egipto. Quédate donde yo te diga, [3] y por ahora sigue viviendo en este país. Yo estaré contigo y te bendeciré, porque a ti y a tus descendientes les voy a dar todas estas tierras. Así cumpliré la promesa que le hice a tu padre Abraham. [4] Haré que tus descendientes sean tantos como las estrellas del cielo, y les daré todas estas tierras. Además, todas las naciones de la tierra serán bendecidas por medio de tus descendientes,[t] [5] porque Abraham me obedeció y cumplió mis órdenes, mis mandamientos, mis leyes y mis enseñanzas."

[6] Entonces Isaac se quedó en Gerar, [7] y cuando los que vivían en ese lugar le preguntaron en cuanto a Rebeca, Isaac tuvo miedo de decir que era su esposa y les dijo que era su hermana.[u] Era tan hermosa Rebeca, que Isaac pensó que los hombres del lugar lo matarían por causa de ella. [8] Pasó el tiempo y él se quedó allá. Pero un día en que Abimelec estaba mirando por la ventana, vio que Isaac acariciaba a su esposa Rebeca. [9] Entonces lo mandó llamar y le dijo:

—Así que ella es tu esposa, ¿verdad? Entonces, ¿por qué dijiste que era tu hermana?

—Yo pensé que tal vez me matarían por causa de ella —contestó Isaac.

[10] Pero Abimelec le dijo:

—¿Por qué nos has hecho esto? Un poco más y alguno del pueblo se habría acostado con tu esposa, y tú nos habrías hecho pecar.

[11] Entonces Abimelec ordenó a todo su pueblo:

—Si alguien molesta a este hombre o a su esposa, será condenado a muerte.

[12] Ese año Isaac sembró en aquel lugar y recogió muy buena cosecha, pues el Señor lo bendijo. [13] Se hizo muy rico y llegó a tener muchas posesiones. [14] Eran tantas sus ovejas y vacas, y tantos sus siervos, que los filisteos le tenían envidia.

[15] Cuando su padre Abraham aún vivía, los siervos de Abraham habían abierto pozos; pero después los filisteos los habían tapado y llenado de tierra. [16] Por fin, Abimelec le dijo a Isaac:

—Vete de aquí, porque has llegado a ser más rico que nosotros.

[17] Isaac se fue y acampó en el valle de Gerar, y allí se quedó a vivir. [18] Volvió a abrir los pozos de agua que habían sido abiertos en vida de su padre, y que los filisteos habían tapado después de su muerte, y les puso los mismos nombres que su padre les había dado. [19] Un día, los siervos de Isaac estaban haciendo un pozo en el valle, y encontraron un manantial. [20] Pero los pastores que cuidaban las ovejas en el valle de Gerar se pelearon con los pastores que cuidaban las ovejas de Isaac, porque decían que esa agua era de ellos. Por eso Isaac llamó a ese pozo "Pelea", pues se habían peleado por él. [21] Después sus siervos abrieron otro pozo, por el que volvieron a pelear, y a ese pozo Isaac lo llamó "Enemistad".

[22] Isaac se fue lejos de allí, y abrió otro pozo. Como ya no pelearon por él, lo llamó "Libertad", pues dijo: "Ahora el Señor nos ha dejado en libertad de progresar en este lugar."

[23] De allí Isaac se fue a Beerseba. [24] Esa noche el Señor se le apareció y le dijo:

"Yo soy el Dios de tu padre
    Abraham.
No tengas miedo; yo estoy contigo.
Por causa de mi siervo Abraham
te bendeciré y aumentaré mucho tu
    descendencia."

[25] Entonces Isaac construyó un altar allí, e invocó el nombre del Señor. Acampó en aquel lugar, y sus siervos abrieron un pozo.

Isaac y Abimelec hacen un pacto

[26] Un día, Abimelec[v] vino desde Gerar para hablar con Isaac. Lo acompañaban su amigo Ahuzat, y Ficol, que era el capitán de su ejército. [27] Isaac les dijo:

—Si ustedes no me quieren, y hasta me echaron de su tierra, ¿para qué vienen a verme?

[28] Ellos le contestaron:

—Hemos visto que el Señor está contigo, y hemos pensado proponerte que hagamos un pacto. El pacto será éste: [29] que tú no nos harás ningún mal, pues nosotros no te hemos molestado. Al contrario, siempre te hemos tratado bien y te despedimos en forma amistosa, y ahora el Señor te está bendiciendo.

³⁰ Entonces Isaac les hizo una gran fiesta, y ellos comieron y bebieron. ³¹ Al día siguiente por la mañana, se levantaron y se hicieron juramentos entre sí. Luego Isaac les dijo adiós, y ellos se despidieron de él como amigos.

³² Aquel mismo día, los siervos de Isaac vinieron a darle la noticia de que habían encontrado agua en el pozo que estaban abriendo. ³³ Isaac le puso a aquel pozo el nombre de Seba.³⁶ Por eso aquella ciudad todavía se llama Beerseba.

³⁴ Cuando Esaú tenía cuarenta años, se casó con Judit, que era hija de Beeri el hitita. También se casó con Basemat, que era hija de otro hitita llamado Elón. ³⁵ Estas dos mujeres les amargaron la vida a Isaac y Rebeca.

Isaac bendice a Jacob y Esaú

27 ¹ Isaac estaba ya muy viejo, y se había quedado ciego. Un día llamó a Esaú, su hijo mayor, y le dijo:

—¡Hijo mío!

—Dime, padre —contestó Esaú.

² —Ya ves que estoy muy viejo—dijo Isaac—, y un día de estos me puedo morir. ³ Por eso quiero que vayas al monte con tu arco y tus flechas para cazar algún animal. ⁴ Prepara luego un guisado sabroso, como a mí me gusta, y tráelo para que yo lo coma. Entonces te daré mi bendición antes de morir.

⁵ Pero Rebeca estaba oyendo lo que Isaac le decía a Esaú. Por eso, en cuanto éste se fue al monte a cazar algo para su padre, ⁶ ella dijo a Jacob, su hijo menor:

—Mira, oí que tu padre estaba hablando con tu hermano Esaú, y que le decía: ⁷ 'Caza algún animal, prepara un guisado sabroso para que yo lo coma, y te daré mi bendición delante del Señor antes de morir.' ⁸ Así que, hijo mío, escucha bien lo que te voy a decir: ⁹ Ve a donde está el rebaño, y tráeme dos de los mejores cabritos; voy a prepararle a tu padre un guisado sabroso, como a él le gusta. ¹⁰ Tú se lo vas a llevar para que lo coma, y así te dará a ti su bendición antes de morir.

¹¹ Pero Jacob le dijo a su madre:

—Mi hermano tiene mucho pelo en el cuerpo, y yo no. ¹² Si mi padre llega a tocarme y me reconoce, va a pensar que me estoy burlando de él; entonces haré que me maldiga en lugar de que me bendiga.

¹³ Pero su madre le contestó:

—Hijo mío, que esa maldición recaiga sobre mí. Tú haz lo que te digo y tráeme esos cabritos.

¹⁴ Jacob fue por los cabritos y se los trajo a su madre. Ella preparó entonces un guisado sabroso, como a Isaac le gustaba, ¹⁵ sacó la mejor ropa de Esaú, su hijo mayor, que estaba guardada en la casa, y se la puso a Jacob, su hijo menor. ¹⁶ Luego, con la piel de los cabritos, le cubrió a Jacob los brazos y la parte del cuello donde no tenía pelo, ¹⁷ y le dio el guisado y el pan que había preparado.

¹⁸ Entonces Jacob entró donde estaba su padre, y le dijo:

—¡Padre!

—Aquí estoy. ¿Cuál de mis hijos eres tú? —preguntó Isaac.

¹⁹ —Soy Esaú, tu hijo mayor —contestó Jacob—. Ya hice lo que me dijiste. Levántate, por favor; siéntate y come del animal que he cazado, y dame tu bendición.

²⁰ Entonces Isaac le preguntó:

—¿Cómo pudiste encontrarlo tan pronto, hijo mío?

—El Señor tu Dios me ayudó a encontrarlo —respondió Jacob.

²¹ Pero Isaac le dijo:

—Acércate y déjame tocarte, a ver si de veras eres mi hijo Esaú.

²² Jacob se acercó para que su padre lo tocara. Entonces Isaac dijo: "La voz es la de Jacob, pero los brazos son los de Esaú." ²³ Así que no lo reconoció, porque sus brazos tenían mucho pelo, como los de su hermano Esaú. Pero cuando iba a darle su bendición, ²⁴ volvió a preguntarle:

—¿De veras eres mi hijo Esaú?

—Sí, yo soy Esaú —respondió Jacob.

²⁵ Entonces su padre le dijo:

—Sírveme, hijo mío, para que coma yo de lo que cazaste, y entonces te daré mi bendición.

Jacob le sirvió de comer a su padre, y también le trajo vino. Isaac comió y bebió, ²⁶ y luego le dijo:

—Acércate, hijo, y dame un beso.

²⁷ Cuando Jacob se acercó para besarlo, Isaac le olió la ropa. Entonces lo bendijo con estas palabras:

"Sí, este olor es de mi hijo.
Es como el olor de un campo
bendecido por el Señor.
²⁸ Que Dios te dé la lluvia del cielo,
las mejores cosechas de la tierra,
mucho trigo y mucho vino.
²⁹ Que mucha gente te sirva;
que las naciones se arrodillen
delante de ti.
Gobierna a tus propios hermanos;
¡que se arrodillen delante de ti!
Los que te maldigan serán malditos,
y los que te bendigan serán
benditos."ʷ·ˣ

---

³⁶ En hebreo, *Seba* y las palabras que significan *juramento* y *abundancia* tienen un sonido parecido.
ʷ **27.29** Gn 12.3.   ˣ **27.27–29** He 11.20.

[30] Había terminado Isaac de bendecir a Jacob, y apenas salía Jacob de donde estaba su padre, cuando Esaú regresó de cazar. [31] También él preparó un guisado sabroso, se lo llevó a su padre, y le dijo:

—Levántate, padre; come del animal que tu hijo ha cazado, y dame tu bendición.

[32] Entonces Isaac le preguntó:

—¿Quién eres tú?

—Soy Esaú, tu hijo mayor —contestó.

[33] Isaac se quedó muy sorprendido, y con voz temblorosa dijo:

—Entonces, ¿quién es el que fue a cazar y me trajo el guisado? Yo me lo comí todo antes de que tú llegaras, y le di mi bendición, y ahora él ha quedado bendecido.

[34] Cuando Esaú oyó lo que su padre decía, se puso a llorar amargamente, y gritó:

—¡Dame también a mí tu bendición, padre mío!

[35] Pero Isaac le contestó:

—Ya vino tu hermano, y me engañó, y se llevó la bendición que era para ti.

[36] —¡Con razón le pusieron por nombre Jacob! —dijo Esaú—. ¡Ya van dos veces que me hace trampa![37] Primero me quitó mis derechos de hijo mayor,[y] y ahora me ha quitado la bendición que me tocaba. ¿No has guardado ninguna otra bendición para mí?

[37] Entonces Isaac le contestó:

—Mira, yo le he dado a Jacob autoridad sobre ti; le he dado por siervos a todos sus parientes, y le he deseado que tenga mucho trigo y mucho vino. ¿Qué puedo hacer ahora por ti, hijo mío?

[38] Esaú insistió:

—¿No puedes dar más que una sola bendición, padre mío? ¡Bendíceme también a mí!

Y volvió a llorar a gritos.[z]

[39] Entonces Isaac le dijo:

"Vivirás lejos de las tierras fértiles
y de la lluvia que cae del cielo.
[40] Tendrás que defenderte con tu
    espada
y serás siervo de tu hermano;
pero cuando te hagas fuerte,
te librarás de él."[a, b]

Jacob huye de Esaú

[41] Desde entonces Esaú odió a Jacob por la bendición que le había dado su padre, y pensaba: "Ya pronto vamos a estar de luto por la muerte de mi padre; después de eso, mataré a mi hermano Jacob."

[42] Cuando Rebeca supo lo que Esaú estaba planeando, mandó llamar a Jacob y le dijo:

—Mira, tu hermano Esaú quiere matarte para vengarse de ti. [43] Por eso, hijo, escúchame; huye en seguida a Harán, a casa de mi hermano Labán. [44] Quédate con él por algún tiempo, hasta que se le pase el enojo a tu hermano [45] y olvide lo que le has hecho. Entonces te mandaré avisar para que vuelvas. ¡No quiero perder a mis dos hijos en un solo día!

[46] Luego Rebeca le dijo a Isaac:

—Estoy cansada de la vida por culpa de estas hititas con las que Esaú se casó. Si Jacob se casa con una hitita como éstas, de las que viven aquí en Canaán, vale más que me muera.

28 [1] Entonces Isaac llamó a Jacob, lo bendijo y le dio esta orden: "No te cases con ninguna mujer de esta tierra de Canaán. [2] Vete a Padan-aram, a la casa de tu abuelo Betuel, y cásate allá con una de las hijas de tu tío Labán. [3] Que el Dios todopoderoso te bendiga y te dé muchos descendientes, para que de ti salgan muchas naciones. [4] Que te dé a ti, y también a tus descendientes, la bendición que le prometió a Abraham,[c] para que sean dueños de esta tierra donde ahora vivimos como extranjeros, pues él se la prometió a Abraham."

[5] Así fue como Isaac envió a Jacob a Padan-aram. Jacob llegó a casa de Labán, que era hijo de Betuel el arameo y hermano de Rebeca, la madre de Jacob y Esaú.

Esaú se casa

[6] Esaú había visto cuando Isaac le dio su bendición a Jacob y lo envió a Padan-aram para casarse allá. También se fijó en que su padre, al bendecirlo, le encargó que no se casara con ninguna mujer de Canaán, [7] y que Jacob se fue a Padan-aram como su padre y su madre le habían dicho. [8] De esa manera Esaú se dio cuenta de que a su padre no le agradaban las mujeres de Canaán; [9] por eso fue a ver a Ismael, hijo de Abraham, y tomó por esposa a su hija Mahalat, que era hermana de Nebaiot, además de las esposas cananeas que ya tenía.

Dios se aparece a Jacob en Betel

[10] Jacob salió de Beerseba y tomó el camino de Harán. [11] Llegó a cierto lugar y allí se quedó a pasar la noche, porque el sol ya se había puesto. Tomó como almohada una de las piedras que había en el lugar, y se acostó a dormir. [12] Allí tuvo un sueño, en el que veía una escalera que estaba apoyada en la tierra y llegaba hasta el cielo, y por la cual los ángeles de Dios

[37] Véase nota en 25.26.
[y] 27.36 Gn 25.29-34. [z] 27.38 He 12.17. [a] 27.40 Gn 36.8; 2 R 8.20. [b] 27.39-40 He 11.20. [c] 28.4 Gn 17.4-8.

subían y bajaban.[d] [13] También veía que el Señor estaba de pie junto a él, y que le decía: "Yo soy el Señor, el Dios de tu abuelo Abraham y de tu padre Isaac. A ti y a tus descendientes les daré la tierra en donde estás acostado.[e] [14] Ellos llegarán a ser tantos como el polvo de la tierra, y se extenderán al norte y al sur, al este y al oeste, y todas las familias del mundo serán bendecidas por medio de ti y de tus descendientes.[f] [15] Yo estoy contigo; voy a cuidarte por dondequiera que vayas, y te haré volver a esta tierra. No voy a abandonarte sin cumplir lo que te he prometido."

[16] Cuando Jacob despertó de su sueño, pensó: "En verdad el Señor está en este lugar, y yo no lo sabía." [17] Tuvo mucho miedo, y pensó: "Este lugar es muy sagrado. Aquí está la casa de Dios; ¡es la puerta del cielo!"

[18] Al día siguiente Jacob se levantó muy temprano, tomó la piedra que había usado como almohada, la puso de pie como un pilar, y la consagró derramando aceite sobre ella. [19] En ese lugar había antes una ciudad que se llamaba Luz,[38] pero Jacob le cambió el nombre y le puso Betel.[39]

[20] Allí Jacob hizo esta promesa: "Si Dios me acompaña y me cuida en este viaje que estoy haciendo, si me da qué comer y con qué vestirme, [21] y si regreso sano y salvo a la casa de mi padre, entonces el Señor será mi Dios. [22] Esta piedra que he puesto como pilar, será casa de Dios; y siempre te daré, oh Dios, la décima parte de todo lo que tú me des."

Jacob en Harán

29 [1] Jacob siguió su camino y se fue a la tierra de los del oriente. [2] En el campo vio un pozo, cerca del cual estaban descansando tres rebaños de ovejas, porque los animales bebían agua de él. Sobre la boca del pozo había una piedra muy grande, [3] y cuando todos los rebaños se juntaban allí, los pastores quitaban la piedra para darles agua a las ovejas, y luego volvían a tapar el pozo. [4] Jacob preguntó a los pastores:

—¿De dónde son ustedes, amigos míos?

—Somos de Harán —contestaron ellos.

[5] —¿Conocen ustedes a Labán, el hijo de Nacor? —volvió a preguntar.

—Sí, lo conocemos —respondieron.

[6] —¿Está bien de salud? —insistió Jacob.

—Sí, Labán está bien —dijeron los pastores—. Mire usted, aquí viene su hija Raquel con sus ovejas.

[7] Entonces Jacob dijo:

—Todavía es de día, y es muy temprano para encerrar las ovejas. ¿Por qué no les dan agua y las llevan a pastar?

[8] Pero ellos le contestaron:

—No podemos hacerlo. Tenemos que esperar a que se junten todos los rebaños y los pastores quiten la piedra de la boca del pozo, para poder darles agua a las ovejas.

[9] Mientras Jacob estaba hablando con ellos, Raquel llegó con las ovejas de su padre, pues ella era quien las cuidaba. [10] Tan pronto como Jacob la vio con las ovejas de su tío Labán, fue y quitó la piedra de la boca del pozo, y les dio agua a las ovejas; [11] luego la saludó con un beso, y comenzó a llorar. [12] Cuando Jacob le contó que él era hijo de Rebeca y sobrino de Labán, Raquel fue corriendo a contárselo a su padre.

[13] Labán, al oír hablar de Jacob, el hijo de su hermana, salió corriendo a recibirlo, lo abrazó, lo saludó con un beso y lo llevó a su casa. Luego Jacob le contó todo lo que había pasado. [14] Y Labán le dijo: "Verdaderamente tú eres uno de mi propia sangre."

Jacob trabaja por Raquel y Lea

Jacob se quedó con Labán durante un mes. [15] Después de ese tiempo, Labán le dijo:

—No vas a trabajar para mí sin ganar nada, sólo porque eres mi pariente. Dime cuánto quieres que te pague.

[16] Labán tenía dos hijas: la mayor se llamaba Lea, y la menor, Raquel. [17] Lea tenía unos ojos muy tiernos, pero Raquel era hermosa de pies a cabeza. [18] Como Jacob se había enamorado de Raquel, contestó:

—Por Raquel, tu hija menor, trabajaré siete años para ti.

[19] Entonces Labán contestó:

—Es mejor dártela a ti que dársela a un extraño. Quédate conmigo.

[20] Y así Jacob trabajó por Raquel durante siete años, aunque a él le pareció muy poco tiempo porque la amaba mucho. [21] Cuando pasaron los siete años, Jacob le dijo a Labán:

—Dame mi mujer, para que me case con ella, porque ya terminó el tiempo que prometí trabajar por ella.

[22] Entonces Labán invitó a todos sus vecinos a la fiesta de bodas que hizo. [23] Pero por la noche Labán tomó a Lea y se la llevó a Jacob, y Jacob durmió con ella. [24] Además, Labán le regaló a Lea una de sus esclavas, llamada Zilpa, para que la atendiera. [25] A la mañana siguiente Jacob

---

[38] En hebreo, *Luz* significa *almendro.* [39] En hebreo, *Betel* significa *casa de Dios.*
[d] 28.12 Jn 1.51. [e] 28.13 Gn 13.14–15. [f] 28.14 Gn 12.3; 22.18.

se dio cuenta de que había dormido con Lea, y le reclamó a Labán:

—¿Qué cosa me has hecho? ¿No trabajé contigo por Raquel? Entonces, ¿por qué me has engañado?

²⁶ Y Labán le contestó:

—Aquí no acostumbramos que la hija menor se case antes que la mayor. ²⁷ Cumple con la semana de bodas de Lea y entonces te daremos también a Raquel, si es que te comprometes a trabajar conmigo otros siete años. ²⁸ Jacob aceptó, y cuando terminó la semana de bodas de Lea, Labán le dio a Raquel por esposa. ²⁹ Labán también le dio a Raquel una de sus esclavas, llamada Bilha, para que la atendiera. ³⁰ Jacob se unió también a Raquel, y la amó mucho más que a Lea, aunque tuvo que trabajar con Labán durante siete años más.

Los hijos de Jacob

³¹ Cuando el Señor vio que Jacob despreciaba a Lea, hizo que ésta tuviera hijos, pero a Raquel la mantuvo estéril. ³² Lea quedó embarazada y tuvo un hijo, al que llamó Rubén,⁴⁰ porque dijo: "El Señor me vio triste. Por eso ahora mi esposo me amará."

³³ Después Lea tuvo otro hijo, al que llamó Simeón,⁴¹ y entonces dijo: "El Señor oyó que me despreciaban, y por eso me dio un hijo más."

³⁴ Y otra vez tuvo un hijo, al cual llamó Leví,⁴² porque dijo: "Ahora mi esposo se unirá más a mí, porque ya le he dado tres hijos."

³⁵ Lea tuvo aún otro hijo, al cual llamó Judá,⁴³ porque dijo: "Esta vez alabaré al Señor." Después de esto, dejó de tener hijos.

30 ¹ Cuando Raquel vio que ella no podía darle hijos a Jacob, sintió envidia de su hermana Lea, y le dijo a su esposo:

—Dame hijos, porque si no, me voy a morir.

² Pero Jacob se enojó con ella y le dijo:

—¿Acaso soy Dios? El es quien no te deja tener hijos.

³ Entonces ella le dijo:

—Mira, toma a mi esclava Bilha y únete con ella; y cuando ella tenga hijos, será como si yo misma los tuviera.⁴⁴ Así podré tener hijos.

⁴ De esta manera Raquel le dio a Jacob su esclava Bilha, para que fuera su concubina. Jacob se unió con Bilha, ⁵ y ella le dio un hijo a Jacob. ⁶ Entonces Raquel dijo: "Este niño se va a llamar Dan,⁴⁵ porque Dios oyó mi oración y me hizo justicia al darme un hijo."

⁷ Después Bilha le dio otro hijo a Jacob, ⁸ y Raquel dijo: "Este niño se va a llamar Neftalí,⁴⁶ porque he luchado mucho contra mi hermana y la he vencido."

⁹ Cuando Lea vio que ya no podía tener hijos, tomó a su esclava Zilpa y se la dio a Jacob para que fuera su concubina. ¹⁰ Y cuando Zilpa le dio un hijo a Jacob, ¹¹ Lea dijo: "¡Qué suerte! Por eso el niño se va a llamar Gad."⁴⁷

¹² Después Zilpa le dio otro hijo a Jacob, ¹³ y entonces Lea dijo: "¡Qué felicidad! Ahora las mujeres dirán que soy feliz. Por eso el niño se va a llamar Aser."⁴⁸

¹⁴ Un día fue Rubén al campo, durante la cosecha de trigo, y allí encontró unas frutas llamadas mandrágoras,⁴⁹ las cuales llevó a su madre Lea. Cuando Raquel vio las frutas, le dijo a Lea:

—Por favor, dame algunas de esas mandrágoras que tu hijo te trajo.

¹⁵ Pero Lea le contestó:

—¿Te parece poco haberme quitado el marido? ¡Y ahora quieres también quitarme las mandrágoras de mi hijo!

—Pues a cambio de las mandrágoras de tu hijo, esta noche Jacob dormirá contigo —propuso Raquel.

¹⁶ Por la noche, cuando Jacob regresó del campo, Lea salió a su encuentro y le dijo:

—Hoy vas a dormir conmigo, porque te he alquilado a cambio de las mandrágoras de mi hijo.

Esa noche Jacob durmió con Lea, ¹⁷ y ella le dio a Jacob su quinto hijo, porque Dios oyó su oración. ¹⁸ Entonces Lea dijo: "Este niño se va a llamar Isacar,⁵⁰ pues Dios me ha premiado porque le di mi esclava a mi marido."

¹⁹ Después Lea le dio a Jacob su sexto hijo, ²⁰ y dijo: "Dios me ha dado un buen regalo. Ahora mi marido me estimará más, porque ya le he dado seis hijos. Por eso este niño se va a llamar Zabulón."⁵¹

²¹ Por último, Lea tuvo una hija, a la cual llamó Dina. ²² Pero Dios se acordó de Raquel; oyó su oración y le permitió tener hijos. ²³ Cuando tuvo el primero, dijo: "Dios me ha quitado la vergüenza de no

---

⁴⁰ En hebreo, *Rubén* tiene un sonido parecido a *miren, un hijo,* y también a *él vio mi tristeza.* ⁴¹ En hebreo, *Simeón* y el verbo que significa *oír* tienen un sonido parecido. ⁴² En hebreo, *Leví* y el verbo que significa *unir* tienen un sonido parecido. ⁴³ En hebreo, *Judá* y el verbo que significa *alabar* tienen un sonido parecido. ⁴⁴ Lit. *dé sobre mis rodillas.* ⁴⁵ En hebreo, *Dan* y el verbo que significa *hacer justicia* tienen un sonido parecido. ⁴⁶ En hebreo, *Neftalí* y el verbo que significa *luchar* tienen un sonido parecido. ⁴⁷ En hebreo, *Gad* significa *suerte.* ⁴⁸ En hebreo, *Aser* significa *feliz.* ⁴⁹ Se creía que esta fruta daba fertilidad a las mujeres. ⁵⁰ En hebreo, *Isacar* y los verbos que significan *premiar* y *alquilar* tienen un sonido parecido. ⁵¹ En hebreo, *Zabulón* y los verbos que significan *regalar* y *estimar* tienen un sonido parecido.

tener hijos. ²⁴ Ojalá me permita tener otro." Por eso lo llamó José.⁵²

Trampas entre Jacob y Labán

²⁵ Después que Raquel dio a luz a José, Jacob dijo a Labán:

—Déjame regresar a mi propia tierra. ²⁶ Dame mis hijos y mis mujeres, pues por ellas he trabajado contigo, y déjame ir. Tú bien sabes cómo he trabajado para ti.

²⁷ Pero Labán le contestó:

—Por favor, quédate conmigo. He sabido por adivinación que el Señor me ha bendecido por medio de ti. ²⁸ Dime cuánto quieres ganar, y te lo pagaré.

²⁹ Entonces Jacob le dijo:

—Tú bien sabes cómo he trabajado para ti y cómo he cuidado tus animales; ³⁰ lo poco que tenías antes que yo viniera, ha aumentado enormemente, pues desde que llegué, el Señor te ha bendecido; pero, ¿cuándo voy a comenzar a trabajar para mi propia familia?

³¹ —¿Cuánto quieres que te pague? —insistió Labán.

—No me pagues nada —respondió Jacob—. Volveré a cuidar tus ovejas, si aceptas lo que te voy a proponer: ³² déjame pasar hoy por entre tu rebaño, para apartar todos los corderitos negros⁵³ y todos los cabritos manchados y moteados. Ellos serán mi salario. ³³ Así, cuando más adelante vengas a ver lo que he ganado, tendrás la prueba de mi honradez: pues si en mi rebaño hay cabras que no sean manchadas o moteadas, o corderos que no sean negros, será que te los he robado.

³⁴ —Está bien, acepto lo que propones —dijo Labán.

³⁵ Pero ese mismo día Labán apartó todos los chivos rayados y moteados, y todas las cabras manchadas y moteadas o que tenían algo blanco, y todos los corderos negros, y se los dio a sus hijos para que los cuidaran. ³⁶ Luego se fue con este rebaño del lugar donde estaba Jacob, a una distancia de tres días de camino.

Jacob, por su parte, siguió cuidando las otras ovejas de Labán. ³⁷ Cortó ramas verdes de álamo, almendro y castaño, y las peló para que se pudieran ver rayas blancas; ³⁸⁻³⁹ luego puso las varas, ya peladas, frente a los rebaños, en el lugar donde tomaban agua. Allí era donde los machos se unían con las hembras, y como lo hacían delante de las varas, sus crías nacían rayadas, manchadas y moteadas. ⁴⁰ Entonces Jacob las apartaba y las ponía frente a los animales rayados y negros del rebaño de Labán. Así Jacob fue formando su propio rebaño, separándolo del rebaño de Labán. ⁴¹ Cada vez que los animales más gordos se unían para tener crías, Jacob ponía las varas en el lugar donde tomaban agua, de manera que pudieran ver las varas en el momento de unirse; ⁴² pero cuando venían los animales más flacos, no ponía las varas. Por eso los animales más flacos eran para Labán, y los más gordos eran para Jacob. ⁴³ De esa manera Jacob se hizo muy rico y llegó a tener muchas ovejas, esclavos, esclavas, camellos y asnos.

Jacob planea huir de Labán

31 ¹ Pero Jacob supo que los hijos de Labán andaban diciendo: "Jacob ha tomado todo lo que era de nuestro padre, y con eso se ha hecho rico." ² También Jacob se fijó en que Labán ya no lo miraba con buenos ojos, como antes. ³ Entonces el Señor le dijo a Jacob: "Regresa a la tierra de tus padres, donde están tus parientes, y yo te acompañaré."

⁴ Jacob mandó llamar a Raquel y a Lea, para que vinieran al campo donde estaba él con sus ovejas, ⁵ y les dijo:

—Me he dado cuenta de que el padre de ustedes ya no me trata igual que antes; pero el Dios de mi padre siempre me ha acompañado. ⁶ Ustedes saben muy bien que yo he trabajado para su padre lo mejor que he podido, ⁷ y que él me ha engañado y continuamente me ha cambiado el salario. Sin embargo, Dios no le ha dejado hacerme ningún mal; ⁸ al contrario, cuando él decía: 'Te voy a pagar con los animales manchados', todas las hembras tenían crías manchadas; y cuando decía: 'Te voy a pagar con los rayados', entonces todas tenían crías rayadas. ⁹ Así fue como Dios le quitó sus animales para dármelos a mí.

¹⁰ "Un día, cuando los animales estaban en celo, tuve un sueño en el que veía que los machos cabríos que cubrían a las hembras eran rayados, manchados y moteados. ¹¹ En ese sueño el ángel de Dios me llamó por mi nombre, y yo le contesté: 'Aquí estoy.' ¹² Entonces el ángel me dijo: 'Fíjate bien, y vas a ver que todos los machos que cubren a las hembras son rayados, manchados y moteados, porque me he dado cuenta de todo lo que Labán te ha hecho. ¹³ Yo soy el Dios que se te apareció en Betel,⁵⁴ allí donde tú consagraste la piedra y me hiciste una promesa.ᵍ

---

⁵²En hebreo, José y los verbos que significan quitar y dar más tienen un sonido parecido.   ⁵³ Así, con la versión griega. Heb. todos los corderitos manchados y moteados, y todo corderito negro entre los corderos.   ⁵⁴ El Dios que se te apareció en Betel: según varias versiones antiguas. Heb. el Dios de Betel.
ᵍ 31.13 Gn 28.18-22.

¡Vamos! Levántate y vete de este lugar; regresa a la tierra donde naciste.'

¹⁴ Entonces Raquel y Lea le contestaron:

—Nosotras ya no tenemos ninguna herencia en la casa de nuestro padre. ¹⁵ Al contrario, nos trata como si fuéramos extrañas. ¡Hasta nos vendió, y se aprovechó de lo que le pagaste por casarte con nosotras! ¹⁶ En realidad, toda la riqueza que Dios le ha quitado a nuestro padre, es nuestra y de nuestros hijos. Así que haz todo lo que Dios te ha dicho.

Jacob se va de Padan-aram

¹⁷⁻¹⁸ Jacob se preparó para regresar a Canaán, donde vivía su padre Isaac. Hizo montar a sus hijos y a sus mujeres en los camellos, tomó todo lo que tenía, y se puso en camino con todos los animales que había recibido por su trabajo en Padan-aram. ¹⁹ Mientras Labán fue a otra parte a trasquilar sus ovejas, Raquel le robó sus ídolos familiares. ²⁰ Así fue como Jacob engañó a Labán el arameo, no diciéndole que se iba. ²¹ Escapó con todo lo que tenía. Muy pronto cruzó el río Éufrates, y siguió adelante hacia los montes de Galaad.

Labán persigue a Jacob

²² Tres días después, Labán supo que Jacob se había escapado. ²³ Entonces, acompañado de sus parientes, salió a perseguirlo, y siete días después lo alcanzó en los montes de Galaad. ²⁴ Pero aquella noche Dios se le apareció a Labán el arameo en un sueño, y le dijo: "Escucha, no le hables a Jacob en forma brusca."

²⁵ Labán alcanzó a Jacob en los montes de Galaad, que era donde Jacob había acampado. Allí mismo acampó Labán con sus parientes, ²⁶ y le reclamó a Jacob:

—¿Qué has hecho? ¿Por qué me engañaste? ¡Has traído a mis hijas como si fueran prisioneras de guerra! ²⁷ ¿Por qué me engañaste y escapaste a escondidas, sin decirme nada? De haberlo sabido, yo te habría despedido con alegría y con música de tambores y de arpa. ²⁸ Ni siquiera me dejaste besar a mis hijas y a mis nietos. ¡Has actuado como un necio! ²⁹ Yo bien podría hacerles daño a todos ustedes, pero anoche me habló el Dios de tu padre y me dijo: 'Escucha, no le hables a Jacob en forma brusca.' ³⁰ Pero, si tanto querías regresar a la casa de tu padre, y por eso te fuiste, ¿por qué me robaste mis dioses?

³¹ Entonces Jacob le contestó a Labán:

—Es que tuve miedo. Yo pensé que tal vez me ibas a quitar tus hijas por la fuerza. ³² Pero si alguno de los que aquí están tiene tus dioses, ¡que muera! Nuestros parientes son testigos: dime si yo tengo algo tuyo, y llévatelo.

Pero Jacob no sabía que Raquel había robado los ídolos.

³³ Labán entró en la tienda de campaña de Jacob, luego en la de Lea y también en la de las dos esclavas, pero no encontró los ídolos. Cuando salió de la tienda de campaña de Lea y entró en la de Raquel, ³⁴ ella tomó los ídolos, los puso dentro de la montura del camello, y se sentó sobre ellos. Labán estuvo buscando por toda la tienda, pero no los encontró. ³⁵ Entonces Raquel le dijo:

—Padre, no te enojes si no me levanto delante de ti, pero es que hoy tengo mi periodo de menstruación.

Como Labán anduvo buscando los ídolos y no los encontró, ³⁶ Jacob se enojó y le reclamó a Labán con estas palabras:

—¿Qué falta cometí? ¿Cuál es mi pecado, que con tantas ansias me has perseguido? ³⁷ Has registrado todas mis cosas, ¿y qué has encontrado de las cosas de tu casa? ¡Ponlo aquí, delante de tus parientes y de los míos, para que ellos digan quién de los dos tiene la razón! ³⁸ Durante estos veinte años que trabajé contigo, nunca abortaron tus ovejas ni tus cabras; nunca me comí un solo carnero de tus rebaños; ³⁹ nunca te traje los animales que las fieras mataban, sino que yo pagaba esa pérdida; si de día o de noche robaban ganado, tú me lo cobrabas. ⁴⁰ De día me moría de calor; de noche me moría de frío, ¡y hasta el sueño se me iba! ⁴¹ Veinte años he estado en tu casa, y esto es lo que me tocó: por tus dos hijas trabajé catorce años a tu servicio; por tus animales trabajé seis años; y continuamente me cambiabas mi salario. ⁴² De no haber estado conmigo el Dios de Abraham, el Dios que adoraba mi padre Isaac, estoy seguro que me habrías mandado con las manos vacías. Pero Dios vio mi tristeza y el resultado de mi trabajo, y anoche te reprendió.

Jacob y Labán hacen un pacto

⁴³ Entonces Labán le contestó a Jacob:

—Las hijas son mis hijas; los nietos son mis nietos; las ovejas son mis ovejas; ¡todo lo que aquí ves es mío! Sin embargo, ¿qué les puedo hacer ahora a mis hijas, o a los hijos que ellas han tenido? ⁴⁴ Por eso, ven; tú y yo vamos a hacer un pacto, que va a servir como testimonio entre nosotros dos.

⁴⁵ Entonces Jacob tomó una piedra, la puso de pie como un pilar, ⁴⁶ y les dijo a sus parientes:

—¡Junten piedras!

Todos juntaron piedras para hacer un

montón, y allí comieron, junto al montón de piedras. ⁴⁷ Labán llamó a ese lugar en su idioma "Jegar Sahaduta", y Jacob lo llamó en el suyo "Galaad".⁵⁵
⁴⁸ Entonces Labán dijo:
—Hoy, este montón de piedras es testigo entre nosotros dos.
Por eso se llamó Galaad ese lugar, ⁴⁹ y también se llamó Mizpa,⁵⁶ porque Labán dijo:
—Que el Señor vigile entre nosotros dos, cuando ya no podamos vernos el uno al otro. ⁵⁰ Si maltratas a mis hijas, o si te casas con otras mujeres además de ellas, aunque no haya nadie como testigo entre nosotros, Dios mismo sea testigo.
⁵¹ Y Labán siguió diciéndole a Jacob:
—Mira, aquí están el montón de piedras y el pilar que he puesto entre nosotros dos. ⁵² Ambos serán testigos de que ni tú ni yo cruzaremos esta línea para perjudicarnos. ⁵³ Que decida entre nosotros el Dios de tu abuelo Abraham y el de mi abuelo Nacor.
Entonces Jacob juró por el Dios que su padre Isaac adoraba. ⁵⁴ Luego hizo Jacob sacrificios en el cerro, y llamó a sus parientes a comer. Todos ellos comieron, y pasaron la noche en el cerro.
⁵⁵ ʰAl día siguiente por la mañana, Labán se levantó y les dio un beso a sus nietos y a sus hijas; después los bendijo, y regresó a su tierra.

Jacob y Esaú se encuentran

32 ¹ Jacob siguió su camino, y unos ángeles de Dios le salieron al encuentro. ² Cuando Jacob los vio, dijo: "Este es un ejército de Dios." Por eso llamó Mahanaim⁵⁷ a aquel lugar.
³ Jacob envió unos mensajeros a la tierra de Seir, que es la región de Edom, para anunciarle su llegada a su hermano Esaú, ⁴ y les dio este mensaje: "Díganle a mi hermano Esaú: 'Su hermano Jacob se pone a sus órdenes, y le manda a decir: He vivido con Labán todo este tiempo, ⁵ y tengo vacas, asnos, ovejas, esclavos y esclavas. Envío este mensaje a mi señor, esperando ganarme su buena voluntad.'"
⁶ Cuando los mensajeros regresaron, le dijeron a Jacob:
—Fuimos a ver a su hermano Esaú, y ya viene él mismo para recibirlo a usted, acompañado de cuatrocientos hombres.
⁷ Al oír esto, Jacob tuvo mucho miedo y se quedó muy preocupado. Dividió entonces en dos grupos la gente que estaba con él, y también las ovejas, vacas y camellos, ⁸ pues pensó: "Si Esaú viene con-

tra un grupo y lo ataca, el otro grupo podrá escapar." ⁹ Luego comenzó a orar: "Señor, Dios de mi abuelo Abraham y de mi padre Isaac, que me dijiste que regresara a mi tierra y a mis parientes, y que harías que me fuera bien: ¹⁰ no merezco la bondad y fidelidad con que me has tratado. Yo crucé este río Jordán sin llevar nada más que mi bastón, y ahora he llegado a tener dos campamentos. ¹¹ ¡Por favor, sálvame de las manos de mi hermano Esaú! Tengo miedo de que venga a atacarme y mate a las mujeres y a los niños. ¹² Tú has dicho claramente que harás que me vaya bien, y que mis descendientes serán tan numerosos como los granitos de arena del mar, que no se pueden contar."ⁱ
¹³ Aquella noche Jacob durmió allí, y de lo que tenía a la mano escogió regalos para su hermano Esaú: ¹⁴ doscientas cabras, veinte chivos, doscientas ovejas, veinte carneros, ¹⁵ treinta camellas recién paridas, con sus crías, cuarenta vacas, diez novillos, veinte asnas y diez asnos. ¹⁶ Luego les entregó a sus siervos cada manada por separado, y les dijo:
—Adelántense, y guarden alguna distancia entre manada y manada.
¹⁷ Al primero que envió, le ordenó:
—Cuando te encuentre mi hermano Esaú, y te pregunte quién es tu amo, a dónde vas y de quién son los animales que llevas, ¹⁸ contéstale: 'Es un regalo para usted, mi señor Esaú, de parte de Jacob, su servidor. Por cierto que él mismo viene detrás de nosotros.'
¹⁹ También al segundo que envió, y al tercero, y a todos los que llevaban las manadas, les dijo:
—Cuando encuentren a Esaú, díganle lo mismo, ²⁰ y díganle también: 'Jacob, su servidor, viene detrás de nosotros.'
Y es que Jacob pensaba: "Voy a calmar su enojo con los regalos que le envío por delante, y luego lo veré personalmente. Tal vez así me recibirá bien." ²¹ Así, pues, los regalos se fueron antes, y él se quedó a pasar la noche en su campamento.

Jacob lucha con un ángel

²² Aquella misma noche Jacob se levantó, tomó a sus dos esposas, sus dos esclavas y sus once hijos, y los hizo cruzar el vado del río Jaboc, ²³ junto con todo lo que tenía. ²⁴ Cuando Jacob se quedó solo, un hombre luchó con él hasta que amaneció; ²⁵ pero como el hombre vio que no podía vencer a Jacob, lo golpeó en la coyuntura de la cadera, y esa parte se le zafó a

---

⁵⁵ Los dos nombres significan *montón del testimonio*, en arameo y hebreo respectivamente. ⁵⁶ En hebreo, *mizpa* y la palabra que significa *lugar de vigilancia* tienen un sonido parecido. ⁵⁷ En hebreo, *Mahanaim* significa *dos ejércitos*.
ʰ Los vs. 31.55—32.32 corresponden a los vs. 32.1-33 en el texto hebreo. ⁱ **32.12** Gn 22.17.

Jacob mientras luchaba con él. [26] Entonces el hombre le dijo:

—Suéltame, porque ya está amaneciendo.

—Si no me bendices, no te soltaré —contestó Jacob.

[27] —¿Cómo te llamas? —preguntó aquel hombre.

—Me llamo Jacob —respondió él.

[28] Entonces el hombre le dijo:

—Ya no te llamarás Jacob. Tu nombre será Israel,[58] porque has luchado con Dios y con los hombres, y has vencido.[j]

[29] —Ahora dime cómo te llamas tú —preguntó Jacob.

Pero el hombre contestó:

—¿Para qué me preguntas mi nombre? Luego el hombre lo bendijo allí mismo. [30] Y Jacob llamó a aquel lugar Penuel,[59] porque dijo: "He visto a Dios cara a cara, y sin embargo todavía estoy vivo." [31] Ya Jacob estaba pasando de Penuel cuando el sol salió; pero debido a su cadera, iba cojeando. [32] Por eso hasta el día de hoy los descendientes de Israel no comen el tendón que está en la coyuntura de la cadera, porque Jacob fue golpeado en esa parte.

Jacob y Esaú se reconcilian

33 [1] Cuando Jacob vio que Esaú venía acompañado de cuatrocientos hombres, repartió a los niños entre Lea, Raquel y las dos esclavas. [2] Colocó primero a las esclavas con sus hijos, luego a Lea con sus hijos, y por último a Raquel y José. [3] Luego se adelantó a ellos, y se inclinó hasta tocar el suelo con la frente siete veces, hasta que estuvo cerca de su hermano. [4] Pero Esaú corrió a su encuentro y, echándole los brazos al cuello, lo abrazó y lo besó. Los dos lloraron. [5] Después Esaú se fijó en las mujeres y en los niños, y preguntó:

—Y éstos, ¿quiénes son?

—Son los hijos que Dios le ha dado a tu servidor —dijo Jacob.

[6] Entonces las esclavas y sus hijos se acercaron y se inclinaron hasta tocar el suelo con la frente; [7] luego se acercaron Lea y sus hijos, y se inclinaron de la misma manera, y por último se acercaron José y Raquel, y también se inclinaron.

[8] De pronto Esaú preguntó:

—¿Qué piensas hacer con todas esas manadas que he venido encontrando?

—Ganarme tu buena voluntad—respondió Jacob.

[9] —No, hermano mío; yo tengo suficiente. Quédate con lo que es tuyo—dijo Esaú.

[10] Pero Jacob insistió:

—No, por favor. Si me he ganado tu buena voluntad, acepta este regalo, pues verte en persona es como ver a Dios mismo, ya que tú me has recibido muy bien. [11] Te ruego que aceptes el regalo que te he traído, pues Dios me ha hecho rico, y nada me falta.

Tanto insistió Jacob, que al fin Esaú aceptó el regalo; [12] pero dijo:

—Bueno, vámonos de aquí. Yo iré delante de ti.

[13] Y Jacob respondió:

—Querido hermano, tú sabes que los niños son débiles, y que debo pensar en las ovejas y en las vacas con cría; si se les cansa, en un solo día pueden morir todas las ovejas. [14] Es mejor que tú te adelantes a este servidor tuyo; yo iré poco a poco, al paso de los animales que van delante de mí, y al paso de los niños, hasta reunirme contigo en Seir.

[15] —Bueno —dijo Esaú—, permíteme dejarte algunos hombres de los que vienen conmigo.

Pero Jacob contestó:

—¡No, por favor! ¿Para qué te molestas?

[16] Ese mismo día, Esaú regresó a Seir. [17] Jacob, en cambio, se fue a Sucot, y allí hizo una casa para él y unas enramadas para sus animales. Por eso, a aquel lugar lo llamó Sucot.[60] [18] Cuando Jacob vino de Padan-aram, llegó sano y salvo a Canaán y acampó frente a la ciudad de Siquem. [19] Por cien monedas compró un terreno[k] a los hijos de Hamor, el padre de Siquem, y allí puso su campamento. [20] Después construyó un altar, y lo llamó El-Elohe-Israel.[61]

La deshonra de Dina vengada

34 [1] Dina, la hija que Lea le dio a Jacob, fue a visitar a las muchachas del lugar; [2] pero la vio Siquem, que era hijo de Hamor el heveo, el jefe de ese lugar, y por la fuerza se acostó con ella y la deshonró. [3] Sin embargo, tanto se enamoró de ella que trató de ganarse su cariño. [4] Entonces habló con su padre Hamor, y le dijo:

—Ve a pedir la mano de esta muchacha. Quiero casarme con ella.

[5] Jacob supo que Siquem había deshonrado a su hija Dina, pero como sus hijos estaban en el campo con sus animales, no dijo nada hasta que ellos regresaron. [6] Mientras tanto, Hamor, el padre

---

[58] En hebreo, *Israel* y las palabras que significan *el que lucha con Dios*, o *Dios lucha* tienen un sonido parecido. [59] En hebreo, *Penuel* significa *cara de Dios*. [60] En hebreo, *Sucot* significa *enramadas*. [61] En hebreo, *El-Elohe-Israel* significa *Dios es el Dios de Israel*.

[j] 32.28 Gn 35.10. [k] 33.19 Jos 24.32; Jn 4.5.

de Siquem, fue a ver a Jacob para hablar con él.

7 Cuando los hijos de Jacob regresaron del campo y supieron lo que había pasado, se enfurecieron, porque era una ofensa muy grande para Israel que Siquem se hubiera acostado con la hija de Jacob. ¡Era algo que nunca debía haber hecho! 8 Pero Hamor habló con ellos, y les dijo:

—Mi hijo Siquem está muy enamorado de la hermana de ustedes. Por favor, déjenla que se case con él 9 y háganse nuestros parientes; así nosotros nos casaremos con las hijas de ustedes, y ustedes se casarán con las nuestras. 10 Quédense a vivir con nosotros. El país está a su disposición; vivan en él, hagan negocios, compren terrenos.

11 Por su parte, Siquem les dijo al padre y a los hermanos de Dina:

—Yo les ruego que acepten. Les daré lo que me pidan. 12 No importa que sea una compensación más alta de lo acostumbrado y muchos regalos, yo se los daré; pero dejen que la muchacha se case conmigo.

13 Sin embargo, como Siquem había deshonrado a Dina, los hijos de Jacob les contestaron a él y a su padre Hamor con engaños, 14 y les dijeron:

—No podemos darle nuestra hermana a un hombre que no está circuncidado, porque eso sería una vergüenza para nosotros. 15 Sólo podemos aceptar con esta condición: que ustedes sean como nosotros; es decir, que se circunciden todos los varones entre ustedes. 16 Entonces sí, ustedes se casarán con nuestras hijas y nosotros nos casaremos con las de ustedes; viviremos entre ustedes y seremos un solo pueblo. 17 Pero si no aceptan nuestra condición de circuncidarse, nos iremos de aquí y nos llevaremos a nuestra hermana.

18 Hamor y su hijo Siquem estuvieron de acuerdo con lo que ellos propusieron. 19 Sin perder más tiempo, el joven se circuncidó, porque la hija de Jacob le había gustado. Como Siquem era el más respetado en la familia de su padre, 20 fueron él y su padre Hamor a la entrada de la ciudad, donde se trataban los negocios, y allí dijeron a los habitantes:

21 —Estos hombres son nuestros amigos, y van a vivir y hacer negocios en este lugar, pues hay suficiente terreno para ellos; nosotros podremos casarnos con sus hijas, y ellos podrán casarse con las nuestras. 22 Pero, para que seamos un solo pueblo, ellos aceptan vivir con nosotros sólo con esta condición: que todos nuestros varones se circunciden, tal como ellos lo acostumbran. 23 Todas sus pertenencias y todos sus animales serán nuestros. Sólo tenemos que decir que sí, y ellos se quedarán a vivir con nosotros.

24 Todos los hombres de la ciudad que estaban en edad militar62 estuvieron de acuerdo con Hamor y con su hijo Siquem, y fueron circuncidados. 25 Pero Simeón y Leví, hijos de Jacob y hermanos de Dina, fueron a la ciudad al tercer día, cuando los hombres todavía tenían los dolores de la circuncisión, y espada en mano los mataron a todos, pues no encontraron resistencia. 26 A filo de espada mataron a Hamor y a su hijo Siquem; luego sacaron a Dina de la casa de Siquem y se fueron. 27 Llegaron también los otros hijos de Jacob, y pasando sobre los muertos saquearon el pueblo para vengar la deshonra de su hermana. 28 Se llevaron ovejas, vacas, asnos y todo lo que había en la ciudad y en el campo; 29 robaron todo lo que había en las casas, y se llevaron prisioneros a todos los niños y mujeres. 30 Entonces Jacob les dijo a Simeón y Leví:

—Ustedes me han puesto en aprietos. Ahora los habitantes de este lugar, los cananeos y ferezeos, me van a odiar. Se juntarán contra mí y me atacarán, y como tengo muy pocos hombres, nos matarán a mí y a mi familia.

31 Pero ellos contestaron:

—¿Acaso tenía él que tratar a nuestra hermana como a una prostituta?

Dios bendice a Jacob en Betel

35 1 Dios le dijo a Jacob: "Levántate y vete a vivir a Betel. En ese lugar harás un altar al Dios que se te apareció cuando huías de tu hermano Esaú."/ 2 Entonces Jacob dijo a su familia y a todos los que lo acompañaban:

—Saquen todos los dioses extraños que hay entre ustedes, báñense y cámbiense de ropa. 3 Vámonos pronto a Betel, pues allá voy a construir un altar en honor del Dios que me ayudó cuando yo estaba afligido, y que me ha acompañado por dondequiera que he andado.

4 Ellos le entregaron a Jacob todos los dioses extraños que tenían y los aretes que llevaban en las orejas, y Jacob los enterró debajo de una encina que estaba cerca de Siquem. 5 Cuando ellos salieron, Dios hizo que todos los pueblos vecinos tuvieran mucho miedo, y por eso no persiguieron a los hijos de Jacob.

6 Jacob y toda la gente que iba con él llegaron a Luz, ciudad que también se llama Betel y que está en Canaán. 7 Y construyó un altar, y llamó al lugar

62 Lit. Todos los que salían por la puerta de la ciudad. Es una expresión militar.
ι 35.1 Gn 28.11–17.

El-Betel,[63] porque cuando huía de su hermano, Dios se le había aparecido allí.
[8] También allí murió Débora, la mujer que había cuidado a Rebeca, y la enterraron debajo de una encina, cerca de Betel. Jacob llamó a este lugar "La encina del llanto".

[9] Cuando Jacob regresaba de Padanaram, Dios se le apareció otra vez y lo bendijo [10] de esta manera:

"Tú te llamas Jacob,
pero ya no te llamarás así;
desde hoy tu nombre será Israel."[m]

Después que Dios le cambió el nombre, [11] le dijo:

"Yo soy el Dios todopoderoso;
ten muchos hijos y descendientes.
De ti saldrá una nación y muchos pueblos,
y entre tus descendientes habrá reyes.
[12] La tierra que les di a Abraham y a Isaac,
también te la doy a ti,
y después de ti se la daré a tus descendientes."[n]

[13] Cuando Dios se fue del lugar en donde había hablado con Jacob, [14] éste tomó una piedra y la puso de pie, como un pilar, en el lugar donde Dios le había hablado; luego la consagró derramando aceite y vino sobre ella, [15] y llamó Betel a aquel lugar.[ñ]

Muerte de Raquel

[16] Después se fueron de Betel; pero todavía estaban un poco lejos de Efrata cuando Raquel dio a luz, y tuvo un parto muy difícil. [17] En el momento más difícil, la partera le dijo: "No tengas miedo, que has dado a luz otro varón." [18] Pero ella estaba a punto de morir, y en sus últimos suspiros llamó Benoni[64] al niño, aunque su padre lo llamó Benjamín.[65]

[19] Así fue como Raquel murió, y la enterraron en el camino de Efrata, que ahora es Belén. [20] Jacob levantó un monumento sobre su sepulcro, y éste es el monumento que todavía señala el sepulcro de Raquel.
[21] Israel siguió su camino, y acampó más allá de la torre de Edar. [22] Estando ya establecido Israel en ese lugar, Rubén fue y se acostó con Bilha, que era concubina de su padre. Y cuando éste lo supo, se enojó muchísimo.[66]

Los hijos de Jacob
(1 Cr 2.1-2)

Los hijos de Jacob fueron doce. [23] Los que tuvo con Lea fueron Rubén, su hijo mayor; Simeón, Leví, Judá, Isacar y Zabulón. [24] Los que tuvo con Raquel fueron José y Benjamín [25] Los que tuvo con Bilha, la esclava de Raquel, fueron Dan y Neftalí; [26] y los que tuvo con Zilpa, la esclava de Lea, fueron Gad y Aser. Estos fueron los hijos de Jacob, que nacieron en Padan-aram.

Muerte de Isaac

[27] Jacob fue a ver a su padre Isaac en Mamre, la ciudad que también se llama Arba o Hebrón. Allí habían vivido Abraham e Isaac.[o] [28] Isaac tenía ciento ochenta años cuando murió. [29] Fue a reunirse con sus antepasados cuando ya era muy anciano, y sus hijos Esaú y Jacob lo sepultaron.

Los descendientes de Esaú
(1 Cr 1.34-54)

36 [1] Estos son los descendientes de Esaú, o sea Edom. [2] Esaú se casó con mujeres de Canaán:[p] con Ada, hija de Elón el hitita; con Aholibama, hija de Aná y nieta de Zibeón el heveo; [3] y con Basemat, hija de Ismael y hermana de Nebaiot.[q] [4] El hijo que Ada le dio a Esaú fue Elifaz; Basemat dio a luz a Reuel, [5] y Aholibama dio a luz a Jeús, Jaalam y Coré. Estos fueron los hijos de Esaú, que nacieron cuando él vivía en la tierra de Canaán.

[6] Esaú tomó a sus esposas, hijos e hijas, y a todos los que vivían con él, y se fue a otro lugar para alejarse de su hermano Jacob. Se llevó todos los animales y todo lo que había llegado a tener en Canaán, [7] pues era tanto lo que tenían los dos que ya no podían vivir juntos; además, la tierra donde vivían no bastaba para alimentar a sus animales. [8] Por eso Esaú, o sea Edom, se fue a vivir a la región montañosa de Seir.

[9] Estos son los descendientes de Esaú, antepasado de los edomitas, que vivieron en la región montañosa de Seir. [10] Estos son los nombres de los hijos de Esaú: Elifaz, hijo de Ada y de Esaú; y Reuel, hijo de Basemat y de Esaú. [11] Los hijos de Elifaz fueron Temán, Omar, Zefo, Gatam y Cenaz. [12] Elifaz tuvo una concubina que se llamaba Timna; ella le dio un hijo que se llamó Amalec. Estos fueron los descendientes de Ada, una de las esposas de

---

[63] En hebreo, *El-Betel* significa *Dios de Betel.* [64] En hebreo, *Benoni* y la frase que significa *hijo de mi tristeza* tienen un sonido parecido. [65] En hebreo, *Benjamín* y la palabra que significa *hijo de mi mano derecha* tienen un sonido parecido. [66] *Se enojó muchísimo:* según la versión griega. En el texto hebreo no aparece esta frase.
[m] **35.10** Gn 32.28. [n] **35.11-12** Gn 17.4-8. [ñ] **35.14-15** Gn 28.18-19. [o] **35.27** Gn 13.18. [p] **36.2** Gn 26.34. [q] **36.3** Gn 28.9.

Esaú. [13] Los hijos de Reuel fueron Nahat, Zera, Sama y Miza; estos fueron los descendientes de Basemat, otra de las esposas de Esaú. [14] Aholibama fue otra esposa de Esaú, y los hijos que ella le dio fueron Jeús, Jaalam y Coré. Ella era hija de Aná y nieta de Zibeón.

[15] Los jefes de los descendientes de Esaú fueron éstos: De los descendientes de Elifaz, hijo mayor de Esaú, los jefes fueron Temán, Omar, Zefo, Cenaz, [16] Coré, Gatam y Amalec. Estos fueron los jefes de la línea de Elifaz en la tierra de Edom, y todos ellos fueron descendientes de Ada. [17] De los hijos de Reuel, hijo de Esaú, los jefes fueron Nahat, Zera, Sama y Miza. Estos fueron los jefes de la línea de Reuel en la tierra de Edom, y fueron descendientes de Basemat, esposa de Esaú. [18] De los hijos de Aholibama, hija de Aná y esposa de Esaú, los jefes fueron Jeús, Jaalam y Coré. [19] Todos ellos fueron descendientes de Esaú, o sea Edom, y jefes de sus tribus.

[20] Los hijos de Seir el horeo, que vivían en aquella región, fueron Lotán, Sobal, Zibeón, Aná, [21] Disón, Ezer y Disán. Estos fueron los jefes de los horeos, que fueron descendientes de Seir, en la tierra de Edom. [22] Los hijos de Lotán fueron Hori y Hemam. Timna era hermana de Lotán. [23] Los hijos de Sobal fueron Alván, Manahat, Ebal, Sefo y Onam. [24] Los hijos de Zibeón fueron Aja y Aná. Aná fue el que encontró manantiales en el desierto, mientras estaba cuidando los asnos de su padre Zibeón. [25] Aná tuvo un hijo llamado Disón, y una hija llamada Aholibama. [26] Los hijos de Disón fueron Hemdán, Esbán, Itrán y Querán. [27] Los hijos de Ezer fueron Bilhán, Zaaván y Acán. [28] Los hijos de Disán fueron Uz y Arán.

[29] Los jefes de los horeos fueron Lotán, Sobal, Zibeón, Aná, [30] Disón, Ezer y Disán. Estos fueron los jefes de los horeos, familia por familia, en la región de Seir.

[31] Estos fueron los reyes que gobernaron en Edom antes que los israelitas tuvieran rey: [32] Bela, que era hijo de Beor, fue rey de Edom, y su ciudad se llamaba Dinaba. [33] Cuando Bela murió, gobernó en su lugar Jobab, el hijo de Zera, que era del pueblo de Bosra. [34] Cuando Jobab murió, gobernó en su lugar Husam, que era de la región de Temán. [35] Cuando Husam murió, gobernó en su lugar Hadad, el hijo de Bedad, que derrotó a Madián en el campo de Moab; y su ciudad se llamaba Avit. [36] Cuando murió Hadad, gobernó en su lugar Samla, que era del pueblo de Masreca. [37] Cuando Samla murió, gobernó en su lugar Saúl, que era de Rehobot, el pueblo que está junto al río. [38] Cuando Saúl mu-

rió, gobernó en su lugar Baal-hanán, que era hijo de Acbor. [39] Y cuando murió Baal-hanán, gobernó en su lugar Hadad;[67] y su ciudad se llamaba Pau. La esposa de Hadad se llamaba Mehetabel, y era hija de Matred y nieta de Mezaab.

[40] Estos son los nombres de los clanes de Esaú, por orden de familias, lugares y nombres: Timna, Alva, Jetet, [41] Aholibama, Ela, Pinón, [42] Cenaz, Temán, Mibzar, [43] Magdiel e Iram. Esaú también se llamaba Edom, y estos fueron los jefes de Edom, de acuerdo con los lugares donde vivían y que eran suyos.

37 [1] Jacob se quedó a vivir en Canaán, donde su padre había vivido por algún tiempo. [2] Esta es la historia de la familia de Jacob.

José y sus hermanos

Cuando José era un muchacho de diecisiete años, cuidaba las ovejas junto con sus hermanos, los hijos de Bilha y de Zilpa, que eran las concubinas de su padre. Y José llevaba a su padre quejas de la mala conducta de sus hermanos. [3] Israel quería a José más que a sus otros hijos, porque había nacido cuando él ya era viejo. Por eso le hizo una túnica muy elegante. [4] Pero al darse cuenta sus hermanos de que su padre lo quería más que a todos ellos, llegaron a odiarlo y ni siquiera lo saludaban.

[5] Una vez José tuvo un sueño, y se lo contó a sus hermanos; pero ellos lo odiaron más todavía, [6] porque les dijo:

—Escuchen, voy a contarles el sueño que tuve. [7] Soñé que nosotros estábamos en el campo, haciendo manojos de trigo; de pronto, mi manojo se levantó y quedó derecho, pero los manojos de ustedes se pusieron alrededor del mío y le hicieron reverencias.

[8] Entonces sus hermanos contestaron:

—¿Quieres decir que tú vas a ser nuestro rey, y que nos vas a dominar?

Y lo odiaron todavía más por sus sueños y por la forma en que los contaba.

[9] Después José tuvo otro sueño, que también les contó a sus hermanos. Les dijo:

—¿Saben que tuve otro sueño, en el que veía que el sol, la luna y once estrellas me hacían reverencias?

[10] Cuando José contó este sueño a su padre y a sus hermanos, su padre le reprendió y le dijo:

—¿Qué quieres decir con este sueño que tuviste? ¿Acaso tu madre, tus hermanos y yo tendremos que hacerte reverencias?

[11] Y sus hermanos le tenían envidia,ʳ

---

[67] *Hadad:* según varios mss. y 1 Cr 1.50. Heb *Hadar.*
ʳ **37.11** Hch 7.9.

pero su padre pensaba mucho en este asunto.

José es vendido por sus hermanos

12 Un día los hermanos de José fueron a Siquem, buscando pastos para las ovejas de su padre. 13 Entonces Israel le dijo a José:

—Mira, tus hermanos están en Siquem cuidando las ovejas. Quiero que vayas a verlos.

—Iré con mucho gusto —contestó José. 14 —Bueno —dijo Israel—, ve y fíjate cómo están tus hermanos y las ovejas, y regresa luego a traerme la noticia.

Israel mandó a José desde el valle de Hebrón, y cuando José llegó a Siquem, 15 se perdió por el campo. Entonces un hombre lo encontró y le preguntó:

—¿Qué andas buscando?

16 —Ando buscando a mis hermanos —respondió José—. ¿Podría usted decirme dónde están cuidando las ovejas?

17 —Ya se fueron de aquí —dijo el hombre—. Les oí decir que se iban a Dotán.

José fue en busca de sus hermanos y los encontró en Dotán. 18 Ellos lo vieron venir a lo lejos, y antes de que se acercara hicieron planes para matarlo. 19 Se dijeron unos a otros:

—¡Miren, ahí viene el de los sueños! 20 Vengan, vamos a matarlo; luego lo echaremos a un pozo y diremos que un animal salvaje se lo comió. ¡Y vamos a ver qué pasa con sus sueños?

21 Cuando Rubén oyó esto, quiso librarlo de sus hermanos, y dijo:

—No lo matemos. 22 No derramen sangre. Échenlo a este pozo que está en el desierto, pero no le pongan la mano encima.

Rubén dijo esto porque quería poner a salvo a José y devolvérselo a su padre; 23 pero cuando José llegó a donde estaban sus hermanos, ellos le quitaron la túnica que llevaba puesta, 24 lo agarraron y lo echaron al pozo, que estaba vacío y seco. 25 Después se sentaron a comer.

En esto, vieron venir una caravana de ismaelitas que venían de Galaad y que traían en sus camellos perfumes, bálsamo y mirra, para llevarlos a Egipto. 26 Entonces Judá les dijo a sus hermanos:

—¿Qué ganamos con matar a nuestro hermano, y después tratar de ocultar su muerte? 27 Es mejor que lo vendamos a los ismaelitas y no que lo matemos, porque después de todo es nuestro hermano.

Sus hermanos estuvieron de acuerdo con él, 28 y cuando los comerciantes madianitas pasaron por allí, los hermanos de José lo sacaron del pozo y lo vendieron a los ismaelitas por veinte monedas de plata. Así se llevaron a José a Egipto.ˢ

29 Cuando Rubén regresó al pozo y no encontró a José al í adentro, rasgó su ropa en señal de dolor. 30 Luego volvió a donde estaban sus hermanos, y les dijo:

—¡El muchacho ya no está! ¿Ahora qué voy a hacer?

31 Entonces ellos tomaron la túnica de José y la mancharon con la sangre de un cabrito que mataron; 32 luego se la mandaron a su padre, con este mensaje: "Encontramos esto. Fíjate bien si es o no la túnica de tu hijo."

33 En cuanto Jacob la reconoció, dijo: "¡Sí, es la túnica de mi hijo! Algún animal salvaje lo hizo pedazos y se lo comió." 34 Entonces Jacob rasgó su ropa y se vistió de luto, y por mucho tiempo lloró la muerte de su hijo. 35 Todos sus hijos y sus hijas trataban de consolarlo, pero él no quería que lo consolaran; al contrario, lloraba por su hijo y decía: "Guardaré luto por mi hijo, hasta que vaya a reunirme con él entre los muertos."

36 En Egipto, los madianitas vendieron a José a un hombre lamado Potifar, que era funcionario[68] del faraón, el rey de Egipto, y capitán de su guardia.

Judá y Tamar

38 1 En aquel tiempo, Judá se apartó de sus hermanos y se fue a vivir a la casa de un hombre llamado Hira, que era del pueblo de Adulam. 2 Allí conoció a la hija de un cananeo llamado Súa, y se casó con ella. Cuando se unieron, 3 ella quedó embarazada y tuvo un hijo, al cual llamó Er. 4 Volvió a quedar embarazada y tuvo otro hijo, al cual llamó Onán. 5 Todavía volvió a tener otro hijo, al cual llamó Sela, que nació cuando Judá estaba en Quezib.

6 Judá casó a Er, su hijo mayor, con una mujer llamada Tamar. 7 Pero al Señor no le agradaba la mala conducta de Er, y le quitó la vida. 8 Entonces Judá le dijo a Onán:

—Únete a la viuda de tu hermano y cumple así con tu deber de cuñado,ᵗ para que tu hermano pueda tener descendientes por medio de ti.

9 Pero Onán sabía que los hijos que nacieran no serían considerados suyos. Por eso, cada vez que se unía con la viuda de su hermano, procuraba que ella no quedara embarazada, para que su hermano no tuviera descendientes por medio de él. 10 El Señor se disgustó mucho por lo que Onán hacía, y también a él le quitó la

vida. ¹¹ Entonces Judá le dijo a su nuera Tamar:

—Quédate viuda en la casa de tu padre, hasta que mi hijo Sela sea mayor de edad. En realidad, Judá pensaba que también Sela podría morir como sus hermanos. Así Tamar se fue a vivir a la casa de su padre.

¹² Pasó el tiempo y murió la esposa de Judá, la hija de Súa. Cuando Judá dejó de guardar luto, fue al pueblo de Timnat, donde estaban los que trasquilaban sus ovejas, y su amigo Hira el adulamita lo acompañó. ¹³ Cuando Tamar supo que su suegro había ido a Timnat a trasquilar sus ovejas, ¹⁴ se cubrió con un velo para que nadie la reconociera, y se sentó a la entrada del pueblo de Enaim, que está en el camino a Timnat. Hizo esto porque se dio cuenta de que Sela ya era mayor de edad, y sin embargo no la habían casado con él.

¹⁵ Cuando Judá la vio, pensó que era una prostituta, pues ella se había cubierto la cara. ¹⁶ Entonces se apartó del camino para acercarse a ella y, sin saber que era su nuera, le dijo:

—¿Me dejas acostarme contigo?

—¿Qué me vas a dar por acostarte conmigo? —le preguntó ella.

¹⁷ —Voy a mandarte uno de los cabritos de mi rebaño —contestó Judá.

—Está bien —dijo ella—, pero déjame algo tuyo como prenda hasta que me lo mandes.

¹⁸ —¿Qué quieres que te deje? —preguntó Judá.

—Dame tu sello con el cordón, y el bastón que tienes en la mano —respondió ella.

Judá se los dio y se acostó con ella, y la dejó embarazada. ¹⁹ Después Tamar fue y se quitó el velo que tenía puesto, y volvió a ponerse su vestido de viuda.

²⁰ Más tarde Judá mandó el cabrito por medio de su amigo adulamita, para que la mujer le devolviera las prendas, pero su amigo ya no la encontró. ²¹ Entonces les preguntó a los hombres de ese lugar:

—¿Dónde está esa prostituta de Enaim, la que estaba junto al camino?

—Aquí no ha estado ninguna prostituta —le contestaron.

²² Entonces él regresó a donde estaba Judá, y le dijo:

—No encontré a la mujer, y además los hombres del lugar me dijeron que allí no había estado ninguna prostituta.

²³ Y Judá contestó:

—Pues que se quede con las cosas, para que nadie se burle de nosotros; pero que conste que yo mandé el cabrito y tú no la encontraste.

²⁴ Como tres meses después, vinieron a decirle a Judá:

—Tamar, la nuera de usted, se ha acostado con otros hombres, y como resultado de ello ha quedado embarazada.

—¡Sáquenla y quémenla! —gritó Judá.

²⁵ Pero cuando la estaban sacando, ella le mandó decir a su suegro: "El dueño de estas cosas es el que me dejó embarazada. Fíjese usted a ver de quién son este sello con el cordón y este bastón." ²⁶ Cuando Judá reconoció las cosas, dijo: "Ella ha hecho bien, y yo mal, porque no la casé con mi hijo Sela." Y nunca más volvió a acostarse con ella.

²⁷ El día que Tamar dio a luz, tuvo mellizos. ²⁸ Al momento de nacer, uno de ellos sacó la mano. Entonces la partera le ató un hilo rojo en la mano, y dijo: "Este salió primero." ²⁹ Pero en ese momento el niño metió la mano, y fue su hermano el que nació primero. Por eso la partera lo llamó Fares,⁶⁹ pues dijo: "¡Cómo te abriste paso!" ³⁰ Luego nació el otro niño, el que tenía el hilo rojo en la mano, y lo llamó Zara.

José y la esposa de Potifar

39 ¹ Cuando José fue llevado a Egipto, un egipcio llamado Potifar lo compró a los ismaelitas que lo habían llevado allá. Potifar era funcionario del faraón y capitán de su guardia. ² Pero el Señor estaba con José,ᵘ y le fue muy bien mientras vivía en la casa de su amo egipcio. ³ Su amo se dio cuenta de que el Señor estaba con José, y que por eso a José le iba bien en todo. ⁴ Esto hizo que José se ganara la simpatía de su amo, que lo nombró su ayudante personal y mayordomo de su casa, y dejó a su cargo todo lo que tenía. ⁵ Desde el día en que Potifar dejó a José a cargo de su casa y de todo lo suyo, el Señor bendijo a Potifar, tanto en su casa como en el campo. ⁶ Con José al cuidado de todo lo que tenía, Potifar ya no se preocupaba más de comer.

José era muy bien parecido y causaba buena impresión, ⁷ así que después de algún tiempo la esposa de su amo se fijó en él, y un día le dijo:

—Acuéstate conmigo.

⁸ Pero José no quiso, y le contestó:

—Mire usted, mi amo ha dejado a mi cargo todo lo que tiene, y estando yo aquí, no tiene de qué preocuparse. ⁹ En esta casa nadie es más que yo; mi amo no me ha negado nada, sino sólo a usted, pues es su esposa; así que, ¿cómo podría yo hacer algo tan malo, y pecar contra Dios? ¹⁰ Y aunque ella insistía con José todos los días para que se acostara con ella y estuviera a su lado, él no le hacía caso. [11] Pero un día José entró en la casa para hacer su trabajo y, como no había nadie allí, [12] ella lo agarró de la ropa y le dijo:

—Acuéstate conmigo.

Pero él salió corriendo y dejó su ropa en las manos de ella. [13] Cuando ella vio que al salir le había dejado la ropa en sus manos, [14] llamó a los siervos de la casa y les dijo:

—Miren, mi esposo nos trajo un hebreo que ahora se burla de nosotros. Entró a verme y quería acostarse conmigo, pero yo grité muy fuerte; [15] y cuando me oyó gritar con todas mis fuerzas, salió corriendo y hasta dejó aquí su ropa. [16] Luego, ella guardó la ropa de José hasta que su amo llegó a la casa. [17] Entonces le contó lo mismo, y dijo:

—El esclavo hebreo que nos trajiste entró en mi cuarto y quiso deshonrarme, [18] pero cuando grité con todas mis fuerzas, salió corriendo y dejó su ropa aquí. [19] Así me trató tu esclavo.

El amo de José se enojó mucho al oír lo que su esposa le estaba contando, [20] así que agarró a José y ordenó que lo metieran en la cárcel, donde estaban los presos del rey. Pero aun en la cárcel [21] el Señor siguió estando con José[v] y mostrándole su bondad, pues hizo que se ganara la simpatía del jefe de la cárcel, [22] el cual dejó todos los presos a su cargo. José era el que daba las órdenes para todo lo que allí se hacía, [23] y el jefe de la cárcel no tenía que revisar nada de lo que estaba a cargo de José, porque el Señor estaba con él y hacía que todo le saliera bien.

José interpreta dos sueños

40 [1] Después de esto, el copero, o sea el encargado de servirle vino al rey, y también el panadero, ofendieron a su amo, el rey de Egipto. [2] El faraón, o sea el rey, se enojó contra estos dos funcionarios, el jefe de los coperos y el jefe de los panaderos, [3] y los mandó presos a la casa del capitán de la guardia, donde estaba la cárcel. Era el mismo lugar donde José estaba preso. [4] El capitán de la guardia encargó a José que atendiera a estos funcionarios, y ellos pasaron mucho tiempo en la cárcel. [5] Una noche los dos presos, el copero y el panadero, tuvieron cada uno un sueño, y cada sueño tenía su propio significado. [6] Por la mañana, cuando José vino a verlos, los encontró muy preocupados; [7] así que les preguntó:

—¿Por qué tienen hoy tan mala cara?

[8] —Tuvimos un sueño y no hay quien nos explique lo que quiere decir —contestaron ellos.

—¿Y acaso no es Dios quien da las interpretaciones? —preguntó José—. Vamos, cuéntenme lo que soñaron.

[9] Entonces el jefe de los coperos le contó su sueño a José con estas palabras:

—En mi sueño veía una vid, [10] que tenía tres ramas. Y la vid retoñaba y echaba flores, y las flores se convertían en racimos de uvas maduras. [11] Yo tenía la copa del faraón en la mano, y tomaba las uvas y las exprimía en la copa. Luego, yo mismo ponía la copa en manos del faraón.

[12] Y José le dijo:

—El sueño de usted quiere decir esto: las tres ramas son tres días, [13] y dentro de tres días el faraón revisará el caso de usted y lo pondrá de nuevo en su trabajo, y usted volverá a darle la copa al faraón, tal como antes lo hacía. [14] Cuando esto suceda, acuérdese usted de mí, y por favor háblele de mí al faraón para que me saque de este lugar. ¡Compadézcase de mí! [15] A mí me robaron de la tierra de los hebreos, y no merezco estar en la cárcel porque no he hecho nada malo.

[16] Cuando el jefe de los panaderos vio que José había dado una interpretación favorable, le dijo:

—Por mi parte yo soñé que tenía tres canastillos de pan blanco sobre mi cabeza. [17] El canastillo de arriba tenía un gran surtido de pasteles para el faraón, pero las aves venían a comer del canastillo que estaba sobre mi cabeza.

[18] Entonces José le contestó:

—El sueño de usted quiere decir esto: los tres canastillos son tres días, [19] y dentro de tres días el faraón revisará el caso de usted y hará que lo cuelguen de un árbol, y las aves se comerán su carne.

[20] Al tercer día era el cumpleaños del faraón, y él hizo una gran fiesta para todos sus funcionarios. Delante de sus invitados, el faraón mandó sacar de la cárcel al jefe de los coperos y al jefe de los panaderos. [21] Al copero lo puso de nuevo en su trabajo, y él volvió a darle la copa al faraón, como antes; [22] pero al panadero lo mandó ahorcar, tal como José lo había interpretado. [23] Sin embargo, el copero no volvió a acordarse de José.

José interpreta los sueños del faraón

41 [1] Pasaron dos años. Un día, el faraón soñó que estaba de pie a la orilla del río Nilo, [2] y que del río salían siete vacas hermosas y gordas, que comían hierba entre los juncos. [3] Detrás de ellas, siete vacas feas y flacas salieron del río y se pusieron en la orilla, cerca de las otras. [4] Luego, estas vacas feas y flacas se comieron a las siete vacas hermosas y gordas.

El faraón se despertó, [5] pero se volvió a dormir y tuvo otro sueño: veía que siete espigas de trigo llenas y hermosas crecían en un solo tallo. [6] Detrás de ellas salieron otras siete espigas, secas y quemadas por el viento del este, [7] y estas espigas secas se comieron a las siete espigas gruesas y llenas.

El faraón se despertó, y se dio cuenta de que era un sueño. [8] Pero al día siguiente por la mañana estaba muy preocupado, y ordenó que vinieran todos los adivinos y sabios de Egipto. El faraón les contó sus sueños, pero ninguno de ellos pudo decirle lo que significaban. [9] Entonces el jefe de los coperos le dijo al faraón:

—Ahora me acuerdo de lo mal que me he portado. [10] Cuando Su Majestad se enojó con el jefe de los panaderos y con este servidor suyo, nos mandó a los dos a la cárcel del capitán de la guardia. [11] Una noche, el jefe de los panaderos tuvo un sueño y yo tuve otro, y cada sueño tenía su propio significado. [12] En ese lugar estaba con nosotros un joven hebreo, que era esclavo del capitán de la guardia. Le contamos nuestros sueños y él los interpretó, y nos dijo su significado. [13] ¡Y todo pasó tal como él nos lo había dicho! Yo volví de nuevo a mi trabajo, y el otro fue ahorcado.

[14] Entonces el faraón mandó llamar a José, y lo sacaron inmediatamente de la cárcel. José se cortó el pelo, se cambió de ropa y se presentó delante del faraón. [15] Y el faraón le dijo:

—He tenido un sueño y no hay quien pueda interpretarlo, pero he sabido que cuando tú oyes un sueño lo puedes interpretar.

[16] —Eso no depende de mí —contestó José—; pero Dios le dará a Su Majestad una contestación para su bien.

[17] El faraón le dijo a José:

—En mi sueño, yo estaba de pie a la orilla del río Nilo, [18] y del río salieron siete vacas gordas y hermosas, que comían hierba entre los juncos. [19] Detrás de ellas salieron otras siete vacas, muy feas y flacas. ¡Jamás había visto yo vacas tan feas en todo Egipto! [20] Estas vacas flacas y feas se comieron a las primeras siete vacas gordas; [21] pero aunque ya se las habían comido, nadie podría haberse dado cuenta, porque seguían tan flacas como antes.

"Me desperté, [22] pero después tuve otro sueño en el que siete espigas de trigo, llenas y hermosas, crecían en un mismo tallo. [23] Detrás de ellas crecían otras siete espigas, secas, delgadas y quemadas por el viento del este. [24] Estas espigas secas se comieron a las siete espigas hermosas. Yo les conté esto a los adivinos, pero ninguno de ellos pudo decirme su significado.

[25] Entonces José le contestó al faraón:

—Los dos sueños que tuvo Su Majestad, son uno solo. Dios le ha anunciado a usted lo que él va a hacer. [26] Las siete vacas hermosas son siete años, lo mismo que las siete espigas hermosas. Es el mismo sueño. [27] Las siete vacas flacas y feas que salieron detrás de las otras, también son siete años; lo mismo que las siete espigas secas y quemadas por el viento del este. Estos serán siete años de escasez. [28] Es tal como se lo he dicho: Dios le ha anunciado a Su Majestad lo que él va a hacer. [29] Van a venir siete años de mucha abundancia en todo Egipto, [30] y después vendrán siete años de gran escasez. Nadie se acordará de la abundancia que hubo en Egipto, porque la escasez arruinará al país. [31] Será tan grande la escasez, que no quedarán señales de la abundancia que antes hubo. [32] Su Majestad tuvo el mismo sueño dos veces, porque Dios está decidido a hacer esto, y lo va a hacer muy pronto.

[33] "Por lo tanto, sería bueno que Su Majestad buscara un hombre inteligente y sabio, para que se haga cargo del país. [34] Haga Su Majestad lo siguiente: nombre Su Majestad gobernadores que vayan por todo el país y recojan la quinta parte de todas las cosechas de Egipto, durante los siete años de abundancia. [35] Que junten todo el trigo de los buenos años que vienen; que lo pongan en un lugar bajo el control de Su Majestad, y que lo guarden en las ciudades para alimentar a la gente. [36] Así el trigo quedará guardado para el país, para que la gente no muera de hambre durante los siete años de escasez que habrá en Egipto.

José gobernador de Egipto

[37] El plan les pareció bien al faraón y a sus funcionarios, [38] así que el faraón les dijo:

—¿Podremos encontrar otro hombre como éste, que tenga el espíritu de Dios?

[39] Y a José le dijo:

—No hay nadie más inteligente y sabio que tú, pues Dios te ha hecho saber todo esto. [40] Tú te harás cargo de mi palacio,[w] y todo mi pueblo obedecerá tus órdenes. Sólo yo seré más que tú, porque soy el rey. [41] Mira, yo te nombro gobernador de todo el país de Egipto.

Al decir esto, [42] el faraón se quitó de la mano el anillo que tenía su sello oficial y se lo puso a José. Luego ordenó que lo vistieran con ropas de lino muy fino y que le pusieran un collar de oro en el cuello.

⁴³ Después lo hizo subir en el carro que siempre iba después del suyo, y ordenó que gritaran delante de él: "¡Abran paso!"⁷⁰ Así fue como José quedó al frente de todo el país de Egipto.

⁴⁴ Luego el faraón le dijo:

—Aunque yo soy el faraón, nadie en todo Egipto moverá un dedo sin tu permiso.

⁴⁵ El faraón le puso a José el nombre egipcio de Zafnat-panea, y lo casó con Asenat, la hija de Potifera, sacerdote de la ciudad de On. Así quedó José al frente de Egipto. ⁴⁶ José tenía treinta años cuando lo llevaron ante el faraón, el rey de Egipto. José se despidió del faraón y comenzó a viajar por todo Egipto. ⁴⁷ La tierra produjo muchísimo durante los siete años de abundancia, ⁴⁸ y José recogió todo el trigo que hubo en el país durante esos siete años; lo guardó en las ciudades, dejando en cada ciudad el trigo recogido en los campos vecinos. ⁴⁹ José recogió trigo como si fuera arena del mar. Era tanto el trigo, que dejó de medirlo, pues no se podía llevar la cuenta.

⁵⁰ Antes de que empezaran los años de escasez, José tuvo dos hijos con su esposa Asenat. ⁵¹ Al primero lo llamó Manasés,⁷¹ porque dijo: "Dios me ha hecho olvidar todos mis sufrimientos y a todos mis parientes." ⁵² Al segundo lo llamó Efraín,⁷² porque dijo: "Dios me ha hecho tener hijos en el país donde he sufrido."

⁵³ Pasaron los siete años de abundancia que hubo en Egipto, ⁵⁴ y comenzaron los siete años de escasez,ˣ tal como José lo había dicho. Hubo hambre en todos los países, menos en Egipto, pues allí había qué comer; ⁵⁵ y cuando los habitantes de Egipto comenzaron a tener hambre, fueron a pedirle trigo al faraón. Entonces el faraón les dijo a todos los egipcios: "Vayan a ver a José, y hagan lo que él les diga."ʸ

⁵⁶ Cuando el hambre se extendió por todo el país, José abrió todos los graneros donde había trigo, para venderlo a los egipcios; pues el hambre era cada vez peor. ⁵⁷ Y venían de todos los países a Egipto, a comprarle trigo a José, pues en ningún país había qué comer.

Los hermanos de José van a Egipto

42 ¹ Cuando Jacob supo que en Egipto había trigo, les dijo a sus hijos: "¿Qué hacen ahí, mirándose unos a otros? ² Me han dicho que en Egipto hay trigo. Vayan allá y compren trigo para nosotros, para que podamos seguir viviendo."ᶻ

³ Entonces diez de los hermanos de José fueron a Egipto a comprar trigo; ⁴ pero Jacob no dejó ir a Benjamín, el hermano de José, porque pensó que podría pasarle algo malo. ⁵ Los hijos de Israel fueron entre otros que también iban a comprar, porque en toda la tierra de Canaán había hambre.

⁶ José era el gobernador del país, y el que vendía trigo a la gente que llegaba de todas partes. Cuando sus hermanos se presentaron ante él, se inclinaron hasta tocar el suelo con la frente. ⁷ José reconoció a sus hermanos en cuanto los vio; pero hizo como que no los conocía, y les preguntó en forma brusca:

—¡Ustedes!, ¿de dónde vienen?

—Venimos de Canaán, a comprar trigo —contestaron ellos.

⁸ Aunque José reconoció a sus hermanos, ellos no lo reconocieron a él. ⁹ Entonces José se acordó de los sueños que había tenido acerca de ellos,ᵃ y les dijo:

—Ustedes son espías. Sólo vienen a ver cuáles son los puntos débiles del país.

¹⁰ —¡No, señor! —contestaron ellos—. Nosotros sus servidores hemos venido a comprar trigo. ¹¹ Todos nosotros somos hijos del mismo padre. Somos gente honrada. Nunca hemos sido espías.

¹² —No es cierto —insistió José—. Ustedes vienen a ver cuáles son los puntos débiles del país.

¹³ Pero ellos contestaron:

—Los servidores de usted somos doce hermanos, hijos del mismo padre, y vivimos en Canaán. Nuestro hermano menor se ha quedado con nuestro padre, y el otro ya no está con nosotros.

¹⁴ Sin embargo, José volvió a decirles:

—¡Tal como dije! Ustedes son espías, ¹⁵ y con esto vamos a probarlo: les juro por el faraón que no saldrán de aquí hasta que venga su hermano menor. ¹⁶ Que vaya uno de ustedes a traerlo. Los demás se quedarán presos. Vamos a ver si es cierto lo que han dicho, y si no es cierto, es que son espías. ¡Lo juro por el faraón!

¹⁷ José los tuvo presos a todos ellos durante tres días, ¹⁸ pero al tercer día les dijo:

—Yo tengo temor de Dios. Hagan esto y se les perdonará la vida: ¹⁹ si son de veras honrados, dejen en la cárcel a uno de esos hermanos, y los demás vayan y lleven trigo para que coman sus familias. ²⁰ Tráiganme luego a su hermano menor, y veremos si han dicho la verdad. Si no, morirán.

Ellos aceptaron, ²¹ pero se decían el uno al otro:

⁷⁰ Se emplea aquí una palabra de sentido oscuro, probablemente egipcia. Se traduce sólo por el contexto. ⁷¹ En hebreo, *Manasés* y el verbo que significa *olvidar* tienen un sonido parecido. ⁷² En hebreo, *Efraín* y los verbos que significan *tener hijos* o *dar frutos* tienen un sonido parecido. ˣ **41.54** Hch 7.11. ʸ **41.55** Jn 2.5. ᶻ **42.2** Hch 7.12. ᵃ **42.9** Gn 37.5–10.

—Verdaderamente nos portamos muy mal con nuestro hermano, pues no le hicimos caso cuando nos rogaba que le tuviéramos compasión, aunque veíamos que estaba afligido. Por eso ahora nos ha venido esta aflicción.

²² Y Rubén les contestó:

—Yo les dije que no le hicieran daño al muchacho;ᵇ pero no me hicieron caso, y ahora tenemos que responder por su muerte.

²³ Ellos no sabían que José les entendía, porque él había estado hablándoles por medio de un intérprete. ²⁴ José se apartó de ellos y se puso a llorar. Cuando regresó a donde ellos estaban y pudo hablarles, apartó a Simeón y, a la vista de ellos, hizo que lo ataran. ²⁵ Después ordenó que les llenaran de trigo sus costales, que le devolvieran a cada uno su dinero, poniéndolo dentro de cada costal, y que les dieran comida para el camino. Así se hizo. ²⁶ Entonces ellos cargaron el trigo en sus asnos, y se fueron de allí.

²⁷ Cuando llegaron al lugar donde iban a pasar la noche, uno de ellos abrió su costal para darle de comer a su asno, y vio que su dinero estaba allí, en la boca del costal. ²⁸ Entonces les dijo a sus hermanos:

—¡Miren, me devolvieron mi dinero! ¡Aquí está, en mi costal!

Todos ellos se asustaron mucho, y temblando de miedo se decían el uno al otro:

—¿Qué es lo que Dios nos ha hecho?

²⁹ Cuando llegaron a Canaán, le contaron a su padre Jacob todo lo que les había pasado, y le dijeron:

³⁰ —El hombre que gobierna en aquel país nos habló en forma muy brusca, y nos acusó de haber ido a su país como espías. ³¹ Pero nosotros le dijimos que éramos gente honrada y que nunca habíamos sido espías; ³² que éramos doce hermanos, hijos del mismo padre; que uno ya no estaba con nosotros, y que el menor se había quedado contigo en Canaán. ³³ Entonces él nos dijo: 'Con esto voy a ver si ustedes son de veras honrados. Dejen aquí conmigo a uno de sus hermanos y vayan a llevar un poco de trigo para sus familias, ³⁴ pero tráiganme a su hermano menor. Así podré estar seguro de que ustedes son gente honrada y no espías; entonces dejaré libre a su otro hermano y ustedes podrán andar libremente por este país.'

³⁵ En el momento de vaciar sus costales, los hermanos de José vieron que en cada costal había una bolsita con el dinero de cada uno de ellos. Al ver las bolsitas con el dinero, tanto ellos como su padre se asustaron. ³⁶ Entonces Jacob les dijo:

—Ustedes me están dejando sin hijos.

José ya no está con nosotros, Simeón tampoco, ¡y ahora me van a quitar a Benjamín! ¡Y siempre el perjudicado soy yo!

³⁷ Entonces Rubén le dijo a su padre:

—Deja a Benjamín a mi cuidado, y yo te lo devolveré. Si no te lo devuelvo, puedes matar a mis dos hijos.

³⁸ Pero Jacob contestó:

—Mi hijo no irá con ustedes. Su hermano José ha muerto y sólo queda él. Si le pasa algo malo en el viaje que van a hacer, ustedes tendrán la culpa de que este viejo se muera de tristeza.

Benjamín es llevado a Egipto

43 ¹ El hambre aumentaba en el país, ² así que cuando Jacob y sus hijos se comieron lo que les quedaba del trigo que habían llevado de Egipto, Jacob les dijo:

—Vayan otra vez y compren un poco de trigo para nosotros.

³ Pero Judá le contestó:

—Aquel hombre nos dijo bien claro: 'Si no traen aquí a su hermano menor, no vengan a verme.' ⁴ Así pues, si lo dejas ir con nosotros, iremos a comprarte trigo, ⁵ pero si no lo dejas ir, no iremos. Aquel hombre nos dijo: 'Si no traen aquí a su hermano menor, no vengan a verme.'

⁶ Entonces dijo Israel:

—¿Por qué me han hecho tanto mal? ¿Por qué le dijeron a ese hombre que tenían otro hermano?

⁷ Y ellos contestaron:

—Es que él nos preguntaba mucho acerca de nosotros y de nuestra familia. Nos dijo: '¿Vive todavía su padre? ¿Tienen otro hermano?' Y nosotros no hicimos más que contestar a sus preguntas. ¿Cómo íbamos a saber que nos diría: 'Traigan a su hermano'?

⁸ Judá le dijo a su padre Israel:

—Si queremos vivir, deja que vaya el muchacho bajo mi cuidado, y nos iremos en seguida. Así no moriremos ni tú, ni nosotros, ni nuestros hijos. ⁹ Yo te respondo por él; a mí me pedirás cuentas de lo que le pase. Si no te lo devuelvo en este mismo lugar, seré el culpable delante de ti para toda la vida. ¹⁰ Si no nos hubiéramos demorado tanto aquí, ¡ya hubiéramos ido y venido dos veces!

¹¹ Entonces su padre les contestó:

—Puesto que no hay otro remedio, hagan esto: lleven en sus costales un regalo para ese hombre. Llévenle de lo mejor que el país produce: un poco de bálsamo, un poco de miel, perfumes, mirra, nueces y almendras. ¹² Lleven también el doble del dinero, y entreguen personalmente el

ᵇ **42.22** Gn 37.21-22.

dinero que les devolvieron; tal vez fue un error. ¹³ ¡Vamos!, tomen a su hermano y vayan otra vez a ver a ese hombre. ¹⁴ Que el Dios todopoderoso le haga tener compasión de ustedes, para que deje libre a su otro hermano y a Benjamín. En cuanto a mí, si he de quedarme sin hijos, pues ¡me quedaré sin hijos!

¹⁵ Los hijos de Jacob tomaron los regalos, el doble del dinero, y a Benjamín, y se fueron a Egipto. Cuando llegaron ante José, ¹⁶ y José vio que Benjamín estaba con ellos, le dijo al mayordomo de su casa:

—Lleva a estos hombres a mi casa, y mata una vaca y prepárala, porque ellos comerán conmigo hoy al mediodía.

¹⁷ El mayordomo hizo tal como José le ordenó, y los llevó personalmente, ¹⁸ pero ellos se asustaron porque los llevaban a la casa de José, y se dijeron:

—¡Esto es un pretexto! Nos han traído aquí por el dinero que nos devolvieron la vez pasada. Van a atacarnos y hacernos trabajar como esclavos, junto con nuestros animales.

¹⁹ Así que al llegar a la puerta de la casa, se acercaron al mayordomo para hablar con él, ²⁰ y le dijeron:

—¡Ay, señor! La otra vez vinimos de veras a comprar trigo, ²¹ pero cuando llegamos al lugar donde íbamos a pasar la noche, abrimos nuestros costales, y ahí, en la boca de cada costal, estaba el dinero de cada uno de nosotros. El dinero estaba completo. Ahora lo hemos traído para devolverlo, ²² y también trajimos más dinero para comprar trigo. Pero no sabemos quién puso nuestro primer dinero en los costales.

²³ El mayordomo contestó:

—Cálmense, no tengan miedo. El Dios de ustedes y de su padre debe de haber puesto ese dinero en sus costales, pues yo recibí el dinero que ustedes pagaron.

El mayordomo sacó a Simeón y lo llevó a donde estaban ellos; ²⁴ luego llevó a todos a la casa de José, les dio agua para que se lavaran los pies, y también dio de comer a sus asnos. ²⁵ Ellos prepararon los regalos y esperaron a que José llegara al mediodía, pues habían sabido que allí iban a comer.

²⁶ Cuando José llegó a la casa, ellos le dieron los regalos que habían traído, y se inclinaron hasta tocar el suelo con la frente. ²⁷ José les preguntó cómo estaban, y también preguntó:

—¿Cómo está su padre, el anciano del cual me hablaron? ¿Vive todavía?

²⁸ Ellos hicieron una reverencia y dijeron:

—Nuestro padre, su servidor, está bien. Todavía vive.

²⁹ José miró a su alrededor y vio a Benjamín, su hermano de padre y madre, y dijo:

—¿Es éste su hermano menor, del cual me hablaron? ¡Que Dios te bendiga, hijo mío!

Al decir esto, ³⁰ José se sintió tan emocionado de ver a su hermano, que le dieron ganas de llorar. Rápidamente entró en su cuarto, y allí se puso a llorar. ³¹ Cuando pudo contener el llanto, se lavó la cara y salió, y dijo: "¡Sirvan ya la comida!"

³² A José le sirvieron en una mesa, a los hijos de Jacob en otra, y en otra distinta a los egipcios que comían con José; porque los egipcios tenían prohibido comer junto con los hebreos. ³³ Los hermanos de José se sentaron cuando José así lo indicó, por orden de edad, de mayor al menor; y estaban muy sorprendidos y mirándose unos a otros. ³⁴ José les dio de comer de lo que él tenía en su propia mesa, y a Benjamín le dio mucho más que a los otros. José y sus hermanos bebieron juntos y se pusieron muy alegres.

La copa de José

44 ¹ Después de esto José le ordenó a su mayordomo:

—Llena los costales de estos hombres con todo el trigo que puedan llevar, y pon el dinero de cada uno de ellos en la boca de su costal. ² Pon también mi copa de plata en la boca del costal del hermano menor, junto con el dinero que pagó por su trigo.

El mayordomo hizo lo que José le ordenó. ³ Con los primeros rayos del sol, José permitió que sus hermanos se fueran con sus asnos. ⁴ Todavía no estaban muy lejos de la ciudad, cuando José le dijo a su mayordomo:

—Ve a perseguir a esos hombres, y diles cuando los alcances: '¿Por qué han pagado bien con mal? ¿Por qué han robado la copa de plata ⁷³ ⁵ que mi amo usa para beber y para adivinar? ⁷⁴ ¡Han hecho muy mal!'

⁶ Cuando el mayordomo los alcanzó, les repitió las mismas palabras, ⁷ y ellos le contestaron:

—¿Por qué nos habla usted de ese modo? ¡Jamás haríamos semejante cosa! ⁸ Si regresamos desde Canaán a devolver el dinero que encontramos en la boca de nuestros costales, ¿cómo íbamos a robar plata ni oro de la casa de su amo? ⁹ ¡Que muera cualquiera de estos servidores

---

⁷³ ¿Por qué han robado la copa de plata . . . ?: según la versión griega. En el texto hebreo no aparece esta frase. ⁷⁴ Era práctica muy común pretender adivinar por medio de copas llenas de agua.

suyos al que se le encuentre la copa, y hasta nosotros seremos sus esclavos!

[10] Entonces el mayordomo dijo:

—Se hará como ustedes dicen, pero sólo el que tenga la copa será mi esclavo; los demás quedarán libres de culpa.

[11] Cada uno de ellos bajó rápidamente su costal hasta el suelo, y lo abrió. [12] El mayordomo buscó en cada costal, comenzando por el del hermano mayor hasta el del hermano menor, y encontró la copa en el costal de Benjamín. [13] Entonces ellos rasgaron su ropa en señal de dolor. Después cada uno echó la carga sobre su asno, y regresaron a la ciudad. [14] Cuando Judá y sus hermanos llegaron a la casa de José, todavía estaba él allí. Entonces se inclinaron delante de él hasta tocar el suelo con la frente, [15] mientras José les decía:

—¿Qué es lo que han hecho? ¿No saben que un hombre como yo sabe adivinar?

[16] Judá contestó:

—¿Qué podemos responderle a usted? ¿Cómo podemos probar nuestra inocencia? Dios nos ha encontrado en pecado. Aquí nos tiene usted; somos sus esclavos, junto con el que tenía la copa.

[17] Pero José dijo:

—De ninguna manera. Sólo aquel que tenía la copa será mi esclavo. Los otros pueden regresar tranquilos a la casa de su padre. Nadie los molestará.

Judá ruega por Benjamín

[18] Entonces Judá se acercó a José y le dijo:

—Yo le ruego a usted, señor, que me permita decirle algo en secreto. Por favor, no se enoje conmigo, pues usted es como si fuera el mismo faraón. [19] Usted nos preguntó si teníamos padre o algún otro hermano, [20] y nosotros le contestamos que teníamos un padre anciano y un hermano todavía muy joven, que nació cuando nuestro padre ya era anciano. También le dijimos que nuestro padre lo quiere mucho, pues es el único hijo que le queda de la misma madre, porque su otro hermano murió. [21] Entonces usted nos pidió que lo trajéramos, porque quería conocerlo. [22] Nosotros le dijimos que el muchacho no podía dejar a su padre, porque si lo dejaba, su padre moriría. [23] Pero usted nos dijo que si él no venía con nosotros, no volvería a recibirnos.

[24] "Cuando regresamos junto a mi padre, le contamos todo lo que usted nos dijo. [25] Entonces nuestro padre nos ordenó: 'Regresen a comprar un poco de trigo'; [26] pero nosotros le dijimos: 'No podemos ir, a menos que nuestro hermano menor vaya con nosotros; porque si él no nos acompaña, no podremos ver a ese señor.' [27] Y mi padre nos dijo: 'Ustedes saben que mi esposa me dio dos hijos; [28] uno de ellos se fue de mi lado, y desde entonces no lo he visto. Estoy seguro de que un animal salvaje lo despedazó. [29] Si se llevan también a mi otro hijo de mi lado, y le pasa algo malo, ustedes tendrán la culpa de que este viejo se muera de tristeza.'

[30] "Así que la vida de mi padre está tan unida a la vida del muchacho que, si el muchacho no va con nosotros cuando yo regrese, [31] nuestro padre morirá al no verlo. Así nosotros tendremos la culpa de que nuestro anciano padre se muera de tristeza. [32] Yo le dije a mi padre que me haría responsable del muchacho, y también le dije: 'Si no te lo devuelvo, seré el culpable delante de ti para toda la vida.' [33] Por eso yo le ruego a usted que me permita quedarme como su esclavo, en lugar del muchacho. Deje usted que él se vaya con sus hermanos. [34] Porque, ¿cómo voy a regresar junto a mi padre, si el muchacho no va conmigo? No quiero ver el mal que sufriría mi padre.

José se da a conocer a sus hermanos

45 [1] José ya no pudo contenerse delante de todos los que estaban a su servicio, y gritó: "¡Salgan todos de aquí!" Así que ninguno de sus siervos estaba allí con José cuando él se dio a conocer a sus hermanos.[c]

[2] Entonces se puso a llorar tan fuerte que todos los egipcios lo supieron, y la noticia llegó hasta el palacio del faraón. [3] José les dijo a sus hermanos:

—Yo soy José. ¿Vive mi padre todavía?

Ellos estaban tan asustados de estar delante de él, que no podían contestarle. [4] Pero José les dijo:

—Por favor, acérquense a mí.

Cuando ellos se acercaron, él les dijo:

—Yo soy su hermano José, el que ustedes vendieron a Egipto; [5] pero, por favor, no se aflijan ni se enojen con ustedes mismos por haberme vendido, pues Dios me mandó antes que a ustedes para salvar vidas. [6] Ya van dos años de hambre en el país, y todavía durante cinco años más no se cosechará nada, aunque se siembre. [7] Pero Dios me envió antes que a ustedes para hacer que les queden descendientes sobre la tierra, y para salvarles la vida de una manera extraordinaria. [8] Así que fue Dios quien me mandó a este lugar, y no ustedes; él me ha puesto como consejero del faraón y amo de toda su casa, y gobernador de todo Egipto. [9] Vayan pronto a donde está mi padre, y díganle:

'Así dice tu hijo José: Dios me ha puesto como señor de todo Egipto. Ven a verme. No tardes. [10] Vivirás en la región de Gosén, junto con tus hijos y nietos, y con todos tus animales y todo lo que tienes. Así estarás cerca de mí. [11] Aquí les daré alimentos a ti y a tu familia, y a todos los que están contigo, para que no les falte nada; pues todavía habrá hambre durante cinco años más.'[d] [12] Mi hermano Benjamín y ustedes son testigos de que yo mismo he dicho esto. [13] Cuéntenle a mi padre acerca de toda mi autoridad en Egipto, y de todo lo que han visto aquí. ¡Pronto, vayan a traer a mi padre!

[14] José abrazó a su hermano Benjamín, y comenzó a llorar. También Benjamín lloró abrazado a José. [15] Luego José besó a todos sus hermanos, y lloró al abrazarlos. Después de esto, sus hermanos se atrevieron a hablarle.

[16] Por el palacio del faraón corrió la noticia de que los hermanos de José habían llegado, y el faraón se alegró junto con sus funcionarios. [17] Y le dijo el faraón a José:

—Di a tus hermanos que carguen sus animales y regresen a Canaán, [18] y que me traigan a su padre y a sus familias. Yo les daré lo mejor de la tierra de Egipto, y comerán de lo mejor que el país produce. [19] Ordénales que de aquí, de Egipto, lleven carretas para traer a sus mujeres y niños, y también al padre de ustedes. Que vengan [20] y que no se preocupen por lo que tienen ahora, porque lo mejor de todo Egipto será de ellos.

[21] Los hijos de Israel lo hicieron así. José les dio las carretas que el faraón había ordenado, y alimentos para el camino; [22] también les dio ropa nueva para cambiarse, pero a Benjamín le dio trescientas monedas de plata y cinco mudas de ropa. [23] A su padre le mandó diez asnos cargados con lo mejor que había en Egipto, otros diez asnos cargados de trigo, y pan y comida para que su padre comiera en el camino. [24] Cuando José se despidió de sus hermanos, les dijo:

—No vayan peleando por el camino.

Ellos se fueron. [25] Salieron de Egipto y llegaron a Canaán, donde vivía su padre Jacob. [26] Cuando le contaron a Jacob que José vivía todavía, y que él era el que gobernaba en todo Egipto, no supo qué hacer o qué decir, pues no podía creer lo que le estaban diciendo. [27] Pero cuando ellos le contaron todo lo que José les había dicho, y cuando vio las carretas que José había mandado para llevarlo, se entusiasmó muchísimo. [28] Entonces dijo: "¡Me basta saber que mi hijo José vive todavía! Iré a verlo antes de morir."

Jacob en Egipto

46 [1] Israel se puso en camino con todo lo que tenía. Cuando llegó a Beerseba, ofreció sacrificios al Dios de su padre Isaac. [2] Esa noche Dios habló con Israel en una visión, llamándolo por su nombre, Jacob. Y él contestó:

—Aquí estoy.

[3] Entonces Dios dijo:

—Yo soy Dios, el Dios de tu padre. No tengas miedo de ir a Egipto, porque allí haré de tus descendientes una gran nación. [4] Iré contigo a Egipto, y yo mismo sacaré de allí a tus descendientes. Además, cuando mueras, José estará a tu lado.

[5] Después Jacob se fue de Beerseba. Los hijos de Israel pusieron a su padre, y a los hijos y mujeres de ellos, en las carretas que el faraón había enviado para llevarlos. [6] Jacob y todos los suyos se fueron a Egipto,[e] y se llevaron sus vacas y ovejas y todo lo que habían llegado a tener en Canaán. [7] Todos sus hijos, hijas, nietos y nietas, se fueron con él.

[8] Estos son los nombres de los israelitas que fueron a Egipto; es decir, Jacob y sus descendientes:

Rubén, el hijo mayor de Jacob. [9] Los hijos de Rubén: Hanoc, Falú, Hezrón y Carmi.

[10] Los hijos de Simeón: Jemuel, Jamín, Ohad, Jaquín, Zohar y Saúl, que era hijo de una mujer cananea.

[11] Los hijos de Leví: Gersón, Coat y Merari.

[12] Los hijos de Judá: Er, Onán, Sela, Fares y Zara. (Er y Onán habían muerto en Canaán.) Los hijos de Fares fueron Hezrón y Hamul.

[13] Los hijos de Isacar: Tola, Fúa, Job y Simrón.

[14] Los hijos de Zabulón: Sered, Elón y Jahleel.

[15] Estos fueron los hijos que Lea le dio a Jacob cuando estaban en Padan-aram, además de su hija Dina. Todos sus descendientes fueron treinta y tres personas, contando hombres y mujeres.

[16] Los hijos de Gad: Zifión, Hagui, Ezbón, Suni, Eri, Arodi y Areli. [17] Los hijos de Aser: Imna, Isúa, Isuí, Bería y la hermana de ellos, que se llamaba Sera. Los hijos de Bería fueron Heber y Malquiel.

[18] Estos fueron los hijos que Zilpa le dio a Jacob. Ella era la esclava que Labán le regaló a su hija Lea, y sus descendientes fueron dieciséis personas en total.

[19] Los hijos de Raquel, la esposa de Jacob: José y Benjamín. [20] Los hijos que José tuvo con Asenat fueron Manasés y Efraín, que nacieron en Egipto. Asenat era hija de

---

Potifera, sacerdote de On.[f] [21] Los hijos de Benjamín fueron Bela, Bequer, Asbel, Gera, Naamán, Ehi, Ros, Mupim, Hupim y Ard. [22] Estos fueron los descendientes de Raquel y Jacob, catorce personas en total. [23] El hijo de Dan: Husim. [24] Los hijos de Neftalí: Jahzeel, Guni, Jezer y Silem. [25] Estos fueron los hijos que Bilha le dio a Jacob. Ella era la esclava que Labán le regaló a su hija Raquel, y sus descendientes fueron siete personas en total.

[26] Todas las personas que llegaron con Jacob a Egipto, y que eran de su misma sangre, fueron sesenta y seis, sin contar las esposas de sus hijos. [27] Los hijos de José fueron dos, que nacieron en Egipto. Así que a Egipto llegaron setenta personas de la familia de Jacob.[g]

[28] Jacob envió antes a Judá a ver a José, para que viniera a recibirlo a la región de Gosén. Cuando llegaron a Gosén, [29] José ordenó que prepararan su carro para ir a recibir a su padre. Cuando se presentó delante de su padre, lo abrazó y estuvo llorando largo rato sobre su hombro. [30] Entonces Israel le dijo a José:

—Después de verte personalmente y encontrarte vivo todavía, ¡ya puedo morirme!

[31] José les dijo a sus hermanos y a la familia de su padre:

—Voy a ver al faraón, para darle la noticia. Le diré que mis hermanos y los parientes de mi padre, que vivían en Canaán, han venido a quedarse conmigo; [32] y que han traído sus ovejas y vacas y todo lo que tenían, porque su trabajo es cuidar ovejas y criar ganado. [33] Entonces, cuando el faraón los llame y les pregunte en qué trabajan, [34] ustedes díganle que siempre se han dedicado a criar ovejas, igual que sus antepasados. Así podrán quedarse a vivir en la región de Gosén, porque los egipcios tienen prohibido convivir con los pastores de ovejas.

47 [1] José fue a darle la noticia al faraón. Le dijo que su padre y sus hermanos habían llegado de Canaán, y que ya estaban en la región de Gosén con sus ovejas y vacas y todo lo que tenían. [2] Escogió a cinco de sus hermanos y se los presentó al faraón, para que los conociera. [3] Entonces el faraón preguntó a los hermanos de José:

—¿A qué se dedican ustedes?

Y ellos le contestaron:

—Los servidores de Su Majestad somos pastores de ovejas, igual que nuestros antepasados. [4] Hemos venido para quedarnos en este país, porque hay mucha hambre en Canaán y no hay pasto para nuestras ovejas. Por favor, permita Su Majestad que nos quedemos a vivir en la región de Gosén.

[5] Entonces el faraón le dijo a José:

—Tu padre y tus hermanos han venido a reunirse contigo. [6] La tierra de Egipto está a su disposición. Dales la región de Gosén, que es lo mejor del país, para que se queden a vivir allí. Y si sabes que entre ellos hay hombres capaces, ponlos a cargo de mi ganado.

[7] José llevó también a su padre Jacob para presentárselo al faraón. Jacob saludó con mucho respeto al faraón, [8] y el faraón le preguntó:

—¿Cuántos años tienes ya?

[9] Y Jacob le contestó:

—Ya tengo ciento treinta años de ir de un lado a otro. Han sido pocos y malos años, pues todavía no he alcanzado a vivir lo que vivieron mis antepasados.

[10] Después Jacob se despidió del faraón y salió de allí. [11] Y José les dio terrenos en la mejor región de Egipto, para que vivieran allí, tal como el faraón había ordenado. Así su padre y sus hermanos llegaron a tener terrenos en la región de Ramsés. [12] Además, José les daba alimentos a todos sus familiares, según las necesidades de cada familia.

Política agraria de José

[13] En ninguna parte del país había trigo, y el hambre aumentaba más y más. Tanto en Egipto como en Canaán la gente se moría de hambre. [14] José recogió todo el dinero que los de Egipto y los de Canaán le habían pagado por el trigo comprado, y lo guardó en el palacio del faraón. [15] Cuando ya no había dinero ni en Egipto ni en Canaán, los egipcios fueron a decirle a José:

—¡Denos usted de comer! No es justo que nos deje morir de hambre, sólo porque ya no tenemos dinero.

[16] Y José les contestó:

—Si ya no tienen dinero, traigan sus animales y se los cambiaré por trigo.

[17] Los egipcios llevaron sus caballos, ovejas, vacas y asnos a José, y a cambio de ellos José les dio trigo durante todo ese año. [18] Pero pasó el año, y al año siguiente fueron a decirle a José:

—No podemos negarle a usted que ya no tenemos dinero; además, nuestros animales ya son suyos. Ya no tenemos otra cosa que darle, a no ser nuestras tierras y nuestros propios cuerpos. [19] Cómprenos usted a nosotros y a nuestras tierras, a cambio de trigo. Seremos esclavos del faraón y trabajaremos nuestras tierras para él, con tal de que usted nos dé semilla para que podamos vivir y para que la tierra no se eche a perder. ¿Por qué tiene usted que dejarnos morir, junto con nuestras tierras?

20 Entonces José compró todas las tierras de Egipto para el faraón, pues los egipcios vendieron sus terrenos, obligados por el hambre. Asi la tierra pasó a poder del faraón, 21 y los egipcios fueron hechos esclavos[75] en todo el país de Egipto. 22 Los únicos terrenos que José no compró fueron los de los sacerdotes, porque el faraón les daba cierta cantidad de trigo; así que no tuvieron que vender sus terrenos, porque comían de lo que el faraón les daba.

23 Luego José dijo a la gente:

—Ahora ustedes y sus terrenos son del faraón, pues yo los he comprado para él. Aquí tienen semilla para sembrar la tierra, 24 pero deberán darle al faraón la quinta parte de las cosechas; las otras cuatro partes serán para que siembren la tierra y para que coman ustedes, sus hijos y todos los que viven con ustedes.

25 Y ellos contestaron:

—Usted es muy bondadoso con nosotros, pues nos ha salvado la vida. ¡Seremos esclavos del faraón!

26 Así José puso por ley que en toda la tierra de Egipto se diera al faraón la quinta parte de las cosechas. Esta ley todavía existe; pero los sacerdotes no tienen que pagar nada, porque sus tierras nunca llegaron a ser del faraón.

La última voluntad de Jacob

27 Los israelitas se quedaron a vivir en Egipto. Tomaron posesión de la región de Gosén, y allí llegaron a ser muy numerosos. 28 Jacob vivió diecisiete años en Egipto, y llegó a la edad de ciento cuarenta y siete años.

29 Un día Israel sintió que ya pronto iba a morir. Entonces mandó llamar a su hijo José para decirle:

—Si de veras quieres hacerme un favor, pon tu mano debajo de mi muslo y júrame que harás lo que te voy a pedir. ¡Por favor, no me entierres en Egipto! 30 Cuando yo vaya a descansar junto con mis antepasados, sácame de Egipto y entiérrame en el sepulcro de ellos.

—Así lo haré —contestó José.[h]

31 —¡Júramelo! —insistió su padre.

José se lo juró, y entonces Israel se inclinó sobre la cabecera de su cama.

Jacob bendice a Efraín y a Manasés

48 1 Poco tiempo después le dijeron a José que su padre estaba enfermo. Entonces José fue a verlo, y llevó a sus dos hijos, Manasés y Efraín. 2 Cuando dieron aviso a Jacob de que su hijo José había llegado a verlo, hizo un esfuerzo y se sentó en la cama. 3 Y le dijo a José:

—El Dios todopoderoso se me apareció en la ciudad de Luz, en la tierra de Canaán, y me bendijo 4 con estas palabras: 'Mira, yo haré que tengas muchos hijos, y que tus descendientes lleguen a formar un conjunto de naciones. Además, a tu descendencia le daré esta tierra.[i] Será de ellos para siempre.' 5 Ahora bien, tus hijos Efraín y Manasés, que te nacieron aquí en Egipto antes de que yo viniera a reunirme contigo en este país, me pertenecen a mí. Ellos son tan míos como lo son Rubén y Simeón. 6 Los hijos que tengas después de ellos te pertenecerán a ti y, por ser hermanos de Efraín y Manasés, tendrán parte en su herencia. 7 Cuando yo regresaba de Padan-aram, se me murió tu madre Raquel en Canaán, poco antes de llegar a Efrata; y la enterré allí, en el camino de Efrata, que ahora es Belén.[j]

8 De pronto Israel se fijó en los hijos de José, y preguntó:

—Y éstos, ¿quiénes son?

9 —Son los hijos que Dios me ha dado aquí en Egipto —contestó José.

Entonces su padre le dijo:

—Por favor, acércalos más a mí, para que les dé mi bendición.

10 Israel era ya muy viejo y le fallaba la vista. No podía ver muy bien, así que José acercó los niños a su padre, y él los besó y abrazó. 11 Luego le dijo a José:

—Ya no esperaba volver a verte y, sin embargo, Dios me ha dejado ver también a tus hijos.

12 José quitó a los niños de las rodillas de su padre, y se inclinó hasta tocar el suelo con la frente. 13 Luego tomó a los dos, a Efraín con la mano derecha y a Manasés con la izquierda, y los acercó a su padre. Así Efraín quedó a la izquierda de Israel y Manasés a su derecha. 14 Pero al extender Israel sus manos, las cruzó y puso la mano derecha sobre la cabeza de Efraín, que era el menor, y la mano izquierda sobre la cabeza de Manasés, aunque él era el mayor. 15 Entonces bendijo a José de esta manera:

"Que el Dios a quien obedecieron
Abraham e Isaac, mis padres,
el Dios que me ha cuidado
desde el día en que nací,

---

75 *Fueron hechos esclavos:* según varias versiones antiguas. Heb. *y los hizo pasar a las ciudades.*
h **47.29-30** Gn 49.29-32; 50.6. i **48.3-4** Gn 28.13-14. j **48.7** Gn 35.16-19.

[16] el ángel que me libra de todo mal,
bendiga a estos muchachos.
Que por medio de ellos se recuerde
mi nombre
y el nombre de mis padres, Abraham
e Isaac.
Que lleguen a tener muchos hijos
y sean grandes multitudes en el
mundo."

[17] Pero a José le pareció mal que su padre pusiera la mano derecha sobre la cabeza de Efraín, así que tomó la mano de su padre para quitarla de la cabeza de Efraín y ponerla sobre la de Manasés, [18] mientras le decía:
—¡No, padre, así no! Este es el mayor. Pon tu mano derecha sobre su cabeza.
[19] Pero su padre no quiso hacerlo, y contestó:
—¡Ya lo sé, hijo, ya lo sé! También él llegará a ser una nación muy importante. Sin embargo, su hermano menor será más importante que él, y sus descendientes llegarán a formar muchas naciones.
[20] Ese mismo día Jacob los bendijo[k] con estas palabras:
—El pueblo de Israel usará el nombre de ustedes para las bendiciones, y dirán: 'Qué Dios haga contigo como hizo con Efraín y Manasés.'
Así puso Israel a Efraín antes de Manasés. [21] Luego le dijo a José:
—Mira, yo voy a morir; pero Dios estará con ustedes y los hará regresar a la tierra de sus antepasados. [22] A ti te he dado más que a tus hermanos: te doy Siquem,[76] que les quité a los amorreos luchando contra ellos.

Últimas palabras de Jacob

49 [1] Jacob llamó a sus hijos y les dijo: "Acérquense y les diré lo que les va a pasar en el futuro:

[2] "Acérquense para oír, hijos de
Jacob,
escuchen a su padre Israel.

[3] "Tú, Rubén, eres mi hijo mayor,
mi fuerza y primer fruto de mi
vigor,
el primero en honor y en poder.
[4] Pero ya no serás el primero,
porque eres como un torrente
incontenible:
pues deshonraste mi cama
al acostarte con mi concubina.[l]

[5] "Simeón y Leví son hermanos;

sus armas son instrumentos de
violencia.
[6] ¡Jamás quiero estar presente
en el lugar de sus reuniones!
Pues cuando estaban enojados
mataron gentes,[m]
y por puro capricho
les rompieron las patas a los toros.
[7] ¡Maldito, sí, maldito sea
su enojo tan salvaje!
¡Yo los dispersaré por completo
en todo el pueblo de Israel!

[8] "Judá, tus hermanos te alabarán.
Tomarás por el cuello a tus
enemigos,
y tus propios hermanos te harán
reverencias.
[9] ¡Tú, Judá, hijo mío!
Eres como un cachorro de león
cuando deja de devorar a su
víctima:
se agacha, se echa en el suelo,
como si fuera un león grande.
¿Y quién se atreverá a molestarlo?[n]
[10] Nadie le quitará el poder a Judá
ni el cetro que tiene en las manos,
hasta que venga el dueño del cetro,[77]
a quien los pueblos obedecerán.
[11] El que amarra su burrito a las viñas,
el que lava toda su ropa con vino,
¡con el jugo de las uvas!
[12] Sus ojos son más oscuros que el
vino;
sus dientes, más blancos que la
leche.

[13] "Zabulón vivirá a la orilla del mar,
en donde habrá puertos para barcos.
Sus fronteras llegarán hasta Sidón.[ñ]

[14] "Isacar es un animal de carga
que descansa en sus establos.
[15] Cuando vio que el país era bueno
y agradable para descansar,
dobló su espalda para llevar carga,
y sin protestar se hizo esclavo.

[16] "Dan gobernará a su propia gente
como una de las tribus de Israel.
[17] Dan será igual a una víbora
que está junto al camino,
que muerde los talones del caballo
y hace caer al jinete.

[18] "¡Oh, Señor, espero que me salves!

[19] "A Gad lo atacará un ejército,
pero después él lo perseguirá.

[20] "Aser tendrá abundancia de pan;
dará comidas dignas de reyes.

---

[76] En hebreo, *Siquem* significa *hombro* o *ladera*, y también *la mejor parte.* [77] Así, con algunas versiones antiguas. El texto hebreo puede traducirse *hasta que venga Siloh*, o *hasta que él venga a Siloh.* [k] 48.20 He 11.21. [l] 49.4 Gn 35.22. [m] 49.6 Gn 34.24-30. [n] 49.9 Nm 24.9; Ap 5.5. [ñ] 49.13 Dt 33.18-19; Jos 19.10-16.

21 "Neftalí es como una gacela que
anda libre
y que tiene hermosas crías.

22 "José es como una planta junto al
agua,
que produce mucho fruto
y sus ramas trepan sobre el muro.
23 Los arqueros lo odian, le tiran
flechas
y siempre lo están molestando;
24 pero José tiene brazos fuertes
y mantiene firme su arco;
¡gracias al Dios poderoso de Jacob!,
¡gracias al nombre del Pastor, el
protector de Israel!,
25 ¡gracias al Dios de tu padre, que te
ayudará;
al Dios todopoderoso, que te
bendecirá!
¡Con bendiciones del alto cielo!
¡Con las bendiciones del mar
profundo!
¡Con bendiciones de los pechos y del
vientre!
26 Tu padre te bendijo más
de lo que mis padres me bendijeron.
Hasta el fin de los montes eternos,
estas bendiciones estarán
sobre la cabeza de José,
que fue escogido entre sus
hermanos.[o]

27 "Benjamín es un lobo feroz,
que en la mañana se come a su
víctima
y en la tarde reparte las sobras."

28 Estas son las doce tribus de Israel, y
esto es lo que su padre dijo a sus hijos al
darle a cada uno su bendición.

Muerte de Jacob

29 Un día, Jacob dio esta orden a sus hijos: "Ya me falta poco para morir. Entiérrenme junto a mis antepasados en la
cueva que está en el terreno de Efrón el
hitita, 30 allá en la tierra de Canaán; es decir, la cueva que está en Macpela, frente a
Mamre, la que Abraham compró junto
con el mismo terreno de Efrón, para que
fuera el sepulcro de la familia.[p] 31 Allí enterraron a Abraham y a su esposa Sara,[q] a
Isaac[r] y a su esposa Rebeca, y allí también
enterré a Lea. 32 El terreno y la cueva que
allí está fueron comprados a los hititas."
33 Cuando Jacob terminó de dar estas
instrucciones a sus hijos, volvió a acostarse y murió.[s]

50 1 Entonces José se abrazó al cuerpo
de su padre, y llorando lo besó.
2 Después ordenó a los médicos que estaban a su servicio que embalsamaran el
cuerpo de su padre Israel, y así lo hicieron. 3 Tardaron cuarenta días en embalsa-
marlo, porque ése es el tiempo que se necesita para hacerlo.
Los egipcios guardaron luto por Israel
durante setenta días, 4 y después de los
días de luto, José habló con los del palacio
del faraón y les dijo:
—Si me he ganado el aprecio de ustedes, háganme el favor de decirle al faraón
5 que cuando mi padre estaba por morir,
me hizo jurarle que yo lo enterraría en el
sepulcro que él mismo se preparó, y que
está en la tierra de Canaán.[t] Así que yo le
ruego me permita ir a enterrar a mi padre;
una vez que lo haya enterrado, regresaré.
6 Y el faraón contestó:
—Ve a enterrar a tu padre, tal como él
te lo pidió.
7 José fue a enterrar a su padre, y lo
acompañaron todos los funcionarios que
tenían autoridad en el palacio del faraón y
en Egipto, 8 la propia familia de Jacob, la
de José, y sus hermanos. En la tierra de
Gosén dejaron solamente a los niños y los
animales. 9 También gente con carretas y
de a caballo acompañó a José, así que era
muchísima gente. 10 Cuando llegaron a
Goren-ha-atad, que está al oriente del río
Jordán, tuvieron una solemne ceremonia
luctuosa. Allí José guardó luto por su padre durante siete días.
11 Cuando los cananeos que vivían en
esa región vieron la ceremonia, dijeron:
"Los egipcios tienen un entierro muy solemne." Por eso llamaron Abel-mizraim[78] a
aquel lugar que está al oriente del Jordán.
12 Los hijos de Jacob hicieron con su padre todo lo que él les había pedido, 13 pues
lo llevaron a Canaán y lo enterraron en la
cueva del terreno de Macpela, que Abraham le había comprado a Efrón el hitita
para que fuera el sepulcro de la familia.
Este terreno y la cueva están al oriente de
Mamre.[u] 14 Después de haber sepultado a
su padre, José regresó a Egipto junto con
sus hermanos y con todos los que lo habían acompañado.

Últimos días de José

15 Como Jacob había muerto, los hermanos de José pensaron: "Tal vez José nos
odia, y se va a vengar de todo el mal que
le hicimos." 16 Entonces le mandaron a decir: "Antes de que tu padre muriera, nos
ordenó 17 que te dijéramos: 'Por favor, te

[78] En hebreo, *Abel-mizraim* significa *campo de los egipcios*, y tiene un sonido parecido a *luto de los egipcios*.
[o] **49.22-26** Dt 33.13-17. [p] **49.30** Gn 23.3-20 [q] **49.31** Gn 25.9-10. [r] **49.31** Gn 35.29. [s] **49.33** Hch 7.15.
[t] **50.5** Gn 47.29-31. [u] **50.13** Hch 7.16.

pido que perdones la maldad y pecado de tus hermanos, que tan mal te trataron.' Por eso te rogamos que perdones nuestra maldad, pues somos siervos del Dios de tu padre."

Mientras los mensajeros le daban este mensaje, José lloraba. [18] Entonces llegaron sus propios hermanos, se inclinaron delante de él hasta tocar el suelo con la frente, y le dijeron:

—Aquí nos tienes. Somos tus esclavos. [19] Pero José les contestó:

—No tengan miedo. Yo no puedo ponerme en lugar de Dios. [20] Ustedes pensaron hacerme mal, pero Dios cambió ese mal en bien para hacer lo que hoy vemos: para salvar la vida de mucha gente. [21] Así que no tengan miedo. Yo les daré de comer a ustedes y a sus hijos.

Así José los tranquilizó, pues les habló con mucho cariño.

v **50.25** Ex 13.19; Jos 24.32; He 11.22.

Muerte de José

[22] José y la familia de su padre siguieron viviendo en Egipto. José vivió ciento diez años, [23] y llegó a ver a los bisnietos de Efraín. También alcanzó a recibir como miembros de la familia a los hijos de su nieto Maquir, que era hijo de Manasés.

[24] Un día José les dijo a sus hermanos: "Me falta poco para morir, pero Dios vendrá a ayudarlos, y los sacará de este país para llevarlos a la tierra que les prometió a Abraham, Isaac y Jacob." [25] Entonces hizo que los hijos de Israel le juraran, y les dijo: "En verdad, Dios vendrá a ayudarlos. Cuando eso suceda, ustedes deben llevarse de aquí mis restos."v

[26] José murió en Egipto a la edad de ciento diez años, y su cuerpo fue embalsamado y puesto en un ataúd.

ÉXODO

Éxodo significa "salida" o "emigración". Y este libro se llama así porque el principal acontecimiento que relata es la salida de los israelitas de Egipto, bajo la dirección de Moisés, a quien Dios se revela y escoge para liberar a su pueblo de la esclavitud y conducirlo a Canaán, la tierra que él había prometido a sus antepasados los patriarcas. La narración muestra cómo Dios, de una multitud de antiguos esclavos, va haciendo por medio de Moisés una nación. En el desierto renueva con ella el pacto establecido con sus antepasados, y le da una constitución: leyes para regir todos los aspectos de su vida, como pueblo escogido por Dios, tanto en su relación con Dios como en su convivencia humana.

La figura central es Moisés, libertador, caudillo y legislador de Israel. La primera parte del libro (1.1—15.21) contiene la historia de la esclavitud de los israelitas en Egipto, el nacimiento y vida temprana de Moisés, su llamamiento en el desierto, su enfrentamiento con el faraón opresor, la institución de la Pascua y la salida de Egipto. La segunda (15.22—24.18) refiere los variados incidentes del viaje por el desierto hasta llegar al monte Sinaí. Y la tercera (25.1—40.38) habla de la proclamación del pacto y de la Ley, que comprende preceptos morales, civiles y religiosos. Esta sección contiene los Diez Mandamientos (cap. 20) y describe en detalle la construcción del santuario en el desierto y las ofrendas para el mismo.

Sufrimientos de los israelitas en Egipto

1 [1] Estos son los nombres de los israelitas que llegaron con Jacob a Egipto, cada uno con su familia: [2] Rubén, Simeón, Leví, Judá, [3] Isacar, Zabulón, Benjamín, [4] Dan, Neftalí, Gad y Aser. [5] Los descendientes de Jacob sumaban en total setenta personas. José ya estaba en Egipto. [a]

[6] José y sus hermanos, y todos los de esa generación, murieron; [7] pero como los israelitas tenían muchos hijos, se multiplicaron de tal manera que llegaron a ser muy poderosos. El país estaba lleno de ellos.

[8] Más tarde hubo un nuevo rey en Egipto, que no había conocido a José, y que le dijo a su pueblo: [9] "Miren, el pueblo israelita es más numeroso y más poderoso que nosotros; [10] así que debemos tramar algo para impedir que sigan aumentando, porque puede ser que, en caso de guerra, se pongan de parte de nuestros enemigos para pelear contra nosotros y se vayan de este país." [b]

[11] Por eso los egipcios pusieron capataces encargados de someter a los israelitas a trabajos muy duros. Les hicieron construir las ciudades de Pitón y Ramsés, que el faraón, rey de Egipto, usaba para almacenar provisiones. [12] Pero mientras más los maltrataban, más aumentaban. Así que los egipcios les tenían mucho miedo. [13] Los egipcios esclavizaron cruelmente a los israelitas. [14] Les amargaron la vida sometiéndolos al rudo trabajo de preparar lodo y hacer adobes, y de atender a todos los trabajos del campo. En todo esto los israelitas eran tratados con crueldad.

[15] Además, el rey de Egipto habló con Sifra y Fúa, que eran parteras de las hebreas, y les dijo:

[16] —Cuando atiendan a las hebreas en sus partos, fíjense en el sexo del recién nacido. Si es niña, déjenla vivir, pero si es niño, ¡mátenlo!

[17] Sin embargo las parteras tuvieron temor de Dios y no hicieron lo que el rey de Egipto les había ordenado, sino que dejaron vivir a los niños. [18] Entonces el rey de Egipto las mandó llamar y les dijo:

—¿Por qué han dejado vivir a los niños?

[19] —Porque las mujeres hebreas no son como las egipcias —contestaron ellas—. Al contrario, son muy robustas y dan a luz antes de que nosotras lleguemos a atenderlas.

[20-21] De esta manera el pueblo israelita seguía creciendo en número, y cada vez se hacía más poderoso. Además, como las parteras tuvieron temor de Dios, él las favoreció y les concedió una familia numerosa. [22] El faraón por su parte, ordenó a todo su pueblo: 'Echen al río a todos los niños hebreos que nazcan, [c] pero a las niñas déjenlas vivir."

Nacimiento de Moisés

2 [1] Un hombre de la tribu de Leví se casó con una mujer de la misma tribu, [2] la cual quedó embarazada y tuvo un hijo. Al ver ella que el niño era hermoso, lo escondió durante tres meses; [d] [3] pero, no pudiendo tenerlo escondido por más tiempo, tomó un canastillo de junco, tapó todas las rendijas con asfalto natural y brea, para que no le entrara agua, y luego puso al niño dentro del canastillo y

a 1.1–5 Gn 46.8–27.   b 1.5–10 Hch 7.14–19.   c 1.22 Hch 7.19.   d 2.2 Hch 7.20; He 11.23.

lo dejó entre los juncos a la orilla del río Nilo; [4] además le dijo a una hermana del niño que se quedara a cierta distancia, y que estuviera al tanto de lo que pasara con él.

[5] Más tarde, la hija del faraón bajó a bañarse al río y, mientras sus sirvientas se paseaban por la orilla, vio el canastillo entre los juncos. Entonces mandó a una de sus esclavas que se lo trajera. [6] Al abrir el canastillo y ver que allí dentro había un niño llorando, la hija del faraón sintió compasión de él y dijo:

—Este es un niño hebreo.

[7] Entonces la hermana del niño propuso a la hija del faraón:

—¿Le parece a usted bien que llame a una nodriza hebrea, para que le dé el pecho a este niño?

[8] —Ve por ella —contestó la hija del faraón.

Entonces la muchacha fue por la madre del niño, [9] y la hija del faraón le dijo:

—Toma a este niño y críamelo, y yo te pagaré por tu trabajo.

La madre del niño se lo llevó y lo crió, [10] y ya grande se lo entregó a la hija del faraón, la cual lo adoptó como hijo suyo[e] y lo llamó Moisés,[/] pues dijo:

—Yo lo saqué del agua.

Moisés huye de Egipto

[11] Cuando Moisés era ya hombre, salió un día a visitar a sus hermanos de raza y se dio cuenta de que sus trabajos eran muy duros.[f] De pronto vio que un egipcio estaba golpeando a uno de sus hermanos hebreos. [12] Entonces miró bien a todos lados y, al no ver a nadie por allí, mató al egipcio y lo enterró en la arena. [13] Al día siguiente volvió a salir, y vio que dos hebreos se estaban peleando. Entonces preguntó al que maltrataba al otro:

—¿Por qué golpeas a uno de tu propia raza?

[14] Y aquel hebreo le contestó:

—¿Y quién te ha puesto a ti como jefe y juez entre nosotros? ¿Acaso piensas matarme, como mataste al egipcio?[g]

Al oír esto, Moisés tuvo miedo, pues se dio cuenta de que ya se había descubierto la muerte del egipcio. [15] En efecto, en cuanto el faraón supo que Moisés había dado muerte a un egipcio, lo mandó buscar para matarlo; pero Moisés huyó y se fue a vivir a la región de Madián.[h] Allí se sentó cerca de un pozo.

[16] Reuel, sacerdote de Madián, tenía siete hijas. Aquel día, ellas habían ido al pozo a sacar agua para llenar los bebederos y dar de beber a las ovejas de su padre, [17] pero unos pastores vinieron y las echaron de allí. Entonces Moisés se levantó a defenderlas, y dio de beber a las ovejas. [18] Cuando ellas volvieron a donde estaba su padre, él les preguntó:

—¿Cómo es que hoy regresaron tan pronto?

[19] Y ellas contestaron:

—Un egipcio nos defendió de los pastores, luego sacó el agua por nosotras, y les dio de beber a las ovejas.

[20] Entonces Reuel les dijo:

—¿Y dónde está ese hombre? ¿Por qué lo dejaron solo? ¡Vayan a llamarlo para que venga a comer!

[21] Y así Moisés aceptó quedarse a vivir en la casa de Reuel. Después Reuel le dio a su hija Séfora como esposa, [22] y ella tuvo un hijo al que Moisés llamó Gersón,[2] porque dijo: "Soy un extranjero en tierra extraña."

[23] Con el correr del tiempo, el rey de Egipto murió. Los israelitas, sin embargo, seguían quejándose y lamentando su esclavitud. Entonces Dios escuchó sus lamentos [24] y atendió sus quejas, acordándose del pacto[i] que había hecho con Abraham, Isaac y Jacob. [25] Los vio Dios, y se dio cuenta de su condición.

Dios llama a Moisés

3 [1] Moisés cuidaba las ovejas de su suegro Jetro,[3] que era sacerdote de Madián, y un día las llevó a través del desierto y llegó hasta el monte de Dios, que se llama Horeb.[4] [2] Allí el ángel del Señor se le apareció en una llama de fuego, en medio de una zarza. Moisés se fijó bien y se dio cuenta de que la zarza ardía con el fuego, pero no se consumía. [3] Entonces pensó: "¡Qué cosa tan extraña! Voy a ver por qué no se consume la zarza."

[4] Cuando el Señor vio que Moisés se acercaba a mirar, lo llamó desde la zarza:

—¡Moisés! ¡Moisés!

—Aquí estoy —contestó Moisés.

[5] Entonces Dios le dijo:

—No te acerques. Y descálzate, porque el lugar donde estás es sagrado.

[6] Y añadió:

—Yo soy el Dios de tus antepasados. Soy el Dios de Abraham, de Isaac y de Jacob.

Moisés se cubrió la cara, pues tuvo miedo de mirar a Dios, [7] pero el Señor siguió diciendo:

[/] En hebreo, *Moisés* y el verbo que significa *sacar* tienen un sonido parecido. Probablemente es un nombre egipcio que significa "nacido". Forma parte de nombres compuestos como Tutmosis y Ramsés. [2] En hebreo, *Gersón* y la palabra que significa *extranjero* tienen un sonido parecido. [3] El suegro de Moisés, aquí llamado Jetro, también aparece con los nombres de *Reuel* y *Hobab*. [4] *Monte Horeb:* más conocido, y así aparece en otros pasajes, como *monte Sinaí*.
e 2.10 Hch 7.21.   **f 2.11** He 11.24.   **g 2.11-14** Hch 7.23-28,35.   **h 2.15** Hch 7.29; He 11.27.   **i 2.24** Gn 15.13-14.

—Claramente he visto cómo sufre mi pueblo que está en Egipto. Los he oído quejarse por culpa de sus capataces, y sé muy bien lo que sufren. [8] Por eso he bajado, para salvarlos del poder de los egipcios; voy a sacarlos de ese país y a llevarlos a una tierra grande y buena, donde la leche y la miel corren como el agua. Es el país donde viven los cananeos, los hititas, los amorreos, los ferezeos, los heveos y los jebuseos. [9] Mira, he escuchado las quejas de los israelitas, y he visto también que los egipcios los maltratan mucho. [10] Por lo tanto, ponte en camino, que te voy a enviar ante el faraón para que saques de Egipto a mi pueblo, a los israelitas.[j]

[11] Entonces Moisés le dijo a Dios:

—¿Y quién soy yo para presentarme ante el faraón y sacar de Egipto a los israelitas?

[12] Y Dios le contestó:

—Yo estaré contigo, y ésta es la señal de que yo mismo te envío: cuando hayas sacado de Egipto a mi pueblo, todos ustedes me adorarán en este monte.[k]

[13] Pero Moisés le respondió:

—El problema es que si yo voy y les digo a los israelitas: 'El Dios de sus antepasados[l] me ha enviado a ustedes,' ellos me van a preguntar: '¿Cómo se llama?' Y entonces, ¿qué les voy a decir?

[14] Y Dios le contestó:

—YO SOY EL QUE SOY.[m] Y dirás a los israelitas: 'YO SOY me ha enviado a ustedes.'

[15] Además, Dios le dijo a Moisés:

—Di también a los israelitas: 'El Señor, el Dios de los antepasados de ustedes, el Dios de Abraham, de Isaac y de Jacob, me ha enviado a ustedes.' Este es mi nombre eterno; éste es mi nombre por todos los siglos. [16] Anda, reúne a los ancianos de Israel y diles: 'El Señor, el Dios de sus antepasados, el Dios de Abraham, de Isaac y de Jacob, se me apareció y me dijo que ha puesto su atención en ustedes, y que ha visto el trato que les dan en Egipto. [17] También me dijo que los va a librar de los sufrimientos en Egipto, y que los va a llevar al país de los cananeos, hititas, amorreos, ferezeos, heveos y jebuseos; a una tierra donde la leche y la miel corren como el agua.' [18] Los ancianos te harán caso; entonces tú irás con ellos a ver al rey de Egipto, y le dirás: 'El Señor, el Dios de los hebreos, ha salido a nuestro encuentro. Por lo tanto, déjanos ir al desierto, a una distancia de tres días de camino, a ofrecer sacrificios al Señor nuestro Dios.' [19] Sin embargo, yo sé muy bien que el rey de Egipto no los dejará salir, si no es por la fuerza. [20] Por lo tanto, yo mostraré mi poder y heriré de muerte a los egipcios con todas las cosas asombrosas que haré en su país; después de eso el faraón los dejará salir. [21] Además, yo haré que los israelitas se ganen la buena voluntad de los egipcios, de modo que cuando salgan no se vayan con las manos vacías. [22] Cada mujer pedirá a su vecina, o a cualquier otra mujer que viva con ella, que le dé objetos de plata y de oro, y vestidos, con los que ustedes vestirán a sus hijos e hijas, despojando así a los egipcios de todo lo que tengan.[n]

4 [1] —Ellos no me creerán, ni tampoco me harán caso —contestó Moisés—. Al contrario, me dirán: 'El Señor no se te ha aparecido.'

[2] —¿Qué es lo que tienes en la mano? —preguntó el Señor.

—Un bastón —contestó Moisés.

[3] —Arrójalo al suelo —ordenó el Señor.

Moisés lo arrojó al suelo y, en ese mismo instante, el bastón se convirtió en una serpiente. Moisés echó a correr para alejarse de ella, [4] pero el Señor le dijo:

—Extiende la mano y agárrala de la cola.

Moisés extendió la mano y, al agarrarla, la serpiente se convirtió otra vez en bastón.

[5] —Esto es para que crean que se te ha aparecido el Señor, Dios de tus antepasados, Dios de Abraham, de Isaac y de Jacob [6] —dijo el Señor—. Y ahora, mete tu mano en el pecho.

Moisés metió su mano en el pecho y, al sacarla, vio que estaba enferma de lepra y blanca como la nieve. [7] Entonces Dios le dijo:

—Vuelve a meter tu mano en el pecho.

Moisés lo hizo así y, al sacar la mano de nuevo, ya estaba tan sana como todo su cuerpo. [8] Luego el Señor le dijo:

—Si con la primera señal no te creen ni te hacen caso, entonces te creerán con la segunda; [9] pero si no te creen ni te hacen caso con ninguna de estas dos señales, saca agua del río y derrámala sobre el suelo. En cuanto el agua que saques del río caiga al suelo, se convertirá en sangre.

[10] —¡Ay, Señor! —respondió Moisés—. Yo no tengo facilidad de palabra, y esto no es sólo de ayer ni de ahora que estás hablando con este siervo tuyo, sino de tiempo atrás. Siempre que hablo, se me traba la lengua.

[11] Pero el Señor le contestó:

—¿Y quién le ha dado la boca al hombre? ¿Quién si no yo lo hace mudo, sordo, ciego, o que pueda ver? [12] Así que, anda, que yo estaré contigo cuando hables, y te enseñaré lo que debes decir.

[13] Moisés insistió:

[j] 3.2-10 Hch 7.30-34. [k] 3.12 Hch 7.7. [l] 3.13 Ex 6.2-3. [m] 3.14 Jn 8.24,58; Ap 1.4,8. [n] 3.21-22 Ex 12.35-36.

—¡Ay, Señor, por favor, envía a alguna otra persona!

[14] Entonces el Señor se enojó con Moisés, y le dijo:

—¡Pues ahí está tu hermano Aarón, el levita! Yo sé que él habla muy bien. Además él viene a tu encuentro, y se va a alegrar mucho de verte. [15] Habla con él, y explícale todo lo que tiene que decir; yo, por mi parte, estaré con él y contigo cuando hablen, y les daré instrucciones de lo que deben hacer. [16] Tú le hablarás a Aarón como si fuera yo mismo, y Aarón a su vez le comunicará al pueblo lo que le digas tú. [17] Llévate este bastón, porque con él harás cosas asombrosas.

Moisés regresa a Egipto

[18] Moisés volvió a casa de su suegro Jetro, y le dijo:

—Tengo que regresar a Egipto, donde están mis hermanos de raza. Quiero ver si todavía viven.

—Anda, que te vaya bien —contestó Jetro.

[19] Cuando Moisés estaba aún en la región de Madián, el Señor le dijo:

—Regresa a Egipto, porque ya han muerto todos los que querían matarte.

[20] Moisés tomó entonces a su esposa y a su hijo,[5] los montó en un asno y regresó a Egipto. En la mano llevaba el bastón de Dios. [21] Después el Señor le dijo a Moisés:

—Cuando llegues a Egipto, pon toda tu atención en hacer ante el faraón las maravillas que te he dado el poder de realizar. Yo, por mi parte, voy a hacer que él se ponga terco y que no deje salir a los israelitas. [22] Entonces le dirás al faraón: 'Así dice el Señor: Israel es mi hijo mayor. [23] Ya te he dicho que dejes salir a mi hijo, para que vaya a adorarme; pero como no has querido dejarlo salir, yo voy a matar a tu hijo mayor.'[r]

[24] Durante el camino, en el lugar donde Moisés y su familia iban a pasar la noche, el Señor salió al encuentro de Moisés y quiso matarlo. [25] Entonces Séfora tomó un cuchillo de piedra y le cortó el prepucio a su hijo; luego, tocando con el prepucio del niño los pies de Moisés, le dijo: "En verdad, tú eres para mí un esposo de sangre." [26] Entonces el Señor dejó ir a Moisés. Y Séfora dijo que Moisés era un esposo de sangre debido a la circuncisión.

[27] Mientras tanto, el Señor le había dicho a Aarón: "Ve al desierto a encontrarte con Moisés." Y Aarón fue y encontró a Moisés en el monte de Dios. Allí lo saludó con un beso. [28] Entonces Moisés le contó a Aarón todas las cosas que el Señor le había ordenado decir, y también las grandes maravillas que le mandaba hacer. [29] Luego fueron los dos a reunir a los ancianos de Israel, [30] y Aarón les contó todo lo que el Señor había dicho a Moisés, haciendo además ante la gente las maravillas que Dios le había ordenado hacer.

[31] La gente quedó convencida. Y al saber que el Señor había puesto su atención en ellos y que había visto cómo sufrían, se inclinaron en actitud de adoración.

Moisés y Aarón hablan con el faraón

5 [1] Después de esto, Moisés y Aarón fueron a decirle al faraón:

—Así ha dicho el Señor, el Dios de Israel: 'Deja ir a mi pueblo al desierto, para que haga allí una fiesta en mi honor.'

[2] Pero el faraón contestó:

—¿Y quién es 'el Señor', para que yo le obedezca y deje ir a los israelitas? Ni conozco al Señor, ni tampoco voy a dejar ir a los israelitas.

[3] Entonces ellos dijeron:

—El Dios de los hebreos ha venido a nuestro encuentro; así que vamos a ir al desierto, a una distancia de tres días de camino, para ofrecer sacrificios al Señor nuestro Dios, no sea que nos haga morir por una peste o a filo de espada.

[4] Pero el rey de Egipto les dijo:

—Moisés y Aarón, ¿por qué distraen a la gente de su trabajo? ¡Vayan a seguir trabajando!

[5] También les dijo el faraón:

—Ahora que hay tantos israelitas en el país, ¿van ustedes a hacer que dejen de trabajar?

[6] Ese mismo día el faraón ordenó a los capataces y jefes de grupo:

[7] —Ya no les den paja a los israelitas para que hagan adobes, como se ha estado haciendo; ¡que vayan ellos mismos a recoger la paja! [8] Pero exíjanles la misma cantidad de adobes que han hecho hasta ahora. ¡Ni un solo adobe menos! Son unos holgazanes, y por eso gritan: '¡Vayamos a ofrecer sacrificios a nuestro Dios!' [9] Hagan trabajar más duro a esa gente; manténganlos ocupados, para que no hagan caso de mentiras.

[10] Los capataces y jefes de grupo salieron y fueron a decir a la gente:

—El faraón ha dado órdenes de que ya no se les dé paja. [11] Ahora ustedes mismos tendrán que ir a recogerla en donde la encuentren. Pero no por eso se les va a rebajar la cantidad de adobes que tienen fijada.

[5] Su hijo: texto probable. Heb. sus hijos.
[r] 4.23 Ex 12.29.

¹² Los israelitas se dispersaron por todo Egipto, en busca de rastrojo, para usarlo como paja. ¹³⁻¹⁴ Todos los días los capataces del faraón les exigían la misma cantidad de adobes que hacían cuando se les daba paja, y además golpeaban a los jefes de grupo israelitas, y les decían:

—¿Cómo es que ni ayer ni hoy completaron ustedes la misma cantidad de adobes que antes hacían?

¹⁵ Los jefes de grupo israelitas fueron a quejarse ante el faraón, y le dijeron:

—¿Por qué trata así Su Majestad a estos siervos suyos? ¹⁶ Ya no se nos da paja y, sin embargo, se nos exige que hagamos adobes, y además se nos golpea. ¡La culpa es de la gente de Su Majestad!

¹⁷ Pero el faraón contestó:

—¡Ustedes no son otra cosa que unos holgazanes! Por eso andan diciendo: 'Vayamos a ofrecer sacrificios al Señor.' ¹⁸ ¡Váyanse a trabajar! Y aunque no se les dará ya paja, aun así tendrán que entregar la misma cantidad de adobes.

¹⁹ Los jefes de grupo israelitas se vieron en aprietos cuando se les dijo que no debían reducir la producción diaria de adobes. ²⁰ Al salir de su entrevista con el faraón, se encontraron con Moisés y Aarón, que los estaban esperando, ²¹ y les dijeron:

—Que el Señor mire lo que ustedes han hecho y los castigue. Porque ustedes tienen la culpa de que el faraón y sus funcionarios nos miren mal. Ustedes mismos les han puesto la espada en la mano para que nos maten.

La oración de Moisés

²² Entonces Moisés dijo al Señor en oración:

—Señor, ¿por qué tratas mal a este pueblo? ¿Para qué me enviaste? ²³ Desde que vine a hablar con el faraón en tu nombre, él ha maltratado aún más a tu pueblo, y tú no has hecho nada para salvarlo.

6 ¹ Y el Señor le contestó:

—Ahora verás lo que voy a hacer con el faraón, porque sólo por la fuerza los dejará salir de su país; es más, él mismo les dirá que se vayan.

Dios vuelve a llamar a Moisés

² Dios se dirigió a Moisés y le dijo:

—Yo soy EL SEÑOR.⁶ ³ Me manifesté a Abraham, Isaac y Jacob con el nombre de Dios todopoderoso, pero no me di a conocer a ellos con mi verdadero nombre: EL SEÑOR⁰. ⁴ Hice además un pacto con ellos, y me comprometí a darles la tierra de Canaán, o sea la región en la que vivieron como extranjeros por algún tiempo. ⁵ Y ahora que he sabido que los israelitas sufren, y que los egipcios los obligan a trabajar, me he acordado de mi pacto. ⁶ Por lo tanto, ve a decir a los israelitas que yo, el Señor, voy a librarlos de su esclavitud y de los duros trabajos a que han sido sometidos por los egipcios. Desplegaré mi poder y los salvaré con grandes actos de justicia; ⁷ los tomaré a ustedes como pueblo mío, y yo seré su Dios. Así sabrán que yo soy el Señor su Dios, que los libró de los duros trabajos a que habían sido sometidos por los egipcios. ⁸ Los llevaré al país que prometí dar a Abraham, Isaac y Jacob, y que les daré a ustedes en propiedad. Yo soy el Señor.

⁹ Moisés les repitió esto a los israelitas, pero ellos no le hicieron caso, pues estaban muy desanimados por lo duro de su esclavitud. ¹⁰ Entonces el Señor le dijo a Moisés:

¹¹ —Ve a decirle al faraón que deje salir de Egipto a los israelitas.

¹² Pero Moisés le contestó al Señor:

—Ni siquiera los israelitas me hacen caso; ¿y cómo me va a hacer caso el faraón, si yo soy tan torpe para hablar?

¹³ Entonces el Señor mandó a Moisés y Aarón que dijeran a los israelitas y al faraón, que tenían órdenes precisas de sacar de Egipto a los israelitas.

Lista de antepasados de Aarón y de Moisés

¹⁴ Estos son los jefes de familia, por parte de sus padres.

Los hijos de Rubén, el hijo mayor de Israel, fueron: Hanoc, Falú, Hezrón y Carmi. Estos son los clanes de Rubén.

¹⁵ Los hijos de Simeón fueron: Jemuel, Jamín, Ohad, Jaquín, Zohar y Saúl, que fue hijo de una cananea. Estos son los clanes de Simeón.

¹⁶ Leví vivió ciento treinta y siete años. Estos son los nombres de sus hijos, de mayor a menor: Gersón, Coat y Merari. ¹⁷ Los hijos de Gersón, en orden de clanes, fueron: Libni y Simei. ¹⁸ Coat vivió ciento treinta y tres años, y sus hijos fueron: Amram, Izhar, Hebrón y Uziel. ¹⁹ Los hijos de Merari fueron: Mahli y Musi. Estos son los clanes de Leví, de mayor a menor.ᵖ

²⁰ Amram se casó con su tía Jocabed, que dio a luz a Aarón y a Moisés. Amram vivió ciento treinta y siete años. ²¹ Los hijos de Izhar fueron: Coré, Nefeg y Zicri.

---

⁶ *EL SEÑOR*. Siguiendo las tradiciones judía y cristiana antiguas, se ha traducido por *Señor* el nombre divino representado por las cuatro consonantes hebreas YHWH.
ᵒ **6.2-3** Ex 3.13-15.   ᵖ **6.16-19** Nm 3.17-20; 26.57-58; 1 Cr 6.16-19.

22 Los hijos de Uziel fueron: Misael,
Elzafán y Sitri.
23 Aarón se casó con Elisabet, que era
hija de Aminadab y hermana de Naasón, y
que dio a luz a Nadab, Abiú, Eleazar e Itamar.
24 Los hijos de Coré fueron Asir, Elcana
y Abiasaf. Estos son los clanes de los coreítas.
25 Eleazar, uno de los hijos de Aarón, se
casó con una de las hijas de Futiel, la cual
dio a luz a Finees. Estos son los jefes de
familia de los levitas, en orden de clanes.
26 Estos son los mismos Aarón y Moisés
a los que el Señor les dijo que sacaran de
Egipto a los israelitas, formados como un
ejército. 27 Son los mismos Moisés y Aarón
que hablaron con el faraón, rey de Egipto,
para sacar de ese país a los israelitas.

Dios llama a Moisés y Aarón

28 El día que el Señor habló con Moisés
en Egipto, 29 le dijo:
—Yo soy el Señor. Dile al faraón, rey de
Egipto, todo lo que voy a decirte.
30 Pero Moisés le contestó:
—Señor, yo soy muy torpe para hablar,
así que, ¿cómo va a hacerme caso el faraón?
7 1 Entonces el Señor le dijo a Moisés:
—Mira, voy a permitir que actúes
en mi lugar ante el faraón, y que tu hermano Aarón hable por ti. 2 Tú le dirás a
Aarón todo lo que yo te ordene; luego él
hablará con el faraón para que deje salir
de su país a los israelitas. 3 Pero yo voy a
hacer que el faraón se ponga terco, y haré
muchas señales y cosas asombrosas en
Egipto.[q] 4 El faraón no les va a hacer caso
a ustedes, pero yo descargaré mi poder
sobre Egipto, y con grandes actos de justicia sacaré de allí a mis ejércitos, es decir,
a mi pueblo, los israelitas. 5 Y cuando haya
mostrado mi poder sobre Egipto, y haya
sacado de allí a los israelitas, los egipcios
sabrán que yo soy el Señor.
6 Moisés y Aarón lo hicieron todo tal
como el Señor se lo había ordenado.
7 Moisés tenía ochenta años, y Aarón
ochenta y tres, cuando hablaron con el faraón.

El bastón de Aarón

8 El Señor les dijo a Moisés y Aarón:
9 —Si el faraón les pide que hagan un
milagro, le dirás a Aarón que tome su bastón y que lo arroje al suelo ante el faraón,
para que se convierta en una serpiente.
10 Moisés y Aarón fueron a ver al faraón, e hicieron lo que el Señor había ordenado: Aarón arrojó su bastón al suelo
delante del faraón y de sus funcionarios, y
el bastón se convirtió en una serpiente.
11 El faraón, por su parte, mandó llamar a
sus sabios y magos, los cuales con sus
artes mágicas hicieron también lo mismo:
12 cada uno de ellos arrojó su bastón al
suelo, y cada bastón se convirtió en una
serpiente. Pero el bastón de Aarón se
comió los bastones de los sabios y magos.
13 A pesar de eso, el faraón se puso terco y
no les hizo caso, tal como el Señor lo había dicho.

La plaga de sangre

14 Después el Señor le dijo a Moisés:
—El faraón se ha puesto terco y no
quiere dejar salir a los israelitas. 15 Pero
mañana temprano irás a verlo, cuando él
baje al río. Espéralo en la orilla, y lleva
contigo el bastón que se convirtió en serpiente. 16 Allí le dirás: 'El Señor, el Dios de
los hebreos, me ha enviado a decirte: Deja
ir a mi pueblo, para que me adore en el
desierto. Pero hasta ahora no has hecho
caso. 17 Por lo tanto, el Señor ha dicho:
Ahora vas a saber que yo soy el Señor.
Cuando yo golpee el agua del río con este
bastón que tengo en la mano, el agua se
convertirá en sangre.[r] 18 Los peces morirán, y el río apestará tanto que los egipcios tendrán asco de beber de esa agua.'
19 Además, el Señor le dijo a Moisés:
—Dile a Aarón que tome su bastón y
que extienda su brazo sobre los ríos, arroyos, lagunas y depósitos de agua de
Egipto; sobre todo lo que tenga agua, para
que se convierta en sangre. ¡Así habrá
sangre hasta en los recipientes de madera
y de piedra!
20 Moisés y Aarón hicieron lo que el Señor les había ordenado. Aarón levantó su
bastón y golpeó el agua del río a la vista
del faraón y de sus funcionarios, y toda el
agua se convirtió en sangre. 21 Los peces
murieron, y el río mismo apestaba tanto
que los egipcios no podían beber agua de
él. ¡Había sangre por todo Egipto!
22 Pero los magos egipcios hicieron lo
mismo por medio de sus artes mágicas, así
que el faraón se puso terco y no les hizo
caso a Moisés y Aarón, tal como el Señor
lo había dicho. 23 El faraón regresó a su
palacio sin darle importancia a este
asunto, 24 y todos los egipcios tuvieron
que hacer pozos en las orillas del río para
sacar agua limpia, pues el agua del río no
se podía beber.

La plaga de ranas

25 Siete días después de que el Señor
8 golpeara el agua del río, 1 [s]el Señor le
dijo a Moisés:—Ve a ver al faraón, y

[q] 7.3 Hch 7.36. [r] 7.17 Ap 8.8; 16.4. [s] Los vs. 8.1–32 corresponden a los vs. 7.26—8.28 en el texto hebreo.

dile: 'Así dice el Señor: Deja ir a mi pueblo, para que me adore. [2] Porque si tú no lo dejas ir, yo castigaré con ranas[t] a todo tu país. [3] El río hervirá de ranas, las cuales saldrán y se meterán en tu palacio, en el lugar donde duermes, sobre tu cama, en las casas de tus funcionarios y de tu gente, en tus hornos y en donde amasan tu pan. [4] Las ranas saltarán sobre ti, sobre tus funcionarios y sobre toda tu gente.'

[5] El Señor le dijo a Moisés:

—Dile a Aarón que extienda su bastón sobre los ríos, arroyos y lagunas, para que de allí salgan ranas y llenen el país de Egipto.

[6] Aarón lo extendió sobre las aguas de Egipto, y todo el país se llenó de las ranas que salieron de allí. [7] Sin embargo, los magos hicieron lo mismo por medio de sus artes mágicas, y también trajeron ranas sobre el territorio egipcio. [8] Entonces el faraón mandó llamar a Moisés y Aarón, y les dijo:

—Pídanle al Señor que nos quite las ranas a mí y a mi gente, y dejaré que tu gente vaya a ofrecer sacrificios al Señor.

[9] Moisés le contestó al faraón:

—Dime cuándo quieres que yo le pida por ti, por tus funcionarios y por tu gente, para que las ranas se alejen de ti y de tu palacio, y se queden sólo en el río.

[10] —Mañana mismo —dijo el faraón.

Y Moisés contestó:

—Así se hará, para que sepas que no hay nadie como el Señor nuestro Dios. [11] Las ranas se irán de tu palacio y se quedarán solamente en el río. Ya no te molestarán ni a ti, ni a tus funcionarios, ni a tu gente.

[12] Moisés y Aarón salieron del palacio del faraón. Después Moisés pidió al Señor que alejara las ranas que había enviado sobre el faraón. [13] El Señor hizo lo que Moisés le pedía, y murieron las ranas que había en casas, patios y campos. [14] La gente recogía las ranas muertas y las amontonaba, y por todas partes olía mal. [15] Sin embargo, en cuanto el faraón se vio libre de su problema, se puso terco y no les hizo caso a Moisés y Aarón, tal como el Señor lo había dicho.

La plaga de mosquitos

[16] El Señor le dijo a Moisés:

—Dile a Aarón que extienda su bastón y que golpee con él el polvo de la tierra, para que se convierta en mosquitos en todo Egipto.

[17] Así lo hicieron. Aarón extendió su bastón y golpeó el polvo del suelo, y todo el polvo de Egipto se convirtió en mosquitos que atacaban a hombres y animales. [18] Los magos trataron también de producir mosquitos por medio de sus artes mágicas, pero no pudieron. Mientras tanto, los mosquitos atacaban a hombres y animales. [19] Entonces los magos le dijeron al faraón:

—¡Esto es cosa de Dios!

Pero el faraón se puso terco y no les hizo caso, tal como el Señor lo había dicho.

La plaga de tábanos

[20] El Señor le dijo a Moisés:

—El faraón va a ir mañana temprano al río, así que levántate de madrugada y ve a decirle: 'Así ha dicho el Señor: Deja ir a mi pueblo, para que me adore. [21] Porque si tú no lo dejas ir, yo enviaré tábanos sobre ti, sobre tus funcionarios y tu gente, y sobre tus casas. Se llenarán de tábanos las casas de los egipcios, y hasta el suelo mismo. [22] Pero cuando eso suceda, haré una excepción con la región de Gosén, donde vive mi pueblo. Allí no habrá un solo tábano. Así sabrás que yo, el Señor, estoy en este país. [23] Haré distinción[7] entre mi pueblo y el tuyo. Esto tendrá lugar mañana.'

[24] Así lo hizo el Señor, y una espesa nube de tábanos invadió el palacio del faraón, las casas de sus funcionarios y todo el territorio egipcio. Los tábanos dejaron el país completamente arruinado. [25] Entonces el faraón mandó llamar a Moisés y Aarón, y les dijo:

—Vayan a ofrecer sacrificios a su Dios, pero sin salir del país.

[26] Y Moisés contestó:

—No estaría bien hacerlo así, porque los animales que ofrecemos al Señor nuestro Dios son sagrados para los egipcios. Si los egipcios nos vieran sacrificar los animales que ellos adoran, estoy seguro de que nos matarían a pedradas. [27] Debemos ir al desierto, a tres días de camino, y ofrecer allí sacrificios al Señor nuestro Dios, tal como él nos lo ordene.

[28] Entonces el faraón dijo:

—Los dejaré ir al desierto para que ofrezcan sacrificios al Señor su Dios, con la condición de que no se vayan demasiado lejos. Y pídanle también por mí.

[29] Y Moisés contestó:

—En cuanto yo salga de aquí, le pediré al Señor que mañana se alejen los tábanos de ti, de tus funcionarios y de tu pueblo, siempre y cuando no sigas engañándonos

---

[7] Distinción: según la versión griega. Heb. redención.
[t] 8.2 Ap 16.13.

ni impidiendo que los israelitas vayan a ofrecer sacrificios al Señor.

[30] En cuanto Moisés salió del palacio del faraón, oró al Señor, [31] y el Señor hizo lo que Moisés le pidió: los tábanos se alejaron del faraón, de sus funcionarios y de su gente. [32] Pero el faraón volvió a ponerse terco, y no dejó ir a los israelitas.

La plaga en el ganado

9 [1] Entonces el Señor le dijo a Moisés:
—Ve a ver al faraón, y dile: 'Así dice el Señor, el Dios de los hebreos: Deja ir a mi pueblo, para que me adore. [2] Si no los dejas ir, sino que los sigues deteniendo, [3] el Señor descargará su poder sobre tus ganados que están en el campo, y habrá una peste muy grave. Morirán los caballos, los asnos, los camellos, las vacas y las ovejas. [4] Pero el Señor hará distinción entre los ganados de Israel y los de Egipto, para que no muera ningún animal de los israelitas.'

[5] Además el Señor puso un plazo, y dijo:
—Yo haré esto mañana.

[6] Al día siguiente, el Señor lo hizo. Todo el ganado egipcio murió, pero del ganado israelita no murió ni un solo animal. [7] El faraón mandó a ver el ganado de Israel, y resultó que ningún animal había muerto. Sin embargo, se puso terco y no dejó ir a los israelitas.

La plaga de llagas

[8] Entonces el Señor les dijo a Moisés y Aarón:
—Tomen puñados de ceniza de un horno, y que arroje Moisés la ceniza hacia arriba, en presencia del faraón. [9] La ceniza se convertirá en polvo y se extenderá por todo el país, produciendo llagas en todos los hombres y animales de Egipto.

[10] Moisés y Aarón tomaron ceniza de un horno y fueron a ver al faraón. Allí Moisés arrojó la ceniza hacia arriba, y tanto hombres como animales quedaron cubiertos de llagas.[u] [11] Los magos no pudieron hacerle frente a Moisés, porque ellos, lo mismo que todos los egipcios, estaban cubiertos de llagas. [12] Pero el Señor hizo que el faraón se pusiera terco y que no les hiciera caso a Moisés y Aarón, tal como el Señor le había dicho a Moisés.

La plaga de granizo

[13] Entonces el Señor le dijo a Moisés:
—Levántate mañana temprano, y ve a decirle al faraón: 'Así ha dicho el Señor, el Dios de los hebreos: Deja ir a mi pueblo, para que me adore; [14] porque esta vez voy a enviar todas mis plagas contra ti, y contra tus funcionarios y tu gente, para que sepas que no hay otro como yo en toda la tierra. [15] Yo podría haberte mostrado mi poder castigándote a ti y a tu pueblo con una plaga, y ya habrías desaparecido de la tierra; [16] pero te he dejado vivir para que veas mi poder, y para darme a conocer en toda la tierra.[v] [17] A pesar de eso, tú sigues oponiéndote a mi pueblo y no lo dejas ir. [18] ¡Pues bien! Mañana a esta hora haré que caiga una fuerte granizada, como no ha caído otra igual en toda la historia de Egipto. [19] Así que manda poner en lugar seguro tu ganado y todo lo que tienes en el campo, porque el granizo, al caer, matará a todos los hombres y animales que estén al aire libre y no bajo techo.'

[20] Algunos funcionarios del faraón tuvieron miedo de la advertencia del Señor, y pusieron a sus esclavos y animales bajo techo; [21] pero hubo otros que no la tomaron en serio, y los dejaron al aire libre. [22] Entonces el Señor le dijo a Moisés:
—Levanta tu brazo hacia el cielo, para que en todo Egipto caiga granizo sobre hombres y animales, y sobre las plantas de los campos egipcios.

[23] Moisés levantó su brazo[8] hacia el cielo, y el Señor envió truenos, rayos y granizo sobre la tierra. Hizo que granizara en todo Egipto, [24] y el granizo y los rayos[w] caían sin parar. En toda la historia de Egipto jamás había caído una granizada tan fuerte. [25] El granizo destrozó todo lo que había en el territorio egipcio: destruyó hombres y animales, y todas las plantas del campo, y desgajó además todos los árboles del país. [26] A pesar de eso, en la tierra de Gosén, donde vivían los israelitas, no cayó un solo granizo.

[27] Entonces el faraón mandó llamar a Moisés y Aarón, y les dijo:
—Reconozco que he pecado. La culpa es mía y de mi pueblo, y no del Señor. [28] Demasiados truenos y granizo hemos tenido ya, así que no voy a detenerlos más. Pidan ustedes al Señor por nosotros, y yo los dejaré ir.

[29] Y Moisés le contestó:
—Tan pronto como yo salga de la ciudad, levantaré mis manos en oración al Señor. Entonces dejará de granizar y no habrá más truenos, para que sepas que la tierra es del Señor. [30] Pero yo sé bien que ni tú ni tus funcionarios tienen todavía temor de Dios el Señor. [31] Los sembrados de lino y de cebada quedaron destrozados, pues la cebada estaba ya en espiga y el lino estaba en flor.

8 *Su brazo:* según la versión griega. Heb. *su bastón.*
u **9.10** Ap 16.2.   v **9.16** Ro 9.17.   w **9.24** Ap 8.7; 16.21.

³² Pero al trigo y al centeno no les pasó nada porque brotan más tarde. ³³ Cuando Moisés salió de la ciudad, después de haber estado con el faraón, levantó sus manos al Señor en oración. Inmediatamente dejó de granizar y de llover, y no hubo más truenos. ³⁴ Pero en cuanto el faraón vio que ya no llovía, ni granizaba, ni había truenos, volvió a pecar. Y no sólo él se puso terco, sino también sus funcionarios. ³⁵ El faraón se puso terco y no dejó ir a los israelitas, tal como el Señor lo había dicho antes por medio de Moisés.

La plaga de langostas

10 ¹ El Señor le dijo a Moisés:
—Ve a ver al faraón, pues yo he hecho que él y sus funcionarios se pongan tercos para mostrarles las grandes maravillas que yo puedo hacer, ² y para que tú les cuentes a tus hijos y nietos la forma en que me burlé de los egipcios, y las grandes maravillas que hice entre ellos. Así sabrán ustedes que yo soy el Señor.

³ Moisés y Aarón fueron a ver al faraón, y le dijeron:
—Así dice el Señor, el Dios de los hebreos: '¿Hasta cuándo te negarás a humillarte delante de mí? Deja ir a mi pueblo, para que me adore; ⁴ porque si te sigues oponiendo a dejarlo ir, mañana haré que vengan langostas sobre tu país, ⁵ las cuales cubrirán la tierra en tal cantidad que no se podrá ver el suelo. Se comerán lo poco que haya quedado después del granizo, y se comerán también todos los árboles del campo. ⁶ Llenarán tus palacios, y las casas de tus funcionarios, y las casas de todos los egipcios. ¡Será algo como nunca vieron tus padres ni tus abuelos desde sus días hasta los nuestros!'

Al terminar de hablar, Moisés dio media vuelta y salió del palacio del faraón. ⁷ Entonces los funcionarios del faraón dijeron:
—¿Hasta cuándo nos va a causar problemas este hombre? Deje Su Majestad que esa gente vaya a adorar a su Dios, el Señor. ¿Todavía no se da cuenta Su Majestad de que Egipto está arruinado?

⁸ El faraón mandó llamar otra vez a Moisés y Aarón, y les dijo:
—Vayan a adorar al Señor su Dios. Pero antes díganme quiénes van a ir.

⁹ Moisés contestó:
—Tenemos que ir con nuestros niños y ancianos, hijos e hijas, y con nuestras ovejas y vacas, pues para nosotros es una gran fiesta del Señor.

¹⁰ Pero el faraón les dijo:
—¡Claramente se ven sus malas intenciones! ¿Y ustedes creen que el Señor los

va a acompañar, y que voy a dejar que ustedes y sus niños se vayan? ¹¹ Pues no va a ser así. Vayan ustedes, los hombres adultos, a adorar al Señor, ya que eso es lo que quieren.

Y el faraón ordenó que los echaran de su presencia. ¹² Pero el Señor le dijo a Moisés:
—Extiende tu brazo sobre Egipto, para que vengan las langostas y acaben con todas las plantas del país y con todo lo que quedó después de. granizo.

¹³ Moisés extendió su brazo sobre Egipto, y el Señor hizo venir un viento del este que sopló sobre el país todo el día y toda la noche. Al día siguiente, el viento del este había traído las langostas, ¹⁴ las cuales invadieron todo el país.ˣ Nunca antes hubo, ni habrá después, tantas langostas como en aquel día, ¹⁵ pues cubrieron la tierra en tal cantidad que no se podía ver el suelo, y se comieron todas las plantas y toda la fruta que había quedado en los árboles después del granizo. No quedó nada verde en ningún lugar de Egipto: ni en el campo ni en los árboles. ¹⁶ El faraón mandó llamar inmediatamente a Moisés y Aarón, y les dijo:
—He pecado contra el Señor su Dios, y contra ustedes, ¹⁷ pero les ruego que tan sólo esta vez perdonen mi pecado, y que oren por mí al Señor su Dios, para que por lo menos aleje de mí esta plaga mortal.

¹⁸ En cuanto Moisés salió de palacio del faraón, oró al Señor. ¹⁹ Entonces el Señor cambió el rumbo del viento, y lo convirtió en un fuerte viento del oeste que se llevó las langostas y las echó en el Mar Rojo. No quedó en todo Egipto una sola langosta. ²⁰ Pero el Señor hizo que el faraón se pusiera terco y que no dejara ir a los israelitas.

La plaga de la oscuridad

²¹ Entonces el Señor le dijo a Moisés:
—Extiende tu brazo hacia el cielo, para que en todo Egipto haya una oscuridad tan espesa que hasta se pueda tocar.

²² Moisés levantó su brazo hacia el cielo y hubo una oscuridadʸ tan grande en todo Egipto ²³ que, durante tres días, nadie podía ver a su vecino ni moverse de su lugar. En cambio, en todas las casas de los israelitas había luz.

²⁴ Entonces el faraón mandó llamar a Moisés, y le dijo:
—Vayan a adorar al Señor, y llévense también a sus hijos; pero dejen aquí sus ovejas y sus vacas.

²⁵ Pero Moisés contestó:
—Al contrario, tú mismo nos vas a dar

ˣ 10.12–14 Ap 9.2–3.   ʸ 10.22 Sal 105.28; Ap 16.10.

los animales que vamos a sacrificar y quemar en honor del Señor nuestro Dios. [26] Además, nuestros ganados irán con nosotros. Ni un solo animal debe quedarse, porque tenemos que escoger algunos de ellos para rendir culto al Señor. Mientras no lleguemos allá, no sabremos qué vamos a necesitar para adorar al Señor. [27] Pero el Señor hizo que el faraón se pusiera terco y que no los dejara ir. [28] Además el faraón le dijo a Moisés:

—Vete de aquí, y cuídate bien de no venir a verme otra vez, porque el día que vuelvas a presentarte ante mí, morirás. [29] Y Moisés contestó:

—Bien dicho. No volveré a verte.

Anuncio de la muerte de los hijos mayores

11 [1] El Señor le dijo a Moisés:

—Todavía voy a traer otra plaga sobre el faraón y los egipcios. Después de esto, el faraón no sólo va a dejar que ustedes salgan, sino que él mismo los va a echar de aquí. [2] Pero ahora diles a los israelitas, hombres y mujeres, que pidan a sus vecinos y vecinas objetos de oro y plata.

[3] El Señor hizo que los egipcios fueran muy amables con los israelitas. Además, los funcionarios del faraón consideraban a Moisés como un hombre extraordinario, y lo mismo pensaban todos en Egipto.

[4] Moisés dijo al faraón:

—Así ha dicho el Señor: 'A la medianoche pasaré por todo Egipto, [5] y morirá el hijo mayor de cada familia egipcia, desde el hijo mayor del faraón que ocupa el trono, hasta el hijo mayor de la esclava que trabaja en el molino. También morirán todas las primeras crías de los animales. [6] En todo Egipto habrá gritos de dolor, como nunca los ha habido ni los volverá a haber.' [7] Y para que sepan ustedes que el Señor hace diferencia entre egipcios e israelitas, ni siquiera le ladrarán los perros a ningún hombre o animal de los israelitas. [8] Entonces vendrán a verme todos estos funcionarios tuyos, y de rodillas me pedirán: 'Váyanse, tú y toda la gente que te sigue.' Antes de eso, no me iré.

Y muy enojado, Moisés salió de la presencia del faraón. [9] Después, el Señor le dijo a Moisés:

—El faraón no les va a hacer caso a ustedes, y así serán más las maravillas que yo haré en Egipto.

[10] Moisés y Aarón hicieron todas estas maravillas delante del faraón, pero como el Señor lo había hecho ponerse terco, el faraón no dejó salir de Egipto a los israelitas.

La Pascua

12 [1] El Señor habló en Egipto con Moisés y Aarón, y les dijo:

[2] "Este mes será para ustedes el principal, el primer mes del año. [3] Dígale a toda la comunidad israelita lo siguiente: 'El día diez de este mes, cada uno de ustedes tomará un cordero o un cabrito por familia, uno por cada casa. [4] Y si la familia es demasiado pequeña para comerse todo el animal, entonces el dueño de la casa y su vecino más cercano lo comerán juntos, repartiéndoselo según el número de personas que haya y la cantidad que cada uno pueda comer. [5] El animal deberá ser de un año, macho y sin defecto, y podrá ser un cordero o un cabrito. [6] Lo guardarán hasta el catorce de este mes, y ese día todos y cada uno en Israel lo matarán al atardecer. [7] Tomarán luego la sangre del animal y la untarán por todo el marco de la puerta de la casa donde coman el animal. [8] Esa noche comerán la carne asada al fuego, con hierbas amargas y pan sin levadura. [9] No coman ni un solo pedazo crudo o hervido. Todo el animal, lo mismo la cabeza que las patas y las entrañas, tiene que ser asado al fuego, [10] y no deben dejar nada para el día siguiente. Si algo se queda, deberán quemarlo. [11] Ya vestidos y calzados, y con el bastón en la mano, coman de prisa el animal, porque es la Pascua[z] del Señor. [12] Esa noche yo pasaré por todo Egipto, y heriré de muerte al hijo mayor de cada familia egipcia y a las primeras crías de sus animales, y dictaré sentencia contra todos los dioses de Egipto. Yo, el Señor, lo he dicho.

[13] 'La sangre les servirá para que ustedes señalen las casas donde se encuentren. Y así, cuando yo hiera de muerte a los egipcios, ninguno de ustedes morirá, pues veré la sangre y pasaré de largo. [14] Este es un día que ustedes deberán recordar y celebrar con una gran fiesta en honor del Señor. Lo celebrarán como una ley permanente que pasará de padres a hijos. [15] Comerán pan sin levadura durante siete días; por lo tanto, desde el primer día no deberá haber levadura en sus casas. Cualquiera que coma pan con levadura durante estos siete días, será eliminado del pueblo de Israel. [16] Tanto el primer día como el séptimo deberán dedicarlos a una reunión santa. Esos días no se trabajará, a no ser para preparar la comida de cada persona. [17] La fiesta de los panes sin levadura[a] es un día que ustedes deberán cele-

z 12.1–13 Lv 23.5; Nm 9.1–5; 28.16; Dt 16.1–2; Mt 26.2–29; Mr 14.1–25; Lc 22.1–19; 1 Co 5.7. a 12.14–20 Ex 23.15; 34.18; Lv 23.6–8; Nm 28.17–25; Dt 16.3–8.

brar, porque en ese mismo día los saqué de Egipto a todos ustedes. Lo celebrarán como una ley permanente que pasará de padres a hijos. [18] Comerán pan sin levadura desde la tarde del día catorce del primer mes hasta la tarde del día veintiuno del mismo mes. [19] No deberá haber levadura en sus casas durante siete días, porque cualquiera que coma pan con levadura será eliminado de la comunidad israelita, tanto si es extranjero como si es del país. [20] Por lo tanto, no coman nada que tenga levadura. Dondequiera que ustedes vivan, deberán comer pan sin levadura.' "

[21] Moisés mandó llamar a todos los ancianos israelitas y les dijo: "Vayan y tomen un cordero o un cabrito para sus familias, y mátenlo para celebrar la Pascua. [22] La sangre debe quedar en una palangana; tomen después un manojo de ramas de hisopo, mójenlo en la sangre, y unten la sangre por todo el marco de la puerta de la casa. Ninguno de ustedes debe salir de su casa antes del amanecer. [23] Cuando el Señor pase para herir de muerte a los egipcios, verá la sangre por todo el marco de la puerta, y pasará de largo por esa casa. Así el Señor no dejará que el destructor entre en las casas de ustedes.[b] [24] Esta orden la respetarán ustedes y sus descendientes, como una ley eterna. [25] Cuando ustedes hayan entrado ya en la tierra que el Señor les va a dar, tal como lo ha prometido, deberán seguir celebrando esta ceremonia. [26] Y cuando sus hijos les pregunten: '¿Qué significa esta ceremonia?', [27] ustedes deberán contestar: 'Este animal se sacrifica en la Pascua, en honor del Señor. Cuando él hirió de muerte a los egipcios, pasó de largo por las casas de los israelitas que vivían en Egipto, y así salvó a nuestras familias.' "

Entonces los israelitas se inclinaron en actitud de adoración, [28] y luego fueron e hicieron todo tal como el Señor se lo había ordenado a Moisés y Aarón.

La muerte de los hijos mayores

[29] A medianoche el Señor hirió de muerte al hijo mayor de cada familia egipcia,[c] lo mismo al hijo mayor del faraón que ocupaba el trono, que al hijo mayor del que estaba preso en la cárcel, y también a las primeras crías de los animales. [30] El faraón, sus funcionarios, y todos los egipcios, se levantaron esa noche, y hubo grandes gritos de dolor en todo Egipto. No había una sola casa donde no hubiera algún muerto. [31] Esa misma noche el faraón mandó llamar a Moisés y Aarón, y les dijo:

—Váyanse, apártense de mi gente, ustedes y los israelitas. Vayan a adorar al Señor, tal como dijeron. [32] Llévense también sus ovejas y vacas, como querían, y váyanse. Y rueguen a Dios por mí.

[33] Los egipcios apuraron a los israelitas para que se fueran pronto de su país, pues pensaban que todos iban a morir. [34] Los israelitas sacaron la masa, todavía sin levadura, y con artesa y todo la envolvieron en sus ropas y se la echaron al hombro. [35] Además, siguiendo las órdenes de Moisés, les pidieron a los egipcios objetos de oro y plata, y vestidos. [36] El Señor hizo que los egipcios dieran de buena gana todo lo que los israelitas pedían, y así los israelitas despojaron a los egipcios.[d]

Los israelitas salen de Egipto

[37] Los israelitas salieron de Ramsés a Sucot. Sin contar mujeres y niños, eran como seiscientos mil hombres de a pie, en edad militar. [38] Con ellos se fue muchísima gente de toda clase, además de muchas ovejas y vacas. [39] Como no habían tenido tiempo de preparar comida, pues los egipcios los habían echado de su país, hicieron tortas sin levadura con la masa que habían sacado de Egipto, la cual estaba sin fermentar.

[40] Los israelitas habían vivido en Egipto cuatrocientos treinta años,[e] [41] y el mismo día en que se cumplieron los cuatrocientos treinta años, todos los ejércitos del Señor salieron de aquel país. [42] Esa noche el Señor estuvo vigilante para sacarlos de Egipto. Esa es la noche del Señor, la noche en que, en su honor, los israelitas también deberán estar vigilantes, generación tras generación.

Leyes acerca de la Pascua

[43] El Señor les dijo a Moisés y Aarón: "Esta es la ley para la Pascua: Ningún extranjero podrá comer del animal sacrificado, [44] pero el esclavo comprado por dinero sí podrá comer de él, si ha sido circuncidado antes. [45] Ningún extranjero, ya sea que esté de paso o que viva como asalariado, podrá comer del animal, [46] el cual deberá comerse en una sola casa. No se sacará de la casa ni un solo pedazo de carne del animal sacrificado, ni se le quebrarán los huesos.[f] [47] Esto lo hará toda la comunidad israelita. [48] Sin embargo, si un extranjero vive entre ustedes y quiere celebrar la Pascua en honor del Señor, primero ha de hacer que se circunciden todos los hombres de su familia, y después podrá celebrarla, pues entonces será como

[b] 12.22–23 He 11.28.   [c] 12.29 Ex 4.22–32.   [d] 12.35–36 Ex 3.21–22.   [e] 12.40 Gn 15.13; Gá 3.17.   [f] 12.46 Nm 9.12; Jn 19.36.

los nacidos en el país. Pero no podrá comer del animal nadie que no esté circuncidado. [49] La misma ley se aplicará a los nacidos en el país y a los extranjeros que vivan entre ustedes."[g] [50] Los israelitas lo hicieron todo tal como el Señor se lo había ordenado a Moisés y Aarón. [51] Aquel mismo día, el Señor sacó de Egipto a los ejércitos israelitas.

13 [1] El Señor se dirigió a Moisés y le dijo:

[2] "Conságrame los hijos mayores, porque todo primer hijo de los israelitas me pertenece, lo mismo que toda primera cría de sus animales."[h] [3] Entonces Moisés le dijo al pueblo: "Acuérdense de este día, en que con gran poder el Señor los sacó de Egipto, donde vivían como esclavos. No deberán comer pan con levadura. [4] Ustedes salen este día, en el mes de Abib, [5] y en este mismo mes deberán celebrar la fiesta, una vez que el Señor los haya llevado a la tierra donde la leche y la miel corren como el agua, es decir, al país de los cananeos, hititas, amorreos, heveos y jebuseos, que ya había prometido a sus antepasados que se lo daría a ustedes. [6] Comerán pan sin levadura durante siete días, y en el séptimo día harán fiesta en honor del Señor. [7] Durante los siete días se comerá pan sin levadura, y en ninguna parte de su territorio deberá haber levadura o pan con levadura. [8] En ese día les dirán a sus hijos: 'Esto se hace por lo que el Señor hizo con nosotros cuando salimos de Egipto. [9] Y, como si tuvieran ustedes una marca en el brazo o en la frente, esto les hará recordar que siempre deben hablar de la ley del Señor, pues él los sacó de Egipto con gran poder. [10] Por eso deben celebrar esta ceremonia año tras año, en la fecha señalada.'

[11] "Cuando el Señor los haya llevado al país de los cananeos, es decir, cuando les entregue el país, según la promesa que les hizo a ustedes y a sus antepasados, [12] tendrán que dedicarle todos sus primeros hijos varones[i] y todos los primeros machos que les nazcan a sus animales, porque pertenecen al Señor. [13] En el caso de la primera cría de una asna, deberán dar un cordero o un cabrito como rescate por el asno, pero si no dan el cordero, entonces le romperán el cuello al asno. También deberán dar una ofrenda como rescate por cada hijo mayor, [14] y cuando llegue el día de mañana sus hijos les pregunten: '¿Qué quiere decir esto?', les responderán: 'El Señor nos sacó con gran poder de Egipto, donde vivíamos como esclavos. [15] Cuando el faraón se puso terco en no dejarnos salir, el Se-

ñor hirió de muerte al hijo mayor de cada familia egipcia y a todas las primeras crías de sus animales; por eso le ofrecemos al Señor todos los machos que nacen primero, y damos una ofrenda como rescate por nuestro hijo mayor. [16] Por lo tanto, como si tuvieran una marca en el brazo o en la frente, esta ceremonia les hará recordar a ustedes que el Señor nos sacó de Egipto con gran poder.' "

La columna de nube y de fuego

[17] Cuando el faraón dejó salir al pueblo israelita, Dios no los llevó por el camino que va al país de los filisteos, que era el más directo, pues pensó que los israelitas no querrían pelear cuando tuvieran que hacerlo, y que preferirían regresar a Egipto. [18] Por eso les hizo dar un rodeo por el camino del desierto que lleva al Mar Rojo.

Los israelitas salieron de Egipto formados como un ejército. [19] Moisés se llevó consigo los restos de José, pues José había hecho que los hijos de Israel le prometieran hacerlo así. Les había dicho: "En verdad, Dios vendrá a ayudarlos; y cuando eso suceda, ustedes deben llevarse mis restos de aquí."[j]

[20] Los israelitas salieron de Sucot y acamparon en Etam, donde comienza el desierto. [21] De día, el Señor los acompañaba en una columna de nube, para señalarles el camino; y de noche, en una columna de fuego, para alumbrarlos. Así pudieron viajar día y noche. [22] La columna de nube siempre iba delante de ellos durante el día, y la columna de fuego durante la noche.[k]

Los israelitas cruzan el Mar Rojo

14 [1] El Señor se dirigió a Moisés y le dijo:

[2] "Di a los israelitas que regresen y acampen frente a Pi-hahirot, entre Migdol y el mar, frente a Baal-zefón. Que pongan sus campamentos enfrente de este lugar, junto al mar. [3] Así el faraón pensará: 'Los israelitas no saben a dónde ir. Andan perdidos en el desierto.' [4] Pero yo voy a hacer que el faraón se ponga terco y los persiga; entonces mostraré mi poder en él y en todo su ejército, y los egipcios sabrán que yo soy el Señor."

Los israelitas lo hicieron así. [5] Mientras tanto, el rey de Egipto recibió aviso de que los israelitas se habían escapado. Entonces el rey y sus funcionarios cambiaron de parecer en cuanto a ellos, y se dijeron: "¿Pero cómo pudimos permitir que los israelitas se fueran y dejaran de trabajar para nosotros?"

[6] En seguida el faraón ordenó que prepararan su carro de combate, y se llevó a su ejército. [7] Tomó seiscientos de los mejores carros, además de todos los carros de Egipto, que llevaban cada uno un oficial. [8] El Señor hizo que el faraón se pusiera terco y persiguiera a los israelitas, aun cuando ellos habían salido ya con gran poder.

[9] Los egipcios con todo su ejército, con carros y caballería, salieron a perseguir a los israelitas, y los alcanzaron a la orilla del mar, junto a Pi-hahirot y frente a Baal-zefón, donde estaban acampados. [10] Cuando los israelitas se dieron cuenta de que el faraón y los egipcios se acercaban, tuvieron mucho miedo y pidieron ayuda al Señor. [11] Y a Moisés le dijeron:

—¿Acaso no había sepulcros en Egipto, que nos sacaste de allá para hacernos morir en el desierto? ¿Por qué nos has hecho esto? ¿Por qué nos sacaste de Egipto? [12] Esto es precisamente lo que te decíamos en Egipto: 'Déjanos trabajar para los egipcios. ¡Más nos vale ser esclavos de ellos que morir en el desierto!'

[13] Pero Moisés les contestó:

—No tengan miedo. Manténganse firmes y fíjense en lo que el Señor va a hacer hoy para salvarlos, porque nunca más volverán a ver a los egipcios que hoy ven. [14] Ustedes no se preocupen, que el Señor va a pelear por ustedes.

[15] Entonces el Señor le dijo a Moisés:

—¿Por qué me pides ayuda? ¡Ordena a los israelitas que sigan adelante! [16] Y tú, levanta tu bastón, extiende tu brazo y parte el mar en dos, para que los israelitas lo crucen en seco. [17] Yo voy a hacer que los egipcios se pongan tercos y los persigan; entonces mostraré mi poder en el faraón y en todo su ejército, y en sus carros y caballería. [18] Cuando haya mostrado mi poder en el faraón, y en sus carros y caballería, los egipcios sabrán que yo soy el Señor.

[19] En ese momento el ángel de Dios y la columna de nube, que marchaban al frente de los israelitas, cambiaron de lugar y se pusieron detrás de ellos. [20] Así la columna de nube quedó entre el ejército egipcio y los israelitas; para los egipcios era una nube oscura, pero a los israelitas los alumbraba. Por eso los egipcios no pudieron alcanzar a los israelitas en toda la noche.

[21] Moisés extendió su brazo sobre el mar, y el Señor envió un fuerte viento del este que sopló durante toda la noche[l] y partió el mar en dos. Así el Señor convirtió el mar en tierra seca, [22] y por tierra

seca lo cruzaron los israelitas,[m] entre dos murallas de agua una a la derecha y otra a la izquierda. [23] Toda la caballería y los carros del faraón entraron detrás de ellos, y los persiguieron hasta la mitad del mar; [24] pero a la madrugada el Señor miró de tal manera al ejército de los egipcios, desde la columna de fuego y de nube, que provocó un gran desorden entre ellos; [25] descompuso además las ruedas de sus carros, de modo que apenas podían avanzar. Entonces los egipcios dijeron:

—Huyamos de los israelitas, pues el Señor pelea a favor de ellos y contra nosotros.

[26] Pero el Señor le dijo a Moisés:

—Extiende tu brazo sobre el mar, para que el agua regrese y caiga sobre los egipcios, y sobre sus carros y caballería.

[27] Moisés extendió su brazo sobre el mar y, al amanecer el agua volvió a su cauce normal. Cuando los egipcios trataron de huir, se toparon con el mar, y así el Señor los hundió en él. [28] Al volver el agua a su cauce normal, cubrió los carros y la caballería, y todo el ejército que había entrado en el mar para perseguir a los israelitas. Ni un solo soldado del faraón quedó vivo. [29] Sin embargo, los israelitas cruzaron el mar por tierra seca, entre dos murallas de agua, una a la derecha y otra a la izquierda. [30] En aquel día el Señor salvó a los israelitas del poder de los egipcios, y los israelitas vieron los cadáveres de los egipcios a la orilla del mar. [31] Los israelitas el gran poder que el Señor había desplegado contra Egipto, mostraron reverencia ante el Señor y tuvieron confianza en él y en su siervo Moisés.

El canto de Moisés

15 [1] Entonces Moisés y los israelitas entonaron este canto[n] en honor del Señor:

"Cantaré en honor del Señor,
que tuvo un triunfo maravilloso
al hundir en el mar caballos y
    jinetes.
[2] Mi canto es al Señor,
quien es mi fuerza y salvación.[ñ]
Él es mi Dios, y he de alabarlo;
es el Dios de mi padre, y he de
    enaltecerlo.
[3] El Señor es un gran guerrero.
El Señor, ¡ése es su nombre!

[4] El Señor hundió en el mar
los carros y el ejército del faraón;

l 14.21-22 Sal 77.16-20.   m 14.22 1 Co 10.1-2; He 11.29.   n 15.1 Ap 15.3.   ñ 15.2 Sal 118. 4; Is 12.2.

¡sus mejores oficiales
se ahogaron en el Mar Rojo!
5 Cayeron hasta el fondo, como
   piedras,
y el mar profundo los cubrió.

6 Oh, Señor, fue tu mano derecha,
   fuerte y poderosa,
la que destrozó al enemigo.
7 Con tu gran poder aplastaste
a los que se enfrentaron contigo;
se encendió tu enojo,
y ellos ardieron como paja.
8 Soplaste con furia, y el agua se
   amontonó;
las olas se levantaron como un
   muro;
¡el centro del mar profundo se
   quedó inmóvil!
9 El enemigo había pensado:
'Los voy a perseguir hasta
   alcanzarlos,
y voy a repartir lo que les quite
hasta quedar satisfecho.
Sacaré la espada,
y mi brazo los destruirá.'
10 Pero soplaste, y el mar se los tragó;
se hundieron como plomo en el
   agua tempestuosa.

11 Oh, Señor,
¡ningún dios puede compararse a ti!
¡Nadie es santo ni grande como tú!
¡Haces cosas maravillosas y
   terribles!
¡Eres digno de alabanza!
12 ¡Desplegaste tu poder
y se los tragó la tierra!
13 Con tu amor vas dirigiendo
a este pueblo que salvaste;
con tu poder lo llevas a tu santa
   casa.
14 Las naciones temblarán cuando lo
   sepan,
los filisteos se retorcerán de dolor,
15 los capitanes de Edom se quedarán
   sin aliento,
los jefes de Moab temblarán de
   miedo,
y perderán el valor todos los
   cananeos.

16 Oh, Señor,
¡que se asusten!, ¡que tengan miedo!
¡que se queden como piedras
por la fuerza de tu brazo,
hasta que haya pasado tu pueblo,
el pueblo que has hecho tuyo!
17 Oh, Señor,
llévanos a vivir a tu santo monte,
al lugar que escogiste para vivir,
al santuario que afirmaste con tus
   manos.

9 En hebreo, *Mara* significa *amarga.*

18 ¡El Señor reina por toda la
   eternidad!"

El canto de María

19 Cuando los carros y la caballería del
faraón entraron en el mar, el Señor hizo
que el agua del mar les cayera encima;
pero los israelitas cruzaron el mar como
por tierra seca. 20 Entonces la profetisa
María, hermana de Aarón, tomó una pan-
dereta, y todas las mujeres la siguieron,
bailando y tocando panderetas, 21 mientras
ella les cantaba:

"Canten en honor al Señor,
que tuvo un triunfo maravilloso
al hundir en el mar caballos y
   jinetes."

El agua amarga

22 Moisés hizo que los israelitas se aleja-
ran del Mar Rojo. Entonces ellos se fueron
al desierto de Shur, y durante tres días caminaron por él, sin encontrar agua.
23 Cuando llegaron a Mara, no pudieron
beber el agua que allí había, porque era
amarga. Por eso llamaron Mara9 a ese lugar.
24 La gente empezó a hablar mal de
Moisés, y preguntaban: "¿Qué vamos a
beber?" 25 Entonces Moisés pidió ayuda al
Señor, y él le mostró un arbusto. Moisés
echó el arbusto al agua, y el agua se volvió dulce.
Allí el Señor los puso a prueba, y les dio
una ley y una norma de conducta. 26 Les
dijo: "Si ponen ustedes toda su atención
en lo que yo, el Señor su Dios, les digo, y
si hacen lo que a mí me agrada, obedeciendo mis mandamientos y cumpliendo
mis leyes, no les enviaré ninguna de las
plagas que envié sobre los egipcios, pues
yo soy el Señor, el que los sana a ustedes."
27 Después llegaron a Elim, donde había
doce manantiales de agua y setenta palmeras, y allí acamparon junto al agua.

Dios da el maná

16 1 Toda la comunidad israelita salió
de Elim y llegó al desierto de Sin,
que está entre Elim y Sinaí. Era el día
quince del mes segundo después de su salida de Egipto. 2 Allí, en el desierto, todos
ellos comenzaron a murmurar contra
Moisés y Aarón. 3 Y les decían:
—¡Ojalá el Señor nos hubiera hecho
morir en Egipto! Allá nos sentábamos
junto a las ollas de carne y comíamos
hasta llenarnos, pero ustedes nos han

traído al desierto para matarnos de hambre a todos.

⁴ Entonces el Señor le dijo a Moisés:

—Voy a hacer que les llueva comida del cielo.º La gente deberá salir cada día, y recogerá sólo lo necesario para ese día. Quiero ver quién obedece mis instrucciones y quién no. ⁵ El sexto día, cuando preparen lo que van a llevar a casa, deberán recoger el doble de lo que recogen cada día.

⁶ Moisés y Aarón dijeron entonces a los israelitas:

—Por la tarde sabrán ustedes que el Señor fue quien los sacó de Egipto, ⁷ y por la mañana verán la gloria del Señor; pues ha oído que ustedes murmuraron contra él. Porque, ¿quiénes somos nosotros para que ustedes nos critiquen?

⁸ Y Moisés añadió:

—Por la tarde el Señor les va a dar carne para comer, y por la mañana les va a dar pan en abundancia, pues ha oído que ustedes murmuraron contra él. Porque, ¿quiénes somos nosotros? Ustedes no han murmurado contra nosotros, sino contra el Señor.

⁹ Luego Moisés le dijo a Aarón:

—Di a todos los israelitas que se acerquen a la presencia del Señor, pues él ha escuchado sus murmuraciones.

¹⁰ En el momento en que Aarón estaba hablando con los israelitas, todos ellos miraron hacia el desierto, y la gloria del Señor se apareció en una nube. ¹¹ Y el Señor se dirigió a Moisés y le dijo:

¹² —He oído murmurar a los israelitas. Habla con ellos y diles: 'Al atardecer, ustedes comerán carne, y por la mañana comerán pan hasta quedar satisfechos. Así sabrán que yo soy el Señor su Dios.'

¹³ Aquella misma tarde vinieron codornices, las cuales llenaron el campamento, y por la mañana había una capa de rocío alrededor del campamento.ᵖ ¹⁴ Después que el rocío se hubo evaporado, algo muy fino, parecido a la escarcha, quedó sobre la superficie del desierto. ¹⁵ Como los israelitas no sabían lo que era, al verlo se decían unos a otros: "¿Y esto qué es?"¹⁰ Y Moisés les dijo:

—Este es el pan que el Señor les da como alimento.ۥ ¹⁶ Y ésta es la orden que ha dado el Señor: Recoja cada uno de ustedes lo que necesite para comer y, según el número de personas que haya en su casa, tome más o menos dos litros por persona.

¹⁷ Los israelitas lo hicieron así. Unos recogieron más, otros menos, ¹⁸ según la medida acordada; y ni le sobró al que había

recogido mucho, ni le faltó al que había recogido poco.ʳ Cada uno había recogido la cantidad que necesitaba para comer.

¹⁹ Luego Moisés les dijo:

—Nadie debe dejar nada para el día siguiente.

²⁰ Sin embargo algunos de ellos no hicieron caso a Moisés y dejaron algo para el otro día; pero lo que guardaron se llenó de gusanos y apestaba. Entonces Moisés se enojó con ellos.

²¹ Cada uno recogía por las mañanas lo que necesitaba para comer, pues el calor del sol lo derretía ²² Pero el sexto día recogieron doble porción de comida, es decir, unos cuatro litros por persona; entonces los jefes de la comunidad fueron a contárselo a Moisés, ²³ y Moisés les dijo:

—Eso es lo que el Señor ha ordenado. Mañana es día de reposo,¹¹ un reposo consagrado al Señor.ˢ Cocinen hoy lo que tengan que cocinar y hiervan lo que tengan que hervir, y guarden para mañana todo lo que les sobre.

²⁴ De acuerdo con la orden de Moisés, ellos guardaron para el día siguiente lo que les había sobrado, y no apestaba ni se llenó de gusanos. ²⁵ Entonces Moisés dijo:

—Cómanlo hoy, que es el día de reposo¹¹ consagrado al Señor, pues en este día no encontrarán ustedes nada en el campo. ²⁶ Podrán recogerlo durante seis días, pero el séptimo día, que es día de reposo,¹¹ no habrá nada.

²⁷ Algunos de ellos salieron el séptimo día a recoger algo, pero no encontraron nada. ²⁸ Entonces el Señor le dijo a Moisés:

—¿Hasta cuándo van ustedes a seguir desobedeciendo mis mandamientos y mis enseñanzas? ²⁹ Tomen en cuenta que yo, el Señor, les he dado un día de reposo;¹¹ por eso el sexto día les doy comida para dos días. Así que el séptimo día cada uno debe quedarse en su casa y no salir de ella.

³⁰ Entonces la gente reposó el día séptimo.

³¹ Los israelitas llamaron maná¹² a lo que recogían. Era blanco, como semilla de cilantro, y dulce como hojuelas con miel.ᵗ

³² Después Moisés dijo:

—Esta es la orden que ha dado el Señor: 'Llenen de maná una medida de dos litros, y guárdenla para sus descendientes, para que vean la comida que yo les di a ustedes en el desierto, cuando los saqué de Egipto.'

³³ A Aarón le dijo:

—Toma una canasta, y pon en ella unos

¹⁰ ¿Y esto qué es?, en hebreo se dice man-hu, de donde se supone que viene la palabra manᵉ. ¹¹ Día de reposo: aquí equivale a sábado. ¹² Véase nota en v. 15.
º 16.4. Jn 6.31. ᵖ 16.12–13 Nm 11.31–32. ᵠ 16.15 1 Co 10.3. ʳ 16.18 2 Co 8.15. ˢ 16.23 Ex 20.8–11.
ᵗ 16.14–31 Nm 11.7–9.

dos litros[13] de maná.[u] Ponla después en la presencia del Señor, y que se guarde para los descendientes de ustedes.

[34] De acuerdo con la orden que el Señor le dio a Moisés, Aarón puso la canasta ante el cofre del pacto, para que fuera guardada.

[35] Los israelitas comieron maná durante cuarenta años, hasta que llegaron a tierras habitadas; es decir, lo comieron hasta que llegaron a las fronteras de la tierra de Canaán.[v]

[36] (El *gomer* era la décima parte de un *efa*.)[14]

Agua de la roca
(Nm 20.1-13)

17 [1] Toda la comunidad israelita salió del desierto de Sin, siguiendo su camino poco a poco, de acuerdo con las órdenes del Señor. Después acamparon en Refidim, pero no había agua para que el pueblo bebiera, [2] así que le reclamaron a Moisés, diciéndole:

—¡Danos agua para beber!

—¿Por qué me hacen reclamaciones a mí? ¿Por qué ponen a prueba a Dios? —contestó Moisés.

[3] Pero el pueblo tenía sed, y hablaron en contra de Moisés. Decían:

—¿Para qué nos hiciste salir de Egipto? ¿Para matarnos de sed, junto con nuestros hijos y nuestros animales?

[4] Moisés clamó entonces al Señor, y le dijo:

—¿Qué voy a hacer con esta gente? ¡Un poco más y me matan a pedradas!

[5] Y el Señor le contestó:

—Pasa delante del pueblo, y hazte acompañar de algunos ancianos de Israel. Llévate también el bastón con que golpeaste el río, y ponte en marcha. [6] Yo estaré esperándote allá en el monte Horeb, sobre la roca. Cuando golpees la roca, saldrá agua de ella que beba la gente.

Moisés lo hizo así, a la vista de los ancianos de Israel, [7] y llamó a aquel lugar Meriba[15] porque los israelitas le habían hecho reclamaciones, y también lo llamó Masah[16] porque habían puesto a prueba a Dios, al decir: "¿Está o no está el Señor con nosotros?"

Guerra contra los amalecitas

[8] Los amalecitas se dirigieron a Refidim para pelear contra los israelitas. [9] Entonces Moisés le dijo a Josué:

—Escoge algunos hombres y sal a pelear contra los amalecitas. Yo estaré mañana en lo alto del monte, con el bastón de Dios en la mano.

[10] Josué hizo lo que Moisés le ordenó, y salió a pelear contra los amalecitas. Mientras tanto, Moisés, Aarón y Hur subieron a lo alto del monte. [11] Cuando Moisés levantaba su brazo, los israelitas dominaban en la batalla; pero cuando lo bajaba, dominaban los amalecitas. [12] Pero como a Moisés se le cansaban los brazos, tomaron una piedra y se la pusieron debajo, para que se sentara en ella. Luego Aarón y Hur le sostuvieron los brazos, uno de un lado y el otro del otro. De esta manera los brazos de Moisés se mantuvieron firmes hasta que el sol se puso, [13] y Josué derrotó al ejército amalecita a filo de espada.

[14] Entonces el Señor le dijo a Moisés:

—Escribe esto en un libro, para que sea recordado; y dile a Josué que voy a borrar por completo el recuerdo de los amalecitas.[w]

[15] Moisés hizo un altar, al que puso por nombre "El Señor es mi bandera", [16] y dijo:

"¡La bandera del Señor en la mano![17]
¡El Señor está en guerra con Amalec de una generación a otra!"

Jetro visita a Moisés

18 [1] Jetro, el sacerdote de Madián y suegro de Moisés, supo todo lo que Dios había hecho por Moisés y por su pueblo Israel, y supo también que el Señor los había sacado de Egipto. [2] Moisés había despedido a su esposa Séfora, y Jetro la había recibido a ella [3] y a sus dos hijos.[x] Uno de éstos se llamaba Gersón,[18] porque Moisés había dicho: "He sido un extranjero en tierra extraña",[y] [4] y el otro se llamaba Eliezer,[19] porque había dicho: "El Dios de mi padre vino en mi ayuda, y me salvó de la espada del faraón."

[5] Moisés había acampado en el desierto, junto al monte de Dios, y allá fue Jetro, acompañado por la esposa y los hijos de Moisés. [6] Y le dijo a Moisés:

—Yo, tu suegro Jetro, he venido a verte, junto con tu esposa y sus dos hijos.

[7] Moisés salió a recibir a su suegro. Se inclinó delante de él y lo besó; y después de saludarse entraron en la tienda de campaña. [8] Allí Moisés le contó a su suegro todo lo que el Señor les había hecho al faraón y a los egipcios en favor de Israel,

---

[13] *Unos dos litros:* véase *gomer,* en la Tabla de Pesas y Medidas.   [14] Véase la Tabla de Pesas y Medidas.
[15] En hebreo, *Meriba* y el verbo *reclamar* tienen un sonido parecido.   [16] En hebreo, *Masah* y el verbo *poner a prueba* tienen un sonido parecido.   [17] *¡La bandera del Señor en la mano!:* texto probable. Heb. oscuro.   [18] Véase nota en 2.22.
[19] En hebreo, *Eliezer* significa *mi Dios es ayuda.*
[u] 16.33 He 9.4.   [v] 16.35 Jos 5.12.   [w] 17.14 Dt 25.17-19; 1 S 15.2-9.   [x] 18.3 Hch 7.29.   [y] 18.2-3 Ex 2.21-22.

todas las dificultades que habían tenido en el camino, y la forma en que el Señor los había salvado. [9] Jetro se alegró por la mucha bondad que Dios había mostrado a los israelitas al salvarlos del poder de los egipcios, [10] y dijo:

—Bendito sea el Señor, que los ha librado a ustedes, pueblo de Israel, del poder del faraón y de los egipcios; que los ha librado del poder opresor [11] y de la insolencia con que ellos los trataron. Ahora estoy convencido de que el Señor es más grande que todos los dioses.

[12] Jetro tomó un animal para quemarlo en honor de Dios, y también otras ofrendas. Luego Aarón y todos los ancianos de Israel fueron a comer con el suegro de Moisés, en presencia de Dios.

Moisés nombra otros jueces
(Dt 1.9–18)

[13] Al día siguiente Moisés se sentó y dictó sentencia en los problemas de los israelitas, los cuales estuvieron todo el día de pie delante de él. [14] Al ver lo que Moisés estaba haciendo con ellos, su suegro le dijo:

—¿Qué es lo que haces con esta gente? ¿Por qué solamente tú te sientas y todos ellos se quedan de pie todo el día?

[15] Y Moisés le contestó:

—Es que el pueblo viene a verme para consultar a Dios. [16] Cuando tienen dificultades entre ellos, vienen a verme para que yo decida quién es el que tiene la razón; entonces yo les hago saber las leyes y enseñanzas de Dios.

[17] Pero su suegro Jetro le advirtió:

—No está bien lo que haces, [18] pues te cansas tú y se cansa la gente que está contigo. La tarea sobrepasa tus fuerzas, y tú solo no vas a poder realizarla. [19] Escucha bien el consejo que te voy a dar, y que Dios te ayude. Tú debes presentarte ante Dios en lugar del pueblo, y presentarle esos problemas. [20] A ellos, instrúyelos en las leyes y enseñanzas, y hazles saber cómo deben vivir y qué deben hacer. [21] Por lo que a ti toca, escoge entre el pueblo hombres capaces, que tengan temor de Dios y que sean sinceros, hombres que no busquen ganancias mal habidas, y a unos dales autoridad sobre grupos de mil personas, a otros sobre grupos de cien, a otros sobre grupos de cincuenta y a otros sobre grupos de diez. [22] Ellos dictarán sentencia entre el pueblo en todo momento; los problemas grandes se los traerán a ti, y los problemas pequeños los atenderán ellos. Así te quitarás ese peso de encima, y ellos te ayudarán a llevarlo. [23] Si pones esto en práctica, y si Dios así te lo ordena, podrás resistir; la gente, por su parte, se irá feliz a su casa.

[24] Moisés le hizo caso a su suegro y puso en práctica todo lo que le había dicho: [25] escogió a los hombres más capaces de Israel, y les dio autoridad sobre grupos de mil personas, de cien, de cincuenta y de diez. [26] Ellos dictaban sentencia entre el pueblo en todo momento; los problemas difíciles se los llevaban a Moisés, pero todos los problemas de menor importancia los resolvían ellos mismos. [27] Después Moisés y su suegro se despidieron, y su suegro regresó a su país.

Los israelitas llegan al Sinaí

19 [1] Los israelitas llegaron al desierto del Sinaí al tercer mes de haber salido de Egipto. [2] Después de salir de Refidim, llegaron al desierto del Sinaí y acamparon allí mismo, frente al monte. [3] Allí Moisés subió a encontrarse con Dios, pues el Señor lo llamó desde el monte y le dijo:

—Anúnciales estas mismas palabras a los descendientes de Jacob, a los israelitas: [4] 'Ustedes han visto lo que yo hice con los egipcios, y cómo los he traído a ustedes a donde yo estoy, como si vinieran sobre las alas de un águila. [5] Así que, si ustedes me obedecen en todo y cumplen mi pacto, serán mi pueblo preferido entre todos los pueblos,[z] pues toda la tierra me pertenece. [6] Ustedes me serán un reino de sacerdotes,[a] un pueblo consagrado a mí.' Diles todo esto a los israelitas.[b]

[7] Moisés fue y llamó a los ancianos del pueblo, y les expuso todo lo que el Señor le había ordenado. [8] Entonces los israelitas contestaron a una voz:

—Haremos todo lo que el Señor ha ordenado.[c]

Moisés llevó entonces al Señor la respuesta del pueblo, [9] y el Señor le dijo:

—Mira, voy a presentarme ante ti en medio de una nube espesa, para que la gente me oiga hablar contigo y así tengan siempre confianza en ti.

Moisés le repitió al Señor la respuesta del pueblo, [10] y el Señor le dijo:

—Ve y prepara al pueblo hoy y mañana para que me rinda culto. Deben lavarse la ropa [11] y prepararse para pasado mañana, porque pasado mañana bajaré yo, el Señor, al monte Sinaí, a la vista de todo el pueblo. [12] Pon límites alrededor del monte para que la gente no pase, y diles que respeten el monte y que no suban a él ni se acerquen a sus alrededores, porque todo el que se acerque será condenado a muerte.

z **19.5** Dt 4.20; 7.6; 14.2; 26.18; Tit 2.14. a **19.6** Ap 1.6; 5.10. b **19.5–6** 1 P 2.9. c **19.8** Ex 24.3; Dt 5.27.

¹³ Pero nadie debe ponerle la mano encima, sino que tendrán que matarlo a pedradas o a flechazos. No importa si es un hombre o un animal, no se le deberá dejar con vida. La gente podrá subir al monte sólo cuando se oiga el toque del cuerno de carnero.ᵈ ¹⁴ Moisés bajó del monte a preparar al pueblo para que rindiera culto a Dios. La gente se lavó la ropa, ¹⁵ y Moisés les dijo:

—Prepárense para pasado mañana, y mientras tanto no tengan relaciones sexuales.

¹⁶ Al amanecer del tercer día hubo relámpagos y truenos,ᵉ y una espesa nube se posó sobre el monte. Un fuerte sonido de trompetas hizo que todos en el campamento temblaran de miedo. ¹⁷ Entonces Moisés llevó al pueblo fuera del campamento para encontrarse con Dios, y se detuvieron al pie del monte. ¹⁸ Todo el monte Sinaí echaba humo debido a que el Señor había bajado a él en medio de fuego.ᶠ El humo subía como de un horno, y todo el monte temblaba violentamente. ¹⁹ El sonido de trompetas fue haciéndose cada vez más fuerte; Moisés hablaba, y Dios le contestaba con voz de trueno.

²⁰ El Señor bajó a la parte más alta del monte Sinaí, y le pidió a Moisés que subiera a ese mismo lugar. Moisés subió, ²¹ y el Señor le dijo:

—Baja y adviértele a la gente que no pase del límite ni trate de verme, no sea que muchos de ellos caigan muertos. ²² Aun los sacerdotes, que pueden acercarse a mí, deberán purificarse, no sea que yo haga destrozos entre ellos.

²³ Moisés le contestó al Señor:

—El pueblo no se atreverá a subir a este monte Sinaí, pues tú nos ordenaste ponerle un límite y declararlo sagrado.

²⁴ Pero el Señor le dijo:

—Anda, baja; después subirás con Aarón. Pero los sacerdotes y el pueblo no deben pasar del límite para subir a donde yo estoy, no sea que yo haga destrozos entre ellos.

²⁵ Moisés bajó y repitió esto a los israelitas.

Los diez mandamientos
(Dt 5.1–21)

20 ¹ Dios habló, y dijo todas estas palabras:

² "Yo soy el Señor tu Dios, que te sacó de Egipto, donde eras esclavo.

³ "No tengas otros dioses aparte de mí.

⁴ "No te hagas ningún ídolo ni figura de lo que hay arriba en el cielo, ni de lo que hay abajo en la tierra, ni de lo que hay en el mar debajo de la tierra. ⁵ No te inclines delante de ellos ni les rindas culto,ᵍ porque yo soy el Señor tu Dios, Dios celoso que castiga la maldad de los padres que me odian, en sus hijos, nietos y bisnietos; ⁶ pero que trato con amor por mil generaciones a los que me aman y cumplen mis mandamientos.ʰ

⁷ "No hagas mal uso del nombre del Señor tu Dios,ⁱ pues él no dejará sin castigo al que use mal su nombre.

⁸ "Acuérdate del día de reposo,²⁰ para consagrarlo al Señor.ʲ ⁹ Trabaja seis días y haz en ellos todo lo que tengas que hacer, ¹⁰ pero el séptimo día es de reposo consagrado al Señor tu Dios. No hagas ningún trabajo en ese día,ᵏ ni tampoco tu hijo, ni tu hija, ni tu esclavo o tu esclava, ni tus animales, ni el extranjero que viva contigo. ¹¹ Porque el Señor hizo en seis días el cielo, la tierra, el mar y todo lo que hay en ellos, y descansó el día séptimo. Por eso el Señor bendijo el día de reposo²⁰ y lo declaró día sagrado.ˡ

¹² "Honra a tu padre y a tu madre,ᵐ para que vivas una larga vida en la tierra que te da el Señor tu Dios.ⁿ

¹³ "No mates.ⁿ

¹⁴ "No cometas adulterio.ᵒ

¹⁵ "No robes.ᵖ

¹⁶ "No digas mentiras en perjuicio de tu prójimo.ᵠ

¹⁷ "No codiciesʳ la casa de tu prójimo: no codicies su mujer, ni su esclavo o su esclava, ni su buey, ni su asno, ni nada que le pertenezca."

Los israelitas sienten temor de Dios
(Dt 5.22–33)

¹⁸ Todos los israelitas fueron testigos de los truenos y relámpagos, del sonido de trompetas y del monte envuelto en humo; pero tenían miedo y se mantenían alejados. ¹⁹ Así que le dijeron a Moisés:

—Háblanos tú, y obedeceremos; pero que no nos hable Dios, no sea que muramos.ˢ

²⁰ Y Moisés les contestó:

—No tengan miedo. Dios ha venido para ponerlos a prueba y para que siempre sientan temor de él, a fin de que no pequen. ²¹ Y mientras el pueblo se mantenía ale-

²⁰ Día de reposo: aquí equivale a sábado.
ᵈ 19.12–13 He 12.18–20.   ᵉ 19.16 Ap 4.5.   ᶠ 19.16–18 Dt 4.11–12; 5.4.   ᵍ 20.4–5 Ex 34.17; Lv 19.4; 26.1; Dt 4.15–18; 27.15.
ʰ 20.5–6 Ex 34.6–7; Nm 14.18; Dt 7.9–10.   ⁱ 20.7 Lv 19.12.   ʲ 20.8 Ex 16.23–30; 31.12–14.   ᵏ 20.9–10 Ex 23.12; 31.15; 34.21;
35.2; Lv 23.3.   ˡ 20.11 Gn 2.1–3; Ex 31.17.   ᵐ 20.12 Dt 27.16; Mt 15.4; 19.19; Mr 7.10; 10.19; Lc 18.20; Ef 6.2.
ⁿ 20.12 Ef 6.3.   ⁿ 20.13 Gn 9.6; Lv 24.17; Mt 5.21; 19.18; Mr 10.19; Lc 18.20; Ro 13.9; Stg 2.11.   ᵒ 20.14 Lv 20.10; Mt 5.27;
19.18; Mr 10.19; Lc 18.20; Ro 13.9; Stg 2.11.   ᵖ 20.15 Lv 19.11; Mt 19.18; Mr 10.19; Lc 18.20; Ro 13.9.   ᵠ 20.16 Ex 23.1;
Mt 19.18; Mr 10.19; Lc 18.20.   ʳ 20.17 Ro 7.7; 13.9.   ˢ 20.18–19 He 12.18–19.

jado, Moisés se acercó a la nube oscura en la que estaba Dios.

La ley para el altar

²² El Señor le dijo a Moisés:

"Di lo siguiente a los israelitas: 'Ya ustedes han visto que he hablado desde el cielo con ustedes. ²³ No hagan ídolos de oro o plata para adorarlos como a mí. ²⁴ Háganme un altar de tierra, y ofrézcanme en él los animales de sus rebaños y ganados como holocaustos y sacrificios de reconciliación. Yo vendré y los bendeciré en cada lugar en el que yo quiera que se recuerde mi nombre. ²⁵ Y si me hacen un altar de piedras, que no sea de piedras labradas,ᵗ porque al labrar la piedra con herramientas se la hace indigna de un altar. ²⁶ Y mi altar no debe tener escalones, para que al subir ustedes no muestren la parte desnuda del cuerpo.'

Leyes acerca de los esclavos
(Dt 15.12-18)

21 ¹ "Estas son las leyes que les darás: ² "Si compras un esclavo hebreo, trabajará durante seis años, pero al séptimo año quedará libre, sin que tenga que pagar nada por su libertad. ³ Si llegó solo, se irá solo; si tenía mujer, su mujer se irá con él; ⁴ si su amo le da una mujer, y ella le da hijos o hijas, la mujer y los hijos serán de su amo y el esclavo se irá solo. ⁵ Pero si el esclavo no acepta su libertad porque ama a su mujer, a sus hijos y a su amo, ⁶ entonces el amo lo llevará ante Dios, lo arrimará a la puerta o al marco de la puerta, y con un punzón le atravesará la oreja. Así será esclavo suyo para siempre.ᵘ

⁷ "Si alguien vende a su hija como esclava, ella no saldrá libre como los esclavos varones. ⁸ Si el amo decide no tomarla por esposa, porque la muchacha no le gusta, deberá permitir que paguen su rescate; pero aunque la rechace, no podrá venderla a ningún extranjero. ⁹ Si la da por esposa a su hijo, deberá tratarla como a una hija. ¹⁰ Si toma otra esposa, no deberá reducirle a la primera ni la comida, ni la ropa, ni sus derechos de esposa. ¹¹ Pero si no le da ninguna de estas tres cosas, ella quedará libre, sin tener que pagar nada por su libertad.

Leyes contra acciones violentas

¹² "El que hiera a alguien, y lo mate, será condenado a muerte.ᵛ ¹³ Pero si no lo hizo a propósito, sino que de Dios estaba que muriera, yo te diré después a qué lugar podrá ir a refugiarse.ʷ ¹⁴ Pero al que se

enoje con su prójimo y lo mate a sangre fría, lo buscarás aunque se refugie en mi altar, y lo condenarás a muerte.

¹⁵ "El que hiera a su padre o a su madre, será condenado a muerte.

¹⁶ "El que secuestre a una persona, ya sea que la haya vendido o que aún la tenga en su poder, será condenado a muerte.ˣ

¹⁷ "El que insulte a su padre o a su madre, será condenado a muerte.ʸ

¹⁸ "En casos de peleas, si un hombre hiere a otro de una pedrada o de un puñetazo, y lo hace caer en cama, pero no lo mata, ¹⁹ el que hirió será declarado inocente sólo si el herido se levanta y puede salir a la calle con ayuda de un bastón, pero tendrá que pagarle las curaciones y el tiempo perdido.

²⁰ "Si alguien golpea con un palo a su esclavo o esclava, y lo mata, deberá hacérsele pagar su crimen. ²¹ Pero si vive un día o más, ya no se le castigará, pues el esclavo es de su propiedad.

²² "Si dos hombres se pelean y llegan a lastimar a una mujer embarazada, haciéndola abortar, pero sin poner en peligro su vida, el culpable deberá pagar de multa lo que el marido de la mujer exija, según la decisión de los jueces. ²³ Pero si la vida de la mujer es puesta en peligro, se exigirá vida por vida, ²⁴ ojo por ojo, diente por diente,ᶻ mano por mano, pie por pie, ²⁵ quemadura por quemadura, herida por herida, golpe por golpe.

²⁶ "Si alguien golpea en el ojo a su esclavo o esclava, y lo deja tuerto, tendrá que darle la libertad a cambio de su ojo. ²⁷ Si le tumba un diente, también tendrá que darle la libertad a cambio de su diente.

Leyes en caso de accidentes

²⁸ "Si un buey embiste a un hombre o a una mujer, y lo mata, se matará al buey a pedradas y no se comerá su carne, pero no se castigará al dueño del buey. ²⁹ Pero si el buey tenía ya la costumbre de embestir, y llega a matar a alguien, se matará a pedradas, lo mismo que al dueño, si es que el dueño lo sabía pero no hacía caso. ³⁰ Si en vez de la pena de muerte le imponen una multa, tendrá que pagar la multa que le impongan a cambio de su vida. ³¹ Esta misma ley vale en caso de que el embestido sea un muchacho o una muchacha. ³² Y si el buey embiste a un esclavo o a una esclava, se matará al buey a pedradas, y al amo del esclavo o de la esclava se le darán como pago treinta monedas de plata.

ᵗ **20.25** Dt 27.5-7; Jos 8.31.   ᵘ **21.2-6** Lv 25.39-46.   ᵛ **21.12** Lv 24.17.   ʷ **21.13** Nm 35.10-3⟨⟩; Dt 19.1-13; Jos 20.1-9.
ˣ **21.16** Dt 24.7.   ʸ **21.17** Lv 20.9; Mt 15.4; Mr 7.10.   ᶻ **21.24** Lv 24.19-20; Dt 19.21; Mt 5.38.

³³ "Si alguien deja abierto un pozo, o hace un pozo y no lo tapa, y en él se cae un buey o un asno, ³⁴ el dueño del pozo tendrá que compensar al dueño del animal por esa pérdida, pero podrá quedarse con el animal muerto.

³⁵ "Si el buey de alguien embiste y mata al buey de otro hombre, venderán el buey vivo y se repartirán por mitad el dinero y la carne del buey muerto. ³⁶ Pero si se sabe que el buey ha tenido la costumbre de embestir y su dueño no hacía caso, tendrá que compensar al otro dueño con un buey vivo a cambio del muerto, y el buey muerto será para él.

Leyes para reparar daños

22 ¹ ᵃ"En caso de que alguien robe un buey o una oveja, y lo mate o lo venda, tendrá que pagar cinco reses por el buey y cuatro ovejas por la oveja.

² "Si un ladrón es sorprendido en el momento del robo, y se le hiere y muere, su muerte no se considerará un asesinato. ³ Pero si ya es de día, su muerte sí se considerará un asesinato.

"El que robe tendrá que pagar el precio de lo que haya robado, pero si no tiene dinero, él mismo será vendido para pagar lo robado.

⁴ "Si se le encuentra el animal robado en su poder y con vida, tendrá que pagar el doble, ya sea un buey, un asno, o una oveja.

⁵ "Si alguien suelta a sus animales para que pasten en un campo o viñedo, y sus animales pastan en el campo de otro, tendrá que pagar el daño con lo mejor de su propio campo o de su propio viñedo.

⁶ "Si alguien hace fuego, y el fuego se extiende a las zarzas y quema el trigo amontonado, o el que está por cosecharse, o toda la siembra, esa persona tendrá que pagar los daños causados por el fuego.

⁷ "Si alguien le confía a otra persona dinero o cosas de valor, y a esa persona se los roban de su propia casa, el ladrón tendrá que pagar el doble, si es que lo encuentran; ⁸ pero si no lo encuentran, entonces el dueño de la casa será llevado ante Dios para ver si no ha echado mano de lo que el otro le confió.

⁹ "Si alguien se apropia de un buey, un asno o una oveja, o de algún vestido o cualquier otra cosa que se haya perdido y que alguno reclame como suyos, el caso de esas dos personas se llevará ante Dios, y el que resulte culpable pagará el doble al otro.

¹⁰ "Si alguien le confía a otra persona un asno, un buey o una oveja, o cualquier otro animal, y ese animal muere, o es lastimado, o es robado sin que nadie lo vea, ¹¹ esa persona hará un juramento al dueño, en el nombre del Señor, de que no echó mano de lo que el otro le confió. El dueño aceptará su palabra, y el otro no pagará nada. ¹² Pero si le robaron el animal ante sus propios ojos, tendrá que pagárselo al dueño. ¹³ Si el animal fue despedazado por un animal salvaje, para no pagar nada se deberán presentar como prueba los restos del animal muerto.

¹⁴ "Si alguien pide a otro que le preste un animal, y el animal muere o resulta lastimado sin estar presente el dueño, el que lo pidió prestado tendrá que pagar el daño; ¹⁵ pero si el dueño está presente, no tendrá que pagar nada. Si el animal había sido alquilado, el costo del alquiler será el único pago.

Leyes morales y religiosas

¹⁶ "En caso de que alguien seduzca a una mujer virgen que no esté comprometida, y la deshonre, tendrá que pagar la compensación acostumbrada y casarse con ella. ¹⁷ Aun si el padre de la joven no quiere dársela como esposa, tendrá que pagar la dote que se acostumbra dar por una mujer virgen.ᵇ

¹⁸ "No dejes con vida a ninguna hechicera.ᶜ

¹⁹ "El que se entregue a actos sexuales con un animal, será condenado a muerte.ᵈ

²⁰ "El que ofrezca sacrificios a otros dioses, en vez de ofrecérselos solamente al Señor, será condenado a muerte.ᵉ

²¹ "No maltrates ni oprimas al extranjero, porque ustedes también fueron extranjeros en Egipto.

²² "No maltrates a las viudas ni a los huérfanos,ᶠ ²³ porque si los maltratas y ellos me piden ayuda, yo iré en su ayuda, ²⁴ y con gran furia, a golpe de espada, les quitaré a ustedes la vida. Entonces quienes se quedarán viudas y huérfanos serán las mujeres y los hijos de ustedes.

²⁵ "Si le prestas dinero a alguna persona pobre de mi pueblo que viva contigo, no te portes con ella como un prestamista, ni le cobres intereses.ᵍ ²⁶ Si esa persona te da su ropa como garantía del préstamo, devuélvesela al ponerse el sol, ²⁷ porque esa ropa es lo único que tiene para protegerse del frío. Si no, ¿sobre qué va a acostarse? Y si él me pide ayuda, en su ayuda iré, porque yo sé tener compasión.ʰ

ᵃ Los vs. 22.1-31 corresponden a los vs. 21.37—22.30 en el texto hebreo.   ᵇ **22.16-17** Dt 22.28-29.   ᶜ **22.18** Dt 18.10-11.   ᵈ **22.19** Lv 18.23; 20.15-16; Dt 27.21.   ᵉ **22.20** Dt 17.2-7.   ᶠ **22.21-22** Ex 23.9; Lv 19.33-34; Dt 24.17-18; 27.19.   ᵍ **22.25** Lv 25.35-38; Dt 15.7-11; 23.19-20.   ʰ **22.26-27** Dt 24.10-13.

²⁸ "Nunca ofendas a Dios, ni maldigas al que gobierna a tu pueblo.ⁱ

²⁹ "No tardes en traerme ofrendas de todas tus cosechas y de todo tu vino.

"Tu primer hijo me lo darás, ³⁰ lo mismo que la primera cría de tus vacas y de tus ovejas. Pueden quedarse siete días con su madre, pero a los ocho días de nacidos me los darás.

³¹ "Ustedes deben ser hombres consagrados a mí.

"No coman la carne de animales despedazados por las fieras en el campo;ʲ échensela a los perros.

Leyes para hacer justicia

23 ¹ "No des informes falsos,ᵏ ni te hagas cómplice del malvado para ser testigo en favor de una injusticia.

² "No sigas a la mayoría en su maldad.

"Cuando hagas declaraciones en un caso legal, no te dejes llevar por la mayoría, inclinándote por lo que no es justo; ³ pero tampoco favorezcas indebidamente las demandas del pobre.ˡ

⁴ "Si encuentras el buey o el asno que tu enemigo había perdido, devuélveselo. ⁵ No dejes de ayudar a aquél que te odia; si ves que su asno cae bajo el peso de la carga, ayúdale a quitar la carga de encima.ᵐ

⁶ "No le desconozcas al pobre sus derechos en un asunto legal.

⁷ "Apártate de las acusaciones falsas y no condenes a muerte al hombre inocente y sin culpa, porque yo no declararé inocente al culpable.

⁸ "No aceptes soborno, porque el soborno vuelve ciegos a los hombres y hace que los inocentes pierdan el caso.ⁿ

⁹ "No oprimas al extranjero, pues ustedes fueron extranjeros en Egipto y ya saben lo que es vivir en otro país.ⁿ

Descanso obligatorio

¹⁰ "Cultiva la tierra y recoge las cosechas durante seis años, ¹¹ pero el séptimo año no la cultives: déjala descansar para que la gente pobre de tu país coma de ella, y para que los animales salvajes se coman lo que sobre. Haz lo mismo con tus viñedos y tus olivos.ᵒ

¹² "Haz durante seis días todo lo que tengas que hacer, pero descansa el día séptimo,ᵖ para que descansen también tu buey y tu asno, y recobren sus fuerzas tu esclavo y el extranjero.

¹³ "Cumplan con todo lo que les he di-

cho, y que jamás se escuche en labios de ustedes el nombre de otros dioses.

Las tres grandes fiestas
(Ex 34.18-26; Dt 16.1-17)

¹⁴ "Haz fiesta en mi honor tres veces al año. ¹⁵ Celebra la fiesta del pan sin levaduraᑫ y, de acuerdo con lo que te he ordenado, come en ella pan sin levadura durante siete días. La fecha señalada es el mes de Abib, porque en ese mes saliste de Egipto. Y nadie podrá venir a verme, si no trae algo.

¹⁶ "Celebra también la fiesta de la cosecha, de los primeros frutos de lo que sembraste en el campo ʳ lo mismo que la fiesta de la cosecha de fin de año, cuando coseches todo lo que hayas sembrado.ˢ

¹⁷ "Todos los hombres deben presentarse ante el Señor tres veces al año.

¹⁸ "Cuando me hagas sacrificios de animales, no ofrezcas juntos su sangre y el pan con levadura ni guardes su grasa para el día siguiente.

¹⁹ "Los mejores primeros frutos de tu tierra debes llevarlos al templo del Señor tu Dios.ᵗ

"No cocines cabritos en la leche de su madre.ᵘ

El ángel del Señor

²⁰ "Mira, yo enviaré mi ángel delante de ti, para que te cuide en el camino y te lleve al lugar que te he preparado. ²¹ No te alejes de él; obedécelo y no le seas rebelde, porque él actúa en mi nombre y no perdonará los pecados de ustedes. ²² Pero si de veras le obedeces y haces todo lo que yo he ordenado, seré enemigo de tus enemigos y me opondré a quienes se te opongan. ²³ Mi ángel irá delante de ti, y te llevará al país de los amorreos, hititas, ferezeos, cananeos, heveos y jebuseos, a quienes yo arrancaré de raíz. ²⁴ No sigas el mal ejemplo de esos pueblos. No te arrodilles ante sus dioses, ni los adores; al contrario, destruye por completo sus ídolos y piedras sagradas. ²⁵ Adora al Señor tu Dios, y él bendecirá tu pan y tu agua.

"Yo alejaré de ti la enfermedad, ²⁶ No haré que no mueras antes de tiempo. No habrá en tu país ninguna mujer que aborte o que sea estéril.

²⁷ "Yo haré que se extiendan el miedo y los gritos de angustia delante de ti, en cualquier nación por donde pases, y haré que tus enemigos huyan ante ti. ²⁸ Haré que el pánico se extienda a tu paso, y así

ⁱ 22.28 Hch 23.5. ʲ 22.31 Lv 17.15. ᵏ 23.1 Ex 20.16; Lv 19.11-12; Dt 5.20. ˡ 23.3 Lv 19.15. ᵐ 23.4-5 Dt 22.1-4. ⁿ 23.6-8 Lv 19.15; Dt 16.19. ⁿ 23.9 Ex 22.21; Lv 19.33-34; Dt 24.17-18; 27.19. ᵒ 23.10-11 Lv 25.1-7. ᵖ 23.12 Ex 20.9-11; 31.15; 34.21; 35.2; Lv 23.3; Dt 5.13-14. ᑫ 23.15 Ex 12.14-20; Lv 23.6-8; Nm 28.17-25. ʳ 23.16 Lv 23.15-21; Nm 28.26-31. ˢ 23.16 Lv 23.39-43. ᵗ 23.19 Dt 26.2. ᵘ 23.19 Ex 34.26; Dt 14.21.

huirán de tu presencia los heveos, los hititas y los cananeos. ²⁹ No los arrojaré de tu presencia en un año, para que la tierra no se eche a perder ni aumenten los animales salvajes y te hagan daño. ³⁰ Los arrojaré de tu presencia poco a poco, hasta que tengas muchos hijos y tomes posesión de la tierra. ³¹ Tus fronteras las he marcado así: desde el Mar Rojo hasta el mar de los filisteos, y desde el desierto hasta el río Éufrates. Yo he puesto en tus manos a los habitantes de ese país, y tú los arrojarás de tu presencia.

³² "No entres en tratos con ellos ni con sus dioses, ³³ ni los dejes quedarse en tu país, para que no te hagan pecar contra mí. Pues llegarías a adorar a sus dioses, y eso sería tu perdición."

Confirmación del pacto

24 ¹ El Señor le dijo a Moisés:
—Sube con Aarón, Nadab y Abiú, y con setenta de los ancianos de Israel, al lugar donde yo estoy; pero quédense a cierta distancia, y arrodíllense allí. ² Sólo tú podrás acercarte a mí; los demás no deberán acercarse, ni la gente subirá contigo.

³ Moisés fue y le contó al pueblo todo lo que el Señor había dicho y ordenado, y todos a una voz contestaron:
—¡Haremos todo lo que el Señor ha ordenado!ᵛ

⁴ Entonces Moisés escribió todo lo que el Señor había dicho, y al día siguiente, muy temprano, se levantó y construyó un altar al pie del monte, y colocó doce piedras sagradas, una por cada tribu de Israel. ⁵ Luego mandó a unos jóvenes israelitas que mataran toros y los ofrecieran al Señor como holocaustos y sacrificios de reconciliación. ⁶ Moisés tomó la mitad de la sangre y la echó en unos tazones, y la otra mitad la roció sobre el altar. ⁷ Después tomó el libro del pacto y se lo leyó al pueblo, y ellos dijeron:
—Pondremos toda nuestra atención en hacer lo que el Señor ha ordenado.

⁸ Entonces Moisés tomó la sangre y, rociándola sobre la gente, dijo:
—Esta es la sangre que confirma el pactoᵂ que el Señor ha hecho con ustedes, sobre la base de todas estas palabras.ˣ

⁹ Moisés subió al monte con Aarón, Nadab, Abiú y setenta ancianos de Israel. ¹⁰ Allí vieron al Dios de Israel: bajo sus pies había algo brillante como un piso de zafiro y claro como el mismo cielo. ¹¹ Dios no les hizo daño a estos hombres notables

de Israel, los cuales vieron a Dios, y comieron y bebieron.

Moisés en el monte Sinaí

¹² El Señor le dijo a Moisés:
—Sube al monte, donde yo estoy, y espérame allí, pues voy a darte unas tablas de piedra en las que he escrito la ley y los mandamientos para instruir a los israelitas.

¹³ Moisés se levantó y subió al monte de Dios, junto con su ayudante Josué. ¹⁴ A los ancianos les dijo:
—Espérennos en este lugar, hasta que regresemos. Aquí se quedan Aarón y Hur con ustedes, y si alguien tiene algún problema, que se lo presente a ellos.

¹⁵ Dicho esto, Moisés subió al monte, el cual quedó cubierto por una nube. ¹⁶ La gloria del Señor vino a posarse sobre el monte Sinaí, y durante seis días la nube lo cubrió. Al séptimo día el Señor llamó a Moisés desde la nube. ¹⁷ La gloria del Señor se presentó a los ojos de los israelitas como un fuego devorador, sobre la parte más alta del monte. ¹⁸ Moisés entró en la nube, subió al monte, y allí se quedó cuarenta días y cuarenta noches.ʸ

Ofrendas para el santuario
(Ex 35.4-9)

25 ¹ El Señor se dirigió a Moisés y le dijo:
² "Di a los israelitas que recojan una ofrenda para mí. Deben recogerla entre todos los que quieran darla voluntariamente y de corazón; ³ y lo que deben recoger es lo siguiente: oro, plata, cobre, ⁴ tela morada, tela de púrpura, tela roja, lino fino, pelo de cabra, ⁵ pieles de carnero teñidas de rojo, pieles finas,²¹ madera de acacia, ⁶ aceite para lámparas, perfumes para el aceite de consagrar y para el incienso aromático, ⁷ y piedras de cornalina y otras piedras finas para montarlas en el efod y el pectoral del sumo sacerdote. ⁸ Y háganme un santuario para que yo habite entre ellos. ⁹ Pero ese lugar donde yo he de habitar, y todos sus muebles, tienes que hacerlos exactamente iguales a los que te voy a mostrar.

El cofre del pacto
(Ex 37.1-9)

¹⁰ "Haz un cofre de madera de acacia, que mida un metro y diez centímetros de largo, sesenta y cinco centímetros de

---

²¹ *Pieles finas*: traducción probable. La identificación del animal que corresponde al término hebreo es incierta. Otras versiones: *pieles de tejón.*
ᵛ **24.3** Ex 19.8; Dt 5.27.   ᵂ **24.8** Mt 26.28; Mr 14.24; Lc 22.20; 1 Co 11.25; He 10.29.   ˣ **24.8** He 9.19-20.   ʸ **24.18** Dt 9.9.

ancho, y sesenta y cinco centímetros de alto. [11] Recúbrelo de oro puro por dentro y por fuera, y ponle un ribete de oro alrededor. [12] Hazle también cuatro argollas de oro, y pónselas en las cuatro patas, dos de un lado y dos del otro. [13] Haz también travesaños de madera de acacia, recúbrelos de oro, [14] y pásalos a través de las argollas que están a los costados del cofre, para que pueda ser levantado con ellos, [15] y ya no vuelvas a quitarlos; déjalos ahí, en las argollas del cofre, [16] y coloca en el cofre la ley que te voy a dar.

[17] "Haz una tapa de oro puro, que mida un metro y diez centímetros de largo por sesenta y cinco centímetros de ancho, [18] con dos seres alados de oro labrado a martillo en los dos extremos. [19] La tapa y los seres alados deben ser de una sola pieza; uno de ellos estará en un extremo de la tapa y el otro en el otro extremo, [20] el uno frente al otro, pero con la cara hacia la tapa, y sus alas deben quedar extendidas por encima de la tapa cubriéndola con ellas. [21] Coloca después la tapa sobre el cofre, y pon dentro del cofre la ley que te voy a dar. [22] Allí me encontraré contigo y, desde lo alto de la tapa, de entre los dos seres alados que están sobre el cofre del pacto, te haré saber todas mis órdenes para los israelitas.

La mesa para el pan de la Presencia
(Ex 37.10-16)

[23] "Haz una mesa de madera de acacia, que mida noventa centímetros de largo, cuarenta y cinco centímetros de ancho, y sesenta y cinco centímetros de alto. [24] Recúbrela de oro puro, y ponle un ribete de oro alrededor. [25] Hazla con un entrepaño de siete centímetros de ancho, y ponle al entrepaño un ribete de oro; [26] haz también cuatro argollas de oro, y pónselas en las cuatro esquinas que corresponden a las cuatro patas, [27] de tal manera que queden junto al entrepaño, para que se pasen los travesaños por ellos y se pueda llevar la mesa. [28] Haz de madera de acacia los travesaños con los que se ha de llevar la mesa, y recúbrelos de oro, [29] y haz de oro puro sus platos, cucharones, jarras y copas para las ofrendas de líquidos. [30] Pon siempre en la mesa, en presencia mía, el pan que se me consagra. [z]

El candelabro de oro
(Ex 37.17-24)

[31] "Haz también un candelabro de oro puro labrado a martillo. Su base, tronco, copas, cálices y pétalos formarán una sola

pieza, [32] y de los costados le saldrán seis brazos, tres de un lado y tres del otro. [33] Cada uno de los seis brazos que salen del tronco del candelabro deberá tener tres copas en forma de flor de almendro, con su cáliz y sus pétalos, [34] y el tronco mismo tendrá cuatro copas, también en forma de flor de almendro, con su cáliz y sus pétalos. [35] Cada uno de los tres pares de brazos que salen del candelabro tendrá un cáliz en su parte inferior. [36] Los cálices y los brazos deberán formar una sola pieza con el candelabro, el cual ha de ser de oro puro labrado a martillo. [37] Hazle también siete lámparas, y colócalas de tal modo que alumbren hacia el frente, [38] y que sus tenazas y platillos sean también de oro puro. [39] Usa treinta y tres kilos de oro puro para hacer el candelabro y todos sus utensilios, [40] y pon tu atención en hacerlos iguales a los modelos que se te mostraron en el monte. [a]

El santuario
(Ex 36.8-38)

26 [1] "Haz el santuario con diez cortinas de lino torcido, tela morada, tela de púrpura y tela roja; borda en ellas artísticamente dos seres alados. [2] Todas estas cortinas deben tener la misma medida: doce metros y medio de largo por dos de ancho. [3] Cose cinco cortinas juntas, una sobre la otra, lo mismo que las otras cinco, [4] y pon unos ojales de cordón morado en el borde de la primera cortina de un grupo, y también en el borde de la última cortina del otro grupo. [5] Tanto a la cortina del primer grupo como a la del segundo, debes hacerle cincuenta ojales, de manera que queden uno frente al otro. [6] Haz también cincuenta ganchos de oro para enganchar un grupo de cortinas al otro, de modo que el santuario forme un todo.

[7] "Haz también once cortinas de pelo de cabra para formar una tienda de campaña que cubra el santuario. [8] Todas estas cortinas deben tener la misma medida: trece metros y medio de largo por dos de ancho. [9] Cose cinco cortinas juntas por una parte, y seis por otra, y dobla la sexta cortina por la parte delantera de la tienda de campaña. [10] Haz luego cincuenta ojales en el borde de la cortina que cierra el primer grupo, y otros cincuenta ojales en el borde de la cortina del segundo grupo. [11] Haz también cincuenta ganchos de bronce y engánchalos en los ojales, de modo que la tienda de campaña forme un todo. [12] Y como las cortinas de la tienda son más largas, la mitad de la parte so-

z 25.30 Lv 24.5-8. a 25.40 Hch 7.44; He 8.5.

brante quedará colgando a espaldas del santuario. [13] Así el santuario quedará cubierto por el largo sobrante, que colgará de los dos lados: cuarenta y cinco centímetros de un lado y cuarenta y cinco centímetros del otro.

[14] "Haz para la tienda de campaña una cubierta de pieles de carnero teñidas de rojo, y una cubierta de pieles finas para la parte superior.

[15] "Haz unas tablas de madera de acacia, para el santuario, y ponlas bien derechas. [16] Cada tabla debe medir cuatro metros y medio de largo por sesenta y cinco centímetros de ancho, [17] y tener dos espigas para que cada tabla quede ensamblada con la otra. Haz así todas las tablas para el santuario. [18] Cuando las hagas, haz veinte tablas para el lado sur, [19] y pon cuarenta bases de plata debajo de ellas. Cada tabla debe tener dos bases debajo, para sus dos espigas.

[20] "También para el otro lado del santuario, o sea el lado norte, harás veinte tablas [21] con sus cuarenta bases de plata, para que debajo de cada tabla haya dos bases. [22] Para la parte posterior del santuario, o sea el lado oeste, haz seis tablas, [23] y dos tablas más para las esquinas de la parte posterior. [24] Estas tablas deben formar pareja y quedar unidas por la parte de arriba hasta el primer anillo. Así ha de hacerse con las dos tablas para las dos esquinas. [25] Habrá entonces ocho tablas con sus correspondientes dieciséis bases de plata, o sea dos bases debajo de cada tabla.

[26] "Haz cinco travesaños de madera de acacia para las tablas de un lado del santuario, [27] cinco travesaños para las tablas del otro lado y otros cinco travesaños para las tablas de la parte trasera, la que da al oeste. [28] El travesaño central tiene que pasar de un lado a otro, a la mitad de las tablas. [29] Después recubre de oro las tablas, y hazles argollas de oro para que los travesaños, ya recubiertos de oro, pasen a través de ellas. [30] En fin, construye el santuario exactamente igual al modelo que se te mostró en el monte.

[31] "Haz un velo de tela morada, tela de púrpura, tela roja y lino torcido, y borda artísticamente dos seres alados en él. [32] Y luego, con unos ganchos de oro, cuélgalo de cuatro postes de madera de acacia, que deben estar recubiertos de oro, y sobre cuatro bases de plata. [33] Cuelga entonces el velo debajo de los ganchos, y allí, tras el velo, pon el cofre del pacto. Así la cortina les servirá a ustedes de división entre el Lugar Santo y el Lugar Santísimo.[b] [34] Coloca después la tapa sobre el cofre del pacto, en el Lugar Santísimo. [35] Pon la mesa fuera del velo, en el lado norte del santuario, y el candelabro en el lado sur, frente a la mesa.

[36] "Haz para la entrada de la tienda de campaña una cortina de tela morada, tela de púrpura, tela roja y lino torcido, bordada artísticamente. [37] Haz también, para la cortina, cinco postes de madera de acacia recubiertos de oro, con sus ganchos de oro, y funde cinco bases de bronce para los postes.

El altar de bronce
(Ex 38.1–7)

27 [1] "Haz un altar cuadrado, de madera de acacia, que mida dos metros y veinticinco centímetros por cada lado, y un metro y veinticinco centímetros de alto. [2] Hazle cuatro cuernos para sus cuatro esquinas, los cuales deben formar una sola pieza con el altar, y recubre de bronce el altar. [3] Todos los utensilios del altar han de ser de bronce: los ceniceros, las palas, los tazones, los tenedores y los braseros. [4] Hazle también una rejilla de bronce, y pon cuatro argollas de bronce en las cuatro esquinas de la rejilla. [5] Coloca después la rejilla debajo del borde del altar, para que quede a media altura del altar. [6] Haz también para el altar unos travesaños de madera de acacia, y recúbrelos de bronce. [7] Los travesaños deben pasar a través de las argollas y quedarse en los dos costados del altar, para que se pueda transportar. [8] El altar ha de ser hueco y de madera, igual al que viste en el monte.

El patio del santuario
(Ex 38.9–20)

[9] "Haz un patio para el santuario. Por el lado sur, el patio debe tener cortinas de lino torcido, extendidas a lo largo de cuarenta y cinco metros. [10] Sus veinte postes y sus veinte bases serán de bronce, y sus ganchos y anillos serán de plata. [11] Asimismo, por el lado norte, deberá haber cortinas a lo largo de cuarenta y cinco metros, con sus veinte postes y veinte bases de bronce, y sus ganchos y anillos de plata. [12] Por el lado occidental habrá veintidós metros y medio de cortinas, extendidas a lo ancho del patio, con diez postes y diez bases. [13] Por el lado oriental, a lo ancho del patio, habrá también veintidós metros y medio de cortinas. [14] De un lado de la entrada habrá unos siete metros de cortinas, con tres postes y tres bases; [15] y del otro lado, también unos siete metros de cortinas, con tres postes y tres

[b] 26.33 He 6.19; 9.3–5.

bases. [16] En la entrada misma del patio deberá haber nueve metros de cortinas de tela morada, tela de púrpura, tela roja y lino torcido, bordadas artísticamente, con cuatro postes y cuatro bases. [17] Todos los postes alrededor del patio deberán tener anillos de plata, ganchos de plata y bases de bronce. [18] El patio medirá cuarenta y cinco metros de largo, veintidós metros y medio de ancho por los dos lados, y dos metros y veinticinco centímetros de alto. Las cortinas serán de lino torcido, y las bases de bronce. [19] Todas las cosas necesarias para el culto en el santuario serán de bronce, lo mismo que todas sus estacas y las estacas del patio.

El aceite para las lámparas
(Lv 24.1-4)

[20] "Ordena a los israelitas que te traigan aceite puro de oliva, para mantener las lámparas siempre encendidas. [21] Aarón y sus hijos se encargarán de arreglar las lámparas, para que ardan delante del Señor toda la noche en la Tienda del encuentro con Dios, fuera del velo que está junto al cofre del pacto. Esta es una ley permanente para los israelitas y sus descendientes.

Las ropas de los sacerdotes
(Ex 39.1-31)

28 [1] "De entre los israelitas, mantén cerca de ti a tu hermano Aarón y a sus hijos Nadab, Abiú, Eleazar e Itamar, para que sean mis sacerdotes. [2] Haz para tu hermano Aarón ropas especiales, que le den esplendor y belleza. [3] Habla tú con todos los que tengan mayores aptitudes, con aquellos a quienes he llenado de cualidades artísticas, para que hagan las ropas de Aarón y así él sea consagrado como mi sacerdote. [4] Las ropas que han de hacer son éstas: el pectoral, el efod, la capa, la túnica bordada, el turbante de lino y el cinturón. Así que harán ropas especiales para tu hermano Aarón y para sus hijos, para que oficien como sacerdotes míos. [5] Los que hagan las ropas deberán usar oro, tela morada, tela de púrpura, tela roja y lino torcido.

[6] "El efod ha de ser de oro, tela morada, tela de púrpura, tela roja y lino torcido, bordado artísticamente [7] y con dos tirantes unidos a sus dos extremos. [8] El cinturón que va sobre el efod para sujetarlo, formará una sola pieza con él, y será también de oro, tela morada, tela de púrpura, tela roja y lino torcido.

[9] "Toma luego dos piedras de cornalina,

y graba en ellas los nombres de los hijos de Israel, [10] en el orden en que nacieron; seis nombres en una piedra y seis nombres en la otra. [11] El grabado de los nombres en las piedras lo hará un joyero, a la manera del grabado de un sello. Monta luego las dos piedras en monturas de oro, [12] y ponlas sobre los tirantes del efod, como piedras para recordar a los hijos de Israel. Así Aarón llevará sobre sus hombros los nombres de ellos ante el Señor, para recordarlos. [13] Las monturas hazlas de oro; [14] haz luego una cadena con dos cordones de oro puro, y ponla alrededor de las monturas.

[15] "El pectoral, con los instrumentos del juicio, lo harás de la misma manera que el efod, es decir, bordado artísticamente. Hazlo de oro, tela morada, tela de púrpura, tela roja y lino torcido, [16] doble y cuadrado, de veintidós centímetros por cada lado. [17] Cúbrelo de piedras preciosas distribuidas en cuatro hileras. La primera hilera debe tener un rubí, un crisólito y una esmeralda; [18] la segunda, un granate, un zafiro y un jade; [19] la tercera, un jacinto, una ágata y una amatista; [20] y la cuarta, un topacio, una cornalina y un jaspe.[22] Las piedras deben estar montadas en monturas de oro, [21] y tienen que ser doce, pues doce son los nombres de los hijos de Israel. En cada piedra se grabará, en forma de sello, el nombre de una de las doce tribus.

[22] "Haz para el pectoral unas cadenas de oro puro, torcidas como cordones. [23] Haz también dos argollas de oro, y ponlas en los dos extremos del pectoral; [24] pon luego las dos cadenas de oro en las dos argollas que están en los dos extremos superiores del pectoral, [25] y con las dos puntas de las dos cadenas sobre las dos monturas, asegurándolas sobre los tirantes del efod por su parte delantera. [26] Haz otras dos argollas de oro, y ponlas en los dos extremos inferiores del pectoral, sobre la orilla interior que queda junto al efod. [27] Haz dos argollas más de oro, y ponlas en la parte delantera de los tirantes del efod, pero por debajo, junto a las costuras y un poco arriba del cinturón del efod. [28] Entonces se unirán las argollas del pectoral a las argollas del efod con un cordón morado, para que el pectoral quede arriba del cinturón del efod y no se separe del mismo. [29] Y así, cuando Aarón entre en el santuario llevando puesto el pectoral con los instrumentos del juicio, llevará también sobre su pecho los nombres de los hijos de Israel ante la presencia del Señor, para que él los recuerde siempre. [30] Pon sobre el pectoral el Urim y el Tumim,[c] que son los instru-

[22] La identificación de algunas de estas doce piedras es dudosa.
c 28.30 Nm 27.21; Esd 2.63; Neh 7.65.

mentos del juicio, para que Aarón los lleve sobre su pecho cuando se presente ante el Señor. Así Aarón llevará siempre, sobre su pecho, los instrumentos del juicio ante el Señor.

[31] "Haz de tela morada toda la capa del efod, [32] con una abertura en el centro para la cabeza. En la orilla de la abertura debe hacérsele un dobladillo, como el que tienen los chalecos de cuero, para que no se rompa. [33] Adorna el borde de la capa con granadas de tela morada, tela de púrpura y tela roja, combinadas con campanitas de oro alrededor de todo el borde; [34] es decir, que irá una campanita de oro y luego una granada, otra campanita de oro y otra granada, y así por todo el borde de la capa. [35] Aarón debe llevar puesta la capa cuando oficie como sacerdote, para que cuando entre en el santuario ante el Señor, o cuando salga, se oiga el sonido de las campanas y así él no muera.

[36] "Haz una placa de oro puro, y graba en ella, como si fuera un sello, las palabras 'Consagrado al Señor'. [37] Pon la placa en el turbante, por la parte delantera, atada con un cordón morado para que quede fija. [38] Así estará siempre sobre la frente de Aarón, y Aarón cargará con las faltas que cometan los israelitas en las cosas santas y cuando consagren sus ofrendas; pero la placa hará que el Señor acepte las ofrendas.

[39] "Haz la túnica bordada y de lino, y haz también de lino el turbante. El cinturón ha de ser bordado artísticamente. [40] A los hijos de Aarón hazles túnicas, cinturones y turbantes que les den esplendor y belleza.

[41] "Así deberás vestir a tu hermano Aarón y a sus hijos, y luego derramarás aceite sobre su cabeza para darles plena autoridad y consagrarlos como sacerdotes míos. [42] Hazles también calzoncillos de lino que les cubran de la cintura a los muslos, [43] y que Aarón y sus hijos los lleven puestos cuando entren en la Tienda del Encuentro, o cuando se acerquen al altar, mientras oficien como sacerdotes en el santuario, para que no cometan ninguna falta y mueran. Esta es una ley permanente para él y sus descendientes.

Consagración de los sacerdotes
(Lv 8.1–36)

29 [1] "Para consagrarlos como mis sacerdotes, esto es lo que debes hacer con ellos: toma un becerro y dos carneros que no tengan ningún defecto; [2] con la mejor harina de trigo, haz panes y tortas sin levadura, amasadas con aceite, y ho-

juelas sin levadura rociadas con aceite, [3] y ponlos en un canastillo para llevarlos al santuario, junto con el becerro y los dos carneros. [4] Luego lleva a Aarón y a sus hijos a la entrada de la Tienda del Encuentro, y haz que se bañen; [5] toma después las ropas sacerdotales, y viste a Aarón con la túnica y la capa del efod, y con el efod mismo y el pectoral. Ajústale el cinturón del efod; [6] ponle el turbante en la cabeza y, sobre el turbante, la placa que lo consagra como sacerdote. [7] Toma entonces el aceite de consagrar, y consagra a Aarón como sacerdote, derramando el aceite sobre su cabeza. [8] Haz también que se acerquen sus hijos, y vístelos con las túnicas. [9] Tanto a Aarón como a ellos les ajustarás el cinturón y les acomodarás el turbante. De esta manera les darás plena autoridad, y su sacerdocio será una ley permanente.

[10] "Después lleva el becerro hasta la Tienda del Encuentro, para que Aarón y sus hijos pongan las manos sobre la cabeza del animal, [11] y allí, ante el Señor, a la entrada de la Tienda del Encuentro, mata al becerro. [12] Toma entonces con el dedo un poco de su sangre y úntala en los cuernos del altar, y derrama al pie del altar toda la sangre que quede. [13] A los intestinos, hígados y riñones, quítales la grasa de que están cubiertos, y quémala en el altar; [14] pero la carne, la piel y el estiércol del becerro, quémalos en las afueras del campamento, pues es un sacrificio por el pecado.

[15] "Toma uno de los dos carneros, y que Aarón y sus hijos le pongan las manos sobre la cabeza. [16] Después mátalo, y rocía su sangre sobre el altar y alrededor del altar; [17] luego córtalo en pedazos, lava sus intestinos y sus patas, y ponlas junto con los pedazos y la cabeza. [18] Entonces ofrece el carnero sobre el altar como holocausto en honor del Señor, como ofrenda quemada de olor agradable.[d]

[19] "Toma entonces el otro carnero, y que Aarón y sus hijos le pongan las manos sobre la cabeza. [20] Mata el carnero, toma un poco de su sangre y pónsela a Aarón y a sus hijos en la parte inferior de la oreja derecha, en el pulgar de la mano derecha y en el dedo gordo del pie derecho. Luego rocía el resto de la sangre del carnero sobre el altar y alrededor del altar. [21] Y de la sangre que quede sobre el altar, y del aceite para consagrar, toma un poco y rocíalos sobre Aarón y sobre su ropa, y sobre sus hijos y la ropa de ellos. Así quedarán consagrados Aarón y sus hijos, lo mismo que sus ropas.

[22] "Después toma la grasa que el car-

d **29.18** Ef 5.2; Fil 4.18.

nero tiene en la cola[23] y sobre los intestinos y en el hígado, y toma también sus dos riñones y la grasa que los cubre, y su muslo derecho, porque es un carnero para la consagración de sacerdotes. [23] De los panes sin levadura que están en un canastillo ante el Señor, toma un pan redondo, un pan amasado con aceite y una hojuela; [24] pon todo esto en las manos de Aarón y de sus hijos, y celebra el rito de presentación ante el Señor. [25] Luego retira esto de sus manos y quémalo en el altar, junto con el holocausto de aroma agradable al Señor. Es una ofrenda quemada en honor del Señor.

[26] "Para la consagración de Aarón, toma también el pecho del carnero y celebra el rito de presentación ante el Señor. A ti te tocará esa parte. [27] Aparta el pecho presentado como ofrenda especial en ese rito, y el muslo que se ofrece como contribución, pues son las partes que del carnero de la consagración se reservan para Aarón y sus hijos. [28] Eso será para Aarón y sus hijos. Es una ley permanente para los israelitas: esta ofrenda será una contribución hecha por los israelitas como sacrificio de reconciliación al Señor.

[29] "La ropa sagrada de Aarón la heredarán sus descendientes cuando sean consagrados y reciban plena autoridad como sacerdotes. [30] Y el sacerdote descendiente de Aarón que ocupe su lugar y que entre en la Tienda del Encuentro para oficiar en el santuario, deberá llevar puesta esa ropa durante siete días.

[31] "Toma después el carnero de la consagración, y cuece su carne en un lugar sagrado. [32] Aarón y sus descendientes comerán la carne del carnero y el pan del canastillo, a la entrada de la Tienda del Encuentro. [33] Los comerán porque fueron ofrecidos para obtener el perdón de sus pecados, cuando fueron consagrados y recibieron plena autoridad como sacerdotes. Pero ningún extraño deberá comer de estas cosas, porque son sagradas. [34] Y si para el día siguiente queda algo del pan y de la carne de la consagración, quema lo que haya quedado, y que nadie lo coma, porque es sagrado.

[35] "Haz todo esto con Aarón y sus hijos, de acuerdo con todas mis instrucciones. Dedica siete días a investirlos de autoridad, [36] y ofrece cada día un becerro como sacrificio para obtener el perdón de los pecados; purifica el altar, ofreciendo sobre él un sacrificio por el pecado, y derrama aceite sobre él, para consagrarlo. [37] Durante siete días ofrecerás sobre el altar sacrificios por el pecado; así lo consagrarás a Dios, y será un altar santísimo: cualquier cosa que toque el altar quedará consagrada.

Las ofrendas diarias
(Nm 28.1–8)

[38] "Diariamente y sin falta debes ofrecer sobre el altar dos corderos de un año. [39] Uno de ellos lo ofrecerás por la mañana, y el otro lo ofrecerás al atardecer. [40] Con el primer cordero ofrecerás unos dos kilos de la mejor harina, mezclada con un litro de aceite de oliva y derramarás como ofrenda un litro de vino. [41] Lo mismo harás al atardecer con el otro cordero y con las ofrendas de harina y de vino, ofrendas quemadas de aroma agradable al Señor. [42] Estas ofrendas quemadas en mi honor son las que de padres a hijos se ofrecerán siempre en mi presencia, a la entrada de la Tienda del Encuentro, que es donde me encontraré contigo para hablarte. [43] Allí me encontraré con los israelitas, y el lugar quedará consagrado por mi presencia. [44] Consagraré la Tienda del Encuentro y el altar, y consagraré también a Aarón y a sus hijos como sacerdotes míos. [45] Yo viviré entre los israelitas, y seré su Dios. [46] Así sabrán que yo soy el Señor su Dios, el que los sacó de Egipto para vivir entre ellos. Yo soy el Señor su Dios.

El altar del incienso
(Ex 37.25–28)

30 [1] "Haz también un altar de madera de acacia, para quemar incienso. [2] Tiene que ser cuadrado, de cuarenta y cinco centímetros de largo por cuarenta y cinco centímetros de ancho, y de noventa centímetros de altura, y los cuernos del altar deben formar una sola pieza con el altar mismo. [3] Recubre de oro puro su parte superior, sus cuatro lados y sus cuernos, y ponle un ribete de oro alrededor. [4] Ponle también unas argollas de oro debajo del ribete, dos en las esquinas de un lado y dos en las esquinas del otro, y pasa por ellas los travesaños con que va a ser transportado. [5] Haz los travesaños de madera de acacia, y recúbrelos de oro. [6] Pon luego el altar ante el velo que está junto al cofre del pacto, ante la tapa que lo cubre, donde yo me encontraré contigo. [7] Todas las mañanas, a la hora de preparar las lámparas, Aarón quemará incienso aromático sobre este altar, [8] y lo quemará también al atardecer, a la hora de encender las lámparas. Esto se hará en la presencia del Señor siempre, a través de los siglos. [9] No ofrezcas sobre este altar ningún otro incienso, ni holocaustos, ni

---

[23] Se refiere a una especie del carnero oriental que tiene la cola muy ancha y llena de gordura.

ofrendas de cereales, ni tampoco ofrendas de vino derramado. [10] Este altar estará completamente consagrado al Señor, y una vez al año ofrecerá Aarón sobre los cuernos del altar la sangre del sacrificio para obtener el perdón de los pecados. Una vez al año, todos los años, sobre este altar se ofrecerá el sacrificio para obtener el perdón de los pecados."

El rescate por la vida

[11] El Señor se dirigió a Moisés y le dijo: [12] "Cuando hagas un censo de los israelitas, cada uno de ellos deberá dar una contribución al Señor como rescate por su vida, a fin de que no haya ninguna plaga mortal con motivo del censo. [13] Todo el que sea registrado dará como contribución al Señor cinco gramos de plata,[e] que es la mitad del peso oficial del santuario. [14] Todos los registrados de veinte años para arriba darán esta contribución al Señor, [15] y al dar cada uno al Señor el rescate por su vida, ni el rico dará más de cinco gramos de plata, ni el pobre menos de cinco. [16] Así que recogerás la plata que los israelitas den como rescate por su vida, y la entregarás para el culto de la Tienda del Encuentro. Eso hará que el Señor se acuerde de los israelitas, y de que dieron el rescate por su vida."

La palangana de bronce
(Ex 38.8)

[17] El Señor se dirigió a Moisés y le dijo: [18] "Haz una palangana de bronce, con su base del mismo metal,[f] que sirva para lavarse; ponla entre la Tienda del Encuentro y el altar, y llénala de agua. [19] Aarón y sus hijos sacarán agua de allí para lavarse las manos y los pies. [20] Y se los lavarán cuando entren en la Tienda del Encuentro, y cuando se acerquen al altar para oficiar y presentar al Señor la ofrenda quemada. Así no morirán. [21] Para que no mueran, deberán lavarse las manos y los pies. Esta será una ley permanente a través de los siglos para Aarón y sus descendientes."

El aceite de consagrar
(Ex 37.29)

[22] El Señor se dirigió a Moisés y le dijo: [23] "Escoge tú mismo las mejores plantas aromáticas: unos seis kilos de la mejor mirra, unos tres kilos de canela y unos tres kilos de caña aromática; [24] unos seis kilos de casia —pesados según el peso oficial del santuario— y tres litros y medio

de aceite de oliva. [25] Haz con todo esto el aceite santo de consagrar, de la misma manera que un perfumero prepara sus perfumes. Este será el aceite santo de consagrar, [26] y deberás derramarlo sobre la Tienda del Encuentro, el cofre del pacto, [27] la mesa con todos sus utensilios, el candelabro con sus utensilios, el altar del incienso, [28] el altar de los holocaustos con todos sus utensilios, y la palangana con su base. [29] Así los consagrarás y serán cosas santísimas; cualquier cosa que las toque, quedará consagrada.

[30] "Derrama también de ese aceite sobre Aarón y sus hijos, para consagrarlos como mis sacerdotes, [31] y di a los israelitas lo siguiente: 'A través de los siglos, éste será mi aceite santo de consagrar. [32] No lo derramen sobre cualquier hombre común, ni preparen otro aceite igual a éste. Es un aceite santo, y como cosa santa deben tratarlo. [33] Si alguien prepara un aceite igual a éste, o lo derrama sobre cualquier extraño, será eliminado de entre su gente.' "

El incienso
(Ex 37.29)

[34] El Señor le dijo a Moisés: "Toma una misma cantidad de las siguientes especias: resina, uña aromática, incienso puro y gálbano aromático, [35] y prepara con ellas un incienso puro y santo, mezclándolo todo bien, como un perfumero al hacer sus perfumes. [36] Muele muy fina una parte, y ponla ante el cofre del pacto, en la Tienda del Encuentro, o sea donde yo me encontraré contigo. Este incienso será de lo más sagrado para ustedes, [37] y no deben preparar para su propio uso otro incienso igual a éste que has preparado. Es del Señor, y para ti será una cosa sagrada. [38] El que prepare un incienso igual para disfrutar de su aroma, será eliminado de entre su gente."[g]

Los artesanos para el santuario
(Ex 35.30; 36.1)

31 [1] El Señor se dirigió a Moisés y le dijo:
[2] "Mira, de la tribu de Judá he escogido a Bezaleel, hijo de Uri y nieto de Hur, [3] y lo he llenado del espíritu de Dios, y de sabiduría, entendimiento, conocimientos y capacidad creativa, [4] para hacer diseños y trabajos en oro, plata y bronce, [5] para tallar y montar piedras preciosas, para tallar madera y para hacer cualquier trabajo artístico. [6] Le he puesto como ayudante a Aholiab, hijo de Ahisamac, que es de la

ᵉ **30.13** Ex 38.25–26; Mt 17.24.   ᶠ **30.18** Ex 38.8.   ᵍ **30.22–38** Ex 37.29.

tribu de Dan. Y a todos los sabios les he dado más sabiduría, a fin de que hagan todo lo que te he ordenado: [7] la Tienda del Encuentro, el cofre del pacto, la tapa que va sobre el cofre, todos los utensilios de la Tienda, [8] la mesa con sus utensilios, el candelabro de oro puro con sus utensilios, el altar del incienso, [9] el altar de los holocaustos con sus utensilios, la palangana con su base, [10] la ropa tejida, es decir, la ropa especial del sacerdote Aarón y la ropa de sus hijos para cuando oficien como sacerdotes, [11] el aceite de consagrar y el incienso aromático para el santuario. Ellos deben hacerlo todo tal como te lo he ordenado."

El día de reposo
(Ex 35.1–3)

[12] El Señor se dirigió a Moisés y le dijo: [13] "Habla tú mismo con los israelitas y diles lo siguiente: 'Deben respetar mis días de reposo,[24] porque ésa es la señal entre ustedes y yo a través de los siglos, para que se sepa que yo, el Señor, los he escogido a ustedes. [14] El día de reposo[24] será sagrado para ustedes, y deberán respetarlo. El que no respete ese día, será condenado a muerte. Además, la persona que trabaje en ese día será eliminada de entre su gente. [15] Se podrá trabajar durante seis días, pero el día séptimo será día de reposo[24] consagrado al Señor.[h] Cualquiera que trabaje en el día de reposo,[24] será condenado a muerte.' [16] Así que los israelitas han de respetar la práctica del día de reposo[24] como un pacto eterno a través de los siglos. [17] Será una señal permanente entre los israelitas y yo."

Porque el Señor hizo el cielo y la tierra en seis días, y el día séptimo dejó de trabajar y descansó.[i]

El becerro de oro
(Dt 9.6–29)

[18] Cuando el Señor dejó de hablar con Moisés en el monte Sinaí, le entregó dos tablas de piedra con la ley escrita por el dedo mismo de Dios.

32 [1] Al ver los israelitas que Moisés tardaba en bajar del monte, se juntaron alrededor de Aarón y le dijeron:

—Anda, haznos dioses que nos guíen, porque no sabemos qué le ha pasado a este Moisés que nos sacó de Egipto.[j]

[2] Y Aarón les contestó:

—Quítenles a sus mujeres, hijos e hijas, los aretes de oro que llevan en las orejas, y tráiganmelos aquí.

[3] Todos se quitaron los aretes de oro que llevaban en las orejas, y se los llevaron a Aarón, [4] quien los recibió, y fundió el oro, y con un cincel lo trabajó hasta darle la forma de un becerro.[k] Entonces todos dijeron:

—¡Israel, éste es tu dios, que te sacó de Egipto!

[5] Cuando Aarón vio esto, construyó un altar ante el becerro, y luego gritó:

—¡Mañana haremos fiesta en honor del Señor!

[6] Al día siguiente por la mañana se levantaron y ofrecieron holocaustos y sacrificios de reconciliación. Después el pueblo se sentó a comer y beber, y luego se levantaron a divertirse.[l] [7] Entonces el Señor le dijo a Moisés:

—Anda, baja, porque tu pueblo, el que sacaste de Egipto, se ha echado a perder. [8] Muy pronto se han apartado del camino que yo les ordené seguir. Se han hecho un becerro de oro fundido, y lo están adorando y presentándole ofrendas; y dicen: '¡Israel, éste es tu dios, que te sacó de Egipto!'

[9] Además, el Señor le dijo a Moisés:

—Me he fijado en esta gente, y me he dado cuenta de que son muy tercos. [10] ¡Ahora déjame en paz, que estoy ardiendo de enojo y voy a acabar con ellos! Pero de ti voy a hacer una gran nación.

[11] Moisés, sin embargo, trató de calmar al Señor su Dios con estas palabras:

—Señor, ¿por qué vas a arder de enojo contra tu pueblo, el que tú mismo sacaste de Egipto con gran despliegue de poder? [12] ¿Cómo vas a dejar que digan los egipcios: 'Dios los sacó con la mala intención de matarlos en las montañas, para borrarlos de la superficie de la tierra'? Deja ya de arder de enojo; renuncia a la idea de hacer daño a tu pueblo. [13] Acuérdate de tus siervos Abraham, Isaac y Israel, a quienes juraste por ti mismo y les dijiste: 'Haré que los descendientes de ustedes sean tan numerosos como las estrellas del cielo,[m] y toda esta tierra que les he prometido a ustedes se la daré como su herencia para siempre.'[n]

[14] El Señor renunció a la idea que había expresado de hacer daño a su pueblo.[ñ] [15] Entonces Moisés se dispuso a bajar del monte, trayendo en sus manos las dos tablas de la ley, las cuales estaban escritas por los dos lados. [16] Dios mismo había hecho las tablas, y Dios mismo había grabado lo que estaba escrito en ellas.

[17] Cuando Josué escuchó los gritos de la gente, le dijo a Moisés:

[24] Día de reposo: aquí equivale a sábado.
[h] 31.15 Ex 20.8–11; 23.12; 34.21; 35.2; Lv 23.3; Dt 5.12–14.   [i] 31.17 Ex 20.11.   [j] 32.1 Hch 7.40.   [k] 32.4 Hch 7.41.
[l] 32.6 1 Co 10.7.   [m] 32.13 Gn 22.16–17.   [n] 32.13 Gn 17.8.   [ñ] 32.11–14 Nm 14.13–19.

—Se oyen gritos de guerra en el campamento.
18 Pero Moisés contestó:
—No son cantos alegres de victoria, ni
son cantos tristes de derrota; son otros
cantos los que escucho.
19 En cuanto Moisés se acercó al campamento y vio el becerro y los bailes, ardió
de enojo y arrojó de sus manos las tablas,
haciéndolas pedazos al pie del monte; 20 en
seguida agarró el becerro y lo arrojó al
fuego, luego lo molió hasta hacerlo polvo,
y el polvo lo roció sobre el agua; entonces
hizo que los israelitas bebieran de aquella
agua. 21 Y le dijo a Aarón:
—¿Qué te hizo este pueblo, que le has
hecho cometer un pecado tan grande?
22 Y Aarón contestó:
—Señor mío, no te enojes conmigo. Tú
bien sabes que a esta gente le gusta hacer
lo malo. 23 Ellos me dijeron: ‘Haznos un
dios que nos guíe, porque no sabemos qué
pudo haberle pasado a este Moisés que
nos sacó de Egipto.’ 24 Yo les contesté: ‘El
que tenga oro, que lo aparte.’ Ellos me
dieron el oro, yo lo eché en el fuego, ¡y
salió este becerro!
25 Moisés se fijó en que el pueblo estaba
desenfrenado y expuesto a las burlas de
sus enemigos, pues Aarón no lo había
controlado, 26 así que se puso de pie a la
entrada del campamento y dijo:
—Los que estén de parte del Señor, júntense conmigo.
Y todos los levitas se le unieron. 27 Entonces Moisés les dijo:
—Así dice el Señor, el Dios de Israel:
‘Tome cada uno de ustedes la espada, regresen al campamento, y vayan de puerta
en puerta, matando cada uno de ustedes a
su hermano, amigo o vecino.’
28 Los levitas cumplieron las órdenes de
Moisés, y ese día murieron como tres mil
hombres. 29 Entonces Moisés dijo:
—Hoy reciben ustedes plena autoridad
ante el Señor, por haberse opuesto unos a
su hijo y otros a su hermano. Así que hoy
el Señor los bendice.
30 Al día siguiente, Moisés dijo a la
gente:
—Ustedes han cometido un gran pecado. Ahora voy a tener que subir a donde
está el Señor, a ver si consigo que los perdone.
31 Y así Moisés volvió a donde estaba el
Señor, y le dijo:
—Realmente el pueblo cometió un gran
pecado al hacerse un dios de oro. 32 Yo te
ruego que los perdones; pero si no los perdonas, ¡borra mi nombre del libro que has
escrito![o]
33 Pero el Señor le contestó:
—Sólo borraré de mi libro al que peque
contra mí. 34 Así que, anda, lleva al pueblo
al lugar que te dije. Mi ángel te guiará. Y
cuando llegue el día del castigo, yo los
castigaré por su pecado.
35 Y el Señor envió una plaga sobre el
pueblo por haber adorado al becerro que
Aarón les hizo.

El Señor ordena seguir adelante

33 1 El Señor le dijo a Moisés:
—Anda, vete de aquí con el
pueblo que sacaste de Egipto. Vayan a la
tierra que prometí a Abraham,[p] Isaac[q] y
Jacob[r] que daría a sus descendientes. 2 Yo
enviaré mi ángel para que te guíe, y
echaré fuera del país a los cananeos, amorreos, hititas, ferezeos, heveos y jebuseos.
3 Vayan a la tierra donde la leche y la miel
corren como el agua. Pero yo no iré entre
ustedes, no vaya a ser que los destruya en
el camino, pues ustedes son gente muy
terca.
4 El pueblo se entristeció al escuchar
estas duras palabras, y nadie se puso sus
joyas, 5 pues el Señor le había dicho a
Moisés:
—Diles a los israelitas: ‘Ustedes son
gente muy terca. ¡Si yo estuviera entre
ustedes aun por un momento, terminaría
por destruirlos! Quítense ahora mismo sus
joyas, y ya veré entonces qué hacer con
ustedes.’
6 Y así, a partir del monte Horeb, los israelitas dejaron de usar sus joyas.

La Tienda del encuentro con Dios

7 Moisés tomó la tienda de campaña y
la puso a cierta distancia fuera del campamento, y la llamó Tienda del encuentro
con Dios. Cuando alguien quería consultar al Señor, iba a la Tienda, la cual estaba
fuera del campamento. 8 Y cuando Moisés
iba a la Tienda, toda la gente se levantaba
y permanecía de pie a la entrada de su
propia tienda de campaña, siguiendo a
Moisés con la mirada hasta que éste entraba en la Tienda. 9 En cuanto Moisés entraba en ella, la columna de nube bajaba y
se detenía a la entrada de la Tienda, mientras el Señor hablaba a Moisés. 10 Y
cuando la gente veía que la columna de
nube se detenía a la entrada de la Tienda,
cada uno se arrodillaba a la entrada de su
propia tienda en actitud de adoración.
11 Dios hablaba con Moisés cara a cara,
como quien habla con un amigo, y después Moisés regresaba al campamento.
Pero su ayudante, el joven Josué, hijo de
Nun, nunca se apartaba del interior de la
Tienda.

[o] **32.32** Sal 69.28; Ap 3.5. [p] **33.1** Gn 12.7. [q] **33.1** Gn 26.3. [r] **33.1** Gn 28.13.

El Señor muestra su gloria a Moisés

¹² Moisés le dijo al Señor:

—Mira, tú me pides que yo dirija a este pueblo, pero no me dices a quién vas a enviar conmigo. También dices que tienes mucha confianza en mí y que me he ganado tu favor. ¹³ Pues si esto es cierto, hazme saber tus planes, para que yo pueda tener confianza en ti y pueda seguir contando con tu favor. Ten en cuenta que este pueblo es tu pueblo.

¹⁴ —Yo mismo te acompañaré y te haré descansar —dijo el Señor.

¹⁵ Pero Moisés le respondió:

—Si tú mismo no vas a acompañarnos, no nos hagas salir de aquí. ¹⁶ Porque si tú no nos acompañas, ¿de qué otra manera podrá saberse que tu pueblo y yo contamos con tu favor? Sólo así tu pueblo y yo podremos distinguirnos de todos los otros pueblos de la tierra.

¹⁷ —Esto que has dicho también lo voy a hacer, porque tengo confianza en ti y te has ganado mi favor —le afirmó el Señor.

¹⁸ —¡Déjame ver tu gloria! —suplicó Moisés.

¹⁹ Pero el Señor contestó:

—Voy a hacer pasar toda mi bondad delante de ti, y delante de ti pronunciaré mi nombre.²⁵ Tendré misericordia de quien yo quiera, y tendré compasión también de quien yo quiera.ˢ ²⁰ Pero te aclaro que no podrás ver mi rostro, porque ningún hombre podrá verme y seguir viviendo.

²¹ Dijo también el Señor:

—Mira, aquí junto a mí hay un lugar. Ponte de pie sobre la roca. ²² Cuando pase mi gloria, te pondré en un hueco de la roca y te cubriré con mi mano hasta que yo haya pasado. ²³ Después quitaré mi mano, y podrás ver mis espaldas; pero mi rostro no debe ser visto.

Las nuevas tablas de la ley
(Dt 10.1-5)

34 ¹ El Señor le dijo a Moisés:

—Corta tú mismo dos tablas de piedra iguales a las primeras, para que yo escriba en ellas las mismas palabras que estaban escritas en las primeras tablas, las que hiciste pedazos. ² Prepárate también para subir al monte Sinaí mañana por la mañana, y preséntate ante mí en la parte más alta del monte. ³ Nadie debe subir contigo, ni se debe ver a nadie por todo el monte; tampoco debe haber ovejas o vacas pastando frente al monte.

⁴ Moisés cortó dos tablas de piedra iguales a las primeras. Al día siguiente, muy temprano, tomó las dos tablas de piedra y subió al monte Sinaí, tal como el Señor se lo había ordenado. ⁵ Entonces el Señor bajó en una nube y estuvo allí con Moisés, y pronunció su propio nombre.²⁶

⁶ Pasó delante de Moisés, diciendo en voz alta:

—¡El Señor! ¡El Señor! ¡Dios tierno y compasivo, paciente y grande en amor y verdad! ⁷ Por mil generaciones se mantiene fiel en su amor y perdona la maldad, la rebeldía y el pecado; pero no deja sin castigo al culpable, sino que castiga la maldad de los padres en los hijos y en los nietos, en los bisnietos y en los tataranietos.ᵗ

⁸ Rápidamente Moisés se inclinó hasta tocar el suelo con la frente, y adoró al Señor ⁹ diciendo:

—¡Señor! ¡Señor! Si en verdad me he ganado tu favor, acompáñanos. Esta gente es realmente muy terca, pero perdónanos nuestros pecados y maldad, y acéptanos como tu pueblo.

El pacto renovado
(Dt 7.1-5)

¹⁰ El Señor dijo:

"Pongan atención: yo hago ahora un pacto ante todo tu pueblo. Voy a hacer cosas maravillosas que no han sido hechas en ninguna otra nación de la tierra, y toda la gente entre la que ustedes se encuentran verá lo que el Señor puede hacer, pues será maravilloso lo que yo haré con ustedes.

¹¹ "Cumplan lo que les he ordenado hoy, y yo arrojaré de la presencia de ustedes a los amorreos, cananeos, hititas, ferezeos, heveos y jebuseos.

¹² "No hagan ningún pacto con los que viven en el país al que van a entrar, para que no los hagan caer en sus redes. ¹³ Al contrario, derriben sus altares y destrocen por completo sus piedras y troncos sagrados.²⁷, ᵘ

¹⁴ "No adoren a ningún otro dios, porque el Señor es celoso. Su nombre es Dios celoso.

¹⁵ "No hagan ningún pacto con los que viven en esa tierra, no sea que cuando ellos se rebajen a adorar a sus dioses y las presenten ofrendas, los inviten a ustedes y ustedes coman también de esas ofrendas, ¹⁶ o casen ellos a sus hijas con los hijos de ustedes, y cuando ellas cometan inmoralidades al adorar a sus dioses, hagan que los hijos de ustedes también se rebajen a adorarlos.

---

²⁵ Mi nombre: lit. el nombre del Señor. ²⁶ Véase nota en 33.19. ²⁷ Los troncos sagrados eran una representación de la diosa Asera y, por lo tanto, se les daba el nombre de esa diosa. ˢ 33.19 Ro 9.15. ᵗ 34.6-7 Ex 20.5-6; Nm 14.18; Dt 5.9-10; 7.9-10. ᵘ 34.13 Dt 16.21.

¹⁷ "Jamás se hagan ustedes ídolos de metal fundido.ᵛ

Fiestas anuales
(Ex 23.14–19; Dt 16.1–17)

¹⁸ "Celebren la fiesta del pan sin levaduraʷ y, de acuerdo con lo que les he ordenado, coman pan sin levadura durante siete días. La fecha señalada es el mes de Abib, porque en ese mes salieron de Egipto. ¹⁹ "Todo primer hijo que ustedes tengan, será para mí,ˣ lo mismo que toda primera cría de sus vacas, ovejas y cabras, si la cría es un macho. ²⁰ En el caso de la primera cría de una asna, deben dar un cordero o un cabrito en lugar del asno; pero si no lo dan, le romperán el cuello al asno. También deben dar una ofrenda en lugar de cada hijo mayor.ʸ Y nadie ha de venir a verme si no trae algo. ²¹ "Trabajen durante seis días, pero el día séptimo deben descansar,ᶻ aun en tiempo de siembra o de cosecha. ²² "Celebren la fiesta de las Semanas, la de los primeros frutos de la cosecha de trigo,ᵃ y la de la cosecha de fin del año.ᵇ ²³ "Todos los hombres se presentarán tres veces al año ante el Señor, el Dios de Israel. ²⁴ Yo voy a arrojar de la presencia de ustedes a las demás naciones, y extenderé el territorio de ustedes. Así nadie tratará de adueñarse de su tierra mientras ustedes van a presentarse ante el Señor su Dios tres veces al año. ²⁵ "En los sacrificios de animales, no ofrezcan juntos la sangre y el pan con levadura, ni guarden para el día siguiente lo que sobre del animal sacrificado en la Pascua.ᶜ ²⁶ "Deben llevar los mejores primeros frutos de su tierra al templo del Señor su Dios.ᵈ "No cocinen cabritos en la leche de su madre."ᵉ

Moisés escribe la ley

²⁷ El Señor le dijo a Moisés: "Escribe estas palabras, porque ellas son la base del pacto que yo hago contigo y con los israelitas." ²⁸ Moisés se quedó allí con el Señor cuarenta días y cuarenta noches, sin comer ni beber. Allí escribió sobre las tablas las palabras del pacto, es decir, los diez mandamientos. ²⁹ Después bajó Moisés del monte Sinaí llevando las dos tablas de la

ley; pero al bajar del monte no se dio cuenta de que su cara resplandecía por haber hablado con el Señor. ³⁰ Cuando Aarón y todos los israelitas vieron que la cara de Moisés resplandecía, sintieron miedo y no se acercaron a él. ³¹ Pero Moisés los llamó, y cuando Aarón y todos los jefes de la comunidad volvieron a donde estaba Moisés, él habló con ellos. ³² Poco después se acercaron todos los israelitas, y Moisés les dio todas las órdenes que el Señor le había dado en el monte Sinaí. ³³ Luego que terminó de hablar con ellos, se puso un velo sobre la cara. ³⁴ Cuando Moisés entraba a la presencia del Señor para hablar con él, se quitaba el velo y se quedaba así hasta que salía. Entonces comunicaba a los israelitas las órdenes que había recibido del Señor. ³⁵ Al ver los israelitas que la cara de Moisés resplandecía, él volvía a ponerse el velo sobre la cara, y se lo dejaba puesto hasta que entraba a hablar de nuevo con el Señor.ᶠ

Reglamento del día de reposo
(Ex 31.12–17)

35 ¹ Moisés reunió a toda la comunidad israelita y les dijo: "El Señor me ha dado órdenes de que se haga lo siguiente: ² Se podrá trabajar durante seis días, pero el día séptimo será para ustedes un día sagrado, de completo reposo en honor del Señor.ᵍ Cualquiera que en ese día trabaje, será condenado a muerte. ³ Dondequiera que ustedes vivan, ni siquiera fuego deberán hacer en día de reposo."²⁸

Ofrendas para el santuario
(Ex 25.1–9)

⁴ Moisés se dirigió a toda la comunidad israelita, y les dijo: "Esto es lo que el Señor ha ordenado que se haga: ⁵ Recojan entre ustedes una ofrenda para el Señor. Todos los que quieran dar su ofrenda al Señor voluntariamente y de corazón, deben traer oro, plata, bronce, ⁶ telas moradas, telas de púrpura y telas rojas, lino fino, pelo de cabra, ⁷ pieles de carnero teñidas de rojo, pieles finas, madera de acacia, ⁸ aceite para lámparas, perfumes para el aceite de consagrar y para el incienso aromático, ⁹ piedras de cornalina y otras piedras finas para montarlas en el efod y el pectoral del sumo sacerdote.

²⁸ *Día de reposo:* aquí equivale a *sábado*.
ᵛ **34.17** Ex 20.4; Lv 19.4; Dt 5.8; 27.15. ʷ **34.18** Ex 12.14–20; Lv 23.6–8; Nm 28.16–25. ˣ **34.19** Ex 13.2. ʸ **34.20** Ex 13.13. ᶻ **34.21** Ex 20.9–10; 23.12; 31.15; 35.2; Lv 23.3; Dt 5.13–14. ᵃ **34.22** Lv 23.15–21; Nm 28.26–31. ᵇ **34.22** Lv 23.39–43. ᶜ **34.25** Ex 12.10. ᵈ **34.26** Dt 26.2. ᵉ **34.26** Dt 14.21. ᶠ **34.29–35** 2 Co 3.7–16. ᵍ **35.2** Ex 20.8–11; 23.12; 31.15; 34.21; Lv 23.3; Dt 5.12–14.

Los utensilios del santuario
(Ex 39.32–43)

[10] "Todos los que tengan capacidad artística, deben venir y hacer todo lo que el Señor ha ordenado: [11] el santuario con su tienda de campaña, la cubierta de la tienda de campaña, sus ganchos, sus tablas, sus travesaños, sus postes, sus bases, [12] el cofre con los travesaños y la tapa, y el velo que lo cubre, [13] la mesa con sus travesaños y todos sus utensilios, el pan que se consagra al Señor, [14] el candelabro para el alumbrado, con sus utensilios y sus lámparas, el aceite para las lámparas, [15] el altar del incienso con sus travesaños, el aceite de consagrar, el incienso aromático, la cortina para la entrada del santuario, [16] el altar de los holocaustos con su rejilla de bronce, sus travesaños y todos sus utensilios, la palangana con su base, [17] las cortinas para el patio, con sus postes y bases, la cortina para la entrada del patio, [18] las estacas para el santuario y para el patio, con sus cuerdas, [19] la ropa tejida para oficiar en el culto del santuario, la ropa sagrada del sacerdote Aarón, y la ropa sacerdotal de sus hijos."

El pueblo trae la ofrenda

[20] Toda la comunidad israelita se despidió de Moisés, [21] y después, todos aquellos que se sintieron movidos de corazón y con sincera voluntad, volvieron con una ofrenda para el Señor, para que se hiciera la Tienda del Encuentro y todo lo que se era necesario, así como la ropa especial. [22] Vinieron hombres y mujeres, y todos ellos traían, voluntariamente y de corazón, prendedores, anillos, argollas, pendientes de oro y toda clase de artículos de oro. Cada uno trajo la ofrenda especial de oro que había dedicado al Señor. [23] Los que tenían tela morada, tela de púrpura y tela roja, lino fino, pelo de cabra, pieles de carnero teñidas de rojo o pieles finas, lo traían. [24] Los que hacían una ofrenda de plata o de bronce, la traían ante el Señor; y los que tenían madera de acacia, la traían para que se hiciera todo lo necesario. [25] Las mujeres con capacidad artística para tejer a mano, traían sus tejidos de tela morada, tela de púrpura, tela roja y lino fino; [26] y las mujeres con capacidad artística y que sintieron deseos de hacerlo, torcieron pelo de cabra. [27] Los jefes trajeron piedras de cornalina y otras piedras finas para montarlas en el efod y el pectoral del sumo sacerdote, [28] perfume y aceite para el alumbrado, para el aceite de consagrar y para el incienso aromático.

[29] Todos los hombres y mujeres israelitas que sintieron deseos de ayudar para que se hiciera lo que el Señor le había ordenado a Moisés, trajeron su ofrenda voluntaria al Señor.

Los artesanos para el santuario
(Ex 31.1–11)

[30] Moisés les dijo a los israelitas: "Miren, de la tribu de Judá el Señor ha escogido a Bezaleel, que es hijo de Uri y nieto de Hur, [31] y lo ha llenado del espíritu de Dios, y de sabiduría, entendimiento, conocimientos y capacidad creativa [32] para hacer diseños y trabajos en oro, plata y bronce, [33] para tallar y montar piedras preciosas, y para tallar madera y hacer cualquier trabajo artístico de diseño. [34] También le ha dado capacidad para enseñar. A él y a Aholiab, hijo de Ahisamac, que es de la tribu de Dan, [35] los ha llenado de capacidad artística para hacer cualquier trabajo de tallado y de diseño, y de bordado en tela morada, tela de púrpura, tela roja y lino fino, y para tejer cualquier labor de diseño artístico.

36 [1] Así que Bezaleel y Aholiab, y todo el que tenga capacidad artística, y a quien el Señor le haya dado sabiduría y entendimiento para hacer bien todo lo necesario para el culto del santuario, llevarán a cabo lo que el Señor ha ordenado."

La gente trae abundantes ofrendas

[2] Moisés llamó a Bezaleel y a Aholiab, y a todos los que tenían capacidad artística, y a quienes el Señor había dado esa capacidad y se habían ofrecido voluntariamente para ayudar en este trabajo. [3] Ellos recibieron de manos de Moisés las ofrendas que los israelitas habían traído, para comenzar a hacer lo necesario para el culto del santuario.

Mientras tanto, los israelitas seguían trayendo ofrendas voluntarias día tras día. [4] Entonces los artesanos que estaban haciendo lo necesario para el santuario, suspendieron su trabajo y fueron [5] a decirle a Moisés: "La gente está trayendo más de lo que se necesita para el trabajo que el Señor ordenó hacer."

[6] Moisés hizo correr por todo el campamento la voz de que ni hombres ni mujeres siguieran haciendo más labores como ofrendas para el santuario. Así se impidió que el pueblo siguiera trayendo ofrendas, [7] pues no sólo había material suficiente para llevar a cabo el trabajo, sino que sobraba.

Construcción del santuario
(Ex 26.1–37)

⁸ Los que tenían más capacidad artística que el resto de los trabajadores, hicieron el santuario. Lo hicieron de diez cortinas de lino torcido, tela morada, tela de púrpura y tela roja, en las que bordaron artísticamente dos seres alados. ⁹ Cada cortina medía doce metros y medio de largo por dos de ancho. Todas medían lo mismo. ¹⁰ Cinco cortinas las cosieron juntas, una sobre la otra, lo mismo que las otras cinco. ¹¹ Luego pusieron unos ojales de cordón morado en el borde de la primera cortina de un grupo, y también en el borde de la última cortina del otro grupo. ¹² Tanto a la cortina del primer grupo como a la del segundo grupo les hicieron cincuenta ojales, de tal manera que los ojales quedaran uno frente al otro. ¹³ También hicieron cincuenta ganchos de oro para enganchar un grupo de cortinas sobre el otro, y así el santuario formaba un todo.

¹⁴ Bezaleel hizo también once cortinas de pelo de cabra para formar una tienda de campaña que cubriera el santuario. ¹⁵ Cada cortina medía trece metros y medio de largo por dos de ancho. Todas medían lo mismo. ¹⁶ Cosió cinco cortinas juntas por una parte, y seis por otra. ¹⁷ Luego hizo cincuenta ojales en el borde de la cortina que cerraba el primer grupo, y otros cincuenta ojales en el borde de la última cortina del segundo grupo. ¹⁸ También hizo cincuenta ganchos de bronce para unir completamente la tienda de campaña.

¹⁹ Para la tienda de campaña, Bezaleel hizo una cubierta de pieles de carnero teñidas de rojo, y para la parte superior hizo una cubierta de pieles finas. ²⁰ Luego hizo las tablas de madera de acacia para el santuario, y las puso bien derechas. ²¹ Cada tabla medía cuatro metros y medio de largo por sesenta y cinco centímetros de ancho, ²² y tenía dos espigas para quedar ensamblada con otra tabla. Todas las tablas para el santuario las hizo así. ²³ Hizo veinte tablas para el lado sur, ²⁴ y puso cuarenta bases de plata debajo de ellas. Cada tabla tenía dos bases debajo, para sus dos espigas. ²⁵ También para el otro lado del santuario, o sea el lado norte, hizo veinte tablas ²⁶ con sus cuarenta bases de plata, para que debajo de cada tabla hubiera dos bases. ²⁷ Para la parte posterior del santuario, o sea el lado oeste, hizo seis tablas, ²⁸ y dos tablas más para las esquinas de la parte posterior. ²⁹ Estas tablas formaban pareja y estaban unidas por la parte de arriba hasta el primer anillo. Esto fue lo que hizo con las dos tablas para las dos esquinas, ³⁰ así que había ocho tablas con sus correspondientes dieciséis bases de plata, y debajo de cada tabla había dos bases.

³¹ Bezaleel hizo también cinco travesaños de madera de acacia para las tablas de un lado del santuario, ³² cinco travesaños para las tablas del otro lado del santuario, y otros cinco travesaños para las tablas de la parte posterior, la que daba al oeste. ³³ El travesaño central lo hizo de modo que pasara de un lado al otro, a la mitad de las tablas. ³⁴ Luego recubrió de oro las tablas, y les hizo argollas de oro para pasar a través de ellas los travesaños, ya recubiertos de oro.

³⁵ Hizo además el velo de tela morada, tela de púrpura, tela roja y lino torcido, y en él tejió artísticamente dos seres alados. ³⁶ Luego, con unos ganchos de oro, lo colgó de cuatro postes de madera de acacia, los cuales estaban recubiertos de oro y sobre cuatro bases de plata. ³⁷ Para la entrada de la tienda de campaña hizo una cortina de tela morada, tela de púrpura, tela roja y lino torcido, bordada artísticamente. ³⁸ También hizo cinco postes con ganchos y con sus cinco bases de bronce, y recubrió de oro la parte superior de los postes y sus anillos.

Se hace el cofre del pacto
(Ex 25.10–22)

37 ¹ Bezaleel hizo el cofre de madera de acacia, que medía un metro y diez centímetros de largo, sesenta y cinco centímetros de ancho y sesenta y cinco centímetros de alto. ² Lo recubrió de oro puro por dentro y por fuera, le puso un ribete de oro alrededor. ³ También le hizo cuatro argollas de oro para sus cuatro patas, dos para un lado y dos para el otro. ⁴ Hizo además unos travesaños de madera de acacia, los recubrió de oro, ⁵ y luego los pasó a través de las argollas que estaban a los costados del cofre, para poder transportarlo.

⁶ Hizo también una tapa de oro puro, que medía un metro y diez centímetros de largo por sesenta y cinco centímetros de ancho, ⁷ con dos seres alados de oro labrado a martillo en los dos extremos de la tapa. ⁸ La tapa y los seres alados formaban una sola pieza: uno de ellos salía de un extremo de la tapa y el otro salía del otro extremo, ⁹ así que quedaban uno frente al otro, pero con la cara hacia la tapa y con sus alas extendidas por encima de la tapa cubriéndola con ellas.

Se hace la mesa para el pan de la Presencia
(Ex 25.23–30)

¹⁰ Bezaleel hizo también una mesa de madera de acacia, que medía noventa centímetros de largo, cuarenta y cinco centímetros de ancho y sesenta y cinco centímetros de alto. ¹¹ La recubrió de oro puro y le puso un ribete de oro alrededor; ¹² la hizo con un entrepaño de siete centímetros de ancho, y al entrepaño le puso un ribete de oro. ¹³ También le hizo cuatro argollas de oro, y se las puso en las cuatro esquinas correspondientes a las cuatro patas, ¹⁴ de manera que quedaran junto al entrepaño, para pasar los travesaños por ellas y así poder transportar la mesa.

¹⁵ Los travesaños para transportar la mesa los hizo de madera de acacia, y luego los recubrió de oro. ¹⁶ También hizo de oro puro los utensilios que debían estar sobre la mesa, es decir, sus platos, cucharones, jarras y copas para las ofrendas de líquidos.

Se hace el candelabro de oro
(Ex 25.31–40)

¹⁷ Bezaleel hizo también el candelabro de oro puro labrado a martillo. Su base, tronco, copas, cálices y pétalos formaban una sola pieza; ¹⁸ de los costados le salían seis brazos, tres de un lado y tres del otro. ¹⁹ Cada uno de los seis brazos que salían del tronco tenía tres copas en forma de almendro, con un cáliz y sus pétalos. ²⁰ y el tronco mismo tenía cuatro copas, también en forma de almendro, con su cáliz y sus pétalos. ²¹ Cada uno de los tres pares de brazos que salían del candelabro tenían un cáliz en su parte inferior. ²² Los cálices y los brazos formaban una sola pieza con el candelabro, el cual era de oro puro labrado a martillo. ²³ También hizo de oro puro sus siete lámparas, sus tenazas y sus platillos. ²⁴ Para hacer el candelabro y sus utensilios se usaron treinta y tres kilos de oro puro.

Se hace el altar del incienso
(Ex 30.1–5)

²⁵ Bezaleel hizo el altar del incienso con madera de acacia. Era cuadrado, de cuarenta y cinco centímetros de largo por cuarenta y cinco centímetros de ancho, y de noventa centímetros de altura. Los cuernos del altar formaban una sola pieza con el altar mismo. ²⁶ Después recubrió de oro puro su parte superior, sus cuatro lados y sus cuernos, y le puso un ribete de oro alrededor. ²⁷ También le puso unas argollas de oro debajo del ribete, dos para las esquinas de un lado y dos para las esquinas del otro, para pasar por ellas los travesaños y así poder transportar el altar. ²⁸ Los travesaños los hizo de madera de acacia, y luego los recubrió de oro.

Se prepara el aceite de consagrar y el incienso
(Ex 30.22–38)

²⁹ Bezaleel hizo también el aceite santo de consagrar y el incienso de perfume puro, como lo hacen los perfumeros.ʰ

Se hace el altar de bronce
(Ex 27.1–8)

38 ¹ Con madera de acacia, Bezaleel hizo el altar de los holocaustos. Era cuadrado, de dos metros y veinticinco centímetros por cada lado, y un metro y veinticinco centímetros de alto. ² Para sus cuatro esquinas le hizo cuatro cuernos, los cuales formaban una sola pieza con el altar y estaban recubiertos de bronce. ³ Hizo también de bronce todos los utensilios para el altar, los ceniceros, las palas, los tazones, los tenedores y los braseros. ⁴ También hizo una rejilla de bronce, y la puso debajo de la orilla del altar, a media altura del mismo. ⁵ Hizo también cuatro argollas para las cuatro esquinas de la rejilla de bronce, para pasar por ellas los travesaños. ⁶ Luego hizo los travesaños de madera de acacia para el altar, los recubrió de bronce, ⁷ y los pasó a través de las argollas que estaban en los costados del altar, para poder transportarlo. El altar lo hizo hueco y de madera.

Se hace la palangana de bronce
(Ex 30.18)

⁸ Con los espejos²⁹ de las mujeres que servían a la entrada de la Tienda del Encuentro, Bezaleel hizo la palangana de bronce y su base del mismo metal.ⁱ

Se hace el patio del santuario
(Ex 27.9–19)

⁹ Bezaleel hizo el patio. Por el lado sur, el patio tenía cuarenta y cinco metros de cortinas de lino torcido. ¹⁰ Sus veinte postes con sus veinte bases eran de bronce, y sus ganchos y anillos eran de plata. ¹¹ Por el lado norte había cortinas a lo largo de cuarenta y cinco metros, con sus veinte postes y veinte bases de bronce, y sus ganchos y anillos de plata. ¹² Por el

---

²⁹ Los espejos antiguos se hacían de bronce pulido.
ʰ **37.29** Ex 30.22–38. ⁱ **38.8** Ex 30.18.

lado occidental había veintidós metros y medio de cortinas, con diez postes y diez bases. Los ganchos de los postes y sus anillos eran de plata. [13] Por el lado oriental también había veintidós metros y medio de cortinas. [14] De un lado de la entrada había unos siete metros de cortinas, con tres postes y tres bases; [15] y del otro lado, de uno y otro lado de la entrada del patio, había unos siete metros de cortinas, tres postes y tres bases. [16] Todas las cortinas alrededor del patio eran de lino torcido. [17] Las bases para los postes eran de bronce, los ganchos de los postes y sus anillos eran de plata, y la parte superior de los postes estaba recubierta de plata. Todos los postes del patio tenían anillos de plata. [18] La cortina a la entrada del patio estaba finamente bordada sobre tela morada, tela de púrpura, tela roja y lino torcido. Medía nueve metros de largo por dos metros y veinticinco centímetros de alto, igual que las cortinas del patio. [19] Tenía cuatro postes con sus cuatro bases de bronce; sus ganchos y sus anillos eran de plata, y la parte superior de los postes estaba recubierta de plata. [20] Todas las estacas del santuario y del patio que lo rodeaba, eran de bronce.

Metales usados en el santuario

[21] Por órdenes de Moisés y bajo la dirección de Itamar, hijo del sacerdote Aarón, los levitas llevaron la cuenta de los metales usados en la construcción del santuario del pacto. [22] Bezaleel, el hijo de Uri y nieto de Hur, de la tribu de Judá, hizo todo lo que el Señor había ordenado a Moisés que se hiciera. [23] Lo ayudó Aholiab, hijo de Ahisamac, de la tribu de Dan, que era herrero, tejedor y bordador en tela morada, tela de púrpura, tela roja y lino fino. [24] Todo el oro que se usó para hacer lo necesario para el santuario, fue oro ofrendado al Señor, y dio un total de novecientos sesenta y cinco kilos con treinta gramos, según el peso oficial del santuario. [25] La plata recogida en el censo de la comunidad llegó a tres mil trescientos diecinueve kilos con quinientos veinticinco gramos, según el peso oficial del santuario. [26] Todos los empadronados mayores de veinte años fueron seiscientas tres mil quinientas cincuenta personas, y cada uno de ellos dio cinco gramos y medio de plata,[j] según el peso oficial del santuario.[k] [27] Había también tres mil trescientos kilos de plata para fundir las bases para el santuario y las bases para el velo. Toda esa

plata se usó en cien bases, o sea treinta y tres kilos de plata en cada base. [28] Con la plata que se recogió de toda la comunidad,[30] Bezaleel hizo los ganchos de los postes, las cubiertas de su parte superior y sus anillos. [29] El bronce ofrendado al Señor llegó a dos mil trescientos treinta y seis kilos con cuatrocientos gramos, [30] y con ese bronce se hicieron las bases para la puerta de la Tienda del Encuentro, el altar de bronce y su rejilla de bronce, y todos los utensilios del altar, [31] así como las bases y las estacas para el patio que rodeaba al santuario, y las bases para la puerta del patio.

Se hace la ropa de los sacerdotes
(Ex 28.1–43)

39 [1] La ropa tejida para el servicio en el santuario se hizo de tela morada, tela de púrpura y tela roja. También se hizo así la ropa especial para Aarón, tal como el Señor se lo había ordenado a Moisés. [2] Para hacer el efod se usó oro, tela morada, tela de púrpura, tela roja y lino torcido. [3] Se forjaron a martillo unas placas de oro, las cuales se cortaron en hilos para entretejerlos, a manera de bordado, en la tela morada, en la tela de púrpura, en la tela roja y en el lino. [4] Se le pusieron al efod dos tirantes unidos a sus dos extremos. [5] El cinturón que iba sobre el efod para sujetarlo, estaba hecho de la misma manera: de oro, tela morada, tela de púrpura, tela roja y lino torcido, tal como el Señor se lo había ordenado a Moisés. [6] Las piedras de cornalina se colocaron sobre monturas de oro, con los nombres de los hijos de Israel grabados en ellas como un sello. [7] Luego Bezaleel las puso sobre los tirantes del efod, para recordar a los hijos de Israel, tal como el Señor se lo había ordenado a Moisés. [8] El pectoral estaba hecho también con un fino bordado como el del efod: de oro, tela morada, tela de púrpura, tela roja y lino torcido. [9] Era doble y cuadrado, y de veintidós centímetros por cada lado. [10] Estaba cubierto con cuatro hileras de piedras preciosas: la primera hilera tenía un rubí, un crisólito y una esmeralda; [11] la segunda, un granate, un zafiro y un jade; [12] la tercera, un jacinto, una ágata y una amatista; [13] y la cuarta, un topacio, una cornalina y un jaspe. Las piedras estaban montadas en monturas de oro, y en doce, por los doce nombres de los hijos de Israel; cada una de ellas tenía grabado en forma de sello el nombre de una de las doce tribus.

[30] Véase vs. 25–26.
[j] 38.26 Mt 17.24.   [k] 38.25–26 Ex 30.11–16.

¹⁵ Sobre el pectoral hicieron unas cadenas de oro puro, torcidas como cordones. ¹⁶ También hicieron dos monturas de oro y dos argollas de oro; pusieron las argollas de oro en los dos extremos superiores del pectoral, ¹⁷ y las cadenas de oro sobre las dos argollas. ¹⁸ Las puntas de las dos cadenas las pusieron sobre las dos monturas y las aseguraron sobre los tirantes del efod por su parte delantera. ¹⁹ Hicieron también otras dos argollas de oro y las pusieron en los dos extremos inferiores del pectoral, sobre la orilla interior que quedaba junto al efod. ²⁰ Hicieron dos argollas más de oro y las pusieron en la parte delantera de los tirantes del efod, pero por debajo, junto a las costuras y un poco arriba del cinturón del efod. ²¹ Luego unieron las argollas del pectoral a las argollas del efod con un cordón morado, para que el pectoral quedara arriba del cinturón del efod y no se separara del mismo, tal como el Señor se lo había ordenado a Moisés.

²² Toda la capa del efod se hizo de un tejido de tela morada. ²³ La orilla de la abertura del centro tenía un dobladillo como el de los chalecos de cuero, para que no se rompiera. ²⁴ Adornaron el borde de la capa con granadas de tela morada, tela de púrpura, tela roja y lino torcido. ²⁵ Hicieron también campanitas de oro puro y las combinaron con las granadas, poniéndolas entre ellas alrededor de todo el borde ²⁶ de la capa para oficiar: una campanita y una granada, otra campanita y otra granada, tal como el Señor se lo había ordenado a Moisés.

²⁷ Las túnicas de lino para Aarón y sus hijos fueron hechas por un tejedor, ²⁸ lo mismo que el turbante, los tocados y los calzoncillos de lino torcido; ²⁹ el cinturón de lino torcido, tela morada, tela de púrpura y tela roja, fue bordado artísticamente, tal como el Señor se lo había ordenado a Moisés.

³⁰ También hicieron la placa de oro puro que lo consagraba como sacerdote, y en ella grabaron, a manera de sello, "Consagrado al Señor". ³¹ Luego le pusieron un cordón morado para colocar la placa sobre el turbante por la parte superior, tal como el Señor se lo había ordenado a Moisés.

Termina la construcción del santuario
(Ex 35.10–19)

³² La construcción del santuario, la Tienda del encuentro con Dios, llegó a su fin. Los israelitas hicieron todo exactamente como el Señor se lo había ordenado a Moisés, ³³ y le hicieron entrega a Moisés del santuario, la Tienda del Encuentro, y de todos sus utensilios: sus ganchos, tablas, travesaños, postes y bases, ³⁴ la cubierta de pieles de carnero teñidas de rojo, la cubierta de pieles finas, el velo para cubrir el cofre, ³⁵ el cofre del pacto y sus travesaños, la tapa, ³⁶ la mesa y todos sus utensilios, el pan que se consagra al Señor, ³⁷ el candelabro de oro puro y sus lámparas —o sea las lámparas que debían tenerse ordenadas—, y todos sus utensilios; el aceite para el alumbrado, ³⁸ el altar de oro, el aceite de consagrar, el incienso aromático, la cortina para la entrada de la Tienda del Encuentro, ³⁹ el altar de bronce con su rejilla de bronce, sus travesaños y todos sus utensilios, la palangana y su base, ⁴⁰ las cortinas del patio, sus postes y sus bases, la cortina para la entrada del patio, las cuerdas y estacas del patio, todos los utensilios para el servicio del santuario, la Tienda del Encuentro, ⁴¹ la ropa tejida para oficiar en el santuario, la ropa especial del sacerdote Aarón y la ropa sacerdotal de sus hijos.

⁴² Los israelitas hicieron todo tal y como el Señor se lo había ordenado a Moisés, ⁴³ y cuando Moisés vio que ellos lo habían hecho así, les dio su bendición.

Consagración del santuario

40 ¹ El Señor se dirigió a Moisés y le dijo:

² "El día primero del mes primero debes instalar el santuario, la Tienda del encuentro con Dios. ³ Pon allí dentro el cofre del pacto, y cúbrelo con el velo. ⁴ Pon también dentro la mesa y el candelabro. Arregla bien la mesa y colócale al candelabro sus lámparas. ⁵ Pon el altar de oro para el incienso delante del cofre del pacto, y cuelga la cortina de la entrada del santuario. ⁶ Pon luego el altar de los holocaustos a la entrada del santuario, la Tienda del Encuentro. ⁷ Pon después la palangana entre la Tienda del Encuentro y el altar, y llénala de agua. ⁸ Instala entonces el patio alrededor, y cuelga la cortina de la entrada del patio.

⁹ "Toma después el aceite de consagrar, y derrámalo sobre el santuario y sobre todo lo que está en él. Así lo consagrarás con todos sus utensilios, y será un lugar santo. ¹⁰ Derrama también aceite de consagrar sobre el altar de los holocaustos y sobre todos sus utensilios. Así lo consagrarás y será un altar santísimo. ¹¹ Derrama aceite sobre la palangana y su base, y así la consagrarás.

¹² "Lleva después a Aarón y a sus hijos cerca de la puerta de la Tienda del Encuentro, y haz que se bañen ¹³ y que Aarón se ponga la ropa especial. Luego derrama aceite sobre él para consagrarlo como mi sacerdote. ¹⁴ Acerca luego a sus hijos, ponles las túnicas ¹⁵ y derrama

aceite sobre ellos, como lo hiciste con Aarón, para que sean mis sacerdotes. Con este derramamiento de aceite sobre ellos se establece un sacerdocio eterno a través de los siglos."

¹⁶ Moisés lo hizo todo tal como el Señor se lo había ordenado. ¹⁷ Y así, al comenzar el segundo año después de la salida de Egipto, el día primero del mes primero, fue instalado el santuario. ¹⁸ Moisés instaló el santuario y puso sus bases, colocó las tablas, puso los travesaños, levantó los postes, ¹⁹ extendió la tienda de campaña sobre el santuario, y colocó la cubierta para la parte superior de la tienda, tal como el Señor se lo había ordenado.

²⁰⁻²¹ Después Moisés tomó las tablas de la ley y las puso en el cofre del pacto; luego le puso al cofre los travesaños, y su tapa para la parte superior, y lo llevó al interior del santuario; colgó entonces el velo y cubrió el cofre, tal como el Señor se lo había ordenado.

²² Luego puso la mesa dentro de la Tienda del Encuentro, al lado norte del santuario, pero fuera del velo. ²³ Sobre la mesa acomodó bien el pan ante la presencia del Señor, tal como el Señor se lo había ordenado.

²⁴ Puso también el candelabro dentro de la Tienda del Encuentro, frente a la mesa, al lado sur del santuario, ²⁵ y encendió las lámparas ante la presencia del Señor, tal como el Señor se lo había ordenado.

²⁶ El altar de oro lo puso dentro de la Tienda del Encuentro, delante del velo, ²⁷ y quemó en él incienso aromático, tal como el Señor se lo había ordenado.

²⁸ Después Moisés colgó la cortina para la entrada del santuario; ²⁹ luego puso el altar de los holocaustos a la entrada del santuario, la Tienda del Encuentro, y en él quemó animales y cereales como ofrendas, tal como el Señor se lo había ordenado.

³⁰ La palangana la puso entre la Tienda del Encuentro y el altar, y la llenó de agua, para lavarse. ³¹ De allí sacaban agua Moisés, y Aarón y sus hijos, para lavarse las manos y los pies. ³² Se lavaban cuando entraban en la Tienda del Encuentro y cuando se acercaban al altar, tal como el Señor se lo había ordenado a Moisés.

³³ Finalmente, Moisés instaló el patio alrededor del santuario y el altar, y colgó la cortina de la entrada del patio.

La nube sobre la Tienda del Encuentro
(Nm 9.15-23)

Al terminar Moisés la construcción, ³⁴ la nube cubrió la Tienda del Encuentro y la gloria del Señor^l llenó el santuario. ³⁵ Moisés no podía entrar en la Tienda del Encuentro porque la nube se había asentado sobre ella y la gloria del Señor llenaba el santuario. ³⁶ Cuando la nube se levantaba de encima del santuario, los israelitas levantaban su campamento y seguían su camino, ³⁷ pero si no se levantaba la nube, tampoco ellos levantaban su campamento, sino que esperaban hasta que la nube se levantaba. ³⁸ A lo largo de todo el viaje de los israelitas, y a la vista de todos ellos, la nube del Señor estaba sobre el santuario durante el día, y durante la noche había un fuego sobre él.^m

^l **40.34** 1 R 8.10-11; Is 6.4; Ez 43.4-5; Ap 15.8. ^m **40.34-38** Ex 13.21-22.

LEVÍTICO

Levítico significa "perteneciente o relativo a los levitas" Los levitas, o miembros de la tribu de Leví, eran los encargados, como sacerdotes o como auxiliares, de los servicios religiosos y del cuidado del templo. Se dio tal nombre a este libro porque contiene los reglamentos y preceptos para esa labor, así como las disposiciones rituales y ceremoniales para el culto, las leyes sobre la pureza ritual, las grandes festividades religiosas y los alimentos prohibidos o permitidos.

El tema central del libro es la santidad del "Dios de Israel" y el deber de su pueblo de observar una vida de pureza, de acuerdo con esa santidad. Las varias partes del libro tratan, respectivamente, de las leyes sobre sacrificios y ofrendas (1.1—7.38), de la ordenación de Aarón y sus hijos como sacerdotes (8.1—10.20), de las leyes sobre la pureza y la impureza rituales (11.1—15.33), de la celebración del Día de la Expiación (16.1—34) y de los preceptos sobre la santidad en la vida y el culto (17.1—27.34). De este libro (19.18) citó Jesús (Mt 22.39) uno de los grandes mandamientos, el del amor al prójimo.

Los holocaustos

1 ¹ El Señor llamó a Moisés desde la Tienda del Encuentro, y le dijo lo siguiente: ² "Habla con los israelitas y diles que cuando alguno me traiga ofrendas de animales, me las deberá traer de su ganado o de su rebaño. ³ "Si el animal que ofrece en holocausto es de su ganado, tendrá que ser un toro sin defecto.ª Para que le sea aceptado, deberá ofrecerlo en presencia del Señor a la entrada de la Tienda del Encuentro, ⁴ poniendo la mano sobre la cabeza del animal. Así el animal le será aceptado para obtener el perdón de sus pecados. ⁵ Degollará el toro en presencia del Señor; luego los hijos de Aarón, los sacerdotes, ofrecerán la sangre, y después la rociarán por encima y alrededor del altar que está a la entrada de la Tienda del Encuentro. ⁶ El que presenta el animal en holocausto le quitará la piel y lo cortará en pedazos, ⁷ y los sacerdotes harán fuego sobre el altar y acomodarán la leña ⁸ para poner sobre ella los pedazos cortados del animal y la cabeza y la grasa de los intestinos. ⁹ El que presenta el holocausto deberá lavar con agua las vísceras y las piernas del animal, y el sacerdote lo quemará todo sobre el altar como ofrenda quemada de aroma agradable al Señor.

¹⁰ "Si el animal que ofrece en holocausto es de su rebaño de ovejas o de cabras, tendrá que ser un macho sin defecto, ¹¹ y lo deberá degollar al lado norte del altar, ante el Señor. Los hijos de Aarón, los sacerdotes, rociarán la sangre del animal por encima y alrededor del altar; ¹² luego se cortará el animal en pedazos, y el sacerdote pondrá los pedazos cortados sobre la leña que arde en el altar, junto con la cabeza y la grasa de los intestinos. ¹³ Luego, el que presenta el holocausto deberá lavar con agua las vísceras y las piernas del animal, y el sacerdote lo quemará todo sobre el altar como ofrenda quemada de aroma agradable al Señor.

¹⁴ "Si el animal que ofrece en holocausto en honor del Señor es un ave, tendrá que ser una tórtola o un pichón de paloma. ¹⁵ El sacerdote ofrecerá el ave en el altar: le arrancará la cabeza y quemará el ave sobre el altar después de exprimir su sangre en un costado del altar. ¹⁶ Le quitará el buche y su contenido, y lo echará hacia el lado oriente del altar, o sea en el lugar de la ceniza; ¹⁷ luego partirá el ave en dos, tomándola por las alas, pero sin separar las dos partes, finalmente quemará el ave sobre la leña del altar como holocausto, como ofrenda quemada de aroma agradable al Señor.

Las ofrendas de cereales

2 ¹ "Cuando alguno traiga al Señor una ofrenda de cereales, deberá traer harina de la mejor calidad, sobre la cual echará aceite e incienso; ² luego la llevará a los hijos de Aarón, los sacerdotes, y uno de ellos tomará un puñado de harina con aceite, junto con todo el incienso, y lo quemará sobre el altar como ofrenda quemada de recordación, de aroma agradable al Señor. ³ Y la porción restante de la ofrenda, que es una porción muy sagrada entre las ofrendas que se queman en honor del Señor, será para Aarón y sus descendientes.

⁴ "Cuando presentes una ofrenda de cereales cocida al horno, preséntala de tortas de la mejor harina amasadas con aceite, pero sin levadura, o de hojuelas sin levadura rociadas de aceite.

ª 1.3 Lv 22.18-20.

⁵ "Si tu ofrenda es de cereales, cocinada en sartén, tendrá que ser de la mejor harina, amasada con aceite y sin levadura; ⁶ la partirás en pedazos y le rociarás aceite, pues es ofrenda de cereales.

⁷ "Si tu ofrenda es de cereales, cocinada en cacerola, deberá estar hecha con la mejor harina y con aceite. ⁸ Una vez que hayas preparado la ofrenda con estas cosas, deberás llevarla ante el Señor y entregarla al sacerdote, el cual la llevará hasta el altar. ⁹ Allí el sacerdote tomará un poco de la ofrenda para quemarla sobre el altar como ofrenda quemada de recordación, de aroma agradable al Señor. ¹⁰ Y la porción restante de la ofrenda, que es una porción muy sagrada entre las ofrendas que se queman en honor del Señor, será para Aarón y sus descendientes.

¹¹ "No le pongan ustedes levadura a ninguna de las ofrendas de cereales que presentan al Señor. Es más, ninguna clase de levadura ni de miel deberá ser quemada como ofrenda al Señor. ¹² Pueden presentar la levadura y la miel al Señor como ofrendas de primeros frutos, pero no ofrecerlas en el altar como aroma agradable.

¹³ "A todas tus ofrendas de cereales debes ponerles sal,ᵇ y no permitas que en tu ofrenda de cereales falte la sal del pacto de tu Dios. En todas tus ofrendas debes ofrecer sal.

¹⁴ "Si le presentas al Señor una ofrenda de cereales de tus primeros frutos, deberá ser de espigas maduras tostadas al fuego y de grano fresco machacado de tus primeras cosechas. ¹⁵ Sobre la ofrenda deberás echar aceite e incienso, pues es ofrenda de cereales. ¹⁶ Luego el sacerdote quemará un poco de grano machacado y de aceite, junto con todo el incienso, y será una ofrenda de recordación quemada en honor del Señor.

Los sacrificios de reconciliación

3 ¹ "Si alguien toma de sus ganados una vaca o un toro para ofrecer al Señor un sacrificio de reconciliación, el animal ofrecido no deberá tener ningún defecto. ² El que presenta la ofrenda pondrá la mano sobre la cabeza del animal ofrecido, y luego lo degollará a la entrada de la Tienda del Encuentro. Los sacerdotes, por su parte, rociarán la sangre por encima y alrededor del altar.

³ "El que presenta el animal para ofrecer un sacrificio de reconciliación, deberá presentar al Señor, como ofrenda quemada, la grasa que cubre las vísceras del animal, ⁴ los riñones, la grasa que los cubre y que está sobre los lomos, y la

parte grasosa del hígado, que deberá quitar junto con los riñones. ⁵ Los sacerdotes harán arder todo esto en el altar, junto con el animal que se va a quemar en la leña ardiente, como ofrenda quemada de aroma agradable al Señor.

⁶ "Si alguien ofrece al Señor un animal de sus rebaños como sacrificio de reconciliación, deberá ofrecer un macho o una hembra sin ningún defecto. ⁷ Si ofrece un cordero, al presentarlo ante el Señor ⁸ le pondrá la mano en la cabeza, y luego lo degollará ante la Tienda del Encuentro. Entonces los sacerdotes rociarán la sangre del animal por encima y alrededor del altar.

⁹ "El que ofrece el animal como sacrificio de reconciliación, deberá presentar al Señor, como ofrenda quemada, la grasa, la cola entera cortada al ras del espinazo, la grasa que cubre las vísceras, ¹⁰ los dos riñones, la grasa que los cubre y la que está sobre los lomos, y la parte grasosa del hígado, que habrá de quitar junto con los riñones. ¹¹ Luego el sacerdote quemará todo esto sobre el altar, como ofrenda de alimento quemada en honor del Señor.

¹² "Si el animal que ofrece es una cabra, al ofrecerla ante el Señor ¹³ le pondrá la mano en la cabeza, y luego la degollará ante la Tienda del Encuentro. Entonces los sacerdotes rociarán la sangre por encima y alrededor del altar.

¹⁴ "El que ofrece el animal puede tomar y presentar, como ofrenda quemada en honor del Señor, toda la grasa que cubre las vísceras, ¹⁵ los dos riñones, la grasa que los cubre y que está sobre los lomos, y la parte grasosa del hígado, que deberá quitar junto con los riñones. ¹⁶ Luego el sacerdote quemará todo esto sobre el altar, como ofrenda de alimento quemada, de aroma agradable. Toda la grasa es para el Señor.

¹⁷ "Esta es una ley permanente que pasará de padres a hijos, dondequiera que ustedes vivan: no coman nada de grasa ni de sangre."

Los sacrificios por el pecado

4 ¹ El Señor se dirigió a Moisés y le dijo: ² "Di a los israelitas que, en aquellos casos en que alguien peque involuntariamente contra alguno de los mandamientos del Señor y haga algo que no está permitido, se hará lo siguiente:

³ "Si el que peca es el sacerdote principal, haciendo así recaer la culpa sobre el pueblo, deberá ofrecer al Señor un becerro sin defecto como sacrificio por el pecado cometido. ⁴ Lo llevará ante el Señor, a la

entrada de la Tienda del Encuentro; allí le pondrá la mano en la cabeza, y luego lo degollará en presencia del Señor. [5] Después él mismo tomará un poco de la sangre del becerro y la llevará a la Tienda del Encuentro; [6] allí mojará su dedo en la sangre y la rociará siete veces ante el Señor, hacia el velo del santuario. [7] Untará también un poco de sangre en los cuernos del altar destinado al incienso aromático —que está ante el Señor, en la Tienda del Encuentro—, y toda la sangre restante la derramará al pie del altar de los holocaustos, que está a la entrada de la Tienda del Encuentro. [8] Luego le quitará al becerro sacrificado por el pecado toda la grasa que cubre las vísceras, [9] los dos riñones, la grasa que los cubre y que está sobre los lomos, y la parte grasosa del hígado, la cual deberá quitar junto con los riñones, [10] tal como se le quita al toro que se ofrece como ofrenda de reconciliación. Luego el sacerdote lo quemará sobre el altar de los holocaustos. [11] Pero la piel del becerro y toda su carne, junto con la cabeza, las piernas, las vísceras y desechos [12] —o sea, todo el becerro—, los sacará a un lugar limpio fuera del campamento, donde se echa la ceniza, y allí, sobre el montón de ceniza, les echará leña y les prenderá fuego.

[13] "Si toda la comunidad israelita hace algo malo sin quererlo, y ninguno de ellos se da cuenta de que su acción está en contra de los mandamientos del Señor y que así se han hecho culpables, [14] en cuanto se sepa el pecado que han cometido deberán ofrecer todos juntos un becerro como sacrificio por el pecado. Lo llevarán ante la Tienda del Encuentro, [15] en donde los ancianos de la comunidad pondrán sus manos sobre la cabeza del becerro, ante el Señor, y allí mismo lo degollarán. [16] Luego el sacerdote principal llevará un poco de la sangre del becerro a la Tienda del Encuentro, [17] mojará su dedo en la sangre y la rociará siete veces ante el Señor, frente al velo. [18] Untará un poco de sangre en los cuernos del altar que está ante el Señor, en la Tienda del Encuentro. Y toda la sangre restante la derramará al pie del altar de los holocaustos, el cual está a la entrada de la Tienda del Encuentro. [19] También le quitará al becerro toda la grasa, y la quemará en el altar; [20] es decir, que se hará con este becerro exactamente lo mismo que se hace con el becerro que se sacrifica por el pecado; así el sacerdote obtendrá el perdón por los pecados de ellos, y el pecado se les perdonará. [21] Luego sacará al becerro fuera del campamento, y lo quemará, tal como se hace

con el primer becerro, pues es el sacrificio por el pecado de la comunidad.

[22] "Si un jefe peca cometiendo algo que está en contra de los mandamientos del Señor su Dios, resultará culpable aun cuando lo haya hecho involuntariamente. [23] En cuanto se dé cuenta del pecado que cometió, deberá llevar como ofrenda un chivo sin ningún defecto. [24] Pondrá la mano sobre la cabeza del chivo, y lo degollará ante el Señor, en el lugar donde se matan los animales que van a ser quemados, pues es sacrificio por el pecado. [25] Luego el sacerdote tomará con su dedo un poco de sangre del animal sacrificado por el pecado, y la untará en los cuernos del altar de los holocaustos, después de lo cual derramará la sangre restante al pie del mismo altar [26] y quemará toda la grasa sobre el altar, tal como se hace con la grasa del sacrificio de reconciliación. Así el sacerdote obtendrá el perdón por el pecado del jefe, y el pecado le será perdonado.

[27] "Si una persona de clase humilde peca involuntariamente, resultando culpable de haber hecho algo que está en contra de los mandamientos del Señor, [28] en cuanto se dé cuenta del pecado que cometió deberá llevar una cabra sin ningún defecto como ofrenda por el pecado cometido. [29] Pondrá la mano sobre la cabeza del animal que ofrece por el pecado, y luego lo degollará en el lugar de los holocaustos. [30] Entonces el sacerdote tomará con el dedo un poco de sangre y la untará en los cuernos del altar de los holocaustos, y toda la sangre restante la derramará al pie del altar. [31] También deberá quitarle toda la grasa, tal como se quita al animal que se ofrece como sacrificio de reconciliación, y quemarla en el altar como aroma agradable al Señor. Así el sacerdote obtendrá el perdón por el pecado de esa persona, y el pecado se le perdonará.[c]

[32] "Si esa persona trae una oveja como sacrificio por el pecado, deberá traer una hembra sin ningún defecto. [33] Pondrá la mano sobre la cabeza de la oveja, y la degollará como sacrificio por el pecado en el lugar donde se matan los animales que se van a quemar. [34] Entonces el sacerdote tomará con el dedo un poco de sangre del animal sacrificado por el pecado y la untará en los cuernos del altar de los holocaustos, y toda la sangre restante la derramará al pie del altar. [35] Luego le quitará toda la grasa, tal como se le quita al cordero que se ofrece como sacrificio de reconciliación, y quemará la grasa en el altar, junto con las ofrendas quemadas en honor del Señor. Así el sacerdote obtendrá el perdón por el pecado

que esa persona cometió, y el pecado le será perdonado.

Casos específicos del sacrificio por el pecado

5 [1] "Si alguien es llamado a declarar como testigo de algo que vio o escuchó, y se niega a declarar, comete un pecado y debe cargar con la culpa.
[2] "Si alguien toca alguna cosa impura, como el cadáver de un animal impuro, sea salvaje o doméstico, o de un reptil impuro, quedará también impuro, y será culpable, aun cuando no se haya dado cuenta.
[3] "Si alguien toca alguna impureza humana, cualquier cosa que lo pueda dejar impuro, pero no se da cuenta en ese momento, si después se da cuenta será culpable.
[4] "Si alguien pronuncia a la ligera un juramento de hacer algo bueno o malo — de ese tipo de juramentos que se hacen sin pensar—, pero no se da cuenta en ese momento, si después se da cuenta será culpable de cualquiera de estas cosas.
[5] "El que resulte culpable en cualquiera de estos casos, deberá confesar el pecado que cometió [6] y le presentará al Señor una hembra de sus rebaños como sacrificio por el pecado cometido; puede ser una oveja o una cabra, y con este sacrificio el sacerdote obtendrá el perdón de los pecados de esa persona.
[7] "Si no tiene lo suficiente para comprar un cordero, deberá llevar al Señor dos tórtolas o dos pichones de paloma por el pecado cometido: uno de ellos como sacrificio por el pecado, y el otro como holocausto. [8] Deberá llevar al sacerdote, el cual presentará primero el que se ofrece por el pecado, retorciéndole el cuello pero sin arrancarle la cabeza por completo; [9] luego rociará un poco de sangre del sacrificio por el pecado en un costado del altar, y la sangre restante la exprimirá al pie del altar, pues es sacrificio por el pecado. [10] Con el segundo hará un holocausto, según lo establecido; así el sacerdote obtendrá el perdón del pecado cometido por esa persona, y el pecado le será perdonado.
[11] "Si no tiene ni siquiera para comprar dos tórtolas o dos pichones de paloma, deberá llevar como ofrenda por su pecado dos kilos de la mejor harina. No debe echarle aceite ni ponerle incienso encima, porque es una ofrenda por el pecado. [12] Deberá llevársela al sacerdote, el cual tomará un puñado como recordación y lo quemará en el altar junto con las ofrendas que se queman en honor del Señor. Es una ofrenda por el pecado, [13] para que el

sacerdote obtenga el perdón de cualquier pecado que esa persona haya cometido, y el pecado se le perdonará. Y, como en el caso de las ofrendas de cereales, la parte restante será para el sacerdote."

Los sacrificios por la culpa

[14] El Señor se dirigió a Moisés y le dijo: [15] "La persona que peque involuntariamente y resulte culpable de fraude en las cosas sagradas del Señor, debe tomar de sus rebaños un carnero sin ningún defecto, como sacrificio por su culpa, y llevárselo al Señor. El valor del carnero se debe calcular en plata, según el peso oficial del santuario para las ofrendas por la culpa. [16] Esa persona debe pagar lo defraudado de las cosas sagradas, más una quinta parte, cantidad que entregará al sacerdote. Luego, con el carnero que se sacrifica por la culpa, el sacerdote obtendrá el perdón por el pecado de esa persona, y el pecado se le perdonará.
[17] "Si alguien peca haciendo algo que está en contra de los mandamientos del Señor, aunque no se dé cuenta, será culpable y deberá cargar con la culpa. [18] Por lo tanto, deberá tomar de sus rebaños un carnero sin ningún defecto, cuyo valor tú deberás calcular, y se lo llevará al sacerdote como sacrificio por la culpa, para obtener así el perdón del pecado que esa persona cometió involuntariamente, y el pecado se le perdonará. [19] Es un sacrificio por la culpa, pues esa persona es culpable ante el Señor.

Los sacrificios por causa de fraudes

6 [1] [d]El Señor se dirigió a Moisés y le dijo:
[2] "Cuando alguien peque y resulte culpable de fraude ante el Señor por haber engañado a su prójimo en algo que éste le había confiado o prestado, o por robarle o quitarle algo a la fuerza, [3] o por negar haber encontrado un objeto perdido, o por hacer un juramento falso (cualquiera de esas cosas en que uno comete pecado), [4] será culpable de ese pecado. Por lo tanto, tendrá que devolver lo que haya robado o conseguido a la fuerza, o aquello que se le había confiado, o el objeto encontrado, [5] o cualquiera otra cosa por la que haya jurado falsamente. Tendrá que devolverlo todo a su dueño, más una quinta parte, cuando presente su sacrificio por la culpa. [6] Su sacrificio al Señor será un carnero sin ningún defecto, cuyo valor tú deberás calcular, y el cual deberá él tomar del rebaño y llevárselo al sacerdote como sacrificio por la culpa. [7] Entonces el sacerdote

---

[d] Los. vs. 6.1-30 corresponden a los vs. 5.20—6.23 en el texto hebreo.

obtendrá del Señor el perdón de cualquiera de aquellas cosas en que esa persona haya pecado, y el pecado se le perdonará."[e]

Instrucciones sobre los holocaustos

[8] El Señor se dirigió a Moisés y le dijo: [9] "Dales a Aarón y a sus hijos las siguientes instrucciones en cuanto a los holocaustos: El animal sacrificado deberá dejarse sobre las brasas del altar durante toda la noche, para que el fuego lo queme. [10] El sacerdote se cubrirá el cuerpo poniéndose ropa y calzoncillos de lino; luego recogerá las cenizas del animal que fue quemado sobre el altar, y las pondrá a un lado del altar. [11] Después se cambiará de ropa y se llevará las cenizas a un lugar limpio fuera del campamento. [12] "El fuego que arde en el altar no debe apagarse nunca. El sacerdote deberá echarle leña todas las mañanas y acomodar sobre el fuego el animal que se va a quemar, además de quemar también en el altar la grasa de los sacrificios de reconciliación. [13] El fuego del altar debe estar encendido siempre. No debe apagarse nunca.

Instrucciones sobre las ofrendas de cereales

[14] "Las siguientes instrucciones se refieren a las ofrendas de cereales: Los sacerdotes deben ofrecerlas ante el altar, delante del Señor. [15] Uno de ellos tomará un puñado de la harina ofrendada y de su aceite, junto con todo el incienso que va con la ofrenda, y los hará arder en el altar como ofrenda quemada de recordación, de aroma agradable al Señor. [16] Y la parte restante de la ofrenda se la comerán Aarón y sus hijos, sin levadura y en un lugar consagrado, en el patio de la Tienda del Encuentro. [17] No deben cocerla con levadura. Se la he dado a ellos como la parte que les corresponde de mis ofrendas quemadas, y es una cosa santísima, como lo son los sacrificios por el pecado y por la culpa. [18] Para siempre en el futuro, todos los varones descendientes de Aarón podrán comer la parte que les corresponde de las ofrendas quemadas al Señor. Cualquier cosa que toque estas ofrendas quedará consagrada."

La ofrenda de los sacerdotes

[19] El Señor se dirigió a Moisés y le dijo: [20] "Esta es la ofrenda que Aarón y sus descendientes deben presentar al Señor cuando sean consagrados como sacerdotes: dos kilos de la mejor harina como ofrenda de cereales, presentando la mitad por la mañana y la otra mitad al atardecer, sin faltar un solo día. [21] Deben preparar la ofrenda en una sartén, bien mezclada con aceite, y luego presentarla partida en pedazos como ofrenda de aroma agradable al Señor. [22] Así debe prepararla el sacerdote principal descendiente de Aarón que sea consagrado en su lugar; le corresponde siempre al Señor, y deberá ser quemada completamente. [23] Todas las ofrendas de los sacerdotes habrán de ser quemadas completamente; nadie deberá comerlas.'

Instrucciones sobre los sacrificios por el pecado

[24] El Señor se dirigió a Moisés y le dijo: [25] "Dales a Aarón y a sus hijos las siguientes instrucciones en cuanto a los sacrificios por el pecado: El animal que se ofrezca por el pecado deberá ser degollado ante el Señor, en el lugar donde se matan los animales que se van a quemar, pues es una cosa santísima. [26] El sacerdote que ofrezca el sacrificio por el pecado, podrá comer de él, pero deberá comerlo en un lugar santo, en el patio de la Tienda del Encuentro. [27] Cualquier cosa que toque la carne del animal quedará consagrada, y si la ropa queda salpicada de sangre, deberá ser lavada en un lugar santo. [28] La olla de barro en que se hirvió la carne de la ofrenda, deberá romperse; pero si se hirvió en un recipiente de bronce, bastará con fregarlo y enjuagarlo. [29] "Este sacrificio es una cosa santísima. Sólo podrán comer de él los sacerdotes. [30] Pero no se podrá comer ningún animal ofrecido por el pecado cuya sangre haya sido llevada a la Tienda del Encuentro, para perdón de pecados en el santuario. Ese sacrificio deberá ser quemado en el fuego.

Instrucciones sobre los sacrificios por la culpa

7 [1] "Los sacrificios por la culpa son una cosa santísima. Estas son las instrucciones en cuanto a ellos: [2] El animal ofrecido por la culpa deberá ser degollado en el lugar donde se matan los animales que se ofrecen para ser quemados, y su sangre se deberá rociar por encima y alrededor del altar. [3] Se deberá ofrecer toda la grasa del animal: la que hay en la cola[j] y la que cubre las vísceras, [4] los dos riñones, la grasa que los cubre y la que está sobre los

[j] Véase la nota a Ex 29.22.
[e] 6.1–7 Nm 5.5–8.

lomos, así como la parte grasosa que está sobre el hígado, la cual se deberá quitar junto con los riñones. ⁵ Luego el sacerdote quemará esto sobre el altar, como ofrenda quemada en honor del Señor. Es un sacrificio por la culpa, ⁶ y todos los sacerdotes podrán comer de él, aunque deberán hacerlo en un lugar consagrado, pues es una cosa santísima.

⁷ "El sacrificio por la culpa es como el sacrificio por el pecado, y las instrucciones son las mismas para los dos: lo ofrecido será para el sacerdote que oficie en el acto del perdón. ⁸ Igualmente, el sacerdote que sacrifique al animal que alguien haya ofrecido en holocausto, podrá quedarse con la piel del animal. ⁹ También todas las ofrendas de cereales horneadas, y todo lo preparado en cacerola y sartén, serán para el sacerdote que presente la ofrenda. ¹⁰ De la misma manera, todas las ofrendas de cereales, tanto las amasadas con aceite como las secas, serán para todos los descendientes de Aarón por partes iguales.

Instrucciones sobre los sacrificios de reconciliación

¹¹ "Estas son las instrucciones en cuanto a los sacrificios de reconciliación que se presentan al Señor: ¹² Si el sacrificio es de acción de gracias, se ofrecerán también tortas sin levadura amasadas con aceite, hojuelas sin levadura rociadas de aceite, y tortas de harina de la mejor calidad amasadas con aceite; ¹³ y, junto con el sacrificio de acción de gracias y de reconciliación, se presentarán tortas de pan con levadura. ¹⁴ De toda ofrenda se tomará una parte y se presentará al Señor como contribución, y será para el sacerdote que rocíe la sangre del sacrificio de reconciliación.

¹⁵ "La carne del animal ofrecido en acción de gracias y reconciliación debe comerse el mismo día en que se ofrece; no se debe guardar un solo pedazo para el día siguiente. ¹⁶ En caso de que el animal se ofrezca en cumplimiento de una promesa, o de que sea una ofrenda voluntaria, deberá comerse el mismo día en que se ofrece, pero lo que quede se podrá comer al día siguiente; ¹⁷ si a los tres días todavía queda carne del animal ofrecido, habrá que quemarla toda. ¹⁸ Y si alguien come al tercer día carne del sacrificio de reconciliación, el sacrificio no será aceptado ni tomado en cuenta, y la carne será considerada despreciable. El que coma de ella cargará con ese pecado.

¹⁹ "La carne que toque cualquier cosa impura no debe ser comida, sino quemada.

"Todos los que estén puros podrán comer carne.

²⁰ "La persona que estando impura coma carne del sacrificio de reconciliación, el cual pertenece al Señor, será eliminada de entre su pueblo.

²¹ "La persona que toque cualquier cosa impura —ya sea alguna impureza humana o impureza de animal, o cualquier otra cosa repugnante—, y luego coma carne del sacrificio de reconciliación, el cual pertenece al Señor, será eliminada de entre su pueblo."

Instrucciones sobre la grasa y la sangre

²² El Señor se dirigió a Moisés y le dijo: ²³ "Di a los israelitas lo siguiente: No deben comer nada de grasa de toro, de cordero o de cabra. ²⁴ A la grasa de animales muertos o despedazados por las fieras pueden darle cualquier otro uso, pero no comerla.

²⁵ "Cualquiera que coma grasa de animales de los que se presentan al Señor como ofrendas quemadas, será eliminado de entre su pueblo.

²⁶ "Dondequiera que ustedes vivan, no deberán comer nada de sangre de aves ni de animales. ²⁷ La persona que coma cualquier clase de sangre será eliminada de entre su pueblo."ᶠ

La porción sacerdotal

²⁸ El Señor se dirigió a Moisés y le dijo: ²⁹ "Di a los israelitas que el que presente al Señor un sacrificio de reconciliación, deberá llevarlo ante el Señor. ³⁰ Con sus propias manos deberá llevar ante el Señor la ofrenda quemada, la grasa que cubre el pecho y el pecho mismo para celebrar ante el Señor el rito de presentación. ³¹ El sacerdote quemará la grasa en el altar, pero el pecho será para Aarón y sus descendientes. ³² El muslo derecho de los animales ofrecidos en reconciliación se le dará al sacerdote como contribución. ³³ Ese muslo derecho le corresponderá al sacerdote que ofrezca la grasa y la sangre del sacrificio de reconciliación, ³⁴ pues de los sacrificios de reconciliación que los israelitas me hacen he tomado el pecho como ofrenda especial, y el muslo como contribución, y se los he dado al sacerdote Aarón y a sus descendientes como la parte que siempre les corresponderá de las ofrendas de los israelitas."

³⁵ De las ofrendas que se queman en honor del Señor, éstas son las porciones que les corresponden a Aarón y a sus descendientes, a partir del día que el Señor

los consagró como sacerdotes suyos. [36] El Señor ordenó que los israelitas se las dieran, a partir del día que los consagró, como una obligación permanente que pasaría de padres a hijos.

[37] Estas son las instrucciones en cuanto a los holocaustos, las ofrendas de cereales, los sacrificios por el pecado y por la culpa, las ofrendas de consagración y los sacrificios de reconciliación. [38] El Señor se las dio a Moisés en el monte Sinaí, cuando en el desierto de Sinaí ordenó a los israelitas que le presentaran ofrendas.

Consagración de Aarón y de sus hijos
29.1-37)

8 [1] El Señor se dirigió a Moisés y le dijo: [2] "Toma a Aarón y a sus hijos, y toma además las ropas sacerdotales, el aceite de consagrar, el becerro que se sacrifica por el pecado, los dos carneros y el canastillo de los panes sin levadura, [3] y reúne a toda la comunidad a la entrada de la Tienda del Encuentro."

[4] Moisés hizo lo que el Señor le había ordenado, y la comunidad se reunió a la entrada de la Tienda del Encuentro. [5] Entonces Moisés dijo a la comunidad: "Esto es lo que el Señor ha ordenado que se haga."

[6] Luego hizo Moisés que Aarón y sus hijos se acercaran, y los lavó con agua. [7] Después le puso a Aarón la túnica, le ajustó el cinturón y lo vistió con la capa; luego le puso encima el efod y se lo ajustó bien con la misma cinta del efod. [8] Luego le puso encima el pectoral, y en el pectoral puso el Urim y el Tumim. [9] Luego le puso el turbante en la cabeza, y sobre él, por la parte de enfrente, colocó la placa de oro que lo consagraba como sacerdote, tal como el Señor se lo había ordenado.[g]

[10] Después Moisés tomó el aceite de consagrar y lo derramó sobre el santuario y sobre todo lo que había allí dentro, y así lo consagró. [11] Con el mismo aceite roció el altar siete veces, y lo derramó sobre el altar y sobre todos sus utensilios, y también sobre la palangana y su base, para consagrarlos.

[12] Luego derramó Moisés sobre la cabeza de Aarón el aceite de consagrar, para consagrarlo como sacerdote. [13] Hizo también que los hijos de Aarón se acercaran, y los vistió con las túnicas, les ajustó los cinturones y les puso los turbantes, tal como el Señor se lo había ordenado.

[14] Después Moisés mandó traer el becerro que se sacrifica por el pecado, y Aarón y sus hijos pusieron sus manos sobre la cabeza del becerro. [15] Entonces Moisés lo

degolló y, tomando sangre con sus dedos, la untó en los cuernos alrededor del altar, para purificarlo, y la sangre restante la derramó al pie de altar. Así el altar quedó consagrado para obtener allí el perdón de los pecados.[h]

[16] Después Moisés tomó toda la grasa que cubre las vísceras, la parte grasosa que está sobre el hígado y los dos riñones con su grasa, y lo quemó todo sobre el altar; [17] pero al resto del becerro, es decir, a su piel, carne y desechos, les prendió fuego fuera del campamento, tal como el Señor se lo había ordenado.

[18] Moisés hizo que acercaran el carnero que se ofrece en holocausto, y Aarón y sus hijos pusieron las manos sobre la cabeza del carnero. [19] Luego Moisés lo degolló, y derramó la sangre por encima y alrededor del altar, [20] cortó el carnero en pedazos, y quemó la cabeza, los pedazos y la grasa; [21] luego lavó con agua las vísceras y las piernas del carnero, y lo quemó todo en el altar como holocausto, como ofrenda de aroma agradable al Señor, tal como el Señor se lo había ordenado.

[22] Luego Moisés hizo que trajeran el otro carnero, el de la ceremonia de consagración, y Aarón y sus hijos pusieron las manos sobre la cabeza del carnero. [23] Después Moisés lo degolló, tomó un poco de sangre y se la untó a Aarón en la parte inferior de la oreja derecha, en el pulgar de la mano derecha y en el dedo gordo del pie derecho. [24] Luego hizo que se acercaran los hijos de Aarón, y también les untó sangre en la parte inferior de su oreja derecha, en el pulgar de la mano derecha y en el dedo gordo del pie derecho; después derramó la sangre restante por encima y alrededor del altar.

[25] Luego Moisés tomó la grasa, la cola, toda la grasa que cubre las vísceras, la parte grasosa que está sobre el hígado, los dos riñones con su grasa, y el muslo derecho. [26] Del canastillo de los panes sin levadura que se pone ante el Señor, tomó Moisés una torta sin levadura, una torta amasada con aceite y una hojuela, y las puso junto con las grasas y el muslo derecho; [27] luego puso todo esto en las manos de Aarón y de sus hijos, para que hicieran ante el Señor el rito de presentación. [28] Luego recogió Moisés todo esto de manos de ellos, y lo quemó en el altar junto con el holocausto, como ofrenda de consagración de aroma agradable: ofrenda quemada en honor del Señor.

[29] Después Moisés tomó el pecho y celebró ante el Señor el rito de presentación. Esa parte del carnero de la consagración

fue la que le tocó a Moisés, tal como el Señor se lo había ordenado.

[30] Tomó luego Moisés un poco de aceite de consagrar y de la sangre que estaba sobre el altar, y los roció sobre Aarón y sus hijos, así como sobre la ropa sacerdotal de todos ellos. Así consagró a Aarón y a sus hijos, y la ropa sacerdotal de todos ellos.

[31] Después Moisés les dijo a Aarón y a sus hijos: "Cuezan la carne a la entrada de la Tienda del Encuentro, y cómanla allí mismo con el pan del canastillo de las consagraciones, tal como el Señor me lo ordenó cuando dijo:[2] 'Aarón y sus hijos comerán esta carne.' [32] Quemen después la carne y el pan que sobren, [33] y no se alejen de la entrada de la Tienda del Encuentro durante siete días, que es lo que dura el periodo de su consagración. [34] El Señor ha ordenado que el rito para obtener el perdón de los pecados cometidos por ustedes se haga tal como se ha hecho hoy. [35] Por lo tanto, ustedes deberán quedarse día y noche a la entrada de la Tienda del Encuentro, durante siete días. Respeten la orden del Señor y no morirán, pues esa es la orden que recibí."

[36] Y Aarón y sus hijos hicieron todo lo que el Señor había ordenado por medio de Moisés.

Aarón inicia su sacerdocio

9 [1] Al octavo día Moisés llamó a Aarón y a sus hijos, y a los ancianos de Israel. [2] Y le dijo a Aarón: "Toma un becerro para el sacrificio por el pecado, y un carnero sin defecto para ofrecerlo en holocausto, y preséntalos ante el Señor. [3] A los israelitas diles que tomen un chivo como sacrificio por el pecado, un becerro y un cordero que sean de un año y que no tengan ningún defecto, para ofrecerlos como holocaustos, [4] y un toro y un carnero para matarlos ante el Señor como sacrificios de reconciliación. Que traigan también una ofrenda de cereales amasada con aceite, porque el Señor se les va a manifestar hoy."

[5] Los israelitas llevaron hasta delante de la Tienda del Encuentro lo que Moisés había ordenado, y toda la comunidad se acercó y permaneció de pie ante el Señor. [6] Entonces Moisés dijo: "Esto es lo que el Señor ha ordenado. Háganlo, y el Señor se manifestará a ustedes con gran esplendor."

[7] Luego le dijo Moisés a Aarón: "Acércate al altar, y presenta tu sacrificio por el pecado y el animal que vas a ofrecer en holocausto para el perdón de tus pecados y de los pecados de los israelitas. Presenta también la ofrenda de los israelitas para el perdón de sus pecados, tal como el Señor lo ha ordenado."[i]

[8] Aarón se acercó al altar y degolló el becerro que ofrecía por sus pecados. [9] En seguida sus hijos le acercaron la sangre, y Aarón, mojando sus dedos en ella, la untó en los cuernos del altar y derramó la sangre restante al pie del altar. [10] Luego quemó sobre el altar la grasa, los riñones y la parte grasosa del hígado del animal sacrificado por el pecado, tal como el Señor se lo había ordenado a Moisés. [11] Pero la carne y la piel las quemó fuera del campamento.

[12] Aarón degolló también el animal que se ofrecía en holocausto, y sus hijos le llevaron la sangre, la cual derramó Aarón por encima y alrededor del altar. [13] Luego le llevaron la cabeza y los pedazos cortados del animal que se ofrecía en holocausto, y Aarón los quemó sobre el altar; [14] luego lavó las vísceras y las piernas, y las quemó en el altar, lo mismo que el animal entero.

[15] Aarón presentó también la ofrenda por los israelitas. Tomó el chivo, que era el sacrificio por el pecado del pueblo, y lo degolló, ofreciéndolo por el pecado como había hecho con la ofrenda anterior. [16] Al presentar el animal que se ofrece en holocausto, lo hizo según lo establecido. [17] Luego presentó la ofrenda de cereales, de la que tomó un puñado y lo quemó sobre el altar, además de los holocaustos de la mañana.

[18] Aarón degolló también el toro y el carnero que los israelitas ofrecían como sacrificio de reconciliación.[j] Sus hijos le entregaron la sangre, y él la derramó encima y alrededor del altar. [19] También le entregaron las grasas del toro y del carnero, la cola, la grasa que cubre las vísceras, los riñones y la parte grasosa del hígado, [20] y pusieron las grasas junto con los pechos. Entonces Aarón quemó las grasas en el altar, [21] pero con los pechos y los muslos derechos sólo celebró ante el Señor el rito de presentación, tal como el Señor se lo había ordenado a Moisés.[j]

[22] Aarón levantó sus manos sobre los israelitas y los bendijo,[k] y después de haber presentado el sacrificio por el pecado, el holocausto y el sacrificio de reconciliación, se retiró del altar. [23] Luego Moisés y Aarón entraron en la Tienda del Encuentro, y al salir bendijeron a los israelitas. Entonces el Señor se manifestó con gran esplendor a todo el pueblo: [24] salió fuego de la presencia del Señor y consumió el

[2] Así, con varias versiones antiguas. Heb. *como yo ordené*.   [3] Así, con varios mss. Heb. *tal como lo había ordenado Moisés*.
[i] **9.7** He 5.1–3; 7.27.   [j] **9.18** Lv 3.1–11.   [k] **9.22** Nm 6.22–26.

animal que iba a ser quemado y las grasas que estaban sobre el altar.

Al ver esto, todos los israelitas lanzaron gritos de alegría y se inclinaron hasta tocar el suelo con la frente.

El pecado de Nadab y Abiú

10 [1] Nadab y Abiú, hijos de Aarón, tomaron cada uno su brasero, pusieron lumbre e incienso en ellos y ofrecieron ante el Señor un fuego extraño que él no les había ordenado. [2] Entonces salió fuego de la presencia del Señor y los quemó por completo. Asi murieron ante el Señor. [3] Después Moisés le dijo a Aarón:

—Esto es lo que el Señor quería decir cuando dijo:

'A los que se acercan a mí les
    mostraré mi santidad,
y a todos los israelitas les mostraré
    mi gloria.'

Y Aarón se quedó callado.

[4] Luego Moisés llamó a Misael y a Elzafán, hijos de Uziel, tio de Aarón, y les dijo:

—Vengan ustedes a sacar del santuario a sus parientes, y llévenselos fuera del campamento.

[5] Ellos se acercaron y en sus propias túnicas se los llevaron fuera del campamento, tal como lo había ordenado Moisés.

Deberes y obligaciones de los sacerdotes

[6] Luego Moisés les dijo a Aarón y a sus hijos Eleazar e Itamar:

—No se dejen suelto el pelo ni se rasguen la ropa en señal de luto, no sea que ustedes mueran y que Dios descargue su enojo sobre la comunidad. Lo que sí deben lamentar sus hermanos de raza, todos los israelitas, es que el Señor haya tenido que provocar este incendio. [7] No se alejen tampoco de la entrada de la Tienda del Encuentro, para que no mueran, pues ustedes han sido consagrados con el aceite del Señor.

Y tal como Moisés lo ordenó, así lo hicieron.

[8] Además, el Señor le habló a Aarón y le dijo:

[9] "Cuando tú o tus hijos tengan que entrar en la Tienda del Encuentro, no deberán beber vino ni bebidas fermentadas, no sea que mueran. Es una ley permanente, que pasará de padres a hijos, [10] para que ustedes puedan distinguir entre lo sagrado y lo profano, y entre lo puro y lo impuro,

[11] y puedan también instruir a los israelitas en todas las leyes que el Señor les ha dado por medio de Moisés."

[12] Después Moisés les dijo a Aarón y a Eleazar e Itamar, los dos hijos que le quedaban a Aarón

—Tomen la ofrenda de cereales que ha quedado de las ofrendas quemadas al Señor, y cómanla sin levadura junto al altar, porque es una cosa santísima. [13] Cómanla en un lugar sagrado, porque eso es lo que les ha tocado a ti y a tus hijos de las ofrendas que se queman en honor del Señor.[l] Eso es lo que se me ha ordenado. [14] Y el pecho, que es la ofrenda especial, y el muslo, que es la contribución, los deberán comer en un lugar puro tú, y tus hijos e hijas, porque ésa es la parte que les corresponde de los sacrificios de reconciliación de los israelitas. [15] El muslo, que es la contribución, y el pecho, que es la ofrenda especial, serán llevados ante el Señor y presentados como ofrenda especial, junto con las grasas que se ofrecen para ser quemadas. Esta parte será siempre tuya y de tus hijos, ta como el Señor lo ha ordenado.[m]

[16] Entonces Moisés preguntó por el chivo que se sacrifica por el pecado, y se encontró con cue ya lo habian quemado. Entonces se enojó con Eleazar e Itamar, los dos hijos que le quedaban a Aarón, y les dijo:

[17] —¿Por qué no comieron el sacrificio por el pecado en un lugar sagrado? Es una cosa santísima.[n] y el Señor se lo dio a ustedes para que ustedes carguen con la culpa de la comunidad y obtengan del Señor el perdón de sus pecados. [18] Puesto que la sangre no fue llevada al interior del santuario, ustedes tenían que haber comido el sacrificio en ese lugar sagrado, tal como yo lo había ordenado.

[19] Y Aarón le contestó:

—Mira, hoy han presentado ellos ante el Señor sus sacrificios por el pecado y sus holocaustos, y a mí me han sucedido cosas como éstas Si yo hubiera comido hoy del sacrificio por el pecado, ¿le habría agradado al Señor?

[20] Al oír esto Moisés se dio por satisfecho.

Animales puros e impuros
(Dt 14.3–21)

11 [1] El Señor se dirigió a Moisés y Aarón, y les dijo:

[2] "Digan a los israelitas que, de todos los animales que viven en tierra, pueden comer [3] los que sean rumiantes[4] y tengan

[4] El término *rumiante* no coincide con el de la especie descrita por la ciencia actual, sino que se aplicada a diversos animales que comían hierba.
[l] 10.12–13 Lv 6.14–18.   [m] 10.14–15 Lv 7.28–34.
[n] 10.17 Lv 6.24–26.   [4] 11.44–45 Lv 19.2; Mt 5.48; 1 P 1.15–16.   [c] 12.3 Gn 17.12; Lc 2.21.   [p] 12.8 Lc 2.24.

pezuñas partidas; ⁴ pero no deben comer los siguientes animales, aunque sean rumiantes o tengan pezuñas partidas:

"El camello, porque es rumiante pero no tiene pezuñas partidas. Deben considerarlo un animal impuro.

⁵ "El tejón, porque es rumiante pero no tiene pezuñas partidas. Deben considerarlo un animal impuro.

⁶ "La liebre, porque es rumiante pero no tiene pezuñas partidas. Deben considerarlo un animal impuro.

⁷ "El cerdo, porque tiene pezuñas, y aunque las tiene partidas en dos, no es rumiante. Deben considerarlo un animal impuro.

⁸ "No deben comer la carne de estos animales, y ni siquiera tocar su cadáver. Deben considerarlos animales impuros.

⁹ "De los animales que viven en el agua, ya sean de mar o de río, pueden comer solamente de los que tienen aletas y escamas. ¹⁰ Pero a los que no tienen aletas y escamas deben considerarlos animales despreciables, aunque sean de mar o de río, lo mismo los animales pequeños que los grandes. ¹¹ No deben comer su carne; deben considerarlos animales despreciables, y despreciarán también su cadáver. ¹² Todo animal de agua que no tenga aletas y escamas, lo deben considerar despreciable.

¹³ "De las aves no deben comer las siguientes; al contrario, las deben considerar animales despreciables: el águila, el quebrantahuesos, el águila marina, ¹⁴ el milano, y toda clase de halcones, ¹⁵· toda clase de cuervos, ¹⁶ el avestruz, la lechuza, la gaviota, toda clase de gavilanes, ¹⁷ el búho, el cormorán, el ibis, ¹⁸ el cisne, el pelícano, el buitre, ¹⁹ la cigüeña, toda clase de garzas, la abubilla y el murciélago.

²⁰ "A todo insecto que vuele y camine,⁵ deben considerarlo despreciable, ²¹ pero pueden comer de los que, aunque vuelen y caminen, tengan también piernas unidas a sus patas para saltar sobre el suelo. ²² De ellos pueden comer los siguientes: toda clase de langostas, langostones, grillos y saltamontes. ²³ Pero a todo otro insecto que vuele y que camine, lo deben considerar despreciable.

²⁴ "En los siguientes casos ustedes quedarán impuros:

"Cualquiera que toque el cadáver de uno de esos animales, quedará impuro hasta el anochecer. ²⁵ "Cualquiera que levante el cadáver de uno de esos animales, deberá lavar su ropa y quedará impuro hasta el anochecer. ²⁶ "A todo animal que, teniendo pezuñas, no las tenga partidas ni sea rumiante, lo deben considerar un animal impuro, y cualquiera que lo toque quedará impuro también.

²⁷ "A cualquier animal de cuatro patas y que para andar se apoye en sus plantas, deben considerar un animal impuro; cualquiera que toque el cadáver de uno de ellos, quedará impuro hasta el anochecer. ²⁸ Así mismo, el que levante el cadáver de uno de ellos, deberá lavar su ropa y quedará impuro hasta el anochecer, pues ustedes deben considerar impuros a esos animales.

²⁹ "De los animales que se arrastran sobre la tierra, deben considerar impuros a los siguientes: comadrejas, ratones y toda clase de reptiles, ³⁰ como salamanquesas, cocodrilos, lagartos, lagartijas y camaleones.

³¹ "Entre los muchos animales que existen, a éstos los deberán considerar impuros. Cualquiera que toque el cadáver de uno de estos animales, quedará impuro hasta el anochecer.

³² "También quedará impura cualquier cosa sobre la que caiga el cadáver de uno de esos animales. Ya sea un objeto de madera, un vestido, alguna cosa de piel, un costal, o cualquier instrumento de trabajo, se deberá meter en agua y quedará impuro hasta el anochecer; después de eso quedará puro.

³³ "Si el cadáver de cualquiera de esos animales cae en una olla de barro, todo lo que haya dentro de ella quedará impuro y la olla tendrá que romperse. ³⁴ Todo alimento sobre el que caiga agua de esa olla, quedará impuro; y toda bebida que haya en ella, quedará impura. ³⁵ Todo aquello sobre lo que caiga el cadáver de uno de esos animales, quedará impuro; aunque sea un horno o una doble hornilla: deberá ser destruido. Es un objeto impuro, y así deberán ustedes considerarlo.

³⁶ "Sin embargo, el manantial o pozo de donde se toma agua, seguirá siendo puro; pero quien toque los cadáveres de esos animales, quedará impuro.

³⁷ "Si el cadáver de uno de esos animales cae sobre una semilla que se va a sembrar, la semilla seguirá siendo pura; ³⁸ pero si la semilla ha sido mojada y el cadáver de uno de esos animales cae sobre ella, se la deberá considerar impura.

³⁹ "En caso de que muera alguno de los animales que ustedes tenían para comer, el que toque el cadáver quedará impuro hasta el anochecer; ⁴⁰ el que coma carne del animal muerto, deberá lavar su ropa y quedará impuro hasta el anochecer; y el que saque el cadáver del animal, también deberá lavar su ropa, y quedará impuro hasta el anochecer.

⁵ Y camine: lit. y camine sobre cuatro patas (aquí y en vs. 21-23).

[41] "No deben comer ningún reptil que se arrastre sobre la tierra; es animal despreciable.

[42] "De todos los animales que se arrastran sobre la tierra, no deben comer ninguno, ya sea que se arrastre sobre el vientre o que ande en cuatro o más patas, pues son animales despreciables. [43] No se hagan despreciables e impuros ustedes mismos con ningún animal que se arrastra, [44] porque yo soy el Señor, su Dios. Ustedes deben purificarse completamente y ser santos, porque yo soy santo. No se hagan impuros con ningún animal que se arrastre por la tierra. [45] Yo soy el Señor, el que los hizo salir de Egipto para ser su Dios. Por lo tanto, ustedes deben ser santos porque yo soy santo."[fi]

[46] Estas son las instrucciones en cuanto a los animales, aves y todo lo que vive y se mueve en el agua, y todos los animales que se arrastran sobre la tierra, [47] para que se pueda distinguir entre lo puro y lo impuro, y entre los animales que se pueden comer y los que no se pueden comer.

Purificación de la mujer después del parto

12 [1] El Señor se dirigió a Moisés y le dijo:

[2] "Di a los israelitas lo siguiente: Cuando una mujer quede embarazada y dé a luz un varón, será impura durante siete días, como cuando tiene su periodo natural. [3] El niño será circuncidado a los ocho días de nacido.[o] [4] La madre, sin embargo, continuará purificándose de su sangre treinta y tres días más. No podrá tocar ninguna cosa consagrada ni entrar en el santuario, mientras no se cumpla el término de su purificación. [5] Pero si da a luz una niña, será impura durante dos semanas, como en el caso de su periodo natural, y seguirá purificándose de su sangre sesenta y seis días más.

[6] "Cuando se cumpla el término de la purificación, ya sea de niño o de niña, la madre deberá llevar a la entrada de la Tienda del Encuentro un cordero de un año para ofrecerlo en holocausto, y un pichón de paloma o una tórtola como sacrificio por el pecado. Se los entregará al sacerdote, [7] y el sacerdote los ofrecerá ante el Señor para pedir el perdón de ella; así ella quedará purificada de su flujo de sangre."

Estas son las instrucciones en cuanto a los nacimientos de niños o de niñas. [8] Y si la madre no tiene lo suficiente para un cordero, podrá tomar dos tórtolas o dos pichones de paloma,[p] uno para ofrecerlo

en holocausto y otro como sacrificio por el pecado; entonces el sacerdote pedirá el perdón de ella, y ella quedará purificada.

Instrucciones acerca de la lepra

13 [1] El Señor se dirigió a Moisés y Aarón, y les dijo:

[2] "Cuando alguien tenga hinchazones, erupciones o manchas en la piel del cuerpo, o llagas que parezcan de lepra, deberá ser llevado al sacerdote Aarón o a uno de los sacerdotes descendientes de él. [3] El sacerdote deberá examinar la llaga en la piel, y si el pelo en la llaga se ha vuelto blanco y la llaga se ve más hundida que la piel, seguramente es llaga de lepra. Luego que el sacerdote haya examinado a esa persona, la declarará impura.

[4] "Si la mancha de la piel es blanca, pero no se ve más hundida que la piel, ni el pelo se ha vuelto blanco, entonces el sacerdote encerrará al enfermo durante siete días. [5] A los siete días lo volverá a examinar, y si la llaga sigue igual y no se ha extendido por la piel, volverá a encerrarlo otros siete días. [6] A los siete días lo examinará de nuevo, y si la llaga va desapareciendo y no se ha extendido por la piel, entonces el sacerdote declarará puro al enfermo, pues era sólo una irritación de la piel. Entonces el enfermo lavará su ropa y quedará puro.

[7] "Pero si la irritación sigue extendiéndose por la piel después de que el enfermo fue examinado y declarado puro por el sacerdote, tendrá que ir otra vez a que el sacerdote lo examine. [8] Si al examinar el sacerdote al enfermo, ve que la irritación se ha extendido por toda la piel, entonces lo declarará impuro, pues está enfermo de lepra.[6]

[9] "Cuando una persona tenga llagas de lepra, deberá ser llevada al sacerdote. [10] El sacerdote la examinará, y si la hinchazón de la piel es blanca y ha causado que el pelo se vuelva blanco, y si se ve la carne viva en la hinchazón, [11] es que se trata de lepra crónica de la piel. El sacerdote deberá declarar impura a esa persona, y no será necesario que la encierre, porque ya es impura.

[12] "Si la lepra se desarrolla rápidamente, al grado de cubrir de pies a cabeza la piel del enfermo hasta donde el sacerdote pueda ver, [13] el sacerdote lo examinará; y si la lepra le cubierto todo su cuerpo, el sacerdote lo declarará puro, pues la lepra se ha vuelto blanca y él ha quedado puro. [14] Pero el día que aparezca en él la carne viva, quedará impuro. [15] Entonces el sacerdote examinará la carne viva y lo

---

[6] El término *lepra* se aplicaba a diversas enfermedades de la piel.
[n] 10.17 Lv 6.24–26. [fi] 11.44–45 Lv 19.2; Mt 5.48; 1 P 1.15–16. [o] 12.3 Gn 17.12; Lc 2.21. [p] 12.8 Lc 2.24.

declarará impuro, pues la carne viva es impura: es lepra.

¹⁶ "En caso de que la carne viva vuelva a ponerse blanca, el enfermo deberá ir al sacerdote ¹⁷ para que lo examine, y si el sacerdote ve que la llaga se ha vuelto blanca, declarará puro al enfermo, pues ya ha quedado puro.

¹⁸ "Cuando alguien tenga una llaga en la piel, y llegue a sanar, ¹⁹ y quede en su lugar una hinchazón blanca, o una mancha blanco-rojiza, deberá presentarse ante el sacerdote. ²⁰ Si el sacerdote ve que la parte afectada aparece más hundida que el resto de la piel, y que el pelo se ha vuelto blanco, entonces declarará impura a esa persona, pues lo que tiene es una llaga de lepra. ²¹ Si ve que la parte afectada no tiene ningún pelo blanco ni está más hundida que el resto de la piel, sino que va desapareciendo, entonces encerrará a esa persona durante siete días. ²² Y si el mal sigue extendiéndose por la piel, entonces el sacerdote declarará impura a esa persona, pues tiene llagas leprosas. ²³ Pero si la parte afectada se mantiene sin extenderse, entonces es solamente la cicatriz de la llaga, y el sacerdote lo declarará puro.

²⁴ "Cuando alguien tenga una quemadura en la piel, y en la carne viva de la quemadura haya una mancha blanco-rojiza o blanca, ²⁵ el sacerdote la examinará. Si el pelo en la mancha se ha puesto blanco, y la mancha aparece más hundida que el resto de la piel, entonces es lepra lo que brotó en la quemadura; así que el sacerdote lo declarará impuro por tener llaga de lepra. ²⁶ Si al examinar el sacerdote la mancha, ve que no hay en ella ningún pelo blanco ni aparece más hundida que la piel, sino que va desapareciendo, entonces encerrará a esa persona durante siete días. ²⁷ A los siete días el sacerdote la examinará, y si la mancha se ha extendido por la piel, entonces declarará impura a esa persona, pues tiene llaga de lepra. ²⁸ Pero si la mancha se mantiene sin extenderse por la piel y va desapareciendo, entonces no es más que la hinchazón de la quemadura, así que el sacerdote declarará puro al enfermo, porque sólo se trata de la cicatriz de la quemadura.

²⁹ "Cuando un hombre o una mujer tenga una llaga en la cabeza o en la barba, ³⁰ el sacerdote examinará la llaga. Si la llaga aparece más hundida que la piel y tiene pelo amarillento y escaso, entonces el sacerdote declarará impura a esa persona, pues tiene tiña, es decir, lepra de la cabeza y de la barba. ³¹ Y si al examinar el sacerdote la llaga tiñosa ve que no está más hundida que la piel ni tiene pelo ne-

gro, entonces encerrará a esa persona durante siete días. ³² Al séptimo día el sacerdote examinará la llaga, y si la tiña no se ha extendido, ni aparece más hundida que la piel, ni tiene pelo amarillento, ³³ entonces ordenará el sacerdote que la persona enferma se afeite, excepto en la llaga tiñosa, y lo encerrará por siete días más. ³⁴ Pasados los siete días el sacerdote volverá a examinar la llaga, y si la tiña no se ha extendido ni aparece más hundida que la piel, entonces el sacerdote declarará pura a la persona enferma, la cual lavará sus ropas y quedará pura. ³⁵ Pero en caso de que la tiña siga extendiéndose por la piel después de haber sido declarada pura, ³⁶ el sacerdote deberá examinar otra vez a la persona enferma; si la tiña se ha extendido por la piel, no hará falta que busque el pelo amarillo: esa persona es impura. ³⁷ Pero si a él le parece que la tiña se ha detenido, y que ha salido pelo negro, es que la tiña ha sanado y la persona es pura. Entonces el sacerdote declarará pura a esa persona.

³⁸ "Cuando un hombre o una mujer tenga manchas blancas en la piel, ³⁹ el sacerdote examinará la piel, y si ve en ella manchas blancuzcas y opacas, es que le ha salido una simple erupción en la piel; en ese caso la persona es pura.

⁴⁰ "Si a un hombre se le cae el cabello y se queda calvo, es puro. ⁴¹ Si el cabello de la frente se le cae y la frente se le queda calva, también es puro. ⁴² Pero si aparece una llaga de color blanco-rojizo en las partes calvas, ya sea de atrás o de la frente, es que allí le está brotando lepra. ⁴³ Entonces el sacerdote lo examinará, y si la hinchazón de la llaga en las partes calvas es de color blanco-rojizo, tal como se ve la lepra en la piel del cuerpo, ⁴⁴ ese hombre está enfermo de lepra, pues tiene la cabeza llagada. Es un hombre impuro, y así lo declarará el sacerdote.

⁴⁵ "El que tenga llagas de lepra, deberá llevar rasgada la ropa y descubierta la cabeza, y con la cara semicubierta gritará: '¡Impuro!, ¡Impuro!' ⁴⁶ Y mientras tenga las llagas será considerado hombre impuro; tendrá que vivir solo y fuera del campamento.

⁴⁷ "Cuando aparezca una mancha en un vestido de lana o de lino, ⁴⁸ o en un tejido de lino o de lana, o en un cuero, o en cualquier objeto hecho de cuero, ⁴⁹ y si la mancha en esos objetos es verdosa o rojiza, la mancha es de lepra⁷ y debe ser mostrada al sacerdote. ⁵⁰ El sacerdote examinará la mancha, y encerrará durante siete días el objeto manchado. ⁵¹ Al séptimo día examinará la mancha; si se ha

---

⁷ El moho o los hongos que aparecen en ciertos objetos por causa de la humedad, eran considerados como manifestaciones de lepra.

extendido en el vestido o tejido, o en el cuero u objeto de cuero, la mancha es de lepra maligna y los objetos son impuros. [52] Así que cualquier objeto que tenga esa mancha, deberá ser quemado por completo, pues se trata de lepra maligna; [53] pero si el sacerdote la examina y se encuentra con que la mancha no se ha extendido, [54] dará órdenes de que se lave la mancha y que se encierre el objeto por siete días más.

[55] "Después que la mancha haya sido lavada, el sacerdote la examinará. Si ve que la mancha no ha desaparecido, es mancha impura y el objeto debe ser quemado, aun cuando la mancha no se haya extendido, pues se trata de una corrosión, tanto si está por dentro como por fuera. [56] Si al examinar la mancha el sacerdote nota que se ha desvanecido después de lavada, la arrancará del vestido, cuero o tejido. [57] Pero si vuelve a aparecer y se extiende por aquel vestido, tejido u objeto de cuero, se quemará el objeto manchado. [58] En cuanto al vestido, tejido u objeto de cuero, del cual la mancha desaparezca al ser lavada, se lavará una vez más y entonces quedará purificado."

[59] Estas son las instrucciones acerca de las manchas de lepra en vestidos de lana o de lino, o en tejidos u objetos de cuero, para que se les pueda declarar puros o impuros.

Instrucciones para la purificación de leprosos

14 [1] El Señor se dirigió a Moisés y le dijo:

[2] "Estas son las instrucciones para la purificación de un enfermo de lepra: El enfermo será llevado ante el sacerdote,ª [3] el cual saldrá fuera del campamento para examinarlo. Si el sacerdote ve que la llaga leprosa del enfermo ha sanado, [4] mandará traer para el que se purifica dos pajarillos vivos y que sean puros, madera de cedro, tela roja e hisopo. [5] Ordenará que se mate uno de los pajarillos sobre una olla de barro que tenga agua de manantial, [6] y tomará el pajarillo vivo, la madera de cedro, la tela roja y el hisopo, y mojará estas cosas y el pajarillo vivo con la sangre del pajarillo muerto sobre el agua de manantial. [7] Luego rociará siete veces con la sangre al que va a ser purificado de la lepra, y lo declarará puro. Al pajarillo vivo lo dejará en libertad.

[8] "El que se purifica debe lavar su ropa, y lavarse a sí mismo, y afeitarse del todo, para quedar purificado. Después podrá entrar en el campamento, aunque durante siete días se quedará viviendo al aire libre. [9] Al séptimo día se rapará completamente la cabeza, se afeitará la barba, las cejas y todo el vello, lavará sus ropas y se lavará a sí mismo, y entonces quedará purificado. [10] Al octavo día tomará dos corderos sin defecto, y una cordera de un año y sin defecto; además, seis kilos y medio de la mejor harina para una ofrenda de cereal amasada con aceite, y la tercera parte de un litro de aceite. [11] El sacerdote que va a realizar la purificación, colocará a la persona que va a ser purificada, y a sus cosas, a la entrada de la Tienda del Encuentro, ante la presencia del Señor; [12] luego tomará uno de los corderos y lo ofrecerá junto con la tercera parte de un litro de aceite, como sacrificio por la culpa, celebrando el rito de presentación ante el Señor. [13] Deberá matar el cordero en el lugar consagrado al degüello de los animales para los sacrificios por el pecado y los holocaustos. El sacrificio por la culpa será para el sacerdote, lo mismo que el sacrificio por el pecado, pues es una cosa santísima.

[14] "Después tomará el sacerdote un poco de sangre del sacrificio por la culpa, y se la untará al que se purifica, en la parte inferior de la oreja derecha, en el pulgar de la mano derecha y en el dedo gordo del pie derecho. [15] Tomará luego un poco de aceite y se lo echará en la palma de la mano izquierda; [16] mojará entonces su dedo derecho en el aceite que tiene en la mano, y con el mismo dedo rociará siete veces aceite ante el Señor. [17] Del aceite que le quede en la mano tomará el sacerdote un poco, para untárselo al que se purifica, en la parte inferior de la oreja derecha, en el pulgar de la mano derecha y en el dedo gordo del pie derecho, sobre la sangre del sacrificio por la culpa, [18] y el resto del aceite se lo untará en la cabeza al que se purifica. Así el sacerdote obtendrá del Señor el perdón por el pecado de esa persona. [19] Luego presentará el sacerdote el sacrificio por el pecado, realizando así la purificación del que se encuentra impuro; después sacrificará al animal que se va a ofrecer en holocausto, [20] ofreciéndolo sobre el altar, junto con la ofrenda de cereales. De esta manera el sacerdote obtendrá el perdón por el pecado de esa persona, y así quedará purificada.

[21] "Si la persona enferma es pobre y no tiene para tanto, tomará un cordero como sacrificio por la culpa y lo presentará como ofrenda especial para obtener el perdón de sus pecados, con un poco más de dos kilos de la mejor harina amasada con aceite, como ofrenda de cereales, y la tercera parte de un litro de aceite [22] y dos

ª 14.2 Mt 8.4; Mr 1.44; Lc 5.14; 17.14.

tórtolas, o dos pichones de paloma, según sus posibilidades, uno como sacrificio por el pecado y el otro como holocausto. [23] Al octavo día llevará todo esto al sacerdote, para su purificación; lo entregará en presencia del Señor, a la entrada de la Tienda del Encuentro. [24] El sacerdote tomará el cordero del sacrificio por la culpa y la tercera parte de un litro de aceite, y los presentará ante el Señor como ofrenda especial; [25] degollará el cordero del sacrificio por la culpa y, tomando un poco de la sangre del cordero, se la untará al que se purifica, en la parte inferior de la oreja derecha, en el pulgar de la mano derecha y en el dedo gordo del pie derecho; [26] luego se echará un poco de aceite en la palma de la mano izquierda, [27] y con el dedo derecho rociará siete veces ante el Señor parte del aceite que tiene en la mano. [28] También le untará al que se purifica un poco de aceite en la parte inferior de la oreja derecha, en el pulgar de la mano derecha y en el dedo gordo del pie derecho, es decir, en el mismo lugar en que le puso la sangre del sacrificio por la culpa. [29] El resto del aceite lo untará el sacerdote en la cabeza del que se purifica, para que éste obtenga así del Señor el perdón de su pecado. [30] Luego ofrecerá el sacerdote una de las tórtolas o uno de los pichones de paloma, según lo que haya podido ofrecer el que se purifica. [31] Una de las aves será como sacrificio por el pecado, y la otra como holocausto, además de la ofrenda de cereales. Así el sacerdote obtendrá del Señor el perdón para el que se purifica."

[32] Estas son las instrucciones para los enfermos con llagas de lepra, que no puedan dar una ofrenda mayor por su purificación.

Instrucciones para la purificación de casas con manchas de lepra

[33] El Señor se dirigió a Moisés y Aarón, y les dijo:

[34] "Cuando ustedes estén ya en la tierra de Canaán, la cual les entrego en propiedad, y yo envíe una plaga de lepra[8] sobre alguna casa de su país, [35] el dueño de la casa irá a ver al sacerdote, y le dirá: 'Me parece que hay una plaga en mi casa.'

[36] "El sacerdote, antes de entrar en la casa, ordenará que la desocupen, para que no se vuelva impuro todo lo que hay en ella. Después entrará a examinar la plaga.

[37] "Si al examinar la plaga nota el sacerdote que las paredes de la casa presentan manchas profundas de color verdoso o rojizo, las cuales se hunden en la pared,

[38] saldrá de la casa y ordenará mantenerla cerrada durante siete días. [39] Al séptimo día volverá el sacerdote a examinarla, y si la plaga se ha extendido por las paredes de la casa, [40] dará órdenes de que se quiten las piedras que tengan esa mancha y se arrojen en un lugar impuro fuera de la ciudad; [41] dará órdenes también de que se raspe todo el interior de la casa, y de que el polvo raspado se arroje a un lugar impuro fuera de la ciudad. [42] Se tomarán entonces otras piedras para reponer las que fueron quitadas, y barro nuevo para recubrir la casa.

[43] "Si la plaga vuelve a aparecer en la casa después de haberse quitado las piedras, raspado la pared y haberla recubierto de nuevo, [44] el sacerdote entrará a examinarla. Si la plaga se ha extendido por la casa, se trata de lepra maligna y la casa es impura. [45] Por lo tanto, la casa deberá ser derribada y todos sus escombros arrojados a un lugar impuro fuera de la ciudad. [46] Cualquiera que entre en la casa durante el tiempo en que el sacerdote haya ordenado mantenerla cerrada, será considerado impuro hasta el anochecer. [47] Cualquiera que coma o duerma en la casa, deberá lavar su ropa para purificarla.

[48] "Si al entrar el sacerdote a examinar la casa, nota que la plaga no se ha extendido después de haber sido recubierta, la declarará casa pura, porque la plaga ha terminado. [49] Para purificar la casa, tomará dos pajarillos, madera de cedro, tela roja e hisopo. [50] Matará uno de los pajarillos sobre una olla de barro con agua de manantial. [51] Luego tomará el cedro, el hisopo, la tela roja y el pajarillo vivo, y los mojará con la sangre del pajarillo muerto y con el agua de manantial, y rociará la casa siete veces. [52] Así purificará la casa con la sangre del pajarillo y el agua de manantial, y con el pajarillo vivo, el cedro, el hisopo y la tela roja. [53] Después dejará en libertad al pajarillo vivo en las afueras de la ciudad, y así cumplirá con lo requerido para la purificación de la casa."

[54] Estas son las instrucciones acerca de cualquier plaga de lepra o de tiña, [55] de lepra en la ropa y en las casas, [56] de hinchazones, erupciones y manchas, [57] para que se pueda distinguir entre lo puro y lo impuro. Hasta aquí las instrucciones acerca de la lepra.

Instrucciones sobre algunas impurezas en el hombre

15 [1] El Señor se dirigió a Moisés y Aarón, y les dijo:

---

[8] El moho o los hongos y el salitre que aparecen en las paredes por causa de la humedad eran considerados como manifestaciones de lepra.

² "Digan a los israelitas lo siguiente: Cuando un hombre sufra de flujo de su miembro, este flujo será impuro. ³ La impureza del hombre debida al flujo existirá tanto si su miembro deja correr el semen como si queda obstruido a causa del mismo. De todos modos es impuro.

⁴ "Cualquier lugar en que ese hombre se acueste y donde su flujo se derrame, será considerado impuro.

"Cualquier objeto en el que se siente, será considerado impuro.

⁵ "Cualquiera que toque el lugar en que ese hombre se acostó, deberá lavarse la ropa y lavarse a sí mismo con agua, y será considerado impuro hasta el anochecer.

⁶ "Cualquiera que se siente en el objeto en que ese hombre se haya sentado, deberá lavarse la ropa y lavarse a sí mismo con agua, y será considerado impuro hasta el anochecer.

⁷ "Cualquiera que toque al que sufre de flujo, deberá lavarse la ropa y lavarse a sí mismo con agua, y será considerado impuro hasta el anochecer.

⁸ "Si el que sufre de flujo escupe sobre una persona pura, esa persona deberá lavarse la ropa y lavarse a sí misma con agua, y será considerada impura hasta el anochecer.

⁹ "Cualquier silla de montar que use el que sufre de flujo será considerada impura.

¹⁰ "Cualquiera que toque algo sobre lo cual se haya sentado el que sufre de flujo será considerado impuro hasta el anochecer.

"Cualquiera que lleve alguna de esas cosas, deberá lavarse la ropa y lavarse a sí mismo con agua, y será considerado impuro hasta el anochecer.

¹¹ "Cualquiera a quien toque el que sufre de flujo, sin haberse lavado las manos, deberá lavarse la ropa y lavarse a sí mismo con agua, y será considerado impuro hasta el anochecer.

¹² "La olla de barro que toque el que sufre de flujo deberá romperse; los objetos de madera deberán lavarse.

¹³ "Si ese hombre sana de su flujo, deberá contar siete días para su purificación; se lavará la ropa y se lavará a sí mismo en agua de manantial, y entonces quedará purificado. ¹⁴ Al octavo día tomará dos tórtolas o dos pichones de paloma, e irá a la entrada de la Tienda del Encuentro para entregárselos al sacerdote en presencia del Señor. ¹⁵ El sacerdote ofrecerá uno como sacrificio por el pecado y otro como holocausto, y así realizará ante el Señor la purificación del hombre que sufre de flujo.

¹⁶ "Cuando un hombre tenga un derrame de semen, se lavará con agua todo el cuerpo y será considerado impuro hasta el anochecer.

¹⁷ "Cualquier ropa o cuero en que caiga parte del semen, deberá lavarse con agua y quedará impuro hasta el anochecer.

¹⁸ "Si un hombre y una mujer tienen relaciones sexuales, los dos deberán lavarse con agua y quedarán impuros hasta el anochecer.

Instrucciones sobre algunas impurezas en la mujer

¹⁹ "Cuando una mujer tenga su periodo normal de menstruación, será considerada impura durante siete días.

"Cualquiera que la toque, será considerado impuro hasta el anochecer.

²⁰ "Cualquier cosa en la que ella se acueste durante su periodo de menstruación, será considerada impura.

"Cualquier cosa en la que se siente, será considerada impura.

²¹ "Cualquiera que toque el lugar donde ella se haya acostado, deberá lavarse la ropa y lavarse a sí mismo con agua, y será considerado impuro hasta el anochecer.

²² "Cualquiera que toque algún objeto en el que ella se haya sentado, deberá lavarse la ropa y lavarse a sí mismo con agua, y será considerado impuro hasta el anochecer. ²³ Ya sea que toque el lugar en el que ella se haya acostado o sentado, será considerado impuro hasta el anochecer.

²⁴ "Si algún hombre se acuesta con ella, comparte su impureza, y será considerado impuro durante siete días, lo mismo que el lugar donde él se acueste.

²⁵ "En caso de que una mujer tenga flujo de sangre fuera de su periodo normal de menstruación, y que el flujo le dure muchos días, o en caso de que su menstruación le dure más de lo normal, será considerada impura mientras le dure el flujo, como si estuviera en su periodo de menstruación.

²⁶ "Cualquier lugar en que ella duerma, y cualquier objeto en que se siente mientras le dura el flujo, será considerado impuro, como si estuviera ella en su periodo de menstruación.

²⁷ "Cualquiera que toque estas cosas, será considerado impuro. Deberá lavarse la ropa y lavarse a sí mismo con agua, y será considerado impuro hasta el anochecer.

²⁸ "Cuando el flujo se detenga, podrá contar siete días, y después quedará purificada. ²⁹ Al octavo día tomará dos tórtolas o dos pichones de paloma, y se los llevará al sacerdote, a la entrada de la Tienda del Encuentro. ³⁰ El sacerdote ofrecerá uno de ellos como sacrificio por el pecado, y otro como holocausto. Así realizará el

sacerdote ante el Señor la purificación de esa mujer por el flujo que tuvo, [31] y de esa manera alejarán ustedes a los israelitas de sus impurezas, para que no mueran por manchar con ellas el lugar donde yo habito entre ellos."

[32] Estas son las instrucciones acerca de los que sufren de flujo y los que tienen derrames de semen, quedando impuros por esa razón; [33] y acerca de las mujeres que están en su menstruación, en una palabra, todo el que sufre de derrames, sea hombre o mujer, y de los hombres que se acuesten con una mujer durante su menstruación.

El Día del Perdón

16 [1] El Señor habló con Moisés después de la muerte de los dos hijos de Aarón que murieron por haberse acercado demasiado a la presencia del Señor. [2] Y dijo el Señor a Moisés:

"Dile a tu hermano Aarón que no entre a cualquier hora en el santuario que está tras el velo,[r] ni ante la tapa que está sobre el cofre, para que no muera; porque yo me manifestaré en una nube sobre la tapa. [3] Aarón debe entrar en el santuario con un becerro como sacrificio por el pecado y con un carnero para ofrecerlo en holocausto.[s] [4] Debe ir vestido con la túnica de lino consagrada, cubierto su cuerpo con calzoncillos de lino, y llevar puestos el cinturón y el turbante de lino. Esta es ropa consagrada, así que, antes de ponérsela, él debe lavarse con agua.

[5] "De parte de la comunidad israelita tomará Aarón dos chivos como sacrificio por el pecado, y un carnero para ofrecerlo en holocausto. [6] Ofrecerá entonces el becerro como su propio sacrificio por el pecado, para obtener el perdón de sus propios pecados y de los de su familia. [7] Después tomará los dos chivos y los ofrecerá ante el Señor, a la entrada de la Tienda del Encuentro; [8] luego echará suertes sobre los dos chivos: una suerte será por el Señor, y la otra por Azazel.[9] [9] El chivo sobre el que recaiga la suerte por el Señor, lo ofrecerá Aarón como sacrificio por el pecado; [10] pero el chivo sobre el que recaiga la suerte de Azazel, lo presentará vivo ante el Señor para obtener el perdón de los pecados, y después lo echará al desierto, donde está Azazel.

[11] "Aarón ofrecerá el becerro como su propio sacrificio por el pecado, para obtener el perdón de sus propios pecados y de los de su familia. [12] Luego tomará un incensario lleno de brasas tomadas del altar que está ante el Señor, y dos puñados de incienso aromático molido, y los llevará detrás del velo; [13] echará el incienso sobre el fuego en presencia del Señor, y el humo del incienso cubrirá la tapa que está sobre el cofre del pacto. De esa manera Aarón no morirá. [14] Tomará también un poco de sangre del becerro, y con su dedo la rociará sobre la tapa, por el lado oriental. Luego rociará sangre con su dedo siete veces, por la parte delantera de la tapa, [15] y después de eso matará al chivo como sacrificio por el pecado del pueblo y llevará la sangre a la parte que está tras el velo;[t] allí adentro la rociará encima y delante de la tapa, tal como lo hizo con la sangre del becerro. [16] De esa manera limpiará el santuario de todas las impurezas, rebeliones y pecados de los israelitas. Lo mismo debe hacer con la Tienda del Encuentro, la cual está en medio de ellos y de sus impurezas.

[17] "Mientras Aarón esté dentro del santuario para obtener el perdón de los pecados, y hasta que él salga, nadie deberá estar en la Tienda del Encuentro. Una vez que haya obtenido el perdón de los pecados de él y de su familia, y de toda la comunidad israelita, [18] saldrá para ir a purificar el altar que está delante del Señor. Tomará un poco de la sangre del becerro y del chivo, y la untará sobre los cuernos y alrededor del altar, [19] y con el dedo rociará sangre sobre el altar siete veces. Así lo purificará de las impurezas de los israelitas, y lo consagrará.

[20] "Cuando Aarón haya terminado de purificar el santuario, la Tienda del Encuentro y el altar, mandará traer el chivo que aún esté vivo [21] y, poniendo sus manos sobre la cabeza del animal, confesará sobre él todas las maldades, rebeliones y pecados de los israelitas. De esta manera pondrá los pecados sobre la cabeza del chivo, y una persona se encargará de llevarlo y soltarlo en el desierto. [22] Así, al perderse el chivo en el desierto, se llevará todas las maldades de ellos a tierras deshabitadas. [23] Luego entrará Aarón en la Tienda del Encuentro y se quitará la ropa de lino que se puso para entrar en el santuario, y la dejará allí.[u] [24] Allí mismo en el santuario se lavará con agua y, después de vestirse, saldrá para presentar su propio holocausto y el que debe ofrecer por el pueblo, y así obtendrá el perdón por sus pecados y los del pueblo. [25] La grasa del sacrificio por el pecado la quemará en el altar; [26] y el que haya llevado el chivo para soltarlo a Azazel, se lavará la ropa y se lavará a sí mismo con agua, y después podrá entrar en el campamento.

---

[9] *Azazel:* nombre de significado dudoso, que probablemente se refiere a un mal espíritu del desierto.
[r] **16.2** He 6.19.   [s] **16.3** He 9.7.   [t] **16.15** He 9.12.   [u] **16.23** Ez 44.19.

²⁷ "El becerro y el chivo que fueron sacrificados por el pecado, y cuya sangre fue llevada al santuario para obtener el perdón de los pecados, serán llevados fuera del campamento,ᵛ y su piel, carne y desechos serán quemados. ²⁸ La persona que los queme deberá lavarse la ropa y lavarse a sí misma con agua, y después podrá entrar en el campamento.

²⁹ "Esta será una ley permanente para ustedes: el día diez del mes séptimo deberán ustedes dedicarlo al ayuno¹⁰ y suspender todas sus labores, lo mismo los israelitas que los extranjeros que vivan entre ustedes, ³⁰ pues en ese día se obtendrá el perdón de los pecados de ustedes delante del Señor,ʷ y quedarán limpios de todos ellos. ³¹ Es una ley permanente: ese día será para ustedes un día especial de reposo¹¹ y dedicado al ayuno. ³² El sacerdote que haya sido escogido y a quien se le haya dado plena autoridad para ocupar el lugar de su padre como sacerdote, celebrará el rito para obtener el perdón de los pecados; se vestirá con la ropa de lino consagrada ³³ y hará la purificación del lugar santísimo, y de la Tienda del Encuentro, y del altar, y obtendrá el perdón de los pecados de los sacerdotes y de toda la comunidad.

³⁴ "Esta será una ley permanente para ustedes: una vez al año se celebrará el rito para obtener el perdón de los pecados que hayan cometido los israelitas."

Y se hizo tal como el Señor se lo ordenó a Moisés.

El santuario único

17 ¹ El Señor se dirigió a Moisés y le dijo:

² "Diles a Aarón y a sus hijos, y a todos los israelitas, que el Señor ha dado las siguientes órdenes:

³ "Cualquier israelita que mate un toro, un cordero o una cabra, dentro o fuera del campamento, ⁴ y que no lo traiga a la entrada de la Tienda del Encuentro para presentarlo como ofrenda al Señor ante su santuario, será culpable de derramamiento de sangre y, por lo tanto, será eliminado de entre su gente. ⁵ Esto es para que los israelitas ofrezcan al Señor los animales que maten al aire libre, y los lleven al sacerdote a la entrada de la Tienda del Encuentro, para que él los ofrezca por ellos como sacrificio de reconciliación. ⁶ El sacerdote rociará la sangre sobre el altar del Señor, a la entrada de la Tienda del Encuentro, y quemará la grasa como

aroma agradable al Señor. ⁷ Y nunca más volverán a presentar sus sacrificios a esos demonios,¹² a los que han adorado y por los que se han corrompido. Esta será una ley permanente para ustedes, que pasará de padres a hijos.

⁸ "Diles también que cualquier israelita o extranjero que viva entre ustedes y presente un holocausto o cualquier otro sacrificio, ⁹ y que no lo lleve a la entrada de la Tienda del Encuentro para ofrecérselo al Señor, será eliminado de entre su pueblo.

Prohibición de comer sangre

¹⁰ "Yo estaré en contra de todo israelita o extranjero que viva entre ustedes y que coma sangre, en la forma que sea. Yo lo eliminaré de entre su pueblo.ˣ ¹¹ Porque todo ser vive por la sangre que está en él, y yo se la he dado a ustedes en el altar para que por medio de ella puedan ustedes pagar el rescate por su vida, pues es la sangre la que paga el rescate por la vida.ʸ

¹² "Por lo tanto, digo a los israelitas: Ninguno de ustedes, ni de los extranjeros que viven entre ustedes, debe comer sangre. ¹³ Cualquier israelita o extranjero que viva entre ustedes y que cace un animal o un ave de los que se pueden comer, deberá derramar la sangre de la presa y cubrirla con tierra, ¹⁴ porque la sangre es la vida de todo ser viviente. Por eso les he dicho que no coman sangre, porque ella es la vida de todo ser viviente, y cualquiera que la coma será eliminado.

¹⁵ "Cualquier israelita o extranjero que coma carne de algún animal muerto o despedazado por una fiera, deberá lavar su ropa y lavarse a sí mismo con agua, y será considerado impuro hasta el anochecer. Después quedará purificado. ¹⁶ Pero si no lava su ropa ni se lava a sí mismo, cargará con su maldad."

Relaciones sexuales prohibidas

18 ¹ El Señor se dirigió a Moisés y le dijo:

² "Di a los israelitas lo siguiente:

"Yo soy el Señor su Dios.

³ "No sigan las costumbres de Egipto, país en el cual vivieron.

"No sigan las costumbres de Canaán, país al cual voy a llevarlos, ni vivan conforme a sus leyes.

⁴ "Cumplan mis decretos; pongan en práctica mis leyes; vivan conforme a ellos. Yo soy el Señor su Dios.

¹⁰ Deberán ustedes dedicarlo al ayuno: lit. afligirán su cuerpo refiriéndose a ciertos espíritus que, bajo apariencia animal, se creía vivían en el desierto. ¹¹ Día de reposo: véase Glosario anexo. ¹² Lit. chivos,
ᵛ 16.27 He 13.11. ʷ 16.29-34 Lv 23.26-32; Nm 29.7-11. ˣ 17.10 Gn 9.4; Lv 7.26-27; 19.26; Dt 12.16,23; 15.23.
ʸ 17.11 He 9.22.

⁵ "Pongan en práctica mis leyes y decretos. El hombre que los cumpla, vivirá.ᶻ Yo soy el Señor.

⁶ "Ningún hombre debe acercarse a una mujer de su propia familia para tener relaciones sexuales con ella. Yo soy el Señor.

⁷ "No deshonres a tu padre teniendo relaciones sexuales con tu madre; además, ella es tu madre y no debes hacerlo.

⁸ "No deshonres a tu padre teniendo relaciones sexuales con su mujer.ᵃ

⁹ "No tengas relaciones sexuales con tu hermana. Ya sea tu hermana por parte de padre o por parte de madre; ya sea que haya nacido en la casa o fuera de ella, no debes tener relaciones sexuales con ella.ᵇ

¹⁰ "No te deshonres a ti mismo teniendo relaciones sexuales con tu nieta, sea por parte de tu hijo o de tu hija. No debes tener relaciones con ella.

¹¹ "No tengas relaciones con la hija de la mujer de tu padre. Ha sido engendrada por tu padre, y es tu hermana. No debes tener relaciones con ella.

¹² "No tengas relaciones sexuales con la hermana de tu padre; es de la misma sangre que tu padre.

¹³ "No tengas relaciones sexuales con la hermana de tu madre; es de la misma sangre que tu madre.

¹⁴ "No deshonres a tu tío teniendo relaciones sexuales con su mujer, pues es tu tía.ᶜ

¹⁵ "No tengas relaciones sexuales con tu nuera, pues es la mujer de tu hijo; no debes tener relaciones sexuales con ella.ᵈ

¹⁶ "No deshonres a tu hermano teniendo relaciones sexuales con su mujer.ᵉ

¹⁷ "No tengas relaciones sexuales con una mujer y con la hija de esa mujer, ni tomes a su nieta, ya sea por parte de su hijo o de su hija, para tener también relaciones sexuales con ella. Esa es una conducta depravada, pues son de la misma sangre.ᶠ

¹⁸ "No tomes como mujer a la hermana de tu esposa, ni tengas relaciones sexuales con ella mientras tu esposa viva, para no crear enemistad entre ellas.

¹⁹ "No tengas relaciones sexuales con una mujer en su periodo de menstruación.ᵍ

²⁰ "No te acuestes con la mujer de tu prójimo ni tengas relaciones sexuales con ella, para que no te hagas impuro por esa causa.ʰ

²¹ "No entregues a ninguno de tus hijos como ofrenda al dios Moloc. No ofendas así el nombre de tu Dios.ⁱ Yo soy el Señor.

²² "No te acuestes con un hombre como si te acostaras con una mujer. Ese es un acto infame.ʲ

²³ "No te entregues a actos sexuales con ningún animal, para que no te hagas impuro por esa causa. Tampoco la mujer debe entregarse a actos sexuales con un animal. Eso es una infamia.ᵏ

²⁴ "No se hagan impuros con ninguna de estas cosas. Con ellas se han hecho impuros los pueblos que yo voy a arrojar de la presencia de ustedes, ²⁵ y también su país quedó impuro; pero yo les pedí cuentas de su maldad y el país arrojó de sí a sus habitantes. ²⁶ Pero ustedes los israelitas, y los extranjeros que viven entre ustedes, pongan en práctica mis leyes y mis decretos, y no cometan ninguno de estos actos infames, ²⁷ pues todas estas infamias las cometieron los que habitaron el país antes que ustedes, y la tierra quedó impura. ²⁸ ¡Que no los arroje de sí el país por hacerlo impuro, tal como arrojó a la gente que lo habitó antes que ustedes! ²⁹ El que cometa cualquiera de estas infamias, será eliminado de entre su pueblo. ³⁰ Por lo tanto, pongan en práctica mi precepto y no caigan en las prácticas infames cometidas antes de ustedes, ni se hagan impuros con ellas. Yo soy el Señor su Dios."

Leyes acerca de la santidad y la justicia

19 ¹ El Señor se dirigió a Moisés y le dijo:

² "Dile a la comunidad israelita lo siguiente:

"Sean ustedes santos, pues yo, el Señor su Dios, soy santo.ˡ

³ "Respete cada uno a su padre y a su madre.ᵐ

"Respeten también mis días de reposo.¹³,ⁿ Yo soy el Señor su Dios.

⁴ "No recurran a los ídolos,ⁿ ni se hagan dioses de metal fundido.ᵒ Yo soy el Señor su Dios.

⁵ "Cuando presenten al Señor sacrificios de reconciliación, háganlo de tal manera que Dios se los acepte. ⁶ El animal presentado se debe comer el mismo día, y también se puede comer al día siguiente, pero lo que sobre para el tercer día deberá ser quemado. ⁷ Si se come la ofrenda al tercer día, será considerada despreciable y Dios no la aceptará. ⁸ el que la coma, cargará con la maldad y será eliminado de entre su pueblo por haber profanado lo consagrado al Señor.

¹³ Días de reposo: aquí equivale a sábado.
ᶻ 18.5 Neh 9.29; Ez 18.9; 20.11-13; Lc 10.28; Ro 10.5; Gá 3.12. ᵃ 18.8 Lv 20.11; Dt 22.30; 27.20. ᵇ 18.9 Lv 20.17; Dt 27.22. ᶜ 18.12-14 Lv 20.19-20. ᵈ 18.15 Lv 20.12. ᵉ 18.16 Lv 20.21. ᶠ 18.17 Lv 20.14; Dt 27.23. ᵍ 18.19 Lv 20.18. ʰ 18.20 Lv 20.10. ⁱ 18.21 Lv 20.1-5. ʲ 18.22 Lv 20.13. ᵏ 18.23 Ex 22.19; Lv 20.15-16; Dt 27.21. ˡ 19.2 Lv 11.44-45; Mt 5.48; 1 P 1.16. ᵐ 19.3 Ex 20.12; Dt 5.16. ⁿ 19.3 Ex 20.8; Dt 5.12. ⁿ 19.4 Lv 26.1. ᵒ 19.4 Ex 20.23; 34.17; Dt 17.25.

9 "Cuando llegue el tiempo de la cosecha, no recojas hasta el último grano de
tu campo ni rebusques las espigas que hayan quedado. 10 No rebusques todas las
uvas de tu viñedo ni recojas las uvas caídas; déjalas para los pobres y los extranjeros. Yo soy el Señor, el Dios de ustedes.[p]
11 "No roben.[q] No mientan ni se engañen unos a otros.[r]
12 "No hagas promesas falsas en mi
nombre,[s] pues profanas el nombre de tu
Dios. Yo soy el Señor.
13 "No uses la violencia contra tu prójimo ni le arrebates lo que es suyo.
"No retengas la paga del trabajador
hasta el día siguiente.[t]
14 "No maldigas al sordo.
"No pongas ningún tropiezo en el camino del ciego.[u] Muestra tu reverencia a
Dios. Yo soy el Señor.
15 "No actúes con injusticia cuando
dictes sentencia: ni favorezcas al débil, ni
te rindas ante el poderoso. Apégate a la
justicia cuando dictes sentencia.[v]
16 "No andes con chismes entre tu
gente.
"No tomes parte en el asesinato de tu
prójimo. Yo soy el Señor.
17 "No abrigues en tu corazón odio contra tu hermano.
"Reprende a tu prójimo cuando debas
reprenderlo.[w] No te hagas cómplice de su
pecado.
18 "No seas vengativo ni rencoroso con
tu propia gente. Ama a tu prójimo, que es
como tú mismo.[x] Yo soy el Señor.
19 "Pon en práctica mis leyes.
"No cruces tu ganado con animales de
diferente especie.
"No siembres tu campo con diferentes
semillas entremezcladas.
"No te pongas ninguna ropa hecha con
tela de materiales mezclados.[y]
20 "Si alguno se acuesta con una esclava
destinada a otro hombre, pero que aún no
ha sido comprada ni puesta en libertad,
tendrá que pagar indemnización; pero no
se les condenará a muerte, porque ella no
es libre. 21 El hombre presentará al Señor
un carnero como sacrificio por la culpa, el
cual deberá llevar hasta la entrada de la
Tienda del Encuentro. 22 Con este carnero
como sacrificio por la culpa, el sacerdote
pedirá al Señor que perdone el pecado de
ese hombre, y el pecado cometido se le
perdonará.
23 "Cuando entren ustedes en el país y
siembren árboles frutales, no deberán cortar[14] ni comer sus frutos durante tres
años. 24 Al cuarto año todos sus frutos serán consagrados al Señor en una celebración, 25 y al quinto año ya podrán ustedes
comer su fruto. Así el árbol les dará más.
Yo soy el Señor su Dios.
26 "No coman nada que tenga sangre.[z]
"No practiquen la adivinación ni pre-
tendan predecir el futuro.[a]
27 "No se corten el pelo en redondo, ni
se recorten la punta de la barba.
28 "No se hagan heridas en el cuerpo por
causa de un muerto. No se hagan ninguna
clase de tatuaje.[b] Yo soy el Señor.
29 "No deshonres a tu hija, convirtiéndola en una prostituta.[c] No corrompas el
país llenándolo de depravaciones.
30 "Respeten mis días de reposo.[15] Guarden reverencia por mi santuario. Yo soy el
Señor.[d]
31 "No recurran a espíritus y adivinos.[e]
No se hagan impuros por consultarlos. Yo
soy el Señor su Dios.
32 "Ponte de pie y muestra respeto ante
los ancianos. Muestra reverencia por tu
Dios. Yo soy el Señor.
33 "No hagan sufrir al extranjero que
viva entre ustedes. 34 Trátenlo como a uno
de ustedes; ámenlo, pues es como ustedes.
Además, también ustedes fueron extranjeros en Egipto.[f] Yo soy el Señor su Dios.
35 "No hagan trampa en la exactitud de
medidas lineales, de peso o de capacidad.
36 Deben usar balanzas, pesas y medidas
exactas.[g] Yo soy el Señor su Dios, que los
sacó de Egipto.
37 "Así que pongan en práctica mis leyes
y decretos; cúmplanlos. Yo soy el Señor."

Castigos a la desobediencia

20 1 El Señor se dirigió a Moisés y le
dijo:
2 "Di a los israelitas lo siguiente:
"Cualquier israelita o extranjero que
viva en Israel y que entregue alguno de
sus hijos al dios Moloc, deberá ser muerto
a pedradas por la gente del país. 3 Yo me
pondré en contra de ese hombre y lo eliminaré de entre su pueblo, por haber hecho impuro mi santuario y haber profanado mi santo nombre al entregar un hijo
suyo a Moloc. 4 Si la gente del país se
desentiende del asunto y no condena a
muerte a ese hombre, 5 yo me pondré en
contra de él y de su familia, y lo eliminaré
de entre su pueblo junto con todos los que
se corrompieron con él y recurrieron a

[14] Lit. *será para ustedes incircunciso.* [15] *Días de reposo:* aquí equivale a *sábado.*
[p] **19.9-10** Lv 23.22; Dt 24.19-22. [q] **19.11** Ex 20.15; Dt 5.19. [r] **19.11** Ex 20.16; Dt 5.20. [s] **19.12** Ex 20.7; Dt 5.11; Mt 5.33. [t] **19.13** Dt 24.14-15. [u] **19.14** Dt 27.18. [v] **19.15** Ex 23.6-8; Dt 16.19. [w] **19.17** Mt 18.15. [x] **19.18** Mt 5.43; 19.19; 22.39; Mr 12.31,33; Lc 10.27; Ro 13.9; Gá 5.14; Stg 2.8. [y] **19.19** Dt 22.9-11. [z] **19.26** Gn 9.4; Lv 7.26-27; 17.10-14; Dt 12.16,23; 15.23. [a] **19.26** Dt 18.10. [b] **19.27-28** Lv 21.5; Dt 14.1. [c] **19.29** Dt 23.17. [d] **19.30** Lv 26.2. [e] **19.31** Dt 18.11; 1 S 28.3; 2 R 23.4; Is 8.19. [f] **19.33-34** Ex 22.21; Dt 24.17-18; 27.19. [g] **19.35-36** Dt 25.13-16; Pr 20.10; Ez 45.10; Am 8.5; Mi 6.11.

Moloc. 6 Y si alguien recurre a espíritus y
adivinos, y se corrompe por seguirlos, yo
me pondré en contra de esa persona y la
eliminaré de entre su pueblo.
7 "Conságrense completamente a mí, y
sean santos, pues yo soy el Señor su Dios.
8 Pongan en práctica mis leyes; cúmplan-
las. Yo soy el Señor, que los consagra para
mí.
9 "A cualquiera que maldiga a su padre
o a su madre, se le condenará a muerte.[h]
Ha maldecido a su padre o a su madre, y
será el responsable de su propia muerte.
10 "Si alguien comete adulterio con la
mujer de su prójimo, se condenará a
muerte tanto al adúltero como a la adúltera.[i]
11 "Si alguien se acuesta con la mujer de
su padre, deshonra a su propio padre. Por
lo tanto, se condenará a muerte al hombre
y a la mujer, y serán responsables de su
propia muerte.[j]
12 "Si alguien se acuesta con su nuera,
los dos serán condenados a muerte y serán responsables de su propia muerte,
pues eso es una infamia.[k]
13 "Si alguien se acuesta con un hombre
como si se acostara con una mujer, se
condenará a muerte a los dos y serán
responsables de su propia muerte, pues
cometieron un acto infame.[l]
14 "Si alguien toma como esposas a una
mujer y a la madre de esa mujer, comete
un acto depravado y tanto él como ellas
deberán ser quemados vivos. Así no habrá
tales depravaciones entre ustedes.[m]
15 "Si un hombre se entrega a actos sexuales con un animal, será condenado a
muerte. También se deberá matar al animal.
16 "Si una mujer se entrega a actos sexuales con un animal, tanto a la mujer
como al animal se les matará. Ellos serán
responsables de su propia muerte.[n]
17 "Si alguien toma como mujer a su
hermana, ya sea por parte de padre o de
madre, y tienen relaciones sexuales, los
dos serán eliminados a la vista de sus
compatriotas, pues tener relaciones sexuales con la propia hermana es un hecho
vergonzoso, y el que lo hace deberá cargar con su culpa.[ñ]
18 "Si alguien se acuesta con una mujer
en periodo de menstruación y tiene relaciones sexuales con ella, pone al descubierto la fuente de menstruación de la
mujer, y ella misma la ha descubierto; por
lo tanto, los dos deberán ser eliminados de
entre su pueblo.[o]
19 "No tengas relaciones sexuales con la
hermana de tu madre ni con la hermana
de tu padre, pues es tenerlas con una parienta cercana y los dos tendrán que cargar con su maldad.
20 "Si alguien se acuesta con la mujer de
su tío, deshonra a su propio tío; los dos
cargarán con su pecado: morirán sin tener
descendencia.[p]
21 "Si alguien le quita la esposa a su hermano, deshonra a su propio hermano.
Este es un acto odioso, y los dos se quedarán sin hijos.[q]
22 "Pongan en práctica mis leyes y decretos; cúmplanlos todos. Así no los arrojará de sí el país al cual los llevo para que
vivan en él. 23 No sigan las prácticas de la
gente que voy a arrojar de delante de
ustedes; ellos hicieron todas estas cosas, y
por eso no pude aguantarlos. 24 Yo les prometo que ustedes serán los dueños del
país de ellos; yo mismo les daré posesión
de ese país, donde la leche y la miel corren
como el agua.
"Yo soy el Señor su Dios, que los ha distinguido de los demás pueblos. 25 Por lo
tanto, también ustedes deben hacer distinción entre animales puros e impuros, y
entre aves puras e impuras. No se hagan
despreciables por causa de los animales,
aves y reptiles que he señalado como animales impuros. 26 Ustedes deben ser santos para conmigo, porque yo, el Señor, soy
santo y los he distinguido de los demás
pueblos para que sean míos.
27 "El hombre o la mujer que estén po-
seídos por un espíritu, o que practiquen la
adivinación, serán muertos a pedradas y
serán responsables de su propia muerte."

Requisitos para los sacerdotes

21 1 El Señor le dijo a Moisés:
"Habla con los sacerdotes descendientes de Aarón, y diles que no se hagan impuros por causa del cadáver de alguno de sus parientes, 2 excepto en el caso
de algún pariente cercano, como su
madre, su padre, su hijo o su hija, su hermano 3 o su hermana soltera, que aún vive
con él porque no se ha casado; por ellos
podrá hacerse impuro. 4 Pero no deberá
hacerse impuro ni mancharse por una parienta casada.[16]
5 "No deberán raparse la cabeza, ni
afeitarse la barba, ni hacerse heridas en el
cuerpo,[r] 6 sino consagrarse completamente a su Dios y no profanar su nombre,
porque ellos son los que presentan las
ofrendas quemadas y el pan de su Dios;
así que deberán mantenerse consagrados.

[16] *Por una parienta casada:* otra posible traducción: *ya que es un hombre importante de su pueblo.*
[h] **20.9** Ex 21.17; Mt 15.4; Mr 7.10. [i] **20.10** Ex 20.14; Lv 18.20; Dt 5.18; 22.22–24; Jn 8.5. [j] **20.11** Lv 18.8; Dt 22.30; 27.20.
[k] **20.12** Lv 18.15. [l] **20.13** Lv 18.22. [m] **20.14** Lv 18.17; Dt 27.23. [n] **20.15–16** Ex 22.19; Lv 18.23; Dt 27.21.
[ñ] **20.17** Lv 18.9; Dt 27.22. [o] **20.18** Lv 18.19. [p] **20.19–20** Lv 18.12–14. [q] **20.21** Lv 18.16. [r] **21.5** Lv 19.27–28; Dt 14.1.

7 "Tampoco deberán casarse con una prostituta, ni con una mujer violada o divorciada, porque han sido consagrados a su Dios. 8 Manténlos apartados de todo, porque ellos son los que presentan el pan de tu Dios. Y serán santos para ti, porque yo, el Señor, soy santo y soy quien los hace santos.

9 "Si la hija de un sacerdote se rebaja y se convierte en prostituta, deshonra a su padre y deberá ser quemada viva.

10 "El jefe de los sacerdotes ha recibido plena autoridad para vestir la ropa sagrada, por medio del aceite de consagrar que se le puso en la cabeza. Por lo tanto, no debe dejarse suelto el pelo ni rasgarse la ropa en señal de luto; 11 tampoco debe entrar donde haya un cadáver: ni siquiera por causa de su padre o de su madre debe hacerse impuro. 12 No debe salir del santuario de su Dios, ni rebajar el carácter sagrado del santuario, porque sobre él ha sido puesto el aceite de consagrar de su Dios. Yo soy el Señor.

13 "Por esposa deberá tomar una mujer virgen. 14 En ningún caso debe casarse con una viuda o divorciada, violada o prostituta; su esposa debe ser virgen y de su propio clan, 15 para no rebajar a sus descendientes entre su gente; pues yo, el Señor, lo he consagrado."

Impedimentos para el sacerdocio

16 El Señor se dirigió a Moisés y le dijo: 17 "Dile a Aarón que, ahora y en el futuro, a ninguno de sus descendientes con algún defecto físico se le permitirá presentar la ofrenda de pan de su Dios. 18 A decir verdad, nadie que tenga un defecto físico podrá presentarse a hacerlo: sea ciego, cojo, con la nariz o las orejas deformes, 19 con las piernas o los brazos quebrados, 20 jorobado, enano, con nubes en los ojos, sarnoso o con erupciones en la piel, o con los testículos dañados. 21 Ningún descendiente del sacerdote Aarón que tenga algún defecto físico presentará al Señor las ofrendas que se queman; tiene un defecto y, por lo tanto, no podrá presentar la ofrenda de pan de su Dios. 22 Podrá comer de ese pan y de las cosas santas y santísimas, 23 pero no podrá entrar tras el velo ni acercarse al altar, para no rebajar con su defecto el carácter sagrado de mi santuario. Yo soy el Señor, que los ha consagrado."

24 Y Moisés repitió esto mismo a Aarón, a sus hijos y a todos los israelitas.

Participación en las ofrendas del Señor

22 1 El Señor se dirigió a Moisés y le dijo:

2 "Di a Aarón y a sus descendientes que deben tener cuidado con las cosas santas que los israelitas me consagran, para que no profanen mi santo nombre. Yo soy el Señor.

3 "Diles que, ahora y en el futuro, cualquiera de sus descendientes que estando impuro haga la presentación de las cosas sagradas que los israelitas consagran al Señor, será eliminado de mi presencia. Yo soy el Señor.

4 "Ninguno de los descendientes de Aarón que esté enfermo de lepra o sufra derrames, comerá de las cosas sagradas hasta que haya sido purificado.

"El que toque alguna cosa impura a causa de un cadáver, o toque a quien haya tenido un derrame de semen, 5 o el que se haga impuro por tocar un reptil o a un hombre que por encontrarse impuro hace impuro al que lo toca, 6 será considerado impuro hasta el anochecer, y no podrá comer de las cosas sagradas si antes no se lava con agua. 7 Quedará purificado al ponerse el sol, después de lo cual podrá comer de las cosas sagradas, pues son su alimento. 8 No debe comer carne de un animal muerto o despedazado por una fiera, para no hacerse impuro con ella. Yo soy el Señor.

9 "Diles que cumplan mi precepto y que no carguen con ningún pecado por faltar a él, y así no morirán. Yo soy el Señor, que los ha consagrado.

10 "Ningún extraño al sacerdocio podrá comer de lo que es sagrado.

"Ni el huésped del sacerdote ni el que trabaje para él podrán comer de lo que es sagrado. 11 "Si el sacerdote compra un esclavo con su dinero, el esclavo podrá comer de lo que es sagrado. También los que hayan nacido en casa del sacerdote podrán comer de sus alimentos.

12 "Si la hija de sacerdote está casada con alguien extraño al sacerdocio, no podrá comer de las ofrendas que se dan a los sacerdotes. 13 Pero si es viuda o divorciada, y no tiene hijos, y vuelve a la casa de su padre como cuando era soltera, podrá comer de los alimentos de su padre. Por lo demás, ningún extraño al sacerdocio podrá comerlos.

14 "Si alguien come involuntariamente de las cosas sagradas, tendrá que restituir al sacerdote lo que se comió, más una quinta parte; 15 pero los sacerdotes no deben permitir que los israelitas profanen las cosas sagradas que se ofrecen al Señor, 16 ni que carguen con la maldad de su pecado por comer de las cosas sagradas. Yo soy el Señor, que los ha consagrado."

Requisitos para los animales ofrecidos

[17] El Señor se dirigió a Moisés y le dijo: [18] "Habla con Aarón y sus hijos, y con todos los israelitas, y diles lo siguiente: Si alguno de los israelitas o de los extranjeros que vivan entre ellos presenta al Señor un animal en holocausto, ya sea en cumplimiento de una promesa o como ofrenda voluntaria, [19] deberá presentar un macho sin defecto para que le sea aceptado. Podrá ser un toro, un cordero o un chivo, [20] pero no un animal con defecto, porque no le será aceptado.ˢ

[21] "Cualquiera que presente al Señor un sacrificio de reconciliación, ya sea en cumplimiento de una promesa o como ofrenda voluntaria, deberá ofrecer toros u ovejas sin defecto para que le sean aceptados. [22] No le presenten al Señor animales ciegos, o lastimados, o mancos, o con verrugas, sarna o erupciones en la piel, ni los den para ser quemados como ofrendas en el altar del Señor. [23] Como ofrenda voluntaria podrás ofrecer un toro o un carnero que tenga las patas disparejas, pero en cumplimiento de una promesa no te será aceptado. [24] Tampoco deben presentar al Señor animales con los testículos heridos, golpeados, arrancados o cortados. No practiquen estas cosas en su tierra. [25] Tampoco reciban de un extranjero estos animales como alimento para el Dios de ustedes, porque son animales con defecto y no les serán aceptados."

Requisitos para matar los animales ofrecidos

[26] El Señor se dirigió a Moisés y le dijo: [27] "Cuando nazca un ternero, un cordero o un cabrito, deberá quedarse al lado de su madre durante siete días, pero a partir del octavo día podrá ser aceptado para quemarlo como ofrenda al Señor. [28] "No mates en un mismo día a una vaca u oveja y a su cría. [29] "Cuando presentes una ofrenda de acción de gracias al Señor, hazla de tal manera que sea bien recibida. [30] Además, cómela el mismo día y no dejes nada para el día siguiente. Yo soy el Señor. [31] "Pongan en práctica mis mandamientos; cúmplanlos. Yo soy el Señor. [32] "No profanen mi santo nombre, y así seré santificado entre los israelitas. Yo soy el Señor, que los ha consagrado a ustedes [33] y los ha sacado de Egipto para ser su Dios. Yo soy el Señor."

Festividades religiosas
(Nm 28.16–25)

23 [1] El Señor se dirigió a Moisés y le dijo:

[2] "Di a los israelitas lo siguiente: Estas son las fechas especialmente dedicadas al Señor, y que ustedes llamarán reuniones santas.

[3] "Trabajarás durante seis días, pero el día séptimo no deberás hacer ningún trabajo;ᵗ será un día especial de reposo[17] y habrá una reunión santa. Dondequiera que vivas, ese día será de reposo[17] en honor del Señor.

[4] "Estas son las fechas especiales para celebrar las reuniones santas en honor del Señor, y en las cuales deberán reunirse:

[5] "El día catorce del mes primero, al atardecer, se celebrará la Pascua en honor del Señor.ᵘ

[6] "El día quince del mismo mes se celebrará la fiesta de los panes sin levaduraᵛ en honor del Señor. Durante siete días se comerá pan sin levadura. [7] El primer día se celebrará una reunión santa. No hagan ninguna clase de trabajo pesado. [8] Durante siete días deberán ustedes quemar ofrendas al Señor, y el día séptimo celebrarán una reunión santa. No deberán realizar ninguna clase de trabajo."

La fiesta de la primera cosecha
(Nm 28.26–31)

[9] El Señor se dirigió a Moisés y le dijo: [10] "Di a los israelitas lo siguiente: Cuando hayan entrado ustedes en la tierra que yo les voy a dar, y hayan cosechado su trigo, deberán presentar al sacerdote el primer manojo de su cosecha. [11] Al día siguiente del día de reposo,[17] el sacerdote lo presentará al Señor como ofrenda especial, para que les sea aceptado. [12] Y el mismo día en que presenten el manojo, presentarán también un cordero de un año, sin defecto, como holocausto en honor del Señor. [13] Traerán, además, cuatro kilos y medio de la mejor harina amasada con aceite, para presentársela al Señor como ofrenda quemada de aroma agradable. Como ofrenda para derramar, se deberá presentar un litro de vino. [14] Hasta el día en que lleven ustedes su ofrenda al Señor, no deben comer pan, ni trigo tostado o fresco. Esta es una ley permanente, que pasará de padres a hijos y dondequiera que ustedes vivan.

[15] "A partir del día en que lleven ustedes el manojo de trigo como ofrenda especial, es decir, a partir del día siguiente al día de

---

[17] Día de reposo: aquí equivale a sábado.
ˢ **22.18–20** Lv 1.3; Dt 17.1.   ᵗ **23.3** Ex 20.8–10; 23.12; 31.15; 34.21; 35.2; Dt 5.12–14.   ᵘ **23.5** Ex 12.1–13; Dt 16.1–2.
ᵛ **23.6–8** Ex 12.14–20; 23.15; 34.18; Dt 16.3–8.

reposo,[17] deben contar siete semanas completas. [16] Y con el día siguiente al séptimo día de reposo,[17] se completarán cincuenta días. Entonces presentarán al Señor su ofrenda de trigo nuevo, [17] y llevarán de sus casas dos panes de la mejor harina cocidos con levadura, de unos cuatro kilos cada uno, como ofrenda especial de primeros frutos para el Señor. [18] Junto con los panes llevarán siete corderos de un año y sin defecto, un becerro y dos carneros, como holocausto en honor del Señor, ofrenda quemada de aroma agradable a él, además de sus ofrendas de cereal y de vino.

[19] "Ofrecerán además un chivo como sacrificio por el pecado, y dos corderos de un año como sacrificio de reconciliación. [20] El sacerdote ofrecerá los animales como ofrenda especial en presencia del Señor, junto con el pan de los primeros frutos y los dos corderos. Serán consagrados al Señor, para el sacerdote.

[21] "Ese mismo día deben celebrar ustedes una reunión santa, y no hacer ninguna clase de trabajo pesado. Esta es una ley permanente, que pasará de padres a hijos y dondequiera que ustedes vivan. [w]

[22] "Cuando llegue el tiempo de cosechar, no recojas hasta el último grano de tu campo ni rebusques las espigas que se hayan quedado. Déjalas para los pobres y los extranjeros. Yo soy el Señor, el Dios de ustedes." [x]

La fiesta de las trompetas
(Nm 29.1-6)

[23] El Señor se dirigió a Moisés y le dijo: [24] "Di a los israelitas lo siguiente: El día primero del mes séptimo celebrarán ustedes un día de reposo y una reunión santa conmemorativa con toque de trompetas. [25] Deberán quemar una ofrenda en honor del Señor, y no harán ninguna clase de trabajo pesado."

El Día del Perdón
(Nm 29.7-11)

[26] El Señor se dirigió a Moisés y le dijo: [27] "El día diez del mismo mes séptimo será el Día del Perdón.[y] Deberán celebrar una reunión santa, y dedicar ese día al ayuno, y quemar una ofrenda en honor del Señor. [28] No hagan ningún trabajo ese mismo día, porque es el Día del Perdón, en que ustedes obtendrán el perdón ante el Señor su Dios. [29] El que no dedique ese día

al ayuno, quienquiera que sea, será eliminado de entre su pueblo. [30] Y al que haga algún trabajo ese día, quienquiera que sea, lo haré desaparecer de su pueblo. [31] "No hagan ningún trabajo. Es una ley permanente, que pasará de padres a hijos y dondequiera que ustedes vivan. [32] Será para ustedes un día de reposo y dedicado al ayuno, y lo contarán del atardecer del día nueve del mes hasta el atardecer del día siguiente."

La fiesta de las Enramadas
(Nm 29.12-40)

[33] El Señor se dirigió a Moisés y le dijo: [34] "Di a los israelitas lo siguiente: El día quince del mismo mes séptimo, y durante siete días, se celebrará la fiesta de las Enramadas[z] en honor del Señor, [35] con una reunión santa el primer día. No hagan ninguna clase de trabajo. [36] Durante esos siete días quemarán ofrendas en honor del Señor, y el octavo día celebrarán también una reunión santa y quemarán una ofrenda al Señor. Es un día de fiesta, y no deben hacer ninguna clase de trabajo pesado.

[37] "Estas son las fechas especialmente dedicadas al Señor, a las que ustedes deben declarar reuniones santas y en las que presentarán al Señor ofrendas quemadas, holocaustos, ofrendas de cereales, sacrificios y ofrendas de vino, según el día que corresponda, [38] aparte de los días de reposo[17] en honor del Señor, y de los regalos y ofrendas prometidas o voluntarias que ustedes le hagan.

[39] "El día quince del mes séptimo, cuando ustedes hayan recogido ya la cosecha, celebrarán una fiesta de siete días[a] en honor del Señor, con reposo el primer día y el octavo. [40] El primer día tomarán frutos de los mejores árboles, hojas de palmera y de árboles frondosos y álamos del río, y durante siete días se alegrarán en presencia del Señor su Dios. [41] Cada año, en el mes séptimo, celebrarán una fiesta de siete días en honor del Señor. Es una ley permanente que pasará de padres a hijos. [42] Durante esos siete días todos ustedes, los israelitas de nacimiento, vivirán bajo enramadas, [43] para que todos sus descendientes sepan que, cuando yo saqué de Egipto a los israelitas, los hice vivir bajo enramadas. Yo soy el Señor su Dios."

[44] De esta manera informó Moisés a los israelitas acerca de las fechas especialmente dedicadas al Señor.

---

[17] Día de reposo: aquí equivale a sábado.
w **23.15-21** Ex 23.16; 34.22; Dt 16.9-12.   x **23.22** Lv 19.9-10; Dt 24.19-22.   y **23.26-32** Lv 16.29-34.
z **23.33-36** Dt 16.13-15.   a **23.39-43** Ex 23.16; 34.22.

El aceite para las lámparas
(Ex 27.20-21)

24 [1] El Señor se dirigió a Moisés y le dijo:

[2] "Ordena a los israelitas que te traigan aceite puro de oliva, para mantener las lámparas siempre encendidas. [3] Aarón se encargará de arreglarlas, para que durante toda la noche ardan sin cesar delante del Señor en la Tienda del Encuentro, fuera del velo que está junto al cofre del pacto. Esta es una ley permanente, que pasará de padres a hijos. [4] Ha de arreglar las lámparas en el candelabro de oro puro para que ardan delante del Señor.

El pan de la Presencia

[5] "Toma de la mejor harina y cuece doce tortas, de cuatro kilos y medio cada una, [6] y ponlas sobre la mesa de oro puro que está ante el Señor, en dos hileras de seis tortas cada una.[b] [7] Pon en cada hilera incienso puro, que le servirá al pan como ofrenda de recordación quemada en honor del Señor. [8] Esto deberá ser puesto sin falta ante el Señor cada día de reposo,[17] como un pacto eterno por parte de los israelitas. [9] Es la parte que les corresponderá siempre a Aarón y a sus descendientes,[c] los cuales deberán comer ese pan en un lugar santo, porque de las ofrendas que se queman en honor del Señor, ésta es una de las más sagradas."

Castigo para los que ofenden a Dios

[10-11] Entre los israelitas había un hombre nacido de madre israelita y padre egipcio. Su madre se llamaba Selomit, y era hija de Dibri, de la tribu de Dan. Este hombre y un israelita tuvieron una discusión en el campamento, durante la cual el hijo de madre israelita ofendió y maldijo el nombre del Señor. Entonces lo llevaron ante Moisés, [12] y lo tuvieron bajo vigilancia mientras el Señor les decía lo que tenían que hacer. [13] Y el Señor le habló a Moisés y le dijo:

[14] "Saca del campamento al que me maldijo; que pongan la mano sobre su cabeza todos los que lo oyeron, y que lo maten a pedradas todos los de la comunidad. [15-16] Por lo que toca a los israelitas, diles lo siguiente: El que ofenda y maldiga el nombre del Señor su Dios, tendrá que cargar con su pecado y será muerto a pedradas por toda la comunidad. Tanto si es extranjero como si es natural del país, si

ofende el nombre del Señor, será condenado a muerte.

[17] "El que le quite la vida a otra persona, será condenado a muerte.[d]

[18] "El que mate una cabeza de ganado, tendrá que reponerla: animal por animal.

[19] "El que cause daño a alguno de su pueblo, tendrá que sufrir el mismo daño que hizo: [20] fractura por fractura, ojo por ojo, diente por diente;[e] tendrá que sufrir en carne propia el mismo daño que haya causado.

[21] "El que mate un animal, tendrá que reponerlo. El que mate a un hombre, será condenado a muerte.

[22] "La misma ley vale tanto para los extranjeros como para los naturales del país.[f] Yo soy el Señor su Dios."

[23] Moisés habló entonces con los israelitas, y ellos sacaron del campamento al que había maldecido a Dios, y allí lo mataron a pedradas. Lo hicieron los israelitas tal como el Señor se lo había ordenado a Moisés.

El año de reposo y el año de liberación

25 [1] El Señor se dirigió a Moisés en el monte Sinaí, y le dijo:

[2] "Di a los israelitas lo siguiente: Cuando ustedes hayan entrado en la tierra que les voy a dar, la tierra deberá tener reposo en honor del Señor. [3] Podrán sembrar sus campos durante seis años. También durante seis años podrán podar sus viñedos y recoger sus frutos, [4] pero el séptimo año será de completo reposo de la tierra en honor del Señor; no siembren ese año sus campos ni poden sus viñedos. [5] Tampoco corten el trigo que nazca por sí mismo después de la última cosecha, ni recojan las uvas de su viñedo no podado; la tierra debe tener reposo completo. [6] Lo que la tierra produzca por sí misma durante su reposo, alcanzará para que coman ustedes, sus siervos y sus siervas, y los trabajadores y extranjeros que vivan con ustedes, [7] y sus ganados y los animales feroces del país. Todo lo que la tierra produzca, les servirá de alimento.[g]

[8] "Deben contar siete semanas de años, es decir, siete años multiplicados por siete, lo cual dará un total de cuarenta y nueve años, [9] y el día diez del mes séptimo, que es el Día del Perdón, harán sonar el cuerno de carnero en todo el país. [10] El año cincuenta lo declararán ustedes año santo: será un año de liberación, y en él anunciarán libertad para todos los habitantes del país. Todo hombre volverá al seno de su familia y a la posesión de sus

---

[17] *Día de reposo*: aquí equivale a *sábado*.
[b] **24.5-6** Ex 25.30. [c] **24.9** Mt 12.4; Mr 2.26; Lc 6.4. [d] **24.17** Ex 21.12. [e] **24.20** Ex 21.23-25; Dt 19.21; Mt 5.38.
[f] **24.22** Nm 15.16. [g] **25.1-7** Ex 23.10-11.

tierras. ¹¹ El año cincuenta será para ustedes año de liberación, y en él no deberán sembrar, ni cortar el trigo que nazca por sí mismo, ni podar los viñedos ni recoger sus uvas, ¹² porque es un año santo y de liberación para ustedes. Comerán sólo lo que la tierra produzca por sí misma.

¹³ "En este año de liberación todos ustedes volverán a tomar posesión de sus tierras. ¹⁴ Si alguien vende o compra a otra persona algún terreno, no trate de aprovecharse de ella; ¹⁵ el que compra debe pagar según el tiempo transcurrido desde el año de liberación, y el que vende debe cobrar según los años de cosecha que aún falten: ¹⁶ cuantos más años de cosecha falten, mayor será el precio; si quedan pocos años, el precio será menor, pues lo que se vende es el número de cosechas.

¹⁷ "No abuse nadie de nadie. Muestren reverencia por su Dios, pues yo soy el Señor su Dios. ¹⁸ Cumplan mis leyes, pongan en práctica mis decretos. Cúmplanlos y vivirán tranquilos en el país, ¹⁹ la tierra dará frutos, y ustedes vivirán tranquilamente en ella y comerán de sus frutos hasta quedar satisfechos.

²⁰ "Tal vez se pregunten ustedes: '¿Y qué vamos a comer durante el séptimo año, si no podemos sembrar ni recoger la cosecha?' ²¹ Pues bien, yo les enviaré mi bendición durante el sexto año, y la cosecha será suficiente para tres años; ²² así comerán del grano almacenado mientras siembran de nuevo en el año octavo, y aun hasta el año noveno podrán comer del grano almacenado, mientras llega la cosecha.

²³ "La tierra no debe venderse a perpetuidad: la tierra es mía, y ustedes sólo están de paso por ella como huéspedes míos. ²⁴ Por lo tanto, para cualquier terreno que ustedes tengan en propiedad, deben conceder a los dueños anteriores el derecho de volver a comprarlo.

²⁵ "Si uno de tus compatriotas se queda en la ruina y te vende alguno de sus terrenos, su pariente más cercano podrá venir y rescatar lo que su pariente había vendido.ʰ

²⁶ "En el caso de alguien que no tenga un pariente que pueda rescatar su propiedad, pero que logre reunir lo suficiente para rescatarla él mismo, ²⁷ calculará el tiempo transcurrido desde que la vendió, devolverá al que la compró la cantidad de dinero que resulte a su favor, y él volverá a tomar posesión de su propiedad. ²⁸ Pero si no logra reunir lo suficiente para rescatar la propiedad, ésta se quedará en poder del comprador hasta el año de liberación, durante el cual será liberada la propiedad, y el que la vendió volverá a tomar posesión de ella.

²⁹ "Si alguien vende una vivienda en una ciudad con murallas, tendrá derecho a volver a comprarla durante un año completo a partir de la fecha de venta. ³⁰ Pero en caso de que la vivienda no sea rescatada en el término de un año, se quedará para siempre en poder del que la compró y de sus descendientes. No podrá ser liberada en el año de liberación. ³¹ En cambio, las casas de pueblos sin murallas serán consideradas igual que los campos: podrán ser rescatadas, y serán liberadas en el año de liberación.

³² "Los levitas tendrán siempre el derecho de volver a comprar las casas que estén dentro de las ciudades de ellos. ³³ Si el que rescata es un levita,¹⁸ deberá abandonar la casa en el año de liberación e irse a la ciudad donde tiene su propiedad, porque la única propiedad de los levitas entre los israelitas es la casa que tienen en su ciudad. ³⁴ Las tierras de pastoreo pertenecientes a las ciudades de los levitas, no podrán ser vendidas, porque son su propiedad permanente.

³⁵ "Si alguno de tus compatriotas se queda en la ruina y recurre a ti, debes ayudarlo como a un extranjero de paso, y lo acomodarás en tu casa.ⁱ ³⁶ No le quites nada ni le cargues intereses sobre los préstamos que le hagas; al contrario, muestra temor por tu Dios y acomoda a tu compatriota en tu casa. ³⁷ No le cargues interés al dinero que le prestes,ʲ ni aumentes el precio de los alimentos que le des. ³⁸ Yo soy el Señor, el Dios de ustedes, que los sacó de Egipto para darles la tierra de Canaán y para ser su Dios.

³⁹ "Si uno de tus compatriotas se queda en la ruina estando contigo, y se vende a ti, no lo hagas trabajar como esclavo; ⁴⁰ trátalo como a un trabajador o como a un huésped. Trabajará para ti hasta el año de liberación, ⁴¹ después del cual podrá abandonar tu casa junto con sus hijos, para volver otra vez a su clan y a sus propiedades familiares; ⁴² pues ellos son mis siervos; yo los saqué de Egipto, y no deben ser vendidos como esclavos. ⁴³ No los trates con crueldad; al contrario, muestra temor de tu Dios.

⁴⁴ "Si quieres tener esclavos o esclavas, cómpralos de las otras naciones que te rodean. ⁴⁵ También puedes comprar a la gente extranjera que vive entre ustedes, y a los hijos que les nazcan mientras estén en el país de ustedes; a ellos pueden comprarlos en propiedad ⁴⁶ y dejarlos como

¹⁸ Si el que rescata es un levita: texto probable. Heb. oscuro.
ʰ 25.25 Rt 2.20; 4.1-10.   ⁱ 25.35 Dt 15.7-8.   ʲ 25.37 Ex 22.25; Dt 23.19-20.   ᵏ 25.39-46 Ex 21.2-6; Dt 15.12-18.

herencia a sus hijos cuando ustedes mueran; siempre podrán servirse de ellos. Pero ninguno de ustedes, los israelitas, debe dominar ni tratar con crueldad a sus hermanos de raza.[k]

[47] "Si un extranjero que vive en tu tierra se hace rico, y en cambio uno de tus compatriotas, vecino del extranjero, se queda en la ruina y se vende a ese extranjero o a algún otro extranjero, [48] tendrá derecho a que se compre su libertad aun después de haberse vendido. Podrá ser rescatado por uno de sus hermanos, [49] un tío, un primo o cualquier pariente cercano; también podrá rescatarse él mismo, si tiene medios para hacerlo, [50] calculando en el que lo compró desde el año en que se vendió hasta el año de liberación: el precio de venta deberá corresponder al número de años, y el tiempo que haya trabajado se calculará según la paga que se da a los trabajadores. [51] Si aún quedan muchos años por delante, en proporción con ellos dará por su rescate parte del dinero que recibió por venderse; [52] pero si falta poco tiempo para el año de liberación, dará por su rescate la cantidad correspondiente a los años que falten. [53] Se le deberá tratar como a un trabajador contratado por año; no permitas que se le trate con crueldad.

[54] "Si acaso no es rescatado en este tiempo, quedará en libertad en el año de liberación, junto con sus hijos, [55] pues los israelitas son mis siervos, mis propios siervos; yo los saqué de Egipto. Yo soy el Señor su Dios.

Bendiciones a los obedientes
(Dt 7.12–24; 28.1–14)

26 [1] "No se hagan ídolos ni imágenes; no levanten en su país piedras sagradas ni piedras grabadas; no se inclinen ante ellas, porque yo soy el Señor su Dios.[l] [2] Respeten mis días de reposo;[19] tengan reverencia por mi santuario: yo soy el Señor.[m]

[3] "Si siguen mis leyes, y cumplen mis mandamientos y los practican, [4] yo les enviaré la lluvia a su tiempo, y la tierra y los árboles del campo darán su fruto; [5] tendrán trigo hasta la cosecha de las uvas, y uvas hasta el tiempo de la siembra; comerán pan hasta quedar satisfechos, y gozarán de tranquilidad en el país.[n] [6] Les daré bienestar en el país, y dormirán sin sobresaltos, pues yo libraré al país de animales feroces y de guerras. [7] Ustedes harán huir a sus enemigos, y ellos caerán a filo de espada ante ustedes; [8] cinco de ustedes harán huir a cien, y cien de ustedes harán

huir a diez mil; sus enemigos caerán ante ustedes a filo de espada. [9] Los miraré a ustedes con buenos ojos, y los haré crecer en número, y mantendré con ustedes mi pacto. [10] Comerán del trigo almacenado en años anteriores, y hasta tendrán que desalojarlo para almacenar el trigo nuevo. [11] "Yo viviré entre ustedes, y no los rechazaré; [12] constantemente andaré entre ustedes, y seré su Dios, y ustedes serán mi pueblo.[ñ] [13] Yo soy el Señor su Dios, que los sacó de Egipto para que no siguieran siendo esclavos de ellos; yo rompí el yugo que pesaba sobre ustedes, y los hice andar con la frente en alto.

Advertencias a los desobedientes
(Dt 28.15–68)

[14] "Pero si ustedes no me obedecen ni ponen en práctica todos estos mandamientos, [15] sino que rechazan y menosprecian mis leyes y decretos y no cumplen con ninguno de mis mandamientos, faltando así a mi pacto, [16] yo también haré lo siguiente con ustedes: les enviaré mi terror, epidemia mortal, fiebre, enfermedades de los ojos y decaimiento del cuerpo; de nada les servirá sembrar, porque sus enemigos se comerán la cosecha. [17] Yo me pondré en contra de ustedes, y serán derrotados por sus enemigos; serán dominados por aquellos que los odian, y tendrán que huir aunque nadie los persiga.

[18] "Si a pesar de esto no me obedecen, los volveré a castigar siete veces por sus pecados. [19] Haré pedazos su necio orgullo; haré que el cielo les niegue su lluvia y la tierra sus frutos. [20] En vano gastarán sus fuerzas, porque la tierra no les producirá nada, ni los árboles del campo les darán frutos.

[21] "Si siguen oponiéndose a mí y negándose a obedecerme, yo volveré a castigarlos siete veces más, conforme a sus pecados. [22] Lanzaré sobre ustedes bestias salvajes que los dejarán sin hijos, que despedazarán sus ganados y que reducirán el número de ustedes hasta que no haya quien transite por sus caminos.

[23] "Si a pesar de todo esto no se corrigen, sino que siguen oponiéndose a mí, [24] yo también me opondré a ustedes y los castigaré aún siete veces más por sus pecados. [25] Haré venir sobre ustedes una espada que vengue el pacto; ustedes correrán a refugiarse en sus ciudades, pero yo les enviaré enfermedades, y ustedes caerán en poder del enemigo.

[26] "Cuando yo destruya su provisión de alimentos, diez mujeres cocerán en un

---

[19] *Días de reposo:* aquí equivale a *sábado.*
[l] **26.1** Ex 20.4; Lv 19.4; Dt 5.8; 16.21–22; 27.1.   [m] **26.2** Lv 19.30.   [n] **26.3–5** Dt 11.13–15.   [ñ] **26.11–12** 2 Co 6.16; Ap 21.3.

solo horno el pan de ustedes, y lo racionarán tanto que ustedes comerán y no quedarán satisfechos.

[27] "Si a pesar de esto no me obedecen, sino que siguen oponiéndose a mí, [28] yo también me opondré a ustedes, y con enojo los castigaré aún otras siete veces más por sus pecados. [29] Entonces se comerán ustedes a sus propios hijos e hijas. [30] Yo destruiré sus santuarios paganos y partiré en dos sus altares de incienso; amontonaré los cuerpos sin vida de ustedes sobre los cuerpos sin vida de sus ídolos, y les mostraré mi desprecio; [31] dejaré en ruinas sus ciudades y destruidos sus santuarios, y no me deleitaré más en el aroma de sus perfumes.

[32] "Destruiré el país, y los enemigos de ustedes que vengan a vivir en él se quedarán asombrados. [33] A ustedes los esparciré entre las naciones, y con la espada desnuda los perseguiré; su país se convertirá en un desierto y sus ciudades en espantosas ruinas. [34] Entonces la tierra disfrutará de tranquilidad todo el tiempo que permanezca desolada y que ustedes estén en el país de sus enemigos; así descansará y se desquitará de lo que antes no descansó. [35] Todo el tiempo que permanezca desolada, la tierra disfrutará de los días de reposo que no tuvo mientras ustedes habitaron en ella.

[36] "A aquellos de ustedes que queden con vida en terreno enemigo, les haré sentir tanto miedo que huirán con el simple ruido de una hoja al caer; huirán como si los persiguieran con una espada, y caerán sin que nadie los persiga; [37] tropezarán unos contra otros como si huyeran de la guerra, aunque nadie los persiga; ¡ninguno de ustedes podrá hacer frente a sus enemigos! [38] Serán destruidos entre las naciones, y el país de sus enemigos acabará con ustedes; [39] y los que queden con vida en terreno enemigo, morirán por culpa de su maldad; ¡morirán junto con sus padres, por la maldad de ellos!

[40] "Aunque ustedes reconozcan su maldad y la maldad de sus padres, lo mismo que su infidelidad y su oposición a mí, [41] yo también me opondré a ustedes y los llevaré al país de sus enemigos; allí su mente pagana quedará humillada, y pagarán por su pecado. [42] Entonces yo me acordaré del pacto que hice con Jacob,[o] con Isaac[p] y con Abraham,[q] y también me acordaré de la tierra, [43] la cual quedará libre de ustedes y disfrutará de sus días de reposo mientras ustedes no la habiten; y pagarán ustedes por su maldad, porque despreciaron mis decretos y rechazaron mis leyes.

[44] "A pesar de esto, y aunque ustedes estén en un país enemigo, no los despreciaré ni los rechazaré; no los destruiré ni faltaré al pacto que hice con sus antepasados, porque yo soy el Señor su Dios. [45] Por el contrario, me acordaré del pacto que hice con ellos cuando los saqué de Egipto en presencia de las naciones para ser su Dios. Yo soy el Señor."

[46] Estas son las leyes, decretos y enseñanzas que por medio de Moisés estableció el Señor en el monte Sinaí, entre él y los israelitas.

Cosas consagradas a Dios

27 [1] El Señor se dirigió a Moisés y le dijo:

[2] "Di a los israelitas lo siguiente: Cuando alguien quiera pagar una promesa al Señor conforme al valor correspondiente de una persona, [3] a un varón de veinte a sesenta años le fijarás una contribución de cincuenta monedas de plata, según la medida oficial del santuario; [4] en el caso de una mujer, la contribución será de treinta monedas. [5] Para las personas de cinco a veinte años, la contribución será de veinte monedas si es hombre, y de diez monedas si es mujer. [6] Para los niños de un mes a cinco años, la contribución será de cinco monedas de plata, y de tres para las niñas. [7] Para las personas mayores de sesenta años, la contribución será de quince monedas para los hombres, y de diez monedas para las mujeres. [8] Y si la persona es demasiado pobre para pagar la contribución establecida, se llevará el caso al sacerdote para que éste fije una nueva contribución, de acuerdo con las posibilidades del que hizo la promesa.

[9] "En el caso de los animales que se pueden ofrecer al Señor, todo animal que se entregue al Señor quedará consagrado, [10] y no podrá ser cambiado por otro animal, ya sea mejor o peor. En caso de que haya cambio, tanto el animal ofrecido como el animal dado a cambio quedarán consagrados.

[11] "En el caso de un animal impuro, que no puede ser ofrecido al Señor, se llevará el animal al sacerdote [12] para que éste fije la contribución correspondiente, según la calidad del animal. La contribución fijada por el sacerdote deberá ser aceptada, [13] y si se quiere recuperar el animal, se deberá dar una quinta parte más de la contribución establecida.

[14] "Si alguien consagra su casa al Señor, el sacerdote establecerá su valor según la calidad de la casa. El cálculo del sacerdote deberá ser aceptado. [15] Pero en caso de que el que consagró la casa quiera

o 26.42 Gn 28.13–14   p 26.42 Gn 26.3–4.   q 26.42 Gn 17.7–8.

rescatarla, deberá dar una quinta parte más del valor en que había sido calculada, y la casa volverá a ser suya.

[16] "Si alguien consagra al Señor una parte de su terreno, el valor del terreno se calculará según lo que pueda producir, a razón de cincuenta monedas de plata por cada doscientos veinte litros de cebada. [17] Si consagra el terreno a partir del año de liberación, quedará en pie el valor establecido; [18] pero si lo consagra después del año de liberación, el sacerdote hará el cálculo de la plata que se debe dar, descontando del valor calculado la cantidad que corresponda a los años que restan hasta el año de liberación. [19] "Si el que consagró el terreno quiere recuperarlo, deberá dar una quinta parte más sobre el valor calculado, y el terreno seguirá siendo suyo; [20] pero si no lo recupera, y el terreno se vende a otra persona, ya no podrá volver a recuperarlo. [21] Cuando el terreno quede libre en el año de liberación, será dedicado para uso exclusivo del Señor, y el sacerdote tomará posesión de él.

[22] "Si alguien consagra al Señor un terreno comprado, que no es su herencia de familia, [23] el sacerdote calculará con esa persona el precio del terreno hasta el año de liberación, y esa persona pagará ese mismo día la cantidad estimada como valor del terreno, y la consagrará al Señor. [24] En el año de liberación, el terreno volverá a poder del que lo vendió, es decir, a poder del propietario real del terreno. [25] "Todos tus cálculos deben tener como base el siclo de veinte *geras*,[20] que es el peso oficial del santuario.

[26] "En cuanto a las primeras crías del ganado, que son del Señor por ser las primeras, nadie debe consagrarlas. Ya sea un ternerito o un corderito, es del Señor. [27] Si se trata de un animal impuro, podrá ser rescatado según el precio que se le fije, más una quinta parte de ese precio. Pero si no es rescatado, podrá ser vendido en el precio fijado.

[28] "Si alguien consagra al Señor parte de sus pertenencias, ya sean personas, animales o terrenos heredados de su familia, nada de lo consagrado podrá ser vendido ni recuperado; todo lo consagrado será una cosa santísima dedicada al Señor.[r] [29] Y tampoco podrá rescatarse a ninguna persona que haya sido destinada a la destrucción: tendrá que morir.

[30] "La décima parte de los productos de la tierra, tanto de semillas como de árboles frutales, pertenece al Señor y está consagrada a él. [31] Si alguien quiere recuperar algo de esa décima parte, tendrá que pagar lo que valga, más una quinta parte.

[32] "Uno de cada diez animales del ganado o del rebaño será consagrado al Señor como décima parte, [33] sin escoger los mejores ni los peores, ni cambiar uno por otro. En caso de hacer un cambio, tanto el primer animal como el animal dado a cambio quedarán consagrados y, por lo tanto, no podrán ser recuperados."[s]

[34] Estos son los mandamientos que el Señor dio a Moisés para los israelitas, en el monte Sinaí.

[20] Véase la Tabla de Pesas y Medidas.
[r] **27.28** Nm 18.14. [s] **27.30–33** Nm 18.21; Dt 14.22-29; Mal 1.8; 3.8-10.

NÚMEROS

Este libro se llama así porque hace referencia a los censos levantados por Moisés, primero antes de partir del Sinaí, y una generación después, en Moab, al este del Jordán. También, muy especialmente, porque en los dos primeros capítulos se dan las cifras o números de los israelitas, tribu por tribu, según el primer censo, así como de su ejército o milicia. El relato es, en cierto modo, continuación del libro del Éxodo. Contiene lo sucedido a los israelitas en el desierto, desde su partida del Sinaí hasta su llegada al este del Jordán, unos cuarenta años después, ya para cruzar el río y entrar en la Tierra Prometida.

Los primeros nueve capítulos describen los preparativos para reanudar la marcha, después de haber recibido la Ley, y la celebración de la segunda Pascua. Los siguientes doce capítulos contienen los acontecimientos ocurridos entre el Sinaí y la llegada a Moab. Se hace luego un resumen de las diferentes jornadas y de los sucesos ocurridos entre la salida de Egipto y la entrada en Moab (caps. 22—32), y en los últimos cuatro capítulos se dan importantes instrucciones previas al cruce de Jordán.

Números es importante porque muestra las alternativas en el ánimo del pueblo israelita, bajo la dura prueba del recorrido por el desierto. A menudo se sentían desalentados y acobardados, y hasta en rebeldía contra Dios y Moisés. En otras ocasiones estaban dispuestos a obedecer y disciplinarse. Pero en toda esta historia resalta la lealtad de Dios a su parte del pacto, y su paciente y constante cuidado de su pueblo, a pesar de la debilidad y desobediencia de éste. Resalta igualmente la fidelidad y fortaleza de ánimo de Moisés, pues aunque a veces cae en la impaciencia, su devoción por Dios y por su pueblo no disminuye jamás.

Censo de Israel en el Sinaí

1 [1] El día primero del segundo mes del segundo año, cuando hacía poco más de un año que los israelitas habían salido de Egipto, el Señor se dirigió a Moisés en el desierto de Sinaí, en la Tienda del encuentro con Dios, y le dijo:

[2] "Hagan un censo[a] de todos los israelitas, por clanes y familias, para saber el nombre y número exacto de todos los hombres [3] de veinte años para arriba, aptos para la guerra. Regístrenlos según el orden militar, con la ayuda de Aarón [4] y de un jefe de familia por cada tribu. [5] Estos son los nombres de los jefes que deberán ayudarles:

"Por la tribu de Rubén: Elisur, hijo de Sedeur.

[6] "Por la de Simeón: Selumiel, hijo de Zurisadai.

[7] "Por la de Judá: Naasón, hijo de Aminadab.

[8] "Por la de Isacar: Natanael, hijo de Zuar.

[9] "Por la de Zabulón: Eliab, hijo de Helón.

[10] "Por las tribus de los hijos de José: Elisama, hijo de Amiud, por la de Efraín; y Gamaliel, hijo de Pedasur, por la de Manasés.

[11] "Por la tribu de Benjamín: Abidán, hijo de Gedeoni.

[12] "Por la de Dan Ahiezer, hijo de Amisadai.

[13] "Por la de Aser: Pagiel, hijo de Ocrán.

[14] "Por la de Gad: Eliasaf, hijo de Reuel.[I]

[15] "Por la de Neftalí: Ahira, hijo de Enán."

[16] Estos fueron los jefes de tribu escogidos de entre la comunidad israelita para representar a sus propios clanes. [17-18] El día primero del segundo mes del año, Moisés y Aarón reunieron a estos hombres expresamente designados por Dios, lo mismo que a todo el pueblo, e hicieron el censo de todos los israelitas, anotando en orden de clanes y familias el nombre de cada uno de ellos y el número total de hombres de veinte años para arriba, [19] tal como el Señor se lo había ordenado a Moisés. Este censo se hizo en el desierto de Sinaí.

[20-21] Una vez hecho el censo por tribus, clanes y familias, y anotados ya el nombre de cada uno y el número total de hombres mayores de veinte años, el resultado fue el siguiente:

De la tribu de Rubén, el hijo mayor de Israel, se contaron cuarenta y seis mil quinientos hombres aptos para la guerra.

[22-23] De la tribu de Simeón se contaron cincuenta y nueve mil trescientos.[2]

[24-25] De la tribu de Gad se contaron cuarenta y cinco mil seiscientos cincuenta.

[26-27] De la tribu de Judá se contaron setenta y cuatro mil seiscientos.

[I] Reuel: según la versión griega. Heb. Deuel (así también en 2.14; 7.42; 10.20). [2] Aquí y en los vs. siguientes el texto hebreo repite la misma fórmula usada en los vs. 20-21, la cual se ha suprimido en esta versión con objeto de facilitar la lectura.
[a] 1.1-46 Nm 26.1-51.

28-29 De la tribu de Isacar se contaron cincuenta y cuatro mil cuatrocientos.

30-31 De la tribu de Zabulón se contaron cincuenta y siete mil cuatrocientos.

32-35 De los descendientes de José se contaron cuarenta mil quinientos de la tribu de Efraín y treinta y dos mil doscientos de la tribu de Manasés.

36-37 De la tribu de Benjamín se contaron treinta y cinco mil cuatrocientos.

38-39 De la tribu de Dan se contaron sesenta y dos mil setecientos.

40-41 De la tribu de Aser se contaron cuarenta y un mil quinientos.

42-43 De la tribu de Neftalí se contaron cincuenta y tres mil cuatrocientos.

44 Este fue el resultado del censo que hicieron Moisés, Aarón y los doce jefes israelitas que representaban a sus respectivas tribus[3] y familias: 45 los israelitas de veinte años para arriba, aptos para la guerra, 46 fueron seiscientos tres mil quinientos cincuenta en total.

Nombramiento de los levitas

47 Los levitas no fueron contados entre las tribus de sus antepasados, 48 porque el Señor le había dicho a Moisés: 49 "Cuando hagas el censo de los israelitas, no cuentes entre ellos a la tribu de Leví. 50 A los levitas deberás ponerlos a cargo del servicio del santuario del pacto, de todos sus utensilios y de todo lo que corresponde al santuario. Ellos se ocuparán de transportar el santuario y sus utensilios, y de todo lo relacionado con su servicio. También deberán acampar alrededor del santuario, 51 y cuando haya que transportarlo, ellos serán quienes lo desarmen y quienes lo instalen de nuevo cuando tengan que acampar. Toda persona ajena que se acerque al santuario, será condenada a muerte. 52 Los demás israelitas acamparán a la manera militar, cada uno en su propio campamento y bajo su propia bandera. 53 Los levitas, por su parte, acamparán alrededor del santuario del pacto, y cuidarán de él, para que el Señor no se enoje contra los israelitas."

54 Los israelitas lo hicieron todo tal como el Señor se lo había ordenado a Moisés.

Orden del campamento

2 1 El Señor se dirigió a Moisés y Aarón, y les dijo:

2 "Los israelitas deberán acampar a cierta distancia alrededor de la Tienda del Encuentro, cada uno bajo su propia bandera y con los distintivos de su propia familia.

3 "Al este acamparán los ejércitos que marchan bajo la bandera de Judá. El ejército de la tribu de Judá tiene como jefe a Naasón, hijo de Aminadab, 4 y según el censo se compone de setenta y cuatro mil seiscientos hombres. 5 Junto a ellos acampará el ejército de la tribu de Isacar, que tiene como jefe a Natanael, hijo de Zuar, 6 y que según el censo se compone de cincuenta y cuatro mil cuatrocientos hombres. 7 También acampará con ellos el ejército de la tribu de Zabulón, que tiene como jefe a Eliab, hijo de Helón, 8 y que según el censo se compone de cincuenta y siete mil cuatrocientos hombres. 9 De esta manera el campamento de Judá se compondrá de tres ejércitos, con un total de ciento ochenta y seis mil cuatrocientos hombres, que marcharán al frente de los israelitas.

10 "Al sur acamparán los ejércitos que marchan bajo la bandera de Rubén. El ejército de la tribu de Rubén tiene como jefe a Elisur, hijo de Sedeur, 11 y según el censo se compone de cuarenta y seis mil quinientos hombres. 12 Junto a ellos acampará el ejército de la tribu de Simeón, que tiene como jefe a Selumiel, hijo de Zurisadai, 13 y que según el censo se compone de cincuenta y nueve mil trescientos hombres. 14 También acampará con ellos el ejército de la tribu de Gad, que tiene como jefe a Eliasaf, hijo de Reuel, 15 y que según el censo se compone de cuarenta y cinco mil seiscientos cincuenta hombres. 16 De esta manera el campamento de Rubén se compondrá de tres ejércitos, con un total de ciento cincuenta y un mil cuatrocientos cincuenta hombres, que marcharán en segundo lugar.

17 "Los levitas marcharán en seguida, entre los cuatro campamentos, llevando con ellos la Tienda del Encuentro. Los cuatro campamentos marcharán uno tras otro, en el orden en que hayan acampado y bajo su propia bandera.

18 "Al oeste acamparán los ejércitos que marchan bajo la bandera de Efraín. El ejército de la tribu de Efraín tiene como jefe a Elisama, hijo de Amiud, 19 y según el censo se compone de cuarenta mil quinientos hombres. 20 Junto a ellos acampará el ejército de la tribu de Manasés, que tiene como jefe a Gamaliel, hijo de Pedasur, 21 y que según el censo se compone de treinta y dos mil doscientos hombres. 22 También acampará con ellos el ejército de la tribu de Benjamín, que tiene como jefe a Abidán, hijo de Gedeoni, 23 y que según el censo se compone de treinta y cinco mil cuatrocientos hombres. 24 De esta manera el campamento de Efraín se compondrá de tres ejércitos, con un total de ciento ocho mil cien hombres, que marcharán en tercer lugar.

---

3 Sus respectivas tribus: según la versión griega. En el texto hebreo no aparece esta frase.

²⁵ "Al norte acamparán los ejércitos que marchan bajo la bandera de Dan. El ejército de la tribu de Dan tiene como jefe a Ahiezer, hijo de Amisadai, ²⁶ y según el censo se compone de sesenta y dos mil setecientos hombres. ²⁷ Junto a ellos acampará el ejército de la tribu de Aser, que tiene como jefe a Pagiel, hijo de Ocrán, ²⁸ y que según el censo se compone de cuarenta y un mil quinientos hombres. ²⁹ También acampará con ellos el ejército de la tribu de Neftalí, que tiene como jefe a Ahira, hijo de Enán, ³⁰ y que según el censo se compone de cincuenta y tres mil cuatrocientos hombres. ³¹ De esta manera el campamento de Dan se compondrá de tres ejércitos, con un total de ciento cincuenta y siete mil seiscientos hombres, que cerrarán la marcha tras su bandera."

³² El censo de las familias israelitas dio como resultado un ejército de seiscientos tres mil quinientos cincuenta hombres. ³³ Pero, tal como el Señor se lo había ordenado a Moisés, los levitas no fueron contados en el censo.

³⁴ Los israelitas lo hicieron todo tal como el Señor se lo había ordenado a Moisés: cada cual acampó bajo su propia bandera y marchó con su propio clan y su propia familia.

Deberes de los levitas

3 ¹ Por el tiempo en que el Señor habló a Moisés en el monte Sinaí, los descendientes de Aarón y de Moisés eran éstos: ² Los hijos de Aarón: Nadab, que era el mayor, Abiú, Eleazar e Itamar.ᵇ ³ Los cuatro fueron consagrados y ordenados para oficiar como sacerdotes, ⁴ pero Nadab y Abiú murieron delante del Señor porque en el desierto de Sinaí le ofrecieron un fuego extraño.ᶜ Ellos no tuvieron hijos. Entonces Eleazar e Itamar ejercieron el sacerdocio bajo la vigilancia de Aarón, su padre.

⁵ El Señor se dirigió a Moisés y le dijo: ⁶ "Llama a los de la tribu de Leví, para que se pongan a las órdenes del sacerdote Aarón y le sirvan. ⁷ Estarán al servicio de Aarón y de todo el pueblo, ante la Tienda del Encuentro, y se encargarán del servicio del santuario. ⁸ Cuidarán también de los utensilios de la Tienda del Encuentro, y estarán al servicio de los israelitas en todos los oficios del santuario. ⁹ Aparta a los levitas de los demás israelitas, para que se dediquen especialmente a servir a Aarón y a sus descendientes, ¹⁰ y deja en manos de Aarón y sus descendientes las funciones del sacerdocio. Si alguien oficia como sa-

cerdote sin serlo, será condenado a muerte."

Los levitas, propiedad del Señor

¹¹ El Señor se dirigió a Moisés y le dijo: ¹² "De entre los israelitas he escogido a los levitas, a cambio del primer hijo de cada familia. Ellos me pertenecen, ¹³ porque a mí me pertenece todo primer hijo. Cuando hice morir a todos los hijos mayores de los egipcios, reservé para mí los hijos mayores de los israelitas y las primeras crías de sus animales.ᵈ Por lo tanto, me pertenecen. Yo soy el Señor."

Censo de los levitas

¹⁴ El Señor se dirigió a Moisés en el desierto de Sinaí, y le dijo: ¹⁵ "Haz un censo de los levitas por orden de familias y clanes, y registra a todos los levitas varones de un mes de edad para arriba." ¹⁶ Y Moisés hizo el censo, tal como el Señor se lo había ordenado.

¹⁷ Los hijos de Leví fueron Gersón, Coat y Merari. ¹⁸ Los descendientes de Gersón, por orden de clanes, fueron Libni y Simei. ¹⁹ Los descendientes de Coat, por orden de clanes, fueron Amram, Izhar, Hebrón y Uziel. ²⁰ Los descendientes de Merari, por orden de clanes, fueron Mahli y Musi. Todos estos fueron los clanes de Leví por orden de familias.

²¹ Los clanes de Gersón eran los de Libni y Simei. ²² El total de sus varones registrados de un mes de edad para arriba, fue de siete mil quinientos. ²³ Estos clanes acampaban al oeste, detrás del santuario. ²⁴ El jefe de las familias descendientes de Gersón era Eliasaf, el hijo de Lael. ²⁵ En la Tienda del Encuentro ellos se encargaban del cuidado del santuario, de la Tienda, de su cubierta de pieles, de la cortina que está a la entrada de la Tienda, ²⁶ de las cortinas del patio, de la cortina que está a la entrada del patio que rodea el santuario y el altar, y de las cuerdas correspondientes.

²⁷ Los clanes de Coat eran los de Amram, Izhar, Hebrón y Uziel, ²⁸ y el total de varones registrados de un mes de edad para arriba, fue de ocho mil trescientos.ᶠ Estos clanes estaban al cuidado del santuario ²⁹ y acampaban al lado sur del santuario. ³⁰ El jefe de estos clanes era Elizafán, hijo de Uziel. ³¹ Estos clanes tenían bajo su cuidado el cofre del pacto, la

---

ᵈ *Ocho mil trescientos:* según la versión griega. Heb. *ocho mil seiscientos.*
ᵇ **3.2** Nm 26.60. ᶜ **3.4** Lv 10.1–2; Nm 26.61. ᵈ **3.13** Ex 13.2,11–16.

mesa, el candelabro, los altares, los objetos sagrados necesarios para el servicio religioso, el velo y todos los utensilios correspondientes. [32] El jefe principal de los levitas era Eleazar, hijo del sacerdote Aarón, y estaba encargado de vigilar a los que cuidaban el santuario.

[33] Los clanes de Merari eran los de Mahli y Musi. [34] El total de sus varones registrados de un mes de edad para arriba, fue de seis mil doscientos. [35] Su jefe era Zuriel, hijo de Abihail, y acampaban al lado norte del santuario. [36] Los descendientes de Merari tenían bajo su cuidado las tablas del santuario, con sus travesaños, sus postes, sus bases y todos sus utensilios, [37] lo mismo que los postes que rodeaban el patio, con sus bases, sus estacas y sus cuerdas.

[38] Por el lado oriental, frente al santuario y delante de la Tienda del Encuentro, acampaban Moisés y Aarón y los hijos de Aarón, los cuales cuidaban el santuario en nombre de los demás israelitas. Si alguien oficiaba como sacerdote sin serlo, era condenado a muerte.

[39] Cuando Moisés y Aarón hicieron el censo de los levitas por orden de clanes, tal como el Señor se lo había ordenado, resultó que los varones de un mes de edad para arriba eran veintidós mil en total.

Rescate de los hijos mayores

[40] El Señor dijo a Moisés: "Haz un censo de los hijos mayores de los israelitas, de un mes de edad para arriba, y registra sus nombres. [41] Luego, a cambio de los hijos mayores de los israelitas, resérvame a los levitas. Yo soy el Señor. De la misma manera, a cambio de las primeras crías del ganado de los israelitas, resérvame el ganado de los levitas."

[42] Moisés hizo el censo de los hijos mayores de los israelitas, tal como el Señor se lo había ordenado, [43] y todos los varones registrados de un mes de edad para arriba fueron veintidós mil doscientos setenta y tres.

[44] Y el Señor se dirigió a Moisés y le dijo: [45] "Toma a los levitas a cambio de los hijos mayores de los israelitas, y el ganado de los levitas a cambio del ganado de los israelitas, pues los levitas me pertenecen. Yo soy el Señor. [46] Pero los hijos mayores de los israelitas son más numerosos que los levitas; así que, para rescatar a esos doscientos setenta y tres hijos mayores que hay de más, [47] pide una contribución de cinco monedas de plata por persona, según el peso oficial del santuario, que es

la moneda de plata de once gramos, [48] y entrega ese dinero a Aarón y a sus hijos como rescate por ellos."

[49] Moisés recogió el dinero del rescate por los hijos mayores israelitas que había de más, [50] y recogió mil trescientas sesenta y cinco monedas de plata, conforme al peso oficial del santuario. [51] Después entregó este dinero a Aarón y a sus hijos, tal como el Señor se lo había ordenado.

Oficios de los levitas

4 [1] El Señor se dirigió a Moisés y Aarón, y les dijo: [2] "Haz un censo, por orden de clanes y familias, de los levitas descendientes de Coat [3] que estén entre los treinta y los cincuenta años de edad, y que sean aptos para el servicio de la Tienda del Encuentro.

[4] "El trabajo de los descendientes de Coat es muy sagrado, y consiste en lo siguiente: [5] Cuando el pueblo tenga que ponerse en camino, Aarón y sus hijos quitarán el velo que está a la entrada del lugar santísimo y cubrirán con él el cofre del pacto. [6] Encima le pondrán una cubierta de pieles finas, y sobre eso extenderán una tela morada de una sola pieza, y le pondrán los palos para transportarlo. [7] Extenderán también una tela morada sobre la mesa de la Presencia, y sobre ella colocarán los platos, los cucharones, las copas y las jarras para las ofrendas de vino, lo mismo que el pan que se ofrece continuamente. [8] Encima de todo eso extenderán una tela roja, y lo cubrirán con una cubierta de pieles finas, y le pondrán los palos para transportarlo. [9] Luego tomarán una tela morada y cubrirán con ella el candelabro, las lámparas, las tenazas, los platillos y todos los vasos que se utilizan para el aceite. [10] Todo eso lo envolverán con una cubierta de pieles finas y lo pondrán sobre unos palos para transportarlo. [11] "También extenderán una tela morada sobre el altar de oro, lo envolverán con una cubierta de pieles finas y le pondrán palos para transportarlo. [12] Luego recogerán los utensilios usados en el servicio del santuario y los pondrán en una tela morada, los envolverán en una cubierta de pieles finas y los llevarán también sobre unos palos. [13] Deben limpiar de grasa y ceniza el altar, y cubrirlo después con una tela de púrpura. [14] Encima pondrán todo lo que se usa para los oficios religiosos en el altar: los braseros, los tenedores, las palas, los tazones; en fin, todos los utensilios del altar. A todo eso le pondrán una cubierta de pieles finas y los palos para transportarlo. [15] Cuando Aarón y sus hijos hayan terminado de envolver

todos los objetos sagrados, y estén ya listos para ponerse en camino, podrán venir los descendientes de Coat para transportar todas estas cosas. Pero no deben tocar nada sagrado con las manos, para que no mueran. Todas estas cosas de la Tienda del Encuentro son las que deben transportar los descendientes de Coat. ¹⁶ Eleazar, hijo del sacerdote Aarón, deberá encargarse del aceite para las lámparas, del incienso perfumado, de los cereales para las ofrendas que siempre se deben ofrecer, y del aceite de consagrar. También tendrá que cuidar del santuario y de todo lo que hay en él, lo mismo que de los objetos sagrados correspondientes."

¹⁷ El Señor se dirigió a Moisés y Aarón, y les dijo: ¹⁸ "No permitan que los clanes de Coat desaparezcan de entre los levitas. ¹⁹ Para que ellos no sean castigados con la muerte por tocar las cosas sagradas, deberán hacer lo siguiente: Aarón y sus hijos se encargarán de decir a cada uno de ellos lo que ha de hacer y lo que le toca llevar. ²⁰ Así ellos no tendrán que entrar en ningún momento a ver las cosas sagradas, y tampoco morirán."

²¹ El Señor se dirigió a Moisés y le dijo: ²² "Haz también un censo, por orden de clanes y familias, de los descendientes de Gersón ²³ que estén entre los treinta y los cincuenta años de edad, y que sean aptos para el servicio de la Tienda del Encuentro. ²⁴ "El trabajo de los descendientes de Gersón será el siguiente: ²⁵ Deberán transportar las cortinas del santuario, la Tienda del Encuentro, la cubierta de pieles finas que se le pone encima, la cortina de la entrada a la Tienda del Encuentro, ²⁶ las cortinas del patio, la cortina para la entrada del patio que rodea el santuario y el altar, las cuerdas correspondientes y todos los utensilios que necesitan para su oficio y para su trabajo. ²⁷ Aarón y sus hijos dirigirán a los descendientes de Gersón en los trabajos que han de hacer y en las cosas que han de transportar. Ustedes los harán responsables de lo que ellos hayan de hacer. ²⁸ Este es el servicio que los clanes de los descendientes de Gersón han de prestar en la Tienda del Encuentro, bajo la dirección de Itamar, hijo del sacerdote Aarón.

²⁹ "Haz también un censo de los descendientes de Merari, por orden de clanes y familias. ³⁰ Registra a todos los que tengan entre treinta y cincuenta años de edad, es decir, que sean aptos para el servicio de la Tienda del Encuentro. ³¹ Su trabajo en relación con la Tienda del Encuentro será el de transportar las tablas del santuario, los travesaños, los postes, las bases, ³² los postes del patio que rodea el santuario, con sus bases, estacas y cuerdas y todo lo que necesitan para su trabajo. Tú deberás decirle a cada uno exactamente qué cosas ha de transportar. ³³ Este es el trabajo, en relación con la Tienda del Encuentro, que estará a cargo de los clanes descendientes de Merari y que se hará bajo la dirección de Itamar, hijo del sacerdote Aarón."

³⁴ Moisés, Aarón y los jefes del pueblo hicieron el censo, por orden de clanes y familias, de los descendientes de Coat ³⁵ que estaban entre los treinta y los cincuenta años de edad, y que eran aptos para el servicio de la Tienda del Encuentro, ³⁶ y los hombres registrados fueron dos mil setecientos cincuenta en total. ³⁷ Este fue el número de los descendientes de Coat que podían prestar servicio en la Tienda del Encuentro, según el censo que hicieron Moisés y Aarón y conforme a la orden que el Señor había dado a Moisés.

³⁸ Los descendientes de Gersón, por orden de clanes y familias, ³⁹ que estaban entre los treinta y los cincuenta años de edad y que eran aptos para el servicio de la Tienda del Encuentro, ⁴⁰ fueron dos mil seiscientos treinta. ⁴¹ Este fue el número de los descendientes de Gersón que podían prestar servicio en la Tienda del Encuentro, según el censo que hicieron Moisés y Aarón por orden del Señor.

⁴² Los descendientes de Merari, por orden de clanes y familias, ⁴³ que estaban entre los treinta y los cincuenta años de edad y que eran aptos para el servicio de la Tienda del Encuentro, ⁴⁴ fueron tres mil doscientos. ⁴⁵ Este fue el número de los descendientes de Merari que podían prestar servicio en la Tienda del Encuentro, según el censo que hicieron Moisés y Aarón y conforme a la orden que el Señor había dado a Moisés.

⁴⁶ El número total de levitas contados por Moisés, Aarón y los jefes de Israel, por orden de clanes y familias, ⁴⁷ que estaban entre los treinta y los cincuenta años de edad y que eran aptos para el servicio de la Tienda del Encuentro, ⁴⁸ fue de ocho mil quinientos ochenta. ⁴⁹ Este censo se hizo según la orden que el Señor había dado a Moisés, y a cada uno se le dijo lo que tenía que hacer y lo que le tocaba llevar, tal como el Señor se lo había ordenado a Moisés.

Orden de expulsar a los ritualmente impuros

5 ¹ El Señor se dirigió a Moisés y le dijo: ² "Ordena a los israelitas que saquen fuera del campamento a todas las personas que tengan lepra, o que sufran de flujo, o que hayan quedado impuras por

tocar un cadáver. [3] Que los saquen fuera del campamento, sean hombres o mujeres. Así no harán impuro el campamento, donde yo vivo en medio de ellos." [4] Los israelitas obedecieron la orden que el Señor dio a Moisés y sacaron fuera del campamento a aquellas personas.

Ley sobre daños y perjuicios

[5] El Señor se dirigió a Moisés y le dijo: [6] "Di a los israelitas lo siguiente: Cuando un hombre o una mujer es infiel al Señor y causa algún perjuicio a otra persona, comete un pecado [7] y deberá reconocerlo. Además deberá dar a la persona perjudicada, como compensación, el equivalente al daño causado más una quinta parte. [8] Si la persona perjudicada ya ha muerto y no hay ningún pariente cercano a quien darle la compensación, ésta será para el Señor y en beneficio del sacerdote, además del carnero que el sacerdote deberá ofrecer para obtener el perdón por el pecado de esa persona.[e] [9] "Toda contribución y ofrenda que los israelitas consagren al Señor, y que lleven ante el sacerdote, será para el sacerdote. [10] Todo lo que se consagre al Señor y se le lleve al sacerdote, será para el sacerdote."

Ley en caso de celos

[11] El Señor se dirigió a Moisés y le dijo: [12] "Di a los israelitas lo siguiente: Puede darse el caso de que una mujer sea infiel a su marido [13] y tenga relaciones con otro hombre sin que su marido lo sepa, y que, aunque ella cometa este acto que la hace impura, no haya pruebas de ello y la cosa quede oculta por no haber sido ella sorprendida en el acto mismo. [14] En ese caso, puede ser que el marido se ponga celoso por causa de su mujer. Pero también puede darse el caso de que el marido se ponga celoso aun cuando su mujer sea inocente. [15] En ambos casos, el marido llevará a su mujer ante el sacerdote, y presentará como ofrenda por ella dos kilos de harina de cebada. Pero no derramará aceite ni incienso sobre la harina, pues es una ofrenda por causa de celos, una ofrenda para poner al descubierto un pecado. [16] "El sacerdote hará que la mujer se acerque, y la presentará al Señor. [17] Luego tomará un poco de agua sagrada en una vasija de barro y mezclará con ella un poco de polvo del suelo del santuario. [18] Hará así mismo que la mujer se coloque

delante del Señor, le soltará el pelo y le pondrá en las manos la ofrenda por causa de celos para poner al descubierto un pecado; él, por su parte, tomará en sus manos el agua amarga que trae maldición. [19] Entonces le tomará juramento a la mujer, y le dirá: 'Si no has tenido relaciones con otro hombre ni le has sido infiel a tu marido, ni has cometido con otro hombre un acto que te haga impura, que no te pase nada al beber esta agua amarga que trae maldición. [20] Pero si le has sido infiel a tu marido, si has tenido relaciones con otro hombre y has cometido así un acto que te hace impura, [21] que el Señor te convierta en ejemplo de maldición ante el pueblo, y haga que el vientre se te hinche y que tu criatura se malogre.[5] [22] Ese castigo te vendrá al beber esta agua que trae maldición.' Y la mujer responderá: 'Que así sea.'

[23] "Entonces el sacerdote pondrá esta maldición por escrito y la borrará con el agua amarga. [24] Después hará que la mujer beba esa agua, para que le provoque amargura dentro de sí, [25] y recibirá de manos de ella la ofrenda por causa de celos para presentarla ante el Señor; luego colocará la ofrenda sobre el altar, [26] y en seguida tomará un puñado de la ofrenda de cereales y lo quemará en el altar como ofrenda de recordación.

"Después que el sacerdote haya hecho beber a la mujer el agua amarga, [27] si ella ha sido infiel a su marido, esta agua que trae maldición provocará amargura dentro de ella, y hará que el vientre se hinche y que la criatura se malogre, y la mujer se convertirá en ejemplo de maldición entre su pueblo. [28] Pero si la mujer es inocente, no le pasará nada y podrá tener hijos.

[29] "Esta es la ley para los casos en que una mujer le sea infiel a su marido y él se ponga celoso, [30] o en los que simplemente se ponga celoso el marido por causa de su mujer. El marido deberá presentar a su mujer ante el Señor, y el sacerdote hará con ella lo que manda esta ley. [31] El marido no será considerado culpable, pero si la mujer es culpable, ella sufrirá su castigo."

Normas para los nazareos

6 [1] El Señor se dirigió a Moisés y le dijo: [2] "Di a los israelitas lo siguiente: Si un hombre o una mujer hace la promesa de consagrarse al Señor como nazareo,[6] [3] no podrá beber vino ni ninguna bebida fermentada, ni vinagre hecho de vino o de

5 *Que tu criatura se malogre:* lit. *que la cadera se te caiga.* 6 El nazareo era un hombre que, bajo promesa, se consagraba al servicio de Dios. Exteriormente se distinguía por nunca cortarse el pelo y por no tomar vino ni bebidas fuertes.
e **5.5–8** Lv 6.1–7.

bebidas fermentadas, ni jugo de uva; tampoco podrá comer uvas ni pasas.[f] [4] Mientras dure su promesa no podrá comer nada de lo que produce la vid, sea lo que sea. [5] Tampoco podrá cortarse el cabello, sino que se lo dejará crecer hasta que termine el plazo fijado a su promesa, pues debe mantenerse consagrado al Señor. [6] Durante ese tiempo tampoco podrá acercarse a un cadáver, [7] ni siquiera en el caso de que muera su padre, su madre, o algún hermano o hermana, para no quedar impuro, pues está obligado a mantenerse consagrado al Señor. [8] Todo el tiempo que dure su promesa, estará consagrado al Señor.

[9] "Si alguien muere de repente junto a él y le vuelve así impuro el pelo, que él tenía consagrado al Señor, deberá raparse la cabeza siete días más tarde, es decir, el día señalado para su purificación. [10] El octavo día llevará al sacerdote dos tórtolas o dos pichones de paloma, a la entrada de la Tienda del Encuentro. [11] El sacerdote ofrecerá uno de ellos como sacrificio por el pecado y el otro como holocausto, y celebrará el rito para obtener el perdón por el pecado cometido al tocar el cadáver. Ese día volverá a consagrar su pelo al Señor, [12] y comenzará un nuevo periodo de consagración al Señor. El tiempo anterior no se tomará en cuenta, porque el pelo que había consagrado quedó impuro. También deberá llevar al Señor un cordero de un año como sacrificio por la culpa.

[13] "Cuando termine el plazo de su consagración, el nazareo deberá ir a la entrada de la Tienda del Encuentro [14] y ofrecer al Señor un cordero de un año y sin ningún defecto como holocausto, una oveja de un año y sin ningún defecto como sacrificio por el pecado, y un carnero sin ningún defecto como sacrificio de reconciliación. [15] También deberá ofrecer un canastillo de panes hechos de la mejor harina, sin levadura y amasados con aceite; hojuelas sin levadura rociadas con aceite, junto con sus correspondientes ofrendas de cereales y de vino. [16] El sacerdote ofrecerá ante el Señor el sacrificio por el pecado y el holocausto, [17] y ofrecerá el carnero como sacrificio de reconciliación, junto con el canastillo de panes sin levadura, y hará la ofrenda de cereales y de vino. [18] El nazareo se rapará la cabeza a la entrada de la Tienda del Encuentro, y tomará el pelo que había consagrado y lo echará al fuego que arde bajo el sacrificio de reconciliación. [19] El sacerdote tomará la espaldilla del carnero, ya cocida, un pan sin levadura del canastillo y una hojuela sin levadura, y lo pondrá todo en manos

del nazareo, después que éste se haya rapado la cabeza. [20] Entonces el sacerdote celebrará el rito de presentación ante el Señor. El pecho del animal con que se celebra el rito de presentación y el muslo que se da como contribución al Señor, son cosas sagradas y reservadas al sacerdote. Después de esto, el nazareo podrá beber vino.

[21] "Esta es la ley para el que hace la promesa de consagrarse al Señor como nazareo, y éstas son las ofrendas que le debe presentar, sin contar cualquier otra cosa que esté en capacidad de ofrecer. Deberá cumplir lo prometido, de acuerdo con lo establecido para estos casos."[g]

La bendición sacerdotal

[22] El Señor se dirigió a Moisés y le dijo: [23] "Diles a Aarón y a sus hijos que cuando bendigan a los israelitas lo hagan de esta manera:

[24] 'Que el Señor te bendiga y te
    proteja;
[25] que el Señor te mire con agrado
    y te muestre su bondad;
[26] que el Señor te mire con amor
    y te conceda la paz.'

[27] "Así ellos pronunciarán mi nombre sobre los israelitas, y yo los bendeciré."

Ofrendas para la consagración del santuario

7 [1] El día en que Moisés terminó de construir el santuario, lo consagró con aceite, junto con todos los utensilios del santuario y los del altar. [2] Luego los jefes de las tribus, los que habían ayudado a hacer el censo, fueron [3] y presentaron al Señor como ofrenda seis carretas cubiertas y doce bueyes, es decir, una carreta por cada dos jefes y un buey por cada uno. Todo esto lo pusieron delante del santuario.

[4] Entonces el Señor dijo a Moisés: [5] "Recíbeles las carretas y los bueyes, y dáselos a los levitas para que los usen en los trabajos relacionados con la Tienda del Encuentro, según el trabajo que cada uno deba realizar."

[6] Moisés recibió las carretas y los bueyes, y los repartió entre los levitas. [7] A los descendientes de Gersón les dio dos carretas y cuatro bueyes, que era lo que necesitaban para sus trabajos. [8] A los descendientes de Merari les dio cuatro carretas y ocho bueyes, que era lo que

f 6.3 Lc 1.15. *g* 6.13–21 Hch 21.23–24.

necesitaban para hacer su trabajo bajo la dirección de Itamar, hijo del sacerdote Aarón. ⁹ En cambio, a los descendientes de Coat no les dio carretas ni bueyes, porque las cosas sagradas que ellos tenían que transportar debían llevarlas en hombros.

¹⁰ Cuando se consagró el altar, los jefes de las tribus llevaron sus ofrendas y las pusieron delante del altar. ¹¹ Entonces el Señor dijo a Moisés: "Cada día será un jefe de tribu distinto el que lleve su ofrenda para la consagración del altar."

¹² El primer día llevó su ofrenda Naasón, hijo de Aminadab, de la tribu de Judá. ¹³ Su ofrenda consistía en una bandeja de plata que pesaba mil cuatrocientos treinta gramos y un tazón de plata que pesaba setecientos setenta gramos (según el peso oficial del santuario), ambos llenos de la mejor harina, amasada con aceite, para la ofrenda de cereales; ¹⁴ además, un cucharón de oro que pesaba ciento diez gramos, lleno de incienso, ¹⁵ un becerro, un carnero, un cordero de un año para ofrecerlo como holocausto, ¹⁶ un chivo para el sacrificio por el pecado, ¹⁷ y por último, para el sacrificio de reconciliación, dos toros, cinco carneros, cinco chivos y cinco corderos de un año. Esta fue la ofrenda de Naasón, hijo de Aminadab.

¹⁸ El segundo día llevó su ofrenda Natanael, hijo de Zuar, jefe de la tribu de Isacar, ¹⁹⁻²³ y ofrendó lo mismo que Naasón.⁷

²⁴ El tercer día llevó su ofrenda Eliab, hijo de Helón, jefe de la tribu de Zabulón, ²⁵⁻²⁹ y ofrendó lo mismo que los anteriores.

³⁰ El cuarto día llevó su ofrenda Elisur, hijo de Sedeur, jefe de la tribu de Rubén, ³¹⁻³⁵ y ofrendó lo mismo que los anteriores.

³⁶ El quinto día llevó su ofrenda Selumiel, hijo de Zurisadai, jefe de la tribu de Simeón, ³⁷⁻⁴¹ y ofrendó lo mismo que los anteriores.

⁴² El sexto día llevó su ofrenda Eliasaf, hijo de Reuel, jefe de la tribu de Gad, ⁴³⁻⁴⁷ y ofrendó lo mismo que los anteriores.

⁴⁸ El séptimo día llevó su ofrenda Elisama, hijo de Amiud, jefe de la tribu de Efraín, ⁴⁹⁻⁵³ y ofrendó lo mismo que los anteriores.

⁵⁴ El octavo día llevó su ofrenda Gamaliel, hijo de Pedasur, jefe de la tribu de Manasés, ⁵⁵⁻⁵⁹ y ofrendó lo mismo que los anteriores.

⁶⁰ El noveno día llevó su ofrenda Abidán, hijo de Gedeoni, jefe de la tribu de Benjamín, ⁶¹⁻⁶⁵ y ofrendó lo mismo que los anteriores.

⁶⁶ El décimo día llevó su ofrenda Ahiezer, hijo de Amisadai, jefe de la tribu de Dan, ⁶⁷⁻⁷¹ y ofrendó lo mismo que los anteriores.

⁷² El día once llevó su ofrenda Pagiel, hijo de Ocrán, jefe de la tribu de Aser, ⁷³⁻⁷⁷ y ofrendó lo mismo que los anteriores.

⁷⁸ El día doce llevó su ofrenda Ahira, hijo de Enán, jefe de la tribu de Neftalí ⁷⁹⁻⁸³ y ofrendó lo mismo que los anteriores.

⁸⁴ Así pues, cuando se consagró el altar, los jefes de las tribus de Israel ofrecieron doce bandejas de plata, doce tazones de plata y doce cucharones de oro. ⁸⁵ Cada bandeja de plata pesaba mil cuatrocientos treinta gramos, y cada tazón, setecientos setenta gramos. En total, la plata de todas las bandejas y de todos los tazones pesaba veintiséis mil cuatrocientos gramos, según el peso oficial del santuario. ⁸⁶ Había también doce cucharones de oro llenos de incienso, que pesaban ciento diez gramos cada uno, según el peso oficial del santuario. El oro de todos los cucharones pesaba en total mil trescientos veinte gramos.

⁸⁷ Los animales para el holocausto fueron en total doce becerros, doce carneros, doce corderos de un año, con sus correspondientes ofrendas de cereales, y doce chivos para el sacrificio por el pecado. ⁸⁸ Los animales para el sacrificio de reconciliación fueron en total veinticuatro becerros, sesenta carneros, sesenta chivos y sesenta corderos de un año. Estas fueron las ofrendas para la dedicación del altar, después de su consagración.

⁸⁹ Cuando Moisés entró en la Tienda del Encuentro para hablar con el Señor, escuchó que el Señor le hablaba desde encima de la tapa del cofre del pacto, de entre los dos seres alados.

Instrucciones para encender las lámparas

8 ¹ El Señor se dirigió a Moisés y le dijo: ² "Dile a Aarón que, cuando acomode las lámparas, haga que su luz dé hacia el frente del candelabro." ³ Aarón cumplió lo que el Señor ordenó a Moisés, y acomodó las lámparas de modo que alumbraran hacia el frente del candelabro. ⁴ El candelabro estaba hecho de oro labrado a martillo, desde su base hasta la punta de sus pétalos. Moisés hizo el candelabro según el modelo que el Señor le había mostrado.ʰ

Consagración de los levitas

⁵ El Señor se dirigió a Moisés y le dijo: ⁶ "Aparta a los levitas de entre los de-

---

⁷ Y ofrendó lo mismo que Naasón. Aquí y en los siguientes casos el texto hebreo repite las mismas palabras que aparecen en los vs. 13-17, las cuales se han suprimido en esta versión con objeto de facilitar la lectura.
ʰ 8.1-4 Ex 25.31-40; 37.17-24.   ⁱ 8.17 Ex 13.2,11-16.

más israelitas, y purifícalos. [7] El rito para la purificación será el siguiente: Tú los rociarás con el agua de la purificación, y después ellos se afeitarán todo el cuerpo y lavarán su ropa; así quedarán puros. [8] Luego tomarán un becerro y un poco de la mejor harina, amasada con aceite, para hacer la ofrenda de cereales correspondiente, además de otro becerro para el sacrificio por el pecado. [9] Tú harás que los levitas se acerquen a la Tienda del Encuentro y que todos los israelitas se reúnan. [10] En seguida harás que los levitas se presenten delante de mí y que los israelitas les vayan poniendo las manos sobre la cabeza. [11] Aarón celebrará ante mí el rito de presentación de los levitas por parte de los israelitas, y así los levitas quedarán dedicados a mi servicio. [12] Después los levitas pondrán las manos sobre la cabeza de los becerros, y uno de los becerros será ofrecido como sacrificio por el pecado, y el otro como holocausto para purificar a los levitas. [13] Luego tú los colocarás ante Aarón y sus hijos, y celebrarás el rito de presentación para dedicármelos; [14] así apartarás a los levitas de entre los demás israelitas para que sean míos. [15] Después irán ellos a prestar su servicio en la Tienda del Encuentro. Deberás purificarlos y presentármelos como una ofrenda especial, [16] porque de entre todos los israelitas, ellos están dedicados a mí. Yo los he aceptado a cambio de todos los primeros hijos de los israelitas, [17] porque a mí me pertenecen todos los primeros hijos de los israelitas, así como las primeras crías[i] de sus animales. Cuando hice morir a los hijos mayores de los egipcios, reservé para mí los hijos mayores de los israelitas.[i] [18] Pero a cambio de ellos acepté a los levitas. [19] Yo escogí a los levitas de entre los demás israelitas, y se los entregué a Aarón y a sus hijos, para que, en nombre de los israelitas, se encarguen del servicio en la Tienda del Encuentro y obtengan el perdón del Señor para los israelitas. Así los israelitas no tendrán que acercarse al santuario, y no les pasará nada malo."

[20] Moisés, Aarón y todo el pueblo de Israel cumplieron lo que el Señor ordenó a Moisés con respecto a los levitas. [21] Los levitas se purificaron y lavaron su ropa, y Aarón los presentó como ofrenda especial ante el Señor, celebrando el rito de purificación por ellos. [22] Después de todo esto, los levitas fueron a cumplir con sus deberes en la Tienda del Encuentro, bajo la vigilancia de Aarón y sus hijos. Tal como el Señor se lo ordenó a Moisés, así se hizo con los levitas.

Periodo de servicio de los levitas

[23] El Señor se dirigió a Moisés y le dijo: [24] "Los levitas deben comenzar a prestar sus servicios en la Tienda del Encuentro a los veinticinco años de edad, [25] y retirarse de servicio a los cincuenta. [26] Después de esa edad podrán ayudar a sus compañeros en sus oficios en la Tienda del Encuentro, pero no prestar servicio regular. Así deberás organizar el servicio de los levitas."

Celebración de la Pascua

9 [1] Un año después de que los israelitas salieron de Egipto, en el primer mes del año, el Señor se dirigió a Moisés en el desierto de Sinaí, y le dijo: [2] "Los israelitas deben celebrar la fiesta de la Pascua en la fecha señalada, [3] es decir, el día catorce de este mes al atardecer, siguiendo al pie de la letra todas las instrucciones que he dado para su celebración."

[4] Entonces Moisés ordenó a los israelitas que celebraran la Pascua, [5] y ellos lo hicieron así el día catorce de aquel mes, al atardecer, en el desierto de Sinaí, haciendo todo tal como el Señor se lo había ordenado a Moisés.[j]

[6] Pero había unos hombres que estaban impuros por haber tocado un cadáver, y por eso no pudieron celebrar la Pascua aquel día. Estos fueron a ver a Moisés y a Aarón en el mismo día, [7] y le dijeron a Moisés:

—Nosotros hemos tocado un cadáver, y por lo tanto estamos impuros. ¿Acaso no se nos va a permitir presentar al Señor la ofrenda en la fecha señalada, junto con los demás israelitas?

[8] Moisés les respondió:

—Esperen a que reciba yo instrucciones del Señor en cuanto a ustedes.

[9] El Señor se dirigió a Moisés y le dijo: "Di a los israelitas lo siguiente: [10] Todos ustedes y sus descendientes deben celebrar la Pascua en mi honor. Los que estén impuros por haber tocado un cadáver, o los que se encuentren lejos, de viaje, [11] la celebrarán el día catorce del mes segundo, al atardecer. Deben comer el cordero con hierbas amargas y pan sin levadura, [12] y no dejar nada para el día siguiente ni quebrarle ningún hueso.[k] Celebren la Pascua siguiendo toda las instrucciones que he dado. [13] Pero el que deje de celebrar la Pascua a pesar de estar puro y no encontrarse de viaje, deberá ser eliminado de entre su gente. Y puesto que no presentó al Señor la ofrenda en la fecha señalada, recibirá el castigo por su pecado.

i 8.17 Ex 13.2,11-16.   j 9.1-5 Ex 12.1-13.   k 9.12 Ex 12.46; Jn 19.36.

[14] "Los extranjeros que vivan entre ustedes deberán celebrar la Pascua en mi honor conforme a todas las instrucciones que he dado. Las mismas normas valdrán tanto para los extranjeros como para los nacidos en el país."[i]

La nube sobre la tienda del pacto
(Ex 40.34–38)

[15] El día en que instalaron el santuario, es decir, la tienda del pacto, la nube lo cubrió. Y desde el atardecer aparecía sobre el santuario una especie de fuego que duraba hasta el amanecer.[m] [16] Así sucedía siempre: de día, la nube cubría la tienda, y de noche se veía una especie de fuego. [17] Cuando la nube se levantaba de encima de la tienda, los israelitas se ponían en camino, y en el lugar donde la nube se detenía, allí acampaban. [18] Cuando el Señor lo ordenaba, los israelitas se ponían en camino o acampaban, y allí se quedaban todo el tiempo que la nube permanecía sobre el santuario. [19] Si la nube se quedaba sobre el santuario bastante tiempo, los israelitas detenían su marcha para ocuparse del servicio del Señor. [20] Si la nube se quedaba sobre el santuario sólo unos cuantos días, a una orden del Señor se ponían en camino, y a otra orden suya se detenían. [21] A veces la nube se quedaba sólo por la noche, y por la mañana se levantaba; entonces ellos se ponían en camino. Lo mismo de día que de noche, cuando la nube se levantaba, ellos se ponían en camino. [22] Y si la nube se detenía sobre el santuario un par de días, un mes o un año, los israelitas acampaban y no seguían adelante. Pero en cuanto la nube se levantaba, ellos seguían su viaje. [23] A una orden del Señor acampaban, y a otra orden suya se ponían en camino. Mientras tanto, se ocupaban del servicio del Señor, como él lo había ordenado por medio de Moisés.

Las trompetas de plata

10 [1] El Señor se dirigió a Moisés y le dijo: [2] "Haz dos trompetas de plata labrada a martillo, las cuales te servirán para reunir a la gente y para dar la señal de partida. [3] Cuando se toquen las dos trompetas, todo el pueblo deberá reunirse ante ti, a la entrada de la Tienda del encuentro con Dios. [4] Pero cuando se toque una sola, se reunirán solamente los principales jefes de tribu. [5] Cuando el toque de trompetas vaya acompañado de fuertes gritos, se pondrán en camino los que estén acampados en el lado este, [6] y al segundo toque se pondrán en camino los que estén acampados en el lado sur. El toque de trompetas acompañado de gritos será la señal de partida. [7] El simple toque de trompetas será la señal para que se reúna la gente. [8] Los encargados de tocar las trompetas serán los sacerdotes, los descendientes de Aarón. Esta será para ustedes una ley permanente.

[9] "Cuando un enemigo los ataque en su propio territorio y ustedes tengan que salir a pelear, toquen las trompetas y lancen fuertes gritos. Así yo, el Señor su Dios, me acordaré de ustedes y los salvaré de sus enemigos. [10] Toquen también las trompetas en días alegres, como los días de fiesta o de luna nueva, cuando ofrecen holocaustos y sacrificios de reconciliación. Así yo me acordaré de ustedes. Yo soy el Señor su Dios."

Los israelitas parten del Sinaí

[11] El día veinte del mes segundo del segundo año, se levantó la nube de encima del santuario del pacto. [12] Los israelitas se pusieron en marcha, partiendo del desierto de Sinaí. La nube se detuvo en el desierto de Parán. [13] Tal como el Señor lo había ordenado por medio de Moisés,[n] [14] en primer lugar iban los ejércitos que marchaban bajo la bandera de Judá, y que tenían como jefe a Naasón, hijo de Aminadab. [15] Al frente del ejército de la tribu de Isacar estaba Natanael, hijo de Zuar. [16] Al frente del ejército de la tribu de Zabulón estaba Eliab, hijo de Helón. [17] Entonces desarmaron el santuario, y los descendientes de Gersón y de Merari, que eran los encargados de transportarlo, se pusieron en camino.

[18] En seguida iban los ejércitos que marchaban bajo la bandera de Rubén, y que tenían como jefe a Elisur, hijo de Sedeur. [19] Al frente del ejército de la tribu de Simeón estaba Selumiel, hijo de Zurisadai. [20] Al frente del ejército de la tribu de Gad estaba Eliasaf, hijo de Reuel. [21] En seguida iban los descendientes de Coat, que llevaban los utensilios sagrados. Cuando ellos llegaban, ya encontraban el santuario instalado.

[22] Después seguían los ejércitos que marchaban bajo la bandera de Efraín, y que tenían como jefe a Elisama, hijo de Amiud. [23] Al frente del ejército de la tribu de Manasés estaba Gamaliel, hijo de Pedasur. [24] Al frente del ejército de la tribu de Benjamín estaba Abidán, hijo de Gedeoni.

[25] Por último, detrás de los otros ejércitos, seguían los que marchaban bajo la bandera de Dan, y que tenían como jefe a

[i] 9.14 Ex 12.48–49.   [m] 9.15 Ex 13.21–22.   [n] 10.13–28 Nm 2.1–34.

Ahiezer, hijo de Amisadai. [26] Al frente del ejército de la tribu de Aser estaba Pagiel, hijo de Ocrán. [27] Al frente del ejército de la tribu de Neftalí estaba Ahira, hijo de Enán. [28] Este era el orden que seguían los ejércitos israelitas cuando se ponían en camino.

Moisés invita a su cuñado a acompañarlos

[29] Un día Moisés le dijo a su cuñado Hobab, hijo de Reuel el madianita:

—Nosotros nos vamos al país que el Señor ha prometido darnos. Ven con nosotros y te trataremos bien, pues el Señor ha prometido tratar con bondad a Israel. [30] Pero Hobab le contestó:

—No, yo prefiero volver a mi tierra, donde están mis parientes.

[31] —No te vayas —insistió Moisés—. Tú conoces bien los lugares donde se puede acampar en el desierto, y puedes servirnos de guía. [32] Si vienes con nosotros, compartiremos contigo todo lo bueno que el Señor nos conceda.

[33] Así pues, se fueron del monte del Señor y caminaron durante tres días. El cofre del pacto del Señor iba delante de ellos, buscándoles un lugar donde descansar. [34] Durante el día, apenas se ponían en camino, la nube del Señor iba encima de ellos. [35] En cuanto el cofre se ponía en marcha, Moisés decía:

"¡Levántate, Señor!
¡Que se dispersen tus enemigos!
¡Que al verte huyan los que te
    odian!"[n]

[36] Pero cuando el cofre se detenía, decía Moisés:

"¡Vuelve ahora, Señor,
a los incontables ejércitos de Israel!"

El Señor promete carne a los israelitas

11 [1] Un día los israelitas se pusieron a murmurar contra el Señor debido a las dificultades por las que estaban pasando. Al oírlos, el Señor se enojó mucho y les envió un fuego que incendió los alrededores del campamento. [2] El pueblo gritó pidiendo ayuda a Moisés, y Moisés rogó al Señor por ellos. Entonces el fuego se apagó. [3] Por eso aquel lugar se llamó Tabera,[8] porque allí el fuego del Señor ardió contra ellos.

[4] Entre los israelitas se había mezclado gente de toda clase, que sólo pensaba en comer. Y los israelitas, dejándose llevar por ellos, se pusieron a llorar y a decir: "¡Ojalá tuviéramos carne para comer! [5] ¡Cómo nos viene a la memoria el pescado que comíamos gratis en Egipto! Y también comíamos pepinos, melones, puerros, cebollas y ajos. [6] Pero ahora nos estamos muriendo de hambre, y no se ve otra cosa que maná."

[7] (El maná era parecido a la semilla del cilantro; tenía un color amarillento, como el de la resina, [8] y sabía a tortas de harina con aceite. La gente salía a recogerlo, y luego lo molían o machacaban, y lo cocinaban o lo preparaban en forma de panes. [9] En la noche, cuando caía el rocío sobre el campamento, caía también el maná.)[o]

[10] Moisés oyó que los israelitas y sus familiares lloraban a la entrada de sus tiendas. El Señor estaba muy enojado. Y Moisés también se disgustó, [11] y le dijo al Señor:

—¿Por qué me tratas mal a mí, que soy tu siervo? ¿Qué tienes contra mí, que me has hecho cargar con este pueblo? [12] ¿Acaso soy yo su padre o su madre para que me pidas que los lleve en brazos, como a niños de pecho, hasta el país que prometiste a sus antepasados? [13] ¿De dónde voy a sacar carne para dar de comer a toda esta gente? Vienen llorando a decirme: 'Danos carne para comer.' [14] Yo no puedo ya encargarme de llevar solo a todo este pueblo; es una carga demasiado pesada para mí. [15] Si vas a seguir tratándome así, mejor quítame la vida, si es que de veras me estimas. Así no tendré que verme en tantas dificultades.

[16] Pero el Señor le contestó:

—Reúneme a setenta ancianos israelitas, de los que sepas que tienen autoridad entre el pueblo, y tráelos a la Tienda del Encuentro y que esperen allí contigo. [17] Yo bajaré y hablaré allí contigo, y tomaré una parte del espíritu que tú tienes y se la daré a ellos para que te ayuden a sobrellevar a este pueblo. Así no estarás solo. [18] Luego manda al pueblo que se purifique para mañana, y comerán carne. Ya los he oído llorar y decir: '¡Ojalá tuviéramos carne para comer! ¡Estábamos mejor en Egipto!' Pues bien, yo les voy a dar carne para que coman, [19] y no sólo un día o dos, ni cinco o diez o veinte. No. [20] Comerán carne durante todo un mes, hasta que les salga por las narices y les dé asco, porque me han rechazado a mí, el Señor, que estoy en medio de ellos, y han llorado y han dicho ante mí: '¿Para qué salimos de Egipto?'

[21] Entonces Moisés respondió:

—El pueblo que viene conmigo es de

8 En hebreo, *Tabera* significa incendio.
n 10.35 Sal 68.1. o 11.4-9 Ex 16.2-31.

seiscientos mil hombres de a pie, ¿y dices que nos vas a dar a comer carne durante un mes entero? [22] ¿Dónde hay tantas ovejas y vacas que se puedan matar y que alcancen para todos? Aun si les diéramos todo el pescado del mar, no les alcanzaría. [23] Pero el Señor le contestó:

—¿Crees que es tan pequeño mi poder? Ahora vas a ver si se cumple o no lo que he dicho.

Setenta ancianos hablan como profetas

[24] Moisés salió y contó al pueblo lo que el Señor le había dicho, y reunió a setenta ancianos israelitas y los colocó alrededor de la Tienda. [25] Entonces el Señor bajó en la nube y habló con Moisés; luego tomó una parte del espíritu que Moisés tenía y se lo dio a los setenta ancianos. En cuanto el espíritu reposó sobre ellos, comenzaron a hablar como profetas; pero esto no volvió a repetirse.

[26] Dos hombres, el uno llamado Eldad y el otro Medad, habían sido escogidos entre los setenta, pero no fueron a la Tienda sino que se quedaron en el campamento. Sin embargo, también sobre ellos reposó el espíritu, y comenzaron a hablar como profetas en el campamento. [27] Entonces un muchacho fue corriendo a decirle a Moisés:

—¡Eldad y Medad están hablando como profetas en el campamento!

[28] Entonces Josué, hijo de Nun, que desde joven era ayudante de Moisés, dijo:

—¡Señor mío, Moisés, prohíbeles que lo hagan!

[29] Pero Moisés le contestó:

—¿Ya estás celoso por mí? ¡Ojalá el Señor le diera su espíritu a todo su pueblo, y todos fueran profetas!

[30] Entonces Moisés y los ancianos de Israel volvieron al campamento.

El Señor envía codornices

[31] El Señor hizo que soplara del mar un viento que trajo bandadas de codornices, las cuales cayeron en el campamento y sus alrededores, cubriendo una distancia de hasta un día de camino alrededor del campamento, y formando un tendido de casi un metro de altura. [32] Todo ese día y toda la noche y todo el día siguiente la gente estuvo recogiendo codornices. El que menos recogió, recogió diez montones[9] de codornices, que pusieron a secar en los alrededores del campamento.[p] [33] Pero apenas estaban masticando los is-

raelitas la carne de las codornices, cuando el Señor se enfureció contra ellos y los castigó, haciendo morir a mucha gente. [34] Por eso le pusieron a ese lugar el nombre de Kibrot-hataava,[10] porque allí enterraron a los que sólo pensaban en comer.

[35] De Kibrot-hataava siguió el pueblo su camino hasta Hazerot, y allí se quedó.

María y Aarón critican a Moisés

12 [1] María y Aarón empezaron a hablar mal de Moisés, porque éste se había casado con una mujer etiope. [2] Además dijeron: "El Señor no ha hablado solamente con Moisés; también ha hablado con nosotros." Y el Señor lo oyó.

[3] En realidad, Moisés era el hombre más humilde del mundo. [4] Por eso el Señor les dijo a Moisés, Aarón y María: "Vayan ustedes tres a la Tienda del Encuentro."

Los tres fueron allá. [5] Entonces el Señor bajó en una espesa nube y se colocó a la entrada de la Tienda; luego llamó a Aarón y a María, y cuando ellos se presentaron [6] el Señor les dijo: "Escuchen esto que les voy a decir: Cuando hay entre ustedes un profeta de mi parte, yo me comunico con él en visiones y le hablo en sueños; [7] pero con mi siervo Moisés no lo hago así. El es el más fiel de todos mis siervos,[q] [8] y con él hablo cara a cara y en un lenguaje claro. Y si él me ve cara a cara, ¿cómo se atreven ustedes a hablar mal de él?"

[9] El Señor se enojó mucho con ellos, y se fue. [10] Y en cuanto la nube se alejó de la Tienda, María se puso leprosa, con la piel toda blanca. Cuando Aarón se volvió para mirar a María, y vio que estaba leprosa, [11] le dijo a Moisés: "Por favor, mi señor, no nos castigues por este pecado que tontamente hemos cometido. [12] No permitas que ella quede como una criatura muerta antes de nacer, que sale con la piel medio deshecha."

[13] Entonces Moisés suplicó al Señor: "Por favor, oh Dios, te ruego que la sanes."

[14] Y el Señor le respondió: "Si su padre le escupiera en la cara, quedaría deshonrada durante siete días. Pues entonces, que la echen fuera del campamento[r] durante siete días, y después podrá volver."

[15] Y así María fue echada fuera del campamento durante siete días. Mientras tanto, el pueblo no se movió de allí. [16] En cuanto María se reunió con ellos, se pusieron en camino desde Hazerot, y acamparon en el desierto de Parán.

---

[9] Diez montones: lit. diez homers. (Véase Tabla de Pesas y Medidas.) [10] En hebreo, Kibrot-hataava significa tumbas del deseo.
[p] 11.31–32 Ex 16.12–13. [q] 12.7 He 3.2. [r] 12.14 Nm 5.2–3.

Moisés envía exploradores a Canaán
(Dt 1.19-25)

13 ¹El Señor se dirigió a Moisés y le dijo:
²"Envía unos hombres a que exploren la tierra de Canaán, que yo voy a dar a los israelitas. Envía de cada tribu a uno que sea hombre de autoridad."

³Tal como el Señor se lo ordenó, Moisés los envió desde el desierto de Parán. Todos eran hombres de autoridad entre los israelitas, ⁴y eran los siguientes: Samúa, hijo de Zacur, de la tribu de Rubén; ⁵Safat, hijo de Hori, de la tribu de Simeón; ⁶Caleb, hijo de Jefone, de la tribu de Judá; ⁷Igal, hijo de José, de la tribu de Isacar; ⁸Oseas, hijo de Nun, de la tribu de Efraín; ⁹Palti, hijo de Rafú, de la tribu de Benjamín; ¹⁰Gadiel, hijo de Sodi, de la tribu de Zabulón; ¹¹Gadi, hijo de Susi, de la tribu de José (es decir, la tribu de Manasés); ¹²Amiel, hijo de Gemali, de la tribu de Dan; ¹³Setur, hijo de Micael, de la tribu de Aser; ¹⁴Nahbi, hijo de Vapsi, de la tribu de Neftalí; ¹⁵Geuel, hijo de Maqui, de la tribu de Gad.

¹⁶Estos son los nombres de los hombres que Moisés envió a explorar el país. A Oseas, hijo de Nun, le cambió el nombre y le puso Josué.

¹⁷Moisés, pues, los envió a explorar la tierra de Canaán, y les dijo:
—Vayan por el Néguev y suban a la región montañosa. ¹⁸Fíjense en cómo es el país, y en si la gente que vive en él es fuerte o débil, y en si son pocos o muchos. ¹⁹Vean si sus ciudades están hechas de tiendas de campaña o si son fortificadas, y si la tierra en que viven es buena o mala, ²⁰fértil o estéril, y si tiene árboles o no. No tengan miedo; traigan algunos frutos de la región.

Esto sucedió en la época en que se recogen las primeras uvas. ²¹Los hombres fueron y exploraron el país desde el desierto de Zin, en el sur, hasta Rehob, en el norte, junto a la entrada de Hamat. ²²Entraron por el Néguev y llegaron hasta Hebrón. Allí vivían Ahimán, Sesai y Talmai, descendientes de Anac. Hebrón fue construida siete años antes que Zoán en Egipto. ²³Llegaron hasta el arroyo de Escol, cortaron allí una rama que tenía un racimo de uvas, y entre dos se lo llevaron colgado de un palo. También recogieron granadas e higos. ²⁴A ese arroyo le pusieron por nombre Escol,¹¹ por el racimo que cortaron allí los israelitas.

²⁵Después de explorar la tierra durante cuarenta días, regresaron ²⁶a Cades, en el desierto de Parán. Allí estaban Moisés, Aarón y todos los israelitas. Y les contaron lo que habían averiguado y les mostraron los frutos del país. ²⁷Le dijeron a Moisés:
—Fuimos a la tierra a la que nos enviaste. Realmente es una tierra donde la leche y la miel corren como el agua, y éstos son los frutos que produce. ²⁸Pero la gente que vive allí es fuerte, y las ciudades son muy grandes y fortificadas. Además de eso, vimos allá descendientes del gigante Anac. ²⁹En la región del Néguev viven los amalecitas, en la región montañosa viven los hititas, los jebuseos y los amorreos, y por el lado del mar y junto al río Jordán viven los cananeos.

³⁰Entonces Caleb hizo callar al pueblo que estaba ante Moisés, y dijo:
—¡Pues vamos a conquistar esa tierra! ¡Nosotros podemos conquistarla!
³¹Pero los que habían ido con él respondieron:
—¡No, no podemos atacar a esa gente! Ellos son más fuertes que nosotros.
³²Y se pusieron a decir a los israelitas que el país que habían ido a explorar era muy malo. Decían:
—La tierra que fuimos a explorar mata a la gente que vive en ella, y todos los hombres que vimos allá eran enormes. ³³Vimos también a los gigantes,ˢ a los descendientes de Anac. Al lado de ellos nos sentíamos como langostas, y así nos miraban ellos también.

Los israelitas se rebelan contra el Señor
(Dt 1.26-33)

14 ¹Entonces los israelitas comenzaron a gritar, y aquella noche se la pasaron llorando. ²Todos ellos se pusieron a hablar mal de Moisés y de Aarón. Decían: "¡Ojalá hubiéramos muerto en Egipto, o aquí en el desierto! ³¿Para qué nos trajo el Señor a este país? ¿Para morir en la guerra, y que nuestras mujeres y nuestros hijos caigan en poder del enemigo? ¡Más nos valdría regresar a Egipto!" ⁴Y empezaron a decirse unos a otros: "¡Pongamos a uno de jefe y volvamos a Egipto!"

⁵Moisés y Aarón se inclinaron hasta tocar el suelo con la frente delante de todo el pueblo, ⁶y Josué y Caleb, que habían estado explorando el país, se rasgaron la ropa en señal de dolor ⁷y dijeron a todos los israelitas:
—¡La tierra que fuimos a explorar es excelente! ⁸Si el Señor nos favorece, nos ayudará a entrar a esa tierra y nos la dará. Es un país donde la leche y la miel corren

¹¹ En hebreo, Escol significa racimo.
ˢ 13.33 Gn 6.4.

como el agua. ⁹ Pero no se rebelen contra el Señor,ᵗ ni le tengan miedo a la gente de ese país, porque ellos van a ser pan comido para nosotros; a ellos no hay quien los proteja, mientras que nosotros tenemos de nuestra parte al Señor. ¡No tengan miedo!

¹⁰ A pesar de esto, la gente quería apedrearlos. Entonces la gloria del Señor se apareció en la Tienda del Encuentro, a la vista de todos los israelitas, ¹¹ y el Señor dijo a Moisés:

—¿Hasta cuándo va a seguir menospreciándome este pueblo? ¿Hasta cuándo van a seguir dudando de mí, a pesar de los milagros que he hecho entre ellos? ¹² Les voy a enviar una epidemia mortal que les impida tomar posesión de esa tierra; pero de ti haré un pueblo más grande y más fuerte que ellos.

¹³ Pero Moisés respondió al Señor:

—Tú, con tu poder, sacaste de Egipto a este pueblo. Cuando los egipcios sepan lo que vas a hacer, ¹⁴ se lo contarán a los habitantes del país de Canaán. Ellos también han oído decir que tú, Señor, estás en medio de este pueblo, que te dejas ver cara a cara y tu nube está sobre ellos, y que de día vas delante de ellos en una columna de nubes y de noche en una columna de fuego. ¹⁵ Si matas a este pueblo de un solo golpe, las naciones que saben de tu fama van a decir: ¹⁶ 'El Señor no pudo hacer que este pueblo entrara en la tierra que había jurado darles, y por eso los mató en el desierto.' ¹⁷ Por eso, Señor, muestra ahora tu gran poder, tal como lo has prometido. Tú has dicho ¹⁸ que no te enojas fácilmente, que es muy grande tu amor y que perdonas la maldad y la rebeldía, aunque no dejas sin castigo al culpable, sino que castigas la maldad de los padres en los hijos, los nietos, los bisnietos y los tataranietos.ᵘ ¹⁹ Puesto que tu amor es tan grande, perdónale a este pueblo su maldad, ya que has tenido paciencia con ellos desde Egipto hasta este lugar.ᵛ

El Señor castiga a los israelitas
(Dt 1.34–40)

²⁰ El Señor respondió:

—Bien, yo los perdono, tal como me lo pides. ²¹ Pero, eso sí, tan cierto como que yo vivo y que mi gloria llena toda la tierra, ²² ninguno de los que han visto mi gloria y los milagros que hice en Egipto y en el desierto, y que me han puesto a prueba una y otra vez en el desierto y no han querido obedecer mis órdenes, ²³ ninguno de ellos verá la tierra que prometí a sus antepasa-

dos. Ninguno de los que me han menospreciado la verá.ʷ ²⁴ Solamente mi siervo Caleb ha tenido un espíritu diferente y me ha obedecido fielmente. Por eso a él sí lo dejaré entrar en el país que fue a explorar, y sus descendientes se establecerán allí.ˣ ²⁵ (Los amalecitas y los cananeos viven en la llanura.) En cuanto a ustedes, den la vuelta mañana y sigan por el desierto en dirección al Mar Rojo.

²⁶ El Señor se dirigió a Moisés y Aarón, y les dijo:

²⁷ —¿Hasta cuándo voy a tener que soportar las habladurías de estos malvados israelitas? Ya les he oído hablar mal de mí. ²⁸ Pues ve a decirles de mi parte: 'Yo, el Señor, juro por mi vida que voy a hacer que les suceda a ustedes lo mismo que les he oído decir. ²⁹ Todos los mayores de veinte años que fueron registrados en el censo y que han hablado mal de mí, morirán, y sus cadáveres quedarán tirados en este desierto.ʸ ³⁰ Con la excepción de Caleb y de Josué, ninguno de ustedes entrará en la tierra donde solemnemente les prometí que los iba a establecer. ³¹ En cambio, a sus hijos, de quienes ustedes decían que iban a caer en poder de sus enemigos, los llevaré al país que ustedes han despreciado, para que ellos lo disfruten. ³² Los cadáveres de ustedes quedarán tirados en este desierto, ³³ en el que sus hijos vivirán como pastores durante cuarenta años.ᶻ De este modo ellos pagarán por la infidelidad de ustedes, hasta que todos ustedes mueran aquí en el desierto. ³⁴ Ustedes estuvieron cuarenta días explorando el país; pues también estarán cuarenta años pagando su castigo: un año por cada día. Así sabrán lo que es ponerse en contra de mí.' ³⁵ Yo, el Señor, lo afirmo: Así voy a tratar a este pueblo perverso que se ha unido contra mí. En este desierto encontrarán su fin; aquí morirán.

Muerte de los diez espías malvados

³⁶⁻³⁷ En cuanto a los hombres que Moisés había enviado a explorar el país y que al volver dieron tan malos informes, haciendo que la gente murmurara, el Señor los hizo caer muertos. ³⁸ De todos ellos, sólo Josué y Caleb quedaron con vida.

Los israelitas son derrotados en Horma
(Dt 1.41–46)

³⁹ Cuando Moisés contó a los israelitas lo que el Señor había dicho, todos ellos se pusieron muy tristes. ⁴⁰ A la mañana

---

ᵗ 14.9 He 3.16.   ᵘ 14.18 Ex 20.5–6; 34.6–7; Dt 5.9–10; 7.9–10.   ᵛ 14.13–19 Ex 32.11–14.   ʷ 14.21–23 He 3.18.
ˣ 14.24 Jos 14.9–12.   ʸ 14.29 He 3.17.   ᶻ 14.32–33 Hch 7.36.

siguiente se levantaron temprano, subieron a la parte alta de la región montañosa y dijeron:

—¡Ya estamos aquí! Vayamos al lugar que el Señor nos ha prometido, pues en verdad hemos pecado.

⁴¹ Pero Moisés les dijo:

—¿Por qué desobedecen las órdenes del Señor? ¡Ese intento va a fracasar! ⁴² No sigan adelante, porque el Señor no está con ustedes. Sus enemigos los van a derrotar. ⁴³ Allá delante los esperan los amalecitas y los cananeos, para pelear con ustedes y matarlos. Y puesto que ustedes han abandonado al Señor, él ya no está con ustedes.

⁴⁴ Ellos, sin embargo, se empeñaron en subir a la parte alta de la región montañosa; pero ni el cofre del pacto del Señor ni Moisés se movieron del campamento. ⁴⁵ Entonces salieron los amalecitas y los cananeos que vivían en la región, y persiguieron a los israelitas hasta Horma, derrotándolos completamente.

Leyes sobre los sacrificios

15 ¹ El Señor se dirigió a Moisés y le dijo:

² "Di a los israelitas lo siguiente: Cuando entren ustedes en el país que yo voy a darles para que vivan en él, ³ y me ofrezcan un toro o una oveja para quemarlo en mi honor como sacrificio u holocausto de olor agradable, ya sea en cumplimiento de alguna promesa o como ofrenda voluntaria, o en ocasión de alguna fiesta, ⁴ el que presente la ofrenda deberá añadir dos kilos de harina fina amasada con un litro de aceite. ⁵ Además, a los sacrificios indicados se deberá añadir una ofrenda de un litro de vino por cada cordero. ⁶ Si se trata del sacrificio de un carnero, se añadirán cuatro kilos de harina amasada con poco más de un litro de aceite ⁷ y algo más de un litro de vino, como ofrenda de olor agradable para mí. ⁸ Si se trata del sacrificio de un becerro, para ofrecerlo, como holocausto o como sacrificio de reconciliación, o en cumplimiento de una promesa, ⁹ se añadirán seis kilos de harina amasada con dos litros de aceite, ¹⁰ más dos litros de vino, como ofrenda quemada de olor agradable para mí. ¹¹ Esto es lo que deberá hacerse por cada toro, cada carnero, cada cordero o cada cabrito que se ofrezca. ¹² Por cada animal que se ofrezca se hará su ofrenda correspondiente, según el número de animales. ¹³ Todo israelita deberá cumplir es-

tas normas cuando me haga una ofrenda quemada de olor agradable.

¹⁴ "Si un extranjero, ya sea que se encuentre de paso o que viva permanentemente entre ustedes, quiere presentarme una ofrenda quemada de olor agradable, deberá cumplir las mismas normas que todos ustedes. ¹⁵ La misma norma vale para ustedes y para los extranjeros; será una ley permanente, que pasará de padres a hijos. ¹⁶ Una misma ley y una misma norma habrá para ustedes y para los extranjeros."ᵃ

¹⁷ El Señor se dirigió a Moisés y le dijo:

¹⁸ "Di a los israelitas lo siguiente: Cuando hayan entrado en el país adonde los voy a llevar, ¹⁹ y empiecen a disfrutar del trigo que se produce en él, deberán separar una parte para ofrecérmela. ²⁰ Y así como me ofrecen la primera porción del trigo trillado, así también con la primera masa que preparen me harán una ofrenda de pan. ²¹ Esta ofrenda deberán hacerla siempre.

²² "Cuando involuntariamente dejen ustedes de hacer cualquiera de las cosas que le he ordenado a Moisés ²³ desde el primer día en adelante, para que ustedes y sus descendientes las cumplan, deberán hacer lo siguiente:

²⁴ "Si la falta ha sido involuntaria y de todo el pueblo, todo el pueblo me ofrecerá un becerro como holocausto de olor agradable, con su correspondiente ofrenda de cereales y de vino como Dios lo ha ordenado; además, me ofrecerán un chivo como sacrificio por el pecado. ²⁵ Luego el sacerdote celebrará el rito para obtener el perdón a favor de todo el pueblo de Israel, y yo los perdonaré, pues se trata de una falta involuntaria y ellos me presentaron su ofrenda y su sacrificio por el pecado. ²⁶ Yo perdonaré a todo el pueblo de Israel y a los extranjeros que vivan entre ustedes, si la falta del pueblo ha sido involuntaria.

²⁷ "Si la falta involuntaria la comete una persona en particular, esa persona ofrecerá como sacrificio por el pecado una cabrita de un año. ²⁸ El sacerdote celebrará ante mí el rito para obtener el perdón por el pecado involuntario de esa persona, y yo la perdonaré.ᵇ ²⁹ La misma norma vale para los israelitas y para los extranjeros que vivan entre ustedes, si la falta cometida ha sido involuntaria.

³⁰ "Pero si una persona peca voluntariamente, ya sea israelita o extranjera, me ofende a mí. Por lo tanto, esa persona será eliminada de entre su gente, ³¹ pues despreció mi palabra y no cumplió mis órdenes; será eliminada del todo y cargará con su maldad."

ᵃ 15.16 Lv 24.22. ᵇ 15.27-28 Lv 4.27-31.

Castigo por la violación del día de reposo

[32] Cuando los israelitas estaban en el desierto, encontraron a un hombre recogiendo leña en día de reposo.[12] [33] Los que lo encontraron lo llevaron ante Moisés y Aarón, y ante todo el pueblo, [34] y ellos lo tuvieron bajo vigilancia, pues aún no se había decidido lo que se debía hacer con él. [35] Entonces dijo el Señor a Moisés: "Ese hombre debe ser condenado a muerte. Que todos los israelitas lo apedreen fuera del campamento." [36] Entonces los israelitas lo sacaron del campamento y lo apedrearon hasta que murió, tal como el Señor se lo había ordenado a Moisés.

Borlas con flecos en el borde de la ropa

[37] El Señor se dirigió a Moisés y le dijo: [38] "Di a los israelitas lo siguiente: Ustedes y sus descendientes deberán llevar borlas con flecos en el borde de su ropa.[c] Las borlas deben ser de hilo morado. [39] Así, cuando ustedes vean las borlas, se acordarán de todos los mandamientos que yo les he dado y los cumplirán, y no se dejarán llevar por sus propios pensamientos y deseos, por los cuales ustedes han dejado de serme fieles. [40] Así se acordarán de todos mis mandamientos y los cumplirán, y estarán consagrados a mí, que soy su Dios. [41] Yo soy el Señor, el Dios de ustedes, que los saqué de Egipto para ser su Dios. Yo soy el Señor su Dios."

La rebelión de Coré y su castigo

16 [1] Un levita descendiente de Coat, llamado Coré,[d] hijo de Izhar, y tres hombres más de la tribu de Rubén, llamados Datán y Abiram, hijos de Eliab, y On, hijo de Pelet, [2] se rebelaron contra Moisés. A ellos se les unieron otros doscientos cincuenta israelitas, hombres de autoridad en el pueblo, que pertenecían al grupo de consejeros y tenían buena fama. [3] Todos ellos se reunieron, se enfrentaron con Moisés y Aarón, y les dijeron:

—¡Basta ya de privilegios! Todo el pueblo ha sido consagrado por Dios, y el Señor está con todos nosotros. ¿Por qué se levantan ustedes como autoridad suprema sobre el pueblo del Señor?

[4] Al oír esto, Moisés se inclinó hasta tocar el suelo con la frente, [5] y dijo a Coré y a los que lo seguían:

—Mañana por la mañana el Señor hará saber quién le pertenece[e] y quién le está consagrado y puede presentarle las ofrendas. Sólo podrá presentarle ofrendas aquel a quien él escoja. [6] Hagan lo siguiente: traigan los incensarios de Coré y sus compañeros, [7] pónganles brasas, échenles incienso y colóquenlos mañana delante del Señor. El hombre a quien el Señor escoja, es el que le está consagrado. ¡Y basta ya, levitas!

[8] Luego dijo Moisés a Coré:

—Óiganme, levitas: [9] ¿Les parece poco que el Dios de Israel los haya escogido a ustedes de entre el pueblo de Israel, para estén cerca de él y se ocupen de los oficios del santuario del Señor y presten este servicio al pueblo? [10] El Señor ha querido que tú y los demás miembros de tu tribu, los levitas, estén cerca de él, ¿y ahora ambicionan también el sacerdocio? [11] Realmente Aarón no es nadie para que hablen mal de él; es contra el Señor contra quien tú y tus compañeros se han rebelado.

[12] Luego Moisés mandó llamar a Datán y a Abiram, hijos de Eliab, pero ellos respondieron:

—No queremos ir. [13] ¿Te parece poco habernos sacado de un país donde la leche y la miel corren como el agua, para hacernos morir en el desierto, que además quieres ser nuestro jefe supremo? [14] Tú no nos has llevado a ningún país donde la leche y la miel corran como el agua, ni nos has dado campos ni viñedos. ¿Quieres que todos se dejen llevar como si fueran ciegos?[13] No, no iremos a verte.

[15] Entonces Moisés se enojó mucho, y dijo al Señor:

—¡No aceptes sus ofrendas! Yo no les he quitado a ellos ni siquiera un asno, y tampoco le he hecho mal a ninguno de ellos.

[16] Después Moisés dijo a Coré:

—Preséntense mañana tú y tus compañeros, delante del Señor. Aarón también estará allí. [17] Que cada uno lleve su incensario y le ponga incienso. Tú y Aarón llevarán también su incensario y lo pondrán, junto con los otros doscientos cincuenta, delante del Señor.

[18] Entonces cada uno tomó su incensario, le puso brasas e incienso y se colocó, junto con Moisés y Aarón, delante de la Tienda del Encuentro. [19] Coré ya había reunido contra ellos a todo el pueblo frente a la Tienda del Encuentro. La gloria del Señor se apareció entonces ante todo el pueblo, [20] y el Señor les dijo a Moisés y Aarón:

[21] —¡Apártense de ese pueblo, que voy a destruirlo en un momento!

---

[12] *Día de reposo:* aquí equivale a *sábado.* [13] *¿Quieres que todos se dejen llevar como si fueran ciegos?:* otra posible traducción: *¿Vas a volver ciegos a estos hombres?* Lit. *¿Vas a sacarles los ojos a estos hombres?* Probable alusión al castigo que se imponía a los esclavos fugitivos y que les esperaba si tenían que regresar a Egipto.
c **15.38** Dt 22.12.   d **16.1** Jud 11.   e **16.5** 2 Ti 2.19.

²² Pero ellos, inclinándose hasta tocar el suelo con la frente, dijeron:

—Oh Dios, tú que das la vida a todos los hombres, ¿vas a enojarte con todo el pueblo por el pecado de un solo hombre? ²³ Y el Señor respondió a Moisés:

²⁴ —Diles a todos los israelitas que se aparten de la tienda donde están Coré, Datán y Abiram.

²⁵ Moisés se levantó, seguido por los ancianos de Israel, y fue a donde estaban Datán y Abiram. ²⁶ Entonces le dijo al pueblo:

—Apártense de las tiendas de esos hombres perversos, y no toquen nada de lo que les pertenece, no vaya a ser que también ustedes mueran por el pecado de ellos.

²⁷ El pueblo se apartó de donde estaban Coré, Datán y Abiram. Datán y Abiram estaban a la entrada de su tienda, con sus mujeres y sus hijos. ²⁸ Y Moisés continuó:

—Con esto les voy a probar que es el Señor quien me ha enviado a hacer todas estas cosas, y que no las hago por mi propia voluntad. ²⁹ Si estos hombres mueren de muerte natural, como los demás hombres, es que el Señor no me ha enviado; ³⁰ pero si el Señor hace algo extraordinario, y la tierra se abre y se los traga a ellos con todo lo que tienen, y caen vivos al fondo de la tierra, entonces sabrán ustedes que son estos hombres los que han menospreciado al Señor.

³¹ En cuanto Moisés terminó de hablar, la tierra se abrió debajo de ellos ³² y se tragó a todos los hombres que se habían unido a Coré, junto con sus familias y todo lo que tenían. ³³ Cayeron vivos al fondo de la tierra, con todas sus cosas, y luego la tierra volvió a cerrarse. Así fueron eliminados de entre los israelitas. ³⁴ Al oírlos gritar, todos los israelitas que se encontraban alrededor salieron corriendo y diciendo: "¡No nos vaya a tragar la tierra a nosotros también!" ³⁵ Además, el Señor envió un fuego que mató a los doscientos cincuenta hombres que habían ofrecido incienso.

³⁶ ᶠ Y el Señor se dirigió a Moisés y le dijo:

³⁷ "Ordena a Eleazar, hijo de Aarón, que saque los incensarios de entre los restos del incendio, y que arroje lejos las brasas que aún haya en ellos. ³⁸ Los incensarios de estos hombres, que han muerto por haber pecado, han quedado consagrados porque fueron usados para presentar incienso delante de mí. Conviertan, pues, ese metal en láminas para recubrir el altar, y para que sirva de advertencia a los israelitas."

³⁹ El sacerdote Eleazar recogió los incensarios de bronce que habían presentado los hombres que murieron en el incendio, y ordenó que los convirtieran en láminas para recubrir el altar. ⁴⁰ Esta fue una advertencia a los israelitas de que nadie, aparte de los descendientes de Aarón, podía acercarse al altar para ofrecer incienso al Señor; de lo contrario, le pasaría lo que a Coré y a sus compañeros. Y todo se hizo tal como el Señor se lo había ordenado a Eleazar por medio de Moisés.

⁴¹ Al día siguiente, todo el pueblo de Israel empezó a hablar contra Moisés y Aarón. Decían:

—¡Ustedes están matando al pueblo del Señor!

⁴² Y todos se arremolinaban alrededor de Moisés y Aarón; pero ellos se dirigieron a la Tienda del Encuentro. En ese momento la nube la cubrió y se apareció la gloria del Señor. ⁴³ Entonces Moisés y Aarón fueron al frente de la Tienda del Encuentro, ⁴⁴ y el Señor le dijo a Moisés:

⁴⁵ —¡Apártense de toda esa gente, que los voy a destruir en un momento!

Moisés y Aarón se inclinaron hasta tocar el suelo con la frente, ⁴⁶ y Moisés le dijo a Aarón:

—Trae tu incensario, ponle brasas del altar y échale incienso; vete en seguida a donde está el pueblo y pide a Dios perdón por ellos, porque la ira del Señor se ha encendido y la plaga ya comenzó.

⁴⁷ Aarón hizo lo que le dijo Moisés, y se fue corriendo a donde estaba el pueblo reunido. La plaga enviada por Dios ya estaba haciendo estragos entre el pueblo. Entonces Aarón puso incienso y pidió a Dios perdón por el pueblo. ⁴⁸ Luego se colocó entre los que ya habían muerto y los que todavía estaban con vida, y la plaga se detuvo, ⁴⁹ aunque ya para entonces habían muerto catorce mil setecientas personas, sin contar los que habían muerto antes, durante la rebelión de Coré. ⁵⁰ Cuando la plaga terminó, Aarón volvió a la entrada de la Tienda del Encuentro para reunirse con Moisés.

El bastón de Aarón retoña

17 ¹ El Señor se dirigió a Moisés y le dijo:

² "Ordena a los israelitas que cada uno de los jefes de tribu traiga un bastón, o sea doce bastones en total. Tú escribirás el nombre de cada uno en su bastón, ³ y en el bastón correspondiente a la tribu de Leví escribirás el nombre de Aarón, pues debe haber un bastón por cada jefe de tribu. ⁴ Los colocarás en la Tienda del Encuentro, frente al cofre del pacto, que es donde

---

ᶠ Los vs. 16.36—17.13 corresponden a los vs. 17.1-28 en el texto hebreo.

yo me encuentro con ustedes. ⁵ Voy a hacer que retoñe el bastón de mi elegido, y así los israelitas no seguirán hablando mal de ustedes delante de mí."

⁶ Moisés dijo esto mismo a los israelitas, y cada uno de los jefes de tribu le dio un bastón, reuniendo así doce bastones en total. Entre ellos estaba también el bastón de Aarón. ⁷ Moisés colocó los bastones delante del Señor en la tienda del pacto, ⁸ y al día siguiente, cuando fue a la tienda, vio que el bastón de Aarón, correspondiente a la tribu de Leví, había retoñado:ᵍ había echado retoños, y dado flores, y tenía almendras maduras. ⁹ Entonces Moisés sacó de la presencia del Señor todos los bastones y se los mostró a los israelitas. Después de verlos, cada uno tomó su bastón.

¹⁰ Entonces el Señor dijo a Moisés: "Vuelve a poner el bastón de Aarón delante del cofre del pacto, y guárdalo allí como advertencia para este pueblo rebelde. Así harás que dejen de hablar mal delante de mí, y no morirán."

¹¹ Moisés hizo todo tal como el Señor se lo ordenó, ¹² pero los israelitas dijeron a Moisés: "¡Estamos perdidos! ¡Todos vamos a morir! ¹³ Todos los que se acercan al santuario del Señor, mueren. ¿Acaso vamos a morir todos?"

Funciones especiales de los sacerdotes y levitas

18 ¹ El Señor le dijo a Aarón: "Tú y tus hijos, junto con los demás miembros de la tribu de Leví, a la que perteneces, serán responsables por las faltas que se cometan contra el santuario; pero solamente tú y tus hijos serán responsables por las faltas que cometan ustedes en sus funciones sacerdotales. ² Pero debes hacer que los demás miembros de la tribu de Leví, a la cual perteneces, te ayuden a ti y a tus hijos en el servicio ante la tienda del pacto. ³ Ellos estarán a tu servicio y al servicio de la tienda, pero no deberán acercarse a lo utensilios del santuario ni al altar; de lo contrario, morirán ellos y ustedes también. ⁴ Deberán acompañarte en el servicio de la Tienda del Encuentro y en todos los oficios correspondientes. Pero ninguna persona extraña debe acercarse a ustedes; ⁵ ustedes son los encargados del servicio del santuario y el altar. Así no volveré a enojarme con los israelitas. ⁶ Yo separé a tus hermanos los levitas de los demás israelitas para dárselos a ustedes, a fin de que sirvan en los oficios de la Tienda del Encuentro; ⁷ pero solamente tú y tus hijos

podrán desempeñar las funciones sacerdotales relacionadas con el altar o que se realizan tras el velo. Este oficio les corresponde a ustedes, pues yo les he dado el derecho de ejercer las funciones sacerdotales. Si alguien oficia como sacerdote, sin serlo, será condenado a muerte."

Sostenimiento de los sacerdotes y los levitas

⁸ El Señor le dijo a Aarón: "Yo he puesto bajo tu cuidado las ofrendas que se me hacen. Todas las ofrendas sagradas que los israelitas me hacen, te las doy a ti y a tus hijos como la parte que les corresponde; ésta será una norma para siempre. ⁹ De los sacrificios que se queman,ⁱᵛ te tocarán a ti todas las ofrendas de cereales y los sacrificios que por el pecado o por la culpa me ofrezcan los israelitas; todas estas ofrendas sagradas serán para ti y para tus hijos. ¹⁰ Todo varón de entre ustedes podrá comer de estas ofrendas, pero habrá de comerlas en un lugar consagrado, pues son sagradas.

¹¹ "También te doy a ti, y a tus hijos e hijas que aún vivan contigo, las ofrendas especiales que los israelitas me presenten. Esta será una ley permanente. Cualquier persona de tu familia que esté ritualmente pura, podrá comerlas. ¹² También te doy los primeros frutos que los israelitas me traen cada año: lo mejor del aceite, lo mejor del vino y del trigo. ¹³ Igualmente los primeros frutos de las cosechas que ellos me ofrecen, serán para ti. Cualquier persona de tu familia que esté ritualmente pura, podrá comerlos. ¹⁴ Toda ofrenda que los israelitas me consagren,ʰ será para ti.

¹⁵ "Todos los primeros hijos de los israelitas o las primeras crías de los animales, que me ofrecen, serán para ti. Pero en el caso de los primeros hijos de los hombres y de las primeras crías de los animales impuros, pedirás un rescate a cambio. ¹⁶ El rescate deberá pagarse un mes después del nacimiento, y será de cinco monedas de plata, según la moneda oficial del santuario, que pesa once gramos. ¹⁷ Pero no permitirás que sean rescatadas las primeras crías de las vacas, las ovejas o las cabras. Esas están reservadas para mí, y tendrás que matarlas; su sangre la derramarás sobre el altar, y su grasa la quemarás como ofrenda de olor agradable para mí. ¹⁸ Tú podrás quedarte con la carne, lo mismo que con el pecho del animal, que es la ofrenda especial, y con el muslo derecho. ¹⁹ Todas las contribuciones que los israelitas aparten para mí, te las

¹⁴ Que se queman: según la versión griega. Heb. apartados del fuego.
ᵍ 17.8 He 9.4.   ʰ 18.14 Lv 27.28.

doy a ti, y a tus hijos e hijas que aún vivan contigo. Esta es una ley permanente. Es un pacto invariable,[15] eterno, que yo hago contigo y con tus descendientes."

[20] El Señor le dijo a Aarón:

"Tú no tendrás tierra ni propiedades en Israel, como los demás israelitas. Yo seré tu propiedad y tu herencia en Israel. [21] A los levitas les doy como propiedad esa décima parte[i] que los israelitas deben entregar de sus productos, en pago del servicio que prestan en la Tienda del Encuentro. [22] Los demás israelitas no deberán acercarse a la Tienda del Encuentro, porque cometerían un pecado que les traería la muerte. [23] Los levitas serán los únicos que se ocuparán del servicio de la Tienda del Encuentro, y serán responsables de las faltas que cometan. Esta será una ley permanente, que pasará de padres a hijos. Los levitas no tendrán territorio propio en Israel. [24] A ellos les he dado en propiedad la décima parte que los israelitas deben ofrecerme de sus productos. Por eso les he dicho que no tendrán territorio propio en Israel."

[25] El Señor se dirigió a Moisés y le dijo: [26] "Diles a los levitas que cuando reciban de los israelitas esa décima parte de sus productos que yo les he dado como su propiedad, deberán reservar un décimo de ella para ofrecérmelo a mí. [27] Esa será su contribución, semejante a la contribución que hacen los israelitas cuando dan una parte de su trigo y de su vino. [28] Así, de esa décima parte que les dan los israelitas, los levitas apartarán su contribución al Señor y se la darán al sacerdote Aarón. [29] De todo lo que les den, deberán separar una parte como contribución para mí; y la parte que me consagren debe ser la mejor. [30] "Diles también: 'Una vez que hayan separado la mejor parte para mí, el resto pueden considerarlo como si fuera su trigo y su vino, [31] y pueden comerlo ustedes y sus familias en cualquier lugar. Ese es su salario por el servicio que prestan en la Tienda del Encuentro. [32] Una vez que hayan separado la mejor parte para mí, podrán comer el resto sin cometer pecado; de esta manera no profanarán las ofrendas sagradas de los israelitas, y no serán condenados a muerte.' "

Normas para la purificación ritual

19 [1] El Señor se dirigió a Moisés y Aarón, y les dijo:

[2] "Yo, el Señor, doy esta orden: Di a los israelitas que te traigan una vaca de pelo rojizo, que no tenga ningún defecto y a la que nunca antes le hayan puesto el yugo. [3] Ustedes se la entregarán al sacerdote Eleazar, y él la sacará fuera del campamento y ordenará que la maten en su presencia. [4] El sacerdote Eleazar tomará con el dedo un poco de sangre, y rociará con ella siete veces hacia la Tienda del Encuentro. [5] Luego quemarán la vaca en su presencia, y quemarán también el cuero, la carne, la sangre y el estiércol. [6] El sacerdote tomará en seguida madera de cedro, una ramita de hisopo y tela roja, y lo echará todo al fuego en que se quema la vaca; [7] luego lavará su ropa y se lavará a sí mismo con agua, y después podrá entrar en el campamento, aunque quedará ritualmente impuro hasta la tarde. [8] En cuanto al hombre que quemó la vaca, lavará también su ropa y se lavará a sí mismo con agua, y quedará ritualmente impuro hasta la tarde. [9] Otro hombre, que esté ritualmente puro, recogerá la ceniza de la vaca y la pondrá en un lugar puro fuera del campamento. Esa ceniza la utilizará el pueblo de Israel para preparar el agua de purificación. Todo esto es un sacrificio por el pecado.[j] [10] El que recogió la ceniza, lavará su ropa, y quedará ritualmente impuro hasta la tarde. Esta es una ley permanente, que vale tanto para ustedes los israelitas como para los extranjeros que vivan entre ustedes.

[11] "El que toque el cadáver de cualquier persona, quedará impuro durante siete días. [12] Al tercero y al séptimo día deberá purificarse con el agua de purificación, y quedará puro. Si no se purifica al tercero y al séptimo día, no quedará puro. [13] Si alguien toca el cadáver de una persona y no se purifica, profana el santuario del Señor y, por lo tanto, deberá ser eliminado de Israel. Puesto que no ha sido rociado con el agua de purificación, se encuentra en estado de impureza.

[14] "Las normas para cuando alguien muere en una tienda de campaña, son las siguientes: Todos los que se encuentren dentro de la tienda y todos los que entren en ella, quedarán impuros durante siete días. [15] Todas las vasijas que estén destapadas, o con la tapa mal puesta, también quedarán impuras.

[16] "En campo abierto, todo el que toque el cadáver de una persona asesinada o muerta de muerte natural, o unos huesos humanos, o una tumba, quedará impuro durante siete días.

[17] "En tales casos de impureza, se tomará un poco de la ceniza de la vaca sacrificada por el pecado, y se pondrá en una vasija para echarle encima agua de

[15] Invariable: lit. de sal. Puesto que debía ponerse sal en todas las ofrendas a Dios, la sal vino a simbolizar lo sagrado y por tanto lo que no podía desecharse o cambiarse. Véase Lv 2.13.
[i] 18.21 Lv 27.30-33; Dt 14.22-29; Mal 3 8-10. [j] 19.9 He 9.13.

manantial. ¹⁸ Luego, un hombre que esté puro tomará una ramita de hisopo, la mojará en el agua y rociará con ella la tienda, las vasijas y las personas que estaban allí; y también al que tocó los huesos o el cadáver de la persona asesinada o muerta de muerte natural, o la tumba. ¹⁹ El hombre ritualmente puro debe rociar al impuro en los días tercero y séptimo. Al séptimo día ya lo habrá purificado. Entonces la persona impura lavará su ropa y se lavará a sí misma con agua, pero quedará impura hasta la tarde. ²⁰ Si una persona ritualmente impura no se purifica, debe ser eliminada de entre su pueblo, pues profana el santuario del Señor. Puesto que no fue rociada con el agua de purificación, sigue estando impura. ²¹ Esta es una ley permanente. El que rocía a otro con el agua de purificación, deberá lavar su ropa. El que toque el agua de purificación, quedará impuro hasta la tarde. ²² Todo lo que sea tocado por una persona impura, quedará impuro; y el que toque a una persona impura, quedará también impuro hasta la tarde."

Agua de la roca
(Ex 17.1–7)

20 ¹ En el primer mes del año, los israelitas llegaron al desierto de Zin, y se quedaron por un tiempo en Cades. Allí murió María, y allí fue enterrada.

² Como la gente no tenía agua, se reunieron todos para protestar contra Moisés y Aarón, ³ y le dijeron a Moisés:

—¡Ojalá hubiéramos muerto junto con los otros israelitas que hizo morir el Señor! ⁴ ¿Para qué trajeron ustedes al pueblo del Señor a este desierto? ¿Acaso quieren que muramos nosotros y nuestro ganado? ⁵ ¿Para qué nos sacaron de Egipto y nos trajeron a este lugar tan horrible? Aquí no se puede sembrar nada; no hay higueras, ni viñedos, ni granados; ¡ni siquiera hay agua para beber!

⁶ Moisés y Aarón se alejaron del pueblo y se fueron a la entrada de la Tienda del Encuentro, y allí se inclinaron hasta tocar el suelo con la frente. Entonces la gloria del Señor se les apareció, ⁷ y el Señor le dijo a Moisés:

⁸ —Toma el bastón y, con la ayuda de tu hermano Aarón, reúne a la gente. Luego, delante de todos, ordénale a la roca que les dé agua, y verás que de la roca brotará agua para que beban ellos y el ganado.

⁹ Moisés tomó el bastón que estaba delante del Señor, tal como él se lo ordenó; ¹⁰ luego Moisés y Aarón reunieron a la gente delante de la roca, y Moisés les dijo:

—Escuchen, rebeldes: ¿acaso tendremos que sacar agua de esta roca para darles de beber?

¹¹ Y diciendo esto, Moisés levantó la mano y golpeó dos veces la roca con el bastón, y brotó mucha agua. Así la gente y el ganado se pusieron a beber. ¹² Pero el Señor dijo a Moisés y a Aarón:

—Puesto que ustedes no tuvieron confianza en mí ni me honraron delante de los israelitas, no entrarán con esta gente en el país que les he dado.

¹³ Ese es el manantial de Meriba,¹⁶ donde los israelitas le hicieron reclamaciones al Señor y él les mostró su santidad.

Edom no deja pasar a Israel

¹⁴ Desde Cades, Moisés envió unos mensajeros al rey de Edom, a decirle: "Tus hermanos israelitas te mandan decir: 'Tú bien sabes las dificultades por las que hemos pasado. ¹⁵ Nuestros antepasados se fueron a Egipto y vivieron allá mucho tiempo, pero los egipcios nos maltrataron a nosotros, igual que a nuestros antepasados; ¹⁶ entonces pedimos ayuda al Señor, y él escuchó nuestros gritos y envió un ángel y nos sacó de Egipto. Y aquí estamos ahora, en la ciudad de Cades, en la frontera de tu país. ¹⁷ Te pedimos que nos dejes pasar por tu territorio. No pasaremos por los campos sembrados ni por los viñedos, ni beberemos agua de tus pozos. Iremos por el camino real, y no nos apartaremos de él hasta que hayamos cruzado tu territorio.' ".

¹⁸ Pero el rey de Edom les respondió:

—¡No pasen por mi territorio, pues de lo contrario saldré a su encuentro con mi ejército!

¹⁹ Los israelitas le explicaron:

—Seguiremos el camino principal, y si nosotros o nuestro ganado llegamos a beber agua de tus pozos, te la pagaremos. Lo único que queremos es pasar a pie por tu territorio.

²⁰ Pero el rey de Edom les contestó:

—¡Pues no pasarán!

Y salió al encuentro de los israelitas con un ejército fuerte y bien armado, ²¹ empeñado en no dejarlos pasar por su territorio. Entonces los israelitas buscaron otro camino.ᵏ

Muerte de Aarón

²² Todo el pueblo de Israel salió de Cades en dirección al monte Hor. ²³ Allí,

¹⁶ Véase nota en Ex 17.7.
ᵏ **20.14–21** Dt 2.4–7.

junto a la frontera de Edom, el Señor les dijo a Moisés y a Aarón: [24] "Aarón va a morir, y no entrará en el país que yo he dado a los israelitas, porque junto al manantial de Meriba ustedes desobedecieron mis órdenes. [25] Tú, Moisés, lleva a Aarón y a su hijo Eleazar a la cumbre del monte Hor; [26] allí le quitarás a Aarón la ropa sacerdotal y se la pondrás a Eleazar. Aarón morirá allí."

[27] Moisés hizo lo que el Señor le ordenó. A la vista de todos los israelitas, subieron al monte Hor, [28] y allí Moisés le quitó a Aarón la ropa sacerdotal y se la puso a Eleazar.[l] Allí mismo, en la cumbre del monte, murió Aarón;[m] y Moisés y Eleazar bajaron del monte. [29] Al darse cuenta los israelitas de que Aarón había muerto, lloraron por él durante treinta días.

Conquista de Horma

21 [1] Cuando el rey cananeo de la ciudad de Arad, que vivía en el Néguev, oyó decir que los israelitas venían[n] por el camino de Atarim, salió a pelear contra ellos e hizo algunos prisioneros. [2] Entonces los israelitas prometieron al Señor que, si él les ayudaba a conquistar aquel país, ellos destruirían por completo todas sus ciudades. [3] El Señor concedió a los israelitas lo que ellos le habían pedido, y les ayudó a derrotar a los cananeos, y los israelitas destruyeron por completo a los cananeos, lo mismo que a sus ciudades, por lo que a aquel lugar le pusieron por nombre Horma.[17]

La serpiente de bronce

[4] Los israelitas salieron del monte Hor en dirección al Mar Rojo, dando un rodeo para no pasar por el territorio de Edom.[ñ] En el camino, la gente perdió la paciencia [5] y empezó a hablar contra Dios y contra Moisés. Decían:

—¿Para qué nos sacaron ustedes de Egipto? ¿Para hacernos morir en el desierto? No tenemos ni agua ni comida. ¡Ya estamos cansados de esta comida miserable!

—[6] El Señor les envió serpientes venenosas,[18] que los mordieron, y muchos israelitas murieron.[o] [7] Entonces fueron a donde estaba Moisés y le dijeron:

—¡Hemos pecado al hablar contra el Señor y contra ti! ¡Pídele al Señor que aleje de nosotros las serpientes!

Moisés pidió al Señor que perdonara a los israelitas, [8] y el Señor le dijo:

—Hazte una serpiente como ésas, y ponla en el asta de una bandera. Cuando alguien sea mordido por una serpiente, que mire hacia la serpiente del asta, y se salvará.

[9] Moisés hizo una serpiente de bronce y la puso en el asta de una bandera,[p] y cuando alguien era mordido por una serpiente, miraba a la serpiente de bronce y se salvaba.

Diversas etapas

[10] Los israelitas siguieron su camino y acamparon en Obot. [11] De Obot siguieron adelante y acamparon en Ije-abarim, en el desierto, al oriente del territorio de Moab. [12] De allí siguieron y acamparon en el arroyo Zered. [13] Luego siguieron adelante y acamparon al otro lado del río Arnón. Este río se encuentra en el desierto que se extiende desde el territorio de los amorreos, y sirve de frontera entre el territorio de Moab y el de los amorreos. [14] A eso se refiere lo que dice el Libro de las Guerras del Señor:

"Pasamos por Vaheb, en la región
    de Sufá,
  por los arroyos y por el Arnón,
[15] y por la orilla de los arroyos
  que se extienden hasta la región de
    Ar
  y llegan hasta la frontera de Moab."

[16] Del río Arnón siguieron hasta Beer.[19] Allí está el pozo donde el Señor dijo a Moisés: "Reúne al pueblo y yo les daré agua." [17] Fue en esta ocasión cuando los israelitas cantaron:

"¡Brota, agua del pozo!
  ¡Cántenle al pozo!
[18] ¡Los jefes lo cavaron con sus varas
    de mando,
  los nobles del pueblo lo abrieron con
    sus bastones!"

Del desierto continuaron los israelitas hasta Matana; [19] de Matana a Nahaliel, de Nahaliel a Bamot, [20] y de Bamot al valle que está en el territorio de Moab, hacia las alturas de Pisga, desde donde se ve el desierto.

Israel derrota al rey Sehón
(Dt 2.26–37)

[21] Los israelitas mandaron unos mensajeros a Sehón, rey de los amorreos, a que

---

[17] En hebreo, Horma y la palabra que significa destrucción tienen un sonido parecido. [18] Venenosas: lit. ardientes. [19] En hebreo, Beer significa pozo.
[l] 20.28 Ex 29.29. [m] 20.28 Nm 33.38; Dt 10.6. [n] 21.1 Nm 33.40. [ñ] 21.4 Dt 2.1. [o] 21.5–6 1 Co 10.9. [p] 21.9 2 R 18.4; Jn 3.14.

le dijeran: 22 “Quisiéramos pasar por tu
territorio. No nos meteremos en los campos sembrados ni en los viñedos, ni beberemos agua de tus pozos. Atravesaremos
tu territorio yendo por el camino real.”
23 Pero Sehón no dejó que los israelitas
pasaran por su territorio, sino que juntó a
toda su gente y salió al encuentro de ellos
en el desierto, y al llegar a Jahaza los
atacó. 24 Pero los israelitas se defendieron
y lo derrotaron, y ocuparon su territorio
desde el río Arnón hasta el río Jaboc, es
decir, hasta la frontera con el territorio de
los amonitas, la cual estaba fortificada.
25 Así pues, Israel ocupó todas esas ciudades de los amorreos, es decir, Hesbón y
sus pueblos dependientes, y se quedó a vivir en ellas. 26 Hesbón era la ciudad donde
vivía Sehón, el rey de los amorreos. Sehón
había estado en guerra con el anterior rey
de Moab y le había quitado todo aquel
territorio hasta el río Arnón. 27 Por eso dicen los poetas:

“¡Vengan a Hesbón,
la capital del rey Sehón!
¡Reconstrúyanla, fortifíquenla!
28 Desde Hesbón, la ciudad de Sehón,
brotaron las llamas de un incendio,
que destruyeron a Ar de Moab
y las alturas que dominan el Arnón.
29 ¡Lástima de ti, Moab!
¡Estás perdido, pueblo del dios
Quemós!
Él ha dejado que tus hombres
salgan huyendo,
que tus mujeres caigan en poder del
rey Sehón.[q]
30 Fue destruido el poder de Hesbón;
de Dibón a Nofa todo quedó en
ruinas,
y el fuego llegó hasta Medeba.”[20]

Israel derrota a Og, rey de Basán

(Dt 3.1–11)

31 Así pues, Israel ocupó el territorio
amorreo. 32 Además, Moisés envió algunos
hombres a explorar la ciudad de Jazer, y
los israelitas conquistaron las ciudades vecinas y expulsaron a los amorreos que vivían allí. 33 Después volvieron en dirección
de Basán, pero Og, el rey de Basán, salió
con todo su ejército a pelear contra ellos
en Edrei. 34 Entonces el Señor dijo a
Moisés: “No le tengas miedo, que yo voy a
ponerlo en tus manos, junto con todo su
ejército y su país, y tú harás con él lo
mismo que hiciste con Sehón, el rey amorreo que vivía en Hesbón.”
35 Y así, los israelitas mataron a Og y a
sus hijos, y a todo su ejército. No dejaron
a nadie con vida, y se apoderaron de su
territorio.

Balac manda llamar a Balaam

22 1 Los israelitas siguieron su camino
y acamparon en las llanuras de
Moab, al oriente del río Jordán, frente a
Jericó.
2 Balac, hijo de Zipor, se fijó en lo que
los israelitas habían hecho con los amorreos. 3 También la gente de Moab se llenó
de miedo al ver que los israelitas eran tan
numerosos. 4 Entonces dijo la gente de
Moab a los ancianos de Madián: “Toda
esta gente va a acabar con nuestra tierra,
como un buey acaba con el pasto del
campo.”
Por aquel tiempo Balac era rey de
Moab, 5 y mandó llamar a Balaam, hijo de
Beor,[r] quien se encontraba en Petor, junto
al río Éufrates, en el país de Amav. Balac
ordenó a sus mensajeros que dijeran a Balaam: “De Egipto ha venido un pueblo que
se ha extendido por todo el país, y ahora
se ha establecido delante de mí. 6 Ven en
seguida y maldice a este pueblo por mí,
pues es más fuerte que nosotros. Quizá así
pueda yo derrotarlos y expulsarlos del
país. Yo sé que tus bendiciones y tus maldiciones siempre se cumplen.”
7 Los ancianos de Moab y de Madián se
fueron con dinero en la mano para pagar
las maldiciones, y al llegar a donde estaba
Balaam le dieron el mensaje de parte de
Balac. 8 Y Balaam les dijo:
—Quédense aquí esta noche, y yo les
responderé según lo que el Señor me ordene.
Y los ancianos de Moab se quedaron
con él. 9 Pero Dios se le apareció a Balaam,
y le preguntó:
—¿Quiénes son esos hombres que están
contigo?
10 Balaam le respondió:
—Balac, hijo de Zipor, que es rey de
Moab, los envió a que me dijeran 11 que un
pueblo ha salido de Egipto, y que se ha
extendido por todo el país. Balac quiere
que yo vaya en seguida a maldecirlos,
para ver si así puede derrotarlos y echarlos fuera de su territorio.
12 Entonces Dios le dijo a Balaam:
—No vayas con ellos ni maldigas a ese
pueblo, porque a ese pueblo lo he bendecido yo.
13 Al día siguiente Balaam se levantó y
les dijo a los jefes que había enviado Balac:
—Regresen a su tierra. El Señor no me
permite ir con ustedes.

[20] *Fue destruido . . . hasta Medeba:* texto probable. Heb. oscuro.
[q] **21.28–29** Jer 48.45–46. [r] **22.5** 2 P 2.15–16; Jud 11.

¹⁴ Los jefes de Moab regresaron a donde estaba Balac, y le dijeron:

—Balaam no quiso venir con nosotros.

¹⁵ Pero Balac insistió y volvió a enviar otros jefes, esta vez en mayor número y de más importancia que los primeros. ¹⁶ Ellos fueron a ver a Balaam y le dijeron:

—Balac, hijo de Zipor, te manda a decir: "Por favor, no te niegues a venir. ¹⁷ Yo te daré los más grandes honores, y haré todo lo que me pidas; pero ven y hazme el favor de maldecir a este pueblo."

¹⁸ Pero Balaam les respondió:

—Aunque Balac me diera todo el oro y la plata que caben en su palacio, yo no podría hacer nada, ni grande ni pequeño, que fuera contra las órdenes del Señor mi Dios. ¹⁹ Sin embargo, quédense ustedes aquí también esta noche, y veré qué me dice esta vez el Señor.

²⁰ Por la noche, Dios se le apareció a Balaam y le dijo:

—Si esos hombres han venido por ti, levántate y vete con ellos, pero tendrás que hacer solamente lo que yo te diga.

Balaam se encuentra con el ángel del Señor

²¹ Balaam se levantó al día siguiente, ensilló su asna y se fue con los jefes moabitas. ²² Balaam iba montado en su asna, y lo acompañaban dos criados suyos.

Pero Dios se enojó con él porque se había ido, y el ángel del Señor se interpuso en su camino para cerrarle el paso. ²³ Cuando el asna vio que el ángel del Señor estaba en medio del camino con una espada en la mano, se apartó del camino y se fue por el campo; pero Balaam la golpeó para hacerla volver al camino. ²⁴ Luego el ángel del Señor se paró en un lugar estrecho, donde el camino pasaba entre viñedos y tenía paredes de piedra a los dos lados. ²⁵ Cuando el asna vio al ángel del Señor, se recostó contra una de las paredes, oprimiéndole la pierna a Balaam. Entonces Balaam le volvió a pegar. ²⁶ Pero el ángel del Señor se adelantó a ellos y se paró en un lugar muy estrecho, donde no podía uno desviarse a ningún lado. ²⁷ Cuando el asna vio al ángel del Señor, se echó al suelo. Entonces Balaam se enojó y la azotó con una vara. ²⁸ En ese momento el Señor hizo que el asna hablara, y que le dijera a Balaam:

—¿Qué te he hecho? Con ésta van tres veces que me pegas.

²⁹ —Te estás burlando de mí —le respondió Balaam—. Si tuviera a la mano un cuchillo, ahora mismo te mataría.

³⁰ Pero el asna le dijo:

—Yo soy el asna que tú has montado toda tu vida, y bien sabes que nunca me he portado así contigo.

—Es verdad —respondió Balaam.

³¹ Entonces el Señor hizo que Balaam pudiera ver a su ángel, que estaba en medio del camino con una espada en la mano. Balaam se inclinó hasta tocar el suelo con la frente, ³² pero el ángel del Señor le dijo:

—¿Por qué le pegaste tres veces a tu asna? Yo soy quien ha venido a cerrarte el paso, porque tu viaje me disgusta.²¹ ³³ El asna me vio, y me esquivó las tres veces. Si no me hubiera esquivado, ya te hubiera yo matado, aunque a ella la habría dejado con vida.

³⁴ Y Balaam respondió al ángel del Señor:

—He pecado, pues no sabía que tú estabas allí, cerrándome el camino. Si te parece mal que yo vaya, regresaré.

³⁵ Pero el ángel del Señor le contestó:

—Puedes ir con esos hombres, pero dirás solamente lo que yo te diga.

Balac recibe a Balaam

Balaam se fue con los jefes que Balac había enviado, ³⁶ y cuando Balac supo que Balaam venía, salió a recibirlo a una ciudad de Moab situada junto al río Arnón, en la frontera del país, ³⁷ y le dijo:

—Te mandé a llamar con insistencia; ¿por qué no querías venir? ¿Pensabas que no soy capaz de hacerte muchos honores?

³⁸ Y Balaam le respondió:

—Pues aquí estoy, ya vine a verte. Pero no tengo poder para hablar por mi cuenta; yo sólo podré decir lo que Dios me comunique.

³⁹ Luego Balaam se fue con Balac a Quiriat-huzot, ⁴⁰ donde Balac mandó que mataran vacas y ovejas y que se las llevaran a Balaam y a los jefes que lo acompañaban.

⁴¹ A la mañana siguiente, Balac buscó a Balaam y lo hizo subir a Bamot-baal, desde donde pudo ver los alrededores del campamento de los israelitas. **23** ¹ Entonces Balaam le dijo:

—Construyeme aquí siete altares, y prepárame siete becerros y siete carneros.

² Balac hizo lo que Balaam le dijo, y entre los dos sacrificaron un becerro y un carnero en cada altar.

³ Luego Balaam le dijo a Balac:

—Quédate junto al sacrificio, mientras voy a ver si el Señor viene a encontrarse

---

²¹ *Tu viaje me disgusta:* traducción probable. Heb. oscuro.

conmigo. Luego te comunicaré lo que él me dé a conocer.

Balaam bendice a Israel

Y Balaam se fue a una colina desierta, [4] donde Dios se le apareció. Balaam le dijo:

—He preparado siete altares, y en cada uno he ofrecido un becerro y un carnero.

[5] Entonces el Señor puso en labios de Balaam lo que tenía que decir, y le dijo:

—Regresa a donde está Balac y dile lo mismo que yo te he dicho.

[6] Balaam regresó y encontró a Balac de pie, junto al sacrificio, en compañía de todos los jefes moabitas. [7] Entonces Balaam pronunció esta profecía:

"Desde las montañas del oriente,
    desde Aram,
me hizo venir Balac, rey de Moab.
'Ven —me dijo—, maldíceme a
    Israel,
deséale el mal al pueblo de Jacob.'
[8] Pero, ¿cómo maldecir al que Dios no
    maldice?
¿Cómo desear el mal, si el Señor no
    lo hace?
[9] Desde estas altas rocas puedo verlo,
desde estas colinas lo miro:
es un pueblo que vive apartado,
distinto de los otros pueblos.
[10] Son como el polvo; ¿quién puede
    contarlos?
¿Quién puede saber su número?
¡Ojalá muera yo como esos hombres
    justos,
y sea mi fin como el de ellos!"

[11] Entonces Balac le reclamó a Balaam:

—¿Qué estás haciendo? Yo te traje para que maldijeras a mis enemigos, y tú te has puesto a bendecirlos.

[12] Y Balaam contestó:

—Habíamos quedado en que yo diría solamente lo que el Señor pusiera en mis labios.

[13] Pero Balac insistió:

—Ven conmigo a otra parte, desde donde sólo podrás ver los alrededores del campamento, pero no el campamento completo. Maldícemelos desde allí.

[14] Y Balac llevó a Balaam al campo de Zofim, en la cumbre del monte Pisga, donde construyó siete altares y sacrificó en cada uno un becerro y un carnero. [15] Allí Balaam dijo a Balac:

—Quédate aquí, junto al sacrificio, mientras yo voy a encontrarme con Dios.

[16] El Señor salió al encuentro de Balaam y puso en sus labios lo que tenía que decir. Además le dijo:

—Regresa a donde está Balac y dile lo mismo que yo te he dicho.

[17] Balaam regresó y encontró a Balac de pie, junto al sacrificio, en compañía de los jefes moabitas. Y Balac le preguntó:

—¿Qué te dijo el Señor?

[18] Entonces Balaam pronunció esta profecía:

"Balac, hijo de Zipor,
    escúchame con atención.
[19] Dios no es como los mortales:
no miente ni cambia de opinión.
Cuando él dice una cosa, la realiza.
Cuando hace una promesa, la
    cumple.
[20] Yo tengo órdenes de bendecir;
si Dios bendice, yo no puedo
    contradecirlo.
[21] Nadie ha visto engaño ni maldad
en Israel, el pueblo de Jacob.
El Señor su Dios está con ellos,
y ellos lo aclaman como rey.
[22] Dios, que los sacó de Egipto, es para
    ellos
lo que son para el búfalo sus
    cuernos.
[23] Contra Jacob no valen maleficios;
contra Israel no sirven brujerías.
Ahora es preciso decir a Israel:
'¡Cuántas maravillas ha hecho Dios
    contigo!'
[24] Este pueblo se levanta
amenazante como un león,
y no descansará hasta devorar su
    presa
y beber la sangre de sus víctimas."

[25] Balac dijo entonces a Balaam:

—¡Ya que no puedes maldecir a este pueblo, por lo menos no lo bendigas!

[26] A lo cual respondió Balaam:

—¿No te había dicho ya, que yo sólo puedo hacer lo que el Señor me ordene?

[27] Entonces Balac le dijo:

—Ven, que te voy a llevar a otra parte. Puede ser que a Dios no le disguste que maldigas a Israel desde allí.

[28] Y así Balac se llevó a Balaam a la cumbre del monte Peor, desde donde se ve todo el desierto. [29] Allí Balaam le dijo a Balac:

—Constrúyeme aquí siete altares y prepárame siete becerros y siete carneros.

[30] Balac hizo lo que Balaam le dijo, y en cada altar sacrificó un becerro y un carnero. **24** [1] Pero como Balaam vio que al Señor le parecía bien bendecir a Israel, ya no fue a recibir profecías de parte de él, como lo había hecho las otras veces, sino que volvió la mirada hacia el desierto. [2] Y al ver Balaam a Israel acampado por tribus, el espíritu de Dios se apoderó de él; [3] entonces Balaam pronunció esta profecía:

"Mensaje de Balaam, hijo de Beor,
hombre de mirada penetrante,[22]
⁴ que al caer en éxtasis ve con más
claridad,
que recibe mensajes y tiene visiones
de parte del Dios todopoderoso.
⁵ ¡Jacob, qué bellas son tus tiendas!
¡Qué bello, Israel, tu campamento!
⁶ Parecen largas filas de palmeras,
jardines junto a un río,
áloes plantados por el Señor,
¡cedros a la orilla del agua!
⁷ Israel tendrá agua en abundancia
para beber y regar sus sembrados.
Su rey dominará a Agag;
su poder real será muy grande.
⁸ Dios, que los sacó de Egipto, es para
ellos
lo que son para el búfalo sus
cuernos.
Israel devorará a las naciones
enemigas;
les romperá los huesos,
y los herirá con sus flechas.
⁹ Cuando se acuesta a descansar,
parece un león:
nadie se atreve a despertarlo.ˢ
¡Bendito sea el que te bendiga,
y maldito el que te maldiga!"ᵗ

Profecías de Balaam

¹⁰ Al oír esto, Balac se enojó mucho con
Balaam, y golpeando las manos le dijo:
—Yo te llamé para que maldijeras a mis
enemigos, y resulta que ya van tres veces
que los bendices. ¹¹ ¡Más te vale volver a
tu casa! Yo había prometido hacerte
grandes honores, pero el Señor lo ha impedido.
¹² Y Balaam le respondió:
—Ya les advertí a tus mensajeros ¹³ que,
aunque me dieras todo el oro y la plata
que caben en tu palacio, yo no podría
desobedecer las órdenes del Señor ni hacer nada bueno ni malo por mi propia
cuenta, y que sólo diría lo que el Señor me
ordenara decir. ¹⁴ Pues bien, regreso a mi
país; pero antes voy a decirte lo que este
pueblo hará en el futuro con tu pueblo.
¹⁵ Entonces Balaam pronunció esta profecía:

"Mensaje de Balaam, hijo de Beor,
hombre de mirada penetrante,
¹⁶ que al caer en éxtasis ve con más
claridad,
que conoce lo que el Altísimo
conoce,
que recibe mensajes y tiene visiones
de parte del Dios todopoderoso.

¹⁷ Veo algo en el futuro, diviso algo
allá muy lejos:
es una estrella que sale de Jacob,
un rey que se levanta en Israel.
Le aplastará la cabeza a Moab,
aplastará a todos los descendientes
de Set.
¹⁸ Conquistará Edom,
se apoderará de Seir, que es su
enemigo.
Israel realizará grandes hazañas.
¹⁹ Un vencedor saldrá de Jacob
y destruirá a los que queden en la
ciudad."

²⁰ Después vio Balaam a Amalec, y pronunció esta profecía:

"Amalec es una nación importante,
pero terminará destruida por
completo."

²¹⁻²² También vio a los quenitas, y pronunció esta profecía:

"Descendientes de Caín:
aunque sus refugios sean firmes,
aunque hayan puesto su nido entre
las rocas,
ese nido será destruido por el fuego
cuando Asiria los haga prisioneros."

²³ Después pronunció esta profecía:

"¡Ay! ¿Quién vivirá todavía
cuando Dios haga estas cosas?[23]
²⁴ Vienen naves de la costa de Chipre,
y dejarán en ruinas a Asiria y a
Heber,
pues también Heber será destruido."

²⁵ Después de esto Balaam se puso en
camino y volvió a su casa. Balac también
se puso en camino.

Los israelitas dan culto a Baal-peor

25 ¹ Cuando los israelitas se establecieron en Sitim, sus hombres empeza-
ron a corromperse con las mujeres moabitas, ² las cuales los invitaban a los
sacrificios que ofrecían a sus dioses. Los
israelitas tomaban parte en esas comidas
y adoraban a los dioses de las moabitas,
³ y así se dejaron arrastrar al culto de
Baal-peor.ᵘ Entonces el Señor se enfureció
contra Israel, ⁴ y le dijo a Moisés:
—Reúne a todos los jefes del pueblo, y
ejecútalos delante de mí a plena luz del
día. Así se calmará mi ira contra Israel.

---

²² De mirada penetrante: traducción probable. Heb. oscuro.
²³ ¿Quién vivirá . . . estas cosas?: traducción probable. Heb. oscuro.
ˢ 24.9 Gn 49.9.   ᵗ 24.9 Gn 12.3.   ᵘ 25.1-3 Ap 2.14.

⁵ Moisés ordenó entonces a los jueces israelitas:

—Cada uno de ustedes deberá matar a los hombres de su tribu que se dejaron arrastrar al culto de Baal-peor.

⁶ Pero un israelita llevó a su casa a una mujer madianita, a la vista de Moisés y de todos los israelitas reunidos, mientras ellos se encontraban llorando a la entrada de la Tienda del Encuentro. ⁷ Al ver esto, Finees, hijo de Eleazar y nieto del sacerdote Aarón, se apartó de los israelitas reunidos, empuñó una lanza ⁸ y se fue tras aquel israelita hasta la alcoba, y allí atravesó por el estómago al israelita y a la mujer. Así se terminó la plaga que estaba haciendo morir a los israelitas, ⁹ aunque ya habían muerto veinticuatro mil de ellos.

¹⁰ Entonces el Señor se dirigió a Moisés y le dijo:

¹¹ —Finees ha hecho que se calme mi ira contra los israelitas, porque él ha tenido el mismo celo que yo tengo por ellos. Por eso no me he dejado llevar del celo y no terminé con ellos. ¹² Dile, pues, que yo hago con él un pacto de paz, ¹³ por el cual le entrego, a él y a sus descendientes, el sacerdocio para siempre, porque tuvo celo por mí y obtuvo así el perdón para los israelitas.

¹⁴ El israelita que fue atravesado junto con la madianita se llamaba Zimri, y era hijo de Salu y jefe de una familia de la tribu de Simeón. ¹⁵ La mujer madianita se llamaba Cozbi, y era hija de Zur, jefe de un grupo de familias de Madián.

¹⁶ El Señor se dirigió a Moisés y le dijo:

¹⁷ —Ataquen a los madianitas y derrótenlos, ¹⁸ así como ellos los atacaron a ustedes con sus malas mañas y haciéndolos adorar a Baal-peor, y en el caso de Cozbi, la hija del jefe madianita, que fue muerta con una lanza cuando yo les envié una plaga por haber adorado a Baal-peor.

Nuevo censo de Israel

26 ¹ ᵛDespués de aquella plaga mortal, el Señor dijo a Moisés y a Eleazar, hijo del sacerdote Aarón:

² "Hagan un censo,ʷ por familias, de todos los israelitas de veinte años para arriba, aptos para la guerra."

³ Moisés y Eleazar ordenaron entonces a los israelitas en las llanuras de Moab, junto al río Jordán, frente a Jericó, ⁴ que se registraran todos los que tuvieran de veinte años para arriba, tal como el Señor se lo había ordenado a Moisés.

Estos eran los israelitas que habían salido de Egipto:

⁵ Los clanes descendientes de Rubén, el hijo mayor de Israel, fueron los de Enoc, Falú, ⁶ Hezrón y Carmi; ⁷ según el censo, los descendientes de Rubén sumaban cuarenta y tres mil setecientos treinta hombres. ⁸ De Falú nació Eliab, ⁹ y de Eliab nacieron Nemuel, Datán y Abiram. Datán y Abiram fueron aquellos del grupo de consejeros que, junto con Coré, se rebelaron contra el Señor y al mismo tiempo contra Moisés y Aarón, ¹⁰ pero se abrió la tierra y se los tragó a ellos dos y a Coré, y todo el grupo murió, pues doscientos cincuenta hombres murieron en el fuego. Esto sirvió de advertencia para los demás. ¹¹ Sin embargo, los hijos de Coré no murieron.

¹² Los clanes descendientes de Simeón fueron los de Nemuel, Jamín, Jaquín, ¹³ Zera y Saúl; ¹⁴ según el censo, los descendientes de Simeón sumaban veintidós mil doscientos hombres.

¹⁵ Los clanes descendientes de Gad fueron los de Zefón, Hagui, Suni, ¹⁶ Ozni, Eri, ¹⁷ Arod y Areli; ¹⁸ según el censo, los descendientes de Gad sumaban cuarenta mil quinientos hombres.

¹⁹ De los hijos de Judá, murieron Er y Onán en el país de Canaán, ²⁰ así que los clanes descendientes de Judá fueron los de Sela, Fares y Zara. ²¹ Los clanes descendientes de Fares fueron los de Hezrón y Hamul; ²² según el censo, los descendientes de Judá sumaban setenta y seis mil quinientos hombres.

²³ Los clanes descendientes de Isacar fueron los de Tola, Fúa, ²⁴ Jasub y Simrón; ²⁵ según el censo, los descendientes de Isacar sumaban sesenta y cuatro mil trescientos hombres.

²⁶ Los clanes descendientes de Zabulón fueron los de Sered, Elón y Jahleel; ²⁷ según el censo, los descendientes de Zabulón sumaban sesenta mil quinientos hombres.

²⁸ Los clanes descendientes de José fueron los de las tribus de Manasés y Efraín. ²⁹ De Manasés, el clan de Maquir; de Maquir, el clan de Galaad; ³⁰ de Galaad, los clanes de Jezer, de Helec, ³¹ de Asriel, de Siquem, ³² de Semida y de Hefer. ³³ Zelofehad, que era hijo de Hefer, no tuvo hijos sino hijas, las cuales se llamaban Maala, Noa, Hogla, Milca y Tirsa. ³⁴ Según el censo, los descendientes de Manasés sumaban cincuenta y dos mil setecientos hombres. ³⁵ Los clanes descendientes de Efraín fueron los de Sutela, Bequer y Tahán. ³⁶ Los descendientes de Sutela eran los del clan de Erán. ³⁷ Según el censo, los descendientes de Efraín sumaban treinta y dos mil quinientos hombres. Estos son los

---

ᵛ La primera parte del v.1 corresponde a 25.19 en el texto hebreo. ʷ **26.1–51** Nm 1.1–46.

descendientes de José, por orden de clanes.

[38] Los clanes descendientes de Benjamín fueron los de Bela, Asbel, Ahiram, [39] Sefam y Hufam. [40] Los clanes descendientes de Bela fueron los de Ard y Naamán, hijos de Bela. [41] Según el censo, los descendientes de Benjamín sumaban cuarenta y cinco mil seiscientos hombres.

[42] Los descendientes de Dan fueron los del clan de Súham. [43] Según el censo, los descendientes de Súham sumaban sesenta y cuatro mil cuatrocientos hombres.

[44] Los clanes descendientes de Aser fueron los de Imna, Isúi y Bería. [45] Los clanes descendientes de Bería fueron los de Heber y Malquiel. [46] Aser tuvo una hija, que se llamó Sera. [47] Según el censo, los descendientes de Aser sumaban cincuenta y tres mil cuatrocientos hombres.

[48] Los clanes descendientes de Neftalí fueron los de Jahzeel, Guni, [49] Jezer y Silem. [50] Según el censo, los descendientes de Neftalí sumaban cuarenta y cinco mil cuatrocientos hombres.

[51] Los israelitas contados en el censo sumaban seiscientos un mil setecientos treinta hombres en total.

Normas para la repartición de la tierra

[52] El Señor se dirigió a Moisés y le dijo: [53] "Entre estas personas será repartida la tierra, según el número que haya sido registrado. [54] A los grupos más numerosos les darás una porción mayor, y a los grupos menos numerosos una porción menor. A cada grupo se le dará una porción de tierra de acuerdo con el censo. [55] La repartición de la tierra se hará por suertes. Cada uno recibirá su parte según la tribu a la que pertenezca por parte de padre. [56] La distribución se hará por suertes, tanto entre los grupos numerosos como entre los pequeños." [x]

Censo de los levitas

[57] Los clanes de la tribu de Leví contados en el censo fueron los de Gersón, Coat y Merari. [58] Los clanes de los libnitas, hebronitas, mahlitas, musitas y coreitas, eran clanes levitas.

Coat fue padre de Amram. [59] Amram se casó con una hija de Leví que se llamaba Jocabed, y que nació cuando Leví aún estaba en Egipto. Amram y Jocabed fueron los padres de Aarón, Moisés y María. [60] Los hijos de Aarón fueron Nadab, Abiú, Eleazar e Itamar. [y] [61] Nadab y Abiú murieron cuando ofrecieron ante el Señor un fuego extraño. [z]

[62] El total de varones descendientes de Leví, de un mes de edad para arriba, fue de veintitrés mil. Ellos no habían sido registrados con los demás israelitas, porque a ellos no se les había dado ninguna propiedad.

[63] Este fue el resultado del censo de los israelitas hecho por Moisés y el sacerdote Eleazar en las llanuras de Moab, junto al Jordán, frente a Jericó. [64] Entre todos ellos no había uno solo de los que estuvieron cuando Moisés y Aarón hicieron el censo en el desierto de Sinaí, [65] pues el Señor les había anunciado que morirían en el desierto. [a] Con excepción de Caleb, hijo de Jefone, y de Josué, hijo de Nun, no quedó uno solo de ellos.

La herencia de las hijas

27 [1] En la tribu de Manasés había cinco hermanas, que se llamaban Maala, Noa, Hogla, Milca y Tirsa. Eran hijas de Zelofehad, descendientes directas de Hefer, Galaad, Maquir, Manasés y José. [2] Estas cinco hermanas fueron a la entrada de la Tienda del Encuentro para hablar con Moisés y el sacerdote Eleazar, y con los jefes de la comunidad, y les dijeron: [3] "Nuestro padre murió en el desierto, pero él no pertenecía al grupo de Coré que se rebeló contra el Señor. Murió a causa de su propio pecado y sin dejar hijos varones. [4] Pero no es justo que el nombre de nuestro padre desaparezca de su clan simplemente porque no tuvo un hijo varón. Danos una porción de tierra a nosotras entre los hermanos de nuestro padre."

[5] Moisés presentó al Señor el caso de estas mujeres, [6] y el Señor le respondió: [7] "Las hijas de Zelofehad tienen razón. Asígnales una porción de tierra entre los hermanos de su padre, y que la herencia de su padre pase a ellas. [b] [8] Di además a los israelitas que si alguien muere sin dejar hijo varón, su herencia pasará a manos de su hija; [9] pero si no tiene ninguna hija, dejará su herencia a sus hermanos; [10] y si no tiene hermanos, dejará su herencia a los hermanos de su padre. [11] En caso de que su padre no haya tenido hermanos, dejará su herencia a su pariente más cercano. Esta será una ley para los israelitas, tal como yo te lo he ordenado a ti."

Josué es designado sucesor de Moisés
(Dt 31.1-8)

[12] El Señor le dijo a Moisés:
—Sube a este monte de Abarim, y mira

la tierra que les he dado a los israelitas. ¹³ Después que la hayas visto, morirás y te reunirás con tus antepasados, como tu hermano Aarón, ¹⁴ ya que ustedes dos desobedecieron mis órdenes en el desierto de Zin cuando el pueblo me hizo reclamaciones, y no me honraron delante de ellos cuando pidieron agua. (Esto se refiere al manantial de Meriba, en Cades, en el desierto de Zin.)ᶜ

¹⁵ Y Moisés dijo al Señor:

¹⁶⁻¹⁷ —Dios y Señor, tú que das la vida a todos los hombres, nombra un jefe que se ponga al frente de tu pueblo y lo guíe por todas partes, para que no ande como rebaño sin pastor.ᵈ

¹⁸ El Señor respondió a Moisés:

—Josué,ᵉ hijo de Nun, es un hombre de espíritu. Tómalo y pon tus manos sobre su cabeza. ¹⁹ Luego preséntalo ante el sacerdote Eleazar y ante todo el pueblo, y dale el cargo delante de todos ellos; ²⁰ pon sobre él parte de tu autoridad, para que todo el pueblo de Israel le obedezca.ᶠ ²¹ Pero Josué deberá presentarse ante el sacerdote Eleazar, y Eleazar me consultará en su nombre por medio del Urim.ᵍ Josué será el que dé las órdenes a los israelitas, para todo lo que hagan.

²² Moisés hizo tal como el Señor se lo había ordenado. Tomó a Josué y lo presentó ante el sacerdote Eleazar y ante todo el pueblo. ²³ Le puso las manos sobre la cabeza y le dio el cargo,ʰ tal como el Señor lo había ordenado por medio de Moisés.

Las ofrendas diarias
(Ex 29.38-46)

28 ¹ El Señor se dirigió a Moisés y le dijo:
² "Ordena a los israelitas que no dejen de ofrecerme puntualmente pan y ofrendas quemadas en las fiestas especiales, como ofrendas de olor agradable para mí. ³ "Diles también que éstas son las ofrendas que deberán quemar en mi honor: diariamente y sin falta, dos corderos de un año que no tengan ningún defecto. ⁴ Uno será sacrificado por la mañana y el otro al atardecer. ⁵ La ofrenda de cereales será de dos kilos de la mejor harina amasada con un litro de aceite de oliva. ⁶ (Este era el sacrificio que se quemaba continuamente en el monte Sinaí, como ofrenda de olor agradable al Señor.) ⁷ La ofrenda de vino será de un litro por cada cordero. Este vino deberá derramarse en el santuario, en honor del Señor.

⁸ El segundo cordero será sacrificado al atardecer, y se le añadirá una ofrenda de cereales y una ofrenda de vino iguales a las de la ofrenda de la mañana. Es una ofrenda de olor agradable, que se quema en honor del Señor.

Ofrendas del día de reposo

⁹ "En los días de reposo²⁴ deberán ofrecer ustedes dos corderos de un año, sin defecto, y cuatro kilos de la mejor harina amasada con aceite como ofrenda de cereales, con su correspondiente ofrenda de vino. ¹⁰ Este holocausto se ofrecerá en los días de reposo,²⁴ con su correspondiente ofrenda de vino, además del holocausto diario.ⁱ

Ofrendas mensuales

¹¹ "El primer día de cada mes ofrecerán como holocausto al Señor dos becerros, un carnero y siete corderos de un año, sin defecto. ¹² Por cada becerro ofrecerán seis kilos de la mejor harina amasada con aceite; por cada carnero, cuatro kilos de harina amasada con aceite, ¹³ y por cada cordero, dos kilos de harina amasada con aceite. Es un holocausto de olor agradable que se quema en honor del Señor. ¹⁴ La ofrenda correspondiente de vino será de dos litros por cada becerro, un litro y medio por cada carnero y un litro por cada cordero. Estos son los holocaustos que deben ofrecer todos los meses del año. ¹⁵ Además del holocausto diario, deberán ofrecerle al Señor un chivo como sacrificio por el pecado, con su correspondiente ofrenda de vino.

Ofrendas durante la Pascua
(Lv 23.5-8)

¹⁶ "El día catorce del primer mes del año se celebrará la Pascua en honor del Señor,ʲ ¹⁷ y el día quince será día de fiesta. Durante siete días se comerá pan sin levadura.ᵏ ¹⁸ En el primero de esos siete días se celebrará una reunión santa. Ese día no harán ustedes ninguna clase de trabajo. ¹⁹ Como holocausto, ofrecerán al Señor dos becerros, un carnero y siete corderos de un año, sin defecto. ²⁰ Junto con estos sacrificios harán la correspondiente ofrenda de harina amasada con aceite, de la siguiente manera: seis kilos de harina por cada becerro, cuatro kilos por cada carnero ²¹ y dos kilos por cada cordero.

²⁴ *Días de reposo:* aquí equivale a *sábado.*
ᶜ **27.12-14** Nm 20.10-13; Dt 3.23-27; 32.48-52. ᵈ **27.17** 1 R 22.17; Ez 34.5; Mt 9.36; Mr 6.34. ᵉ **27.18** Ex 24.13.
ᶠ **27.18-20** Dt 34.9; Jos 1.16-18. ᵍ **27.21** Ex 28.30; 1 S 14.41; 28.6. ʰ **27.23** Dt 31.23. ⁱ **28.9-10** Mt 12.5.
ʲ **28.16** Ex 12.1-13; Dt 16.1-2. ᵏ **28.17-25** Ex 12.14-20; 23.15; 34.18; Dt 16.3-8.

²² Ofrecerán también un chivo como sacrificio para obtener el perdón de sus pecados. ²³ Todo esto lo ofrecerán además del holocausto que se ofrece todos los días por la mañana. ²⁴ Así lo harán cada uno de los siete días de la fiesta, como ofrenda de olor agradable quemada en honor del Señor. Esto deberá ofrecerse con su correspondiente ofrenda de vino, además del holocausto diario. ²⁵ El séptimo día también tendrán reunión santa. Ese día no harán ninguna clase de trabajo.

Ofrenda de los primeros frutos
(Lv 23.9–22)

²⁶ "En la fiesta de los primeros frutos, cuando ofrecen al Señor los cereales de una nueva cosecha, es decir, en la fiesta de las Semanas,ˡ tendrán también una reunión santa. Ese día no harán ninguna clase de trabajo. ²⁷ Ofrecerán al Señor, como holocausto de olor agradable, dos becerros, un carnero y siete corderos de un año. ²⁸ La correspondiente ofrenda de harina amasada con aceite será de seis kilos por cada becerro, cuatro kilos por el carnero ²⁹ y dos kilos por cada cordero. ³⁰ Ofrecerán también un chivo como sacrificio para obtener el perdón de sus pecados. ³¹ Este holocausto y su correspondiente ofrenda de cereales y de vino lo presentarán además del holocausto diario. Los animales no han de tener ningún defecto.

La fiesta de las trompetas
(Lv 23.23–25)

29 ¹ "El día primero del mes séptimo tendrán ustedes una reunión santa. Ese día no harán ninguna clase de trabajo, y anunciarán el día con toque de trompetas. ² Como holocausto de olor agradable al Señor, ofrecerán un becerro, un carnero y siete corderos de un año, sin defecto. ³ La correspondiente ofrenda de harina amasada con aceite será de seis kilos por el becerro, cuatro kilos por el carnero ⁴ y dos kilos por cada cordero. ⁵ Ofrecerán también un chivo como sacrificio para obtener el perdón de sus pecados, ⁶ además del holocausto de cada mes y del holocausto diario, con sus correspondientes ofrendas de cereales y de vino, como Dios lo ha ordenado. Esta será una ofrenda de olor agradable quemada en honor del Señor.

Ofrendas del Día del Perdón
(Lv 23.26–32)

⁷ "El día diez del mismo mes séptimo, también tendrán ustedes reunión santa.

Dedicarán ese día al ayuno,ᵐ y no harán ninguna clase de trabajo. ⁸ Como holocausto de olor agradable al Señor, ofrecerán un becerro, un carnero y siete corderos de un año, sin defecto. ⁹ La correspondiente ofrenda de harina amasada con aceite será de seis kilos por el becerro, cuatro kilos por el carnero ¹⁰ y dos kilos por cada cordero. ¹¹ Ofrecerán también un chivo como sacrificio por el pecado, además del sacrificio por el pecado que se ofrece el Día del Perdón, y del holocausto diario, con sus correspondientes ofrendas de cereales y de vino.

Ofrendas durante la fiesta de las Enramadas
(Lv 23.33–44)

¹² "El día quince del mes séptimo tendrán ustedes reunión santa. Ese día no harán ninguna clase de trabajo. Durante siete días celebrarán fiesta en honor del Señor.ⁿ ¹³ El primer día²⁵ ofrecerán, como holocausto de olor agradable al Señor, trece becerros, dos carneros y catorce corderos de un año, sin defecto. ¹⁴ La correspondiente ofrenda de harina amasada con aceite será de seis kilos por cada becerro, cuatro kilos por cada carnero ¹⁵ y dos kilos por cada cordero. ¹⁶ Ofrecerán también un chivo como sacrificio por el pecado, además del holocausto diario con sus correspondientes ofrendas de cereales y de vino.
¹⁷ "El segundo día se ofrecerán doce becerros, dos carneros y catorce corderos de un año, sin defecto. ¹⁸ Además se harán las ofrendas de cereales y de vino de acuerdo con el número de becerros, carneros y corderos, como Dios lo ha ordenado. ¹⁹ Se ofrecerá también un chivo como sacrificio por el pecado, además del holocausto diario con sus correspondientes ofrendas de cereales y de vino.
²⁰ "El tercer día se ofrecerán once becerros, dos carneros y catorce corderos de un año, sin defecto. ²¹ Además se harán las ofrendas de cereales y de vino de acuerdo con el número de becerros, carneros y corderos, como Dios lo ha ordenado. ²² También se ofrecerá un chivo como sacrificio por el pecado, además del holocausto diario con sus correspondientes ofrendas de cereales y de vino.
²³ "El día cuarto se ofrecerán diez becerros, dos carneros y catorce corderos de un año, sin defecto. ²⁴ Además se harán las ofrendas de cereales y de vino de acuerdo con el número de becerros, carneros y corderos, como Dios lo ha ordenado. ²⁵ También se ofrecerá un chivo como

---

²⁵ *El primer día:* según la versión griega. En el texto hebreo no aparece esta frase.
ˡ **28.26–31** Ex 23.16; 34.22; Dt 16.9–12. ᵐ **29.7–11** Lv 16.29–34. ⁿ **29.12–38** Ex 23.16; 34.22; Dt 16.13–15.

sacrificio por el pecado, además del holocausto diario con sus correspondientes ofrendas de cereales y de vino.

[26] "El día quinto se ofrecerán nueve becerros, dos carneros y catorce corderos de un año, sin defecto. [27] Además se harán las ofrendas de cereales y de vino de acuerdo con el número de becerros, carneros y corderos, como Dios lo ha ordenado. [28] También se ofrecerá un chivo como sacrificio por el pecado, además del holocausto diario con sus correspondientes ofrendas de cereales y de vino.

[29] "El día sexto se ofrecerán ocho becerros, dos carneros y catorce corderos de un año, sin defecto. [30] Además se harán las ofrendas de cereales y de vino de acuerdo con el número de becerros, carneros y corderos, como Dios lo ha ordenado. [31] Se ofrecerá también un chivo como sacrificio por el pecado, además del holocausto diario con sus correspondientes ofrendas de cereales y de vino.

[32] "El día séptimo se ofrecerán siete becerros, dos carneros y catorce corderos de un año, sin defecto. [33] Además se harán las ofrendas de cereales y de vino de acuerdo con el número de becerros, carneros y corderos, como Dios lo ha ordenado. [34] Se ofrecerá también un chivo como sacrificio por el pecado, además del holocausto diario con sus correspondientes ofrendas de cereales y de vino.

[35] "El día octavo[n] lo celebrarán con una reunión solemne, y no harán ese día ninguna clase de trabajo. [36] Ofrecerán como holocausto de olor agradable al Señor un becerro, un carnero y siete corderos de un año, sin defecto. [37] Además se harán las ofrendas de cereales y de vino por el becerro, el carnero y los corderos, como Dios lo ha ordenado. [38] Se ofrecerá también un chivo como sacrificio por el pecado, además del holocausto diario con sus correspondientes ofrendas de cereales y de vino.

[39] "Estos son los sacrificios que deben ofrecer al Señor en fechas determinadas, además de sus ofrendas en cumplimiento de una promesa o como ofrenda voluntaria, ya sea como holocaustos u ofrendas de cereales y de vino, o como sacrificios de reconciliación."

[40] [o]Y Moisés comunicó a los israelitas todo lo que el Señor le había ordenado.

Normas sobre las promesas

30 [1] Moisés dijo a los jefes de las tribus israelitas:

"El Señor ha ordenado [2] que cuando una persona le haga una promesa o se comprometa formalmente con juramento,

deberá cumplir su palabra y hacer todo lo que haya prometido.[p]

[3] "Cuando una mujer joven, que aún depende de su padre, haga una promesa al Señor o se comprometa a algo, [4] si su padre, al enterarse de su promesa o compromiso, no le dice nada en contra, estará obligada a cumplir su promesa o compromiso. [5] Pero si su padre, al enterarse, no lo aprueba, entonces ya no estará obligada a cumplir su promesa o compromiso. Puesto que su padre no lo aprueba, el Señor no le exigirá que lo cumpla.

[6] "Cuando se trate de una mujer que haya hecho promesas al Señor o haya tomado un compromiso a la ligera, y que luego se case, [7] si su marido, al enterarse, no le dice nada en contra, estará obligada a cumplir sus promesas y sus compromisos. [8] Pero si su marido, al enterarse, no los aprueba, entonces ya no estará obligada a cumplir sus promesas y sus compromisos tomados a la ligera. El Señor no le exigirá que los cumpla.

[9] "Si la que hace una promesa es viuda o divorciada, está obligada a cumplir todos los compromisos que contraiga.

[10] "Cuando una mujer casada haga una promesa o se comprometa a algo con juramento, estando en casa de su marido, [11] si su marido, al enterarse, no le dice nada en contra ni desaprueba lo que hace, ella estará obligada a cumplir sus promesas y compromisos. [12] Pero si su marido, al enterarse, los anula, ya no estará obligada a cumplirlos, puesto que el marido se los anuló. El Señor no le exigirá que los cumpla.

[13] "El marido puede confirmar o anular cualquier promesa o juramento que haga su mujer y que la obligue a ayunar. [14] Si él no le dice nada en contra, y así pasa uno y otro día, con su silencio confirma todas las promesas o compromisos que ella haya tomado. [15] Si los anula un tiempo después de enterarse, entonces él se hace responsable del incumplimiento de la mujer."

[16] Estas son las leyes que el Señor dio a Moisés sobre las relaciones entre el hombre y su mujer, y entre el padre y su hija, cuando ésta es joven y aún depende de su padre.

Destrucción de Madián

31 [1] El Señor se dirigió a Moisés y le dijo:

[2] "Véngate de los madianitas en nombre de los israelitas, y después de eso morirás."

[3] Moisés dijo entonces al pueblo:

—Ármense algunos de ustedes para la

guerra, y ataquen a Madián para vengarse de ellos en nombre del Señor. ⁴ Cada tribu debe enviar mil hombres a la guerra.

⁵ Así pues, de los ejércitos de cada tribu se escogieron mil hombres, doce mil en total, armados para la guerra. ⁶ Moisés los envió a la batalla en compañía de Finees, hijo del sacerdote Eleazar, quien llevaba los objetos sagrados y las trompetas para dar la orden de ataque. ⁷ Y pelearon contra los madianitas y los mataron a todos, tal como el Señor se lo ordenó a Moisés. ⁸ Mataron a Evi, Requem, Zur, Hur y Reba, es decir, los cinco reyes madianitas, y también a Balaam, hijo de Beor. ⁹ Los israelitas se llevaron prisioneras a las mujeres madianitas y a sus hijos pequeños, y les quitaron los animales, el ganado y los objetos de valor; ¹⁰ además de eso, quemaron todas sus ciudades y campamentos. ¹¹ Y todo lo que les quitaron, tanto personas como animales, ¹² se lo llevaron a Moisés, al sacerdote Eleazar y al pueblo de Israel, los cuales estaban acampados en la llanura de Moab, junto al Jordán, frente a Jericó.

¹³ Moisés, el sacerdote Eleazar y todos los jefes del pueblo salieron a recibirlos fuera del campamento. ¹⁴ Pero Moisés se enojó con los jefes que estaban al frente de mil y de cien soldados, que venían de la batalla, ¹⁵ y les dijo:

—¿Por qué dejaron con vida a las mujeres? ¹⁶ Precisamente fueron ellas las que, cuando el caso de Balaam, llevaron a los israelitas a rebelarse contra el Señor y adorar a Baal-peor.ᵍ Por eso el Señor castigó con una plaga a su pueblo. ¹⁷ Maten ahora mismo a todos los niños varones y a todas las mujeres que no sean vírgenes. ¹⁸ A las muchachas vírgenes déjenlas con vida y quédense con ellas. ¹⁹ Y todos los que hayan matado a alguien o hayan tocado un cadáver, quédense fuera del campamento durante siete días. Tanto ustedes como los prisioneros deberán purificarse al tercero y al séptimo día. ²⁰ Purifiquen también toda la ropa y todos los objetos de cuero, de pelo de cabra o de madera.

²¹ El sacerdote Eleazar dijo a todos los soldados que habían estado en la batalla:

—Esta es una ley que el Señor le dio a Moisés: ²² los objetos de oro, plata, bronce, hierro, estaño o plomo ²³ —en una palabra, todo lo que resista al fuego—, deberán purificarlos poniéndolos en el fuego y lavándolos con el agua de purificación. Las cosas que no resistan al fuego, deberán purificarlas sólo con agua. ²⁴ El séptimo día deberán lavar su ropa, y quedarán puros. Después podrán entrar en el campamento.

Repartición del botín

²⁵ El Señor le dijo a Moisés:

²⁶ "Con la ayuda del sacerdote Eleazar y de los jefes de familia del pueblo, haz la cuenta de la gente y de los animales quitados a los madianitas, ²⁷ divídelos en dos partes iguales, y distribuye una parte entre los que fueron a pelear y la otra entre el resto del pueblo. ²⁸ Recoge además una parte para mí: de lo que les toque a los soldados, tanto de la gente como de los bueyes, asnos y ovejas, tomarás uno de cada quinientos ²⁹ y se lo darás al sacerdote Eleazar como contribución para mí. ³⁰ De la mitad correspondiente al resto de los israelitas, tanto de la gente como de los bueyes, asnos y ovejas, o sea de todos los animales, tomarás uno de cada cincuenta y se lo darás a los levitas encargados del servicio de mi santuario."

³¹ Moisés y Eleazar lo hicieron tal como el Señor se lo había ordenado a Moisés. ³² Todo lo que se le quitó al enemigo, sin contar lo que los soldados recogieron por su parte, fueron seiscientas setenta y cinco mil ovejas, ³³ setenta y dos mil bueyes, ³⁴ sesenta y un mil asnos ³⁵ y treinta y dos mil muchachas vírgenes. ³⁶ Por lo tanto, la mitad que les tocó a los soldados fueron trescientas treinta y siete mil quinientas ovejas, ³⁷ de las que se dieron seiscientas setenta y cinco como contribución para el Señor; ³⁸ de los treinta y seis mil bueyes se dieron sesenta y dos como contribución para el Señor; ³⁹ de los treinta mil quinientos asnos se dieron sesenta y uno como contribución para el Señor; ⁴⁰ y de las dieciséis mil muchachas se dieron treinta y dos como contribución para el Señor. ⁴¹ Moisés entregó la contribución para el Señor al sacerdote Eleazar, tal como el Señor se lo había ordenado.

⁴² La otra mitad, que era la parte que le tocaba a el resto de los israelitas y que Moisés había separado de la parte que les tocó a los soldados, ⁴³ fue exactamente la misma, o sea: trescientas treinta y siete mil quinientas ovejas, ⁴⁴ treinta y seis mil bueyes, ⁴⁵ treinta mil quinientos asnos ⁴⁶ y dieciséis mil muchachas. ⁴⁷ De esta mitad, Moisés sacó uno de cada cincuenta, lo mismo de personas que de animales, y se lo dio a los levitas que servían en el santuario del Señor, tal como el Señor se lo había ordenado.

⁴⁸ Entonces los jefes que habían estado al frente de mil y de cien soldados, fueron a ver a Moisés ⁴⁹ y le dijeron: "Nosotros, tus servidores, hemos hecho la cuenta de los soldados que teníamos a nuestro cargo, y no falta ninguno. ⁵⁰ Aquí traemos los objetos de oro que cada uno encontró:

brazaletes, pulseras, anillos, aretes y otros adornos, para ofrecérselos al Señor como rescate por nosotros mismos."

⁵¹ Moisés y Eleazar recibieron de ellos todas las joyas de oro. ⁵² El oro que ofrecieron como contribución los jefes al mando de mil y de cien soldados, pesó más de ciento ochenta y cuatro kilos, ⁵³ pues cada soldado había traído algo de lo que se le había quitado al enemigo. ⁵⁴ Así pues, Moisés y Eleazar recibieron de los jefes el oro que habían traído, y lo llevaron a la Tienda del Encuentro para que el Señor se acordara de los israelitas.

Las tribus de Rubén y Gad se establecen al oriente del Jordán
(Dt 3.12–22)

32 ¹ Las tribus de Rubén y Gad tenían muchísimo ganado. Cuando vieron que los territorios de Jazer y de Galaad eran muy buenos para la cría de ganado, ² fueron a ver a Moisés, al sacerdote Eleazar y a los jefes del pueblo, y les dijeron:

³ —Miren: las regiones de Atarot, Dibón, Jazer, Nimra, Hesbón, Eleale, Sebam, Nebo y Beón, ⁴ que el Señor ha conquistado para el pueblo de Israel, son tierras de pasto para el ganado, y lo que tenemos nosotros, tus servidores, es precisamente ganado. ⁵ Si te parece bien, danos ese territorio a nosotros, y no nos hagas pasar el río Jordán.

⁶ Pero Moisés les respondió:

—¿Quieren ustedes quedarse aquí, mientras sus compatriotas van a la guerra? ⁷ ¿Por qué quieren desanimar a los israelitas para que no pasen al país que el Señor les ha dado? ⁸ Eso mismo fue lo que hicieron los padres de ustedes cuando los envié desde Cades-barnea a explorar esa región. ⁹ Llegaron hasta el arroyo de Escol y exploraron la región, y después desanimaron a los israelitas para que no entraran en el país que el Señor les había dado.ʳ ¹⁰ Por eso el Señor se enojó aquel día, y juró ¹¹ que las personas que habían salido de Egipto y que tenían de veinte años para arriba no verían la tierra que solemnemente había prometido a Abraham, Isaac y Jacob, porque no lo siguieron con fidelidad. ¹² Sólo Caleb, hijo de Jefone el cenezeo, y Josué, hijo de Nun, siguieron fielmente al Señor. ¹³ El Señor se enojó con los israelitas y los hizo andar por el desierto durante cuarenta años, hasta que no quedó con vida ni uno solo de los que lo habían ofendido con sus malas acciones.ˢ ¹⁴ Y ahora ustedes, hijos de padres pecadores, quieren seguir el ejemplo de sus padres, para provocar otra vez la ira del Señor contra Israel. ¹⁵ Si ustedes no quieren seguir al Señor, él hará que los israelitas se queden más tiempo en el desierto, y ustedes tendrán la culpa de que ellos sean destruidos.

¹⁶ Entonces se acercaron a Moisés y le dijeron:

—Lo que queremos es construir aquí corrales para nuestras ovejas y vacas, y ciudades para nuestras familias. ¹⁷ Después nosotros mismos nos armaremos a toda prisa e iremos al frente de los demás israelitas, hasta que los llevemos a su territorio. Entre tanto, nuestras familias se quedarán en las ciudades, seguras y a salvo de los que viven en esta región. ¹⁸ No volveremos a nuestras casas mientras todos los israelitas no hayan tomado posesión de su propia tierra. ¹⁹ Como lo que va a ser nuestro territorio está de este lado, al oriente del río Jordán, no reclamaremos tierras del otro lado del Jordán, ni más allá.

²⁰ Y Moisés les respondió:

—Pues si cumplen su palabra y se arman para combatir a las órdenes del Señor, ²¹ si todos ustedes cruzan armados el río Jordán bajo las órdenes del Señor, y quedan allí hasta que el Señor expulse a todos sus enemigos ²² y haya conquistado el país, entonces podrán volver, pues quedarán libres de su obligación para con el Señor y para con Israel. Esta tierra será propiedad de ustedes con la aprobación del Señor. ²³ Pero si no lo hacen así, sepan que cometen un pecado contra el Señor y que algún día les llegará el castigo por ese pecado. ²⁴ Construyan, pues, ciudades para sus familias y corrales para sus ovejas, pero cumplan su palabra.

²⁵ Los descendientes de Gad y de Rubén le contestaron:

—Estos servidores tuyos harán lo que les has mandado. ²⁶ Nuestras mujeres y nuestros hijos pequeños, con el ganado y todos nuestros animales, se quedarán aquí, en las ciudades de Galaad, ²⁷ y nosotros, tus servidores, nos armaremos e iremos a la guerra bajo las órdenes del Señor, tal como tú nos lo has mandado.

²⁸ Entonces Moisés dio las siguientes instrucciones al sacerdote Eleazar, a Josué y a los jefes de familia de las diversas tribus de Israel:

²⁹ —Si todos los hombres de las tribus de Gad y de Rubén cruzan con ustedes el Jordán armados para pelear bajo las órdenes del Señor hasta que ustedes conquisten el país, entonces ustedes les darán a ellos el país de Galaad como territorio propio. ³⁰ Pero si no pasan armados, entonces

ʳ **32.8–9** Nm 13.17–33.   ˢ **32.10–13** Nm 14.26–35.

les tocará un territorio entre ustedes en el país de Canaán.

³¹ Los descendientes de Gad y Rubén respondieron:

—Haremos lo que el Señor ha ordenado a estos servidores tuyos. ³² Pasaremos armados al país de Canaán obedeciendo al Señor, pero nos quedaremos con el territorio al oriente del Jordán como nuestra propiedad.ᵗ

³³ Y así, a las tribus de Gad y Rubén, y a la media tribu de Manasés, Moisés les dio los territorios de Sehón, rey amorreo, y de Og, rey de Basán, con las ciudades que les pertenecían y los campos que las rodeaban. ³⁴ Los de la tribu de Gad reconstruyeron las ciudades de Dibón, Atarot, Aroer, ³⁵ Atarot-sofán, Jazer, Jogbeha, ³⁶ Betnimra y Bet-arán, y las fortificaron e hicieron corrales para sus ovejas. ³⁷ Los de la tribu de Rubén reconstruyeron las ciudades de Hesbón, Eleale, Quiriataim, ³⁸ Nebo, Baal-meón y Sibma, cambiando el nombre a algunas de ellas y poniendo su propio nombre a las que reconstruyeron.

³⁹ Los descendientes de Maquir, hijo de Manasés, invadieron la región de Galaad y se apoderaron de ella, expulsando a los amorreos que había allí. ⁴⁰ Entonces Moisés asignó a los descendientes de Maquir la región de Galaad, y ellos se establecieron allí. ⁴¹ Jair, descendiente de Manasés, se apoderó de unos campamentos de los amorreos y les puso el nombre de Havot-jair. ⁴² El grupo de Noba se apoderó de Kenat y de los pueblos que dependían de ella, y le puso su propio nombre, Noba.

Ruta de los israelitas

33 ¹ Estas son las etapas del viaje que hicieron los israelitas cuando salieron de Egipto en formación militar, guiados por Moisés y Aarón. ² Moisés iba anotando los nombres de los lugares de donde salían, etapa por etapa, según se lo ordenaba el Señor. Estas son las etapas con sus puntos de partida.

³ Los israelitas salieron de Ramsés el día quince del primer mes del año, al día siguiente de la celebración de la Pascua. Salieron con gran poder y a la vista de todos los egipcios, ⁴ mientras los egipcios estaban enterrando a todos sus hijos mayores, pues el Señor los había hecho morir, con lo cual había dictado sentencia contra sus dioses.

⁵ Los israelitas salieron de Ramsés y acamparon en Sucot.

⁶ Salieron de Sucot y acamparon en Etam, en los límites del desierto.

⁷ Salieron de Etam, dieron la vuelta hacia Pi-hahirot, que está al oriente de Baalzefón, y acamparon frente a Migdol.

⁸ Salieron de Pi-hahirot, cruzaron el mar y llegaron al desierto. Caminaron tres días por el desierto de Etam y acamparon en Mara.

⁹ Salieron de Mara y llegaron a Elim, donde había doce manantiales y setenta palmeras, y acamparon allí.

¹⁰ Salieron de Elim y acamparon junto al Mar Rojo.

¹¹ Salieron del Mar Rojo y acamparon en el desierto de Sin.

¹² Salieron del desierto de Sin y acamparon en Dofca.

¹³ Salieron de Dofca y acamparon en Alús.

¹⁴ Salieron de Alús y acamparon en Refidim, donde la gente no tenía agua para beber.

¹⁵ Salieron de Refidim y acamparon en el desierto de Sinaí.

¹⁶ Salieron del desierto de Sinaí y acamparon en Kibrot-hataava.

¹⁷ Salieron de Kibrot-hataava y acamparon en Hazerot.

¹⁸ Salieron de Hazerot y acamparon en Ritma.

¹⁹ Salieron de Ritma y acamparon en Rimón-peres.

²⁰ Salieron de Rimón-peres y acamparon en Libna.

²¹ Salieron de Libna y acamparon en Rissa.

²² Salieron de Rissa y acamparon en Ceelata.

²³ Salieron de Ceelata y acamparon en el monte Sefer.

²⁴ Salieron del monte Sefer y acamparon en Harada.

²⁵ Salieron de Harada y acamparon en Macelot.

²⁶ Salieron de Macelot y acamparon en Tahat.

²⁷ Salieron de Tahat y acamparon en Tara.

²⁸ Salieron de Tara y acamparon en Mitca.

²⁹ Salieron de Mitca y acamparon en Hasmona.

³⁰ Salieron de Hasmona y acamparon en Moserot.

³¹ Salieron de Moserot y acamparon en Bene-jaacán.

³² Salieron de Bene-jaacán y acamparon en Hor de Gidgad.

³³ Salieron de Hor de Gidgad y acamparon en Jotbata.

³⁴ Salieron de Jotbata y acamparon en Abrona.

³⁵ Salieron de Abrona y acamparon en Ezión-geber.

ᵗ **32.28-32** Jos 1.12-15.

³⁶ Salieron de Ezión-geber y acamparon en el desierto de Zin, es decir, en Cades.

³⁷ Salieron de Cades y acamparon en el monte Hor, en la frontera con Edom. ³⁸ Por orden del Señor, el sacerdote Aarón subió al monte Hor, y allí murió^u el día primero del mes quinto del año cuarenta, contando a partir de la fecha en que los israelitas salieron de Egipto. ³⁹ Cuando Aarón murió, en el monte Hor, tenía ciento veintitrés años.

⁴⁰ El rey cananeo de Arad, que vivía en el Néguev de Canaán, se enteró de la llegada de los israelitas.ᵛ

⁴¹ Salieron del monte Hor y acamparon en Zalmona.

⁴² Salieron de Zalmona y acamparon en Punón.

⁴³ Salieron de Punón y acamparon en Obot.

⁴⁴ Salieron de Obot y acamparon en Ijeabarim, en la frontera con Moab.

⁴⁵ Salieron de Ije-abarim y acamparon en Dibón-gad.

⁴⁶ Salieron de Dibón-gad y acamparon en Almón-diblataim.

⁴⁷ Salieron de Almón-diblataim y acamparon en los montes de Abarim, al oriente del Nebo.

⁴⁸ Salieron de los montes de Abarim y acamparon en las llanuras de Moab, junto al Jordán, frente a Jericó. ⁴⁹ El campamento junto al Jordán se extendía desde Bet-jesimot hasta Abel-sitim, en las llanuras de Moab.

Normas para la ocupación y repartición de Canaán

⁵⁰ En las llanuras de Moab, junto al río Jordán, frente a Jericó, el Señor se dirigió a Moisés y le dijo:

⁵¹ "Di a los israelitas lo siguiente: Cuando ustedes crucen el Jordán y entren en el país de Canaán, ⁵² expulsen a todos los habitantes del país, destruyan todas sus estatuas de piedra y de metal fundido, y echen abajo todos los lugares de culto que tienen en las colinas. ⁵³ Conquisten el país y establézcanse en él, porque yo se lo entrego a ustedes para que lo ocupen. ⁵⁴ Pero deberán repartirlo por suertes entre los clanes de todas las tribus; a los clanes numerosos se les dará un territorio grande, y a los pequeños, un territorio pequeño; cada clan recibirá lo que la suerte le señale.ʷ ⁵⁵ Y si ustedes no expulsan a los habitantes del país, los que se queden allí les molestarán como una astilla en el ojo o como espinas en el cuerpo, cuando ustedes se instalen en el país; ⁵⁶ entonces yo haré con ustedes lo que pensaba hacer con ellos."

Límites del país

34 ¹ El Señor se dirigió a Moisés y le dijo:

² "Da las siguientes instrucciones a los israelitas: Pronto van a entrar ustedes en el país de Canaán. Este es el país que será propiedad de ustedes, y éstos serán sus límites:

³ "La frontera sur limitará con el desierto de Zin y el territorio de Edom. Partiendo del este, la frontera comenzará en el extremo sur del Mar Muerto, ⁴ seguirá hacia el sur hasta la cuesta de Acrabim, pasará por Zin y llegará hasta Cades-barnea. Luego seguirá por Hasar-adar hasta Asmón, ⁵ y de Asmón seguirá hasta el arroyo que limita con Egipto, y terminará en el mar Mediterráneo.

⁶ "La frontera oeste limitará con la costa del mar Mediterráneo.

⁷ "Para la frontera norte, tracen una línea desde el mar Mediterráneo hasta el monte Hor, ⁸ y desde el monte Hor hasta la entrada de Hamat, y luego hasta Zedad. ⁹ Desde Zedad, esta frontera norte seguirá hasta Zifrón y terminará en Hazar-enán.

¹⁰ "Para la frontera oriental, tracen una línea desde Hazar-enán hasta Sefam, ¹¹ y de Sefam a Ribla, al oriente de Aín; de allí la frontera bajará por el lado oriental del lago Cineret, ¹² y seguirá por el río Jordán hasta terminar en el Mar Muerto.

"Estas fronteras serán los límites del país de ustedes."

Repartición de la tierra

¹³ Moisés dio las siguientes instrucciones a los israelitas:

"Este es el país que ustedes se van a repartir por suertes; es el país que el Señor ha ordenado que se dé a las nueve tribus y media que quedan,ˣ ¹⁴⁻¹⁵ puesto que dos tribus y media, es decir, las tribus de Rubén y de Gad y la media tribu de Manasés, ya recibieron por familias el territorio que les pertenecía, al oriente del Jordán, frente a Jericó."ʸ

¹⁶ El Señor se dirigió a Moisés y le dijo:

¹⁷ "Los que van a repartir la tierra entre ustedes son el sacerdote Eleazar y Josué, hijo de Nun. ¹⁸ Pero llamen además a un jefe por cada tribu, para repartir la tierra. ¹⁹ Los hombres a quienes deben llamar son los siguientes:

"Por la tribu de Judá: Caleb, hijo de Jefone.

²⁰ "Por la de Simeón: Semuel, hijo de Amiud.

²¹ "Por la de Benjamín: Elidad, hijo de Quislón.

ᵘ **33.38** Nm 20.22–28; Dt 10.6. ᵛ **33.40** Nm 21.1. ʷ **33.54** Nm 26.54–56. ˣ **34.13** Nm 26.52–56. ʸ **34.13–15** Jos 14.1–5.

²² "Por la de Dan: el jefe Buqui, hijo de Jogli.
²³ "Por las tribus de los hijos de José: el jefe Haniel, hijo de Efod, por la de Manasés; ²⁴ y el jefe Kemuel, hijo de Siftán, por la de Efraín.
²⁵ "Por la tribu de Zabulón: el jefe Elizafán, hijo de Parnac.
²⁶ "Por la de Isacar: el jefe Paltiel, hijo de Azán.
²⁷ "Por la de Aser: el jefe Ahiud, hijo de Selomi.
²⁸ "Por la de Neftalí: el jefe Pedael, hijo de Amiud."
²⁹ A éstos encargó el Señor repartir el país de Canaán entre los israelitas.

Herencia de los levitas

35 ¹ El Señor se dirigió a Moisés en las llanuras de Moab, junto al Jordán, frente a Jericó, y le dijo:
² "Ordena a los israelitas que, del territorio que les corresponde, den a los levitas ciudades para que vivan, y que les den también los campos de pastoreo que rodean las ciudades. ³ Los levitas vivirán en esas ciudades, y en los campos tendrán su ganado y demás animales. ⁴ Los campos de pastoreo que deben darles se extenderán alrededor de la ciudad, cuatrocientos cincuenta metros hacia afuera de la muralla. ⁵ Todo el terreno formará un cuadrado de novecientos metros por lado, es decir, que medirá lo mismo por el este y por el oeste, por el norte y por el sur. La ciudad quedará en medio, con los campos de pastoreo alrededor.
⁶ "De las ciudades que les den a los levitas, seis serán ciudades de refugio, donde pueda buscar protección la persona que haya matado a alguien. Aparte de estas seis ciudades, les darán ustedes otras cuarenta y dos; ⁷ en total, deben dar a los levitas cuarenta y ocho ciudades con sus campos de pastoreo. ⁸ Cuando del territorio propio de los israelitas den las ciudades para los levitas, cada tribu deberá dar en proporción a lo que le haya tocado: de los territorios más grandes se tomarán más ciudades, y de los más pequeños, menos ciudades."ᶻ

Ciudades de refugio
(Dt 19.1–13; Jos 20.1–9)

⁹ El Señor se dirigió a Moisés y le dijo:
¹⁰ "Di a los israelitas lo siguiente: Cuando ustedes crucen el río Jordán para entrar en Canaán, ¹¹ deberán escoger algunas ciudades como ciudades de refugio,ᵃ donde pueda buscar refugio la persona que sin intención haya matado a otra. ¹² Allí quedará a salvo del pariente del muerto que quiera vengarlo, y no morirá hasta que se haya presentado ante el pueblo para ser juzgado. ¹³ De las ciudades dadas, seis serán para refugio: ¹⁴ tres al oriente del Jordán y tres en Canaán. ¹⁵ Estas seis ciudades serán ciudades de refugio, tanto para los israelitas como para los extranjeros que vivan o estén de paso entre ustedes. Allí podrá refugiarse todo el que sin intención haya matado a otra persona.
¹⁶ "Si alguien hiere a otro con un objeto de hierro, y el herido muere, se trata de un asesinato, y el asesino será condenado a muerte.
¹⁷ "Si alguien golpea a otro con una piedra que pueda causar la muerte, y el golpeado muere, se trata de un asesinato, y el asesino será condenado a muerte.
¹⁸ "Si alguien golpea a otro con un palo que pueda causar la muerte, y el golpeado muere, se trata de un asesinato, y el asesino será condenado a muerte. ¹⁹ El pariente más cercano del muerto se encargará de dar muerte al asesino cuando lo encuentre.
²⁰ "Si alguien empuja a otro por odio, o si le lanza alguna cosa con malas intenciones, ²¹ o si por enemistad lo golpea con las manos, y el otro muere, el culpable será condenado a muerte porque es un asesino. El pariente más cercano del muerto se encargará de dar muerte al asesino cuando lo encuentre.
²² "Pero si alguien empuja a otro accidentalmente, no por enemistad, o si le lanza alguna cosa sin mala intención, ²³ o sin fijarse lanza una piedra que pueda causar la muerte, y la piedra le cae encima y lo mata no siendo ellos enemigos ni queriendo él hacerle daño, ²⁴ entonces el pueblo actuará como juez entre el que causó la muerte y el pariente que quiera vengar a la víctima, según estas reglas. ²⁵ El pueblo deberá proteger de la venganza del pariente al que causó la muerte, y deberá hacer que vuelva a la ciudad de refugio donde había buscado refugio. El que mató deberá quedarse allí hasta que muera el sumo sacerdote debidamente consagrado. ²⁶ Pero si sale del territorio de la ciudad de refugio, ²⁷ el pariente de la víctima no cometerá ningún crimen si lo encuentra fuera y lo mata. ²⁸ El que mató deberá quedarse en la ciudad de refugio hasta la muerte del sumo sacerdote. Después podrá volver a su tierra.
²⁹ "Estas disposiciones serán para ustedes una ley que pasará de padres a hijos, dondequiera que ustedes vivan.

ᶻ 35.1–8 Jos 21.1–42.　ᵃ 35.9–28 Jos 20.1–9.

Leyes sobre testimonios y rescates

[30] "Sólo por el testimonio de varios testigos podrá ser condenado a muerte un asesino. Un solo testigo no basta para condenar a muerte a nadie.[b]

[31] "No se podrá aceptar dinero como rescate por la vida de un asesino condenado a muerte; ese hombre deberá morir.

[32] "No se podrá aceptar dinero por permitir que un asesino que ha buscado refugio en una de las ciudades señaladas pueda regresar a su tierra antes de la muerte del sumo sacerdote.

[33] "No profanen con asesinatos el país en que van a vivir, pues el asesinato profana el país, y no hay más rescate por un asesinato que la muerte del que lo cometió.

[34] "No profanen la tierra en que van a vivir y en la que yo también viviré, pues yo, el Señor, vivo entre los israelitas."

Herencia de las mujeres

36 [1] Los jefes de familia de los clanes de Galaad, descendiente directo de Maquir, Manasés y José, fueron a ver a Moisés y a los jefes de familia israelitas, y les dijeron:

[2] —El Señor ordenó que tú, Moisés, repartieras por suertes entre los israelitas el territorio que le ha de tocar a cada uno, y también te ordenó que la parte que correspondía a Zelofehad, que era de nuestra familia, se la dieras a sus hijas.[c] [3] Pero si ellas se casan con hombres de otra tribu israelita, la tierra que les tocó a ellas dejará de pertenecer a nuestra tribu y pasará a ser de la tribu de aquellos con quienes ellas se casen. Así se nos irá quitando parte de lo que nos tocó en suerte. [4] Luego, cuando llegue el año de liberación en Israel, la tierra de ellas pasará a ser definitivamente de aquella otra tribu y dejará de pertenecer a la nuestra.

[5] Entonces Moisés, según las instrucciones que le dio el Señor, ordenó lo siguiente a los israelitas:

—Los hombres de la tribu de José tienen razón. [6] El Señor permitirá que las hijas de Zelofehad se casen con quien quieran, con tal de que sea alguien de un clan de la tribu a la que ellas pertenecen por parte de padre. [7] La tierra que a cada uno en Israel le ha tocado no debe pasar de una tribu a otra; todo israelita debe conservar su herencia en su propia tribu. [8] Si una mujer de cualquier tribu hereda tierras, deberá casarse con un hombre de un clan de su misma tribu. Así cada israelita conservará la herencia recibida de sus padres. [9] Ninguna herencia debe pasar de una tribu a otra. Cada tribu de Israel debe conservar el territorio que le tocó.

[10-11] Entonces Maala, Tirsa, Hogla, Milca y Noa, hijas de Zelofehad, hicieron lo que el Señor le había ordenado a Moisés, y se casaron con hijos de sus tíos paternos, [12] que eran descendientes de Manasés, hijo de José. Así su herencia quedó dentro de la tribu a la que pertenecía su padre.

[13] Estas fueron las órdenes y normas que el Señor dio a los israelitas por medio de Moisés en las llanuras de Moab, junto al Jordán, frente a Jericó.

[b] **35.30** Dt 17.6; 19.15.   [c] **36.2** Nm 27.7.

DEUTERONOMIO

Deuteronomio significa "segunda ley" o "repetición de la ley". En este libro, y bajo la forma de dos grandes discursos y otras alocuciones de Moisés al pueblo, antes de la entrada en la Tierra Prometida, se hace una especie de repaso o recordación y una segunda exposición de la ley recibida en el Sinaí. Como se incluye también el recuento de los grandes sucesos de los años transcurridos desde la salida de Egipto, el gran tema del libro es que Dios no sólo ha liberado a su pueblo escogido y amado, sino que lo ha bendecido y guiado en su larga peregrinación. El pueblo, por tanto, debe corresponder recordando todo esto, y amando y bendiciendo a Dios, a fin de seguir recibiendo sus bendiciones. Los versículos claves del libro vienen a ser, así, 6.4-6, y especialmente el 5, que Jesús llamó el mayor de los mandamientos: "Ama al Señor tu Dios con todo tu corazón, con toda tu alma y con todas tus fuerzas".

El primer discurso de Moisés es un resumen histórico de las experiencias en el desierto (caps. 1—4); el segundo, tras una amplia exhortación basada en los Diez Mandamientos, prescribe leyes, reglas y advertencias varias (caps. 5—26); luego Moisés da al pueblo instrucciones en cuanto a la entrada a Canaán (caps. 27,28), y lo encabeza con la renovación del pacto concertado en el Sinaí (caps. 29,30); por último, el libertador, sintiendo próximo su fin, se despide del pueblo, deja a Josué como su sucesor y, mirando de lejos la Tierra Prometida, muere en lo alto del monte Nebo (caps. 31—34).

Introducción

1 ¹ Estas son las palabras que Moisés dirigió a todo Israel cuando estaban en el desierto, al este del río Jordán, es decir, en el Arabá, frente a Suf y entre las regiones de Parán, Tofel, Labán, Hazerot y Dizahab. ² Desde el monte Horeb hasta Cades-barnea hay once días de camino, siguiendo la ruta del monte de Seir. ³⁻⁴ El día primero del mes undécimo, en el año cuarenta, después de haber derrotado Moisés a Sehón, rey de los amorreos,ᵃ que vivía en Hesbón, y a Og, rey de Basán,ᵇ que vivía en Astarot, en la región de Edrei, Moisés comunicó a los israelitas todas las cosas que el Señor le había ordenado que ellos cumplieran. ⁵ Cuando estaban al este del río Jordán, en el país de Moab, Moisés comenzó a dar las siguientes instrucciones:

⁶ "El Señor nuestro Dios nos dijo esto en Horeb: 'Ustedes han estado ya mucho tiempo en este monte. ⁷ Recojan sus cosas y vayan a las montañas de los amorreos y a todas sus regiones vecinas: el Arabá, la región montañosa, la llanura, el Néguev, la costa, el país de los cananeos y el Líbano, hasta el gran río Éufrates. ⁸ Yo he entregado el país; vayan y tomen posesión de la tierra que yo, el Señor, juré dar a los antepasados de ustedes, es decir, a Abraham, Isaac y Jacob, y a sus descendientes.'

Nombramiento de jueces
(Ex 18.13—27)

⁹ "En aquella misma ocasión yo les dije a ustedes: 'Yo solo no puedo hacerme cargo de todos ustedes. ¹⁰ Tantos hijos les

ha dado el Señor su Dios, que ahora son ustedes un pueblo tan numeroso como las estrellas del cielo. ¹¹ ¡Que el Señor y Dios de sus antepasados los haga mil veces más numerosos de lo que ahora son, y los bendiga conforme a la promesa que les hizo! ¹² Yo solo, sin embargo, no puedo llevar la pesada carga de atender todos sus problemas y pleitos. ¹³ Por lo tanto, escojan de cada tribu hombres sabios, inteligentes y experimentados, para que yo los ponga como jefes de ustedes.'ᶜ

¹⁴ "Y ustedes me respondieron: 'Nos parece muy bien lo que propones.'

¹⁵ "Entonces tomé de cada tribu de ustedes los hombres más sabios y experimentados, y les di autoridad sobre ustedes; a unos los puse a cargo de mil hombres, a otros a cargo de cien, a otros de cincuenta, a otros de diez, y a otros los puse a cargo de cada tribu. ¹⁶ Al mismo tiempo les di a sus jueces las siguientes instrucciones: 'Atiendan a todos y háganles justicia, tanto a sus compatriotas como a los extranjeros; ¹⁷ y a dictar sentencia, no hagan ninguna distinción de personas: atiendan tanto a los humildes como a los poderosos, sin tenerle miedo a nadie, porque el juicio es de Dios. Y si se les presenta algún caso difícil, pásenmelo para que yo lo atienda.'

¹⁸ "En aquella ocasión les di amplias instrucciones acerca de todo lo que debían hacer.

Misión de los doce espías
(Nm 13.1—14.4)

¹⁹ "Cuando salimos de Horeb, nos dirigimos a los montes de los amorreos, obedeciendo así las órdenes del Señor nuestro

ᵃ 1.3–4 Nm 21.21–30.   ᵇ 1.3–4 Nm 21.31–35.   ᶜ 1.9–13 Nm 11.14–17.

Dios. Recorrimos todo aquel grande y terrible desierto que ustedes vieron, hasta que llegamos a Cades-barnea. [20] Allí les dije: 'Ya hemos llegado a los montes de los amorreos, que el Señor nuestro Dios nos da. [21] El Señor, el Dios de ustedes, les entrega esta tierra. Adelante, pues, y ocúpenla tal como lo ha dicho el Señor, el Dios de sus antepasados. No tengan miedo ni se desanimen.' [22] Pero ustedes vinieron a decirme: 'Será mejor que algunos de nosotros se adelanten y exploren este país, y que luego regresen a decirnos qué camino debemos seguir y en qué ciudades podemos entrar.'

[23] "Lo que ustedes propusieron me pareció bien, y entonces escogí a doce de ustedes, uno de cada tribu, [24] los cuales se encaminaron hacia la región montañosa y llegaron al valle de Escol y recorrieron toda la región. [25] Después tomaron frutos de aquella tierra y nos los trajeron, con este informe: 'La tierra que el Señor nuestro Dios nos da, es magnífica.' [26] Pero ustedes no quisieron ir, sino que desobedecieron la orden que el Señor nuestro Dios les había dado,[d] [27] y en sus casas se pusieron a murmurar y a decir: 'El Señor no nos quiere; nos sacó de Egipto tan sólo para ponernos en manos de los amorreos y acabar con nosotros. [28] Y ahora, ¿a dónde vamos a ir? Nuestros compatriotas dicen que allí hay gente más poderosa y alta que nosotros, y grandes ciudades rodeadas de altísimas murallas, y que hasta vieron descendientes del gigante Anac. Todo eso nos ha desanimado por completo.'

[29] "Entonces yo les respondí: 'No se alarmen. No les tengan miedo. [30] El Señor su Dios marcha al frente de ustedes y combatirá por ustedes, tal como vieron que lo hizo en Egipto [31] y en el desierto.[e] El Señor su Dios los ha tomado en sus brazos durante todo el camino que han recorrido hasta llegar a este lugar, como un padre que toma en brazos a su hijo.' [32] Sin embargo, ustedes no confiaron en el Señor su Dios,[f] [33] el cual iba delante de ustedes para escoger el lugar donde debían acampar. De noche les señalaba con fuego el camino que tenían que seguir, y de día se lo señalaba con una nube.

El Señor se enoja contra los israelitas
(Nm 14.20-35)

[34] "Cuando el Señor oyó las murmuraciones de ustedes, se enojó mucho e hizo este juramento: [35] 'Ni una sola persona de esta mala generación verá la buena tierra que prometí dar a sus antepasados.[g] [36] Haré una excepción con Caleb, hijo de Jefone; él sí la verá, y a él y a sus descendientes daré la tierra donde pongan el pie, por haber seguido con toda fidelidad al Señor.'

[37] "Y por culpa de ustedes, el Señor se enojó conmigo y me dijo: 'Tampoco tú entrarás en esa tierra. [38] En tu lugar entrará tu ayudante Josué, hijo de Nun. Anímalo, pues él será quien entregue el país a Israel. [39] Y aunque ustedes creyeron que el enemigo les arrebataría a sus mujeres y niños, serán esos niños, que todavía no tienen uso de razón, los que entrarán en el país; yo se lo daré a ellos en propiedad. [40] En cuanto a ustedes, ¡vuelvan al desierto!, ¡vayan de nuevo al Mar Rojo!'

Necedad y derrota de los israelitas
(Nm 14.39-45)

[41] "Entonces ustedes me contestaron: 'Hemos pecado contra el Señor, pero ahora iremos y lucharemos tal como el Señor nuestro Dios nos lo ha ordenado.' Y tomaron ustedes sus armas, creyendo que era muy fácil subir al monte. [42] Pero el Señor me dijo que les advirtiera: 'No vayan a pelear; no se expongan a que sus enemigos los derroten, pues yo no estoy con ustedes.'

[43] "Yo les hice esa advertencia, pero ustedes no me hicieron caso, sino que se rebelaron contra la orden del Señor, y con aires de grandeza subieron a la región montañosa. [44] Entonces los amorreos, que vivían en aquellos montes, salieron al encuentro de ustedes y, como avispas, los persiguieron y los derrotaron en Seir y hasta Horma. [45] Cuando ustedes regresaron, lloraron ante el Señor, pero él no escuchó sus lamentos. [46] Por eso tuvieron ustedes que quedarse a vivir tanto tiempo en la región de Cades.

Los años en el desierto

2 [1] "Después nos fuimos al desierto por el camino del Mar Rojo, tal como el Señor me lo había ordenado, y pasamos mucho tiempo caminando alrededor de las montañas de Seir.[h] [2] Entonces el Señor me dijo: [3] 'Ya llevan demasiado tiempo rodeando estas montañas; váyanse ahora hacia el norte. [4] Dale esta orden al pueblo: Ustedes van a pasar por el territorio de los descendientes de Esaú, que viven en Seir[i] y son parientes de ustedes. Ellos tienen miedo de ustedes; sin embargo, tengan

---

[d] **1.26** Dt 9.23; He 3.16.   [e] **1.30-31** Hch 13.17-18.   [f] **1.32** He 3.19.   [g] **1.34-35** He 3.18.   [h] **2.1** Nm 21.4.   [i] **2.4** Gn 36.8; Nm 20.14-21.

mucho cuidado [5] y no los ataquen, pues yo no les daré a ustedes ni una sola parte de ese país, porque las montañas de Seir son propiedad de los descendientes de Esaú. Yo se las di a ellos. [6] Ustedes les pedirán que les vendan los alimentos que necesiten, y pagarán por ellos y aun por el agua que beban.' [7] El Señor y Dios de ustedes los ha bendecido en todo lo que han hecho; durante estos cuarenta años ha estado con ustedes y los ha cuidado en su marcha por este inmenso desierto, sin que nada les haya faltado.

[8] "Después nos alejamos camino del Arabá, de Elat y Ezión-geber, y pasamos por las tierras de nuestros parientes, los descendientes de Esaú que viven en Seir, y allí hicimos un rodeo para tomar el camino del desierto de Moab. [9] Entonces el Señor me dijo: 'No molestes ni ataques a los moabitas, pues son descendientes de Lot,[j] y no te daré ni la más pequeña parte de su país. Yo les he dado en propiedad la región de Ar.' [10] (Este país fue habitado en tiempos antiguos por los emitas, que eran gente grande y numerosa, y alta como los descendientes del gigante Anac. [11] En realidad, la gente creía que eran refaítas, aunque los moabitas los llamaban emitas. [12] Esta región de Seir fue habitada antes por los horeos, pero los descendientes de Esaú exterminaron a sus habitantes y ocuparon el país, quedándose a vivir allí tal como lo ha hecho Israel con el país que el Señor le ha dado.) [13] 'Y ahora —dijo el Señor—, pónganse en marcha y crucen el arroyo Zered.' Y entonces cruzamos el arroyo.

[14] "Desde que salimos de Cades-barnea hasta el día en que cruzamos el arroyo Zered, pasaron treinta y ocho años. Para entonces ya había muerto toda la generación de hombres de guerra que había en el campamento, tal como el Señor se lo había jurado.[k] [15] El poder del Señor cayó sobre ellos, hasta que todos murieron.

[16] "Cuando ya no quedaba vivo ninguno de aquellos hombres de guerra, [17] el Señor me habló y me dijo: [18] 'Hoy mismo pasarás la frontera de Moab y te dirigirás a Ar, [19] pero cuando te encuentres con los amonitas, que son también descendientes de Lot,[l] no los molestes ni los ataques, pues no voy a darte ninguna parte de su territorio, ya que se la he dado a ellos en propiedad.' [20] (También este país era tenido por tierra de refaítas, porque antiguamente habían vivido allí los refaítas, a quienes los amonitas llamaban zomzomeos;[l] [21] se trataba de un pueblo grande y numeroso, y de gente alta como los descendientes del gigante Anac, pero

el Señor los destruyó por medio de los amonitas, los cuales se quedaron a vivir para siempre en el país. [22] El caso era semejante al de los descendientes de Esaú, que habitaban en Seir y que exterminaron a los horeos para quedarse a vivir allí. [23] Lo mismo les pasó a los heveos, que vivían en aldeas cerca de Gaza y que fueron exterminados por los filisteos, los cuales vinieron de Creta y se quedaron a vivir allí.) [24] ¡Vamos —dijo el Señor—, pónganse en marcha y crucen el río Arnón! Yo haré caer en manos de ustedes al amorreo Sehón, que es rey de Hesbón, y a su país. ¡Entren en su territorio y declárenle la guerra! [25] A partir de hoy haré que ante ustedes todos los pueblos de la tierra se llenen de espanto. Cuando oigan hablar de ustedes, se pondrán a temblar y la angustia se adueñará de ellos.'

Israel derrota al rey Sehón
(Nm 21.21-30)

[26] "Desde el desierto de Cademot envié unos mensajeros a Sehón, rey de Hesbón, para proponerle de manera amistosa lo siguiente: [27] 'Pienso pasar por tu territorio, siguiendo siempre el camino principal y sin tocar ningún otro punto de tu país. [28] Te pagaremos con dinero los alimentos que necesitemos y el agua que bebamos. Solamente te pido que nos dejes pasar, [29] como nos lo han permitido los descendientes de Esaú que viven en Seir y los moabitas que viven en Ar, hasta que crucemos el río Jordán y lleguemos al país que el Señor nuestro Dios nos va a dar.' [30] "Pero el rey Sehón no quiso dejarnos pasar por su tierra, porque el Señor, el Dios de ustedes, hizo que se negara rotundamente a ello, con el fin de ponerlo en manos de ustedes, como todavía lo está hoy.

[31] "Entonces el Señor me dijo: 'A partir de este momento te entrego a Sehón y a todo su país; entra ya en su territorio y apodérate de él.'

[32] "Sehón nos salió al encuentro con todo su ejército, para presentarnos batalla en Jahaza; [33] pero el Señor nuestro Dios lo hizo caer en nuestras manos y lo derrotamos a él, a sus hijos y a todo su ejército. [34] Todas sus ciudades cayeron en nuestro poder y las destruimos a la destrucción; matamos hombres, mujeres y niños; no dejamos a nadie con vida. [35] Lo único que tomamos para nosotros fue el ganado y las cosas de valor que hallamos en las ciudades conquistadas. [36] Desde la ciudad de Aroer, que está junto al río Arnón, y la

---

[j] Quizá por su modo de hablar o su lengua extraña, como los griegos llamaban "barbaros" a los de otras lenguas.
[j] **2.9** Gn 19.37; Nm 21.10-20.   [k] **2.14** Nm 14.28-35.   [l] **2.19** Gn 19.38.

ciudad que está en el valle, hasta Galaad, no hubo ciudad que resistiera nuestro ataque; el Señor nuestro Dios hizo que todas cayeran en nuestro poder. ³⁷ Los únicos territorios que no atacamos fueron los siguientes: el de los amonitas, toda la región del río Jaboc, las ciudades de la montaña, y todos los demás lugares que el Señor nuestro Dios nos había ordenado no atacar.

Israel derrota a Og, rey de Basán
(Nm 21.31–35)

3 ¹ "Después tomamos otro camino, y nos dirigimos a Basán. Pero Og, el rey de este país, salió con todo su ejército para pelear contra nosotros en Edrei. ² "Entonces el Señor me dijo: 'No le tengas miedo, pues a él, con su ejército y todo su país, lo he puesto en tus manos, para que hagas con él lo mismo que hiciste con Sehón, rey de los amorreos, que vivía en Hesbón.' ³ "Así fue como el Señor nuestro Dios hizo caer en nuestro poder al rey Og y a todo su ejército, y los matamos a todos, sin dejar a nadie con vida. ⁴ También conquistamos todas sus ciudades; no hubo ni una sola que no tomáramos. Fueron en total sesenta ciudades, es decir, todas las de la región de Argob, del reino de Og, en Basán. ⁵ Todas ellas estaban fortificadas con altos muros, puertas y barras, sin contar muchas otras ciudades que no tenían murallas. ⁶ Las destinamos a la destrucción, tal como lo habíamos hecho con Sehón, rey de Hesbón, y acabamos con hombres, mujeres y niños, ⁷ quedándonos sólo con los animales y las cosas de valor de nuestros enemigos.

⁸ "Así pues, en aquel tiempo cayeron en nuestro poder los territorios de los dos reyes amorreos que vivían al este del río Jordán, desde el río Arnón hasta el monte Hermón. ⁹ (A estos montes los sidonios los llaman Sirión, y los amorreos Senir.) ¹⁰ Todas las ciudades de la meseta, todo Galaad y Basán, hasta Salca y Edrei, ciudades que pertenecían al reino de Og, en Basán, cayeron en nuestras manos. ¹¹ (El rey Og era el único que quedaba de los refaítas; su cama era de hierro y medía cuatro metros de largo por casi dos de ancho, como puede verse todavía en la ciudad amonita de Rabá.)

Rubén, Gad y la media tribu de Manasés se establecen al oriente del Jordán
(Nm 32.1–42)

¹² "Del territorio que ocupamos, en aquella ocasión entregué a las tribus de Rubén y de Gad el territorio que va desde Aroer, a orillas del río Arnón, hasta la mitad de los montes de Galaad, con sus ciudades. ¹³ La parte restante de Galaad, toda la región de Basán que había pertenecido al reino de Og, y toda la región de Argob, conocida como la tierra de los refaítas, se las di a la media tribu de Manasés. ¹⁴ (Jair, descendiente de Manasés, se apoderó de la región de Argob hasta el límite de los territorios de Gesur y Maacá, y puso su propio nombre a Basán, llamándole Havot-jair, que es el nombre que todavía tiene.) ¹⁵ A Maquir le di la región de Galaad, ¹⁶ y a las tribus de Rubén y de Gad les di la región comprendida entre Galaad y el río Arnón, teniendo por límite el centro del valle, y hasta el río Jaboc, que es la frontera de los amonitas. ¹⁷ Hacia el oriente les di el Arabá, en la falda oriental del monte Pisga, región que tiene como límite el río Jordán, y que va del lago Cineret hasta el mar de Arabá, que es el Mar Muerto.

¹⁸ "En aquella ocasión les di a ustedes esta orden: 'El Señor su Dios les entrega este país en propiedad. Que todos los que sepan pelear, tomen las armas y marchen al frente de sus compatriotas israelitas. ¹⁹ Sólo se quedarán, en las ciudades que les he dado, las mujeres, los niños y el mucho ganado que yo sé que ustedes tienen. ²⁰ Y mientras yo, el Señor, no haya dado a los hermanos de ustedes la misma tranquilidad que a ustedes les he dado, ni ellos hayan tomado posesión del país que les voy a dar al otro lado del río Jordán, tampoco ustedes podrán volver al territorio que les he dado.'ᵐ ²¹ "A Josué le di esta orden: 'Con tus propios ojos has visto todo lo que el Señor tu Dios ha hecho con esos dos reyes; y lo mismo hará con todos los reinos por los que vas a pasar. ²² No les tengas miedo, porque el Señor tu Dios peleará en favor de ustedes.'

El Señor no permite a Moisés entrar en Canaán

²³ "En esta misma ocasión le supliqué al Señor: ²⁴ 'Señor, tú has comenzado a mostrar a este siervo tuyo tu grandeza y tu poder. No hay otro Dios en el cielo ni en la tierra que pueda hacer las cosas tan maravillosas que tú haces. ²⁵ Te ruego que me permitas pasar al otro lado del río Jordán, pues quiero ver aquella buena tierra, esa hermosa región montañosa y el Líbano.' ²⁶ Pero el Señor se enojó conmigo por culpa de ustedes, y no me concedió lo que le pedí, sino que me dijo: '¡Basta! No

ᵐ **3.18–20** Jos 1.12-15.

me hables más de este asunto. [27] Sube a lo alto del monte Pisga, y desde allí mira al norte y al sur, al este y al oeste, pero el Jordán no lo cruzarás.[n] [28] Da instrucciones a Josué; anímalo y dale valor, porque él será quien vaya al frente del pueblo y le haga tomar posesión del país que ahora vas a ver.' [29] "Y nos quedamos en el valle, enfrente de Bet-peor.

Moisés aconseja obediencia a los israelitas

4 [1] "Ahora pues, israelitas, escuchen las leyes y decretos que les he enseñado, y pónganlos en práctica, para que vivan y ocupen el país que el Señor y Dios de sus antepasados les va a dar. [2] No añadan ni quiten nada a lo que yo les ordeno;[ñ] cumplan los mandamientos del Señor su Dios, que yo les ordeno. [3] Ustedes mismos han visto lo que el Señor hizo en Baal-peor, y cómo exterminó de entre ustedes a todos los que adoraron al dios de aquel lugar;[o] [4] pero todos ustedes, los que se mantuvieron fieles al Señor su Dios, todavía están vivos. [5] Yo les he enseñado las leyes y los decretos que el Señor mi Dios me ordenó, para que los pongan en práctica en el país que van a ocupar. [6] Cúmplanlos y practíquenlos, porque de esta manera los pueblos reconocerán que en ustedes hay sabiduría y entendimiento, ya que cuando conozcan estas leyes no podrán menos que decir: '¡Qué sabia y entendida es esta gran nación!' [7] Porque, ¿qué nación hay tan grande que tenga los dioses tan cerca de ella, como tenemos nosotros al Señor nuestro Dios cada vez que lo invocamos? [8] ¿Y qué nación hay tan grande que tenga leyes y decretos tan justos como toda esta enseñanza que yo les presento hoy? [9] Así pues, tengan mucho cuidado de no olvidar las cosas que han visto, ni de apartarlas jamás de su pensamiento; por el contrario, explíquenlas a sus hijos y a sus nietos.

Dios habla en el monte Horeb

[10] "El día que ustedes estuvieron ante el Señor su Dios en el monte Horeb, el Señor me dijo: 'Reúne al pueblo para que escuchen mis palabras y aprendan a honrarme todos los días de su vida, y enseñen a sus hijos a hacer lo mismo.' [11] Ustedes se acercaron al pie del monte, del cual salían llamas de fuego que subían a gran altura y formaban una nube espesa y negra; [12] entonces el Señor les habló en medio del

fuego.[p] Ustedes oyeron sus palabras, pero, aparte de oir su voz, no vieron ninguna figura. [13] El Señor les dio a conocer su pacto, que eran diez mandamientos que escribió en dos tablas de piedra[q] y que les ordenó poner en práctica. [14] A mí me ordenó que les enseñara las leyes[r] y decretos que han de cumplir en la tierra que van a ocupar.

Advertencia contra la idolatría

[15] "El día en que el Señor habló con ustedes de en medio del fuego, en el monte Horeb, no vieron ninguna figura. Tengan, pues, mucho cuidado [16] de no caer en la perversion de hacer figuras[s] que tengan forma de hombre o de mujer, [17] ni figuras de animales, aves, [18] reptiles o peces.[t] [19] Y cuando miren al cielo y vean el sol, la luna, las estrellas y todos los astros, no caigan en la tentación de adorarlos, porque el Señor su Dios creó los astros para todos los pueblos del mundo. [20] En cuanto a ustedes, el Señor los tomó y los sacó de aquel horno para fundir hierro, que es Egipto, y los hizo lo que ahora son: el pueblo de su propiedad.[u] [21] Sin embargo, el Señor se enojó conmigo por culpa de ustedes, y juró que yo no pasaría el rio Jordán ni entraría en la buena tierra que él les va a dar en propiedad.[v] [22] Así que, aunque yo voy a morir en este país y no cruzaré el Jordán, ustedes sí lo cruzarán, y tomarán posesión de esa buena tierra. [23] Pero tengan cuidado de no olvidarse del pacto que el Señor su Dios ha hecho con ustedes. No se hagan ningún idolo ni figura de las que el Señor su Dios les ha prohibido hacer, [24] porque el Señor su Dios es un Dios celoso, ¡un fuego que todo lo consume![w]

[25] "Cuando ustedes tengan hijos y nietos, y se hayan hecho viejos en este país, si llegan a rebajarse haciendo imágenes o figuras que representen cualquier cosa, cometiendo así una maldad delante del Señor su Dios y provocando su enojo, [26] yo pongo hoy al cielo y a la tierra por testigos de que pronto desaparecerán ustedes del país que van a ocupar al otro lado del Jordán. No vivirán mucho tiempo en esa tierra, sino que serán exterminados por completo. [27] El Señor los dispersará por todas las naciones, y sólo un pequeño número de ustedes sobrevivirá en ellas. [28] Allí servirán a dioses hechos por el hombre, ídolos de madera y de piedra,[x] que no ven, ni oyen, ni comen, ni respiran. [29] Pero si allí buscan al Señor su Dios con todo su

---

ñ **3.23-27** Nm 27.12-14; Dt 32 48-52. ñ **4.2** Ap 22.18-19. o **4.3** Nm 25.1-9.
p **4.11-12** Ex 19.16-18; He 12.18-19. q **4.13** Ex 31.18. r **4.14** Ex 21.1. s **4.16** Ex 20.4; Lv 26.1; Dt 5.8; 27.15.
t **4.14-18** Ro 1.23. u **4.20** Ex 19.5; Dt 7.6; 14.2; 26.13; 1 R 8.51; Jer 11.4; Tit 2.14; 1 P 2.9. v **4.21** Nm 20.12; 27.12-14.
w **4.24** He 12.29. x **4.27-28** Dt 28.36; 2 R 17.4-6; 25.8-12; Is 4.3.

corazón y con toda su alma, lo encontrarán.[y] [30] Cuando finalmente pasen ustedes por todos estos sufrimientos y angustias, si se vuelven al Señor y le obedecen, [31] él, que es bondadoso, no los abandonará ni los destruirá, ni se olvidará del pacto que hizo con los antepasados de ustedes y que juró cumplir.

[32] "Busquen en los tiempos anteriores a ustedes, y desde los tiempos antiguos, cuando Dios creó al hombre en el mundo; vayan por toda la tierra y pregunten si alguna vez ha sucedido o se ha sabido de algo tan grande como esto. [33] ¿Existe algún pueblo que haya oído, como ustedes, la voz de Dios hablándole de en medio del fuego, y que no haya perdido la vida? [34] ¿Ha habido algún dios que haya escogido a un pueblo de entre los demás pueblos, con tantas pruebas, señales, milagros y guerras, desplegando tan gran poder y llevando a cabo tales hechos aterradores, como los que realizó ante ustedes y por ustedes el Señor su Dios en Egipto? [35] Esto les ha sido mostrado para que sepan que el Señor es el verdadero Dios, y que fuera de él no hay otro.[z] [36] Él les habló desde el cielo para corregirlos, y en la tierra les mostró su gran fuego, y oyeron sus palabras de en medio del fuego. [37] Él amó a los antepasados de ustedes y escogió a sus descendientes, liberándolos de Egipto por medio de su gran poder. [38] Arrojó de la presencia de ustedes a naciones más numerosas y poderosas que ustedes, con el fin de que ustedes ocuparan sus países y los recibieran en propiedad, como ahora está sucediendo.

[39] "Por lo tanto, grábense bien en la mente que el Señor es Dios, tanto en el cielo como en la tierra, y que no hay otro más que él. [40] Cumplan sus leyes y mandamientos que yo les doy en este día, y les irá bien a ustedes y a sus descendientes, y vivirán muchos años en el país que el Señor su Dios les va a dar para siempre."

Ciudades de refugio al este del río Jordán

[41] Entonces Moisés escogió tres ciudades al este del río Jordán, [42] para que el que matara sin querer a otra persona con la cual nunca antes hubiera peleado, pudiera refugiarse en una de ellas y ponerse a salvo. [43] Estas ciudades fueron: Beser, en la meseta del desierto, para la tribu de Rubén; Ramot, en Galaad, para la tribu de Gad; y Golán, en Basán, para la media tribu de Manasés.[a]

Introducción a la entrega de los Diez Mandamientos

[44] Esta es la enseñanza que Moisés entregó a los israelitas, [45] y los mandatos, leyes y decretos que les comunicó cuando salieron de Egipto, [46] cuando estaban todavía al este del Jordán, en el valle que está frente a Bet-peor, en la tierra de Sehón, rey de los amorreos. Sehón vivía en Hesbón, y fue derrotado por Moisés y los israelitas cuando ellos salieron de Egipto. [47] Los israelitas ocuparon su territorio y el del rey Og de Basán, dos reyes amorreos que vivían al este del Jordán. [48] Su territorio se extendía desde Aroer, a orillas del río Arnón, hasta el monte Sirión,[2] también llamado Hermón, [49] y por todo el Arabá, al este del Jordán, hasta el Mar Muerto, al pie del monte Pisga.

Los Diez Mandamientos
(Ex 20.1-17)

5 [1] Moisés reunió a todo el pueblo de Israel y les dijo:

"Escuchen, israelitas, las leyes y decretos que hoy voy a comunicarles. Apréndanlos bien, y pónganlos en práctica.

[2] "El Señor nuestro Dios hizo un pacto con nosotros en el monte Horeb. [3] No lo hizo solamente con nuestros antepasados, sino también con todos nosotros, los que hoy estamos aquí reunidos. [4] El Señor habló con ustedes en el monte, cara a cara, de en medio del fuego. [5] Yo estaba entonces entre el Señor y ustedes, para comunicarles la palabra del Señor, ya que ustedes tenían miedo del fuego y no subieron al monte. Y el Señor dijo:

[6] 'Yo soy el Señor tu Dios, que te sacó de Egipto, donde eras esclavo.

[7] 'No tengas otros dioses aparte de mí.

[8] 'No te hagas ningún ídolo ni figura de lo que hay arriba en el cielo, ni de lo que hay abajo en la tierra, ni de lo que hay en el mar debajo de la tierra. [9] No te inclines delante de ellos ni les rindas culto,[b] porque yo soy el Señor tu Dios, Dios celoso que castiga la maldad de los padres que me odian, en sus hijos, nietos y bisnietos, [10] pero que trato con amor por mil generaciones a los que me aman y cumplen mis mandamientos.[c]

[11] 'No hagas mal uso del nombre del Señor tu Dios,[d] pues él no dejará sin castigo al que use mal su nombre.

[12] 'Ten en cuenta el día de reposo[3] para consagrarlo al Señor, tal como el Señor tu Dios te lo ha ordenado.[e] [13] Trabaja seis días y haz en ellos todo lo

[2] Sirión. Heb. Sión. Véase 3.9.   [3] Día de reposo: aquí equivale a sábado.
[y] 4.29   2 Cr 15.2-15; Jer 29.13; Mt 7.7-8.   [z] 4.35   Ex 20.2-3; Is 43.10-13; Mr 12.32.   [a] 4.41-43   Jos 20.8-9.   [b] 5.8-9   Lv 26.1;
Dt 4.15-18; 27.15.   [c] 5.9-10   Ex 34.6-7; Nm 14.18; Dt 7.9-10.   [d] 5.11   Lv 19.12.   [e] 5.12   Ex 16.23-30; 31.12-14.

que tengas que hacer, [14] pero el séptimo día es día de reposo[3] consagrado al Señor tu Dios. No hagas ningún trabajo en ese día,[f] ni tampoco tu hijo, ni tu hija, ni tu esclavo o tu esclava, ni tu buey, ni tu asno, ni ninguno de tus animales, ni el extranjero que vive en tus ciudades, para que tu esclavo y tu esclava descansen igual que tú. [15] Recuerda que también tú fuiste esclavo en Egipto, y que el Señor tu Dios te sacó de allí desplegando gran poder. Por eso el Señor tu Dios te ordena cumplir con el día de reposo.[3]

[16] 'Honra a tu padre y a tu madre,[g] tal como el Señor tu Dios te lo ha ordenado, para que vivas una larga vida y te vaya bien en la tierra que te da el Señor tu Dios.[h]

[17] 'No mates.[i]

[18] 'No cometas adulterio.[j]

[19] 'No robes.[k]

[20] 'No digas mentiras en perjuicio de tu prójimo.[l]

[21] 'No codicies[m] la mujer de tu prójimo. No ambiciones la casa de tu prójimo, ni su campo, ni su esclavo o esclava, ni su buey, ni su asno, ni nada que le pertenezca.'

El temor del pueblo
(Ex 20.18-26)

[22] "Estas son las palabras que el Señor pronunció en voz alta, de en medio del fuego y de una nube espesa, cuando todos estaban reunidos al pie del monte. Después ya no dijo más, y escribió estas palabras en dos tablas de piedra, y me las entregó. [23] Pero cuando ustedes oyeron aquella voz que salía de entre las tinieblas, y vieron el monte en llamas, todos ustedes, los jefes de las tribus y los ancianos, vinieron a hablar conmigo [24] y me dijeron: 'Verdaderamente el Señor nuestro Dios nos ha mostrado su gloria y su poder, y hemos oído su voz, que salía de en medio del fuego. Hoy hemos comprobado que Dios puede hablar con los hombres sin que éstos mueran. [25] Sin embargo, ¿para qué exponernos a morir consumidos por este terrible fuego? Si volvemos a escuchar la voz del Señor nuestro Dios, moriremos; [26] pues, ¿qué hombre hay que pueda escuchar la voz del Dios viviente hablando de en medio del fuego, como la hemos oído nosotros, sin que le cueste la vida?[n] [27] Mejor acércate tú, y escucha

todo lo que el Señor nuestro Dios te diga, y ya luego nos dirás lo que te haya comunicado, y nosotros cumpliremos lo que se nos diga.'[ñ]

[28] "Mientras ustedes me hablaban, el Señor estaba escuchando lo que decían, y entonces me dijo: 'He oído todo lo que ha dicho este pueblo, y me ha parecido muy bien. [29] ¡Ojalá piensen siempre de la misma manera, y me honren y cumplan mis mandamientos todos los días, para que tanto ellos como sus hijos tengan siempre una vida dichosa! [30] Ve y diles que regresen a sus tiendas de campaña; [31] pero tú quédate aquí conmigo, porque te voy a decir todos los mandamientos, leyes y decretos que les has de enseñar, para que los pongan en práctica en el país que les voy a dar en propiedad.' [32] Así que pongan en práctica todo lo que el Señor su Dios les ha ordenado, sin desviarse de ello para nada. [33] Sigan el camino que el Señor su Dios les ha señalado, para que les vaya bien y vivan muchos años en la tierra que él les va a dar en propiedad.

El gran mandamiento

6 [1] "Estos son los mandamientos, leyes y decretos que el Señor su Dios me ha ordenado enseñarles, para que los pongan en práctica en el país del cual van a tomar posesión. [2] De esta manera honrarán al Señor su Dios, y cumplirán durante toda su vida las leyes y los mandamientos que yo les mando a ustedes, a sus hijos y a sus nietos; y así vivirán muchos años. [3] Por lo tanto, israelitas, pónganlos en práctica. Así les irá bien y llegarán a ser un pueblo numeroso en esta tierra donde la leche y la miel corren como el agua, tal como el Señor y Dios de sus antepasados se lo ha prometido.

[4] "Oye, Israel: El Señor nuestro Dios es el único Señor.[4][o]

[5] "Ama al Señor tu Dios con todo tu corazón, con toda tu alma y con todas tus fuerzas.[p]

[6] "Grábate en la mente todas las cosas que hoy te he dicho, [7] y enséñaselas continuamente a tus hijos; háblales de ellas, tanto en tu casa como en el camino, y cuando te acuestes y cuando te levantes. [8] Lleva estos mandamientos atados en tu mano y en tu frente como señales, [9] y escríbelos también en los postes y en las puertas de tu casa.[q]

---

[3] Día de reposo: aquí equivale a sábado. [4] Es el único Señor: otra posible traducción: el Señor es uno.
[f] 5.13-14 Ex 23.12; 31.15; 34.21; 35.2; Lv 23.3. [g] 5.16 Dt 27.16; Mt 15.4; 19.19; Mr 7.10; 10.19; Lc 18.20; Ef 6.2.
[h] 5.16 Ef 6.3. [i] 5.17 Gn 9.6. Lv 24.17; Mt 5.21; 19.18; Mr 10.19; Lc 18.20; Ro 13.9; Stg 2.11. [j] 5.18 Lv 20.10; Mt 5.27;
19.18; Mr 10.19; Lc 18.20; Ro 13.9; Stg 2.11. [k] 5.19 Lv 19.11; Mt 19.18; Mr 10.19; Lc 18.20. [l] 5.20 Ex 23.1;
Mt 19.18; Mr 10.19; Lc 18.20. [m] 5.21 Ro 7.7; 13.9. [n] 5.22-27 He 12.18-19. [ñ] 5.27 Ex 19.8; 24.3. [o] 6.4 Mr 12.29.
[p] 6.5 Mt 22.37; Mr 12.30; Lc 10.27. [q] 6.6-9 Dt 11.18-20.

Moisés recomienda obediencia a los israelitas

[10] "El Señor y Dios de ustedes los va a hacer entrar en el país que a sus antepasados Abraham,[r] Isaac[s] y Jacob[t] juró que les daría. Es un país con grandes y hermosas ciudades que ustedes no construyeron; [11] con casas llenas de todo lo mejor, que ustedes no llenaron; con pozos que ustedes no cavaron, y viñedos y olivos que ustedes no plantaron, pero de los cuales comerán hasta quedar satisfechos. [12] Cuando eso suceda, procuren no olvidarse del Señor, que los sacó de Egipto, donde eran esclavos. [13] Adoren al Señor su Dios y sírvanle sólo a él,[u] y cuando tengan que hacer un juramento, háganlo sólo en el nombre del Señor. [14] No vayan tras los dioses que adoran los pueblos vecinos, [15] porque el Señor su Dios, que está con ustedes, es un Dios celoso y puede enojarse contra ustedes y destruirlos totalmente. [16] "No pongan a prueba al Señor su Dios,[v] como lo hicieron en Masah.[w] [17] Cumplan fielmente los mandamientos del Señor su Dios, y los mandatos y leyes que les ha ordenado. [18] Hagan lo que es recto y agradable a los ojos del Señor, para que les vaya bien y tomen posesión de la buena tierra que el Señor juró dar a los antepasados de ustedes, [19] y para que el Señor haga huir a todos los enemigos que se enfrenten con ustedes, tal como lo ha prometido.

[20] "Cuando algún día sus hijos les pregunten: ¿Qué significan estos mandatos, leyes y decretos que nos ha ordenado el Señor nuestro Dios?', [21] ustedes les responderán: 'Nosotros éramos esclavos del faraón, en Egipto, y el Señor nos sacó de allí con gran poder. [22] Nosotros vimos los grandes y terribles prodigios y las señales que el Señor realizó en Egipto contra el faraón y toda la casa real; [23] pero a nosotros nos sacó de allí, y nos llevó al país que había prometido a nuestros antepasados, y nos lo dio. [24] Después el Señor nuestro Dios nos mandó poner en práctica todos estos mandamientos y tenerle reverencia, para que nos vaya bien y para que él nos conserve la vida como hasta ahora. [25] Así que nosotros haremos bien en cumplir cuidadosamente estos mandamientos ante el Señor nuestro Dios, tal como nos lo ha ordenado.'

Advertencias contra la idolatría
(Ex 34.11-17)

7 [1] "El Señor, el Dios de ustedes, los va a hacer entrar en el país del cual han de tomar posesión, y echará de la presencia de ustedes a siete naciones[x] más grandes y poderosas que ustedes: los hititas, los gergeseos, los amorreos, los cananeos, los ferezeos, los heveos y los jebuseos. [2] Cuando el Señor su Dios haya hecho caer a estas naciones en poder de ustedes, y ustedes las hayan derrotado, deberán destinarlas a la destrucción y no hacer con ellas ningún pacto ni tenerles compasión. [3] Tampoco deberán ustedes emparentar con ellas, ni casar a sus hijos e hijas con las jóvenes y los muchachos de esa gente, [4] porque ellos harán que los hijos de ustedes se aparten del Señor y adoren a otros dioses; entonces la ira del Señor se encenderá contra ustedes y los destruirá en un abrir y cerrar de ojos. [5] Lo que tienen que hacer es derribar los altares paganos de ellos, destruir por completo las piedras y los troncos a los que ellos rinden culto, y quemar sus ídolos.[y] [6] Porque ustedes son un pueblo apartado especialmente para el Señor su Dios; el Señor los ha elegido de entre todos los pueblos de la tierra, para que ustedes le sean un pueblo especial.[z]

Privilegios y obligaciones de Israel

[7] "Si el Señor los ha preferido y elegido a ustedes, no es porque ustedes sean la más grande de las naciones, ya que en realidad son la más pequeña de todas ellas.[a] [8] El Señor los sacó de Egipto, donde ustedes eran esclavos, y con gran poder los libró del dominio del faraón, porque los ama y quiso cumplir la promesa que había hecho a los antepasados de ustedes. [9] Reconozcan, pues, que el Señor su Dios es el Dios verdadero, que cumple fielmente su pacto generación tras generación, para con los que le aman y cumplen sus mandamientos; [10] pero que destruye a aquellos que le odian, dándoles su merecido.[b] ¡Sin tardanza da su merecido a los que le odian! [11] Cumplan, pues, los mandamientos, leyes y decretos que en este día les ordeno que pongan en práctica.

Bendiciones de la obediencia
(Lv 26.3-13; Dt 28.1-14)

[12] "Si después de haber escuchado ustedes estos decretos, los cumplen y los ponen en práctica, entonces el Señor su Dios cumplirá fielmente su pacto y la promesa que hizo a los antepasados de ustedes. [13] Los amará a ustedes, los bendecirá y los hará crecer en número; bendecirá a sus

[r] 6.10 Gn 12.7.   [s] 6.10 Gn 26.3.   [t] 6.10 Gn 28.13.   [u] 6.13 Mt 4.10; Lc 4.8.   [v] 6.16 Mt 4.7; Lc 4.12.   [w] 6.16 Ex 17.1-7.
[x] 7.1 Hch 13.19.   [y] 7.5 Dt 12.3.   [z] 7.6 Ex 19.5-6; Dt 4.20; 14.2; 26.18; Tit 2.14; 1 P 2.9.   [a] 7.7 Jn 15.16; 1 Jn 4.10.
[b] 7.9-10 Ex 20.5-6; 34.6-7; Nm 14.18; Dt 5.9-10.

hijos, y sus cosechas, su trigo, su vino y su aceite, y las crías de sus vacas y ovejas, en el país que a sus antepasados juró que les daría. ¹⁴ Ustedes serán bendecidos más que todos los pueblos; no habrá entre ustedes mujer que no pueda concebir hijos ni hombre que no pueda engendrarlos, ni tampoco entre sus ganados habrá machos ni hembras estériles. ¹⁵ El Señor alejará de ustedes toda enfermedad y todas las terribles plagas que, como bien saben, envió sobre Egipto; en cambio, hará sufrir con ellas a todos sus enemigos. ¹⁶ Pero ustedes deben exterminar a todos los pueblos que el Señor su Dios ponga en sus manos; no les tengan compasión ni adoren a sus dioses, porque eso será la perdición de ustedes.ᶜ

¹⁷ "Tal vez ustedes lleguen a pensar: 'Estas naciones son más numerosas que nosotros; ¿cómo podremos desalojarlas?' ¹⁸ ¡Pues no les tengan miedo! Acuérdense de lo que hizo el Señor su Dios con el faraón y con todos los egipcios; ¹⁹ piensen en las grandes pruebas de las que ustedes fueron testigos, y en las señales y prodigios y en el gran poder que desplegó el Señor su Dios cuando los sacó de Egipto. Eso mismo hará el Señor con todos los pueblos a quienes ustedes temen. ²⁰ Además, el Señor enviará un tremendo pánico entre ellos, que acabará con los que hayan quedado con vida o se hayan escondido. ²¹ Así que no tiemblen ante ellos, porque el Señor su Dios, el Dios grande y terrible, está con ustedes. ²² Poco a poco el Señor irá expulsando a estas naciones; ustedes no podrán acabar con ellas de una sola vez, porque el número de bestias salvajes aumentaría a su alrededor y los atacarían. ²³ Pero el Señor su Dios pondrá estas naciones en sus manos e irá acabando con ellas hasta que sean destruidas.ᵈ ²⁴ A sus reyes los someterá al poder de ustedes, y ustedes harán que nadie en el mundo vuelva a acordarse de ellos. Ninguno de ellos podrá resistir el ataque de ustedes, así que ustedes los exterminarán a todos. ²⁵ Quemarán ustedes las imágenes de sus dioses, pero no intenten quedarse con el oro y la plata que las recubren; no caigan en esa tentación, pues cometerían una acción despreciable ante el Señor. ²⁶ Por lo tanto, no lleven a su casa nada que sea despreciable, para que ustedes no sean también destruidos. Eso está destinado a la destrucción, así que deben considerarlo como algo despreciable.

No sólo de pan vive el hombre

8 ¹ "Pongan ustedes en práctica los mandamientos que yo les he ordenado hoy, para que así puedan vivir y llegar a ser un pueblo numeroso, y conquisten este país que el Señor prometió a sus antepasados. ² Acuérdense de todo el camino que el Señor su Dios les hizo recorrer en el desierto durante cuarenta años, para humillarlos y ponerlos a prueba, a fin de conocer sus pensamientos y saber si iban a cumplir o no sus mandamientos. ³ Y aunque los hizo sufrir y pasar hambre, después los alimentó con maná, comida que ni ustedes ni sus antepasados habían conocido, para hacerles saber que no sólo de pan vive el hombre, sino de todo lo que sale de los labios del Señor.ᵉ ⁴ Durante esos cuarenta años no se les gastó la ropa, ni se les hincharon los pies. ⁵ Dense cuenta de que el Señor su Dios los ha corregido del mismo modo que un padre corrige a su hijo.ᶠ ⁶ Cumplan, pues, los mandamientos del Señor su Dios, y hónrenlo y sigan las enseñanzas que él les ha dado. ⁷ Porque el Señor los va a llevar a una buena tierra, a un país lleno de arroyos, fuentes y manantiales que brotan en los valles y en los montes; ⁸ es una tierra donde hay trigo, cebada, viñedos, higueras, granados, olivos y miel. ⁹ En ese país no tendrán ustedes que preocuparse por la falta de alimentos ni por ninguna otra cosa; en sus piedras encontrarán hierro, y de sus montes sacarán cobre. ¹⁰ Pero después que hayan comido y se sientan satisfechos, deben alabar al Señor su Dios por la buena tierra que les ha dado.

Advertencias de no olvidarse de Dios

¹¹ "Tengan cuidado de no olvidarse del Señor su Dios. No dejen de cumplir sus mandamientos, decretos y leyes que les he ordenado hoy. ¹² Cuando hayan comido y estén satisfechos, y vivan en las buenas casas que hayan construido, ¹³ y vean que sus vacas y ovejas han aumentado, lo mismo que su oro y su plata y todas sus propiedades, ¹⁴ no se llenen de orgullo ni se olviden del Señor su Dios, que los sacó de Egipto, donde eran esclavos; ¹⁵ que los hizo marchar por el grande y terrible desierto, lleno de serpientes venenosas y escorpiones, y donde no había agua. Pero él sacó agua de una dura roca y les dio de beber, ¹⁶ y en el desierto los alimentó con maná, comida que los antepasados de ustedes no habían conocido, para humillarlos y ponerlos a prueba, y para bien de ustedes al fin de cuentas.ᵍ ¹⁷ "No se les ocurra pensar: 'Toda esta riqueza la hemos ganado con nuestro propio esfuerzo.' ¹⁸ Deben acordarse del Señor

ᶜ 7.12-16 Dt 11.13-17. ᵈ 7.18-23 Ex 7.8—12.30; 14.23-31; 23.27-30. ᵉ 8.3 Mt 4.4; Lc 4.4. ᶠ 8.5 2 S 7.14; Sal 89.32; Pr 3.11-12; He 12.5-11. ᵍ 8.11-16 Os 13.5-6.

su Dios, ya que ha sido él quien les ha dado las fuerzas para adquirirla, cumpliendo así con ustedes el pacto que antes había hecho con los antepasados de ustedes.

¹⁹ "Pero si se olvidan ustedes del Señor su Dios, y se van tras otros dioses y les rinden culto, yo les aseguro desde ahora que ustedes serán destruidos por completo. ²⁰ De la misma manera que el Señor destruirá a las naciones que ustedes encuentren a su paso, así también ustedes serán destruidos por haber desobedecido al Señor su Dios.

El mérito no es de Israel, sino del Señor

9 ¹ "Escuchen, israelitas: ha llegado el momento de que crucen ustedes el Jordán y se lancen a la conquista de naciones más grandes y poderosas que ustedes, y de grandes ciudades rodeadas de murallas muy altas; ² sus habitantes son grandes y altos como los descendientes del gigante Anac, y ya ustedes conocen el dicho: '¿Quién puede hacer frente a los descendientes del gigante Anac?'

³ "Ahora pues, deben saber que el Señor su Dios es el que marcha al frente de ustedes, y que es como un fuego devorador que ante ustedes destruirá y humillará a esas naciones. Ustedes los desalojarán y los destruirán en un abrir y cerrar de ojos, tal como el Señor se lo ha prometido. ⁴ Cuando el Señor su Dios los haya arrojado de la presencia de ustedes, no se digan a sí mismos: 'Gracias a nuestros méritos, el Señor nos ha dado posesión de este país'; pues si el Señor los expulsa, es por causa de la maldad de ellos. ⁵ No, no es por los méritos ni por la bondad de ustedes por lo que van a tomar posesión de su país; el Señor los arroja de la presencia de ustedes a causa de la maldad de ellos y para cumplir la promesa que hizo a Abraham, Isaac y Jacob, antepasados de ustedes. ⁶ Han de saber que no es debido a los méritos de ustedes por lo que el Señor su Dios les da la posesión de esa buena tierra, pues ustedes son un pueblo muy terco.

Rebelión de Israel en el monte Horeb
(Ex 31.18—32.35)

⁷ "Nunca deben ustedes olvidar que han contrariado al Señor su Dios en el desierto. Desde que salieron de Egipto y hasta que llegaron a este lugar, siempre le han sido rebeldes. ⁸ Ya en el monte Horeb hicieron enojar al Señor, y tanto se enojó él contra ustedes que estuvo a punto de

destruirlos. ⁹ Yo subí al monte para recoger las tablas de piedra, las tablas del pacto que el Señor había hecho con ustedes, y me quedé allí cuarenta días y cuarenta noches,ʰ sin comer ni beber. ¹⁰ El Señor me dio entonces las dos tablas de piedra, escritas por él mismo, que contenían todas las palabras que él les había dicho en el monte, de en medio del fuego, el día en que todos nos reunimos. ¹¹ Pasados esos cuarenta días y cuarenta noches, el Señor me dio las dos tablas de piedra, las tablas del pacto, ¹² y me dijo: 'Anda, baja pronto de aquí, porque el pueblo que sacaste de Egipto se ha descarriado. Muy pronto han dejado de cumplir lo que yo les ordené, y se han hecho un ídolo de metal fundido.'

¹³ "El Señor también me dijo: 'Ya he visto que este pueblo es muy terco. ¹⁴ Quítate de mi camino, que voy a destruirlos y a borrar de la tierra su memoria; pero de ti haré una nación más fuerte y numerosa que ellos.'

¹⁵ "Cuando bajé del monte, el cual estaba ardiendo, traía yo en mis manos las dos tablas del pacto. ¹⁶ Pero al ver que ustedes habían pecado contra el Señor, y que se habían hecho un becerro de metal fundido, abandonando así el camino que el Señor les había ordenado seguir, ¹⁷ arrojé las dos tablas que traía en las manos, y las hice pedazos delante de ustedes. ¹⁸ Después me arrodillé delante del Señor y, tal como ya lo había hecho antes, estuve cuarenta días y cuarenta noches sin comer ni beber nada, por causa del pecado que ustedes habían cometido, con lo que ofendieron al Señor y provocaron su ira. ¹⁹ Yo estaba asustadoⁱ del enojo y furor que el Señor manifestó contra ustedes, hasta el punto de querer destruirlos; pero una vez más el Señor me escuchó. ²⁰ También estaba el Señor muy enojado contra Aarón, y quería destruirlo, pero yo intervine en favor de él; ²¹ luego agarré el becerro que ustedes se habían hecho y con el cual pecaron, y lo arrojé al fuego, y después de molerlo hasta convertirlo en polvo, lo eché al arroyo que baja del monte.

²² "También en Tabera,ʲ en Masahᵏ y en Kibrot-hataava,ˡ provocaron ustedes la ira del Señor. ²³ Y cuando el Señor les ordenó partir de Cades-barneaᵐ para ir a tomar posesión del país que él les había dado,ⁿ también se opusieron a su mandatoⁿ y no tuvieron fe en él ni quisieron obedecerlo. ²⁴ ¡Desde que yo los conozco, ustedes han sido rebeldes al Señor! ²⁵ Como el Señor había amenazado con destruirlos, yo me quedé arrodillado delante del Señor

ʰ **9.9** Ex 24.18. ⁱ **9.19** He 12.21. ʲ **9.22** Nm 11.3. ᵏ **9.22** Ex 17.7. ˡ **9.22** Nm 11.34. ᵐ **9.23** Nm 13.25—14.38. ⁿ **9.23** Dt 1.21. ᵑ **9.23** Nm 13.31; Dt 1.26; He 3.16.

durante cuarenta días y cuarenta noches, [26] y con ruegos le dije: 'Señor, no destruyas a este pueblo, que es tuyo, que tú liberaste con tu grandeza y sacaste de Egipto con gran poder. [27] Acuérdate de tus siervos Abraham, Isaac y Jacob. No tengas en cuenta la terquedad de este pueblo, ni su maldad y pecado, [28] para que no se diga en el país del que nos sacaste: El Señor no pudo hacerlos entrar en el país que les había prometido, y como los odiaba, los hizo salir de aquí para hacerlos morir en el desierto. [29] Pero ellos son tu pueblo, son tuyos; tú los sacaste de Egipto con gran despliegue de poder.'

El pacto renovado
(Ex 34.1–10)

10 [1] "Entonces el Señor me dijo: 'Corta tú mismo dos tablas de piedra iguales a las primeras, y haz también un cofre de madera, y sube al monte para hablar conmigo. [2] Yo voy a escribir en esas tablas las mismas palabras que estaban escritas en las primeras, las que tú rompiste, y las guardarás en el cofre.'

[3] "Hice, pues, un cofre de madera de acacia,[o] y corté las dos tablas de piedra, y subí con ellas al monte. [4] Y el Señor escribió en las tablas los Diez Mandamientos, tal como lo había hecho la primera vez que les habló a ustedes en el monte, de en medio del fuego, cuando todos estábamos reunidos. Me las dio, [5] y yo bajé del monte; luego puse las tablas en el cofre, tal como el Señor me lo había ordenado, y todavía están allí."

[6] (Los israelitas partieron de Beerotbene-jaacán, y se dirigieron a Mosera. Allí murió Aarón,[p] y fue sepultado, y su hijo Eleazar ocupó su lugar como sacerdote. [7] De allí salieron para Gudgoda, y de Gudgoda fueron a Jotbata, región en la que abunda el agua. [8] Fue entonces cuando el Señor escogió a la tribu de Leví[q] para que llevara el cofre del pacto del Señor y estuviera en su presencia para ofrecerle culto y dar la bendición en su nombre, como lo siguen haciendo hasta hoy. [9] Por eso los levitas no han tenido parte ni herencia entre sus hermanos, porque su herencia es el Señor, tal como el Señor mismo lo anunció.)

[10] "Yo estuve en el monte cuarenta días y cuarenta noches,[r] lo mismo que la primera vez, y también esta vez el Señor me escuchó y no quiso destruirlos a ustedes, [11] sino que me dijo: 'Anda, prepárate a salir al frente del pueblo, para que vayan y conquisten el país que prometí dar a sus antepasados.'

Lo que Dios exige

[12] "Y ahora, israelitas, ¿qué pide de ustedes el Señor su Dios? Solamente que lo honren y sigan todos sus caminos; que lo amen y lo adoren con todo su corazón y con toda su alma, [13] y que cumplan sus mandamientos y sus leyes, para que les vaya bien. [14] Tengan en cuenta que del Señor su Dios son los cielos y lo más alto de los cielos, la tierra y todo lo que hay en ella. [15] Sin embargo, el Señor prefirió a los antepasados de ustedes y los amó, y después escogió a los descendientes de ellos, que son ustedes, de entre todos los demás pueblos, tal como se puede ver hoy.

[16] "Pongan en su corazón la marca del pacto,[s] y no sigan siendo tercos, [17] porque el Señor su Dios es el Dios de dioses y el Señor de señores;[t] él es el Dios soberano, poderoso y terrible, que no hace distinciones ni se deja comprar con regalos;[u] [18] que hace justicia al huérfano y a la viuda, y que ama y da alimento y vestido al extranjero que vive entre ustedes. [19] Ustedes, pues, amen al extranjero, porque también ustedes fueron extranjeros en Egipto.

[20] "Honren al Señor su Dios, y adórenlo sólo a él; séanle fieles, y cuando tengan que hacer un juramento, háganlo en su nombre. [21] Porque él es el motivo de la alabanza de ustedes; él es su Dios, que ha hecho por ustedes estas cosas grandes y maravillosas que han visto. [22] Cuando los antepasados de ustedes llegaron a Egipto, eran sólo setenta personas,[v] pero ahora el Señor su Dios los ha hecho aumentar en número como las estrellas del cielo.[w]

La grandeza del Señor

11 [1] "Amen ustedes al Señor su Dios, y cumplan sus preceptos, leyes, decretos y mandamientos. [2] Reconozcan hoy la corrección del Señor su Dios, que los hijos de ustedes no conocen ni han visto. Reconozcan su grandeza y su gran despliegue de poder, [3] y las señales y grandes hechos que realizó en Egipto contra el faraón y todo su país,[x] [4] lo que hizo con el ejército egipcio, con sus caballos y carros de guerra, y cómo los hundió en las aguas del Mar Rojo cuando ellos los perseguían a ustedes.[y] El Señor los destruyó para siempre. [5] Acuérdense también de todo lo

o 10.1–3 Ex 25.10; 1 R 8.9. p 10.6 Nm 20.28; 33.38. q 10.8 Nm 3.5–8. r 10.10 Ex 34.28 s 10.16 Dt 30.6; Jer 4.4; Ro 2.25–29. t 10.17 1 Ti 6.15; Ap 17.14; 19.16. u 10.17 2 Cr 19.7; Hch 10.34; Ro 2.11; Gá 2.6; Ef 6.9 v 10.22 Gn 46.27. w 10.22 Gn 15.5; 22.17. x 11.3 Ex 7.8–12.30. y 11.4 Ex 14.28.

que hizo por ustedes en el desierto, hasta que llegaron aquí; 6 y lo que hizo con Datán y Abiram, hijos de Eliab y descendientes de Rubén, y cómo la tierra se abrió y se los tragó junto con sus familias y tiendas de campaña, y con todo cuanto tenían, a la vista de todo Israel.z 7 Ustedes mismos son testigos de las grandes cosas que ha hecho el Señor.

Bendiciones de la tierra prometida

8 "Cumplan ustedes todos los mandamientos que hoy les he dado, para que se hagan fuertes y tomen posesión del país que van a conquistar, 9 y para que vivan muchos años en esta tierra que el Señor prometió dar a los antepasados de ustedes y a sus descendientes; tierra donde la leche y la miel corren como el agua. 10 La tierra que van a conquistar no es como Egipto, de donde ustedes salieron; allí sembraban ustedes la semilla y regaban con los pies, como se hace en las huertas, 11 pero el país del que van a tomar posesión es un país de montes y valles, regado por la lluvia del cielo. 12 Es una tierra que el Señor mismo cuida; en ella tiene puestos los ojos todo el año.

13 "Si ustedes cumplen los mandamientos que les he dado en este día, y aman al Señor su Dios, y lo adoran con todo su corazón y con toda su alma, 14 él hará5 que vengan a su tiempo las lluvias de otoño y las de primavera, para que ustedes cosechen su trigo y tengan vino y aceite. 15 También hará que crezca hierba en el campo para el ganado de ustedes, y que ustedes tengan comida en abundancia. 16 Pero tengan cuidado de no dejarse engañar; no se aparten del Señor para rendir culto a otros dioses; no se inclinen ante ellos, 17 porque el Señor se enojará contra ustedes y no les enviará lluvia; entonces la tierra no dará sus frutos, y muy pronto ustedes morirán en esa buena tierra que el Señor les va a dar.a 18 "Grábense estas palabras en la mente y en el pensamiento; átenlas como señales en sus manos y en su frente. 19 Instruyan a sus hijos hablándoles de ellas tanto en la casa como en el camino, y cuando se acuesten y cuando se levanten. 20 Escríbanlas en los postes y en las puertas de su casa,b 21 para que su vida y la de sus hijos en la tierra que el Señor prometió dar a sus antepasados sea tan larga como la existencia del cielo sobre la tierra.

22 "Si cumplen fielmente todos estos mandamientos que hoy les ordeno poner en práctica, y si aman al Señor su Dios y lo siguen fielmente en todos sus caminos, 23 el Señor arrojará de la presencia de ustedes a todas esas naciones, y ustedes conquistarán a pueblos más numerosos y fuertes. 24 Donde ustedes planten el pie, allí se quedarán. Sus fronteras se extenderán desde el desierto hasta el Líbano, y desde el río Éufrates hasta el mar Mediterráneo. 25 Nadie podrá hacerles frente.c El Señor su Dios hará cundir el pánico y el terror por dondequiera que ustedes pasen, tal como se lo ha prometido.

26 "En este día les doy a elegir entre bendición y maldición. 27 Bendición, si obedecen los mandamientos del Señor su Dios, que hoy les he ordenado. 28 Maldición, si por seguir a dioses desconocidos, desobedecen los mandamientos del Señor su Dios y se apartan del camino que hoy les he ordenado.

29 "Cuando el Señor su Dios los haya hecho entrar en el país que van a conquistar, pondrán la bendición en el monte Gerizim, y la maldición en el monte Ebal.d 30 Estos montes están al otro lado del Jordán, en dirección de la ruta occidental, en la tierra de los cananeos que viven en la llanura, frente a Gilgal y junto a las encinas de More. 31 Ustedes están a punto de cruzar el Jordán y conquistar el país que el Señor su Dios les va a dar. Cuando ya lo hayan conquistado y vivan en él, 32 pongan en práctica todas las leyes y decretos que hoy les he entregado.

El santuario único

12 1 "Estas son las leyes y los decretos que ustedes deberán poner en práctica durante toda su vida, en la tierra que el Señor y Dios de sus antepasados les va a dar en posesión.

2 "Destruyan por completo todos los lugares donde los pueblos que van a conquistar adoran a sus dioses: en los montes, en las colinas y bajo los árboles frondosos. 3 Derriben sus altares, hagan pedazos las piedras y quemen los troncos a los que rinden culto, y destruyan las imágenes de sus dioses; borren de aquellos lugares su recuerdo.e 4 "Al Señor su Dios no deben adorarlo de esa manera. 5 Entre las tribus de ustedes, el Señor escogerá un lugar como residencia de su nombre, y a ese lugar podrán ustedes ir a adorarlo. 6 Allí sacrificarán y quemarán animales en su honor, y le llevarán sus diezmos, contribuciones, promesas y ofrendas voluntarias, así como las

5 El hará: según la versión griega. Heb. yo haré.
z 11.6 Nm 16.31–32.   a 11.13–17 Lv 26.3–5; Dt 7.12–16; 28.1–14.   b 11.18–20 Dt 6.6–9.   c 11.24–25 Jos 1.3–5.
d 11.29 Dt 27.11–14; Jos 8.33–35.   e 12.3 Dt 7.5.

primeras crías de sus vacas y ovejas. ⁷ Comerán allí, delante del Señor su Dios, y en compañía de sus familias se alegrarán del fruto de su trabajo con que el Señor su Dios los haya bendecido.

⁸ "Allí no deberán hacer ustedes lo que ahora hacemos aquí, donde cada uno de nosotros hace lo que mejor le parece. ⁹ Realmente todavía no han llegado ustedes al lugar tranquilo que el Señor su Dios les va a dar en posesión. ¹⁰ Pero una vez que hayan cruzado el Jordán y vivan en el país que él les va a entregar, y ya estén libres de todos los enemigos que los rodean, y sin ningún temor, ¹¹ entonces, en el lugar que el Señor su Dios escoja como residencia de su nombre, le ofrecerán ustedes todo lo que les he ordenado: animales sacrificados y quemados en su honor, diezmos, contribuciones y todo lo más escogido de las promesas que le hayan hecho al Señor. ¹² Y harán fiesta en presencia del Señor su Dios, junto con sus hijos y sus siervos, y con los levitas que vivan entre ustedes, ya que ellos no han recibido entre ustedes ninguna tierra en propiedad.

¹³ "Cuídense de no quemar animales al Señor en cualquier lugar que encuentren; ¹⁴ únicamente podrán hacerlo en el lugar que el Señor su Dios escoja en una de sus tribus. Allí cumplirán todo lo que les he ordenado.

¹⁵ "Sin embargo, podrán matar y comer carne en sus poblaciones en cualquier momento, según los bienes que el Señor su Dios les haya dado. La podrán comer todos ustedes, estén o no ritualmente puros, como si fuera carne de gacela o de ciervo. ¹⁶ Pero la sangre no deben comerla, sino derramarla en la tierra como agua.

¹⁷ "No podrán ustedes comer dentro de su ciudad el diezmo de su trigo, de su vino o de su aceite, ni las primeras crías de sus vacas y ovejas, ni nada de lo que hayan prometido al Señor, ni de sus ofrendas voluntarias. ¹⁸ Sólo podrán hacerlo delante del Señor su Dios, en el lugar que él escoja; allí, en presencia del Señor su Dios y en compañía de sus hijos y sus criados, y de los levitas que vivan entre ustedes, se alegrarán del fruto de su trabajo. ¹⁹ Mientras ustedes vivan en el país, no abandonen jamás a los levitas.

²⁰ "Cuando el Señor su Dios haya extendido el territorio de ustedes, tal como se lo ha prometido, si a ustedes les apetece comer carne, podrán comerla en cualquier momento. ²¹ Si el lugar que el Señor su Dios escogió para poner allí su nombre está lejos de donde ustedes viven, podrán matar de las vacas y ovejas que el Señor les haya dado y comer todo lo que quieran allí donde ustedes habiten, tal como se lo he ordenado. ²² Igual que en el caso de la carne de gacela o de ciervo, todos ustedes podrán comerla, estén o no ritualmente puros. ²³ Pero de ninguna manera deben comer la sangre, porque la sangre es la vida; así que no deben comer la vida junto con la carne. ²⁴ Lo que deben hacer es derramarla en la tierra como agua. ²⁵ No la coman, y les irá bien a ustedes y a sus hijos por hacer lo recto a los ojos del Señor. ²⁶ En cuanto a las cosas que hayan dedicado como ofrenda, y las promesas que hayan hecho, las presentarán en el lugar que el Señor escoja, ²⁷ y allí, sobre el altar del Señor su Dios, ofrecerán sus holocaustos. La sangre de los animales que ustedes ofrezcan la derramarán sobre el altar del Señor su Dios, pero la carne podrán comerla.

²⁸ "Escuchen y cumplan todo lo que les he ordenado, para que a ustedes y a sus hijos les vaya bien siempre, por hacer lo que es agradable y recto a los ojos del Señor su Dios.

Advertencias contra la idolatría

²⁹⁻³⁰ "Cuando el Señor su Dios haya destruido las naciones que ustedes van a conquistar, y después de destruidas ustedes ocupen su territorio y vivan en él, tengan cuidado de no seguir el ejemplo de esas naciones, ni de recurrir a sus dioses con la idea de rendirles culto también. ³¹ No le hagan eso al Señor su Dios, porque todas las cosas despreciables que el Señor no soporta son las que esas naciones cometen para honrar a sus dioses, llegando al extremo de sacrificar a sus propios hijos en el fuego.

³² "Pongan siempre en práctica todo lo que les he ordenado, sin añadir ni quitar nada.

13 ¹ "Si aparece entre ustedes un profeta o visionario y les anuncia una señal o un prodigio ² en caso de que se cumpla lo que les había anunciado y les diga: '¡Vamos y sigamos a otros dioses que ustedes no conocen; vamos a rendirles culto!', ³ no le hagan caso. Porque el Señor su Dios quiere ponerlos a prueba para saber si ustedes lo aman con todo su corazón y con toda su alma. ⁴ Sigan y honren sólo al Señor su Dios; cumplan sus mandamientos; escuchen su voz y ríndanle culto; vivan unidos a él. ⁵ Y ese profeta o visionario será condenado a muerte por haberles aconsejado rebelarse contra el

ᶠ 12.8 Jue 17.6; 21.25. ᵍ 12.16 Gn 9.4; Lv 7.26-27; 17.10-14; 19.26; Dt 15.23. ʰ 12.23-24 Lv 1.5; 17.10-14.
ⁱ Los vs. 12.32—13.18 corresponden a los vs. 13.1-19 en el texto hebreo. ʲ 12.32 Dt 4.2; Ap 22.18-19.

Señor su Dios, que los libró de la esclavitud a que estaban sometidos en Egipto, y por tratar de que ustedes se apartaran del camino que el Señor su Dios les ha ordenado seguir. Así acabarán con el mal que haya entre ustedes.[k]

[6] "Si aun tu propio hermano, o tu hijo, o tu hija, o tu esposa amada, o tu más íntimo amigo, te empuja en secreto a dar culto a otros dioses que ni tú ni tus padres conocieron, [7] como son los dioses de los pueblos que, cercanos o lejanos, los rodean de un extremo al otro de la tierra, [8] no te sometas a sus deseos ni le hagas caso; ni siquiera tengas compasión de él; no le tengas lástima, ni lo encubras; [9] al contrario, mátalo. Y tú serás el primero en levantar la mano contra él, y después de ti hará lo mismo todo el pueblo. [10] Apedréalo hasta que muera, por haber querido apartarte del Señor tu Dios, que te sacó de Egipto, donde eras esclavo. [11] De esta manera todo Israel lo sabrá y tendrá miedo de volver a cometer una maldad como ésta.

[12] "Si en alguna de las ciudades que el Señor su Dios les ha dado para vivir llegan a saber que han aparecido [13] hombres que desobedecen a Dios y descarrían a los habitantes de esa ciudad, empujándolos a rendir culto a dioses desconocidos, [14] deberán ustedes investigar bien el asunto. Y si resulta que los rumores son ciertos y que se ha cometido entre ustedes cosa tan despreciable, [15] entonces matarán a filo de espada a los habitantes de esa ciudad y a todos sus animales, y destinarán a la destrucción todo lo que haya en ella.[l] [16] Juntarán todas sus riquezas en el centro de la plaza, y prenderán fuego a la ciudad y a todo lo que le hayan quitado al enemigo, destruyéndolo todo como ofrenda quemada en honor del Señor su Dios. Esa ciudad quedará para siempre convertida en un montón de ruinas, y nunca más será reconstruida.

[17] "No se queden ustedes con nada de lo que haya sido destinado a la destrucción, y el Señor nunca se enojará contra ustedes; al contrario, tendrá compasión de ustedes y los hará crecer en número, tal como lo prometió a sus antepasados de ustedes, [18] siempre y cuando obedezcan al Señor su Dios y cumplan todos los mandamientos que yo les he dado hoy y hagan lo que es recto a sus ojos.

14 [1] "Ustedes son los hijos del Señor su Dios. No se hagan heridas en el cuerpo, ni se rapen la cabeza por delante cuando alguien muera.[m] [2] Porque ustedes son un pueblo consagrado al Señor su Dios; él los ha elegido entre todos los pueblos de la tierra para que sean el pueblo de su propiedad.[n]

Animales puros e impuros
(Lv 11.1–47)

[3] "No coman nada impuro.

[4] "Esta es la lista de los animales que ustedes pueden comer: toros, corderos, cabritos, [5] ciervos, gacelas, gamos, cabras monteses y toda clase de antílopes. [6] Pueden, pues, comer de todo animal rumiante que tenga las pezuñas partidas, separadas en dos partes, [7] pero no deben comer de los siguientes animales, aunque sean rumiantes o tengan pezuñas partidas:

"El camello, la liebre y el tejón; deben considerarlos animales impuros, porque son rumiantes pero no tienen pezuñas partidas.

[8] "El cerdo, porque tiene pezuñas partidas pero no es rumiante. Deben considerarlo impuro. No coman la carne de estos animales ni toquen sus cuerpos muertos.

[9] "De los animales que viven en el agua podrán comer de los que tienen aletas y escamas, [10] pero no coman de los que no tienen aletas y escamas; deben considerarlos animales impuros.

[11] "Pueden comer de toda ave pura, [12] pero hay algunas de las cuales no deben comer: el águila, el quebrantahuesos, el águila marina, [13] el milano, y toda clase de halcones, [14] toda clase de cuervos, [15] el avestruz, la lechuza, la gaviota, toda clase de gavilanes, [16] el búho, el ibis, el cisne, [17] el pelícano, el buitre, el cormorán, [18] la cigüeña, la abubilla y el murciélago.

[19] "Todo insecto con alas será considerado impuro. No deberán comerlo. [20] Pero las aves consideradas puras sí podrán comerlas.

[21] "No coman ningún animal que muera por sí solo, pues ustedes son un pueblo consagrado al Señor su Dios; pero se lo podrán dar al extranjero que viva en las ciudades de ustedes; él sí puede comerlo. Y también pueden vendérselo al extranjero que esté de paso.

"No cocinen cabritos en la leche de su madre.[ñ]

Instrucciones acerca del diezmo

[22] "Cada año, sin falta, deberán ustedes apartar la décima parte de todo el grano que cosechen.[o] [23] De esa décima parte de trigo, de vino y de aceite, y de las primeras crías de sus vacas y ovejas, comerán ustedes delante del Señor su Dios, en el

[k] 13.5 1 Co 5.13. [l] 13.15–16 Dt 20.16–18; Jos 6.17. [m] 14.1 Lv 19.28; 21.5. [n] 14.2 Ex 19.5–6; Dt 4.20; 7.6; 26.18; Tit 2.14; 1 P 2.9. [ñ] 14.21 Ex 23.19; 34.26. [o] 14.22–29 Lv 27.30–33; Nm 18.21; Mal 3.8–10.

lugar que él escoja como residencia de su nombre, para que aprendan a reverenciar siempre al Señor. ²⁴ Y si el Señor los bendice, pero ustedes tienen que hacer un largo viaje para llevar esa décima parte por vivir muy lejos del lugar que el Señor ha escogido para poner allí su nombre, ²⁵ entonces venderán ustedes esa décima parte y el dinero de la venta lo llevarán al lugar que el Señor haya escogido. ²⁶ Con ese dinero comprarán allí lo que crean más conveniente: bueyes, ovejas, vino o cualquier bebida fermentada; en fin, lo que ustedes quieran, y lo comerán allí, delante del Señor su Dios, y harán fiesta junto con su familia.

²⁷ "No desamparen nunca a los levitas que vivan en su población, ya que a ellos no les ha tocado tener su propia tierra como a ustedes.

²⁸ "Cada tres años deberán ustedes apartar la décima parte de su cosecha del año, y almacenarla en su ciudad, ²⁹ para que cuando vengan los levitas, a quienes no les ha tocado tener su propia tierra, o los extranjeros que viven entre ustedes, o los huérfanos y las viudas, puedan comer hasta quedar satisfechos. Así el Señor su Dios los bendecirá en todo lo que hagan.

El año del perdón de deudas

15 ¹ "Cada siete años perdonarás lo que otros te deban.^p
² Este perdón consistirá en lo siguiente: Toda persona que haya prestado algo a su prójimo, le perdonará lo que le haya prestado. Ya no deberá exigir a su prójimo o a su compatriota que le pague, porque será proclamado el año del perdón de deudas en honor del Señor. ³ Al extranjero le podrás exigir que te pague el préstamo que le hiciste, pero a tu compatriota deberás perdonarle lo que haya recibido de ti. ⁴ De esta manera no habrá pobres entre ustedes, pues el Señor tu Dios te bendecirá en el país que él te va a dar como herencia, ⁵ siempre y cuando le obedezcas y pongas en práctica todos estos mandamientos que yo te he dado hoy. ⁶ Si, el Señor tu Dios te bendecirá, tal como te lo ha prometido, y tendrás que prestar a muchas naciones, pero tú no tendrás que pedir prestado; dominarás a muchas naciones, pero ellas no te dominarán a ti.

⁷ "Si hay algún pobre entre tus compatriotas en alguna de las ciudades del país que el Señor tu Dios te da, no seas inhumano ni le niegues tu ayuda a tu compatriota necesitado; ⁸ al contrario, sé generoso con él y préstale lo que necesite.^q

⁹ No des lugar en tu mente a este malvado pensamiento: 'Ya está cerca el año séptimo, el año en que se perdonan las deudas', y entonces pongas mala cara a tu compatriota que se halla en la pobreza, y no le prestes nada; porque él clamará contra ti al Señor, y tal acción se te contará como pecado. ¹⁰ Debes ayudarlo siempre y sin que te pese, porque por esta acción el Señor tu Dios te bendecirá en todo lo que hagas y emprendas. ¹¹ Nunca dejará de haber necesitados en la tierra,^r y por eso yo te mando que seas generoso con aquellos compatriotas tuyos que sufran pobreza y miseria en tu país.

Leyes sobre los esclavos
(Ex 21.1–11)

¹² "Si alguno de tus compatriotas hebreos, sea hombre o mujer, se vende a ti como esclavo,^s sólo te servirá seis años; al séptimo año lo dejarás en libertad. ¹³ Y cuando lo despidas, no lo dejarás ir con las manos vacías, ¹⁴ sino que le darás animales de tu rebaño y mucho trigo y vino; es decir, compartirás con él los bienes que el Señor tu Dios te haya dado. ¹⁵ No olvides que también tú fuiste esclavo en Egipto, y que el Señor tu Dios te dio libertad. Por eso ahora te doy esa orden.

¹⁶ "Pero si tu esclavo dice que no quiere dejarte porque te tiene cariño por ti y por tu familia, y porque lo tratas bien, ¹⁷ entonces tomarás un punzón y, arrimándolo a la puerta de tu casa, le atravesarás la oreja; de esta manera será esclavo tuyo para siempre. Lo mismo harás si se trata de tu esclava. ¹⁸ No te parezca mal dejar en libertad a tus esclavos, pues durante seis años te han servido por la mitad de lo que le habrías pagado a un jornalero; además, el Señor tu Dios te bendecirá en todo lo que hagas.

Consagración de los primeros animales machos

¹⁹ "Todo primer macho que nazca de tus vacas o de tus ovejas, deberás consagrarlo al Señor tu Dios.^t

"No hagas trabajar al primer ternerito de tus vacas, ni esquiles al primer corderito de tus ovejas. ²⁰ Cada año los comerás junto con tu familia y delante del Señor tu Dios, en el lugar que él haya escogido. ²¹ Pero si tiene algún defecto, o es cojo o ciego, o tiene cualquier otra falta, no lo presentarás en sacrificio al Señor. ²² Lo comerás en la ciudad donde vivas, y todos podrán comer de él, estén o no estén ri-

^p **15.1-6** Lv 25.1–7.   ^q **15.7-8** Lv 25.35.   ^r **15.11** Mt 26.11; Mr 14 7; Jn 12.8.   ^s **15.12-18** Lv 25.39–46.   ^t **15.19** Ex 13.12.

tualmente puros, como cuando se come la carne de gacela o de ciervo. ²³ Pero no debes comer su sangre,ᵘ sino derramarla en la tierra como agua.

Fiestas anuales
(Ex 23.14-17; 34.18-24)

16 ¹ "Cuando llegue el mes de Abib, cumplan con la celebración de la Pascuaᵛ en honor del Señor su Dios, porque fue en una noche de ese mes cuando el Señor su Dios los sacó de Egipto.
² "Durante la Pascua ofrecerán vacas y ovejas en sacrificio al Señor su Dios, en el lugar que él haya escogido como residencia de su nombre.
³ "El animal sacrificado lo comerán con pan sin levadura. Durante siete días comerán pan sin levadura, que es el pan del sufrimiento, pues tuvieron que salir de Egipto muy aprisa; así, mientras ustedes vivan, se acordarán del día en que salieron de Egipto. ⁴ En estos siete días no deberá haber levadura en todo el territorio de ustedes, y de la carne que se ofrece en sacrificio la tarde del primer día no debe quedar nada para la mañana siguiente. ⁵ No deben ofrecer el sacrificio de la Pascua en cualquier ciudad de las que el Señor su Dios les da, ⁶ sino únicamente en el lugar que él escoja como residencia de su nombre, y deben ofrecerlo por la tarde, al ponerse el sol, que es la hora en que ustedes salieron de Egipto. ⁷ La carne ofrecida la cocerán y comerán en el lugar que el Señor su Dios haya escogido, y a la mañana siguiente regresarán a su casa. ⁸ Durante seis días comerán pan sin levadura, y el día séptimo se celebrará una reunión especial en honor del Señor su Dios; ese día no deberán ustedes hacer ninguna clase de trabajo.
⁹ "Cuando hayan pasado siete semanas, a partir del día en que comenzó la cosecha de trigo, ¹⁰ celebrarán la fiesta de las Semanasʷ en honor del Señor su Dios, y presentarán sus ofrendas voluntarias según los bienes con que el Señor su Dios los haya bendecido. ¹¹ Y harán fiesta delante del Señor su Dios, en el lugar que él haya escogido como residencia de su nombre, junto con sus hijos y sus esclavos, y con los levitas, extranjeros, huérfanos y viudas que habiten en su población. ¹² Recuerden que también ustedes fueron esclavos en Egipto; por lo tanto, pongan en práctica todas estas leyes.
¹³ "Una vez que hayan terminado de cosechar su trigo y de exprimir sus uvas, ce-

lebrarán durante siete días la fiesta de las Enramadas.ˣ ¹⁴ Alégrense en esta fiesta junto con sus hijos y sus esclavos, y con los levitas, extranjeros, huérfanos y viudas que vivan en su ciudad. ¹⁵ Esta fiesta la celebrarán en honor del Señor su Dios durante siete días, en el lugar que él haya escogido; porque el Señor su Dios los bendecirá en todas sus cosechas y en todo su trabajo, y serán ustedes completamente dichosos.
¹⁶ "Todos los varones deberán presentarse tres veces al año ante el Señor su Dios, en el lugar que él haya escogido, durante las siguientes fiestas: la de los Panes sin levadura, la de las Semanas y la de las Enramadas. Nadie deberá presentarse ante el Señor con las manos vacías, ¹⁷ sino que cada uno llevará sus ofrendas conforme a los bienes con que el Señor su Dios lo haya bendecido.

Reglas para administrar justicia

¹⁸ "Nombren jueces y oficiales para todas las ciudades que el Señor su Dios le va a dar a cada tribu, para que juzguen al pueblo con verdadera justicia. ¹⁹ No perviertan la justicia; no hagan ninguna diferencia entre unas personas y otras, ni se dejen sobornar, pues el soborno ciega los ojos de los sabios y pervierte las palabras de las personas justas.ʸ ²⁰ La justicia, y sólo la justicia, es lo que ustedes deben seguir, para que vivan y posean el país que el Señor su Dios les da.
²¹ "No planten ningún árbol para honrar a un ídolo,ᶻ ni lo pongan junto al altar del Señor su Dios. ²² No levanten piedras de culto pagano,ᵃ pues esto le repugna al Señor su Dios.

17 ¹ "No ofrezcan como sacrificio al Señor su Dios ningún toro ni oveja que tenga defecto o alguna cosa mala, porque eso le es repugnante.
² "Si en alguna de las poblaciones que el Señor su Dios les da se descubre que algún hombre o mujer hace lo que al Señor le desagrada, y falta a su pacto ³ adorando a otros dioses y arrodillándose ante ellos, ya sea ante el sol, la luna o las estrellas, que es algo que el Señor no ha mandado, ⁴ y si llegan a saberlo, investiguen bien el asunto; y si resulta verdad que un acto tan repugnante se ha cometido en Israel, ⁵ llevarán ante el tribunal de la ciudad a quien haya cometido esta mala acción y lo condenarán a morir apedreado.ᵇ
⁶ "La sentencia de muerte se dictará sólo cuando haya declaración de dos o

ᵘ **15.23** Gn 9.4; Lv 7.26-27; 17.10-14; 19.26; Dt 12.16,23.   ᵛ **16.1-8** Ex 12.1-20; Lv 23.5-8; Nm 28.16-25.
ʷ **16.9-12** Lv 23.15-21; Nm 28.26-31.   ˣ **16.13-15** Lv 23.33-36,39-43; Nm 29.12-38.   ʸ **16.19** Ex 23.6-8; Lv 19.15.
ᶻ **16.21** Ex 34.13.   ᵃ **16.22** Ex 23.24; Lv 26.1.   ᵇ **17.2-5** Ex 22.20.

tres testigos, pues por la declaración de un solo testigo nadie podrá ser condenado a muerte.[c] [7] Los testigos serán los primeros en arrojarle piedras al condenado, y después lo hará todo el pueblo. Así acabarán con el mal que haya en medio de ustedes.[d]

[8] Si tienen que juzgar un caso demasiado difícil, ya sea de muerte, pleito, heridas corporales o cualquiera otra cosa que ocurra en su ciudad, vayan al lugar que el Señor su Dios haya escogido [9] y pónganse en contacto con los sacerdotes levitas y con el juez de turno para exponerles el caso. Ellos dictarán entonces la sentencia que corresponda al caso, [10] y ustedes la aplicarán siguiendo al pie de la letra sus instrucciones. [11] Hagan todo tal y como ellos lo indiquen, aplicando la sentencia que dicten sin hacerle ningún cambio. [12] Pero al que actúe movido por la soberbia y desobedezca la decisión del sacerdote que está allí sirviendo al Señor, o la del juez, se le condenará a muerte. Así acabarán ustedes con la maldad en Israel, [13] y cuando el pueblo lo sepa, tendrá miedo y dejará de hacer las cosas con soberbia.

Instrucciones en cuanto a los reyes

[14] Si cuando hayan entrado en el país que el Señor su Dios les va a dar, y lo hayan conquistado y vivan en él, dicen: 'Queremos tener un rey que nos gobierne,[e] como lo tienen todas nuestras naciones vecinas', [15] deberán poner como rey de su nación a aquel compatriota de ustedes que el Señor su Dios escoja. No deben tomar como rey a un extranjero, a uno que no sea su compatriota. [16] Pero ese rey no deberá adquirir muchos caballos, ni enviar gente a Egipto para aumentar su caballería,[f] pues el Señor les ha dicho: 'Nunca más vuelvan por este camino.' [17] Tampoco deberá tener muchas mujeres,[g] para que no se descarríe; ni adquirir grandes cantidades de oro y plata.[h] [18] Cuando el rey tome posesión del poder, mandará que le hagan una copia escrita de esta enseñanza, tomada del original que está al cuidado de los sacerdotes levitas. [19] Siempre deberá tener esa copia consigo, y leerla todos los días de su vida, para que aprenda a reverenciar al Señor su Dios, a respetar todo el contenido de esta enseñanza y a poner en práctica sus mandatos, [20] para que no se crea superior a sus compatriotas ni se aparte para nada de estos mandamientos. Así, tanto él como sus descendientes tendrán un largo reinado en Israel.

Derechos de los sacerdotes levitas

18 [1] "Los sacerdotes levitas, es decir, todos los de la tribu de Leví, no tendrán parte ni herencia como los demás israelitas. Tendrán que mantenerse de los sacrificios que se ofrecen al Señor, y de lo que a él le corresponde. [2] No recibirán herencia como sus compatriotas, ya que su herencia es el Señor, como él lo ha dicho.[i] [3] Los derechos que los sacerdotes tienen sobre los sacrificios de toros o corderos ofrecidos por la gente, son los siguientes: les tocará la espaldilla, la quijada y el cuajar, [4] y también los primeros frutos de trigo, vino y aceite, y la primera lana que se corte a las ovejas; [5] pues el Señor su Dios los ha elegido a ellos, de entre todas las tribus, para que de padres a hijos tengan siempre a su cargo el culto al Señor. [6] Cuando un levita de alguna población de ustedes, de cualquier lugar de Israel, se sienta movido a venir al lugar escogido por el Señor, [7] podrá oficiar allí como sacerdote en el nombre del Señor, lo mismo que todos sus compañeros levitas que están allí sirviendo al Señor, [8] y recibirá la misma porción de alimentos que ellos reciben, además de lo que obtenga de la herencia de su padre.

Advertencias contra prácticas paganas

[9] "Cuando hayan entrado ustedes en el país que el Señor su Dios les va a dar, no imiten las horribles costumbres de esas naciones. [10] Que nadie de ustedes ofrezca en sacrificio a su hijo haciéndolo pasar por el fuego, ni practique la adivinación, ni pretenda predecir el futuro,[j] ni se dedique a la hechicería[k] [11] ni a los encantamientos, ni consulte a los adivinos y a los que invocan a los espíritus,[l] ni consulte a los muertos. [12] Porque al Señor le repugnan los que hacen estas cosas. Y si el Señor su Dios arroja de la presencia de ustedes a estas naciones, es precisamente porque tienen esas horribles costumbres. [13] Ustedes deben ser perfectos en su relación con Dios.[m] [14] Esas naciones, cuyo territorio van ustedes a poseer, hacen caso a los que pretenden predecir el futuro y a los adivinos, pero a ustedes el Señor su Dios no les permite semejante cosa.

El profeta que ha de venir

[15] "El Señor su Dios hará que salga de entre ustedes un profeta como yo, y deberán obedecerlo.[n] [16] Esto es en realidad lo

c 17.6 Nm 35.30; Dt 19.15; Mt 18.16; 2 Co 13.1; 1 Ti 5.19; He 10.28.   d 17.7 1 Co 5.13   e 17.14 1 S 8.5.   f 17.16 1 R 10.28; 2 Cr 1.16; 9.28.   g 17.17 1 R 11.1-8.   h 17.17 1 R 10.14-22,27; 2 Cr 1.15; 9.27.   i 18.2 Nm 18.20.   j 18.10 Lv 19.26.   k 18.10 Ex 22.18.   l 18.11 Lv 19.31.   m 18.13 Mt 5.48.   n 18.15 Hch 3.22; 7.37.

que ustedes pidieron al Señor su Dios en
el monte Horeb, el día en que todos se
reunieron allí y dijeron: 'No queremos oír
otra vez la voz del Señor nuestro Dios, ni
ver este gran fuego, para no morir.' 17 Entonces el Señor me dijo: 'Está bien lo que
han dicho. 18 Yo haré que salga de entre
ellos un profeta como tú, uno que sea
compatriota de ellos y que les diga lo que
yo le ordene decir, y les repita lo que yo le
mande. 19 A todo aquel que no haga caso
de lo que ese profeta diga en mi nombre,
yo le pediré cuentas.[ñ] 20 Pero el profeta
que presuma de hablar en mi nombre y
diga algo que yo no le haya mandado decir, o hable en nombre de otros dioses,
será condenado a muerte.' 21 Y si ustedes
piensan: '¿Cómo podremos saber que lo
que se ha dicho no es la palabra del Señor?', deben tener esto en cuenta: 22 Si lo
que el profeta ha dicho en nombre del Señor no se cumple, es señal de que el Señor
no lo dijo,[o] sino que el profeta habló movido sólo por su orgullo; por lo tanto, no le
tengan miedo.

Ciudades de refugio

(Nm 35.9–28; Jos 20.1–9)

19 1 "Cuando el Señor su Dios haya
destruido a las naciones y les dé a
ustedes posesión de las tierras que ahora
son de ellas, y ustedes ocupen sus ciudades y sus casas, 2 apartarán tres ciudades[p]
del país que el Señor su Dios les da en
propiedad, 3 y arreglarán el camino que
lleva a ellas. Además, dividirán en tres
partes el territorio que el Señor su Dios les
da en posesión, para que todo aquel que
mate a una persona pueda refugiarse en
cualquiera de ellas. 4 El que mató podrá
huir allí y salvar su vida, si demuestra que
lo hizo sin intención y sin que hubiera
enemistad entre ellos. 5 Por ejemplo, si alguien va con su compañero al bosque a
cortar leña y, al dar el hachazo, se le escapa el hacha del mango y alcanza a su
compañero y lo mata, podrá huir a una de
esas ciudades, y de esta manera salvará su
vida. 6 De lo contrario, si el camino es
largo, un pariente cercano del muerto, que
quiera vengarlo, perseguirá con rabia al
que lo mató y puede alcanzarlo y matarlo,
cuando en realidad no merecía la muerte,
puesto que nunca antes fueron enemigos.
7 Por eso les mando que aparten tres ciudades, 8 y cuando el Señor su Dios
agrande el territorio de ustedes y les dé
toda la tierra, tal como lo prometió a los
antepasados de ustedes, 9 entonces añadirán ustedes otras tres ciudades de refugio
a las tres que ya tenían (siempre y cuando
pongan en práctica estos mandamientos
que hoy les doy, o sea, que amen al Señor
su Dios y sigan siempre sus caminos).
10 De esta manera no se derramará sangre
inocente dentro de este país que el Señor
su Dios les da en propiedad, ni caerá sobre
ustedes la responsabilidad de ninguna
muerte.

11 "Pero si un hombre es enemigo de
otro y le sigue los pasos, y llegada la ocasión se lanza sobre él y lo mata, y huye
después a una de las ciudades de refugio,
12 entonces los ancianos de su ciudad
darán la orden de que se le arreste y se le
entregue en manos del pariente más cercano del muerto, para que sea condenado
a muerte. 13 No le tengan compasión, y así
evitarán que se derrame sangre inocente
en Israel. Entonces todas las cosas les saldrán bien.

14 "En el país que el Señor su Dios les va
a dar, respetarán los límites de la propiedad de su vecino,[q] tal como fueron fijados
en tiempos pasados.

Ley contra los testigos falsos

15 "La acusación de un solo testigo no
será suficiente para demostrar que una
persona ha cometido un crimen, delito o
falta. Sólo valdrá la acusación cuando la
presenten dos o tres testigos.[r]

16 "Si algún malvado se presenta como
testigo falso contra alguien, y lo acusa de
haber cometido un delito, 17 entonces las
dos personas en pleito se presentarán ante
el Señor y ante los sacerdotes y jueces
que en aquellos días estén en funciones.
18 Los jueces examinarán el caso con toda
atención, y si resulta falsa la declaración
presentada por el testigo contra la otra
persona, 19 se le hará sufrir la misma sentencia que él quería para el otro. Así acabarán con la maldad que haya en medio
de ustedes.[s] 20 Y cuando los demás lo sepan, tendrán miedo y ya no se atreverán a
cometer una acción tan mala. 21 No tengan compasión: cobren vida por vida, ojo
por ojo, diente por diente,[t] mano por
mano, pie por pie.

Leyes de guerra

20 1 "Si al salir ustedes a combatir a
sus enemigos ven que ellos cuentan
con caballería y carros de guerra, y con
un ejército más numeroso que el de ustedes, no les tengan miedo, pues ustedes

[ñ] **18.19** Hch 3.23. [o] **18.21–22** Jer 28.9. [p] **19.1–13** Jos 20.1–9. [q] **19.14** Dt 27.17; Job 24.2; Pr 22.28; Os 5.10.
[r] **19.15** Nm 35.30; Dt 17.6; Mt 18.16; Jn 19.31; 2 Co 13.1; 1 Ti 5.19; He 10.28. [s] **19.19** 1 Co 5.13. [t] **19.21** Ex 21.23–25; Lv 24.19–20; Mt 5.38.

cuentan con el Señor su Dios, que los sacó de Egipto. [2] Y cuando llegue la hora de la batalla, el sacerdote se dirigirá al ejército [3] y dirá: 'Escuchen, israelitas, hoy van a luchar contra sus enemigos. No se desanimen ni tengan miedo; no tiemblen ni se asusten, [4] porque el Señor su Dios está con ustedes; él luchará contra los enemigos de ustedes y les dará la victoria.'

[5] "Luego hablarán los jefes, y dirán: 'Si alguno de ustedes ha construido una casa nueva y todavía no ha vivido en ella, que se vaya a su casa, no sea que muera en la batalla y sea otro el que la estrene. [6] Y si alguno de ustedes ha plantado un viñedo y aún no ha podido disfrutar de él, que se vaya a su casa, no sea que muera en el combate y sea otro el que recoja las uvas. [7] Y si alguien está comprometido en matrimonio y todavía no se ha casado, que se vaya a su casa, no sea que muera en la lucha y otro se case con su prometida.'

[8] "Después los jefes se dirigirán de nuevo al ejército y dirán: 'Si alguno tiene miedo y le falta valor, que se vaya a su casa para que no acobarde también a sus compañeros.' [9] Y cuando los jefes hayan terminado de hablar, los capitanes se pondrán a la cabeza del ejército.

[10] "Cuando se acerquen ustedes a una ciudad para atacarla, primero deben proponer la paz. [11] Si los habitantes de la ciudad aceptan la paz y los dejan entrar, entonces les servirán a ustedes como esclavos en trabajos forzados. [12] Pero si no hacen la paz con ustedes, sino que les declaran la guerra, ustedes rodearán la ciudad y la atacarán. [13] El Señor su Dios la hará caer en poder de ustedes, y ustedes matarán a filo de espada a todos sus habitantes. [14] Las mujeres, los niños, el ganado y todo lo que haya en la ciudad, será para ustedes; podrán disfrutar de todo lo que el Señor su Dios les permita tomar del enemigo. [15] Esto mismo harán ustedes con todas las ciudades que estén lejos de donde habiten y que no formen parte de estas naciones. [16] Pero en las ciudades de estas naciones que el Señor su Dios les da en propiedad, no deben ustedes dejar nada con vida, [17] sino que destinarán a la destrucción, como sacrificio al Señor, a los hititas, amorreos, cananeos, ferezeos, heveos y jebuseos, tal como él lo ha ordenado, [18] para que no les enseñen a ustedes a hacer las mismas cosas horribles que ellos hacen en honor de sus dioses, y les hagan pecar contra el Señor su Dios.[u]

[19] "Si para tomar ustedes una ciudad tienen que sitiarla por mucho tiempo, no derriben sus árboles a golpe de hacha, pues necesitarán sus frutos como alimento; además, son tan sólo árboles del campo, y

no hombres que puedan defenderse del ataque de ustedes. [20] Sin embargo, podrán derribar los árboles que no sean frutales y que les sirvan para sitiar la ciudad que estén atacando, hasta que caiga en su poder.

Casos de muerte sin explicación

21 [1] "Si en el país que el Señor su Dios les va a dar en propiedad se encuentra en el campo el cadáver de una persona asesinada, sin que se sepa quién la mató, [2] los ancianos y los jueces calcularán la distancia que haya entre el lugar donde se encuentre el cadáver y las ciudades más cercanas. [3] Entonces los ancianos de la ciudad más cercana tomarán una ternera a la que todavía no se le haya puesto yugo, [4] la bajarán a un arroyo que siempre lleve agua y donde nunca se haya labrado ni sembrado, y allí mismo le romperán el pescuezo.

[5] "Después se acercarán los sacerdotes levitas, pues el Señor los eligió para que tengan a su cargo los servicios del culto y bendigan en el nombre del Señor. En todo caso de pleito o disputa, su decisión será final. [6] Luego, todos los ancianos de la ciudad se lavarán las manos sobre la ternera muerta, [7] y harán la siguiente declaración: 'Nosotros no matamos a ese hombre, ni vimos cómo lo mataron. [8] Perdona, Señor, a tu pueblo Israel, que tú has rescatado, y no lo culpes de la muerte de un inocente.' Así no se les pedirá cuentas de la muerte de esa persona, [9] y ustedes harán lo que es recto a los ojos del Señor y quitarán de entre ustedes la culpa de esa muerte.

Ley sobre prisioneras de guerra

[10] "Cuando presenten batalla contra sus enemigos, y el Señor su Dios los haga caer prisioneros en manos de ustedes, [11] si alguno de ustedes ve entre ellos una mujer hermosa, y se enamora de ella y la toma por esposa, [12] deberá llevarla a su casa y hará que se rape la cabeza, se corte las uñas, [13] se quite el vestido que llevaba cuando cayó prisionera y se quede a vivir en casa de él, llorando a sus padres durante todo un mes. Después de eso podrá el israelita entrar en relaciones con ella; él será su marido, y ella su mujer. [14] Si después resulta que no le gusta, podrá dejarla en libertad; pero no podrá venderla por dinero ni tratarla como esclava, ya que la ha deshonrado.

Derechos del hijo mayor

[15] "Si un hombre tiene dos mujeres, y ama a una y a la otra no, pero las dos le

u 20.16-18 Dt 13.15-16; Jos 6.17.

dan hijos y el hijo mayor es de la mujer a la que no ama, ¹⁶ cuando llegue el día en que ese hombre reparta sus bienes entre sus hijos, no podrá tratar como hijo mayor al de la mujer que ama, pues perjudicaría al hijo de la mujer aborrecida, que es realmente el mayor. ¹⁷ Tendrá que reconocer a éste como su hijo mayor y darle una doble parte de los bienes que le correspondan, porque él es el primer fruto de su fuerza y tiene todos los derechos de hijo mayor.

Castigo para los hijos rebeldes

¹⁸ "Si alguien tiene un hijo desobediente y rebelde, que no hace caso de lo que le dicen sus padres, y que ni siquiera cuando lo castigan los obedece, ¹⁹ sus padres deberán llevarlo ante el tribunal de los ancianos de la ciudad, ²⁰ y decirles: 'Nuestro hijo es desobediente y rebelde; no nos obedece en nada, es un pervertido y un borracho.' ²¹ Entonces todos los hombres de la ciudad lo matarán a pedradas. Así acabarán ustedes con la maldad que haya en medio de su pueblo y, al saberlo, los israelitas sentirán temor.

Leyes diversas

²² "Si un hombre es condenado a morir colgado de un árbol por haber cometido un grave delito, ²³ su cuerpo no deberá dejarse allí toda la noche, sino que tendrá que ser enterrado el mismo día, porque es maldito de Dios el que muere colgado de un árbol,ᵛ y ustedes no deben convertir en impura la tierra que el Señor su Dios les va a dar en propiedad.

22 ¹ "Si alguno de ustedes ve perdido el buey o la oveja de su compatriota, no debe desentenderse de ello, sino llevárselo a su compatriota. ² Pero si el dueño no es vecino ni conocido suyo, entonces llevará el animal a su casa y lo tendrá allí hasta que su compatriota lo reclame; entonces deberá devolvérselo. ³ Lo mismo deberán hacer con el asno, el manto o cualquier otra cosa que alguien pierda y que alguno de ustedes encuentre. No se desentiendan del asunto.

⁴ "Si alguno de ustedes ve caído en el camino el asno o el buey de su compatriota, no debe desentenderse de ello, sino ayudarla a levantarlo.ʷ

⁵ "La mujer no debe usar ropa de hombre, ni el hombre debe usar ropa de mujer, porque al Señor le repugna todo aquel que hace estas cosas.

⁶ "Si alguien encuentra en su camino algún nido de pájaros en un árbol o en el suelo, con polluelos o huevos, y la madre echada sobre ellos, no debe quedarse con la madre y los polluelos; ⁷ debe quedarse sólo con los polluelos y dejar que la madre se vaya. Así será dichoso y tendrá una larga vida.

⁸ "Cuando alguno de ustedes construya una casa nueva, deberá poner un muro de protección alrededor de la azotea; así evitará que su familia sea culpable de una muerte en caso de que alguien se caiga de la casa.

⁹ "No siembren en su viñedo más de una clase de semilla, para que no se les impida usarᶜ tanto lo que sembraron como toda la cosecha del viñedo.

¹⁰ "No aren su campo con una yunta formada por un buey y un asno.

¹¹ "No se pongan ropa tejida con una mezcla de lana y lino.ˣ

¹² "Pongan borlas con flecos en las cuatro puntas del manto con que se cubren.ʸ

Leyes sobre la castidad

¹³ "Si un hombre toma a una mujer por esposa, y después de unirse a ella le pierde cariño ¹⁴ y, alegando que ella le ha faltado, le crea mala fama diciendo: 'Yo me casé con esta mujer, pero en nuestras relaciones me encontré con que ya no era virgen', ¹⁵ entonces los padres de la joven tomarán la prueba de su virginidad y la presentarán al tribunal de los ancianos de la ciudad, ¹⁶ y el padre de la joven dirá a los ancianos: 'Yo di mi hija por esposa a este hombre, pero ahora él ha dejado de quererla ¹⁷ y la acusa de haberle faltado, alegando que mi hija ya no era virgen. Sin embargo, aquí está la prueba de que sí lo era.' Y diciendo esto, extenderá la sábana delante de los ancianos. ¹⁸ Entonces ellos apresarán al hombre y lo castigarán, ¹⁹ condenándolo a pagar una multa de cien monedas de plata, que deberá entregar al padre de la joven por crearle mala fama a una muchacha virgen de Israel. Además, ella seguirá siendo su mujer y no podrá divorciarse de ella en toda su vida.

²⁰ "Pero si resulta cierto que la joven ya no era virgen, ²¹ la sacarán a las puertas de la casa de su padre y los hombres de la ciudad la matarán a pedradas, por cometer una maldad tan grande en Israel y deshonrar la casa misma de su padre. Así acabarán con el mal que haya en medio de ustedes.ᶻ

²² "Si un hombre es sorprendido acostado con una mujer casada, los dos serán

⁶ Lit. *para que no consagres.* Lo consagrado a Dios no podía ya usarse como cosa personal.
ᵛ **21.23** Gá 3.13.   ʷ **22.1-4** Ex 23.4-5.   ˣ **22.9-11** Lv 19.19.   ʸ **22.12** Nm 15.37-41.   ᶻ **22.21,24** 1 Co 5.13.

condenados a muerte. Así acabarán ustedes con el mal que haya en Israel.

²³ "Si una muchacha virgen es prometida de un hombre, y otro hombre la encuentra en la ciudad y se acuesta con ella, ²⁴ serán llevados los dos ante el tribunal de la ciudad, donde serán condenados a morir apedreados:ᵃ la joven por no pedir socorro estando en plena ciudad, y el hombre por deshonrar a la mujer de su prójimo. Así acabarán con el mal que haya en medio de ustedes.

²⁵ "Pero si un hombre encuentra en el campo a la prometida de otro hombre y la obliga a acostarse con él, entonces sólo se dará muerte al hombre que se acostó con ella. ²⁶ A la joven no se le hará nada, porque no ha cometido ningún delito que merezca la muerte; se trata de un caso semejante del hombre que ataca a otro hombre y lo mata; ²⁷ porque él encontró a la joven sola en el campo y, aunque ella hubiera gritado, nadie habría podido socorrerla.

²⁸ "Si un hombre encuentra a una muchacha virgen y sin compromiso de matrimonio, y la obliga a acostarse con él, y son descubiertos, ²⁹ entonces el hombre tendrá que entregar al padre de la joven cincuenta monedas de plata; y, como la ha deshonrado, tendrá que tomarla por mujer y no podrá divorciarse de ella en toda su vida.ᵇ

³⁰ ᶜ"Nadie debe tener relaciones sexuales con la mujer de su padre, pues con ello lo deshonra.ᵈ

Gente excluida de la comunidad

23 ¹ "El que tenga los testículos aplastados o amputado su miembro viril, no podrá ser admitido en la congregación del Señor.

² "El hijo bastardo no podrá ser admitido en la congregación del Señor, ni aun después de la décima generación.

³ "Los amonitas y los moabitas no serán nunca admitidos en la congregación del Señor, ni aun después de la décima generación; ⁴ porque cuando ustedes pasaron por su territorio, después de haber salido de Egipto, ellos no les ofrecieron agua ni alimentos; y además pagaron a Balaam, hijo de Beor, que venía de Petor de Mesopotamia, para que pronunciara una maldición contra ustedes.ᵉ ⁵ Pero el Señor su Dios no escuchó a Balaam, sino que convirtió su maldición en una bendición para ustedes,ᶠ porque los ama.ᵍ ⁶ No busquen, pues, ni la paz ni el bienestar de ellos en todos los días de su vida.

⁷ "Sin embargo, no deben despreciar a los edomitas, porque son parientes de ustedes; ni tampoco a los egipcios, porque ustedes vivieron en su país; ⁸ la tercera generación de sus descendientes podrá entrar a formar parte de la congregación del Señor.

Leyes sanitarias

⁹ "Cuando se encuentren ustedes en guerra contra sus enemigos y hagan vida de campaña, procuren no cometer ningún acto indecente. ¹⁰ Si alguno de ustedes se encuentra en estado de impureza por haber tenido un derrame durante el sueño, deberá salir del campamento y no entrar en él en todo el día. ¹¹ Al caer la tarde se lavará con agua, y al ponerse el sol podrá entrar nuevamente en el campamento.

¹² "Para sus necesidades deberán ustedes tener un lugar fuera del campamento. ¹³ En su equipo deberán llevar siempre una estaca, para que cuando tengan que hacer sus necesidades hagan un hoyo con la estaca y luego, cuando hayan terminado, tapen con tierra el excremento. ¹⁴ Porque el Señor su Dios anda entre ustedes, en el campamento, para protegerlos y darles la victoria sobre sus enemigos; por lo tanto, el campamento de ustedes debe ser un lugar santo, para que Dios no vea ninguna cosa indecente en él, pues de lo contrario se apartaría de ustedes.

Leyes de asilo

¹⁵ "Si un esclavo huye de su amo y les pide a ustedes asilo, no lo entreguen a su antiguo dueño. ¹⁶ Déjenlo que se quede a vivir con ustedes en la ciudad que más le guste y en el lugar que él escoja, y nadie deberá molestarlo.

Prohibición de la prostitución cúltica

¹⁷ "Ningún hombre ni ninguna mujer israelita deberá consagrarse a la prostitución practicada en cultos paganos.ʰ ¹⁸ No permitan ustedes que en el templo del Señor su Dios se pague una promesa con el dinero ganado en ese tipo de prostitución, porque esa práctica le repugna al Señor.

¹⁹ "No exigirán de un compatriota que les pague interés por el préstamo que le hayan hecho, sea de dinero, de comestibles o de cualquier cosa de las que se prestan cobrando interés. ²⁰ Al extranjero podrán exigirle que les pague interés sobre un préstamo, pero no deberán hacerlo con

---

ᵃ **22.22-24** Lv 20.10; Jn 8.5.   ᵇ **22.28-29** Ex 22.16-17.   ᶜ Los vs. 22.30—23.25 corresponden a los vs. 23.1-26 en el texto hebreo.   ᵈ **22.30** Lv 18.8; 20.11; Dt 27.20.   ᵉ **23.4** Nm 22.1-6.   ᶠ **23.5** Nm 23.7—24.9.   ᵍ **23.3-5** Neh 13.1-2.   ʰ **23.17** Lv 19.29.

un compatriota.[i] Así el Señor su Dios los bendecirá en todo lo que hagan en el país que van a ocupar.

[21] "Cuando hagan una promesa al Señor su Dios, no tarden en cumplirla,[j] pues tengan por seguro que el Señor su Dios les pedirá cuentas de ello y serán culpables de pecado. [22] Si no hacen ninguna promesa, no cometerán ningún pecado; [23] pero si de una manera voluntaria hacen una promesa al Señor su Dios, entonces deberán cumplirla.

[24] "Cuando entren en el viñedo de su prójimo, podrán comer todas las uvas que quieran, pero no podrán llevarse ninguna en la cesta. [25] Si entran en su trigal, podrán arrancar espigas con la mano, pero no cortar el trigo con una hoz.

Leyes sobre el divorcio

24 [1] "Si un hombre toma una mujer y se casa con ella, pero después resulta que no le gusta por haber encontrado en ella algo indecente, le dará por escrito un certificado de divorcio y la despedirá de su casa.[k] [2] Ella, después que haya abandonado la casa, podrá casarse con otro; [3] pero si su segundo marido también llega a despreciarla y le entrega un certificado de divorcio, despidiéndola de su casa, o si este segundo marido se muere, [4] entonces el que fue su primer marido no podrá volver a casarse con ella debido al estado de impureza en que ella se encuentra; esto sería un acto repugnante para el Señor, y ustedes no deben deshonrar el país que el Señor su Dios les da en propiedad.

Leyes varias

[5] "Si un hombre está recién casado, no deberá ir a la guerra ni se le hará cumplir ninguna otra clase de servicio durante un año; así podrá estar libre en su casa todo ese tiempo, para felicidad de su mujer.

[6] "No pidan a nadie en prenda su molino de mano o la piedra de moler, pues eso sería como pedirle en prenda su propia vida.

[7] "Si un israelita es sorprendido raptando a un compatriota para convertirlo en esclavo o para venderlo, se le condenará a muerte,[l] para acabar así con la maldad que haya en medio de ustedes.[m]

[8] "En caso de lepra, cumplan fielmente todas las instrucciones que les den los sacerdotes levitas. Deben hacerlo todo tal y como yo se lo he ordenado a ellos.[n] [9] Recuerden lo que hizo el Señor su Dios con María en el camino, después que ustedes salieron de Egipto.[ñ]

[10] "Si hacen un préstamo a su prójimo, no entren en su casa para tomar ninguna prenda suya. [11] Quédense afuera, y esperen a que él saque lo que va a dar en prenda. [12] Y si se trata de una persona pobre, no deben retener la prenda durante la noche; [13] tienen que devolvérsela a la puesta del sol, para que así pueda taparse con su manto cuando se vaya a dormir. Así él los bendecirá y ustedes harán una buena acción delante del Señor su Dios.[o]

[14] "No exploten al que se halle en la miseria, ni le retengan su paga, ya sea que se trate de un compatriota de ustedes o de un extranjero que habite en alguna de sus ciudades. [15] Páguenle su jornal el mismo día, antes de ponerse el sol, porque es pobre y necesita ese dinero para poder vivir. De otra manera clamará contra ustedes al Señor, y ustedes serán culpables de pecado.[p]

[16] "Los padres no podrán ser condenados a muerte por culpa de lo que hayan hecho sus hijos, ni los hijos por lo que hayan hecho sus padres, sino que cada uno morirá por su propio pecado.[q]

[17] "No cometan ninguna injusticia con los extranjeros ni con los huérfanos, ni tampoco tomen en prenda la ropa de las viudas. [18] No olviden que ustedes fueron esclavos en Egipto, y que el Señor su Dios los sacó de allí; por eso les ordeno que cumplan todo esto.[r]

[19] "Si al estar recogiendo la cosecha de su campo se olvidan ustedes de recoger un manojo de trigo, no regresen a buscarlo; déjenlo para que lo recoja algún extranjero de los que viven entre ustedes, o algún huérfano, o alguna viuda, a fin de que el Señor su Dios los bendiga a ustedes en todo lo que hagan.

[20] "Cuando recojan las aceitunas de sus olivos, no repasen cada una de las ramas; las aceitunas que se queden, déjenlas para los extranjeros, los huérfanos y las viudas.

[21] "Al recoger las uvas de su viñedo, no repasen ustedes cada una de las plantas; lo que quede, déjenlo para los extranjeros, los huérfanos y las viudas.[s] [22] Recuerden que también ustedes fueron esclavos en Egipto; por eso les ordeno que cumplan todo esto.

25 [1] "Cuando algunos tengan un pleito, deberán presentarse ante el tribunal para que se les juzgue, y los

[i] 23.19-20 Ex 22.25; Lv 25.36-37; Dt 15.7-11. [j] 23.21 Nm 30.1-16; Mt 5.33. [k] 24.1 Mt 5.31; 19.7; Mr 10.4. [l] 24.7 Ex 21.16. [m] 24.7 1 Co 5.13. [n] 24.8 Lv 13.1—14.54. [ñ] 24.9 Nm 12.10. [o] 24.10-13 Ex 22.26-27. [p] 24.14-15 Lv 19.13. [q] 24.16 2 R 14.6; 2 Cr 25.4; Jer 31.29-30; Ez 18.20. [r] 24.17-18 Ex 23.9; Lv 19.33-34; Dt 27.19. [s] 24.19-21 Lv 19.9-10; 23.22.

jueces declararán inocente al que lo sea y condenarán al culpable. ² Si el culpable merece ser azotado, el juez ordenará que se le tienda en el suelo y que en su presencia se le den los azotes que merezca la falta que ha cometido. ³ En ningún caso se darán más de cuarenta azotes,ᵗ para evitar que aquel compatriota sufra un castigo demasiado duro y se sienta humillado ante ustedes.

⁴ "No le pongan bozal al buey cuando esté trillando el grano.ᵘ

Ley del levirato

⁵ "Si dos hermanos comparten el mismo techo y uno de ellos muere sin dejar ningún hijo, la viuda no podrá casarse con ningún hombre de otra familia. El hermano de su marido deberá tomarla por esposa, y así cumplir con ella su deber de cuñado.⁷ ⁶ El primer hijo que ella dé a luz llevará el nombre del hermano muerto, con el fin de que su nombre no desaparezca de Israel.ᵛ ⁷ Pero si el hombre no quiere casarse con su cuñada, ella se presentará ante el tribunal y dirá a los ancianos: 'Mi cuñado no quiere que el nombre de su hermano se mantenga vivo en Israel; no quiere cumplir conmigo su deber de cuñado.' ⁸ Entonces los ancianos de la ciudad lo llamarán y hablarán con él, y si él insiste en no casarse con ella, ⁹ entonces su cuñada se acercará a él y en presencia de los ancianos le quitará la sandalia del pie, le escupirá en la cara y dirá: '¡Así se hace con el hombre que no quiere dar descendencia a su hermano!' ¹⁰ Y su familia será conocida en Israel con el nombre de 'la familia del Descalzado'.ʷ

Otras leyes

¹¹ "Si dos hombres se están golpeando, y se acerca la mujer de uno de ellos para defender a su marido y agarra al otro por las partes genitales, ¹² ustedes ordenarán sin ninguna compasión que se le corte la mano a la mujer.

¹³⁻¹⁴ "No usen en sus compras y ventas pesas y medidas falsas, ¹⁵ sino pesas exactas y completas, para que vivan muchos años en el país que el Señor su Dios les va a dar. ¹⁶ Porque al Señor le repugnan todos los que hacen estas cosas y cometen injusticias.ˣ

La orden de exterminar a Amalec

¹⁷ "Recuerden ustedes lo que les hizo Amalec cuando estaban en camino, después de haber salido de Egipto; ¹⁸ recuerden que, sin ningún temor de Dios, los atacó en el camino y se aprovechó de que ustedes estaban cansados y fatigados, y atacó por la espalda a los que estaban débiles y se habían quedado atrás. ¹⁹ Por lo tanto, cuando el Señor su Dios los haya librado de todos los enemigos que les rodean en el país que él les da en propiedad, deberán borrar de la tierra la memoria de Amalec. ¡No lo olviden!ʸ

Ofrenda de los primeros frutos

26 ¹ "Cuando hayas entrado en la tierra que el Señor tu Dios te va a dar en propiedad, y te hayas establecido en ella, ² tomarás los primeros frutos de la cosecha que te dé la tierra, y los llevarás en una cesta al lugar que el Señor tu Dios haya escogido como residencia de su nombre.ᶻ ³ Allí te presentarás al sacerdote en funciones, y le dirás: 'Yo declaro hoy, ante el Señor mi Dios, que ya he entrado en el país que el Señor juró a nuestros antepasados que nos daría.' ⁴ El sacerdote tomará la cesta que le entregues, y la pondrá ante el altar del Señor tu Dios, ⁵ entonces pronunciarás ante el Señor tu Dios la siguiente declaración:

'Mis antepasados fueron un pequeño grupo de arameos errantes, que emigraron a Egipto y se quedaron a vivir allí, convirtiéndose después en una nación grande, poderosa y numerosa. ⁶ Pero los egipcios nos maltrataron, nos oprimieron y nos hicieron sufrir cruel esclavitud. ⁷ Entonces pedimos al Señor y Dios de nuestros padres que nos ayudara, y él escuchó nuestras súplicas, y vio la miseria, los trabajos y la opresión de que éramos víctimas; ⁸ desplegó su gran poder y, en medio de un gran terror y de acontecimientos extraordinarios, nos sacó de Egipto ⁹ y nos trajo a este lugar, y nos dio esta tierra donde la leche y la miel corren como el agua. ¹⁰ Por eso traigo ahora los primeros frutos de la tierra que el Señor me ha dado.'

"En seguida pondrás la cesta delante del Señor tu Dios y te arrodillarás en su presencia. ¹¹ Después harás fiesta por todos los bienes que el Señor tu Dios te ha dado a ti y a tu familia. También se unirán a tu alegría los levitas y los extranjeros que vivan entre ustedes.

Ofrenda de la décima parte de todo

¹² "Cuando llegue el tercer año, que es cuando se da la décima parte de todo, y

⁷ Se trata de la llamada "ley del levirato", que consistía en que un hombre debía casarse con la viuda de su hermano o pariente más cercano que hubiera muerto sin dejar hijos.
ᵗ 25.3 2 Co 11.24. ᵘ 25.4 1 Co 9.9; 1 Ti 5.18. ᵛ 25.5–6 Mt 22.24; Mr 12.19; Lc 20.28. ʷ 25.7–10 Rt 4.7–8.
ˣ 25.13–16 Lv 19.35–36; Pr 11.1; 20.10; Am 8.5; Mi 6.11. ʸ 25.17–19 Ex 17.8–14; 1 S 15.2–9. ᶻ 26.2 Ex 23.19.

cuando hayas apartado ya la décima parte de todos tus frutos y se la hayas dado a los levitas y a los extranjeros que viven en tu país, y a los huérfanos y las viudas, para que puedan comer en tus poblaciones todo lo que quieran,ª ¹³declararás ante el Señor tu Dios:

'Ya he apartado de mi casa la parte de la cosecha que debe ser consagrada, y la he repartido entre los levitas y extranjeros que viven en nuestro país, y entre los huérfanos y las viudas, cumpliendo todo lo que tú me mandaste y sin desobedecer ni olvidar ninguno de tus mandamientos. ¹⁴No he comido nada de ello mientras estuve de luto o en estado de impureza, ni lo he ofrecido a los muertos. Señor mi Dios, te he obedecido y he cumplido todo lo que me has ordenado. ¹⁵Mira desde los cielos, desde tu santa mansión, y bendice a tu pueblo Israel y a la tierra que nos has dado, donde la leche y la miel corren como el agua, tal como lo prometiste a nuestros antepasados.'

Israel, pueblo consagrado al Señor

¹⁶"El Señor tu Dios te manda hoy que pongas en práctica estas leyes y estos mandamientos; cúmplelos de todo corazón y con toda tu alma. ¹⁷Tú has declarado hoy que el Señor es tu Dios, y has prometido seguir sus caminos y cumplir sus leyes, mandamientos y decretos, y obedecerlo siempre. ¹⁸También el Señor ha declarado hoy que tú, Israel, eres el pueblo de su propiedad,ᵇ tal como te lo había prometido, y que cumplirás todos sus mandamientos. ¹⁹Él va a hacer de ti una nación superior en gloria, fama y honor a las demás naciones que hizo, y serás, como él lo ha dicho, un pueblo consagrado al Señor tu Dios."

Las piedras memoriales en el monte Ebal

27 ¹Moisés y los ancianos de Israel dieron al pueblo las siguientes órdenes:

"Cumplan todo lo que hoy les he ordenado. ²Cuando crucen el río Jordán y entren en la tierra que el Señor su Dios les va a dar, levantarán unas piedras grandes y las blanquearán con cal, ³para escribir en ellas todas estas instrucciones que les he dado. Háganlo en cuanto entren en esa tierra donde la leche y la miel corren

como el agua, y que el Señor su Dios les va a dar, tal como lo prometió a los antepasados de ustedes. ⁴Así que, cuando hayan cruzado el río Jordán, deberán levantar sobre el monte Ebal las piedras que les he dicho, y blanquearlas con cal. ⁵⁻⁶También deberán construir allí un altar de piedra para el Señor su Dios. Las piedras deberán ser enteras y sin labrar.ᶜ Allí, en ese altar, ofrecerán al Señor su Dios holocaustos ⁷y sacrificios de reconciliación; y allí, ante el Señor su Dios, comerán y harán fiesta. ⁸En las piedras deberán escribir con toda claridad estas instrucciones que les he dado."ᵈ

⁹Después Moisés, acompañado de los sacerdotes levitas, dijo a los israelitas:

"Guarden silencio, israelitas, y escuchen. Hoy se han convertido ustedes en el pueblo del Señor su Dios. ¹⁰Por lo tanto, deben obedecerle y poner en práctica sus mandamientos y sus leyes que yo les ordeno hoy."

Enumeración de las maldiciones

¹¹Ese mismo día Moisés dio al pueblo esta orden:

¹²"Cuando ustedes hayan cruzado el río Jordán, las tribus de Simeón, Leví, Judá, Isacar, José y Benjamín se colocarán en el monte Gerizim para la bendición del pueblo,ᵉ ¹³y las tribus de Rubén, Gad, Aser, Zabulón, Dan y Neftalí se colocarán en el monte Ebal para la maldición. ¹⁴Los levitas se dirigirán a todos los israelitas, y en voz alta pronunciarán la siguiente declaración:

¹⁵'Maldito sea el que haga un ídolo o una figura de metal fundido,ᶠ hecha por un artesano, y la ponga en un lugar oculto, pues eso le repugna al Señor.' Y todo el pueblo dirá: 'Así sea.'

¹⁶'Maldito sea el que trate con desprecio a su padre o a su madre.'ᵍ Y todo el pueblo dirá: 'Así sea.'

¹⁷'Maldito sea el que cambie los límites de la propiedad de su vecino para robarle terreno.'ʰ Y todo el pueblo dirá: 'Así sea.'

¹⁸'Maldito sea el que desvíe de su camino a un ciego.'ⁱ Y todo el pueblo dirá: 'Así sea.'

¹⁹'Maldito sea el que cometa una injusticia con un extranjero, una viuda o un huérfano.'ʲ Y todo el pueblo dirá: 'Así sea.'

²⁰'Maldito sea el que se acueste con la mujer de su padre,ᵏ pues con ello lo deshonra.' Y todo el pueblo dirá: 'Así sea.'

²¹'Maldito sea el que tenga relaciones sexuales con un animal.'ˡ Y todo el pueblo dirá: 'Así sea.'

ª **26.12** Dt 14.28–29. ᵇ **26.18** Ex 19.5; Dt 4.20; 7.6; 14.2; Tit 2.14; 1 P 2.9. ᶜ **27.5–6** Ex 20.25. ᵈ **27.2–8** Jos 8.30–32.
ᵉ **27.12** Dt 11.29; Jos 8.33–35. ᶠ **27.15** Ex 20.4; 34.17; Lv 19.4; 26.1; Dt 4.15–18; 5.8. ᵍ **27.16** Ex 20.12; Dt 5.16.
ʰ **27.17** Dt 19.14; Job 24.2; Pr 22.28; Os 5.10. ⁱ **27.18** Lv 19.14. ʲ **27.19** Ex 22.21; 23.9; Lv 19.33–34; Dt 24.17–18.
ᵏ **27.20** Lv 18.8; 20.11; Dt 22.30. ˡ **27.21** Ex 22.19; Lv 18.23; 20.15.

²² 'Maldito sea el que se acueste con su hermana, ya sea por parte de padre o por parte de madre.'ᵐ Y todo el pueblo dirá: 'Así sea.'
²³ 'Maldito sea el que se acueste con su suegra.'ⁿ Y todo el pueblo dirá: 'Así sea.'
²⁴ 'Maldito sea el que mate a traición a su prójimo.'ⁿ Y todo el pueblo dirá: 'Así sea.'
²⁵ 'Maldito sea el que reciba dinero por matar a una persona inocente.' Y todo el pueblo dirá: 'Así sea.'
²⁶ 'Maldito sea el que no respete estas instrucciones, ni las ponga en práctica.'ᵒ Y todo el pueblo dirá: 'Así sea.'

Bendiciones para los que obedecen
(Lv 26.3–13; Dt 7.12–24)

28 ¹ "Si de veras obedeces al Señor tu Dios, y pones en práctica todos sus mandamientos que yo te ordeno hoy, entonces el Señor te pondrá por encima de todos los pueblos de la tierra. ² Además, todas estas bendicionesᵖ vendrán sobre ti y te alcanzarán por haber obedecido al Señor tu Dios. ³ Serás bendito en la ciudad y en el campo. ⁴ Serán benditos tus hijos y tus cosechas, las crías de tus vacas, de tus ovejas y de todos tus animales. ⁵ Serán benditos tu cesta y el lugar donde amasas la harina, ⁶ y tú serás bendito en todo lo que hagas.
⁷ "El Señor pondrá en tus manos a tus enemigos cuando te ataquen. Avanzarán contra ti en formación ordenada, pero huirán de ti en completo desorden.
⁸ "El Señor enviará su bendición sobre tus graneros y sobre todo lo que hagas, y te hará vivir feliz en el país que va a darte.
⁹ "Si cumples sus mandamientos y sigues sus caminos, el Señor tu Dios te mantendrá como pueblo consagrado a él, tal como te lo ha jurado. ¹⁰ Entonces todos los pueblos de la tierra verán que sobre ti se invoca el nombre del Señor, y te tendrán miedo. ¹¹ El Señor te mostrará su bondad dándote muchos hijos, muchas crías de tus ganados y abundantes cosechas en la tierra que a tus antepasados juró que te daría. ¹² Y te abrirá su rico tesoro, que es el cielo, para darle a tu tierra la lluvia que necesite; y hará prosperar todo tu trabajo. Podrás prestar a muchas naciones, pero tú no tendrás que pedir prestado a nadie. ¹³ El Señor te pondrá en el primer lugar, y no en el último; siempre estarás por encima de los demás, y nunca por debajo, con tal de que atiendas a los mandamientos del Señor tu Dios, que yo te ordeno hoy, y los pongas en práctica,

¹⁴ sin apartarte de ellos por seguir a otros dioses y rendirles culto.

Consecuencias de la desobediencia
(Lv 26.14–46)

¹⁵ "Pero si no obedeces al Señor tu Dios, ni pones en práctica todos sus mandamientos y leyes que yo te he ordenado hoy, vendrán sobre ti y te alcanzarán todas estas maldiciones: ¹⁶ Serás maldito en la ciudad y en el campo. ¹⁷ Serán malditos tu cesta y el lugar donde amasas la harina. ¹⁸ Serán malditos tus hijos y tus cosechas, y las crías de tus vacas, de tus ovejas y de todos tus animales. ¹⁹ Y maldito serás tú en todo lo que hagas.
²⁰ "El Señor te enviará maldición, confusión y angustia en todo lo que hagas, y en muy poco tiempo te destruirán por completo, por haberlo abandonado con tus malas acciones. ²¹ El Señor te enviará una peste que acabará contigo en el país que vas a ocupar. ²² También te enviará epidemias mortales, fiebres malignas, inflamaciones, calor sofocante, sequía y plagas sobre tus trigales, epidemias que te perseguirán hasta destruirte. ²³ Allá arriba, el cielo te negará su lluvia; y aquí abajo, la tierra te negará sus frutos. ²⁴ El Señor hará caer sobre ti polvo y arena en vez de lluvia, hasta que seas destruido ²⁵ y aplastado por tus enemigos. Avanzarás contra ellos en formación ordenada, pero huirás de ellos en completo desorden, y serás motivo de espanto para los reinos de la tierra. ²⁶ Las aves y las fieras devorarán tu cadáver sin que nadie las espante.
²⁷ "El Señor te hará sufrir con llagas, como a los egipcios, y con tumores, sarna y tiña, y no podrás curarte de estas enfermedades. ²⁸ También te hará padecer locura, ceguera y confusión, ²⁹ y andarás a tientas, como el ciego en la oscuridad. Nada de lo que hagas te saldrá bien; te verás siempre oprimido y explotado, y nadie vendrá en tu ayuda. ³⁰ Te comprometerás para casarte, pero otro se acostará con tu prometida; te construirás una casa, pero no llegarás a habitarla; plantarás un viñedo, pero no disfrutarás de sus frutos; ³¹ degollarán a tu toro delante de ti, pero no comerás de su carne; te quitarán tu asno en tu propia cara, y no te lo devolverán; tus ovejas caerán en manos de tus enemigos, y no habrá quien te ayude a rescatarlas. ³² Ante tus propios ojos, tus hijos y tus hijas serán entregados a gente extranjera, y a todas horas querrás volver a verlos, pero nada podrás hacer. ³³ Las cosechas de tu tierra y el fruto de todo tu

ᵐ 27.22 Lv 18.9; 20.17. ⁿ 27.23 Lv 18.17; 20.14. ⁿ 27.24 Ex 20.13; 21.12-14. ᵒ 27.26 Je 11.3; Gá 3.10. ᵖ 28.1-14 Dt 11.13-17.

trabajo se lo comerá gente que nunca
antes conociste, y sufrirás continuamente
opresión y malos tratos. 34 Cuando veas
todas estas cosas, te volverás loco. 35 El
Señor te hará sufrir con llagas malignas
en las rodillas y en los muslos y en todo el
cuerpo, sin que puedas ser curado.
36 "El Señor hará que a ti y a tu rey se
los lleven a una nación que ni tú ni tus
padres conocieron. Allí tendrás que servir
a otros dioses, hechos de madera y de piedra,[q] 37 y serás motivo de horror, de refrán y de burla en todos los pueblos donde
te lleve el Señor. 38 Sembrarás mucha semilla, pero recogerás poco fruto porque la
langosta lo devorará. 39 Plantarás viñedos
y los cuidarás, pero no beberás su vino ni
recogerás sus uvas porque los gusanos
acabarán con todo. 40 Tendrás olivos en
toda tu tierra, pero no te perfumarás con
su aceite porque las aceitunas se caerán
solas. 41 Tendrás hijos e hijas, pero no estarán contigo porque serán llevados cautivos a otros países. 42 Todos los árboles y
los frutos de tu tierra serán destruidos por
la langosta. 43 Los extranjeros que vivan
en tu país se harán más y más poderosos,
mientras que tú perderás más y más tu
poder. 44 Ellos podrán hacerte préstamos,
y tú, por el contrario, no tendrás nada que
prestar; los primeros lugares serán para
ellos, y para ti los últimos.
45 "Todas estas maldiciones vendrán
sobre ti, y te perseguirán y te alcanzarán
hasta acabar contigo, porque no quisiste
obedecer al Señor tu Dios ni cumplir los
mandamientos y leyes ordenados por él.
46 Estas cosas serán una prueba contun-
dente contra ti y tu descendencia, para
siempre, 47 por no haber adorado al Señor
tu Dios con alegría y sinceridad cuando
tantos bienes te había dado. 48 Tendrás
que servir a los enemigos que el Señor enviará contra ti; sufrirás hambre, sed, falta
de ropa y toda clase de miserias. El Señor
te hará sufrir una dura esclavitud, hasta
que seas destruido. 49 Desde el país más lejano del mundo, el Señor lanzará contra
ti, con la rapidez de un águila en vuelo,
una nación cuya lengua no entiendes;
50 gente de aspecto feroz, que no respetará
a los ancianos ni tendrá compasión de los
niños. 51 Se comerá las crías de tu ganado
y los frutos de tu tierra, hasta arruinarte;
no te dejará trigo, ni vino, ni aceite, ni las
crías de tus vacas ni de tus ovejas, y morirás de hambre.
52 "Rodeará todas tus ciudades y las atacará, hasta que se derrumben las murallas
más altas y fortificadas en que habías
puesto tu confianza; sí, rodeará y atacará
todas las ciudades del país que te ha dado
el Señor tu Dios. 53 Durante el ataque enemigo a tus ciudades, será tanta tu hambre
que te comerás a tus propios hijos, los hijos y las hijas que el Señor tu Dios te dio.
54 Aun el hombre más delicado y amable
entre ustedes mirará con malos ojos a su
hermano, a su esposa amada y a los hijos
que todavía le queden, 55 para no compartir con ellos la carne de sus hijos que él se
coma. Y no habrá nada que comer durante el ataque a las ciudades y la horrible
angustia que tu enemigo te hará sufrir en
todas tus ciudades. 56 Aun la mujer más
delicada y fina entre ustedes, que de tan
delicada que era no quería pisar descalza
el suelo, mirará con malos ojos a su esposo amado y a sus hijos 57 para no compartir[s] con ellos los hijos que dé a luz y la
placenta que salga de sus entrañas; todo
ello se lo comerá a escondidas,[r] pues no
habrá nada que comer durante el ataque
del enemigo a tus ciudades.
58 "Si no pones en práctica todas las instrucciones escritas en este libro, ni respe-
tas este glorioso e imponente nombre del
Señor tu Dios, 59 él enviará grandes y terribles plagas sobre ti y sobre tus descendientes, y enfermedades malignas e incu-
rables. 60 Hará que se repitan sobre ti
todas las plagas de Egipto, que tanto espanto te causaron, y tendrás que sufrirlas
constantemente. 61 Además, te enviará
otras enfermedades y plagas que no se
mencionan en este libro de la enseñanza,
hasta acabar contigo. 62 Y tú, Israel, que
eras tan numeroso como las estrellas del
cielo, quedarás reducido a un pequeño número, por no haber obedecido al Señor tu
Dios. 63 Y así como el Señor se complacía
en hacerte bien y multiplicarte, ahora se
complacerá en tu ruina y tu destrucción,
pues serás arrancado violentamente del
país que vas a ocupar. 64 El Señor te esparcirá por todas las naciones, de un extremo
a otro de la tierra, y allí adorarás a dioses
ajenos, dioses de madera y de piedra, que
ni tú ni tus antepasados conocieron. 65 Y
mientras vivas en esas naciones no tendrás tranquilidad ni reposo, porque el Señor te hará vivir asustado, con los ojos
tristes y lleno de ansiedad. 66 Tu vida estará siempre en peligro; tendrás miedo de
día y de noche, y nunca tendrás segura la
vida. 67 Será tanto el miedo que tendrás, y
tales las cosas que verás, que por la mañana dirás: '¡Ojalá que ya fuera de
noche!', y por la noche dirás: '¡Ojalá que
ya fuera de día!' 68 Y aunque el Señor te
dijo que no volverías otra vez por el camino de Egipto, sin embargo te hará vol-

[s] *Para no compartir.* Esta frase no aparece en el texto hebreo. Pero véase v.55.
[q] **28.36** Dt 4.27-28; 2 R 17.4-6; 25.8-12. [r] **28.57** 2 R 6.28-29; Lm 4.10.

ver allí en barcos, y te venderá como esclavo a tus enemigos; pero no habrá nadie que te quiera comprar."

Pacto del Señor con Israel en Moab

29 ¹ ˢEstos son los términos del pacto que el Señor ordenó a Moisés hacer con los israelitas en el país de Moab, además del pacto que ya había hecho con ellos en el monte Horeb. ² Moisés reunió a todos los israelitas y les dijo:

"Ustedes han visto todo lo que el Señor hizo en Egipto al faraón, a sus funcionarios y a todo su país, ³ y son testigos de esas grandes pruebas, señales y maravillas. ⁴ Pero hasta ahora el Señor no les ha dado entendimiento ni les ha permitido comprender el significado de todo ello.ᵗ ⁵ Durante cuarenta años yo los he guiado por el desierto, y en ese tiempo no se les ha gastado la ropa ni el calzado. ⁶ No han comido pan ni bebido vino, ni han tomado ninguna bebida fuerte, para que sepan que el Señor es el Dios de ustedes.

⁷ "Cuando llegamos a esta región, salieron a atacarnos Sehón, rey de Hesbón,ᵘ y Og, rey de Basán,ᵛ pero los derrotamos ⁸ y nos apoderamos de su país, y se lo dimos en propiedad a las tribus de Rubén y Gad y a la media tribu de Manasés.ʷ ⁹ Por lo tanto, cumplan los términos de este pacto y pónganlos en práctica, para que les vaya bien en todo lo que hagan.

¹⁰ "Hoy están reunidos todos ustedes delante del Señor su Dios: los jefes de sus tribus, los ancianos, los oficiales, todos los hombres de Israel, ¹¹ los niños, las mujeres y los extranjeros que viven entre ustedes, desde el leñador hasta el aguador, ¹² para comprometerse bajo juramento en el pacto que el Señor su Dios hace hoy con ustedes. ¹³ Hoy queda establecido que ustedes son su pueblo y que él es su Dios, como ya se lo había prometido a Abraham, Isaac y Jacob, los antepasados de ustedes. ¹⁴ Pero no sólo con ustedes hace el Señor este pacto y este juramento, ¹⁵ sino también con los que no están hoy aquí con nosotros delante de él. ¹⁶ Ustedes saben muy bien cómo hemos vivido en Egipto y de qué manera hemos tenido que pasar por las naciones que hemos encontrado en nuestro camino, ¹⁷ donde hemos visto los falsos dioses y los despreciables ídolos de madera, piedra, plata y oro, que esa gente adora. ¹⁸ Que no haya entre ustedes ni hombre ni mujer, ni familia ni tribu, que abandone hoy al Señor nuestro Dios por adorar a los dioses de esas naciones. Que ninguno de ustedes sea como una planta de raíz amarga y venenosa.ˣ

¹⁹ "Si después de haber escuchado los términos de este juramento, alguno de ustedes se cree demasiado bueno y piensa: 'Todo me ha de sa ir bien, aunque haga yo lo que me dé la gana', él será la causa de la ruina de todos. ²⁰ El Señor no va a estar dispuesto a perdonarlo, sino que descargará su ira y su indignación sobre ese hombre, y caerán sobre él todas las maldiciones anunciadas en este libro, y el Señor borrará de la tierra su descendencia. ²¹ El Señor apartará de todas las tribus de Israel a ese hombre, y lo hará caer en desgracia, conforme a todas las maldiciones del pacto que está escrito en este libro de la ley. ²² La generación futura, los descendientes de ustedes que han de venir después, así como los extranjeros que lleguen de países lejanos, verán las plagas y las enfermedades que el Señor enviará sobre esta tierra; ²³ verán que todo el país no es más que azufre, sal y tierra quemada. No se podrá sembrar en esa tierra, ni nada podrá producir; ni siquiera una hierba podrá crecer en ella, tal como sucedió en la destrucción de las ciudades de Sodoma, Gomorra,ʸ Adma y Zeboim, las cuales destruyó el Señor en su ira y furor.

²⁴ "Entonces todo el mundo preguntará: '¿Por qué hizo esto el Señor con este país? ¿Por qué se encendió tanto su furor?' ²⁵ Y la respuesta será: Porque abandonaron el pacto que el Señor, el Dios de sus antepasados, hizo con ellos cuando los sacó de Egipto, ²⁶ y se fueron a rendir culto e inclinarse ante otros dioses que no conocían ni nunca les dieron nada. ²⁷ Por eso se enojó el Señor contra esta tierra, e hizo caer sobre ella todas las maldiciones escritas en este libro; ²⁸ y los arrojó de su país con ira, furor y gran indignación, echándolos a otros países, como está sucediendo ahora.'

²⁹ "Hay cosas que no sabemos: ésas pertenecen al Señor nuestro Dios; pero hay cosas que nos han sido reveladas a nosotros y a nuestros hijos para que las cumplamos siempre: todos los mandamientos de esta ley.

Condiciones para la restauración y la bendición

30 ¹ "Cuando les sobrevenga a ustedes todo lo que les he anunciado, la bendición y la maldición que les he dado a elegir, y reflexionen sobre ellas en las naciones donde el Señor su Dios los arroje, ² si se vuelven al Señor y lo obedecen de todo corazón y con toda su alma, ustedes y los hijos de ustedes, como yo se lo ordeno ahora, ³ entonces el Señor su Dios

ˢ Los vs. 29.1-29 corresponden a los vs. 28.69—29.28 en el texto hebreo. ᵗ **29.4** Ro 11.8. ᵘ **29.7** Nm 21.21-30.
ᵛ **29.7** Nm 21.31-35. ʷ **29.8** Nm 32.33. ˣ **29.18** He 12.15. ʸ **29.23** Gn 19.24-25.

cambiará la suerte de ustedes y les tendrá compasión. Los reunirá otra vez de entre los países donde antes los arrojó, ⁴ y aunque los desterrados de ustedes estén esparcidos por los lugares más lejanos del mundo, de allá los hará venir el Señor su Dios, y hasta allá irá a buscarlos. ⁵ El Señor los hará volver de nuevo al país que los antepasados de ustedes ocuparon, y ustedes volverán a ocuparlo; los hará prosperar y les dará más hijos que a sus antepasados. ⁶ Pondrá la marca del pacto en el corazónᶻ de ustedes y en el de sus descendientes, para que lo amen con todo su corazón y con toda su alma, a fin de que tengan vida. ⁷ El Señor su Dios hará caer todas estas maldiciones sobre los enemigos de ustedes y sobre los que los persiguieron con odio, ⁸ y ustedes se volverán al Señor y lo obedecerán, y pondrán en práctica todos los mandamientos que yo les ordeno hoy. ⁹ Entonces el Señor les hará prosperar en todo lo que hagan, y en hijos, en crías de ganado y en cosechas; sí, el Señor su Dios volverá a complacerse en hacerles bien, como antes se complacía en hacerlo a los antepasados de ustedes, ¹⁰ si es que obedecen al Señor su Dios y cumplen sus mandamientos y leyes escritos en este libro de la ley, y se vuelven a él con todo su corazón y con toda su alma.

¹¹ "Este mandamiento que hoy les doy no es demasiado difícil para ustedes, ni está fuera de su alcance. ¹² No está en el cielo, para que se diga: '¿Quién puede subir al cielo por nosotros, para que nos lo traiga y nos lo dé a conocer, y lo pongamos en práctica?' ¹³ Tampoco está del otro lado del mar, para que se diga: '¿Quién cruzará el mar por nosotros, para que nos lo traiga y nos lo dé a conocer, y lo pongamos en práctica?' ¹⁴ Al contrario, el mandamiento está muy cerca de ustedes; está en sus labios y en su pensamiento, para que puedan cumplirlo.ᵃ

¹⁵ "Miren, hoy les doy a elegir entre la vida y el bien, por un lado, y la muerte y el mal, por el otro. ¹⁶ Si obedecen lo que hoy les ordeno, y aman al Señor su Dios, y siguen sus caminos, y cumplen sus mandamientos, leyes y decretos, vivirán y tendrán muchos hijos, y el Señor su Dios los bendecirá en el país que van a ocupar. ¹⁷ Pero si no hacen caso de todo esto, sino que se dejan arrastrar por otros dioses para rendirles culto y arrodillarse ante ellos, ¹⁸ en este mismo momento les advierto que morirán sin falta, y que no estarán mucho tiempo en el país que van a conquistar después de haber cruzado el Jordán. ¹⁹ En este día pongo al cielo y a la tierra por testigos contra ustedes, de que les he dado a elegir entre la vida y la muerte, y entre la bendición y la maldición. Escojan, pues, la vida, para que vivan ustedes y sus descendientes; ²⁰ amen al Señor su Dios, obedézcanlo y séanle fieles, porque de ello depende la vida de ustedes y el que vivan muchos años en el país que el Señor juró dar a Abraham,ᵇ Isaacᶜ y Jacob,ᵈ antepasados de ustedes."

Josué, sucesor de Moisés
(Nm 27.12–23)

31 ¹ Moisés habló de nuevo a todo Israel, y dijo lo siguiente: ² "Yo tengo ciento veinte años, y ya no tengo fuerzas para andar de un lado para otro. Además, el Señor me ha dicho que no cruzaré el Jordán.ᵉ ³ Pero el Señor su Dios marchará delante de ustedes, y al paso de ustedes destruirá estas naciones, para que ocupen su territorio. Josué irá al frente de ustedes, como jefe, tal como lo ha dicho el Señor. ⁴ El Señor hará con estas naciones lo mismo que hizo con Sehón y con Og, reyes de los amorreos, y con sus países, a los cuales destruyó.ᶠ ⁵ Y cuando el Señor haga que estas naciones caigan en poder de ustedes, deben hacer con ellas todo lo que les he ordenado. ⁶ Tengan valor y firmeza; no tengan miedo ni se asusten cuando se enfrenten con ellas, porque el Señor su Dios está con ustedes y no los dejará ni los abandonará."

⁷ Después llamó Moisés a Josué, y le dijo en presencia de todo Israel:

"Ten valor y firmeza, porque tú tienes que llevar esta gente al país que el Señor juró a los antepasados de ustedes que les daría, y tú serás quien los haga tomar posesión. ⁸ El Señor mismo irá delante de ti, y estará contigo; no te abandonará ni te desamparará;ᵍ por lo tanto, no tengas miedo ni te acobardes."

Lectura de la ley en el año del perdón de deudas

⁹ Moisés puso esta ley por escrito, y la entregó a los sacerdotes levitas encargados de llevar el cofre del pacto del Señor, y a todos los ancianos de Israel, ¹⁰ dándoles también esta orden:

"Cada siete años, al llegar el año del perdón de las deudas,ʰ durante la fiesta de las Enramadas,ⁱ ¹¹ cuando todos los israelitas se reúnan delante del Señor su Dios en el lugar que él haya escogido, se leerá esta ley en presencia de todos ellos.ʲ

ᶻ **30.6** Dt 10.16; Jer 4.4; Ro 2.25–29.   ᵃ **30.12–14** Ro 10.6–8.   ᵇ **30.20** Gn 12.7.   ᶜ **30.20** Gn 26.3.   ᵈ **30.20** Gn 28.13.
ᵉ **31.2** Nm 20.12.   ᶠ **31.4** Nm 21.21–35.   ᵍ **31.8** Jos 1.5; He 13.5.   ʰ **31.10** Dt 15.1.   ⁱ **31.10** Dt 16.13–15.
ʲ **31.11–13** 2 R 23.2; Neh 8.1–8.

¹² Todo el pueblo deberá reunirse, tanto los hombres como las mujeres, y los niños y los extranjeros que vivan en sus ciudades, para que escuchen la lectura de la ley y aprendan a respetar al Señor su Dios, y pongan en práctica todo lo que se dice en ella. ¹³ Así los hijos de ustedes, que nada saben de ella, podrán también oírla y aprenderán a respetar al Señor su Dios durante toda su vida en el país que ustedes van a ocupar después de cruzar el Jordán."

Últimas instrucciones del Señor a Moisés

¹⁴ Luego el Señor dijo a Moisés: "Mira, ya se va acercando la hora de tu muerte; así que llama a Josué, y preséntense los dos en la Tienda del Encuentro, para que yo le dé mis órdenes."

Moisés y Josué fueron a la Tienda del Encuentro, ¹⁵ y allí se les apareció el Señor en una columna de nubes, la cual se colocó sobre la entrada de la Tienda. ¹⁶ Entonces el Señor dijo a Moisés:

"Ya pronto vas a morir, y este pueblo se va a corromper con los dioses del país extranjero que va a ocupar; entonces me abandonará y romperá el pacto que he hecho con él. ¹⁷ Pero mi furor se encenderá contra ellos, y los abandonaré; no me preocuparé de ellos para nada, y serán tantos los males y aflicciones que les vendrán, que finalmente dirán: '¿No será que estamos sufriendo estos males porque nuestro Dios ya no está con nosotros?' ¹⁸ Pero cuando llegue ese momento, yo me apartaré de ellos aún más, por todo el mal que habrán hecho y por haber adorado a otros dioses.

¹⁹ "Ahora pues, escriban este cántico y enséñenselo a los israelitas, para que lo canten y me sirva de testimonio contra ellos. ²⁰ Porque cuando yo los haya hecho entrar en la tierra que bajo juramento prometí a sus antepasados, tierra donde la leche y la miel corren como el agua, y cuando hayan comido hasta estar satisfechos y engordar, entonces se irán tras otros dioses y los adorarán, y a mí me despreciarán y romperán mi pacto. ²¹ Pero cuando les vengan muchos males y aflicciones, entonces este cántico será un testimonio contra ellos, pues sus descendientes lo recordarán y lo cantarán; porque ya desde antes de hacerlos entrar en el país que les he prometido, sé muy bien hacia dónde se inclinan sus pensamientos."

²² Aquel mismo día escribió Moisés el

cántico, e hizo que los israelitas lo aprendieran.

²³ A Josué, hijo de Nun, el Señor le dio la siguiente orden:ᵏ

"Ten valor y firmeza,ˡ porque tú eres quien hará entrar a los israelitas en el país que les he prometido, y yo estaré a tu lado."

²⁴ Cuando Moisés terminó de escribir estas leyes en un libro, ²⁵ dijo a los levitas encargados de llevar el cofre del pacto del Señor:

²⁶ "Tomen este libro de la ley y pónganlo al lado del cofre del pacto del Señor su Dios, para que esté allí como testimonio contra ustedes. ²⁷ Porque yo sé que ustedes son un pueblo rebelde y testarudo; y si hoy, que todavía vivo entre ustedes, se han rebelado contra el Señor, ¿qué será después de mi muerte? ²⁸ Traigan aquí a todos los ancianos y jefes de sus tribus, para que yo les hable de estas cosas y ponga al cielo y a la tierra como testigos contra ellos. ²⁹ Porque yo sé que después de mi muerte se van a corromper y van a dejar el camino que les he ordenado seguir; y sé también que en el futuro les sobrevendrá la desgracia, por hacer lo malo a los ojos del Señor y provocar con ello su enojo."

Cántico de Moisés

³⁰ Entonces Moisés pronunció este cántico, de principio a fin, ante todos los israelitas reunidos:

32 ¹ "Escucha, cielo, que voy a hablar; atiende, tierra, a mis palabras.

² "Mi enseñanza caerá como la lluvia, mi discurso será como el rocío, como llovizna sobre la hierba, como gotas de agua sobre el pasto.

³ "Proclamaré el nombre del Señor: ¡reconozcan la grandeza del Dios nuestro!
⁴ Él es nuestro protector; sus obras son perfectas, sus acciones son justas. Es el Dios de la verdad, en él no hay injusticia; ¡él es justo y verdadero!

⁵ "Gente malvada y perversa, que ha ofendido a Dios, que son indignos de ser sus hijos:⁹
⁶ ¿así es como le pagan al Señor? Pueblo necio y sin sabiduría, ¿no es él tu padre, tu creador? ¡Él te creó y te dio el ser!

---

⁹ *Que ha ofendido . . . sus hijos:* texto probable. Heb. oscuro.
ᵏ **31.23** Nm 27.23. ˡ **31.23** Jos 1.6.

7 "Vuelve atrás la mirada,
piensa en los tiempos pasados;
pide a tu padre que te lo diga,
y a los ancianos que te lo cuenten:
8 Hubo una vez en que el Altísimo
hizo reparto de hombres y naciones,
y fijó las fronteras de los pueblos.*m*
Pero tomó en cuenta a los israelitas,
9 pues la herencia del Señor, la gente
suya,
es el pueblo de Jacob.
10 Los encontró por el desierto,
por tierras secas y azotadas por el
viento;
los envolvió en sus brazos, los
instruyó
y los cuidó como a la niña de sus
ojos.
11 Como águila que revolotea sobre el
nido
y anima a sus polluelos a volar,
así el Señor extendió sus alas
y, tomándolos, los llevó a cuestas.*n*

12 "El Señor los guió, y nadie más;
¡ningún dios extraño tuvo que
ayudarlo!
13 Los llevó en marcha triunfal
por las regiones altas del país,
los alimentó con los frutos del
campo,
de la roca les dio a beber miel
y del duro pedernal les dio aceite;
14 de sus ganados tuvieron leche y
cuajada,
y comieron lo mejor de los corderos,
carneros de Basán y machos cabríos;
comieron el mejor grano de trigo
y bebieron el vino, la sangre de las
uvas.

15 "Pero engordó Jesurún,*10, ñ* y dio
coces
(tanto engordó que brillaba de
gordo),
y abandonó a Dios, su creador;
despreció a su protector y salvador.
16 Provocaron los celos y la ira de Dios
al adorar ídolos repugnantes;
17 ofrecieron sacrificios a demonios,*o*
a dioses falsos que nunca antes
conocieron;
dioses nuevos, recién llegados,
a los que jamás sus padres dieron
culto.

18 "Olvidaste, Israel, a tu padre y
protector;
olvidaste al Dios que te dio la vida.
19 Y Dios se enojó al ver esto,
y rechazó a sus hijos y a sus hijas;

20 y dijo: 'Voy a volverles la espalda,
¡y a ver en qué van a parar!
Realmente son gente malvada,
hijos en los que no se puede confiar.
21 Me provocan a celos*p* con un dios
que no es dios,
me irritan con sus dioses ilusorios;
¡pues yo los provocaré a celos con
un pueblo que no es pueblo,*q*
los haré enojar con un pueblo que
no quiere entender!
22 Mi furor se ha encendido como un
fuego,
y arderá hasta las regiones más
profundas;
consumirá la tierra y sus frutos,
pondrá fuego a las bases de los
montes.
23 Sobre ellos lanzaré todos los males,
contra ellos lanzaré todas mis
flechas;
24 morirán de hambre y de fiebre;
una amarga peste los destruirá;
mandaré contra ellos fieras salvajes
y serpientes venenosas.
25 En las calles caerán sus hijos a filo
de espada,
y en las casas reinará el espanto;
morirán muchachos y muchachas,
ancianos y niños de pecho.

26 'Yo había pensado dispersarlos
y borrar de la tierra su memoria,
27 pero no quise soportar las burlas del
enemigo;
no quise que se jactaran mis
adversarios
y que dijeran: No fue el Señor quien
hizo esto;
lo hicimos nosotros con nuestro
poder.'

28 "Israel es un pueblo que ha perdido
el juicio;
¡no tiene entendimiento!
29 Si fueran sabios, lo entenderían;
comprenderían en qué van a parar.
30 ¿Cómo es que uno solo hizo huir a
mil?
¿Y cómo es que dos pusieron en
fuga a diez mil?
¡Tan sólo porque el Señor, su
protector,
decidió entregarlos al enemigo!

31 "Bien saben nuestros enemigos
que su protector no puede
compararse al nuestro.
32 Ellos son cual viñedos corruptos,
descendientes de Sodoma y de
Gomorra,

---

10 Jesurún es otro nombre dado a Israel. Su sentido es incierto.
m **32.8** Hch 17.26.   *n* **32.11** Ex 19.4.   *ñ* **32.15** Dt 33.5,26; Is 44.2.   *o* **32.17** 1 Co 10.20.   *p* **32.21** Ex 20.5; 1 Co 10.22.
q **32.21** Ro 10.19.

que producen uvas amargas y venenosas;
³³ su vino es veneno de víboras, ¡veneno mortal de serpientes!

³⁴ 'Todo esto me lo estoy reservando;
lo estoy guardando como un tesoro,
³⁵ para el día' en que me vengue[11] y les
dé su merecido,
para cuando llegue el momento de su caída.
Ya está cerca el día de su destrucción,
¡ya se les acerca la hora!'

³⁶ "El Señor saldrá en defensa de su pueblo
cuando vea que le faltan las fuerzas;
el Señor se compadecerá de sus siervos[s]
cuando vea que ya no quedan ni débiles ni fuertes.
³⁷ Entonces les dirá: '¿Dónde están sus dioses,
esos protectores en los que confiaban,
³⁸ esos que comían la grasa de sus sacrificios
y bebían el vino que les ofrecían?
¡Que se levanten a ayudarlos!
¡Que vengan a protegerlos!
³⁹ Yo soy el único Dios;
no hay otros dioses fuera de mí.
Yo doy la vida, y la quito;
yo causo la herida, y la curo.
¡No hay quien se libre de mi poder!
⁴⁰ Levanto mi mano al cielo,
y juro por mi eternidad
⁴¹ que cuando afile mi brillante espada
y comience a impartir justicia,
me vengaré de mis enemigos.
¡Daré su merecido a los que me odian!
⁴² Empaparé en sangre mis flechas,
y mi espada acabará con ellos;
¡sangre de heridos y de prisioneros!,
¡de los jefes enemigos, de largas melenas!'

⁴³ "¡Alégrense, naciones, con el pueblo de Dios![t]
¡Él vengará la muerte de sus siervos,[u]
tomará venganza de sus enemigos
y perdonará a su país y a su pueblo!"

Últimas instrucciones de Moisés

⁴⁴⁻⁴⁵ Moisés se presentó ante todo el pueblo de Israel y, junto con Josué, hijo de Nun, pronunció este cántico de principio a fin. ⁴⁶ Después dijo a los israelitas: "Piensen bien en todo lo que hoy les he dicho, y ordenen a sus hijos que pongan en práctica todos los términos de esta ley. ⁴⁷ Porque no es algo que ustedes puedan tomar a la ligera; esta ley es vida para ustedes, y por ella vivirán más tiempo en la tierra que está al otro lado del río Jordán, de la cual van a tomar posesión."

Dios permite a Moisés ver la tierra prometida

⁴⁸ Aquel mismo día el Señor se dirigió a Moisés y le dijo: ⁴⁹ "Ve a las montañas de Abarim y sube al monte Nebo, que está en territorio moabita, frente a Jericó, y mira desde allí la tierra de Canaán, la cual voy a dar en propiedad a los israelitas. ⁵⁰ Allí, en ese monte al que vas a subir, morirás y irás a reunirte con los tuyos, tal como tu hermano Aarón, que murió en el monte Hor y fue a reunirse con los suyos. ⁵¹ Ustedes dos me fueron infieles delante de los israelitas, cuando estaban en las aguas de Meriba-cades, en el desierto de Zin, pues no me honraron delante de ellos. ⁵² Por lo tanto, vas a contemplar desde lejos la tierra que voy a dar a los israelitas, pero no entrarás en ella."[v]

Moisés bendice a las tribus de Israel

33 ¹ Poco antes de morir, Moisés, hombre de Dios, bendijo a los israelitas ² de la siguiente manera:

"El Señor viene del Sinaí;
desde Seir nos ha alumbrado.
Resplandeció desde los montes de Parán
y avanza desde Meriba-cades;[12]
en su derecha nos trae el fuego de la ley.[13]
³ El Señor ama a su pueblo,
protege a los que se consagran a él;
ellos se rinden a sus pies
y reciben órdenes suyas.
⁴ Moisés nos dio la ley
como herencia de la comunidad de Jacob,
⁵ y hubo rey en Jesurún[w]
al reunirse los jefes del pueblo,
al juntarse las tribus de Israel."

⁶ Acerca de Rubén dijo:[14]
"¡Viva Rubén! ¡Que no muera,
aunque sean pocos sus hombres!"

---

¹¹ Para el día en que me vengue: según versiones antiguas. Heb. mía es la venganza.
¹² Meriba-cades: otras versiones traducen y con él multitud de santos, pero esto es poco probable. ¹³ Nos trae el fuego de la ley: texto probable. Heb. oscuro. ¹⁴ Acerca de Rubén dijo: texto probable. Esta frase no aparece en el texto hebreo.
^r 32.35 Ro 12.19; He 10.30. ^s 32.36 Sal 135.14. ^t 32.43 Ro 15.10. ^u 32.43 Ap 19.2. ^v 32.48-52 Nm 20.10-13; 27.12-14; Dt 3.23-27. ^w 33.5,26 Dt 32.15; Is 44.2.

7 Acerca de Judá dijo:
"Señor, escucha la voz de Judá;
haz que se reúna con su pueblo.
Defiéndelo con tu poder;*15*
ayúdalo contra sus enemigos."

8 Acerca de Leví dijo:
"Tuyos son, Señor, el Tumim y el
Urim;*x*
tuyos y del hombre que te es fiel,*16*
del que pusiste a prueba en Masah,*y*
con quien reñiste en las aguas de
Meriba,*z*
9 el que dijo a sus padres: 'Jamás los
he visto',
y a sus hermanos: 'Los desconozco',
y a sus hijos: 'No sé quiénes son.'
Ellos cumplen tus palabras,
se han entregado a tu pacto por
completo.*a*
10 Instruyen a Jacob, a Israel,
en tus leyes y decretos;
colocan en tu altar, en tu presencia,
incienso y ofrendas de animales.
11 Bendice, Señor, sus esfuerzos,
y recibe con agrado su trabajo.
Rómpeles la espalda a sus enemigos,
y que no vuelvan a levantarse los
que lo odian."

12 Acerca de Benjamín dijo:
"El amado del Señor vive tranquilo;
el Altísimo lo protegerá siempre.
¡Vivirá bajo su protección!"

13 Acerca de José dijo:
"Que el Señor bendiga su tierra*b*
con lo mejor del rocío de los cielos
y del agua que está en lo profundo
de la tierra,
14 con las mejores cosechas del año
y los mejores frutos de los meses,
15 con lo principal de los montes
antiguos,
con lo mejor de las alturas eternas,
16 con lo mejor de los frutos que
llenan la tierra
y con la buena voluntad del que
habita en la zarza.
Venga todo esto sobre José,
que fue escogido entre sus
hermanos.
17 Es hermoso como el primer hijo de
un toro,
poderoso como un búfalo,
y corneará a todos los pueblos
hasta los extremos de la tierra.
Tales son las multitudes de Efraín;
tales son los millares de Manasés."

18 Acerca de Zabulón e Isacar dijo:
"Alégrate, Zabulón, por tus salidas,
y tú, Isacar, por tus tiendas de
campaña.
19 Llamarán a las naciones al monte,
y allí ofrecerán los sacrificios
requeridos;
disfrutarán de la riqueza de los
mares
y de los tesoros ocultos de las
playas."*c*

20 Acerca de Gad dijo:
"¡Bendito el que le da grandes
territorios!
Gad se tiende al acecho, como
leona,
y desgarra brazos y cabeza.
21 Gad se quedó con la mejor parte,
con una tierra digna de capitanes.
Entró al frente del pueblo,
cumplió con lo que el Señor exigía
y actuó con justicia en Israel."*d*

22 Acerca de Dan dijo:
"Dan es un cachorro de león
que salta desde Basán."*e*

23 Acerca de Neftalí dijo:
"Neftalí es bien visto por el Señor,
cuenta con múltiples bendiciones
suyas,
¡es dueño del lago hasta su extremo
sur!"*f*

24 Acerca de Aser dijo:
"Sea bendito Aser entre los hijos de
Jacob,
y bien querido por sus hermanos.
Que empape sus pies en aceite;
25 que tengan sus puertas cerrojos de
hierro y bronce,
y que dure su fuerza tanto como su
vida.

26 "Nada es comparable al Dios de
Jesurún,
que cabalga con majestad sobre las
nubes del cielo
para venir en tu ayuda.
27 El Dios eterno es tu refugio,
su eterno poder es tu apoyo;
hizo huir de tu presencia al enemigo
y a ti te ordenó destruirlo.
28 Israel vivirá confiado,
sus descendientes vivirán en paz.
En sus tierras habrá trigales y
viñedos,
y nunca les faltará lluvia del cielo.

15 *Defiéndelo con tu poder:* texto probable. Heb. *su poder le sea suficiente.*   *16* *Tuyos son . . . que te es fiel:* otra posible
traducción, según la versión griega: *Da a Leví, Señor, tu Tumim y tu Urim; al hombre que te es fiel.*
x **33.8** Ex 28.30. *y* **33.8** Ex 17.7. *z* **33.8** Ex 17.7; Nm 20.13. *a* **33.9** Ex 32.25-29. *b* **33.13-17** Gn 49.22-26.
c **33.18-19** Gn 49.13; Jos 19.10-16. *d* **33.20-21** Nm 32.1-42. *e* **33.22** Jos 19.47; Jue 18.1-29. *f* **33.23** Jos 19.33-39.

²⁹ Dichoso tú, Israel,
¿quién se te puede comparar?
El Señor mismo te ha salvado;
él te protege y te ayuda,
¡él es tu espada victoriosa!
Tus enemigos se rendirán ante ti,
y tú aplastarás su orgullo."

Muerte y sepultura de Moisés

34 ¹ Moisés subió del desierto de Moab al monte Nebo, a la cumbre del monte Pisga, que está frente a Jericó. Desde allí el Señor le hizo contemplar toda la región de Galaad hasta el territorio de Dan, ² las regiones de Neftalí, Efraín y Manasés, todo el territorio de Judá hasta el mar Mediterráneo, ³ el Néguev, el valle del Jordán y la llanura de Jericó, ciudad de las palmeras, hasta Zoar. ⁴ Y el Señor le dijo:

"Este es el país que yo juré a Abraham,ᵍ Isaacʰ y Jacobⁱ que daría a sus descendientes. He querido que lo veas con tus propios ojos, aunque no vas a entrar en él."

⁵ Y así Moisés, el siervo de Dios, murió en la tierra de Moab, tal como el Señor lo había dicho, ⁶ y fue enterrado en un valle de la región de Moab, frente a Bet-peor, en un lugar que hasta la fecha nadie conoce. ⁷ Murió a los ciento veinte años de edad, habiendo conservado hasta su muerte buena vista y buena salud.

⁸ Los israelitas lloraron a Moisés durante treinta días en el desierto de Moab, cumpliendo así los días de llanto y luto por su muerte. ⁹ Y Josué, hijo de Nun, recibió de Moisés sabiduría, pues Moisés puso sus manos sobre él; así que los israelitas le obedecieron e hicieron como el Señor había ordenado a Moisés.ʲ

¹⁰ Sin embargo, nunca más hubo en Israel otro profeta como Moisés, con quien el Señor hablara cara a cara,ᵏ ¹¹ o que hiciera todos los prodigios y maravillas que el Señor le mandó hacer en Egipto contra el faraón, sus funcionarios y todo su país, ¹² o que le igualara en poder y en los hechos grandes e importantes que hizo a la vista de todo Israel.

ᵍ **34.4** Gn 12.7. ʰ **34.4** Gn 26.3. ⁱ **34.4** Gn 28.13. ʲ **34.9** Nm 27.18,23; Jos 1.16–18. ᵏ **34.10** Ex 33.11; Nm 12.6–8; Dt 18.15–18; Hch 3.22–23.

JOSUÉ

Con el nombre del sucesor de Moisés como título, este libro relata la siguiente etapa en la historia de Israel. Josué acaudilla al pueblo en la invasión y conquista de Canaán (caps. 1—12). Los episodios más importantes son el cruce del Jordán, la caída de Jericó y Hai, la captura de Hazor y las batallas que llevan a la ocupación casi completa del resto del territorio.

Los caps. 13—22 narran cómo se repartió Canaán entre las tribus, y cómo se establecieron ciudades de refugio y se asignaron ciudades a los levitas, los cuales no recibieron porción en el reparto del territorio. Los dos últimos capítulos contienen las palabras de despedida de Josué, ya anciano, y la reunión de todas las tribus en Siquem para renovar por segunda vez el pacto, estando ya ahora en la Tierra Prometida. Josué apela a la solemne decisión del pueblo, y éste responde con el voto de servir y obedecer al Señor. El libro concluye refiriendo brevemente la muerte y sepultura de Josué y del sacerdote Eleazar, hijo de Aarón.

Dios llama a Josué

1 ¹ Después que murió Moisés, el siervo del Señor, habló el Señor con Josué, hijo de Nun y ayudante de Moisés, y le dijo:

² "Como mi siervo Moisés ha muerto, ahora eres tú quien debe cruzar el río Jordán con todo el pueblo de Israel, para ir a la tierra que voy a darles a ustedes. ³ Tal como se lo prometí a Moisés, yo les daré toda la tierra en donde ustedes pongan el pie. ⁴ Les daré el territorio que va desde el desierto y la sierra del Líbano hasta el gran río Éufrates, con todo el territorio de los hititas, y hasta el mar Mediterráneo. ⁵ Nadie te podrá derrotar en toda tu vida,ᵃ y yo estaré contigo así como estuve con Moisés, sin dejarte ni abandonarte jamás.ᵇ ⁶ Ten valor y firmeza,ᶜ que tú vas a repartir la tierra a este pueblo, pues es la herencia que yo prometí a sus antepasados. ⁷ Lo único que te pido es que tengas mucho valor y firmeza, y que cumplas toda la ley que mi siervo Moisés te dio. Cúmplela al pie de la letra para que te vaya bien en todo lo que hagas. ⁸ Repite siempre lo que dice el libro de la ley de Dios, y medita en él de día y de noche, para que hagas siempre lo que éste ordena. Así todo lo que hagas te saldrá bien. ⁹ Yo soy quien te manda que tengas valor y firmeza. No tengas miedo ni te desanimes porque yo, tu Señor y Dios, estaré contigo dondequiera que vayas."

Josué se prepara para la conquista

¹⁰ Entonces Josué les dio órdenes a los jefes del pueblo: ¹¹ "Vayan por todo el campamento y ordenen a todos que preparen provisiones, porque dentro de tres días vamos a cruzar el río Jordán para to-mar posesión de la tierra que el Señor nuestro Dios nos va a dar."

¹² Josué habló también a las tribus de Rubén y de Gad y a la media tribu de Manasés, y les dijo:

¹³ —Acuérdense de lo que les mandó Moisés, el siervo del Señor, cuando les dijo que el Señor, el Dios de ustedes, daría esta tierra para que pudieran descansar. ¹⁴ Dejen aquí sus mujeres, niños y animales, en esta tierra que Moisés les dio de este lado del Jordán. Pero todos los hombres aptos para la guerra tomen sus armas y vayan delante de sus hermanos, para ayudarlos, ¹⁵ hasta que el Señor les dé a ellos un lugar de descanso, como se lo dio a ustedes, y hasta que ellos también sean dueños de la tierra que el Señor les va a dar. Después, ustedes podrán regresar a sus tierras de este lado oriental del río, para tomar posesión definitiva de esta tierra que les dio Moisés, el siervo de Dios.ᵈ

¹⁶ Y ellos contestaron:

—Haremos todo lo que nos has ordenado, e iremos a donde nos mandes. ¹⁷ Siempre te obedeceremos, como antes obedecimos a Moisés. Lo único que pedimos es que el Señor tu Dios te acompañe como acompañó a Moisés. ¹⁸ Todo el que se te oponga o no obedezca cuanto tú mandes, morirá. Sólo pedimos que tengas valor y firmeza.ᵉ

Josué manda espías a Jericó

2 ¹ Desde Sitim, Josué mandó en secreto a dos espías, y les dijo: "Vayan a explorar la región y la ciudad de Jericó."

Ellos fueron, y llegaron a la casa de una prostituta de Jericó que se llamaba Rahab,ᶠ en donde se quedaron a pasar la noche. ² Pero alguien dio aviso al rey de Jericó, diciéndole:

ᵃ **1.3–5** Dt 11.24–25. ᵇ **1.5** Dt 31.6,8; He 13.5. ᶜ **1.6** Dt 31.6,7,23.
ᵈ **1.12–15** Nm 32.28–32; Dt 3.18–20; Jos 22.1–6. ᵉ **1.16–18** Nm 27.20; Dt 34.9. ᶠ **2.1** He 11.31; Stg 2.25.

—Unos israelitas han venido esta noche a explorar la región.

³ Entonces el rey mandó a decir a Rahab:

—Saca a los hombres que vinieron a verte y que están en tu casa, porque son espías.

⁴ Pero ella los escondió y dijo:

—Es verdad que unos hombres me visitaron, pero yo no supe de dónde eran. ⁵ Se fueron al caer la noche, porque a esa hora se cierra la puerta de la ciudad, y no sé a dónde se fueron. Pero si ustedes salen en seguida a perseguirlos, los podrán alcanzar.

⁶ En realidad, ella los había hecho subir a la azotea, y estaban allí escondidos, entre unos manojos de lino puestos a secar.

⁷ Los hombres del rey los persiguieron en dirección del río Jordán, hasta los vados. Tan pronto como los soldados salieron, fue cerrada la puerta de la ciudad. ⁸ Entonces, antes que los espías se durmieran, Rahab subió a la azotea y les dijo:

⁹ —Yo sé que el Señor les ha dado esta tierra a ustedes, porque él ha hecho que nosotros les tengamos mucho miedo. Todos los que viven aquí están muertos de miedo por causa de ustedes. ¹⁰ Sabemos que cuando ustedes salieron de Egipto, Dios secó el agua del Mar Rojo para que ustedes lo pasaran.ᵍ También sabemos que ustedes aniquilaron por completo a Sehón y a Og,ʰ los dos reyes de los amorreos que estaban al otro lado del río Jordán. ¹¹ Es tanto el miedo que nos ha dado al saberlo, que nadie se atreve a enfrentarse con ustedes. Porque el Señor, el Dios de ustedes, es Dios lo mismo arriba en el cielo que abajo en la tierra. ¹² Por eso yo les pido que me juren aquí mismo, por el Señor, que van a tratar bien a mi familia, de la misma manera que yo los he tratado bien a ustedes. Denme una prueba de su sinceridad, ¹³ y perdonen la vida a mi padre, a mi madre, a mis hermanos y hermanas, y a todo lo que es de ellos: ¡Sálvennos de la muerte!

¹⁴ Ellos le contestaron:

—Con nuestra propia vida respondemos de la vida de ustedes, con tal de que tú no digas nada de este asunto. Cuando el Señor nos haya dado esta tierra, nosotros te trataremos bien y con lealtad.

¹⁵ Como Rahab vivía en una casa construida sobre la muralla misma de la ciudad, con una soga los hizo bajar por la ventana. ¹⁶ Y les dijo:

—Váyanse a la montaña, para que no los encuentren los que andan buscándolos. Escóndanse allí durante tres días,

hasta que ellos vuelvan a la ciudad. Después podrán ustedes seguir su camino.

¹⁷ Y ellos le contestaron:

—Nosotros cumpliremos el juramento que nos has pedido hacerte. ¹⁸ Pero cuando entremos en el país, tú deberás colgar esta soga roja de la ventana por la que nos has hecho bajar. Reúne entonces en tu casa a tu padre, tu madre, tus hermanos y toda la familia de tu padre. ¹⁹ Si alguno de ellos sale de tu casa, será responsable de su propia muerte; la culpa no será nuestra. Pero si alguien toca a quien esté en tu casa contigo, nosotros seremos los responsables. ²⁰ Y si tú dices algo de este asunto, nosotros ya no estaremos obligados a cumplir el juramento que te hemos hecho.

²¹ —Estamos de acuerdo —contestó ella.

Entonces los despidió, y ellos se fueron. Después ella ató la soga roja a su ventana.

²² Los dos espías se fueron a las montañas y se escondieron allí durante tres días, mientras los soldados los buscaban por todas partes sin encontrarlos, hasta que por fin volvieron a Jericó. ²³ Entonces los espías bajaron de las montañas, cruzaron el río y regresaron a donde estaba Josué, a quien contaron todo lo que les había pasado. ²⁴ Le dijeron: "El Señor ha puesto toda la región en nuestras manos. Por causa nuestra, todos los que viven en el país están muertos de miedo."

Los israelitas cruzan el Jordán

3 ¹ Al día siguiente, muy temprano, Josué y todos los israelitas salieron de Sitim y llegaron al río Jordán; pero antes de cruzarlo acamparon allí. ² Pasados tres días, los jefes recorrieron el campamento ³ y dieron esta orden a los israelitas: "En cuanto vean ustedes que el cofre del Señor pasa, llevado por los sacerdotes levitas, salgan de donde estén y síganlo.ⁱ ⁴ Así sabrán por dónde tienen que ir, porque ninguno de ustedes ha pasado antes por ese camino. Pero no se acerquen al cofre, sino quédense siempre detrás de él, como a un kilómetro de distancia."

⁵ Y Josué les dijo: "Purifíquense, porque mañana verán al Señor hacer milagros." ⁶ A los sacerdotes les dijo: "Tomen el cofre del pacto y crucen el río delante de la gente."

Los sacerdotes tomaron el cofre del pacto y pasaron delante de la gente. ⁷ Entonces el Señor le dijo a Josué: "A partir de hoy te haré cada vez más importante a los ojos de los israelitas. Así ellos verán que yo estoy contigo como estuve con Moisés. ⁸ Tú, por tu parte, ordena a los sacerdotes que llevan el cofre del pacto que, cuando lleguen a la orilla del Jordán, se paren dentro del río."

⁹ Entonces Josué les dijo a los israelitas: "Vengan y escuchen lo que dice el Señor su Dios. ¹⁰ Esta será la prueba de que el Dios viviente está en medio de ustedes, y de que al paso de ustedes él irá barriendo a los cananeos, los hititas, los heveos, los ferezeos, los gergeseos, los amorreos y los jebuseos. ¹¹ Miren, el cofre del pacto del Señor de toda la tierra va a cruzar el Jordán delante de ustedes. ¹² Por eso, escojan ahora doce hombres, uno de cada una de las doce tribus de Israel. ¹³ Cuando los sacerdotes que llevan el cofre del Señor de toda la tierra metan los pies en el agua, el río se dividirá en dos partes, y el agua que viene de arriba dejará de correr y se detendrá como formando un embalse."

¹⁴⁻¹⁶ Los israelitas salieron de sus tiendas de campaña para cruzar el río, y delante de ellos iban los sacerdotes que llevaban el cofre del pacto. Pero en cuanto los sacerdotes entraron en el río y sus pies se mojaron con el agua de la orilla (durante el tiempo de la cosecha el Jordán se desborda) el agua que venía de arriba dejó de correr y se detuvo como formando un embalse, bastante lejos, en Adam, la ciudad que está junto a la fortaleza de Saretán. Y el agua que bajaba hacia el Mar Muerto siguió corriendo hasta que se terminó. Así se dividió el agua del río, y los israelitas lo cruzaron frente a la ciudad de Jericó. ¹⁷ Todo el pueblo cruzó en seco el Jordán, mientras los sacerdotes que llevaban el cofre del pacto del Señor permanecían en medio del Jordán, firmes y en terreno seco.

Las doce piedras tomadas del Jordán

4 ¹ Después que todos terminaron de cruzar el Jordán, el Señor le dijo a Josué: ² "Escoge doce hombres del pueblo, uno de cada tribu, ³ y diles que saquen doce piedras de en medio del río, del lugar donde están parados los sacerdotes, y que las lleven y las pongan en el lugar en que van a acampar esta noche."

⁴ Entonces Josué llamó a los doce hombres que había escogido, ⁵ y les dijo: "Entren hasta el centro del Jordán, delante del cofre del Señor, el Dios de ustedes, y cada uno de ustedes échese allí una piedra al hombro, una piedra por cada tribu de Israel, para que sean doce en total. ⁶ Ellas les servirán como prueba para que, en el futuro, cuando sus hijos les pregunten: '¿Qué significan estas piedras?', ⁷ ustedes les contesten: 'Cuando el cofre del pacto del Señor pasó el Jordán, el agua del río se dividió en dos partes delante del cofre. Estas piedras sirven para que los israelitas recuerden siempre lo que pasó aquí.' "

⁸ Ellos hicieron lo que Josué les mandó. Tomaron doce piedras del Jordán, una por cada tribu de Israel, y las llevaron hasta el campamento y allí las colocaron, tal como el Señor le había dicho a Josué. ⁹ Además Josué colocó otras doce piedras en el lugar del río donde se pararon los sacerdotes que llevaban el cofre del pacto. Esas piedras están allí todavía.

¹⁰ Los sacerdotes que llevaban el cofre del pacto se quedaron en medio del Jordán mientras los israelitas hacían todas las cosas que el Señor les había ordenado por medio de Josué. Todo se hizo según Moisés lo había mandado a Josué. La gente pasó de prisa, ¹¹ y luego que todos estuvieron al otro lado, pasaron los sacerdotes con el cofre del Señor, y se pusieron a la cabeza de todo el pueblo. ¹² También pasaron el río los guerreros de las tribus de Rubén y de Gad y los de la media tribu de Manasés. Pasaron armados, e iban delante de los otros israelitas, según Moisés les había mandado. ¹³ Cerca de cuarenta mil hombres armados y listos para la guerra desfilaron ante el Señor, y fueron hacia los llanos de Jericó. ¹⁴ Aquel día el Señor hizo que todo Israel admirara y respetara a Josué, como lo había hecho con Moisés durante toda su vida.

¹⁵ Entonces el Señor le dijo a Josué: ¹⁶ "Ordena a los sacerdotes que llevan el cofre del pacto, que salgan del Jordán."

¹⁷ Josué les ordenó que salieran, ¹⁸ y tan pronto como los sacerdotes salieron del Jordán y pusieron los pies en un lugar seco, el agua del río volvió a su lugar y corrió desbordada como antes.

¹⁹ Los israelitas salieron del Jordán el día diez del mes primero, y acamparon en Gilgal, al este de Jericó. ²⁰ Allí Josué colocó las doce piedras que trajeron del Jordán, ²¹ y dijo a los israelitas: "En el futuro, cuando sus hijos les pregunten: '¿Qué significan estas piedras?', ²² cuéntenles cómo Israel pasó el río Jordán en seco, ²³ y cómo el Señor su Dios secó el agua del Jordán mientras ustedes pasaban, tal como antes había secado el Mar Rojo mientras pasábamos nosotros. ²⁴ Así todos los pueblos del mundo sabrán lo poderoso que es el Señor, y ustedes honrarán siempre al Señor su Dios."

El campamento en Gilgal

5 ¹ Todos los reyes amorreos que estaban en el lado oeste del Jordán, y los reyes cananeos que estaban cerca del mar Mediterráneo, supieron que el Señor había secado el agua del río Jordán mientras los israelitas lo cruzaban, y les dio mucho

miedo, y no se atrevían a hacer frente a los israelitas.

² Fue entonces cuando el Señor le dijo a Josué: "Haz unos cuchillos de piedra, y vuelve a circuncidar a los israelitas."

³ Josué hizo los cuchillos, y circuncidó a los hombres israelitas en el monte de Aralot.*ⁱ* ⁴ Los circuncidó porque todos los hombres que estaban en edad militar cuando salieron de Egipto ya habían muerto por el camino, en el desierto. ⁵ Y aunque todos los que salieron de Egipto estaban circuncidados, los que nacieron después, por el camino, en el desierto, no lo estaban. ⁶ Como los israelitas anduvieron cuarenta años por el desierto, ya habían muerto todos los hombres que habían salido de Egipto en edad militar. Esos hombres no obedecieron al Señor, y por eso él les juró que no les dejaría ver la tierra que a sus antepasados había prometido darles, tierra donde la leche y la miel corren como el agua.*ʲ* ⁷ Por eso Josué circuncidó a los hijos de aquellos hombres, es decir, a los que el Señor había puesto en lugar de ellos, los cuales no habían sido circuncidados antes porque estaban de camino.*ᵏ* ⁸ Cuando todos estuvieron ya circuncidados, se quedaron descansando en el campamento hasta que sanaron. ⁹ Entonces el Señor le dijo a Josué: "Con esta circuncisión les he quitado la vergüenza de los egipcios." Por esta razón, aquel lugar todavía se llama Gilgal.*²*

¹⁰ Los israelitas acamparon en Gilgal, y el día catorce del mes, por la tarde, celebraron la Pascua*ˡ* en los llanos de Jericó. ¹¹ Ese mismo día comieron panes sin levadura y trigo tostado, pero al día siguiente comieron ya de lo que la tierra producía. ¹² Desde entonces no volvió a haber maná,*ᵐ* así que los israelitas se alimentaron aquel año de lo que producía la tierra de Canaán.

Josué y el jefe del ejército del Señor

¹³ Un día, estando Josué cerca de Jericó, vio delante de él a uno con una espada en la mano. Josué se le acercó y le preguntó:

—¿Eres de los nuestros, o de nuestros enemigos?

¹⁴ —Ni lo uno ni lo otro —contestó el hombre—. Vengo como jefe del ejército del Señor.

Entonces Josué se inclinó hasta tocar el suelo con la frente, y le preguntó:

—¿Qué le manda mi Señor a este siervo suyo?

¹⁵ El jefe del ejército del Señor le contestó:

—Descálzate, porque el lugar donde estás es sagrado.

Y Josué le obedeció.

El plan para atacar a Jericó

6 ¹ Nadie podía entrar ni salir de Jericó, pues se habían cerrado las puertas de la ciudad para defenderla de los israelitas. ² Pero el Señor le dijo a Josué: "Yo te he entregado Jericó, con su rey y sus soldados. ³ Ustedes, soldados israelitas, den una vuelta diaria alrededor de la ciudad durante seis días. ⁴ Siete sacerdotes irán delante del cofre del pacto, cada uno con una trompeta de cuerno de carnero, y el séptimo día darán siete vueltas a la ciudad, mientras los sacerdotes tocan las trompetas. ⁵ Cuando ustedes oigan que las trompetas dan un toque especial, griten con todas sus fuerzas, y la muralla de la ciudad se vendrá abajo. Entonces cada uno deberá avanzar directamente contra la ciudad."

⁶ Josué llamó a los sacerdotes y les dijo: "Lleven el cofre del pacto del Señor, y siete de ustedes vayan delante del cofre, con trompetas de cuerno de carnero." ⁷ Y al pueblo le dijo: 'Vayan y denle la vuelta a la ciudad. Los hombres de combate, que vayan delante del cofre del Señor."

⁸ Todos hicieron lo que Josué les mandó. Los siete sacerdotes iban delante del cofre del pacto del Señor, tocando las siete trompetas, y el cofre los seguía. ⁹ Los hombres de combate iban delante de los sacerdotes, y la retaguardia iba detrás del cofre, mientras los sacerdotes tocaban las trompetas sin cesar. ¹⁰ Pero al ejército Josué le ordenó que marchara en silencio, hasta el momento en que él les diera la orden de gritar con todas sus fuerzas.

La toma de Jericó

¹¹ Josué hizo que el cofre del Señor diera una vuelta alrededor de la ciudad. Después volvieron al campamento, y allí pasaron la noche. ¹² Al día siguiente, muy temprano, Josué se levantó y los sacerdotes tomaron el cofre del Señor. ¹³ Los siete sacerdotes iban delante del cofre del Señor, sin dejar de caminar ni de tocar sus trompetas. Los hombres de combate iban delante de ellos, y los otros iban detrás del cofre. Las trompetas no dejaban de sonar. ¹⁴ Al segundo día le dieron otra vuelta a la

---

ⁱ En hebreo, *Aralot* significa *prepucios.* *²* En hebreo, *Gilgal* y el verbo que significa *quitar rodando* tienen un sonido parecido.
ʲ **5.6** Nm 14.28-35. *ᵏ* **5.5-7** Gn 17.9-14. *ˡ* **5.10** Ex 12.1-13. *ᵐ* **5.12** Ex 16.35.

ciudad y volvieron al campamento. Y durante seis días hicieron lo mismo.

¹⁵ Al séptimo día se levantaron de madrugada y marcharon alrededor de la ciudad, como lo habían hecho antes, pero ese día le dieron siete vueltas. ¹⁶ Cuando los sacerdotes tocaron las trompetas por séptima vez, Josué ordenó a la gente: "¡Griten! El Señor les ha entregado la ciudad. ¹⁷ La ciudad, con todo lo que hay en ella, será consagrada a completa destrucción, porque el Señor así lo ha ordenado.ⁿ Sólo se les perdonará la vida a Rahab la prostituta y a los que estén refugiados en su casa, porque ella escondió a los espías que mandamos. ¹⁸ En cuanto a ustedes, cuídense de no tomar ni tocar nada de lo que hay en la ciudad y que el Señor ha consagrado a la destrucción, pues de lo contrario pondrán bajo maldición el campamento de Israel y le acarrearán la desgracia. ¹⁹ Pero el oro y la plata, y todas las cosas de bronce y de hierro, serán dedicadas al Señor, y se pondrán en su tesoro."

²⁰ La gente gritó y las trompetas sonaron. Al oír los israelitas el sonido de las trompetas, comenzaron a gritar a voz en cuello, y la muralla de la ciudad se vino abajo.ⁿ Entonces avanzaron directamente contra la ciudad, y la tomaron. ²¹ Después mataron a filo de espada a hombres, mujeres, jóvenes y viejos, y aun a los bueyes, las ovejas y los asnos. Todo lo destruyeron por completo.

²² Josué les dijo a los dos espías que habían explorado la tierra: "Vayan a casa de la prostituta y sáquenla de allí con todos los suyos, tal como ustedes se lo prometieron." ²³ Ellos entraron y sacaron a Rahab, a su padre, a su madre, a sus hermanos y a todos sus parientes, y los llevaron a un lugar seguro fuera del campamento de Israel. ²⁴ Luego los israelitas quemaron la ciudad y todo lo que había en ella. Lo único que sacaron fue la plata, el oro y las cosas de bronce y de hierro, que pusieron en el tesoro del Señor. ²⁵ Pero Josué les perdonó la vida a Rahab y a su familia, porque ella había escondido a los espías que Josué había enviado a Jericó.º Y desde entonces los descendientes de Rahab viven entre los israelitas.

²⁶ Luego Josué hizo el siguiente juramento: "Maldito sea a los ojos del Señor el que intente reconstruir la ciudad de Jericó. Sean echados los cimientos sobre su hijo mayor, y sobre su hijo menor sean puestas las puertas."³, ᵖ

²⁷ El Señor ayudó a Josué, y la fama de Josué se extendió por toda la región.

El pecado de Acán

7 ¹ Pero un miembro de la tribu de Judá, que se llamaba Acán y era hijo de Carmi, nieto de Zabdi y bisnieto de Zara, tomó varias cosas de las que estaban consagradas a la destrucción, con lo cual todos los israelitas resultaban culpables ante el Señor de haber tomado lo que él había ordenado destruir. Por eso la ira del Señor se encendió contra ellos.

El castigo del pecado: la derrota frente a Hai

² Josué había mandado unos hombres desde Jericó, para que fueran hasta Hai, que estaba al oriente de Betel, cerca de Bet-avén, con órdenes de explorar la región. Ellos fueron y exploraron Hai, ³ y al volver le dijeron a Josué: "No hace falta que todo el pueblo ataque Hai, pues dos o tres mil hombres son suficientes para tomar la ciudad. No mandes a todo el pueblo, pues los que defienden la ciudad son pocos."

⁴ Así pues, unos tres mil hombres subieron para atacar Hai. Pero los de Hai los derrotaron y los hicieron huir; ⁵ mataron como a treinta y seis israelitas, y a los demás los persiguieron desde las puertas de la ciudad hasta las canteras, y en la bajada los destrozaron. Por esta razón la gente se desanimó y perdió el valor.

⁶ Josué y los ancianos de Israel rasgaron sus ropas y se echaron polvo sobre la cabeza en señal de dolor; luego se inclinaron ante el cofre del Señor tocando el suelo con la frente, hasta la caída de la tarde. ⁷ Y decía Josué:

—¡Ay, Señor! ¿Para qué hiciste que este pueblo pasara el río Jordán? ¿Acaso fue para entregarnos a los amorreos, y para que ellos nos destruyeran? ¡Ojalá nos hubiéramos quedado al otro lado del Jordán! ⁸ ¡Ay, Señor! ¿Qué puedo decir, ahora que los israelitas han huido de sus enemigos? ⁹ Los cananeos y todos los que viven en la región se van a enterar de lo que ha pasado, y nos atacarán juntos, y no quedará de nosotros ni el recuerdo. Entonces, ¿qué será de tu gran nombre?

¹⁰ Y el Señor le contestó:

—Levántate. ¿Qué haces ahí, en el suelo? ¹¹ Los israelitas han pecado, y han roto el pacto que yo hice con ellos. Tomaron de las cosas que debieron ser destruidas; q las robaron sabiendo que hacían mal, y las han escondido entre sus pertenencias. ¹² Por eso los israelitas no podrán hacer frente a sus enemigos. Tendrán que

---

³ Posible alusión a un sacrificio humano ritual en la construcción de ciudades.
ⁿ **6.17** Dt 13.15–16; 20.16–18. ⁿ **6.20** He 11.30.
º **6.25** He 11.31. ᵖ **6.26** 1 R 16.34. q **7.11–15** Dt 13.16; Jos 6.17–19.

huir de ellos, pues ahora los israelitas mismos merecen ser destruidos. Y si ustedes no destruyen pronto lo que ordené que se destruyera, no estaré más con ustedes. [13] Levántate y convoca al pueblo. Diles que se preparen para presentarse mañana delante de mí, porque yo, el Señor y Dios de Israel, digo así: 'Tú, Israel, has tomado lo que debió ser destruido por completo, y mientras no lo destruyas y lo eches fuera de ti, no podrás hacer frente a tus enemigos.' [14] Mañana preséntense todos por tribus, y la tribu que yo señale presentará a cada uno de sus clanes; el clan que yo señale presentará a cada una de sus familias, y la familia que yo señale presentará a cada uno de sus hombres. [15] Y el que tenga en su poder lo que debió ser destruido, será quemado con su familia y con todas sus posesiones, por haber hecho una cosa indigna en Israel y no haber cumplido el pacto del Señor.

El castigo de Acán

[16] Al día siguiente, Josué se levantó muy temprano y mandó que la gente se presentara repartida en tribus. Y el Señor señaló a la tribu de Judá. [17] Entonces Josué hizo que la tribu de Judá presentara a cada uno de sus clanes, y fue señalado el clan de Zara. De entre los de Zara fue señalada la familia de Zabdi. [18] Cuando los hombres de la familia de Zabdi se acercaron uno por uno, fue señalado Acán, el hijo de Carmi, que era nieto de Zabdi y bisnieto de Zara, de la tribu de Judá.

[19] Entonces Josué le dijo a Acán:

—Hijo mío, da honor y alabanza al Señor y Dios de Israel, diciéndome lo que has hecho. ¡No me lo ocultes!

[20] Y Acán le contestó:

—En verdad, confieso que he pecado contra el Señor y Dios de Israel. Esto es lo que hice: [21] Entre las cosas que tomamos en Jericó, vi un bello manto de Babilonia, doscientas monedas de plata y una barra de oro que pesaba más de medio kilo. Me gustaron esas cosas, y me quedé con ellas, y las he enterrado debajo de mi tienda de campaña, poniendo el dinero en el fondo.

[22] Josué mandó en seguida unos hombres a la tienda de Acán, los cuales encontraron todo lo que allí estaba escondido, con la plata en el fondo. [23] Lo tomaron y se lo llevaron a Josué y a los israelitas, los cuales se lo presentaron al Señor. [24] Luego se llevaron a Acán al valle de Acor junto con la plata, el manto, la barra de oro, sus hijos y sus hijas, sus bueyes, asnos y ovejas, y su tienda y todo lo que era suyo. [25] Josué le dijo:

4 En hebreo, Acor significa desgracia.

—¿Por qué trajiste esta desgracia sobre nosotros? Ahora que el Señor haga caer sobre ti la desgracia que nos trajiste.

Dicho esto, todos los israelitas mataron a pedradas a Acán y a los suyos, y luego los quemaron. [26] Después pusieron sobre él un gran montón de piedras, que todavía sigue en pie. Por esta razón ese lugar se llama todavía va le de Acor.⁴ Así se calmó la ira del Señor contra Israel.

Los israelitas toman la ciudad de Hai

8 [1] El Señor le dijo a Josué: "No tengas miedo ni te desanimes. Toma a todo tu ejército y ponte en marcha contra la ciudad de Hai, pues yo te daré la victoria sobre el rey de Hai y su gente. Su ciudad y sus territorios serán tuyos, [2] y tú harás con Hai y su rey lo mismo que hiciste con Jericó y su rey, aunque en este caso podrán ustedes quedarse con las cosas y los animales de los vencidos. Prepara un ataque por sorpresa, por la parte de atrás de la ciudad."

[3] Josué se preparó con todo su ejército para marchar contra Hai. Escogió treinta mil guerreros, a los cuales envió de noche [4] con esta orden: "Oigan bien: vayan por la parte de atrás de la ciudad, escóndanse cerca de ella y manténganse listos para atacar. [5] El resto de la gente se acercará conmigo a la ciudad, y cuando los de la ciudad salgan a atacarnos, nosotros huiremos de ellos, como una vez pasada. [6] Ellos nos perseguirán cuando huyamos de la ciudad, pues pensarán que otra vez nos han puesto en fuga. [7] Entonces ustedes saldrán de su escondite y tomarán la ciudad, pues el Señor su Dios se la va a entregar. [8] Una vez que la hayan tomado, quémenla, tal como el Señor lo ha dicho. Es una orden."

[9] Entonces Josué les dio la orden de partir, y ellos fueron y se escondieron entre Betel y Hai, al oeste de Hai, mientras que Josué pasó la noche en el campamento. [10] Al día siguiente, Josué se levantó muy temprano y pasó revista a su gente. Luego se puso a frente de ellos, junto con los ancianos de Israel, y se dispuso a atacar Hai. [11] Todos sus hombres se acercaron a la ciudad por la parte de delante, y acamparon al norte de ella, teniendo el valle entre ellos y la ciudad. [12] Josué escondió unos cinco mil hombres entre Betel y Hai, al oeste de la ciudad, [13] de modo que el ejército quedó repartido en dos grupos, uno escondido al oeste de la ciudad, y el otro en el campamento, al norte. Josué se adelantó aquella noche hasta la mitad del valle.

¹⁴ Cuando el rey de Hai vio la situación, se dio prisa y salió con todo su ejército para luchar contra los israelitas en el valle del Jordán, sin saber que otros israelitas estaban escondidos detrás de la ciudad. ¹⁵ Josué y sus hombres fingieron ponerse en fuga, y huyeron de los de Hai por el camino del desierto. ¹⁶ Entonces todo el ejército de Hai recibió órdenes de perseguirlos, y al perseguir a Josué se alejaron de la ciudad. ¹⁷ No hubo un solo hombre de Hai ni de Betel que no saliera a perseguir a los israelitas; pero en sus ansias por perseguirlos dejaron indefensa la ciudad. ¹⁸ Entonces el Señor le dijo a Josué: "Da ya la señal de atacar la ciudad de Hai, que yo te la voy a entregar."

Josué dio la señal, ordenando el ataque. ¹⁹ Entonces los que estaban escondidos salieron rápidamente de su escondite, se lanzaron contra la ciudad y la tomaron, prendiéndole fuego en seguida. ²⁰ Cuando los hombres de Hai volvieron atrás la mirada, vieron que el humo de su ciudad subía hasta el cielo. No tenían escape por ningún lado, porque los israelitas que antes huían hacia el desierto, ahora se lanzaban al ataque. ²¹ En efecto, al ver Josué y todos los israelitas que los que se habían escondido habían tomado ya la ciudad, y que le habían prendido fuego, se volvieron y atacaron a los de Hai. ²² Luego, los que habían tomado la ciudad salieron de ella, de modo que los de Hai quedaron atrapados entre las dos fuerzas israelitas, las cuales atacaron a los de Hai hasta matarlos a todos. ²³ Sólo dejaron con vida al rey de Hai, al cual capturaron y llevaron ante Josué.

²⁴ Después de matar a filo de espada a todos los de Hai que habían salido a perseguirlos, los israelitas regresaron a Hai y mataron a los que quedaban. ²⁵ Aquel día murieron los doce mil habitantes de Hai, hombres y mujeres, ²⁶ pues Josué mantuvo la orden de atacar la ciudad hasta que los destruyeron a todos por completo. ²⁷ Los israelitas se quedaron con los animales y las cosas que había en la ciudad, como el Señor le había dicho a Josué, ²⁸ y Josué quemó Hai y la dejó en ruinas para siempre, tal como se ve todavía. ²⁹ Al rey de Hai lo colgó Josué de un árbol hasta el atardecer, y cuando el sol se puso, mandó que lo bajaran y echaran su cadáver a la entrada de la ciudad, y que amontonaran piedras encima de él. El montón de piedras está allí todavía.

Josué lee la ley en el monte Ebal

³⁰ Entonces Josué construyó en el monte Ebal un altar al Señor, el Dios de Israel, ³¹ tal como Moisés, el siervo del Señor, se lo había ordenado a los israelitas, y conforme a lo que está escrito en el libro de la ley de Moisés: "Un altar de piedras sin labrar."ʳ Entonces los israelitas ofrecieron holocaustos sobre el altar, y presentaron sacrificios de reconciliación. ³² Luego, en presencia de los israelitas, Josué grabó en las piedras del altar la ley que Moisés les había dado.ˢ ³³ Entonces todo el pueblo, tanto los descendientes de Israel como los extranjeros, y todos los ancianos, oficiales y jueces, se pusieron a los lados del cofre del pacto del Señor, frente a los sacerdotes levitas que lo llevaban en hombros. Para la bendición del pueblo de Israel, la mitad de ellos estaba del lado del monte Gerizim, y la otra mitad del lado del monte Ebal, tal como lo había ordenado desde el principio Moisés, el siervo del Señor. ³⁴ Después Josué leyó cada una de las palabras del libro de la ley, tanto las bendiciones como las maldiciones. ³⁵ No hubo una sola palabra de todo lo que Moisés había mandado, que no leyera Josué ante toda la comunidad de Israel, incluyendo a las mujeres y niños, y aun a los extranjeros que vivían entre ellos.ᵗ

El pacto con los gabaonitas

9 ¹ Los reyes hititas, amorreos, cananeos, ferezeos, heveos y jebuseos se enteraron de lo sucedido. (Estos reyes vivían en la orilla occidental del río Jordán, en las montañas, en la llanura y en toda la costa del mar Mediterráneo hasta las regiones del Líbano.) ² Entonces todos ellos se pusieron de acuerdo y se aliaron para enfrentarse con Josué y los israelitas. ³ Sin embargo, los heveos que vivían en Gabaón supieron lo que Josué había hecho con las ciudades de Jericó y de Hai, ⁴ y decidieron engañarlo. Se pusieron en camino, echando sobre sus asnos costales y cueros de vino viejos, rotos y remendados; ⁵ también se pusieron ropa y sandalias viejas y remendadas, y tomaron para el camino únicamente pan seco y mohoso. ⁶ Cuando llegaron al campamento de Gilgal, dijeron a Josué y a los israelitas:

—Venimos de tierras lejanas. Hagan ustedes un pacto con nosotros.

⁷ Los israelitas les contestaron a los heveos:

—A lo mejor ustedes viven por aquí, cerca de nosotros; ¿cómo vamos entonces a hacer un pacto con ustedes?ᵘ

⁸ Pero ellos dijeron a Josué:

ʳ 8.31 Ex 20.25. ˢ 8.30-32 Dt 27.2-8. ᵗ 8.33-35 Dt 11.29; 27.11-14. ᵘ 9.7 Ex 23.32; 34.12; Dt 7.2; 20.15-16.

—Nosotros nos ponemos al servicio de usted.

El les preguntó:

—¿Quiénes son ustedes? ¿De dónde vienen?

⁹ Y ellos respondieron:

—Venimos de muy lejos, debido a la fama del Señor su Dios. Hemos sabido todo lo que él hizo en Egipto, ¹⁰ y lo que les hizo a los dos reyes amorreos al otro lado del río Jordán, es decir, a Sehón de Hesbón y a Og de Basán, que vivía en Astarot.ᵛ ¹¹ Por eso, nuestros jefes y nuestros compatriotas nos dijeron: 'Tomen ustedes provisiones para el camino y vayan a donde ellos están. Díganles que nos ponemos a su servicio y que queremos hacer un pacto con ellos.' ¹² Cuando salimos en busca de ustedes, este pan todavía estaba caliente, y ahora ya está mohoso y seco. ¹³ También estos cueros estaban nuevos cuando los llenamos de vino, y ahora ya están rotos. Y lo mismo ha pasado con nuestra ropa y nuestras sandalias, pues el camino ha sido largo.

¹⁴ Los israelitas probaron las provisiones de los gabaonitas, pero no consultaron al Señor. ¹⁵ Entonces Josué hizo un pacto de paz con ellos, comprometiéndose a perdonarles la vida; y los demás jefes israelitas juraron hacer lo mismo.

¹⁶ Tres días después, los israelitas se enteraron de que los gabaonitas eran vecinos suyos, y de que vivían cerca de ellos. ¹⁷ Entonces salieron en busca de los gabaonitas, y al tercer día llegaron a sus ciudades, que eran Gabaón, Cafira, Beerot y Quiriat-jearim. ¹⁸ Pero los israelitas no los mataron, porque los jefes les habían jurado por el Señor y Dios de Israel que les perdonarían la vida.

Por esta razón el pueblo murmuraba contra sus jefes, ¹⁹ pero los jefes les dijeron:

—Nosotros les hemos jurado por el Señor, el Dios de Israel, que no los mataríamos. Por eso, ahora no podemos hacerles nada. ²⁰ Tenemos que dejarlos vivir, porque si rompemos el juramento, Dios se enojará con nosotros.

²¹ Así pues, los jefes israelitas ordenaron que se les dejara con vida, pero que fueran puestos como leñadores y aguadores para todo el pueblo. De esa manera los jefes mantuvieron su promesa.

²² Por su parte, Josué llamó a los gabaonitas y les preguntó:

—¿Por qué nos engañaron diciéndonos que venían de muy lejos, cuando la verdad es que viven aquí mismo? ²³ Por esta razón quedarán ustedes bajo maldición, y para siempre serán sirvientes. Tendrán

que cortar la leña y sacar el agua que se necesite para la casa de mi Dios.

²⁴ Y ellos contestaron a Josué:

—Nosotros lo hicimos porque teníamos mucho miedo de que usted nos fuera a matar, pues nos enteramos de que el Señor su Dios le había ordenado a Moisés, su siervo, darles a ustedes toda esta región, y destruir a todos los que vivían aquí. ²⁵ Pero estamos en sus manos; haga usted con nosotros lo que le parezca más conveniente.

²⁶ Josué, pues, no permitió que los israelitas mataran a los gabaonitas, ²⁷ pero los destinó a ser leñadores y aguadores para el pueblo y para el altar del Señor, en el lugar que el Señor escogiera. Y todavía hoy los gabaonitas tienen esa ocupación.

La victoria sobre los amorreos

10 ¹⁻² Adonisedec, el rey de Jerusalén, tuvo mucho miedo cuando supo que Josué había tomado y destruido Hai, y que había hecho con ella y con su rey lo mismo que antes había hecho con Jericó y su rey, y que los gabaonitas habían hecho la paz con los israelitas y ahora vivían entre ellos. Esto último le causó mucho miedo, pues Gabaón era una ciudad importante, más grande que Hai y de categoría real, y los gabaonitas eran valientes. ³ Por esta razón Adonisedec les mandó el siguiente mensaje a los reyes Hohan de Hebrón, Piream de Jarmut, Jafía de Laquis, y Debir de Eglón: ⁴ "Vengan acá y ayúdenme a pelear contra Gabaón, pues ha hecho un pacto con Josué y los israelitas." ⁵ Así que los cinco reyes amorreos, o sea los reyes de Jerusalén, Hebrón, Jarmut, Laquis y Eglón, se juntaron y marcharon con sus ejércitos para acampar ante Gabaón y atacarla.

⁶ Por su parte, los que vivían en Gabaón le mandaron este mensaje a Josué, que estaba en el campamento de Gilgal: "No se niegue usted a ayudar a sus servidores. Venga pronto a ayudarnos y defendernos, pues todos los reyes amorreos de las montañas se han unido para atacarnos." ⁷ Entonces Josué salió de Gilgal con todo su ejército de valientes, ⁸ y el Señor le dijo: "No les tengas miedo, porque yo voy a entregártelos, y ninguno de ellos va a poder hacerte frente."

⁹ Josué salió de Gilgal y, avanzando toda la noche, atacó por sorpresa a los amorreos. ¹⁰ El Señor hizo que ellos se asustaran mucho ante los israelitas, y así Josué mató a muchísimos en Gabaón. Después los persiguió por el camino de Bet-horón, y siguió matando amorreos hasta Azeca y

ᵛ **9.10** Nm 21.21-35.

Maceda. ¹¹ Al bajar los amorreos la cuesta de Bet-horón, mientras huían de los israelitas, el Señor soltó sobre ellos grandes piedras de granizo, que mataron más amorreos que las espadas de los israelitas.

¹² Cuando el Señor entregó a los amorreos en manos de los israelitas, Josué le habló al Señor delante del pueblo y dijo:

> "Párate, sol, en Gabaón;
> párate, luna, en el valle de Ajalón."

¹³ Y el sol y la luna se detuvieron
hasta que el pueblo se vengó del
enemigo.

Esto es lo que dice el Libro del Justo.ʷ El sol se detuvo en medio del cielo, y por casi un día entero no se puso. ¹⁴ Ni antes ni después ha habido otro día como aquel en que el Señor escuchó la voz de un hombre, pues el Señor peleaba a favor de Israel.

¹⁵ Después Josué y los israelitas volvieron al campamento de Gilgal, ¹⁶ y los cinco reyes huyeron y se escondieron en una cueva en Maceda. ¹⁷ Pero más tarde fueron hallados en esa cueva, y así se lo dijeron a Josué. ¹⁸ Entonces Josué dio las siguientes órdenes: "Rueden piedras hasta la entrada de la cueva y tápenla, y pongan guardias a la entrada para que los vigilen. ¹⁹ Mientras tanto, no se detengan ustedes aquí. Vayan tras el enemigo y atáquenlo por la retaguardia. No los dejen regresar a sus ciudades, porque el Señor y Dios de ustedes los ha entregado en sus manos."

²⁰ Después que Josué y los israelitas derrotaron por completo a los amorreos, matando a muchísimos de ellos, los amorreos que quedaron con vida se refugiaron en sus ciudades. ²¹ Pero el pueblo israelita regresó sano y salvo al campamento de Maceda, donde estaba Josué. Y nadie se atrevía a hablar mal de los israelitas.

²² Entonces Josué dijo: "Destapen la entrada de la cueva y saquen a los cinco reyes." ²³ Así lo hicieron los israelitas, y sacaron de la cueva a los reyes de Jerusalén, Hebrón, Jarmut, Laquis y Eglón. ²⁴ Cuando los trajeron ante Josué, él llamó a todos los hombres de Israel, y dijo a los jefes militares que estaban con él: "Acérquense y pongan el pie sobre el cuello de estos reyes." Ellos lo hicieron así, ²⁵ y entonces Josué les dijo: "No tengan miedo ni se desanimen; al contrario, tengan valor y firmeza, porque esto mismo hará el Señor con todos los enemigos de ustedes."

²⁶ Después Josué mató a los reyes y mandó que colgaran a cada uno de un ár-

bol, y allí los dejaron hasta el atardecer. ²⁷ Cuando ya el sol se iba a poner, mandó Josué que los bajaran de los árboles y los echaran en la misma cueva en que se habían escondido. Después taparon la entrada de la cueva con unas piedras enormes que, por cierto, todavía están allí.

Otras conquistas

²⁸ Ese mismo día, Josué tomó la ciudad de Maceda y la destruyó por completo; mató a filo de espada a todos los que vivían en ella, y no dejó a nadie con vida. Hizo con el rey de Maceda lo mismo que había hecho con el de Jericó.

²⁹ De allí, Josué y los israelitas se fueron a la ciudad de Libna y la atacaron. ³⁰ El Señor les entregó también esta ciudad y su rey. No quedó nada ni nadie con vida, e hizo con el rey de Libna lo mismo que con el de Jericó.

³¹ Después Josué y los israelitas se fueron de Libna a Laquis, y acamparon ante la ciudad y la atacaron. ³² Al segundo día, el Señor les entregó Laquis y, como en Libna, los israelitas mataron a filo de espada a todas las personas y los animales que vivían allí. ³³ Horam, el rey de Gezer, salió con su ejército a defender Laquis, pero Josué lo derrotó y no dejó a nadie con vida.

³⁴ Después de Laquis, Josué y los israelitas fueron a la ciudad de Eglón, acamparon ante ella y la atacaron. ³⁵ Ese mismo día la tomaron, y mataron a filo de espada a todos los que vivían allí, destruyéndolos por completo como habían hecho con Laquis.

³⁶ De Eglón siguieron a la ciudad de Hebrón,ˣ y la atacaron. ³⁷ Cuando la tomaron, la destruyeron por completo y mataron a filo de espada al rey y a todas las personas y los animales que vivían allí y en los pueblos vecinos, tal como lo habían hecho en Eglón.

³⁸ De allí, Josué y los israelitas se dirigieron a la ciudad de Debirʸ y la atacaron, ³⁹ matando a filo de espada a su rey y a los habitantes de los pueblos vecinos. Ni un solo habitante de Debir quedó con vida; todos fueron aniquilados, tal como lo habían hecho con Hebrón y Libna y con sus reyes.

⁴⁰ Así pues, Josué conquistó toda la región. Derrotó a los reyes de las montañas, del Néguev, de los llanos y de las cuestas.ᶻ Lo destruyó todo y los mató a todos; no quedó nada, ni dejó vivo a nadie, tal y como el Señor, el Dios de Israel, se lo había ordenado. ⁴¹⁻⁴² De una sola vez derrotó a los reyes y conquistó todos sus territo-

---

ʷ **10.13** 2 S 1.18.
ˣ **10.36-37** Jos 15.13; Jue 1.10.   ʸ **10.38** Jos 15.15; Jue 1.11.   ᶻ **10.40** Jue 1.9.

rios entre Cades-barnea y Gaza, y toda la región de Gosén hasta la ciudad de Gabaón, porque el Señor, el Dios de Israel, peleaba en favor de los israelitas. [43] Después Josué volvió al campamento de Gilgal con todos los israelitas.

Josué derrota a Jabín y sus aliados

11 [1] Cuando Jabín, el rey de Hazor, supo todo esto, mandó mensajeros para hacer una alianza con el rey Jobab de Madón y con los reyes de Simrón y de Acsaf, [2] y con todos los reyes de la región montañosa del norte, del valle del Jordán al sur del lago Cineret, de la llanura y de las cercanías de Dor hacia el oeste, [3] con los cananeos del este y del oeste, con los amorreos, los hititas, los ferezeos, los jebuseos de las montañas y los heveos del monte Hermón, en la región de Mizpa. [4] Todos estos reyes salieron con sus ejércitos y con muchísimos caballos y carros de guerra. Eran tantos los soldados que no se podían contar, como los granitos de arena a la orilla del mar. [5] Todos ellos hicieron una alianza, y acamparon junto a las aguas de Merom, para atacar a los israelitas.

[6] Pero el Señor le dijo a Josué: "No les tengas miedo, porque yo haré que mañana, a esta misma hora, todos ellos caigan muertos delante de ustedes. Y tú, rómpeles las patas a sus caballos y prende fuego a sus carros de guerra." [7] Entonces Josué y todos sus guerreros los atacaron por sorpresa junto a las aguas de Merom, [8] y el Señor les dio la victoria a los israelitas, de modo que los fueron atacando y persiguiendo hasta la gran ciudad de Sidón y Misrefot-maim, y por el oriente hasta el llano de Mizpa. Ni uno solo de ellos quedó con vida. [9] Josué cumplió con lo que el Señor le había ordenado, pues les rompió las patas a los caballos del enemigo y quemó sus carros de guerra. [10] Después regresó y tomó la ciudad de Hazor, que había sido el centro de aquella alianza, y mató a su rey [11] y a todos los que vivían allí. Todo lo destruyeron por completo, y quemaron la ciudad. [12] Y lo mismo hizo con las demás ciudades de aquella alianza: las tomó y mató a sus reyes, y los destruyó por completo, tal como se lo había mandado Moisés, el siervo del Señor. [13] Sin embargo, los israelitas no quemaron ninguna de las ciudades que estaban sobre colinas, sino solamente a Hazor. [14] Mataron a filo de espada a todos los que vivían en esas ciudades, sin dejar con vida a ninguno, y tomaron posesión de todos los animales y cosas que había en ellas.

Josué cumple las órdenes de Moisés

[15] El Señor le había dado sus órdenes a Moisés, y Moisés se las dio a Josué, quien las cumplió en todo, sin pasar por alto ninguna de ellas. [16] Josué conquistó toda aquella región, es decir, la región montañosa, toda el Néguev, toda la tierra de Gosén, la llanura y el valle del Jordán, y todas las montañas y los llanos de Israel. [17] Desde el monte Halac, que se levanta hacia Seir, hasta Baal-gad, que está en los llanos del Líbano, al pie del monte Hermón, Josué capturó y mató a todos los reyes de la región, [18] tras pelear contra ellos por mucho tiempo. [19] La única ciudad que hizo un pacto con los israelitas fue la de los heveos de Gabaón. Todo lo demás fue tomado a la fuerza, [20] pues el Señor hizo que los enemigos se pusieran tercos y resistieran a los israelitas, para que los israelitas los destruyeran por completo y sin misericordia, tal como el Señor se lo había ordenado a Moisés.[a]

[21] También por aquel entonces, Josué conquistó y destruyó por completo todas las ciudades de los anaquitas que vivían en el monte Hebrón, en Debir, en Anab y en todos los montes de Judá y de Israel,[b] [22] de modo que no quedó ni un solo descendiente del gigante Anac en todo el territorio de Israel. Sólo quedaron descendientes del gigante Anac en Gaza, Gat y Asdod.

[23] Así pues, Josué conquistó toda la tierra, de acuerdo con todo lo que el Señor le había dicho a Moisés. Luego la repartió entre las tribus de Israel, para que fuera su herencia. Después de eso hubo paz en la región.

Resumen de las conquistas de Moisés

12 [1] Estos son los reyes que los israelitas derrotaron al este del río Jordán, y los territorios que conquistaron desde el río Arnón hasta el monte Hermón, con toda la región oriental del valle del Jordán:

[2] Sehón, rey de los amorreos, que vivía en Hesbón. Su reino se extendía desde Aroer, a la orilla del río Arnón, y desde la parte central del valle hasta el río Jaboc, donde empezaba el territorio de los amonitas (es decir, como la mitad de Galaad), [3] y dominaba también la parte oriental del valle del Jordán, desde el lago Cineret hasta el Mar Muerto, en dirección de

a 11.20 Dt 7.16.   b 11.21 Jue 1.10–11.

Bet-jesimot, y hacia el sur hasta el pie del monte Pisga.

⁴ Og, rey de Basán, uno de los últimos refaítas, que vivía en Astarot y en Edrei. ⁵ Su dominio se extendía desde el monte Hermón, y desde Salca, y desde toda la región de Basán, hasta la frontera de Gesur y de Maaca, y hasta la otra mitad de Galaad, que era de Sehón, el rey de Hesbón.ᶜ

⁶ Moisés y los israelitas derrotaron a estos reyes, y Moisés les dio estos territorios a las tribus de Rubén y de Gad y a la media tribu de Manasés.ᵈ

Resumen de las conquistas de Josué

⁷ Estos son los reyes que Josué y los israelitas derrotaron en la región occidental del río Jordán, comprendida entre Baal-gad, en el valle del Líbano, y el monte Halac, que se levanta hacia Seir. Josué repartió las tierras de estos reyes entre las tribus israelitas, dándoles en propiedad permanente ⁸ la región montañosa, la llanura, el valle del Jordán, las laderas, las tierras del desierto y el Néguev. Estas tierras habían sido de los hititas, amorreos, cananeos, ferezeos, heveos y jebuseos.

⁹ Los reyes derrotados fueron los siguientes: el de Jericó, el de Hai, ciudad cercana a Betel, ¹⁰ el de Jerusalén, el de Hebrón, ¹¹ el de Jarmut, el de Laquis, ¹² el de Eglón, el de Gezer, ¹³ el de Debir, el de Geder, ¹⁴ el de Horma, el de Arad, ¹⁵ el de Libna, el de Adulam, ¹⁶ el de Maceda, el de Betel, ¹⁷ el de Tapúa, el de Hefer, ¹⁸ el de Afec, el de Sarón, ¹⁹ el de Madón, el de Hazor, ²⁰ el de Simron-merón, el de Acsaf, ²¹ el de Taanac, el de Meguido, ²² el de Cedes, el de Jocneam del Carmelo, ²³ el de Dor, en la provincia de Dor, el de Goim de Gilgal ²⁴ y el de Tirsa. Fueron treinta y un reyes en total.

La tierra que quedaba por conquistar

13 ¹ Cuando Josué era ya muy anciano, el Señor le dijo: "Tú estás ya entrado en años, y todavía queda mucha tierra por conquistar. ² Queda todo el territorio de los filisteos y de los gesureos, ³ que va desde el río Sihor, al este de Egipto, hasta la frontera de Ecrón, al norte, y que es considerado territorio cananeo; en él hay cinco jefes filisteos, que son los jefes de Gaza, Asdod, Ascalón, Gat y Ecrón. Queda también la región de los aveos, ⁴ en el sur, y toda la tierra de los cananeos, desde las ciudadesⁿ de los sidonios hasta Afec, en la frontera con los

amorreos. ⁵ Queda además la tierra de los giblitas, y todo el Líbano hacia el este, desde Baal-gad, al pie del monte Hermón, hasta la entrada de Hamat. ⁶ Voy a echar de delante de los israelitas a los sidonios y a todos los que viven en las montañas, desde el Líbano hasta Misrefot-maim.ᵉ Tú ocúpate de repartir y dar posesión de la tierra a los israelitas,ᶠ tal como yo te lo he ordenado. ⁷ Reparte esta tierra entre las nueve tribus y la media tribu de Manasés."

Las tierras de Manasés, Rubén y Gad

⁸ Las tribus de Rubén y de Gad y la mitad de la tribu de Manasés recibieron su parte cuando Moisés les dio tierras en la región oriental del Jordán.ᵍ ⁹ Les tocó la región que va desde Aroer, a orillas del río Arnón, y la ciudad que está en medio del valle, y toda la meseta de Medeba, hasta Dibón, ¹⁰ incluyendo todas las ciudades de Sehón, el rey amorreo de Hesbón, hasta la frontera de los amonitas. ¹¹ Les tocó también Galaad y el territorio de los gesureos y de los maacateos, más el monte Hermón y toda la tierra de Basán hasta Salca, ¹² incluyendo los dominios de Og, rey de Basán, que gobernaba en Astarot y Edrei, y que era el último de los refaítas, a los que Moisés había derrotado y echado del lugar. ¹³ Los de Gesur y Maaca no fueron echados de allí, sino que siguieron viviendo entre los israelitas como hasta hoy.

¹⁴ A la tribu de Leví no le dio posesiones Moisés, pues para ellos serían las ofrendas que se queman en honor del Señor y Dios de Israel, según él mismo había dicho.ʰ

¹⁵ Moisés repartió tierras a la tribu de Rubén según el número de sus clanes, ¹⁶ de modo que su territorio se extendió desde Aroer, a orillas del río Arnón, y la ciudad que está en medio del valle, y por toda la meseta de Medeba, ¹⁷ hasta Hesbón y todas las ciudades que están en la meseta: Dibón, Bamot-baal, Bet-baal-meón, ¹⁸ Jahaza, Cademot, Mefaat, ¹⁹ Quiriataim, Sibma, Zaret-sahar, que está en la colina del valle, ²⁰ Bet-peor, Bet-jesimot y las laderas del monte Pisga, ²¹ es decir, las ciudades de la meseta y todo el reino de Sehón, rey amorreo de Hesbón. Moisés había derrotado a Sehón y a los príncipes de Madián que le servían: Evi, Requem, Zur, Hur y Reba. ²² Además los israelitas mataron al adivino Balaam, hijo de Beor, y a muchos más. ²³ El territorio de la tribu de Rubén, repartido según el número de sus clanes, incluía todas estas ciudades y aldeas, y llegaba hasta el río Jordán.

---

⁵ *Desde las ciudades:* traducción probable. Heb. *Mehara.*
ᶜ **12.1–5** Nm 21.21–35; Dt 2.26—3.11.   ᵈ **12.6** Nm 32.33; Dt 3.12.   ᵉ **13.3–6** Jue 3.3–4.   ᶠ **13.6** Nm 33.54.   ᵍ **13.8** Nm 32.33; Dt 3.12.   ʰ **13.14** Dt 18.1; Jos 13.33.

²⁴ También a los de la tribu de Gad les repartió tierras Moisés, según el número de sus clanes. ²⁵ Les tocó Jazer y todas las ciudades de Galaad, la mitad del territorio de los amonitas hasta la ciudad de Aroer, que está frente a Rabá, ²⁶ y la región que está entre Hesbón, Ramat-mizpa y Betonim, y entre Mahanaim y la frontera de Debir. ²⁷ En el valle, les tocó Bet-aram, Bet-nimra, Sucot y Zafón, que era lo único que quedaba del reino de Sehón, rey de Hesbón. Así que su territorio se extendía del lado este del río Jordán hasta el extremo sur del lago Cineret. ²⁸ Estas fueron las ciudades que, con sus aldeas, les tocaron a los de la tribu de Gad, según el número de sus clanes.

²⁹ También a los de la media tribu de Manasés les dio tierras Moisés, repartidas según el número de sus clanes. ³⁰ Les tocó todo lo que antes había sido de Og, rey de Basán, es decir, todo Basán desde Mahanaim, con las sesenta poblaciones que pertenecen a Jair, ³¹ la mitad de Galaad, y las ciudades de Astarot y Edrei. Todo esto fue para la mitad de los descendientes de Maquir, hijo de Manasés, según el número de sus clanes.

³² Estas son las tierras que Moisés les dio en propiedad en los llanos de Moab, al este del río Jordán, frente a Jericó. ³³ Pero a los de la tribu de Leví no les dio tierras en propiedad, sino que les dijo: "El Señor y Dios de Israel es su herencia."

Josué reparte la tierra de Canaán

14 ¹ Estos son los territorios de Canaán que los israelitas recibieron como posesión, tal y como se los dieron el sacerdote Eleazar, Josué y los jefes de clanes de las tribus israelitas. ² Los territorios se repartieron por sorteo entre las nueve tribus y media, como el Señor le había mandado a Moisés que lo hiciera.ʲ ³ Ya antes Moisés les había dado tierras al otro lado del Jordán a las tribus de Rubén y de Gad y a la media tribu de Manasés;ᵏ pero a los levitas no les dio tierras. ⁴ Los descendientes de José formaban dos tribus, la de Manasés y la de Efraín, pero a los levitas no les tocó ninguna porción de tierra, sino solamente ciudades habitables, con campos para criar ganado y rebaños. ⁵ Los israelitas hicieron el reparto de la tierra tal como el Señor se lo había ordenado a Moisés.

El territorio de Caleb

⁶ Los descendientes de Judá fueron a Gilgal para hablar con Josué, y Caleb el cenezeo, hijo de Jefone, le dijo a Josué: "Acuérdate de lo que el Señor le dijo a su siervo Moisés en Cades-barnea, en cuanto a ti y a mí.ˡ ⁷ Yo tenía cuarenta años cuando Moisés me envió desde Cades-barnea a explorar la región, y cuando volví le hablé con toda sinceridad.ᵐ ⁸ Los que fueron conmigo hicieron que la gente se asustara, pero yo me mantuve fiel a mi Dios y Señor. ⁹ Entonces Moisés me juró: 'La tierra en que has puesto el pie será siempre tuya y de tus descendientes, porque te mantuviste fiel a mi Dios y Señor.'ⁿ ¹⁰ Ya han pasado cuarenta y cinco años desde que el Señor le dijo esto a Moisés, que fue cuando los israelitas andaban todavía por el desierto, y conforme a su promesa me ha conservado con vida. Ahora ya tengo ochenta y cinco años, ¹¹ pero todavía estoy tan fuerte como cuando Moisés me mandó a explorar la tierra, y puedo moverme y pelear igual que entonces. ¹² Por eso te pido que me des ahora la región montañosa que el Señor me prometió. Tú sabes desde entonces que los descendientes del gigante Anac viven allí, y que tienen ciudades grandes y bien fortificadas. Pero yo espero que el Señor me acompañe y me ayude a echarlos de allí, como él lo ha dicho."

¹³ Entonces Josué bendijo a Caleb, y le dio Hebrón para que fuera de él y de sus descendientes. ¹⁴ Así fue como Hebrón llegó a ser de Caleb y de sus descendientes hasta el día de hoy, porque Caleb se mantuvo fiel al Señor, Dios de Israel. ¹⁵ El nombre antiguo de Hebrón era Quiriat-arba, pues Arba fue un famoso descendiente del gigante Anac.

Después de esto hubo paz en la región.

El territorio de Judá

15 ¹ El territorio que les tocó en suerte a los clanes de la tribu de Judá llegaba hasta la frontera de Edom, y por el sur hasta el desierto de Zin. ² Por ese lado la frontera partía de la punta que está en el extremo sur del Mar Muerto, ³ corría después hacia el sur por la cuesta de Acrabim, pasando por el desierto de Zin y al sur de Cades-barnea; luego seguía hasta Hezrón, subía hasta Adar y daba la vuelta hacia Carca, ⁴ de donde continuaba hasta Asmón, para salir al arroyo de Egipto y terminar en el mar Mediterráneo. Esta era la frontera por el sur. ⁵ Por el este, la frontera era el Mar Muerto hasta la desembocadura del Jordán. De allí partía la frontera norte ⁶ que subía por Bet-hogla y

ʲ 13.33 Nm 18.20; Dt 18.2.   ʲ 14.2 Nm 26.52-56; 34.13.   ᵏ 14.3 Nm 32.33; 34.14-15; Dt 3.12-17.   ˡ 14.6 Nm 14.30.   ᵐ 14.7 Nm 13.1-30.   ⁿ 14.9 Nm 14.24.

pasaba al norte de Bet-arabá, y de allí a la Peña de Bohán Ben-Rubén; [7] después subía del valle de Acor a Debir y volvía hacia Gilgal, que está frente a la cuesta de Adumín, al sur del arroyo; después la frontera pasaba por el manantial de En-semes y seguía hasta el de En-rogel; [8] entonces pasaba por el valle de Ben-hinom, al sur de la cuesta de Jebús, es decir, Jerusalén; luego subía por la cumbre del monte que está al oeste del valle de Hinom, y al norte del valle de Refaim, [9] para dar la vuelta desde la cumbre del monte hasta el manantial de Neftoa, y luego hasta las ciudades del monte de Efrón, pasando por Baala, que también se llama Quiriat-jearim. [10] De Baala, la frontera se volvía hacia el oeste hasta el monte de Seir, y pasaba por Quesalón, al costado norte del monte Jearim, para después bajar hasta Bet-semes y pasar por Timna [11] y por las cuestas al norte de Ecrón, girar hacia Sicrón, pasar por el monte de Baala, y salir a Jabneel para terminar en el mar Mediterráneo. [12] Por último, la frontera occidental era el mar Mediterráneo. Estas eran las fronteras de las posesiones que les tocaron a los de la tribu de Judá, y que se repartieron entre los clanes de la tribu.

Caleb conquista Hebrón y Debir
(Jue 1.10–15)

[13] Josué dio a Caleb, el hijo de Jefone, una parte de los territorios de la tribu de Judá. Conforme a lo ordenado por el Señor, le dio Quiriat-arba, es decir, Hebrón, ciudad principal de los descendientes del gigante Anac.[6] [14] Caleb echó de allí a tres descendientes de Anac, llamados Sesai, Ahimán y Talmai.[n] [15] Después marchó contra los que vivían en Debir, que antes se llamaba Quiriat-sefer, [16] y dijo: "Al que ataque y conquiste esta ciudad, yo le daré por esposa a mi hija Acsa."

[17] El que conquistó la ciudad fue su sobrino Otoniel, el hijo de Cenaz, y Caleb le dio por esposa a su hija Acsa. [18] Cuando iban a salir hacia su casa, Otoniel convenció a Acsa[7] de que le pidiera a su padre tierras de cultivo. Entonces ella se bajó del asno, y Caleb le preguntó:

—¿Qué se te ofrece?

[19] —Quiero pedirte un favor —contestó ella—. Ya que me diste tierras en el desierto del Néguev, dame también manantiales.

Y él le dio los manantiales de arriba y los de abajo.

Las ciudades de la tribu de Judá

[20] Estas fueron las posesiones de la tribu de Judá, que se repartieron según el número de sus clanes. [21] Las ciudades que les tocaron en la región sur, hacia la frontera de Edom, fueron: Cabseel, Edar, Jagur, [22] Cina, Dimona, Adada, [23] Cedes, Hazor, Itnán, [24] Zif, Telem, Bealot, [25] Hazor-hadata, Queriot, Hezrón (que también se llama Hazor), [26] Amam, Sema, Molada, [27] Hazar-gada, Hesmón, Bet-pelet, [28] Hazar-sual, Beerseba, Bizotia, [29] Baala, Iim, Esem, [30] Eltolad, Quesil, Horma, [31] Siclag, Madmana, Sansana, [32] Lebaot, Silhim y En-rimón.[8] En total, veintinueve ciudades con sus aldeas.

[33] En la llanura les tocaron las siguientes ciudades: Estaol, Zora, Asena, [34] Zanoa, En-ganim, Tapúa, Enam, [35] Jarmut, Adulam, Soco, Azeca, [36] Saaraim, Aditaim, Gedera y Gederotaim, o sea catorce ciudades con sus aldeas.

[37] Las ciudades de Zenán, Hadasa, Migdal-gad, [38] Dileán, Mizpa, Jocteel, [39] Laquis, Boscat, Eglón, [40] Cabón, Lahmam, Quitlis, [41] Gederot, Bet-dagón, Naama y Maceda, o sea dieciséis ciudades con sus aldeas.

[42] Las ciudades de Libna, Eter, Asán, [43] Jifta, Asena, Nezib, [44] Keila, Aczib y Maresa, o sea nueve ciudades con sus aldeas.

[45] La ciudad de Ecrón con sus pueblos y aldeas, [46] y de Ecrón al mar todo el territorio cercano a Asdod, junto con sus aldeas.

[47] La ciudad de Asdod con sus pueblos y aldeas, y la ciudad de Gaza con sus pueblos y aldeas, hasta el arroyo de Egipto y los límites del mar Mediterráneo.

[48] En la región montañosa les tocaron a los de Judá las siguientes ciudades: Samir, Jatir, Soco, [49] Dana, Quiriat-sana (llamada también Debir), [50] Anab, Estemoa, Anim, [51] Gosén, Holón y Gilo, o sea once ciudades con sus aldeas.

[52] Las ciudades de Arab, Duma, Esán, [53] Janum, Bet-tapúa, Afeca, [54] Humta, Quiriat-arba (llamada también Hebrón), y Sior, o sea nueve ciudades con sus aldeas.

[55] Las ciudades de Maón, Carmel, Zif, Juta, [56] Jezreel, Jocdeam, Zanoa, [57] Caín, Gabaa y Timna, o sea diez ciudades con sus aldeas.

[58] Las ciudades de Halhul, Bet-sur, Gedor, [59] Maarat, Bet-anot y Eltecón, o sea seis ciudades con sus aldeas.

[60] Las ciudades de Quiriat-baal, llamada también Quiriat-jearim, y Rabá, con sus aldeas.

[6] Ciudad principal de los descendientes del gigante Anac: según la versión griega. Heb. el padre de Anac. [7] Otoniel convenció a Acsa: según versiones antiguas. Heb. Acsa convenció a Otoniel. [8] En-rimón: texto probable, según Neh 11.29 y la versión griega. Heb. y Aín y Rimón.
[n] 15.13–14 Jue 1.20.

61 En el desierto les tocaron las ciudades de Bet-arabá, Midín, Secaca, 62 Nibsán, Ciudad de la Sal,[9] y En-gadi, o sea seis ciudades con sus aldeas.

63 Los descendientes de Judá no pudieron echar de Jerusalén a los jebuseos que allí vivían, de modo que hasta la fecha los jebuseos viven en Jerusalén junto con los descendientes de Judá.[o]

Territorios de Efraín y Manasés, descendientes de José

16 1 El territorio que les tocó en suerte a los descendientes de José empezaba, por el este, en el río Jordán, a la altura de los manantiales de Jericó, y de allí se extendía por el desierto, a lo largo de las montañas que van de Jericó a Betel. 2 De Betel, es decir, Luz,[10] pasaba por el territorio de los arquitas hasta Atarot; 3 luego se extendía hacia el oeste por el territorio de los jafletitas, hasta la frontera con Bet-horón de Abajo, y hasta Gezer. De allí salía al mar Mediterráneo. 4 Las posesiones que recibieron las tribus de Manasés y Efraín, descendientes de José, fueron las siguientes:

Territorios de la tribu de Efraín

5 Los límites del territorio de los clanes de la tribu de Efraín se extendían, al este, de Atarot-adar hasta Bet-horón de Arriba. 6 De allí se extendían hasta el mar Mediterráneo. El extremo norte de sus territorios era Micmetat, y de allí la frontera se extendía hacia el este, hasta Taanat-silo, para luego pasar por Janoa 7 y bajar a Atarot y Naarat, hasta tocar Jericó y salir al río Jordán. 8 Desde Tapúa, la frontera se extiende hacia el oeste hasta el arroyo de Caná y el mar Mediterráneo. Este es el territorio que le tocó a la tribu de Efraín, y que se repartió entre sus clanes. 9 Hubo además algunas ciudades y aldeas dentro del territorio de la tribu de Manasés, que les tocaron a los de Efraín. 10 Pero los de la tribu de Efraín no echaron de Gezer a los cananeos que allí vivían,[p] sino que los dejaron vivir entre ellos, aunque los obligaron a pagarles tributo. Y hasta la fecha los cananeos viven allí.

Territorios de la tribu de Manasés

17 1 Este es el territorio que le tocó a la tribu de Manasés, el hijo mayor de José. A Maquir, hombre de guerra, que era el hijo mayor de Manasés y padre de Galaad, le tocó el territorio de Galaad y de Basán, al este del Jordán. 2 También se sortearon las tierras que les tocarían, según el número de sus clanes, a los demás hijos de Manasés: a Abiezer, Helec, Asriel, Siquem, Hefer y Semida, que eran hijos de Manasés y nietos de José.

3 Pero Zelofehad, que era hijo de Hefer y nieto de Galaad, el hijo de Maquir y nieto de Manasés, no había tenido ningún hijo, sino sólo cinco hijas, que eran Maala, Noa, Hogla, Milca y Tirsa. 4 Estas fueron a ver al sacerdote Eleazar y a Josué y a los jefes del pueblo, y les dijeron: "El Señor le mandó a Moisés que nos diera tierras, lo mismo que a nuestros parientes."[q] Entonces Josué les dio tierras como a los parientes de su padre, tal como el Señor le había ordenado.

5 De esta manera la tribu de Manasés recibió diez partes, además de los territorios de Galaad y Basán, que están al este del Jordán, 6 porque a las hijas de Manasés se les dieron tierras como a los varones. La región de Galaad fue para los otros descendientes de Manasés. 7 El territorio de la tribu de Manasés se extendía de Aser a Micmetat, que está frente a Siquem, y continuaba hacia el sur, hasta la fuente de Tapúa. 8 Aunque la región de Tapúa era de la tribu de Manasés, la ciudad misma de Tapúa, que estaba junto a la frontera de Manasés, pertenecía a la tribu de Efraín. 9 Después la frontera bajaba hacia el sur hasta el arroyo de Caná, de modo que estas ciudades de Efraín estaban entre las ciudades de Manasés, aun cuando la frontera norte del arroyo pertenecía a Manasés, junto con la salida al mar. 10 Efraín quedaba al sur del arroyo, y Manasés al norte, teniendo como límite el mar Mediterráneo, con los territorios de la tribu de Aser al norte y los de Isacar al este. 11 También le tocaron a Manasés las siguientes ciudades en los territorios de Isacar y de Aser, cada una con sus aldeas cercanas: Bet-seán, Ibleam, Dor, Endor, Taanac y Meguido, y las tres colinas.[11] 12 Pero los de la tribu de Manasés no pudieron tomar posesión de estas ciudades, porque los cananeos opusieron resistencia y se quedaron allí 13 Después, cuando los israelitas se hicieron más fuertes, obligaron a los cananeos a pagarles tributo, pero no los echaron de allí.[r]

Los descendientes de José toman los bosques

14 Los descendientes de José le dijeron a Josué:

[9] Se ha propuesto identificarla con el sitio actual de las ruinas de Qumrán o de Ain Fesja, al sureste de ellas, a orillas del mar Muerto. [10] *Es decir, Luz:* texto probable. Heb. *a Luz.* [11] *Colinas:* probable significado del término hebreo. Otras versiones: *distritos.*

[o] **15.63** Jue 1.21; 2 S 5.6; 1 Cr 11.4. [p] **16.10** Jue 1.29. [q] **17.4** Nm 27.1–7. [r] **17.12–13** Jue 1.27–28.

—¿Por qué nos has dado en suerte una sola porción del terreno, si nosotros somos muchos y el Señor nos ha bendecido?

¹⁵ Josué les contestó:

—Ya que ustedes son tantos que no caben en los montes de Efraín, vayan al bosque y desmonten tierras en la región de los ferezeos y de los refaítas.

¹⁶ Y ellos dijeron:

—Es verdad que estos montes no nos alcanzan. Pero los cananeos que viven en el llano tienen carros de hierro, lo mismo los que viven en Bet-seán y en sus aldeas que los que viven en el valle de Jezreel.

¹⁷ Entonces Josué respondió así a los descendientes de José, es decir, a las tribus de Efraín y Manasés:

—Ustedes son muchos y tienen mucho poder, de modo que no les tocará solamente una parte del territorio, ¹⁸ sino que ese monte cubierto de bosques también será suyo, y ustedes aprovecharán sus bosques. En cuanto a los cananeos, ustedes los echarán de allí, aunque ellos sean fuertes y tengan carros de hierro.

Los territorios de las otras tribus

18 ¹ Toda la comunidad israelita se reunió en Silo, para establecer allí la Tienda del encuentro con Dios. Ya para entonces la tierra había sido conquistada, ² aunque todavía quedaban siete tribus israelitas a las que no se les había dado su parte.

³ Entonces Josué les dijo a los israelitas: "¿Qué esperan para tomar posesión de la tierra que les ha dado el Señor, el Dios de sus antepasados? ⁴ Escojan tres hombres de cada tribu, para que yo los mande a recorrer toda la región y a que me traigan un informe del modo en que puede repartirse. ⁵ Estos hombres deberán dividir la región en siete partes, dejando a Judá sus territorios al sur, y a los descendientes de José sus territorios al norte. ⁶ Después que hayan dividido la región en siete partes, me traerán la descripción y yo echaré las suertes en presencia del Señor nuestro Dios. ⁷ A los levitas no les tocará ninguna parte, pues lo que les toca a ellos es el sacerdocio del Señor. En cuanto a las tribus de Gad y de Rubén y la media tribu de Manasés, ya tienen sus posesiones en la región este del río Jordán, la cual les dio Moisés, el siervo del Señor."

⁸ Los que iban a preparar la descripción de la región se dispusieron a salir, y Josué les ordenó: "Vayan por toda la región y divídanla, y vuelvan en cuanto terminen, para que yo la sortee aquí en Silo, delante del Señor."

⁹ Aquellos hombres fueron y recorrieron toda la región, dividieron las ciudades en siete grupos y lo pusieron todo por escrito. Después volvieron al campamento de Silo, donde estaba Josué. ¹⁰ Entonces Josué repartió el territorio entre los israelitas allí en Silo, sorteándolo delante del Señor.

El territorio de la tribu de Benjamín

¹¹ Una vez hecho el sorteo, a los clanes de la tribu de Benjamín les tocaron tierras entre los territorios de Judá y los de José. ¹² La frontera de este territorio empezaba, por el norte, en el río Jordán, y se extendía hacia el lado norte de Jericó, continuaba por la región montañosa hacia el oeste, y venía a salir al desierto de Bet-avén. ¹³ De allí seguía hacia Luz (es decir, Betel) por el lado sur, y bajaba hasta Atarot-adar en el monte que está al sur de Bet-horón de Abajo; ¹⁴ luego la frontera se volvía hacia el mar Mediterráneo por el costado sur del monte que está frente a Bet-horón, hasta Quiriat-baal, llamada también Quiriat-jearim, que pertenece a la tribu de Judá. Esa era la frontera oeste.

¹⁵ La frontera sur salía del extremo de Quiriat-jearim, en dirección oeste hasta el manantial de Neftoa, ¹⁶ y bajaba hasta el extremo del monte que está frente al valle de Ben-hinom, al norte del valle de Refaim. Después bajaba al valle de Hinom, pasaba al sur de la cuesta de Jebús, y seguía hasta el manantial de En-rogel. ¹⁷ Luego se volvía hacia el norte y salía a En-semes, de donde seguía hasta Gelilot, que está frente a la cuesta de Adumín, y bajaba hasta la Peña de Bohán Ben-Rubén; ¹⁸ pasaba luego por el lado norte de la cuesta, frente al valle del Jordán, y bajando hasta el Jordán ¹⁹ pasaba al norte de Bet-hogla, para terminar en la bahía norte del Mar Muerto, donde desemboca el río Jordán. Esta era la frontera sur.

²⁰ El río Jordán era la frontera del este. Estas eran las fronteras del territorio que se repartió entre los clanes de la tribu de Benjamín.

²¹ Las ciudades que les tocaron a los clanes de la tribu de Benjamín fueron, por una parte: Jericó, Bet-hogla, Emec-casis, ²² Bet-arabá, Zemaraim, Betel, ²³ Avim, Pará, Ofra, ²⁴ Quefar-haamoni, Ofni y Geba, o sea doce ciudades con sus aldeas. ²⁵ Además Gabaón, Ramá, Beerot, ²⁶ Mizpa, Cafira, Mozah, ²⁷ Requem, Irpeel, Tarala, ²⁸ Zela, Elef, Jebús (es decir, Jerusalén), Gabaa y Quiriat, o sea catorce ciudades con sus aldeas. Este es el territorio que les tocó a los clanes de la tribu de Benjamín.

El territorio de la tribu de Simeón

19 ¹ El segundo territorio sorteado les tocó a los clanes de la tribu de Simeón. Este territorio quedaba dentro del de la tribu de Judá, [2] y comprendía las ciudades de Beerseba, Seba, Molada, [3] Hazarsual, Bala, Ezem, [4] Eltolad, Betul, Horma, [5] Siclag, Bet-marcabot, Hazar-susa, [6] Betlebaot y Saruhén, en total trece ciudades con sus aldeas. [7] Además les tocaron las ciudades de En-rimón,[12] Eter y Asán, con sus aldeas, [8] más las aldeas que había hasta Baalat-beer, que es la ciudad de Ramat, en el Néguev. Estas son las tierras que les tocaron a los clanes de Simeón.[s] [9] La parte de la tribu de Simeón quedaba dentro del territorio de Judá, porque esta tribu tenía demasiada tierra, y se les dio a los de Simeón parte de la tierra que le había tocado a Judá.

El territorio de la tribu de Zabulón

[10] El tercer territorio que se sorteó les tocó a los clanes de la tribu de Zabulón. Su frontera se extendía hasta Sarid, [11] seguía hacia el occidente hasta Marala y luego hasta Dabeset, para terminar en el arroyo que está frente a Jocneam. [12] De Sarid, esta frontera iba hacia el oriente hasta Quislot-tabor, y de allí pasaba a Daberat y subía hasta Jafía. [13] De allí, la frontera iba por el este hacia Gat-hefer, pasaba por Ita-cazín y llegaba hasta Rimón, dando la vuelta por Nea. [14] Por el norte, la frontera daba la vuelta hasta Hanatón y salía al valle de Jefte-el. [15] Había en este territorio doce ciudades con sus aldeas vecinas, entre ellas: Catat, Naalal, Simrón, Idala y Belén. [16] Este es el territorio que les tocó a los clanes de la tribu de Zabulón, con sus ciudades y aldeas.

El territorio de la tribu de Isacar

[17] El cuarto territorio que se sorteó les tocó a los clanes de la tribu de Isacar. [18] Su territorio incluía las ciudades de Jezreel, Quesulot, Sunem, [19] Hafaraim, Sihón, Anaharat, [20] Rabit, Quisión, Abez, [21] Remet, En-ganim, En-hada y Bet-pases. [22] La frontera llegaba a Tabor, Sahazima y Betsemes, y terminaba en el río Jordán; en total, dieciséis ciudades con sus aldeas. [23] Este es el territorio que les tocó a los clanes de la tribu de Isacar, con sus ciudades y aldeas.

El territorio de la tribu de Aser

[24] El quinto territorio que se sorteó les tocó a los clanes de la tribu de Aser, [25] e incluía las ciudades de Helcat, Halí, Betén,

Acsaf, [26] Alamelec, Amad y Miseal, de modo que llegaba por el oeste hasta el monte Carmelo y Sihor-libnat. [27] La frontera oriental corría hacia el norte hasta Bet-dagón, tocando el territorio de la tribu de Zabulón, el valle de Jefte-el, Bet-emec, Neiel, y siguiendo más allá de Cabul, [28] de modo que abarcaba Abdón,[13] Rehob, Hamón y Caná, hasta llegar a la gran ciudad de Sidón. [29] Después la frontera daba la vuelta hacia Rama, y hasta la ciudad fortificada de Tiro, para luego seguir hacia Hosa y salir al mar Mediterráneo. Con Mahaleb,[14] Aczib, [30] Uma, Afec y Rehob, sumaban veintidós ciudades con sus aldeas vecinas. [31] Este es el territorio que les tocó a los clanes de la tribu de Aser.

El territorio de la tribu de Neftalí

[32] El sexto territorio que se sorteó les tocó a los clanes de la tribu de Neftalí. [33] Su territorio iba desde Helef, Alón-saananim, Adami-neceb y Jabneel, hasta Lacum, llegando al Jordán. [34] Por el oeste, la frontera iba por Aznot-tabor, y luego por Hucoc, de modo que por el lado sur colindaba con el territorio de la tribu de Zabulón, y por el oeste con el territorio de la tribu de Aser. Por el este, el territorio de la tribu de Neftalí llegaba hasta el río Jordán. [35] Las ciudades fortificadas que les tocaron fueron: Sidim, Zer, Hamat, Racat, Cineret, [36] Adama, Ramá, Hazor, [37] Cedes, Edrei, En-hazor, [38] Irón, Migdal-el, Horem, Bet-anat y Bet-semes. En total eran diecinueve ciudades con sus aldeas vecinas. [39] Este fue el territorio, con sus ciudades y aldeas, que les tocó a los clanes de la tribu de Neftalí.

El territorio de la tribu de Dan

[40] El séptimo territorio que se sorteó les tocó a los clanes de la tribu de Dan. [41] En este territorio estaban Zora, Estaol, Irsemes, [42] Saalabín Ajalón, Jetla, [43] Elón, Timnat, Ecrón, [44] Elteque, Gibetón, Baalat, [45] Jehud, Bene-berac, Gat-rimón, [46] Mejarcón y Racón, con el territorio que queda frente a Jope. [47] Pero como este territorio no les alcanzaba, fueron los de la tribu de Dan a atacar la ciudad de Lesem, y tomaron posesión de ella después de matar a todos los que vivían allí. Y así se quedaron a vivir en esa ciudad, y le cambiaron el nombre, llamándola Dan en honor de su antepasado.[t] [48] Este es el territorio que, con sus ciudades y aldeas, les tocó a los clanes de la tribu de Dan.

[12] Véase nota en 15.32. [13] Abdón: texto probable, según varios mss. y 21.30. Heb. Ebrón. [14] Con Mahaleb: texto probable. Heb. desde el distrito.
[s] 19.2–8 1 Cr 4.28–33. [t] 19.47 Jue 18.1–29.

El territorio de Josué

⁴⁹ Después que los israelitas terminaron de repartir los territorios que le tocaban a cada tribu, le dieron su parte a Josué dentro de los territorios de los demás. ⁵⁰ Tal como el Señor lo había ordenado, le dieron la ciudad de Timnat-sera, en la región montañosa de Efraín, que fue la que Josué pidió. Y Josué reconstruyó la ciudad y vivió en ella.

⁵¹ Todos estos fueron los territorios que el sacerdote Eleazar, Josué y los jefes del pueblo sortearon entre las tribus israelitas, en presencia del Señor, a la entrada de la Tienda del Encuentro, en Silo. Y así el reparto de la tierra quedó completo.

Los israelitas señalan ciudades de refugio
(Nm 35.6–34; Dt 4.41–43; 19.1–13)

20 ¹ El Señor le habló a Josué y le dijo: ² "Habla con los israelitas y diles que escojan ciudades de refugio,ᵘ tal como lo ordené por medio de Moisés. ³ Si uno mata a otro accidentalmente, sin intención, puede huir a una de esas ciudades para protegerse de la venganza del pariente más cercano del muerto. ⁴ El que busque refugio en uno de esos lugares llegará a la puerta de la ciudad y hará su declaración ante los ancianos de la ciudad. Entonces ellos le permitirán entrar y le darán un lugar para vivir. ⁵ Si el pariente más cercano del muerto lo persigue, los ancianos de la ciudad no entregarán al refugiado, pues mató a su prójimo sin intención y no por tenerle odio. ⁶ Pero el refugiado tendrá que quedarse en la ciudad hasta que se presente ante todo el pueblo para ser juzgado, y hasta que muera el sumo sacerdote que en aquel tiempo esté en funciones. Después podrá volver el refugiado al lugar de donde huyó, es decir, a su propia casa y ciudad."

⁷ Entonces los israelitas escogieron como ciudades de refugio a Cedes en Galilea, en las montañas de Neftalí, a Siquem en los montes de Efraín, y a Quiriat-arba, llamada también Hebrón, en los montes de Judá. ⁸ Del otro lado del Jordán, en la meseta del desierto al este de Jericó, escogieron a Beser, de la tribu de Rubén; en la región de Galaad escogieron a Ramot, de la tribu de Gad; y en la región de Basán escogieron a Golán, de la tribu de Manasés. ⁹ Estas fueron las ciudades de refugio que escogieron para todos los israelitas y para los extranjeros que vivieran entre ellos. Allí podía refugiarse cualquiera que matara a otro por accidente, para que de este modo el pariente más cercano del muerto no pudiera vengarse y matarlo antes que el pueblo lo juzgara.

Las ciudades de los levitas
(1 Cr 6.54–81)

21 ¹⁻² Los jefes de familias levitas fueron a Silo, en la región de Canaán, para hablar con el sacerdote Eleazar, con Josué y con los jefes de familia de las tribus israelitas. Allí les dijeron: "Por medio de Moisés, el Señor ordenó que se nos dieran ciudades donde vivir, junto con campos de pastoreo para nuestros ganados."ᵛ ³ Entonces los israelitas dieron a los levitas algunas de sus propias ciudades y campos de pastoreo, conforme a lo dicho por el Señor.

⁴ Primero se hizo el sorteo para los clanes levitas que descendían de Coat. A los coatitas descendientes del sacerdote Aarón les tocaron trece ciudades, que eran de las tribus de Judá, Simeón y Benjamín. ⁵ A los otros coatitas les tocaron diez ciudades, que eran de las tribus de Efraín y de Dan y de la media tribu de Manasés. ⁶ Después de esto, a los clanes levitas que descendían de Gersón les tocaron en suerte trece ciudades, que eran de las tribus de Isacar, de Aser, de Neftalí y de la media tribu de Manasés que está en Basán. ⁷ Y a los clanes levitas que descendían de Merari les tocaron doce ciudades, que eran de las tribus de Rubén, Gad y Zabulón.

⁸ Los israelitas repartieron entre los levitas, por sorteo, ciudades y campos de pastoreo, tal como el Señor lo había ordenado por medio de Moisés. ⁹ Estas ciudades, que van a ser mencionadas, las dieron los de la tribu de Judá y los de la tribu de Simeón, ¹⁰ y les tocaron a los levitas pertenecientes a los clanes de Coat, que descendían de Aarón, porque a ellos les tocó la suerte en primer lugar. ¹¹ En la región montañosa de Judá les dieron Quiriat-arba, es decir, Hebrón, ciudad principal de los descendientes del gigante Anac,¹⁵ con sus campos de pastoreo. ¹² Pero los terrenos y las aldeas de esta ciudad se le dieron en propiedad a Caleb, el hijo de Jefone.

¹³ Además de Hebrón, que era ciudad de refugio para quienes habían matado a alguien, se les dieron a los descendientes del sacerdote Aarón las siguientes ciudades: Libna, ¹⁴ Jatir, Estemoa, ¹⁵ Holón, Debir, ¹⁶ Aín, Juta y Bet-semes. Estas nueve ciudades contaban con sus propios campos de pastoreo. ¹⁷ Y de la tribu de Benjamín les dieron Gabaón, Geba, ¹⁸ Anatot y

¹⁵ Véase nota en 15.13.
ᵘ 20.1–9 Nm 35.6–32; Dt 4.41–43; 19.1–13. ᵛ 21.1–2 Nm 35.1–8.

Almón, o sea cuatro ciudades con sus propios campos de pastoreo, [19] de modo que las ciudades de los sacerdotes descendientes de Aarón fueron trece en total, cada una con sus propios campos de pastoreo. [20] A los otros clanes levitas descendientes de Coat se les repartieron ciudades de la tribu de Efraín. [21] En los montes de Efraín les dieron Siquem, como ciudad de refugio para quien matara a alguien, y además Gezer, [22] Kibsaim y Bet-horón, o sea cuatro ciudades con sus propios campos de pastoreo. [23] De la tribu de Dan recibieron Elteque, Gibetón, [24] Ajalón y Gat-rimón, o sea cuatro ciudades con sus campos de pastoreo; [25] y de la media tribu de Manasés recibieron dos ciudades, Taanac y Gat-rimón, con sus campos de pastoreo; [26] así que las ciudades de estos clanes coatitas fueron diez en total, con sus propios campos de pastoreo.

[27] A los levitas descendientes de Gersón les dieron dos ciudades, que eran de la media tribu de Manasés, con sus propios campos de pastoreo: Golán, que estaba en Basán, para que sirviera como ciudad de refugio, y Beestera. [28] De la tribu de Isacar les dieron Cisón, Daberat, [29] Jarmut y Enganim, o sea cuatro ciudades con sus propios campos de pastoreo. [30] De la tribu de Aser les dieron Misael, Abdón, [31] Helcat y Rehob, o sea cuatro ciudades con sus propios campos de pastoreo. [32] De la tribu de Neftalí les dieron tres ciudades con sus propios campos de pastoreo: Cedes, que estaba en Galilea, para que sirviera como ciudad de refugio, Hamot-dor y Cartán; [33] de modo que las ciudades de los clanes gersonitas fueron trece en total, cada una con sus propios campos de pastoreo.

[34] A los clanes levitas que aún quedaban, o sea a los descendientes de Merari, les dieron de la tribu de Zabulón: Jocneam, Carta, [35] Dimna y Naalal, o sea cuatro ciudades con sus propios campos de pastoreo. [36] De la tribu de Rubén les dieron Beser, Jahaza, [37] Cademot y Mefaat, o sea cuatro ciudades con sus propios campos de pastoreo. [38] De la tribu de Gad les dieron Ramot de Galaad, para que sirviera como ciudad de refugio, Mahanaim, [39] Hesbón y Jazer, o sea cuatro ciudades con sus propios campos de pastoreo, [40] de modo que las ciudades que les tocaron a los clanes levitas que aún quedaban, es decir, a los descendientes de Merari, fueron doce en total.

[41] Las ciudades levitas dentro del territorio israelita fueron cuarenta y ocho en total, cada una con sus propios campos de pastoreo, [42] los cuales rodeaban a cada ciudad. El caso era el mismo en cada una de estas ciudades.

w **22.1–4** Nm 32.20–32; Jos 1.12–15.

El Señor es fiel

[43] Así fue como el Señor les dio a los israelitas todo el territorio que les había prometido bajo juramento a sus antepasados, y ellos se establecieron y vivieron allí. [44] El Señor cumplió su promesa, y les dio paz en todo el territorio. Sus enemigos no pudieron hacerles frente, porque el Señor les dio la victoria sobre ellos. [45] Ni una sola palabra quedó sin cumplirse de todas las buenas promesas que el Señor había hecho a los israelitas.

El regreso de Rubén, Gad y la media tribu de Manasés

22 [1] Entonces Josué llamó a las tribus de Rubén y de Gad y a la media tribu de Manasés, [2] y les dijo: "Ustedes han cumplido todo lo que les ordenó Moisés, el siervo del Señor, y han obedecido todas mis órdenes. [3] Hasta el día de hoy, y durante todo este tiempo, no han abandonado a sus hermanos, y han cumplido fielmente los mandamientos del Señor y Dios de ustedes. [4] Ahora que él ha cumplido su promesa y que los hermanos de ustedes tienen paz, vuelvan a sus tiendas de campaña y a las tierras que Moisés, el siervo del Señor, les dio al este del río Jordán.w [5] Lo único que les pido es que cumplan fielmente el mandamiento y la ley que les dio Moisés, el siervo del Señor, es decir, que amen al Señor y Dios de ustedes, que anden siempre en sus caminos y obedezcan sus mandatos, y que le sigan y le sirvan con todo el corazón y con toda el alma."

[6] Después de esto, Josué los bendijo y los despidió, y ellos se fueron a sus tiendas.

[7] A una mitad de la tribu de Manasés, Moisés le había dado tierras en la región de Basán. A la otra mitad de la tribu de Manasés, Josué le dio tierras entre los israelitas al oeste del Jordán, y a los primeros los bendijo y los mandó de regreso. [8] Y les dijo: "Ustedes vuelven ahora a sus tierras con grandes riquezas y muchos animales, con oro, plata, bronce y hierro, y con mucha ropa. Compartan con sus hermanos esto que le han quitado al enemigo."

[9] Así fue como las tribus de Rubén y de Gad y la media tribu de Manasés se separaron del resto de los israelitas en Silo, en la región de Canaán, para regresar a sus posesiones en la región de Galaad, donde tenían tierras según el Señor lo había ordenado por medio de Moisés.

El altar junto al Jordán

[10] Cuando las tribus de Rubén y de Gad y la media tribu de Manasés llegaron al río Jordán, todavía en territorio cananeo, levantaron junto al río un gran altar. [11] A los otros israelitas les llegó la noticia de que las tribus de Rubén y de Gad y la media tribu de Manasés habían construido un altar en la frontera de Canaán, junto al Jordán, en territorio israelita; [12] y en cuanto los israelitas lo supieron, se reunieron en Silo para ir a pelear contra ellos. [13] Mandaron antes a Finees, hijo del sacerdote Eleazar, para que fuera a Galaad, donde estaban las tribus de Rubén y de Gad y la media tribu de Manasés. [14] Con él iban diez principales jefes israelitas, cada uno de los cuales representaba a su clan y a su tribu. [15] Todos ellos fueron a Galaad, donde estaban las tribus de Rubén y de Gad y la media tribu de Manasés, y les dijeron:

[16] —Nosotros hablamos en el nombre del pueblo del Señor. ¿Qué traición es ésta que ustedes han cometido contra el Dios de Israel? ¿Por qué le han abandonado y se han construido un altar en rebeldía contra el Señor?ˣ [17] ¿Acaso no ha sido bastante el pecado de Peor, con el que todavía estamos manchados y por el que murieron tantos del pueblo del Señor?ʸ [18] ¿No les basta con eso, para que ahora ustedes también se aparten del Señor? Si ustedes se rebelan hoy contra el Señor, mañana él se enojará con todo el pueblo israelita. [19] Si les parece que este territorio que les ha tocado es impuro, vengan a la tierra del Señor, donde está el santuario del Señor. Tomen un territorio entre nosotros. Pero no se rebelen contra el Señor ni contra nosotros construyendo otro altar además del altar del Señor nuestro Dios. [20] Acuérdense que Acán, el hijo de Zara, pecó al tomar de lo que estaba consagrado a la destrucción, y que por su culpa el Señor se enojó con toda la comunidad de Israel. ¡Y Acán no fue el único que murió a causa de su pecado!ᶻ [21] Entonces los de Rubén y Gad y los de la media tribu de Manasés contestaron a los jefes israelitas:

[22] —El Señor y Dios de todos los dioses sabe que no hicimos este altar por rebeldía o para apartarnos de él. Él lo sabe y se lo hace saber a todos ustedes; si fue por estas razones, ¡no nos perdones la vida! [23] Si construimos este altar para apartarnos del Señor, o para presentar holocaustos, ofrendas de cereales o sacrificios de reconciliación, que el mismo Señor nos pida cuentas. [24] La verdad es que lo hicimos porque no queremos que algún día los hijos de ustedes les digan a los nuestros: '¿Qué tienen ustedes que ver con el Señor y Dios de Israel? [25] El Señor ha puesto el Jordán para separarnos de ustedes, los de las tribus de Rubén y de Gad. Ustedes no tienen nada que ver con el Señor.' Así los hijos de ustedes harían que nuestros hijos dejaran de sentir reverencia por el Señor. [26] Por eso pensamos en construir un altar, no para ofrecer holocaustos al Señor ni presentar otros sacrificios, [27] sino para que sea un testimonio entre ustedes y nosotros, y entre nuestros descendientes, de que nosotros podemos servir al Señor y presentarnos ante él con nuestros holocaustos y con nuestros sacrificios por el pecado y de reconciliación. Así los descendientes de ustedes no podrán decirles a los nuestros: 'Ustedes no tienen nada que ver con el Señor.' [28] Pensamos que si alguien nos dice eso a nosotros o a nuestros descendientes, nosotros podremos responder: '¡Miren! Nuestros antepasados construyeron este altar del Señor, no para ofrecer holocaustos ni sacrificios, sino para que sirva de testimonio entre ustedes y nosotros.' [29] Dios nos libre de rebelarnos contra él o de abandonarle, construyendo otro altar para ofrecer holocaustos u ofrendas de cereales, o para otros sacrificios, aparte del altar del Señor nuestro Dios que está delante de su santuario.

[30] Cuando el sacerdote Finees, los jefes de la comunidad y los jefes de clanes que iban con él oyeron lo que decían los de Rubén y de Gad y los de la media tribu de Manasés, les pareció bien. [31] Entonces Finees, el hijo del sacerdote Eleazar, les dijo:

—Ahora estamos seguros de que el Señor está con nosotros, pues ustedes no trataron de rebelarse contra él, y así nos han salvado del castigo del Señor.

[32] Después de esto, Finees y los que iban con él se despidieron de ellos, y regresaron de la región de Galaad a la de Canaán, donde estaban los israelitas. Cuando les contaron a los que estaban en Canaán lo que habían contestado los de las otras tribus, [33] la respuesta les pareció bien, y alabaron a Dios. Desde entonces no hablaron más de atacar a las tribus de Rubén y de Gad, ni de destruir sus tierras. [34] Los descendientes de Rubén y de Gad le pusieron al altar el nombre de "Testimonio", diciendo: "Este altar será un testimonio entre nosotros de que el Señor es Dios."

Josué habla al pueblo

23 [1] Mucho tiempo después de que el Señor les diera a los israelitas paz

con sus enemigos, y cuando ya Josué estaba viejo, ² mandó llamar Josué a todos los israelitas, con sus ancianos, jefes, jueces y oficiales, y les dijo:

"Yo ya estoy viejo, y los años me pesan. ³ Ustedes han visto todo lo que el Señor les hizo a todos estos pueblos que se les oponían, pues él es quien ha peleado por ustedes. ⁴ Yo repartí por sorteo todas estas tierras entre las tribus. No repartí sólo los territorios ya conquistados, sino también los que quedan por conquistar, desde el río Jordán al este hasta el mar Mediterráneo al oeste. ⁵ El Señor va a echar de esas tierras a los que viven en ellas, y ustedes las tomarán, tal como el Señor su Dios lo ha prometido.

⁶ "Esfuércense en cumplir todo lo que dice el libro de la ley de Moisés; cúmplanlo al pie de la letra. ⁷ No se mezclen con la otra gente que todavía vive aquí entre ustedes. No adoren a sus dioses, ni los obedezcan; ni siquiera mencionen el nombre de esos dioses, ni juren por ellos. ⁸ Sigan siempre al Señor su Dios, como lo han hecho hasta ahora. ⁹ El Señor ha arrojado de delante de ustedes a pueblos grandes y fuertes, y hasta el día de hoy nadie ha podido resistir ante ustedes. ¹⁰ Uno solo de ustedes puede hacer huir a mil,ᵃ porque el Señor su Dios pelea a su favor, como él mismo lo prometió.ᵇ ¹¹ Tengan, pues, cuidado de ustedes mismos, y amen al Señor su Dios. ¹²⁻¹³ Porque quiero que sepan esto: que si se apartan de Dios y se mezclan con esta gente que ha quedado entre ustedes, y hacen matrimonios unos con otros, el Señor su Dios no echará a estos pueblos de la presencia de ustedes, sino que los usará como red y como trampa para que ustedes caigan, y como látigo sobre sus espaldas y como espinas en sus ojos, hasta que no quede ni uno solo de ustedes en esta tierra tan buena que el Señor su Dios les ha dado.

¹⁴ "Yo ya me voy a morir, pero antes quiero que ustedes reconozcan de todo corazón y con toda el alma que se han cumplido todas las cosas buenas que el Señor les prometió. Ni una sola de sus promesas quedó sin cumplirse. ¹⁵ Pero, así como se cumplió todo lo bueno que el Señor les prometió, así también él traerá sobre ustedes todo tipo de calamidades, hasta que no quede ni uno solo de ustedes en esta tierra buena que él les dio, ¹⁶ si no cumplen el pacto que el Señor hizo con ustedes. Si van y adoran a otros dioses, y se inclinan delante de ellos, el Señor se enojará con ustedes, y muy pronto serán

borrados de esta tierra tan buena que él les ha dado."

La despedida de Josué

24 ¹ Josué reunió en Siquem a todas las tribus de Israel. Llamó a los ancianos, jefes, jueces y oficiales y, en presencia del Señor, ² dijo a todo el pueblo:

—Esto dice el Señor y Dios de Israel: 'Antiguamente, Taréᶜ y sus hijos Abraham y Nacor, antepasados de ustedes, vivían a orillas del río Éufrates y adoraban a otros dioses. ³ De las orillas del Éufrates tomé a Abraham,ᵈ y lo hice andar por toda la región de Canaán. Lo hice crecer en número, dándole primero a su hijo Isaac,ᵉ ⁴ y a Isaac le di dos hijos, Jacob y Esaú.ᶠ A Esaú le di la región montañosa de Seir,ᵍ pero Jacob y sus hijos se fueron a Egipto.ʰ ⁵ Entonces yo envié a Moisés y Aarón, y herí de muerte a los egipcios, hasta que los saqué a ustedes de allí. ⁶ Cuando los antepasados de ustedes salieron de Egipto, los egipcios los persiguieron con carros de guerra y caballos, hasta el Mar Rojo. ⁷ Ellos me llamaron, y yo puse una gran oscuridad entre ellos y los egipcios, e hice que el mar cayera sobre los egipcios y los cubriera. Ustedes fueron testigos de lo que hice en Egipto.ⁱ

'Después pasaron ustedes mucho tiempo en el desierto, ⁸ hasta que los traje a la tierra de los amorreos, en el lado oriental del Jordán. Ellos pelearon contra ustedes, pero yo los hice caer en manos de ustedes, y ustedes los derrotaron y se adueñaron de la región.ᵏ ⁹ Después Balac, hijo de Zipor, rey de los moabitas, vino a pelear contra ustedes. Balac mandó a buscar a Balaam, el hijo de Beor, para que los maldijera a ustedes. ¹⁰ Pero yo no dejé que Balaam los maldijera, y tuvo que bendecirlos.ˡ Así los salvé a ustedes. ¹¹ Entonces ustedes cruzaron el río Jordánᵐ y llegaron hasta Jericó. Los que vivían en Jericó (amorreos, ferezeos, cananeos, hititas, gergeseos, heveos y jebuseos) pelearon contra ustedes, pero yo hice que ustedes los derrotaran.ⁿ ¹² A los dos reyes amorreos no los derrotaron ustedes con espadas ni con arcos, sino que yo envié mi pánico delante de ustedes,ñ de modo que ellos huyeron antes que ustedes llegaran. ¹³ Yo les di a ustedes tierras que no habían trabajado y ciudades que no habían construido. Ahora viven en ellas, y comen uvas y aceitunas que no plantaron.'ᵒ

Y añadió Josué:

¹⁴ —Por todo esto, respeten al Señor y sírvanle con sinceridad y lealtad. Apár-

ᵃ 23.10 Dt 32.30. ᵇ 23.10 Dt 3.22. ᶜ 24.2 Gn 11.27. ᵈ 24.3 Gn 12.1-9. ᵉ 24.3 Gn 21.1-3. ᶠ 24.4 Gn 25.24-26. ᵍ 24.4 Gn 36.8; Dt 2.5. ʰ 24.4 Gn 46.1-7. ⁱ 24.5 Ex 3.1—12.42. ʲ 24.6-7 Ex 14.1-31. ᵏ 24.8 Nm 21.21-35. ˡ 24.9-10 Nm 22.1—24.25. ᵐ 24.11 Jos 3.14-17. ⁿ 24.11 Jos 6.1-21. ñ 24.12 Ex 23.28; Dt 7.20. ᵒ 24.13 Dt 6.10-11.

tense de los dioses que sus antepasados adoraron a orillas del río Éufrates y en Egipto, y sirvan al Señor. [15] Pero si no quieren servir al Señor, decidan hoy a quién van a servir: si a los dioses a los que sus antepasados servían a orillas del Éufrates, o a los dioses de los amorreos que viven en esta tierra. Por mi parte, mi familia y yo serviremos al Señor.

[16] Entonces el pueblo dijo:

—¡No permita el Señor que lo abandonemos por servir a otros dioses! [17] El Señor fue quien nos sacó a nosotros y a nuestros antepasados de Egipto, donde éramos esclavos. Él fue quien hizo tantas maravillas delante de nuestros ojos, y quien nos protegió y nos defendió durante el camino, cuando pasamos entre tantos pueblos. [18] Él echó de delante de nosotros a todos los pueblos que estaban en nuestro camino, y a los amorreos que vivían aquí. Por todo esto, nosotros también serviremos al Señor, pues él es nuestro Dios.

[19] Pero Josué les dijo:

—Ustedes no van a poder servir al Señor, porque él es un Dios santo y celoso, que no va a tolerar las rebeliones y pecados de ustedes. [20] Si ustedes lo abandonan y sirven a otros dioses, el Señor responderá haciéndoles mal, y los destruirá a pesar de haberles hecho tanto bien.

[21] El pueblo le contestó:

—Eso no va a pasar. Nosotros serviremos al Señor.

[22] Entonces Josué dijo:

—Ustedes son sus propios testigos de que han escogido servir al Señor.

—Lo somos —respondieron ellos.

[23] Les dijo Josué:

—Quiten entonces todos los otros dioses que hay entre ustedes, y vuélvanse de todo corazón al Señor y Dios de Israel.

[24] Y el pueblo respondió:

—Nosotros serviremos al Señor nuestro Dios, y haremos lo que él nos diga.

[25] Aquel mismo día, allí en Siquem, Josué hizo un pacto con el pueblo, y les dio leyes y decretos, [26] los cuales escribió en el libro de la ley de Dios. Después tomó una gran piedra y la puso debajo de la encina que estaba en el santuario del Señor, [27] y le dijo a todo el pueblo:

—Esta piedra va a servirnos de testimonio, pues ella es testigo de todo lo que el Señor nos ha dicho. Será un testimonio contra ustedes, para que no sean falsos con su Dios.

[28] Después Josué mandó a cada uno a su territorio.

Muerte de Josué
(Jue 2.6–10)

[29] Poco después murió Josué hijo de Nun, siervo del Señor, a la edad de ciento diez años. [30] Lo enterraron en su propiedad, en Timnat-sera,[p] que está en los montes de Efraín, al norte del monte de Gaas. [31] Los israelitas sirvieron al Señor mientras vivió Josué, y aun después, mientras vivieron los ancianos que sabían todo lo que el Señor había hecho por los israelitas.

Los israelitas entierran los restos de José

[32] Los restos de José, que los israelitas habían traído desde Egipto,[q] fueron enterrados en Siquem, en el terreno que Jacob había comprado por cien monedas de plata[16] a los hijos de Hamor,[r] el padre de Siquem, y que luego pasó a ser propiedad de los descendientes de José.

Muerte de Eleazar

[33] Cuando murió Eleazar, hijo de Aarón, lo enterraron en la colina de su hijo Finees, la cual le fue dada en los montes de Efraín.

[16] *Cien monedas de plata:* lit. *cien quesitas.* Se ignora el valor de esta antigua moneda.
[p] **24.30** Jos 19.49–50. [q] **24.32** Gn 50.24–25; Ex 13.19. [r] **24.32** Gn 33.19; Jn 4.5; Hch 7.16.

JUECES

Este libro se refiere a la época en que, muerto Josué, Israel carece de un jefe y un gobierno común, y entra en una etapa de desunión y anarquía. Sufre además ataques frecuentes de las naciones vecinas, y hay guerras ocasionales entre las propias tribus. Dentro del territorio quedan además varios núcleos cananeos, que los israelitas no logran vencer y desalojar. El desorden y los desastres vienen unos tras otros, con pocos y breves periodos de tranquilidad.

De cuando en cuando surgía algún jefe enérgico que lograba imponerse. A estos jefes se les llamaba tradicionalmente "jueces", y de ellos toma el libro su nombre. Pero en realidad eran caudillos y gobernantes que, por serlo, servían también como jueces.

En relatos sucesivos, el libro consigna los hechos de esos caudillos. Los más memorables son los de Débora y Barac, Gedeón y Sansón. Dios, que no abandonaba por completo a su pueblo, levantaba de tiempo en tiempo esos caudillos. La supervivencia de Israel dependía de su lealtad a Dios, en tanto que su deslealtad lo precipitaba en el desastre. A pesar de todo, Dios estaba siempre dispuesto a salvar a su pueblo cuando éste se arrepentía y volvía nuevamente a él.

LOS CAUDILLOS DE ISRAEL

Judá y Simeón capturan a Adonisedec

1 ¹ Después que murió Josué, los israelitas consultaron al Señor para saber cuál de las tribus debía atacar primero a los cananeos. ² El Señor respondió que Judá debía atacar primero, y que a Judá le entregaría ese territorio. ³ Entonces los de la tribu de Judá invitaron a sus hermanos, los de la tribu de Simeón, a unirse a ellos para invadir juntos el territorio que le tocaba a Judá, y después invadir juntos también el territorio que le tocaba a Simeón. Los de Simeón aceptaron unirse a los de Judá, ⁴⁻⁵ y así los de Judá invadieron el territorio de los cananeos y el de los ferezeos, a quienes el Señor entregó en sus manos. En Bezec derrotaron a diez mil de ellos, entre los que se encontraba Adonisedec.[1] ⁶ Y aunque Adonisedec huyó, ellos lo persiguieron y lo atraparon, y le cortaron los pulgares de las manos y los dedos gordos de los pies. ⁷ Entonces él dijo: "Antes yo les corté a setenta reyes los pulgares de las manos y los dedos gordos de los pies, y los tuve recogiendo las sobras debajo de mi mesa. Pero ahora Dios me ha hecho a mí lo mismo que yo les hice a ellos." Y lo llevaron a Jerusalén, donde murió.

Judá conquista Hebrón y Jerusalén

⁸ Los de la tribu de Judá atacaron y tomaron Jerusalén, y después de matar a filo de espada a toda la población, quemaron la ciudad. ⁹ Luego atacaron a los cananeos que vivían en las montañas, en la región del Néguev y en la llanura.[a] ¹⁰ También atacaron a los cananeos de la ciudad de Hebrón,[b] que antes se llamaba Quiriat-arba, y derrotaron a Sesai, a Ahimán y a Talmai.

Otoniel conquista Debir y recibe a Acsa
(Jos 15.15–19)

¹¹ Luego atacaron la ciudad de Debir,[c] que antes se llamaba Quiriat-sefer. ¹² Y Caleb prometió que al que conquistara Debir le daría por esposa a su hija Acsa. ¹³ El que la conquistó fue Otoniel, hijo de Cenaz, hermano menor de Caleb; entonces Caleb se la dio por esposa a su hija Acsa. ¹⁴ Pero cuando llegó ella, Otoniel la convenció[2] para que le pidiera un terreno a su padre. Al ver Caleb que Acsa se bajaba de su asno, le preguntó:
—¿Qué te pasa?
¹⁵ —Quiero que me concedas algo —contestó ella—. Ya que me has dado tierras en el Néguev, dame también manantiales.

Y Caleb le dio los manantiales de arriba y los de abajo.

Conquistas de las tribus de Judá y de Benjamín

¹⁶ Los descendientes de Hobab el quenita,[3] suegro de Moisés, salieron de la ciudad de las palmeras con la tribu de Judá, y fueron al desierto de Judá, al sur de Arad, donde se quedaron a vivir con la gente de la región. ¹⁷ Entonces los de la tribu de Judá fueron con los de Simeón, según habían acordado, y atacaron a los cananeos que vivían en Sefat, destruyen-

---

[1] Adonisedec: texto probable, según Jos 10.1,3. Heb. Adoni-bezec. [2] Otoniel la convenció: según versiones antiguas. Heb. ella convenció a Otoniel. (Véase Jos 15.18) [3] Hobab el quenita: según la versión griega. Heb. quenita.
[a] 1.9 Jos 10.40; 11.21. [b] 1.10 Jos 10.36–37. [c] 1.11 Jos 10.38; 11.21.

do por completo aquella ciudad. Por eso le pusieron el nombre de Horma.⁴ ¹⁸ Sin embargo, no pudieron tomar⁵ Gaza, Ascalón y Ecrón, ni sus territorios vecinos.ᵈ ¹⁹ Y aunque el Señor acompañaba a los de Judá, y ellos pudieron conquistar las montañas, no pudieron echar de los llanos a los que allí vivían, porque éstos tenían carros de hierro. ²⁰ A Caleb le tocó Hebrón, tal como Moisés se lo había prometido, y Caleb desalojó a los tres hijos de Anac.ᵉ ²¹ Pero los de la tribu de Benjamín no pudieron echar de Jerusalén a los jebuseos que allí vivían. Por eso, hasta el día de hoy, los jebuseos y los de la tribu de Benjamín siguen viviendo juntos en Jerusalén.ᶠ

Las tribus de José conquistan Betel

²²⁻²³ Los de las tribus de José decidieron atacar Betel, ciudad que antes se llamaba Luz, y mandaron espías allá. El Señor los ayudaba. ²⁴ Y los espías vieron a un hombre que salía de la ciudad, y le dijeron: "Si tú nos enseñas cómo entrar en la ciudad, nosotros seremos generosos contigo." ²⁵ El hombre les enseñó cómo entrar en la ciudad, y ellos mataron a filo de espada a todos los que allí vivían; pero le perdonaron la vida al que les había enseñado el camino y a toda su familia. ²⁶ Entonces aquel hombre se fue a la tierra de los hititas y construyó una nueva ciudad, y la llamó Luz, nombre que aún hoy conserva.

Límites de las conquistas de las tribus de Manasés y de Efraín

²⁷ Los de la tribu de Manasés no pudieron echar de Bet-seán, Taanac, Dor, Ibleam y Meguido a los que allí vivían, ni a los que vivían en las aldeas cercanas a esas ciudades, así que los cananeos siguieron viviendo en ellas. ²⁸ Cuando los israelitas se hicieron más poderosos, lograron someter a los cananeos a trabajos forzados, pero no pudieron desalojarlos.ᵍ ²⁹ Los de la tribu de Efraín tampoco pudieron echar de Gezer a los cananeos que allí vivían, de modo que los cananeos siguieron viviendo entre ellos.ʰ

Conquistas de las otras tribus

³⁰ Los de la tribu de Zabulón tampoco pudieron echar de Quitrón y Naabal a los cananeos que allí vivían, de modo que los cananeos siguieron viviendo entre ellos, aunque sometidos a trabajos forzados. ³¹⁻³² Los de la tribu de Aser tampoco pudieron echar de Aco, Sidón, Ahlab, Aczib, Helba, Afec y Rehob a los cananeos que allí vivían; y como no pudieron echarlos de esas ciudades, se quedaron a vivir entre ellos. ³³ Los de la tribu de Neftalí tampoco pudieron echar de Bet-semes y Bet-anat a los cananeos que allí vivían, pero los sometieron a trabajos forzados y se quedaron a vivir entre ellos. ³⁴ Los amorreos rechazaron a los de la tribu de Dan hasta las montañas, y no los dejaron bajar a las llanuras. ³⁵ Y así los amorreos siguieron viviendo en Heres, Ajalón y Saalbim. Pero cuando los descendientes de José se hicieron más fuertes, sometieron a los amorreos a trabajos forzados. ³⁶ La frontera de los edomitas⁶ iba desde la cuesta de Acrabim hasta Sela, y seguía hacia arriba.

El ángel del Señor en Boquim

2 ¹ El ángel del Señor fue de Gilgal a Boquim, y les dijo a los israelitas: "Yo los saqué a ustedes de Egipto, y los he traído a esta tierra que les prometí a sus antepasados cuando les dije: 'Nunca romperé mi pacto con ustedes, ² con tal de que ustedes no hagan ningún pacto con los habitantes de esa tierra, sino que destruyan sus altares.'ⁱ Pero ustedes no me obedecieron, ¡y miren lo que han hecho! ³ Por eso ahora les digo: No voy a echar a esos pueblos de delante de ustedes, y ellos y sus dioses serán una trampa para ustedes."

⁴ Cuando el ángel del Señor terminó de hablar, todos los israelitas se echaron a llorar a voz en cuello. ⁵ Por eso llamaron Boquim⁷ a aquel lugar, y allí ofrecieron sacrificios al Señor.

Muerte de Josué

(Jos 24.29-31)

⁶ Cuando Josué se despidió de los israelitas, cada uno se fue a tomar posesión de la tierra que le había tocado. ⁷ Mientras él vivió, los israelitas mantuvieron el culto al Señor; y también mientras vivieron los ancianos que sobrevivieron a Josué, que habían visto todos los grandes hechos del Señor en favor de Israel. ⁸ Pero murió

---

⁴ *Horma* se parece a la palabra hebrea que significa *destrucción completa*. ⁵ *Sin embargo, no pudieron tomar:* según la versión griega. Heb. *y tomaron*. ⁶ *De los edomitas:* según la versión griega. Heb. *de los amorreos*. ⁷ *Boquim* se parece a la palabra hebrea que significa *los que lloran*.
ᵈ **1.18** Jue 3.3. ᵉ **1.20** Jos 15.13-14; Jue 1.10. ᶠ **1.21** Jos 15.63; 2 S 5.6; 1 Cr 11.4. ᵍ **1.27-28** Jos 17.11-13. ʰ **1.29** Jos 16.10. ⁱ **2.2** Ex 34.12-13; Dt 7.2-5.

Josué, a la edad de ciento diez años, [9] y lo enterraron en su propio terreno de Timnat-sera,[8] que está al norte del monte de Gaas, en los montes de Efraín. [10] Murieron también todos los israelitas de la época de Josué. Y así, los que nacieron después no sabían nada del Señor ni de sus hechos en favor de Israel.

Los israelitas abandonan al Señor

[11] Pero los hechos de los israelitas fueron malos a los ojos del Señor, pues empezaron a adorar a las diferentes representaciones de Baal. [12] Dejaron al Señor, el Dios de sus antepasados que los había sacado de Egipto, y se entregaron a adorar a los dioses de la gente que vivía alrededor, provocando así el enojo del Señor. [13] Dejaron al Señor por adorar a Baal y a las diferentes representaciones de Astarté, [14] y por eso el Señor se enojó contra Israel e hizo que los ladrones los despojaran de lo que tenían, y que sus enemigos de los alrededores los derrotaran sin que ellos pudieran hacerles frente. [15] Cada vez que ellos marchaban a la batalla, el Señor se ponía en su contra y les iba mal, según él mismo se lo había anunciado.[j]

Sin embargo, aunque el Señor puso a los israelitas en aprietos, [16] también hizo surgir caudillos que los libraran de quienes los despojaban. [17] Pero los israelitas no hicieron caso a estos caudillos, sino que fueron infieles al Señor y adoraron a otros dioses. Sus antepasados habían obedecido los mandamientos del Señor; pero ellos no siguieron su ejemplo. [18] Cada vez que el Señor hacía surgir un caudillo, también lo ayudaba, y durante la vida del caudillo libraba a los israelitas del poder de sus enemigos, pues sentía compasión de ellos al oírlos gemir por causa de la opresión que sufrían. [19] Pero cuando el caudillo moría, ellos volvían a corromperse, y llegaban a ser peores que sus padres, sirviendo y adorando a otros dioses. No abandonaban sus malas prácticas, ni su terca conducta. [20] Por eso el Señor se enfureció contra Israel, y dijo: "Esta gente rompe el pacto que yo hice con sus antepasados, y no quiere obedecerme. [21] Por lo tanto, no volveré a desalojar ante ellos a ninguno de los pueblos que Josué no desalojó antes de morir." [22] Con esto el Señor quería ver si los israelitas seguirían el camino del Señor, como antes lo habían seguido sus antepasados, o no. [23] Por eso el Señor no desalojó en seguida a las naciones que no había entregado en manos de Josué, sino que les permitió quedarse.

Los pueblos que se quedaron en Canaán

3 [1] Estos son los pueblos que el Señor dejó en la región para poner a prueba a los israelitas que aún no habían nacido cuando se luchó por conquistar Canaán. [2] El Señor los dejó para que aprendieran a pelear los que nunca habían estado en el campo de batalla [3] Quedaron los cinco jefes filisteos, todos los cananeos, los sidonios y los heveos que vivían en los montes del Líbano, desde el monte de Baal-hermón hasta el paso de Hamat.[k] [4] Con ellos el Señor quiso poner a prueba a los israelitas, para ver si obedecían los mandamientos que él había dado a los antepasados de ellos por medio de Moisés. [5] Y así los israelitas empezaron a vivir entre los cananeos, hititas, amorreos, ferezeos, heveos y jebuseos, [6] y los hijos y las hijas de los israelitas se casaron con los hijos y las hijas de aquellos pueblos, y adoraron a sus dioses.

Otoniel libera a Israel de Cusan-risataim

[7] Los hechos de los israelitas fueron malos a los ojos del Señor, pues se olvidaron de él y adoraron a las diferentes representaciones de Baal y de Astarté. [8] Por esto el Señor se enojó contra ellos y los entregó al poder de Cusan-risataim, rey de Mesopotamia. Durante ocho años los israelitas tuvieron que servir a Cusan-risataim, [9] hasta que le suplicaron al Señor y él hizo que surgiera alguien para salvarlos. Este salvador fue Otoniel,[l] hijo de Cenaz, hermano menor de Caleb: [10] el espíritu del Señor vino sobre Otoniel, el cual acaudilló a los israelitas; salió a la batalla, y el Señor le dio la victoria sobre Cusan-risataim. [11] Después de eso hubo paz en la región durante cuarenta años.

Aod libera a Israel de Moab

Después de la muerte de Otoniel, [12] los israelitas volvieron a hacer lo malo a los ojos del Señor, y por eso el Señor dio a Eglón, rey de Moab, más poder que a Israel. [13] Eglón hizo una alianza con los amonitas y los amalecitas, y atacó a Israel, tomando posesión de la ciudad de las palmeras. [14] Durante dieciocho años, los israelitas tuvieron que servir a Eglón, [15] hasta que le suplicaron al Señor y él hizo que surgiera alguien para salvarlos. Ese salvador fue un zurdo llamado Aod, hijo de Gera, de la tribu de Benjamín.

Un día, los israelitas enviaron el tributo a Eglón por medio de Aod. [16] Pero Aod se

---

[8] *Timnat-sera:* texto probable, según Jos 19.50; 24.30. Heb. *Timnat-heres.*
[k] **3.3** Jos 13.2-6.   [l] **3.9-10** Jue 1.12-13.

hizo una espada de dos filos, como de medio metro de largo, y se la puso al cinto por debajo de la ropa y al lado derecho; [17] luego se fue a llevarle el tributo a Eglón, que era muy gordo. [18] Después de entregarle a Eglón el tributo, Aod salió con los que habían venido con él, [19] pero al llegar a los ídolos que están cerca de Gilgal, Aod regresó a donde estaba Eglón y le dijo:

—Tengo un mensaje para Su Majestad, pero debo dárselo en privado.

El rey ordenó entonces a los que estaban a su servicio que guardaran silencio y salieran de su presencia. [20] En cuanto Aod se quedó a solas con Eglón, que estaba sentado en la sala de verano, se acercó a él y le dijo:

—El mensaje que traigo a Su Majestad es de parte de Dios.

Al oír esto, Eglón se levantó de su trono, [21] pero Aod, que era zurdo, se llevó la mano izquierda al lado derecho, sacó su espada y se la clavó a Eglón en el vientre. [22] Se la clavó tan fuerte que no sólo entró toda la hoja sino también la empuñadura, quedando cubierta la espada por la gordura de Eglón, pues Aod no se la sacó.[9] [23] Después Aod cerró las puertas con el cerrojo, y salió por la ventana.

[24] Cuando ya se había ido, vinieron los que estaban al servicio del rey, y al ver las puertas cerradas pensaron que el rey se había encerrado en la sala de verano para hacer sus necesidades.[10] [25] Pero después de mucho esperar, empezaron a preocuparse al ver que el rey no salía. Entonces tomaron la llave, y al abrir encontraron a su amo tendido en el suelo.

[26] Mientras aquellos perdían tiempo, Aod huyó, y después de pasar los ídolos de Gilgal se refugió en Seirat. [27] Cuando llegó a territorio israelita,[11] dió un toque de trompeta en los montes de Efraín para llamar a los israelitas, y todos ellos bajaron de los montes con Aod a la cabeza. [28] Aod les dijo que lo siguieran, pues el Señor les daría la victoria sobre sus enemigos los moabitas. Entonces ellos lo siguieron y tomaron posesión de los vados del Jordán, y no dejaron pasar a nadie. [29] En aquella ocasión mataron a unos diez mil moabitas, todos ellos soldados fuertes y valientes. Ni uno solo escapó con vida. [30] Así fue como los israelitas derrotaron a Moab. Después de eso hubo paz en la región durante ochenta años.

Samgar libera a Israel de los filisteos

[31] El siguiente caudillo fue Samgar, hijo de Anat, que mató a seiscientos filisteos con una aguijada. Samgar también salvó a Israel.

Débora y Barac derrotan a Sísara

4 [1] Después de la muerte de Aod, los israelitas volvieron a hacer lo malo a los ojos del Señor, [2] así que el Señor los entregó al poder de Jabín, un rey cananeo que gobernaba en la ciudad de Hazor. El jefe de su ejército se llamaba Sísara, y vivía en Haroset-goim. [3] Jabín tenía novecientos carros de hierro, y durante veinte años había oprimido cruelmente a los israelitas, hasta que por fin éstos le suplicaron al Señor que los ayudara.

[4] En aquel tiempo los israelitas eran gobernados por una profetisa llamada Débora, esposa de Lapidot. [5] Débora acostumbraba sentarse bajo una palmera (conocida como "la palmera de Débora"), que había en los montes de Efraín, entre Ramá y Betel, y los israelitas acudían a ella para resolver sus pleitos.

[6] Un día, Débora mandó llamar a un hombre llamado Barac,[m] hijo de Abinoam, que vivía en Cedes, un pueblo de la tribu de Neftalí, y le dijo:

—El Señor, el Dios de Israel, te ordena lo siguiente: 'Ve al monte Tabor, y reúne allí a diez mil hombres de las tribus de Neftalí y Zabulón. [7] Yo voy a hacer que Sísara, jefe del ejército de Jabín, venga al arroyo de Cisón para atacarte con sus carros y su ejército. Pero yo voy a entregarlos en tus manos.'

[8] —Sólo iré si tú vienes conmigo —contestó Barac—. Pero si tú no vienes, yo no iré.

[9] —Pues iré contigo —respondió Débora—. Sólo que la gloria de esta campaña que vas a emprender no será para ti, porque el Señor entregará a Sísara en manos de una mujer.

Entonces Débora fue con Barac a Cedes. [10] Allí Barac llamó a las tribus de Zabulón y Neftalí, y reunió bajo su mando un ejército de diez mil hombres. Débora iba con él.

[11] Cerca de Cedes, junto a la encina de Zaanaim, estaba el campamento de Heber el quenita, quien se había separado de los demás quenitas que, como él, descendían de Hobab,[12] el suegro de Moisés. [12] Cuando Sísara supo que Barac había subido al monte Tabor, [13] reunió sus novecientos carros de hierro y a todos sus soldados, y marchó con ellos desde Haroset-goim hasta el arroyo de Cisón. [14] Entonces Débora le dijo a Barac:

---

[9] Heb. añade dos palabras de sentido oscuro. [10] *Para hacer sus necesidades*: lit. *para cubrir los pies*. [11] *A territorio israelita*: según la versión griega. En el texto hebreo no aparece esta frase. [12] El suegro de Moisés, aquí llamado *Hobab*, también aparece con los nombres de *Jetro* y *Reuel* (Éxodo 2.16; 18.1).
m 4.6 He 11.32.

—¡Adelante, que ahora es cuando el Señor va a entregar en tus manos a Sísara! ¡Ya el Señor va al frente de tus soldados!

Barac bajó del monte Tabor con sus diez mil soldados, [15] y el Señor sembró el pánico entre los carros y los soldados de Sísara en el momento de enfrentarse con la espada de Barac; hasta el mismo Sísara se bajó de su carro y huyó a pie. [16] Mientras tanto, Barac persiguió a los soldados y los carros hasta Haroset-goim. Aquel día no quedó con vida ni un solo soldado del ejército de Sísara: todos murieron.

[17] Como Jabín, el rey de Hazor, estaba en paz con la familia de Heber el quenita, Sísara llegó a pie, en su huida, hasta la tienda de Jael, la esposa de Heber, [18] la cual salió a recibirlo y le dijo:

—Por aquí, mi señor, por aquí; no tenga usted miedo.

Sísara entró, y Jael lo escondió tapándolo con una manta; [19] entonces Sísara le pidió agua, pues tenía mucha sed. Jael destapó el cuero donde guardaba la leche y le dio de beber; después volvió a taparlo. [20] Sísara le dijo:

—Quédate a la entrada de la tienda, y si alguien viene y te pregunta si hay alguien aquí dentro, dile que no.

[21] Pero Sísara estaba tan cansado que se quedó profundamente dormido. Entonces Jael tomó un martillo y una estaca de las que usaban para sujetar la tienda de campaña, y acercándose sin hacer ruido hasta donde estaba Sísara, le clavó la estaca en la sien contra la tierra. Así murió Sísara. [22] Y cuando Barac llegó en busca de Sísara, Jael salió a recibirlo y le dijo:

—Ven, que te voy a mostrar al que andas buscando.

Barac entró en la tienda y encontró a Sísara tendido en el suelo, ya muerto y con la estaca clavada en la cabeza. [23] Así humilló el Señor aquel día a Jabín, el rey cananeo, delante de los israelitas. [24] Y desde entonces los israelitas trataron a Jabín cada vez con mayor dureza, hasta que lo destruyeron.

El canto de Débora y Barac

5 [1] Aquel día, Débora y Barac, hijo de Abinoam, cantaron así:

[2] "Alaben todos al Señor, porque aún hay en Israel hombres dispuestos a pelear;[13] porque aún hay entre el pueblo hombres que responden al llamado de la guerra.

[3] ¡Escúchenme, ustedes los reyes! ¡Óiganme, ustedes los gobernantes! ¡Voy a cantarle al Señor!, ¡voy a cantar al Dios de Israel!

[4] "Cuando tú, Señor, saliste de Seir; cuando te fuiste de los campos de Edom, tembló la tierra, se estremeció[14] el cielo, las nubes derramaron su lluvia. [5] Delante de ti, Señor, delante de ti, Dios de Israel, temblaron los montes, tembló el Sinaí.[n] [6] En los tiempos de Samgar,[n] hijo de Anat, y en los tiempos de Jael, los viajeros abandonaron los caminos y anduvieron por senderos escabrosos; [7] las aldeas[15] de Israel quedaron del todo abandonadas. Fue entonces cuando yo me levanté, ¡yo, Débora, una madre de Israel!

[8] "No faltó quien se escogiera nuevos dioses mientras se luchaba a las puertas de la ciudad, pero no se veía un escudo ni una lanza entre cuarenta mil israelitas.

[9] "¡Yo doy mi corazón por los altos jefes de Israel, por la gente de mi pueblo que respondió al llamado de la guerra! ¡Alaben todos al Señor!

[10] "Díganlo ustedes, los que montan asnas pardas; y ustedes, los que se sientan en tapetes; también ustedes, los viajeros: [11] ¡allá, entre los abrevaderos, y al son de sonoros platillos, proclamen las victorias del Señor, las victorias de sus aldeas en Israel![16]

[12] "¡Despierta, Débora, despierta, despierta y entona una canción! ¡Y tú, Barac, hijo de Abinoam, levántate y llévate a tus prisioneros!

[13] "Entonces bajaron los israelitas[17] a luchar contra los poderosos; bajaron por mí las tropas del Señor

[13] Porque . . . a pelear: lit. cuando en Israel se sueltan las cabelleras. Los guerreros acostumbraban soltarse el pelo como señal de batalla. [14] Se estremeció: texto probable. Heb. goteó. [15] Aldeas: traducción probable. Heb. oscuro. [16] ¡Allá, entre . . . aldeas en Israel!: traducción probable. Heb. oscuro. [17] Los israelitas: texto probable. Heb. los sobrevivientes.
n 5.4-5 Ex 19.18; Sal 68.7-8. n 5.6 Jue 3.31.

a luchar contra los hombres de guerra.

¹⁴ Algunos hombres de Efraín bajaron al valle,¹⁸
y tras ellos fueron las tropas de Benjamín.
De los de Maquir, bajaron sus jefes,
y de los de Zabulón, sus gobernantes.

¹⁵ También acompañaron a Débora los jefes de Isacar;
Isacar fue el apoyo de Barac,
pues se lanzó tras él al valle.

"Si en los escuadrones de Rubén hay grandes hombres de corazón resuelto,
¹⁶ ¿por qué se quedaron entre los rediles,
oyendo a los pastores llamar a sus ovejas?
¡En los escuadrones de Rubén hay grandes hombres de corazón miedoso!

¹⁷ "Galaad se quedó acampando al otro lado del río Jordán;
Dan se quedó junto a los barcos,
y Aser se quedó en la costa
y no se movió de sus puertos.
¹⁸ pero en las alturas de los campos,
Zabulón y Neftalí arriesgaron la vida.

¹⁹ "Entonces los reyes vinieron a Taanac,
junto a las aguas de Meguido;
los reyes cananeos vinieron en plan de guerra,
pero no obtuvieron plata ni riquezas.
²⁰ Desde el cielo, desde sus órbitas,
las estrellas lucharon contra Sísara;
²¹ el arroyo, el arroyo antiguo,
el arroyo de Cisón los barrió a todos ellos.
¡Tú aplastarás la garganta de los poderosos!¹⁹

²² "¡Resuenan los cascos de los caballos!
¡Galopan, galopan los briosos corceles!
²³ Y el ángel del Señor anuncia:
'¡Que caiga una dura maldición sobre Meroz y sus habitantes!'
Pues no acudieron, como los valientes,
en ayuda del Señor.

²⁴ "'¡Bendita sea entre las mujeres Jael,
la esposa de Heber el quenita!

¡Bendita sea entre las mujeres del campamento!
²⁵ Agua pidió Sísara; leche le dio Jael.
¡Crema le dio en un tazón especial!
²⁶ Mientras tanto, tomó la estaca con la izquierda
y el mazo de trabajo con la derecha,
y dando a Sísara un golpe en la cabeza
le rompió y atravesó las sienes.
²⁷ Sísara se retorcía a los pies de Jael;
retorciéndose de dolor cayó al suelo,
y allí donde cayó, allí quedó muerto.

²⁸ "La madre de Sísara, afligida,
se asoma a la ventana y dice:
'¿Por qué tarda tanto en llegar su carro?
¿Por qué se retrasa su carro de guerra?'
²⁹ Algunas damas sabihondas le responden,
y aun ella misma se repite:
³⁰ 'Seguramente se están repartiendo lo que ganaron en la guerra.
Una esclava, y aun dos, para cada guerrero;
para Sísara las telas de colores:
una tela, y aun dos,
bordadas de varios colores,
para el cuello del vencedor!'²⁰

³¹ "¡Que así sean destruidos, Señor,
todos tus enemigos,
y que brillen los que te aman,
como el sol en todo su esplendor!"

Después de eso hubo paz en la región durante cuarenta años.

Dios llama a Gedeón

6 ¹ Pero los hechos de los israelitas fueron malos a los ojos del Señor, y durante siete años el Señor los entregó al poder de los madianitas. ² Como los madianitas oprimían cada vez más a los israelitas, éstos, por temor a los madianitas, se hicieron escondites en los cerros, en las cuevas y en lugares difíciles de alcanzar. ³ Siempre que los israelitas tenían algo sembrado, los madianitas, los amalecitas y la gente del oriente los atacaban. ⁴ Acampaban en los territorios de Israel y destruían las cosechas hasta la región de Gaza, sin dejarles a los israelitas nada que comer, ni ovejas, ni bueyes, ni asnos. ⁵ Con sus tiendas de campaña y su ganado invadían el país y lo destruían todo. Venían con sus camellos en grandes multitudes, como una plaga de langostas. ⁶ Por causa de los madianitas, los israelitas

---

¹⁸ *Al valle:* según la versión griega. Heb. *a Amalec.*   ¹⁹ *¡Tú aplastarás la garganta de los poderosos!:* traducción probable. Heb. oscuro.   ²⁰ *Para el cuello del vencedor:* traducción probable. Heb. oscuro.

pasaban por muchas miserias, y finalmente le pidieron ayuda al Señor.

⁷ Cuando los israelitas le pidieron al Señor que los librara de los madianitas, ⁸ él les envió un profeta que les dijo: "Así dice el Señor y Dios de Israel: 'Yo los saqué a ustedes de Egipto, donde vivían como esclavos, ⁹ y no sólo los libré a ustedes de los egipcios, sino también de todos los que los oprimían. A ellos los fui echando de delante de ustedes, y a ustedes les di la tierra de ellos. ¹⁰ Y les dije a ustedes que yo soy el Señor su Dios, y que no tuvieran miedo de los dioses de los amorreos, en cuya tierra viven ustedes ahora; pero ustedes no me hicieron caso.'"

¹¹ Entonces vino el ángel del Señor y se sentó bajo la encina que estaba en Ofra, y que pertenecía a Joás, que era del clan de Abiezer. Gedeón,º el hijo de Joás, estaba limpiando el trigo a escondidas, en el lugar donde se pisaba la uva para hacer vino, para que los madianitas no lo vieran.

¹² El ángel del Señor se le apareció y le dijo:

—¡El Señor está contigo, hombre fuerte y valiente!

¹³ Y Gedeón contestó:

—Perdón, señor, pero si el Señor está con nosotros, ¿por qué nos pasa todo esto? ¿Dónde están todos los milagros de que nos hablan nuestros antepasados, cuando dicen que el Señor nos sacó de Egipto? El Señor nos ha abandonado, y nos ha entregado al poder de los madianitas.

¹⁴ El Señor lo miró, y le dijo:

—Usa la fuerza que tienes, para ir a salvar a Israel del poder de los madianitas. Yo soy el que te envía.

¹⁵ Pero Gedeón volvió a contestar:

—Una vez más, perdón, señor, pero ¿cómo voy a salvar a Israel? Mi clan es el más pobre de toda la tribu de Manasés, y yo soy el más pequeño de mi familia.

¹⁶ Y el Señor le respondió:

—Podrás hacerlo porque yo estaré contigo. Derrotarás a los madianitas como quien derrota a un solo hombre.

¹⁷ Entonces Gedeón dijo:

—Si me he ganado tu favor, dame una prueba de que realmente eres tú quien habla conmigo. ¹⁸ Por favor, no te vayas de aquí hasta que yo vuelva con una ofrenda que te quiero presentar.

Y el Señor le aseguró:

—Aquí estaré esperando tu regreso.

¹⁹ Gedeón se fue y preparó un cabrito, y con unos veinte litros de harina hizo unos panes sin levadura; luego puso la carne en una canasta y el caldo en una olla, y se lo llevó todo hasta la encina. ²⁰ El ángel de Dios le mandó poner sobre una roca la carne y los panes sin levadura, y derramar el caldo. Después que Gedeón hizo lo que se le había mandado, ²¹ el ángel tocó la carne y los panes con la punta del bastón que tenía en la mano, y de la roca salió fuego, el cual consumió la carne y los panes; luego el ángel del Señor desapareció de su vista. ²² Al darse cuenta Gedeón de que se trataba del ángel del Señor, dijo:

—¡Ay Señor, Señor! ¡He visto cara a cara al ángel del Señor!

²³ Pero el Señor le contestó:

—No tengas miedo, que no vas a morir. Recibe mi paz.

²⁴ Entonces Gedeón construyó allí un altar en honor del Señor, y lo llamó "El Señor es la paz". Este altar todavía está en Ofra, ciudad del clan de Abiezer.

²⁵ Aquella misma noche el Señor le dijo a Gedeón:

—Toma un toro del ganado de tu padre, el segundo toro, el de siete años, y echa abajo el altar de Baal que tiene tu padre. Echa abajo también el árbol sagrado que está junto al altar de Baal, ²⁶ y en lo alto de esa fortaleza construye un altar al Señor tu Dios. Toma luego el toro, el segundo, y ofrécemelo como holocausto, usando para ello la leña del árbol sagrado que habrás echado abajo.

²⁷ Entonces Gedeón tomó a diez de sus sirvientes e hizo todo lo que el Señor le había mandado; sólo que no lo hizo de día, sino durante la noche, por miedo a la familia de su padre y a los hombres de la ciudad. ²⁸ A la mañana siguiente, cuando la gente de la ciudad se levantó, se encontró con que el altar de Baal había sido echado abajo, lo mismo que el árbol sagrado que estaba junto al altar, y que además un toro había sido ofrecido en holocausto sobre el nuevo altar. ²⁹ Unos a otros se preguntaban: "¿Quién habrá hecho esto?"

Cuando, después de mucho buscar y preguntar, supieron que lo había hecho Gedeón, el hijo de Joás, fueron y le dijeron a Joás:

³⁰ —Saca a tu hijo, que lo vamos a matar. ¡Ha echado abajo el altar de Baal y el árbol sagrado que estaba junto al altar!

³¹ Pero Joás respondió a quienes le rodeaban:

—¿Van ustedes a defender a Baal, y a pelear en su favor? ¡Pues que muera antes del amanecer cualquiera que defienda a Baal! Si Baal es Dios, déjenlo que se defienda solo, puesto que era suyo el altar derribado.

³² Desde entonces comenzaron a llamar Jerobaal²ʲ a Gedeón, y decían: "Que Baal

²¹ En hebreo, *Jerobaal* y las palabras que significan *que se defienda Baal* tienen un sonido parecido.
º **6.11** He 11.32.

se defienda de él", pues Gedeón había echado abajo el altar de Baal.

³³ Entonces todos los madianitas y los amalecitas y la gente del oriente, se juntaron y cruzaron el río Jordán, y acamparon en el valle de Jezreel. ³⁴ Pero el espíritu del Señor se adueñó de Gedeón, y éste tocó un cuerno de carnero para que se le unieran los del clan de Abiezer; ³⁵ además mandó mensajeros para que llamaran a toda la tribu de Manasés a que se le uniera. También envió mensajeros a llamar a las tribus de Aser, Zabulón y Neftalí, que también salieron a reunirse con él.

³⁶ Y Gedeón le dijo a Dios: "Si de veras me vas a usar para salvar a Israel, como tú mismo has dicho, ³⁷ voy a poner el cuero lanudo de una oveja en el lugar donde se trilla el trigo. Si por la mañana la lana está mojada de rocío, pero la tierra está seca, sabré que de veras vas a usarme para salvar a Israel, como tú mismo has dicho."

³⁸ En efecto, así sucedió. Cuando Gedeón se levantó por la mañana, exprimió el cuero lanudo y sacó de él una taza llena de rocío. ³⁹ Sin embargo, Gedeón dijo: "No te enojes conmigo si vuelvo a insistir. Pero quiero hacer una sola prueba más. Esta vez harás que la lana quede seca y que el rocío humedezca la tierra."

⁴⁰ Aquella noche Dios lo hizo así. Y a la mañana siguiente, la lana estaba seca y toda la tierra cubierta de rocío.

Gedeón derrota a los madianitas

7 ¹ Gedeón, a quien ahora llamaban Jerobaal, y todos los que estaban con él, se levantaron de madrugada y fueron a acampar junto al manantial de Harod. El campamento de los madianitas les quedaba entonces al norte, en el valle que está al pie del monte de More.

² El Señor le dijo a Gedeón: "Traes tanta gente contigo que si hago que los israelitas derroten a los madianitas, van a alardear ante mí creyendo que se han salvado ellos mismos. ³ Por eso, dile a la gente que cualquiera que tenga miedo puede irse a su casa."ᴾ

De este modo Gedeón los puso a prueba,²² y se fueron veintidós mil hombres, quedándose diez mil. ⁴ Pero el Señor insistió: "Son muchos todavía. Llévalos a tomar agua, y allí yo los pondré a prueba y te diré quiénes irán contigo y quiénes no."

⁵ Gedeón llevó entonces a la gente a tomar agua, y el Señor le dijo: "Aparta a los que beban agua en sus manos, lamiéndola como perros, de aquellos que se arrodillen para beber."

⁶ Los que bebieron agua llevándosela de las manos a la boca y lamiéndola como perros fueron trescientos. Todos los demás se arrodillaron para beber. ⁷ Entonces el Señor le dijo a Gedeón: "Con estos trescientos hombres voy a salvarlos a ustedes, y derrotaré a los madianitas. Todos los demás pueden irse."

⁸ Gedeón mandó entonces que todos los demás regresaran a sus tiendas; pero antes de que se fueran les recogió sus cántaros y sus cuernos de carnero. Sólo se quedó con los trescientos hombres escogidos, acampando más arriba de los madianitas, que estaban en el valle.

⁹ Aquella noche el Señor le ordenó a Gedeón: "Levántate y baja a atacar a los madianitas, pues los voy a entregar en tus manos. ¹⁰ Pero si tienes miedo de atacarlos, baja antes al campamento con Fura, tu criado, ¹¹ y escucha lo que digan. Después te sentirás con más ánimo para atacarlos."

Entonces Gedeón bajó con Fura, su criado, hasta los puestos avanzados del campamento enemigo. ¹² Los madianitas, los amalecitas y la gente del oriente habían esparcido por el valle como una plaga de langostas. Tenían tantos camellos como arena hay a la orilla del mar. ¹³ Al acercarse Gedeón al campamento enemigo, oyó que un soldado le contaba a otro un sueño que había tenido. Le decía:

—Soñé que un pan de cebada venía rodando hasta nuestro campamento, y que al chocar contra una tienda la hacía caer.

¹⁴ Y su compañero le contestó:

—Eso no es otra cosa que la espada de Gedeón, hijo de Joás, el israelita. Dios va a entregar en manos de Gedeón a los madianitas y a todo su campamento.

¹⁵ Al oír cómo se había contado e interpretado el sueño, Gedeón adoró al Señor. Después volvió al campamento israelita y ordenó:

—¡Arriba, que el Señor va a entregarnos el campamento madianita!

¹⁶ En seguida dividió sus trescientos hombres en tres grupos, y les dio cuernos de carnero a todos y unos cántaros vacíos que llevaban dentro antorchas encendidas. ¹⁷ Y les dijo:

—Cuando llegue yo al otro lado del campamento enemigo, fíjense en mí y hagan lo mismo que me vean hacer. ¹⁸ Cuando yo y los que van conmigo toquemos el cuerno, tóquenlo ustedes también alrededor de todo el campamento, y griten: "¡Por el Señor y por Gedeón!"

---

²² Gedeón los puso a prueba: texto probable. Heb. oscuro.
ᴾ 7.3 Dt 20.8.

¹⁹ Así pues, Gedeón y sus cien hombres llegaron al otro lado del campamento cuando estaba por comenzar el turno de guardia de medianoche. Entonces tocaron los cuernos de carnero y rompieron los cántaros que llevaban en las manos, ²⁰ y los tres grupos tocaron al mismo tiempo los cuernos de carnero y rompieron los cántaros. En la mano izquierda llevaban las antorchas encendidas, y los cuernos de carnero en la derecha, y gritaban: "¡Guerra! ¡Por el Señor y por Gedeón!" ²¹ Y como los israelitas se quedaron quietos en sus puestos alrededor del campamento, y todos en el ejército madianita gritaban y salían huyendo ²² mientras los trescientos israelitas seguían tocando los cuernos de carnero, el Señor hizo que los madianitas lucharan entre sí, y que salieran huyendo hasta Bet-sita, camino de Zerera, y hasta la frontera de Abel-mehola, junto a Tabat. ²³ Entonces se llamó a los israelitas de las tribus de Neftalí, de Aser y de todo Manasés, para que persiguieran a los madianitas. ²⁴ Gedeón mandó mensajeros por los montes de Efraín, ordenando que los hombres de esta tribu bajaran a luchar contra los madianitas y ocuparan los lugares por donde se podía cruzar el río en Bet-bara y en el Jordán, antes de que ellos llegaran. Los de Efraín cumplieron estas órdenes, ²⁵ y además capturaron a dos jefes madianitas llamados Oreb y Zeeb. A Oreb lo mataron en la peña que ahora se conoce como Peña de Oreb. A Zeeb lo mataron en el lugar que lleva su nombre, y que era donde se pisaba la uva para hacer vino. Y después de perseguir a los madianitas, llevaron las cabezas de Oreb y de Zeeb a Gedeón, que estaba al otro lado del Jordán.

Gedeón captura a los reyes madianitas

8 ¹ Los de la tribu de Efraín se enojaron y discutieron con Gedeón porque él no los había mandado llamar cuando salió a pelear contra los madianitas. ² Pero él les contestó:

—¿No se dan cuenta de que ustedes hicieron más aún de lo que yo hice? Lo poco que ustedes hicieron vale más que lo mucho que hicimos nosotros. ³ Dios les entregó a Oreb y a Zeeb, los jefes madianitas. ¿Qué hice yo que se pueda comparar con lo que ustedes hicieron?

Cuando los de Efraín oyeron estas palabras de Gedeón, se les pasó el enojo contra él.

⁴ Gedeón y sus trescientos hombres llegaron al Jordán y lo cruzaron, aunque estaban rendidos de cansancio por ir persiguiendo al enemigo. ⁵ En Sucot, Gedeón les pidió a los que allí vivían:

—Por favor, den algo de comer a los que vienen conmigo, porque están rendidos de cansancio. Andamos persiguiendo a los reyes madianitas Zeba y Zalmuna.

⁶ Pero los jefes de Sucot le respondieron:

—¿Acaso ya has capturado a Zeba y Zalmuna, para que alimentemos a tu ejército?

⁷ Y Gedeón les contestó:

—¡Después que el Señor me entregue a Zeba y Zalmuna, regresaré y les desgarraré a ustedes la carne con espinas y zarzas del desierto!

⁸ De allí fue a Penuel, donde pidió lo mismo que en Sucot. Pero como los de Penuel le respondieron igual que los de Sucot, ⁹ Gedeón les dijo:

—¡Cuando yo regrese vencedor, echaré abajo esa torre!

¹⁰ Zeba y Zalmuna estaban en Carcor con unos quince mil hombres, que era todo lo que quedaba del ejército del oriente, pues habían muerto ciento veinte mil de ellos. ¹¹ Gedeón avanzó por el camino que bordea el desierto, al este de Noba y Jogbeha, y atacó su campamento cuando ellos menos lo esperaban. ¹² Zeba y Zalmuna salieron huyendo, pero Gedeón los persiguió y los capturó, y llenó de espanto a todo el ejército.

¹³ Cuando Gedeón regresaba de la batalla por el paso de Heres,²³ ¹⁴ capturó a un joven de Sucot y lo interrogó; y aquel joven le dio por escrito los nombres de los setenta y siete jefes y ancianos de Sucot. ¹⁵ Entonces Gedeón fue a Sucot y les dijo a los de este pueblo:

—¿Recuerdan cómo se burlaron de mí por causa de Zeba y de Zalmuna? ¿Recuerdan que les negaron pan a mis hombres, que estaban rendidos de cansancio, diciéndonos que todavía no los teníamos cautivos? ¡Pues aquí los tienen!

¹⁶ Entonces Gedeón tomó espinas y zarzas del desierto, y con ellas castigó a los ancianos de Sucot. ¹⁷ También echó abajo la torre de Penuel, y mató a la gente de esta ciudad. ¹⁸ Luego les preguntó a Zeba y a Zalmuna:

—¿Cómo eran los hombres que ustedes mataron en Tabor?

Y ellos le contestaron:

—Se parecían a ti. Cada uno de ellos parecía un príncipe.

¹⁹ Entonces Gedeón gritó:

—¡Mis hermanos! ¡Mataron a mis propios hermanos! Tan cierto como que el Señor vive, que si ustedes no los hubieran matado, yo tampoco los mataría a ustedes ahora.

---

²³ *Por el paso de Heres*: traducción probable. Heb. oscuro.

²⁰ En seguida le ordenó a Jeter, su hijo mayor:

—¡Levántate y mátalos!

Pero Jeter era todavía muy joven, y no se atrevió a sacar su espada. ²¹ Entonces Zeba y Zalmuna le dijeron a Gedeón:

—¡Pues mátanos tú! ¡Al hombre se le conoce por su valentía!

Gedeón se levantó y los mató, y tomó los adornos que llevaban al cuello los camellos de Zeba y Zalmuna. ²² Entonces los israelitas le dijeron:

—Ya que tú nos has librado del poder de los madianitas, queremos que tú y tus descendientes nos gobiernen.

²³ Pero Gedeón les contestó:

—Ni yo ni mi hijo los gobernaremos a ustedes. El Señor será quien los gobierne. ²⁴ Lo que sí quiero es pedirles que me den los anillos que han capturado.

Esos anillos de oro los usaban los soldados enemigos, porque eran gente del desierto. ²⁵ Los israelitas, tendiendo una capa en el suelo, echaron en ella los anillos que habían tomado, y le dijeron a Gedeón:

—Aquí los tienes.

²⁶ Todo el oro de los anillos pesó casi diecinueve kilos, sin contar los adornos ni las joyas y telas de púrpura que llevaban los reyes de Madián, ni los collares de sus camellos. ²⁷ Con ese oro Gedeón hizo un efod, que puso en Ofra, su ciudad, y todo Israel le fue infiel al Señor por causa del efod, el cual se volvió una trampa para Gedeón y su familia.

²⁸ Así fue como los madianitas quedaron sometidos a Israel, y nunca más volvieron a levantar cabeza. Durante cuarenta años, mientras Gedeón vivió, hubo paz en la región.

Muerte de Gedeón

²⁹⁻³⁰ Jerobaal, o sea Gedeón, se fue a vivir a su propia casa, y tuvo setenta hijos, pues tenía muchas esposas. ³¹ Una concubina que él tenía en Siquem, también le dio un hijo, y él le puso por nombre Abimelec.

³² Gedeón murió ya entrado en años, y lo enterraron en la tumba de su padre Joás, en Ofra, ciudad del clan de Abiezer.

³³ Después que murió Gedeón, los israelitas volvieron a abandonar a Dios para adorar a las diferentes representaciones de Baal, y escogieron como su dios a Baalberit. ³⁴ Se olvidaron del Señor su Dios, que los había salvado de todos los enemigos que los rodeaban, ³⁵ y no correspondieron con bondad a la familia de Jerobaal, o sea Gedeón, por todo lo bueno que él había hecho por ellos.

Abimelec

9 ¹ Abimelec, hijo de Jerobaal, fue a Siquem para hablar con sus parientes por parte de madre. Y les dijo:

² —En nombre de nuestro parentesco, les ruego que convenzan a la gente de Siquem de que es mejor que los gobierne un solo hombre, y no todos los setenta hijos de Jerobaal.

³ Y como Abimelec era pariente de ellos, se pusieron de parte suya y fueron a convencer a los de Siquem para que lo siguieran. ⁴ Además, tomaron setenta monedas de plata del templo de Baal-berit y se las dieron a Abimelec. Con ese dinero, Abimelec alquiló unos matones para que lo siguieran. Aquellos hombres fueron con él ⁵ a Ofra, donde había vivido su padre Jerobaal, y contra una misma piedra mataron a los setenta hermanos de Abimelec. Sólo pudo esconderse y salvarse Jotam, el hijo menor de Jerobaal. ⁶ Después todos los de Siquem y de Bet-milo se reunieron junto a la encina y la piedra sagrada que había en Siquem, y nombraron rey a Abimelec.

⁷ Cuando Jotam lo supo, subió al monte Gerizim, y desde allí gritó bien fuerte, para que todos lo oyeran:

"¡Óiganme bien, hombres de Siquem! ¡Y así Dios los oiga a ustedes!

⁸ "En cierta ocasión los árboles quisieron tener rey, y le pidieron al olivo que fuera su rey. ⁹ Pero el olivo les dijo que no, pues para ser rey de los árboles tendría que dejar de dar aceite, el cual sirve para honrar tanto a los hombres como a Dios.

¹⁰ "Entonces los árboles le pidieron a la higuera que fuera su rey. ¹¹ Pero la higuera les dijo que no, pues para ser rey de los árboles tendría que dejar de dar sus dulces y sabrosos higos.

¹² "Entonces los árboles le pidieron a la vid que fuera su rey. ¹³ Pero la vid les dijo que no, pues para ser rey de los árboles tendría que dejar de dar su vino, el cual sirve para alegrar tanto a los hombres como a Dios.

¹⁴ "Por fin, los árboles le pidieron a un espino que fuera su rey. ¹⁵ Y el espino les dijo que, si de veras querían que él fuera su rey, todos tendrían que ponerse bajo su sombra; pero si no querían que él fuera su rey, saldría de él un fuego que destruiría los cedros del Líbano.

¹⁶ "Y ahora, yo les pregunto: ¿Han actuado ustedes con verdad y honradez al hacer rey a Abimelec? ¿Han tratado a Jerobaal y a su familia con la misma bondad con que él los trató a ustedes? ¹⁷ Porque mi padre arriesgó su vida por ustedes cuando peleó para librarlos del poder de los madianitas; ¹⁸ ustedes, en cambio, se

han rebelado contra la familia de mi padre, y han matado a sus setenta hijos contra una misma piedra. Por si fuera poco, han nombrado rey a Abimelec, hijo de la concubina de Jerobaal, sólo porque él es pariente de ustedes. [19] Pero yo les digo hoy: Si ustedes han tratado con verdad y honradez a Jerobaal y a su familia, que les vaya bien con Abimelec, y a él con ustedes; [20] pero si no, ¡que salga de Abimelec un fuego que destruya a todos los de Siquem y de Bet-milo, y que de Siquem y de Bet-milo salga un fuego que lo destruya a él!"

[21] Después de haber dicho esto, Jotam huyó y se fue a vivir en Beer, porque le tenía miedo a su hermano Abimelec.

[22] Abimelec dominó a los israelitas durante tres años, [23] pero Dios interpuso un espíritu maligno entre Abimelec y los de Siquem, para que éstos se rebelaran contra él [24] y así pagara Abimelec el sangriento asesinato de los setenta hijos de Jerobaal, y los de Siquem pagaran por haberle ayudado. [25] Los de Siquem tenían gente en los montes, que se escondía y asaltaba a todos los que pasaban por el camino cercano. Y Abimelec se enteró de esto.

[26] Un día, Gaal, el hijo de Ebed, pasó con sus hermanos por Siquem y se ganó la confianza de los de aquella ciudad, [27] los cuales salieron al campo a recoger la uva e hicieron vino y celebraron una gran fiesta, comiendo y bebiendo en el templo de sus dioses y maldiciendo a Abimelec. [28] Y Gaal decía: "¿Quién se cree este Abimelec? No es más que un hijo de Jerobaal, y Zebul es su ayudante. Y nosotros, los de Siquem, ¿quiénes somos para andar como esclavos delante de ellos? Seamos esclavos de Hamor, el fundador de Siquem, pero no de Abimelec. [29] ¡Ah! ¡Si yo fuera el jefe de ustedes, en seguida me desharía de Abimelec!" Además dijo: "¡Anda, Abimelec, reúne tu ejército y ven a pelear!"

[30] Cuando Zebul, gobernador de la ciudad, se enteró de lo que andaba diciendo Gaal, se puso furioso [31] y le envió el siguiente mensaje a Abimelec, que estaba en Aruma:[24] "Gaal, el hijo de Ebed, ha venido con sus hermanos a Siquem, y están predisponiendo a la gente de la ciudad contra ti. [32] Por lo tanto, sal de noche con tus soldados y escóndanse en el campo. [33] Por la mañana, al salir el sol, ataca la ciudad, y cuando Gaal y su gente salgan a pelear contigo, haz con él lo que creas más conveniente."

[34] Así pues, Abimelec y toda su gente salieron de noche y se escondieron alrededor de Siquem, repartidos en cuatro grupos. [35] Cuando Gaal salió a la puerta de la ciudad, Abimelec y su gente salieron de sus escondites. [36] Al verlos, Gaal le dijo a Zebul:

—¡Mira, de los cerros viene bajando un ejército!

—No —le contestó Zebul—. Sólo son las sombras de los cerros, que a ti te parecen gente.

[37] Pero Gaal siguió diciendo:

—¡También de la colina que llaman 'Ombligo de la tierra' viene bajando un ejército! ¡Y otro grupo viene por el camino de la Encina de los Adivinos!

[38] —¡Habla ahora, fanfarrón! —le dijo Zebul—. ¡Tú, que decías que Abimelec no era nadie para que fuéramos sus esclavos! Ahí está el ejército que te parecía poca cosa. ¡Anda, sal ahora a pelear contra ellos!

[39] Gaal salió al frente de la gente de Siquem a pelear contra Abimelec. [40] Pero Abimelec lo persiguió, y Gaal huyó de él. Hasta en la puerta misma de la ciudad hubo muchos muertos. [41] Abimelec se quedó en Aruma, y Zebul arrojó de Siquem a Gaal y a sus hermanos.

[42] Al día siguiente, los de Siquem salieron al campo. Cuando Abimelec lo supo, [43] dividió su ejército en tres grupos y se escondió en el campo; y cuando vio que los de Siquem salían de la ciudad, salió de su escondite y los atacó. [44] Él y su grupo se lanzaron a tomar la puerta de la ciudad, mientras los otros dos grupos atacaban y mataban a los que andaban por el campo; [45] y el resto del día lo pasó Abimelec atacando a Siquem, hasta que la tomó. Entonces destruyó la ciudad y mató a todos sus habitantes, y la ciudad misma la sembró de sal.

[46] Cuando los de Migdal-siquem se enteraron de lo que había hecho Abimelec, fueron a refugiarse en la fortaleza del templo de El-berit. [47] Y al saber Abimelec que todos estaban reunidos allí, [48] fue con toda su gente al monte Salmón y con un hacha cortó una rama de un árbol; luego se la puso sobre el hombro y dijo a todos sus hombres que hicieran rápidamente lo mismo que él. [49] Todos cortaron sus ramas y siguieron a Abimelec hasta la fortaleza del templo, donde amontonaron todas las ramas y les prendieron fuego, matando así a todos los de Migdal-siquem, que eran unos mil hombres y mujeres.

[50] Después Abimelec marchó sobre Tebes, se preparó para atacarla y la tomó. [51] En el centro de aquella ciudad había una torre, y en ella se escondieron todos los habitantes de la ciudad, hombres y mujeres. Cerraron bien las puertas y subieron

[24] *Aruma:* texto probable, según v. 41. Heb. oscuro.

al techo; [52] pero Abimelec llegó hasta la puerta de la torre y la atacó. Ya se disponía a prenderle fuego, [53] cuando una mujer arrojó una piedra de molino, la cual le cayó en la cabeza y le rompió el cráneo. [54] Abimelec llamó rápidamente a su ayudante de armas y le dijo: "Saca tu espada y mátame, porque no quiero que se diga que una mujer me mató." Entonces su ayudante lo atravesó con la espada, y así murió. [55] Cuando los israelitas vieron que Abimelec había muerto, regresaron a sus casas.

[56] De esta manera Dios hizo pagar a Abimelec el crimen que había cometido contra su padre al matar a sus setenta hermanos. [57] Y Dios hizo también que los de Siquem pagaran por todos sus crímenes. Así se cumplió en ellos la maldición de Jotam, el hijo de Jerobaal.

Gobierno de Tola y Jair

10 [1] Después de Abimelec, un hombre de la tribu de Isacar llamado Tola, hijo de Fúa y nieto de Dodo, se levantó para salvar a Israel. Tola vivía en Samir, en los montes de Efraín, [2] y gobernó a Israel durante veintitrés años, hasta que murió y lo enterraron en Samir.

[3] Después se levantó Jair, que era de Galaad, y gobernó a Israel durante veintidós años. [4] Jair tuvo treinta hijos, cada uno de los cuales montaba en asno y tenía una ciudad en la región de Galaad. Esas treinta ciudades se conocen todavía como "las ciudades de Jair".

[5] Cuando Jair murió, fue enterrado en Camón.

Los amonitas oprimen a Israel

[6] Pero los israelitas volvieron a hacer lo malo a los ojos del Señor, y adoraron a las diferentes representaciones de Baal y de Astarté, lo mismo que a los dioses de Siria, de Sidón, de Moab, de Amón y de los filisteos. Abandonaron al Señor y dejaron de rendirle culto. [7] Por eso el Señor se enfureció contra ellos y los entregó al poder de los filisteos y de los amonitas. [8] Desde entonces, y durante dieciocho años, los filisteos y los amonitas oprimieron cruelmente a todos los israelitas que vivían en Galaad, al otro lado del Jordán, en territorio amorreo. [9] Los amonitas cruzaron el Jordán para pelear también contra las tribus de Judá, Benjamín y Efraín, y los israelitas se vieron en grave aprieto. [10] Entonces le pidieron ayuda al Señor, y le dijeron: "Dios nuestro, hemos pecado contra ti, pues te hemos abandonado por adorar a falsos dioses."

[11] Y el Señor les contestó: "Ustedes fueron oprimidos por los egipcios, los amorreos, los amonitas, los filisteos, [12] los sidonios, los amalecitas y los madianitas; pero cuando ustedes clamaron a mí, yo los salvé. [13] A pesar de eso, ustedes me han abandonado por ir a adorar a otros dioses, así que yo no volveré a salvarlos. [14] ¡Vayan y pidan ayuda a los dioses que se han escogido! ¡Que ellos los salven a ustedes cuando estén en aprietos!"

[15] Entonces los israelitas le respondieron al Señor: "Hemos pecado. Haz con nosotros lo que mejor te parezca, pero, ¡por favor, sálvanos ahora!" [16] Y los israelitas se deshicieron de los dioses extranjeros para volver a adorar al Señor, y el Señor ya no pudo soportar que los israelitas siguieran sufriendo.

[17] Los amonitas se reunieron y acamparon en Galaad. Los israelitas, por su parte, se reunieron y acamparon en Mizpa. [18] Los israelitas que vivían en Galaad, y sus jefes, acordaron entre sí que el que dirigiera la batalla contra los amonitas sería caudillo de todos los habitantes de Galaad.

Jefté

11 [1] Jefté[a] era un valiente guerrero de la región de Galaad. Era hijo de una prostituta y de un hombre llamado Galaad, [2] y como la esposa de Galaad le había dado otros hijos, cuando ellos crecieron echaron de la casa a Jefté y le dijeron que no heredaría nada de su padre, por ser hijo de otra mujer. [3] Entonces Jefté huyó de sus hermanos y se fue a vivir a la región de Tob, donde reunió una banda de desalmados que junto con él salían a hacer correrías.

[4] Pasado algún tiempo los amonitas atacaron a Israel, [5] y los jefes de Galaad mandaron traer a Jefté de la región de Tob, [6] y le dijeron:

—Ven, queremos que seas nuestro jefe en la guerra contra los amonitas.

[7] Jefté les contestó:

—¿Pues no me odiaban ustedes, y hasta me obligaron a irme de la casa de mi padre? ¿Por qué vienen a buscarme ahora que están en aprietos?

[8] —Precisamente porque estamos en aprietos venimos a buscarte —dijeron ellos—. Queremos que vengas con nosotros y pelees contra los amonitas, y que seas el jefe de todos los que vivimos en Galaad.

[9] —Pues si ustedes quieren que yo regrese para pelear contra los amonitas, y si

el Señor me da la victoria, seré el jefe de ustedes —respondió Jefté.

[10] Y los jefes le aseguraron:

—El Señor es testigo nuestro de que haremos todo lo que ha dicho.

[11] Entonces Jefté fue con ellos, y el pueblo lo nombró su jefe y caudillo. En Mizpa, Jefté repitió ante el Señor lo que antes había dicho. [12] Después mandó unos mensajeros al rey de los amonitas, para que le preguntaran: "¿Qué tienes tú contra mí, para que vengas ahora a atacar mi país?" [13] Y el rey de los amonitas les contestó a los mensajeros de Jefté: "Cuando ustedes los israelitas salieron de Egipto, nos quitaron nuestras tierras, desde el río Arnón hasta los ríos Jaboc y Jordán. Ahora, pues, devuélvemelas por las buenas."

[14] Jefté envió entonces otros mensajeros al rey de los amonitas, [15] con este mensaje: "Esta es la respuesta de Jefté: Nosotros los israelitas no les hemos quitado tierras ni a los moabitas ni a los amonitas. [16] Cuando salimos de Egipto, cruzamos el desierto hasta el Mar Rojo, y llegamos hasta Cades. [17] Entonces mandamos unos mensajeros al rey de Edom pidiéndole que nos dejara pasar por sus territorios, pero él no nos dejó pasar.[r] Se lo pedimos también al rey de Moab, pero él tampoco nos dejó pasar. Por eso nos quedamos en Cades. [18] Después, andando por el desierto, fuimos rodeando los territorios de Edom[s] y de Moab, hasta llegar al este de Moab, y acampamos allí, al otro lado del río Arnón. Pero no lo cruzamos, porque allí empezaba el territorio de Moab. [19] Entonces mandamos unos mensajeros a Sehón, el rey amorreo de Hesbón, pidiéndole que nos dejara pasar por sus territorios para dirigirnos a nuestra tierra. [20] Pero Sehón desconfió y no nos permitió pasar por su territorio; por el contrario, reunió a todo su ejército y acampó en Jahaza, y nos atacó. [21] Pero el Señor, el Dios de Israel, su pueblo, nos dio la victoria, y derrotamos a Sehón y a su ejército, y nos adueñamos de todo el territorio de los amorreos de esa región: [22] tomamos toda la tierra de los amorreos, desde el río Arnón hasta el Jaboc y desde el desierto hasta el Jordán.[t] [23] ¿Y ahora quieres tú despojarnos de lo que el Señor les quitó a los amorreos y nos dio a nosotros? [24] Si Quemós, tu dios, te da algo en posesión, tú lo consideras propiedad tuya, ¿no es cierto? Pues también nosotros consideramos nuestro lo que el Señor nos ha dado en propiedad. [25] ¿Acaso te crees mejor que Balac, hijo de Zipor,[u] el rey de Moab? Pues bien, él no vino a pelear contra nosotros. [26] Ya hace trescientos años que vivimos en Hesbón, Aroer y las aldeas vecinas, y en todas las ciudades a orillas del Arnón; ¿por qué no han reclamado ustedes esas tierras en todo este tiempo? [27] Yo no te he hecho ningún mal. Eres tú quien está actuando mal al venir a atacarnos. Pero el Señor es el juez, y él será quien juzgue a israelitas y amonitas."

[28] A pesar de todo, el rey de los amonitas no hizo caso del mensaje de Jefté.

La promesa de Jefté

[29] Entonces el espíritu del Señor vino sobre Jefté, y este recorrió Galaad y Manasés, pasando por Mizpa de Galaad, para invadir el territorio de los amonitas. [30] Y Jefté le hizo esta promesa al Señor: "Si me das la victoria sobre los amonitas, [31] yo te ofreceré en holocausto a quien primero salga de mi casa a recibirme cuando yo regrese de la batalla." [32] Jefté invadió el territorio de los amonitas, y los atacó, y el Señor le dio la victoria. [33] Mató Jefté a muchos enemigos, y conquistó veinte ciudades entre Aroer, Minit y Abel-keramim. De este modo los israelitas dominaron a los amonitas.

[34] Cuando Jefté volvió a su casa en Mizpa, la única hija que tenía salió a recibirlo bailando y tocando panderetas. Aparte de ella, no tenía otros hijos, [35] así que, al verla, se rasgó la ropa en señal de desesperación y le dijo:

—¡Ay, hija mía, qué gran dolor me causas! ¡Y eres tú misma la causa de mi desgracia, pues le he hecho una promesa al Señor, y ahora tengo que cumplírsela![v]

[36] Y ella le respondió:

—Padre mío, haz conmigo lo que le prometiste al Señor, ya que él ha cumplido su parte al darte la victoria sobre tus enemigos los amonitas. [37] Te ruego, sin embargo, que me concedas dos meses para andar por los montes, con mis amigas, llorando por tener que morir sin haberme casado.

[38] Jefté le concedió los dos meses, y en ese tiempo ella anduvo por los montes, con sus amigas, llorando porque iba a morir sin haberse casado. [39] Después de ese tiempo volvió a donde estaba su padre, y él cumplió la promesa que le había hecho al Señor. La hija de Jefté murió sin haber tenido relaciones sexuales con ningún hombre. [40] Por eso es costumbre entre los israelitas que todos los años las jóvenes vayan a llorar a la hija de Jefté durante cuatro días.

Jefté y la tribu de Efraín

12 [1] Los hombres de la tribu de Efraín se reunieron y cruzaron el Jordán en dirección a Zafón, y le dijeron a Jefté:

—¿Por qué te lanzaste a atacar a los amonitas, sin avisarnos para que fuéramos contigo? ¡Ahora vamos a quemar tu casa contigo dentro!

[2] Jefté les contestó:

—Mi gente y yo tuvimos un pleito con los amonitas, y yo los llamé a ustedes, pero ustedes no vinieron a defendernos. [3] Como vi que ustedes no venían en nuestra ayuda, arriesgué mi propia vida y ataqué a los amonitas, y el Señor me dio la victoria. ¿Por qué vienen ustedes ahora a pelear conmigo?

[4] Entonces Jefté reunió a todos los hombres de Galaad, y peleó con los de Efraín y los derrotó. Los de Efraín decían que los de Galaad, que vivían entre Efraín y Manasés, eran gente que había abandonado a Efraín. [5] Los de Galaad les quitaron a los de Efraín los vados del Jordán, y cuando alguno de Efraín que llegaba huyendo les pedía paso, ellos le preguntaban si era de Efraín. Si aquél respondía que no, [6] le pedían que dijera "Shibolet", y si decía "Sibolet", porque no podía pronunciarlo de otro modo, lo agarraban y lo mataban allí mismo, junto a los vados del Jordán. En aquella ocasión los muertos de Efraín fueron cuarenta y dos mil hombres.

[7] Jefté fue caudillo de los israelitas durante seis años. Cuando murió, lo enterraron en Galaad, su ciudad natal.[25]

Otros tres caudillos de Israel

[8] Después de Jefté, fue caudillo de los israelitas Ibzán, de Belén, [9] que tuvo treinta hijos y treinta hijas, a todos los casó con gente de fuera. Ibzán fue caudillo de Israel durante siete años, [10] y cuando murió lo enterraron en Belén.

[11] Después de él, Elón, de la tribu de Zabulón, fue caudillo de los israelitas durante diez años [12] y cuando murió lo enterraron en Ajalón, en el territorio de su tribu.

[13] Después de él, Abdón, el hijo de Hilel, de Piratón, fue caudillo de los israelitas [14] durante ocho años. Abdón tuvo cuarenta hijos y treinta nietos, cada uno de los cuales montaba un asno. [15] Cuando murió, lo enterraron en Piratón, que está en el territorio de Efraín, en los montes de Amalec.[26]

Nacimiento de Sansón

13 [1] Pero los israelitas volvieron a hacer lo malo a los ojos del Señor, y el Señor los entregó al poder de los filisteos durante cuarenta años.

[2] En Zora, de la tribu de Dan, había un hombre que se llamaba Manoa. Su mujer nunca había tenido hijos, porque era estéril. [3] Pero el ángel del Señor se le apareció a ella y le dijo: "Tú nunca has podido tener hijos, pero ahora vas a quedar embarazada y tendrás un niño. [4] Pero no tomes vino ni ninguna otra bebida fuerte, ni comas nada impuro, [5] pues vas a tener un hijo al que no se le deberá cortar el cabello, porque ese niño estará consagrado a Dios como nazareo[w] desde antes de nacer, para que sea él quien comience a librar a los israelitas del poder de los filisteos."

[6] La mujer fue a contárselo a su marido, y le dijo: "Un hombre de Dios vino a donde yo estaba, y me impresionó mucho, pues parecía el ángel mismo del Señor. Ni yo le pregunté quién era, ni tampoco él me lo dijo. [7] Lo que sí me dijo fue que yo voy a tener un hijo, y que desde ahora no debo tomar vino ni ninguna otra bebida fuerte, ni comer nada impuro, porque el niño va a estar consagrado a Dios como nazareo desde antes de nacer y hasta su muerte."

[8] Entonces Manoa dijo al Señor en oración: "Yo te ruego, Señor, que envíes otra vez ese hombre a nosotros, para que nos diga lo que debemos hacer con el niño que va a nacer."

[9] Dios respondió a la petición de Manoa, y su ángel se le apareció otra vez a la mujer, cuando estaba en el campo. Como Manoa no estaba allí, [10] ella fue corriendo a decirle:

—¡Oye, el hombre que vi el otro día, se me ha vuelto a aparecer!

[11] Manoa se levantó y fue con ella a donde estaba el hombre, al cual le dijo:

—¿Es usted el que habló con mi mujer el otro día?

Y aquel hombre contestó:

—Sí, yo soy.

[12] Entonces Manoa dijo:

—Cuando se cumpla lo que usted nos ha dicho, ¿cómo debemos criar al niño? ¿Qué tendremos que hacer con él?

[13] El ángel del Señor respondió:

—Que tu mujer haga todo lo que le he dicho: [14] que no tome vino ni ningún otro producto de la uva, ni ninguna otra bebida fuerte, ni coma nada impuro. Simplemente, que haga lo que le he ordenado.

[15-16] Manoa, sin saber que aquel hombre era el ángel del Señor, le dijo:

—Por favor, quédese usted con nosotros a comer un cabrito que vamos a prepararle.

---

[25] *Galaad, su ciudad natal:* según dos versiones antiguas. Heb. *en las ciudades de Galaad.* [26] *Amalec:* así heb. Pero la región de Amalec quedaba muy al sur, al noreste de la península del Sinaí. La versión griega tiene aquí *Selem,* probablemente el Saalim de 1 S 9.4.
w **13.5** Nm 6.1–5.

Pero el ángel le contestó:

—Aun si me quedara, no podría yo compartir contigo tu comida. Pero puedes ofrecer el cabrito en holocausto al Señor.

[17] Entonces Manoa le dijo al ángel:

—Díganos al menos cómo se llama usted, para que le estemos agradecidos cuando se cumpla lo que nos ha dicho.

[18] Pero el ángel respondió:

—¿Para qué quieres saber mi nombre? Es un secreto maravilloso.

[19] Manoa tomó el cabrito y la ofrenda de cereales, los puso sobre una roca y los ofreció en holocausto al Señor. Entonces el Señor hizo algo maravilloso ante los ojos de Manoa y de su mujer: [20] cuando el fuego subió del altar, Manoa y su mujer vieron al ángel del Señor subir al cielo en medio de las llamas. Entonces se inclinaron hasta tocar el suelo con la frente. [21] Manoa se dio cuenta de que aquel hombre era el ángel del Señor, pues no se les volvió a aparecer ni a él ni a su mujer; [22] y le dijo a su mujer:

—Con toda seguridad vamos a morir, porque hemos visto a Dios.

[23] Pero ella le contestó:

—Si el Señor nos hubiera querido matar, no habría aceptado nuestro holocausto ni nuestra ofrenda, ni nos habría dejado ver estas cosas. Tampoco nos habría anunciado todo esto.

[24] A su tiempo, la mujer tuvo un hijo, y le puso por nombre Sansón.ˣ El niño crecía, y el Señor lo bendecía. [25] Y un día en que Sansón estaba en el campamento de Dan, entre Zora y Estaol, el espíritu del Señor comenzó a manifestarse en él.

Matrimonio de Sansón

14 [1] Sansón bajó un día al pueblo de Timnat y se fijó en una mujer filistea, [2] y cuando regresó a casa se lo contó a sus padres. Les dijo:

—Por favor, quiero que hagan todos los arreglos para casarme con una mujer filistea que vi en Timnat.

[3] Pero sus padres le dijeron:

—¿Para qué tienes que ir a buscar esposa entre esos filisteos paganos?[27] ¿Acaso ya no hay mujeres entre nuestros parientes, o entre todos los israelitas?

Sansón respondió:

—Esa muchacha es la que me gusta, y es la que quiero que me consigan como esposa.

[4] Sus padres no sabían que era el Señor quien había dispuesto que todo esto fuera así, pues estaba buscando la ocasión de atacar a los filisteos, que en esa época dominaban a Israel. [5] De modo que Sansón y sus padres fueron a Timnat. Cuando Sansón llegó a los viñedos de la ciudad, un león joven lo atacó rugiendo. [6] Entonces el espíritu del Señor se apoderó de Sansón, que a mano limpia hizo pedazos al león, como si fuera un cabrito; pero no les contó a sus padres lo sucedido. [7] Luego fue y habló con la muchacha que le había gustado.

[8] Unos días después, cuando Sansón volvió para casarse con la muchacha, se apartó del camino para ir a ver el león muerto, y se encontró con que en el cuerpo del león había un enjambre de abejas y un panal de miel. [9] Raspó el panal con las manos para sacar la miel, y se la fue comiendo. Cuando se encontró con sus padres, les dio miel y comieron, pero no les dijo que la había sacado del león muerto.

[10] El padre de Sansón fue a ver a la muchacha; y Sansón dio allí una fiesta, según se acostumbraba entre los jóvenes. [11] Pero como los filisteos le tenían miedo,[28] llevaron treinta amigos para que estuvieran con él. [12] A estos treinta, Sansón les dijo:

—Les voy a decir una adivinanza. Si en los siete días que va a durar la fiesta me dan la respuesta correcta, yo le daré a cada uno de ustedes una capa de lino fino y una muda de ropa de fiesta. [13] Pero si no dan con la respuesta, cada uno de ustedes me tendrá que dar a mí una capa de lino fino y una muda de ropa de fiesta.

Y ellos le contestaron:

—Dinos, pues, tu adivinanza. Somos todo oídos.

[14] Sansón recitó su adivinanza:

"Del que comía salió comida;
del que era fuerte salió dulzura."

Tres días después, ellos no habían logrado resolver la adivinanza; [15] así que al cuarto día[29] le dijeron a la mujer de Sansón:

—Procura que tu marido nos dé la solución de su adivinanza, pues de lo contrario te quemaremos a ti y a la familia de tu padre. ¡Parece que ustedes nos invitaron sólo para quitarnos lo que es nuestro!

[16] Entonces ella fue a ver a Sansón, y llorando le dijo:

—¡Tú no me quieres! ¡Tú me odias! Les has propuesto una adivinanza a mis paisanos, pero a mí no me has dado a conocer la respuesta.

Y Sansón le contestó:

—Si ni a mi padre ni a mi madre se lo

---

[27] Paganos: lit. incircuncisos. [28] Como . . . le tenían miedo: según la versión griega. Heb. cuando lo vieron. [29] Al cuarto día: según la versión griega. Heb. al séptimo día.
ˣ 13.24 He 11.32.

he dicho, mucho menos te lo voy a decir a ti.

¹⁷ Pero ella siguió llorando junto a él los siete días que duró la fiesta, y tanto le insistió que, por fin, al séptimo día le dio la respuesta. Entonces ella fue y se la dio a conocer a sus paisanos. ¹⁸ Al séptimo día, antes de que el sol se pusiera, los filisteos fueron a decirle a Sansón:

"Nada hay más dulce que la miel,
ni nada más fuerte que el león."

Sansón les respondió:

"Sólo porque araron con mi ternera,
pudieron dar con la respuesta."

¹⁹ En seguida el espíritu del Señor se apoderó de Sansón; entonces Sansón fue a Ascalón y mató a treinta hombres de aquel lugar, y con la ropa que les quitó pagó la apuesta a los que habían resuelto la adivinanza. Después volvió furioso a casa de su padre, ²⁰ y su mujer fue dada a uno de los amigos de Sansón.

15 ¹ Pasado algún tiempo, durante la cosecha del trigo, Sansón fue a visitar a su mujer y le llevó un cabrito. Al llegar, dijo:

—Voy a entrar a ver a mi mujer, en su cuarto.

Pero el suegro no lo dejó entrar, ² sino que le dijo:

—Yo pensé que ya no la querías, así que se la di a uno de tus amigos. Sin embargo, su hermana menor es más linda que ella; tómala en lugar de la mayor.

³ Pero Sansón le contestó:

—¡Ahora sí que no respondo del mal que yo les haga a los filisteos!

⁴ Entonces fue y atrapó trescientas zorras, las ató por el rabo de dos en dos, y a cada par le amarró una antorcha entre los rabos; ⁵ luego prendió fuego a las antorchas y soltó las zorras en los campos sembrados de los filisteos. De ese modo quemó el trigo que ya estaba amontonado y el que todavía estaba en pie, y hasta los viñedos y los olivares. ⁶ Los filisteos se pusieron a averiguar quién lo había hecho, y cuando supieron que había sido Sansón en venganza de que su suegro el timnateo le había quitado a su mujer y se la había dado a su amigo, fueron y quemaron a la mujer y a su padre. ⁷ Entonces Sansón dijo:

—Ya que ustedes se portan de esa manera, ¡juro que no descansaré hasta que me haya vengado de ustedes!

⁸ Y los atacó con tal furia que no les dejó hueso sano. Después se fue a vivir a la cueva que está en la peña de Etam.

Sansón y la quijada de asno

⁹ Los filisteos vinieron y acamparon en Judá, extendiéndose hasta Lehi,³⁰ ¹⁰ y los de Judá les preguntaron:

—¿Por qué han venido a pelear contra nosotros?

Y ellos contestaron:

—Hemos venido a capturar a Sansón, para que pague lo que nos ha hecho.

¹¹ Al oír esto, tres mil hombres de la tribu de Judá fueron a la cueva de la peña de Etam y le dijeron a Sansón:

—¿No sabes que los filisteos son más fuertes que nosotros? ¿Por qué nos has puesto en esta situación?

Sansón les contestó:

—Yo no he hecho más que pagarles con la misma moneda.

¹² Entonces ellos le dijeron:

—Pues nosotros hemos venido a capturarte para entregarte a los filisteos.

Sansón respondió:

—Júrenme que no me van a matar ustedes mismos.

¹³ Y ellos le aseguraron:

—No, no te vamos a matar. Sólo queremos capturarte y entregarte a los filisteos.

Entonces lo ataron con dos sogas nuevas, y lo sacaron de su escondite.

¹⁴ Cuando llegaron a Lehi, los filisteos salieron a su encuentro, gritando de alegría. Pero el espíritu del Señor se apoderó de Sansón, el cual rompió las sogas que le sujetaban los brazos y las manos, como si fueran cordeles de lino quemados; ¹⁵ luego tomó una quijada de asno que había por allí y que aún no estaba reseca, y con ella mató a mil filisteos. ¹⁶ Después dijo:

"Con la quijada de un asno
hice uno y dos montones;
con la quijada de un asno
a mil hombres maté."

¹⁷ Después arrojó la quijada, y por eso aquel lugar se llama Ramat-lehi.³¹ ¹⁸ Y como Sansón tenía muchísima sed, llamó al Señor y le dijo: "¿Cómo es posible que me hayas dado esta victoria tan grande, para ahora dejarme morir de sed y en manos de estos paganos?"

¹⁹ Entonces Dios abrió el hoyo que hay en Lehi, y Sansón bebió del agua que brotaba del hoyo, y se sintió reanimado. Por eso, al manantial que hasta la fecha está en Lehi se le llamó En-hacore.³²

²⁰ Sansón fue caudillo de Israel durante

---

³⁰ En hebreo, *Lehi* significa *quijada.* ³¹ En hebreo, *Ramat-lehi* significa *colina de la quijada.* ³² En hebreo, *En-hacore* significa *manantial del que clamó.*

veinte años, en la época en que los filisteos dominaban la región.

Sansón en Gaza

16 ¹ Un día Sansón fue a la ciudad de Gaza. Allí vio a una prostituta, y entró en su casa para pasar la noche con ella. ² Cuando los de Gaza supieron que Sansón estaba en la ciudad, la rodearon; y se quedaron vigilando las puertas de la ciudad todo aquel día.³³ Por la noche se fueron a descansar, pensando que lo matarían cuando amaneciera. ³ Pero Sansón estuvo acostado sólo hasta la medianoche. A esa hora se levantó y arrancó las puertas de la ciudad junto con sus pilares y su tranca, y echándose todo ello al hombro se lo llevó a lo alto del monte que está frente a Hebrón.

Sansón y Dalila

⁴ Después Sansón se enamoró de una mujer llamada Dalila, que vivía en el valle de Sorec. ⁵ Los jefes de los filisteos fueron a ver a Dalila, y le dijeron:

—Engaña a Sansón y averigua de dónde le vienen sus fuerzas extraordinarias, y cómo podríamos vencerlo; así podremos atarlo y tenerlo sujeto. A cambio de tus servicios, cada uno de nosotros te dará mil cien monedas de plata.

⁶ Entonces ella le dijo a Sansón:

—Por favor, dime de dónde te vienen tus fuerzas tan extraordinarias. ¿Hay algún modo de atarte sin que te puedas soltar?

⁷ Y Sansón le respondió:

—Si me atan con siete cuerdas de arco que todavía no estén secas, perderé mi fuerza y seré un hombre común y corriente.

⁸ Los jefes de los filisteos le llevaron a Dalila siete cuerdas de arco nuevas, y con ellas Dalila ató a Sansón. ⁹ Y como ya antes había escondido a unos hombres en su cuarto, gritó:

—¡Sansón, te atacan los filisteos!

Entonces Sansón rompió las cuerdas, como si fueran un cordón quemado. Y los filisteos no pudieron averiguar de dónde le venía su fuerza. ¹⁰ Dalila le dijo:

—¡Me engañaste! ¡Me has estado mintiendo! Pero ahora sí, por favor, dime qué hay que hacer para atarte.

¹¹ Y Sansón le respondió:

—Si me atan con sogas nuevas que nunca se hayan usado, perderé mi fuerza y seré un hombre común y corriente.

¹² Entonces Dalila tomó unas sogas nuevas, lo ató con ellas, y gritó:

—¡Sansón, te atacan los filisteos!

También esta vez ella había escondido unos hombres en su cuarto; pero Sansón rompió las sogas, como si fueran hilos delgados. ¹³ Dalila le dijo a Sansón:

—¡Todavía me sigues engañando! ¡Todavía me estás mintiendo! ¡Dime qué hay que hacer para atarte!

Y Sansón le contestó:

—Lo que tienes que hacer es entretejer siete trenzas de mi cabello con la tela del telar, y clavar bien la estaca en el suelo. Así yo perderé mi fuerza y seré un hombre común y corriente.

Entonces Dalila hizo dormir a Sansón, y tomando las siete trenzas de su cabello, las entretejió con la tela del telar,³⁴ ¹⁴ después de lo cual clavó bien la estaca en el suelo y gritó:

—¡Sansón, te atacan los filisteos!

Pero Sansón se levantó y arrancó del suelo la estaca y el telar. ¹⁵ Entonces ella le dijo:

—¡Mentiroso! ¿Cómo te atreves a decir que me quieres? Ya van tres veces que te burlas de mí, y todavía no me has dicho de dónde te viene toda tu fuerza.

¹⁶ Como era tanta la insistencia de Dalila, que a todas horas le hacía la misma pregunta, Sansón estaba tan fastidiado que tenía ganas de morirse; ¹⁷ así que finalmente le contó a Dalila su secreto:

—Nadie me ha cortado jamás el cabello, porque desde antes de nacer estoy consagrado a Dios como nazareo. Si me llegaran a cortar el cabello, perdería mi fuerza y sería tan débil como un hombre común y corriente.

¹⁸ Cuando Dalila se dio cuenta de que esta vez sí le había descubierto su secreto, mandó a decir a los jefes filisteos:

—¡Ahora sí, vengan, que Sansón me ha descubierto su secreto!

Entonces ellos fueron a verla con el dinero en la mano.

¹⁹ Dalila hizo que Sansón se durmiera con la cabeza recostada en sus piernas, y llamó a un hombre para que le cortara las siete trenzas de su cabellera. Luego ella comenzó a maltratarlo, ²⁰ y le gritó:

—¡Sansón, te atacan los filisteos!

Sansón se despertó, creyendo que se libraría como las otras veces, pero no sabía que el Señor lo había abandonado. ²¹ Entonces los filisteos lo agarraron y le sacaron los ojos, y se lo llevaron a Gaza, en donde lo sujetaron con cadenas de bronce y lo pusieron a trabajar en el molino de la cárcel. ²² Sin embargo, su cabello empezó a crecerle de nuevo.

³³ *Todo aquel día:* texto probable. Heb. *toda la noche.* ³⁴ *Así yo perderé . . . con la tela del telar:* según la versión griega. Esta última parte del v. 13 no aparece en el texto hebreo.

Muerte de Sansón

23 Los jefes de los filisteos se reunieron para celebrar su triunfo y ofrecer sacrificios a su dios Dagón. Y cantaban:

"Nuestro dios ha puesto en nuestras
manos
a Sansón, nuestro enemigo."

24 Y cuando la gente lo vio, también cantó y alabó a su dios, diciendo:

"Nuestro dios ha puesto en nuestras
manos
a Sansón, nuestro enemigo,
que destruía nuestros campos
y mataba a muchos de los
nuestros."

25 Tan contentos estaban, que pidieron que les llevaran a Sansón para divertirse con él. Lo sacaron, pues, de la cárcel, y se divirtieron a costa de él, y lo pusieron de pie entre dos columnas. 26 Entonces Sansón le dijo al muchacho que lo llevaba de la mano:

—Ponme donde yo pueda tocar las columnas que sostienen el templo. Quiero apoyarme en ellas.

27 Todos los jefes de los filisteos se hallaban en el templo, que estaba lleno de hombres y mujeres. Había, además, como tres mil personas en la parte de arriba, mirando cómo los otros se divertían con Sansón. 28 Entonces Sansón clamó al Señor, y le dijo: "Te ruego, Señor, que te acuerdes de mí tan sólo una vez más, y que me des fuerzas para cobrarles a los filisteos mis dos ojos de una vez por todas." 29 Luego buscó con las manos las dos columnas centrales, sobre las que descansaba todo el templo, y apoyando sus dos manos contra ellas, 30 gritó: "¡Mueran conmigo los filisteos!"

Entonces empujó con toda su fuerza, y el templo se derrumbó sobre los jefes de los filisteos y sobre todos los que estaban allí. Fueron más los que mató Sansón al morir, que los que había matado en toda su vida. 31 Después vinieron sus hermanos y todos los parientes de Sansón, y recogieron su cuerpo y lo enterraron entre Zora y Estaol, en la tumba de Manoa, su padre. Durante veinte años Sansón había sido caudillo de los israelitas.

El templo privado de Micaía

17 1 En los montes de Efraín vivía un hombre que se llamaba Micaía, 2-3 el cual le confesó a su madre:

—En cuanto a las mil cien monedas de plata que te robaron, y por las que maldijiste al ladrón, yo las tengo. Yo fui quien te las robó; pero ahora te las devuelvo, pues te oí decir que las habías consagrado al Señor para mandar hacer un ídolo tallado y recubierto de plata.

Y le devolvió la plata. Entonces su madre exclamó:

—¡Que el Señor te bendiga, hijo mío!35 4 Después que Micaía devolvió el dinero a su madre, ella le entregó a un platero doscientas monedas de plata para que le hiciera un ídolo tallado y recubierto de plata, que luego puso en casa de Micaía. 5 Micaía tenía un lugar de culto en su casa. Y se hizo un efod y dioses familiares, y nombró sacerdote a uno de sus hijos. 6 Como en aquella época aún no había rey en Israel, cada cual hacía lo que le daba la gana.y 7 Había en el pueblo de Belén un joven forastero de la tribu de Judá, que era levita. 8 Este joven salió de Belén en busca de otro lugar donde vivir, y andando por los montes de Efraín llegó a casa de Micaía. 9 —¿De dónde vienes? —le preguntó Micaía.

—Vengo de Belén —contestó el joven—. Soy levita y ando buscando dónde vivir.

10 —Pues quédate aquí conmigo —le propuso Micaía—, para que seas mi sacerdote y como mi propio padre. Yo te pagaré diez monedas de plata al año, además de ropa y comida.

11 El levita aceptó quedarse a vivir con Micaía, y llegó a ser como uno de sus hijos. 12 Micaía lo hizo su sacerdote, y él se quedó a vivir allí. 13 Entonces Micaía pensó que tenía aseguradas las bendiciones de Dios, pues tenía un levita como sacerdote.

Micaía y los de la tribu de Dan

18 1 En aquella época aún no había rey en Israel. La tribu de Danz tampoco tenía un territorio propio todavía, así que andaba buscando dónde establecerse. 2 Por eso los de Dan mandaron desde Zora y Estaol a cinco de sus hombres más valientes, para que sirvieran de espías y exploraran la región. Estos cinco espías fueron a los montes de Efraín, y llegaron a casa de Micaía, donde se quedaron a pasar la noche. 3 Ya cerca de la casa de Micaía, reconocieron el modo de hablar del joven levita, y fueron a preguntarle:

—¿Quién te trajo por acá? ¿Por qué estás en este lugar? ¿Qué buscas aquí?

35 El texto de los vs. 2-3 ha sido restructurado. Heb. oscuro.
y 17.6 Dt 12.8; Jue 21.25.   z 18.1-29 Jos 19.47.

⁴ El levita les contó el trato que Micaía había hecho con él, y cómo lo había contratado para que fuera su sacerdote. ⁵ Entonces ellos le dijeron:

—Consulta a Dios para saber si nos va a ir bien en este viaje.

⁶ Y el sacerdote levita les contestó:

—Vayan tranquilos, que el Señor los protegerá por dondequiera que vayan.

⁷ De allí, los cinco espías se fueron a Lais. La gente de esta ciudad vivía confiada, como acostumbraban los sidonios; vivían tranquilos y en paz, sin que nadie los molestara para nada y sin que nada les faltara. Estaban lejos de los sidonios, y no tenían relaciones con nadie. ⁸ Entonces los cinco espías volvieron a Zora y Estaol, donde estaban sus compañeros, que les preguntaron:

—¿Cómo les fue?

Y ellos respondieron:

⁹ —Hemos recorrido esa región y encontramos que la tierra es magnífica. ¡En marcha! ¡Vamos a atacarlos! ¡No se queden ahí sentados, sin hacer nada! ¡Hay que ir a conquistar esa tierra! ¹⁰ Al llegar allá, se van a encontrar con gente confiada y que tiene mucha tierra, a la que no le falta nada. Dios les dará posesión de ella.

¹¹ Seiscientos hombres de la tribu de Dan salieron de Zora y de Estaol bien armados, ¹² y llegaron a Judá y acamparon allí, al oeste de Quiriat-jearim, en el lugar que ahora se llama Campamento de Dan. ¹³ De allí se fueron a los montes de Efraín, y llegaron a la casa de Micaía. ¹⁴ Entonces los cinco espías que habían explorado la región de Lais les dijeron a sus compañeros:

—¿Saben una cosa? En esta casa hay un efod y dioses familiares, y un ídolo tallado y recubierto de plata. ¿Qué piensan hacer?

¹⁵ Entonces los espías se apartaron de los demás y fueron a casa del joven levita, es decir, a la casa de Micaía, y lo saludaron. ¹⁶ Mientras tanto, los seiscientos soldados danitas bien armados esperaban a la puerta. ¹⁷ Los cinco espías entraron antes en la casa y tomaron el ídolo tallado y recubierto de plata, y el efod y los dioses familiares, mientras el sacerdote se quedaba a la puerta con los seiscientos soldados. ¹⁸ Al ver el sacerdote que los cinco entraban en casa de Micaía y tomaban el ídolo, el efod y los dioses familiares, les dijo:

—¿Qué están haciendo?

¹⁹ Y ellos le contestaron:

—¡Cállate, y ven con nosotros! ¡Queremos que nos sirvas como sacerdote y que seas como un padre para nosotros! ¿No te parece que es mejor ser sacerdote de toda una tribu de Israel, que de la familia de un solo hombre?

²⁰ Esto le gustó al sacerdote, y tomando el ídolo, el efod y los dioses familiares, se fue con los danitas, ²¹ los cuales se pusieron nuevamente en marcha con los niños, el ganado y sus posesiones al frente. ²² Ya habían caminado bastante cuando Micaía y sus vecinos se juntaron y salieron a perseguirlos. ²³ Al oír los gritos de los que los perseguían, los danitas se volvieron y le preguntaron a Micaía:

—¿Qué te pasa? ¿Por qué nos gritas tanto?

²⁴ Y Micaía les respondió:

—Ustedes se llevan mis dioses, que yo había hecho, y se llevan también a mi sacerdote, y me dejan sin nada, ¿y todavía se atreven a preguntarme qué me pasa?

²⁵ Pero los danitas le contestaron:

—No nos alces la voz, no sea que algunos de los nuestros pierdan la paciencia y te ataquen, y acaben perdiendo la vida tanto tú como tus familiares.

²⁶ Al ver Micaía que ellos eran muchos, regresó a su casa; pero los danitas siguieron su camino ²⁷ con las cosas que Micaía había hecho, y con su sacerdote, y llegaron hasta Lais. Allí la gente estaba tranquila y confiada, de modo que los danitas mataron a todos a filo de espada y quemaron la ciudad. ²⁸ Como la ciudad estaba lejos de Sidón, y no tenía relaciones con nadie, no hubo quien la defendiera. Estaba en el valle que pertenece a Bet-rehob. Después los danitas reconstruyeron la ciudad y se quedaron a vivir en ella. ²⁹ Aunque antes se llamaba Lais, ellos la llamaron Dan, en honor de su antepasado del mismo nombre, que era hijo de Israel. ³⁰ Allí los danitas colocaron el ídolo tallado, para adorarlo, y su sacerdote fue Jonatán, hijo de Gersón y nieto de Moisés. Después los descendientes de Jonatán fueron sacerdotes de los danitas, hasta el exilio. ³¹ Allí estuvo entre ellos el ídolo que Micaía había hecho, todo el tiempo que el santuario del Señor estuvo en Silo.

El levita y su concubina

19 ¹ En los días en que aún no había rey en Israel, un levita que vivía en la parte más lejana de los montes de Efraín tomó como concubina a una mujer de Belén de Judá. ² Pero ella se enojó con él³⁶ y se fue a vivir a Belén, con su padre. Después de estar ella cuatro meses allí, ³ el levita fue a buscarla para convencerla de que volviera con él. Llevó un criado y dos

---

³⁶ Se enojó con él: según la versión griega. Heb. ella se prostituyó.

asnos, y ella lo recibió en casa de su padre.
⁴ También el padre lo recibió con alegría, y
lo invitó a quedarse con ellos. El levita y
su criado se quedaron tres días en casa del
padre de ella, comiendo, bebiendo y durmiendo, ⁵ y al cuarto día por la mañana se
levantaron temprano para irse. Pero
cuando ya se iban, el padre de la muchacha le dijo a su yerno:
—Come aunque sea un pedazo de pan
antes de irte, para que tengas fuerza.
⁶ Y los dos se sentaron juntos a comer
y a beber, y el padre de ella le pidió que se
quedara y pasara contento una noche
más. ⁷ Y aunque el levita se levantó para
irse, su suegro le insistió tanto que se
quedó.
⁸ Al quinto día, el levita se levantó temprano para irse, pero otra vez el padre de
la muchacha le rogó que comiera algo
antes de salir, para que recobrara las fuerzas; así que comieron juntos hasta que se
hizo tarde. ⁹ Cuando el levita se levantó
para irse con su concubina y su criado, su
suegro le hizo ver que ya era muy tarde y
que el día se estaba yendo, y lo invitó a
quedarse otra noche y pasarla contento, y
salir al otro día temprano. ¹⁰ Pero el levita
no quiso quedarse otra noche más, sino
que se fue con su concubina y su criado³⁷
y sus dos asnos ensillados. Cuando tuvieron ante ellos a Jebús, es decir, Jerusalén,
¹¹ el criado le dijo al levita:
—¿Qué le parece a usted si pasamos la
noche en esa ciudad de jebuseos?
¹² Y el levita le respondió:
—No vamos a ir a ninguna ciudad que
no sea israelita. Sigamos hasta Gabaa, ¹³ y
procuremos pasar la noche ya sea en Gabaa o en Ramá.
¹⁴ Así pues, siguieron adelante, y cuando
el sol se ponía llegaron a Gabaa, ciudad de
la tribu de Benjamín. ¹⁵ Entonces se apartaron del camino y entraron en Gabaa
para pasar la noche, y el levita fue y se
sentó en la plaza de la ciudad porque nadie les ofrecía alojamiento.
¹⁶ Por fin, ya de noche, pasó un anciano
que regresaba de trabajar en el campo.
Este anciano era de los montes de Efraín,
y vivía allí como forastero, pues los que
vivían en Gabaa eran de la tribu de Benjamín. ¹⁷ Cuando el anciano vio en la plaza
al viajero, le preguntó:
—¿De dónde vienes, y a dónde vas?
¹⁸ Y el levita respondió:
—Estamos de paso. Venimos de Belén
de Judá, y vamos a la parte más lejana de
los montes de Efraín, donde yo vivo. Estuve en Belén, y ahora voy de regreso a
casa,³⁸ pero no he encontrado aquí a nadie
que me dé alojamiento. ¹⁹ Tenemos paja y

forraje para mis asnos, y pan y vino para
nosotros, es decir, para mi mujer, para mi
siervo y para mí. No nos hace falta nada.
²⁰ Pero el anciano le respondió:
—Sé bienvenido. Yo me haré cargo de
todo lo que necesites. No voy a permitir
que pases la noche en la plaza.
²¹ El anciano los llevó a su casa, y mientras los viajeros se lavaban los pies, y comían y bebían, él dio de comer a los asnos.
²² En el momento en que más contentos
estaban, unos hombres pervertidos de la
ciudad rodearon la casa y empezaron a
golpear la puerta, y a decirle al anciano,
dueño de la casa:
—¡Saca al hombre que tienes de visita!
¡Queremos acostarnos con él!
²³ Pero el dueño de la casa les rogó:
—¡No, amigos míos, por favor! ¡No cometan tal perversidad, pues este hombre
es mi huésped! ²⁴ Miren, ahí está mi hija,
que todavía es virgen. Y también está la
concubina de este hombre. Voy a sacarlas
para que las humillen y hagan con ellas lo
que quieran. Pero con este hombre no cometan tal perversidad.
²⁵ Pero ellos no le hicieron caso al anciano, así que el levita tomó a su concubina y la echó a la calle, y aquellos hombres la violaron y abusaron de ella toda la
noche, hasta que amaneció. Entonces la
dejaron. ²⁶ Ya estaba amaneciendo cuando
la mujer regresó a la casa del anciano,
donde estaba su marido, y cayó muerta
delante de la puerta. ²⁷ Cuando su marido
se levantó y abrió la puerta para seguir su
camino, se encontró a su concubina tendida ante el umbral de la puerta, con las
manos sobre el umbral. ²⁸ Entonces le dijo:
—Levántate y vámonos.
Pero ella no le respondió. Entonces él
colocó el cadáver sobre un asno, y se puso
en camino hacia su casa. ²⁹ Al llegar, tomó
un cuchillo y descuartizó el cadáver de su
concubina en doce pedazos, y los mandó
por todo el territorio de Israel. ³⁰ Todos los
que lo veían, decían:
—Desde que los israelitas salieron de
Egipto, nunca se había visto nada semejante. Hay que pensar en esto y decidir lo
que haremos al respecto.

Reacción de los israelitas ante el crimen de Gabaa

20 ¹ Entonces todos los israelitas,
desde Dan hasta Beerseba y Galaad,
se reunieron como un solo hombre en
Mizpa, delante del Señor. ² Todos los jefes
de las tribus de Israel estaban presentes, y
del pueblo de Dios se reunieron cuatro-

---

³⁷ Y su criado: según la versión griega. Heb. no tiene esta frase. ³⁸ A casa: según la versión griega. Heb. el templo del
Señor.

cientos mil soldados de a pie. ³ Los de la tribu de Benjamín se enteraron de que las otras tribus israelitas se habían reunido en Mizpa. Y los israelitas le preguntaron al levita cómo había ocurrido aquel crimen. ⁴ El levita, marido de la víctima, les dijo:

—Yo llegué con mi concubina a la ciudad de Gabaa, de la tribu de Benjamín, para pasar la noche allí. ⁵ Pero esa misma noche los habitantes de la ciudad rodearon la casa en que estábamos alojados, con la idea de matarme, y de tal manera abusaron de mi concubina, que ella murió. ⁶ Entonces yo tomé el cadáver y lo descuarticé, y mandé los pedazos por todo el país, para que en todo Israel se enteraran de este crimen tan infame. ⁷ A ustedes les toca ahora, como israelitas, opinar y decidir lo que se debe hacer.

⁸ Como un solo hombre, todos se pusieron de pie y dijeron:

—Ninguno de nosotros volverá a su tienda o a su casa. ⁹ Lo que tenemos que hacer es echar a suertes quiénes deberán atacar Gabaa. ¹⁰ Uno de cada diez hombres de todas las tribus, se encargará de conseguir comida para el ejército; los demás irán a darle su merecido a Gabaa por esta infamia que se ha cometido en Israel. ¹¹ Todos los israelitas se unieron, como un solo hombre, para atacar la ciudad. ¹² Mandaron mensajeros por todo el territorio de la tribu de Benjamín, para decirles: "¿Qué crimen es éste que han cometido algunos de ustedes? ¹³ Entréguennos a esos pervertidos que están en Gabaa, para matarlos y purificar a Israel de la maldad."

Pero los de Benjamín no hicieron caso a sus hermanos israelitas, ¹⁴ sino que los benjaminitas de todas las ciudades se juntaron en Gabaa para ir a pelear contra los otros israelitas. ¹⁵ Los soldados de las ciudades de Benjamín que se alistaron eran veintiséis mil, sin contar setecientos hombres escogidos que eran de Gabaa. ¹⁶ Entre todos estos hombres había setecientos zurdos que manejaban tan bien la honda que podían darle con la piedra a un cabello, sin fallar nunca. ¹⁷ Por su parte, los otros israelitas reunieron cuatrocientos mil guerreros experimentados.

La guerra contra la tribu de Benjamín

¹⁸ Los israelitas fueron a Betel, y allí consultaron a Dios para saber qué tribu debía atacar primero a los de Benjamín. El Señor les respondió que Judá debía ser la primera. ¹⁹ Así pues, los israelitas se levantaron temprano y acamparon frente a Gabaa. ²⁰ Avanzaron contra los de Benjamín, y se colocaron frente a Gabaa en orden de batalla. ²¹ Pero los de Benjamín salieron de la ciudad, y aquel día mataron a veintidós mil israelitas. ²²⁻²⁴ Por eso los israelitas fueron a Betel a lamentarse en presencia del Señor hasta el anochecer, y allí le consultaron si debían volver a atacar a sus hermanos de la tribu de Benjamín. Como el Señor les ordenó atacar, cobraron ánimo, y al día siguiente volvieron a presentar batalla contra los benjaminitas en el mismo lugar donde la habían presentado el día anterior. ²⁵ Pero por segunda vez los benjaminitas salieron de Gabaa a atacarlos, y mataron a otros dieciocho mil soldados israelitas. ²⁶ Entonces todos los soldados de Israel y todo el pueblo fueron nuevamente a Betel, a lamentarse delante del Señor. Todo el día se lo pasaron sin comer, y le ofrecieron al Señor holocaustos y sacrificios de reconciliación.

²⁷⁻²⁸ En aquel tiempo el cofre del pacto de Dios estaba en Betel, y su sacerdote era Finees, hijo de Eleazar y nieto de Aarón. Y los israelitas consultaron al Señor: "¿Debemos atacar una vez más a nuestros hermanos de la tribu de Benjamín, o es mejor que nos demos por vencidos?" El Señor les dijo: "Ataquen, que mañana yo les daré la victoria."

²⁹ Entonces algunos soldados israelitas se escondieron alrededor de Gabaa, ³⁰ mientras los demás marchaban aquel tercer día contra los de Benjamín y se colocaban en orden de batalla frente a Gabaa, como las otras dos veces. ³¹ Una vez más, los de la tribu de Benjamín salieron de la ciudad, alejándose de ella para atacar a los israelitas. Lograron matar como a treinta israelitas por los caminos de Betel y Gabaa, y por los campos, ³² creyendo que los israelitas huían de ellos, derrotados como las dos veces anteriores. Los israelitas, sin embargo, se estaban alejando de la ciudad para que el enemigo los persiguiera hasta los caminos. ³³ De pronto los israelitas salieron de donde estaban y se colocaron en orden de batalla en Baal-tamar; por su parte, los que estaban escondidos en la pradera, alrededor de Gabaa, salieron de sus escondites ³⁴ y atacaron la ciudad. Eran diez mil de los mejores guerreros israelitas los que atacaron a Gabaa. La lucha fue dura, y los de Benjamín no sabían que estaban a punto de perder. ³⁵ El Señor les dio a los israelitas la victoria sobre los benjaminitas, y aquel día los israelitas mataron veinticinco mil cien soldados de la tribu de Benjamín. ³⁶ Entonces los benjaminitas se dieron cuenta de que habían perdido.

Los israelitas se habían ido retirando ante el ataque de los benjaminitas, porque confiaban en los hombres que estaban escondidos para atacar Gabaa. ³⁷ Estos hombres atacaron por sorpresa a Gabaa y mataron a filo de espada a todos los de la ciudad. ³⁸ Los que estaban escondidos para atacar la ciudad se habían puesto de acuerdo con los otros israelitas para avisarles con una gran columna de humo cuando hubieran tomado la ciudad. ³⁹ En el momento en que los israelitas que parecían huir vieran la columna de humo, se volverían y harían frente a los de Benjamín.

Los benjaminitas lograron matar a unos treinta israelitas, con lo cual se confiaron, pensando que los habían derrotado, como en la primera batalla; ⁴⁰ pero en esto empezó a salir humo de la ciudad, y cuando los benjaminitas miraron atrás, las llamas y el humo de la ciudad entera llegaban al cielo. ⁴¹ Entonces los israelitas les hicieron frente, y los benjaminitas se acobardaron al darse cuenta del desastre que se les venía encima. ⁴² Salieron huyendo de los israelitas por el camino del desierto, pero no podían escapar, pues los que salían de la ciudad les cortaban el paso y los mataban. ⁴³ Los benjaminitas quedaron rodeados por los israelitas, los cuales los persiguieron y los fueron aplastando desde Menúha hasta el oriente de Gabaa.

⁴⁴ Así murieron dieciocho mil soldados de la tribu de Benjamín. ⁴⁵ Los demás se volvieron y salieron huyendo hacia el desierto, en dirección a la peña de Rimón, pero cinco mil de ellos fueron muertos en los caminos. Los israelitas siguieron persiguiéndolos, y los destrozaron, matando a dos mil hombres. ⁴⁶ En total, ese día murieron veinticinco mil de los mejores soldados de la tribu de Benjamín. ⁴⁷ Pero seiscientos benjaminitas se volvieron y huyeron hacia el desierto, y se quedaron cuatro meses en la peña de Rimón. ⁴⁸ Los israelitas atacaron luego a los demás benjaminitas, y pasaron a cuchillo a los hombres de cada ciudad, matando animales y todo lo que encontraban a su paso, y quemando las ciudades.

Resurgimiento de la tribu de Benjamín

21 ¹ Los israelitas habían jurado en Mizpa que no dejarían que sus hijas se casaran con ningún benjaminita. ² Pero luego se reunieron en Betel y estuvieron en presencia de Dios hasta el anochecer, llorando y quejándose: ³ "¡Oh Señor, Dios de Israel! ¿Por qué nos ha sucedido esto? ¿Como es posible que ahora falte una tribu en Israel?"

⁴ Al día siguiente los israelitas se levantaron temprano, hicieron un altar y le ofrecieron al Señor holocaustos y sacrificios de reconciliación. ⁵ Y se preguntaban: "¿Quién de entre todos nosotros no asistió a la reunión en Mizpa?", pues habían jurado matar a quienes no asistieran a la reunión.

⁶ Los israelitas estaban muy tristes por lo que les había sucedido a sus hermanos los benjaminitas, y decían: "En este día ha sido arrancada de Israel una de sus tribus. ⁷ ¿Qué haremos para conseguirles mujeres a los benjaminitas que quedan vivos? Nosotros hemos jurado por el Señor no permitir que nuestras hijas se casen con ellos. ⁸ ¿Hay aquí algún israelita que no se haya presentado ante el Señor en Mizpa?"

Recordaron entonces que de Jabes de Galaad nadie había asistido a la reunión, ⁹ pues al pasar lista no había respondido nadie de este lugar. ¹⁰⁻¹¹ Entonces el pueblo entero envió a doce mil de los mejores soldados con órdenes de matar a filo de espada a todos los de Jabes, incluyendo a los niños y a las mujeres que no fueran vírgenes. ¹² Entre los que vivían en Jabes se encontraron cuatrocientas jóvenes que no habían tenido relaciones sexuales con ningún hombre, y las trajeron al campamento que estaba en Silo, en Canaán. ¹³ Entonces el pueblo entero mandó buscar a los benjaminitas que estaban en la peña de Rimón, y los invitaron a hacer la paz. ¹⁴ Los de Benjamín regresaron, y los israelitas les dieron las mujeres que habían traído de Jabes. Pero no hubo mujeres suficientes para todos ellos.

¹⁵ Los israelitas sentían lástima por la tribu de Benjamín, porque el Señor había dejado un vacío en las tribus de Israel. ¹⁶ Y los jefes del pueblo se preguntaban: "¿Cómo vamos a conseguir mujeres para los demás, si las mujeres benjaminitas fueron exterminadas? ¹⁷ Benjamín debe seguir manteniendo el lugar que le corresponde entre nuestras tribus, por medio de los que le han quedado con vida, para que no falte ninguna de las tribus de Israel. ¹⁸ Pero nosotros no podemos darles nuestras hijas para que se casen con ellos, porque todos los israelitas hemos jurado no darles nuestras hijas a los benjaminitas, bajo pena de maldición. ¹⁹ Sin embargo, cada año hay una gran fiesta del Señor en Silo,ᵃ que está al norte de Betel, al este del camino que va de Betel a Siquem, y al sur de Lebona."

²⁰ Entonces los jefes de Israel les mandaron este mensaje a los benjaminitas: "Vayan, escóndanse en los viñedos cercanos a Silo, ²¹ y manténganse atentos. Cuando las muchachas de Silo salgan bailando en grupos, salgan también ustedes de sus escondites y róbese cada uno una mujer, y váyanse a sus tierras. ²² Y si los padres o los hermanos de las muchachas vienen a hacernos alguna reclamación, les

ᵃ 21.19 1 S 1.3,21.

diremos: 'Nosotros les rogamos, como un favor personal, que los perdonen, porque nosotros no pudimos conseguir mujeres para todos ellos en la guerra contra Jabes. Además, como ustedes no se las dieron, realmente no han faltado al juramento.' "

²³ Los benjaminitas aceptaron hacer lo que se les proponía, así que cada uno se robó una muchacha de las que estaban bailando, y se la llevó. Luego regresaron a sus tierras, y volvieron a construir sus ciudades y a vivir en ellas.

²⁴ Los otros israelitas también se fueron, y cada uno regresó a su propia tierra, a su tribu y a su clan.

²⁵ En aquella época aún no había rey en Israel, y cada cual hacía lo que le daba la gana.^b

^b 21.25 Jue 17.6.

RUT

Este breve relato es como un remanso o un oasis en medio de la violencia y la desolación de la época de los caudillos. La figura central es la de una joven moabita, viuda de un israelita, que demuestra una extraordinaria lealtad a su suegra y que adopta como suyos al pueblo y al Dios de Israel. Su actitud atrae la atención de un rico pariente cercano que, conforme a las leyes y costumbres de aquella época y aquel medio social, se casa con ella. Rut fue, por ese matrimonio, bisabuela del rey David y lejana antepasada de Jesús. La aparición de una extranjera en tan ilustre genealogía es ya una superación de todo nacionalismo y racismo, y muestra que cuando se tiene fe en Dios y se le obedece, él no hace distingos de personas.

La familia de Elimelec en Moab

1 ¹⁻² En el tiempo en que Israel era gobernado por caudillos, hubo una época de hambre en toda la región. Entonces un hombre de Belén de Judá, llamado Elimelec, se fue a vivir por algún tiempo al país de Moab. Con él fueron también su esposa Noemí y sus dos hijos, Mahlón y Quelión. Todos ellos eran efrateos,^a es decir, de Belén.ⁱ Llegaron, pues, a Moab, y se quedaron a vivir allí.

³ Pero sucedió que murió Elimelec, el marido de Noemí, y ella se quedó sola con sus dos hijos. ⁴ Más tarde, ellos se casaron con dos mujeres moabitas; una de ellas se llamaba Orfa y la otra Rut. Pero al cabo de unos diez años ⁵ murieron también Mahlón y Quelión, y Noemí se encontró desamparada, sin hijos y sin marido.

Noemí y Rut van a Belén

⁶ Un día Noemí oyó decir en Moab que el Señor se había compadecido de su pueblo y que había puesto fin a la época de hambre. ⁷ Entonces decidió volver a Judá y, acompañada de sus nueras, salió del lugar donde vivían; ⁸ pero en el camino les dijo:

—Anden, vuelvan a su casa, con su madre. Que el Señor las trate siempre con bondad, como también ustedes nos trataron a mí y a mis hijos, ⁹ y que les permita casarse otra vez y formar un hogar feliz.

Luego Noemí les dio un beso de despedida, pero ellas se echaron a llorar ¹⁰ y le dijeron:

—¡No! ¡Nosotras volveremos contigo a tu país!

¹¹ Noemí insistió:

—Váyanse, hijas mías, ¿para qué quieren seguir conmigo? Yo ya no voy a tener más hijos que puedan casarse con ustedes. ¹² Anden, vuelvan a su casa. Yo soy muy vieja para volverme a casar. Y aunque tuviera aún esa esperanza, y esta misma noche me casara y llegara a tener más hijos, ¹³ ¿iban ustedes a esperar hasta que fueran mayores, para casarse con ellos? ¿Se quedarían sin casar por esperarlos? No, hijas mías, de ninguna manera. El Señor me ha enviado amargos sufrimientos, pero más amarga sería mi pena si las viera sufrir a ustedes.

¹⁴ Ellas se pusieron a llorar nuevamente. Por fin, Orfa se despidió de su suegra con un beso, pero Rut se quedó con ella. ¹⁵ Entonces Noemí le dijo:

ⁱ Otro nombre de Belén era Efrata.
^a 1.1-2 1 Cr 4.4.

—Mira, tu concuñada se vuelve a su país y a sus dioses. Veté tú con ella. ¹⁶ Pero Rut le contestó:

—¡No me pidas que te deje y que me separe de ti! Iré a donde tú vayas, y viviré donde tú vivas. Tu pueblo será mi pueblo, y tu Dios será mi Dios. ¹⁷ Moriré donde tú mueras, y allí quiero ser enterrada. ¡Que el Señor me castigue con toda dureza si me separo de ti, a menos que sea por la muerte!

¹⁸ Al ver Noemí que Rut estaba decidida a acompañarla, no le insistió más, ¹⁹ y así las dos siguieron su camino hasta que llegaron a Belén.

Cuando entraron en Belén, hubo un gran revuelo en todo el pueblo. Las mujeres decían:

—¿No es ésta Noemí?

²⁰ Pero ella les respondía:

—Ya no me llamen Noemí;² llámenme Mara,³ porque el Dios todopoderoso me ha llenado de amargura. ²¹ Salí de aquí con las manos llenas, y ahora las traigo vacías porque así lo ha querido el Señor. ¿Por qué me llaman Noemí, si el Señor todopoderoso me ha condenado y afligido?

²² Así fue como Noemí volvió de Moab con Rut, su nuera moabita. Llegaron a Belén cuando comenzaba la cosecha de la cebada.

Rut en el campo de Booz

2 ¹ Noemí tenía un pariente por parte de su esposo Elimelec, que se llamaba Booz y era muy rico e influyente.

² Un día Rut le dijo a Noemí:

—Déjame que vaya al campo, a ver si algún segador me permite ir detrás de él recogiendo espigas.ᵇ

—Ve, hija mía —le respondió su suegra.

³ Rut, pues, fue al campo y se puso a recoger las espigas que dejaban los segadores. Y tuvo la suerte de que aquel campo fuera de Booz, el pariente de Elimelec. ⁴ En eso, Booz llegó de Belén y saludó a los segadores:

—¡Que el Señor esté con ustedes!

—¡Que el Señor le bendiga a usted! —le respondieron ellos.

⁵ Luego Booz le preguntó al capataz de los segadores:

—¿De qué familia es esa muchacha?

⁶ El capataz le contestó:

—Es una moabita, que vino de Moab con Noemí. ⁷ Me pidió permiso para ir detrás de los segadores recogiendo espigas, y se ha pasado trabajando toda la mañana, hasta ahora mismo que ha venido a descansar un poco.ᵈ

⁸ Entonces Booz le dijo a Rut:

—Escucha, hija mía, no vayas a recoger espigas a ningún otro campo. Quédate aquí, con mis criadas, ⁹ y luego síguelas a donde veas que los segadores están trabajando. Ya he dado órdenes a mis criados para que nadie te moleste. Cuando tengas sed, ve a donde están las vasijas del agua y toma de la que ellos sacan.

¹⁰ Rut se inclinó hasta el suelo en señal de respeto, y le preguntó a Booz:

—¿Por qué se ha fijado usted en mí y es tan amable conmigo, siendo yo una extranjera?

¹¹ Booz respondió:

—Sé muy bien todo lo que has hecho por tu suegra desde que murió tu marido, y también sé que dejaste a tus padres y a tu patria por venir a vivir con nosotros, que éramos gente desconocida para ti. ¹² ¡Que Dios te lo pague! ¡Que el Señor y Dios de Israel, en quien has buscado amparo, te premie por todo lo que has hecho!

¹³ Ella le contestó:

—Usted es muy amable conmigo, y sus palabras me llenan de aliento. Me ha hablado usted con cariño, aunque yo ni siquiera soy como una de sus criadas.

¹⁴ A la hora de comer, Booz llamó a Rut y le dijo:

—Ven acá, toma un pedazo de pan y mójalo en esta salsa de vinagre.

Rut se sentó junto a los segadores, y Booz le dio grano tostado. Ella comió hasta quedar satisfecha, y todavía le sobró. ¹⁵ Luego, cuando fue otra vez a recoger espigas, Booz ordenó a sus criados:

—Dejen que también recoja espigas entre los manojos de cebada. No se lo impidan. ¹⁶ Y aun dejen caer algunas espigas de sus propios manojos, para que ella las recoja. ¡Que nadie la moleste!

¹⁷ Rut recogió espigas en el campo de Booz hasta que llegó la noche. Y lo recogido por ella dio, al desgranarlo, más de veinte kilos de cebada. ¹⁸ Regresó entonces a la ciudad cargada con el grano, y fue a mostrárselo a su suegra. Después sacó lo que le había sobrado de la comida y se lo dio a Noemí.

¹⁹ —¿Dónde trabajaste hoy? —le preguntó Noemí—. ¿Dónde recogiste tantas espigas? ¡Bendito sea el que te ha ayudado de esa manera!

Rut le contó a su suegra con quién había estado trabajando.

—El hombre con quien he trabajado se llama Booz —le dijo.

²⁰ Y Noemí le contestó:

—¡Que el Señor lo bendiga! Él ha sido bondadoso con nosotras ahora, como

---

² En hebreo, *Noemí* significa *mi dulzura*.   ³ En hebreo, *Mara* significa *amarga*.   ⁴ *Para ir detrás . . . un poco:* traducción probable. Heb. oscuro.
ᵇ 2.2 Lv 19.9–10; Dt 24.19.

227

antes lo fue con los que ya han muerto. Ese hombre es pariente cercano[c] de nosotras, y por eso es uno de los que tienen el deber de protegernos.

[21] Rut añadió:

—También me dijo que siga yo trabajando con sus criadas hasta que se termine la cosecha.

[22] Entonces Noemí respondió a su nuera:

—Hija mía, me parece bien que te quedes con sus criadas y que no vayas a ningún otro campo, para que nadie te moleste.

[23] Rut siguió, pues, recogiendo espigas con las criadas de Booz hasta que se terminó la cosecha de la cebada y el trigo. Mientras tanto, vivía en compañía de su suegra.

La bondad de Booz

3 [1] Un día Noemí le dijo a Rut:

—Hija mía, yo debo buscarte un esposo que te haga feliz. [2] Mira, nuestro pariente Booz, con cuyas criadas estuviste trabajando, va a ir esta noche al campo a separar el grano de la paja. [3] Haz, pues, lo siguiente: Báñate, perfúmate y ponte tu mejor vestido, y vete allá. Pero no dejes que Booz te reconozca antes que termine de comer y beber. [4] Fíjate bien en dónde se acuesta a dormir. Entonces ve y destápale los pies, y acuéstate allí. Luego, él mismo te dirá lo que debes hacer.

[5] Rut contestó:

—Haré todo lo que me has dicho.

[6] Rut se fue al campo e hizo todo lo que su suegra le había mandado. [7] Booz comió, bebió y se mostró muy contento. Luego se acostó a dormir junto al montón de grano. Más tarde Rut llegó sin hacer ruido, le destapó los pies y se acostó allí. [8] A medianoche, Booz se despertó de pronto, y al darse una vuelta se sorprendió de que una mujer estuviera acostada a sus pies.

[9] —¿Quién eres tú? —preguntó Booz.

—Soy Rut, su servidora —contestó ella—. Usted es mi pariente más cercano y tiene el deber de ampararme. Quiero que se case usted conmigo.[5]

[10] —¡Que el Señor te bendiga! —dijo Booz—. Ahora más que nunca has mostrado que eres fiel a tu difunto esposo. Bien podrías haber buscado a otro más joven que yo, pobre o rico, pero no lo has hecho. [11] No tengas miedo, hija mía, que todos en mi pueblo saben ya que eres una mujer ejemplar. Por eso, yo haré lo que me pidas. [12] Sin embargo, aunque es verdad que soy pariente[d] cercano tuyo, tú

tienes otro pariente aún más cercano que yo. [13] Quédate aquí esta noche. Si mañana él quiere cumplir con sus deberes de pariente, que lo haga; pero si no lo hace, te prometo delante del Señor que yo lo haré. Ahora duérmete hasta que amanezca.

[14] Rut durmió aquella noche a los pies de Booz. Al día siguiente se levantó antes del amanecer, cuando todavía estaba muy oscuro, porque Booz había dicho: "Nadie debe saber que esta mujer ha venido al campo."

[15] Entonces Booz le dijo:

—Quítate la capa y sujétala bien.

Mientras Rut sostenía su capa, Booz echó en ella más de cuarenta kilos de cebada. Luego la ayudó a echarse la carga sobre el hombro, y ella se fue a la ciudad.

[16] Cuando Rut llegó a donde estaba su suegra, ésta le preguntó:

—¿Qué tal te fue, hija mía?

Rut le contó todo lo que Booz había hecho por ella, [17] y añadió:

—Me dio toda esta cebada, y me dijo: "No debes volver a tu suegra con las manos vacías."

[18] Entonces Noemí dijo:

—Ahora, hija mía, espera a ver qué pasa. Este hombre no descansará hoy hasta dejar resuelto el asunto.

Boda de Booz y Rut

4 [1] Más tarde, Booz fue a sentarse a la entrada del pueblo, que era el lugar donde se reunía la gente. En aquel momento pasaba por allí el pariente del cual Booz había hablado.

—Oye —le dijo Booz—, ven acá y siéntate.

El pariente fue y se sentó. [2] En seguida Booz llamó a diez ancianos del pueblo, y también les pidió que se sentaran con él. Cuando ellos se sentaron, [3] Booz le dijo a su pariente:

—Noemí, que ha vuelto de Moab, está decidida a vender el terreno que perteneció a nuestro pariente Elimelec. [4] Quiero que lo sepas, para que, si te interesa comprarlo, lo hagas ahora delante de estos testigos y de los ancianos del pueblo. Como tú eres el pariente más cercano de Elimelec, tienes el derecho de comprar su tierra. Pero si tú no la compras, házmelo saber, pues después de ti yo soy quien tiene ese derecho.

El pariente contestó:

—La compro.

[5] Entonces Booz le hizo esta aclaración:

---

[5] *Quiero . . . conmigo:* lit. *quiero que extienda sobre mí el borde de su manto.* Según las costumbres de la época esa acción significaba que el varón aceptaba casarse con la mujer.
[c] **2.20** Lv 25.25. [d] **3.12** Rt 2.20.

—Ten en cuenta que si compras el terreno de Noemí, quedas también obligado a casarte con Rut, la viuda moabita, para que la propiedad siga a nombre del difunto.

⁶ Al oír esto, el pariente contestó:

—En ese caso no puedo hacer la compra, porque podría perjudicar mi herencia. Pero si tú quieres comprar, hazlo; yo te cedo mis derechos de compra.

⁷ En aquellos tiempos había en Israel una costumbre: cuando uno cedía a otro el derecho de parentesco, o cuando se cerraba un contrato de compra-venta, el que cedía o vendía se quitaba una sandalia y se la daba al otro. De acuerdo, pues, con esta costumbre, ⁸ el pariente de Booz se quitó la sandalia, se la dio a Booz y le dijo:

—Compra tú.ᵉ

⁹ Entonces Booz dijo a los ancianos y a los allí presentes:

—Todos ustedes son hoy testigos de que le compro a Noemí las propiedades de Elimelec, Quelión y Mahlón. ¹⁰ También son testigos de que tomo por esposa a Rut, la viuda moabita, para que la propiedad se mantenga a nombre de Mahlón, su difunto esposo. Así no se borrará el nombre de Mahlón de entre los suyos, ni será olvidado en este pueblo.ᶠ Hoy son ustedes testigos.

¹¹ Los ancianos y todos los presentes contestaron:

—Sí, lo somos. ¡El Señor haga que la mujer que va a entrar en tu casa sea como Raquel y Lea, de quienes descendemos todos los israelitas!ᵍ Y tú, sé un hombre ilustre en Efrata, un hombre notable en Belén. ¹² Que el Señor te dé muchos hijos de esta mujer. Que tengas una familia numerosa, como la tuvo Fares, el hijo de Tamar y Judá.ʰ

¹³ Así fue como Booz se casó con Rut. Y se unió a ella, y el Señor permitió que quedara embarazada y que tuviera un hijo. ¹⁴ Entonces las mujeres decían a Noemí:

—¡Alabado sea el Señor, que te ha dado hoy un nieto para que cuide de ti! ¡Ojalá tu nieto sea famoso en Israel! ¹⁵ Él te dará ánimos y te sostendrá en tu vejez, porque es el hijo de tu nuera, la que tanto te quiere y que vale para ti más que siete hijos.

¹⁶ Noemí tomó al niño en su regazo y se encargó de criarlo. ¹⁷ Al verlo, las vecinas decían:

—¡Le ha nacido un hijo a Noemí!

Y le pusieron por nombre Obed. Este fue el padre de Isaí y abuelo de David.

Los antepasados de David

¹⁸ Estos fueron los descendientes de Fares: Fares fue el padre de Hezrón, ¹⁹ Hezrón fue el padre de Ram, Ram fue el padre de Aminadab, ²⁰ Aminadab fue el padre de Naasón, Naasón fue el padre de Salmón, ²¹ Salmón fue el padre de Booz, Booz fue el padre de Obed, ²² Obed fue el padre de Isaí, e Isaí fue el padre de David.ⁱ

ᵉ **4.7-8** Dt 25.7-10.   ᶠ **4.10** Dt 25.5-6.   ᵍ **4.11** Gn 29.31.   ʰ **4.12** Gn 38.27-30.   ⁱ **4.18-22** 1 Cr 2.10-14; Mt 1.3-6.

Primer Libro de
SAMUEL

Samuel es considerado a la vez como el último de los caudillos y el primero de los grandes profetas de Israel. El primero de los libros que llevan su nombre marca el paso entre el anárquico periodo de los caudillos y el establecimiento de la unidad nacional bajo un rey escogido por Dios y consagrado por un profeta.

Tres personajes principales entran en escena en este libro: Samuel, Saúl y David. Los primeros siete capítulos dan los antecedentes de Samuel desde su nacimiento y describen sus funciones como caudillo de Israel. Los primeros años del reinado de Saúl se narran en los caps. 8—15. Luego se describe la patética decadencia que va sufriendo Saúl en su carácter y reinado, ilustrado por la hostilidad y persecución de que hace objeto a David. Por eso precisamente, David llega a convertirse en guerrillero y hasta en mercenario de los filisteos (caps. 16—30). En el último capítulo se reseña la dramática muerte de Saúl y sus hijos en la batalla de Gilboa.

El establecimiento de la monarquía aparece en el libro como una concesión de Dios a la petición del pueblo en ese sentido, pero sin que él renuncie a su autoridad soberana como el verdadero rey de Israel, a quien, por encima de toda autoridad humana, el pueblo debe obediencia y lealtad absolutas. Como en toda la literatura histórica de la Biblia, el mensaje central del libro es que la fidelidad a Dios trae bienestar y prosperidad, en tanto que la desobediencia acarrea desastre y sufrimiento.

Dios concede un hijo a Ana

1 ¹ En un lugar de los montes de Efraín, llamado Ramá, vivía un hombre de la familia de Zuf, cuyo nombre era Elcaná. Era hijo de Jeroham y nieto de Eliú. Su bisabuelo fue Tohu, hijo de Zuf, que pertenecía a la tribu de Efraín. ² Elcaná tenía dos esposas. Una se llamaba Ana, y la otra Penina. Penina tenía hijos, pero Ana no los tenía. ³ Todos los años salía Elcaná de su pueblo para rendir culto y ofrecer sacrificios en Silo al Señor todopoderoso. Allí había dos hijos del sacerdote Elí, llamados Ofni y Finees, que también eran sacerdotes del Señor.

⁴ Cuando Elcaná ofrecía el sacrificio, daba su ración correspondiente a Penina y a todos los hijos e hijas de ella, ⁵ pero a Ana le daba una ración especial, porque la amaba mucho, a pesar de que el Señor le había impedido tener hijos. ⁶ Por esto Penina, que era su rival, la molestaba y se burlaba de ella, humillándola porque el Señor la había hecho estéril.

⁷ Cada año, cuando iban al templo del Señor, Penina la molestaba de este modo; por eso Ana lloraba y no comía. ⁸ Entonces le decía Elcaná, su marido: "Ana, ¿por qué lloras? ¿Por qué estás triste y no comes? ¿Acaso no soy para ti mejor que diez hijos?"

⁹ En cierta ocasión, estando en Silo, Ana se levantó después de la comida. El sacerdote Elí estaba sentado en un sillón, cerca de la puerta de entrada del templo del Señor. ¹⁰ Y Ana, llorando y con el alma llena de amargura, se puso a orar al Señor ¹¹ y le hizo esta promesa: "Señor todopoderoso: Si te dignas contemplar la aflicción de esta sierva tuya, y te acuerdas de mí y me concedes un hijo, yo lo dedicaré toda su vida a tu servicio, y en señal de esa dedicación no se le cortará el pelo."ᵃ

¹² Como Ana estuvo orando largo rato ante el Señor, Elí se fijó en su boca; ¹³ pero ella oraba mentalmente. No se escuchaba su voz; sólo se movían sus labios. Elí creyó entonces que estaba borracha, ¹⁴ y le dijo:

—¿Hasta cuándo vas a estar borracha? ¡Deja ya el vino!

¹⁵ —No es eso, señor —contestó Ana—. No es que haya bebido vino ni ninguna bebida fuerte, sino que me siento angustiada y estoy desahogando mi pena delante del Señor. ¹⁶ No piense usted que soy una mala mujer, sino que he estado orando todo este tiempo porque estoy preocupada y afligida.

¹⁷ —Vete en paz —le contestó Elí—, y que el Dios de Israel te conceda lo que le has pedido.

¹⁸ —Muchísimas gracias —contestó ella.

Luego Ana regresó por donde había venido, y fue a comer, y nunca más volvió a estar triste. ¹⁹ A la mañana siguiente madrugaron y, después de adorar al Señor, regresaron a su casa en Ramá. Después Elcaná se unió con su esposa Ana, y el Señor tuvo presente la petición que ella había hecho. ²⁰ Así Ana quedó embarazada, y cuando se cumplió el tiempo dio a

ᵃ 1.11 Nm 6.5.

luz un hijo y le puso por nombre Samuel,[1] porque se lo había pedido al Señor.

[21] Luego fue Elcana con toda su familia a Silo, para cumplir su promesa y ofrecer el sacrificio anual; [22] pero Ana no fue, porque le dijo a su marido:

—No iré hasta que destete al niño. Entonces lo llevaré para dedicárselo al Señor y que se quede allá para siempre.

[23] Elcana, su marido, le respondió:

—Haz lo que mejor te parezca. Quédate hasta que lo hayas destetado. Y que el Señor cumpla su promesa.

Así ella se quedó y crió a su hijo hasta que lo destetó. [24] Y cuando le quitó el pecho, y siendo todavía él un niño pequeño, lo llevó consigo al templo del Señor en Silo. También llevó tres becerros, veintidós litros de trigo y un cuero de vino. [25] Entonces sacrificaron un becerro y presentaron el niño a Elí. [26] Y Ana le dijo:

—Perdone usted, señor, pero tan cierto como que usted vive es que yo soy aquella mujer que estuvo orando al Señor aquí, cerca de usted. [27] Le pedí al Señor que me diera este hijo, y él me lo concedió. [28] Yo, por mi parte, lo he dedicado al Señor, y mientras viva estará dedicado a él.

Entonces Elí se inclinó hasta tocar el suelo con la frente, delante del Señor.

Cántico de Ana

2 [1] Y Ana oró de esta manera:

"Señor, yo me alegro en ti de corazón[b]
porque tú me das nuevas fuerzas.
Puedo hablar contra mis enemigos
porque tú me has ayudado.
¡Estoy alegre!
[2] ¡Nadie es santo como tú, Señor!
¡Nadie protege como tú, Dios nuestro!
¡Nadie hay fuera de ti!
[3] Que nadie hable con orgullo,
que nadie se jacte demasiado,
porque el Señor es el Dios que todo lo sabe,
y él pesa y juzga lo que hace el hombre.
[4] Él destruye los arcos de los poderosos,
y reviste de poder a los débiles;
[5] los que antes tenían de sobra,
ahora se alquilan por un pedazo de pan;
pero los que tenían hambre,
ahora ya no la tienen.
La mujer que no podía tener hijos,
ha dado a luz siete veces;

pero la que tenía muchos hijos,
ahora está completamente marchita.
[6] El Señor quita la vida y la da;
nos hace bajar al sepulcro
y de él nos hace subir.
[7] El Señor nos hace pobres o ricos;
nos hace caer y nos levanta.
[8] Dios levanta del suelo al pobre
y saca del basurero al mendigo,
para sentarlo entre grandes hombres
y hacerle ocupar un lugar de honor;
porque el Señor es el dueño
de las bases de la tierra,
y sobre ellas colocó el mundo.
[9] Él cuida los pasos de sus fieles,
pero los malvados mueren en la oscuridad,
porque nadie triunfa por la fuerza.
[10] El Señor hará pedazos a sus enemigos,
y desde el cielo enviará truenos contra ellos.
El Señor juzgará al mundo entero;
dará poder al rey que ha escogido
y hará crecer su poder."

[11] Luego regresó Elcana a su casa, en Ramá, pero el niño se quedó sirviendo al Señor bajo las órdenes del sacerdote Elí.

La maldad de los hijos de Elí

[12] Los hijos de Elí eran unos malvados, y no les importaba el Señor [13] ni los deberes de los sacerdotes para con el pueblo; pues cuando alguien ofrecía un sacrificio, llegaba un criado del sacerdote con un tenedor en la mano y, mientras la carne estaba cociéndose, [14] metía el tenedor en el perol, en la olla, en el caldero o en la cazuela, y todo lo que sacaba con el tenedor era para el sacerdote. Así hacían con todo israelita que llegaba a Silo. [15] Además, antes de que quemaran la grasa en el altar, llegaba el criado del sacerdote y decía al que iba a ofrecer el sacrificio: "Dame carne para asársela al sacerdote; porque no te va a aceptar la carne ya cocida, sino cruda." [16] Y si la persona le respondía que primero tenían que quemar la grasa, y que luego él podría tomar lo que quisiera, el criado contestaba: "¡No, me la tienes que dar ahora! De lo contrario, te la quitaré a la fuerza." [17] Así pues, el pecado que estos jóvenes cometían ante el Señor era gravísimo, porque trataban con desprecio las ofrendas que pertenecían al Señor.

[18] Mientras tanto, el joven Samuel, vestido con un efod de lino, continuaba al servicio del Señor. [19] Y cada año, cuando su madre iba al templo con su marido

---

[1] En hebreo, *Samuel* tiene un sonido parecido al verbo que significa *pedir*.
[b] **2.1-10** Sal 113.5-9; Lc 1.46-55.

para ofrecer el sacrificio anual, le llevaba una capa pequeña que le había hecho. [20] Entonces Elí bendecía a Elcana y a su esposa, diciendo: "Que el Señor te recompense dándote hijos de esta mujer, a cambio del que ella le ha dedicado." Después de esto regresaban a su hogar, [21] y el Señor bendecía a Ana, la cual quedaba embarazada. De esa manera, Ana dio a luz tres hijos y dos hijas, y el niño Samuel seguía creciendo ante el Señor.

[22] En cuanto a Elí, era ya muy viejo, pero estaba enterado de todo lo que sus hijos les hacían a los israelitas, y que hasta se acostaban con las mujeres que estaban de servicio a la entrada de la Tienda del encuentro con Dios. [23] Por tanto les dijo: "Todo el mundo me habla de las malas acciones de ustedes. ¿Por qué se portan así? [24] No, hijos míos, no es nada bueno lo que sé que el pueblo del Señor anda contando acerca de ustedes. [25] Si una persona comete una falta contra otra, el Señor puede intervenir en su favor; pero si una persona ofende al Señor, ¿quién la defenderá?" Pero ellos no hicieron caso de lo que su padre les dijo, porque el Señor había decidido quitarles la vida.

[26] Mientras tanto, el joven Samuel seguía creciendo, y su conducta agradaba tanto al Señor como a los hombres.

[27] Por ese tiempo llegó un profeta a visitar a Elí, y le dijo: "El Señor ha declarado lo siguiente: 'Cuando tus antepasados estaban en Egipto al servicio del faraón, claramente me manifesté a ellos. [28] Y de entre todas las tribus de Israel los escogí para que fueran mis sacerdotes, para que ofrecieran holocaustos sobre mi altar, y quemaran incienso, y llevaran el efod en mi presencia.[c] Además concedí a tus antepasados todas las ofrendas que los israelitas queman en honor del Señor.[d] [29] ¿Por qué, pues, han despreciado los sacrificios y ofrendas que yo he ordenado realizar? ¿Por qué das más preferencia a tus hijos que a mí, engordándolos con lo mejor de todas las ofrendas de Israel, mi pueblo?' [30] Por lo tanto, el Señor, el Dios de Israel, que había dicho que tú y tu familia le servirían siempre, ahora declara: 'Jamás permitiré tal cosa, sino que honraré a los que me honren, y los que me desprecien serán puestos en ridículo. Yo, el Señor, lo afirmo. [31] Ya se acerca el momento en que voy a destruir tu poder y el de tus antepasados, y ninguno de tu familia llegará a viejo. [32] Contemplarás con angustia y envidia todo el bien que yo haré en Israel, y jamás nadie en tu familia llegará a viejo. [33] Pero dejaré a alguno de tus parientes cerca de mi altar, para que se consuman de envidia sus ojos y de dolor su alma, y

todos tus otros descendientes serán asesinados. [34] Te servirá de muestra lo que ocurrirá a tus dos hijos, Ofni y Finees: los dos morirán el mismo día. [35] Luego pondré un sacerdote digno de confianza y que actúe de acuerdo con mi voluntad y criterio, al que le daré una descendencia continua y le haré estar siempre al servicio del rey que yo haya escogido. [36] Entonces, todo el que haya quedado vivo en tu familia vendrá a inclinarse ante él a cambio de una moneda de plata o un trozo de pan, rogándole que le dé algún trabajo entre los sacerdotes para poder ganarse el alimento.'"

El Señor llama a Samuel

3 [1] El joven Samuel seguía sirviendo al Señor bajo las órdenes de Elí. En aquella época era muy raro que el Señor comunicara a alguien un mensaje; no era frecuente que alguien tuviera una visión. [2] Pero un día Elí, que había comenzado a quedarse ciego y no podía ver bien, estaba durmiendo en su habitación. [3] Samuel estaba acostado en el templo del Señor, donde se encontraba el cofre de Dios. La lámpara del santuario seguía encendida. [4] Entonces el Señor lo llamó:

—¡Samuel!

—¡Aquí estoy! —contestó él.

[5] Luego corrió adonde estaba Elí, y le dijo:

—Aquí me tiene usted; ¿para qué me quería?

—Yo no te he llamado —contestó Elí—. Vuelve a acostarte.

Entonces Samuel fue y se acostó. [6] Pero el Señor llamó otra vez:

—¡Samuel!

Y Samuel se levantó y fue junto a Elí, diciendo:

—Aquí me tiene usted; ¿para qué me quería?

—Yo no te he llamado, hijo mío —respondió Elí—. Vuelve a acostarte.

[7] Samuel no conocía al Señor todavía, pues él aún no le había manifestado nada. [8] Pero por tercera vez llamó el Señor a Samuel, y éste se levantó y fue a decirle a Elí:

—Aquí me tiene usted; ¿para qué me quería?

Elí, comprendiendo entonces que era el Señor quien llamaba al joven, [9] dijo a éste:

—Ve a acostarte; y si el Señor te llama, respóndele: 'Habla, que tu siervo escucha.'

Entonces Samuel se fue y se acostó en su sitio. [10] Después llegó el Señor, se detuvo y lo llamó igual que antes:

—¡Samuel! ¡Samuel!

---

c **2.28** Ex 28.1-4.   d **2.28** Lv 7.35-36.

—Habla, que tu siervo escucha —contestó Samuel.

[11] Y el Señor le dijo:

—Voy a hacer algo en Israel que hasta los oídos le dolerán a todo el que lo oiga. [12] Ese día, sin falta, cumpliré a Elí todo lo que le he dicho respecto a su familia. [13] Le he anunciado que voy a castigar a los suyos para siempre, por la maldad que él ya sabe; pues sus hijos me han maldecido y él no los ha reprendido. [14] Por tanto, he jurado contra la familia de Elí que su maldad no se borrará jamás, ni con sacrificios ni con ofrendas.

[15] Después de esto, Samuel se acostó hasta la mañana siguiente, y entonces abrió las puertas del templo del Señor. Samuel tenía miedo de contarle a Elí la visión que había tenido, [16] pero Elí lo llamó y le dijo:

—¡Samuel, hijo mío!

—Aquí estoy —respondió él.

[17] Y Elí le preguntó:

—¿Qué es lo que te ha dicho el Señor? Te ruego que no me ocultes nada. ¡Que Dios te castigue duramente si me ocultas algo de todo lo que él te ha dicho!

[18] Samuel le declaró todo el asunto, sin ocultarle nada, y Elí exclamó:

—¡Él es el Señor! ¡Hágase lo que a él le parezca mejor!

[19] Samuel creció, y el Señor lo ayudó y no dejó de cumplir ninguna de sus promesas. [20] Y todo Israel, desde Dan hasta Beerseba, reconoció que Samuel era un verdadero profeta del Señor. [21] Y el Señor volvió a revelarse en Silo, pues allí era donde él daba a conocer a Samuel su mensaje, [1] después Samuel se lo comunicaba a todo Israel.

Los filisteos capturan el cofre del pacto

Por aquel entonces se juntaron los filisteos para luchar contra Israel,[2] por lo cual salieron los israelitas a hacer frente a los filisteos, y acamparon junto a Eben-ezer. Los filisteos establecieron su campamento en Afec, [2] desplegándose para atacar a los israelitas, y al entablarse la lucha, los filisteos vencieron a los israelitas y mataron a cuatro mil de sus hombres en el campo de batalla. [3] Cuando el ejército israelita volvió al campamento, los ancianos de Israel dijeron: "¿Por qué permitió hoy el Señor que nos derrotaran los filisteos? ¡Vamos a traernos de Silo el cofre del pacto del Señor, para que él marche en medio de nosotros y nos libre de nuestros enemigos!"

[4] Por consiguiente, los israelitas enviaron un destacamento a Silo, y trajeron de allá el cofre del pacto del Señor todopoderoso, que tiene su trono sobre los querubines.[e] Ofni y Finees, los dos hijos de Elí, acompañaban también al cofre del pacto de Dios. [5] Y ocurrió que al llegar al campamento el cofre del pacto del Señor, los israelitas gritaron con tanta alegría que hasta retumbó la tierra.

[6] Cuando los filisteos escucharon aquel griterío, preguntaron: "¿Por qué hay tanto alboroto en el campamento de los hebreos?" Pero al saber que el cofre del Señor había llegado al campamento, [7] tuvieron miedo y dijeron: "¡Dios ha llegado al campamento! ¡Ay de nosotros, porque hasta ahora no había sido así! [8] ¡Ay de nosotros! ¿Quién nos librará de caer en las manos de este Dios tan poderoso? ¡Él es quien destruyó a los egipcios en el desierto con toda clase de plagas! [9] ¡Ármense, pues, de valor, soldados filisteos, y luchen con ardor para que no lleguen a ser esclavos de los hebreos, como ellos lo han sido de ustedes!"

[10] Entonces los filisteos atacaron y derrotaron a los israelitas, los cuales huyeron a su campamento. La matanza que hicieron fue tremenda, pues de la infantería israelita cayeron treinta mil hombres. [11] También capturaron el cofre de Dios, y mataron a Ofni y Finees, los dos hijos de Elí. [12] Pero un soldado de la tribu de Benjamín logró escapar del campo de batalla, y corriendo llegó a Silo el mismo día. Llevaba rasgada la ropa y llena de tierra la cabeza. [13] Cuando llegó, Elí estaba sentado en un sillón, junto a la puerta, vigilando el camino, porque se sentía muy preocupado por el cofre de Dios. Aquel hombre entró en la ciudad y dio la noticia; en seguida todos sus habitantes comenzaron a gritar. [14] Al escuchar Elí aquel griterío, preguntó:

—¿Qué significa todo ese alboroto?

Aquel hombre se apresuró entonces a comunicar la noticia a Elí, [15] que tenía ya noventa y ocho años y se había quedado completamente ciego. [16] Le dijo:

—Acabo de llegar del campo de batalla. Hoy he logrado escapar del combate.

—¿Qué ha pasado, hijo mío? —preguntó Elí.

[17] —Los israelitas huyeron ante los filisteos —respondió el mensajero—. Además, ha habido una gran matanza de gente, en la que también murieron tus dos hijos, Ofni y Finees, y el cofre de Dios ha caído en manos de los filisteos.

[18] En cuanto el mensajero mencionó el cofre de Dios, Elí cayó de espaldas al lado de la puerta, fuera del sillón, y como era ya un hombre viejo y pesado, se rompió la nuca y murió. Había sido caudillo de Is-

---

[2] Por aquel entonces . . . contra Israel: según la versión griega. En el texto hebreo no aparece esta frase.
[e] 4.4 Ex 25.18–22; 1 R 6.23–28; Sal 80.1; Is 37.16.

rael durante cuarenta años. [19] A su nuera, la mujer de Finees, que estaba embarazada y pronto iba a dar a luz, le vinieron los dolores de parto al saber que habían capturado el cofre de Dios y que su suegro y su marido habían muerto; entonces, retorciéndose de dolor, dio a luz. [20] Y al ver las que la asistían que ella se moría, le dijeron: "No tengas miedo, que has dado a luz un niño." Pero ella no respondió ni les hizo caso; [21-22] y al niño le puso por nombre Icabod,[3] diciendo: "Israel se ha quedado sin honor, porque han capturado el cofre de Dios." Con ello aludía a la captura del cofre y a la muerte de su suegro y de su marido.

El cofre en el país de los filisteos

5 [1] Una vez capturado el cofre de Dios, los filisteos lo llevaron de Eben-ezer a Asdod; [2] luego lo tomaron y lo metieron en el templo del dios Dagón, colocándolo junto al dios. [3] A la mañana siguiente, cuando llegaron los de Asdod, encontraron a Dagón tirado en el suelo ante el cofre del Señor. Entonces levantaron a Dagón y lo volvieron a poner en su sitio. [4] Pero a la mañana siguiente llegaron nuevamente los de Asdod, y otra vez encontraron a Dagón tirado en el suelo ante el cofre del Señor. Su cabeza y sus dos manos se habían quebrado y estaban sobre el umbral. Lo único que le quedaba entero era el tronco. [5] Por eso hasta ahora, cuando los sacerdotes de Dagón entran en el templo de Dagón, no pisan el umbral. [6] Después el Señor castigó severamente y llenó de terror a los de Asdod y su territorio, hiriéndolos con tumores. [7] Y cuando los habitantes de Asdod vieron lo que pasaba, dijeron: "El cofre del Dios de Israel no debe quedarse entre nosotros, porque ese dios nos está castigando muy duramente, tanto a nosotros como a Dagón, nuestro dios."

[8] Por tanto, mandaron decir a todos los jefes filisteos que se reunieran con ellos, y les preguntaron:

—¿Qué hacemos con el cofre del Dios de Israel?

—Llévenlo a la ciudad de Gat —respondieron ellos.

Y los filisteos lo llevaron allí. [9] Pero después que lo trasladaron, el Señor sembró el pánico en la ciudad, hiriendo a sus habitantes con unos tumores que les salieron a grandes y pequeños. [10] Entonces los filisteos trasladaron el cofre de Dios a Ecrón; pero cuando el cofre llegó allí, los habitantes de Ecrón gritaron: "¡Nos han traído el cofre del Dios de Israel para matarnos a todos!"

[11] Y como por toda la ciudad se extendió un pánico mortal a causa del duro castigo que Dios les había enviado, mandaron llamar a todos los jefes filisteos y les dijeron: "Llévense de aquí el cofre del Dios de Israel. Devuélvanlo a su lugar, para que no nos mate a todos."

[12] Los gritos de la ciudad llegaban hasta el cielo, pues los que no se morían tenían el cuerpo lleno de tumores.

Los filisteos devuelven el cofre

6 [1] El cofre del Señor había estado siete meses en territorio filisteo. [2] Y convocaron los filisteos a los sacerdotes y adivinos para preguntarles:

—¿Qué haremos con el cofre del Señor? Dígannos cómo debemos devolverlo a su lugar.

[3] Ellos les contestaron:

—Si devuelven el cofre del Dios de Israel, no lo manden sin nada, sino ofrezcan algo en desagravio al Señor. Entonces ustedes volverán a estar sanos y comprenderán por qué no ha dejado de castigarlos.

[4] —¿Qué podemos ofrecerle en desagravio? —preguntaron los filisteos.

—Cinco figuras de oro en forma de tumor —contestaron los sacerdotes—, una por cada jefe filisteo; y cinco ratones del mismo metal, ya que ustedes y sus jefes sufren de la misma plaga. [5] Por consiguiente, hagan las figuras de los tumores y de los ratones que destrozan el país, y den honra al Dios de Israel; pues tal vez deje de castigarlos a ustedes, y a los dioses y a la tierra de ustedes. [6] ¿Por qué tienen ustedes que ser testarudos, como fueron los egipcios y el faraón, que sólo cuando el Dios de Israel los trató con dureza dejaron ir a los israelitas? [7] Manden ustedes construir una carreta nueva; tomen después dos vacas que estén criando y que nunca hayan llevado yugo, y únzanlas a la carreta; pero no dejen que sus becerros las sigan, sino déjenlos en el establo. [8] Tomen luego el cofre del Señor y pónganlo en la carreta, colocando a un costado, en una caja, los objetos de oro que le van a ofrecer en desagravio. Después dejen que la carreta se vaya sola. [9] Pero fíjense en esto: si la carreta toma la dirección de Bet-semes, su propia tierra, es que el Dios de Israel ha sido la causa de nuestra gran desgracia; en caso contrario, sabremos que no fue él quien nos castigó, sino que nos ha ocurrido un accidente.

[10] Aquellos hombres lo hicieron así. Tomaron dos vacas que estaban criando y, después de encerrar sus becerros en el establo, las uncieron a la carreta; [11] luego

---

[3] En hebreo, *Icabod* tiene un sonido parecido a la expresión *¿Dónde ha quedado el honor?*

pusieron el cofre del Señor en la carreta, con la caja donde estaban los ratones de oro y las figuras de los tumores. ¹² Después las vacas echaron a andar por el camino que va a Bet-semes, mugiendo y siguiendo una dirección fija, sin desviarse a ningún lado. Los filisteos caminaron detrás de ellas hasta la frontera de Bet-semes. ¹³ Los habitantes de Bet-semes, que estaban en el valle cosechando el trigo, al alzar la vista y ver el cofre se llenaron de alegría. ¹⁴ Cuando la carreta llegó al campo de Josué, el de Bet-semes, se detuvo. Allí había una gran piedra. Entonces los de Bet-semes hicieron leña con la madera de la carreta, y ofrecieron las vacas en holocausto al Señor. ¹⁵ Los levitas habían descargado el cofre y la caja en que estaban los objetos de oro, colocándolos sobre la gran piedra; y ese día los habitantes de Bet-semes ofrecieron al Señor holocaustos y otros sacrificios. ¹⁶ Después de ver esto, los cinco jefes de los filisteos regresaron aquel mismo día a Ecrón.

¹⁷ Los cinco tumores de oro que los filisteos ofrecieron en desagravio al Señor, correspondían a Asdod, Gaza, Ascalón, Gat y Ecrón; ¹⁸ y el número de ratones de oro era igual al total de las ciudades filisteas de aquellos cinco jefes, contando tanto las ciudades fortificadas como las aldeas sin murallas. La gran piedra⁴ sobre la que pusieron el cofre del Señor todavía puede verse en el campo de Josué, el de Bet-semes.

¹⁹ Pero el Señor hizo morir a algunos de los habitantes de Bet-semes por haber curioseado dentro del cofre. Les quitó la vida a setenta hombres,⁵ y la población lloró por la gran mortandad que el Señor había causado entre ellos. ²⁰ Entonces dijeron los habitantes de Bet-semes: "¿Quién se puede sostener ante el Señor, ante este Dios santo? ¿Contra quién irá cuando se aparte de nosotros?" ²¹ Y enviaron a los habitantes de Quiriat-jearim el siguiente mensaje: "Los filisteos han devuelto el cofre del Señor; así que vengan a llevárselo."

7 ¹ Fueron entonces los habitantes de Quiriat-jearim y se llevaron el cofre del Señor, y lo metieron en la casa de Abinadab, la cual estaba en una colina; luego consagraron a su hijo Eleazar para que lo cuidara.ᶠ

Samuel, caudillo de Israel

² Veinte años pasaron desde el día en que se colocó el cofre en Quiriat-jearim, y todo Israel buscaba con ansia al Señor. ³ Por esto, Samuel dijo a todos los israelitas: "Si ustedes se vuelven de todo corazón al Señor, deben echar fuera los dioses extranjeros y las representaciones de Astarté, y dedicar sus vidas al Señor, rindiéndole culto solamente a él. Entonces él los librará del dominio de los filisteos."

⁴ Los israelitas echaron fuera las diferentes representaciones de Baal y de Astarté, y rindieron culto únicamente al Señor. ⁵ Después Samuel ordenó: "Reúnan a todo Israel en Mizpa, y yo rogaré al Señor por ustedes."

⁶ Los israelitas se reunieron en Mizpa, y allí sacaron agua y la derramaron como ofrenda al Señor. Aquel día ayunaron y reconocieron públicamente que habían pecado contra el Señor. Allí, en Mizpa, Samuel se convirtió en caudillo de los israelitas. ⁷ Y cuando los filisteos supieron que los israelitas estaban reunidos en Mizpa, los jefes filisteos marcharon contra ellos. Los israelitas, al saberlo, tuvieron miedo ⁸ y le dijeron a Samuel: "No dejes de rogar al Señor nuestro Dios por nosotros, para que nos salve del poder de los filisteos."

⁹ Samuel tomó un corderito y lo ofreció entero en holocausto al Señor; luego rogó al Señor en favor de Israel, y el Señor le respondió. ¹⁰ Cuando Samuel estaba ofreciendo el holocausto, los filisteos avanzaron para atacar a los israelitas; entonces el Señor lanzó un trueno enorme contra ellos y los asustó, y de este modo fueron vencidos por los israelitas. ¹¹ Inmediatamente salieron los israelitas de Mizpa a perseguir a los filisteos, y los atacaron hasta más abajo de Bet-car. ¹² Después tomó Samuel una piedra y la colocó entre Mizpa y Sen, y la llamó Eben-ezer,⁶ pues dijo: "Hasta ahora el Señor nos ha ayudado."

¹³ Los filisteos fueron derrotados y no volvieron a invadir el territorio israelita; y mientras Samuel vivió, el Señor estuvo contra los filisteos. ¹⁴ Las ciudades que los filisteos habían tomado a los israelitas, desde Ecrón hasta Gat, volvieron a ser de Israel. De esta manera, los israelitas liberaron su territorio del dominio filisteo, y hubo paz entre los israelitas y los amorreos.

¹⁵ Samuel fue caudillo de Israel durante toda su vida, ¹⁶ y todos los años iba a Betel, Gilgal y Mizpa, para atender los asuntos de Israel en todos estos lugares. ¹⁷ Luego regresaba a Ramá, donde tenía su residencia, y desde allí gobernaba a Israel. También construyó allí un altar al Señor.

⁴ Piedra: según versiones antiguas. Heb. el gran arroyo. ⁵ Así, según la versión griega. Heb. añade: cincuenta mil hombres. ⁶ En hebreo, Eben-ezer significa piedra de ayuda.
ᶠ 7.1 2 S 6.2-4; 1 Cr 13.5-7.

Israel quiere tener rey

8 [1] Al hacerse viejo, Samuel nombró caudillos de Israel a sus hijos. [2] Su primer hijo, que se llamaba Joel, y su segundo hijo, Abías, gobernaban en Beerseba. [3] Sin embargo, los hijos no se comportaron como su padre, sino que se volvieron ambiciosos, y se dejaron sobornar, y no obraron con justicia. [4] Entonces se reunieron todos los ancianos de Israel y fueron a entrevistarse con Samuel en Ramá, [5] para decirle: "Tú ya eres un anciano, y tus hijos no se portan como tú; por lo tanto, nombra un rey que nos gobierne, como es costumbre en todas las naciones."[g]

[6] Samuel, disgustado porque le pedían que nombrara un rey para que los gobernara, se dirigió en oración al Señor; [7] pero el Señor le respondió: "Atiende cualquier petición que el pueblo te haga, pues no es a ti a quien rechazan, sino a mí, para que yo no reine sobre ellos. [8] Desde el día en que los saqué de Egipto, hasta el presente, han hecho conmigo lo mismo que ahora te hacen a ti, pues me han abandonado para rendir culto a otros dioses. [9] Así pues, atiende su petición; pero antes adviérteles seriamente de todos los privilegios que sobre ellos tendrá el rey que los gobierne."

[10] Entonces Samuel comunicó la respuesta del Señor al pueblo que le pedía un rey. [11] Les dijo:

—Esto es lo que les espera con el rey que los va a gobernar: Llamará a filas a los hijos de ustedes, y a unos los destinará a los carros de combate, a otros a la caballería y a otros a su guardia personal. [12] A unos los nombrará jefes de mil soldados, y a otros jefes de cincuenta. A algunos de ustedes los pondrá a arar sus tierras y recoger sus cosechas, o a fabricar sus armas y el material de sus carros de combate. [13] Y tomará también a su servicio a las hijas de ustedes, para que sean sus perfumistas, cocineras y panaderas. [14] Se apoderará de las mejores tierras y de los mejores viñedos y olivares de ustedes, y los entregará a sus funcionarios. [15] Les quitará la décima parte de sus cereales y viñedos, y la entregará a los funcionarios[7] y oficiales de su corte. [16] También les quitará a ustedes sus criados y criadas, y sus mejores bueyes y asnos, y los hará trabajar para él. [17] Se apropiará, además, de la décima parte de sus rebaños, y hasta ustedes mismos tendrán que servirle. [18] Y el día en que se quejen por causa del rey que hayan escogido, el Señor no les hará caso.

[19] Pero el pueblo, sin tomar en cuenta la advertencia de Samuel, respondió:

—No importa. Queremos tener rey, [20] para ser como las otras naciones, y para que reine sobre nosotros y nos gobierne y dirija en la guerra.

[21] Después de escuchar Samuel las palabras del pueblo, se las repitió al Señor, [22] y el Señor le respondió:

—Atiende su petición y nómbrales un rey.

Entonces Samuel ordenó a los israelitas que regresaran, cada uno a la ciudad de donde venía.

Encuentro de Saúl con Samuel

9 [1] En la tribu de Benjamín había un hombre llamado Cis, que era hijo de Abiel y nieto de Zeror; su bisabuelo había sido Becorat, hijo de Afía. Cis, hombre muy respetado, tenía un hijo, joven y bien parecido, que se llamaba Saúl. No había otro israelita tan bien parecido como él, pues en estatura ninguno le pasaba del hombro.

[3] Un día, a Cis se le perdieron sus asnas. Entonces le dijo a su hijo Saúl:

—Prepárate y ve a buscar las asnas. Llévate a uno de los criados.

[4] Saúl se fue, atravesó la región montañosa de Efraín y pasó por la región de Salisa; pero no encontró las asnas. Pasó también por la región de Saalim y por la de Benjamín, y tampoco las halló. [5] Al llegar a la región de Zuf, dijo Saúl al criado que lo acompañaba:

—Vamos a regresar, pues mi padre debe de estar ya más preocupado por nosotros que por las asnas.

[6] El criado le contestó:

—En esta ciudad hay un profeta a quien todos respetan, porque todo lo que anuncia sucede sin falta. Vamos allá, y quizá él nos indique el camino que debemos seguir.

[7] —Vamos, pues —contestó Saúl—. Pero, ¿qué le llevaremos a ese hombre? Ya ni siquiera nos queda pan en las alforjas. No tenemos nada que ofrecerle al profeta.

[8] El criado respondió:

—Tengo en mi poder una pequeña moneda de plata. Se la daremos al profeta para que nos indique el camino.

[9] (Antiguamente, cuando algún israelita quería consultar a Dios, decía: "Vamos a ver al vidente"; pues al que ahora se le llama "profeta", antes se le llamaba "vidente".)

[10] —De acuerdo —dijo Saúl—. Vamos allá.

Los dos se dirigieron a la ciudad donde vivía el profeta, [11] y cuando iban subiendo

---

[7] *Funcionarios:* lit. *eunucos.* Véase *Glosario* anexo.
[g] **8.5** Dt 17.14.

la cuesta, en dirección a la ciudad, se encontraron con unas muchachas que iban a sacar agua y les preguntaron:

—¿Es aquí dónde podemos encontrar al vidente?

[12] Ellas les respondieron:

—Sí, pero se encuentra más adelante. Dense prisa, pues ha venido a la ciudad porque hoy se celebra el sacrificio en el santuario. [13] En cuanto lleguen ustedes allí, búsquenlo, antes de que se vaya al santuario para la comida. La gente no comerá hasta que él llegue, pues él tiene que bendecir el sacrificio, después de lo cual comerán los invitados. Por eso, vayan ahora, porque en este momento lo encontrarán.

[14] Ellos continuaron subiendo, rumbo a la ciudad. Y precisamente cuando iban llegando a ella, Samuel salía en dirección contraria, para ir al santuario.

[15] El día anterior a la llegada de Saúl, el Señor había hecho la siguiente revelación a Samuel: [16] "Mañana, a esta misma hora, te mandaré un hombre de la región de Benjamín, a quien deberás consagrar como gobernante de mi pueblo Israel. Él lo librará del dominio de los filisteos, porque me he compadecido de mi pueblo cuando sus quejas han llegado hasta mí."

[17] Cuando Samuel vio a Saúl, el Señor le dijo: "Ahí tienes al hombre de quien te hablé. Este gobernará a mi pueblo."

[18] Estando ya en la entrada del pueblo, Saúl se acercó a Samuel y le dijo:

—Por favor, indíqueme usted dónde está la casa del vidente.

[19] —Yo soy el vidente —respondió Samuel—. Sube delante de mí al santuario, y come hoy conmigo allí. Mañana temprano te contestaré todo lo que me quieras preguntar, y luego te dejaré marchar. [20] En cuanto a las asnas que se te perdieron hace tres días, no te preocupes por ellas porque ya las han encontrado. Además, todo lo más deseable de Israel será para ti y para tu familia.

[21] Saúl respondió:

—¡Pero si yo soy de la tribu de Benjamín, la más pequeña de las tribus de Israel! Además, mi familia es la más insignificante de todas las familias de la tribu de Benjamín. ¿Por qué me dices todo eso?

[22] Entonces Samuel tomó a Saúl y a su criado, los llevó al salón y les ofreció el lugar principal entre los presentes, que eran unas treinta personas. [23] Luego Samuel dijo al cocinero:

—Trae la ración de carne que te entregué y que te dije que apartaras.

[24] Inmediatamente el cocinero sacó una pierna entera y se la sirvió a Saúl. Y Samuel le dijo:

—Ahí tienes lo que estaba apartado para ti. Sírvete y come, porque yo la había apartado para ti en esta ocasión en que invité al pueblo.

Saúl comió con Samuel aquel día. [25] Y cuando bajaron del santuario a la ciudad, prepararon una cama en la azotea para Saúl, [26] y Saúl se acostó.[8] Al día siguiente, Samuel llamó a Saúl en la azotea y le dijo:

—Levántate, y sigue tu viaje.

Saúl se levantó. Después salieron él y Samuel a la calle, [27] y cuando bajaban hacia las afueras de la ciudad, Samuel le dijo a Saúl:

—Manda al criado que se adelante, y tú espera un poco, que tengo que comunicarte lo que Dios me ha dicho.

Samuel consagra a Saúl rey de Israel

10 [1] Entonces Samuel tomó un frasco de aceite y, derramándolo sobre la cabeza de Saúl, le dijo:

—El Señor te consagra hoy gobernante de Israel, su pueblo. Tú lo gobernarás y lo librarás de los enemigos que lo rodean. Y ésta será la prueba de que[9] el Señor se ha declarado gobernante de su pueblo: [2] Ahora que te separes de mí, encontrarás dos hombres cerca de la tumba de Raquel, en Selsa, en el territorio de Benjamín. Ellos te dirán que ya se han encontrado las asnas que buscabas, y que tu padre ya no está preocupado por ellas sino por ustedes, y se pregunta qué puede hacer por ti. [3] Más adelante, cuando llegues a la encina de Tabor, saldrán a tu encuentro tres hombres que suben a Betel para adorar a Dios. Uno llevará tres chivos, otro tres panes, y el tercero un cuero de vino. [4] Te saludarán y te ofrecerán dos panes. Acéptalos. [5] Después llegarás a Gabaa de Dios, donde hay una guarnición filistea. Al entrar en la ciudad, te encontrarás con un grupo de profetas en trance, que bajan del santuario. Delante de ellos irá gente tocando salterios, panderos, flautas y arpas. [6] Entonces el espíritu del Señor se apoderará de ti, y caerás en trance como ellos, y te transformarás en otro hombre. [7] Cuando te ocurran estas cosas, haz lo que creas conveniente, que Dios te ayudará. [8] Y adelántate a Gilgal, donde yo me reuniré contigo más tarde para ofrecer holocaustos y sacrificios de reconciliación. Espera allí siete días, hasta que yo llegue y te indique lo que tienes que hacer.

[9] Tan pronto como Saúl se despidió de Samuel para irse, Dios le cambió el cora-

---

[8] *Prepararon una cama . . . y Saúl se acostó:* según la versión griega. Heb. *y habló con Saúl en la azotea.* [9] *Y ésta será la prueba de que:* según la versión griega. En el texto hebreo no aparece esta frase.

zón; y aquel mismo día se cumplieron todas las señales. [10] Después, cuando Saúl y su criado llegaron a Gabaa, el grupo de profetas en trance les salió al encuentro. Entonces el espíritu de Dios se apoderó de Saúl, y éste cayó en trance profético, como ellos. [11] Pero todos los que lo conocían de antes, al verlo caer en trance junto con los profetas, se decían unos a otros: "¿Qué le ha pasado al hijo de Cis? ¿También Saúl es uno de los profetas?" [12] Uno de allí añadió: "¿Y quién es el padre de ellos?" De ahí viene el refrán: "¿También Saúl es uno de los profetas?"[h] [13] Pasado el trance profético, Saúl llegó a su casa.[10] [14] Y su tío les preguntó a él y a su criado:

—¿A dónde fueron?

Saúl respondió:

—A buscar las asnas. Pero viendo que no aparecían, fuimos a ver a Samuel.

[15] El tío de Saúl contestó:

—¿Y qué les dijo Samuel? Cuéntamelo, por favor.

[16] Saúl respondió a su tío:

—Nos dijo claramente que ya habían encontrado las asnas.

Pero Saúl no le mencionó nada del asunto del reino, del cual le había hablado Samuel. [17] Después llamó Samuel a los israelitas, para adorar al Señor en Mizpa; [18] allí les dijo:

—El Señor, Dios de Israel, dice: 'Yo saqué de Egipto a ustedes los israelitas, los libré del poder de los egipcios y de todos los reinos que los oprimían.' [19] Pero ahora ustedes desprecian a su Dios, que los ha librado de todos sus problemas y aflicciones, y lo han rechazado al pedir que les ponga un rey que los gobierne. Por lo tanto, preséntense ahora delante del Señor por tribus y por clanes.

[20] Luego ordenó Samuel que se acercaran todas las tribus de Israel, y la suerte cayó sobre la tribu de Benjamín. [21] A continuación ordenó que se acercaran los de la tribu de Benjamín, y la suerte cayó sobre el clan de Matrí, y de ella la suerte cayó sobre Saúl, hijo de Cis. Pero lo buscaron y no lo encontraron, [22] por lo que consultaron otra vez al Señor, para saber si Saúl se encontraba allí. Y el Señor respondió que Saúl ya estaba allí, y que se había escondido entre el equipaje. [23] Entonces corrieron a sacarlo de su escondite. Y cuando Saúl se presentó ante el pueblo, se vio que ningún israelita le pasaba del hombro. [24] Samuel preguntó a todos:

—¿Ya vieron al que el Señor ha escogido como rey? ¡No hay un solo israelita que pueda compararse con él!

—¡Viva el rey! —respondieron los israelitas.

[25] En seguida Samuel expuso al pueblo las leyes del reino, y las escribió en un libro que depositó en el santuario del Señor. Después Samuel ordenó a todos que volvieran a sus casas. [26] También Saúl se fue a su casa, en Gabaa, y Dios influyó en el ánimo de varios valientes para que lo acompañaran. [27] Pero no faltaron malas lenguas, que dijeron: "¿Y éste es el que va a salvarnos?" Y lo menospreciaron y no le rindieron honores; pero Saúl se hizo el desentendido.

Saúl derrota a los amonitas

11 [1] Nahas, rey de Amón, fue a Jabes de Galaad y preparó su ejército para atacar la ciudad. Pero los habitantes de Jabes le dijeron:

—Haz un pacto con nosotros, y nos someteremos a ti.

[2] Nahas el amonita les respondió:

—Haré un pacto con ustedes, pero con la condición de que acepten que yo le saque a cada uno de ustedes el ojo derecho, para así poner en ridículo a los israelitas.

[3] Entonces los ancianos de Jabes le contestaron:

—Concédenos un plazo de siete días para enviar mensajeros por todo el territorio israelita; y si nadie viene en nuestra ayuda, nos rendiremos a ti.

[4] Los mensajeros llegaron a Gabaa, donde vivía Saúl, y dieron la noticia a la gente. Todos se pusieron a llorar amargamente. [5] En esto, Saúl volvía del campo con los bueyes, y preguntó:

—¿Qué le pasa a la gente? ¿Por qué lloran?

La gente le contó la noticia que habían traído los hombres de Jabes. [6] Al oír Saúl aquello, el espíritu de Dios se apoderó de él; y se llenó Saúl de furia. [7] Entonces tomó un par de bueyes y los descuartizó, y por medio de unos mensajeros mandó los trozos por todo el territorio israelita. Y los mensajeros decían: "Esto mismo se hará con los bueyes de aquel que no se una a Saúl y Samuel, y los siga."

Un miedo tremendo invadió a la gente, y como un solo hombre salieron a unirse con ellos. [8] Y cuando Saúl contó a su gente en Bezec, había reunidos trescientos mil hombres de Israel y treinta mil de Judá. [9] Luego dijo a los mensajeros que habían llegado:

—Digan a los habitantes de Jabes que mañana al mediodía los salvaremos.

Los mensajeros fueron y comunicaron esto a los habitantes de Jabes, los cuales

[10] A su casa: texto probable. Heb. al santuario
[h] 10.12 1 S 19.23–24.

se alegraron mucho [10] y dijeron a Nahas:

—Mañana nos entregaremos a ti, para que hagas con nosotros lo que mejor te parezca.

[11] Al día siguiente, Saúl organizó su ejército en tres escuadrones, y antes de que amaneciera penetraron en medio del campamento enemigo, haciendo entre los amonitas una matanza que duró hasta el mediodía. Los que quedaron con vida se dispersaron de tal modo que no quedaron dos de ellos juntos. [12] Luego algunos del pueblo dijeron a Samuel:

—¿Quiénes fueron los que dudaron de que Saúl podría ser nuestro rey? Entréguennos esos hombres para que los matemos.

[13] Pero Saúl intervino diciendo:

—En este día no morirá nadie, porque el Señor ha salvado hoy a Israel.

[14] Y Samuel dijo a todos:

—Vayamos a Gilgal para iniciar allí el reinado.

[15] Por lo tanto todo el pueblo se dirigió a Gilgal, y allí, en presencia del Señor, proclamaron rey a Saúl. Luego ofrecieron al Señor sacrificios de reconciliación, y Saúl y todos los israelitas se llenaron de alegría.

Samuel entrega el gobierno a Saúl

12 [1] Luego Samuel dijo ante todos los israelitas:

—Ustedes han visto que yo los he atendido en todo lo que me han pedido, y que les he puesto un rey. [2] Aquí tienen al rey que habrá de dirigirlos. Por mi parte, yo estoy ya viejo y lleno de canas, y mis hijos están entre ustedes. Yo soy quien los ha dirigido a ustedes desde mi juventud hasta el presente, [3] y aquí me tienen: Si me he apropiado del buey o del asno de alguien, o si he oprimido o maltratado a alguno, o si me he dejado sobornar, pueden acusarme ante el Señor y ante el rey que él ha escogido, y yo pagaré lo que deba.

[4] —Nunca nos has oprimido ni maltratado, ni te has dejado sobornar —dijeron ellos.

[5] —El Señor y el rey que él ha escogido son testigos de que ustedes no me han encontrado culpable de nada —recalcó Samuel.

—Así es —afirmaron.

[6] Además, Samuel dijo al pueblo:

—El Señor es quien actuó por medio de Moisés y de Aarón,[i] sacando de Egipto a

los antepasados de ustedes. [7] Por lo tanto prepárense, que en presencia del Señor voy a discutir con ustedes acerca de todos los beneficios que él les ha hecho a ustedes y a los antepasados de ustedes. [8] Cuando Jacob y sus descendientes se fueron a Egipto y los egipcios los oprimieron,[11] los antepasados de ustedes se quejaron ante el Señor,[j] y él envió a Moisés y a Aarón, quienes sacaron de Egipto a los antepasados de ustedes y los establecieron en este lugar. [9] Pero ellos se olvidaron del Señor su Dios, y él los entregó al poder de Sísara,[k] general del ejército de Jabín, rey de[12] Hazor, y al poder de los filisteos[l] y del rey de Moab,[m] los cuales pelearon contra ellos. [10] Pero luego ellos reconocieron ante el Señor que habían pecado al abandonarlo para adorar a las diferentes representaciones de Baal y de Astarté, y le suplicaron que los librara del dominio de sus enemigos, comprometiéndose a rendirle culto sólo a él.[n]

[11] Por consiguiente, el Señor envió a Jerobaal,[ñ] Barac,[13, o] Jefté[p] y Samuel[q] para librarlos a ustedes del dominio de sus enemigos, y así ustedes pudieron vivir tranquilos. [12] Pero ustedes, cuando vieron que Nahas, rey de los amonitas, iba a atacarlos, me pidieron un rey que los gobernara,[r] siendo que el rey de ustedes es el Señor su Dios. [13] Pero aquí tienen ustedes al rey que han escogido. El Señor les ha dado el rey que le pidieron. [14] Ahora les toca a ustedes honrar al Señor y rendirle culto, atender su voz y no desobedecer sus mandatos, y vivir, tanto ustedes como el rey que los gobierne, conforme a la voluntad del Señor su Dios. Así les irá bien. [15] Porque si no lo obedecen, sino que rechazan sus mandatos, él los castigará a ustedes y a su rey.[14]

[16] "Así que no se muevan de donde están, y verán la grandiosa señal que el Señor va a realizar ante los ojos de ustedes. [17] Ahora que es el tiempo de la cosecha de trigo, no llueve, ¿verdad? Pues yo clamaré al Señor y él mandará truenos y lluvia, para que ustedes reconozcan y comprendan que, tal como lo ve el Señor, ustedes han hecho muy mal en pedir un rey.

[18] En seguida Samuel clamó al Señor, y al instante él mandó truenos y lluvia; entonces todo el pueblo tuvo mucho miedo del Señor y de Samuel. [19] Por eso, todos dijeron a Samuel:

—Ruega al Señor tu Dios por estos siervos tuyos, para que no muramos; porque a todos nuestros pecados hemos añadido el de pedir un rey.

---

[11] *Y los egipcios los oprimieron: según la versión griega. En el texto hebreo no aparece esta frase.* [12] *Jabín, rey de: según la versión griega. En el texto hebreo no aparece esta frase.* [13] *Barac: según la versión griega. Heb. Bedán.* [14] *Y a su rey: según la versión griega. Heb. y a los antepasados de ustedes.*
[i] 12.6 Ex 6.26. [j] 12.8 Ex 2.23. [k] 12.9 Jue 4.2. [l] 12.9 Jue 13.1. [m] 12.9 Jue 3.12. [n] 12.10 Jue 10.10–15.
[ñ] 12.11 Jue 7.1. [o] 12.11 Jue 4.6. [p] 12.11 Jue 11.29.
[q] 12.11 1 S 3.20. [r] 12.12 1 S 8.19.

[20] Samuel les contestó:

—No tengan miedo. Es cierto que ustedes han hecho muy mal; pero ahora no se aparten del Señor, sino rindanle culto de todo corazón. [21] No sigan a dioses falsos, que no pueden ayudar ni salvar porque son falsos. [22] Pues el Señor, haciendo honor a su nombre, no los abandonará; porque él quiere que ustedes sean su pueblo. [23] En cuanto a mí, que el Señor me libre de pecar contra él dejando de rogar por ustedes. Antes bien, les enseñaré a comportarse de manera buena y recta. [24] Ustedes sólo tienen que respetar al Señor y rendirle culto con verdad y de todo corazón, teniendo en cuenta lo mucho que él ha hecho por ustedes. [25] Pero si se empeñan en hacer lo malo, tanto ustedes como su rey serán destruidos.

Guerra contra los filisteos

13 [1] Saúl era mayor de edad [15] cuando comenzó a reinar en Israel; y cuando llevaba ya algunos años reinando, [16] [2] escogió tres mil soldados entre los israelitas. Dos mil se quedaron con él en Micmas y en los montes de Betel, y los otros mil se quedaron con Jonatán en Gabaa de Benjamín. Al resto de la gente, Saúl le ordenó volver a casa. [3] Jonatán acabó con la guarnición filistea que estaba en Gabaa, y los filisteos lo supieron. Entonces Saúl mandó tocar la trompeta en todo el país, para poner sobre aviso a los hebreos.

[4] Todos los israelitas supieron que Saúl había acabado con la guarnición filistea y que por eso los filisteos aborrecían a los israelitas, así que el ejército se reunió con Saúl en Gilgal. [5] Los filisteos, a su vez, se juntaron para luchar contra los israelitas. Tenían treinta mil carros de combate, seis mil soldados de caballería y una infantería tan numerosa como la arena del mar. Luego se dirigieron a Micmas y establecieron su campamento allí, al oriente de Betavén.

[6] Los israelitas se vieron en grave aprieto, pues de tal manera fueron atacados por los filisteos que tuvieron que esconderse en cuevas y hoyos, y entre las peñas, y en zanjas y pozos. [7] Muchos de ellos [17] cruzaron el Jordán, hacia la región de Gad y de Galaad; pero Saúl se quedó todavía en Gilgal, y todo su ejército lo seguía lleno de miedo. [8] Allí esperó Saúl siete días, según el plazo que le había indicado Samuel; [s] pero Samuel no llegaba a

Gilgal, y la gente comenzaba a irse. [9] Entonces Saúl ordenó:

—Tráiganme animales para los holocaustos y los sacrificios de reconciliación.

Y él mismo ofreció el holocausto.

[10] En el momento en que Saúl terminaba de ofrecer el holocausto, llegó Samuel. Entonces Saúl salió para recibirlo y saludarlo, [11] pero Samuel le dijo:

—¿Por qué has hecho eso?

Saúl respondió:

—Cuando vi que la gente comenzaba a irse, y que tú no llegabas en la fecha indicada, y que los filisteos estaban reunidos en Micmas, [12] pensé que ellos bajarían a atacarme en Gilgal, sin que yo me hubiera encomendado al Señor; por eso me vi en la necesidad de ofrecer yo mismo el holocausto.

[13] Samuel le contestó:

—¡Lo que has hecho es una locura! Si hubieras obedecido la orden que el Señor te dio, él habría confirmado para siempre tu reinado en Israel. [14] Pero ahora, tu reinado no permanecerá. El Señor buscará un hombre de su agrado [t] y lo nombrará jefe de su pueblo, porque tú has desobedecido la orden que él te dio.

[15] En seguida Samuel se fue de Gilgal para seguir su camino. El resto del ejército siguió a Saúl para entablar combate, y de Gilgal llegaron [18] a Gabaa de Benjamín. Allí contó Saúl las tropas que le acompañaban, y eran unos seiscientos hombres. [16] Saúl y su hijo Jonatán, y las tropas que iban con ellos, se quedaron en Gabaa de Benjamín, mientras que los filisteos acamparon en Micmas, [17] aunque tres grupos de guerrilleros filisteos salieron de su campamento; uno de ellos se dirigió hacia Ofra, en la región de Sual, [18] otro fue hacia Bet-horón, y el tercero hacia la colina [19] que se eleva sobre el valle de Zeboim, hacia el desierto.

[19] En todo el territorio de Israel no había un solo herrero porque los filisteos pensaban que de esa manera los hebreos no podrían fabricar espadas ni lanzas. [20] Todos los israelitas tenían que recurrir a los filisteos para afilar cada cual su reja de arado, su azadón, su hacha o su pico. [21] Se cobraban dos tercios de siclo [20] por afilar rejas y azadones, y un tercio de siclo por afilar las hachas y arreglar las aguijadas. [22] Por lo tanto, ninguno de los que acompañaban a Saúl y Jonatán tenía espada o lanza el día de la batalla. Sólo ellos dos las tenían. [23] Mientras tanto, un destacamento filisteo avanzó hacia el paso de Micmas.

---

[15] *Era mayor de edad:* traducción probable. En el texto hebreo falta el número de años que Saúl tenía. [16] *Algunos años reinando:* traducción probable. En el texto hebreo falta el número de años que Saúl llevaba de reinar. [17] *Muchos de ellos:* texto probable. Heb. *y hebreos.* [18] *Para seguir su camino . . . y de Gilgal llegaron:* según la versión griega. En el texto hebreo no aparece esta frase. [19] *La colina:* según la versión griega. Heb. *la frontera.* [20] *Siclo:* véase Tabla de Pesas y Medidas.

s **13.8** 1 S 10.8.   t **13.14** Hch 13.22.

Hazaña de Jonatán

14 [1] Cierto día Jonatán, el hijo de Saúl, dijo a su ayudante:

—Ven, crucemos el río y ataquemos al destacamento filisteo que está al otro lado.

Pero Jonatán no dijo nada de esto a su padre, [2] que había acampado en el extremo de una colina[21] y estaba debajo de un granado, en un lugar donde trillaban trigo, acompañado por una tropa compuesta de seiscientos hombres. [3] El encargado de llevar el efod era Ahías, que era hijo de Ahitob y sobrino de Icabod, el hijo de Finees y nieto de Elí, el sacerdote del Señor en Silo.

La gente no sabía que Jonatán se había ido. [4] Mientras tanto, él trataba de llegar hasta donde se encontraba el destacamento filisteo. El paso estaba entre dos grandes peñascos, llamados Boses y Sene, [5] uno al norte, frente a Micmas, y el otro al sur, frente a Gabaa. [6] Y Jonatán dijo a su ayudante:

—Anda, vamos al otro lado, hasta donde se encuentra el destacamento de esos paganos. Quizá el Señor haga algo por nosotros, ya que para él no es difícil darnos la victoria con mucha gente o con poca.

[7] —Haz todo lo que tengas en mente, que estoy dispuesto a apoyarte en tus propósitos —respondió su ayudante.

[8] Entonces Jonatán le dijo:

—Mira, vamos a pasar al otro lado, a donde están esos hombres, y dejaremos que nos vean. [9] Si nos dicen que esperemos a que bajen hasta donde estamos, nos quedaremos allí y no subiremos adonde ellos están. [10] Pero si nos dicen que subamos, lo haremos así, porque eso será una señal de que el Señor nos dará la victoria.

[11] Así pues, los dos dejaron que los filisteos del destacamento los vieran. Y éstos, al verlos, dijeron: "Miren, ya están saliendo los hebreos de las cuevas en que se habían escondido." [12] Y en seguida les gritaron a Jonatán y a su ayudante:

—¡Suban adonde estamos, que les vamos a contar algo!

Entonces Jonatán le dijo a su ayudante:

—Sígueme, porque el Señor va a entregarlos en manos de los israelitas.

[13] Jonatán subió trepando con pies y manos, seguido de su ayudante. A los que Jonatán hacía rodar por tierra, su ayudante los remataba en seguida. [14] En este primer ataque, Jonatán y su ayudante mataron a unos veinte hombres en corto espacio. [15] Todos los que estaban en el campamento y fuera de él se llenaron de miedo. Los soldados del destacamento y los grupos de guerrilleros también tuvieron miedo. Al mismo tiempo hubo un temblor de tierra, y se produjo un pánico enorme.

[16] Los centinelas de Saúl, que estaban en Gabaa de Benjamín, vieron a los filisteos correr en tropel de un lado a otro. [17] Entonces Saúl dijo al ejército que lo acompañaba:

—Pasen revista para ver quién falta de los nuestros.

Al pasar revista, se vio que faltaban Jonatán y su ayudante. [18] Y como ese día el efod[22] de Dios se hallaba entre los israelitas, Saúl le dijo a Ahías:

—Trae aquí el efod[22] de Dios.

[19] Pero mientras Saúl hablaba con el sacerdote, la confusión en el campamento filisteo iba en aumento. Entonces Saúl le dijo al sacerdote:

—Ya no lo traigas.

[20] En seguida Saúl y todas sus tropas se reunieron y se lanzaron a la batalla. Era tal la confusión que había entre los filisteos, que acabaron matándose entre sí. [21] Además, los hebreos que desde hacía tiempo estaban con los filisteos y habían salido con ellos como parte de su ejército, se pasaron al lado de los israelitas que acompañaban a Saúl y Jonatán. [22] Y cuando los israelitas que se habían refugiado en los montes de Efraín supieron que los filisteos huían, se lanzaron a perseguirlos y a darles batalla. [23] El combate se extendió hasta Bet-avén, y el Señor libró a Israel en esta ocasión.

Juramento de Saúl

[24] Sin embargo, los israelitas estaban muy agotados aquel día, pues nadie había probado alimento porque Saúl había puesto al pueblo bajo juramento, diciendo: "Maldito aquel que coma algo antes de la tarde, antes de que yo me haya vengado de mis enemigos." [25] Y el ejército llegó a un bosque donde había miel en el suelo. [26] Cuando la gente entró en el bosque, la miel corría como agua; pero nadie la probó siquiera, por miedo al juramento. [27] Pero Jonatán, que no había escuchado el juramento bajo el cual su padre había puesto al ejército, extendió la vara que llevaba en la mano, mojó la punta en un panal de miel y comió de ella, con lo cual se reanimó en seguida. [28] Entonces uno de los soldados israelitas le dijo:

—Tu padre ha puesto al ejército bajo juramento, y ha dicho que quien hoy coma alguna cosa, será maldito. Por eso la gente está muy agotada.

---

[21] *En el extremo de una colina:* otra posible traducción: *el límite de Gabaa.*   [22] *Efod:* según la versión griega. Heb. *el cofre.*

²⁹ Jonatán respondió:

—Mi padre ha causado un perjuicio a la nación. Mira qué reanimado estoy después de haber probado un poco de esta miel, ³⁰ y más lo estaría la gente si hubiera comido hoy de lo que le quitó al enemigo. ¡Y qué tremenda habría sido la derrota de los filisteos!

³¹ Aquel día los israelitas derrotaron a los filisteos, luchando desde Micmas hasta Ajalón. Pero el ejército israelita estaba muy agotado, ³² así que finalmente se lanzó sobre lo que se le había quitado al enemigo, y tomando ovejas, vacas y becerros, los degollaron en el suelo y comieron la carne con sangre y todo. ³³ Pero algunos fueron a decirle a Saúl:

—La gente está pecando contra el Señor, porque está comiendo carne con sangre.ᵘ

Entonces Saúl dijo:

—¡Son ustedes unos traidores! Tráiganme hasta aquí rodando una piedra grande. ³⁴ Además, hablen con la gente y díganles que cada uno me traiga aquí su toro o su oveja, para que ustedes los degüellen y coman, y no pequen contra el Señor comiendo carne con sangre.

Esa misma noche, cada uno llevó personalmente su toro, y lo degollaron allí. ³⁵ Saúl, por su parte, construyó un altar al Señor, que fue el primero que le dedicó. ³⁶ Después propuso Saúl:

—Bajemos esta noche a perseguir a los filisteos y hagamos un saqueo hasta el amanecer, sin dejar vivo a ninguno.

Todos respondieron:

—Haz lo que te parezca mejor.

Pero el sacerdote dijo:

—Antes que nada, consultemos a Dios.

³⁷ Entonces Saúl consultó a Dios:

—¿Debo perseguir a los filisteos? ¿Los entregarás en manos de los israelitas?

Pero el Señor no le respondió ese día. ³⁸ Por lo tanto Saúl dijo:

—Acérquense aquí todos los jefes del ejército, y averigüen quién ha cometido hoy este pecado. ³⁹ ¡Juro por el Señor, el salvador de Israel, que aunque haya sido mi hijo Jonatán, tendrá que morir!

Nadie en el ejército respondió; ⁴⁰ por eso Saúl dijo a todos los israelitas:

—Pónganse ustedes de este lado, y del otro nos pondremos mi hijo Jonatán y yo.

—Haz lo que te parezca mejor —contestó la tropa.

⁴¹ Entonces Saúl exclamó:

—Señor y Dios de Israel, ¿por qué no has respondido hoy a tu servidor? Si la culpa es mía, o de mi hijo Jonatán, al echar las suertes saldrá el Urim; pero si la culpa es de Israel, tu pueblo, al echar las suertes saldrá el Tumim.²³, ᵛ

La suerte cayó sobre Jonatán y Saúl, y el pueblo quedó libre de culpa. ⁴² Luego Saúl dijo:

—Echen suertes entre mi hijo Jonatán y yo.

Y la suerte cayó sobre Jonatán, ⁴³ por lo cual dijo Saúl a Jonatán:

—Confiésame lo que has hecho.

Jonatán confesó:

—Realmente probé un poco de miel con la punta de la vara que llevaba en la mano. Pero aquí estoy, dispuesto a morir.

⁴⁴ Saúl exclamó:

—¡Que Dios me castigue con toda dureza si no mueres, Jonatán!

⁴⁵ Pero el pueblo respondió a Saúl:

—¡Cómo es posible que muera Jonatán, si ha dado una gran victoria a Israel! ¡Nada de eso! ¡Por vida del Señor, que no caerá al suelo ni un pelo de su cabeza! Porque lo que ha hecho hoy, lo ha hecho con la ayuda de Dios.

De este modo el pueblo libró a Jonatán de morir. ⁴⁶ Saúl, a su vez, dejó de perseguir a los filisteos, los cuales regresaron a su territorio.

⁴⁷ Así pues, Saúl tomó posesión del reino de Israel, y en todas partes combatió contra sus enemigos, que eran Moab, Amón, Edom, y el rey de Soba y los filisteos. Y dondequiera que iba, vencía. ⁴⁸ Reunió un ejército²⁴ y venció a Amalec, librando así a Israel de las bandas de salteadores.

⁴⁹ Los hijos de Saúl fueron: Jonatán, Isúi y Malquisúa. Sus dos hijas fueron: Merab, la mayor, y Mical, la menor. ⁵⁰ La mujer de Saúl se llamaba Ahinoam, hija de Ahimaas. El general de su ejército se llamaba Abner, hijo de Ner, tío de Saúl. ⁵¹ Cis, padre de Saúl, y Ner, padre de Abner, eran hijos de Abiel.

⁵² La guerra contra los filisteos fue muy dura durante toda la vida de Saúl; por eso Saúl alistaba en su ejército a todo hombre fuerte y valiente.

El Señor rechaza a Saúl

15 ¹ Un día, Samuel dijo a Saúl:

—El Señor me envió para consagrarte como rey de Israel, su pueblo.ʷ Por lo tanto, escucha lo que el Señor te quiere decir. ² Así dice el Señor todopoderoso: 'Voy a castigar a los amalecitas por lo que le hicieron a Israel, pues se interpusieron en su camino cuando venía de Egipto.ˣ ³ Por lo tanto, ve y atácalos; destrúyelos

---

²³ *Señor y Dios de ... el Tumim*: texto probable, según la versión griega. El texto hebreo de este versículo aparece incompleto.   ²⁴ *Reunió un ejército*: otra posible traducción: *actuó con valentía*.
ᵘ **14.33** Gn 9.4; Lv 7.26–27; 17.10–14; 19.26; Dt 12.16,23; 15.23.   ᵛ **14.41** Nm 27.21; 1 S 28.6.   ʷ **15.1** 1 S 10.1.
ˣ **15.2** Ex 17.8–14; Dt 25.17–19.

junto con todas sus posesiones, y no les tengas compasión. Mata hombres y mujeres, niños y recién nacidos, y también toros y ovejas, camellos y asnos.'

⁴ Saúl mandó llamar al pueblo y le pasó revista en Telaim. Eran doscientos mil hombres de infantería y diez mil hombres de Judá. ⁵ Después Saúl se dirigió a la capital de Amalec y tomó posiciones junto al arroyo, ⁶ y dijo a los quenitas:

—¡Apártense! ¡Salgan de en medio de los amalecitas, para que no los destruya a ustedes junto con ellos; pues ustedes se portaron bien con los israelitas cuando venían de Egipto!

Los quenitas se apartaron de los amalecitas. ⁷ Entonces Saúl atacó a los amalecitas desde Havila hasta la entrada de Shur, que está en la frontera de Egipto, y los derrotó; ⁸ tomó prisionero a Agag, su rey, y mató a filo de espada a todo su ejército. ⁹ Sin embargo, Saúl y su ejército dejaron con vida a Agag, y no mataron las mejores ovejas, ni los toros, ni los becerros más gordos, ni los carneros, ni destruyeron las cosas de valor, aunque sí destruyeron todo lo que era inútil y de poco valor.

¹⁰ Luego el Señor le habló a Samuel, y le dijo:

¹¹ —Me pesa haber hecho rey a Saúl, porque se ha apartado de mí y no ha cumplido mis órdenes.

Samuel se quedó muy molesto, y durante toda la noche estuvo rogando al Señor. ¹² A la mañana siguiente madrugó para ir al encuentro de Saúl, pero le avisaron que éste se había ido a Carmel, que allí se había levantado un monumento, y que luego, dando un rodeo, había continuado hacia Gilgal. ¹³ Entonces Samuel fue a donde estaba Saúl, el cual le dijo:

—El Señor te bendiga. Ya he cumplido la orden del Señor.

¹⁴ —¿Qué significan entonces esos balidos de ovejas y esos bramidos de toros que estoy escuchando? —respondió Samuel.

¹⁵ —Los han traído de Amalec —contestó Saúl —, porque la gente ha conservado las mejores ovejas y los mejores toros para ofrecerlos en sacrificio al Señor tu Dios. Pero hemos destruido lo demás.

¹⁶ —¡Calla, que te voy a comunicar lo que el Señor me dijo anoche! —le interrumpió Samuel.

—Habla —respondió Saúl.

¹⁷ Y Samuel le dijo:

—¿No te considerabas tú de poca importancia? Sin embargo, has llegado a ser el jefe de las tribus israelitas, y el Señor te ha consagrado como rey de Israel. ¹⁸ Ahora bien, si el Señor te envió con la orden estricta de destruir a esos pecadores amalecitas, y de atacarlos hasta acabar con ellos, ¹⁹ ¿por qué desobedeciste sus órdenes y te lanzaste sobre lo que se le quitó al enemigo, actuando mal a los ojos del Señor?

²⁰ Saúl contestó:

—Yo obedecí las órdenes del Señor, y cumplí la misión que él me encomendó: he traído prisionero a Agag, rey de Amalec, y he destruido a los amalecitas. ²¹ Pero la tropa se quedó con ovejas y toros, lo mejor de lo que estaba destinado a la destrucción, para sacrificarlos en honor del Señor tu Dios en Gilgal.

²² Entonces Samuel dijo:
"Más le agrada al Señor que se le
  obedezca,
y no que se le ofrezcan sacrificios y
  holocaustos;
vale más obedecerlo y prestarle
  atención
que ofrecerle sacrificios y grasa de
  carneros.ʸ
²³ Tanto peca el que se rebela contra
  él
como el que practica la adivinación;
semejante a quien adora a los ídolos
  es aquel que lo desobedece.
Y como tú has rechazado sus
  mandatos,
ahora él te rechaza como rey."

²⁴ Entonces Saúl dijo a Samuel:

—Sí, he pecado, pues pasé por alto la orden del Señor y tus instrucciones, porque tuve miedo de la gente y atendí su petición. ²⁵ Pero yo te ruego que perdones mi pecado y que regreses conmigo para adorar al Señor.

²⁶ —No voy a regresar contigo —le respondió Samuel—, porque tú has rechazado el mandato del Señor, y ahora él te rechaza como rey de Israel.

²⁷ Samuel se volvió para marcharse, pero Saúl lo agarró por el borde de su capa y se la desgarró. ²⁸ Entonces Samuel le dijo a Saúl:

—De esta misma manera, el Señor ha desgarrado hoy de ti el reino de Israel. Te lo ha quitado para entregárselo a un compatriota tuyo, que es mejor que tú. ²⁹ Porque Dios, que es la gloria de Israel, no miente ni se arrepiente, pues no es un simple hombre para arrepentirse.

³⁰ —Yo he pecado —repitió Saúl—. Pero te ruego que ante los ancianos de Israel y ante todo el pueblo me sigas respetando como rey. Así que vuelve conmigo para adorar al Señor tu Dios.

³¹ Samuel volvió entonces con Saúl, y éste adoró al Señor. ³² Luego Samuel ordenó:

ʸ **15.22** Pr 21.3; Os 6.6; Am 5.22–24.

—Traigan ante mí a Agag, rey de Amalec.

Agag se presentó muy tranquilo ante Samuel, pensando [25] que ya había pasado el peligro de una muerte amarga. [33] Pero Samuel le dijo:

—Con tu espada dejaste sin hijos a muchas mujeres. Pues igual que ellas quedará tu madre.

Y sin más, Samuel lo descuartizó en Gilgal, ante el Señor. [34] Después se fue a Ramá, y Saúl regresó a su casa, en Gabaa de Saúl. [35] Y Samuel nunca más volvió a ver a Saúl, aunque le causó mucha tristeza que el Señor se hubiera arrepentido de haber hecho a Saúl rey de Israel.

David es consagrado rey

16 [1] El Señor dijo a Samuel:
—¿Hasta cuándo vas a estar triste por causa de Saúl? Ya no quiero que él siga siendo rey de Israel. Anda, llena de aceite tu cuerno, que quiero que vayas a la casa de Isaí, el de Belén, porque ya escogí como rey a uno de sus hijos.

[2] —¿Y cómo haré para ir? —respondió Samuel—. ¡Si Saúl llega a saberlo, me matará!

El Señor le contestó:
—Toma una ternera y di que vas a ofrecérmela en sacrificio. [3] Después invita a Isaí al sacrificio, y yo te diré lo que debes hacer. Consagra como rey a quien yo te diga.

[4] Samuel hizo lo que el Señor le mandó. Y cuando llegó a Belén, los ancianos de la ciudad salieron a recibirle con cierto temor, y le preguntaron:
—¿Vienes en son de paz?

[5] —Así es —respondió Samuel—. Vengo a ofrecer un sacrificio al Señor. Purifíquense y acompáñenme a participar en el sacrificio.

Luego Samuel purificó a Isaí y a sus hijos, y los invitó al sacrificio. [6] Cuando ellos llegaron, Samuel vio a Eliab y pensó: "Con toda seguridad éste es el hombre que el Señor ha escogido como rey."

[7] Pero el Señor le dijo: "No te fijes en su apariencia ni en su elevada estatura, pues yo lo he rechazado. No se trata de lo que el hombre ve; pues el hombre se fija en las apariencias, pero yo me fijo en el corazón."

[8] Entonces Isaí llamó a Abinadab, y se lo presentó a Samuel; pero Samuel comentó:
—Tampoco a éste ha escogido el Señor.

[9] Luego le presentó Isaí a Sama; pero Samuel dijo:

—Tampoco ha escogido a éste.

[10] Isaí presentó a Samuel siete de sus hijos, pero Samuel tuvo que decirle que a ninguno de ellos lo había elegido el Señor. [11] Finalmente le preguntó:
—¿No tienes más hijos?

—Falta el más pequeño, que es el que cuida el rebaño —respondió Isaí.

—Manda a buscarlo —dijo Samuel—, porque no comenzaremos la ceremonia hasta que él llegue.

[12] Isaí lo mandó llamar. Y el chico era de piel sonrosada, agradable y bien parecido. Entonces el Señor dijo a Samuel:
—Este es. Así que levántate y conságralo como rey.

[13] En seguida Samuel tomó el frasco de aceite, y en presencia de sus hermanos consagró como rey al joven, que se llamaba David. A partir de aquel momento, el espíritu del Señor se apoderó de él. Después Samuel se despidió y se fue a Ramá.

David al servicio de Saúl

[14] Entre tanto, el espíritu del Señor se había apartado de Saúl, y un espíritu maligno, enviado por el Señor, lo atormentaba. [15] Por eso, los que estaban a su servicio le dijeron:
—Como usted ve, señor nuestro, un espíritu maligno de parte de Dios lo está atormentando a usted. [16] Por eso, ordene usted a estos servidores suyos que busquen a alguien que sepa tocar el arpa, para que, cuando le ataque a usted el espíritu maligno, él toque el arpa y usted se sienta mejor.

[17] —Pues busquen a alguien que sepa tocar bien, y tráiganmelo —contestó Saúl.

[18] Entonces uno de ellos dijo:
—Yo he visto que uno de los hijos de Isaí, el de Belén, sabe tocar muy bien; además, es un guerrero valiente, y habla con sensatez; es bien parecido y cuenta con la ayuda del Señor.

[19] Entonces Saúl mandó mensajeros a Isaí, para que le dijeran: "Envíame a tu hijo David, el que cuida las ovejas", [20] e Isaí envió su hijo David a Saúl. Con él le envió a Saúl un asno cargado de pan, un cuero de vino y un cabrito. [21] Así David se presentó ante Saúl y quedó a su servicio, y Saúl llegó a estimarlo muchísimo y lo nombró su ayudante. [22] Y Saúl envió un mensaje a Isaí, rogándole que dejara a David con él, porque le había agradado mucho. [23] Así que, cuando el espíritu maligno de parte de Dios atacaba a Saúl, David tomaba el arpa y se ponía a tocar. Con

---

[25] *Muy tranquilo ante Samuel, pensando:* otra posible traducción: *con recelo ante Samuel, aunque pensaba.*

eso Saúl recobraba el ánimo y se sentía mejor, y el espíritu maligno se apartaba de él.

David, héroe nacional

17 ¹ Los filisteos juntaron sus ejércitos para la guerra y se reunieron en Soco, pueblo que pertenece a Judá, acampando en Efes-damim, entre Soco y Azeca. ² A su vez, Saúl y los israelitas se reunieron y acamparon en el valle de Ela, preparándose para presentar batalla a los filisteos. ³ Estos tenían sus posiciones en un monte, y los israelitas en otro, quedando separados por el valle. ⁴ De pronto, de entre las filas de los filisteos salió un guerrero como de tres metros de estatura. Se llamaba Goliat y era de la ciudad de Gat. ⁵ En la cabeza llevaba un casco de bronce, y sobre su cuerpo una coraza, también de bronce, que pesaba cincuenta y cinco kilos. ⁶ Del mismo metal eran las placas que le protegían las piernas y la jabalina que llevaba al hombro. ⁷ El asta de su lanza era como un rodillo de telar, y su punta de hierro pesaba más de seis kilos. Delante de él iba su ayudante. ⁸ Goliat se detuvo y dijo a los soldados israelitas:

—¿Para qué han salido en orden de combate? Puesto que yo soy un filisteo, y ustedes están al servicio de Saúl, elijan a uno de ustedes para que baje a luchar conmigo. ⁹ Si es capaz de pelear conmigo y vencerme, nosotros seremos esclavos de ustedes; pero si yo lo venzo, ustedes serán nuestros esclavos. ¹⁰ En este día, yo lanzo este desafío al ejército de Israel: ¡Denme un hombre para que luche conmigo!

¹¹ Al oír Saúl y todos los israelitas las palabras del filisteo, perdieron el ánimo y se llenaron de miedo.

¹² Había un hombre de Belén llamado Isaí, que en tiempos de Saúl era ya de edad muy avanzada.²⁶ Este hombre tenía ocho hijos, uno de los cuales era David. ¹³⁻¹⁴ Sus tres hijos mayores, Eliab, Abinadab y Sama, se habían ido ya con Saúl a la guerra. David, que era el menor, ¹⁵ iba al campamento de Saúl, y volvía a Belén para cuidar las ovejas de su padre. ¹⁶ Mientras tanto, aquel filisteo salía a provocar a los israelitas por la mañana y por la tarde, y así lo estuvo haciendo durante cuarenta días.

¹⁷ Un día, Isaí le dijo a su hijo David:

—Toma unos veinte litros de este trigo tostado, y estos diez panes, y llévalos pronto al campamento, a tus hermanos. ¹⁸ Llévate también estos diez quesos para el comandante del batallón. Mira cómo es-

tán tus hermanos y tráeme algo que compruebe que se encuentran bien.

¹⁹ Mientras tanto, Saúl y los hermanos de David y todos los israelitas estaban en el valle de Ela luchando contra los filisteos.

²⁰ Al día siguiente, David madrugó y, dejando las ovejas al cuidado de otro, se puso en camino llevando consigo las provisiones que le entregó Isaí. Cuando llegó al campamento, el ejército se disponía a salir a la batalla y lanzaba gritos de guerra. ²¹ Los israelitas y los filisteos se alinearon frente a frente. ²² David dejó lo que llevaba al cuidado del encargado de armas y provisiones, y corriendo a las filas se metió en ellas para preguntar a sus hermanos cómo estaban. ²³ Mientras hablaba con ellos, aquel guerrero filisteo llamado Goliat, de la ciudad de Gat, salió de entre las filas de los filisteos y volvió a desafiar a los israelitas como lo había estado haciendo hasta entonces. David lo oyó.

²⁴ En cuanto los israelitas vieron a aquel hombre, sintieron mucho miedo y huyeron de su presencia, ²⁵ diciendo: "¿Ya vieron al hombre que ha salido? ¡Ha venido a desafiar a Israel! A quien sea capaz de vencerlo, el rey le dará muchas riquezas, le dará su hija como esposa y liberará a su familia de pagar tributos."

²⁶ Entonces David preguntó a los que estaban a su lado:

—¿Qué darán al hombre que mate a este filisteo y borre esta ofensa de Israel? Porque, ¿quién es este filisteo pagano para desafiar así al ejército del Dios viviente?

²⁷ Ellos respondieron lo mismo que antes habían dicho, en cuanto a lo que le darían a quien matara a Goliat. ²⁸ Pero Eliab, el hermano mayor de David, que le había oído hablar con aquellos hombres, se enfureció con él y le dijo:

—¿A qué has venido aquí? ¿Con quién dejaste esas cuantas ovejas que están en el desierto? Yo conozco tu atrevimiento y tus malas intenciones, porque has venido sólo para poder ver la batalla.

²⁹ —¿Y qué he hecho ahora —contestó David—, si apenas he hablado?

³⁰ Luego se apartó de su hermano, y al preguntarle a otro, recibió la misma respuesta. ³¹ Algunos que oyeron a David preguntar, fueron a contárselo a Saúl, y éste lo mandó llamar. ³² Entonces David le dijo a Saúl:

—Nadie debe desanimarse por culpa de ese filisteo, porque yo, un servidor de Su Majestad, iré a pelear contra él.

³³ —No puedes ir tú solo a luchar contra ese filisteo —contestó Saúl—, porque aún eres muy joven; en cambio, él ha sido hombre de guerra desde su juventud.

---

²⁶ *De edad muy avanzada:* según la versión griega. Heb. *entrado en hombres.*

34 David contestó:

—Cuando yo, el servidor de Su Majestad, cuidaba las ovejas de mi padre, si un león o un oso venía y se llevaba una oveja del rebaño, **35** iba detrás de él y se la quitaba del hocico; y si se volvía para atacarme, lo agarraba por la quijada y le daba de golpes hasta matarlo. **36** Así fuera un león o un oso, este servidor de Su Majestad lo mataba. Y a este filisteo pagano le va a pasar lo mismo, porque ha desafiado al ejército del Dios viviente. **37** El Señor, que me ha librado de las garras del león y del oso, también me librará de las manos de este filisteo.

Entonces Saúl le dijo:

—Anda, pues, y que el Señor te acompañe.

38 Luego hizo Saúl que vistieran a David con la misma ropa que él usaba, y que le pusieran un casco de bronce en la cabeza y lo cubrieran con una coraza. **39** Finalmente, David se colgó la espada al cinto, sobre su ropa, y trató de andar así, porque no estaba acostumbrado a todo aquello. Pero en seguida le dijo a Saúl:

—No puedo andar con esto encima, porque no estoy acostumbrado a ello.

Entonces se quitó todo aquello, **40** tomó su bastón, escogió cinco piedras lisas del arroyo, las metió en la bolsa que traía consigo y, con su honda en la mano, se enfrentó con el filisteo. **41** El filisteo, a su vez, se acercaba poco a poco a David. Delante de él iba su ayudante. **42** Cuando el filisteo miró a David, y vio que era joven, de piel sonrosada y bien parecido, no lo tomó en serio, **43** sino que le dijo:

—¿Acaso soy un perro, para que vengas a atacarme con palos?

Y en seguida maldijo a David en nombre de su dios. **44** Además le dijo:

—¡Ven aquí, que voy a dar tu carne como alimento a las aves del cielo y a las fieras!

45 David le contestó:

—Tú vienes contra mí con espada, lanza y jabalina, pero yo voy contra ti en nombre del Señor todopoderoso, el Dios de los ejércitos de Israel, a los que tú has desafiado. **46** Ahora el Señor te entregará en mis manos, y hoy mismo te mataré y te cortaré la cabeza, y los cadáveres del ejército filisteo se los daré a las aves del cielo y a las fieras. Así todo el mundo sabrá que hay un Dios en Israel; **47** todos los aquí reunidos sabrán que el Señor no salva con espada ni con lanza. Esta batalla es del Señor, y él los entregará a ustedes en nuestras manos.

48 El filisteo se levantó y salió al encuentro de David, quien, a su vez, rápidamente se dispuso a hacer frente al filisteo: **49** metió su mano en la bolsa, sacó una piedra y, arrojándola con la honda contra el filisteo, lo hirió en la frente. Con la piedra clavada en la frente, el filisteo cayó de cara al suelo. **50** Así fue como David venció al filisteo. Con sólo una honda y una piedra, David lo hirió de muerte. Y como no llevaba espada, **51** corrió a ponerse al lado del filisteo y, apoderándose de su espada, la desenvainó y con el la lo remató. Después de esto, le cortó la cabeza.

Cuando los filisteos vieron muerto a su mejor guerrero, salieron huyendo. **52** Entonces los hombres de Israel y de Judá, lanzando gritos de guerra, salieron a perseguirlos hasta la entrada de Gat[27] y las puertas de Ecrón. Por todo el camino que va de Saaraim a Gat y Ecrón se veían cadáveres de soldados filisteos. **53** Después de haber perseguido a los filisteos, los israelitas volvieron y saquearon su campamento. **54** Entonces David tomó la cabeza del filisteo y la llevó a Jerusalén, pero las armas las puso en su tienda de campaña.

55 Antes Saúl había preguntado a Abner, general de su ejército, cuando vio que David salía al encuentro del filisteo:

—Abner, ¿quién es el padre de ese muchacho?

56 —Juro a Su Majestad que no lo sé —respondió Abner.

—Pues encárgate de averiguarlo —dijo el rey.

57 Por lo tanto, cuando David volvía de matar al filisteo, trayendo aún su cabeza en la mano, Abner lo tomó y lo llevó ante Saúl, **58** quien le preguntó:

—Dime, muchacho, ¿de quién eres hijo?

David respondió:

—Soy hijo de Isaí, el de Belén, servidor de Su Majestad.

Jonatán y David se juran amistad

18 **1** Después que David terminó de hablar con Saúl, Jonatán se hizo muy amigo de David, y llegó a quererlo como a sí mismo. **2** Saúl, por su parte, aquel mismo día lo tomó a su servicio y no lo dejó volver a casa de su padre. **3** Y Jonatán y David se juraron eterna amistad, porque Jonatán quería a David como a sí mismo. **4** Además Jonatán se quitó la capa y la túnica que llevaba puestas, y se las dio a David, junto con su espada, su arco y su cinturón.

5 Tanta capacidad demostró David para cumplir con todo lo que Saúl le ordenaba hacer, que Saúl lo puso al mando de

---

27 *Hasta la entrada de Gat:* según la versión griega. Heb. *hasta tu entrada, oh valle.*

hombres de guerra. Esto agradó a todo el ejército y a los oficiales de Saúl.

Saúl envidia la popularidad de David

⁶ Sin embargo, cuando las tropas regresaron después que David mató al filisteo, de todas las ciudades de Israel salieron mujeres a recibir al rey Saúl cantando y bailando alegremente con panderos y platillos.²⁸ ⁷ Y mientras cantaban y bailaban, las mujeres repetían:

"Mil hombres mató Saúl,
y diez mil mató David."ᶻ

⁸ Esto le molestó mucho a Saúl, y muy enojado dijo:

—A David le atribuyen la muerte de diez mil hombres, y a mí únicamente la de mil. ¡Ya sólo falta que lo hagan rey!

⁹ A partir de entonces, Saúl miraba a David con recelo.

¹⁰ Al día siguiente, el espíritu maligno mandado por Dios se apoderó de Saúl, y éste se puso como loco dentro de su palacio. David estaba tocando el arpa, como de costumbre, y Saúl tenía su lanza en la mano. ¹¹ De pronto Saúl levantó la lanza con la intención de clavar a David en la pared, pero David esquivó a Saúl dos veces.

¹² Saúl tenía miedo de David, porque el Señor ayudaba a David pero ya no lo ayudaba a él. ¹³ Por eso lo retiró de su lado y lo nombró comandante de un batallón, al frente del cual salía a campaña y volvía. ¹⁴ Y como el Señor lo ayudaba, David tenía éxito en todo lo que hacía. ¹⁵ Por eso Saúl tenía miedo de él, al ver cómo prosperaba. ¹⁶ Pero todos en Israel y Judá querían a David, porque él era quien los dirigía cuando salían a campaña y volvían.

¹⁷ Un día Saúl le dijo a David:

—Te voy a dar como esposa a Merab, mi hija mayor, con la condición de que me seas un guerrero valiente y pelees las batallas del Señor.

Saúl pensaba que no necesitaba matarlo él personalmente, sino que de ello se encargarían los filisteos. ¹⁸ Pero David le respondió:

—Nada soy yo, ni nada son mis familiares en Israel, para que yo sea yerno del rey.

¹⁹ Sin embargo, cuando llegó la fecha en que Saúl debía dar su hija Merab como esposa a David, en vez de dársela a él se la dio a Adriel, de Mehola. ²⁰ Pero Mical, la otra hija de Saúl, estaba enamorada de David. Y cuando se lo dijeron a Saúl, le agradó saberlo, ²¹ pues pensó dársela a David como esposa para que ella lo hiciera caer en manos de los filisteos. Entonces le dijo a David por segunda vez:

—Ahora sí vas a ser mi yerno.

²² Después Saúl ordenó a sus servidores:

—Hablen ustedes en privado con David y díganle que yo, el rey, lo quiero mucho, y que todos mis servidores lo estiman, y que él debe ser mi yerno.

²³ Los servidores de Saúl fueron a decirle todo esto a David, pero David les contestó:

—¿Y creen ustedes que llegar a ser yerno del rey es tan fácil para alguien pobre e insignificante como yo?

²⁴ Los servidores de Saúl fueron y le contaron a éste lo que David había dicho. ²⁵ Entonces Saúl, con la intención de que David cayera en manos de los filisteos, les contestó:

—Díganle a David que en lugar de la compensación que se acostumbra dar por la esposa, yo, el rey, prefiero que me entregue cien prepucios de filisteos, para vengarme de mis enemigos.

²⁶ Los servidores de Saúl le comunicaron estas noticias a David, y David consideró apropiada la oportunidad de llegar a ser yerno del rey. Antes de que el plazo se cumpliera, ²⁷ David tomó a sus hombres, y fue y mató a doscientos filisteos; luego llevó los prepucios de éstos al rey, y se los entregó para poder ser su yerno. Entonces Saúl le concedió a su hija Mical por esposa.

²⁸ Pero al ver y comprobar Saúl que el Señor ayudaba a David y que su hija Mical lo amaba, ²⁹ llegó a tenerle más miedo que antes, y se convirtió en su eterno enemigo. ³⁰ Por otra parte, siempre que los jefes filisteos salían a campaña, David tenía más éxito que todos los demás oficiales de Saúl, por lo cual llegó a ser muy respetado.

Saúl intenta matar a David

19 ¹ Saúl ordenó a su hijo Jonatán y a todos sus oficiales que mataran a David. Pero Jonatán, que quería mucho a David, ² lo puso sobre aviso. Le dijo:

—Saúl, mi padre, está tratando de matarte. Así que mañana temprano ten cuidado y quédate escondido en algún lugar secreto. ³ Yo saldré, en compañía de mi padre, al campo donde tú vas a estar. Hablaré con él acerca de ti, a ver qué pasa, y luego te lo haré saber.

⁴ Y Jonatán habló con Saúl en favor de David. Le dijo:

²⁸ Lit. *terceros*. Un instrumento musical difícil de identificar. Quizá más bien *triángulos* o *liras de tres cuerdas*.
ᶻ **18.7** 1 S 21.11; 29.5.

—Su Majestad no debiera cometer ningún mal contra su siervo David, porque él no le ha hecho ningún mal a Su Majestad, y sí mucho bien; [5] pues jugándose la vida mató al filisteo, y así el Señor libró por completo a todo Israel. Su Majestad lo vio y se alegró de ello. ¿Por qué habrá de atentar Su Majestad contra la vida de un inocente, tratando de matar a David sin motivo?

[6] Al escuchar Saúl las razones de Jonatán, exclamó:

—Juro por el Señor que David no morirá.

[7] Entonces Jonatán llamó a David y le informó de toda esta conversación. Después lo llevó ante Saúl, y David siguió al servicio de Saúl igual que antes.

[8] Volvió a estallar la guerra, y David salió a luchar contra los filisteos y los venció, ocasionándoles una gran derrota y haciéndolos huir. [9] En cuanto a Saúl, otra vez lo atacó el espíritu maligno de parte del Señor; y estando sentado en su habitación, con su lanza en la mano, mientras David tocaba, [10] intentó clavar con ella a David en la pared. Pero David pudo esquivar el golpe, y la lanza de Saúl se clavó en la pared. Aquella misma noche David se escapó y huyó. [11] Inmediatamente Saúl dio órdenes a sus hombres de que fueran a casa de David, para que lo vigilaran y lo mataran a la mañana siguiente.[a] Pero Mical, la mujer de David, lo puso sobre aviso, diciéndole:

—Si no te pones a salvo esta noche, mañana serás hombre muerto.

[12] En seguida Mical descolgó a David por una ventana, y David pudo escapar. [13] Luego Mical tomó un ídolo y lo metió en la cama, le puso en la cabecera un tejido de pelo de cabra y lo tapó con una sábana. [14] Y cuando Saúl ordenó a sus hombres que apresaran a David, Mical les dijo que estaba enfermo. [15] Pero Saúl volvió a mandar a sus hombres en busca de David, y les dio esta orden:

—¡Aunque esté en la cama, sáquenlo de allí y tráiganmelo para que lo mate!

[16] Los hombres de Saúl entraron en casa de David, pero en la cama encontraron solamente el ídolo con el tejido de pelo de cabra en la cabecera. [17] Entonces Saúl dijo a Mical:

—¿Por qué me has engañado de este modo, dejando que escape mi enemigo?

Mical le respondió:

—Porque él juró que me mataría si no lo dejaba escapar.

[18] Así fue como David logró escapar. Y fue a ver a Samuel en Ramá, y le contó todo lo que Saúl le había hecho. Luego David y Samuel se fueron a vivir a Naiot.

[19] Y cuando Saúl se enteró de que David se hallaba en Naiot de Ramá, [20] envió a sus hombres a que lo apresaran. Al llegar, los hombres de Saúl vieron a un grupo de profetas en trance, a los que dirigía Samuel. De pronto el espíritu de Dios se apoderó de los hombres de Saúl, y también ellos cayeron en trance profético. [21] Cuando Saúl lo supo, mandó a otros hombres, pero también ellos cayeron en trance profético. Por tercera vez mandó Saúl a unos hombres, y también a ellos les ocurrió lo mismo. [22] Entonces Saúl fue personalmente a Ramá, y cuando llegó al gran depósito de agua que hay en Secú, preguntó por Samuel y David. No faltó quien le dijera que estaban en Naiot de Ramá, [23] y Saúl se dirigió allá. Pero el espíritu de Dios también se apoderó de él, y Saúl cayó en trance profético, y así siguió su camino hasta llegar a Naiot de Ramá; [24] además se quitó la ropa, y así, desnudo, permaneció en trance delante de Samuel todo el día y toda la noche. De allí viene el dicho: "¿También Saúl es uno de los profetas?"[b]

Jonatán ayuda a David

20 [1] David huyó de Naiot de Ramá, y fue adonde estaba Jonatán, para decirle:

—¿Qué he hecho yo? ¿Cuál es mi culpa? ¿Qué pecado he cometido contra tu padre, para que él busque matarme?

[2] Y Jonatán le contestó:

—¡Dios no lo quiera! ¡No te matará! Ten en cuenta que mi padre no hace nada, sea o no importante, sin comunicármelo. ¿Por qué razón iba mi padre a ocultarme este asunto? ¡No puede ser!

[3] Pero David insistió:

—Tu padre sabe muy bien que yo cuento con tu estimación, y no querrá que lo sepas para evitarte un disgusto. ¡Pero te juro por el Señor y por ti mismo que estoy a un paso de la muerte!

[4] Entonces Jonatán le preguntó:

—¿Qué quieres que haga yo por ti?

[5] David respondió:

—Mira, mañana es la fiesta de luna nueva,[c] y debo sentarme a comer con el rey. Pero déjame que me esconda en el campo hasta pasado mañana por la tarde, [6] y si tu padre pregunta por mí, dile que yo te pedí con urgencia permiso para ir a mi pueblo, a Belén, porque toda mi familia celebra allí el sacrificio anual. [7] Si contesta que está bien, quiere decir que puedo estar tranquilo; pero si se enoja, sabrás que ha decidido hacerme daño. [8] Así que hazme este favor, ya que soy tu servidor y

a 19.11 Sal 59 Título hebreo.   b 19.24 1 S 10.11-12.   c 20.5 Nm 28.11.

nos hemos jurado amistad ante el Señor. Ahora bien, si la culpa es mía, mátame tú mismo. No es necesario que me lleves ante tu padre.

⁹ Pero Jonatán respondió:

—¡No pienses tal cosa! Si llego a saber que mi padre está resuelto a hacerte mal, te lo comunicaré.

¹⁰ Entonces David le preguntó:

—¿Quién me avisará en caso de que tu padre te responda de mal modo?

¹¹ Jonatán respondió:

—Ven conmigo. Salgamos al campo.

Los dos salieron al campo, ¹² y allí Jonatán le dijo a David:

—Te juro por el Señor y Dios de Israel que entre mañana y pasado mañana, a esta misma hora, trataré de conocer las intenciones de mi padre. Si su actitud hacia ti es buena, te mandaré aviso; ¹³ pero si mi padre intenta hacerte mal, que el Señor me castigue duramente si no te aviso y te ayudo a escapar tranquilamente. ¡Y que el Señor te ayude como ayudó a mi padre! ¹⁴ Ahora bien, si para entonces vivo todavía, trátame con la misma bondad con que el Señor te ha tratado. Y si muero, ¹⁵⁻¹⁶ no dejes de ser bondadoso con mi familia.ᵈ ¡Que el Señor les pida cuentas a tus enemigos, y los destruya por completo!

De esta manera, Jonatán hizo un pacto con David,²⁹ ¹⁷ y por el cariño que Jonatán le tenía, volvió a hacerle el juramento, pues le quería tanto como a sí mismo. ¹⁸ Luego le dijo:

—Mañana es la fiesta de luna nueva, y como tu asiento va a estar desocupado, te echarán de menos. ¹⁹ Pero al tercer día se notará aún más tu ausencia.³⁰ Por tanto, vete al sitio donde te escondiste la vez pasada, y colócate junto a aquel montón de piedras.³¹ ²⁰ Yo lanzaré tres flechas hacia aquel lado, como si estuviera tirando al blanco, ²¹ y le diré a mi criado: 'Ve a buscar las flechas.' Si le digo: 'Las flechas están más acá de ti; anda, tómalas', podrás salir tranquilo, porque nada te va a pasar. Te lo juro por el Señor. ²² Pero si le digo: 'Las flechas están más allá', vete, porque el Señor quiere que te vayas. ²³ En cuanto a la promesa que nos hemos hecho, el Señor es nuestro testigo para siempre.

²⁴ David se escondió en el campo, y cuando llegó la fiesta de luna nueva, el rey se sentó a la mesa para comer. ²⁵ Se sentó en el lugar de costumbre, junto a la pared. Jonatán se colocó enfrente,³² y Abner se sentó al lado de Saúl. El asiento de David quedó vacío. ²⁶ Aquel día Saúl no dijo nada, porque se imaginó que algo impuro le habría ocurrido y no estaría purificado. ²⁷ Pero al día siguiente, que era el segundo día de la fiesta, el asiento de David quedó también vacío. Entonces le preguntó Saúl a su hijo Jonatán:

—¿Por qué no vino ayer el hijo de Isaí a la comida, ni tampoco hoy?

²⁸ Y Jonatán le respondió:

—David me pidió con urgencia permiso para ir a Belén. ²⁹ Me rogó que le diera permiso, pues su familia celebraba un sacrificio en su pueblo y su hermano le ordenaba ir. También me dijo que si yo le hacía ese favor, se daría una escapada para visitar a sus parientes. Por eso no se ha sentado a comer con Su Majestad.

³⁰ Entonces Saúl se enfureció con Jonatán, y le dijo:

—¡Hijo de mala madre! ¿Acaso no sé que tú eres el amigo íntimo del hijo de Isaí, para vergüenza tuya y de tu madre? ³¹ Mientras él esté vivo en esta tierra, ni tú ni tu reino estarán seguros. ¡Así que manda a buscarlo, y tráemelo, porque merece la muerte!

³² Pero Jonatán le contestó:

—¿Y por qué habría de morir? ¿Qué es lo que ha hecho?

³³ Saúl levantó su lanza para herir a Jonatán, con lo que éste comprendió que su padre estaba decidido a matar a David. ³⁴ Entonces, lleno de furia, se levantó Jonatán de la mesa y no participó en la comida del segundo día de la fiesta, porque sentía un gran pesar por David, ya que su padre lo había ofendido. ³⁵ A la mañana siguiente, a la hora de la cita con David, Jonatán salió al campo acompañado de un criado joven, ³⁶ al cual le ordenó:

—Corre a buscar en seguida las flechas que yo dispare.

El criado echó a correr, mientras Jonatán disparaba una flecha de modo que cayera lejos de él. ³⁷ Y cuando el criado llegó al lugar donde había caído la flecha, Jonatán le gritó al criado con todas sus fuerzas:

—¡La flecha está más allá de ti!

³⁸ Y una vez más Jonatán le gritó al criado:

—¡Date prisa, corre, no te detengas!

El criado de Jonatán recogió las flechas y se las trajo a su amo, ³⁹ pero no se dio cuenta de nada, porque sólo Jonatán y David conocían la contraseña. ⁴⁰ Después Jonatán entregó sus armas a su criado, y le ordenó llevarlas de vuelta a la ciudad. ⁴¹ En cuanto el criado se fue, David salió

²⁹ Y si muero . . .: pacto con David: traducción probable. Heb. oscuro. ³⁰ Se notará aún más tu ausencia: según la versión griega. Heb. descenderás mucho. ³¹ Aquel montón de piedras: según la versión griega. Heb. la piedra de Ezel, lugar no identificado. ³² Jonatán se colocó en frente: según la versión griega. Heb. Jonatán se levantó.
ᵈ 20.15-16 2 S 9.1.

de detrás del montón de piedras,[33] y ya ante Jonatán se inclinó tres veces hasta tocar el suelo con la frente. Luego se besaron y lloraron juntos hasta que David se desahogó. [42] Por último, Jonatán le dijo a David:

—Vete tranquilo, pues el juramento que hemos hecho los dos ha sido en el nombre del Señor, y hemos pedido que para siempre esté él entre nosotros dos y en las relaciones entre tus descendientes y los míos.

[e]Después David se puso en camino, y Jonatán regresó a la ciudad.

David huye de Saúl

21 [1] David se dirigió a Nob, a ver al sacerdote Ahimelec,[f] que sorprendido salió a su encuentro y le dijo:

—¿Cómo es que vienes solo, sin que nadie te acompañe?

[2] David le contestó:

—El rey me ha ordenado atender un asunto, y me ha dicho que nadie debía saber para qué me ha enviado ni cuáles son las órdenes que traigo. En cuanto a los hombres bajo mis órdenes, los he citado en cierto lugar. [3] A propósito, ¿qué provisiones tienes a mano? Dame cinco panes o lo que encuentres.

[4] Y el sacerdote le contestó:

—El pan que tengo a mano no es par común y corriente, sino que está consagrado. Pero te lo daré, si tus hombres se han mantenido alejados de las mujeres.

[5] David le respondió con firmeza:

—Como siempre que salimos a campaña, hemos estado alejados de las mujeres. Y aunque éste es un viaje ordinario, ya mis hombres estaban limpios cuando salimos, así que con más razón lo han de estar ahora.

[6] Entonces el sacerdote le entregó el pan consagrado, pues allí no había más que los panes que se consagran al Señor[g] y que ese mismo día se habían quitado del altar, para poner en su lugar pan caliente.

[7] En aquella ocasión estaba allí uno de los oficiales de Saúl, que había tenido que quedarse en el santuario. Era un edomita llamado Doeg, jefe de los pastores de Saúl.

[8] David le dijo a Ahimelec:

—¿Tienes a mano una lanza o una espada? Pues era tan urgente la orden del rey que no tuve tiempo de tomar mi espada ni mis otras armas.

[9] El sacerdote le respondió:

—Sí. Tengo la espada de Goliat, el filis-

teo que tú venciste en el valle de Ela.[h] Está ahí, detrás del efod, envuelta en una capa. Puedes llevártela, si quieres; más armas no tengo.

David contestó:

—Ninguna otra sería mejor. Dámela.

[10] Aquel mismo día David siguió huyendo de Saúl, y fue a presentarse a Aquis, el rey de Gat. [11] Y los oficiales de Aquis le dijeron:

—¡Pero si éste es David, servidor de Saúl, el rey de esta tierra![34] ¡El es de quien cantaban en las danzas: 'Mil hombres mató Saúl, y diez mil mató David'![i]

[12] David tomó muy en cuenta estos comentarios, y tuvo miedo de Aquis, rey de Gat.[j] [13] Por eso, delante de ellos cambió su conducta normal, y fingiéndose loco[k] escribía garabatos en las puertas y dejaba que la saliva le corriera por la barba. [14] Entonces Aquis dijo a sus oficiales:

—Si ustedes ven que este hombre está loco, ¿para qué me lo trajeron? [15] ¿Acaso me hacen falta locos, que me han traído a éste para que haga sus locuras en mi propia casa?

22 [1] David se fue de allí y huyó a la cueva de Adulam.[l] Cuando sus hermanos y todos sus parientes lo supieron, fueron a reunirse con él. [2] También se le unieron todos los oprimidos, todos los que tenían deudas y todos los descontentos, y David llegó a ser su capitán. Los que andaban con él eran como cuatrocientos hombres.

[3] Desde allí, David se dirigió a Mizpa, en Moab, y dijo al rey de Moab:

—Te ruego que mi padre y mi madre se queden en ustedes hasta que yo sepa lo que Dios va a hacer conmigo.

[4] Y así David llevó a sus padres ante el rey de Moab, y ellos vivieron con él todo el tiempo que David estuvo en la fortaleza. [5] Entonces Gad, el profeta, aconsejó a David:

—No te quedes en la fortaleza. Ponte en camino y vete a la región de Judá.

Así pues, David se fue y llegó al bosque de Haret.

Matanza de los sacerdotes de Nob

[6] Mientras tanto, Saúl estaba en Gabaa, sentado bajo el tamarisco del santuario,[35] con su lanza en la mano y rodeado de todos sus oficiales. Y cuando se enteró de que David y sus hombres habían sido

---

[33] *De detrás del montón de piedras:* según la versión griega. Heb. *del lado del sur.*   [34] *David, servidor de Saúl, el rey de esta tierra:* texto probable. Heb. *David, rey de esta tierra.*   [35] *El tamarisco del santuario:* según la versión griega. Heb. *el tamarisco en Ramá.*

[e] Los vs. 20.42c—21.15 corresponden a los vs. 21.1–16 en el texto hebreo.   [f] 21.1–6 Mt 12.3–4; Mr 2.25–26; Lc 6.3.
[g] 21.6 Lv 24.5–9.   [h] 21.9 1 S 17.51.   [i] 21.11 1 S 18.7; 29.5.   [j] 21.12 Sal 56 Título hebreo.   [k] 21.13 Sal 34 Título hebreo.
[l] 22.1 Sal 57 Título hebreo; Sal 142 Título hebreo.

localizados, [7] dijo a los oficiales que lo rodeaban:

—Hombres de Benjamín, escúchenme: ¿Acaso creen que el hijo de Isaí les va a dar también a todos ustedes tierras y viñedos, y que a todos los va a nombrar comandantes y capitanes? [8] Todos ustedes han conspirado contra mí, pues nadie me ha dicho que mi hijo ha hecho un pacto con el hijo de Isaí; ninguno de ustedes se ha preocupado por mí; ninguno me ha dicho que mi hijo ha puesto en contra mía a mi ayudante para que me tienda emboscadas, como lo hace ahora.

[9] Entonces Doeg, el edomita, que se encontraba entre los oficiales de Saúl, respondió con estas palabras:

—Yo vi al hijo de Isaí cuando fue a Nob para entrevistarse con Ahimelec, el hijo de Ahitob. [10] Ahimelec consultó al Señor acerca de David, y le entregó a éste provisiones y la espada de Goliat el filisteo.ᵐ

[11] Entonces el rey mandó llamar al sacerdote Ahimelec y a todos los sacerdotes de Nob, que eran parientes suyos. Y cuando todos llegaron ante el rey, [12] Saúl le dijo a Ahimelec:

—Escúchame bien, hijo de Ahitob.

—Estoy a la disposición de Su Majestad —contestó Ahimelec.

[13] Y Saúl le preguntó:

—¿Por qué tú y el hijo de Isaí conspiraron contra mí? Tú le has dado pan y una espada, y has consultado a Dios acerca de David, para que se ponga en contra mía y me tienda emboscadas, como lo hace ahora.

[14] Entonces Ahimelec contestó al rey:

—¿Quién entre todos los oficiales de Su Majestad es tan fiel como David, que además es yerno de Su Majestad y jefe de la guardia real, y tan digno de honra en palacio? [15] ¿Acaso es la primera vez que consulto a Dios acerca de él? ¡Nada de eso! Por lo tanto, no haga Su Majestad ninguna acusación contra este servidor suyo ni contra su familia, porque su servidor no sabe ni poco ni mucho de este asunto.

[16] Pero el rey insistió:

—¡Ten por seguro, Ahimelec, que tú y toda tu parentela morirán!

[17] Y en seguida el rey ordenó a su guardia personal:

—¡Maten a los sacerdotes del Señor! También ellos están de parte de David, pues sabiendo ellos que él estaba huyendo, no me lo hicieron saber.

Pero la guardia real no se atrevió a levantar la mano contra los sacerdotes del Señor. [18] Por lo tanto, el rey ordenó a Doeg, el edomita:

—¡Mátalos tú!

ᵐ **22.9-10** Sal 52 Título hebreo.

Entonces Doeg se lanzó contra los sacerdotes, y en aquella ocasión mató a ochenta y cinco hombres que vestían efod de lino. [19] Luego entró en Nob, la ciudad de los sacerdotes, y a filo de espada mató a hombres, mujeres, niños y hasta recién nacidos. También mató bueyes, asnos y ovejas. [20] Pero uno de los hijos de Ahimelec, llamado Abiatar, logró escapar de la matanza y huyó hasta donde estaba David. [21] Allí le comunicó que Saúl había asesinado a los sacerdotes del Señor, [22] y David le respondió:

—Ya sabía yo aquel día que, estando allí Doeg, sin duda se lo contaría a Saúl. Yo tengo la culpa de que hayan muerto todos los miembros de tu familia. [23] Pero quédate conmigo y no tengas miedo, que quien quiere matarte también quiere matarme a mí. Pero conmigo estarás seguro.

David libera la ciudad de Keila

23 [1] Un día, los filisteos atacaron a la ciudad de Keila, y robaron el trigo recién trillado. Cuando le contaron esto a David, [2] él fue y consultó al Señor. Le dijo:

—¿Me permites ir a luchar contra estos filisteos?

Y el Señor le respondió:

—Sí, combátelos y libera la ciudad de Keila.

[3] Pero los hombres de David le dijeron:

—Si estando aquí en Judá tenemos miedo, ¡con más razón lo tendremos si vamos a Keila a luchar contra el ejército filisteo!

[4] Entonces David consultó de nuevo al Señor, y el Señor le contestó:

—Ponte en marcha hacia Keila, pues yo pondré en tus manos a los filisteos.

[5] David y sus hombres se pusieron en marcha hacia Keila, y allí lucharon contra los filisteos, y los derrotaron por completo y se apoderaron de sus ganados. De esa manera salvó David a los habitantes de Keila.

[6] Mientras tanto, Abiatar, el hijo de Ahimelec, había huido con la intención de unirse a David en Keila, llevándose consigo el efod. [7] Por otra parte, a Saúl le habían informado que David estaba en Keila, y pensó: "Dios lo ha puesto en mis manos, porque al haberse metido en la ciudad ha quedado encerrado tras sus puertas y cerrojos."

[8] En seguida, Saúl mandó llamar a todo su ejército con el fin de dirigirse a Keila y sitiar a David y a sus hombres. [9] Pero al saber David que Saúl pensaba atacarlo, ordenó al sacerdote Abiatar que le trajera

el efod para consultar al Señor. [10] Y dijo David:

—Señor y Dios de Israel, este siervo tuyo sabe que Saúl se propone venir a Keila y destruirla por causa mía. [11] ¿Vendrá Saúl a buscarme, según he sabido? ¿Me entregarán a él los habitantes de Keila? ¡Señor y Dios de Israel, este siervo tuyo te ruega que se lo digas!

Y el Señor contestó:

—Saúl vendrá.

[12] Entonces David preguntó:

—¿Nos entregarán los habitantes de Keila, a mí y a mis hombres, en poder de Saúl?

Y el Señor respondió:

—Los entregarán.

[13] Entonces David y sus hombres, que eran alrededor de seiscientos, salieron de Keila y anduvieron sin rumbo fijo. Y cuando le llegó a Saúl la noticia de que David había escapado de Keila, ya no hizo nada por perseguirlo.

David en el desierto

[14] Así David se quedó a vivir en unas fortalezas que había en un monte del desierto de Zif, y aunque Saúl lo buscaba todos los días, Dios no lo puso en sus manos. [15] Sin embargo, David tenía miedo de Saúl, porque había salido con la intención de matarlo. Por eso se quedó en Hores, en el desierto de Zif.

[16] Un día, Jonatán, el hijo de Saúl, fue a ver a David en Hores, y a darle ánimo fortaleciendo su confianza en Dios. [17] Le dijo:

—No tengas miedo, porque Saúl mi padre no podrá encontrarte. Tú llegarás a ser rey de Israel, y yo seré el segundo en importancia. Esto, hasta Saúl mi padre lo sabe.

[18] Entonces los dos hicieron un pacto, y pusieron al Señor por testigo.[n] Después Jonatán regresó a su casa, y David se quedó en Hores. [19] Pero los habitantes de Zif fueron a Gabaa para hablar con Saúl, y le dijeron:

—David está escondido en nuestro territorio,[n] en unas fortalezas que hay en el monte de Haquila, en Hores, al sur del desierto. [20] Por lo tanto, cuando Su Majestad guste venir, hágalo, y nosotros se lo entregaremos.

[21] Saúl les contestó:

—¡Que Dios los bendiga por haberse compadecido de mí! [22] Ahora les ruego que vayan y averigüen el lugar exacto donde se encuentra, y quién lo ha visto allí, porque me han dicho que él es muy astuto. [23] Fíjense bien en todos los escon-

dites en que se mete, y vuelvan a mí con datos seguros, y entonces yo iré con ustedes. Y si en verdad está en esa región, yo lo buscaré palmo a palmo entre todos los clanes de Judá.

[24] Los de Zif se despidieron, y con el permiso de Saúl regresaron a su ciudad. David y sus hombres se hallaban en el desierto de Maón, en el llano que hay al sur del desierto, [25] y Saúl y su gente se pusieron en camino para buscarlo. Cuando le dieron aviso de esto a David, él bajó al peñasco que está[36] en el desierto de Maón. Al saberlo, Saúl se lanzó al desierto de Maón, en persecución de David. [26] Por un costado del monte avanzaban Saúl y su gente, y por el otro iban David y sus hombres, dándose prisa para alejarse de Saúl. Y cuando ya Saúl y su gente habían rodeado a David y los suyos, y estaban a punto de capturarlos, [27] llegó un mensajero a decirle a Saúl:

—¡Regrese inmediatamente Su Majestad, porque los filisteos han invadido el país!

[28] Entonces Saúl dejó de perseguir a David y fue a enfrentarse con los filisteos. Por esa razón aquel lugar fue conocido como 'Peñasco de la Separación'.

David perdona la vida a Saúl

[29] [o]De allí David se fue a vivir a las fortalezas de En-gadi. **24** [1] Y cuando regresó Saúl de perseguir a los filisteos, le dieron la noticia de que David estaba en el desierto de En-gadi. [2] Entonces Saúl escogió a tres mil hombres de todo Israel y fue a buscar a David y sus hombres por las peñas más escarpadas. [3] En su camino llegó a unos rediles de ovejas, cerca de los cuales había una cueva en la que estaban escondidos David y sus hombres.[p] Saúl se metió en ella para hacer sus necesidades, [4] y los hombres de David le dijeron a éste:

—Hoy se cumple la promesa que te hizo el Señor de que pondría en tus manos a tu enemigo. Haz con él lo que mejor te parezca.

Entonces David se levantó, y con mucha precaución cortó un pedazo de la capa de Saúl; [5] pero después de hacerlo le remordió la conciencia, [6] y les dijo a sus hombres:

—¡El Señor me libre de alzar mi mano contra mi señor el rey! ¡Si él es rey, es porque el Señor lo ha escogido!

[7] De este modo refrenó David a sus hombres y no les permitió atacar a Saúl, el cual salió de la cueva y siguió su camino.

---

[36] *Peñasco que está:* según la versión griega. Heb. *peñasco y permaneció (o se estableció).*
[n] **23.18** 1 S 18.3.   [n] **23.19** Sal 54 Título hebreo.
[o] Los vs. 23.29—24.22 corresponden a los vs. 24.1-23 en el texto hebreo.   [p] **24.3** Sal 57 Título hebreo;
Sal 142 Título hebreo.

⁸ Pero en seguida David salió de la cueva tras él, y le gritó:

—¡Majestad, Majestad!

Saúl miró hacia atrás, y David, inclinándose hasta el suelo en señal de reverencia, ⁹ le dijo:

—¿Por qué hace caso Su Majestad a quienes le dicen que yo busco su mal? ¹⁰ Su Majestad ha podido comprobar que, aunque el Señor puso hoy a Su Majestad en mis manos allá en la cueva, yo no quise matar a Su Majestad, sino que le perdoné la vida, pues me dije que si Su Majestad es rey, es porque el Señor lo ha escogido. ¹¹ "Mire bien Su Majestad lo que tengo en la mano: es un pedazo de la capa de Su Majestad, a quien bien podría haber matado. Con eso puede darse cuenta Su Majestad de que yo no he pensado en hacerle daño ni en traicionarlo, ni tampoco le he faltado. Sin embargo, Su Majestad me persigue para quitarme la vida. ¹² ¡Que el Señor juzgue entre nosotros dos, y me vengue de Su Majestad! Por lo que a mí toca, jamás levantaré mi mano contra Su Majestad. ¹³ Un antiguo refrán dice: 'La maldad viene de los malvados'; por eso yo jamás levantaré mi mano contra Su Majestad. ¹⁴ Además, ¿tras de quién ha salido el rey de Israel? ¿A quién está persiguiendo? ¡A mí, que soy como un perro muerto, o como una pulga! ¹⁵ Por lo tanto, que el Señor decida y juzgue entre nosotros dos; ¡que sea él quien examine mi causa y me defienda de Su Majestad!

¹⁶ Cuando David terminó de hablar, Saúl exclamó:

—¡Pero si eres tú, David, hijo mío, quien me habla!

Y echándose a llorar, ¹⁷ le dijo:

—La razón está de tu lado, pues me has devuelto bien a cambio del mal que te he causado. ¹⁸ Hoy me has demostrado que tú buscas mi bien, pues habiéndome puesto el Señor en tus manos, no me mataste. ¹⁹ En realidad, no hay nadie que, al encontrar a su enemigo, lo deje ir sano y salvo. Por lo tanto, ¡que el Señor te pague con bien lo que hoy has hecho conmigo! ²⁰ Ahora me doy perfecta cuenta de que tú serás el rey, y de que bajo tu dirección el reino de Israel habrá de prosperar. ²¹ Júrame, pues, por el Señor, que no acabarás con mis descendientes ni borrarás mi nombre de mi familia. ²² David se lo juró a Saúl, y después Saúl regresó a su palacio, en tanto que David y los suyos se fueron a la fortaleza.

Muerte de Samuel

25 ¹ Samuel murió, y todos los israelitas se reunieron para llorar su muerte. Lo enterraron en su casa, en Ramá. Después David se fue al desierto de Parán.

David y Abigail

² Había en Maón un hombre muy rico, dueño de tres mil ovejas y mil cabras, que tenía sus negocios en la ciudad de Carmel, donde acostumbraba trasquilar sus ovejas. ³ Este hombre se llamaba Nabal, y era descendiente de Caleb; era un hombre rudo y de mala conducta. Por el contrario, Abigail, su esposa, era hermosa e inteligente.

⁴⁻⁵ Cuando David, que estaba en el desierto, supo que Nabal se encontraba en Carmel trasquilando sus ovejas, envió a diez de sus criados con la orden de saludar a Nabal de su parte ⁶ y darle el siguiente mensaje: "Recibe, hermano mío,³⁷ mis mejores deseos de bienestar para ti y tu familia y todos los tuyos. ⁷ He sabido que te encuentras trasquilando tus ovejas. También tú sabrás que tus pastores han estado en Carmel con nosotros, y que mientras ellos estuvieron con nosotros nunca se les molestó ni se les quitó nada. ⁸ Puedes preguntar esto a tus criados, y ellos te lo confirmarán. Por esa razón te ruego que tengas ahora consideración con estos muchachos, que en buen momento llegan, y que nos des, tanto a ellos como a mí, lo que tengas a mano, pues soy como tu hijo."

⁹ Los criados de David fueron y transmitieron este recado a Nabal, y se quedaron esperando la respuesta. ¹⁰ Pero Nabal les contestó:

—¿Quién es David? ¿Quién es ese hijo de Isaí? ¡Hoy en día son muchos los esclavos que andan huyendo de sus dueños! ¹¹ ¿Acaso voy a tomar la comida y la bebida y la carne que he preparado para mis trasquiladores, y voy a dárselas a gente que no sé ni de dónde es?

¹² Los criados de David tomaron el camino de regreso, y cuando llegaron ante David le contaron todo lo que Nabal había dicho. ¹³ Entonces David ordenó a sus hombres:

—¡Todos a las armas!

Sus hombres se colocaron la espada al cinto, lo mismo que David; y así cuatrocientos hombres se fueron con él, mientras que otros doscientos se quedaron cuidando el material. ¹⁴ Pero uno de los criados de Nabal fue a decirle a Abigail, la mujer de Nabal:

—Desde el desierto, David envió unos mensajeros a saludar a nuestro amo, pero él reaccionó muy groseramente. ¹⁵ Sin embargo, esos hombres se han portado muy

³⁷ *Hermano mío:* texto probable; o quizá: ¡Salud!. Heb. oscuro.

bien con nosotros. Durante todo el tiempo que anduvimos con ellos por el campo, nunca nos molestaron ni nos quitaron nada. ¹⁶ Al contrario, de día y de noche nos protegían, tanto a nosotros como a nuestros rebaños. ¹⁷ Pero como el marido de usted tiene tan mal genio que no se le puede hablar, piense usted y vea lo que debe hacer, porque con toda seguridad algo malo va a venir contra él y contra toda su familia.

¹⁸ Rápidamente Abigail tomó doscientos panes, dos cueros de vino, cinco ovejas asadas, unos cuarenta litros de grano tostado, cien tortas de uvas pasas y doscientas tortas de higos secos; luego lo cargó todo en asnos, ¹⁹ y dijo a sus criados:

—Adelántense ustedes, que yo los seguiré más tarde.

Sin decir nada de esto a su marido, ²⁰ Abigail montó en un asno y, a escondidas, comenzó a bajar del monte. De pronto vio que David y sus hombres venían a su encuentro, y fue a recibirlos.

²¹ David venía pensando que de balde había protegido todo lo que Nabal tenía en el desierto, sin quitarle nada de su propiedad, pues él le había pagado mal por bien. ²² Así que juró: "¡Que Dios me castigue duramente³⁸ si de aquí a mañana no acabo con todos los varones parientes suyos!"

²³ En cuanto Abigail vio a David, se bajó del asno y se inclinó hasta el suelo en señal de respeto. ²⁴ Luego se echó a sus pies y le dijo:

—¡Que la culpa, mi señor, recaiga sobre mí! Yo le ruego a usted que me permita hablarle, y que escuche mis razones. ²⁵ No haga usted caso de Nabal, ese hombre grosero, porque él, haciendo honor a su nombre,³⁹ es realmente un estúpido. Siempre actúa con estupidez. Esta servidora de usted no vio a los criados que usted mandó. ²⁶ Sin embargo, con toda seguridad, el Señor no ha permitido que venga usted a derramar sangre y a hacerse justicia por su propia mano. ¡Quiera el Señor que todos los enemigos de usted, y todos los que procuran hacerle daño, corran la misma suerte que Nabal! ²⁷ Y ahora le ruego a usted que estos regalos que yo le he traído sean repartidos entre los criados que le acompañan, ²⁸ y que perdone usted a esta servidora suya. Ciertamente el Señor va a mantener a usted y a su dinastía en el poder, ya que usted lucha por la causa del Señor, y en toda su vida no sufrirá ningún mal. ²⁹ Si alguien lo persigue a usted e intenta matarlo, la vida de usted estará segura bajo la protección del Señor su Dios. En cuanto a los enemigos

de usted, el Señor los arrojará como quien tira piedras con una honda. ³⁰ Así pues, cuando el Señor haga realidad todo lo bueno que ha anunciado respecto a usted, y lo nombre jefe de Israel, ³¹ no tendrá usted el pesar ni el remordimiento de haber derramado sangre inocente ni de haberse hecho justicia por su propia mano. Y cuando el Señor le dé a usted prosperidad, acuérdese de esta servidora suya.

³² David le respondió:

—Bendito sea el Señor, Dios de Israel, que te envió hoy a mi encuentro, ³³ y bendita seas tú por tu buen juicio, porque hoy has evitado que yo llegue a derramar sangre y a hacerme justicia por mi propia mano. ³⁴ Pero te juro por el Dios de Israel, que ha evitado que yo te haga daño, que si no te hubieras dado prisa en venir a mi encuentro, mañana no le quedaría a Nabal ni un solo varón vivo.

³⁵ Luego David recibió de manos de ella lo que le había llevado, y le dijo:

—Puedes irte tranquila a tu casa. Como ves, he atendido a tus razones y te he concedido lo que me pediste.

³⁶ Cuando Abigail volvió a donde estaba Nabal, vio que éste se hallaba celebrando en su casa un banquete digno de un rey. Estaba muy contento y completamente borracho. Por eso, ella no le dijo nada hasta el otro día. ³⁷ A la mañana siguiente, cuando ya se le había pasado la borrachera a Nabal, Abigail le explicó claramente lo ocurrido, y Nabal sufrió un ataque repentino que lo dejó paralizado. ³⁸ Diez días después, el Señor lo hirió de nuevo, y Nabal murió. ³⁹ Cuando David supo que Nabal había muerto, dijo:

—¡Bendito sea el Señor, que me ha vengado de la ofensa que me hizo Nabal! ¡Me ha librado de hacer lo malo, y ha hecho recaer la maldad de Nabal sobre Nabal mismo!

Después David envió a Abigail una proposición de matrimonio. ⁴⁰ Y cuando los criados de David llegaron a Carmel para hablar con ella, le dijeron:

—David nos ha enviado por usted, porque quiere hacerla su esposa.

⁴¹ Abigail se inclinó hasta el suelo, en actitud de reverencia, y contestó:

—Yo soy una simple servidora de David, dispuesta a lavar los pies de sus esclavos, si él así me lo ordena.

⁴² Después de haber dicho esto, se preparó rápidamente y, acompañada por cinco criadas, montó en un asno y se puso en camino tras los enviados de David, y se casó con él.

⁴³ David se casó también con Ahinoam de Jezreel, y las dos fueron sus mujeres.

---

³⁸ *Me castigue duramente:* según la versión griega. Heb. *castigue duramente a mis enemigos.* ³⁹ En hebreo, *Nabal* significa *estúpido.*

⁴⁴ Saúl había entregado su hija Mical, la mujer de David, a Palti, el hijo de Lais, que era de Galim.

David perdona la vida a Saúl

26 ¹ Los habitantes de Zif fueron a Gabaa a ver a Saúl, y le dijeron: "David está escondido q en la colina de Haquila, frente al desierto."

² Entonces Saúl se puso en marcha, acompañado de tres mil de los mejores soldados israelitas, y se fue al desierto de Zif en busca de David. ³ Acampó en la colina de Haquila, que está junto al camino y frente al desierto. Pero David, que estaba en el desierto, se dio cuenta de que Saúl lo había seguido hasta allí, ⁴ así que envió espías para saber hasta dónde había llegado Saúl. ⁵ Después fue hasta el lugar en que Saúl había acampado y se fijó en dónde dormían Saúl y Abner, el hijo de Ner, que era jefe del ejército de Saúl. Resultó que Saúl dormía dentro del campamento, rodeado de su gente. ⁶ Entonces David habló con Ahimelec el hitita y con Abisai, que era hijo de Sarvia y hermano de Joab, y les preguntó:

—¿Quién está dispuesto a bajar conmigo al campamento para llegar hasta Saúl?

—Yo bajaré contigo —respondió Abisai. ⁷ Aquella misma noche, David y Abisai fueron al campamento. Saúl estaba durmiendo dentro del campamento, y a su cabecera tenía su lanza hincada en tierra. Abner y la tropa estaban acostados alrededor de él. ⁸ Entonces dijo Abisai a David:

—Dios ha puesto hoy en tus manos a tu enemigo. Déjame que lo mate ahora y que lo clave en tierra con su propia lanza. Un solo golpe será suficiente.

⁹ Pero David le contestó:

—No lo mates, pues nadie que intente matar al rey escogido por el Señor quedará sin castigo. ¹⁰ Juro por el Señor que él será quien le quite la vida, ya sea que le llegue la hora de la muerte, o que muera al entrar en combate. ¹¹ Que el Señor me libre de intentar matar al rey que él ha escogido. Así que toma la lanza que está a su cabecera y la jarra del agua, y vámonos.

¹² De esta manera David tomó la lanza y la jarra del agua que estaban a la cabecera de Saúl, y se fueron. Nadie los vio ni oyó; nadie se despertó, porque todos estaban dormidos, pues el Señor hizo que cayeran en un profundo sueño. ¹³ Después David pasó al otro lado del valle y se puso sobre la cumbre de un monte, a cierta distancia.

Entre ellos quedaba un gran espacio. ¹⁴ Entonces David llamó en alta voz a Abner y al ejército:

—¡Abner, contéstame!

Abner respondió:

—¿Quién eres tú para gritarle al rey?

¹⁵ David le dijo:

—¿No eres tú ese hombre a quien nadie en Israel se le puede comparar? ¿Cómo es que no has protegido a tu señor el rey? Uno del pueblo ha entrado con intenciones de matarlo. ¹⁶ No está bien lo que has hecho. Yo les juro por el Señor que ustedes merecen la muerte, pues no han protegido a su señor, el rey que el Señor ha escogido. ¡Busca la lanza del rey y la jarra del agua que estaban a su cabecera, a ver si las encuentras!

¹⁷ Cuando Saúl reconoció la voz de David, exclamó:

—¡Pero si eres tú, David, hijo mío, quien me habla!

Y David contestó:

—Sí, Majestad, soy yo. ¹⁸ Pero, ¿por qué persigue Su Majestad a este servidor suyo? ¿Qué he hecho? ¿Qué mal he cometido? ¹⁹ Yo le ruego a Su Majestad que escuche a este siervo suyo: si es el Señor quien ha puesto a Su Majestad en contra mía, ojalá acepte una ofrenda; pero si es cosa de los hombres, que el Señor los maldiga. Porque me han arrojado ahora de esta tierra, que es del Señor, con lo cual me empujan a servir a otros dioses. ²⁰ Yo no quisiera que mi sangre fuera derramada lejos de la presencia del Señor, ¡pero Su Majestad ha salido en busca de una pulga, y me persigue por los montes como a una perdiz!

²¹ Entonces Saúl dijo:

—¡David, hijo mío, reconozco que he pecado! ¡Me he portado como un necio, y he cometido un gran error! Pero regresa, que no volveré a buscar tu mal, ya que en este mismo día has mostrado respeto por mi vida.

²² David le contestó:

—Aquí está la lanza de Su Majestad. Que venga uno de los criados a recogerla, ²³ y que el Señor recompense a cada cual según su lealtad y sinceridad. Aunque el Señor puso hoy a Su Majestad en mis manos, no quise alzar mi mano contra el rey que él ha escogido. ²⁴ Y así como hoy he respetado la vida de Su Majestad, así quiera el Señor respetar la mía y me libre de toda angustia.

²⁵ Saúl exclamó entonces:

—¡Bendito seas, David, hijo mío! ¡Tú emprenderás grandes cosas, y tendrás éxito en todo!

q **26.1** Sal 54 Título hebreo.

Después de esto, Saúl regresó a su casa, y David siguió su camino.

David en territorio filisteo

27 ¹ Sin embargo, David pensaba: "Tarde o temprano, Saúl me va a matar. Por eso, lo mejor que puedo hacer es huir al país filisteo para que Saúl me deje tranquilo y no me ande buscando por todo el territorio de Israel. Así escaparé de sus manos." ² Y así David y los seiscientos hombres que le acompañaban se pusieron en camino para ponerse al servicio de Aquis, hijo de Maoc y rey de Gat. ³ David y sus hombres vivieron en Gat, con Aquis, cada cual con su familia. David se llevó a sus dos mujeres: Ahinoam, la de Jezreel, y Abigail, la viuda de Nabal, el de Carmel. ⁴ Cuando Saúl supo que David había huido a Gat, dejó de perseguirlo.

⁵ Y David le dijo a Aquis:

—Si Su Majestad tiene a bien favorecerme, le ruego que me conceda vivir en alguna de las ciudades del país, pues no está bien que este servidor suyo viva con Su Majestad en la capital del reino.

⁶ Aquel mismo día, Aquis le dio la ciudad de Siclag. Por eso, hasta la fecha, Siclag es parte del reino de Judá.

⁷ David vivió durante un año y cuatro meses en territorio filisteo. ⁸ Y salía con sus hombres a saquear a los de Gesur, Gezer y Amalec, que habitaban en aquella región, desde Telaim,⁴⁰ en la dirección de Shur, hasta Egipto. ⁹ Atacaba a aquella región y no dejaba vivo hombre ni mujer. Además se llevaba las ovejas, las vacas, los asnos, los camellos y hasta la ropa. Después volvía adonde estaba Aquis, ¹⁰ y éste le preguntaba: "¿Qué pueblo has saqueado hoy?" Y David le contestaba: "Al sur de Judá", o "Al sur de Jerameel", o "Al sur del territorio de los quenitas."

¹¹ David no dejaba hombre ni mujer con vida, para evitar que fueran a Gat y dieran aviso de lo que él hacía. Todo el tiempo que vivió en tierra filistea lo hizo así. ¹² Y Aquis confiaba en David, y pensaba: "David se está volviendo odioso a Israel, y así será siempre mi servidor."

28 ¹ Por aquellos días, los filisteos reunieron sus ejércitos para luchar contra Israel, y Aquis dijo a David:

—Como tú bien sabes, tú y tus hombres tienen que salir conmigo a campaña.

² David le respondió:

—Muy bien. Ahora va a saber Su Majestad lo que este siervo suyo es capaz de hacer.

—En ese caso —contestó Aquis a David—, te nombraré jefe permanente de mi guardia personal.

Saúl y la adivina de Endor

³ Para entonces ya Samuel había muerto, y todos en Israel habían llorado su muerte, después de lo cual lo habían enterrado en Ramá, su ciudad natal.ʳ Saúl, por su parte, había expulsado del país a los adivinos y a los que invocaban a los muertos.ˢ

⁴ Los filisteos se reunieron y fueron a establecer su campamento en Sunem, y Saúl juntó a todo Israel y tomó posiciones en Gilboa. ⁵ Pero cuando vio el campamento filisteo, tuvo miedo y se sintió dominado por el terror. ⁶ Entonces consultó al Señor, pero el Señor no le respondió ni por sueños, ni por el Urim,ᵗ ni por los profetas. ⁷ Por eso ordenó a sus oficiales:

—Busquen alguna mujer que invoque a los muertos, para que yo vaya a hacerle una consulta.

Y sus oficiales le respondieron:

—En Endor hay una mujer que invoca a los muertos.

⁸ Saúl se disfrazó, vistiéndose con otra ropa, y acompañado por dos hombres fue de noche a visitar a aquella mujer. Y le dijo:

—Te ruego que me adivines la suerte, y que hagas venir el espíritu de quien yo te diga.

⁹ La mujer le respondió:

—Tú sabes lo que ha hecho Saúl, que ha expulsado del país a los adivinos y a los que invocan a los muertos. ¿Por qué me metes en algo que me puede costar la vida?

¹⁰ Pero Saúl, jurando por el Señor, le dijo:

—Te juro por el Señor que no te pasará nada malo por esto.

¹¹ —¿A quién quieres que haga venir? —contestó la mujer.

—Llámame a Samuel —dijo Saúl.

¹² De repente la mujer vio a Samuel, y dio un grito; luego le dijo a Saúl:

—¿Por qué me has engañado? ¡Tú eres Saúl!

¹³ Pero el rey le dijo:

—No tengas miedo. ¿Qué has visto?

—Veo un dios que sube⁴¹ de la tierra —contestó la mujer.

¹⁴ —¿Qué aspecto tiene? —preguntó Saúl.

—Es un hombre anciano, vestido con una capa —respondió ella.

Saúl comprendió en seguida que era

---

⁴⁰ *Desde Telaim:* texto probable. Heb. *desde hacía mucho tiempo.* (Véase 15.4.)   ⁴¹ *Un dios que sube:* en singular, según el contexto. Lit. *unos dioses que suben.*
ʳ **28.3** 1 S 25.1.   ˢ **28.3** Lv 20.27; Dt 18.10–11.   ᵗ **28.6** Nm 27.21.

Samuel, y se inclinó hasta tocar el suelo con la frente. ¹⁵ Entonces le dijo Samuel:

—¿Para qué me has molestado, haciéndome venir?

Saúl respondió:

—Es que estoy muy angustiado, pues me están atacando los filisteos y Dios me ha abandonado. No me responde ya ni por medio de los profetas ni por sueños. Por eso te he llamado, para que me indiques lo que debo hacer.

¹⁶ Samuel le contestó:

—¿Por qué me preguntas a mí, si el Señor ya te ha abandonado y se ha vuelto tu enemigo? ¹⁷ El Señor ha hecho contigo lo que te anunció por medio de mí. Te ha arrebatado el reino y se lo ha entregado a tu compañeroᵘ David, ¹⁸ ya que tú no obedeciste el mandato del Señor, ni cumpliste su orden de destruir a los amalecitas.ᵛ Por eso ahora el Señor ha hecho esto contigo. ¹⁹ Además, el Señor va a entregar a los israelitas y a ti en poder de los filisteos, y mañana tú y tus hijos estarán conmigo. También hará el Señor que el campamento de Israel caiga en poder de los filisteos.

²⁰ De pronto Saúl cayó al suelo cuan largo era. Estaba tan asustado por las palabras de Samuel, que se desmayó. Para colmo, no había comido nada en todo el día ni en toda la noche. ²¹ Al ver la mujer que Saúl estaba tan aturdido, se acercó a él y le dijo:

—Esta servidora tuya ha atendido tu petición. Jugándome la vida, he obedecido tus órdenes. ²² Así que ahora te ruego que me hagas caso: te voy a servir un poco de comida, para que te reanimes y puedas seguir adelante.

²³ Saúl no quería comer, pero sus oficiales y la mujer insistieron tanto que al fin aceptó. En seguida se levantó del suelo y se sentó en una cama. ²⁴ Mientras tanto, la mujer mató un becerro gordo que tenía en su casa, y amasó harina para cocer unas tortas sin levadura. ²⁵ Luego les llevó esto a Saúl y a sus oficiales, los cuales, después de haber comido, se despidieron, y aquella misma noche se fueron.

Los filisteos desconfían de David

29 ¹ Los filisteos reunieron todas sus tropas en Afec, en tanto que los israelitas acamparon en el manantial que está en Jezreel. ² Y cuando los jefes filisteos avanzaban por compañías y batallones, David y sus hombres marchaban con Aquis en la retaguardia. ³ Entonces los jefes filisteos le preguntaron a Aquis:

—¿Qué hacen aquí estos hebreos?

Aquis les respondió:

—Este es David, que era oficial de Saúl, rey de Israel. Pero ha estado conmigo durante algunos años, y desde el día que se pasó a mí lado hasta hoy no he encontrado en él ninguna falta.

⁴ Pero los jefes filisteos se enojaron con Aquis, y le dijeron:

—Pues ordénale que se vaya al lugar que le has dado y que no nos acompañe en la batalla; no sea que se convierta en nuestro enemigo en medio del combate. ¡La mejor manera que él tendría de quedar bien con su señor sería presentándole las cabezas de estos soldados! ⁵ ¡Este es el mismo David de quien cantaban en las danzas: 'Mil hombres mató Saúl, y diez mil mató David'!ʷ

⁶ Entonces Aquis llamó a David y le dijo:

—¡Tan cierto como que el Señor vive, que tú eres un hombre recto! Y me ha gustado mucho la forma en que te has portado en el campamento. No he encontrado nada malo en ti desde el día en que viniste a verme. Pero no les caes bien a los jefes filisteos, ⁷ así que regresa ahora tranquilo, para no hacer nada que les desagrade.

⁸ David le contestó:

—¿Qué he hecho yo? ¿Qué ha visto en mí Su Majestad en todo este tiempo, que no me deja luchar contra sus enemigos? ⁹ Aquis respondió:

—Yo estoy seguro de que eres tan bueno como un ángel de Dios, pero los jefes filisteos han decidido que no entres con nosotros en la batalla. ¹⁰ Por lo tanto, tú y los servidores de tu señor que han venido contigo se levantarán mañana, en cuanto amanezca, y emprenderán el regreso.

¹¹ Así pues, David y sus hombres se levantaron al día siguiente por la mañana y regresaron al país filisteo, mientras que los filisteos avanzaban hacia Jezreel.

David derrota a los amalecitas

30 ¹ Al tercer día, David y sus hombres llegaron a Siclag, y se encontraron con que los amalecitas habían invadido el Néguev y atacado a Siclag, destruyéndola e incendiándola. ² También se habían llevado prisioneras a las mujeres y a todos los niños y adultos que estaban allí, aunque no habían matado a nadie.

³ Cuando David y sus hombres llegaron a la ciudad y vieron que estaba quemada y que se habían llevado prisioneros a sus mujeres, hijos e hijas, ⁴ se pusieron a llorar a voz en cuello hasta quedarse sin fuerzas. ⁵ También habían hecho prisioneras a las dos mujeres de David: a

Ahinoam, la de Jezreel, y a Abigail, la viuda de Nabal, el de Carmel.ˣ ⁶ David estaba muy preocupado porque la tropa quería apedrearlo, pues todos estaban muy disgustados por lo que había sucedido a sus hijos. Sin embargo, puso su confianza en el Señor su Dios, ⁷ y le dijo al sacerdote Abiatar,ʸ hijo de Ahimelec:

—Por favor, tráeme el efod.

En cuanto Abiatar llevó el efod a David, ⁸ éste consultó al Señor. Le preguntó:

—¿Debo perseguir a esa banda de ladrones? ¿Podré alcanzarla?

Y el Señor contestó:

—Persíguela, pues la alcanzarás y rescatarás a los prisioneros.

⁹ Inmediatamente David se puso en camino con los seiscientos hombres que le acompañaban, y llegaron al arroyo de Besor. Allí se quedaron ¹⁰ doscientos hombres que estaban muy cansados para cruzar el arroyo, y con los otros cuatrocientos continuó David la persecución. ¹¹ Más tarde encontraron en el llano a un egipcio, y lo llevaron ante David, aunque antes tuvieron que darle de comer y de beber: ¹² le dieron una rebanada de torta de higo y dos tortas de uvas pasas. Después de comer, el egipcio se sintió más reanimado, pues hacía tres días y tres noches que no había comido ni bebido nada. ¹³ Entonces le preguntó David:

—¿Quién es tu amo? ¿De dónde vienes?

El egipcio le respondió:

—Soy egipcio, criado de un amalecita, pero hace tres días mi amo me abandonó porque caí enfermo, ¹⁴ pues fuimos a saquear la parte sur del territorio de los cereteos, y de los de Judá y de Caleb. También le prendimos fuego a Siclag.

¹⁵ —¿Me quieres conducir hasta esa banda de ladrones? —le preguntó David.

Y el egipcio contestó:

—Si me juras por Dios que no me matarás ni me entregarás a mi amo, te llevaré hasta ellos.

¹⁶ Y lo llevó hasta donde estaban los ladrones, los cuales se habían desparramado por todo el campo y estaban comiendo, bebiendo y haciendo fiesta por todo lo que habían robado en territorio filisteo y en territorio de Judá. ¹⁷ Entonces David los atacó desde la mañana hasta la tarde, y los destruyó por completo, menos a cuatrocientos muchachos que montaron en sus camellos y lograron escapar. ¹⁸ David rescató todo lo que los amalecitas habían robado, y rescató también a sus dos mujeres. ¹⁹ No les faltó ni la más pequeña cosa de todo lo que les habían quitado, ni tampoco faltó un solo niño ni adulto, pues David lo recuperó todo. ²⁰ También se apoderó David de todas sus ovejas y vacas, y los que arreaban el ganado decían que aquello era lo que había ganado David.

²¹ Cuando David llegó adonde estaban los doscientos hombres que por estar demasiado cansados no lo habían acompañado, sino que se habían quedado en el arroyo de Besor, salieron ellos a recibirlo a él y a sus acompañantes. David se acercó a ellos y los saludo. ²² Pero algunos de sus hombres, que eran gente malvada y perversa, protestaron y dijeron que a quienes no habían ido con ellos no se les debía dar nada de lo que ellos habían obtenido, excepto sus mujeres e hijos, y que deberían irse después de recuperarlos. ²³ Sin embargo, David dijo:

—No hagan eso, amigos míos, después de todo lo que el Señor nos ha dado, y de que nos ha conservado la vida y ha puesto en nuestras manos a esa banda de ladrones que nos había atacado. ²⁴ En este caso nadie va a darles la razón, porque en el reparto lo mismo les toca a los que se quedan cuidando el equipo a los que van a la batalla.

²⁵ (Desde entonces, y hasta el presente, ésta ha sido la práctica general en Israel.)

²⁶ Cuando David llegó a Siclag, envió a sus amigos, los ancianos de Judá, una parte de lo que le había quitado al enemigo, junto con este mensaje: "Aquí tienen ustedes este regalo, que es parte de lo que les quité a los enemigos del Señor." ²⁷ Y envió regalos a los que estaban en Betel, en Ramot de Néguev, en Jatir, ²⁸ en Aroer, en Sifmot, en Estemoa ²⁹ y en Racal, y también a los que estaban en las ciudades de Jerameel, en las ciudades de los quenitas, ³⁰ y en Horma, en Corasán, en Atac, ³¹ en Hebrón y en todos los sitios por donde él y sus hombres habían andado.

Saúl y sus hijos mueren en la guerra
(1 Cr 10.1–12)

31 ¹ Los filisteos atacaron a Israel, y los israelitas huyeron ante ellos, pues fueron muchos los muertos en el monte Gilboa. ² Y los filisteos se fueron en persecución de Saúl y de sus hijos, y mataron a Jonatán, a Abinadab y a Malquisúa. ³ Luego concentraron todo su ataque sobre Saúl; y como los arqueros lograron alcanzarlo con sus flechas, le entró mucho miedo de ellos. ⁴ Por lo tanto, le dijo a su ayudante de armas:

—Saca tu espada y atraviésame con ella, para que no vengan estos paganos y sean ellos quienes me maten y se diviertan conmigo.

Pero su ayudante no quiso hacerlo,

porque tenía mucho miedo. Entonces Saúl tomó su espada y se dejó caer sobre ella. ⁵ Y cuando su ayudante vio que Saúl había muerto, también él se dejó caer sobre su propia espada y murió con él. ⁶ Así murieron aquel día Saúl, sus tres hijos, su ayudante y todos sus hombres. ⁷ Y cuando los israelitas que vivían al otro lado del valle y al este del Jordán vieron que las tropas de Israel habían huido, y que Saúl y sus hijos habían muerto, abandonaron las ciudades y huyeron también. Entonces los filisteos llegaron y se quedaron a vivir en ellas.

⁸ Al día siguiente, cuando los filisteos fueron a despojar a los muertos, encontraron a Saúl y a sus tres hijos tendidos en el monte Gilboa. ⁹ Entonces le cortaron la cabeza y le quitaron las armas, y enviaron mensajeros por todo el territorio filisteo para que dieran la noticia al pueblo en el templo de sus dioses. ¹⁰ Luego pusieron las armas de Saúl en el templo de Astarté y colgaron su cuerpo en la muralla de Bet-sán.

¹¹ Cuando los habitantes de Jabes de Galaad supieron lo que los filisteos habían hecho con Saúl, ¹² se pusieron de acuerdo todos los hombres valientes y, después de haber caminado durante toda la noche, tomaron de la muralla de Bet-sán los cuerpos de Saúl y de sus hijos y regresaron a Jabes, donde los quemaron. ¹³ Luego enterraron sus restos en Jabes, debajo de un árbol. Después de esto guardaron siete días de ayuno.

Segundo Libro de
SAMUEL

Continuando el relato, este segundo libro inserta al principio la bella y noble elegía o poema fúnebre en que David lamenta la muerte de Saúl y Jonatán. Y luego se dedica por entero a narrar la historia del reinado de David, primero solamente sobre Judá (caps. 1—4), pues el resto del país queda, sin mucho entusiasmo, bajo el gobierno de Is-boset, hijo y heredero de Saúl. Después, tras una infortunada guerra entre él y David, éste queda como rey de todo Israel (caps. 5—24). El libro presenta a David y describe su reinado con honrado realismo, exaltando sus grandes virtudes, pero refiriendo también sus debilidades y pecados, que llegaron hasta el crimen.

David se muestra en el relato como guerrero valeroso y hábil estadista, que extiende y consolida el reino, luchando contra sublevaciones internas y contra enemigos del exterior. Claramente se ve su profunda fe, su devoción a Dios y su solicitud por el pueblo, todo lo cual le ganó la lealtad general. Y se muestra cómo, cuando dejándose llevar por sus deseos y ambiciones incurre en graves pecados, y el profeta Natán, enviado por Dios, se los reprocha, no sólo los confiesa y se arrepiente de ellos, sino que acepta humildemente su castigo.

La persona y el reinado de David dejaron una huella profunda en el pueblo de Israel, de manera que éste lo exaltó como prototipo y prefiguración del libertador nacional por excelencia después de Moisés. Este ideal tomó la figura del Mesías, el Elegido de Dios, que vendría para cumplir las grandes promesas divinas hechas a Israel.

David se entera de la muerte de Saúl

1 ¹ Después de la muerte de Saúl,ᵃ David volvió a Siclag tras haber derrotado a los amalecitas,ᵇ y allí se quedó dos días. ² Pero al tercer día llegó del campamento de Saúl un hombre que traía la ropa rasgada y la cabeza cubierta de tierra en señal de dolor. Cuando llegó ante David, se inclinó hasta el suelo en señal de reverencia. ³ David le preguntó:

—¿De dónde vienes?

—He logrado escapar del campamento israelita —respondió aquel hombre.

⁴ —¿Pues qué ha ocurrido? ¡Dímelo, por favor! —exigió David.

—Pues que el ejército huyó del combate, y que muchos de ellos murieron —contestó aquel hombre—. ¡Y también murieron Saúl y su hijo Jonatán!

⁵ —¿Y cómo sabes que Saúl y su hijo Jonatán han muerto? —preguntó David al

ᵃ 1.1 1 S 31. ᵇ 1.1 1 S 30.

criado que le había traído la noticia. ⁶ Este respondió:

—Pues de pura casualidad estaba yo en el monte Gilboa, y vi a Saúl apoyándose en su lanza y a los carros de combate y la caballería enemiga a punto de alcanzarlo. ⁷ En ese momento él miró hacia atrás, y al verme me llamó. Yo me puse a sus órdenes. ⁸ Luego me preguntó quién era yo, y yo le respondí que era amalecita. ⁹ Entonces me pidió que me acercara a él y lo matara de una vez, porque ya había entrado en agonía y sin embargo todavía estaba vivo. ¹⁰ Así que me acerqué a él y lo maté, porque me di cuenta de que no podría vivir después de su caída. Luego le quité la corona de su cabeza y el brazalete que tenía en el brazo, para traérselos a usted, mi señor.ᶜ

¹¹ Entonces David y los que lo acompañaban se rasgaron la ropa en señal de dolor, ¹² y lloraron y lamentaron la muerte de Saúl y de su hijo Jonatán, lo mismo que la derrota que habían sufrido los israelitas, el ejército del Señor, y ayunaron hasta el atardecer. ¹³ Después David le preguntó al joven que le había traído la noticia:

—¿Tú de dónde eres?

—Soy extranjero, un amalecita —contestó él.

¹⁴ —¿Y cómo es que te atreviste a levantar tu mano contra el rey escogido por el Señor? —exclamó David, ¹⁵ y llamando a uno de sus hombres, le ordenó:

—¡Anda, mátalo!

Y él hirió mortalmente al amalecita y lo mató, ¹⁶ mientras David decía:

—Tú eres responsable de tu propia muerte, pues tú mismo te declaraste culpable al confesar que habías matado al rey escogido por el Señor.

Lamento por Saúl y Jonatán

¹⁷ David entonó este lamento por la muerte de Saúl y de su hijo Jonatán, ¹⁸ y ordenó que se le enseñara a la gente de Judá.ᶠ Este lamento se halla escrito en el Libro del Justo:ᵈ

¹⁹ "¡Oh, Israel,
herida fue tu gloria en tus
    montañas!
¡Cómo han caído los valientes!
²⁰ No lo anuncien en Gatᵉ
ni lo cuenten en las calles de
    Ascalón,
para que no se alegren las mujeres
    filisteas,

para que no salten de gozo esas
    paganas.

²¹ "¡Que no caiga más sobre ustedes
lluvia ni rocío, montes de Gilboa,
pues son campos de muerte!²
Allí fueron pisoteados
los escudos de los héroes.
Allí perdió su brillo
el escudo de Saúl.

²² "Jamás Saúl y Jonatán volvieron
sin haber empapado espada y
    flechas
en la sangre y la grasa
de los guerreros más valientes.

²³ "Saúl y Jonatán, amados y queridos,
ni en su vida ni en su muerte
estuvieron separados.
¡Más veloces eran que las águilas!
¡Más fuertes que los leones!

²⁴ "¡Hijas de Israel, lloren por Saúl,
que las vestía de púrpura y lino fino,
que las adornaba con brocados de
    oro!
²⁵ ¡Cómo han caído los valientes
en el campo de batalla!
¡Jonatán ha sido muerto
en lo alto de tus montes!

²⁶ "¡Angustiado estoy por ti,
Jonatán, hermano mío!
¡Con cuánta dulzura me trataste!
Para mí tu cariño superó
al amor de las mujeres.
²⁷ ¡Cómo han caído los valientes!
¡Las armas han sido destruidas!"

David es proclamado rey de Judá

2 ¹ Después de esto, David consultó al Señor y le dijo:

—¿Debo ir a alguna de las ciudades de Judá?

El Señor le contestó:

—Sí, debes ir.

Entonces David preguntó:

—¿A dónde debo ir?

Y el Señor respondió:

—A Hebrón.

² David fue allá con sus dos mujeres: Ahinoam, la del pueblo de Jezreel, y Abigail, la viuda de Nabal, el de Carmel.ᶠ ³ También se llevó a sus compañeros, con sus respectivas familias, y se establecieron en las ciudades de Hebrón. ⁴ Llegaron después los hombres de Judá, y consagraron allí a David como rey de Judá.

ᶠ La gente de Judá: según la versión griega. Heb. añade un arco. ² Campos de muerte: texto probable. Heb. campos de ofrendas.
ᶜ 1.6–10 1 S 31.1–6; 1 Cr 10.1–6. ᵈ 1.18 Jos 10.13. ᵉ 1.20 Mi 1.10. ᶠ 2.2 1 S 25.42–43.

Cuando le contaron a David que los de Jabes de Galaad eran los que habían enterrado a Saúl,ᵍ ⁵ envió David unos mensajeros a decirles: "Que el Señor los bendiga por tratar con tanta bondad a Saúl, su señor, dándole sepultura. ⁶ Y que el Señor los trate a ustedes con bondad y fidelidad. Yo, por mi parte, los trataré bien a ustedes por esto que han hecho. ⁷ Pero ahora, cobren ustedes ánimo y valor, pues aunque ha muerto Saúl, su señor, la tribu de Judá me ha consagrado para que yo sea su rey."

Israel y Judá, en guerra

⁸ Pero Abner, hijo de Ner, jefe del ejército de Saúl, tomó a Is-boset,³ el hijo de Saúl, y lo llevó a Mahanaim, ⁹ donde lo consagró como rey de Galaad, de Gesuri, de Jezreel, de Efraín, de Benjamín y de todo Israel. ¹⁰ Cuando Is-boset comenzó a reinar en Israel, tenía cuarenta años, y reinó durante dos años. Pero la tribu de Judá reconocía como rey a David, ¹¹ así que David fue rey de Judá durante siete años y seis meses, y la capital de su reino fue Hebrón.

¹² Abner salió entonces de Mahanaim a Gabaón, al frente de las tropas de Is-boset. ¹³ Por su parte Joab, hijo de Sarvia, y las tropas de David, salieron de Hebrón y se encontraron con ellos junto al depósito de agua de Gabaón. Los dos ejércitos tomaron posiciones, unos a un lado del depósito y otros al lado opuesto. ¹⁴ Entonces Abner le propuso a Joab:

—Que salgan a luchar los jóvenes delante de todos nosotros.

—De acuerdo —contestó Joab.

¹⁵ Así pues, para luchar por parte de Benjamín y de Is-boset, hijo de Saúl, pasaron al frente doce criados, y otros doce por parte de las tropas de David. ¹⁶ Cada cual agarró a su contrario por la cabeza y le clavó la espada en el costado, de modo que cayeron todos muertos a la vez. Por eso aquel lugar, que está en Gabaón, fue llamado Helcat-hazurim.⁴ ¹⁷ El combate fue muy duro aquel día, y Abner y las tropas de Israel fueron derrotados por los soldados de David. ¹⁸ Allí estaban los tres hijos de Sarvia: Joab, Abisai y Asael. Este último corría veloz, como un ciervo a campo abierto, ¹⁹ y se lanzó en persecución de Abner sin darle ninguna oportunidad de escapar. ²⁰ Y cuando Abner miró hacia atrás, exclamó:

—¡Pero si eres tú, Asael!

—¡Claro que soy yo! —respondió él. ²¹ Entonces Abner le dijo:

—Deja ya de perseguirme. Mejor agarra a alguno de los criados y quédate con todo lo que lleva encima.

Pero como Asael no quiso dejar de perseguirlo, ²² Abner volvió a decirle:

—¡Deja ya de perseguirme, o me veré obligado a derribarte por tierra! Y luego, ¿con qué cara voy a presentarme ante tu hermano Joab?

²³ Como Asael no quiso apartarse, Abner le clavó en el vientre la punta posterior de su lanza, la cual le salió por la espalda, y Asael cayó muerto allí mismo. Y todos los que llegaban al sitio donde había caído muerto Asael, se paraban a verlo. ²⁴ Pero Joab y Abisai siguieron persiguiendo a Abner. A la puesta del sol llegaron a la colina de Ama, que está frente a Gía, en el camino al desierto de Gabaón. ²⁵ Allí los benjaminitas se reunieron con Abner, y formando un solo ejército tomaron posiciones en la cumbre de un cerro. ²⁶ Entonces Abner le gritó a Joab:

—¿No va a tener fin esta matanza? ¿No te das cuenta de que esto sólo nos traerá amargura? ¿Cuándo vas a ordenar a tu gente que deje de perseguir a sus hermanos?

²⁷ Y Joab contestó:

—Te juro por Dios que si no hubieras dicho esto, mi gente habría seguido persiguiendo a sus hermanos hasta el amanecer.

²⁸ En seguida Joab ordenó que tocaran las trompetas, y toda la gente se detuvo, dejando de perseguir a los israelitas y de luchar contra ellos. ²⁹ Abner y sus hombres caminaron por la llanura de Arabá toda aquella noche, y cortando camino a través del Jordán y de todo Bitrón, llegaron a Mahanaim.

³⁰ Joab dejó de perseguir a Abner y reunió todas sus tropas, y al pasar lista resultó que habían muerto diecinueve oficiales de David, además de Asael. ³¹ Sin embargo, los seguidores de David habían matado a trescientos sesenta hombres de Benjamín y de Abner.

³² Más tarde, el cuerpo de Asael fue llevado a Belén y enterrado allí, en el sepulcro de su padre. Joab y sus hombres caminaron toda aquella noche, y al amanecer estaban en Hebrón.

3 ¹ La guerra entre la casa de Saúl y la casa de David fue larga, pero mientras

---

³ El nombre original *Is-baal*, "el hombre de Baal", aparece en el texto hebreo de este pasaje como *Is-boset*, con la intención evidente de usar la palabra hebrea que significa "vergüenza", para no pronunciar el nombre de un dios pagano. (Véase 1 Cr. 8.33; 9.39.)   ⁴ En hebreo, *Helcat-hazurim* quiere decir "Campo de las rocas": Cambiando una vocal para decir *hazarim* significaría "Campo de los adversarios". Se ha propuesto enmendar el texto para que diga *hasiddim*, con lo cual significaría "Campo de los costados". En este caso la relación del suceso con el nombre resulta insegura.
ᵍ **2.4** 1 S 31.11-13.

que la de David iba haciéndose más y más fuerte, la de Saúl se iba debilitando.

La familia de David
(1 Cr 3.1–4)

² Los hijos que le nacieron a David cuando estaba en Hebrón, fueron: el mayor, Amnón, hijo de Ahinoam, la de Jezreel; ³ el segundo, Quileab, hijo de Abigail, la viuda de Nabal, el de Carmel; el tercero, Absalón, hijo de Maaca, la hija de Talmai, rey de Gesur; ⁴ el cuarto, Adonías, hijo de Haguit; el quinto, Sefatías, hijo de Abital; ⁵ el sexto, Itream, hijo de Egla, otra mujer de David. Estos nacieron cuando David estaba en Hebrón.

Abner se alía con David

⁶ Mientras continuaba la guerra entre la casa de Saúl y la casa de David, Abner adquiría cada vez más poder sobre la casa de Saúl. ⁷ Saúl había tenido una concubina llamada Rizpa, hija de Aja, con la que Abner tuvo relaciones.⁵ Por lo tanto, Is-boset le reclamó a Abner:

—¿Por qué te acostaste con la concubina de mi padre?

⁸ Abner se enojó mucho por la reclamación de Is-boset, y le contestó:

—¿Acaso soy un perro al servicio de Judá? Yo he sido fiel a la casa de Saúl, tu padre, y a sus parientes y amigos, y no te he entregado en manos de David. ¿Y tú me acusas ahora de haber pecado con una mujer? ⁹ ¡Que el Señor me castigue duramente si no hago con David lo que el Señor le ha prometido, ¹⁰ quitando del trono a la dinastía de Saúl,ʰ y estableciendo a David en el trono de Israel y de Judá, desde Dan hasta Beerseba!

¹¹ Is-boset no pudo responderle a Abner una sola palabra, porque le tenía miedo. ¹² Abner, por su parte, envió mensajeros a decirle a David: "¿De quién es el país? Hagamos un trato: yo haré cuanto esté a mi alcance para que todo Israel se ponga a tu parte."

¹³ David le contestó: "Estoy de acuerdo en hacer un pacto contigo, pero con una condición: que no te presentes ante mí sin traer contigo, cuando vengas a verme, a Mical, la hija de Saúl." ¹⁴ Además, David envió mensajeros a Is-boset, diciéndole: "Entrégame a Mical, mi mujer, con la que me casé a cambio de cien prepucios de filisteos."ⁱ

¹⁵ Entonces Is-boset mandó que se la quitaran a Paltiel, hijo de Lais, que era su marido; ¹⁶ pero Paltiel se fue detrás de ella,

llorando, y la siguió hasta Bahurim. Allí Abner le ordenó que regresara, y Paltiel regresó.

¹⁷ Más tarde Abner habló con los ancianos de Israel, y les dijo: "Ya hace tiempo que ustedes andan buscando que David sea su rey. ¹⁸ Pues bien, ha llegado el momento de actuar, porque el Señor ha prometido a David que por medio de él librará a Israel, su nación, del dominio de los filisteos y del poder de todos sus enemigos."

¹⁹ Abner habló también con la gente de Benjamín, y después fue a Hebrón para comunicarle a David el parecer de Israel y de toda la tribu de Benjamín. ²⁰ Llegó con veinte hombres a Hebrón, donde estaba David, y David hizo un banquete para él y los que le acompañaban. ²¹ Luego Abner le dijo a David:

—Ahora debo irme para reunir a todo Israel, para que hagan un pacto con Su Majestad, y que así Su Majestad reine conforme a sus deseos.

Y David despidió a Abner, el cual se fue tranquilamente.

Joab mata a Abner

²² Joab y los seguidores de David llegaron en ese momento de una de sus correrías, trayendo consigo gran cantidad de cosas que le habían quitado al enemigo. Abner no estaba ya con David en Hebrón, pues se había ido tranquilamente después que David lo despidió. ²³ Al llegar Joab con todo el ejército que le acompañaba, le contaron que Abner, hijo de Ner, había estado antes con el rey, y que se había ido después que el rey lo despidió. ²⁴ Entonces Joab fue a ver al rey, y le dijo:

—¿Qué es lo que ha hecho Su Majestad? Abner ha venido a ver a Su Majestad, y Su Majestad ha dejado que se vaya. ²⁵ ¿Acaso no sabe Su Majestad que Abner, hijo de Ner, ha venido sólo a engañarle, y a espiar sus movimientos, y a enterarse de todo lo que Su Majestad hace?

²⁶ En cuanto Joab salió de hablar con David, envió mensajeros en busca de Abner, sin que David lo supiera, y éstos lo hicieron volver desde el pozo de Sira. ²⁷ Cuando Abner llegó a Hebrón, Joab lo llevó a un lado de la puerta de la ciudad, para hablar con él a solas, y allí lo hirió de muerte en el vientre, para vengar la muerte de su hermano Asael. ²⁸ Más tarde, cuando David lo supo, dijo: "Ante el Señor, yo y mi reino somos completamente inocentes del asesinato de Abner, hijo de Ner. ²⁹ ¡Que caiga la culpa sobre la cabeza

---

⁵ Con la que Abner tuvo relaciones: según un manuscrito griego. En el texto hebreo no aparece esta frase.
ʰ 3.10 1 S 15.28. ⁱ 3.14 1 S 18.27.

de Joab y sobre toda su familia, y que nunca falte en su casa quien sufra de flujo, lepra o cojera, ni quien sea asesinado o padezca hambre!"

[30] Joab y Abisai mataron a Abner porque en la batalla de Gabaón Abner había matado al hermano de ellos.

[31] Después David ordenó a Joab y a todo el grupo que le acompañaba: "Rásguense la ropa y vístanse con ropas ásperas, y guarden luto por la muerte de Abner." El rey David marchó detrás de la camilla, [32] y enterraron a Abner en Hebrón. Allí el rey se puso a llorar a voz en cuello junto al sepulcro de Abner, y lo mismo hizo toda la gente. [33] Entonces el rey entonó este lamento por Abner:

"¿Por qué tenías que morir, Abner,
de manera tan absurda,
[34] si no tenías atadas las manos
ni encadenados los pies?
¡Has muerto como quien muere
a manos de gente malvada!"

También la gente siguió llorando por él. [35] Luego fueron a rogarle a David que comiera algo antes de que terminara el día, pero David juró, diciendo:

—¡Que Dios me castigue duramente, si pruebo pan o alguna otra cosa antes de que se ponga el sol!

[36] Todos comprendieron esto y les pareció bien, pues todo lo que el rey hacía agradaba a la gente. [37] Aquel día todos los israelitas quedaron convencidos de que el rey no había tenido nada que ver con la muerte de Abner, hijo de Ner.

[38] Luego el rey dijo a sus oficiales:

—Como ustedes saben, hoy ha caído en Israel un jefe principal, una gran personalidad. [39] Por eso yo, a pesar de ser el rey que Dios ha escogido, me siento débil ante la extremada violencia de los hijos de Sarvia. ¡Que el Señor le dé su merecido a quien cometió esta maldad!

Asesinato de Is-boset

4 [1] Cuando Is-boset, hijo de Saúl, supo que Abner había muerto en Hebrón, perdió el ánimo por completo, y todos en Israel se llenaron de miedo. [2] Is-boset tenía a su servicio dos hombres que eran jefes de una banda de ladrones. Uno se llamaba Baana, y el otro Recab. Eran hijos de Rimón de Beerot, y por lo tanto descendientes de Benjamín, pues al pueblo de Beerot se le consideraba como parte de la tribu de Benjamín [3] aun cuando los de

Beerot huyeron a Gitaim, donde han vivido como forasteros hasta el presente.

[4] Ahora bien, Jonatán, hijo de Saúl, tenía un hijo, llamado Mefi-boset, que era inválido de los dos pies.[j] Cuando Mefi-boset tenía cinco años de edad, llegó de Jezreel la noticia de que Saúl y Jonatán habían muerto; entonces su nodriza tomó a Mefi-boset y huyó con él, pero con las prisas de la huida éste se cayó y quedó cojo.

[5] Recab y Baana, los hijos de Rimón de Beerot, se dirigieron a casa de Is-boset, y llegaron a la hora de más calor del día, cuando él estaba durmiendo la siesta. [6] La portera de la casa había estado limpiando trigo, pero finalmente se había quedado dormida, de modo que Recab y su hermano Baana pudieron entrar sin ser vistos.[6] [7] Cuando entraron en la casa, Is-boset estaba acostado sobre la cama de su dormitorio; entonces lo asesinaron y le cortaron la cabeza, después de lo cual se la llevaron consigo y caminaron toda la noche por el camino del Arabá [8] para entregársela a David, que estaba en Hebrón. Le dijeron al rey:

—Aquí tiene Su Majestad la cabeza de Is-boset, el hijo de Saúl, que era enemigo de Su Majestad y que procuraba quitarle la vida. Pero hoy el Señor ha concedido a Su Majestad vengarse de Saúl y sus descendientes.

[9] Y David les respondió:

—Les juro por el Señor, que me ha librado de toda angustia, [10] que cuando uno, creyendo que me daba buenas noticias, vino a contarme que Saúl había muerto, la noticia le valió que yo lo apresara y lo matara en Siclag.[k] [11] ¡Con mayor razón haré eso mismo con ustedes, malvados, que han asesinado a un hombre inocente mientras éste se hallaba acostado y en su propia casa! Por lo tanto, ¡voy a hacerles pagar su muerte! ¡Voy a borrarlos de este mundo!

[12] En seguida David dio órdenes a sus oficiales, y éstos los mataron; les cortaron las manos y los pies, y los colgaron junto al depósito de agua de Hebrón. Después tomaron la cabeza de Is-boset y la enterraron en Hebrón, en el sepulcro de Abner.

David, rey de Israel y Judá
(1 Cr 11.1–3)

5 [1] Más tarde, todas las tribus de Israel fueron a Hebrón para hablar con David, y le dijeron: "Nosotros somos de tu misma sangre, [2] y en realidad, aunque

---

[6] La portera . . . sin ser vistos: según la versión griega. Heb. Y ellas entraron hasta en medio de la casa tomando trigo, y ellos lo hirieron en el vientre. Y Recab y su hermano Baana escaparon.
[j] 4.4 2 S 9.3.   [k] 4.10 2 S 1.1–16.

Saúl era nuestro rey, tú eras el que verdaderamente dirigía a Israel en sus campañas. Además, el Señor te ha prometido que tú serás quien dirija y gobierne a Israel."

³ De esta manera, todos los ancianos de Israel fueron y hablaron con el rey David en Hebrón, y él hizo un pacto con ellos, poniendo al Señor por testigo. Entonces ellos consagraron a David como rey de Israel. ⁴ David tenía treinta años cuando empezó a reinar, y reinó cuarenta años: ⁵ en Hebrón fue rey de Judá durante siete años y medio, y luego en Jerusalén fue rey de todo Israel y Judá durante treinta y tres años.¹

David captura la fortaleza de Sión
(1 Cr 11.4–9)

⁶ El rey David y sus hombres se dirigieron hacia Jerusalén para atacar a los jebuseos,ᵐ habitantes de aquella región. Y los jebuseos, creyendo que David no lograría entrar en la ciudad, le dijeron: "Tú no podrás entrar aquí, pues se bastan los ciegos y los cojos para no dejarte entrar." ⁷ Sin embargo, David capturó la fortaleza de Sión, ahora conocida como la Ciudad de David. ⁸ David había dicho en aquella ocasión: "Todo el que ataque a los jebuseos, que entre por el canal del agua y mate a los ciegos y a los cojos, a los cuales aborrezco con toda mi alma." De allí viene el dicho: "Ni los ciegos ni los cojos pueden entrar en el templo del Señor." ⁹ Después se instaló David en la fortaleza y la llamó Ciudad de David, y le construyó murallas alrededor, desde el terraplén hasta el palacio.

Hiram envía embajadores a David
(1 Cr 14.1–2)

¹⁰ El poder de David iba aumentando, y el Señor, el Dios todopoderoso, estaba con él. ¹¹ Por eso Hiram, rey de Tiro, envió sus embajadores a David, además de carpinteros y canteros, los cuales llevaron madera de cedro y construyeron el palacio de David. ¹² Entonces David comprendió que el Señor lo había confirmado como rey de Israel, y que había hecho prosperar su reinado en atención a su pueblo Israel.

Otros hijos de David
(1 Cr 3.5–9; 14.3–7)

¹³ Después de haberse trasladado de Hebrón a Jerusalén, David tomó allí más esposas y concubinas, las cuales le dieron más hijos e hijas ¹⁴ Los hijos que le nacieron en Jerusalén se llamaban: Samúa, Sobab, Natán, Salomón, ¹⁵ Ibhar, Elisúa, Nefeg, Jafía, ¹⁶ Elisama, Eliada y Elifelet.

David vence a los filisteos
(1 Cr 14.8–17)

¹⁷ Cuando los filisteos supieron que David había sido consagrado como rey de Israel, se lanzaron todos en busca suya; pero David lo supo y se retiró a la fortaleza. ¹⁸ Entonces los filisteos avanzaron y ocuparon el valle de Refaim. ¹⁹ Por esto, David consultó al Señor, y le preguntó:

—¿Puedo atacar a los filisteos? ¿Me darás la victoria sobre ellos?

Y el Señor le respondió:

—Sí, atácalos, porque te daré la victoria sobre ellos.

²⁰ David llegó a Baal-perazim, y allí los venció. Por eso dijo: "Como un torrente de agua, el Señor me ha abierto paso entre mis enemigos." Y llamó a aquel lugar Baal-perazim.⁷ ²¹ Además, los filisteos dejaron abandonados sus ídolos, y David y sus hombres los recogieron.

²² Pero los filisteos volvieron a ocupar el valle de Refaim, ²³ así que David consultó al Señor, y el Señor le contestó:

—No los ataques de frente, sino rodéalos y atácalos por la retaguardia cuando llegues a los árboles de bálsamo. ²⁴ Cuando escuches ruido de pasos por encima de las copas de los árboles, lánzate al ataque, porque eso significa que yo voy delante de ti para herir de muerte al ejército filisteo.

²⁵ David hizo lo que el Señor le había ordenado, y derrotó a los filisteos desde Gabaón⁸ hasta Gezer.

David intenta trasladar el cofre del Señor
(1 Cr 13.5–14)

6 ¹ David reunió de nuevo a todos los soldados escogidos de Israel, que eran treinta mil, ² y partiendo de Baala de Judá con todas las tropas que le acompañaban, se dispuso a trasladar de allí el cofre de Dios, sobre el que se invoca el nombre del Señor todopoderoso, que tiene su trono sobre los querubines.ⁿ ³⁻⁴ Pusieron el cofre sobre una carreta nueva y se lo llevaron de la casa de Abinadab, que estaba en una colina.ᵉ Uza y Ahío, hijos de Abinadab, iban guiando la carreta en que

---

⁷ En hebreo, Baal-perazim significa Señor de los pasos abiertos. ⁸ Gabaón: según la versión griega y 1 Cr 14.16. Heb. Geba.
¹ 5.4–5 1 R 2.11; 1 Cr 3.4; 29.27. ᵐ 5.6 Jos 15.63; Jue 1.21. ⁿ 6.2 Ex 25.18–22; 1 S 4.4; 1 R 6.23–28; Sal 80.1; Is 37.16; Ez 1.26–28. ᵉ 6.3–4 1 S 7.1–2.

llevaban el cofre de Dios, y Ahío iba delante del cofre. [5] Mientras tanto, David y todos los israelitas iban delante de Dios cantando y danzando con todas sus fuerzas, al son de la música de arpas, salterios, panderos, castañuelas y platillos. [6] Cuando llegaron al lugar conocido como Era de Nacón, Uza alargó la mano hacia el cofre de Dios, para sostenerlo, porque habían tropezado los bueyes. [7] Pero el Señor se enfureció con Uza por aquel atrevimiento, y le quitó la vida allí mismo, cayendo Uza muerto junto al cofre de Dios.

[8] David se disgustó mucho porque el Señor le quitó la vida[9] a Uza, y por eso llamó a aquel lugar Pérez-uza,[10] nombre que tiene hasta el presente. [9] Pero ese mismo día David tuvo mucho miedo ante el Señor, y exclamó: "¡Ni pensar en llevarme el cofre del Señor!" [10] Y como ya no quiso llevarse el cofre del Señor a la Ciudad de David, ordenó que lo llevaran a casa de Obed-edom, un hombre de Gat. [11] El cofre del Señor se quedó tres meses en casa de Obed-edom, y el Señor lo bendijo a él y a toda su familia.º

David traslada el cofre del Señor a Jerusalén
(1 Cr 15.1—16.6)

[12] Cuando le contaron al rey David que por causa del cofre el Señor había bendecido a la familia de Obed-edom junto con todas sus pertenencias, David fue y con gran alegría trasladó el cofre de Dios de la casa de Obed-edom a la Ciudad de David. [13] Y cuando los que llevaban el cofre del Señor habían dado ya seis pasos, David sacrificó un toro y un carnero gordo. [14] David iba vestido con un efod de lino, y danzaba con todas sus fuerzas, [15] y tanto él como todos los israelitas llevaban el cofre del Señor entre gritos de alegría y toque de trompetas.

[16] Cuando el cofre del Señor llegó a la Ciudad de David, Mical, la hija de Saúl, se asomó a la ventana; y al ver al rey David saltando y bailando delante del Señor, sintió un profundo desprecio por él. [17] El cofre del Señor fue llevado y puesto en su lugar, dentro de una tienda de campaña que David había levantado con ese propósito. En seguida David ofreció holocaustos y sacrificios de reconciliación delante del Señor, [18] y cuando terminó de ofrecerlos bendijo al pueblo en el nombre del Señor todopoderoso, [19] y a todos los israelitas allí presentes, hombres y mujeres, les dio un pan, una torta de dátiles y otra

de pasas. Después todos se volvieron a sus casas.

[20] También David volvió a su casa para bendecir a su familia;ᴾ pero Mical, la hija de Saúl, salió a recibirlo y le dijo:

—¡Qué bien ha quedado hoy el rey de Israel, mostrándose delante de las esclavas de sus criados como un desvergonzado cualquiera!

[21] David le respondió:

—Es verdad; he estado bailando, pero ha sido delante del Señor, que me escogió en lugar de tu padre y de toda tu familia para ser el jefe de su pueblo Israel. Por eso bailo delante de él. [22] Y aún me humillaré más que ahora; me rebajaré, según tu opinión, pero seré honrado por esas mismas esclavas de que tú hablas.

[23] Y Mical no tuvo hijos en toda su vida.

Dios promete bendecir a David
(1 Cr 17.1–27)

7 [1] Cuando el rey David estuvo ya instalado en su palacio, y el Señor le había concedido la paz con todos sus enemigos de alrededor, [2] le dijo a Natán, su profeta:

—Como puedes ver, yo habito en un palacio de cedro, mientras que el cofre de Dios habita bajo simples cortinas.

[3] Y Natán le contestó:

—Pues haz todo lo que te has propuesto, porque cuentas con el apoyo del Señor.

[4] Pero aquella misma noche, el Señor se dirigió a Natán y le dijo: [5] "Ve y habla con mi siervo David, y comunícale que yo, el Señor, he dicho: 'No serás tú quien me construya un templo para que habite en él. [6] Desde el día en que saqué de Egipto a los israelitas, hasta el presente, nunca he habitado en templos, sino que he andado en simples tiendas de campaña. [7] En todo el tiempo que anduve con ellos, jamás le pedí a ninguno de sus caudillos,ⁱⁱ a quienes puse para que gobernaran a mi pueblo Israel, que me construyera un templo de madera de cedro.' [8] Por lo tanto, dile a mi siervo David que yo, el Señor todopoderoso, le digo: 'Yo te saqué del redil, y te quité de andar tras el rebaño, para que fueras el jefe de mi pueblo Israel; [9] te he acompañado por dondequiera que has ido, he acabado con todos los enemigos que se te enfrentaron, y te he dado gran fama, como la que tienen los hombres importantes de este mundo. [10] Además he preparado un lugar para mi pueblo Israel, y allí los he instalado para que vivan en un sitio propio, donde nadie los moleste ni los malhechores los opriman como al prin-

---

[9] *Le quitó la vida:* lit. *abrió brecha en.* [10] En hebreo, *Pérez-uza* significa *brecha de Uza.* [11] *Caudillos:* texto probable. Heb. *tribus.*
º **6.11** 1 Cr 26.4-5. ᴾ **6.19-20** 1 Cr 16.43.

cipio, [11] cuando puse caudillos que gobernaran a mi pueblo Israel. Yo haré que te veas libre de todos tus enemigos. Y te hago saber que te daré descendientes, [12] y que cuando tu vida llegue a su fin y mueras, yo estableceré a uno de tus descendientes y lo confirmaré en el reino. [13] Él me construirá un templo, y yo afirmaré su reino para siempre. [14] Yo le seré un padre, y él me será un hijo. Y cuando cometa una falta, yo lo castigaré y lo azotaré como todo padre lo hace con su hijo, [q] [15] pero no le retiraré mi bondad como se la retiré a Saúl, al cual quité para ponerte a ti en su lugar. [16] Tu dinastía y tu reino estarán para siempre seguros bajo mi protección, y también tu trono quedará establecido para siempre.' " [r]

[17] Natán le contó todo esto a David, exactamente como lo había visto y oído. [18] Entonces el rey David entró para hablar delante del Señor, y dijo: "Señor, ¿quién soy yo y qué es mi familia para que me hayas hecho llegar hasta aquí? [19] ¡Y tan poca cosa te ha parecido esto, Señor, que hasta has hablado del porvenir de la dinastía de tu siervo! ¡Ningún hombre actúa como tú, Señor! [20] ¿Qué más te puedo decir, Señor, si tú conoces a este siervo tuyo? [21] Todas estas maravillas las has hecho, según lo prometiste y lo quisiste, para que yo las conociera; [22] por lo tanto, Señor mío, ¡qué grandeza la tuya! Porque no hay nadie como tú, ni existe otro dios aparte de ti, según todo lo que nosotros mismos hemos oído. [23] En cuanto a Israel, tu pueblo, ¡no hay otro como él, pues es nación única en la tierra! Tú, oh Dios, lo libertaste para fuera tu pueblo, y lo hiciste famoso haciendo por él cosas grandes y maravillosas. Tú arrojaste de delante de tu pueblo, al que rescataste de Egipto, a las demás naciones y a sus dioses, [24] porque tú has determinado que Israel sea tu pueblo para siempre, y que tú, Señor, serás su Dios.

[25] "Así pues, Señor y Dios, mantén para siempre la promesa que has hecho a tu siervo y a su dinastía, y cumple lo que has dicho. [26] ¡Que tu nombre sea siempre engrandecido, y se diga que el Señor todopoderoso es el Dios de Israel! ¡Que la dinastía de David, tu siervo, se mantenga firme con tu protección! [27] Tú, Señor todopoderoso, me has hecho saber que vas a establecer mi dinastía; por eso yo, aunque soy tu siervo, me atrevo a hacerte esta súplica. [28] Tú, Señor, eres Dios, y tus palabras son verdaderas, y has prometido a tu siervo tanta bondad; [29] dígnate, pues, bendecir la dinastía de tu siervo para que permanezca siempre bajo tu protección. Tú, Señor Dios, lo has prometido, y con tu bendición la dinastía de tu siervo será bendita para siempre."

Campañas militares de David
(1 Cr 18.1–13)

8 [1] Después de esto David venció a los filisteos, sometiéndolos y arrebatándoles de las manos las riendas del poder. [2] También derrotó a los moabitas, a quienes hizo que se tendieran en el suelo y los midió con un cordel: los que quedaban dentro de cada dos medidas de cordel, eran condenados a muerte, y los que quedaban dentro de una medida eran dejados con vida. Así los moabitas fueron sometidos a David y tuvieron que pagarle tributo.

[3] David venció también a Hadad-ezer, hijo de Rehob, que era rey de Soba, cuando éste iba a recuperar su dominio sobre la región del río Éufrates. [4] De ellos, David hizo prisioneros a mil setecientos soldados de caballería y a veinte mil de infantería; y además les rompió las patas a todos los caballos de los carros de combate, con la excepción de los caballos necesarios para cien carros.

[5] Llegaron luego los sirios de Damasco para prestar ayuda a Hadad-ezer, el rey de Soba, pero David venció a los sirios, matando a veintidós mil de ellos. [6] Luego puso David guarniciones en Siria de Damasco, y los sirios quedaron sometidos a él y sujetos al pago de tributo. Así pues, el Señor le daba la victoria a David por dondequiera que iba.

[7] Después David se apoderó de los escudos de oro que usaban los oficiales de Hadad-ezer, y los llevó a Jerusalén. [8] También se apoderó de una gran cantidad de bronce de Beta y de Berotai, ciudades que pertenecían a Hadad-ezer.

[9] Cuando Toi, rey de Hamat, se enteró de que David había derrotado a todo el ejército de Hadad-ezer, [10] envió a su hijo Joram con objetos de plata, de oro y de bronce, para que saludara y felicitara al rey David por haber luchado con Hadad-ezer y haberlo vencido, pues Toi también había estado en guerra con él. [11] David dedicó todos estos objetos al Señor, junto con el oro y la plata que le había consagrado, y que venía de todas las naciones que había sometido: [12] de Edom, [12] de Moab, de Amón, de los filisteos y de los amalecitas, y de lo que le había quitado en la guerra a Hadad-ezer, hijo de Rehob, rey de Soba.

---

[12] *Edom:* según la versión griega. Heb. *Siria.*
[q] **7.14** Dt 8.5; 2 Co 6.18; He 1.5; 12.5–11. [r] **7.11–16** 1 R 2.4.

[13] David se hizo famoso. Y cuando regresaba de haber vencido a los edomitas,[13] derrotó a dieciocho mil edomitas en el Valle de la Sal.[s] [14] Luego puso guarniciones en todo Edom, y todos los edomitas quedaron sometidos a David, a quien el Señor daba la victoria por dondequiera que iba.

Oficiales de David
(2 S 20.23–26; 1 Cr 18.14–17)

[15] David reinó sobre todo Israel, actuando con justicia y rectitud para con todo su pueblo. [16] El jefe del ejército era Joab, hijo de Sarvia; y Josafat, hijo de Ahilud, era el secretario del rey. [17] Sadoc, hijo de Ahitob, y Ahimelec, hijo de Abiatar, eran sacerdotes; Seraías era el cronista, [18] y Benaía, hijo de Joiada, estaba al mando de la guardia de cereteos y peleteos. Los hijos de David eran sacerdotes.

David favorece a Mefi-boset

9 [1] Un día David preguntó: "¿Ha quedado algún superviviente de la familia de Saúl, a quien yo pueda favorecer en memoria de Jonatán?"[t]
[2] Había un sirviente de la familia de Saúl, llamado Siba, al cual llamaron para que se presentara ante David. Cuando Siba se presentó, le preguntó el rey:
—¿Eres tú Siba?
—Para servir a Su Majestad —respondió él.
[3] Entonces el rey le preguntó:
—¿Queda todavía alguien de la familia de Saúl por quien yo pueda hacer algo en el nombre de Dios?
Y Siba le respondió:
—Queda todavía un hijo de Jonatán, que es inválido de los dos pies.[u]
[4] —¿Dónde está? —dijo el rey.
—En Lodebar, en casa de Maquir, hijo de Amiel —respondió Siba.
[5] Entonces el rey David ordenó que lo trajeran de aquel lugar; [6] y cuando Mefi-boset, hijo de Jonatán y nieto de Saúl, llegó ante David, se inclinó en señal de reverencia.
—¡Mefi-boset! —exclamó David.
—A las órdenes de Su Majestad —respondió él.
[7] David le dijo:
—No tengas miedo, porque yo te voy a tratar muy bien, en memoria de Jonatán, tu padre. Haré que se te devuelvan todas las tierras de tu abuelo Saúl, y comerás siempre a mi mesa.
[8] Pero Mefi-boset se inclinó y dijo:

—¿Por qué se fija Su Majestad en este siervo suyo, si soy como un perro muerto?
[9] Sin embargo, el rey llamó a Siba, el antiguo sirviente de Saúl, y le dijo:
—Le he entregado al nieto de tu amo todo lo que perteneció a él y a su familia. [10] Por lo tanto tú, con tus hijos y tus criados, labrarás la tierra para él y almacenarás lo que produzca, para que así pueda mantenerse la familia de tu amo, aunque Mefi-boset, su nieto, comerá siempre a mi mesa.
Siba, que tenía quince hijos y veinte criados, [11] respondió al rey:
—Todo lo que ha ordenado Su Majestad a este siervo suyo, se hará.
Y Mefi-boset comía siempre a la mesa de David, como uno de los hijos del rey. [12] Además tenía un hijo pequeño que se llamaba Micaía, y todos los que vivían en casa de Siba estaban al servicio de Mefi-boset. [13] Pero Mefi-boset, que era cojo de ambos pies, vivía en Jerusalén, porque comía siempre a la mesa del rey.

David derrota a los sirios y amonitas
(1 Cr 19.1–19)

10 [1] Después de algún tiempo murió Nahas, el rey de los amonitas, y en su lugar reinó su hijo Hanún. [2] Entonces David pensó que debía tratar a Hanún, el hijo de Nahas, con la misma bondad con que su padre lo había tratado a él, y envió a unos de sus oficiales para que le dieran a Hanún el pésame por la muerte de su padre. Pero cuando los oficiales de David llegaron al país amonita, [3] los jefes amonitas le dijeron a Hanún, su soberano: "¿Y cree Su Majestad que David ha enviado esos hombres a dar el pésame, tan sólo para honrar al padre de Su Majestad? ¡Seguramente los ha enviado para inspeccionar y espiar la ciudad, y luego destruirla!"
[4] Entonces Hanún ordenó que apresaran a los oficiales de David, y que les afeitaran media barba y les rasgaran la ropa por la mitad, hasta las nalgas. Después los despidió. [5] Cuando David lo supo, mandó que fueran a recibirlos, porque estarían sumamente avergonzados, y que les ordenaran quedarse en Jericó hasta que les creciera la barba, y que entonces regresaran.
[6] Los amonitas comprendieron que se habían hecho odiosos a David, por lo que tomaron a sueldo a veinte mil soldados sirios de Bet-rehob y de Soba, al rey de Maaca con mil hombres, y a doce mil hombres de Is-tob. [7] Pero David lo supo y mandó a Joab con todos los soldados del

13 *Edomitas:* según la versión griega. Heb. *sirios.*
s 8.13 Sal 60 Título hebreo. t 9.1 1 S 20.15–17. u 9.3 2 S 4.4.

ejército. ⁸ Los amonitas avanzaron y se prepararon para la batalla a la entrada misma de la ciudad, mientras que los soldados sirios de Soba y Rehob, y las tropas de Is-tob y Maaca, tomaron posiciones en el campo. ⁹ Cuando Joab vio que iba a ser atacado por el frente y por la retaguardia, escogió los mejores soldados israelitas y se preparó para atacar a los sirios. ¹⁰ Luego puso el resto de la tropa bajo el mando de su hermano Abisai, para que éste hiciera frente a los amonitas, ¹¹ y le dijo: "Si los sirios pueden más que yo, tú vendrás a ayudarme, y si los amonitas pueden más que tú, iré a ayudarte yo. ¹² Ten ánimo, y luchemos con valor por nuestra nación y por las ciudades de nuestro Dios. ¡Y que el Señor haga lo que le parezca mejor!"

¹³ Joab avanzó con sus tropas para atacar a los sirios, pero éstos huyeron ante él. ¹⁴ Y cuando los amonitas vieron que los sirios huían, ellos también huyeron de Abisai y se metieron en la ciudad. Joab dejó entonces de luchar contra los amonitas y regresó a Jerusalén.

¹⁵ Cuando los sirios se dieron cuenta de que Israel los había vencido, se juntaron otra vez. ¹⁶ Hadad-ezer mandó traer a los sirios que estaban al otro lado del río Éufrates, los cuales llegaron a Helam. Al frente de ellos estaba Sobac, jefe del ejército de Hadad-ezer. ¹⁷ Pero le contaron esto a David, quien, movilizando en seguida a todo Israel, atravesó el río Jordán y llegó a Helam. Allí los sirios se enfrentaron a David y lucharon contra él, ¹⁸ pero finalmente huyeron de los israelitas, pues las bajas que les causó David fueron de cuarenta mil soldados de caballería y setecientos de los carros de combate; además, David hirió de muerte a Sobac, el jefe del ejército sirio, el cual murió allí. ¹⁹ Al ver todos los reyes aliados de Hadad-ezer que los israelitas los habían derrotado, hicieron la paz con los israelitas y quedaron sometidos a ellos. A partir de entonces, los sirios tuvieron miedo de volver a ayudar a los amonitas.

David y Betsabé

11 ¹ En cierta ocasión, durante la primavera, que es cuando los reyes acostumbran salir a campaña, David envió a Joab y a sus oficiales, con todo el ejército israelita, y destruyeron a los amonitas y sitiaron la ciudad de Rabá. David, sin embargo, se quedó en Jerusalén.ᵛ

²⁻⁴ Una tarde, al levantarse David de su cama y pasearse por la azotea del palacio real, vio desde allí a una mujer muy hermosa que se estaba bañando. Esta mujer estaba apenas purificándose de su periodo de menstruación. David mandó que averiguaran quién era ella, y le dijeron que era Betsabé, hija de Eliam y esposa de Urías el hitita. David ordenó entonces a unos mensajeros que se la trajeran, y se acostó con ella, después de lo cual ella volvió a su casa.

⁵ La mujer quedó embarazada, y así se lo hizo saber a David. ⁶ Entonces David ordenó a Joab que mandara traer a Urías el hitita, y así lo hizo Joab. ⁷ Y cuando Urías se presentó ante David, éste le preguntó cómo estaban Joab y el ejército, y qué noticias había de la guerra. ⁸ Después le ordenó que fuera a su casa y se lavara los pies.

En cuanto Urías salió del palacio real, el rey le envió comida especial como regalo; ⁹ pero Urías, en lugar de ir a su casa, pasó la noche a las puertas del palacio, con los soldados de la guardia real. ¹⁰ Cuando le contaron a David que Urías no había ido a su casa, David le preguntó:

—¿Por qué no fuiste a tu casa, después del viaje que has hecho?

¹¹ Y Urías le respondió:

—Tanto el cofre sagrado como los soldados de Israel y de Judá tienen como techo simples enramadas; igualmente Joab, mi jefe, y los oficiales de Su Majestad, duermen a campo abierto; ¿y yo habría de entrar en mi casa para comer y beber y acostarme con mi mujer? ¡Por vida de Su Majestad que yo no haré tal cosa!

¹² Pero David le ordenó:

—Quédate hoy todavía, y mañana dejaré que te vayas.

Y así Urías se quedó en Jerusalén hasta el día siguiente. ¹³ David lo invitó a comer y beber con él, y lo emborrachó. Ya por la noche, Urías salió y se fue a dormir con los soldados de la guardia real, pero no fue a su casa.

¹⁴ A la mañana siguiente, David escribió una carta a Joab, y la envió por medio de Urías. ¹⁵ En la carta decía: "Pongan a Urías en las primeras líneas, donde sea más dura la batalla, y luego déjenlo solo para que caiga herido y muera." ¹⁶ Así pues, cuando Joab rodeó la ciudad para atacarla, puso a Urías en el lugar donde él sabía que estaban los soldados más valientes, ¹⁷ y en un momento en que los que defendían la ciudad salieron para luchar contra Joab, cayeron en combate algunos de los oficiales de David, entre los cuales se encontraba Urías.

¹⁸ Joab envió a David un informe detallado de la batalla, ¹⁹ y le dio al mensajero las siguientes instrucciones: "Cuando

ᵛ 11.1 1 Cr 20.1.

acabes de informar al rey de todo lo relacionado con la batalla, ²⁰ puede ser que el rey se enoje y te pregunte: '¿Por qué se acercaron tanto al atacar la ciudad? ¿Acaso no saben que ellos lanzan objetos desde la muralla, ²¹ igual que cuando en Tebes una mujer mató a Abimelec, el hijo de Jerobaal,¹⁴ arrojándole desde la muralla una piedra de molino?ʷ ¿Por qué, pues, se acercaron tanto a la muralla?' Entonces tú le contestarás: 'También ha muerto Urías el hitita, oficial de Su Majestad.' "

²² El mensajero se fue, y al llegar contó a David todo lo que Joab le había ordenado. David, en efecto, se enojó mucho contra Joab, y le dijo al mensajero:

—¿Por qué se acercaron tanto al atacar la ciudad? ¿Acaso no saben que ellos lanzan objetos desde la muralla, igual que cuando en Tebes una mujer mató a Abimelec, el hijo de Jerobaal,¹⁴ arrojándole desde la muralla una piedra de molino? ¿Por qué, pues, se acercaron tanto a la muralla?¹⁵

²³ Entonces el mensajero le respondió:

—Los soldados que salieron a luchar contra nosotros a campo abierto nos llevaban ventaja, pero los hicimos retroceder hasta la entrada de la ciudad. ²⁴ Fue entonces cuando los arqueros dispararon sus flechas desde la muralla contra las tropas de Su Majestad, y murieron algunos de los oficiales, entre ellos Urías el hitita.

²⁵ Entonces David respondió al mensajero:

—Dile a Joab que no se preocupe demasiado por esto, pues son cosas de la guerra. Pero que ataque la ciudad con más brío, hasta destruirla. Y tú dale ánimo.

²⁶ Cuando la mujer de Urías supo que su marido había muerto, guardó luto por él; ²⁷ pero después que pasó el luto, David mandó que la trajeran y la recibió en su palacio, la hizo su mujer y ella le dio un hijo. Pero al Señor no le agradó lo que David había hecho.

Natán reprende a David

12 ¹ El Señor envió al profeta Natán a ver a David.ˣ Cuando Natán se presentó ante él, le dijo:

—En una ciudad había dos hombres. Uno era rico y el otro pobre. ² El rico tenía gran cantidad de ovejas y vacas, ³ pero el pobre no tenía más que una ovejita que había comprado. Y él mismo la crió, y la ovejita creció en compañía suya y de sus

hijos; comía de su misma comida, bebía en su mismo vaso y dormía en su pecho. ¡Aquel hombre la quería como a una hija! ⁴ Un día, un viajero llegó a visitar al hombre rico; pero éste no quiso tomar ninguna de sus ovejas o vacas para preparar comida a su visitante, sino que le quitó al hombre pobre su ovejita y la preparó para dársela al que había llegado.

⁵ David se enfureció mucho contra aquel hombre, y le dijo a Natán:

—¡Te juro por Dios que quien ha hecho tal cosa merece la muerte! ⁶ ¡Y debe pagar cuatro veces el valor de la ovejita, porque actuó sin mostrar ninguna compasión!

⁷ Entonces Natán le dijo:

—¡Tú eres ese hombre! Y esto es lo que ha declarado el Señor, el Dios de Israel: 'Yo te escogí como rey de Israel, y te libré del poder de Saúl; ⁸ te di el palacio y las mujeres de tu señor, y aun el reino de Israel y Judá. Por si esto fuera poco, te habría añadido muchas cosas más. ⁹ ¿Por qué despreciaste mi palabra, e hiciste lo que no me agrada? Has asesinado a Urías el hitita, usando a los amonitas para matarlo, y te has apoderado de su mujer. ¹⁰ Puesto que me has menospreciado al apoderarte de la esposa de Urías el hitita para hacerla tu mujer, jamás se apartará de tu casa la violencia. ¹¹ Yo, el Señor, declaro: Voy a hacer que el mal contra ti surja de tu propia familia, y en tu propia cara tomaré a tus mujeres y se las entregaré a uno de tu familia, el cual se acostará con ellas a plena luz del sol. ¹² Si tú has actuado en secreto, yo voy a actuar en presencia de todo Israel y a plena luz del sol.'ʸ

¹³ David admitió ante Natán:

—He pecado contra el Señor.

Y Natán le respondió:

—El Señor no te va a castigar a ti por tu pecado, y no morirás. ¹⁴ Pero como has ofendido gravemente al Señor,¹⁶ tu hijo recién nacido tendrá que morir.

¹⁵ Y cuando Natán volvió a su casa, el Señor hizo que el niño que David había tenido con la mujer de Urías se enfermara gravemente. ¹⁶ Entonces David rogó a Dios por el niño, y ayunó y se pasó las noches acostado en el suelo. ¹⁷ Los ancianos que vivían en su palacio iban a rogarle que se levantara del suelo, pero él se negaba a hacerlo, y tampoco comía con ellos.

¹⁸ Siete días después murió el niño, y los oficiales de David tenían miedo de decírselo, pues pensaban: "Si cuando el niño aún vivía, le hablábamos y no nos hacía

caso, ¿cómo vamos ahora a decirle que el niño ha muerto? ¡Puede cometer una barbaridad!"

[19] Pero al ver David que sus oficiales hacían comentarios entre sí, comprendió que el niño había muerto; así que les preguntó:

—¿Ha muerto el niño?

—Sí, ya ha muerto —respondieron ellos. [20] Entonces David se levantó del suelo, se bañó, se perfumó y se cambió de ropa, y entró en el templo para adorar al Señor. Después fue a su casa, y pidió de comer y comió. [21] Entonces sus oficiales le preguntaron:

—¿Pero qué está haciendo Su Majestad? Cuando el niño aún vivía, Su Majestad ayunaba y lloraba por él; y ahora que el niño ha muerto, ¡Su Majestad se levanta y se pone a comer!

[22] David respondió:

—Cuando el niño vivía, yo ayunaba y lloraba pensando que quizá el Señor tendría compasión de mí y lo dejaría vivir. [23] Pero ahora que ha muerto, ¿qué objeto tiene que yo ayune, si no puedo hacer que vuelva a la vida? ¡Yo iré a reunirme con él, pero él no volverá a reunirse conmigo!

Nacimiento de Salomón

[24] Después David consoló a Betsabé, su mujer. Fue a visitarla y se unió a ella, y ella dio a luz un hijo al que David llamó Salomón. El Señor amó a este niño, [25] y así se lo hizo saber a David por medio del profeta Natán. David entonces, en atención al Señor, llamó al niño Jedidías.[17]

David conquista Rabá
(1 Cr 20.1-3)

[26] Mientras tanto, Joab lanzó un ataque contra la ciudad amonita de Rabá, y cuando ya estaba a punto de capturar la ciudad real, [27] envió a David el siguiente mensaje: "He estado atacando Rabá, y ya he capturado la ciudadela que protegía el abastecimiento de agua. [28] Por lo tanto reúna ahora Su Majestad el resto de las tropas, y ataque la ciudad y captúrela, para que no sea yo quien lo haga y le pongan mi nombre."

[29] Entonces David reunió todas sus tropas y marchó contra Rabá, la atacó y la capturó. [30] Después tomó de la cabeza de su rey la corona de oro, que tenía piedras preciosas y pesaba treinta y tres kilos, y se la pusieron a David. También sacó David de la ciudad muchísimas cosas de valor, [31] y a la gente que aún quedaba en la ciudad la sacó de allí y la puso a trabajar con

[17] En hebreo, Jedidías significa amado del Señor.

sierras y con trillos y hachas de hierro, así como en los hornos de ladrillo. Lo mismo hizo con todas las ciudades amonitas, y después regresó con todas sus tropas a Jerusalén.

Amnón deshonra a Tamar

13 [1] Absalón, hijo de David, tenía una hermana muy hermosa, llamada Tamar. Y sucedió que Amnón, hijo también de David, se enamoró de ella, [2] a tal grado que acabó por enfermarse de angustia, pues como su hermana Tamar no había tenido aún relaciones con ningún hombre, él encontraba muy difícil hacerle algo. [3] Pero Amnón tenía un amigo muy astuto, llamado Jonadab, que era hijo de Simea, hermano de David. [4] Un día Jonadab le preguntó:

—¿Qué te pasa, príncipe? ¿Por qué estás cada día más desmejorado? ¿No me lo vas a contar?

Amnón le respondió:

—Es que estoy enamorado de Tamar, la hermana de mi hermano Absalón.

[5] Entonces Jonadab le aconsejó:

—Métete en la cama y hazte el enfermo. Y cuando vaya a verte tu padre, dile que, por favor, mande a tu hermana Tamar para que te dé de comer y prepare alguna comida allí mismo, para que tú la veas y comas lo que ella te dé.

[6] Amnón se metió en la cama y se hizo el enfermo. Y cuando el rey fue a verlo, Amnón le dijo:

—¡Por favor! Que venga mi hermana Tamar y haga aquí mismo un par de tortas, y que ella misma me sirva.

[7] Entonces David mandó a Tamar a la casa, y le dijo:

—Ve, por favor, a casa de tu hermano Amnón, y prepárale algo de comer.

[8] Tamar fue a casa de su hermano Amnón, que estaba acostado. Y tomó ella harina, y la amasó, y allí mismo preparó las tortas y las coció; [9] luego tomó la sartén y le sirvió las tortas; pero Amnón no quiso comer, y ordenó que salieran todos los que allí estaban. [10] Cuando ya todos habían salido, Amnón le dijo a Tamar:

—Trae la comida a mi habitación, y sírveme tú misma.

Tamar tomó las tortas que había hecho y se las llevó a su hermano Amnón a su habitación, [11] pero cuando se las acercó para que comiera él la sujetó y le dijo:

—Ven, hermana mía, acuéstate conmigo.

[12] Ella le respondió:

—No, hermano mío, no me deshonres, porque esto no se hace en Israel. ¡No cometas tal infamia! [13] ¿A dónde podría ir yo con mi vergüenza? Y por lo que a ti toca, serías considerado en Israel como un necio. Te ruego que hables con el rey, que él no se opondrá a que yo sea tuya.

[14] Amnón no quiso hacerle caso, y como era más fuerte que Tamar, la forzó y se acostó con ella. [15] Pero fue tal el odio que Amnón sintió después hacia ella, que terminó aborreciéndola más de lo que la había amado. Así que le ordenó:

—Levántate y vete.

[16] Tamar le contestó:

—¡No, hermano mío, porque el echarme ahora de aquí sería una maldad peor que la que has cometido conmigo!

Amnón no quiso hacerle caso; [17] por el contrario, llamó a su criado y le ordenó:

—¡Echa de aquí a esta mujer, y luego cierra bien la puerta!

[18] El criado la echó fuera de la casa, y luego cerró bien la puerta. Entonces Tamar, que llevaba puesta una túnica muy elegante, ropa que acostumbraban usar las princesas solteras, [19] se echó ceniza en la cabeza, rasgó la túnica que llevaba puesta y, con las manos sobre la cabeza, se fue llorando por el camino. [20] Entonces su hermano Absalón le preguntó:

—¿Así que fue tu hermano Amnón quien te hizo esto? En tal caso, guarda silencio, hermana mía, pues es tu hermano. No te preocupes demasiado por este asunto.

Tamar, al verse abandonada, se quedó en casa de su hermano Absalón. [21] Cuando el rey David se enteró de todo lo sucedido, se puso muy furioso; pero no reprendió a su hijo Amnón porque, como era su hijo mayor, lo quería mucho.[18] [22] Absalón, por su parte, no le dijo nada a Amnón, aunque lo odiaba por haber deshonrado a su hermana Tamar.

Absalón se venga de Amnón

[23] Dos años después, la gente de Absalón estaba trasquilando sus ovejas en Baal-hazor, cerca del pueblo de Efraín, y Absalón invitó a comer a todos los hijos del rey. [24] Además fue a ver al rey, y le dijo:

—Ahora que mis hombres están trasquilando mis ovejas, desearía que Su Majestad y sus oficiales honraran con su compañía a este siervo suyo.

[25] Pero el rey le respondió:

—No, hijo mío, no podemos ir todos nosotros, para no ocasionarte demasiados gastos.

Y aunque Absalón insistió, el rey no quiso ir, pero le dio su bendición. [26] Entonces Absalón dijo:

—Si eso no es posible, permita al menos Su Majestad que nos acompañe mi hermano Amnón.

—¿Y por qué quieres que te acompañe Amnón? —preguntó el rey.

[27] Pero Absalón insistió tanto, que el rey permitió que Amnón y sus demás hijos fueran con él.

Absalón había preparado un banquete digno de un rey,[19] [28] y había ordenado a sus criados: "Fíjense bien cuando a Amnón ya se le haya subido el vino, y cuando yo les diga que lo maten, mátenlo. No tengan miedo de hacerlo, pues son órdenes mías. Así que tengan ánimo y valor."

[29] Por lo tanto, cumpliendo las órdenes de Absalón, sus criados mataron a Amnón. Entonces todos los hijos del rey se levantaron, y montando en sus mulas huyeron.

[30] Cuando aún estaban de camino, le llegó a David el rumor de que Absalón había matado a todos sus hijos, y que ninguno de ellos había quedado vivo. [31] Entonces el rey se levantó, se rasgó la ropa en señal de dolor y se tendió en el suelo. Todos sus oficiales allí presentes se rasgaron también la ropa; [32] pero Jonadab, el hijo de Simea, hermano de David, tomó la palabra y dijo:

—No piense Su Majestad que han matado a todos sus hijos. Sólo han matado a Amnón, pues así lo había decidido Absalón desde el día que Amnón violó a su hermana Tamar. [33] Por lo tanto, no crea Su Majestad que todos los príncipes han muerto. El único que ha muerto es Amnón.

[34] Mientras Absalón se daba a la fuga, el joven que estaba de centinela alzó la vista y vio un grupo numeroso de gente que bajaba por el camino de Horonaim, por la ladera de la montaña. Entonces el centinela fue a decirle al rey que había visto gente bajando por el camino de Horonaim.[20] [35] Y Jonadab dijo al rey:

—Ya vienen los hijos de Su Majestad, tal como había pensado este servidor suyo.

[36] Apenas había terminado él de hablar, cuando llegaron los hijos del rey y se pusieron a llorar a voz en cuello. También el rey y todos sus oficiales lloraron muchísimo. [37-38] Absalón, por su parte, huyó y se fue con Talmai, hijo de Amiud, rey de Gesur,[z] y allí se quedó durante tres años. Y David lloraba todos los días por la muerte

---

[18] *Pero no reprendió . . . lo quería mucho:* según tres versiones antiguas. En el texto hebreo no aparece esta frase.
[19] *Absalón había . . . digno de un rey:* según varias versiones antiguas. En el texto hebreo no aparece esta frase. [20] *Por el camino de Horonaim . . . por el camino de Horonaim:* según la versión griega. En el texto hebreo no aparece esta frase.
[z] **13.37-38** 2 S 3.3.

de su hijo Amnón, [39] pero cuando se consoló de su muerte, sintió un profundo deseo de ver a Absalón.

Joab consigue que vuelva Absalón

14 [1] Joab, hijo de Sarvia, sabía que el rey echaba mucho de menos a Absalón, [2] así que mandó traer de Tecoa a una mujer muy astuta que allí vivía. Le dijo: "Finge que estás de duelo y vístete de luto; y no te eches perfume, pues debes parecer una mujer que durante mucho tiempo ha estado de luto por algún muerto. [3] Luego preséntate ante el rey y repite exactamente lo que te voy a decir."

Luego que Joab le dijo lo que tenía que repetir, [4] aquella mujer de Tecoa fue ante el rey, e inclinándose hasta tocar el suelo con la frente en señal de reverencia, le dijo:

—¡Dígnese Su Majestad ayudarme!

[5] —¿Qué te pasa? —le preguntó el rey.

Ella respondió:

—Yo soy viuda, mi marido ha muerto, [6] y dos hijos que tenía esta servidora de Su Majestad tuvieron una pelea en el campo; y como no hubo quien los separara, uno de ellos hirió al otro y lo mató. [7] Y ahora todos mis parientes se han puesto en contra mía y quieren que yo les entregue al que mató a su hermano, para vengar la muerte del que fue asesinado y al mismo tiempo quitar de en medio al único heredero. Así van a apagar la única brasa que me ha quedado, y van a dejar a mi marido sin ningún descendiente que lleve su nombre en la tierra.

[8] Entonces el rey respondió a la mujer:

—Vete a tu casa, que yo voy a dar órdenes en favor tuyo.

[9] La mujer le contestó:

—Mi rey y señor, si alguien ha de cargar con la culpa, que seamos yo y mi familia paterna, pero no Su Majestad ni su gobierno.

[10] Y el rey contestó:

—Al que te amenace, tráemelo, y no volverá a molestarte más.

[11] Pero ella insistió:

—¡Ruego a Su Majestad que invoque al Señor su Dios, para que el pariente que quiera vengar la muerte de mi hijo no aumente la destrucción matando a mi otro hijo!

El rey afirmó:

—¡Te juro por el Señor que no caerá al suelo ni un pelo de la cabeza de tu hijo!

[12] Pero la mujer siguió diciendo:

—Permita Su Majestad que esta servidora suya diga tan sólo una palabra más.

—Habla —dijo el rey.

[13] Entonces la mujer preguntó:

—¿Por qué, pues, piensa Su Majestad hacer esto mismo contra el pueblo de Dios? Según lo que Su Majestad mismo ha dicho, resulta culpable por no dejar que regrese su hijo desterrado. [14] Es un hecho que todos tenemos que morir; somos como agua que se derrama en el suelo, que no se puede recoger. Sin embargo, Dios no quita la vida a nadie, sino que pone los medios para que el desterrado no siga alejado de él.[2] [15] Ahora bien, si yo he venido a decir esto a Su Majestad, mi señor, es porque la gente me atemorizó. Por eso decidió esta servidora suya hablar, por si acaso Su Majestad aceptaba hacer lo que he pedido. [16] Si Su Majestad me atiende, podrá librarme de quien quiere arrancarnos, a mi hijo y a mí, de esta tierra que pertenece a Dios. [17] Esta servidora suya espera que la respuesta de Su Majestad la tranquilice, pues Su Majestad sabe distinguir entre lo bueno y lo malo, igual que un ángel de Dios. ¡Que Dios el Señor quede con Su Majestad!

[18] El rey respondió a la mujer:

—Te ruego que no me ocultes nada de lo que voy a preguntarte.

—Hable Su Majestad —contestó la mujer.

[19] Entonces el rey le preguntó:

—¿No es verdad que Joab te ha metido en todo esto?

Y la mujer contestó:

—Juro por Su Majestad que nada hay más cierto que lo que Su Majestad ha dicho. En efecto, Joab, oficial de Su Majestad, es quien me ordenó venir, y él mismo me dijo todo lo que yo tenía que decir. [20] Pero lo hizo con el deseo de que cambien las cosas. Sin embargo, Su Majestad es tan sabio que conoce como un ángel de Dios todo lo que ocurre en el país.

[21] Como consecuencia de esto, el rey dijo a Joab:

—Mira, ya he resuelto este asunto. Ve y haz que regrese el joven Absalón.

[22] Entonces Joab se inclinó hasta tocar el suelo con la frente en señal de reverencia, bendijo al rey y le dijo:

—Hoy he podido ver que cuento con el favor de Su Majestad, ya que Su Majestad ha hecho lo que este servidor suyo le sugirió hacer.

[23] En seguida Joab se levantó y fue a Gesur para traer a Absalón a Jerusalén. [24] Pero el rey ordenó que se fuera directamente a su casa y no se presentara ante él; por tanto, Absalón se fue a su casa sin ver al rey.

[25] En todo Israel no había un hombre tan bien parecido como Absalón, y tan alabado por ello. De pies a cabeza no tenía

---

[21] *Sin embargo, Dios . . . alejado de él:* traducción probable. Heb. oscuro.

defecto alguno. ²⁶ Cuando se cortaba el pelo, lo cual hacía cada fin de año, porque le molestaba, sus cabellos pesaban más de dos kilos, según el peso real. ²⁷ Y Absalón tenía tres hijos y una hija, llamada Tamar, que era muy hermosa.

²⁸ Durante dos años, Absalón estuvo en Jerusalén sin poder presentarse ante el rey ²⁹ así que Absalón pidió a Joab que fuera a visitar al rey de su parte; pero Joab no quiso ir. Por segunda vez Absalón le pidió que fuera, pero Joab tampoco fue. ³⁰ Entonces ordenó Absalón a sus criados:

—Miren, el campo de Joab está junto al mío, y lo tiene sembrado de cebada; ¡vayan y préndanle fuego!

Los criados de Absalón fueron y prendieron fuego al campo de Joab, ³¹ el cual fue inmediatamente a casa de Absalón y le preguntó:

—¿Por qué han prendido fuego tus criados a mi campo?

³² Absalón le respondió:

—Te mandé a decir que vinieras aquí para enviarte a ver al rey y decirle de mi parte que no tuvo objeto que yo me viniera de Gesur; que hubiera sido mejor que me quedara allá. Yo quiero ver al rey, y si soy culpable de algo, que me mate.

³³ Entonces Joab fue a ver al rey y le comunicó lo que decía Absalón, y el rey lo mandó llamar. Y al llegar Absalón ante el rey, se inclinó hasta tocar el suelo con la frente. El rey, por su parte, lo recibió con un beso.

Absalón se rebela contra David

15 ¹ Pasado algún tiempo, Absalón consiguió un carro de combate y caballos, y formó una guardia personal de cincuenta hombres. ² Se levantaba temprano y se ponía a la orilla del camino, a la entrada de la ciudad, y a todo el que llegaba para que el rey le hiciera justicia en algún pleito, lo llamaba y le preguntaba de qué ciudad venía. Si aquella persona respondía que era de alguna de las tribus de Israel, ³ Absalón le decía: "Realmente tu demanda es justa y razonable, pero no hay quien te atienda por parte del rey." ⁴ Y añadía: "¡Ojalá yo fuera el juez de este país, para que vinieran a verme todos los que tienen pleitos legales y yo les hiciera justicia!" ⁵ Además, cuando alguien se acercaba a saludarlo, Absalón le tendía la mano, y lo abrazaba y lo besaba. ⁶ Esto lo hacía con todo israelita que iba a ver al rey para que le hiciera justicia, y así les robaba el corazón a los israelitas.

⁷ Al cabo de cuatro²² años, Absalón le dijo al rey:

—Ruego a Su Majestad que me permita ir a Hebrón, a cumplir la promesa que hice al Señor. ⁸ Cuando este servidor de Su Majestad vivía en Gesur, en Siria, prometí al Señor que si él me concedía volver a Jerusalén, yo le rendiría culto.

⁹ —Puedes ir tranquilo —le respondió el rey.

Entonces Absalón se fue a Hebrón. ¹⁰ Pero al mismo tiempo envió unos mensajeros a todas las tribus de Israel para decirles que, en cuanto escucharan el toque de trompeta, anunciaran que Absalón había sido proclamado rey en Hebrón. ¹¹ Invitó además a doscientas personas de Jerusalén, las cuales fueron con él de buena fe y sin saber nada del asunto. ¹² Así mismo, Absalón mandó llamar a uno de los consejeros de David, llamado Ahitofel, el cual vivía en Gilo, su ciudad, para que lo acompañara mientras él ofrecía los sacrificios. De modo que la conspiración iba tomando fuerza y seguían aumentando los seguidores de Absalón.

David huye de Jerusalén

¹³ Un mensajero fue a decirle a David que los israelitas estaban haciéndose partidarios de Absalón. ¹⁴ Entonces David ordenó a todos los oficiales que estaban con él en Jerusalén:

—¡Huyamos ahora mismo o no podremos escapar de Absalón! ¡Vamos, dense prisa, no sea que nos alcance y nos cause mucho daño y mate a filo de espada a todos en la ciudad!

¹⁵ Y ellos respondieron al rey:

—Nosotros estamos dispuestos a hacer lo que Su Majestad ordene.

¹⁶ Así pues, el rey salió acompañado de toda la casa real, dejando sólo a diez de sus concubinas para que cuidaran del palacio. ¹⁷ Y después de haber salido el rey con todos sus acompañantes, se detuvieron en la última casa de la ciudad. ¹⁸ A su lado se pusieron todos sus oficiales, mientras que todos los cereteos y peleteos de la guardia real, y los seiscientos geteos que lo habían seguido desde Gat, desfilaban ante él. ¹⁹ En ese momento el rey dijo a Itai, el de Gat:

—¿Por qué has venido tú también con nosotros? Es mejor que te vuelvas y te quedes con el nuevo rey, pues al fin y al cabo tú eres un extranjero desterrado de tu país. ²⁰ Apenas ayer llegaste, ¿y cómo voy a pedirte hoy que vengas con nosotros, si ni yo mismo sé a dónde voy? Es mejor que te vuelvas y te lleves contigo a

²² Cuatro: según varias versiones antiguas. Heb. cuarenta.

tus paisanos. ¡Que el Señor te bendiga y te acompañe siempre!

[21] Itai respondió al rey:

—Juro por el Señor y por Su Majestad, que dondequiera que Su Majestad se encuentre, sea para vida o para muerte, allí también estará este servidor suyo.

[22] —Entonces ven con nosotros —le contestó David.

De esa manera se fue Itai con David, junto con todos sus hombres y la gente que lo acompañaba. [23] Todo el mundo lloraba amargamente. Pasaron todos el arroyo Cedrón; luego pasó el rey, y toda la gente siguió delante de él por el camino del desierto. [24] También iba Sadoc con todos los levitas que llevaban el cofre del pacto de Dios, el cual dejaron junto a Abiatar[23] hasta que toda la gente salió de la ciudad. [25] Pero el rey le dijo a Sadoc:

—Lleva el cofre de Dios de vuelta a la ciudad, pues si el Señor me favorece, hará que yo regrese y vea el cofre y el lugar donde éste se halla. [26] Pero si me dice que no le agrado, aquí me tiene; que haga conmigo lo que mejor le parezca.

[27] Dijo también el rey a Sadoc, el sacerdote:

—Mira, tú y Abiatar regresen tranquilamente a la ciudad con sus dos hijos. Tú con tu hijo Ahimaas, y Abiatar con su hijo Jonatán. [28] Mientras tanto, yo me quedaré en los llanos del desierto, hasta que me lleguen noticias de ustedes.

[29] Sadoc y Abiatar llevaron el cofre de Dios de vuelta a Jerusalén, y se quedaron allí. [30] David subió la cuesta de los Olivos; iba descalzo y llorando, y con la cabeza cubierta en señal de dolor. Toda la gente que lo acompañaba llevaba también cubierta la cabeza y subía llorando. [31] Y cuando le contaron a David que Ahitofel era uno de los que conspiraban con Absalón, David rogó al Señor que hiciera fracasar los planes de Ahitofel.

[32] Al llegar David a la cumbre del monte, donde se rendía culto a Dios, le salió al encuentro Husai, de la tribu de los arquitas, con la ropa rasgada y la cabeza cubierta de tierra. [33] David le dijo:

—Si te vienes conmigo, me serás una carga; [34] pero si vuelves a Jerusalén y le dices a Absalón: 'Majestad, este siervo suyo estará a su servicio igual que antes estuvo al servicio de su padre', me ayudarás a deshacer los planes de Ahitofel, [35] pues allí cuentas con los sacerdotes Sadoc y Abiatar. Por tanto, comunícales siempre todo lo que escuches en palacio. [36] Sus hijos Ahimaas y Jonatán también están allí, así que háganme saber por medio de ellos todo lo que sepan.

[37] Y Husai, el amigo de David, llegó a Jerusalén en el momento en que Absalón hacía su entrada en la ciudad.

David habla con Siba

16 [1] Apenas había pasado David un poco más allá de la cumbre del monte, cuando Siba, el criado de Mefiboset, salió a su encuentro.[a] Llevaba un par de asnos aparejados y cargados con doscientos panes, cien tortas de pasas, cien frutas del tiempo y un cuero de vino. [2] El rey le preguntó:

—¿Para qué traes esto?

Y Siba contestó:

—Los asnos son para que monte en ellos la familia real; los panes y la fruta para que coman los soldados, y el vino para que beban los que se cansen en el desierto.

[3] —¿Dónde está el nieto de tu amo? —preguntó el rey.

—Se ha quedado en Jerusalén —respondió Siba—, porque piensa que ahora los israelitas le devolverán el reino que le correspondía a su abuelo.

[4] —Pues bien —contestó el rey—, ahora es tuyo todo lo que antes era de Mefi-boset.

—¡Ojalá cuente yo siempre con el favor de Su Majestad! —respondió Siba, inclinándose ante el rey.

[5] Cuando el rey David llegó a Bahurim, un hombre de la familia de Saúl salió de allí. Era hijo de Gera, y se llamaba Simei, e iba maldiciendo [6] y tirando piedras contra David y contra todos sus oficiales; y aunque el rey estaba protegido por la gente y por su guardia personal, [7] Simei lo maldecía diciendo:

—¡Largo de aquí, malvado asesino! [8] ¡El Señor te ha castigado por todos los crímenes que cometiste contra la familia de Saúl para reinar en su lugar! ¡Ahora el Señor ha entregado el reino a tu hijo Absalón, y aquí estás, víctima de tu propia maldad, pues no eres otra cosa que un asesino!

[9] Entonces Abisai, hijo de Sarvia, dijo al rey:

—¿Por qué este perro muerto ha de ofender a Su Majestad? ¡Ahora mismo voy a cortarle la cabeza!

[10] Pero el rey respondió:

—Este no es asunto de ustedes, hijos de Sarvia. Si él me maldice, será porque el Señor se lo ha ordenado. Y en tal caso, ¿quién puede pedirle cuentas de lo que hace?

[11] Luego, dirigiéndose a Abisai y a todos sus oficiales, dijo:

---

[23] *Junto a Abiatar*: texto probable. Heb. *y subió Abiatar.*
[a] **16.1**   2 S 9.9-10.

—Si hasta mi propio hijo procura quitarme la vida, ¡cuánto más uno de la tribu de Benjamín! ¡Déjenlo que me maldiga, pues el Señor se lo habrá ordenado! ¹² Quizá cuando el Señor vea mi aflicción, me envíe bendiciones en lugar de las maldiciones que hoy escucho.

¹³ Y David y sus hombres siguieron su camino, mientras que Simei se fue por la ladera del monte, paralelo a David, maldiciendo y arrojando piedras y levantando polvo. ¹⁴ Cuando el rey y la gente que le acompañaba llegaron al río Jordán,²⁴ iban muy cansados, y descansaron allí.

Absalón entra en Jerusalén

¹⁵ Mientras tanto, Absalón entró en Jerusalén acompañado por todos los israelitas y por Ahitofel. ¹⁶ Por su parte, Husai el arquita, amigo de David, fue al encuentro de Absalón, gritando:

—¡Viva el rey, viva el rey!

¹⁷ Entonces Absalón le preguntó:

—¿Es ésta tu lealtad hacia tu amigo? ¿Por qué no te fuiste con él?

¹⁸ —No puedo —le respondió Husai—, porque yo debo estar y quedarme con quien el Señor y todo el pueblo israelita hayan escogido. ¹⁹ Y en segundo lugar, si a alguien debo servir, que sea al hijo de mi amigo. Así que yo serviré a Su Majestad de la misma manera que he servido a su padre.

²⁰ Más tarde Absalón preguntó a Ahitofel:

—¿Qué aconsejan ustedes que hagamos?

²¹ Y Ahitofel respondió a Absalón:

—Acuéstate con las concubinas de tu padre, las que él dejó para que cuidaran el palacio. Así todos en Israel comprenderán que te has hecho odioso a tu padre, y tendrán más ánimo todos los que están de tu parte.

²² Entonces pusieron para Absalón una tienda de campaña sobre la azotea, y allí se acostó Absalón con las concubinas de su padre, a la vista de todos los israelitas;ᵇ ²³ pues, en aquel tiempo, pedir un consejo a Ahitofel era como consultar la palabra de Dios. Tal era el prestigio de Ahitofel, tanto para David como para Absalón.

Husai deshace el plan de Ahitofel

17 ¹ Después Ahitofel le dijo a Absalón:

—Déjame escoger a doce mil hombres, y esta misma noche saldré en persecución de David. ² Y cuando él esté débil y cansado, caeré sobre él y lo llenaré de miedo, y toda la gente que está con él, huirá. No mataré más que al rey, ³ y luego haré que todo el pueblo se reconcilie contigo, como cuando la recién casada se reconcilia con su esposo. Lo que tú buscas es la muerte de un hombre;²⁵ y todo el pueblo quedará en paz.

⁴ El plan pareció bueno a Absalón y a todos los consejeros de Israel. ⁵ Pero Absalón ordenó que llamaran también a Husai el arquita, para que diera su opinión. ⁶ Cuando Husai llegó ante Absalón, éste le dijo:

—El plan de Ahitofel es éste. ¿Lo llevaremos a cabo, o no? Danos tu opinión.

⁷ Husai le contestó:

—Esta vez el plan de Ahitofel no es conveniente. ⁸ Tú bien sabes que tu padre y sus hombres son muy valientes, y que ahora deben estar furiosos como una osa salvaje a la que le han quitado sus crías. Además, tu padre es un hombre acostumbrado a la guerra y no pasará la noche con la demás gente. ⁹ Ahora mismo ha de estar escondido en una cueva o en algún otro lugar. Por otra parte, apenas corra la voz de que en el primer encuentro han caído algunos de los tuyos, no faltará quien piense que tus seguidores han sido derrotados, ¹⁰ y hasta el más valiente, aun el que sea bravo como un león, se desanimará por completo; porque todos en Israel saben que tu padre y sus seguidores son gente valiente. ¹¹ Ahora bien, yo te aconsejaría que se reúnan contigo todos los israelitas que hay desde Dan hasta Beerseba, que son tantos como los granos de arena que hay a la orilla del mar, y que tú personalmente los dirijas en la batalla. ¹² Entonces atacaremos a tu padre en cualquier lugar donde se encuentre. Caeremos sobre él como el rocío sobre la tierra, y no quedarán con vida ni él ni ninguno de sus hombres. ¹³ Incluso si se refugia en alguna ciudad, todos los israelitas llevaremos cuerdas y, piedra por piedra, arrastraremos esa ciudad hasta el arroyo, y no quedará allí ni una sola piedra.

¹⁴ Absalón y todos los israelitas estuvieron de acuerdo en que el plan de Husai era mejor que el de Ahitofel. (Y es que el Señor había determinado frustrar el plan acertado de Ahitofel, para acarrear el desastre sobre Absalón.) ¹⁵ Después Husai informó a los sacerdotes Sadoc y Abiatar del consejo que Ahitofel había dado a Absalón y a los ancianos de Israel, y del consejo que él mismo les había dado, ¹⁶ a fin de que avisaran rápidamente a David, ad-

---

²⁴ *Al río Jordán:* según la versión griega. En el texto hebreo no aparece esta frase.   ²⁵ *Como cuando la recién . . . muerte de un hombre:* según la versión griega. Heb. oscuro.
ᵇ **16.22** 2 S 12.11-12.

virtiéndole que no pasara aquella noche en los llanos del desierto, sino que pasara sin falta al otro lado del Jordán para que no los mataran ni a él ni a sus hombres.

¹⁷ Como Jonatán y Ahimaas estaban en En-rogel, pues no podían arriesgarse a que los vieran en la ciudad, una criada fue a avisarles, e inmediatamente ellos salieron a contárselo al rey David. ¹⁸ Sin embargo, un muchacho los vio y fue a decírselo a Absalón. Entonces ellos se dieron prisa y llegaron a la casa de un vecino de Bahurim, y se metieron en un pozo que había en el patio. ¹⁹ Luego la esposa de ese hombre puso una tapa sobre el pozo, y encima esparció trigo trillado. De esto nadie supo nada. ²⁰ Y cuando llegaron los seguidores de Absalón, preguntaron a la mujer:

—¿Dónde están Ahimaas y Jonatán?

—Pasaron por aquí, en dirección al río —les contestó la mujer.

Entonces los seguidores de Absalón fueron en su busca, pero al no encontrarlos regresaron a Jerusalén. ²¹ Y después que aquellos se fueron, Ahimaas y Jonatán salieron del pozo y corrieron a poner sobre aviso al rey David; le dijeron que se levantara en seguida y cruzara el río, porque Ahitofel había aconsejado que los atacaran. ²² Entonces David y toda la gente que le acompañaba se levantaron rápidamente y cruzaron el río Jordán. Al amanecer del día siguiente, no había nadie que no lo hubiera cruzado.

²³ Cuando Ahitofel vio que su plan no se había puesto en práctica, aparejó su asno y se fue a su casa, en su pueblo natal, y después de arreglar sus asuntos familiares, se ahorcó. Así murió, y fue enterrado en el sepulcro de su padre.

David en Mahanaim

²⁴ David llegó a Mahanaim en el momento en que Absalón cruzaba el Jordán con todos los israelitas. ²⁵ Absalón había puesto a Amasa al frente del ejército, en lugar de Joab. Amasa era hijo de un ismaelita²⁶ llamado Itra, que había tenido relaciones íntimas con Abigail, hija de Nahas y hermana de Sarvia, la madre de Joab.

²⁶ Absalón acampó con los israelitas en territorio de Galaad, ²⁷ y cuando David llegó a Mahanaim, salieron a recibirlo Sobi, hijo de Nahas, que era de Rabá de Amón; Maquir, hijo de Amiel, que era de Lodebar; y Barzilai, que era de Rogelim de Galaad. ²⁸ Y le llevaron camas, palanganas y ollas de barro, y también trigo, cebada, harina, grano tostado, habas, lentejas, ²⁹ miel, cuajada y queso de vaca y de

²⁶ *Ismaelita:* texto probable, según 1 Cr 2.17. Heb. *israelita*.

oveja, para que comiera David y la gente que lo acompañaba; pues pensaron que, viniendo del desierto, estarían cansados, hambrientos y sedientos.

Derrota y muerte de Absalón

18 ¹ David pasó revista a su ejército, y puso jefes al frente de grupos de mil y de cien soldados. ² Después envió una tercera parte del ejército bajo el mando de Joab, otra tercera parte bajo el mando de Abisai, hijo de Sarvia y hermano de Joab, y la otra tercera parte bajo el mando de Itai, el de Gat. Y a todo el ejército le dijo:

—Yo iré con ustedes a la batalla.

³ Pero ellos le respondieron:

—No, no haga eso Su Majestad, porque al enemigo poco le importa que huyamos o que muera la mitad de nosotros, pero Su Majestad vale tanto como diez mil de nosotros. Por eso es mejor que Su Majestad se quede en la ciudad para enviarnos refuerzos desde aquí.

⁴ —Haré lo que les parezca mejor —les respondió el rey, poniéndose inmediatamente a un lado de la entrada de la ciudad, mientras el ejército salía en grupos de mil y de cien soldados.

⁵ Además, el rey ordenó a Joab, a Abisai y a Itai que, en atención a él, trataran con consideración al joven Absalón, y todo el ejército escuchó la orden que el rey dio a los jefes acerca de Absalón. ⁶ Así pues, las tropas marcharon al campo para enfrentarse con las tropas de Israel.

La batalla tuvo lugar en el bosque de Efraín, y ⁷ los de Israel fueron derrotados por los seguidores de David. Hubo una gran matanza aquel día, pues murieron veinte mil hombres. ⁸ La lucha se había extendido por todo el territorio, y en esta ocasión el bosque mismo causó más muertes que la espada. ⁹ Absalón, que iba montado en un mulo, se encontró de repente frente a los seguidores de David. Entonces el mulo se metió debajo de una gran encina, y a Absalón se le quedó trabada la cabeza en las ramas, por lo que se quedó colgado en el aire, pues el mulo siguió de largo. ¹⁰ Alguien que vio esto, fue a decirle a Joab:

—He visto a Absalón colgado de una encina.

¹¹ Y Joab les respondió:

—Pues si lo viste, ¿por qué no lo derribaste allí mismo? Yo con mucho gusto te habría dado diez monedas de plata y un cinturón.

¹² Pero aquel hombre contestó a Joab:

—Aunque me dieras mil monedas de plata, no atentaría contra el hijo del rey;

porque nosotros escuchamos que el rey te ordenó a ti, a Abisai y a Itai, que protegieran al joven Absalón. ¹³ Por otro lado, si yo hubiera hecho tal cosa, habría sido en vano, porque no hay nada oculto para el rey, y tú no habrías hecho nada para protegerme.

¹⁴ —No voy a perder más tiempo contigo —le respondió Joab; y tomando tres dardos, los clavó en el corazón de Absalón, que aún estaba vivo en la encina. ¹⁵ Luego, diez asistentes de Joab rodearon a Absalón, y lo remataron. ¹⁶ A continuación Joab ordenó que tocaran la trompeta, y las tropas dejaron de perseguir a los de Israel, porque Joab las detuvo. ¹⁷ Entonces tomaron el cuerpo de Absalón, lo echaron en un gran hoyo que había en el bosque, y sobre él levantaron un enorme montón de piedras. Después todos los israelitas huyeron a sus casas.

¹⁸ En vida, Absalón se había mandado hacer un monumento de piedra, el que está en el Valle del Rey, y le había puesto su nombre, ya que no tenía ningún hijo que se lo conservara. Y hasta el presente se le conoce como "el monumento de Absalón".

¹⁹ Luego Ahimaas, el hijo de Sadoc, dijo a Joab:

—Te ruego que me dejes ir corriendo a avisar al rey que el Señor le ha hecho justicia librándolo del poder de sus enemigos.

²⁰ Pero Joab le respondió:

—Tú no eres hoy la persona ideal para llevar la noticia. Ya lo serás en otra ocasión, pero no hoy, porque el hijo del rey ha muerto.

²¹ Sin embargo, Joab dijo a un soldado etíope:

—Ve tú, e informa al rey de lo que has visto.

El etíope hizo una reverencia a Joab y salió corriendo. ²² Ahimaas, por su parte, volvió a decir a Joab:

—De todos modos, déjame correr detrás del etíope.

Pero Joab le contestó:

—¿Para qué quieres ir tú, hijo mío, si no vas a recibir un premio por tu noticia?

²³ —No importa, iré corriendo —contestó Ahimaas.

—¡Pues corre! —le respondió Joab.

Entonces Ahimaas echó a correr por el valle, y se adelantó al etíope. ²⁴ Mientras tanto, David estaba sentado entre las dos puertas²⁷ de la entrada de la ciudad, y el centinela había subido a la azotea, encima de la puerta de la muralla. Al levantar la vista, el centinela vio a un hombre solo,

que venía corriendo, ²⁵ y lo anunció al rey en voz alta. El rey exclamó:

—Si viene solo es que trae buenas noticias.

Mientras el hombre se acercaba, ²⁶ el centinela vio a otro hombre que corría, y le gritó al guardián de la puerta:

—¡Viene otro hombre corriendo!

—También ha de traer buenas noticias —respondió el rey.

²⁷ El centinela añadió:

—Por su modo de correr, me parece que el primero es Ahimaas, el hijo de Sadoc.

—Él es un buen hombre —comentó el rey—, y seguramente traerá buenas noticias.

²⁸ Ahimaas se acercó,²⁸ e inclinándose hasta el suelo delante del rey, lo saludó y le dijo:

—Bendito sea el Señor, el Dios de Su Majestad, porque ha quitado de en medio a los que se rebelaron contra Su Majestad.

²⁹ —¿Está bien el joven Absalón? —preguntó el rey.

Y Ahimaas respondió:

—Yo vi un gran alboroto en el momento en que Joab, servidor de Su Majestad, me enviaba, pero no supe lo que pasaba.

³⁰ Entonces el rey le ordenó:

—Colócate a un lado y quédate ahí.

Ahimaas lo hizo así. ³¹ En aquel momento llegó el etíope, y dijo:

—Reciba estas buenas noticias Su Majestad: hoy el Señor ha hecho justicia a Su Majestad, librándolo del poder de todos los que se rebelaron contra Su Majestad.

³² El rey preguntó al etíope:

—Y el joven Absalón, ¿está bien?

El etíope contestó:

—Ojalá que los enemigos de Su Majestad y todos los que se rebelen contra Su Majestad y busquen su mal, acaben como ese muchacho.

³³ ᶜEl rey se conmovió, y subiendo al cuarto que estaba encima de la puerta, se echó a llorar. Y mientras caminaba, decía: "¡Absalón, hijo mío! ¡Absalón, hijo mío! ¡Ojalá yo hubiera muerto en tu lugar! ¡Hijo mío, Absalón, hijo mío!"

19 ¹⁻² Cuando la gente supo que el rey lloraba y lamentaba la muerte de su hijo Absalón, fueron a decírselo a Joab. Y así aquel día la victoria se convirtió en motivo de tristeza. ³ El ejército mismo procuró disimular su entrada en la ciudad: avanzaban los soldados avergonzados, como si hubieran huido del campo de batalla. ⁴ Mientras tanto el rey, cubriéndose la cara, gritaba a voz en cuello: "¡Absalón,

²⁷ La entrada a algunas ciudades amuralladas tenía una puerta que daba al exterior y otra que daba al interior, con un pasadizo entre ambas, constantemente vigilado por soldados. ²⁸ Se acercó: según la versión griega. Heb. gritó.
ᶜ Los vs. 18.33—19.43 corresponden a los vs. 19.1—44 en el texto hebreo.

hijo mío! ¡Absalón, hijo mío, hijo mío!"

⁵ Joab fue entonces a palacio, y le dijo al rey:

—Su Majestad ha puesto en vergüenza a sus servidores, que hoy han salvado la vida de Su Majestad y de sus hijos, hijas, esposas y concubinas. ⁶ Su Majestad ha demostrado hoy que nada le importan sus jefes y oficiales, pues ama a quienes lo odian, y odia a quienes lo aman. Hoy me he dado cuenta de que para Su Majestad sería mejor que Absalón estuviera vivo, aunque nosotros hubiéramos muerto. ⁷ Salga, pues, ahora Su Majestad, y aliente con sus palabras a sus seguidores, pues de lo contrario juro por el Señor a Su Majestad que esta noche no le quedará ni un solo partidario. Esto será para Su Majestad peor que todos los males que le han ocurrido desde su juventud hasta el presente.

⁸ Entonces el rey se levantó y fue a sentarse a la puerta de la ciudad. Y cuando se informó a todo el pueblo de que el rey estaba sentado a la puerta, fueron todos a presentarse ante él.

David vuelve a Jerusalén

En cuanto a los de Israel, todos ellos habían huido a sus casas. ⁹ Y en todas la tribus de Israel la gente discutía y decía: "El rey David nos libró del dominio de nuestros enemigos, los filisteos; y sin embargo, por causa de Absalón, ha tenido que huir del país. ¹⁰ Y Absalón, a quien nosotros habíamos consagrado como nuestro rey, ha muerto en la batalla. ¿Qué esperamos, pues, que no hacemos volver al rey David?"

¹¹ Este comentario de todo Israel llegó hasta la casa del rey David. Entonces él mandó recado a los sacerdotes Sadoc y Abiatar, diciéndoles: "Hablen ustedes con los ancianos de Judá, y pregúntenles por qué se retrasan en hacer que yo regrese a mi palacio; ¹² díganles que no hay razón para que ellos sean los últimos en hacerme volver, puesto que son mis hermanos de tribu." ¹³ Ordenó, además, que se dijera a Amasa: "Tú eres de mi misma sangre, así que de ahora en adelante tú serás el general de mi ejército, en lugar de Joab. Y si no te lo cumplo, que el Señor me castigue duramente."

¹⁴ Así convenció a los hombres de Judá, y todos ellos, como un solo hombre, mandaron decir al rey que volviera con todos sus oficiales. ¹⁵ Entonces el rey emprendió el regreso, y llegó al río Jordán. Los de Judá, por su parte, fueron a Gilgal para recibirlo y ayudarlo a cruzar el Jordán.

¹⁶ También Simei,ᵈ que era hijo de Gera, de la tribu de Benjamín, y natural de Bahurim, se apresuró a bajar con los hombres de Judá para recibir al rey David. ¹⁷ Le acompañaban mil hombres de Benjamín. A su vez, Sibá, el criado de la familia de Saúl, acompañado de sus quince hijos y sus veinte esclavos, llegó al Jordán antes que el rey y ¹⁸ atravesó el vado del río para ayudar a la familia del rey a cruzarlo, y así quedar bien con él. Cuando el rey se disponía a cruzar el Jordán, Simei se inclinó delante de él, ¹⁹ y le dijo:

—Ruego a Su Majestad que no tome en cuenta mi falta ni recuerde el delito que este servidor suyo cometió el día en que Su Majestad salió de Jerusalén. No me guarde rencor, ²⁰ pues yo mismo reconozco mi culpa, y de toda la casa de José hoy he sido el primero en salir a recibir a Su Majestad.

²¹ Entonces Abisai, hijo de Sarvia, dijo:

—¿Acaso no merece la muerte Simei, por haber maldecido al rey escogido por el Señor?

²² Pero David respondió:

—¡Esto no es asunto de ustedes, hijos de Sarvia! ¿Por qué se oponen a mí? Ahora sé bien que soy el rey de Israel, así que nadie en Israel morirá en este día.

²³ Luego, dirigiéndose a Simei, le juró que no moriría.

²⁴ También salió a recibirlo Mefi-boset,ᵉ el hijo de Saúl. Desde el día en que el rey salió, y hasta que volvió sano y salvo, no se había lavado los pies, ni cortado la barba, ni lavado su ropa. ²⁵ Y cuando vino a Jerusalén para recibir al rey, éste le dijo:

—Mefi-boset, ¿por qué no viniste conmigo?

²⁶ Él respondió:

—Mi criado me engañó, Majestad. Como soy cojo, le ordené que me aparejara un asno para montar en él e irme con Su Majestad. ²⁷ Pero él me ha calumniado ante Su Majestad. Sin embargo, Su Majestad es como un ángel de Dios y hará lo que mejor le parezca. ²⁸ Y aunque toda mi familia paterna era digna de muerte ante Su Majestad, este siervo suyo fue invitado a comer en la mesa de Su Majestad. ¿Qué más puedo pedir de Su Majestad?

²⁹ El rey le respondió:

—No hay nada más que hablar. Ya he ordenado que tú y Siba se repartan las tierras.

³⁰ Pero Mefi-boset le contestó:

—Que se quede él con todas. Lo importante es que Su Majestad ha vuelto sano y salvo a su palacio.

³¹ En cuanto a Barzilai,ᶠ el de Galaad, había bajado de Rogelim para acompañar al rey a cruzar el Jordán y allí despedirse

ᵈ 19.16 2 S 16.5-13.   ᵉ 19.24 2 S 9.1-13; 16.1-4.   ᶠ 19.31 2 S 17.27-29.

de él. ³² Era ya muy anciano, pues tenía ochenta años, y durante el tiempo en que el rey estuvo en Mahanaim había dado al rey todo lo necesario, porque era muy rico. ³³ El rey dijo entonces a Barzilai:

—Vente conmigo a Jerusalén, y allí me haré cargo de ti.

³⁴ Pero Barzilai le respondió:

—Me quedan pocos años de vida para irme ahora a Jerusalén con Su Majestad, ³⁵ pues ya tengo ochenta años; he perdido el gusto de lo que como y lo que bebo, y ya no puedo decir si tiene buen o mal sabor; tampoco puedo oir ya la voz de los cantores y cantoras. ¿Por qué he de convertirme en una carga para Su Majestad? ³⁶ Si únicamente voy a acompañar a Su Majestad a cruzar el Jordán, ¿por qué ha de ofrecerme Su Majestad esta recompensa? ³⁷ Antes rogaría a Su Majestad que me permita volver a mi pueblo para morir allá y ser enterrado en la tumba de mis padres. Pero aquí tiene Su Majestad a otro servidor: mi hijo Quimam. Que vaya él con Su Majestad, y haga Su Majestad por él lo que crea más conveniente.

³⁸ El rey contestó:

—Que venga conmigo Quimam, y haré por él lo que tú creas más conveniente. Y todo lo que me pidas, te lo concederé. ³⁹ Toda la gente cruzó el Jordán. Y cuando el rey lo cruzó, dio a Barzilai un beso de despedida. Entonces Barzilai regresó al lugar donde vivía. ⁴⁰ El rey, por su parte, se dirigió a Gilgal, acompañado de Quimam y de toda la gente de Judá, así como de la mitad de la gente de Israel. ⁴¹ Todos los israelitas fueron entonces a ver al rey, y le dijeron:

—¿Por qué han de ser nuestros hermanos de Judá quienes se adueñen de Su Majestad, y quienes lo escolten a él y a la familia real, y a todo su ejército, en el paso del Jordán?

⁴² Todos los de Judá respondieron a los de Israel:

—Porque el rey es nuestro pariente cercano. Pero no hay razón para que ustedes se enojen. ¿Acaso comemos nosotros a costa del rey, o hemos tomado algo para nosotros?

⁴³ Los de Israel contestaron:

—Nosotros tenemos sobre el rey diez veces más derecho que ustedes. Además, como tribus, somos los hermanos mayores²⁹ de ustedes. Así pues, ¿por qué nos menosprecian? ¿Acaso no fuimos nosotros los primeros en decidir que regresara nuestro rey?

Sin embargo, los de Judá discutieron con mayor violencia que los de Israel.

Sublevación de Seba

20 ¹ Un malvado de la tribu de Benjamín, que se llamaba Seba y era hijo de Bicri, se encontraba en Gilgal. Este Seba incitó al pueblo a levantarse en armas,³⁰ diciendo: "¡Nosotros no tenemos parte ni herencia con David, el hijo de Isaí! ¡Todos a sus casas, israelitas!"ᵍ

² Todos los hombres de Israel abandonaron a David para seguir a Seba, hijo de Bicri. Pero los de Judá, desde el Jordán hasta Jerusalén, se mantuvieron fieles a su rey.

³ Cuando David regresó a su palacio, en Jerusalén, tomó a las diez concubinasʰ que había dejado cuidando el palacio y las metió en una casa, bajo vigilancia. Allí siguió cuidando de ellas, pero no volvió a tener relaciones sexuales con ellas. Así ellas se quedaron encerradas, viviendo como viudas hasta el día de su muerte.

⁴ Después el rey ordenó a Amasa:

—Llama a los hombres de Judá, y dentro de tres días preséntate aquí con ellos.

⁵ Amasa fue a reunirlos, pero tardó más tiempo del que se le había señalado. ⁶ Entonces dijo David a Abisai:

—Seba nos va a causar más daño que Absalón. Así que toma el mando de mis tropas y persíguelo, no sea que encuentre algunas ciudades amuralladas y se nos escape.

⁷ Los hombres de Joab, con los cereteos y peleteos de la guardia real, y los mejores soldados, salieron de Jerusalén con Abisai, para perseguir a Seba. ⁸ Cuando se encontraban cerca de la gran roca que está en Gabaón, Amasa les salió al encuentro. Joab llevaba puesto su uniforme de batalla, ajustado con un cinturón, y al costado una espada envainada, la cual podía desenvainar con sólo tirar hacia abajo. ⁹ Y mientras Joab tomaba a Amasa por la barba con la mano derecha para besarlo, le preguntó:

—¿Te ha ido bien, hermano?

¹⁰ Amasa no prestó atención a la espada que Joab llevaba en la mano. De pronto, Joab lo hirió con ella en el vientre, y todas sus entrañas se derramaron por el suelo. Murió sin que Joab tuviera que rematarlo. Luego Joab y su hermano Abisai siguieron persiguiendo a Seba, hijo de Bicri. ¹¹ Entonces uno de los soldados de Joab se puso al lado del cuerpo de Amasa, y dijo:

—¡El que esté a favor de Joab y de David, que siga a Joab!

¹² Pero Amasa seguía en medio del camino, revolcándose en su sangre; y viendo aquel soldado que toda la gente se dete-

²⁹ *Los hermanos mayores:* según la versión griega. Heb. *sobre David.* ³⁰ *Incitó al pueblo a levantarse en armas:* lit. dio un toque de trompeta.
ᵍ **20.1** 1 R 12.16; 2 Cr 10.16.   ʰ **20.3** 2 S 16.22.

nía, hizo a Amasa a un lado del camino y lo tapó con una capa, pues se dio cuenta de que todos los que llegaban se quedaban parados junto a él. [13] Después de apartarlo del camino, pasaron todos los que andaban con Joab en persecución de Seba.

[14] Seba pasó por todas las tribus de Israel hasta Abel-bet-maaca, y todos los descendientes de Bicri se reunieron y entraron tras él en la ciudad. [15] Cuando los hombres de Joab llegaron a Abel-bet-maaca, construyeron una rampa sobre la muralla exterior, para atacar la ciudad, y luego entre todos trataron de derribar la muralla. [16] De pronto, una mujer muy astuta gritó desde la muralla de la ciudad:

—¡Escúchenme! ¡Escúchenme, por favor! ¡Díganle de mi parte a Joab que se acerque, porque quiero hablar con él!

[17] Cuando Joab se acercó, la mujer le preguntó:

—¿Tú eres Joab?

—Yo soy Joab —respondió él.

Ella dijo:

—Escucha las palabras de esta sierva tuya.

—Te escucho —contestó él.

[18] Entonces ella comenzó a decir:

—Antiguamente decían: "Quien quiera saber algo, que pregunte en Abel." Y así se solucionaba el asunto. [19] Nuestra ciudad es una de las más pacíficas y fieles de Israel,[31] ¡una de la más importantes! Sin embargo, tú estás tratando de destruirla. ¿Por qué quieres destruir lo que pertenece al Señor?

[20] Joab le contestó:

—¡Eso ni pensarlo! No es mi intención destruirla ni dejarla en ruinas. [21] No se trata de eso, sino que un hombre de los montes de Efraín, llamado Seba, se ha levantado en armas contra el rey David. Entréguenmelo a él solo, y yo me retiraré de la ciudad.

—Te echaremos su cabeza desde el muro —respondió la mujer a Joab.

[22] En seguida fue ella a convencer con su astucia a toda la gente de la ciudad, y le cortaron la cabeza a Seba y se la arrojaron a Joab. Entonces Joab ordenó que tocaran retirada, y se alejaron de la ciudad, cada cual a su casa, mientras que Joab regresó a Jerusalén para hablar con el rey.

Oficiales de David
(2 S 8.15-18; 1 Cr 18.14-17)

[23] Joab quedó al mando de todo el ejército de Israel, en tanto que Benaía, hijo de Joiada, estaba al mando de la guardia de ceretes y peletes. [24] Adoram era el encargado del trabajo obligatorio, y el secretario del rey era Josafat, hijo de Ahilud. [25] Seva era el cronista, y Sadoc y Abiatar los sacerdotes. [26] Ira, del pueblo de Jair, era también sacerdote de David.

Venganza de los gabaonitas

21 [1] En tiempos de David hubo un hambre que duró tres años seguidos. Entonces David consultó al Señor, y el Señor le respondió: "El hambre se debe a los crímenes de Saúl y de su familia, porque asesinaron a los gabaonitas."

[2] David llamó a los gabaonitas y habló con ellos. (Los gabaonitas no eran israelitas, sino un grupo que aún quedaba de los amorreos con quienes los israelitas habían hecho un juramento,[i] y a quienes Saúl, en su celo por la gente de Israel y de Judá, había tratado de exterminar.) [3] David les preguntó:

—¿Qué puedo hacer por ustedes? ¿Cómo puedo reparar el daño que se les hizo, para que bendigan al pueblo del Señor?

[4] Los gabaonitas le respondieron:

—No es cuestión de dinero lo que tenemos pendiente con Saúl y su familia, ni queremos que muera nadie en Israel.

David les dijo:

—Díganme entonces qué quieren que haga por ustedes.

[5] Y ellos contestaron:

—Del hombre que quiso destruirnos e hizo planes para eliminarnos y para que no permaneciéramos en todo el territorio de Israel, [6] queremos que se nos entreguen siete de sus descendientes, y nosotros los colgaremos ante el Señor en Gabaa de Saúl, el escogido del Señor.

El rey aceptó entregárselos, [7] aunque se compadeció de Mefi-boset, hijo de Jonatán y nieto de Saúl, por el sagrado juramento que se había hecho el y Jonatán.[j] [8] Sin embargo apresó a los dos hijos que Rizpa, hija de Aja, había tenido con Saúl, y que se llamaban Armoni y Mefi-boset, y a los cinco hijos que Merab,[32,k] hija de Saúl, tuvo con Adriel, hijo de Barzilai de Mehola, [9] y se los entregó a los de Gabaón, los cuales los ahorcaron en el monte delante del Señor. Así murieron juntos los siete, en los primeros días de la cosecha de la cebada.

[10] Entonces Rizpa, la hija de Aja, se vistió con ropas ásperas en señal de luto, y se tendió sobre una peña. Allí se quedó, desde el comienzo de la cosecha de cebada hasta que llegaron las lluvias, sin dejar que los pájaros se acercaran a los

---

[31] Y así . . . Israel: texto probable. Heb. oscuro. [32] Merab: según la versión griega. Heb. Mical.
[i] 21.2 Jos 9.3-15. [j] 21.7 1 S 20.15-17; 2 S 9.1-7. [k] 21.8 1 S 18.19.

cadáveres durante el día, ni los animales salvajes durante la noche.

[11] Cuando le contaron a David lo que había hecho Rizpa, la concubina de Saúl, [12] fue y recogió los restos de Saúl y de su hijo Jonatán, que estaban en posesión de los habitantes de Jabes de Galaad. Estos los habían robado de la plaza de Bet-sán, donde los filisteos los colgaron el día que derrotaron a Saúl en Gilboa.[l] [13] Luego ordenó David que trasladaran los restos de Saúl y de Jonatán, y que recogieran los restos de los ahorcados; [14] y enterraron los restos de Saúl y de Jonatán en el sepulcro de Cis, el padre de Saúl, en Zela, en el territorio de Benjamín. Todo se hizo como el rey lo había ordenado. Y después de esto, Dios atendió las súplicas en favor del país.

Abisai salva la vida a David

[15] Los filisteos declararon de nuevo la guerra a Israel. Entonces David y sus oficiales salieron a luchar contra ellos. David se cansó demasiado, [16] y un gigante llamado Isbi-benob trató de matarlo. Su lanza pesaba más de treinta kilos, y al cinto llevaba una espada nueva. [17] Pero Abisai, el hijo de Sarvia, fue en ayuda de David, y atacó al filisteo y lo mató. Entonces los hombres de David le hicieron prometer que ya no saldría más a la guerra con ellos, para que no se apagara la lámpara de Israel.

Peleas contra gigantes
(1 Cr 20.4–8)

[18] Después hubo en Gob otra batalla contra los filisteos. En aquella ocasión, Sibecai el husatita mató a Saf, que era descendiente de los gigantes. [19] Y en otra batalla que hubo contra los filisteos, también en Gob, Elhanán, hijo de Jair,[33] de Belén, mató a Goliat el de Gat, cuya lanza tenía el asta tan grande como el rodillo de un telar. [20] En Gat hubo otra batalla. Había allí un hombre de gran estatura, que tenía veinticuatro dedos: seis en cada mano y seis en cada pie. Era también descendiente de los gigantes, [21] pero desafió a Israel y lo mató Jonatán, hijo de Simea, el hermano de David. [22] Estos cuatro gigantes eran descendientes de Refa, el de Gat, pero cayeron a manos de David y de sus oficiales.

Canto de victoria de David
(Salmo 18)

22 [1] David entonó este canto al Señor cuando el Señor lo libró de caer en manos de Saúl y de todos sus enemigos. [2] Dijo así:

"Tú, Señor, eres mi protector,
mi lugar de refugio,
mi libertador,
[3] mi Dios,
la roca que me protege,
mi escudo,
el poder que me salva,
mi más alto escondite,
mi más alto refugio,
mi salvador.
¡Me salvaste de la violencia!
[4] Tú, Señor, eres digno de alabanza:
cuando te llamo, me salvas de mis
enemigos.

[5] "Pues la muerte me enredó en sus olas;
sentí miedo ante el torrente destructor.
[6] La muerte me envolvió en sus lazos;
¡me encontré en trampas mortales!
[7] En mi angustia llamé al Señor;
pedí ayuda a mi Dios,
y él me escuchó desde su templo;
¡mis gritos llegaron a sus oídos![m]

[8] "Hubo entonces un fuerte temblor de tierra:
temblaron las bases del cielo;
fueron sacudidas por la furia del Señor.[n]
[9] De su nariz brotaba humo,
y de su boca un fuego destructor;
¡por la boca lanzaba carbones encendidos!
[10] Descorrió la cortina del cielo, y descendió.
¡Debajo de sus pies había grandes nubarrones!
[11] Montó en un ser alado, y voló;
se le veía sobre las alas del viento.[ñ]
[12] Tomó como tienda de campaña
la densa oscuridad que le rodeaba
y los nubarrones cargados de agua.
[13] Un fulgor relampagueante salió de su presencia;
llovieron carbones encendidos.

[14] "El Señor, el Altísimo,
hizo oír su voz de trueno desde el cielo:
[15] lanzó sus flechas, sus relámpagos,
y a mis enemigos hizo huir en desorden.
[16] El fondo del mar quedó al descubierto;
las bases del mundo quedaron a la vista,

por la voz amenazante del Señor,
por el fuerte soplo que lanzó.°

¹⁷ "Dios me tendió la mano desde lo
     alto,
y con su mano me sacó del mar
     inmenso.
¹⁸ Me salvó de enemigos poderosos
que me odiaban y eran más fuertes
     que yo.
¹⁹ Me atacaron cuando yo estaba en
     desgracia,
pero el Señor me dio su apoyo:
²⁰ me sacó a la libertad;
¡me salvó porque me amaba!
²¹ El Señor me ha dado la recompensa
que merecía mi limpia conducta,
²² pues yo he seguido el camino del
     Señor;
¡jamás he renegado de mi Dios!
²³ Yo tengo presentes todos sus
     decretos;
¡jamás me he desviado de sus leyes!
²⁴ Me he conducido ante él sin tacha
     alguna;
me he alejado de la maldad.
²⁵ El Señor me ha recompensado
por mi limpia conducta en su
     presencia.

²⁶ "Tú, Señor, eres fiel con el que es
     fiel,
irreprochable con el que es
     irreprochable,
²⁷ sincero con el que es sincero,
pero sagaz con el que es astuto.
²⁸ Tú salvas a los humildes,
pero te fijas en los orgullosos
y los humillas.
²⁹ Tú, Señor, eres mi luz;
tú, Dios mío, alumbras mi oscuridad.
³⁰ Con tu ayuda atacaré al enemigo
y pasaré sobre el muro de sus
     ciudades.

³¹ "El camino de Dios es perfecto;
la promesa del Señor es digna de
     confianza.
¡Dios protege a todos los que en él
     confían!ᵖ
³² ¿Quién es Dios, fuera del Señor?
¿Qué otro dios hay que pueda
     protegernos?ᵠ
³³ Dios es mi refugio poderoso,
quien hace intachable mi conducta,
³⁴ quien me da pies ligeros, como de
     ciervo,ʳ
quien me hace estar firme en las
     alturas,
³⁵ quien me entrena para la batalla,
quien me da fuerzas para tensar
     arcos de bronce.

³⁶ "Tú me proteges y me salvas;
tu bondad me ha hecho prosperar.
³⁷ Has hecho fácil mi camino,
y mis pies no han resbalado.

³⁸ "Perseguí a mis enemigos, los
     destruí,
y sólo volví después de
     exterminarlos.
³⁹ ¡Los exterminé! ¡Los hice pedazos!
Ya no se levantaron: ¡cayeron
     debajo de mis pies!
⁴⁰ Tú me diste fuerza en la batalla;
hiciste que los rebeldes se inclinaran
     ante mí,
⁴¹ y que delante de mi huyeran mis
     enemigos.
Así pude destruir a los que me
     odiaban.
⁴² Pedían ayuda, y nadie los ayudó;
llamaban al Señor, y no les contestó.
⁴³ ¡Los deshice como a polvo del suelo!
¡Los pisoteé como a barro de las
     calles!
⁴⁴ Me libraste de las luchas de mi
     pueblo,
me mantuviste como jefe de las
     naciones,
y me sirve gente que yo no conocía.
⁴⁵ En cuanto me oyen, me obedecen;
gente extranjera me halaga,
⁴⁶ gente extranjera se acobarda
y sale temblando de sus refugios.

⁴⁷ "¡Viva el Señor! ¡Bendito sea mi
     protector!
¡Sea enaltecido Dios, que me salva y
     me protege!
⁴⁸ Él es el Dios que me ha vengado
y que me ha sometido los pueblos.
⁴⁹ Él me libra de mis enemigos,
de los rebeldes que se alzaron
     contra mí.
¡Tú, Señor, me salvas de los
     hombres violentos!
⁵⁰ Por eso te alabo entre las naciones
y canto himnos a tu nombre.ˢ
⁵¹ Concedes grandes victorias al rey
     que has escogido;
siempre tratas con amor a David y a
     su descendencia."

Últimas palabras de David

23 ¹ Estas son las últimas palabras de
     David:

"David, el hijo de Isaí,
el hombre a quien Dios ha
     enaltecido,
el rey escogido por el Dios de Jacob,
el dulce cantor de himnos de Israel,
ha declarado:

ᵒ **22.14–16** Ex 15.8; 19.19.   ᵖ **22.31** Pr 30.5.   ᵠ **22.32** Is 44.8.   ʳ **22.34** Hab 3.19.   ˢ **22.50** Ro 15.9.

² "El Espíritu del Señor habla por
   medio de mí;
su palabra está en mi lengua.
³ El Dios de Israel ha hablado;
el Protector de Israel me ha dicho:
'El que gobierne a los hombres con
   justicia,
el que gobierne en el temor de Dios,
⁴ será como la luz de la aurora,
como la luz del sol en una mañana
   sin nubes,
que hace crecer la hierba después de
   la lluvia.'
⁵ Por eso mi descendencia está firme³⁴
   en Dios,
pues él hizo conmigo un pacto
   eterno,
totalmente reglamentado y seguro.
Él me da la victoria completa
y hace que se cumplan todos mis
   deseos.
⁶ Pero todos los malhechores
serán como espinos desechados,
que nadie toma con la mano.
⁷ Para tocarlos, se toma un hierro o
   una lanza,
y se les echa en el fuego
para que se quemen por completo."

Héroes del ejército de David
(1 Cr 11.10–47)

⁸ Estos son los nombres de los mejores
soldados de David: Is-Boset, el hacmonita,³⁵ jefe de los tres más valientes, que
en una ocasión mató ochocientos hombres con su lanza. ⁹ Después de él seguía
Eleazar, hijo de Dodo, el ahohíta, que era
uno de los tres más valientes. Estuvo con
David en Pasdamim,³⁶ cuando los filisteos
se juntaron allí para la batalla y los israelitas se retiraron. ¹⁰ Pero él se mantuvo
firme, y estuvo matando filisteos hasta
que la mano se le cansó y se le quedó
pegada a la espada. Aquel día el Señor alcanzó una gran victoria. Luego el ejército
siguió a Eleazar para apoderarse de lo que
se le había quitado al enemigo.
¹¹ Tras Eleazar seguía Sama, hijo de
Age, el ararita. Cuando los filisteos se reunieron en Lehi, donde había un campo
sembrado de lentejas, las tropas israelitas
huyeron ante ellos. ¹² Pero Sama se plantó
en medio del campo y lo defendió, derrotando a los filisteos. Así el Señor alcanzó
una gran victoria.
¹³ Una vez, en el tiempo de la cosecha,
tres de los treinta valientes fueron a encontrarse con David en la cueva de Adulam. Las fuerzas filisteas estaban acampa-
das en el valle de Refaim. ¹⁴ David se
hallaba en la fortaleza, al tiempo que un
destacamento filisteo se encontraba en
Belén. ¹⁵ Y David expresó este deseo:
"¡Ojalá alguien me diera a beber agua del
pozo que está en la puerta de Belén!"
¹⁶ Entonces los tres valientes penetraron
en el campamento filisteo y sacaron agua
del pozo que está a la entrada de Belén, y
se la llevaron a David. Pero él no quiso
beberla, sino que la derramó como
ofrenda al Señor, ¹⁷ diciendo: "¡El Señor
me libre de beberla! ¡Sería como beberme
la sangre de estos hombres, que arriesgando sus vidas fueron a traerla!" Y no
quiso beberla.
Esta hazaña la realizaron los tres valientes.
¹⁸ Abisai, hermano de Joab e hijo de Sarvia, era jefe de los treinta valientes. En
cierta ocasión atacó a trescientos hombres
con su lanza, y los mató. Así ganó fama
entre los treinta, ¹⁹ y recibió más honores
que todos ellos, pues llegó a ser su jefe.
Pero no igualó a los tres primeros.
²⁰ Benaía, hijo de Joiada, del pueblo de
Cabseel, era un hombre valiente que realizó muchas hazañas. Él fue quien mató a
los dos hijos de Ariel³⁷ de Moab. Un día en
que estaba nevando bajó a un foso, y allí
dentro mató a un león. ²¹ También mató a
un egipcio de gran estatura, que iba armado con una lanza: Benaía lo atacó con
un palo, le arrebató la lanza de la mano, y
lo mató con su propia lanza. ²² Esta acción
de Benaía, hijo de Joiada, le hizo ganar
fama entre los treinta valientes; ²³ y recibió más honores que ellos, pero no igualó
a los tres primeros. Y David lo puso al
mando de su guardia personal.
²⁴ Entre los treinta valientes estaban:
Asael, hermano de Joab; Elhanán, hijo de
Dodo, de Belén; ²⁵ Sama, de Harod; Elica,
también de Harod; ²⁶ Heles, el paltita; Ira,
hijo de Iques, de Tecoa; ²⁷ Abiezer, de
Anatot; Sibecai,³⁸ de Husah; ²⁸ Salmón, el
ahohíta; Maharai, de Netofa; ²⁹ Heled,³⁹
hijo de Baana, también de Netofa; Itai,
hijo de Ribai, de Gabaa, que está en el
territorio de Benjamín; ³⁰ Benaía, de Piratón; Hidai, del arroyo de Gaas; ³¹ Abi-al-
bón, el arbatita; Azmavet, de Bahurim;
³² Eliaba, el saalbonita; los hijos de Jasén;
Jonatán; ³³ Sama, el ararita; Ahiam, hijo
de Sarar, también ararita; ³⁴ Elifelet, hijo
de Ahasbai, hijo del de Maaca; Eliam, hijo
de Ahitofel, de Gilo; ³⁵ Hezrai, de Carmel;
Paarai, el arbita; ³⁶ Igal, hijo de Natán, de
Soba; Bani, de Gad; ³⁷ Selec, de Amón; Naharai, de Beerot, asistente de Joab, hijo de
Sarvia; ³⁸ Ira, de Jatir; Gareb, también de

---

³⁴ *Está firme*: texto probable. Heb. *no así*.   ³⁵ *Is-boset, el hacmonita*: texto probable. Heb. *Joseb-basebet el tacmonita*.   ³⁶ *En Pas-damim*: texto probable, según 1 Cr 11.13. Heb. *cuando se burlaron de ellos*.   ³⁷ *Dos hijos de Ariel*: según la versión griega. Heb. *dos de Ariel*.   ³⁸ *Sibecai*: según la versión griega y 1 Cr 11.29. Heb. *Mebunai*.   ³⁹ *Heled*: según varios mss. y 1 Cr 11.30. Heb. *Heleb*.

Jatir; [39] y Urías, el hitita. En total, treinta y siete.

David censa la población
(1 Cr 21.1-17)

24 [1] El Señor volvió a encenderse en ira contra los israelitas, e incitó a David contra ellos, ordenándole que hiciera un censo de Israel y Judá. [2] Entonces el rey ordenó a Joab, jefe del ejército, que lo acompañaba:

—Recorre todas las tribus de Israel, desde Dan hasta Beerseba, y haz el censo de la población, para que yo sepa cuántos habitantes hay.

[3] Pero Joab respondió al rey:

—Que el Señor, el Dios de Su Majestad, aumente su pueblo cien veces más de lo que es ahora, y que Su Majestad viva para verlo; pero, ¿para qué desea Su Majestad hacer un censo?

[4] Sin embargo, la orden del rey se impuso a Joab y a los jefes del ejército, y por lo tanto Joab y los jefes del ejército se retiraron de la presencia del rey para hacer el censo del pueblo de Israel. [5] Atravesaron el río Jordán y comenzaron por Aroer y por la ciudad que está en medio del valle, en dirección a Gad y Jazer. [6] Después fueron a Galaad y a Cades, en el país de los hititas.[40] Llegaron luego a Dan, y desde Dan dieron la vuelta por Sidón. [7] Después fueron a la fortaleza de Tiro y a todas las ciudades de los heveos y los cananeos, hasta salir al sur de Judá, a Beerseba. [8] Al cabo de nueve meses y veinte días, y tras haber recorrido todo el país, llegaron a Jerusalén. [9] Joab entregó al rey cifras del censo de la población, y resultó que había en Israel ochocientos mil hombres aptos para la guerra, y quinientos mil en Judá.

[10] Pero David se sintió culpable por haber hecho el censo de la población, y confesó al Señor:

—He cometido un grave pecado al hacer esto. Pero te ruego, Señor, que perdones ahora el pecado de este siervo tuyo, pues me he portado como un necio.

[11] A la mañana siguiente, cuando se levantó David, dijo el Señor al profeta Gad, vidente al servicio de David: [12] "Ve a ver a David, y dile de mi parte que le propongo tres cosas, y que escoja la que él quiera que yo haga." [13] Gad fue a ver a David, y le preguntó:

—¿Qué prefieres: siete años de hambre en el país, tres meses huyendo tú de la persecución de tus enemigos, o tres días de peste en el país? Piensa y decide ahora lo que he de responder al que me ha enviado.

[14] Y David contestó a Gad:

—Estoy en un grave aprieto. Ahora bien, es preferible que caigamos en manos del Señor, pues su bondad es muy grande, y no en manos de los hombres.

[15] Entonces mandó el Señor una peste sobre Israel, desde aquella misma mañana hasta la fecha indicada, y desde Dan hasta Beerseba murieron setenta mil personas. [16] Y cuando el ángel estaba a punto de destruir Jerusalén, le pesó al Señor aquel daño y ordenó al ángel que estaba hiriendo al pueblo: "¡Basta ya, no sigas!" En aquel momento el ángel del Señor se encontraba junto al lugar donde Arauna el jebuseo trillaba el trigo. [17] Y cuando David vio al ángel que hería a la población, dijo al Señor:

—¡Yo soy quien ha pecado! ¡Yo soy el culpable! ¿Pero qué han hecho estos inocentes?[41] ¡Yo te ruego que tu castigo caiga sobre mí y sobre mi familia!

David levanta un altar
(1 Cr 21.18-27)

[18] Aquel mismo día, Gad fue a ver a David, y le dijo que levantara un altar al Señor en el lugar donde Arauna el jebuseo trillaba el trigo. [19] Entonces David fue a hacer lo que Gad le había dicho por orden del Señor. [20] Arauna estaba mirando a lo lejos, cuando vio que el rey y sus servidores se dirigían hacia él. Entonces Arauna se adelantó, e inclinándose delante del rey [21] le dijo:

—¿A qué se debe la visita de Su Majestad a su criado?

David respondió:

—Quiero comprarte el lugar donde trillas el trigo, para construir allí un altar al Señor, a fin de que la peste se retire del pueblo.

[22] Y Arauna le contestó:

—Tome Su Majestad lo que le parezca mejor, y ofrezca holocaustos. Aquí hay toros para el holocausto, y los trillos y los yugos de las yuntas pueden servir de leña. [23] ¡Todo esto se lo doy a Su Majestad!

Además, Arauna exclamó:

—¡Ojalá Su Majestad pueda complacer al Señor su Dios!

[24] Pero el rey respondió:

—Te lo agradezco, pero tengo que comprártelo todo pagándote lo que vale, pues no presentaré al Señor mi Dios holocaustos que no me hayan costado nada.

De esta manera David compró aquel lugar y los toros por cincuenta monedas de plata, [25] y allí construyó un altar al Señor y ofreció holocaustos y sacrificios de reconciliación. Entonces el Señor atendió las súplicas en favor del país, y la peste se retiró de Israel.

---

[40] A Cades, en el país de los hititas: texto probable. Heb. oscuro. [41] Estos inocentes: it. estas ovejas.

Primer Libro de los
REYES

En este libro sigue la historia de la monarquía, todavía unida bajo David, que en su ancianidad avanzada, próximo a morir, nombra como sucesor a Salomón (1.1— 2.12), bajo cuyo gobierno el reino alcanza su mayor esplendor (2.13—11.43). Sus fronteras llegan a una extensión nunca igualada después. La riqueza y la sabiduría de Salomón se hacen famosas en el mundo de entonces. Salomón es el primer gran constructor israelita: reconstruye y fortifica ciudades, levanta palacios y sitios de recreo, y edifica su obra maestra: el templo de Jerusalén.

Como en el caso de David, el escritor sagrado le reconoce a Salomón sus grandes hechos, pero no pasa por alto su debilidad por las mujeres y su condescendencia con la idolatría. Tras la culminación representada por su reinado, sobreviene la decadencia, que desemboca en la gran tragedia nacional del reino dividido, a cuya historia se dedica la segunda parte del libro (12.1—22.53). El relato sigue ahora en paralelo el desarrollo de los sucesos en uno y otro reino: el del norte, que retiene el nombre tradicional de Israel, y el del sur, que asume el de Judá, su tribu principal.

A la luz de la narración, es el reino del norte el que más se aparta del camino de Dios. En el del sur, reyes piadosos alternan con monarcas impíos. Y la lección es la misma: la prosperidad nacional depende de la lealtad del rey a Dios, y la idolatría y la desobediencia traen consigo siempre el desastre. En una situación con tantos cambios, destaca el papel de los profetas, que aparecen para reconvenir al pueblo y a los reyes cuando caen en la apostasía, y llamarlos a rendir culto y obedecer al verdadero y único Dios. La gran figura profética del libro es Elías, especialmente en su oposición a los profetas de Baal (cap. 18).

Ancianidad de David

1 ¹ El rey David era ya anciano, de edad muy avanzada. Aunque lo cubrían y arropaban bien, no podía entrar en calor. ² Por esto, sus servidores le dijeron: "Debe buscarse para Su Majestad una muchacha soltera que le sirva y lo cuide, y que duerma con Su Majestad para que le dé calor." ³ Buscaron una muchacha hermosa por todo el territorio de Israel, y hallaron una que se llamaba Abisag, del pueblo de Sunem, la cual llevaron al rey. ⁴ Abisag era muy hermosa, y cuidaba al rey y le servía, pero el rey nunca tuvo relaciones sexuales con ella.

Adonías se proclama rey

⁵ Entre tanto, Adonías,ᵃ hijo de David y de Haguit, se levantó en armas y dijo que él sería rey. Se hizo de carros de combate, y de caballería, y de una guardia personal de cincuenta hombres. ⁶ Su padre no lo había contrariado en toda su vida, ni le había preguntado por qué hacía lo que hacía. Adonías, que había nacido después de Absalón, era muy bien parecido. ⁷ Había hecho un trato con Joab, el hijo de Sarvia, y con el sacerdote Abiatar, los cuales le apoyaban. ⁸ Pero ni el sacerdote Sadoc, ni Benaía, hijo de Joiada, ni el profeta Natán, ni Simeí, hombre de confianza del rey,ᶦ ni los mejores soldados de David estaban a favor de Adonías.

⁹ Por aquel tiempo, Adonías preparó un banquete junto a la peña de Zohelet, que está cerca del manantial de Rogel. Mató ovejas y toros y los becerros más gordos, e invitó a todos sus hermanos, hijos del rey, y a todos los hombres de Judá que estaban al servicio del rey; ¹⁰ pero no invitó al profeta Natán, ni a Benaía, ni a los soldados de David, ni a su hermano Salomón. ¹¹ Entonces habló Natán con Betsabé, la madre de Salomón,ᵇ y le dijo:

—¿No te has enterado de que Adonías, el hijo de Haguit, se ha proclamado rey sin que lo sepa David, nuestro señor? ¹² Pues ven, que voy a darte un consejo para que puedas salvar tu vida y la de tu hijo Salomón. ¹³ Ve y preséntate al rey David, y dile: 'Su Majestad me había jurado que mi hijo Salomón reinaría después de Su Majestad, y que subiría al trono. ¿Por qué, entonces, está reinando Adonías?' ¹⁴ Y mientras tú hablas con el rey, yo entraré y confirmaré tus palabras.

¹⁵ Betsabé fue entonces a ver al rey a su habitación. El rey ya estaba muy anciano, y Abisag la sunamita lo atendía. ¹⁶ Betsabé

ᶦ *Hombre de confianza del rey*: texto probable. Heb. *Rei.*
ᵃ **1.5** 2 S 3.4.   ᵇ **1.11** 2 S 12.24.

se inclinó ante el rey hasta tocar el suelo con la frente, y el rey le preguntó:

—¿Qué te pasa?

[17] Ella le respondió:

—Su Majestad me juró por el Señor su Dios, que mi hijo Salomón reinaría después de Su Majestad, y que subiría al trono. [18] Pero sucede que Adonías se ha proclamado rey, y Su Majestad no lo sabe. [19] Ha matado toros y becerros y muchas ovejas, y ha invitado a los hijos de Su Majestad; también ha invitado al sacerdote Abiatar y a Joab, general del ejército, pero no ha invitado a Salomón, servidor de Su Majestad. [20] Ahora bien, señor, todo Israel está pendiente de que Su Majestad diga quién habrá de reinar después de Su Majestad. [21] De lo contrario, cuando Su Majestad muera, mi hijo Salomón y yo seremos condenados a muerte.

[22] Mientras ella hablaba con el rey, llegó el profeta Natán, [23] y se lo hicieron saber al rey. Cuando el profeta se presentó ante el rey, se inclinó delante de él hasta tocar el suelo con la frente, [24] y le preguntó:

—¿Ha ordenado Su Majestad que Adonías reine después de Su Majestad? [25] Porque resulta que hoy ha bajado, ha matado toros y becerros y muchas ovejas, y ha convidado a los hijos de Su Majestad, a los capitanes del ejército y al sacerdote Abiatar. Y ahí están comiendo y bebiendo con él, y gritando: '¡Viva el rey Adonías!' [26] Sin embargo, no me han invitado a mí, ni al sacerdote Sadoc, ni a Benaía, hijo de Joiada, ni a Salomón, hijo de Su Majestad. [27] ¿Acaso ha ordenado esto Su Majestad sin haber informado a este siervo suyo acerca de quién ocuparía el trono después de Su Majestad?

David declara a Salomón sucesor suyo

[28] El rey David ordenó entonces que llamaran a Betsabé. Al llegar Betsabé ante el rey, se quedó de pie delante de él. [29] El rey hizo entonces el siguiente juramento:

—Juro por el Señor, que me ha librado de toda angustia, [30] que lo que te juré por el Señor, el Dios de Israel, te lo cumpliré hoy mismo: tu hijo Salomón subirá al trono en mi lugar y reinará después de mí.

[31] Betsabé se inclinó ante el rey hasta tocar el suelo con la frente, y exclamó:

—¡Viva para siempre mi señor, el rey David!

[32] Luego el rey David ordenó que llamaran al sacerdote Sadoc, al profeta Natán y a Benaía, hijo de Joiada. Cuando éstos se presentaron ante el rey, [33] él les dijo:

—Háganse acompañar de los funcionarios del reino, monten a mi hijo Salomón en mi mula y llévenlo a Gihón; [34] y en cuanto el sacerdote Sadoc y el profeta Na-

tán lo consagren como rey de Israel, toquen el cuerno de carnero y griten: '¡Viva el rey Salomón!' [35] Luego sírvanle de escolta, para que venga y se siente en mi trono y reine en mi lugar, pues he dispuesto que él sea el jefe de Israel y de Judá.

[36] Benaía, el hijo de Joiada, respondió al rey:

—¡Así sea, y que así lo ordene el Señor, el Dios de Su Majestad! [37] Y del mismo modo que el Señor ha estado con Su Majestad, así esté con Salomón, y haga que su reino sea mayor aún que el de Su Majestad, mi señor David.

[38] Luego el sacerdote Sadoc, el profeta Natán, Benaía, hijo de Joiada, y los cereteos y los peleteos, fueron y montaron a Salomón en la mula del rey David, y lo llevaron a Gihón. [39] Allí el sacerdote Sadoc tomó del santuario el cuerno con el aceite y consagró como rey a Salomón. A continuación tocaron el cuerno de carnero, y todo el pueblo gritó: "¡Viva el rey Salomón!" [40] Luego todos lo siguieron, tocando flautas. Era tal su alegría que parecía que la tierra se partía en dos por causa de sus voces.

[41] Adonías y todos sus invitados acababan de comer cuando oyeron el ruido. Al oír Joab el sonido del cuerno, comentó:

—¿Por qué habrá tanto alboroto en la ciudad?

[42] Mientras él hablaba, llegó Jonatán, el hijo del sacerdote Abiatar. Adonías le dijo:

—Entra, pues tú eres un hombre importante y debes traer buenas noticias.

[43] Jonatán respondió a Adonías:

—Al contrario. David, nuestro señor y rey, ha hecho rey a Salomón, [44] y ha ordenado que el sacerdote Sadoc y el profeta Natán, así como Benaía, hijo de Joiada, y los cereteos y los peleteos, acompañen a Salomón; y ellos lo han montado en la mula del rey. [45] Además, el sacerdote Sadoc y el profeta Natán lo han consagrado como rey en Gihón, y han regresado de allí muy contentos. Por eso está alborotada la ciudad, y ése es el ruido que ustedes han escuchado. [46] Además, Salomón ya ha tomado posesión del trono, [47] y los funcionarios del rey David han ido a felicitarlo y a desearle que Dios haga prosperar a Salomón y extienda su dominio más que el suyo. Incluso el propio rey David se inclinó en su cama para adorar a Dios, [48] y dijo: 'Bendito sea el Señor, el Dios de Israel, que ha permitido hoy que un descendiente mío suba al trono, y que yo lo vea.'

[49] Los invitados de Adonías se pusieron a temblar; luego se levantaron todos, y cada uno se fue por su lado. [50] Adonías, por su parte, por miedo a Salomón se levantó y se fue al santuario, y allí buscó

refugio agarrándose a los cuernos del altar. [51] Alguien fue a decirle a Salomón:

—Adonías tiene miedo de Su Majestad, y se ha refugiado en el altar. Pide que Su Majestad le jure ahora mismo que no lo va a matar.

[52] Salomón respondió:

—Si se porta como un hombre de bien, no caerá al suelo ni un pelo de su cabeza; pero si se descubre alguna maldad en él, morirá.

[53] En seguida Salomón mandó que lo retiraran del altar. Luego Adonías fue y se inclinó ante el rey Salomón, y éste le ordenó que se fuera a su casa.

Últimas órdenes de David

2 [1] La muerte de David se acercaba por momentos, así que David ordenó a su hijo Salomón: [2] "Voy a emprender el último viaje, como todo el mundo. Ten valor y pórtate como un hombre. [3] Cumple las ordenanzas del Señor tu Dios, haciendo su voluntad y cumpliendo sus leyes, mandamientos, decretos y mandatos, según están escritos en la ley de Moisés, para que prosperes en todo lo que hagas y dondequiera que vayas. [4] También para que el Señor confirme la promesa que me hizo, de que si mis hijos cuidaban su conducta y se conducían con verdad delante de él, con todo su corazón y toda su alma, nunca faltaría en mi familia quien ocupara el trono de Israel.[c]

[5] "Ahora bien, tú ya sabes lo que me hizo Joab, el hijo de Sarvia, es decir, lo que hizo con dos generales del ejército israelita: con Abner,[d] el hijo de Ner, y con Amasa,[e] el hijo de Jeter, a quienes mató en tiempo de paz para vengar la sangre derramada en guerra, haciéndome responsable de ese asesinato.[2] [6] Por lo tanto, actúa con inteligencia y no lo dejes tener una muerte tranquila. [7] En cuanto a los hijos de Barzilai, el de Galaad,[f] trátalos con bondad y hazlos participar de tu mesa, pues ellos me protegieron cuando yo huía de tu hermano Absalón. [8] Por otra parte, fíjate que está contigo Simei, hijo de Gera, el benjaminita de Bahurim. Él fue quien me lanzó una maldición terrible el día que yo iba hacia Mahanaim.[g] Después, sin embargo, salió a recibirme al río Jordán, y yo tuve que jurarle por el Señor que no lo mataría.[h] [9] No lo perdones. Eres inteligente, y sabrás qué hacer con él. Pero procura que su muerte sea violenta."

Muerte de David
(1 Cr 29.26–30)

[10] David murió y fue enterrado con sus antepasados en la Ciudad de David. [11] Fue rey de Israel durante cuarenta años, de los cuales reinó siete en Hebrón y treinta y tres en Jerusalén.[i] [12] Luego reinó Salomón en lugar de David, su padre,[j] y su reinado fue muy estable.

Fin de Adonías y de sus partidarios

[13] Adonías, el hijo de Haguit, fue a ver a Betsabé, la madre de Salomón. Ella le preguntó:

—¿Vienes en son de paz?

—Sí —respondió él. [14] Y añadió—: Tengo algo que decirte.

—Dime —contestó ella.

[15] —Tú sabes —dijo Adonías— que el reino me pertenecía, y que todo Israel estaba esperando que yo fuera rey. Pero el derecho a reinar se le concedió a mi hermano, porque ya el Señor había dispuesto que fuera para él. [16] Ahora sólo quiero pedirte un favor. No me lo niegues.

—Habla —respondió ella.

[17] Él dijo:

—Te ruego que le pidas al rey Salomón que me dé por esposa a Abisag la sunamita. Él no te lo negará.

[18] —De acuerdo, yo hablaré al rey por ti —respondió Betsabé.

[19] Así pues, Betsabé fue a hablar con el rey Salomón en favor de Adonías. El rey se levantó a recibir a su madre y se inclinó ante ella. Luego volvió a sentarse en su trono y ordenó que trajeran un sillón para su madre; entonces ella se sentó a su derecha, [20] y le dijo:

—Quiero pedirte un pequeño favor. Te ruego que no me lo niegues.

—Pídeme lo que quieras, madre mía —contestó el rey—, que no te lo negaré.

[21] —Permite que Abisag la sunamita sea dada por esposa a tu hermano Adonías— dijo ella.

[22] —¿Por qué pides a Abisag la sunamita para Adonías? —respondió el rey a su madre—. ¡Sólo falta que me pidas que le entregue el reino, porque es mi hermano mayor y porque tiene a su favor al sacerdote Abiatar y a Joab, el hijo de Sarvia!

[23] Dicho esto, el rey Salomón juró por el Señor: "¡Que Dios me castigue con toda dureza, si esto que ha dicho Adonías no le cuesta la vida. [24] Juro por el Señor, que me ha colocado y confirmado en el trono de David mi padre y que me ha establecido

---

[2] *Haciéndome responsable de ese asesinato:* lit. *poniendo sangre de guerra en mi cinturón y en mis sandalias.:* según la versión griega. Heb. *su cinturón . . . sus sandalias.*
[c] **2.4** 2 S 7.11–16. [d] **2.5** 2 S 3.27. [e] **2.5** 2 S 20.10. [f] **2.7** 2 S 17.27–29. [g] **2.8** 2 S 16.5–13. [h] **2.8** 2 S 19.16–23.
[i] **2.11** 2 S 5.4–5; 1 Cr 3.4. [j] **2.12** 1 Cr 29.23.

una dinastía, que Adonías morirá hoy mismo!"

²⁵ En seguida dio órdenes a Benaía, hijo de Joiada, de matar a Adonías, y éste fue y lo mató. ²⁶ En cuanto al sacerdote Abiatar, el rey le ordenó: "¡Lárgate a Anatot, a tus tierras! Mereces la muerte, pero no te mataré porque has transportado el cofre del Señor delante de David, mi padre,ᵏ y has sufrido las mismas penalidades que él."ˡ ²⁷ De este modo Salomón quitó a Abiatar del sacerdocio del Señor, y así se cumplió lo que el Señor había dicho en Silo en cuanto a la familia de Elí.ᵐ

²⁸ Joab se había puesto de parte de Adonías, pero no de parte de Absalón; así que cuando le llegó esta noticia a Joab, huyó al santuario del Señor y se refugió en el altar. ²⁹ Pero informaron al rey Salomón de que Joab había huido al santuario del Señor, y de que se había refugiado en el altar. Entonces mandó Salomón a Benaía, hijo de Joiada, que fuera a matarlo, ³⁰ y Benaía fue al santuario y le dijo a Joab:

—El rey ordena que salgas.

Pero Joab contestó:

—¡No! ¡Aquí moriré!

Benaía fue al rey con la respuesta, y le contó lo que Joab le había respondido. ³¹ Entonces el rey contestó:

—Démosle gusto. Mátalo y entiérralo, y borra de la casa de mi padre, y de mí también, la culpa de los asesinatos cometidos por Joab. ³² El Señor hará recaer sobre él la culpa de su propia muerte, porque, sin saberlo mi padre, Joab acuchilló a dos hombres más honrados y mejores que él: a Abner, hijo de Ner, jefe del ejército israelita, y a Amasa, hijo de Jeter, jefe del ejército de Judá. ³³ La culpa de su muerte recaerá sobre Joab y sobre su descendencia para siempre. Por el contrario, la paz del Señor estará siempre con David y su descendencia, y con su dinastía y su trono.

³⁴ Entonces Benaía fue y mató a Joab. Y Joab fue enterrado en su casa, en el desierto. ³⁵ Luego el rey puso a Benaía al mando del ejército en lugar de Joab, y al sacerdote Sadoc en lugar de Abiatar. ³⁶ Después mandó llamar a Simei, y le ordenó:

—Constrúyete una casa en Jerusalén, para que vivas allí. Pero no salgas de allí a ninguna parte, ³⁷ porque el día que salgas y cruces el arroyo Cedrón, ten la seguridad de que morirás, y tú tendrás la culpa.

³⁸ Simei respondió al rey:

—Está bien. Haré lo que ha ordenado Su Majestad.

Simei vivió mucho tiempo en Jerusalén. ³⁹ Pero al cabo de tres años, dos esclavos suyos se escaparon y se fueron a vivir con Aquis, hijo de Maaca, que era rey de Gat. Cuando le avisaron a Simei que sus dos esclavos estaban en Gat, ⁴⁰ se levantó y aparejó su asno y se fue a Gat, donde estaba Aquis, en busca de sus esclavos. Cuando ya Simei regresaba de Gat con sus esclavos, ⁴¹ supo Salomón que Simei había salido de Jerusalén a Gat, y que ya venía de regreso ⁴² Entonces mandó el rey llamar a Simei, y le dijo:

—¿No te hice jurar por el Señor, y te advertí, que el día que salieras a alguna parte, con toda seguridad morirías? ¿Acaso no me respondiste que estaba bien, y que me ibas a obedecer? ⁴³ ¿Por qué no cumpliste tu juramento al Señor, ni obedeciste lo que te mandé? ⁴⁴ Tú sabes perfectamente el daño que hiciste a David, mi padre. Por eso el Señor ha hecho que el mal que hiciste se vuelva contra ti. ⁴⁵ Pero el rey Salomón será bendecido, y el trono de David quedará establecido para siempre delante del Señor.

⁴⁶ Después el rey dio órdenes a Benaía, hijo de Joiada, y éste salió y mató a Simei. Así se afirmó el reino en manos de Salomón.

Salomón se casa con la hija del faraón

3 ¹ Salomón emparentó con el faraón, rey de Egipto, pues se casó con su hija y la llevó a la Ciudad de David mientras terminaba de construir su palacio y el templo del Señor y la muralla alrededor de Jerusalén. ² La gente, sin embargo, ofrecía sus sacrificios en los lugares altos de culto pagano, porque hasta entonces no se había construido un templo para el Señor.

Salomón pide a Dios sabiduría
(2 Cr 1.1–13)

³ Salomón amaba al Señor y cumplía las leyes establecidas por David, su padre, aun cuando él mismo ofrecía sacrificios e incienso en los lugares altos, ⁴ e incluso iba a Gabaón para ofrecer allí sacrificios, porque era el lugar alto más importante; y ofrecía en aquel lugar mil holocaustos.

⁵ Una noche, en Gabaón, el Señor se apareció en sueños a Salomón y le dijo: "Pídeme lo que quieras, y yo te lo daré."

⁶ Salomón respondió: "Tú trataste con gran bondad a mi padre, tu siervo David, pues él se condujo delante de ti con lealtad, justicia y rectitud de corazón para contigo. Por eso lo trataste con tanta bondad y le concediste que un hijo suyo se

ᵏ 2.26 2 S 15.24. ˡ 2.26 1 S 22.20–23. ᵐ 2.27 1 S 2.27–36.

sentara en su trono, como ahora ha sucedido. ⁷ Tú, Señor y Dios mío, me has puesto para que reine en lugar de David, mi padre, aunque yo soy un muchacho joven y sin experiencia. ⁸ Pero estoy al frente del pueblo que tú escogiste: un pueblo tan grande que, por su multitud, no puede contarse ni calcularse. ⁹ Dame, pues, un corazón atento para gobernar a tu pueblo, y para distinguir entre lo bueno y lo malo; porque ¿quién hay capaz de gobernar a este pueblo tuyo tan numeroso?"

¹⁰ Al Señor le agradó que Salomón le hiciera tal petición, ¹¹ y le dijo: "Porque me has pedido esto, y no una larga vida, ni riquezas, ni la muerte de tus enemigos, sino inteligencia para saber oír y gobernar, ¹² voy a hacer lo que me has pedido: yo te concedo sabiduría e inteligencia como nadie las ha tenido antes que tú ni las tendrá después de ti. ¹³ Además, te doy riquezas y esplendor, cosas que tú no pediste, de modo que en toda tu vida no haya otro rey como tú. ¹⁴ Y si haces mi voluntad, y cumples mis leyes y mandamientos, como lo hizo David, tu padre, te concederé una larga vida."

¹⁵ Al despertar, Salomón se dio cuenta de que había sido un sueño. Y cuando llegó a Jerusalén, se presentó ante el cofre del pacto del Señor y ofreció holocaustos y sacrificios de reconciliación. Después dio un banquete a todos sus funcionarios.

Salomón, el juez sabio

¹⁶ Por aquel tiempo fueron a ver al rey dos prostitutas. Cuando estuvieron en su presencia, ¹⁷ una de ellas dijo:

—¡Ay, Majestad! Esta mujer y yo vivimos en la misma casa, y yo di a luz estando ella conmigo en casa. ¹⁸ A los tres días de que yo di a luz, también dio a luz esta mujer. Estábamos las dos solas. No había ninguna persona extraña en casa con nosotras; sólo estábamos nosotras dos. ¹⁹ Pero una noche murió el hijo de esta mujer, porque ella se acostó encima de él. ²⁰ Entonces se levantó a medianoche, mientras yo estaba dormida, y quitó de mi lado a mi hijo y lo acostó con ella, poniendo junto a mí a su hijo muerto. ²¹ Por la mañana, cuando me levanté para dar el pecho a mi hijo, vi que estaba muerto. Pero a la luz del día lo miré, y me di cuenta de que aquél no era el hijo que yo había dado a luz.

²² La otra mujer dijo:

—No, mi hijo es el que está vivo, y el tuyo es el muerto.

Pero la primera respondió:

—No, tu hijo es el muerto, y mi hijo el que está vivo.

Así estuvieron discutiendo delante del rey. ²³ Entonces el rey se puso a pensar: "Esta dice que su hijo es el que está vivo, y que el muerto es el de la otra; ¡pero la otra dice exactamente lo contrario!" ²⁴ Luego ordenó:

—¡Tráiganme una espada!

Cuando le llevaron la espada al rey, ²⁵ ordenó:

—Corten en dos al niño vivo, y denle una mitad a cada una.

²⁶ Pero la madre del niño vivo se angustió profundamente por su hijo, y suplicó al rey:

—¡Por favor! ¡No mate Su Majestad al niño vivo! ¡Mejor déselo a esta mujer!

Pero la otra dijo:

—Ni para mí ni para ti. ¡Que lo partan!

²⁷ Entonces intervino el rey y ordenó:

—Entreguen a aquella mujer el niño vivo. No lo maten, porque ella es su verdadera madre.

²⁸ Todo Israel se enteró de la sentencia con que el rey había resuelto el pleito, y sintieron respeto por él, porque vieron que Dios le había dado sabiduría para administrar justicia.

Gobierno de Salomón

4 ¹ Salomón fue rey de todo Israel. ² Y sus funcionarios fueron éstos: Azarías, hijo del sacerdote Sadoc; ³ Elihoref y Ahías, hijos de Sisa, los cronistas; Josafat, hijo de Ahilud, secretario del rey; ⁴ Benaía, hijo de Joiada, jefe del ejército; Sadoc y Abiatar, sacerdotes; ⁵ Azarías, hijo de Natán, superintendente; Zabud, hijo del sacerdote Natán, consejero particular³ del rey; ⁶ Ahisar, mayordomo de palacio; y Adoniram, hijo de Abda, encargado del trabajo obligatorio.

⁷ Salomón tenía doce intendentes sobre todo Israel, cuya obligación era proveer de todo al rey y a su familia. Cada uno de ellos debía proveerlo de todo durante un mes al año. ⁸ Estos doce intendentes eran:

Ben-Hur, en los montes de Efraín;
⁹ Ben-Decar, en Macaz, Saalbim, Betsemes, Elón y Bet-hanán;
¹⁰ Ben-Hesed, en Arubot, y también en Soco y en todo el país de Hefer;
¹¹ Ben-Abinadab, en toda la provincia de Dor; su mujer era Tafat, hija de Salomón;
¹² Baana, hijo de Ahilud, en Taanac, Meguido y toda Bet-seán, que está junto a Saretán, más abajo de Jezreel, desde Bet-seán hasta Abel-mehola, más allá de Jocmeam;

---

³ *Consejero particular:* lit. amigo o compañero.

¹³ Ben-Geber, en Ramot de Galaad,
que tenía a su cargo las aldeas de
Galaad, que pertenecían a Jair
hijo de Manasés, y también la
región de Argob, que estaba en
Basán, donde había sesenta
grandes ciudades con murallas y
cerrojos de bronce;
¹⁴ Ahinadab, hijo de Ido, en
Mahanaim;
¹⁵ Ahimaas, que se casó con Basemat,
hija de Salomón, en Neftalí;
¹⁶ Baana, hijo de Husai, en Aser y en
Alot;
¹⁷ Josafat, hijo de Parúa, en Isacar;
¹⁸ Simei, hijo de Ela, en Benjamín;
¹⁹ Geber, hijo de Uri, en la región de
Gad,ⁱ país de Sehón, rey de los
amorreos, y de Og, rey de Basán.
Había, además, un intendente general
sobre todo el país.

Sabiduría y prosperidad de Salomón

²⁰ Judá e Israel tenían una población incontable, como la arena que hay a la orilla
del mar. Había abundancia de comida y
bebida, y reinaba la alegría. ²¹ ⁿSalomón
era soberano de todos los reinos comprendidos desde el río Éufrates hasta el país
filisteo y hasta la frontera de Egipto,ⁿ los
cuales pagaron tributo y estuvieron sometidos a Salomón mientras él vivió. ²² La
provisión diaria para Salomón era de seis
mil seiscientos litros de flor de harina,
trece mil doscientos litros de harina,
²³ diez toros de los más gordos, veinte toros criados con hierba, y cien ovejas, sin
contar ciervos, gacelas, gamos y aves bien
gordas, ²⁴ pues Salomón dominaba en toda
la región al oeste del Éufrates, desde Tifsa
hasta Gaza, y sobre todos los reyes de esta
región, y había pacificado todo el territorio de alrededor.
²⁵ Mientras Salomón vivió, los habitantes de Judá e Israel, desde Dan hasta
Beerseba, vivieron tranquilos, cada cual
debajo de su parra y de su higuera. ²⁶ Salomón tenía además cuatro milⁱ caballerizas
para los caballos de sus carros, y doce mil
soldados de caballería.ᵒ ²⁷ Los intendentes ya mencionados proveían de lo necesario, en el mes que les tocaba, al rey Salomón y a sus huéspedes, procurando que
nada faltara. ²⁸ En su turno correspondiente, mandaban al lugar donde se les in-
dicaba la cebada y la paja para los caballos y los animales de tiro.
²⁹ Dios concedió a Salomón mucha sabiduría e inteligencia, y una comprensión
tan abundante como la arena que está a la

orilla del mar, ³⁰ hasta el punto de que la
sabiduría de Salomón sobrepasó a la de
los egipcios y los orientales. ³¹ Fue más sabio que ningún hombre: más sabio que
Etán, el descendiente de Zera, y que Hemán, Calcol y Darda, hijos de Mahol. Su
fama se extendió por todas las naciones
de alrededor. ³² Pronunció tres mil proverbios y compuso mil cinco poemas.ᵖ ³³ Habló acerca de los árboles y las plantas,
desde el cedro del Líbano hasta la hierba
que crece en las paredes; también habló
sobre los animales, las aves, los reptiles y
los peces. ³⁴ De todas las naciones y reinos
de la tierra donde habían oído hablar de la
inteligencia de Salomón, venía gente a escucharlo.

Pacto de Salomón con Hiram, rey de Tiro
(2 Cr 2.1-18)

5 ¹ Cuando Hiram, rey de Tiro, supo que
   habían consagrado rey a Salomón en
lugar de David, su padre, envió sus embajadores, pues Hiram siempre había estimado a David. ² Entonces Salomón mandó
decir a Hiram: ³ "Tú ya sabes que David,
mi padre, no pudo construir un templo al
Señor su Dios, por las guerras en que se
vio envuelto, hasta que el Señor sometió a
sus enemigos. ⁴ Pero ahora el Señor mi
Dios nos ha dado calma en todas partes,
pues no tenemos enemigos ni calamidades. ⁵ Por lo tanto he decidido construir un
templo al Señor mi Dios, conforme a la
promesa que él le hizo a David, mi padre,
cuando le dijo que su hijo, a quien él haría
reinar en su lugar, sería quien construiría
un templo en su honor.ᑫ ⁶ Ordena, pues,
que me corten cedros del Líbano. Mis servidores ayudarán a los tuyos, y yo te pagaré lo que me pidas como salario de tus
servidores, pues tú bien sabes que ninguno de nosotros sabe cortar la madera
como los sidonios."
⁷ Cuando Hiram escuchó el mensaje de
Salomón, se puso muy contento y exclamó: "¡Bendito sea hoy el Señor, porque
ha concedido a David un hijo tan sabio
para que gobierne esa gran nación!"
⁸ Luego Hiram mandó decir a Salomón:
"He recibido el mensaje que me enviaste,
y cumpliré tu pedido de madera de cedro
y de pino. ⁹ Mis servidores la bajarán del
Líbano hasta el mar, y de allí haré que la
transporten, en forma de balsas, hasta el
lugar que me indiques. Allí se desatarán
las balsas, y tú recogerás la madera. Por lo
que a ti toca, cumple mi deseo de proveer
alimentos para mi palacio."

ⁱ *Gad:* según la versión griega. Heb. *Galaad.* ⁱ *Cuatro mil:* texto probable, según 2 Cr 9.25. Heb. *cuarenta mil.*
ⁿ Los vs. 4.21—5.18 corresponden a los vs. 5.1–32 en el texto hebreo. ⁿ **4.21** Gn 15.18; 2 Cr 9.26. ᵒ **4.26** 1 R 10.26;
2 Cr 1.14; 9.25. ᵖ **4.32** Pr 1.1; 10.1; 25.1; Cnt 1.1. ᑫ **5.5** 2 S 7.12-13; 1 Cr 17.11-12.

¹⁰ Por lo tanto, Hiram dio a Salomón toda la madera de cedro y de pino que quiso, ¹¹ y Salomón proveyó a Hiram de alimentos para su palacio: cuatro millones cuatrocientos mil litros de trigo y cuatro mil cuatrocientos litros de aceite puro de oliva. Salomón entregaba esto a Hiram cada año. ¹² Así pues, el Señor concedió sabiduría a Salomón, como le había prometido. Además, Hiram y Salomón hicieron un pacto, y hubo paz entre ellos.

¹³ Entonces el rey Salomón decretó una leva de trabajo obligatorio en todo Israel, y en la leva se reunió a treinta mil hombres, ¹⁴ los cuales fueron enviados al Líbano por turnos mensuales de diez mil hombres cada vez. De esa manera, estos hombres estaban un mes en el Líbano y dos meses en sus casas. El encargado del trabajo obligatorio era Adoniram. ¹⁵ Salomón tenía además setenta mil cargadores y ochenta mil canteros en la montaña, ¹⁶. sin contar los tres mil trescientos capataces que tenía en las obras para dirigir a los trabajadores. ¹⁷ El rey mandó sacar piedras grandes y costosas para los cimientos del templo, y piedras labradas. ¹⁸ Los constructores de Salomón y de Hiram, y los vecinos de Gebal, prepararon la madera y labraron las piedras para la construcción del templo.

Salomón construye el templo
(2 Cr 3.1–14)

6 ¹ Salomón comenzó la construcción del templo del Señor en el cuarto año de su reinado en Israel, en el mes de Ziv, que es el segundo mes del año, cuando hacía ya cuatrocientos ochenta años que los israelitas habían salido de Egipto. ² El templo que el rey Salomón construyó para el Señor tenía veintisiete metros de largo, nueve de ancho y trece y medio de alto. ³ El vestíbulo que había en la parte delantera del templo medía nueve metros de largo, igual que la anchura del templo, y cuatro metros y medio de ancho en la parte frontal del edificio. ⁴ Salomón le hizo al templo ventanas con rejas. ⁵ También construyó un anexo junto al muro que rodeaba el edificio, contra los muros que rodeaban el templo, tanto alrededor de la sala central como del cuarto posterior, y construyó celdas alrededor. ⁶ La planta baja del anexo medía dos metros y veinticinco centímetros de ancho; la planta intermedia, dos metros con setenta centímetros; y la planta alta, tres metros con quince centímetros; pues por fuera había reducido las medidas del templo para no empotrar las vigas en los muros del tem-

plo. ⁷ En la construcción del templo se emplearon piedras totalmente labradas, así que al edificarlo no se escucharon en el templo ni martillos ni piquetas ni ningún otro instrumento de hierro. ⁸ La puerta de la celda de la planta baja estaba al lado derecho del templo; y para subir a los pisos intermedio y tercero había una escalera de caracol.

⁹ Cuando Salomón terminó de construir el templo, lo cubrió con vigas y artesonado de cedro. ¹⁰ Edificó también el anexo que rodeaba todo el templo, cuya altura era de dos metros y veinticinco centímetros, y que sujetó al muro del templo con vigas de cedro. ¹¹ Entonces el Señor se dirigió a Salomón y le dijo: ¹² "En cuanto al templo que estás construyendo, quiero decirte que, si te conduces conforme a mis leyes y decretos, y cumples todos mis mandamientos portándote conforme a ellos, yo cumpliré la promesa que hice a David, tu padre, respecto a ti; ¹³ y viviré entre los israelitas, y no abandonaré a Israel, mi pueblo."

¹⁴ Salomón terminó de construir el templo. ¹⁵ Cubrió las paredes interiores del edificio con tablas de cedro. Lo recubrió de madera de arriba abajo, y cubrió el piso con madera de pino. ¹⁶ También recubrió de arriba abajo, con tablas de cedro, un espacio de nueve metros en la parte posterior del templo, y lo acondicionó para que fuera el Lugar Santísimo.ʳ ¹⁷ La nave del templo, que estaba frente al Lugar Santísimo,⁶ medía dieciocho metros de largo. ¹⁸ El revestimiento interior del templo era de madera de cedro, con tallas de flores y frutos. Todo era de cedro. No se veía una sola piedra. ¹⁹ Salomón preparó el Lugar Santísimo en el templo, para colocar allí el cofre del pacto del Señor. ²⁰ El interior del Lugar Santísimo medía nueve metros de largo, nueve de ancho y nueve de alto. Frente al Lugar Santísimo, Salomón hizo un altar de cedro y lo recubrió de oro. ²¹ También recubrió de oro puro el interior del templo y el Lugar Santísimo, y delante de éste puso cadenas de oro. ²² De modo que recubrió de oro todo el templo, lo mismo que el altar que había delante del Lugar Santísimo.ˢ

²³ Hizo también dos seres alados de madera de olivo para el Lugar Santísimo. Cada uno de ellos tenía cuatro metros y medio de altura, ²⁴ y cada una de sus alas medía dos metros y veinticinco centímetros. Así que, de una punta a otra de las alas, cada uno de ellos medía cuatro metros y medio. ²⁵ Los dos seres alados tenían las mismas medidas; es decir, los dos medían cuatro metros y medio, y también

⁶ *Al Lugar Santísimo:* según la versión griega. Esta frase no aparece en el texto hebreo.
ʳ **6.16** Ex 26.33–34. ˢ **6.22** Ex 30.1–3.

tenían la misma forma. 26 Su altura era también de cuatro metros y medio. 27 Salomón los puso en el Lugar Santísimo. Y aquellos seres alados tenían sus alas extendidas, de modo que el ala de uno tocaba una pared y el ala del otro tocaba la pared opuesta, y las otras dos alas se tocaban entre sí en el centro del Lugar Santísimo. 28 Luego Salomón recubrió de oro los seres alados,[t] 29 y en todas las paredes interiores y exteriores del templo labró figuras de seres alados, palmeras y flores. 30 También cubrió de oro el piso del templo, por dentro y por fuera. 31 Para la entrada del Lugar Santísimo hizo puertas de madera de olivo, y el dintel y los postes formaban una figura de cinco lados. 32 Las dos puertas eran de madera de olivo, y en ellas labró figuras de seres alados, palmeras y flores; luego recubrió de oro todas estas figuras. 33 Para la entrada de la sala central del templo, hizo postes de madera de olivo formando un cuadro. 34 Las dos hojas de la puerta eran de madera de pino, y ambas eran giratorias. 35 Labró en ellas seres alados, palmeras y flores, y luego recubrió estas figuras con láminas de oro. 36 Construyó también el atrio interior con tres hileras de piedras labradas y una hilera de vigas de cedro.

37 En el cuarto año del reinado de Salomón, en el mes de Ziv, se echaron los cimientos del templo del Señor; 38 y en el año once de su reinado, en el mes de Bul, que es el octavo mes del año, se terminó el templo en todos sus detalles, según la totalidad del proyecto. En siete años lo construyó Salomón.

Otras construcciones de Salomón

7 1 Salomón construyó su propio palacio, y lo terminó completamente en trece años. 2 También edificó el palacio llamado "Bosque del Líbano", el cual tenía cuarenta y cinco metros de largo, veintidós y medio de ancho, y trece y medio de alto, y estaba sostenido por cuatro hileras de columnas de cedro, sobre las que descansaban vigas de cedro. 3 Estas vigas eran cuarenta y cinco, distribuidas en tres series de quince cada una, y se apoyaban sobre las columnas. Sobre las vigas había un artesonado de cedro. 4 Había tres filas de ventanas ordenadas de tres en tres, unas frente a las otras. 5 Todas las puertas y ventanas[7] eran cuadradas y estaban unas frente a las otras, en tres hileras. 6 También hizo la Sala de las Columnas, que tenía veintidós metros y medio de largo por trece metros y medio de ancho. Y frente a ésta, otra sala con columnas y techo. 7 Hizo además la Sala del Tribunal, o Sala de Justicia para celebrar allí los juicios, y la cubrió de arriba abajo con madera de cedro.

8 El palacio donde Salomón vivía, tenía un patio en la parte de atrás, y una sala de igual construcción. Y el palacio que construyó para la hija del faraón que tomó por esposa,[u] tenía una sala semejante. 9 Todas estas construcciones, desde los cimientos hasta las cornisas y desde la fachada hasta el patio mayor, eran de piedras costosas, labradas y cortadas a la medida con sierras, lo mismo por fuera que por dentro. 10 Los cimientos eran también de piedras costosas y grandes, unas de cuatro metros y medio, y otras de tres metros y sesenta centímetros. 11 La parte superior era también de piedras costosas, labradas a la medida, y de madera de cedro. 12 Y alrededor del patio grande había tres hileras de piedras y una hilera de vigas de cedro, lo mismo que en el atrio interior y en el vestíbulo del templo del Señor.

Salomón contrata a Hiram
(2 Cr 2.13–14; 3.15–17)

13 El rey Salomón mandó traer de Tiro a Hiram, 14 que era hijo de una viuda de la tribu de Neftalí y de un nativo de Tiro experto en trabajar el bronce. Hiram era muy hábil e inteligente, y conocía la técnica para realizar cualquier trabajo en bronce, así que se presentó ante el rey Salomón y realizó todos sus trabajos. 15 Fundió dos columnas de bronce, que medían ocho metros de alto y cinco metros y medio de circunferencia. 16 Hizo también dos capiteles de bronce para colocarlos en la parte superior de las columnas. La altura de cada capitel era de dos metros y veinticinco centímetros. 17 Además hizo dos[8] rejillas, trenzadas en forma de cadenas, para los capiteles que había en la parte superior de las columnas: una rejilla[9] para cada capitel. 18 Hizo también dos hileras de granadas alrededor de cada rejilla, para cubrir los capiteles de las columnas. Hizo lo mismo con ambos capiteles. 19 Los capiteles que había sobre las columnas del vestíbulo medían casi dos metros, y tenían forma de lirio. 20 Alrededor y en lo alto de cada capitel, en su parte más ancha, en forma de globo, junto a la rejilla, había doscientas granadas en dos hileras. 21 Hiram puso estas columnas en el vestíbulo del templo. Y cuando las puso en su lugar, a la columna de la derecha la llamó Ja-

quín,[10] y a la columna de la izquierda la llamó Boaz.[11] [22] La parte superior de las columnas tenía forma de lirio. Así quedó terminado el trabajo de las columnas.

Mobiliario del templo
(2 Cr 4.1—5.1)

[23] Hiram hizo después una enorme pila de bronce, para el agua. Era redonda, y medía cuatro metros y medio de un borde al otro. Su altura era de dos metros y veinticinco centímetros, y su circunferencia, de trece metros y medio. [24] Por debajo del borde, alrededor de la pila, hizo dos enredaderas con frutos, en número de diez por cada cuarenta y cinco centímetros, formando una sola pieza con la pila. [25] Esta descansaba sobre doce toros de bronce, de los cuales tres miraban al norte, tres al sur, tres al este y tres al oeste. Sus patas traseras estaban hacia dentro, y la pila descansaba sobre ellos. [26] Las paredes de la pila tenían ocho centímetros de grueso; su borde imitaba el cáliz de un lirio, y cabían en ella cuarenta y cuatro mil litros de agua.

[27] También hizo diez bases de bronce, cada una de un metro y ochenta centímetros de largo, otro tanto de ancho y un metro y treinta y cinco centímetros de alto. [28] Las bases estaban hechas de este modo: tenían unos entrepaños sujetos por un marco, [29] y sobre los entrepaños enmarcados había figuras de leones, de toros y de seres alados. Por encima y por debajo de los toros y de los leones había adornos de guirnaldas. [30] Cada base tenía cuatro ruedas de bronce, con ejes también de bronce. En las cuatro esquinas de la base, por debajo de la pila, había unas repisas de bronce que a cada lado tenían guirnaldas. [31] La boca de la pila estaba dentro de un cerco que sobresalía hacia arriba cuarenta y cinco centímetros. La boca era redonda, y lo que le servía de soporte tenía sesenta y ocho centímetros de alto. También sobre la boca había grabados, cuyos marcos no eran redondos, sino cuadrados. [32] Las cuatro ruedas estaban debajo de los entrepaños, y los ejes de las ruedas sujetos a la base. La altura de cada rueda era de sesenta y ocho centímetros, [33] y tenían la misma forma que las ruedas de los carros. Los ejes, aros, radios y cubos de las ruedas eran todos de bronce. [34] Las cuatro repisas que había en las cuatro esquinas de cada base, formaban con ésta una sola pieza. [35] La parte superior terminaba en un borde circular de veintidós centímetros y

medio de altura; y los entrepaños y molduras que había en lo alto de la base, formaban una sola pieza con ésta. [36] Hiram grabó seres alados, leones y palmeras sobre los entrepaños y las molduras, según lo permitía el espacio de cada uno, y guirnaldas alrededor. [37] Así fue como hizo las diez bases, todas fundidas iguales y con la misma forma y medida.

[38] Hizo también diez pilas de bronce.[v] Cada una medía un metro y ochenta centímetros, con capacidad para ochocientos ochenta litros, y cada una fue puesta sobre una de las diez bases, [39] cinco bases al lado derecho del templo y cinco al lado izquierdo. La pila grande fue puesta al lado derecho del edificio, hacia el sudeste.

[40] Hiram hizo además ollas,[12] palas y tazones, y así terminó todo el trabajo que hizo para Salomón en el templo del Señor, [41] el cual consistió en las dos columnas, los capiteles redondos que estaban en la parte superior de las mismas, las dos rejillas para cubrir los capiteles, [42] las cuatrocientas granadas para las dos rejillas, en dos hileras para cada una de las rejillas, con que se cubrían los dos capiteles redondos que había en lo alto de las columnas; [43] las diez bases, las diez pilas que iban sobre ellas, [44] la pila grande para el agua, con los doce toros que tenía debajo, [45] además de las ollas, las palas y los tazones.

Todos estos utensilios que Hiram le hizo al rey Salomón para el templo del Señor, eran de bronce pulido. [46] El rey los fundió en moldes de arena, en la región del Jordán, entre Sucot y Saretán. [47] Eran tantos los utensilios de bronce, que Salomón no se preocupó por hacer que los pesaran.

[48] También mandó hacer Salomón todos los demás utensilios que había en el templo del Señor: el altar de oro,[w] la mesa de oro sobre la que se ponían los panes que se consagran al Señor,[x] [49] los candelabros[y] de oro puro que había frente al Lugar Santísimo, cinco a la derecha y cinco a la izquierda, con sus figuras de flores, las lámparas, las tenazas de oro, [50] las copas, las despabiladeras, los tazones, los cucharones y los incensarios, que eran todos de oro puro. También eran de oro los goznes de las puertas del Lugar Santísimo, en el interior del templo, y los de las puertas del templo mismo.

[51] Y cuando se acabaron todas las obras que el rey Salomón mandó realizar en el templo del Señor, llevó Salomón los utensilios de oro y de plata que David, su padre, había dedicado al Señor,[z] y los depositó en los tesoros del templo del Señor.

---

[10] Probablemente significa *Él (Dios) establecerá.* [11] Probablemente significa *En él (Dios) hay fuerza.* [12] Ollas: según la versión griega. Heb. *palanganas.* (Véase v. 45)
v **7.38** Ex 30.17-21. w **7.48** Ex 30.1-3. x **7.48** Ex 25.23-30. y **7.49** Ex 25.31-40. z **7.51** 2 S 8.11; 1 Cr 18.11.

El cofre del pacto es llevado al templo
(2 Cr 5.2–14)

8 ¹ Entonces Salomón reunió ante sí en Jerusalén a los ancianos de Israel, a todos los jefes de las tribus y a las personas principales de las familias israelitas, para trasladar el cofre del pacto del Señor desde Sión, la Ciudad de David.ª ² Y en el día de la fiesta solemne, en el mes de Etanim, que es el séptimo mes del año, se reunieron con el rey Salomón todos los israelitas. ³ Llegaron todos los ancianos de Israel, y los sacerdotes tomaron el cofre ⁴ y lo trasladaron junto con la Tienda del encuentro con Dios y con todos los utensilios sagrados que había en ella, los cuales llevaban los sacerdotes y levitas. ⁵ El rey Salomón y toda la comunidad israelita que se había reunido con él, estaban delante del cofre ofreciendo en sacrificio ovejas y toros en cantidad tal que no se podían contar. ⁶ Después llevaron los sacerdotes el cofre del pacto del Señor al interior del templo, hasta el Lugar Santísimo, bajo las alas de los seres alados, ⁷ los cuales tenían sus alas extendidas sobre el sitio donde estaba el cofre, cubriendo por encima tanto el cofre como sus travesaños. ⁸ Pero los travesaños eran tan largos que sus extremos se veían desde el Lugar Santo, frente al Lugar Santísimo, aunque no podían verse por fuera; y así han quedado hasta hoy. ⁹ En el cofre no había más que las dos tablas de piedra que Moisés había puesto allí en Horeb,ᵇ las tablas del pacto que el Señor hizo con los israelitas cuando salieron de Egipto.

¹⁰ Al salir los sacerdotes del Lugar Santo, la nube llenó el templo del Señor, ¹¹ y por causa de la nube los sacerdotes no pudieron quedarse para celebrar el culto, porque la gloria del Señor había llenado su templo.ᶜ

Salomón dedica el templo
(2 Cr 6.1—7.10)

¹² Entonces Salomón dijo:

"Tú, Señor, has dicho
que vives en la oscuridad.
¹³ Pero yo te he construido
un templo para que lo habites,
un lugar donde vivas para siempre."

¹⁴ Luego el rey se volvió, de frente a toda la comunidad israelita, que estaba de pie, y la bendijo ¹⁵ diciendo: "Bendito sea el Señor, Dios de Israel, que ha cumplido lo que prometió a David, mi padre, cuando le dijo: ¹⁶ 'Desde el día en que saqué de Egipto a mi pueblo Israel, no había escogido yo ninguna ciudad entre todas las tribus de Israel para que en ella se construyera un templo donde residiera mi nombre. Pero escogí a David para que gobernara a mi pueblo Israel.'ᵈ ¹⁷ Y David, mi padre, tuvo el deseo de construir un templo en honor del Señor, Dios de Israel. ¹⁸ Sin embargo, el Señor le dijo: 'Haces bien en querer construirme un templo;ᵉ ¹⁹ pero no serás tú quien lo construya, sino el hijo que tendrás. Él será quien me construya el templo.'ᶠ

²⁰ "Pues bien, el Señor ha cumplido su promesa. Tal como dijo, yo he tomado el lugar de David, mi padre, y me he sentado en el trono de Israel y he construido un templo al Señor, el Dios de Israel. ²¹ Además, he destinado en él un lugar para el cofre donde está el pacto que el Señor hizo con nuestros antepasados cuando los sacó de Egipto."

²² Después se puso Salomón delante del altar del Señor, en presencia de toda la comunidad israelita, y extendiendo sus manos al cielo, ²³ exclamó: "Señor, Dios de Israel: ni en el cielo ni en la tierra hay un Dios como tú, que cumples tu pacto y muestras tu bondad para con los que te sirven de todo corazón; ²⁴ que has cumplido lo que prometiste a tu siervo David, mi padre, uniendo así la acción a la palabra en este día. ²⁵ Por lo tanto, Señor, Dios de Israel, cumple también lo que prometiste a tu siervo David, mi padre: que no le faltaría un descendiente que, con tu favor, subiera al trono de Israel, con tal de que sus hijos cuidaran su conducta y se comportaran en tu presencia como él se comportó.ᵍ ²⁶ Así pues, Dios de Israel, haz que se cumpla la promesa que hiciste a mi padre, tu servidor David.

²⁷ "Pero ¿será verdad que Dios puede vivir sobre la tierra? Si el cielo, en toda su inmensidad, no puede contenerte, ¡cuánto menos este templo que he construido para ti!ʰ ²⁸ No obstante, Señor y Dios mío, atiende mi ruego y mi súplica; escucha el clamor y la oración que este siervo tuyo te dirige hoy. ²⁹ No dejes de mirar, ni de día ni de noche, este templo, lugar donde tú has dicho que estarás presente.ⁱ Escucha la oración que aquí te dirige este siervo tuyo. ³⁰ Escucha mis súplicas y las de tu pueblo Israel cuando oremos hacia este lugar. Escúchalas en el cielo, lugar donde vives, y concédenos tu perdón.

³¹ "Cuando alguien cometa una falta contra su prójimo, y le obliguen a jurar ante tu altar en este templo, ³² escucha tú desde el cielo, y actúa; haz justicia a tus

---

ª **8.1** 2 S 6.12-16; 1 Cr 15.25-29. ᵇ **8.9** Dt 10.5. ᶜ **8.10-11** Ex 40.34-35. ᵈ **8.16** 2 S 7.4-11; 1 Cr 17.3-10. ᵉ **8.17-18** 2 S 7.1-3; 1 Cr 17.1-2. ᶠ **8.19** 2 S 7.12-13; 1 Cr 17.11-12. ᵍ **8.25** 2 S 7.11-16; 1 R 2.4. ʰ **8.27** 2 Cr 2.6. ⁱ **8.29** Dt 12.11.

siervos. Condena al culpable, haciendo recaer sobre él el castigo por sus malas acciones, y haz justicia al inocente, según le corresponda.

[33] "Cuando el enemigo derrote a tu pueblo Israel por haber pecado contra ti, si luego éste se vuelve a ti y alaba tu nombre, y en sus oraciones te suplica en este templo, [34] escúchalo tú desde el cielo, perdona su pecado, y hazlo volver al país que diste a sus antepasados.

[35] "Cuando haya una sequía y no llueva porque el pueblo pecó contra ti, si luego ora hacia este lugar, y alaba tu nombre, y se arrepiente de su pecado a causa de tu castigo, [36] escúchalo tú desde el cielo y perdona el pecado de tus siervos, de tu pueblo Israel, y enséñales el buen camino que deben seguir. Envía entonces tu lluvia a esta tierra que diste en herencia a tu pueblo.

[37] "Cuando en el país haya hambre, o peste, o las plantas se sequen por el calor, o vengan plagas de hongos, langostas o pulgón; cuando el enemigo rodee nuestras ciudades y las ataque, o venga cualquier otra desgracia o enfermedad, [38-39] escucha entonces toda oración o súplica hecha por cualquier persona, o por todo tu pueblo Israel, que al ver su desgracia y dolor extienda sus manos en oración hacia este templo. Escucha tú desde el cielo, desde el lugar donde habitas, y concede tu perdón; intervén y da a cada uno según merezcan sus acciones, pues sólo tú conoces las intenciones y el corazón del hombre. [40] Así te honrarán mientras vivan en la tierra que diste a nuestros antepasados.

[41] "Aun si un extranjero, uno que no sea de tu pueblo, por causa de tu nombre viene de tierras lejanas [42] y ora hacia este templo (ya que se oirá hablar de tu nombre grandioso y de tu gran despliegue de poder), [43] escucha tú desde el cielo, desde el lugar donde habitas, y concédele todo lo que te pida, para que todas las naciones de la tierra te conozcan y te honren como lo hace tu pueblo Israel, y comprendan que tu nombre es invocado en este templo que yo te he construido.

[44] "Cuando tu pueblo salga a luchar contra sus enemigos, dondequiera que tú lo envíes, si ora a ti en dirección de la ciudad que tú escogiste y del templo que yo te he construido, [45] escucha tú desde el cielo su oración y su ruego, y defiende su causa.

[46] "Y cuando pequen contra ti, pues no hay nadie que no peque, y tú te enfurezcas con ellos y los entregues al enemigo para que los haga cautivos y se los lleve a su país, sea lejos o cerca, [47] si en el país adonde hayan sido desterrados se vuelven a ti y te suplican y reconocen que han pecado y hecho lo malo, [48] si se vuelven a ti con todo su corazón y toda su alma en el país enemigo adonde los hayan llevado cautivos, y oran a ti en dirección de esta tierra que diste a sus antepasados, y de la ciudad que escogiste, y del templo que te he construido, [49] escucha tú sus oraciones y súplicas desde el cielo, desde el lugar donde habitas, y defiende su causa. [50] Perdónale a tu pueblo sus pecados contra ti, y todas sus rebeliones contra ti. Y concede que quienes lo desterraron tengan piedad de él. [51] Porque es tu pueblo y te pertenece; tú lo sacaste de Egipto, que era como un horno de fundición.[i]

[52] "Atiende, pues, la oración de tu servidor y la súplica de tu pueblo Israel. ¡Óyenos, oh Dios, cuando clamemos a ti! [53] Porque tú, Señor, los apartaste como propiedad tuya de entre todos los pueblos de la tierra, según dijiste por medio de tu servidor Moisés, cuando sacaste de Egipto a nuestros antepasados."

[54] Cuando Salomón terminó esta oración y súplica al Señor, la cual hizo de rodillas delante del altar y levantando sus manos al cielo, [55] se puso de pie y bendijo a toda la comunidad israelita, diciendo en voz alta: [56] "¡Bendito sea el Señor, que ha concedido la paz a su pueblo Israel, según todo lo que ha prometido! Pues no ha dejado de cumplir ninguna de las buenas promesas que hizo por medio de su siervo Moisés.[k]

[57] "Y ahora, que el Señor nuestro Dios esté con nosotros como estuvo con nuestros antepasados. Que no nos abandone ni nos deje, [58] sino que incline nuestro corazón hacia él para que en todo hagamos su voluntad y cumplamos los mandamientos, leyes y decretos que mandó cumplir a nuestros antepasados. [59] Que estas cosas que he pedido al Señor nuestro Dios, las tenga él siempre presentes, día y noche, para que haga justicia a su siervo y a su pueblo Israel, según sea necesario, [60] y para que todas las naciones de la tierra conozcan que el Señor es Dios y que no hay otro. [61] Por lo tanto, sean ustedes sinceros con el Señor nuestro Dios, y cumplan sus leyes y obedezcan sus mandamientos como en este día."

[62] Después de esto, el rey y todo Israel ofrecieron sacrificios al Señor. [63] Y Salomón ofreció al Señor veintidós mil toros y ciento veinte mil ovejas, como sacrificios de reconciliación.

Así fue como el rey y todos los israelitas consagraron el templo del Señor. [64] El mismo día, el rey consagró el centro del atrio que está frente al templo del Señor, pues allí ofreció los holocaustos, las ofren-

i 8.51 Dt 4.20; Jer 11.4.   *k* 8.56 Dt 12.10; Jos 21.44-45.

das de cereales y la grasa de los sacrificios de reconciliación, porque el altar de bronce que había delante del Señor era pequeño y no cabían los holocaustos, las ofrendas de cereales y la grasa de los sacrificios de reconciliación.

[65] En dicha ocasión, Salomón y todo Israel, una gran muchedumbre que había venido desde la entrada de Hamat hasta el arroyo de Egipto, celebraron la fiesta de las Enramadas[13] en honor del Señor nuestro Dios, y otra fiesta de siete días; en total, catorce días de fiesta. [66] Al día siguiente[14] despidió al pueblo, y ellos bendijeron al rey y se fueron a sus casas alegres y satisfechos por todo el bien que el Señor había hecho a David, su servidor, y a su pueblo Israel.

Dios hace un pacto con Salomón
(2 Cr 7.11–22)

9 [1] Cuando Salomón terminó de construir el templo del Señor, el palacio real y todo lo que quiso hacer, [2] se le apareció el Señor por segunda vez, como se le había aparecido en Gabaón,[1] [3] y le dijo: "He escuchado la oración y el ruego que me has hecho, y he consagrado este templo que has construido como residencia perpetua de mi nombre. Siempre lo cuidaré y lo tendré presente. [4] Ahora bien, si tú te comportas en mi presencia como lo hizo David, tu padre, con un corazón intachable y recto, poniendo en práctica todo lo que te he ordenado y obedeciendo mis leyes y decretos, [5] yo confirmaré para siempre tu reinado en Israel, como se lo prometí a David, tu padre, cuando le dije que nunca faltaría un descendiente suyo en el trono de Israel.m [6] Pero si ustedes y sus hijos se apartan de mí, y no cumplen los mandamientos y leyes que les he dado, sino que sirven y adoran a otros dioses, [7] yo arrancaré a Israel de la tierra que le he dado, arrojaré de mi presencia el templo que he consagrado e Israel será motivo de burla constante entre todas las naciones. [8] En cuanto a este templo, será convertido en un montón de ruinas,[15] y todo el que pase junto a él se asombrará y se burlará, y preguntará por qué actuó el Señor así con este país y con este templo.n [9] Y le responderán que fue porque abandonaron al Señor su Dios, que sacó de Egipto a sus antepasados, y porque se aferraron a adorar y servir a otros dioses; que por eso el Señor hizo venir sobre ellos tan grande mal.

Otras actividades de Salomón
(2 Cr 8.1–18)

[10] Pasaron veinte años después de haber construido Salomón los dos edificios, el templo del Señor y el palacio real, [11] para los que Hiram, rey de Tiro, había provisto a Salomón de madera de cedro y de pino, y de todo el oro que quiso. El rey Salomón, a su vez, entregó a Hiram veinte ciudades en la región de Galilea. [12] Pero cuando Hiram fue a ver las ciudades que le había dado Salomón, no le agradaron, [13] y dijo: "¿Qué clase de ciudades son éstas que me has dado, hermano mío?" Por eso, a la región donde estaban esas ciudades la llamó Cabul,[16] nombre que lleva hasta ahora. [14] En cuanto a la cantidad de oro que Hiram envió al rey Salomón, fueron tres mil novecientos sesenta kilos.

[15] Ahora bien, el motivo del trabajo obligatorio que impuso el rey Salomón para construir el templo del Señor, su propio palacio, el terraplén y las murallas de Jerusalén, además de las ciudades de Hazor, Meguido y Gezer, fue el siguiente: [16] el faraón, rey de Egipto, había llegado y conquistado la ciudad de Gezer; después la quemó, y mató a todos los cananeos que vivían en la ciudad, y luego la entregó como dote a su hija, la esposa de Salomón. [17] Entonces Salomón reconstruyó Gezer, Bet-horón de abajo, [18] Baalat y Tamar, en el desierto de Judá. [19] Además reconstruyó todas las ciudades donde almacenaba los alimentos, así como los cuarteles de los carros de combate, los cuarteles de la caballería y todo lo que quiso construir en Jerusalén, en el Líbano y en todo el territorio bajo su dominio. [20] En cuanto a los habitantes amorreos, hititas, ferezeos, heveos y jebuseos que quedaron, los cuales no eran israelitas, [21] es decir, a sus descendientes, que quedaron después de ellos en el país y que los israelitas no pudieron aniquilar, Salomón los sometió a trabajos forzados, y así siguen hasta el día de hoy. [22] Pero no obligó a ningún israelita a servir como esclavo, sino como soldados, oficiales, jefes, capitanes y comandantes de los carros de combate y de la caballería. [23] En cuanto a los capataces que Salomón tenía a cargo de los trabajos, eran quinientos cincuenta, los cuales dirigían a la gente que los realizaba.

[24] La hija del faraón se trasladó de la Ciudad de David al palacio que Salomón había edificado para ella. Entonces él construyó el terraplén.

---

[13] Fiesta de las Enramadas: lit. fiesta de siete días. [14] Al día siguiente: lit. al octavo día. [15] Un montón de ruinas: según varias versiones antiguas. Heb. altísimo. [16] En hebreo, Cabul tiene un sonido parecido a la palabra que significa como nada.
[1] 9.2 1 R 3.5; 2 R 1.7. m 9.5 2 S 7.11–16; 1 R 2.4. n 9.8 2 R 25.9; 2 Cr 36.19.

[25] Tres veces al año,[n] Salomón ofrecía holocaustos y sacrificios de reconciliación sobre el altar que había construido al Señor, y quemaba incienso delante del Señor. Así se terminó de construir el templo.

[26] El rey Salomón construyó también barcos en Ezión-geber, que está junto a Elat, a orillas del Mar Rojo, en el territorio de Edom. [27] Hiram envió en los barcos a sus oficiales, marinos expertos y conocedores del mar, junto con los oficiales de Salomón, [28] y llegaron a Ofir, de donde tomaron casi catorce mil kilos de oro y se los llevaron al rey Salomón.

La reina de Sabá visita a Salomón
(2 Cr 9.1–12)

10 [1-2] La reina de Sabá[o] oyó hablar de la fama que Salomón había alcanzado para honra del Señor, y fue a Jerusalén para ponerlo a prueba con preguntas difíciles. Llegó rodeada de gran esplendor, con camellos cargados de perfumes y con gran cantidad de oro y piedras preciosas. Cuando llegó ante Salomón, le preguntó todo lo que tenía pensado, [3] y Salomón respondió a todas sus preguntas. No hubo una sola pregunta de la cual no supiera la respuesta. [4] Al ver la reina de Sabá la sabiduría de Salomón, y el palacio que había construido, [5] los manjares de su mesa, los lugares que ocupaban sus oficiales, el porte y la ropa de sus criados, sus coperos, y los holocaustos que ofrecía en el templo, se quedó tan asombrada [6] que dijo al rey: "Lo que escuché en mi país acerca de tus hechos y de tu sabiduría, es verdad; [7] pero sólo he podido creerlo ahora que he venido y lo he visto con mis propios ojos. En realidad, no me habían contado ni la mitad, pues tu sabiduría y tus bienes son más de lo que yo había oído. [8] ¡Qué felices deben de ser tus esposas,[17] y qué contentos han de sentirse estos servidores tuyos, que siempre están a tu lado escuchando tus sabias palabras! [9] ¡Bendito sea el Señor tu Dios, que te vio con agrado y te entregó el reino de Israel! ¡Por el amor que el Señor ha tenido siempre a Israel, te ha hecho rey para que gobiernes con rectitud y justicia!"

[10] Luego entregó ella al rey tres mil novecientos sesenta kilos de oro, y gran cantidad de perfumes y piedras preciosas. Nunca llegó a Israel tal cantidad de perfumes como la que regaló la reina de Sabá al rey Salomón.

[11] Además, la flota mercante de Hiram, que había traído oro de Ofir, trajo también de allá mucha madera de sándalo y piedras preciosas. [12] Con la madera de sándalo hizo el rey barandas para el templo del Señor y para el palacio real, y también arpas y salterios para los músicos. Nunca había llegado, ni se ha visto hasta hoy, tanta madera de sándalo. [13] Por su parte, el rey Salomón dio a la reina de Sabá todo lo que ella quiso pedirle, además de lo que él personalmente le regaló. Después la reina regresó a su país acompañada de la gente a su servicio.

Fama y riqueza de Salomón
(2 Cr 9.13–24)

[14] El oro que Salomón recibía cada año llegaba a unos veintidós mil kilos, [15] sin contar el tributo que le pagaban los comerciantes, los negociantes y todos los reyes de Arabia y gobernadores del país. [16] El rey Salomón mandó hacer doscientos escudos grandes de oro batido, empleando en cada uno seis kilos de oro. [17] Mandó hacer también trescientos escudos más pequeños, empleando en cada uno poco más de un kilo y medio de oro batido, y los puso en el palacio llamado "Bosque del Líbano". [18] Mandó hacer también un gran trono de marfil, y ordenó que lo recubrieran de oro puro. [19] El trono tenía seis escalones; su respaldo tenía un redondel y brazos a cada lado del asiento, junto a los cuales había dos leones de pie. [20] Había también doce leones de pie, uno a cada lado de los seis escalones. ¡Jamás se había construido en ningún otro reino nada semejante! [21] Además, todas las copas del rey eran de oro, lo mismo que toda la vajilla del palacio "Bosque del Líbano". No había nada de plata, porque en tiempos de Salomón ésta no era de mucho valor, [22] ya que los barcos de Tarsis que el rey tenía llegaban una vez cada tres años, junto con los barcos de Hiram, trayendo oro, plata, marfil, monos y pavos reales.

[23] El rey Salomón superaba a todos los reyes de la tierra en riqueza y sabiduría. [24] Todo el mundo quería verlo y escuchar la sabiduría que Dios le había dado, [25] y todos le llevaban cada año un regalo: objetos de plata y de oro, capas, armas, sustancias aromáticas, caballos y mulas.

Salomón comercia con carros y caballos
(2 Cr 1.14–17; 9.25–28)

[26] Salomón reunió carros y jinetes. Tenía mil cuatrocientos carros y doce mil jinetes,[p] los cuales destinó a los cuarteles de carros de combate y a la guardia real en Jerusalén. [27] El rey hizo que en Jerusa-

---

[17] *Tus esposas:* según tres versiones antiguas. Heb. *tus hombres.*
[n] **9.25** Ex 23.17; 34.23; Dt 16.16. [o] **10.1-10** Mt 12.42; Lc 11.31. [p] **10.26** 1 R 4.26.

lén hubiera tanta plata como piedras;*q* y que abundara el cedro como las higueras silvestres en la llanura. **28** Los caballos para Salomón eran llevados de Muzri*18* y de Cilicia, pues los comerciantes de la corte los compraban allí.*r* **29** Un carro importado de Egipto valía seiscientas monedas de plata, y un caballo, ciento cincuenta. Y todos los reyes hititas y sirios los compraban por medio de los agentes de Salomón.

Salomón se vuelve idólatra

11 **1** Además de la hija del faraón, el rey Salomón amó a muchas mujeres extranjeras:*s* moabitas, amonitas, edomitas, sidonias e hititas; **2** es decir, mujeres de las naciones con las que el Señor había prohibido a los israelitas establecer relaciones matrimoniales porque seguramente harían que sus corazones se desviaran hacia sus dioses.*t* Pero Salomón, enamorado, se unió con ellas. **3** Tuvo setecientas esposas de rango real y trescientas concubinas, las cuales desviaron su corazón. **4** Cuando Salomón ya era anciano, sus mujeres hicieron que su corazón se desviara hacia otros dioses, pues no se había entregado por completo al Señor su Dios, como lo había hecho David, su padre. **5** Salomón rindió culto a Astarté, diosa de los sidonios, y a Milcom, ídolo repugnante de los amonitas. **6** Así pues, los hechos de Salomón fueron malos a los ojos del Señor, pues no siguió fielmente al Señor, como lo había hecho David, su padre. **7** Por aquel tiempo, Salomón construyó, en el monte que está al oriente de Jerusalén, un santuario a Quemos, ídolo repugnante de Moab, y a Moloc, ídolo repugnante de los amonitas. **8** Lo mismo hizo para todas sus mujeres extranjeras, las cuales ofrecían incienso y sacrificios a sus dioses. **9** El Señor, Dios de Israel, se enojó con Salomón, porque su corazón se había apartado de él, que se le había aparecido dos veces **10** y que le había ordenado no rendir culto a otros dioses. Sin embargo, él no hizo caso de lo que el Señor le había ordenado. **11** Por lo tanto, el Señor le dijo a Salomón: "Ya que te has comportado así, y no has cumplido el pacto y las leyes que te ordené, voy a quitarte el reino y a dárselo a uno de los que te sirven. **12** Sin embargo, por consideración a David, tu padre, no lo haré mientras vivas; pero se lo quitaré a tu hijo. **13** Aunque no le quitaré todo el reino: le dejaré una tribu, por consideración a tu padre y a Jerusalén, la ciudad que he escogido."

14 Entonces el Señor hizo que se levantara un enemigo contra Salomón: Hadad, un edomita, de la familia real de Edom. **15** Cuando David venció*19* a Edom, Joab, el jefe del ejército, que había ido a enterrar a los caídos en combate, mató a todos los hombres de Edom; **16** durante seis meses se quedó allí, con todos los israelitas, hasta que aniquiló a todos los hombres de Edom. **17** Pero Hadad, que entonces era un niño, huyó a Egipto con algunos de sus paisanos que estaban al servicio de su padre. **18** Salieron de Madián y llegaron a Parán, donde tomaron a su servicio algunos hombres del lugar. Llegaron a Egipto y se presentaron al faraón, rey de Egipto, y éste les dio casa y comida, y les regaló tierras.

19 Hadad se ganó de tal modo el favor del faraón, que el faraón le dio por esposa a su cuñada, la hermana de la reina Tahpenes. **20** La hermana de Tahpenes dio a Hadad un hijo que se llamó Genubat, al cual Tahpenes crió en el palacio del faraón, junto con sus propios hijos. **21** Pero cuando Hadad supo en Egipto que David había muerto, y que también había muerto Joab, el jefe del ejército, dijo Hadad al faraón:

—Dame permiso para regresar a mi tierra.

22 El faraón le respondió:

—¿Y para qué quieres regresar a tu tierra? ¿Te hace falta algo aquí conmigo?

Hadad respondió:

—No me falta nada, pero te ruego que me permitas regresar.

23 Además, Dios hizo que también Rezón se levantara contra Salomón. Rezón era hijo de Eliada, que se había escapado de su amo, Hadad-ezer, el rey de Soba. **24** Había reunido algunos hombres y era el jefe de una banda de ladrones. Cuando David les mató gente, Rezón se fue a Damasco y se estableció allí como rey. **25** Fue enemigo de Israel mientras vivió Salomón, y esto se unió al daño que causaba Hadad, pues aborrecía a Israel. De este modo, Rezón llegó a ser rey de Siria.

26 También Jeroboam, hijo de Nabat, se rebeló contra el rey. Jeroboam era un funcionario de Salomón, de la ciudad de Sereda y de la tribu de Efraín. Su madre era una viuda llamada Zerúa. **27** La razón por la que Jeroboam se rebeló contra el rey fue la siguiente: Salomón estaba construyendo el terraplén y cerrando la brecha de la Ciudad de David, su padre. **28** Jeroboam era un hombre fuerte y decidido; y al ver Salomón que este joven era muy activo, lo

18 Muzri: texto probable. Heb. *Egipto.* *19 Cuando David venció:* texto probable. Heb. *cuando David estaba.*
q **10.27** Dt 17.17. *r* **10.28** Dt 17.16. *s* **11.1** Dt 17.17. *t* **11.2** Ex 34.16; Dt 7.3-4.

puso a cargo de todo lo relacionado con los descendientes de José.

²⁹ Por aquel entonces, un día en que Jeroboam salió de Jerusalén, se encontró en el camino con el profeta Ahías, el de Silo, que iba cubierto con una capa nueva. Los dos estaban solos en el campo, ³⁰ y tomando Ahías la capa nueva que llevaba puesta, la rasgó en doce pedazos ³¹ y dijo a Jeroboam: "Toma para ti diez pedazos, porque el Señor, Dios de Israel, te dice: 'Voy a quitarle el reino a Salomón, y a darte a ti diez tribus. ³² A Salomón le dejaré sólo una tribu, por consideración a mi siervo David y a Jerusalén, la ciudad que he escogido entre todas las ciudades de las tribus de Israel. ³³ Porque Salomón me ha rechazado, y se ha puesto a adorar a Astarté, diosa de los sidonios; a Quemos, dios de los moabitas; y a Milcom, dios de los amonitas. Sus hechos no han sido buenos a mis ojos, y no ha cumplido mis leyes y decretos como lo hizo David, su padre. ³⁴ Sin embargo, no le quitaré todo el reino, sino que lo mantendré como gobernante mientras viva, por consideración a mi siervo David, a quien escogí, y quien cumplió mis mandamientos y mis leyes. ³⁵ Pero le quitaré el reino a su hijo, y te lo entregaré a ti; es decir, diez tribus. ³⁶ Sólo dejaré una tribu a su hijo, para que la lámpara de David, mi siervo, se mantenga siempre encendida ante mí en Jerusalén, la ciudad que escogí como residencia de mi nombre. ³⁷ Yo te tomaré a ti, para que reines sobre todo lo que quieras y seas el rey de Israel. ³⁸ Y si obedeces todo lo que yo te mande y tus hechos son rectos a mis ojos, y si cumples mis leyes y mandamientos, como lo hizo David, mi siervo, yo estaré contigo y estableceré firmemente tu dinastía, como establecí la de David; y te entregaré Israel. ³⁹ En cuanto a la descendencia de David, la castigaré por este motivo, pero no para siempre.' "

⁴⁰ Por causa de esto, Salomón procuró matar a Jeroboam; pero Jeroboam huyó a Egipto, donde reinaba Sisac, y allí se quedó hasta la muerte de Salomón.

Muerte de Salomón
(2 Cr 9.29-31)

⁴¹ El resto de la historia de Salomón y de su sabiduría, y de todo lo que hizo, está escrito en el libro de las crónicas de Salomón. ⁴² Salomón reinó en Jerusalén sobre todo Israel durante cuarenta años, ⁴³ y cuando murió lo enterraron en la Ciudad de David, su padre. Después reinó en su lugar su hijo Roboam.

División del reino
(2 Cr 10.1—11.4)

12 ¹ Roboam fue a Siquem, porque todo Israel había ido allá para proclamarlo rey. ² Pero lo supo Jeroboam, hijo de Nabat, que estaba todavía en Egipto, adonde había huido del rey Salomón y donde se había quedado a vivir. ³ Cuando lo mandaron llamar, Jeroboam y todo el pueblo de Israel fueron a hablar con Roboam, y le dijeron:

⁴ —Tu padre fue muy duro con nosotros; ahora alivia tú la dura servidumbre y el pesado yugo que él nos impuso, y te serviremos.

⁵ Roboam les contestó:

—Váyanse, y vuelvan a verme dentro de tres días.

La gente se fue, ⁶ y entonces el rey Roboam consultó a los ancianos que habían servido a Salomón, su padre, cuando éste vivía. Les preguntó:

—¿Qué me aconsejan ustedes que responda yo a esta gente?

⁷ Ellos le dijeron:

—Si hoy te pones al servicio de este pueblo y les respondes con buenas palabras, ellos te servirán siempre.

⁸ Pero Roboam no hizo caso del consejo de los ancianos, sino que consultó a los muchachos que se habían criado con él y que estaban a su servicio, ⁹ preguntándoles:

—¿Qué me aconsejan ustedes que responda yo a esta gente que me ha pedido que aligere el yugo que mi padre les impuso?

¹⁰ Aquellos jóvenes, que se habían criado con él, le respondieron:

—A esta gente que te ha pedido que aligeres el yugo que tu padre les impuso, debes responderle lo siguiente: 'Si mi padre fue duro, yo lo soy mucho más;²⁰ ¹¹ si él les impuso un yugo pesado, yo lo haré más pesado todavía; y si él los azotaba con correas, yo los azotaré con látigos de puntas de hierro.'

¹² Al tercer día volvió Jeroboam a presentarse con todo el pueblo ante Roboam, como el rey les había dicho. ¹³ Pero el rey les contestó duramente, sin hacer caso del consejo que le habían dado los ancianos, ¹⁴ y les repitió lo que le habían aconsejado los muchachos: que si su padre les había impuesto un yugo pesado, él les impondría uno más pesado todavía, y que si su padre los había azotado con correas, él los azotaría con látigos de puntas de hierro. ¹⁵ El rey, pues, no hizo caso del pueblo, porque el Señor había dispuesto que sucediera así para que se cumpliera lo que el Señor había prometido a Jeroboam, hijo

---

²⁰ *Si mi padre . . . soy mucho más:* lit. *mi dedo meñique es más grueso que los lomos de mi padre.*

de Nabat, por medio de Ahías, el de Silo.
¹⁶ Cuando todo el pueblo de Israel vio que
el rey no le había hecho caso, le respondió
de este modo:

"¡No tenemos nada que ver con
    David!
¡Ninguna herencia compartimos con
    el hijo de Isaí!
¡A sus casas, israelitas!ᵘ
¡Y David que cuide de su familia!"

Al momento, los israelitas se fueron a
sus casas. ¹⁷ En cuanto a los israelitas que
vivían en las ciudades de Judá, Roboam
siguió reinando sobre ellos. ¹⁸ Y cuando
Roboam envió a Adoram, que era el encargado del trabajo obligatorio, todo Israel lo mató a pedradas. Entonces el rey
Roboam subió rápidamente a su carro y
huyó a Jerusalén. ¹⁹ De este modo se rebeló Israel contra la dinastía de David
hasta el día de hoy.

²⁰ Al enterarse los de Israel de que Jeroboam había vuelto, lo mandaron llamar
para que se presentara ante la comunidad,
y lo proclamaron rey de todo Israel, sin
quedar nadie que siguiera fiel a la dinastía
de David, aparte de la tribu de Judá.
²¹ Cuando Roboam llegó a Jerusalén,
juntó ciento ochenta mil soldados escogidos de todas las familias de Judá y de la
tribu de Benjamín, para luchar contra Israel y recuperar su reino. ²² Pero Dios habló a Semaías, hombre de Dios, y le ordenó: ²³ "Di a Roboam, hijo de Salomón y
rey de Judá, a todas las familias de Judá y
de Benjamín, y al resto del pueblo, ²⁴ que
les ordeno que no luchen contra sus hermanos israelitas. Que se vuelvan todos a
sus casas, porque así lo he dispuesto."
Al oír ellos lo que el Señor les decía, regresaron, como les ordenaba el Señor.

Jeroboam implanta la idolatría

²⁵ Jeroboam reconstruyó la ciudad de Siquem, que está en los montes de Efraín, y
se estableció en ella. Luego reconstruyó
también Penuel. ²⁶ Pero pensó: "La dinastía de David puede recuperar el reino, ²⁷ si
esta gente va a Jerusalén para ofrecer sacrificios en el templo del Señor. Volverán
a sentir afecto por Roboam, rey de Judá, y
entonces me matarán y se volverán a Roboam, rey de Judá."
²⁸ Después de haber consultado el
asunto, hizo el rey dos becerros de oro, y
dijo al pueblo: "Ustedes, israelitas, ya han
ido bastante a Jerusalén. Aquí tienen a
sus dioses, que los sacaron de Egipto."ᵛ
²⁹ Entonces puso uno en Betel y el otro en

Dan. ³⁰ Y esto fue causa de que Israel pecara, pues la gente iba a Betel y a Dan
para adorarlos. ³¹ Construyó también santuarios paganos y nombró sacerdotes del
pueblo, que no eran levitas. ³² Además estableció una fiesta religiosa el día quince
del mes octavo, como la fiesta que se celebraba en Judá, y él mismo ofreció sacrificios sobre el altar. Esto lo hizo en Betel,
ofreciendo sacrificios a los becerros que
había fabricado y nombrando sacerdotes
para los santuarios paganos que había
construido. ³³ Así pues, el día quince del
mes octavo, Jeroboam ofreció sacrificios
sobre el altar que había construido en Betel. Este era el mes de la fiesta que él in-
ventó a su antojo,ʷ declarándola fiesta religiosa para los israelitas, el mismo mes en
que subió al altar a quemar incienso.

Un profeta de Judá reprende
a Jeroboam

13 ¹ Cuando Jeroboam estaba quemando incienso sobre el altar, llegó
a Betel un profeta de Judá mandado por el
Señor. ² Y por orden del Señor habló con
fuerte voz contra el altar, diciendo: "Altar,
altar: El Señor ha dicho: 'De la dinastía de
David nacerá un niño, que se llamará Josías y que sacrificará sobre ti a los sacerdotes de los santuarios paganos que sobre
ti queman incienso; y sobre ti quemarán
huesos humanos.' "ˣ
³ Aquel mismo día, el profeta dio una
señal prodigiosa. Dijo: "Esta es la señal
prodigiosa que el Señor ha anunciado: El
altar se hará pedazos y la ceniza que hay
sobre él se esparcirá."
⁴ Cuando el rey Jeroboam escuchó la
sentencia que el profeta había pronunciado contra el altar de Betel, extendió su
mano desde el altar y dijo: "¡Aprésenlo!"
Pero la mano que había extendido para se-
ñalarlo se le quedó tiesa y no pudo ya moverla. ⁵ En aquel momento el altar se hizo
pedazos y las cenizas que había sobre él se
esparcieron, conforme a la señal que el
profeta había dado por orden del Señor.
⁶ Entonces el rey, dirigiéndose al profeta,
dijo:
—Te ruego que ores por mí al Señor tu
Dios, para que me sane la mano.
El profeta rogó al Señor, y la mano del
rey quedó sana, como antes. ⁷ Luego dijo
el rey al profeta:
—Ven conmigo a mi casa, para que comas algo, y te haré un regalo.
⁸ Pero el profeta respondió al rey:
—Aunque me des la mitad de tu palacio, no iré contigo, ni comeré pan ni be-
beré agua en este lugar; ⁹ porque así me lo

ᵘ 12.16 2 S 20.1.   ᵛ 12.28 Ex 32.4.   ʷ 12.32-33 Lv 23.33-34.   ˣ 13.2 2 R 23.15-16.

ha ordenado el Señor. Me dijo: 'No comas pan, ni bebas agua, ni vuelvas por el mismo camino por el que has ido.'

¹⁰ Y el profeta se fue por otro camino distinto, para no volver por el mismo camino por el que había ido a Betel.

¹¹ En aquel tiempo vivía en Betel un profeta anciano, cuyos hijos fueron y le contaron todo lo que el profeta de Judá había hecho aquel día en Betel; y también le contaron a su padre lo que había dicho el rey. ¹² Y su padre les preguntó:

—¿Por qué camino se fue?

Sus hijos le indicaron el camino por el que había regresado el profeta de Judá. ¹³ Entonces les dijo a sus hijos:

—Aparéjenme el asno.

Ellos lo hicieron así, y el profeta montó y ¹⁴ salió tras el profeta de Judá. Lo encontró sentado debajo de una encina, y le preguntó:

—¿Eres tú el profeta que ha venido de Judá?

—Yo soy —le respondió.

¹⁵ —Ven a mi casa, a comer pan conmigo —dijo el profeta anciano.

¹⁶ Pero el profeta de Judá le contestó:

—No puedo acompañarte, ni entrar en tu casa, ni comer pan ni beber agua contigo en este lugar; ¹⁷ porque el Señor me ha ordenado claramente: 'No comas pan ni bebas agua aquí, ni regreses por el mismo camino por el que te fuiste.'

¹⁸ Pero el anciano insistió:

—Yo también soy profeta, lo mismo que tú, y un ángel de parte del Señor me ha ordenado que te lleve a mi casa y te dé de comer y de beber.

Y aunque el anciano le mentía, ¹⁹ el profeta de Judá se fue con él y comió y bebió en su casa. ²⁰ Y estando ellos sentados a la mesa, el Señor habló al profeta anciano que había hecho volver al profeta de Judá, ²¹ y en voz alta dijo el anciano a éste:

—El Señor ha dicho que por haber tú desobedecido las órdenes que te dio, ²² pues te volviste para comer y beber donde el Señor te ordenó que no lo hicieras, no reposará tu cuerpo en el sepulcro de tus antepasados.

²³ Cuando el profeta de Judá acabó de comer y beber, el profeta anciano le aparejó el asno, ²⁴ y el profeta de Judá se fue. Pero en el camino le salió al encuentro un león y lo mató, y su cuerpo quedó tirado en el camino. El asno y el león, sin embargo, se quedaron junto al cadáver. ²⁵ En eso pasaron unos hombres y vieron el cadáver tirado en el camino, y que el león estaba todavía junto a él. Y cuando llegaron a la ciudad donde vivía el profeta anciano, contaron lo que habían visto. ²⁶ Al saberlo, el profeta anciano que había hecho volver al otro, exclamó: "Ese es el profeta que desobedeció la orden del Señor. Por eso el Señor lo ha entregado a un león, que lo ha despedazado y matado, conforme a lo que el Señor le dijo."

²⁷ En seguida pidió a sus hijos que le aparejaran un asno, y ellos lo hicieron así. ²⁸ Entonces el profeta anciano se fue y encontró el cadáver tirado en el camino y, junto a él, al asno y al león. El león no había devorado el cadáver ni despedazado al asno. ²⁹ Entonces el profeta anciano levantó el cuerpo del profeta de Judá, lo echó sobre el asno y volvió con él a su ciudad, para hacerle duelo y enterrarlo. ³⁰ Lo enterró en su propio sepulcro, y lloró por él, diciendo: "¡Ay, hermano mío!"

³¹ Después de enterrarlo, dijo a sus hijos:

—Cuando yo muera, entiérrenme en el mismo sepulcro en que he enterrado a este hombre de Dios. Pongan mis restos junto a los suyos, ³² porque sin duda se cumplirá lo que él anunció por orden del Señor contra el altar de Betel y contra todos los santuarios paganos que hay en las ciudades de Samaria.

³³ A pesar de esto, Jeroboam no abandonó su mala conducta, sino que volvió a nombrar sacerdotes de entre el pueblo para los santuarios paganos. A quien así lo deseaba, Jeroboam lo consagraba sacerdote de tales santuarios. ³⁴ Tal proceder fue la causa de que la descendencia de Jeroboam pecara, y que, por lo mismo, fuera exterminada por completo.

Ahías anuncia la caída de Jeroboam

14 ¹ Por aquel tiempo, Abías, el hijo de Jeroboam, cayó enfermo. ² Y dijo Jeroboam a su mujer:

—Anda, ponte un disfraz para que no reconozcan que eres mi mujer, y vete a Silo. Allí vive Ahías, el profeta que me dijo que yo sería rey de esta nación. ³ Toma diez panes, tortas y una jarra de miel, y ve a verlo para que te diga lo que va a ser de este niño.

⁴ Así lo hizo la mujer de Jeroboam. Se preparó y fue a Silo, y llegó a casa de Ahías. Ahías no podía ver, pues su vista se había ido apagando a causa de su vejez, ⁵ pero el Señor le había hecho saber que la mujer de Jeroboam iría a consultarle acerca de su hijo, que estaba enfermo. También le hizo saber lo que debía responderle, y le advirtió que llegaría disfrazada.

⁶ Cuando Ahías oyó sus pasos al entrar ella por la puerta, le dijo:

—Entra, mujer de Jeroboam. ¿Por qué te haces pasar por otra? Yo he recibido el encargo de hablarte duramente, ⁷ así que vuelve y dile a Jeroboam que el Señor,

Dios de Israel, ha dicho: 'Yo te saqué de entre el pueblo, y te hice jefe de mi pueblo Israel. [8] Yo le quité el reino a la dinastía de David, para dártelo a ti. Pero tú no has sido como David, mi siervo, que cumplió mis mandamientos y me siguió con todo su corazón, y cuyos hechos fueron rectos a mis ojos; [9] tú te has comportado peor que todos los que hubo antes de ti; tú, para hacerme enojar, te has hecho otros dioses e imágenes de hierro fundido, y me has despreciado. [10] Por eso voy a traer el mal sobre tu descendencia: haré que mueran todos tus descendientes varones en Israel; ninguno quedará con vida.[y] Barreré por completo tu descendencia, como si barriera estiércol. [11] A tus parientes que mueran en la ciudad se los comerán los perros; y a los que mueran en el campo se los comerán las aves de rapiña, porque yo, el Señor, así lo he dispuesto.'

[12] "En cuanto a ti, mujer, levántate y vete a tu casa. Tan pronto pongas un pie en la ciudad, el niño morirá. [13] Entonces todo Israel hará lamentación por él, y lo enterrarán; pues él será el único descendiente de Jeroboam que tendrá sepultura. Porque de toda la descendencia de Jeroboam, sólo en él ha encontrado el Señor, Dios de Israel, algo que le agrade. [14] Después pondrá en Israel un rey que acabará con la dinastía de Jeroboam en su día. De ahora en adelante[21] [15] el Señor va a sacudir a Israel como la corriente del río sacude las cañas. Lo arrancará de esta buena tierra que dio a sus antepasados, y lo arrojará más allá del río Éufrates, por haber hecho representaciones de Astarté, causando con ello la irritación del Señor. [16] El Señor entregará a Israel por los pecados que Jeroboam ha cometido y que ha hecho cometer a Israel."

[17] Entonces la mujer de Jeroboam se levantó y se fue, y llegó a Tirsa; y en cuanto cruzó el umbral de la casa, el niño murió. [18] Todo Israel fue a su entierro y lloró por él, según lo había anunciado el Señor por medio de su siervo, el profeta Ahías. [19] El resto de la historia de Jeroboam, las batallas en que tomó parte y otros detalles de su reinado, están escritos en el libro de las crónicas de los reyes de Israel. [20] Jeroboam reinó durante veintidós años, y después de su muerte reinó en su lugar su hijo Nadab.

Reinado de Roboam en Judá
(2 Cr 12.1-16)

[21] En Judá reinaba Roboam, hijo de Salomón. Tenía cuarenta y un años cuando comenzó a reinar, y reinó durante diecisiete años en Jerusalén, la ciudad que el Señor escogió entre todas las ciudades de las tribus de Israel como residencia de su nombre. La madre de Roboam se llamaba Naama, y era amonita.

[22] Pero los hechos de Roboam[22] fueron malos a los ojos del Señor, y le irritaron más que todos los pecados que cometieron sus antepasados, [23] pues también ellos construyeron santuarios paganos y levantaron piedras y troncos sagrados en toda colina alta y debajo de todo árbol frondoso.[z] [24] También los hombres del país practicaban la prostitución como un culto,[a] y se cometían todas las infamias practicadas por las naciones paganas que el Señor había arrojado de la presencia de los israelitas.

[25] En el quinto año del reinado de Roboam, Sisac, rey de Egipto, fue y atacó a Jerusalén,[b] [26] apoderándose de los tesoros del templo del Señor y del palacio real. Todo lo saqueó, y se llevó también todos los escudos de oro que había hecho Salomón.[c] [27] El rey Roboam hizo en su lugar escudos de bronce, y los dejó al cuidado de los oficiales de la guardia que vigilaba la entrada del palacio real. [28] Y cada vez que el rey iba al templo del Señor, los guardias los llevaban. Luego volvían a ponerlos en el cuarto de guardia.

[29] El resto de la historia de Roboam y de todo lo que hizo, está escrito en el libro de las crónicas de los reyes de Judá. [30] Hubo guerra continuamente entre Roboam y Jeroboam. [31] Y cuando Roboam murió, fue enterrado con sus antepasados en la Ciudad de David. Su madre se llamaba Naama, y era de Amón. Después reinó en su lugar su hijo Abiam.

Reinado de Abiam en Judá
(2 Cr 13.1-22)

15 [1] Abiam comenzó a reinar en Judá en el año dieciocho del reinado de Jeroboam, hijo de Nabat. [2] Reinó en Jerusalén durante tres años. Su madre se llamaba Maaca, y era hija de Absalón. [3] Abiam cometió los mismos pecados que su padre había cometido antes que él, y su corazón no fue fiel a Señor su Dios, como lo fue el de David, antepasado suyo. [4] Sin embargo, por consideración a David, el Señor concedió que su lámpara continuara encendida en Jerusalén,[d] al poner a su hijo en el trono después de él y afirmar a Jerusalén; [5] pues David se había conducido de manera digna de aprobación por

[21] *En su día. De ahora en adelante:* traducción probable. Heb. *éste es hoy, y qué también ahora.* [22] *Roboam:* según la versión griega. Heb. *Judá.*
[y] **14.10** 1 R 15.29.   [z] **14.23** 2 R 17.9-10.   [a] **14.24** Dt 23.17.   [b] **14.25** 2 Cr 12.2-8.   [c] **14.26** 1 R 10.16-17; 2 Cr 9.15-16.
[d] **15.4** 1 R 11.36.

parte del Señor, ya que nunca en su vida se apartó de lo que el Señor le había mandado, excepto en el asunto de Urías el hitita.ᵉ

⁶⁻⁷ Hubo guerra continuamente entre Roboam y Jeroboam mientras Roboam vivió. Y también hubo guerra entre Abiam y Jeroboam.ᶠ El resto de la historia de Abiam y de todo lo que hizo, está escrito en el libro de las crónicas de los reyes de Judá. ⁸ Y cuando Abiam murió, lo enterraron en la Ciudad de David. Después reinó en su lugar su hijo Asa.

Reinado de Asa en Judá
(2 Cr 14.1–5; 15.16–19)

⁹ Asa comenzó a reinar en Judá en el año veinte del reinado de Jeroboam en Israel, ¹⁰ y reinó en Jerusalén cuarenta años. Su abuela se llamaba Maaca, y era hija de Absalón.

¹¹ Los hechos de Asa fueron buenos a los ojos del Señor, como los de su antepasado David. ¹² Echó fuera del país a los hombres que practicaban la prostitución como un culto, y quitó todos los ídolos que sus antepasados habían hecho.ᵍ ¹³ También quitó la categoría de reina madre a Maaca, su abuela, porque había mandado hacer una imagen de Asera. Asa destruyó aquella imagen, y la quemó en el arroyo Cedrón. ¹⁴ Y aunque no se quitaron los santuarios paganos, Asa fue siempre fiel al Señor, ¹⁵ y puso en el templo del Señor todo el oro y la plata que tanto él como su padre habían dedicado al Señor.

Alianza de Asa con Ben-adad
(2 Cr 16.1–10)

¹⁶ Hubo guerra continuamente entre Asa y Baasa, rey de Israel. ¹⁷ Y cuando Baasa fue a atacar a Judá, fortificó Ramá para cortarle toda comunicación al rey de Judá. ¹⁸ Entonces Asa tomó todo el oro y la plata que aún había en los tesoros del templo del Señor y del palacio real, y por medio de sus funcionarios los envió a Ben-adad, rey de Siria, que era hijo de Tabrimón y nieto de Hezión, y tenía su residencia en Damasco. También le envió este mensaje: ¹⁹ "Hagamos tú y yo un pacto, como hicieron nuestros padres. Aquí te envío oro y plata como regalo. Rompe el pacto que tienes con Baasa, rey de Israel, y así me dejará en paz."

²⁰ Ben-adad aceptó la proposición del rey Asa y envió a los jefes de sus tropas a atacar las ciudades de Israel. Así conquistó Iján, Dan, Abel-bet-Maaca, toda Cineret y toda la región de Neftalí.

²¹ Cuando Baasa lo supo, dejó de fortificar Ramá y regresó a Tirsa. ²² Entonces el rey Asa mandó llamar a todo Judá, sin que faltara nadie, y se llevaron de Ramá las piedras y la madera que Baasa había usado para fortificarla, y con ellas el rey Asa fortificó Geba de Benjamín y Mizpa.

Muerte de Asa
(2 Cr 16.11–14)

²³ El resto de la historia completa de Asa y de sus hazañas, y lo que hizo, y las ciudades que construyó, está escrito en el libro de las crónicas de los reyes de Judá. En su ancianidad, Asa enfermó de los pies; ²⁴ y cuando se murió, lo enterraron con sus antepasados en la Ciudad de David. Después reinó en su lugar su hijo Josafat.

Reinado de Nadab en Israel

²⁵ En el segundo año del reinado de Asa en Judá, Nadab, hijo de Jeroboam, comenzó a reinar en Israel, y su reinado duró dos años. ²⁶ Pero sus hechos fueron malos a los ojos del Señor; cometió los mismos pecados que su padre había cometido, y con los cuales hizo pecar a los israelitas. ²⁷ Pero Baasa, hijo de Ahías, que pertenecía a la tribu de Isacar, formó un complot contra él y lo mató en Gibetón, ciudad filistea que Nadab estaba sitiando con todo el ejército israelita.

²⁸ Baasa mató a Nadab en el tercer año del reinado de Asa en Judá, y reinó en su lugar. ²⁹ Y tan pronto como empezó a reinar, mató a toda la familia de Jeroboam. Conforme a lo que el Señor había anunciado por medio de Ahías de Silo, Baasa exterminó por completo a la familia de Jeroboam. No dejó vivo a nadie.ʰ ³⁰ Esto fue a causa de los pecados que Jeroboam había cometido, con los cuales hizo pecar a los israelitas, provocando así la ira del Señor, Dios de Israel.

³¹ El resto de la historia de Nadab y de todo lo que hizo, está escrito en el libro de las crónicas de los reyes de Israel. ³² Entre Asa y Baasa, rey de Israel, hubo guerra continuamente.

Reinado de Baasa en Israel

³³ En el tercer año del reinado de Asa en Judá, Baasa, hijo de Ahías, comenzó a reinar en Tirsa sobre todo Israel, y reinó durante veinticuatro años. ³⁴ Pero los hechos de Baasa fueron malos a los ojos del Señor, pues cometió los mismos pecados con que Jeroboam hizo pecar a los israelitas.

ᵉ **15.5** 2 S 11.1–27. ᶠ **15.6–7** 2 Cr 13.3–21. ᵍ **15.12** 2 Cr 15.8–15. ʰ **15.29** 1 R 14.10.

16 ¹ Entonces el Señor se dirigió a Jehú, hijo de Hanani, para decir en contra de Baasa: ² "Yo te levanté del polvo y te puse como jefe de Israel, mi pueblo. Pero tú, al igual que Jeroboam, has hecho pecar a Israel, mi pueblo. Has provocado mi ira con tus pecados. ³ Por lo tanto, Baasa, voy a acabar contigo y con tu familia; voy a hacer con ella lo mismo que hice con la de Jeroboam, hijo de Nabat. ⁴ Cualquier pariente tuyo que muera en la ciudad, será devorado por los perros; y al que muera en el campo, se lo comerán las aves de rapiña.

⁵ El resto de la historia de Baasa, y de lo que hizo, y de sus hazañas, está escrito en el libro de las crónicas de los reyes de Israel. ⁶ Cuando murió Baasa, lo enterraron en Tirsa. Después reinó en su lugar su hijo Ela.

⁷ Por medio del profeta Jehú, hijo de Hanani, el Señor pronunció sentencia contra Baasa y su familia, porque sus hechos fueron malos a sus ojos. Baasa irritó al Señor, porque sus acciones fueron semejantes a las de Jeroboam y su familia, a quienes destruyó.

Reinados de Ela y de Zimri en Israel

⁸ En el año veintiséis del reinado de Asa en Judá, Ela, hijo de Baasa, comenzó a reinar sobre Israel en Tirsa, y reinó durante dos años; ⁹ pero Zimri, un oficial suyo al mando de la mitad de los carros de combate, formó un complot contra él. Un día en que Ela estaba en Tirsa, en casa de Arsa, su mayordomo, bebió hasta emborracharse. ¹⁰ De pronto llegó Zimri y lo mató, para reinar en su lugar. Esto sucedió en el año veintisiete del reinado de Asa en Judá.

¹¹ Tan pronto como Zimri subió al trono y comenzó a reinar, mató a toda la familia de Baasa, sin dejar vivo a ningún varón, pariente o amigo, que pudiera vengarlo. ¹² Así pues, Zimri aniquiló a toda la familia de Baasa, conforme a la sentencia que el Señor había pronunciado contra Baasa por medio del profeta Jehú, ¹³ a causa de todos los pecados de Baasa y de su hijo Ela, con los cuales hicieron pecar también a los israelitas, irritando con su idolatría al Señor, Dios de Israel. ¹⁴ El resto de la historia de Ela y de todo lo que hizo, está escrito en el libro de las crónicas de los reyes de Israel.

¹⁵ En el año veintisiete del reinado de Asa en Judá, y estando el ejército israelita acampado para atacar la ciudad filistea de Gibetón, Zimri comenzó a reinar en Tirsa. Pero sólo reinó siete días, ¹⁶ porque el mismo día en que el ejército que estaba en el campamento supo que Zimri había conspirado contra el rey y lo había matado, todos en el campamento proclamaron rey de Israel a Omri, general del ejército. ¹⁷ Entonces Omri y todo el ejército israelita dejaron de atacar Gibetón y atacaron Tirsa.

¹⁸ Al ver Zimri que la ciudad había sido tomada, se metió en el reducto del palacio real, prendió fuego al palacio estando él dentro, y así murió. ¹⁹ Esto sucedió por causa de los pecados que cometió y por sus malas acciones a los ojos del Señor, pues cometió los mismos pecados que Jeroboam, con los cuales hizo pecar también a los israelitas. ²⁰ El resto de la historia de Zimri y de su conspiración contra el rey Ela, está escrito en el libro de las crónicas de los reyes de Israel.

Reinado de Omri en Israel

²¹ Entonces el pueblo de Israel se dividió en dos bandos. Unos estaban a favor de Tibni, hijo de Ginat, para que fuera el rey, y otros estaban a favor de Omri. ²² Finalmente, el partido de Omri se impuso al partido de Tibni, hijo de Ginat. Tibni murió, y así Omri llegó a ser rey.

²³ Omri comenzó a reinar en Israel en el año treinta y uno del reinado de Asa en Judá, y reinó durante doce años, de los cuales reinó seis en Tirsa. ²⁴ Le compró a Semer el monte de Samaria por sesenta y seis kilos de plata, y allí construyó una ciudad fortificada a la que llamó Samaria, porque el dueño anterior del monte se llamaba Semer.

²⁵ Los hechos de Omri fueron malos a los ojos del Señor, e incluso peores que los de los reyes anteriores a él, ²⁶ pues cometió los mismos pecados que Jeroboam, hijo de Nabat, con los cuales hizo pecar también a los israelitas, provocando con su idolatría la ira del Señor, Dios de Israel. ²⁷ El resto de la historia de Omri y de todo lo que hizo, y de sus hazañas, está escrito en el libro de las crónicas de los reyes de Israel. ²⁸ Cuando murió, lo enterraron en Samaria. Después reinó en su lugar su hijo Acab.

Reinado de Acab en Israel

²⁹ En el año treinta y ocho del reinado de Asa en Judá, Acab, hijo de Omri, comenzó a reinar en Israel. Y reinó sobre Israel durante veintidós años, en la ciudad de Samaria. ³⁰ Pero su conducta fue reprobable a los ojos del Señor, e incluso peor que la de los reyes anteriores a él, ³¹ pues no le importó cometer los mismos pecados de Jeroboam, hijo de Nabat. Para colmo,

se casó con Jezabel, hija de Et-baal, rey de
Sidón, y acabó por adorar y rendir culto a
Baal, [32] y construyó un altar y un templo a
Baal en Samaria. [33] Hizo también una ima-
gen de Asera, con lo que irritó al Señor,
Dios de Israel, más que todos los reyes de
Israel anteriores a él.

[34] En tiempos de Acab, Hiel, el de Betel,
reconstruyó la ciudad de Jericó. A costa
de Abiram, su hijo mayor, echó los cimientos, y a costa de Segub, su hijo menor, puso las puertas, conforme a lo que el
Señor había dicho por medio de Josué,
hijo de Nun.[i]

Elías anuncia la sequía

17 [1] El profeta Elías, que era de Tisbe,
de la región de Galaad, dijo a Acab:
"¡Juro por el Señor, Dios de Israel, a quien
sirvo, que en estos años no lloverá, ni
caerá rocío hasta que yo lo diga!"[j]

[2] Por eso el Señor le dijo a Elías: [3] "Vete
de aquí, hacia el oriente, y escóndete en el
arroyo Querit, que está al oriente del Jordán. [4] Allí podrás beber agua del arroyo, y
he ordenado a los cuervos que te lleven
comida."

[5] Elías hizo lo que el Señor le ordenó, y
fue y se quedó a vivir junto al arroyo Querit, al oriente del río Jordán. [6] Y los cuervos le llevaban pan y carne por la mañana
y por la tarde. El agua la bebía del arroyo.
[7] Pero al cabo de unos días el arroyo se
secó, porque no llovía en el país.

Elías y la viuda de Sarepta

[8] Entonces el Señor le dijo a Elías:
[9] "Levántate y vete a la ciudad de Sarepta,
en Sidón, y quédate a vivir allá. Ya le he
ordenado a una viuda[k] que allí vive, que
te dé de comer."

[10] Elías se levantó y se fue a Sarepta. Al
llegar a la entrada de la ciudad, vio a una
viuda que estaba recogiendo leña. La
llamó y le dijo:

—Por favor, tráeme en un vaso un poco
de agua para beber.

[11] Ya iba ella a traérselo, cuando Elías la
volvió a llamar y le dijo:

—Por favor, tráeme también un pedazo
de pan.

[12] Ella le contestó:

—Te juro por el Señor tu Dios que no
tengo nada de pan cocido. No tengo más
que un puñado de harina en una tinaja y
un poco de aceite en una jarra, y ahora
estaba recogiendo un poco de leña para ir
a cocinarlo para mi hijo y para mí. Come-

remos, y después nos moriremos de
hambre.

[13] Elías le respondió:

—No tengas miedo. Ve a preparar lo
que has dicho. Pero primero, con la harina
que tienes, hazme una torta pequeña y
tráemela, y haz después otras para ti y
para tu hijo. [14] Porque el Señor, Dios de
Israel, ha dicho que no se acabará la harina de la tinaja ni el aceite de la jarra
hasta el día en que el Señor haga llover
sobre la tierra.

[15] La viuda fue e hizo lo que Elías le había ordenado. Y ella y su hijo[23] y Elías tuvieron comida para muchos días. [16] No se
acabó la harina de la tinaja ni el aceite de
la jarra, tal como el Señor lo había dicho
por medio de Elías.

[17] Algún tiempo después cayó enfermo
el hijo de la viuda, y su enfermedad fue
gravísima, tanto que hasta dejó de respirar. [18] Entonces la viuda le dijo a Elías:

—¿Qué tengo yo que ver contigo, hombre de Dios? ¿Has venido a recordarme
mis pecados y a hacer que mi hijo se
muera?

[19] —Dame acá tu hijo —le respondió él.

Y tomándolo del regazo de la viuda, lo
subió al cuarto donde él estaba alojado y
lo acostó sobre su cama. [20] Luego clamó al
Señor en voz alta: "Señor y Dios mío,
¿también has de causar dolor a esta viuda,
en cuya casa estoy alojado, haciendo morir a su hijo?"

[21] Y en seguida se tendió tres veces
sobre el niño, y clamó al Señor en voz
alta: "Señor y Dios mío, ¡te ruego que de-
vuelvas la vida a este niño!"

[22] El Señor atendió a los ruegos de Elías,
e hizo que el niño reviviera. [23] Inmediatamente Elías tomó al niño, lo bajó de su
cuarto a la planta baja de la casa y lo entregó a su madre, diciéndole:

—¡Mira, tu hijo está vivo!

[24] Y la mujer le respondió:

—Ahora sé que realmente eres un hombre de Dios, y que lo que dices es la verdad del Señor.

Elías vuelve a presentarse ante Acab

18 [1] El tiempo pasó. Tres años después,
el Señor se dirigió a Elías y le dijo:
"Ve y preséntate ante Acab, pues voy a
mandar lluvia sobre la tierra."

[2] Elías fue y se presentó ante Acab. El
hambre que había en Samaria era tremenda. [3] Acab llamó a Abdías, su mayordomo, que adoraba al Señor con profunda reverencia [4] y que, cuando Jezabel

---

[23] *Su hijo:* texto probable. Heb. *su casa.*
[i] **16.34** Jos 6.26.   [j] **17.1** Stg 5.17.   [k] **17.9-16** Lc 4.25-26.

comenzó a matar a los profetas del Señor, había recogido a cien de ellos y, después de dividirlos en dos grupos de cincuenta, los había escondido en dos cuevas y les había dado el alimento necesario. ⁵ Acab le dijo a Abdías:

—Anda, vamos a recorrer el país y todos los manantiales y los ríos, a ver si podemos encontrar pasto para mantener vivos los caballos y las mulas. De lo contrario, nos quedaremos sin bestias.

⁶ Así pues, se repartieron las zonas del país que debían recorrer, y Acab se fue por un camino y Abdías por otro. ⁷ Ya en el camino, Elías salió al encuentro de Abdías, que al reconocerlo se inclinó ante él y exclamó:

—¡Pero si es mi señor Elías!

⁸ —Sí, yo soy —respondió Elías. Y añadió—: Anda, dile a tu amo que estoy aquí.

⁹ Abdías contestó:

—¿Qué falta he cometido yo para que me entregues a Acab y que él me mate? ¹⁰ Juro por el Señor tu Dios que no hay nación ni reino adonde mi amo no haya enviado a buscarte; y cuando respondían que no estabas allí, mi amo les hacía jurar que en verdad no te habían hallado. ¹¹ ¡Y ahora me pides que vaya y le diga a mi amo que estás aquí! ¹² Lo que va a pasar es que, al separarme yo de ti, el espíritu del Señor te llevará a donde yo no sepa. Y cuando yo vaya a darle la noticia a Acab, él no te encontrará y me matará. Este siervo tuyo, desde su juventud, siempre ha honrado al Señor. ¹³ ¿Acaso no te han contado lo que hice cuando Jezabel estaba matando a los profetas del Señor? Pues escondí a cien de ellos, y en grupos de cincuenta los metí en dos cuevas y les di el alimento necesario. ¹⁴ ¿Y ahora me pides que vaya y le diga a mi amo que tú estás aquí? ¡Me matará!

¹⁵ Elías le respondió:

—Juro por el Señor todopoderoso, a quien sirvo, que hoy mismo me presentaré ante Acab.

¹⁶ Abdías fue a buscar a Acab y darle el aviso, y entonces Acab fue a encontrarse con Elías. ¹⁷ Cuando lo vio, le dijo:

—¿Así que tú eres el que está trastornando a Israel?

¹⁸ —Yo no lo estoy trastornando —contestó Elías—, sino tú y tu gente, por dejar los mandamientos del Señor y rendir culto a las diferentes representaciones de Baal. ¹⁹ Manda ahora gente que reúna a todos los israelitas en el monte Carmelo, con los cuatrocientos cincuenta profetas de Baal y los cuatrocientos profetas de Asera, a quienes Jezabel mantiene.

Elías y los profetas de Baal

²⁰ Acab mandó llamar a todos los israelitas, y reunió a los profetas en el monte Carmelo. ²¹ Entonces Elías, acercándose a todo el pueblo, dijo:

—¿Hasta cuándo van a continuar ustedes con este doble juego? Si el Señor es el verdadero Dios, síganlo a él, y si Baal lo es, a él deberán seguirlo.ⁱ

El pueblo no respondió palabra. ²² Y Elías continuó diciendo:

—Yo soy el único profeta del Señor que ha quedado con vida, en tanto que de Baal hay cuatrocientos cincuenta profetas. ²³ Pues bien, que se nos den dos becerros, y que ellos escojan uno, y lo descuarticen y lo pongan sobre la leña, pero que no le prendan fuego. Yo, por mi parte, prepararé el otro becerro y lo pondré sobre la leña, pero tampoco le prenderé fuego. ²⁴ Luego ustedes invocarán a sus dioses, y yo invocaré al Señor, ¡y el dios que responda enviando fuego, ése es el Dios verdadero!

—¡Buena propuesta! —respondió todo el pueblo.

²⁵ Entonces Elías dijo a los profetas de Baal:

—Escojan uno de los becerros, y prepárenlo primero, ya que ustedes son muchos. Luego invoquen a su dios, pero no enciendan fuego.

²⁶ Así pues, ellos tomaron el becerro que se les entregó, y lo prepararon, y desde la mañana hasta el mediodía invocaron a Baal. Decían: "¡Contéstanos, Baal!", y daban pequeños brincos alrededor del altar que habían construido, pero ninguna voz les respondía. ²⁷ Hacia el mediodía, Elías se burlaba de ellos diciéndoles:

—Griten más fuerte, porque es un dios. A lo mejor está ocupado, o está haciendo sus necesidades, o ha salido de viaje. ¡Tal vez esté dormido y haya que despertarlo!

²⁸ Ellos seguían gritando y cortándose con cuchillos y lancetas, como tenían por costumbre, hasta quedar bañados en sangre. ²⁹ Pero pasó el mediodía, y aunque ellos continuaron gritando y saltando como locos hasta la hora de ofrecer el sacrificio, no hubo ninguna respuesta. ¡Nadie contestó ni escuchó! ³⁰ Entonces Elías dijo a toda la gente:

—Acérquense a mí.

Toda la gente se acercó a él, y él se puso a reparar el altar del Señor, que estaba derrumbado. ³¹ Tomó doce piedras, conforme al número de las tribus de los hijos de Jacob, a quien el Señor dijo que se llamaría Israel,ᵐ ³² y construyó con ellas un altar al Señor; hizo luego una zanja alrededor del altar, donde cabrían unos veinte litros

ⁱ **18.21** Is 36.6; Ez 29.6.   ᵐ **18.31** Gn 32.28; 35.10.

de grano, [33] y tras acomodar la leña, descuartizó el becerro y lo puso sobre ella. [34] Luego dijo:

—Llenen cuatro cántaros de agua, y vacíenlos sobre el holocausto y la leña.

Luego mandó que lo hicieran por segunda y tercera vez, y así lo hicieron ellos. [35] El agua corría alrededor del altar, y también llenó la zanja. [36] A la hora de ofrecer el holocausto, el profeta Elías se acercó y exclamó: "¡Señor, Dios de Abraham, Isaac e Israel: haz que hoy se sepa que tú eres el Dios de Israel, y que yo soy tu siervo, y que hago todo esto porque me lo has mandado! [37] ¡Respóndeme, Señor; respóndeme, para que esta gente sepa que tú eres Dios, y que los invitas a volverse de nuevo a ti!"

[38] En aquel momento, el fuego del Señor cayó y quemó el holocausto, la leña y hasta las piedras y el polvo, y consumió el agua que había en la zanja. [39] Al ver esto, toda la gente se inclinó hasta tocar el suelo con la frente, y dijo: "¡El Señor es Dios, el Señor es Dios!"

[40] Entonces Elías les dijo:

—¡Atrapen a los profetas de Baal! ¡Que no escape ninguno!

La gente los atrapó, y Elías los llevó al arroyo Cisón y allí los degolló.

Elías ora para que llueva

[41] Después Elías dijo a Acab:

—Vete a comer y beber, porque ya se oye el ruido del aguacero.

[42] Acab se fue a comer y beber. Pero Elías subió a lo alto del monte Carmelo y, arrodillándose en el suelo, se inclinó hasta poner la cara entre las rodillas, [43] dijo a su criado:

—Ve y mira hacia el mar.

Él fue y miró, y luego dijo:

—No hay nada.

Pero Elías le ordenó:

—Vuelve siete veces.

[44] La séptima vez el criado dijo:

—¡Allá, subiendo del mar, se ve una nubecita del tamaño de una mano!

Entonces Elías le dijo:

—Ve y dile a Acab que enganche su carro y se vaya antes que se lo impida la lluvia.

[45] Acab subió a su carro y se fue a Jezreel. Mientras tanto, el cielo se oscureció con nubes y viento, y cayó un fuerte aguacero. [n] [46] En cuanto a Elías, el Señor le dio fuerzas; y luego de arreglarse la ropa, corrió hasta Jezreel y llegó antes que Acab.

Elías huye a Horeb

19 [1] Acab contó a Jezabel todo lo que Elías había hecho y cómo había degollado a todos los profetas de Baal. [2] Entonces Jezabel mandó un mensajero a decirle a Elías: "¡Si tú eres Elías, yo soy Jezabel![24] Y que los dioses me castiguen duramente, si mañana a esta hora no he hecho contigo lo mismo que tú hiciste con esos profetas."

[3] Elías se dio cuenta de que corría peligro, y para salvar su vida se fue a Beerseba, que pertenece a Judá, y allí dejó a su criado. [4] Luego él se fue hacia el desierto, y caminó durante un día, hasta que finalmente se sentó bajo una retama. Era tal su deseo de morirse, que dijo: "¡Basta ya, Señor! ¡Quítame la vida, pues yo no soy mejor que mis padres!"

[5] Y se acostó allí, bajo la retama, y se quedó dormido. Pero un ángel llegó, y tocándolo le dijo: "Levántate y come."

[6] Elías miró a su alrededor, y vio que cerca de su cabecera había una torta cocida sobre las brasas y una jarra de agua. Entonces se levantó, y comió y bebió; después se volvió a acostar. [7] Pero el ángel del Señor vino por segunda vez, y tocándolo le dijo: "Levántate y come, porque si no el viaje sería demasiado largo para ti."

[8] Elías se levantó, y comió y bebió. Y aquella comida le dio fuerzas para caminar cuarenta días y cuarenta noches hasta llegar a Horeb, el monte de Dios. [9] Al llegar, entró en una cueva, y allí pasó la noche. Pero el Señor se dirigió a él, y le dijo: "¿Qué haces aquí, Elías?"

[10] Él respondió: "He sentido mucho celo por ti, Señor, Dios todopoderoso, porque los israelitas han abandonado tu pacto y derrumbado tus altares, y a filo de espada han matado a tus profetas. Sólo yo he quedado, y me están buscando para quitarme la vida." [n]

[11] Y el Señor le dijo: "Sal fuera y quédate de pie ante mí, sobre la montaña."

En aquel momento pasó el Señor, y un viento fuerte y poderoso desgajó la montaña y partió las rocas ante el Señor; pero el Señor no estaba en el viento. Después del viento hubo un terremoto; pero el Señor tampoco estaba en el terremoto. [12] Y tras el terremoto hubo un fuego; pero el Señor no estaba en el fuego. Pero después del fuego se oyó un sonido suave y delicado. [13] Al escucharlo, Elías se cubrió la cara con su capa, y salió y se quedó a la entrada de la cueva. En esto llegó a él una voz que le decía: "¿Qué haces ahí, Elías?"

[14] Él contestó: "He sentido mucho celo por ti, Señor, Dios todopoderoso, porque los israelitas han abandonado tu pacto y

[24] *¡Si tú . . . soy Jezabel!*: según la versión griega. Esta frase no aparece en el texto hebreo.
[n] 18.42-45 Stg 5.18.   [n] 19.10,14 Ro 11.3.

derrumbado tus altares, y a filo de espada
han matado a tus profetas. Sólo yo he
quedado, y me andan buscando para quitarme la vida."
15 Entonces el Señor le dijo: "Anda, regresa por donde viniste al desierto de Damasco. Ve y consagra a Hazael como rey
de Siria,[o] 16 y a Jehú, nieto[25] de Nimsi,
como rey de Israel;[p] a Eliseo, hijo de Safat, del pueblo de Abel-mehola, conságralo
como profeta en lugar tuyo. 17 De esta manera, a quien escape de la espada de Hazael, lo matará Jehú, y a quien escape de la
espada de Jehú, lo matará Eliseo. 18 No
obstante, yo dejaré en Israel siete mil personas que no se han arrodillado ante Baal[q]
ni lo han besado."

Llamamiento de Eliseo

19 Elías se fue de allí y encontró a Eliseo,
que estaba arando. Delante de Eliseo iban
doce yuntas de bueyes, y él mismo llevaba
la última. Elías se dirigió a él y le echó su
capa encima. 20 Al instante Eliseo dejó los
bueyes, corrió tras Elías, y le dijo:

—Déjame dar a mis padres un beso de
despedida, y luego te seguiré.

—Puedes ir —dijo Elías—, pero recuerda lo que he hecho contigo.

21 Eliseo se apartó de Elías, y fue, tomó
dos toros y los descuartizó, y con la madera del yugo asó la carne y dio de comer
a la gente. Después se fue tras Elías y
quedó a su servicio.

Acab derrota a los sirios

20 1 Ben-adad, rey de Siria, reunió a
todo su ejército, y a treinta y dos
reyes aliados, con su caballería y sus carros de combate, y fue a la ciudad de Samaria, la rodeó y la atacó. 2-3 Al mismo
tiempo envió mensajeros a esta ciudad
para que le dijeran a Acab, rey de Israel:
"Ben-adad dice: 'Tus riquezas me pertenecen, lo mismo que tus mujeres y tus mejores hijos.' "
4 El rey de Israel contestó: "Tal como
Su Majestad lo ha dicho, yo y todo lo que
tengo es suyo."
5 Los mensajeros fueron una vez más a
ver a Acab, y le dijeron: "Ben-adad dice:
'Ya te he mandado a decir que tienes que
darme tus riquezas, tus mujeres y tus hijos. 6 Además, mañana a estas horas enviaré a mis oficiales a que registren tu palacio y las casas de tus funcionarios, y
todo lo que les guste lo tomarán para sí.' "
7 Entonces el rey de Israel mandó llamar a todos los ancianos del país, y les
dijo:

—Como ustedes podrán darse cuenta,
este hombre está buscando hacerme daño,
a pesar de que yo no me he negado a entregarle mis mujeres, mis hijos y mis riquezas.
8 —Pues no lo escuches ni le hagas caso
—respondieron los ancianos y toda la
gente.
9 Entonces Acab dijo a los enviados de
Ben-adad:

—Digan a Su Majestad que haré todo lo
que me ordenó al principio, pero que no
puedo hacer lo que ahora me exige.

Los enviados llevaron la respuesta a
Ben-adad, 10 y Ben-adad mandó a decir a
Acab: "¡Que los dioses me castiguen duramente, si de Samaria queda polvo suficiente para darle un puñado a cada uno de
mis seguidores!"
11 Por su parte, el rey de Israel le mandó
a decir: "No cantes victoria antes de
tiempo."
12 Cuando Ben-adad recibió la respuesta,
estaba bebiendo con los otros reyes en las
enramadas que habían improvisado. Entonces dijo a sus oficiales: "¡Al ataque!" Y
todos se dispusieron a atacar la ciudad.
13 Mientras tanto, un profeta se presentó
ante Acab, rey de Israel, y le dijo:

—El Señor ha dicho: 'Aunque veas esa
gran multitud de enemigos, yo la voy a
entregar hoy en tus manos, para que sepas que yo soy el Señor.'
14 —¿Y por medio de quién me la va a
entregar? —preguntó Acab.

—El Señor ha dicho que por medio de
los jóvenes que ayudan a los gobernadores de las provincias —respondió el profeta.

—¿Y quién atacará primero? —insistió
Acab.

—Tú —respondió el profeta.
15 Entonces Acab pasó revista a los jóvenes que ayudaban a los gobernadores de
las provincias, que eran doscientos treinta
y dos, y a todo el ejército israelita,
compuesto de siete mil hombres. 16 Salieron al mediodía, mientras Ben-adad y los
treinta y dos reyes aliados suyos seguían
emborrachándose en las enramadas que
habían improvisado 17 y avanzaron en
primer lugar los ayudantes de los gobernadores. Cuando Ben-adad recibió aviso
de que algunos hombres habían salido de
Samaria, 18 ordenó: "¡Sea que hayan salido
en son de paz o en son de guerra, los
quiero vivos!"
19 Los ayudantes de los gobernadores salieron de la ciudad, seguidos por el ejército. 20 Y cada uno de ellos mató a un contrario, y los sirios huyeron. Los israelitas
los persiguieron, pero Ben-adad, rey de los

25 *Nieto:* lit. *hijo.* (Véase 2 R 9.14.)
o **19.15** 2 R 8.7-13. p **19.16** 2 R 9.1-6. q **19.18** Ro 11.4.

sirios, escapó a caballo con algunos solda-dos de caballería. ²¹ Entonces el rey de Is-rael avanzó y se apoderó de sus caballos y carros de combate, y les causó a los sirios una tremenda derrota. ²² Después el pro-feta se presentó ante el rey de Israel, y le dijo:

—Ve y refuerza tu ejército, y piensa bien lo que debes hacer; porque dentro de un año el rey de Siria volverá a atacarte. ²³ Los oficiales del rey de Siria, por su parte, dijeron a éste:

—Los dioses de los israelitas son dioses de las montañas; por eso nos han vencido. Pero si luchamos contra ellos en la lla-nura, con toda seguridad los venceremos. ²⁴ Lo que ahora debe hacer Su Majestad es quitar de su puesto a los reyes, y poner oficiales en su lugar, ²⁵ organizar luego un ejército como el que fue derrotado, caba-llo por caballo y carro por carro. Entonces lucharemos contra ellos en el llano, y sin duda los venceremos.

Ben-adad prestó atención a este consejo y lo siguió. ²⁶ Un año después, Ben-adad pasó revista a los sirios y se trasladó a Afec para luchar contra Israel. ²⁷ También los israelitas pasaron revista a sus fuerzas y les dieron provisiones, y salieron al en-cuentro de los sirios. Acampados frente a los sirios, parecían apenas dos rebaños de cabras, pues los sirios ocupaban todo el terreno.

²⁸ En esto se presentó un profeta ante el rey de Israel, y le dijo:

—Así dice el Señor: 'Puesto que los si-rios han dicho que yo soy un dios de las montañas y no un dios de los valles, voy a entregar en tus manos a toda esta gran multitud. Así sabrás que yo soy el Señor.'
²⁹ Durante siete días, sirios e israelitas estuvieron acampados frente a frente, y el séptimo día tuvo lugar la batalla. Ese día los israelitas mataron a cien mil soldados sirios de infantería. ³⁰ El resto del ejército huyó a la ciudad de Afec, pero la muralla de la ciudad cayó sobre los veintisiete mil hombres que habían logrado escapar. Ben-adad también huyó, y llegó a la ciudad, y se escondió de habitación en habitación.
³¹ Entonces sus oficiales le dijeron:

—Hemos sabido que los reyes israelitas cumplen los tratos que hacen; así que pongámonos ropas ásperas y una soga en el cuello, y vayamos ante el rey de Israel, a ver si nos perdona²⁶ la vida.
³² Entonces se pusieron ropas ásperas y una soga en el cuello, y se presentaron ante el rey de Israel y le dijeron:

—Ben-adad ruega a Su Majestad que le perdone la vida.

Acab respondió:

—¿Vive todavía? ¡Para mí es como un hermano!
³³ A los hombres les pareció esto una buena señal, y tomándole la palabra con-testaron inmediatamente:

—¡Ben-adad es hermano de Su Majes-tad!

—¡Pues vayan a traerlo! —contestó Acab.

Entonces Ben-adad se presentó ante Acab, y Acab le hizo subir en su carro.
³⁴ Luego Ben-adad le dijo:

—Te devolveré las ciudades que mi pa-dre le quitó al tuyo; y tú puedes tener negocios en Damasco, como mi padre los tenía en Samaria.

—Yo, por mi parte, me comprometo a dejarte ir —contestó Acab.

De este modo, Acab hizo un pacto con Ben-adad y le dejó que se fuera.
³⁵ Sin embargo, un hombre que pertene-cía al grupo de los profetas pidió a un compañero suyo, por orden del Señor:

—¡Hiéreme, por favor!

Pero el otro no quiso hacerlo. ³⁶ Enton-ces el profeta le dijo:

—Por no haber hecho caso a la orden del Señor, un león te atacará cuando te separes de mí.

En efecto, en cuanto el otro se separó del profeta, un león le salió al encuentro y lo mató.
³⁷ Después se encontró el profeta con otro hombre, y le pidió también que lo hi-riera, y aquel hombre lo golpeó y lo hirió.
³⁸ Entonces el profeta fue a esperar al rey en el camino, disfrazado con un vendaje sobre los ojos. ³⁹ Y cuando el rey estaba pasando, el profeta le dijo en voz alta:

—Este servidor de Su Majestad marchó al frente de batalla, y de entre las filas sa-lió un soldado y me trajo un prisionero. Me pidió que me hiciera cargo de él, advir-tiéndome que, si se me escapaba, yo le respondería con mi vida o tendría que pa-garle tres mil monedas de plata. ⁴⁰ Y como este servidor de Su Majestad se entretuvo con otras cosas, el prisionero se me es-capó.

El rey de Israel le contestó:

—Tú mismo te has declarado culpable, y has pronunciado tu sentencia.
⁴¹ Pero el profeta se quitó rápidamente el vendaje de los ojos, y el rey se dio cuenta de que era uno de los profetas. ⁴² Entonces el profeta le dijo:

—Así dice el Señor: 'Como tú dejaste escapar al hombre que él había condenado a morir, con tu vida pagarás por la suya, y con tu pueblo por el suyo.'
⁴³ Entonces el rey de Israel se fue a Sa-

---

²⁶ *Nos perdona:* según dos versiones antiguas. Heb. *te perdona.*

maria, triste y malhumorado, y se metió en su palacio.

Acab y el viñedo de Nabot

21 [1] Algún tiempo después sucedió que un hombre de Jezreel, llamado Nabot, tenía un viñedo en aquel pueblo, junto al palacio de Acab, el rey de Samaria. [2] Un día, Acab le dijo a Nabot:

—Dame tu viñedo para que yo pueda tener en él una huerta, ya que está al lado de mi palacio. A cambio de él te daré un viñedo mejor; o, si lo prefieres, te pagaré su valor en dinero.

[3] Pero Nabot respondió a Acab:

—No permita Dios que yo te dé lo que he heredado de mis padres.

[4] Acab se fue a su casa triste y malhumorado a causa de la respuesta de Nabot, pues le había dicho que no le daría lo que había heredado de sus padres. Llegó y se acostó de cara a la pared, y no quiso comer. [5] Entonces Jezabel, su mujer, se acercó a él y le dijo:

—¿Por qué estás tan triste, y no quieres comer?

[6] Acab contestó:

—Hablé con Nabot, el de Jezreel, y le pedí que me vendiera su viñedo; o, si él lo prefería, le daría otro viñedo a cambio. Pero él no me lo quiere ceder.

[7] Entonces Jezabel, su esposa, le respondió:

—¡Pero tú eres quien manda en Israel! Anda, come y tranquilízate. ¡Yo voy a conseguirte el viñedo de Nabot!

[8] En seguida escribió ella cartas en nombre de Acab, y les puso el sello real; luego las envió a los ancianos y jefes que vivían en el mismo pueblo de Nabot. [9] En las cartas les decía: "Anuncien ayuno y sienten a Nabot delante del pueblo. [10] Luego sienten a dos testigos falsos delante de él y háganlos declarar en contra suya, afirmando que ha maldecido a Dios y al rey. Después, sáquenlo y mátenlo a pedradas."

[11] Los hombres del pueblo de Nabot, junto con los ancianos y los jefes, hicieron lo que Jezabel les ordenó en las cartas que les había enviado: [12] Anunciaron ayuno y sentaron a Nabot delante del pueblo. [13] Luego llegaron dos testigos falsos y declararon contra Nabot delante de todo el pueblo, afirmando que Nabot había maldecido a Dios y al rey. Entonces lo sacaron de la ciudad y lo mataron a pedradas. [14] Luego mandaron a decir a Jezabel que Nabot había sido apedreado y había muerto. [15] En cuanto Jezabel lo supo, le dijo a Acab:

21.23 2 R 9.36.

—Ve y toma posesión del viñedo de Nabot, el de Jezreel, que no te lo quería vender. Nabot ya no vive; ahora está muerto.

[16] Al enterarse Acab de que Nabot había muerto, fue y se apoderó de su viñedo. [17] Entonces el Señor se dirigió a Elías, el de Tisbe, y le dijo: [18] "Ve en seguida a ver a Acab, rey de Israel, que vive en Samaria. En este momento se encuentra en el viñedo de Nabot, del cual ha ido a tomar posesión. [19] Le dirás: 'Así dice el Señor: Puesto que mataste a Nabot y le quitaste lo que era suyo, en el mismo lugar donde los perros lamieron su sangre, lamerán también la tuya.' '

[20] Acab le respondió a Elías:

—¿Así que tú, mi enemigo, me encontraste?

—Sí, te encontré —contestó Elías— Porque no cometes más que malas acciones a los ojos del Señor. [21] Por lo tanto, el Señor ha dicho: 'Voy a traer sobre ti la desgracia, y voy a acabar con toda tu descendencia; destruiré a todos los varones descendientes tuyos que haya en Israel. [22] Además, haré con tu familia lo mismo que hice con la de Jeroboam, hijo de Nabat, y con la de Baasa, hijo de Ahías, por haber provocado mi enojo al hacer pecar a Israel.' [23] En cuanto a Jezabel, el Señor ha dicho: 'Los perros se comerán a Jezabel en los campos de Jezreel.' [24] Y al familiar tuyo que muera en la ciudad, se lo comerán los perros; y al que muera en el campo, se lo comerán las aves de rapiña. [25] (No hubo nadie como Acab, que, incitado por su esposa Jezabel, sólo cometió malas acciones a los ojos del Señor. [26] Cometió una infamia al rendir culto a los ídolos, como lo hacían todos los amorreos, a quienes el Señor había arrojado de la presencia de los israelitas.) [27] Cuando Acab escuchó todo esto, se rasgó la ropa, se puso ropas ásperas y ayunó. Dormía con esas ropas, y andaba muy triste. [28] Entonces el Señor dijo a Elías: [29] "¿Has visto cómo Acab se ha humillado ante mí? Pues por haberse humillado ante mí, no traeré el mal sobre su familia mientras él viva, sino en vida de su hijo."

Micaías anuncia la derrota de Acab
(2 Cr 18.1–34)

22 [1] Pasaron tres años sin que hubiera guerra entre sirios e israelitas. [2] Pero al tercer año, Josafat, rey de Judá, fue a visitar al rey de Israel. [3] Y el rey de Israel dijo a sus funcionarios:

—Ya saben ustedes que Ramot de Galaad nos pertenece. Entonces, ¿por qué no hacemos algo para rescatarla del dominio del rey sirio?

⁴ A Josafat le preguntó:

—¿Quieres acompañarme a atacar a Ramot de Galaad?

Josafat le respondió:

—Yo, lo mismo que mi ejército y mi caballería, estamos contigo y con tu gente. ⁵ Pero antes consulta la voluntad del Señor.

⁶ El rey de Israel reunió a los profetas, que eran cerca de cuatrocientos, y les preguntó:

—¿Debo atacar a Ramot de Galaad, o no?

Y ellos respondieron:

—Atácala, porque el Señor te la va a entregar.

⁷ Pero Josafat preguntó:

—¿No hay aquí algún otro profeta del Señor a quien también podamos consultar?

⁸ El rey de Israel contestó a Josafat:

—Hay uno más, por medio del cual podemos consultar al Señor. Es Micaías, hijo de Imla. Pero lo aborrezco, porque nunca me anuncia cosas buenas, sino solamente cosas malas.

Pero Josafat le dijo:

—No digas eso.

⁹ En seguida el rey de Israel llamó a un oficial,²⁷ y le ordenó:

—¡Pronto, que venga Micaías, hijo de Imla!

¹⁰ Tanto el rey de Israel como Josafat, el rey de Judá, tenían puesta su armadura²⁸ y estaban sentados en sus tronos en la explanada a la entrada de Samaria, y todos los profetas caían en trance profético delante de ellos. ¹¹ Sedequías, hijo de Quenaana, se había hecho unos cuernos de hierro, y gritaba: "¡Así ha dicho el Señor: 'Con estos cuernos atacarás a los sirios hasta exterminarlos!' "

¹² Todos los profetas anunciaban lo mismo. Decían al rey: "Ataca a Ramot de Galaad y obtendrás la victoria, pues el Señor va a entregarte la ciudad."

¹³ El mensajero que había ido a llamar a Micaías, le dijo a éste:

—Todos los profetas, sin excepción, han dado una respuesta favorable al rey. Así pues, te ruego que hables como todos ellos y anuncies algo favorable.

¹⁴ Micaías le contestó:

—¡Juro por el Señor que sólo diré lo que el Señor me ordene decir!

¹⁵ Luego se presentó ante el rey, y el rey le preguntó:

—Micaías, ¿debemos atacar a Ramot de Galaad o no?

Y Micaías dijo:

—Atácala, y obtendrás la victoria, pues el Señor te la va a entregar.

¹⁶ Pero el rey le respondió:

—¿Cuántas veces te he de decir que bajo juramento me declares sólo la verdad en el nombre del Señor?

¹⁷ Entonces Micaías dijo:

"He visto a todos los israelitas
desparramados por los montes,
como ovejas sin pastor.ˢ
Y el Señor ha dicho:
'Estos no tienen dueño;
que cada uno vuelva en paz a su
     casa.' "

¹⁸ El rey de Israel dijo a Josafat:

—¿No te he dicho que este hombre nunca me anuncia cosas buenas, sino sólo cosas malas?

¹⁹ Micaías añadió:

—Por eso que has dicho, escucha la palabra del Señor: Vi al Señor sentado en su trono, y a todo el ejército del cielo que estaba de pie, junto a él, a su derecha y a su izquierda. ²⁰ Entonces el Señor preguntó quién iría a incitar a Acab para que atacara a Ramot de Galaad y cayera allí. Unos decían una cosa y otros otra. ²¹ Pero un espíritu se presentó delante del Señor y dijo que él lo haría. El Señor le preguntó cómo lo iba a hacer, ²² y el espíritu respondió que iba a inspirar mentiras en todos los profetas del rey. Entonces el Señor le dijo que, en efecto, conseguiría engañarlo, y que fuera a hacerlo. ²³ Y ahora ya sabes que el Señor ha puesto un espíritu mentiroso en labios de todos estos profetas tuyos, y que ha determinado tu ruina.

²⁴ Entonces Sedequías, hijo de Quenaana, acercándose a Micaías le dio una bofetada y dijo:

—¿Por dónde se me fue el espíritu del Señor para hablarte a ti?

²⁵ Y Micaías le respondió:

—Lo sabrás el día que andes escondiéndote de habitación en habitación.

²⁶ Entonces el rey de Israel ordenó:

—¡Agarren a Micaías y llévenlo preso ante Amón, el gobernador de la ciudad, y ante Joás, mi hijo! ²⁷ Díganles que yo ordeno que lo metan en la cárcel y lo tengan a ración escasa de pan y agua, hasta que yo regrese sano y salvo.

²⁸ Todavía añadió Micaías:

"Si tú vuelves sano y salvo,
el Señor no ha hablado por medio
de mí."²⁹

²⁹ Así pues, el rey de Israel, y Josafat, el rey de Judá, avanzaron contra Ramot de Galaad. ³⁰ Y el rey de Israel dijo a Josafat:

—Yo voy a entrar en la batalla disfrazado, y tú te pondrás mi ropa.³⁰

Así el rey de Israel se disfrazó y entró en combate. ³¹ Pero el rey de Siria había ordenado a los treinta y dos capitanes de sus carros de combate que no atacaran a nadie que no fuera el rey de Israel. ³² Y cuando los capitanes de los carros vieron a Josafat, pensaron que él era el rey de Israel y lo rodearon para atacarlo. Entonces Josafat gritó pidiendo ayuda, ³³ y al ver ellos que no era el rey de Israel, dejaron de perseguirlo. ³⁴ Pero un soldado disparó su arco al azar, e hirió de muerte al rey de Israel por entre las juntas de la armadura. Entonces éste le ordenó al conductor de su carro:

—Da la vuelta y sácame del combate, porque estoy gravemente herido.

³⁵ La batalla fue dura aquel día, y al rey se le mantuvo en pie en su carro, haciendo frente a los sirios. Pero a la tarde murió, pues la sangre de su herida corría por la plataforma del carro. ³⁶ Cuando ya el sol se ponía, corrió la voz entre las filas del ejército: "¡Cada cual a su pueblo y a su tierra, ³⁷ porque el rey ha muerto!"

Entonces el rey fue llevado a Samaria, y allí lo enterraron. ³⁸ Después lavaron el carro en el estanque de Samaria, donde se bañaban las prostitutas, y los perros lamieron la sangre de Acab, conforme a lo que el Señor había anunciado.ᵗ

³⁹ El resto de la historia de Acab y de todo lo que hizo, y del palacio de marfil y las ciudades que construyó, está escrito en el libro de la crónicas de los reyes de Israel. ⁴⁰ Murió Acab, y después reinó en su lugar su hijo Ocozías.

Reinado de Josafat en Judá
(2 Cr 20.31–37)

⁴¹ En el cuarto año del reinado de Acab en Israel, Josafat, hijo de Asa, comenzó a reinar en Judá. ⁴² Tenía entonces treinta y cinco años, y veinticinco años reinó en Jerusalén. Su madre se llamaba Azuba, y era hija de Silhi.

⁴³ Josafat se condujo en todo con rectitud, como Asa, su padre. Sus hechos fueron rectos a los ojos del Señor. Sin embargo, los santuarios paganos, donde el pueblo ofrecía sacrificios y quemaba incienso a los ídolos, no fueron quitados.ᵘ

⁴⁴ Josafat hizo un tratado de paz con el rey de Israel. ⁴⁵ El resto de su historia y de sus hazañas, y de las guerras en que tomó parte, está escrito en el libro de las crónicas de los reyes de Judá. ⁴⁶ Josafat fue quien desterró del país a los que aún practicaban la prostitución como un culto, los que habían quedado desde el tiempo de Asa, su padre. ⁴⁷ (En Edom no había entonces rey, sino sólo un intendente.)

⁴⁸ Josafat construyó también barcos como los de Tarsis, para traer oro de Ofir; pero no pudieron ir porque se hicieron pedazos en Ezión-Geber. ⁴⁹ Entonces Ocozías, hijo de Acab, dijo a Josafat que permitiera a sus marinos acompañar a los suyos en los barcos, pero Josafat no lo permitió.

⁵⁰ Josafat murió y fue enterrado en la Ciudad de David, su antepasado. Después reinó en su lugar su hijo Joram.

Reinado de Ocozías en Israel

⁵¹ En el año diecisiete del reinado de Josafat en Judá, Ocozías, hijo de Acab, comenzó a reinar sobre Israel en Samaria, y reinó durante dos años. ⁵² Pero sus hechos fueron malos a los ojos del Señor, pues siguió el mal camino de su padre y de su madre, y de Jeroboam, hijo de Nabat, que hizo pecar a Israel. ⁵³ Además rindió culto a Baal y lo adoró, como antes había hecho su padre, provocando así la ira del Señor, el Dios de Israel.

---

³⁰ Mi ropa: según la versión griega. Heb. tu ropa.
ᵗ 22.38 1 R 21.19. ᵘ Los vs. 22.43b–53 corresponden a los vs. 22.44–54 en el texto hebreo

Segundo Libro de los
REYES

En su narración, el primer libro había llegado, con Josafat de Judá y Ocozías de Israel, más o menos a la mitad del siglo 9 à. C. Este segundo libro se inicia con el final del ministerio profético de Elías y el comienzo del ministerio de Eliseo, su discípulo y sucesor. En su primera parte abarca la historia del reino dividido hasta la caída del reino del norte en 721 a. C. (caps. 1—17). La segunda parte consigna el resto de la historia del reino de Judá, hasta la caída de Jerusalén en 586. a. C., la deportación a Babilonia, la emigración en masa a Egipto y la transformación de Judá en provincia babilónica con Gedalías como gobernador (caps. 18—25). Estos últimos sucesos producen en la historia israelita uno de sus más trascendentales cambios de rumbo.

Muerte de Ocozías

1 ¹ Después de la muerte de Acab,ª Moab se rebeló contra Israel. ² En cuanto a Ocozías,ᵇ se cayó por una ventana del piso alto de su palacio en Samaria y quedó muy lastimado. Entonces envió mensajeros a que consultaran a Baal-zebub, dios de Ecrón, si se iba a recuperar, ³ pero el ángel del Señor le dijo a Elías, el de Tisbe: "Ve al encuentro de los mensajeros del rey de Samaria, y pregúntales si acaso no hay Dios en Israel, para que tengan que consultar a Baal-zebub, el dios de Ecrón. ⁴ Y diles también que yo, el Señor, digo a Ocozías: 'Ya no te levantarás de la cama, sino que vas a morir.'"

Elías fue y lo hizo así. ⁵ Y cuando los mensajeros regresaron ante el rey, éste les preguntó:

—¿Por qué han regresado?

⁶ Ellos respondieron:

—Porque un hombre nos salió al paso y nos dijo que nos volviéramos al rey que nos había mandado, y que le dijéramos: 'Así dice el Señor: ¿Acaso no hay Dios en Israel, para que mandes a consultar a Baal-zebub, el dios de Ecrón? Por esto que has hecho, ya no te levantarás de la cama, sino que vas a morir.'"

⁷ El rey les preguntó:

—¿Cómo era ese hombre que les salió al encuentro y les dijo esto?

⁸ —Era un hombre vestido con una capa peluda, y con un cinturón de cuero en la cinturaᶜ —respondieron ellos.

—¡Es Elías, el de Tisbe! —exclamó el rey. ⁹ Y en seguida envió por él a un capitán con cincuenta soldados. Cuando llegaron, Elías estaba sentado en la cima de un monte. Entonces el capitán le dijo:

—¡Profeta, el rey ordena que bajes!

¹⁰ Elías respondió:

—Si yo soy profeta, que caiga fuego del cielo y te consuma a ti y a tus cincuenta soldados.ᵈ

Al instante cayó fuego del cielo y los consumió.

¹¹ El rey envió a otro capitán con otros cincuenta soldados, el cual fue y dijo a Elías:

—¡Profeta, el rey ordena que bajes inmediatamente!

¹² Elías le respondió:

—Si yo soy profeta, que caiga fuego del cielo y te consuma a ti y a tus cincuenta soldados.

Y al instante cayó fuego del cielo y los consumió.

¹³ Después mandó el rey por tercera vez un capitán con otros cincuenta soldados. Pero el tercer capitán subió hasta donde estaba Elías, y arrodillándose delante de él, le rogó:

—Por favor, profeta, respeta mi vida y la de estos cincuenta servidores tuyos; ¹⁴ pues antes cayó fuego del cielo y consumió a los otros dos capitanes y a sus hombres. Yo te ruego que me tengas consideración.

¹⁵ Entonces el ángel del Señor ordenó a Elías:

—Ve con él, no le tengas miedo.

Elías bajó y fue con el capitán a ver al rey, ¹⁶ y le dijo:

—Así dice el Señor: 'Puesto que enviaste mensajeros a consultar a Baal-zebub, el dios de Ecrón, como si en Israel no hubiera Dios a quien consultar, ya no te levantarás de tu cama, sino que vas a morir.'

¹⁷ Y en efecto, Ocozías murió, tal como el Señor lo había dicho por medio de Elías. Y como Ocozías nunca tuvo hijos, reinó en su lugar su hermanoˡ Joram. Esto fue en el segundo año del reinado de Joram, hijo de Josafat, en Judá.

¹⁸ El resto de la historia de Ocozías y de lo que hizo, está escrito en el libro de las crónicas de los reyes de Israel.

ˡ *Su hermano:* según varias versiones antiguas. Esta frase no aparece en el texto hebreo. ª **1.1** 1 R 22.34-37. ᵇ **1.2** 1 R 22.51-53. ᶜ **1.8** Mt 3.4; Mr 1.6. ᵈ **1.10,12** Lc 9.54.

Elías sube al cielo

2 ¹ Cuando llegó el momento en que el Señor iba a llevarse a Elías al cielo en un torbellino, Elías y Eliseo salieron de Gilgal. ² Y Elías le dijo a Eliseo:

—Quédate aquí, porque el Señor me ha enviado a Betel.

Pero Eliseo le contestó:

—Juro por el Señor, y por ti mismo, que no voy a dejarte solo.

Entonces fueron juntos hasta Betel. ³ Pero los profetas que vivían en Betel salieron al encuentro de Eliseo y le dijeron:

—¿Sabes que el Señor va a quitarte hoy a tu maestro?

—Sí, ya lo sé —contestó Eliseo—, pero ustedes no digan nada.

⁴ Después Elías le dijo a Eliseo:

—Quédate aquí, porque el Señor me ha enviado a Jericó.

Pero Eliseo le contestó:

—Juro por el Señor, y por ti mismo, que no voy a dejarte solo.

Entonces fueron juntos hasta Jericó. ⁵ Pero los profetas que vivían en Jericó salieron al encuentro de Eliseo y le dijeron:

—¿Sabes que el Señor va a quitarte hoy a tu maestro?

—Sí, ya lo sé —respondió Eliseo—, pero ustedes no digan nada.

⁶ Luego le dijo Elías:

—Quédate aquí, porque el Señor me ha enviado al Jordán.

Pero Eliseo le contestó:

—Te juro por el Señor, y por ti mismo, que no voy a dejarte solo.

Entonces fueron los dos. ⁷ Pero cincuenta profetas llegaron y se detuvieron a cierta distancia, frente a ellos; Elías y Eliseo, por su parte, se detuvieron a la orilla del río Jordán. ⁸ Entonces Elías tomó su capa, la enrolló y golpeó el agua, y el agua se hizo a uno y otro lado, y los dos cruzaron el río como por terreno seco. ⁹ En cuanto cruzaron, dijo Elías a Eliseo:

—Dime qué quieres que haga por ti antes que sea yo separado de tu lado.

Eliseo respondió:

—Quiero recibir una doble porción de tu espíritu.²

¹⁰ —No es poco lo que pides —dijo Elías—. Pero si logras verme cuando sea yo separado de ti, te será concedido. De lo contrario, no se te concederá.

¹¹ Y mientras ellos iban caminando y hablando, de pronto apareció un carro de fuego, con caballos también de fuego, que los separó, y Elías subió al cielo en un torbellino. ¹² Al ver esto, Eliseo gritó: "¡Padre mío, padre mío, que has sido para Israel como un poderoso ejército!"³

Después de esto no volvió a ver a Elías.

Eliseo sucede a Elías

Entonces Eliseo tomó su ropa y la rasgó en dos. ¹³ Luego recogió la capa que se le había caído a Elías, y regresó al Jordán y se detuvo en la orilla. ¹⁴ Acto seguido, golpeó el agua con la capa, y exclamó: "¿Dónde está el Señor, el Dios de Elías?"

Apenas había golpeado el agua, cuando ésta se hizo a uno y otro lado, y Eliseo volvió a cruzar el río. ¹⁵ Los profetas de Jericó, que estaban enfrente, dijeron al verlo: "¡El espíritu de Elías reposa ahora en Eliseo!"

Fueron entonces a su encuentro, e inclinándose ante él ¹⁶ le dijeron:

—Mira, entre nosotros, tus servidores, hay cincuenta valientes. Deja que vayan en busca de tu maestro, no sea que el espíritu de Dios lo haya alzado y arrojado sobre alguna montaña o en algún valle.

Pero él dijo:

—No, no manden ustedes a nadie.

¹⁷ Sin embargo, fue tanta la insistencia de ellos que al fin los dejó que mandaran a aquellos cincuenta hombres, los cuales estuvieron buscando a Elías durante tres días, pero no lo encontraron. ¹⁸ Entonces regresaron a Jericó, donde se había quedado Eliseo, y éste les dijo:

—Yo les advertí que no fueran.

Eliseo purifica el manantial de Jericó

¹⁹ Los habitantes de la ciudad dijeron entonces a Eliseo:

—Mira, la ciudad tiene una buena situación, como puedes ver, pero el agua es mala y la tierra estéril.⁴

²⁰ —Tráiganme un tazón nuevo, con sal —respondió Eliseo.

En cuanto le llevaron el tazón, ²¹ Eliseo fue al manantial y arrojó allí la sal, diciendo:

—Así dice el Señor: 'Yo he purificado esta agua, y nunca más causará muerte ni hará estéril la tierra.'⁵

²² Desde entonces el agua quedó purificada, tal como lo había dicho Eliseo.

²³ Después Eliseo se fue de allí a Betel. Cuando subía por el camino, un grupo de muchachos de la ciudad salió y comenzó a burlarse de él. Le gritaban: "¡Sube, calvo! ¡Sube, calvo!"

²⁴ Eliseo se volvió hacia ellos, los miró y los maldijo en el nombre del Señor. Al

---

² *Quiero recibir . . . espíritu:* aquí Eliseo apela al derecho de hijo mayor sobre la herencia. (Véase Dt 21.17.)   ³ *¡ . . . que has sido . . . ejército!:* aquí y en 13.14, lit. *carro de combate y soldado de caballería de Israel.*   ⁴ *Y la tierra estéril:* otra posible traducción: *y hace abortar a las mujeres.*   ⁵ *Ni hará estéril la tierra:* véase nota a v. 19.

instante salieron dos osos del bosque y despedazaron a cuarenta y dos de ellos. ²⁵ Luego Eliseo se fue al monte Carmelo, y de allí regresó a Samaria.

Reinado de Joram en Israel

3 ¹ En el año dieciocho del reinado de Josafat en Judá, Joram, hijo de Acab, comenzó a reinar sobre Israel, y reinó en Samaria doce años. ² Sus hechos fueron malos a los ojos del Señor, pero no tanto como los de su padre y su madre, ya que él quitó la piedra sagrada de Baal que su padre había hecho. ³ No obstante, cometió los mismos pecados de Jeroboam, hijo de Nabat, con los cuales había hecho pecar a Israel.

Eliseo predice la victoria sobre Moab

⁴ Mesa, el rey de Moab, se dedicaba a criar ovejas, y tenía que entregar como tributo al rey de Israel cien mil corderos y cien mil carneros con su lana. ⁵ Pero cuando Acab murió, el rey de Moab se rebeló contra el rey de Israel. ⁶ Entonces el rey Joram salió de Samaria y pasó revista a todo el ejército de Israel. ⁷ Luego mandó decir al rey de Judá: "El rey de Moab se ha rebelado contra mí. ¿Quieres acompañarme a luchar contra él?"

El rey de Judá respondió: "Te acompañaré, pues yo, lo mismo que mi ejército y mi caballería, estamos contigo y con tu gente. ⁸ Pero, ¿por qué camino atacaremos?" Y Joram contestó: "Por el camino del desierto de Edom."

⁹ Así pues, los reyes de Israel, Judá y Edom se pusieron en marcha. Pero como tuvieron que dar un rodeo de siete días, se les terminó el agua para el ejército y sus animales. ¹⁰ Entonces dijo el rey de Israel:

—¡Vaya! Parece que el Señor nos ha traído a nosotros, los tres reyes, para entregarnos en manos de los moabitas.

¹¹ Y Josafat preguntó:

—¿No hay por aquí algún profeta del Señor, para que consultemos al Señor por medio de él?

Uno de los oficiales del rey de Israel dijo:

—Aquí está Eliseo, hijo de Safat, que era asistente de Elías.

¹² —Pues tendrá algo que decir de parte del Señor —contestó Josafat.

Inmediatamente el rey de Israel, Josafat y el rey de Edom fueron a ver a Eliseo; ¹³ pero Eliseo dijo al rey de Israel:

—¿Qué tengo yo que ver contigo? Ve a consultar a los profetas de tus padres.

El rey de Israel insistió:

—No, porque el Señor nos ha traído

para que los tres reyes caigamos en manos de los moabitas.

¹⁴ Entonces Eliseo le dijo:

—Juro por el Señor todopoderoso, que me está viendo, que si no fuera porque respeto a Josafat, rey de Judá, no te prestaría yo atención ni te miraría siquiera. ¹⁵ ¡Vamos, tráiganme a un músico!

Y cuando el músico se puso a tocar, el Señor se posesionó de Eliseo; ¹⁶ y Eliseo dijo:

—El Señor ha dicho: 'Hagan muchas represas en este valle, ¹⁷ porque aunque no habrá viento ni verán ustedes llover, este valle se llenará de agua y todos ustedes beberán, lo mismo que sus ganados y sus bestias. ¹⁸ Y esto es sólo una pequeña muestra de lo que el Señor puede hacer, porque además él va a entregar a los moabitas en las manos de ustedes, ¹⁹ y ustedes destruirán todas las ciudades amuralladas y ciudades importantes, y cortarán todos los árboles frutales, cegarán todos los manantiales de agua y llenarán de piedras todos los terrenos de cultivo.

²⁰ En efecto, a la mañana siguiente, a la hora de presentar la ofrenda, de la parte de Edom vino el agua, la cual inundó el terreno. ²¹ Mientras tanto, los moabitas se habían enterado de que los reyes llegaban para atacarlos, por lo que llamaron a filas a todos los jóvenes y adultos en edad militar, y tomaron posiciones en la frontera. ²² Por la mañana temprano, cuando se levantaron, el sol se reflejaba sobre el agua, y los moabitas la vieron frente a ellos roja como la sangre. ²³ Entonces dijeron: "Eso es sangre. Lo que ha ocurrido es que los reyes han luchado entre sí, y se han destruido unos a otros. ¡Moabitas, vamos ahora a apoderarnos de las cosas que han dejado!"

²⁴ Pero al entrar los moabitas en el campamento israelita, los israelitas los atacaron y los hicieron huir. Entonces los israelitas los persiguieron y los mataron. ²⁵ Luego destruyeron las ciudades, llenaron de piedras los terrenos de cultivo, cegaron todos los manantiales y cortaron todos los árboles frutales. Sólo quedó en pie la ciudad de Kir-hareset. Pero los honderos la rodearon y la conquistaron. ²⁶ Cuando el rey de Moab se dio cuenta de que el ataque era superior a sus fuerzas, tomó setecientos soldados de infantería para abrir una brecha hacia donde estaba el rey de Edom. Pero no lograron hacerlo. ²⁷ Entonces tomó a su hijo mayor, que había de reinar en su lugar, y lo ofreció en holocausto sobre la muralla. Esto causó gran enojo contra los israelitas,ᵉ por

---

ᵉ *Esto causó gran enojo contra los israelitas:* otra posible traducción: *Esto causó un gran enojo de los israelitas.*

lo que ellos levantaron el campamento y regresaron a su país.

El milagro del aceite

4 ¹ Cierta mujer, que había sido esposa de uno de los profetas, fue a quejarse a Eliseo, diciéndole:

—Mi marido ha muerto, y usted sabe que él honraba al Señor. Ahora el prestamista ha venido y quiere llevarse a mis dos hijos como esclavos.

² Eliseo le preguntó:

—¿Qué puedo hacer por ti? Dime qué tienes en casa.

Ella le contestó:

—Esta servidora de usted no tiene nada en casa, excepto un jarrito de aceite.

³ Entonces Eliseo le dijo:

—Pues ve ahora y pide prestados a tus vecinos algunos jarros, ¡todos los jarros vacíos que puedas conseguir! ⁴ Luego métete en tu casa con tus hijos, cierra la puerta y ve llenando de aceite todos los jarros y poniendo aparte los llenos.

⁵ La mujer se despidió de Eliseo y se encerró con sus hijos. Entonces empezó a llenar los jarros que ellos le iban llevando. ⁶ Y cuando todos los jarros estuvieron llenos, le ordenó a uno de ellos:

—Tráeme otro jarro más.

Pero su hijo le respondió:

—No hay más jarros.

En ese momento el aceite dejó de correr. ⁷ Después fue ella y se lo contó al profeta, y éste le dijo:

—Ve ahora a vender el aceite, y paga tu deuda. Con el resto podrán vivir tú y tus hijos.

Eliseo y la mujer de Sunem

⁸ Un día en que Eliseo pasó por Sunem, una mujer importante que allí vivía lo invitó con mucha insistencia a que pasara a comer. Y cada vez que Eliseo pasaba por allí, se quedaba a comer. ⁹ Entonces ella le dijo a su marido:

—Mira, yo sé que este hombre que cada vez que pasa nos visita, es un santo profeta de Dios. ¹⁰ Vamos a construir en la azotea un cuarto para él. Le pondremos una cama, una mesa, una silla y una lámpara. Así, cuando él venga a visitarnos, podrá quedarse allí.

¹¹ Una vez en que llegó a ese cuarto para quedarse a dormir en él, ¹² le dijo a Giezi, su criado:

—Llama a la señora sunamita.

El criado la llamó, y cuando ella se presentó ante él, Eliseo ordenó al criado:

¹³ —Dile a esta señora que ha sido tan amable con nosotros, que si podemos hacer algo por ella; que si quiere que hablemos en su favor con el rey o con el jefe del ejército.

—Yo estoy bien aquí entre mi propia gente —respondió ella.

¹⁴ —Entonces, ¿qué podemos hacer por ella?

—No sé —respondió Giezi—. No tiene hijos, y su marido es anciano.

¹⁵ —Llámala —dijo Eliseo.

El criado fue a llamarla, pero ella se quedó de pie en la puerta. ¹⁶ Entonces Eliseo le dijo:

—Para el año que viene, por este tiempo, tendrás un hijo en tus brazos.

Ella respondió:

—No, mi señor, no engañe un hombre de Dios a su servidora.

¹⁷ Pero tal como Eliseo se lo anunció, ella quedó embarazada y al año siguiente dio a luz un hijo. ¹⁸ Y el niño creció. Pero un día en que salió a ver a su padre, que estaba con los segadores, ¹⁹ comenzó a gritarle a éste:

—¡Ay, mi cabeza! ¡Me duele la cabeza!

Entonces su padre dijo a un criado:

—Llévalo con su madre.

²⁰ El criado lo tomó y lo llevó a donde estaba su madre, la cual lo sentó sobre sus rodillas hasta el mediodía. Entonces el niño murió. ²¹ Pero ella lo subió al cuarto del profeta, lo puso sobre la cama y salió, dejando cerrada la puerta. ²² Luego llamó a su marido y le dijo:

—Envíame un criado con una asna, para que yo vaya a ver al profeta. Luego volveré.

²³ —¿Por qué vas a verlo hoy? —preguntó su marido— No es luna nueva ni día de reposo.⁷

—No te preocupes —contestó ella.

²⁴ Y ordenó que le aparejaran el asna, y dijo a su criado:

—Vamos, adelántate. Y hasta que yo te lo diga, no hagas que me detenga.

²⁵ Así ella se fue y llegó al monte Carmelo, donde estaba el profeta. Cuando Eliseo la vio venir a lo lejos, dijo a Giezi, su criado:

—Mira, es la señora sunamita. ²⁶ Corre a recibirla y pregúntale cómo está, y cómo están su marido y su hijo.

El criado fue, y ella le dijo que estaban bien. ²⁷ Luego llegó al monte en donde se encontraba Eliseo, y se abrazó a sus pies. Giezi se acercó para apartarla, pero Eliseo le ordenó:

—Déjala, porque está muy angustiada, y hasta ahora el Señor no me ha dicho lo que le ocurre.

⁷ *Día de reposo*: aquí equivale a *sábado*.

²⁸ Entonces ella le dijo:

—Señor, ¿acaso le pedí a usted tener un hijo? ¿No le pedí a usted que no me engañara?

²⁹ Eliseo dijo entonces a Giezi:

—Prepárate, toma mi bastón y ve allá. Si te encuentras con alguien, no lo saludes; y si alguien te saluda, no le respondas. Luego coloca mi bastón sobre la cara del niño.

³⁰ Pero la madre del niño dijo a Eliseo:

—Juro por el Señor, y por usted mismo, que de aquí no me iré sin usted.

Entonces Eliseo se fue con ella. ³¹ Mientras tanto, Giezi se había adelantado a ellos y había colocado el bastón sobre la cara del muchacho, pero éste no daba la menor señal de vida; así que Giezi fue al encuentro de Eliseo y le dijo:

—El niño no vuelve en sí.

³² Cuando Eliseo entró en la casa, el niño ya estaba muerto, tendido sobre la cama. ³³ Entonces entró, y cerrando la puerta se puso a orar al Señor. Sólo él y el niño estaban adentro. ³⁴ Luego se subió a la cama y se acostó sobre el niño, colocando su boca, sus ojos y sus manos contra los del niño y estrechando su cuerpo contra el suyo. El cuerpo del niño empezó a entrar en calor. ³⁵ Eliseo se levantó entonces y anduvo de un lado a otro por la habitación; luego se subió otra vez a la cama y volvió a estrechar su cuerpo contra el del niño. De pronto el muchacho estornudó siete veces, y abrió los ojos. ³⁶ Eliseo llamó a Giezi, y le dijo:

—Llama a la señora sunamita.

Giezi lo hizo así, y cuando ella llegó a donde estaba Eliseo, éste le dijo:

—Aquí tienes a tu hijo.

³⁷ La mujer se acercó y se arrojó a los pies de Eliseo; luego tomó a su hijo y salió de la habitación.

El milagro de la comida

³⁸ Después de esto, Eliseo regresó a Gilgal. Por aquel tiempo hubo mucha hambre en aquella región, y una vez en que los profetas estaban sentados alrededor de Eliseo, dijo éste a su criado: "Pon la olla grande en el fuego, y haz un guisado para los profetas."

³⁹ Uno de ellos salió al campo a recoger algunas hierbas, y encontró un arbusto silvestre del cual tomó unos frutos, como calabazas silvestres, con los que llenó su capa. Cuando volvió, los rebanó y los echó dentro del guisado, sin saber lo que eran. ⁴⁰ Después se sirvió de comer a los profetas, y al empezar a comer el guisado, ellos gritaron:

—¡Profeta, este guisado está envenenado!

Y ya no lo comieron. ⁴¹ Pero Eliseo ordenó:

—Tráiganme un poco de harina.

Y echando la harina dentro de la olla, ordenó:

—¡Ahora sírvanle de comer a la gente!

Y la gente comió, y ya no había nada malo en la olla.

⁴² Después llegó un hombre de Baal-salisa llevando a Eliseo veinte panes de cebada recién horneados, y trigo fresco en su morral. Eliseo ordenó entonces a su criado:

—Dáselo a la gente para que coma.

⁴³ Pero el criado respondió:

—¿Cómo voy a dar esto a cien personas?

Y Eliseo contestó:

—Dáselo a la gente para que coma, porque el Señor ha dicho que comerán y habrá de sobra.

⁴⁴ Así pues, el criado les sirvió, y ellos comieron y hubo de sobra, como el Señor lo había dicho.

Naamán es sanado de su lepra

5 ¹ Había un hombre llamado Naamán,ᵉ jefe del ejército del rey de Siria, muy estimado y favorecido por su rey, porque el Señor había dado la victoria a Siria por medio de él. Pero este hombre estaba enfermo de lepra. ² En una de las correrías de los sirios contra los israelitas, una muchachita fue hecha cautiva, y se quedó al servicio de la mujer de Naamán. ³ Esta muchachita dijo a su ama:

—Si mi amo fuera a ver al profeta que está en Samaria, quedaría curado de su lepra.

⁴ Naamán fue y le contó a su rey lo que había dicho aquella muchacha. ⁵ Y el rey de Siria le respondió:

—Está bien, ve, que yo mandaré una carta al rey de Israel.

Entonces Naamán se fue. Tomó treinta mil monedas de plata, seis mil monedas de oro y diez mudas de ropa, ⁶ y le llevó al rey de Israel la carta, que decía: "Cuando recibas esta carta, sabrás que envío a Naamán, uno de mis oficiales, para que lo sanes de su lepra."

⁷ Cuando el rey de Israel leyó la carta, se rasgó la ropa en señal de aflicción y dijo:

—¿Acaso soy Dios, que da la vida y la quita, para que éste me mande un hombre a que lo cure de su lepra? ¡Fíjense bien y

ᵉ 5.1–14 Lc 4.27.

verán que está buscando un pretexto contra mí!

[8] Al enterarse el profeta Eliseo de que el rey se había rasgado la ropa por aquella carta, le mandó a decir: "¿Por qué te has rasgado la ropa? Que venga ese hombre a verme, y sabrá que hay un profeta en Israel."

[9] Naamán fue, con su carro y sus caballos, y se detuvo a la puerta de la casa de Eliseo. [10] Pero Eliseo envió un mensajero a que le dijera: "Ve y lávate siete veces en el río Jordán, y tu cuerpo quedará limpio de la lepra."

[11] Naamán se enfureció, y se fue diciendo:

—Yo pensé que iba a salir a recibirme, y que de pie iba a invocar al Señor su Dios, y que luego iba a mover su mano sobre la parte enferma, y que así me quitaría la lepra. [12] ¿No son los ríos de Damasco, el Abana y el Farfar, mejores que todos los ríos de Israel? ¿No podría yo haber ido a lavarme en ellos y quedar limpio?

Y muy enojado se fue de allí. [13] Pero sus criados se acercaron a él y le dijeron:

—Señor, si el profeta le hubiera mandado hacer algo difícil, ¿no lo habría hecho usted? Pues con mayor razón si sólo le ha dicho que se lave usted y quedará limpio.

[14] Naamán fue y se sumergió siete veces en el Jordán, según se lo había ordenado el profeta, y su carne se volvió como la de un jovencito, y quedó limpio. [15] Entonces él y todos sus acompañantes fueron a ver a Eliseo. Al llegar ante él, Naamán le dijo:

—¡Ahora estoy convencido de que en toda la tierra no hay Dios, sino sólo en Israel! Por lo tanto, te ruego que aceptes un regalo de este servidor tuyo.

[16] Pero Eliseo le contestó:

—Juro por el Señor, que me está viendo, que no lo aceptaré.

Y aunque Naamán insistió, Eliseo se negó a aceptarlo. [17] Entonces Naamán dijo:

—En ese caso permite que me lleve dos cargas de mula de tierra de Israel; porque este servidor tuyo no volverá a ofrecer holocaustos ni sacrificios a otros dioses, sino al Señor. [18] Solamente ruego al Señor que me perdone una cosa: que cuando mi soberano vaya a adorar al templo de Rimón, y se apoye en mi brazo, y yo tenga que arrodillarme en ese templo, que el Señor me perdone por esto.

[19] Eliseo le respondió:

—Vete tranquilo.

Naamán se fue de allí. Y cuando ya iba a cierta distancia, [20] Giezi, el criado del profeta Eliseo, pensó: "Mi señor ha dejado ir a Naamán el sirio sin aceptar nada de lo que él trajo. Juro por el Señor que voy a

seguirlo rápidamente, a ver qué puedo conseguir de él."

[21] Y se fue Giezi tras Naamán; y cuando éste lo vio detrás de él, se bajó de su carro para recibirlo, y le preguntó:

—¿Pasa algo malo?

[22] —No, nada —contestó Giezi—. Pero mi amo me ha enviado a decirle a usted que acaban de llegar dos profetas jóvenes, que vienen de los montes de Efraín, y ruega a usted que les dé tres mil monedas de plata y dos mudas de ropa.

[23] Naamán respondió:

—Por favor, toma seis mil monedas de plata.

E insistiendo Naamán en que las aceptara, las metió en dos sacos junto con las dos mudas de ropa y se lo entregó todo a dos de sus criados para que lo llevaran delante de Giezi. [24] Cuando llegaron a la colina, Giezi tomó la plata que llevaban los criados, la guardó en la casa y los despidió. [25] Luego fue y se presentó ante su amo, y Eliseo le preguntó:

—¿De dónde vienes, Giezi?

—Yo no he ido a ninguna parte —contestó Giezi.

[26] Pero Eliseo insistió:

—Cuando cierto hombre se bajó de su carro para recibirte, yo estaba allí contigo, en el pensamiento. Pero éste no es el momento de recibir dinero y mudas de ropa, ni de comprar huertos, viñedos, ovejas, bueyes, criados y criadas. [27] Por lo tanto, la lepra de Naamán se te pegará a ti y a tu descendencia para siempre.

Y cuando Giezi se separó de Eliseo, estaba tan leproso que se veía blanco como la nieve.

El milagro del hacha

6 [1] Un día, los profetas dijeron a Eliseo:

—Mira, el lugar donde vivimos contigo es demasiado estrecho para nosotros. [2] Permítenos ir al río Jordán y tomar cada uno de nosotros un tronco, para construir allí un lugar donde vivir.

—Vayan, pues —respondió Eliseo.

[3] —Por favor, acompáñanos —dijo uno de ellos.

—Muy bien, los acompañaré —contestó él.

[4] Y Eliseo fue con ellos hasta el Jordán, y allí se pusieron a cortar árboles. [5] Pero ocurrió que, al cortar uno un tronco, el hacha se le cayó al agua. Entonces gritó:

—¡Ay, maestro! ¡Esa hacha era prestada!

[6] —¿Dónde cayó? —le preguntó el profeta.

El otro señaló el lugar. Entonces Eliseo cortó un palo, lo arrojó allí e hizo que el hacha saliera a flote.

⁷ —Recógela —ordenó Eliseo.

El otro extendió la mano y recogió el hacha.

Eliseo y los sirios

⁸ El rey de Siria estaba en guerra con Israel, y en un consejo que celebró con sus oficiales, dijo en qué lugares planeaba acampar. ⁹ Entonces Eliseo mandó decir al rey de Israel que procurara no pasar por aquellos lugares, porque los sirios iban hacia allá. ¹⁰ De esa manera el rey de Israel envió su ejército al lugar que el profeta le había dicho al prevenirlo, y así se salvó en varias ocasiones.

¹¹ El rey de Siria estaba muy confuso por ese motivo, así que llamó a sus oficiales y les dijo:

—¡Díganme quién de los nuestros está de parte del rey de Israel!

¹² Uno de ellos contestó:

—Nadie, Majestad. Pero Eliseo, el profeta que está en Israel, le hace saber al rey de Israel todo lo que Su Majestad dice incluso en la intimidad de su dormitorio.

¹³ Entonces el rey de Siria ordenó:

—Averigüen dónde está, para que envíe yo unos hombres a que lo capturen.

Cuando le dijeron que estaba en Dotán, ¹⁴ envió un destacamento de caballería, y carros de combate, y mucha infantería, que llegaron de noche a Dotán y rodearon la ciudad. ¹⁵ A la mañana siguiente se levantó el criado de Eliseo, y al salir vio aquel ejército que rodeaba la ciudad con caballería y carros de combate; entonces fue a decirle a Eliseo:

—Y ahora, maestro, ¿qué vamos a hacer?

¹⁶ Eliseo le respondió:

—No tengas miedo, porque son más los que están con nosotros que los que están con ellos.

¹⁷ Y oró Eliseo al Señor, diciendo: "Te ruego, Señor, que abras sus ojos, para que vea." El Señor abrió entonces los ojos del criado, y éste vio que la montaña estaba llena de caballería y de carros de fuego alrededor de Eliseo.

¹⁸ Cuando ya los sirios iban a atacarlo, Eliseo rogó al Señor:

—"Te pido que dejes ciega a esta gente."

Y el Señor los dejó ciegos, conforme a la petición de Eliseo. ¹⁹ Entonces Eliseo les dijo:

—Este no es el camino, ni es ésta la ciudad que buscan. Síganme, y yo los llevaré hasta el hombre que buscan.

Y los llevó a Samaria. ²⁰ Al llegar allí, Eliseo hizo esta oración: "Ahora, Señor, ábreles los ojos, para que puedan ver." Entonces ellos vieron que estaban dentro de Samaria. ²¹ Y cuando el rey de Israel los vio, preguntó a Eliseo:

—¿Los mato, padre mío, los mato?

²² Pero Eliseo respondió:

—No, no los mates. ¿Acaso acostumbras matar a quienes has hecho prisioneros con tu espada y con tu arco? Dales de comer y beber, y luego devuélvelos a su señor.

²³ Se les hizo entonces una gran fiesta, y comieron y bebieron. Luego el rey los despidió, y ellos volvieron a su señor. Desde entonces los sirios dejaron de hacer correrías en territorio israelita.

Eliseo y el sitio de Samaria

²⁴ Después de esto, Ben-adad, rey de Siria, reunió todo su ejército y fue y rodeó a Samaria para atacarla. ²⁵ Hubo entonces gran hambre en Samaria, pues el cerco fue tan cerrado que una cabeza de asno llegó a costar ochenta monedas de plata, y un cuarto de litro de estiércol de paloma,⁸ cinco monedas de plata.

²⁶ Un día, el rey de Israel pasaba sobre la muralla, y una mujer le gritó:

—¡Majestad, ayúdeme!

²⁷ El rey respondió:

—Si el Señor no te ayuda, ¿cómo quieres que lo haga yo? ¿Acaso puedo darte trigo, o vino? ²⁸ ¿Qué es lo que te pasa?

Ella contestó:

—Esta mujer me dijo que entregara mi hijo para que nos lo comiéramos hoy, y que mañana nos comeríamos el suyo. ²⁹ Entonces guisamos a mi hijo, y nos lo comimos.ᶠ Al día siguiente yo le dije que entregara a su hijo para que nos lo comiéramos, pero ella lo ha escondido.

³⁰ Al escuchar el rey lo que esa mujer decía, se rasgó las ropas en señal de furor. Como estaba sobre la muralla, la gente vio que sobre la piel vestía ropas ásperas. ³¹ Y el rey exclamó: "¡Que Dios me castigue duramente si este mismo día no le corto la cabeza a Eliseo, el hijo de Safat!"

³² Eliseo estaba en su casa, sentado con los ancianos. Mientras tanto, el rey había enviado a uno de sus hombres. Pero antes de que el enviado del rey llegara, Eliseo dijo a los ancianos:

—Vean cómo este asesino ha enviado a alguien a cortarme la cabeza. Pero pongan atención, y cuando llegue su enviado cierren la puerta y sosténganla contra él, pues detrás de él se oyen los pasos de su amo.

---

⁸ *Estiércol de paloma:* probablemente el nombre de una planta no identificada.
ᶠ **6.29** Dt 28.57.

³³ Aún estaba hablando con ellos, cuando el mensajero llegó ante Eliseo y dijo:

—Ya que esta desgracia nos la ha enviado el Señor, ¿qué más puedo esperar de él?

7 ¹ Eliseo respondió:

—Escucha la palabra del Señor. El Señor dice: 'Mañana a estas horas, a la entrada de Samaria se podrán comprar siete litros de harina por una sola moneda de plata, y también por una moneda de plata se podrán comprar quince litros de cebada.'

² El ayudante personal del rey respondió al profeta:

—Aun si el Señor abriera ventanas en el cielo, no podría suceder lo que has dicho.

Pero Eliseo contestó:

—Pues tú lo verás con tus propios ojos, pero no comerás de ello.

³ Mientras tanto, cuatro leprosos que había a la entrada de la ciudad se dijeron entre sí:

—¿Qué hacemos aquí sentados esperando la muerte? ⁴ Si nos decidimos a entrar en la ciudad, moriremos, pues hay una gran hambre allí dentro; y si nos quedamos aquí sentados, también moriremos. Pasémonos, pues, al campamento sirio; si nos perdonan la vida, viviremos; y si nos matan, de todos modos vamos a morir.

⁵ Así pues, se levantaron al anochecer y se dirigieron al campamento sirio; pero cuando ya estuvieron cerca, se dieron cuenta de que no había nadie. ⁶ Y era que el Señor había hecho que el ejército sirio oyera ruido de carros de combate, de caballería y de un gran ejército; los sirios pensaron entonces que el rey de Israel había contratado a los reyes hititas y a los reyes egipcios, para que los atacaran. ⁷ Por eso se levantaron y huyeron al anochecer, abandonando sus tiendas de campaña, sus caballos y sus asnos, y dejando el campamento tal como estaba para escapar con vida. ⁸ Al llegar los leprosos a los alrededores del campamento, penetraron en una tienda y se pusieron a comer y beber; se apoderaron de plata, oro y ropa, y luego fueron y lo escondieron. Después volvieron y entraron en otra tienda, y también de allí tomaron cosas y fueron a esconderlas. ⁹ Pero luego dijeron entre sí:

—No estamos haciendo bien. Hoy es día de llevar buenas noticias, y nosotros nos las estamos callando. Si esperamos hasta la mañana, nos considerarán culpables. Es mejor que vayamos al palacio y demos aviso.

¹⁰ Fueron entonces y llamaron a los centinelas de la ciudad, y les dijeron:

—Hemos ido al campamento sirio, y no había absolutamente nadie; ni siquiera se oía hablar a nadie. Sólo estaban los caballos y los asnos atados, y las tiendas de campaña tal como las instalaron.

¹¹ Los que vigilaban la entrada de la ciudad llamaron en seguida a los de palacio. ¹² Entonces se levantó el rey, y aunque era de noche dijo a sus oficiales:

—Voy a explicarles lo que tratan de hacernos los sirios. Como saben que estamos sufriendo hambre, han salido del campamento y se han escondido en el campo, pensando que cuando nosotros salgamos de la ciudad, ellos nos atraparán vivos y entrarán en la ciudad.

¹³ Pero uno de sus oficiales dijo:

—Que se envíen unos hombres en cinco de los caballos que quedan, y veamos qué pasa. Si viven o mueren, su situación no será mejor ni peor que la de los demás israelitas que quedamos aquí.⁹

¹⁴ Así que tomaron dos carros con caballos, y el rey los mandó al campamento sirio con órdenes de inspeccionar. ¹⁵ Ellos fueron siguiendo el rastro de los sirios hasta el Jordán, y vieron que todo el camino estaba lleno de ropa y objetos que los sirios habían arrojado con las prisas por escapar. Luego regresaron los enviados del rey y le contaron lo que habían visto. ¹⁶ En seguida la gente salió y saqueó el campamento sirio. Y, conforme a lo anunciado por el Señor, la harina se vendió a razón de siete litros por una moneda de plata; y la cebada, a razón de quince litros por una moneda de plata.

¹⁷ El rey ordenó a su ayudante personal que se encargara de cuidar la entrada de la ciudad, pero la gente lo atropelló en la puerta y murió, conforme a lo que había dicho el profeta cuando el rey fue a verlo. ¹⁸ Ocurrió, pues, lo que el profeta había anunciado al rey cuando le dijo que a la entrada de Samaria se comprarían siete litros de harina, o quince litros de cebada, con una sola moneda de plata. ¹⁹ El oficial había respondido a profeta que, aun si el Señor abriera ventanas en el cielo, no podría suceder aquello. Eliseo, por su parte, le había contestado que lo vería con sus propios ojos, pero no comería de ello. ²⁰ En efecto, así sucedió, porque la gente lo atropelló a la entrada de la ciudad y murió.

La mujer de Sunem recupera sus bienes

8 ¹ Eliseo habló con la mujer a cuyo hijo había revivido,^e y le dijo que se fueran ella y su familia a vivir a otro lugar,

---

⁹ *Que se envíen . . . quedamos aquí:* traducción probable. Heb. oscuro.
^e **8.1** 2 R 4.8–37.

2 REYES 8 320

porque el Señor había anunciado una gran hambre en el país, que duraría siete años. [2] La mujer se preparó e hizo lo que el profeta le aconsejó: se fue con su familia a territorio filisteo, y allí se quedó a vivir siete años. [3] Pasado este tiempo, la mujer regresó de territorio filisteo, y fue a ver al rey para reclamar la devolución de su casa y sus tierras. [4] El rey estaba hablando con Giezi, el criado del profeta Eliseo, pues le había pedido que le contara todas las maravillas que Eliseo había realizado. [5] Y en el momento en que Giezi le estaba contando al rey cómo Eliseo había revivido al hijo de una mujer, llegó ésta a reclamar al rey su casa y sus tierras. Entonces Giezi dijo al rey:

—Majestad, ésta es la mujer, y éste es su hijo, a quien Eliseo revivió.

[6] El rey hizo preguntas a la mujer, y ella le contó su historia. Después el rey ordenó a un oficial de su confianza[10] que se encargara de que fueran devueltas a la mujer todas sus propiedades y todo lo que habían producido sus tierras desde que había salido del país hasta aquel momento.

Hazael, rey de Siria

[7] Después Eliseo fue a Damasco. En aquel tiempo estaba enfermo Ben-adad, el rey de Siria, y le dijeron que había llegado el profeta. [8] Entonces dijo el rey a Hazael:

—Toma un regalo y vete a ver al profeta. Pídele que consulte al Señor para saber si sobreviviré a esta enfermedad.

[9] Hazael fue a ver al profeta, y le llevó regalos de los mejores productos de Damasco, cargados en cuarenta camellos. Cuando llegó ante él, le dijo:

—Ben-adad, rey de Siria, quien te ve como a un padre, me envía a preguntarte si sobrevivirá a su enfermedad.

[10] Eliseo le respondió:

—Ve y dile que sobrevivirá a su enfermedad, aunque el Señor me ha hecho saber que de todos modos va a morir.

[11] De pronto Eliseo se quedó mirando fijamente a Hazael, lo que hizo que éste se sintiera incómodo. Luego el profeta se echó a llorar, [12] y Hazael le preguntó:

—¿Por qué lloras, mi señor?

Eliseo respondió:

—Porque sé que vas a causarles daño a los israelitas, pues vas a prender fuego a sus fortalezas, a matar a filo de espada a sus jóvenes, a asesinar a sus pequeñuelos y a abrirles el vientre a las mujeres embarazadas.

[13] Hazael contestó:

—¡Pero si yo no soy más que un pobre perro! ¿Cómo podría hacer tal cosa?

Y Eliseo respondió:

—El Señor me ha hecho saber que tú vas a ser rey de Siria.[h]

[14] Hazael se despidió de Eliseo y se presentó ante su soberano, quien le preguntó:

—¿Qué te ha dicho Eliseo?

Hazael contestó:

—Me ha dicho que vas a sobrevivir a tu enfermedad.

[15] Pero al día siguiente Hazael fue y tomó una manta, y luego de empaparla de agua, se la puso al rey sobre la cara, y el rey murió. Después de esto, Hazael reinó en su lugar.

Reinado de Joram en Judá
(2 Cr 21.1–20)

[16] En el quinto año del reinado de Joram, hijo de Acab, en Israel, Joram, hijo de Josafat, comenzó a reinar en Judá. [17] Tenía treinta y dos años cuando comenzó a reinar, y reinó en Jerusalén ocho años. [18] Pero siguió los pasos de los reyes de Israel y de la descendencia de Acab, pues su mujer era de la descendencia de Acab; así que sus hechos fueron malos a los ojos del Señor. [19] Pero el Señor no quiso destruir a Judá, por consideración a su siervo David, a quien prometió que siempre tendría ante él[11] una lámpara encendida.[i]

[20] Durante el reinado de Joram, Edom se rebeló contra el dominio de Judá[j] y nombró su propio rey. [21] Entonces Joram se dirigió a Zair con todos sus carros de combate, y durante la noche se levantaron él y los capitanes de los carros de combate y atacaron a los edomitas que los habían rodeado, y los hicieron huir. [22] Pero Edom logró hacerse independiente de Judá hasta el presente. También en aquel tiempo se hizo independiente la ciudad de Libna.

[23] El resto de la historia de Joram y de todo lo que hizo, está escrito en el libro de las crónicas de los reyes de Judá. [24] Cuando Joram murió, lo enterraron con sus padres en la Ciudad de David. Después reinó en su lugar su hijo Ocozías.

Reinado de Ocozías en Judá
(2 Cr 22.1–6)

[25] En el año doce del reinado de Joram, hijo de Acab, en Israel, Ocozías, hijo de Joram, rey de Judá, comenzó a reinar. [26] Tenía veintidós años cuando empezó a reinar, y reinó en Jerusalén un año. Su madre se llamaba Atalía, y era descendiente de Omri, rey de Israel. [27] Ocozías si-

[10] *Oficial de su confianza:* lit. *eunuco.* Véase *Glosario* anexo. [h] **8.13** 1 R 19.15. [i] **8.19** 1 R 11.36. [j] **8.20** Gn 27.40.   [11] *Ante él:* texto probable. Heb. *a sus hijos.*

guió los pasos de Acab y su dinastía, y por causa de sus relaciones familiares con la casa de Acab, sus hechos fueron malos a los ojos del Señor.

²⁸ Ocozías se alió con Joram, hijo de Acab, para pelear en Ramot de Galaad contra Hazael, rey de Siria. Pero los sirios hirieron a Joram, ²⁹ y éste regresó a Jezreel para curarse de las heridas que le habían hecho los sirios en Ramot durante el combate contra Hazael, rey de Siria. Entonces, como Joram estaba enfermo, Ocozías fue a Jezreel a visitarlo.

Jehú es consagrado rey de Israel

9 ¹ El profeta Eliseo llamó a uno del grupo de los profetas, y le dijo:

—Prepárate para salir. Toma este frasco de aceite y ve a Ramot de Galaad; ² cuando llegues allá, ve en busca de Jehú, hijo de Josafat y nieto de Nimsi. Entra en donde él se encuentre, apártalo de sus compañeros y llévalo a otra habitación; ³ toma entonces el frasco de aceite y derrámalo sobre su cabeza, diciendo: 'Así dice el Señor: Yo te consagro como rey de Israel.' Abre luego la puerta y huye sin detenerte.

⁴ El joven profeta fue a Ramot de Galaad, ⁵ y cuando llegó allí, encontró reunidos a los capitanes del ejército. Entonces dijo:

—Tengo algo que comunicar a mi capitán.

—¿A cuál de todos nosotros? —respondió Jehú.

—A usted, mi capitán —contestó el profeta.

⁶ En seguida Jehú se levantó y entró en la habitación. Entonces el profeta derramó el aceite sobre su cabeza, y le anunció:

—El Señor, Dios de Israel, dice: 'Yo te consagro como rey de Israel, mi pueblo.ᵏ ⁷ Tú acabarás con la descendencia de Acab, a tu amo, y así vengarás la sangre de mis profetas y de todos mis siervos, derramada por Jezabel. ⁸ Toda la familia de Acab será destruida; acabaré con todos sus varones en Israel, y ninguno quedará con vida. ⁹ Voy a hacer con la descendencia de Acab lo mismo que hice con la de Jeroboam, hijo de Nabat, y con la de Baasa, hijo de Ahías. ¹⁰ En cuanto a Jezabel, se la comerán los perros en el campo de Jezreel,ˡ y no habrá quien la entierre.'

Dicho esto, el profeta abrió la puerta y huyó. ¹¹ Y cuando Jehú fue a reunirse con los oficiales de su amo, éstos le preguntaron:

—¿Qué pasa? ¿Para qué ha venido a verte ese loco?

—Pues ustedes lo conocen, y conocen también su modo de hablar —dijo Jehú.

¹² —No nos engañes —contestaron ellos—. ¡Vamos, cuéntanoslo todo!

Entonces Jehú les respondió:

—Pues me dijo lo siguiente: 'Así dice el Señor: Yo te consagro como rey de Israel.'

¹³ Al momento cada uno de ellos tomó su capa y la tendió a sus pies, sobre los escalones. Luego tocaron el cuerno de carnero y gritaron: "¡Jehú es el rey!"

Jehú mata a Joram, rey de Israel

¹⁴ Jehú, hijo de Josafat y nieto de Nimsi, conspiró contra Joram. Joram, que había estado con todos los de Israel defendiendo Ramot de Galaad del ataque de Hazael, rey de Siria, ¹⁵ había vuelto a Jezreel para curarse de las heridas que le habían hecho los sirios en el combate contra Hazael. Jehú dijo entonces a sus compañeros que, si en verdad querían que él fuera su rey, no permitieran que nadie saliera de la ciudad para dar la noticia en Jezreel. ¹⁶ Luego montó en su carro de combate y se fue a Jezreel, donde Joram estaba en cama. También Ocozías, rey de Judá, había ido a visitar a Joram. ¹⁷ Cuando el centinela que estaba en la torre de Jezreel vio acercarse el grupo de Jehú, gritó:

—¡Viene gente!

Entonces Joram ordenó:

—Manden a su encuentro un hombre a caballo, para que les pregunte si vienen en son de paz.

¹⁸ El jinete fue al encuentro de Jehú, y le dijo:

—El rey manda preguntar si vienen en son de paz.

Jehú le contestó

—Eso no es asunto tuyo. ¡Ponte ahí detrás de mí!

Entonces el centinela informó:

—El mensajero ha llegado hasta ellos, pero no se le ve regresar.

¹⁹ Al momento envió el rey otro hombre a caballo, el cual llegó a ellos y dijo:

—El rey manda preguntar si vienen en son de paz.

Jehú respondió:

—Eso no es asunto tuyo. ¡Ponte ahí detrás de mí!

²⁰ El centinela informó de nuevo:

—El otro ha llegado también hasta ellos, pero no se le ve regresar. Y parece que quien conduce el carro es Jehú, el nieto de Nimsi, porque lo conduce como un loco, conforme a su manera de ser.

²¹ Entonces Joram ordenó:

—¡Enganchen mi carro de combate!

Engancharon su carro, y Joram, rey de Israel, y Ocozías, rey de Judá, salieron,

ᵏ **9.6** 1 R 19.16.   ˡ **9.10** 1 R 21.23.

cada uno en su carro de combate, al encuentro de Jehú. Lo encontraron en la propiedad de Nabot de Jezreel. ²² Y al ver Joram a Jehú, le dijo:

—¿Vienes en son de paz, Jehú?

Jehú respondió:

—¿Qué paz puede haber mientras tu madre, Jezabel, siga con sus prostituciones¹² y sus muchas hechicerías?

²³ En seguida Joram dio la vuelta y huyó, mientras le gritaba a Ocozías:

—¡Traición, Ocozías!

²⁴ Pero Jehú tendió su arco y disparó una flecha contra Joram, la cual le entró por la espalda y le atravesó el corazón, y Joram cayó herido de muerte sobre su carro. ²⁵ Jehú ordenó entonces a Bidcar, su ayudante:

—Sácalo de ahí y échalo en el campo de Nabot de Jezreel, porque recuerdo que cuando tú y yo conducíamos juntos los carros de combate de Acab, su padre, el Señor pronunció esta sentencia contra él: ²⁶ 'Así como ayer vi la sangre de Nabot y de sus hijos, así te daré tu merecido en este mismo terreno.ᵐ Yo, el Señor, lo afirmo.' Así que agárralo y échalo en el campo de Nabot, según lo anunció el Señor.

Jehú mata a Ocozías
(2 Cr 22.7–9)

²⁷ Cuando Ocozías, rey de Judá, vio lo que sucedía, huyó hacia Bet-hagan. Pero Jehú lo persiguió, y ordenó:

—¡Mátenlo a él también!

Lo hirieron de muerte en su carro, en la cuesta de Gur, junto a Ibleam, pero él huyó hasta Meguido. Allí murió. ²⁸ Después sus criados lo llevaron a Jerusalén en un carro, y lo enterraron en su sepulcro familiar en la Ciudad de David.

²⁹ Ocozías había comenzado a reinar sobre Judá en el año once del reinado de Joram, hijo de Acab.

Muerte de Jezabel

³⁰ Jehú se fue entonces a Jezreel. Al saberlo, Jezabel se pintó sombras alrededor de los ojos y se adornó el cabello; luego se asomó a una ventana. ³¹ Y cuando Jehú llegó a la entrada de la ciudad, ella le dijo:

—¿Cómo estás, Zimri,¹³ asesino de tu señor?

³² Jehú miró hacia la ventana, y dijo:

—¿Quién está de mi parte?

Dos o tres oficiales de palacio se asomaron a verlo, ³³ y Jehú les ordenó:

—¡Échenla abajo!

Ellos la echaron abajo, y parte de su sangre salpicó la pared y los caballos, los cuales pisotearon a Jezabel. ³⁴ Luego Jehú se fue a comer y beber.

Más tarde, Jehú ordenó:

—Encárguense de esa maldita mujer, y entiérrenla; porque después de todo era hija de un rey.

³⁵ Pero cuando fueron a enterrarla, sólo encontraron de ella el cráneo, los pies y las palmas de las manos. ³⁶ Entonces regresaron a comunicárselo a Jehú, y Jehú comentó:

—Ya el Señor había dicho por medio de su siervo Elías, el de Tisbe, que los perros se comerían el cuerpo de Jezabel en el campo de Jezreel,ⁿ ³⁷ y que su cadáver quedaría esparcido, como estiércol, sobre el terreno del campo de Jezreel, hasta el punto de que nadie podría reconocer sus restos.

Jehú aniquila a la familia de Acab

10 ¹ Acab tenía setenta hijos en Samaria, así que Jehú escribió cartas a las autoridades de la ciudad,¹⁴ a los ancianos y a los tutores de los hijos de Acab, en las que les decía: ² "Puesto que ustedes tienen consigo a los hijos de su señor, así como sus caballos y sus carros de combate, su plaza fuerte y sus armas, cuando esta carta llegue a ustedes, ³ escojan al mejor y más apto de los hijos de su señor, pónganlo en el trono de su padre y luchen por la casa de su señor."

⁴ Esto les causó mucho miedo, y dijeron: "Si dos reyes no pudieron resistir frente a él, ¿cómo vamos a resistir nosotros?"

⁵ Entonces el mayordomo de palacio, el gobernador de la ciudad, los ancianos y los tutores mandaron a decir a Jehú: "Nosotros estamos a tus órdenes, y haremos todo lo que nos mandes, pero no vamos a nombrar rey a nadie. Haz lo que te parezca mejor."

⁶ Por segunda vez les escribió Jehú, diciéndoles: "Si ustedes están de mi parte y quieren obedecer mis órdenes, tomen las cabezas de los hijos de su señor, y mañana a estas horas vengan a verme a Jezreel."

Los setenta hijos varones del rey estaban con los grandes personajes de la ciudad que los habían criado, ⁷ así que al recibir éstos la carta, tomaron a los setenta varones y los mataron; luego echaron sus cabezas en unas canastas y las enviaron a

¹² *Siga con sus prostituciones:* aquí, como en otros pasajes de los escritos proféticos, se alude así a la idolatría.   ¹³ *Zimri:* Al llamar Jezabel a Jehú por este nombre, se refería con mucha ironía al personaje mencionado en 1 R 16.9-15, que asesinó al rey Ela y sus descendientes para reinar en su lugar, pero que sólo reinó siete días.   ¹⁴ *De la ciudad:* según la versión griega. Heb. *de Jezreel.*
ᵐ **9.26** 1 R 21.19.   ⁿ **9.36** 1 R 21.23.

Jezreel. [8] Cuando el mensajero llegó, le dijo a Jehú:

—Han traído las cabezas de los hijos del rey.

Jehú ordenó:

—Pónganlas en dos montones a la entrada de la ciudad, y déjenlas allí hasta mañana.

[9] Al día siguiente salió Jehú, y puesto de pie dijo a todo el pueblo:

—Ustedes son inocentes. Yo fui quien conspiró contra mi señor y lo mató; pero, ¿quién ha matado a todos éstos? [10] Sepan bien que nada de lo que el Señor habló contra la familia de Acab dejará de cumplirse. El Señor mismo ha hecho lo que anunció por medio de Elías, su siervo.

[11] Y Jehú dio muerte en Jezreel[n] al resto de la familia de Acab, a todos sus hombres importantes y amigos íntimos, y a sus sacerdotes. No dejó a nadie con vida.

[12] Después se dirigió a Samaria, y en el camino llegó a Bet-equed de los Pastores, [13] donde encontró a los hermanos de Ocozías, rey de Judá. Jehú les preguntó:

—¿Quiénes son ustedes?

Ellos le respondieron:

—Somos hermanos de Ocozías, y hemos venido a saludar a los hijos del rey y a los hijos de la reina.

[14] Entonces Jehú ordenó a sus seguidores:

—Atrápenlos vivos.

Los seguidores de Jehú los atraparon vivos, y los degollaron junto al pozo de Bet-equed de los Pastores. Eran cuarenta y dos hombres, y no dejaron a ninguno de ellos con vida.

[15] Cuando Jehú se fue de allí, se encontró con Jonadab, hijo de Recab, que había ido a verlo. Jehú lo saludó y le dijo:

—¿Son buenas tus intenciones hacia mí, como lo son las mías hacia ti?

—Así es —respondió Jonadab.

—En ese caso, dame la mano —dijo Jehú.

Jonadab le dio la mano, y Jehú lo hizo subir con él a su carro, [16] diciéndole:

—Acompáñame y verás mi celo por el Señor.

Así pues, lo llevó en su carro. [17] Y al entrar en Samaria, Jehú mató a todos los descendientes de Acab que aún quedaban con vida. Los exterminó por completo, según el Señor se lo había anunciado a Elías.

Jehú elimina el culto de Baal

[18] Después reunió Jehú a todo el pueblo, y les dijo:

—Acab rindió un poco de culto a Baal,

pero yo le voy a rendir mucho culto. [19] Por lo tanto, llamen a todos los profetas, adoradores y sacerdotes de Baal, sin que falte ninguno, porque he preparado un gran sacrificio en honor de Baal. El que falte será condenado.

Pero Jehú había planeado este engaño para aniquilar a los adoradores de Baal; [20] por eso ordenó que se anunciara una fiesta solemne a Baal, y así se hizo. [21] Después envió mensajeros por todo Israel, y todos los que adoraban a Baal llegaron al templo. Ninguno de ellos faltó, así que el templo de Baal estaba lleno de lado a lado. [22] Jehú dijo entonces al encargado del guardarropa que sacara trajes de ceremonia para todos los adoradores de Baal, y el encargado lo hizo así. [23] A continuación, Jehú y Jonadab entraron en el templo de Baal, y Jehú dijo a los adoradores de Baal:

—Procuren que no haya entre ustedes ninguno de los adoradores del Señor, sino sólo adoradores de Baal.

[24] Los adoradores de Baal entraron en el templo para ofrecer sacrificios y holocaustos. Mientras tanto, Jehú puso ochenta hombres afuera, y les advirtió:

—Quien deje escapar a alguno de los hombres que he puesto en sus manos, lo pagará con su vida.

[25] Y al terminar Jehú de ofrecer el holocausto, ordenó a los guardias y oficiales:

—¡Entren y mátenlos! ¡Que no escape ninguno!

Los hombres de Jehú los mataron a filo de espada, y luego los arrojaron de allí. Después entraron en el santuario[15] del templo de Baal, [26] y sacaron los troncos sagrados y los quemaron. [27] Derribaron también el altar[16] y el templo de Baal, y lo convirtieron todo en un muladar, que existe hasta el presente.

[28] Así Jehú eliminó de Israel a Baal. [29] Sin embargo, no se apartó de los pecados con que Jeroboam, hijo de Nabat, hizo pecar a los israelitas, pues siguió rindiendo culto a los becerros de oro que había en Dan y en Betel.[o]

[30] El Señor dijo a Jehú: "Ya que ante mí has actuado bien y a mis ojos tus acciones han sido rectas, pues has hecho con la familia de Acab todo lo que yo me había propuesto, tus descendientes se sentarán en el trono de Israel hasta la cuarta generación."

[31] A pesar de esto, Jehú no se preocupó por cumplir fielmente la ley del Señor, Dios de Israel, pues no se apartó de los pecados con que Jeroboam hizo pecar a los israelitas.

[32] Por aquel tiempo, el Señor comenzó a recortar el territorio de Israel. Hazael atacó a los israelitas por todas sus fronte-

---

[15] *El santuario:* texto probable. Heb. *la ciudad.*   [16] *El altar:* texto probable. Heb. *la piedra sagrada.*
[n] 10.11 Os 1.4.   [o] 10.29 1 R 12.28-30.

ras: [33] desde el este del Jordán, por toda la región de Galaad, Gad, Rubén y Manasés, y desde Aroer, que está junto al arroyo Arnón, incluyendo Galaad y Basán.

[34] El resto de la historia de Jehú y de todo lo que hizo, y de sus hazañas, está escrito en el libro de las crónicas de los reyes de Israel. [35] Cuando murió, lo enterraron en Samaria, y reinó en su lugar su hijo Joacaz. [36] Jehú reinó sobre Israel durante veinticinco años, en la ciudad de Samaria.

Atalía usurpa el trono
(2 Cr 22.10–23.21)

11 [1] Cuando Atalía, madre de Ocozías, supo que su hijo había muerto, fue y eliminó a toda la familia real. [2] Pero Josaba, hija del rey Joram y hermana de Ocozías, apartó a Joás, hijo de Ocozías, de los otros hijos del rey a los que estaban matando, y lo escondió de Atalía, junto con su nodriza, en un dormitorio. Así que no lo mataron, [3] y Joás estuvo escondido con su nodriza en el templo del Señor durante seis años. Mientras tanto, Atalía gobernó el país.

[4] Al séptimo año, Joiada mandó llamar a los capitanes, y a los ceretetos y los guardias, y los hizo entrar en el templo del Señor, donde él estaba. Allí hizo con ellos un pacto bajo juramento, y les mostró al príncipe Joás. [5] Luego les ordenó: "Esto es lo que van a hacer ustedes: una tercera parte de ustedes estará de guardia en el palacio en el día de reposo;[17] [6] otra tercera parte estará en la puerta de Shur; y la otra tercera parte en la puerta posterior del cuartel de la guardia. Así cubrirán ustedes por turnos[18] la guardia del palacio. [7] Ahora bien, las dos secciones que salen de guardia el día de reposo,[19] montarán la guardia en el templo del Señor, junto al rey. [8] Ustedes formarán un círculo alrededor del rey, cada uno con sus armas en la mano, y el que intente penetrar en las filas, morirá. Ustedes acompañarán al rey dondequiera que él vaya."

[9] Los capitanes hicieron todo lo que el sacerdote Joiada les había ordenado. Cada cual tomó el mando de sus hombres, tanto los que entraban de guardia en día de reposo[19] como los que salían, y se presentaron al sacerdote Joiada. [10] Entonces el sacerdote entregó a los capitanes las lanzas y los escudos que habían pertenecido al rey David, y que estaban en el templo del Señor. [11] Los guardias tomaron sus puestos, desde el ala derecha hasta el ala izquierda del templo, y alrededor del altar, cada cual con su arma en la mano para proteger al rey. [12] Entonces Joiada sacó al hijo del rey, le puso la corona y las insignias reales, y después de derramar aceite sobre él lo proclamó rey. Luego todos aplaudieron y gritaron: "¡Viva el rey!"

[13] Cuando Atalía oyó las aclamaciones de los guardias y de la gente, fue al templo del Señor, donde estaban todos. [14] Vio allí al rey, de pie junto a la columna, según era la costumbre. A su lado estaban los jefes y la banda de música, y la gente muy alegre y tocando trompetas. Entonces Atalía rasgó sus vestidos, y gritó:

—¡Traición! ¡Traición!

[15] Pero el sacerdote Joiada ordenó a los capitanes que estaban al mando del ejército:

—¡Sáquenla de entre las filas, y pasen a cuchillo al que la siga!

Como el sacerdote había ordenado que no la mataran en el templo del Señor, [16] la apresaron y la sacaron por la entrada de la caballería al palacio real, y allí la mataron. [17] Después Joiada hizo un pacto entre el Señor, el rey y el pueblo, de que ellos serían el pueblo del Señor, y también entre el rey y el pueblo. [18] Luego fueron todos al templo de Baal y lo derribaron, destrozando por completo sus altares y sus ídolos. En cuanto a Matán, el sacerdote de Baal, lo degollaron ante los altares. A continuación, el sacerdote puso una guardia en el templo del Señor; [19] luego tomó a los capitanes, a los ceretetos, a los guardias y a toda la gente, y juntos acompañaron al rey desde el templo del Señor hasta el palacio real, entrando por la puerta de la guardia. Joás se sentó en el trono, [20] y todo el pueblo se alegró. Y como Atalía había muerto a filo de espada en el palacio real, la ciudad quedó tranquila.

Reinado de Joás en Judá
(2 Cr 24.1–27)

12 [21p]Joás tenía siete años cuando comenzó a reinar, [1] lo cual sucedió en el séptimo año del reinado de Jehú; y reinó en Jerusalén durante cuarenta años. Su madre se llamaba Sibia, y era de Beerseba. [2] Los hechos de Joás fueron rectos a los ojos del Señor, porque lo había educado Joiada, el sacerdote. [3] Sin embargo, no se quitaron los santuarios paganos, en los que el pueblo seguía ofreciendo sacrificios y quemaba incienso.

[4-5] Un día, Joás dijo a los sacerdotes:

—Recojan ustedes todo el dinero de las ofrendas que se traigan al templo del Señor, tanto la cuota que debe pagar cada persona[q] como el total de las ofrendas

---

[17] Día de reposo: aquí equivale a sábado.   [18] Por turnos: traducción probable. Heb. oscuro.   [19] Día de reposo: aquí equivale a sábado.
[p] Los vs. 11.21–12.21 corresponden a los vs. 12.1–22 en el texto hebreo.   [q] 12.4-5 Ex 30.11-16.

voluntarias que cada uno traiga al templo del Señor. Pídanselo a los administradores del tesoro, para que se hagan todas las reparaciones necesarias en el templo. ⁶ Pero llegó el año veintitrés del reinado de Joás, y los sacerdotes aún no habían reparado el templo. ⁷ Entonces el rey Joás llamó al sacerdote Joiada y a los otros sacerdotes, y les dijo:

—¿Por qué no han reparado ustedes el templo? De ahora en adelante no recibirán más dinero de los administradores del tesoro; y el que tengan, deberán entregarlo para la reparación del templo.

⁸ Los sacerdotes estuvieron de acuerdo en no recibir más dinero de la gente, y en no tener a su cargo la reparación del templo. ⁹ Entonces el sacerdote Joiada tomó un cofre, le hizo un agujero en la tapa y lo colocó al lado derecho del altar, según se entra en el templo del Señor; y los sacerdotes que vigilaban la entrada del templo ponían allí todo el dinero que se llevaba al templo del Señor. ¹⁰ Cuando veían que el cofre tenía ya mucho dinero, llegaban el cronista del rey y el sumo sacerdote y contaban el dinero que encontraban en el templo del Señor; luego lo echaban en unas bolsas, ¹¹ y una vez registrada la cantidad, lo entregaban a los encargados de las obras del templo para que pagaran a los carpinteros y maestros de obras que trabajaban en el templo del Señor, ¹² así como a los albañiles y canteros, y para que compraran madera y piedras de cantera para reparar el templo y cubrieran los demás gastos del mismo. ¹³ Pero aquel dinero que se llevaba al templo del Señor no se usaba para hacer copas de plata, despabiladeras, tazones, trompetas u otros utensilios de oro y plata, ¹⁴ sino que era entregado a los encargados de las obras para que hicieran con él la reparación del templo del Señor. ¹⁵ Sin embargo, no se pedían cuentas a los hombres a quienes se entregaba el dinero para pagar a los obreros, porque actuaban con honradez. ¹⁶ Ahora bien, el dinero de las ofrendas por la culpa y por el pecado no se llevaba al templo, porque era para los sacerdotes.^r

¹⁷ En aquel tiempo, Hazael, rey de Siria, lanzó un ataque contra Gat²⁰ y la tomó, y después se dirigió contra Jerusalén. ¹⁸ Pero Joás, rey de Judá, tomó todos los objetos sagrados que habían dedicado al culto los reyes Josafat, Joram y Ocozías, antepasados suyos en el reino de Judá; tomó también los que él mismo había dedicado, más todo el oro que se encontró en los tesoros del templo y del palacio real, y todo junto lo envió a Hazael, y éste dejó entonces de atacar a Jerusalén.

¹⁹ El resto de la historia de Joás y de todo lo que hizo, está escrito en el libro de las crónicas de los reyes de Judá. ²⁰ Sus propios oficiales tramaron un complot contra él, y lo mataron en el edificio del terraplén que está en la bajada de Sila. ²¹ Así pues, Josacar, hijo de Simeat, y Jozabad, hijo de Somer, oficiales suyos, lo hirieron de muerte; y cuando murió lo enterraron en la Ciudad de David. Después reinó en su lugar su hijo Amasías.

Reinado de Joacaz en Israel

13 ¹ En el año veintitrés del reinado de Joás, hijo de Ocozías, en Judá, Joacaz, hijo de Jehú, comenzó a reinar en Israel, y reinó en Samaria durante diecisiete años. ² Pero sus hechos fueron malos a los ojos del Señor, pues cometió los mismos pecados con que Jeroboam, hijo de Nabat, hizo pecar a Israel, sin apartarse de ellos. ³ Por lo tanto se encendió la ira del Señor contra Israel, y por mucho tiempo los entregó en manos de Hazael, rey de Siria, y de Ben-adad, su hijo.

⁴ Entonces Joacaz oró al Señor, y el Señor atendió su oración, porque había visto de qué manera el rey de Siria oprimía a los israelitas. ⁵ Y dio el Señor a Israel un libertador, y así los israelitas se libraron del poder de Siria y volvieron a vivir tranquilos en sus casas, como antes. ⁶ Sin embargo, no se apartaron de los pecados cometidos por los descendientes de Jeroboam, el cual hizo pecar a Israel, sino que siguieron pecando, y la representación de Asera siguió estando en Samaria.

⁷ A Joacaz no le había quedado más ejército que cincuenta soldados de caballería, diez carros de combate y diez mil soldados de infantería, porque el rey de Siria los había destruido y hecho polvo.

⁸ El resto de la historia de Joacaz y de todo lo que hizo, y de sus hazañas, está escrito en el libro de las crónicas de los reyes de Israel. ⁹ Cuando murió, lo enterraron en Samaria. Después reinó en su lugar su hijo Joás.

Reinado de Joás en Israel

¹⁰ En el año treinta y siete del reinado de Joás, rey de Judá, Joás, hijo de Joacaz, comenzó a reinar en Israel, y reinó en Samaria durante dieciséis años. ¹¹ Pero sus hechos fueron malos a los ojos del Señor, pues no se apartó de todos los pecados con que Jeroboam, hijo de Nabat, hizo pecar a Israel, sino que siguió cometiéndolos.

²⁰ *Gat.* No se trata aquí de la ciudad filistea del mismo nombre sino de una ciudad situada más al norte, aunque también en la llanura costera que da al Mediterráneo. Se conocía también con el nombre de Gutáyim.
^r **12.16** Lv 7.7.

¹² El resto de la historia de Joás y de todo lo que hizo, y de sus hazañas, y de cómo luchó contra Amasías, rey de Judá, está escrito en el libro de las crónicas de los reyes de Israel. ¹³ Cuando Joás murió, lo enterraron en Samaria con los reyes de Israel. Después subió al trono Jeroboam.

Profecía final y muerte de Eliseo

¹⁴ Eliseo estaba enfermo de muerte, y Joás, rey de Israel, fue a verlo, y lloró y lo abrazó, diciendo:

—¡Padre mío, padre mío, que has sido para Israel como un poderoso ejército!ˢ

¹⁵ Eliseo le dijo:

—Toma un arco y algunas flechas.

El rey tomó un arco y unas flechas. ¹⁶ Entonces Eliseo le dijo:

—Prepárate a disparar una flecha.

Mientras el rey hacía esto, Eliseo puso sus manos sobre las del rey ¹⁷ y le dijo:

—Abre la ventana que da al oriente.

El rey la abrió, y Eliseo le ordenó:

—Ahora, ¡dispara!

Y el rey disparó la flecha. Entonces Eliseo exclamó:

—¡Flecha salvadora del Señor! ¡Flecha salvadora contra Siria! ¡Tú vas a derrotar a los sirios en Afec, y acabarás con ellos!

¹⁸ Después le dijo al rey:

—Toma las flechas.

Al tomarlas el rey, Eliseo le ordenó:

—Ahora golpea el suelo.

El rey golpeó el suelo tres veces, y se detuvo. ¹⁹ Entonces el profeta se enojó con él y le dijo:

—Si hubieras golpeado el suelo cinco o seis veces, habrías podido derrotar a los sirios hasta acabar con ellos; pero ahora los derrotarás sólo tres veces.

²⁰ Eliseo murió, y lo enterraron. Y como año tras año bandas de ladrones moabitas invadían el país, ²¹ en cierta ocasión en que unos israelitas estaban enterrando a un hombre, al ver que una de esas bandas venía, arrojaron al muerto dentro de la tumba de Eliseo y se fueron. Pero tan pronto el muerto rozó los restos de Eliseo, resucitó y se puso de pie.

²² Hazael, rey de Siria, oprimió a Israel mientras Joacaz vivió. ²³ Pero el Señor tuvo misericordia y compasión de ellos, y por causa de su pacto con Abraham, Isaac y Jacob, puso su atención en ellos y no quiso destruirlos ni arrojarlos de su presencia. Y hasta ahora no lo ha hecho.

²⁴ Cuando Hazael, rey de Siria, murió, reinó en su lugar su hijo Ben-adad. ²⁵ Entonces Joás, hijo de Joacaz, rescató del poder de Ben-adad las ciudades que éste le había quitado en la guerra a Joacaz, su padre. Y derrotó Joás a Ben-adad tres veces, y recuperó las ciudades de Israel.

Reinado de Amasías en Judá
(2 Cr 25.1–28)

14 ¹ En el segundo año del reinado de Joás, hijo de Joacaz, rey de Israel, Amasías, hijo de Joás, comenzó a reinar en Judá. ² Amasías tenía veinticinco años cuando comenzó a reinar, y reinó en Jerusalén durante veintinueve años. Su madre se llamaba Joadán, y era de Jerusalén. ³ Los hechos de Amasías fueron rectos a los ojos del Señor, pero no tanto como los de su antepasado David. Pues hizo lo mismo que su padre Joás, ⁴ y no se quitaron los santuarios paganos, en los que el pueblo siguió ofreciendo sacrificios y quemando incienso.

⁵ Cuando Amasías se afirmó en el poder, mató a todos los oficiales que habían asesinado a su padre. ⁶ Pero no dio muerte a los hijos de los asesinos, pues, según lo escrito en el libro de la ley de Moisés, el Señor ordenó: "Los padres no podrán ser condenados a muerte por culpa de lo que hayan hecho sus hijos, ni los hijos por lo que hayan hecho sus padres, sino que cada uno morirá por su propio pecado."ᵗ

⁷ Amasías fue quien mató a diez mil edomitas en el Valle de la Sal y conquistó Sela, y la llamó Jocteel, que es su nombre hasta el día de hoy.

⁸ Después de esto, envió un mensaje a Joás, hijo de Joacaz y nieto de Jehú, rey de Israel, en el que le decía: "Ven, y nos veremos las caras." ⁹ Pero Joás le envió la siguiente respuesta: "El cardo le mandó decir al cedro del Líbano: 'Dale tu hija a mi hijo, para que sea su mujer.' Pero una fiera pasó por allí y aplastó al cardo. ¹⁰ Tengo que reconocer que has derrotado a los edomitas, y que eso te hace sentirte orgulloso. Muy bien, siéntete orgulloso; pero mejor quédate en tu casa. ¿Por qué quieres provocar tu propia desgracia y la desgracia de Judá?"

¹¹ Sin embargo, Amasías no le hizo caso. Entonces Joás se puso en marcha para enfrentarse con Amasías, en Bet-semes, que está en territorio de Judá. ¹² Y Judá fue derrotado por Israel, y cada cual huyó a su casa. ¹³ Joás, rey de Israel, hizo prisionero en Bet-semes a Amasías, rey de Judá, y luego se dirigió a Jerusalén, en cuyo muro abrió una brecha de ciento ochenta metros, desde la Puerta de Efraín hasta la Puerta de la Esquina. ¹⁴ Además se apoderó de todo el oro y la plata, y de todos los objetos que había en el templo del Señor y en los tesoros del palacio real. Y después de tomar a algunas personas como rehenes, regresó a Samaria.

¹⁵ El resto de la historia de Joás y de lo

ˢ **13.14** 2 R 2.12.   ᵗ **14.6** Dt 24.16; Ez 18.2–4.

que hizo, así como de sus hazañas y de la guerra que tuvo con Amasías, rey de Judá, está escrito en el libro de los reyes de Israel. ¹⁶ Cuando murió, lo enterraron en Samaria junto con los reyes de Israel. Después reinó en su lugar su hijo Jeroboam.

¹⁷ Amasías, hijo de Joás, rey de Judá, vivió aún quince años después de la muerte de Joás, hijo de Joacaz y rey de Israel. ¹⁸ El resto de la historia de Amasías está escrito en el libro de las crónicas de los reyes de Judá. ¹⁹ En Jerusalén se había conspirado contra Amasías, el cual huyó a Laquis; pero lo persiguieron hasta esa ciudad, y allí le dieron muerte. ²⁰ Luego lo llevaron sobre un caballo y lo enterraron en Jerusalén con sus antepasados, en la Ciudad de David. ²¹ Entonces todo el pueblo de Judá tomó a Azarías, y lo hicieron rey en lugar de su padre Amasías. Azarías tenía entonces dieciséis años, ²² y él fue quien, después de la muerte de su padre, reconstruyó la ciudad de Elat y la recuperó para Judá.

Reinado de Jeroboam II en Israel

²³ En el año quince del reinado de Amasías, hijo de Joás, rey de Judá, Jeroboam, hijo de Joás, rey de Israel, comenzó a reinar en Israel, y reinó en Samaria cuarenta y un años. ²⁴ Pero sus hechos fueron malos a los ojos del Señor, pues no se apartó de ninguno de los pecados con que Jeroboam, hijo de Nabat, hizo pecar a Israel. ²⁵ Jeroboam volvió a establecer las fronteras de Israel, desde la entrada de Hamat hasta el mar del Arabá, tal como lo había anunciado el Señor, el Dios de Israel, por medio de su siervo Jonás,ᵘ hijo de Amitai, profeta de Gat-hefer. ²⁶ Porque el Señor se dio cuenta del amargo sufrimiento de Israel, del que nadie había escapado, y de que Israel no contaba con ninguna ayuda. ²⁷ Entonces los salvó por medio de Jeroboam, hijo de Joás, pues aún no había decidido borrar de este mundo el nombre de Israel.

²⁸ El resto de la historia de Jeroboam y de todo lo que hizo, así como de sus hazañas y de las guerras que emprendió, y de cómo recuperó Damasco y Hamat para Israel,²¹ está escrito en el libro de las crónicas de los reyes de Israel. ²⁹ Cuando Jeroboam murió, lo enterraron con los reyes de Israel. Después reinó en su lugar su hijo Zacarías.

Reinado de Azarías en Judá
(2 Cr 26.3-5, 16-23)

15 ¹ En el año veintisiete del reinado de Jeroboam, rey de Israel, comenzó a reinar Azarías, hijo de Amasías, rey de Judá. ² Tenía dieciséis años cuando comenzó a reinar, y reinó en Jerusalén cincuenta y dos años. Su madre se llamaba Jecolías, y era de Jerusalén. ³ Los hechos de Azarías fueron rectos a los ojos del Señor, como lo habían sido los de Amasías, su padre. ⁴ Sin embargo, no se quitaron los santuarios paganos, donde la gente todavía ofrecía sacrificios y quemaba incienso. ⁵ El Señor castigó al rey con lepra hasta el día en que murió, así que el rey vivió aislado en su palacio, relevado de sus obligaciones, y Jotam, su hijo, se hizo cargo de la regencia y gobernó a la nación.

⁶ El resto de la historia de Azarías y de todo lo que hizo, está escrito en el libro de las crónicas de los reyes de Judá. ⁷ Cuando Azarías murió,ᵛ lo enterraron con sus antepasados en la Ciudad de David. Después reinó en su lugar su hijo Jotam.

Reinado de Zacarías en Israel

⁸ En el año treinta y ocho del reinado de Azarías, rey de Judá, Zacarías, hijo de Jeroboam, comenzó a reinar en Israel, y reinó en Samaria seis meses. ⁹ Pero sus hechos fueron malos a los ojos del Señor, como los de sus antepasados, pues no se apartó de los pecados con que Jeroboam, hijo de Nabat, hizo pecar a Israel. ¹⁰ Ahora bien, Salum, hijo de Jabes, conspiró contra él, y lo atacó en Ibleam²² y lo mató, reinando después en su lugar. ¹¹ El resto de la historia de Zacarías está escrito en el libro de las crónicas de los reyes de Israel. ¹² Así se cumplió el anuncio que hizo el Señor a Jehú, cuando le dijo que sus hijos se sentarían en el trono de Israel hasta la cuarta generación.ʷ

Reinado de Salum en Israel

¹³ Salum, hijo de Jabes, comenzó a reinar en el año treinta y nueve del reinado de Uzías, rey de Judá. Pero reinó sólo un mes completo en Samaria, ¹⁴ pues Manahem, hijo de Gadi, llegó de Tirsa a Samaria y atacó a Salum, y después de matarlo reinó en su lugar. ¹⁵ El resto de la historia de Salum, incluyendo su conspiración contra Zacarías, está escrito en el libro de las crónicas de los reyes de Israel. ¹⁶ Entonces Manahem destruyó Tifsa²³ y

---

²¹ *Para Israel*: según una versión antigua. Heb. *para Judá en Israel*. ²² *En Ibleam*: según la versión griega. Heb. *ante el pueblo*. ²³ *Destruyó Tifsa*. No se trata de la población de este nombre, situada en las márgenes del Éufrates, sino, según un manuscrito de la versión griega, de la ciudad de Tapúa, situada al sur de Siquem. ᵘ **14.25** Jon 1.1. ᵛ **15.7** Is 6.1. ʷ **15.12** 2 R 10.30.

saqueó todo lo que había en ella y en su territorio, a partir de Tirsa, y también les abrió el vientre a todas las mujeres embarazadas. Lo hizo porque no le habían abierto las puertas de la ciudad.

Reinado de Manahem en Israel

¹⁷ En el año treinta y nueve del reinado de Azarías, rey de Judá, Manahem, hijo de Gadi, comenzó a reinar sobre Israel, y reinó diez años en Samaria. ¹⁸ Pero sus hechos fueron malos a los ojos del Señor, pues no se apartó de los pecados con que Jeroboam, hijo de Nabat, hizo pecar a Israel.

En sus días, ¹⁹ Pul,²⁴ el rey de Asiria, invadió el país, y Manahem le entregó treinta y tres mil kilos de plata para que le ayudara a fortalecer su reinado. ²⁰ Para pagarle tal cantidad al rey de Asiria, Manahem ordenó que todos los ricos de Israel pagaran un impuesto de más de medio kilo de plata. De ese modo el rey de Asiria se volvió a su tierra, y no se detuvo más en el país. ²¹ El resto de la historia de Manahem y de todo lo que hizo, está escrito en el libro de las crónicas de los reyes de Israel. ²² Después de su muerte, reinó en su lugar su hijo Pekaía.

Reinado de Pekaía en Israel

²³ En el año cincuenta del reinado de Azarías, rey de Judá, Pekaía, hijo de Manahem, comenzó a reinar sobre Israel, y reinó en Samaria dos años. ²⁴ Pero sus hechos fueron malos a los ojos del Señor, pues no se apartó de los pecados con que Jeroboam, hijo de Nabat, hizo pecar a Israel.

²⁵ Pero un oficial suyo, llamado Peka, hijo de Remalías, conspiró contra él y, con la ayuda de cincuenta hombres de Galaad, lo atacó en la fortaleza del palacio real²⁵ y lo mató, después de lo cual reinó en su lugar. ²⁶ El resto de la historia de Pekaía y de todo lo que hizo, está escrito en el libro de las crónicas de los reyes de Israel.

Reinado de Peka en Israel

²⁷ En el año cincuenta y dos del reinado de Azarías, rey de Judá, Peka, hijo de Remalías, comenzó a reinar sobre Israel, y reinó en Samaria veinte años. ²⁸ Pero sus hechos fueron malos a los ojos del Señor, pues no se apartó de los pecados con que Jeroboam, hijo de Nabat, hizo pecar a Israel.

²⁹ En el tiempo en que Peka era rey de Israel, llegó Tiglat-pileser, rey de Asiria, y conquistó Iyón, Abel-bet-maaca, Janoa, Cedes, Hazor, Galaad, Galilea y toda la región de Neftalí, y a sus habitantes los llevó cautivos a Asiria. ³⁰ Entonces Oseas, hijo de Ela, conspiró contra Peka, hijo de Remalías, y lo atacó y lo mató. De esa manera llegó a reinar en su lugar, en el año veinte del reinado de Jotam, hijo de Uzías. ³¹ El resto de la historia de Peka y de todo lo que hizo, está escrito en el libro de las crónicas de los reyes de Israel.

Reinado de Jotam en Judá
(2 Cr 27.1-9)

³² En el segundo año del reinado de Peka, hijo de Remalías, Jotam, el hijo de Uzías, comenzó a reinar en Judá. ³³ Tenía veinticinco años cuando comenzó a reinar, y reinó en Jerusalén dieciséis años. Su madre se llamaba Jerusa, hija de Sadoc.

³⁴ Los hechos de Jotam fueron rectos a los ojos del Señor, como lo habían sido los de Uzías, su padre, ³⁵ pues construyó la puerta superior del templo del Señor. Sin embargo, no se quitaron los santuarios paganos, donde el pueblo seguía ofreciendo sacrificios y quemando incienso. ³⁶ El resto de la historia de Jotam y de todo lo que hizo, está escrito en el libro de las crónicas de los reyes de Judá. ³⁷ Por aquel tiempo empezó el Señor a enviar contra Judá a Rezín, rey de Siria, y a Peka, hijo de Remalías. ³⁸ Cuando murió Jotam, lo enterraron con sus antepasados en la Ciudad de David, su antepasado. Después reinó en su lugar su hijo Acaz.

Reinado de Acaz en Judá
(2 Cr 28.1-27)

16 ¹ En el año diecisiete del reinado de Peka, hijo de Remalías, comenzó a reinar Acaz, hijo de Jotam, rey de Judá. ² Tenía veinte años cuando comenzó a reinar, y reinó en Jerusalén dieciséis años; pero sus hechos no fueron rectos a los ojos del Señor su Dios, como los de su antepasado David, ³ sino que siguió los pasos de los reyes de Israel, pues hasta hizo quemar a su hijo en sacrificio, conforme a las prácticas infames de las naciones que el Señor había arrojado de la presencia de los israelitas.ˣ ⁴ Además ofreció sacrificios y quemó incienso en los santuarios paganos, en las colinas y bajo todo árbol frondoso.

[5] Por aquel tiempo, Rezín, rey de Siria, y Peka, hijo de Remalías, rey de Israel, se dirigieron a Jerusalén para atacarla. Y sitiaron a Acaz, pero no pudieron tomar la ciudad.[y] [6] Entonces el rey de Edom[26] recuperó para Edom la ciudad de Elat; y los edomitas llegaron, y después de arrojar de Elat a los de Judá, se quedaron a vivir allí hasta el día de hoy.

[7] Entonces Acaz envió unos mensajeros a Tiglat-pileser, rey de Asiria, para que le dijeran de su parte: "Este servidor tuyo es como un hijo tuyo. Por lo tanto, ven y líbrame del rey de Siria y del rey de Israel, que me están atacando."

[8] Acaz tomó, además, la plata y el oro que había en el templo del Señor y en los tesoros del palacio real, y los envió como regalo al rey de Asiria, [9] el cual atendió su petición y organizó un ataque contra Damasco, y la conquistó, después de lo cual desterró a sus habitantes a Kir y dio muerte a Rezín.

[10] Cuando el rey Acaz fue a Damasco para encontrarse con Tiglat-pileser, rey de Asiria, vio el altar que allí había. Entonces envió al sacerdote Urías un plano exacto de la construcción del altar, [11] y Urías construyó un altar siguiendo todas las indicaciones que el rey Acaz le había enviado desde Damasco, y lo tuvo listo para cuando el rey Acaz regresó de Damasco.

[12] Cuando el rey llegó de Damasco y vio el altar, se acercó y ofreció sobre él un holocausto; [13] lo quemó, al igual que su ofrenda de cereales, y derramó sobre el altar su ofrenda de vino, y roció sobre él la sangre de sus sacrificios de reconciliación.

[14] En cuanto al altar de bronce[z] que estaba frente al templo del Señor, Acaz lo quitó de allí y lo puso al lado norte del altar, ya que ahora quedaba entre el nuevo altar y el templo del Señor. [15] Después ordenó al sacerdote Urías que en el altar grande quemara el holocausto de la mañana y la ofrenda de cereales de la tarde, así como el holocausto y la ofrenda de cereales del rey, y el holocausto y ofrendas de cereales y de vino del pueblo en general. También le dijo que rociara sobre ese altar toda la sangre de los holocaustos y los sacrificios, pero que el altar de bronce sería sólo para que él consultara al Señor.

[16] El sacerdote Urías hizo todo lo que el rey Acaz le ordenó. [17] Luego el rey Acaz cortó los entrepaños de las bases y quitó la enorme pila para el agua de encima de los toros de bronce que la sostenían,[a] y la colocó sobre un pavimento de piedra. [18] Y para agradar al rey de Asiria, quitó del templo del Señor el estrado que habían construido para el día de reposo,[27] y la puerta exterior reservada al rey.

[19] El resto de la historia de Acaz y de todo lo que hizo, está escrito en el libro de las crónicas de los reyes de Judá. [20] Cuando murió,[b] lo enterraron con sus antepasados en la Ciudad de David. Después reinó en su lugar su hijo Ezequías.

Caída de Samaria y destierro de Israel

17 [1] En el año doce del reinado de Acaz, rey de Judá, Oseas, hijo de Ela, comenzó a reinar sobre Israel, y reinó nueve años en Samaria. [2] Pero sus hechos fueron malos a los ojos del Señor, aunque no tanto como los de los reyes que hubo antes de él en Israel.

[3] Salmanasar, rey de Asiria, atacó a Oseas, y éste fue hecho su siervo y tributario. [4] Pero descubrió Salmanasar que Oseas estaba conspirando contra él, y que había enviado unos agentes a So, rey de Egipto, además de que ya no le pagaba el tributo anual. Ordenó entonces Salmanasar que arrestaran a Oseas y lo pusieran en prisión; [5] luego invadió el país entero y atacó a Samaria, manteniendo el ataque durante tres años [6] Finalmente, en el año nueve del reinado de Oseas, el rey de Asiria tomó Samaria, y a los israelitas los llevó cautivos a Asiria y los estableció en Halah, en la región del Habor, río de Gozán, y en las ciudades de los medos.[c]

[7] Esto sucedió porque los israelitas habían pecado contra el Señor su Dios, que los hizo salir de Egipto y los libró del dominio del faraón, rey de Egipto, pues adoraron a otros dioses [8] y siguieron las prácticas de las naciones que el Señor había arrojado de la presencia de ellos, así como las establecidas por los reyes de Israel.

[9] Además, los israelitas pronunciaron palabras impropias contra el Señor su Dios, y construyeron santuarios paganos en todas sus ciudades, lo mismo en las torres de vigilancia que en las ciudades fortificadas. [10] También levantaron piedras sagradas y representaciones de Asera en cada colina y bajo todo árbol frondoso,[d] [11] y conforme a las prácticas de las naciones que el Señor había desterrado de la presencia de ellos, quemaron incienso y cometieron acciones malvadas, provocando así la ira del Señor. [12] Adoraron ídolos, cosa que el Señor les había prohibido expresamente.[e]

[13] Ya por medio de todos los profetas y

[26] Entonces el rey de Edom: texto probable. Heb. Entonces Rezín, rey de Siria.   [27] Día de reposo: aquí equivale a sábado.
[y] 16.5 Is 7.1.   [z] 16.14 Ex 27.1-2; 2 Cr 4.1.   [a] 16.17 1 R 7.23-39; 2 Cr 4.2-6.   [b] 16.20 Is 14.28.   [c] 17.4-6 Dt 4.27-28; 28.36.
[d] 17.10 1 R 14.23.   [e] 17.12 Ex 20.3-5; Dt 5.7-9.

videntes, el Señor había advertido a los israelitas que se convirtieran de sus malos caminos y cumplieran los mandamientos y leyes de toda la enseñanza que él había dado a sus antepasados por medio de sus siervos los profetas. [14] Pero ellos no hicieron caso, sino que fueron tan tercos como sus antepasados, los cuales no confiaron en el Señor su Dios; [15] despreciaron sus leyes, y el pacto que había hecho con sus antepasados, y los mandatos que les había dado. Además siguieron a dioses sin ningún valor, con lo que también ellos perdieron su valor, e imitaron a las naciones que había a su alrededor, cosa que les había prohibido el Señor. [16] Dejaron todos los mandamientos del Señor su Dios, y se hicieron dos becerros de bronce fundido[f] y una representación de Asera, y además adoraron a todos los astros del cielo y a Baal. [17] También hicieron quemar a sus hijos e hijas, practicaron la adivinación y los augurios,[g] y se entregaron a hacer lo malo a los ojos del Señor, provocando así su ira.

[18] Por lo tanto, el Señor se enfureció contra Israel y lo arrojó de su presencia, y no dejó más que a la tribu de Judá. [19] Pero tampoco Judá cumplió los mandamientos del Señor su Dios, sino que siguió las prácticas que los de Israel habían establecido. [20] Entonces el Señor rechazó a todos los descendientes de los israelitas y los humilló, entregándolos en manos de salteadores hasta arrojarlos de su presencia. [21] Separó de la dinastía de David a Israel, y los de Israel hicieron rey a Jeroboam, hijo de Nabat, quien hizo que los israelitas se apartaran del Señor y pecaran gravemente. [22] Así los de Israel cometieron los mismos pecados que había cometido Jeroboam, y no los abandonaron. [23] Finalmente el Señor apartó de su presencia a Israel, como lo había anunciado por medio de todos los profetas, sus siervos, y así los de Israel fueron llevados cautivos a Asiria, donde están hasta el día de hoy.

Repoblación de Samaria

[24] El rey de Asiria llevó gente de Babilonia, Cuta, Ava, Hamat y Sefarvaim, y la estableció en las ciudades de Samaria, en lugar de los israelitas. Así tomaron posesión de Samaria y vivieron en sus ciudades. [25] Pero como esta gente no rendía culto al Señor, cuando comenzaron a establecerse el Señor les mandó leones, los cuales mataron a algunos de ellos. [26] Fueron entonces a decirle al rey de Asiria: "La gente que has llevado a las ciudades de Samaria para que se establezca allí, no conoce la religión del dios de ese país y, por

no conocerla, él les ha mandado leones, que los están matando."

[27] Así pues, el rey de Asiria ordenó: "Envíen alguno de los sacerdotes que trajeron cautivos, para que vaya a vivir allí y les enseñe la religión del dios del país."

[28] Entonces uno de los sacerdotes que ellos habían desterrado de Samaria fue y se estableció en Betel, y les enseñó a rendir culto al Señor. [29] Pero cada nación se hizo su propio dios en la ciudad donde habitaba, y lo puso en los santuarios de los lugares altos que habían construido los samaritanos. [30] Los de Babilonia hicieron una representación de Sucot-benot; los de Cuta, una de Nergal, y los de Hamat, una de Asima. [31] Los de Ava hicieron un Nibhaz y un Tartac, y los de Sefarvaim quemaban a sus hijos en el fuego como sacrificio a Adramelec y a Anamelec, sus dioses. [32] Además rendían culto al Señor, pero nombraron sacerdotes de entre ellos mismos para que prestaran servicio en los santuarios paganos. [33] Así que, aunque rendían culto al Señor, seguían adorando a sus propios dioses, según la costumbre de las naciones de donde habían sido desterrados.

[34] Todavía hoy hacen lo mismo que antes hacían, pues no rinden culto al Señor ni actúan de acuerdo con sus leyes y decretos, ni según la enseñanza y los mandamientos que el Señor ordenó cumplir a los descendientes de Jacob, a quien dio el nombre de Israel.[h] [35] Cuando el Señor hizo un pacto con ellos, les ordenó: "No rindan culto a otros dioses, ni los adoren ni les sirvan ofreciéndoles sacrificios.[i] [36] Ríndanme culto a mí, el Señor su Dios,[j] que los sacó de Egipto con gran despliegue de poder. Sólo a mí deben rendirme culto, y adorarme y ofrecerme sacrificios. [37] Además cumplan fielmente las leyes y decretos, la enseñanza y mandamientos que les he dado por escrito, y no rindan culto a otros dioses. [38] No olviden el pacto que he hecho con ustedes, ni rindan culto a otros dioses, [39] sino sólo a mí, el Señor su Dios, y yo los libraré del dominio de sus enemigos."

[40-41] Sin embargo, esas naciones no hicieron caso, sino que siguieron con sus prácticas anteriores; y, a la vez que rendían culto al Señor, también seguían adorando a sus ídolos. Y sus descendientes hicieron lo mismo que sus antepasados, y hasta el día de hoy lo hacen así.

Reinado de Ezequías en Judá
(2 Cr 29.1-2)

18 [1] En el tercer año del reinado de Oseas, hijo de Ela, rey de Israel,

---

[f] **17.16** 1 R 12.28.   [g] **17.17** Dt 18.10.   [h] **17.34** Gn 32.28; 35.10.   [i] **17.35** Ex 20.5; Dt 5.9.   [j] **17.36** Dt 6.13.

Ezequías, hijo de Acaz, rey de Judá, comenzó a reinar. ² Tenía entonces veinticinco años de edad, y reinó en Jerusalén veintinueve años. Su madre se llamaba Abi, y era hija de Zacarías. ³ Los hechos de Ezequías fueron rectos a los ojos del Señor, como todos los de su antepasado David. ⁴ Él fue quien quitó los santuarios paganos, hizo pedazos las piedras sagradas, rompió las representaciones de Asera y destrozó la serpiente de bronce que Moisés había hecho* y a la que hasta entonces los israelitas quemaban incienso y llamaban Nehustán. ⁵ Ezequías puso su confianza en el Señor, el Dios de Israel. Entre todos los reyes de Judá que hubo antes o después de él, no hubo ninguno como él. ⁶ Permaneció fiel al Señor y nunca se apartó de él, sino que cumplió los mandamientos que el Señor había ordenado a Moisés. ⁷ Por eso el Señor le favorecía y le hacía tener éxito en todo lo que emprendía.

Ezequías se rebeló contra el rey de Asiria y se negó a someterse a él. ⁸ Además derrotó a los filisteos hasta Gaza y sus fronteras, desde las torres de vigilancia hasta las ciudades fortificadas.

Caída de Samaria

⁹ En el cuarto año del reinado de Ezequías, que era el séptimo del reinado de Oseas, hijo de Ela, rey de Israel, Salmanasar, rey de Asiria, rodeó la ciudad de Samaria y la atacó, ¹⁰ y al cabo de tres años la tomó. Era el año seis del reinado de Ezequías y el nueve del reinado de Oseas en Israel, cuando Samaria fue tomada. ¹¹ El rey de Asiria desterró a los israelitas a Asiria y los estableció en Halah, en la región del Habor, río de Gozán, y en las ciudades de los medos. ¹² Esto sucedió porque no obedecieron al Señor su Dios, sino que violaron su pacto y no hicieron caso de todo lo que Moisés, siervo del Señor, les había mandado, ni lo pusieron en práctica.

Senaquerib invade Judá
(2 Cr 32.1–19; Is 36.1–22)

¹³ En el año catorce del reinado de Ezequías, Senaquerib, rey de Asiria, atacó a todas las ciudades fortificadas de Judá y las tomó. ¹⁴ Entonces Ezequías, rey de Judá, envió un mensaje al rey de Asiria, que estaba en Laquis, en el que decía: "He cometido un error. Retírate de mi país y te pagaré el tributo que me impongas."

Por lo tanto, el rey de Asiria impuso a Ezequías, rey de Judá, un tributo de nueve mil novecientos kilos de plata y novecientos noventa kilos de oro. ¹⁵ Así que Eze-

quías le entregó toda la plata que encontró en el templo del Señor y en los tesoros del palacio real. ¹⁶ En aquella misma ocasión, Ezequías quitó del templo del Señor las puertas y sus marcos, que él mismo había cubierto de oro, y se las dio al rey de Asiria.

¹⁷ Después el rey de Asiria envió al rey Ezequías un alto oficial, un funcionario de su confianza y otro alto oficial, al frente de un poderoso ejército, y éstos fueron de Laquis a Jerusalén, para atacarla. Cuando llegaron a Jerusalén, acamparon junto al canal del estanque de arriba, por el camino que va al campo del Lavador de Paños. ¹⁸ Luego llamaron al rey, y Eliaquim, hijo de Hilcías, que era el mayordomo de palacio, y Sebna, el cronista, y Joa, hijo de Asaf, el secretario del rey, salieron a encontrarse con ellos. ¹⁹ Allí el oficial asirio les dijo:

—Comuniquen a Ezequías este mensaje del gran rey, el rey de Asiria: '¿De qué te sientes tan seguro? ²⁰ ¿Piensas acaso que las palabras bonitas valen lo mismo que la táctica y la fuerza para hacer la guerra? ¿En quién confías para rebelarte contra mí? ²¹ Veo que confías en el apoyo de Egipto. Pues bien, Egipto es una caña astillada, que si uno se apoya en ella, se le clava y le atraviesa la mano. Eso es el faraón, rey de Egipto, para todos los que confían en él. ²² Y si me dicen ustedes: Nosotros confiamos en el Señor nuestro Dios, ¿acaso no suprimió Ezequías los lugares de culto y los altares de ese Dios, y ordenó que la gente de Judá y Jerusalén le diera culto solamente en el altar de Jerusalén? ²³ Haz un trato con mi amo, el rey de Asiria: yo te doy dos mil caballos, si consigues jinetes para ellos. ²⁴ Tú no eres capaz de hacer huir ni al más insignificante de los oficiales asirios, ¿y esperas conseguir jinetes y caballos en Egipto? ²⁵ Además, ¿crees que yo he venido a atacar y destruir este país sin contar con el Señor? ¡Él fue quien me ordenó atacarlo y destruirlo!'

²⁶ Eliaquim, Sebna y Joa respondieron al oficial asirio:

—Por favor, háblenos usted en arameo, pues nosotros lo entendemos. No nos hable usted en hebreo, pues toda la gente que hay en la muralla está escuchando.

²⁷ Pero el oficial asirio dijo:

—No fue a tu amo, ni a ustedes, a quienes el rey de Asiria me mandó que dijera esto; fue precisamente a la gente que está sobre la muralla, pues ellos, lo mismo que ustedes, tendrán que comerse su propio estiércol y beberse sus propios orines.

²⁸ Entonces el oficial, de pie, gritó bien fuerte en hebreo:

* 18.4 Nm 21.9.

—Oigan lo que les dice el gran rey, el rey de Asiria: [29] 'No se dejen engañar por Ezequías; él no puede salvarlos de mi mano.' [30] Si Ezequías quiere convencerlos de que confíen en el Señor, y les dice: 'El Señor ciertamente nos salvará; él no permitirá que esta ciudad caiga en poder del rey de Asiria', [31] no le hagan caso. El rey de Asiria me manda a decirles que hagan las paces con él, y que se rindan, y así cada uno podrá comer del producto de su viñedo y de su higuera y beber el agua de su propia cisterna. [32] Después los llevará a un país parecido al de ustedes, un país de trigales y viñedos, para hacer pan y vino, un país de aceite de oliva y miel. Entonces podrán vivir bien y no morirán. Pero no le hagan caso a Ezequías, porque los engaña al decir que el Señor los va a librar. [33] ¿Acaso alguno de los dioses de los otros pueblos pudo salvar a su país del poder del rey de Asiria? [34] ¿Dónde están los dioses de Hamat y de Arfad? ¿Dónde están los dioses de Sefarvaim, Hena e Iva? ¿Acaso pudieron salvar del poder de Asiria a Samaria? [35] ¿Cuál de todos los dioses de esos países pudo salvar a su nación del poder del rey de Asiria? ¿Por qué piensan que el Señor puede salvar a Jerusalén?

[36] La gente se quedó callada y no le respondió ni una palabra, porque el rey había ordenado que no respondieran nada. [37] Entonces Eliaquim, mayordomo de palacio, Sebna, el cronista, y Joa, secretario del rey, afligidos se rasgaron la ropa y se fueron a ver a Ezequías para contarle lo que había dicho el alto oficial asirio.

Judá es librado de Senaquerib
(2 Cr 32.20–23; Is 37.1–38)

19 [1] Cuando el rey Ezequías oyó esto, se rasgó sus vestiduras, se puso ropas ásperas en señal de dolor y se fue al templo del Señor. [2] Y envió a Eliaquim, mayordomo de palacio, al cronista Sebna y a los sacerdotes más ancianos, con ropas ásperas en señal de dolor, a ver al profeta Isaías,[l] hijo de Amoz, [3] y a decirle de parte del rey: "Hoy estamos en una situación de angustia, castigo y humillación, como una mujer que, a punto de dar a luz, se quedara sin fuerzas. [4] Ojalá el Señor tu Dios haya oído las palabras del oficial enviado por su amo, el rey de Asiria, para insultar al Dios viviente, y ojalá lo castigue por las cosas que el Señor mismo, tu Dios, habrá oído. Ofrece, pues, una oración por los que aún quedan."

[5] Los funcionarios del rey Ezequías fueron a ver a Isaías, [6] e Isaías les encargó que respondieran a su amo: "El Señor

dice: 'No tengas miedo de esas palabras ofensivas que dijeron contra mí los criados del rey de Asiria. [7] Mira, yo voy a hacer que llegue a él un rumor que lo obligue a volver a su país, y allí lo haré morir asesinado.' "

[8] El oficial asirio se enteró de que el rey de Asiria se había ido de la ciudad de Laquis. Entonces se fue de Laquis, y encontró al rey de Asiria atacando a Libna. [9] Allí el rey de Asiria oyó decir que el rey Tirhaca de Etiopía había emprendido una campaña militar contra él. Una vez más, el rey de Asiria envió embajadores al rey Ezequías de Judá, [10] a decirle: "Tu Dios, en el que tú confías, te asegura que Jerusalén no caerá en mi poder; pero no te dejes engañar por él. [11] Tú has oído lo que han hecho los reyes de Asiria con todos los países que han querido destruir. ¿Y te vas a salvar tú? [12] ¿Acaso los dioses salvaron a los otros pueblos que mis antepasados destruyeron: a Gozán, a Harán, a Resef, y a la gente de Bet-edén que vivía en Telasar? [13] ¿Dónde están los reyes de Hamat, de Arfad, de Sefarvaim, de Hena y de Iva?"

[14] Ezequías tomó la carta que le entregaron los embajadores, y la leyó. Luego se fue al templo y, extendiendo la carta delante del Señor, [15] oró así: "Señor, Dios de Israel, que tienes tu trono sobre los querubines:[m] tú solo eres Dios de todos los reinos de la tierra; tú creaste el cielo y la tierra. [16] Pon atención, Señor, y escucha. Abre tus ojos, Señor, y mira. Escucha las palabras que Senaquerib mandó decirme, palabras todas ellas ofensivas contra ti, el Dios viviente. [17] Es cierto, Señor, que los reyes de Asiria han destruido las naciones y sus tierras, [18] y que han echado al fuego sus dioses, porque en realidad no eran dioses, sino objetos de madera o de piedra hechos por el hombre. Por eso los destruyeron. [19] Ahora pues, Señor y Dios nuestro, sálvanos de su poder, para que todas las naciones de la tierra sepan que tú, Señor, eres el único Dios."

[20] Entonces Isaías mandó a decir a Ezequías: "Esto dice el Señor, Dios de Israel: 'Yo he escuchado la oración que me hiciste acerca de Senaquerib, rey de Asiria.' "

[21] Estas son las palabras que dijo el Señor acerca del rey de Asiria:

"La ciudad de Sión, como una
    muchacha,
se ríe de ti, Senaquerib.
Jerusalén mueve burlonamente la
    cabeza
cuando tú te retiras.

l **19.2** Is 1.1.   m **19.15** Ex 25.18–22; 1 S 4.4; Sal 80.1; Is 37.16.

²² ¿A quién has ofendido e insultado?
¿Contra quién alzaste la voz
y levantaste los ojos altaneramente?
¡Contra el Dios Santo de Israel!
²³ Por medio de tus mensajeros
insultaste al Señor.
Dijiste:
'Con mis innumerables carros de
guerra
subí a las cumbres de los montes,
a lo más empinado del Líbano.
Corté sus cedros más altos,
sus pinos más bellos.
Llegué a sus cumbres más altas,
a sus bosques, que parecen jardines.
²⁴ En tierras extrañas
cavé pozos y bebí de esa agua,
y con las plantas de mis pies
sequé todos los ríos de Egipto.'
²⁵ ¿Pero no sabías que soy yo, el
Señor,
quien ha dispuesto todas estas
cosas?
Desde tiempos antiguos lo había
planeado,
y ahora lo he realizado;
por eso tú destruyes ciudades
fortificadas
y las conviertes en montones de
ruinas.
²⁶ Sus habitantes, impotentes,
llenos de miedo y vergüenza,
han sido como hierba del campo,
como pasto verde,
como hierba que crece en los
tejados
y que es quemada por el viento del
este.²⁸
²⁷ Yo conozco todos tus movimientos
y todas tus acciones;
yo sé que te has enfurecido contra
mí.
²⁸ Y como conozco tu furia y tu
arrogancia,
voy a ponerte una argolla en la
nariz,
un freno en la boca,
y te haré volver por el camino
por donde viniste."

²⁹ Isaías dijo entonces a Ezequías:
"Esta será una señal de lo que va a
suceder:
este año y el siguiente comerán
ustedes
el trigo que nace por sí solo,
pero al tercer año podrán sembrar y
cosechar,
plantar viñedos y comer de sus
frutos.
³⁰ Los sobrevivientes de Judá serán
como plantas;
echarán raíces y producirán fruto.

³¹ Porque un resto quedará en
Jerusalén;
en el monte Sión habrá
sobrevivientes.
Esto lo hará el ardiente amor del
Señor todopoderoso.

³² "Acerca del rey de Asiria dice el
Señor:
'No entrará en Jerusalén,
no le disparará ni una flecha,
no la atacará con escudos
ni construirá una rampa a su
alrededor.
³³ Por el mismo camino por donde
vino, se volverá;
no entrará en esta ciudad.
Yo, el Señor, doy mi palabra.
³⁴ Yo protegeré esta ciudad
y la salvaré,
por consideración a mi siervo David
y a mí mismo.' "

³⁵ Aquella misma noche el ángel del Señor fue y mató a ciento ochenta y cinco
mil hombres de campamento asirio, y al
día siguiente todos amanecieron muertos.
³⁶ Entonces Senaquerib, rey de Asiria, levantó el campamento y regresó a Nínive.
³⁷ Y un día, cuando estaba adorando en el
templo de Nisroc, su dios, sus hijos Adramelec y Sarezer fueron y lo asesinaron, y
huyeron a la región de Ararat. Después
reinó en su lugar su hijo Esarhadón.

Enfermedad y curación de Ezequías
(2 Cr 32.24–26; Is 38.1–8)

20 ¹ Por aquel tiempo, Ezequías cayó
gravemente enfermo, y el profeta
Isaías, hijo de Amoz, fue a verlo y le dijo:
—El Señor dice: 'Da tus últimas instrucciones a tu familia, porque vas a morir; no
te curarás.'
² Ezequías volvió la cara hacia la pared
y oró así al Señor: ³ "Yo te suplico, Señor,
que te acuerdes de cómo te he servido fiel
y sinceramente, haciendo lo que te
agrada." Y lloró amargamente.
⁴ Y ocurrió que antes de que Isaías saliera al patio central del palacio, el Señor
se dirigió a Isaías y le dijo: ⁵ "Vuelve y dile
a Ezequías, jefe de mi pueblo: 'El Señor,
Dios de tu antepasado David, dice: Yo he
escuchado tu oración y he visto tus lágrimas. Voy a sanarte, y dentro de tres días
podrás ir al templo del Señor. ⁶ Voy a
darte quince años más de vida. A ti y a
Jerusalén los libraré del rey de Asiria. Yo
protegeré esta ciudad, por consideración a
mi siervo David y a mí mismo.' "
⁷ Isaías mandó hacer una pasta de higos, y la hicieron y se la aplicaron al rey

²⁸ *Y que es quemada por el viento del este:* texto probable, según Is 37.27. Heb. oscuro.

en la parte enferma, y el rey se curó. [8] Entonces Ezequías preguntó a Isaías:

—¿Por medio de qué señal voy a darme cuenta de que el Señor me va a sanar, y de que dentro de tres días podré ir al templo del Señor?

[9] Isaías respondió:

—Esta es la señal que el Señor te dará en prueba de que te cumplirá su promesa: ¿Quieres que la sombra avance diez gradas, o que las retroceda?

[10] Y Ezequías le contestó:

—Que la sombra avance es cosa fácil. Lo difícil es que retroceda.

[11] Entonces el profeta Isaías invocó al Señor, y el Señor hizo que la sombra retrocediera las diez gradas que había avanzado en el reloj de sol de Acaz.

Ezequías recibe a los enviados de Babilonia
(2 Cr 32.27–31; Is 39.1–8)

[12] Por aquel tiempo, el rey Merodac-Baladán, hijo de Baladán, rey de Babilonia, oyó decir que Ezequías había estado enfermo, y por medio de unos mensajeros le envió cartas y un regalo. [13] Ezequías los atendió y les mostró su tesoro, la plata y el oro, los perfumes, el aceite fino y su depósito de armas, y todo lo que se encontraba en sus depósitos. No hubo nada en su palacio ni en todo su reino que no les mostrara. [14] Entonces fue el profeta Isaías a ver al rey Ezequías y le preguntó:

—¿De dónde vinieron esos hombres, y qué te dijeron?

Ezequías respondió:

—Vinieron de un país lejano; vinieron de Babilonia.

[15] Isaías le preguntó:

—¿Y qué vieron en tu palacio?

Ezequías contestó:

—Vieron todo lo que hay en él. No hubo nada en mis depósitos que yo no les mostrara.

[16] Isaías dijo entonces a Ezequías:

—Escucha este mensaje del Señor: [17] 'Van a venir días en que todo lo que hay en tu palacio y todo lo que juntaron tus antepasados hasta el día de hoy, será llevado a Babilonia. No quedará aquí nada.[n] [18] Aun a algunos de tus propios descendientes se los llevarán a Babilonia, los castrarán y los pondrán como criados en el palacio del rey.'[ñ]

[19] Ezequías, pensando que al menos durante su vida habría paz y seguridad, respondió a Isaías:

—El mensaje que me has traído de parte del Señor es favorable.

Muerte de Ezequías
(2 Cr 32.32–33)

[20] El resto de la historia de Ezequías y de sus hazañas, y de cómo construyó el estanque y el canal para llevar el agua a la ciudad, está escrito en el libro de las crónicas de los reyes de Judá. [21] Cuando murió Ezequías, reinó en su lugar su hijo Manasés.

Reinado de Manasés en Judá
(2 Cr 33.1–20)

21 [1] Manasés tenía doce años cuando comenzó a reinar, y reinó en Jerusalén cincuenta y cinco años. Su madre se llamaba Hepsiba. [2] Pero sus hechos fueron malos a los ojos del Señor,[o] pues practicó las mismas infamias de las naciones que el Señor había arrojado de la presencia de los israelitas: [3] reconstruyó los santuarios paganos que Ezequías, su padre, había destruido; levantó altares a Baal e hizo una imagen de Asera, como había hecho Acab, rey de Israel; además adoró y rindió culto a todos los astros del cielo, [4] y construyó altares en el templo del Señor, acerca del cual el Señor había dicho que sería la residencia de su nombre en Jerusalén.[p] [5] Levantó otros altares en los dos atrios del templo del Señor, y los dedicó a todos los astros del cielo.

[6] Además hizo quemar a sus hijos[29] en sacrificio, practicó la invocación de espíritus y la adivinación, y estableció el espiritismo y la hechicería. Tan malos fueron sus hechos a los ojos del Señor, que acabó por provocar su indignación. [7] También colocó una imagen de Asera en el templo del Señor, acerca del cual el Señor había dicho a David y a su hijo Salomón: "Este templo en Jerusalén, que he escogido entre todas las tribus de Israel, será para siempre la residencia de mi nombre. [8] No volveré a arrojar a los israelitas de la tierra que di a sus antepasados, con tal de que cumplan y practiquen todo lo que les he ordenado, y todas las enseñanzas que les dio mi siervo Moisés."[q]

[9] Pero ellos no hicieron caso. Por el contrario, Manasés los llevó a actuar con más perversidad que las naciones que el Señor había aniquilado ante los israelitas. [10] Por lo tanto, el Señor habló por medio de sus siervos los profetas, y dijo: [11] "Por haber cometido Manasés tantas infamias, y por ser su maldad mayor que la de los amorreos que hubo antes que él, ya que ha hecho que Judá peque con sus ídolos, [12] yo, el Señor, el Dios de Israel, declaro:

---

[29] *Sus hijos:* según la versión griega. Heb. *su hijo.*
[n] **20.17** 2 R 24.13; 2 Cr 36.10. [ñ] **20.18** 2 R 24.14–15; Dn 1.1–7. [o] **21.2** Jer 15.4. [p] **21.4** 2 S 7.13. [q] **21.7–8** 1 R 9.3–5; 2 Cr 7.12–18.

Voy a acarrear tal desastre sobre Jerusalén y Judá, que hasta le van a doler los oídos a quien lo oiga. [13] Mediré a Jerusalén con la misma medida que a Samaria y a la descendencia de Acab; la voy a dejar limpia, como cuando se limpia un plato y se pone boca abajo. [14] En cuanto al resto de mi pueblo, lo abandonaré y lo entregaré en manos de sus enemigos, para que sean saqueados y despojados por ellos. [15] Porque sus hechos han sido malos a mis ojos, y me han estado irritando desde el día en que sus antepasados salieron de Egipto hasta el presente."

[16] Además de los pecados que Manasés hizo cometer a Judá y de sus malas acciones a los ojos del Señor, fue tanta la sangre inocente que derramó en Jerusalén, que la llenó de extremo a extremo. [17] El resto de la historia de Manasés y de todo lo que hizo, y los pecados que cometió, está escrito en el libro de las crónicas de los reyes de Judá. [18] Cuando murió, lo enterraron en el jardín de su palacio, en el jardín de Uza. Después reinó en su lugar su hijo Amón.

Reinado de Amón en Judá
(2 Cr 33.21-25)

[19] Amón tenía veintidós años cuando comenzó a reinar, y reinó en Jerusalén dos años. Su madre se llamaba Mesulemet, y era hija de Hazur, de Jotba. [20] Pero sus hechos fueron malos a los ojos del Señor, como los de su padre Manasés, [21] pues siguió sus mismos malos pasos y rindió culto y adoró a los mismos ídolos que su padre había adorado. [22] Así abandonó al Señor, el Dios de sus antepasados, y no actuó conforme a su voluntad.

[23] Los oficiales de Amón conspiraron contra él, y lo asesinaron en su palacio. [24] Pero la gente del pueblo mató a los que habían conspirado contra el rey Amón, y en su lugar hicieron reinar a su hijo Josías. [25] El resto de la historia de Amón y de lo que hizo, está escrito en el libro de las crónicas de los reyes de Judá. [26] Lo enterraron en su sepulcro del jardín de Uza. Después reinó en su lugar su hijo Josías.

Reinado de Josías en Judá
(2 Cr 34.1-2)

22 [1] Josías[r] tenía ocho años cuando comenzó a reinar, y reinó en Jerusalén durante treinta y un años. Su madre se llamaba Jedida, hija de Adaía, y era de Boscat. [2] Los hechos de Josías fueron rectos a los ojos del Señor, pues siguió en todo la conducta de David, su antepasado, sin desviarse de ella para nada.

Se encuentra el libro de la ley
(2 Cr 34.8-33)

[3] En el año dieciocho del reinado de Josías, el rey envió al templo del Señor a su cronista Safán, hijo de Azalía y nieto de Mesulam. Le dijo:

[4] —Ve a ver a Hilcías, el sumo sacerdote, y dile que reúna el dinero que ha sido llevado al templo del Señor y que los porteros han recogido de entre la gente, [5] y que lo entregue a los encargados de las obras del templo del Señor, para que ellos a su vez paguen a los que trabajan en la reparación del templo, [6] es decir, a los carpinteros, maestros de obras y albañiles, y también para que compren madera y piedras de cantería para reparar el templo. [7] Dile también que no les pida cuentas del dinero que se les entregue, porque actúan con honradez.

[8] Hilcías, el sumo sacerdote, le contó a Safán, el cronista, que había encontrado el libro de la ley en el templo del Señor; y le entregó el libro, y Safán lo leyó. [9] Después Safán fue a informar de esto al rey, y le dijo:

—Los siervos de Su Majestad han fundido la plata que había en el templo, y la han entregado a los encargados de reparar el templo del Señor.

[10] También informó Safán al rey de que el sacerdote Hilcías le había entregado un libro, y lo leyó Safán al rey. [11] Al escuchar el rey lo que decía el libro de la ley, se rasgó la ropa, [12] y en seguida ordenó a Hilcías, a Ahicam, hijo de Safán, a Acbor, hijo de Micaías, a Safán, el cronista, y a Asaías, oficial del rey:

[13] —Vayan a consultar al Señor por mí y por el pueblo y por todo Judá, en cuanto al contenido de este libro que se ha encontrado; pues el Señor debe estar muy furioso contra nosotros, ya que nuestros antepasados no prestaron atención a lo que dice este libro ni pusieron en práctica todo lo que está escrito en él.[30]

[14] Hilcías, Ahicam, Acbor, Safán y Asaías, fueron a ver a la profetisa Hulda, esposa de Salum, hijo de Ticva y nieto de Harhas, encargado del guardarropa del templo. Hulda vivía en el Segundo Barrio de Jerusalén, y cuando le hablaron, [15] ella les contestó:

—Esta es la respuesta del Señor, Dios de Israel: 'Díganle a la persona que los ha enviado a consultarme, [16] que yo, el Señor, digo: Voy a acarrear un desastre sobre este lugar y sobre sus habitantes,

---

[30] *En él: según la versión griega. Heb. en contra de nosotros.*
[r] **22.1** Jer 3.6.

conforme a todo lo anunciado en el libro que ha leído el rey de Judá. [17] Pues me han abandonado y han quemado incienso a otros dioses, provocando mi irritación con todas sus prácticas; por eso se ha encendido mi ira contra este lugar, y no se apagará. [18] Díganle, pues, al rey de Judá, que los ha enviado a consultar al Señor, que el Señor, el Dios de Israel, dice también: Por haber prestado atención a lo que has oído, [19] y porque te has conmovido y sometido a mí al escuchar mi declaración contra este lugar y sus habitantes, que serán arrasados y malditos, y por haberte rasgado la ropa y haber llorado delante de mí, yo también por mi parte te he escuchado. Yo, el Señor, te lo digo. [20] Por lo tanto, te concederé morir en paz y reunirte con tus antepasados, sin que llegues a ver el desastre que voy a acarrear sobre este lugar.'

Los enviados del rey regresaron para **23** [1] llevarle a éste la respuesta. [1] Entonces el rey mandó llamar a todos los ancianos de Judá y de Jerusalén, para que se reunieran con él. [2] Luego el rey y todos los hombres de Judá, y los habitantes de Jerusalén, y los sacerdotes, los profetas y la nación entera, desde el más pequeño hasta el más grande, fueron al templo del Señor. Allí el rey les leyó en voz alta todo lo que decía el libro del pacto[s] que había sido encontrado en el templo del Señor. [3] Luego el rey se puso de pie junto a la columna, y se comprometió ante el Señor a obedecerle, a poner en práctica fielmente y con toda sinceridad sus mandamientos, mandatos y leyes, y a cumplir las condiciones del pacto que estaban escritas en el libro. Y todo el pueblo aceptó también el compromiso.

Reforma de Josías
(2 Cr 34.3-7)

[4] Entonces el rey ordenó a Hilcías, sumo sacerdote, y a su segundo sacerdote y a los porteros, que sacaran del templo del Señor todos los objetos del culto de Baal y de Asera y de todos los astros del cielo, y los quemó en las afueras de Jerusalén, en los campos de Cedrón, y llevó luego las cenizas a Betel. [5] Después quitó de sus puestos a los sacerdotes que los reyes de Judá habían nombrado para que quemaran incienso en los santuarios paganos que había en las ciudades de Judá y en los alrededores de Jerusalén, y a los sacerdotes que quemaban incienso a Baal, al sol, a la luna, a los planetas y a todos los astros del cielo. [6] Sacó fuera de Jerusalén la imagen de Asera que estaba en el templo del Señor, la quemó en el arroyo Cedrón hasta convertirla en ceniza y luego la esparció sobre la fosa común.[t] [7] También derrumbó las habitaciones dedicadas a la prostitución entre hombres, que era practicada como un culto en el templo del Señor, donde las mujeres tejían mantos para la diosa Asera.

[8] Después ordenó que vinieran todos los sacerdotes de las ciudades de Judá, y profanó todos los santuarios paganos, desde Geba hasta Beerseba, donde esos sacerdotes habían quemado incienso, y derribó los altares de los demonios que había en la puerta de Josué, gobernador de la ciudad, situados a la entrada de la ciudad, al lado izquierdo. [9] Pero los sacerdotes de los santuarios paganos no iban al altar del Señor en Jerusalén, sino que comían pan sin levadura con sus compañeros sacerdotes.

[10] Josías también profanó el quemadero que había en el valle de Ben-hinom,[u] para que nadie quemara a su hijo o a su hija como sacrificio a Moloc.[v] [11] Quitó los caballos que los reyes de Judá habían dedicado al sol, los cuales estaban a la entrada del templo del Señor, junto a la habitación de Natán-melec, el encargado de las dependencias, y quemó también el carro del sol. [12] Además derribó los altares que los reyes de Judá habían construido en la parte alta de la sala de Acaz, y los altares que Manasés había construido en los patios del templo del Señor;[w] los destrozó y arrojó sus escombros al arroyo Cedrón. [13] El rey profanó también los santuarios paganos que había al oriente de Jerusalén, en la parte sur del monte de los Olivos,[31] los cuales había construido Salomón, rey de Israel, para Astarté, diosa aborrecible de los sidonios; para Quemós, ídolo aborrecible de los moabitas, y para Milcom, ídolo aborrecible de los amonitas.[x] [14] También hizo pedazos las piedras y los troncos sagrados, y llenó de huesos humanos los lugares donde habían estado. [15] En cuanto al altar y al santuario pagano de Betel, que fueron construidos por Jeroboam, hijo de Nabat,[y] que hizo pecar a los israelitas, Josías los destrozó hasta hacerlos polvo, y les prendió fuego; y le prendió fuego también a la representación de Asera.

[16] Cuando Josías regresó y vio los sepulcros que había en la colina misma, mandó que sacaran los huesos que hubiera en ellos, y los quemó sobre el altar, profanándolo. Así se cumplió la palabra del Señor

---

[31] *Monte de los Olivos*: lit. *Monte de la Destrucción*. En hebreo probable juego de palabras entre la que significa *destrucción* y una muy parecida que quiere decir *untura con aceite de olivo*. [s] **23.2** Dt 31.11-13; Neh 8.1-8. [t] **23.4-6** 2 R 21.3; 2 Cr 33.3. [u] **23.10** Jer 7.31; 19.1-6; 32.35. [v] **23.10** Lv 18.21. [w] **23.12** 2 R 21.5; 2 Cr 33.5. [x] **23.13** 1 R 11.7. [y] **23.15** 1 R 12.33.

trasmitida por el profeta que había anunciado esto. ᶻ ¹⁷ Luego preguntó:

—¿Qué monumento es ése que veo allá? Los hombres de la ciudad le respondieron:

—Es el sepulcro del profeta que vino de Judá y anunció lo que Su Majestad ha hecho con el altar de Betel. ᵃ

¹⁸ Entonces Josías ordenó:

—Déjenlo así. Que nadie toque sus huesos.

Así se respetaron sus restos y los del profeta que había venido de Samaria.

¹⁹ En cuanto a todos los edificios de los santuarios paganos que había en Samaria, y que los reyes de Israel habían construido provocando la ira del Señor, Josías los eliminó e hizo con ellos lo mismo que había hecho en Betel. ²⁰ Después mató sobre los altares a todos los sacerdotes de los santuarios paganos que allí había, y sobre ellos quemó huesos humanos. Después regresó a Jerusalén.

Josías celebra la Pascua
(2 Cr 35.1–19)

²¹ El rey ordenó a todo el pueblo que celebrara la Pascua ᵇ en honor del Señor su Dios, según estaba escrito en el libro del pacto. ²² Nunca se había celebrado una Pascua como ésta desde la época de los caudillos que gobernaron en Israel, ni en todo el tiempo de los reyes de Israel y de Judá. ²³ Fue en el año dieciocho del reinado de Josías cuando en Jerusalén se celebró aquella Pascua en honor del Señor.

Devoción de Josías

²⁴ Josías eliminó también a los brujos y adivinos, a los ídolos familiares y a otros ídolos, y a todos los aborrecibles objetos de culto que se veían en Judá y en Jerusalén. Lo hizo para cumplir los términos de la ley escritos en el libro que el sacerdote Hilcías había encontrado en el templo del Señor. ²⁵ No hubo ningún rey, ni antes ni después de él, que como él se volviera al Señor con todo su corazón y con toda su alma y con todas sus fuerzas, conforme a la ley de Moisés. ²⁶ A pesar de ello, el Señor siguió enojado, pues todavía estaba enfurecido contra Judá por todas las ofensas con que Manasés le había provocado. ²⁷ Por eso dijo el Señor que iba a apartar de su presencia a Judá, como había apartado a Israel, y que iba a rechazar la ciudad de Jerusalén que había escogido, y el templo en el que había dicho que residiría su nombre.

Muerte de Josías
(2 Cr 35.20–27)

²⁸ El resto de la historia de Josías y de todo lo que hizo, está escrito en el libro de las crónicas de los reyes de Judá. ²⁹ En su tiempo, el faraón Necao, rey de Egipto, se dirigió hacia el río Éufrates para ayudar al rey de Asiria. El rey Josías le salió al encuentro; pero en Meguido, en cuanto Necao lo vio, lo mató. ³⁰ Sus oficiales pusieron su cadáver en un carro y lo llevaron desde Meguido a Jerusalén, donde lo enterraron en su sepulcro. La gente del pueblo tomó entonces a Joacaz, hijo de Josías, y lo consagraron como rey en lugar de su padre.

Reinado de Joacaz en Judá
(2 Cr 36.1–4)

³¹ Joacaz tenía veintitrés años cuando comenzó a reinar, y reinó en Jerusalén tres meses. Su madre se llamaba Hamutal, hija de Jeremías, y era de Libna. ³² Pero sus hechos fueron malos a los ojos del Señor, igual que los de sus antepasados. ³³ El faraón Necao lo tuvo preso en Riblá, en la región de Hamat, para que no reinara en Jerusalén, y obligó al país a pagar un tributo de tres mil trescientos kilos de plata y treinta y tres kilos de oro. ³⁴ Además, el faraón Necao puso como rey a Eliaquim, hijo de Josías, en lugar de su padre, y le cambió el nombre y le puso Joacim, y a Joacaz lo tomó y lo llevó a Egipto, donde murió. ᶜ

³⁵ Joacim entregó a Necao la plata y el oro que éste exigía, para lo cual tuvo que imponer una contribución a la gente del país. Y cada uno pagó en plata y en oro el impuesto que se le calculó, para entregárselo al faraón Necao.

Reinado de Joacim en Judá
(2 Cr 36.5–8)

³⁶ Joacim ᵈ tenía veinticinco años cuando comenzó a reinar, y reinó en Jerusalén once años. Su madre se llamaba Zebuda, hija de Pedaías, y era de Ruma. ³⁷ Pero sus hechos fueron malos a los ojos del Señor, igual que los de sus antepasados.

24 ¹ Durante el reinado de Joacim, Nabucodonosor, rey de Babilonia, invadió el país, ᵉ y Joacim estuvo sometido a él durante tres años. Luego cambió de parecer y se rebeló contra él. ² Pero el Señor mandó contra Joacim bandas de ladrones caldeos, sirios, moabitas y amonitas. Las envió contra Judá, para que la

ᶻ 23.16 1 R 13.2.   ᵃ 23.17 1 R 13.30–32.   ᵇ 23.21 Ex 12.1–13, 21–27; Lv 23.5–8; Nm 28.16; Dt 16.1–8.   ᶜ 23.34 Jer 22.11–12.
ᵈ 23.36 Jer 22.18–19; 26.1–6; 35.1–19.   ᵉ 24.1 Jer 25.1–38; Dn 1.1–2.

destruyeran, conforme al anuncio que había hecho el Señor por medio de sus siervos los profetas. ³ Esto ocurrió con Judá porque el Señor así lo dispuso, para apartarla de su presencia por todos los pecados que Manasés había cometido, ⁴ y también por la sangre inocente que había derramado y con la cual había llenado Jerusalén. Por eso el Señor no quiso perdonar más.

⁵ El resto de la historia de Joacim y de todo lo que hizo está escrito en el libro de las crónicas de los reyes de Judá. ⁶ Cuando murió, reinó en su lugar su hijo Joaquín.

⁷ Desde entonces, el rey de Egipto no salió más de su país, porque el rey de Babilonia había conquistado todas sus posesiones, desde el arroyo de Egipto hasta el río Éufrates.

Joaquín y su corte son desterrados a Babilonia
(2 Cr 36.9–10)

⁸ Joaquín tenía dieciocho años cuando comenzó a reinar, y reinó en Jerusalén tres meses. Su madre se llamaba Nehusta, hija de Elnatán, y era de Jerusalén. ⁹ Pero sus hechos fueron malos a los ojos del Señor, igual que los de su padre.

¹⁰ En aquel tiempo, las tropas de Nabucodonosor, rey de Babilonia, marcharon contra Jerusalén y la rodearon para atacarla. ¹¹ Durante el ataque a la ciudad, llegó Nabucodonosor. ¹² Entonces Joaquín, rey de Judá, junto con su madre, sus oficiales, jefes y hombres de confianza, se rindieron al rey de Babilonia, quien los hizo prisioneros. Esto sucedió en el año ocho del reinado de Nabucodonosor.ᶠ

¹³ Después Nabucodonosor sacó de allí todos los tesoros del templo del Señor y del palacio real y, tal como el Señor lo había anunciado, rompió todos los objetos de oro que Salomón, rey de Israel, había hecho para el templo del Señor. ¹⁴ Luego se llevó cautivos a todos los habitantes de Jerusalén, a todos los jefes y los mejores soldados, y a todos los artesanos y herreros, hasta completar diez mil prisioneros. No quedó nadie en el país, a excepción de la gente más pobre.

¹⁵ Nabucodonosor se llevó también cautivos a Joaquín y a su madre, a sus esposas, a sus oficiales, y a las personas más importantes del país. Los llevó cautivos de Jerusalén a Babilonia.ᵍ ¹⁶ El total de prisioneros de renombre que el rey de Babilonia se llevó, fue de siete mil; y mil el de artesanos y herreros, además de todos los

hombres fuertes y aptos para la guerra. ¹⁷ Luego el rey de Babilonia nombró rey a Matanías, en lugar de su sobrino Joaquín, y le cambió su nombre y le puso Sedequías.ʰ

Reinado de Sedequías
(2 Cr 36.11–16; Jer 52.1–3)

¹⁸ Sedequías tenía veintiún años cuando comenzó a reinar,ⁱ y reinó once años en Jerusalén. Su madre se llamaba Hamutal, hija de Jeremías, y era de Libna. ¹⁹ Pero sus hechos fueron malos a los ojos del Señor, igual que los de Joacim. ²⁰ Por eso el Señor se enojó con Jerusalén y con Judá, y los echó de su presencia.

Caída de Jerusalén
(Jer 39.1–7; 52.3–11)

Después Sedequías se rebeló contra el rey de Babilonia.ʲ **25** ¹ El día diez del mes décimo del año noveno del reinado de Sedequías, el rey Nabucodonosor marchó con todo su ejército contra Jerusalén, y la sitió.ᵏ Acampó frente a ella, y a su alrededor construyó rampas para atacarla. ² La ciudad estuvo sitiada hasta el año once del reinado de Sedequías. ³ El día nueve del mes cuarto³² de ese año aumentó el hambre en la ciudad, y la gente no tenía ya nada que comer. ⁴ Entonces hicieron un boquete en las murallas de la ciudad,ˡ y aunque los caldeos la tenían sitiada, el rey³³ y todos los soldados huyeron de la ciudad durante la noche. Salieron por la puerta situada entre las dos murallas, por el camino de los jardines reales, y tomaron el camino del valle del Jordán. ⁵ Pero los soldados caldeos persiguieron al rey Sedequías, y lo alcanzaron en la llanura de Jericó. Todo su ejército lo abandonó y se dispersó. ⁶ Los caldeos capturaron al rey y lo llevaron ante el rey de Babilonia, que estaba en Ribla, en el territorio de Hamat. Allí Nabucodonosor dictó sentencia contra Sedequías, ⁷ y en presencia de éste mandó degollar a sus hijos. En cuanto a Sedequías, mandó que le sacaran los ojos y que lo encadenaran para llevarlo a Babilonia.ᵐ

Destrucción del templo
(2 Cr 36.17–21; Jer 39.8–10; 52.12–30)

⁸ El día siete del mes quinto del año diecinueve del reinado de Nabucodonosor, rey de Babilonia, Nabuzaradán, oficial del rey y comandante de la guardia real, llegó

---

³² *Del mes cuarto:* según Jer 52.6. En el texto hebreo no aparece *cuarto*. ³³ *El rey:* según la versión griega. En el texto hebreo no aparece esta frase.
ᶠ **24.12** Jer 22.24–30; 24.1–10; 29.1–2. ᵍ **24.15** Ez 17.12. ʰ **24.17** Jer 37.1; Ez 17.13. ⁱ **24.18** Jer 27.1–22; 28.1–17.
ʲ **24.20** Ez 17.15. ᵏ **25.1** Jer 21.1–10; 34.1–5; Ez 24.2. ˡ **25.4** Ez 33.21. ᵐ **25.7** Ez 12.13.

a Jerusalén [9] e incendió el templo,[n] el palacio real y todas las casas de la ciudad, especialmente las casas de todos los personajes notables, [10] y el ejército caldeo que lo acompañaba derribó las murallas que rodeaban Jerusalén. [11] Luego Nabuzaradán llevó desterrados a Babilonia tanto a los que aún quedaban en la ciudad como a los que se habían puesto del lado del rey de Babilonia, y al resto de los artesanos.[34] [12] Sólo dejó a algunos de entre la gente más pobre, para que cultivaran los viñedos y los campos.[n]

[13] Los caldeos hicieron pedazos los objetos de bronce que había en el templo: las columnas,[o] las bases y la enorme pila[p] para el agua, y se llevaron todo el bronce a Babilonia. [14] También se llevaron los ceniceros, las palas, las despabiladeras, los cucharones y todos los utensilios de bronce para el culto.[q] [15] Igualmente, el comandante de la guardia se llevó todos los objetos de oro y plata: los braseros y los tazones. [16] Por lo que se refiere a las dos columnas, la enorme pila para el agua y las bases que el rey Salomón había mandado hacer para el templo, su peso no podía calcularse. [17] Cada columna tenía más de ocho metros de altura, y en su parte superior tenía un capitel de bronce, de más de dos metros[35] de altura, alrededor del cual había una rejilla toda de bronce, adornada con granadas. Las dos columnas eran iguales.

Destierro del pueblo de Judá

[18] El comandante de la guardia apresó también a Seraías, sumo sacerdote, a Sofonías, sacerdote que le seguía en dignidad, y a los tres guardianes del umbral del templo. [19] De la gente de la ciudad apresó al oficial que mandaba las tropas, a cinco hombres del servicio personal del rey que se encontraron en la ciudad, al funcionario militar que reclutaba hombres para el ejército y a sesenta ciudadanos notables que estaban en la ciudad. [20-21] Nabuzaradán llevó a todos estos ante el rey de Babilonia, que estaba en Ribla, en el territorio de Hamat. Allí el rey de Babilonia mandó que los mataran.

Así fue desterrado de su país el pueblo de Judá.

El grupo restante huye a Egipto
(Jer 40.7-10; 41.1-3, 16-18)

[22] Nabucodonosor, rey de Babilonia, nombró gobernador a Gedalías, hijo de Ahicam y nieto de Safán, para que se hiciera cargo de la gente que él había dejado en Judá. [23] Y cuando los jefes del ejército de Judá y sus hombres supieron esto, fueron a Mizpa para hablar con Gedalías. Eran Ismael, hijo de Netanías; Johanán, hijo de Carea; Seraías, hijo de Tanhumet, de Netofa; y Jaazanías, hijo de un hombre de Maaca. Fueron acompañados de sus hombres. [24] Gedalías les hizo un juramento a ellos y a sus hombres, y les dijo que no tuvieran miedo de los oficiales caldeos, que se quedaran a vivir en el país y sirvieran al rey de Babilonia, y que les iría bien.

[25] Pero en el mes séptimo, Ismael, hijo de Netanías y nieto de Elisama, que era de la familia real de Judá, llegó acompañado de diez hombres, y entre todos mataron a Gedalías y a los judíos y caldeos que había con él en Mizpa. [26] Entonces toda la gente, por miedo a los caldeos, se levantó y se fue a Egipto,[r] lo mismo grandes y pequeños que oficiales del ejército.

Joaquín es liberado y recibe honores en Babilonia
(Jer 52.31-34)

[27] El día veintisiete del mes doce del año treinta y siete del destierro del rey Joaquín de Judá, comenzó a reinar en Babilonia el rey Evil-merodac, el cual se mostró bondadoso con Joaquín y lo sacó de la cárcel, [28] lo trató bien y le dio preferencia sobre los otros reyes que estaban con él en Babilonia. [29] De esta manera, Joaquín pudo quitarse la ropa que usaba en la prisión y comer con el rey por el resto de su vida. [30] Además, durante toda su vida, Joaquín recibió una pensión diaria de parte del rey de Babilonia.

---

[34] *Artesanos:* texto probable. Heb. *multitud.* [35] *Más de dos metros:* texto probable, según Jer 52.22. Heb. *metro y medio.*
[n] **25.9** 1 R 9.8. [n] **25.8-12** Dt 4.27-28; 28.36. [o] **25.13** 1 R 7.15-22; 2 Cr 3.15-17. [p] **25.13** 1 R 7.23-26; 2 Cr 4.2-5.
[q] **25.14** 1 R 7.45; 2 Cr 4.16. [r] **25.26** Jer 43.5-7.

Primer Libro de las
CRÓNICAS

Los dos libros de las Crónicas son en gran parte un nuevo relato, condensado en algunos puntos, ampliado en otros, de los sucesos referidos en los libros de Samuel y de Reyes. Pero no sólo se han omitido algunos de los acontecimientos narrados por dichos libros. También los que de nuevo se consignan se enfocan e interpretan desde otro punto de vista. Por una parte, se concentra la atención en los reinados de David y Salomón, y en el templo, su culto y su sacerdocio. A la organización y funciones de este último se da especial importancia. Por otra parte, se presenta a David como el verdadero fundador del templo y de su ritual, aun cuando quien lo construye es Salomón.

Josafat, Ezequías y Josías se destacan en el relato como ejemplos de fidelidad al Dios de Israel, y de piedad y devoción en tiempos difíciles y, tras periodos de apostasía, como grandes reformadores religiosos. El escritor sagrado se esfuerza por mostrar que, a pesar de los desastres sobrevenidos a Israel y Judá, Dios mantenía en pie las promesas hechas a la nación y llevaba adelante sus planes respecto a ella. Para ello se valía de modo especial de la continuidad y pureza del culto que se le ofrecía.

Los primeros nueve capítulos del primer libro se dedican a genealogías y listas. La historia propiamente dicha comienza con la muerte de Saúl (cap. 10). El resto del libro (caps. 11—29) habla del reinado de David, y de sus dificultades y sus logros. Le da gran importancia a los preparativos de David para la construcción del templo, la cual encomendó luego a Salomón, y trata de ellos con mucho detalle (ocho capítulos finales).

Descendientes de Adán
(Gn 5.1-32)

1 ¹ Adán, Set, Enós, ² Cainán, Mahalaleel, Jared, ³ Enoc, Matusalén, Lamec, ⁴ Noé.

Descendientes de Noé
(Gn 10.1–32)

Hijos de Noé:¹ Sem, Cam y Jafet. ⁵ Hijos de Jafet: Gomer, Magog, Madai, Javán, Tubal, Mesec y Tiras. ⁶ Hijos de Gomer: Askenaz, Rifat y Togarma. ⁷ Hijos de Javán: Elisa, Tarsis, Quitim y Rodanim.

⁸ Hijos de Cam: Cus, Mizraim, Fut y Canaán. ⁹ Hijos de Cus: Seba, Havila, Sabta, Raama y Sabteca. Hijos de Raama: Seba y Dedán. ¹⁰ Cus fue el padre de Nimrod, el primer hombre poderoso de la tierra.

¹¹ De Mizraim descienden los ludeos, los anameos, los lehabitas, los naftuhitas, ¹² los patruseos, los casluhítas y los caftoritas, de quienes descienden los filisteos. ¹³ Canaán fue padre de Sidón, su primer hijo, y de Het. ¹⁴ De Canaán descienden los jebuseos, amorreos, gergeseos, ¹⁵ heveos, araceos, sineos, ¹⁶ arvadeos, zemareos y hamateos.

¹⁷ Hijos de Sem: Elam, Asur, Arfaxad, Lud y Aram. Los hijos de Aram fueron² Uz, Hul, Geter y Mas.³ ¹⁸ Arfaxad fue el padre de Sala, y Sala fue el padre de Heber. ¹⁹ Heber tuvo dos hijos: el primero se llamaba Peleg,⁴ porque en su tiempo la gente de la tierra se dividió. El hermano de Peleg se llamaba Joctán. ²⁰ Joctán fue el padre de Almodad, Selef, Hazar-mavet, Jera, ²¹ Adoram, Uzal, Dicla, ²² Obal,⁵ Abimael, Seba, ²³ Ofir, Havila y Jobab. Todos estos fueron hijos de Joctán.

Descendientes de Sem
(Gn 11.10–26)

²⁴ Sem, Arfaxad, Sala, ²⁵ Heber, Peleg, Reu, ²⁶ Serug, Nacor, Taré ²⁷ y Abram, que es Abraham.

Descendientes de Ismael y de Cetura
(Gn 25.1-6, 12-18)

²⁸ Hijos de Abraham: Isaac e Ismael. ²⁹ Sus descendientes fueron: Nebaiot, hijo mayor de Ismael, Cedar, Abdeel, Mibsam, ³⁰ Misma, Duma, Massa, Hadad, Tema, ³¹ Jetur, Nafis y Cedema. Estos fueron los hijos de Ismael.

³² Hijos de Cetura, concubina de Abraham: Zimram, Jocsán, Medán, Madián, Isbac y Súa. Hijos de Jocsán: Seba y Dedán. ³³ Hijos de Madián: Efa, Efer, Hanoc, Abida y Elda. Todos estos fueron descendientes de Cetura.

---

¹ *Hijos de Noé:* según la versión griega. En el texto hebreo no aparece esta frase. ² *Los hijos de Aram fueron:* según varios mss. y Gn 10.23. En el texto hebreo no aparece esta frase. ³ *Mas:* según varios mss. y Gn 10.23. Heb. *Mesec.* ⁴ En hebreo, *Peleg* y la palabra que significa *división* tienen un sonido parecido. ⁵ *Obal:* según varios mss. y Gn 10.28. Heb. *Ebal.*

Descendientes de Esaú
(Gn 36.1–43)

³⁴ Abraham fue el padre de Isaac. Hijos de Isaac: Esaú e Israel. ³⁵ Hijos de Esaú: Elifaz, Reuel, Jeús, Jaalam y Coré. ³⁶ Hijos de Elifaz: Temán, Omar, Zefo, Gatam y Cenaz; de Timna tuvo a Amalec.⁶ ³⁷ Hijos de Reuel: Nahat, Zera, Sama y Miza.

³⁸ Hijos de Seir: Lotán, Sobal, Zibeón, Aná, Disón, Ezer y Disán. ³⁹ Hijos de Lotán: Hori y Hemam.⁷ Timna era hermana de Lotán. ⁴⁰ Hijos de Sobal: Alván, Manahat, Ebal, Sefo y Onam. Hijos de Zibeón: Aja y Aná. ⁴¹ Aná fue padre de Disón. Hijos de Disón: Hemdán,⁸ Esbán, Itrán y Querán. ⁴² Hijos de Ezer: Bilhán, Zaaván y Jaacán. Hijos de Disán: Uz y Arán.

⁴³ Estos fueron los reyes que gobernaron en Edom antes que los israelitas tuvieran rey: Bela, hijo de Beor; su ciudad se llamaba Dinaba. ⁴⁴ Cuando Bela murió, gobernó en su lugar Jobab, el hijo de Zera, que era del pueblo de Bosra. ⁴⁵ Cuando Jobab murió, gobernó en su lugar Husam, que era de la región de Temán. ⁴⁶ Cuando Husam murió, gobernó en su lugar Hadad, el hijo de Bedad, que derrotó a Madián en el campo de Moab; y su ciudad se llamaba Avit. ⁴⁷ Cuando murió Hadad, gobernó en su lugar Samla, que era del pueblo de Masreca. ⁴⁸ Cuando Samla murió, gobernó en su lugar Saúl, que era de Rehobot, el pueblo que está junto al río. ⁴⁹ Cuando Saúl murió, gobernó en su lugar Baal-hanán, que era hijo de Acbor. ⁵⁰ Y cuando murió Baal-hanán, gobernó en su lugar Hadad; y su ciudad se llamaba Pau.⁹ La esposa de Hadad se llamaba Mehetabel y era hija de Matred y nieta de Mezaab.

⁵¹ Después de la muerte de Hadad, los jefes de Edom fueron: Timna, Alva, Jetet, ⁵² Aholibama, Ela, Pinón, ⁵³ Cenaz, Temán, Mibzar, ⁵⁴ Magdiel e Iram. Estos fueron los jefes de Edom.

Los hijos de Israel
(Gn 35.22–26)

2 ¹ Los hijos de Israel fueron Rubén, Simeón, Leví, Judá, Isacar, Zabulón, ² Dan, José, Benjamín, Neftalí, Gad y Aser.

Descendientes de Judá

³ Los hijos de Judá fueron Er, Onán y Sela. La madre de estos tres fue la hija de Súa, que era cananea. Pero Er, el hijo mayor de Judá, fue tan malo que el Señor le quitó la vida. ⁴ Tamar, la nuera de Judá,

tuvo de éste dos hijos, Fares y Zera. En total, los hijos de Judá fueron cinco.

⁵ Los hijos de Fares fueron Hezrón y Hamul. ⁶ Los hijos de Zera fueron Zimri, Etán, Hemán, Calcol y Darda, cinco en total.

⁷ El hijo de Carmi fue Acar,¹⁰ que trajo la desgracia sobre Israel al tomar lo que Dios había ordenado que se destruyera por completo.ᵃ ⁸ El hijo de Etán fue Azarías.

⁹ Los hijos de Hezrón fueron Jerameel, Ram y Quelubai.

¹⁰ Ram fue padre de Aminadab, y Aminadab fue padre de Naasón, jefe de los descendientes de Judá. ¹¹ Naasón fue padre de Salma, Salma fue padre de Booz, ¹² Booz fue padre de Obed, Obed fue padre de Isaí, ¹³ Isaí fue padre de Eliab, su primer hijo; de Abinadab, el segundo; de Simea, el tercero; ¹⁴ de Natanael, el cuarto; de Radai, el quinto; ¹⁵ de Ozem, el sexto, y de David,ᵇ el séptimo. ¹⁶ Las hermanas de éstos fueron Sarvia y Abigail. Los hijos de Sarvia fueron tres: Abisai, Joab y Asael. ¹⁷ Abigail tuvo un hijo, Amasa, cuyo padre fue Jeter el ismaelita.

¹⁸ Caleb, hijo de Hezrón, tuvo de Azuba, su mujer, un hijo:¹¹ Jeriot. Sus otros hijos fueron Jezer, Sobab y Ardón. ¹⁹ Cuando Azuba murió, Caleb se casó con Efrata, y tuvo de ella un hijo: Hur. ²⁰ Hur fue padre de Uri, y Uri fue padre de Bezaleel.

²¹ Cuando Hezrón tenía sesenta años, se casó con la hija de Maquir, el padre de Galaad, y tuvo de ella un hijo: Segub. ²² Segub fue padre de Jair, quien tuvo veintitrés ciudades en la región de Galaad. ²³ Pero Gesur y Aram se apoderaron de los campamentos de Jair, y también de Kenat y sus aldeas; en total sesenta ciudades. Todos estos fueron los descendientes de Maquir, padre de Galaad.

²⁴ Después de la muerte de Hezrón, Caleb se casó con Efrata, esposa de su padre Hezrón, y tuvo de ella un hijo, Asur, que fue padre de Tecoa.

²⁵ Los hijos de Jerameel, hijo mayor de Hezrón, fueron Ram, el mayor, Buna, Orén, Ozem y Ahías. ²⁶ Jerameel tuvo otra esposa, llamada Atara, que fue madre de Onam.

²⁷ Los hijos de Ram, el hijo mayor de Jerameel, fueron Maaz, Jamín y Equer. ²⁸ Los hijos de Onam fueron Samai y Jada. Los hijos de Samai fueron Nadab y Abisur. ²⁹ La esposa de Abisur se llamaba Abihail y fue madre de Ahbán y Molid. ³⁰ Los hijos de Nadab fueron Seled y Apaim. Seled murió sin hijos. ³¹ Apaim fue

---

⁶ *De Timna tuvo a Amalec:* texto probable (véase Gn 36.12). Heb. *Timna y Amalec.* ⁷ *Hemam:* según la versión griega y Gn 36.22. Heb. *Homam.* ⁸ *Hemdán:* según varios mss. y Gn 36.26. Heb. *Amram.* ⁹ *Pau:* según varios mss. y Gn 36.39. Heb. *Pai.* ¹⁰ En hebreo, *Acar* se relaciona con la palabra que significa *traer desgracia.* En Jos 7.1 este nombre aparece bajo la forma de *Acán.* ¹¹ *Tuvo de Azuba, su mujer, un hijo:* según una versión antigua. Heb. *fue padre de Azuba, una mujer, y de.*
ᵃ **2.7** Jos 7.1. ᵇ **2.10–15** Rt 4.18–22.

padre de Isi. Isi fue padre de Sesán. Sesán fue padre de Ahlai.

³² Los hijos de Jada, hermano de Samai, fueron Jeter y Jonatán. Jeter murió sin hijos. ³³ Los hijos de Jonatán fueron Pelet y Zaza.

Estos fueron los descendientes de Jerameel.

³⁴ Sesán no tuvo hijos: sólo tuvo hijas. Pero tenía un esclavo egipcio llamado Jarha ³⁵ y a éste dio por esposa una de sus hijas, de la que tuvo un hijo: Atai. ³⁶ Atai fue padre de Natán, Natán fue padre de Zabad, ³⁷ Zabad fue padre de Eflal, Eflal fue padre de Obed, ³⁸ Obed fue padre de Jehú, Jehú fue padre de Azarías, ³⁹ Azarías fue padre de Heles, Heles fue padre de Elasa, ⁴⁰ Elasa fue padre de Sismai, Sismai fue padre de Salum, ⁴¹ Salum fue padre de Jecamías, y Jecamías fue padre de Elisama.

⁴² Los hijos de Caleb, hermano de Jerameel, fueron Mesa, el mayor, que fue padre de Zif, y Maresa, el segundo,¹² que fue padre de Hebrón. ⁴³ Los hijos de Hebrón fueron Coré, Tapúa, Requem y Sema. ⁴⁴ Sema fue padre de Raham, que fue padre de Jorcoam; y Requem fue padre de Samai. ⁴⁵ De Samai fue hijo Maón, padre de Bet-sur.

⁴⁶ Efa, concubina de Caleb, fue madre de Harán, Mosa y Gazez. Harán fue el padre de Gazez.

⁴⁷ Los hijos de Jahdai fueron Regem, Jotam, Gesán, Pelet, Efa y Saaf.

⁴⁸ Maaca, concubina de Caleb, fue madre de Seber y de Tirhana. ⁴⁹ También fue madre de Saaf, padre de Madmana, y de Seva, padre de Macbena y de Gibea. Caleb tuvo también una hija, llamada Acsa.

⁵⁰ Estos fueron los descendientes de Caleb.

Los hijos de Hur, hijo mayor de Efrata, fueron Sobal, padre de Quiriat-jearim; ⁵¹ Salma, padre de Belén; y Haref, padre de Bet-gader.

⁵² Los hijos de Sobal, padre de Quiriat-jearim, fueron Reaía,¹³ la mitad de los manahetitas ⁵³ y los clanes de Quiriat-jearim: los itritas, los futitas, los sumatitas y los misraítas, de quienes vienen los zoratitas y los estaolitas.

⁵⁴ Los hijos de Salma fueron Belén, los netofatitas, Atrot-bet-joab, la otra mitad de los manahetitas, los zoraítas ⁵⁵ y los clanes de los soferitas que vivían en Jabes, es decir, los tirateos, simeateos y sucateos. Estos son los quenitas que descienden de Hamat, padre de Bet-recab.

Los hijos de David
(2 S 3.2–5; 5.13–16; 1 Cr 14.3–7)

3 ¹ Los hijos de David nacidos en Hebrón fueron: el mayor, Amnón, hijo de Ahinoam, la de Jezreel; el segundo, Daniel, hijo de Abigail, de Carmel; ² el tercero, Absalón, hijo de Maaca, la hija de Talmai, rey de Gesur; el cuarto, Adonías, hijo de Haguit; ³ el quinto, Sefatías, hijo de Abital; y el sexto, Itream, hijo de Egla, otra esposa de David. ⁴ Estos seis hijos de David nacieron en Hebrón, donde reinó durante siete años y seis meses. Luego reinó treinta y tres años en Jerusalén,ᶜ ⁵ donde le nacieron cuatro hijos más: Simea, Sobab, Natán y Salomón, todos ellos hijos de Betsabé,¹⁴·ᵈ hija de Amiel. ⁶ Tuvo además otros nueve hijos: Ibhar, Elisama, Elifelet, ⁷ Noga, Nefeg, Jafía, ⁸ Elisama, Eliada y Elifelet. ⁹ Todos estos fueron hijos de David, sin contar los hijos tenidos de las concubinas. Tamar fue hermana de ellos.

Descendientes de Salomón

¹⁰⁻¹⁴ Los descendientes de Salomón, en línea directa, fueron Roboam, Abías, Asa, Josafat, Joram, Ocozías, Joás, Amasías, Azarías, Jotam, Acaz, Ezequías, Manasés, Amón y Josías.

¹⁵ Los hijos de Josías fueron: el mayor, Johanán; el segundo, Joacim; el tercero, Sedequías; y el cuarto, Salum.

¹⁶ Los hijos de Joacim fueron Jeconías y Sedequías.

¹⁷ Los descendientes de Jeconías, el desterrado, fueron Salatiel, su hijo mayor,¹⁵ ¹⁸ y Malquiram, Pedaías, Senazar, Jecamias, Hosama y Nedabías.

¹⁹ Los hijos de Pedaías fueron Zorobabel y Simei. Los hijos de Zorobabel fueron Mesulam y Hananías, y Selomit, hermana de éstos, ²⁰ y otros cinco hijos: Hasuba, Ohel, Berequías, Hasadías y Jusab-hesed.

²¹ Los hijos de Hananías fueron Pelatías y Jesaías. Los descendientes de Jesaías, en línea directa, fueron Refaías, Arnán, Abdías y Secanías.

²² Los hijos de Secanías fueron Semaías,¹⁶ Hatus, Igal, Barías, Nearías y Safat: seis en total.

²³ Los hijos de Nearías fueron tres: Elioenai, Ezequías y Azricam.

²⁴ Los hijos de Elioenai fueron siete: Hodavías, Eliasib, Pelaías, Acub, Johanán, Dalaías y Anani.

¹² *Maresa, el segundo:* texto probable. Heb. *y los hijos de Maresa.*   ¹³ *Reaía:* texto probable (véase 4.2). Heb. *Haroe.*   ¹⁴ *Betsabé:* texto probable. Heb. *Bet-súa.*   ¹⁵ *Su hijo mayor:* texto probable. Heb. *su hijo.*   ¹⁶ *Semaías:* texto probable. Heb. añade: *y los hijos de Semaías.*
ᶜ **3.4** 2 S 5.4–5; 1 R 2.11; 1 Cr 29.27.   ᵈ **3.5** 2 S 11.3.

Descendientes de Judá

4 [1] Los hijos de Judá fueron Fares, Hezrón, Carmi, Hur y Sobal. [2] Reaía, hijo de Sobal, fue padre de Jahat, y Jahat fue padre de Ahumai y de Lahad. Estos fueron los clanes de los zoratitas.

[3-4] Los hijos de Hur fueron[17] Etam, Jezreel, Isma, Idbas, Penuel, padre de Gedor, y Ezer, padre de Husa. Estos tenían una hermana llamada Haze-lelponi. Estos fueron los hijos de Hur, hijo mayor de Efrata, antepasado de Belén.

[5] Asur, el padre de Tecoa, tuvo dos mujeres: Hela y Naara. [6] Naara fue madre de Ahuzam, Hefer, Temeni y Ahastari. Estos fueron los hijos de Naara. [7] Los hijos de Hela fueron Zeret, Jezoar y Etnán.

[8] Cos fue padre de Anub y de Zobeba y antepasado de los clanes de Aharhel, hijo de Harum.

[9] Jabes fue más famoso que sus hermanos, y su madre le puso por nombre Jabes,[18] porque dijo: "En verdad lo he dado a luz con dolor." [10] Jabes oró al Dios de Israel, diciendo: "Te ruego que me des tu bendición y un territorio muy grande, que me ayudes y me libres de males, para que yo no sufra." Y Dios le concedió lo que le había pedido.

[11] Quelub, hermano de Súa, fue padre de Mehir; Mehir fue padre de Estón; [12] Estón fue padre de Bet-rafa, de Paseah y de Tehína, fundador de la ciudad de Nahas. Estos fueron los habitantes de Reca.

[13] Los hijos de Cenaz fueron Otoniel y Seraías. Los hijos de Otoniel fueron Hatat [14] y Meonotai, padre de Ofra. Seraías fue padre de Joab, el antepasado de los habitantes del valle de Carisim,[19] los cuales se dedicaban a la artesanía.

[15] Los hijos de Caleb, hijo de Jefone, fueron Iru, Ela y Naam. Ela fue padre de Cenaz.

[16] Los hijos de Jahaleel fueron Zif, Zifa, Tirías y Asareel.

[17-18] Los hijos de Esdras fueron Jeter, Mered, Efer y Jalón. Mered se casó con Bitia, hija del faraón, y sus hijos fueron María, Samai e Isba, padre de Estemoa. Mered tuvo también una mujer de la tribu de Judá, que fue madre de Jered, padre de Gedor, y de Heber, padre de Soco, y de Jecutiel, padre de Zanoa.

[19] Los hijos de la mujer de Hodías, hermana de Naham, el padre de Keila, fueron Dalia[20] el garmita y Estemoa el maacateo.

[20] Los hijos de Simón fueron Amnón, Rina, Ben-hanán y Tilón.

Los hijos de Isi fueron Zohet y Benzohet.

[21] Los descendientes de Sela, hijo de Judá, fueron Er, padre de Leca; Laada, padre de Maresa, los clanes de los que trabajaban el lino en Bet-asbea, [22] Joacim, los habitantes de Cozeba, Joás y Saraf, los cuales fueron a casarse con mujeres moabitas[21] y volvieron a Belén, según antiguas crónicas. [23] Estos eran alfareros; vivían en Netaim y Gedera, y estaban al servicio del rey.

Descendientes de Simeón

[24] Los hijos de Simeón fueron Nemuel, Jamín, Jarib, Zera y Saúl. [25] Saúl fue padre de Salum; Salum fue padre de Mibsam, y Mibsam fue padre de Misma.

[26] Misma fue padre de Hamuel; de éste fue hijo Zacur, y de éste fue hijo Simei. [27] Simei tuvo dieciséis hijos y seis hijas; pero sus hermanos no tuvieron muchos hijos, de modo que sus clanes no crecieron tanto como los descendientes de Judá. [28] Vivían en Beerseba, Molada, Hazar-sual, [29] Bilha, Ezem, Tolad, [30] Betuel, Horma, Siclag, [31] Bet-marcabot, Hazar-susim, Betbirai y Saaraim. Estas fueron sus ciudades hasta el reinado de David. [32] Tenían además cinco pueblos: Etam, Aín, Rimón, Toquén y Asán, [33] con todas las aldeas que estaban alrededor de estas ciudades hasta Baalat. Estos son los lugares en que vivieron y sus registros familiares.[e]

[34] Mesobab, Jamlec, Josías, hijo de Amasías, [35] Joel, Jehú, quien fue hijo de Josibías, éste de Seraías, y éste de Asiel; [36] Elioenai, Jaacoba, Jesohaia, Asaías, Adiel, Jesimiel, Benaía, [37] Ziza, quien fue hijo de Sifi, éste de Alón, éste de Jedaías, éste de Simri, éste de Semaías. [38] Estos que han sido mencionados fueron jefes de clanes. Como sus familias aumentaron hasta ser muy numerosas, [39] llegaron buscando pastos para sus rebaños a la entrada de Gerar,[22] a este del valle, [40] y allí encontraron buen pasto, fresco y abundante, y una gran extensión de terreno tranquilo y seguro. Allí habían vivido antes los descendientes de Cam, [41] pero en tiempos del rey Ezequías de Judá, vinieron éstos que ya se han mencionado y los destruyeron para siempre, junto con los campamentos y viviendas que allí encontraron, y se quedaron a vivir en lugar de ellos, pues había pasto para sus rebaños. [42] Además, quinientos hombres de ellos, descendientes de Simeón, se fueron a la

---

[17] *Los hijos de Hur fueron:* texto probable. Heb. *el padre de.* un sonido parecido.   [19] En hebreo, *Carisim* significa *artesanos.*   [20] *Dalia:* según la versión griega. En el texto hebreo no aparece este nombre.   [21] *Fueron a casarse con mujeres moabitas:* otra posible traducción: *dominaron a Moab.*   [22] *Gerar:* según la versión griega. Heb. *Gedor.*   [18] En hebreo, *Jabes* y la palabra que significa *dolor* tienen
• **4.28-33** Jos 19.2-8.

montaña de Seir capitaneados por Pelatías, Nearías, Refaías y Uziel, hijos de Isi, [43] y destruyeron al resto de los amalecitas. Desde entonces han vivido allí hasta el presente.

Descendientes de Rubén

5 [1-3] Los hijos de Rubén, el hijo mayor de Israel, fueron Hanoc, Falú, Hezrón y Carmi. Rubén era realmente el hijo mayor, pero perdió sus derechos de hijo mayor por haber abusado de la mujer de su padre,[f] y esos derechos pasaron a los hijos de José, otro hijo de Israel. Sin embargo, después Judá llegó a ser más poderoso que sus hermanos, y de él salió un jefe;[g] pero los derechos de hijo mayor eran de José.

[4-6] Los descendientes de Joel, en línea directa, fueron Semaías, Gog, Simei, Micaía, Reaía, Baal y Beera, jefe de los rubenitas, que fue llevado cautivo por Tiglat-pileser, rey de Asiria.[h]

[7] Los hermanos de Beera, según el orden en que sus clanes fueron registrados, fueron Jeiel, el principal, y Zacarías [8] y Bela, hijo de Asaz, nieto de Sema, el hijo de Joel. Bela vivió en Aroer y su territorio se extendía hasta Nebo y Baal-meón. [9] Por el oriente se estableció hasta el borde del desierto que se extiende desde el río Éufrates, pues sus ganados aumentaron mucho en la región de Galaad.

[10] Durante el reinado de Saúl, los rubenitas estuvieron en guerra con los agarenos, pero los derrotaron y se establecieron en la parte oriental de la región de Galaad.

Descendientes de Gad

[11] Los descendientes de Gad que vivieron frente a los rubenitas, en la región de Basán, hasta la ciudad de Salca, fueron [12] Joel, el principal, y después de él, Safán, luego Jaanai, y luego Safat. [13] Sus parientes, en orden de familias, fueron Micael, Mesulam, Seba, Jorai, Jacán, Zía y Heber, siete en total. [14] Estos fueron hijos de Abihail, quien fue hijo de Huri, éste de Jaroa, éste de Galaad, éste de Micael, éste de Jesisai, éste de Jahdo, éste de Buz. [15] Ahí, hijo de Abdiel y nieto de Guni, fue el jefe de sus familias. [16] Todos ellos vivieron en Galaad, en Basán y en sus aldeas, y en los campos de pastoreo de Sarón, hasta sus límites. [17] Todos ellos fueron inscritos en el registro familiar en tiempos de Jotam, rey de Judá, y de Jeroboam, rey de Israel.

Historia de las dos tribus y media

[18] Los descendientes de Rubén y de Gad, y la media tribu de Manasés, eran soldados valientes, armados de escudo, espada y arco, y bien entrenados para combatir. Eran cuarenta y cuatro mil setecientos sesenta hombres aptos para la guerra. [19] Y pelearon contra los agarenos, y contra Jetur, Nafis y Nodab; [20] pero Dios los ayudó, y los agarenos y sus aliados cayeron en sus manos, porque en medio de la batalla pidieron a Dios que los ayudara. Dios los ayudó porque confiaron en él. [21] Luego se llevaron los ganados de sus enemigos, que eran cincuenta mil camellos, doscientas cincuenta mil ovejas y dos mil asnos. Hicieron además cien mil prisioneros. [22] Muchos enemigos murieron, porque la guerra era de parte de Dios. Y se quedaron a vivir en aquellos lugares hasta la época del destierro.

[23] Los descendientes de la media tribu de Manasés vivieron en la región que se extiende desde Basán hasta Baal-hermón, Senir y el monte Hermón, pues eran muchos. [24] Los jefes de sus familias fueron Efer, Isi, Eliel, Azriel, Jeremías, Hodavías y Jahdiel, todos ellos soldados valientes, hombres famosos y jefes de familia. [25] Pero se rebelaron contra el Dios de sus antepasados y le fueron infieles adorando a los dioses de los pueblos que Dios había destruido y eliminado delante de ellos. [26] Por esta razón, el Dios de Israel incitó a Pul,[i] rey de Asiria, es decir, a Tiglat-pileser,[j] quien desterró a los rubenitas y gaditas y a la media tribu de Manasés; y los llevó a Halah, Habor, Hara y al río Gozán, donde están hasta el presente.[k]

Lista de los sacerdotes hijos de Leví

6 [1] Los hijos de Leví fueron Gersón, Coat y Merari.

[2] Los hijos de Coat fueron Amram, Izhar, Hebrón y Uziel. [3] Los hijos de Amram fueron Aarón, Moisés y María. Los hijos de Aarón fueron Nadab, Abiú, Eleazar e Itamar. [4] Eleazar fue padre de Finees, Finees fue padre de Abisúa, [5] Abisúa fue padre de Buqui, Buqui fue padre de Uzi, [6] Uzi fue padre de Zeraías, Zeraías fue padre de Meraiot, [7] Meraiot fue padre de Amarías, Amarías fue padre de Ahitob, [8] Ahitob fue padre de Sadoc, Sadoc fue padre de Ahimaas, [9] Ahimaas fue padre de Azarías, Azarías fue padre de Johanán, [10] Johanán fue padre de Azarías, que fue sacerdote en el templo que Salomón construyó en Jerusalén. [11] Azarías fue padre de Amarías, Amarías fue padre de Ahitob, [12] Ahitob fue padre de Sadoc, Sadoc fue padre de Salum, [13] Salum fue padre de Hilcías, Hilcías fue padre de Azarías, [14] Azarías fue padre de Seraías y Seraías fue padre de Josadac.

[f] 5.1-3 Gn 35.22; 49.3-4.   [g] 5.1-3 Gn 49.8-10.   [h] 5.4-6 2 R 15.29.   [i] 5.26 2 R 15.19.   [j] 5.26 2 R 15.29.   [k] 5.26 2 R 17.6.
[l] Los vs. 6.1-81 corresponden a los vs. 5.27—6.66 en el texto hebreo.

¹⁵ Josadac fue llevado al destierro cuando el Señor desterró a Judá y Jerusalén por medio de Nabucodonosor.

Descendientes de Leví

¹⁶ Los hijos de Leví fueron Gersón, Coat y Merari.
¹⁷ Los hijos de Gersón fueron Libni y Simei.
¹⁸ Los hijos de Coat fueron Amram, Izhar, Hebrón y Uziel.
¹⁹ Los hijos de Merari fueron Mahli y Musi.
Estos fueron los hijos de Leví.ᵐ
²⁰⁻²¹ Los descendientes de Gersón, en línea directa, fueron Libni, Jahat, Zima, Joa, Ido, Zara y Jeatrai.
²²⁻²⁴ Los descendientes de Coat, en línea directa, fueron Aminadab, Coré, Asir, Elcana, Ebiasaf, Asir, Tahat, Uriel, Uzías y Saúl.
²⁵⁻²⁷ Los hijos de Elcana fueron Amasai y Ahimot, y los descendientes de Ahimot, en línea directa, fueron Elcana, Zofai, Nahat, Eliab, Jeroham y Elcana.
²⁸ Los hijos de Samuel fueron Vasni, su hijo mayor, y Abías.²³
²⁹⁻³⁰ Los descendientes de Merari, en línea directa, fueron Mahli, Libni, Simei, Uza, Simea, Haguía y Asaías.

Cantores del templo nombrados por David

³¹ Estos son los cantores que David nombró para que se encargaran de la música en el templo del Señor desde que se colocó allí el cofre. ³² Ellos cantaron ante la Tienda del encuentro con Dios hasta que Salomón construyó el templo del Señor en Jerusalén, y luego siguieron prestando allí su servicio conforme a su costumbre.
³³ Los que estaban allí con sus hijos eran: de los descendientes de Coat, el cantor Hemán, que fue hijo de Joel, que fue hijo de Samuel, ³⁴ que fue hijo de Elcana, que fue hijo de Jeroham, que fue hijo de Eliel, que fue hijo de Toa, ³⁵ que fue hijo de Zuf, que fue hijo de Elcana, que fue hijo de Mahat, que fue hijo de Amasai, ³⁶ que fue hijo de Elcana, que fue hijo de Joel, que fue hijo de Azarías, que fue hijo de Sofonías, ³⁷ que fue hijo de Tahat, que fue hijo de Asir, que fue hijo de Ebiasaf, que fue hijo de Coré, ³⁸ que fue hijo de Izhar, que fue hijo de Coat, que fue hijo de Leví, que fue hijo de Israel.
³⁹ A la derecha de Hemán se colocaba su pariente Asaf, que fue hijo de Berequías,

que fue hijo de Simea, ⁴⁰ que fue hijo de Micael, que fue hijo de Baasías, que fue hijo de Malquías, ⁴¹ que fue hijo de Etni, que fue hijo de Zera, que fue hijo de Adaía, ⁴² que fue hijo de Etán, que fue hijo de Zima, que fue hijo de Simei, ⁴³ que fue hijo de Jahat, que fue hijo de Gersón, que fue hijo de Leví.
⁴⁴ A la izquierda de Hemán se colocaba su pariente de los descendientes de Merari: Etán, que fue hijo de Quisi, que fue hijo de Abdi, que fue hijo de Maluc, ⁴⁵ que fue hijo de Hasabías, que fue hijo de Amasías, que fue hijo de Hilcías, ⁴⁶ que fue hijo de Amsi, que fue hijo de Bani, que fue hijo de Semer, ⁴⁷ que fue hijo de Mahli, que fue hijo de Musi, que fue hijo de Merari, que fue hijo de Leví.
⁴⁸ Sus otros parientes descendientes de Leví quedaron a cargo de todo el servicio del templo de Dios. ⁴⁹ Aarón y sus descendientes eran los que quemaban las ofrendas sobre el altar del holocausto y en el altar del incienso. También se ocupaban de todo el servicio del Lugar Santísimo y de obtener el perdón de los pecados de Israel, de acuerdo con todo lo que había ordenado Moisés, el siervo de Dios.

Descendientes de Aarón

⁵⁰⁻⁵³ Los descendientes de Aarón, en línea directa, fueron Eleazar, Finees, Abisúa, Buqui, Uzi, Zeraías, Meraiot, Amarías, Ahitob, Sadoc y Ahimaas.

Ciudades de los levitas
(Jos 21.1-42)

⁵⁴ Estos fueron los lugares de residencia y los límites territoriales de los descendientes de Aarón. A los clanes coatitas les tocó en suerte ⁵⁵ Hebrón, en la región de Judá, con sus campos de pastoreo. ⁵⁶ A Caleb hijo de Jefone le dieron el campo de la ciudad y sus aldeas. ⁵⁷ A los descendientes de Aarón les entregaron Hebrón, ciudad de refugio, además de las aldeas de Libna, Jatir, Estemoa, ⁵⁸⁻⁵⁹ Hilén, Debir, Asán y Bet-semes, todas ellas con sus campos de pastoreo. ⁶⁰ También les dieron ciudades de la tribu de Benjamín, que fueron Geba, Alemet y Anatot, todas ellas con sus campos de pastoreo. Así que las ciudades que les tocaron a los clanes de Aarón fueron trece.
⁶¹ A los otros clanes de Coat les tocaron en suerte diez ciudades de la media tribu de Manasés, ⁶² y a los descendientes de Gersón, según el número de sus clanes, les dieron trece ciudades de las tribus de Isa-

---

²³ *Fueron Vasni, su hijo mayor, y Abías:* otra posible traducción, en vista de v. 33, 1 S 3.2 y la versión griega: *fueron Joel, su hijo mayor, y Abías, el segundo.*
ᵐ **6.16-19** Ex 6.16-19.

car, Aser y Neftalí, y de la tribu de Manasés que se había establecido en Basán. ⁶³ A los descendientes de Merari, según el número de sus clanes, les tocaron en suerte doce ciudades de las tribus de Rubén, Gad y Zabulón. ⁶⁴ Los israelitas dieron estas ciudades con sus campos de pastoreo a los descendientes de Leví. ⁶⁵ De las tribus de Judá, Simeón y Benjamín les dieron las ciudades que ya se han mencionado, según les tocó en suerte. ⁶⁶ A algunos clanes coatitas les tocaron en suerte ciudades de la tribu de Efraín. ⁶⁷ También les dieron Siquem, la ciudad de refugio, que está en los montes de Efraín, con sus campos de pastoreo, y también Gezer, ⁶⁸⁻⁶⁹ Jocmeam, Bet-horón, Ajalón y Gat-rimón, todas ellas con sus campos de pastoreo. ⁷⁰ A los clanes restantes de los coatitas les dieron las ciudades de Aner y Bileam, que eran de la media tribu de Manasés, con sus campos de pastoreo. ⁷¹ A los descendientes de Gersón, según el número de sus clanes, les dieron la ciudad de Golán, que está en Basán, y la ciudad de Astarot, que había pertenecido a la media tribu de Manasés, con sus campos de pastoreo. ⁷²⁻⁷³ También les dieron, de la tribu de Isacar, Cedes, Daberat, Ramot y Anem, cada una con sus campos de pastoreo. ⁷⁴⁻⁷⁵ De la tribu de Aser les dieron Masal, Abdón, Hucoc y Rehob, cada una con sus campos de pastoreo. ⁷⁶ De la tribu de Neftalí les dieron Cedes de Galilea, Hamón y Quiriataim, cada una con sus campos de pastoreo. ⁷⁷ A los restantes descendientes de Merari les dieron: de la tribu de Zabulón, Rimón y Tabor, cada una con sus campos de pastoreo; ⁷⁸⁻⁷⁹ de la tribu de Rubén, al este del Jordán, frente a Jericó, Beser, que está en el desierto, Jaza, Cademot y Mefaat, cada una con sus campos de pastoreo; ⁸⁰⁻⁸¹ de la tribu de Gad, Ramot de Galaad, Mahanaim, Hesbón y Hazer, cada una con sus campos de pastoreo.

Descendientes de Isacar

7 ¹ Los hijos de Isacar fueron cuatro: Tola, Fúa, Jasub y Simrón. ² Los hijos de Tola fueron Uzi, Refaías, Jeriel, Jahmai, Jibsam y Semuel, jefes de las familias de Tola y guerreros valientes por tradición familiar. En tiempos de David, el número de sus descendientes llegó a veintidós mil seiscientos. ³ El hijo de Uzi fue Israhías. Los hijos de Israhías fueron Micael, Obadías, Joel e Isías. Cinco jefes, en total. ⁴ Como tenían muchas mujeres e hijos, las varias genera-

ciones de sus familias formaron ejércitos de hombres aptos para la guerra, que llegaban a treinta y seis mil. ⁵ Contando a todos los clanes de Isacar, según el registro familiar, llegaban a ochenta y siete mil hombres, todos ellos guerreros valientes.

Descendientes de Benjamín

⁶ Los hijos de Benjamín fueron tres: Bela, Bequer y Jediael. ⁷ Los hijos de Bela fueron cinco: Esbón, Uzi, Uziel, Jerimot e Iri, todos ellos jefes de familia y guerreros valientes. Según su registro familiar, sus descendientes llegaban a veintidós mil treinta y cuatro personas. ⁸ Los hijos de Bequer fueron Zemira, Joás, Eliezer, Elioenai, Omri, Jerimot, Abías, Anatot y Alamet. Todos estos fueron hijos de Bequer, ⁹ y según el registro familiar de sus generaciones y jefes de familia, eran veinte mil doscientos hombres valientes. ¹⁰ El hijo de Jediael fue Bilhán. Los hijos de Bilhán fueron Jeús, Benjamín, Aod, Quenaana, Zetán, Tarsis y Ahisahar. ¹¹ Todos estos eran descendientes de Jediael, jefes de familia y guerreros valientes aptos para la guerra. Llegaban a dieciséis mil doscientos hombres. ¹² Los hijos de Hir fueron Sufam y Hufam. El hijo de Aher fue Husim.

Descendientes de Neftalí

¹³ Los hijos de Neftalí fueron Jahzeel, Guni, Jezer y Salum. Estos fueron los descendientes de Bilha.

Descendientes de Manasés

¹⁴ Los hijos que Manasés tuvo con su concubina siria fueron Asriel y Maquir, padre de Galaad. ¹⁵ Maquir se casó con Maaca, mujer de la familia de Hufam y Sufam.²⁴ El segundo hijo de Maquir se llamaba Zelofehad, quien solamente tuvo hijas. ¹⁶ Maaca, la mujer de Maquir, tuvo un hijo, a quien puso por nombre Peres. El hermano de Peres se llamaba Seres, y sus hijos se llamaban Ulam y Requem. ¹⁷ De Ulam fue hijo Bedán. Estos fueron los hijos de Galaad, hijo de Maquir, hijo de Manasés. ¹⁸ La hermana de Maquir, Hamolequet, fue la madre de Isod, Abiezer y Mahala. ¹⁹ Los hijos de Semida fueron Ahián, Siquem, Likhi y Aniam.

---

²⁴ *Mujer de . . . Sufam:* traducción probable. Heb. oscuro.

Descendientes de Efraín

20-21 Los descendientes de Efraín, en línea directa, fueron Sutela, Bered, Tahat, Elada, Tahat, Zabad, Sutela. A Ezer y Elad, los otros hijos de Efraín, los mataron los habitantes de la región de Gat, porque bajaron a quitarles sus ganados. **22** Efraín, su padre, les guardó luto por mucho tiempo, y vinieron sus familiares a consolarlo. **23** Después se unió a su mujer, y ella quedó embarazada y tuvo un hijo a quien puso por nombre Bería,**25** porque la desgracia estaba en su casa.

24 Seera, hija de Bería, edificó Bet-horón de abajo y Bet-horón de arriba, y también Uzen-seera.

25-27 Los descendientes de Bería, en línea directa, fueron Refa, Resef, Telah, Tahán, Laadán, Amiud, Elisama, Nun y Josué. **28** Sus tierras y lugares de residencia fueron Betel; Naarán, hacia el este; Gezer, hacia el oeste; y Siquem, hasta Ayah; todas estas ciudades con sus aldeas. **29** Los descendientes de Manasés tenían en su poder a Bet-seán, Taanac, Meguido y Dor, con sus correspondientes aldeas. En estos lugares vivieron los descendientes de José, hijo de Israel.

Descendientes de Aser

30 Los hijos de Aser fueron Imna, Isúa, Isúi, Bería y Sera, hermana de ellos. **31** Los hijos de Bería fueron Heber y Malquiel, padre de Birzavit. **32** Heber fue padre de Jaflet, Semer, Hotam y Súa, hermana de ellos. **33** Los hijos de Jaflet fueron Pasac, Bimhal y Asvat. **34** Los hijos de Semer, su hermano, fueron Rohga, Jehúba y Aram. **35** Los hijos de Hotam,**26** su hermano, fueron Zofa, Imna, Seles y Amal. **36** Los hijos de Zofa fueron Súa, Hernefer, Súal, Beri, Imra, **37** Beser, Hod, Sama, Silsa, Itrán y Beera. **38** Los hijos de Jeter fueron Jefone, Pispa y Ara. **39** Los hijos de Ula fueron Ara, Haniel y Rezia.

40 Todos estos fueron descendientes de Aser. Eran jefes de familia, de los mejores y más valientes soldados, y hombres de los más importantes. Según el registro familiar eran veintiséis mil hombres, aptos para la guerra.

Descendientes de Benjamín

8 **1** Benjamín fue padre de Bela, su primer hijo; de Asbel, el segundo; de Ahara, el tercero; **2** de Noha, el cuarto, y de Rafa, el quinto. **3** Los hijos de Bela fueron Adar, Gera, Abiud, **4** Abisúa, Naamán, Ahoa, **5** Gera, Sefufán e Hiram.

6 Los hijos de Aod, jefes de familia que vivían en Geba y que fueron desterrados a Manahat, fueron **7** Naamán, Ahías y Gera, padre de Uza y Ahiud, que fue quien los llevó.

8 Saharaim tuvo otros hijos en el país de Moab, después de divorciarse de sus esposas Husim y Baara. **9** Los hijos que tuvo con su nueva esposa, que se llamaba Hodes, fueron Jobab, Sibia, Mesa, Malcam, **10** Jeúz, Saquias y Mirma. Estos fueron sus hijos, jefes de familia.

11 Con su esposa Husim había tenido a sus hijos Abitob y Elpaal. **12** Los hijos de Elpaal fueron Heber, Misam y Semed, que edificó las ciudades de Ono y Lod, con sus aldeas; **13** Bería y Sema, jefes de familia que vivían en Ajalón, los cuales expulsaron a los antiguos habitantes de Gat; **14** y sus hermanos Sasac y Jeroham.**27**

15 Zebadías, Arad, Áder, **16** Micael, Ispa y Joha fueron hijos de Bería. **17** Zebedías, Mesulam, Hizqui, Heber, **18** Ismerai, Jezlías y Jobab fueron hijos de Elpaal. **19** Jaquim, Zicri, Zabdi, **20** Elienai, Ziletai, Eliel, **21** Adaías, Beraías y Simrat fueron hijos de Simei. **22** Ispán, Heber, Eliel, **23** Abdón, Zicri, Hanán, **24** Hananías, Elam, Anatotías, **25** Ifdaías y Peniel fueron hijos de Sasac. **26** Samserai, Seharías, Atalías, **27** Jaresías, Elías y Zicri fueron hijos de Jeroham. **28** Estos fueron los jefes principales de familia de sus respectivas generaciones, que vivieron en Jerusalén.

La familia de Saúl
(1 Cr 9.35-44)

29 En la ciudad de Gabaón vivía Jehiel,**28** padre de Gabaón. Su mujer se llamaba Maaca. **30** Sus hijos fueron Abdón, el mayor, Zur, Cis, Baal, Ner,**29** Nadab, **31** Gedor, Ahío, Zequer **32** y Miclot, que fue padre de Simea. También éstos, siguiendo el ejemplo de sus hermanos, vivían con ellos en Jerusalén.

33 Ner fue padre de Cis, Cis fue padre de Saúl, y Saúl fue padre de Jonatán, Malquisúa, Abinadab y Es-baal. **34** Hijo de Jonatán fue Merib-baal, que fue padre de Micaía. **35** Los hijos de Micaía fueron Pitón, Melec, Tarea y Acaz. **36** Acaz fue padre de Joada, y Joada fue padre de Alemet, Azmavet y Zimri; Zimri fue padre de Mosa, **37** y Mosa fue padre de Bina, que fue padre de Rafa, que fue padre de Elasa, que fue padre de Azel.

25 En hebreo, *Bería* y la palabra que significa *en desgracia* tienen un sonido parecido. **26** *Hotam:* texto probable (véase v. 33). Heb. *Helem.* **27** *Jeroham:* texto probable (véase v. 27). Heb. *Jeremot.* **28** *Jehiel:* según la versión griega y 9.35. En el texto hebreo no aparece este nombre. **29** *Ner:* según la versión griega y 9.36. En el texto hebreo no aparece este nombre.

³⁸ Los hijos de Azel fueron seis, que se llamaron: Azricam, Bocru, Ismael, Searías, Obadías y Hanán. Estos fueron los hijos de Azel.

³⁹ Los hijos de su hermano Esec fueron Ulam, el mayor; Jehús, el segundo, y Elifelet, el tercero. ⁴⁰ Los hijos de Ulam fueron soldados valientes, hábiles en el manejo del arco. Tuvieron muchos hijos y nietos, ciento cincuenta en total, todos ellos descendientes de Benjamín.

9 ¹ De esta manera, todo Israel quedó registrado en el libro de los reyes de Israel.

Los que regresaron de Babilonia
(Neh 11.1–24)

Pero la gente de Judá fue desterrada a Babilonia por causa de su maldad.

² Los primeros en volver a establecerse en sus propiedades y ciudades fueron israelitas, sacerdotes, levitas y sirvientes del templo. ³ En Jerusalén se establecieron descendientes de Judá, Benjamín, Efraín y Manasés.ⁿ

⁴ De los descendientes de Judá:³⁰ Utai, hijo de Amiud, que fue hijo de Omri, que fue hijo de Imri, que fue hijo de Bani, de los descendientes de Fares, hijo de Judá. ⁵ Silonitas: Asaías, el mayor de sus hijos. ⁶ De los descendientes de Zera: Jeuel y sus parientes, seiscientas noventa personas.

⁷ De los descendientes de Benjamín: Salú, hijo de Mesulam, que fue hijo de Hodavías, que fue hijo de Asenúa; ⁸ Ibneías, hijo de Jeroham; Ela, hijo de Uzi, que fue hijo de Micri; Mesulam, hijo de Sefatías, que fue hijo de Reuel, que fue hijo de Ibnías. ⁹ Sus parientes, según sus varias generaciones, fueron novecientos cincuenta y seis, todos ellos jefes de familia.

¹⁰ De los sacerdotes: Jedaías, Joiarib, Jaquín, ¹¹ Azarías, hijo de Hilcías, que fue hijo de Mesulam, que fue hijo de Sadoc, que fue hijo de Meraiot, que fue hijo de Ahitob, jefe principal de la casa de Dios; ¹² Adaía, hijo de Jeroham, que fue hijo de Pasur, que fue hijo de Malquías; Masai, hijo de Adiel, que fue hijo de Jazera, que fue hijo de Mesulam, que fue hijo de Mesilemit, que fue hijo de Imer; ¹³ y sus parientes, que eran mil setecientos sesenta jefes de familia, hombres muy capacitados para el servicio de la casa de Dios.

¹⁴ De los levitas: Semaías, hijo de Hasub, que fue hijo de Azricam, que fue hijo de Hasabías, de la familia de Merari; ¹⁵ Bacbacar, Heres, Galal y Matanías, hijo de Micaia, que fue hijo de Zicri, que fue hijo de Asaf; ¹⁶ Obadías, hijo de Semaías, que fue hijo de Galal, que fue hijo de Jedutún; Berequías, hijo de Asa, que fue hijo de Elcana, que vivió en las aldeas de los netofatitas.

¹⁷ Los porteros: Salum, Acub, Talmón, Ahimán. Salum, hermano de ellos, era su jefe ¹⁸ y, hasta el presente, guardián de la puerta del rey, que está al oriente. Estos fueron los porteros de los campamentos de los levitas.

¹⁹ Salum, hijo de Coré, que fue hijo de Ebiasaf, que fue hijo de Coré, y sus parientes coreítas, eran los encargados de cuidar la entrada del santuario, como antes sus antepasados habían cuidado la entrada del campamento del Señor.

²⁰ Antes de eso, Finees, hijo de Eleazar, fue jefe de ellos. ¡Que el Señor esté con él! ²¹ Zacarías, hijo de Meselemías, era portero de la Tienda del encuentro con Dios.

²² El total de los porteros escogidos era de doscientos doce, según el registro familiar de las poblaciones donde vivían. David y Samuel el vidente fueron quienes los nombraron para este cargo, porque eran dignos de confianza. ²³ Tanto ellos como sus hijos se turnaban para cuidar la entrada de la casa del Señor, es decir, el santuario. ²⁴ Había porteros en los cuatro puntos cardinales: al este y al oeste, al norte y al sur. ²⁵ Sus familiares, que vivían en sus pueblos, venían a ayudarlos con un turno de siete días. ²⁶ Pero los cuatro porteros principales, que eran levitas, estaban de guardia permanente, cuidando los cuartos y tesoros de la casa de Dios. ²⁷ Pasaban la noche en los alrededores del templo, porque estaban encargados de cuidarlo y de abrir sus puertas todas las mañanas. ²⁸ Algunos de ellos tenían a su cargo los utensilios que se usaban en el culto, y debían sacarlos y meterlos llevando la cuenta. ²⁹ Otros estaban encargados de los demás utensilios y de los objetos sagrados, además de la harina, el vino, el aceite, el incienso y los perfumes. ³⁰ Algunos de los sacerdotes eran quienes preparaban los perfumes; ³¹ y un levita llamado Matatías, hijo mayor de Salum el coreíta, era siempre el encargado de hacer las tortas para la ofrenda. ³² Algunos de sus parientes coatitas eran los encargados de preparar el pan consagrado que se ponía en hileras todos los días de reposo.³¹ ³³ Había también cantores, jefes de familias levitas que vivían en los cuartos del templo, libres de otros trabajos, porque día y noche estaban ocupados en su servicio.

³⁴ Estos fueron los jefes de familia de los

---

³⁰ *De los descendientes de Judá:* texto probable. En el texto hebreo no aparece esta frase.   ³¹ *Días de reposo:* aquí equivale a *sábado*.
ⁿ **9.2-3** Esd 2.27; Neh 7.73; 11.3.

levitas, en el orden de sus generaciones, que vivían en Jerusalén.

La familia de Saúl
(1 Cr 8.29–40)

[35] En la ciudad de Gabaón vivía Jehiel, padre de Gabaón. Su mujer se llamaba Maaca. [36] Sus hijos fueron Abdón, el mayor; Zur, Cis, Baal, Ner, Nadab, [37] Gedor, Ahío, Zacarías y Miclot, [38] que fue padre de Simeam. También éstos, siguiendo el ejemplo de sus hermanos, vivían con ellos en Jerusalén.

[39] Ner fue padre de Cis, Cis fue padre de Saúl, y Saúl fue padre de Jonatán, Malquisúa, Abinadab y Es-baal. [40] Hijo de Jonatán fue Merib-baal, que fue padre de Micaía. [41] Los hijos de Micaía fueron Pitón, Melec, Tarea y Acaz.[32] [42] Acaz fue padre de Jara, y Jara fue padre de Alemet, Azmavet y Zimri; Zimri fue padre de Mosa, [43] y Mosa fue padre de Bina, que fue padre de Refaías, que fue padre de Elasa, que fue padre de Azel.

[44] Los hijos de Azel fueron seis, que se llamaron: Azricam, Bocru, Ismael, Searías, Obadías y Hanán. Estos fueron los hijos de Azel.

Saúl y sus hijos mueren en la guerra
(1 S 31.1–13)

10 [1] Los filisteos atacaron a Israel, y los israelitas huyeron ante ellos, pues fueron muchos los muertos en el monte Gilboa. [2] Y los filisteos se fueron en persecución de Saúl y de sus hijos, y mataron a Jonatán, a Abinadab y a Malquisúa. [3] Luego concentraron todo su ataque sobre Saúl, y los arqueros lograron alcanzarlo y herirlo con sus flechas. [4] Por lo tanto, le dijo a su ayudante de armas: "Saca tu espada y atraviésame con ella, para que no vengan estos paganos y se diviertan conmigo."

Pero su ayudante no quiso hacerlo, porque tenía mucho miedo. Entonces Saúl tomó su espada y se dejó caer sobre ella. [5] Y cuando su ayudante vio que Saúl había muerto, también él se dejó caer sobre su propia espada y murió. [6] Así murieron aquel día Saúl, sus tres hijos y toda su familia. [7] Y cuando todos los israelitas que vivían en el valle vieron que habían huido, y que Saúl y sus hijos habían muerto, abandonaron las ciudades y huyeron también. Entonces los filisteos llegaron y se quedaron a vivir en ellas.

[8] Al día siguiente, cuando los filisteos fueron a despojar a los muertos, encontraron a Saúl y a sus hijos tendidos en el monte Gilboa. [9] Entonces le quitaron la ropa y se llevaron su cabeza y sus armas, y enviaron mensajeros por todo el territorio filisteo para que dieran la noticia al pueblo y a sus dioses. [10] Luego pusieron las armas de Saúl en el templo de sus dioses y colgaron su cabeza en el templo de Dagón.

[11] Cuando todos los de Jabes de Galaad supieron lo que los filisteos habían hecho con Saúl, [12] se pusieron de acuerdo todos los hombres valientes, y tomaron los cuerpos de Saúl y de sus hijos y se los llevaron a Jabes. Allí enterraron sus restos debajo de una encina. Después de eso guardaron siete días de ayuno.

[13] Así fue como murió Saúl a causa de su maldad, pues pecó al no obedecer las órdenes del Señor[n] y al consultar a una adivina[o] [14] en vez de consultarlo a él. Por eso el Señor le quitó la vida, y le dio el reino a David, hijo de Isaí.

David, rey de Israel y de Judá
(2 S 5.1–5)

11 [1] Todos los israelitas se reunieron y fueron a hablar con David en Hebrón. Allí le dijeron: "Nosotros somos de tu misma sangre, [2] y en realidad, aunque Saúl era rey, tú dirigías a Israel en sus campañas. Además, el Señor tu Dios te ha prometido que tú serás quien dirija y gobierne a su pueblo Israel."

[3] De esta manera, todos los ancianos de Israel fueron y hablaron con el rey David en Hebrón, y él hizo un pacto con ellos, poniendo al Señor por testigo. Entonces ellos consagraron a David como rey de Israel, conforme a lo que Dios había prometido por medio de Samuel.

David captura la fortaleza de Sión
(2 S 5.6–10)

[4] David y todos los israelitas se dirigieron a Jerusalén, que es Jebús. Los jebuseos[p] habitaban en aquella región, [5] y le dijeron a David: 'Tú no podrás entrar aquí." Sin embargo David capturó la fortaleza de Sión, ahora conocida como la Ciudad de David. [6] Y David había dicho: "Al primero que ataque a los jebuseos lo nombraré jefe principal." Y el primero en atacar fue Joab, hijo de Sarvia, y fue nombrado jefe. [7] Después se instaló David en la fortaleza; por eso la llamaron Ciudad de David. [8] Y construyó David la ciudad alrededor, desde el terraplén hasta los alrededores. Joab reconstruyó el resto de la ciudad. [9] Y el poder de David iba

[32] Y Acaz: según versiones antiguas y 8.35. En el texto hebreo no aparece este nombre.
[n] 10.13 1 S 13.8–14; 15.1–24. [o] 10.13 Lv 19.31; 20.6; 1 S 28.7–8. [p] 11.4 Jos 15.63; Jue 1.21.

aumentando, y el Señor todopoderoso estaba con él.

Héroes del ejército de David
(2 S 23.8–39)

¹⁰ Estos son los soldados más sobresalientes de David, que le dieron apoyo en su reinado y que en unión de todos los israelitas lo hicieron rey, conforme a lo que el Señor había anunciado a Israel.

¹¹ Esta es la lista de los mejores soldados de David: Jasobeam, hijo de Hacmoni, jefe de los tres³³ más valientes, que en una ocasión mató a trescientos hombres con su lanza. ¹² Después de él seguía Eleazar, hijo de Dodo, el ahohíta, que era uno de los tres más valientes. ¹³ Estuvo con David en Pas-damim, cuando los filisteos se juntaron allí para la batalla. Había allí un campo sembrado de cebada, y cuando la tropa israelita huyó ante los filisteos, ¹⁴ él se plantó en medio del campo y lo defendió,³⁴ derrotando a los filisteos. Así el Señor les dio una gran victoria.

¹⁵ Una vez, tres de los treinta valientes fueron a la Peña a encontrarse con David en la cueva de Adulam. Las fuerzas filisteas tenían su campamento en el valle de Refaim. ¹⁶ David se hallaba en la fortaleza, al tiempo que un destacamento filisteo se encontraba en Belén. ¹⁷ Y David expresó este deseo: "¡Ojalá alguien me diera a beber agua del pozo que está en la puerta de Belén!"

¹⁸ Entonces los tres valientes penetraron en el campamento filisteo y sacaron agua del pozo que está a la entrada de Belén, y se la llevaron a David. Pero David no quiso beberla, sino que la derramó como ofrenda al Señor, ¹⁹ diciendo: "¡Dios me libre de beberla! ¡Sería como beberme la sangre de estos hombres, pues arriesgando sus vidas fueron a traerla!" Y no quiso beberla.

Esta hazaña la realizaron los tres valientes.

²⁰ Abisai, hermano de Joab, era jefe de los treinta valientes. En cierta ocasión atacó a trescientos hombres con su lanza y los mató. Así ganó fama entre los treinta,³⁵ ²¹ y recibió más honores que todos ellos, pues llegó a ser su jefe. Pero no igualó a los tres primeros.

²² Benaía, hijo de Joiada, del pueblo de Cabseel, era un hombre valiente que realizó muchas hazañas. Él fue quien mató a los dos hijos de Ariel³⁶ de Moab. Un día en que estaba nevando bajó a un foso, y allí dentro mató a un león. ²³ También mató a un egipcio de gran estatura, que medía casi dos metros y medio e iba armado con una lanza que parecía el rodillo de un telar. Benaía lo atacó con un palo, le arrebató la lanza de la mano y lo mató con su propia lanza. ²⁴ Esta acción de Benaía, hijo de Joiada, le hizo ganar fama entre los treinta³⁷ valientes, ²⁵ y recibió más honores que ellos, pero no igualó a los tres primeros. Y David lo puso al mando de su guardia personal.

²⁶ Los valientes eran: Asael, hermano de Joab; Elhanán, hijo de Dodo, de Belén; ²⁷ Samot, de Harod;³⁸ Heles, el paltita;³⁹ ²⁸ Ira, hijo de Iques, de Tecoa; Abiezer, de Anatot; ²⁹ Sibecai, de Husa; Ilai, el ahohíta; ³⁰ Maharai, de Netofa; Heled, hijo de Baana, también de Netofa; ³¹ Itai, hijo de Ribai, de Gabaa, que está en el territorio de Benjamín; Benaía, de Piratón; ³² Hidai,⁴⁰ del arroyo de Gaas; Abiel, el arbatita; ³³ Azmavet, de Bahurim; Eliaba, el saalbonita; ³⁴ los hijos de Jasén, el gizonita; Jonatán, hijo de Sage el ararita; ³⁵ Ahiam, hijo de Sacar, también ararita; Elifal, hijo de Ur; ³⁶ Hefer, el mequeratita; Ahías, el pelonita; ³⁷ Hezrai, de Carmel; Naarai, hijo de Esbai; ³⁸ Joel, hermano de Natán; Mibhar, hijo de Hagrai; ³⁹ Selec, el amonita; Naharai, de Berot, ayudante de armas de Joab, hijo de Sarvia; ⁴⁰ Ira, de Jatir; Gareb, también de Jatir; ⁴¹ Urías, el hitita; Zabad, hijo de Ahlai; ⁴² Adina, hijo de Siza, el rubenita, jefe de los rubenitas, y treinta hombres con él; ⁴³ Hanán, hijo de Maaca; Josafat, el mitnita; ⁴⁴ Uzías, de Astarot; Sama y Jehiel, hijos de Hotam, de Aroer; ⁴⁵ Jediael, hijo de Simri, y su hermano Joha, el tizita; ⁴⁶ Eliel, de Mahanaim;⁴¹ Jerebai y Josavía, hijos de Elnaam; Itma, el moabita; ⁴⁷ Eliel, Obed y Jaasiel, de Soba.

Los aliados de David

12 ¹ Cuando David todavía estaba desterrado de la presencia de Saúl, hijo de Cis, un grupo de guerreros valientes que iban a ser sus aliados en la guerra fue a unirse con él en Siclag. ² Estos guerreros estaban armados con arcos, y lo mismo podían lanzar piedras con la honda que disparar flechas, con la mano derecha o con la izquierda. Eran los siguientes:

Parientes de Saúl, de la tribu de Benjamín: ³ Ahiezer, el jefe, y Joás, hijos de Sema, del pueblo de Gabaa; Jeziel y Pelet, hijos de Azmavet; Beraca y Jehú, que era del pueblo de Anatot; ⁴ Ismaías, gabaonita, uno de los treinta valientes y jefe de

---

³³ *Tres:* según una versión antigua. Heb. *treinta.* ³⁴ *Él se plantó . . . lo defendió:* según la versión griega y 2 S 23.12. Heb. *ellos se plantaron . . . lo defendieron.* ³⁵ *Treinta:* según una versión antigua y 2 S 23.18. Heb. *tres.* ³⁶ *Dos hijos de Ariel:* texto probable (véase 2 S 23.20). Heb. *dos de Ariel.* ³⁷ *Treinta:* texto probable. Heb. *tres.* ³⁸ *Harod:* texto probable, según 2 S 23.25. Heb. *Haror.* ³⁹ *Paltita:* texto probable, según 2 S 23.26. Heb. *pelonita.* ⁴⁰ *Hidai:* texto probable, según 2 S 23.31. Heb. *Hurai.* ⁴¹ *De Mahanaim:* texto probable. Heb. oscuro.

ellos;[q] Jeremías, Jahaziel, Johanán, Jozabad de Gedera, [5] Eluzai, Jerimot, Bealías, Semarías; Sefatías, el harufita; [6] Elcana, Isías, Azareel, Joezer y Jasobeam, coreítas; [7] y Joela y Zebadías, hijos de Jeroham, de Gedor.

[8] También de la tribu de Gad se pasaron algunos al lado de David cuando estaba en la fortaleza del desierto. Eran guerreros valientes, entrenados en la guerra y armados con escudo y lanza. Tenían aspecto como de leones y corrían por los montes como venados. [9] Eran los siguientes: Ezer, el primero; Obadías, el segundo; Eliab, el tercero; [10] Mismana, el cuarto; Jeremías, el quinto; [11] Atai, el sexto; Eliel, el séptimo; [12] Johanán, el octavo; Elzabad, el noveno; [13] Jeremías, el décimo, y Macbanai, el undécimo. [14] Estos descendientes de Gad eran jefes del ejército. Uno solo de ellos valía, el menor por cien, y el mayor por mil. [15] Estos fueron los que atravesaron el Jordán en primavera,[42] cuando el río iba crecido hasta los bordes, e hicieron huir a todos los que había en los valles, al este y al oeste.

[16] Además algunos hombres de las tribus de Benjamín y de Judá fueron a unirse con David en la fortaleza. [17] David salió a su encuentro y les dijo:"Si vienen ustedes en son de paz y para ayudarme, acepto de todo corazón que se unan conmigo; pero si vienen a traicionarme y entregarme a mis enemigos, a pesar de que no he cometido ningún crimen, ¡que el Dios de nuestros antepasados lo vea y los castigue!"

[18] Entonces Amasai, jefe de los treinta, poseído por el espíritu, exclamó:

"¡Paz a ti, David, hijo de Isaí!
¡Que la paz esté contigo!
¡Paz a ti y a los que te ayuden,
porque tu Dios te ha ayudado!"

David los recibió y les dio puestos entre los jefes de la tropa.

[19] También algunos de la tribu de Manasés se pasaron al lado de David cuando éste se fue a vivir con los filisteos para luchar contra Saúl. Aunque de hecho David no pudo ayudar a los filisteos, porque sus gobernadores, después de reunirse, decidieron despedirlo, pues dijeron: "¡A costa de nuestras cabezas se pasará a Saúl, su señor!" [20] Los hombres de la tribu de Manasés que se pasaron al lado de David cuando éste se fue a Siclag, fueron Adnas, Jozabad, Jediael, Micael, Jozabad, Eliú y Ziletai, jefes de batallones de Manasés. [21] Estos fueron los que ayudaron a David al frente de la tropa, porque todos eran guerreros valientes y llegaron a ser

jefes del ejército. [22] Y día tras día llegaban más refuerzos a David, hasta que se formó un gran ejército, un ejército de veras formidable.

El ejército de David

[23] Este es el total de las fuerzas equipadas para la guerra que se unieron a David en Hebrón, para pasarle el reino de Saúl, según el mandato del Señor: [24] De la tribu de Judá, seis mil ochocientos hombres con escudos y lanzas, equipados para el combate. [25] De la tribu de Simeón, siete mil cien guerreros valientes, equipados para la guerra. [26] De la tribu de Leví, cuatro mil seiscientos, [27] más tres mil setecientos de la familia de Aarón, con Joiada, su jefe, [28] y con Sadoc, joven y valiente guerrero, con veintidós jefes de su familia. [29] De la tribu de Benjamín la misma tribu de Saúl, tres mil hombres, pues hasta entonces la mayoría de ellos había permanecido fiel a Saúl. [30] De la tribu de Efraín, veinte mil ochocientos guerreros valientes, famosos en su clan. [31] De la media tribu de Manasés, dieciocho mil hombres que habían sido nombrados para ir a establecer a David como rey. [32] De la tribu de Isacar, gente experta en conocer los tiempos para saber lo que Israel debía hacer, doscientos jefes con todos los hombres de su tribu bajo sus órdenes. [33] De la tribu de Zabulón, cincuenta mil soldados en pie de guerra, con toda clase de armamento, firmemente decididos a ayudar a David. [34] De la tribu de Neftalí, mil jefes con treinta y siete mil hombres armados con lanzas y escudos. [35] De la tribu de Dan, veintiocho mil seiscientos soldados. [36] De la tribu de Aser, cuarenta mil soldados en pie de guerra. [37] Además, del otro lado del Jordán, ciento veinte mil hombres de las tribus de Rubén y Gad y de la media tribu de Manasés, equipados con toda clase de armamento.

[38] Todos estos guerreros, en formación de batalla, fueron a Hebrón firmemente decididos a establecer a David como rey de todo Israel; y todos los demás israelitas, sin excepción, estaban resueltos a hacer lo mismo. [39] Estuvieron allí con David durante tres días, comiendo y bebiendo, porque sus compatriotas les habían preparado lo necesario. [40] Además, sus vecinos, aun los que eran de Isacar, Zabulón y Neftalí, les llevaron comida en asnos, camellos, mulos y bueyes. Les llevaron provisiones varias: harina, tortas de higos, pasas, vino, aceite, toros y ovejas; todo en abundancia, porque había mucha alegría en Israel.

---

[42] Primavera: lit. el mes primero.
[q] Los vs. 12.4b–40 corresponden a los vs. 12.5–41 en el texto hebreo.

David hace planes para llevar el cofre a Jerusalén

13 ¹ David consultó a los comandantes de batallón y a los capitanes, es decir, a todos los jefes, ² y después dijo a todo el pueblo de Israel: "Si a ustedes les parece bien y el Señor nuestro Dios nos da la oportunidad, mandemos aviso a nuestros compatriotas que quedan todavía en las diversas regiones de Israel, y también a todos los sacerdotes y levitas que se hallan en sus ciudades y tierras de pastoreo, invitándolos a que se unan a nosotros, ³ para que nos traigamos el cofre de nuestro Dios, pues desde los tiempos de Saúl lo hemos tenido olvidado." ⁴ Todo el pueblo estuvo de acuerdo en que se hiciera eso, pues a todos les pareció razonable la propuesta.

David intenta trasladar el cofre del Señor
(2 S 6.1–11)

⁵ David reunió a todo Israel, desde Sihor en la frontera con Egipto hasta la entrada de Hamat, para traer de Quiriatjearim el cofre de Dios.ʳ ⁶ Luego, acompañado de todo Israel, subió a Quiriat-jearim, llamada también Baala, que está en Judá, para trasladar de allí el cofre de Dios, sobre el que se invoca el nombre del Señor, que tiene su trono sobre los querubines.ˢ ⁷ Pusieron el cofre sobre una carreta nueva y se lo llevaron de la casa de Abinadab. Uza y Ahío iban guiando la carreta. ⁸ Mientras tanto, David y todo Israel iban delante de Dios cantando y bailando con todas sus fuerzas, al son de la música de arpas, salterios, panderos, platillos y trompetas. ⁹ Cuando llegaron al lugar conocido como Era de Quidón, Uza alargó la mano para sostener el cofre, porque habían tropezado los bueyes. ¹⁰ Pero el Señor se enfureció con Uza por haber extendido la mano hacia el cofre, y le quitó la vida allí mismo, delante de él. ¹¹ David se disgustó mucho porque el Señor le quitó la vida⁴³ a Uza, y por eso llamó a aquel lugar Pérez-uza,⁴⁴ nombre que tiene hasta el presente. ¹² Pero ese mismo día David tuvo mucho miedo ante Dios, y exclamó: "¡Ni pensar en llevarme el cofre de Dios!" ¹³ Y no se llevó el cofre a la Ciudad de David, sino que ordenó que lo llevaran a casa de Obed-edom, un hombre de Gat. ¹⁴ El cofre de Dios se quedó tres meses en casa de Obed-edom, y el Señor bendijo a la familia de Obed-edom y a todas sus cosas.ᵗ

Hiram envía embajadores a David
(2 S 5.11–12)

14 ¹ Hiram, rey de Tiro, envió sus embajadores a David, además de albañiles y carpinteros que llevaron madera de cedro para construirle el palacio. ² Entonces David comprendió que el Señor lo había confirmado como rey de Israel, porque había hecho prosperar mucho su reinado en atención a su pueblo Israel.

Otros hijos de David
(2 S 5.13–16; 1 Cr 3.5–9)

³ David tomó más esposas en Jerusalén, y tuvo más hijos e hijas. ⁴ Los hijos que le nacieron en Jerusalén se llamaban: Samúa, Sobab, Natán, Salomón, ⁵ Ibhar, Elisúa, Elpelet, ⁶ Noga, Nefeg, Jafía, ⁷ Elisama, Eliada y Elifelet.

David derrota a los filisteos
(2 S 5.17–25)

⁸ Cuando los filisteos supieron que David había sido consagrado como rey de todo Israel, se lanzaron todos en busca suya; pero David lo supo y les salió al encuentro. ⁹ Entonces los filisteos avanzaron e hicieron incursiones por el valle de Refaim. ¹⁰ Por esto, David consultó al Señor, y le preguntó:

—¿Puedo atacar a los filisteos? ¿Me darás la victoria sobre ellos?

Y el Señor le respondió:

—Atácalos, pues te daré la victoria sobre ellos.

¹¹ David subió a Baal-perazim, y allí los venció. Por eso dijo: "Como un torrente de agua, Dios me ha abierto paso entre mis enemigos." Y llamaron a aquel lugar Baal-perazim.⁴⁵ ¹² Además, los filisteos dejaron abandonados a sus dioses, y David los mandó quemar.

¹³ Pero los filisteos volvieron a hacer incursiones por el valle de Refaim, ¹⁴ así que David consultó de nuevo a Dios, y Dios le contestó:

—No los ataques de frente, sino rodéalos y atácalos por la retaguardia cuando llegues a los árboles de bálsamo. ¹⁵ Cuando escuches ruido de pasos por encima de las copas de los árboles, lánzate a la batalla, porque eso significa que yo voy delante de ti para herir de muerte al ejército filisteo.

¹⁶ David hizo lo que Dios le había ordenado, y derrotaron al ejército de los filisteos desde Gabaón hasta Gezer, ¹⁷ por lo cual su fama se extendió por todos los

---

⁴³ *Le quitó la vida:* lit. *abrió brecha en.* ⁴⁴ En hebreo, *Pérez-uza* significa *brecha de Uza.* ⁴⁵ En hebreo, *Baal-perazim* significa *Señor de los pasos abiertos.*
ʳ **13.5** 1 S 7.1–2. ˢ **13.6** Ex 25.18–22; 1 S 4.4; 2 S 6.2; 1 R 6.23–28; Sal 80.1; Is 37.16; Ez 1.26–28. ᵗ **13.14** 1 Cr 26.4–5.

países y el Señor hizo que todas las naciones le tuvieran miedo.

David traslada el cofre del Señor a Jerusalén
(2 S 6.12–23)

15 ¹ David hizo que le construyeran casas en la Ciudad de David, y preparó también un lugar para el cofre de Dios en una tienda de campaña que levantó. ² Entonces ordenó: "Nadie, fuera de los levitas, debe llevar el cofre de Dios, porque el Señor los ha escogido a ellos para que lleven el cofre del Señor y para que estén siempre a su servicio." ᵘ

³ Luego reunió a todo Israel en Jerusalén para trasladar el cofre del Señor al lugar que le había preparado. ⁴ También reunió a los descendientes de Aarón y a los levitas. ⁵ De los descendientes de Coat se juntaron ciento veinte: Uriel, el jefe, y sus parientes. ⁶ De los descendientes de Merari, doscientos veinte: Asaías, el jefe, y sus parientes. ⁷ De los descendientes de Gersón, ciento treinta: Joel, el jefe, y sus parientes. ⁸ De los descendientes de Elizafán, doscientos: Semaías, el jefe, y sus parientes. ⁹ De los descendientes de Hebrón, ochenta: Eliel, el jefe, y sus parientes. ¹⁰ De los descendientes de Uziel, ciento doce: Aminadab, el jefe, y sus parientes.

¹¹ Luego llamó David a Sadoc y a Abiatar, los sacerdotes, y a los levitas Uriel, Asaías, Joel, Eliel y Aminadab, ¹² y les dijo: "Ustedes, que son los jefes de las familias de los levitas, purifíquense ritualmente junto con sus parientes, para que puedan trasladar el cofre del Señor, Dios de Israel, al lugar que le he preparado; ¹³ pues como la primera vez no lo hicieron ustedes, el Señor nuestro Dios les quitó la vida a algunos de nosotros, porque no lo consultamos como era debido."

¹⁴ Entonces los sacerdotes y levitas se purificaron ritualmente para poder trasladar el cofre del Señor, Dios de Israel. ¹⁵ Lo hicieron sirviéndose de los travesaños, llevados sobre los hombros, según lo había mandado Moisés por orden del Señor. ᵛ

¹⁶ También ordenó David a los jefes de los levitas que, de entre los de su tribu, nombraran cantores que fueran con instrumentos musicales, salterios, arpas y platillos, y los tocaran con entusiasmo en señal de alegría. ¹⁷ Los levitas nombraron a Hemán, hijo de Joel, y también a Asaf, hijo de Berequías, pariente de Hemán; de los descendientes de Merari y parientes de los anteriores, a Etán, hijo de Cusaías; ¹⁸ además nombraron a otros parientes de

los anteriores, que pertenecían a la segunda categoría de servicio: Zacarías,⁴⁶ Jaaziel, Semiramot, Jehiel, Uni, Eliab, Benaía, Maasías, Matatías, Elifelehu, Micnías, y los porteros, que eran Obed-edom y Jeiel.

¹⁹ Los cantores Hemán, Asaf y Etán estaban encargados de hacer sonar los platillos de bronce. ²⁰ Zacarías, Aziel, Semiramot, Jehiel, Uni, Eliab, Maasías y Benaía tenían salterios para tocar a la manera elamita,⁴⁷ ²¹ mientras que Matatías, Elifelehu, Micnías, Obec-edom, Jeiel y Azazías tenían arpas para tocar a la manera siminita,⁴⁸ introduciendo el canto. ²² Quenanías, jefe de los levitas encargados del transporte,⁴⁹ era el que lo dirigía, pues era muy entendido. ²³ Los porteros del cofre eran Berequías y Elcana. ²⁴ Y los sacerdotes Sebanías, Josafat, Natanael, Amasai, Zacarías, Benaías y Eliezer eran los que tocaban las trompetas delante del cofre de Dios. Ebed-edom y Jehías también eran porteros del cofre.

²⁵ Entonces David, los ancianos de Israel y los jefes de los batallones fueron con alegría a trasladar de la casa de Obed-edom el cofre del pacto del Señor. ²⁶ Y como Dios ayudaba a los levitas que transportaban el cofre, se sacrificaron siete novillos y siete carneros. ²⁷ David iba vestido con un manto de lino fino, como también todos los levitas que llevaban el cofre, los cantores y Quenanías, que dirigía el transporte;⁴⁹ además David llevaba puesto un efod de lino. ²⁸ Todo Israel llevaba así el cofre del pacto del Señor entre gritos de alegría y el sonido de cuernos de carnero, trompetas y platillos, y la música de salterios y arpas.

²⁹ Cuando el cofre del pacto del Señor llegó a la Ciudad de David, Mical, la hija de Saúl, se asomó a la ventana; y al ver al rey David bailando alegremente, sintió un profundo desprecio por él.

16 ¹ El cofre de Dios fue llevado y puesto dentro de una tienda de campaña que David había levantado con ese propósito. En seguida se ofrecieron holocaustos y sacrificios de reconciliación delante de Dios, ² y cuando terminó David de ofrecerlos bendijo al pueblo en nombre del Señor, ³ y a todos los israelitas, hombres y mujeres, les dio un pan, una torta de dátiles y otra de pasas.

⁴ David nombró entre los levitas a los que habían de servir delante del cofre del Señor, para que se encargaran de celebrar, dar gracias y alabar al Señor, Dios de Israel. ⁵ El jefe era Zacarías; luego venían Jeiel, Semiramot, Jehiel, Matatías, Eliab, Benaía,

---

⁴⁶ Heb. añade *hijo de.*   ⁴⁷ *A la manera elamita:* otra posible traducción: *las notas altas.*   ⁴⁸ *A la manera siminita:* otra posible traducción: *las notas bajas.*   ⁴⁹ *Transporte:* otra posible traducción: *canto.*
ᵘ **15.2** Dt 10.8.   ᵛ **15.15** Ex 25.14.

Obed-edom y Jeiel, quienes tenían sus instrumentos musicales, sus salterios y sus arpas. Asaf tocaba los platillos, 6 y los sacerdotes Benaía y Jahaziel tocaban siempre las trompetas delante del cofre del pacto de Dios.

Salmo de acción de gracias de David
(Sal 105.1–15; 96.1–13; 106.47–48)

7 Fue aquel mismo día cuando David ordenó por primera vez que Asaf y sus colegas elevaran al Señor la siguiente acción de gracias:

8 "¡Den gracias al Señor!
¡Proclamen su nombre!
Cuenten a los pueblos sus acciones.
9 Canten himnos en su honor.
¡Hablen de sus grandes hechos!
10 "Siéntanse orgullosos de su santo nombre.
¡Siéntase alegre el corazón
de los que buscan al Señor!
11 Recurran al Señor, y a su poder;
recurran al Señor en todo tiempo.
12 Recuerden sus obras grandes y maravillosas,
y los decretos que ha pronunciado:
13 ustedes, descendientes de su siervo Israel,
ustedes, hijos de Jacob, sus escogidos.

14 "Él es el Señor, nuestro Dios;
¡él gobierna toda la tierra!
15 Ni aunque pasen mil generaciones,
se olvidará[50] de las promesas de su pacto,
16 del pacto que hizo con Abraham,[w]
del juramento que hizo a Isaac[x]
17 y que confirmó como ley para Jacob,
como pacto eterno para Israel,
18 cuando dijo:
'Voy a darte la tierra de Canaán
como la herencia que te toca.'[y]

19 "Aunque ellos eran pocos,
unos cuantos extranjeros en la tierra
20 que iban de nación en nación
y de reino en reino,
21 Dios no permitió que nadie los maltratara;
y aun advirtió a los reyes:
22 'No toquen a mis escogidos,
ni maltraten a mis profetas.'[z]

23 "Canten al Señor, habitantes de toda la tierra;

anuncien día tras día su salvación.
24 Hablen de su gloria y de sus maravillas
ante todos los pueblos y naciones,
25 porque el Señor es grande
y muy digno de alabanza,
y más terrible que todos los dioses.
26 Los dioses de otros pueblos no son nada,
pero el Señor hizo los cielos.
27 ¡Hay gran esplendor en su presencia!
¡Hay poder y alegría en su santuario!

28 "Den al Señor, familias de los pueblos,
den al Señor el poder y la gloria;
29 den al Señor la honra que merece;
con ofrendas preséntense ante él;
adoren al Señor en su santuario hermoso.[51, a]
30 ¡Que todo el mundo tiemble delante de él!
Él afirmó el mundo para que no se mueva.
31 ¡Que se alegren los cielos y la tierra!
Que se diga en las naciones: '¡El Señor es rey!'
32 ¡Que brame el mar y todo lo que contiene!
¡Que se alegre el campo y todo lo que hay en él!
33 ¡Que griten de alegría los árboles del bosque
delante del Señor, que viene a gobernar la tierra!

34 "Den gracias al Señor, porque él es bueno,
porque su amor es eterno.[b]
35 Díganle:
¡Sálvanos, oh Dios, salvador nuestro!
¡Recógenos y líbranos de entre las naciones
para que alabemos tu santo nombre,
para que alegres te alabemos!
36 ¡Bendito sea el Señor, Dios de Israel,
por toda la eternidad!"

Y todo el pueblo respondió: "¡Así sea!", y alabó al Señor.
37 Así pues, David dejó allí delante del cofre del pacto del Señor a Asaf y sus colegas para que sirvieran continuamente según se necesitara cada día. 38 También dejó a Obed-edom y sus colegas, sesenta y ocho personas, con Obed-edom, hijo de Jedutún, y Hosa, como porteros. 39 Y a Sadoc y a sus colegas sacerdotes los dejó ante la tienda del Señor, en el santuario

---

50 *Se olvidará:* texto probable según Sal 105.8. Heb. *se olviden.*   51 *En su santuario hermoso:* otra posible traducción: *con ropas sagradas.*
w **16.16** Gn 12.7; 17.8.   x **16.16** Gn 26.3.   y **16.17–18** Gn 28.13.   z **16.21–22** Gn 20.3–7.   a **16.28–29** Sal 29.1–2.
b **16.34,41** 2 Cr 5.13; 7.3; Esd 3.11; Sal 100.5; 106.1; 107.1; 118.1; 136.1; Jer 33.11.

de Gabaón, ⁴⁰ para que ofrecieran continuamente holocaustos al Señor en el altar destinado a ellos, por la mañana y por la tarde, exactamente como está escrito en la ley del Señor, que él dejó como mandato a Israel. ⁴¹ También dejó con ellos a Hemán, a Jedutún y al resto de los que fueron escogidos y designados por nombre para cantar: "Den gracias al Señor, porque su amor es eterno." ⁴² Estos tocaban trompetas, platillos y otros instrumentos musicales, con los que acompañaban los cantos a Dios. Los hijos de Jedutún estaban encargados de la puerta. ⁴³ Después todos se volvieron a sus casas, y también David volvió a su casa para bendecir a su familia.ᶜ

Pacto de Dios con David
(2 S 7.1–29)

17 ¹ Cuando David estuvo ya instalado en su palacio, le dijo a Natán, el profeta:

—Mira, yo habito en un palacio de cedro, mientras que el cofre del pacto del Señor está bajo simples cortinas.

² Y Natán le contestó:

—Pues haz todo lo que te has propuesto, porque cuentas con el apoyo de Dios.

³ Pero aquella misma noche, Dios se dirigió a Natán y le dijo: ⁴ "Ve y habla con David, mi siervo, y comunícale que yo, el Señor, he dicho: 'No serás tú quien me construya un templo para que habite en él. ⁵ Desde el día en que saqué a Israel, hasta el presente, nunca he habitado en templos, sino que he estado viviendo de una tienda de campaña en otra y de un lugar en otro. ⁶ En todo el tiempo que anduve con ellos, jamás le pedí a ninguno de sus caudillos, a quienes puse para que gobernaran a mi pueblo, que me construyera un templo de madera de cedro.' ⁷ Por lo tanto, dile a mi siervo David que yo, el Señor todopoderoso, le digo: 'Yo te saqué del redil, y te quité de andar tras el rebaño, para que fueras el jefe de mi pueblo Israel; ⁸ te he acompañado por dondequiera que has ido, he acabado con todos los enemigos que se te enfrentaron, y te he dado fama, como la que tienen los hombres importantes de este mundo. ⁹ Además he preparado un lugar para mi pueblo Israel, y allí los he instalado para que vivan en un sitio propio, donde nadie los moleste ni los malhechores los opriman como al principio, ¹⁰ cuando puse caudillos que gobernaran a mi pueblo Israel. Yo humillaré a todos tus enemigos. Y te hago saber que te daré descendientes, ¹¹ y que cuando tu vida llegue a su fin y mueras, yo estableceré a uno de tus descendientes y lo confirmaré en el reino ¹² Él me construirá un templo, y yo afirmaré su trono para siempre. ¹³ Yo le seré un padre, y él me será un hijo.ᵈ No le retiraré mi bondad como lo hice con tu predecesor, ¹⁴ sino que lo confirmaré para siempre en mi casa y en mi reino. Y su trono quedará establecido para siempre.' "

¹⁵ Natán le contó todo esto a David, exactamente como lo había visto y oído. ¹⁶ Entonces el rey David entró para hablar delante del Señor, y dijo: "Señor y Dios, ¿quién soy yo y qué es mi familia para que me hayas hecho llegar hasta aquí? ¹⁷ ¡Y tan poca cosa te ha parecido esto, Señor y Dios, que hasta has hablado del porvenir de la dinastía de tu siervo y me has mirado como a un hombre de posición elevada!⁵² ¹⁸ ¿Qué más te puedo decir del honor que has hecho a tu siervo, si tú conoces a este siervo tuyo? ¹⁹ Señor, todas estas maravillas las has hecho en atención a tu siervo, según lo quisiste y para darlas a conocer. ²⁰ Señor no hay nadie como tú, ni existe otro dios aparte de ti, según todo lo que nosotros mismos hemos oído. ²¹ En cuanto a Israel, tu pueblo, ¡no hay otro como él, pues es nación única en la tierra! Tú, oh Dios, lo libertaste para que fuera tu pueblo, y te hiciste famoso haciendo cosas grandes y maravillosas. Tú arrojaste de delante de tu pueblo, al que rescataste de Egipto, a las demás naciones, ²² porque tú has tomado a Israel como tu pueblo para siempre y tú, Señor, serás su Dios.

²³ "Así pues, Señor, confirma para siempre la promesa que has hecho a tu siervo y a su dinastía, y cumple lo que has dicho. ²⁴ ¡Que tu promesa se realice fielmente y que tu nombre sea siempre engrandecido, y se diga que el Señor todopoderoso es el Dios de Israel, que él es realmente Dios para Israel! ¡Que la dinastía de tu siervo David se mantenga firme con tu protección! ²⁵ Tú, Dios mío, me has hecho saber que vas a establecer mi dinastía; por eso yo, aunque soy tu siervo, voy a hacerte una súplica. ²⁶ Tú, Señor, eres Dios y has prometido a tu siervo tanta bondad; ²⁷ y ahora te dignaste bendecir a la dinastía de tu siervo para que permanezca para siempre bajo tu protección. Tú, Señor, la has bendecido y será bendita para siempre."

Campañas militares de David
(2 S 8.1–14)

18 ¹ Después de esto, David venció a los filisteos sometiéndolos y arre-

batándoles de las manos la ciudad de Gat y sus aldeas. ² También derrotó a los moabitas, y así ellos fueron sometidos a David y tuvieron que pagarle tributo. ³ David venció también a Hadad-ezer, rey de Soba, que está en dirección de Hamat, cuando éste iba a imponer su dominio sobre la región del río Éufrates. ⁴ De ellos, David capturó mil carros de combate e hizo prisioneros a siete mil soldados de caballería y a veinte mil de infantería; y además les rompió las patas a todos los caballos de los carros de combate, con la excepción de los caballos necesarios para cien carros.

⁵ Llegaron luego los sirios de Damasco para prestar ayuda a Hadad-ezer, el rey de Soba, pero David venció a los sirios, matando a veintidós mil de ellos. ⁶ Luego puso David guarniciones en Siria de Damasco, y los sirios quedaron sometidos a él y sujetos al pago de tributos. Así pues, el Señor le daba la victoria a David por dondequiera que iba.

⁷ Después David se apoderó de los escudos de oro que usaban los oficiales de Hadad-ezer, y los llevó a Jerusalén. ⁸ También se apoderó de una gran cantidad de bronce de Tibhat y de Cun, ciudades que pertenecían a Hadad-ezer. Con ese bronce hizo después Salomón la enorme pila para el agua, las columnas y los utensilios de bronce para el templo.ᵉ

⁹ Cuando Toi, rey de Hamat, se enteró de que David había derrotado a todo el ejército de Hadad-ezer, rey de Soba, ¹⁰ envió a su hijo Adoram con toda clase de objetos de oro, de plata y de bronce, para que saludara y felicitara al rey David por haber luchado con Hadad-ezer y haberlo vencido, pues Toi también había estado en guerra con él. ¹¹ David dedicó todos estos objetos al Señor, junto con el oro y la plata que les había quitado a todas las naciones, a Edom, a Moab, a los amonitas, a los filisteos y a los amalecitas.

¹² Además Abisai, hijo de Sarvia, derrotó a dieciocho mil edomitas en el Valle de la Sal.ᶠ ¹³ Luego puso David guarniciones en Edom, y todos los edomitas quedaron sometidos a él; y el Señor le daba la victoria por dondequiera que iba.

Oficiales de David
(2 S 8.15–18; 20.23–26)

¹⁴ David reinó sobre todo Israel, actuando con justicia y rectitud para con todo su pueblo. ¹⁵ El jefe del ejército era Joab, hijo de Sarvia; y Josafat, hijo de Ahilud, era el secretario del rey. ¹⁶ Sadoc, hijo de Ahitob, y Ahimelec, hijo de Abia-

tar, eran sacerdotes; Savsa era el cronista, ¹⁷ y Benaía, hijo de Joiada, estaba al mando de la guardia de cereteos y peleteos. Los hijos de David eran sus principales ayudantes.

David derrota a los sirios y amonitas
(2 S 10.1–19)

19 ¹ Después de algún tiempo murió Nahas, el rey de los amonitas, y en su lugar reinó su hijo. ² Entonces David pensó que debía tratar a Hanún, el hijo de Nahas, con bondad, porque su padre lo había tratado a él con bondad, y mandó algunos embajadores para que le dieran a Hanún el pésame por la muerte de su padre. Pero cuando los oficiales de David llegaron al país amonita, ³ los jefes amonitas le dijeron a Hanún: "¿Y cree Su Majestad que David ha enviado esos hombres a dar el pésame, tan sólo para honrar al padre de Su Majestad? ¡Seguramente han venido para inspeccionar, examinarᵉ³ y espiar el país!"

⁴ Entonces Hanún ordenó que apresaran a los oficiales de David, y que los afeitaran y les rasgaran la ropa por la mitad hasta las asentaderas. Después los despidió. ⁵ Cuando fueron a decir a David lo que les había pasado a aquellos hombres, mandó que fueran a recibirlos, porque estarían sumamente avergonzados, y que les ordenaran quedarse en Jericó hasta que les creciera la barba, y que entonces regresaran.

⁶ Los amonitas comprendieron que se habían hecho odiosos a David, por lo que Hanún y los amonitas enviaron treinta y tres toneladas de plata para tomar a sueldo carros de combate y tropas de caballería en Mesopotamia, Siria, Maaca y Soba, ⁷ y tomaron a sueldo treinta y dos mil carros de combate, así como al rey de Maaca con su ejército. Estos llegaron e instalaron su campamento frente a Medeba. Además los amonitas salieron de sus ciudades y se reunieron para entrar en el combate. ⁸ Pero David lo supo, y mandó a Joab con todos los soldados del ejército. ⁹ Los amonitas avanzaron y se prepararon para la batalla a la entrada misma de la ciudad. Los reyes que habían venido se quedaron en el campo. ¹⁰ Cuando Joab vio que iba a ser atacado por el frente y por la retaguardia, escogió los mejores soldados israelitas y se preparó para atacar a los sirios. ¹¹ Luego, para hacer frente a los amonitas, puso el resto de la tropa bajo el mando de su hermano Abisai, ¹² y le dijo: "Si los sirios pueden más que yo, tú vendrás a ayudarme, y si los amonitas pueden

---

⁵³ *Examinar:* según una versión antigua. Heb. *destruir.*
ᵉ **18.8** 1 R 7.40–47; 2 Cr 4.11–18.   ᶠ **18.12** Sal 60 Título hebreo.

más que tú, yo te ayudaré. [13] Ten ánimo, y luchemos con valor por nuestra nación y por las ciudades de nuestro Dios. ¡Y que el Señor haga lo que le parezca mejor!"

[14] Joab avanzó con sus tropas para atacar a lo sirios, pero éstos huyeron ante él. [15] Y cuando los amonitas vieron que los sirios huían, ellos también huyeron de Abisai, hermano de Joab, y se metieron en la ciudad. Entonces Joab regresó a Jerusalén.

[16] Cuando los sirios se dieron cuenta de que Israel los había vencido, enviaron mensajeros para hacer venir a los sirios que estaban al otro lado del río Éufrates. Al frente de ellos estaba Sofac, jefe del ejército de Hadad-ezer. [17] Pero le contaron esto a David, quien, movilizando en seguida a todo Israel, atravesó el río Jordán, avanzó y tomó posiciones contra ellos. David formó sus tropas para enfrentarse con los sirios, y éstos lucharon con él, [18] pero finalmente huyeron de los israelitas, pues las bajas que les causó David fueron de cuarenta mil soldados de infantería y siete mil de los carros de combate; además, David mató a Sofac, el jefe del ejército sirio. [19] Al ver los aliados de Hadad-ezer que los israelitas los habían derrotado, hicieron la paz con David y quedaron sometidos a él. A partir de entonces, los sirios no quisieron volver a ayudar a los amonitas.

David conquista Rabá
(2 S 12.26-31)

20 [1] En cierta ocasión, durante la primavera, que es cuando los reyes acostumbran salir a campaña, Joab organizó una expedición y arrasó el territorio amonita. Avanzó, rodeó a Rabá y la atacó hasta dejarla en ruinas. Mientras tanto, David se quedó en Jerusalén.ᵍ [2] Después David tomó de la cabeza de su rey la corona de oro, que tenía piedras preciosas, y encontró que pesaba treinta y tres kilos; y se la pusieron a David. También sacó David de la ciudad muchísimas cosas de valor, [3] y a la gente que aún quedaba en la ciudad la sacó de allí y la puso a trabajar con sierras, trillos de hierro y hachas. Lo mismo hizo David con todas las ciudades amonitas, y después regresó con todas sus tropas a Jerusalén.

Peleas contra gigantes
(2 S 21.18-20)

[4] Después hubo una batalla con los filisteos en Gezer. En aquella ocasión, Sibecai

el de Husa mató y humilló a Sipai, que era descendiente de los gigantes. [5] Y en otra batalla que hubo contra los filisteos, Elhanán, hijo de Jair, mató a Lahmi, hermano de Goliat el de Gat, cuya lanza tenía el asta tan grande como el rodillo de un telar.ʰ

[6] En Gat hubo otra batalla. Había allí un hombre de gran estatura, que tenía veinticuatro dedos: seis en cada mano y seis en cada pie. Era también descendiente de los gigantes, [7] pero desafió a Israel y lo mató Jonatán, hijo de Simea, el hermano de David. [8] Estos gigantes eran descendientes de Refa, el de Gat, pero cayeron a manos de David y de sus oficiales.

David censa la población
(2 S 24.1-17)

21 [1] El ángel acusador⁵⁴,ⁱ se puso contra los israelitas e incitó a David a hacer un censo de Israel. [2] Entonces David ordenó a Joab y a los jefes del pueblo:

—Vayan y hagan el censo de Israel desde Beerseba hasta Dan, y tráiganme el informe para que yo sepa cuántos son.

[3] Pero Joab respondió:

—Que el Señor aumente su pueblo cien veces más de lo que es ahora; ¿pero acaso no son todos ellos servidores de Su Majestad? ¿Por qué desea esto Su Majestad? ¿Para qué hacerse culpable Israel?

[4] Sin embargo, la orden del rey se impuso a Joab, y éste se retiró, recorrió todo Israel y regresó a Jerusalén. [5] Joab entregó a David las cifras del censo de la población, y resultó que en todo Israel había un millón cien mil hombres aptos para la guerra, y cuatrocientos setenta mil en Judá. [6] Pero no se incluyó en el censo a las tribus de Leví y de Benjamín, porque Joab no le gustó la orden del rey.

[7] A Dios le pareció mal todo esto, y mandó un castigo a Israel. [8] Pero David confesó a Dios:

—He cometido un grave pecado al hacer esto. Pero te ruego que perdones ahora el pecado de este siervo tuyo, pues me he portado como un necio.

[9] Entonces el Señor dijo a Gad, vidente al servicio de David: [10] "Ve a ver a David, y dile de mi parte que le propongo tres cosas, y que escoja la que él quiera que yo haga." [11] Gad fue a ver a David, y le dijo:

—Esto dice el Señor: Escoge [12] entre tres años de hambre, tres meses de derrota perseguido por la espada de tus enemigos, o tres días de peste en el país bajo la espada del Señor, con el ángel del Señor causando estragos en todo el territorio de

Israel. Decide ahora lo que he de responder al que me ha enviado.

¹³ David contestó a Gad:

—Estoy en un grave aprieto. Ahora bien, es preferible que caiga yo en manos del Señor, pues su bondad es muy grande, y no en manos de los hombres.

¹⁴ Entonces mandó el Señor una peste sobre Israel, y cayeron muertos setenta mil israelitas. ¹⁵ Y mandó Dios un ángel para destruir Jerusalén. Pero cuando la estaba destruyendo, el Señor lo vio, y le pesó aquel daño, y ordenó al ángel que estaba hiriendo: "¡Basta ya, no sigas!"

En aquel momento, el ángel del Señor se encontraba junto al lugar donde Ornán el jebuseo trillaba el trigo. ¹⁶ Al alzar David los ojos, vio que el ángel del Señor se encontraba entre el cielo y la tierra, con una espada desenvainada en la mano, que apuntaba hacia Jerusalén. Entonces David y los ancianos, vestidos con ropas ásperas, se inclinaron hasta tocar el suelo con la frente, ¹⁷ y David dijo a Dios:

—¡Yo fui quien mandó hacer el censo de la población! ¡Yo soy quien ha pecado y ha hecho mal! ¿Pero qué han hecho estos inocentes?⁵⁵ Señor y Dios mío, yo te ruego que tu castigo caiga sobre mí y sobre mi familia, pero deja de herir a tu pueblo.

David levanta un altar
(2 S 24.18-25)

¹⁸ Entonces el ángel del Señor ordenó a Gad decirle a David que levantara un altar al Señor en el lugar donde Ornán el jebuseo trillaba el trigo. ¹⁹ Entonces David fue a hacer lo que Gad le había dicho en nombre del Señor. ²⁰ Ornán, que estaba trillando el trigo, al volverse había visto al ángel, pero sus cuatro hijos, que estaban con él, habían ido a esconderse. ²¹ Cuando David se acercó a donde estaba Ornán, éste miró, y al ver a David salió del lugar donde trillaba el trigo y se inclinó delante de David. ²² Entonces le dijo David a Ornán:

—Cédeme el lugar donde trillas el trigo, para construir allí un altar al Señor. Véndemelo por el precio exacto, a fin de que la peste se retire del pueblo.

²³ Y Ornán le contestó:

—Tómelo Su Majestad y haga lo que le parezca mejor. Yo le doy los toros para el holocausto, los trillos para la leña y el trigo para la ofrenda. ¡Todo esto se lo doy a Su Majestad!

²⁴ Pero el rey David respondió:

—Te lo agradezco, pero tengo que comprarlo todo por el precio exacto, pues no te voy a quitar lo tuyo para dárselo al Se-

ñor y ofrecerle un holocausto que no me haya costado nada.

²⁵ De esta manera, David le pagó a Ornán por aquel lugar seiscientas monedas de oro, ²⁶ y allí construyó un altar al Señor y ofreció holocaustos y sacrificios de reconciliación. Luego invocó al Señor, y él le respondió enviando fuego desde el cielo sobre el altar del holocausto. ²⁷ Entonces el Señor ordenó al ángel que volviera a guardar su espada.

El lugar para el templo

²⁸ En aquel momento, al ver David que el Señor lo había escuchado en el lugar en que Ornán el jebuseo trillaba el trigo, ofreció allí sacrificios. ²⁹ Pues aunque la tienda de campaña que Moisés había levantado para el Señor en el desierto y el altar del holocausto se hallaban por entonces en el santuario de Gabaón, ³⁰ David no pudo ir allá para consultar a Dios, porque se había llenado de espanto al ver la espada del ángel del Señor.

22 ¹ Por eso dijo David: "Aquí estarán el templo de Dios, el Señor, y el altar del holocausto para Israel."

Preparativos para el templo

² Después David mandó que se reunieran los extranjeros que vivían en Israel, y nombró canteros para que labraran la piedra para la construcción del templo de Dios. ³ Además preparó hierro en abundancia para los clavos de las puertas y para las grapas; también una inmensa cantidad de bronce, ⁴ y madera de cedro en cantidad incalculable, porque los habitantes de Sidón y de Tiro le habían traído mucha madera de cedro.

⁵ David pensaba: "Mi hijo Salomón es todavía un muchacho de tierna edad, y el templo que hay que construir para el Señor tiene que ser el más grande, famoso y bello de todo el mundo; así que le dejaré todo preparado."

Por eso David hizo grandes preparativos antes de morir. ⁶ Luego llamó a su hijo Salomón, y le encargó que construyera el templo del Señor, Dios de Israel, ⁷ diciéndole: "Hijo mío, yo tenía el propósito de construir un templo para el Señor mi Dios. ⁸ Pero el Señor me ha dicho: 'He visto que tú has derramado mucha sangre y has hecho muchas guerras; por eso no eres tú quien va a construirme un templo. ⁹ Pero tendrás un hijo que será un hombre pacífico; y además yo haré que sus enemigos por todas partes lo dejen en paz. Por eso se llamará Salomón.⁵⁶ En su tiempo

---

⁵⁵ *Estos inocentes:* lit. *estas ovejas.* ⁵⁶ En hebreo, *Salomón* y la palabra que significa *paz* tienen un sonido parecido.

concederé paz y tranquilidad a Israel. [10] Él me construirá un templo. Él me será un hijo y yo le seré un padre, y afirmaré su reino en Israel para siempre.'[j] [11] Ahora, hijo mío, que el Señor esté contigo para que logres construir el templo del Señor tu Dios, conforme a lo que ha prometido que tú harías. [12] Que el Señor te dé inteligencia y sabiduría, para que cuando él te encargue del gobierno de Israel, cumplas la ley del Señor tu Dios. [13] Todo te saldrá bien, si procuras cumplir las leyes y disposiciones que el Señor ordenó a Moisés para Israel. ¡Ten valor y firmeza; no te desanimes ni tengas miedo![k] [14] Mira, yo con muchos esfuerzos he podido preparar para el templo del Señor tres mil trescientas toneladas de oro, treinta y tres mil toneladas de plata, y una cantidad tan grande de bronce y hierro que no se puede pesar. También he preparado madera y piedra, a la que tú debes añadir más. [15-16] Además tienes a tu disposición muchos obreros, canteros, albañiles y carpinteros, e innumerables especialistas de todo tipo y clase de trabajos en oro, plata, bronce y hierro. Así que, ¡manos a la obra, y que el Señor te ayude!"

[17] Luego David ordenó a todos los jefes de Israel que ayudaran a su hijo Salomón, diciéndoles: [18] "El Señor su Dios ha estado con ustedes y les ha dado paz por todas partes, pues él ha puesto bajo mi poder a todos los habitantes del país, y éste ha quedado sometido al Señor y a su pueblo. [19] Por tanto, hagan ahora el firme propósito de buscar al Señor su Dios. Así que dispónganse a construir el santuario de Dios, el Señor, para trasladar el cofre del pacto del Señor y los utensilios sagrados de Dios al templo que se va a construir para el Señor."

Los levitas y sus obligaciones

23 [1] Siendo ya David un anciano de edad muy avanzada, nombró a su hijo Salomón como rey de Israel,[l] [2] y reunió a todos los jefes de Israel, y a los sacerdotes y levitas. [3] Contaron entonces a los levitas de treinta años de edad para arriba, y al hacer la cuenta resultó que su número era de treinta y ocho mil varones. [4] De éstos, se destinaron veinticuatro mil para dirigir la obra del templo, seis mil para ser oficiales y jueces, [5] cuatro mil para ser porteros, y otros cuatro mil para encargarse de alabar al Señor con los instrumentos musicales que David había mandado hacer con ese propósito. [6] David los repartió en grupos, según los hijos que había tenido Leví: Gersón, Coat y Merari.

[7] Los hijos de Gersón: Laadán y Simei. [3] Los hijos de Laadán fueron tres: Jehiel, el mayor, Zetam y Joel. [9] Los hijos de Simei[57] también fueron tres: Selomit, Haziel y Harán. Estos fueron los jefes de familia de los descendientes de Laadán. [10] Los hijos de Simei fueron cuatro: Jahat, Ziza,[58] Jeús y Bería. [11] E. mayor era Jahat, y el segundo Ziza; pero como Jeús y Bería no tuvieron muchos hijos, para efectos del servicio los contaron como una sola familia.

[12] Los hijos de Coat fueron cuatro: Amram, Izhar, Hebrón y Uziel. [13] Los hijos de Amram fueron Aarón y Moisés. Aarón fue escogido por Dios para dedicar las ofrendas más sagradas, para quemar incienso ante el Señor, servirle y pronunciar siempre la bendición, cargo que deberían desempeñar Aarón y sus hijos para siempre.[m] [14] A Moisés, el hombre de Dios, y a sus descendientes también se les incluyó en la tribu de Leví.

[15] Los hijos de Moisés fueron Gersón y Eliezer. [16] De los hijos de Gersón, el primero fue Sebuel. [17] El primer hijo de Eliezer fue Rehabías, y ya no tuvo más hijos; pero Rehabías sí tuvo muchos. [18] El primer hijo de Izhar fue Selomit. [19] Los hijos de Hebrón fueron: Jeraías, el primero; Amarías, el segundo; Jahaziel, el tercero; y Jecamán, el cuarto. [20] Los hijos de Uziel fueron: Micaías, el primero, e Isías, el segundo.

[21] Los hijos de Merari fueron Mahli y Musi. Los hijos de Mahli fueron Eleazar y Cis. [22] Eleazar murió sin haber tenido hijos varones: sólo tuvo hijas, que se casaron con sus primos, los hijos de Cis. [23] Los hijos de Musi fueron tres: Mahli, Edar y Jeremot.

[24] Estos fueron los descendientes de Leví, según sus familias, que estaban inscritos por nombre en el censo como jefes de familia, de veinte años para arriba, los cuales estaban ocupados en los oficios del templo.

[25] David había dicho: "El Señor, el Dios de Israel, ha concedido tranquilidad a su pueblo y ha fijado para siempre su propia residencia en Jerusalén. [26] Por eso los levitas ya no tendrán que estar transportando la Tienda del Señor ni los objetos que se usan en el culto."[n]

[27] Así pues, conforme a las últimas disposiciones de David, se hizo el censo de los descendientes de Leví de veinte años para arriba, [28] y quedaron a las órdenes de los sacerdotes, descendientes de Aarón, para los oficios del templo, como responsables de los atrios, de los cuartos y de la

---

[57] Simei: el nombre original debe de haber sido otro (véase v. 10). [58] Ziza: según la versión griega. Heb. Zina.
[j] 22.7-10   2 S 7.1-16; 1 Cr 17.1-14.   [k] 22.13   Jos 1.6-9.   [l] 23.1   1 R 1.1-40.   [m] 23.13   Ex 28.1.   [n] 23.26   Dt 10.8.

purificación de los objetos sagrados, así como de los demás oficios del templo. [29] Estaban encargados del pan consagrado que se ponía en hileras, de la harina para la ofrenda de cereales, de las hojuelas de pan sin levadura, de las ofrendas cocinadas en sartén, y de la masa y de todos los pesos y medidas. [30] Además tenían que estar presentes en el templo diariamente por la mañana y por la tarde para dar gracias y alabar al Señor, [31] y cuando se ofrecían todos los holocaustos al Señor los días de reposo,[59] en las fiestas de la luna nueva y en las fiestas especiales, siempre sirviendo al Señor según el número prescrito para ellos. [32] Tenían también a su cargo el cuidado de la Tienda del encuentro con Dios y del santuario, sirviendo en el templo con sus hermanos de tribu, los descendientes de Aarón.[ʳ]

24 [1] Los descendientes de Aarón también tenían sus turnos. Los hijos de Aarón fueron Nadab, Abiú, Eleazar e Itamar. [2] Pero como Nadab y Abiú murieron antes que su padre,[ᵒ] sin haber tenido hijos, Eleazar e Itamar se encargaron del sacerdocio.

[3] David, con la ayuda de Sadoc, descendiente de Eleazar, y de Ahimelec, descendiente de Itamar, los repartió en turnos para que desempeñaran sus oficios. [4] Pero como se dieron cuenta de que los varones descendientes de Eleazar eran más numerosos que los de Itamar, fueron repartidos de modo que quedaron dieciséis jefes de descendientes de Eleazar y ocho de descendientes de Itamar. [5] Los turnos se repartieron por suertes entre todos, pues tanto entre los descendientes de Eleazar como entre los de Itamar había funcionarios sagrados, funcionarios de Dios.

[6] Luego Semaías el secretario, hijo de Natanael y uno de los levitas, escribió sus nombres en presencia del rey, de los jefes, del sacerdote Sadoc, de Ahimelec, hijo de Abiatar, y de los jefes de familia de los sacerdotes y de los levitas. Los turnos se sacaban por suerte, dos turnos para los descendientes de Eleazar y uno para los de Itamar.

[7-18] Al sacar las suertes, quedaron los turnos en el siguiente orden, del primero al vigesimocuarto:

Joiarib
Jedaías
Harim
Seorim
Malquías
Mijamín
Cos
Abías
Jesúa
Secanías
Eliasib
Jaquim
Hupa
Jesebeab
Bilga
Imer
Hezir
Afses
Petaías
Hezequiel
Jaquín
Gamul
Delaia
Maazías

[19] Así pues, se repartieron los turnos para servir en el templo, según las normas que el Señor, Dios de Israel, había ordenado por medio de Aarón, antepasado de ellos.

[20] Los levitas que quedaban eran: Subael, de los descendientes de Amram; Jehedías, de los de Subael; [21] Isías, que era el mayor, de los de Rehebías; [22] Selomot, de los de Izhar; Jahat, de los de Selomot; [23] de los descendientes de Hebrón:[60] Jerías, el primero; Amarías, el segundo; Jahaziel, el tercero; y Jecamán, el cuarto. [24] Estaban también: Micaía, hijo de Uziel; Samir, hijo de Micaía; [25] Isías, hermano de Micaía; Zacarías, hijo de Isías; [26] Mahli y Musi, hijos de Merari; los hijos de Jaazías, hijo también de Merari. [27] De los descendientes de Merari, por parte de Jaazías, su hijo, estaban Soham, Zacur e Ibri; [28] y por parte de Mahli, Eleazar, que no tuvo hijos, [29] y Cis; Jerahmeel, hijo de Cis; [30] los hijos de Musi, que eran Mahli, Edar y Jerimot.

Estos eran los levitas por familias. [31] También ellos se repartieron por suertes, tanto la familia del jefe como la del hermano menor, igual que sus parientes los descendientes de Aarón, en presencia del rey David, de Sadoc, Ahimelec y los jefes de familia de los sacerdotes y de los levitas.

Los músicos y cantores

25 [1] Luego David y los jefes de los servicios religiosos asignaron oficios especiales a los hijos de Asaf, Hemán y Jedutún, quienes comunicaban mensajes proféticos acompañados de arpas, salterios y platillos. Esta es la lista de los que estaban ocupados en esa labor.

[2] De los hijos de Asaf: Jacur, José, Netanías y Asarela. El que los dirigía era Asaf, su padre, quien comunicaba mensajes proféticos bajo las órdenes del rey.

---

[59] *Días de reposo:* aquí equivale a *sábado.* [60] *De Hebrón . . . el primero:* según 23.19 y la versión griega. En el texto hebreo no aparece *Hebrón* ni *el primero.*
[ʳ] **23.28–32** Nm 3.5–9. [ᵒ] **24.2** Lv 10.1–2.

³ Los seis hijos de Jedutún: Gedalías, Zeri, Jesaías, Simei, Hasabías y Matatías. El que los dirigía era su padre Jedutún, el cual comunicaba mensajes proféticos acompañado de arpa para dar gracias y alabar a Dios.

⁴ Los hijos de Hemán: Buquías, Matanías, Uziel, Sebuel, Jeremot, Hananías, Hanani, Eliata, Gidalti, Romanti-ezer, Josbecaza, Maloti, Hotir y Mahaziot. ⁵ Todos estos fueron hijos de Hemán, vidente al servicio del rey, según las promesas que Dios le había hecho de que lo haría muy poderoso; en efecto, Dios le dio a Hemán catorce hijos y tres hijas. ⁶ A todos ellos los dirigía su padre cuando cantaban en los servicios religiosos del templo acompañados de platillos, salterios y cítaras.

Asaf, Jedutún y Hemán estaban bajo las órdenes del rey. ⁷ El número total de músicos expertos, incluyendo a sus otros compañeros instruidos para cantar al Señor, era de doscientos ochenta y ocho.

⁸ Entonces se repartieron por suerte los turnos del servicio entre todos, fueran mayores o menores, maestros o aprendices.

⁹⁻³¹ Al sacar la suerte, quedaron los turnos en el siguiente orden, del primero al vigésimocuarto:

José⁶¹
Gedalías
Zacur
Izri
Netanías
Buquías
Jesarela
Jesahías
Matanías
Simei
Azareel
Hasabías
Subael
Matatías
Jeremot
Hananías
Josbecasa
Hanani
Maloti
Eliata
Hotir
Gidalti
Mahaziot
Romanti-ezer

Cada uno de ellos con sus hermanos e hijos eran doce.

Porteros y otros funcionarios

26 ¹ Al repartir los turnos de los porteros, quedaron los siguientes:

De los coreítas, Meselemías, hijo de Coré, que fue hijo de Ebiasaf.⁶² ² Los hijos de Meselemías: Zacarías, el mayor; Jediael, el segundo; Zebadías, el tercero; Jatniel, el cuarto; ³ Elam, el quinto; Johanán, el sexto, y Elioenai, el séptimo.

⁴ Los hijos de Obed-edom: Semaías, el mayor; Jozabad, el segundo; Joa, el tercero; Sacar, el cuarto; Natanael, el quinto; ⁵ Amiel, el sexto; Isacar, el séptimo, y Peultai, el octavo. Porque Dios había bendecido a Obed-edom con muchos hijos.ᵖ

⁶ Semaías, hijo de Obed-edom, tuvo dos hijos que gobernaban en sus familias porque eran hombres de mucho valor. ⁷ Los hijos de Semaías fueron Otni, Rafael, Obed, Elzabad, Eliú y Samaquías, hombres de valor. ⁸ Todos estos, descendientes de Obed-edom, y sus hijos y hermanos, eran hombres de valor por la energía que mostraban en el servicio. En total, sesenta y dos descendientes de Obed-edom.

⁹ Hijos y hermanos de Meselemías: dieciocho, todos hombres de gran valor.

¹⁰ Hijos de Hosa, descendientes de Merari: Simri, que era el jefe, pues aunque no era el hijo mayor, su padre lo puso de jefe; ¹¹ Hilcías, el segundo; Tebalías, el tercero; Zacarías, el cuarto. Los hijos y hermanos de Hosa eran en total trece.

¹² Estos eran los turnos de los porteros. A ellos, lo mismo a los jefes que a sus compañeros, les correspondía el servicio en el templo. ¹³ Hicieron por familias el sorteo de cada puerta, y en él entraron tanto los mayores como los menores.

¹⁴ A Selemías le tocó en el sorteo la puerta del este, y a su hijo Zacarías, consejero prudente, e tocó la del norte. ¹⁵ A Obed-edom le tocó la del sur, y a sus hijos les tocó el cuidado de los depósitos del templo. ¹⁶ A Hosa⁶³ le tocó la parte del oeste donde está la puerta de Salequet, en el camino de subida.

Los servicios correspondientes se distribuían así: ¹⁷ cada día había seis porteros al este, cuatro al norte y cuatro al sur, y dos para cada uno de los depósitos. ¹⁸ En el atrio,⁶⁴ al oeste, había cuatro para la calzada y dos para el atrio mismo. ¹⁹ Así estaban repartidos los oficios de los porteros descendientes de Coré y Merari.

²⁰ Otros levitas estaban encargados de cuidar los tesoros del templo y los depósitos de ofrendas sagradas. ²¹ De los hijos de Laadán, que descendían de Gersón y de Jehiel, ²² los hijos de Jehiel y de sus hermanos Zetam y Joel tenían a su cargo los tesoros del templo.

²³ En cuanto a los descendientes de Amram, Izhar, Hebrón y Uziel, ²⁴ el encargado principal de los tesoros era Sebuel, descendiente de Gersón y de Moisés.

---

⁶¹ *José:* texto probable. Heb. *Asaf, José.* ⁶² *Ebiasaf:* texto probable según 9.19. Heb. *Asaf.* ⁶³ *Hosa:* según varios mss. griegos. Heb. *Supim* y *Hosa.* ⁶⁴ *Atrio:* el sentido de esta palabra es incierto.
ᵖ **26.4–5** 2 S 6.11; 1 Cr 13.14.

25 Parientes suyos por parte de Eliezer
eran Rehabías, hijo de Eliezer; Jesahías,
hijo de Rehabías; Joram, hijo de Jesahías;
Zicri, hijo de Joram; y Selomit, hijo de Zicri.
26 Selomit y sus hermanos tenían a su
cargo todos los depósitos de objetos sagrados que David, los jefes de familia, los
jefes de batallones y de compañías y los
altos jefes del ejército habían consagrado
al Señor. 27 Eran cosas conseguidas en las
guerras, y que ellos habían dedicado al
mantenimiento del templo. 28 También estaba allí lo que habían consagrado Samuel
el vidente, Saúl hijo de Cis, Abner hijo de
Ner, y Joab hijo de Sarvia. Todo lo consagrado estaba al cuidado de Selomit y sus
hermanos.
29 De los descendientes de Izhar, los que
estaban ocupados de los asuntos exteriores de Israel, como oficiales y jueces, eran
Quenanías y sus hijos.
30 De los descendientes de Hebrón, los
que estaban encargados de inspeccionar a
Israel al oeste del Jordán, tanto en todo lo
relacionado con las cosas del Señor como
en el servicio del rey, eran Hasabías y sus
parientes, mil setecientos hombres de
gran valor.
31 En el año cuarenta del reinado de David se hicieron investigaciones en los
anales familiares de los descendientes de
Hebrón, y se encontró que entre ellos había hombres de gran valor en Jazer de Galaad. El jefe de los descendientes de Hebrón era Jerías; 32 junto con sus parientes,
hombres de gran valor, sumaban dos mil
setecientos jefes de familia. El rey David
los nombró para hacerse cargo de las tribus de Rubén y de Gad y de la media tribu
de Manasés, para todos los asuntos relacionados con Dios o con el rey.

Organización militar y civil en el reino de David

27 1 A continuación viene la lista de los
israelitas enumerados según los
jefes de familia, de los jefes de batallones
y de compañías, y de los oficiales de los
que estaban al servicio del rey, para todo
lo relacionado con las divisiones militares
que servían por turnos mensuales durante
todo el año. Cada división estaba formada
por veinticuatro mil hombres.
2 Primera división, de guardia el primer
mes: su jefe era Jasobeam, hijo de Zabdiel, 3 descendiente de Fares y comandante de todos los jefes de las tropas que
prestaban servicio el primer mes.
4 División de guardia el segundo mes:
su jefe era Dodai el ahohíta.[65]
5 División de guardia el tercer mes: su
jefe militar era Benaía, hijo del sumo sacerdote Joiada, 6 el cual era uno de los
treinta valientes y su jefe. Pero su hijo
Amisabad mandaba esta división.
7 División de guardia el cuarto mes: su
jefe era Asael, hermano de Joab. A él lo
sucedió su hijo Zebadías.
8 División de guardia el quinto mes: su
jefe era Samhut el izraíta.
9 División de guardia el sexto mes: su
jefe era Ira, hijo de Iques, del pueblo de
Tecoa.
10 División de guardia el séptimo mes: su
jefe era Heles el paltita,[66] descendiente de
Efraín.
11 División de guardia el octavo mes: su
jefe era Sibecai el de Husa, descendiente
de Zera.
12 División de guardia el noveno mes: su
jefe era Ebiezer el de Anatot, descendiente de Benjamín.
13 División de guardia el décimo mes: su
jefe era Maharai el de Netofa, descendiente de Zera.
14 División de guardia el undécimo mes:
su jefe era Benaía el de Piratón, descendiente de Efraín.
15 División de guardia el duodécimo
mes: su jefe era Heldai el de Netofa, descendiente de Otoniel.
16 Los jefes de las tribus de Israel eran
los siguientes: de la tribu de Rubén, Eliezer, hijo de Zicri; de la de Simeón, Sefatías, hijo de Maaca; 17 de la de Leví, Hasabías, hijo de Kemuel; de los descendientes
de Aarón, Sadoc; 18 de la tribu de Judá,
Eliú, un hermano de David; de la de Isacar, Omri, hijo de Micael; 19 de la de Zabulón, Ismaías, hijo de Abdías; de la de Neftalí, Jerimot, hijo de Azriel; 20 de la de
Efraín, Oseas, hijo de Azazías; de la media
tribu de Manasés, Joel, hijo de Pedaías;
21 de la otra media tribu que estaba en Galaad, Iddo, hijo de Zacarías; de la de Benjamín, Jaasiel, hijo de Abner; 22 de la de
Dan, Azareel, hijo de Jeroham. Estos eran
los jefes de las tribus de Israel.
23 David no hizo el censo de los que tenían menos de veinte años, porque el Señor había prometido que multiplicaría a
los israelitas como las estrellas del cielo.[q]
24 Joab comenzó a hacer el censo, pero no
lo terminó, porque eso trajo una calamidad a Israel.[r] Por eso no aparece el número en el libro de las crónicas del rey
David.
25 El tesorero real era Azmavet, hijo de
Adiel, y el encargado de los almacenes

[65] *Ahohíta:* según la versión griega. Heb. añade: *y su división, y el jefe era Miclot.* [66] *Paltita:* según 2 S 23.26. Heb. *pelonita.*
[q] **27.23** Gn 15.5; 22.17; 26.4. [r] **27.24** 2 S 24.1–15; 1 Cr 21.1–14.

que había en el campo, en las ciudades, en los pueblos y en las fronteras, era Jonatán, hijo de Uzías.

²⁶ Al frente de los trabajadores que cultivaban las tierras estaba Ezri, hijo de Quelub. ²⁷ Al frente de los viñedos estaba Simei, de Ramat, y el encargado de recoger el vino para las bodegas era Zabdi, de Sefam. ²⁸ Al frente de los olivares y de los bosques de higueras silvestres que había en la llanura estaba Baal-hanán, de Gedera, y de los depósitos de aceite, Joás. ²⁹ Al frente del ganado que pastaba en Sarón estaba Sitrai, del propio Sarón, y al frente del ganado que pastaba en los valles estaba Safat, hijo de Adlai. ³⁰ Al frente de los camellos estaba Obil, el ismaelita; de las asnas, Jehedías, de Meronot; ³¹ y de las ovejas, Jaziz, el agareno. Todos estos eran los administradores de los bienes del rey David.

³² Jonatán, el tío de David, hombre sabio e instruido, era consejero, y Jehiel, hijo de Hacmoni, era quien acompañaba a los hijos del rey. ³³ También Ahitofel era consejero del rey, y Husai, el arquita, era el hombre de confianza del rey. ³⁴ A Ahitofel le sucedieron en su cargo Joiada, hijo de Benaía, y Abiatar. El jefe del ejército real era Joab.

Salomón sucede a David

28 ¹ David reunió en Jerusalén a todas las autoridades de Israel: los jefes de las tribus, los jefes de las divisiones militares al servicio del rey, los comandantes de batallones y jefes de compañías, los administradores de todas las tierras y ganados del rey y de sus hijos, los personajes más importantes⁶⁷ y todos los militares notables.

² Entonces David se puso de pie y dijo: "Escúchenme, hermanos y pueblo mío: Yo tenía el propósito de construir un lugar donde el cofre del pacto del Señor estuviera permanentemente y que fuera el sitio donde nuestro Dios pusiera su trono, y había hecho preparativos para construirlo. ³ Pero Dios me dijo: "No eres tú quien va a construirme un templo, porque eres un guerrero y has derramado sangre.' ⁴ Sin embargo, el Señor, Dios de Israel, me escogió entre toda mi familia para hacerme rey de Israel por siempre. Pues él escogió la tribu de Judá como tribu gobernante; de la tribu de Judá escogió a mi familia; y de entre mis hermanos me escogió a mí para ser rey sobre todo Israel. ⁵ Y ahora, entre todos mis hijos, pues son muchos los que el Señor me ha dado, el Señor ha escogido a mi hijo Salomón para que se

siente en el trono del dominio del Señor sobre Israel. ⁶ El Señor también me dijo: 'Tu hijo Salomón será quien construya mi templo y mis atrios, porque lo he escogido como hijo, y yo seré un padre para él, ⁷ y afirmaré su reino para siempre, si él sigue esforzándose en cumplir mis mandamientos y disposiciones como hasta el día de hoy.'ˢ

⁸ "Ahora pues, en presencia de todo Israel, de esta asamblea del Señor, y de nuestro Dios que nos escucha, guarden con empeño todos los mandamientos del Señor, el Dios de ustedes, para que este hermoso país continúe siendo propiedad de ustedes y luego puedan dejárselo para siempre en herencia a sus hijos. ⁹ Y tú, Salomón, hijo mío, reconoce al Dios de tu padre y sírvele de todo corazón y con buena disposición; porque el Señor examina todas las conciencias y distingue cualquier intención y pensamiento. Así que, si tú lo buscas, él permitirá que lo encuentres; pero si te apartas de él, te rechazará de una vez para siempre. ¹⁰ Ten ahora presente que el Señor te ha escogido para que construyas un edificio que será su santuario. Por tanto, ¡ánimo y manos a la obra!"

¹¹ Entonces David entregó a su hijo Salomón el plano del vestíbulo del templo, de sus edificios, de los almacenes, de las salas del piso alto, de los cuartos interiores y del Lugar Santísimo. ¹² Además le dio el proyecto de todo lo que tenía en mente para los atrios del templo y los cuartos que debían estar alrededor, los tesoros y los depósitos para las ofrendas sagradas, ¹³ y también los cuartos para los turnos de los sacerdotes y los levitas y para todos los servicios del templo, lo mismo que para todos los objetos del culto en el templo.

¹⁴ También le dio oro y plata en cantidad suficiente para todos los objetos de oro y plata que se iban a usar en el culto; ¹⁵ para los candelabros y sus lámparas, tanto los de oro como los de plata, le dio conforme al peso que debía tener cada uno de ellos; ¹⁶ y lo mismo hizo para cada una de las mesas, tanto las de oro como las de plata, donde debía ponerse en hileras el pan consagrado. ¹⁷ Le dio además oro para los tenedores, los tazones y las jarras, así como oro y plata suficiente para las copas de uno u otro metal, según el peso de cada una. ¹⁸ También le entregó suficiente cantidad de oro refinado para el altar del incienso, e igualmente le dio oro para la construcción del carro, es decir, de los seres alados que con las alas extendidas cubren el cofre del pacto del Señor.

---

⁶⁷ *Personajes más importantes:* lit. eunucos. Véase *Glosario* anexo.
ˢ **28.2-7** 2 S 7.1-16; 1 Cr 17.1-14.

¹⁹ Todo esto estaba en un escrito redactado por revelación del Señor a David, en el que se explicaban todos los trabajos que había que hacer de acuerdo con el plano. ²⁰ Entonces dijo David a Salomón: "¡Ten valor y firmeza, y pon manos a la obra! ¡No te desanimes ni tengas miedo, porque el Señor mi Dios estará contigo! El no te dejará ni te abandonará hasta que se acabe toda la obra para el servicio del templo. ²¹ Aquí están los turnos de los sacerdotes y levitas dispuestos para el servicio en el templo; para todos los trabajos tendrás también la ayuda de toda clase de voluntarios, expertos en todo tipo de servicio; y los jefes y todo el pueblo estarán a tus órdenes."

29 ¹ Después el rey David dijo a toda la asamblea: "Mi hijo Salomón, el único a quien Dios ha escogido, es un muchacho de tierna edad, mientras que la obra es enorme, porque no se trata del palacio para un hombre sino del templo para Dios, el Señor. ² Con todo esfuerzo he preparado lo necesario para el templo de mi Dios: oro, plata, bronce, hierro y madera respectivamente para cada cosa. Y también cornalina, piedras para engastar, mezcla, piedras para mosaico, toda clase de piedras preciosas y alabastro en abundancia.ᵗ ³ Pero además de todo lo que ya tengo preparado para el templo, y por el amor que tengo al templo de mi Dios, entrego para el templo el oro y la plata que son de mi propiedad personal: ⁴ cien mil kilos del oro más fino, doscientos treinta mil kilos de plata refinada para cubrir las paredes de los edificios. ⁵ Todo el oro y la plata para hacer de uno u otro metal lo que sea necesario, y para todo trabajo que tengan que hacer los artesanos. Y ahora, ¿quién quiere contribuir voluntariamente haciendo un donativo para el Señor?"

⁶ Entonces los jefes de familia, los jefes de las tribus de Israel, los jefes de batallones y de compañías, y los jefes de obras públicas del rey, hicieron donativos voluntarios, ⁷ dando para las obras del templo ciento sesenta y cinco mil kilos y diez mil monedas⁶⁸ de oro, trescientos treinta mil kilos de plata, y cerca de seiscientos mil kilos de bronce y tres millones trescientos mil kilos de hierro. ⁸ También los que tenían piedras preciosas las entregaron a la tesorería del templo, que estaba a cargo de Jehiel, descendiente de Gersón. ⁹ La gente se alegró de esta generosidad, porque habían dado estas cosas al Señor con toda sinceridad. También el rey David se puso muy contento.

¹⁰ Entonces David bendijo al Señor en presencia de toda la asamblea, diciendo: "¡Bendito seas para siempre, Señor, Dios de nuestro padre Israel! ¹¹ ¡Tuyos son, Señor, la grandeza, el poder, la gloria, el dominio y la majestad! Porque todo lo que hay en el cielo y en la tierra es tuyo. Tuyo es también el reino,ᵘ pues tú, Señor, eres superior a todos. ¹² De ti vienen las riquezas y la honra. Tú lo gobiernas todo. La fuerza y el poder están en tu mano, y en tu mano está también el dar grandeza y poder a todos. ¹³ Por eso, Dios nuestro, te damos ahora gracias y alabamos tu glorioso nombre; ¹⁴ pues, ¿quién soy yo y qué es mi pueblo para que seamos capaces de ofrecerte tantas cosas? En realidad, todo viene de ti y sólo te damos lo que de ti hemos recibido. ¹⁵ Pues ante ti somos como extranjeros que están de paso, igual que lo fueron todos nuestros antepasados, y nuestra vida sobre la tierra es como una sombra, sin ninguna esperanza.

¹⁶ "¡Oh Señor, Dios nuestro, tuyas son y de ti han venido todas estas riquezas que hemos preparado para construir un templo a tu santo nombre! ¹⁷ Yo sé, Dios mío, que tú examinas las conciencias y que te agrada la rectitud. Por eso, con recta intención te he ofrecido todo esto. Y ahora puedo ver con alegría que tu pueblo, aquí reunido, te ha presentado generosamente sus ofrendas. ¹⁸ Señor, Dios de Abraham, de Isaac y de Israel, nuestros antepasados, conserva siempre esta disposición de ánimo en el corazón de tu pueblo, y dirige su corazón hacia ti. ¹⁹ Concédele también a mi hijo Salomón un corazón íntegro para que pueda cumplir tus mandamientos, preceptos y leyes, poniéndolos todos en práctica, y para que pueda construir el templo para el que he hecho los preparativos."

²⁰ A continuación dijo David a toda la asamblea: "Ahora alaben al Señor su Dios." Entonces la asamblea en pleno alabó al Señor, Dios de sus antepasados, y de rodillas se inclinaron ante el Señor y ante el rey. ²¹ Al día siguiente ofrecieron al Señor sacrificios y holocaustos: mil becerros, mil carneros y mil corderos, con sus correspondientes ofrendas de vino y multitud de sacrificios por todo Israel. ²² Aquel día comieron y bebieron con mucha alegría en presencia del Señor. Después proclamaron por segunda vez a Salomón, hijo de David, como rey, y lo consagraron ante Dios como soberano, y a Sadoc como sacerdote. ²³ Así pues, Salomón ocupó como rey el trono del Señor, en lugar de David, su padre,ᵛ y tuvo gran

⁶⁸ Lit. dáricos. Véase Tabla de Pesas y Medidas.
ᵗ **29.1-2** 1 Cr 22.5. ᵘ **29.11** Mt 6.13. ᵛ **29.23** 1 R 2.12.

prosperidad. Todo Israel le obedeció. [24] Y todos los jefes y guerreros, con todos los hijos del rey David, dieron su apoyo al rey Salomón. [25] El Señor hizo que Salomón gozara de enorme prestigio ante todo Israel, y le dio tal esplendor a su reinado como jamás lo tuvo antes que él ningún rey en Israel.

Muerte de David
(1 R 2.10–12)

[26] David, hijo de Isaí, reinó, pues, sobre todo Israel. [27] Fue rey de Israel durante cuarenta años, de os cuales reinó siete en Hebrón y treinta y tres en Jerusalén.[w] [28] Murió en tranquila vejez, cargado de años, riquezas y honores. En su lugar reinó su hijo Salomón.

[29] La historia del rey David, desde el principio hasta el final, está escrita en las crónicas del profeta Samuel, en las crónicas del profeta Natán y en las de Gad, el vidente, [30] con todo lo referente a su reinado y su poder y a los sucesos que les ocurrieron a él, a Israel y a los demás países.

w **29.27** 2 S 5.4–5; 1 Cr 3.4.

Segundo Libro de las
CRÓNICAS

El segundo libro dedica sus primeros nueve capítulos al reinado de Salomón, y después refiere la insurrección de las tribus del norte, cuyo resultado final fue su separación de la dinastía de David (cap. 10). Luego fija su atención solamente en los reyes de Judá, hasta la caída de Jerusalén (caps. 11—36). Tras un breve resumen de la cautividad, este libro concluye con el decreto de Ciro que puso fin a la misma y permitió el regreso de los judíos a su país.

Salomón pide a Dios sabiduría
(1 R 3.3–15)

1 [1] Salomón, hijo de David, consiguió fortalecer su reinado con la ayuda del Señor, que aumentó muchísimo su poder. [2] Entonces llamó a todo Israel: a los jefes militares, a los principales funcionarios y a todos los jefes de familia que tenían autoridad en Israel. [3] Y con toda la gente que se había reunido fue al santuario que había en Gabaón, porque allí estaba la Tienda del encuentro con Dios, que Moisés, siervo de Dios, había hecho en el desierto. [4] Pero David había llevado el cofre de Dios desde Quiriat-jearim hasta el sitio que le tenía preparado, pues le había levantado una tienda de campaña en Jerusalén.[a] [5] El altar de bronce que había hecho Bezaleel,[b] hijo de Uri y nieto de Hur, también estaba en Gabaón delante de la tienda del Señor. Salomón y toda la comunidad fueron allí a consultarlo. [6] Salomón subió al altar de bronce que estaba ante el Señor, frente a la Tienda del encuentro con Dios, y ofreció sobre él mil holocaustos.

[7] Y aquella misma noche, Dios se apareció a Salomón y le dijo: "Pídeme lo que quieras, y yo te lo daré." [8] Salomón le respondió a Dios: "Tú trataste con gran bondad a mi padre David, y a mí me pusiste a reinar en su lugar. [9] Ahora pues, Dios y Señor, cumple lo que dijiste a David mi padre, ya que me hiciste rey de un pueblo tan numeroso como el polvo de la tierra.[c] [10] Por tanto, dame sabiduría y conocimiento para dirigir a este pueblo; porque ¿quién va a gobernar a este pueblo tuyo tan grande?" [11] Dios respondió a Salomón: "Puesto que éste ha sido tu deseo, y no has pedido riquezas ni bienes ni honores, ni la muerte de tus enemigos, ni tampoco una larga vida, sino sabiduría y conocimiento para poder gobernar a mi pueblo, del que te hice rey, [12] te concedo sabiduría y conocimiento, pero además te daré riquezas, bienes y honores, como no tuvieron los reyes que hubo antes de ti ni los tendrán los que habrá después de ti." [13] Después Salomón volvió a Jerusalén desde el santuario[f] que había en Gabaón, y luego de haber visitado la Tienda del encuentro con Dios, reinó en Israel.

f *Desde el santuario:* según varias versiones antiguas. Heb. *al santuario.*
a **1.4** 2. S 6.1–17; 1 Cr 13.5–14; 15.25—16.1. b **1.5** Ex 38.1–7. c **1.9** Gn 13.16; 28.14.

Salomón comercia con carros y caballos
(1 R 10.26-29; 2 Cr 9.25-28)

[14] Salomón reunió carros y jinetes. Tenía mil cuatrocientos carros y doce mil jinetes,[d] los cuales destinó a los cuarteles de carros de combate y a la guardia real en Jerusalén. [15] El rey hizo que en Jerusalén hubiera tanta plata y oro como piedras;[e] y que abundara el cedro como las higueras silvestres en la llanura. [16] Los caballos para Salomón eran llevados de Muzri[2] y de Cilicia, pues los comerciantes de la corte los compraban allí.[f] [17] Un carro importado de Egipto valía seiscientas monedas de plata, y un caballo, ciento cincuenta. Y todos los reyes hititas y sirios los compraban por medio de los agentes de Salomón.

Pacto de Salomón con Hiram, rey de Tiro
(1 R 5.1-18; 7.13-14)

2 [1] [g]Salomón decidió construir un templo al Señor y también su propio palacio real. [2] Para ello designó setenta mil cargadores y ochenta mil canteros que trabajaran en la montaña, y tres mil seiscientos capataces que los dirigieran.

[3] Después Salomón mandó decir a Hiram, rey de Tiro: "Haz conmigo lo que hiciste con David, mi padre, a quien enviaste madera de cedro para que se construyera un palacio donde vivir. [4] Mira, yo voy a construir un templo al Señor mi Dios, para consagrárselo, quemar perfumes en su honor, presentarle siempre las hileras de panes y ofrecerle holocaustos por la mañana y por la tarde, lo mismo que en los días de reposo,[3] y en las fiestas de luna nueva y en las demás fiestas que en honor del Señor nuestro Dios se celebran siempre en Israel. [5] Pero el templo que voy a construir debe ser grande, porque nuestro Dios es más grande que todos los dioses. [6] Sin embargo, ¿quién será capaz de construirle un templo,[h] si el cielo, con toda su inmensidad, no puede contenerlo? ¿Y quién soy yo para construirle un templo, aunque sólo sea para quemar incienso en su honor? [7] Envíame, por tanto, un experto en trabajos en oro, plata, bronce y hierro, y en tela púrpura, tela roja y tela morada. Que sepa también hacer grabados en colaboración con los maestros que están a mi servicio en Judá y en Jerusalén, y que contrató David mi padre. [8] Mándame también del Líbano madera de cedro, ciprés y sándalo, porque sé

que tus súbditos saben cortar madera del Líbano. Mis servidores ayudarán a los tuyos [9] a prepararme gran cantidad de madera, ya que el templo que voy a construir tiene que ser grande y maravilloso. [10] Pero ten en cuenta que daré como provisiones para tus trabajadores, los leñadores que corten la madera, cuatro millones cuatrocientos mil litros de trigo, igual cantidad de cebada, cuatrocientos cuarenta mil litros de vino y otros tantos de aceite."

[11] Entonces Hiram, rey de Tiro, le envió a Salomón una carta en la que le decía: "El Señor te ha hecho rey de los israelitas, porque ama a su pueblo." [12] Y añadía: "¡Bendito sea el Señor, el Dios de Israel, que hizo el cielo y la tierra, porque ha concedido al rey David un hijo tan sabio, instruido y prudente, que va a construir un templo al Señor y un palacio real para sí mismo! [13] Te envío, pues, un hombre experto e inteligente: al maestro Hiram. [14] Es hijo de una mujer de la tribu de Dan y de un nativo de Tiro. Es experto en trabajos en oro, plata, bronce, hierro, piedra, madera, tela púrpura y morada, lino y tela roja, y en grabados de toda clase de figuras, y sabe realizar toda clase de diseños que se le encarguen en compañía de tus peritos y de los que tenía tu padre David, mi señor. [15] Por eso, manda a tus servidores el trigo, la cebada, el aceite y el vino que has ofrecido. [16] Entre tanto, nosotros cortaremos en el Líbano toda la madera que necesites, y te la llevaremos por mar, en balsas, hasta Jope. Luego tú te encargarás de que la lleven de allí a Jerusalén."

[17] Después Salomón hizo el censo de todos los extranjeros que vivían en Israel, después del que David, su padre, había hecho, y resultó que había ciento cincuenta y tres mil seiscientos. [18] De ellos reclutó setenta mil cargadores, ochenta mil canteros en la montaña y tres mil seiscientos capataces que hicieran trabajar a la gente.

Salomón construye el templo
(1 R 6.1-38)

3 [1] Salomón comenzó la construcción del templo del Señor en Jerusalén, en el monte Moriah, donde el Señor se apareció a David, su padre, en el sitio que David había preparado para ello, es decir, donde Ornán el jebuseo trillaba el trigo. [2] Comenzó la construcción el día dos del segundo mes del cuarto año de su reinado.

[3] Los cimientos que puso Salomón para la construcción del templo tenían estas

medidas: veintisiete metros de largo por nueve de ancho. [4] El vestíbulo que había en la parte delantera del templo medía nueve metros de largo, igual que la anchura del templo, y la altura era también de nueve[4] metros. Salomón recubrió de oro puro el interior del vestíbulo, [5] y revistió el interior del edificio principal con tableros de pino, que recubrieron luego de oro fino, y pusieron relieves de palmeras y cadenas, [6] y lo adornó con incrustaciones de piedras preciosas. El oro que usaron era de la mejor calidad. [7] Revistió, pues, de oro todo el interior del edificio: las vigas, los umbrales, las paredes y las puertas, y grabó seres alados sobre las paredes.

[8] Construyó además la sala del Lugar Santísimo.[i] Tenía nueve metros de largo, igual que la anchura del templo, y también nueve metros de ancho. Luego lo revistió de oro fino, para lo que emplearon cerca de veinte mil kilos. [9] Los clavos pesaban quinientos cincuenta gramos cada uno. También revistió de oro las salas del piso alto.

[10] En el Lugar Santísimo mandó esculpir dos seres alados, que fueron también recubiertos de oro. [11] La longitud total de las alas de los seres alados era de nueve metros; una de ellas, que medía dos metros y veinticinco centímetros, tocaba la pared de la sala, y la otra, de igual longitud, tocaba la punta del ala del otro ser alado. [12] De igual modo, un ala de este otro ser alado, de igual medida que las otras, tocaba la pared de la sala, y la otra, de igual longitud, tocaba la punta del ala del ser alado anterior. [13] Estos seres alados, cuyas alas medían en total nueve metros, estaban de pie, con las caras vueltas hacia la sala central.[j] [14] Hizo también la cortina[k] de tela morada, púrpura y de lino, e hizo bordar seres alados en ella.

Las dos columnas
(1 R 7.15–22)

[15] Salomón hizo dos columnas de casi dieciséis metros de altura para la fachada del templo. Sus capiteles medían dos metros veinticinco centímetros. [16] También hizo cadenas en forma de collar,[5] y las puso en lo alto de las columnas; además modeló cien granadas, que puso en las cadenas. [17] Puso las columnas en la fachada del templo, una a la derecha y otra a la izquierda. A la columna de la derecha la llamó Jaquín, y a la de la izquierda la llamó Boaz.

Mobiliario del templo
(1 R 7.23–51)

4 [1] Salomón hizo también un altar de bronce[l] de nueve metros de largo por nueve de ancho y cuatro y medio de alto. [2] Hizo también una enorme pila de bronce, para el agua. Era redonda, y medía cuatro metros y medio de un borde al otro. Su altura era de dos metros y veinticinco centímetros, y su circunferencia, de trece metros y medio. [3] Debajo y alrededor de la pila, en dos hileras, había figuras como de toros, en número de diez por cada cuarenta y cinco centímetros, formando una sola pieza con la pila. [4] Esta descansaba sobre doce toros de bronce, de los cuales tres miraban al norte, tres al sur, tres al este y tres al oeste. Sus patas traseras estaban hacia dentro, y la pila descansaba sobre ellos. [5] Las paredes de la pila tenían ocho centímetros de grueso; su borde imitaba el cáliz de un lirio, y cabían en ella sesenta y seis mil litros de agua.

[6] Hizo también diez pilas[m] de bronce para lavar, y puso cinco a la derecha y cinco a la izquierda. En ellas lavaban todo lo que se usaba en el holocausto; pero la pila grande era para que se lavaran en ella los sacerdotes.

[7] Hizo también diez candelabros de oro[n] en la forma prescrita, y los colocó en el templo, cinco a la derecha y cinco a la izquierda. [8] Además hizo diez mesas,[ñ] y las puso en el templo, cinco a la derecha y cinco a la izquierda. Hizo también cien tazones de oro.

[9] Construyó además el atrio de los sacerdotes y el atrio principal, con sus puertas, las cuales recubrió de bronce. [10] Y puso la pila grande al lado derecho del templo, hacia el suroeste.

[11] Hiram hizo además las ollas, las palas y los tazones, y así terminó el trabajo que hizo para Salomón en el templo de Dios. [12] Este trabajo consistió en las dos columnas, los capiteles redondos que estaban en la parte superior de las mismas, las dos rejillas para cubrir los capiteles, [13] las cuatrocientas granadas para las dos rejillas, en dos hileras para cada una de las rejillas, con que se cubrían los dos capiteles redondos que había en lo alto de las columnas; [14] las diez bases, las diez pilas que iban sobre ellas, [15] la pila grande para el agua, con los doce toros que tenía debajo, [16] además de las ollas, las palas y los tenedores.

Todos los utensilios que Hiram, el maestro, le hizo al rey Salomón para el templo del Señor, eran de bronce pulido. [17] Los

[4] *Nueve:* según algunas versiones antiguas. Heb. *cincuenta y cuatro.* [5] *En forma de collar:* texto probable. Heb. *en el Lugar Santísimo.*
[i] **3.8** Ex 26.33–34. [j] **3.10–13** Ex 25.18–20. [k] **3.14** Ex 26.31. [l] **4.1** Ex 27.1–2. [m] **4.6** Ex 30.17–21. [n] **4.7** Ex 25.31–40. [ñ] **4.8** Ex 25.23–30.

fundió en moldes de arena, en la región
del Jordán, entre Sucot y Saretán.[6] 18 Salomón hizo tantos utensilios de bronce,
que no se preocupó por hacer que los pesaran.
19 También mandó hacer Salomón todos
los demás utensilios que había en el templo de Dios: el altar de oro, las mesas
sobre las que se ponían los panes que se
consagran al Señor, 20 los candelabros de
oro puro con sus lámparas que había
frente al Lugar Santísimo, para encender-
los como estaba ordenado; 21 las figuras de
flores, las lámparas y las tenazas, igualmente de oro puro; 22 las despabiladeras,
los tazones, los cucharones y los incensarios, que eran todos de oro puro. También
eran de oro, a la entrada del templo, las
hojas de las puertas interiores, las del Lugar Santísimo y las de las puertas del templo mismo.
5 1 Y cuando se acabaron todas las
obras que Salomón mandó realizar en
el templo del Señor, llevó Salomón los
utensilios de oro y de plata que David, su
padre, había dedicado al Señor,[o] y los depositó en los tesoros del templo de Dios.

El cofre del pacto es llevado al templo
(1 R 8.1–11)

2 Entonces Salomón reunió en Jerusalén a los ancianos de Israel, a todos los
jefes de las tribus y a las personas principales de las familias israelitas, para trasladar el cofre del pacto del Señor desde
Sión, la Ciudad de David.[p] 3 Y en el día
de la fiesta solemne, en el séptimo mes del
año, se reunieron con el rey Salomón todos los israelitas. 4 Llegaron todos los ancianos de Israel, y los levitas tomaron el
cofre 5 y lo trasladaron junto con la
Tienda del encuentro con Dios y con todos los utensilios sagrados que había en
ella, los cuales llevaban los sacerdotes y
levitas. 6 El rey Salomón y toda la comunidad israelita que se había reunido con él,
estaban delante del cofre ofreciendo en
sacrificio ovejas y toros en cantidad tal
que no se podían contar. 7 Después llevaron los sacerdotes el cofre del pacto del
Señor al interior del templo, hasta el Lugar Santísimo, bajo las alas de los seres
alados, 8 los cuales tenían sus alas extendidas sobre el sitio donde estaba el cofre,
cubriendo por encima tanto el cofre como
sus travesaños. 9 Pero los travesaños eran
tan largos que sus extremos se veían
desde el Lugar Santo,[7] frente al Lugar
Santísimo, aunque no podían verse por
fuera; y así han quedado hasta el día de
hoy. 10 En el cofre no había más que las
dos tablas de piedra que Moisés había
puesto allí en Horeb,[q] las tablas del pacto
que el Señor hizo con los israelitas cuando
salieron de Egipto.
11 Los sacerdotes salieron del Lugar
Santo. Todos los sacerdotes que estaban
presentes se habían purificado sin ate-
nerse a los turnos en que estaban repartidos. 12 Todos los levitas cantores, Asaf,
Hemán y Jedutún, junto con sus hijos y
demás parientes, estaban de pie, al este
del altar, vestidos de lino. Tenían platillos,
salterios y arpas. Con ellos había ciento
veinte sacerdotes que tocaban trompetas.
13 Entonces todos unidos se pusieron a
tocar las trompetas y a cantar a una voz
para alabar y dar gracias al Señor, haciendo sonar las trompetas, los platillos y
los otros instrumentos musicales mientras
se cantaba: “Alaben al Señor, porque él es
bueno, porque su amor es eterno.”[r] En
aquel momento, el templo del Señor se
llenó de una nube, 14 y por causa de la
nube los sacerdotes no pudieron quedarse
para celebrar el culto, porque la gloria del
Señor había llenado el templo.[s]

Salomón dedica el templo
(1 R 8.12–66)

6 1 Entonces Salomón dijo:
“Tú, Señor, has dicho
que vives en la oscuridad.
2 Pero yo te he construido
un templo para que lo habites,
un lugar donde vivas para siempre.”

3 Luego el rey se volvió, de frente a
toda la comunidad israelita, que estaba de
pie, y la bendijo 4 diciendo: “Bendito sea el
Señor, Dios de Israel, que ha cumplido lo
que prometió a David, mi padre, cuando le
dijo: 5 ‘Desde el día en que saqué de
Egipto a mi pueblo, no había escogido yo
ninguna ciudad entre todas las tribus de
Israel para que en ella se construyera un
templo donde residiera mi nombre, ni había escogido a ningún hombre para que
fuera el guía de mi pueblo Israel, 6 pero escogí a Jerusalén para que mi nombre re-
sida allí, y escogí a David para que gobernara a mi pueblo Israel.’ 7 Y David, mi
padre, tuvo el deseo de construir un templo en honor del Señor, Dios de Israel.
8 Sin embargo, el Señor le dijo: ‘Haces
bien en querer construirme un templo;
9 pero no serás tú quien lo construya, sino
el hijo que tendrás. Él será quien me construya el templo.’[t]

[6] *Saretán:* según una versión antigua y 1 R 7.46. Heb. *Seredata.* [7] *Desde el Lugar Santo:* según 1 R 8.8. Heb. *desde el cofre.*

[o] **5.1** 2 S 8.11; 1 Cr 18.11. [p] **5.2** 2 S 6.12–15; 1 Cr 15.25–28. [q] **5.10** Dt 10.5. [r] **5.13** 1 Cr 16.34; 2 Cr 7.3; 20.21; Esd 3.11; Sal 100.5; 106.1; 107.1; 118.1; 136.1; Jer 33.11. [s] **5.13–14** Ex 40.34–35. [t] **6.4–9** 2 S 7.1–13; 1 Cr 17.1–12.

¹⁰ "Pues bien, el Señor ha cumplido su promesa. Tal como dijo, yo he tomado el lugar de David, mi padre, y me he sentado en el trono de Israel y he construido un templo al Señor, el Dios de Israel. ¹¹ Además he puesto allí el cofre donde está el pacto que el Señor hizo con los israelitas."

¹² Después se puso Salomón delante del altar del Señor, en presencia de toda la comunidad israelita, y extendió sus manos. ¹³ Estaba subido sobre una plataforma de bronce de dos metros veinticinco centímetros de largo, otro tanto de ancho y un metro treinta y cinco centímetros de alto, la cual había construido y colocado en medio del atrio. Luego se arrodilló delante de toda la comunidad israelita, y extendiendo sus manos al cielo, ¹⁴ exclamó: "Señor, Dios de Israel: ni en el cielo ni en la tierra hay un Dios como tú, que cumples tu pacto y muestras tu bondad para con los que te sirven de todo corazón; ¹⁵ que has cumplido lo que prometiste a David, mi padre, uniendo así la acción a la palabra en este día. ¹⁶ Por lo tanto, Señor, Dios de Israel, cumple también lo que prometiste a tu siervo David, mi padre: que no le faltaría un descendiente que, con tu favor, subiera al trono de Israel, con tal de que sus hijos cuidaran su conducta y cumplieran tu ley como él la cumplió.ᵘ ¹⁷ Así pues, Señor, Dios de Israel, haz que se cumpla la promesa que hiciste a mi padre, tu servidor David.

¹⁸ "Pero ¿será verdad que Dios puede vivir con los hombres sobre la tierra? Si el cielo, en toda su inmensidad, no puede contenerte, ¡cuánto menos este templo que he construido para ti!ᵛ ¹⁹ No obstante, Señor y Dios mío, atiende mi ruego y mi súplica; escucha el clamor y la oración que este siervo tuyo te dirige. ²⁰ No dejes de mirar, ni de día ni de noche, este templo, lugar donde tú has dicho que estarás presente.ʷ Escucha la oración que aquí te dirige este siervo tuyo. ²¹ Escucha mis súplicas y las de tu pueblo Israel cuando oremos hacia este lugar. Escúchalas en el cielo, lugar donde vives, y concédenos tu perdón.

²² "Cuando alguien cometa una falta contra su prójimo, y le obliguen a jurar ante tu altar en este templo, ²³ escucha tú desde el cielo, y actúa; haz justicia a tus siervos. Da su merecido al culpable, haciendo recaer sobre él el castigo por sus malas acciones, y haz justicia al inocente, según le corresponda.

²⁴ "Cuando el enemigo derrote a tu pueblo Israel por haber pecado contra ti, si luego éste vuelve y alaba tu nombre, y en sus oraciones te suplica en este templo, ²⁵ escúchalo tú desde el cielo, perdona su pecado, y hazlo volver al país que les diste a ellos y a sus antepasados.

²⁶ "Cuando haya una sequía y no llueva porque el pueblo pecó contra ti, si luego ora hacia este lugar, y alaba tu nombre, y se arrepiente de su pecado a causa de tu castigo, ²⁷ escúchalo tú desde el cielo y perdona el pecado de tus siervos, de tu pueblo Israel, y enséñales el buen camino que deben seguir. Envía entonces tu lluvia a esta tierra que diste en herencia a tu pueblo.

²⁸ "Cuando en el país haya hambre, o peste, o las plantas se sequen por el calor, o vengan plagas de hongos, langostas o pulgón; cuando el enemigo rodee nuestras ciudades y las ataque, o venga cualquier otra desgracia o enfermedad, ²⁹⁻³⁰ escucha entonces toda oración o súplica hecha por cualquier persona, o por todo tu pueblo Israel, que al ver su desgracia y dolor extienda sus manos en oración hacia este templo. Escucha tú desde el cielo, desde el lugar donde habitas, y concede tu perdón; da a cada uno según merezcan sus acciones, pues sólo tú conoces las intenciones y el corazón del hombre. ³¹ Así te honrarán y te obedecerán mientras vivan en la tierra que diste a nuestros antepasados.

³² "Aun si un extranjero, uno que no sea de tu pueblo, viene de tierras lejanas por causa de tu nombre grandioso y de tu gran despliegue de poder, y ora hacia este templo, ³³ escucha tú desde el cielo, desde el lugar donde habitas, y concédele todo lo que te pida, para que todas las naciones de la tierra te conozcan y te honren como lo hace tu pueblo Israel, y comprendan que tu nombre es invocado en este templo que yo te he construido.

³⁴ "Cuando tu pueblo salga a luchar contra sus enemigos, dondequiera que tú lo envíes, si ora a ti en dirección de esta ciudad que tú escogiste y del templo que yo te he construido, ³⁵ escucha tú desde el cielo su oración y su ruego, y defiende su causa.

³⁶ "Y cuando pequen contra ti, pues no hay nadie que no peque, y tú te enfurezcas con ellos y los entregues al enemigo para que los haga cautivos y se los lleve a otro país, sea lejos o cerca, ³⁷ si en el país adonde hayan sido desterrados se vuelven a ti y te suplican y reconocen que han pecado y hecho lo malo, ³⁸ si se vuelven a ti con todo su corazón y toda su alma en el país adonde los hayan llevado cautivos, y oran en dirección de esta tierra que diste a sus antepasados, y de la ciudad que escogiste, y del templo que te he construido, ³⁹ escucha tú sus oraciones y súplicas desde el cielo, desde el lugar donde

ᵘ **6.16** 2 S 7.11-16; 1 R 2.4. ᵛ **6.18** 2 Cr 2.6. ʷ **6.20** Dt 12.11.

habitas, defiende su causa y perdónale a tu pueblo sus pecados contra ti.

⁴⁰ "Atiende, pues, Dios mío, y escucha las oraciones que se hagan en este lugar.

⁴¹ "Levántate, Dios y Señor, con tu
cofre poderoso,
y ven al lugar donde has de
descansar.
Que tus sacerdotes, Dios y Señor,
se revistan de la salvación,
que tus fieles gocen de prosperidad.
⁴² No desaires, Dios y Señor, al rey
que has escogido.
Recuerda tu amor por David, tu
siervo."ˣ

7 ¹ Cuando Salomón terminó esta oración, cayó fuego del cielo y consumió el holocausto y los sacrificios,ʸ y la gloria del Señor llenó el templo, ² de modo que por eso los sacerdotes no podían entrar en él. ³ Al ver todos los israelitas el fuego y la gloria del Señor que bajaban sobre el templo, se arrodillaron e inclinaron hasta tocar el suelo del enlosado con la frente, y adoraron y dieron gracias al Señor, repitiendo: "Porque él es bueno, porque su amor es eterno."ᶻ

⁴ Después de esto, el rey y todo el pueblo ofrecieron sacrificios al Señor. ⁵ Y el rey Salomón ofreció en sacrificio veintidós mil toros y ciento veinte mil ovejas. Así fue como el rey y todo Israel consagraron el templo de Dios.

⁶ Los sacerdotes se mantenían en sus puestos, y también los levitas, con los instrumentos de música sagrada que el rey había hecho para acompañar el canto que dice: "Porque su amor es eterno", cuando David cantaba con ellos. Y los sacerdotes tocaban frente a ellos las trompetas, mientras todo Israel estaba de pie.

⁷ Salomón consagró también el centro del atrio que está frente al templo del Señor, pues allí ofreció los holocaustos y la grasa de los sacrificios de reconciliación, porque en el altar de bronce que él había construido no cabían los holocaustos, las ofrendas de cereales y la grasa.

⁸ En dicha ocasión, Salomón y todo Israel, una gran muchedumbre que había venido desde la entrada de Hamat hasta el arroyo de Egipto, celebraron la fiesta de las Enramadas.⁸ ⁹ Al día siguiente⁹ tuvieron una fiesta solemne, porque durante siete días habían celebrado la consagración del altar y durante otros siete días la fiesta de las Enramadas. ¹⁰ El día veintitrés del séptimo mes, el rey despidió al pueblo para que se fueran a sus casas alegres y satisfechos por el bien que el Señor había hecho a David, a Salomón y a su pueblo Israel.

Dios hace un pacto con Salomón
(1 R 9.1–9)

¹¹ Cuando Salomón terminó con éxito el templo del Señor, el palacio real y todo lo que se propuso hacer en ellos, ¹² se le apareció de noche el Señor y le dijo: "He escuchado tu oración, y he escogido este sitio como templo para los sacrificios. ¹³ Así que, si mando una sequía y hago que no llueva, u ordeno a las langostas que destruyan los campos, o envío una peste sobre mi pueblo, ¹⁴ y si mi pueblo, el pueblo que lleva mi nombre, se humilla, ora, me busca y deja su mala conducta, yo lo escucharé desde el cielo, perdonaré sus pecados y devolveré la prosperidad a su país. ¹⁵ De ahora en adelante escucharé con atención las oraciones que se hagan en este lugar, ¹⁶ porque he escogido y consagrado este templo como residencia perpetua de mi nombre. Siempre lo cuidaré y lo tendré presente. ¹⁷ Ahora bien, si tú te comportas en mi presencia como lo hizo David, tu padre, poniendo en práctica todo lo que te he ordenado y obedeciendo mis leyes y decretos, ¹⁸ yo confirmaré tu reinado según lo pactado con David, tu padre, cuando le dije que nunca faltaría un descendiente suyo que gobernara a Israel.ᵃ ¹⁹ Pero si ustedes se apartan de mí, y no cumplen las leyes y los mandamientos que les he dado, sino que sirven y adoran a otros dioses, ²⁰ los arrancaré a ustedes de la tierra que les he dado, arrojaré de mi presencia el templo que les he consagrado y haré que sean motivo de burla constante entre todas las naciones. ²¹ Y este templo, que era tan glorioso, será convertido en un montón de ruinas,¹⁰ y todo el que pase junto a él se asombrará y preguntará por qué actuó el Señor así con este país y con este templo. ²² Y le responderán que fue porque abandonaron al Señor, el Dios de sus antepasados, que los sacó de Egipto, y porque se aferraron a adorar y servir a otros dioses; que por eso hizo venir sobre ellos tan grande mal."

Otras actividades de Salomón
(1 R 9.10–28)

8 ¹ Pasaron veinte años después de haber construido Salomón el templo del Señor y su propio palacio, ² y entonces

---

⁸ *Fiesta de las Enramadas:* lit. *fiesta de siete días.* ⁹ *Al día siguiente:* lit. *al octavo día.* ¹⁰ *Un montón de ruinas:* según varias versiones antiguas. Heb. *altísimo.* (Véase 1 R 9.8.)
ˣ **6.41–42** Sal 132.8-10. ʸ **7.1** Lv 9.23-24. ᶻ **7.3** 1 Cr 16.34; 2 Cr 5.13; Esd 3.11; Sal 100.5; 106.1; 107.1; 118.1; 136.1; Jer 33.11. ᵃ **7.18** 2 S 7.11-16; 1 R 2.4.

reconstruyó las ciudades que Hiram le había entregado e instaló a los israelitas en ellas. ³ Después marchó contra Hamat de Soba, y se apoderó de ella. ⁴ También reconstruyó Tadmor, en el desierto, y todas las ciudades donde almacenaba los alimentos, las cuales había construido en Hamat. ⁵ Igualmente reconstruyó Bet-horón de arriba y Bet-horón de abajo, ciudades fortificadas, con murallas, puertas y barras, ⁶ y también a Baalat y demás ciudades donde almacenaba los alimentos, todos los cuarteles de los carros de combate, los cuarteles de la caballería y todo lo que quiso construir en Jerusalén, en el Líbano y en todo el territorio bajo su dominio. ⁷ En cuanto a los habitantes hititas, amorreos, heveos, ferezeos y jebuseos que quedaron, los cuales no eran israelitas, ⁸ es decir, a sus descendientes que quedaron después de ellos en el país y que los israelitas no exterminaron, Salomón los sometió a trabajos forzados, y así siguen hasta el día de hoy. ⁹ Pero no obligó a ningún israelita a servir como esclavo en sus obras, sino como soldados, jefes, capitanes y comandantes de los carros de combate y de la caballería. ¹⁰ En cuanto a los capataces que el rey Salomón tenía, eran doscientos cincuenta.

¹¹ Salomón trasladó a la hija del faraón de la Ciudad de David al palacio que Salomón había edificado para ella, porque pensó que su esposa no debía vivir en el palacio de David, rey de Israel, ya que los lugares donde había entrado el cofre del Señor eran sagrados.

¹² Salomón ofrecía al Señor holocaustos sobre el altar del Señor que había construido frente al vestíbulo del templo, ¹³ en los días en que había que ofrecerlos según la ley de Moisés, es decir, en los días de reposo,¹¹·ᵇ en las fiestas de luna nuevaᶜ y en las tres fiestas que se celebran al año:ᵈ la de los panes sin levadura, la de las semanas y la de las Enramadas.

¹⁴ También estableció los turnos, según lo había dispuesto David, su padre, para que los sacerdotes hicieran su servicio y los levitas se encargaran de alabar al Señor y de colaborar con los sacerdotes en lo que se necesitara cada día. Y también los turnos de los porteros en cada puerta, porque así lo había ordenado David, hombre de Dios. ¹⁵ Así pues, no se apartaron en ningún momento de las disposiciones del rey David en cuanto a los sacerdotes, los levitas y la tesorería. ¹⁶ Todo lo que Salomón tenía que realizar, se llevó a cabo, desde el día en que se pusieron los cimientos del templo hasta su terminación. El templo del Señor quedó perfectamente terminado.

¹⁷ Salomón fue, entonces, a Ezión-geber y a Elat, a orilla de mar, en el territorio de Edom. ¹⁸ Hiram, por medio de sus oficiales, le envió barcos y hombres a su servicio, conocedores del mar, que fueron junto con los oficiales de Salomón, y llegaron a Ofir, de donde tomaron casi quince mil kilos de oro y se los llevaron al rey Salomón.

La reina de Sabá visita a Salomón
(1 R 10.1-13)

9 ¹ La reina de Sabáᵉ oyó hablar de la fama que Salomón había alcanzado, y fue a Jerusalén para ponerlo a prueba con preguntas difíciles. Llegó rodeada de gran esplendor, con camellos cargados de perfumes y con gran cantidad de oro y piedras preciosas. Cuando llegó ante Salomón, le preguntó todo lo que tenía pensado, ² y Salomón respondió a todas sus preguntas. No hubo una sola pregunta de la cual no supiera la repuesta. ³ Al ver la reina de Sabá la sabiduría de Salomón, y el palacio que había construido, ⁴ los manjares de su mesa, los lugares que ocupaban sus oficiales, el porte y la ropa de sus criados, sus coperos y su ropa, y cómo subía al templo,¹² se quedó tan asombrada ⁵ que dijo al rey: "Lo que escuché en mi país acerca de tus hechos y de tu sabiduría, es verdad; ᵉ pero sólo he podido creerlo ahora que he venido y lo he visto con mis propios ojos. En realidad, no me habían contado ni la mitad de tu gran sabiduría, pues tú sobrepasas lo que yo había oído. ⁷ ¡Qué felices deben de ser tus esposas,¹³ y qué contentos han de sentirse esos servidores tuyos, que siempre están a tu lado escuchando tus sabias palabras! ⁸ ¡Bendito sea el Señor tu Dios, que te vio con agrado y te puso sobre su trono para que fueras su rey! ¡Por el amor que tu Dios tiene a Israel, y para consolidarlo para siempre, te ha hecho rey sobre ellos para que gobiernes con rectitud y justicia!"

⁹ Luego entregó ella al rey tres mil novecientos sesenta kilos de oro, y gran cantidad de perfumes y piedras preciosas. Nunca llegó a Israel tal cantidad de perfumes como la que regaló la reina de Sabá al rey Salomón.

¹⁰ Además, los hombres al servicio de Hiram y de Salomón que habían traído oro de Ofir, trajeron también de allá madera de sándalo y piedras preciosas. ¹¹ Con

---

¹¹ *Días de reposo:* aquí equivale a sábado. ¹² *Cómo subía al templo:* traducción probable. Otra posible traducción, con ligero cambio del texto: *los holocaustos que ofrecía en el templo* (véase 1 R 10.5). ¹³ *Tus esposas:* texto probable (véase 1 R 10.8). Heb. *tus hombres.*
ᵇ **8.13** Nm 28.9-10. ᶜ **8.13** Nm 28.11-15. ᵈ **8.13** Ex 23.14-17; 34.22-23; Nm 28.16—29.39 Dt 16.16. ᵉ **9.1-9** Mt 12.42; Lc 11.31.

la madera de sándalo hizo el rey barandas para el templo del Señor y para el palacio real, y también arpas y salterios para los músicos. Nunca se había visto nada semejante en la tierra de Judá. [12] Por su parte, el rey Salomón dio a la reina de Sabá todo lo que ella quiso pedirle, además de lo que ya le había dado a cambio de lo que ella le había traído.[14] Después la reina regresó a su país acompañada de la gente a su servicio.

Fama y riqueza de Salomón
(1 R 10.14–29; 2 Cr 1.14–17)

[13] El oro que Salomón recibía cada año llegaba a unos veintidós mil kilos, [14] sin contar el tributo que le pagaban los comerciantes y viajeros. Además, todos los reyes de Arabia y los gobernadores del país le traían oro y plata a Salomón. [15] El rey Salomón mandó hacer doscientos escudos grandes de oro batido, empleando en cada uno seis kilos de oro. [16] Mandó hacer también trescientos escudos más pequeños, empleando en cada uno poco más de tres kilos de oro batido, y los puso en el palacio llamado "Bosque del Líbano." [17] Mandó hacer también un gran trono de marfil, y ordenó que lo recubrieran de oro puro. [18] El trono tenía sujetos a él seis escalones y un estrado de oro, y brazos a cada lado del asiento, junto a los cuales había dos leones de pie. [19] Había también doce leones de pie, uno a cada lado de los seis escalones. ¡Jamás se había construido en ningún otro reino nada semejante! [20] Además, todas las copas del rey eran de oro, lo mismo que toda la vajilla del palacio "Bosque del Líbano". No había nada de plata, porque en tiempos de Salomón ésta no era de mucho valor, [21] ya que los barcos del rey iban a Tarsis con los hombres al servicio de Hiram, y llegaban una vez cada tres años, trayendo oro, plata, marfil, monos y pavos reales. [22] El rey Salomón superaba a todos los reyes de la tierra en riqueza y sabiduría. [23] Todos los reyes del mundo querían verlo y escuchar la sabiduría que Dios le había dado, [24] y todos le llevaban cada año un regalo: objetos de plata y de oro, capas, armas, sustancias aromáticas, caballos y mulas.

Salomón comercia con carros y caballos
(1 R 10.26–29; 2 Cr 1.14–17)

[25] Salomón tenía cuatro mil caballerizas para sus caballos y sus carros, y doce mil jinetes,[f] los cuales destinó a los cuarteles de carros de combate y a la guardia real en Jerusalén. [26] Y Salomón era soberano de todos los reyes que había desde el río Éufrates hasta el país filisteo y hasta la frontera de Egipto.[g] [27] El rey hizo que en Jerusalén hubiera tanta plata como piedras;[h] y que abundara el cedro como las higueras silvestres en la llanura. [28] Los caballos para Salomón eran traídos de Muzri[15] y de todos los otros países.[i]

Muerte de Salomón
(1 R 11.41–43)

[29] El resto de la historia de Salomón, desde el principio hasta el fin, está escrito en las crónicas del profeta Natán, en la profecía de Ahías el de Silo, y en las revelaciones del profeta Iddo concernientes a Jeroboam, hijo de Nabat. [30] Salomón reinó en Jerusalén sobre todo Israel durante cuarenta años, [31] y cuando murió lo enterraron en la Ciudad de David, su padre. Después reinó en su lugar su hijo Roboam.

División del reino
(1 R 12.1–24)

10 [1] Roboam fue a Siquem, porque todo Israel había ido allá para proclamarlo rey. [2] Pero lo supo Jeroboam, hijo de Nabat, que estaba en Egipto, adonde había huido del rey Salomón, y regresó de Egipto. [3] Cuando lo mandaron llamar, Jeroboam y todo Israel fueron a hablar con Roboam, y le dijeron:

[4] —Tu padre fue muy duro con nosotros; ahora alivia tú la dura servidumbre y el pesado yugo que él nos impuso, y te serviremos.

[5] Roboam les contestó:

—Vuelvan a verme dentro de tres días.

La gente se fue, [6] y entonces el rey Roboam consultó a los ancianos que habían servido a Salomón, su padre, cuando éste vivía. Les preguntó:

—¿Qué me aconsejan ustedes que responda yo a esta gente?

[7] Ellos le dijeron:

—Si tratas bien a esta gente y procuras darles gusto y les respondes con buenas palabras, ellos te servirán siempre.

[8] Pero Roboam no hizo caso del consejo de los ancianos, sino que consultó a los muchachos que se habían criado con él y que estaban a su servicio, [9] preguntándoles:

—¿Qué me aconsejan ustedes que responda yo a esta gente, que me ha pedido

---

[14] *Además . . . traído:* traducción probable. Heb. oscuro. [15] *Muzri:* texto probable. Heb. *Egipto.*
[f] **9.25** 1 R 4.26. [g] **9.26** Gn 15.18; 1 R 4.21. [h] **9.27** Dt 17.17. [i] **9.28** Dt 17.16.

que aligere el yugo que mi padre les impuso?

[10] Aquellos jóvenes, que se habían criado con él, le respondieron:

—A la gente que te ha pedido que aligeres el yugo que tu padre les impuso, debes responderle lo siguiente: 'Si mi padre fue duro, yo lo soy mucho más;[16] [11] si él les impuso un yugo pesado, yo lo haré más pesado todavía; y si él los azotaba con correas, yo los azotaré con látigos de puntas de hierro.'

[12] Al tercer día volvió Jeroboam a presentarse con todo el pueblo ante Roboam, como el rey les había dicho. [13] Pero el rey Roboam les contestó duramente, sin hacer caso del consejo de los ancianos, [14] y les repitió lo que le habían aconsejado los muchachos: que si su padre les había impuesto un yugo pesado, él les impondría uno más pesado todavía, y que si su padre los había azotado con correas, él los azotaría con látigos de puntas de hierro. [15] El rey, pues, no hizo caso del pueblo, porque el Señor había dispuesto que sucediera así para que se cumpliera lo que el Señor había prometido a Jeroboam, hijo de Nabat, por medio de Ahías el de Silo. [16] Cuando todo el pueblo de Israel vio que el rey no le había hecho caso, le respondió de este modo:

"¡No tenemos nada que ver con David!
¡Ninguna herencia compartimos con el hijo de Isaí!
¡Cada uno a su casa, israelitas![j]
¡Y David que cuide de su familia!"

Al momento, todos los israelitas se fueron a sus casas. [17] En cuanto a los israelitas que vivían en las ciudades de Judá, Roboam siguió reinando sobre ellos. [18] Y cuando Roboam envió a Adoram, que era el encargado del trabajo obligatorio, los israelitas lo mataron a pedradas. Entonces el rey Roboam subió rápidamente a su carro y huyó a Jerusalén. [19] De este modo se rebeló Israel contra la dinastía de David hasta el día de hoy.

11 [1] Cuando Roboam llegó a Jerusalén, juntó ciento ochenta mil soldados escogidos de las familias de Judá y de la tribu de Benjamín, para luchar contra Israel y recuperar su reino. [2] Pero el Señor habló a Semaías, hombre de Dios, y le ordenó: [3] "Di a Roboam, hijo de Salomón y rey de Judá, y a todos los israelitas de Judá y de Benjamín, [4] que les ordeno que no luchen contra sus hermanos. Que se vuelvan todos a sus casas, porque así lo he dispuesto."

Al oír ellos lo que el Señor les decía, regresaron, desistiendo de marchar contra Jeroboam.

Prosperidad de Roboam

[5] Roboam se estableció en Jerusalén y construyó ciudades fortificadas en Judá. [6] Reforzó así Belén, Etam, Tecoa, [7] Betsur, Soco, Adulam, [8] Gat, Maresa, Zif, [9] Adoraim, Laquis, Azeca, [10] Zora, Ajalón y Hebrón, que eran ciudades fortificadas de Judá y Benjamín. [11] Reforzó las fortificaciones y puso en ellas comandantes y provisiones de comida, aceite y vino. [12] Además proveyó de escudos y lanzas a todas y cada una de las ciudades, y las reforzó de manera extraordinaria. Así pues, Roboam quedó en posesión de Judá y Benjamín.

[13] Los sacerdotes y levitas de todo Israel vinieron de todas partes para unirse a él, [14] pues los levitas tuvieron que abandonar sus tierras de pastoreo y demás posesiones, para irse a Jerusalén y a otros lugares de Judá, porque Jeroboam y sus sucesores les impidieron ejercer el sacerdocio del Señor. [15] Jeroboam había nombrado sus propios sacerdotes para los santuarios paganos y para el culto a los demonios y a los becerros que había fabricado.[k] [16] Además, los que tenían el sincero propósito de buscar al Señor, el Dios de Israel, siguieron el ejemplo de los sacerdotes y levitas, y se fueron a Jerusalén para ofrecer sacrificios al Señor, Dios de sus antepasados. [17] De esta manera fortalecieron el reino de Judá y apoyaron a Roboam, hijo de Salomón, durante tres años, pues sólo durante tres años él siguió[17] el ejemplo de David y Salomón.

[18] Roboam se casó con Mahalat, hija de Jerimot, hijo de David y Abihail, hija de Eliab y nieta de Isaí. [19] Hijos de Roboam y Mahalat fueron Jehús, Semarías y Zaham. [20] Después se casó con Maaca, hija de Absalón, y sus hijos fueron Abiam,[18] Atai, Ziza y Selomit. [21] Roboam tenía diecieocho esposas y sesenta concubinas, pero quería más a Maaca que a todas las demás. Tuvo veintiocho hijos y sesenta hijas.

[22] Roboam nombró a Abiam, hijo de Maaca, jefe de sus hermanos, pues quería hacerlo rey. [23] Tuvo la buena idea de repartir a sus demás hijos entre todos los territorios de Judá y Benjamín y entre todas las ciudades fortificadas, dándoles provisiones en abundancia y consiguiéndoles muchas esposas.

[16] *Si mi padre . . . soy mucho más:* lit. *mi dedo meñique es más grueso que los lomos de mi padre.* [17] *Él siguió:* según la versión griega. Heb. *ellos siguieron.* [18] *Abiam:* en este libro, este nombre aparece bajo la forma de *Abías.*
[j] 10.16 2 S 20.1.   [k] 11.15 1 R 12.31.

Sisac invade Judá
(1 R 14.21–31)

12 [1] Cuando se consolidó el reinado de Roboam y él se sintió fuerte, dejó de cumplir la ley del Señor, y todo Israel hizo lo mismo. [2] Pero, como fueron infieles al Señor, en el quinto año del reinado de Roboam, Sisac, rey de Egipto, fue y atacó a Jerusalén [3] con mil doscientos carros de combate, sesenta mil soldados de caballería y una innumerable tropa que venía con él de Egipto: libios, suquienos y etíopes. [4] Conquistó las ciudades fortificadas de Judá, y llegó hasta Jerusalén.

[5] Entonces el profeta Semaías se presentó a Roboam y a los jefes de Judá que se habían reunido en Jerusalén ante el avance de Sisac, y les dijo:

—El Señor dice que ustedes lo han abandonado y que, por eso, él los abandona ahora en manos de Sisac.

[6] Los jefes de Israel y el rey reconocieron humildemente:

—¡El Señor tiene razón!

[7] Al ver el Señor que se habían humillado, le dijo a Semaías: "Por haberse humillado, no los destruiré, sino que voy a librarlos dentro de poco, y no utilizaré a Sisac para descargar mi ira sobre Jerusalén; [8] pero van a quedar sometidos a él, y se darán cuenta de la diferencia que hay entre servirme a mí y servir a los reyes de otras naciones."

[9] Sisac, rey de Egipto, atacó a Jerusalén y se apoderó de los tesoros del templo del Señor y del palacio real. Todo lo saqueó, y se llevó también los escudos de oro que había hecho Salomón.[1] [10] El rey Roboam hizo en su lugar escudos de bronce, y los dejó al cuidado de los oficiales de la guardia que vigilaba la entrada del palacio real. [11] Y cada vez que el rey iba al templo del Señor, iban los guardias y los llevaban. Luego volvían a ponerlos en el cuarto de guardia. [12] Así pues, por haberse humillado Roboam, se calmó la ira del Señor contra él y no lo destruyó totalmente. A pesar de todo, también había cosas buenas en Judá.

[13] El rey Roboam aumentó su poder en Jerusalén, y siguió reinando. Cuando comenzó a reinar tenía cuarenta y un años, y reinó diecisiete años en Jerusalén, ciudad que el Señor escogió entre todas las tribus de Israel para residir en ella. La madre de Roboam se llamaba Naama, y era de Amón. [14] Sus actos fueron malos, pues no trató sinceramente de buscar al Señor.

[15] La historia de Roboam, desde el principio hasta el fin, está escrita en las crónicas del profeta Semaías y del profeta Iddo, en el registro familiar.

[16] Hubo guerra continuamente entre Roboam y Jeroboam. [17] Y cuando Roboam murió, fue sepultado en la Ciudad de David. Después reinó en su lugar su hijo Abiam.

Reinado de Abiam en Judá
(1 R 15.1–7)

13 [1] Abiam comenzó a reinar en Judá en el año dieciocho del reinado de Jeroboam. [2] Reinó en Jerusalén durante tres años. Su madre se llamaba Micaías y era hija de Uriel de Gabaa.

Estalló la guerra entre Abiam y Jeroboam. [3] Abiam empezó la batalla con un ejército de cuatrocientos mil soldados escogidos. Jeroboam, por su parte, tomó posiciones de batalla contra él con ochocientos mil soldados escogidos. [4] Entonces Abiam, de pie en el monte Zemaraim, que está en la montaña de Efraín, gritó: "¡Jeroboam y todo Israel, escúchenme! [5] ¿No saben ustedes que el Señor, el Dios de Israel, entregó el reino a David y a sus descendientes para siempre mediante un pacto irrevocable? [6] Sin embargo, Jeroboam, el hijo de Nabat, servidor de Salomón, hijo de David, se rebeló contra su amo. [7] Y se le unieron unos hombres ociosos y malvados, que se impusieron a Roboam, hijo de Salomón, porque era joven y débil de carácter. Así que no tuvo fuerza para enfrentarse con ellos. [8] Y ahora ustedes intentan oponerse al gobierno del Señor ejercido por medio de los descendientes de David, sólo porque ustedes son una gran multitud y tienen de su parte los becerros de oro que Jeroboam les hizo para que los tuvieran por dioses. [9] ¿Y no han expulsado ustedes también a los sacerdotes del Señor, descendientes de Aarón, y a los levitas, y se han nombrado sus propios sacerdotes como hacen las naciones paganas? ¡Cualquiera que viene a consagrarse con un becerro y siete carneros puede ser sacerdote de dioses que no son dioses! [10] Para nosotros, en cambio, nuestro Dios es el Señor, y no lo hemos abandonado. Los sacerdotes que están al servicio del Señor son descendientes de Aarón, y los que se encargan del servicio son los levitas. [11] Ellos ofrecen al Señor, mañana y tarde, holocaustos e incienso; presentan en una mesa ritualmente pura el pan consagrado, y encienden todas las tardes las lámparas que arden en el candelabro de oro. Porque nosotros cumplimos las disposiciones del Señor nuestro Dios, mientras que ustedes lo han abandonado. [12] Tengan

[1] 12.9 1 R 10.16–17; 2 Cr 9.15–16.

en cuenta, pues, que al frente de nosotros están Dios y sus sacerdotes, y que están listas las trompetas para dar el toque de guerra contra ustedes. Por consiguiente, israelitas, no peleen contra el Señor, el Dios de sus antepasados, porque no vencerán."

¹³ Jeroboam había ordenado que sus tropas de retaguardia dieran un rodeo y atacaran por detrás, de modo que el grueso del ejército de Jeroboam quedó frente al de Judá, mientras que la retaguardia atacaba por detrás. ¹⁴ Cuando los de Judá miraron hacia atrás, se dieron cuenta de que los atacaban por el frente y por detrás. Entonces invocaron al Señor, y los sacerdotes tocaron las trompetas. ¹⁵ Y cuando los de Judá lanzaron el grito de guerra, Dios derrotó a Jeroboam y a todo Israel frente a Abiam y Judá. ¹⁶ Los israelitas huyeron de los de Judá, porque Dios los entregó en manos de éstos. ¹⁷ Abiam y su gente les hicieron una gran matanza, en la que cayeron quinientos mil soldados escogidos de Israel. ¹⁸ Así los israelitas fueron humillados en aquel tiempo, mientras que los de Judá se mostraron fuertes, porque se apoyaron en el Señor, Dios de sus antepasados.

¹⁹ Abiam persiguió a Jeroboam y le arrebató las ciudades de Bet-el, Jesana y Efraín¹⁹ con sus respectivas aldeas. ²⁰ Jeroboam no pudo recuperar su poderío mientras vivió Abiam. Finalmente el Señor lo hirió, y Jeroboam murió. ²¹ Entre tanto, Abiam se afirmó en el poder. Tuvo catorce esposas, veintidós hijos y dieciséis hijas. ²² El resto de la historia de Abiam y de todo lo que hizo en su vida, está escrito en el comentario del profeta Iddo.

Reinado de Asa en Judá
(1 R 15.8-12)

14 ¹ ᵐCuando Abiam murió, lo enterraron en la Ciudad de David. Después reinó en su lugar su hijo Asa. Durante su reinado, hubo paz en el país durante diez años. ² Los hechos de Asa fueron buenos y rectos a los ojos del Señor su Dios. ³ Quitó los altares de los dioses extranjeros, así como los santuarios paganos; hizo pedazos las piedras sagradas y rompió las representaciones de Asera. ⁴ Además ordenó a Judá que acudiera al Señor, Dios de sus antepasados, y que cumpliera la ley y los mandamientos. ⁵ Quitó de todas las ciudades de Judá los santuarios y altares paganos. Y hubo paz durante su reinado. ⁶ Aprovechando esos años en que la nación estaba en paz y no tenía que hacer

frente a ninguna guerra, porque el Señor le concedió tranquilidad. Asa construyó en Judá ciudades fortificadas. ⁷ Dijo a la gente de Judá: "Fortifiquemos estas ciudades y hagamos alrededor de ellas muros, torres, puertas y barras, mientras el país está todavía en nuestro poder. Porque hemos buscado al Señor nuestro Dios, él nos ha dado paz con todos nuestros vecinos." Por tanto llevaron a cabo con éxito las construcciones.

⁸ Asa tenía un ejército formado por trescientos mil soldados de Judá, armados con escudos y lanzas, y doscientos ochenta mil de Benjamín, equipados con escudos y arcos. Todos ellos eran soldados valientes. ⁹ Contra ellos marchó Zera el etíope con un ejército de un millón de hombres y trescientos carros de combate, y llegó hasta Maresa. ¹⁰ Entonces Asa le salió al encuentro, y con sus hombres tomó posiciones para la batalla en el valle de Sefata, junto a Maresa. ¹¹ Asa invocó al Señor su Dios, diciendo: "Señor, para ti es igual ayudar al fuerte que al débil. Por tanto, ¡ayúdanos, Señor y Dios nuestro, ya que confiamos en ti, y en tu nombre hemos venido contra este ejército! Tú, Señor, eres nuestro Dios. ¡Muestra que nadie puede oponerte resistencia!"

¹² Entonces el Señor dio a Asa y a Judá la victoria sobre los etíopes, por lo cual éstos huyeron. ¹³ Pero Asa y su gente los persiguieron hasta Gerar, y cayeron los etíopes hasta no quedar ni uno con vida, pues quedaron destrozados ante el Señor y su ejército, el cual se apoderó de gran cantidad de cosas de los enemigos. ¹⁴ Después cayeron sobre todas las ciudades que había alrededor de Gerar, pues todas se llenaron de miedo ante el Señor. Los de Judá las saquearon, pues en ellas había grandes riquezas. ¹⁵ También atacaron los campamentos donde había ganado, y se llevaron gran cantidad de ovejas y camellos. Después regresaron a Jerusalén.

Reformas religiosas de Asa
(1 R 15.13-15)

15 ¹ Azarías, hijo de Oded, poseído por el espíritu de Dios, ² salió al encuentro de Asa para decirle: "¡Escúchenme tú, Asa, y todos los de Judá y Benjamín! El Señor está con ustedes, si ustedes están con él. Si ustedes lo buscan, lo encontrarán; pero si lo abandonan, él también los abandonará. ³ Israel ha estado mucho tiempo sin verdadero Dios, sin sacerdote que enseñe y sin instrucción religiosa. ⁴ Pero cuando, en medio de sus dificultades, el pueblo se ha vuelto al Señor, Dios

---

¹⁹ Efraín: otra posible traducción: Efrón.
ᵐ Los vs. 14.1-15 corresponden a los vs. 13.23—14.14 en el texto hebreo.

de Israel, y lo ha buscado, él se ha dejado encontrar. ⁵ En aquellos tiempos no había paz para nadie, sino mucho sobresalto para los habitantes de los diversos países. ⁶ Las naciones y las ciudades se destruían unas a otras, porque el Señor los aterraba con toda clase de calamidades. ⁷ Pero ustedes sean valientes y no se desanimen, porque sus trabajos tendrán una recompensa."

⁸ Cuando Asa oyó este mensaje del profeta, se armó de valor y eliminó los repugnantes ídolos de todo el territorio de Judá y Benjamín y de las ciudades que había conquistado en la montaña de Efraín, y reparó el altar del Señor que estaba frente al vestíbulo del templo del Señor. ⁹ Después reunió a todo Judá y Benjamín, más los forasteros que había con ellos procedentes de Efraín, Manasés y Simeón, pues muchos de Israel se habían pasado al lado de Asa, al ver que el Señor su Dios estaba con él.

¹⁰ Se juntaron en Jerusalén en el mes tercero del año quince del reinado de Asa, ¹¹ y ofrecieron en sacrificio al Señor, en ese día, setecientas reses y siete mil ovejas, de las que habían quitado a los enemigos. ¹² Luego se comprometieron solemnemente a buscar de todo corazón al Señor, el Dios de sus antepasados. ¹³ Y prometieron que cualquiera que no quisiera buscar al Señor, Dios de Israel, fuera mayor o menor, hombre o mujer, sería condenado a muerte. ¹⁴ Hicieron el juramento al Señor en alta voz y con gritos de alegría y al son de trompetas y cuernos. ¹⁵ Todo Judá se alegró por el juramento que habían hecho, pues juraron de todo corazón, y con toda su voluntad habían buscado al Señor, y él se había dejado encontrar de ellos y les había concedido paz con todos sus vecinos.ⁿ

¹⁶ Además, el rey Asa quitó la categoría de reina madre a Maacá, su abuela, porque había mandado hacer una imagen de Aserá. Asa destruyó aquella imagen; la hizo pedazos y la quemó en el arroyo Cedrón. ¹⁷ Y aunque no se quitaron de Israel los santuarios paganos, Asa permaneció siempre fiel, ¹⁸ y puso en el templo de Dios todo el oro y la plata que tanto él como su padre habían dedicado al Señor. ¹⁹ Y no hubo guerra hasta el año treinta y cinco del reinado de Asa.

Alianza de Asa con Ben-adad
(1 R 15.16–22)

16 ¹ Pero en el año treinta y seis del reinado de Asa, el rey de Israel, Baasa, fue a atacar a Judá, y fortificó

Ramá para cortarle toda comunicación al rey de Judá. ² Entonces Asa sacó el oro y la plata de los tesoros del templo del Señor y del palacio real, y los envió a Ben-adad, rey de Siria, que tenía su residencia en Damasco. También le envió este mensaje: ³ "Hagamos tú y yo un pacto, como hicieron nuestros padres. Aquí te envío oro y plata. Rompe el pacto que tienes con Baasa, rey de Israel, y así me dejará en paz."

⁴ Ben-adad aceptó la proposición del rey Asa, y envió a los jefes de sus tropas a atacar las ciudades de Israel. Así conquistaron Iján, Dan, Abel-maim y todas las ciudades de Neftalí que servían de almacenes. ⁵ Cuando Baasa lo supo, dejó de fortificar Ramá, suspendiendo sus trabajos. ⁶ Entonces el rey Asa tomó consigo a todo Judá, y se llevaron de Ramá las piedras y la madera que Baasa había usado para fortificarla, y con ellas fortificó Geba y Mizpá.

⁷ Por aquel tiempo fue el profeta Hanani a visitar a Asa, rey de Judá, y a decirle: "El ejército del rey de Siria se te ha escapado de las manos, porque te apoyaste en el rey de Siria y no en el Señor tu Dios. ⁸ ¿No formaban los etíopes y los libios un ejército sumamente poderoso, con muchísima caballería y carros de combate? Sin embargo, el Señor los entregó en tus manos porque te apoyaste en él. ⁹ Pues el Señor está atento a lo que ocurre en todo el mundo, para dar fuerza a los que confían sinceramente en él. ¡En esto has actuado como un tonto! Porque de ahora en adelante tendrás más guerras."

¹⁰ Entonces Asa se enfureció de tal manera contra el profeta, que lo mandó encarcelar. También en ese tiempo trató brutalmente a algunos del pueblo.

Muerte de Asa
(1 R 15.23–24)

¹¹ La historia de Asa, desde el principio hasta el fin, está escrita en el libro de los reyes de Judá y de Israel. ¹² En el año treinta y nueve de su reinado, Asa enfermó gravemente de los pies; pero en su enfermedad no recurrió al Señor, sino a los médicos. ¹³ Murió en el año cuarenta y uno de su reinado, ¹⁴ y lo enterraron en el sepulcro que había mandado hacer en la Ciudad de David. Lo colocaron en una camilla llena de perfumes y de toda clase de sustancias aromáticas hábilmente preparadas. Luego encendieron en su honor una enorme hoguera.

ⁿ **15.2-15** Dt 4.29; Jer 29.13.

Reinado de Josafat

17 ¹ En lugar de Asa reinó su hijo Josafat, quien se mostró fuerte en Israel.²⁰ ² Puso tropas en todas las ciudades fortificadas de Judá, y destacamentos en todo el territorio de Judá y en las ciudades de Efraín que Asa, su padre, había conquistado.

³ El Señor estuvo con Josafat, porque procedió como David, su antepasado, lo había hecho al principio. No sirvió a las diversas representaciones de Baal, ⁴ sino al Dios de su padre, cumpliendo sus mandamientos, sin seguir el ejemplo de la gente de Israel. ⁵ Por eso, el Señor consolidó bajo su mando el reino. Todo Judá le hacía regalos, y llegó a tener grandes riquezas y honores. ⁶ Siguió con orgullo el camino trazado por el Señor, y una vez más quitó de Judá los santuarios paganos y las representaciones de Asera.

⁷ En el tercer año de su reinado envió a sus funcionarios Ben-hail, Abdías, Zacarías, Natanael y Micaías, para enseñar en las ciudades de Judá, ⁸ y con ellos a los levitas Semaías, Netanías, Zebadías, Asael, Semiramot, Jonatán, Adonías, Tobías y Tobadonías. Los acompañaban los sacerdotes Elisama y Joram. ⁹ Los envió para que, con el libro de la ley del Señor, enseñaran a la gente de Judá. Y ellos recorrieron todas las ciudades de Judá enseñando al pueblo.

¹⁰ Entre tanto, todos los reinos de los países que rodeaban a Judá sentían tal miedo al Señor que no se atrevían a pelear contra Josafat. ¹¹ Al contrario, algunos de los filisteos traían regalos y plata como tributo a Josafat, y los árabes le llevaron siete mil setecientos carneros e igual cantidad de chivos.

¹² Josafat, pues, se fue haciendo sumamente poderoso. Construyó en Judá fortalezas y ciudades para almacenes, ¹³ y tuvo muchas propiedades en las ciudades de Judá. Tuvo también soldados muy valientes en Jerusalén, ¹⁴ cuya lista, según su registro por familias, es la siguiente:

Por Judá, como comandante de los jefes de batallón, estaba Adnas con trescientos mil soldados. ¹⁵ Junto a éste estaba el jefe Johanán con doscientos ochenta mil soldados, ¹⁶ y junto a él Amasías, hijo de Zicri, que se había ofrecido voluntariamente para servir al Señor, con doscientos mil valientes soldados.

¹⁷ Por Benjamín estaba Eliada, un valiente guerrero, con doscientos mil hombres armados con arcos y escudos, ¹⁸ y junto a él Jozabad con ciento ochenta mil hombres en pie de guerra.

¹⁹ Estos estaban al servicio del rey, sin contar los que el rey había destinado a las ciudades fortificadas de todo Judá.

Micaías anuncia la derrota de Acab
(1 R 22.1–40)

18 ¹ Josafat consiguió grandes riquezas y honores, y llegó a ser consuegro de Acab. ² Después de algunos años, Josafat fue a Samaria a visitar a Acab, el cual, para festejar a Josafat y a sus acompañantes, mató muchas ovejas y reses, y trató de incitarlo a atacar a Ramot de Galaad. ³ En efecto, Acab, rey de Israel, preguntó a Josafat, rey de Judá:

—¿Quieres acompañarme a marchar contra Ramot de Galaad?

Josafat le respondió:

—Yo, lo mismo que mi ejército, estamos contigo y con tu gente para ir a la guerra. ⁴ Pero antes consulta la voluntad del Señor.

⁵ El rey de Israel reunió a los profetas, que eran cuatrocientos, y les preguntó:

—¿Debemos atacar a Ramot de Galaad, o no?

Y ellos respondieron:

—Atácala, porque Dios te la va a entregar.

⁶ Pero Josafat preguntó:

—¿No hay por aquí algún otro profeta del Señor a quien también podamos consultar?

⁷ El rey de Israel contestó a Josafat:

—Hay uno más, por medio del cual podemos consultar al Señor. Es Micaías, hijo de Imla. Pero lo aborrezco, porque nunca me anuncia cosas buenas, sino siempre malas.

Pero Josafat le dijo:

—No digas eso.

⁸ En seguida el rey de Israel llamó a un oficial,²¹ y le ordenó:

—¡Pronto, que venga Micaías, hijo de Imla!

⁹ Tanto el rey de Israel como Josafat, el rey de Judá, tenían puesta su armadura y estaban sentados en sus tronos en la explanada a la entrada de Samaria, y todos los profetas caían en trance profético delante de ellos. ¹⁰ Sedequías, hijo de Quenaana, se había hecho unos cuernos de hierro, y gritaba: "¡Así ha dicho el Señor: 'Con estos cuernos atacarás a los sirios hasta exterminarlos!'"

¹¹ Todos los profetas anunciaban lo mismo. Decían al rey: "Ataca a Ramot de Galaad y obtendrás la victoria, pues el Señor va a entregarte la ciudad."

---

²⁰ *Se mostró fuerte en Israel:* otra posible traducción: *se fortificó contra Israel.* ²¹ *Oficial:* lit. *eunuco.* Véase *Glosario* anexo.

¹² El mensajero que había ido a llamar a Micaías, le dijo a éste:

—Todos los profetas, sin excepción, han dado una respuesta favorable al rey. Así pues, te ruego que hables como todos ellos, y anuncies algo favorable.

¹³ Micaías le contestó:

—¡Juro por el Señor que sólo diré lo que mi Dios me ordene decir!

¹⁴ Luego se presentó ante el rey, y el rey le preguntó:

—Micaías, ¿debemos atacar a Ramot de Galaad, o no?

Y Micaías dijo:

—Atáquenla, y obtendrán la victoria, pues Dios se la va a entregar.

¹⁵ Pero el rey le respondió:

—¿Cuántas veces te he de decir que bajo juramento me declares sólo la verdad en el nombre del Señor?

¹⁶ Entonces Micaías dijo:

"He visto a todos los israelitas
desparramados por los montes,
como ovejas sin pastor.ⁿ
Y el Señor ha dicho:
'Estos no tienen dueño;
que cada uno vuelva en paz a su
    casa.' "

¹⁷ El rey de Israel dijo a Josafat:

—¿No te he dicho que este hombre nunca me anuncia cosas buenas, sino sólo cosas malas?

¹⁸ Micaías añadió:

—Por eso que has dicho, oigan ustedes la palabra del Señor: Vi al Señor sentado en su trono, y a todo el ejército del cielo, que estaba de pie, junto a él, a su derecha y a su izquierda. ¹⁹ Entonces el Señor preguntó quién iría a incitar a Acab, rey de Israel, para que atacara a Ramot de Galaad y cayera allí. Unos decían una cosa y otros otra. ²⁰ Pero un espíritu se presentó delante del Señor y dijo que él lo haría. El Señor le preguntó cómo iba a hacer, ²¹ y el espíritu respondió que iba a inspirar mentiras en todos los profetas del rey. Entonces el Señor le dijo que, en efecto, conseguiría engañarlo, y que fuera a hacerlo. ²² Y ahora ya sabes que el Señor ha puesto un espíritu mentiroso en labios de estos profetas tuyos, y que ha determinado tu ruina.

²³ Entonces Sedequías, hijo de Quenaaná, acercándose a Micaías le dio una bofetada y dijo:

—¿Por dónde se me fue el espíritu del Señor para hablarte a ti?

²⁴ Y Micaías le respondió:

—Lo sabrás el día en que andes escondiéndote de habitación en habitación.

²⁵ Entonces el rey de Israel ordenó:

—¡Agarren a Micaías y llévenlo preso ante Amón, el gobernador de la ciudad, y ante Joás, mi hijo! ²⁶ Díganles que yo ordeno que lo metan en la cárcel y lo tengan a ración escasa de pan y agua, hasta que yo regrese sano y salvo.

²⁷ Todavía añadió Micaías:

"Si tú vuelves sano y salvo,
el Señor no ha hablado por medio
    de mí."²²

²⁸ Así pues, el rey de Israel, y Josafat, el rey de Judá, avanzaron contra Ramot de Galaad. ²⁹ Y el rey de Israel dijo a Josafat:

—Yo voy a entrar en la batalla disfrazado, y tú te pondrás mi ropa.²³

Así el rey de Israel se disfrazó, y ambos entraron en combate. ³⁰ Pero el rey de Siria había ordenado a los capitanes de sus carros de combate que no atacaran a nadie que no fuera el rey de Israel. ³¹ Y cuando los capitanes de los carros vieron a Josafat, pensaron que él era el rey de Israel y lo rodearon para atacarlo. Entonces Josafat gritó pidiendo ayuda, y el Señor le ayudó. Dios los apartó de él, ³² pues al ver ellos que no era el rey de Israel, dejaron de perseguirlo. ³³ Pero un soldado disparó su arco al azar, e hirió de muerte al rey de Israel por entre las juntas de la armadura. Entonces éste le ordenó al conductor del carro:

—Da la vuelta y sácame del combate, porque estoy gravemente herido.

³⁴ La batalla fue dura aquel día, y el rey de Israel tuvo que mantenerse en pie en su carro, haciendo frente a los sirios hasta la tarde, y murió al ponerse el sol.

El profeta Jehú reprende a Josafat

19 ¹ Josafat, rey de Judá, volvió sano y salvo a su palacio de Jerusalén. ² Pero el profeta Jehú, hijo de Hananí, le salió al encuentro y le preguntó: "¿Por qué ayudas al malo y eres amigo de los enemigos del Señor? Por este motivo, el Señor se ha enojado contigo. ³ Sin embargo, hay otras cosas buenas a tu favor, pues has destruido las representaciones de Asera que había en el país, y te has propuesto buscar a Dios.

Josafat nombra jueces

⁴ Josafat vivía en Jerusalén, pero acostumbraba visitar a su pueblo, desde Beerseba hasta los montes de Efraín, para hacerlos volver al Señor, Dios de sus

---

²² Heb. añade: Y dijo: "¡Pueblos todos, escuchen esto!"   ²³ Mi ropa: según la versión griega. Heb. tu ropa.
ⁿ 18.16 Nm 27.17; Ez 34.5; Mt 9.36; Mr 6.34.

antepasados. 5 Además estableció jueces en todas las ciudades fortificadas de Judá, una tras otra. 6 Y dijo a los jueces: "Fíjense bien en lo que hacen, porque no van a juzgar en nombre de los hombres, sino del Señor, que estará con ustedes cuando den el fallo. 7 Así que respeten al Señor y tengan cuidado con lo que hacen, porque el Señor nuestro Dios no tolera injusticias, parcialidad ni sobornos."[o]

8 También estableció Josafat en Jerusalén algunos levitas, sacerdotes y jefes de familia de Israel, para servir de jueces en asuntos religiosos y en los pleitos de los habitantes de[24] Jerusalén. 9 Y les dio las siguientes instrucciones: "Ustedes deben actuar siempre con respeto al Señor, fidelidad y honradez. 10 En cualquier pleito que sus compatriotas, los habitantes de las diversas ciudades, les presenten a ustedes para que decidan si una muerte es criminal o no, o para aplicar las diversas leyes, estatutos, reglamentos y ordenanzas, recomiéndenles no cometer faltas contra el Señor, para que él no se enoje con ustedes y con ellos. Hagan esto, y la culpa no será de ustedes. 11 El sumo sacerdote Amarías será su superior en todas las cuestiones religiosas, y Zebadías, el hijo de Ismael y jefe de la tribu de Judá, lo será en todas las cuestiones civiles; y los levitas serán ayudantes de ustedes. ¡Animo, pues, y a trabajar! ¡Que el Señor esté con el que lo haga bien!"

Victoria sobre Moab y Amón

20 1 Algún tiempo después, los moabitas y los amonitas, aliados con los meunitas,[25] atacaron a Josafat; 2 entonces fueron algunos a decirle: "¡De Edom,[26] del otro lado del Mar Muerto, viene un gran ejército contra ti! ¡Ya están en Hazezón-tamar!" (Hazezón-tamar es lo mismo que En-gadi.)

3 Josafat sintió miedo y decidió acudir al Señor. Así que anunció un ayuno en todo Judá, 4 y la gente de Judá se reunió para pedir ayuda al Señor. De todas las ciudades de Judá llegó gente. 5 Josafat se puso de pie en medio del pueblo de Judá que se había reunido en Jerusalén, frente al atrio nuevo del templo del Señor, 6 y exclamó: "Señor, Dios de nuestros antepasados, ¡tú eres el Dios del cielo, tú gobiernas a todas las naciones! ¡En tus manos están la fuerza y el poder: nadie puede oponerte resistencia! 7 Dios nuestro, tú arrojaste de la presencia de tu pueblo Israel a los habitantes de este territorio y se lo diste para siempre a los descendientes de Abraham, tu amigo.[p] 8 Después de haberse establecido aquí, construyeron un templo para ti, y dijeron: 9 'Si nos viene algún mal como castigo, sea la guerra, la peste o el hambre, nos presentaremos delante de este templo, porque tú estás en este templo, y en nuestras angustias te pediremos ayuda, y tú nos escucharás y nos salvarás.' 10 Pues ahora, aquí están los amonitas, los moabitas y los de la montaña de Seir, en cuyos territorios no quisiste que entraran los israelitas cuando venían de Egipto,[q] sino que se apartaron de ellos y no los destruyeron. 11 En pago de eso, ahora nos atacan para arrojarnos de tu propiedad, la tierra que tú nos diste como propiedad. 12 Dios nuestro, ¿no vas a castigarlos? Pues nosotros no tenemos fuerza suficiente para hacer frente a ese gran ejército que nos ataca. ¡No sabemos qué hacer; por eso tenemos los ojos puestos en ti!"

13 Todo Judá estaba de pie delante del Señor, incluyendo sus mujeres y sus hijos, aun los niños más pequeños. 14 Y estando todo el pueblo reunido, Jahaziel, hijo de Zacarías y nieto de Benaía, el cual era hijo de Jeiel y nieto de Matanías, un levita descendiente de Asaf, quedó poseído por el espíritu del Señor 15 y dijo: "Pongan atención, habitantes de Judá y de Jerusalén, y tú, rey Josafat. El Señor les dice: 'No tengan miedo ni se asusten ante ese gran ejército, porque esta guerra no es de ustedes sino de Dios. 16 Bajen mañana a atacarlos. Vienen subiendo por la cuesta de Sis, y ustedes los encontrarán en el extremo del arroyo que está frente al desierto de Jeruel. 17 No son ustedes los que van a pelear esta batalla. Tomen posiciones, esténse quietos y verán cómo el Señor los librará. ¡Habitantes de Jerusalén y de todo Judá, no tengan miedo ni se asusten; marchen mañana contra ellos, porque el Señor está con ustedes!' "[r]

18 Entonces Josafat se arrodilló y se inclinó hasta tocar el suelo con la frente, y los habitantes de Judá y Jerusalén se postraron ante el Señor para adorarlo. 19 Y los levitas descendientes de Coat y los descendientes de Coré empezaron a alabar en voz muy alta al Señor, Dios de Israel.

20 A la mañana siguiente se levantaron temprano para ponerse en camino hacia el desierto de Tecoa. Y en el momento de salir, Josafat se puso de pie para decirles: "Escúchenme, habitantes de Jerusalén y de Judá: confíen en el Señor, su Dios, y se sentirán seguros; confíen en sus profetas, y todo les saldrá bien."

[24] *De los habitantes de:* según versiones antiguas. Heb. *y volvieron a.* [25] *Meunitas:* según la versión griega. Heb. *amonitas.* [26] *Edom:* según contexto. Heb. *Siria.*

[o] **19.7** Dt 10.17. [p] **20.7** Is 41.8; Stg 2.23. [q] **20.10** Dt 2.4–19. [r] **20.15–17** Dt 20.1–4.

²¹ Y después de consultar con el pueblo, nombró algunos cantores para que, vestidos con ropas sagradas y marchando al frente de las tropas, alabaran al Señor con el himno: "Den gracias al Señor, porque su amor es eterno."ˢ

²² Luego, en el momento en que empezaron a cantar con alegría himnos de alabanza, el Señor creó confusión²⁷ entre los amonitas, los moabitas y los de la montaña de Seir, que venían a atacar a Judá, y fueron derrotados. ²³ Pues los amonitas y los moabitas atacaron a los de la montaña de Seir y los destruyeron por completo, y después de acabar con ellos, se destruyeron unos a otros. ²⁴ Cuando los hombres de Judá llegaron al sitio desde donde se ve el desierto, y miraron hacia el ejército enemigo, sólo vieron cadáveres tendidos en el suelo. ¡Nadie había logrado escapar! ²⁵ Entonces acudieron Josafat y su gente a recoger lo que habían dejado los enemigos, y encontraron gran cantidad de ganado, armas, vestidos²⁸ y objetos valiosos, y se apoderaron de todo. Había tantas cosas, que no podían llevárselas. Era tal la cantidad, que estuvieron tres días recogiendo cosas.

²⁶ El cuarto día se reunieron en el valle de Beraca, y allí bendijeron al Señor. Por eso llamaron aquel lugar el valle de Beraca,²⁹ nombre que lleva hasta hoy. ²⁷ Después todos los hombres de Judá y Jerusalén, con Josafat al frente, regresaron a Jerusalén muy contentos, porque el Señor les había dado motivo de alegría a costa de sus enemigos. ²⁸ Cuando llegaron a Jerusalén, fueron al templo del Señor al son de salterios, cítaras y trompetas.

²⁹ Al saber que el Señor había luchado contra los enemigos de Israel, todas las naciones se llenaron de miedo a Dios. ³⁰ Y así el reinado de Josafat siguió tranquilo, porque Dios le concedió paz con los países vecinos.

Resumen del reinado de Josafat
(1 R 22.41–50)

³¹ Josafat reinó, pues, sobre Judá. Tenía treinta y cinco años cuando comenzó a reinar, y veinticinco años reinó en Jerusalén. Su madre se llamaba Azuba, y era hija de Silhi. ³² Josafat se condujo con rectitud, como Asa, su padre. Sus hechos fueron rectos a los ojos del Señor. ³³ Sin embargo, los santuarios paganos no fueron quitados, pues el pueblo todavía no estaba firme en su propósito de seguir al Dios de sus antepasados.

³⁴ El resto de su historia, desde el comienzo hasta el fin, está escrito en las crónicas de Jehú, hijo de Hanani, y está incluido en el libro de los reyes de Israel.

³⁵ Más tarde, Josafat, rey de Judá, se alió con Ocozías, rey de Israel, el cual se comportaba perversamente. ³⁶ Se hizo su socio para construir barcos para ir a Tarsis, y los construyeron en Ezión-geber. ³⁷ Entonces Eliezer de Maresa, hijo de Dodava, pronunció contra Josafat esta profecía: "El Señor va a hacer pedazos lo que tú has hecho, por haberte asociado con Ocozías." Y, en efecto, los barcos se hicieron pedazos y ya no pudieron ir a Tarsis.

Reinado de Joram
(2 R 8.16–24)

21 ¹ Josafat murió y fue enterrado en la Ciudad de David, su antepasado. Después reinó en su lugar su hijo Joram. ² Hermanos de Joram, hijos también de Josafat, eran: Azarías, Jehiel, Zacarías, Micael y Sefatías. Todos ellos eran hijos de Josafat, rey de Judá.³⁰ ³ Su padre les había regalado muchos objetos de oro y plata, y otras cosas de valor. Les dio también ciudades fortificadas en Judá, pero el reino se lo entregó a Joram, por ser el hijo mayor. ⁴ Pero Joram, una vez que se aseguró en el trono de su padre, pasó a cuchillo a todos sus hermanos y también a algunos jefes de Israel. ⁵ Tenía treinta y dos años cuando comenzó a reinar, y reinó en Jerusalén ocho años. ⁶ Pero siguió los pasos de los reyes de Israel y de la descendencia de Acab, pues su mujer era de la descendencia de Acab; así que sus hechos fueron malos a los ojos del Señor. ⁷ Pero el Señor no quiso destruir la dinastía de David por el pacto que había hecho con David, a quien prometió, lo mismo que a sus hijos, que siempre tendrían una lámpara encendida.ᵗ

⁸ Durante el reinado de Joram, Edom se rebeló contra el dominio de Judáᵘ y nombró su propio rey. ⁹ Entonces Joram se dirigió con sus capitanes y con todos sus carros de combate, y durante la noche se levantaron él y los capitanes de los carros de combate y atacaron a los edomitas que los habían rodeado. ¹⁰ Pero Edom logró hacerse independiente de Judá hasta el presente. También en aquel tiempo se hizo independiente la ciudad de Libna, porque Joram había abandonado al Señor, Dios de sus antepasados. ¹¹ Además cons-

---

²⁷ *Confusión:* texto probable. Heb. *emboscadas.*   ²⁸ *Vestidos:* según una versión antigua. Heb. *cadáveres.*
²⁹ En hebreo, *Beraca* significa *bendición.*   ³⁰ *Rey de Judá:* según 17.1,2 y las versiones antiguas. Heb. *rey de Israel.*
ˢ **20.21** 2 Cr 5.13; 7.3; 16.34,41; Esd 3.11; Sal 100.5; 106.1; 107.1; 118.1; 136.1; Jer 33.11.   ᵗ **21.7** 1 R 11.36.   ᵘ **21.8** Gn 27.40.

truyó santuarios paganos en los montes de Judá, y fue el causante de que los habitantes de Jerusalén fueran infieles al Señor, e hizo que Judá se extraviara.

¹² Pero entonces Joram recibió una carta del profeta Elías, que decía: "El Señor, Dios de David, tu antepasado, te dice: 'No has seguido el ejemplo de Josafat, tu padre, ni el de Asa, rey de Judá, ¹³ sino los ejemplos de los reyes de Israel, y has sido el causante de que Judá y los habitantes de Jerusalén fueran infieles al Señor como lo fue la familia de Acab. Además, has matado a tus hermanos, que eran mejores que tú. ¹⁴ Por eso, el Señor va a hacer caer sobre tu pueblo, tus hijos, tus mujeres y todas tus posesiones una gran calamidad. ¹⁵ Y sobre ti hará caer muchas enfermedades. Te pondrás enfermo del estómago con una enfermedad crónica, hasta que se te salgan los intestinos.' "

¹⁶ Entonces el Señor hizo que los filisteos y los árabes vecinos de los de Cus se enfurecieran contra Joram; ¹⁷ por lo cual marcharon sobre Judá e invadieron el país, y se llevaron todos los bienes que hallaron en el palacio del rey, así como a sus hijos y a sus mujeres. El único que le quedó fue Joacaz, el menor. ¹⁸ Después de todo esto, el Señor lo castigó con una enfermedad incurable del estómago. ¹⁹ Pasó el tiempo y, al cabo de unos dos años, los intestinos se le salieron por causa de la enfermedad, y murió entre horribles dolores. Su pueblo ni siquiera encendió una hoguera en memoria suya, como habían hecho con sus antepasados. ²⁰ Tenía treinta y dos años cuando comenzó a reinar, y reinó en Jerusalén ocho años. Se fue sin que nadie lo lamentara. Lo enterraron en la Ciudad de David, pero no en el panteón real.

Reinado de Ocozías
(2 R 8.25-29)

22 ¹ Los habitantes de Jerusalén proclamaron rey, en lugar de Joram, a su hijo menor, Ocozías, pues las bandas de salteadores que junto con los árabes habían invadido el campamento, habían matado a todos los hijos mayores de Joram, rey de Judá. Así pues, Ocozías, hijo de Joram, rey de Judá, comenzó a reinar. ² Tenía veintidós³¹ años cuando empezó a reinar, y reinó en Jerusalén un año. Su madre se llamaba Atalía, y era descendiente de Omri. ³⁻⁴ Y Ocozías también siguió los pasos de Acab y su dinastía, pues su madre le daba malos consejos, y por causa de sus relaciones familiares con la casa de Acab, sus hechos fueron malos a los ojos del Señor. Ellos, en efecto, fueron

sus consejeros después de la muerte de su padre, y lo llevaron a la ruina.

⁵ Por seguir sus consejos, Ocozías se alió con Joram, hijo de Acab y rey de Israel, para pelear en Ramot de Galaad contra Hazael, rey de Siria. Pero los sirios hirieron a Joram, ⁶ y éste regresó a Jezreel para curarse de las heridas que le habían hecho en Ramot durante el combate contra Hazael, rey de Siria. Entonces, como Joram estaba enfermo, Ocozías fue a Jezreel a visitarlo.

Jehú mata a Ocozías
(2 R 9.27-29)

⁷ Dios tenía dispuesto que Ocozías muriera al ir a visitar a Joram. Apenas llegó, salió con Joram a encontrarse con Jehú, hijo de Nimsi. Pero Dios había escogido a Jehú para que aniquilara a la familia de Acab. ⁸ Cuando Jehú estaba haciendo justicia contra la familia de Acab, encontró a los jefes de Judá y a los parientes de Ocozías, que estaban al servicio de éste, y los mató. ⁹ Mandó buscar también a Ocozías, que se había escondido en Samaria, y lo apresaron, se lo llevaron a Jehú y lo mataron. Pero lo enterraron, teniendo en cuenta que era hijo de Josafat, quien había buscado sinceramente al Señor. De esta manera no quedó nadie de la familia de Ocozías que fuera capaz de recuperar el poder real.

Atalía usurpa el trono
(2 R 11.1-21)

¹⁰ Cuando Atalía, madre de Ocozías, supo que su hijo había muerto, fue y exterminó a toda la familia real de Judá. ¹¹ Pero Josaba, hija del rey Joram, apartó a Joás, hijo de Ocozías, de los otros hijos del rey a los que estaban matando, y lo escondió de Atalía, junto con su nodriza, en un dormitorio. Así que no lo mataron. Esto lo hizo Josaba, hija del rey Joram, hermana de Ocozías y esposa del sacerdote Joiada. ¹² Y Joás estuvo escondido con ellas en el templo del Señor. Mientras tanto, Atalía gobernó el país.

23 ¹ Al séptimo año, Joiada mandó llamar a los capitanes siguientes: Azarías hijo de Jeroham, Ismael hijo de Johanán, Azarías hijo de Obed, Maasías hijo de Adaía, y Elisafat hijo de Zicri, e hizo que se le unieran como aliados. ² Ellos recorrieron Judá, y reunieron a los levitas de todas las ciudades de Judá y a los jefes de las familias de Israel, y fueron todos a Jerusalén. ³ Allí todos los que se habían reunido hicieron un pacto con el rey en el templo de Dios.

---

³¹ *Veintidós:* según algunos mss. griegos y 2 R 8.26. Heb. *cuarenta y dos.*

Joiada les dijo: "¡Aquí tienen ustedes al hijo del rey! El es quien debe ser rey, como lo prometió el Señor acerca de los descendientes de David.ᵛ ⁴ Esto es lo que van a hacer ustedes: una tercera parte de ustedes, los sacerdotes y levitas que están de servicio en el día de reposo,³² cuidarán las puertas del templo; ⁵ otra tercera parte estará en el palacio real; y la otra tercera parte en la puerta de los cimientos. Mientras tanto, todo el pueblo estará en los atrios del templo. ⁶ Pero que nadie entre en el templo, fuera de los sacerdotes y levitas que estén de servicio. Solamente ellos pueden entrar, porque están consagrados; pero el resto del pueblo montará guardia en honor del Señor. ⁷ Los levitas formarán un círculo alrededor del rey, cada uno con sus armas en la mano, y el que intente penetrar en el templo, morirá. Acompañarán al rey dondequiera que él vaya."

⁸ Los levitas y la gente de Judá hicieron todo lo que el sacerdote Joiada les había ordenado. Cada cual tomó el mando de sus hombres, tanto los que entraban de guardia en día de reposo³² como los que salían, porque el sacerdote Joiada no dejó que se fueran los que terminaban su turno. ⁹ Entonces Joiada entregó a los capitanes las lanzas y los diversos escudos que habían pertenecido al rey David, y que estaban en el templo de Dios. ¹⁰ Luego colocó en sus puertas a toda la gente, desde el ala derecha hasta el ala izquierda del templo, y alrededor del altar, cada uno con su lanza en la mano para proteger al rey. ¹¹ Entonces Joiada y sus hijos sacaron al hijo del rey, le pusieron la corona y las insignias reales, y después de derramar aceite sobre él lo proclamaron rey. Luego todos gritaron: "¡Viva el rey!"

¹² Cuando Atalía oyó los gritos de la gente que corría y aclamaba al rey, fue al templo del Señor, donde estaban todos. ¹³ Vio allí al rey, de pie junto a su columna, a la entrada. A su lado estaban los jefes y la banda de música, y la gente muy alegre y tocando trompetas; los cantores, con instrumentos musicales, dirigían los himnos de alabanza. Entonces Atalía rasgó sus vestidos y gritó:

—¡Traición! ¡Traición!

¹⁴ Pero el sacerdote Joiada hizo salir a los capitanes que estaban al mando del ejército, y les dijo:

—¡Sáquenla de entre las filas, y pasen a cuchillo al que la siga!

Como el sacerdote había ordenado que no la mataran en el templo del Señor, ¹⁵ la apresaron y la sacaron por la puerta de la caballería real, y allí la mataron.

¹⁶ Después Joiada hizo un pacto con todo el pueblo y con el rey, de que ellos serían el pueblo del Señor. ¹⁷ Luego fueron todos al templo de Baal y lo derribaron, destrozando sus altares y sus ídolos. En cuanto a Matán, el sacerdote de Baal, lo degollaron ante los altares. ¹⁸ A continuación, Joiada puso una guardia en el templo del Señor, bajo las órdenes de los sacerdotes y los levitas, a quienes David había repartido por turnos para servir en el templo ofreciendo al Señor los holocaustos, según está prescrito en la ley de Moisés, y cantando con alegría, como lo había dispuesto David. ¹⁹ También puso porteros en las entradas del templo del Señor, para que nadie que por cualquier motivo estuviera ritualmente impuro pudiera entrar. ²⁰ Luego tomó a los capitanes, a las personas más importantes, a los gobernadores del pueblo y a toda la gente, y acompañó al rey desde el templo del Señor hasta el palacio real, entrando por la puerta superior. Luego sentaron al rey en el trono real, ²¹ y todo el pueblo se alegró. Y como Atalía había muerto a filo de espada, la ciudad quedó tranquila.

Reinado de Joás
(2 R 12.1–21)

24 ¹ Joás tenía siete años cuando comenzó a reinar, y reinó en Jerusalén durante cuarenta años. Su madre se llamaba Sibia, y era de Beerseba. ² Los hechos de Joás fueron rectos a los ojos del Señor, mientras vivió el sacerdote Joiada. ³ Joiada lo casó con dos esposas, de las que Joás tuvo hijos e hijas.

⁴ Algún tiempo después, Joás se propuso reparar el templo del Señor, ⁵ para lo cual reunió a los sacerdotes y a los levitas y les dijo: "Salgan por las ciudades de Judá, y recojan de todos los israelitas dinero para reparar cada año el templo de Dios. Dense prisa en este asunto." Pero los levitas no se dieron prisa. ⁶ Entonces el rey llamó al sumo sacerdote Joiada y le dijo:

—¿Por qué no has procurado que los levitas traigan de Judá y Jerusalén la contribución que Moisés, el siervo del Señor, y la comunidad de Israel ordenaron recoger para la tienda del pacto?ʷ

⁷ Porque Atalía, que era la maldad misma, y sus seguidores, habían penetrado en el templo de Dios y habían tomado para el culto a los ídolos todos los objetos del templo del Señor. ⁸ Entonces el rey mandó hacer un cofre, y lo colocaron junto a la puerta del templo del Señor, por fuera. ⁹ Luego anunciaron por todo Judá y

---

³² *Día de reposo:* aquí equivale a *sábado.*
ᵛ **23.3** 2 S 7.12.   ʷ **24.6** Ex 30.11-16.

Jerusalén que se debía llevar al Señor la contribución que Moisés, el siervo del Señor, había ordenado a Israel en el desierto. ¹⁰ Y todos los jefes y todo el pueblo acudieron con gusto a depositar su contribución en el cofre, hasta llenarlo. ¹¹ Los levitas llevaban el cofre al rey, para que lo examinara; y cuando veían que ya había bastante dinero, llegaban el cronista del rey y un inspector designado por el sumo sacerdote, vaciaban el cofre, y luego lo tomaban y lo volvían a colocar en su lugar. Así lo hacían diariamente, y recogían mucho dinero. ¹² El rey y Joiada entregaban ese dinero a los encargados de las obras del templo, para que contrataran canteros y carpinteros que repararan el templo del Señor. También debían contratar oficiales que trabajaran el hierro y el bronce, para reparar el templo. ¹³ Los encargados de las obras se pusieron a trabajar, y en sus manos progresó de tal modo la obra de reparación, que restauraron el templo de Dios según los planos originales y lo dejaron en buen estado. ¹⁴ Cuando terminaron, llevaron al rey y a Joiada el dinero que sobró, y ellos mandaron hacer con él utensilios para el templo del Señor, tanto para los actos de culto como para holocaustos, y cucharones y otros utensilios de oro y plata. Mientras vivió Joiada, se ofrecieron continuamente holocaustos en el templo del Señor.

¹⁵ Pero Joiada envejeció, y siendo ya de edad muy avanzada, murió. Al morir tenía ciento treinta años; ¹⁶ y lo enterraron en la Ciudad de David, junto con los reyes, porque se había portado bien con Israel, con Dios y con su templo.

¹⁷ Después de la muerte de Joiada, llegaron los jefes de Judá y rindieron homenaje al rey. Él se dejó aconsejar de ellos, ¹⁸ y ellos abandonaron el templo del Señor, Dios de sus antepasados, y dieron culto a las representaciones de Asera y a otros ídolos. Por este pecado el Señor se enojó contra Judá y Jerusalén. ¹⁹ Sin embargo, el Señor les envió profetas para hacer que se volvieran a él. Pero la gente no hizo caso a las amonestaciones de los profetas.

²⁰ Entonces Zacarías, hijo del sacerdote Joiada, fue poseído por el espíritu de Dios, se puso de pie en un lugar elevado y dijo al pueblo: "Dios dice: '¿Por qué no obedecen ustedes mis mandamientos? ¿Por qué se buscan ustedes mismos su desgracia? ¡Puesto que ustedes me han abandonado a mí, yo también los abandonaré a ustedes!'"^x ²¹ Pero ellos se pusieron de acuerdo contra él, y lo apedrearon por orden del rey en el atrio del Señor. ²² El rey

Joás olvidó la lealtad que Joiada, el padre de Zacarías, le había demostrado, y mató a Zacarías, su hijo, quien en el momento de morir exclamó: "¡Que el Señor vea esto y pida cuentas por ello!"

²³ En la primavera,³³ el ejército sirio lanzó un ataque contra Joás, y después de avanzar hasta Judá y Jerusalén, exterminaron a todos los jefes de la nación, la saquearon y enviaron todas las cosas al rey de Damasco. ²⁴ Sólo había llegado un pequeño destacamento del ejército sirio, pero el Señor entregó en manos de ellos un ejército muy numeroso, por haber abandonado al Señor, Dios de sus antepasados. Así Joás sufrió el castigo merecido.

²⁵ Cuando los sirios se retiraron, dejándolo gravemente enfermo, sus funcionarios tramaron una conspiración contra él para vengar el asesinato del hijo del sacerdote Joiada, y lo mataron en su propia cama. Después lo enterraron en la Ciudad de David, pero no en el panteón real. ²⁶ Los de la conspiración contra él fueron Zabad hijo de Simeat, un amonita, y Jozaba hijo de Simrit, un moabita.

²⁷ Lo que se refiere a los hijos de Joás, a las muchas profecías contra él y a su restauración del templo de Dios, todo está escrito en el comentario del libro de los reyes. Después reinó en su lugar su hijo Amasías.

Reinado de Amasías
(2 R 14.1-22)

25 ¹ Amasías tenía veinticinco años cuando comenzó a reinar, y reinó en Jerusalén durante veintinueve años. Su madre se llamaba Joadán, y era de Jerusalén. ² Los hechos de Amasías fueron rectos a los ojos del Señor, pero no se portó con total sinceridad.

³ Cuando Amasías se afirmó en el poder, mató a todos los oficiales que habían asesinado a su padre. ⁴ Pero no dio muerte a los hijos de ellos, pues, según lo escrito en el libro de la ley de Moisés, el Señor ordenó: "Los padres no podrán ser condenados a muerte por culpa de lo que hayan hecho sus hijos, ni los hijos por lo que hayan hecho sus padres, sino que cada uno morirá por su propio pecado."^y

⁵ Amasías reunió a todos los hombres de Judá y de Benjamín, y los organizó por familias bajo el mando de jefes militares. Luego hizo el censo de todos los que tenían de veinte años para arriba, y resultó que había trescientos mil soldados escogidos, listos para la guerra y capaces de usar lanzas y escudos. ⁶ Además contrató cien

33 En la primavera: lit. a la vuelta del año.
x 24.20-21 Mt 23.35; Lc 11.51.   y 25.4 Dt 24.16; Ez 18.2-4.

mil soldados de Israel por tres mil trescientos kilos de plata.

[7] Pero un hombre de Dios se presentó ante él, y le dijo:

—Oh rey, que no se te junte el ejército de Israel, porque el Señor no está con Israel, con toda esa gente de Efraín. [8] Pero si quieres reforzar tu ejército con ayuda de ellos[34] para ir a la guerra, Dios te hará caer frente al enemigo, porque Dios tiene poder para ayudar y para derribar.

[9] Amasías le preguntó al hombre de Dios:

—Pero, ¿qué va a pasar entonces con los tres mil trescientos kilos de plata que di a las tropas de Israel?

El hombre de Dios le respondió:

—El Señor tiene suficiente para darte mucho más que eso.

[10] Entonces Amasías hizo que las tropas que habían venido de Efraín a unírsele se separaran y volvieran a sus casas. Pero ellos se enfurecieron contra Judá, y se volvieron muy enojados a sus casas.

[11] Amasías se armó de valor y llevó su ejército al Valle de la Sal, y mató a diez mil hombres de Seir. [12] Además los de Judá apresaron vivos a otros diez mil y los llevaron a la cumbre de un monte rocoso; desde allí los despeñaron, y todos se hicieron pedazos.

[13] Entre tanto, las tropas que Amasías no había dejado que se le juntaran para la guerra y había hecho volver a sus casas, invadieron las ciudades de Judá desde Samaria hasta Bet-horón, mataron a tres mil personas y se llevaron muchas cosas que robaron.

[14] Al volver Amasías de derrotar a los de Edom, se trajo con él los dioses de Seir, y los tomó como dioses suyos, los adoró y les quemó incienso. [15] El Señor se enojó con Amasías, y le envió un profeta a decirle:

—¿Por qué has recurrido a los dioses de una nación que ellos no pudieron librar de ti?

[16] Pero cuando el profeta decía esto, el rey le replicó:

—¿Acaso te hemos nombrado consejero real? ¡Déjate de cosas! ¿O es que quieres que te maten?

El profeta no insistió más, pero dijo:

—Yo sé que Dios ha decidido destruirte por haber hecho esto y no seguir mi consejo.

[17] Pero Amasías, rey de Judá, siguió el consejo de otros, y le mandó decir a Joás, hijo de Joacaz y nieto de Jehú, rey de Israel: "Ven, y nos veremos las caras." [18] Pero Joás le envió la siguiente respuesta: "El cardo le mandó decir al cedro del Líbano: 'Dale tu hija a mi hijo, para que sea su mujer.' Pero una fiera pasó por allí y aplastó al cardo. [19] Tú dices que has derrotado a los edomitas, y eso te hace sentirte orgulloso y buscar más honores. Pero mejor quédate en tu casa. ¿Por qué quieres provocar tu propia desgracia y la desgracia de Judá?"

[20] Sin embargo, Amasías no le hizo caso, porque Dios lo había dispuesto así para entregarlos en poder de Joás, por haber recurrido ellos a los dioses de Edom. [21] Entonces Joás se puso en marcha para enfrentarse con Amasías, en Bet-semes, que está en territorio de Judá. [22] Y Judá fue derrotado por Israel, y cada cual huyó a su casa. [23] Joás, rey de Israel, hizo prisionero en Bet-semes a Amasías, rey de Judá, y luego lo llevó a Jerusalén, en cuyo muro abrió una brecha de ciento ochenta metros, desde la Puerta de Efraín hasta la Puerta de la Esquina. [24] Además se apoderó de todo el oro y la plata, y de todos los objetos que había en el templo de Dios a cargo de Obed-edom y en los tesoros del palacio real. Y después de tomar a algunas personas como rehenes, regresó a Samaria.

[25] Amasías, hijo de Joás, rey de Judá, vivió aún quince años después de la muerte de Joás, hijo de Joacaz y rey de Israel. [26] El resto de la historia de Amasías, desde el comienzo hasta el fin, está escrito en el libro de los reyes de Judá y de Israel. [27] Desde el momento en que Amasías se apartó del Señor, en Jerusalén se conspiró contra Amasías, el cual huyó a Laquis; pero no lo persiguieron hasta esa ciudad, y allí le dieron muerte. [28] Luego lo llevaron sobre un caballo y lo enterraron con sus antepasados, en la Ciudad de David.[35]

Reinado de Uzías
(2 R 14.21–22; 15.1–7)

26 [1] Entonces todo el pueblo de Judá tomó a Uzías,[36] y lo hicieron rey en lugar de su padre Amasías. Uzías tenía entonces dieciséis años, [2] y él fue quien, después de la muerte de su padre, reconstruyó la ciudad de Elat y la recuperó para Judá.

[3] Uzías tenía dieciséis años cuando comenzó a reinar, y reinó en Jerusalén cincuenta y dos años. Su madre se llamaba Jecolías, y era de Jerusalén. [4] Los hechos de Uzías fueron rectos a los ojos del Señor, como lo habían sido los de Amasías, su padre. [5] Procuró recurrir a Dios mientras vivió Zacarías, quien le en-

---

[34] *Con ayuda de ellos:* texto probable. Heb. oscuro.   [35] *Ciudad de David:* según varios mss. y 2 R 14.20. Heb. *ciudad de Judá.*   [36] Este mismo rey lleva también el nombre de Azarías.

señó a respetar a Dios. Y mientras recurrió al Señor, él le dio prosperidad.

⁶ Uzías emprendió una campaña contra los filisteos, y derribó las murallas de Gat, Jabnia y Asdod, y construyó ciudades en el territorio de Asdod, entre los filisteos. ⁷ Dios le ayudó contra los filisteos, contra los árabes que vivían en Gur-baal y contra los meunitas. ⁸ Los amonitas pagaban tributo a Uzías, y la fama de éste se extendió hasta las fronteras de Egipto, porque su poder había aumentado mucho.

⁹ También construyó torres en Jerusalén, sobre la Puerta de la Esquina, sobre la Puerta del Valle y sobre la esquina, y las fortificó. ¹⁰ Además construyó torres en el desierto, y abrió muchos pozos, porque tenía mucho ganado, tanto en la llanura como en la meseta. También tenía hombres trabajando en los campos y viñedos que poseía en la región montañosa, y en sus huertos, pues era aficionado a la agricultura.

¹¹ Uzías disponía, además, de un ejército en pie de guerra, que salía a campaña organizado por destacamentos, según el registro hecho por Jehiel, el cronista real, y por Maasías, el oficial, bajo la dirección de Hananías, uno de los comandantes del rey. ¹² El total de los jefes de familias compuestas por guerreros valientes era de dos mil seiscientos. ¹³ Bajo su mando había un ejército de trescientos siete mil quinientos soldados en pie de guerra, una fuerza poderosa que podía ayudar al rey en sus guerras. ¹⁴ Uzías preparó para todo el ejército escudos, lanzas, cascos, corazas, arcos y hondas. ¹⁵ Además construyó en Jerusalén ingeniosas máquinas de guerra para colocarlas en las torres y en los puntos más altos de la muralla, y disparar desde allí flechas y grandes piedras. Su fama se extendió hasta muy lejos, pues Dios le ayudó en forma tan extraordinaria que logró hacerse muy poderoso.

¹⁶ Pero cuando se afirmó en el poder, se volvió orgulloso, lo cual fue su ruina. Fue infiel al Señor su Dios, pues entró en el templo del Señor para quemar incienso en el altar del incienso. ¹⁷ Pero detrás de él entró el sacerdote Azarías, acompañado de ochenta valientes sacerdotes del Señor, ¹⁸ que se enfrentaron al rey y le dijeron: "Rey Uzías, el ofrecer incienso al Señor no le corresponde a Su Majestad, sino a los sacerdotes descendientes de Aarón, que están consagrados para hacerlo.ᶻ Salga Su Majestad del santuario, porque ha cometido una infidelidad al Señor, y Dios no lo va a honrar por eso." ¹⁹ Uzías, que tenía un incensario en la mano para ofrecer el incienso, se enfureció con los sacerdotes. Y en ese momento, en pleno templo del Señor, junto al altar del incienso y en presencia de los sacerdotes, le salió lepra en la frente. ²⁰ Cuando el sumo sacerdote Azarías y todos los demás sacerdotes se fijaron en él, vieron que tenía lepra en la frente y lo sacaron inmediatamente de allí; él mismo quería salir cuanto antes, pues el Señor lo había castigado.

²¹ El rey Uzías fue leproso hasta el día en que murió, así que el rey vivió como leproso, aislado en una casa, y le prohibieron entrar en el templo del Señor, y Jotam, su hijo, se hizo cargo de la regencia y gobernó a la nación.

²² El resto de la historia de Uzías, desde el principio hasta el fin, lo escribió el profeta Isaías hijo de Amoz. ²³ Cuando Uzías murió,ᵃ lo enterraron con sus antepasados en un cementerio de propiedad real, teniendo en cuenta que era leproso. Después reinó en su lugar su hijo Jotam.

Reinado de Jotam
(2 R 15.32–38)

27 ¹ Jotam tenía veinticinco años cuando comenzó a reinar, y reinó en Jerusalén dieciséis años. Su madre se llamaba Jerusa, hija de Sadoc.

² Los hechos de Jotam fueron rectos a los ojos del Señor, como lo habían sido los de Uzías, su padre. Sin embargo no entró en el templo del Señor. Pero el pueblo continuó sus prácticas perversas. ³ Jotam fue quien construyó la puerta superior del templo del Señor, y también muchas otras edificaciones en la muralla de Ofel. ⁴ También construyó ciudades en la montaña de Judá, y fortalezas y torres en los bosques. ⁵ Estuvo en guerra con el rey de los amonitas, a los que venció. Aquel año los amonitas tuvieron que pagarle como tributo tres mil trescientos kilos de plata, dos millones doscientos mil litros de trigo y otros tantos de cebada. Lo mismo le entregaron en cada uno de los dos años siguientes.

⁶ Jotam se hizo poderoso porque su conducta fue recta a los ojos del Señor. ⁷ El resto de la historia de Jotam, con todo lo que se refiere a sus campañas militares y lo que realizó, está escrito en el libro de los reyes de Israel y de Judá.

⁸ Jotam tenía veinticinco años cuando comenzó a reinar, y reinó en Jerusalén dieciséis años. ⁹ Cuando murió, lo enterraron con sus antepasados en la Ciudad de David. Después reinó en su lugar su hijo Acaz.

ᶻ 26.18 Ex 30.7–8; Nm 3.10. ᵃ 26.23 Is 6.1.

Reinado de Acaz en Judá
(2 R 16.1–20)

28 [1] Acaz tenía veinte años cuando comenzó a reinar, y reinó en Jerusalén dieciséis años; pero sus hechos no fueron rectos a los ojos del Señor, como los de su antepasado David, [2] sino que siguió los pasos de los reyes de Israel, y también hizo estatuas de metal fundido que representaban a Baal, [3] quemó incienso en el valle de Ben-hinom e hizo quemar a sus hijos en sacrificio, conforme a las prácticas infames de las naciones que el Señor había arrojado de la presencia de los israelitas. [4] Además ofreció sacrificios y quemó incienso en los santuarios paganos, en las colinas y bajo todo árbol frondoso.

[5] Por ese motivo, el Señor su Dios lo entregó en manos del rey de Siria, y los sirios lo derrotaron y le hicieron gran número de prisioneros que se llevaron a Damasco. También lo entregó el Señor en manos del rey de Israel, que le causó una gran derrota. [6] En efecto, Peka, hijo de Remalías, mató en Judá, en un solo día, ciento veinte mil hombres, todos ellos hombres de gran valor, por haber abandonado al Señor, Dios de sus antepasados.[b] [7] Y Zicri, un guerrero de Efraín, mató a Maasías, hijo del rey, a Azricam, jefe de palacio, y a Elcana, primer oficial del rey. [8] Además, los soldados de Israel hicieron prisioneras a doscientas mil personas de Judá, entre mujeres, niños y niñas, y se apoderaron de muchas cosas y se las llevaron a Samaria.

[9] Había allí un profeta del Señor, llamado Oded, que salió al encuentro del ejército cuando entraba en Samaria, y les dijo:

—El Señor, Dios de los antepasados de ustedes, se enojó con Judá, y por eso los ha entregado en manos de ustedes. Pero ustedes los han matado con un furor que ha llegado hasta el cielo. [10] Además, han decidido hacer de la gente de Judá y Jerusalén sus esclavos y esclavas. Pero, ¿acaso ustedes mismos no han pecado contra el Señor su Dios? [11] Por tanto, háganme caso y devuelvan los prisioneros que hicieron y que son sus hermanos, porque el Señor está muy enojado con ustedes.

[12] Entonces Azarías hijo de Johanán, Berequías hijo de Mesilemot, Ezequías hijo de Salum, y Amasa hijo de Adlai, que eran de los principales jefes de Efraín, se pusieron frente a los que volvían de la guerra, [13] y les dijeron:

—No traigan aquí a los prisioneros, pues eso nos hará culpables ante el Señor. Lo que ustedes pretenden, sólo aumentará nuestros pecados y nuestras culpas, que ya son demasiados, y el Señor se enojará mucho con Israel.

[14] Entonces los soldados soltaron a los prisioneros y dejaron las cosas que les habían quitado delante de los jefes y de todo el pueblo. [15] Luego, los hombres antes mencionados se hicieron cargo de los prisioneros, y de las mismas cosas que les habían quitado sacaron ropa para vestir a los que estaban desnudos, y los calzaron, les dieron de comer y de beber y les curaron las heridas, y llevaron montados en asnos a todos los inválidos hasta Jericó, la ciudad de las palmeras, y los dejaron con sus parientes. Después regresaron a Samaria.

[16] Por aquel tiempo, el rey Acaz envió una embajada al rey de Asiria para pedirle ayuda, [17] pues los de Edom habían realizado una nueva invasión, y habían derrotado a Judá, y se habían llevado algunos prisioneros. [18] Por otra parte, los filisteos habían saqueado las ciudades de la llanura y del Néguev pertenecientes a Judá; se habían apoderado de Bet-semes, Ajalón y Gederot, y también de Soco, Timna y Gimzo con sus respectivas aldeas, y se habían instalado en ellas. [19] El Señor había querido humillar a Judá a causa de Acaz, rey de Judá,[37] pues él había promovido el desenfreno en Judá y había sido sumamente infiel al Señor.

[20] Tiglat-pileser, rey de Asiria, se dirigió contra Acaz, y en vez de apoyarlo, lo puso en aprietos. [21] Pues aunque Acaz sacó las cosas de valor del templo del Señor, del palacio real y de las casas de los jefes para dárselas como tributo al rey de Asiria, no consiguió con eso ninguna ayuda. [22] Y a pesar de encontrarse en tal aprieto, continuó siendo infiel al Señor. ¡Así era el rey Acaz! [23] Ofreció sacrificios a los dioses de Damasco, que fueron la causa de su derrota. Pensó que, si los dioses de Siria habían ayudado a los reyes de este país, también le ayudarían a él, si les ofrecía sacrificios. Pero ellos fueron la causa de su ruina y de la de todo Israel. [24] Acaz juntó los utensilios del templo de Dios y los hizo pedazos, cerró las puertas del templo y mandó que le hicieran altares paganos en todas las esquinas de Jerusalén. [25] Edificó santuarios paganos en todas las ciudades de Judá para quemar incienso a otros dioses, provocando así la ira del Señor, Dios de sus antepasados.

[26] El resto de su historia y todo lo que realizó, desde el principio hasta el fin, está escrito en el libro de los reyes de Judá y de Israel. [27] Cuando murió,[c] lo enterraron con sus antepasados en la ciudad de Jerusalén,

---

[37] *Rey de Judá:* según 28.1 y las versiones antiguas. Heb. *rey de Israel.*
[b] **28.5–6** 2 R. 16.5; Is 7.1. [c] **28.27** Is 14.28.

pero no lo llevaron al panteón de los reyes de Israel. Después reinó en su lugar su hijo Ezequías.

Reinado de Ezequías
(2 R 18.1–3)

29 ¹ Ezequías empezó a reinar cuando tenía veinticinco años de edad, y reinó en Jerusalén veintinueve años. Su madre se llamaba Abí, y era hija de Zacarías. ² Los hechos de Ezequías fueron rectos a los ojos del Señor, como todos los de su antepasado David. ³ Él fue quien en el mes primero del primer año de su reinado abrió las puertas del templo del Señor, y las reparó. ⁴ Luego llamó a los sacerdotes y levitas, los reunió en la plaza oriental ⁵ y les dijo: "Levitas, escúchenme: purifíquense ahora, y purifiquen también el templo del Señor, Dios de sus antepasados. Saquen del santuario todo lo que sea impuro. ⁶ Porque nuestros antepasados fueron infieles, sus actos fueron malos a los ojos del Señor nuestro Dios, y lo abandonaron. Apartaron su vista y despreciaron el lugar donde reside el Señor. ⁷ Cerraron las puertas del vestíbulo, apagaron las lámparas, y dejaron de quemar incienso y de ofrecer holocaustos en el santuario al Dios de Israel. ⁸ Por eso, el Señor se enojó con Judá y Jerusalén, y las dejó convertidas en algo que causaba terror y espanto, como lo han visto ustedes con sus propios ojos. ⁹ Por eso, nuestros padres cayeron muertos en la guerra, y nuestros hijos e hijas y nuestras esposas fueron llevados prisioneros. ¹⁰ Así pues, he decidido hacer un pacto con el Señor, Dios de Israel, para que aparte su ira de nosotros. ¹¹ Por consiguiente, hijos míos, no se den descanso, porque el Señor los ha escogido para que estén siempre a su disposición y le sirvan, y para que le ofrezcan incienso."

¹² Los levitas que inmediatamente empezaron a trabajar fueron los siguientes: de los descendientes de Coat, Mahat hijo de Amasai y Joel hijo de Azarías; de los de Merari, Cis hijo de Abdí y Azarías hijo de Jehaleel; de los de Gersón, Joa hijo de Zima y Edén hijo de Joa; ¹³ de los de Elizafán, Simrí y Jehiel; de los de Asaf, Zacarías y Matanías; ¹⁴ de los de Hemán, Jehiel y Simei, y de los de Jedutún, Semaías y Uziel. ¹⁵ Primero reunieron a sus parientes y se purificaron todos; luego entraron en el templo para purificarlo, según la orden que el rey les había dado de acuerdo con el mandato del Señor.

¹⁶ Después penetraron los sacerdotes en el interior del templo para purificarlo. Sacaron al atrio del templo todas las cosas impuras que encontraron en el edificio interior, y los levitas las llevaron al arroyo Cedrón. ¹⁷ Comenzaron a hacer la purificación el día primero del primer mes, y para el día ocho del mes ya habían llegado al vestíbulo del templo del Señor. El resto del templo lo purificaron en otros ocho días, y para el día dieciséis ya habían terminado. ¹⁸ Después entraron en el palacio del rey Ezequías, y le dijeron: "Ya hemos purificado todo el templo: el altar de los holocaustos con todos sus utensilios, y la mesa para los panes consagrados con todos sus utensilios. ¹⁹ También hemos ordenado y purificado todos los utensilios que el rey Acaz, durante su reinado, había desechado por causa de su infidelidad, y ahora están ya delante del altar del Señor."

²⁰ El rey Ezequías se levantó muy temprano, reunió a las autoridades de la ciudad y se fue al templo del Señor. ²¹ Llevaban siete becerros, siete carneros, siete corderos y siete cabritos, como ofrenda por el pecado a favor de la familia real, del templo y de Judá. El rey ordenó a los sacerdotes, descendientes de Aarón, que los ofrecieran en holocausto sobre el altar del Señor. ²² Los sacerdotes mataron los becerros, recogieron la sangre y rociaron con ella el altar. Luego hicieron lo mismo con los carneros, y también con los corderos.

²³ Después llevaron los cabritos de la ofrenda por el pecado delante del rey y de la comunidad, y ellos pusieron las manos sobre los animales. ²⁴ A continuación, los sacerdotes los mataron y derramaron su sangre sobre el altar como ofrenda por el pecado, para obtener el perdón de los pecados de todo Israel, pues el rey había ordenado que el holocausto se ofreciera por todo Israel.

²⁵ Ezequías también puso en el templo del Señor levitas con platillos, salterios y cítaras, según la norma que David, y Gad, vidente al servicio del rey, y el profeta Natán habían dado.ᵈ Porque aquella norma la había dado el Señor por medio de sus profetas. ²⁶ Los levitas estaban de pie con los instrumentos musicales de David, y los sacerdotes con las trompetas. ²⁷ Entonces Ezequías dispuso que se ofreciera el holocausto sobre el altar. Y en el momento de comenzar el holocausto, empezaron también los cantos en honor del Señor y el toque de las trompetas, acompañados por los instrumentos musicales del rey David. ²⁸ La comunidad estaba de rodillas en actitud de adoración mientras el coro cantaba y los sacerdotes tocaban las trompetas. Todo esto duró hasta que se terminó el

holocausto. ²⁹ Cuando éste terminó, el rey y todos los que lo acompañaban se arrodillaron en actitud de adoración. ³⁰ Después el rey Ezequías y las autoridades ordenaron a los levitas que alabaran al Señor con los salmos de David y del profeta Asaf. Y ellos lo hicieron con mucha alegría, y también se arrodillaron en actitud de adoración.

³¹ Luego Ezequías dijo a la gente: "Ya que ustedes se han consagrado ahora al Señor, acérquense y traigan sacrificios y ofrendas de acción de gracias para el templo del Señor." Entonces la comunidad llevó sacrificios y ofrendas de acción de gracias, y los que tuvieron voluntad de hacerlo, ofrecieron holocaustos. ³² Los animales que llevó la comunidad para los holocaustos fueron setenta toros, cien carneros y doscientos corderos. Todo era para ofrecerlo al Señor como holocausto. ³³ El total de animales que ofrecieron fue de seiscientas reses y tres mil cabezas de ganado menor.

³⁴ Pero como había pocos sacerdotes, y no alcanzaban a quitarles la piel a todos los animales para los holocaustos, tuvieron que ayudarles sus hermanos, los levitas, a terminar la labor, hasta que los otros sacerdotes se purificaron; porque los levitas se habían mostrado mejor dispuestos a purificarse que los sacerdotes. ³⁵ Además, había una gran cantidad de holocaustos que ofrecer, y la grasa de los sacrificios de reconciliación, y las ofrendas de vino que se hacían junto con los holocaustos.

De este modo se restableció el culto en el templo del Señor. ³⁶ Y tanto Ezequías como todo el pueblo se alegraron de lo que Dios había hecho por el pueblo, pues todo había sucedido con gran rapidez.

Ezequías celebra la Pascua

30 ¹ Ezequías mandó avisar en todo Israel y Judá, y también envió cartas a Efraín y Manasés, para invitarlos a acudir al templo del Señor en Jerusalén a celebrar la Pascuaᵉ del Señor, Dios de Israel. ² El rey, después de haber consultado con sus funcionarios y con toda la comunidad de Jerusalén, había decidido celebrar la Pascua en el segundo mes, ³ ya que no había podido celebrarla a su debido tiempo porque no había bastantes sacerdotes que se hubieran purificado ni el pueblo se había reunido en Jerusalén.ᶠ ⁴ Y como tanto al rey como a toda la comunidad les había parecido buena la propuesta, ⁵ decidieron hacer circular por todo Israel, desde Beerseba hasta Dan, la invitación a ir a cele-

brar en Jerusalén la Pascua del Señor, Dios de Israel. Porque antes no la habían celebrado con mucha asistencia, como estaba prescrito.

⁶ Así pues, salieron mensajeros por todo Israel y Judá con cartas del rey y de sus funcionarios para proclamar la orden real: "Israelitas: vuélvanse al Señor, Dios de Abraham, Isaac e Israel, y él se volverá a ustedes, el resto que ha escapado de las manos de los reyes de Asiria. ⁷ No sean como sus antepasados y como sus hermanos, que por ser infieles al Señor, Dios de sus antepasados, él los entregó a la destrucción, como ustedes ven. ⁸ Por consiguiente, no sean tercos como sus antepasados; extiendan la mano al Señor para renovar el pacto y vengan a su santuario, que él ha consagrado para siempre. Sirvan al Señor su Dios, y él dejará de estar enojado con ustedes. ⁹ Si ustedes se vuelven al Señor, los enemigos que ahora tienen prisioneros a sus hermanos y a sus hijos tendrán compasión de ellos y los dejarán volver a este país, porque el Señor, el Dios de ustedes, es compasivo y misericordioso y no los rechazará a ustedes, si ustedes se vuelven a él."

¹⁰ Los mensajeros recorrieron el territorio de Efraín y Manasés, yendo de ciudad en ciudad hasta llegar a Zabulón. Pero la gente se reía y se burlaba de ellos. ¹¹ Sin embargo, algunos hombres de las tribus de Aser, Manasés y Zabulón se humillaron ante Dios y acudieron a Jerusalén. ¹² Dios también movió a la gente de Judá para que estuvieran de acuerdo en cumplir la orden del rey y de las autoridades, según lo mandado por el Señor.

¹³ Así pues, una multitud sumamente grande se reunió el segundo mes en Jerusalén para celebrar la fiesta de los panes sin levadura. ¹⁴ Empezaron por quitar todos los altares y lugares para quemar incienso que había en Jerusalén, y los echaron al arroyo Cedrón. ¹⁵ El día catorce del segundo mes mataron el cordero de la Pascua. Los sacerdotes y levitas, sintiendo vergüenza de sí mismos, se purificaron y llevaron al templo del Señor animales para los holocaustos. ¹⁶ Luego ocuparon sus puestos, según les está asignado en la ley de Moisés, hombre de Dios. Los sacerdotes rociaban la sangre que les entregaban los levitas. ¹⁷ Y como en la comunidad había muchos que no se habían purificado, los levitas tuvieron que matar para la Pascua los animales de todos aquellos que no se habían purificado, a fin de consagrarlos al Señor. ¹⁸ En efecto, un gran número de personas de Efraín, Manasés, Isacar y Zabulón participaron de la co-

mida de la Pascua, pero no de acuerdo con lo prescrito, pues no se habían purificado. Pero Ezequías oró por ellos, diciendo: "Señor bondadoso, perdona a todos los de corazón sincero que te buscan a ti, [19] oh Señor, Dios de sus antepasados, aunque no se hayan purificado como lo requiere la santidad del templo."

[20] Y el Señor atendió la petición de Ezequías y perdonó al pueblo. [21] Así que, durante siete días, los israelitas que se encontraban en Jerusalén celebraron con mucha alegría la fiesta de los panes sin levadura. Y los sacerdotes y levitas estuvieron alabando diariamente al Señor con los imponentes instrumentos de música sagrada. [22] Ezequías felicitó a todos los levitas que habían demostrado sus excelentes disposiciones para el servicio del Señor.

Y después de haber participado de la comida de la fiesta durante siete días, de haber ofrecido sacrificios de reconciliación y de haber alabado al Señor, Dios de sus antepasados, [23] toda la comunidad decidió prolongar la fiesta por otros siete días, lo cual hicieron muy contentos; [24] porque Ezequías, rey de Judá, regaló a la comunidad mil becerros y siete mil ovejas, y por su parte las autoridades regalaron al pueblo mil becerros y diez mil ovejas. Muchos sacerdotes se purificaron. [25] Toda la comunidad de Judá se alegró, lo mismo que los sacerdotes, los levitas y toda la gente que había venido de Israel, y los extranjeros que llegaron del territorio de Israel o que vivían en Judá. [26] Hubo, pues, mucha alegría en Jerusalén, porque desde los tiempos de Salomón, hijo de David y rey de Israel, no había ocurrido nada semejante en Jerusalén. [27] Después los sacerdotes y levitas, de pie, bendijeron al pueblo; y el Señor los escuchó, y su oración llegó hasta el cielo, el lugar donde Dios santo reside.

31 [1] Cuando todo eso terminó, todos los israelitas que se encontraban allí se fueron a las ciudades de Judá e hicieron pedazos las piedras sagradas, rompieron las representaciones de Asera y derribaron los santuarios paganos, hasta que terminaron con todas aquellas cosas en todo Judá y en Benjamín, y también en Efraín y Manasés. Luego todos los israelitas regresaron a sus ciudades, cada uno a su propiedad.

[2] Después Ezequías repartió a los sacerdotes y levitas por turnos, para que unos y otros, cada uno según su propio oficio, ofrecieran holocaustos y sacrificios de reconciliación, dieran gracias y alabaran al Señor, y sirvieran en las puertas del templo. [3] Además el rey contribuyó de sus propios bienes para el holocausto de la mañana y de la tarde, para los holocaustos del día de reposo, de la fiesta de luna nueva y de las fiestas solemnes, como está escrito en la ley del Señor.[g] [4] También ordenó a la gente que vivía en Jerusalén que entregaran a los sacerdotes y levitas la contribución que les correspondía, para que pudieran dedicarse con todo empeño a cumplir la ley del Señor. [5] Y cuando la orden se difundió, los israelitas dieron con gran generosidad lo mejor de su cosecha de trigo, vino, aceite, miel y toda clase de productos del campo. También llevaron la décima parte de todos sus productos, en gran cantidad.[h]

[6] También los habitantes de Israel y los que vivían en otras ciudades de Judá trajeron la décima parte del ganado vacuno y del ganado menor, y la décima parte de las cosas consagradas al Señor su Dios. Todo lo colocaron en montones. [7] En el tercer mes empezaron a amontonar aquellas cosas, y terminaron en el séptimo. [8] Y cuando Ezequías y las autoridades fueron a ver lo que se había amontonado, bendijeron al Señor y a su pueblo Israel. [9] Entonces Ezequías pidió a los sacerdotes y levitas información sobre aquellos montones, [10] y el sumo sacerdote Azarías, de la familia de Sadoc, le respondió: "Desde que empezaron a traer la contribución al templo del Señor, hemos tenido suficiente para comer y aun ha sobrado mucho; toda esta cantidad ha sobrado, porque el Señor ha bendecido a su pueblo."

[11] Por tal motivo, Ezequías mandó que prepararan depósitos en el templo del Señor. Una vez hechos, [12] metieron allí, fielmente, la contribución, la décima parte que habían entregado y las porciones consagradas al Señor. Pusieron de encargado principal de todo eso al levita Conanías, y a su hermano Simei como sustituto suyo. [13] Como vigilantes bajo las órdenes de Conanías y de su hermano Simei, fueron nombrados por el rey Ezequías y por Azarías, el jefe principal del templo de Dios, los siguientes: Jehiel, Azazías, Nahat, Asael, Jerimot, Jozabad, Eliel, Ismaquías, Mahat y Benaía. [14] El portero de la puerta oriental, que era el levita Coré, hijo de Imna, estaba encargado de las ofrendas voluntarias para Dios y de repartir la contribución para el Señor y las porciones consagradas a Dios. [15] A Coré lo ayudaban fielmente, en las ciudades de los sacerdotes, Edén, Miniamín, Jesúa, Semaías, Amarías y Secarías, para hacer el reparto de las porciones entre sus colegas. Lo hacían de acuerdo con sus turnos, lo mismo a mayores que a menores, [16] a todos los

que acudían al templo para sus diarias tareas, según sus turnos y sus propios oficios, con tal de que estuvieran inscritos en los registros, que incluían a todos los que tenían de tres años para arriba. ¹⁷ Los sacerdotes estaban inscritos por familias, y los levitas de veinte años para arriba, según sus oficios y turnos. ¹⁸ En el registro quedaban incluidos todos los niños pequeños, las esposas, los hijos y las hijas, es decir toda la comunidad, ya que por el oficio que se les ha confiado quedan consagrados a Dios. ¹⁹ En todas las ciudades había hombres nombrados para repartir las porciones a todo varón entre los sacerdotes descendientes de Aarón, y a todos los levitas que estaban inscritos y que vivían en las tierras de pastoreo de las ciudades de los sacerdotes.

²⁰ Ezequías hizo esto en todo Judá. Sus acciones fueron buenas, rectas y sinceras ante el Señor su Dios. ²¹ Todo lo que emprendió para el servicio del templo de Dios o referente a la ley y los mandamientos, lo hizo procurando buscar a Dios de todo corazón, y por eso tuvo éxito.

Senaquerib invade Judá
(2 R 18.13–19.37; Is 36–37)

32 ¹ Después de estas cosas y de esta muestra de fidelidad, llegó Senaquerib, rey de Asiria, invadió Judá y puso cerco a las ciudades fortificadas, con intención de conquistarlas.

² Al ver Ezequías que Senaquerib había llegado resuelto a atacar a Jerusalén, ³ consultó a sus jefes civiles y militares y les propuso cegar los manantiales que había fuera de la ciudad, y ellos estuvieron de acuerdo. ⁴ Entonces se reunió mucha gente y cegaron todos los manantiales, así como el canal subterráneo, para que cuando llegaran los reyes de Asiria no encontraran agua abundante.

⁵ Ezequías se armó de ánimo y reconstruyó la muralla, y también construyó torres sobre ella y una muralla exterior. Fortificó además el terraplén de la Ciudad de David, y fabricó buena cantidad de lanzas y escudos. ⁶ Luego puso oficiales al mando de la gente, los reunió en la explanada de la puerta de la ciudad y les dio ánimo, diciéndoles: ⁷ "¡Sean fuertes y valientes! No tengan miedo ni se desanimen ante el rey de Asiria y todo el numeroso ejército que lo acompaña, porque nosotros tenemos más que él. ⁸ Él cuenta con la fuerza de los hombres, pero con nosotros está el Señor nuestro Dios para ayudarnos a luchar nuestras batallas." Al oír las palabras del rey Ezequías, el pueblo se sintió animado.

⁹ Después el rey Senaquerib de Asiria, quien se encontraba atacando a Laquis con todas sus tropas, mandó a Jerusalén unos oficiales suyos, para comunicar a Ezequías, rey de Judá, y a todos los habitantes de Jerusalén que estaban en Jerusalén, el siguiente mensaje:

¹⁰ "Senaquerib, rey de Asiria, manda a decirles: '¿Por qué se sienten tan seguros, que se quedan en Jerusalén a pesar de estar cercados? ¹¹ Si Ezequías les dice que el Señor su Dios los librará de mis manos, los está engañando y los está exponiendo a ustedes a morir de hambre y sed. ¹² ¿Acaso no suprimió Ezequías los lugares de culto y los altares de ese Dios, y ordenó que la gente de Judá y Jerusalén le diera culto y le ofreciera incienso solamente en un altar? ¹³ ¿No saben lo que yo y mis antepasados hemos hecho con todos los pueblos de los otros países? ¿Acaso pudieron los dioses de esas naciones librarlos de mi poder? ¹⁴ ¿Cuál de todos los dioses de esas naciones que destruyeron mis antepasados, pudo salvar a su país de mi poder? ¿Por qué piensan que su Dios puede salvarlos? ¹⁵ Por tanto, no se dejen engañar ni embaucar por Ezequías; no le crean, pues si ningún dios de ninguna de esas naciones fue capaz de librar a su pueblo de mi poder y del poder de mis antepasados, ¡mucho menos podrá el Dios de ustedes librarlos de mi poder!' "

¹⁶ Esto, y más todavía, dijeron los oficiales del rey de Asiria contra Dios, el Señor, y contra su siervo Ezequías. ¹⁷ Senaquerib escribió además cartas en que insultaba al Señor, Dios de Israel, y en que decía contra él: "Así como los dioses de los pueblos de otros países no pudieron librarlos de mi poder, tampoco el Dios de Ezequías podrá librar de mi poder a su pueblo."

¹⁸ Los oficiales de Senaquerib, dirigiéndose a la gente de Jerusalén que estaba en la muralla, gritaron bien fuerte en hebreo para asustarlos y aterrorizarlos, y así poder conquistar la ciudad. ¹⁹ Hablaban del Dios de Jerusalén como de los dioses de las otras naciones de la tierra, que son dioses hechos por los hombres.

²⁰ En esta situación, el rey Ezequías y el profeta Isaías, hijo de Amoz, oraron y pidieron ayuda al cielo. ²¹ Entonces el Señor envió un ángel que exterminó a todos los soldados, capitanes y comandantes del campamento del rey de Asiria, quien tuvo que volverse a su país lleno de vergüenza. Y cuando entró en el templo de su dios, allí mismo lo asesinaron sus propios hijos.

²² De este modo, el Señor libró a Ezequías y a los habitantes de Jerusalén del poder de Senaquerib, rey de Asiria, y del poder de todos los demás, y les concedió

paz con todos sus vecinos. [23] Entonces hubo muchos que llevaron a Jerusalén ofrendas para el Señor, y regalos valiosos para Ezequías, rey de Judá. Y a partir de entonces, su prestigio aumentó frente a las demás naciones.

Enfermedad y curación de Ezequías
(2 R 20.1–11; Is 38.1–22)

[24] Por aquel tiempo, Ezequías cayó gravemente enfermo; pero oró al Señor, quien le contestó por medio de una señal milagrosa. [25] Pero, a pesar del beneficio que había recibido, Ezequías no fue agradecido, sino que se llenó de orgullo, por lo cual el Señor se enojó con él y también con Judá y Jerusalén. [26] Sin embargo, a pesar de su orgullo, Ezequías se humilló ante Dios, y lo mismo hicieron los habitantes de Jerusalén, y el Señor no descargó su ira sobre ellos mientras Ezequías vivió.

Prosperidad de Ezequías

[27] Ezequías gozó de grandes riquezas y honores, y llegó a acumular grandes cantidades de plata, oro, piedras preciosas, perfumes, escudos y toda clase de objetos valiosos. [28] Construyó también almacenes para guardar los cereales, el vino y el aceite, y establos para toda clase de ganado, y rediles para los rebaños. [29] Además hizo construir ciudades, y tuvo mucho ganado mayor y menor, pues Dios le concedió muchísimos bienes. [30] Ezequías fue también quien mandó cegar la salida del agua por la parte de arriba del manantial de Gihón, y la canalizó hacia abajo, hacia el lado occidental de la Ciudad de David. Así que Ezequías tuvo éxito en todo lo que emprendió.

Ezequías recibe a los enviados de Babilonia
(2 R 20.12–19; Is 39.1–8)

[31] Así sucedió también cuando las autoridades de Babilonia enviaron a unos para visitarlo e informarse del milagro que había ocurrido en el país. Dios dejó solo a Ezequías, para probarlo y conocer a fondo su manera de pensar.

Muerte de Ezequías
(2 R 20.20–21)

[32] El resto de la historia de Ezequías y de sus obras piadosas, está escrito en la revelación del profeta Isaías, hijo de Amoz, en el libro de los reyes de Judá y de Israel.

[33] Cuando murió Ezequías, lo enterraron en la parte superior del panteón de la familia de David. Todo Judá y los habitantes de Jerusalén le rindieron honores; y reinó en su lugar su hijo Manasés.

Reinado de Manasés
(2 R 21.1–18)

33 [1] Manasés tenía doce años cuando comenzó a reinar, y reinó en Jerusalén cincuenta y cinco años. [2] Pero sus hechos fueron malos a los ojos del Señor,[i] pues practicó las mismas infamias de las naciones que el Señor había arrojado de la presencia de los israelitas: [3] reconstruyó los santuarios paganos que Ezequías, su padre, había derribado; levantó altares a las representaciones de Baal, e hizo imágenes de Asera; además adoró y rindió culto a todos los astros del cielo, [4] y construyó altares en el templo del Señor, acerca del cual el Señor había dicho que sería para siempre la residencia de su nombre en Jerusalén.[j] [5] Levantó otros altares en los dos atrios del templo del Señor, y los dedicó a todos los astros del cielo.

[6] Además hizo quemar a sus hijos en sacrificio en el valle de Ben-hinom, practicó la invocación de los espíritus, la adivinación y la magia, y estableció el espiritismo y la hechicería. Tan malos fueron sus hechos a los ojos del Señor, que acabó por provocar su indignación. [7] También colocó la imagen del ídolo que había hecho en el templo de Dios, acerca del cual Dios había dicho a David y a su hijo Salomón: "Este templo en Jerusalén, que he escogido entre todas las tribus de Israel, será para siempre la residencia de mi nombre. [8] No volveré a desalojar a los israelitas de la tierra donde establecí a sus antepasados, con tal de que cumplan y practiquen todo lo que les he ordenado, y todas las enseñanzas, leyes y decretos que les he dado por medio de Moisés."[k] [9] Pero Manasés hizo que Judá y los habitantes de Jerusalén siguieran por el mal camino y que actuaran con más perversidad que las naciones que el Señor había aniquilado ante los israelitas. [10] El Señor habló a Manasés y a su pueblo, pero no le hicieron caso. [11] Por eso, el Señor trajo contra ellos a los jefes del ejército del rey de Asiria, quienes apresaron con ganchos a Manasés, lo sujetaron con cadenas de bronce y lo llevaron a Babilonia. [12] Pero cuando se halló en aflicción invocó al Señor su Dios, y se humilló profundamente ante el Dios de sus antepasados. [13] Y cuando oró, Dios lo atendió, escuchó sus súplicas e hizo que volviera a

i **33.2** Jer 15.4. j **33.4** 2 S 7.13. k **33.7–8** 1 R 9.3–5; 2 Cr 7.12–18.

Jerusalén a hacerse cargo de su reino. Entonces comprendió Manasés que el Señor es Dios.

¹⁴ Después de esto, Manasés le construyó a la Ciudad de David, al oeste de Gihón, una muralla exterior que pasaba por el arroyo y llegaba a la Puerta de los Pescados, para luego rodear a Ofel. La hizo de mucha altura. También puso comandantes militares en todas las ciudades fortificadas de Judá. ¹⁵ Además quitó del templo del Señor los dioses extranjeros y el ídolo, así como todos los altares paganos que había construido en el monte del templo y en Jerusalén, y los arrojó fuera de la ciudad. ¹⁶ Después reparó el altar del Señor, ofreció en él sacrificios de reconciliación y de acción de gracias, y ordenó a Judá que diera culto al Señor, Dios de Israel. ¹⁷ Sin embargo, el pueblo seguía ofreciendo sacrificios en los altares paganos, aunque los dedicaba al Señor su Dios.

¹⁸ El resto de la historia de Manasés, y su oración a Dios, y las declaraciones que los profetas le hicieron en nombre del Señor, Dios de Israel, están en las crónicas de los reyes de Israel. ¹⁹ Su oración y la respuesta que recibió, todo lo relativo a su pecado e infidelidad y a los sitios donde construyó santuarios paganos y donde puso las imágenes de Asera y los ídolos antes de humillarse ante Dios, están escritos en la historia de sus profetas. ²⁰ Cuando murió, lo enterraron en el jardín de³⁸ su palacio. Después reinó en su lugar su hijo Amón.

Reinado de Amón
(2 R 21.19–26)

²¹ Amón tenía veintidós años cuando comenzó a reinar, y reinó en Jerusalén dos años. ²² Pero sus hechos fueron malos a los ojos del Señor, como los de su padre Manasés. Ofreció sacrificios y rindió culto a todos los ídolos que su padre Manasés había hecho. ²³ Pero no se humilló ante el Señor, como lo hizo su padre Manasés, sino que acumuló más culpas.

²⁴ Sus oficiales conspiraron contra él, y lo asesinaron en su palacio. ²⁵ Pero la gente del pueblo mató a los que habían conspirado contra el rey Amón, y en su lugar hicieron reinar a su hijo Josías.

Reinado de Josías
(2 R 22.1–2)

34 ¹ Josíasⁱ tenía ocho años cuando comenzó a reinar, y reinó en Jerusalén durante treinta y un años. ² Los hechos de Josías fueron rectos a los ojos del Señor, pues siguió la conducta de David, su antepasado, sin desviarse de ella para nada.

Reformas de Josías

³ En el octavo año de su reinado, siendo todavía joven, Josías empezó a buscar al Dios de su antepasado David. Y en el año doce de su reinado comenzó a purificar a Judá y Jerusalén de los santuarios paganos, las imágenes de Asera, los ídolos y las estatuas de metal fundido, ⁴ y fueron destruidos en su presencia los altares de las diversas representaciones de Baal.ᵐ Además, Josías mandó destrozar los altares para incienso que había encima. También mandó hacer pedazos las imágenes de Asera, los ídolos y las estatuas de metal fundido; los hizo polvo, que luego esparció sobre las tumbas de quienes les habían ofrecido sacrificios. ⁵ Además quemó los huesos de los sacerdotes sobre sus altares,ⁿ y así purificó a Judá y Jerusalén. ⁶ Hizo lo mismo en las ciudades de Manasés, Efraín y Simeón, y hasta Neftalí, en las plazas³⁹ de todas sus ciudades. ⁷ Derribó los altares, las imágenes de Asera y los ídolos, haciéndolos polvo, y destruyó todos los altares para incienso en todo el territorio de Israel. Después regresó a Jerusalén.

Se encuentra el libro de la ley
(2 R 22.3–23.3)

⁸ En el año dieciocho de su reinado, después de haber purificado el país y el templo, envió a Safán, hijo de Azalía, a Amasías, alcalde de la ciudad, y a su secretario Joa, hijo de Joacaz, a reparar el templo del Señor su Dios. ⁹ Entonces éstos fueron a ver al sumo sacerdote Hilcías y le entregaron el dinero que había sido llevado al templo de Dios y que los levitas porteros habían recogido en Manasés y Efraín, de la gente que había quedado en Israel, lo mismo que de todo Judá y Benjamín y de los habitantes de Jerusalén. ¹⁰ Luego se lo entregaron a los encargados de las obras del templo del Señor, para que ellos a su vez pagaran a los que trabajaban en la reparación del templo. ¹¹ Entregaron el dinero a los carpinteros y maestros de obras, para que compraran piedras de cantería y madera para los amarres y para poner vigas a los edificios que los reyes de Judá habían dejado derruir.

³⁸ *El jardín de:* texto probable según 2 R 21.18. En el texto hebreo no aparece esta frase.   ³⁹ *En las plazas:* texto probable. Heb. oscuro.
ⁱ **34.1** Jer 3.6.   ᵐ **34.4** 2 R 21.3; 2 Cr 33.3.   ⁿ **34.5** 1 R 13.2.

¹²⁻¹³ Estos hombres hacían su trabajo fielmente, y los que estaban al frente de ellos eran los levitas Jahat y Abdías, descendientes de Merari, y Zacarías y Mesulam, descendientes de Coat, que eran los jefes. Ellos estaban también al frente de los cargueros, y dirigían a todos los que trabajaban en la obra. Todos los levitas eran músicos, y algunos de ellos eran cronistas, comisarios o porteros.

¹⁴ Cuando sacaban el dinero que había sido llevado al templo del Señor, el sacerdote Hilcías encontró el libro de la ley del Señor, dada por medio de Moisés. ¹⁵ En seguida le contó a Safán, el cronista, que había encontrado el libro de la ley en el templo del Señor; y le entregó el libro a Safán, ¹⁶ quien lo llevó al rey y le informó del asunto, diciéndole:

—Los servidores de Su Majestad están haciendo todo lo que se les encargó. ¹⁷ Han fundido la plata que había en el templo, y la han entregado a los que dirigen las obras y a los encargados de éstas. ¹⁸ También informó Safán al rey de que el sacerdote Hilcías le había entregado un libro; y lo leyó Safán al rey. ¹⁹ Al escuchar el rey lo que decía el libro de la ley, se rasgó la ropa, ²⁰ y en seguida ordenó a Hilcías, a Ahicam, hijo de Safán, a Abdón, hijo de Micaías, a Safán, el cronista, y a Asaías, oficial del rey:

²¹ —Vayan a consultar al Señor por mí y por la gente que queda en Israel y en Judá, en cuanto al contenido de este libro que se ha encontrado; pues el Señor debe estar muy furioso con nosotros, ya que nuestros antepasados no prestaron atención a lo que dijo el Señor, ni pusieron en práctica todo lo que está escrito en este libro.

²² Hilcías y los que el rey nombró fueron a ver a la profetisa Hulda, esposa de Salum, hijo de Ticva y nieto de Harhas, encargado del guardarropa del templo. Hulda vivía en el Segundo Barrio de Jerusalén, y cuando le hablaron, ²³ ella les contestó:

—Esta es la respuesta del Señor, Dios de Israel: 'Díganle a la persona que los ha enviado a consultarme, ²⁴ que yo, el Señor, digo: Voy a acarrear un desastre sobre este lugar y sobre sus habitantes, conforme a todas las maldiciones que están escritas en el libro que han leído delante del rey de Judá. ²⁵ Pues me han abandonado y han quemado incienso a otros dioses, provocando mi irritación con todas sus prácticas; por eso se ha encendido mi ira contra este lugar, y no se apagará. ²⁶ Díganle, pues, al rey de Judá que los ha enviado a consultar al Señor, que el Señor, el Dios de Israel, dice también: Por

haber prestado atención a lo que has oído, ²⁷ y porque te has conmovido y sometido a mí al escuchar mi declaración contra este lugar y sus habitantes, por haberte humillado ante mí, haberte rasgado la ropa y haber llorado ante mí, yo también por mi parte te he escuchado. Yo, el Señor, te lo digo. ²⁸ Yo te concederé morir en paz y reunirte con tus antepasados, sin que llegues a ver el desastre que voy a acarrear sobre este lugar y sobre sus habitantes.'

Los enviados del rey regresaron para llevarle a éste la respuesta. ²⁹ Entonces el rey mandó llamar a todos los ancianos de Judá y Jerusalén, para que se reunieran. ³⁰ Luego el rey y todos los hombres de Judá y los habitantes de Jerusalén, y los sacerdotes, los levitas y la nación entera, desde el más pequeño hasta el más grande, fueron al templo del Señor. Allí el rey les leyó en voz alta todo lo que decía el libro del pacto que había sido encontrado en el templo del Señor. ³¹ Luego el rey se puso de pie junto a su columna, y se comprometió ante el Señor a obedecerle, a poner en práctica fielmente y con toda sinceridad sus mandamientos, mandatos y leyes, y a cumplir las condiciones del pacto que estaban escritas en el libro. ³² Después hizo que toda la gente de Jerusalén y de Benjamín que se encontraba allí se comprometiera a cumplirlo. Y los habitantes de Jerusalén cumplieron el pacto de Dios, el Dios de sus antepasados. ³³ Josías suprimió las infames prácticas que había en todos los territorios de los israelitas, e hizo que todos los que se encontraban en Israel rindieran culto al Señor su Dios. Y mientras él vivió, no se apartaron del Señor, Dios de sus antepasados.

Josías celebra la Pascua
(2 R 23.21–33)

35 ¹ Josías celebró en Jerusalén la Pascua⁰ en honor del Señor: el día catorce del primer mes del año se sacrificó el cordero para la fiesta. ² Instaló a los sacerdotes en sus puestos de servicio, y los animó a que atendieran el servicio del templo del Señor. ³ Además, a los levitas, que eran los maestros de todo Israel y que estaban consagrados al Señor, les dio las siguientes instrucciones: "Coloquen el cofre sagrado en el templo que construyó Salomón, hijo de David y rey de Israel. Ya no tendrán que llevarlo en hombros. Ahora dedíquense a servir al Señor su Dios, y a Israel, pueblo del Señor. ⁴ Organícense por familias y turnos, según lo dejaron escrito David, rey de Israel, y su hijo Salomón.⁰ ⁵ Quédese en el santuario un grupo de levitas por cada grupo de familias, como representantes de los grupos de familias de los otros israelitas, sus hermanos. [6] Sacrifiquen el cordero de la Pascua, purifíquense y preparen lo necesario para que sus hermanos puedan cumplir lo que el Señor ordenó por medio de Moisés."

[7] Luego Josías, de su propio ganado, dio a toda la gente del pueblo que se encontraba allí animales para celebrar la Pascua: corderos y cabritos, con un total de treinta mil cabezas, y además tres mil novillos. [8] También los funcionarios del rey hicieron donativos voluntarios al pueblo, a los sacerdotes y a los levitas. A su vez, Hilcías, Zacarías y Jehiel, encargados del templo de Dios, entregaron a los sacerdotes dos mil seiscientos animales para celebrar la Pascua, y trescientos novillos; [9] y Conanías, y sus colegas Semaías y Natanael, así como Hasabaías, Jehiel y Josabad, jefes de los levitas, les entregaron cinco mil animales para la celebración de la Pascua, y quinientos novillos.

[10] Estando así ya dispuesta la celebración, los sacerdotes ocuparon sus puestos y los levitas se organizaron según sus turnos, como lo había ordenado el rey. [11] Entonces sacrificaron los animales de la Pascua, y mientras los levitas desollaban a los animales, los sacerdotes rociaban el altar con la sangre que los levitas les pasaban. [12] Después retiraron la grasa que debía ser quemada, de acuerdo con los grupos de familias del pueblo, para que la ofrecieran al Señor, como está ordenado en el libro de Moisés; y lo mismo hicieron con los novillos. [13] A continuación asaron los animales para la celebración de la Pascua, como está prescrito;[p] y las demás ofrendas sagradas las cocieron en ollas, calderos y sartenes, y a toda prisa las repartieron entre toda la gente del pueblo. [14] Luego los levitas prepararon lo que les correspondía a ellos y a los sacerdotes, porque los sacerdotes, descendientes de Aarón, estuvieron atareados hasta la noche ofreciendo los holocaustos y la grasa. Por eso los levitas tuvieron que preparar la parte que les correspondía a ellos y a los sacerdotes, descendientes de Aarón.

[15] En cuanto a los cantores, descendientes de Asaf, también estaban en sus puestos, según lo dispuesto por David, Asaf, Hemán y Jedutún, vidente al servicio del rey.[q] Los porteros estaban en sus respectivas puertas; ninguno de ellos tuvo que abandonar su puesto, porque sus colegas, los levitas, les preparaban la parte de los sacrificios que les correspondía.

[16] Así se organizó todo el servicio del Señor aquel día para celebrar la Pascua y ofrecer los holocaustos sobre el altar del Señor, según lo había mandado el rey Josías. [17] Los israelitas que estaban presentes en aquella ocasión celebraron la Pascua y los siete días en que se come el pan sin levadura.[r] [18] Nunca se había celebrado en Israel una Pascua como ésta desde la época del profeta Samuel; ninguno entre los reyes de Israel celebró la Pascua como la celebró Josías, con los sacerdotes y levitas y la gente de Judá y de Israel que estaba presente, y con los habitantes de Jerusalén. [19] Fue en el año dieciocho del reinado de Josías cuando se celebró aquella Pascua.

Muerte de Josías
(2 R 23.28-30)

[20] Más tarde, cuando Josías ya había restaurado el templo, Necao, rey de Egipto, se dirigió hacia el río Éufrates para dar una batalla en Carquemis. Josías le salió al encuentro; [21] pero Necao le envió delegados a decirle: "Déjame en paz, rey de Judá. Ahora no vengo contra ti, sino contra una nación con la que estoy en guerra. Dios me ha ordenado que me dé prisa; así que, por tu propio bien, deja de oponerte a Dios, que está de mi parte, y así no te destruirá."

[22] Pero Josías no retrocedió, sino que insistió en luchar[40] contra él, sin hacer caso a la advertencia de Necao, la cual venía del mismo Dios. Así que entró en batalla en el valle de Meguido, [23] y los arqueros le dispararon al rey Josías. Entonces dijo el rey a sus oficiales: "¡Sáquenme de aquí, porque estoy gravemente herido!" [24] Sus oficiales lo sacaron del carro de combate, lo trasladaron a un segundo carro que tenía y lo llevaron a Jerusalén, donde murió. Lo enterraron en el panteón de sus antepasados. Todo Judá y Jerusalén lloró la muerte de Josías. [25] Jeremías[s] compuso en su honor un poema fúnebre. Hasta el día de hoy, todos los cantores y cantoras recuerdan a Josías en sus canciones fúnebres. Estas canciones se han hecho costumbre en Israel y están escritas en las colecciones de tales cantos.

[26] El resto de la historia de Josías, con las obras piadosas que hizo de acuerdo con lo escrito en el libro de la ley del Señor, [27] y sus hechos, desde el principio hasta el fin, está escrito en el libro de los reyes de Israel y de Judá.

---

[40] *Insistió en luchar:* según la versión griega y otras versiones antiguas. Heb. *se disfrazó para luchar.*
p **35.13** Ex 12.8-9.   q **35.15** 1 Cr 25.1.   r **35.17** Ex 12.1-20.   s **35.25** Jer 1.1-2; 3.6; 22.10-15.

Reinado de Joacaz
(2 R 23.31-35)

36 ¹ La gente del pueblo tomó entonces a Joacaz, hijo de Josías, y lo pusieron como rey en Jerusalén en lugar de su padre. ² Joacaz tenía veintitrés años cuando comenzó a reinar, y reinó en Jerusalén tres meses. ³ El rey de Egipto lo quitó del trono en Jerusalén e impuso al país un tributo de tres mil trescientos kilos de plata y treinta y tres kilos de oro. ⁴ Además, el rey de Egipto puso como rey de Judá y Jerusalén a Eliaquim, hermano de Joacaz, y le cambió el nombre y le puso Joacim, y a Joacaz lo tomó y lo llevó a Egipto.ᵗ

Reinado de Joacim
(2 R 23.36-24.7)

⁵ Joacimᵘ tenía veinticinco años, y reinó en Jerusalén once años. Pero sus hechos fueron malos a los ojos del Señor su Dios. ⁶ Nabucodonosor, rey de Babilonia, marchó contra élᵛ y lo sujetó con cadenas de bronce para llevárselo a Babilonia. ⁷ Nabucodonosor se llevó a Babilonia una parte de los utensilios del templo del Señor, y los puso en su templo de Babilonia. ⁸ El resto de la historia de Joacim, con sus prácticas infames y lo que le ocurrió, está escrito en el libro de los reyes de Israel y de Judá. Y reinó en su lugar su hijo Joaquín.

Joaquín es desterrado a Babilonia
(2 R 24.8-17)

⁹ Joaquín tenía dieciocho años cuando comenzó a reinar, y reinó en Jerusalén tres meses y diez días. Pero sus hechos fueron malos a los ojos del Señor. ¹⁰ En la primavera de aquel año, el rey Nabucodonosor mandó que lo llevaran a Babilonia,ʷ junto con los utensilios de más valor del templo del Señor, y nombró rey de Judá y Jerusalén a Sedequías, pariente de Joaquín.ˣ

Reinado de Sedequías

¹¹ Sedequíasʸ tenía veintiún años cuando comenzó a reinar, y reinó once años en Jerusalén. ¹² Pero sus hechos fueron malos a los ojos de su Dios. No se humilló ante el profeta Jeremías, que le hablaba de parte del Señor.ᶻ ¹³ Además se

rebeló contra el rey Nabucodonosor,ᵃ quien le había hecho jurar por Dios que sería su aliado, y se empeñó tercamente en no volverse al Señor, Dios de Israel. ¹⁴ También todos los jefes de Judá,⁴¹ los sacerdotes y el pueblo extremaron su infidelidad, siguiendo las prácticas infames de las naciones paganas y profanando el templo del Señor que él había escogido como su santuario en Jerusalén. ¹⁵ El Señor, Dios de sus antepasados, les envió constantes advertencias por medio de sus mensajeros, porque tenía compasión de su pueblo y de su lugar de residencia. ¹⁶ Pero ellos se rieron de los mensajeros de Dios, despreciaron sus avisos y se burlaron de sus profetas, hasta que la ira del Señor estalló contra su pueblo de modo que ya no hubo remedio.

Destrucción del templo y destierro de Judá
(2 R 25.8-21; Jer 39.8-10; 52.12-30)

¹⁷ Entonces el Señor hizo marchar contra ellos al rey de los caldeos,ᵇ que pasó a cuchillo a sus jóvenes en el propio edificio del templo y no tuvo piedad de los jóvenes ni de las muchachas, de los ancianos ni de los inválidos. A todos los entregó el Señor en sus manos. ¹⁸ Todos los utensilios del templo de Dios, grandes y pequeños, y los tesoros del templo, del rey y de sus funcionarios, todo se lo llevó el rey de los caldeos a Babilonia. ⁹ Además quemaron el templo de Dios,ᶜ derribaron la muralla de Jerusalén, prendieron fuego a sus palacios y destruyeron todo lo que había de valor. ²⁰ Después desterró a Babilonia a los sobrevivientes de la matanza, donde se convirtieron en esclavos suyos y de sus hijos hasta que se estableció el imperio persa, ²¹ para que se cumpliera lo que Dios había dicho por medio del profeta Jeremías. Así el país debía disfrutar de su reposo; porque descansó todo el tiempo que estuvo en ruinas, hasta que pasaron setenta años.ᵈ

El decreto de Ciro
(Esd 1.1-14)

²² En el primer año del reinado de Ciro, rey de Persia, y para que se cumpliera la palabra del Señor anunciada por Jeremías, el Señor impulsó a Ciro a que en todo su reino promulgara, de palabra y por escrito, este decreto: ²³ "Ciro, rey de Persia,

---

⁴¹ *Jefes de Judá:* según la versión griega. Heb. *jefe de los sacerdotes.*
ᵗ **36.4** Jer 22.11-12. ᵘ **36.5** Jer 22.18-19; 26.1-6; 35.1-19. ᵛ **36.6** Jer 25.1-38; 36.1-32; 45.1-5; Dn 1.1-2.
ʷ **36.10** Jer 22.24-30; 24.1-10; 29.1-2; Ez 17.12. ˣ **36.10** Jer 37.1; Ez 17.13. ʸ **36.11** Jer 37.1-22; 28.1-17. ᶻ **36.12** Jer 37—
39. ᵃ **36.13** Ez 17.15. ᵇ **36.17** Jer 21.1-10; 34.1-5. ᶜ **36.19** 1 R 9.8. ᵈ **36.21** Jer 25.11; 29.10; Zac 1.12.

declara lo siguiente: El Señor, Dios de los cielos, ha puesto en mis manos todos los reinos de la tierra, y me ha encargado que le construya un templo en Jerusalén,ᵉ que está en la región de Judá. Así que a cualquiera de ustedes que pertenezca al pueblo del Señor, que el Señor su Dios lo ayude, y váyase allá."

36.23 Is 44.28; 45.1-4.

ESDRAS

Este libro y el siguiente, Nehemías, forman prácticamente uno solo. Por una parte, cubren el mismo periodo de la historia judía. Por la otra, sus narraciones se entrelazan y complementan. Pero hay diferencia en el enfoque de los relatos. Esdras es un maestro de la ley, a quien interesa especialmente la restauración de la vida religiosa. Nehemías es un gobernador civil que no deja de dar atención a la religión, pero que se siente más responsable por la reconstrucción y la seguridad civil y militar de la nación.

Esdras describe el regreso de algunos de los cautivos judíos, bajo Zorobabel; da un censo de ellos (caps. 1,2), y luego refiere la reconstrucción y rededicación del templo (caps. 3—6). Finalmente relata su propio regreso con otros exiliados, y su labor de reorganización de la vida religiosa (caps. 7—10).

El decreto de Ciro
(2 Cr 36.22-23)

1 ¹ En el primer año del reinado de Ciro, rey de Persia, y para que se cumpliera la palabra del Señor anunciada por Jeremías,[a] el Señor impulsó a Ciro a que en todo su reino promulgara, de palabra y por escrito, este decreto: ² "Ciro, rey de Persia, declara lo siguiente: El Señor, Dios de los cielos, ha puesto en mis manos todos los reinos de la tierra, y me ha encargado que le construya un templo en Jerusalén,[b] que está en la región de Judá. ³ Así que, a cualquiera de ustedes que pertenezca al pueblo del Señor, que Dios lo ayude, y vaya a Jerusalén, que está en Judá, a construir el templo del Señor, el Dios de Israel, que es el Dios que habita en Jerusalén. ⁴ Y a cualquiera de los sobrevivientes que emigre del lugar donde ahora vive, que le ayuden sus vecinos con plata, oro, bienes y ganado, además de donativos para el templo de Dios en Jerusalén."

Los israelitas vuelven a Jerusalén

⁵ Los jefes de las familias de Judá y Benjamín, y los sacerdotes y los levitas, o sea todos los que habían sido animados por Dios, se prepararon para ir a Jerusalén y reconstruir el templo del Señor. ⁶ Todos sus vecinos les ayudaron con plata, oro, bienes, ganado y objetos valiosos, además de toda clase de ofrendas voluntarias. ⁷ El rey Ciro, por su parte, hizo entrega de los utensilios del templo del Señor, que Nabucodonosor había sacado de Jerusalén y llevado al templo de sus dioses.[c] ⁸ Ciro los devolvió por conducto de Mitrídates, el tesorero, quien después de contarlos los entregó a Sesbasar, gobernador de Judá. ⁹ La cuenta de los objetos fue la siguiente: treinta tazones de oro, mil tazones de plata, veintinueve cuchillos, ¹⁰ treinta tazas de oro, cuatrocientas diez tazas de plata de inferior calidad, y mil objetos más. ¹¹ El total de objetos de oro y plata fue de cinco mil cuatrocientos. Todo esto lo llevó Sesbasar de vuelta a Jerusalén, al regresar de Babilonia con los desterrados.

Los que regresaron de Babilonia
(Neh 7.5-73)

2 ¹⁻² Esta es la lista de los israelitas nacidos en Judá que fueron desterrados a Babilonia por el rey Nabucodonosor, y que después del destierro volvieron a Jerusalén y a otros lugares de Judá, cada cual a su población, encabezados por Zorobabel, Josué, Nehemías, Seraías, Reelaías, Mardoqueo, Bilsán, Mispar, Bigvai, Rehum y Baana:
³ Los descendientes de Paros, dos mil ciento setenta y dos;
⁴ los de Sefatías, trescientos setenta y dos;
⁵ los de Ara, setecientos setenta y cinco;
⁶ los de Pahat-moab, o sea, de Josué y Joab, dos mil ochocientos doce;
⁷ los de Elam, mil doscientos cincuenta y cuatro;
⁸ los de Zatu, novecientos cuarenta y cinco;
⁹ los de Zacai, setecientos sesenta;
¹⁰ los de Binuy, seiscientos cuarenta y dos;
¹¹ los de Bebai, seiscientos veintitrés;
¹² los de Azgad, mil doscientos veintidós;
¹³ los de Adonicam, seiscientos sesenta y seis;
¹⁴ los de Bigvai, dos mil cincuenta y seis;
¹⁵ los de Adín, cuatrocientos cincuenta y cuatro;
¹⁶ los de Ater, que eran descendientes de Ezequías, noventa y ocho;
¹⁷ los de Bezai, trescientos veintitrés;
¹⁸ los de Jora, ciento doce;
¹⁹ los de Hasum, doscientos veintitrés;
²⁰ los de Gibar, noventa y cinco;
²¹ los de Belén, ciento veintitrés.

a 1.1 2 Cr 36.21; Jer 25.11; 29.10.   b 1.2 Is 44.28; 45.1-4.   c 1.7 2 R 24.13; 25.13-16; 2 Cr 36.10,18.

²² Los hombres de Netofa, cincuenta y seis;
²³ los de Anatot, ciento veintiocho.
²⁴ Los descendientes de Bet-azmavet, cuarenta y dos;
²⁵ los de Quiriat-jearim, Cafira y Beerot, setecientos cuarenta y tres;
²⁶ los de Ramá y Geba, seiscientos veintiuno.
²⁷ Los hombres de Micmas, ciento veintidós;
²⁸ los de Betel y Hai, doscientos veintitrés.
²⁹ Los descendientes de Nebo, cincuenta y dos;
³⁰ los de Magbis, ciento cincuenta y seis;
³¹ los del otro Elam, mil doscientos cincuenta y cuatro;
³² los de Harim, trescientos veinte;
³³ los de Lod, Hadid y Ono, setecientos veinticinco;
³⁴ los de Jericó, trescientos cuarenta y cinco;
³⁵ los de Senaa, tres mil seiscientos treinta.
³⁶ Los sacerdotes descendientes de Jedaías, de la familia de Josué, novecientos setenta y tres;
³⁷ los descendientes de Imer, mil cincuenta y dos;
³⁸ los de Pasur, mil doscientos cuarenta y siete;
³⁹ los de Harim, mil diecisiete.
⁴⁰ Los levitas descendientes de Josué y de Cadmiel, que a su vez eran descendientes de Hodavías, setenta y cuatro.
⁴¹ Los cantores, descendientes de Asaf, ciento veintiocho.
⁴² Los porteros eran los descendientes de Salum, los de Ater, los de Talmón, los de Acub, los de Hatita y los de Sobai. En total, ciento treinta y nueve.
⁴³ Los sirvientes del templo eran los descendientes de Ziha, los de Hasufa, los de Tabaot, ⁴⁴ los de Queros, los de Siaha, los de Padón, ⁴⁵ los de Lebana, los de Hagaba, los de Acub, ⁴⁶ los de Hagab, los de Salmai, los de Hanán, ⁴⁷ los de Gidel, los de Gahar, los de Reaía, ⁴⁸ los de Rezín, los de Necoda, los de Gazam, ⁴⁹ los de Uza, los de Paseah, los de Besai, ⁵⁰ los de Asena, los de Meunim, los de Nefusim, ⁵¹ los de Bacbuc, los de Hacufa, los de Harhur, ⁵² los de Bazlut, los de Mehida, los de Harsa, ⁵³ los de Barcos, los de Sísara, los de Tema, ⁵⁴ los de Nezía y los de Hatifa.
⁵⁵ Los descendientes de los sirvientes de Salomón eran los descendientes de Sotai, los de Soferet, los de Peruda, ⁵⁶ los de Jaala, los de Darcón, los de Gidel, ⁵⁷ los de

Sefatías, los de Hatil, los de Poqueret-hazebaim y los de Amón.¹ ⁵⁸ El total de los sirvientes del templo y de los descendientes de los sirvientes de Salomón era de trescientos noventa y dos.
⁵⁹ Los que llegaron de Tel-mela, Tel-harsa, Querub, Adón e Imer, y que no pudieron demostrar si eran israelitas de raza o por parentesco, fueron los siguientes: ⁶⁰ los descendientes de Delaía, los de Tobías y los de Necoda, que eran seiscientos cincuenta y dos. ⁶¹ Y de los parientes de los sacerdotes: los descendientes de Habaía, los de Cos y los de Barzilai, el cual se casó con una de las hijas de Barzilai, el de Galaad, y tomó el nombre de ellos. ⁶² Estos buscaron su nombre en el registro familiar, pero como no lo encontraron allí, fueron excluidos del sacerdocio. ⁶³ Además, el gobernadorᵈ les ordenó que no comieran de los alimentos consagrados hasta que un sacerdote decidiera la cuestión por medio del Urim y el Tumim.ᵉ
⁶⁴ La comunidad se componía de un total de cuarenta y dos mil trescientas sesenta personas, ⁶⁵ sin contar sus esclavos y esclavas, que eran siete mil trescientas treinta y siete personas. Tenían también doscientos cantores y cantoras. ⁶⁶ Tenían además setecientos treinta y seis caballos, doscientas cuarenta y cinco mulas, ⁶⁷ cuatrocientos treinta y cinco camellos y seis mil setecientos veinte asnos.
⁶⁸ Algunos jefes de familia, al llegar al templo del Señor en Jerusalén, entregaron donativos para reconstruir en su sitio el templo de Dios. ⁶⁹ Y dieron para el fondo de reconstrucción, conforme a sus posibilidades, cuatrocientos ochenta y ocho kilos de oro, dos mil setecientos cincuenta kilos de plata y cien túnicas sacerdotales.
⁷⁰ Los sacerdotes, los levitas y algunos del pueblo se quedaron a vivir en Jerusalén,² y los cantores, porteros y sirvientes del templo, y los demás israelitas, se quedaron en sus propias ciudades.ᶠ

Se reorganiza el culto

3 ¹ Cuando llegó el mes séptimo, y los israelitas se habían instalado ya en sus poblaciones, todo el pueblo se reunió en Jerusalén.ᵍ ² Entonces Josué, hijo de Josadac, y sus compañeros los sacerdotes, así como Zorobabel, hijo de Salatiel, y sus parientes, se pusieron a construir el altar del Dios de Israel, para ofrecer sobre él los holocaustos que ordena la ley de Moisés, hombre de Dios.ʰ ³ Construyeron el altar bien firme, porque tenían miedo de la gente de la región, y cada mañana y cada tarde ofrecían sobre él holocaustos en

---

¹ *Amón*: texto probable, según Neh 7.59. Heb. *Amí.* ² *En Jerusalén*: según la versión griega. En el texto hebreo no aparece esta frase.
ᵈ **2.63** Esd 1.8. ᵉ **2.63** Ex 28.30; Nm 27.21; 1 S 14.41. ᶠ **2.70** 1 Cr 9.2; Neh 11.3. ᵍ **3.1** Neh 7.73—8.1. ʰ **3.2** Ex 27.1.

honor del Señor.[i] [4] Celebraron además la fiesta de las Enramadas,[j] conforme a la ley escrita, ofreciendo diariamente los holocaustos acostumbrados, según la cantidad correspondiente a cada día, [5] así como los holocaustos diarios y de luna nueva, los correspondientes a las fiestas sagradas del Señor,[k] y los que alguien ofrecía voluntariamente al Señor. [6] Desde el primer día del mes séptimo empezaron a ofrecer holocaustos al Señor, aun cuando el templo del Señor no se había comenzado a reconstruir. [7] Luego dieron dinero a los albañiles y carpinteros, y comida, bebida y aceite a la gente de Tiro y Sidón, para que desde el Líbano llevaran por mar madera de cedro hasta Jope, según el permiso que les había dado Ciro, rey de Persia.

Comienza la reconstrucción del templo

[8] Zorobabel, hijo de Salatiel, y Josué, hijo de Josadac, junto con sus compañeros los sacerdotes y levitas, y con todos los desterrados que volvieron a Jerusalén, iniciaron la reconstrucción del templo de Dios en el mes segundo del segundo año de su llegada a Jerusalén, dejando la dirección de las obras en manos de los levitas mayores de veinte años. [9] Josué y sus hijos y hermanos formaron un solo grupo con Cadmiel y sus hijos, que eran descendientes de Judá, y con los descendientes e hijos y hermanos de Henadad, levitas, para dirigir a los que trabajaban en el templo de Dios. [10] Cuando los constructores echaron los cimientos del templo del Señor, los sacerdotes se pusieron de pie, vestidos para la ocasión y con trompetas. Los levitas descendientes de Asaf llevaban platillos para alabar al Señor, según lo ordenado por David, rey de Israel.[l] [11] Unos cantaban alabanzas, y otros respondían: "Den gracias al Señor, porque él es bueno, porque su amor por Israel es eterno."[m] Y todo el pueblo gritaba de alegría y alababa al Señor, porque ya se había comenzado a reconstruir el templo del Señor. [12] Y muchos de los sacerdotes, levitas y jefes de familia, que eran ya ancianos y que habían visto el primer templo, lloraban en alta voz porque veían que se comenzaba a construir este nuevo templo. Al mismo tiempo, muchos otros gritaban de alegría. [13] Nadie podía distinguir entre los gritos de alegría y el llanto de la gente, pues gritaban tanto que desde muy lejos se oía el alboroto.

Los enemigos obligan a interrumpir las obras

4 [1] Cuando los enemigos de Judá y de Benjamín supieron que los que habían vuelto del destierro estaban reconstruyendo el templo del Señor, Dios de Israel, [2] fueron a ver a Zorobabel y a Josué[3] y a los jefes de familia. y les dijeron:

—Permitan ustedes que les ayudemos en la construcción, porque nosotros, como ustedes, también hemos recurrido a su Dios y le hemos ofrecido sacrificios desde el tiempo de Esar-hadón, rey de Asiria, que nos trajo hasta aquí.[n]

[3] Pero Zorobabe , Josué y los otros jefes de familia israelitas les respondieron:

—No podemos reconstruir junto con ustedes el templo de nuestro Dios. Lo tenemos que reconstruir nosotros solos para el Señor, Dios de Israel, pues así nos lo ordenó Ciro, rey de Persia.

[4] Entonces la gente de la región se dedicó a desanimar a la gente de Judá y a no dejarlos construir. [5] Además sobornaron a ciertos funcionarios del gobierno, y éstos se opusieron a sus propósitos durante todo el tiempo que Ciro fue rey de Persia, y hasta el reinado de Darío, rey de Persia. [6] En los comienzos del reinado de Asuero[ñ] presentaron una acusación contra los habitantes de Judá y de Jerusalén. [7] Y en la época de Artajerjes,[o] rey de Persia, Bislam, Mitrídates, Tabeel y sus demás compañeros escribieron a Artajerjes. La carta estaba escrita en arameo,[4] con su traducción correspondiente. [8] Rehum, que era el comandante, y Simsai, el secretario, escribieron al rey Artajerjes una carta en contra de los habitantes de Jerusalén. [9-11] Esta es la carta que le enviaron Rehum el comandante, Simsai el secretario, y sus compañeros los jueces, generales y funcionarios de Persia, Erec, Babilonia y Susa, o sea Elam, y el resto de las naciones que el grande e ilustre Asnapar llevó desterradas e instaló en las ciudades de Samaria y en el resto de la provincia al oeste del río Éufrates:

"Al rey Artajerjes, de parte de sus siervos de la provincia al oeste del río Éufrates:

[12] "Hacemos del conocimiento de Su Majestad que los judíos que de parte de Su Majestad vinieron a nosotros, han llegado a Jerusalén y están reconstruyendo esta ciudad rebelde y perversa. Ya han comenzado a levantar las murallas y a reparar los cimientos. [13] Y hace-

---

[3] *Y a Josué:* según la versión griega. Véase v. 3.   [4] *Escrita en* arameo. Desde el v.8 hasta 6.18, no sólo la carta sino los demás documentos y el relato mismo están en arameo en el texto.
[i] **3.3** Ex 29.38–42; Nm 28.1–8.   [j] **3.4** Lv 23.33–36; Nm 29.12–38; Dt 16.13–15.   [k] **3.5** Nm 28.11—29.39.   [l] **3.10** 1 Cr 25.1; 2 Cr 29.25–30.   [m] **3.11** 1 Cr 16.34; 2 Cr 5.13; 7.3; Sal 100.5; 106.1; 107.1; 118.1; 136.1; Jer 33.11.   [n] **4.2** 2 R 17.24–41. [ñ] **4.6** Est 1.1.   [o] **4.7** Neh 1.1.

mos también del conocimiento de Su Majestad que si esta ciudad es reconstruida y levantada su muralla, esa gente no va a querer pagar tributo ni impuestos ni derechos, con lo que el tesoro real sufrirá pérdidas. 14 Y como nosotros estamos al servicio de Su Majestad,[5] no podemos permitir que se ofenda a Su Majestad de tal manera. Por eso enviamos a Su Majestad esta información, 15 para que se investigue en los archivos de los antepasados de Su Majestad. Por lo que allí se diga, Su Majestad podrá comprobar que esta ciudad es rebelde y peligrosa para los reyes y para las otras provincias, y que ya en otros tiempos se organizaron rebeliones en ella, y que por eso fue destruida. 16 Por lo tanto, hacemos saber a Su Majestad que si esta ciudad es reconstruida, y terminada de reparar su muralla, Su Majestad perderá el dominio sobre la provincia al oeste del río Éufrates."

17 Entonces el rey Artajerjes les envió la siguiente respuesta:

"A Rehum el comandante, a Simsai el secretario, y a sus compañeros que viven en Samaria y en el resto de la provincia al oeste del río Éufrates: saludos.

"En relación 18 con la carta que ustedes me han enviado, y cuya traducción ha sido leída en mi presencia, 19 ordené que se hiciera una investigación. Se ha encontrado, en efecto, que esa ciudad se ha rebelado anteriormente contra los reyes, que se han organizado en ella revueltas y rebeliones, 20 y que hubo en Jerusalén reyes poderosos que dominaron en la provincia al oeste del río Éufrates, a los cuales se pagaba tributo, impuestos y derechos. 21 Por lo tanto, ordenen a esos hombres que detengan las obras y que, hasta nueva orden mía, no se reconstruya la ciudad. 22 No descuiden este asunto, para que no aumente el mal en perjuicio del reino."

23 Cuando la carta del rey Artajerjes fue leída en presencia de Rehum, de Simsai el secretario, y de sus compañeros, todos ellos fueron inmediatamente a Jerusalén, y por la fuerza obligaron a los judíos a detener las obras. 24 De esta manera, la reconstrucción del templo de Dios en Jerusalén quedó suspendida hasta el segundo año del reinado de Darío de Persia.

Reconstrucción del templo

5 1 Los profetas Hageo y Zacarías hijo de Ido comunicaron a los judíos de Judá y Jerusalén los mensajes que habían recibido de parte de su Señor, el Dios de Israel. 2 Entonces Zorobabel, hijo de Salatiel, y Josué, hijo de Josadac, se pusieron a trabajar de nuevo en la reconstrucción del templo de Dios en Jerusalén, y los profetas de Dios estaban con ellos, para ayudarlos.[p] 3-4 Pero Tatnai, que era gobernador de la provincia al oeste del río Éufrates, y Setar-boznai y sus compañeros, fueron a decirles: "¿Quién les ha dado órdenes de reconstruir este templo y recubrirlo de madera? ¿Cómo se llaman las personas que están reconstruyendo este edificio?" 5 Sin embargo, Dios protegía a los dirigentes judíos, así que no les impidieron continuar hasta que se enviara un informe a Darío y se recibiera la respuesta.

6 Esta es una copia de la carta que Tatnai, gobernador de la provincia al oeste del Éufrates, y Setar-boznai y sus compañeros, los funcionarios del gobierno al oeste del Éufrates, enviaron al rey Darío, 7-8 la cual decía:

"Deseando a Su Majestad salud y bienestar, le hacemos saber que hemos visitado la región de Judá y el templo del gran Dios, el cual está siendo reconstruido con grandes piedras labradas. Ahora están recubriendo de tablas las paredes, pues trabajan aprisa y la obra avanza rápidamente. 9 Preguntamos a los dirigentes judíos quién les había dado órdenes de reconstruir el templo y recubrirlo de madera, 10 y cómo se llamaban las personas que los dirigen, para poder anotar sus nombres y comunicarlos a Su Majestad. 11 Ellos nos respondieron que adoran al Dios del cielo y de la tierra, y que están reconstruyendo el templo que ya hace muchos años había sido totalmente construido por un gran rey de Israel.[q] 12 Dijeron también que sus antepasados irritaron al Dios del cielo, y que él los había entregado en poder del rey Nabucodonosor de Babilonia, que era caldeo, y que fue quien destruyó aquel templo y los desterró a Babilonia.[r] 13 Más tarde Ciro, en su primer año como rey de Babilonia, ordenó que el templo de Dios fuera reconstruido.[s]

14 "También nos dijeron que el rey Ciro sacó del templo de Babilonia los

[5] Lit. *como nosotros comemos la sal del palacio.*
[p] **5.1-2** Hag 1—2; Zac 1.1; 4.6-10; 6.15. [q] **5.11** 1 R 6—7. [r] **5.12** 2 R 25.8-12; 2 Cr 36.17-20; Jer 52.12-15.
[s] **5.13** Esd 1.2-11.

utensilios de oro y plata que Nabucodonosor había tomado del templo de Dios en Jerusalén y llevado al templo de Babilonia, y que se los entregó a un tal Sesbasar, al cual había nombrado gobernador. [15] Ciro ordenó a Sesbasar que recogiera aquellos utensilios y los devolviera al templo de Jerusalén, y que reconstruyera en el mismo sitio el templo de Dios. [16] Fue entonces cuando Sesbasar llegó y echó los cimientos del templo de Dios en Jerusalén; desde entonces se está reconstruyendo, pero no ha sido terminado todavía.

[17] "Ahora, pues, si le parece bien a Su Majestad, pedimos que se busque en los archivos reales de Babilonia y se averigüe si es cierto que el rey Ciro ordenó reconstruir el templo de Dios en Jerusalén, y que se nos comunique la decisión de Su Majestad sobre este asunto."

6 [1] Entonces el rey Darío ordenó buscar en los archivos donde se guardaban los documentos de valor en Babilonia; [2] y en el palacio de Ecbatana, que está en la provincia de Media, se encontró un libro en el que constaba la siguiente memoria:

[3] "En el primer año de su reinado, el rey Ciro dictó esta orden:

'En relación con el templo de Dios en Jerusalén: Que se pongan los cimientos y se reconstruya el edificio, para que se ofrezcan allí sacrificios. Ha de tener veintisiete metros de alto por veintisiete de ancho; [4] además, tres hileras de grandes bloques de piedra y una de madera nueva. El tesoro real pagará los gastos. [5] En cuanto a los utensilios de oro y plata del templo de Dios, los cuales Nabucodonosor sacó del templo de Jerusalén y trajo a Babilonia, que se devuelvan y sean llevados a Jerusalén, y que sean colocados en el templo de Dios, que es su sitio.' "

[6] Entonces el rey Darío dio la siguiente orden a Tatnai, gobernador de la provincia al oeste del río Éufrates, y a Setar-boznai y sus compañeros, los funcionarios de esa misma provincia:

"Retírense de Jerusalén [7] y dejen que el gobernador[t] de los judíos y sus dirigentes se encarguen de reconstruir en su sitio el templo de Dios. [8] Estas son mis órdenes en cuanto a la manera de ayudar a los dirigentes judíos para que reconstruyan el templo de Dios: Que con los impuestos que el tesoro real recibe de la provincia al oeste del río Éufrates, se paguen puntualmente los gastos para que no se interrumpan las obras. [9] Y que diariamente y sin falta se entregue a los sacerdotes de Jerusalén, según sus indicaciones, todo lo que necesiten, sean becerros, carneros o corderos para los holocaustos al Dios del cielo; o bien trigo, sal, vino o aceite, [10] para que ofrezcan al Dios del cielo sacrificios agradables y rueguen también por la vida del rey y de sus hijos.

[11] "Ordeno también que si alguien desobedece esta orden, se arranque una viga de su propia casa y sea empalado[6] en ella; y que su casa sea convertida en un montón de escombros. [12] ¡Y que el Dios que escogió a Jerusalén como residencia de su nombre, destruya a cualquier rey o nación que se atreva a causar dificultades o perjuicios al templo del Señor que está en Jerusalén! Yo, Darío, he dado esta orden. Cúmplase al pie de la letra."

Continuación y terminación de las obras

[13] Entonces Tatnai, gobernador de la provincia al oeste del río Éufrates, y Setar-boznai y sus compañeros cumplieron al pie de la letra la orden dada por el rey Darío. [14] Así los dirigentes judíos pudieron continuar los trabajos de reconstrucción, de acuerdo con lo dicho por los profetas Hageo y Zacarías, hijo de Ido.[u] Y la reconstrucción se terminó conforme a lo ordenado por el Dios de Israel, y según las órdenes de Ciro, Darío y Artajerjes, reyes de Persia. [15] El templo quedó terminado el día tres del mes de Adar, del año seis del gobierno de Darío, rey de Persia.

[16] Los israelitas, los sacerdotes, los levitas y los demás que estuvieron desterrados, celebraron con alegría la dedicación del templo de Dios. [17] En aquella ocasión ofrecieron en sacrificio cien becerros, doscientos carneros y cuatrocientos corderos, y además doce chivos, uno por cada tribu israelita, como ofrendas por el pecado de todo Israel. [18] Luego pusieron a los sacerdotes en sus turnos correspondientes, y a los levitas en sus puestos, para el culto de Dios en Jerusalén, conforme a lo escrito en el libro de Moisés.

[19] Los que volvieron del destierro celebraron además la Pascua el día catorce del mes primero.[v] [20] Los sacerdotes y los levitas se habían purificado ya, así que todos estaban ritualmente limpios. Entonces ofrecieron el sacrificio de la Pascua por todos los que habían estado desterrados,

[6] Castigo usado por los pueblos semitas, que consistía en clavar un palo en tierra con la punta superior afilada, y arrojar sobre ella al condenado.
[t] **6.7** Hag 2.21. [u] **6.14** Esd 5.1-2; Hag 1.1; Zac 1.1. [v] **6.19-22** Ex 12.1-20; Dt 16.1-8.

por sus compañeros los sacerdotes y por ellos mismos. ²¹ Todos los israelitas que volvieron del destierro participaron en la comida de la Pascua, junto con todos aquellos que se habían apartadoʷ de la corrupción de las naciones paganas y se unían a ellos en el culto al Señor, Dios de Israel. ²² Durante siete días celebraron con alegría la fiesta de los panes sin levadura, pues el Señor los había llenado de alegría al hacer que el rey de Persiaⁿ los favoreciera y ayudara en la reconstrucción del templo de Dios, el Dios de Israel.

Esdras y sus compañeros llegan a Jerusalén

7 ¹ Tiempo después, durante el reinado de Artajerjes, rey de Persia, hubo un hombre llamado Esdras, descendiente en línea directa de Seraías, Azarías, Hilcías, ² Salum, Sadoc, Ahitob, ³ Amarías, Azarías, Meraiot, ⁴ Zeraías, Uzi, Buqui, ⁵ Abisúa, Finees, Eleazar y Aarón, el primer sacerdote. ⁶ Este Esdras era un maestro instruido en la ley que el Señor, Dios de Israel, había dado por medio de Moisés, y contaba con la ayuda del Señor, así que el rey Artajerjes le concedió todo lo que él pidió. De esta manera, Esdras regresó de Babilonia ⁷ a Jerusalén con un grupo de israelitas compuesto de sacerdotes, levitas, cantores, porteros y sirvientes del templo, en el séptimo año del reinado de Artajerjes. ⁸⁻⁹ Contando con la bondadosa ayuda de Dios, inició el regreso de Babilonia el día primero del mes primero del séptimo año del reinado de Artajerjes, y llegó a Jerusalén el día primero del mes quinto de ese mismo año. ¹⁰ Y Esdras tenía el firme propósito de estudiar y de poner en práctica la ley del Señor, y de enseñar a los israelitas sus leyes y decretos.

¹¹ Esta es la copia de la carta⁸ que el rey Artajerjes entregó a Esdras, sacerdote y maestro instruido en todos los mandamientos y leyes del Señor para Israel:

¹² "El emperador Artajerjes saluda a Esdras, sacerdote y maestro instruido en la ley del Dios del cielo.⁹

¹³ "He ordenado que todo israelita que se encuentre en mi reino y que quiera irse a Jerusalén contigo, pueda hacerlo, incluso si es levita o sacerdote. ¹⁴ Porque el rey y sus siete consejeros te envían a estudiar la situación en Judá y Jerusalén, conforme a la ley de tu Dios que tienes en la mano. ¹⁵ Lleva contigo la plata y el oro que el rey y sus conseje-

ros ofrecen voluntariamente al Dios de Israel, que habita en Jerusalén, ¹⁶ y toda la plata y el oro que puedas conseguir en toda la provincia de Babilonia, más los donativos que el pueblo y los sacerdotes ofrezcan voluntariamente para el templo de Dios en Jerusalén. ¹⁷ Con ese dinero deberás comprar becerros, carneros y corderos, junto con sus ofrendas de cereales y de vino, para ofrecerlos sobre el altar del templo del Dios de ustedes, en Jerusalén. ¹⁸ En cuanto al oro y la plata restantes, hagan tú y tus compañeros lo que les parezca mejor, conforme a la voluntad de Dios. ¹⁹ Pero los utensilios que se te han entregado para el culto en el templo de tu Dios, entrégalos tú mismo al Dios de Jerusalén.

²⁰ "Cualquier otra cosa que debas proporcionar para el templo de tu Dios, puedes conseguirla en los almacenes reales. ²¹ Y yo, el rey Artajerjes, ordeno a todos los tesoreros al oeste del río Éufrates que, sin falta, entreguen a Esdras, sacerdote y maestro instruido en la ley del Dios del cielo, todo lo que él pida, ²² hasta tres mil trescientos kilos de plata, veintidós mil litros de trigo, dos mil doscientos litros de vino, dos mil doscientos litros de aceite y toda la sal que pida.

²³ "Todo lo que pida el Dios del cielo para su templo, debe ser entregado rápidamente, para que no venga ningún castigo sobre los hijos del rey y sobre sus dominios. ²⁴ Han de saber también que está prohibido imponer tributo, impuestos o derechos a cualquiera de los sacerdotes, levitas, cantores, porteros, sirvientes del templo o cualquier otra persona que sirva en el templo de Dios.

²⁵ "En cuanto a ti, Esdras, de acuerdo con los conocimientos que tu Dios te ha dado, nombra jueces y gobernantes que hagan justicia a toda la gente de la provincia al oeste del río Éufrates, o sea, a todos los que conocen la ley de tu Dios; y a los que no la conozcan, enséñasela. ²⁶ Y a todo el que no cumpla la ley de tu Dios y las leyes del rey, que se le condene inmediatamente a muerte, a destierro, al pago de una multa o a prisión."

Oración de Esdras

²⁷ Entonces Esdras oró: "Bendito sea el Señor, Dios de nuestros padres, porque impulsó al rey a honrar el templo del

---

⁷ *Rey de Persia:* traducido según contexto. Heb. *rey de Asiria.* ⁸ *La carta.* El texto de la carta (vs. 12–26) está nuevamente en arameo. ⁹ En el texto arameo siguen dos palabras: la primera significa lit. *terminado* o *completo*, cuyo sentido resulta oscuro en este contexto; la segunda significa *ahora bien* y parece introducir lo que sigue. ʷ **6.21** Neh 9.2; 10.28; 13.3.

Señor en Jerusalén, 28 y porque me demostró su bondad ante el rey y sus consejeros y los hombres más importantes de la corte, y me dio ánimos, pues con su ayuda pude reunir a los israelitas más importantes para que regresaran conmigo."

La lista de los que regresaron

8 ¹ Esta es la lista de los jefes de familia, según el registro familiar de cada uno de ellos, que durante el reinado de Artajerjes volvieron de Babilonia con Esdras:
²⁻³ Gersón, de los descendientes de Finees;
Daniel, de los descendientes de Itamar;
Hatús, hijo de Secanías,¹⁰ de los descendientes de David;
Zacarías, de los descendientes de Paros, acompañado de ciento cincuenta hombres apuntados en la lista;
⁴ Elioenai, hijo de Zeraías, de los descendientes de Pahat-moab, acompañado de doscientos hombres;
⁵ Secanías, hijo de Jahaziel, de los descendientes de Zatu,¹¹ acompañado de trescientos hombres;
⁶ Ebed, hijo de Jonatán, de los descendientes de Adín, acompañado de cincuenta hombres;
⁷ Jesaías, hijo de Atalías, de los descendientes de Elam, acompañado de setenta hombres;
⁸ Zebadías, hijo de Micael, de los descendientes de Sefatías, acompañado de ochenta hombres;
⁹ Obadías, hijo de Jehiel, de los descendientes de Joab, acompañado de doscientos dieciocho hombres;
¹⁰ Selomit, hijo de Josifías, de los descendientes de Bani,¹² acompañado de ciento sesenta hombres;
¹¹ Zacarías, hijo de Bebai, de los descendientes de Bebai, acompañado de veintiocho hombres;
¹² Johanán, hijo de Hacatán, de los descendientes de Azgad, acompañado de ciento diez hombres;
¹³ Elifelet, Jeiel y Semaías, últimos descendientes de Adonicam, acompañados de sesenta hombres, volvieron más tarde.

¹⁴ Utai y Zabud, de los descendientes de Bigvai, acompañados de setenta hombres.

Los sirvientes del templo

¹⁵ Yo, Esdras, los reuní a todos ellos junto al canal que va a dar al río Ahava, y acampamos allí tres días. Y cuando pasé revista a la gente y a los sacerdotes, no encontré a ningún levita. ¹⁶ Por lo tanto envié a Eliezer, Ariel, Semaías, Elnatán, Jarib, Elnatán, Natán, Zacarías y Mesulam, que eran personas importantes, y también a los maestros Joiarib y Elnatán, ¹⁷ con la orden de visitar a Ido, jefe del lugar llamado Casifia, y les dije todo lo que tenían que comunicar a Ido y sus compañeros, los sirvientes del templo que estaban en Casifia, para que nos trajeran gente que nos ayudara en el templo de nuestro Dios. ¹⁸ Y, gracias a Dios, nos trajeron a Serebías, hombre muy capaz, descendiente de un levita llamado Mahli, con sus hijos y hermanos; dieciocho personas en total. ¹⁹ Además nos trajeron a Hasabías y Jesaías, descendientes de Merari, que con sus hijos y hermanos sumaban veinte personas.

²⁰ De los sirvientes del templo puestos por David y los dirigentes al servicio de los levitas, había doscientos veinte, todos ellos nombrados personalmente.

²¹ Después proclamé un ayuno cerca del río Ahava, para que reconociéramos nuestras faltas ante nuestro Dios, y para pedirle que nos llevara con bien a nosotros, nuestras familias y nuestras posesiones. ²² Pues me dio vergüenza pedirle al rey soldados de caballería para que nos protegieran del enemigo en el camino, ya que le habíamos dicho al rey que Dios protege a todos los que le buscan, pero que descarga su fuerza y su ira sobre todos los que le abandonan. ²³ De modo que ayunamos y rogamos a Dios por todo esto, y él nos atendió.

²⁴ Luego aparté a doce dirigentes de los sacerdotes: a Serebías, Hasabías y diez compañeros suyos, ²⁵ y les pesé y entregué la plata, el oro y los utensilios que el rey y sus consejeros y oficiales y todos los israelitas allí presentes habían ofrecido como donativo para el templo de nuestro Dios. ²⁶ Les pesé y entregué veintiún mil cuatrocientos cincuenta kilos de plata, cien utensilios de plata¹⁵ y tres mil trescientos kilos de oro; ²⁷ además, veinte tazas de oro con un peso total de ocho kilos, y dos utensilios de bronce bruñido de primera

---

¹⁰ *Hijo de Secanías:* según un manuscrito griego. Heb. *de los descendientes de Secanías.* ¹¹ *De Zatu:* según la versión griega. En el texto hebreo no aparece este nombre. ¹² *De Bani:* según la versión griega. En el texto hebreo no aparece este nombre. ¹³ Heb. añade: *con un valor de . . .,* pero falta la cantidad.

calidad, tan valiosos como si fueran de oro. ²⁸ Luego les dije: "Ustedes están consagrados al Señor, lo mismo que los utensilios. La plata y el oro son para el Señor, Dios de nuestros padres. ²⁹ Tengan cuidado y guárdenlos hasta que los pesen en presencia de los jefes de los sacerdotes, y de los levitas y jefes de familia de Israel, en los cuartos del templo del Señor, en Jerusalén." ³⁰ Entonces los sacerdotes y los levitas recibieron la plata, el oro y los utensilios que habían sido pesados, y los llevaron a Jerusalén, al templo de nuestro Dios.

³¹ El día doce del mes primero nos marchamos del río Ahava para dirigirnos a Jerusalén. Nuestro Dios nos ayudó, librándonos de enemigos y de bandidos en el camino. ³² Cuando llegamos a Jerusalén, descansamos tres días. ³³ Al cuarto día se pesó la plata, el oro y los utensilios en el templo de nuestro Dios, y se entregó todo al sacerdote Meremot, hijo de Urías. Con él estaban Eleazar, hijo de Finees, y los levitas Jozabad, hijo de Josué, y Noadías, hijo de Binuy. ³⁴ Aquel mismo día se pesó y contó todo, y se tomó nota de la carga. ³⁵ Después, los desterrados que volvieron del exilio entregaron para los holocaustos al Dios de Israel, y en nombre de todos los israelitas, doce becerros, noventa y seis carneros, setenta y siete corderos y doce chivos para la ofrenda por el pecado. Todos fueron quemados en honor del Señor. ³⁶ Luego entregaron la orden del rey a las autoridades del reino y a los gobernadores de la provincia al oeste del río Éufrates, los cuales apoyaron al pueblo y al templo de Dios.

Pecado del pueblo y oración de Esdras

9 ¹ Cuando aquello se terminó, los jefes se acercaron a mí para decirme: "Los israelitas, incluidos los sacerdotes y los levitas, no se han mantenido apartados de la gente del país, es decir, de los cananeos, hititas, ferezeos, jebuseos, amonitas, moabitas, egipcios y amorreos, a pesar de sus odiosas costumbres paganas. ² Ellos y sus hijos se han casado con las hijas de esa gente; por lo tanto, el pueblo de Dios se ha mezclado con la gente de otros pueblos. Y los primeros en cometer este pecado han sido los jefes y gobernantes."

³ Al escuchar esta noticia, me rasgué la ropa, me arranqué los pelos y la barba en señal de dolor, y me senté completamente deprimido. ⁴ Todos los que temían el castigo del Dios de Israel por causa del pecado de los que habían vuelto del destierro, se unieron a mí; pero yo seguí sentado

y deprimido hasta la hora del sacrificio de la tarde. ⁵ A esa hora me recuperé de mi depresión y, todavía con la ropa rasgada, comencé a orar al Señor mi Dios, ⁶ diciendo: "Dios mío, Dios mío, me siento tan avergonzado y confundido que no sé cómo dirigirme a ti. Nuestras faltas han sobrepasado el límite, y nuestras culpas llegan hasta el cielo. ⁷ Desde hace mucho tiempo y hasta ahora, hemos vivido en grave pecado. Por causa de nuestras maldades, tanto nosotros como nuestros reyes y sacerdotes hemos sido entregados al poder de los reyes de otros países. Hemos sido heridos, desterrados, saqueados y despreciados, y en esa misma situación estamos ahora. ⁸ Pero también ahora, Señor y Dios nuestro, tu bondad ha hecho posible que un grupo de nosotros quede en libertad y que se nos conceda establecer nuestro hogar en tierra santa; tú has dado nueva luz a nuestros ojos, nos has dado un pequeño respiro en medio de nuestra esclavitud. ⁹ Aunque somos esclavos, no nos has abandonado en nuestra esclavitud; nos has mostrado tu bondad ante los reyes de Persia, nos has concedido vida para reconstruir tu templo de entre sus ruinas, ¡nos has dado protección en Judá y Jerusalén!

¹⁰ "Pero ahora, Dios nuestro, ¿qué podemos decir después de todo lo que hemos hecho? No hemos cumplido los mandamientos ¹¹ que ordenaste por medio de los profetas, tus servidores. Tú nos advertiste que el país en el que íbamos a entrar y del que íbamos a tomar posesión, estaba corrompido por la maldad de la gente de aquellos lugares, que con sus odiosas costumbres paganas lo habían llenado de prácticas impuras. ¹² También nos dijiste que no debíamos casar a nuestras hijas con sus hijos ni aceptar que sus hijas se casaran con nuestros hijos,ˣ ni procurar nunca la paz y el bienestar de esa gente, a fin de mantenernos fuertes, disfrutar de la bondad del país y dejárselo luego todo a nuestros descendientes como su herencia para siempre.

¹³ "Después de todo lo que nos ha ocurrido por causa de nuestras maldades y grave culpa, y aunque no nos has castigado como merecíamos por nuestros pecados, sino que nos has dado esta libertad, ¹⁴ ¿podríamos acaso volver a desobedecer tus mandamientos y emparentar con gentes de tan odiosas costumbres? ¿Acaso no te enojarías contra nosotros y nos destruirías, hasta que no quedara con vida ni uno solo de nosotros?

¹⁵ "Señor, Dios de Israel, tú has sido justo con nosotros; tú has permitido que

un grupo de nosotros haya podido sobrevivir, como hoy se puede ver. Y nosotros somos realmente culpables ante ti; por eso no podemos estar en tu presencia."

Expulsión de las mujeres extranjeras

10 ¹ Mientras Esdras oraba y hacía esta confesión llorando y de rodillas ante el templo de Dios, un grupo numeroso de israelitas, hombres, mujeres y niños, que lloraban también amargamente, se juntó a su alrededor. ² Entonces Secanías, hijo de Jehiel y descendiente de Elam, tomó la palabra y dijo a Esdras: "Nosotros no hemos sido fieles a nuestro Dios, porque nos hemos casado con mujeres extranjeras, de naciones paganas; sin embargo, todavía hay esperanza para Israel. ³ Vamos a comprometernos a despedir a todas nuestras mujeres extranjeras y a sus hijos, y que se cumpla la ley, tal como tú y quienes respetan el mandamiento del Señor nos aconsejan. ⁴ Levántate, porque esto es algo que a ti te toca hacer; nosotros te apoyaremos. Anímate, y manos a la obra."

⁵ Entonces Esdras se puso de pie, e hizo prometer solemnemente a los jefes de los sacerdotes y de los levitas, y a todos los israelitas, que cumplirían su compromiso; y ellos lo prometieron. ⁶ Luego Esdras se retiró del templo de Dios para ir al cuarto de Johanán, hijo de Eliasib, donde pasó la noche sin comer ni beber nada, porque estaba muy triste por la infidelidad de los que habían vuelto del destierro.

⁷ Después se hizo un llamado general en Judá y en Jerusalén, para que se reunieran en Jerusalén todos los que habían regresado del destierro. ⁸ A todo aquel que no llegara en el plazo de tres días, según lo determinaron los jefes y consejeros, se le expropiarían sus propiedades y se le expulsaría de la comunidad de los que volvieron del destierro. ⁹ Por lo tanto, todos los hombres de Judá y de Benjamín se reunieron en Jerusalén el día veinte del mes noveno, es decir, en el término de tres días. Todos ellos se sentaron en la plaza del templo de Dios, temblando por causa de aquel asunto y de la lluvia que caía. ¹⁰ Entonces el sacerdote Esdras se puso de pie y les dijo:

—Ustedes han pecado al casarse con mujeres extranjeras, aumentando así la culpa de Israel. ¹¹ Por tanto, aquí, ante el Señor y Dios de sus padres, reconozcan ustedes que son culpables y cumplan la voluntad del Señor. Apártense de la gente pagana y de esas mujeres extranjeras.

¹² Y toda la gente respondió en alta voz:

—Sí, haremos lo que tú nos ordenes. ¹³ Pero somos muchos y no deja de llover; además, no podemos quedarnos en la calle, ya que este asunto no es cosa de un día ni dos, pues somos muchos los que hemos cometido este pecado. ¹⁴ Será mejor que se queden aquí nuestros jefes en representación nuestra, y que todos los que vivan en nuestras ciudades y se hayan casado con mujeres extranjeras vengan en una fecha indicada, acompañados por las autoridades y jueces de su ciudad, hasta que la ardiente ira de nuestro Dios por este asunto se aparte de nosotros.

¹⁵⁻¹⁶ Todos los que regresaron del destierro estuvieron de acuerdo en hacerlo así, con la excepción de Jonatán, hijo de Asael, y de Jahazías, hijo de Ticva, a quienes apoyaron Mesulam y Sabetai el levita. Entonces el sacerdote Esdras escogió y nombró personalmente algunos hombres, que eran jefes de sus respectivas familias, y el día primero del mes décimo todos los nombrados formaron el tribunal para estudiar cada caso. ¹⁷ Y el día primero del mes primero terminaron con todos los casos de hombres que se habían casado con mujeres extranjeras.

¹⁸ Los sacerdotes a quienes encontraron casados con mujeres extranjeras, fueron:

De los descendientes de Josué, hijo de Josadac, y de sus parientes: Maasías, Eliezer, Jarib y Gedalías, ¹⁹ los cuales prometieron firmemente despedir a sus mujeres y presentaron un carnero como ofrenda por su pecado.

²⁰ De los descendientes de Imer: Hanani y Zebadías.

²¹ De los descendientes de Harim: Maasías, Elías, Semaías, Jehiel y Uzías.

²² De los descendientes de Pasur: Elioenai, Maasías, Ismael, Natanael, Jozabad y Elasa.

²³ De los descendientes de levitas: Jozabad, Simei, Kelaía (o sea, Kelita), Petaías, Judá y Eliezer.

²⁴ De los cantores: Eliasib.

De los porteros: Salum, Telem y Uri.

²⁵ Los demás israelitas que estaban en el mismo caso, fueron:

De los descendientes de Paros: Ramía, Jezías, Malquías, Mijamín, Eleazar, Malquías y Benaía.

²⁶ De los descendientes de Elam: Matanías, Zacarías, Jehiel, Abdi, Jeremot y Elías.

²⁷ De los descendientes de Zatu: Elioenai, Eliasib, Matanías, Jeremot, Zabad y Aziza.

²⁸ De los descendientes de Bebai: Johanán, Hananías, Zabai y Atlai.

²⁹ De los descendientes de Bani: Mesulam, Maluc, Adaía, Jasub, Seal y Ramot.

³⁰ De los descendientes de Pahat-moab: Adna, Quelal, Benaía, Maasías, Matanías, Bezaleel, Binuy y Manasés.

³¹ De los descendientes de Harim: Eliezer, Isías, Malquías, Semaías, Simeón, ³² Benjamín, Maluc y Semarías.

³³ De los descendientes de Hasum: Matenai, Matata, Zabad, Elifelet, Jeremai, Manasés y Simei.

³⁴ De los descendientes de Bani: Madai, Amram, Uel, ³⁵ Benaía, Bedías, Queluhi, ³⁶ Vanías, Meremot, Eliasib, ³⁷ Matanías, Matenai, Jaasai.

³⁸ De los descendientes de¹⁴ Binuy: Simei, ³⁹ Selemías, Natán, Adaía, ⁴⁰ Macnadebai, Sasai, Sarai, ⁴¹ Azareel, Selemías, Semarías, ⁴² Salum, Amarías y José.

⁴³ De los descendientes de Nebo: Jeiel, Matatías, Zabad, Zebina, Jadau, Joel y Benaía.

⁴⁴ Todos estos se habían casado con mujeres extranjeras, pero las despidieron a ellas y a sus hijos.¹⁵

¹⁴ *De los descendientes de:* texto probable. Heb. *y Bani y.*   ¹⁵ *Pero las despidieron a ellas y a sus hijos:* según la versión griega. Heb. *y de ellos había mujeres, y ellos pusieron hijos.*

NEHEMÍAS

Nehemías, comisionado oficialmente por el rey persa Artajerjes (caps. 1,2); regresa y emprende con todo empeño la reconstrucción de los muros de Jerusalén (caps. 3—7). Sin embargo no separa la restauración civil de la religiosa, así que apoya a Esdras en esta última. Tiene lugar entonces la solemne lectura pública de la ley y la renovación del pacto por el pueblo (caps. 8—10). Los últimos tres capítulos consignan datos sobre el personal del templo, reseñan la dedicación del muro e informan sobre las reformas emprendidas por Nehemías.

Nehemías ora en favor de su pueblo

1 ¹ Esta es la historia de Nehemías, hijo de Hacalías. En el año veinte del reinado de Artajerjes,ᵃ en el mes de Quisleu, yo, Nehemías, estaba en la ciudadela de Susa ² cuando llegó mi hermano Hanani con unos hombres que venían de Judá. Entonces les pregunté por Jerusalén y por los judíos que habían escapado de ir al destierro. ³ Y me contestaron: "Los que escaparon de ir al destierro y se quedaron en la provincia, están en una situación muy difícil y vergonzosa. En cuanto a Jerusalén, la muralla ha sido derribada y sus puertas han sido destruidas por el fuego."

⁴ Al escuchar estas noticias, me senté a llorar, y por algunos días estuve muy triste, ayunando y orando ante el Dios del cielo. ⁵ Y le dije: "Señor, Dios del cielo, Dios grande y terrible, que mantienes firme tu pacto y tu fidelidad con los que te aman y cumplen tus mandamientos; ⁶ te ruego ahora que atiendas a la oración que día y noche te dirijo en favor de tus siervos, los israelitas. Reconozco que nosotros los israelitas hemos pecado contra ti; ¡hasta mis familiares y yo hemos pecado! ⁷ Nos hemos conducido de la peor manera ante ti; no hemos cumplido los mandamientos, leyes y decretos que nos diste por medio de tu siervo Moisés. ⁸ Recuerda que le advertiste que si nosotros pecábamos, nos dispersarías por todo el mundo;ᵇ ⁹ pero que si nos volvíamos a ti y cumplíamos tus mandamientos, poniéndolos en práctica, aun cuando fuéramos esparcidos hasta el último rincón del mundo nos recogerías de allí y nos llevarías de nuevo al santo lugar que escogiste como residencia de tu nombre.ᶜ

¹⁰ "Nosotros somos tus siervos y tu pueblo, que rescataste con tu gran poder y fortaleza.ᵈ ¹¹ Te ruego, pues, Señor, que atiendas a mi oración y las súplicas de tus siervos, cuyo único deseo es honrarte. Te pido también que me des éxito y despiertes hacia mí las simpatías del rey."

Artajerjes permite a Nehemías ir a Jerusalén

2 Yo era entonces copero del rey Artajerjes. ¹ Y un día del mes de Nisán, en el año veinte de su reinado, mientras yo le servía vino, el rey me vio tan triste ² que me preguntó:

—Te veo muy triste. ¿Qué te pasa? No pareces estar enfermo, así que has de tener algún problema.

En ese momento sentí un gran temor, ³ y le dije al rey:

—¡Viva siempre Su Majestad! ¿Y cómo no he de verme triste, si la ciudad donde

ᵃ 1.1 Esd 4.7.   ᵇ 1.8 Lv 26.33; Dt 28.64.   ᶜ 1.9 Dt 30.1-5.   ᵈ 1.10 Dt 9.29.

están las tumbas de mis padres se halla en ruinas y sus puertas han sido quemadas?[e] [4] —¿Qué puedo hacer por ti? —preguntó el rey.

Entonces me encomendé al Dios del cielo, [5] y respondí al rey:

—Si a Su Majestad le parece bien, y si he alcanzado su favor, pido a Su Majestad que me mande a Judá, a la ciudad donde están enterrados mis padres, para que yo la reconstruya.

[6] El rey, a cuyo lado estaba sentada la reina, me contestó:

—¿Cuánto tiempo durará tu viaje? ¿Cuándo volverás?

Yo le indiqué la fecha, y él aceptó dejarme ir. [7] Además le dije que, si lo estimaba conveniente, se me diera una orden por escrito dirigida a los gobernadores al oeste del río Éufrates, para que me dejaran pasar libremente hasta llegar a Judá; [8] y otra orden escrita para que Asaf, el guardabosques del rey, me diera madera para recubrir las puertas de la ciudadela del templo, así como para la muralla de la ciudad y para la casa donde yo tenía que vivir. Y el rey me lo concedió todo porque yo contaba con la bondadosa ayuda de mi Dios.

[9] Cuando llegué ante los gobernadores al oeste del Éufrates, les entregué las cartas del rey, quien además había enviado conmigo una escolta de caballería al mando de jefes del ejército. [10] Pero cuando supieron esto Sanbalat el de Horón y Tobías, el funcionario amonita, se disgustaron mucho porque había llegado alguien interesado en ayudar a los israelitas.

Proyecto de reconstrucción de la muralla

[11] Llegué por fin a Jerusalén. Y a los tres días de estar allí, [12] me levanté de noche, acompañado de algunos hombres, pero sin decir a nadie lo que Dios me había inspirado hacer por Jerusalén. No llevaba yo más cabalgadura que la que montaba. [13] Aquella misma noche salí por la puerta del Valle en dirección a la fuente del Dragón y a la puerta del Basurero, e inspeccioné la muralla de Jerusalén, que estaba derrumbada y sus puertas quemadas. [14] Luego seguí hacia la puerta de la Fuente y el estanque del Rey; pero mi cabalgadura no podía pasar por allí. [15] Siendo todavía de noche, subí a lo largo del arroyo, y después de haber inspeccionado la muralla, regresé entrando por la puerta del Valle. [16] Los gobernantes no sabían a dónde había ido yo, ni lo que andaba haciendo.

Tampoco había yo informado hasta entonces a los judíos, es decir, a los sacerdotes, nobles, gobernantes y demás personas que habían de participar en la obra. [17] Así que les dije:

—Ustedes saben bien que nos encontramos en una situación difícil, pues Jerusalén está en ruinas y sus puertas quemadas. Únanse a mí y reconstruyamos la muralla de Jerusalén, para que ya no seamos objeto de burla.

[18] Y cuando les conté la forma tan bondadosa en que Dios me había ayudado y las palabras que me había dicho el rey, ellos respondieron:

—¡Comencemos la reconstrucción!

Y con muy buen espíritu se animaron unos a otros. [19] Pero cuando lo supieron Sanbalat el de Horón, Tobías el funcionario amonita, y Gesem el árabe, se burlaron de nosotros y nos dijeron con desprecio:

—¿Qué se traen ustedes entre manos? ¿Acaso piensan rebelarse contra el rey?

[20] Pero yo les contesté:

—El Dios del cielo nos dará el éxito. Nosotros, sus siervos, vamos a comenzar la reconstrucción, y ustedes no tienen arte ni parte en Jerusalén.

Distribución del trabajo

3 [1] Entonces el sumo sacerdote Eliasib y sus compañeros los sacerdotes reconstruyeron la puerta de las Ovejas. Le pusieron vigas[l] y colocaron las puertas, y reconstruyeron la muralla desde la torre de los Cien hasta la torre de Hananeel. [2] El siguiente tramo de la muralla lo reconstruyeron los hombres de Jericó, y el siguiente lo hizo Zacur, el hijo de Imri. [3] Los descendientes de Senaa reconstruyeron la puerta de los Pescados. Le pusieron vigas y colocaron sus puertas con sus cerrojos y barras. El siguiente tramo de la muralla lo reforzó Meremot, hijo de Urías y nieto de Cos; y el siguiente, Mesulam, hijo de Berequías y nieto de Mesezabeel; el siguiente tramo lo restauró Sadoc, hijo de Baana. [5] La reparación del siguiente tramo la hicieron los de Tecoa, aunque sus hombres importantes no quisieron ayudar a sus dirigentes. [6] Joiada, hijo de Paseah, y Mesulam, hijo de Besodías, repararon la puerta de Jesana. Le pusieron vigas y colocaron sus puertas con sus cerrojos y barras. El siguiente tramo de la muralla lo repararon Melatías de Gabaón y Jadón de Meronot, y la gente de Gabaón y de Mizpa, lugares que estaban bajo la autoridad del gobernador al oeste del río

---

[l] Le pusieron vigas: texto probable. Heb. consagraron.
[e] 2.3 2 R 25.8-10; 2 Cr 36.19; Jer 52.12-14.

Éufrates. [8] El siguiente tramo de la muralla lo reparó Uziel, hijo de Harhaía, el platero; y el siguiente lo reparó Hananías, el perfumero; ellos dos restauraron la muralla de Jerusalén hasta la muralla ancha. [9] El siguiente tramo lo reparó Refaías, hijo de Hur, que era alcalde de la mitad del distrito de Jerusalén. [10] El siguiente tramo lo reparó Jedaías, hijo de Harumaf, pues quedaba frente a su casa, y el siguiente lo reparó Hatús, hijo de Hasabnías.

[11] Malquías, hijo de Harim, y Hasub, hijo de Pahat-moab, repararon el siguiente tramo y la torre de los Hornos. [12] El siguiente lo repararon Salum, hijo de Halohes, que era alcalde de la otra mitad del distrito de Jerusalén, y sus hijas. [13] Hanún y los habitantes de Zanoa repararon la puerta del Valle; la reconstruyeron y colocaron sus puertas con sus cerrojos y barras, y restauraron cuatrocientos cincuenta metros de muralla, hasta la puerta del Basurero. [14] Malquías, hijo de Recab, gobernador del distrito de Bet-haquerem, reconstruyó la puerta del Basurero y colocó sus puertas con sus cerrojos y barras.

[15] Salum, hijo de Colhoze, gobernador del distrito de Mizpa, reparó la puerta de la Fuente: la reconstruyó y la techó, y colocó sus puertas con sus cerrojos y sus barras, y también reparó el muro del estanque de Siloé junto al Jardín Real, hasta las escaleras que bajan de la Ciudad de David. [16] Nehemías, hijo de Azbuc, gobernador de medio distrito de Bet-sur, reparó el siguiente tramo de la muralla hasta frente a los sepulcros de David, hasta el depósito del agua y hasta el cuartel de los soldados.

[17] El siguiente tramo lo repararon los levitas: Rehum, hijo de Bani; y más adelante Hasabías, gobernador de medio distrito de Keila, que lo hizo en nombre de su distrito. [18] El siguiente tramo lo repararon sus colegas: Bavai, hijo de Henadad, gobernador de la otra mitad del distrito de Keila; [19] y Ezer, hijo de Josué, gobernador de Mizpa, reparó otro tramo frente a la subida al depósito de armas de la esquina. [20] A continuación de él, Baruc, hijo de Zabai, reparó otro tramo, desde la esquina hasta la puerta de la casa de Eliasib, el sumo sacerdote; [21] y Meremot, hijo de Urías y nieto de Cos, reparó el siguiente tramo, desde la puerta de la casa de Eliasib hasta el final de la misma. [22] El tramo siguiente de la muralla lo repararon los sacerdotes que vivían en el valle del Jordán. [23] A continuación de ellos, Benjamín y Hasub repararon la muralla frente a su casa. Y después de ellos, Azarías, hijo de Maasías y nieto de Ananías, hizo la restauración junto a su casa.

[24] El siguiente tramo lo reparó Binuy, hijo de Henadad, desde la casa de Azarías hasta el ángulo en la esquina. [25] A continuación de él, Palal, hijo de Uzai, reparó la muralla frente a la esquina y también la torre alta que sobresale del palacio real, la cual está en el patio de la guardia. El siguiente tramo lo reparó Pedaías, hijo de Faros, [26] hasta frente a la puerta del Agua, hacia el este, así como la torre que sobresale. (Los que vivían en Ofel eran los sirvientes del templo.) [27] Los de Tecoa repararon el siguiente tramo, desde enfrente de la torre grande que sobresale hasta la muralla de Ofel.

[28] Los sacerdotes repararon la muralla, cada uno frente a su casa, desde la puerta de los Caballos. [29] A continuación de ellos, Sadoc, hijo de Imer, reparó la muralla frente a su casa; y el tramo siguiente lo reparó Semaías, hijo de Secanías, que era guardián de la puerta de Oriente. [30] Tras él repararon otro tramo Hananías, hijo de Selemías, y Hanún, que era el sexto hijo de Salaf; y a continuación de ellos, Mesulam, hijo de Berequías, lo hizo frente a su casa. [31] Malquías, el platero, reparó el siguiente tramo de la muralla hasta la casa de los servidores del templo, y la de los comerciantes, frente a la puerta de la Inspección y hasta el puesto de vigilancia de la esquina. [32] Los plateros y los comerciantes repararon el siguiente tramo desde el puesto de vigilancia de la esquina hasta la puerta de las Ovejas.

Burlas de los enemigos

4 [1]Cuando Sanbalat supo que estábamos reconstruyendo la muralla, se enfureció y, lleno de rabia, comenzó a burlarse de los judíos [2] diciendo ante sus compañeros y el ejército de Samaria: "¿Qué se creen estos judíos muertos de hambre? ¿Acaso piensan que se les va a permitir ofrecer sacrificios otra vez? ¿O que podrán terminar el trabajo en un día? ¿O que de los montones de escombros van a sacar nuevas las piedras que se quemaron?"

[3] A su lado estaba Tobías, el amonita, que añadió: "Para colmo, miren el muro que están construyendo: ¡hasta una zorra lo puede echar abajo, si se sube en él!"

Oración de Nehemías

[4] Entonces yo oré: "Dios nuestro: escucha cómo se burlan de nosotros. Haz que sus ofensas se vuelvan contra ellos, y que caigan en poder del enemigo y sean llevados cautivos a otro país. [5] No les perdones

---

ƒ Los vs. 4.1–23 corresponden a los vs. 3.33—4.17 en el texto hebreo.

su maldad, ni borres de tu presencia su pecado, pues han insultado a los que están reconstruyendo la muralla."

Amenazas de los enemigos

⁶ Continuamos, pues, reconstruyendo la muralla, que estaba ya levantada hasta la mitad. La gente trabajaba con entusiasmo. ⁷ Pero cuando Sanbalat, Tobías, los árabes, los de Amón y los de Asdod supieron que la reparación de la muralla de Jerusalén seguía adelante y que se había comenzado a tapar las brechas, se enojaron muchísimo, ⁸ y todos juntos formaron un plan para atacar Jerusalén y causar destrozos en ella. ⁹ Entonces oramos a nuestro Dios, y pusimos guardia día y noche para defendernos de ellos. ¹⁰ Y la gente de Judá decía: "La fuerza del cargador desmaya ante tal cantidad de escombros, y nosotros somos incapaces de reconstruir esta muralla."

¹¹ Nuestros enemigos pensaban que no nos daríamos cuenta ni veríamos nada hasta que se metieran en medio de nosotros para matarnos y detener las obras. ¹² Pero cuando los judíos que vivían cerca de ellos vinieron a decirnos una y otra vez que esa gente iba a atacarnos por todos lados, ¹³ ordené que la gente se pusiera por familias detrás de la muralla, y en las partes bajas, y en las brechas, con espadas, lanzas y arcos. ¹⁴ Y al ver que tenían miedo, me puse de pie y dije a los nobles, a los gobernantes y al resto del pueblo: "No les tengan miedo. Recuerden que el Señor es grande y terrible, y luchen por sus compatriotas, por sus hijos e hijas, mujeres y hogares."

¹⁵ Cuando nuestros enemigos supieron que estábamos preparados y que Dios había desbaratado sus planes, todos nosotros volvimos a la muralla, cada cual a su trabajo. ¹⁶ A partir de aquel momento, la mitad de mis hombres trabajaba en la obra, y la otra mitad se mantenía armada con lanzas, escudos, arcos y corazas. Los jefes daban todo su apoyo a la gente de Judá ¹⁷ que estaba reconstruyendo la muralla. Los cargadores seguían llevando cargas, pero con una mano trabajaban y con la otra sujetaban el arma. ¹⁸ Todos los que trabajaban en la construcción tenían la espada a la cintura, y a mi lado estaba el encargado de tocar la trompeta, ¹⁹ pues yo había dicho a los nobles y gobernantes, y al resto del pueblo: "Las obras son enormes y extensas, y nosotros estamos repartidos por la muralla, separados unos de otros. ²⁰ Por lo tanto, allá donde escuchen

el toque de trompeta, únanse a nosotros, y nuestro Dios luchará a nuestro lado."

²¹ De este modo, mientras nosotros trabajábamos de sol a sol en la obra, la mitad de la gente se mantenía con la lanza en la mano. ²² Además, en aquella ocasión dije a la gente que todos, incluso los ayudantes, debían pasar la noche dentro de Jerusalén, para que nos protegieran durante la noche y trabajaran durante el día. ²³ Además, ni yo ni mis parientes y ayudantes, ni los hombres de la guardia que me acompañaban, nos quitábamos la ropa, y cada uno tenía la lanza en la mano.²

Problemas internos

5 ¹ Hubo en aquel tiempo una gran protesta de parte del pueblo y de sus mujeres contra sus compatriotas judíos, ² pues algunos decían que tenían muchos hijos e hijas y necesitaban conseguir trigo para no morirse de hambre; ³ otros decían que debido a la falta de alimentos habían tenido que hipotecar sus terrenos, viñedos y casas, ⁴ y otros decían que habían tenido que pedir dinero prestado para pagar los impuestos al rey, dando en garantía sus terrenos y viñedos. Decían además: ⁵ "Tanto nuestros compatriotas como nosotros somos de la misma raza; nuestros hijos no se diferencian en nada de los de ellos. Sin embargo, nosotros tenemos que someter a nuestros hijos e hijas a la esclavitud. De hecho, algunas de nuestras hijas son ya esclavas, y no podemos hacer nada por evitarlo, porque nuestros terrenos y viñedos ya pertenecen a otros."

⁶ Cuando escuché sus quejas y razones, me llené de indignación. ⁷ Después de pensarlo bien, reprendí a los nobles y gobernantes por imponer una carga tal a sus compatriotas. Convoqué además una asamblea general para tratar su caso, ⁸ y les dije: "Nosotros, hasta donde nos ha sido posible, hemos rescatado a nuestros compatriotas judíos que habían sido vendidos a las naciones paganas; ¿y ahora ustedes los vuelven a vender para que nosotros tengamos que volver a rescatarlos?"

Ellos se quedaron callados, pues no sabían qué responder. ⁹ Y yo añadí: "Lo que están haciendo no está bien. Deberían mostrar reverencia por nuestro Dios, y evitar así las burlas de los paganos, nuestros enemigos. ¹⁰ También mis familiares, mis ayudantes y yo, les hemos prestado a ellos dinero y trigo; así que, ¡vamos a perdonarles esta deuda! ¹¹ Y les ruego también que les devuelvan ahora mismo sus terrenos, viñedos, olivares y casas, y que

---

² Cada uno tenía la lanza en la mano: texto probable. Heb. cada uno su lanza el agua.

cancelen las deudas³ que tienen con ustedes, sean de dinero, grano, vino o aceite." ¹² Ellos respondieron: "Devolveremos todo eso, y no les reclamaremos nada. Haremos todo tal como lo has dicho."

Entonces llamé a los sacerdotes, y en su presencia les hice jurar lo que prometieron. ¹³ Además me sacudí la ropa y dije: "Así sacuda Dios fuera de su casa y de sus propiedades a todo aquel que no cumpla este juramento, y así lo despoje de todo lo que ahora tiene." Toda la multitud respondió: "Así sea", y alabaron al Señor.

Generosidad de Nehemías

La gente cumplió su promesa, ¹⁴ y durante doce años, es decir, desde aquel día del año veinte en que el rey Artajerjes me nombró gobernador de la región de Judá hasta el año treinta y dos de su reinado, ni yo ni mis colaboradores hicimos uso de la pensión que me correspondía como gobernador. ¹⁵ En cambio, los gobernadores que estuvieron antes que yo, fueron una carga para el pueblo, pues diariamente cobraban cuarenta monedas de plata para comida y vino. Además, sus empleados oprimían al pueblo. Pero yo no lo hice así, por respeto a Dios. ¹⁶ Por otra parte, cumplí con mi tarea de reconstruir la muralla de la ciudad, y no adquirí terrenos. En cuanto a mis empleados, todos ellos tomaron parte en el trabajo. ¹⁷ A mi mesa se sentaban hasta ciento cincuenta personas, tanto judíos del pueblo como funcionarios del gobierno, sin contar a los que venían a visitarnos de las naciones vecinas. ¹⁸ Y lo que se preparaba diariamente por mi cuenta, era: un buey y seis de las mejores ovejas, y aves; y cada diez días había vino en abundancia. A pesar de esto, nunca reclamé la pensión que me correspondía como gobernador, porque ya era excesiva la carga que pesaba sobre este pueblo. ¹⁹ ¡Tómame en cuenta, Dios mío, para mi bien, todo lo que he hecho por este pueblo!

Complot contra Nehemías

6 ¹ Cuando Sanbalat, Tobías, Gesem el árabe y los demás enemigos nuestros supieron que yo había reconstruido la muralla sin dejar en ella ninguna brecha (aunque me faltaba todavía colocar las puertas en su sitio), ² me enviaron un mensaje Sanbalat y Gesem para que nos reuniéramos en alguna de las aldeas del valle de Ono. Pero lo que tramaban era hacerme daño. ³ Entonces envié mensajeros a decirles que yo estaba ocupado en una obra importante, y que no podía ir, ya que el trabajo se detendría si yo lo dejaba por ir a verlos. ⁴ Cuatro veces me enviaron el mismo mensaje, pero mi respuesta fue siempre la misma.

⁵ Entonces Sanbalat, por medio de un criado suyo, me envió por quinta vez el mismo mensaje en una carta abierta, ⁶ que decía: "Corre el rumor entre la gente, y también lo dice Gesem, de que tú y los judíos están planeando una rebelión, y que por eso están reconstruyendo la muralla. Según estos rumores, tú vas a ser su rey, ⁷ y has nombrado ya profetas para que te proclamen rey en Jerusalén y digan que ya hay rey en Judá. Estos rumores bien pueden llegar a oídos del rey Artajerjes, así que ven y conversaremos personalmente."

⁸ Entonces yo le envié contestación, diciéndole que no había nada de cierto en aquellos rumores, sino que eran producto de su imaginación. ⁹ Pues ellos trataban de asustarnos, pensando que nos desanimaríamos y que no llevaríamos a cabo la obra; pero yo puse aún mayor empeño.⁴ ¹⁰ Después fui a casa de Semaías, hijo de Delaía y nieto de Mehetabel, que se había encerrado en su casa, y me dijo: "Reunámonos en el templo de Dios, dentro del santuario, y cerremos las puertas, porque esta noche piensan venir a matarte." ¹¹ Pero yo le respondí: "Los hombres como yo, no huyen ni se meten en el templo para salvar el pellejo. Yo, al menos, no me meteré."

¹² Además me di cuenta de que él no hablaba de parte de Dios, sino que decía todo aquello contra mí porque Sanbalat y Tobías lo habían sobornado; ¹³ le pagaban por asustarme, para que así yo pecara. De ese modo podrían crearme mala fama y desprestigiarme. ¹⁴ ¡Dios mío: recuerda lo que Sanbalat y Tobías han hecho! ¡No te olvides tampoco de Noadías, la profetisa, ni de los otros profetas que quisieron asustarme!

¹⁵ La muralla quedó terminada el día veinticinco del mes de Elul, y en la obra se emplearon cincuenta y dos días. ¹⁶ Nuestros enemigos lo supieron, y todas las naciones que había a nuestro alrededor tuvieron mucho miedo y se vino abajo su orgullo, porque comprendieron que esta obra se había llevado a cabo con la ayuda de nuestro Dios.

¹⁷ En aquellos días hubo mucha correspondencia entre Tobías y personas importantes de Judá, ¹⁸ porque muchas personas de Judá habían jurado lealtad a Tobías, por ser el yerno de Secanías, hijo de Ara, y porque su hijo Johanán se había casado

---

³ *Las deudas:* texto probable. Heb. *la centésima parte.*   ⁴ *Yo puse aún mayor empeño:* según varias versiones antiguas. Heb. *hazme poner más empeño.*

con la hija de Mesulam, hijo de Berequías. [19] De modo que lo elogiaban en mi presencia y le contaban lo que yo decía. Tobías, por su parte, me enviaba cartas para asustarme.

Nehemías nombra dirigentes

7 [1] Cuando la muralla quedó reconstruida y se le colocaron las puertas, se nombraron porteros, cantores y levitas. [2] Al frente de Jerusalén puse a mi hermano Hananí[g] y a Hananías, el comandante de la ciudadela, que era un hombre digno de confianza y más temeroso de Dios que muchas personas. [3] Les dije que no debían abrirse las puertas de Jerusalén hasta bien entrado el día, y que debían cerrarse y asegurarse estando en sus puestos los de la guardia. También nombré vigilantes entre los mismos habitantes de Jerusalén, para que vigilaran, unos en sus puestos y otros frente a su propia casa. [4] La ciudad era grande y extensa, pero había en ella poca gente porque las casas no se habían reconstruido.

Los que volvieron del destierro
(Esd 2.1–70)

[5] Entonces Dios me impulsó a reunir a las personas importantes, las autoridades y el pueblo, para hacer un registro familiar, y encontré el libro del registro familiar de los que habían llegado antes. En él estaba escrito lo siguiente: [6-7] "Esta es la lista de los israelitas nacidos en Judá que fueron desterrados a Babilonia por el rey Nabucodonosor, y que después del destierro volvieron a Jerusalén y a otros lugares de Judá, cada cual a su población, encabezados por Zorobabel, Josué, Nehemías, Azarías, Raamías, Nahamani, Mardoqueo, Bilsán, Misperet, Bigvai, Nehum y Baana:

[8] "Los descendientes de Paros, dos mil ciento setenta y dos;

[9] los de Sefatías, trescientos setenta y dos;

[10] los de Ara, seiscientos cincuenta y dos;

[11] los de Pahat-moab, que eran descendientes de Josué y de Joab, dos mil ochocientos dieciocho;

[12] los de Elam, mil doscientos cincuenta y cuatro;

[13] los de Zatu, ochocientos cuarenta y cinco;

[14] los de Zacai, setecientos sesenta;

[15] los de Binuy, seiscientos cuarenta y ocho;

[16] los de Bebai, seiscientos veintiocho;

[17] los de Azgad, dos mil trescientos veintidós;

[18] los de Adonicam, seiscientos sesenta y siete;

[19] los de Bigvai, dos mil sesenta y siete;

[20] los de Adín, seiscientos cincuenta y cinco;

[21] los de Ater, que eran descendientes de Ezequías, noventa y ocho;

[22] los de Hasum, trescientos veintiocho;

[23] los de Bezai, trescientos veinticuatro;

[24] los de Harif, ciento doce;

[25] los de Gabaón, noventa y cinco.

[26] Los hombres de Belén y de Netofa, ciento ochenta y ocho;

[27] los de Anatot, ciento veintiocho;

[28] los de Bet-azmavet, cuarenta y dos;

[29] los de Quiriat-jearim, Cafira y Beerot, setecientos cuarenta y tres;

[30] los de Ramá y de Geba, seiscientos veintiuno;

[31] los de Micmas, ciento veintidós;

[32] los de Betel y de Hai, ciento veintitrés;

[33] los de Nebo,[5] cincuenta y dos.

[34] Los descendientes del otro Elam, mil doscientos cincuenta y cuatro;

[35] los de Harim, trescientos veinte;

[36] los de Jericó, trescientos cuarenta y cinco;

[37] los de Lod, Hadid y Ono, setecientos veintiuno;

[38] los de Senaa, tres mil novecientos treinta.

[39] Los sacerdotes descendientes de Jedaías, de la familia de Josué, novecientos setenta y tres;

[40] los descendientes de Imer, mil cincuenta y dos;

[41] los de Pasur, mil doscientos cuarenta y siete;

[42] los de Harim, mil diecisiete.

[43] "Los levitas descendientes de Josué y de Cadmiel, que a su vez eran descendientes de Hodavías, eran setenta y cuatro.

[44] "Los cantores descendientes de Asaf eran ciento cuarenta y ocho.

[45] "Los porteros eran los descendientes de Salum, los de Ater, los de Talmón, los de Acub, los de Hatita y los de Sobai. En total, ciento treinta y ocho.

[46] "Los sirvientes del templo eran los descendientes de Ziha, los de Hasufa, los de Tabaot, [47] los de Queros, los de Siaha, los de Padón, [48] los de Lebana, los de Hagaba, los de Salmai, [49] los de Hanán, los de Gidel, los de Gahar, [50] los de Reaía, los de Rezín, los de Necoda, [51] los de Gazam, los

---

[5] Los de Nebo: texto probable, según Esd 2.29. Heb. los del otro Nebo.
[g] 7.2 Neh 1.2.

de Uza, los de Paseah, [52] los de Besai, los de Meunim, los de Nefusim,[f] [53] los de Bacbuc, los de Hacufa, los de Harhur, [54] los de Bazlut, los de Mehída, los de Harsa, [55] los de Barcos, los de Sísara, los de Tema, [56] los de Nezía y los de Hatifa.

[57] "Los descendientes de los sirvientes de Salomón eran los descendientes de Sotai, los de Soferet, los de Peruda, [58] los de Jaala, los de Darcón, los de Gidel, [59] los de Sefatías, los de Hatil, los de Poquerethazebaim y los de Amón. [60] El total de los sirvientes del templo y de los descendientes de los sirvientes de Salomón era de trescientos noventa y dos.

[61] "Los que llegaron de Tel-mela, Telharsa, Querub, Adón e Imer, y que no pudieron demostrar si eran israelitas de raza o por parentesco, fueron los siguientes: [62] los descendientes de Delaía, los de Tobías y los de Necoda, que eran seiscientos cuarenta y dos. [63] Y de los parientes de los sacerdotes: los descendientes de Habaía, los de Cos y los de Barzilai, el cual se casó con una de las hijas de Barzilai, el de Galaad, y tomó el nombre de ellos. [64] Estos buscaron su nombre en el registro familiar, pero como no lo encontraron allí, fueron eliminados del sacerdocio. [65] Además, el gobernador les ordenó que no comieran de los alimentos consagrados hasta que un sacerdote decidiera la cuestión por medio del Urim y el Tumim.[h]

[66] "La comunidad se componía de un total de cuarenta y dos mil trescientas sesenta personas, [67] sin contar sus esclavos y esclavas, que eran siete mil trescientas treinta y siete personas. Tenían también doscientos cuarenta y cinco cantores y cantoras. [68] Tenían además setecientos treinta y seis caballos, doscientas cuarenta y cinco mulas,[7] [69] cuatrocientos treinta y cinco camellos y seis mil setecientos veinte asnos.

[70] "Algunos jefes de familia entregaron donativos para la obra; el gobernador dio para la tesorería ocho kilos de oro, cincuenta tazones y quinientas treinta túnicas sacerdotales. [71] Los jefes de familia dieron para la tesorería de la obra ciento sesenta kilos de oro y mil doscientos diez kilos de plata; [72] y el resto del pueblo dio ciento sesenta kilos de oro, mil cien kilos de plata y sesenta y siete túnicas sacerdotales.

[73] "Los sacerdotes, los levitas, los porteros, los cantores, la gente del pueblo, los sirvientes del templo y todo Israel se establecieron en sus poblaciones."[i]

La ley es leída en público

Cuando llegó el mes séptimo, ya los israelitas estaban instalados en sus localidades.[j] [1] Entonces todo el pueblo en masa se reunió en la plaza que está frente a la puerta del Agua, y le dijeron al maestro Esdras que trajera el libro de la ley de Moisés, que el Señor había dado a Israel. [2] El día primero del mes séptimo, el sacerdote Esdras trajo el libro de la ley ante la reunión compuesta de hombres, mujeres y todos los que tenían uso de razón; [3] y desde la mañana hasta el mediodía lo leyó en presencia de todos ellos, delante de la plaza que está frente a la puerta del Agua.

Todo el pueblo estaba atento a la lectura del libro de la ley. [4] El maestro Esdras estaba de pie sobre una tribuna de madera construida para ese fin. También de pie y a su derecha estaban Matatías, Sema, Anías, Urías, Hilcías y Maasías. A su izquierda estaban Pedaías, Misael, Malquías, Hasum, Hasbadana, Zacarías y Mesulam. [5] Entonces Esdras abrió el libro a la vista de todo el pueblo, ya que se le podía ver por encima de todos; y al abrirlo, todo el mundo se puso de pie. [6] Entonces Esdras alabó al Señor, el Dios todopoderoso, y todo el pueblo, con los brazos en alto, respondió: "Así sea, así sea." Luego se inclinaron hasta tocar el suelo con la frente, y adoraron al Señor.

[7] Los levitas Josué, Bani, Serebías, Jamín, Acub, Sabetai, Hodías, Maasías, Kelita, Azarías, Jozabed, Hanán y Pelaía explicaban la ley al pueblo. Mientras la gente permanecía en su sitio, [8] ellos leían en voz alta el libro de la ley de Dios, y lo traducían para que se entendiera claramente la lectura.[k] [9] Y como todo el pueblo lloraba al oír los términos de la ley, tanto el gobernador Nehemías como el maestro y sacerdote Esdras, y los levitas que explicaban la ley al pueblo, dijeron a todos que no se pusieran tristes ni lloraran, porque aquel día estaba dedicado al Señor, su Dios. [10] Además les dijo Esdras: "Vayan y coman de lo mejor, beban vino dulce e inviten a quienes no tengan nada preparado, porque hoy es un día dedicado a nuestro Señor. No estén tristes, porque la alegría del Señor es nuestro refugio."

[11] También los levitas calmaban a la gente, diciéndoles que se callaran y no lloraran, porque era un día dedicado al Señor. [12] Entonces toda la gente se fue a comer y beber, y a compartir su comida y celebrar una gran fiesta, porque habían comprendido lo que se les había enseñado.

[6] Nefusim: texto probable, según Esd 2.50. Heb. Nefisesim.   [7] Este v. se inserta según Esd 2.66. En el texto hebreo no aparece, por lo que los vs. 69-73 corresponden a 68-72 en dicho texto.
[h] 7.65 Ex 28.30; Nm 27.21; Dt 33.8.   [i] 7.73 1 Cr 9.2; Heb 11.3.   [j] 7.73—8.1 Esd 3.1.   [k] 8.1-8 Dt 31.11-13; 2 R 23.2.

Celebración de la fiesta de las Enramadas

13 Al día siguiente, todos los jefes de familia y los sacerdotes y los levitas se reunieron con el maestro Esdras para estudiar los términos de la ley, 14 y encontraron escrito en ella que el Señor había ordenado por medio de Moisés que, durante la fiesta religiosa del mes séptimo, los israelitas debían vivir debajo de enramadas.[l] 15 Entonces, por todas las ciudades y en Jerusalén, se hizo correr la voz de que la gente saliera a los montes a buscar ramas de olivo, arrayán, palmera o cualquier otro árbol frondoso para hacer las enramadas, conforme a lo que estaba escrito en la ley. 16 Y la gente salió y volvió con ramas para hacer sus propias enramadas en las azoteas y en los patios, como también en el atrio del templo de Dios, en la plaza de la puerta del Agua y en la plaza de la puerta de Efraín. 17 Toda la comunidad que volvió del destierro hizo enramadas y se instaló debajo de ellas, pues desde el tiempo de Josué, hijo de Nun, hasta aquel día no se había hecho tal cosa. Y hubo una gran alegría. 18 Celebraron la fiesta religiosa durante siete días; y desde el primer día hasta el último, Esdras leía diariamente pasajes del libro de la ley de Dios; y en el día octavo hubo una reunión solemne, conforme a la costumbre establecida.

Esdras confiesa los pecados de Israel

9 1 El día veinticuatro del mismo mes, los israelitas se reunieron para ayunar; se vistieron con ropas ásperas y se echaron tierra sobre la cabeza, 2 y separándose de aquellos que descendían de extranjeros,[m] se pusieron de pie y reconocieron sus propios pecados y los de sus antepasados. 3 Mientras permanecían en su lugar, durante tres horas se leyó públicamente el libro de la ley del Señor su Dios, y durante otras tres horas confesaron sus pecados y adoraron al Señor. 4 Después los levitas Josué, Binuy, Cadmiel, Sebanías, Buni, Serebías, Bani y Quenani subieron a la tribuna e invocaron en voz alta al Señor su Dios; 5 luego dijeron los levitas Josué, Cadmiel, Binuy, Hasabnías, Serebías, Hodías, Sebanías y Petaías: "Levántense, alaben al Señor su Dios por siempre y siempre. ¡Alabado sea, con bendiciones y alabanzas, su[8] alto y glorioso nombre!"

6 Y Esdras dijo:[9] "Tú eres el Señor, y nadie más.[n] Tú hiciste el cielo y lo más alto del cielo, y todas sus estrellas; tú hiciste la tierra y todo lo que hay en ella, los mares y todo lo que contienen. Tú das vida a todas las cosas. Por eso te adoran las estrellas del cielo.

7 "Tú, Señor, eres el Dios que escogiste a Abram; tú lo sacaste de Ur, ciudad de los caldeos,[ñ] y le pusiste por nombre Abraham.[o] 8 Viste que era un hombre que confiaba en ti. e hiciste con él un pacto: que darías a sus descendientes el país de los cananeos, hititas, amorreos, ferezeos, jebuseos y gergeseos;[p] ¡y has cumplido tu palabra, porque tú siempre cumples! 9 Tú viste cómo sufrían nuestros antepasados en Egipto,[q] y escuchaste sus lamentos junto al Mar Rojo.[r] 10 Hiciste grandes prodigios y maravillas en contra del faraón, de todos sus siervos y de toda la gente de su país,[s] porque te diste cuenta de la insolencia con que ellos trataban a los israelitas. Y te ganaste así la gran fama que tienes hoy. 11 Partiste en dos el mar delante de ellos, y pasaron por en medio sobre terreno seco; pero hundiste a sus perseguidores hasta al fondo, como una piedra en aguas profundas.[t] 12 Luego los guiaste de día con una columna de nube, y de noche con una columna de fuego, para alumbrarles el camino que tenían que seguir.[u]

13 "Después bajaste al monte Sinaí, y hablaste con ellos desde el cielo; les diste decretos justos, enseñanzas verdaderas, y leyes y mandamientos buenos. 14 Les enseñaste también a consagrarte el día de reposo,[10] y les diste mandamientos, enseñanzas verdaderas, leyes y enseñanzas por medio de tu siervo Moisés.[v] 15 Les diste además pan del cielo para saciar su hambre[w] y agua de la roca para apagar su sed.[x] Luego les dijiste que entraran a ocupar el país que les habías prometido.[y]

16 "Pero ellos y nuestros antepasados fueron orgullosos y testarudos, y no hicieron caso a tus mandamientos. 17 No quisieron obedecer ni recordar las grandes cosas que hiciste en favor suyo. Fueron tan testarudos que nombraron un jefe que los llevara de nuevo a su esclavitud en Egipto.[z] Pero tú eres un Dios perdonador, un Dios tierno y compasivo, paciente y todo amor,[a] y no los abandonaste. 18 Aun cuando se hicieron un becerro de metal fundido, y dijeron que ése era el dios que los había sacado de Egipto,[b] y cometieron esta

8 Su: según una versión antigua. Heb. tu. 9 Y Esdras dijo: según la versión griega. En el texto hebreo no aparece esta frase.
l 8.14–15 Lv 23.33–36,39–43; Dt 16.13–15. m 9.2 Esd 10.11. n 9.6 Dt 6.4. ñ 9.7 Gn 12.1. o 9.7 Gn 17.5. p 9.8 Gn 15.18–21. q 9.9 Ex 3.7. r 9.9 Ex 14.10–12. s 9.10 Ex 7—12. t 9.11 Ex 14.21–29; 15.4–5. u 9.12 Ex 13.21–22. v 9.13–14 Ex 19.18—23.33. w 9.15 Ex 16.4–15. x 9.15 Ex 17.1–7. y 9.15 Dt 1.21. z 9.16–17 Nm 14.1–4; Dt 1.26–33. a 9.17 Ex 34.6; Neh 9.17; Sal 86.15; Jl 2.13. b 9.18 Ex 32.1–4.

graves ofensas, [19] tú, por tu gran compasión, no los abandonaste en el desierto. La columna de nube no se apartó de ellos durante el día para guiarlos por el camino, ni la columna de fuego durante la noche para alumbrarles el camino que tenían que seguir. [20] Además les diste de tu buen espíritu para instruirlos; jamás les faltó de la boca el maná que les enviabas, y les diste agua para calmar su sed. [21] Durante cuarenta años les diste de comer en el desierto, y nunca les faltó nada: ni se desgastaron sus ropas ni se les hincharon los pies.[c]

[22] "Les entregaste reinos y naciones, y se las repartiste en parcelas, y ellos tomaron posesión de Hesbón, país del rey Sehón, y de Basán, país del rey Og.[d] [23] Hiciste que tuvieran tantos hijos como estrellas hay en el cielo,[e] y los llevaste a tomar posesión del país que habías prometido dar en propiedad a sus antepasados.[f] [24] Y ellos entraron y conquistaron la tierra de Canaán; humillaste ante ellos a los habitantes de esa tierra, y a sus reyes y a la gente de esa región los pusiste en sus manos para que hicieran con ellos lo que quisieran.[g] [25] También se apoderaron de ciudades fortificadas y de tierras fértiles, de casas llenas de lo mejor, de pozos, viñedos, olivares y muchos otros árboles frutales; comieron hasta quedar satisfechos, engordaron y disfrutaron de tu gran bondad.[h]

[26] "Pero fueron desobedientes, se rebelaron contra ti y despreciaron tu ley. Mataron además a tus profetas, que los acusaban abiertamente y les decían que se volvieran a ti, y te ofendieron grandemente. [27] Por eso los entregaste al poder de sus enemigos, que los oprimieron. Después, estando afligidos, te pidieron ayuda, y tú, por tu gran compasión, los escuchaste desde el cielo; les diste hombres que los libraran del poder de sus opresores.

[28] "Sin embargo, en cuanto tenían un poco de paz, volvían a hacer lo malo en tu presencia; por eso los dejaste caer en poder de sus enemigos, los cuales los sometieron. Luego volvían a pedirte ayuda, y tú, lleno de compasión, los escuchabas desde el cielo, librándolos en muchas ocasiones.[i] [29] Les aconsejabas que volvieran a cumplir tus leyes; pero ellos se creían suficientes y no hacían caso de tus mandamientos; violaban tus decretos, que dan vida a quienes los practican; fueron rebeldes y testarudos, y no hicieron caso. [30] Durante muchos años tuviste paciencia con ellos y les hiciste advertencias por medio

de tu espíritu y de tus profetas; pero no hicieron caso,[k] y por eso los entregaste al dominio de las naciones de la tierra. [31] Sin embargo, por tu gran compasión no los destruiste del todo ni los abandonaste; porque tú eres un Dios tierno y compasivo.

[32] "Por lo tanto, Dios nuestro, Dios grande, poderoso y terrible, que mantienes tu pacto y tu gran amor, no tengas en poco todas las calamidades que han ocurrido a nuestros reyes, jefes, sacerdotes y profetas, y a nuestros antepasados, y a todo el pueblo, desde el tiempo de los reyes de Asiria[l] hasta el presente. [33] No obstante, tú estás limpio de culpa en todo lo que nos ha sucedido; pues tú has actuado con fidelidad, en tanto que nosotros hemos hecho lo malo. [34] Ni nuestros reyes, jefes y sacerdotes, ni nuestros antepasados, cumplieron tu ley ni hicieron caso de tus mandamientos y de las advertencias que les hiciste. [35] Por el contrario, en su reino, y a pesar de los muchos bienes que les diste y del grande y fértil país que les entregaste, no te rindieron culto ni abandonaron sus malas acciones.

[36] "Míranos hoy, convertidos en esclavos precisamente en el país que diste a nuestros antepasados para que se alimentaran de sus productos y bienes. [37] Lo que se produce en abundancia es para los reyes que, por causa de nuestros pecados, has puesto sobre nosotros. Nosotros y nuestros ganados estamos sujetos a sus caprichos. Por eso estamos tan afligidos."

Pacto del pueblo para cumplir la ley

[38] [m]Por todo esto, nosotros nos comprometemos firmemente por escrito, y el documento sellado lo firman nuestros jefes, levitas y sacerdotes.

10 [1] Las siguientes personas firmamos el documento: Yo, Nehemías hijo de Hacalías, que era el gobernador; Sedequías, [2] Seraías, Azarías, Jeremías, [3] Pasur, Amarías, Malquías, [4] Hatús, Sebanías, Maluc, [5] Harim, Meremot, Obadías, [6] Daniel, Ginetón, Baruc, [7] Mesulam, Abías, Mijamín, [8] Maazías, Bilgai y Semaías. Estos eran sacerdotes.

[9] Los levitas: Josué, hijo de Azanías, Binuy, descendiente de Henadad, y Cadmiel; [10] y sus hermanos, Sebanías, Hodías, Kelita, Pelaías, Hanán, [11] Micaía, Rehob, Hasabías, [12] Zacur, Serebías, Sebanías, [13] Hodías, Bani y Beninu.

[14] Los jefes de la nación: Paros, Pahatmoab, Elam, Zatu, Bani, [15] Buni, Azgad,

[c] **9.19-21** Dt 8.2-4. [d] **9.22** Nm 21.21-35; Dt 2.26—3.4. [e] **9.23** Gn 15.5; 22.17; Dt 1.10. [f] **9.23** Jos 3.14-17.
[g] **9.24** Jos 11.23. [h] **9.25** Dt 6.10-11. [i] **9.25-28** Dt 32.15-43; Jue 2.11-16. [j] **9.29** Lv 18.5. [k] **9.30** 2 R 17.13-18;
2 Cr 36.15-16; Zac 7.12. [l] **9.32** 2 R 15.19,29; 17.3-6; Esd 4.2,10.
[m] Los vs. **9.38—10.39** corresponden a los vs. 10.1-40 en el texto hebreo.

Bebai, [16] Adonías, Bigvai, Adín, [17] Ater, Ezequías, Azur, [18] Hodias, Hasum, Bezai, [19] Harif, Anatot, Nebai, [20] Magpías, Mesulam, Hezir, [21] Mesezabeel, Sadoc, Jadúa, [22] Pelatías, Hanán, Anaías, [23] Oseas, Hananías, Hasub, [24] Halohes, Pilha, Sobec, [25] Rehum, Hasabna, Maasías, [26] Ahías, Hanán, Anán, [27] Maluc, Harim y Baana.

Otros compromisos del pueblo para con Dios

[28] En cuanto a los demás ciudadanos, es decir, los sacerdotes, levitas, porteros, cantores, sirvientes del templo, y todos los que se habían separado[n] de la gente de la región para cumplir con la ley de Dios, junto con sus mujeres y todos sus hijos e hijas con uso de razón, [29] se unieron a sus parientes y a sus jefes, y juraron conducirse según la ley que Dios había dado por medio de su siervo Moisés, y cumplir fielmente todos los mandamientos y decretos y leyes de nuestro Señor. [30] Por lo tanto, no daríamos en casamiento nuestras hijas a las gentes del país, ni aceptaríamos que sus hijas se casaran con nuestros hijos.[ñ] [31] Y cuando la gente del país viniera en día de reposo[10],[o] a vender sus productos y toda clase de granos, no les compraríamos nada, ni en día de reposo ni en cualquier otro día festivo; así mismo, en el séptimo año renunciaríamos a las cosechas[p] y perdonaríamos las deudas.[q] [32] También decidimos imponernos la obligación de contribuir cada año con cuatro gramos de plata para cubrir los gastos del servicio del templo de nuestro Dios:[r] [33] para el pan de la Presencia,[s] las ofrendas diarias de cereales, los holocaustos diarios, los sacrificios de los días de reposo[10] y de luna nueva, y de las otras fiestas religiosas; y para las ofrendas en general, los sacrificios para obtener el perdón por los pecados de Israel, y para todo el culto en el templo de nuestro Dios. [34] Además, los sacerdotes, los levitas y todo el pueblo, según nuestras familias, echamos suertes para llevar cada año al templo de nuestro Dios la provisión de leña en el tiempo señalado, para quemarla en el altar del Señor nuestro Dios, como está escrito en la ley.[t] [35] También acordamos llevar cada año al templo del Señor los primeros frutos de nuestros campos y de todos los árboles frutales,[u] y llevar también al templo de nuestro Dios a nuestros primeros hijos y las primeras crías de nuestras vacas y de nuestras ovejas, como

está escrito en la ley,[v] ante los sacerdotes que sirven en el templo. [37] También acordamos llevar a los almacenes del templo de nuestro Dios, como contribución para los sacerdotes, nuestra primera harina y los primeros frutos de todo árbol, y nuestro primer vino y nuestro primer aceite, y llevar a los levitas la décima parte de nuestras cosechas,[w] ya que son ellos los que recogen la décima parte en todas nuestras fincas.

[38] Y cuando los levitas vayan a recoger la décima parte, los acompañará un sacerdote descendiente de Aarón. Luego los levitas deberán llevar a los almacenes del templo de nuestro Dios la décima parte de la décima parte[x] que ellos recojan, [39] pues los israelitas y los levitas llevan las contribuciones de trigo, vino y aceite a los almacenes donde están los utensilios sagrados y los sacerdotes en servicio, los porteros y los cantores. Y prometimos no abandonar el templo de nuestro Dios.

Los habitantes de Jerusalén
(1 Cr 9.1-34)

11 [1] Las autoridades de la nación se establecieron en Jerusalén; y el resto del pueblo echó suertes para que una de cada diez familias fuera a vivir a Jerusalén, la ciudad santa mientras que las otras nueve se quedarían en las demás poblaciones. [2] Luego el pueblo bendijo a todos los que voluntariamente se ofrecieron a vivir en Jerusalén.

[3] A continuación figuran los jefes principales de los repatriados que establecieron su residencia en Jerusalén. En las ciudades de Judá se establecieron los israelitas, los sacerdotes, los levitas, los sirvientes del templo y los descendientes de los sirvientes de Salomón, cada uno en su respectiva población y propiedad.

[4] Algunos de Judá y Benjamín que se establecieron en Jerusalén[y] fueron, por parte de Judá: Ataías, que era hijo de Uzías, que era hijo de Zacarías, que era hijo de Amarías, que era hijo de Sefatías, que era hijo de Mahalaleel, descendiente de Fares; [5] y Maasías, que era hijo de Baruc, que era hijo de Colhoze, que era hijo de Hazaías, que era hijo de Adías, que era hijo de Joiarib, que era hijo de Zacarías, que era hijo de Siloni. [6] El total de los descendientes de Fares que se quedaron a vivir en Jerusalén fue de cuatrocientos sesenta y ocho, todos ellos hombres de guerra.

[10] Días de reposo: aquí equivale a sábado.
[n] 10.28 Esd 6.21; Neh 9.2; 13.3. [ñ] 10.30 Ex 34.16; Dt 7.3. [o] 10.31 Ex 20.8. [p] 10.31 Ex 23.10-11; Lv 25.1-7. [q] 10.31 Dt 15.1-2. [r] 10.32 Ex 30.11-16; 2 Cr 24.6-9; Mt 17.24. [s] 10.33 Ex 25.30; Lv 24.5-8. [t] 10.34 Lv 6.12; Neh 13.31. [u] 10.35 Ex 23.19; 34.26; Dt 26.2. [v] 10.36 Ex 13.2,11-15. [w] 10.37 Lv 27.30; Nm 18.21. [x] 0.38 Nm 18.26. [y] 11.3-4 1 Cr 9.2; Neh 7.73.

⁷ Por parte de Benjamín: Salú, que era hijo de Mesulam, que era hijo de Joed, que era hijo de Pedaías, que era hijo de Colaías, que era hijo de Maasías, que era hijo de Itiel, que era hijo de Jesaías; ⁸ y sus hermanos*11* Gabai y Salai. En total: novecientos veintiocho. ⁹ Su jefe era Joel, hijo de Zicri; y Judá, hijo de Senúa, que era el segundo jefe de la ciudad.

¹⁰ De los sacerdotes: Jedaías, hijo de Joiarib, Jaquín, ¹¹ y Seraías, hijo de Hilcías, que era hijo de Mesulam, que era hijo de Sadoc, que era hijo de Meraiot, que era hijo de Ahitob, el jefe principal del templo de Dios. ¹² También sus compañeros, que trabajaban en el servicio del templo y eran ochocientos veintidós; y Adaías, que era hijo de Jeroham, que era hijo de Pelalías, que era hijo de Amsi, que era hijo de Zacarías, que era hijo de Pasur, que era hijo de Malquías. ¹³ Sus parientes, jefes de familia, sumaban doscientos cuarenta y dos; y Amasai, que era hijo de Azareel, que era hijo de Azai, que era hijo de Mesilemot, que era hijo de Imer. ¹⁴ Sus parientes, que eran hombres de guerra, sumaban ciento veintiocho personas, y su jefe era Zabdiel, hijo de Gedolim.

¹⁵ De los levitas: Semaías, que era hijo de Hasub, que era hijo de Azricam, que era hijo de Hasabías, que era hijo de Buni; ¹⁶ Sabetai y Jozabad, que eran de los jefes de los levitas, estaban encargados de las obras fuera del templo de Dios; ¹⁷ Matanías, que era hijo de Micaía, que era hijo de Zabdi, que era hijo de Asaf, era el director del coro que cantaba la alabanza y la acción de gracias a la hora de la oración; Bacbuquías, que era el segundo de la familia, y Abda, que era hijo de Samúa, que era hijo de Galal, que era hijo de Jedutún. ¹⁸ El total de levitas que quedaron en la ciudad santa fue de doscientos ochenta y cuatro.

¹⁹ De los porteros: Acub, Talmón y sus parientes, que vigilaban las puertas ciento setenta y dos.

²⁰ Los demás israelitas en general, y el resto de los sacerdotes y levitas, se instalaron en las otras poblaciones de Judá, cada uno en su propiedad; ²¹ aunque los sirvientes del templo, cuyos dirigentes eran Ziha y Gispa, se instalaron en Ofel.

²² El jefe de los levitas de Jerusalén era Uzi, que era hijo de Bani, que era hijo de Hasabías, que era hijo de Matanías, que era hijo de Micaía, de los descendientes de Asaf, los cuales dirigían los cantos en el servicio del templo de Dios, ²³ pues el rey había dado órdenes acerca de los deberes diarios de los cantores.

²⁴ El representante ante el rey para cualquier asunto civil, era Petaías, hijo de Mesezabeel, que era descendiente de Zera, hijo de Judá.

Lugares habitados además de Jerusalén

²⁵ Algunos de la tribu de Judá se instalaron en Quiriat-arba, Dibón, Jecabseel, ²⁶ Josué, Molada, Bet-pelet, ²⁷ Hazar-sual, Beerseba, ²⁸ Siclag, Mecona, ²⁹ En-rimón, Zora, Jarmut, ³⁰ Zanoa, Adulam, Laquis y Azeca, con sus aldeas y campos respectivos. Se establecieron desde Beerseba hasta el valle de Hinom. ³¹ Y los de la tribu de Benjamín se instalaron en Geba, Micmas, Aía, Betel y sus aldeas; ³² también en Anatot, Nob, Ananías, ³³ Hazor, Ramá, Gitaim, ³⁴ Hadid, Seboim, Nebalat, ³⁵ Lod, Ono, y en el valle de los Artesanos. ³⁶ Además, a algunos de los levitas se les dieron terrenos en Judá y Benjamín.

Sacerdotes y levitas

12 ¹ Estos son los sacerdotes y levitas que regresaron con Zorobabel, hijo de Salatiel, y con Josué:

Los sacerdotes: Seraías, Jeremías, Esdras, ² Amarías, Maluc, Hatús, ³ Secanías, Rehum, Meremot, ⁴ Ido, Gineto, Abías, ⁵ Mijamín, Maadías, Bilga, ⁶ Semaías, Joiarib, Jedaías, ⁷ Salú, Amoc, Hilcías y Jedaías. Estos eran los jefes de los sacerdotes y sus parientes en tiempos de Josué.

⁸ Los levitas: Josué, Binuy, Cadmiel, Serebías, Judá y Matanías, quien, con sus colegas, estaba encargado de los himnos de alabanza; ⁹ y Bacbuquías y Uni, también colegas suyos, estaban frente a ellos para el desempeño de sus funciones.

¹⁰ Josué fue padre de Joiacim, Joiacim lo fue de Eliasib, Eliasib lo fue de Joiada, ¹¹ Joiada lo fue de Johanán,*12* y Johanán lo fue de Jadúa.

¹² En tiempos de Joiacim, los sacerdotes jefes de familia eran: de la familia de Seraías, Meraías; de la de Jeremías, Hananías; ¹³ de la de Esdras, Mesulam; de la de Amarías, Johanán; ¹⁴ de la de Melicú, Jonatán; de la de Sebanías, José; ¹⁵ de la de Harim, Adna; de la de Meraiot, Helcai; ¹⁶ de la de Ido, Zacarías; de la de Ginetón, Mesulam; ¹⁷ de la de Abías, Zicri; de la de Miniamín, . . .;*13* de la de Moadías, Piltai; ¹⁸ de la de Bilga, Samúa; de la de Semaías, Jonatán; ¹⁹ de la de Joiarib, Matenai; de la de Jedaías, Uzi; ²⁰ de la de Salai, Calai; de la de Amoc, Eber; ²¹ de la de Hilcías, Hasabías; y de la familia de Jedaías, Natanael.

²² En la época de Eliasib, Joiada, Johanán y Jadúa, y hasta el reinado de Darío el

persa, los levitas fueron inscritos como jefes de familia, y también los sacerdotes. [23] Por su parte, los levitas jefes de familia fueron inscritos en el libro de la crónicas hasta la época de Johanán, nieto de Eliasib. [24] Los jefes de los levitas eran: Hasabías, Serebías, Josué, Binuy[14] y Cadmiel, y sus compañeros estaban frente a ellos para alabar y dar gracias al Señor durante su respectivo turno de servicio, como lo había mandado David, hombre de Dios. [25] Y los porteros que cuidaban las puertas de entrada eran: Matanías, Bacbuquías, Obadías, Mesulam, Talmón y Acub. [26] Estos vivieron en tiempos de Joiacim, hijo de Josué y nieto de Josadac; y en la época del gobernador Nehemías y del sacerdote y maestro Esdras.

Consagración de la muralla

[27] Cuando llegó el día de consagrar la muralla de Jerusalén, buscaron a los levitas en todos los lugares donde vivían, y los llevaron a Jerusalén para que celebraran la consagración con alegría, alabanzas e himnos, acompañados de platillos, arpas y liras. [28] Y los cantores levitas[15] acudieron de los alrededores de Jerusalén, de las aldeas de Netofa, [29] del caserío de Gilgal y de los campos de Geba y de Azmavet; pues los cantores se habían construido aldeas alrededor de Jerusalén. [30] Entonces se purificaron los sacerdotes y los levitas. Luego purificaron al pueblo y las puertas de la ciudad y la muralla. [31] Después hice que autoridades de Judá se subieran a la muralla, y organicé dos coros grandes. El primer coro marchaba sobre la muralla hacia la derecha, en dirección a la puerta del Basurero. [32] Detrás del coro iba Osaías con la mitad de las autoridades de Judá, es decir, [33] con Azarías, Esdras, Mesulam, [34] Judá, Benjamín, Semaías y Jeremías. [35] De los sacerdotes, los acompañaban con trompetas: Zacarías, hijo de Jonatán, cuyos antepasados eran Semaías, Matanías, Micaías, Zacur y Asaf; [36] además de sus parientes Semaías, Azarael, Milalai, Gilalai, Maai, Natanael, Judá y Hanani, los cuales tocaban los instrumentos de música de David, hombre de Dios. Al frente de ellos iba el maestro Esdras. [37] Y sobre la puerta de la Fuente, y siguiendo adelante sobre lo alto de la muralla, subieron por sobre las escaleras de la Ciudad de David, arriba del palacio de David y hasta la puerta del Agua, que está al este. [38] El segundo coro marchaba hacia la izquierda. Yo iba detrás del coro sobre la muralla con la otra mitad de la gente, desde la torre de los Hornos hasta la muralla ancha, [39] pasando por la puerta de Efraín, la puerta de Jesana, la puerta de los Pescados, la torre de Hananeel y la torre de los Cien, hasta la puerta de las Ovejas; y nos detuvimos en la puerta de la Guardia. [40] Luego los dos coros ocuparon sus puestos en el templo de Dios; y yo también, con la mitad de los gobernantes que me acompañaban. [41] Los sacerdotes que tocaban las trompetas eran: Eliacim, Maaseías, Miniamín, Micaías, Elioenai, Zacarías, Hananías, [42] Maasias, Semaías, Eleazar, Uzi, Johanán, Malquías, Elam y Ezer. Y los cantores, dirigidos por Izrahias, cantaron a coro. [43] Aquel día se ofrecieron muchos sacrificios,[z] y la gente se alegró mucho porque Dios los llenó de gran alegría. Las mujeres y los niños también estuvieron muy contentos, y el regocijo que hubo en Jerusalén se oía desde lejos.

Víveres para sacerdotes y levitas

[44] Por aquel tiempo se nombraron personas encargadas de los depósitos de los tesoros, de las ofrendas, de los primeros frutos y de los diezmos, para almacenar en ellos lo que conforme a la ley llegaba de los campos de cada ciudad para los sacerdotes y levitas; porque los de Judá estaban contentos con los sacerdotes y levitas que estaban en servicio. [45] Tanto ellos como los cantores[a] y los porteros,[b] eran quienes celebraban el culto a su Dios y el rito de la purificación, tal como lo habían dispuesto David y su hijo Salomón. [46] Pues antiguamente, en tiempos de David y de Asaf, había jefes de cantores, cantos de alabanza y acción de gracias a Dios. [47] Así que, en la época de Zorobabel y de Nehemías, todo Israel entregaba diariamente los víveres a los cantores y porteros; daba también a los levitas la parte que les correspondía, y éstos hacían lo mismo con los descendientes de Aarón.

Reformas de Nehemías

13 [1] Por aquel tiempo se leyó públicamente el libro de Moisés, y en él se halló escrito que los amonitas y moabitas no debían jamás pertenecer al pueblo de Dios. [2] Porque ellos no salieron a recibir a los israelitas con comida y bebida, sino que le pagaron a Balaam para que pronunciara maldiciones contra ellos,[c] aunque nuestro Dios convirtió la maldición en bendición.)[d] [3] Así que, en cuanto oyeron lo que decía la ley, separa-

[14] Binuy: según v. 8 y otros casos. Heb. hijo de. [15] Levitas: texto probable. Heb. hijos de.
[z] 12.43 Esd 6.17. [a] 12.45 1 Cr 25.1-8. [b] 12.45 1 Cr 26.12. [c] 13.2 Nm 22.1-6. [d] 13.1-2 Dt 23.3-5.

ron de Israel a todos los que ya se habían mezclado con extranjeros.

⁴ Antes de esto, el sacerdote Eliasib estaba a cargo de los almacenes del templo de nuestro Dios. Como Eliasib era pariente de Tobías, ⁵ había facilitado a éste un cuarto grande en el que antes se guardaban las ofrendas, el incienso, los utensilios y el diezmo del trigo, del vino y del aceite que se ordenaba dar a los levitas, cantores y porteros, además de las contribuciones para los sacerdotes. ⁶ Cuando todo esto ocurrió, yo no estaba en Jerusalén, porque en el año treinta y dos del reinado de Artajerjes, rey de Babilonia, volví a la corte; aunque al cabo de algún tiempo pedí permiso al rey ⁷ y regresé a Jerusalén. Fue entonces cuando comprobé el mal que había hecho Eliasib por complacer a Tobías, proporcionándole una sala en el atrio del templo de Dios. ⁸ Aquello me disgustó mucho, y eché fuera de la sala todos los muebles de la casa de Tobías. ⁹ Luego ordené que la purificaran y que volvieran a colocar en su sitio los utensilios del templo de Dios, las ofrendas y el incienso.

¹⁰ También supe que no se habían entregado a los levitas sus provisiones,ᵉ y que los levitas y cantores encargados del culto habían huido, cada uno a su tierra. ¹¹ Entonces reprendí a las autoridades por el abandono en que tenían el templo de Dios. Después reuní a los sacerdotes y levitas, y los instalé en sus puestos, ¹² y todo Judá trajo a los almacenes el diezmoᶠ del trigo, del vino y del aceite. ¹³ Luego puse a cargo de los almacenes al sacerdote Selemías, al secretario Sadoc y a un levita llamado Pedaías; puse también como ayudante suyo a Hanán, hijo de Zacur y nieto de Matanías, porque eran dignos de confianza. Ellos se encargarían de hacer el reparto a sus compañeros. ¹⁴ ¡Dios mío: tómame en cuenta esto que he hecho; y no olvides todo lo bueno que he hecho por el templo de mi Dios y por su culto!

¹⁵ En aquellos días vi que en Judá había quienes en día de reposo¹⁶ pisaban uvas para hacer vino, acarreaban manojos de trigo, cargaban los asnos con vino y racimos de uvas, higos y toda clase de carga, y que también en día de reposo¹⁶ lo llevaban a Jerusalén.ᵍ Entonces los reprendí por vender sus mercancías en ese día. ¹⁶ Además, algunos de la ciudad de Tiro que vivían allí, llevaban pescado y toda clase de mercancías, y se lo vendían en día de reposo¹⁶ a los judíos de Jerusalén. ¹⁷ Entonces reprendí a los jefes de Judá, diciéndoles:

—¿Qué maldad están cometiendo, al profanar el día de reposo?¹⁶ ¹⁸ Esto es precisamente lo que hicieron sus antepasados, y por eso nuestro Dios trajo tantas desgracias sobre nosotros y sobre esta ciudad. ¿Acaso quieren irritar más aún a Dios contra Israel por profanar el día de reposo?¹⁶

¹⁹ Entonces ordené que tan pronto como las sombras de la tarde anunciaran el comienzo del día de reposo,¹⁷ se cerraran las puertas de Jerusalén y no fueran abiertas hasta pasado el día. Puse además en las puertas a algunos de mis sirvientes para que en día de reposo¹⁸ no entrara ningún cargamento. ²⁰ Los negociantes y vendedores de mercancías se quedaron varias veces a pasar la noche fuera de Jerusalén, ²¹ pero yo discutí con ellos y los reprendí por quedarse a pasar la noche delante de la muralla, y les dije que si volvían a hacerlo les haría arrestar. Desde entonces no volvieron a presentarse en día de reposo.¹⁸ ²² Después ordené a los levitas que se purificaran y que fueran a vigilar las puertas, para que el día de reposo¹⁸ no fuera profanado. ¡Dios mío: acuérdate de mí también por esto, y ten compasión de mí conforme a tu bondad!

²³ Vi también en aquellos días que algunos judíos se habían casado con mujeres de Asdod, Amón y Moab; ²⁴ y la mitad de sus hijos hablaban la lengua de Asdod y de otras naciones, pero no sabían hablar la lengua de los judíos. ²⁵ Discutí con ellos y los maldije. A algunos de ellos los golpeé y les arranqué el pelo, y los obligué a jurar por Dios que no permitirían más que sus hijas e hijos se casaran con extranjeros, ni aceptarían como esposas para sus hijos o para ellos mismos a las mujeres de ellos.ʰ Les dije además: ²⁶ "¡Este fue el pecado de Salomón, rey de Israel! Y a pesar de que entre las muchas naciones no hubo un rey como él, y de que Dios lo amóⁱ y lo puso como rey de todo Israel, las mujeres extranjeras lo hicieron pecar.ʲ ²⁷ Por lo tanto, no se tolerará que ustedes pequen tan gravemente contra nuestro Dios, casándose con mujeres extranjeras."

²⁸ A uno de los hijos de Joiada, el hijo del sumo sacerdote Eliasib, que era además yerno de Sanbalatᵏ el horonita, lo hice huir de mi presencia. ²⁹ ¡Dios mío: acuérdate de los que han manchado el sacerdocio y el pacto sacerdotal y levítico!

³⁰ Así que los limpié de todo lo que era extranjero y organicé los turnos de sacerdotes y levitas, cada cual en su obligación; ³¹ la provisión de leña en las fechas señaladas y la entrega de los primeros frutos. ¡Dios mío: acuérdate de favorecerme!

---

¹⁶ *Día de reposo*: aquí equivale a *sábado*.   ¹⁷ En Israel, los días se cuentan a partir de la puesta del sol.   ¹⁸ *Día de reposo*: aquí equivale a *sábado*.
ᵉ **13.10** Dt 12.19.   ᶠ **13.12** Mal 3.10.   ᵍ **13.15-22** Ex 20.8-10; Dt 5.12-14; Jer 17.21-22.   ʰ **13.23-25** Ex 34.11-16; Dt 7.1-5.
ⁱ **13.26** 2 S 12.24-25.   ʲ **13.26** 1 R 11.1-8.   ᵏ **13.28** Neh 4.1.

ESTER

Si Esdras y Nehemías nos hablan de los judíos que volvieron del exilio, el libro de Ester nos ofrece un cuadro dramático de la vida de los que se quedaron y arraigaron en el imperio persa. En el centro de ese cuadro está una mujer judía, Ester, y la acción se desarrolla en el palacio del rey Asuero —generalmente identificado con Jerjes— y en Susa, capital de su imperio. Ester ha llegado a ser reina (caps. 1,2) y descubre los planes de Amán, un alto funcionario real, para destruir a los judíos (caps. 3—6). Ester lo denuncia al rey, y éste no sólo lo manda ahorcar sino que expide un decreto que favorece a los judíos y los autoriza a defenderse de sus enemigos. La festividad judía del Purim (caps. 7—10) conmemora este acontecimiento.

Banquete del rey Asuero

1 ¹ Esta historia tuvo lugar en el tiempo en que Asuero[a] reinaba sobre un imperio de ciento veintisiete provincias, que se extendía desde la India hasta Etiopía, ² y que tenía establecido su gobierno central en la ciudadela de Susa.

³ En el tercer año de su reinado, el rey Asuero dio una fiesta en honor de todos los funcionarios y colaboradores del gobierno, de los jefes del ejército persa y medo, y de los gobernadores y jefes de las provincias, ⁴ con el fin de mostrarles la riqueza y grandeza de su reino y el extraordinario esplendor de su poderío. La fiesta duró medio año, ⁵ al cabo del cual el rey dio otra fiesta que duró siete días, en el patio del jardín del palacio real. Todos los que vivían en la ciudadela de Susa, tanto los más importantes como los menos importantes, fueron invitados. ⁶ El patio estaba adornado con finas cortinas blancas y azules, sostenidas por cordones de lino color púrpura que pasaban por anillos de plata, y estaban sujetas a unas columnas de mármol. También habían puesto divanes de oro y plata, y el suelo estaba embaldosado con piedras finas, nácar y mármol blanco y negro.[1] ⁷ Las bebidas se servían en copas de oro, cada una de ellas de diferente forma, y el vino corría en abundancia, como corresponde a la generosidad de un rey. ⁸ Sin embargo, el rey había dado orden a los jefes de los camareros de palacio, de que no se obligara a nadie a beber, sino que cada invitado tomara lo que quisiera. ⁹ Por su parte, la reina Vasti dio también un banquete a las esposas de los invitados en el palacio del rey Asuero.

¹⁰ En el séptimo día de fiesta, el rey estaba muy alegre debido al vino, y mandó a Mehumán, Bizta, Harbona, Bigta, Abagta, Zetar y Carcas, siete hombres de su confianza,[2] ¹¹ que llevaran a su presencia a la reina Vasti luciendo la corona real, para que el pueblo y los grandes personajes pudieran admirar la belleza de la reina, pues realmente era muy hermosa. ¹² Pero la reina se negó a cumplir la orden que el rey le había dado por medio de sus hombres de confianza. Entonces el rey se enojó. Lleno de ira, ¹³ consultó a los entendidos en cuestiones de leyes,[3] ya que era costumbre que los asuntos del rey fueran tratados con los que conocían las leyes y el derecho. ⁴ De ellos, los más allegados al rey eran Carsena, Setar, Admata, Tarsis, Meres, Marsena y Memucán, siete altas personalidades de Persia y Media, que formaban parte del consejo real y ocupaban altos cargos en el gobierno de la nación. ¹⁵ El rey les preguntó:

—De acuerdo con la ley, ¿qué debe hacerse con la reina Vasti por no obedecer la orden que le di por medio de mis mensajeros?

¹⁶ Y en presencia de los que formaban parte del consejo real, Memucán respondió al rey:

—La reina Vasti no solamente ha ofendido a Su Majestad, sino también a todas las autoridades y a toda la población de las provincias del rey Asuero. ¹⁷ Lo que ha hecho la reina lo van a saber todas las mujeres, y eso va a ser la causa de que ellas pierdan el respeto a sus maridos, pues dirán: 'El rey Asuero mandó llamar a la reina Vasti, y ella se negó a ir'. ¹⁸ Las esposas de los funcionarios de Persia y de Media, al saber lo que ha hecho la reina, lo van a discutir hoy mismo con sus maridos, y eso traerá desprecio y disgustos. ¹⁹ Por lo tanto, si a Su Majestad le parece bien, que se dé a conocer el siguiente decreto real, y que quede registrado entre las leyes de los persas y los medos, para que no sea anulado:[b] 'La reina Vasti no podrá presentarse nunca más delante del rey.' Y que el título de reina le sea dado a otra mujer más digna. ²⁰ El decreto real

---

¹ *El patio estaba . . . blanco y negro.*: traducción probable. Heb. oscuro.   ² *Hombres de su confianza*: lit. eunucos. Véase Glosario anexo.   ³ *Leyes*: texto probable. Heb. *tiempos.*
a **1.1** Esd 4.6.   b **1.19** Est 8.8; Dn 6.8.

deberá darse a conocer por todo el reino, y así todas las mujeres respetarán a sus maridos, cualquiera que sea su posición social. ²¹ La idea de Memucán les pareció bien al rey y a los miembros del consejo real, y el rey la puso en práctica. ²² Envió cartas a todas las provincias de su reino, escritas en la lengua y la escritura propias de cada provincia y pueblo de su imperio, ordenando en ellas que los maridos mantuvieran su autoridad en sus casas y hablaran como mejor les pareciera.⁴

Ester es elegida reina

2 ¹ Después de algún tiempo, el rey Asuero, con el ánimo ya calmado, se acordó de Vasti, de lo que ella había hecho y del decreto promulgado contra ella. ² Entonces los funcionarios de su gobierno le dijeron:

—Es necesario que se busquen para el rey jóvenes vírgenes y bellas. ³ Que nombre el rey delegados en todas las provincias de su reino, con el encargo de traerlas todas al palacio de las mujeres que el rey tiene en la ciudadela de Susa, y que sean puestas al cuidado de Hegai, hombre de confianza del rey y guardián de las mujeres. Que Hegai, a su vez, las someta a un tratamiento de belleza, ⁴ y que la joven que más le guste al rey sea nombrada reina y ocupe el lugar de Vasti.

La idea le agradó al rey, y así se hizo.

⁵ En la ciudadela de Susa vivía un judío llamado Mardoqueo, hijo de Jair, y descendiente de Simei y de Cis, de la tribu de Benjamín. ⁶ Era uno de los muchos que el rey Nabucodonosor de Babilonia había desterrado de Jerusalén junto con Jeconías, rey de Judá.ᶜ ⁷ Mardoqueo tenía una prima, huérfana de padre y madre, que él había adoptado como hija cuando sus padres murieron. Se llamaba Hadasa, o Ester, y era muy bella y de hermoso porte. ⁸ Cuando el edicto del rey se publicó y muchas jóvenes fueron reunidas en el palacio real de la ciudadela de Susa y puestas bajo el cuidado de Hegai, el guardián de las mujeres, entre ellas estaba Ester. ⁹ La joven agradó mucho a Hegai y se ganó su estimación, así que Hegai la sometió en seguida a un tratamiento de belleza y le dio los mejores alimentos; puso a su servicio siete de las mejores criadas que había en el palacio real, y con ellas la trasladó a las mejores habitaciones del palacio de las mujeres. ¹⁰ Ester no dijo nada sobre su raza ni su familia, pues Mardoqueo le había ordenado que no lo hiciera. ¹¹ Y Mardoqueo se paseaba todos los días frente al patio del palacio de las mujeres, para saber si Ester estaba bien, y cómo la trataban.

¹² Todas aquellas jóvenes eran sometidas a un tratamiento de belleza durante doce meses. Los primeros seis meses se untaban el cuerpo con aceite de mirra, y los seis meses restantes con perfumes y cremas de los que usan las mujeres. Terminado el tratamiento, cada una de las jóvenes se presentaba por turno ante el rey Asuero, ¹³ y se le permitía llevar del palacio de las mujeres al palacio real todo lo que pidiera. ¹⁴ Iba al palacio real por la noche, y a la mañana siguiente pasaba a otra sección del palacio de las mujeres, que estaba al cuidado de Saasgaz, hombre de confianza del rey y guardián de las concubinas; después de eso no volvía a presentarse ante el rey, a menos que a éste le hubiera agradado y la mandara llamar.

¹⁵ Cuando a Ester, hija de Abihail, tío de Mardoqueo, le tocó presentarse ante el rey, sólo llevó lo que le había indicado Hegai, hombre de confianza del rey y guardián de las mujeres. Para entonces, Ester se había ganado ya la simpatía de todos los que la trataban. ¹⁶ Ester fue llevada al palacio real para presentarse ante el rey Asuero, en el mes décimo, también llamado Tebet, del séptimo año de su reinado. ¹⁷ Y Asuero se enamoró de Ester como nunca se había enamorado de ninguna otra mujer, y de tal manera se ganó ella el cariño de Asuero, que éste la favoreció más que a todas las otras jóvenes que habían estado en él, y le puso la corona real en la cabeza y la nombró reina en lugar de Vasti. ¹⁸ Luego dio un gran banquete en honor de Ester, al que invitó a todos los funcionarios y colaboradores de su reino, rebajó impuestos a las provincias y repartió muchos regalos, como corresponde a la generosidad de un rey.

Mardoqueo descubre un complot contra el rey

¹⁹ Por los días en que las jóvenes eran llevadas a la otra sección del palacio de las mujeres, Mardoqueo estaba sentado a la puerta del palacio real. ²⁰ Tal como le había aconsejado Mardoqueo, Ester no había dicho nada acerca de su pueblo ni de su familia, sino que seguía cumpliendo las instrucciones que Mardoqueo le había dado, como cuando estaba bajo su protección. ²¹ Mientras Mardoqueo estaba sentado a la puerta del palacio real, oyó hablar a Bigtán y Teres, dos oficiales de la guardia real que vigilaban la entrada del

---

⁴ Y hablaran como mejor les pareciera: texto probable. Heb. y que hablaran la lengua de su pueblo.
ᶜ 2.6 2 R 24.10-16; 2 Cr 36.10.

palacio. Estos, muy enojados, hacían planes para asesinar al rey Asuero. 22 Cuando Mardoqueo supo de este complot, se lo contó a la reina Ester, quien a su vez lo comunicó al rey de parte de Mardoqueo. 23 El asunto fue investigado y, al descubrirse que era cierto, los dos oficiales fueron condenados a la horca. De este hecho se dejó constancia, en presencia del rey, en el libro en que se escribía la historia de la nación.

Mardoqueo y Amán

3 ¹ Algún tiempo después, el rey Asuero elevó a Amán, hijo de Hamedata, descendiente de Agag, al cargo de jefe de gobierno de la nación. ² Todos los que servían al rey en su palacio, se ponían de rodillas e inclinaban la cabeza cuando Amán pasaba o cuando estaban delante de él, porque así lo había mandado el rey; pero Mardoqueo no quiso obedecer esta orden.

³ Entonces los funcionarios del rey preguntaron a Mardoqueo por qué no cumplía la orden dada por el rey. ⁴ Y todos los días le preguntaban lo mismo, pero él no les hacía caso. Entonces fueron a contárselo a Amán, para ver si Mardoqueo sostendría sus palabras, pues ya les había dicho que era judío. ⁵ Y cuando Amán comprobó que Mardoqueo no se arrodillaba ni inclinaba la cabeza cuando él pasaba, se llenó de indignación; ⁶ pero como ya le habían dicho de qué raza era Mardoqueo, le pareció que no bastaría con castigarlo sólo a él, y empezó a pensar en cómo acabar con todos los judíos que vivían en el reino de Asuero.

Decreto para destruir a los judíos

⁷ El primer mes del año, o sea el mes de Nisán, en el año decimosegundo del reinado de Asuero, se echaron suertesᵈ en presencia de Amán para fijar el día y el mes en que convenía llevar a cabo su plan, y salió el día trece del mes doce, o sea el mes de Adar. ⁸ Entonces dijo Amán al rey Asuero:

—Entre todos los pueblos que componen las provincias del reino de Su Majestad, hay uno que vive separado de los demás; tiene leyes distintas de las de otros pueblos, y no cumple las órdenes de Su Majestad. No conviene a Su Majestad que este pueblo siga viviendo en su reino. ⁹ Por lo tanto, si a Su Majestad le parece bien, publíquese un decreto que ordene su exterminio, y yo por mi parte entregaré a los funcionarios de hacienda trescientos

treinta mil kilos de plata para el tesoro real.

¹⁰ Entonces el rey se quitó su anillo y se lo dio a Amán, enemigo de los judíos, ¹¹ diciéndole:

—Puedes quedarte con la plata. En cuanto a ese pueblo, haz con él lo que mejor te parezca.

¹² El día trece del primer mes del año fueron llamados los secretarios del rey, los cuales escribieron las órdenes de Amán a los gobernadores regionales y provinciales y a las autoridades de cada nación. Estas órdenes fueron escritas en la escritura y la lengua propias de cada provincia y pueblo, y firmadas en nombre del rey Asuero y selladas con el sello real, ¹³ y enviadas luego por medio de correos a todas las provincias del reino. En ellas se ordenaba destruir por completo, y en un solo día, a todos los judíos, fueran jóvenes o viejos, niños o mujeres, y apoderarse de todos sus bienes. El día señalado era el trece del mes doce, o sea el mes de Adar. ¹⁴ La copia de este decreto fue publicada como ley y dada a conocer en todas las provincias y pueblos, a fin de que estuvieran preparados para ese día. ¹⁵ Los correos partieron inmediatamente por orden del rey, y el decreto fue publicado en la ciudadela de Susa. Y mientras el rey y Amán se sentaban a brindar, en Susa reinaba la confusión.

Tristeza de los judíos por el edicto

4 ¹ Cuando Mardoqueo supo todo lo que había pasado, se rasgó la ropa en señal de dolor, se vistió con ropas ásperas, se echó ceniza sobre la cabeza y empezó a recorrer la ciudad dando gritos llenos de amargura. ² Así llegó hasta la entrada del palacio real, pues no se permitía que entrara nadie vestido de tal manera. ³ También en cada provincia adonde llegaban la orden y el edicto del rey, hubo gran aflicción entre los judíos, los cuales manifestaban su tristeza con ayunos, lágrimas y lamentos, y muchos de ellos se acostaron sobre ceniza y se vistieron con ropas ásperas.

La intervención de Ester

⁴ Las criadas que estaban al servicio de la reina Ester y los hombres que formaban su guardia personal, comunicaron a ésta lo que estaba sucediendo. Entonces la reina se llenó de angustia y envió ropa a Mardoqueo para que se cambiara la ropa áspera que tenía puesta, pero él no quiso aceptarla. ⁵ Ester llamó entonces a Hatac,

que era oficial de la guardia real, y le ordenó que fuera a ver a Mardoqueo y le preguntara qué estaba sucediendo y por qué hacía todo aquello. [6] Hatac fue a hablar con Mardoqueo, que estaba en la plaza de la ciudad, frente a la puerta del palacio real, [7] y Mardoqueo lo puso al corriente de lo que pasaba y de la cantidad de plata que Amán había prometido entregar al tesoro real a cambio de que los judíos fueran exterminados. [8] También le entregó una copia del decreto de exterminación publicado en Susa, para que se la diera a Ester y así pudiera ella estar informada de todo. También le recomendaba a Ester que hablara personalmente con el rey y le suplicara que interviniera en favor de su pueblo.

[9] Hatac regresó y le contó a Ester lo que Mardoqueo le había dicho. [10] Entonces Ester envió nuevamente a Hatac con la siguiente respuesta para Mardoqueo: [11] "Todos los que sirven al rey, y los habitantes de las provincias bajo su gobierno, saben que hay una ley que condena a muerte a todo hombre o mujer que entre en el patio interior del palacio para ver al rey sin que él lo haya llamado, a no ser que el rey tienda su cetro de oro hacia esa persona en señal de clemencia, y le perdone así la vida. Por lo que a mí toca, hace ya treinta días que no he sido llamada por el rey."

[12] Cuando Mardoqueo recibió la respuesta de Ester, [13] le envió a su vez este mensaje: "No creas que tú, por estar en el palacio real, vas a ser la única judía que salve la vida. [14] Si ahora callas y no dices nada, la liberación de los judíos vendrá de otra parte, pero tú y la familia de tu padre morirán. ¡A lo mejor tú has llegado a ser reina precisamente para ayudarnos en esta situación!"

[15] Entonces Ester envió esta respuesta a Mardoqueo: [16] "Ve y reúne a todos los judíos de Susa, para que ayunen por mí. Que no coman ni beban nada durante tres días y tres noches. Mis criadas y yo haremos también lo mismo, y después iré a ver al rey, aunque eso vaya contra la ley. Y si me matan, que me maten."

[17] Entonces Mardoqueo se fue y cumplió todas las indicaciones de Ester.

Ester se presenta al rey

5 [1] Tres días después, Ester se puso las vestiduras reales y entró en el patio interior de palacio, deteniéndose ante la sala en que el rey estaba sentado en su trono, el cual quedaba frente a la puerta. [2] En cuanto el rey vio a la reina Ester en el patio, se mostró cariñoso con ella y extendió hacia ella el cetro de oro que llevaba en la mano. Ester se acercó y tocó el extremo del cetro, [3] y el rey le preguntó:

—¿Qué te pasa, reina Ester? ¿Qué deseas? ¡Aun si me pides la mitad de mi reino, te la concederé!

Y Ester respondió:

[4] —Si le parece bien a Su Majestad, le ruego que asista hoy al banquete que he preparado en su honor, y que traiga también a Amán.

Entonces el rey ordenó:

[5] —Busquen en seguida a Amán, y que se cumpla el deseo de la reina Ester.

Así el rey y Amán fueron al banquete que la reina había preparado. [6] Durante el banquete, el rey dijo a Ester:

—¡Pídeme lo que quieras, y te lo concederé, aun si me pides la mitad de mi reino!

[7] Y Ester contestó:

—Sólo deseo y pido esto: [8] que si Su Majestad me tiene cariño y accede a satisfacer mi deseo y a concederme lo que pido, asista mañana, acompañado de Amán, a otro banquete que he preparado en su honor. Entonces haré lo que Su Majestad me pide.

Amán prepara la horca para Mardoqueo

[9] Amán salió del banquete muy contento y satisfecho; pero se llenó de ira al ver que Mardoqueo, que estaba a la puerta del palacio, no se levantaba y ni siquiera se movía al verlo pasar. [10] Sin embargo, en ese momento no demostró el odio que sentía; pero cuando llegó a su casa mandó llamar a sus amigos y a Zeres, su mujer, [11] y habló con ellos de sus grandes riquezas, de los muchos hijos que tenía, y de cómo el rey lo había distinguido entre sus funcionarios y colaboradores, dándole un puesto superior al de todos ellos. [12] Y añadió:

—Además, yo soy el único a quien la reina Ester ha invitado al banquete que hoy ofreció al rey; y me ha invitado de nuevo al banquete que le ofrecerá mañana. [13] Sin embargo, mientras yo vea a ese judío Mardoqueo sentado a la puerta del palacio real, todo esto no significará nada para mí.

[14] Entonces su mujer y todos sus amigos le dijeron:

—Manda construir una horca, de unos veintidós metros de altura, y mañana por la mañana pídele al rey que cuelguen en ella a Mardoqueo. Así podrás ir al banquete con el rey sin ninguna preocupación.

Esta idea le agradó a Amán, y mandó preparar la horca.

Triunfo de Mardoqueo

6 [1] Aquella misma noche, el rey no podía dormir, por lo que mandó que le

trajeran el libro en que estaban escritos todos los sucesos importantes de la nación, para que se lo leyeran. ² En él encontraron el relato de cómo Mardoqueo había descubierto el complot preparado por Bigtán y Teres, oficiales de la guardia real, para asesinar al rey Asuero.ᵉ ³ Entonces el rey preguntó:

—¿Qué recompensa y honor ha recibido Mardoqueo por esta acción?

—Nada absolutamente —respondieron sus funcionarios.

⁴ En aquel momento entró Amán en el patio al cual daban las habitaciones particulares del rey, para pedirle que Mardoqueo fuera colgado en la horca que había mandado preparar.

—¿Quién anda en el patio? —preguntó el rey.

⁵ —Es Amán —contestaron los funcionarios.

—¡Háganlo pasar! —ordenó.

⁶ Amán entró, y el rey le preguntó:

—¿Qué debe hacerse al hombre a quien el rey quiere honrar?

Amán se dijo a sí mismo: "¿Y a quién va a querer honrar el rey sino a mí?" ⁷ Así que respondió:

—Para ese hombre ⁸ deberá traerse la misma túnica que usa Su Majestad, y un caballo en el que Su Majestad monta, que lleve en su cabeza una corona real.ᶠ ⁹ La túnica y el caballo se entregarán a uno de los más grandes personajes del gobierno, para que sea él quien vista al hombre a quien Su Majestad desea honrar, y lo conduzca a caballo por la plaza de la ciudad, gritando delante de él: '¡Así se trata al hombre a quien el rey quiere honrar!'

¹⁰ Entonces el rey dijo a Amán:

—Pues date prisa, toma la túnica y el caballo, tal como has dicho, y haz eso mismo con el judío Mardoqueo, que está sentado a la puerta del palacio. No dejes de cumplir ningún detalle de los que has dicho.

¹¹ Amán tomó la túnica y el caballo, y vistió a Mardoqueo y lo condujo a caballo por la plaza de la ciudad, gritando delante de él: "¡Así se trata al hombre a quien el rey quiere honrar!"

¹² Una vez terminado el paseo, Mardoqueo volvió a la puerta del palacio, y Amán se fue a toda prisa a su casa, triste y con la cara tapada. ¹³ Allí les contó a su mujer y a sus amigos todo lo que había pasado, y ellos le dijeron:

—Si ese Mardoqueo, ante el cual has comenzado a perder autoridad, es judío,

no podrás vencerlo, sino que fracasarás por completo.

¹⁴ Todavía no habían terminado de hablar, cuando llegaron los criados que estaban al servicio personal del rey, para llevar inmediatamente a Amán al banquete que Ester había preparado.

Amán es condenado a muerte

7 ¹ El rey y Amán fueron al banquete, ² y también en este segundo día dijo el rey a Ester durante el banquete:

—¡Pídeme lo que quieras, y te lo concederé, aun si me pides la mitad de mi reino!

³ Y Ester le respondió:

—Si Su Majestad me tiene cariño, y si le parece bien, lo único que deseo y pido es que Su Majestad me perdone la vida y la de mi pueblo; ⁴ pues tanto a mi pueblo como a mí se nos ha vendido para ser destruidos por completo. Si hubiéramos sido vendidos como esclavos, yo no diría nada, porque el enemigo no causaría entonces tanto daño a los intereses de Su Majestad.

⁵ Entonces Asuero preguntó:

—¿Quién es y dónde está el que ha pensado hacer semejante cosa?

⁶ —¡El enemigo y adversario es este malvado Amán! —respondió Ester.

Al oír esto, Amán se quedó paralizado de miedo ante el rey y la reina. ⁷ Asuero se levantó lleno de ira y, abandonando la sala donde estaban celebrando el banquete, salió al jardín del palacio. Pero Amán, al darse cuenta de que el rey había decidido condenarlo a muerte, se quedó en la sala para rogar a la reina Ester que le salvara la vida. ⁸⁻⁹ Cuando el rey volvió del jardín y entró en la sala del banquete, vio a Amán de rodillas junto al diván en que estaba recostada Ester, y exclamó:

—¿Acaso quieres también deshonrar a la reina en mi presencia y en mi propia casa?

Tan pronto como el rey hubo pronunciado estas palabras, unos oficiales de su guardia personal cubrieron la caraᵍ de Amán. Y uno de ellos, llamado Harbona, dijo:

—En casa de Amán está lista una horca, como de veintidós metros, que él mandó construir para Mardoqueo, el hombre que tan buen informe dio a Su Majestad.

—¡Pues cuélguenlo en ella! —ordenó el rey.

¹⁰ Y así Amán fue colgado en la misma horca que había preparado para Mardoqueo. Con eso se calmó la ira del rey.

ᶠ *Una corona real.* Probablemente un adorno entretejido con la crin del caballo y que se asemeja a una corona o diadema. ᵍ *Cubrieron la cara.* En algunos países se acostumbraba cubrir con un velo o encapuchar la cabeza de los condenados a morir en la horca.
ᵉ **6.2** Est 2.21–22.

Decreto en favor de los judíos

8 [1] Aquel mismo día, el rey Asuero regaló a la reina Ester la casa de Amán, enemigo de los judíos, y Mardoqueo se presentó ante el rey, pues ya Ester le había dicho que Mardoqueo era su primo. [2] Entonces el rey se quitó el anillo que había recobrado de Amán, y se lo dio a Mardoqueo. Ester, por su parte, lo nombró administrador de todos los bienes que habían sido de Amán. [3] Luego Ester habló nuevamente con el rey y, echándose a sus pies y con lágrimas en los ojos, le suplicó que anulara la malvada orden de Amán y que no se llevaran a cabo sus planes contra los judíos. [4] El rey tendió hacia Ester su cetro de oro. Ella se levantó, y de pie ante él [5] dijo:

—Si a Su Majestad le parece bien y cree que mi petición es justa, y si realmente Su Majestad me quiere y siente cariño por mí, que se escriba una orden que anule las cartas que Amán envió con la orden de exterminar a los judíos de todas las provincias del reino. [6] Pues ¿cómo podré soportar la desgracia que está por caer sobre mi pueblo, y la exterminación de mi propia familia?

[7] El rey Asuero contestó entonces a la reina Ester y a Mardoqueo, el judío:

—Yo le he dado ya a Ester la casa de Amán, y a éste lo han colgado en la horca por haber atentado contra la vida de los judíos. [8] Ahora los autorizo a escribir, en mi nombre, lo que mejor les parezca en favor de los judíos. ¡Y sellen las cartas con el sello real!

(Una carta firmada en nombre del rey, y sellada con su sello, no se puede anular.)

[9] Los secretarios del rey fueron llamados inmediatamente. Era el día veintitrés del mes tercero, o sea el de Siván, y todo lo que ordenó Mardoqueo fue escrito a los judíos, a los gobernadores regionales y provinciales y a las demás autoridades de las ciento veintisiete provincias que se extendían desde la India hasta Etiopía, en la lengua y escritura propias de cada provincia. También a los judíos se les escribió en su lengua y escritura. [10] Las cartas fueron firmadas en nombre del rey Asuero y, después de sellarlas con el sello real, fueron enviadas por medio de correos que montaban veloces caballos de las caballerizas del rey. [11] En ellas el rey autorizaba a los judíos, en cualquier ciudad donde vivieran, a reunirse para defender sus vidas, y a matar, destruir, exterminar y apoderarse de los bienes de la gente armada de cualquier pueblo o provincia que les atacara, sin respetar a las mujeres ni a los niños. [12] Todo esto debería hacerse en un mismo día en todas las provincias del rey Asuero; el día señalado era el trece del mes doce, o sea el mes de Adar. [13] Una copia de la orden debía ser publicada como ley y dada a conocer en todas las poblaciones y provincias, para que los judíos estuvieran preparados aquel día para vengarse de sus enemigos. [14] Por orden del rey, los correos partieron a toda prisa y en caballos de sus caballerizas, y el edicto fue publicado también en la ciudadela de Susa.

[15] Mardoqueo salió del palacio vestido con una túnica real de color azul y blanco, una gran corona de oro y un manto de lino y púrpura. Toda la ciudad de Susa dio gritos de alegría, [16] y para los judíos todo fue luz, gozo, alegría y honra. [17] En todas las provincias, ciudades y lugares adonde llegaba el decreto real, los judíos se llenaron de gozo y alegría, y celebraron banquetes y fiestas. Además, entre la gente del país hubo muchos que se hicieron judíos, porque el miedo a los judíos se había apoderado de ellos.

Triunfo de los judíos

9 [1] El día trece del mes doce, llamado Adar, era la fecha señalada para el cumplimiento de la orden del rey, y también el día en que los enemigos de los judíos esperaban dominarlos; pero sucedió todo lo contrario, pues los judíos los dominaron a ellos. [2] En todas las provincias del rey Asuero, los judíos se reunieron en las ciudades donde vivían, para atacar a los que habían querido su desgracia. No hubo nadie que se enfrentara con ellos, porque el terror se había apoderado de todos los pueblos. [3] Todas las autoridades de las provincias, los gobernadores regionales y provinciales, y los que ocupaban altos cargos en el gobierno, apoyaban a los judíos por miedo a Mardoqueo, [4] pues él era ya un gran personaje en el palacio real y su fama se había extendido por todas las provincias, y cada día tenía más poder. [5] A filo de espada acabaron los judíos con todos sus enemigos; los exterminaron por completo e hicieron con ellos lo que quisieron. [6] Tan sólo en la ciudadela de Susa mataron a quinientos hombres; [7] mataron también a Parsandata, Dalfón, Aspata, [8] Porata, Adalía, Aridata, [9] Parmasta, Arisai, Aridai y Vaizata, [10] que eran los diez hijos de Amán, el enemigo de los judíos; pero no tocaron sus bienes.

[11] Aquel mismo día, al enterarse el rey del número de muertos que había habido en la ciudadela de Susa, [12] le dijo a la reina Ester:

—Los judíos han matado a quinientos hombres y a los diez hijos de Amán en la ciudadela de Susa. ¿Qué más habrán hecho en las otras provincias del reino? ¡Dime qué más deseas, y te lo concederé!

[13] Y Ester respondió:

—Si a Su Majestad le parece bien, que se permita a los judíos de Susa hacer mañana lo mismo que han hecho conforme al decreto, y que se cuelguen en la horca los cuerpos de los diez hijos de Amán.

[14] El rey ordenó que se hiciera así. El decreto se publicó en Susa, y los cadáveres de los diez hijos de Amán fueron colgados.

[15] Los judíos que vivían en Susa se volvieron a reunir el día catorce del mes de Adar, y mataron allí a trescientos hombres más; pero no tocaron sus bienes.

[16-17] Los judíos que vivían en las otras provincias se reunieron, el día trece del mismo mes, para defender sus vidas y deshacerse de sus enemigos; mataron a setenta y cinco mil de ellos, pero no tocaron sus bienes. El día catorce descansaron y lo celebraron con banquetes y alegría.

[18] Como los judíos de Susa se habían concentrado los días trece y catorce, descansaron el día quince, celebrándolo también con banquetes y alegría. [19] Pero los judíos que viven en pueblos y aldeas que no tienen murallas, celebran el día catorce del mes de Adar con alegría y fiestas, y unos a otros se hacen regalos.

La fiesta de Purim

[20] Mardoqueo puso por escrito estos acontecimientos, y envió cartas a todos los judíos que habitaban en las provincias del reino de Asuero, tanto cercanas como lejanas, [21] ordenándoles que cada año celebraran los días catorce y quince del mes de Adar [22] como los días en que los judíos se deshicieron de sus enemigos, y como el mes en que la tristeza y los gritos de dolor se cambiaron para ellos en alegría y fiesta. Estos días deberían celebrarse con banquetes y alegría, haciéndose regalos unos a otros y dando limosnas a los pobres. [23] Los judíos convirtieron en costumbre este acontecimiento y lo que Mardoqueo les había escrito. [24] Pues Amán, el enemigo de todos los judíos, había pensado exterminarlos echando suertes[f] para matarlos y destruirlos; [25] pero cuando Ester se pre-

sentó al rey, éste ordenó por escrito que todo el mal que Amán había pensado hacer a los judíos cayera sobre él. Así Amán y sus hijos fueron colgados en la horca. [26] Por esta razón, estos días fueron llamados purim, que es el plural de pur.[7]

Así pues, conforme a la carta de Mardoqueo y a lo que habían visto y les había tocado vivir, [27] los judíos establecieron esta costumbre para ellos y sus descendientes, y para todos los que se convirtieran al judaísmo: celebrar todos los años, sin falta, estos dos días en la fecha señalada, conforme a las instrucciones que se habían dado; [28] y que estos días fueran recordados y celebrados de generación en generación, en cada clan, provincia y ciudad, para que jamás se perdiera su recuerdo entre los judíos y sus descendientes. [29] La reina Ester, hija de Abihail, y Mardoqueo el judío, escribieron con plena autoridad una segunda carta referente a la fiesta de Purim, para confirmar la primera, [30] y la enviaron a todos los judíos de las ciento veintisiete provincias del reino de Asuero, con palabras amistosas y sinceras, [31] ordenando que se celebrara la fiesta de Purim en la fecha señalada, tal como lo habían ordenado Mardoqueo y la reina Ester para ellos y sus descendientes. Al mismo tiempo se añadieron ciertas reglas referentes a ayunos y lamentaciones, [32] y la orden de Ester confirmó las reglas que deberían seguirse para la celebración del Purim. Todo esto se puso por escrito en un libro.

Elogio de Mardoqueo y conclusión

10 [1] El rey Asuero impuso un tributo tanto a los países en tierra firme como a los de las islas. [2] Todo lo que hizo con autoridad y poder, así como el relato exacto del alto cargo que dio a Mardoqueo, está escrito en el libro donde se anotaban todos los sucesos del reino de Media y de Persia. [3] El judío Mardoqueo ocupaba el primer lugar después del rey; fue un gran personaje entre los judíos, amado por todos sus compatriotas, porque buscó el bien de su pueblo y luchó por el bienestar de su raza.

[7] Purim . . . pur: en el idioma del país, o sea el acadio, pur significa suerte. En hebreo se adoptó su forma plural para designar, hasta hoy, la fiesta judía del mismo nombre.
[f] 9.24-26 Est 3.7.

JOB

Con el libro de Job pasamos de la historia a la poesía. El protagonista es un patriarca nómada, bueno, muy rico y con numerosa familia, al cual le sobreviene un completo desastre: pierde todas sus posesiones, todos sus hijos mueren en una catástrofe y él se ve atacado por una dolorosa y repugnante enfermedad. Por todo eso, se apodera de él la desesperación (caps. 1,2). Primero tres, y luego otro más de sus amigos, acuden supuestamente a consolarlo. Entre ellos y él hay un intercambio de discursos, que en ciertos momentos se convierte en una verdadera polémica (caps. 3—37).

Según las ideas de aquella época, el sufrimiento es siempre la consecuencia del pecado. La controversia surge porque mientras que Job tiene conciencia de haber sido siempre bueno, piadoso y caritativo, y por tanto, de no merecer tal sufrimiento, los amigos insisten en que no puede ser así. Para ellos, Job es sin duda un pecador, sólo que sus pecados habían quedado ocultos; la prueba de ello es precisamente lo que sufre. Job rechaza enérgicamente esta interpretación de su sufrimiento. No puede entender cómo Dios permite que le sobrevenga a él, siendo inocente, tanta y tan cruel calamidad. En su dolor y perplejidad, se atreve a interpelar a Dios. Quisiera encontrarse con él cara a cara para demandarle una explicación, pues desea quedar finalmente rehabilitado en su honor y reputación de hombre bueno y piadoso.

Al final, Dios habla a Job. Por medio de una serie de grandiosas e imponentes preguntas, despliega ante él su poder y sabiduría, según se manifiestan en la naturaleza. Esto lleva a Job a comprender su propia insignificancia ante un Dios tan grande, sabio y poderoso, y a arrepentirse de haber hablado de lo que no entendía. Y más cuando, al pretender descifrar misterios que estaban más allá de su entendimiento, ha llegado hasta proferir palabras iracundas y violentas (38.1—42.6).

Por su arrepentimiento, Job no sólo queda moralmente rehabilitado a los ojos de Dios sino que es restaurado a una prosperidad mayor todavía que la de antes. En cambio, Dios reprende a los amigos por no haber comprendido el significado del sufrimiento de Job, y por haber sostenido, según las ideas religiosas tradicionales, un concepto erróneo de Dios. Job, en medio de su impaciencia, su inconformidad y hasta sus protestas, a veces casi blasfemas, ha mantenido su fe en un Dios que es justo, aunque el insignificante entendimiento humano no alcance a explicarse del todo por qué a veces también los inocentes sufren (42.7-17).

Dios permite que Job caiga en la miseria

1 [1] En la región de Uz había un hombre llamado Job,[a] que vivía una vida recta y sin tacha, y que era un fiel servidor de Dios, cuidadoso de no hacer mal a nadie. [2] Job tenía siete hijos y tres hijas, [3] y era dueño de siete mil ovejas, tres mil camellos, quinientas yuntas de bueyes y quinientas asnas. Tenía también un gran número de esclavos. Era el hombre más rico de todo el oriente.

[4] Los hijos de Job acostumbraban celebrar banquetes en casa de cada uno de ellos, por turno, y siempre invitaban a sus tres hermanas. [5] Terminados los días del banquete, Job llamaba a sus hijos y, levantándose de mañana, ofrecía holocaustos por cada uno de ellos, para purificarlos de su pecado. Esto lo hacía Job siempre, pensando que sus hijos podían haber pecado maldiciendo[J] a Dios en su interior.

[6] Un día en que debían presentarse ante el Señor sus servidores celestiales,[2] se presentó también el ángel acusador[3] entre ellos.[b] [7] El Señor le preguntó:

—¿De dónde vienes?

Y el acusador contestó:

—He andado recorriendo la tierra de un lado a otro.

[8] Entonces le dijo el Señor:

—¿Te has fijado en mi siervo Job? No hay nadie en la tierra como él, que me sirva tan fielmente y viva una vida tan recta y sin tacha, cuidando de no hacer mal a nadie.

[9] Pero el acusador respondió:

—Pues no de balde te sirve con tanta fidelidad. [10] Tú no dejas que nadie lo toque, ni a él ni a su familia ni a nada de lo que tiene; tú bendices todo lo que hace, y él es el hombre más rico en ganado de todo el país. [11] Pero quítale todo lo que tiene y verás cómo te maldice en tu propia cara.

[12] El Señor respondió al acusador:

—Está bien. Haz lo que quieras con to-

[J] Lit. bendiciendo. Este verbo ocurre como eufemismo aquí y en 1.11; 2.5,9. [2] Servidores celestiales: aquí y en 2.1, lit. hijos de Dios. [3] Ángel acusador: aquí y en 1.7-12; 2.1-7, lit. satán. (Véase Glosario.)
[a] **1.1** Stg 5.11. [b] **1.6-12** 1 Cr 21.1; Zac 3.1; Ap 12.10.

das las cosas de Job, con tal de que a él mismo no le hagas ningún daño.

Entonces el acusador se retiró de la presencia del Señor.

¹³ Un día, mientras los hijos y las hijas de Job estaban celebrando un banquete en casa del hermano mayor, ¹⁴ un hombre llegó a casa de Job y le dio esta noticia:

—Estábamos arando el campo con los bueyes, y las asnas estaban pastando cerca; ¹⁵ de repente llegaron los sabeos, y se robaron el ganado y mataron a cuchillo a los hombres. Sólo yo pude escapar para venir a avisarte.

¹⁶ Aún no había terminado de hablar aquel hombre, cuando llegó otro y dijo:

—Cayó un rayo y mató a los pastores y las ovejas. Sólo yo pude escapar para venir a avisarte.

¹⁷ Aún no había terminado de hablar ese hombre, cuando llegó un tercero y dijo:

—Tres grupos de caldeos nos atacaron y se robaron los camellos, y mataron a cuchillo a los hombres. Sólo yo pude escapar para venir a avisarte.

¹⁸ Aún no había terminado de hablar este hombre, cuando llegó uno más y dijo:

—Tus hijos y tus hijas estaban celebrando un banquete en la casa de tu hijo mayor, ¹⁹ cuando de pronto un viento del desierto vino y sacudió la casa por los cuatro costados, derrumbándola sobre tus hijos. Todos ellos murieron. Sólo yo pude escapar para venir a avisarte.

²⁰ Entonces Job se levantó, y lleno de dolor se rasgó la ropa, se rapó la cabeza y se inclinó en actitud de adoración. ²¹ Entonces dijo:

—Desnudo vine a este mundo, y desnudo saldré de él.ᶜ El Señor me lo dio todo, y el Señor me lo quitó; ¡bendito sea el nombre del Señor!

²² Así pues, a pesar de todo, Job no pecó ni dijo nada malo contra Dios.

2 ¹ Cuando llegó el día en que debían presentarse ante el Señor sus servidores celestiales, se presentó también el ángel acusador entre ellos. ² El Señor le preguntó:

—¿De dónde vienes?

Y el acusador contestó:

—He andado recorriendo la tierra de un lado a otro.

³ Entonces el Señor le dijo:

—¿Te has fijado en mi siervo Job? No hay nadie en la tierra como él, que me sirva tan fielmente y viva una vida tan recta y sin tacha, cuidando de no hacer mal a nadie. Y aunque tú me hiciste arruinarlo sin motivo alguno, él se mantiene firme en su conducta intachable.

⁴ Pero el acusador contestó al Señor:

—Mientras no lo tocan a uno en su propio pellejo, todo va bien. El hombre está dispuesto a sacrificarlo todo por salvar su vida. ⁵ Pero tócalo en su propia persona y verás cómo te maldice en tu propia cara.

⁶ El Señor respondió al acusador:

—Está bien, haz con él lo que quieras, con tal de que respetes su vida.

⁷ El acusador se alejó de la presencia del Señor, y envió sobre Job una terrible enfermedad de la piel que lo cubrió de pies a cabeza. ⁸ Entonces Job fue a sentarse junto a un montón de basura, y tomó un pedazo de olla rota para rascarse. ⁹ Pero su mujer le dijo:

—¿Todavía te empeñas en seguir siendo bueno? ¡Maldice a Dios y muérete!

¹⁰ Job respondió:

—¡Mujer, no digas tonterías! Si aceptamos los bienes que Dios nos envía, ¿por qué no vamos a aceptar también los males?

Así pues, a pesar de todo, Job no pecó ni siquiera de palabra.

Los amigos de Job van a visitarlo

¹¹ Ahora bien, Job tenía tres amigos: Elifaz, de la región de Temán, Bildad, de la región de Súa, y Zofar, de la región de Naamat. Al enterarse éstos de todas las desgracias que le habían sucedido a Job, decidieron ir a consolarlo y acompañarlo en su dolor. ¹² A cierta distancia alcanzaron a ver a Job, y como apenas podían reconocerlo, empezaron a gritar y llorar, y llenos de dolor se rasgaron la ropa y lanzaron polvo al aire y sobre sus cabezas. ¹³ Luego se sentaron en el suelo con él, y durante siete días y siete noches estuvieron allí, sin decir una sola palabra, pues veían que el dolor de Job era muy grande.

Job se queja de su desdicha

3 ¹⁻² Por fin Job rompió el silencio, y maldijo el día en que había nacido.ᵈ

Job

³ ¡Maldita sea la noche en que fui concebido
¡Maldito sea el día en que nací!

⁴ ¡Ojalá aquel día se hubiera convertido en noche,
y Dios lo hubiera pasado por alto
y no hubiera amanecido!

⁵ ¡Ojalá una sombra espesa lo hubiera oscurecido,
o una nube negra lo hubiera envuelto,
o un eclipse lo hubiera llenado de terror!

⁶ ¡Ojalá aquella noche se hubiera perdido en las tinieblas

ᶜ **1.21** Ec 5.15; 1 Ti 6.7. ᵈ **3.1-19** Jer 20.14-18.

y aquel día no se hubiera contado
entre los días del mes y del año!

⁷ ¡Ojalá hubiera sido una noche estéril,
en que faltaran los gritos de alegría!

⁸ ¡Ojalá la hubieran maldecido los
hechiceros,
que tienen poder sobre Leviatán!⁴,ᵉ

⁹ ¡Ojalá aquella mañana no hubieran
brillado los luceros,
ni hubiera llegado la luz tan esperada,
ni se hubiera visto parpadear la
aurora!

¹⁰ ¡Maldita sea aquella noche, que me
dejó nacer
y no me ahorró ver tanta miseria!

¹¹ ¿Por qué no habré muerto en el
vientre de mi madre,
o en el momento mismo de nacer?

¹² ¿Por qué hubo rodillas que me
recibieran
y pechos que me alimentaran?

¹³ Si yo hubiera muerto entonces,
ahora estaría durmiendo tranquilo,
descansando en paz,

¹⁴ con los reyes y ministros
que se construyen grandes pirámides,⁵

¹⁵ o con los gobernantes
que llenan sus palacios de oro y plata.

¹⁶ ¿Por qué no me enterraron como a
los abortos,
como a los niños muertos antes de
nacer?

¹⁷ En la tumba tiene fin la agitación de
los malvados,
y los cansados alcanzan su reposo;

¹⁸ allí encuentran paz los prisioneros,
y dejan de escuchar los gritos del
capataz;

¹⁹ allí están grandes y pequeños por
igual,
y el esclavo se ve libre de su amo.

²⁰ ¿Por qué deja Dios ver la luz al que
sufre?
¿Por qué le da vida al que está lleno
de amargura,

²¹ al que espera la muerte y no le llega,ᶠ
aunque la busque más que a un
tesoro escondido?

²² La alegría de ese hombre llega
cuando por fin baja a la tumba.

²³ Dios lo hace caminar a ciegas,
le cierra el paso por todos lados.

²⁴ Los gemidos son mi alimento;
mi bebida, las quejas de dolor.

²⁵ Todo lo que yo temía,
lo que más miedo me causaba,
ha caído sobre mí.

²⁶ No tengo descanso ni sosiego;
no encuentro paz, sino inquietud.

Primera serie de diálogos
(Caps 4—14)

4

Elifaz

¹⁻² Seguramente, Job, te será molesto
que alguien se atreva a hablarte,
pero no es posible quedarse callado.

³ Tú, que dabas lecciones a muchos
y fortalecías al débil;

⁴ tú, que animabas a levantarse al que
caía
y sostenías al que estaba por caer,

⁵ ¿te acobardas y pierdes el valor
ahora que te toca sufrir?

⁶ Tú, que eres un fiel servidor de Dios,
un hombre de recta conducta,
¿cómo es que no tienes plena
confianza?

⁷ Piensa, a ver si recuerdas un solo
caso
de un inocente que haya sido
destruido.

⁸ La experiencia me ha enseñado
que los que siembran crimen y
maldad
cosechan lo que antes sembraron.

⁹ Dios, en su furor, sopla sobre ellos
y los destruye por completo.

¹⁰ Por más que gruñan y rujan como
leones,
Dios los hará callar rompiéndoles los
dientes.

¹¹ Morirán como leones que no hallaron
presa,
y sus hijos serán dispersados.

¹² Calladamente me llegó un mensaje,
tan suave que apenas escuché un
murmullo.

¹³ Por la noche, cuando el sueño cae
sobre los hombres,
tuve una inquietante pesadilla.

¹⁴ El terror se apoderó de mí;
todos los huesos me temblaban.

¹⁵ Un soplo me rozó la cara
y la piel se me erizó.

¹⁶ Alguien estaba allí,
y pude ver su silueta
pero no el aspecto que tenía.
Todo en silencio . . . Luego oí una
voz:

¹⁷ "¿Puede el hombre ser justo ante
Dios?
¿Puede ser puro ante su creador?

¹⁸ Ni aun sus servidores celestiales
merecen toda su confianza.
Si hasta en sus ángeles encuentra
Dios defectos,

¹⁹ ¡cuánto más en el hombre, ser tan
débil

---

⁴ *Leviatán:* legendario monstruo marino, descrito a veces con los rasgos característicos del cocodrilo. (Véase 41.1–34.)
⁵ *Pirámides:* texto probable. Heb. *ruinas.*
ᵉ **3.8** Job 41.1; Sal 74.14; 104.26; Is 27.1. ᶠ **3.21** Ap 9.6.

como una casa de barro construida
sobre el polvo,
y que puede ser aplastado como la
polilla!
²⁰ Entre la mañana y la tarde es
destruido;
muere para siempre, y a nadie le
importa.
²¹ Su vida acaba como un hilo que se
corta;
muere sin haber alcanzado sabiduría."

5 ¹ Grita, Job, a ver quién te responde.
¿A qué ángel vas a recurrir?
² Entregarse a la amargura o a la
pasión
es una necedad que lleva a la muerte.
³ He visto al necio empezar a
prosperar,
mas su casa fue pronto destruida.⁶
⁴ Sus hijos no tienen quien los ayude;
en los tribunales los tratan
injustamente
y no hay quien los defienda.
⁵ Sus cosechas se las comen los
hambrientos
sacándolas de entre los espinos,
y los sedientos les envidian sus
riquezas.
⁶ La maldad no brota del suelo;
la desdicha no nace de la tierra:
⁷ es el hombre el que causa la desdicha,
así como del fuego salen volando las
chispas.
⁸ En tu lugar, yo me volvería hacia
Dios
y pondría mi causa en sus manos;
⁹ ¡él hace tantas y tan grandes
maravillas,
cosas que nadie es capaz de
comprender!ᵍ
¹⁰ Él envía la lluvia a la tierra,
y con ella riega los campos;
¹¹ él enaltece a los humildes
y da seguridad a los afligidos;
¹² él desbarata los planes del astuto
y los hace fracasar.
¹³ Él atrapa al astuto en su propia
astucia,ʰ
y hace que fracasen sus planes
malvados;
¹⁴ ¡a plena luz del día andan ellos a
tientas,
envueltos en tinieblas, como si fuera
de noche!
¹⁵ Dios salva al pobre y oprimido
del poder de los malvados;
¹⁶ él es la esperanza de los débiles,
¡él les tapa la boca a los malvados!

¹⁷ Feliz el hombre a quien Dios
reprende;

no rechaces la reprensión del
Todopoderoso.ⁱ
¹⁸ Si él hace una herida, también la
vendará;ʲ
si con su mano da el golpe, también
da el alivio.
¹⁹ Una y otra vez te librará del peligro,
y no dejará que el mal llegue a ti.
²⁰ En tiempo de hambre te librará de la
muerte,
y en tiempo de guerra te salvará de la
espada.
²¹ Te protegerá de las malas lenguas,
y no habrás de temer cuando llegue
el desastre.
²² Te reirás de hambres y calamidades,
y no tendrás miedo a los animales
salvajes.
²³ Las piedras no estorbarán en tus
campos,
y las fieras serán tus amigas.
²⁴ En tu casa tendrás prosperidad,
y al revisar tu ganado lo encontrarás
completo.
²⁵ Tendrás tanta descendencia
como hierba hay en el campo.
²⁶ Llegarás a la vejez en pleno vigor,
como un manojo de espigas maduras.
²⁷ La experiencia nos enseña que esto es
así;
escucha esto, y compruébalo tú
mismo.

6
Job
¹⁻² Si todas mis penas y desgracias
pudieran pesarse en una balanza,
³ pesarían más que la arena del mar.
Por eso he hablado con pasión.
⁴ El Todopoderoso ha clavado en mí
sus flechas,ᵏ
y el veneno de ellas me corre por el
cuerpo.
Dios me ha llenado de terror con sus
ataques.ˡ
⁵ ¿Acaso rebuzna el asno, si tiene
hierba?
¿O brama el toro, si tiene pasto?
⁶ ¿Quién come sin sal una cosa
desabrida⁷
¿Qué gusto tiene una cosa sin sabor?
⁷ Pues lo que jamás quise comer
es ahora mi alimento.⁷
⁸ ¡Ojalá Dios me conceda lo que le
pido;
ojalá me cumpla lo que deseo!
⁹ ¡Ojalá Dios se decida por fin
a aplastarme y acabar con mi vida!
¹⁰ A pesar de la violencia del dolor,
eso sería un gran consuelo para mí,

---

⁶ *Fue . . . destruida*: según la versión griega. Heb. *yo maldije.*   ⁷ El sentido de este versículo es oscuro.   ᵍ **5.9** Job 9.10.   ʰ **5.13** 1 Co 3.19.   ⁱ **5.17** Sal 94.12; Pr 3.11-12; He 12.5-6.   ʲ **5.18** Os 6.1.   ᵏ **6.4** Sal 38.2.   ˡ **6.4** Sal 88.16.

pues siempre he respetado las leyes del Dios santo.
¹¹ Ya no me quedan fuerzas para resistir,
ni razón alguna para seguir viviendo.
¹² No tengo la dureza de la roca,
ni la consistencia del bronce.
¹³ No puedo valerme por mí mismo,
ni cuento con ningún apoyo.
¹⁴ Al amigo que sufre se le ama,
aun cuando no haya sido fiel al Todopoderoso.[8]
¹⁵ Pero ustedes, mis amigos, me han fallado,
como arroyos que se quedan secos.
¹⁶ El agua baja turbia,
revuelta con el hielo y la nieve;
¹⁷ pero pasa el deshielo y se secan los arroyos,
viene el calor y se acaba el agua.
¹⁸ Hacen que las caravanas se desvíen de su camino,
y que avancen por el desierto y mueran.
¹⁹ Las caravanas de Tema y de Sabá buscan llenas de esperanza esos arroyos,
²⁰ pero al llegar se ven decepcionadas,
queda frustrada su esperanza.
²¹ Así son ustedes para mí:[9]
ven mi horrible situación, y sienten miedo.
²² Pero yo no les he pedido nada,
ni que den dinero por salvarme,
²³ ni que me libren de un enemigo,
ni que me rescaten de las manos de los bandidos.

²⁴ Denme lecciones, y guardaré silencio:
muéstrenme el error que he cometido.
²⁵ Nadie puede rechazar un argumento correcto;
pero ustedes me acusaron sin razón.
²⁶ Ustedes me critican por mis palabras,
palabras locas que se lleva el viento.
²⁷ ¡Capaces son de jugarse la vida de un huérfano
y de vender aun a su propio amigo!
²⁸ Mírenme ahora cara a cara;
díganme si miento.
²⁹ Retiren lo dicho, no sean injustos;
reconozcan que tengo razón.
³⁰ ¿Acaso creen que soy un mentiroso
que no se da cuenta de lo que dice?

7 ¹ La vida del hombre aquí en la tierra es la de un soldado que cumple su servicio,
² la de un esclavo que suspira por la sombra,

la de un peón que espera con ansias su salario.
³ Me ha tocado vivir meses enteros de desengaño,
noche tras noche de sufrimiento.
⁴ Me acuesto y la noche se me hace interminable;
me canso de dar vueltas hasta el alba,
y pienso: ¿Cuándo me levantaré?
⁵ Tengo el cuerpo lleno de gusanos y de costras,
y me supuran las heridas de la piel.
⁶ Mis días se acercan a su fin, sin esperanza,
con la rapidez de una lanzadera de telar.

⁷ Recuerda, oh Dios, que mi vida es como un suspiro,
y que nunca más tendré felicidad.
⁸ Nadie podrá volver a verme;
pondrás en mí tus ojos, y dejaré de existir.
⁹⁻¹⁰ Como nube que pasa y se deshace,
así es el que baja al sepulcro:
jamás regresa de allí,
sus familiares no vuelven a verlo.
¹¹ Por eso no puedo quedarme callado.
En mi dolor y mi amargura
voy a dar rienda suelta a mis quejas.
¹² ¿Soy acaso un monstruo del mar
para que así me vigiles?
¹³ Cuando pienso que en la cama encontraré descanso
y que el sueño aliviará mi pena,
¹⁴ me llenas de terror en mis sueños;
¡me espantas con pesadillas!
¹⁵ Sería mejor que me estrangularas;
prefiero la muerte a esta vida.[10]
¹⁶ No puedo más. No quiero seguir viviendo.
Déjame en paz, que mi vida es como un suspiro.^m
¹⁷ ¿Qué es el hombre, que le das tanta importancia?
¿Por qué te preocupas por él?ⁿ
¹⁸ ¿Por qué lo vigilas día tras día,
y lo pones a prueba a cada instante?^ñ
¹⁹ ¿Por qué no apartas tu vista de mí,
y me dejas siquiera tragar saliva?
²⁰ Si peco, ¿qué perjuicio te causo,
vigilante de los hombres?
¿Por qué me tomas por blanco de tus flechas?
¿Acaso soy una carga para ti?
²¹ ¿No puedes perdonarme mi pecado?
¿No puedes perdonar el mal que he cometido?
Pronto estaré tendido en el polvo;
me buscarás, y ya no existiré.

8

Bildad

1-2 ¿Hasta cuándo vas a seguir hablando así,
hablando como un viento huracanado?
3 Dios, el Todopoderoso,
nunca tuerce la justicia ni el derecho.
4 Seguramente tus hijos pecaron contra Dios,
y él les dio el castigo merecido.
5 Busca a Dios, al Todopoderoso,
y pídele que tenga compasión de ti.
6 Si tú actúas con pureza y rectitud,
él velará por ti, y te dará
el hogar que justamente mereces.
7 La riqueza que tenías no será nada
comparada con lo que tendrás después.

8 Consulta a las generaciones pasadas,
aprende[11] de la experiencia de los antiguos.
9 Nosotros somos apenas de ayer, y nada sabemos;
nuestros días en esta tierra pasan como una sombra.[o]
10 Pero los antiguos podrán hablarte
y enseñarte muchas cosas.
11 El junco y el papiro
crecen sólo donde abunda el agua;
12 sin embargo, estando aún verdes y sin cortar,
se secan antes que otras hierbas.
13 Lo mismo pasa con los malvados,
con los que se olvidan de Dios:
sus esperanzas quedan frustradas.
14 Su confianza y su seguridad
son como el hilo de una telaraña.
15 Querrán agarrarse al hilo, y no resistirá;
o apoyarse en la telaraña, y no los soportará.
16 Los malvados son como verdes hierbas al sol,
que se extienden por todo el jardín;
17 enredan sus raíces entre las rocas
y se adhieren[12] a las piedras,
18 pero si alguien las arranca de su sitio
nadie podrá saber que estuvieron allí.
19 Así termina su prosperidad,
y en su lugar brotan otras hierbas.

20 Dios no abandona al hombre intachable,
ni brinda su apoyo a los malvados.
21 Él hará que vuelvas a reír
y que grites de alegría;
22 en cambio, tus enemigos se cubrirán de vergüenza
y la casa de los malvados será destruida.

9

Job

1-2 Yo sé muy bien que esto es así,
y que ante Dios el hombre no puede alegar inocencia.
3 Si alguno quisiera discutir con él,
de mil argumentos no podría rebatirle uno solo.
4 Dios es grande en poder y sabiduría,
¿quién podrá hacerle frente y salir bien librado?
5 Dios, en su furor, remueve las montañas;
las derrumba y nadie se da cuenta.
6 Él hace que la tierra se sacuda
y que sus bases se estremezcan.
7 Él ordena al sol que no salga,
y a las estrellas, que no brillen.
8 Sin ayuda de nadie extendió el cielo
y aplastó al monstruo del mar.
9 Él creó las constelaciones:
la Osa Mayor, el Orión y las Pléyades,[p]
y el grupo de estrellas del sur.
10 ¡Él hace tantas y tan grandes maravillas,
cosas que nadie es capaz de comprender![q]
11 Si Dios pasa junto a mí, no lo podré ver;
pasará y no me daré cuenta.
12 Si de algo se adueña, ¿quién podrá reclamárselo?
¿Quién podrá pedirle cuentas de lo que hace?
13 Si Dios se enoja, no se calma fácilmente;
a sus pies quedan humillados los aliados de Rahab.[13, r]
14 ¿Cómo, pues, encontraré palabras
para contradecir a Dios?
15 Por muy inocente que yo sea, no puedo responderle;
él es mi juez, y sólo puedo pedirle compasión.
16 Si yo lo llamara a juicio, y él se presentara,
no creo que hiciera caso a mis palabras.
17 Haría que me azotara una tempestad,
y aumentaría mis heridas sin motivo;
18 me llenaría de amargura
y no me dejaría tomar aliento.
19 ¿Acudir a la fuerza? Él es más poderoso.
¿Citarlo a juicio? ¿Y quién lo hará presentarse?

[11] *Aprende:* según una versión antigua. Heb. *prepara.* [12] *Se adhieren:* texto probable. Heb. *contemplan.* [13] *Rahab:* monstruo mitológico que para los antiguos simbolizaba la potencia enemiga de Dios. (Véase 26.12.)
[o] **8.9** Job 14.2; Sal 39.5–6; 102.11; 109.23; Ec 6.12. [p] **9.9** Job 38.31; Am 5.8. [q] **9.10** Job 5.9. [r] **9.13** Job 26.12; Is 51.9.

²⁰ Por más recto e intachable que yo
fuera,
él¹⁴ me declararía culpable y malo.
²¹ Yo soy inocente, pero poco importa;
ya estoy cansado de vivir.
²² Todo es lo mismo. Y esto es lo que
pienso:
que él destruye lo mismo a culpables
que a inocentes.
²³ Si en un desastre muere gente
inocente,
Dios se ríe de su desesperación.
²⁴ Deja el mundo en manos de los
malvados
y a los jueces les venda los ojos.
Y si no ha sido Dios, ¿quién,
entonces?
²⁵ Mis días huyen en veloz carrera,
sin haber visto la felicidad.
²⁶ Se van como barcos ligeros,
como águila que se lanza tras la
presa.
²⁷ Si trato de olvidar mis penas
y de parecer alegre,
²⁸ todo mi dolor vuelve a asustarme,
pues sé que Dios no me cree
inocente.
²⁹ Y si él me tiene por culpable,
de nada sirve que yo me esfuerce.
³⁰ Aunque me lave las manos con
jabón¹⁵
y me las frote con lejía,
³¹ Dios me hundirá en el fango,
y hasta mi ropa sentirá asco de mí.
³² Yo no puedo encararme con Dios
como con otro hombre,
ni decirle que vayamos los dos a un
tribunal.
³³ ¡Ojalá entre nosotros hubiera un juez
que tuviera autoridad sobre los dos,
³⁴ que impidiera que Dios me siga
castigando
y me siga llenando de terror!
³⁵ Entonces yo hablaría sin tenerle
miedo,
pues no creo haberle faltado.¹⁶

10 ¹ ¡Ya estoy cansado de vivir!
Voy a desahogarme con mis
quejas,
voy a dar rienda suelta a mi
amargura.
² ¡Oh Dios, no me declares culpable!
¡Dime de qué me acusas!
³ Siendo así que tú mismo me creaste,
¿te parece bien maltratarme y
despreciarme,
y mostrarte favorable a los planes de
los malos?
⁴ ¿Acaso ves las cosas como las ven los
hombres?

⁵ ¿Acaso es tu vida tan corta como la
de un mortal?
⁶ Entonces, ¿por qué andas
buscándome faltas y pecados,
⁷ aun cuando sabes que yo no soy
culpable
y que nadie me puede salvar de tu
poder?
⁸ Tú me formaste con tus propias
manos,
¡y ahora me quieres destruir!
⁹ Recuerda que me hiciste de barro:
¿vas ahora a convertirme otra vez en
polvo?
¹⁰ Hiciste que mi cuerpo se formara
como se forma el queso al cuajarse la
leche;
¹¹ me revestiste de carne y de piel,
entrelazaste mis huesos y tendones;
¹² me diste vida, me brindaste amor,
y con tus cuidados me has mantenido
con vida.
¹³ Pero ahora veo que allá en tu
corazón
tenías una intención secreta:
¹⁴ me estabas observando para ver si yo
pecaba,
y así poder condenarme por mi falta.
¹⁵ Si soy culpable, estoy perdido;
si soy inocente, de poco puedo
alegrarme,
pues me tienes humillado y afligido.
¹⁶ Si me muestro arrogante, tú, como
un león, me persigues
y hasta haces milagros para
destruirme.
¹⁷ Nunca te faltan testigos contra mí;
tu ira contra mí va en aumento;
¡como un ejército, me atacas sin
cesar!

¹⁸ ¿Por qué me dejaste nacer?
Debí morir antes que nadie pudiera
verme.
¹⁹ Habría pasado del seno de mi madre a
la tumba;
sería como si nunca hubiera existido.
²⁰ Ya que mi vida es corta, ¡déjame en
paz!
Déjame tener un poco de alegría
²¹ antes de irme al viaje sin regreso,ᵃ
al país de la oscuridad y las tinieblas,
²² al país de las sombras y la confusión,
donde la luz misma es igual a las
tinieblas.

11
Zofar
¹⁻² Toda esa palabrería merece una
respuesta,

---

¹⁴ *El:* texto probable. Heb. *yo.* Otra posible traducción: *mi propia boca me declararía culpable y malo.* ¹⁵ *Jabón:* otra posible traducción: *agua de nieve.* ¹⁶ *Pues no creo haberle faltado:* según la versión griega. Heb. *pues yo no soy así conmigo.*
ᵃ **10.20-21** Sal 39.13.

pues no por hablar mucho se tiene la
razón.
³ ¿Crees que con tu verborrea nos vas
a hacer callar,
y que nadie es capaz de responder a
tus burlas?
⁴ Tú dices que tu doctrina es recta,
y tú mismo te consideras puro.
⁵ ¡Ojalá Dios hablara para responderte!
⁶ Él te enseñaría los secretos de la
sabiduría,
que son muy difíciles de entender.¹⁷
Así verías que Dios no te ha
castigado
tanto como mereces.

⁷ ¿Crees que puedes penetrar en los
misterios de Dios
y llegar hasta lo más profundo de su
ser?
⁸ ¿Qué puedes hacer,
si son más altos que el cielo?
¿Qué sabes tú, si son más profundos
que el abismo?
⁹ Son más grandes que la tierra
y más anchos que el mar.
¹⁰ Si Dios viene, y arresta y llama a
juicio,
¿quién habrá que se lo impida?
¹¹ Él sabe quién es mentiroso;
él ve la maldad, ¿o crees que no se da
cuenta?
¹² El día que el asno salvaje deje de
serlo,
ese día el necio entrará en razón.
¹³ Decídete a actuar con rectitud,
y dirige tus súplicas a Dios.
¹⁴ Si estás cargado de pecado, aléjalo de
ti;
no des lugar en tu casa a la maldad.
¹⁵ Así podrás alzar limpia la frente,
y estarás tranquilo y sin temor;
¹⁶ echarás en el olvido tus sufrimientos;
los olvidarás como al agua que pasa.
¹⁷ Tu vida brillará más que el sol a
mediodía;
tus horas más oscuras serán como el
amanecer.
¹⁸ Tendrás esperanza y podrás vivir
confiado;
bajo el cuidado de Dios¹⁸ dormirás
tranquilo.
¹⁹ Nada te asustará cuando descanses.
Muchos vendrán a buscar tu favor.
²⁰ Los malos, en cambio, buscarán
ayuda en vano;
no encontrarán lugar donde
refugiarse,
y la muerte será su única esperanza.

12

Job

¹⁻² ¡No hay duda de que ustedes son la
voz del pueblo,
y de que cuando mueran no habrá
más sabiduría!
³ Pero también yo tengo
entendimiento,
y en nada soy inferior a ustedes.
¿Quién no sabe todo esto?

⁴ Aunque soy inocente e intachable,
y en otro tiempo Dios oía mis
súplicas,
mis amigos se ríen de mí.
⁵ El que está seguro desprecia al infeliz;
no le importa empujar al que está a
punto de caer.
⁶ Los bandidos tienen paz en sus
hogares;
los que ofenden a Dios viven
tranquilos,
pensando que lo tienen en un puño.
⁷ Pregunta a las bestias o a las aves:
ellas te pueden enseñar.
⁸ También a la tierra y a los peces del
mar
puedes pedirles que te instruyan.
⁹ ¿Hay alguien todavía que no sepa
que Dios lo hizo todo con su mano?
¹⁰ En su mano está la vida
de todo ser viviente.
¹¹ El oído distingue las palabras,
igual que el paladar reconoce los
sabores.ᵗ

¹² Los ancianos tienen sabiduría;
la edad les ha dado entendimiento.
¹³ Pero Dios es sabio y poderoso;
él hace planes, y los lleva a cabo.
¹⁴ Lo que Dios destruye, nadie lo puede
reconstruir;
al que Dios encierra, nadie lo puede
libertar.
¹⁵ Si él retiene la lluvia, todo se seca;
si le da salida, se inunda la tierra.
¹⁶ Su poder le da siempre la victoria.
Sujetos a él están el engañado y el
que engaña.
¹⁷ Él hace que los sabios pierdan su
inteligencia¹⁹
y que los jueces se vuelvan locos.
¹⁸ Deja sin autoridad a los reyes
y los hace ir cautivos y desnudos.
¹⁹ Quita a los sacerdotes de su oficio
y derroca a los que están en el poder.
²⁰ A los consejeros de confianza deja sin
palabra
y quita el buen juicio a los ancianos.

---

¹⁷ *Muy difíciles de entender:* traducción probable. Heb. oscuro.   ¹⁸ *Bajo el cuidado de Dios:* texto probable. Heb. *mirarás.*
¹⁹ *Él hace que los sabios pierdan su inteligencia* texto probable. Heb. *Quita a los sabios de su oficio.* Véase v. 19.
ᵗ **12.11** Job 34.3.

²¹ Hace que los señores queden sin
honra
y que los fuertes pierdan su fuerza.
²² Da a conocer los secretos más ocultos
y saca a la luz las cosas más oscuras.ᵘ
²³ Él engrandece y destruye a las
naciones,
las dispersa y las reúne.
²⁴ Quita la inteligencia a los jefes de un
país
y los hace perderse en un desierto sin
camino,ᵛ
²⁵ donde andan a tientas en la
oscuridad,
tambaleándose como borrachos.

13 ¹ Todo esto lo he visto con mis
propios ojos,
lo he escuchado con mis propios
oídos.
² Lo que ustedes saben, también yo lo
sé;
en nada soy inferior a ustedes.
³ Pero prefiero hablar con Dios,
prefiero discutir con el Todopoderoso.
⁴ Ustedes cubren la verdad con sus
mentiras;
son médicos que a nadie curan.
⁵ ¡Si al menos guardaran ustedes
silencio,
podrían pasar por personas sabias!ʷ

⁶ Escuchen, por favor, con atención,
mientras yo expongo mis razones.
⁷ ¿Creen acaso que defienden a Dios
con sus mentiras,
y que le hacen un servicio con
palabras engañosas?
⁸ Ustedes se han puesto de su parte
y quieren defender su causa,
⁹ pero, ¿qué pasará si Dios los
examina?
¿Podrán ustedes engañarlo como a un
hombre?
¹⁰ Si con disimulo se ponen de su parte,
él los reprenderá duramente.
¹¹ La grandeza de Dios
los llenará de espanto y de terror.
¹² Sus anticuados argumentos son puro
polvo;
es como querer defenderse con
murallas de barro.

¹³ Y ahora, ¡cállense, que voy a hablar,
páseme lo que me pase!
¹⁴ Voy a arriesgar mi vida,
voy a jugarme el todo por el todo.
¹⁵ Aunque él me mate, me mantendré
firme,
con tal de presentarle mi defensa cara
a cara.
¹⁶ Quizá en eso esté mi salvación,

pues un malvado no entraría hasta su
presencia.
¹⁷ Escuchen, pues, con atención
la exposición que voy a hacerles.
¹⁸ Voy a presentar mi defensa,
y sé que tengo la razón.
¹⁹ Si alguien tiene de qué acusarme,
yo guardaré silencio y moriré.

²⁰ Concédeme sólo dos cosas, oh Dios,
y no me esconderé de ti:
²¹ Deja ya de castigarme
y no me hagas sentir tanto miedo.
²² Llámame, y yo te responderé;
o yo hablaré primero, y tú me
responderás.
²³ Dime, ¿cuáles son mis pecados y
delitos?
¿Cuáles son mis crímenes?
²⁴ ¿Por qué te escondes de mí?ˣ
¿Por qué me tratas como a un
enemigo?
²⁵ Soy como una hoja al viento,
¿por qué quieres destruirme?
No soy más que paja seca,
¿por qué me persigues?
²⁶ Traes amargas acusaciones contra mí;
me pides cuentas de las faltas de mi
juventud.
²⁷ Me pones cadenas en los pies,
vigilas todos mis pasos
y examinas todas mis pisadas.
²⁸ Me voy deshaciendo, como algo
podrido,
como ropa que se come la polilla.

14 ¹ El hombre, nacido de mujer,
tiene una vida corta y llena de
zozobras.
² Es como una flor que se abre y luego
se marchita;
pasa y desaparece como una sombra.ʸ
³ ¿Y en este hombre has puesto los
ojos,
y contra él quieres entablar un juicio?
⁴ No hay nadie que pueda sacar
pureza de la impureza.
⁵ Si tú eres quien determina
cuánto ha de vivir el hombre,
y le pones un límite que no puede
pasar,
⁶ aparta de él tus ojos y déjalo en paz;
¡déjalo disfrutar de su vida de
asalariado!

⁷ Cuando se corta un árbol,
queda aún la esperanza de que retoñe
y de que jamás le falten renuevos.
⁸ Aunque ya esté vieja la raíz
y el tronco se esté pudriendo en el
suelo,

ᵘ **12.22** Dn 2.22.   ᵛ **12.24** Sal 107.40.   ʷ **13.5** Pr 17.28.   ˣ **13.24** Sal 44.24.   ʸ **14.1–2** Sal 39.4–6; 102.11; 109.23; Ec 6.12.

⁹ al sentir la frescura del agua,
    reverdecerá;
echará ramas como una planta tierna.
¹⁰ En cambio, el hombre muere sin
    remedio;
y al morir, ¿a dónde va?

¹¹ El agua del mar podrá evaporarse,
    y los ríos quedarse secos;
¹² pero mientras el cielo exista,
    el hombre no se levantará de su
    tumba,
no despertará de su sueño.

¹³ ¡Ojalá me escondieras en el reino de
    la muerte
mientras pasa tu ira,
    y fijaras un plazo para acordarte de
    mí!
¹⁴ Si un hombre muere, ¿volverá a vivir?
Yo esperaría todo el tiempo que
    durara mi servicio
hasta que viniera el alivio de mis
    penas.
¹⁵ Tú me llamarías, y yo te respondería;
me mirarías con afecto, pues eres mi
    creador.
¹⁶ Si ahora vigilas cada uno de mis
    pasos,
entonces no te fijarías en mis
    pecados;
¹⁷ echarías mis faltas al olvido
y me limpiarías de mis delitos.

¹⁸ Aun las montañas acaban por
    derrumbarse,
    y los peñascos por cambiar de sitio.
¹⁹ Así como el agua desgasta la piedra
    y las lluvias arrastran el polvo del
    suelo,
así destruyes tú la esperanza del
    hombre.
²⁰ Lo derrotas para siempre, lo echas de
    su tierra,
    y él se va desfigurado.
²¹ Si sus hijos alcanzan honores, él no
    se entera;
si caen en desgracia, él no se da
    cuenta;
²² sólo siente los dolores de su propio
    cuerpo,
    el sufrimiento de su propio ser.

Segunda serie de diálogos
(Caps 15—21)

15
Elifaz
¹⁻² El que es sabio no responde con
    palabras huecas
ni se hincha con razones que sólo son
    viento;

³ no habla sólo por hablar
    ni usa argumentos sin valor.
⁴ Pero tú acabas con la reverencia a
    Dios:
¡destruyes la devoción sincera!
⁵ Tu mala conciencia hace que hables
    así
y que uses palabras engañosas.
⁶ No hace falta que yo te acuse,
    pues tu propia boca te condena.

⁷ ¿Piensas que antes de ti no hubo
    ningún hombre,
y que ni siquiera existían las
    montañas?
⁸ ¿Acaso te crees el consejero privado
    de Dios,ᶻ
o el único sabio del mundo?
⁹ ¿Qué sabes tú que nosotros no
    sepamos?
¿Qué conoces tú que nosotros
    ignoremos?
¹⁰ ¡Nosotros somos gente ya madura,
    con más experiencia que tu propio
    padre!

¹¹ ¿No te basta con que Dios mismo te
    consuele
y con que te hablemos suavemente?
¹² ¿Por qué te dejas llevar de la pasión
    y echas chispas por los ojos?
¹³ ¿Por qué te enfureces contra Dios
    y das rienda suelta a tus protestas?
¹⁴ No hay hombre que sea puro
    ni que esté libre de culpa.
¹⁵ Si ni aun los ángeles merecen toda su
    confianza,
si ni siquiera el cielo es puro a sus
    ojos,
¹⁶ ¡mucho menos el hombre, corrompido
    y despreciable,
que hace el mal como quien bebe
    agua!

¹⁷ Escúchame, pues te voy a decir
    algo que sé por experiencia,
¹⁸ algo que los sabios nos enseñan.
Ellos lo aprendieron de sus
    antepasados,
¹⁹ a quienes fue dada la tierra
y entre quienes no hubo mezcla de
    extranjeros.

²⁰ La vida del hombre malvado y
    violento
es corta y llena de tormentos.
²¹ Oye ruidos que lo asustan;
cuando más seguro está, lo asaltan
    los ladrones.
²² No tiene esperanza de escapar de la
    oscuridad:
¡un puñal está en espera de matarlo!

ᶻ **15.8** Is 40.13; Jer 23.18; Ro 11.34.

23 Su cadáver servirá de alimento a los
buitres;
él sabe que su ruina²⁰ es inevitable.
24 La oscuridad lo llenará de terror,
y lo asaltarán la angustia y la
desgracia,
como cuando un rey ataca en la
batalla.

25 Esto le pasa al que levanta su mano
contra Dios,
al que se atreve a desafiar al
Todopoderoso,
26 al que, protegido con un escudo,
se lanza en forma insolente contra
Dios.
27 Llenos de grasa tiene
la cara y los costados.
28 Las ciudades donde viva quedarán en
ruinas;
las casas quedarán abandonadas
y convertidas en un montón de
escombros.
29 No será rico por mucho tiempo,
ni se extenderán sus posesiones en la
tierra.
30 No podrá escapar de las tinieblas.
Será como una planta cuyos retoños
quema el fuego
o cuyas flores²¹ arranca el viento.
31 Que no confíe tontamente en el
engaño,
pues no logrará más que ser
engañado.
32 Antes de tiempo se marchitarán²² sus
ramas
y no volverán a reverdecer.
33 Será como una vid cuyas uvas no
maduran,
como un olivo cuyas flores se caen.
34 Los impíos no tendrán descendencia,
y sus casas, enriquecidas con
soborno,
arderán en el fuego.
35 Están preñados de maldad y dan a luz
desdicha;
el fruto que producen es el engaño.

16
Job
1-2 Ya he oído muchas veces cosas
parecidas.
Ustedes, en vez de consolarme, me
atormentan.
3 ¿Es que no hay fin para las palabras
huecas?
¿Qué manía es esa de contradecirme?
4 Si ustedes estuvieran ahora en mi
lugar,
también yo hablaría como ustedes;
movería burlonamente la cabeza
y les lanzaría un torrente de palabras,

5 palabras amables y consoladoras,
para darles ánimo y valor.
6 Pero ni el hablar calma mi dolor,
ni el callar me trae alivio.
7 Dios ha acabado con mis fuerzas;
me ha quitado todos mis amigos
8 y me ha puesto en prisión.
Ha levantado testimonios contra mí;
contra mí ha presentado acusaciones
falsas.
9 El Señor me persigue y me desgarra,
me amenaza como una fiera,
me clava los ojos cual si fuera mi
enemigo.
10 La gente se amontona contra mí,
me hace muecas
y me da de bofetadas para
humillarme.
11 Dios me ha puesto en manos
de gente malvada y criminal.²³
12 Yo estaba en paz, y él me agarró del
cuello;
me estrujó, me hizo pedazos.
Me convirtió en el blanco de sus
flechas.
13 De todos lados me dispara;
atraviesa mi cuerpo sin ninguna
compasión,
y se esparcen mis entrañas por el
suelo.
14 Me abre herida tras herida,
se lanza contra mí como un guerrero.

15 Lleno de tristeza, me puse ásperas
ropas
y hundí en el polvo mi cabeza.
16 La cara se me ha hinchado de llorar;
se me ha nublado la vista,
17 a pesar de que nunca hice violencia a
nadie
y de que ha sido pura mi oración.

18 Este crimen contra mí, clama justicia;
¡tierra, no sepultes mi clamor!
19 Alguien debe de haber en el cielo
que declare en mi favor,
20 que interprete ante Dios mis
pensamientos,
para que él vea mis lágrimas;
21 alguien que hable ante Dios en mi
favor,
como se habla ante un hombre en
favor de otro.
22 Los pocos años que me quedan van
pasando,
y pronto emprenderé el viaje sin
regreso.

17
1 Me estoy quedando sin aliento;
mi vida va acercándose a su fin;
me está esperando la tumba.

---

²⁰ Ruina: texto probable. Heb. en su mano. ²¹ Flores: según la versión griega. Heb. boca. ²² Se marchitarán: texto probable. Heb. se llenará. ²³ Dios ha acabado . . . y criminal: traducción probable. El texto hebreo de los vs. 7-11 es oscuro.

² Junto a mí no hay más que gente
  burlona;
  día y noche veo sus provocaciones.
³ Pero tú, Señor, puedes responder por
  mí;
  ¿quién sino tú puede hacerlo?
⁴ Tú, que les has entorpecido el
  entendimiento,
  no dejes que me venzan.
⁵ Sufrirán hambre²⁴ los hijos de
  quienes,
  por una recompensa, traicionan a sus
  amigos.
⁶ Tú has hecho que todos hablen mal
  de mí
  y que me escupan en la cara.
⁷ Los ojos se me nublan de dolor;
  mi cuerpo es apenas una sombra.
⁸ Al ver esto, los buenos se quedan
  asombrados;
  se enojan y me tienen por impío.
⁹ Insisten en que ellos son justos,
  en que tienen limpias las manos.
¹⁰ Pero vengan aquí, todos ustedes,
  y no encontraré entre ustedes un solo
  sabio.

¹¹ Van pasando los días de mi vida,
  y mis planes y deseos se ven
  frustrados.
¹² Pero ustedes convierten la noche en
  día;
  ¡a pesar de la oscuridad, dicen que la
  luz se acerca!
¹³ Lo único que puedo esperar es la
  muerte,
  y tenderme a dormir en las tinieblas.
¹⁴ ¡Mi padre, mi madre, mis hermanos,
  son los gusanos y el sepulcro!
¹⁵ ¿Dónde ha quedado mi esperanza?
  ¿Donde está mi bienestar?²⁵
¹⁶ ¿Bajarán conmigo al reino de la
  muerte,
  para que juntos reposemos en el
  polvo?

18

Bildad

¹⁻² ¿Cuándo va a dejar de hablar esta
  gente?
  Si fuera razonable, podríamos hablar.
³ ¿Por qué se nos trata como animales
  y se nos considera estúpidos?
⁴ ¿Crees tú que por desgarrarte
  rabiosamente
  va a quedar desierta la tierra
  o las rocas van a cambiar de lugar?
⁵ Al malvado se le apagará la luz,
  y su fuego no volverá a dar llama.

⁶ Su lámpara se apagará;
  en su casa no brillará la luz.
⁷ Su paso firme perderá fuerza,
  y quedará atrapado en su propia
  trampa.
⁸ Se pondrá una red a su paso,
  y en esa red quedará atrapado.
⁹ Se tenderá un lazo a sus pies,
  y alrededor del tobillo se le cerrará el
  nudo.
¹⁰ La trampa estará oculta en el camino
  para atraparle cuando pase.
¹¹ Por todas partes se siente amenazado;
  se siente perseguido a cada paso.
¹² Sus fuerzas se acaban por el hambre;
  la desgracia está lista a caerle encima.
¹³ La enfermedad hija preferida de la
  muerte,
  le devora la carne poco a poco.
¹⁴ Arrancado es también de la paz de su
  hogar
  y llevado a rastras ante el rey del
  terror.
¹⁵ Se prende fuego²⁶ a su casa;
  sus posesiones son rociadas con
  azufre.
¹⁶ Es como un árbol de raíces secas
  y ramas marchitas.
¹⁷ Su recuerdo se borrará de la tierra
  y no se volverá a pronunciar su
  nombre.ᵃ
¹⁸ Lo arrojarán de la luz a las tinieblas;
  lo expulsarán de este mundo.
¹⁹ No tendrá descendientes en su
  pueblo;
  nadie en su casa quedará con vida.ᵇ
²⁰ Cuando sepan su destino, en oriente
  y occidente
  quedarán espantados, llenos de terror.
²¹ En eso acaba la vida del malvado,
  del hombre que desprecia a Dios.

19

Job

¹⁻² ¿Hasta cuándo van a atormentarme
  y herirme con sus palabras?
³ Una y otra vez me insultan;
  ¿no se avergüenzan de tratarme así?
⁴ Aun cuando yo fuera culpable,
  mi culpa sólo a mí me afectaría.
⁵ Ustedes se creen mejores que yo,
  y me echan en cara mi desgracia.
⁶ Pues sepan bien que Dios me ha
  derribado,
  que es él quien me ha hecho caer en
  la trampa.
⁷ Yo grito: "¡Me matan!", y nadie
  responde;
  pido ayuda, y nadie me hace justicia.

²⁴ *Sufrirán hambre*: lit. *se les debilitarán los ojos.*   ²⁵ *Mi bienestar*: según una versión antigua. Heb. *mi esperanza.*   ²⁶ *Se prende fuego*: texto probable. Heb. oscuro.
ᵃ 18.17 Sal 9.5; 34.16.   ᵇ 18.19 Sal 37.28.

⁸ Dios me ha cerrado el camino para
que yo no pase;
ha envuelto mis caminos en
oscuridad.
⁹ Me ha despojado de mis riquezas;
me ha quitado mi corona.
¹⁰ Me ha dejado en la más completa
ruina;
¡ha dejado sin raíces mi esperanza!
¹¹ Descargó su ira contra mí
y me trató como a un enemigo.
¹² Todas sus tropas se lanzaron contra
mí;
acamparon alrededor de mi casa
y prepararon el ataque.

¹³ Dios ha hecho que mis hermanos y
amigos
se alejen de mí y me traten como a
un extraño.ᶜ
¹⁴⁻¹⁵ Mis parientes y amigos me han
abandonado;
los que vivían en mi casa me han
olvidado.
Mis criadas me tienen por un
extraño;
ya no me reconocen.
¹⁶ Si llamo a un criado, no contesta,
por más que se lo ruegue.
¹⁷ Si me acerco a mi esposa, me
rechaza;
a mis propios hijos²⁷ les repugno.
¹⁸ Aun los niños me desprecian;
apenas me levanto, hablan mal de mí.
¹⁹ Mis más íntimos amigos me
aborrecen;
los que más estimo se han vuelto
contra mí.ᵈ
²⁰ La piel se me pega a los huesos,
y a duras penas logro seguir con vida.
²¹ Tengan compasión de mí, ustedes mis
amigos,
porque Dios ha dejado caer su mano
sobre mí.
²² ¿Por qué me persiguen ustedes como
Dios?
¿No me han mordido ya bastante?
²³ ¡Ojalá alguien escribiera mis palabras
y las dejara grabadas en metal!
²⁴ ¡Ojalá alguien con un cincel de hierro
las grabara en plomo o en piedra para
siempre!
²⁵ Yo sé que mi defensor vive,
y que él será mi abogado aquí en la
tierra.
²⁶ Y aunque la piel se me caiga a
pedazos,
yo, en persona, veré a Dios.
²⁷ Con mis propios ojos he de verlo,ᵉ
yo mismo y no un extraño.

Las fuerzas me fallaron
²⁸ al oír que ustedes decían:
"¿Cómo podremos perseguirlo?
La raíz de sus males está en él
mismo."
²⁹ Pero tengan miedo a la espada,
la espada con que Dios castiga el mal.
Sepan que hay uno que juzga.²⁸, f

20

Zofar

¹⁻² Tú me pones inquieto e impaciente;
por eso quiero contestarte.
³ Con tus reproches me insultas,
pero yo sé cómo responderte.²⁹

⁴ Tú sabes que siempre ha sido así
desde que el hombre existe sobre la
tierra:
⁵ la alegría del malvado dura poco;
su gozo es sólo por un momento.
⁶ Aunque sea tan alto como el cielo
y su cabeza llegue hasta las nubes,
⁷ acabará como el estiércol
y sus amigos no sabrán su paradero.ᵍ
⁸ Desaparecerá como un sueño, como
una visión nocturna,
y nadie podrá encontrarlo.
⁹ Los que vivían con él y lo veían,
no lo volverán a ver.
¹⁰ Sus hijos tendrán que devolver a los
pobres
lo que él había robado.
¹¹ En pleno vigor y juventud
bajará a la tumba.
¹² El mal le parece tan delicioso
que lo saborea con la lengua;
¹³ retiene su sabor en la boca
y lo paladea lentamente.
¹⁴ Pero luego, en el estómago,
se le convierte en veneno de
serpiente.
¹⁵ Vomita las riquezas que había
devorado;
Dios se las saca del estómago.
¹⁶ Estaba chupando veneno de
serpiente,
y ese veneno lo matará.
¹⁷ No podrá disfrutar de la abundancia
de la leche y la miel, que corren como
ríos.
¹⁸ Todo lo que había ganado, tendrá que
devolverlo;
no podrá aprovecharlo ni gozar de
sus riquezas.
¹⁹ Explotó y abandonó a los pobres;
se adueñó de casas que no había
construido.
²⁰ Nunca quedaba satisfecho su apetito,
ni nada se libraba de su ambición;

²⁷ *Hijos*: otra posible traducción: *hermanos*. ²⁸ *Mis más íntimos . . . uno que juzga*: traducción probable. El texto hebreo
de los vs. 19–29 es oscuro. ²⁹ *Pero yo sé cómo responderte*: traducción probable. Heb. oscuro.
ᶜ **19.13** Sal 31.11; 38.11; 69.8; 88.18. ᵈ **19.19** Sal 41.9. ᵉ **19.26–27** Job 42.5. f **19.29** Sal 58.11. ᵍ **20.6–7** Sal 37.35–36.

²¹ nada escapaba a su voracidad.
Por eso no podrá durar su dicha.
²² Cuanta más abundancia tenga, más
infeliz será;
sobre él caerá la mano de los
malvados.
²³ Cuando trate de llenar su estómago,
Dios descargará su ira sobre él:
hará llover sobre él su enojo.³⁰
²⁴ Si escapa de un arma de hierro,
lo alcanzarán con un arco de bronce.
²⁵ La flecha le atravesará el cuerpo,³¹
y la punta le saldrá por el hígado.
Se llenará de terror;
²⁶ total oscuridad lo envolverá.³²
Un fuego que no hará falta avivar
acabará con él y con toda su casa.
²⁷ El cielo pondrá al descubierto su
pecado,
y la tierra se levantará para acusarlo.
²⁸ Cuando la ira de Dios se desborde
sobre él,
se perderán todas sus riquezas.
²⁹ Esto es lo que Dios ha destinado para
el malo;
ésta es la suerte que le tiene
preparada.

21
Job

¹⁻² El mejor consuelo que ustedes
pueden darme
es escuchar mis palabras.
³ Tengan paciencia mientras hablo,
y después, ríanse si quieren.

⁴ Mi pleito no es con ningún hombre;
por eso estoy tan impaciente.
⁵ Si me ponen atención,
se quedarán mudos de miedo.
⁶ Si yo mismo pienso en ello, me
espanto;
mi cuerpo se estremece.
⁷ ¿Por qué siguen con vida los
malvados,
y llegan a viejos, llenos de poder?
⁸ Ven crecer a sus hijos y a sus nietos,
que a su lado gozan de seguridad.
⁹ Nada amenaza la paz de sus hogares;
Dios no los castiga.ʰ
¹⁰ Su ganado es siempre fecundo;
las crías nunca se malogran.
¹¹ Sus hijos corretean y juegan como
corderitos,
¹² y alegres bailan y saltan
al son del arpa, los tambores y las
flautas.
¹³ Terminan su vida en la prosperidad;
bajan tranquilos a la tumba.
¹⁴ A Dios le dicen: "¡Déjanos en paz,
no queremos conocer tus leyes!

¹⁵ ¿Quién es el Todopoderoso, para que
le sirvamos?
¿Qué ganamos con orar ante él?"ⁱ
¹⁶ (Pero los malvados no son dueños de
su bienestar.
¡Lejos de mí pensar como ellos!)

¹⁷ ¿Cuándo se ha apagado la luz de los
malvados?
¿Cuándo han caído en la desgracia?
¿Cuándo se ha enojado Dios con ellos
y los ha hecho sufrir?
¹⁸ ¿Cuándo han sido dispersados como
paja
que arrastra el viento en sus
torbellinos?ʲ
¹⁹ Se dice que Dios hace pagar a los
hijos
por las faltas de sus padres.
Pero es el propio malvado
quien debe pagar y escarmentar.
²⁰ Él debe recibir el castigo
de la ira del Todopoderoso.
²¹ ¿Qué le importa lo que pueda pasarle
a su familia
una vez que él haya muerto?
²² (Pero, ¿quién puede dar lecciones a
Dios,
que juzga aun a los habitantes del
cielo?)

²³ Hay quienes llegan a la muerte
llenos de vigor, felices y tranquilos,
²⁴ llenos de prosperidad y de salud.
²⁵ Otros, en cambio, viven amargados
y mueren sin haber probado la
felicidad.
²⁶ Sin embargo, todos en la tumba son
iguales;ᵏ
a unos y a otros se los comen los
gusanos.

²⁷ Yo sé lo que ustedes piensan de mí
y las ideas perversas que tienen.
²⁸ Se preguntan: "¿Dónde ha quedado la
casa
de aquel malvado tirano?"
²⁹ ¿No han hablado ustedes con la gente
que viaja?
¿No han oído las cosas que ellos
cuentan:
³⁰ que cuando Dios se enoja, manda una
desgracia
y al malvado no le pasa nada?
³¹ Nadie le echa en cara su conducta,
nadie le da su merecido.
³²⁻³³ Y cuando al fin lo llevan a enterrar,
todos en cortejo lo acompañan,
unos delante y otros detrás,
y hacen guardia en el sepulcro,
y hasta la tierra es suave para él.

³⁰ Hará llover sobre él su enojo: texto probable. Heb. oscuro.   ³¹ La flecha le atravesará el cuerpo: traducción probable.
Heb. oscuro.   ³² Total oscuridad lo envolverá: traducción probable. Heb. oscuro.
ʰ 21.7–9 Sal 73.4–12; Mal 3.15–19.   ⁱ 21.14–15 Mal 3.14.   ʲ 21.18 Sal 1.4.   ᵏ 21.26 Ec 9.2–3.

³⁴ ¡Es absurdo que ustedes quieran
    consolarme!
¡Es mentira todo lo que dicen!

Tercera serie de diálogos
(Caps 22—27)

22
Elifaz

¹⁻² ¿Crees tú que el hombre, por muy
    sabio que sea,
puede serle a Dios de alguna utilidad?
³ ¿Qué interés o beneficio obtiene el
    Todopoderoso
de que tú seas recto e intachable?ˡ
⁴ Si él te corrige y te llama a juicio,
no es porque tú le sirvas con
    fidelidad,
⁵ sino porque tu maldad es mucha
y tus pecados no tienen límite.
⁶ Tú, sin necesitarlo, exigías prenda a
    tus hermanos;
les quitabas su ropa y los dejabas
    desnudos.
⁷ A quien tenía sed, no le dabas agua;
a quien tenía hambre, no le dabas de
    comer.
⁸ ¡Como eras poderoso y respetable,
te creías el dueño de la tierra!
⁹ Dejabas ir a las viudas con las manos
    vacías,
y maltratabas a los huérfanos.
¹⁰ Por eso ahora el peligro te rodea
y te sientes de pronto lleno de terror.
¹¹ Todo es oscuridad, no puedes ver
    nada;
un torrente de agua te inunda.

¹² Dios está en lo más alto del cielo;
las estrellas más altas quedan a sus
    pies.
¹³⁻¹⁴ ¿Cómo puedes decir que Dios no se
    da cuenta,
que las densas nubes le impiden
    juzgar?
¿Cómo puedes decir que Dios no ve
porque anda paseando de un lado a
    otro del cielo?ᵐ
¹⁵ ¿Piensas seguir por el camino oscuro
que han seguido los malvados?
¹⁶ Ellos murieron muy pronto
como arrebatados por un río crecido.
¹⁷ Decían a Dios: "¡Déjanos en paz!
¿Qué puede hacer el Todopoderoso
    por nosotros?"
¹⁸ (Y sin embargo, él fue quien llenó sus
    casas de bienes.
¡Lejos de mí pensar como los malos!)

¹⁹ Los justos ven esto y se alegran;
los inocentes se ríen
²⁰ al ver que las riquezas de los malos
acaban devoradas por el fuego.

²¹ Ponte de nuevo en paz con Dios,
y volverás a tener prosperidad.
²² Deja que él te instruya,
grábate en la mente sus palabras.
²³ Si te humillas,³³ y te vuelves al
    Todopoderoso,
y alejas el mal de tu casa,
²⁴ y si miras aun el oro más precioso
como si fuera polvo, como piedras del
    arroyo,
²⁵ el Todopoderoso será entonces
tu oro y tu plata en abundancia.
²⁶ Él será tu alegría,
y podrás mirarlo con confianza.
²⁷ Si le pides algo, él te escuchará,
y tú cumplirás las promesas que le
    hagas.
²⁸ Tendrás éxito en todo lo que
    emprendas;
la luz brillará en tu camino.
²⁹ Porque Dios humilla al orgulloso ³⁴
y salva al humilde.
³⁰ Él te librará, si eres inocente,³⁵
si estás limpio de pecado.

23
Job

¹⁻² Una vez más mis quejas son amargas
porque Dios ha descargado su mano³⁶
    sobre mí.
³ ¡Ojalá supiera yo dónde encontrarlo,
y cómo llegar a donde vive!
⁴ Presentaría ante él mi caso,
pues me sobran argumentos.
⁵ ¡Ya sabría cómo responder
a lo que él me contestara!
⁶ Pero él no usaría la fuerza como
    argumento,
sino que me escucharía
⁷ y reconocería que tengo la razón;
me declararía inocente,
¡me dejaría libre para siempre!
⁸ Pero busco a Dios en el oriente, y no
    está allí;
lo busco en el occidente, y no lo
    encuentro.
⁹ Me dirijo³⁷ al norte, y no lo veo;
me vuelvo³⁸ al sur, y no lo percibo.
¹⁰ Él conoce cada uno de mis pasos;
puesto a prueba, saldré puro como el
    oro.
¹¹ Yo siempre he seguido sin desviarme
el camino que él me ha señalado.

---

³³ *Te humillas:* según una versión antigua. Heb. *serás reconstruido.* ³⁴ *Porque Dios humilla al orgulloso:* traducción probable. Heb. oscuro. ³⁵ *Inocente:* según versiones antiguas. Heb. oscuro. ³⁶ *Dios ha descargado su mano:* según versiones antiguas. Heb. *mi mano pesa.* ³⁷ *Me dirijo:* según versiones antiguas. Heb. *él se dirige.* ³⁸ *Me vuelvo:* según versiones antiguas. Heb. *él se vuelve.*
ˡ **22.1-3** Job 35.6-8.   ᵐ **22.13-14** Sal 73.11; Is 29.15.

¹² Siempre he cumplido sus leyes y
mandatos,
y no mi propia voluntad.
¹³ Cuando él decide realizar algo, lo
realiza;
nada le hace cambiar de parecer.
¹⁴ Lo que él ha dispuesto hacer
conmigo, eso hará,
junto con otras cosas semejantes.
¹⁵ Por eso le tengo miedo;
sólo el pensarlo me llena de terror.
¹⁶ Dios, el Todopoderoso,
me tiene acobardado.
¹⁷ ¡Ojalá[39] la noche me hiciera
desaparecer
y me envolviera la oscuridad!

24 ¹ ¿Por qué el Todopoderoso no
señala fechas para actuar,
de modo que sus amigos puedan
verlas?
² Los malvados cambian los linderos de
los campos,
roban ovejas para aumentar sus
rebaños,ⁿ
³ despojan de sus animales
a los huérfanos y las viudas.
⁴ Apartan a los pobres del camino,
y la gente humilde tiene que
esconderse.
⁵ Los pobres, como asnos salvajes del
desierto,
salen a buscar con trabajo su comida,
y del desierto sacan alimento para sus
hijos.
⁶ Van a recoger espigas en campos
ajenos
o a rebuscar en los viñedos de los
malos.
⁷ Pasan la noche sin nada con que
cubrirse,
sin nada que los proteja del frío.
⁸ La lluvia de las montañas los empapa,
y se abrazan a las rocas en busca de
refugio.

⁹ Les quitan a las viudas sus recién
nacidos,
y a los pobres les exigen prendas.
¹⁰ Los pobres andan casi desnudos,
cargando trigo mientras se mueren de
hambre.
¹¹ Mueven las piedras del molino para
sacar aceite;
pisan las uvas para hacer vino,
y mientras tanto se mueren de sed.
¹² Lejos de la ciudad, los que agonizan
lloran y lanzan gemidos,
pero Dios no escucha su oración.

¹³ Hay algunos que odian la luz,
y en todos sus caminos se apartan de
ella.^ñ
¹⁴ El asesino madruga para matar al
pobre,
y al anochecer se convierte en ladrón.
¹⁵ El adúltero espera a que oscurezca,
y se tapa bien la cara,
pensando: "Así nadie me ve."
¹⁶ El ladrón se mete de noche en las
casas.
Todos ellos se encierran de día;
son enemigos de la luz.
¹⁷ La luz del día es para ellos densa
oscuridad;
prefieren los horrores de la noche.

Zofar[40]
¹⁸ El malvado es arrastrado por el agua.
Sus tierras quedan bajo maldición
y nadie vuelve a trabajar en sus
viñedos.
¹⁹ Con el calor de la sequía, la nieve se
derrite;
y en el sepulcro el pecador
desaparece.
²⁰ Su propia madre se olvidará de él;
los gusanos se lo comerán,
y nadie volverá a acordarse de él.
El malo caerá como un árbol cortado.
²¹ Con las mujeres sin hijos y con las
viudas
fue siempre cruel;[41] jamás las ayudó.
²² Pero Dios, con su fuerza, derriba a los
poderosos;
cuando él actúa, nadie tiene segura la
vida.
²³ Dios los deja vivir confiados,
pero vigila cada uno de sus pasos.
²⁴ Por un momento se levanta el malo,
pero pronto deja de existir.
Se marchita como hierba arrancada,[42]
como espiga que se dobla.
²⁵ Y si esto no es así, ¿quién podrá
desmentirme
y probar que estoy equivocado?

25
Bildad
¹⁻² Dios es poderoso y temible;
él establece la paz en el cielo.
³ Sus ejércitos son incontables,
su luz brilla sobre todos.
⁴ ¿Podrá, pues, un simple hombre
ser puro e inocente frente a Dios?
⁵ A sus ojos, ni la luna tiene brillo
ni son puras las estrellas,
⁶ ¡mucho menos el hombre;
este gusano miserable!

[39] *Ojalá:* texto probable. Heb. *no.* [40] *Zofar:* los vs. 18-25 son considerados generalmente como parte del discurso de Zofar, aun cuando el nombre mismo no aparece en el texto hebreo. [41] *Cruel:* texto probable. Heb. *apacentaba.* [42] *Como hierba arrancada:* según la versión griega. Heb. *como todo.*
ⁿ 24.2 Dt 19.14; 27.17; Pr 22.28; 23.10. ^ñ 24.13 Jn 3.20.

26

Job

1-2 ¡Qué manera de ayudar al débil,
de salvar al que ya no tiene fuerzas!
3 ¡Qué bien sabes dar consejos
e instruir al ignorante!
4 ¿Con ayuda de quién has dicho esas
palabras?
¿Quién te ha inspirado para hablar
así?

Bildad [43]

5 Los muertos, que habitan el mar
profundo,
tiemblan de miedo en el fondo del
mar.
6 El sepulcro, reino de la muerte,
no encierra misterios para Dios.
7 Dios extendió el cielo [44] sobre el vacío
y colgó la tierra sobre la nada.
8 Él encierra el agua en las nubes
sin que las nubes revienten con el
peso;
9 oscurece la cara de la luna [45]
cubriéndola con una nube;
10 ha puesto el horizonte del mar
como límite entre la luz y las
tinieblas.
11 Cuando Dios amenaza, tiemblan de
miedo
los montes en que se apoya el cielo.
12 Con su fuerza dominó al mar;
con su habilidad derrotó al monstruo
Rahab. [46, o]
13 Con su soplo dejó el cielo despejado;
con su mano mató a la serpiente
escurridiza.
14 Y esto no es más que una parte de
sus obras;
lo que hemos oído es apenas un
murmullo.
¿Quién podrá entender su trueno
poderoso?

27

Job

1-2 ¡Juro por Dios, por el Todopoderoso,
quien se niega a hacerme justicia
y me llena de amargura,
3 que mientras él me dé fuerza para
respirar,
4 jamás diré mentiras
ni pronunciaré palabras falsas!
5 Mientras yo viva, insistiré en mi
inocencia;
¡no admitiré que ustedes tengan
razón al acusarme!

6 No dejaré de insistir en mi honradez,
pues no tengo nada que reprocharme.
7 ¡Que todo el que se declare mi
enemigo
corra la suerte del malvado y del
injusto!
8 ¿Qué esperanza habrá para el impío
cuando Dios le quite la vida?
9 Cuando se encuentre en dificultades,
Dios no hará caso de sus ruegos.
10 Pues él no encuentra su alegría en el
Todopoderoso,
ni lo invoca en ningún momento.

11 Voy a mostrarles el gran poder de
Dios,
los planes del Todopoderoso.
12 Y si todos ustedes ya lo han visto,
¿por qué dicen cosas absurdas?

Zofar [47]

13 Este es el castigo que Dios, el
Todopoderoso,
dará a los hombres crueles y
malvados:
14 aunque sus hijos sean muchos,
morirán en la guerra o por no
encontrar qué comer.
15 A los que queden con vida, los
matará la peste,
y sus viudas no los llorarán.

16 Aunque el malvado amontone plata
como tierra,
y tenga ropa en grandes cantidades,
17 será un hombre honrado el que use
esa ropa
y algún hombre honrado el que
disfrute de esa plata.
18 La casa del malvado es frágil como
un nido,
como la choza de quien cuida los
campos.
19 Se acostará rico por última vez,
y al despertar, ya no tendrá nada.
20 El terror le llegará de día, [48]
la tempestad se lo llevará de noche.
21 El viento huracanado del oriente
lo arrancará de su casa;
22 soplará contra él sin compasión,
por más que trate de escapar.
23 El viento lo perseguirá con
estruendos y silbidos.

Alabanza a la sabiduría

28

1 Hay minas de donde se saca la
plata
y lugares donde se refina el oro.

---

[43] *Bildad:* los vs. 5-14 son considerados generalmente como parte del discurso de Bildad, aun cuando el nombre mismo no aparece en el texto hebreo.   [44] *Cielo:* lit. *norte.* La palabra hebrea *tsafón* fue originalmente el nombre cananeo del monte Casio, situado al norte de Palestina, y llegó a significar *norte* por extensión.   [45] *Luna:* texto probable. Heb. *trono.*   [46] Véase nota en 9.13.   [47] *Zofar:* los vs. 13-23 son considerados generalmente como parte del discurso de Zofar, aun cuando el nombre mismo no aparece en el texto hebreo.   [48] *De día:* texto probable. Heb. *como agua.*
o **26.12** Job 9.13; Is 51.9.

2 El hierro se saca de la tierra,
y las piedras, al fundirse, producen el cobre.
3 El hombre ha puesto fin a las tinieblas:
baja a los lugares más profundos
y allí, en la oscuridad, busca piedras.
4 Balanceándose suspendidos de una soga,
abren minas en lugares solitarios,
en lugares por donde nadie pasa,
lejos de las ciudades.[49]
5 La tierra, por encima, produce trigo,
y por debajo está revuelta como por fuego.
6 Allí se encuentran zafiros,
y oro mezclado con tierra.
7 Ni los halcones ni otras aves de rapiña
han visto jamás esos senderos.
8 Las fieras no pasan por ellos
ni los frecuentan los leones.
9 El hombre pone la mano en el pedernal
y arranca de raíz las montañas.
10 Abre túneles en los peñascos
y descubre toda clase de tesoros.
11 Explora los nacimientos[50] de los ríos
y saca a la luz cosas escondidas.

12 ¿Pero de dónde viene la sabiduría?
¿En qué lugar está la inteligencia?
13 El hombre no sabe lo que ella vale,
ni la encuentra en este mundo.
14 El océano dice: "Aquí no está",
y el mar: "Yo no la tengo."
15 No se puede conseguir con oro,
ni se puede comprar con plata.
16 No se puede pagar con el oro más precioso,
ni con joyas de cornalina o de zafiro.
17 Vale más que el oro y el cristal;
no se puede cambiar por objetos de oro puro.
18 La sabiduría es más preciosa que el coral,
y que el cristal de roca y las perlas.
19 El crisólito de Etiopía no la iguala,
ni se puede pagar con el oro más fino.
20 ¿De dónde, pues, viene la sabiduría?
¿En qué lugar está la inteligencia?
21 Está escondida a la vista de las fieras,
oculta a las aves del cielo.
22 Aun la destrucción y la muerte dicen:
"Sólo de oídas hemos sabido de ella."

23 Pero Dios conoce el camino de la sabiduría;
sólo él sabe dónde encontrarla,
24 pues él ve hasta el último rincón de la tierra
y todo lo que hay debajo del cielo.
25 Cuando Dios le fijó la fuerza al viento
y puso un límite al agua,
26 cuando estableció las leyes de la lluvia
y señaló el camino a la tormenta,
27 también vio a la sabiduría, vio su justo valor,
la examinó y le dio su aprobación.[p]
28 Y dijo Dios a los hombres:
"Servir fielmente al Señor: eso es sabiduría;
apartarse del mal: eso es inteligencia."[q]

Defensa final de Job

(Caps 29—31)

29

Job

1-2 ¡Ojalá pudiera yo volver a aquellos tiempos
en que Dios me protegía!
3 Cuando él me iluminaba con su luz
y yo podía andar en la oscuridad;
4 cuando yo estaba en plena madurez
y Dios cuidaba de mi hogar;
5 cuando el Todopoderoso estaba a mi lado
y mis hijos me hacían compañía;
6 cuando la leche corría por el suelo[51]
y el aceite brotaba de las rocas;
7 cuando yo tomaba asiento
en el lugar de reunión de la ciudad.
8 Los jóvenes, al verme, se hacían a un lado
y los ancianos se ponían de pie.
9 Aun los hombres importantes dejaban de hablar
y hacían señas de guardar silencio.
10 Los gobernantes bajaban la voz;
se les pegaba la lengua al paladar.

11 La gente, al verme o escucharme,
me felicitaba y hablaba bien de mí,
12 pues yo socorría al huérfano y al pobre,
gente a la que nadie ayudaba.
13 El que estaba en la ruina me daba las gracias;
mi ayuda era a las viudas motivo de alegría.
14 La justicia y la honradez eran parte de mí mismo:
eran mi ropa de todos los días.
15 ¡Yo era ojos para el ciego
y pies para el lisiado,
16 padre de los necesitados
y defensor de los extranjeros!

[49] *Balanceándose . . . ciudades:* traducción probable. Heb. oscuro. [50] *Explora los nacimientos:* texto probable. Heb. *ata* (o *detiene*) *las goteras.* [51] *La leche corría por el suelo:* lit. *me lavaba los pies en leche.*
[p] **28.23-27** Pr 8.22-31. [q] **28.28** Sal 111.10; Pr 1.7; 8.13; 9.10.

¹⁷ Yo les rompía la quijada a los
malvados
y les quitaba la presa de los dientes.

¹⁸ Yo pensaba: "Mis días serán tantos
como la arena;
moriré anciano y en mi propio hogar.
¹⁹ Soy como un árbol plantado junto al
agua,ʳ
cuyas ramas baña el rocío de la
noche.
²⁰ Mi esplendor se renovará conmigo,
y no me faltarán las fuerzas."

²¹ Todos me escuchaban
y esperaban en silencio mis consejos.
²² Después de hablar yo, ninguno
replicaba.
Mis palabras caían gota a gota sobre
ellos,
²³ y ellos las esperaban ansiosos,
como se espera la lluvia en tiempo de
calor.
²⁴ Cuando yo les sonreía, apenas lo
creían,
y no dejaban de mirar mi rostro
alegre.
²⁵ Yo establecía mi autoridad sobre ellos
y decidía lo que ellos debían hacer,
como un rey al frente de sus tropas.
Cuando estaban tristes, yo los
consolaba.

30 ¹ Pero ahora se ríen de mí
muchachos más jóvenes que yo,
cuyos padres no hubiera yo aceptado
para estar con los perros que
cuidaban mis rebaños.
² ¿De qué me hubiera servido la fuerza
de sus brazos?
Ellos eran gente desgastada
³ por el hambre terrible y la necesidad.
De noche, en el desierto solitario,
tenían que roer raíces secas;
⁴ arrancaban hierbas amargas de los
matorrales,
y hasta raíces de retama comían.⁵²
⁵ Eran gente rechazada por la sociedad,
perseguida a gritos como los ladrones;
⁶ tenían que vivir en cuevas,
en los barrancos y entre los peñascos;
⁷ aullaban en la maleza,
amontonados bajo los matorrales.
⁸ Gente inútil, hijos de nadie,
indignos de vivir en el país.

⁹ Pero ahora ellos se burlan
y hacen chistes a costa mía.
¹⁰ Con repugnancia se alejan de mí,
y hasta me escupen en la cara.

¹¹ Ahora que estoy desarmado y
humillado,
no me tienen ningún respeto.
¹² A mi lado se presentan en montón,
me hacen caer, me atacan
y procuran darme muerte.
¹³ Me cierran el camino, para
destruirme,
y nadie los detiene.⁵³
¹⁴ Como por un boquete abierto en la
muralla,
se lanzan sobre mí con gran
estruendo.
¹⁵ El terror cayó sobre mí;
mi dignidad huyó como el viento;
mi prosperidad, como una nube.

¹⁶ Ya no tengo ganas de vivir;
la aflicción se ha apoderado de mí.
¹⁷ El dolor me penetra hasta los huesos;
sin cesar me atormenta por las
noches.
¹⁸ Dios me ha agarrado por el cuello,
y con fuerza me sacude⁵⁴ la ropa.
¹⁹ Me ha arrojado en el lodo,
como si yo fuera polvo y ceniza.

²⁰ Te pido ayuda, oh Dios, y no
respondes,
te suplico y no me haces caso.
²¹ Te has vuelto cruel conmigo,
me persigues con rigor.
²² Haces que el viento me arrebate,
que la tempestad me sacuda.
²³ Ya sé que tú quieres llevarme a la
muerte,
al destino reservado a todo ser
viviente.
²⁴ ¿Acaso no he ayudado al pobre
y lo he salvado de su miseria?⁵⁵
²⁵ ¿Acaso no he llorado por el que sufre,
ni tenido compasión del necesitado?
²⁶ Yo esperaba la felicidad, y vino la
desdicha;
aguardaba la luz, y llegó la oscuridad.
²⁷ Mi corazón se agita sin descanso;
sólo me esperan días de aflicción.
²⁸ Llevo una vida triste, sin luz de sol;
delante de todos pido ayuda.
²⁹ Parezco hermano de los chacales,
amigo de los avestruces.
³⁰ Mi piel se ha vuelto negra,
mi cuerpo arde a causa de la fiebre.
³¹ La música de las arpas y las flautas
se convirtió para mí en llanto de
dolor.

31 ¹ Yo me he impuesto la norma
de no codiciar ni siquiera a las
solteras.

---

⁵² *Comían:* otra posible traducción: *para calentarse.* ⁵³ *Los detiene:* texto probable. Heb. *los ayuda.* ⁵⁴ *Sacude:* texto
probable. Heb. *desfigura.* ⁵⁵ *¿Acaso no . . . su miseria?:* traducción probable. Heb. oscuro.
ʳ **29.19** Sal 1.3.

² ¿Cuál es la recompensa que el
   Todopoderoso
   da a cada hombre desde lo alto del
   cielo?
³ ¿No es acaso al malvado y pecador
   a quien corresponde la desgracia?
⁴ ¿O es que Dios no ve lo que hago
   ni observa cada uno de mis pasos?

⁵ Juro que nunca he procedido con
   malicia
   ni he intentado engañar a nadie.
⁶ ¡Que Dios me pese con balanza justa,
   y se convencerá de mi inocencia!
⁷ Si me he desviado del camino recto,
   si me he dejado llevar de la codicia,
   si algo ajeno se ha encontrado en mi
   poder,
⁸ que otros se coman lo que yo he
   sembrado
   y arranquen de raíz lo que planté.

⁹ Si me he dejado seducir de una mujer
   o me he puesto a espiar a la mujer de
   mi vecino,
¹⁰ que mi esposa sea esclava de otros
   y que extraños se acuesten con ella.
¹¹ Pues mis acciones serían infames;
   serían actos dignos de castigo.
¹² Serían como un incendio destructor
   que destruiría todo lo que tengo.

¹³ Si mis criados me reclamaban algo,
   yo siempre atendía a sus peticiones.
¹⁴ ¿De qué otra manera podría yo
   presentarme ante Dios?
   ¿Qué le respondería cuando él me
   pidiera cuentas?
¹⁵ Un mismo Dios nos formó en el
   vientre,
   y tanto a ellos como a mí nos dio la
   vida.
¹⁶ Nunca dejé de socorrer al pobre en su
   necesidad,
   ni permití que las viudas pasaran
   hambre.
¹⁷ Nunca comí yo solo mi bocado
   sin compartirlo con el huérfano.
¹⁸ Siempre traté al huérfano como un
   padre;
   siempre fui protector de las viudas.
¹⁹ Cuando yo veía que alguien moría
   por falta de ropa,
   o que un pobre no tenía con qué
   cubrirse,
²⁰ con la lana de mis propias ovejas le
   daba calor,
   y él me quedaba agradecido.
²¹ Jamás amenacé a un huérfano
   valiéndome de mi influencia con los
   jueces.

²² Y si esto no es verdad,
   que los brazos se me rompan;
   que se me caigan de los hombros.
²³ Yo temía el castigo de Dios;
   ¡no habría podido resistir su
   majestad!

²⁴ Jamás el oro ha sido para mí
   la base de mi confianza y seguridad.ˢ
²⁵ Jamás mi dicha ha consistido en
   tener grandes riquezas
   o en ganar mucho dinero.
²⁶ He visto brillar el sol
   y avanzar la luna en todo su
   esplendor,
²⁷ pero jamás los adoré en secreto
   ni les envié besos con la mano.ᵗ
²⁸ Esto habría sido digno de castigo;
   ¡habría sido negar al Dios del cielo!

²⁹ Nunca me alegré del mal de mi
   enemigo,
   ni de que le hubiera venido una
   desgracia.ᵘ
³⁰ Jamás lancé sobre él una maldición
   ni le deseé la muerte.
³¹ Si algunos de los que vivían conmigo
   querían abusar de un extranjero,⁵⁶
³² yo no lo dejaba pasar la noche en la
   calle.
   Siempre abrí las puertas de mi casa a
   los viajeros.
³³ Jamás he ocultado mis faltas, como
   hacen otros,
   ni he tratado de tenerlas en secreto
³⁴ por miedo de la gente.
   Jamás me he quedado encerrado y en
   silencio
   por temor al desprecio de mis
   familiares.

³⁵ ¡Ojalá que alguien me escuchara!
   Con mi firma respaldo lo que he
   dicho;
   ahora, ¡que el Todopoderoso me
   responda!
   Las acusaciones que me hagan por
   escrito,
³⁶ las llevaré conmigo honrosamente;
   me las pondré por corona.
³⁷ Yo daré cuenta a Dios de todas mis
   acciones,
   me acercaré con dignidad a su
   presencia.

³⁸ Mis tierras no claman al cielo contra
   mí,
   ni sus surcos lloran afligidos.
³⁹ Pero si a alguien le he robado sus
   productos,
   o si he explotado a los campesinos,

---

⁵⁶ *Querían abusar de un extranjero:* traducción probable. La exégesis más generalizada ve en las palabras de Job una
alusión al abuso sexual de que eran víctima los extranjeros, como en el caso de Sodoma y Gomorra. (Véase Gn. 19.)
ˢ **31.24** Sal 49.6; 52.6-7.   ᵗ **31.26-27** Dt 4.19.   ᵘ **31.29** Pr 24.17.

⁴⁰ ¡que mis tierras produzcan espinos en
vez de trigo,
y mala hierba en vez de cebada!

Con esto terminó Job su defensa.

Intervención de Eliú
(Caps 32—37)

32 ¹ Al ver los tres hombres que Job insistía en que era inocente, dejaron
de discutir con él. ² Entonces un hombre
llamado Eliú, hijo de Baraquel el buzita,
descendiente de Ram, no pudo contener
más su enojo contra Job, al ver que insistía en su inocencia y culpaba a Dios.
³ Pero también se enojó con los tres amigos de Job, porque, al no haber sabido responderle, habían hecho quedar mal a
Dios.⁵⁷ ⁴ Como Eliú era el más joven de
todos, esperó a que los otros terminaran
de hablar con Job; ⁵ pero al ver que ellos
no sabían ya cómo responderle, no se
pudo contener ⁶ y comenzó a hablar.

Primer discurso de Eliú

Eliú

Como yo soy joven y ustedes
ancianos,
no me atrevía a expresarles mi
opinión.
⁷ Y pensé: "Que hable la voz de la
experiencia;
que muestren los muchos años su
sabiduría."
⁸ Aunque en realidad todo hombre
tiene entendimiento,
pues el Todopoderoso le infundió su
espíritu.
⁹ Los muchos años no hacen sabio a
nadie,
ni las barbas traen consigo una recta
comprensión.
¹⁰ Por eso dije: "Ahora, que me
escuchen,
pues yo también tengo algo que
decir."

¹¹ Yo he estado atento y he escuchado
los argumentos presentados por
ustedes.
Les he visto buscar las mejores
palabras,
¹² y he visto también que ninguno de
ustedes
ha podido darle a Job la debida
respuesta.
¹³ Pues para que no se crean ustedes
tan sabios,
Dios, y no un hombre, le responderá.

¹⁴ Pero, ni Job se ha dirigido a mí,
ni yo voy a contestarle como ustedes.

¹⁵ Job, estos tres están confundidos
y les faltan palabras para responderte;
¹⁶ pero no creas que yo voy a callar
porque ellos callan,
porque se quedan sin responderte.
¹⁷ Voy a tomar parte en el asunto
y diré lo que tengo que decir.
¹⁸ Estoy tan lleno de palabras
que ya no puedo contenerme;
¹⁹ estoy a punto de estallar,
como el vino encerrado en cueros
nuevos.
²⁰ Tengo que hablar para desahogarme,
tengo que darte una respuesta.
²¹ No voy a halagar a nadie;
trataré a todos por igual.
²² En realidad, yo no acostumbro hacer
halagos;
¡el Creador me castigaría en seguida
si los hiciera!

33 ¹ Por lo tanto, Job, escucha mis
palabras;
pon atención a lo que voy a decirte.
² Ya tengo en los labios la respuesta:
³ voy a hablar con sinceridad
y a decir francamente lo que pienso.
⁴ Dios, el Todopoderoso, me hizo,
e infundió en mí su aliento.

⁵ Respóndeme, si puedes;
prepárate a hacerme frente.
⁶ Tú y yo somos iguales ante Dios;
yo también fui formado de barro.
⁷ Así que no tienes por qué asustarte
de mí,
pues no te voy a imponer mi
autoridad.

⁸ Me parece que te oí decir
(tales son las palabras que escuché):
⁹ "Yo soy puro e inocente,
y no tengo falta ni pecado.
¹⁰ Pero Dios busca de qué acusarme,
y me trata como a su enemigo;
¹¹ me ha puesto cadenas en los pies,
y vigila cada uno de mis pasos."
¹² Pero tal afirmación es incorrecta,
pues Dios es más grande que los
hombres.
¹³ ¿Por qué le echas en cara
que no conteste a ninguno de tus
argumentos?
¹⁴ Dios habla de muchas maneras,
pero no nos damos cuenta.
¹⁵ A veces lo hace en las noches,
en un sueño o una visión,
cuando los hombres ya duermen,
cuando el sueño los domina.

---

⁵⁷ *A Dios:* texto probable. Heb. *a Job*, por eufemismo.

16 Dios habla al oído de los hombres;
   los reprende y los llena de miedo,
17 para apartarlos de sus malas obras
   y prevenirlos contra el orgullo.⁵⁸
18 Así los libra de la tumba,
   los salva de la muerte.
19 Otras veces Dios corrige al hombre
   con enfermedades,
   con fuertes dolores en todo su
   cuerpo.
20 Todo alimento, aun el más delicioso,
   le resulta entonces insoportable.
21 La carne se le va desgastando,
   se le pueden ver los huesos.
22 Su vida está al borde del sepulcro,
   a las puertas de la muerte.

23 Pero si hay cerca de él un ángel,
   uno entre mil que hable en su favor
   y dé testimonio de su rectitud,
24 que le tenga compasión y diga a Dios:
   "Líbralo de la muerte,
   pues he encontrado su rescate",
25 entonces su cuerpo recobrará la salud
   y volverá a ser como en su juventud.
26 Hará súplicas a Dios, y él lo atenderá;
   con alegría verá a Dios cara a cara,
   y cantará⁵⁹ a los hombres la bondad
   de Dios.⁶⁰
27 Dirá: "Pequé, cometí injusticias,
   pero Dios no quiso castigarme;
28 por el contrario, me salvó de la
   muerte
   y todavía puedo ver la luz."

29 Así trata Dios al hombre
   una y otra vez;
30 lo salva de la muerte,
   lo deja seguir viendo la luz.

31 Escúchame, Job, con atención;
   guarda silencio mientras hablo.
32 Si tienes algo que decir, respóndeme;
   si tienes razón, lo admitiré con gusto;
33 pero si no, escúchame en silencio,
   y yo te enseñaré a ser sabio.

Segundo discurso de Eliú

34 ¹⁻² Ustedes, sabios e instruidos,
      escuchen mis palabras.
3 El oído distingue las palabras,
   igual que el paladar reconoce los
   sabores.ᵛ
4 Así también, examinemos nosotros el
   caso
   y decidamos lo que nos parezca
   mejor.
5 Job afirma: "Yo soy inocente,
   pero Dios se niega a hacerme justicia.

6 Sería una mentira el admitir que soy
   culpable;
   mi herida no sana, aun cuando no he
   pecado."ᵂ

7 ¡No hay nadie como Job!
   Se burla de Dios como quien bebe
   agua;
8 le gusta juntarse con los malvados,
   andar con la gente mala.
9 Dice que nada gana el hombre
   con tratar de agradar a Dios.
10 Pero ustedes, gente sensata,
   escúchenme.
   ¡Ni pensar que Dios, el Todopoderoso,
   haga el mal o cometa injusticias!
11 Él paga a cada uno según sus obras;
   hace que cada cual reciba lo que
   merece.ˣ
12 En verdad, Dios, el Todopoderoso,
   no hace nada malo ni injusto;
13 de nadie recibió el poder
   para gobernar al mundo entero.
14-15 Si les quita a los hombres
   el aliento de vida,
   todos ellos mueren por igual
   y otra vez vuelven al polvo.ʸ

16 Si tú eres sensato, escúchame;
   pon atención a mis palabras.
17 Si Dios odiara a justicia, no podría
   gobernar.
   ¿Cómo puedes condenar a quien es
   inmensamente justo?
18 Si los reyes y los nobles son
   malvados,
   Dios no duda en echárselo en cara.
19 Él no se pone de parte de los
   gobernantes,
   ni favorece más a los ricos que a los
   pobres,
   pues él fue quien los hizo a todos.
20 Los hombres mueren en un instante,
   en medio de la noche;
   la gente se alborota y desaparece;
   el poderoso es eliminado sin esfuerzo
   humano.
21 Dios vigila los pasos del hombre
   y conoce todas sus andanzas.
22 No hay tinieblas tan oscuras
   que puedan ocultar a un malhechor.
23 Dios no fija un plazo al hombre
   para que se presente ante él a juicio.
24 No necesita investigar
   para derribar a los grandes
   y dar a otros su lugar.
25 Dios conoce lo que hacen,
   llega de noche y los destroza.
26 Los azota como a criminales,
   a la vista de todos,

---

⁵⁸ *Para apartarlos . . . el orgullo:* traducción probable. Heb. oscuro. ⁵⁹ *Cantará:* texto probable. Heb. *devolverá.* ⁶⁰ *Y
cantará a los hombres la bondad de Dios:* otra posible traducción: *y Dios le restituirá al hombre su bondad.*
ᵛ **34.3** Job 12.11. ᵂ **34.5-6** Job 27.1-5. ˣ **34.11** Sal 62.11-12; Pr 24.12; Jer 17.10; Ez 18.30; 33.20; Mt 16.27; Ro 2.6.
ʸ **34.14-15** Sal 104.29.

27 porque no quisieron obedecerle
ni aceptar sus normas de conducta.
28 Hicieron que los gritos de los pobres
y oprimidos
llegaran hasta Dios, y él los escuchó.
29 Pero si Dios calla, ¿quién podrá
condenarlo?
Si oculta su rostro, ¿quién podrá
verlo?
Él vigila[61] a pueblos e individuos
30 para que no gobierne al pueblo
un malvado que lo engañe.

31 ¿Acaso le has dicho a Dios:
"Me dejé engañar; no volveré a
pecar.
32 Muéstrame las faltas que yo no veo.
Si he actuado mal, no lo volveré a
hacer"?
33 ¿Acaso quieres que Dios te
recompense
como mejor te parezca,
aunque tú lo hayas rechazado?
Ya que eres tú quien decide, y no yo,
dinos lo que sabes.[62]

34 Los hombres sabios que me escuchan,
y las personas sensatas, me dirán:
35 "Job está hablando sin saber;
sus palabras no tienen sentido.
36 ¡Que se examine a fondo a Job,
pues sus respuestas son las de un
malvado!
37 Job no sólo es pecador, sino rebelde;
delante de nosotros se burla de Dios
y se pone a discutir con él."

Tercer discurso de Eliú

35 1-2 ¿Te parece justo, Job, afirmar
que Dios debe darte la razón?
3 Pues le has dicho a Dios:
"¿Qué te importa si yo peco?
¿En qué te perjudica[63] mi pecado?"[z]
4 Pues yo te voy a responder
a ti, y también a tus amigos.
5 Fíjate en el cielo,
y mira qué altas están las nubes sobre
ti.
6 Si pecas, eso no afecta a Dios;
por muchos pecados que cometas, no
le haces nada.
7 Y si actúas bien, nada le das;
no le haces ningún beneficio.
8 Es a los hombres como tú a quienes
afecta tu pecado
y a quienes benefician tus buenas
acciones.[a]

9 Bajo el peso de la opresión, los
hombres gritan
y buscan quien los salve de los
poderosos;
10 pero no buscan al Dios que los creó,
al que da fuerzas[64] en las horas más
oscuras,
11 al que nos instruye y nos enseña
por medio de los animales y las aves.
12 Gritan, pero Dios no les contesta,
porque son hombres malos y
orgullosos.
13 Dios, el Todopoderoso,
no hace caso a las falsedades.

14 Aun cuando dices que no ves a Dios,
espéralo, pues tu caso está en su
presencia.
15 Dices que él no se enoja ni castiga,
que no presta mucha atención al
pecado.
16 ¡Pero, Job, estás diciendo cosas sin
sentido,
estás hablando mucho y sin
inteligencia!

Cuarto discurso de Eliú

36 1-2 Ten un poco de paciencia, y te
instruiré,
pues aún tengo argumentos a favor
de Dios.
3 Usaré mis amplios conocimientos
para mostrar que mi Creador tiene
razón.
4 Te aseguro que no diré nada falso;
tienes delante a un sabio consumado.

5 Dios es poderoso e inmensamente
sabio,
y no desprecia al inocente.[65]
6 No perdona la vida al malvado,
pero hace justicia a los pobres;
7 siempre protege a los hombres rectos;
afirma a los reyes en sus tronos,
y los mantiene en alta posición.
8 Pero si son sujetados con cadenas
y el dolor los atormenta,
9 Dios les hace ver el mal que
cometieron
y cómo se dejaron llevar por el
orgullo.
10 Les habla para corregirlos
y pedirles que dejen su maldad.
11 Si le hacen caso y se someten,
gozan de dicha y felicidad
por el resto de sus días.
12 Pero si no hacen caso,
mueren y bajan al sepulcro
antes de que puedan darse cuenta.

---

61 Vigila: texto probable. Heb. igualmente. 62 ¿Acaso le has . . . lo que sabes: traducción probable. El texto hebreo de los
vs. 31-33 es oscuro. 63 ¿En qué te perjudica . . .?: según dos versiones antiguas. Heb. ¿qué provecho saco . . .?
64 Fuerzas: texto probable. Heb. canciones. 65 Al inocente: según la versión griega. En el texto hebreo no aparece esta
frase.
z 35.3 Job 7.20. a 35.6-8 Job 22.2-3.

¹³ Los impíos se llenan de furor,
y ni aun estando presos piden ayuda.
¹⁴ Mueren en plena juventud;
su vida termina en forma vergonzosa.
¹⁵ Por medio del sufrimiento, Dios salva
al que sufre;
por medio del dolor lo hace entender.
¹⁶ A ti también te libró de los peligros,
y te dio abundancia y libertad;
llenó tu mesa de comidas deliciosas.
¹⁷ En ti se cumple la sentencia del
malvado,
y no podrás evitar que se te juzgue y
condene.
¹⁸ Cuida de no dejarte sobornar,
de no dejarte seducir por el mucho
dinero.
¹⁹ En la angustia no te servirán de nada
tus gritos ni todo tu poder.
²⁰ No suspires por que llegue la noche,
cuando los pueblos desaparecen.⁶⁶
²¹ Cuida de no volver a la maldad,
tú que fuiste probado por el
sufrimiento.

²² Fíjate en el gran poder de Dios.
Ningún maestro es comparable a él;
²³ nadie puede decirle lo que tiene que
hacer,
ni echarle en cara el haber hecho
mal.
²⁴ Todo el mundo alaba sus obras;
acuérdate también tú de alabarlas.
²⁵ Todo hombre puede verlas,
aunque sea de lejos.
²⁶ Dios es tan grande, que no podemos
comprenderlo;
tampoco podemos contar sus años.

²⁷ El recoge en un depósito las gotas de
agua,
y luego las convierte en lluvia.
²⁸ La lluvia chorrea de las nubes y
cae en aguaceros sobre la gente.
²⁹ ¿Quién entiende por qué avanzan las
nubes,
o por qué resuena el trueno en el
cielo?
³⁰ Dios extiende el relámpago sobre el
mar,
dejando oculto el fondo del océano.ᵇ
³¹ Así alimenta⁶⁷ a los pueblos
y les da comida en abundancia.
³² Sujeta el rayo entre sus manos,
y éste da en el blanco, tal como él lo
ordena.
³³ El trueno anuncia a Dios,
la tempestad proclama su ira.⁶⁸

37 ¹ Al ver la tempestad, mi corazón
palpita
como si fuera a salírseme del pecho.
² Escuchen el estruendo de la voz de
Dios,
el trueno que sale de su boca.
³ Él lanza el relámpago por todo el
cielo
y de un extremo a otro de la tierra.
⁴ Luego se oye un estruendo,
cuando hace resonar su voz
majestuosa;
y mientras se oye el trueno,
los relámpagos⁶⁹ no cesan.
⁵ Cuando Dios hace tronar su voz,
se producen maravillas;
suceden grandes cosas que nadie
puede comprender.
⁶ Ordena a la nieve caer sobre la tierra
y hace que la lluvia caiga con
violencia.
⁷ Hace que los hombres se queden en
sus casas,
y que todos reconozcan que él es
quien actúa.⁷⁰
⁸ Los animales entran en sus cuevas,
y allí se quedan escondidos.
⁹ Del sur viene el huracán,
y del norte viene el frío.
¹⁰ Por el soplo de Dios se forma el hielo
y las aguas extensas se congelan.ᶜ
¹¹ Él carga de humedad las nubes,
y hace que de ellas surja el rayo;
¹² y el rayo va, zigzagueando por el
cielo,
cumpliendo así las órdenes de Dios
en toda la superficie de la tierra.
¹³ De todo ello se vale Dios para
castigar a la tierra
o para mostrarle su bondad.

¹⁴ Job, ten paciencia y escucha,
considera las cosas admirables que
hace Dios.
¹⁵ ¿Sabes tú cómo Dios dispone todo
esto,
y cómo brilla el relámpago en la
nube?
¹⁶ ¿Sabes tú cómo flotan las nubes en el
aire,
prueba admirable de su perfecta
inteligencia?
¹⁷ Tú te sofocas de calor entre tu ropa
cuando el viento del sur adormece la
tierra.
¹⁸ ¿Puedes tú ayudar a Dios a extender
el cielo
y dejarlo firme como una hoja de
metal?ᵈ

---

⁶⁶ *En ti se . . . desaparecen:* traducción probable. El texto hebreo de los vs. 17-20 es oscuro.   ⁶⁷ *Alimenta:* texto probable.
Heb. *juzga.*   ⁶⁸ *El trueno . . . su ira:* traducción probable. Heb. oscuro.   ⁶⁹ *Relámpagos:* texto probable. Esta palabra no
aparece en el texto hebreo.   ⁷⁰ *Todos reconozcan que él es quien actúa:* según versiones antiguas. Heb. *todos los
hombres que él hizo reconozcan.*
ᵇ **36.29-30** Sal 18.13-15.   ᶜ **37.10** Sal 147.17.   ᵈ **37.18** Gn 1.6.

¹⁹ Enséñanos qué debemos decirle a
Dios,
pues estamos a oscuras y sin
argumentos.
²⁰ Yo ni siquiera le diría que quiero
hablar,
pues sería como querer que me
destruya.

²¹ No es posible ver la luz del sol
cuando las nubes lo ocultan;
pero si el viento sopla, el cielo se
aclara.
²² Resplandores de oro aparecen por el
norte,
cuando Dios se rodea de terrible
majestad.
²³ No podemos comprender al
Todopoderoso,
pues él es inmensamente fuerte y
justo;
es recto y no oprime a nadie.
²⁴ Por eso los hombres le temen;
nada significan los sabios para él.

Dios interpela a Job
(38.1—42.6)

38 ¹ Entonces el Señor le habló a Job
de en medio de la tempestad.

El Señor
² ¿Quién eres tú para dudar de mi
providencia
y mostrar con tus palabras tu
ignorancia?ᵉ
³ Muéstrame ahora tu valentía,
y respóndeme a estas preguntas:ᶠ
⁴ ¿Dónde estabas cuando yo afirmé la
tierra?
¡Dímelo, si de veras sabes tanto!
⁵ ¿Sabes quién decidió cuánto habría de
medir,
y quién fue el arquitecto que la hizo?
⁶ ¿Sobre qué descansan sus cimientos?
¿Quién le puso la piedra principal de
apoyo,
⁷ mientras cantaban a coro las estrellas
de la aurora
entre la alegría de mis servidores
celestiales?

⁸ Cuando el mar brotó del seno de la
tierra,
¿quién le puso compuertas para
contenerlo?
⁹ Yo le di una nube por vestido
y la niebla por pañales.
¹⁰ Yo le puse⁷¹ un límite al mar
y cerré con llave sus compuertas.
¹¹ Y le dije: "Llegarás hasta aquí,
y de aquí no pasarás;

aquí se romperán⁷² tus olas
arrogantes."ᵍ
¹² ¿Alguna vez en tu vida has dado
órdenes
de que salga la aurora y amanezca el
día?
¹³ ¿Y de que la luz se difunda por la
tierra
y los malvados vayan a esconderse?
¹⁴ Entonces aparecen los relieves de la
tierra y se tiñen de color como un
vestido;
¹⁵ se les niega la luz a los malvados
y se pone fin a su amenaza.

¹⁶ ¿Has visitado el misterioso abismo
donde tiene sus fuentes el océano?
¹⁷ ¿Has visto dónde están las puertas
del tenebroso reino de la muerte?
¹⁸ ¿Tienes idea de la anchura de la
tierra?
¡Dímelo, si en verdad lo sabes todo!

¹⁹ ¿En dónde están guardadas
la luz y las tinieblas?
²⁰ ¿Sabes hacerlas llegar hasta el último
rincón
y que luego regresen a su casa?
²¹ ¡Debes de saberlo, pues tienes tantos
años
que para entonces ya habrías nacido!

²² ¿Has visitado los depósitos
donde guardo la nieve y el granizo
²³ para enviarlos en tiempos de
desgracia,
en tiempos de batallas y de guerra?ʰ
²⁴ ¿Qué caminos sigue la luz al
repartirse?
¿Cómo se extiende el viento del este
sobre el mundo?
²⁵ ¿Quién abre una salida al aguacero
y señala el camino a la tormenta,
²⁶ para que llueva en el desierto,
en lugares donde nadie vive,
²⁷ para que riegue la tierra desolada
y haga brotar la hierba?

²⁸ ¿Quién es el padre de la lluvia y del
rocío?
²⁹ ¿Quién es la madre del hielo y de la
escarcha?
³⁰ ¿Quién vuelve el agua dura como la
piedra
y congela la superficie del océano?

³¹ ¿Eres tú quien mantiene juntas a las
Pléyades
y separadas las estrellas de Orión?ⁱ
³² ¿Eres tú quien saca a su hora al
lucero de la mañana?

---

⁷¹ *Puse:* según una versión antigua. Heb. *rompí.*   ⁷² *Se romperán:* según una versión antigua. Heb. *pondré en.*
ᵉ **38.2** Job 42.3.   ᶠ **38.3** Job 40.7; 42.4.   ᵍ **38.8-11** Sal 104.6-9; Pr 8.29; Jer 5.22.   ʰ **38.22-23** Ex 9.13-35; Jos 10.11; Is 30.30.
ⁱ **38.31** Job 9.9; Am 5.8.

¿Eres tú quien guía a las estrellas
de la Osa Mayor y de la Osa Menor?
33 ¿Conoces tú las leyes que gobiernan
el cielo?
¿Eres tú quien aplica esas leyes en la
tierra?
34 ¿Puedes dar órdenes a las nubes
de que te inunden con agua?
35 Si mandas al rayo que vaya a alguna
parte,
¿acaso te responde: "Aquí estoy, a tus
órdenes"?
36 ¿Quién dio instinto inteligente
a aves como el ibis[73] o el gallo?[74]
37 ¿Quién es tan sabio que sepa cuántas
nubes hay?
¿Quién puede vaciarlas para que den
su lluvia,
38 para que el polvo se convierta en
barro
y se peguen los terrones entre sí?

39 ¿Eres tú quien busca presa para las
leonas,
para que coman sus cachorros hasta
llenarse,
40 cuando se esconden en su guarida
o se ponen al acecho en la maleza?
41 ¿Quién da de comer a los cuervos,
cuando sus crías andan buscando
comida
y con grandes chillidos me la piden?

39 ¹ ¿Sabes cuándo dan a luz las
cabras monteses?
¿Has visto parir a las hembras del
venado?
2 ¿Sabes cuántos meses necesitan
para que den a luz?
3 Al dar a luz se encorvan,
y entonces nacen sus crías.
4 Luego éstas se hacen fuertes, crecen
en el campo,
y al fin se van y no regresan.

5 ¿Quién dio libertad al asno salvaje?
¿Quién lo dejó andar suelto?
6 Yo le señalé, como lugar donde vivir,
el desierto y las llanuras salitrosas.
7 No le gusta el ruido de la ciudad,
ni obedece a los gritos del arriero.
8 Recorre las lomas en busca de pasto,
buscando cualquier hierba verde para
comer.

9 ¿Crees que el toro salvaje querrá
servirte
y pasar la noche en tu establo?
10 ¿Podrás atarlo al yugo y obligarlo a
arar,
o a ir detrás de ti rastrillando el
campo?

11 ¿Podrás confiar en él porque es tan
fuerte,
y dejar que te haga tus trabajos?
12 ¿Crees que te servirá para recoger tu
cosecha
y para juntar el grano en tu era?

13 Ahí tienes al avestruz: aletea
alegremente,
como si tuviera alas de cigüeña,[75]
14 y abandona los huevos en la arena
para que se incuben al calor del sol.
15 No piensa que alguien puede
aplastarlos,
que algún animal puede pisotearlos.
16 Es cruel con sus crías, como si no
fueran suyas,
y no le importa que resulte inútil su
trabajo.
17 Es que yo no le di inteligencia;
le negué el buen sentido.
18 Pero cuando se levanta y echa a
correr,
se ríe de caballos y jinetes.

19 ¿Acaso fuiste tú quien dio fuerza al
caballo,
quien adornó su cuello con la crin?
20 ¿Acaso tú lo haces saltar como
langosta,
con ese soberbio resoplido que
impone terror?
21 Escarba arrogante en la llanura,
y sin temor se lanza a la batalla.
22 Se ríe del terror y no se asusta,
ni se acobarda ante la espada,
23 por más que resuene la aljaba del
jinete
y lancen chispas las lanzas y las
jabalinas.
24 Con ímpetu incontenible devora las
distancias;
suena la trompeta y ya no puede
estarse quieto.
25 Contesta con relinchos al toque de
trompeta;
desde lejos siente el olor de la batalla
y oye las voces de mando y el
griterío.

26 ¿Acaso eres tan sabio que enseñas a
volar al halcón,
y a tender su vuelo hacia el sur?
27 ¿Eres tú quien ha ordenado al águila
que ponga su nido en las alturas?
28 Ella vive día y noche en los peñascos,
levanta su fortaleza en un picacho.
29 Desde allá arriba mira
y acecha a su presa.
30 Sus crías se alimentan de sangre,
y donde hay cadáveres, allí se la
encuentra.

---

73 Ibis: ave de Egipto que aparecía durante las inundaciones del Nilo.   74 Según los antiguos, el gallo anunciaba la lluvia.
75 Ahí tienes . . . de cigüeña: traducción probable. Heb. oscuro.

40 ¹⁻² Tú, que querías entablarme
    juicio
a mí, al Todopoderoso,
¿insistes todavía en responder?ʲ

Job
³⁻⁴ ¿Qué puedo responder yo, que soy
    tan poca cosa?
Prefiero guardar silencio.
⁵ Ya he hablado una y otra vez,
y no tengo nada que añadir.

Dios vuelve a interpelar a Job

⁶ Volvió el Señor a hablarle a Job de en
medio de la tempestad.
El Señor
⁷ Muéstrame ahora tu valentía,
y respóndeme a estas preguntas:ᵏ
⁸ ¿Pretendes declararme injusto y
    culpable,
a fin de que tú aparezcas inocente?
⁹ ¿Acaso eres tan fuerte como yo?
¿Es tu voz de trueno, como la mía?
¹⁰ Revístete entonces de grandeza y
    majestad,
cúbrete de gloria y esplendor.
¹¹ Mira a todos los orgullosos:
da rienda suelta a tu furor y
    humíllalos.
¹² Sí, derríbalos con tu mirada,
aplasta a los malvados donde se
    encuentren.
¹³ Sepúltalos a todos en la tierra,
enciérralos en la prisión de los
    muertos.
¹⁴ Entonces yo mismo reconoceré
que fue tu poder el que te dio la
    victoria.

¹⁵ Fíjate en el monstruo Behemot,⁷⁶
criatura mía igual que tú:
come hierba, como los bueyes;
¹⁶ mira qué fuertes son sus lomos,
y qué poderosos sus músculos.
¹⁷ Su cola es dura como el cedro,
los tendones de sus patas forman
    nudos.
¹⁸ Sus huesos son como tubos de
bronce, como barras de hierro.
¹⁹ Es mi obra maestra;
sólo yo, su creador, puedo derrotarlo.
²⁰ De los montes, donde juegan las
    fieras,
le traen hierba para que coma.
²¹ Se echa debajo de los lotos,
se esconde entre las cañas del
    pantano.
²² Los lotos le dan sombra,
los álamos del arroyo lo rodean.

²³ Si el río crece, no se asusta;
aunque el agua le llegue al hocico,
está tranquilo.
²⁴ ¿Quién es capaz de agarrarlo y
sacarle los ojos,
o de pasarle un lazo por la nariz?

41 ¹ ᶦY a Leviatán,⁷⁷,ᵐ ¿lo pescarás con
    un anzuelo?
¿Podrás atarle la lengua con una
    cuerda?
² ¿Podrás pasarle un cordel por las
    narices
o atravesarle con un gancho la
    quijada?
³ ¿Acaso va a rogarte que le tengas
    compasión,
y a suplicarte con palabras tiernas?
⁴ ¿Acaso harás que te prometa
ser tu esclavo toda la vida?
⁵ ¿Jugarás con él como con un
    pajarito?
¿Lo atarás como juguete de tus hijas?
⁶ ¿Se pondrán a regatear por él en el
    mercado?
¿Lo cortarán en pedazos para
    venderlo?
⁷ ¿Podrás atravesarle el cuero con
    flechas,
o la cabeza con arpones?
⁸ Si llegas a ponerle la mano encima,
te dará tal batalla que no la olvidarás,
y nunca volverás a hacerlo.

⁹ Con sólo ver a Leviatán,
cualquiera se desmaya de miedo.
¹⁰ Si alguien lo provoca, se pone furioso;
nadie es capaz de hacerle frente.
¹¹ ¿Quién, que se le enfrente, saldrá
sano y salvo?
¡Nadie⁷⁸ en todo el mundo!
¹² No dejaré de mencionar sus patas
y su fuerza sin igual.⁷⁹
¹³ ¿Quién puede quitarle el cuero que lo
    cubre,
o atravesar su doble coraza⁸⁰
    protectora?
¹⁴ ¿Quién puede abrirle el hocico,
con su cerco de terribles dientes?
¹⁵ Sus lomos⁸¹ son hileras de escudos
cerrados y duros como la piedra.
¹⁶ Tan apretados están unos contra
    otros,
que ni el aire puede pasar entre ellos.
¹⁷ Tan unidos y trabados están,
que nadie puede separarlos.
¹⁸ Sus estornudos son como relámpagos;
sus ojos brillan como el sol cuando
    amanece.

---

⁷⁶ *Behemot:* monstruo legendario, descrito, al parecer, con los rasgos característicos del hipopótamo. ⁷⁷ Véase nota en
3.8. ⁷⁸ *Nadie:* texto probable. Heb. *para mí él.* ⁷⁹ *Sin igual:* texto probable. Heb. oscuro. ⁸⁰ *Coraza:* según la versión
griega. Heb. *freno.* ⁸¹ *Lomos:* según varias versiones antiguas. Heb. *orgullo.*
ʲ **40.1-2** Job 13.15-23; 23.5; 31.35-37. ᵏ **40.7** Job 38.3. ᶦLos vs. 41.1-34 corresponden a los vs. 40.25—
41.26 en el texto hebreo. ᵐ **41.1** Job 3.8; Sal 74.14; 104.26; Is 27.1.

[19] De su hocico salen llamaradas
y se escapan chispas de fuego.
[20] De sus narices sale humo,
como de una caldera que hierve[82] al
fuego.
[21] Su aliento enciende las brasas,
de su hocico salen llamas.
[22] Su cuello es tan fuerte
que ante él todos se llenan de miedo.
[23] Aun la parte carnosa de su cuerpo
es dura e impenetrable, como hierro
fundido.
[24] Tiene el corazón duro como la roca,
duro como piedra de moler.
[25] Cuando él se levanta, los dioses se
espantan
y huyen llenos de terror.
[26] Ni espada ni lanza ni flecha ni dardo
sirven de nada para atacarlo.
[27] Para él, el hierro es como paja,
y el bronce como madera podrida.
[28] Las flechas no lo hacen huir;
lanzarle piedras es como lanzarle
paja.
[29] Un golpe de mazo le es como un
golpe de caña;
se ríe al oír silbar las jabalinas.
[30] Cuando se arrastra, abre surcos en el
barro,
como si lo hiciera con afilados trillos.
[31] Hace hervir como una olla al mar
profundo;
como una caldera para mezclar
ungüentos.
[32] Va dejando en el agua una estela
blanca y brillante como melena de
canas.
[33] No hay en la tierra nada que se le
parezca;
fue hecho para no sentir miedo
jamás.
[34] Hace frente aun a los más arrogantes,
y es el rey de todas las fieras.

42
Job

[1-2] Yo sé que tú lo puedes todo
y que no hay nada que no puedas
realizar.
[3] ¿Quién soy yo para dudar de tu
providencia,
mostrando así mi ignorancia?[n]
Yo estaba hablando de cosas que no
entiendo,

cosas tan maravillosas que no las
puedo comprender.
[4] Tú me dijiste: "Escucha, que quiero
hablarte;
respóndeme a estas preguntas."[ñ]
[5] Hasta ahora, sólo de oídas te conocía,
pero ahora te veo con mis propios
ojos.
[6] Por eso me retracto arrepentido,
sentado en el polvo y la ceniza.

Dios devuelve la prosperidad a Job

[7] Después que el Señor dijo estas cosas
a Job, dijo también a Elifaz: "Estoy muy
enojado contigo y con tus dos amigos,
porque no dijeron la verdad acerca de mí,
como lo hizo mi siervo Job. [8] Tomen ahora
siete toros y siete carneros y vayan a ver a
mi siervo Job, y ofrézcanlos como holocausto[o] por ustedes. Mi siervo Job orará
por ustedes, y yo aceptaré su oración y no
les haré ningún daño, aunque se lo merecen por no haber dicho la verdad acerca
de mí, como lo hizo mi siervo Job."
[9] Elifaz, Bildad y Zofar fueron e hicieron lo que el Señor les ordenó, y el Señor
aceptó la oración de Job.
[10] Después que Job oró por sus amigos,
Dios le devolvió su prosperidad anterior,[p]
y aun le dio dos veces más de lo que antes
tenía. [11] Entonces fueron a visitarlo todos
sus hermanos, hermanas y amigos, y todos sus antiguos conocidos, y en su compañía celebraron un banquete en su casa.
Le ofrecieron sus condolencias y lo consolaron por todas las calamidades que el Señor le había enviado, y cada uno de ellos
le dio una cantidad de dinero y un anillo
de oro.
[12] Dios bendijo a Job en sus últimos
años más abundantemente que en los anteriores. Llegó a tener catorce mil ovejas,
seis mil camellos, mil yuntas de bueyes y
mil asnas. [13] También tuvo catorce[83] hijos
y tres hijas. [14] A la mayor la llamó Jemima,[84] a la segunda, Cesia[85] y a la tercera, Keren-hapuc.[86] [15] No había en todo
el mundo mujeres tan bonitas como las
hijas de Job. Su padre las hizo herederas
de sus bienes, junto con sus hermanos.
[16-17] Después de esto, Job vivió ciento
cuarenta años, y murió a una edad muy
avanzada, llegando a ver a sus hijos, nietos, bisnietos y tataranietos.

---

[82] *Que hierve:* según dos versiones antiguas. Heb. *juncos.* [83] *Catorce:* algunas versiones traducen *siete.* [84] En hebreo, *Jemima* significa *paloma.* [85] En hebreo, *Cesia* significa *canela.* [86] En hebreo, *Keren-hapuc* significa *pomo de cosméticos.*
[n] **42.3** Job 38.2. [ñ] **42.4** Job 38.3; 40.7. [o] **42.8** Job 1.5. [p] **42.10** Job 1.1-3.

LOS SALMOS

El libro de los Salmos es el himnario y libro de oración de la Biblia. Para judíos y cristianos de todas las confesiones, ha sido en el curso de los siglos el libro devocional por excelencia. Es además, en el campo de la literatura, la colección de poesía religiosa más grandiosa que se ha escrito hasta hoy. Se compone de 150 salmos, agrupados en cinco grandes secciones o libros: 1—41(40); 42(41)—72(71); 73(72)—89(88); 90(89)—106(105) y 107(106)—150. (Los números entre paréntesis indican la numeración de algunas versiones que adoptan la de las antiguas versiones griega y latina, las cuales consideran los salmos 9 y 10 como uno solo, y después dividen el 147 en dos.)

Cada uno de esos libros concluye con una doxología o alabanza. Conocidos popular y globalmente como "los salmos de David", fueron en realidad compuestos por varios autores durante un largo periodo de tiempo. La mitad de ellos se atribuye a David mismo, otros a Salomón y otros más a varios autores que se citan por nombre.

En el curso del tiempo, los salmos se coleccionaron y emplearon en el culto. Esa colección, editada después en la forma en que ha llegado a nosotros, vino a formar parte muy importante de las sagradas escrituras judías. Jesús y los escritores del Nuevo Testamento citaron salmos, y así éstos vinieron a ser también el tesoro devocional, usado en privado y en el culto público, de la Iglesia Cristiana desde sus comienzos mismos.

Los salmos son de varias clases: himnos de alabanza y adoración a Dios; plegarias en demanda de ayuda, protección y salvación; expresiones de arrepentimiento, confesión de culpas y súplica de perdón; cánticos de gratitud por las bendiciones divinas y, de conformidad con los conceptos y actitudes de aquella época, incluso peticiones de castigo para los enemigos. De estas oraciones, algunas son personales y expresan los sentimientos más íntimos de un individuo. Otras representan las necesidades y sentimientos de todo el pueblo de Dios.

LIBRO I

SALMO 1

Felicidad verdadera

¹ Feliz el hombre
que no sigue el consejo de los
   malvados,
ni va por el camino de los pecadores,
ni hace causa común con los que se
   burlan de Dios,
² sino que pone su amor en la ley del
   Señor
y en ella medita noche y día.
³ Ese hombre es como un árbol
plantado a la orilla de un río,ª
que da su fruto a su tiempo
y jamás se marchitan sus hojas.
¡Todo lo que hace, le sale bien!

⁴ Con los malvados no pasa lo mismo,
pues son como paja que se lleva el
   viento.ᵇ
⁵ Por eso los malvados no tienen parte
   en el juicio;
no tienen parte los pecadores en la
   comunidad de los justos.

⁶ El Señor cuida el camino de los
   justos,
pero el camino de los malos lleva al
   desastre.ᶜ

SALMO 2

Tú eres mi hijo

¹ ¿Por qué se alborotan los pueblos
   paganos?
¿Por qué hacen planes sin sentido?
² Los reyes y gobernantes de la tierra
se rebelan, y juntos conspiran
contra el Señor y su rey escogido.ᵈ
³ Y gritan:
"¡Vamos a quitarnos sus cadenas!
¡Vamos a librarnos de sus ataduras!"

⁴ El Señor, el que reina en el cielo,
se ríe de ellos;ᵉ
⁵ luego, enojado, los asusta;
lleno de furor les dice:
⁶ "Ya he consagrado a mi rey sobre
Sión, mi monte santo."

⁷ Voy a anunciar la decisión del Señor:
él me ha dicho: "Tú eres mi hijo;
yo te he engendrado hoy.ᶠ

ª **1.3** Job 29.19; Jer 17.8. ᵇ **1.4** Job 21.18; Jer 13.24; Os 13.3; Sof 2.2. ᶜ **1.6** Pr 4.18-19; Mt 7.13-14. ᵈ **2.1-2** Hch 4.25-26.
ᵉ **2.4** Sal 59.8. ᶠ **2.7** Hch 13.33; He 1.5; 5.5.

8 Pídeme que te dé las naciones como
  herencia
  y hasta el último rincón del mundo
  en propiedad,
  y yo te los daré.
9 Con cetro de hierro destrozarás a los
  reyes;[g]
  ¡los harás pedazos como a ollas de
  barro!"

10 Reyes y gobernantes de la tierra,
  entiendan esto,
  ¡aprendan bien esta lección!
11-12 Adoren al Señor con alegría y
  reverencia;
  inclínense ante él con temblor,[i]
  no sea que se enoje
  y ustedes mueran en el camino,
  pues su furor se enciende fácilmente.

  ¡Felices los que buscan protección en
  él!

SALMO 3

Oración pidiendo la ayuda del Señor[2, h]

1 Señor,
  muchos son mis enemigos,
  muchos son los que se han puesto en
  contra mía,
2 ¡muchos son los que dicen de mí:
  "Dios no va a salvarlo"![j]
3 Pero tú, Señor,
  eres mi escudo protector,
  eres mi gloria,
  eres quien me reanima.

4 A gritos pido ayuda al Señor
  y él me contesta desde su monte
  santo.
5 Me acuesto y duermo, y vuelvo a
  despertar,
  porque el Señor me da su apoyo.[i]
6 No me asusta ese enorme ejército
  que me rodea dispuesto a atacarme.

7 ¡Levántate, Señor!
  ¡Sálvame, Dios mío!
  Tú golpearás en la cara a mis
  enemigos;
  ¡les romperás los dientes a los
  malvados!
8 Tú, Señor, eres quien salva;
  ¡bendice, pues, a tu pueblo!

SALMO 4

Plena confianza en el Señor[4]

1 Dios y defensor mío,
  ¡contéstame cuando te llame!
  Tú, que en mi angustia me diste
  alivio,
  ¡ten compasión de mí y escucha mi
  oración!

2 Ustedes, que se creen grandes
  señores,
  ¿hasta cuándo ofenderán mi honor?,
  ¿hasta cuándo desearán y buscarán
  lo que no tiene sentido,
  lo que sólo es falsedad?
3 Sepan que el Señor prefiere al
  hombre que le es fiel;
  sepan que el Señor me escucha
  cuando le llamo.
4 ¡Tiemblen y no pequen más![i]
  Ya acostados, y en silencio,
  examinen su propia conciencia;
5 ofrezcan sacrificios sinceros
  y confíen en el Señor.

6 Muchos dicen "¿Quién nos mostrará
  la dicha?"
  ¡Señor, míranos con buenos ojos!
7 Tú has puesto en mi corazón más
  alegría
  que en quienes tienen trigo y vino en
  abundancia

8 Yo me acuesto tranquilo y me
  duermo en seguida,
  pues tú, Señor, me haces vivir
  confiado.[k]

SALMO 5

Comenzando el día con Dios

1-2 Señor, Rey mío y Dios mío,
  escucha mis palabras,
  atiende a mis gemidos,
  oye mis súplicas,
  pues a ti elevo mi oración.

3 De mañana escuchas mi voz;
  muy temprano te expongo mi caso,
  y quedo esperando tu respuesta.
4 No eres tú un Dios que se complace
  en lo malo;
  los malvados no pueden vivir a tu
  lado,

---

i Adoren al Señor . . . él con temblor: traducción probable. Heb. oscuro.   *2 Título hebreo: Salmo de David, cuando huía de su hijo Absalón.* *3 El texto hebreo añade aquí la palabra Selah,* cuyo significado es dudoso. Parece ser una indicación musical o litúrgica, y podría significar pausa, repetición o cambio de voz. Ocurre muchas veces en los Salmos, pero debido a su significado incierto, en esta versión se ha preferido omitirla.   *4 Este salmo, como muchos otros, lleva al principio una indicaciones de traducción muy incierta que parecen dirigidas al director del coro, probablemente sobre la forma del canto. Por la inseguridad de su traducción se omiten en esta versión.*
g 2.9 Ap 2.26-27; 12.5; 19.15.   *h 3 Título hebreo* 2 S 15.13—17.22.   *i 3.5* Sal 4.8; Pr 3.24.
i 4.4 Ef 4.26.   *k 4.8* Sal 3.5; Pr 3.24.

⁵ ni en tu presencia hay lugar para los
   orgullosos.
Tú odias a los malhechores,
⁶ destruyes a los mentirosos y rechazas
   a los traidores y asesinos.
⁷ En cambio yo, por tu gran amor,
   puedo entrar en tu templo;
   ¡puedo adorarte con toda reverencia
   mirando hacia tu santo templo!

⁸ Señor, por causa de mis enemigos
   guíame en tu justicia,
   llévame por el buen camino.
⁹ Ellos nunca hablan con sinceridad;
   ¡están corrompidos por dentro!
   Sepulcro abierto es su garganta;
   ¡su lengua es mentirosa!ᴵ

¹⁰ ¡Castígalos, Dios mío!
   ¡Haz que fracasen sus intrigas!
   Recházalos por sus muchos pecados,
   porque se han rebelado contra ti.
¹¹ Alégrense los que buscan tu
   protección;
   canten siempre de alegría
   porque tú los proteges.
   Los que te aman, se alegran por
   causa tuya,
¹² pues tú, Señor, bendices al que es fiel;
   tu bondad lo rodea como un escudo.

SALMO 6

Oración en momentos de angustia

¹ Señor,
   no me reprendas en tu enojo,
   no me castigues en tu furor.ᵐ
² Señor, ten compasión de mí,
   pues me siento sin fuerzas.
   Señor, devuélveme la salud,
   pues todo el cuerpo me tiembla.
³ ¡Estoy temblando de miedo!
   Y tú, Señor, ¿cuándo vendrás?

⁴ Ven, Señor, ¡salva mi vida!,
   ¡sálvame, por tu amor!
⁵ Nadie que esté muerto puede
   acordarse de ti;
   ¿quién podrá alabarte en el sepulcro?ⁿ
⁶ Estoy cansado de llorar.
   Noche tras noche lloro tanto
   que inundo de lágrimas mi almohada.
⁷ El dolor me nubla la vista;
   ¡se me nubla por culpa de mis
   enemigos!

⁸ ¡Apártense de mí, malhechores,ⁿ
   que el Señor ha escuchado mis
   sollozos!

⁹ El Señor ha escuchado mis ruegos,
   ¡el Señor ha aceptado mi oración!
¹⁰ Mis enemigos, muertos de miedo,
   quedarán en ridículo;
   ¡en un abrir y cerrar de ojos huirán
   avergonzados!

SALMO 7

El Señor es un juez justo ⁵

¹⁻² Señor, mi Dios, en ti busco
   protección;
   ¡sálvame de todos los que me
   persiguen!
   ¡Líbrame, pues son como leones;
   no sea que me despedacen
   y no haya quien me salve!

³ Señor, mi Dios,
   ¿en cuál de estas cosas he incurrido?
   ¿Acaso he cometido un crimen?
⁴ ¿Acaso he pagado a mi amigo mal por
   bien?
   ¿Acaso he oprimido sin razón a mi
   enemigo?
⁵ De ser así, que mi enemigo me
   persiga;
   que me alcance y me arrastre por el
   suelo,
   y que haga rodar por el suelo mi
   honor.

⁶ ¡Levántate, Señor, con furor!
   ¡Haz frente a la furia de mis
   enemigos!
   Tú, que has decretado hacer justicia,
   ¡ponte de mi parte!
⁷ Rodéate del conjunto de las naciones
   y pon tu trono en lo alto, por encima
   de ellas.

⁸ Señor, tú juzgas a las naciones:
   júzgame conforme a mi honradez;
   júzgame conforme a mi inocencia.
⁹ Dios justo,
   que examinas los pensamientos
   y los sentimientos más profundos,ᵒ
   ¡pon fin a la maldad de los malvados,
   pero al hombre honrado manténlo
   firme!

¹⁰ Mi protección es el Dios Altísimo,
   que salva a los de corazón sincero.
¹¹ Dios es un juez justo
   que condena la maldad en todo
   tiempo.
¹² Si el hombre no se vuelve a Dios,
   Dios afilará su espada;
   ya tiene su arco tenso,

⁵ Título hebreo: Salmo de David al Señor, acerca de las palabras de Cus el benjaminita.
ᴵ 5.9 Ro 3.13. ᵐ 6.1 Sal 38.1; Jer 10.24. ⁿ 6.5 Sal 88.10–12; 115.17; Is 38.18–19. ⁿ 6.8 Mt 7.23; Lc 13.27.
ᵒ 7.9 Jer 17.10; Ap 2.23.

¹³ ya apunta sus flechas encendidas,
¡ya tiene listas sus armas mortales!
¹⁴ Miren al malvado:
tiene dolores de parto,
está preñado de maldad
y dará a luz mentira.
¹⁵ Ha hecho una fosa muy honda,
y en su propia fosa caerá.
¹⁶ ¡Su maldad y su violencia
caerán sobre su propia cabeza!

¹⁷ Alabaré al Señor porque él es justo;
cantaré himnos al nombre del Señor,
al nombre del Altísimo.

SALMO 8

La gloria de Dios y la dignidad del hombre

¹ Señor, soberano nuestro,
¡tu nombre domina en toda la tierra!,
¡tu gloria se extiende más allá del
cielo!^p
² Con la alabanza de los pequeños,
de los niñitos de pecho,^q
has construido una fortaleza
por causa de tus enemigos,
para acabar con rebeldes y
adversarios.

³ Cuando veo el cielo que tú mismo
hiciste,
y la luna y las estrellas que pusiste en
él,
⁴ pienso:
¿Qué es el hombre?
¿Qué es el ser humano?
¿Por qué lo recuerdas y te preocupas
por él?^r
⁵ Pues lo hiciste casi como un dios,
lo rodeaste de honor y dignidad,
⁶ le diste autoridad sobre tus obras,
lo pusiste por encima de todo:^s
⁷ sobre las ovejas y los bueyes, sobre
los animales salvajes,
⁸ sobre las aves que vuelan por el cielo,
sobre los peces que viven en el mar,
¡sobre todo lo que hay en el mar!

⁹ Señor, soberano nuestro,
¡tu nombre domina en toda la tierra!

SALMO 9 (9a)

Alabanzas a la justicia de Dios

¹ Oh Señor,
quiero alabarte con todo el corazón
y contar tus muchas maravillas.

² Oh Altísimo,
por ti quiero gritar lleno de alegría;
¡quiero cantar himnos a tu nombre!

³ Mis enemigos huyen delante de ti;
caen y mueren.
⁴ Tú eres juez justo:
te has sentado en tu trono, para
hacerme justicia.
⁵ Has reprendido a los paganos,
has destruido a los malvados,
¡has borrado su recuerdo para
siempre!
⁶ El enemigo ha muerto,
y con él han muerto sus ciudades;
tú las destruiste,
y no quedó de ellas ni el recuerdo.

⁷ Pero el Señor es rey por siempre;
ha afirmado su trono para el juicio:
⁸ juzgará al mundo con justicia,
dictará a los pueblos justa sentencia.
⁹ El Señor protege a los oprimidos;
él los protege en tiempos de
angustia.^t

¹⁰ Señor,
los que te conocen, confían en ti,
pues nunca abandonas a quienes te
buscan.
¹¹ Canten himnos al Señor, que reina en
Sión;
anuncien a los pueblos lo que ha
hecho.
¹² Dios⁶ se acuerda de los afligidos
y no olvida sus lamentos;
castiga a quienes les hacen violencia.

¹³ Señor, ten compasión de mí,
mira cómo me afligen los que me
odian,
¡sácame de las puertas de la muerte!
¹⁴ Y así, a las puertas de Jerusalén,
diré a todo el mundo que tú eres
digno de alabanza,
y que yo soy feliz porque me has
salvado.

¹⁵ Los paganos caen en su propia
trampa;
sus pies quedan atrapados
en la red que ellos mismos
escondieron.
¹⁶ El Señor se ha dado a conocer:
¡ha hecho justicia!
El malvado queda preso
en la trampa tendida por él mismo.⁷
¹⁷ Los malvados y paganos,
los que se olvidan de Dios,
acabarán en el reino de la muerte;

---

⁶ Dios: lit. el que demanda las sangres, o sea, el que no deja sin castigo a los asesinos. ⁷ El texto hebreo añade aquí, antes de Selah (véase nota a 3.2) la palabra Higayón, de significado incierto. Esta palabra aparece en otros pasajes de los Salmos, pero en esta versión se ha preferido omitirla.
^p 8.1 Sal 57.5;11; 108.5. ^q 8.2 Mt 21.16. ^r 8.4 Job 7.17-18; Sal 144.3; He 2.6-8. ^s 8.6 1 Co 15.27; Ef 1.22; He 2.8.
^t 9.9 Sal 37.39.

¹⁸ pues no siempre serán olvidados los
    pobres,
  ni para siempre se perderá su
    esperanza.

¹⁹ Levántate, Señor;
  no consientas la altanería del hombre;
  ¡juzga a los paganos en tu presencia!
²⁰ Hazles sentir temor, Señor;
  ¡hazles saber que no son más que
    hombres!

SALMO 10 (9b)⁸

Oración pidiendo la ayuda de Dios

¹ Señor, ¿por qué te quedas tan lejos?,
  ¿por qué te escondes en tiempos de
    angustia?
² Con altanería, el malvado
  persigue rabiosamente al humilde;
  pero ha de quedar atrapado
  en las trampas que él mismo ha
    puesto.
³ El malvado se jacta de sus propios
    deseos;
  el ambicioso maldice y desprecia al
    Señor.
⁴ Levanta insolente la nariz, y dice:
  "No hay Dios. No hay quien me pida
    cuentas."ᵘ
  Eso es todo lo que piensa.
⁵ Siempre tiene éxito en lo que hace.
  Para él, tus juicios están lejos,
  muy lejos de su vista.
  Se burla de sus enemigos,
⁶ y piensa que nadie lo hará caer,
  que jamás tendrá problemas.
⁷ Su boca está llena de maldiciones,
  de mentiras y de ofensas;ᵛ
  sus palabras ocultan opresión y
    maldad.
⁸ Se pone al acecho, por las aldeas,
  y a escondidas mata al inocente.
  No pierde de vista al indefenso:
⁹ como si fuera un león en su cueva,
  espía al pobre desde su escondite,
  esperando el momento de caer sobre
    él,
  y cuando lo atrapa, lo arrastra en su
    red.
¹⁰ Se agacha, se encoge,
  y caen en sus garras los indefensos.

¹¹ El malvado cree que Dios se olvida,
  que se tapa la cara y que nunca ve
    nada.
¹² ¡Levántate, Señor, levanta tu brazo!
  ¡No olvides a los afligidos!

¹³ ¿Por qué, Dios mío, han de burlarse
    los malos,
  pensando que no habrás de pedirles
    cuentas?
¹⁴ Tú mismo has visto su irritante
    maldad;
  ¡la has visto, y les darás su merecido!
  A ti se acogen los indefensos;
  tú eres la ayuda de los huérfanos.
¹⁵ ¡Rómpeles el brazo a los malvados!
  ¡Pídeles cuentas de su maldad
  hasta que no quede nada pendiente!

¹⁶ El Señor es el rey eterno;
  ¡los paganos serán echados de su país!
¹⁷ Señor, tú escuchas la oración de los
    humildes,
  tú los animas y los atiendes.
¹⁸ Haz justicia al huérfano y al
    oprimido;
  ¡que el hombre, hecho de tierra,
  no vuelva a sembrar el terror!

SALMO 11 (10)

Plena confianza en el Señor

¹ Yo busco mi refugio en el Señor.
  Es por demás que me digan:
  "Huye a los montes, como las aves.
² Fíjate en los malvados:
  ponen la flecha en la cuerda,
  tensan el arco
  y, desde un lugar escondido,
  disparan contra los hombres
    honrados.
³ Y cuando las bases mismas se vienen
    abajo,
  ¿qué puede hacer el hombre
    honrado?"

⁴ Pero el Señor está en su santo
    templo.ʷ
  El Señor tiene su trono en el cielo,
  y con ojos bien abiertos
  vigila atentamente a los hombres.ˣ
⁵ El Señor vigila a justos y a malvados,
  y odia con toda su alma
  a los que aman la violencia.
⁶ El Señor hará llover sobre los malos
  brasas, fuego y azufre,
  y traerá un viento que todo lo
    quemará.
  ¡El Señor les dará su merecido!
⁷ El Señor es justo
  y ama lo que es justo;
  ¡por eso lo verán cara a cara los
    sinceros!

⁸ La versión griega considera los Salmos 9 y 10 como uno solo, y por eso algunas ediciones de la Biblia llevan una enumeración diferente, la cual se indica en esta versión entre paréntesis.
ᵘ 10.4,11 Sal 14.1; 53.1; 73.11.   ᵛ 10.7 Ro 3.14.   ʷ 11.4 Hab 2.20; Sof 1.7; Zac 2.13.   ˣ 11.4 Is 66.1; Mt 5.34.

SALMO 12 (11)

Oración pidiendo la ayuda de Dios

¹ Sálvanos, Señor, pues ya no hay
    creyentes fieles; ʸ
ya no hay hombres sinceros.
² Unos a otros se mienten;
    hablan con hipocresía y doble sentido.

³ Arranca, Señor, de raíz
    a los hipócritas y fanfarrones,
⁴ a los que dicen:
    "Con tener boca nos basta;
    nuestra lengua nos defiende.
    ¿Quién se atreve a darnos órdenes?"

⁵ Esto ha dicho el Señor:
    "A los pobres y débiles
    se les oprime y se les hace sufrir.
    Por eso voy ahora a levantarme,
    y les daré la ayuda que tanto
        anhelan."

⁶ Las promesas del Señor son puras;
    ¡son como la plata más pura,
    refinada en el horno siete veces!
⁷ Tú, Señor, nos cuidarás;
    ¡siempre nos protegerás de tales
        gentes!
⁸ Los malvados rondan por todos lados
    y todo el mundo alaba la maldad.ᵍ

SALMO 13 (12)

Oración pidiendo ayuda

¹ Señor,
    ¿hasta cuándo me olvidarás?
    ¿Me olvidarás para siempre?
    ¿Hasta cuándo te esconderás de mí?
² ¿Hasta cuándo mi alma y mi corazón
    habrán de sufrir y estar tristes todo el
        día?
    ¿Hasta cuándo habré de estar
        sometido al enemigo?
³ Señor, Dios mío,
    ¡mírame, respóndeme, llena mis ojos
        de luz!
    ¡Que no caiga yo en el sueño de la
        muerte!
⁴ ¡Que no diga mi enemigo: "Lo he
        vencido"!
    ¡Que no se alegre si yo fracaso!

⁵ Yo confío en tu amor;
    mi corazón se alegra porque tú me
        salvas.

⁶ ¡Cantaré al Señor por el bien que me
    ha hecho!

SALMO 14 (13)

Perversión del hombre
(Sal 53)

¹ Los necios piensan que no hay Dios:
    todos se han pervertido;
    han hecho cosas horribles;
    ¡no hay nadie que haga lo bueno! ᶻ
² Desde el cielo mira el Señor a los
        hombres
    para ver si hay alguien con
        entendimiento,
    alguien que busque a Dios.
³ Pero todos se han ido por mal
        camino;
    todos por igual se han pervertido.
    ¡Ya no hay quien haga lo bueno!
    ¡No hay ni siquiera uno! ᵃ

⁴ No tienen entendimiento los
        malhechores,
    los que se comen a mi pueblo como
        quien come pan,
    los que no invocan el nombre del
        Señor.
⁵ Temblarán llenos de miedo,
    pues Dios está con los que le
        obedecen.
⁶ Se burlan de los anhelos del humilde,
    pero el Señor le protege.

⁷ ¡Ojalá que del monte Sión
    venga la salvación de Israel!
    Cuando el Señor haga cambiar la
        suerte de su pueblo,
    se alegrarán los descendientes de
        Jacob,
    todo el pueblo de Israel.

SALMO 15 (14)

Lo que Dios espera del hombre

¹ Señor,
    ¿quién puede residir en tu santuario?,
    ¿quién puede habitar en tu santo
        monte?
² Sólo el que vive sin tacha y hace lo
        bueno; ᵇ
    el que dice la verdad de todo corazón;
³ el que no habla mal de nadie;
    el que no hace daño a su amigo
    ni ofende a su vecino;

ᵍ Alaba la maldad: traducción probable. Heb. oscuro.
ʸ 12.1 Mi 7.2.   ᶻ 14.1 Sal 10.4,11; 73.11.   ᵃ 14.1-3 Ro 3.10-12.   ᵇ 15.1-2 Sal 24.3-4.

⁴ el que mira con desprecio a quien
    desprecio merece,
pero honra a quien honra al Señor;
el que cumple sus promesas aunque
    le vaya mal;
⁵ el que presta su dinero sin exigir
    intereses;
· el que no acepta soborno en contra
    del inocente.ᶜ
El que así vive, jamás caerá.

SALMO 16 (15)

No hay mejor herencia

¹ ¡Cuida, oh Dios, de mí, pues en ti
    busco protección!
² Yo te he dicho:
"Tú eres mi Señor, mi bien;
nada es comparable a ti."

³ Los ídolos del país son poderosos,
según dicen los que en ellos se
    complacen,
⁴ que aumentan el número de sus
    imágenes
y los siguen con gran devoción.¹⁰
¡Jamás tomaré parte en sus
    sangrientos sacrificios!
¡Jamás pronunciaré sus nombres con
    mis labios!

⁵ Tú, Señor, eres mi todo;
tú me colmas de bendiciones;
mi vida está en tus manos.
⁶ Primoroso lugar me ha tocado en
    suerte;
¡hermosa es la herencia que me ha
    correspondido!

⁷ Bendeciré al Señor, porque él me
    guía,
y en lo íntimo de mi ser me corrige
    por las noches.
⁸ Siempre tengo presente al Señor;
con él a mi derecha, nada me hará
    caer.
⁹ Por eso, dentro de mí,
mi corazón está lleno de alegría.

Todo mi ser vivirá confiadamente,
¹⁰ pues no me dejarás en el sepulcro,
¡no abandonarás en la fosa a tu
    amigo fiel!ᵈ
¹¹ Me mostrarás el camino de la vida.
Hay gran alegría en tu presencia;ᵉ
hay dicha eterna junto a ti.

SALMO 17 (16)

Oración pidiendo justicia

¹ Señor, escucha mi causa justa,
atiende a mi clamor,
presta oído a mi oración,
pues no sale de labios mentirosos.

² ¡Que venga de ti mi sentencia,
pues tú sabes lo que es justo!
³ Tú has penetrado mis pensamientos;
de noche has venido a vigilarme;
me has sometido a pruebas de fuego,ᶠ
y no has encontrado maldad en mí.
No he dicho cosas indebidas,
⁴ como hacen los demás;
me he alejado de caminos de
    violencia,
de acuerdo con tus mandatos.
⁵ He seguido firme en tus caminos;
jamás me he apartado de ellos.

⁶ Oh Dios, a ti mi voz elevo,
porque tú me contestas;
préstame atención, escucha mis
    palabras.
⁷ Dame una clara muestra de tu amor,
tú, que salvas de sus enemigos
a los que buscan protección en tu
    poder.
⁸ Cuídame como a la niña de tus ojos;
protégeme bajo la sombra de tus alasᵍ
⁹ de los malvados que me atacan,
¡de los enemigos mortales que me
    rodean!
¹⁰ Son engreídos, hablan con altanería;
¹¹ han seguido de cerca mis pasos
esperando el momento de echarme
    por tierra.
¹² Parecen leones, feroces leones
que agazapados en su escondite
esperan con ansias dar el zarpazo.

¹³ Levántate, Señor, ¡enfréntate con
    ellos!
¡Hazles doblar las rodillas!
Con tu espada, ponme a salvo del
    malvado;
¹⁴ con tu poder, Señor, líbrame de ellos;
¡arrójalos de este mundo,
que es su herencia en esta vida!
Deja que ellos se llenen de riquezas,¹¹
que sus hijos coman hasta que
    revienten,
y que aún sobre para sus nietos.
¹⁵ Pero yo, en verdad, quedaré
    satisfecho
con mirarte cara a cara,ʰ
¡con verme ante ti cuando despierte!

¹⁰ *Los ídolos . . . con gran devoción:* traducción probable. Heb. oscuro.   ¹¹ *Con tu poder . . . de riquezas:* traducción
probable. Heb. oscuro.
ᶜ **15.5** Ex 22.24; 23.8.   ᵈ **16.10** Hch 13.35.   ᵉ **16.8–11** Hch 2.25-28.   ᶠ **17.3** Job 7.18; Sal 26.2; 139.23.
ᵍ **17.8** Dt 32.10-11; Sal 61.4; 91.4.   ʰ **17.15** Ap 22.4.

SALMO 18 (17)

Un canto de victoria[12]
(2 S 22.1–51)

¹ Tú, Señor, eres mi fuerza;
  ¡yo te amo!
² Tú eres mi protector,
  mi lugar de refugio,
  mi libertador,
  mi Dios,
  la roca que me protege,
  mi escudo,
  el poder que me salva,
  mi más alto escondite.
³ Tú, Señor, eres digno de alabanza:
  cuando te llamo, me salvas de mis
    enemigos.

⁴ La muerte me enredó en sus lazos;
  sentí miedo ante el torrente
    destructor.
⁵ La muerte me envolvió en sus lazos;
  ¡me encontré en trampas mortales!
⁶ En mi angustia llamé al Señor,
  pedí ayuda a mi Dios,
  y él me escuchó desde su templo;
  ¡mis gritos llegaron a sus oídos![i]

⁷ Hubo entonces un fuerte temblor de
    tierra:
  los montes se estremecieron hasta sus
    bases;
  fueron sacudidos por la furia del
    Señor.[j]
⁸ De su nariz brotaba humo,
  y de su boca un fuego destructor;
  ¡por la boca lanzaba carbones
    encendidos!
⁹ Descorrió la cortina del cielo, y
    descendió.
  ¡Debajo de sus pies había grandes
    nubarrones!
¹⁰ Montó en un ser alado, y voló
  deslizándose sobre las alas del
    viento.[k]
¹¹ Tomó como escondite,
  como tienda de campaña,
  la densa oscuridad que lo rodeaba
  y los nubarrones cargados de agua.
¹² Un fulgor relampagueante salió de su
    presencia;
  brotaron de las nubes granizos y
    carbones encendidos.

¹³ El Señor, el Altísimo,
  hizo oír su voz de trueno desde el
    cielo;
  granizos y carbones encendidos.
¹⁴ Lanzó sus flechas, sus relámpagos,
  y a mis enemigos hizo huir en
    desorden.
¹⁵ El fondo del mar quedó al
    descubierto;
  las bases del mundo quedaron a la
    vista
  por la voz amenazante del Señor,
  por el fuerte soplo que lanzó.[l]

¹⁶ Dios me tendió la mano desde lo alto,
  y con su mano me sacó del mar
    inmenso.
¹⁷ Me salvó de enemigos poderosos
  que me odiaban y eran más fuertes
    que yo.
¹⁸ Me atacaron cuando yo estaba en
    desgracia,
  pero el Señor me dio su apoyo:
¹⁹ me sacó a la libertad;
  ¡me salvó porque me amaba!
²⁰ El Señor me ha dado la recompensa
  que merecía mi limpia conducta,
²¹ pues yo he seguido el camino del
    Señor;
  ¡jamás he renegado de mi Dios!
²² Yo tengo presentes todos sus
    decretos;
  ¡jamás he rechazado sus leyes!
²³ Me he conducido ante él sin tacha
    alguna;
  me he alejado de la maldad.
²⁴ El Señor me ha recompensado
  por mi limpia conducta en su
    presencia.

²⁵ Tú, Señor, eres fiel con el que es fiel,
  irreprochable con el que es
    irreprochable,
²⁶ sincero con el que es sincero,
  pero sagaz con el que es astuto.
²⁷ Tú salvas a los humildes,
  pero humillas a los orgullosos.
²⁸ Tú, Señor, me das luz;
  tú, Dios mío, alumbras mi oscuridad.
²⁹ Con tu ayuda atacaré al enemigo,
  y sobre el muro de sus ciudades
    pasaré.

³⁰ El camino de Dios es perfecto;
  la promesa del Señor es digna de
    confianza;
  ¡Dios protege a cuantos en él
    confían![m]
³¹ ¿Quién es Dios, fuera del Señor?
  ¿Qué otro dios hay que pueda
    protegernos?[n]
³² Dios es quien me da fuerzas,
  quien hace intachable mi conducta,

12 Según el título hebreo, David, el siervo del Señor, compuso este salmo cuando el Señor lo libró de caer en manos de Saúl y de todos sus enemigos.
i 18.6 Sal 120.1; Jon 2.2. j 18.7-16 Jue 5.4-5; Job 36.30; Sal 29.3-9; 77.16-19; 144.5-8; Hab 3.3-13 k 18.10 Sal 68.33; 104.3. l 18.13-15 Ex 15.8; 19.19. m 18.30 Pr 30.5. n 18.31 Is 44.8.

33 quien me da pies ligeros, como de ciervo,[n]
quien me hace estar firme en las alturas,
34 quien me entrena para la batalla,
quien me da fuerzas para tensar arcos de bronce.

35 Tú me proteges y me salvas,
me sostienes con tu mano derecha;
tu bondad me ha hecho prosperar.
36 Has hecho fácil mi camino,
y mis pies no han resbalado.

37 Perseguí a mis enemigos y los alcancé,
y sólo volví después de destruirlos.
38 Los hice pedazos. Ya no se levantaron.
¡Cayeron debajo de mis pies!
39 Tú me diste fuerza en la batalla;
hiciste que los rebeldes se inclinaran ante mí,
40 y que delante de mí huyeran mis enemigos.
Así pude destruir a los que me odiaban.
41 Pedían ayuda, y nadie los ayudó;
llamaban al Señor, y no les contestó.
42 ¡Los deshice como a polvo que se lleva el viento!
¡Los pisoteé como a barro de las calles!
43 Me libraste de un pueblo rebelde,
me hiciste jefe de naciones
y me sirve gente que yo no conocía.
44 En cuanto me oyen, me obedecen;
gente extranjera me halaga,
45 gente extranjera se acobarda
y sale temblando de sus refugios.

46 ¡Viva el Señor! ¡Bendito sea mi protector!
¡Sea enaltecido Dios mi salvador!
47 Él es el Dios que me ha vengado
y que me ha sometido los pueblos.
48 Él me salva de la furia de mis enemigos,
de los rebeldes que se alzaron contra mí.
¡Tú, Señor, me salvas de los hombres violentos!
49 Por eso te alabo entre las naciones
y canto himnos a tu nombre.[o]
50 Concedes grandes victorias al rey que has escogido;
siempre tratas con amor a David y a su descendencia.

SALMO 19 (18)

La gloria de Dios en la creación

1 El cielo proclama la gloria de Dios;
de su creación nos habla la bóveda celeste.
2 Los días se lo cuentan entre sí;
las noches hacen correr la voz.
3 Aunque no se escuchan palabras
ni se oye voz alguna,
4 el tema va por toda la tierra
y hasta el último rincón del mundo,[p]
hasta donde el sol tiene su hogar.
5 Y el sol comienza alegre a recorrer su camino,
como un atleta,
como un novio que sale de la habitación nupcial.
6 Sale el sol por un lado del cielo
y da la vuelta hasta llegar al otro,
sin que nada pueda huir de su calor.

7 La enseñanza del Señor es perfecta,
porque da nueva vida.
El mandato del Señor es fiel,
porque hace sabio al hombre sencillo.
8 Los preceptos del Señor son justos,
porque traen alegría al corazón.
El mandamiento del Señor es puro
y llena los ojos de luz.
9 El temor del Señor es limpio
y permanece para siempre.
Los decretos del Señor son verdaderos,
todos ellos son justos,[q]
10 ¡son de más valor que el oro fino!,
¡son más dulces que la miel del panal![r]
11 Son también advertencias a este siervo tuyo,
y le es provechoso obedecerlas.

12 ¿Quién se da cuenta de sus propios errores?
¡Perdona, Señor, mis faltas ocultas!
13 Quítale el orgullo a tu siervo;
no permitas que el orgullo me domine.
Así seré un hombre sin tacha;
estaré libre de gran pecado.[13]

14 Sean aceptables a tus ojos
mis palabras y mis pensamientos,
oh Señor, refugio y libertador mío.

[13] *Libre de gran pecado:* probable alusión al "*gran pecado*" de la idolatría, mencionado en esas palabras en Ex 32. 21-31 y 2 R 17.21, en el texto hebreo.

[n] **18.33** Hab 3.19. [o] **18.49** Ro 15.9. [p] **19.4** Ro 10.18. [q] **19.7-14** Sal 119. [r] **19.10** Sal 119.103,127.

SALMO 20 (19)

Oración por la victoria

¹ Que el Señor te escuche cuando estés
  angustiado;
que el Dios mismo de Jacob te
  defienda.
² Que te envíe auxilio y ayuda
desde el santuario de Sión.
³ Que se acuerde de todas tus ofrendas
y acepte con agrado las que quemas
  sobre el altar.
⁴ Que cumpla todos tus deseos
y lleve a cabo todos tus planes.
⁵ Celebraremos así tu victoria,
y levantaremos banderas
en el nombre del Dios nuestro.
¡Que el Señor cumpla todas tus
  peticiones!

⁶ Estoy convencido de que el Señor
dará la victoria al rey que ha
  escogido;
de que le contestará desde su santo
  cielo,
dándole grandes victorias con su
  poder.
⁷ Unos cuentan con sus carros de
  guerra
y otros cuentan con sus caballos;
pero nosotros contamos con el Señor
  nuestro Dios.ˢ
⁸ A ellos se les doblan las rodillas, y
  caen,
pero nosotros seguimos firmes y en
  pie.

⁹ Señor, ¡dale la victoria al rey!
¡Respóndenos cuando te llamemos!

SALMO 21 (20)

Un canto de victoria

¹ Señor,
el rey está alegre porque le has dado
  fuerzas;
¡está muy alegre porque le has dado
  la victoria!
² Has cumplido sus deseos;
no le has negado sus peticiones.
³ Lo recibiste con grandes bendiciones
y le pusiste una corona de oro.
⁴ Te pidió vida, y se la diste:
vida larga y duradera.
⁵ Gracias a tu ayuda, es grande su
  poder;
le has dado honor y dignidad.

⁶ Lo has bendecido para siempre;
con tu presencia lo llenas de alegría.

⁷ Tú, oh rey, jamás caerás, pues confías
en el Señor;
¡confías en el amor del Altísimo!
⁸ Tu poder alcanzará a todos tus
  enemigos;
tu derecha alcanzará a los que te
  odian;
⁹ los pondrás en un horno encendido
cuando aparezcas para juzgar.
El Señor, en su furor,
los consumirá con un fuego
  destructor.
¹⁰ Borrarás del mundo y de entre los
  hombres
a sus hijos y sus descendientes.
¹¹ Aunque quieran hacerte daño
y hagan planes contra ti,
no se saldrán con la suya,
¹² pues tú los pondrás en fuga;
con tu arco apuntarás contra ellos.

¹³ ¡Levántate con tu poder, Señor!
¡Celebraremos con himnos tus
  victorias!

SALMO 22 (21)

Grito de angustia y canto de alabanza

¹ Dios mío, Dios mío,
¿por qué me has abandonado?,ᵗ
¿por qué no vienes a salvarme?,
¿por qué no atiendes a mis lamentos?
² Dios mío,
día y noche te llamo, y no respondes;
¡no hay descanso para mí!

³ Pero tú eres santo;
tú reinas, alabado por Israel.
⁴ Nuestros padres confiaron en ti;
confiaron, y tú los libertaste;
⁵ te pidieron ayuda, y les diste libertad;
confiaron en ti, y no los defraudaste.

⁶ Pero yo no soy un hombre, sino un
  gusano;
¡soy el hazmerreír de la gente!
⁷ Los que me ven se burlan de mí;
me hacen muecas, mueven la cabezaᵘ
⁸ y dicen:
"Este confiaba en el Señor;
pues que el Señor lo libre.
Ya que tanto le quiere, que lo salve."ᵛ

⁹ Y así es:
tú me hiciste nacer del vientre de mi
  madre;
en su pecho me hiciste descansar.

ˢ **20.7** Sal 33.16–17; Pr 21.31; Os 1.7.   ᵗ **22.1** Mt 27.46; Mr 15.34.   ᵘ **22.7** Mt 27.39; Mr 15.29; Lc 23.35.   ᵛ **22.8** Mt 27.43.

[10] Desde antes que yo naciera,
fui puesto bajo tu cuidado;
desde el vientre de mi madre,
mi Dios eres tú.
[11] No te alejes de mí,
pues estoy al borde de la angustia
y no tengo quien me ayude.

[12] Mis enemigos me han rodeado como
toros,
como bravos toros de Basán;
[13] rugen como leones feroces,
abren la boca y se lanzan contra mí.
[14] Soy como agua que se derrama;
mis huesos están dislocados.
Mi corazón es como cera
que se derrite dentro de mí.
[15] Tengo la boca[14] seca como una teja;
tengo la lengua pegada al paladar.
¡Me has hundido hasta el polvo de la
muerte!
[16] Como perros, una banda de malvados
me ha rodeado por completo;
me han desgarrado[15] las manos y los
pies.
[17] ¡Puedo contarme los huesos!
Mis enemigos no me quitan la vista
de encima;
[18] se han repartido mi ropa entre sí,
y sobre ella echan suertes.[w]

[19] Pero tú, Señor, que eres mi fuerza,
¡no te alejes!, ¡ven pronto en mi
ayuda!
[20] Líbrame de morir a filo de espada,
no dejes que me maten esos perros,
[21] sálvame de la boca de esos leones,
¡defiéndeme de los cuernos de esos
toros!

[22] Yo hablaré de ti a mis hermanos,
te alabaré en sus reuniones.[x]
[23] Ustedes, los que honran al Señor,
¡alábenlo!
¡Glorifíquenlo todos los descendientes
de Jacob!
¡Adórenlo todos los descendientes de
Israel!
[24] Pues él no desprecia ni pasa por alto
el sufrimiento de los pobres,
ni se esconde de ellos.
¡Él los oye cuando le piden ayuda!
[25] En presencia de tu pueblo numeroso
alabaré tu fidelidad;
delante de los que te honran
te cumpliré mis promesas.

[26] Coman, ustedes los oprimidos,
hasta que estén satisfechos;

alaben al Señor, ustedes que lo
buscan,
y vivan muchos años.
[27] Razas y naciones todas,
gente de todos los rincones de la
tierra:
acuérdense del Señor, y vengan a él;
¡arrodíllense delante de él!
[28] Porque el Señor es el rey,
y él gobierna las naciones.
[29] Inclínense y adórenlo sólo a él
todos los que viven en abundancia,
todos los que han de volver al polvo,
pues en sí mismos no tienen vida.

[30] Mis descendientes adorarán al Señor
y hablarán de él toda la vida;
[31] a los que nazcan después, les
contarán
de su justicia y de sus obras.[16]

SALMO 23 (22)

Tú, Señor, estás conmigo

[1] El Señor es mi pastor;[y]
nada me falta.
[2] Me hace descansar en verdes pastos,
me guía a arroyos de tranquilas
aguas,[z]
[3] me da nuevas fuerzas[a]
y me lleva por caminos rectos,[b]
haciendo honor a su nombre.

[4] Aunque pase por el más oscuro de los
valles,
no temeré peligro alguno,
porque tú, Señor, estás conmigo;[c]
tu vara y tu bastón me inspiran
confianza.

[5] Me has preparado un banquete
ante los ojos de mis enemigos;
has vertido perfume en mi cabeza,
y has llenado mi copa a rebosar.
[6] Tu bondad y tu amor me acompañan
a lo largo de mis días,
y en tu casa, oh Señor, por siempre
viviré.[d]

SALMO 24 (23)

El Rey de la gloria

[1] Del Señor es el mundo entero,
con todo lo que en él hay,
con todo lo que en él vive.[e]

---

[14] La boca: texto probable. Heb. mi fuerza.　[15] Me han desgarrado: según versiones antiguas. Heb. como león.
[16] El texto hebreo de los vs. 29-31 es oscuro.
[w] 22.18 Mt 27.35; Mr 15.24; Lc 23.34; Jn 19.24.　[x] 22.22 He 2.12.　[y] 23.1 Is 40.11; Jer 31.10; Ez 34.11-16; Jn 10.11.
[z] 23.2 Jer 31.9; Ez 34.13-15; Ap 7.17.　[a] 23.3 Is 40.31.　[b] 23.3 Pr 4.11-12.　[c] 23.4 Is 9.2; 50.10.　[d] 23.6 Sal 27.4.
[e] 24.1 Sal 50.12; 89.11; 1 Co 10.26.

2 Porque el Señor puso las bases de la
   tierra
y la afirmó sobre los mares y los ríos.

3 ¿Quién puede subir al monte del
   Señor?
¿Quién puede permanecer en su santo
   templo?
4 El que tiene las manos y la mente
limpias de todo pecado;[f]
el que no adora ídolos
ni hace juramentos falsos.
5 El Señor, su Dios y salvador,
bendecirá a ese hombre y le hará
   justicia.
6 Así deben ser los que buscan al
   Señor,
los que buscan la presencia del Dios
   de Jacob.

7   ¡Ábranse, puertas eternas!
¡Quédense abiertas de par en par,
y entrará el Rey de la gloria!

8 ¡Quién es este Rey de la gloria?
¡Es el Señor, el fuerte y valiente!
¡Es el Señor, valiente en la batalla!

9   ¡Ábranse, puertas eternas!
¡Quédense abiertas de par en par,
y entrará el Rey de la gloria!

10 ¿Quién es este Rey de la gloria?
¡Es el Señor todopoderoso!
¡El es el Rey de la gloria!

SALMO 25 (24)

Oración pidiendo la dirección de Dios

1 Señor, a ti dirijo mi oración;
2 mi Dios, en ti confío:
no dejes que me hunda en la
   vergüenza.
¡Que no se rían de mí mis enemigos!
3 ¡Que no sea jamás avergonzado
ninguno de los que en ti confían!
¡Que sean puestos en vergüenza
los que sin motivo se rebelan contra
   ti!

4 Señor,
muéstrame tus caminos;
guíame por tus senderos;
5 guíame, encamíname en tu verdad,
pues tú eres mi Dios y salvador.
¡En ti confío a todas horas!

6 Señor,
acuérdate del amor y la ternura
que siempre nos has manifestado,

7 pero no te acuerdes de mis pecados
ni del mal que hice en mi juventud.
Señor, acuérdate de mí,
por tu gran amor y bondad.

8 El Señor es bueno y justo;
él corrige la conducta de los
   pecadores
9 y guía por su camino a los humildes;
¡los instruye en la justicia!
10 Él siempre procede con amor y
   verdad,
con los que cumplen su pacto
y sus mandamientos.

11 Señor, es grande mi maldad;
perdóname, haz honor a tu nombre.
12 Al hombre que honra al Señor,
él le muestra el camino que debe
   seguir;
13 lo rodea de bienestar
y da a sus descendientes posesión del
   país.[g]
14 El Señor es amigo de quienes le
   honran,
y les da a conocer su pacto.
15 Siempre dirijo mis ojos al Señor,
porque él me libra de todo peligro.

16 Mírame, Señor, y ten compasión de
   mí,
porque estoy solo y afligido.
17 Mi corazón se aflige más y más;
líbrame de mis angustias.
18 Mira mis tristezas y trabajos,
y perdona mis pecados.
19 Mira cuántos enemigos tengo
que sienten por mí un odio mortal.
20 ¡Cuídame, sálvame la vida!
¡No dejes que me hunda en la
   vergüenza,
pues en ti busco protección!
21 Que me protejan mi honradez y mi
   inocencia,
pues en ti he puesto mi confianza.

22 ¡Dios mío,
salva a Israel de todas sus angustias!

SALMO 26 (25)

La seguridad de una vida limpia

1 Señor, hazme justicia,
pues mi vida no tiene tacha.
En ti, Señor, confío firmemente;
2 examíname, ¡ponme a prueba!,
¡pon a prueba mis pensamientos
y mis sentimientos más profundos![h]
3 Yo tengo presente tu amor
y te he sido fiel;

f 24.3-4 Sal 15.1-2; Is 33.14-16; Mt 5.8.   g 25.12-13 Dt 11.8-9; Sal 37.9,11,29; Mt 5.5.   h 26.2 Sal 7.9; 17.3; 139.23.

⁴ jamás conviví con los mentirosos
ni me junté con los hipócritas.
⁵ Odio las reuniones de los malvados;
¡jamás conviví con los perversos!

⁶ Lavadas ya mis manos y limpias de
pecado,
quiero, Señor, acercarme a tu altar,
⁷ y entonar cantos de alabanza,
y proclamar tus maravillas.

⁸ Yo amo, Señor, el templo donde
vives,
el lugar donde reside tu gloria.
⁹ No me quites la vida junto con los
pecadores;
no me hagas correr la suerte de los
asesinos,
¹⁰ de esos que tienen las manos
llenas de maldad y soborno.

¹¹ Pero mi vida es intachable;
¡sálvame, ten compasión de mí!
¹² Mis pies están en terreno firme;
¡bendeciré al Señor en presencia de
su pueblo!

SALMO 27 (26)

El Señor es mi luz y mi salvación

¹ El Señor es mi luz y mi salvación,
¿de quién podré tener miedo?
El Señor defiende mi vida,
¿a quién habré de temer?
² Los malvados, mis enemigos,
se juntan para atacarme y
destruirme;
pero ellos son los que tropiezan y
caen.
³ Aunque un ejército me rodee,
mi corazón no tendrá miedo;
aunque se preparen para atacarme,
yo permaneceré tranquilo.

⁴ Sólo una cosa he pedido al Señor,
sólo una cosa deseo:
estar en el templo del Señor
todos los días de mi vida,ⁱ
para adorarlo en su templo
y contemplar su hermosura.
⁵ Cuando lleguen los días malos,
el Señor me dará abrigo en su templo;
bajo su sombra me protegerá.
¡Me pondrá a salvo sobre una roca!
⁶ Entonces podré levantar la cabeza
por encima de mis enemigos;
entonces podré ofrecer sacrificios en
el templo,

y gritar de alegría, y cantar himnos al
Señor.

⁷ A ti clamo, Señor: escúchame.
Ten compasión de mí, ¡respóndeme!
⁸ El corazón me dice:
"Busca la presencia del Señor."
Y yo, Señor, busco tu presencia.
⁹ ¡No te escondas de mí!
¡No me rechaces con ira!
¡Mi única ayuda eres tú!
No me dejes solo y sin amparo,
pues tú eres mi Dios y salvador.
¹⁰ Aunque mi padre y mi madre me
abandonen,
tú, Señor, te harás cargo de mí.

¹¹ Señor, muéstrame tu camino;
guíame por el buen camino
a causa de mis enemigos;
¹² no me entregues a su voluntad,
pues se han levantado contra mí
testigos falsos y violentos.
¹³ Pero yo estoy convencido
de que llegaré a ver la bondad del
Señor
a lo largo de esta vida.¹⁷

¹⁴ ¡Ten confianza en el Señor!
¡Ten valor, no te desanimes!
¡Sí, ten confianza en el Señor!

SALMO 28 (27)

El Señor escucha nuestros ruegos

¹ Señor, mi protector,
a ti clamo.
¡No te niegues a responderme!
Pues si te niegas a responderme,
ya puedo contarme entre los muertos.
² Oye mis gritos cuando te pido ayuda,
cuando extiendo mis manos hacia tu
santo templo.

³ No me arrastres junto con los
malvados,
no me hagas correr la suerte de los
malhechores,
que por fuera se muestran amistosos
pero por dentro son todo maldad.
⁴ Dales su merecido,
conforme a sus malas acciones;ʲ
págales con la misma moneda,
conforme al mal que han cometido.
⁵ Ya que no tienen presentes
las cosas que hizo el Señor,
¡que él los destruya y no los vuelva a
levantar!

---

¹⁷ *A lo largo de esta vida:* otra posible traducción: *en el mundo de los que viven* (véase 116.9).
ⁱ **27.4** Sal 23.6. ʲ **28.4** Jer 50.29; Ap 18.6.

6 ¡Bendito sea el Señor, que ha
escuchado mis ruegos!
7 El Señor es mi poderoso protector;
en él confié plenamente, y él me
ayudó.
Mi corazón está alegre;
cantaré y daré gracias al Señor.
8 El Señor es la fuerza de su pueblo;
es ayuda y refugio de su rey escogido.

9 Salva a tu pueblo, Señor;
bendice a los tuyos.
Cuídalos como un pastor;
¡llévalos en tus brazos para siempre!

SALMO 29 (28)

La poderosa voz del Señor

1 Alaben al Señor, seres celestiales:
alaben el poder y la gloria del Señor,
2 alaben el glorioso nombre del Señor,
adoren al Señor en su hermoso
santuario.[18, k]

3 La voz del Señor resuena sobre el
mar;
el Dios glorioso hace tronar:
¡el Señor está sobre el mar inmenso!
4 La voz del Señor resuena con fuerza;
la voz del Señor resuena imponente;
5 la voz del Señor desgaja los cedros.
¡El Señor desgaja los cedros del
Líbano!
6 Hace temblar los montes Líbano y
Sirión;
¡los hace saltar como toros y
becerros!
7 La voz del Señor lanza llamas de
fuego;
8 la voz del Señor hace temblar al
desierto;
¡el Señor hace temblar al desierto de
Cades!
9 La voz del Señor sacude las encinas[19]
y deja sin árboles los bosques.
En su templo, todos le rinden honor.[l]

10 El Señor gobierna las lluvias;
¡el Señor gobierna cual rey eterno!
11 El Señor da fuerza a su pueblo;
el Señor bendice a su pueblo con paz.

SALMO 30 (29)

Alabanzas de gratitud al Señor[20, m]

1 Señor, yo te alabo
porque tú me libertaste,

porque no has permitido
que mis enemigos se burlen de mí.
2 Señor, mi Dios,
te pedí ayuda, y me sanaste;
3 tú, Señor, me salvaste de la muerte;
me diste vida, me libraste de morir.

4 Ustedes, fieles del Señor, ¡cántenle
himnos!,
¡alaben su santo nombre!
5 Porque su enojo dura un momento,
pero su buena voluntad, toda la vida.
Si lloramos por la noche,
por la mañana tendremos alegría.[n]

6 Yo me sentí seguro, y pensé:
"Nada me hará caer jamás."
7 Tú, Señor, en tu bondad
me afirmaste en lugar seguro.
Pero me negaste tu ayuda
y el miedo me dejó confundido.

8 A ti, Señor, clamo;
a ti, Señor, suplico:
9 ¿qué se gana con que yo muera,
con que sea llevado al sepulcro?
¡El polvo no puede alabarte
ni hablar de tu fidelidad!
10 Señor, óyeme y ten compasión de mí;
Señor, ¡ayúdame!

11 Has cambiado en danzas mis
lamentos;
me has quitado el luto
y me has vestido de fiesta.
12 Por eso, Señor y Dios,
no puedo quedarme en silencio:
¡te cantaré himnos de alabanza
y siempre te daré gracias!

SALMO 31 (30)

Plena confianza en el Señor

1 Señor, en ti busco protección;
¡no me defraudes jamás!
¡Ponme a salvo, pues tú eres justo!
2 Dígnate escucharme;
¡date prisa, líbrame ya!
Sé tú mi roca protectora,
¡sé tú mi castillo de refugio y
salvación!
3 ¡Tú eres mi roca y mi castillo!

¡Guíame y protégeme; haz honor a tu
nombre!
4 ¡Sácame de la trampa que me han
tendido,
pues tú eres mi protector!

---

[18] En su hermoso santuario: otra posible traducción: vestidos con ropas sagradas.   [19] Sacude las encinas: traducción probable. Heb. hace a las ciervas dar a luz (lit. retorcerse en parto).   [20] Título hebreo: Salmo de David, para la dedicación del templo.
[k] 29.1-2 1 Cr 16.28–29; Sal 96.7–9.   [l] 29.3-9 2 S 22.8–17; Sal 18.7–15; Hab 3.3–13.   [n] 30 Título hebreo 1 R 18.12–66; 2 Cr 6.1—7.10; Esd 6.16.   [n] 30.5 Is 54.7–8.

5 En tus manos encomiendo mi
espíritu;[n]
¡rescátame, Señor, Dios de la verdad!

6 Odio a los que adoran ídolos inútiles.
He puesto mi confianza en el Señor.
7 Tu amor me trae gozo y alegría.
Tú has visto mis tristezas,
conoces mis aflicciones;
8 no me entregaste en manos del
enemigo;
¡me hiciste poner pie en lugar seguro!

9 Señor, ten compasión de mí,
pues estoy en peligro.
El dolor debilita mis ojos,
mi cuerpo, ¡todo mi ser!
10 ¡El dolor y los lamentos
acaban con los años de mi vida!
La tristeza[21] acaba con mis fuerzas;
¡mi cuerpo se está debilitando!

11 Soy el hazmerreír de mis enemigos,
objeto de burla[22] de mis vecinos,
horror de quienes me conocen.
¡Huyen de mí cuantos me ven en la
calle![o]
12 Me han olvidado por completo,
como si ya estuviera muerto.
Soy como un jarro hecho pedazos.
13 Puedo oír que la gente cuchichea:
"Hay terror por todas partes."[p]
Como un solo hombre, hacen planes
contra mí;
¡hacen planes para quitarme la vida!

14 Pero yo, Señor, confío en ti;
yo he dicho: "¡Tú eres mi Dios!"
15 Mi vida está en tus manos;
¡líbrame de mis enemigos, que me
persiguen!
16 Mira con bondad a este siervo tuyo,
y sálvame, por tu amor.
17 A ti clamo, Señor;
¡no me hundas en la vergüenza!
¡Hunde en la vergüenza a los
malvados;
húndelos en el silencio del sepulcro!
18 Queden en silencio los labios
mentirosos,
que hablan con burla y desprecio,
y ofenden al hombre honrado.

19 ¡Qué grande es tu bondad para
aquellos que te honran!
La guardas como un tesoro
y, a la vista de los hombres,
la repartes a quienes confían en ti.
20 Con la protección de tu presencia
los libras de los planes malvados del
hombre;
bajo tu techo los proteges
de los insultos de sus enemigos.

21 Bendito sea el Señor, que con su
amor
hizo grandes cosas por mí
en momentos de angustia.[23]
22 En mi inquietud llegué a pensar
que me habías echado de tu
presencia;
pero cuando te pedí ayuda,
tú escuchaste mis gritos.

23 Amen al Señor, todos sus fieles.
El Señor cuida de los sinceros,
pero a los altaneros
les da con creces su merecido.
24 Den ánimo y valor a sus corazones
todos los que confían en el Señor.

SALMO 32 (31)

Confesión y perdón

1 Feliz el hombre a quien sus culpas y
pecados
le han sido perdonados por completo.
2 Feliz el hombre que no es mal
intencionado
y a quien el Señor no acusa de falta
alguna.[q]

3 Mientras no confesé mi pecado,
mi cuerpo iba decayendo
por mi gemir de todo el día,
4 pues de día y de noche
tu mano pesaba sobre mí.
Como flor marchita por el calor del
verano,
así me sentía decaer.

5 Pero te confesé sin reservas
mi pecado y mi maldad;
decidí confesarte mis pecados,
y tú, Señor, los perdonaste.[r]

6 Por eso, en momentos de angustia[24]
los fieles te invocarán,
y aunque las aguas caudalosas se
desborden,
no llegarán hasta ellos.
7 Tú eres mi refugio:
me proteges del peligro,
me rodeas de gritos de liberación.

8 El Señor dice:
"Mis ojos están puestos en ti.

[21] *La tristeza:* según versiones antiguas. Heb. *mi maldad.* [22] *Objeto de burla:* texto probable. Heb. *mucho.* [23] *En momentos de angustia:* texto probable. Heb. *en una ciudad sitiada.* [24] *En momentos de angustia:* según versiones antiguas. Heb. *en tiempo de encontrar solamente.*

[n] **31.5** Lc 23.46; Hch 7.59. [o] **31.11** Job 19.13; Sal 38.11; 69.8; 88.18. [p] **31.13** Jer 20.3,10; 46.5; 49.29; Lm 2.22.
[q] **32.1-2** Ro 4.7-8. [r] **32.5** 2 S 12.13; Sal 51.1-4.

Yo te daré instrucciones,
te daré consejos,
te enseñaré el camino que debes
seguir.
⁹ No seas como el mulo o el caballo,
que no pueden entender
y hay que detener su brío
con el freno y con la rienda,
pues de otra manera no se acercan a
ti."

¹⁰ Los malvados tendrán muchos
dolores,
pero el amor del Señor envuelve
a los que en él confían.
¹¹ Alégrense en el Señor,
hombres buenos y honrados;
¡alégrense y griten de alegría!

SALMO 33 (32)

Alabanza y gratitud al Señor

¹ Aclamen al Señor, hombres buenos;
en labios de los buenos, la alabanza
es hermosa.
² Den gracias al Señor al son del arpa,
cántenle himnos con música de
salterio,
³ cántenle un nuevo canto,
¡toquen con arte al aclamarlo!

⁴ La palabra del Señor es verdadera;
sus obras demuestran su fidelidad.
⁵ El Señor ama lo justo y lo recto;
¡su amor llena toda la tierra!
⁶ El cielo y cuanto hay en él
lo hizo el Señor por su palabra
y por el soplo de su boca.ˢ
⁷ Él junta y almacena
las aguas del mar profundo.

⁸ Honren al Señor todos en la tierra;
¡hónrenlo todos los habitantes del
mundo!
⁹ Pues él habló, y todo fue hecho;
él ordenó, y todo quedó firme.

¹⁰ El Señor hace fracasar por completo
los proyectos de los pueblos paganos,
¹¹ pero los proyectos del Señor
permanecen firmes para siempre.
¹² Feliz el pueblo cuyo Dios es el Señor,ᵗ
el pueblo que ha escogido como suyo.

¹³ El Señor mira desde el cielo
y ve a todos los hombres;
¹⁴ desde el lugar donde vive
observa a los que habitan la tierra;

¹⁵ él es quien formó sus corazones
y quien vigila todo lo que hacen.

¹⁶ Ningún rey se salva por su gran
ejército,
ni se salvan los valientes por su
mucha fuerza;
¹⁷ los caballos no sirven para salvar a
nadie;
aunque son muy poderosos, no
pueden salvar.

¹⁸ Pero el Señor cuida siempre
de quienes le honran y confían en su
amor,
¹⁹ para salvarlos de la muerte
y darles vida en épocas de hambre.

²⁰ Nosotros confiamos en el Señor;
¡él nos ayuda y nos protege!
²¹ Nuestro corazón se alegra en el
Señor;
confiamos plenamente en su santo
nombre.
²² ¡Que tu amor, Señor, nos acompañe,
tal como esperamos de ti!

SALMO 34 (33)

Alabanzas a la bondad del Señor ²⁵, ᵘ

¹ Bendeciré al Señor a todas horas;
mis labios siempre lo alabarán.
² Yo me siento orgulloso del Señor;
¡óiganlo y alégrense, hombres
humildes!
³ Alabemos juntos y a una voz
la grandeza del nombre del Señor.

⁴ Recurrí al Señor, y él me contestó,
y me libró de todos mis temores.
⁵ Los que miran al Señor
quedan radiantes de alegría
y jamás se verán defraudados.
⁶ Este pobre gritó, y el Señor le oyó
y lo libró de todas sus angustias.
⁷ El ángel del Señor protege y salva
a los que honran al Señor.
⁸ Prueben, y vean que el Señor es
bueno.ᵛ
¡Feliz el hombre que en él confía!
⁹ Honren al Señor, los consagrados a
él,
pues nada faltará a los que le honran.
¹⁰ Los ricos²⁶ se vuelven pobres, y sufren
hambre,
pero a los que buscan al Señor nunca
les faltará ningún bien.

¹¹ Vengan, hijos míos, y escúchenme:
voy a enseñarles a honrar al Señor.

²⁵ Título hebreo: *David escribió este salmo después de salir de la presencia de Abimelec, ante quien fingió sufrir un ataque de locura.* ²⁶ *Ricos:* según la versión griega. Heb. *leones.*
ˢ **33.6-7** Gn 1.3-31; Jn 1.3. ᵗ **33.12** Sal 144.15. ᵘ **34 Título hebreo** 1 S 21.13-15. ᵛ **34.8** P 2.3.

¹² ¿Quieres vivir mucho tiempo?
¿Quieres gozar de la vida?
¹³ Pues refrena tu lengua de hablar mal,
y nunca digan mentiras tus labios.
¹⁴ Aléjate de la maldad, y haz lo bueno;
busca la paz, y síguela.

¹⁵ El Señor cuida de los hombres
honrados
y presta oído a sus clamores.
¹⁶ El Señor está en contra de los
malhechores,ʷ
para borrar de la tierra su recuerdo.
¹⁷ El Señor atiende al clamor del
hombre honrado,
y lo libra de todas sus angustias.
¹⁸ El Señor está cerca, para salvar a los
que tienen el corazón hecho
pedazos
y han perdido la esperanza.

¹⁹ El hombre honrado pasa por muchos
males,
pero el Señor lo libra de todos ellos.
²⁰ Él le protege todos los huesos;
ni uno solo le romperán.ˣ
²¹ A los malvados los mata su propia
maldad;
los que odian al hombre honrado
serán castigados.
²² Pero el Señor salva la vida a sus
siervos;
¡no serán castigados los que en él
confían!

SALMO 35 (34)

Oración pidiendo la ayuda del Señor

¹ Señor, opónte a los que se oponen a
mí;
ataca a los que me atacan.
² Toma tu escudo y ven en mi ayuda;
³ toma tu lanza y haz frente a los que
me persiguen;
¡dime que eres tú mi salvador!

⁴ Huyan avergonzados
los que quieren matarme;
huyan avergonzados
los que quieren hacerme daño;
⁵ ¡sean como paja que se lleva el
viento,
arrojados por el ángel del Señor!
⁶ ¡Sea su camino oscuro y resbaladizo,
perseguidos por el ángel del Señor!
⁷ Sin motivo me pusieron una trampa;
sin motivo hicieron un hoyo
para que yo cayera en él.

⁸ ¡Que los sorprenda la desgracia!
¡Que caigan en su propia trampa!
¡Que caigan en desgracia!

⁹ Entonces me alegraré en el Señor,
porque él me habrá salvado.
¹⁰ De todo corazón diré:
"¿Quién como tú, Señor?
A los pobres y necesitados los libras
de quienes son más fuertes que ellos,
de quienes los explotan."

¹¹ Se levantan testigos malvados
y me preguntan cosas que yo no sé.
¹² Me han pagado mal por bien,
y esto me causa mucha tristeza;
¹³ pues cuando ellos se enfermaban
yo me afligía por ellos,
me ponía ropas ásperas y ayunaba,
y en mi interior no dejaba de orar.
¹⁴ Andaba yo triste y decaído,
como si estuviera de luto por mi
madre,
por un amigo o por mi propio
hermano.
¹⁵ Pero cuando caí,
todos juntos se rieron de mí;
como si fueran gente extraña y
desconocida,²⁷
me maltrataron sin cesar.
¹⁶ Me atormentaron, se burlaron de mí,²⁸
me lanzaron miradas cargadas de
odio.²⁹

¹⁷ Señor, ¿cuánto tiempo seguirás
viendo esto?
¡Sálvame la vida, mi única vida,
de esos leones que andan rugiendo!
¹⁸ Te daré gracias ante tu pueblo
numeroso;
¡te alabaré ante la gran multitud!

¹⁹ Que no se alegren de mí mis
enemigos;
que no se guiñen el ojo los que me
odian sin razón.ʸ
²⁰ Pues ellos no buscan la paz,
sino que hacen planes traicioneros
contra la gente pacífica del país;
²¹ abren tamaña boca contra mí, y
dicen:
"¡Miren lo que hemos llegado a ver!"

²² ¡A ti te consta, Señor!
¡No te quedes en silencio!
¡No te alejes de mí!
²³ Levántate, Señor y Dios mío,
¡despierta!
Hazme justicia, ponte de mi parte.
²⁴ Júzgame, Señor y Dios mío,

---

²⁷ *Como si fueran gente extraña y desconocida:* traducción probable. Heb. *golpean* (?) *y yo no supe* (o *no conocí*).   ²⁸ *Me atormentaron, se burlaron de mí:* según la versión griega. Heb. *con los peores burlones de una torta.*   ²⁹ *Me lanzaron miradas cargadas de odio:* lit. *rechinaron los dientes contra mí.*
ʷ **34.12-16** 1 P 3.10-12.   ˣ **34.20** Jn 19.36.   ʸ **35.19** Sal 69.4; Jn 15.25.

de acuerdo con tu justicia.
¡Que no se rían de mí!
²⁵ Que no digan ni piensen:
"¡Esto es lo que queríamos!
¡Lo hemos arruinado por completo!"
²⁶ Que queden cubiertos de vergüenza
los que se alegran de mi desgracia;
que queden totalmente cubiertos de
vergüenza
los que se creen superiores a mí.

²⁷ Pero que se alegren y griten de
alegría
los que quieren verme victorioso;
que digan constantemente:
"¡El Señor es grande,
y le agrada el bienestar de su siervo!"
²⁸ Con mi lengua hablaré de tu justicia;
¡todo el día te alabaré!

SALMO 36 (35)

Maldad del hombre y bondad de Dios

¹ La maldad habla al malvado
en lo íntimo de su corazón.
Jamás tiene él presente
que hay que temer a Dios.ᶻ
² Se cree tan digno de alabanzas,
que no encuentra odiosa su maldad.
³ Es malhablado y mentiroso,
perdió el buen juicio, dejó de hacer el
bien.
⁴ Acostado en su cama, planea hacer lo
malo;
tan aferrado está a su mal camino
que no quiere renunciar a la maldad.

⁵ Pero tu amor, Señor, llega hasta el
cielo;
tu fidelidad alcanza al cielo azul.ᵃ
⁶ Tu justicia es como las grandes
montañas;
tus decretos son como el mar grande
y profundo.
Tú, Señor, cuidas de hombres y
animales.
⁷ ¡Qué maravilloso es tu amor, oh Dios!
¡Bajo tus alas, los hombres buscan
protección!
⁸ Quedan completamente satisfechos
con la abundante comida de tu casa;
· tú les das a beber de un río delicioso,
⁹ porque en ti está la fuente de la vida
y en tu luz podemos ver la luz.

¹⁰ Brinda siempre tu amor y tu justicia
a los que te conocen,
a los hombres honrados.
¹¹ No dejes que me pisoteen los
orgullosos

ni que me zarandeen los malvados.
¹² ¡Vean cómo caen los malhechores!
¡Caen para no volver a levantarse!

SALMO 37 (36)

Confía en el Señor

¹ No te enojes por causa de los
malvados,
ni sientas envidia de los malhechores,
² pues pronto se secan, como el heno;
¡se marchitan como la hierba!

³ Confía en el Señor y haz lo bueno,
vive en la tierra y mantente fiel.
⁴ Ama al Señor con ternura,
y él cumplirá tus deseos más
profundos.ᵇ

⁵ Pon tu vida en las manos del Señor;
confía en él, y él vendrá en tu ayuda.ᶜ
⁶ Hará brillar tu rectitud y tu justicia
como brilla el sol de mediodía.

⁷ Guarda silencio ante el Señor;
espera con paciencia a que él te
ayude.
No te irrites por el que triunfa en la
vida,
por el que hace planes malvados.

⁸ Deja el enojo, abandona el furor;
no te enojes, porque eso empeora las
cosas.
⁹ Pues los malvados serán arrojados del
país,
pero los que confían en el Señor
tomarán posesión de él.ᵈ

¹⁰ Dentro de poco no habrá malvados;
por más que los busques, no volverás
a encontrarlos.
¹¹ Pero los humildes heredarán la tierraᵉ
y disfrutarán de completa paz.

¹² El malvado trama hacer daño al
hombre bueno,
y le lanza miradas cargadas de odio.
¹³ Pero el Señor se ríe, porque sabe
que al malvado se le acerca su hora.

¹⁴ Los malvados sacan la espada y
tensan el arco
para hacer caer a los pobres y
humildes,
¡para matar a los de buena conducta!
¹⁵ Pero su propia espada se les clavará
en el corazón,
y sus arcos quedarán hechos pedazos.

ᶻ **36.1** Ro 3.18. ᵃ **36.5** Sal 57.10. ᵇ **37.1-4** Pr 23.17-18; 24.19-20. ᶜ **37.5** Pr 16.3. ᵈ **37.9** Pr 2.21-22. ᵉ **37.11** Dt 11.8-9;
Sal 25.12-13; Mt 5.5.

16 Lo poco que tiene el hombre bueno
es mejor que la mucha riqueza de los
malos.f
17 Porque el Señor pondrá fin a los
malos,
pero sostendrá a los buenos.

18 El Señor cuida de los que viven sin
tacha,
y la herencia de ellos durará para
siempre.
19 En épocas malas, cuando haya
hambre,
no pasarán vergüenza, pues tendrán
suficiente comida.

20 Los malvados arderán como hierba
seca;30
Los enemigos del Señor se
desvanecerán como el humo.

21 El malvado pide prestado y no paga,
pero el hombre bueno es compasivo y
generoso.
22 Los que el Señor bendice heredarán
la tierra,
pero los que él maldice serán
destruidos.

23 El Señor dirige los pasos del hombreg
y lo pone en el camino que a él le
agrada;
24 aun cuando caiga, no quedará caído,
porque el Señor lo tiene de la mano.

25 Yo fui joven, y ya soy viejo,
pero nunca vi desamparado al
hombre bueno
ni jamás vi a sus hijos pedir limosna.
26 A todas horas siente compasión, y da
prestado;
sus hijos son una bendición.

27 Aléjate de la maldad y haz lo bueno,
y tendrás siempre un lugar donde
vivir.
28 Pues el Señor ama la justicia
y no abandona a quienes le son fieles;
pero destruye a los malvados31
y los deja sin descendencia.h
29 Los hombres buenos heredarán la
tierra
y vivirán en ella para siempre.

30 El hombre bueno habla con sabiduría;
el hombre bueno habla con justicia.
31 Lleva en el corazón la enseñanza de
su Dios;
¡jamás resbalarán sus pies!

32 El malvado espía al hombre bueno,
con la intención de matarlo;

33 pero el Señor no dejará que caiga en
sus manos,
ni dejará tampoco que lo declaren
culpable.

34 Tú confía en el Señor, y obedécelo,
pues él te enaltecerá y te dará el país
como herencia.
¡Con tus ojos verás la destrucción de
los malvados!

35 He visto al malvado, lleno de
altanería,
extenderse como un árbol frondoso;
36 pero se fue, dejó de existir;
lo busqué, y no pude encontrarlo.

37 Fíjate en el hombre honrado y sin
tacha:
el futuro de ese hombre es la paz.
38 Pero los rebeldes serán destruidos por
completo;
el futuro de los malos será su
destrucción.

39 La ayuda a los hombres buenos viene
del Señor,
que es su refugio en tiempos difíciles.i
40 El Señor los ayuda a escapar.
Los hace escapar de los malvados, y
los salva,
porque en él buscaron protección.

SALMO 38 (37)

Oración pidiendo la ayuda de Dios

1 Señor, no me reprendas en tu enojo
ni me castigues en tu furor.j
2 Pues en mí se han clavado tus
flechas;
¡tu mano has descargado sobre mí!k
3 Por tu enojo debido a mis pecados,
todo mi cuerpo está enfermo;
¡no tengo un solo hueso sano!
4 Mis maldades me tienen abrumado;
son una carga que no puedo soportar.i
5 Por causa de mi necedad,
mis heridas se pudren y apestan.
6 Todo el día ando triste,
cabizbajo y deprimido.
7 La espalda me arde de fiebre;
¡tengo enfermo todo el cuerpo!
8 Estoy completamente molido y sin
fuerzas;
¡mis quejas son quejas del corazón!

9 Señor, tú conoces todos mis deseos,
¡mis suspiros no son un secreto para
ti!

---

30 Como hierba seca: texto probable. Heb. oscuro. 31 Destruye a los malvados: según la versión griega.
Heb. siempre los protege.
f 37.16 Pr 15.16. g 37.23 Pr 20.24. h 37.28 Job 18.19. i 37.39 Sal 9.9. j 38.1 Sal 6.1; Jer 10.24. k 38.2 Job 6.4;
16.12-13.

¹⁰ Mi corazón late de prisa,
las fuerzas me abandonan,
¡aun la vista se me nubla!
¹¹ Mis mejores amigos, y hasta mis
parientes,
se mantienen a distancia, lejos de mis
llagas.ˡ
¹² Los que me quieren matar, me ponen
trampas;
los que me quieren perjudicar, hablan
de arruinarme
y a todas horas hacen planes
traicioneros.

¹³ Pero yo me hago el sordo, como si no
oyera;
como si fuera mudo, no abro la
boca.ᵐ
¹⁴ Soy como el que no oye
ni puede decir nada en su defensa.
¹⁵ Yo espero de ti, Señor y Dios mío,
que seas tú quien les conteste.
¹⁶ Tan sólo pido que no se rían de mí,
que no canten victoria cuando yo
caiga.

¹⁷ En verdad, estoy a punto de caer;
mis dolores no me dejan ni un
momento.
¹⁸ ¡Voy a confesar mis pecados,
pues me llenan de inquietud!
¹⁹ Mis enemigos han aumentado;
muchos son los que me odian sin
motivo.
²⁰ Me han pagado mal por bien;
porque busco hacer el bien se ponen
en contra mía.

²¹ Señor, ¡no me dejes solo!
Dios mío, ¡no te alejes de mí!
²² Dios y salvador mío, ¡ven pronto en
mi ayuda!

SALMO 39 (38)

La vida es breve

¹ Yo había prometido cuidar mi
conducta,
y no pecar con mi lengua,
y ponerle un freno a mis labios
mientras hubiera malvados delante de
mí.
² Y me hacía el mudo: no decía nada.
¡Ni siquiera hablaba de lo bueno!
Pero mi dolor iba en aumento;
³ ¡el corazón me ardía en el pecho!
Pensando en ello, un fuego se
encendió dentro de mí,
y dije entonces con voz fuerte:

⁴ "Señor, hazme saber qué fin tendré
y cuánto tiempo voy a vivir;
¡quiero saber cuán breve será mi vida!
⁵ Me has dado una vida muy corta;
no es nada mi vida delante de ti.
¡Todo hombre dura lo que un suspiro!
⁶ ¡Todo hombre pasa como una
sombra!
De nada le sirve amontonar riquezas,
pues no sabe quién se quedará con
ellas.ⁿ
⁷ Y así, Señor, ¿qué puedo ya esperar?
¡Mi esperanza está en ti!
⁸ Líbrame de mis pecados;
no dejes que los necios se burlen de
mí.

⁹ "Me hice el mudo y no abrí la boca,
porque tú eres el que actúa.
¹⁰ Aparta de mí tus golpes;
estoy acabado por los golpes de tu
brazo.
¹¹ Tú corriges al hombre castigando su
maldad,
y reduces a polvo lo que más ama.
¡Todo hombre es un suspiro!

¹² "Señor, escucha mi oración,
¡presta oído a mis lamentos!,
¡no te quedes callado ante mis
lágrimas!
Yo soy para ti un extranjero,
un ave de paso, como mis
antepasados.ⁿ
¹³ Deja ya de mirarme, dame un
momento de respiro,º
antes que me vaya y deje de existir."

SALMO 40 (39)

Me agrada hacer tu voluntad, Dios mío
(Sal 70)

¹ Puse mi esperanza en el Señor,
y él se inclinó para escuchar mis
gritos;
² me salvó de la fosa mortal,
me libró de hundirme en el pantano.
Afirmó mis pies sobre una roca;
dio firmeza a mis pisadas.
³ Hizo brotar de mis labios un nuevo
canto,
un canto de alabanza a nuestro Dios.
Muchos, al ver esto, se sintieron
conmovidos
y pusieron su confianza en el Señor.
⁴ ¡Feliz el hombre que confía en el
Señor
y no busca a los insolentes
ni a los que adoran dioses falsos!³²

---

³² *Adoran dioses falsos:* lit. *se desvían (tras la) mentira.* Falsedad, mentira y otros sinónimos sirven con frecuencia en el
texto hebreo para designar indirectamente los dioses falsos y los ídolos o la idolatría.
ˡ **38.11** Job 19.13.   ᵐ **38.13** Is 53.7.   ⁿ **39.5–6** Job 7.16; 8.9; 14.1–2; Sal 90.9–10; 102.11; 109.23; Ec 6.2.   ⁿ **39.12** Lv 25.23;
Sal 119.19; 1 P 2.11.   º **39.13** Job 7.19; 10.20–21; 14.6.

5 Señor y Dios mío,
muchas son las maravillas que tú has
hecho
y las consideraciones que nos tienes.
¡Nada es comparable a ti!
Quisiera anunciarlas, hablar de ellas,
pero son más de las que puedo
contar.

6 Tú no te complaces en los sacrificios
ni en las ofrendas de cereales;
tampoco has pedido holocaustos
ni ofrendas para quitar el pecado.
En cambio, me has abierto los oídos.
7 Por eso he dicho: Aquí estoy,
tal como el libro dice de mí.
8 A mí me agrada hacer tu voluntad,
Dios mío;
¡llevo tu enseñanza en el corazón![p]
9 En presencia de tu pueblo numeroso
he dado a conocer lo que es justo.
¡Tú bien sabes, Señor, que no he
guardado silencio!
10 No me he quedado callado acerca de
tu justicia;
he hablado de tu fidelidad y
salvación.
Jamás he ocultado tu amor y tu
verdad
ante tu pueblo numeroso.

11 Y tú, Señor, ¡no me niegues tu
ternura!
¡Que siempre me protejan tu amor y
tu verdad!
12 Pues me han pasado tantas
desgracias
que ni siquiera las puedo contar.
Me han atrapado mis propias
maldades;
¡hasta he perdido la vista!
Son más que los pelos de mi cabeza,
y hasta el ánimo he perdido.

13 Señor, por favor, ¡ven a librarme!
Señor, ¡ven pronto en mi ayuda!
14 ¡Que sean puestos en completo
ridículo
los que tratan de acabar con mi vida!
¡Que huyan en forma vergonzosa
los que quieren hacerme daño!
15 ¡Que huyan avergonzados
los que se burlan de mí!
16 Pero que todos los que te buscan
se llenen de alegría;
que cuantos desean tu salvación
digan siempre: "¡El Señor es grande!"

17 Y a mí, que estoy pobre y afligido,
no me olvides, Señor.
Tú eres quien me ayuda y me liberta;
¡no te tardes, Dios mío!

SALMO 41 (40)

Oración de un hombre enfermo

1 Dichoso el que piensa en el débil y
pobre;[q]
el Señor lo librará en tiempos malos.
2 El Señor lo protegerá,
le dará vida y felicidad en la tierra,
y no lo abandonará al capricho de sus
enemigos.
3 El Señor le dará fuerzas en el lecho
del dolor;
¡convertirá su enfermedad en salud!

4 Yo he dicho:
"Señor, tenme compasión;
cúrame, aunque he pecado contra ti."
5 Mis enemigos me desean lo peor:
"¿Cuándo morirá y se perderá su
recuerdo?"
6 Vienen a verme, y no son sinceros;
guardan en su memoria todo lo malo,
y al salir a la calle lo dan a saber.
7 Los que me odian se juntan y hablan
de mí;
piensan que estoy sufriendo por mi
culpa,
8 y dicen:
"Su enfermedad es cosa del demonio;
ha caído en cama y no volverá a
levantarse."
9 Aun mi mejor amigo, en quien yo
confiaba,
el que comía conmigo, se ha vuelto
contra mí.[r]
10 Pero tú, Señor, tenme compasión;
haz que me levante y les dé su
merecido.
11 En esto conoceré que te he agradado:
en que mi enemigo no cante victoria
sobre mí.
12 En cuanto a mí, que he vivido una
vida sin tacha,
tómame en tus manos,
manténme siempre en tu presencia.

13 ¡Bendito sea el Señor, Dios de Israel,
ahora y siempre!
¡Así sea![s]

LIBRO II

SALMO 42–43 (41–42)

Mi esperanza está en Dios

42 1 Como ciervo sediento en busca de
un río,
así, Dios mío, te busco a ti.

[p] **40.6–8** He 10.5–7. [q] **41.1** Pr 14.21. [r] **41.9** Mt 26.23; Mr 14.20; Lc 22.21; Jn 13.18. [s] **41.13** Sal 106.48.

2 Tengo sed de Dios, del Dios de la
   vida.ᵗ
¿Cuándo volveré a presentarme ante
   Dios?
3 Día y noche, mis lágrimas son mi
   alimento,
mientras a todas horas me preguntan:
"¿Dónde está tu Dios?"

4 Cuando pienso en estas cosas,
doy rienda suelta a mi dolor.
Recuerdo cuando yo iba con la gente,
conduciéndola al templo de Dios
entre gritos de alegría y gratitud.
¡Qué gran fiesta entonces!

5   ¿Por qué voy a desanimarme?
       ¿Por qué voy a estar preocupado?
       Mi esperanza he puesto en Dios,
       a quien todavía seguiré alabando.
       ¡Él es mi Dios y salvador!

6 Me siento muy desanimado.
Por eso pienso tanto en ti
desde la región del río Jordán,
desde los montes Hermón y Mizar.
7 Se oye en los barrancos profundos
el eco atronador de tus cascadas;
los torrentes de agua que tú mandas
han pasado sobre mí.ᵘ

8 De día el Señor me envía su amor,
y de noche no cesa mi canto
ni mi oración al Dios de mi vida.
9 Le digo a Dios, mi defensor:
"¿Por qué me has olvidado?
¿Por qué tengo que andar triste
y oprimido por mis enemigos?"
10 Hasta los huesos me duelen
por las ofensas de mis enemigos,
que a todas horas me preguntan:
"¿Dónde está tu Dios?"

11   ¿Por qué voy a desanimarme?
       ¿Por qué voy a estar preocupado?
       Mi esperanza he puesto en Dios,
       a quien todavía seguiré alabando.
       ¡Él es mi Dios y salvador!

43 1 Oh Dios, hazme justicia;
     ¡ponte de mi parte contra esta gente
        pagana!
     ¡Ponme a salvo del mentiroso y del
        malvado,
   2 porque tú eres mi Dios y protector!
     ¿Por qué me has alejado de ti?
     ¿Por qué tengo que andar triste
     y oprimido por mis enemigos?
   3 Envía tu luz y tu verdad,
     para que ellas me enseñen el camino
     que lleva a tu santo monte,
     al lugar donde tú vives,

4 Llegaré entonces a tu altar, oh Dios,
y allí te alabaré al son del arpa,
pues tú, mi Dios, llenas mi vida de
   alegría.

5   ¿Por qué voy a desanimarme?
       ¿Por qué voy a estar preocupado?
       Mi esperanza he puesto en Dios,
       a quien todavía seguiré alabando.
       ¡Él es mi Dios y salvador!

SALMO 44 (43)

Oración pidiendo la ayuda de Dios

1 Oh Dios,
hemos oído con nuestros oídos,
y nuestros padres nos han contado
lo que tú hiciste en sus días,
en aquellos tiempos pasados:
2 con tu propia mano
echaste fuera a los paganos,
castigaste a las naciones
y estableciste allí a nuestros padres.
3 Pues no fue su brazo ni su espada
lo que les dio la victoria;
ellos no conquistaron la tierra.
¡Fue tu poder y tu fuerza!ᵛ
¡Fue el resplandor de tu presencia,
porque tú los amabas!

4 ¡Mi rey! ¡Mi Dios!
Tú diste las victorias a tu pueblo;
5 por ti vencimos a nuestros enemigos;
¡en tu nombre aplastamos a los que
   nos atacaban!ʷ
6 Porque no confiaría yo en mi arco,
ni mi espada podría darme la victoria;
7 fuiste tú quien nos hizo vencer a
   nuestros enemigos,
quien puso en ridículo a los que nos
   odiaban.
8 ¡Siempre estaremos orgullosos de ti,
   oh Dios,
y siempre alabaremos tu nombre!

9 Pero nos has rechazado;
nos has cubierto de vergüenza.
Ya no sales con nuestros ejércitos.ˣ
10 Nos has hecho dar la espalda a
   nuestros enemigos;
los que nos odian nos roban
y se llevan lo que quieren.
11 Nos has entregado
cual si fuéramos ovejas para el
   matadero;
nos has dispersado entre los paganos;
12 has vendido a tu pueblo muy barato,
y nada has ganado con venderlo.
13 Nos has convertido en objeto de
   insultos;

ᵗ **42.1-2** Sal 63.1; 143.6. ᵘ **42.7** Jon 2.3. ᵛ **44.3** Dt 8.17-18; Jos 24.12; Jue 7.2. ʷ **44.5** Sal 60.12 ˣ **44.9** Sal 60.10; 108.11.

nuestros vecinos nos ofenden y
ridiculizan.
¹⁴ Has hecho que los paganos se burlen
de nosotros;
al vernos, mueven burlones la cabeza.
¹⁵ No hay momento en que no me vea
humillado;
se me cae la cara de vergüenza
¹⁶ por culpa del enemigo, que trata de
vengarse
y que me ofende y ultraja.

¹⁷ Esto que nos ha pasado
no fue por haberte olvidado.
¡No hemos faltado a tu pacto!
¹⁸ No hemos pensado abandonarte
ni hemos dejado tus caminos.
¹⁹ Sin embargo, tú nos has aplastado
en lugares de miseria.³³
¡Nos has cubierto de terrible
oscuridad!
²⁰ Si te hubiéramos olvidado, oh Dios,
y adorado en tu lugar a un dios
extraño,
²¹ tú te habrías dado cuenta,
pues conoces los más íntimos
secretos.
²² Pero por causa tuya estamos siempre
expuestos a la muerte;
nos tratan como a ovejas para el
matadero.ʸ

²³ ¿Por qué duermes, Señor?
¡Despierta, despierta!
¡No nos rechaces para siempre!
²⁴ ¿Por qué te escondes?
¿Por qué te olvidas de nosotros,
que sufrimos tanto, tanto?
²⁵ Estamos rendidos y humillados,
arrastrando nuestros cuerpos por el
suelo.
²⁶ ¡Levántate,
ven a ayudarnos
y sálvanos por tu gran amor!

SALMO 45 (44)

Poema para las bodas del rey

¹ Palabras hermosas bullen en mi
mente;
mi lengua es como la pluma de un
buen escritor.
¡Voy a recitar mi poesía ante el rey!

² ¡Eres el más hermoso de los hombres!
¡El encanto brota de tus labios!
Por eso Dios te bendijo para siempre.
³ ¡Ponte la espada a la cintura,
valiente!
¡Ella es tu adorno esplendoroso!

⁴ Tu gloria consiste en avanzar
triunfante,
luchando en favor de la verdad
y haciendo justicia a los humildes.³⁴
¡Tu mano derecha realiza grandes
proezas!
⁵ Los pueblos caen a tus pies, oh rey;
tus flechas son agudas y se clavan
en el corazón de tus enemigos.

⁶ Tu reinado, oh Dios, es eterno,
y es un reinado de justicia.
⁷ Amas el bien y odias el mal.
Por eso te ha escogido Dios, tu Dios,
y te ha colmado de alegría
más que a tus compañeros.ᶻ
⁸ Toda tu ropa es perfume de mirra,
áloe y canela;
con música de instrumentos de
cuerda
te alegran en los palacios de marfil.
⁹ Entre las damas de tu corte hay
princesas;
a la derecha de tu trono está la reina,
adornada con el oro más fino.

¹⁰ Escucha, hijita;
fíjate bien en lo que voy a decirte:
Olvídate de tu familia y de tu gente,
¹¹ pues el rey desea tu belleza;
él es tu señor, y debes obedecerlo.
¹² Princesa de Tiro,
los más ricos del pueblo
procuran con regalos ganarse tu
favor.

¹³ ¡Aquí entra la princesa, en toda su
hermosura!
¡Su vestido es de brocado de oro!
¹⁴ Espléndidamente vestida la llevan
ante el rey,
seguida de sus damas de honor,
del cortejo de sus amigas.
¹⁵ Avanzan con gran alegría;
alegres entran en el palacio del rey.

¹⁶ Tus hijos, oh rey,
ocuparán el trono de tus antepasados,
y harás que gobiernen en todo el país.
¹⁷ Yo haré que tu nombre se recuerde
en cada nueva generación,
y que los pueblos te alaben por
siempre.

SALMO 46 (45)

El Señor está con nosotros

¹ Dios es nuestro refugio y nuestra
fuerza;

---

³³ *Lugares de miseria:* según la versión griega. Heb. *lugar de chacales.* ³⁴ *Y haciendo justicia a los humildes:* traducción probable. Heb. *y humildad de la justicia.*
ʸ **44.22** Ro 8.36. ᶻ **45.6-7** He 1.8-9.

nuestra ayuda en momentos de
angustia.
² Por eso no tendremos miedo,
aunque se deshaga la tierra,
aunque se hundan los montes en el
fondo del mar,
³ aunque ruja el mar y se agiten sus
olas,
aunque tiemblen los montes a causa
de su furia.ª

⁴ Un río alegra con sus brazos la
ciudad de Dios,ᵇ
la más santa de las ciudades del
Altísimo.
⁵ Dios está en medio de ella, y la
sostendrá;
Dios la ayudará al comenzar el día.
⁶ Las naciones rugen, los reinos
tiemblan,
la tierra se deshace cuando él deja oír
su voz.

⁷   ¡El Señor todopoderoso está con
nosotros!
¡El Dios de Jacob es nuestro
refugio!

⁸ Vengan a ver las cosas sorprendentes
que el Señor ha hecho en la tierra:
⁹ ha puesto fin a las guerras
hasta el último rincón del mundo;
ha roto los arcos,
ha hecho pedazos las lanzas,
¡ha prendido fuego a los carros de
guerra!
¹⁰ "¡Ríndanse! ¡Reconozcan que yo soy
Dios!
¡Yo estoy por encima de las naciones!
¡Yo estoy por encima de toda la
tierra!"

¹¹   ¡El Señor todopoderoso está con
nosotros!
¡El Dios de Jacob es nuestro
refugio!

SALMO 47 (46)

Dios es el rey de toda la tierra

¹ ¡Aplaudan, pueblos todos!
¡Aclamen a Dios con gritos de alegría!
² Porque el Señor, el Altísimo, es
terrible;
es el gran rey de toda la tierra.
³ Destrozó pueblos y naciones
y los sometió a nuestro yugo.
⁴ Nos ha escogido nuestra herencia,
que es orgullo de Jacob, a quien amó.

⁵ ¡Dios el Señor ha subido a su trono

entre gritos de alegría y toques de
trompeta!
⁶ ¡Canten, canten himnos a Dios!
¡Canten, canten himnos a nuestro
rey!
⁷ ¡Canten un poema a Dios,
porque él es el rey de toda la tierra!
⁸ ¡Dios es el rey de las naciones!
¡Dios está sentado en su santo trono!
⁹ Los hombres importantes de las
naciones
se unen al pueblo del Dios de
Abraham,
¹⁰ pues de Dios son los poderes del
mundo.
¡Él está por encima de todo!

SALMO 48 (47)

Grandeza de Sión, ciudad de Dios

¹ ¡El Señor es grande!
¡Nuestro Dios es digno de alabanza
en su ciudad y en su santo monte!

² ¡Qué hermosa altura la del monte
Sión,
allá, en el extremo norte!
¡Es la alegría de toda la tierra!
¡Es la ciudad del gran rey!ᶜ

³ Dios está en los palacios de Jerusalén;
Dios se ha dado a conocer como un
refugio seguro.
⁴ Pues los reyes se reunieron
y juntos avanzaron contra ella;
⁵ pero al ver la ciudad se
sorprendieron,
se inquietaron y huyeron.
⁶ El miedo se adueñó de ellos:
se retorcían de dolor, como mujer de
parto;
⁷ como el viento del este, que destroza
los barcos de Tarsis.
⁸ En la ciudad de nuestro Dios,
el Señor todopoderoso,
hemos visto con nuestros ojos
lo mismo que nos habían contado:
¡Dios afirmará para siempre a
Jerusalén!

⁹ Oh Dios,
en medio de tu templo
pensamos en tu gran amor.
¹⁰ Oh Dios,
por toda la tierra eres alabado
como corresponde a tu nombre.
Con tu poder haces plena justicia.

¹¹ ¡Que se alegre el monte Sión!

ª **46.1–3** Is 54.10; Jl 3.16.   ᵇ **46.4** Ez 47.1–12; Zac 14.8; Ap 22.1–2.   ᶜ **48.2** Mt 5.35.

¡Que salten de alegría las ciudades de
   Judá
por tus justas decisiones!

12 Caminen alrededor de Sión
   y cuenten las torres que tiene;
13 fíjense en su muralla y en sus
      palacios,
   para que puedan contar
   a las generaciones futuras
14 que así es nuestro Dios
   por toda la eternidad.
¡Él es nuestro guía eternamente!

SALMO 49 (48)

El dinero no lo es todo

1 Oigan bien esto,
   pueblos y habitantes de todo el
      mundo,
2 lo mismo los ricos que los pobres,
   lo mismo los poderosos que los
      humildes.
3 Voy a hablar con sabiduría
   y expresaré pensamientos profundos;
4 pondré atención a los refranes,
   y diré mi secreto al son del arpa.

5 ¿Por qué voy a tener miedo
   cuando vengan los días malos,
   cuando me encuentre rodeado
   de la maldad de mis enemigos?[35]
6 Ellos confían en sus riquezas
   y se jactan de sus muchos bienes,
7 pero nadie puede salvarse a sí
      mismo[36]
   ni pagarle a Dios porque le salve la
      vida.
8 ¡No hay dinero que pueda comprar la
      vida de un hombre,
9 para que viva siempre y se libre de la
      muerte!
10 Pues se ve que todos mueren por
      igual,
   lo mismo los sabios que los tontos,
   y se quedan para otros sus riquezas.
11 Aunque dieron su nombre a sus
      tierras,
   el sepulcro[37] será su hogar eterno;
   ¡allí se quedarán para siempre!

12   El hombre no es eterno, por muy
          rico que sea;
       muere lo mismo que los
          animales.[d]

13 Así acaban los que en sí mismos
      confían;

así terminan los que a sí mismos se
   alaban.
14 Para esa gente, la muerte es el pastor
   que los conduce al sepulcro
   como si fueran ovejas.
   Cuando llegue la mañana,
   los buenos triunfarán sobre ellos;
   su fuerza irá decayendo
   y el sepulcro será su hogar.
15 Pero Dios me salvará del poder de la
      muerte,
   pues me llevará con él.

16 No te inquietes si alguien se hace rico
   y aumenta el lujo de su casa,
17 pues cuando muera no podrá llevarse
      nada,[e]
   ni su lujo le seguirá al sepulcro.
18 Aunque se sienta feliz mientras vive,
   y la gente lo alabe por ser rico,
19 llegará el día en que se muera,
   y no volverá a ver la luz.

20   El hombre no es eterno,[38] por
          muy rico que sea;
       muere lo mismo que los animales.

SALMO 50 (49)

Dios es un juez justo

1 El Señor, el Dios de los dioses, ha
      hablado;
   ha llamado a los que habitan la tierra
   del oriente al occidente.
2 Dios resplandece desde Sión,
   la ciudad de belleza perfecta.
3 Nuestro Dios viene, pero no en
      silencio:
   delante de él, un fuego destructor;
   a su alrededor, una fuerte tormenta.
4 Desde lo alto, Dios llama al cielo y a
      la tierra
   a presenciar el juicio de su pueblo:

5 "Reúnan a los que me son fieles,
   a los que han hecho un pacto
      conmigo
   ofreciéndome un sacrificio."
6 Y el cielo declara que Dios es juez
      justo.

7 "Escucha, Israel, pueblo mío;
   voy a poner las cosas en claro
      contigo.
   ¡Yo soy Dios! ¡Yo soy tu Dios!
8 No te censuro por los sacrificios
   y holocaustos que siempre me
      ofreces.

---

35 *Maldad de mis enemigos:* traducción probable. Heb. *maldad de mis talones.* 36 *Salvarse a sí mismo:* según varios mss.
hebreos. Otros mss.: *salvar a su hermano.* 37 *El sepulcro:* según la versión griega y otras versiones antiguas. Heb. *sus
íntimos pensamientos.* 38 *El hombre no es eterno:* según v. 12. Heb. *el hombre no comprende.*
d **49.12,20** Ec 3.19. e **49.17** Job 1.21; Ec 5.15; 1 Ti 6.7.

9 No te pido becerros de tu ganado
ni machos cabríos de tus corrales,
10 pues míos son todos los animales
salvajes,
lo mismo que los ganados de las
serranías;
11 mías son las aves de las montañas
y todo lo que bulle en el campo.
12 Si yo tuviera hambre, no te lo diría a
ti,
pues el mundo es mío, con todo lo
que hay en él.
13 ¿Acaso me alimento de carne de
toros,
o bebo sangre de machos cabríos?
14 ¡Sea la gratitud tu ofrenda a Dios;
cumple al Altísimo tus promesas!
15 Llámame cuando estés angustiado;
yo te libraré, y tú me honrarás."

16 Pero al malvado Dios le dice:
"¿Qué derecho tienes de citar mis
leyes
o de mencionar mi pacto,
17 si no te agrada que yo te corrija
ni das importancia a mis palabras?
18 Al ladrón lo recibes con los brazos
abiertos;
¡te juntas con gente adúltera!
19 Para el mal y para inventar mentiras
se te sueltan la lengua y los labios.
20 Calumnias a tu hermano;
¡contra tu propio hermano lanzas
ofensas!
21 Todo esto has hecho, y me he
callado;
pensaste que yo era igual que tú.
Pero voy a acusarte cara a cara,
¡voy a ajustarte las cuentas!

22 "Entiendan bien esto, ustedes que
olvidan a Dios,
no sea que empiece yo a
despedazarlos
y no haya quien los libre:
23 el que me ofrece su gratitud, me
honra.
¡Yo salvo al que permanece en mi
camino!"

SALMO 51 (50)

Oh Dios, ten compasión de mí [39, f]

1 Por tu amor, oh Dios, ten compasión
de mí;
por tu gran ternura, borra mis culpas.
2 ¡Lávame de mi maldad!
¡Límpiame de mi pecado!

3 Reconozco que he sido rebelde;
mi pecado no se borra de mi mente.
4 Contra ti he pecado, y sólo contra ti,
haciendo lo malo, lo que tú
condenas.[g]
Por eso tu sentencia es justa;
irreprochable tu juicio.[h]

5 En verdad, soy malo desde que nací;
soy pecador desde el seno de mi
madre.
6 En verdad, tú amas al corazón
sincero,
y en lo íntimo me has dado sabiduría.
7 Purifícame con hisopo,[i] y quedaré
limpio;
lávame, y quedaré más blanco que la
nieve.[j]
8 Lléname de gozo y alegría;
alégrame de nuevo, aunque me has
quebrantado.
9 Aleja de tu vista mis pecados
y borra todas mis maldades.

10 Oh Dios, ¡pon en mí un corazón
limpio!,
¡dame un espíritu nuevo y fiel![k]
11 No me apartes de tu presencia
ni me quites tu santo espíritu.
12 Hazme sentir de nuevo el gozo de tu
salvación;
sosténme con tu espíritu generoso,
13 para que yo enseñe a los rebeldes tus
caminos
y los pecadores se vuelvan a ti.
14 Líbrame de cometer homicidios,
oh Dios, Dios de mi salvación,
y anunciaré con cantos que tú eres
justo.

15 Señor, abre mis labios,
y con mis labios te cantaré alabanzas.
16 Pues tú no quieres ofrendas ni
holocaustos;[l]
yo te los daría, pero no es lo que te
agrada.
17 Las ofrendas a Dios son un espíritu
dolido;
¡tú no desprecias, oh Dios, un
corazón hecho pedazos![m]

18 Haz bien a Sión, por tu buena
voluntad;
vuelve a levantar los muros de
Jerusalén
19 Entonces aceptarás los sacrificios
requeridos,
animales y ofrendas totalmente
quemadas;
entonces se ofrecerán becerros sobre
tu altar.

---

39 Según el título hebreo, David escribió este salmo después que el profeta Natán lo había reprendido por cometer adulterio con Betsabé.
f 51 Título hebreo 2 S 12.1-15. g 51.3-4 Sal 32.5. h 51.4 Ro 3.4. i 51.7 Ex 12.22; Lv 14.51; Ez 36.25; He 9.13-14,19.
j 51.7 Is 1.18. k 51.10 Ez 11.19; 36.26; 2 Co 5.17. l 51.16 Sal 40.6; 50.8-14. m 51.17 Sal 34 18.

SALMO 52 (51)

La inútil jactancia del malvado [40], [n]

[1] ¿Por qué presumes de tu maldad, oh
     poderoso?
   ¡El amor de Dios es constante!
[2] Sólo piensas en hacer lo malo;
   tu lengua es traidora como un
     cuchillo afilado.
[3] Prefieres lo malo a lo bueno,
   prefieres la mentira a la verdad.

[4] Lengua embustera,
   prefieres las palabras destructivas;
[5] pero Dios también te destruirá para
     siempre:
   te tomará y te echará de tu casa; te
     quitará la vida.

[6] Los que obedecen a Dios, verán esto
     y sentirán temor;
   pero se burlarán de aquel hombre,
     diciendo:
[7] "Miren al que no busca protección en
     Dios;
   al que confía en sus grandes riquezas
   y persiste en su maldad."
[8] Pero yo soy como un olivo verde
   en el templo de Dios;
   ¡siempre confiaré en su amor!

[9] Oh Dios, siempre te daré gracias por
     lo que has hecho;
   esperaré en ti delante de tus fieles,
   porque eres bueno.

SALMO 53 (52)

Perversión del hombre
(Sal 14)

[1] Los necios piensan que no hay Dios:
   todos se han pervertido,
   han hecho cosas malvadas;
   ¡no hay nadie que haga lo bueno! [n]
[2] Desde el cielo, Dios mira a los
     hombres
   para ver si hay alguien con
     entendimiento,
   alguien que busque a Dios.
[3] Pero todos se han desviado,
   todos por igual se han pervertido.
   ¡Ya no hay quien haga lo bueno!
   ¡No hay ni siquiera uno! [o]

[4] No tienen entendimiento los
     malhechores,

los que se comen a mi pueblo como
     quien come pan,
   los que no invocan el nombre de
     Dios.
[5] Aunque no haya razón para temblar,
   ellos temblarán de miedo,
   porque Dios esparce los huesos del
     enemigo.
   Quedarán en ridículo, porque Dios los
     rechaza.

[6] ¡Ojalá que del monte Sión
   venga la salvación de Israel!
   Cuando el Señor haga cambiar la
     suerte de su pueblo,
   se alegrarán los descendientes de
     Jacob,
   todo el pueblo de Israel.

SALMO 54 (53)

Oración en que se pide la ayuda de
Dios [41], [p]

[1] ¡Sálvame, Dios mío, por tu nombre!
   ¡Defiéndeme con tu poder!
[2] Escucha, Dios mío, mi oración;
   presta oído a mis palabras,
[3] pues gente arrogante y violenta
   se ha puesto en contra mía y quiere
     matarme.
   ¡No tienen presente a Dios! [q]
[4] Sin embargo, Dios me ayuda;
   el Señor me mantiene con vida.
[5-6] Él hará que la maldad de mis
     enemigos
   se vuelva contra ellos mismos.

¡Destrúyelos, Señor, pues tú eres fiel!
   Yo te ofreceré sacrificios voluntarios [r]
   y alabaré tu nombre, porque eres
     bueno,
[7] porque me has librado de todas mis
     angustias
   y he visto vencidos a mis enemigos.

SALMO 55 (54)

Oración de un perseguido

[1] Dios mío, escucha mi oración;
   no desatiendas mi súplica.
[2-3] Hazme caso, contéstame;
   en mi angustia te invoco.
   Me hacen temblar la voz del enemigo
   y los gritos de los malvados.

---

[40] Según el título hebreo, David escribió este poema cuando Doeg el edomita fue a decir a Saúl que David había estado en la casa de Ahimelec. [41] Según el título hebreo, David escribió este poema cuando los zifeos fueron a decir a Saúl que David se había refugiado en el pueblo de Zif.
[n] **52 Título hebreo** 1 S 21.7; 22.9-10.   [ñ] **53.1** Sal 10.4,11; 73.11.   [o] **53.1-3** Ro 3.10-12.   [p] **54 Título hebreo** 1 S 23.19; 26.1.
[q] **54.3** Sal 86.14.   [r] **54.5-6** Nm 15.3.

Me han cargado de aflicciones;
me atacan rabiosamente.
4 El corazón me salta en el pecho;
el terror de la muerte ha caído sobre
mí.
5 Me ha entrado un temor espantoso;
¡estoy temblando de miedo!
6 Y digo:
"Ojalá tuviera yo alas como de
paloma;
volaría entonces y podría descansar.
7 Volando me iría muy lejos;
me quedaría a vivir en el desierto.
8 Correría presuroso a protegerme
de la furia del viento y de la
tempestad."

9 Destrúyelos, Señor, confunde su
lenguaje,
pues tan sólo veo violencia y
discordia,
10 que día y noche rondan la ciudad.
Hay en ella maldad e intrigas;
hay en ella corrupción;
11 sus calles están llenas de violencia y
engaño.

12 No me ha ofendido un enemigo,
lo cual yo podría soportar;
ni se ha alzado contra mí el que me
odia,
de quien yo podría esconderme.
13 ¡Has sido tú, mi propio camarada,
mi más íntimo amigo,
14 con quien me reunía en el templo de
Dios
para conversar amigablemente,
con quien caminaba entre la
multitud!

15 ¡Que sorprenda la muerte a mis
enemigos!
¡Que caigan vivos en el sepulcro,
pues la maldad está en su corazón!

16 Pero yo clamaré a Dios;
el Señor me salvará.
17 Me quejaré y lloraré
mañana, tarde y noche,
y él escuchará mi voz.
18 En las batallas me librará;
me salvará la vida,
aunque sean muchos mis adversarios.

19 Dios, el que reina eternamente,
me oirá y los humillará,
pues ellos no cambian de conducta
ni tienen temor de Dios.
20 Levantan la mano contra sus amigos;
no cumplen su promesa de amistad.
21 Usan palabras más suaves que la
mantequilla,

pero sus pensamientos son de guerra.
Usan palabras más suaves que el
aceite,
pero no son sino espadas afiladas.

22 Deja tus preocupaciones al Señor,ˢ
y él te mantendrá firme;
nunca dejará que caiga
el hombre que le obedece.

23 Dios mío,
los asesinos y mentirosos no vivirán
ni la mitad de su vida;
tú harás que caigan al fondo del
sepulcro,
pero yo confío en ti.

SALMO 56 (55)

Confío en Dios y alabo su palabra ⁴²⁾ ᵗ

1 Ten compasión de mí, Dios mío,
pues hay gente que me persigue;
a todas horas me atacan y me
oprimen.
2 A todas horas me persiguen mis
enemigos;
son muchos los que me atacan con
altanería.

3 Cuando tengo miedo, confío en
ti.
4 Confío en Dios y alabo su
palabra;
confío en Dios y no tengo miedo.
¿Qué me puede hacer el
hombre?ᵘ

5 A todas horas me hieren con
palabras;
sólo piensan en hacerme daño.
6 Andan escondiéndose aquí y allá,
siguiéndome los pasos,
esperando el momento de matarme.

7 ¿Acaso escaparán de su propia
maldad?
Oh, Dios, humilla a los pueblos con tu
enojo.
8 Tú llevas la cuenta de mis huidas;
tú recoges cada una de mis lágrimas.
¿Acaso no las tienes anotadas en tu
libro?
9 Mis enemigos se pondrán en retirada
cuando yo te pida ayuda.
Yo sé muy bien que Dios está de mi
parte.

10 Confío en Dios y alabo su
palabra;
confío en el Señor y alabo su
palabra;

---

⁴² Según el título hebreo, David escribió este salmo cuando los filisteos lo capturaron en la ciudad de Gat.
ˢ **55.22** Mt 6.25-34; 1 P 5.7.   ᵗ **56 Título hebreo** 1 S 21.13-15   ᵘ **56.3-4,9-11** Sa 118.6 He 13.6.

11 confío en Dios y no tengo miedo.
¿Qué me puede hacer el hombre?

12 Las promesas que te hice, oh Dios,
te las cumpliré con alabanzas,
13 porque me has salvado de la muerte,
porque me has librado de caer,
a fin de que yo ande en la luz de la
vida,
en la presencia de Dios.

SALMO 57 (56)

Oración en que se pide la ayuda divina [43, v]
(Sal 108.1–5)

1 Ten compasión de mí, Dios mío, ten
compasión de mí,
pues en ti busco protección.
Quiero protegerme debajo de tus alas
hasta que el peligro haya pasado.
2 Voy a clamar al Dios altísimo,
al Dios que en todo me ayuda.
3 Él enviará desde el cielo su amor y su
verdad,
y me salvará de quienes con rabia me
persiguen.

4 Tendido estoy, por el suelo,
entre leones que se comen a la gente;
sus dientes son como lanzas y
flechas,
su lengua es una espada afilada.

5 Dios mío, tú estás por encima del
cielo.
¡Tu gloria llena toda la tierra! [w]

6 Mis enemigos me pusieron una
trampa
para doblegar mi ánimo;
hicieron un hoyo a mi paso,
pero ellos mismos cayeron en él.

7 Mi corazón está dispuesto, Dios mío,
mi corazón está dispuesto a cantarte
himnos.
8 Despierta, alma mía;
despierten, arpa y salterio;
¡despertaré al nuevo día!
9 Te alabaré con himnos, Señor,
en medio de pueblos y naciones.
10 Pues tu amor es grande hasta los
cielos;
tu lealtad alcanza al cielo azul. [x]

11 Dios mío, tú estás por encima del
cielo.
¡Tu gloria llena toda la tierra!

SALMO 58 (57)

Clamor de justicia

1 Ustedes, los poderosos, [44]
¿en verdad dictan sentencias justas
y hacen verdadera justicia?
2 Al contrario, actúan con mala
intención;
abren camino a la violencia en el país.

3 Los malvados se pervierten desde el
vientre;
los mentirosos se descarrían desde
antes de nacer.
4 Son venenosos como víboras;
son como una serpiente venenosa
que se hace la sorda, que se tapa los
oídos
5 para no oír la música del mago,
del experto en encantamientos.

6 Dios mío, ¡rómpeles los dientes!
Señor, ¡rómpeles los colmillos a esos
leones!
7 Que desaparezcan, como el agua que
se escurre;
que se sequen, como la hierba del
camino;
8 que se deshagan, como el caracol en
su baba,
¡como el niño abortado que nunca vio
la luz!,
9 que ardan como espinos antes que se
den cuenta;
que sean arrancados con furia, como
hierba verde. [45]

10 El que es fiel se alegrará de verse
vengado;
¡empapará sus pies en la sangre del
malvado!
11 Y entonces se dirá:
"¡Vale la pena ser fiel!
¡Hay un Dios que juzga al mundo!"

SALMO 59 (58)

El Señor es nuestro protector [46, y]

1 Dios mío, líbrame de mis enemigos;
ponme a salvo de mis agresores.
2 Líbrame de los malhechores,
sálvame de los asesinos,
3 porque hay hombres poderosos
que esperan el momento de matarme.

4 Señor, no he sido rebelde ni he
pecado;

---

43 Según el título hebreo, David escribió este salmo cuando huyó de Saúl y estaba en una cueva.   44 Ustedes, los poderosos: texto probable. Heb. ustedes, mudo.   45 Que sean ... hierba verde: traducción probable. Heb. oscuro.
46 Según el título hebreo, David escribió este salmo cuando Saúl ordenó que se diera muerte a David en la primera oportunidad.
v 57 Título hebreo 1 S 22.1; 24.3–7.   w 57.5,11 Sal 8.1.   x 57.10 Sal 36.5.   y 59 Título hebreo 1 S 19.11.

no he hecho nada malo,
y sin embargo se apresuran a
    atacarme.
¡Despierta! ¡Ven a mi encuentro y
    mira!
5 Tú, Señor,
Dios todopoderoso, Dios de Israel,
despierta y castiga a esos paganos;
no tengas compasión de esos
    malvados traidores.
6 Regresan por la noche, ladrando
    como perros,
y rondan la ciudad.
7 Echando espuma por la boca,
dicen con tono hiriente:
"¡No hay nadie que nos oiga!"

8 Pero tú, Señor, te ríes de ellos;z
tú te burlas de esos paganos.
9 En ti estaré protegido, Dios mío,
pues tú eres mi fortaleza y
    protección.
10 El Dios que me ama vendrá a mi
    encuentro;
me hará ver la derrota de mis
    enemigos.

11 No les tengas compasión,47
para que mi pueblo lo tenga presente;
dispérsalos con tu poder, y humíllalos.
¡El Señor es nuestro protector!

12 Pecan en todo lo que dicen;
¡pues que sean presa de su propio
    orgullo
y de sus falsos juramentos!
13 ¡Acábalos, acábalos con tu enojo!
¡Que dejen de existir!
¡Que se sepa que Dios es rey
en Jacob y hasta lo último de la
    tierra!
14-15 Cuando vuelvan por la noche
    ladrando como perros,
y ronden la ciudad en busca de
    comida,
aullarán por no encontrar suficiente.

16 En cuanto a mí, te cantaré por la
    mañana;
anunciaré a voz en cuello tu amor y
    tu poder.
Pues tú has sido mi protección,
mi refugio en momentos de angustia.
17 A ti cantaré himnos, Dios mío,
pues tú eres mi fortaleza y
    protección;
¡tú eres el Dios que me ama!

SALMO 60 (59)

Oración en que se pide la ayuda divina [48], [a]

(Sal 108.6-13)

1 En tu enojo, oh Dios, nos has
    abandonado,
nos has deshecho;
¡devuélvenos ahora nuestra fuerza!
2 Hiciste que la tierra temblara y se
    abriera;
¡cierra ahora sus grietas, pues se
    desmorona!
3 Has hecho pasar a tu pueblo duras
    pruebas,
nos has dado un vino que enloquece;
4 ¡da ahora una señal a los que te
    honran,
para que escapen de las flechas!
5 ¡Respóndenos, sálvanos con tu poder!
¡Libera a los que amas!

6 Dios ha dicho en su santuario:
"¡Con qué alegría dividiré Siquem
y repartiré el valle de Sucot!
7 Galaad y Manasés me pertenecen;
Efraín es el casco que cubre mi
    cabeza;
Judá es mi bastón de mando;
8 Moab es la palangana en que me
    lavo;
sobre Edom arrojaré mi sandalia;
¡gritaré de triunfo sobre los filisteos!"

9 ¿Quién me llevará a la ciudad
    amurallada?
¿Quién me guiará hasta Edom?
10 Pues tú, oh Dios, nos has rechazado;
¡no sales ya con nuestras tropas!b
11 Ayúdanos contra el enemigo,
pues nada vale la ayuda del hombre.
12 Con la ayuda de Dios haremos
    grandes cosas;
¡él aplastará a nuestros enemigos!c

SALMO 61 (60)

Confianza en la protección de Dios

1 Dios mío, escucha mis gritos de dolor,
¡atiende a mi oración!
2 Desde el último rincón de la tierra
clamo a ti,
pues mi corazón desfallece.
Ponme a salvo sobre una alta roca,
3 pues tú eres mi refugio.
¡Eres como una torre fuerte
que me libra del enemigo!

---

47 No les tengas compasión: texto probable. Heb. no los mates. 48 Según el título hebreo, David escribió este salmo para instruir a otros. Lo escribió cuando combatió contra los arameos de Naharaim y de Soba, y Joab atacó y mató doce mil edomitas en el valle de la Sal.
z 59.8 Sal 2.4. a 60 Título hebreo 2 S 8.13; 1 Cr 18.12. b 60.10 Sal 44.9; 108.11. c 60.12 Sal 44.5.

4 Quiero vivir en tu casa para siempre,
protegido debajo de tus alas.*d*
5 Tú, Dios mío, has escuchado mis
promesas,
y me has dado la herencia
de los que honran tu nombre.

6 Concédele al rey una larga vida;
que viva muchos, muchísimos años,
7 y que reine siempre con tu bendición.
Cuídalo con tu amor y fidelidad;
8 así alabaré tu nombre en todo tiempo
y cumpliré mis promesas día tras día.

SALMO 62 (61)

Dios, el único refugio

1 Sólo en Dios encuentro paz;
mi salvación viene de él.
2 Sólo él me salva y me protege.
No caeré, porque él es mi refugio.*e*

3 ¿Hasta cuándo me atacarán ustedes
y tratarán de echarme abajo,
cual si fuera una pared que se
derrumba
o una cerca a punto de caer al suelo?
4 Sólo piensan en derribarme;
su mayor placer es la mentira.
Me alaban con los labios,
pero me maldicen con el
pensamiento.

5 Sólo en Dios encuentro paz;
pues mi esperanza viene de él.
6 Sólo él me salva y me protege.
No caeré, porque él es mi refugio.

7 De Dios dependen mi salvación y mi
honor;
él es mi protección y mi refugio.
8 ¡Pueblo mío, confía siempre en él!
¡Háblenle en oración con toda
confianza!
¡Dios es nuestro refugio!

9 El hombre es pura ilusión,
tanto el pobre como el rico;
si en una balanza los pesaran juntos,
pesarían menos que nada.
10 No confíen en la violencia;
¡no se endiosen con el pillaje!
Si llegan a ser ricos,
no pongan su confianza en el dinero.

11-12 Más de una vez he escuchado
esto que Dios ha dicho:
que el poder y el amor le pertenecen,
y que él recompensa a cada uno
conforme a lo que haya hecho.*f*

SALMO 63 (62)

Dios, satisfacción del hombre *49, g*

1 ¡Dios mío, tú eres mi Dios!
Con ansias te busco, pues tengo sed
de ti;*h*
mi ser entero te desea,
cual tierra árida, sin agua, sin vida.
2 ¡Quiero verte en tu santuario,
y contemplar tu poder y tu gloria,
3 pues tu amor vale más que la vida!
Con mis labios te alabaré;
4 toda mi vida te bendeciré,
y a ti levantaré mis manos en
oración.
5 Quedaré muy satisfecho,
como el que disfruta de un banquete
delicioso,
y mis labios te alabarán con alegría.

6 Por las noches, ya acostado,
te recuerdo y pienso en ti;
7 pues tú eres quien me ayuda.
¡Soy feliz bajo tus alas!*i*
8 Mi vida entera está unida a ti;
tu mano derecha no me suelta.
9 Los que tratan de matarme
caerán al fondo del sepulcro;
10 ¡morirán a filo de espada
y serán devorados por los lobos!
11 Pero el rey se alegrará en Dios;
cantarán alabanzas todos los que
juran por él,
pero a los que mienten se les tapará
la boca.

SALMO 64 (63)

Oración pidiendo la protección de Dios

1 Dios mío, escucha mi queja;
protege mi vida de terribles enemigos.
2 Escóndeme de los malvados
y de sus planes secretos;
líbrame de la conspiración de los
malvados,
3 que afilan su lengua como espada
y lanzan como flechas palabras
venenosas.

4 Desde su escondite disparan contra el
inocente;
disparan por sorpresa y sin temor.
5 Se animan entre sí a hacer lo malo;
planean poner trampas escondidas
y piensan que nadie podrá verlos;
6 que nadie investigará sus maldades.

49 Título hebreo: *Salmo de David, cuando estaba en el desierto de Judá.*
d **61.4** Dt 32.10-11; Sal 17.8; 63.7; 91.4.   *e* **62.1-2** Sal 46.   *f* **62.11-12** Job 34.11; Pr 24.12; Jer 17.10; Ez 18.30; 33.20;
Mt 16.27; Ro 2.6; Ap 2.23.   *g* **63 Título hebreo** 1 S 23.14.   *h* **63.1** Sal 42.1-2; 143.6.   *i* **63.7** Sal 17.8; 91.4.

Pero aquel que puede conocer
los pensamientos más íntimos del
   hombre,
hará la investigación.⁵⁰
⁷ Dios los herirá con sus flechas,
los herirá por sorpresa;
⁸ caerán por sus propias palabras,
y quienes los vean se burlarán de
   ellos.
⁹ Todos entonces honrarán a Dios
y hablarán de sus acciones;
comprenderán lo que él ha hecho.
¹⁰ El hombre bueno se alegrará en el
   Señor
y buscará protección en él,
y todos los hombres honrados
se sentirán satisfechos.

SALMO 65 (64)

Dios es digno de alabanza

¹ Oh Dios de Sión,
¡tú eres digno de alabanza!,
¡tú mereces que te cumplan lo
   prometido,
² pues escuchas la oración!

Todo el mundo viene a ti.
³ Nuestras maldades nos dominan,
pero tú perdonas nuestros pecados.
⁴ Feliz el hombre a quien escoges
y lo llevas a vivir cerca de ti,
en las habitaciones de tu templo.
¡Llénanos de lo mejor de tu casa,
de la santidad de tu templo!

⁵ Dios y salvador nuestro,
tú nos respondes
con maravillosos actos de justicia;
la tierra entera confía en ti,
y también el mar lejano;
⁶ tú mantienes firmes las montañas
con tu poder y tu fuerza.
⁷ Tú calmas el estruendo de las olas
y el alboroto de los pueblos;
⁸ aun los que habitan en lejanas tierras
tiemblan ante tus maravillas;
por ti hay gritos de alegría
del oriente al occidente.
⁹ Tú tienes cuidado de la tierra;
le envías lluvia y la haces producir;ʲ
tú, con arroyos caudalosos,
haces crecer los trigales.
¡Así preparas el campo!
¹⁰ Tú empapas los surcos de la tierra
y nivelas sus terrones;
ablandas la tierra con lluvias
   abundantes
y bendices sus productos.
¹¹ Tú colmas el año de bendiciones,
tus nubes⁵¹ derraman abundancia;

¹² los pastos del desierto están verdes
y los montes se visten de gala;
¹³ los llanos se cubren de rebaños,
los valles se revisten de trigales;
¡todos cantan y gritan de alegría!

SALMO 66 (65)

Tus obras son maravillosas

¹ Canten a Dios con alegría,
habitantes de toda la tierra;
² canten himnos a su glorioso nombre;
cántenle gloriosas alabanzas.
³ Díganle a Dios:
"Tus obras son maravillosas.
Por tu gran poder
tus enemigos caen aterrados ante ti;
⁴ todo el mundo te adora
y canta himnos a tu nombre."

⁵ Vengan a ver las obras de Dios,
las maravillas que ha hecho por los
   hombres:
⁶ convirtió el mar en tierra seca,ᵏ
y nuestros antepasados cruzaron el
   río a pie;ˡ
¡alegrémonos en Dios!
⁷ Con su poder, gobierna para siempre;
vigila su mirada a las naciones,
para que los rebeldes
no se levanten contra él.

⁸ ¡Naciones, bendigan a nuestro Dios!
¡hagan resonar himnos de alabanza!
⁹ Porque nos ha mantenido con vida;
no nos ha dejado caer.

¹⁰ Dios nuestro, tú nos has puesto a
   prueba,
¡nos has purificado como a la plata!
¹¹ Nos has hecho caer en la red;
nos cargaste con un gran peso.
¹² Dejaste que un cualquiera nos
   pisoteara;
hemos pasado a través de agua y
   fuego,
pero al fin nos has dado respiro.

¹³ Entraré en tu templo y quemaré
ofrendas ante ti;
así cumpliré mis promesas,
¹⁴ las promesas que te hice
cuando me hallaba en peligro.
¹⁵ Quemaré sobre tu altar animales
   engordados;
te ofreceré toros y machos cabríos,
y el agradable olor de los carneros.

¹⁶ ¡Vengan todos ustedes,
los que tienen temor de Dios!

---

⁵⁰ *Pero aquel ... la investigación:* traducción probable. Heb. oscuro.   ⁵¹ *Tus nubes:* traducción probable.
Heb. *tus caminos.*
ʲ **65.9–13** Sal 104.10–16.   ᵏ **66.6** Ex 14.21; Sal 114.3,5.   ˡ **66.6** Jos 3.14–17.

¡Escuchen, que voy a contarles
lo que ha hecho por mí!
[17] Con mis labios y mi lengua
lo llamé y lo alabé.
[18] Si yo tuviera malos pensamientos,
el Señor no me habría escuchado;
[19] ¡pero él me escuchó y atendió mis
oraciones!

[20] ¡Bendito sea Dios,
que no rechazó mi oración
ni me negó su amor!

SALMO 67 (66)

¡Que te alaben todos los pueblos!

[1] Oh Dios,
ten compasión de nosotros y
bendícenos;
míranos con buenos ojos,
[2] para que todas las naciones de la
tierra
conozcan tu voluntad y salvación.

[3]   Oh Dios,
que te alaben los pueblos;
¡que todos los pueblos te alaben!

[4] Que las naciones griten de alegría,
pues tú gobiernas los pueblos con
justicia;
¡tú diriges las naciones del mundo!

[5]   Oh Dios,
que te alaben los pueblos;
¡que todos los pueblos te alaben!

[6] La tierra ha dado su fruto;
¡nuestro Dios nos ha bendecido!
[7] ¡Que Dios nos bendiga!
¡Que le rinda honor el mundo entero!

SALMO 68 (67)

La marcha triunfal de Israel

[1] Cuando Dios entra en acción,
sus enemigos se dispersan;
los que le odian huyen de su
presencia; [m]
[2] desaparecen como el humo en el aire,
se derriten como la cera en el fuego;
¡ante Dios están perdidos los
malvados!
[3] Pero los buenos se alegran;

ante Dios se llenan de gozo,
¡saltan de alegría!

[4] Canten ustedes a Dios,
canten himnos a su nombre;
alaben al que cabalga sobre las
nubes. [52]
¡Alégrense en el Señor!
¡Alégrense en su presencia!
[5] Dios, que habita en su santo templo,
es padre de los huérfanos
y defensor de las viudas;
[6] Dios da a los solitarios un hogar
donde vivir,
libera a los prisioneros y les da
prosperidad;
pero los rebeldes vivirán en tierra
estéril.

[7] Oh Dios, cuando saliste al frente de
tu pueblo
marchando a través del desierto,
[8] la tierra tembló,
la lluvia cayó del cielo,
el Sinaí tembló delante de Dios, [n]
delante del Dios de Israel. [ñ]
[9] Oh Dios, tú hiciste llover en
abundancia
para renovar las fuerzas de tu tierra
seca.
[10] Tu pueblo se estableció allí
y tú, oh Dios, por tu bondad,
le diste al pobre lo necesario.

[11] El Señor dio un mensaje;
muchas mujeres lo anunciaban:
[12] "¡Están huyendo los reyes y sus
ejércitos!"
En casa, las mujeres se repartían
lo que se le había quitado al enemigo,
[13] pero ustedes se quedaron escondidos.
¡Alas de paloma cubiertas de plata!
¡Sus plumas cubiertas de oro fino!
[14] Cuando el Todopoderoso hizo huir a
los reyes,
nevaba sobre el monte Salmón.

[15] ¡Qué altos son los montes de Basán,
y qué elevadas sus cumbres!
[16] Ustedes, que son montes tan altos,
¿por qué miran con envidia
el monte donde Dios quiso residir?
¡El Señor vivirá allí para siempre!

[17] Dios cuenta por millones sus carros
de combate;
del Sinaí vino en ellos a su templo.
[18] Oh Dios, subiste a lo alto llevando
cautivos;
recibiste tributo entre los hombres [o]
y hasta los rebeldes se rindieron a ti, [53]
Señor.

---

[52] *Cabalga sobre las nubes:* texto probable. Heb. *cabalga en los desiertos.*   [53] *Y hasta los rebeldes se rindieron a ti:* texto
probable. Heb. *hasta rebeldes para morar.*
[m] **68.1** Nm 10.35.   [n] **68.8** Ex 19.18.   [ñ] **68.7–8** Jue 5.4–5.   [o] **68.18** Ef 4.8.

¹⁹ ¡Bendito sea el Señor, nuestro Dios y
    salvador,
    que día tras día lleva nuestras cargas!
²⁰ Nuestro Dios es un Dios que salva
    y que puede librarnos de la muerte.
²¹ Dios partirá la cabeza de sus
    enemigos,
    la cabeza de los que siguen pecando.

²² El Señor ha dicho:
    "Te haré volver de Basán;
    te haré volver del mar profundo.
²³ para que bañes tus pies
    en la sangre de tus enemigos
    y tus perros se la beban."

²⁴ Oh Dios, mi Dios y rey,
    en tu santuario se ven las procesiones
    que celebran en tu honor.
²⁵ Los cantores van al frente
    y los músicos detrás,
    y en medio las jovencitas
    van tocando panderetas.
²⁶ ¡Bendigan todos ustedes a Dios el
    Señor!
    ¡Bendígalo todo Israel reunido!
²⁷ Al frente de ellos va Benjamín, el
    menor,
    con muchos jefes de Judá,
    de Zabulón y de Neftalí.

²⁸ Dios mío, demuestra tu poder;
    ¡reafirma lo que has hecho por
    nosotros!
²⁹ Desde tu alto templo, en Jerusalén,
    adonde los reyes te traen regalos,
³⁰ reprende a Egipto, a esa bestia de los
    juncos,
    a esa manada de toros bravos y de
    becerros
    que en su afán de riquezas humillan a
    los pueblos;
    ¡dispersa a la gente que ama la
    guerra!
³¹ De Egipto vendrán embajadores;⁵⁴
    Etiopía levantará sus manos a Dios.

³² ¡Canten a Dios, reinos de la tierra,
    canten himnos al Señor,
³³ al que cabalga en los cielos,
    en los cielos eternos!
    Escuchen cómo resuena su voz,
    su voz poderosa.
³⁴ Reconozcan el poder de Dios:
    su majestad se extiende sobre Israel,
    su poder alcanza el cielo azul.
³⁵ Maravilloso es Dios en su santuario;
    el Dios de Israel da poder y fuerza a
    su pueblo.

    ¡Bendito sea Dios!

SALMO 69 (68)

Un grito de angustia

¹ Sálvame, Dios mío,
    porque estoy a punto de ahogarme;
² me estoy hundiendo en un pantano
    profundo
    y no tengo dónde apoyar los pies.
    He llegado a lo más hondo del agua
    y me arrastra la corriente.ᵖ
³ Ya estoy ronco de tanto gritar;
    la garganta me duele;
    ¡mis ojos están cansados
    de tanto esperar a mi Dios!
⁴ Son más los que me odian sin
    motivoᑫ
    que los pelos de mi cabeza;
    han aumentado mis enemigos,
    los que sin razón me destruyen
    y me exigen que devuelva lo que no
    he robado.

⁵ Dios mío, tú sabes cuán necio he
    sido;
    no puedo esconderte mis pecados.
⁶ Señor, Dios todopoderoso,
    ¡que no pasen vergüenza por mi culpa
    los que confían en ti!
    Dios de Israel,
    ¡que no se decepcionen por mi causa
    los que con ansia te buscan!
⁷ Por ti he soportado ofensas;
    mi cara se ha cubierto de vergüenza;
⁸ ¡soy como un extraño y desconocido
    para mis propios hermanos!ʳ

⁹ Me consume el celo por tu casa;ˢ
    en mí han recaído las ofensas
    de los que te insultan.ᵗ
¹⁰ Cuando lloro y ayuno, se burlan de
    mí;
¹¹ si me visto de luto, soy el hazmerreir
    de todos.
¹² Ando de boca en boca,
    y los borrachos me hacen canciones.

¹³ Pero yo, Señor, a ti clamo.
    Dios mío, ¡ayúdame ahora!
    Por tu gran amor, ¡respóndeme!
    Por tu constante ayuda, ¡sálvame!
¹⁴ ¡No dejes que me hunda en el lodo!
    ¡Ponme a salvo de los que me odian
    y de las aguas profundas!
¹⁵ ¡No dejes que me arrastre la
    corriente!
    ¡No dejes que el profundo remolino
    me trague y se cierre tras de mí!

¹⁶ Señor, respóndeme;
    ¡tú eres bueno y todo amor!
    Por tu inmensa ternura, fíjate en mí;

---

⁵⁴ *Embajadores:* según la versión griega. Heb. *utensilios de bronce.*
ᵖ **69.2** Jon 2.6. ᑫ **69.4** Sal 35.19; Jn 15.25. ʳ **69.8** Job 19.13. ˢ **69.9** Jn 2.17. ᵗ **69.9** Ro 15.3.

¹⁷ ¡no rechaces a este siervo tuyo!
¡Respóndeme pronto, que estoy en
    peligro!
¹⁸ Acércate a mí, y sálvame;
¡líbrame de mis enemigos!
¹⁹ Tú conoces las ofensas,
la vergüenza y la deshonra que he
    sufrido;
tú sabes quiénes son mis enemigos.
²⁰ Las ofensas me han roto el corazón;
¡estoy sin ánimo y sin fuerzas!
Inútilmente he buscado
quien me consuele y compadezca.
²¹ En mi comida pusieron veneno,
y cuando tuve sed me dieron a beber
    vinagre. ᵘ

²² ¡Que su mesa y sus comidas de
    amistad
se conviertan en trampa para ellos!
²³ ¡Haz que se queden ciegos
y que siempre les tiemblen las
    piernas!ᵛ
²⁴ Descarga tu enojo sobre ellos;
¡que tu furia encendida los alcance!
²⁵ Que su campamento se vuelva un
    desierto,
y que nadie viva en sus tiendas;ʷ
²⁶ pues persiguen al que has afligido
y se burlan del dolor del que has
    herido.
²⁷ Devuélveles mal por mal;
¡que no alcancen tu perdón!
²⁸ ¡Bórralos del libro de la vida!ˣ
¡No los pongas en la lista de los
    justos!
²⁹ Pero a mí, que estoy enfermo y
    afligido,
levántame, Dios mío, y sálvame.

³⁰ Alabaré con cantos el nombre de
    Dios;
lo alabaré con gratitud,
³¹ y el Señor quedará más complacido
que si le ofreciera un toro en
    sacrificio
o un novillo con cuernos y pezuñas.
³² Al ver esto, se alegrarán los afligidos
y se animará el corazón de los que
    buscan a Dios;
³³ pues el Señor escucha a los pobres
y no desprecia a los suyos que están
    presos.

³⁴ ¡Alaben al Señor el cielo, la tierra y el
    mar,
y todos los seres que en ellos viven!
³⁵⁻³⁶ Pues Dios salvará a Sión
y reconstruirá las ciudades de Judá.
Los hijos de sus siervos heredarán la
    ciudad;

allí vivirán y tomarán posesión de
    ella;
¡los que aman su nombre la
    habitarán!

SALMO 70 (69)

Ven pronto en mi ayuda
(Sal 40.13-17)

¹ Dios mío, ¡ven a librarme!
Señor, ¡ven pronto en mi ayuda!
² ¡Que sean puestos en ridículo
los que tratan de matarme!
¡Que huyan en forma vergonzosa
los que quieren hacerme daño!
³ ¡Que huyan avergonzados
los que se burlan de mí!
⁴ Pero que todos los que te buscan
se llenen de alegría;
que los que desean tu salvación
digan siempre: "¡Dios es grande!"

⁵ Y a mí, que estoy pobre y afligido,
Dios mío, ¡ven pronto a ayudarme!
Tú eres quien me ayuda y me liberta;
¡no te tardes, Señor!

SALMO 71 (70)

Oración de un anciano

¹ Señor, en ti busco protección;
¡no me defraudes jamás!
² ¡Líbrame, ponme a salvo,
pues tú eres justo!
Dígnate escucharme, y sálvame.
³ Sé tú mi roca protectora,
¡sé tú mi castillo de refugio⁵⁵ y
    salvación!
¡Tú eres mi roca y mi castillo!

⁴ Dios mío,
líbrame de las manos del malvado,
de las manos del criminal y del
    violento,
⁵ pues tú, Señor, desde mi juventud
eres mi esperanza y mi seguridad.
⁶ Aún estaba yo en el vientre de mi
    madre
y ya me apoyaba en ti.
¡Tú me hiciste nacer!
¡Yo te alabaré siempre!

⁷ He sido motivo de asombro para
    muchos,
pero tú eres mi refugio.
⁸ Todo el día están llenos mis labios
de alabanzas a tu gloria;

---

⁵⁵ *Mi castillo de refugio:* según la versión griega. Heb. *para ir siempre tú ordenaste.*
ᵘ **69.21** Mt 27.34,48; Mr 15.23,36; Lc 23.36; Jn 19.28-29.   ᵛ **69.22-23** Ro 11.9-10.   ʷ **69.25** Hch 1.20.
ˣ **69.28** Ex 32.32; Ap 3.5; 13.8; 17.8.

⁹ no me desprecies cuando ya sea viejo;
no me abandones cuando ya no tenga
fuerzas.
¹⁰ Mis enemigos, los que quieren
matarme,
se han aliado y hacen planes contra
mí.
¹¹ Dicen: "¡Persíganlo y agárrenlo,
pues Dios lo ha abandonado
y nadie puede salvarlo!"

¹² No te alejes de mí, Dios mío;
¡ven pronto a ayudarme!
¹³ ¡Que sean avergonzados y destruidos
los enemigos de mi vida!
¡Que sean puestos en ridículo
los que quieren mi desgracia!
¹⁴ Pero yo esperaré en todo momento,
y más y más te alabaré;
¹⁵ todo el día anunciaré con mis labios
que tú nos has salvado y nos has
hecho justicia.
¡Esto es algo que no alcanzo a
comprender!
¹⁶ Contaré las grandes cosas que tú,
Señor, has hecho;
¡proclamaré que sólo tú eres justo!

¹⁷ Dios mío,
tú me has enseñado desde mi
juventud,
y aún sigo anunciando tus grandes
obras.
¹⁸ Dios mío, no me abandones
aun cuando ya esté yo viejo y
canoso,
pues aún tengo que hablar de tu gran
poder
a esta generación y a las futuras.

¹⁹ Tu justicia, oh Dios, llega hasta el
cielo;
tú has hecho grandes cosas;
¡no hay nadie como tú!
²⁰ Aunque me has hecho ver
muchas desgracias y aflicciones,
me harás vivir de nuevo;
me levantarás de lo profundo de la
tierra,
²¹ aumentarás mi grandeza
y volverás a consolarme.

²² Yo, por mi parte,
cantaré himnos y alabaré tu lealtad
al son del arpa y del salterio,
Dios mío, Santo de Israel.
²³ Mis labios se alegrarán al cantarte,
lo mismo que todo mi ser, que tú has
salvado.
²⁴ También mi lengua dirá a todas horas
que tú eres justo,
pues los que querían mi desgracia
han quedado cubiertos de vergüenza.

⁵⁶ *Espigas:* texto probable. Heb. *desde la ciudad.*
ʸ **72.8** 1 R 4.21; Zac 9.10.

SALMO 72 (71)

Oración por el rey

¹ Concede, oh Dios, al rey,
tu propia justicia y rectitud,
² para que con rectitud y justicia
gobierne a tu pueblo y a tus pobres.
³ Ofrezcan las montañas y los cerros
paz y rectitud al pueblo.
⁴ ¡Que haga justicia el rey a los pobres!
¡Que salve a los hijos de los
necesitados
y aplaste a los explotadores!

⁵ ¡Que tenga el rey temor de ti por
siempre,
mientras el sol y la luna existan!
⁶ ¡Que sea como la lluvia y el rocío
que riegan la tierra y los pastos!
⁷ ¡Que abunden la paz y la rectitud
en los días de su reinado,
hasta que la luna deje de existir!
⁸ ¡Que domine de mar a mar,
del río Éufrates al último rincón del
mundo!ʸ
⁹ ¡Que sus enemigos, que habitan en el
desierto,
se rindan humillados ante él!
¹⁰ ¡Que le traigan regalos y tributos
los reyes de Tarsis y de las islas,
los reyes de Sabá y de Seba!
¹¹ ¡Que todos los reyes se arrodillen ante
él!
¡Que todas las naciones le sirvan!
¹² Pues él salvará al pobre que suplica
y al necesitado que no tiene quien le
ayude.
¹³ Tendrá compasión de los humildes
y salvará la vida a los pobres.
¹⁴ Los salvará de la opresión y la
violencia,
pues sus vidas le son de gran valor.

¹⁵ ¡Viva el rey!
¡Que le den el oro de Sabá!
¡Que siempre se pida a Dios por él!
¡Que sea siempre bendecido!
¹⁶ ¡Que haya mucho trigo en el país
y que abunde en la cumbre de los
montes!
¡Que brote el grano como el Líbano
y que haya tantas espigas⁵⁶ como
hierba en el campo!
¹⁷ ¡Que el nombre del rey permanezca
siempre;
que su fama dure tanto como el sol!
¡Que todas las naciones del mundo
reciban bendiciones por medio de él!
¡Que todas las naciones lo llamen
feliz!

[18] Bendito sea Dios, Señor y Dios de
   Israel,
   el único que hace grandes cosas;
[19] bendito sea por siempre su glorioso
   nombre.
   ¡Que toda la tierra se llene de su
   gloria!
   ¡Así sea!

[20] Aquí terminan las oraciones de David, el
hijo de Isaí.

LIBRO III

SALMO 73 (72)

La bondad de Dios

[1] ¡Qué bueno es Dios con Israel,
   con los de limpio corazón!
[2] Un poco más, y yo hubiera caído;
   mis pies casi resbalaron.
[3] Pues tuve envidia al ver cómo
   prosperan
   los orgullosos y malvados.[z]

[4] A ellos no les preocupa la muerte,
   pues están llenos de salud;
[5] no han sufrido las penas humanas
   ni han estado en apuros como los
   demás.
[6] Por eso el orgullo es su collar
   y la violencia su vestido;
[7] están tan gordos que los ojos se les
   saltan,
   y son demasiadas sus malas
   intenciones.
[8] Con burla, orgullo y descaro,
   amenazan hacer maldad y violencia;
[9] atacan al cielo con sus labios
   y recorren la tierra con su lengua.

[10] Por eso la gente los alaba
   y no encuentra ninguna falta en
   ellos.[57]
[11] Preguntan: "¿Acaso Dios va a
   saberlo?
   ¿Acaso se dará cuenta el Altísimo?"[a]
[12] ¡Miren a estos malvados!
   Con toda tranquilidad aumentan sus
   riquezas.
[13] ¡De nada me sirve tener limpio el
   corazón
   y limpiarme las manos de toda
   maldad!
[14] Pues a todas horas recibo golpes,
   y soy castigado todas las mañanas.

[15] Si yo hubiera pensado como ellos,
   habría traicionado a tus hijos.
[16] Traté de comprender esto,
   pero me fue muy difícil.
[17] Sólo cuando entré en el santuario de
   Dios
   comprendí a dónde van ellos a parar:
[18] los has puesto en lugar resbaladizo
   y los empujas a la ruina.
[19] ¡En un momento quedarán
   destruidos!
   ¡El miedo acabará con ellos!
[20] Cuando tú, Señor, te levantes,
   como cuando uno despierta de un
   sueño,
   despreciarás su falsa apariencia.

[21] Yo estuve lleno de amargura
   y en mi corazón sentía dolor,
[22] porque era un necio que no entendía;
   ¡era ante ti igual que una bestia!
[23] Sin embargo, siempre he estado
   contigo.
   Me has tomado de la mano derecha,
[24] me has dirigido con tus consejos
   y al final me recibirás con honores.
[25] ¿A quién tengo en el cielo? ¡Sólo a ti!
   Estando contigo nada quiero en la
   tierra.
[26] Todo mi ser se consume,
   pero Dios es mi herencia eterna
   y el que sostiene mi corazón.

[27] Los que se alejen de ti, morirán;
   destruirás al que no te sea fiel.
[28] Pero yo me acercaré a Dios,
   pues para mí eso es lo mejor.
   Tú, Señor y Dios, eres mi refugio,
   y he de proclamar todo lo que has
   hecho.

SALMO 74 (73)

Oración pidiendo la liberación
del pueblo

[1] Oh Dios,
   ¿por qué nos has abandonado para
   siempre?
   ¿por qué se ha encendido tu furor
   contra las ovejas de tu prado?
[2] Acuérdate de tu pueblo,
   el que adquiriste desde el principio,
   el que rescataste para hacerlo tribu
   tuya;
   acuérdate del monte Sión, donde has
   vivido.
[3] Ven a ver estas ruinas sin fin;
   ¡el enemigo lo ha destruido todo en el
   santuario!

---

[57] *Por eso . . . falta en ellos:* traducción probable. Heb. oscuro.
[z] **73.3-14** Job 21; Jer 12.1-4; Hab 1. [a] **73.11** Sal 10.4,11; 14.1; 53.1; Job 22.13-14; Is 29.15.

⁴ Tus enemigos cantan victoria en tu
   santuario;
   ¡han puesto sus banderas extranjeras
⁵ sobre el portal de la entrada!
   Cual si fueran leñadores
   en medio de un bosque espeso,
⁶ a golpe de hacha y martillo
   destrozaron los ornamentos de
   madera.
⁷ Prendieron fuego a tu santuario;
   ¡deshonraron tu propio templo,
   derrumbándolo hasta el suelo!
⁸ Decidieron destruirnos del todo;
   ¡quemaron todos los lugares del país
   donde nos reuníamos para adorarte!
⁹ Ya no vemos nuestros símbolos
   sagrados;
   ya no hay ningún profeta,
   y ni siquiera sabemos lo que esto
   durará.

¹⁰ Oh Dios,
   ¿hasta cuándo nos ofenderá el
   enemigo?
   ¿Hasta cuándo seguirá hablando mal
   de ti?
¹¹ ¿Por qué escondes tu mano poderosa?
   ¿Por qué te quedas cruzado de
   brazos?
¹² Desde tiempos antiguos, tú eres mi
   rey.
   Tú, oh Dios, alcanzaste muchas
   victorias
   en medio de la tierra:
¹³ tú dividiste el mar con tu poder,ᵇ
   les rompiste la cabeza a los
   monstruos del mar,
¹⁴ aplastaste las cabezas del monstruo
   Leviatánᶜ
   y lo diste por comida a las fieras del
   desierto.
¹⁵ Tú hiciste brotar fuentes y ríos,
   y secaste los ríos inagotables.
¹⁶ Tuyos son el día y la noche;
   tú afirmaste la luna y el sol;ᵈ
¹⁷ tú marcaste los límites del mundo;
   tú hiciste el verano y el invierno.

¹⁸ Ten en cuenta, Señor, que el enemigo
   te ofende,
   y que gente necia habla mal de ti.
¹⁹ ¡No te olvides tanto de nosotros!
   Somos débiles como tórtolas;
   ¡no nos entregues a las fieras!
²⁰ ¡Acuérdate de tu pacto,
   porque el país está lleno de violencia
   hasta el último rincón!
²¹ No dejes que se humille al oprimido;
   ¡haz que te alaben el pobre y el
   humilde!

²² ¡Levántate, oh Dios! ¡Defiende tu
   causa!
   ¡Recuerda que los necios te ofenden
   sin cesar!
²³ No olvides los gritos de tus enemigos,
   el creciente clamor de los rebeldes.

SALMO 75 (74)

Dios, el juez

¹ Te damos gracias, oh Dios,
   te damos gracias;
   invocamos⁵⁸ tu nombre y cantamos
   tus maravillas.

² El Señor dice:
   "En el momento que yo escoja,
   juzgaré con toda rectitud.
³ Cuando tiembla la tierra, con todos
   sus habitantes,
   soy yo quien mantiene firmes sus
   bases."
⁴ A los presumidos y a los malvados
   digo:
   "No sean tan altivos y orgullosos;
⁵ no hagan tanto alarde de su poder
   ni sean tan insolentes al hablar."

⁶ Pues la ayuda no viene
   del este ni del oeste,
   ni del desierto del sur,
⁷ sino que Dios es el juez:
   a unos los humilla y a otros los
   levanta.
⁸ El Señor tiene en la mano la copa de
   su ira,
   con vino mezclado y fermentado.
   Cuando él derrame el vino,
   todos los malvados de la tierra
   lo beberán hasta la última gota.ᵉ

⁹ Yo siempre anunciaré al Dios de
   Jacob
   y le cantaré alabanzas;
¹⁰ porque él destruirá el orgullo de los
   malvados,
   pero aumentará el poder del hombre
   bueno.

SALMO 76 (75)

Dios, el vencedor

¹ Dios es conocido en Judá;
   su nombre es famoso en Israel.
² Su templo está sobre el monte Sión,
   en Jerusalén;

---

⁵⁸ *Invocamos:* según dos versiones antiguas. Heb. *cercano.*
ᵇ **74.13** Ex 14.21. ᶜ **74.14** Job 3.8; 41.1; Sal 89.10; 104.26; Is 27.1. ᵈ **74.16-17** Gn 1.3-18. ᵉ **75.8** Jer 25.15-29;
Ez 23.32-34; Hab 2.16; Ap 14.10; 16.19.

³ allí rompió las armas de guerra:
escudos, espadas, arcos y flechas.

⁴ ¡Tú eres glorioso, oh Dios!
¡Eres más grandioso que las
montañas eternas!⁵⁹
⁵ Los más valientes fueron despojados;
los más fuertes nada pudieron hacer;
¡durmieron su último sueño!
⁶ Ni aun moverse pueden el carro y el
caballo
cuando tú, Dios de Jacob, los
amenazas.

⁷ ¡Tú eres terrible!
¿Quién puede estar en pie delante de
ti
cuando se enciende tu furor?
⁸ Desde el cielo das a conocer tu juicio;
la tierra tiene miedo y se queda
quieta,
⁹ oh Dios,
cuando te levantas para hacer justicia
y salvar a todos los oprimidos de este
mundo.

¹⁰ El enojo del hombre se convierte en
tu alabanza;
¡aun su más mínimo enojo se
convierte en tu corona!
¹¹ Hagan ustedes promesas al Señor, su
Dios,
pero cúmplanselas.
Ustedes, que rodean al que es digno
de temor,
¡tráiganle ofrendas!
¹² Pues él quita la vida a los
gobernantes
y causa temor a los reyes del mundo.

SALMO 77 (76)

Reflexiones sobre los actos de Dios

¹ A Dios clamo con fuerte voz
para que él me escuche.
² El día que estoy triste busco al Señor,
y sin cesar levanto mis manos
en oración, por las noches.
Mi alma no encuentra consuelo.
³ Me acuerdo de Dios, y lloro;
me pongo a pensar, y me desanimo.

⁴ Tú, Señor, no me dejas pegar los
ojos;
¡estoy tan aturdido, que no puedo
hablar!
⁵ Pienso en los días y los años de antes;
⁶ recuerdo cuando cantaba por las
noches.
En mi interior medito, y me pregunto:

⁷ ¿Acaso va a estar siempre enojado el
Señor?
¿No volverá a tratarnos con bondad?
⁸ ¿Acaso su amor se ha terminado?
¿Se ha acabado su promesa para
siempre?
⁹ ¿Acaso se ha olvidado Dios de su
bondad?
¿Está tan enojado, que ya no tiene
compasión?
¹⁰ Lo que más me duele es pensar
que el Altísimo ya no es el mismo con
nosotros.
¹¹ Recordaré las maravillas
que hizo el Señor en otros tiempos;
¹² pensaré en todo lo que ha hecho.

¹³ Oh Dios, tú eres santo en tus
acciones;
¿qué dios hay tan grande como tú?
¹⁴ ¡Tú eres el Dios que hace maravillas!
¡Diste a conocer tu poder a las
naciones!
¹⁵ Con tu poder rescataste a tu pueblo,
a los hijos de Jacob y de José.

¹⁶ Oh Dios,
cuando el mar te vio, tuvo miedo,
y temblaron sus aguas más
profundas;ᶠ
¹⁷ las nubes dejaron caer su lluvia,
y hubo truenos en el cielo
y relámpagos por todas partes.
¹⁸ Se oían tus truenos en el torbellino;
el mundo se iluminó con tus
relámpagos
y la tierra se sacudió con temblores.
¹⁹ Te abriste paso por el mar;
atravesaste muchas aguas,
pero nadie encontró tus huellas.
²⁰ Dirigiste a tu pueblo como a un
rebaño,ᵍ
por medio de Moisés y de Aarón.

SALMO 78 (77)

Acciones de Dios en favor de su pueblo

¹ Pueblo mío, atiende a mi enseñanza;
¡inclínate a escuchar lo que te digo!
² Voy a hablar por medio de refranes;
diré cosas que han estado en secreto
desde tiempos antiguos. ʰ
³ Lo que hemos oído y sabemos
y nuestros padres nos contaron,
⁴ no lo ocultaremos a nuestros hijos.
Con las generaciones futuras
alabaremos al Señor
y hablaremos de su poder y
maravillas.

⁵⁹ *Montañas eternas:* según la versión griega. Heb. *montañas de cacería* (lit. *de presa*).
ᶠ **77.16–20** Ex 14.21–22. ᵍ **77.20** Sal 78.52; Is 63.11–14. ʰ **78.2** Mt 13.35.

5 Dios estableció una ley para Jacob;
  puso una norma de conducta en
    Israel,
  y ordenó a nuestros antepasados
  que la enseñaran a sus descendientes,
6 para que la conocieran las
    generaciones futuras,
  los hijos que habían de nacer,
  y que ellos, a su vez, la enseñaran a
    sus hijos;*i*
7 para que tuvieran confianza en Dios
  y no olvidaran lo que él había hecho;
  para que obedecieran sus
    mandamientos
8 y no fueran como sus antepasados,
    rebeldes y necios,
  faltos de firmeza en su corazón y
    espíritu;
  ¡generación infiel a Dios!

9 Los de la tribu de Efraín,
  que estaban armados con arcos y
    flechas,
  dieron la espalda el día del combate;
10 no respetaron su pacto con Dios
  ni quisieron obedecer sus enseñanzas.
11 Se olvidaron de lo que él había hecho,
  de las maravillas que les hizo ver.
12 Dios hizo maravillas delante de sus
    padres
  en la región de Zoán, que está en
    Egipto:*j*
13 partió en dos el mar, y los hizo pasar
    por él,
  deteniendo el agua como un muro.*k*
14 De día los guió con una nube,
  y de noche con luz de fuego.*l*
15 En el desierto partió en dos las peñas,
  y les dio a beber agua en abundancia.
16 ¡Dios hizo brotar de la peña
  un torrente de aguas caudalosas!*m*

17 Pero ellos siguieron pecando contra
    Dios;
  se rebelaron contra el Altísimo en el
    desierto.
18 Quisieron ponerle a prueba
  pidiendo comida a su antojo.
19 Hablaron contra él, diciendo:
  "¿Acaso puede Dios servir una mesa
    en el desierto?
20 Es verdad que Dios partió la peña;
  que de ella brotó agua como un río,
  y que la tierra se inundó;
  pero, ¿podrá dar también pan?
  ¿podrá dar carne a su pueblo?"
21 Cuando el Señor oyó esto, se enojó;
  ¡su furor, como un fuego,
  se encendió contra Jacob!
22 Porque no confiaron en Dios
  ni creyeron en su ayuda.

23 Sin embargo, Dios dio órdenes a las
    nubes
  y abrió las puertas del cielo;
24 ¡hizo llover sobre su pueblo el maná,
  trigo del cielo,*n* para que comieran!
25 ¡El hombre comió pan de ángeles!
  ¡Dios les dio de comer en abundancia!
26 El viento del este y el viento del sur
  soplaron en el cielo;
  ¡Dios los trajo con su poder!
27 Hizo llover carne sobre su pueblo;
  ¡llovieron aves como arena del mar!
28 Dios las hizo caer en medio del
    campamento
  y alrededor de las tiendas de
    campaña.
29 Y comieron hasta hartarse,
  y así Dios les cumplió su deseo.
30 Pero aún no habían calmado su
    apetito,
  todavía tenían la comida en la boca,
31 cuando el furor de Dios cayó sobre
    ellos
  y mató a los hombres más fuertes.
  ¡Hizo morir a los mejores hombres de
    Israel!*ñ*

32 A pesar de todo, volvieron a pecar;
  no creyeron en las maravillas de Dios.
33 Por eso Dios puso fin a sus vidas
  como si fueran un suspiro
  y en medio de un terror espantoso.
34 Si Dios los hacía morir, entonces lo
    buscaban;
  se volvían a él y lo buscaban sin
    descanso;
35 entonces se acordaban del Dios
    altísimo
  que los protegía y los rescataba.
36 Pero con su boca y su lengua
  le decían hermosas mentiras,
37 pues nunca le fueron sinceros*o*
  ni fieles a su pacto.

38 Pero Dios tenía compasión,
  perdonaba su maldad y no los
    destruía;
  muchas veces hizo a un lado el enojo
  y no se dejó llevar por la furia.
39 Dios se acordó de que eran simples
    hombres,
  de que eran como el viento, que se va
  y no vuelve.

40 ¡Cuántas veces desobedecieron a Dios
  y le causaron dolor en el desierto!
41 Pero volvían a ponerlo a prueba;
  ¡entristecían al Santo de Israel!
42 No se acordaron de aquel día
  cuando Dios, con su poder, los salvó
  del enemigo;

i 78.5-6 Dt 6.7.   *j* 78.12 Ex 7.8—12.32.   *k* 78.13 Ex 14.21-22.   *l* 78.14 Ex 13.21-22.   *m* 78.15-16 Ex 17.1-7; Nm 20.2-13.
n 78.24 Jn 6.31.   *ñ* 78.18-31 Ex 16.2-15; Nm 11.4-23,31-35.   *o* 78.37 Hch 8.21.

43 cuando en los campos de Zoán, en
Egipto,
hizo cosas grandes y asombrosas;
44 cuando convirtió en sangre los ríos,
y los egipcios no pudieron beber de
ellos.[p]
45 Mandó sobre ellos tábanos[q] y ranas,[r]
que todo lo devoraban y destruían;
46 entregó a la langosta las cosechas
por las que ellos habían trabajado.[s]
47 Con granizo y escarcha
destruyó sus higueras y sus viñas.
48 Sus vacas y sus ovejas murieron
bajo el granizo y los rayos.[t]
49 Dios les envió la furia de su enojo:
furor, condenación y angustia,
como mensajeros de calamidades.
50 ¡Dio rienda suelta a su furor!
No les perdonó la vida,
sino que los entregó a la muerte;
51 ¡hizo morir en Egipto mismo
al primer hijo de toda familia
egipcia![u]

52 Sacó a Israel como a un rebaño de
ovejas;[v]
llevó a su pueblo a través del
desierto.
53 Los llevó con paso seguro
para que no tuvieran miedo,
pero a sus enemigos el mar los
cubrió.[w]
54 Dios trajo a su pueblo a su tierra
santa,[x]
¡a las montañas que él mismo
conquistó!
55 Quitó a los paganos de la vista de
Israel;[y]
repartió la tierra en lotes entre sus
tribus,
y les hizo vivir en sus campamentos.

56 Pero ellos pusieron a prueba al Dios
altísimo
rebelándose contra él[z]
y desobedeciendo sus mandatos;
57 pues, lo mismo que sus padres,
lo abandonaron y le fueron infieles;
¡se torcieron igual que un arco falso!
58 Lo hicieron enojar con sus altares
paganos;
adorando ídolos, lo provocaron a
celos.
59 Dios se enojó al ver esto,
y rechazó por completo a Israel,
60 y abandonó el santuario de Silo,
que era su casa entre los hombres.[a]
61 Permitió que sus enemigos
capturaran
el símbolo de su gloria y su poder.[b]
62 Tan furioso estaba contra su pueblo,
que los entregó a la espada del
enemigo.
63 Los muchachos murieron quemados;
¡no hubo canción de bodas para las
novias!
64 Los sacerdotes murieron a filo de
espada,
y sus viudas no les lloraron.

65 Pero despertó el Señor, como de un
sueño,
como guerrero que vuelve en sí del
vino,
66 y derrotó a sus enemigos, y los hizo
huir;
¡los cubrió de vergüenza para
siempre!
67 Rechazó además a la casa de José,
y no escogió a la tribu de Efraín;
68 eligió en cambio a la tribu de Judá
y a su amado monte Sión.
69 Construyó un santuario, alto como el
cielo,
y lo afirmó para siempre, como a la
tierra.
70 Escogió a su siervo David,
el que era pastor de ovejas;
71 lo quitó de andar tras los rebaños,
para que cuidara a su pueblo,
para que fuera pastor de Israel.[c]
72 Y David cuidó del pueblo de Dios;
los cuidó y los dirigió
con mano hábil y corazón sincero.

SALMO 79 (78)

Dolor ante la destrucción de Jerusalén

1 ¡Oh Dios,
los paganos han invadido tu
propiedad!
¡Han profanado tu santo templo
y han convertido en ruinas a
Jerusalén![d]
2 ¡Han dejado los cadáveres de tus
siervos,
de los que te fueron fieles,
para que sirvan de alimento
a los buitres y a los animales salvajes!
3 Como agua han derramado su sangre
por toda Jerusalén,
y no hay quien los entierre.
4 Somos la burla de nuestros vecinos;
el hazmerreír de cuantos nos rodean.

5 Oh Señor,
¿hasta cuándo estarás enojado?
¿Arderá siempre tu enojo como el
fuego?

[p] **78.44** Ex 7.17-21. [q] **78.45** Ex 8.20-24. [r] **78.45** Ex 8.1-6. [s] **78.46** Ex 10.12-15. [t] **78.47-48** Ex 9.22-25.
[u] **78.51** Ex 12.29. [v] **78.52** Ex 13.17-22; Sal 77.20; Is 63.11-14. [w] **78.53** Ex 14.26-28. [x] **78.54** Ex 15.17; Jos 3.14-17.
[y] **78.55** Jos 11.16-23. [z] **78.56** Jue 2.11-15. [a] **78.60** Jos 18.1; Jer 7.12-14; 26.6. [b] **78.61** 1 S 4.4-22.
[c] **78.70-71** 1 S 16.11-12; 2 S 7.8; 1 Cr 17.7. [d] **79.1** 2 R 25.8-10; 2 Cr 36.17-19; Jer 52.12-14; Lm 1.1-10.

⁶ ¡Descarga tu furia sobre los reinos
      paganos
   que no te conocen ni te invocan!
⁷ Porque ellos devoraron a Jacob
   y convirtieron en ruinas el país.ᵉ
⁸ No nos hagas pagar a nosotros
   por la maldad de nuestros
      antepasados;
   ¡que venga tu ternura pronto a
      nuestro encuentro,
   porque estamos abatidos!

⁹ Oh Dios, salvador nuestro,
   ¡ayúdanos, líbranos y perdónanos,
   por la gloria de tu nombre!
¹⁰ No tienen por qué decir los paganos:
   "¿Dónde está su Dios?"ᶠ
   ¡Permítenos ver vengada la muerte de
      tus siervos!
   ¡Que los paganos también lo sepan!
¹¹ Atiende las quejas de los presos,
   y salva con tu gran poder
   a los sentenciados a muerte.

¹² Oh Señor,
   véngate siete veces de nuestros
      vecinos
   por las ofensas que te han hecho;
¹³ y nosotros, que somos tu pueblo,
   que somos ovejas de tus prados,
   gracias te daremos siempre,
   ¡cantaremos tus alabanzas por todos
      los siglos!

SALMO 80 (79)

¡Míranos con buenos ojos!

¹ Pastor de Israel,
   que guías a José como a un rebaño,
   que tienes tu trono sobre los
      querubines,ᵍ
   ¡escucha!
   ¡Mira con buenos ojos a Efraín,
² Benjamín y Manasés!
   ¡Despierta y ven a salvarnos con tu
      poder!

³   Oh Dios,
       ¡haz que volvamos a ser lo que
          fuimos!
       ¡Míranos con buenos ojos y
          estaremos a salvo!

⁴ Señor, Dios todopoderoso,
   ¿hasta cuándo estarás enojado
   con la oración de tu pueblo?
⁵ Nos has dado lágrimas por comida;
   por bebida, lágrimas en abundancia.
⁶ Nos has convertido en la burla de
      nuestros vecinos,

y nuestros enemigos se ríen de
   nosotros.

⁷   Dios todopoderoso,
       ¡haz que volvamos a ser lo que
          fuimos!
       ¡Míranos con buenos ojos y
          estaremos a salvo!

⁸ De Egipto sacaste una vid;
   arrojaste a los paganos y la plantaste.
⁹ Limpiaste el terreno para ella,
   y la vid echó raíces y llenó el país.
¹⁰ Cubrió los montes con su sombra,
   y con sus ramas los árboles más altos.
¹¹ Se extendieron sus ramas hasta el
      mar,
   y hasta el río Éufrates sus retoños.
¹² ¿Por qué has derribado su cerca,
   dejando que le arranquen uvas los
      que van por el camino?
¹³ El jabalí la destroza;
   ¡los animales salvajes la devoran!ʰ

¹⁴ Dios todopoderoso, regresa, por favor;
   mira atentamente desde el cielo
   y ten consideración de esta vid,
¹⁵ de la vid que tú mismo plantaste,
   del retoño que tú mismo afirmaste.
¹⁶ Destruye con tu furor
   a quienes la cortan y la queman;
¹⁷ pero ayuda al hombre que has
      escogido,
   al retoño de hombre que tú mismo
      afirmaste,
¹⁸ y nunca más nos apartaremos de ti.
   ¡Danos vida, y sólo a ti te
      invocaremos!

¹⁹   Oh Señor, Dios todopoderoso,
        ¡haz que volvamos a ser lo que
           fuimos!
        ¡Míranos con buenos ojos y
           estaremos a salvo!

SALMO 81 (80)

Bondad de Dios y maldad de Israel

¹ ¡Canten alegres a Dios, que es
      nuestra fuerza!
   ¡Alaben con gritos de alegría al Dios
      de Jacob!
² Canten al son del pandero,
   de la dulce arpa y del salterio.
³ Toquen la trompeta al llegar la luna
      nueva,
   y también al llegar la luna llena,
   que es el día de nuestra gran fiesta.ⁱ
⁴ Porque éste es el mandamiento
   que el Dios de Jacob dio a Israel;

ᵉ **79.6-7** Jer 10.25.   ᶠ **79.10** Jl 2.17; Mi 7.10.   ᵍ **80.1** Ex 25.18-22; 1 S 4.4; Is 37.16; Ez 1.26-28.   ʰ **80.8-13** Is 5.1-7.
ⁱ **81.3** Nm 10.10.

5 es el mandato dado a José
cuando Dios salió contra Egipto.

Oí una voz que yo no conocía:
6 "Te he quitado la carga de los hombros,
te he aliviado del trabajo duro.
7 En tu angustia me llamaste, y te salvé;
te contesté desde la nube que tronaba;
te puse a prueba junto a las aguas de Meriba.[j]
8 Escucha, pueblo mío, mi advertencia;
¡ojalá me obedezcas, Israel!
9 No tengas dioses extranjeros;
no adores dioses extraños.[k]
10 Yo soy el Señor, tu Dios,
el que te sacó de la tierra de Egipto;[l]
abre tu boca, y yo te satisfaré.

11 "Pero mi pueblo no quiso oírme;
¡Israel no quiso obedecerme!
12 Por eso los dejé seguir con su capricho,
y vivieron como mejor les pareció.
13 ¡Si mi pueblo me hubiera escuchado!
¡Si Israel hubiera seguido mis caminos,
14 en un abrir y cerrar de ojos
yo habría humillado a sus enemigos
y castigado a sus contrarios!"

15 Los que odian al Señor caerían aterrados,[60]
y su condenación quedaría sellada.
16 Dios alimentaría a su pueblo con lo mejor del trigo,
y con miel silvestre apagaría su sed.

SALMO 82 (81)

Dios, el juez supremo

1 Dios ha ocupado su lugar entre los jueces celestiales[61]
para dictar sentencia contra ellos:
2 "¿Hasta cuándo harán ustedes juicios falsos
y se pondrán de parte de los malvados?
3 ¡Hagan justicia al débil y al huérfano!
¡Hagan justicia al pobre y al necesitado![m]
4 ¡Libren a los débiles y pobres,
y defiéndanlos de los malvados!

5 "Pero ustedes no saben, no entienden;
andan en la oscuridad.
Tiemblan los cimientos de la tierra.
6 Yo dije que ustedes son dioses;[n]
que todos son hijos del Altísimo.
7 Sin embargo, morirán como todo hombre,
¡caerán como cualquier tirano!"

8 ¡Oh Dios, dispónte a juzgar la tierra,
pues tú eres el dueño de todas las naciones!

SALMO 83 (82)

Oración pidiendo la intervención de Dios

1 Oh Dios, ¡no te quedes en silencio!,
¡no te quedes inmóvil y callado!
2 Mira a tus enemigos, a los que te odian:
alborotan y se rebelan contra ti.
3 Han hecho planes astutos
en contra de tu pueblo,
¡en contra de tus protegidos!
4 Han pensado venir a destruirnos
para que dejemos de existir como nación,
para que no vuelva a recordarse el nombre de Israel.
5 Han hecho un pacto en contra tuya,
han conspirado como un solo hombre:
6 los campamentos de Edom y de Ismael,
los descendientes de Agar y de Moab,
7 Gebal, Amón y Amalec,
los filisteos, los que viven en Tiro,
8 y hasta los asirios se han unido a ellos,
y son el brazo fuerte de los hijos de Lot.

9 Haz con ellos como hiciste con Madián,[ñ]
como hiciste con Sísara,
como hiciste con Jabín en el arroyo de Cisón,[o]
10 que fueron destruidos en Endor,
¡que fueron convertidos en estiércol de la tierra!
11 Haz con sus hombres importantes
como hiciste con Oreb y con Zeeb;[p]
haz con todos sus jefes
como hiciste con Zeba y con Zalmuna,[q]
12 que quisieron apropiarse de los pastizales de Dios.

[60] *Caerían aterrados:* otra posible traducción: *lo adularían.* [61] *Jueces celestiales:* lit. *dioses.*
[j] **81.7** Ex 17.7; Nm 20.13. [k] **81.9** Ex 20.2–3; Dt 5.6–7. [l] **81.10** Ex 20.2. [m] **82.3** Ex 23.6; Dt 1.17. [n] **82.6** Jn 10.34.
[ñ] **83.9** Jue 7.1–23. [o] **83.9** Jue 4.6–22. [p] **83.11** Jue 7.25. [q] **83.11** Jue 8.12.

13 Dios mío, haz que rueden como
　　zarzas,
　como hojas secas arrastradas por el
　　viento;
14 y así como el fuego quema el bosque
　y consume los montes con sus llamas,
15 ¡así persíguelos con tus tormentas
　y espántalos con tus tempestades!
16 ¡Avergüénzalos, Señor,
　para que recurran a ti!
17 Que sean avergonzados para siempre;
　¡que se avergüencen y mueran!
18 ¡Que sepan que sólo tú eres el Señor,
　que sólo tú eres el Altísimo
　sobre toda la tierra!

SALMO 84 (83)

Anhelo por la casa de Dios

1 ¡Cuán hermoso es tu santuario,
　Señor todopoderoso!
2 ¡Con qué ansia y fervor
　deseo estar en los atrios de tu templo!
　¡Con todo el corazón
　canto alegre al Dios de la vida!

3 Aun el gorrión y la golondrina
　hallan lugar en tus altares
　donde hacerles nido a sus polluelos,
　oh Señor todopoderoso,
　rey mío y Dios mío.

4 ¡Felices los que viven en tu templo
　y te alaban sin cesar!
5 ¡Felices los que en ti encuentran
　　ayuda,
　los que desean peregrinar hasta tu
　　monte!62
6 Cuando pasen por el valle de las
　　Lágrimas
　lo convertirán en manantial,
　y aun la lluvia lo llenará de
　　bendiciones;
7 irán sus fuerzas en aumento,
　y en Sión verán al Dios supremo.

8 Señor, Dios todopoderoso,
　Dios de Jacob,
　¡escucha mi oración!
9 Oh Dios, protector nuestro,
　mira con buenos ojos
　a quien tú has escogido como rey.

10 ¡Más vale estar un día en tus atrios,
　que mil fuera de ellos!
　Prefiero ser portero del templo de mi
　　Dios,
　que vivir en lugares de maldad.

11 Porque Dios el Señor nos alumbra y
　　nos protege;
　el Señor ama y honra a los que viven
　　sin tacha,
　y nada bueno les niega.

12 Señor todopoderoso,
　¡felices los que en ti confían!

SALMO 85 (84)

¡Sálvanos otra vez!

1 Señor,
　tú has sido muy bueno con este país
　　tuyo.
　Has devuelto su felicidad a Jacob;63
2 has perdonado la maldad de tu pueblo
　y todos sus pecados;
3 has calmado por completo
　tu enojo y tu furor.

4 Dios y salvador nuestro,
　¡sálvanos también ahora
　y no sigas enojado con nosotros!
5 ¿Acaso vas a prolongar por siempre
　tu enojo contra nosotros?
6 ¿No volverás a darnos vida,
　para que tu pueblo se alegre por ti?
7 Oh Señor,
　¡muéstranos tu amor, y sálvanos!

8 Escucharé lo que el Señor va a decir;
　pues va a hablar de paz a su pueblo,
　a los que le son fieles,
　para que no vuelvan a hacer
　　locuras.64
9 En verdad, Dios está muy cerca,
　para salvar a los que le honran;
　su gloria vivirá en nuestra tierra.

10 El amor y la verdad se darán cita,
　la paz y la rectitud se besarán,
11 la verdad brotará de la tierra
　y la rectitud mirará desde el cielo.
12 El Señor mismo traerá la lluvia,
　y nuestra tierra dará su fruto.
13 La rectitud irá delante de él,
　y le preparará el camino.

SALMO 86 (85)

Sólo tú eres Dios

1 Señor, dígnate escucharme,
　porque estoy muy triste y pobre;
2 protégeme, pues te soy fiel.
　Tú eres mi Dios;

---

62 *Los que desean peregrinar hasta tu monte:* lit. *calzadas (hay) en su corazón.* Heb. oscuro. 63 *Has devuelto su felicidad a Jacob:* otra posible traducción: *has hecho volver la cautividad de Jacob.* 64 *Para que no vuelvan a hacer locuras:* otra posible traducción: *a los que vuelvan a confiar en él.*

¡salva a este siervo tuyo que en ti
confía!

3 Señor, ten compasión de mí,
que a ti clamo a todas horas.
4 Señor, alegra el ánimo de este siervo
tuyo,
pues a ti dirijo mi oración.
5 Porque tú, Señor, eres bueno y
perdonas;
eres todo amor con los que te
invocan.

6 Señor, escucha mi oración,
¡atiende mi plegaria!
7 En mi angustia clamo a ti,
porque tú me respondes.
8 ¡No hay dios comparable a ti, Señor!
¡No hay nada que iguale a tus obras!

9 Oh Señor,
tú has formado a todas las naciones,
y ellas vendrán a ti para adorarte
y para glorificar tu nombre.r
10 Porque sólo tú eres Dios;
¡tú eres grande y haces maravillas!

11 Oh Señor, enséñame tu camino,
para que yo lo siga fielmente.
Haz que mi corazón honre tu
nombre.
12 Mi Señor y Dios,
te alabaré con todo el corazón
y glorificaré siempre tu nombre.
13 ¡Inmenso es tu amor por mí!
¡Me has librado de caer en el
sepulcro!

14 Oh Dios,
una banda de insolentes y violentos,
que no te tienen presente,
se han puesto en contra mía y
quieren matarme.s
15 Pero tú, Señor,
eres Dios tierno y compasivo,
paciente, todo amor y verdad.
16 Mírame, ¡ten compasión de mí!
¡Salva a este siervo tuyo! ¡Dale tu
fuerza!
17 Dame una clara prueba de tu bondad,
y que al verla se avergüencen los que
me odian.
¡Tú, Señor, me das ayuda y consuelo!

SALMO 87 (86)

Alabanza a la ciudad de Dios

1 Los cimientos de la ciudad de Dios
están sobre los montes santos.

2 El Señor ama las puertas de Sión
más que a todas las casas de Jacob.
3 Ciudad de Dios,
qué cosas tan hermosas se dicen de
ti:
4 "Entre los pueblos que me conocen
puedo nombrar a Egipto y Babilonia,
Filistea, Tiro y Etiopía;
todos ellos nacieron en ti."

5 De la ciudad de Sión dirán:
"Este y aquél nacieron en ella."
El Altísimo mismo la ha afirmado.
6 El Señor escribe en el libro
donde constan los nombres de los
pueblos:
"Este nació en ella."

7 Y los que cantan y los que bailan,
dicen:
"Mi hogar 65 está en ti."

SALMO 88 (87)

Señor, ¿por qué me desprecias?

1 Señor, mi Dios y Salvador,
día y noche te pido ayuda,
2 ¡acepta mi oración!,
¡atiende a mi plegaria!

3 Tanto es el mal que ha caído sobre
mí,
que me encuentro al borde de la
muerte;
4 ¡ya me pueden contar entre los
muertos,
pues me he quedado sin fuerzas!
5 Estoy abandonado entre difuntos;
soy como los que han muerto en
combate
y ya han sido enterrados;
como los que han perdido tu
protección
y ya han sido olvidados por ti.
6 Me has echado en lo más hondo del
hoyo,
en lugares oscuros y profundos.
7 Has descargado tu enojo sobre mí,
¡me has hundido bajo el peso de tus
olas!
8 Has hecho que mis amigos me
abandonen;
me has hecho insoportable para ellos.
¡Soy como un preso que no puede
escapar!
9 De tanto llorar me estoy quedando
ciego.
¡Todos los días clamo a ti, Señor,
y a ti levanto las manos!

---

65 *Mi hogar:* según la versión griega. Heb. *mis fuentes.*
r **86.9** Ap 15.4. s **86.14** Sal 54.3.

¹⁰ ¿Acaso harás milagros por los
    muertos?
¿Acaso podrán los muertos darte
    gracias?
¹¹ ¿Acaso se hablará de tu verdad y de
    tu amor
en el sepulcro, en el reino de la
    muerte?
¹² En las sombras de la muerte, donde
    todo se olvida,
¿habrá quién reconozca tu rectitud y
    maravillas?ᵗ

¹³ Pero yo, Señor, a ti clamo;
de mañana elevo a ti mi oración.
¹⁴ ¿Por qué me desprecias, Señor?
¿Por qué te escondes de mí?
¹⁵ Desde los días de mi juventud
he estado afligido y al borde de la
    muerte;
he soportado cosas terribles de tu
    parte,
y ya no puedo más.
¹⁶ Tu furor terrible ha pasado sobre mí,
y me ha vencido;ᵘ
¹⁷ me rodea por completo a todas horas,
como una inundación.
¹⁸ Has alejado de mí amigos y
    compañeros,
y ahora sólo tengo amistad con las
    tinieblas.

SALMO 89 (88)

El pacto de Dios con David

¹ Señor, siempre diré en mi canto
que tú eres bondadoso;
constantemente contaré
que tú eres fiel.
² Proclamaré que tu amor es eterno;
que tu fidelidad es invariable,
invariable como el mismo cielo.
³ Hiciste un pacto con David;
prometiste a tu siervo escogido:
⁴ "Haré que tus descendientes
reinen siempre en tu lugar."ᵛ

⁵ Oh Señor,
todos los seres celestiales
alaban tu fidelidad y tus maravillas.
⁶ ¡Ningún dios, nadie en el cielo
puede compararse a ti, Señor!
⁷ Dios grande y terrible,
rodeado de seres celestiales.

⁸ Señor, Dios todopoderoso,
todo el poder es tuyo y la verdad te
    rodea;
¡no hay nadie igual a ti!

⁹ Tú dominas el mar embravecido
y aquietas sus olas encrespadas;
¹⁰ aplastaste al monstruo marino
como si fuera un cadáver;ʷ
dispersaste a tus enemigos
con la fuerza de tu brazo.
¹¹ El cielo y la tierra son tuyos;
tú formaste el mundo y todo lo que
    hay en él.ˣ
¹² Tú creaste el norte y el sur;
los montes Tabor y Hermón cantan
alegres a tu nombre.
¹³ Tu brazo es poderoso;
tu mano derecha es fuerte y
    victoriosa.
¹⁴ Tu trono está afirmado en la justicia
    y el derecho;
el amor y la verdad salen a tu
    encuentro.

¹⁵ Oh Señor,
feliz el pueblo que sabe alabarte con
    alegría
y camina alumbrado por tu luz,
¹⁶ que en tu nombre se alegra todo el
    tiempo
y se entusiasma por tu rectitud.
¹⁷ En verdad, tú eres su fuerza y
    hermosura;
nuestro poder aumenta por tu buena
    voluntad.
¹⁸ ¡Nuestro protector es el Señor!
¡Nuestro rey es el Santo de Israel!

¹⁹ En otro tiempo hablaste en una
    visión,
y dijiste a tus siervos fieles:
"He escogido a un valiente de mi
    pueblo,
lo he puesto en alto y lo he ayudado.
²⁰ ¡He encontrado a mi siervo David!ʸ
Con mi aceite sagrado lo he
    designado rey,ᶻ
²¹ y nunca le faltará mi ayuda.
Con mi poder lo fortaleceré;
²² no lo atacarán sus enemigos
ni lo vencerán los malvados.
²³ Aplastaré a sus enemigos;
¡los quitaré de su vista!
¡Destrozaré a los que le odian!
²⁴ Él contará con mi amor y fidelidad,
y por mí aumentará su poder.
²⁵ Afirmaré su poder y dominio
desde el Mediterráneo hasta el
    Éufrates.⁵⁶
²⁶ Él me dirá: 'Tú eres mi Padre;
eres mi Dios, que me salva y me
    protege.'
²⁷ Y yo le daré los derechos de hijo
    mayor,
por encima de los reyes del mundo.ᵃ

---

⁵⁶ Desde el Mediterráneo hasta el Éufrates: lit. en el mar y en los ríos.
ᵗ **88.10-12** Job 10.21-22; Sal 6.5; 115.17; Is 38.18-19. ᵘ **88.16** Job 6.4. ᵛ **89.4** 2 S 7.12-16; 1 Cr 17.11-14; Sal 132.11;
Hch 2.30. ʷ **89.10** Sal 74.13. ˣ **89.11-12** Sal 24.1-2; 95.4-5; 1 Co 10.26. ʸ **89.20** 1 S 13.14; Hch 13.22. ᶻ **89.20** 1 S 16.12.
ᵃ **89.27** Ap 1.5.

²⁸ Mi amor por él será constante,
y mi pacto con él será firme.
²⁹ Sus descendientes reinarán en su
lugar
siempre, mientras el cielo exista.

³⁰ "Pero si ellos abandonan mi
enseñanza
y no viven de acuerdo con mis
mandatos,
³¹ si faltan a mis leyes
y no obedecen mis mandamientos,
³² castigaré su rebelión y maldad
con golpes de vara;ᵇ
³³ Pero no dejaré de amar a David,
ni faltaré a mi fidelidad hacia él.
³⁴ No romperé mi pacto
ni faltaré a mi palabra.
³⁵ Una vez le he jurado por mi santidad,
y no le mentiré:
³⁶ sus descendientes reinarán en su
lugar,
siempre, mientras el sol exista.
³⁷ ¡Siempre firmes, como la luna!
¡Siempre firmes, mientras el cielo
exista!"

³⁸ Sin embargo, has rechazado y
despreciado
al rey que tú escogiste;
¡te has enojado con él!
³⁹ Has roto el pacto con tu siervo;
has arrojado al suelo su corona.
⁴⁰ Abriste brechas en todos sus muros;
¡convertiste en ruinas sus ciudades!
⁴¹ Todo el mundo pasa y roba lo que
quiere;
sus vecinos se burlan de él.
⁴² Has hecho que sus enemigos
levanten la mano alegres y
triunfantes.
⁴³ Le quitaste el filo a su espada
y no lo sostuviste en la batalla.
⁴⁴ Has apagado su esplendor;
has arrojado su trono por los suelos;
⁴⁵ le has quitado años de vida
y lo has llenado de vergüenza.

⁴⁶ Oh Señor,
¿hasta cuándo estarás escondido?
¿Arderá siempre tu enojo, como el
fuego?
⁴⁷ Señor, recuerda que mi vida es corta;
que el hombre, que tú has creado,
vive poco tiempo.
⁴⁸ ¡Nadie puede vivir y no morir nunca!
¡Nadie puede librarse del poder de la
muerte!
⁴⁹ Señor,
¿dónde está tu amor primero,
que en tu fidelidad prometiste a
David?

⁵⁰ Señor, recuerda que a tus siervos
los ofende mucha gente;
que llevo esos insultos en mi pecho.
⁵¹ Oh Señor,
¡así nos ofenden tus enemigos!
¡así ofenden a tu escogido a cada
paso!

⁵² Bendito sea el Señor por siempre.
¡Así sea!

LIBRO IV

SALMO 90 (89)

Eternidad de Dios y fragilidad del hombre

¹ Señor, tú has sido nuestro refugio
por todas las edades.
² Desde antes que se formaran los
montes
y que existieran la tierra y el mundo,
desde los tiempos antiguos
y hasta los tiempos postreros,
tú eres Dios.
³ Haces que el hombre vuelva al polvo
cuando dices: "Vuelvan al polvo,
seres humanos."

⁴ En verdad, mil años, para ti,
son como el día de ayer, que pasó.ᶜ
¡Son como unas cuantas horas de la
noche!
⁵ Arrastras a los hombres con
violencia,
cual si fueran sólo un sueño;ᵈ
⁶ son como la hierba, que brota y
florece a la mañana,
pero a la tarde se marchita y muere.

⁷ En verdad, tu furor nos consume,
¡nos deja confundidos!
⁸ Nuestros pecados y maldades
quedan expuestos ante ti.

⁹ En verdad, toda nuestra vida
termina a causa de tu enojo;
nuestros años se van como un
suspiro.
¹⁰ Setenta son los años que vivimos;
los más fuertes llegan hasta ochenta;
pero el orgullo de vivir tanto
sólo trae molestias y trabajo.
¡Los años pronto pasan, lo mismo que
nosotros!ᵉ

¹¹ ¿Quién conoce la violencia de tu
enojo?
¿Quién conoce tu furor?

ᵇ **89.32** Dt 8.5; 2 S 7.14; Sal 94.12; Pr 3.11–12; He 12.5–11.   ᶜ **90.4** 2 P 3.8.   ᵈ **90.5** Is 40.6–8.
ᵉ **90.10** Job 14.1; Ec 2.23; 11.8.

12 Enséñanos a contar bien nuestros
      días,
   para que nuestra mente alcance
      sabiduría.

13 ¡Señor, vuélvete a nosotros!
   ¿Cuánto más tardarás?
   ¡Ten compasión de estos siervos
      tuyos!
14 Llénanos de tu amor al comenzar el
      día,
   y alegres cantaremos toda nuestra
      vida.
15 Danos tantos años de alegría
   como los años de aflicción que hemos
      tenido.
16 ¡Haz que tus siervos y sus
      descendientes
   puedan ver tus obras y tu gloria!

17 Que la bondad del Señor, nuestro
      Dios,
   esté sobre nosotros.
   ¡Afirma, Señor, nuestro trabajo!
   ¡Afirma, sí, nuestro trabajo!

SALMO 91 (90)

El Señor es nuestro refugio

1 El que vive bajo la sombra protectora
   del Altísimo y Todopoderoso,
2 dice al Señor: "Tú eres mi refugio,
   mi castillo, ¡mi Dios, en quien
      confío!"

3 Sólo él puede librarte
   de trampas ocultas y plagas mortales,
4 pues te cubrirá con sus alas,
   y bajo ellas estarás seguro.ᶠ
   ¡Su fidelidad te protegerá como un
      escudo!
5 No tengas miedo a los peligros
      nocturnos,
   ni a las flechas lanzadas de día,
6 ni a las plagas que llegan con la
      oscuridad,
   ni a las que destruyen a pleno sol;
7 pues mil caerán muertos a tu
      izquierda
   y diez mil a tu derecha,
   pero a ti nada te pasará.
8 Solamente lo habrás de presenciar:
   verás a los malvados recibir su
      merecido.

9 Ya que has hecho del Señor tu
      refugio,⁶⁷
   del Altísimo tu lugar de protección,
10 no te sobrevendrá ningún mal
   ni la enfermedad llegará a tu casa;

11 pues él mandará que sus ángeles
   te cuiden por dondequiera que
      vayas.ᵍ
12 Te levantarán con sus manos
   para que no tropieces con piedra
      alguna.ʰ
13 Podrás andar entre leones,
   entre monstruos y serpientes.ⁱ

14 "Yo lo pondré a salvo,
   fuera del alcance de todos,
   porque él me ama y me conoce.
15 Cuando me llame, le contestaré;
   ¡yo mismo estaré con él!
   Lo libraré de la angustia
   y lo colmaré de honores;
16 le haré disfrutar de una larga vida:
   ¡le haré gozar de mi salvación!"

SALMO 92 (91)

Un canto de alabanza

1 Altísimo Señor,
   ¡qué bueno es darte gracias
   y cantar himnos en tu honor!
2 Anunciar por la mañana y por la
      noche
   tu gran amor y fidelidad,
3 al son de instrumentos de cuerda,
   con música suave de arpa y de
      salterio.

4 Oh Señor,
   ¡tú me has hecho feliz con tus
      acciones!
   ¡Tus obras me llenan de alegría!
5 Oh Señor,
   ¡qué grandes son tus obras!,
   ¡qué profundos tus pensamientos!
6 ¡Sólo los necios no pueden
      entenderlo!
7 Si los malvados y malhechores
   crecen como la hierba y prosperan,
   es sólo para ser destruidos para
      siempre.
8 Pero tú, Señor, por siempre estás en
      lo alto.
9 Una cosa es cierta, Señor:
   que tus enemigos serán destruidos;
   que todos los malhechores serán
      dispersados.

10 Tú aumentas mis fuerzas
   como las fuerzas de un toro,
   y viertes perfume sobre mi cabeza.
11 He de ver cómo caen mis enemigos;
   ¡he de oír las quejas de esos
      malvados!

12 Los buenos florecen como las palmas
   y crecen como los cedros del Líbano.

---

⁶⁷ *Tu refugio:* según otras versiones. Heb. *mi refugio.*
ᶠ **91.4** Dt 32.10–11; Sal 17.8; 61.4. ᵍ **91.11** Mt 4.6; Lc 4.10. ʰ **91.12** Mt 4.6; Lc 4.11. ⁱ **91.13** Lc 10.19.

¹³ Están plantados en el templo del
  Señor;
  florecen en los atrios de nuestro Dios.
¹⁴ Aun en su vejez darán fruto;
  siempre estarán fuertes y lozanos,
¹⁵ y anunciarán que el Señor, mi
  protector,
  es recto y no hay en él injusticia.

SALMO 93 (92)

¡El Señor es rey!

¹ ¡El Señor es rey!
  ¡El Señor se ha vestido de esplendor
  y se ha rodeado de poder!
  Él afirmó el mundo, para que no se
  mueva.
² Desde entonces, Señor, tu trono está
  firme.
  ¡Tú siempre has existido!

³ Oh Señor,
  los ríos braman y levantan grandes
  olas;
⁴ pero tú, Señor, en las alturas,
  eres más poderoso que las olas
  y que el rugir de los mares.

⁵ Oh Señor,
  tus mandatos son muy firmes.
  ¡La santidad es el adorno eterno de tu
  templo!

SALMO 94 (93)

El Señor es el juez del mundo

¹ ¡Muéstrate, Señor, Dios de las
  venganzas!
² Tú eres el juez del mundo;
  ¡levántate contra los altivos
  y dales su merecido!

³ ¿Hasta cuándo, Señor,
  hasta cuándo se alegrarán los
  malvados?
⁴ Todos esos malhechores
  son insolentes y altaneros;
  ¡son unos fanfarrones!
⁵ Oh Señor,
  ellos destrozan a tu pueblo;
  ¡humillan a los tuyos!
⁶ Matan viudas y extranjeros;
  asesinan huérfanos.
⁷ Dicen que el Señor no ve,
  que el Dios de Jacob no se da cuenta.

⁸ ¡Entiendan, gente torpe y necia!
  ¿Cuándo podrán comprender?

⁹ ¿Acaso no habrá de oír
  el que ha hecho los oídos?
  ¿Y acaso no habrá de ver
  el que ha formado los ojos?
¹⁰ ¿Acaso no ha de castigar
  el que corrige a las naciones?
  ¿Y acaso no ha de saber
  el que instruye en el saber al hombre?
¹¹ El Señor sabe que el hombre
  sólo piensa tonterías.ʲ

¹² Oh Señor,
  feliz aquel a quien corriges
  y le das tus enseñanzas
¹³ para que tenga tranquilidad
  cuando lleguen los días malos,
  mientras que al malvado
  se le prepara la fosa.
¹⁴ El Señor no abandonará a su pueblo,
  ni dejará solos a los suyos.
¹⁵ La justicia volverá a ser justa,
  y todo hombre honrado la seguirá.

¹⁶ ¿Quién se levantará a defenderme
  de los malvados y malhechores?
¹⁷ Si el Señor no me hubiera ayudado,
  yo estaría ya en el silencio de la
  muerte.
¹⁸ Cuando alguna vez dije: "Mis pies
  resbalan",
  tu amor, Señor, vino en mi ayuda.
¹⁹ En medio de las preocupaciones
  que se agolpan en mi mente,
  tú me das consuelo y alegría.
²⁰ Tú no puedes ser amigo de jueces
  injustos,
  que actúan mal y en contra de la ley;
²¹ que conspiran contra el inocente y
  honrado,
  y lo condenan a muerte.
²² Pero el Señor es mi refugio,
  mi Dios es la roca que me defiende.
²³ El Señor hará que los malvados
  sean destruidos por su propia maldad.
  ¡Nuestro Dios los destruirá!

SALMO 95 (94)

Cantemos al Señor con alegría

¹ Vengan, cantemos al Señor con
  alegría;
  cantemos a nuestro protector y
  salvador.
² Entremos a su presencia con gratitud,
  y cantemos himnos en su honor.
³ Porque el Señor es Dios grande,
  el gran rey de todos los dioses.
⁴ Él tiene en su mano
  las regiones más profundas de la
  tierra;
  suyas son las más altas montañas.

⁵ El mar le pertenece, pues él lo formó;
¡con sus propias manos formó la
tierra seca!ᵏ

⁶ Vengan, adoremos de rodillas;
arrodillémonos delante del Señor,
pues él nos hizo.
⁷ Él es nuestro Dios, y nosotros su
pueblo;
somos ovejas de sus prados.

Escuchen hoy lo que él les dice:
⁸ "No endurezcan su corazón,ˡ como en
Meriba;
como aquel día en Masah, en el
desierto,
⁹ cuando me pusieron a prueba sus
antepasados,ᵐ
aunque habían visto mis obras.
¹⁰ Cuarenta años estuve enojado
con aquella generación,
y dije: 'Esta gente anda muy
descarriada;
¡no obedecen mis mandatos!ⁿ
¹¹ Por eso juré en mi furor
que no entraríanⁿ en el lugar de mi
reposo.'"ᵒ

SALMO 96 (95)

Una canción nueva al Señor

(1 Cr 16.23–33)

¹ Canten al Señor una canción nueva;
canten al Señor, habitantes de toda la
tierra;
² canten al Señor, bendigan su nombre;
anuncien día tras día su salvación.
³ Hablen de su gloria y de sus
maravillas
ante todos los pueblos y naciones,
⁴ porque el Señor es grande
y muy digno de alabanza:
¡más terrible que todos los dioses!
⁵ Los dioses de otros pueblos no son
nada,
pero él Señor hizo los cielos.
⁶ ¡Hay gran esplendor en su presencia!
¡Hay poder y belleza en su santuario!

⁷ Den al Señor, familias de los pueblos,
den al Señor el poder y la gloria;
⁸ den al Señor la honra que merece;
entren a sus atrios con ofrendas,
⁹ adoren al Señor en su hermoso
santuario.⁶⁸ ᵖ
¡Que todo el mundo tiemble delante
de él!

¹⁰ Digan a las naciones: "¡El Señor es
rey!"
Él afirmó el mundo, para que no se
mueva;
él gobierna a los pueblos con
igualdad.
¹¹ ¡Que se alegren los cielos y la tierra!
¡Que brame el mar y todo lo que
contiene!
¹² ¡Que se alegre el campo y todo lo que
hay en él!
¡Que griten de alegría los árboles del
bosque,
¹³ delante del Señor, que viene!
¡Sí, él viene a gobernar la tierra,
y gobernará a los pueblos del mundo
con justicia y con verdad!

SALMO 97 (96)

¡El Señor es rey!

¹ ¡Alégrese toda a tierra!
¡Alégrense las islas numerosas!
¡El Señor es rey!
² Está rodeado de espesas nubes;
la justicia y el derecho sostienen su
trono;
³ el fuego va delante de él
y quema a los enemigos que le
rodean.
⁴ Sus relámpagos iluminan el mundo;
¡la tierra tiembla al verlos!
⁵ Las montañas se derriten como ceraᵠ
ante el Señor, ante el dueño de toda
la tierra.
⁶ Los cielos anuncian su justicia;
todos los pueblos ven su gloria.
⁷ Quedan humillados los que adoran
ídolos,
los que se sienten orgullosos de ellos.
¡Todos los dioses se inclinan ante él!

⁸ Oh Señor,
Sión y las ciudades de Judá
se alegran mucho por tus decretos;
⁹ pues tú, Señor altísimo,
estás por encima de toda la tierra
y mucho más a to que todos los
dioses.

¹⁰ El Señor ama a los que odian el mal;⁶⁹
protege la vida de los que le son
fieles;
los libra de caer en manos de
malvados.
¹¹ La luz brilla⁷⁰ para el hombre bueno;
la alegría es para la gente honrada.

⁶⁸ Véase nota en 29.2. ⁶⁹ El Señor ama a los que odian el mal: texto probable. Heb. ustedes que aman al Señor, odien el mal. ⁷⁰ La luz brilla: según versiones antiguas. Heb. la luz es sembrada.
ᵏ 95.4–5 Sal 24.1–2; 89.11–12. ˡ 95.7–8 He 3.15; 4.7. ᵐ 95.8–9 Ex 17.1–7; Nm 20.2–13; Sal 106.32–33.
ⁿ 95.10–11 Nm 14.20–23,33; Dt 1.34–36; He 4.3,5. ⁿ 95.11 Dt 12.9–10. ᵒ 95.7–11 He 3.7–11. ᵖ 96.7–9 Sal 29.1–2.
ᵠ 97.5 Mi 1.4; Nah 1.5.

12 ¡Alégrense en el Señor, hombres
buenos,
y alaben su santo nombre!

SALMO 98 (97)

¡El Señor ha alcanzado la victoria!

1 ¡Canten al Señor una canción nueva,
pues ha hecho maravillas!
¡Ha alcanzado la victoria
con su gran poder, con su santo
brazo!
2 El Señor ha anunciado su victoria,
ha mostrado su justicia
a la vista de las naciones;
3 ha tenido presentes su amor y su
lealtad
hacia el pueblo de Israel.
¡Hasta el último rincón del mundo ha
sido vista
la victoria de nuestro Dios!r

4 Canten a Dios con alegría,
habitantes de toda la tierra;
den rienda suelta a su alegría
y cántenle himnos.s
5 Canten himnos al Señor al son del
arpa,
al son de los instrumentos de cuerda.
6 Canten con alegría ante el Señor, el
Rey,
al son de los instrumentos de viento.

7 Que brame el mar y todo lo que
contiene,
el mundo y sus habitantes;
8 que aplaudan los ríos;
que se unan las montañas en gritos
de alegríat
9 delante del Señor,
que viene a gobernar la tierra.
Él gobernará a los pueblos del mundo
con rectitud e igualdad.

SALMO 99 (98)

El Señor es el rey supremo

1 ¡El Señor es rey!
¡Él tiene su trono sobre los
querubines!
Tiemblen las naciones, y aun la tierra
entera.u
2 El Señor es grande en el monte Sión;

el Señor está por encima de todos los
pueblos.
3 Sea alabado su nombre, grande y
terrible;

¡Dios es santo!

4 Tú eres un rey poderoso71 que ama la
justicia;
tú mismo estableciste la igualdad.
Has tratado a los hijos de Jacob
con justicia y rectitud.
5 ¡Alaben al Señor, nuestro Dios,
y arrodíllense delante de sus pies!

¡Dios es santo!

6 Moisés y Aarón están entre sus
sacerdotes;
Samuel está entre los que alabaron su
nombre.
El Señor les respondía
cuando ellos pedían su ayuda.
7 Dios habló con ellos
desde la columna de nube,v
y ellos cumplieron sus mandatos
y la ley que les dio.

8 Señor, Dios nuestro, ¡tú les
respondías!
Fuiste para ellos un Dios de perdón,
pero también castigaste sus maldades.
9 Alaben al Señor nuestro Dios,
¡arrodíllense ante su santo monte!

¡Nuestro Dios, el Señor, es santo!

SALMO 100 (99)

El Señor nos hizo y somos suyos

1 ¡Canten al Señor con alegría,
habitantes de toda la tierra!
2 Con alegría adoren al Señor;
¡con gritos de alegría vengan a su
presencia!
3 Reconozcan que el Señor es Dios;
él nos hizo y somos suyos;
¡somos pueblo suyo y ovejas de su
prado!
4 Vengan a sus puertas, entren en su
templo
cantando himnos de alabanza y
gratitud.
¡Denle gracias, bendigan su nombre!
5 Porque el Señor es bueno;
su amor es eternow
y su fidelidad no tiene fin.

71 Tú eres un rey poderoso: según otras versiones. Heb. el poder del rey.
r 98.1-3 Is 52.10. s 98.4 Sal 100.1. t 98.7-8 Is 44.23. u 99.1 Ex 25.18-22; 1 S 4.4; Sal 80.1; Is 37.16. v 99.7 Ex 33.9.
w 100.5 1 Cr 16.34; 2 Cr 5.13; 7.3; Esd 3.11; Sal 106.1; 107.1; 118.1; 136.1; Jer 33.11.

SALMO 101 (100)

Promesa del rey a Dios

1 Quiero alabar el amor y la justicia;
quiero, Señor, cantarte himnos;
2 quiero vivir con rectitud.
¿Cuándo vendrás a mí?

Será intachable mi conducta
aun en mi propio palacio;
3 no pondré jamás la mira
en propósitos perversos.

Odio a quienes son desleales a Dios;
¡jamás permitiré que se me acerquen!
4 Alejaré de mí los pensamientos
perversos:
¡no quiero hacer nada malo!
5 Haré callar a aquellos
que a escondidas hablan mal de su
vecino;
¡no soporto al altanero y arrogante!

6 Pondré mis ojos en los hombres
leales,
para que vivan junto a mí;
sólo estará a mi servicio
el que lleve una vida recta.
7 Para el tramposo no habrá lugar en
mi palacio;
¡ningún mentiroso podrá estar en mi
presencia!
8 Día tras día reduciré al silencio
a todos los malvados del país;
¡arrojaré de la ciudad del Señor
a todos los malhechores!

SALMO 102 (101)

Oración de un afligido [72]

1 Señor, escucha mi oración,
¡permite que mi grito llegue a ti!
2 No escondas de mí tu rostro
cuando me encuentre angustiado;
¡dígnate escucharme!,
¡respóndeme pronto cuando te llame!
3 Pues mi vida se acaba como el humo,
mis huesos arden como brasas,
4 mi corazón está decaído
como la hierba marchita;
¡ni aun deseos tengo de comer!
5 La piel se me pega a los huesos
de tanto gemir.
6 Soy como un búho del desierto,
como un búho entre las ruinas.
7 No duermo.
Soy como un pájaro solitario en el
tejado.

8 Mis enemigos me ofenden sin cesar
y usan mi nombre para maldecir.
9 En vez de pan, como ceniza;
en mi bebida se mezclan mis
lágrimas,
10 por causa de tu enojo y tu furor,
pues me alzaste para derribarme
después.
11 Mis días pasan como una sombra; [x]
me voy marchitando como la hierba.
12 Pero tú, Señor, reinas por siempre;
¡tu nombre será siempre recordado!

13 Levántate, compadécete de Sión,
pues ya se cumplió el tiempo;
¡ya es hora de que la perdones!
14 Tus siervos aman sus piedras;
¡sienten dolor por sus ruinas!

15 Todas las naciones y reyes de la tierra
honrarán el nombre glorioso del
Señor
16 cuando él reconstruya a Sión
y aparezca en su gloria,
17 cuando atienda a la oración del
desamparado
y no desoiga sus ruegos.
18 Que esto quede escrito
para las generaciones futuras,
para que alaben al Señor
los que aún han de nacer.

19 El Señor miró a tierra desde el cielo,
desde su santa altura,
20 para atender los lamentos de los
prisioneros
y libertar a los condenados a muerte;
21 para que en Sion, en Jerusalén,
se proclame y se alabe el nombre del
Señor
22 cuando gentes de todas las naciones
se reúnan para adorarlo.

23 Él me ha quitado fuerzas a medio
camino;
ha hecho más corta mi vida.
24 Yo le digo: "Dios mío,
no me lleves en la mitad de mi vida."

¡Tus años no tienen fin!
25 Afirmaste la tierra desde el principio;
tú mismo hiciste el cielo.
26 Todo ello dejará de existir,
pero tú permaneces firme.
Todo ello se gastará, como la ropa;
¡tú lo cambiarás y quedará cambiado,
como quien se cambia de ropa!
27 Pero tú eres el mismo;
tus años nunca terminarán. [y]
28 Darás seguridad a los descendientes
de tus siervos;
en tu presencia misma los
establecerás.

---

[72] Título hebreo: *Oración de un afligido que, en su desaliento, da rienda suelta a su lamento ante el Señor.*
[x] **102.11** Job 8.9; 14.2; Sal 39.5–6; 109.23.   [y] **102.25-27** He 1.10-12.

SALMO 103 (102)

Bendeciré al Señor

¹ Bendeciré al Señor con toda mi alma;
bendeciré con todo mi ser su santo
nombre.
² Bendeciré al Señor con toda mi alma;
no olvidaré ninguno de sus beneficios.
³ Él es quien perdona todas mis
maldades,
quien sana todas mis enfermedades,
⁴ quien libra mi vida del sepulcro,
quien me colma de amor y ternura,
⁵ quien me satisface con todo lo mejor
y me rejuvenece como un águila.

⁶ El Señor juzga con verdadera justicia
a los que sufren violencia.ᶻ
⁷ Dio a conocer sus caminos y sus
hechos
a Moisés y al pueblo de Israel.
⁸ El Señor es tierno y compasivo;
es paciente y todo amor.ᵃ
⁹ No nos reprende en todo tiempo ni su
rencor es eterno;
¹⁰ no nos ha dado el pago que merecen
nuestras maldades y pecados;
¹¹ tan inmenso es su amor por los que le
honran
como inmenso es el cielo sobre la
tierra.
¹² Nuestros pecados ha alejado de
nosotros,
como ha alejado del oriente el
occidente.
¹³ El Señor es, con los que le honran,
tan tierno como un padre con sus
hijos;
¹⁴ pues él sabe de qué estamos hechos:
sabe bien que somos polvo.

¹⁵ La vida del hombre es como la
hierba;
brota como una flor silvestre:
¹⁶ tan pronto la azota el viento, deja de
existir,
y nadie vuelve a saber de ella.
¹⁷ Pero el amor del Señor es eterno
para aquellos que le honran;
su justicia es infinita
por todas las generaciones,ᵇ
¹⁸ para los que cumplen con su pacto
y no se olvidan de obedecer sus
mandatos.
¹⁹ El Señor ha puesto su trono en el
cielo,
y su reino domina sobre todo.

²⁰ ¡Bendigan al Señor, ángeles
poderosos!
Ustedes, que cumplen sus órdenes,
que están atentos a obedecerle.
²¹ ¡Bendigan al Señor todos sus
ejércitos,
que le sirven y hacen su voluntad!
²² ¡Bendiga al Señor la creación entera,
en todos los lugares de su reino!ᶜ

¡Bendeciré al Señor con toda mi alma!

SALMO 104 (103)

Alabanzas al Creador

¹ ¡Bendeciré al Señor con toda mi alma!
¡Cuán grande eres, Señor y Dios mío!
Te has vestido de gloria y esplendor;
² te has envuelto en un manto de luz.ᵈ
¡Tú extendiste el cielo como un velo!
³ ¡Tú afirmaste sobre el agua
los pilares de tu casa, allá en lo alto!
Conviertes las nubes en tu carro;
¡viajas sobre las alas del viento!ᵉ
⁴ Los vientos son tus mensajeros,
y las llamas de fuego tus servidores.ᶠ

⁵ Pusiste la tierra sobre sus bases
para que nunca se mueva de su lugar.
⁶ El mar profundo cubría la tierra
como si fuera un vestido.
El agua cubría las montañas.
⁷ Pero tú la reprendiste, y se fue;
huyó de prisa al escuchar tu voz de
trueno.
⁸ Subiendo a los montes
y bajando a los valles,
se fue al lugar que le habías señalado,
⁹ al límite que le ordenaste no cruzar,
para que no volviera a cubrir la
tierra.ᵍ

¹⁰ Tú envías el agua de los manantiales
a los ríos que corren por las
montañas.ʰ
¹¹ De esa agua beben los animales
salvajes;
con ella apagan su sed los asnos del
monte.
¹² A la orilla de los ríos
anidan las aves del cielo;
¡allí cantan, entre las ramas de los
árboles!

¹³ Tú eres quien riega los montes
desde tu casa, allá en lo alto;
con los torrentes del cielo satisfaces a
la tierra.
¹⁴ Haces crecer los pastos para los
animales,

ᶻ 103.6 Sal 146.7. ᵃ 103.8 Sal 145.8; Stg 5.11. ᵇ 103.15-17 Is 40.6-8. ᶜ 103.21-22 Sal 148. ᵈ 104.2 1 Ti 6.16.
ᵉ 104.2-3 Gn 1.3; 2 S 22.11-12; Sal 18.10-11; 68.33. ᶠ 104.4 He 1.7. ᵍ 104.6-9 Gn 1.9; Job 38.8-11; Pr 8.29; Jer 5.22.
ʰ 104.10-16 Sal 65.9-13.

y las plantas que el hombre cultiva
para sacar su pan de la tierra,
15 el pan que le da fuerzas,
y el vino, que alegra su vida
y hace brillar su cara más que el
aceite.[73]
16 Sacian su sed los árboles,
los cedros del Líbano que el Señor
plantó.
17 En ellos anidan las aves más
pequeñas,
y en los pinos viven las cigüeñas.
18 Los montes altos son para las cabras,
y en las peñas se esconden los
tejones.

19 Hiciste la luna para medir el tiempo;[74]
el sol sabe cuándo debe ocultarse.[i]
20 Tiendes el manto oscuro de la noche,
y entonces salen los animales del
bosque.
21 Los leones rugen por la víctima;
piden que Dios les dé su comida.
22 Pero al salir el sol, se van
y se acuestan en sus cuevas.
23 Entonces sale el hombre a su labor
y trabaja hasta la noche.

24 ¡Cuántas cosas has hecho, Señor!
Todas las hiciste con sabiduría;
¡la tierra está llena de todo lo que has
creado!
25 Allí está el mar, ancho y extenso,
donde abundan incontables animales,
grandes y pequeños;
26 allí navegan los barcos, allí está el
Leviatán,[j]
el monstruo que hiciste para jugar
con él.[75]
27 Todos ellos esperan de ti
que les des su comida a su tiempo.
28 Tú les das, y ellos recogen;
abres la mano, y se llenan de lo
mejor;
29 si escondes tu rostro, se espantan;
si les quitas el aliento, mueren
y vuelven a ser polvo.
30 Pero si envías tu aliento de vida, son
creados,
y así renuevas el aspecto de la tierra.[k]

31 ¡La gloria del Señor es eterna!
¡El Señor se alegra en su creación!
32 La tierra tiembla cuando él la mira;
¡echan humo los montes cuando él
los toca!

33 Mientras yo exista y tenga vida,
cantaré himnos al Señor mi Dios.[l]
34 Quiera el Señor agradarse de mis
pensamientos,

pues sólo en él encuentro mi alegría.
35 ¡Que desaparezcan de la tierra los
pecadores!
¡Que dejen de existir los malvados!

¡Bendeciré al Señor con toda mi alma!
¡Alabado sea el Señor!

SALMO 105 (104)

Los actos de Dios por Israel

(1 Cr 16.7-22)

1 ¡Den gracias al Señor!
¡Proclamen su nombre!
Cuenten a los pueblos sus acciones.
2 Canten himnos en su honor.
¡Hablen de sus grandes hechos!
3 Siéntanse orgullosos de su santo
nombre.
¡Siéntase alegre el corazón
de los que buscan al Señor!
4 Recurran al Señor, y a su poder;
recurran al Señor en todo tiempo.
5 Recuerden sus obras grandes y
maravillosas,
y los decretos que ha pronunciado;
6 ustedes, descendientes de su siervo
Abraham;
ustedes, hijos de Jacob, sus escogidos.

7 Él es el Señor, nuestro Dios;
¡él gobierna toda la tierra!
8 Ni aunque pasen mil generaciones
se olvidará de las promesas de su
pacto,
9 del pacto que hizo con Abraham,[m]
del juramento que hizo a Isaac[n]
10 y que confirmó como ley para Jacob,
como pacto eterno para Israel,
11 cuando dijo:
"Voy a darte la tierra de Canaán
como la herencia que te toca."[ñ]

12 Aunque ellos eran pocos,
unos cuantos extranjeros en la tierra,
13 que iban de nación en nación
y de reino en reino,
14 Dios no permitió que nadie los
maltratara,
y aun advirtió a los reyes:
15 "No toquen a mis escogidos
ni maltraten a mis profetas."[o]

16 Hizo venir hambre a aquella tierra,
y les quitó todo alimento.[p]

---

73 *Y hace brillar su cara más que el aceite:* otra posible traducción: *y el aceite que hace brillar su cara.* 74 *Para medir el tiempo:* otra posible traducción: *para indicar las estaciones.* 75 *Jugar con él:* otra posible traducción: *que juegue en él.*
i 104.19 Gn 1.14-18. j 104.26 Job 3.8; 41.1; Sal 74.14; Is 27.1. k 104.29-30 Gn 2.7; Job 34.14-15. l 104.33 Sal 146.2.
m 105.9 Gn 12.7; 17.8. n 105.9 Gn 26.3. ñ 105.10-11 Gn 28.13. o 105.14-15 Gn 20.3-7. p 105.16 Gn 41.53-57.

17 Pero envió delante de ellos a José,
al que habían vendido como esclavo.[q]
18 Le lastimaron los pies con cadenas;
¡le aprisionaron con hierros!
19 La palabra del Señor puso a prueba a
José,
hasta que se cumplió lo que José
había anunciado.[r]
20 El rey, el que gobernaba a mucha
gente,
ordenó que le dieran libertad;[s]
21 le nombró amo y señor de su casa
y de todo cuanto tenía,[t]
22 para que enseñara e hiciera sabios
a los jefes y a los ancianos.

23 Vino después Israel, que es Jacob,
y vivió como extranjero en Egipto,[u]
en la tierra de Cam.
24 Dios hizo grande en número a su
pueblo,
y más fuerte que los egipcios.
25 Pero hizo que los egipcios
se pusieran en contra de su pueblo
y engañaran a los siervos de Dios.[v]

26 Entonces Dios envió a su siervo
Moisés,
y a Aarón, a quien había escogido,[w]
27 y ellos realizaron señales de Dios en
el desierto:
¡grandes maravillas en la tierra de
Cam!
28 Envió Dios una oscuridad que todo lo
cubrió,[x]
pero los egipcios desatendieron[76] sus
palabras.
29 Convirtió en sangre el agua de sus
ríos,
y mató a sus peces;[y]
30 infestó de ranas el país,
y aun la alcoba del rey.[z]
31 Habló Dios, y nubes de tábanos y
mosquitos
invadieron el territorio egipcio.[a]
32 En vez de lluvia, envió granizo
y llamas de fuego sobre el país.
33 Destrozó sus viñas y sus higueras;
¡destrozó los árboles de Egipto![b]
34 Habló Dios, y llegaron las langostas;
¡tantas eran, que no se podían contar!
35 ¡Devoraron la hierba del campo
y todo lo que la tierra había
producido![c]
36 ¡Hirió de muerte, en Egipto mismo,
al primer hijo de toda familia
egipcia![d]
37 Dios sacó después a su pueblo
cargado de oro y plata,
y nadie entre las tribus tropezó.
38 Los egipcios se alegraron de verlos
partir,
pues estaban aterrados.[e]
39 Dios extendió una nube para
cubrirlos
y un fuego para alumbrarlos de
noche.[f]
40 Pidieron comida, y les mandó
codornices,
y con pan del cielo los dejó
satisfechos.[g]
41 Partió la roca, y de ella brotó agua
que corrió por el desierto como un
río.[h]
42 Pues se acordó de la santa promesa
que había hecho a su siervo
Abraham.
43 Fue así como Dios sacó a su pueblo
escogido,
entre gritos de alegría,
44 y les dio las tierras de otras naciones[i]
y el fruto del trabajo de otros
pueblos,
45 a condición de que respetaran y
atendieran
las leyes y enseñanzas del Señor.

¡Alabado sea el Señor!

SALMO 106 (105)

La constante rebeldía de Israel

1 ¡Alabado sea el Señor!

Den gracias al Señor, porque él es
bueno,
porque su amor es eterno.[j]
2 ¿Quién podrá describir las victorias
del Señor?[k]
¿Quién podrá alabarle como merece?
3 Felices los que practican la justicia
y hacen siempre lo que es justo.
4 Acuérdate de mí, Señor, cuando
hagas bien a tu pueblo;
tenme presente cuando vengas a
salvar,
5 para que vea yo la dicha de tus
escogidos,
para que me alegre y enorgullezca
con el pueblo que te pertenece.

6 Hemos pecado igual que nuestros
padres;

[76] *Desatendieron:* texto probable. Heb. *no se rebelaron.*

[q] **105.17** Gn 37.28; 45.5. [r] **105.18–19** Gn 39.20—40.23. [s] **105.20** Gn 41.14. [t] **105.21** Gn 41.39–41. [u] **105.23** Gn 46.6; 47.11. [v] **105.24–25** Ex 1.7–14. [w] **105.26** Ex 3.1—4.17. [x] **105.28** Ex 10.21–23. [y] **105.29** Ex 7.17–21. [z] **105.30** Ex 8.1–6. [a] **105.31** Ex 8.16–24. [b] **105.32–33** Ex 9.22–25. [c] **105.34–35** Ex 10.12–15. [d] **105.36** Ex 12.29. [e] **105.37–38** Ex 12.33–36. [f] **105.39** Ex 13.21–22. [g] **105.40** Ex 16.2–15. [h] **105.41** Ex 17.1–7; Nm 20.2–13. [i] **105.44** Jos 11.16–23. [j] **106.1** 1 Cr 16.34; 2 Cr 5.13; 7.3; Esd 3.11; Sal 100.5; 107.1; 118.1; 136.1–26; Jer 33.11. [k] **106.1–48** Ez 20.2–44.

nos hemos pervertido; hemos hecho
lo malo.
[7] Nuestros padres, allá en Egipto,
no dieron importancia a tus grandes
hechos;
se olvidaron de tu gran amor,
y junto al Mar Rojo se rebelaron
contra ti.[l]

[8] Pero Dios los salvó, y dio a conocer
su poder
haciendo honor a su nombre.[m]
[9] Reprendió al Mar Rojo y lo dejó seco.
Los hizo pasar por el fondo del mar
como por un desierto.
[10] Así los salvó de sus enemigos,
del poder de quienes los odiaban.
[11] El agua cubrió a sus rivales
y ni uno de ellos quedó con vida.
[12] Entonces creyeron en las promesas de
Dios[n]
y le cantaron alabanzas.[ñ]

[13] Pero muy pronto olvidaron los hechos
de Dios,
y no esperaron a conocer sus planes.
[14] Allá, en la soledad del desierto,
pusieron a prueba a Dios
exigiéndole que les cumpliera sus
deseos.
[15] Y Dios les dio lo que pidieron,
pero les mandó una enfermedad
mortal.[o]

[16] En el campamento tuvieron envidia
de Moisés,
y también de Aarón, el consagrado
del Señor.
[17] Entonces se abrió la tierra y se tragó
a Datán,
y también a la pandilla de Abiram.
[18] ¡El fuego ardió contra todos ellos!
¡Las llamas quemaron a los
malvados![p]

[19] En el monte Horeb hicieron un
becerro,
un ídolo de oro fundido, y lo
adoraron:
[20] ¡cambiaron al Dios glorioso
por la imagen de un buey que come
hierba![q]
[21] Olvidaron a Dios, su salvador,
que había hecho grandes cosas en
Egipto,
[22] que había hecho maravillas en el país
de Cam
y cosas sorprendentes en el Mar Rojo.
[23] Dios habló de destruirlos;
pero Moisés, su escogido, se interpuso

y calmó el furor de Dios,
evitando que los destruyera.[r]

[24] Más tarde despreciaron un país
hermoso,
y no creyeron en las promesas de
Dios;
[25] dentro de sus tiendas hablaron mal
del Señor,
y no obedecieron sus órdenes.
[26] Entonces él levantó la mano y les
juró
que los haría morir en el desierto,[s]
[27] que haría morir a sus descendientes
y los dispersaría entre las naciones
paganas.[t]

[28] Se hicieron esclavos de Baal-peor,
y comieron de lo sacrificado a dioses
sin vida.
[29] Con sus malas acciones provocaron a
Dios,
y se extendió una plaga entre ellos.
[30] Pero Finees se levantó y ejecutó al
culpable,
y así la plaga se detuvo.
[31] Y Dios le tomó en cuenta esa justa
acción,
para siempre y de padres a hijos.[u]

[32] Hicieron también que Dios se enojara
junto a las aguas de Meriba,
y por causa de ellos
le fue muy mal a Moisés,
[33] pues le amargaron el ánimo
y él habló sin pensar lo que decía.[v]

[34] No destruyeron a los pueblos
que el Señor había ordenado destruir.
[35] Por el contrario,
se mezclaron con los paganos
y aprendieron sus costumbres:
[36] adoraron ídolos paganos,
los cuales fueron causa de su ruina,[w]
[37] pues ofrecieron a sus hijos y a sus
hijas
en sacrificio a esos demonios.[x]
[38] Derramaron sangre inocente,
la sangre de sus hijos y sus hijas,
y la ofrecieron a los dioses de
Canaán.
La tierra se manchó con su sangre,[y]
[39] y ellos se mancharon y prostituyeron
con todas sus malas acciones.

[40] El Señor se enfureció contra su
pueblo,
y renegó de ellos, de los que eran
suyos;

[l] 106.7 Ex 14.10–12. [m] 106.8 Dt 7.7–8; Ez 20.9; 36.22–23. [n] 106.9–12 Ex 14.21–31. [ñ] 106.12 Ex 15.1–21.
[o] 106.14–15 Nm 11.4–34. [p] 106.16–18 Nm 16.1–35. [q] 106.20 Jer 2.11; Ro 1.23. [r] 106.19–23 Ex 32.1–14.
[s] 106.24–26 Nm 14.1–35. [t] 106.27 Lv 26.33. [u] 106.28–31 Nm 25.1–13. [v] 106.32–33 Nm 20.2–13. [w] 106.34–36 Jue 2.1–3;
3.5–6. [x] 106.37 2 R 17.17. [y] 106.38 Nm 35.33.

⁴¹ los abandonó en manos de los
   paganos,
   y sus enemigos los dominaron;
⁴² sus enemigos los aplastaron,
   los humillaron bajo su poder.
⁴³ Dios los salvó muchas veces,
   pero ellos se opusieron a sus planes
   y se hundieron en su propia maldad.
⁴⁴ Sin embargo, al verlos angustiados
   y al escuchar sus lamentos,
⁴⁵ se acordó de su pacto con ellos
   y cambió de parecer,
   porque su amor es muy grande:
⁴⁶ ¡hizo que aun sus conquistadores
   los trataran con bondad!ᶻ

⁴⁷ ¡Sálvanos, Señor y Dios nuestro!
   ¡Recógenos de entre las naciones
   para que alabemos tu santo nombre,
   para que alegres te alabemos!

⁴⁸ ¡Bendito sea el Señor, Dios de Israel,
   por toda la eternidad!
   ¡Que todos digan: "Así sea"!ᵃ

   ¡Alabado sea el Señor!

LIBRO V

SALMO 107 (106)

El constante amor del Señor

¹ Den gracias al Señor, porque él es
   bueno,
   porque su amor es eterno.ᵇ
² Díganlo los que el Señor ha salvado,
   los que salvó del poder del enemigo,
³ los que reunió de entre los países
   del norte y del sur,
   del este y del oeste.

⁴ Andaban perdidos por el desierto
   arenoso,
   sin hallar el camino a una ciudad
   donde vivir;
⁵ tenían hambre y sed,
   ¡estaban a punto de morir!
⁶ Pero en su angustia clamaron al
   Señor,
   y él los libró de la aflicción.
⁷ Después los puso en el buen camino
   hacia una ciudad donde vivir.

⁸   Den gracias al Señor por su
       amor,
       ¡por lo que hace en favor de los
       hombres!

⁹   Pues él apaga la sed del sediento
       y da abundante comida al
       hambriento.

¹⁰ Vivían en profunda oscuridad,
   presos de la tristeza y las cadenas,
¹¹ por rebelarse contra las órdenes del
   Señor,
   por despreciar los planes del Altísimo.
¹² Dios los sometió a duros trabajos;
   tropezaban, y nadie los ayudaba.
¹³ Pero en su angustia clamaron al
   Señor,
   y él los salvó de la aflicción;
¹⁴ los sacó de la profunda oscuridad
   y los libró de las cadenas.

¹⁵   Den gracias al Señor por su
       amor,
       ¡por lo que hace en favor de los
       hombres!
¹⁶   ¡Él hizo pedazos puertas de
       bronce!
       ¡Él hizo pedazos barras de hierro!

¹⁷ Enfermos⁷⁷ y afligidos
   por sus propias maldades y pecados,
¹⁸ no soportaban ningún alimento;
   ¡ya estaban a las puertas de la
   muerte!
¹⁹ Pero en su angustia clamaron al
   Señor,
   y él los salvó de la aflicción;
²⁰ envió su palabra, y los sanó;
   ¡los libró del sepulcro!

²¹   Den gracias al Señor por su
       amor,
       ¡por lo que hace en favor de los
       hombres!
²²   Ofrézcanle sacrificios de gratitud
       y hablen con alegría de sus actos.

²³ Se hicieron a la mar los comerciantes.
   Surcaron las aguas con sus barcos,
²⁴ y allí, en alta mar, vieron
   la creación maravillosa del Señor.
²⁵ A la voz del Señor se desató una
   tormenta
   que levantaba grandes olas;
²⁶ eran lanzados hasta el cielo
   y hundidos hasta el fondo del mar;
   ¡perdieron el valor ante el peligro!
²⁷ Se tambaleaban como borrachos;
   ¡de nada les servía su pericia!
²⁸ Pero en su angustia clamaron al
   Señor,
   y él los sacó de la aflicción;
²⁹ convirtió en brisa la tempestad,
   y las olas se calmaron.

⁷⁷ Enfermos: según otras versiones. Heb. insensatos.
ᶻ 106.40-46 Jue 2.14-18.   ᵃ 106.47-48 1 Cr 16.35-36.   ᵇ 107.1 1 Cr 16.34; 2 Cr 5.13; 7.3; Esd 3.11;
Sal 100.5; 106.1; 118.1; 136.1-26; Jer 33.11.

³⁰ Al ver tranquilas las olas, se
alegraron,
y Dios los llevó hasta el puerto
deseado.

³¹   Den gracias al Señor por su
amor,
¡por lo que hace en favor de los
hombres!
³²   ¡Aclámenlo al reunirse el pueblo!
¡Alábenlo en la reunión de
ancianos!

³³ El Señor convierte ríos y manantiales
en desiertos y tierras secas;
³⁴ convierte tierras fértiles en salitrosas,
por la maldad de sus habitantes;
³⁵ convierte desiertos en lagunas
y tierras secas en manantiales;^c
³⁶ allí establece a los que tienen hambre,
y ellos construyen sus ciudades.
³⁷ Siembran campos, plantan viñedos
y recogen cosechas abundantes.
³⁸ Él los bendice, hace que aumenten
y que crezca el número de sus
ganados.
³⁹ Y si mueren y su número decrece
a causa de la opresión,
de la desgracia y el dolor,
⁴⁰ Dios desprecia a los opresores
y los hace perderse en desiertos sin
camino.^d
⁴¹ Él saca a los pobres de su tristeza;
¡hace crecer sus familias como
rebaños!
⁴² Al ver esto, los hombres honrados se
alegran,
y los malvados cierran la boca.

⁴³ El que es inteligente,
debe tener esto en cuenta
y comprender el amor del Señor.

SALMO 108 (107)

Mi corazón está dispuesto
(Sal 57.7–11; 60.5–12)

¹ Mi corazón está dispuesto, Dios mío,
¡dispuesto a cantarte himnos!
Despierta, alma mía;
² despierten, arpa y salterio;
¡despertaré al nuevo día!
³ Te alabaré con himnos, Señor,
en medio de pueblos y naciones.
⁴ Pues tu amor es más grande que los
cielos.
¡Tu lealtad alcanza al cielo azul!^e
⁵ ¡Dios mío, tú estás por encima del
cielo;
tu gloria llena toda la tierra!^f

⁶ Sálvanos con tu poder,
para que sean libertados los que
amas.
¡Respóndenos!

⁷ Dios habló desde su santuario:
"¡Con qué alegría dividiré Siquem
y repartiré el valle de Sucot!
⁸ Galaad y Manasés me pertenecen;
Efraín es el casco que cubre mi
cabeza;
Judá es mi bastón de mando;
⁹ Moab es la palangana en que me
lavo;
sobre Edom arrojaré mi sandalia;
¡cantaré victoria sobre los filisteos!"

¹⁰ ¿Quién me llevará a la ciudad
amurallada?
¿Quién me guiará hasta Edom?
¹¹ Pues tú, oh Dios, nos has rechazado;
¡no sales ya con nuestras tropas!
¹² Ayúdanos contra el enemigo,
pues nada vale la ayuda del hombre.
¹³ Con la ayuda de Dios haremos
grandes cosas;
¡él aplastará a nuestros enemigos!

SALMO 109 (108)

Apelación al Juez supremo

¹ Oh Dios,
no te quedes callado ante mi oración,
² pues labios mentirosos y malvados
hablan mal de mí,
y es falso lo que de mí dicen.
³ Sus expresiones de odio me rodean;
¡me atacan sin motivo!
⁴ A cambio de mi amor, me atacan;
pero yo hago oración.
⁵ Me han pagado mal por bien,
y a cambio de mi amor, me odian.

⁶ Pon como juez suyo a un malvado,
y que su propio abogado lo condene;
⁷ que lo declaren culpable en el juicio;
que lo condene su propia defensa.
⁸ ¡Que viva poco tiempo
y que otro se apodere de sus
bienes!^{78 g}
⁹ ¡Que sus hijos queden huérfanos
y viuda su esposa!
¹⁰ ¡Que sus hijos anden vagando y
pidiendo limosna!
¡Que los echen⁷⁹ de las ruinas de su
casa!
¹¹ Que se lleve el prestamista
todo lo que le pertenecia.
Que gente extraña le arrebate
el fruto de su trabajo.

---

⁷⁸ *Sus bienes:* otra posible traducción: *su nombramiento.*   ⁷⁹ *Que los echen:* según la versión griega. Heb. *y busquen.*
^c **107.35** Is 43.19; 44.3.   ^d **107.40** Job 12.24.   ^e **108.4** Sal 36.5.   ^f **108.5** Sal 8.1.   ^g **109.8** Hch 1.20.

¹² Que no haya quien tenga compasión
de él ni de sus hijos huérfanos.
¹³ Que se acabe su descendencia,
que se borre para siempre su apellido.
¹⁴ Que se acuerde el Señor de la maldad
de su padre
y nunca borre el pecado de su madre;
¹⁵ que el Señor los tenga siempre
presentes
y borre de la tierra su recuerdo.

¹⁶ Nunca pensó en ser compasivo;
a los pobres y humildes y afligidos
los persiguió hasta matarlos.
¹⁷ Ya que prefirió la maldición, ¡que lo
maldigan!
No quiso bendición, ¡pues que nunca
lo bendigan!
¹⁸ Que lo cubra la maldición como un
vestido;
que le entre en el vientre y en los
huesos
cual si fuera agua o aceite;
¹⁹ ¡que lo cubra como un vestido
y lo oprima como un cinto!
²⁰ ¡Así pague el Señor a mis enemigos
y a los que hablan mal de mí!

²¹ Pero tú, Señor,
haz honor a tu nombre, y trátame
bien.
¡Sálvame, por la bondad de tu amor!
²² Estoy muy pobre y afligido,
tengo herido el corazón,
²³ me voy desvaneciendo como una
sombra,
¡el viento me arrastra como a una
langosta!ʰ
²⁴ De no comer me tiemblan las rodillas;
adelgazo por falta de alimento.
²⁵ ¡Soy el hazmerreír de la gente!
¡Al verme, mueven burlones la
cabeza!ⁱ

²⁶ Ayúdame, Señor y Dios mío;
¡sálvame, por tu amor!
²⁷ Que sepan que tú, Señor,
has hecho esto con tu mano.
²⁸ No importa que me maldigan,
con tal que tú me bendigas.
Que ellos se avergüencen
mientras tu siervo se alegra.
²⁹ ¡Que mis enemigos se llenen de
vergüenza!
¡Que los cubra la vergüenza como
una capa!

³⁰ Con mis labios daré al Señor gracias
infinitas;
¡lo alabaré en medio de mucha gente!
³¹ Porque él aboga en favor del pobre

y lo pone a salvo de los que lo
condenan.

SALMO 110 (109)

El Señor da poder al rey

¹ El Señor dijo a mi señor:
"Siéntate a mi derecha,
hasta que yo haga de tus enemigos
el estrado de tus pies."ʲ

² Desde Sión, el Señor te entrega
el bastón, símbolo de tu poder.
¡Domina, pues, a tus enemigos!
³ Tu pueblo se te entrega
en el día de tu victoria.
Sobre los montes santos,
y como el rocío que nace de la
aurora,
tu juventud se renueva de día en
día.⁸⁰

⁴ El Señor ha hecho un juramento,
y no va a desdecirse:
"Tú eres sacerdote para siempre,
de la misma clase que Melquisedec."ᵏ

⁵ El Señor está a tu mano derecha;
en el día de su furor, destruirá reyes;
⁶ dictará sentencia contra las naciones;
amontonará cadáveres;
¡estrellará cabezas en toda la tierra!
⁷ En el camino, beberá agua de un
arroyo,
y el agua le dará nuevas fuerzas.

SALMO 111 (110)

Alabanza de los actos de Dios

¹ ¡Alabado sea el Señor!

Alabaré al Señor de todo corazón
en la reunión de los hombres
honrados,
en la comunidad entera.
² Las obras del Señor son grandes,
y quienes las aman, las estudian.
³ Su obra es bella y esplendorosa,
y su justicia permanece para siempre.
⁴ Ha hecho inolvidables sus maravillas.

El Señor es tierno y compasivo;
⁵ da alimentos a los que le honran;
¡se acuerda siempre de su pacto!
⁶ Mostró a su pueblo el poder de sus
obras,

⁸⁰ *Tu pueblo . . . día en día:* traducción probable. Heb. oscuro.
ʰ **109.23** Job 8.9; 14.2; Sal 39.5–6; 102.11. ⁱ **109.25** Mt 27.39; Mr 15.29. ʲ **110.1** Mt 22.44; Mr 12.36; Lc 20.42–43;
Hch 2.34–35; 1 Co 15.25; Ef 1.20–22; Col 3.1; He 1.13; 8.1; 10.12–13. ᵏ **110.4** Gn 14.18–20; He 5.6; 6.20; 7.17,21.

dándole lo que era posesión de los
paganos.
[7] Lo que él hace es justo y verdadero;
se puede confiar en sus
mandamientos,
[8] pues son firmes hasta la eternidad
y están hechos con verdad y rectitud.
[9] Dio libertad a su pueblo
y afirmó su pacto para siempre.
Dios es santo y terrible.

[10] La mayor sabiduría consiste en
honrar al Señor;[l]
los que le honran, tienen buen juicio.
¡Dios será siempre alabado!

SALMO 112 (111)

La dicha del hombre honrado

[1] ¡Alabado sea el Señor!

Feliz el hombre que honra al Señor
y se complace en sus mandatos.[m]
[2] Los descendientes del hombre
honrado
serán bendecidos y tendrán poder en
la tierra.
[3] En su casa hay abundantes riquezas,
y su generosidad es constante.
[4] Es como una luz en la oscuridad,
que brilla para los hombres honrados.
Es compasivo, tierno y justo.
[5] El hombre de bien presta con
generosidad
y maneja con honradez sus negocios;
[6] por eso jamás llegará a caer.
¡El hombre justo será siempre
recordado!
[7] No tiene miedo de malas noticias;
su corazón está firme, confiado en el
Señor.
[8] Su corazón está firme; no tiene
miedo,
y aun mira con burla a sus enemigos.
[9] Reparte limosna entre los pobres,
su generosidad es constante,[n]
levanta la frente con honor.
[10] El malvado se enfurece al verlo;
en su impotencia rechina los dientes.
La ambición de los malvados
fracasará.

SALMO 113 (112)

Alabanza a la bondad del Señor

[1] ¡Alabado sea el Señor!
Siervos del Señor, ¡alaben su nombre!

[2] ¡Bendito sea ahora y siempre
el nombre del Señor!

[3] ¡Alabado sea el nombre del Señor
del oriente al occidente!
[4] El Señor está por encima de las
naciones;
¡su gloria está por encima del cielo!

[5] Nadie es comparable al Señor nuestro
Dios,
que reina allá en lo alto;
[6] y que, sin embargo, se inclina
para mirar el cielo y la tierra.
[7] El Señor levanta del suelo al pobre,
y saca del lugar más bajo al
necesitado
[8] para sentarlo entre gente importante,
entre la gente importante de su
pueblo.
[9] A la mujer que no tuvo hijos le da la
alegría de ser madre
y de tener su propio hogar.[ñ]

¡Alabado sea el Señor!

SALMO 114 (113a)

Recuerdos de la salida de Egipto

[1] Cuando Israel, la casa de Jacob,
salió de Egipto,[o] del país extraño,
[2] Judá llegó a ser el santuario del
Señor;
Israel llegó a ser su dominio.

[3] Cuando el mar vio a Israel, huyó,[p]
y el río Jordán se hizo atrás.[q]
[4] ¡Los cerros y las montañas
saltaron como carneros y corderitos!

[5] ¿Qué te pasó, mar, que huiste?
¿qué te pasó, Jordán, que te hiciste
atrás?
[6] ¿qué les pasó, cerros y montañas,
que saltaron como carneros y
corderitos?

[7] ¡Tiembla tú, tierra,
delante del Señor, Dios de Jacob!
[8] ¡Él convirtió las peñas en lagunas!
¡Él convirtió las rocas en
manantiales[r]

SALMO 115 (113b)

Nuestro Dios está en el cielo

[1] Señor,
glorifícate a ti mismo, y no a
nosotros;
¡glorifícate, por tu amor y tu verdad!
[2] ¿Por qué han de preguntar los
paganos
dónde está nuestro Dios?

[8l] *Es como una luz . . . que brilla:* según otras versiones. Heb. *una luz . . . brilla.*
[l] 111.10 Job 28.28; Pr 1.7; 9.10.   [m] 112.1 Sal 1.1-2.   [n] 112.9 2 Co 9.9.   [ñ] 113.5-9 1 S 2.2-8; Lc 1.48-53.   [o] 114.1 Ex 12.51.
[p] 114.3,5 Ex 14.21; Sal 66.6; 74.13.   [q] 114.3 Jos 3.16.   [r] 114.8 Ex 17.1-7; Nm 20.2-13.

³ Nuestro Dios está en el cielo;
él ha hecho todo lo que quiso.

⁴ Los idolos de los paganos son oro y
plata,
objetos que el hombre fabrica con sus
manos:
⁵ tienen boca, pero no pueden hablar;
tienen ojos, pero no pueden ver;
⁶ tienen orejas, pero no pueden oír;
tienen narices, pero no pueden oler;
⁷ tienen manos, pero no pueden tocar;
tienen pies, pero no pueden andar;
¡ni un solo sonido sale de su
garganta!
⁸ Iguales a esos ídolos
son quienes los fabrican
y quienes en ellos creen.ˢ

⁹ Israelitas, ¡confíen en el Señor!
Él nos ayuda y nos protege.
¹⁰ Sacerdotes, ¡confíen en el Señor!
Él nos ayuda y nos protege.
¹¹ Ustedes que honran al Señor, ¡confíen
en él!
Él nos ayuda y nos protege.

¹² ¡El Señor se ha acordado de nosotros
y nos bendecirá!
Bendecirá a los israelitas,
bendecirá a los sacerdotes,
¹³ bendecirá a los que le honran,
a grandes y pequeños.ᵗ

¹⁴ ¡Que el Señor les aumente la
descendencia
a ustedes y a sus hijos!
¹⁵ ¡Que el Señor, creador del cielo y de
la tierra,
les dé a ustedes su bendición!

¹⁶ El cielo pertenece al Señor,
y al hombre le dio la tierra.
¹⁷ Los que han bajado al mundo del
silencio,
los que ya han muerto, no pueden
alabar al Señor;
¹⁸ pero nosotros lo alabaremos
ahora y siempre.

¡Alabado sea el Señor!

SALMO 116 (114–115)

Oración de gratitud

¹ Amo al Señor porque ha escuchado
mis súplicas,
² porque me ha prestado atención.
¡Toda mi vida le invocaré!
³ La muerte me enredó en sus lazos,ᵘ

la angustia del sepulcro me alcanzó
y me hallé preso del miedo y del
dolor.
⁴ Entonces invoqué el nombre del
Señor
y le rogué que me salvara la vida.

⁵ El Señor es justo y compasivo;
nuestro Dios es todo ternura.
⁶ El Señor cuida de los sencillos.
Cuando yo estaba sin fuerzas, me
salvó.
⁷ Ahora sí, puedo volver a sentirme
tranquilo
porque el Señor ha sido bueno
conmigo,
⁸ porque me ha librado de la muerte,
porque me ha librado de llorar y de
caer.
⁹ Seré obediente al Señor
en el mundo de los que viven.

¹⁰ Yo tenía fe, a pesar de que decíaᵛ
que era grande mi aflicción.
¹¹ Desesperado, afirmé
que todo hombre es mentiroso.

¹² ¿Cómo podré pagar al Señor
todo el bien que me ha hecho?
¹³ ¡Levantaré la copa de la salvaciónʷ
e invocaré su nombre!
¹⁴ Cumpliré mis promesas al Señor
en presencia de todo su pueblo.

¹⁵ Mucho le cuesta al Señor
ver morir a los que le aman.
¹⁶ ¡Oh Señor, yo soy tu siervo!
¡Yo soy el hijo de tu sierva!
Tú has roto los lazos que me ataban.
¹⁷ En gratitud, te ofreceré sacrificios,
e invocaré, Señor, tu nombre.
¹⁸ Cumpliré mis promesas al Señor
en presencia de todo su pueblo,
¹⁹ en los atrios del templo del Señor,
¡en medio de ti, Jerusalén!

¡Alabado sea el Señor!

SALMO 117 (116)

Alabanza al Señor

¹ Naciones y pueblos todos,
alaben al Señor,ˣ
² pues su amor por nosotros es muy
grande;
¡la fidelidad del Señor es eterna!

¡Alabado sea el Señor!

ˢ 115.4–8 Sal 135.15–18; Is 44.9–20; Jer 10.1–16; Ap 9.20. ᵗ 115.13 Ap 11.18; 19.5. ᵘ 116.3–4 Sal 18.5–6.
ᵛ 116.10 2 Co 4.13. ʷ 116.13 Ex 29.40. ˣ 117.1 Ro 15.11.

SALMO 118 (117)

El poder del Señor es extraordinario

¹ Den gracias al Señor, porque él es
bueno,
porque su amor es eterno.ʸ
² Que digan los israelitas:
"El amor del Señor es eterno."
³ Que digan los sacerdotes:
"El amor del Señor es eterno."
⁴ Que digan los que honran al Señor:
"El amor del Señor es eterno."

⁵ En mi angustia llamé al Señor;
él me escuchó y me dio libertad.
⁶ El Señor está conmigo; no tengo
miedo.
¿Qué me puede hacer el hombre?ᶻ
⁷ El Señor está conmigo; él me ayuda.
¡He de ver derrotados a los que me
odian!
⁸ Es mejor confiar en el Señor
que confiar en el hombre.
⁹ Es mejor confiar en el Señor
que confiar en grandes hombres.

¹⁰ Todas las naciones me rodearon,
pero en el nombre del Señor las
derroté.
¹¹ Me rodearon por todos lados,
pero en el nombre del Señor las
derroté.
¹² Me rodearon como avispas,
pero su furia se apagó como fuego de
espinos;
¡en el nombre del Señor las derroté!
¹³ Me empujaron con violencia, para
que cayera,
pero el Señor vino en mi ayuda.
¹⁴ Yo canto al Señor, que me da fuerzas.
¡Él es mi salvador!ᵃ

¹⁵ En las casas de los hombres fieles
hay alegres cantos victoriosos:
"¡El poder del Señor alcanzó la
victoria!
¹⁶ ¡El poder del Señor es extraordinario!
¡El poder del Señor alcanzó la
victoria!"
¹⁷ ¡No moriré, sino que he de vivir
para contar lo que el Señor ha hecho!
¹⁸ El Señor me ha castigado con dureza,
pero no me ha dejado morir.

¹⁹ ¡Abran las puertas del templo,⁸²
que quiero entrar a dar gracias al
Señor!

²⁰ Esta es la puerta del Señor,
y por ella entrarán los que le son
fieles.ᵇ

²¹ Te doy gracias, Señor, porque me has
respondido
y porque eres mi salvador.
²² La piedra que los constructores
despreciaron
se ha convertido en la piedra
principal.ᶜ
²³ Esto lo ha hecho el Señor,
y estamos maravillados.ᵈ
²⁴ Este es el día en que el Señor ha
actuado:
¡estemos hoy contentos y felices!

²⁵ Por favor, Señor, ¡sálvanos!
Por favor, Señor, ¡haz que nos vaya
bien!

²⁶ ¡Bendito el que viene en el nombre
del Señor!ᵉ
Bendecimos a ustedes desde el templo
del Señor.
²⁷ El Señor es Dios; ¡él nos alumbra!
Comiencen la fiesta y lleven ramas
hasta los cuernos del altar.

²⁸ Te doy gracias y alabo tu grandeza,
porque tú eres mi Dios.
²⁹ Den gracias al Señor, porque él es
bueno,
porque su amor es eterno.

SALMO 119 (118)

Alabanzas a la ley de Dios ᶠ

– 1 –

¹ Felices los que se conducen sin tacha
y siguen la enseñanza del Señor.
² Felices los que atienden a sus
mandatos
y le buscan de todo corazón,
³ los que no hacen nada malo,
los que siguen el camino del Señor.ᵍ
⁴ Tú has ordenado que tus preceptos
se cumplan estrictamente.
⁵ ¡Ojalá yo me mantenga firme
en la obediencia a tus leyes!
⁶ No tendré de qué avergonzarme
cuando atienda a todos tus
mandamientos.
⁷ Te alabaré con corazón sincero
cuando haya aprendido tus justos
decretos.
⁸ ¡Quiero cumplir tus leyes!
¡No me abandones jamás!

---

⁸² *Las puertas del templo:* lit. *las puertas de la rectitud.*
ʸ **118.1** 1 Cr 16.34; 2 Cr 5.13; 7.3; Esd 3.11; Sal 100.5; 106.1; 107.1; 136.1–26; Jer 33.11. ᶻ **118.6** Sal 56.4,11; He 13.6.
ᵃ **118.14** Ex 15.2; Is 12.2. ᵇ **118.20** Sal 15; 24.3–6. ᶜ **118.22** Lc 20.17; Hch 4.11; 1 P 2.7. ᵈ **118.22–23** Mt 21.42;
Mr 12.10–11. ᵉ **118.26** Mt 21.9; 23.39; Mr 11.9; Lc 13.35; 19.38; Jn 12.13. ᶠ **119** Sal 19.7–14. ᵍ **119.1–3** Sal 1.1–2.

- 2 -

9 ¿Cómo podrá el joven llevar una vida
limpia?
¡Viviendo de acuerdo con tu palabra!
10 Yo te busco de todo corazón;
no dejes que me aparte de tus
mandamientos.
11 He guardado tus palabras en mi
corazón
para no pecar contra ti.
12 ¡Bendito tú, Señor!
¡Enséñame tus leyes!
13 Con mis labios contaré
todos los decretos que pronuncies.
14 Me alegraré en el camino de tus
mandatos,
más que en todas las riquezas.
15 Meditaré en tus preceptos
y pondré mi atención en tus caminos.
16 Me alegraré con tus leyes
y no me olvidaré de tu palabra.

- 3 -

17 ¡Concédele vida a este siervo tuyo!
¡Obedeceré tu palabra!
18 Abre mis ojos, para que contemple
las maravillas de tu enseñanza.
19 Yo soy extranjero en esta tierra;
no escondas de mí tus
mandamientos. h
20 Me siento oprimido a todas horas
por el deseo de conocer tus decretos.
21 Tú reprendes a los insolentes y
malditos
que se apartan de tus mandamientos.
22 Aléjame de sus ofensas y desprecios,
pues he atendido a tus mandatos.
23 Aunque hombres poderosos tramen
hacerme daño,
este siervo tuyo meditará en tus
leyes.
24 Yo me alegro con tus mandatos;
ellos son mis consejeros.

- 4 -

25 Estoy a punto de morir;
¡dame vida, conforme a tu promesa!
26 Te he expuesto mi conducta, y me
has respondido.
¡Enséñame tus leyes!
27 Dame entendimiento para seguir tus
preceptos,
pues quiero meditar en tus
maravillas.
28 Estoy ahogado en lágrimas de dolor;
¡manténme firme, conforme a tu
promesa!

29 Aléjame del camino de la mentira
y favoréceme con tu enseñanza.
30 He escogido el camino de la verdad
y deseo tus decretos.
31 Señor, me he apegado a tus
mandatos;
¡no me llenes de vergüenza!
32 Me apresuro a cumplir tus
mandamientos
porque llenas de alegría mi corazón.

- 5 -

33 Señor, enséñame el camino de tus
leyes,
pues quiero seguirlo hasta el fin.
34 Dame entendimiento para guardar tu
enseñanza;
¡quiero obedecerla de todo corazón!
35 Llévame por el camino de tus
mandamientos,
pues en él está mi felicidad.
36 Haz que mi corazón prefiera tus
mandatos
a las ganancias mal habidas.
37 No dejes que me fije en falsos dioses;
¡dame vida para seguir tu camino!
38 Confirma a este siervo tuyo
las promesas que haces a los que te
honran.
39 Aleja de mí la ofensa que temo,
pues tus decretos son buenos.
40 Yo he deseado tus preceptos;
¡dame vida, pues tú eres justo!

- 6 -

41 Muéstrame, Señor, tu amor y
salvación,
tal como lo has prometido.
42 Así podré responder al que me
ofenda,
pues confío en tu palabra.
43 No quites de mi boca la palabra de
verdad,
pues he puesto mi esperanza en tus
decretos.
44 ¡Quiero poner en práctica tu
enseñanza,
siempre, por toda la eternidad!
45 Así podré vivir en libertad,
pues he seguido tus preceptos.
46 Hablaré de tus mandatos ante los
reyes
y no sentiré vergüenza.
47 Pues amo tus mandamientos
y me alegro con ellos.
48 Amo y anhelo83 tus mandamientos,
y pienso mucho en tus leyes.

83 Anhelo: otra posible traducción: recibo con gusto. Lit. levanto las manos a.
h 119.19 Sal 39.12; 1 P 2.11.

- 7 -

49 Recuerda la palabra que diste a este
siervo tuyo:
en ella me hiciste poner la esperanza.
50 Este es mi consuelo en la tristeza:
que con tus promesas me das vida.
51 Los insolentes me ofenden sin cesar,
pero yo no me aparto de tu
enseñanza.
52 Recuerdo tus decretos de otros
tiempos,
y en ellos, Señor, encuentro consuelo.
53 Los malvados que abandonan tu
enseñanza
me llenan de furor.
54 Tus leyes han sido mis canciones
en esta tierra donde soy un
extranjero.
55 Señor, por las noches me acuerdo de
ti;
¡quiero poner en práctica tu
enseñanza!
56 Esto es lo que me corresponde:
obedecer tus preceptos.

- 8 -

57 Tú, Señor, eres todo lo que tengo;
he prometido poner en práctica tus
palabras.
58 De todo corazón he procurado
agradarte;
trátame bien, conforme a tu promesa.
59 Me puse a pensar en mi conducta,
y volví a obedecer tus mandatos.
60 Me he dado prisa, no he tardado
en poner en práctica tus
mandamientos.
61 Me han rodeado con trampas los
malvados,
pero no me he olvidado de tu
enseñanza.
62 A medianoche me levanto a darte
gracias
por tus justos decretos.
63 Yo soy amigo de los que te honran
y de los que cumplen tus preceptos.
64 Señor, la tierra está llena de tu amor;ⁱ
¡enséñame tus leyes!

- 9 -

65 Señor, tú has tratado bien a este
siervo tuyo,
conforme a tu promesa.
66 Enséñame a tener buen juicio y
conocimiento,
pues confío en tus mandamientos.
67 Antes de ser humillado cometí
muchos errores,
pero ahora obedezco tu palabra.

68 Tú eres bueno, y haces el bien;
¡enséñame tus leyes!
69 Los insolentes me acusan falsamente,
pero yo cumplo tus preceptos de todo
corazón.
70 Ellos tienen la mente entorpecida,
pero yo me alegro con tu enseñanza.
71 Me hizo bien haber sido humillado,
pues así aprendí tus leyes.
72 Para mí vale más la enseñanza de tus
labios,
que miles de monedas de oro y plata.

- 10 -

73 Tú mismo me hiciste y me formaste;
¡dame inteligencia para aprender tus
mandamientos!
74 Los que te honran se alegrarán al
verme,
porque he puesto mi esperanza en tu
palabra.
75 Señor, yo sé que tus decretos son
justos
y que tienes razón cuando me afliges.
76 ¡Que tu amor me sirva de consuelo,
conforme a la promesa que me
hiciste!
77 Muéstrame tu ternura, y hazme vivir,
pues me siento feliz con tu
enseñanza.
78 Sean avergonzados los insolentes
que sin razón me maltratan;
yo quiero meditar en tus preceptos.
79 Que se reúnan conmigo los que te
honran,
los que conocen tus mandatos.
80 Que mi corazón sea perfecto en tus
leyes,
para no tener de qué avergonzarme.

- 11 -

81 Con ansia espero que me salves;
¡he puesto mi esperanza en tu
palabra!
82 Mis ojos se consumen esperando tu
promesa,
y digo: "¿Cuándo vendrás a
consolarme?"
83 Aunque soy un viejo inútil y
olvidado,
no me he olvidado de tus leyes.
84 ¿Cuánto más habré de esperar?
¿Cuándo juzgarás a los que me
persiguen?
85 Gente insolente que no sigue tu
enseñanza,
ha cavado trampas a mi paso.
86 ¡Ayúdame, pues soy perseguido sin
motivo!

ⁱ **119.64** Sal 33.5.

¡Tus mandamientos son todos
verdaderos!
87 Casi he sido borrado de la tierra,
pero no he descuidado tus preceptos.
88 Dame vida, de acuerdo con tu amor,
y cumpliré los mandatos de tus
labios.

– 12 –

89 Señor, tu palabra es eterna;
¡afirmada está en el cielo!*i*
90 Tu fidelidad permanece para siempre;
tú afirmaste la tierra, y quedó en pie.
91 Todas las cosas siguen firmes,
conforme a tus decretos,
porque todas ellas están a tu servicio.
92 Si tu enseñanza no me trajera alegría,
la tristeza habría acabado conmigo.
93 Jamás me olvidaré de tus preceptos,
pues por ellos me has dado vida.
94 ¡Sálvame, pues soy tuyo
y he seguido tus preceptos!
95 Los malvados esperan el momento de
destruirme,
pero yo estoy atento a tus mandatos.
96 He visto que todas las cosas tienen su
fin,
pero tus mandamientos son infinitos.

– 13 –

97 ¡Cuánto amo tu enseñanza!
¡Todo el día medito en ella!
98 Tus mandamientos son míos para
siempre;
me han hecho más sabio que mis
enemigos.
99 Entiendo más que todos mis maestros
porque pienso mucho en tus
mandatos.
100 Entiendo más que los ancianos
porque obedezco tus preceptos.
101 He alejado mis pies de todo mal
camino
para cumplir tu palabra.
102 No me he apartado de tus decretos
porque tú eres quien me enseña.
103 Tu promesa es más dulce a mi
paladar
que la miel a mi boca.*k*
104 De tus preceptos he sacado
entendimiento;
por eso odio toda conducta falsa.

– 14 –

105 Tu palabra es una lámpara a mis pies
y una luz en mi camino.*l*

106 Hice un juramento, y lo voy a
cumplir:
¡pondré en práctica tus justos
decretos!
107 Señor, me siento muy afligido;
¡dame vida, conforme a tu promesa!
108 Acepta, Señor, las ofrendas de mis
labios,
y enséñame tus decretos.
109 Siempre estoy en peligro de muerte,
pero no me olvido de tu enseñanza.
110 Los malvados me ponen trampas,
pero no me aparto de tus preceptos.
111 Mi herencia eterna son tus mandatos,
porque ellos me alegran el corazón.
112 De corazón he decidido practicar tus
leyes,
para siempre y hasta el fin.

– 15 –

113 Odio a la gente hipócrita,
pero amo tu enseñanza.
114 Tú eres quien me ampara y me
protege;
en tu palabra he puesto mi esperanza.
115 ¡Aléjense de mí, malvados,
que quiero cumplir los mandatos de
mi Dios!
116 Dame fuerzas, conforme a tu
promesa, y viviré;
¡no defraudes mi esperanza!
117 Ayúdame, y estaré a salvo;
así cumpliré siempre tus leyes.
118 Tú desprecias a los que se apartan de
tus leyes,
porque sus pensamientos no tienen
sentido.
119 Los malvados de la tierra son para ti
como basura;
por eso yo amo tus mandatos.
120 Mi cuerpo tiembla de temor delante
de ti;
¡siento reverencia por tus decretos!

– 16 –

121 Nunca he dejado de hacer lo que es
justo;
no me abandones en manos de mis
opresores.
122 Hazte responsable de mi bienestar;
que no me maltraten los insolentes.
123 Mis ojos se consumen esperando que
me salves,
esperando que me libres, conforme a
tu promesa.*84*
124 Trata a este siervo tuyo de acuerdo
con tu amor;
¡enséñame tus leyes!

84 Que me libres, conforme a tu promesa: otra posible traducción: que cumplas con tu justa promesa.
i 119.89 Is 40.8.   *k* 119.103 Sal 19.10.   *l* 119.105 Pr 6.23.

125 Yo soy tu siervo. Dame
   entendimiento,
   pues quiero conocer tus mandatos.
126 Señor, ya es tiempo de que hagas
   algo,
   pues han desobedecido tu enseñanza.
127 Por eso yo amo tus mandamientos
   mucho más que al oro fino.
128 Por eso me guío[85] por tus preceptos
   y odio toda conducta falsa.

– 17 –

129 Tus mandatos son maravillosos;
   por eso los obedezco.
130 La explicación de tus palabras
   ilumina,
   instruye a la gente sencilla.
131 Con gran ansia abro la boca,
   pues deseo tus mandamientos.
132 Mírame, y ten compasión de mí,
   como haces con los que te aman.
133 Hazme andar conforme a tu palabra;
   no permitas que la maldad me
   domine.
134 Líbrame de la violencia humana,
   pues quiero cumplir tus preceptos.
135 Mira con buenos ojos a este siervo
   tuyo,
   y enséñame tus leyes.
136 Ríos de lágrimas salen de mis ojos
   porque no se respeta tu enseñanza.

– 18 –

137 Señor, tú eres justo;
   rectos son tus decretos.
138 Todos tus mandatos
   son justos y verdaderos.
139 Me consume el celo que siento por
   tus palabras,
   pues mis enemigos se han olvidado de
   ellas.
140 Tu promesa ha pasado las más duras
   pruebas;
   por eso la ama este siervo tuyo.
141 Humilde soy, y despreciado,
   pero no me olvido de tus preceptos.
142 Tu justicia es siempre justa,
   y tu enseñanza es la verdad.
143 Me he visto angustiado y en aprietos,
   pero tus mandamientos me alegraron.
144 Tus mandatos son siempre justos;
   ¡dame entendimiento para que pueda
   yo vivir!

– 19 –

145 Señor, te llamo con todo el corazón;
   ¡respóndeme, pues quiero cumplir tus
   leyes!

85 *Me guío:* según las versiones griega y latina. Heb. oscuro.

146 A ti clamo, ayúdame
   para que cumpla tus mandatos.
147 Antes de amanecer, me levanto a
   pedirte ayuda;
   he puesto mi esperanza en tu
   promesa.
148 Antes de anochecer, mis ojos ya
   están velando
   para meditar en tu promesa.
149 Oye mi voz, Señor, por tu amor;
   dame vida, conforme a tu justicia.
150 Están cerca mis crueles
   perseguidores
   pero están lejos de tu enseñanza.
151 Tú, Señor, estás cerca,
   y todos tus mandamientos son
   verdaderos.
152 Desde hace mucho conozco tus
   mandatos,
   establecidos por ti eternamente.

– 20 –

153 Mira mi aflicción y líbrame,
   pues no me he olvidado de tu
   enseñanza.
154 Defiende mi caso y rescátame;
   ¡dame vida, conforme a tu promesa!
155 Tu ayuda está lejos de los malvados,
   porque no siguen tus leyes.
156 Señor, es muy grande tu ternura;
   dame vida, conforme a tu justicia.
157 Muchos son mis enemigos y
   opresores,
   pero yo no me aparto de tus
   mandatos.
158 No soporto a los traidores,
   a los que no obedecen tus
   mandamientos.
159 Señor, mira cómo amo tus preceptos;
   ¡dame vida, por tu amor!
160 En tu palabra se resume la verdad;
   eternos y justos son todos tus
   decretos.

– 21 –

161 Hombres poderosos me persiguen sin
   motivo,
   pero mi corazón reverencia tus
   palabras.
162 Yo me siento feliz con tu promesa,
   como quien se encuentra un gran
   tesoro.
163 Odio la mentira, no la soporto;
   pero amo tu enseñanza.
164 A todas horas te alabo
   por tus justos decretos.
165 Los que aman tu enseñanza gozan de
   mucha paz,
   y nada los hace caer.

¹⁶⁶ Señor, espero que me salves,
pues he puesto en práctica tus
mandamientos.
¹⁶⁷ Yo obedezco tus mandatos
y los amo de todo corazón.
¹⁶⁸ Yo obedezco tus preceptos y
mandatos;
¡tú conoces toda mi conducta!

— 22 —

¹⁶⁹ Lleguen mis gritos, Señor, a tu
presencia;
¡dame entendimiento, conforme a tu
palabra!
¹⁷⁰ Llegue mi oración a tu presencia;
¡líbrame, conforme a tu promesa!
¹⁷¹ Brote de mis labios la alabanza,
pues tú me has enseñado tus leyes.
¹⁷² Entonen mis labios un canto a tu
promesa,
porque todos tus mandamientos son
justos.
¹⁷³ Esté lista tu mano a darme ayuda,
porque he preferido tus preceptos.
¹⁷⁴ Señor, ¡deseo que me salves!
¡Yo me siento feliz con tu enseñanza!
¹⁷⁵ Quiero vivir para alabarte;
que tu justicia me ayude.
¹⁷⁶ Me he extraviado como una oveja;ᵐ
¡ven en busca mía,
pues no me he olvidado de tus
mandamientos!

SALMO 120 (119)

Oración ante el peligro

¹ Cuando estoy angustiado, llamo al
Señor,
y él me responde.ⁿ
² Señor, líbrame de los labios
mentirosos
y de la lengua embustera.

³ ¿Qué más puedes recibir, lengua
embustera?
⁴ ¡Flechas puntiagudas de guerrero!
¡Ardientes brasas de retama!

⁵ ¡Pobre de mí, que vivo como
extranjero en Mesec,
que he acampado entre las tiendas de
Cedar!
⁶ Demasiado he vivido entre los que
odian la paz;
⁷ ¡cuando yo hablo de paz, ellos hablan
de guerra!

SALMO 121 (120)

El Señor es tu protector

¹ Al contemplar las montañas me
pregunto:
"¿De dónde vendrá mi ayuda?"
² Mi ayuda vendrá del Señor,
creador del cielo y de la tierra.ⁿ

³ ¡Nunca permitirá que resbales!
¡Nunca se dormirá el que te cuida!
⁴ No, él nunca duerme;
nunca duerme el que cuida de Israel.
⁵ El Señor es quien te cuida;
el Señor es quien te protege,
quien está junto a ti para ayudarte.
⁶ El sol no te hará daño de día,
ni la luna de noche.

⁷ El Señor te protege de todo peligro;
él protege tu vida.
⁸ El Señor te protege en todos tus
caminos,⁸⁶
ahora y siempre.

SALMO 122 (121)

Alabanzas a Jerusalén

¹ ¡Qué alegría cuando me dicen:
"Vamos al templo del Señor"!
² Jerusalén,
¡ya estamos dentro de tus puertas!
³ Jerusalén, ciudad construida
para que en ella se reúna la
comunidad.⁸⁷
⁴ A ella vienen las tribus del Señor
para alabar su nombre,
como se le ordenó a Israel.
⁵ En ella están los tribunales de
justicia,
los tribunales de la casa real de
David.

⁶ Digan ustedes de corazón:
"Que haya paz en ti, Jerusalén;
que vivan tranquilos los que te
aman.
⁷ Que haya paz en tus murallas;
que haya seguridad en tus
palacios."

⁸ Y ahora, por mis hermanos y amigos
diré:
"Que haya paz en ti.
⁹ Por el templo del Señor nuestro
Dios,
procuraré tu bien."

---

⁸⁶ *En todos tus caminos:* lit. *tu salida y tu entrada.*   ⁸⁷ *Para que en ella se reúna la comunidad:* traducción
probable. Heb. oscuro.
ᵐ **119.176** Is 53.6; Jer 50.6; Ez 34.11-16.   ⁿ **120.1** 2 S 22.7; Sal 18.6; Jon 2.2.   ⁿ **121.2** Sal 124.8.

SALMO 123 (122)

Oración de confianza en Dios

¹ Hacia ti, Señor, miro suplicante;
hacia ti, que reinas en el cielo.
² Suplicantes miramos al Señor nuestro
Dios,
como mira el criado la mano de su
amo,
como mira la criada la mano de su
ama,
esperando que él nos tenga
compasión.
³ Ten compasión de nosotros, Señor;
ten compasión de nosotros,
pues ya no soportamos sus insultos.
⁴ ¡Demasiado hemos sufrido
la burla de los ricos
y el desprecio de los orgullosos!

SALMO 124 (123)

Dios, salvador de Israel

¹ Si el Señor no hubiera estado de
nuestra parte
—que lo diga ahora Israel—,
² si el Señor no hubiera estado de
nuestra parte
cuando los hombres se levantaron
para atacarnos,
³ nos habrían tragado vivos
al encenderse su furor contra
nosotros.
⁴ Entonces las aguas nos habrían
arrastrado;
¡un río habría pasado sobre nosotros!
⁵ ¡Entonces las aguas turbulentas
habrían pasado sobre nosotros!

⁶ ¡Bendito sea el Señor,
que no dejó que nos despedazaran
con sus dientes!
⁷ Nos hemos escapado de la trampa
como un ave que escapa del cazador;
la trampa se rompió, y nosotros
escapamos.
⁸ La ayuda nos viene del Señor,
creador del cielo y de la tierra.°

SALMO 125 (124)

Dios protege a los suyos

¹ Los que confían en el Señor son
inconmovibles;
igual que el monte Sión, permanecen
para siempre.

² Así como los montes rodean a
Jerusalén,
el Señor rodea a su pueblo ahora y
siempre.
³ El mal gobierno no siempre dominará
en la tierra que Dios ha dado a su
pueblo,
no sea que su pueblo comience
a practicar la maldad.

⁴ Señor, haz bien a los hombres
buenos,
a los hombres de corazón sincero;
⁵ pero a los que van por mal camino
hazles correr la suerte de los
malhechores.

¡Que haya paz en Israel!ᴾ

SALMO 126 (125)

¡Haz que cambie nuestra suerte!

¹ Cuando el Señor cambió la suerte de
Sión,⁸⁸
nos pareció que estábamos soñando.
² Entonces nuestra boca y nuestros
labios
se llenaron de risas y gritos de
alegría;
entonces los paganos decían:
"¡El Señor ha hecho grandes cosas
por ellos!"
³ Sí, el Señor había hecho grandes
cosas por nosotros,
y estábamos alegres.

⁴ ¡Señor, haz que cambie de nuevo
nuestra suerte,
como cambia el desierto con las
lluvias!
⁵ Los que siembran con lágrimas,
cosecharán con gritos de alegría.
⁶ Aunque lloren mientras llevan el saco
de semilla,
volverán cantando de alegría,
con manojos de trigo entre los
brazos.

SALMO 127 (126)

Todo viene del Señor

¹ Si el Señor no construye el templo,
de nada sirve que trabajen los
constructores;
si el Señor no protege la ciudad,
de nada sirve que vigilen los
centinelas.

⁸⁸ *Cambió la suerte de Sión:* otra posible traducción: *hizo volver la cautividad de Sión.*
° **124.8** Sal 121.2.   ᴾ **125.5.** Sal 128.6; Gá 6.16.

[2] De nada sirve trabajar de sol a sol
y comer un pan ganado con dolor,
cuando Dios lo da a sus amigos
mientras duermen.

[3] Los hijos que nos nacen
son ricas bendiciones del Señor.
[4] Los hijos que nos nacen en la
juventud
son como flechas en manos de un
guerrero.
[5] ¡Feliz el hombre que tiene muchas
flechas como ésas!
No será avergonzado por sus
enemigos
cuando se defienda de ellos ante los
jueces.

SALMO 128 (127)

Las bendiciones del Señor

[1] Feliz tú, que honras al Señor
y le eres obediente.
[2] Comerás del fruto de tu trabajo,
serás feliz y te irá bien.
[3] En la intimidad de tu hogar,
tu mujer será como una vid cargada
de uvas;
tus hijos, alrededor de tu mesa,
serán como retoños de olivo.
[4] Así bendecirá el Señor al hombre que
le honra.

[5] ¡Que el Señor te bendiga desde el
monte Sión!
¡Que veas el bienestar de Jerusalén
todos los días de tu vida!
[6] ¡Que llegues a ver a tus nietos!

¡Que haya paz en Israel![q]

SALMO 129 (128)

El Señor da libertad

[1] Por muchas angustias he pasado
desde mi juventud
—que lo diga ahora Israel—,
[2] por muchas angustias he pasado
desde mi juventud,
pero no han podido conmigo.
[3] Me han herido la espalda con azotes,
y me han abierto grandes surcos,
[4] pero el Señor, que es justo,
me ha librado del dominio de los
malvados.

[5] ¡Que sean avergonzados y huyan
los enemigos de Sión!
[6] ¡Que sean como la hierba que crece
en los tejados,
que antes de arrancarla se marchita!
[7] Hierba que nunca llena las manos
del que cosecha el trigo y lo ata en
manojos;
[8] hierba de la que nadie que pase dirá:
"¡El Señor los ha bendecido!"

Nosotros los bendecimos a ustedes
en el nombre del Señor.

SALMO 130 (129)

Confianza en el Señor

[1] Desde el fondo del abismo
clamo a ti, Señor:[r]
[2] ¡escucha, Señor, mi voz!
¡atiendan tus oídos mi grito
suplicante!

[3] Señor, Señor,
si tuvieras en cuenta la maldad,
¿quién podría mantenerse en pie?
[4] Pero en ti encontramos perdón,
para que te honremos.

[5] Con toda mi alma espero al Señor,
y confío en su palabra.
[6] Yo espero al Señor
más que los vigilantes a la mañana.
Así como los vigilantes esperan a la
mañana,
[7] espera tú, Israel, al Señor,
pues en él hay amor y completa
libertad.
[8] ¡Él librará a Israel de toda su
maldad![s]

SALMO 131 (130)

Oración de confianza

[1] Señor, no es orgulloso mi corazón,
ni son altaneros mis ojos,
ni voy tras cosas grandes y
extraordinarias
que están fuera de mi alcance.
[2] Al contrario, estoy callado y
tranquilo,
como un niño recién amamantado
que está en brazos de su madre.
¡Soy como un niño recién
amamantado!

[3] Israel, espera en el Señor ahora y
siempre.

[q] **128.6** Sal 125.5; Gá 6.16. [r] **130.1** Jon 2.2. [s] **130.8** Mt 1.21; Tit 2.14.

SALMO 132 (131)

Las promesas de Dios a David

¹⁻² Señor, Señor, Poderoso de Jacob,
acuérdate de David y de sus
    aflicciones;
acuérdate del firme juramento que te
    hizo:
³ "No me pondré bajo techo
ni me acostaré a descansar,
⁴ no cerraré los ojos
ni dormiré un solo instante,
⁵ mientras no encuentre casa
para el Señor, el Poderoso de Jacob."

⁶ En Efrata oímos hablar del cofre del
    pacto,
y lo encontramos en los campos de
    Jaar.ᵗ
⁷ ¡Vayamos al santuario del Señor!
¡Arrodillémonos ante el estrado de
    sus pies!

⁸ Levántate, Señor, con tu cofre
    poderoso,
y ven al monte donde has de
    descansar.
⁹ Que se revistan de salvación tus
    sacerdotes;
que tus fieles griten de alegría.
¹⁰ Por consideración a David, tu siervo,
no rechaces al rey que has escogido.ᵘ

¹¹ El Señor hizo a David un firme
    juramento,
juramento del que no va a
    desdecirse:ᵛ
¹² "Pondré en tu trono a uno de tus
    descendientes.
Si tus hijos cumplen con mi pacto
y con los mandatos que voy a
    enseñarles,
también los hijos de ellos
ocuparán tu trono para siempre."

¹³ ¡El Señor ha escogido el monte Sión!
¡Lo ha elegido para vivir allí!
¹⁴ "Este es el monte donde siempre
    quiero estar;
en él viviré, porque así me agradó.
¹⁵ Bendeciré mucho sus alimentos
y saciaré el hambre de sus pobres.
¹⁶ Revestiré de salvación a sus
    sacerdotes
y haré que griten de alegría los que le
    son fieles.
¹⁷ Allí haré que renazca el poder de
    David.
Ya he preparado una lámpara
para el rey que he escogido.ʷ

¹⁸ A sus enemigos los llenaré de
    vergüenza,
pero a él lo cubriré de esplendor."

SALMO 133 (132)

Alabanza al amor fraternal

¹ ¡Vean qué bueno y agradable es
que los hermanos vivan unidos!
² Es como el buen perfume
que corre por la cabeza de los
    sacerdotes⁸⁹
y baja por su barba
hasta el cuello de su ropaje.ˣ
³ Es como el rocío del monte Hermón,
que cae sobre los montes de Sión.
Allí es donde el Señor envía
la bendición de una larga vida.

SALMO 134 (133)

Que el Señor te bendiga

¹ ¡Vamos, siervos del Señor!
¡Bendigan al Señor todos ustedes,
que están en su templo por las
    noches!
² ¡Eleven sus manos al santuario
y bendigan al Señor!
³ ¡Que el Señor, creador del cielo y de
    la tierra,
te bendiga desde el monte Sión!

SALMO 135 (134)

Los grandes hechos de Dios

¹ ¡Alabado sea el Señor!

Alaben el nombre del Señor;
alábenlo ustedes, siervos suyos,
² que están en el templo del Señor,
en los atrios del templo del Dios
    nuestro.
³ Alaben al Señor, porque él es bueno;
canten himnos a su nombre, porque
    él es bondadoso.
⁴ Pues escogió a Jacob, a Israel,
para que fuera su tesoro propio.

⁵ Yo sé muy bien que el Señor nuestro
    Dios
es más grande que todos los dioses.
⁶ El Señor hace todo lo que quiere,
lo mismo en el cielo que en la tierra,
lo mismo en el mar que en sus
    profundidades.

---

⁸⁹ *Los sacerdotes:* lit. *Aarón.*
ᵗ **132.6** 1 S 7.1–2; 2 Cr 1.4. ᵘ **132.6–10** 2 Cr 6.41–42. ᵛ **132.11** 2 S 7.12–16; 1 Cr 17.11–14; Sal 89.3–4; Hch 2.30.
ʷ **132.17** 1 R 11.36. ˣ **133.2** Ex 29.7.21.

⁷ Levanta las nubes desde el extremo
del mundo,
hace los relámpagos que anuncian la
lluvia,
y de sus depósitos saca al viento.ʸ
⁸ Él fue quien hirió de muerte
al hijo mayor de toda familia egipcia
y a las primeras crías de sus animales.
⁹ En pleno corazón de Egipto,
envió señales maravillosas
contra el faraón y sus ministros.ᶻ
¹⁰ Hirió de muerte a muchas naciones,
quitó la vida a reyes poderosos:
¹¹ a Sehón, el rey amorreo,
a Og, el rey de Basán,ᵃ
y a todos los reyes de Canaán;
¹² y las tierras de esos reyes
se las dio como herencia a su pueblo
Israel.

¹³ Señor, tu nombre es eterno;
por siempre serás recordado.
¹⁴ El Señor, hace justicia a su pueblo;ᵇ
tiene compasión de sus siervos.
¹⁵ Los ídolos de los paganos son oro y
plata,
objetos que el hombre fabrica con sus
manos.
¹⁶ Tienen boca, pero no pueden hablar;
tienen ojos, pero no pueden ver;
¹⁷ tienen orejas, pero no pueden oír;
¡ni siquiera tienen vida!
¹⁸ Iguales a esos ídolos
son quienes los fabrican
y quienes en ellos creen.ᶜ

¹⁹ Israelitas, bendigan al Señor;
sacerdotes, bendigan al Señor;
²⁰ levitas, bendigan al Señor;
ustedes que honran al Señor,
bendíganlo.
²¹ ¡Bendito sea en Sión
el Señor, el que vive en Jerusalén!

¡Alabado sea el Señor!

SALMO 136 (135)

Amor eterno de Dios a Israel

¹ Den gracias al Señor, porque él es
bueno,
porque su amor es eterno.ᵈ
² Den gracias al Dios de dioses,
porque su amor es eterno.
³ Den gracias al Señor de señores,
porque su amor es eterno.

⁴ Al único que hace grandes maravillas,
porque su amor es eterno.
⁵ Al que hizo los cielosᵉ con sabiduría,
porque su amor es eterno.
⁶ Al que extendió la tierra sobre las
aguas,ᶠ
porque su amor es eterno.
⁷ Al que hizo el sol y la luna,
porque su amor es eterno:
⁸ el sol, para alumbrar de día,
porque su amor es eterno.
⁹ la luna y las estrellas, para alumbrar
de noche,ᵍ
porque su amor es eterno.
¹⁰ Al que hirió al primer hijo de toda
familia egipcia,ʰ
porque su amor es eterno.
¹¹ Al que sacó de Egipto a los israelitas,ⁱ
porque su amor es eterno;
¹² extendiendo su brazo con gran poder,
porque su amor es eterno.
¹³ Al que partió en dos el Mar Rojo,
porque su amor es eterno.
¹⁴ Al que hizo pasar a Israel por en
medio del mar,
porque su amor es eterno.
¹⁵ Al que hundió en el Mar Rojo al
faraón y su ejército,ʲ
porque su amor es eterno.
¹⁶ Al que llevó a su pueblo por el
desierto,ᵏ
porque su amor es eterno.
¹⁷ Al que hirió de muerte a grandes
reyes,
porque su amor es eterno.
¹⁸ Al que a reyes poderosos quitó la
vida,
porque su amor es eterno:
¹⁹ a Sehón, el rey amorreo,ˡ
porque su amor es eterno;
²⁰ y a Og, el rey de Basán,ᵐ
porque su amor es eterno.
²¹ Al que repartió la tierra de esos reyes,
porque su amor es eterno,
²² y la dio como herencia a su siervo
Israel,
porque su amor es eterno.
²³ Al que nos recuerda cuando estamos
abatidos,
porque su amor es eterno.
²⁴ Al que nos libra de nuestros
enemigos,
porque su amor es eterno.
²⁵ Al que da de comer a hombres y
animales,
porque su amor es eterno.
²⁶ ¡Den gracias al Dios del cielo,
porque su amor es eterno!

ʸ **135.7** Jer 10.13; 51.16. ᶻ **135.8–9** Ex 12.29-30. ᵃ **135.11** Nm 21.21-35. ᵇ **135.14** Dt 32.36. ᶜ **135.15–18** Sal 115.4-8;
Is 44.9–20; Jer 10.1–16; Ap 9.20. ᵈ **136.1** 1 Cr 16.34; 2 Cr 5.13; 7.3; Esd 3.11; Sal 100.5; 106.1; 107.1; 118.1; Jer 33.11.
ᵉ **136.5** Gn 1.1. ᶠ **136.6** Gn 1.2. ᵍ **136.7–9** Gn 1.16. ʰ **136.10** Ex 12.29. ⁱ **136.11** Ex 12.51. ʲ **136.13–15** Ex 14.21-29.
ᵏ **136.16** Dt 8.2,15. ˡ **136.19** Nm 21.21-30. ᵐ **136.20** Nm 21.31-35.

SALMO 137 (136)

Junto a los ríos de Babilonia

1 Sentados junto a los ríos de
  Babilonia,ⁿ
  llorábamos al acordarnos de Sión.
2 En los álamos que hay en la ciudad
  colgábamos nuestras arpas.
3 Allí, los que nos habían llevado
  cautivos,
  los que todo nos lo habían
  arrebatado,⁹⁰
  nos pedían que cantáramos con
  alegría;
  ¡que les cantáramos canciones de
  Sión!

4 ¿Cantar nosotros canciones del Señor
  en tierra extraña?
5 ¡Si llego a olvidarte, Jerusalén,
  que se me seque la mano derecha!
6 ¡Que se me pegue la lengua al paladar
  si no me acuerdo de ti,
  si no te pongo, Jerusalén,
  por encima de mi propia alegría!

7 Señor, acuérdate de los edomitas,
  que cuando Jerusalén cayó, decían:
  "¡Destrúyanla, destrúyanla hasta sus
  cimientos!"ⁿ

8 ¡Tú, Babilonia, serás destruida!
  ¡Feliz el que te dé tu merecido
  por lo que nos hiciste!ᵒ
9 ¡Feliz el que agarre a tus niños
  y los estrelle contra las rocas!

SALMO 138 (137)

Oración de gratitud al Señor

1 Te daré gracias, Señor, de todo
  corazón;
  te cantaré himnos delante de los
  dioses.
2 Me arrodillaré en dirección a tu santo
  templo
  para darte gracias por tu amor y tu
  verdad,
  pues has puesto tu nombre y tu
  palabra
  por encima de todas las cosas.
3 Cuando te llamé, me respondiste,
  y aumentaste mis fuerzas.

4 Todos los reyes del mundo te
  alabarán
  al escuchar tus promesas.

5 Alabarán al Señor por lo que él ha
  dispuesto,
  porque grande es la gloria del Señor.
6 Aunque el Señor está en lo alto,
  se fija en el hombre humilde,
  y de lejos reconoce al orgulloso.

7 Cuando me encuentro en peligro,
  tú me mantienes con vida;
  despliegas tu poder y me salvas
  de la furia de mis enemigos.
8 ¡El Señor llevará a feliz término
  su acción en mi favor!
  Señor, tu amor es eterno;
  ¡no dejes incompleto lo que has
  emprendido!ᵖ

SALMO 139 (138)

Dios lo sabe todo

1 Señor, tú me has examinado y me
  conoces;
2 tú conoces todas mis acciones;
  aun de lejos te das cuenta de lo que
  pienso.
3 Sabes todas mis andanzas,
  ¡sabes todo lo que hago!
4 Aún no tengo la palabra en la lengua,
  y tú, Señor, ya la conoces.
5 Por todos lados me has rodeado;
  tienes puesta tu mano sobre mí.
6 Sabiduría tan admirable está fuera de
  mi alcance;
  ¡es tan alta que no alcanzo a
  comprenderla!

7 ¿A dónde podría ir, lejos de tu
  espíritu?
  ¿A dónde huiría,
  lejos de tu presencia?
8 Si yo subiera a las alturas de los
  cielos,
  allí estás tú;
  y si bajara a las profundidades de la
  tierra,
  también estás allí;
9 si levantara el vuelo hacia el oriente,
  o habitara en los límites del mar
  occidental,
10 aun allí me alcanzaría⁹¹ tu mano;
  ¡tu mano derecha no me soltaría!
11 Si pensara esconderme en la
  oscuridad,
  o que se convirtiera en noche la luz
  que me rodea,
12 la oscuridad no me ocultaría de ti,
  y la noche sería tan brillante como el
  día.

⁹⁰ *Los que todo nos lo habían arrebatado:* según la versión griega. Heb. oscuro.   ⁹¹ *Alcanzaría:* según
versiones antiguas. Heb. *guiaría.*
ⁿ **137.1** Ez 3.15.   ⁿ **137.7** Abd 10-15.   ᵒ **137.8** Jer 50.29; Ap 18.6.   ᵖ **138.8** Fil 1.6.

¡La oscuridad y la luz son lo mismo
para ti![q]

13 Tú fuiste quien formó todo mi
cuerpo;
tú me formaste en el vientre de mi
madre.
14 Te alabo porque estoy maravillado,
porque es maravilloso lo que has
hecho.
¡De ello estoy bien convencido!
15 No te fue oculto el desarrollo de mi
cuerpo
mientras yo era formado en lo
secreto,
mientras era formado en lo más
profundo de la tierra.
16 Tus ojos vieron mi cuerpo en
formación;
todo eso estaba escrito en tu libro.
Habías señalado los días de mi vida
cuando aún no existía ninguno de
ellos.

17 Oh Dios,
qué profundos me son tus
pensamientos;
¡infinito es el conjunto de ellos!
18 Si yo quisiera contarlos, serían más
que la arena;
y si acaso terminara,[92] aún estaría
contigo.

19 Oh Dios,
quítales la vida a los malvados
y aleja de mí a los asesinos,
20 a los que hablan mal de ti
y se levantan en vano en contra tuya.

21 Señor,
¿no odio acaso a los que te odian
y desprecio a los que te desafían?
22 ¡Los odio con toda mi alma!
¡Los considero mis enemigos!

23 Oh Dios,
examíname, reconoce mi corazón;
ponme a prueba, reconoce mis
pensamientos;[r]
24 mira si voy por el camino del mal,
y guíame por el camino eterno.[93]

SALMO 140 (139)

Oración pidiendo la protección de Dios

1 Señor, líbrame de los malvados;
protégeme de los violentos,
2 de los que traman el mal
y a todas horas provocan peleas.
3 Su lengua es aguda, como de
serpiente;
sus palabras son como veneno de
víbora.[s]

4 Señor, protégeme del poder de los
malvados,
protégeme de los violentos,
de los que hacen planes para que yo
caiga.
5 Esos orgullosos me han puesto una
trampa;
me han tendido red y lazos;
me han puesto trampas junto al
camino.

6 Le he dicho al Señor: "Tú eres mi
Dios;
¡escucha, pues, mi grito suplicante!
7 Señor, Señor, mi salvador poderoso,
tú proteges mi cabeza en el
combate."

8-9 Señor, no concedas al malvado sus
deseos;
no dejes que sus planes sigan
adelante.
Los que me rodean levantan la
cabeza;
¡que caiga sobre ellos la maldición
que lanzan!
10 Que caigan sobre ellos carbones
encendidos;
que los echen en pozos, de donde no
salgan más.
11 Que no permanezca en la tierra el
deslenguado;
que el mal persiga al violento y lo
destruya.

12 Yo sé que el Señor hace justicia al
pobre
y defiende el derecho del afligido.
13 Los hombres honrados alabarán tu
nombre;
¡los hombres rectos vivirán en tu
presencia!

SALMO 141 (140)

Mis ojos están puestos en ti

1 A ti clamo, Señor: ¡ven pronto!,
¡escucha mi voz cuando te invoco!
2 Sea mi oración como incienso en tu
presencia,[t]
y mis manos levantadas, como
ofrenda de la tarde.

[92] *Si acaso terminara:* texto probable. Heb. *despertara.* [93] *El camino eterno:* otra posible traducción: *el camino antiguo.*
[q] **139.7-12** Jer 23.23-24; Am 9.2. [r] **139.23** Sal 17.3; 26.2. [s] **140.3** Ro 3.13. [t] **141.2** Ap 5.8.

³ Señor, ponle a mi boca un vigilante
que cuide de que yo no abra los
labios.
⁴ Aleja mi pensamiento de la maldad;
no me dejes andar en malas acciones
ni tomar parte en banquetes de
malhechores.

⁵ Es un favor que el hombre honrado
me castigue,
un perfume delicado que me
reprenda.
Tales cosas no rechazaré;
a pesar de sus golpes, seguiré orando.
⁶ Los jefes de los malvados serán
despeñados,
y verán que mis palabras eran
agradables.
⁷ Sus huesos serán esparcidos junto al
sepulcro,
como cuando se abren surcos en la
tierra.⁹⁴

⁸ Señor, Señor, mis ojos están puestos
en ti.
En ti busco protección: no me
abandones.
⁹ Líbrame de la trampa que me han
puesto;
líbrame de la trampa de los
malhechores.
¹⁰ Que caigan los malvados en su propia
red,
mientras yo sigo adelante.

SALMO 142 (141)

Tú eres mi refugio⁹⁵, ᵘ

¹ Con fuerte voz clamo al Señor,
con fuerte voz le pido misericordia.
² En su presencia expongo mi queja,
en su presencia doy a conocer mi
angustia
³ cuando me encuentro totalmente
deprimido.

Señor, tú conoces mi camino:
en el camino por donde voy,
me han puesto una trampa.
⁴ Vuelvo la mirada a la derecha
y nadie viene en mi ayuda.
¡No hay nadie que me defienda!
¡No hay nadie que se preocupe de mí!

⁵ A ti clamo, Señor,
y te digo: "Tú eres mi refugio;
tú eres todo lo que tengo en esta
vida."
⁶ Presta atención a mis gritos,
porque me encuentro sin fuerzas.
Líbrame de los que me persiguen,
porque son más fuertes que yo.
⁷ Sácame de mi prisión
para que pueda yo alabarte.
Los hombres honrados me rodearán
cuando me hayas tratado bien.

SALMO 143 (142)

En ti he puesto mi confianza

¹ Señor, escucha mi oración;
pon atención a mi súplica.
¡Respóndeme, pues tú eres justo y
fiel!
² No llames a cuentas a tu siervo,
porque ante ti nadie es inocente.ᵛ

³ Mis enemigos me persiguen,
me han aplastado contra el suelo;
me obliga a vivir en la oscuridad,
como los que han muerto hace
tiempo.
⁴ Me encuentro totalmente deprimido;
turbado tengo el corazón.
⁵ Me acuerdo de tiempos anteriores,
y pienso en todo lo que has hecho.
⁶ Hacia ti tiendo las manos,
sediento de ti, cual tierra seca.ʷ

⁷ Señor, ¡respóndeme pronto,
pues ya se me acaba el aliento!
No me niegues tu ayuda,
porque entonces seré como los
muertos.
⁸ Por la mañana hazme saber de tu
amor,
porque en ti he puesto mi confianza.
Hazme saber cuál debe ser mi
conducta,
porque a ti dirijo mis anhelos.
⁹ Líbrame, Señor, de mis enemigos,
porque en ti busco refugio.
¹⁰ Enséñame a hacer tu voluntad,
porque tú eres mi Dios.
¡Que tu buen espíritu me lleve
por un camino recto!

¹¹ Por tu nombre, Señor, ¡hazme vivir!
Porque eres justo, ¡sácame de la
angustia!
¹² Porque eres fiel, ¡destruye a mis
enemigos!
¡Destruye a todos mis enemigos, pues
yo soy tu siervo!

⁹⁴ *Es un favor... en la tierra:* traducción probable. El texto hebreo de los vs. 5-7 es oscuro. ⁹⁵ Según el título hebreo, David hizo esta oración cuando estaba en la cueva.
ᵘ **142 Título hebreo** 1 S 22.1; 24.3. ᵛ **143.2** Ro 3.20; Gá 2.16. ʷ **143.6** Sal 42.1-2; 63.1.

SALMO 144 (143)

Gratitud de un rey a Dios

[1] ¡Bendito sea el Señor, mi protector!
Él es quien me entrena y me prepara
para combatir en la batalla;
[2] él es mi amigo fiel, mi lugar de
protección,
mi más alto escondite, mi libertador;
él es mi escudo, y con él me protejo;
él es quien pone a los pueblos bajo mi
poder.

[3] Señor,
¿qué es el hombre, para que pienses
en él?
¿Qué es el ser humano, para que
tanto lo estimes?[x]
[4] El hombre es como un suspiro;
su vida pasa como una sombra.

[5] Señor,
descorre la cortina de los cielos, y
baja;[y]
toca los montes para que echen
humo;
[6] lanza tus flechas, los relámpagos,
y haz huir en desorden a tus
enemigos.
[7] Extiende tu mano desde lo alto,
y líbrame del mar inmenso;
líbrame del poder de gente extraña,
[8] de los que dicen mentiras
y levantan su derecha para jurar en
falso.

[9] Señor,
voy a cantarte una canción nueva;
voy a cantarte himnos con el salterio.
[10-11] Tú, que das la victoria a los reyes;
tú, que libraste a tu siervo David,[z]
líbrame de la espada mortal;
líbrame del poder de gente extraña,
de los que dicen mentiras
y levantan su derecha para jurar en
falso.

[12] Nuestros hijos crecen como plantas
en un jardín;
nuestras hijas son cual columnas
labradas
que sostienen la estructura del
templo.
[13] Nuestros graneros están llenos,
repletos de toda clase de alimentos.
Nuestros rebaños aumentan por
millares,
por miles y miles en nuestros campos.

[14] Nuestras vacas quedan preñadas,
y no tienen su cría antes de tiempo.
No hay gritos de alarma en nuestras
calles.[a]
[15] ¡Feliz el pueblo que tiene todo esto!
¡Feliz el pueblo cuyo Dios es el
Señor![b]

SALMO 145 (144)

Que todo hombre alabe al Señor

[1] Hablaré de tu grandeza, mi Dios y
Rey;
bendeciré tu nombre por siempre.
[2] Diariamente te bendeciré;
alabaré tu nombre por siempre.
[3] El Señor es grande y muy digno de
alabanza;
su grandeza excede nuestro
entendimiento.

[4] De padres a hijos se alabarán tus
obras,
se anunciarán tus hechos poderosos.
[5] Se hablará de tu majestad gloriosa,
y yo hablaré de tus maravillas.
[6] Se hablará de tus hechos poderosos y
terribles,
y yo hablaré de tu grandeza.
[7] Se hablará de tu bondad inmensa,
y a gritos se dirá que tú eres justo.

[8] El Señor es tierno y compasivo,
es paciente y todo amor.[c]
[9] El Señor es bueno para con todos,
y con ternura cuida sus obras.

[10] ¡Que te alaben, Señor, todas tus
obras!
¡Que te bendigan tus fieles!
[11] ¡Que hablen del esplendor de tu reino!
¡Que hablen de tus hechos poderosos!
[12] ¡Que se haga saber a los hombres tu
poder
y el gran esplendor de tu reino!
[13] Tu reino es un reino eterno,
tu dominio es por todos los siglos.[96]

[14] El Señor sostiene a los que caen
y levanta a los que desfallecen.[d]
[15] Los ojos de todos esperan de ti,
que tú les des su comida a su tiempo.
[16] Abres tu mano, y con tu buena
voluntad
satisfaces a todos los seres vivos.
[17] El Señor es justo en sus caminos,
bondadoso en sus acciones.

---

[96] Un manuscrito muy antiguo, la versión griega y otras versiones antiguas, añaden: *Fiel es el Señor en todas sus promesas y leal en todo lo que hace.* (Véase v. 17)
[x] **144.3** Job 7.17-18; Sal 8.4.   [y] **144.5-8** 2 S 22.8-17; Sal 18.7-16.   [z] **144.10-11** Sal 18.50.   [a] **144.13-14** Lv 26.3-6.
[b] **144.15** Sal 33.12.   [c] **145.8** Sal 103.8; Stg 5.11.   [d] **145.14** Sal 146.8; 147.6.

¹⁸ El Señor está cerca de los que le
invocan,
de los que le invocan con sinceridad.
¹⁹ Él cumple los deseos de los que le
honran;
cuando le piden ayuda, los oye y los
salva.
²⁰ El Señor protege a los que le aman,
pero destruye a los malvados.

²¹ ¡Que mis labios alaben al Señor!
¡Que todos bendigan su santo
nombre,
ahora y siempre!

SALMO 146 (145)

Alabanzas a los hechos de Dios

¹ ¡Alabado sea el Señor!

Alabaré al Señor con toda mi alma.
² Alabaré al Señor mientras yo viva;
cantaré himnos a mi Dios mientras
yo exista.ᵉ
³ No pongan su confianza en hombres
importantes,
en simples hombres que no pueden
salvar,
⁴ pues cuando mueren regresan al
polvo,
y ese mismo día terminan sus
proyectos.

⁵ Feliz quien recibe ayuda del Dios de
Jacob,
quien pone su esperanza en el Señor
su Dios.
⁶ Él hizo cielo, tierra y mar,
y todo lo que hay en ellos.ᶠ
Él siempre mantiene su palabra.
⁷ Hace justicia a los oprimidosᵉ
y da de comer a los hambrientos.

El Señor da libertad a los presos;
⁸ el Señor devuelve la vista a los
ciegos;
el Señor levanta a los caídos;
el Señor ama a los hombres honrados;
⁹ el Señor protege a los extranjeros
y sostiene a los huérfanos y a las
viudas,
pero hace que los malvados pierdan el
camino.

¹⁰ Oh Sión,
el Señor reinará por siempre;
tu Dios reinará por todos los siglos.

¡Alabado sea el Señor!

SALMO 147 (146–147)

No hizo lo mismo con todas las naciones

¹ ¡Alabado sea el Señor!

¡Qué bueno es cantar himnos a
nuestro Dios!
¡A él se le deben dulces alabanzas!
² El Señor reconstruye a Jerusalén
y reúne a los dispersos de Israel.
³ Él sana a los que tienen roto el
corazón,
y les venda las heridas.
⁴ Él determina el número de las
estrellas,
y a cada una le pone nombre.
⁵ Grande es nuestro Dios, y grande su
poder;
su inteligencia es infinita.
⁶ El Señor levanta a los humildes,
pero humilla por completo a los
malvados.

⁷ Canten al Señor con gratitud;
canten himnos a nuestro Dios, al son
del arpa.
⁸ Él cubre de nubes el cielo,
prepara la lluvia para la tierra,
hace crecer los pastos en los montes,
⁹ da de comer a los animales
y a las crías de los cuervos cuando
chillan.
¹⁰ No es la fuerza del caballo ni los
músculos del hombre
lo que más agrada al Señor;
¹¹ a él le agradan los que le honran,
los que confían en su amor.

¹² Jerusalén, alaba al Señor;
Sión, alaba a tu Dios.
¹³ Pues él reforzó los cerrojos de tus
puertas
y bendijo a tus hijos dentro de la
ciudad.
¹⁴ Él trae la paz a tu territorio
y te satisface con lo mejor del trigo.
¹⁵ Él envía su palabra a la tierra,
y su palabra corre a toda prisa.
¹⁶ Él produce la nieve como si fuera
lana,
y esparce la escarcha como si fuera
polvo.
¹⁷ Él envía el hielo en forma de granizo;
con el frío que envía, el agua se
congela.⁹⁷
¹⁸ Pero envía su palabra, y la derrite;
hace soplar el viento, y el agua
corre.ʰ

⁹⁷ El agua se congela: texto probable. Heb. ¿quién se mantendrá en pie?
ᵉ 146.2 Sal 104.33. ᶠ 146.6 Gn 1. ᵍ 146.7 Sal 103.6. ʰ 147.16–18 Job 37.9–11.

[19] Él dio a conocer a Jacob, a Israel,
su palabra, sus leyes y decretos.[i]
[20] No hizo lo mismo con las otras
naciones,
las cuales nunca conocieron sus
decretos.

¡Alabado sea el Señor!

SALMO 148

La creación alaba al Señor

[1] ¡Alabado sea el Señor!

¡Alaben al Señor desde el cielo!
¡Alaben al Señor desde lo alto!
[2] ¡Alábenlo ustedes, todos sus ángeles!
¡Alábenlo ustedes, ejércitos del cielo!
[3] ¡Alábenlo, sol y luna!
¡Alábenlo ustedes, brillantes luceros!
[4] ¡Alábalo tú, altísimo cielo,
y tú, agua que estás encima del cielo!

[5] Alaben el nombre del Señor,
pues él dio una orden y todo fue
creado;
[6] él lo estableció todo para siempre,
y dictó una ley que no puede ser
violada.

[7] ¡Alaben al Señor desde la tierra,
monstruos del mar, y mar profundo!
[8] ¡El rayo y el granizo, la nieve y la
neblina!
¡El viento tempestuoso que cumple
sus mandatos!
[9] ¡Los montes y las colinas!
¡Todos los cedros y los árboles
frutales!
[10] ¡Los animales domésticos y los
salvajes!
¡Las aves y los reptiles!
[11] ¡Los reyes del mundo y todos los
pueblos!
¡Todos los jefes y gobernantes del
mundo!
[12] ¡Hombres y mujeres, jóvenes y viejos!

[13] ¡Alaben todos el nombre del Señor,
pues sólo su nombre es altísimo!
¡Su honor está por encima del cielo y
de la tierra!
[14] ¡Él ha dado poder a su pueblo!

¡Alabanza de todos sus fieles,
de los israelitas, su pueblo cercano!

¡Alabado sea el Señor!

SALMO 149

Dios, creador y rey

[1] ¡Alabado sea el Señor!

Canten al Señor un canto nuevo;
alábenlo en la comunidad de los
fieles.
[2] Alégrense los israelitas, el pueblo de
Sión,
porque Dios es su creador y rey.
[3] Alaben su nombre con danzas,
cántenle himnos al son de arpas y
panderos.
[4] Porque el Señor se complace en su
pueblo;
da a los humildes el honor de la
victoria.
[5] Alégrense los fieles con el triunfo,
y aun dormidos canten de alegría.
[6] Haya alabanzas a Dios en sus labios,
y en su mano una espada de dos filos
[7] para vengarse de los paganos,
para castigar a las naciones,
[8] para encadenar a los reyes y gente
poderosa
con pesadas cadenas de hierro,
[9] para cumplir en ellos la sentencia
escrita.
¡Esto será una honra para todos sus
fieles!

¡Alabado sea el Señor!

SALMO 150

Alabanza universal a Dios

[1] ¡Alabado sea el Señor!

¡Alaben a Dios en su santuario!
¡Alábenlo en su majestuosa bóveda
celeste!
[2] ¡Alábenlo por sus hechos poderosos!
¡Alábenlo por su grandeza infinita!
[3] ¡Alábenlo con toques de trompeta!
¡Alábenlo con arpa y salterio!
[4] ¡Alábenlo danzando al son de
panderos!
¡Alábenlo con flautas e instrumentos
de cuerda!
[5] ¡Alábenlo con platillos sonoros!
¡Alábenlo con platillos vibrantes!
[6] ¡Que todo lo que respira alabe al
Señor!

¡Alabado sea el Señor!

i 147.19 Ro 3.2.

PROVERBIOS

El libro de los Proverbios pertenece al género llamado de "la sabiduría", un género que en la antigüedad se usó mucho para la enseñanza. El proverbio o dicho sabio es una sentencia, generalmente concisa y breve, para poderse recordar fácilmente, en la que se da alguna enseñanza o consejo de carácter moral o religioso. Este libro es una colección de tales sentencias. La sabiduría que se enseña por medio de ellas es de naturaleza práctica, pero tiene un profundo sentido religioso aunque se refiera a asuntos al parecer seculares. La idea clave de ella y del libro es que la sabiduría verdadera comienza por respetar y obedecer a Dios.

Es, pues, una sabiduría de esencia religiosa, aunque no siempre trate de temas específicamente religiosos. Muchas de estas sentencias tratan asuntos de moral en general, de buenas costumbres y hasta de sentido común. Otras aluden a relaciones de familia, a los negocios, y al modo de portarse en sociedad. Entre las virtudes que se recomiendan están el dominio propio, la humildad, la paciencia, la consideración a los pobres, la lealtad a los amigos y el comportamiento ante los superiores y gobernantes. Se les llama comúnmente "Proverbios de Salomón", pero los que propiamente reciben esta designación son sólo los contenidos en los caps. 10—29. En el cap. 30 se citan las palabras de Agur, y en 31.1–9, las palabras de la madre de Lemuel.

Los primeros nueve capítulos son un elogio de la sabiduría, la cual en algunos pasajes aparece personificada e identificada con la sabiduría de Dios, que con ella y por medio de ella creó el universo. En el pasaje de 31.10–31, se describe y alaba a la esposa idónea, capaz y laboriosa.

Valor de los proverbios

1 ¹ Dichos de Salomón,ᵃ hijo de David, rey de Israel, ² que tienen como propósito:
comunicar sabiduríaᵇ e instrucción,
ayudar a comprender palabras llenas de sentido,
³ adquirir instrucción, prudencia, justicia, rectitud y equilibrio;
⁴ hacer sagaces a los jóvenes inexpertos,
y darles conocimiento y reflexión.
⁵ El que es sabio e inteligente, los escucha,
y adquiere así más sabiduría y experiencia
⁶ para entender los dichos de los sabios,
y sus palabras, ejemplos y adivinanzas.

⁷ La sabiduría comienza por honrar al Señor;ᶜ
los necios desprecian la sabiduría y la instrucción.

Consejos a los jóvenes

⁸ Hijo mío, atiende la instrucción de tu padre
y no abandones la enseñanza de tu madre,
⁹ pues serán para ti un bello adorno: como un collar o una corona.ᵈ

¹⁰ Si los pecadores quieren engañarte, ¡no se lo permitas, hijo mío!ᵉ
¹¹ Tal vez te digan: "Ven con nosotros; por capricho tenderemos una trampa
para matar a algún inocente cuando pase.
¹² Nos tragaremos vivos a los hombres honrados
como se traga la muerte a quienes caen en el sepulcro.
¹³ Tendremos toda clase de riquezas, ¡llenaremos nuestras casas con todo lo robado!
¹⁴ Ven y comparte tu suerte con nosotros,
y comparte también nuestro fondo común."
¹⁵ ¡Pero no vayas con ellos, hijo mío! Aléjate de sus malos caminos,
¹⁶ pues tienen prisa por hacer lo malo; ¡tienen prisa por derramar sangre!ᶠ
¹⁷ Aunque no vale la pena tender una trampa
si los pájaros pueden verla,
¹⁸ esos hombres se tienden la trampa a sí mismos
y ponen su vida en peligro.
¹⁹ Tal es el final de los ambiciosos: su propia ambición los mata.

Invitación de la sabiduría

²⁰ Por calles y avenidas
la sabiduría hace oír su voz;

ᵃ 1.1 1 R 4.32; Pr 10.1; 25.1. ᵇ 1.2 Stg 1.5; 3.13–17. ᶜ 1.7 Job 28.28; Sal 111.10; Pr 9.10; 15.33. ᵈ 1.8–9 Pr 6.20–21.
ᵉ 1.10–16 Sal 1.1. ᶠ 1.16 Is 59.7; Ro 3.15.

21 proclama sus palabras por las
puertas,
por los puntos más concurridos de
la ciudad:[g]

22 "Jóvenes inexpertos, burlones y
necios,
¿hasta cuándo amarán la
inexperiencia,
y hallarán placer en sus burlas,
y despreciarán el saber?
23 Presten atención a mis correcciones
y yo los colmaré de mi espíritu;
les daré a conocer mis
pensamientos.
24 Yo los he llamado, los he invitado a
venir,
pero ustedes no han querido
hacerme caso.
25 Al contrario, han rechazado mis
consejos;
no han querido recibir mi
corrección.
26 ¡Ya me tocará reír cuando les llegue
la desgracia!
¡Ya me burlaré cuando estén
muertos de miedo,
27 cuando vengan sobre ustedes
temores y problemas,
desesperación y angustia,
como un torbellino que todo lo
destruye!

28 "Ese día me llamarán, pero no
responderé;
me buscarán, pero no me
encontrarán;
29 pues desprecian la sabiduría
y no quieren honrar al Señor.
30 No desean recibir mis consejos;
desprecian mis correcciones.
31 ¡Pues sufrirán las consecuencias de
su conducta!
¡Quedarán hartos de sus malas
intenciones!
32 A los inexpertos los mata su falta de
experiencia,
y a los necios los destruye su
despreocupación;
33 pero el que me preste atención,
vivirá en paz
y sin temor de ningún peligro."

Beneficios que ofrece la sabiduría

2 ¹ Haz tuyas mis palabras, hijo mío;
guarda en tu mente mis
mandamientos.
2 Presta oído a la sabiduría;
entrega tu mente a la inteligencia.
3 Pide con todas tus fuerzas
inteligencia y buen juicio;

4 entrégate por completo a buscarlos,
cual si buscaras plata o un tesoro
escondido.
5 Entonces sabrás lo que es honrar al
Señor;
¡descubrirás lo que es conocer a
Dios!
6 Pues el Señor es quien da la
sabiduría;
la ciencia y el conocimiento brotan
de sus labios.
7 El Señor da su ayuda y protección
a los que viven rectamente y sin
tacha;
8 cuida de los que se conducen con
justicia,
y protege a los que le son fieles.
9 Sabrás también lo que es recto y
justo,
y estarás atento a todo lo bueno,
10 pues tu mente obtendrá sabiduría
y probarás la dulzura del saber.
11 La discreción y la inteligencia
serán tus constantes protectoras;
12 ellas te librarán del mal camino
y de los hombres perversos,
13 de los que dejan el buen camino
y se van por senderos oscuros,
14 que se divierten haciendo daño
y festejan sus malas acciones,
15 que andan por caminos torcidos
y se han desviado del recto sendero.
16 Te librarán también de la mujer
ajena,
de la extraña de palabras
seductoras[h]
17 que abandona al compañero de su
juventud
y olvida su compromiso con Dios.
18 Tomar el camino que lleva a la casa
de ella
es tomar el camino que lleva a la
muerte;
19 los que entran en su casa ya no
vuelven,
jamás vuelven a recorrer el sendero
de la vida.
20 Anda, pues, por el buen camino,
y practica la conducta de los justos.
21 Porque los que viven rectamente y
sin tacha
vivirán para siempre en la tierra;
22 pero los malvados y traidores
serán arrancados y expulsados de
ella.[i]

Recomendaciones para alcanzar sabiduría

3 ¹ No olvides mis enseñanzas, hijo
mío;
guarda en tu memoria mis
mandamientos,

g 1.20–21 Pr 8.1–3.   h 2.16 Pr 7.5.   i 2.21–22 Sal 37.9.

² y tendrás una vida larga
y llena de felicidad.
³ No abandones nunca el amor y la
verdad;
llévalos contigo como un collar.
Grábatelos en la mente,
⁴ y tendrás el favor y el aprecio
de Dios y de los hombres.ʲ

⁵ Confía de todo corazón en el Señor
y no en tu propia inteligencia.ᵏ
⁶ Ten presente al Señor en todo lo
que hagas,
y él te llevará por el camino recto.
⁷ No te creas demasiado sabio;
honra al Señor y apártate del mal:
⁸ ¡ésa es la mejor medicina
para fortalecer tu cuerpo!

⁹ Honra al Señor con tus riquezas
y con los primeros frutos de tus
cosechas;
¹⁰ así se llenarán a reventar
tus graneros y tus depósitos de vino.

¹¹ No rechaces, hijo mío, la corrección
del Señor,
ni te disgustes por sus reprensiones;ˡ
¹² porque el Señor corrige a quien él
ama,ᵐ
como un padre corrige a su hijo
favorito.ⁿ

¹³ Dichoso el que halla sabiduría,
el que obtiene inteligencia;
¹⁴ porque son más provechosas que la
plata
y rinden mayores beneficios que el
oro.
¹⁵ La sabiduría vale más que las
piedras preciosas;
¡ni aun las cosas más deseables se le
pueden comparar!
¹⁶ Con la derecha ofrece larga vida,
y con la izquierda, riquezas y
honores.
¹⁷ Seguir sus pasos es muy agradable;
andar por sus senderos es vivir en
paz.
¹⁸ La sabiduría es vida para quien la
obtiene;
¡dichosos los que saben retenerla!
¹⁹ Con sabiduría e inteligencia,
el Señor afirmó los cielos y la tierra;
²⁰ con sabiduría hizo que el mar se
dividiera
y que de las nubes brotara el rocío.

²¹ Conserva siempre el buen juicio,
hijo mío,
y no pierdas de vista la discreción,

²² pues serán para ti fuente de vida
y te adornarán como un collar.
²³ Podrás andar confiado por el camino
y jamás tropezarás.
²⁴ Cuando descanses, no tendrás que
temer;
cuando te acuestes, dormirás
tranquilo.ⁿ
²⁵ No temerás a los peligros repentinos
ni a la ruina que vendrá sobre los
malvados,
²⁶ porque el Señor te infundirá
confianza
y evitará que caigas en alguna
trampa.

²⁷ Nunca niegues un favor a quien te
lo pida,ᵒ
cuando en tu mano esté el hacerlo.
²⁸ No dejes para mañana
la ayuda que puedas dar hoy.
²⁹ No hagas planes perversos
contra el que vive confiado en ti.
³⁰ No busques pelea con nadie,
si nadie te ha hecho daño.
³¹ No envidies al desalmado
ni trates de imitar su conducta;
³² porque al Señor le repugnan los
malvados,
pero a los buenos les brinda su
confianza.
³³ El Señor maldice la casa del
malvado,
pero bendice el hogar del hombre
justo.
³⁴ El Señor se burla de los burlones,
pero trata con bondad a los
humildes.ᵖ
³⁵ La honra es el premio de los sabios,
pero los necios se destacan por su
deshonra.

Exhortaciones a seguir el buen camino

4 ¹ Hijos, atiendan a los consejos de su
padre;
pongan atención, para que
adquieran buen juicio.
² Yo les he dado una buena
instrucción,
así que no descuiden mis
enseñanzas.
³ Pues yo también he sido hijo:
mi madre me amaba con ternura
⁴ y mi padre me instruía de esta
manera:
"Grábate en la mente mis palabras;
haz lo que te ordeno, y vivirás.
⁵ Adquiere sabiduría y buen juicio;
no eches mis palabras al olvido.
⁶ Ama a la sabiduría, no la abandones,
y ella te dará su protección.

ʲ 3.4 Lc 2.52. ᵏ 3.5 Ro 12.16. ˡ 3.11 Job 5.17; He 12.5–6. ᵐ 3.12 Ap 3.19. ⁿ 3.11–12 Dt 8.5; 2 S 7.14; He 12.5–6.
ⁿ 3.24 Sal 3.5; 4.8. ᵒ 3.27 Mt 5.42. ᵖ 3.34 Stg 4.6; 1 P 5.5.

7 Antes que cualquier otra cosa,
adquiere sabiduría y buen juicio.
8 Ámala, y te enaltecerá;
abrázala, y te honrará;
9 ¡te obsequiará con la más bella
guirnalda
y te coronará con ella!"

10 Atiende a mis palabras, hijo mío,
hazlas tuyas y aumentarán los años
de tu vida.
11 Yo te llevaré por el camino de la
sabiduría;
te haré andar por el buen camino,
12 en el que no habrá estorbos a tu
paso,
en el que no tropezarás aun cuando
corras.
13 Aférrate a la instrucción y no la
descuides;
ponla en práctica, pues es vida para
ti.
14 No vayas tras los pasos de los
malvados,
no sigas su mala conducta.
15 Evita el pasar por su camino;
apártate de ellos y sigue adelante,
16 pues no están en paz si no hacen lo
malo;
pierden el sueño si no hacen caer a
alguno.
17 ¡Su comida y su bebida
son la maldad y la violencia!

18 El camino de los justos es como la
luz de un nuevo día:
va en aumento hasta brillar en todo
su esplendor.
19 Pero el camino de los malvados es
oscuro;
¡ni siquiera saben contra qué
tropiezan!q

20 Atiende a mis palabras, hijo mío;
préstales atención.
21 Jamás las pierdas de vista,
¡grábatelas en la mente!
22 Ellas dan vida y salud
a todo el que las halla.
23 Cuida tu mente más que nada en el
mundo,
porque ella es fuente de vida.
24 Evita el decir cosas falsas;
apártate de la mentira.
25 Mira siempre adelante,
mira siempre de frente.
26 Fíjate bien en dónde pones los pies,
y siempre pisarás terreno firme.
27 No te desvíes de tu camino;
evita el andar en malos pasos.

La mujer fácil, perdición del hombre

5 1 Atiende a mi sabiduría, hijo mío;
presta atención a mi inteligencia.
2 Así sabrás ser discreto
y podrás hablar con conocimiento.
3 Pues la mujer ajena habla con
dulzura
y su voz es más suave que el aceite;
4 pero termina siendo más amarga
que el ajenjo
y más cortante que una espada de
dos filos.
5 Andar con ella conduce a la muerte;
sus pasos llevan directamente al
sepulcro.
6 A ella no le importa el camino de la
vida
ni se fija en lo inseguro de sus
pasos.l

7 Por lo tanto, hijo mío, atiéndeme,
no te apartes de mis enseñanzas.
8 Aléjate de la mujer ajena;
ni siquiera te acerques a la puerta
de su casa,
9 para que no pierdas la riqueza de
tus años
en manos de gente extraña y cruel;
10 para que ningún extraño se llene
con el fruto de tu esfuerzo y tu
trabajo.
11 De lo contrario, acabarás por
lamentarlo
cuando tu cuerpo se consuma poco
a poco.
12 Y dirás: "¡Cómo pude despreciar la
corrección!
¡Cómo pude rechazar las
represiones!
13 ¡No quise escuchar a mis maestros,
no atendí a los que me instruían,
14 y por poco llego al colmo de la
desgracia
ante la comunidad entera!"

15 Calma tu sed con el agua
que brota de tu propio pozo.
16 No derrames el agua de tu
manantial;
no la desperdicies derramándola por
la calle.
17 Pozo y agua son tuyos, y de nadie
más;
¡no los compartas con extraños!
18 ¡Bendita sea tu propia fuente!
¡Goza con la compañera de tu
juventud,
19 delicada y amorosa cervatilla!
¡Que nunca te falten sus caricias!
¡Que siempre te envuelva con su
amor!

l A ella no . . . sus pasos: texto probable. Heb. oscuro.
q 4.18-19 Sal 1.6.

20 ¿Por qué enredarte, hijo mío, con la mujer ajena?
¿Por qué arrojarte en brazos de una extraña?
21 El Señor está pendiente de la conducta del hombre;
no pierde de vista ninguno de sus pasos.
22 Al malvado lo atrapa su propia maldad;
su propio pecado lo sujeta como un lazo.
23 Su indisciplina lo llevará a la muerte;
su gran necedad, a la perdición.

Advertencias contra el dar fianza

6 1 Hijo mío, si das fianza por tu amigo o te haces responsable de un extraño,
2 tú solo te pones la trampa:
quedas atrapado en tus propias palabras.
3 Para librarte, hijo mío,
pues estás en las manos de otro,
haz lo siguiente:
trágate el orgullo y cóbrale a tu amigo.
4 No te duermas,
no te des ni un momento de descanso;
5 huye, como un venado del cazador;
huye, como un ave de la trampa.

Exhortación a los perezosos

6 Anda a ver a la hormiga, perezoso;
fíjate en lo que hace, y aprende la lección:
7 aunque no tiene quien la mande
ni quien le diga lo que ha de hacer,
8 asegura su comida en el verano,
la almacena durante la cosecha.
9 ¡Basta ya de dormir, perezoso!
¡Basta ya de estar acostado!
10 Mientras tú sueñas y cabeceas,
y te cruzas de brazos para dormir mejor,
11 la pobreza vendrá y te atacará
como un vagabundo armado.r

Características del malvado

12 El que es malvado y perverso
anda siempre contando mentiras;
13 guiña los ojos,
hace señas con los pies,
señala con los dedos;
14 su mente es perversa,
piensa siempre en hacer lo malo
y en andar provocando peleas.
15 Por eso, en un instante le vendrá el desastre;
en un abrir y cerrar de ojos
quedará arruinado sin remedio.

Lo que el Señor aborrece

16 Hay seis cosas, y hasta siete,
que el Señor aborrece por completo:
17 los ojos altaneros,
la lengua mentirosa,
las manos que asesinan a gente inocente,
18 la mente que elabora planes perversos,
los pies que corren ansiosos al mal,
19 el testigo falso y mentiroso,
y el que provoca peleas entre hermanos.

Consecuencias del adulterio

20 Hijo mío, guarda siempre en tu memoria
los mandamientos y enseñanzas de tus padres.
21 Llévalos siempre sobre tu corazón,
átalos alrededor de tu cuello;s
22 te guiarán cuando andes de viaje,
te protegerán cuando estés dormido,
hablarán contigo cuando despiertes.

23 En verdad, los mandamientos y las enseñanzas
son una lámpara encendida;
las correcciones y los consejos
son el camino de la vida.t
24 Te protegerán de la mujer malvada,
de las palabras melosas de la mujer ajena.
25 No permitas que su belleza encienda tu pasión;
¡no te dejes atrapar por sus miradas!

26 La prostituta va tras un bocado de pan,
pero la adúltera va tras el hombre que vale.

27 El que se echa fuego en el pecho,
sin duda se quema la ropa.
28 El que camina sobre las brasas,
se quema los pies.
29 El que se enreda con la mujer ajena,
no quedará sin castigo.

30 Nadie desprecia al ladrón
que roba para calmar su hambre;2

2 Nadie . . . hambre: otra posible traducción: Al ladrón se le desprecia, aunque robe para calmar su hambre.
r 6.10–11 Pr 24.33–34. s 6.20–21 Pr 1.8–9. t 6.23 Sal 119.105.

31 aunque si lo encuentran robando,
tendrá que devolver siete veces lo
robado,
y aun tendrá que dar todo cuanto
tenga.

32 ¡Qué imprudente es el que anda con
la mujer ajena!
¡El que lo hace se destruye a sí
mismo!
33 Tendrá que afrontar golpes y
ofensas,
y no habrá nada que borre su
deshonra.
34 Porque el hombre celoso es como un
fuego,
y no perdona a la hora de vengarse;
35 no acepta desagravio alguno,
ni se calma ante muchos regalos.

Artimañas de la mujer adúltera

7 1 Obedece mis palabras, hijo mío;
guarda en tu mente mis
mandamientos.
2 Obedece mis mandamientos y
enseñanzas;
cuídalos como a las niñas de tus
ojos, y vivirás.
3 Átalos a tus dedos,
grábatelos en la mente.
4 Haz de la sabiduría tu hermana,
haz de la inteligencia tu amiga.
5 Ellas te librarán de la mujer
adúltera,
de la extraña de palabras
seductoras.u

6 Un día estaba yo mirando
entre las rejas de mi ventana
7 a unos jóvenes sin experiencia,
y me fijé en el más imprudente de
ellos.
8 Al llegar a la esquina cruzó la calle
en dirección a la casa de aquella
mujer.
9 La tarde iba cayendo,
y comenzaba a oscurecer.
10 De pronto la mujer salió a su
encuentro,
con toda la apariencia y los gestos
de una prostituta,
11 de una mujer ligera y caprichosa
que no puede estarse en su casa
12 y que anda por calles, plazas y
esquinas
esperando atrapar al primero que
pase.
13 La mujer abrazó y besó al joven,
y descaradamente le dijo:

14 "Yo había prometido sacrificios de
reconciliación,
y hoy he cumplido mi promesa.³
15 Por eso he salido a tu encuentro;
¡tenía ganas de verte, y te he
encontrado!
16 Sobre mi cama he tendido
una hermosa colcha de lino egipcio,
17 la he perfumado con aroma
de mirra, áloe y canela.
18 Ven, vaciemos hasta el fondo la
copa del amor;
gocemos del amor hasta que
amanezca,
19 pues mi esposo no está en casa:
ha salido para un largo viaje,
20 se ha llevado una bolsa de dinero
y no volverá hasta el día de la luna
llena."

21 Sus palabras melosas e insistentes
acabaron por convencer al
muchacho,
22 que sin más se fue tras ella:
como un buey rumbo al matadero,
como un ciervo que cae en la
trampa
23 y al que luego una flecha le parte el
corazón;
como un ave que se lanza contra la
red
sin saber que eso le va a costar la
vida.

24 Así pues, hijo mío, escúchame;
presta atención a mis palabras.
25 No desvíes hacia esa mujer tus
pensamientos;
no te pierdas por ir tras ella,
26 porque a muchos los ha herido de
muerte;
¡sus víctimas son numerosas!
27 Tomar el camino de su casa
es tomar el camino de la muerte.

Discurso de la sabiduría

8 1 La sabiduría clama a voz en cuello;
la inteligencia hace oír su voz.
2 Se para en lo alto de las colinas,
se detiene donde se cruzan los
caminos,
3 se hace oír junto a las puertas,
a la entrada de la ciudad:v
4 "Para ustedes los hombres
van estas palabras mías.
5 Jóvenes inexpertos y necios,
¡aprendan a ser prudentes y
entendidos!
6 Atiendan, que voy a decirles
cosas importantes⁴ e irreprochables.

³ La persona que ofrecía sacrificio de reconciliación recibía una porción de carne de la víctima (Lv 7.16). La mujer quiere
decir que, por tanto, hay en su casa buena comida. 4 *Cosas importantes:* texto probable. Heb. *jefes.*
u 7.5 Pr 2.16. v 8.1–3 Pr 1.20–21.

7 Lo que voy a decir es la verdad;
no me gusta hablar mentira.
8 Todas mis palabras son justas;
no hay en ellas la menor falsedad.
9 Para el inteligente y entendido,
mis palabras son claras e
irreprochables.
10 En vez de plata y oro fino,
adquieran instrucción y
conocimiento."

11 Vale más sabiduría que piedras
preciosas;
¡ni lo más deseable se le puede
comparar!

12 "Yo, la sabiduría, habito con la
inteligencia,
y sé hallar los mejores consejos.
13 Honrar al Señor es odiar el mal.
Yo odio el orgullo y la altanería,
el mal camino y la mentira.
14 En mí están el plan y su realización,
yo soy el buen juicio y la fuerza.
15 Gracias a mí reinan los reyes
y los gobernantes establecen el
derecho.
16 Gracias a mí dominan los jefes de
estado
y dictan sentencia las autoridades.
17 Yo amo a los que me aman,
y los que me buscan, me
encuentran.
18 Yo doy riquezas y honra,
grandes honores y prosperidad.
19 Lo que yo doy es mejor que el oro
más refinado;
lo que yo ofrezco es mejor que la
plata más fina.
20 Yo voy por el camino recto,
por las sendas de la justicia.
21 A los que me aman les doy su parte:
lleno sus casas de tesoros.

22 "El Señor me creó al principio de su
obra,ʷ
antes de que él comenzara a crearlo
todo.
23 Me formó en el principio del tiempo,
antes de que creara la tierra.
24 Me engendró antes de que existieran
los grandes mares,
antes de que brotaran los ríos y los
manantiales.
25 Antes de afirmar los cerros y los
montes,
el Señor ya me había engendrado;
26 aún no había creado él la tierra y
sus campos,
ni el polvo de que el mundo está
formado.

27 Cuando él afirmó la bóveda del cielo
sobre las aguas del gran mar,⁵ allí
estaba yo.
28 Cuando afirmó las nubes en el cielo
y reforzó las fuentes del mar
profundo,
29 cuando ordenó a las aguas del mar
no salirse de sus límites,
cuando puso las bases de la tierra,ˣ
30 allí estaba yo, fielmente, a su lado.
Yo era su constante fuente de
alegría,
y jugueteaba en su presencia a
todas horas,
31 jugueteaba en el mundo creado,
¡me sentía feliz por el género
humano!ʸ

32 "Y ahora, hijos míos, escúchenme;
sigan mi ejemplo y serán felices.
33 Atiendan a la instrucción;
no rechacen la sabiduría.
34 Feliz aquel que me escucha,
y que día tras día se mantiene
vigilante
a las puertas de mi casa.
35 Porque hallarme a mí es hallar la
vida
y ganarse la buena voluntad del
Señor;
36 pero apartarse de mí es poner la
vida en peligro;
¡odiarme es amar la muerte!"

Contraste entre la sabiduría y la necedad

9 ¹ La sabiduría construyó su casa,
la adornó con siete columnas;
2 mató animales para el banquete,
preparó un vino especial,
puso la mesa
3 y envió a sus criadas a gritar
desde lo alto de la ciudad:
4 "¡Vengan acá, jóvenes inexpertos!"
Mandó a decir a los imprudentes:
5 "Vengan a comer de mi pan
y a beber del vino que he preparado.
6 Dejen de ser imprudentes, y vivirán;
condúzcanse como gente
inteligente."

7 Corrige al insolente y malvado,
y sólo lograrás que te insulte y
ofenda.
8 Reprende al insolente y te ganarás
su odio;
corrige al sabio y te ganarás su
aprecio.

⁵ Véase Gn 1.6–8.
ʷ 8.22 Ap 3.14. ˣ 8.29 Job 38.8–11; Sal 104.6–9; Jer 5.22. ʸ 8.22–31 Job 28.23–27.

⁹ Dale al sabio y se hará más sabio;
enseña al hombre bueno y
aumentará su saber.

¹⁰ La sabiduría comienza por honrar al
Señor;ᶻ
conocer al Santísimo es tener
inteligencia.

¹¹ Gracias a la sabiduría, vivirás
mucho tiempo
y aumentarán los años de tu vida.
¹² Si eres sabio, tuyo será el provecho;
si eres insolente, tuya será la
responsabilidad.

¹³ La necedad es como una mujer
chismosa,
tonta e ignorante.
¹⁴ Se sienta en una silla, a las puertas
de su casa,
en la parte más alta de la ciudad,
¹⁵ y llama a los caminantes
que van por buen camino:
¹⁶ "¡Vengan acá, jóvenes inexpertos!"
Manda a decir a los imprudentes:
¹⁷ "El agua robada es más sabrosa;
el pan comido a escondidas sabe
mejor."
¹⁸ Pero ellos no saben que sus
invitados
son ahora sombras en el reino de la
muerte.

Primera colección de dichos de Salomón
(Caps 10.1—22.16)

10 ¹ Dichos de Salomón:

El hijo sabio alegra a sus padres;
el hijo necio los hace sufrir.ᵃ

² Las riquezas mal habidas no son de
provecho,
pero la honradez libra de la muerte.ᵇ

³ El Señor no deja con hambre al que
es bueno,
pero impide al malvado calmar su
apetito.ᶜ

⁴ Poco trabajo, pobreza;
mucho trabajo, riqueza.

⁵ Cosechar en el verano es de sabios;
dormirse en la cosecha es de
descarados.

⁶ Sobre el hombre bueno llueven
bendiciones,

pero al malvado lo ahoga la
violencia.

⁷ Al hombre bueno se le recuerda con
bendiciones;
al malvado, muy pronto se le olvida.

⁸ El que es sabio acepta mandatos;
el que dice necedades acaba en la
ruina.

⁹ El que nada debe, nada teme;
el que mal anda, mal acaba.ᵉ

¹⁰ El que guiña el ojo acarrea grandes
males;
el que dice necedades acaba en la
ruina.

¹¹ Las palabras del justo son fuente de
vida,
pero al malvado lo ahoga la
violencia.

¹² El odio provoca peleas,
pero el amor perdona todas las
faltas.ᵈ

¹³ En labios del sabio hay sabiduría;
para el imprudente, un garrotazo en
la espalda.

¹⁴ Los sabios se reservan sus
conocimientos,
mas cuando los necios hablan, el
peligro amenaza.

¹⁵ La defensa del rico es su riqueza;
la ruina del pobre, su pobreza.

¹⁶ La recompensa del justo es la vida;
la cosecha del malvado es el pecado.

¹⁷ El que atiende la corrección va
camino a la vida;
el que la desatiende, va camino a la
perdición.

¹⁸ Es de mentirosos disimular el odio,
y es de necios divulgar chismes.

¹⁹ El que mucho habla, mucho yerra;
callar a tiempo es de sabios.

²⁰ Plata fina es la lengua del justo;
la mente del malo no vale nada.

²¹ Los labios del justo instruyen a
muchos,
pero el necio muere por su
imprudencia.

ᵉ *Mal acaba:* texto probable. Heb. *es conocido.*
ᶻ **9.10** Job 28.28; Sal 111.10; Pr 1.7. ᵃ **10.1** Pr 15.20. ᵇ **10.2** Pr 11.4. ᶜ **10.3** Sal 34.10. ᵈ **10.12** Stg 5.20; 1 P 4.8.

²² La bendición del Señor es riqueza
que no trae dolores consigo.

²³ El necio goza cometiendo infamias;
el sabio goza con la sabiduría.

²⁴ Lo que más teme el malvado, eso le
sucede,
pero al justo se le cumplen sus
deseos.

²⁵ Pasa el huracán y el malvado
desaparece,
pero el justo permanece para
siempre.

²⁶ El perezoso es, para el que lo envía,
como el vinagre a los dientes o el
humo a los ojos.

²⁷ El honrar al Señor alarga la vida,
pero a los malvados se les acorta.

²⁸ Para los justos, el porvenir es alegre;
para los malvados, ruinoso.

²⁹ El Señor protege a los que hacen
bien,
pero destruye a los que hacen mal.

³⁰ Jamás el justo fracasará,
pero el malvado no permanecerá en
la tierra.

³¹ De los labios del justo brota
sabiduría,ᵉ
pero al perverso le cortarán la
lengua.

³² El justo dice cosas agradables;
el malvado, sólo cosas perversas.

11 ¹ El Señor reprueba las balanzas
falsas
y aprueba las pesas exactas.ᶠ

² El orgullo acarrea deshonra;
la sabiduría está con los humildes.ᵍ

³ A los hombres rectos los guía su
rectitud;
a los hombres falsos los destruye su
falsedad.

⁴ De nada servirán las riquezas el día
del juicio,
pero la justicia libra de la muerte.ʰ

⁵ La justicia endereza el camino del
justo,
pero el malvado cae por su propia
maldad.

⁶ La justicia libera a los hombres
rectos,
pero la codicia aprisiona a los
traidores.

⁷ Cuando el malvado muere,
mueren con él sus esperanzas e
ilusiones.

⁸ Dios libra de la angustia al justo,
y en su lugar pone al malvado.

⁹ Las palabras del malvado destruyen
a sus semejantes,
pero la inteligencia del justo los
salva.

¹⁰ Cuando los justos prosperan, la
ciudad se alegra;
cuando los malvados mueren, salta
de alegría.

¹¹ Con la bendición de los justos se
construye una ciudad,
pero las palabras de los malvados la
destruyen.

¹² El imprudente habla mal de su
amigo;
el prudente guarda silencio.

¹³ El chismoso todo lo cuenta;
el discreto guarda el secreto.

¹⁴ Si no hay buen gobierno, la nación
fracasa;
el triunfo depende de los muchos
consejeros.ⁱ

¹⁵ Mal resulta salir fiador de un
extraño;
el que evita dar fianzas vive
tranquilo.

¹⁶ La mujer agraciada recibe honores,
y el hombre audaz obtiene riquezas.

¹⁷ El que es compasivo se hace bien a
sí mismo,
pero el que es cruel provoca su
propio mal.

¹⁸ El malvado recibe una paga
engañosa;
el que actúa con justicia,
recompensa efectiva.

¹⁹ Ir tras la justicia conduce a la vida,
pero ir tras la maldad conduce a la
muerte.

²⁰ El Señor aborrece a los de mente
perversa,

ᵉ 10.31 Sal 37.30. ᶠ 11.1 Lv 19.35–36; Dt 25.13–16; Pr 20.10,23; Am 8.5. ᵍ 11.2 Pr 13.10. ʰ 11.4 Pr 10.2. ⁱ 11.14 Pr 24.6.

pero mira con agrado a los de
conducta intachable.

²¹ Ciertamente el malvado no quedará
sin castigo,
pero los justos saldrán bien librados.

²² Anillo de oro en hocico de cerdo
es la mujer bella de poco cerebro.

²³ El deseo de los justos siempre
resulta bien;
el capricho de los malvados sólo
provoca enojo.

²⁴ Hay gente desprendida que recibe
más de lo que da,
y gente tacaña que acaba en la
pobreza.

²⁵ El que es generoso, prospera;
el que da, también recibe.

²⁶ Al que acapara trigo, la gente lo
maldice;
al que lo vende, lo bendice.

²⁷ El que anda tras el bien, busca ser
aprobado;
al que anda tras el mal, mal le irá.

²⁸ El que confía en sus riquezas, caerá
como hoja seca,ᶦ
pero los justos reverdecerán como
las ramas.

²⁹ Al que descuida su casa, nada le
queda;
el necio siempre será esclavo del
sabio.

³⁰ La justicia⁷ da vida,
la violencia⁸ la quita.

³¹ Si el justo recibe su paga aquí en la
tierra,
¡con cuánta más razón el malvado y
el pecador!ᵏ

12 ¹ Amar la disciplina es amar el
saber;
odiar la represión es ser ignorante.

² Al hombre bueno el Señor lo
aprueba,
y al pícaro lo condena.

³ El mal no es base firme para nadie;
los justos tienen raíz permanente.

⁴ La mujer ejemplar hace de su
marido un rey,

pero la mala esposa lo destruye por
completo.

⁵ Los hombres justos piensan en la
justicia;
los malvados, sólo en el engaño.

⁶ Las palabras del malvado son una
trampa mortal;
las del hombre justo, salvación.

⁷ Los malvados caen, y ése es su fin,
pero la casa de los justos queda en
pie.

⁸ Al hombre se le alaba según su
inteligencia,
pero el tonto sólo merece desprecio.

⁹ Más vale menospreciado pero
servido,
que reverenciado pero mal comido.

¹⁰ El justo sabe que sus animales
sienten,
pero el malvado nada entiende de
compasión.

¹¹ El que trabaja su tierra tiene
abundancia de pan;
el imprudente se ocupa en cosas sin
provecho.

¹² Los malos deseos son la red de los
malvados;
la raíz de los justos es permanente.⁹

¹³ El malvado se enreda en sus propias
mentiras,
pero el hombre justo sale bien del
apuro.

¹⁴ Cada uno recoge el fruto de lo que
diceᶦ
y recibe el pago de lo que hace.

¹⁵ El necio cree que todo lo que hace
está bien,
pero el sabio atiende los consejos.

¹⁶ El necio muestra en seguida su
enojo;
el prudente pasa por alto la ofensa.

¹⁷ El testigo verdadero declara la
verdad;
el testigo falso afirma mentiras.

¹⁸ Hay quienes hieren con sus
palabras,
pero hablan los sabios y dan el
alivio.

⁷ *Justicia:* según la versión griega. Heb. *el justo.*   ⁸ *Violencia:* según la versión griega. Heb. *el sabio.*
⁹ *Los malos . . . es permanente:* texto probable. Heb. oscuro.
ᶦ **11.28** Mr 10.23-25.   ᵏ **11.31** 1 P 4.18.   ᶦ **12.14** Pr 13.2; 18.20.

19 El que dice la verdad permanece
   para siempre,
   pero el mentiroso, sólo un instante.

20 En los planes de los malvados hay
   mentira;
   en los consejos del hombre de paz,
   alegría.

21 El hombre justo jamás sufrirá
   ningún mal,
   pero el malvado recibirá todos los
   males juntos.

22 El Señor aborrece a los mentirosos,
   pero mira con agrado a los que
   actúan con verdad.

23 El inteligente no hace alarde de su
   saber,
   pero el necio hace gala de su
   estupidez.

24 El que trabaja, dominará;
   el perezoso será dominado.

25 La angustia deprime al hombre;
   la palabra amable lo alegra.

26 El justo sirve de guía a su prójimo,[10]
   pero los malvados pierden el
   camino.

27 El cazador perezoso no alcanza
   presa,
   pero el diligente alcanza grandes
   riquezas.[11]

28 El camino de la justicia lleva a la
   vida;
   el de la imprudencia[12] lleva a la
   muerte.[m]

13 1 El hijo sabio acepta la corrección
      del padre;
   el insolente no hace caso de
   represiones.

2 Cada uno recoge el fruto de lo que
   dice,[n]
   pero los traidores tienen hambre de
   violencia.

3 Cuidar las palabras es cuidarse uno
   mismo;
   el que habla mucho se arruina solo.

4 El perezoso desea y no consigue;
   el que trabaja, prospera.

5 El hombre justo odia la mentira;
   el malvado es motivo de vergüenza
   y deshonra.

6 La rectitud protege al hombre
   intachable;
   la maldad destruye al pecador.

7 Hay quienes no tienen nada y
   presumen de ricos,
   y hay quienes todo lo tienen y
   aparentan ser pobres.

8 La riqueza del rico le salva la vida;
   el pobre jamás escucha amenazas.[13]

9 Los justos son como una luz
   brillante;
   los malvados, como lámpara que se
   apaga.

10 El orgullo sólo provoca peleas;
   la sabiduría está con los
   humildes.[14, ñ]

11 La riqueza ilusoria, disminuye;
   el que la junta poco a poco, la
   aumenta.

12 Esperanza frustrada, corazón
   afligido,
   pero el deseo cumplido es como un
   árbol de vida.

13 El que desatiende una orden, lo
   lamentará;
   el que respeta el mandato será
   recompensado.

14 La enseñanza del sabio es fuente de
   vida
   y libra de los lazos de la muerte.[o]

15 El buen juicio se gana el aprecio,
   pero los traidores marchan a su
   ruina.

16 El que es prudente actúa con
   inteligencia,
   pero el necio hace gala de su
   necedad.

17 El mensajero malvado acarrea
   problemas,
   pero el mensajero fiel los alivia.

18 Pobreza y deshonra tendrá quien
   desprecia el consejo;
   grandes honores, quien atiende la
   corrección.

19 El deseo cumplido es causa de
alegría.
Los necios no soportan alejarse del
mal.

20 Júntate con sabios y obtendrás
sabiduría;
júntate con necios y te echarás a
perder.

21 Los pecadores son perseguidos por
el mal;
los justos, recompensados con el
bien.

22 El hombre bueno deja herencia a
sus nietos;
el pecador amasa fortunas que serán
del justo.

23 En el campo del pobre hay comida
abundante,
pero mucho se pierde donde no hay
justicia.

24 Quien no corrige a su hijo, no lo
quiere;
el que lo ama, lo corrige.

25 El justo come hasta estar satisfecho,
pero el malvado se queda con
hambre.

14 1 La mujer sabia construye su casa;
la necia, con sus propias manos la
destruye.

2 El de recta conducta honra al Señor;
el de conducta torcida lo desprecia.

3 De la boca del necio brota el
orgullo;
de los labios del sabio, su
protección.

4 Cuando no hay bueyes, el trigo
falta;
con la fuerza del buey, la cosecha
aumenta.

5 El testigo verdadero no miente;
el testigo falso dice mentiras.

6 El insolente busca sabiduría y no la
encuentra;
para el inteligente, el saber es cosa
fácil.

7 Aléjate del necio,
pues de sus labios no obtendrás
conocimiento.

8 La sabiduría hace al sabio entender
su conducta,
pero al necio lo engaña su propia
necedad.

9 Los necios se burlan de sus culpas,
pero entre los hombres honrados
hay buena voluntad.

10 El corazón conoce sus propias
amarguras,
y no comparte sus alegrías con
ningún extraño.

11 La casa de los malvados será
destruida;
la de los hombres honrados
prosperará.

12 Hay caminos que parecen derechos,
pero al final de ellos está la muerte[p]

13 Hasta de reírse duele el corazón,
y al final la alegría acaba en llanto.[q]

14 El necio está satisfecho de su
conducta;
el hombre bueno lo está de sus
acciones.

15 El imprudente cree todo lo que le
dicen;
el prudente se fija por dónde anda.

16 El sabio teme al mal y se aparta de
él,
pero al necio nada parece
importarle.

17 El que es impulsivo actúa sin
pensar;
el que es reflexivo mantiene la
calma.[15]

18 Los imprudentes son herederos de la
necedad;
los prudentes se rodean de
conocimientos.

19 Los malvados se inclinarán ante los
buenos;
los malos suplicarán a las puertas de
los justos.

20 Al pobre, hasta sus propios amigos
lo odian;
al rico le sobran amigos.

21 El que desprecia a su amigo comete
un pecado,
pero ¡feliz aquel que se compadece
del pobre![r]

[15] *Mantiene la calma:* texto probable. Heb. *será odiado.* Otra posible traducción: *el intrigante será odiado.*
[p] **14.12** Pr 16.25. [q] **14.13** Ec 2.2. [r] **14.21** Sal 41.1.

22 Los que buscan hacer lo malo,
pierden el camino;
los que buscan hacer lo bueno son
objeto de amor y lealtad.

23 De todo esfuerzo se saca provecho;
del mucho hablar, sólo miseria.

24 La corona del sabio es su
inteligencia;[16]
la de los necios, su necedad.

25 El testigo verdadero salva a otros la
vida;
el testigo falso es causa de muerte.[17]

26 El honrar al Señor da una firme
esperanza
que da seguridad a los hijos.

27 El honrar al Señor es fuente de vida
que libra de los lazos de la muerte.[s]

28 Gobernar a muchos es una honra
para el rey;
gobernar a pocos es su ruina.

29 Ser paciente es muestra de mucha
inteligencia;
ser impaciente es muestra de gran
estupidez.

30 La mente tranquila es vida para el
cuerpo,
pero la envidia corroe hasta los
huesos.

31 Ofende a su Creador quien oprime
al pobre,
pero lo honra quien le tiene
compasión.

32 Al malvado lo arruina su propia
maldad;
al hombre honrado lo protege su
honradez.[18]

33 La sabiduría habita en mentes que
razonan,
pero entre los necios es
desconocida.[19]

34 La justicia es el orgullo de una
nación;
el pecado es su vergüenza.

35 El siervo capaz se gana el favor del
rey,
pero el incapaz se gana su enojo.

15 1 La respuesta amable calma el
enojo;
la respuesta violenta lo excita más.

2 De la lengua de los sabios brota
sabiduría;
de la boca de los necios, necedades.

3 El Señor está en todo lugar
vigilando a los buenos y a los malos.

4 La lengua amable es un árbol de
vida;
la lengua perversa hace daño al
espíritu.

5 El necio desprecia la corrección de
su padre;
el que la atiende, demuestra
inteligencia.

6 Gran abundancia hay en casa del
hombre honrado,
pero al malvado no le aprovechan
sus ganancias.

7 Los sabios esparcen sabiduría con
sus labios;
los necios, con su mente, hacen todo
lo contrario.

8 El Señor no soporta las ofrendas de
los malvados,[t]
pero recibe con agrado la oración de
los justos.

9 El Señor no soporta la conducta de
los malvados
pero ama a quien vive una vida
recta.

10 Al que deja el buen camino se le
corrige con dureza;
el que odia la reprensión, morirá.

11 Si a la vista del Señor están la
muerte y el sepulcro,
¡con mayor razón los pensamientos
de los hombres!

12 El insolente no ama al que le
reprende,
ni busca la compañía de los sabios.

13 Corazón alegre, cara feliz;
corazón enfermo, semblante triste.

14 La mente inteligente busca el saber,
pero los necios se alimentan de
necedades.

16 *Su inteligencia:* según la versión griega. Heb. *su riqueza.* 17 *Es causa de muerte:* texto probable. Heb. *mentira.* 18 *Su honradez:* según la versión griega. Heb. *su muerte.* 19 *Desconocida:* según la versión griega. Heb. *conocida.*
s **14.27** Pr 13.14. t **15.8** Pr 21.27.

¹⁵ Para quien está afligido, todos los
días son malos;
para quien está contento, son una
fiesta constante.

¹⁶ Más vale ser pobre y honrar al
Señor,
que ser rico y vivir angustiado. ᵘ

¹⁷ Más vale comer verduras con amor,
que carne de res con odio.

¹⁸ El que es impulsivo provoca peleas;
el que es paciente las apacigua.

¹⁹ Para el perezoso, el camino está
lleno de espinas;
para el hombre recto, el camino es
amplia calzada.

²⁰ El hijo sabio alegra a sus padres;
el hijo necio los menosprecia. ᵛ

²¹ El imprudente goza con su necedad;
el inteligente corrige sus propios
pasos.

²² Cuando no hay consulta, los planes
fracasan;
el éxito depende de los muchos
consejeros.

²³ ¡Qué grato es hallar la respuesta
apropiada,
y aún más cuando es oportuna!

²⁴ El camino de la vida va cuesta
arriba,
y libra al sabio de bajar al sepulcro.

²⁵ El Señor destruye la casa del
orgulloso,
pero mantiene invariable la
propiedad de la viuda.

²⁶ El Señor no soporta los planes
malvados,
pero le agradan las palabras sin
malicia.

²⁷ El que se da a la codicia arruina su
propia casa,
pero el que rechaza el soborno,
vivirá.

²⁸ El hombre justo piensa lo que ha de
responder,
pero el malvado lanza maldad por la
boca. ʷ

²⁹ El Señor se aleja de los malvados,
pero atiende a la oración de los
justos.

³⁰ Los ojos radiantes alegran el
corazón;
las buenas noticias dan nuevas
fuerzas.

³¹ El que atiende a la reprensión que
da vida,
tendrá un lugar entre los sabios.

³² El que desprecia la corrección no se
aprecia a sí mismo;
el que atiende a la reprensión
adquiere entendimiento.

³³ El honrar al Señor instruye en la
sabiduría;
para recibir honores, primero hay
que ser humilde.

16

¹ Los planes son del hombre;
la palabra final la tiene el Señor. ˣ

² Al hombre le parece bueno todo lo
que hace,
pero el Señor es quien juzga las
intenciones. ʸ

³ Pon tus actos en las manos del
Señor ᶻ
y tus planes se realizarán.

⁴ El Señor lo ha creado todo con un
propósito:
aun al hombre malvado para el día
del castigo.

⁵ El Señor no soporta a los orgullosos;
tarde o temprano tendrán su
castigo.

⁶ Con amor y verdad se perdona el
pecado;
honrando al Señor se aleja uno del
mal.

⁷ Cuando al Señor le agrada la
conducta de un hombre,
hasta a sus enemigos los pone en
paz con él.

⁸ Vale más lo poco ganado
honradamente,
que lo mucho ganado en forma
injusta.

⁹ Al hombre le toca hacer planes,
y al Señor dirigir sus pasos. ᵃ

¹⁰ El rey habla de parte de Dios
y no dicta sentencias injustas.

ᵘ **15.16** Sal 37.16. ᵛ **15.20** Pr 10.1. ʷ **15.28** Pr 19.28. ˣ **16.1** Pr 16.9; 19.21; Ec 9.1. ʸ **16.2** Pr 21.2. ᶻ **16.3** Sal 37.5.
ᵃ **16.9** Pr 16.1; 19.21; Ec 9.1.

¹¹ Pesas y medidas caen bajo el juicio
del Señor;²⁰
todas las pesas han sido creadas por
él.

¹² Los reyes reprueban las malas
acciones,
porque el trono se basa en la
justicia.

¹³ Los reyes aman y ven con agrado
a quien habla con honradez y
sinceridad.

¹⁴ La ira del rey es mensajera de
muerte,
y es de sabios procurar calmarla.

¹⁵ La alegría del rey es promesa de
vida,
y su buena voluntad es como nube
de lluvia.

¹⁶ Más vale adquirir sabiduría que oro;
más vale entendimiento que plata.

¹⁷ La norma de los justos es apartarse
del mal;
cuidar la propia conducta es
cuidarse uno mismo.

¹⁸ Tras el orgullo viene el fracaso;
tras la altanería, la caída.

¹⁹ Más vale humillarse con los pobres
que hacerse rico con los orgullosos.

²⁰ Al que bien administra,²¹ bien le va;
¡dichoso aquél que confía en el
Señor!

²¹ Al que piensa sabiamente, se le
llama inteligente;
las palabras amables convencen
mejor.

²² Tener buen juicio es tener una
fuente de vida;
instruir a los necios es también
necedad.

²³ El que piensa sabiamente, se sabe
expresar,
y sus palabras convencen mejor.

²⁴ Las palabras dulces son un panal de
miel:
endulzan el ánimo y dan nuevas
fuerzas.

²⁵ Hay caminos que parecen derechos,
pero al final de ellos está la muerte.ᵇ

²⁶ El apetito del que trabaja lo impulsa
a trabajar;
el hambre que siente lo empuja a
ello.

²⁷ El malvado es un horno de maldad;²²
¡aun sus palabras parecen llamas de
fuego!ᶜ

²⁸ El perverso provoca peleas;
el chismoso es causa de
enemistades.

²⁹ El violento engaña a su amigo
y lo desvía por el mal camino.

³⁰ Guiña los ojos quien piensa hacer lo
malo;
se muerde los labios quien ya lo ha
cometido.

³¹ Las canas son una digna corona,
ganada por una conducta honrada.

³² Más vale ser paciente que valiente;
más vale vencerse uno mismo que
conquistar ciudades.

³³ El hombre echa las suertes,
pero el Señor es quien lo decide
todo.

17 ¹ Más vale comer pan duro y vivir
en paz
que tener muchas fiestas y vivir
peleando.

² El siervo capaz llega a ser amo del
hijo indigno,
y tiene parte en la herencia como
los otros hermanos.

³ El oro y la plata, el fuego los
prueba;ᵈ
los pensamientos los prueba el
Señor.

⁴ El malvado y el mentiroso
hacen caso de las malas lenguas.

⁵ El que se burla del pobre ofende a
su Creador;
el que se alegra de su desgracia no
quedará sin castigo.

⁶ La corona de los ancianos son sus
nietos;

---

²⁰ Pesas y medidas caen bajo el juicio del Señor: texto probable. Heb. pesas y medidas de justicia del Señor.   ²¹ Al que
bien administra: otra posible traducción: al que presta atención al mandamiento.   ²² Es un horno de maldad: texto
probable. Heb. cava maldad.
ᵇ 16.25 Pr 14.12.   ᶜ 16.27 Stg 3.6.   ᵈ 17.3 Pr 27.21.

el orgullo de los hijos son sus padres.

7 Ni al tonto le sienta bien el hablar con elegancia,
ni al hombre respetable el hablar con engaños.

8 El que practica el soborno cree tener poderes mágicos,
pues alcanza el éxito en todo lo que emprende.

9 Quien pasa por alto la ofensa, crea lazos de amor;
quien insiste en ella, aleja al amigo.

10 Cala más un regaño en el entendido que cien azotes en el necio.

11 El revoltoso sólo busca pelea,
pero le enviarán un mensajero cruel.

12 Vale más toparse con una osa furiosa
que con un necio empeñado en algo.

13 Jamás el mal se apartará de la casa del que paga mal por bien.

14 Río desbordado es el pleito que se inicia;
vale más retirarse que complicarse en él.

15 Perdonar al culpable y condenar al inocente
son dos cosas que no soporta el Señor.e

16 ¿Por qué viene el necio, dinero en mano,
a comprar sabiduría, si no tiene entendimiento?

17 Un amigo es siempre afectuoso,
y en tiempos de angustia es como un hermano.

18 El imprudente da fianza por su amigo
y se hace responsable de él.

19 Al que le gusta ofender, le gusta pelear;
el fanfarrón provoca su propia ruina.

20 Jamás la mente perversa se encontrará con el bien;
la lengua embustera caerá en la desgracia.

21 Ser padre de un necio trae sólo dolor;
ser padre de un tonto no es ninguna alegría.

22 Buen remedio es el corazón alegre,
pero el ánimo triste resta energías.

23 El malvado acepta soborno en secreto,
para torcer el curso de la justicia.f

24 La sabiduría es la meta del inteligente,
pero el necio no tiene meta fija.

25 El hijo necio es para sus padres motivo de enojo y amargura.

26 No está bien multar al inocente ni azotar al hombre honorable.

27 Es de sabios hablar poco,
y de inteligentes mantener la calma.

28 Hasta el necio pasa por sabio e inteligente
cuando se calla y guarda silencio.

18 1 El egoísta sólo busca su interés,
y se opone a todo buen consejo.

2 El necio no tiene deseos de aprender;
sólo le importa presumir de lo que sabe.

3 Con la maldad viene la vergüenza;
con el orgullo, la deshonra.

4 Las palabras del hombre son aguas profundas,
río que corre, pozo de sabiduría.

5 No está bien que los jueces favorezcan al culpable
y le nieguen sus derechos al inocente.

6 Con sus labios, el necio se mete en líos;
con sus palabras se busca buenos azotes.

7 Las palabras del necio son su propia ruina;
con sus labios se echa la soga al cuello.

8 Los chismes son como golosinas,
pero calan hasta lo más profundo.g

e 17.15 Ex 23.7. f 17.23 Ex 23.8; Dt 16.19. g 18.8 Pr 26.22.

⁹ Los perezosos y los destructores
¡hasta hermanos resultan!

¹⁰ El nombre del Señor es una torre
poderosa
a la que acuden los justos en busca
de protección.

¹¹ El rico cree que sus riquezas
son una ciudad protegida por altos
muros.

¹² Tras el orgullo viene el fracaso;
tras la humildad, la prosperidad.

¹³ Es una necedad y una vergüenza
responder antes de escuchar.

¹⁴ Al enfermo lo levanta su ánimo,
pero al ánimo decaído, ¿quién podrá
levantarlo?

¹⁵ Los sabios e inteligentes
adquieren los conocimientos que
buscan.

¹⁶ Con un regalo se abren todas las
puertas
y se llega hasta la gente importante.

¹⁷ El primero en defenderse parece
tener la razón,
hasta que llega su contrario y lo
desmiente.

¹⁸ El juicio divino pone fin a los pleitos
y separa a las partes en pugna.

¹⁹ Más se cierra el hermano ofendido
que una ciudad amurallada.
Los pleitos separan
como las rejas de un palacio.²³

²⁰ Cada uno comerá hasta el cansancio
del fruto de sus palabras.ʰ

²¹ La vida y la muerte dependen de la
lengua;
los que hablan mucho sufrirán las
consecuencias.

²² Encontrar esposa es encontrar lo
mejor:
es recibir una muestra del favor de
Dios.

²³ El pobre habla con ruegos;
el rico responde con altanería.

²⁴ Algunas amistades se rompen
fácilmente,
pero hay amigos más fieles que un
hermano.

19 ¹ Más vale ser pobre y honrado,
que necio y calumniador.ⁱ

² No es bueno el afán sin reflexión;
las muchas prisas provocan errores.

³ La necedad del hombre le hace
perder el camino,
y luego el hombre le echa la culpa al
Señor.

⁴ La riqueza atrae multitud de
amigos,
pero el pobre hasta sus amigos
pierde.

⁵ El testigo falso no quedará sin
castigo;
el mentiroso no saldrá bien librado.ʲ

⁶ Al que es dadivoso y desprendido,
todo el mundo lo busca y se hace su
amigo.

⁷ Si al pobre hasta sus hermanos lo
desprecian,
con mayor razón sus amigos se
alejarán de él ²⁴

⁸ El que aprende y pone en práctica lo
aprendido,
se estima a sí mismo y prospera.

⁹ El testigo falso no quedará sin
castigo;
al mentiroso le espera la muerte.ᵏ

¹⁰ No es propio del necio hacer
derroche de lujos,
ni mucho menos del esclavo
gobernar a grandes señores.

¹¹ La prudencia consiste en refrenar el
enojo,
y la honra, en pasar por alto la
ofensa.

¹² La ira del rey es como el rugido del
león,
pero su buena voluntad es como
rocío sobre la hierba.

¹³ Un hijo necio hace sufrir a su padre.

Como gotera constante es la mujer
pendenciera.ˡ

¹⁴ De los padres se reciben casa y
riquezas;
del Señor, la esposa inteligente.

²³ *Más se cierra . . . un palacio:* traducción probable. Heb. oscuro.   ²⁴ Heb. añade cuatro palabras de sentido oscuro.
ʰ **18.20** Pr 12.14; 13.2.   ⁱ **19.1** Pr 28.6.   ʲ **19.5** Pr 19.9.   ᵏ **19.9** Pr 19.5.   ˡ **19.13** Pr 27.15.

15 La pereza hace dormir
profundamente,
y el perezoso habrá de pasar
hambre.

16 El que cumple el mandamiento
protege su vida;
el que desprecia la enseñanza del
Señor, muere.

17 Un préstamo al pobre es un
préstamo al Señor,
y el Señor mismo pagará la deuda.

18 Corrige a tu hijo mientras aún
pueda ser corregido,
pero no vayas a matarlo a causa del
castigo.

19 El que mucho se enoja, recibe su
merecido;
librarlo del castigo es empeorar las
cosas.[25]

20 Atiende al consejo y acepta la
corrección;
así llegarás a ser sabio.

21 El hombre hace muchos planes,
pero sólo se realiza el propósito
divino.[m]

22 Lo que se quiere del hombre es
lealtad;
más vale ser pobre que tramposo.

23 La reverencia al Señor conduce a la
vida;
uno vive contento y sin sufrir
ningún mal.

24 El perezoso mete la mano en el
plato,
pero no es capaz ni de llevársela a la
boca.[n]

25 Del castigo al insolente, el
imprudente aprende;
el sabio aprende con la sola
corrección.[ñ]

26 Maltratar al padre y echar de la
casa a la madre,
son actos vergonzosos y reprobables
en un hijo.

27 Hijo mío, si dejas de atender a la
reprensión,
te apartarás de los buenos consejos.

28 El testigo falso se burla de la
justicia;
el malvado lanza maldad por la
boca.[o]

29 Listas están las varas para los
insolentes;
los buenos azotes para la espalda de
los necios.

20 1 El vino hace insolente al hombre;
las bebidas fuertes lo alborotan;
bajo sus efectos nadie actúa
sabiamente.

2 Un rey furioso es como un león
rugiente;
quien lo provoca, pone su vida en
peligro.

3 Es honra del hombre evitar
discusiones;
mas cualquier necio puede iniciarlas.

4 Cuando es tiempo de arar, el
perezoso no ara;
pero al llegar la cosecha, buscará y
no encontrará.

5 Las intenciones secretas son como
aguas profundas,
pero el que es inteligente sabe
descubrirlas.

6 Hay muchos que presumen de
leales,
pero no se halla a nadie en quien se
pueda confiar.

7 ¡Dichosos los hijos que deja
quien ha vivido con rectitud y
honradez!

8 Cuando el rey toma asiento en el
tribunal,
le basta una sola mirada para barrer
el mal.

9 Nadie puede decir: "Tengo puro el
corazón,
estoy limpio de pecado."[p]

10 Pesas falsas y medidas con trampa
son dos cosas que el Señor
aborrece.[q]

11 Por sus acciones se conoce
si un joven se conduce con rectitud.

12 El oído para oír y el ojo para ver
fueron creados por el Señor.

13 No te entregues al sueño, o te
quedarás pobre;

[25] *El que mucho . . . las cosas:* traducción probable. Heb. oscuro.
[m] **19.21** Pr 16.1,9; Ec 9.1. [n] **19.24** Pr 26.15. [ñ] **19.25** Pr 21.11. [o] **19.28** Pr 15.28. [p] **20.9** Sal 51.3–5; 1 Jn 1.8.
[q] **20.10,23** Lv 19.35–36; Dt 25.13–16; Pr 11.1; Am 8.5.

manténte despierto y tendrás pan de sobra.

14 "¡Qué mala mercancía!" dice el comprador,
pero una vez comprada se felicita a sí mismo.

15 Vale más quien habla con sabiduría,
que todo el oro y las joyas del mundo.

16 Al que salga fiador por un extraño,
quítale la ropa y tómasela en prenda.^r

17 Al hombre le gusta alimentarse de mentiras,
aunque a la larga le resulte como bocado de tierra.

18 Los planes se afirman con un buen consejo;
la guerra se hace con una buena estrategia.

19 El chismoso no sabe guardar un secreto,
así que no te juntes con gente chismosa.

20 El que maldice a su padre o a su madre,
morirá en la más espantosa oscuridad.^s

21 Lo que al principio se adquiere fácilmente,
al final no es motivo de alegría.

22 Nunca hables de tomar venganza;
confía en el Señor, y él te hará triunfar.^t

23 El Señor aborrece el uso de pesas falsas;
las balanzas falsas son reprobables.

24 El Señor dirige los pasos del hombre;^u
nadie conoce su propio destino.^v

25 Es peligroso que el hombre le prometa algo a Dios
y que después reconsidere su promesa.

26 El rey sabio aleja de sí a los malvados
y los aplasta bajo una rueda.

27 El espíritu que Dios ha dado al hombre
es luz que alumbra lo más profundo de su ser.

28 El rey se mantiene seguro en su trono
cuando practica el amor y la verdad.

29 El orgullo de los jóvenes está en su fuerza;
la honra de los ancianos, en sus canas.

30 La maldad se cura con golpes y heridas;
los golpes hacen sanar la conciencia.

21 ¹ La mente del rey, en manos del Señor,
sigue, como los ríos, el curso que el Señor quiere.

2 Al hombre le parece bien todo lo que hace,
pero el Señor es quien juzga las intenciones.^w

3 Practica la rectitud y la justicia,
pues Dios prefiere eso a los sacrificios.^x

4 Ojos altivos, mente orgullosa;
la luz de los malvados es pecado.

5 Los planes bien meditados dan buen resultado;
los que se hacen a la ligera causan la ruina.

6 Las riquezas que se obtienen por medio de mentiras
son ilusión pasajera de los que buscan la muerte.

7 A los malvados los destruirá su propia violencia,
por no haber querido practicar la justicia.

8 La conducta del malvado es torcida e insegura;
las acciones del hombre honrado son limpias.

9 Más vale vivir en el borde de la azotea,
que en una amplia mansión con una mujer pendenciera.^y

10 El malvado sólo piensa en hacer el mal;

r 20.16 Pr 6.1-5; 27.13. s 20.20 Ex 21.17; Pr 19.26. t 20.22 Ro 12.19. u 20.24 Sal 37.23; Pr 16.9. v 20.24 Jer 10.23.
w 21.2 Pr 16.2. x 21.3 1 S 15.22; Am 5.22-24; Os 6.6; Mt 9.13; 12.7. y 21.9,19 Pr 25.24.

jamás mira con bondad a sus
semejantes.

[11] Del castigo al insolente, el
imprudente aprende;
el sabio aprende con la sola
explicación. [z]

[12] El Dios justo observa la casa del
malvado;
y entrega a los malvados a la
ruina. [26]

[13] El que no atiende a los ruegos del
pobre
tampoco obtendrá respuesta cuando
pida ayuda.

[14] El regalo hecho con discreción
calma aun el enojo más fuerte.

[15] Cuando se hace justicia, el justo se
alegra,
y a los malhechores les llega la
ruina.

[16] El que no sigue una conducta
prudente,
irá a parar entre los muertos.

[17] El que se entrega al placer, el vino y
los perfumes,
terminará en la pobreza.

[18] El hombre falso y malvado
sufrirá en lugar del justo y honrado.

[19] Vale más vivir en el desierto
que con una mujer irritable y
pendenciera.

[20] En casa del sabio hay riquezas y
perfumes,
pero el necio gasta todo lo que
tiene.

[21] El que busca ser recto y leal,
encuentra vida y honor. [27]

[22] El sabio ataca una ciudad bien
defendida,
y acaba con el poder en que ella
confiaba.

[23] El que tiene cuidado de lo que dice,
nunca se mete en aprietos.

[24] Pedante, orgulloso e insolente se le
llama
al que actúa con demasiada
pedantería.

[25] De deseos se muere el perezoso,
porque sus manos no quieren
trabajar;
[26] todo el día se lo pasa deseando.
El justo, en cambio, da sin
tacañerías.

[27] El Señor aborrece las ofrendas de
los malvados, [a]
porque las ofrecen con malas
intenciones.

[28] El testigo falso será destruido;
pero quien sabe escuchar, siempre
podrá responder. [28]

[29] El malvado aparenta seguridad;
el honrado está seguro de su
conducta.

[30] Ante el Señor no hay sabiduría que
valga,
ni inteligencia ni buenas ideas.

[31] El hombre prepara el caballo para
entrar en batalla,
pero el Señor es quien da la
victoria. [b]

22 [1] Vale más tener buena fama y
reputación,
que abundancia de oro y plata.

[2] El rico y el pobre tienen algo en
común:
a los dos los ha creado el Señor. [c]

[3] El prudente ve el peligro y lo evita;
el imprudente sigue adelante y sufre
el daño. [d]

[4] La humildad y la reverencia al
Señor
traen como premio riquezas,
honores y vida.

[5] El camino del malvado está lleno de
trampas;
pero el que tiene cuidado de su
propia vida, las evita.

[6] Dale buena educación al niño de
hoy,
y el viejo de mañana jamás la
abandonará.

[7] Entre los pobres, el rico es rey;
entre los deudores, el prestamista.

[8] El que siembra maldad, cosechará
calamidades;

---

[26] *El Dios . . . la ruina:* texto probable. Heb. oscuro.   [27] *Vida y honor:* según la versión griega. Heb. *vida, justicia y honor.*
[28] *Pero quien . . . podrá responder:* traducción probable. Heb. oscuro.
[z] **21.11** Pr 19.25.   [a] **21.27** Pr 15.8.   [b] **21.31** Sal 20.7.   [c] **22.2** Pr 29.13.   [d] **22.3** Pr 27.12.

¡el Señor lo destruirá con el cetro de su furia!²⁹

⁹ El que mira a otros con bondad,
será bendecido
por compartir su pan con los pobres.

¹⁰ Despedido el insolente, se va la discordia
y se acaban los pleitos y las ofensas.

¹¹ El rey aprecia al de corazón sincero,
y brinda su amistad al que habla
con gracia.

¹² El Señor vigila atentamente al sabio
y desmiente las afirmaciones del
mentiroso.

¹³ Para no trabajar, el perezoso
pretexta
que en la calle hay un león que lo
quiere matar.ᵉ

¹⁴ Los labios de la adúltera son un
pozo profundo
donde caen los que el Señor
maldice.

¹⁵ La necedad es parte de las ideas
juveniles,
pero se quita cuando se corrige con
golpes.

¹⁶ El que para enriquecerse oprime al
pobre
o le da al rico, terminará en la
pobreza.³⁰

Los treinta dichos de los sabios

¹⁷ Presta toda tu atención a los dichos
de los sabios;
concéntrate en lo que te enseño.
¹⁸ Te agradará guardarlos en tu
memoria
y poder repetirlos todos juntos.
¹⁹ Hoy te los hago saber
para que pongas tu confianza en el
Señor.

²⁰ Yo te he escrito treinta dichos
que contienen consejos y
conocimientos,
²¹ para enseñarte a conocer la verdad,
para que puedas dar un fiel informe
a quien te pregunte.³¹

– 1 –

²² No abuses del pobre por ser pobre,
ni oprimas ante los jueces³² al
indefenso,
²³ pues el Señor saldrá en su defensa
y oprimirá a quienes los opriman.

– 2 –

²⁴ No te hagas amigo ni compañero
de gente violenta y malhumorada,
²⁵ no sea que aprendas sus malas
costumbres
y te eches la soga al cuello.

– 3 –

²⁶ Nunca te hagas responsable
de las deudas de otra persona,
²⁷ pues si no tienes con qué pagar,
hasta la cama te quitarán.

– 4 –

²⁸ No cambies de lugar los linderos
establecidos por tus antepasados.ᶠ

– 5 –

²⁹ El que hace bien su trabajo,
estará al servicio de reyes
y no de gente insignificante.

– 6 –

23 ¹ Cuando un gran señor te invite a
comer,
piensa bien delante de quién te
encuentras.
² Aunque tengas mucha hambre,
controla tu apetito;
³ no codicies sus deliciosos manjares,
porque te puede estar engañando.

– 7 –

⁴ No te esfuerces por hacerte rico;
deja de preocuparte por eso.
⁵ Si te fijas bien, verás que no hay
riquezas;
de pronto se van volando, como
águilas,
como si les hubieran salido alas.

---

²⁹ ¡El Señor lo destruirá con el cetro de su furia!: traducción probable. Heb. oscuro. ³⁰ El que para . . . la pobreza: traducción probable. Heb. oscuro. ³¹ Te pregunte: según la versión griega. Heb. te envíe. ³² Ante los jueces: lit. en la puerta (de la ciudad) donde los jueces se sentaban a administrar justicia.
ᵉ 22.13 Pr 26.13. ᶠ 22.28 Dt 19.14; 27.17; Pr 23.10; Os 5.10.

- 8 -

⁶ No te sientes a la mesa de un
  tacaño,
  ni codicies sus deliciosos manjares,
⁷ que son como un pelo en la
  garganta:³³
  él te invita a comer y beber,
  pero no lo dice en serio;
⁸ vomitarás después lo que comiste
  y de nada te habrán servido tus
  palabras amables.

- 9 -

⁹ No hables a oídos del necio,
  pues se burlará de tus sabias
  palabras.

- 10 -

¹⁰ No cambies de lugar los linderos
  antiguos,
  ni invadas el terreno de los
  huérfanos,
¹¹ porque ellos tienen un poderoso
  libertador
  que saldrá contra ti en su defensa.

- 11 -

¹² Aplica tu mente y tus oídos
  a la instrucción y a los
  conocimentos.

- 12 -

¹³ No dejes de corregir al joven,
  que unos cuantos azotes no lo
  matarán;
¹⁴ por el contrario, si lo corriges,
  lo librarás de la muerte.

- 13 -

¹⁵ Cuando alcances la sabiduría, hijo
  mío,
  no habrá nadie más feliz que yo;
¹⁶ sentiré una profunda alegría
  al oírte hablar como es debido.

- 14 -

¹⁷ No tengas envidia de los pecadores;ᵍ
  antes bien, honra siempre al Señor;
¹⁸ entonces tendrás un buen fin³⁴
  y tu esperanza jamás será
  destruida. ʰ

- 15 -

¹⁹ Atiende bien, hijo mío, y aprende;
  procura seguir el buen camino.
²⁰ No te juntes con los borrachos
  ni con los que comen demasiado,
²¹ pues los borrachos y los glotones
  acaban en la ruina,
  y los perezosos se visten de harapos.

- 16 -

²² Atiende a tu padre, que te engendró;
  no desprecies a tu madre cuando
  sea anciana.
²³ Compra la verdad y la sabiduría,
  la instrucción y el entendimiento, ¡y
  no los vendas!
²⁴ El padre del hijo bueno y sabio
  tiene razón para estar feliz y
  orgulloso;
²⁵ ¡haz, pues, que tu padre y tu madre
  se sientan felices y orgullosos!

- 17 -

²⁶ Pon toda tu atención en mí, hijo
  mío,
  y mira con buenos ojos mi ejemplo;
²⁷ porque la mujer extraña, la
  prostituta, es como un pozo
  profundo y angosto;
²⁸ se pone al acecho, como un ladrón,
  y hace que muchos hombres se
  pierdan.

- 18 -

²⁹ ¿Quién sufre? ¿Quién se queja?
  ¿Quién anda en pleitos y lamentos?
  ¿Quién es herido sin motivo?
  ¿Quién tiene turbia la mirada?
³⁰ El que no abandona jamás el vino
  y anda ensayando nuevas bebidas.
³¹ No te fijes en el vino.
  ¡Qué rojo se pone y cómo brilla en
  la copa!
  ¡Con qué suavidad se resbala!
³² Pero al final es como una serpiente
  que muerde y causa dolor.
³³ Te hará ver cosas extrañas,
  y pensar y decir tonterías;
³⁴ te hará sentir que estás en alta mar,
  recostado en la punta del palo
  mayor,
³⁵ y dirás:
  "Me golpearon, y no lo sentí;
  me azotaron, y no me di cuenta;
  pero en cuanto me despierte
  iré en busca de más vino."

---

³³ *Como un pelo en la garganta:* según la versión griega. Heb. oscuro.   ³⁴ *Tendrás un buen fin:* según la versión griega. Heb. *tendrá buen fin.*
ᵍ **23.17-18** Sal 37.1-4.   ʰ **23.18** Pr 24.14.

- 19 -

24 [1] No tengas envidia de los
        malvados
ni ambiciones estar en su compañía,
[2] porque sólo piensan en la violencia
y no hablan más que de hacer lo
        malo.

- 20 -

[3] Con sabiduría se construye la casa,
y con inteligencia se ponen sus
        cimientos;
[4] con conocimientos se llenan sus
        cuartos
de objetos valiosos y de buen gusto.

- 21 -

[5] Vale más hombre sabio que hombre
        fuerte;
vale más el saber que el poder,
[6] pues la guerra se hace con buenos
        planes
y la victoria depende de los muchos
        consejeros.[i]

- 22 -

[7] El necio no sabe qué decir ante el
        tribunal,
pues la sabiduría está fuera de su
        alcance.

- 23 -

[8] Quien sólo piensa en hacer daño,
gana fama de malintencionado.
[9] La intención del necio es el pecado;
¡no hay quien soporte al insolente!

- 24 -

[10] Si te desanimas cuando estás en
        aprietos,
no son muchas las fuerzas que
        tienes.

- 25 -

[11] Salva a los condenados a muerte;
libra del peligro a los que están por
        morir.
[12] Pues aunque afirmes que no lo
        sabías,

el que juzga los motivos habrá de
        darse cuenta;
bien lo sabrá el que te vigila,
el que paga a cada uno según sus
        acciones.[i]

- 26 -

[13] Come, hijo mío, la dulce miel del
        panal;
prueba lo deliciosa que está.
[14] Así de dulces te parecerán
la sabiduría y el conocimiento;
si los encuentras, tendrás un buen
        fin
y tu esperanza jamás será
        destruida.[k]

- 27 -

[15] No hagas planes malvados en contra
        del hombre honrado,
ni causes destrozos en la casa donde
        vive,
[16] porque aunque caiga siete veces,
otras tantas se levantará;
pero los malvados se hundirán en la
        desgracia.

- 28 -

[17] No te alegres ni hagas fiesta
por los tropiezos y caídas de tu
        enemigo,
[18] porque al Señor no le agradará ver
        esto,
y entonces su enojo se apartará de
        él.

- 29 -

[19] No te enojes por causa de los
        malvados
ni sientas envidia de los perversos,[l]
[20] porque el malvado no tendrá un
        buen fin:
¡el malvado se apagará como una
        lámpara!

- 30 -

[21] Honra a Dios y al rey, hijo mío;
no te juntes con los enemigos,[35]
[22] porque su ruina llega en un instante
y nadie sabe el castigo que Dios y el
        rey pueden dar.[36]

35 *Los enemigos:* texto probable: otra posible traducción: *los volubles.* Heb. oscuro.   36 *El castigo que Dios y el rey pueden dar:* traducción probable: otra posible traducción: *el castigo de los volubles* (o *de los enemigos*). Heb. oscuro.
[i]24.6 Pr 11.14.   [i]24.12 Job 34.11; Sal 62.11-12; Jer 17.10; Ez 18.30; 33.20; Mt 16.27; Ro 2.6.   [k]24.14 Pr 23.18.
[l]24.19 Sal 37.1.

Otros dichos de los sabios

²³ También éstos son dichos de los sabios:

No está bien que en los tribunales
se discrimine a nadie.
²⁴ Al que declara inocente al culpable,
los pueblos lo maldicen y las
naciones lo desprecian;
²⁵ pero a quienes lo castigan, les va
bien
y la gente los cubre de bendiciones.

²⁶ El que da buenas respuestas
es como si diera un beso en los
labios.

²⁷ Arregla tus negocios en la calle
y realiza tus tareas en el campo,
y luego podrás construir tu casa.

²⁸ No declares sin razón contra tu
prójimo
ni hagas afirmaciones falsas.

²⁹ No pienses jamás en vengarte,
haciéndole al otro lo mismo que él
te hizo.

³⁰ Pasé por el campo del perezoso
y por el viñedo del hombre falto de
seso:
³¹ y lo que vi fue un terreno lleno de
espinos,
con su cerca de piedras derrumbada.
³² Al ver esto, lo grabé en mi mente;
lo vi y aprendí esta lección:
³³ mientras tú sueñas y cabeceas,
y te cruzas de brazos para dormir
mejor,
³⁴ la pobreza vendrá y te atacará
como un vagabundo armado.ᵐ

Segunda colección de dichos de Salomón
(Caps 25.1—29.27)

25 ¹ También éstos son dichos de Salomón, copiados por gente al servicio de Ezequías, rey de Judá:

² Es gloria de Dios tener secretos,
y honra de los reyes penetrar en
ellos.

³ La altura del cielo,
la profundidad de la tierra
y los pensamientos de los reyes,
son cosas en las que no es posible
penetrar.

⁴ Aparta de la plata las impurezas,
y el platero producirá una copa;
⁵ aparta del servicio del rey al
malvado,
y su trono se afirmará en la justicia.

⁶ No te des importancia ante el rey,
ni tomes el lugar de la gente
importante;
⁷ vale más que te inviten a subir allí,
que ser humillado ante los grandes
señores.ⁿ

Lo que veas con tus propios ojos
⁸ no lo lleves en seguida a los
tribunales,
porque otro testigo puede
desmentirte
y al final no sabrás qué hacer.

⁹ Defiéndete de quien te acuse,
pero no descubras el secreto ajeno;
¹⁰ pues alguien puede oírte y ponerte
en vergüenza,
y tu mala fama será cosa sin
remedio.

¹¹ Las palabras en el momento
oportuno
son como manzanas de oro
incrustadas en plata.
¹² Como un anillo y un collar del oro
más fino,
es la sabia reprensión en quien sabe
recibirla.

¹³ El mensajero fiel es para el que lo
envía
cual frescura de nieve en día
caluroso,
pues da nuevos ánimos a su señor.

¹⁴ Nubes y viento y nada de lluvia,
es quien presume de dar y nunca da
nada.

¹⁵ La paciencia calma el enojo;³⁷
las palabras suaves rompen la
resistencia.

¹⁶ Si encuentras miel, no comas más
de la cuenta,
no sea que de mucho comer la
vomites.

¹⁷ Si visitas a tu amigo, no lo hagas
con frecuencia,
no sea que se canse de ti y llegue a
odiarte.

³⁷ Enojo: texto probable. Heb. dirigente.
ᵐ 24.33-34 Pr 6.10-11. ⁿ 25.6-7 Lc 14.8-10.

¹⁸ Mazo, espada, flecha puntiaguda,
¡eso es quien declara en falso contra
su amigo!

¹⁹ Confiar en un traidor en momentos
de angustia
es como andar con una pierna rota
o comer con un diente picado.
²⁰ Cantar canciones al corazón afligido
es como echar vinagre en la llaga³⁸
o quitarse la ropa en tiempo de frío.

²¹ Si tu enemigo tiene hambre, dale de
comer;
y si tiene sed, dale de beber;
²² así harás que le arda la cara de
vergüenza,
y el Señor te lo pagará.ⁿ

²³ Por el viento del norte viene la
lluvia,
y por las malas lenguas las malas
caras.

²⁴ Más vale vivir en el borde de la
azotea,
que en una amplia mansión con una
mujer pendenciera.^o

²⁵ Como agua fresca en garganta
sedienta
así caen las buenas noticias de
tierras lejanas.

²⁶ Manantial de agua turbia y revuelta
es el inocente que tiembla ante el
culpable.

²⁷ No hace bien comer mucha miel,
pero es una honra investigar lo
difícil.³⁹

²⁸ Como ciudad sin muralla y expuesta
al peligro,
así es quien no sabe dominar sus
impulsos.

26 ¹ No le va bien la nieve al verano
ni la lluvia a la cosecha
ni los honores al necio.

² Como gorrión perdido o golondrina
sin nido,
la maldición sin motivo jamás
llegará a su destino.

³ Al caballo hay que domarlo,
al asno hay que frenarlo
y al necio hay que azotarlo.

⁴ El que al necio no responde,
por necio no pasa.

⁵ El que al necio sabe responder,
como tal le hace parecer.

⁶ Confiar al necio un mensaje
es cortarse los pies y buscarse
problemas.

⁷ No va lejos el cojo con sus piernas
ni el proverbio dicho por un necio.

⁸ Tan absurdo es atar la piedra a la
honda
como dar honra a los necios.

⁹ Ni el borracho a espina siente,
ni el necio el proverbio entiende.

¹⁰ Arquero que apunta a todo el que
pasa
es quien da al necio trabajo en su
casa.⁴⁰

¹¹ El perro vuelve a su vómito^p
y el necio a su necedad.

¹² Más se puede esperar del necio^q
que de quien se cree muy sabio.

¹³ Para no trabajar, el perezoso
pretexta
que en la calle hay un león al
acecho.^r

¹⁴ La puerta gira en sus bisagras
y el perezoso gira en la cama.

¹⁵ El perezoso mete la mano en el
plato,
pero luego es incapaz de llevársela a
la boca.^s

¹⁶ El perezoso se cree más sabio
que siete personas que saben
responder.

¹⁷ Meterse en pleitos ajenos
es agarrar a un perro por las orejas.

¹⁸ Como un loco que lanza
mortales flechas de fuego,
¹⁹ así es quien engaña a su amigo
y luego dice que todo era un juego.

²⁰ Sin leña se apaga el fuego,
y sin chismes se acaba el pleito.

²¹ Para hacer brasas, el carbón;
para hacer fuego, la leña;
y para entablar pleitos, el
pendenciero.

38 Llaga: según la versión griega. Heb. salitre. 39 Pero es una honra investigar lo difícil: texto probable. Heb. oscuro.
40 Arquero que ... su casa: traducción probable. Heb. oscuro.
n 25.21-22 Ro 12.20. o 25.24 Pr 21.9,19. p 26.11 2 P 2.22. q 26.12 Pr 29.20. r 26.13 Pr 22.13. s 26.15 Pr 19.24.

²² Los chismes son como golosinas,
pero calan hasta lo más profundo.ᵗ

²³ Baño de plata sobre olla de barro
son las palabras suaves que llevan
mala intención.

²⁴ El que odia, lo disimula cuando
habla,
pero en su interior hace planes
malvados.
²⁵ No le creas si te habla con ternura,
pues su mente está llena de maldad;
²⁶ aunque trate de ocultar su odio,
su maldad se descubrirá ante todos.

²⁷ El que cava una fosa, en ella cae;
al que hace rodar una roca, la roca
lo aplasta.

²⁸ El mentiroso odia la verdad,⁴¹
el de suaves palabras provoca el
desorden.

27 ¹ No presumas del día de mañana,
pues no sabes lo que el mañana
traerá.ᵘ

² Deja que sean otros los que te
alaben;
no está bien que te alabes tú mismo.

³ Las piedras y la arena son pesadas,
pero más pesado es el enojo del
necio.

⁴ La ira es cruel, y el enojo
destructivo,
pero los celos son incontrolables.

⁵ Vale más reprender con franqueza
que amar en secreto.

⁶ Más se puede confiar en el amigo
que hiere
que en el enemigo que besa.

⁷ El que está lleno, hasta la miel
desprecia;
al que tiene hambre, hasta lo
amargo le sabe dulce.

⁸ Como ave que vaga lejos de su nido
es el que anda lejos del lugar donde
nació.

⁹ Para alegrar el corazón, buenos
perfumes;
para endulzar el alma, un consejo de
amigos.⁴²

¹⁰ Nunca abandones a tus amigos
ni a los amigos de tu padre.

Nunca vayas con tus problemas
a la casa de tu hermano.

Más vale vecino cercano
que hermano lejano.

¹¹ Sé sabio, hijo mío, y me harás feliz;
así podré responder a los que me
ofendan.

¹² El prudente ve el peligro y lo evita;
el imprudente sigue adelante y sufre
el daño.ᵛ

¹³ Al que salga fiador por un extraño,
quítale la ropa y tómasela en
prenda.ʷ

¹⁴ Saludar al amigo a gritos y de
madrugada,
es para él lo mismo que insultarlo.

¹⁵ Lo mismo es una mujer pendenciera
que una gotera constante en tiempo
de lluvia.ˣ
¹⁶ Querer detenerla es querer detener
el viento
o retener el aceite en la mano.⁴³

¹⁷ El hierro se afila con hierro,
y el hombre con otro hombre.

¹⁸ El que cuida de la higuera come los
higos;
el que cuida de su amo recibe
honores.

¹⁹ Así como las caras se reflejan en el
agua,
así también los hombres se reflejan
en su mente.

²⁰ La muerte, el sepulcro y la codicia
del hombre
jamás quedan satisfechos.

²¹ Al oro y la plata, el fuego los
prueba;ʸ
al hombre lo prueban las alabanzas.

²² Al necio no se le quita lo necio
ni aunque lo muelas y lo remuelas.

²³ Mantente al tanto de tus ovejas,
preocúpate por tus rebaños,
²⁴ pues ni riquezas ni coronas
duran eternamente.

⁴¹ *Odia la verdad:* según la versión griega. Heb. oscuro.   ⁴² *Para endulzar . . . de amigos:* traducción probable. Heb.
oscuro.   ⁴³ *Querer detenerla . . . la mano:* traducción probable. Heb. oscuro.
ᵗ **26.22** Pr 18.8.   ᵘ **27.1** Stg 4.13–16.   ᵛ **27.12** Pr 22.3.   ʷ **27.13** Pr 6.1–5; 20.16.   ˣ **27.15** Pr 19.13.   ʸ **27.21** Pr 17.3.

²⁵ Cuando el pasto aparezca, y brote el
verdor,
y se recoja la hierba de los montes,
²⁶ de tus corderos tendrás lana para
vestirte,
de tus cabritos dinero para comprar
terrenos
²⁷ y de tus cabras leche abundante
para alimentarte tú y tu familia
y todos los que estén a tu servicio.

28

¹ El malvado huye aunque nadie lo
persiga,ᶻ
pero los justos viven confiados
como el león.

² Cuando el país anda mal, los
gobernantes aumentan,
pero el buen dirigente sabe
mantener el orden.

³ El malvado que oprime a los pobres
es como fuerte lluvia que destruye
las cosechas.

⁴ Los que se apartan de la ley alaban
al malvado;
los que la cumplen están en contra
de él.

⁵ Los malvados no entienden nada de
la justicia,
pero los que recurren al Señor lo
entienden todo.

⁶ Más vale ser pobre y honrado
que rico y malintencionado.ᵃ

⁷ El que cumple la ley de Dios es un
hijo inteligente,
pero el que anda con glotones es la
vergüenza de su padre.

⁸ El que amontona riquezas cobrando
intereses,ᵇ
las amontona para el que se
compadece de los pobres.

⁹ Si alguno no quiere atender la ley
de Dios,
tampoco Dios soportará sus
oraciones.

¹⁰ El que lleva a los buenos por mal
camino,
caerá en su propia trampa;
pero los hombres intachables
recibirán lo mejor.

¹¹ El rico se cree muy sabio,
pero el pobre e inteligente puede
ponerlo a prueba.

¹² Cuando triunfan los justos, se hace
gran fiesta;
cuando triunfan los malvados, la
gente se esconde.ᶜ

¹³ Al que disimula el pecado, no le irá
bien;
pero el que lo confiesa y lo deja,
será perdonado.

¹⁴ Dichoso el hombre que honra
siempre al Señor;
pero el terco caerá en la desgracia.

¹⁵ Igual que un león rugiente o un oso
voraz
es el malvado que gobierna a un
pueblo pobre.

¹⁶ El gobernante insensato aumenta la
opresión;
pero el que no es codicioso tendrá
larga vida.

¹⁷ El que ha cometido un asesinato
no parará hasta caer en la tumba:
¡que nadie intente detenerlo!

¹⁸ El hombre honrado será puesto a
salvo,
pero el perverso caerá en la
desgracia.⁴⁴

¹⁹ Al que cultiva su campo, hasta le
sobra comida;
al que anda con ociosos, lo que le
sobra es pobreza.

²⁰ Quien es digno de confianza, será
alabado;
quien tiene ansias de riquezas, no
quedará sin castigo.

²¹ No está bien discriminar a nadie;
hasta por un pedazo de pan se
puede pecar.

²² El ambicioso tiene prisa por ser rico,
y no sabe que sobre él vendrá la
pobreza.

²³ Con el tiempo, más se aprecia
al que critica que al que alaba.

²⁴ Amigo de criminales
es quien roba a sus padres y alega
que no ha pecado.

²⁵ El que mucho ambiciona, provoca
peleas;
pero el que confía en el Señor,
prospera.

---

⁴⁴ *En la desgracia:* texto probable. Heb. *en uno.*
ᶻ **28.1** Lv 26.17. ᵃ **28.6** Pr 19.1. ᵇ **28.8** Ex 22.25; Lv 25.35-38; Dt 15.7-11; 23.19-20. ᶜ **28.12** Pr 28.28.

²⁶ Sólo un necio confía en sus propias
ideas;
el que actúa con sabiduría saldrá
bien librado.

²⁷ Al que ayuda al pobre, nada le
faltará;
pero al que le niega su ayuda,
mucho se le maldecirá.

²⁸ Cuando triunfan los malvados, la
gente se esconde;
cuando les llega su fin, predominan
los justos.ᵈ

29 ¹ El que se pone terco cuando lo
reprenden,
pronto será destruido sin remedio.

² Cuando predominan los justos, la
gente se alegra;
cuando los malvados gobiernan, la
gente sufre.

³ El hijo sabio hace feliz a su padre;
el que anda con prostitutas derrocha
el dinero.

⁴ El rey que hace justicia, afirma a su
país;
el que sólo exige impuestos, lo
arruina.

⁵ El que siempre alaba a su amigo,
en realidad le está tendiendo una
trampa.

⁶ La trampa del malvado son sus
propios pecados;
pero el hombre honrado vive alegre
y feliz.

⁷ El justo toma en cuenta los
derechos del pobre,
pero al malvado nada le importa.

⁸ Los alborotadores agitan a una
ciudad;
los sabios saben calmar los ánimos.

⁹ El sabio que entabla pleito contra
un necio,
se enoja, recibe burlas y no arregla
nada.

¹⁰ Los asesinos y desalmadosᶜ⁴⁵
odian a muerte al hombre honrado.

¹¹ El necio da rienda suelta a sus
impulsos,
pero el sabio acaba por refrenarlos.

¹² El gobernante que hace caso de
mentiras
corrompe a todos sus servidores.

¹³ El oprimido y el opresor tienen algo
en común:
el Señor les ha dado la vista a
ambos.ᵉ

¹⁴ El rey que gobierna a los pobres con
lealtad,
afirma su trono para siempre.

¹⁵ A golpes y reprensiones se aprende,
pero el hijo consentido avergüenza
a su madre.

¹⁶ Si los malvados abundan, abunda el
pecado;
pero los hombres honrados los verán
fracasar.

¹⁷ Corrige a tu hijo y te hará vivir
tranquilo,
y te dará muchas satisfacciones.

¹⁸ Donde no hay dirección divina, no
hay orden;
¡feliz el pueblo que cumple la ley de
Dios!

¹⁹ Con palabras no se corrige al
esclavo,
porque entiende pero no hace caso.

²⁰ Más se puede esperar de un necioᶠ
que de quien habla sin pensar.

²¹ El que consiente a su esclavo desde
pequeño,
al final tendrá que lamentarlo.⁴⁶

²² El que es violento e impulsivo,
provoca peleas y comete muchos
errores.

²³ Al que es orgulloso se le humilla,
pero al que es humilde se le honra.ᵍ

²⁴ El cómplice del ladrón es enemigo
de sí mismo,
pues aunque oye maldiciones⁴⁷ no
confiesa.

²⁵ El miedo a los hombres es una
trampa,
pero el que confía en el Señor estará
protegido.

⁴⁵ *Desalmados:* texto probable. Heb. *rectos.*   ⁴⁶ *Tendrá que lamentarlo:* texto probable. Heb. oscuro.   ⁴⁷ *Aunque oye maldiciones:* las declaraciones y testimonios juramentados significaban que quien las hacía quedaba expuesto, en caso de mentir, a maldiciones que a veces se expresaban verbalmente como parte del juramento o quedaban sobrentendidas. Véase Jue 17.2.
ᵈ **28.28** Pr 28.12.   ᵉ **29.13** Pr 22.2; Mt 5.45.   ᶠ **29.20** Pr 26.12.   ᵍ **29.23** Mt 23.12; Lc 14.11; 18.14.

26 Muchos buscan el favor del
gobernante,
pero sólo el Señor hace justicia.

27 Los hombres honrados no soportan
a los malvados,
y los malvados no soportan a los
honrados.

Los dichos de Agur

30 **1** Dichos de Agur, hijo de Jaqué de
Masa. Agur habló a Itiel y a Ucal de
la siguiente manera:[48]

2 Soy el más estúpido de los hombres,
no hay en mí entendimiento
humano.
3 No he adquirido sabiduría,
ni sé nada acerca del Santísimo.
4 ¿Quién ha subido y bajado del cielo?
¿Quién puede contener el viento en
su puño?
¿Quién envuelve al mar en su capa?
¿Quién estableció los límites de la
tierra?
¡No me digas que sabes su nombre,
y aun el nombre de su hijo!

5 El Señor protege a los que en él
confían;[h]
todas sus promesas son dignas de
confianza.
6 No añadas nada a lo que él diga;
de lo contrario, te puede reprender
y te hará quedar como mentiroso.

7 Sólo dos cosas te he pedido, oh
Dios;
concédemelas antes de que muera:
8 aleja de mí la falsedad y la mentira,
y no me hagas rico ni pobre;
dame sólo el pan necesario,[i]
9 porque si me sobra, podría renegar
de ti
y decir que no te conozco;
y si me falta, podría robar
y ofender así tu divino nombre.

10 No hables mal del esclavo delante
de su amo,
pues te puede maldecir y sufrirás las
consecuencias.

11 Hay quienes maldicen a su padre
y no bendicen a su madre.
12 Hay quienes se creen muy limpios,
y no se han limpiado de sus
impurezas.
13 Hay quienes se creen importantes,
y miran a otros con altanería.

14 Hay quienes tienen espadas en vez
de dientes
y puñales en vez de muelas,
para acabar por completo
con la gente pobre del país.

15 Dos hijas tiene la sanguijuela,
que sólo saben pedir.

Hay tres cosas, y hasta cuatro,
que nunca se satisfacen:
16 el sepulcro,
la mujer estéril,
la tierra falta de agua
y el fuego insatisfecho.

17 El que mira a su padre con
desprecio
y se burla de su madre anciana,[49]
merece que los cuervos le saquen
los ojos
y que las águilas lo devoren.

18 Hay tres cosas, y hasta cuatro,
que me asombran y no alcanzo a
comprender:
19 el camino del águila en el cielo,
el camino de la víbora en las rocas,
el camino de un barco en alta mar
y el camino del hombre en la mujer.

20 La mujer infiel hace lo siguiente:
come, se limpia la boca
y afirma que no ha hecho nada
malo.

21 Hay tres tipos de gente, y hasta
cuatro,
que son insoportables y hacen
temblar a un país:
22 el esclavo que llega a ser rey,
el tonto que tiene comida de sobra,
23 la mujer despreciada que encuentra
marido
y la esclava que toma el lugar de su
señora.

24 Hay cuatro animalitos en la tierra
que son más sabios que los sabios:
25 las hormigas, gran ejército sin
fuerza
que asegura su comida en el verano;
26 los tejones, grupo no muy numeroso
que vive entre las peñas;
27 las langostas, que sin tener rey
marchan en orden perfecto;
28 las lagartijas, que caben en un puño
y llegan hasta el palacio del rey.

29 Hay tres valientes, y hasta cuatro,
que tienen un paso airoso:

48 *Dichos de Agur . . . siguiente manera:* traducción probable. Heb. oscuro. **49** *Su madre anciana:* según la versión griega. Heb. *la obediencia de su madre.*
h 30.5 2 S 22.31; Sal 18.30. **i 30.8** Mt 6.11.

³⁰ el león, el animal más terrible,
que no huye ante nada ni ante
nadie;
³¹ el gallo orgulloso, el macho cabrío
y el rey que marcha al frente de su
ejército.⁵⁰

³² Si tontamente te has dado
importancia
y has hecho planes malvados, ponte
a pensar
³³ que si bates la leche, obtendrás
mantequilla,
si te suenas fuerte, te sangrará la
nariz,
y si irritas a otro, acabarás en una
pelea.

Dichos de Lemuel

31 ¹ Dichos del rey Lemuel de Masa,
con los cuales su madre le dio instrucción:

² Hijo mío, fruto de mis entrañas,
respuesta de Dios a mis ruegos,
¿qué más te puedo decir?
³ Que no gastes tu energía con
mujeres,
pues por ellas los reyes se pierden.
⁴ Y no está bien, Lemuel, que reyes y
gobernantes
beban vino y bebidas fuertes,
⁵ pues podrían olvidarse de la ley
y violar los derechos de los más
humildes.

⁶ Deja el vino y las bebidas fuertes
para los decaídos y deprimidos;
⁷ ¡que beban y no vuelvan a acordarse
de su pobreza y sufrimientos!

⁸ Levanta la voz por los que no tienen
voz;
¡defiende a los indefensos!
⁹ Levanta la voz, y hazles justicia;
¡defiende a los pobres y a los
humildes!

Alabanza a la mujer ejemplar

¹⁰ Mujer ejemplar no es fácil hallarla;
¡vale más que las piedras preciosas!

¹¹ Su esposo confía plenamente en ella,
y nunca le faltan ganancias.
¹² Brinda a su esposo grandes
satisfacciones
todos los días de su vida.
¹³ Va en busca de lana y lino,
y con placer realiza labores
manuales.
¹⁴ Cual si fuera un barco mercante,
trae de muy lejos sus provisiones.
¹⁵ Antes de amanecer se levanta
y da de comer a sus hijos y a sus
criadas.
¹⁶ Inspecciona un terreno y lo compra,
y con sus ganancias planta viñedos.
¹⁷ Se reviste de fortaleza
y con ánimo se dispone a trabajar.
¹⁸ Cuida de que el negocio marche
bien,
y de noche trabaja hasta tarde.
¹⁹ Con sus propias manos
hace hilados y tejidos.
²⁰ Siempre les tiende la mano
a los pobres y necesitados.
²¹ No teme por su familia cuando
nieva,
pues todos los suyos andan bien
abrigados.
²² Ella misma hace sus colchas,
y se viste con las telas más finas.
²³ Su esposo es bien conocido en la
ciudad,
y se cuenta entre los más respetados
del país.
²⁴ Ella hace túnicas y cinturones,
y los vende a los comerciantes.
²⁵ Se reviste de fuerza y dignidad,
y el día de mañana no le preocupa.
²⁶ Habla siempre con sabiduría,
y da con amor sus enseñanzas.
²⁷ Está atenta a la marcha de su casa,
y jamás come lo que no ha ganado.
²⁸ Sus hijos y su esposo
la alaban y le dicen:
²⁹ "Mujeres buenas hay muchas,
pero tú eres la mejor de todas."
³⁰ Los encantos son una mentira,
la belleza no es más que ilusión,
pero la mujer que honra al Señor
es digna de alabanza.
³¹ ¡Alábenla ante todo el pueblo!
¡Denle crédito por todo lo que ha
hecho!

⁵⁰ El gallo orgulloso . . . su ejército: traducción probable. Heb. oscuro.

ECLESIASTÉS

o El Predicador

El nombre tradicional de este libro es el que recibió en la antigua versión griega llamada Septuaginta: Eclesiastés, que pasó al latín y de ahí al castellano. El nombre en hebreo es Qohélet, que probablemente significa "el que preside una asamblea" o "el que habla" ante ella. Como en griego la asamblea se llama ecclesia, de donde viene nuestra palabra iglesia, tomando ésta en sentido cristiano, eclesiastés se ha traducido como "predicador". Pero se trata de un orador, conferenciante o ensayista —también podría decirse un filósofo— que emite sus reflexiones sobre una gran cuestión: ¿Cuál es el supremo bien? ¿Qué es lo que más vale en la vida, para que a ello dedique el hombre la suma de sus anhelos y esfuerzos?

El autor examina, de manera realista, honrada y franca, si la riqueza, el placer y aun el trabajo y la sabiduría misma, valen realmente la pena como meta suprema de la vida humana. Su conclusión es negativa: considerados como fines en sí mismos, no valen la pena. Más que un discurso a una asamblea, el libro parece un diálogo del autor consigo mismo, ya que a veces otorga algo que después condiciona o rechaza, como en un debate interior en que busca afanosamente cuál puede ser el sentido último de la vida.

Debido a que el libro es como un debate interior, muchos de sus conceptos aparecen como negativos y desalentadores. El autor ha reflexionado profundamente sobre cuán breve y contradictoria es la vida humana y cuántas misteriosas injusticias y frustraciones ocurren en ella, y saca la conclusión de que la vida misma no vale la pena, es fugaz y no tiene sentido. Cuando considera que todo está predeterminado por Dios, parece llegar al fatalismo e inclusive al más negro pesimismo. Es que se fija en las cosas como aparecen para él en la realidad. Partiendo de este honrado enfrentamiento con la realidad, somete a un examen riguroso lo que la generalidad de los hombres considera valioso y persigue empeñosamente. Y entonces niega que eso pueda ser el supremo bien. Pero al final del libro declara que el fin supremo del hombre, aquello para lo cual fue creado, es respetar y obedecer a Dios, el supremo juez que todo lo sabe. Todo en la vida, como el gozar de los dones de Dios, como el trabajo y como la propia sabiduría, sólo adquiere valor y sentido cuando se subordina a ese supremo fin.

Todo es vana ilusión

1 ¹⁻² Estos son los dichos del Predicador,[1] hijo de David, que reinó en Jerusalén.

¡Vana ilusión, vana ilusión!
¡Todo es vana ilusión!
³ ¿Qué provecho saca el hombre
de tanto trabajar en este mundo?
⁴ Unos nacen, otros mueren,
pero la tierra jamás cambia.
⁵ Sale el sol, se oculta el sol,
y vuelve pronto a su lugar
para volver a salir.
⁶ Sopla el viento hacia el sur,
y gira luego hacia el norte.
¡Gira y gira el viento!
¡Gira y vuelve a girar!
⁷ Los ríos van todos al mar,
pero el mar nunca se llena;
y vuelven los ríos a su origen
para recorrer el mismo camino.
⁸ No hay nadie capaz de expresar
cuánto aburren todas las cosas;

nadie ve ni oye lo suficiente
como para quedar satisfecho.
⁹ Nada habrá que antes no haya
habido;
nada se hará que antes no se haya
hecho.
¡Nada hay nuevo en este mundo!

¹⁰ Nunca faltará quien diga:
"¡Esto sí que es algo nuevo!"
Pero aun eso ya ha existido
siglos antes de nosotros.
¹¹ Las cosas pasadas han caído en el
olvido,
y en el olvido caerán las cosas
futuras
entre los que vengan después.

Experiencias del Predicador

¹² Yo, el Predicador, fui rey de Israel en Jerusalén, ¹³ y me entregué de lleno a investigar y estudiar con sabiduría todo lo que se hace en este mundo. ¡Vaya carga

[1] *Predicador:* según varias versiones tradicionales. Heb. oscuro.

pesada que ha puesto Dios sobre los hombres para humillarlos con ella! [14] Y pude darme cuenta de que todo lo que se hace en este mundo es vana ilusión, es querer atrapar al viento.

[15] ¡Ni se puede enderezar lo torcido, ni hacer cuentas con lo que no se tiene!

[16-17] Entonces me dije a mí mismo: "Aquí me tienen, hecho un gran personaje, más sabio que todos los que antes de mí reinaron en Jerusalén;[a] entregado por completo a profundizar en la sabiduría y el conocimiento, y también en la estupidez y la necedad, tan sólo para darme cuenta de que también esto es querer atrapar el viento." [18] En realidad, a mayor sabiduría, mayores molestias; cuanto más se sabe, más se sufre.

2 [1] También me dije a mí mismo: "Ahora voy a hacer la prueba divirtiéndome; voy a darme buena vida." ¡Pero hasta eso resultó vana ilusión! [2] Y concluí que la risa es locura y que el placer de nada sirve.

[3] Con mi mente bajo el control de la sabiduría, quise probar el estímulo del vino, y me entregué a él para saber si eso es lo que más le conviene al hombre durante sus contados días en este mundo.

[4] Realicé grandes obras; me construí palacios;[b] tuve mis propios viñedos. [5] Cultivé mis propios huertos y jardines, y en ellos planté toda clase de árboles frutales. [6] Construí represas de agua para regar los árboles plantados; [7] compré esclavos y esclavas, y aun tuve criados nacidos en mi casa; también tuve más vacas y ovejas que ningún otro antes de mí en Jerusalén.[c] [8] Junté montones de oro y plata, tesoros que antes fueron de otros reyes y de otras provincias.[d] Tuve cantores y cantoras, placeres humanos y concubina[e] tras concubina.[f]

[9] Fui un gran personaje,[g] y llegué a tener más que todos los que fueron antes de mí en Jerusalén. Además de eso, la sabiduría no me abandonaba. [10] Nunca me negué ningún deseo; jamás me negué ninguna diversión. Gocé de corazón con todos mis trabajos, y ese gozo fue mi recompensa.

[11] Me puse luego a considerar mis propias obras y el trabajo que me había costado realizarlas, y me di cuenta de que todo era vana ilusión, un querer atrapar el viento, y de que no hay nada de provecho en este mundo.

[12] Después me puse a reflexionar sobre la sabiduría, la estupidez y la necedad: ¿Qué más podrá hacer el que reine después de mí, sino lo que ya antes ha sido hecho? [13] Y encontré que es más provechosa la sabiduría que la necedad, así como es más provechosa la luz que la oscuridad.

[14] El sabio usa bien los ojos, pero el necio anda a oscuras. Sin embargo, me di cuenta de que a todos les espera lo mismo, [15] y me dije: "Lo que le espera al necio también me espera a mí, así que de nada me sirve tanta sabiduría. ¡Hasta eso es vana ilusión! [16] Porque nunca nadie se acordará ni del sabio ni del necio; con el correr del tiempo todo se olvida, y sabios y necios mueren por igual."

[17] Llegué a odiar la vida, pues todo lo que se hace en este mundo resultaba en contra mía. Realmente, todo es vana ilusión, ¡es querer atrapar el viento! [18] Llegué a odiar también todo el trabajo que había realizado en este mundo, pues todo ello tendría que dejárselo a mi sucesor. [19] Y una cosa era segura: que él, ya fuera sabio o necio, se adueñaría de todo lo que con tanto trabajo y sabiduría logré alcanzar en este mundo. ¡Y esto también es vana ilusión!

[20] Al ver lo que yo había hecho en este mundo, lamenté haber trabajado tanto, [21] pues hay quien pone sabiduría, conocimientos y experiencia en su trabajo, tan sólo para dejárselo todo a quien no trabajó para obtenerlo. ¡Y también esto es vana ilusión y una gran injusticia!

[22] En fin, ¿qué saca el hombre de tanto trabajar y de tanto preocuparse en este mundo? [23] Toda su vida es de sufrimientos,[h] es una carga molesta; ni siquiera de noche descansa su mente. ¡Y esto también es vana ilusión!

[24] Lo mejor que puede hacer el hombre es comer y beber,[i] y disfrutar del fruto de su trabajo, pues he encontrado que también esto viene de parte de Dios. [25] Porque, ¿quién puede comer, o gozar, si no es por él?[2] [26] De hecho, Dios da sabiduría, conocimiento[j] y alegría a quien él mira con buenos ojos; pero al que peca le deja la carga de prosperar y amontonar tesoros para luego dárselos a quien él mira con buenos ojos.[k] ¡También esto es vana ilusión y querer atrapar el viento!

Todo tiene su tiempo

3 [1] En este mundo todo tiene su hora; hay un momento para todo cuanto ocurre:

[2] Un momento para nacer,
y un momento para morir.
Un momento para plantar,

---

[2] *Si no es por él:* según la versión griega. Heb. *si no es por mí.*
a 1.16-17 1 R 4.29-31. **b 2.4** 1 R 7.1-12. **c 2.7** 1 R 4.23. **d 2.8** 1 R 9.28; 10.10-22. **e 2.8** 1 R 11.3. **f 2.4-8** 1 R 10.23-27; 2 Cr 9.22-27. **g 2.9** 1 Cr 29.25. **h 2.23** Job 5.7; 14.1. **i 2.24** Ec 3.13; 5.18; 9.7; Is 56.12; Lc 12.19; 1 Co 15.32. **j 2.26** Job 32.8; Pr 2.6. **k 2.26** Job 27.16-17; Pr 13.22.

y un momento para arrancar lo
plantado.
[3] Un momento para matar,
y un momento para curar.
Un momento para destruir,
y un momento para construir.
[4] Un momento para llorar,
y un momento para reír.
Un momento para estar de luto,
y un momento para estar de fiesta.
[5] Un momento para esparcir piedras,
y un momento para recogerlas.
Un momento para abrazarse,
y un momento para separarse.
[6] Un momento para intentar,
y un momento para desistir.
Un momento para guardar,
y un momento para tirar.
[7] Un momento para rasgar,
y un momento para coser.
Un momento para callar,
y un momento para hablar.
[8] Un momento para el amor,
y un momento para el odio.
Un momento para la guerra,
y un momento para la paz.

[9] ¿Qué provecho saca el hombre de tanto trabajar? [10] Me doy cuenta de la carga que Dios ha puesto sobre los hombres para humillarlos con ella. [11] Él, en el momento preciso, todo lo hizo hermoso; puso además en la mente humana la idea de lo infinito, aun cuando el hombre no alcanza a comprender en toda su amplitud lo que Dios ha hecho y lo que hará.[l] [12] Yo sé que lo mejor que puede hacer el hombre es divertirse y disfrutar de la vida, [13] pues si comemos y bebemos y contemplamos los beneficios de nuestro trabajo, es porque Dios nos lo ha concedido. [14] Y también sé que todo lo que Dios ha hecho permanecerá para siempre.[m] No hay nada que añadirle ni nada que quitarle; Dios lo ha hecho así, para que ante él se guarde reverencia. [15] Nada existe que no haya existido antes, y nada existirá que no exista ya. Dios hace que el pasado se repita.

Injusticias de la vida

[16] He podido ver también que en este mundo hay corrupción y maldad donde debiera haber justicia y rectitud. [17] Por lo tanto digo que Dios juzgará al hombre honrado y al malvado, porque hay un momento para todo lo que ocurre y para todo lo que se hace. [18] También digo, en cuanto a la conducta humana, que Dios está poniendo a prueba a los hombres para que se den cuenta de que también ellos son como animales. [19] En realidad, hombres y animales tienen el mismo destino: unos y otros mueren por igual,[r] y el aliento de vida es el mismo para todos. Nada de más tiene el hombre que el animal: todo es vana ilusión, [20] y todos paran en el mismo lugar; del polvo fueron hechos todos, y al polvo todos volverán.[n] [21] ¿Quién puede asegurar que el espíritu del hombre sube a las alturas de los cielos, y que el espíritu del animal baja a las profundidades de la tierra?[o] [22] Me he dado cuenta de que no hay nada mejor para el hombre que disfrutar de su trabajo, pues eso es lo que le ha tocado, ya que nadie lo traerá a que vea lo que habrá de ocurrir después de su muerte.

4 [1] Dirigí luego mi atención a los actos de opresión que se cometen en este mundo. Y vi que los oprimidos lloran, pero no hay quien los consuele; sus opresores les hacen violencia, pero no hay quien los consuele. [2] Por eso consideré más felices a los que ya han muerto que a los que aún viven; [3] aunque en mejores condiciones que estos dos están los que aún no han nacido, pues todavía no han visto la maldad que se comete en este mundo.

[4] Vi también que el mucho trabajar y el éxito en una empresa provocan la envidia de unos contra otros, y esto también es vana ilusión y querer atrapar el viento.

[5] La gente dice: "El necio se cruza de brazos y se destruye a sí mismo." [6] Pero yo digo: "Más vale un puñado de descanso que dos de fatiga por querer atrapar el viento."

[7] Al volverme hacia otro lado, vi otra vana ilusión en este mundo: [8] un hombre solo, sin amigos ni hijos ni hermanos, que jamás se toma un momento de descanso y que nunca se cansa de contemplar sus riquezas, ni se pregunta: "¿Y para quién trabajo tanto? ¿Para qué me niego el bienestar?" Pues también esto es vana ilusión y una pesada carga.

La unión hace la fuerza

[9] Más valen dos que uno, pues mayor provecho obtienen de su trabajo. [10] Y si uno de ellos cae, el otro lo levanta. ¡Pero ay del que cae estando solo, pues no habrá quien lo levante! [11] Además, si dos se acuestan juntos, uno a otro se calientan; pero uno solo, ¿cómo va a entrar en calor? [12] Uno solo puede ser vencido, pero dos podrán resistir. Y además, la cuerda de tres hilos no se rompe fácilmente.

[l] 3.11 Sal 139.17; Is 55.8–9; Ro 11.33.   [m] 3.14 Sal 33.11.   [n] 3.19 Sal 49.12,20.   [ñ] 3.20 Gn 3.19; Job 34.15.
[o] 3.20–21 Ec 12.7.

La sabiduría no está en la edad

13 Por otra parte, más vale el joven pobre pero sabio que el rey viejo pero necio, porque éste ya no admite consejos. 14-15 Aunque el joven que luego reinará en lugar de ese rey haya llegado de la cárcel al trono, o haya subido de la pobreza al reinado, he visto a la gente de este mundo darle su apoyo.[3] 16 Y aunque es incontable el pueblo sobre el cual reinará, ni a ellos ni a sus descendientes los dejarán contentos. Y también esto es vana ilusión y querer atrapar el viento.

Hay que cumplir lo que se promete

5 1 pCuando vayas al templo de Dios, cuida tu conducta: en vez de ofrecer sacrificios como la gente tonta que no se da cuenta de que hace mal, acércate dispuesto a obedecer. 2 No te apresures, ni con los labios ni con el pensamiento, a hacer promesas a Dios, pues Dios está en el cielo y tú en la tierra. Por eso, habla lo menos que puedas, 3 porque por mucho pensar se tienen pesadillas, y por mucho hablar se dicen tonterías.[q] 4 Cuando hagas una promesa a Dios, no tardes en cumplirla, porque a él no le agradan los necios. Cumple lo que prometes,[r] 5 pues vale más no prometer, que prometer y no cumplir. 6 No permitas que tus labios te hagan pecar, y luego digas ante el enviado de Dios que lo hiciste por error. ¿Por qué hacer que Dios se enoje por lo que dices y destruya lo que has hecho? 7 Por lo tanto, en medio de tantas pesadillas y de tantas palabras y cosas sin sentido, tú debes mostrar reverencia hacia Dios.[4]

Contradicciones de la vida

8 No te sorprendas si en algún país ves que se oprime al pobre y que se hace violencia a la justicia y al derecho, porque a un alto oficial lo encubre otro más alto, y otros más altos oficiales encubren a estos dos. 9 ¡Y a eso se le llama progreso del país y estar el rey al servicio del campo![5] 10 El que ama el dinero, siempre quiere más; el que ama las riquezas, nunca cree tener bastante. Esto es también vana ilusión, 11 porque mientras más se tiene, más se gasta. ¿Y qué se gana con tener, aparte de contemplar lo que se tiene? 12 El que trabaja, coma poco o mucho, siempre

duerme a gusto; al rico, en cambio, sus riquezas no lo dejan dormir. 13 Una cosa realmente lamentable he visto en este mundo: que el amontonar riquezas va en perjuicio de su dueño, 14 pues un mal negocio puede acabar con toda esa riqueza, y si él tiene un hijo, ya no tendrá después nada que darle. 15 Y tal como vino a este mundo, así se irá: tan desnudo como cuando nació, y sin llevarse nada del fruto de su trabajo.[s] 16 Esto es realmente lamentable: que tal como vino al mundo, así también se irá. ¿Y qué sacó de tanto trabajar para nada? 17 Para colmo, toda su vida se la pasó[6] en tinieblas, y con muchas molestias, dolores y resentimientos. 18 He encontrado que lo mejor y más agradable es comer y beber, y disfrutar del fruto de tanto trabajar en este mundo durante la corta vida que Dios nos da, pues eso es lo que nos ha tocado. 19 Por otra parte, a todo aquel a quien Dios da abundantes riquezas, le da también la facultad de comer de ellas y de tomar lo que le corresponde, pues el disfrutar de tanto trabajo viene de parte de Dios. 20 Y como Dios le llena de alegría el corazón, no se preocupa mucho por el curso de su vida.

6 1 En este mundo hay otro mal muy común entre los hombres, según he podido ver: 2 Dios les da a algunos abundantes riquezas y esplendor, y nunca les falta nada de lo que desean; pero no les permite gozar de todo ello, sino que otros lo disfrutan.[t] ¡Esto es también una ilusión vana y realmente lamentable! 3 Un hombre puede tener cien hijos y vivir muchos años; pero por mucho que viva, si no disfruta completamente de lo bueno, y si ni siquiera recibe sepultura, yo sostengo que un niño abortado vale más que ese hombre. 4 Pues aunque ese niño se pierda en la nada, en la oscuridad, donde su nombre quedará ignorado, 5 y aunque no llegue a ver el sol ni a saber nada, al menos habrá tenido más descanso que aquel hombre, 6 el cual podría haber vivido dos mil años y, sin embargo, no disfrutar de sus bienes. Y al fin de cuentas, ¡todos van al mismo lugar!

7 El hombre trabaja y trabaja para comer, pero nunca queda satisfecho. 8 ¿Qué tiene el sabio que no tenga el necio, a no ser sus conocimientos[7] para hacerle frente a la vida?[8] 9 Vale más lo que uno ve que lo que se imagina. Pero también esto es vana ilusión, es querer atrapar el viento. 10 Lo que

---

[3] Aunque el joven . . . su apoyo: traducción probable. Heb. oscuro. [4] Por lo tanto . . . Dios: traducción probable. Heb. oscuro. [5] No te sorprendas . . . del campo!: traducción probable. Heb. oscuro. [6] Se la pasó: lit. comió. [7] A no ser sus conocimientos: texto probable. Heb. ¿Qué tiene el pobre que sabe . . .? [8] ¿Qué tiene el . . . a la vida?: otra posible traducción: ¿Qué tiene el sabio, qué tiene el pobre que saber hacerle frente a la vida, que no tenga el insensato?
[p] Los vs. 5.1-20 corresponden a los vs. 4.17—5.19 en el texto hebreo. [q] 5.2-3 Pr 10.19. [r] 5.4 Dt 23.21-23; Sal 66.13-14. [s] 5.15 Job 1.21; Sal 49.17; 1 Ti 6.7. [t] 6.2 Sal 39.6.

ahora existe, hace mucho que recibió su nombre, y se sabe cuál es. Nadie puede luchar con quien es más poderoso que él. [11] Una cosa es cierta: donde abundan las palabras, abundan los disparates; y nada se gana con eso. [12] De hecho, nadie sabe lo que es mejor para el hombre durante los contados días de esta vana ilusión que es su vida. Sus días pasarán como una sombra,[u] ¿y quién podrá decirle lo que ha de ocurrir en este mundo después de su muerte?

Hay que atender a lo más importante

7 [1] Vale más la buena fama[v]
que el buen perfume.

Vale más el día en que se muere
que el día en que se nace.

[2] Vale más ir a un funeral
que ir a divertirse;
pues la muerte es el fin de todo
hombre,
y los que viven debieran recordarlo.

[3] Vale más llorar que reír,
pues podrá hacerle mal al semblante
pero le hace bien al corazón.

[4] El sabio piensa en la muerte,
pero el necio, en ir a divertirse.

[5] Vale más oír represiones de sabios
que alabanzas de necios.

[6] Las risas del necio se parecen
al crujir de las zarzas en el fuego,[9]
y también son vana ilusión.

[7] La violencia entorpece al sabio,
y el soborno corrompe su carácter.

[8] Vale más terminar un asunto
que comenzarlo.

Vale más ser paciente
que valiente.

[9] No te dejes llevar por el enojo,[w] porque el enojo es propio de gente necia. [10] Nunca te preguntes por qué todo tiempo pasado fue mejor, pues ésa no es una pregunta inteligente. [11] Buena y provechosa es la sabiduría para los que viven en este mundo, si además va acompañada de una herencia. [12] Porque la sabiduría protege lo mismo que el dinero, pero la sabiduría tiene la ventaja de darle vida al sabio.

[13] Fíjate bien en lo que Dios ha hecho: ¿quién podrá enderezar lo que él ha torcido? [14] Cuando te vaya bien, disfruta ese bienestar; pero cuando te vaya mal, ponte a pensar que lo uno y lo otro son cosa de Dios, y que el hombre nunca sabe lo que ha de traerle el futuro.

[15] Todo esto he visto durante esta vana ilusión que es mi vida: hombres buenos que mueren a pesar de su bondad, y malvados que a pesar de su maldad viven muchos años.

[16] No hay que pasarse de bueno,
ni tampoco pasarse de listo.
¿Para qué arruinarse uno mismo?

[17] No hay que pasarse de malo,
ni tampoco pasarse de tonto.
¿Para qué morir antes de tiempo?

[18] Lo mejor es agarrar bien esto
sin soltar de la mano aquello.

El que honra a Dios
saldrá bien de todas estas cosas.

[19] Da más fuerza la sabiduría al sabio,
que diez gobernantes a una ciudad.

[20] Sin embargo, no hay nadie en la tierra tan perfecto que haga siempre el bien y nunca peque.[x] [21] No hagas caso de todo lo que se dice, y así no oirás cuando tu siervo hable mal de ti. [22] Aunque también tú, y lo sabes muy bien, muchas veces has hablado mal de otros.

Búsqueda de la sabiduría

[23] Todo esto lo examiné con sabiduría, pues me había propuesto ser sabio; pero estaba fuera de mi alcance. [24] ¡Fuera de mi alcance está todo lo que existe! ¡Es demasiado profundo y nadie puede comprenderlo! [25] Me dediqué entonces a adquirir conocimientos, y a estudiar y buscar algunas sabias conclusiones. Y pude darme cuenta de que es malo ser necio, y una locura ser estúpido. [26] He encontrado algo que es más amargo que la muerte: la mujer que tiende trampas con el corazón y aprisiona con los brazos. El que agrada a Dios escapará de ella, pero el pecador caerá en sus redes.[y] [27] En mi intento de encontrar la razón de las cosas, yo, el Predicador, he hallado lo siguiente: [28] ¡que todavía no he dado

9 En el fuego: lit. bajo la olla.
u 6.12　Job 8.9; 14.2; Sal 39.5–6; 102.11; 109.23.　v 7.1　Pr 22.1.　w 7.9　Stg 1.19.　x 7.20　1 Jn 1.8–10.　y 7.26　Pr 5; 7.

con lo que realmente busco! He encontrado un hombre entre mil, pero ni una sola mujer entre todas ellas. ²⁹ Solamente he encontrado lo siguiente: que Dios hizo perfecto al hombre,ᶻ pero éste se ha complicado la vida.

8 ¹ ¿Quién puede compararse al sabio? ¿Quién conoce el sentido de las cosas? La sabiduría ilumina la cara del hombre; hace que cambie su duro semblante.

La obediencia al rey

² Cumple las órdenes del rey, pues así lo has jurado ante Dios. ³ No salgas de su presencia con demasiada rapidez. No tomes parte en asuntos malvados, porque él puede hacer lo que se le antoje. ⁴ La palabra del rey tiene autoridad final, y nadie puede pedirle cuenta de sus actos. ⁵ Al que cumple una orden, no le pasará nada malo, y el que es sabio entiende cuándo y cómo debe cumplirla. ⁶ En realidad, hay un momento y un modo de hacer todo lo que se hace, pero el gran problema del hombre ⁷ es que nunca sabe lo que va a suceder, ni hay nadie que se lo pueda advertir.

Nadie tiene poder sobre la vida y la muerte

⁸ No hay quien tenga poder sobre la vida, como para retenerla, ni hay tampoco quien tenga poder sobre la muerte. No hay quien escape de esta batalla. Al malvado no lo salvará su maldad. ⁹ Todo esto he visto al entregarme de lleno a conocer lo que se hace en este mundo y el poder que el hombre tiene de hacer daño a sus semejantes.

Hay cosas que no tienen sentido

¹⁰ También he visto que a gente malvada, que se mantuvo alejada del lugar santo, la alaban el día de su entierro; y en la ciudad donde cometió su maldad, nadie después lo recuerda.¹⁰ Y esto no tiene sentido, ¹¹ porque al no ejecutarse en seguida la sentencia para castigar la maldad, se provoca que el hombre sólo piense en hacer lo malo. ¹² ¡Así resulta que el que peca y sigue pecando vive muchos años! (Lo que yo sabía es que a los que honran a Dios y guardan reverencia ante él, les va bien; ¹³ y que, por el contrario, a los malvados les va mal y su vida pasa como una sombra porque no muestran reverencia ante Dios.) ¹⁴ Y así se da en este mundo el

caso sin sentido de hombres buenos que sufren como si fueran malos, y de hombres malos que gozan como si fueran buenos.ᵃ ¡Yo digo que tampoco esto tiene sentido!

¹⁵ Por eso, me declaro en favor de la alegría. Y lo mejor que puede hacer el hombre en este mundo es comer, beber y divertirse, porque eso es lo único que le queda de su trabajo en los días de vida que Dios le da en este mundo.

¹⁶ Mientras más me entregué a aprender y a saber y a observar todo lo que se hace en este mundo —llega un momento en que no puede uno dormir a ninguna hora—, ¹⁷ más cuenta me di de que el hombre no puede comprender lo que Dios hace ni lo que ocurre en este mundo. Por más que luche buscando la respuesta, no la encontrará; aun cuando el sabio diga conocerla, en realidad no ha podido encontrarla.

Consideraciones sobre la vida y la muerte

9 ¹ A todo esto me he entregado de lleno, tan sólo para descubrir que las obras de buenos y de sabios están en las manos de Dios.ᵇ Nada sabe el hombre del amor ni del odio, aun cuando los tenga ante sus ojos. ² Al fin y al cabo, a todos les espera lo mismo: al justo y al injusto, al bueno y al malo,ᴵᴵ al puro y al impuro; al que ofrece sacrificios y al que no los ofrece; lo mismo al bueno que al pecador, al que hace juramentos y al que no los hace.

³ Esto es lo malo de todo lo que pasa en este mundo: que a todos les espera lo mismo. Por otra parte, el pensamiento del hombre está lleno de maldad; la estupidez domina su mente durante toda su vida; y al fin de cuentas, ¡al cementerio!

⁴ Tiene más esperanza aquel a quien se concede seguir viviendo, pues vale más perro vivo que león muerto.¹² ⁵ Además, los que viven saben que han de morir, pero los muertos no saben nada ni ganan nada, porque se les echa al olvido. ⁶ Allí terminan su amor, su odio y sus pasiones, y nunca más vuelven a tomar parte en nada de lo que se hace en este mundo.

⁷ ¡Vamos, pues! Disfruta del pan que comes; goza del vino que bebes, porque a Dios le han agradado tus acciones. ⁸ Vístete siempre con ropas blancas; ponte siempre perfume en la cabeza. ⁹ Goza de la vida con la mujer amada,ᶜ cada instante de esta vida sin sentido que Dios te ha

¹⁰ *También he visto . . . recuerda:* traducción probable. Heb. oscuro.   ᴵᴵ *Y al malo:* según una versión antigua. En el texto hebreo no aparece esta frase.   ¹² El autor del libro cita aquí un conocido dicho arameo.
ᶻ **7.29** Gn 1.26-31.   ᵃ **8.14** Sal 73; Jer 12.1-4; Hab 1.2-4,12-17.   ᵇ **9.1** Pr 16.1,9; 19.21.   ᶜ **9.9** Pr 5.15-19.

dado en este mundo; eso es lo único que sacarás de tanto trabajar en este mundo. [10] Y todo lo que esté en tu mano hacer, hazlo con todo empeño; porque en el sepulcro, que es donde irás a parar, no se hace nada ni se piensa nada, ni hay conocimientos ni sabiduría.

Injusticias de la vida

[11] En este mundo he visto algo más: que no son los veloces los que ganan la carrera, ni los valientes los que ganan la batalla; que no siempre los sabios tienen pan, ni los inteligentes son ricos, ni los instruidos son bien recibidos; todos ellos dependen de un momento de suerte. [12] Por otra parte, nunca sabe nadie cuándo le llegará su hora: así como los peces quedan atrapados en la red y las aves en la trampa, así también el hombre, cuando menos lo espera, se ve atrapado en un mal momento. [13] También he visto en este mundo algo que me parece encerrar una gran enseñanza: [14] una ciudad pequeña, con pocos habitantes, es atacada por un rey poderoso que levanta alrededor de ella una gran maquinaria de ataque. [15] Y en la ciudad vive un hombre pobre, pero sabio, que con su sabiduría podría salvar a la ciudad, ¡y nadie se acuerda de él!

Por sobre todas las cosas, sabiduría

[16] Sin embargo, yo afirmo que vale más ser sabio que valiente,[d] aun cuando la sabiduría del hombre pobre no sea tomada en cuenta ni se preste atención a lo que dice.

[17] Más se oyen las palabras tranquilas
de los sabios
que el griterío del rey de los necios.

[18] Vale más la sabiduría
que las armas de guerra.

Un solo error
causa grandes destrozos.

10 [1] Una mosca muerta apesta
y echa a perder el buen perfume.

Cuenta más la tontería más ligera
que la sabiduría más respetable.

[2] La mente del sabio se inclina al
bien,
pero la del necio se inclina al mal.

[3] El necio, en todo lo que hace,

muestra la pobreza de sus ideas,
aun cuando vaya diciendo
que los necios son los demás.[13]

[4] Si el que gobierna se enoja contigo,
no pierdas la cabeza;
el remedio para los grandes errores
es tomar las cosas con calma.

[5] Me he dado cuenta de un error que se comete en este mundo, y que tiene su origen en los propios gobernantes: [6] que al necio se le da un alto cargo, mientras que la gente que vale ocupa puestos humildes. [7] He visto esclavos andar a caballo, y príncipes andar a pie como si fueran esclavos.

[8] El que hace el hoyo,
en él se cae.[e]

Al que rompe el muro,
la serpiente lo muerde.

[9] El que labra piedras,
se lastima con ellas.

El que parte leña,
corre el riesgo de cortarse.

[10] Si el hacha se desafila
y no se la vuelve a afilar,
habrá que golpear con más fuerza.
Vale más hacer las cosas bien y con
sabiduría.

[11] ¿De qué sirve un encantador,
si la serpiente muerde antes de ser
encantada?

[12] Las palabras del sabio le atraen
simpatías,
pero las del necio son su propia
ruina:[f]

[13] comienza diciendo puras tonterías,
y acaba diciendo las peores
estupideces.

[14] ¡Al necio no le faltan las palabras!

¿Quién puede decir lo que ha de
suceder,
si nadie sabe nada del futuro?

[15] Tanto se mata el necio trabajando,
que no sabe ni el camino a la
ciudad.

[16] ¡Ay del país que tiene por rey a un
chiquillo,
y en el que sus príncipes
amanecen en banquetes!

[17] ¡Dichoso el país que tiene un rey
honorable,

---

[13] *Aun cuando . . . los demás:* otra posible traducción: *y revela a todos que es un necio.*
[d] **9.16** Pr 24.5.   [e] **10.8** Sal 7.15; Pr 26.27.   [f] **10.12** Pr 10.32; 15.2.

y en el que los gobernantes
comen a la hora debida,
para reponer sus fuerzas
y no para emborracharse!

[18] Al holgazán se le cae el techo;
al que no hace nada, toda la casa.

[19] El pan es para disfrutarlo,
y el vino para gozar de la vida;
mas para eso hace falta dinero.

[20] No critiques al rey
ni siquiera con el pensamiento.

No hables mal del rico, aunque estés
a solas,
porque las aves vuelan y pueden ir a
contárselo.

11 [1] Echa tu pan al agua;
después de algún tiempo lo
encontrarás.

[2] Comparte lo que tienes lo más que
puedas,
pues no sabes el mal que puede
venir sobre el pais.

[3] Si las nubes están cargadas,
la lluvia cae sobre la tierra.

Caiga el árbol al norte
o caiga el árbol al sur,
en el lugar donde caiga
allí se habrá de quedar.

[4] El que mira al viento, no siembra,
y el que mira a las nubes, no
cosecha.

[5] Así como no sabes por dónde va el
viento,[g] ni cómo se forma el niño en el
vientre de la madre,[h] tampoco sabes nada
de lo que hace Dios, creador de todas las
cosas.
[6] Siembra tu semilla por la mañana, y
por la tarde siémbrala también, porque
nunca se sabe qué va a resultar mejor, si
la primera siembra o la segunda, o si las
dos prosperarán.
[7] Muy agradable es la luz, y es bueno
que los ojos vean el sol; [8] pero aunque uno
viva muchos años y disfrute de todos
ellos, debe recordar que los días de oscuridad serán muchos, y que todo lo que está
por venir es vana ilusión.

Consejos a los jóvenes

[9] Diviértete, joven, ahora que estás
lleno de vida; disfruta de lo bueno ahora

que puedes. Déjate llevar por los impulsos
de tu corazón y por todo lo que ves, pero
recuerda que de todo ello Dios te pedirá
cuentas. [10] Aleja de tu mente las preocupaciones y echa fuera de ti el sufrimiento,
porque aun los mejores días de la juventud son vana ilusión.

12 [1] Acuérdate de tu Creador ahora
que eres joven y que aún no han
llegado los tiempos difíciles; ya vendrán
años en que digas: "No me trae ningún
placer vivirlos." [2] Hazlo ahora, cuando
aún no se apaga la luz del sol, de la luna y
de las estrellas, y cuando aún hay nubes
después de la lluvia. [3] Llegará un día en
que tiemblen los guardianes del palacio y
se doblen los valientes; quedarán tan pocas molineras, que dejarán de moler; las
que miran por las ventanas, comenzarán a
perder la vista. [4] Cuando llegue ese día, se
cerrarán las puertas que dan a la calle; el
ruido del molino se irá apagando; las aves
dejarán oír su canto, pero las canciones
dejarán de oírse; [5] la altura causará miedo,
y en el camino habrá peligros.

El almendro comenzará a florecer,
la langosta resultará una carga
y la alcaparra[14] no servirá para nada.
Pues el hombre va a su hogar
eterno,
y en la calle se escucha ya
a los que lloran su muerte.

[6] Acuérdate de tu Creador ahora que
aún no se ha roto el cordón de plata ni se
ha hecho pedazos la olla de oro; ahora que
aún no se ha roto el cántaro a la orilla de
la fuente ni se ha hecho pedazos la polea
del pozo. [7] Después de eso el polvo volverá
a la tierra, como antes fue, y el espíritu
volverá a Dios, que es quien lo dio.[i]

[8] Yo, el Predicador, repito:
¡Vana ilusión, vana ilusión!
¡Todo es vana ilusión!

Epílogo

[9] Y mientras más sabio llegó a ser el
Predicador, más conocimientos impartió a
la gente. También se dio a la tarea de estudiar gran número de proverbios, y de
clasificarlos ordenadamente. [10] Hizo todo
lo posible por encontrar las palabras más
adecuadas, para escribir conveniente-
mente dichos verdaderos.
[11] Los dichos de los sabios son como
aguijones, y una vez reunidos en colecciones son como estacas bien clavadas, puestas por un solo pastor.[15] [12] Lo que uno

[14] La alcaparra era considerada en la antigüedad un afrodisiaco.
Heb. oscuro.   [15] Y una vez reunidos . . . pastor: traducción probable.
[g] 11.5 Jn 3.8.   [h] 11.5 Sal 139.13–16.   [i] 12.7 Ec 3.20–21.

saca de ellos son grandes advertencias.[16] El hacer muchos libros no tiene fin, y el mucho estudio cansa. [13] El discurso ha terminado. Ya todo ha sido dicho. Honra a Dios y cumple sus mandamientos, porque eso es el todo del hombre. [14] Dios habrá de pedirnos cuentas de todos nuestros actos, sean buenos o malos, y aunque los hayamos hecho en secreto.

[16] Lo que uno saca . . . advertencias: otra posible traducción: recibe, además, hijo mío, esta otra advertencia.

EL CANTAR DE LOS CANTARES

El título de este libro traduce literalmente un hebraísmo que significa "el mejor (o más bello) de los cantares" o "el cantar por excelencia". Dividido en seis poemas o cantos, y bajo la forma de un diálogo entre el amado y la amada, con ocasionales intervenciones de un grupo de acompañantes o "coro", su tema es el amor sencillo, puro y transparente. Algunas de sus comparaciones y descripciones, que para la mente moderna pueden parecer atrevidas, han de considerarse a la luz de un tiempo y de un medio en que prevalecían la sencillez y la naturalidad tan características de estos cantos nupciales.

Dado el concepto bíblico de la santidad del matrimonio, y que por ello la relación de Dios con su pueblo se presenta bajo tal analogía, el Cantar ha sido interpretado como un cuadro, por los judíos, de esa alta y sagrada relación, y por los cristianos, de la relación mística entre Cristo y su Iglesia. La preposición hebrea que aparece en el título del poema (1.1) puede significar "de" Salomón, "dedicado a" Salomón o "acerca de" Salomón. La tradición ha considerado a este gran rey como el autor del libro.

1

[1] El más hermoso de los poemas de Salomón.[1, a]

Primer canto

Ella

[2] ¡Dame un beso de tus labios!
Son más dulces que el vino tus caricias,
[3] deliciosos al olfato tus perfumes,
tu nombre es perfume derramado.
¡Por eso te aman las mujeres!

[4] ¡Llévame pronto contigo!
¡Llévame, oh rey, a tus habitaciones!

Coro

Contigo estaremos muy alegres;
evocaremos tus caricias más que el vino.
¡Con razón te aman las mujeres!

Ella

[5] Mujeres de Jerusalén,
soy morena, pero hermosa;
morena como los campamentos de Cedar,
hermosa como las cortinas de Salomón.

[6] No se fijen en que soy morena,
ni en que el sol me ha quemado la piel.
Mis hermanos se enojaron conmigo
y me pusieron a cuidar las viñas,
¡y mi propia viña descuidé!

[7] Dime, amor de mi vida,
¿dónde apacientas tus rebaños?,
¿dónde los llevas a descansar al mediodía?
¿Por qué he de andar como una vagabunda,[2]
junto a los rebaños de tus compañeros?

Coro

[8] Si no lo sabes tú,
hermosa entre las hermosas,
sigue las pisadas del rebaño
y apacienta tus cabritos
junto a las chozas de los pastores.

Él

[9] Tú eres para mí, amor mío,
cual fina yegua del carro del faraón.
[10] ¡Qué lindas son tus mejillas
entre los pendientes!
¡Qué lindo es tu cuello
entre los collares de perlas!

[1] De Salomón: otra posible traducción: dedicado a Salomón. [2] Vagabunda: según versiones antiguas. Heb. tapada (con un velo).
a 1.1 1 R 4.32; Cnt 3.9-11.

11 ¡Te haremos pendientes de oro
con incrustaciones de plata!

Ella
12 Mientras el rey se sienta a la mesa,
mi nardo esparce su fragancia.

13 Mi amado es para mí como el
saquito de mirra
que está siempre entre mis pechos.
14 Mi amado es para mí como flor de
alheña
en los viñedos de En-gadi.

Él
15 ¡Qué hermosa eres, amor mío,
qué hermosa eres!
¡Tus ojos son dos palomas!

Ella
16 ¡Qué hermoso eres, amor mío,
qué hermoso eres!

Él
¡La verde hierba es nuestro lecho!
17 Los cedros son las vigas de la casa,
y los cipreses, el techo que nos cubre.

2
Ella
1 Soy la flor de los llanos de Sarón,
soy la rosa de los valles.

Él
2 Mi amada es, entre las mujeres,
como una rosa entre los espinos.

Ella
3 Mi amado es, entre los hombres,
como un manzano entre los árboles
del bosque.

¡Qué agradable es sentarme a su
sombra!
¡Qué dulce me sabe su fruta!
4 Me llevó a la sala de banquetes
y sus miradas para mí fueron de
amor.

5 ¡Reanímenme con tortas de pasas,
aliméntenme con manzanas,
porque me muero de amor!
6 ¡Que ponga él su izquierda bajo mi
cabeza,
y que con su derecha me abrace!

Él
7 Prométanme, mujeres de Jerusalén,
por las gacelas y cervatillas del
bosque,
no interrumpir el sueño de mi amor.

¡Déjenla dormir hasta que quiera
despertar![b]

Segundo canto

Ella
8 ¡Ya viene mi amado!
¡Ya escucho su voz!
Viene saltando sobre los montes,
viene saltando por las colinas.
9 Mi amado es como un venado:
como un venado pequeño.
¡Aquí está ya, tras la puerta,
asomándose a la ventana,
espiando a través de la reja!

10 Mi amado me dijo:
"Levántate, amor mío;
anda, cariño, vamos.
11 ¡Mira! El invierno ha pasado
y con él se han ido las lluvias.
12 Ya han brotado flores en el campo;
ya ha llegado el tiempo de cantar,
ya se escucha en nuestra tierra
el arrullo de las tórtolas.
13 Ya tiene higos la higuera,
y los viñedos esparcen su aroma.

"Levántate, amor mío;
anda, cariño, vamos.

14 "Paloma mía, que te escondes en las
rocas,
en altos y escabrosos escondites,
déjame ver tu rostro,
déjame escuchar tu voz.
¡Es tan agradable el verte!
¡Es tan dulce el escucharte!"

Los dos
15 Atrapen las zorras, las zorras
pequeñas
que arruinan nuestros viñedos,
nuestros viñedos en flor.

Ella
16 Mi amado es mío, y yo soy suya.
Él apacienta sus rebaños entre las
rosas.[c]

17 Mientras llega el día
y huyen las sombras,
vuelve, amado mío;
sé como un venado,
como un venado pequeño
por los montes escarpados.

3
1 En mi cama, por las noches,
busqué al amor de mi vida.
Lo busqué y no lo encontré.
2 Entonces me levanté
y recorrí la ciudad

b **2.7** Cnt 3.5; 8.4. *c* **2.16** Cnt 6.3.

buscando al amor de mi vida
por las calles y las plazas.
Lo busqué y no lo encontré.
3 Pregunté a los guardias
que hacen la ronda de la ciudad:
"¿No han visto ustedes al amor de
mi vida?"

4 Apenas me había alejado de ellos,
cuando encontré al amor de mi vida.
Lo tomé de la mano, y sin soltarlo
lo llevé a las habitaciones de mi
madre.

Él
5 Prométanme, mujeres de Jerusalén,
por las gacelas y cervatillas del
bosque,
no interrumpir el sueño de mi amor.
¡Déjenla dormir hasta que quiera
despertar!*d*

Tercer canto

Coro
6 ¿Qué es eso que viene del desierto
y avanza entre columnas de humo,
entre humo de mirra y de incienso
y de toda clase de perfumes?

7 ¡Es la litera de Salomón!
Viene escoltada por sesenta
soldados
de los más valientes de Israel;
8 todos ellos manejan la espada
y son expertos guerreros;
cada uno lleva la espada al cinto
en previsión de peligros nocturnos.

9 El rey Salomón se ha hecho una
litera
con finas maderas del Líbano.
10 Las columnas son de plata;
el respaldo, de oro;
el asiento, tapizado de púrpura;
el interior, decorado con amor
por las mujeres de Jerusalén.

11 Mujeres de Sión,
¡salgan a ver al rey Salomón!
Lleva puesta la corona
que le hizo su madre para el día de
su boda,
para el día más feliz de su vida.

4
Él
1 ¡Qué hermosa eres, amor mío!
¡Qué hermosa eres!
Tus ojos son dos palomas
escondidas tras tu velo;
tus cabellos son como cabritos

que retozar por los montes de
Galaad.
2 Tus dientes, todos perfectos,
son cual rebaño de ovejas
recién salidas del baño
y listas para la trasquila.*e*
3 Tus labios son rojos
como hilos de escarlata,
y encantadoras tus palabras.
Tus mejillas son dos gajos de
granada
escondidos tras tu velo.
4 Tu cuello es semejante
a la bella torre de cantería
que se construyó para David.
De ella cuelgan mil escudos,
escudos de valientes.
5 Tus pechos son dos gacelas,
dos gacelas mellizas*f*
que pastan entre las rosas.

6 Mientras llega el día
y huyen las sombras,
me iré al monte de la mirra,
a la colina del incienso.

7 ¡Tú eres hermosa, amor mío;
hermosa de pies a cabeza!
¡En ti no hay defecto alguno!

8 Baja conmigo del Líbano, novia mía,
baja conmigo del Líbano.
Contempla el valle desde la cumbre
del Amana,
desde la cumbre del Senir y del
Hermón;
desde las cuevas de los leones,
desde los montes de los leopardos.

9 Me robaste el corazón,
hermanita, novia mía;
me robaste el corazón
con una sola mirada tuya,
con uno de los hilos de tu collar.

10 ¡Qué gratas son tus caricias,
hermanita, novia mía!
¡Son tus caricias más dulces que el
vino,
y más deliciosos tus perfumes
que todas las especias aromáticas!

11 Novia mía,
de tus labios brota miel.
¡Miel y leche hay debajo de tu
lengua!
¡Como fragancia del Líbano
es la fragancia de tu vestido!

12 Tú, hermanita, novia mía,
eres jardín cerrado,
cerrada fuente,
sellado manantial;

---

d **3.5** Cnt 2.7; 8.4.   *e* **4.1–2** Cnt 6.5–6.   *f* **4.5** Cnt 7.3.

¹³ jardín donde brotan los granados
de frutos exquisitos;
jardín donde hay flores de alheña,³
¹⁴ nardos y azafrán,
caña aromática y canela,
y toda clase de árboles de incienso,
de mirra y de áloe;
¡todas las mejores especias
aromáticas!
¹⁵ La fuente del jardín
es un pozo del cual brota
el agua que baja desde el Líbano.

¹⁶ Viento del norte, ¡despierta!
Viento del sur, ¡ven acá!
¡Soplen en mi jardín y esparzan su
perfume!

Ella

Ven, amado mío, a tu jardín,
y come de sus frutos exquisitos.

5

Él

¹ Ya he entrado en mi jardín,
hermanita, novia mía.
Ya he tomado mi mirra y mis
perfumes,
ya he probado la miel de mi panal,
ya he bebido mi vino y mi leche.

Coro

Queridos amigos,
coman y beban,
¡beban todo lo que quieran!

Cuarto canto

Ella

² Yo dormía, pero no mi corazón.
Y oí que mi amado llamaba a la
puerta:
"¡Ábreme, amor mío;
hermanita,
palomita virginal!
¡Mi cabeza está empapada de rocío!
¡El rocío nocturno me corre por el
cabello!"

³ "Ya me he quitado la ropa;
¡tendría que volver a vestirme!
Ya me he lavado los pies;
¡se me volverían a llenar de polvo!"

⁴ Mi amado metió la mano
por el agujero de la puerta.
¡Eso me conmovió profundamente!
⁵⁻⁶ Entonces me levanté
para abrirle a mi amado.
De mis manos y mis dedos
cayeron gotitas de mirra
sobre el pasador de la puerta.

³ Heb. añade: y nardos.

¡Al oírlo hablar
sentí que me moría!

Abrí la puerta a mi amado,
pero él ya no estaba allí.
Lo busqué y no lo encontré,
lo llamé y no me respondió.
⁷ Me encontraron los guardias
que hacen la ronda de la ciudad;
me golpearon, me hirieron;
¡los que cuidan la entrada de la
ciudad
me arrancaron el velo con violencia!

⁸ Mujeres de Jerusalén,
si encuentran a mi amado,
prométanme decirle
que me estoy muriendo de amor.

Coro

⁹ ¿Qué de especial tiene tu amado,
hermosa entre las hermosas?
¿Qué de especial tiene tu amado
que nos pides hacerte tal promesa?

Ella

¹⁰ Mi amado es trigueño claro,
inconfundible entre miles de
hombres.
¹¹ Su cabeza es oro puro;
su cabello es ondulado
y negro como un cuervo;
¹² sus ojos son dos palomas bañadas
en leche,
posadas junto a un estanque;
¹³ sus mejillas son amplios jardines
de fragantes flores.
Sus labios son rosas
por las que ruedan gotitas de mirra
¹⁴ sus manos son abrazaderas de oro
cubiertas de topacios;
su cuerpo es pulido marfil
con incrustaciones de zafiros;
¹⁵ sus piernas son columnas de mármol
afirmadas sobre bases de oro puro;
su aspecto es distinguido
como los cedros del Líbano;
¹⁶ su paladar es dulcísimo.
¡Todo él es un encanto!

Así es mi amado,
así es el amor mío,
mujeres de Jerusalén.

6

Coro

¹ ¿A dónde se ha ido tu amado,
hermosa entre las hermosas?
¿A dónde se ha dirigido?
¡Iremos contigo a buscarlo!

Ella

² Mi amado ha ido a su jardín,

a su jardín perfumado,
a apacentar su rebaño
y cortar las rosas.

3 Yo soy de mi amado, y él es mío.
Él apacienta sus rebaños entre las
rosas.[g]

Quinto canto

Él
4 Tú, amor mío,
eres hermosa y encantadora
como las ciudades de Tirsa[h] y
Jerusalén;
irresistible como un ejército en
marcha.
5 ¡Deja ya de mirarme,
pues tus ojos me han vencido!

Tus cabellos son como cabritos
que retozan por los montes de
Galaad.
6 Tus dientes, todos perfectos,
son cual rebaño de ovejas
recién salidas del baño
y listas para la trasquila.[i]
7 Tus mejillas son dos gajos de
granada
escondidos tras tu velo.

8 Sesenta son las reinas,
ochenta las concubinas
y muchísimas las doncellas,
9 pero mi palomita virginal es una
sola;
una sola es la hija preferida
de la mujer que la dio a luz.
Al verla, las jóvenes la felicitan;
reinas y concubinas la alaban.

Coro
10 ¿Quién es ésta que se asoma
como el sol en la mañana?
Es hermosa como la luna,
radiante como el sol,
¡irresistible como un ejército en
marcha!

Ella
11 Fui al bosque de los nogales
a admirar el verdor en el arroyo;
quería ver los brotes de los viñedos
y las flores de los granados.
12 Después ya no supe qué pasó
hasta que me vi en un carro junto
a mi príncipe.[j]

Coro
13 ¡Regresa, Sulamita, regresa!
¡Regresa, queremos verte!

Ella
¿Y qué quieren ver de la Sulamita?

Coro
¡Una danza, como en los
campamentos!

7

Él
1 ¡Qué hermosos son tus pies
en las sandalias, princesa!
Las curvas de tus caderas
son como adornos de oro fino
hechos por manos expertas.
2 Tu ombligo es una copa redonda
donde no falta el buen vino;
tu vientre es una pila de trigo
rodeada de rosas.
3 Tus pechos son dos gacelas,
dos gacelas mellizas.[k]
4 Tu cuello es una torre de marfil;
tus ojos son dos estanques
de la ciudad de Hesbón,
junto a la puerta de Bat-rabim;
tu nariz es como la torre del Líbano
que mira hacia la ciudad de
Damasco.
5 Tu cabeza, sobre tu cuerpo,
es como el monte Carmelo;
hilos de púrpura son tus cabellos:
¡un rey está preso entre sus rizos!

6 Amor mío, mujer encantadora,[5]
¡qué bella, qué hermosa eres!
7 Tu porte es como el porte de una
palmera;
tus pechos son como racimos.
8 Yo pienso subir a la palmera
y adueñarme de sus racimos.
Tus pechos serán entonces
como racimos de uvas;
tu aliento, perfume de manzanas;
9 tu paladar, como el buen vino
que resbala suavemente
por los labios y los dientes.[6]

Ella
10 Yo soy de mi amado:
los impulsos de su amor lo atraen a
mí.

11 ¡Anda, amado mío, vayamos al
campo!
Pasaremos la noche entre flores de
alheña.
12 Por la mañana iremos a los viñedos,
a ver si ya tienen brotes,
si se abren ya sus botones,
si ya han florecido los granados.
¡Allí te daré mi amor!

---

4 *Mi príncipe:* traducción probable. Heb. oscuro.   5 *Mujer encantadora:* según dos versiones antiguas.
Heb. *en las delicias.*   6 *Tu paladar . . . los dientes:* traducción probable. Heb. oscuro.
g **6.3** Cnt 2.16.   h **6.4** 1 R 15.21.   i **6.5–6** Cnt 4.1–2.   j **Los** vs. 6.13—7.13 corresponden a los vs. 7.1–14 en el texto
hebreo.   k **7.3** Cnt 4.5.

¹³ Las mandrágoras⁷ esparcen su
  aroma.
A nuestra puerta hay fruta de todas
  clases:
fruta seca y fruta recién cortada,
que para ti, amado mío, aparté.

8 ¹ ¡Ojalá fueras tú un hermano mío,
criado a los pechos de mi madre!
Así, al encontrarte en la calle,
podría besarte y nadie se burlaría de
  mí;
² podría llevarte a la casa de mi
  madre,
te haría entrar en ella,
y tú serías mi maestro.
Yo te daría a beber del mejor vino
y del jugo de mis granadas.

³ ¡Que ponga él su izquierda bajo mi
  cabeza,
y que con su derecha me abrace!

Él
⁴ Prométanme, mujeres de Jerusalén,
no interrumpir el sueño de mi amor.
¡Déjenla dormir hasta que quiera
  despertar!ˡ

Sexto canto

Coro
⁵ ¿Quién es ésta que viene del
  desierto,
recostada en el hombro de su
  amado?

Él
Bajo un manzano interrumpí tu
  sueño:
allí donde tu madre tuvo dolores;
allí donde tu madre te dio a luz.

Ella
⁶ Llévame grabada en tu corazón,
  ¡llévame grabada en tu brazo!
El amor es inquebrantable como la
  muerte;
la pasión, inflexible como el
  sepulcro.

⁷ Véase nota en Gn 30.14.
ˡ 8.4 Cnt 2.7; 3.5.

¡El fuego ardiente del amor
es una llama divina!
⁷ El agua de todos los mares
no podría apagar el amor;
tampoco los ríos podrían extinguirlo.
Si alguien ofreciera todas sus
  riquezas
a cambio del amor,
burlas tan sólo recibiría.

Coro
⁸ Nuestra hermanita no tiene pechos.
¿Qué vamos a hacer con ella
cuando vengan a pedirla?
⁹ Si fuera una muralla,
construiríamos sobre ella almenas
  de plata;
si fuera una puerta,
la recubriríamos con tablas de cedro.

Ella
¹⁰ Yo soy como una muralla,
y mis pechos como torres.
Por eso, a los ojos de él,
ya he encontrado la felicidad.

¹¹ Salomón tenía un viñedo en Baal-
  hamón.
Lo dejó al cuidado de unos
  guardianes,
que al llegar la cosecha le
  entregaban
mil monedas de plata cada uno.
¹² Las mil monedas son para ti,
  Salomón,
y doscientas para los guardianes;
¡yo cuido mi propia viña!

Él
¹³ ¡Déjame oír tu voz,
oh reina de los jardines!
¡Nuestros amigos esperan
  escucharla!

Ella
¹⁴ ¡Corre, amado mío,
corre como un venado,
como el hijo de una gacela
sobre los montes llenos de aromas!

ISAÍAS

Isaías fue uno de los grandes profetas del siglo octavo a. C., en que el ministerio profético alcanzó su mayor altura. Este libro exalta el poder y soberanía de Dios, y ante todo su perfecta santidad. Uno de los nombres favoritos que recibe es "el Santo de Israel". En él se hace resaltar que el curso de los acontecimientos nacionales e internacionales está gobernado por Dios, cuya voluntad y propósito determinan la historia. Se exhorta al pueblo, por tanto, a vivir en santidad y a identificarse, en completa obediencia, con el propósito divino.

El libro puede considerarse dividido en tres grandes secciones. En la primera (caps. 1—39), cuando Judá se ve amenazada por Asiria, el profeta insiste en que el mayor peligro para la nación, y lo que puede llevarla al desastre, es sobre todo su propio pecado, su desobediencia a Dios y su falta de fe en él. Con palabras y actos simbólicos, el profeta hace un ardiente llamado al pueblo y a sus guías a una vida de rectitud y justicia, y anuncia la futura venida de un descendiente de David, que será el rey ideal, y de una época de paz y bienestar universales. Los caps. 36—39 son una recapitulación histórica.

En la segunda sección (caps. 40—55), la visión profética es la de una nación que ha sufrido el desastre y cuyo pueblo padece el exilio y se halla oprimido y sin esperanza. En estas circunstancias, el mensaje es de aliento, porque Dios no abandona a los suyos sino que les prepara la libertad y la restauración. Es especialmente en esta sección donde con más fuerza se presenta a Dios como el Señor de la historia, creador y redentor de Israel, que encomienda a su pueblo restaurado una misión para con todas las naciones. Aparece en ella también la impresionante figura del "Siervo del Señor", que sufre por los pecados de otros, y por medio de quien Dios lleva a cabo la salvación de su pueblo. Los cristianos han considerado estos pasajes como anuncio y figura anticipada de Jesucristo y su pasión y muerte expiatorias.

La tercera sección (caps. 56—66) exhorta a un pueblo a conducirse con rectitud y justicia, y a mostrar esta conducta especialmente por la observancia del día del reposo, la oración y el sacrificio. Se conforta al pueblo asegurándole que Dios nunca falla en el cumplimiento de sus promesas. Jesús citó el pasaje de 61.1,2 al principio de su ministerio para expresar en qué consistía su misión en el mundo. En este libro se describe también (65.17-25) la nueva creación y el advenimiento de un reino de paz y felicidad.

Judá, nación pecadora

1 ¹ Profecías que Isaías, hijo de Amoz, recibió por revelación acerca de Judá y Jerusalén, durante los reinados de Uzías,ᵃ Jotam,ᵇ Acazᶜ y Ezequíasᵈ en Judá.ᵉ

² Cielo y tierra,
escuchen lo que el Señor dice:
"Crié hijos hasta que fueron
grandes,
pero ellos se rebelaron contra mí.
³ El buey reconoce a su dueño
y el asno el establo de su amo;
pero Israel, mi propio pueblo,
no reconoce ni tiene
entendimiento."ᶠ

⁴ ¡Ay, gente pecadora,
pueblo cargado de maldad,
descendencia de malhechores,
hijos pervertidos!
Se han alejado del Señor,
se han apartado del Dios Santo de
Israel,
lo han abandonado.
⁵ Ustedes se empeñan en ser rebeldes,
y en su cuerpo ya no hay donde
castigarlos.
Tienen herida toda la cabeza,
han perdido las fuerzas por
completo.
⁶ De la punta del pie a la cabeza
no hay nada sano en ustedes;
todo es heridas, golpes, llagas
abiertas;
nadie se las ha curado ni vendado,
ni les ha calmado los dolores con
aceite.ᵍ

⁷ Su país ha quedado hecho un
desierto,
y arden en llamas las ciudades.
En la propia cara de ustedes
los enemigos se comen lo que
ustedes sembraron.

ᵃ 1.1 2 R 15.1-7; 2 Cr 26.1-23. ᵇ 1.1 2 R 15.32-38; 2 Cr 27.1-9. ᶜ 1.1 2 R 16.1-20; 2 Cr 28.1-27. ᵈ 1.1 2 R 18.1—20.21; 2 Cr 29.1—32.33. ᵉ 1.1 Mi 1.1. ᶠ 1.3 Jer 8.7. ᵍ 1.5-6 Jer 30.12-15.

Todo ha quedado hecho un desierto,
como Sodoma¹ cuando fue
destruida.
⁸ Sión nada más ha quedado en pie,
sola cual choza en medio de un
viñedo,
sola cual cobertizo en medio de un
melonar,
sola cual ciudad rodeada por el
enemigo.
⁹ Si el Señor todopoderoso
no hubiera dejado a unos cuantos
de nosotros,
ahora mismo estaríamos como
Sodoma y Gomorra. ʰ

El verdadero culto a Dios

¹⁰ Jefes de Sodoma, escuchen la
palabra del Señor;
pueblo de Gomorra,ⁱ oye
atentamente
lo que nuestro Dios te va a enseñar.

¹¹ El Señor dice:
"¿Para qué me traen tantos
sacrificios?
Ya estoy harto de sus holocaustos
de carneros
y de la grasa de los terneros;
me repugna la sangre de los toros,
carneros y cabritos.
¹² Ustedes vienen a presentarse ante
mí,
pero ¿quién les pidió que pisotearan
mis atrios?
¹³ No me traigan más ofrendas sin
valor;
no soporto el humo de ellas.
Ustedes llaman al pueblo
a celebrar la luna nueva y el día de
reposo,²
pero yo no soporto las fiestas de
gente que practica el mal.
¹⁴ Aborrezco sus fiestas de luna nueva
y sus reuniones;
¡se me han vuelto tan molestas
que ya no las aguanto!ʲ
¹⁵ Cuando ustedes levantan las manos
para orar,
yo aparto mis ojos de ustedes;
y aunque hacen muchas oraciones,
yo no las escucho.
Tienen las manos manchadas de
sangre.
¹⁶ ¡Lávense, límpiense!
¡Aparten de mi vista sus maldades!
¡Dejen de hacer el mal!
¹⁷ ¡Aprendan a hacer el bien,
esfuércense en hacer lo que es justo,
ayuden al oprimido,

hagan justicia al huérfano,
defiendan los derechos de la
viuda!"ᵏ

¹⁸ El Señor dice:
"Vengan, vamos a discutir este
asunto.
Aunque sus pecados sean como el
rojo más vivo,
yo los dejaré blancos como la nieve;
aunque sean como tela teñida de
púrpura,
yo los dejaré blancos como la lana.
¹⁹ Si aceptan ser obedientes,
comerán de lo mejor que produce la
tierra;
²⁰ pero si insisten en ser rebeldes,
morirán sin remedio en la guerra."
El Señor mismo lo ha dicho.

El Señor purificará a Jerusalén

²¹ ¡Cómo has llegado, ciudad fiel,
a ser igual que una prostituta!ˡ
Antes toda tu gente actuaba con
justicia
y vivía rectamente,
pero ahora no hay más que asesinos.
²² Eras plata y te has convertido en
basura,
eras buen vino y te has vuelto agua.
²³ Tus gobernantes son rebeldes
y amigos de bandidos.
Todos se dejan comprar con dinero
y buscan que les hagan regalos.
No hacen justicia al huérfano
ni les importan los derechos de la
viuda.

²⁴ Por eso, el Señor todopoderoso,
el Poderoso de Israel, afirma:
"¡Basta! Yo ajustaré las cuentas a
mis enemigos.
Me vengaré de ellos.
²⁵ Voy a levantar de nuevo mi mano
contra ti
y a quemar por completo tu basura;
voy a limpiarte de toda tu impureza.
²⁶ Haré que vuelvas a tener jueces
como antes
y consejeros como los del principio.
Después que yo lo haya hecho,
volverán a llamarte
'Ciudad de justicia', 'Ciudad fiel'.ᵐ
²⁷ Con mi justicia y acción salvadora
libertaré a los habitantes de Sión
que se vuelvan a mí;
²⁸ pero haré pedazos a los rebeldes y
pecadores,
y los que me abandonen morirán.

---

¹ *Sodoma:* texto probable. Heb. *extranjeros.*   ² *Día de reposo:* aquí equivale a *sábado.*
ʰ **1.9** Gn 19.1–29; Ro 9.29.   ⁱ **1.10** Jer 23.14.   ʲ **1.11–14** Jer 6.20; Am 5.21–22.   ᵏ **1.17** Ex 22.21–21; Dt 24.17–21; 27.19.
ˡ **1.21** Jer 3.6–10; Ez 16.15–36; 23.1–49.   ᵐ **1.26** Zac 8.3.

29 Se avergonzarán ustedes de esas
encinas y jardines
que tanto les gustan,
donde dan culto a los ídolos.
30 Ustedes serán como encina de hojas
marchitas,
y semejantes a un jardín sin agua.
31 El hombre fuerte se convertirá en
paja,
y sus obras en chispa:
los dos arderán al mismo tiempo
y no habrá quien los apague."

El Señor hará que reine la paz entre las naciones

(Mi 4.1–3)

2 1 Estas son las profecías que Isaías,
hijo de Amoz, recibió por revelación
acerca de Judá y Jerusalén:

2 En los últimos tiempos quedará
afirmado
el monte donde se halla el templo
del Señor.
Será el monte más alto,
más alto que cualquier otro monte.
Todas las naciones vendrán a él;
3 pueblos numerosos llegarán,
diciendo:
"Vengan, subamos al monte del
Señor,
al templo del Dios de Jacob,
para que él nos enseñe sus caminos
y podamos andar por sus
senderos."[n]
Porque de Sión saldrá la enseñanza
del Señor,
de Jerusalén vendrá su palabra.
4 El Señor juzgará entre las naciones
y decidirá los pleitos de pueblos
numerosos.
Ellos convertirán sus espadas en
arados
y sus lanzas en hoces.[ñ]
Ningún pueblo volverá a tomar las
armas contra otro
ni a recibir instrucción para la
guerra.
5 ¡Vamos, pueblo de Jacob,
caminemos a la luz del Señor!

Castigo de los soberbios

6 Señor, has abandonado a tu gente,
al pueblo de Jacob;
el país está lleno de adivinos[o]
venidos del oriente,
de magos como entre los filisteos,
y se hacen tratos con extranjeros.
7 El país está lleno de oro y plata,
de tesoros inmensos;
el país está lleno de caballos
y de infinidad de carros.
8 ¡Pero también está lleno de ídolos!
La gente adora los dioses que ha
hecho con sus manos,
con sus propios dedos.
9 Se han humillado, se han rebajado.
¡No los perdones!

10 La gente se meterá entre las rocas,[p]
debajo del suelo;
se esconderá de la presencia terrible
del Señor,
del resplandor de su majestad.[q]
11 Los orgullosos tendrán que bajar la
vista;
los altaneros se verán humillados.
Sólo el Señor mostrará su grandeza
en aquel día,
12 el día en que el Señor todopoderoso
actúe
contra todo hombre orgulloso y
soberbio,
contra todo hombre altanero, para
humillarlo;
13 contra todos los que se creen cedros
del Líbano,
altos y elevados,
o robles de Basán;
14 contra todos los que se creen
montes altos
o cerros elevados,
15 contra todos los que se creen torres
altas
o fuertes murallas,
16 contra todos los que se creen naves
de Tarsis
o barcos preciosos.
17 Los orgullosos y altaneros
serán humillados por completo.
Solamente el Señor mostrará su
grandeza en aquel día,
18 y acabará con todos los ídolos.

19 Cuando el Señor se levante y llene
de terror la tierra,
la gente se meterá en las cuevas de
las rocas,
en los hoyos del suelo;
se esconderá de la presencia terrible
del Señor,
del resplandor de su majestad.
20 En aquel día el hombre echará sus
ídolos
a las ratas y a los murciélagos,
esos ídolos de oro y de plata
que él mismo se hizo para adorarlos,
21 y se meterá en los huecos de las
rocas,
en las cuevas de las peñas,
para esconderse de la presencia
terrible del Señor,
del resplandor de su majestad,

[n] **2.3** Is 56.6–7; Zac 8.20–22. [ñ] **2.4** Jl 3.10. [o] **2.6** Lv 20.27; Dt 18.10–11. [p] **2.10** Ap 6.15 [q] **2.10** 2 Ts 1.9.

cuando él se levante y llene de
terror la tierra.
²² Dejen de confiar en el hombre,
que bien poco es lo que vale.
La vida del hombre no es más que
un suspiro.

Castigo de Judá y Jerusalén

3 ¹ ¡Fijense bien! El Señor todopoderoso
les quitará a Jerusalén y a Judá
toda clase de proveedores
y toda provisión de pan y de agua.
² Hará desaparecer al valiente, al
guerrero,
al juez, al profeta, al adivino, al
anciano,
³ al capitán, al aristócrata,
al consejero, al mago y al brujo,
⁴ y les pondrá por jefes a unos
muchachos;
unos chiquillos los gobernarán.
⁵ La situación será tal en el pueblo,
que unos a otros, aun entre amigos,
se atacarán.
Los jóvenes la emprenderán contra
los viejos,
los despreciados contra la gente
importante.
⁶ Tanto que un hermano tomará a
otro en la casa de su padre
y le dirá: "Tú al menos tienes ropa
que ponerte;
sé, pues, nuestro jefe; gobierna este
montón de ruinas."
⁷ Y el otro le responderá:
"Yo no puedo remediar esos males,
en mi casa no tengo comida ni ropa
que ponerme.
No me hagan jefe del pueblo."
⁸ Ciertamente Jerusalén se derrumba,
Judá se queda en ruinas,
porque allí se dicen y hacen cosas
contra el Señor,
cosas que ofenden su majestad.

⁹ Su mismo descaro los acusa;
no ocultan sus pecados;
igual que Sodoma, los hacen saber a
todo el mundo.
¡Ay de ellos, pues preparan su
propio castigo!
¹⁰ Dichoso³ el justo, porque le irá bien
y gozará del fruto de sus acciones.
¹¹ ¡Ay del malvado, pues le irá mal!
Dios le pagará según sus propias
acciones.

¹² Un chiquillo es el tirano de mi
pueblo;
el gobierno está en manos de
mujeres.

Tus dirigentes te engañan, pueblo
mío,
te llevan por camino equivocado.
¹³ El Señor se ha preparado para
juzgar,
está listo para enjuiciar a su pueblo.⁴
¹⁴ El Señor llamará a juicio,ʳ y dirá
a los ancianos y a los jefes del
pueblo:
"Ustedes han estado destruyendo mi
viñedo;ˢ
han robado a los pobres,
y lo que roban lo guardan en sus
casas.
¹⁵ ¿Con qué derecho oprimen a mi
pueblo
y pisotean la cara a los pobres?"
Lo afirma el Señor todopoderoso.

Castigo a las mujeres de Jerusalén

¹⁶ El Señor dice también:
"A las mujeres de Sión, que son
orgullosas,
que andan con la cabeza levantada,
mirando con insolencia,
caminando con pasitos cortos
y haciendo sonar los adornos de los
pies,
¹⁷ en castigo las dejaré calvas por la
tiña
y pondré su desnudez al
descubierto."

¹⁸ En aquel día,
el Señor hará desaparecer todos los
adornos:
los adornos de los pies, las
diademas, las lunetas,
¹⁹ los pendientes, los brazaletes y los
velos,
²⁰ las bandas de la cabeza, las
cadenitas de los pies,
los cinturones, los frasquitos de
perfume y los amuletos,
²¹ los anillos, los adornos de la nariz,
²² los vestidos elegantes, los mantos,
los chales y los bolsos,
²³ los espejos, las telas finas,
los turbantes y las mantillas.
²⁴ En vez de perfume habrá
pestilencia;
en vez de cinturón, una soga;
en vez de elegante peinado, la
cabeza calva;
en vez de finos vestidos, ropa
áspera;
en vez de belleza, una marca con
hierro candente.
²⁵ Tus hombres caerán en la guerra,
tus guerreros morirán en la batalla.

---

³ *Dichoso:* texto probable. Heb. *digan.*   ⁴ *Su pueblo:* según dos versiones antiguas. Heb. *los pueblos.*
ʳ **3.13–14** Mi 6.2.   ˢ **3.14** Is 5.1–7.

²⁶ La ciudad llorará y se pondrá de
     luto,
y quedará en completo abandono.ᵗ

4

¹ En aquel día quedarán tan pocos
     hombres
que siete mujeres pelearán por uno
     de ellos,
y le dirán:
"Nosotras nos mantendremos por
     nuestra cuenta
y nos vestiremos con nuestros
     propios medios,
pero déjanos llevar tu nombre,
líbranos de nuestra vergüenza."

Promesa de felicidad para el futuro

² En aquel día,
  el retoño que el Señor hará brotar
  será el adorno y la gloria
  de los que queden con vida en
     Israel;
  las cosechas que produzca la tierra
  serán su orgullo y su honor.
³ A los que queden con vida en Sión,
  a los que sobrevivan en Jerusalén
  y reciban el privilegio de vivir allí,
  se les llamará "consagrados al
     Señor".
⁴ Cuando el Señor dicte su sentencia
  y ejecute su castigo,⁵
  limpiará a Jerusalén de la sangre de
     sus crímenes
  y lavará las manchas de los
     habitantes de Sión.
⁵ Sobre toda la extensión del monte
     Sión
  y sobre el pueblo reunido allí,
  el Señor creará una nube oscura en
     el día,
  y en la noche resplandor y llamas de
     fuego.
  Por encima de todos estará la gloria
     del Señor,
⁶ para protegerlos y defenderlos;
  les servirá de sombra contra el calor
     del día
  y de protección contra la lluvia y la
     tempestad.ᵘ

El viñedo, imagen de Judá

5

¹ Voy a entonar en nombre de mi
     mejor amigo
el canto dedicado a su viñedo.ᵛ
Mi amigo tenía un viñedo
en un terreno muy fértil.
² Removió la tierra, la limpió de
     piedras
y plantó cepas de la mejor calidad.
En medio del sembrado levantó una
     torre

y preparó también un lugar donde
     hacer el vino.
Mi amigo esperaba del viñedo uvas
     dulces,
pero las uvas que éste dio fueron
     agrias.
³ Ahora, habitantes de Jerusalén,
     gente de Judá,
digan ustedes quién tiene la culpa,
si mi viñedo o yo.
⁴ ¿Había algo más que hacerle a mi
     viñedo?
¿Hay algo que yo no le haya hecho?
Yo esperaba que diera uvas dulces,
¿por qué, entonces, dio uvas agrias?
⁵ Pues bien, les voy a decir
qué pienso hacer con mi viñedo:
voy a quitarle la cerca, para que lo
     destruyan;
voy a agrietarle el muro, para que lo
     pisoteen;
⁶ voy a dejarlo abandonado.
No lo podarán ni lo desyerbarán,
y se llenará de espinos y maleza.
Voy a ordenar a las nubes
que no envíen su lluvia sobre él.
⁷ El viñedo del Señor todopoderoso,
su sembrado preferido,
es el país de Israel,
el pueblo de Judá.
El Señor esperaba de ellos respeto a
     su ley,
y sólo encuentra asesinatos;
esperaba justicia,
y sólo escucha gritos de dolor.ʷ

Amenazas contra los malvados

⁸ ¡Ay de ustedes, que compran casas y
     más casas,
que consiguen campos y más
     campos,
hasta no dejar lugar a nadie más,
y se instalan como si fueran los
     únicos en el país!
⁹ El Señor todopoderoso me ha
     jurado:
"Muchas casas serán destruidas;
y por grandes y hermosas que sean,
nadie las habitará.
¹⁰ Tres hectáreas plantadas de uvas
no rendirán más que un barrilito de
     vino.
Diez costales de semilla
sólo rendirán uno de trigo."

¹¹ ¡Ay de ustedes, que madrugan para
     emborracharse,
y al calor del vino se quedan hasta
     la noche!
¹² Todo es música de arpas, salterios,
     tambores y flautas,

---

⁵ *Dicte su sentencia y ejecute su castigo:* otra posible traducción: *con soplo justiciero y soplo quemante.*
ᵗ **3.26** Jer 14.2; Lm 1.4. ᵘ **4.5–6** Ex 13.21; 24.16. ᵛ **5.1–2** Mt 21.33; Mr 12.1; Lc 20.9. ʷ **5.1–7** Jer 2.21; Os 10.1; Lc 13.6–9.

y mucho vino en sus banquetes;
pero no se fijan en lo que hace el
Señor,
no toman en cuenta sus obras.
13 Por eso, por no querer entender, mi
pueblo irá al destierro.
Todo el pueblo, con sus jefes,
morirá de hambre y de sed.
14 Como una fiera, el sepulcro abre su
boca sin medida,
para tragarse al pueblo y a sus jefes,
a esa gente que vive en juergas y
diversiones.
15 La gente quedará completamente
humillada;
los orgullosos tendrán que bajar los
ojos.
16 El Señor todopoderoso mostrará su
grandeza en el juicio;
el Dios Santo mostrará su santidad
haciendo justicia.
17 Las ciudades serán destruidas⁶
y en sus ruinas pastarán ovejas y
cabras.⁷

18 ¡Ay de ustedes, que con mentiras
arrastran la maldad,
que arrastran el pecado como quien
tira de un carro!
19 Ustedes que dicen: "Que Dios haga
pronto sus cosas,
para que las veamos;
que el Dios Santo de Israel cumpla
de prisa sus planes,
para que los conozcamos."
20 ¡Ay de ustedes, que llaman bueno a
lo malo,
y malo a lo bueno;
que convierten la luz en oscuridad,
y la oscuridad en luz;
que convierten lo amargo en dulce,
y lo dulce en amargo!

21 ¡Ay de ustedes, que se creen sabios
y se consideran inteligentes!
22 ¡Ay de ustedes, que son campeones
bebiendo vino,
y nadie les gana en preparar licores!
23 Ustedes, que por dinero declaran
inocente al culpable
y desconocen los derechos del
inocente.
24 Por eso, así como el fuego quema la
paja
y las llamas devoran las hojas secas,
así también perecerán ustedes,
como plantas que se pudren de raíz
y cuyas flores se deshacen como el
polvo.
Porque despreciaron las enseñanzas
y las órdenes

del Señor todopoderoso, el Dios
Santo de Israel.
25 Por eso el Señor se enojó contra su
pueblo
y levantó la mano para castigarlo.
Los montes se estremecieron,
los cadáveres quedaron tirados
como basura en las calles.
Y sin embargo la ira del Señor no se
ha calmado;
él sigue amenazando todavía.ˣ

26 El Señor levanta una bandera
y a silbidos llama a una nación
lejana;
de lo más lejano de la tierra la hace
venir.
Viene en seguida, llega con gran
rapidez;
27 no hay entre ellos nadie débil ni
cansado,
nadie que no esté bien despierto,
nadie que no tenga el cinturón bien
ajustado,
nadie que tenga rotas las correas de
sus sandalias.
28 Tienen las flechas bien agudas
y todos sus arcos bien tensos.
Los cascos de sus caballos son como
dura piedra,
y como un torbellino las ruedas de
sus carros;
29 su rugido es como el rugido de un
león,
que gruñe y agarra la presa,
y se la lleva sin que nadie se la
pueda quitar.
30 Esa nación, al llegar el día señalado,
rugirá, como el mar, contra Israel;
y si alguien observa la tierra,
la verá envuelta en tinieblas
y oscurecida la luz por los
nubarrones.

Llamamiento de Isaías

6 ¹ El año en que murió el rey Uzías,ʸ vi
al Señor sentado en un trono muy
alto; el borde de su manto llenaba el templo. ² Unos seres como de fuego estaban
por encima de él. Cada uno tenía seis alas.
Con dos alas se cubrían la cara, con otras
dos se cubrían la parte inferior del cuerpo
y con las otras dos volaban. ³ Y se decían
el uno al otro:

"Santo, santo, santo es el Señor
todopoderoso;ᶻ
toda la tierra está llena de su
gloria."

---

⁶ *Las ciudades serán destruidas:* traducción probable. Heb. oscuro. ⁷ *Cabras:* texto probable. Heb. *nómadas.* Otra posible
traducción del versículo: *carneros y cabritos engordados pastarán en las ruinas como en sus pastizales.*
ˣ **5.25** Is 9.12,17,21; 10.4. ʸ **6.1** 2 R 15.7; 2 Cr 26.23. ᶻ **6.3** Ap 4.8.

⁴ Al resonar esta voz, las puertas del templo temblaron, y el templo mismo se llenó de humo.ᵃ ⁵ Y pensé: "¡Ay de mí, voy a morir!ᵇ He visto con mis ojos al Rey, al Señor todopoderoso; yo, que soy un hombre de labios impuros y vivo en medio de un pueblo de labios impuros."
⁶ En ese momento uno de aquellos seres como de fuego voló hacia mí. Con unas tenazas sostenía una brasa que había tomado de encima del altar, ⁷ y tocándome con ella la boca, me dijo:

"Mira, esta brasa ha tocado tus labios.
Tu maldad te ha sido quitada,
tus culpas te han sido perdonadas."

⁸ Entonces oí la voz del Señor, que decía:
"¿A quién voy a enviar?
¿Quién será nuestro mensajero?"

Yo respondí:
"Aquí estoy yo, envíame a mí."

⁹ Y él me dijo:
"Anda y dile a este pueblo lo siguiente:
'Por más que escuchen, no entenderán;
por más que miren, no comprenderán.'
¹⁰ Entorpece la mente de este pueblo;
tápales los oídos y cúbreles los ojos
para que no puedan ver ni oír,
ni puedan entender,
para que no se vuelvan a mí
y yo no los sane."ᶜ

¹¹ Yo le pregunté:
"¿Cuánto tiempo durará esto, Señor?"

Y él me contestó:
"Hasta que las ciudades queden destruidas
y sin ningún habitante;
hasta que las casas queden sin gente,
y los campos desiertos,
¹² y el Señor haga salir desterrada a la gente,
y el país quede completamente vacío.
¹³ Y si aún queda una décima parte del pueblo,
también será destruida,
como cuando se corta un roble o una encina

y sólo queda el tronco."
(Pero de ese tronco saldrá un retoño sagrado.)ᵃ

Primer mensaje de Isaías a Acaz

7 ¹ El rey de Siria, Rezín, y el rey de Israel, Peka, hijo de Remalías, atacaron a Jerusalén y quisieron conquistarla, pero no pudieron. Esto sucedió cuando Acaz, hijo de Jotam y nieto de Uzías, era rey de Judá.ᵈ ² En esa ocasión llevaron esta noticia al rey Acaz y a su familia: "Los sirios se han aliado con Efraín." El rey y el pueblo empezaron a temblar como tiemblan los árboles de bosque cuando sopla el viento.

³ Entonces el Señor dijo a Isaías: "Toma a tu hijo Sear-jasub⁹ y ve a encontrarte con el rey Acaz en el extremo del canal del estanque superior, en el camino que va al campo de Lavador de Paños, ⁴ y dile:

'Ten cuidado, pero no te asustes;
no tengas miedo ni te acobardes
por esos dos tizones humeantes,
Rezín con sus sirios, y el hijo de Remalías,
que están ardiendo en furor.
⁵ Los sirios, con el pueblo de Efraín y el hijo de Remalías,
han tramado hacerte mal.
Han dicho:
⁶ Invadamos Judá y metámosle miedo;
apoderémonos de ella
y pongamos por rey al hijo de Tabeel.
⁷ Pero el Señor dice:
¡Eso jamás sucederá!
⁸⁻⁹ Damasco es la capital de Siria,
y Rezín es el rey de Damasco;
Samaria es la capital de Efraín,
y el hijo de Remalías es el rey de Samaria;
pero dentro de sesenta y cinco años
Efraín dejará de ser nación;
y si ustedes no tienen una fe firme,
tampoco quedarán firmemente en pie.' "

Segundo mensaje: el nacimiento de Emanuel

¹⁰ El Señor dijo también a Acaz: ¹¹ "Pide al Señor tu Dios que haga un milagro que te sirva de señal, ya sea abajo en lo más profundo o arriba en lo más alto."

ᵃ Como cuando se corta . . . sagrado: texto probable. Heb. oscuro.   ⁹ En hebreo, Sear-jasub significa un pequeño resto volverá.
ᵃ 6.4 Ap 15.8.   ᵇ 6.5 Ex 33.20.   ᶜ 6.9-10 Ez 12.2; Mt 13.14-15; Mr 4.12; Lc 8.10; Jn 12.40; Hch 28.26-27.   ᵈ 7.1 2 R 16.5; 2 Cr 28.5-6.

¹² Acaz contestó: "No, yo no voy a poner a prueba al Señor pidiéndole una señal."

¹³ Entonces Isaías dijo:

"Escuchen ustedes, los de la casa real de David.
¿Les parece poco molestar a los hombres,
que quieren también molestar a mi Dios?
¹⁴ Pues el Señor mismo les va a dar una señal:
La joven¹⁰ está encinta
y va a tener un hijo,
al que pondrá por nombre Emanuel.¹¹, ᵉ
¹⁵ En los primeros años de vida del niño,
se comerá leche cuajada y miel.
¹⁶ Pero antes de que el niño tenga uso de razón,
el país de los dos reyes que te causan miedo
quedará abandonado.

¹⁷ "El Señor hará venir sobre ti,
sobre tu pueblo y la casa real,
días como no habían venido
desde que Efraín se separó de Judá."
(Esto se refiere al rey de Asiria.)

¹⁸ En ese tiempo el Señor hará venir como moscas
a los que viven en los lejanos ríos de Egipto,
y hará venir como abejas
a los que viven en Asiria.
¹⁹ Todos ellos vendrán a instalarse
en las cañadas profundas
y en las cuevas de las rocas,
en todos los matorrales espinosos
y en los sitios donde bebe el ganado.
²⁰ En ese día el Señor usará al rey de Asiria
como navaja alquilada más allá del río Éufrates,
y les afeitará a los israelitas
la cabeza, la barba y la parte inferior del cuerpo.

²¹ En ese tiempo, el que críe una vaca y dos ovejas ²² tendrá tanta leche que podrá comer leche cuajada. Y todos los que se salven de la destrucción en el país podrán comer leche cuajada y miel. ²³ En ese tiempo, lo que antes era un viñedo con mil plantas y valía mil monedas de plata, quedará convertido en espinos y matorrales.

²⁴ Sólo se podrá entrar allí con arco y flechas para cazar, porque todo el país quedará convertido en espinos y matorrales. ²⁵ En las colinas que antes se cultivaban con azadón, habrá tantos espinos y matorrales que nadie irá a ellas. Sólo servirán como pastizal para los bueyes y las ovejas.

Nombre simbólico de un hijo de Isaías

8 ¹ El Señor me dijo: "Toma una tabla grande y escribe en ella, con letras comunes y corrientes: 'Maher-salal-hasbaz.'¹² ² Toma luego como testigos de confianza al sacerdote Urías^f y a Zacarías, el hijo de Jeberequías."

³ Más tarde me uní a la profetisa, mi esposa, y ella quedó encinta y tuvo un niño. Entonces el Señor me dijo: "Ponle por nombre Maher-salal-hasbaz. ⁴ Porque antes de que el niño sepa decir 'papá' y 'mamá', Damasco y Samaria serán saqueadas, y sus riquezas serán llevadas al rey de Asiria." ⁵ Y de nuevo me dijo el Señor:

⁶ "Ya que por miedo a¹³ Rezín y al hijo de Remalías^g
desprecia esta gente el agua de Siloé,
que corre mansamente,
⁷ el Señor los va a inundar
con la violenta corriente del río Éufrates
(es decir, el rey de Asiria con todo su poder).
Se desbordará por todos sus canales,
se saldrá por todas las orillas,
⁸ pasará hasta Judá y la cubrirá, la inundará,
le llegará hasta el cuello.
Será como un ave con las alas extendidas,
que cubrirá, Emanuel, toda tu tierra."

⁹ Reúnanse,¹⁴ naciones, y llénense de espanto;
escuchen esto, todos los países lejanos:
por más que tomen las armas, quedarán espantados;
sí, por más que tomen las armas, quedarán espantados.
¹⁰ Hagan planes, que serán desbaratados;
propongan lo que quieran, que no se realizará,
porque Dios está con nosotros.

---

¹⁰ *Joven:* según el texto hebreo. La versión griega traduce *virgen.* (Véase Mt 1.23.)   ¹¹ En hebreo, *Emanuel* significa *Dios está con nosotros.*   ¹² En hebreo, *Maher-salal-hasbaz* significa *muy pronto habrá saqueo y destrucción.*   ¹³ *Por miedo a:* texto probable. Heb. *alegría con.*   ¹⁴ *Reúnanse:* traducción probable. Otra posible traducción según la versión griega: *Sepan.* Heb. *Sean malas.*
e 7.14 Mt 1.23.   **f 8.2** 2 R 16.10-16.   **g 8.6** Is 7.1.

Al Señor es a quien hay que temer

¹¹ El Señor me tomó fuertemente con su mano y me advirtió que no siguiera el camino de esta gente. Me dijo: ¹² "No llamen ustedes conspiración a todo lo que este pueblo llama conspiración. No se asusten ni tengan miedo por todo lo que a ellos les da miedo. ¹³ Al Señor todopoderoso es a quien hay que tener por santo;ʰ a él es a quien hay que temer; hay que tener miedo en su presencia. ¹⁴ Él será para ustedes como una trampa;¹⁵ será la piedra con la que tropezarán, la cual hará caer a los dos reinos de Israel; será como una trampa en la que caerán los habitantes de Jerusalén. ¹⁵ Muchos tropezarán, caeránⁱ y morirán; muchos caerán en la trampa, y quedarán atrapados."

Advertencias de Isaías a sus discípulos

¹⁶ Guarden bien este mensaje;
mantengan ocultas estas
instrucciones, estas enseñanzas
mías.
¹⁷ Aunque el Señor se oculta del
pueblo de Jacob,
yo confío en él. ʲ
En él he puesto mi esperanza.
¹⁸ Yo y los hijos que me dio el Señorᵏ
somos señales milagrosas para
Israel,
puestas por el Señor todopoderoso
que vive en el monte Sión.
¹⁹ Sin duda la gente les dirá a ustedes:
"Consulten a los espíritus de los
muertos
y a esos adivinos que cuchichean y
susurran.
¿Acaso no debe un pueblo consultar
a sus dioses,
y pedir consejo a los muertos acerca
de los vivos
²⁰ para recibir una instrucción o un
mensaje?"
Sin duda que hablarán así,
pero lo que dicen es una tontería.ˡ

²¹ La gente irá de una parte a otra,
oprimida y con hambre,
y por el hambre se pondrán furiosos.
Maldecirán a su rey y a sus dioses.
Volverán la cara hacia arriba
²² y después mirarán al suelo,
y no encontrarán más que miseria y
oscuridad,
tinieblas y angustia.
Todo lo cubrirá la noche.
¹ ¹Y el oprimido no podrá escapar.¹⁷

Nacimiento y reinado del Príncipe de la paz

9 Al principio Dios humilló a Galilea, tierra de Zabulón y de Neftalí, región vecina a los paganos,ᵐ que se extiende desde el otro lado del Jordán hasta la orilla del mar; pero después le concedió mucho honor.

² El pueblo que andaba en la
oscuridad
vio una gran luz;
una luz ha brillado
para los que vivían en tinieblas.ⁿ
³ Señor, has traído una gran alegría;
muy grande es el gozo.¹⁸
Todos se alegran delante de ti como
en tiempo de cosecha,
como se alegran los que se reparten
grandes riquezas.
⁴ Porque tú has deshecho
la esclavitud que oprimía al pueblo,
la opresión que lo afligía,
la tiranía a que estaba sometido.
Fue como cuando destruiste a
Madián.ⁿ
⁵ Las botas que hacían resonar los
soldados
y los vestidos manchados de sangre
serán quemados, destruidos por el
fuego.
⁶ Porque nos ha nacido un niño,
Dios nos ha dado un hijo,
al cual se le ha concedido el poder
de gobernar
Y le darán estos nombres:
Admirable en sus planes, Dios
invencible,
Padre eterno, Príncipe de la paz.
⁷ Se sentará en el trono de David;
extenderá su poder real a todas
partes
y la paz no se acabará;
su reinado quedará bien establecido,
y sus bases serán la justicia y el
derecho
desde ahora y para siempre.º
Esto lo hará el ardiente amor del
Señor todopoderoso.

Ira del Señor contra el reino de Israel

⁸ El Señor ha enviado un mensaje a
Israel,
al pueblo de Jacob;
⁹ todo el pueblo de Efraín, que vive en
Samaria,

---

¹⁵ *Trampa:* según una versión antigua. Heb. *lugar sagrado.*   ¹⁶ *Pero lo que . . . tontería:* texto probable. Heb. *para lo cual no hay amanecer.*   ¹⁷ *Y el oprimido no podrá escapar:* otra posible traducción: *Mas ya no habrá tinieblas para el que sufre angustia.*   ¹⁸ *Has traído . . . gozo:* texto probable. Heb. *has hecho crecer la nación pero no has aumentado la alegría.*
ʰ **8.12-13** 1 P 3.14-15.   ⁱ **8.14-15** 1 P 2.8.   ʲ **8.17** He 2.13.   ᵏ **8.18** He 2.13.   ˡ Los vs. 9.1-21 corresponden a los vs. 8.23–9.20 en el texto hebreo.   ᵐ **9.1** Mt 4.15.   ⁿ **9.2** Mt 4.16; Lc 1.79.   ⁿ **9.4** Jue 7.15-25.   º **9.7** Lc 1.32-33.

lo ha entendido.
Ellos dicen con orgullo y altanería:
[10] "Se han caído los ladrillos,
pero vamos a construir con piedra.
Han cortado las vigas de sicómoro,
pero las vamos a cambiar por
    madera de cedro."
[11] El Señor ha hecho venir terribles
    enemigos;[19]
él mismo les ha ordenado atacar.
[12] Por el oriente los sirios,
por el occidente los filisteos.
De un bocado se tragaron a Israel.
Y sin embargo la ira del Señor no se
    ha calmado;
él sigue amenazando todavía.

[13] Pero el pueblo no se volvió a Dios,
    que lo castigaba;
no buscó al Señor todopoderoso.
[14] Entonces el Señor trató al reino de
    Israel
como quien corta a un animal la
    cola y la cabeza,
como quien derriba palmeras y
    juncos por igual.
¡Todo esto en un solo día!
[15] (La cabeza representa a los ancianos
    y los jefes,
la cola a los profetas que enseñan
    mentiras.)
[16] Los jefes han extraviado a este
    pueblo,
y los que buscaban un guía se
    perdieron.
[17] Por eso el Señor no tuvo
    compasión[20] de los jóvenes,
ni misericordia de los huérfanos y
    las viudas.
Porque el pueblo entero es impío y
    perverso
y todos dicen disparates.
Y sin embargo la ira del Señor no se
    ha calmado;
él sigue amenazando todavía.

[18] La maldad hace estragos
como un incendio que devora
    espinos y matorrales
y quema luego los árboles del
    bosque,
y los lanza por los aires entre
    torbellinos de humo.
[19-20] Por la ira del Señor todopoderoso
el país está incendiado,
el fuego destruye al pueblo;
se comen la carne de sus propios
    hijos
y no tienen compasión de sus
    hermanos.

Aquí hay uno que engulle y queda
    con hambre,
allá hay otro que come y no se
    siente satisfecho.
[21] Manasés destruye a Efraín, Efraín a
    Manasés,
y ambos se lanzan contra Judá.
Y sin embargo la ira del Señor no se
    ha calmado;
él sigue amenazando todavía.

10 [1] ¡Ay de ustedes, que dictan leyes
    injustas
y publican decretos intolerables,
[2] que no hacen justicia a los débiles
ni reconocen los derechos de los
    pobres de mi pueblo,
que explotan a las viudas
y roban a los huérfanos!
[3] ¿Qué harán ustedes cuando tengan
    que rendir cuentas,
cuando vean venir de lejos el
    castigo?
¿A quién acudirán pidiendo ayuda?
¿En dónde dejarán sus riquezas?
[4] Si no son humillados y llevados
    presos,
caerán con los que mueran
    asesinados.
Y sin embargo la ira del Señor no se
    ha calmado;
él sigue amenazando todavía.[p]

Dios se vale de Asiria para el castigo

[5] "¡El rey de Asiria![q]
Él es el palo con que yo en mi ira
    castigo,
la vara que uso[21] cuando me enojo.
[6] Lo mando a atacar a un pueblo
    impío,
a una nación que me ofende,
para que la robe y le quite sus
    riquezas,
para que la pisotee como al barro de
    las calles.
[7] Pero el rey de Asiria no piensa así,
ni es eso lo que él se propone.
No piensa más que en destruir
y en acabar con muchas naciones.
[8] Dice: 'Todos los reyes son jefes a
    mis órdenes.
[9] Para mí son iguales las ciudades de
    Calno y de Carquemis,
Hamat igual que Arfad,
Samaria lo mismo que Damasco.
[10] Me he encontrado naciones con
    muchos dioses,
con más ídolos que los de Jerusalén
    y Samaria.

[19] *Terribles enemigos:* texto probable. Heb. *los enemigos de Rezín.* [20] *El Señor no tuvo compasión:* según un manuscrito antiguo. Heb. *el Señor no se regocijó.* [21] *Que uso:* texto probable. Heb. *que ellos usan.*
[p] **10.4** Is 5.25; 9.12,17,21. [q] **10.5—34** Is 14.24—27; Nah 1.1—3.19; Sof 2.13—15.

11 Pues bien, lo que hice con Samaria
   y sus dioses,
   ¿no seré capaz de hacerlo con
   Jerusalén y sus ídolos?' "

12 Cuando el Señor haya hecho todo lo
   que tiene que hacer
   en el monte Sión y en Jerusalén,
   castigará al rey de Asiria*
   por esta obra de su orgullo,
   y por su altanería y arrogancia.

13 El rey de Asiria ha dicho:
   "Yo lo he hecho con mi propia
   fuerza;
   yo soy inteligente, y he hecho los
   planes.
   Yo he cambiado las fronteras de las
   naciones,
   me he apoderado de sus riquezas,
   y, como un valiente, he derribado a
   los reyes.
14 He puesto mi mano en las riquezas
   de los pueblos,
   me he apoderado de toda la tierra
   como quien toma de un nido unos
   huevos abandonados,
   y no hubo nadie que moviera las
   alas,
   nadie que abriera el pico y chillara."

15 Pero, ¿acaso puede el hacha
   creerse más importante que el que
   la maneja?,
   ¿la sierra más que el que la mueve?
   ¡Como si el bastón, que no es más
   que un palo,
   fuera el que moviera al hombre que
   lo lleva!

16 Por eso, el Señor todopoderoso
   va a dejar sin fuerzas a esos que son
   tan robustos,
   y hará que les arda el cuerpo con el
   fuego de la fiebre.
17 El Dios Santo, luz de Israel,
   se convertirá en llama de fuego,
   y en un día quemará y destruirá
   todos los espinos y matorrales que
   hay en el país.
18 Destruirá completamente
   la belleza de sus bosques y sus
   huertos.
   Los dejará como un enfermo que ya
   no tiene fuerzas.
19 Y serán tan pocos los árboles que
   queden en el bosque,
   que hasta un niño los podrá contar.
20 En ese tiempo
   los pocos que hayan quedado de
   Israel,

aquellos del pueblo de Jacob que se
   hayan salvado,
no volverán a apoyarse en el que los
   destruyó
sino que se apoyarán firmemente
   en el Señor, el Dios Santo de Israel.
21 Unos cuantos del pueblo de Jacob
   se volverán hacia el Dios invencible.
22 Aunque tu pueblo, Israel, sea tan
   numeroso
   como los granos de arena del mar,
   sólo unos cuantos volverán.
   La destrucción está decidida
   y se hará justicia por completo.
23 Porque el Señor todopoderoso
   ha decidido la destrucción
   y la va a llevar a cabo en todo el
   país.

24 El Señor todopoderoso dice así:
   "Pueblo mío, que vives en Sión,
   no tengas miedo a los asirios,
   aunque te golpeen con su vara
   y levanten su bastón contra ti
   como hicieron los egipcios.*
25 Porque dentro de muy poco tiempo
   va a llevarse a cabo el castigo,
   y mi ira los destruirá.
26 El Señor todopoderoso los castigará
   como cuando derrotó a Madián
   en la roca de Oreb,
   y mostrará su poder contra Asiria*²
   como cuando lo mostró contra
   Egipto.
27 En ese día se te quitará
   la carga que han puesto sobre tus
   espaldas,
   y será quebrado el yugo que te han
   puesto en la nuca."

El avance de los asirios

El invasor viene por Rimón,*³
28 llega a Ajat,
   pasa por Migrón
   deja la carga en Micmas,
29 cruza el paso del torrente,
   acampa en Geba;
   Ramá se llena de terror,
   Gabaa de Saúl sale huyendo.
30 ¡Da gritos, Bat-galim!
   ¡Óyelos, Laisa!
   ¡Responde,*⁴ Anatot!
31 Madmena sale huyendo,
   los habitantes de Gebim se
   esconden.
32 Hoy mismo se detiene el invasor en
   Nob;
   da la señal de atacar el monte Sión,
   la colina de Jerusalén.

²² *Asiria*: lit. *el mar*, es decir, el río de Éufrates, río de Asiria, al que aquí se alude así por lo caudaloso.   ²³ *El invasor viene por Rimón*: texto probable. Heb. *el yugo será quebrado por el aceite.*   ²⁴ *Responde*: según una versión antigua. Heb. *desgracia.*
ʳ **10.12–27** 2 R 19.20–32.   ˢ **10.22–24** Gn 22.17; Ro 9.27.

³³ Miren, el Señor todopoderoso
derriba los árboles con fuerza
terrible;
los más altos caen cortados,
los más elevados se vienen al suelo.
³⁴ Con un hacha derriba lo más espeso
del bosque,
y los árboles más bellos del Líbano
se derrumban.

El descendiente de Isaí trae un reinado de paz y justicia

11 ¹ De ese tronco que es Isaí, sale un
retoño;^t
un retoño brota de sus raíces.^u
² El espíritu del Señor estará
continuamente sobre él,
y le dará sabiduría, inteligencia,
prudencia, fuerza,
conocimiento y temor del Señor.
³ Él no juzgará por la sola
apariencia,²⁵
ni dará su sentencia fundándose en
rumores.
⁴ Juzgará con justicia a los débiles
y defenderá los derechos de los
pobres del país.
Sus palabras serán como una vara
para castigar al violento,²⁶
y con el soplo de su boca hará morir
al malvado.^v
⁵ Siempre irá revestido de justicia y
verdad.^w
⁶ Entonces el lobo y el cordero vivirán
en paz,
el tigre y el cabrito descansarán
juntos,
el becerro y el león crecerán²⁷ uno al
lado del otro,
y se dejarán guiar por un niño
pequeño.
⁷ La vaca y la osa serán amigas,
y sus crías descansarán juntas.
El león comerá pasto, como el buey.
⁸ El niño podrá jugar en el hoyo de la
cobra,
podrá meter la mano en el nido de
la víbora.
⁹ En todo mi monte santo
no habrá quien haga ningún daño,^x
porque así como el agua llena el
mar,
así el conocimiento del Señor llenará
todo el país.^y
¹⁰ En ese tiempo
el retoño de esta raíz que es Isaí^z
se levantará como una señal para
los pueblos;
las naciones irán en su busca,
y el sitio en que esté será glorioso.

Regreso triunfal de los desterrados

¹¹ En ese tiempo mostrará otra vez el
Señor su poder
reconquistando el resto de su
pueblo,
haciéndolo volver de Asiria y de
Egipto,
de Patros, de Etiopía, de Elam,
de Sinar, de Hamat y de los países
del mar.
¹² Levantará una señal para las
naciones
y reunirá a los israelitas que estaban
desterrados;
juntará desde los cuatro puntos
cardinales
a la gente de Judá que estaba
dispersa.
¹³ La envidia de Efraín terminará,
y el rencor de Judá se calmará;
Efraín no tendrá envidia de Judá,
y Judá no sentirá rencor contra
Efraín.
¹⁴ Los dos se lanzarán hacia el
occidente contra los filisteos
y les caerán por la espalda;
juntos les quitarán las riquezas a las
tribus de oriente.
Su poder llegará hasta Edom y
Moab,
y dominarán a los amonitas.
¹⁵ El Señor les abrirá un camino por el
Mar Rojo,
extenderá su brazo sobre el río
Éufrates,
hará soplar un viento terrible
que lo dividirá en siete brazos,
y podrán cruzarlos sin quitarse las
sandalias.^a
¹⁶ Cuando ese resto del pueblo del
Señor vuelva de Asiria,
encontrará un amplio camino,
como Israel cuando salió de Egipto.^b

Canto de acción de gracias

12 ¹ En ese tiempo dirás:
"Te doy gracias, Señor,
porque aunque estuviste enojado
conmigo,
tu ira ya pasó
y me has devuelto la paz.
² Dios es quien me salva;
tengo confianza, no temo.
El Señor es mi refugio y mi fuerza,
él es mi salvador."^c
³ También ustedes podrán ir a beber
con alegría
en esa fuente de salvación,

---

²⁵ El texto hebreo añade al comienzo: *Y se deleitará en el temor del Señor.* ²⁶ *Violento:* texto probable. Heb. *la tierra.*
²⁷ *Crecerán:* texto probable. Heb. *ternero cebado.*
^t **11.1** 1 S 16.1–20. ^u **11.1** Ap 5.5; 22.16. ^v **11.4** 2 Ts 2.8. ^w **11.5** Ef 6.14. ^x **11.6–9** Is 65.25. ^y **11.9** Hab 2.14.
^z **11.10** Ro 15.12. ^a **11.15** Ap 16.12. ^b **11.15–16** Ex 14.21–22. ^c **12.2** Ex 15.2; Sal 118.14.

⁴ y entonces dirán:
"Den gracias e invoquen al Señor,
cuenten a las naciones las cosas que
    ha hecho,
recuérdenles que él está por encima
    de todo.
⁵ Canten al Señor, porque ha hecho
    algo grandioso
que debe conocerse en toda la
    tierra.ᵈ
⁶ Den gritos de alegría, habitantes de
    Sión,
porque el Dios Santo de Israel está
    en medio de ustedes
con toda su grandeza."

Profecía contra Babilonia

13 ¹ Palabras proféticas contra Babilonia,ᵉ las cuales recibió por revelación Isaías, hijo de Amoz:

² "¡Alcen en un monte pelado la señal
    de combate!
¡Den la orden de ataque a los
    soldados!
¡Levanten la mano para que
    avancen
por las puertas de los nobles!
³ Ya he llamado a mis valientes,
he dado órdenes a mis guerreros
    consagrados,
a los que se alegran por mi triunfo,
para que ejecuten mi castigo."

⁴ Se oye un griterío en los montes,
como de mucha gente.
Se oye el rugir de las naciones,
de los pueblos que se han reunido.
El Señor todopoderoso pasa revista
a sus tropas dispuestas para la
    batalla.
⁵ Vienen de un país lejano,
de más allá del horizonte.
Es el Señor con los instrumentos de
    su ira,
que viene a destruir toda la tierra.
⁶ Den alaridos, porque el día del
    Señor está cerca,
llega como un golpe del
    Todopoderoso.ᶠ
⁷ Entonces todo el mundo dejará caer
    los brazos,
todos perderán el valor
⁸ y quedarán aterrados.
Les vendrá una angustia y un dolor
    tan grandes
que se retorcerán como mujer de
    parto.
Unos a otros se mirarán asombrados
y les arderá la cara de vergüenza.

⁹ Ya llega el día del Señor,
día terrible, de ira y furor ardiente,
que convertirá la tierra en desierto
y acabará con los pecadores que hay
    en ella.
¹⁰ Las estrellas y constelaciones del
    cielo
dejarán de dar su luz;
el sol se oscurecerá apenas salga,
y la luna no brillará.ᵍ

¹¹ El Señor dice:
"Voy a castigar al mundo por su
    maldad,
a los malvados por sus crímenes.
Voy a terminar con la altanería de
    los orgullosos,
voy a humillar a los soberbios e
    insolentes.
¹² Voy a hacer que los hombres sean
más escasos que el oro fino de Ofir.
¹³ Entonces el cielo se estremecerá
y la tierra se moverá de su sitio
por la ira que tendré en ese día,
por mi ardiente furor.

¹⁴ "La gente parecerá gacela
    perseguida,
o un rebaño cuando se dispersa
y no hay nadie que lo junte.
Cada uno se volverá a su propio
    país,
huirá a su propia tierra.ʰ
¹⁵ Todo el que se deje encontrar será
    apuñalado,
todo el que se deje agarrar caerá
    asesinado.
¹⁶ Ante sus propios ojos
estrellarán contra el suelo a sus
    hijos pequeños;
sus casas serán saqueadas
y violadas sus esposas.
¹⁷ Voy a incitar contra ellos al pueblo
    de los medos,
gente que no se preocupa por la
    plata
y a la que el oro no le llama la
    atención.
¹⁸ Con sus flechas derribarán a los
    jóvenes.
No tienen compasión de los recién
    nacidos,
ni sienten lástima por los niños.
¹⁹ Y Babilonia, la perla de las naciones,
joya y orgullo de los caldeos,
quedará como Sodoma y Gomorra,
cuando yo las destruí.ⁱ
²⁰ Nunca más volverá a ser habitada,ʲ
nadie volverá a vivir jamás en ella.
Los árabes no volverán a acampar
    allí,

ᵈ 12.4–5 Sal 105.1–2.   ᵉ 13.1—14.23 Is 47.1–15; Jer 50.1—51.64.   ᶠ 13.6 Ez 30.2–3; Jl 1.15; Sof 1.14–18; Mal 3.2; Ap 6.17.
ᵍ 13.10 Ez 32.7; Mt 24.29; Mr 13.24–25; Lc 21.25; Ap 6.12–13; 8.12.   ʰ 13.14 Jer 50.16.   ⁱ 13.19 Gn 19.24.
ʲ 13.20–22 Jer 50.39–40.

ni los pastores harán que allí
descansen sus rebaños.
21 Allí habitarán los gatos monteses,
las lechuzas llenarán las casas,
los avestruces vivirán en ella,
y también retozarán los chivos.ᵏ
22 Los chacales aullarán en los
castillos,²⁸
y en los lujosos palacios habrá
lobos.
Ya se le acerca su hora a Babilonia;
no le quedan muchos días."

Regreso del destierro

14 ¹ Sí, el Señor tendrá misericordia de
Jacob. De nuevo tendrá a Israel
como su elegido, y hará que los israelitas
vuelvan a establecerse en su tierra. Los
extranjeros se acercarán a ellos, se unirán
al pueblo de Jacob. ² Muchas naciones recibirán a los israelitas y los acompañarán
hasta su patria, y los israelitas los tomarán como esclavos en la tierra del Señor.
Los israelitas llevarán presos a quienes
antes los habían puesto presos, y dominarán a quienes antes los oprimieron.

Burla al rey de Babilonia

³ Pueblo de Israel, cuando el Señor te
haga descansar de tus sufrimientos, de tus
penas y de la cruel esclavitud a que fuiste
sometido, ⁴ recitarás este poema para burlarte del rey de Babilonia:

"¡Miren en qué vino a parar el
tirano!
¡Miren en qué vino a parar su
arrogancia!²⁹
⁵ El Señor ha roto el poder del
malvado,
ha hecho pedazos la vara del tirano
⁶ que castigaba a las naciones con ira
y las golpeaba sin parar,
que aplastaba a los pueblos con
furor
y los perseguía sin compasión.
⁷ Toda la tierra está en paz y
tranquila,
y grita de alegría.
⁸ Hasta los pinos y los cedros del
Líbano
se alegran de tu ruina
y dicen: 'Desde que tú caíste,
nadie ha vuelto a cortarnos.'
⁹ Abajo, entre los muertos, hay gran
agitación
y salen a recibirte.
Las sombras de los muertos se
despiertan,

todos los jefes de la tierra salen a tu
encuentro;
todos los reyes de los pueblos
se levantan de sus tronos.
¹⁰ Todos ellos toman la palabra
y te dicen:
'Tú también has perdido tu fuerza,
has llegado a ser como nosotros.
¹¹ Aquí vinieron a parar tu orgullo
y tu música de cítaras.
Tu cama es podredumbre,
tus mantas son gusanos.'
¹² "¡Cómo caíste del cielo,ˡ
lucero del amanecer!
Fuiste derribado por el suelo,
tú que vencías a las naciones.
¹³ Pensabas para tus adentros:
'Voy a subir hasta el cielo;
voy a poner mi trono
sobre las estrellas de Dios;
voy a sentarme allá lejos en el
norte,
en el monte donde los dioses se
reúnen.
¹⁴ Subiré más allá de las nubes más
altas;
seré como el Altísimo.'
¹⁵ ¡Pero en realidad has bajado al reino
de la muerte,
a lo más hondo del abismo!ᵐ
¹⁶ Los que te ven se quedan
mirándote,
y fijando su atención en ti, dicen:
'¿Este es el hombre que hacía
temblar la tierra,
que destruía las naciones,
¹⁷ que dejó el mundo hecho un
desierto,
que arrasaba las ciudades
y no dejaba libres a los presos?'
¹⁸ Todos los reyes de las naciones
descansan con honor,
cada uno en su tumba;
¹⁹ a ti, en cambio, te arrojan lejos del
sepulcro
como basura³⁰ repugnante,
como cadáver pisoteado,
entre gente asesinada, degollada,
arrojada al abismo lleno de piedras.
²⁰ No te enterrarán como a los otros
reyes,
porque arruinaste a tu país
y asesinaste a la gente de tu pueblo.
La descendencia de los malhechores
no durará para siempre.
²¹ Prepárense para matar a los hijos
por los crímenes que sus padres
cometieron,

---

²⁸ *Los castillos:* texto probable. Heb. *las viudas de él.* ²⁹ *Su arrogancia:* otra posible traducción: *su violencia:* según un
manuscrito antiguo y varias versiones antiguas. Heb., tomado del arameo, *la que exige oro.* ³⁰ *Basura:* texto probable.
Heb. *retoño.*
ᵏ **13.21** Ap 18.2. ˡ **14.12** Ap 8.10; 9.1. ᵐ **14.13–15** Mt 11.23; Lc 10.15.

para que no piensen más en
dominar la tierra
ni en llenar el mundo de ciudades."

22 El Señor todopoderoso afirma:
"Voy a entrar en acción contra
ellos,
voy a acabar con el nombre de
Babilonia
y con lo que quede de ella,
con sus hijos y sus nietos.
23 La convertiré en un pantano,
en región plagada de lechuzas.
La barreré con la escoba de la
destrucción."
Es el Señor todopoderoso quien lo
afirma.

Asiria será destruida

24 El Señor todopoderoso ha jurado:
"Sin duda alguna, lo que yo he
decidido, se hará;
lo que yo he resuelto, se cumplirá.
25 Destruiré al pueblo asirio[n] en mi
país,
lo aplastaré en mis montañas.
Su yugo dejará de oprimir a mi
pueblo,
su tiranía no pesará más sobre sus
hombros.
26 Esta es mi decisión en cuanto a toda
la tierra.
Mi mano amenaza a todas las
naciones."
27 El Señor todopoderoso lo ha
decidido,
y nadie podrá oponérsele.
Su mano está amenazando,
y nadie lo hará cambiar de parecer.

Profecía contra los filisteos

28 El año en que murió el rey Acaz,[ñ]
Isaías pronunció esta profecía:

29 No te alegres, nación filistea,[o]
de que haya sido quebrada la vara
con que te castigaban,
pues de donde salió una serpiente
saldrá una víbora,
más aún, saldrá un dragón volador.
30 Los pobres tendrán en mis campos
pasto para sus rebaños,[31]
y la gente sin recursos descansará
tranquila.
Yo, en cambio, haré que tu gente
muera de hambre,
y mataré a los pocos que te queden.

31 ¡Laméntense, ciudades filisteas,
griten de dolor, tiemblen de espanto!
Porque del norte viene un ejército
como una nube de humo;
ni un solo hombre se sale de las
filas.
32 ¿Qué se puede responder a los
enviados de ese país?
Que el Señor ha dado firmeza a
Sión,
y los afligidos de su pueblo se
refugiarán allí.

Profecía contra Moab

15 ¹ Profecía contra Moab:[p]
En la noche en que Ar fue
destruida,
ocurrió la ruina de Moab;
en la noche en que Kir fue
destruida,
ocurrió la ruina de Moab.
2 La gente de Dibón sube a llorar
al templo situado en la colina.
Moab se lamenta de la destrucción
de Nebo y de Medeba.
Todos tienen la cabeza rapada,
la barba cortada.
3 Por las calles va la gente con ropas
ásperas;
en las terrazas gritan de dolor.[32]
En las plazas todo el mundo se
lamenta
y se deshace en lágrimas.
4 Hesbón y Eleale piden socorro;
hasta en Jahaza se oyen sus gritos.
Por eso se acobardan los guerreros
de Moab
y se llenan de terror.
5 Mi corazón pide socorro para Moab;
su gente sale huyendo hasta Zoar,
hasta Eglat-selisiya.
Por la cuesta de Luhit suben
llorando;
por el camino de Horonaim
lanzan gritos de dolor ante el
desastre.
6 Los pozos de Nimrim han quedado
secos,
la hierba está marchita, muerta la
vegetación,
no queda ni una hoja verde.
7 Por eso la gente recoge sus riquezas
y las lleva más allá del arroyo de los
Álamos.
8 El grito de socorro da la vuelta
por las fronteras de Moab;
los lamentos llegan hasta Eglaim
y hasta Beer-elim.

---

31 Los pobres . . . rebaños: según un manuscrito antiguo y la versión latina. Heb. lit. *Los primogénitos de los pobres apacentarán* (o *serán apacentados*). *32 Gritan de dolor:* texto probable. (Véase Jer 48.38. En el texto hebreo no aparece esta frase.
n **14.24–27** Is 10.5–34; Nah 1.1—3.19; Sof 2.13–15.   ñ **14.28** 2 R 16.20; 2 Cr 28.27.   o **14.29–31** Jer 47.1–7; Ez 25.15–17;
Jl 3.4–8; Am 1.6–8; Sof 2.4–7; Zac 9.5–7.   p **15.1—16.14** Is 25.10–12; Jer 48; Ez 25.8–11; Am 2.1–3; Sof 2.8–11

⁹ Aunque los pozos de Dimón están
   llenos de sangre,
aún le enviaré mayores males;
un león devorará a los que se salven
   de Moab,
a los que queden con vida en la
   tierra.

La gente de Moab se refugia en Judá

16 ¹ Desde Sela en el desierto,
   los jefes del país envían corderos³³
hasta el monte Sión.
² Los habitantes de Moab en el paso
   del Arnón
son como pájaros espantados
que huyen de su nido.
³ Dicen a Sión:
"Haz planes para protegernos,
toma tú nuestra defensa.
Extiende tu sombra en pleno
   mediodía,
como si fuera de noche;
ofrece asilo a los desterrados,
no traiciones a los fugitivos.
⁴ Deja que se refugien en ti
los fugitivos de Moab.
Sírveles de asilo
frente al destructor."

Cuando termine la opresión
y la destrucción haya pasado,
cuando el invasor se vaya del país,
⁵ un descendiente de David alcanzará
   el reinado,
reinado estable fundado en la
   bondad.
Será un juez honrado,
que establecerá el derecho
y hará llegar pronto la justicia.

⁶ Conocemos el orgullo enorme de
   Moab,
su arrogancia, su altivez, su soberbia
y su inútil charlatanería.
⁷ Por eso todos los habitantes de
   Moab
llorarán por su nación;
afligidos en extremo, se dolerán
por los hombres³⁴ de Kir-hareset.
⁸ Los viñedos de Hesbón y de Sibma
han quedado marchitos,
destrozados por los señores de las
   naciones.
Sus ramas llegaban hasta Jazer,
se extendían por el desierto
y alcanzaban hasta más allá del
   mar.
⁹ Por eso lloro por los viñedos de
   Sibma,

lo mismo que por Jazer,
y derramo lágrimas por Hesbón y
   Eleale,
porque sobre sus frutos y cosechas
resonó el grito de guerra.
¹⁰ La alegría y el bullicio se acabarán
   en los campos;
no habrá más gritos de alegría
ni cantos en los viñedos,
ni exprimirán más las uvas para
   sacar vino.
Los gritos se acabaron.
¹¹ Mi corazón se estremece como un
   arpa
por Moab y por Kir-hareset.
¹² Por más que Moab vaya a las
   colinas
y ruegue allí hasta el cansancio,
por más que vaya a su templo a
   orar,
nada va a conseguir.

¹³ Estas fueron las palabras que dijo el
Señor contra Moab hace mucho tiempo.
¹⁴ Ahora dice el Señor:

"Dentro de tres años,
tal como los cuenta un obrero que
   vive de su salario,
la grandeza de Moab se hará
   despreciable,
a pesar de su inmenso gentío;
sólo quedará un puñado pequeño,
   impotente."

Profecía contra Damasco

17 ¹ Profecía contra Damasco:ᵃ
   Damasco dejará de ser ciudad;
no será más que un montón de
   ruinas.
² Quedará abandonada para siempre,³⁵
convertida en pastizales;
los animales podrán pastar
   tranquilamente.
³ Efraín, que es el orgullo de Israel,
ya no tendrá ciudad fortificada;
así también Damasco, lo que queda
   de Siria,
dejará de ser un reino.
Lo afirma el Señor todopoderoso.

Castigo de Israel

⁴ En ese día Samaria, orgullo de
   Jacob,
perderá su fuerza,
y su prosperidad desaparecerá.
⁵ Será como cuando el segador³⁶
cosecha el trigo

---

³³ *Los jefes del país envían corderos:* texto probable. Heb. *envíen un cordero jefe del país.* ³⁴ *Por los hombres:* texto
probable. Heb. *por las tortas de pasa.* ³⁵ *Quedará abandonada para siempre:* según versiones antiguas. Heb. *las ciudades
de Aroer.* ³⁶ *El segador:* texto probable. Heb. *la mies.*
ᵃ **17.1–3** Jer 49.23–27; Am 1.3–5; Zac 9.1.

y recoge las espigas con las manos,
o cuando se recogen las espigas
en el valle de Refaim,
6 donde sólo quedan restos olvidados;
o como cuando se golpea un olivo
y sólo quedan dos o tres aceitunas
en la punta de una rama,
o a lo sumo cuatro o cinco en todo
el árbol.
Lo afirma el Señor, el Dios de Israel.

7 En ese día
el hombre volverá sus ojos a su
creador,
al Dios Santo de Israel.
8 No volverá a mirar los altares ni
otros objetos hechos por los
hombres con sus propias manos.
No se fijará más en esos troncos
sagrados
ni en esos altares donde queman
incienso a los dioses.

9 En ese día
tus ciudades fortificadas serán
abandonadas,
como fueron abandonadas
las ciudades de los heveos y de los
amorreos[37]
por miedo a los israelitas.
Quedarán convertidas en desierto,
10 porque olvidaste al Dios que te
salvó,
no recordaste que él es tu refugio
seguro.
Tú cultivas esos jardines agradables,
siembras tus plantas en honor a un
dios extranjero,
11 las proteges el día en que las
plantas,
y haces que brote la semilla al día
siguiente.
Pero cuando vengan la enfermedad
y el mal incurable,
se perderá la cosecha.

12 ¡Oigan el estruendo de pueblos
numerosos,
estruendo como el que produce el
mar!
Es el rugido que lanzan las
naciones,
como el rugido de aguas impetuosas.
13 Pero cuando Dios los reprende,
salen huyendo lejos,
como la paja que el viento se lleva
por los montes
o como el cardo que arrastra el
huracán.
14 Por la tarde parecen terribles,
pero antes del amanecer dejan de
existir.

En eso paran los que nos saquean,
así terminan los que nos arruinan.

Profecía contra Etiopía

18 1 ¡Ay del país donde resuena un
zumbido de insectos,
del país situado más allá de los ríos
de Etiopía,[r]
2 que envía sus embajadores por el
Nilo,[38]
viajando por el agua en barcas de
junco!
Vayan, veloces mensajeros,
a un pueblo de alta estatura y piel
brillante,
a una nación temida en todas
partes,
pueblo fuerte y altanero
que vive en una tierra bañada por
ríos.
3 Todos ustedes, habitantes del
mundo,
verán cuando se alce la señal en la
montaña,
y oirán cuando suene la trompeta.

4 El Señor me dijo:
"Desde mi lugar miro tranquilo,
como la luz en un día de verano,
como una nube de rocío en tiempo
ardiente de cosecha.
5 Cuando pase la floración en los
viñedos,
y la flor se vuelva uva madura,
pero antes del tiempo de la cosecha,
podarán las ramas con cuchillos,
las cortarán y las retirarán.
6 Todo quedará abandonado en las
montañas
a las aves de rapiña
y a los animales salvajes.
Las aves pasarán allí el verano,
y todos los animales salvajes
se quedarán allí en el invierno."

7 En ese tiempo
traerán al Señor todopoderoso
ofrendas de parte del pueblo
de alta estatura y piel brillante,
nación temida en todas partes,
pueblo fuerte y altanero,
que vive en una tierra bañada por
ríos.
Las traerán al monte Sión,
donde se invoca el nombre del
Señor todopoderoso.

Profecía contra Egipto

19 1 Profecía contra Egipto:[s]
Miren al Señor:

---

37 Las ciudades de los heveos y de los amorreos: según una versión antigua. Heb. el bosque y la rama.
38 Nilo: lit. el mar. Véase 10.26 y 19.5.
r 18.1-7 Sof 2.12. s 19.1-25 Jer 46.2-26; Ez 29.1—32.32.

viene a Egipto montado en veloz
nube.
Ante él tiemblan los ídolos de
Egipto,
y los egipcios se llenan de terror.
² "Voy a hacer que los egipcios se
dividan—dice—
y peleen unos contra otros:
amigo contra amigo, ciudad contra
ciudad,
reino contra reino.
³ Les haré perder la cabeza,
haré fracasar sus planes.
Entonces consultarán a los ídolos y
a los brujos,
a los espíritus de los muertos y a los
adivinos.
⁴ Pero yo pondré a Egipto en poder de
un amo duro;
un rey cruel va a gobernarlo."
Lo afirma el Señor todopoderoso.

⁵ El agua del Nilo se agotará,
el río quedará completamente seco,
⁶ los canales despedirán mal olor.
Las corrientes de agua de Egipto
irán disminuyendo hasta secarse,
las cañas y los juncos se
marchitarán;
⁷ los juncales que están al borde del
Nilo,
y todos los sembrados que hay en
sus orillas,
se secarán y dejarán de existir.
⁸ Todos los que pescan en el Nilo
se pondrán a gemir y a lamentarse;
los que echan sus redes al agua se
entristecerán.
⁹ Los que trabajan el lino se sentirán
desanimados;
las cardadoras³⁹ y los tejedores se
pondrán pálidos;
¹⁰ los fabricantes de telas quedarán
abatidos,
y todos los artesanos confundidos.

¹¹ ¡Qué tontos son ustedes, jefes de
Zoán,
los consejeros más sabios de Egipto,
que en realidad son consejeros
estúpidos!
¿Cómo se les ocurre decirle al
faraón:
"Somos descendientes de sabios,
de reyes de la antigüedad"?
¹² ¿Dónde están tus sabios, faraón,
para que te enseñen y te anuncien⁴⁰
los planes que el Señor
todopoderoso
tiene contra Egipto?

¹³ Los jefes de Zoán son tontos,
los jefes de Menfis se dejaron
engañar,
los jefes de las provincias
han llevado a Egipto por camino
falso.
¹⁴ El Señor ha puesto en ellos
un espíritu de confusión;
ellos llevan a Egipto por camino
falso
en todo lo que hace,
como un borracho que vomita y
pierde el equilibrio.
¹⁵ Y nadie, sea cabeza o cola,
palmera o junco,
podrá hacer nada por Egipto.

¹⁶ En ese día los egipcios parecerán mujeres; se llenarán de miedo y espanto cuando vean que el Señor todopoderoso levanta su mano contra ellos. ¹⁷ Los egipcios sentirán terror ante Judá; con sólo recordar su nombre se llenarán de espanto por los planes que el Señor todopoderoso tiene contra Egipto. ¹⁸ En ese día habrá en Egipto cinco ciudades que hablarán hebreo y que jurarán fidelidad al Señor todopoderoso. Una de ellas se llamará Ciudad del Sol.⁴¹
¹⁹ En ese día habrá un altar dedicado al Señor en pleno Egipto, y cerca de su frontera se levantará una piedra en honor al Señor. ²⁰ Servirá de señal, para que se recuerde al Señor todopoderoso en el país de Egipto. Cuando griten al Señor pidiendo ayuda contra los que les oprimen, él les enviará un libertador, para que los defienda y los salve. ²¹ El Señor se dará a conocer a los egipcios, y ellos reconocerán al Señor, le darán culto y le ofrecerán sacrificios y ofrendas. Harán promesas al Señor y las cumplirán. ²² El Señor herirá a Egipto, pero después lo sanará. Ellos se volverán al Señor, y él se compadecerá de ellos y los sanará.
²³ En ese día habrá un amplio camino desde Egipto hasta Asiria. Los asirios podrán llegar hasta Egipto y los egipcios hasta Asiria, y los egipcios y los asirios adorarán juntos al Señor.
²⁴ En ese día Israel se colocará a la par con Egipto y Asiria, y será una bendición en medio de la tierra.ᵗ ²⁵ El Señor todopoderoso los bendecirá, diciendo: "Yo bendigo a Egipto, mi pueblo, a Asiria, obra de mis manos, y a Israel, mi propiedad."

Asiria conquistará a Egipto y Etiopía

20 ¹ En cierta ocasión, el rey Sargón de Asiria envió a un alto oficial a la

---

³⁹ *Las cardadoras:* texto probable. Heb. *(lino) cardado.*   ⁴⁰ *Te anuncien:* según una versión antigua. Heb. *sepan.*
⁴¹ *Sol:* según un antiguo manuscrito. Heb. *destrucción,* por probable juego de palabras, pues en hebreo las dos se parecen mucho.
ᵗ **19.24** Gn 12.3.

ciudad de Asdod, y el oficial atacó a la ciudad y la conquistó. ² Por ese tiempo habló el Señor por medio de Isaías, hijo de Amoz, y le dijo: "Quítate esa ropa áspera que llevas puesta y el calzado que tienes en los pies."

Isaías lo hizo así y se quedó descalzo y medio desnudo. ³ Entonces dijo el Señor: "Mi siervo Isaías ha estado descalzo y medio desnudo durante tres años, como señal y anuncio para Egipto y Etiopía. ⁴ Así también el rey de Asiria llevará al destierro a los egipcios y a los etíopes, sean viejos o jóvenes, descalzos y desnudos, con el trasero al aire para su vergüenza. ⁵ La gente se llenará de miedo y sentirá vergüenza de Etiopía, que era su esperanza, y de Egipto, que era su orgullo. ⁶ En ese tiempo dirán todos los que viven en aquella costa: 'Miren en lo que vino a parar el que era nuestra esperanza, al que acudíamos a pedir auxilio, para que nos librara del rey de Asiria. ¿Cómo vamos a salvarnos ahora?' "

Profecía sobre la caída de Babilonia

21 ¹ Profecía acerca del desierto:⁴²
Como huracanes que avanzan por el sur,
vienen del desierto, lugar espantoso.
² Terrible es la visión que Dios me ha mostrado:
el traidor traiciona,
el destructor destruye.
¡Levántate, Elam!
¡Medos, al asalto!
¡No permito más quejas!
³ Mi cuerpo se estremece,
me retuerzo de dolor como mujer de parto,
la angustia no me deja oír,
el terror me impide ver.
⁴ Tengo la mente confundida,
me estremezco de terror.
El fresco del atardecer, que tanto me gustaba,
se ha vuelto para mí algo terrible.
⁵ La mesa ya está puesta, tendidas las alfombras,
el banquete ha comenzado.
¡De pie, capitanes: saquen brillo a los escudos!
⁶ Porque el Señor me ha dicho:
"Ve y coloca un centinela
que dé aviso de todo cuanto vea.
⁷ Si ve carros tirados por parejas de caballos
o gente montada en asnos o camellos,
que mire con mucha atención."

⁸ Y el que vigilaba⁴³ gritó:
"En mi puesto, Señor,
permanezco todo el día,
y noche tras noche me mantengo vigilante.
⁹ Y veo venir un carro tirado por un par de caballos.
Alguien dijo entonces:
'¡Cayó, cayó Babilonia!'ᵘ
Todas las estatuas de sus dioses
quedaron por el suelo hechas pedazos."

¹⁰ Pueblo mío, pisoteado como el trigo,
yo te anuncio lo que escuché
del Señor todopoderoso, el Dios de Israel.

Profecía contra Edom

¹¹ Profecía contra Edom:⁴⁴
Alguien me grita desde Seir:
"Centinela, ¿qué horas de la noche son?
Centinela, ¿qué horas de la noche son?"
¹² Y el centinela responde:
"Ya viene la mañana,
pero también la noche.
Si quieren preguntar, pregunten,
y vuelvan otra vez."

Profecía en el desierto

¹³ Profecía en el desierto:
Caravanas de Dedán, que pasan la noche
en los matorrales del desierto,
¹⁴ salgan al encuentro del que tiene sed
y ofrézcanle agua.
Habitantes del país de Tema,
salgan al paso del que huye
y ofrézcanle alimento.
¹⁵ Porque huyen de la espada,
de la espada afilada,
del arco listo para disparar
y del furor de la batalla.

¹⁶ El Señor me dijo:
"Dentro de un año,
tal como lo cuenta un obrero que vive de su salario,
se habrá terminado toda la grandeza de Cedar.
¹⁷ Y pocos serán los arcos
que les quedarán a los guerreros de Cedar."
El Señor, el Dios de Israel, lo ha dicho.

⁴² *Desierto:* lit. *desierto del mar.* Por *mar* parece entenderse aquí el actual Golfo Pérsico. ⁴³ *El que vigilaba:* según un antiguo manuscrito y una versión antigua. Heb. *un león.* ⁴⁴ *Edom:* según la versión griega. Heb. *Duma.*
ᵘ **21.9** Ap 14.8; 18.2.

Profecía acerca de Jerusalén

22 ¹ Profecía acerca del valle de la visión:
¿Qué pasa, que todos suben a las
azoteas?
² Ciudad llena de alboroto y bulla,
ciudad amiga de las diversiones,
tus muertos no cayeron a filo de
espada,
no murieron en la guerra;
³ tus jefes salieron todos corriendo,
y al huir de los arcos los pusieron
presos.
Tus hombres más valientes⁴⁵
huyeron lejos,
pero los pusieron presos.
⁴ Por eso dije: Apártense de mí,
que quiero llorar con amargura;
no traten de consolarme
de la catástrofe de mi pueblo.
⁵ Porque el Señor todopoderoso
ha decretado que llegue un día de
pánico,
de destrucción y aturdimiento
en el valle de la visión.
Están derribando las murallas;
llegan los gritos hasta las montañas.

⁶ Los elamitas prepararon ya sus
flechas,
y están montados en sus carros y
caballos;
los de Kir sacaron sus escudos.
⁷ Tus valles más hermosos están
llenos de carros,
y la caballería ataca la puerta de la
ciudad.
⁸ La defensa de Judá quedó
desamparada.
En ese día ustedes se fijaron en el depósito de armas de la Casa del Bosque,ᵛ ⁹ vieron las muchas grietas que había en la Ciudad de Davidʷ y llenaron de agua el estanque inferior;ˣ ¹⁰ inspeccionaron las casas de Jerusalén y derribaron algunas para reforzar la muralla. ¹¹ Entre las dos murallas hicieron una cisterna para el agua del estanque viejo. Pero no se fijaron en el que hizo todo aquello, el que desde hace mucho tiempo lo preparó.

¹² Ese día el Señor todopoderoso
los invitó a ustedes a llorar y a
lamentarse,
a raparse la cabeza
y a ponerse ropas ásperas en señal
de dolor.
¹³ Pero lo que hay es diversión y
alegría,
matar vacas y ovejas,
comer carne y beber vino.
"Comamos y bebamos,
que mañana moriremos"ʸ —dicen.
¹⁴ Y el Señor todopoderoso se me
apareció
y me aseguró al oído:
"No voy a perdonarles este pecado;
antes de eso morirán ustedes."
Son palabras del Señor
todopoderoso.

Contra el funcionario encargado del palacio

¹⁵ El Señor todopoderoso me dijo: "Ve a ver a Sebna,ᶻ mayordomo de palacio, y dile:

¹⁶ '¿Qué negocio tienes aquí, o quién te
dio el derecho
de construirte aquí un sepulcro,
de hacerte una tumba en la parte
alta
y cavarte en la roca un lugar de
reposo?
¹⁷ El Señor te va a arrojar muy lejos,
como lo hace un hombre robusto.
Te agarrará con fuerza,
¹⁸ te hará rodar como una pelota
y te arrojará a una tierra inmensa.
Allá morirás,
allá pararán los carros que eran tu
gloria,
y serás la vergüenza del palacio de
tu señor.
¹⁹ Yo te quitaré de tu puesto,
te retiraré de tu oficio.

²⁰ 'En ese día llamaré a mi siervo,
a Eliaquim, hijo de Hilcías;
²¹ lo vestiré con tu túnica,
le pondré tu cinturón de honor
y le daré tu autoridad.
Será como un padre para los
habitantes de Jerusalén
y para el pueblo de Judá.
²² En sus hombros le pondré
la llave de la casa de David;
nadie podrá cerrar lo que él abra
ni abrir lo que él cierre.ᵃ
²³ Él será como un trono de honor
para la familia de su padre.
Yo haré que quede firme en su
lugar,
como si fuera un clavo.
²⁴ En él se podrá colgar todo lo que
haya de valioso
en la familia de su padre
y de toda su descendencia,
toda clase de vajilla pequeña,
desde copas hasta jarros.

²⁵ 'En ese día,
cederá el clavo que estaba clavado
firmemente en su lugar;
será arrancado y se caerá,
y todas las cosas que de él estaban
colgadas, se romperán.' "
Lo afirma el Señor todopoderoso.

Profecía contra Tiro y Sidón

23 ¹ Profecía contra Tiro:[b]
Las naves de Tarsis están
gimiendo,
porque el puerto[46] ha sido destruido.
El puerto a donde se llegaba de
Chipre
ha sido arrasado.
² La gente de Tiro y los comerciantes
de Sidón guardan silencio.
Sus agentes atravesaban el mar
³ y sus aguas inmensas.
Sacaban sus ganancias
del grano de Sihor, de las cosechas
del Nilo,
y comerciaban con las naciones.
⁴ Llénate de vergüenza, Sidón,
fortaleza del mar,
pues tendrás que decir:
"Ya no tengo dolores de parto, ya
no doy a luz.
Ya no tengo hijos que criar
ni hijas que educar."
⁵ Cuando llegue la noticia a los
egipcios,
se llenarán de angustia por lo que le
pasó a Tiro.
⁶ Dirán: "Váyanse a Tarsis,
pónganse a gemir, habitantes de la
costa."

⁷ ¿Es ésta la ciudad de origen tan
antiguo
y tan amiga de las diversiones?
¿Es ésta la que viajaba
para establecerse en lejanas
regiones?
⁸ ¿Quién decretó esto contra Tiro,
la ciudad real,
cuyos comerciantes eran príncipes,
y sus negociantes los más poderosos
de la tierra?
⁹ El Señor todopoderoso lo decretó
para humillar todo orgullo
y dejar por el suelo a todos los
poderosos de la tierra.
¹⁰ Pueblo de Tarsis, ponte a cultivar la
tierra,[47]
que el astillero ya no existe.
¹¹ El Señor extendió su mano sobre el
mar,

hizo temblar a las naciones
y mandó destruir las fortificaciones
de Canaán.
¹² Y dijo a Sidón:
"Déjate de diversiones, muchacha
violada.
Aunque resuelvas pasar hasta
Chipre,
tampoco allí encontrarás descanso."

¹³ Miren esta tierra,
tierra destinada a naves.
Los caldeos levantaron torres
y demolieron los palacios de Sidón,
los convirtieron en ruinas.
Ellos fueron los culpables, no
Asiria.[48]

¹⁴ Pónganse a gemir, naves de Tarsis,
porque su fortaleza ha sido
destruida.

¹⁵ En ese tiempo Tiro será echada al olvido durante setenta años, el tiempo que
dura la vida de un rey. Al cabo de esos
setenta años se le aplicará a Tiro lo que
dice aquella canción de la prostituta:

¹⁶ "Prostituta olvidada,
toma tu arpa, recorre la ciudad,
toca buena música, entona muchos
cantos,
a ver si se acuerdan de ti."

¹⁷ Al cabo de setenta años el Señor volverá a ocuparse de Tiro. Ella volverá a al-
quilarse y se prostituirá con todos los
países de la tierra. ¹⁸ Pero las ganancias de
su comercio serán consagradas al Señor;
no serán guardadas ni almacenadas, sino
que serán dadas a los que sirven al Señor,
para que compren alimentos en abundancia y vestidos finos.

El juicio sobre toda la tierra

24 ¹ Miren, el Señor va a arrasar la
tierra,
va a devastarla y trastornarla,
y dispersará a sus habitantes.
² Y será igual para el sacerdote y el
pueblo,
para el amo y el esclavo,
para el ama y la esclava,
para el que compra y el que vende,
para el que presta y el que recibe
prestado,
para el deudor y el acreedor.
³ La tierra será totalmente arrasada,
totalmente saqueada.

---

⁴⁶ *El puerto:* texto probable. Heb. *sin casa.*   ⁴⁷ *La tierra:* según un manuscrito antiguo y la versión griega. Heb. *pasa (o desborda) su tierra como el Nilo.*   ⁴⁸ *Miren esta tierra . . . no Asiria:* traducción probable. Heb. oscuro.
b **23.1-18** Ez 26.1—28.19; Jl 3.4-8; Am 1.9-10; Zac 9.1-4; Mt 11.21-22; Lc 10.13-14.

Porque esto es lo que ha dicho el
Señor.
⁴ La tierra se seca y se marchita,
el mundo entero se reseca, se
marchita,
y el cielo y la tierra⁴⁹ se llenan de
tristeza.
⁵ La tierra ha sido profanada por sus
habitantes,
porque han dejado de cumplir las
leyes,
han desobedecido los mandatos,
han violado el pacto eterno.
⁶ Por eso, una maldición ha acabado
con la tierra,
y sus habitantes sufren el castigo.
Por eso, los habitantes de la tierra
han disminuido,
y queda poca gente.

⁷ El vino escasea, los viñedos se
enferman,
los que vivian alegres se llenan de
tristeza.
⁸ Se terminó la alegría de los
tambores y del arpa,
se calló el bullicio de los amigos de
la diversión.
⁹ No más beber vino al son de las
canciones;
las bebidas se volverán amargas
para los bebedores.
¹⁰ La ciudad del desorden está en
ruinas,
no se puede entrar en ninguna casa.
¹¹ La gente llora en las calles por la
escasez de vino;
toda la alegría se ha apagado,
ha quedado desterrada de la tierra.
¹² La ciudad está en ruinas,
la puerta quedó hecha pedazos.
¹³ Asi será en todas las naciones de la
tierra:
como cuando se hacen caer a golpes
las aceitunas,
o cuando se rebuscan las uvas
una vez terminada la cosecha.

¹⁴ Los sobrevivientes gritarán llenos de
alegría,
levantarán la voz desde occidente
al ver la majestad del Señor.
¹⁵ También en el oriente
y en los países del mar
darán gloria al Señor, el Dios de
Israel.
¹⁶ Desde el extremo de la tierra los
hemos oído cantar:
"¡Honor al justo!"

Pero yo dije: ¡Ay, qué miseria, qué
miseria!

¡Los traidores cometen una vil
traición!
¹⁷ Los habitantes de la tierra
serán como animales perseguidos
por los cazadores
o en peligro de caer en un hoyo o
una trampa.
¹⁸ El que escape de los cazadores caerá
en el hoyo,
y el que salga del hoyo caerá en la
trampa.ᶜ
Un diluvio caerá del cielo
y temblarán los cimientos de la
tierra.

¹⁹ La tierra temblará terriblemente,
se sacudirá, se hará pedazos.
²⁰ Se tambaleará como un borracho,
temblará como una débil choza.
Sus pecados pesan tanto sobre ella
que caerá y no volverá a levantarse.
²¹ En ese día el Señor castigará
a los poderes celestiales
y a los reyes de la tierra;
²² los reunirá, los encerrará en un
calabozo,
los tendrá encarcelados,
y después de mucho tiempo los
castigará.
²³ Cuando el Señor todopoderoso
actúe como rey
en el monte Sión, en Jerusalén,
el sol y la luna se oscurecerán
y los jefes de su pueblo verán la
gloria del Señor.

Canto de alabanza a Dios

25 ¹ Señor, tú eres mi Dios;
yo te alabo y bendigo tu nombre,
porque has realizado tus planes
admirables,
fieles y seguros desde tiempos
antiguos.
² Has convertido las ciudades en
montones de piedras,
las ciudades fortificadas en ruinas;
destruiste los palacios de los
enemigos,
y no serán reconstruidos jamás.
³ Por esto un pueblo violento te
honra,
las ciudades de gente cruel te
temen.
⁴ Porque tú has sido un refugio para
el pobre,
un protector para el necesitado en
su aflicción,
refugio contra la tempestad,
sombra contra el calor.
El aliento de los hombres crueles

---

⁴⁹ Y el cielo y la tierra: texto probable. Heb. y las alturas del pueblo de la tierra.
ᶜ 24.17-18 Jer 48.43-44.

es como una tempestad de
invierno,[50]
[5] o como el calor en tierra seca.
Tú dominas el tumulto de los
enemigos
como calmas el calor con la sombra
de una nube.
Tú obligas a los hombres crueles a
guardar silencio.

[6] En el monte Sión, el Señor
todopoderoso
preparará para todas las naciones
un banquete con ricos manjares y
vinos añejos,
con deliciosas comidas y los más
puros vinos.
[7] En este monte destruirá el Señor
el velo que cubría a todos los
pueblos,
el manto que envolvía a todas las
naciones.
[8] El Señor destruirá para siempre la
muerte,[d]
secará las lágrimas de los ojos de
todos[e]
y hará desaparecer en toda la tierra
la deshonra de su pueblo.
El Señor lo ha dicho.

[9] En ese día se dirá:
"Este es nuestro Dios,
en él confiamos y él nos salvó.
Alegrémonos, gocémonos, él nos ha
salvado."

[10] La mano del Señor protegerá al
monte Sión,
mientras que a Moab[f] la pisoteará
como se pisotea la paja en un
basurero.
[11] Moab extenderá sus brazos
como los extiende un nadador,
pero con cada movimiento
se hundirá más su altanería.
[12] El Señor hará caer
sus altas y fuertes murallas;
las derribará,
las dejará tiradas por el suelo.

Canto de victoria

26 [1] En ese día se cantará este canto
en la tierra de Judá:

"Tenemos una ciudad fuerte;
para salvarnos,
el Señor levantó murallas y
fortificaciones.
[2] Abran las puertas para que pase una
nación justa
que se mantiene fiel.[g]

[3] Señor, tú conservas en paz a los de
carácter firme,
porque confían en ti.
[4] Confíen siempre en el Señor,
porque él es refugio eterno.
[5] Él hace caer a los orgullosos,
y humilla a la ciudad soberbia
derribándola hasta el suelo,
[6] para que los humildes y los pobres
la pisoteen con sus pies."

[7] El camino de los justos es recto;
tú, Señor, haces llano su camino.
[8] Nosotros también nos sentimos
seguros
en el camino señalado por tus leyes,
Señor.
Lo que nuestro corazón desea es
pensar en ti.
[9] De todo corazón suspiro por ti en la
noche;
desde lo profundo de mi ser te
busco.
Cuando tú juzgues la tierra,
los hombres aprenderán lo que es
justicia.
[10] Aunque tengas compasión de los
malos,
ellos no aprenderán a ser rectos;
son perversos en tierra de gente
honrada
y no tienen en cuenta la grandeza
del Señor.
[11] Señor, tienes el castigo preparado,
pero ellos no quieren darse cuenta;
cuando vean tu ardiente amor por
tu pueblo,
quedarán en ridículo.
¡Ojalá que el fuego de tu ira los
devore![h]
[12] Señor, tú nos concedes bienestar;
eres tú, en verdad,
quien realizas todas nuestras obras.
[13] Señor y Dios nuestro,
otros señores han sido nuestros
amos,
pero sólo a ti te reconocemos por
Señor.
[14] Ellos están muertos, no volverán a
vivir;
no son más que sombras, y no
volverán a levantarse;
pues los has castigado, los has
destruido,
has acabado con todo recuerdo de
ellos.
[15] Tú hiciste crecer la nación, Señor;
la hiciste crecer para gloria tuya,

[50] *Invierno*: texto probable. Heb. *pared.*
[d] **25.8** 1 Co 15.54.   [e] **25.8** Ap 7.17; 21.4.   [f] **25.10–12** Is 15.1—16.14; Jer. 48.1–47. Ez 25.8–11; Am 2.1–3; Sof 2.8–11.
[g] **26.2** Sal 118.19–20.   [h] **26.11** He 10.27.

extendiste todas las fronteras del país.

¹⁶ En la aflicción te buscamos, Señor,
cuando nos corriges con un simple
murmullo.⁵¹

¹⁷ Delante de ti estábamos, Señor,
como cuando a una mujer encinta
se le acerca el momento del parto
y se retuerce y grita de dolor.

¹⁸ Concebimos, sentimos los dolores
del parto
y dimos a luz, pero no era más que
viento.
No hemos traído la salvación al país,
ni va a nacer gente que pueble el
mundo.

¹⁹ Pero tus muertos sí volverán a vivir,
sus cadáveres resucitarán.
Los que duermen en la tierra se
despertarán
y darán gritos de alegría.
Porque tú envías tu luz como rocío
y los muertos volverán a nacer de la
tierra.ⁱ

²⁰ Ve, pueblo mío, entra en tu casa
y cierra las puertas detrás de ti.
Escóndete un poco, hasta que pase
la ira del Señor.

²¹ Porque el Señor va a salir de su
palacio
para castigar por sus pecados
a los habitantes de la tierra,
y la tierra no ocultará más sus
víctimas
sino que dejará ver los crímenes
cometidos en ella.

Liberación de Israel

27 ¹ En ese día el Señor castigará
con su espada terrible, inmensa,
poderosa,
a Leviatán,ʲ la serpiente enroscada,
a Leviatán, la serpiente tortuosa,
y matará al dragón que está en el
mar.

² En ese día el Señor dirá:
"Canten al viñedo delicioso.

³ Yo, el Señor, soy quien lo cuido
y con frecuencia lo riego.
Lo cuido día y noche,
para que no sufra ningún daño.

⁴ No estoy enojado con él.
Si tuviera espinos y maleza,
saldría a hacerles la guerra
y los quemaría por completo.

⁵ Si quiere que yo lo proteja,
que haga las paces conmigo,
sí, que haga las paces conmigo."

⁶ En el futuro el pueblo de Jacob
echará raíces,
Israel retoñará y florecerá,
y llenará el mundo con sus frutos.

⁷ Dios no ha castigado a Israel
como castigó a sus opresores,
ni ha dado muerte a Israel
como dio muerte a sus asesinos.

⁸ Dios castigó a su pueblo
mandándolo al destierro,
lo expulsó con su soplo terrible,
como cuando sopla el viento del
este.

⁹ Pero perdonará el pecado de Jacob
y bajo esta condición borrará sus
faltas:
que haga polvo todos sus altares
paganos
como si triturara la piedra de cal,
y que no queden más troncos
sagrados
ni altares de incienso en honor de
los dioses.

¹⁰ La ciudad fortificada quedó en
ruinas,
como casa abandonada,
como desierto sin gente.
Es un lugar donde pasta el ganado,
donde come las ramas y se echa a
descansar.

¹¹ Las ramas de un árbol se quiebran
cuando se secan;
entonces las mujeres las recogen y
hacen fuego con ellas.
Es un pueblo sin inteligencia.
Por eso su Creador, el que lo hizo,
no le tendrá compasión ni
misericordia.

¹² En ese día el Señor actuará
desde el Éufrates hasta el río de
Egipto,
como quien trilla las espigas;
pero ustedes, israelitas, serán
recogidos uno por uno.

¹³ En ese día se tocará la gran
trompeta,ᵏ
y los que estaban perdidos en Asiria,
lo mismo que los que estaban
desterrados en Egipto,
vendrán a adorar al Señor
en Jerusalén, en el monte santo.

Advertencia a Samaria

28 ¹ ¡Ay de Samaria, orgullo y corona
de Efraín, ese pueblo borracho;
adorno glorioso de flores marchitas,
que se alza por encima del fértil
valle,

---

⁵¹ *En la aflicción . . . simple murmullo:* traducción probable. Otra posible traducción: *Señor, en la angustia con que nos castigaste murmuramos una oración.* Heb. oscuro.
ⁱ **26.19** Ez 37.   ʲ **27.1** Job 3.8; 41.1; Sal 74.14; 104.26.   ᵏ **27.13** Mt 24.31; 1 Ts 4.16.

ciudad de gente dominada por el
vino!
2 El Señor tiene reservado un hombre
fuerte,
poderoso como tormenta de granizo,
como tempestad destructora, como
lluvia torrencial,
como terrible inundación.
Con la mano echará por tierra,
3 y con los pies aplastará,
a la que es orgullo y corona
de ese pueblo borracho de Efraín.
4 Y ese adorno glorioso de flores
marchitas
que se alza por encima del fértil
valle,
será como los primeros higos de la
temporada:
que en cuanto alguien los ve
y los tiene a la mano, se los come.

5 En ese día
el Señor todopoderoso será una
corona gloriosa,
un adorno magnífico para los que
queden de su pueblo,
6 e inspirará justicia a los jueces en el
tribunal
y valor a los soldados que defiendan
la ciudad.

Advertencias y promesas a Jerusalén

7 También hay otros que se
tambalean por el vino
y dan traspiés por las bebidas
fuertes:
sacerdotes y profetas se tambalean
por las bebidas fuertes,
se atontan con el vino,
dan traspiés por las bebidas fuertes,
se tambalean al tener visiones
y están borrachos al dictar
sentencia.
8 Todas las mesas están llenas de
vómito asqueroso,
y no hay un solo lugar limpio.
9 Hablan de mí y dicen:
"¡Venir a darnos lecciones a
nosotros,
a enseñarnos lo que Dios ha
revelado!
¡Como si fuéramos niños chiquitos
10 que apenas estuvieran aprendiendo
a leer:
ba be bi bo bu!"[52]
11 Pues bien, si no hacen caso,
será en lenguaje enredado, en
idioma extraño,
como Dios hablará a este pueblo.

12 Ya él les había dicho antes:
"Aquí está la calma,
aquí está el descanso;
que descanse el fatigado."
Pero no quisieron hacerle caso.[l]
13 Por eso el Señor les hablará
como si fueran niños chiquitos
que estuvieran aprendiendo a leer.
Y así, al caminar, caerán de
espaldas,
se herirán, caerán en la trampa,
quedarán atrapados.

14 Escuchen, pues, la palabra del
Señor,
hombres insolentes
que gobiernan este pueblo de
Jerusalén.
15 Ustedes dicen:
"Hemos hecho un pacto con la
muerte,
un contrato con el reino de los
muertos,
para que cuando venga la terrible
calamidad,
no nos alcance;
hemos buscado refugio en las
mentiras,
protección en el engaño."

16 Por eso, el Señor dice:
"Voy a poner en Sión una piedra,
una piedra escogida y muy valiosa,
que será la piedra principal
y servirá de fundamento.
El que tenga confianza, podrá estar
tranquilo.[m]
17 En esa construcción usaré por
plomada la justicia
y por nivel la rectitud."

El refugio que ustedes habían
buscado en las mentiras
lo destruirá el granizo,
y el agua arrasará su lugar de
protección.
18 Su pacto con la muerte será
anulado,
y su contrato con el reino de los
muertos quedará sin valor.
Vendrá la terrible calamidad
y a ustedes los aplastará.
19 Cada vez que venga, los arrastrará.
Vendrá mañana tras mañana, de día
y de noche.
El solo oír la noticia los hará
temblar.
20 Será como acostarse en una cama
estrecha
y abrigarse con una manta corta.[53]
21 El Señor actuará como en el monte
Perazim,[n]

---

[52] O también las palabras que siguen pueden imitar en el texto hebreo el balbucear de los borrachos, quizá remedando los mensajes proféticos que no entendían.   [53] Al parecer el profeta está citando un proverbio conocido.
[l] 28.11-12 1 Co 14.21.   [m] 28.16 Sal 118.22-23; Ro 9.33; 10.11; 1 P 2.6.   [n] 28.21 2 S 5.20; 1 Cr 14.11.

intervendrá como en el valle de
Gabaón,[n]
para realizar su acción, por extraña
que parezca,
para llevar a cabo su obra, su obra
misteriosa.
[22] Así pues, ¡no más insolencia!,
no sea que sus cadenas se les
aprieten más;
porque he oído que el Señor
todopoderoso
ha decretado la destrucción de todo
el país.

[23] Pongan atención, escuchen lo que
digo,
oigan con cuidado mis palabras:
[24] Cuando un agricultor va a sembrar,
no se pasa todo el tiempo arando
o rompiendo o rastrillando su
terreno.
[25] ¿No es verdad que, después de
haberlo aplanado,
esparce semillas de eneldo o comino,
y que luego siembra trigo en hileras,
y que en los bordes siembra cebada
y centeno?
[26] Dios le enseña cómo debe hacerlo.
[27] Porque el eneldo no se trilla,
ni se hace rodar sobre el comino
una carreta;
sino que el eneldo se sacude con un
palo
y el comino con una vara.
[28] El trigo se trilla, sí, pero no sin
parar;
se hacen pasar las ruedas de la
carreta
y se separa el grano, pero sin
machacarlo.
[29] Así también hace sus planes el
Señor todopoderoso.
Él tiene planes admirables,
y los lleva a cabo con gran
sabiduría.

29 [1] ¡Ay de Ariel, Ariel,[54]
la ciudad donde acampó David!
Que pasen unos cuantos años
con sus series de fiestas,
[2] y yo pondré a Ariel en apuros,
y habrá llanto y gemidos.
La ciudad será para mí realmente
como Ariel.[55]
[3] Enviaré mi ejército para que te
rodee,
pondré un cerco de fortalezas en tu
derredor
y levantaré trincheras para atacarte.
[4] Quedarás humillada, tendida en el
suelo;
tu voz parecerá la de un fantasma;

tus palabras sonarán como un
susurro.
[5-6] Pero de repente, en un instante,
el Señor todopoderoso castigará a tus
enemigos
con truenos, terremotos, gran
estruendo,
tormenta, tempestad e incendios
destructores.
Tus innumerables enemigos quedarán
hechos polvo fino,
tus muchos perseguidores serán
arrastrados como paja.
[7] Todos esos pueblos incontables
que hacen la guerra a Ariel,
todos los que lo combaten
y atacan sus fortificaciones,
los mismos que lo oprimen,
serán como un sueño o una visión
nocturna.
[8] Será como cuando un hambriento
sueña
y cree que está comiendo,
pero luego se despierta con el
estómago vacío;
o como cuando un sediento sueña
y cree que está bebiendo,
pero luego se despierta con sed
y con la garganta reseca.
Así sucederá con todos esos
innumerables pueblos
que atacan el monte Sión.

[9] ¡Sigan ustedes siendo estúpidos!
¡Sigan siendo ciegos, sin ver nada!
¡Sigan tambaleándose como
borrachos,
aunque no hayan tomado bebidas
embriagantes!
[10] Pues el Señor ha enviado sobre
ustedes
un sueño profundo.
Los profetas son los ojos del pueblo,
pero el Señor los ha cubierto con un
velo.[o]
[11] Toda visión se ha convertido para
ustedes
en algo así como lo escrito
en un pliego enrollado y sellado.
Si alguien se lo da a uno que sabe
leer
y le dice: "Lee esto",
él responderá:
"No puedo, porque está sellado."
[12] Y si se lo da a uno que no sabe leer
y le dice: "Lee esto",
él responderá: "No sé leer."

[13] El Señor me dijo:
"Este pueblo me sirve de palabra
y me honra con la boca,
pero su corazón está lejos de mí,[p]

---

[54] *Ariel:* como nombre propio, esta palabra sirve aquí para designar a Jerusalén. Ez 43.15,16 se refiere al brasero del altar en que se quemaban las ofrendas.   [55] *Como Ariel:* otra posible traducción: *como un brasero del altar.* Véase nota en 29.1.
[n] **28.21** Jos 10.10–12.   [o] **29.10** Ro 11.8.   [p] **29.13** Mt 15.8–9; Mr 7.6–7.

y el culto que me rinde
son cosas inventadas por los
    hombres
y aprendidas de memoria.
[14] Por eso, con prodigios y milagros
dejaré otra vez maravillado a este
    pueblo.
La sabiduría de sus sabios
y la inteligencia de sus inteligentes
    desaparecerán."[q]

[15] ¡Ay de aquellos que se esconden del
    Señor
para ocultar sus planes,
que hacen sus maldades en la
    sombra
y dicen: "Nadie nos ve. Nadie se da
    cuenta"!
[16] ¡Qué modo de pervertir las cosas!
Como si el barro fuera igual
a aquel que lo trabaja.
Un objeto no va a decir al que lo
    hizo:
"Tú no me hiciste",
ni una pieza de barro al que la
    fabrica:
"No sabes lo que estás haciendo."[r]

Promesa de salvación a Israel

[17] Dentro de poco tiempo
el bosque se convertirá en campos
    de cultivo
y los campos de cultivo parecerán
    un bosque.[s]
[18] En ese día los sordos podrán oír
cuando alguien les lea,
y los ciegos podrán ver,
libres de oscuridad y de tinieblas.
[19] Los humildes volverán a alegrarse
    en el Señor,
los más pobres se gozarán
en el Dios Santo de Israel.
[20] Se acabarán los insolentes,
dejarán de existir los arrogantes
y desaparecerán los que sólo
    piensan en hacer el mal,
[21] esos que acusan de crímenes a
    otros,
y ponen trampas al juez,
y con engaños niegan justicia al
    inocente.

[22] Por eso, el Señor, el Dios de Israel,
el que rescató a Abraham, dice:
"De ahora en adelante Jacob no
    sentirá vergüenza,
ni su rostro se enrojecerá,
[23] porque cuando sus descendientes
vean lo que he hecho en su pueblo,
reconocerán mi santidad y me
    temerán a mí,
el Dios Santo de Israel.

[24] Los que estabar confundidos
aprenderán a ser sabios,
y los murmuradores aceptarán las
    enseñanzas."

Contra los que buscan apoyo en Egipto

30 [1] El Señor afirma:
"¡Ay de los hijos rebeldes,
que hacen planes sin contar
    conmigo
y preparan proyectos que yo no les
    inspiro,
de manera que amontonan pecado
    sobre pecado!
[2] Se van a toda prisa a Egipto,
y a mí no me consultan;
buscan apoyo bajo la protección del
    faraón,
se refugian bajo la sombra de
    Egipto.[t]
[3] Pero la protección del faraón los
    defraudará,
y el refugio a la sombra de Egipto
    será su humillación.
[4] Aunque ustedes hayan enviado
    embajadores
hasta las ciudades de Zoán y de
    Hanes,
[5] todos quedarán defraudados por esa
    nación inútil,
que no les trae ayuda ni provecho,
sino sólo desilusión y desgracia."

[6] Profecía acerca de los animales del
    Néguev:
Por territorio lleno de peligros,
habitado por leones que rugen,
por víboras y dragones voladores,
llevan sus tesoros y riquezas
a lomo de burro y de camello
a Egipto, pueblo inútil,
[7] impotente, incapaz de ayudar.
Por eso le he puesto este nombre:
"Monstruo que ruge y no hace
    nada".
[8] Ven ahora y escríbelo en una tabla,
ponlo en una inscripción
que quede ahí para el futuro,
como testimonio eterno.
[9] Esta gente es un pueblo rebelde,
    infiel,
que no quiere escuchar las
    enseñanzas de Señor.
[10] A los videntes dicen: "No tengan
    visiones",
y a los profetas: 'No nos cuenten
    revelaciones verdaderas;
háblennos palabras suaves;
no nos quiten nuestras ilusiones.
[11] Apártense del camino,
desvíense del sendero recto,

---

[q] **29.14** 1 Co 1.19.   [r] **29.16** Is 45.9; Jer 18.1-6; Ro 9.20-21.   [s] **29.17** Is 32.15.   [t] **30.1-5** Is 31.1-3; Jer 2.18,36.

no nos pongan delante al Dios
Santo de Israel."

¹² Por eso, el Dios Santo de Israel dice:
"Ustedes rechazan esta advertencia,
y confían en la violencia y la
maldad,
y se apoyan en ellas;
¹³ por eso, ustedes son culpables.
Parecen un alto muro agrietado
que cuando menos se piensa se
derrumba;
¹⁴ serán destruidos como un jarrón de
barro,
que se quiebra tan completamente
que no queda entre los pedazos
rotos
ni uno que sirva para recoger las
brasas del fogón
o para sacar agua de un pozo."

¹⁵ El Señor, el Dios Santo de Israel, dice:
"Vuelvan, quédense tranquilos y
estarán a salvo.
En la tranquilidad y la confianza
estará su fuerza."
Pero ustedes no quisieron,
¹⁶ sino que dijeron: "No, mejor
huiremos a caballo."
Bueno, así tendrán que huir.
También dijeron: "Montaremos en
carros veloces."
Bueno, veloces serán los que los
persigan. ᵘ
¹⁷ Mil huirán amenazados por un solo
hombre,
y todos ustedes huirán amenazados
por cinco,
hasta que queden tan pocos
como queda un palo en la cumbre
de un monte
o una señal levantada sobre una
colina.

Promesa de misericordia para el pueblo

¹⁸ Pero el Señor los espera, para tener
compasión de ustedes; él está ansioso por
mostrarles su amor, porque el Señor es un
Dios de justicia. ¡Dichosos todos los que
esperan en él!
¹⁹ Pueblo de Sión, que vives en Jerusalén: ya no llorarás más. El Señor tendrá
compasión de ti al oír que gritas pidiendo
ayuda, y apenas te oiga, te responderá.
²⁰ Y aunque el Señor te dé el pan del sufrimiento y el agua de la aflicción, él, que es
tu maestro, no se esconderá más; con tus
propios ojos lo verás. ²¹ Y si te desvías a la
derecha o a la izquierda, oirás una voz detrás de ti, que te dirá: "Por aquí es el camino, vayan por aquí." ²² Y despreciarás
como cosas impuras tus imágenes de plata

ᵘ **30.16** Is 31.1.

y tus ídolos recubiertos de oro. Los re-
chazarás como algo impuro y los conside-
rarás como basura. ²³ El Señor te dará lluvia para la semilla que siembres en la
tierra, y la tierra producirá trigo abundante y fértil. En ese día tu ganado tendrá
lugar en abundancia para pastar. ²⁴ Hasta
los bueyes y los burros que trabajan en
tus campos tendrán para comer el mejor y
más exquisito forraje. ²⁵ Cuando llegue el
día de la gran matanza y caigan las fortalezas, habrá ríos y torrentes de agua en
todas las altas montañas y en las colinas
elevadas. ²⁶ El Señor curará y vendará las
heridas de su pueblo. Entonces la luna
alumbrará como el sol, y la luz del sol será
siete veces más fuerte, como la luz de
siete soles juntos.

Castigo de Asiria

²⁷ Miren, el Señor en persona viene de
lejos;
su furor está ardiendo con espesa
humareda,
sus labios están llenos de ira,
su lengua es como fuego destructor,
²⁸ su aliento es como un río
desbordado
que llega hasta el cuello;
él viene a poner un yugo a las
naciones
para llevarlas a la ruina,
a poner un freno en la boca de los
pueblos
para hacerlos extraviar.
²⁹ Para ustedes, en cambio, habrá
cantos,
como en noche de fiesta sagrada;
su corazón estará alegre,
como el de quien camina al son de
la flauta
para ir al monte del Señor,
al refugio de Israel.
³⁰ El Señor dejará oír su voz
majestuosa
y mostrará su poder, que actuará
con ira terrible,
con las llamas de un fuego
devorador,
con rayos, aguacero y granizo.
³¹ Al oír la voz del Señor y recibir su
castigo,
Asiria se llenará de terror,
³² y a cada golpe que descargue el
Señor sobre ella,
sonarán tambores y arpas.
El Señor le hará una guerra terrible.
³³ Desde hace mucho tiempo
está preparado para Asiria y para su
rey
el lugar del tormento, ancho y
profundo,

una hoguera encendida con leña
abundante.
La encenderá el soplo del Señor,
como un torrente de azufre.

Contra los que buscan ayuda en Egipto

31 ¹ ¡Ay de los que van a Egipto a
buscar ayuda,ᵛ
de los que confían en los caballos,
de los que ponen su confianza en
que tienen muchos carros
y en que es muy numerosa su
caballería,
y no vuelven la vista al Dios Santo
de Israel,
no buscan al Señor!ʷ
² Pero él también es hábil y sabe
causar desgracias,
y cuando dice una cosa, no se
vuelve atrás.
Él actuará contra la gente malvada,
contra los que ayudan a los
malhechores.
³ Los egipcios son hombres, no dioses;
sus caballos son de carne, no
espíritus.
El Señor extenderá su mano para
castigarlos,
y tanto el protector como el
protegido caerán;
todos perecerán a la vez.

⁴ El Señor me dijo:
"Así como un león que ha matado
una oveja
no se deja asustar por los pastores,
aunque todos ellos se reúnan
y traten de asustarlo con sus gritos,
así vendrá el Señor todopoderoso
a defender a su pueblo en el monte
Sión.
⁵ Como el ave que protege su nido
volando encima de él,
así protegerá el Señor todopoderoso
a Jerusalén;
la cuidará, la salvará,
la defenderá, la librará."

⁶ Hijos de Israel, vuelvan a aquel
a quien han ofendido tan
gravemente.
⁷ Porque el día en que todos ustedes
rechacen los ídolos de oro y de plata
que han hecho con sus manos
culpables,
⁸ Asiria caerá a filo de espada,
pero no por un poder humano.
La guerra hará huir a su gente,
y a sus jóvenes guerreros los harán
esclavos;

⁹ a causa del miedo, su rey saldrá
corriendo
y sus capitanes desertarán de su
bandera.
Esto lo afirma el Señor,
que en Jerusalén tiene una hoguera
para castigar a sus enemigos.⁵⁶

Reino de justicia

32 ¹ Habrá un rey que reinará con
rectitud
y gobernantes que gobernarán con
justicia.
² Cada uno de ellos será como refugio
contra el viento
y protección contra la tempestad,
como canales de riego en tierra
seca,
como la sombra de una gran roca en
el desierto.
³ Tendrán los ojos bien abiertos
y estarán dispuestos a escuchar con
atención;
⁴ no actuarán con precipitación sino
con prudencia,
y dirán las cosas con toda claridad.
⁵ La gente no llamará noble al canalla
ni tratará al pícaro como persona de
importancia.
⁶ Porque el canalla habla como
canalla
y en su mente hace planes
malvados;
busca cometer el crimen
y habla mentiras contra el Señor;
deja ir con las manos vacías al
hambriento
y no da de beber al que tiene sed.
⁷ El que es pícaro se vale de
artimañas
y trama cosas infames;
perjudica con mentiras a los pobres
y al necesitado que pide justicia.
⁸ En cambio, el que es noble tiene
planes nobles,
y en esos planes se mantiene firme.

Contra las mujeres frívolas

⁹ Y ustedes, mujeres despreocupadas,
oigan lo que les voy a decir.
Mujeres confiadas, escuchen mis
palabras.
¹⁰ Ahora están confiadas,
pero dentro de poco más de un año
se estremecerán,
porque se terminará la cosecha
y no recogerán más uvas.
¹¹ Ustedes que viven despreocupadas,
tiemblen;

---

⁵⁶ *Que en Jerusalén . . . enemigos: lit. que en Sión tiene una lumbre, y un horno en Jerusalén.*
ᵛ **31.1-3** Is 30.1-5.   ʷ **31.1** Pr 21.31; Is 30.16; Os 1.7.

ustedes que se sienten confiadas,
estremézcanse,
quítense esos vestidos
y pónganse ropas ásperas en señal
de dolor.
¹² Hagan demostraciones de dolor
por los campos risueños y los fértiles
viñedos.
¹³ Espinos y matorrales crecerán en mi
país,
en toda casa alegre de la ciudad
amiga de las diversiones.
¹⁴ El palacio estará abandonado;
la ciudad, tan poblada, quedará
desierta;
las fortificaciones, abandonadas para
siempre;
allí vivirán contentos los asnos
salvajes,
y podrá comer el ganado.

¹⁵ Pero el poder creador del Señor
vendrá de nuevo sobre nosotros,
y el desierto se convertirá en tierra
de cultivo,
y la tierra de cultivo será mucho
más fértil.ˣ
¹⁶ La rectitud y la justicia reinarán
en todos los lugares del país.
¹⁷ La justicia producirá paz,
tranquilidad y confianza para
siempre.
¹⁸ Mi pueblo vivirá en un lugar
pacífico,
en habitaciones seguras,
en residencias tranquilas,
¹⁹ aunque el bosque sea talado⁵⁷
y humillada la ciudad.
²⁰ Ustedes vivirán felices,
con riego abundante para sus
sembrados
y pastos seguros para el burro y el
buey.

Esperanza en el Señor

33 ¹ ¡Ay de ti, destructor no destruido;
traidor no traicionado!
Cuando acabes de destruir, serás
destruido,
cuando acabes de traicionar, serás
traicionado.
² Señor, ten compasión de nosotros,
que esperamos en ti.
Sé nuestro apoyo todas las
mañanas,
nuestra salvación en tiempos de
dificultad.
³ Al oír tus amenazas huyen los
pueblos,

cuando tú intervienes se dispersan
las naciones;
⁴ sus enemigos, como nube de
langostas,
se lanzan sobre ellos y les quitan sus
riquezas.
⁵ El Señor es soberano, pues vive en
el cielo;
él ha llenado a Sión de rectitud y
justicia,
⁶ y siempre le dará seguridad.
La sabiduría y el conocimiento son
un tesoro que salva;
el temor del Señor es una riqueza.

⁷ ¡Oye cómo gritan los valientes en la
calle
y cómo lloran los enviados a
negociar la paz!
⁸ Los caminos están desiertos,
nadie transita por ellos.
Se rompen los pactos y convenios;⁵⁸
no hay respeto para nadie.
⁹ La tierra está de luto y triste,
el Líbano se marchita avergonzado,
el valle de Sarón se ha convertido
en un desierto,
Basán y el monte Carmelo están
pelados.

¹⁰ El Señor dice:
"Ahora voy a actuar;
ahora voy a mostrar toda mi
grandeza y majestad.
¹¹ Los planes y las obras de ustedes
son paja y basura;
mi soplo⁵⁹ los devorará como un
incendio.
¹² Los pueblos serán reducidos a
cenizas;
como espinos cortados arderán en el
fuego.
¹³ Los que están lejos escuchen lo que
he hecho,
y los que están cerca reconozcan mi
poder."

¹⁴ En Sión tiemblan los pecadores,
y los impíos se llenan de terror y
dicen:
"¿Quién de nosotros puede vivir
en un fuego destructor, en una
hoguera eterna?"

¹⁵ El que procede rectamente y dice la
verdad,
el que no se enriquece abusando de
la fuerza
ni se deja comprar con regalos,
el que no hace caso a sugerencias
criminales

⁵⁷ *Sea talado:* según versiones antiguas. Heb. *granizo al caer.* ⁵⁸ Y *convenios:* traducción probable. Heb. *He ahí, helos ahí.* ⁵⁹ *Mi soplo:* según versiones antiguas. Heb. *el soplo de ustedes.*
ˣ **32.15** Is 29.17.

y cierra los ojos para no fijarse en el mal,ʸ
¹⁶ ése vivirá seguro,
tendrá su refugio en una fortaleza de rocas,
siempre tendrá pan y el agua no le faltará.

¹⁷ De nuevo verás al rey en su esplendor;
las fronteras del país llegarán hasta muy lejos.
¹⁸ Al recordar el miedo en que vivías, dirás:
"¿Dónde está el que contaba los impuestos?
¿Dónde está el que comprobaba el peso?
¿Dónde está el que contaba las torres?"
¹⁹ Ya no vivirás entre un pueblo insolente,
de lengua difícil de entender,
de idioma enredado, que nadie comprende.
²⁰ Mira a Sión, la ciudad de nuestras fiestas;
dirige tus ojos a Jerusalén, ciudad segura;
será como un campamento firme,
cuyas estacas no se arrancarán
ni se romperán sus cuerdas.
²¹ Ahí se muestra glorioso el Señor con nosotros.
Es un lugar de ríos, de corrientes muy anchas,
pero no lo invadirán los enemigos
con sus barcos de remo y sus naves poderosas.
²²⁻²³ Las cuerdas de esas naves
no pueden sostener el mástil;
la vela no se puede extender.
Arrebataremos tantas riquezas a los enemigos,
que hasta el ciego recibirá su parte
y los lisiados se dedicarán al saqueo.
Porque el Señor es nuestro juez,
nuestro legislador y nuestro rey,
y él nos salvará.
²⁴ Ningún habitante dirá: "Estoy enfermo."
Dios perdonará los pecados a los habitantes de Sión.

Castigo de Dios sobre Edom

34 ¹ Acérquense, pueblos, a escuchar; naciones, presten atención.
Que escuche la tierra y lo que hay en ella,
el mundo y todo lo que él produce.

² Porque el Señor está enojado
con las naciones y con todos sus ejércitos,
y los ha condenado a destrucción y muerte.
³ Los muertos serán abandonados,
el mal olor se levantará de los cadáveres
y ríos de sangre correrán por las montañas.
⁴ Todos los astros del cielo se desintegrarán,
el cielo se envolverá como un rollo
y todas las estrellas se apagarán,
como se marchita y cae una hoja desprendida
de una vid o de una higuera.ᶻ
⁵ Sí, la espada del Señor aparece en el cielo
y va a caer sobre Edom,ᵃ
pueblo condenado a muerte.
⁶ La espada del Señor se cubrirá de sangre y de grasa,
como cuando se matan corderos y cabras en los sacrificios.
El Señor va a hacer un sacrificio en Bosra,
una gran matanza en Edom.
⁷ Y caerán como los búfalos,
los becerros y los toros;
su tierra se empapará de sangre,
y el polvo se llenará de grasa.
⁸ Sí, será el día de la venganza del Señor,
el año del desquite, para la causa de Sión.
⁹ Los arroyos de Edom se convertirán en brea,
su polvo en azufre;
la tierra arderá como brea.
¹⁰ No se apagará ni de día ni de noche;
siempre se levantará su humareda.ᵇ
Por siglos y siglos quedará abandonada;
nadie volverá a pasar jamás por allí.
¹¹ Allí se instalarán el búho y el mochuelo,
y harán sus nidos el cuervo y la lechuza.
El Señor convertirá ese país
en desierto y soledad.
¹² No volverá a tener un rey que lo gobierne;
todos sus jefes desaparecerán.
¹³ En sus palacios crecerán espinos,
y ortigas y cardos en sus fortalezas.
Será un lugar donde vivan los chacales
y se refugien los avestruces.
¹⁴ Los gatos monteses harán compañía a los chacales,

ʸ 33.15 Sal 15.2–5; 24.3–5.   ᶻ 34.4 Ap 6.13–14.   ᵃ 34.5–17 Is 63.1–6; Jer 49.7–22; Ez 25.12–14; 35.1–15; Am 1.11–12; Abd 1–14; Mal 1.2–5.   ᵇ 34.10 Ap 14.11; 19.3.

las cabras se llamarán unas a otras.
Allí habitará el fantasma que
    espanta de noche,
y encontrará sitio para descansar.
¹⁵ Allí el búho hará su nido,
pondrá sus huevos y sacará sus
    crías,
y las reunirá para protegerlas.
Allí también se reunirán los
    gavilanes,
cada macho con su hembra.
¹⁶ Consulten el libro del Señor y lean:
No faltará ni uno solo de esos
    animales,
y a ninguno le faltará su hembra,
porque el Señor mismo lo ha
    dispuesto
y con su soplo los reunirá.
¹⁷ A cada uno le ha señalado su lugar,
con su mano le ha asignado su
    territorio,
y lo ocuparán por siempre;
por siglos y siglos vivirán allí.

Regreso del pueblo a Sión

35 ¹ Que se alegre el desierto, tierra
        seca;
que se llene de alegría, que florezca,
² que produzca flores como el lirio,
que se llene de gozo y alegría.
Dios lo va a hacer tan bello como el
    Líbano,
tán fértil como el Carmelo y el valle
    de Sarón.
Todos verán la gloria del Señor,
la majestad de nuestro Dios.
³ Fortalezcan a los débiles,
den valor a los cansados,ᶜ
⁴ digan a los tímidos:
"¡Animo, no tengan miedo!
¡Aquí está su Dios para salvarlos,
y a sus enemigos los castigará como
    merecen!"
⁵ Entonces los ciegos verán
y los sordos oirán;
⁶ los lisiados saltarán como venados
y los mudos gritarán.ᵈ
En el desierto, tierra seca,
brotará el agua a torrentes.
⁷ El desierto será un lago,
la tierra seca se llenará de
    manantiales.
Donde ahora viven los chacales,
crecerán cañas y juncos.
⁸ Y habrá allí una calzada
que se llamará "el camino sagrado".
Los que no estén purificados
no podrán pasar por él;
los necios no andarán por él.ᵉ
⁹ Allí no habrá leones
ni se acercarán las fieras.

Por ese camino volverán los
    libertados,
¹⁰ los que el Señor ha redimido;
entrarán en Sión con cantos de
    alegría,
y siempre vivirán alegres.
Hallarán felicidad y dicha,
y desaparecerán el llanto y el dolor.ᶠ

La invasión de Senaquerib
(2 R 18.13–37; 2 Cr 32.1–19)

36 ¹ En el año catorce del reinado de
        Ezequías, Senaquerib, rey de Asiria,
atacó a todas las ciudades fortificadas de
Judá y las tomó. ² Desde Laquis envió a
un alto oficial, con un poderoso ejército, a
ver al rey Ezequías en Jerusalén, y se colocaron junto al canal del estanque superior, en el camino que va al campo del Lavador de Paños. ³ Allá salieron a su
encuentro Eliaquim, hijo de Hilcías, que
era mayordomo de palacio; el cronista
Sebna; y Joa, hijo de Asaf, el secretario
del rey. ⁴ El oficial asirio les dijo:
—Comuniquen a Ezequías este mensaje
del gran rey, el rey de Asiria: '¿De qué te
sientes tan seguro? ⁵ ¿Piensas acaso que
las palabras bonitas valen lo mismo que la
táctica y la fuerza para hacer la guerra?
¿En quién confías para rebelarte contra
mí? ⁶ Veo que confías en el apoyo de
Egipto. Pues bien, Egipto es una caña astillada,ᵍ que si uno se apoya en ella, se le
clava y le atraviesa la mano. Eso es el faraón, rey de Egipto, para todos los que
confían en él. ⁷ Y si me dices: Nosotros
confiamos en el Señor nuestro Dios,
¿acaso no suprimió Ezequías los lugares
de culto y los altares de ese Dios, y ordenó
que la gente de Judá y Jerusalén le diera
culto solamente en un altar? ⁸ Haz un
trato con mi amo, el rey de Asiria: yo te
doy dos mil caballos, si consigues jinetes
para ellos. ⁹ Tú no eres capaz de hacer
huir ni al más insignificante de los oficiales asirios, ¿y esperas conseguir jinetes y
caballos en Egipto? ¹⁰ Además, ¿crees que
yo he venido a atacar y destruir este país
sin contar con el Señor? ¡El fue quien me
ordenó atacarlo y destruirlo!'
¹¹ Eliaquim, Sebna y Joa respondieron al
oficial asirio:
—Por favor, háblenos usted en arameo,
pues nosotros lo entendemos. No nos
hable usted en hebreo, pues toda la gente
que hay en la muralla está escuchando.
¹² Pero el oficial asirio dijo:
—No fue a tu amo, ni a ustedes, a
quienes el rey de Asiria me mandó que dijera esto. Fue precisamente a la gente que
está sobre la muralla, pues ellos, lo mismo

ᶜ **35.3** He 12.12. ᵈ **35.5–6** Mt 11.5; Lc 7.22. ᵉ **35.6–8** Is 41.18; 43.19–20; 44.3–4. ᶠ **35.10** Is 51.11. ᵍ **36.6** 2 R 18.21;
Ez 29.6–7.

que ustedes, tendrán que comerse su propio estiércol y beberse sus propios orines. [13] Entonces el oficial, de pie, gritó bien fuerte en hebreo:

—Oigan lo que les dice el gran rey, el rey de Asiria: [14] 'No se dejen engañar por Ezequías; él no puede salvarlos.' [15] Si Ezequías quiere convencerlos de que confíen en el Señor, y les dice: 'El Señor ciertamente nos salvará; él no permitirá que esta ciudad caiga en poder del rey de Asiria', [16] no le hagan caso. El rey de Asiria me manda a decirles que hagan las paces con él, y que se rindan, y así cada uno podrá comer del producto de su viñedo y de su higuera y beber el agua de su propia cisterna. [17] Después los llevará a un país parecido al de ustedes, un país de trigales y viñedos, para hacer pan y vino. [18] Si Ezequías les dice que el Señor los va a salvar, no se dejen engañar por él. ¿Acaso alguno de los dioses de los otros pueblos pudo salvar a su país del poder del rey de Asiria? [19] ¿Dónde están los dioses de Hamat y de Arfad? ¿Dónde están los dioses de Sefarvaim? ¿Acaso pudieron salvar del poder de Asiria a Samaria? [20] ¿Cuál de todos los dioses de esos países pudo salvar a su nación del poder del rey de Asiria? ¿Por qué piensan que el Señor puede salvar a Jerusalén?

[21] Ellos se quedaron callados y no le respondieron ni una palabra, porque el rey había ordenado que no respondieran nada. [22] Entonces, afligidos, Eliaquim, mayordomo de palacio; Sebna, cronista; y Joa, secretario del rey, se rasgaron la ropa y se fueron a ver a Ezequías para contarle lo que había dicho el comandante asirio.

El Señor libra a Judá del invasor
(2 R 19.1–37; 2 Cr 32.20–23)

37 [1] Cuando el rey Ezequías oyó esto, se rasgó sus vestiduras, se puso ropas ásperas en señal de dolor y se fue al templo del Señor. [2] Y envió a Eliaquim, mayordomo de palacio, al cronista Sebna y a los sacerdotes más ancianos, con ropas ásperas en señal de dolor, a ver al profeta Isaías, hijo de Amoz, [3] y a decirle de parte del rey: "Hoy estamos en una situación de angustia, castigo y humillación; como una mujer que, a punto de dar a luz, se quedara sin fuerzas. [4] Ojalá el Señor tu Dios haya oído las palabras del oficial enviado por su amo, el rey de Asiria, para insultar al Dios viviente, y ojalá lo castigue por las cosas que el Señor mismo, tu Dios, habrá oído. Ofrece, pues, una oración por los que aún quedan."

[5] Los funcionarios del rey Ezequías fueron a ver a Isaías, [6] e Isaías les encargó que respondieran a su amo: "El Señor dice: 'No tengas miedo de esas palabras ofensivas que dijeron contra mí los criados del rey de Asiria. [7] Mira, yo voy a hacer que llegue a él un rumor que lo obligue a volver a su país, y allí lo haré morir asesinado.' "

[8] El oficial asirio se enteró de que el rey de Asiria se había ido de la ciudad de Laquis. Entonces se fue de Jerusalén, y encontró al rey de Asiria atacando a Libna. [9] Allí el rey de Asiria oyó decir que el rey Tirhaca de Etiopía había emprendido una campaña militar contra él. Una vez más, el rey de Asiria envió embajadores al rey Ezequías de Judá, a decirle: [10] "Tu Dios, en el que tú confías, te asegura que Jerusalén no caerá en mi poder; pero no te dejes engañar por él. [11] Tú has oído lo que han hecho los reyes de Asiria con todos los países que han querido destruir. ¿Y te vas a salvar tú? [12] ¿Acaso los dioses salvaron a los otros pueblos que mis antepasados destruyeron: a Gozán, a Harán, a Resef, y a la gente de Bet-edén que vivía en Telasar? [13] ¿Dónde están los reyes de Hamat, de Arfad, de Sefarvaim, de Hena y de Iva?"

[14] Ezequías tomó la carta que le entregaron los embajadores, y la leyó. Luego se fue al templo y, extendiendo la carta delante del Señor, [15] oró así: [16] "Señor todopoderoso, Dios de Israel, que tienes tu trono sobre los querubines, tú solo eres Dios de todos los reinos de la tierra; tú creaste el cielo y la tierra. [17] Pon atención, Señor, y escucha. Abre tus ojos, Señor, y mira. Escucha las palabras que Senaquerib mandó decirme, palabras todas ellas ofensivas contra ti, el Dios viviente. [18] Es cierto, Señor, que los reyes de Asiria han destruido todas las naciones y sus tierras, [19] y que han echado al fuego sus dioses, porque en realidad no eran dioses, sino objetos de madera o de piedra hechos por el hombre. Por eso los destruyeron. [20] Ahora pues, Señor y Dios nuestro, sálvanos de su poder, para que todas las naciones de la tierra sepan que tú, Señor, eres el único Dios."

[21] Entonces Isaías mandó a decir a Ezequías: "Esto dice el Señor, Dios de Israel: 'Yo he escuchado la oración que me hiciste acerca de Senaquerib, rey de Asiria.' " [22] Estas son las palabras que dijo el Señor acerca del rey de Asiria:

"La ciudad de Sión, como una
    muchacha,
se ríe de ti, Senaquerib.
Jerusalén mueve burlonamente la
    cabeza
cuando tú te retiras.

²³ ¿A quién has ofendido e insultado?
¿Contra quién alzaste la voz
y levantaste los ojos altaneramente?
¡Contra el Dios Santo de Israel!
²⁴ Por medio de tus funcionarios
insultaste al Señor.
Dijiste:
'Con mis innumerables carros de
guerra
subí a las cumbres de los montes,
a lo más empinado del Líbano.
Corté sus cedros más altos,
sus pinos más bellos.
Alcancé sus cumbres más altas,
y sus bosques, que parecen jardines.
²⁵ En tierras extrañas
cavé pozos y bebí de esa agua,
y con las plantas de mis pies
sequé todos los ríos de Egipto.'
²⁶ ¿Pero no sabías que soy yo, el
Señor,
quien ha dispuesto todas estas
cosas?
Desde tiempos antiguos lo había
planeado,
y ahora lo he realizado;
por eso tú destruyes ciudades
fortificadas
y las conviertes en montones de
ruinas.
²⁷ Sus habitantes, impotentes,
llenos de miedo y vergüenza,
han sido como hierba del campo,
como pasto verde,
como hierba que crece en los
tejados
y que es quemada por el viento del
este.
²⁸ Yo conozco todos tus movimientos
y todas tus acciones;
yo sé que te has enfurecido contra
mí.
²⁹ Y como conozco tu furia y tu
arrogancia,
voy a ponerte una argolla en la
nariz,
un freno en la boca,
y te haré volver por el camino
por donde viniste."

³⁰ Isaías dijo entonces a Ezequías:
"Esta será una señal de lo que va a
suceder:
este año y el siguiente comerán
ustedes
el trigo que nace por sí solo,
pero al tercer año podrán sembrar y
cosechar,
plantar viñedos y comer de sus
frutos.
³¹ Los sobrevivientes de Judá serán
como plantas:
echarán raíces y producirán fruto,

³² porque un resto quedará en
Jerusalén;
en el monte Sión habrá
sobrevivientes.
Esto lo hará el ardiente amor del
Señor todopoderoso.

³³ "Acerca del rey de Asiria dice el
Señor:
'No entrará en Jerusalén,
no le disparará ni una flecha,
no la atacará con escudos
ni construirá una rampa a su
alrededor.
³⁴ Por el mismo camino por donde
vino, se volverá;
no entrará en esta ciudad.
Yo, el Señor, doy mi palabra.
³⁵ Yo protegeré esta ciudad
y la salvaré,
por consideración a mi siervo David
y a mí mismo.' "

³⁶ Y el ángel del Señor fue y mató a
ciento ochenta y cinco mil hombres del
campamento asirio; al día siguiente, todos
amanecieron muertos. ³⁷ Entonces Senaquerib, rey de Asiria, levantó el campamento y regresó a Nínive. ³⁸ Y un día,
cuando estaba adorando en el templo de
Nisroc, su dios, sus hijos Adramelec y Sarezer fueron y lo asesinaron, y huyeron a
la región de Ararat. Después reinó en su
lugar su hijo Esarhadón.

Enfermedad y curación de Ezequías
(2 R 20.1–11; 2 Cr 32.24–26)

38 ¹ Por aquel tiempo Ezequías cayó
gravemente enfermo, y el profeta
Isaías, hijo de Amoz, fue a verlo y le dijo:
—El Señor dice: 'Da tus últimas instrucciones a tu familia, porque vas a morir. No
te curarás.'
² Ezequías volvió la cara hacia la pared
y oró así al Señor:
³ "Yo te suplico, Señor, que te acuerdes
de cómo te he servido fiel y sinceramente,
haciendo lo que te agrada." Y lloró amargamente.
⁴ El Señor ordenó a Isaías ⁵ que fuera y
le dijera a Ezequías: "El Señor, Dios de tu
antepasado David, dice: 'Yo he escuchado
tu oración y he visto tus lágrimas. Voy a
darte quince años más de vida. ⁶ A ti y a
Jerusalén los libraré del rey de Asiria. Yo
protegeré esta ciudad.' "
²¹ Isaías mandó hacer una pasta de higos para que se la aplicaran al rey en la
parte enferma, y el rey se curó. ²² Entonces Ezequías preguntó a Isaías:
—¿Por medio de qué señal voy a darme

cuenta de que puedo ir al templo del Señor?[60]

[7] Isaías respondió:

—Esta es la señal que el Señor te dará en prueba de que te cumplirá su promesa: [8] En el reloj de sol de Acaz voy a hacer que la sombra del sol retroceda las diez gradas que ya ha bajado.

Y la sombra del sol retrocedió las diez gradas que ya había bajado.

[9] Cuando el rey Ezequías de Judá sanó de su enfermedad, compuso este salmo:

[10] Yo había pensado:
En lo mejor de mi vida tendré que irme;
se me ordena ir al reino de la muerte
por el resto de mis días.
[11] Yo pensé: Ya no veré más al Señor en esta tierra,
no volveré a mirar a nadie
de los que viven en el mundo.
[12] Deshacen mi habitación, me la quitan,
como tienda de pastores.
Mi vida era cual la tela de un tejedor,
que es cortada del telar.
De día y de noche me haces sufrir.
[13] Grito de dolor toda la noche,
como si un león estuviera quebrándome los huesos.
De día y de noche me haces sufrir.
[14] Me quejo suavemente como las golondrinas,
gimo como las palomas.
Mis ojos se cansan de mirar al cielo.
¡Señor, estoy oprimido, responde tú por mí!
[15] ¿Pero qué podré yo decirle,
si él fue quien lo hizo?
El sueño se me ha ido
por la amargura de mi alma.
[16] Aquellos a quienes el Señor protege, vivirán,
y con todos ellos viviré yo.[61]

Tú me has dado la salud, me has devuelto la vida.
[17] Mira, en vez de amargura, ahora tengo paz.
Tú has preservado[62] mi vida
de la fosa destructora,
porque has perdonado todos mis pecados.
[18] Quienes están en el sepulcro no pueden alabarte,
los muertos no pueden darte gloria,
los que bajan a la fosa
no pueden esperar tu fidelidad. [h]

[19] Sólo los que viven pueden alabarte,
como hoy lo hago yo.
Los padres hablan a sus hijos
de tu fidelidad.
[20] El Señor está aquí para salvarme.
Toquemos nuestras arpas y cantemos
todos los días de nuestra vida
en el templo del Señor.[63]

Ezequías recibe a los enviados de Babilonia
(2 R 20.12–19; 2 Cr 32.27–31)

39 [1] Por aquel tiempo el rey Merodac-baladán, hijo de Baladán, rey de Babilonia, oyó decir que Ezequías había estado enfermo pero que ya había recobrado la salud, y por medio de unos mensajeros le envió cartas y un regalo. [2] Ezequías se alegró de su llegada y les mostró su tesoro, la plata y el oro, los perfumes, el aceite fino y su depósito de armas, y todo lo que se encontraba en sus depósitos. No hubo nada en su palacio ni en todo su reino que no les mostrara. [3] Entonces fue el profeta Isaías a ver al rey Ezequías, y le preguntó:

—¿De dónde vinieron esos hombres, y qué te dijeron?

Ezequías respondió:

—Vinieron de un país lejano; vinieron de Babilonia.

[4] Isaías le preguntó:

—¿Y qué vieron en tu palacio?

Ezequías contestó:

—Vieron todo lo que hay en él. No hubo nada en mis depósitos que yo no les mostrara.

[5] Isaías dijo entonces a Ezequías:

—Escucha este mensaje del Señor todopoderoso: [6] 'Van a venir días en que todo lo que hay en tu palacio y todo lo que juntaron tus antepasados hasta el día de hoy, será llevado a Babilonia. No quedará aquí nada. [7] Aun a algunos de tus propios descendientes se los llevarán a Babilonia, los castrarán y los pondrán como criados en el palacio del rey.'[i]

[8] Ezequías, pensando que al menos durante su vida habría paz y seguridad, respondió a Isaías:

—El mensaje que me has traído de parte del Señor es favorable.

El Señor consuela a Jerusalén

40 [1] El Dios de ustedes dice:
"Consuelen, consuelen a mi pueblo;
[2] hablen con cariño a Jerusalén

---

[60] Vs. 21–22: trasladados aquí, según 2 R. 20.7–8.　[61] ¿Pero qué podré yo decirle, . . . viviré yo: traducción probable. Heb. oscuro.　[62] Has preservado: según versiones antiguas. Heb. has amado.　[63] Véase nota 60.
[h] 38.18–19 Sal 88.10–12.　[i] 39.6–7 2 R 24.10–16; 2 Cr 36.10; Dn 1.1–7.

y díganle que su esclavitud ha
terminado,
que ya ha pagado por sus faltas,
que ya ha recibido de mi mano
el doble del castigo por todos sus
pecados."

3 Una voz grita:
"Preparen al Señor un camino en el
desierto,
tracen para nuestro Dios
una calzada recta en la región
estéril.ʲ
4 Rellenen todas las cañadas,
allanen los cerros y las colinas,
conviertan la región quebrada y
montañosa
en llanura completamente lisa.
5 Entonces mostrará el Señor su
gloria,
y todos los hombres juntos la
verán.ᵏ
El Señor mismo lo ha dicho."

6 Una voz dice: "Grita",
y yo pregunto: "¿Qué debo gritar?"
"Que todo hombre es como hierba,
¡tan firme como una flor del campo!
7 La hierba se seca y la flor se
marchita
cuando el soplo del Señor pasa
sobre ellas.
Ciertamente la gente es como
hierba.
8 La hierba se seca y la flor se
marchita,
pero la palabra de nuestro Dios
permanece firme para siempre."ˡ

9 Súbete, Sión, a la cumbre de un
monte,
levanta con fuerza tu voz
para anunciar una buena noticia.
Levanta sin miedo la voz, Jerusalén,
y anuncia a las ciudades de Judá:
"¡Aquí está el Dios de ustedes!"
10 Llega ya el Señor con poder,
sometiéndolo todo con la fuerza de
su brazo.
Trae a su pueblo
después de haberlo rescatado.ᵐ
11 Viene como un pastorⁿ que cuida su
rebaño;
levanta los corderos en sus brazos,
los lleva junto al pecho
y atiende con cuidado a las recién
paridas.

Grandeza del Dios de Israel

12 ¿Quién ha medido el océano con la
palma de la mano,

o calculado con los dedos la
extensión del cielo?
¿Quién ha puesto en una medida
todo el polvo de la tierra,
o ha pesado en balanza
las colinas y montañas?ñ
13 ¿Quién ha corregido al Señor
o quién le ha dado instrucciones?º
14 ¿Quién le dio consejos y
entendimiento?
¿Quién le enseñó a juzgar con
rectitud?
¿Quién lo instruyó en la ciencia?
¿Quién le dio lecciones de sabiduría?
15 Para él las naciones son como una
gota de agua,
como un grano de polvo en la
balanza;
los países del mar valen lo que un
grano de arena.
16 En todo el Líbano no hay animales
suficientes
para ofrecerle un holocausto,
ni leña suficiente para el fuego.
17 Todas las naciones no son nada en
su presencia;
para él no tienen absolutamente
ningún valor.

18 ¿Con quién van ustedes a comparar
a Dios?
¿Con qué imagen van a
representarlo?
19 Un escultor funde una estatua,
y un joyero la recubre de oro
y le hace cadenas de plata.ᵖ
20 El que fabrica una estatua
escoge madera que no se pudra,
y busca un hábil artesano
que la afirme, para que no se caiga.q

21 ¿Acaso no lo sabían ustedes?
¿No lo habían oído decir?
¿No se lo contaron desde el
principio?
¿No lo han comprendido desde la
creación del mundo?
22 Dios tiene su trono sobre la bóveda
que cubre la tierra,
y ve a los hombres como si fueran
saltamontes.
Él extiende el cielo como un toldo,
lo despliega como una tienda de
campaña.
23 Él convierte en nada a los grandes
hombres
y hace desaparecer a los jefes de la
tierra.
24 Son como plantas tiernas, recién
plantadas,
que apenas han echado raíces en la
tierra.

ʲ 40.3 Mt 3.3; Mr 1.3; Jn 1.23. ᵏ 40.3-5 Lc 3.4-6. ˡ 40.6-8 Stg 1.10-11; 1 P 1.24-25. ᵐ 40.10 Is 62.11. ⁿ 40.11 Ez 34;
Lc 15.5; Jn 10.11. ñ 40.12 Job 38.4-11; Pr 8.29. º 40.13 Ro 11.34; 1 Co 2.16. ᵖ 40.18-19 Hch 17.29.
q 40.18-20 Is 41.6-7; 44.9-20; Jer 10.1-16.

Si Dios sopla sobre ellos, se
marchitan,
y el huracán se los lleva como a
paja.
25 El Dios Santo pregunta:
"¿Con quién me van a comparar
ustedes?
¿Quién puede ser igual a mí?"
26 Levanten los ojos al cielo y miren:
¿Quién creó todo eso?
Él que los distribuye uno por uno
y a todos llama por su nombre.
Tan grande es su poder y su fuerza
que ninguno de ellos falta.
27 Israel, pueblo de Jacob,
¿por qué te quejas? ¿Por qué dices:
"El Señor no se da cuenta de mi
situación;
Dios no se interesa por mí"?
28 ¿Acaso no lo sabes? ¿No lo has oído?
Él Señor, el Dios eterno,
el creador del mundo entero,
no se fatiga ni se cansa;
su inteligencia es infinita.
29 Él da fuerzas al cansado,
y al débil le aumenta su vigor.
30 Hasta los jóvenes pueden cansarse y
fatigarse,
hasta los más fuertes llegan a caer,
31 pero los que confían en el Señor
tendrán siempre nuevas fuerzas
y podrán volar como las águilas;ª
podrán correr sin cansarse
y caminar sin fatigarse.

Dios promete la liberación a Israel

41 1 "Callen ante mí, países del mar.
Naciones, ármense de todo su
valor.
Vengan, para que hablemos de este
asunto;
vamos a reunirnos para discutirlo.
2 ¿Quién fue el que hizo aparecer en
el oriente
a ese rey que siempre sale
victorioso?
¿Quién le entrega las naciones
y hace que los reyes se le humillen,
para que con su espada y su arco
los triture y los disperse como a
paja?
3 ¿Quién hace que los persiga y que
avance tranquilo
como si no tocara el camino con los
pies?
4 ¿Quién ha realizado esta obra?
¿Quién, desde el principio,
ha ordenado el curso de la historia?
Yo, el Señor, el único Dios,
el primero y el último.ᵗ
5 Los países del mar lo vieron
y se llenaron de miedo;

la tierra tembló de un extremo a
otro.
Ya se acercan, ya vienen."
6 Cada artesano ayuda
y anima a su compañero.
7 El escultor anima al joyero;
el que martilla anima al que golpea
el yunque,
y dice si la soldadura es buena,
y luego asegura la estatua con
clavos
para que no se tambalee.⁶⁴
8 "Escucha, Israel, pueblo de Jacob,
mi siervo, a quien yo he elegido,
pueblo descendiente de mi amigo
Abraham:ᵘ
9 Yo te saqué del extremo de la tierra,
te llamé desde el rincón más alejado
y te dije: 'Tú eres mi siervo.'
Yo te elegí y no te he rechazado.
10 No tengas miedo, pues yo estoy
contigo;
no temas, pues yo soy tu Dios.
Yo te doy fuerzas, yo te ayudo,
yo te sostengo con mi mano
victoriosa.
11 Todos los que te odian
quedarán avergonzados y
humillados;
los que luchan contra ti
quedarán completamente
exterminados
12 Buscarás a tus enemigos
y no los encontrarás;
los que te hacen la guerra
serán como si no existieran.
13 Porque yo, el Señor tu Dios,
te he tomado de la mano;
yo te he dicho: 'No tengas miedo, yo
te ayudo.' "
14 El Señor afirma:
"Israel, pueblo de Jacob,
por pequeño y débil que seas,
no tengas miedo; yo te ayudo.
Yo, el Dios Santo de Israel, soy tu
salvador.
15 Haré de ti un instrumento de trillar,
nuevo y con buenos dientes;
trillarás los montes, los harás polvo,
convertirás en paja las colinas.
16 Los aventarás y el viento se los
llevará;
el huracán los desparramará.
Entonces tú te alegrarás en el
Señor,
estarás orgulloso del Dios Santo de
Israel.
17 "La gente pobre y sin recursos
busca agua

y no la encuentra.
Tienen la lengua reseca por la sed;
pero yo, el Señor, los atenderé,
yo, el Dios de Israel, no los
abandonaré.
¹⁸ Haré brotar ríos en los cerros
desiertos
y manantiales en medio de los
valles;
convertiré el desierto en ciénagas,
haré brotar arroyos en la tierra
seca.ᵛ
¹⁹ En el desierto plantaré cedros,
acacias, arrayanes y olivos;
en la tierra seca haré crecer pinos
juntamente con abetos y cipreses,
²⁰ para que todo el mundo vea y sepa,
y ponga atención y entienda
que yo, el Señor, he hecho esto con
mi poder,
que yo, el Dios Santo de Israel, lo he
creado.”

Dios desafía a los falsos dioses

²¹ El Señor, el rey de Jacob, dice:
“Vengan, ídolos, a presentar su
defensa,
vengan a defender su causa.
²² Vengan a anunciarnos el futuro
y a explicarnos el pasado,
y pondremos atención;
anúnciennos las cosas por venir,
para ver en qué terminan;
²³ díganos qué va a suceder después,
demuéstrennos que en verdad son
dioses.
Hagan lo que puedan, bueno o malo,
algo que nos llene de miedo y de
terror.
²⁴ ¡Pero ustedes no son nada
ni pueden hacer nada!ʷ
Despreciable es aquel que los escoge
a ustedes.

²⁵ “Hice aparecer un hombre en el
oriente;
lo he llamado por su nombre,⁶⁵
y llega por el norte.
Pisotea a los gobernantes como si
fueran barro;
como el alfarero, que amasa el barro
con sus pies.
²⁶ ¿Quién anunció esto desde el
comienzo,
para que lo supiéramos?
¿Quién lo predijo desde antes,
para que admitiéramos que tiene la
razón?

Ninguno de ustedes lo anunció,
nadie les oyó decir una palabra.
²⁷ Yo fui quien lo anunció⁶⁶ a Sión
desde el principio,
y quien envió a Jerusalén un
mensajero
para decirle que su gente pronto
volvería.
²⁸ Miro, y ninguno de los otros dioses
aparece;
nadie que pueda dar consejo,
nadie que responda a mis preguntas.
²⁹ ¡Ninguno de ellos es nada!
Nada pueden hacer;
no son más que ídolos vacíos.

El siervo del Señor

42 ¹ “Aquí está mi siervo, a quien
sostengo,
mi elegido, en quien me deleito.ˣ
He puesto en él mi espíritu
para que traiga la justicia a todas
las naciones.
² No gritará, no levantará la voz,
no hará oír su voz en las calles,
³ no acabará de romper la caña
quebrada
ni apagará la mecha que arde
débilmente.
Verdaderamente traerá la justicia.
⁴ No descansará ni su ánimo se
quebrará,
hasta que establezca la justicia en la
tierra.
Los países del mar estarán atentos a
sus enseñanzas.”ʸ

⁵ Dios, el Señor, que creó el cielo y lo
extendió,
que formó la tierra y lo que crece en
ella,
que da vida y aliento a los hombres
que la habitan,ᶻ
dice a su siervo:
⁶ “Yo, el Señor, te llamé
y te tomé por la mano,
para que seas instrumento de
salvación;
yo te formé, pues quiero que seas
señal de mi pacto con el pueblo,
luz de las naciones.ᵃ
⁷ Quiero que des vista a los ciegos
y saques a los presos de la cárcel,
del calabozo donde viven en la
oscuridad.
⁸ Yo soy el Señor, ése es mi nombre,
y no permitiré que den mi gloria a
ningún otroᵇ
ni que honren a los ídolos en vez de
a mí.

---

⁶⁵ *Lo he llamado por su nombre:* otra posible traducción: *él invoca mi nombre.* ⁶⁶ *Yo fui quien lo anunció:* texto
probable. *He ahí, helos ahí.*
ᵛ **41.18** Is 35.6–8; 43.19–20; 44.3–4. ʷ **41.23–24, 29** Jer 10.5. ˣ **42.1** Mt 3.17; 17.5; Mr 1.11; Lc 3.22; 9.35.
ʸ **42.1–4** Mt 12.18–21. ᶻ **42.5** Gn 1—2; Hch 17.24–25. ᵃ **42.6** Is 49.6; 60.1–3; Lc 2.32; Jn 8.12; Hch 13.47; 26.23.
ᵇ **42.8** Is 48.11.

9 Miren cómo se cumplió todo lo que
    antes anuncié,
  y ahora voy a anunciar cosas
    nuevas;
  se las hago saber a ustedes antes
    que aparezcan."

Himno de alabanza por la acción salvadora de Dios

10 Canten al Señor un canto nuevo;
  desde lo más lejano de la tierra
    alábenle
  quienes navegan por el mar
  y los animales que viven en él,
  los países del mar y sus habitantes. c
11 Que se alegren el desierto y sus
    ciudades
  y los campamentos de la tribu de
    Cedar.
  Que canten de gozo los habitantes
    de Sela;
  que alcen la voz desde las cumbres
    de los montes.
12 Que den gloria al Señor
  y proclamen su alabanza en los
    países del mar.
13 El Señor saldrá como un héroe
  y luchará con ardor como un
    guerrero;
  alzará la voz, dará el grito de batalla
  y derrotará a sus enemigos.

14 El Señor dice:
  "Por mucho tiempo me quedé
    callado,
  guardé silencio y me contuve;
  pero ahora voy a gritar como mujer
    de parto,
  gimiendo y suspirando.
15 Voy a destruir montañas y colinas,
  y a dejar seca toda su vegetación;
  voy a convertir los ríos en
    desiertos[67]
  y a dejar secas las lagunas.
16 Llevaré a los ciegos por caminos
  y senderos que no conocían.
  Convertiré la oscuridad en luz
    delante de ellos,
  y en terreno llano los lugares
    quebrados.
  Estas cosas las haré sin falta.
17 Los que confían en un ídolo,
  los que a unas estatuas dicen:
  'Ustedes son nuestros dioses',
  se alejarán avergonzados. d

Ceguera de Israel

18 "Sordos, escuchen;
  ciegos, fíjense y vean.

19 Nadie hay tan ciego ni tan sordo
  como mi siervo, mi enviado,
  nadie tan ciego ni tan sordo
  como mi mensajero, el siervo del
    Señor.
20 Ha visto muchas cosas, pero no se
    fija en ellas
  puede oír, pero no escucha nada.
21 El Señor, por ser un Dios que salva,
  quiso hacer grande y gloriosa su
    enseñanza;
22 pero a este pueblo lo roban y
    saquean,
  a todos los han hecho caer presos,
  los han encerrado en calabozos;
  se apoderan de ellos, y no hay quien
    los libre;
  los secuestran y no hay quien
    rescate."

23 ¿Pero quién de ustedes hace caso de
    esto?
  ¿Quién está dispuesto a escuchar lo
    que va a suceder?
24 ¿Quién permitió que Israel, el pueblo
    de Jacob,
  fuera conquistado y secuestrado?
  ¿No es verdad que fue el Señor?
  Ellos pecaron contra él,
  no quisieron seguir por el camino
    que él les había señalado,
  ni obedecieron su enseñanza.
25 Por eso se enojó con ellos y los
    castigó
  con una guerra violenta que los hizo
    arder en llamas;
  mas ni aun así quisieron entender.

El Señor es el único Salvador

43 1 Pero ahora, Israel, pueblo de
    Jacob,
  el Señor que te creó te dice:
  "No temas, que yo te he libertado;
  yo te llamé por tu nombre, tú eres
    mío.
2 Si tienes que pasar por el agua, yo
    estaré contigo,
  si tienes que cruzar ríos, no te
    ahogarás;
  si tienes que pasar por el fuego, no
    te quemarás,
  las llamas no arderán en ti.
3 Pues yo soy tu Señor, tu salvador,
  el Dios Santo de Israel.
  Yo te he adquirido;
  he dado como precio de rescate
  a Egipto, a Etiopía y a Sabá,
4 porque te aprecio,
  eres de gran valor y yo te amo.
  Para tenerte a ti y para salvar tu
    vida

---

67 *Desiertos:* texto probable. Heb. *países del mar.*
c **42.10** Sal 96.1; 149.1.   d **42.17** Is 45.16,20.

entrego hombres y naciones.
⁵ No tengas miedo, pues yo estoy
   contigo.
Desde oriente y occidente
haré volver a tu gente para reunirla.
⁶ Diré al norte: 'Devuélvelos',
y al sur: 'No te quedes con ellos.
Trae a mis hijos y mis hijas
desde lejos, desde el extremo del
   mundo,
⁷ a todos los que llevan mi nombre,
a los que yo creé y formé,
a los que hice para gloria mía.'

⁸ "Hagan venir a mi pueblo,
que tiene ojos pero está ciego,
y tiene oídos pero está sordo.
⁹ Reúnanse todos los pueblos,
júntense las naciones.
¿Quién entre ellas había predicho
   esto,
o había anunciado los sucesos
   pasados?
Que presenten testigos y prueben
   tener razón,
para que se oiga y se diga que es la
   verdad."

¹⁰ El Señor afirma:
"Ustedes son mis testigos,
mis siervos, que yo elegí
para que me conozcan y confíen en
   mí
y entiendan quién soy.
Antes de mí no ha existido ningún
   dios,
ni habrá ninguno después de mí.
¹¹ Sólo yo soy el Señor;
fuera de mí nadie puede salvar."ᵉ

¹² El Señor afirma:
"Yo lo anuncié y lo proclamé: yo los
   he salvado;
no lo hizo un dios extraño,
y ustedes son mis testigos.
¹³ Desde siempre, yo soy Dios.
Nadie puede librar de mi poder.
Nadie puede deshacer lo que yo
   hago."

¹⁴ El Señor, el Dios Santo de Israel,
el que les dio la libertad, dice:
"Para salvarlos a ustedes mandaré
   gente a Babilonia
y haré abrir todas las puertas,
y la alegría de los caldeos se
   convertirá en dolor.⁶⁸
¹⁵ Yo soy el Señor, el creador de Israel,
el Dios Santo y rey de ustedes."

¹⁶ El Señor abrió un camino a través
   del mar,
un sendero por entre las aguas
   impetuosas;ᶠ
¹⁷ hizo salir todo un poderoso ejército,
con sus carros y caballos, para
   destruirlo.
Quedaron derribados y no pudieron
   levantarse;
se acabaron como mecha que se
   apaga.
¹⁸ Ahora dice el Señor a su pueblo:
"Ya no recuerdes el ayer,
no pienses más en cosas del pasado.
¹⁹ Yo voy a hacer algo nuevo,
y verás que ahora mismo va a
   aparecer.
Voy a abrir un camino en el desierto
y ríos en la tierra estéril.
²⁰ Me honrarán los animales salvajes,
los chacales y los avestruces,
porque hago brotar agua en el
   desierto,
ríos en la tierra estéril,
para dar de beber a mi pueblo
   elegido,ᵍ
²¹ el pueblo que he formado
para que proclame mi alabanza.ʰ

²² "Pero tú, Israel, pueblo de Jacob,
no me invocaste, sino que te
   cansaste de mí.
²³ No me ofreciste holocaustos de
   ovejas
ni me honraste con sacrificios.
Yo no te cansé pidiéndote ofrendas,
ni te molesté exigiéndote incienso.
²⁴ No has tenido que comprar caña
   aromática
para traérmela como ofrenda,
ni has tenido que complacerme
con la grasa de animales
   sacrificados.
Por el contrario, me cansaste con
   tus pecados;
me molestaste con tus maldades.

²⁵ "Pero yo, por ser tu Dios, borro tus
   crímenes
y no me acordaré más de tus
   pecados.
²⁶ Si tienes algo contra mí,
sometámoslo a juicio.
Trae tus argumentos, a ver si sales
   inocente.
²⁷ Tu primer antepasado pecó,
tus maestros se rebelaron contra mí,
²⁸ tus gobernantes profanaron mi
   templo;⁶⁹

---

⁶⁸ Y haré abrir . . . en dolor: texto probable. Heb. oscuro.   ⁶⁹ Tus gobernantes profanaron mi templo: según versiones
antiguas. Heb. yo profané a los gobernantes del templo.
ᵉ **43.10–13** Dt 4.35.   ᶠ **43.16–17** Ex 14.13–31.   ᵍ **43.19–20** Ex 17.1–7; Is 35.6–8; 41.18; 44.3–4.   ʰ **43.16–21** Jer 16.14–15;
23.7–8.

por eso dejé que Israel, el pueblo de
Jacob,
fuera destruido e insultado.

Fidelidad del Señor, único Dios

44 [1] "Escúchame ahora, Israel, pueblo
de Jacob,
mi siervo, mi elegido.
[2] Yo soy el Señor, tu creador,
que te formó desde antes de nacer y
que te ayuda.
No temas, Jesurún,[i] pueblo de
Jacob,
mi siervo, mi elegido,
[3] porque voy a hacer que corra agua
en el desierto,
arroyos en la tierra seca.
Yo daré nueva vida a tus
descendientes,
les enviaré mi bendición.
[4] Y crecerán como hierba bien regada,
como álamos a la orilla de los ríos.[j]
[5] Uno dirá: 'Yo soy del Señor',
otro se llamará descendiente de
Jacob,
y otro se grabará en la mano:
'Propiedad del Señor',
y añadirá el nombre de Israel al
suyo propio."

[6] El Señor, el rey y libertador de
Israel,
el Señor todopoderoso, dice:
"Yo soy el primero y el último;[k]
fuera de mí no hay otro dios.
[7] ¿Quién hay igual a mí?
Que hable y me lo explique.
¿Quién ha anunciado desde el
principio el futuro,
y dice lo que está por suceder?[70]
[8] Pero, ¡ánimo, no tengan miedo!
Yo así lo dije y lo anuncié desde
hace mucho,
y ustedes son mis testigos.
¿Hay acaso otro dios fuera de mí?
No hay otro refugio; no conozco
ninguno."

Contra la idolatría

[9] Ninguno de los que hacen ídolos[l] vale
nada, y para nada sirven los ídolos que
ellos tanto estiman. Los que les dan culto
son ciegos y estúpidos, y por eso quedarán
en ridículo. [10] El que funde una estatua
para adorarla como si ella fuera un dios,
pierde su tiempo. [11] Todos los que la adoren quedarán en ridículo. Los que fabrican
ídolos son simples hombres. Si todos juntos se presentaran a juicio, quedarían humillados y llenos de terror.

[12] Veamos qué hace el herrero: toma su
cincel y, después de calentar el metal
entre las brasas, le da forma a golpes de
martillo. Lo trabaja con su fuerte brazo.
Pero si el herrero no come, se le acaba la
fuerza, y si no bebe agua, se cansa.
[13] O veamos al escultor: toma las medidas con su regla, traza el dibujo con lápiz
y compás y luego lo trabaja con escoplo;
así hace una estatua dándole la figura de
una persona e imitando la belleza humana, y luego la instala en un templo.
[14] O también, alguien planta cedros y la
lluvia los hace crecer; después tendrá cedros para cortar. O si prefiere cipreses o
robles, los cuida en el bosque hasta que
están bien gruesos. [15] Luego la gente los
usa para hacer fuego; se llevan unos pedazos para calentarse con ellos; se llevan
otros para cocer pan; y otros pedazos los
usan para hacer la estatua de un dios, y se
inclinan ante ella para adorarla.
[16] O también: la mitad de la madera la
pone uno a arder en el fuego, asa carne, se
come el asado y queda satisfecho. También se calienta con ella, y dice: "¡Qué
bien se está junto a fuego; ya estoy entrando en calor!" [17] Y de la madera sobrante hace la estatua de un dios, se inclina ante ella para adorarla, y suplicante
le dice: "¡Sálvame, porque tú eres mi
dios!"
[18] Esa gente no sabe, no entiende; tienen
los ojos tan ciegos que no pueden ver, y el
entendimiento tan cerrado que no pueden
comprender. [19] No se ponen a pensar, les
falta entendimiento para comprender y
decir: "La mitad de la madera la puse a
arder y en las brasas cocí pan, asé carne y
me la comí; del resto hice esta cosa detestable, ¡y lo que estoy adorando es un pedazo de palo!" [20] Verdaderamente, es
como comer ceniza. Es dejarse engañar
por ideas falsas. Esas personas no podrán
salvarse. No serán capaces de entender
que lo que tienen en sus manos es pura
mentira.

El Señor perdona y salva a Israel

[21] "Israel, pueblo de Jacob,
recuerda que tú eres mi siervo;
tú eres mi siervo, pues yo te formé.
Israel, no te olvides de mí.
[22] Yo he hecho desaparecer tus faltas
y pecados,
como desaparecen las nubes.
Vuélvete a mí, pues yo te he
libertado."

[70] ¿Quién hay igual a mí? . . . está por suceder?: texto probable. Heb. oscuro.
[i] **44.2** Dt 32.15; 33.5,26. [j] **44.3–4** Is 43.19–21; Jer 31.12; Ez 47.1–12; Jn 4.10–14; 7.37–39; Ap 22.1–2. [k] **44.6** Is 41.4; 48.12;
Ap 1.17; 22.13. [l] **44.9–20** Sal 115.4–8; 135.15–18; Is 40.18–20; 41.6–7; 42.17; 45.16; Jer 10.1–16.

23 ¡Cielo, grita de alegría por lo que el
  Señor ha hecho!
¡Lancen vivas, abismos de la tierra!
¡Montañas y bosques con todos sus
  árboles,
griten llenos de alegría,
porque el Señor ha mostrado su
  gloria
libertando a Israel, el pueblo de
  Jacob!

24 Esto dice el Señor, tu libertador,
el que te formó desde antes que
  nacieras:
"Yo soy el Señor, creador de todas
  las cosas,
yo extendí el cielo y afirmé la tierra
sin que nadie me ayudara.
25 Yo no dejo que se cumplan
las predicciones de los falsos
  profetas;
yo hago que los adivinos pierdan la
  razón.
Yo hago que los sabios se
  contradigan
y que sus conocimientos resulten
  pura tontería.m
26 Pero hago que se cumplan las
  palabras de mis siervos
y que salgan bien los planes de mis
  enviados.
Yo declaro que Jerusalén volverá a
  ser habitada
y que las ciudades de Judá serán
  reconstruidas.
Yo haré que se levanten de sus
  ruinas.
27 Yo puedo ordenar que se seque el
  océano
y que sus ríos se queden sin agua.
28 Yo le digo a Ciro: 'Tú eres mi
  pastor,
tú harás todo lo que yo quiero';n
y le digo a Jerusalén: 'Tú serás
  reconstruida';
y al templo: 'Se pondrán tus
  cimientos.' "

El Señor confía una misión a Ciro

45 1 El Señor consagró a Ciro como
  rey,
lo tomó de la mano
para que dominara las naciones
y desarmara a los reyes.
El Señor hace que delante de Ciro
se abran las puertas de las ciudades
sin que nadie pueda cerrárselas.
Y ahora le dice:
2 "Yo iré delante de ti,
derribaré las alturas,
romperé las puertas de bronce
y haré pedazos las barras de hierro.

3 Yo te entregaré tesoros escondidos,
riquezas guardadas en lugares
  secretos,
para que sepas que yo soy el Señor,
el Dios de Israel, que te llama por tu
  nombre.
4 Por consideración a mi siervo Jacob,
al pueblo de Israel, que he elegido,
te he llamado por tu nombre
y te he dado el título de honor que
  tienes,
sin que tú me conocieras.
5 Yo soy el Señor, no hay otro;
fuera de mí no hay Dios.
Yo te he preparado para la lucha
sin que tú me conocieras,
6 para que sepan todos, de oriente a
  occidente,
que fuera de mí no hay ningún otro.
Yo soy el Señor, no hay otro.
7 Yo creo la luz y la oscuridad,
produzco el bienestar y la desgracia.
Yo, el Señor, hago todas estas cosas.

El poder soberano de Dios

8 "Yo enviaré de lo alto mi victoria,
como rocío del cielo y lluvia de las
  nubes,
y la tierra la recibirá;
como fruto producirá la salvación
y a su lado florecerá la justicia."

9 Una vasija de barro, igual a otra
  cualquiera,
no se pone a discutir con quien la
  hizo.
El barro no dice al que lo trabaja:
"¿Qué estás haciendo?",ñ
ni el objeto hecho por él le dice:
"Tú no sabes trabajar."
10 Tampoco puede un hijo reprochar a
  sus padres
el haberlo traído a este mundo.
11 El Señor, el Dios Santo de Israel,
quien lo formó, dice:
"¿Van acaso ustedes a pedirme
  cuentas de mis hijos,
o a darme lecciones de cómo hacer
  mis cosas?
12 Yo creé la tierra y sus habitantes,
extendí el cielo con mis manos
y mandé que aparecieran todos los
  astros.
13 Yo hice aparecer a Ciro para que
  triunfe,
y voy a hacerle fáciles todos los
  caminos;
él reconstruirá mi ciudad
y dejará en libertad a mis
  desterrados,
sin exigir pago ni compensación."
El Señor todopoderoso ha hablado.

m 44.25 1 Co 1.20.   n 44.28 2 Cr 36.23; Esd 1.2.   ñ 45.9 Ro 9.20.

14 El Señor dice a Israel:
"Los campesinos de Egipto,
los comerciantes de Etiopía,
y la gente de Sabá, de alta estatura,
se rendirán a ti y serán esclavos
tuyos;
irán encadenados detrás de ti,
se arrodillarán delante de ti y te
suplicarán:
'Ciertamente que Dios está entre
ustedes,
y no hay más, no hay otro dios.' "

15 Sin embargo tú eres un Dios
invisible,
Dios salvador de Israel.

16 Todos los que hacen ídolos
quedarán avergonzados, humillados
y en ridículo.[o]
17 Pero a Israel lo salvó el Señor,
lo salvó para siempre,
y jamás quedará avergonzado ni
humillado.

18 El creador del cielo,
el que es Dios y Señor,
el que hizo la tierra y la formó,
el que la afirmó,
el que la creó, no para que estuviera
vacía
sino para que tuviera habitantes,
dice:
"Yo soy el Señor, y no hay otro.
19 Yo no hablo en secreto ni en lugares
oscuros de la tierra.
Yo no digo a los descendientes de
Jacob:
'Búsquenme donde no hay nada.'
Yo, el Señor, hablo la verdad,
digo lo que es justo.

El Señor se enfrenta a los ídolos

20 "Reúnanse y vengan,
acérquense todos los sobrevivientes
de los pueblos.
Son unos ignorantes quienes llevan
en procesión
sus ídolos de madera
y se ponen a orar a un dios
que no puede salvarlos.
21 Hablen y presenten sus pruebas,
consúltense, si quieren, unos con
otros:
¿Quién predijo estas cosas desde el
principio?
¿Quién las anunció desde hace
tiempo?
¿No fui acaso yo, el Señor?
Y no hay Dios fuera de mí.
Fuera de mí no hay Dios victorioso
y salvador.
22 "Vengan a mí, que yo los salvaré,
pueblos del extremo de la tierra,
pues yo soy Dios, y no hay otro.
23 Yo lo juré por mí mismo,
hice una promesa de triunfo,
y esa promesa se cumplirá:
que ante mí todos doblarán la
rodilla,
y por mí jurarán todos[p]
24 y dirán: 'Solamente en el Señor
están la victoria y el poder.'
Todos los que me odian
quedarán en ridículo.
25 Gracias a mí, todo el pueblo de
Israel
saldrá triunfante y estará orgulloso
de mí."

46 1 El dios Bel se dobla,
y el dios Nebo cae al suelo.
Los ídolos son cargados sobre
bestias,
y son pesada carga para animales
cansados.
2 Los dioses se doblan y caen al suelo
sin poder salvarse,
y ellos mismos van al destierro.

3 "Óiganme, descendientes de Jacob,
todos los que quedan del pueblo de
Israel:
Yo he cargado con ustedes desde
antes que nacieran;
yo los he llevado en brazos,
4 y seguiré siendo el mismo cuando
sean viejos;
cuando tengan canas, todavía los
sostendré.
Yo los hice, y seguiré cargando con
ustedes;
yo los sostendré y los salvaré.

5 "¿Con quién pueden ustedes
compararme?
¿A quién piensan que puedo
parecerme?
6 Hay quienes sacan mucho oro de
sus bolsas,
y pesan plata en la balanza;
luego contratan a un artesano que
les haga un dios
para inclinarse ante él y adorarlo.
7 Lo cargan sobre los hombros y se lo
llevan;
lo colocan sobre un soporte
y ahí se queda, sin moverse de su
sitio.
Por más que gritan pidiéndole
ayuda, no les responde
ni puede salvarlos de sus angustias.[q]

[o] **45.16** Is 42.17. [p] **45.23** Ro 14.11; Fil 2.10–11. [q] **46.1–7** Jer 10.5.

8 "Recuerden esto, pecadores,
no se hagan ilusiones, piénsenlo
bien;
9 recuerden lo que ha pasado desde
tiempos antiguos.
Yo soy Dios, y no hay otro;
soy Dios, y no hay nadie igual a mí.
10 Yo anuncio el fin desde el principio;
anuncio el futuro desde mucho
antes.
Yo digo: Mis planes se realizarán;
yo haré todo lo que me propongo.
11 He llamado a un hombre del oriente,
que vendrá de lejos como un ave de
rapiña
y llevará a cabo mis planes.
Lo he dicho y así lo haré,
he hecho mi plan y lo cumpliré.
12 Escúchenme, gente obstinada,
que piensan que la liberación está
muy lejos:
13 Yo hago que se acerque mi acción
liberadora;
mi salvación no se demora, no está
lejos.
Yo daré a Sión la salvación,
yo daré a Israel mi honor.

Caída de Babilonia

47 1 "Baja, joven Babilonia,ʳ todavía
sin marido,
y siéntate en el polvo;
baja de tu trono, joven Caldea,
y siéntate en el suelo,
porque ya no volverán a llamarte
tierna y delicada.
2 Toma la piedra de moler
y muele la harina,
quítate el velo,
recógete las faldas,
desnúdate las piernas,
pasa a pie los ríos;
3 que se te vea el cuerpo desnudo,
sí, que quede tu sexo al descubierto.
Voy a vengarme,
y nadie podrá impedirlo con sus
ruegos."

4 Nuestro libertador,
el Dios Santo de Israel,
cuyo nombre es Señor
todopoderoso, dice:
5 "Siéntate en silencio,
joven Caldea,
métete en la oscuridad,
porque ya no volverán a llamarte
'reina de las naciones'.
6 Cuando estuve enojado con mi
pueblo,
entregué mi propia nación a la
deshonra

y los dejé caer en tu poder.
Tú no tuviste compasión de ellos,
y pusiste sobre los ancianos tu
pesado yugo.
7 Dijiste: 'Seré reina siempre';
no reflexionaste sobre estas cosas
ni pensaste cómo habrían de
terminar.
8 Por eso, escucha ahora esto,
mujer amante del lujo, que estás
tranquila en tu trono,
que piensas en tu interior:
'Yo y nadie más que yo;
yo no seré viuda
ni me quedaré sin hijos.'
9 De repente, en un mismo día,
te vendrán ambas desgracias:ˢ
quedarás viuda y sin hijos, a pesar
de tus muchas brujerías
y de tus incontables magias.
10 Tú te sentías segura en tu maldad,
y pensaste: 'Nadie me ve.'
Tu sabiduría y tus conocimientos te
engañaron.
Pensaste en tu interior:
'Yo y nadie más que yo.'
11 Pero va a venir la desgracia sobre ti,
y no podrás impedirlo con tu magia;
caerá sobre ti un desastre
que no podrás evitar;
una calamidad que no esperabas
vendrá de repente sobre ti.
12 Sigue con tus hechicerías
y con las muchas brujerías
que has practicado desde tu
juventud,
a ver si te sirven de algo,
a ver si logras que la gente te tenga
miedo.
13 Has tenido consejeros en
abundancia, hasta cansarte.
¡Pues que se presenten tus
astrólogos,
los que adivinan mirando las
estrellas,
los que te anuncian el futuro mes
por mes,
y que traten de salvarte!
14 Pero, mira, son iguales a la paja:
el fuego los devora,
no pueden salvarse de las llamas.
Porque no es un fuego de brasas,
para sentarse frente a él y
calentarse.
15 En eso pararon tus hechiceros,⁷¹
con los que tanto trato has tenido
toda tu vida.
Cada uno por su lado siguió su falso
camino
y no hay nadie que te salve.

---

⁷¹ *Tus hechiceros:* texto probable. Heb. *tus traficantes.*
ʳ **47.1-15** Is 13.1—14.23; Jer 50.1—51.64.   ˢ **47.8-9** Ap 18.7-8.

El Señor anuncia cosas nuevas

48 ¹ "Escucha esto, familia de Jacob,
  que llevas el nombre de Israel
y eres descendiente de Judá;
que juras por el nombre del Señor;
que invocas al Dios de Israel,
  aunque sin honradez ni rectitud;
² que dices ser de la ciudad santa
y apoyarte en el Dios de Israel,
  cuyo nombre es Señor
    todopoderoso:
³ Desde el principio te anuncié las
    cosas del pasado;
yo mismo las di a conocer.
De pronto actué, y se hicieron
    realidad.
⁴ Como yo sabía que eres tan terca,
que eres dura como el hierro
e inflexible como el bronce,
⁵ te lo anuncié desde hace mucho,
te lo comuniqué antes de que
    sucediera.
Así no podrías decir: 'Fue mi ídolo el
    que lo hizo,
la estatua que hice fue quien lo
    dispuso.'
⁶ Tú has oído todo esto; fíjate en ello,
y tendrás que admitir que es cierto.
Ahora te voy a anunciar cosas
    nuevas,
cosas secretas que no conocías,
⁷ cosas creadas ahora, no en tiempos
    antiguos,
de las que no habías oído hablar
    hasta hoy.
Así no podrás decir: 'Ya lo sabía.'
⁸ Tú no habías oído hablar de ellas,
ni las conocías,
porque siempre has tenido los oídos
    sordos.
Yo sabía que eres infiel,
que te llaman rebelde desde que
    naciste.

⁹ "Pero tuve paciencia por respeto a
    mí mismo,
por mi honor me contuve y no te
    destruí.ᵗ
¹⁰ Yo te purifiqué, pero no como se
    hace con la plata,
sino que te probé en el horno del
    sufrimiento.
¹¹ Por mi honor, por mi honor lo he
    hecho,
pues mi nombre no puede ser
    profanado.
No permitiré que den mi gloria a
    ningún otro.ᵘ

El Señor salvará a su pueblo

¹² "Óyeme, Israel, pueblo de Jacob,
a quien he llamado:
Yo soy el único Dios,
yo soy el primero y el último.ᵛ
¹³ Con mi mano afirmé la tierra,
con mi mano extendí el cielo;
en cuanto pronuncié su nombre,
    empezaron a existir.
¹⁴ Reúnanse todos ustedes y escuchen:
¿Quién de ustedes anunció esto que
    va a suceder:
que el hombre a quien he escogido
hará lo que he pensado hacer con
    Babilonia
y con la raza deⁿ los caldeos?
¹⁵ Yo fui quien lo dijo, yo lo llamé,
yo lo hice venir,
y por donde vaya tendrá éxito.
¹⁶ Acérquense a mí y escuchen esto:
Desde el principio, yo nunca hablé
    en secreto;
y cuando todo esto sucedía, yo
    estaba presente.
Y ahora yo, el Señor, le he dado mi
    poder
y lo he enviado."

¹⁷ Así dice el Señor, tu libertador,
el Dios Santo de Israel:
"Yo soy el Señor tu Dios;
yo te enseño lo que es para tu bien,
yo te guío por el camino que debes
    seguir.
¹⁸ ¡Ojalá hubieras hecho caso de mis
    órdenes!
Tu bienestar iría creciendo como un
    río,
tu prosperidad sería como las olas
    del mar,ʷ
¹⁹ tus descendientes serían
    numerosos,ˣ
incontables como la arena del mar;
yo nunca los hubiera destruido,
ni los hubiera apartado de mi vista."

²⁰ Salgan de Babilonia,ʸ huyan de los
    caldeos.
Anuncien esta noticia con gritos de
    alegría,
y denla a conocer hasta el extremo
    de la tierra.
Digan: "¡El Señor ha libertado
a Jacob su siervo!"
²¹ Aunque los hizo pasar por lugares
    desiertos,
no tuvieron sed;
él partió la roca
e hizo brotar torrentes de agua.ᶻ

ⁿ La raza de: según la versión griega. Heb. el brazo de él.
ᵗ **48.9-11** Ez 20.22; 36.22-23.   ᵘ **48.11** Is 42.8.   ᵛ **48.12** Is 41.4; 44.6; Ap 1.17; 22.13.   ʷ **48.18** Dt 29.5; Sal 23.3; 27.11.
ˣ **48.19** Gn 22.17.   ʸ **48.20** Jer 50.8; 51.6,45; Ap 18.4.   ᶻ **48.21** Ex 17.1-7.

²² Para los malos, en cambio, no hay
bienestar.ᵃ
El Señor lo ha dicho.

El siervo del Señor, luz de las naciones

49 ¹ Óiganme, países del mar,
préstenme atención, naciones
lejanas:
El Señor me llamó desde antes de
que yo naciera;
pronunció mi nombre
cuando aún estaba yo en el seno de
mi madre.ᵇ
² Convirtió mi lengua en espada
afilada,ᶜ
me escondió bajo el amparo de su
mano,
me convirtió en una flecha aguda
y me guardó en su aljaba.
³ Me dijo: "Israel, tú eres mi siervo,
en ti me mostraré glorioso."
⁴ Y yo que había pensado: "He pasado
trabajos en vano,
he gastado mis fuerzas sin objeto,
para nada."
En realidad mi causa está en manos
del Señor,
mi recompensa está en poder de mi
Dios.

⁵ He recibido honor delante del Señor
mi Dios,
pues él ha sido mi fuerza.
El Señor, que me formó desde el
seno de mi madre
para que fuera su siervo,
para hacer que Israel, el pueblo de
Jacob,
se vuelva y se una a él,
⁶ dice así:
"No basta que seas mi siervo
sólo para restablecer las tribus de
Jacob
y hacer volver a los sobrevivientes
de Israel;
yo haré que seas la luz de las
naciones,ᵈ
para que lleves mi salvación
hasta las partes más lejanas de la
tierra."ᵉ

⁷ El Señor, el libertador,
el Dios Santo de Israel,
dice al pueblo que ha sido
totalmente despreciado,
al que los otros pueblos aborrecen,
al que ha sido esclavo de los tiranos:
"Cuando los reyes y los príncipes te
vean,
se levantarán y se inclinarán delante
de ti

porque yo, el Señor, el Dios Santo
de Israel,
te elegí y cumplo mis promesas."

Anuncio de la reconstrucción de Jerusalén

⁸ El Señor dice:
"Vino el momento de mostrar mi
bondad, y te respondí;
llegó el día de la salvación, y te
ayudé.ᶠ
Yo te protegí
para establecer por ti mi pacto con
el pueblo,
para reconstruir el país,
para hacer que tomen posesión de
las tierras arrasadas,
⁹ para decir a los presos: 'Queden
libres',
y a los que están en la oscuridad:
'Déjense ver.'
Junto a todos los caminos
encontrarán pastos,
y en cualquier monte desierto
tendrán alimento para su ganado.

¹⁰ "No tendrán hambre ni sed,
ni los molestará el sol ni el calor,
porque yo los amo y los guío,
y los llevaré a manantiales de agua.ᵍ
¹¹ Abriré un camino a través de las
montañas
y haré que se allanen los senderos."

¹² ¡Miren! Vienen de muy lejos:
unos del norte, otros de occidente,
otros de la región de Asuán.
¹³ ¡Cielo, grita de alegría!
¡Tierra, llénate de gozo!
¡Montañas, lancen gritos de
felicidad!
Porque el Señor ha consolado a su
pueblo,
ha tenido compasión de él en su
aflicción.

¹⁴ "Sión decía:
'El Señor me abandonó,
mi Dios se olvidó de mí.'
¹⁵ Pero ¿acaso una madre olvida
o deja de amar a su propio hijo?
Pues aunque ella lo olvide,
yo no te olvidaré.
¹⁶ Yo te llevo grabada en mis manos,
siempre tengo presentes tus
murallas.
¹⁷ Los que te reconstruyen van más de
prisa
que los que te destruyeron;
ya se han ido los que te arrasaron.

ᵃ **48.22** Is 57.21.   ᵇ **49.1** Jer 1.5.   ᶜ **49.2** He 4.12; Ap 1.16.   ᵈ **49.6** Is 42.6; 60.1-3; Lc 2.32; Jn 8.12; Hch 26.23.
ᵉ **49.6** Hch 13.47.   ᶠ **49.8** 2 Co 6.2.   ᵍ **49.10** Ap 7.16-17.

¹⁸ Levanta los ojos y mira alrededor,
mira cómo se reúnen todos
y vuelven hacia ti.

"Yo, el Señor, juro por mi vida
que todos ellos serán como joyas
    que te pondrás,
como los adornos de una novia.
¹⁹ Tu país estaba en ruinas,
destruido, arrasado;
pero ahora tu territorio
será pequeño para tus habitantes.
Los que te destruyeron están lejos.
²⁰ Los hijos que dabas por perdidos
te dirán al oído:
'Este país es demasiado pequeño
    para nosotros;
haznos lugar para vivir.'
²¹ Y tú dirás en tu interior:
'¿Quién me ha dado estos hijos?
Yo no tenía hijos, ni podía tenerlos;
estaba desterrada y apartada,
¿quién los crió?
Me habían dejado sola,
¿de dónde vinieron?' "ʰ

²² El Señor dice:
"Voy a dar órdenes a las naciones;
voy a dar una señal a los pueblos
para que traigan en brazos a tus
    hijos,
y a tus hijas las traigan sobre los
    hombros.
²³ Los reyes serán tus padres
    adoptivos,
y las princesas tus niñeras.
Se inclinarán hasta el suelo delante
    de ti,
y lamerán el polvo de tus pies.
Y reconocerás que yo soy el Señor,
y que los que en mí confían no
    quedan defraudados."

²⁴ ¿Se le puede arrebatar a un hombre
    fuerte
lo que ha ganado en la batalla?
¿O puede un preso escapar de un
    tirano?
²⁵ El Señor afirma que sí:
"Al hombre fuerte le arrebatarán lo
    conquistado,
y al tirano le quitarán lo ganado.
Yo me enfrentaré con los que te
    buscan pleito;
yo mismo salvaré a tus hijos.ⁱ
²⁶ Obligaré a tus opresores a comer su
    propia carne
y a emborracharse con su sangre,
    como si fuera vino.
Así toda la humanidad sabrá
que yo, el Señor, soy tu salvador;
que yo, el Poderoso de Jacob, soy tu
    libertador."

50 ¹ El Señor dice:
"¡No crean que yo repudié a
    Israel, madre de ustedes,
como un hombre repudia a su
    mujer,
o que los vendí a ustedes como
    esclavos
porque tuviera deudas con alguno!
Ustedes fueron vendidos porque
    pecaron;
Israel, la madre de ustedes, fue
    repudiada
porque ustedes fueron rebeldes.
² ¿Por qué, cuando yo vine, no
    encontré a nadie?
¿Por qué, cuando llamé, nadie me
    contestó?
¿Creyeron acaso que yo no era
    capaz de rescatarlos?
¿Creyeron acaso que no podía
    libertarlos?
Basta una orden mía para que se
    seque el mar
y los ríos se conviertan en desierto;
para que los peces se mueran de sed
y se pudran por falta de agua.
³ Yo visto el cielo de luto
y lo cubro con vestido de tristeza."

Confianza del siervo del Señor en medio del sufrimiento

⁴ El Señor me ha instruido
para que yo consuele a los cansados
con palabras de aliento.
Todas las mañanas me hace estar
    atento
para que escuche dócilmente.
⁵ El Señor me ha dado entendimiento,
y yo no me he resistido
ni le he vuelto las espaldas.
⁶ Ofrecí mis espaldas para que me
    azotaran
y dejé que me arrancaran la barba.
No retiré la cara
de los que me insultaban y
    escupían.ʲ
⁷ El Señor es quien me ayuda;
por eso no me hieren los insultos;
por eso me mantengo firme como
    una roca,
pues sé que no quedaré en ridículo.
⁸ A mi lado está mi defensor:
¿Alguien tiene algo en mi contra?
¡Vayamos juntos ante el juez!
¿Alguien se cree con derecho a
    acusarme?
¡Que venga y me lo diga!
⁹ El Señor es quien me ayuda;
¿quién podrá condenarme?
Todos mis enemigos desaparecerán
como vestido comido por la polilla.ᵏ

ʰ **49.20-21** Jer 31.15-17. ⁱ **49.24-25** Is 61.1; Jer 30.8-10; 31.11. ʲ **50.6** Mt 26.67; Mr 14.65. ᵏ **50.8-9** Ro 8.33-34.

¹⁰ Ustedes que honran al Señor
y escuchan la voz de su siervo:
si caminan en la oscuridad,
sin un rayo de luz,
pongan su confianza en el Señor;
apóyense en su Dios.
¹¹ Pero todos los que prenden fuego
y preparan flechas encendidas,
caerán en las llamas de su propio
fuego,
bajo las flechas que ustedes mismos
encendieron.
El Señor les enviará este castigo
y quedarán tendidos en medio de
tormentos.

Palabras de consuelo a Jerusalén

51 ¹ "Óiganme todos los que quieren
vivir con rectitud
y me buscan—dice el Señor—.
Miren la roca de donde fueron
cortados,
la cantera de donde fueron sacados;
² miren a Abraham, su padre,
y a Sara, la que les dio la vida.
Cuando yo lo llamé, era uno solo,
pero lo bendije y le di muchos
descendientes.ˡ
³ Yo seré bondadoso con Sión,
la ciudad que estaba toda en ruinas.
Convertiré las tierras secas del
desierto en un jardín,
como el jardín que el Señor plantó
en Edén.
Allí habrá felicidad y alegría,
cantos de alabanza y son de
música.ᵐ

⁴ "Pueblos, préstenme atención,
escúchenme, naciones:
yo publicaré mi enseñanza
y mis mandamientos alumbrarán a
los pueblos.
⁵ Mi victoria está cercana,
mi acción salvadora está en camino;
con mi poder gobernaré a los
pueblos.
Los países del mar esperarán en mí
y confiarán en mi poder.

⁶ "Levanten los ojos al cielo,
y miren abajo, a la tierra:
el cielo se desvanecerá como el
humo,
la tierra se gastará como un vestido
y sus habitantes morirán como
mosquitos.
Pero mi salvación será eterna,
mi victoria no tendrá fin.ⁿ

⁷ "Escúchenme, ustedes que saben lo
que es justo,
pueblo que toma en serio mi
enseñanza.
No teman las injurias de los
hombres,
no se dejen deprimir por sus
insultos,
⁸ porque perecerán como un vestido
apolillado,
como lana roída por gusanos.
Pero mi victoria será eterna,
mi salvación durará por siempre."

⁹ Despierta, despierta, brazo del
Señor,
ármate de fuerza;
despierta como lo hiciste en el
pasado,
en tiempos muy lejanos.
Tú despedazaste a Rahab,⁷³ el
monstruo marino;ⁿ
¹⁰ secaste el mar,
el agua del profundo abismo,
y convertiste el fondo del mar en
camino
para que pasaran los libertados.ᵒ
¹¹ Así también regresarán los
rescatados por el Señor,
y entrarán en Sión dando gritos de
alegría;
sus rostros estarán siempre alegres;
encontrarán felicidad y dicha,
y el dolor y el llanto desaparecerán.ᵖ

¹² "Yo, yo mismo, te doy ánimo.
¿A quién tienes miedo? ¿A los
hombres?
¿A los hombres mortales, que no son
más que hierba?
¹³ ¿Vas a olvidarte del Señor, tu
creador,
que extendió el cielo y afirmó la
tierra?
¿Vas a temblar continuamente, a
todas horas,
por la furia de los opresores,
que están listos para destruirte?
Pero, ¿dónde está esa furia?
¹⁴ El que sufría la opresión,
pronto quedará libre;
no morirá en el calabozo
ni le faltará su pan.

¹⁵ "Yo soy el Señor tu Dios,
mi nombre es Señor todopoderoso;
yo agité el mar
y rugieron las olas,
¹⁶ extendí⁷⁴ el cielo
y afirmé la tierra.
Yo puse en tu boca mis palabras

---

⁷³ Rahab: véase nota en Job 9.13.   ⁷⁴ Extendí: según una versión antigua. Heb. planté.
ˡ 51.2 Gn 12.1–3.   ᵐ 51.3 Gn 2.8; Ez. 36.35.   ⁿ 51.6 Sal 102.25–28; Mt 24.35.   ⁿ 51.9 Job 9.13; 26.12.   ᵒ 51.10 Ex 14.21–22.
ᵖ 51.11 Is 35.10.

y te protegí al amparo de mi mano.
Yo dije a Sión: 'Tú eres mi pueblo.' "

17 Despierta, despierta,
Jerusalén, levántate.
Tú sufriste la ira del Señor
como quien bebe una copa,[q]
y la bebe hasta el fondo,
hasta quedar borracho.
18 Entre todos los hijos que has tenido,
no hay ninguno que te guíe;
entre todos los hijos que criaste,
no hay ninguno que te lleve de la
mano.
19 Estas dos desgracias vinieron sobre
ti:
tu país fue destruido y saqueado,
y tu gente murió por el hambre y la
guerra.
¿Quién tendrá lástima de ti?
¿Quién te consolará?
20 Como antílopes atrapados en la red,
tus hijos están sin fuerzas,
tendidos en la esquina de cualquier
calle,
heridos por la ira del Señor,
por la corrección de tu Dios.
21 Por eso, ciudad desdichada, escucha
esto,
tú que estás borracha, pero no de
vino;
22 tu Señor y tu Dios,
el que defiende la causa de su
pueblo, dice:
"Te voy a quitar de la mano
esa copa con que te has
emborrachado;
ya no volverás a beber más la copa
de mi ira.
23 Yo se la daré
a los que te atormentaron,
a los que te decían:
'Échate al suelo, que vamos a pasar
sobre ti';
y tú te tendiste en el suelo
para que te pisotearan como al
polvo."

Anuncio de liberación a Jerusalén

52 1 Despierta, Sión, despierta,
ármate de fuerza;
Jerusalén, ciudad santa,[r]
vístete tu ropa más elegante,
porque los paganos, gente impura,
no volverán a entrar en ti.
2 Levántate, Jerusalén,
sacúdete el polvo,
siéntate en el trono.
Sión, joven prisionera,
quítate ya el yugo del cuello.
3 El Señor dice:
"Ni un centavo recibí
cuando ustedes fueron llevados
como esclavos;
pues ni un centavo daré
ahora que yo los rescate.
4 Al principio mi pueblo fue a Egipto
y vivió allí como extranjero;
después Asiria lo oprimió sin
motivo.
5 Y ahora, ¿qué es lo que veo?
Sin motivo se han llevado mi pueblo
a Babilonia.
Quienes lo dominan, gritan
orgullosos
y me ofenden sin cesar.[s]
6 Pero vendrá el día en que mi pueblo
reconozca
y sepa que yo, que le he hablado,
soy el Señor."

7 ¡Qué hermoso es ver llegar por las
colinas
al que trae buenas noticias,
al que trae noticias de paz,[t]
al que anuncia la liberación
y dice a Sión: "Tu Dios es rey"!
8 ¡Escucha! Tus centinelas levantan la
voz
y a una dan gritos de triunfo,
porque ven con sus propios ojos
cómo vuelve el Señor a Sión.
9 ¡Estallen en gritos de triunfo,
ruinas de Jerusalén,
porque el Señor ha tenido
compasión de su pueblo,
ha liberado a Jerusalén!
10 El Señor ha mostrado su poder
a la vista de todas las naciones.
Por toda la tierra se sabrá
que nuestro Dios nos ha salvado.
11 ¡Salgan, salgan ya de Babilonia,
no toquen nada impuro,[u]
salgan ya de Babilonia!
¡Consérvense limpios
los que transportan los utensilios del
Señor!
12 Pero no tendrán que salir a toda
prisa,
no tendrán que salir huyendo,
porque el Señor, el Dios de Israel,
los protegerá por todos lados.

Sufrimientos y triunfo del siervo del Señor

13 Mi siervo tendrá éxito,
será levantado y puesto muy alto.
14 Así como muchos se asombraron de
él,

[q] **51.17** Jer 25.15; Ap 14.10; 16.19. [r] **52.1** Ap 21.2,27. [s] **52.5** Ro 2.24. [t] **52.7** Nah 1.15; Ro 10.15; Ef 6.15.
[u] **52.11** 2 Co 6.17.

al ver su semblante, tan desfigurado
que había perdido toda apariencia
humana,
[15] así también muchas naciones se
quedarán admiradas;
los reyes, al verlo, no podrán decir
palabra,
porque verán y entenderán
algo que nunca habían oído. ᵛ

53 [1] ¿Quién va a creer lo que hemos
oído?ʷ
¿A quién ha revelado el Señor su
poder?ˣ
[2] El Señor quiso que su siervo
creciera como planta tierna
que hunde sus raíces en la tierra
seca.
No tenía belleza ni esplendor,
su aspecto no tenía nada atrayente;
[3] los hombres lo despreciaban y lo
rechazaban.ʸ
Era un hombre lleno de dolor,
acostumbrado al sufrimiento.
Como a alguien que no merece ser
visto,
lo despreciamos, no lo tuvimos en
cuenta.
[4] Y sin embargo él estaba cargado
con nuestros sufrimientos,
estaba soportando nuestros propios
dolores.ᶻ
Nosotros pensamos que Dios lo
había herido,
que lo había castigado y humillado.
[5] Pero fue traspasado a causa de
nuestra rebeldía,
fue atormentado a causa de
nuestras maldades;
el castigo que sufrió nos trajo la
paz,
por sus heridas alcanzamos la
salud.ᵃ

[6] Todos nosotros nos perdimos como
ovejas,ᵇ
siguiendo cada uno su propio
camino,
pero el Señor cargó sobre él la
maldad de todos nosotros.
[7] Fue maltratado, pero se sometió
humildemente,
y ni siquiera abrió la boca;
lo llevaron como cordero al
matadero,ᶜ
y él se quedó callado, sin abrir la
boca,
como una oveja cuando la
trasquilan.
[8] Se lo llevaron injustamente,
y no hubo quien lo defendiera;

nadie se preocupó de su destino.
Lo arrancaron de esta tierra,ᵈ
le dieron muerte por los pecados de
mi pueblo.
[9] Lo enterraron al lado de hombres
malvados,
lo sepultaron con gente perversa,⁷⁵
aunque nunca cometió ningún
crimen
ni hubo engaño en su boca. ᵉ

[10] El Señor quiso oprimirlo con el
sufrimiento.
Y puesto que él se entregó en
sacrificio por el pecado,
tendrá larga vida
y llegará a ver a sus descendientes;
por medio de él tendrán éxito los
planes del Señor.
[11] Después de tanta aflicción verá la
luz,⁷⁶
y quedará satisfecho al saberlo;
el justo siervo del Señor liberará a
muchos,
pues cargará con la maldad de ellos.
[12] Por eso Dios le dará un lugar entre
los grandes,
y con los poderosos participará del
triunfo,
porque se entregó a la muerte
y fue contado entre los malvados,ᶠ
cuando en realidad cargó con los
pecados de muchos
e intercedió por los pecadores.

Amor eterno de Dios

54 [1] Da gritos de alegría, mujer estéril
y sin hijos;
estalla en cantos de gozo,
tú que nunca has dado a luz,
porque el Señor dice:
"La mujer abandonada tendrá más
hijos
que la mujer que tiene esposo."ᵍ
[2] Agranda tu tienda de campaña,
extiende sin miedo el toldo bajo el
cual vives;
alarga las cuerdas, clava bien las
estacas,
[3] porque te vas a extender a derecha
e izquierda;
tus descendientes conquistarán
muchas naciones
y poblarán las ciudades ahora
desiertas.
[4] No tengas miedo, no quedarás en
ridículo;
no te insultarán ni tendrás de qué
avergonzarte.

---

⁷⁵ *Gente perversa:* texto probable. Heb. *un rico.*   ⁷⁶ *Verá la luz:* según un manuscrito antiguo y la versión griega.
Heb. *verá.*
ᵛ **52.15** Ro 15.21.   ʷ **53.1** Ro 10.16.   ˣ **53.1** Jn 12.38.   ʸ **53.3** Sal 22.6–7; Is 49.7.   ᶻ **53.4** Mt 8.17.   ᵃ **53.5** 1 P 2.24.
ᵇ **53.6** 1 P 2.25.   ᶜ **53.7** Ap 5.6.   ᵈ **53.7–8** Hch 8.32–33.   ᵉ **53.9** 1 P 2.22.   ᶠ **53.12** Mr 15.28; Lc 22.37.   ᵍ **54.1** Gá 4.27.

Olvidarás la vergüenza de tu
   juventud
y no te acordarás más de la
   deshonra de tu viudez,
5 porque tu creador te tomará por
   esposa.
Su nombre es Señor todopoderoso;
tu libertador es el Dios Santo de
   Israel,
el Dios de toda la tierra.

6 Eras como una esposa joven
   abandonada y afligida,
pero tu Dios te ha vuelto a llamar y
   te dice:*h*
7 "Por un corto instante te abandoné,
pero con bondad inmensa te volveré
   a unir conmigo.*i*
8 En un arranque de enojo, por un
   momento, me oculté de ti,
pero con amor eterno te tuve
   compasión."
Lo dice el Señor, tu libertador.

9 "Así como juré a Noé, cuando el
   diluvio,
no volver a inundar la tierra.*j*
así juro ahora
no volver a enojarme contigo
ni volver a amenazarte.
10 Aunque las montañas cambien de
   lugar
y los cerros se vengan abajo,
mi amor por ti no cambiará
ni se vendrá abajo mi pacto de
   paz."*k*
Lo dice el Señor, que se compadece
   de ti.

La nueva Jerusalén

11 "¡Desdichada ciudad, azotada por la
   tempestad,
sin nadie que te consuele!
Yo pondré tus piedras sobre
   azabache
y tus cimientos sobre zafiro;*l*
12 de rubíes haré tus torres
y de berilo tus puertas,
y de piedras preciosas todas tus
   murallas.
13 Yo instruiré a todos tus hijos;*m*
todos ellos tendrán gran bienestar.
14 La justicia te hará fuerte,
quedarás libre de opresión y miedo,
y el terror no volverá a inquietarte.
15 Si alguien te ataca, no será por
   causa mía,
pero tú vencerás al que te ataque.

16 "Mira, yo he creado al herrero
que aviva el fuego en las brasas
y hace armas para diversos usos;
yo también he creado al hombre
   destructor
para que cause ruina;
17 pero nadie ha hecho el arma
que pueda destruirte.
Dejarás callado a todo el que te
   acuse.
Esto es lo que yo doy a los que me
   sirven: la victoria."
El Señor es quien lo afirma.

Ofrecimiento generoso del Señor

55 1 "Todos los que tengan sed,
      vengan a beber agua;*n*
los que no tengan dinero, vengan,
consigan trigo de balde y coman;
consigan vino y leche sin pagar
   nada.
2 ¿Por qué dar dinero a cambio de lo
   que no es pan?
¿Por qué dar su salario por algo que
   no deja satisfecho?
Óiganme bien y comerán buenos
   alimentos,
comerán cosas deliciosas.
3 Vengan a mí y pongan atención,
escúchenme y vivirán.
Yo haré con ustedes un pacto
   eterno,
cumpliendo así las promesas que por
   amor hice a David.*ñ*
4 Yo lo puse a él como testigo para
   las naciones,
como jefe e instructor de los
   pueblos.
5 Tú llamarás a pueblos desconocidos;
pueblos que no te conocían irán
   corriendo a ti,
porque yo, tu Señor, el Dios Santo
   de Israel,
te he honrado.

6 "Busquen al Señor mientras puedan
   encontrarlo,
llámenlo mientras está cerca.
7 Que el malvado deje su camino,
que el perverso deje sus ideas;
vuélvanse al Señor, y él tendrá
   compasión de ustedes;
vuélvanse a nuestro Dios, que es
   generoso para perdonar.*o*
8-9 Porque mis ideas no son como las de
   ustedes,
y mi manera de actuar no es como
   la suya.
Así como el cielo está por encima de
   la tierra,

h 54.5–8 Ez 16; Os 1—3. *i* 54.7–8 Sal 30.5; Is 60.10; Lm 3.31–33. *j* 54.9 Gn 9.8–17. *k* 54.10 Jer 31.35–36; 32.40; Mr 13.31.
l 54.11–12 Ap 21.18–21. *m* 54.13 Jn 6.45. *n* 55.1 Jn 7.37; Ap 21.6; 22.17. *ñ* 55.3 2 S 7.4–16; Hch 13.34.
o 55.7 Lm 3.40–42; Zac 1.3; Mal 3.7.

así también mis ideas y mi manera
de actuar
están por encima de las de ustedes."
El Señor lo afirma.

[10] "Así como la lluvia y la nieve bajan
del cielo,
y no vuelven allá, sino que empapan
la tierra,
la fecundan y la hacen germinar,
y producen la semilla para sembrar
y el pan para comer,[p]
[11] así también la palabra que sale de
mis labios
no vuelve a mí sin producir efecto,
sino que hace lo que yo quiero
y cumple la orden que le doy.

[12] "Ustedes saldrán de allí con alegría,
volverán a su país con paz.
Al verlos, los montes y las colinas
estallarán en cantos de alegría
y todos los árboles del campo
aplaudirán.
[13] En vez de zarzas crecerán pinos,
en vez de ortigas crecerán
arrayanes;
esto hará glorioso el nombre del
Señor;
será una señal eterna,
indestructible."

Recompensa de la fidelidad al pacto

56 [1] El Señor dice:
"Practiquen la justicia,
hagan lo que es recto,
porque pronto voy a llevar a cabo la
liberación;
voy a mostrar mi poder salvador.
[2] Dichoso el hombre que sigue estos
mandatos
y los cumple con fidelidad,
que respeta el día de reposo[77,][q] y no
lo profana,
que tiene buen cuidado de no hacer
nada malo."

[3] Si un extranjero se entrega al Señor,
no debe decir:
"El Señor me tendrá separado de su
pueblo."
Ni tampoco el eunuco debe decir:
"Yo soy un árbol seco."
[4] Porque el Señor dice:
"Si los eunucos respetan mis días de
reposo,[77]
y si cumplen mi voluntad
y se mantienen firmes en mi pacto,
[5] yo les daré algo mejor que hijos e
hijas;

les concederé que su nombre quede
grabado para siempre
en mi templo, dentro de mis muros;
les daré un nombre eterno,
que nunca será borrado.
[6] Y a los extranjeros que se entreguen
a mí,
para servirme y amarme,
para ser mis siervos,
si respetan el día de reposo[77] y no lo
profanan
y se mantienen firmes en mi pacto,
[7] yo los traeré a mi monte sagrado
y los haré felices en mi casa de
oración.
Yo aceptaré en mi altar sus
holocaustos y sacrificios,
porque mi casa será declarada
casa de oración para todos los
pueblos.[r]
[8] Yo haré que vuelvan y se reúnan
los que aún están en el destierro."
Esto lo afirma el Señor,
que hace que vuelvan a reunirse
los israelitas que estaban dispersos.[s]

Reproches a los malos jefes

[9] Vengan, fieras salvajes;
vengan, animales del bosque,
a devorar el rebaño;
[10] porque los guardianes de mi pueblo
están ciegos,
no se dan cuenta de nada.
Todos ellos son perros mudos, que
no pueden ladrar;
se pasan la vida echados y soñando;
les encanta dormir.
[11] Son perros hambrientos que nunca
se llenan,
son pastores que no entienden
nada;[t]
cada uno sigue su propio camino,
sólo busca sus propios intereses.
[12] Dicen: "Vamos a buscar vino y
bebidas fuertes
para emborracharnos.
Y hagamos mañana lo mismo que
hoy,
o mucho más aún."

57 [1] Los hombres honrados mueren
y nadie se preocupa;
los hombres buenos desaparecen,
y nadie entiende
que al morir se ven libres de los
males
[2] y entran en la paz.
Habían seguido un camino recto
y ahora descansan en sus tumbas.

[77] Día de reposo: aquí equivale a sábado.
[p] 55.10 2 Co 9.10. [q] 56.2 Ex 20.8–11; Is 58.13–14; Jer 17.19–27. [r] 56.7 Mt 21.13; Mr 11.17; Lc 19.46. [s] 56.7–8 Is 60.1–14.
[t] 56.11 Ez 34.2.

Contra los cultos idolátricos

³ Acérquense ustedes, hijos de
  hechicera,
nacidos de un adúltero y una
  prostituta:
⁴ ¿De quién se burlan ustedes?
¿A quién le hacen gestos de
  desprecio?
¿A quién le enseñan la lengua?
Ustedes son hijos de pecado, gente
  mentirosa;
⁵ debajo de los robles y de todo árbol
  frondoso
se entregan a actos inmorales,
y sacrifican niños ᵘ junto a los
  arroyos,
en las grietas de las rocas.

⁶ "Israel,
tú prefieres dar culto a las piedras
  lisas del arroyo,
pues allí tienes un lugar destinado
  para ti.
A ellas les has derramado ofrendas
  de vino,
les has ofrecido cereales.
¿Y después de todo esto voy a
  sentirme contento?
⁷ En un monte alto y empinado
  pusiste tu cama,
y allá también has subido a ofrecer
  sacrificios.
⁸ Detrás de la puerta de tu casa
pusiste tus ídolos obscenos.
Te olvidaste de mí, te desnudaste
y te acostaste en tu ancha cama;
hiciste tratos con los hombres
con quienes querías acostarte,
y mirabas al ídolo.⁷⁸

⁹ "Corriste hacia el dios Mélec⁷⁹
  llevando aceite
y gran cantidad de perfumes;
enviaste mensajeros hasta muy
  lejos,
los hiciste bajar hasta el reino de la
  muerte.
¹⁰ Te cansaste de tantos viajes,
pero no reconociste que todo era
  inútil.
Tenías a la mano el sustento,
y por eso no te cansabas.

¹¹ "¿Quiénes son esos dioses que tú
  temías y honrabas,
para que me fueras infiel
y me olvidaras por completo?
Cuando tú no me honrabas,
yo callaba y disimulaba.⁸⁰

¹² Pero voy a denunciar tu conducta,
  que tú crees tan perfecta.
¹³ Cuando grites pidiendo auxilio,
tus ídolos no te ayudarán ni te
  librarán.
A todos ellos se los llevará el viento;
un soplo los hará desaparecer.
En cambio, el que confía en mí
habitará en el país
y vivirá en mi monte santo."

Castigo y curación de Israel

¹⁴ Entonces se oirá decir:
"Preparen un camino bien llano,
quiten los obstáculos para que pase
  mi pueblo."
¹⁵ Porque el Altísimo,
el que vive para siempre
y cuyo nombre es santo, dice:
"Yo vivo en un lugar alto y sagrado,
pero también estoy con el humilde y
  afligido,
y le doy ánimo y aliento.
¹⁶ No estaré siempre acusando a mi
  pueblo,
ni estaré enojado todo el tiempo;
pues haría que los hombres que he
  creado
perdieran el ánimo ante mí.
¹⁷ A causa del pecado de Israel
estuve enojado un tiempo,
y lo castigué y me aparté de él;
pero él se rebeló y se dejó llevar de
  sus caprichos.
¹⁸ He visto su conducta,
pero lo sanaré y le daré descanso
y tranquilidad completa.
Yo consolaré a los tristes,
¹⁹ y diré a todos:
'¡Paz a los que están lejos,
y paz a los que están cerca! ᵛ
¡Yo sanaré a mi pueblo!'
²⁰ Pero los malos son como un mar
  agitado,
que no puede calmarse
y que arroja entre sus olas lodo y
  suciedad.
²¹ Para los malos no hay bienestar." ʷ
Dios lo ha dicho.

El verdadero ayuno

58 ¹ El Señor me dijo:
"Grita fuertemente, sin miedo,
alza la voz como una trompeta;
reprende a mi pueblo por sus culpas,
al pueblo de Jacob por sus pecados.

---

⁷⁸ Y mirabas al ídolo: otra posible traducción: y contemplabas su sexo (lit. mano, por eufemismo). ⁷⁹ En hebreo, Mélec
significa rey, y se aplicaba como título a varios dioses paganos. ⁸⁰ Y disimulaba: según la versión griega. Heb. y desde
la antigüedad.
ᵗ 57.5 Lv 18.21; Jer 7.31; 19.5. ᵛ 57.19 Ef 2.17. ʷ 57.21 Is 48.22.

² Diariamente me buscan
y están felices de conocer mis
caminos,
como si fueran un pueblo que hace
el bien
y que no descuida mis leyes;
me piden leyes justas
y se muestran felices de acercarse a
mí,
³ y sin embargo dicen:
'¿Para qué ayunar, si Dios no lo ve?
¿Para qué sacrificarnos, si él no se
da cuenta?'
El día de ayuno lo dedican ustedes a
hacer negocios
y a explotar a sus trabajadores;
⁴ el día de ayuno lo pasan en disputas
y peleas
y dando golpes criminales con los
puños.
Un día de ayuno así, no puede
lograr
que yo escuche sus oraciones.
⁵ ¿Creen que el ayuno que me agrada
consiste en afligirse,
en agachar la cabeza como un junco
y en acostarse con ásperas ropas
sobre la ceniza?
¿Eso es lo que ustedes llaman
'ayuno',
y 'día agradable al Señor'?
⁶ Pues no lo es.
El ayuno que a mí me agrada
consiste en esto:
en que rompas las cadenas de la
injusticia
y desates los nudos que aprietan el
yugo;
en que dejes libres a los oprimidos
y acabes, en fin, con toda tiranía;
⁷ en que compartas tu pan con el
hambriento
y recibas en tu casa al pobre sin
techo;
en que vistas al que no tiene ropa
y no dejes de socorrer a tus
semejantes.
⁸ Entonces brillará tu luz como el
amanecer
y tus heridas sanarán muy pronto.
Tu rectitud irá delante de ti
y mi gloria te seguirá.
⁹ Entonces, si me llamas, yo te
responderé;
si gritas pidiendo ayuda, yo te diré:
'Aquí estoy.'
Si haces desaparecer toda opresión,
si no insultas a otros
ni les levantas calumnias,
¹⁰ si te das a ti mismo en servicio del
hambriento,
si ayudas al afligido en su necesidad,

tu luz brillará en la oscuridad,
tus sombras se convertirán en luz de
mediodía.
¹¹ Yo te guiaré continuamente,
te daré comida abundante en el
desierto,
daré fuerza a tu cuerpo
y serás como un jardín bien regado,
como un manantial al que no le
falta el agua.
¹² Tu pueblo reconstruirá las viejas
ruinas
y afianzará los cimientos puestos
hace siglos.
Llamarán a tu pueblo 'reparador de
muros caídos',
'reconstructor de casa en ruinas'.

Sobre el día de reposo

¹³ "Respeta el día de reposo;[81, x]
no te dediques a tus negocios en mi
día santo.
Considera este día como día de
alegría,
como día santo del Señor y digno de
honor;
hónralo no dedicándote a tus
asuntos,
ni buscando tus intereses y haciendo
negocios.
¹⁴ Si haces esto, encontrarás tu alegría
en mí,
y yo te llevaré en triunfo sobre las
alturas del país
y te haré gozar de la herencia de tu
padre Jacob."
El Señor mismo lo ha dicho.

Culpa y castigo de Israel

59 ¹ El poder del Señor no ha
disminuido
como para no poder salvar,
ni él se ha vuelto tan sordo
como para no poder oír.
² Pero las maldades cometidas por
ustedes
han levantado una barrera entre
ustedes y Dios;
sus pecados han hecho que él se
cubra la cara
y que no los quiera oír.
³ Ustedes tienen las manos
manchadas de sangre
y los dedos manchados de crímenes;
sus labios dicen mentiras,
su lengua emite maldad.
⁴ Nadie hace denuncias justas,
ni va a juicio con honradez.
Confían más bien en la mentira

---

⁸¹ *Día de reposo:* aquí equivale a *sábado.*
ˣ **58.13-14** Ex 20.8-11; Is 56.2; Jer 17.19-27.

y en palabras falsas;
están preñados de maldad
y dan a luz el crimen.
⁵ Incuban huevos de víbora
y tejen telarañas;
el que come esos huevos, se muere,
y si uno los aplasta, salen serpientes
venenosas.
⁶ Con esas telarañas no se hacen
vestidos;
nadie puede vestirse con lo que ellos
tejen.
Sus acciones son todas criminales:
sus manos trabajan para hacer
violencia,
⁷ sus pies les sirven para correr al
mal,
para darse prisa a derramar sangre
inocente.
Sus pensamientos se dirigen al
crimen,
y a su paso sólo dejan destrucción y
ruina. ʸ
⁸ No conocen el camino de la paz,
no hay rectitud en sus acciones.
Los caminos que siguen son
torcidos;
los que andan por ellos no
encuentran la paz. ᶻ

⁹ Por eso la salvación se ha alejado de
nosotros
y la liberación no se nos acerca;
esperábamos la luz, y no hay más
que oscuridad;
esperábamos la claridad, y andamos
en tinieblas.
¹⁰ Andamos a tientas, como ciegos
junto a una pared,
como si no tuviéramos ojos;
en pleno mediodía tropezamos como
si fuera de noche;
teniendo salud, estamos como
muertos.
¹¹ Todos nosotros gruñimos como
osos,
gemimos como palomas;
esperamos la salvación, pero no
llega;
esperamos la liberación, pero está
lejos.
¹² Nosotros te hemos ofendido mucho,
y nuestros propios pecados nos
acusan;
tenemos presentes nuestras culpas
y conocemos nuestras maldades.
¹³ Hemos sido rebeldes e infieles al
Señor,
no quisimos seguir a nuestro Dios,
hemos hablado de violencia y de
traición,

hemos hecho planes para engañar a
los demás.
¹⁴ La justicia ha sido despreciada,
la rectitud se mantiene a distancia,
la sinceridad tropieza en la plaza
pública
y la honradez no puede presentarse.
¹⁵ La sinceridad ha desaparecido,
y al que se aparta del mal le roban
lo que tiene.

El Señor se ha disgustado
al ver que no hay justicia.
¹⁶ El Señor quedó asombrado
al ver que nadie ponía remedio a
esto;
entonces actuó con su propio poder,
y él mismo obtuvo la victoria. ᵃ
¹⁷ Se cubrió de triunfo como con una
coraza,
se puso la salvación como un casco
en la cabeza, ᵇ
se vistió de venganza como con una
túnica
y se envolvió de ira como con un
manto.
¹⁸ El Señor dará a cada cual su
merecido;
castigará a sus enemigos.
A quienes lo odian, les dará lo que
se merecen;
aun a los que viven en los países
del mar.
¹⁹ Todo el mundo desde oriente hasta
occidente,
respetará al Señor, al ver su
majestad,
Porque él vendrá como un río
crecido
movido por un viento poderoso.
²⁰ Vendrá como libertador de Sión
y de todos los descendientes de
Jacob
que se arrepientan de sus culpas. ᶜ
El Señor lo afirma.

²¹ El Señor dice:
"Yo hago un pacto con ustedes y les
prometo
que mi poder y las enseñanzas que
les he dado
no se apartarán jamás de ustedes
ni de sus descendientes
por toda la eternidad."

La gloria de la nueva Jerusalén

60 ¹ Levántate, Jerusalén, envuelta en
resplandor,
porque ha llegado tu luz
y la gloria del Señor brilla sobre ti.

ʸ 59.7 Pr 1.16. ᶻ 59.7–8 Ro 3.15–17. ᵃ 59.16 Is 63.5. ᵇ 59.17 Ef 6.17; 1 Ts 5.8. ᶜ 59.20 Ro 11.26.

² La oscuridad cubre la tierra,
la noche envuelve a las naciones,
pero el Señor brillará sobre ti
y sobre ti aparecerá su gloria.
³ Las naciones vendrán hacia tu luz,
los reyes vendrán hacia el
resplandor de tu amanecer.*d*
⁴ Levanta los ojos, y mira a tu
alrededor:
todos se reúnen y vienen hacia ti.
Tus hijos vendrán desde lejos;
tus hijas serán traídas en brazos.
⁵ Tú, al verlos, estarás radiante de
alegría,
tu corazón se llenará de gozo;
te traerán los tesoros de los países
del mar,
te entregarán las riquezas de las
naciones.
⁶ Te verás cubierta de caravanas de
camellos
que vienen de Madián y de Efa;
vendrán todos los de Sabá,
cargados de oro y de incienso,
y proclamarán las acciones gloriosas
del Señor.
⁷ Todos los rebaños de Cedar serán
para ti;
los carneros de Nebaiot estarán a tu
servicio,
para que los ofrezcas al Señor en su
altar
como ofrendas agradables,
y él hará aún más bello su hermoso
templo.

⁸ ¿Quiénes son esos que vuelan como
nubes,
que van como palomas a sus
palomares?
⁹ Son barcos que vienen juntos,
con las naves de Tarsis a la cabeza,
trayendo de lejos a tus hijos,
con su oro y su plata,
en honor de tu Señor, el Dios Santo
de Israel,
quien te hizo gloriosa.
¹⁰ Gente extranjera reconstruirá tus
murallas,
y sus reyes te servirán;
pues aunque en su ira el Señor te
castigó,
ahora en su bondad te ha tenido
compasión.*e*
¹¹ Tus puertas estarán siempre
abiertas;
no se cerrarán de día ni de noche,
para que puedan traerte las riquezas
de las naciones*f*
y entren los reyes con su comitiva.
¹² El país que no te sirva, perecerá;
naciones enteras serán destruidas.

¹³ El Señor dice a Jerusalén:
"Las riquezas del Líbano vendrán a
ti:
pinos, abetos y cipreses,
para embellecer mi templo,
para dar gloria al lugar donde pongo
mis pies.
¹⁴ Los hijos de los que te oprimieron
vendrán a humillarse delante de ti,
y todos los que te despreciaban
se arrodillarán a tus pies*g*
y te llamarán 'Ciudad del Señor',
'Sión del Dios Santo de Israel'.
¹⁵ Ya no estarás abandonada,
odiada y sola,
sino que yo te haré gloriosa
eternamente,
motivo de alegría para siempre.
¹⁶ Las naciones te darán sus mejores
alimentos
y los reyes te traerán sus riquezas;
y reconocerás que yo, el Señor, soy
tu salvador,
que yo, el Poderoso de Jacob, soy tu
libertador.

¹⁷ "En vez de bronce te daré oro,
en vez de hierro, plata,
en vez de madera, bronce,
y en vez de piedras, hierro.
Haré que la paz te gobierne
y que la rectitud te dirija.
¹⁸ En tu tierra no se volverá a oír
el ruido de la violencia,
ni volverá a haber destrucción y
ruina en tu territorio,
sino que llamarás a tus murallas
'Salvación'
y a tus puertas 'Alabanza'.

¹⁹ "Ya no necesitarás que el sol te
alumbre de día,
ni que la luna te alumbre de noche,
porque yo, el Señor, seré tu luz
eterna;
yo, tu Dios, seré tu esplendor.*h*
²⁰ Tu sol no se ocultará jamás
ni tu luna perderá su luz,
porque yo, el Señor, seré tu luz
eterna;
tus días de luto se acabarán.

²¹ "Todos los de tu pueblo serán gente
honrada,
serán dueños de su país por siempre,
retoños de una planta que yo mismo
he plantado,
obra que he hecho con mis manos
para mostrar mi gloria.
²² Este puñado tan pequeño se
multiplicará por mil;

---

d **60.3** Ap 21.24. *e* **60.10** Is 54.7-8; Lm 3.31-33. *f* **60.11** Ap 21.25-26. *g* **60.14** Ap 3.9. *h* **60.19** Ap 21.23; 22.5.

este pequeño número será una gran
nación.
Yo soy el Señor,
yo haré que se realice pronto,
a su debido tiempo."

Anuncio de salvación a Israel

61 [1] El espíritu del Señor está sobre
mí,
porque el Señor me ha consagrado;
me ha enviado a dar buenas noticias
a los pobres,[i]
a aliviar a los afligidos,
a anunciar libertad a los presos,
libertad a los que están en la cárcel;
[2] a anunciar el año favorable del
Señor,[j]
el día en que nuestro Dios
nos vengará de nuestros enemigos.
Me ha enviado a consolar a todos
los tristes,[k]
[3] a dar a los afligidos de Sión
una corona en vez de ceniza,
perfume de alegría en vez de llanto,
cantos de alabanza en vez de
desesperación.
Los llamarán "robles victoriosos",
plantados por el Señor para mostrar
su gloria.

[4] Se reconstruirán las viejas ruinas,
se levantarán los edificios destruidos
hace mucho,
y se repararán las ciudades en
ruinas.
[5] Los extranjeros se pondrán a cuidar
los rebaños, los campos y los
viñedos de ustedes.
[6] Y a ustedes los llamarán sacerdotes
del Señor,
siervos de nuestro Dios.
Disfrutarán de la riqueza de otras
naciones
y se adornarán con el esplendor de
ellas.
[7] Y como mi pueblo ha tenido que
sufrir
doble porción de deshonra e
insultos,
por eso recibirá en su país
doble porción de riquezas
y gozará de eterna alegría.

[8] Porque el Señor ama la justicia,
y odia el robo y el crimen.[82]
Él les dará fielmente su recompensa
y hará con ellos un pacto eterno.
[9] Sus descendientes serán famosos
entre las naciones;
todos los que los vean reconocerán

que son un pueblo que el Señor ha
bendecido.

[10] ¡Cómo me alegro en el Señor!
Me lleno de gozo en mi Dios,[l]
porque me ha brindado su salvación,
¡me ha cubierto de victoria!
Soy como un novio que se pone su
corona
o una novia que se adorna con sus
joyas.[m]
[11] Porque así como nacen las plantas
de la tierra
y brotan los retoños en un jardín,
así hará el Señor que brote su
victoria
y que todas las naciones entonen
cantos de alabanza.

62 [1] Por amor a ti, Sión, no me
quedaré callado;
por amor a ti, Jerusalén, no
descansaré
hasta que tu victoria brille como el
amanecer
y tu salvación como una antorcha
encendida.
[2] Las naciones verán tu salvación,
todos los reyes verán tu gloria.
Entonces tendrás un nombre nuevo[n]
que el Señor mismo te dará.
[3] Tú serás una hermosa corona real
en la mano del Señor tu Dios.
[4] No volverán a llamarte
"Abandonada",
ni a tu tierra le dirán "Destruida",
sino que tu nombre será "Mi
predilecta",
y el de tu tierra, "Esposa mía".[ñ]
Porque tú eres la predilecta del
Señor,
y él será como un esposo para tu
tierra.
[5] Porque así como un joven se casa
con su novia,
así Dios te tomará por esposa,
te reconstruirá[83] y será feliz contigo,
como es feliz el marido con su
esposa.
[6] Jerusalén, en tus murallas he puesto
centinelas[o]
que ni de día ni de noche dejan de
decir:
"No se queden callados los que
invocan al Señor,
[7] no lo dejen descansar
hasta que haya reconstruido a
Jerusalén
y haya hecho que todo el mundo la
alabe."

[8] El Señor ha jurado
alzando su poderoso brazo derecho:

[82] Y el crimen: según versiones antiguas. Heb. con holocausto. [83] Así Dios . . . te reconstruirá: texto probable. Heb. se casarán contigo tus hijos.
[i] 61.1 Mt 11.5; Lc 7.22. [j] 61.1-2 Lc 4.18-19. [k] 61.2 Mt 5.4. [l] 61.10 Lc 1.46-47. [m] 61.10 Ap 21.2. [n] 62.2 Is 1.26; 62.12; Jer 33.16; Ez 48.35. [ñ] 62.4 Is 60.15; Os 2.23. [o] 62.6 Is 52.8; Ez 33.

"Nunca más permitiré
que tus enemigos se coman tu trigo
ni que los extranjeros se beban el vino
que has hecho con tu trabajo;
9 sino que ustedes mismos recogerán la cosecha,
se la comerán y me alabarán a mí;
y recogerán las uvas y beberán el vino
en los atrios de mi santo templo."

10 Salgan, salgan por las puertas,
preparen el camino para mi pueblo.
Construyan con cuidado la calzada
y límpienla de piedras;
levanten la señal para llamar a las naciones.
11 El Señor anuncia esto
hasta el extremo de la tierra:
"Digan a la ciudad de Sión
que ha llegado ya su salvador.
El Señor trae a su pueblo
después de haberlo rescatado."[p]
12 A los israelitas los llamarán "El pueblo santo",
"Los libertados por el Señor",
y a Jerusalén, "La ciudad deseada",
"La ciudad no abandonada".

Dios castiga a sus enemigos

63 1 —¿Quién es ése que viene de Bosra, capital de Edom,[q]
con su ropa teñida de rojo,
que viene vestido espléndidamente
y camina con fuerza terrible?

—Soy yo, que anuncio la victoria
y soy poderoso para salvar.

2 —¿Y por qué tienes rojo el vestido,
como si hubieras pisado uvas con los pies?

3 —Sí, estuve pisando las uvas yo solo,[r]
nadie me ayudó;
lleno de ira pisoteé a mis enemigos,
los aplasté con furor,
y su sangre me salpicó los vestidos
y me manchó toda la ropa.[s]
4 Yo decidí que un día tendría que hacer justicia;
había llegado el tiempo de libertar a mi pueblo.
5 Miré, y no había quien me ayudara;
quedé admirado de que nadie me apoyara.
Mi brazo me dio la victoria
y mi ira me sostuvo.[t]
6 Lleno de ira aplasté a las naciones,
las destruí con furor
e hice correr su sangre por el suelo.

Bondad de Dios para Israel

7 Yo quiero hablar del amor del Señor,
cantar sus alabanzas
por todo lo que él ha hecho por nosotros,
por su inmensa bondad con la familia de Israel,
por lo que ha hecho en su bondad
y en su gran amor.
8 Él dijo: "Ellos son mi pueblo,
hijos que no habrán de traicionarme."
Y él los salvó
9 de todas sus aflicciones.
No fue un enviado suyo quien los salvó;
fue el Señor en persona.[u]
Él los libertó por su amor y su misericordia,
los levantó, los tomó en brazos.
Así lo ha hecho siempre.
10 Pero ellos se rebelaron contra el Señor
y ofendieron su santidad;
por eso se volvió
enemigo de ellos
y les hizo la guerra.[v]
11 Ellos se acordaron de los tiempos antiguos,
de Moisés que libertó a su pueblo,
y se preguntaban:
"¿Dónde está Dios, que salvó del Nilo
a Moisés, pastor de su rebaño?
¿Dónde está el que puso en Moisés su santo espíritu,
12 el que hizo que su glorioso poder
acompañara a Moisés,
el que dividió el mar delante de su pueblo[w]
para alcanzar fama eterna,
13 el que los hizo pasar por el fondo del mar sin resbalar,
como caballos por el desierto,
14 como ganado que baja a la llanura?"
El espíritu del Señor los guiaba.[x]
Así condujo a su pueblo
y alcanzó fama y gloria.

Oración a Dios para implorar su ayuda

15 Mira, Señor, desde el cielo,
desde el lugar santo y glorioso en que vives.

[p] **62.11** Is 40.10. [q] **63.1-6** Is 34.5-17; Jer 49.7-22; Ez 25.12-14; 35.1-15; Am 1.11-12; Abd 1-14; Mal 1.2-5. [r] **63.3** Lm 1.15; Jl 3.13; Ap 14.20; 19.15. [s] **63.3** Ap 19.13. [t] **63.5** Is 59.16. [u] **63.9** Dt 32.11-12. [v] **63.10** Dt 32.15-25. [w] **63.12** Ex 14.21. [x] **63.14** Sal 77.20.

¿Dónde están tu ardiente amor y tu fuerza?
¿Dónde están tus sentimientos?
¿Se agotó tu misericordia con nosotros?
[16] ¡Tú eres nuestro padre!
Aunque Abraham no nos reconozca,
ni Israel se acuerde de nosotros,
tú, Señor, eres nuestro padre;
desde siempre eres nuestro libertador.
[17] ¿Por qué, Señor, haces que nos desviemos de tus caminos,
y endureces nuestros corazones para que no te respetemos?
Cambia ya, por amor a tus siervos
y a las tribus que te pertenecen.
[18] ¡Qué poco tiempo tu pueblo santo fue dueño del país!
Nuestros enemigos han pisoteado tu templo.
[19] Estamos como si tú nunca nos hubieras gobernado,
como si nunca hubiéramos llevado tu nombre.

64 [1] *y*Ojalá rasgaras el cielo y bajaras haciendo temblar con tu presencia las montañas,*z*
[2] como cuando el fuego quema las zarzas
o hace hervir el agua.
Entonces tus enemigos conocerían tu nombre
y las naciones temblarían ante ti.
[3] Cuando hiciste cosas terribles que no esperábamos,
cuando bajaste, las montañas temblaron ante ti.
[4] Jamás se ha escuchado ni se ha visto
que haya otro dios fuera de ti
que haga tales cosas
en favor de los que en él confían.*a*
[5] Tú aceptas a quien hace el bien con alegría
y se acuerda de hacer lo que tú quieres.

Tú estás enojado porque hemos pecado;
desde hace mucho te hemos ofendido.*84*
[6] Todos nosotros somos como un hombre impuro;
todas nuestras buenas obras son como un trapo sucio;
todos hemos caído como hojas marchitas,
y nuestros crímenes nos arrastran como el viento.

[7] No hay nadie que te invoque
ni se esfuerce por apoyarse en ti;
por eso te ocultaste de nosotros
y nos has abandonado*85* por causa de nuestra maldad.

[8] Sin embargo, Señor, tú eres nuestro padre;
nosotros somos el barro, tú nuestro alfarero;*b*
¡todos fuimos hechos por ti mismo!
[9] Señor, no te enojes demasiado
ni te acuerdes siempre de nuestros crímenes.
¡Mira que somos tu pueblo!
[10] Tus santas ciudades están convertidas en desierto,
Jerusalén está en ruinas, destruida.
[11] Nuestro santuario glorioso,
donde nuestros padres te alababan,
quedó destruido por el fuego.
¡Todo lo que más queríamos está en ruinas!
[12] Y ante todo esto, Señor, ¿no vas a hacer nada?
¿Te vas a quedar callado
y vas a humillarnos hasta el extremo?

Acusación contra los rebeldes

65 [1] El Señor dice:
"Los que no me habían pedido nada
fueron los que acudieron a mí;
los que no me habían buscado
fueron los que me encontraron.*c*
A un pueblo que no me había invocado
fue al que le dije: 'Aquí estoy.'
[2] Todo el día extendí mis manos
para atraer a un pueblo rebelde*d*
que iba por caminos perversos
siguiendo sus propios caprichos;
[3] un pueblo que en mi propia cara
me ofendía continuamente;
que ofrecía sacrificios a los dioses en los jardines
y quemaba incienso en altares de ladrillo;
[4] que se sentaba entre los sepulcros
y pasaba las noches en sitios escondidos;
que comía carne de cerdo*e*
y llenaba sus ollas de caldos impuros.
[5] Dicen: 'Quédate ahí, no me toques;
soy demasiado sagrado para que me toques.'

---

84 Desde hace mucho te hemos ofendido: traducción probable. Heb. oscuro.   *85 Y nos has abandonado:* según versiones antiguas. Heb. *nos has hecho derretir.*
y Los vs. 64.1–12 corresponden a los vs. 63.19—64.11 en el texto hebreo.   *z* **64.1–3** Ex 19.16–18; Jue 5.4–5; Hab 3.3–15.
a **64.4** 1 Co 2.9.   *b* **64.8** Is 29.16; 45.9; Jer 18.1–6.   *c* **65.1** Ro 10.20.   *d* **65.2** Ro 10.21.   *e* **65.4** Lv 11.7; Dt 14.8.

Esa gente es como fuego que arde
todo el día;
me molestan como el humo en las
narices.
[6] Pero todo esto está escrito delante
de mí,
y no voy a quedarme cruzado de
brazos;
voy a darles su merecido,
[7] tanto por los crímenes de ellos
como por los de sus padres.
Ellos quemaban incienso sobre los
montes
y me ofendían en las colinas.
Haré primero la cuenta
y les daré su merecido."
El Señor lo ha dicho.

El Señor promete sus bendiciones

[8] El Señor dice:
"Cuando las uvas tienen mucho
jugo
la gente no las echa a perder,
porque pueden sacar mucho vino.
Así haré yo también por amor a mis
siervos:
no destruiré a toda la nación.
[9] Haré que Jacob tenga descendientes
y que haya gente en Judá que viva
en mis montañas.
Mis elegidos poseerán la tierra,
mis servidores vivirán allí.
[10] El valle de Sarón se llenará de
rebaños
y en el valle de Acor[f] pastará el
ganado
que tendrá el pueblo que me busca.
[11] Pero a ustedes que se apartan del
Señor
y se olvidan de mi monte santo,
que ofrecen comida y vino
a Gad y Mení, dioses de la fortuna,
[12] mala fortuna les espera:
los haré morir a filo de espada.
Porque yo los llamé y ustedes no
respondieron;
les hablé y no me escucharon;
hicieron lo que yo no apruebo,
escogieron lo que a mí me
disgusta."[g]

[13] Por eso, el Señor dice:
"Mis servidores tendrán de comer,
pero ustedes sufrirán hambre;
ellos tendrán de beber,
pero ustedes sufrirán sed;
ellos se alegrarán,
pero ustedes quedarán en ridículo;
[14] ellos cantarán de alegría
por el gozo de su corazón,

pero ustedes gritarán y llorarán
por la tristeza y la aflicción.
[15] Mis elegidos usarán el nombre de
ustedes
para maldecir y desear la muerte a
otros,
pero a mis siervos les cambiaré de
nombre.
[16] Cualquiera que en el país pida una
bendición,
la pedirá al Dios fiel;
y cualquiera que en el país haga un
juramento,
jurará por el Dios fiel.
Las aflicciones anteriores han
quedado olvidadas,
han desaparecido de mi vista.

[17] "Miren, yo voy a crear
un cielo nuevo y una tierra nueva.[h]
Lo pasado quedará olvidado,
nadie se volverá a acordar de ello.
[18] Llénense de gozo y alegría para
siempre
por lo que voy a crear,
porque voy a crear una Jerusalén
feliz
y un pueblo contento que viva en
ella.
[19] Yo mismo me alegraré por Jerusalén
y sentiré gozo por mi pueblo.
En ella no se volverá a oír llanto
ni gritos de angustia.[i]
[20] Allí no habrá niños que mueran a
los pocos días,
ni ancianos que no completen su
vida.
Morir a los cien años será morir
joven,
y no llegar a los cien años será una
maldición.
[21] La gente construirá casas y vivirá
en ellas,
sembrará viñedos y comerá sus
uvas.[j]
[22] No sucederá que uno construya y
otro viva allí,
o que uno siembre y otro se
aproveche.
Mi pueblo tendrá una vida larga,
como la de un árbol;
mis elegidos disfrutarán del trabajo
de sus manos.
[23] No trabajarán en vano
ni tendrán hijos que mueran antes
de tiempo,
porque ellos son descendientes
de los que el Señor ha bendecido,
y lo mismo serán sus descendientes.
[24] Antes que ellos me llamen,
yo les responderé;

[f] 65.10 Jos 7.24–26. [g] 65.12 Is 66.4; Jer 7.13. [h] 65.17 Is 66.22; 2 P 3.13; Ap 21.1. [i] 65.19 Ap 21.4. [j] 65.21 Jer 31.5; Am 9.14.

antes que terminen de hablar,
yo los escucharé.
[25] El lobo y el cordero comerán juntos,
el león comerá pasto, como el buey,
y la serpiente se alimentará de
tierra.[k]
En todo mi monte santo
no habrá quien haga ningún daño."[l]
El Señor lo ha dicho.

Contra el culto falso

66 [1] El Señor dice:
"El cielo es mi trono[m]
y la tierra es el estrado de mis pies.[n]
¿Dónde podrán construirme una
casa?
¿Dónde podrán hacerme un lugar de
descanso?
[2] ¡Yo mismo hice todas estas cosas,
y así empezaron a existir![ñ]
Yo, el Señor, lo afirmo.

"El hombre en quien yo me fijo
es el pobre y afligido
que respeta mi palabra.
[3] Pero hay quienes sacrifican un toro,
y también matan a un hombre;
degüellan una oveja, y también
desnucan un perro;
ofrecen cereales, y también la
sangre de un cerdo;
queman incienso, y también adoran
a un ídolo.
A los que escogieron esos ritos
detestables,
les encanta hacer todo esto.
[4] Yo también escogeré el sufrimiento
para ellos,
y les traeré lo que ellos tanto temen.
Porque llamé y nadie me respondió,
hablé y nadie me escuchó;
hicieron lo que yo no apruebo,
escogieron lo que a mí me
disgusta."[o]

Juicio y liberación

[5] Escuchen la palabra del Señor,
ustedes que respetan su palabra:
"Algunos compatriotas de ustedes,
que los odian,
que los persiguen porque invocan mi
nombre, dicen:
'Que el Señor muestre su gloria;
queremos verlos alegres.'
Pero ellos quedarán en ridículo.
[6] Ese estruendo que viene de la
ciudad,
ese ruido que viene del templo,

es el ruido que hace el Señor
al dar su merecido a sus enemigos.[p]

[7] "Sión dio a luz en un momento,
antes de sentir los dolores del
parto.[q]
[8] ¿Quién ha oído decir algo parecido?
¿Quién ha visto algo semejante?
¿Nace una nación en un solo día?
¿Nace un pueblo en un momento?
Pero cuando Sión comenzó a sentir
los dolores,
en seguida dio a luz a sus hijos.
[9] ¿Cómo iba yo a impedir el
nacimiento,
si yo soy quien hace dar a luz?"
El Señor tu Dios lo ha dicho.

[10] "Alégrense con Jerusalén,
llénense de gozo con ella todos los
que la aman;
únanse a su alegría
todos los que han llorado por ella;
[11] y ella, como una madre,
los alimentará de sus consuelos
hasta que queden satisfechos.
[12] Porque yo, el Señor, digo:
Yo haré que la paz venga sobre ella
como un río,
y las riquezas de las naciones
como un torrente desbordado.
Ella los alimentará a ustedes,
los llevará en sus brazos
y los acariciará sobre sus rodillas.
[13] Como una madre consuela a su hijo,
así los consolaré yo a ustedes,
y encontrarán el consuelo en
Jerusalén."

[14] Cuando ustedes vean esto, su
corazón se alegrará;
su cuerpo se renovará como la
hierba.
El Señor dará a conocer su poder
entre sus siervos,
y su ira entre sus enemigos.
[15] Porque el Señor llega en medio de
fuego,
sus carros parecen un torbellino;
va a descargar el ardor de su ira
y las llamas ardientes de su castigo.
[16] Sí, el Señor va a hacer el juicio con
fuego,
va a juzgar a todo el mundo con su
espada
y hará morir a muchos.

[17-18] El Señor afirma:
"Los que se consagran y purifican
para el culto pagano en los jardines
siguiendo a uno que va en medio,

k **65.25** Gn 3.14. l **65.25** Is 11.6–9. m **66.1** Sal 11.4; Mt 5.34; 23.22. n **66.1** Mt 5.35. ñ **66.1–2** Hch 7.49–50.
o **66.4** Is 65.12; Jer 7.13. p **66.6** Ap 16.17. q **66.7** Ap 12.5.

los que comen carne de cerdo, de
  rata
o de otros animales impuros,
serán exterminados de una sola vez,
porque yo conozco sus acciones y
  sus pensamientos.

"Entonces vendré[86] yo mismo
a reunir a todos los pueblos y
  naciones,
y vendrán y verán mi gloria.
[19] Yo les daré una señal:
dejaré que escapen algunos
y los enviaré a las naciones:
a Tarsis, a Libia,[87]
a Lidia, país donde saben manejar el
  arco,
a Tubal, a Grecia
y a los lejanos países del mar,
que nunca han oído hablar de mí
ni han visto mi gloria;
ellos anunciarán mi gloria entre las
  naciones.
[20] Harán venir de todas las naciones
a todos los compatriotas de ustedes,
a caballo, en carros, en literas,
en mulas y en camellos.
Serán una ofrenda para mí
en Jerusalén, mi monte santo,
como las ofrendas que traen los
  israelitas

en vasos limpios a mi templo.
Yo, el Señor, lo he dicho.

[21] "A algunos de ellos los elegiré
para que sean sacerdotes y levitas.
Yo, el Señor, lo he dicho."

[22] También afirma el Señor:
"Así como el nuevo cielo y la nueva
  tierra[r]
que yo voy a crear
durarán para siempre,
así también durarán tus
  descendientes y tu nombre.[s]
[23] Y cada mes, en el día de la luna
  nueva,
y cada semana, en el día de reposo,[88]
todos los hombres vendrán a
  postrarse delante de mí.
Yo, el Señor, lo he dicho.

[24] "Vendrán y verán los cadáveres de
  los hombres
que se rebelaron contra mí.
Los gusanos que se los comen no
  morirán,
y el fuego que los devora no se
  apagará.[t]
¡Serán algo repugnante para toda la
  humanidad!"

[86] *Vendré:* según versiones antiguas. Heb. *ella viene.*   [87] *Libia:* según una versión antigua. Heb. *Pul.*
[88] *Día de reposo:* aquí equivale a *sábado.*
[r] **66.22** Is 65.17; 2 P 3.13; Ap 21.1.   [s] **66.22** Jer 31.35–36.   [t] **66.24** Mr 9.48.

JEREMÍAS

El profeta Jeremías, que vivió en los últimos días del reino de Judá (fines del siglo siete y principios del seis, a. C.), no cesó de advertir al pueblo sobre la catástrofe que se veía venir sobre la nación por causa de su pecado e idolatría. Le tocó presenciar los sitios y capturas de Jerusalén, y en la segunda ocasión fue testigo de la destrucción de la ciudad y el templo, con la consiguiente deportación del rey y una gran parte de la población. Pero también predijo el regreso de la cautividad y la restauración de la nación.

El libro puede considerarse dividido en cuatro secciones. La primera (caps. 1—25) contiene el llamamiento del profeta y sus mensajes bajo los últimos reyes de Judá. La segunda es lo que podría llamarse material biográfico del profeta, registrado por su secretario Baruc, e incluye varias profecías (caps. 26—45). La tercera se compone de profecías contra las naciones (caps. 46—51). Y la cuarta (cap. 52) es un apéndice histórico en que se reseña la caída de Jerusalén y el destierro a Babilonia.

Jeremías fue todo menos un profeta popular. Al contrario, padeció una oposición que llegó hasta la violencia, pues su misión de reconvenir al pueblo y anunciarle el desastre que su desobediencia le acarrearía, no era bien recibida por la gente. Para él mismo, hombre sensible que amaba ardientemente a su pueblo, tampoco era esto cosa agradable, lo cual le ocasionó una lucha interior de la cual habla conmovedoramente en varios pasajes. Pero la palabra de Dios era como un fuego ardiente en su corazón, y de ningún modo podía callarla: "Si digo: No pensaré más en el Señor, no volveré a hablar en su nombre, entonces su palabra en mi interior se convierte en un fuego que devora, que me cala hasta los huesos" (20.9).

En uno de los pasajes del libro el profeta reprende duramente al pueblo su apostasía e infidelidad bajo la figura de un adulterio (cap. 3), pero le anuncia el nuevo pacto que Dios establecerá con él. Entonces ya no será necesario que un maestro los instruya o que se instruyan unos a otros sobre el conocimiento de Dios, porque la ley divina estará grabada en su mente y su corazón (31.31–34).

1 ¹ Dichos y hechos de Jeremías, hijo de Hilcías. Jeremías pertenecía a una familia de sacerdotes que vivían en el pueblo de Anatot,ᵃ en la región de la tribu de Benjamín. ² El Señor le habló a Jeremías cuando Josías,ᵇ hijo de Amón, estaba en el año trece de su reinado en Judá. ³ También le habló durante el tiempo en que Joacim,ᶜ hijo de Josías, era rey de Judá, y hasta que Sedequías,ᵈ también hijo de Josías, cumplió once años como rey de Judá; es decir, hasta el quinto mes de aquel año, cuando los habitantes de Jerusalén fueron llevados al destierro.

El Señor llama a Jeremías

⁴ El Señor se dirigió a mí, y me dijo:
⁵ "Antes de darte la vida, ya te había
yo escogido;
antes de que nacieras, ya te había
yo apartado;
te había destinado a ser profeta de
las naciones."ᵉ

⁶ Yo contesté:
"¡Ay, Señor! ¡Yo soy muy joven y
no sé hablar!"

⁷ Pero el Señor me dijo:
"No digas que eres muy joven.
Tú irás a donde yo te mande,
y dirás lo que yo te ordene.
⁸ No tengas miedo de nadie,
pues yo estaré contigo para
protegerte.
Yo, el Señor, doy mi palabra."

⁹ Entonces el Señor extendió la mano, me tocó los labios y me dijo:
¹⁰ "Yo pongo mis palabras en tus
labios.
Hoy te doy plena autoridad
sobre reinos y naciones,
para arrancar y derribar,
para destruir y demoler,
y también para construir y plantar."

¹¹ El Señor se dirigió a mí, y me dijo:
"Jeremías, ¿qué es lo que ves?"
"Veo una rama de almendro"—
contesté.
¹² "Tienes razón —me dijo el Señor—
En efecto, voy a estar atentoᶠ
a que mis palabras se cumplan."ᶠ

¹³ El Señor se dirigió a mí por segunda vez:

ᶠ En hebreo, las palabras que corresponden a *almendro* y *voy a estar atento* tienen un sonido parecido. ᵃ **1.1** 1 R 2.26-27. ᵇ **1.2** 2 R 22.3—23.27; 2 Cr 34.8—35.19. ᶜ **1.3** 2 R 23.36—24.7; 2 Cr 36.5-8. ᵈ **1.3** 2 R 24.18—25.21; 2 Cr 36.11-21. ᵉ **1.5** Is 49.1; Gá 1.15. ᶠ **1.12** Is 55.10-11; Ez 12.28.

"¿Qué es lo que ves?"—me
preguntó.
"Veo una olla hirviendo,
a punto de derramarse desde el
norte"—contesté.

14 Entonces el Señor me dijo:
"Desde el norte va a derramarse la
calamidad
sobre todos los habitantes de este
país.
15 Yo, el Señor, les aseguro
que voy a llamar a todos los reinos
del norte.
Vendrán sus reyes
y pondrán sus tronos
a la entrada misma de Jerusalén,
frente a todas las murallas que la
rodean
y frente a todas las ciudades de
Judá.
16 Este es el castigo que voy a decretar
contra esos pecadores que me
abandonaron,
que quemaron incienso y adoraron
a dioses extranjeros que ellos
mismos hicieron.
17 Y tú, ármate de valor;
ve y diles todo lo que yo te mande.
No les tengas miedo, porque de otra
manera
yo te haré temblar delante de ellos.
18 Yo te pongo hoy
como ciudad fortificada,
como columna de hierro,
como muralla de bronce,g
para que te enfrentes a todo el país
de Judá:
a sus reyes, jefes y sacerdotes, y al
pueblo en general.
19 Ellos te harán la guerra, pero no te
vencerán
porque yo estaré contigo para
protegerte.
Yo, el Señor, doy mi palabra."

Infidelidad de Israel

2 1 El Señor se dirigió a mí, y me dijo:
2 "Ve y habla a la ciudad de
Jerusalén,
grita para que lo oiga bien:
¡Así dice el Señor!
Recuerdo que cuando eras joven,
me eras fiel,h
que cuando te hice mi esposa, me
amabas
y me seguiste a través del desierto,i
tierra en que nada se cultiva.'
3 Israel estaba consagrada a mí,
era lo mejor de mi cosecha.

Si alguien le hacía daño, yo lo
castigaba
enviándole calamidades.
Yo, el Señor, lo afirmo."

4 Descendientes de Jacob, familias todas de Israel, escuchen la palabra del Señor. 5 El Señor les dice:

"¿Qué de malo encontraron en mí
sus antepasados,
que se alejaron de mí?
Se fueron tras dioses que no son
nada,
y en nada se convirtieron ellos
mismos.
6 No se preocuparon por buscarme a
mí,
que los saqué de Egipto,
que los guié por el desierto,
tierra seca y llena de barrancos,
tierra sin agua, llena de peligros,
tierra donde nadie vive, por donde
nadie pasa.j
7 Yo los traje a esta tierra fértil,
para que comieran de sus frutos
y de sus mejores productos.
Pero ustedes vinieron y profanaron
mi tierra,
me hicieron sentir asco de este país,
de mi propiedad.
8 Los sacerdotes no me buscaron,
los instructores de mi pueblo no me
reconocieron,
los jefes se rebelaron contra mí,
y los profetas hablaron en nombre
de Baal
y se fueron tras ídolos que no sirven
para nada.

Proceso contra Israel

9 "Por eso, yo, el Señor, afirmo:
Voy a entablar un proceso contra
ustedes y sus nietos.
10 Vayan a las islas de occidente y
observen;
envíen a alguien a Cedar para que
se fije bien,
a ver si se ha dado el caso
11 de que una nación pagana haya
cambiado a sus dioses.k
¡Y eso que son dioses falsos!
Pero mi pueblo me ha dejado a mí,
que soy su gloria,
por ídolos que no sirven para nada.
12 ¡Espántate, cielo, ante esto!
¡Ponte a temblar de horror!
Yo, el Señor, lo afirmo.

13 "Mi pueblo ha cometido un doble
pecado:
me abandonaron a mí,

fuente de agua viva,[l]
y se hicieron sus propias cisternas,
pozos rotos que no conservan el
agua.

Consecuencias de la infidelidad de Israel

[14] "Israel no es un esclavo;
él no nació en la esclavitud.
¿Por qué, pues, lo saquean?
[15] ¿Por qué lo atacan como leones,
lanzando fuertes rugidos?
Han dejado en ruinas tu país;
sus ciudades fueron incendiadas
y nadie quedó en ellas.
[16] La gente de Menfis y de Tafnes
te rompió[2] la cabeza.
[17] Esto te ha pasado por haberme
abandonado
a mí, que soy el Señor tu Dios.
y que te guiaba por el camino.
[18] Y ahora, ¿qué ganas con ir a Egipto
a beber agua del Nilo?[m]
¿Qué ganas con ir a Asiria
a beber agua del Éufrates?
[19] Tu propia maldad te castigará,
tu infidelidad te condenará.
Piensa y verás lo malo y amargo
que ha sido que me abandones
y que no me hayas honrado,
a mí, que soy el Señor tu Dios.
Yo, el Señor todopoderoso, lo
afirmo.

Rebeldía de Israel

[20] "Desde hace mucho te rebelaste
contra mí,
te negaste a obedecerme.
Dijiste: 'No quiero servir.'
Sobre toda loma alta
y bajo todo árbol frondoso
te dedicaste a la prostitución.
[21] Yo te planté como vid de la mejor
calidad,
como vid de la semilla más fina.[n]
¡Pero te has degenerado tanto,
que ya ni te reconozco![3]
[22] Por más que te laves con lejía
y uses todo el jabón que quieras,
ante mí sigue presente la mancha de
tu pecado.
Yo, el Señor, lo afirmo.
[23] ¿Cómo puedes decir: 'No me he
manchado
ni he dado culto a dioses falsos'?
Mira cuál fue tu conducta en el
valle,[4]
fíjate en todo lo que has hecho

tú, camella ligera de cascos
que corre en todas direcciones;
[24] asna salvaje que tira al monte
y resopla jadeante de deseos.
Cuando está en celo, nadie puede
controlarla.
Si un macho la busca, no tiene que
cansarse:
siempre la encuentra en época de
celo.[ñ]

[25] "¡Israel, no lastimes tus pies
corriendo descalza,
no dejes que se te seque la
garganta!
Pero tú dijiste: 'No, imposible;
amo a los extraños y me voy con
ellos.'

Israel merece castigo

[26] "Como el ladrón se avergüenza
cuando lo descubren,
así quedará avergonzado Israel,
el pueblo, los reyes, los jefes,
los sacerdotes y los profetas;
[27] pues a un árbol le dicen: 'Tú eres mi
padre',
y a una piedra: 'Tú eres mi madre.'
A mí, en cambio, me dan la espalda
y no la cara.
Sin embargo, apenas se ven en
peligro, me dicen:
'¡Ven a salvarnos!'
[28] Judá, ¿dónde están los dioses que te
hiciste?
¡Tienes tantos dioses como ciudades!
¡Pues que vengan ellos, a ver si
pueden salvarte
cuando te llegue la desgracia![o]
[29] ¿Qué alegan ustedes en mi contra,
si todos ustedes me han sido
rebeldes?
Yo, el Señor, lo afirmo.
[30] En vano castigué a los hijos de
ustedes,
pues no quisieron aprender la
lección.
Ustedes mismos, como leones
feroces,
asesinaron a sus profetas.[p]
[31] (También ustedes, los de la
generación actual,
presten atención al mensaje del
Señor.)
Israel, ¿acaso he sido un desierto
para ti?,
¿una tierra llena de sombras?
Pueblo mío, ¿por qué dices:

2 Rompió: texto probable. Heb. apacentará.   3 ¡Pero te has . . reconozco!: texto probable. Heb. oscuro.   4 El valle:
probable alusión al valle Hinom, junto a Jerusalén, en que se hacían sacrificios humanos al dios Moloc.
l 2.13 Jn 4.10-14; 7.37-38.   m 2.18 Is 30.1-3.   n 2.21 Is 5.1-7; Lc 13.6-9.   ñ 2.23-24 Os 2.5; 4.12-14.   o 2.28 Dt 32.37-38.
p 2.30 1 R 19.10; Mt 23.37.

'Somos libres; nunca más
volveremos a ti'?
[32] ¿Puede olvidarse una mujer
de sus joyas y sus adornos de novia?
Mi pueblo, sin embargo,
hace mucho que se olvidó de mí.

[33] "¡Qué bien conoces el camino
cuando de buscar amantes se trata!
¡Eres maestra en la escuela del mal!
[34] Tienes la ropa toda manchada
de sangre de pobres e inocentes,
de gente que no sorprendiste en
ningún delito.
[35] Pero a pesar de todo dices:
'Soy inocente. Dios ya no está
enojado conmigo.'
Pues bien, ya que dices que no has
pecado,
te voy a entablar un juicio.
[36] ¿Por qué tienes tanta prisa por
cambiar de aliados?
También Egipto te va a fallar,
como ya te ha fallado Asiria.
[37] Y tendrás que regresar de Egipto
llena de vergüenza,
porque yo he rechazado a los que te
inspiran confianza,
y nada vas a ganar con su amistad."

Israel ha sido infiel al Señor

3 [1] El Señor dice:
"Si un hombre se divorcia de su
mujer
y ella, al separarse de él,
se casa con otro hombre,
el primero no volverá a unirse con
ella.
¡Eso sería una grave ofensa al país![q]
Sin embargo, tú, Israel,
te has prostituido con muchos
amantes,
¡y ahora quieres volver a mí!
Yo, el Señor, lo afirmo.

[2] "Mira las lomas peladas, fíjate bien:
¿dónde no te has dejado deshonrar?[r]
Sentada como árabe del desierto,
a la orilla del camino esperabas a
tus amantes.
Has manchado el país con tu
prostitución y tu maldad.
[3] Por eso han faltado las lluvias
en invierno y primavera.
Tienes el descaro de una prostituta;
¡debería darte vergüenza!
[4] Hace poco me decías:
'Padre mío, amigo de mi juventud,
[5] ¿vas a estar siempre enojado?,
¿te va a durar la ira para siempre?'

Y mientras decías esto,
hacías todo el mal que podías."

El Señor exhorta a Israel y a Judá al arrepentimiento

[6] En tiempos del rey Josías[s] me dijo el
Señor: "¿Has visto lo que hizo la rebelde
Israel? Fue y se dedicó a la prostitución
sobre toda loma alta y bajo todo árbol
frondoso. [7] Yo pensé que, aun después de
todo lo que ella había hecho, volvería a
mí; pero no volvió. Su hermana, la infiel
Judá, vio esto; [8] y vio también que yo repudié a la rebelde Israel y que me divorcié
de ella precisamente por el adulterio cometido. Pero Judá, la infiel hermana de Israel, no tuvo temor, sino que también ella
fue y se dedicó a la prostitución. [9] Y lo
hizo con tanta facilidad, que profanó el
país. Me fue infiel adorando a las piedras y
a los árboles. [10] Y después de todo esto, la
infiel Judá tampoco volvió a mí de todo
corazón, sino que me engañó.[t] Yo, el Señor, lo afirmo."

[11] El Señor me dijo: "La rebelde Israel es
menos culpable que la infiel Judá. [12] Ve y
anuncia este mensaje mirando hacia el
norte:

'El Señor afirma:
¡Vuelve a mí, rebelde Israel!
No te recibiré de mal modo
ni mantendré mi enojo por siempre,
porque soy bondadoso.
Yo, el Señor, doy mi palabra.
[13] Reconoce tan sólo tu maldad,
y que fuiste rebelde contra el Señor
tu Dios;
que corriste en busca de amores
extraños
debajo de todo árbol frondoso,
y que no obedeciste mis órdenes.
Yo, el Señor, lo afirmo.' "

[14] El Señor afirma: "Regresen, hijos rebeldes, pues yo soy su dueño. Tomaré uno
de cada ciudad y dos de cada clan, y los
haré volver a Sión. [15] Les daré los gobernantes que a mí me agradan, y ellos los
gobernarán a ustedes con sabiduría y entendimiento. [16] Y cuando ustedes hayan
aumentado en el país y tengan ya muchos
hijos, nadie volverá a hablar más del cofre
del pacto[u] del Señor; nadie pensará en él
ni se acordará más de él; ya no hará falta
ni se hará uno nuevo. Yo, el Señor, doy mi
palabra. [17] Jerusalén será llamada entonces el trono del Señor; todas las naciones
se reunirán allí para honrarme, y no vol-

verán a seguir tercamente las malas inclinaciones de su corazón.

¹⁸ "Cuando llegue ese día, Judá se unirá a Israel, y juntos regresarán del país del norte a la tierra que di como herencia a los antepasados de ustedes.ᵛ

La idolatría de Israel

¹⁹ "Israel, yo decidí aceptarte como
    hijo
y darte una tierra envidiable,
el país más bello de todo el mundo.
Yo pensé que me llamarías padre
y que nunca te alejarías de mí.
²⁰ Pero como una mujer que es infiel a
    su esposo,
así ustedes me fueron infieles.
Yo, el Señor, lo afirmo.

²¹ "Se oyen voces en las lomas
    desiertas:
¡son los israelitas, que lloran y piden
    compasión!
Se desviaron del camino recto
y se olvidaron de mí, el Señor su
    Dios.
²² Vuélvanse a mí, hijos rebeldes,
y yo los curaré de su rebeldía."

Respuesta de los israelitas al Señor

"Aquí estamos, acudimos a ti,
porque tú eres el Señor nuestro
    Dios.
²³ De nada nos sirve ir a las colinas
o gritar sobre los montes;
sólo en el Señor nuestro Dios
encuentra Israel su salvación.
²⁴ La vergonzosa idolatría nos ha
    hecho perder
lo que nuestros padres consiguieron
desde que éramos niños:
ovejas y ganado, hijos e hijas.
²⁵ Humillémonos, pues, avergonzados,
cubiertos de deshonra,
pues desde niños y hasta ahora,
nosotros y nuestros antepasados
hemos pecado contra el Señor
    nuestro Dios
y no le hemos obedecido."

Exhortación al arrepentimiento

4 ¹ El Señor afirma:
"Si te quieres volver, Israel,
es a mí a quien debes volverte.
Si alejas tus ídolos odiosos
y no te apartas de mí,
² entonces podrás jurar por mi
    nombre
con verdad, justicia y rectitud.

Mi nombre será para las naciones
motivo de bendición y alabanza."

³ El Señor dice a la gente de Judá y Jerusalén:
"Cultiven terrenos no cultivados;ʷ
ya no siembren entre los espinos.
⁴ Gente de Judá y de Jerusalén,
circuncídense y reconózcanme como
    Señor,
pongan en su corazón la marca del
    pacto;ˣ
no sea que, por sus malas acciones,
mi enojo se encienda como un fuego
y arda sin que nadie pueda apagarlo.

La invasión amenaza a Judá

⁵ "Anuncien esto en Jerusalén y en
    Judá,
proclámenlo a son de trompeta por
    todo el país,
grítenlo bien fuerte:
'¡Vamos! ¡A reunirse!
¡A las ciudades fortificadas!'
⁶ Levanten la bandera apuntando a
    Sión;
¡busquen refugio, no se detengan!
Porque voy a traer del norte
gran calamidad y destrucción.
⁷ El león ya ha salido de su guarida,
el que destruye las naciones está en
    marcha;
ha salido de su patria para destruir
    tu país,
para dejar desiertas y en ruinas tus
    ciudades.
⁸ Por eso, vístanse con ropas ásperas,
lloren y gimar de dolor,
pues la ardiente ira del Señor
no se ha apartado de nosotros."

⁹ El Señor afirma:
"Cuando llegue ese día,
el rey y los jefes temblarán de
    miedo,
los sacerdotes sentirán terror
y los profetas quedarán espantados."

¹⁰ Yo dije: "¡Ay, Señor,
cómo has engañado a la gente de
    Jerusalén!
Les prometiste paz,
y lo que tienen es un cuchillo en el
    cuello."

¹¹ Cuando llegue ese momento,
se dirá al pueblo de Jerusalén:
"Un viento caliente del desierto
sopla en dirección de mi pueblo.
No es la brisa que sirve
para limpiar de paja el trigo;

ᵛ **3.18** Gn 13.14-15.   ʷ **4.3** Os 10.12.   ˣ **4.4** Dt 10.16; 30.6; Ro 2.25-29.

¹² el viento que yo haré venir
será demasiado fuerte para eso,
pues ahora voy a dictar sentencia
contra ellos."

Los enemigos rodean a Israel

¹³ Miren, el enemigo avanza como una
nube,
sus carros de guerra parecen un
huracán,
sus caballos son más ligeros que las
águilas.
¡Ay de nosotros, estamos perdidos!
¹⁴ Jerusalén, limpia del mal tu corazón
y así te salvarás.
¿Hasta cuándo darás vueltas en tu
cabeza
a pensamientos perversos?
¹⁵ Desde Dan y las colinas de Efraín
llegan malas noticias:
¹⁶ "Adviertan a las naciones y a
Jerusalén
que de un país lejano vienen
enemigos⁵
lanzando gritos de guerra
contra las ciudades de Judá.
¹⁷ Rodearán a Judá, como los que
cuidan los campos,
porque se rebeló contra el Señor.
Yo, el Señor, lo afirmo.

¹⁸ "Tu conducta y tus acciones
son la causa de lo que te ha
sucedido;
tu maldad te ha dado este amargo
fruto
y te hiere el corazón."

Dolor de Jeremías por su pueblo

¹⁹ ¡Me retuerzo de dolor!
¡El corazón me palpita con
violencia!
¡Estoy inquieto, no puedo callarme!
He escuchado un toque de
trompeta,
un griterío de guerra.
²⁰ Llegan noticias de continuos
desastres;
todo el país está en ruinas.
De repente han sido destruidos mis
campamentos,
han quedado deshechas mis tiendas
de campaña.
²¹ ¿Cuánto tiempo aún veré en lo alto
la bandera
y escucharé el toque de la trompeta?
²² "Mi pueblo es estúpido, no me
conoce
—dice el Señor—.

Son hijos sin juicio, que no
reflexionan.
Les sobra talento para hacer el mal,
pero no saben hacer el bien."

Jeremías ve la destrucción futura

²³ Miré a la tierra, y era un desierto sin
forma;ʸ
miré al cielo, y no había luz.
²⁴ Miré a los montes, y estaban
temblando;
todas las colinas se estremecían.
²⁵ Miré y ya no había ningún hombre,
y todas las aves se habían escapado.
²⁶ Miré y vi los jardines convertidos en
desierto,
y todas las ciudades estaban en
ruinas.
La ira terrible del Señor
había causado todo esto.

²⁷ El Señor dice:
"Toda la tierra será arrasada,
pero no la destruiré totalmente.
²⁸ La tierra se llenará de tristeza
y el cielo se pondrá de luto.
He hablado, y no me arrepentiré;
lo he resuelto, y no me volveré
atrás.
²⁹ Ante los gritos de los jinetes y de
los arqueros,
toda la gente sale corriendo;
se esconden en los matorrales
o trepan a los peñascos.
Todas las ciudades quedan
abandonadas;
ya no hay nadie que viva en ellas.
³⁰ Y tú, ciudad en ruinas,
¿para qué te vistes de púrpura?,
¿para qué te cubres con joyas de
oro?,
¿para qué te pintas de negro los
ojos?
De nada sirve que te embellezcas,
pues tus amantes te han rechazado
y lo que buscan es tu muerte.
³¹ Oigo gritos de dolor, como de una
mujer
que da a luz a su primer hijo;
son los gritos de Sión,
que gime, extiende los brazos y dice:
¡Ay de mí! ¡Me van a matar los
asesinos!' "

Pecado de Jerusalén

5 ¹ El Señor dice:
"Recorran las calles de Jerusalén,
miren bien, busquen por las plazas,
a ver si encuentran a alguien

---

⁵ Enemigos: texto probable. Heb. guardias o vigilantes.
ʸ 4.23-26 Gn 1.2.

que actúe con justicia,
que quiera ser sincero.
Si lo encuentran, perdonaré a
  Jerusalén.[z]
2 Hay quienes juran por la vida del
  Señor,
pero juran en falso."

3 Señor, lo que tú buscas es gente
  sincera.
Los castigaste, pero no les dolió;
los arruinaste, pero no quisieron
  aprender.
Tercos, más duros que la piedra,
no quisieron volver al buen camino.
4 Yo pensé:
Sólo los pobres se comportan como
  tontos,
porque no saben lo que el Señor
  quiere,
lo que su Dios ordena.
5 Me dirigiré a la gente importante
y les hablaré.
Ellos, sin duda, sabrán lo que el
  Señor quiere,
lo que su Dios ordena.
Pero todos se habían rebelado
  contra Dios,
se habían negado a obedecerle.
6 Por eso saldrán leones de la selva y
  los matarán,
los lobos del desierto los
  despedazarán,
los leopardos los atacarán junto a
  sus ciudades
y los harán pedazos cuando salgan;
porque han cometido muchos
  pecados,
numerosas traiciones.

7 El Señor dice:
"¿Cómo voy a perdonarte todo esto?
Tus hijos me han abandonado,
y juran por dioses que no son
  dioses.
Les di comida en abundancia,
pero me fueron infieles
y en masa se entregaron a la
  prostitución.
8 Como caballos sementales en celo,
relinchan por la mujer de su
  prójimo.
9 ¿Y no los he de castigar por estas
  cosas?
¿No he de dar su merecido a un
  pueblo así?
10 ¡Que sus enemigos entren y arrasen
  el viñedo,
aunque no lo destruyan del todo!
¡Que le arranquen las ramas,
porque ya no es mi viñedo![a]
11 ¡Israel y Judá me han traicionado!
Yo, el Señor, lo afirmo."

Anuncio del castigo

12 Israel y Judá han negado al Señor;
han dicho: "Dios no cuenta.
Nada malo va a pasarnos,
no tendremos ni guerra ni hambre."
13-14 Los profetas son puro viento,
pues la palabra del Señor no está en
  ellos.

Pues bien, esto me ha dicho
el Señor, el Dios todopoderoso:
"Por decir ellos esas cosas,
esto es lo que les sucederá:
Voy a hacer que mis palabras
sean en tu boca como fuego,
y que el pueblo sea como leña,
y que ese fuego lo devore."

15 El Señor afirma
"Israel, voy a traer contra ti
un pueblo que viene de lejos,
un pueblo fuerte y muy antiguo.
Tú no conoces su idioma
ni entiendes lo que dicen.[b]
16 Todos ellos son guerreros valientes,
y sus armas significan la muerte.
17 Se comerán tus cosechas, tu pan,
y aun devorarán a tus hijos y a tus
  hijas.
Se comerán tus ovejas, tus reses,
tus viñas y tus higueras.
Con sus armas destruirán
las ciudades fortificadas en que tú
  confías."

18 El Señor afirma: "En ese tiempo, sin
embargo, no los destruiré por completo.
19 Cuando te pregunten: '¿Por qué nos
hizo todo esto el Señor nuestro Dios?',
respóndeles: 'Así como abandonaron al
Señor y se pusieron a servir a dioses extranjeros en su propia tierra, así también
tendrán que servir a gente extranjera en
una tierra ajena.'

Advertencia a Israel

20 "Avisen al reino de Israel,
y digan a Judá:
21 'Oye esto, pueblo tonto y estúpido,
que tiene ojos y no ve,
que tiene oídos y no oye.[c]
22 Yo, el Señor, digo:
¿Es que ustedes no me temen?
¿Es que no tiemblan delante de mí?
Yo puse la playa como límite del
  mar,
un límite que el mar no puede
  pasar.[d]
Sus olas se agitan impotentes
y rugen, pero no pueden pasarlo.

²³ Ustedes tienen un corazón terco y
   rebelde;
   me abandonaron y se fueron.
²⁴ No reflexionaron ni dijeron:
   Respetemos al Señor nuestro Dios,
   que a su debido tiempo nos da la
   lluvia
   en otoño y primavera,
   y nos reserva el tiempo señalado
   para la cosecha.
²⁵ Pero el pecado de ustedes ha
   cambiado las cosas,
   y no pueden disfrutar de esos
   beneficios.
²⁶ Porque hay en mi pueblo hombres
   malos
   que acechan como cazadores de
   pájaros,
   que ponen trampas para atrapar a
   los demás.
²⁷ Llenan sus casas de objetos robados,
   como se llenan de pájaros las jaulas.
   Así se hicieron poderosos y ricos,
²⁸ y están gordos y bien alimentados.
   Su maldad no tiene límites:
   no hacen justicia al huérfano
   ni reconocen el derecho de los
   pobres.
²⁹ ¿No los he de castigar por estas
   cosas?
   ¿No he de dar su merecido a gente
   así?
   Yo, el Señor, lo afirmo.

³⁰ 'Algo terrible, espantoso,
   está pasando en este país.
³¹ Lo que anuncian los profetas es
   mentira;
   los sacerdotes gobiernan a su
   antojo,
   ¡y mi pueblo así lo quiere!
   Pero, ¿qué harán ustedes cuando
   llegue el fin?' "

El enemigo rodea a Jerusalén

6 ¹ ¡Gentes de la región de Benjamín,
    ¡busquen refugio, huyan de
    Jerusalén!
   Toquen la trompeta en Tecoa,
   levanten una señal en Bet-
   haquerem,
   porque una desgracia, una gran
   calamidad,
   amenaza desde el norte.
² Sión es como una bella pradera,⁶
³ a donde van los pastores con sus
   rebaños;
   acampan a su alrededor
   y cada rebaño pasta por su lado.
⁴ Sus enemigos dicen:
   "¡Prepárense a pelear contra ella!

⁶ Como una bella pradera: texto probable. Heb. oscuro.

¡Vengan, ataquémosla a mediodía!
Pero, ¡qué lástima!,
ya es tarde, y las sombras se
alargan.
⁵ ¡Entonces ataquémosla de noche
y destruyamos sus torres!"

⁶ El Señor todopoderoso ha dado esta
orden:
"¡Corten árboles y construyan una
rampa
para atacar a Jerusalén!
La ciudad está condenada al castigo,
porque está llena de opresión.
⁷ De Jerusalén brota la maldad
como de un pozo brota el agua.
No se oye en ella más que violencia
y atropellos;
no veo en ella más que heridas y
dolor.
⁸ Escarmienta, Jerusalén,
porque si no, me apartaré de ti
disgustado,
te convertiré en un desierto,
te dejaré sin habitantes."

Anuncio del castigo

⁹ El Señor todopoderoso dice:
"A los israelitas que queden
los van a buscar y rebuscar,
como se rebusca entre las ramas de
un viñedo
hasta que no queda ninguna uva."

¹⁰ Yo respondí: "¿Quién me va a oír,
si les hablo y les doy este aviso?
Tienen tapados los oídos, Señor,
y no pueden escuchar;
se burlan de tu palabra,
no les agrada.
¹¹ Estoy lleno de tu ira, Señor;
ya no puedo contenerla."

El Señor me dijo:
"Derrámala sobre los muchachos en
la calle,
sobre las pandillas de jóvenes.
Se llevarán presos a los maridos con
sus esposas
y a los ancianos cargados de años.
¹² Sus casas, sus campos y sus esposas
pasarán a ser de otros.
Porque voy a levantar mi mano
para castigar a los que viven en este
país.
Yo, el Señor, lo afirmo.

¹³ "Todos, grandes y pequeños,
sólo piensan en las ganancias mal
habidas;

profetas y sacerdotes,
todos cometen fraudes.ᵉ

¹⁴ Tratan por encima las heridas de mi
pueblo;
dicen que todo está bien,
cuando todo está tan mal.ᶠ

¹⁵ ¡Debería darles vergüenza
de hacer esas cosas que no soporto!
Pero no, no sienten vergüenza,
¡ya ni saben lo que es avergonzarse!
Por eso, cuando yo los castigue,
tropezarán y caerán como los otros.
Yo, el Señor, lo digo."

Rebeldía de Israel

¹⁶ El Señor dice a su pueblo:
"Párense en los caminos y miren,
pregunten por los senderos antiguos,
dónde está el mejor camino;
síganlo y encontrarán descanso."ᵍ
Pero ellos dicen: "No, no queremos
seguirlo."

¹⁷ El Señor puso centinelas, y dijo al
pueblo:
"Pongan atención a la señal de
alarma."
Pero el pueblo dijo: "No queremos
hacer caso."

¹⁸ Por eso dice el Señor:
"Escuchen, naciones,
sepan lo que va a pasarle a mi
pueblo.

¹⁹ Escucha, tierra:
Voy a traer a este pueblo una
desgracia
que es consecuencia de sus planes
malvados;
porque no hicieron caso de mis
palabras,
sino que despreciaron mi enseñanza.

²⁰ ¿Para qué me traen ustedes incienso
de Sabá
y plantas olorosas de países lejanos?
A mí no me agradan sus
holocaustos
ni sus otros sacrificios."

²¹ Por eso, el Señor dice:
"Voy a hacer que este pueblo
tropiece y caiga.
Padres e hijos, vecinos y amigos,
morirán por igual."

Invasión desde el norte

²² El Señor dice:
"Desde lejanas tierras del norte
se prepara a venir una nación
poderosa.

²³ Están armados de arcos y lanzas;
son crueles, no tienen compasión;
sus gritos son como el estruendo del
mar,
y van montados a caballo.
Están listos para la batalla contra
Sión."ʰ

²⁴ En Jerusalén la gente dice:
"Hemos oído la noticia,
y el miedo nos ha dejado sin
fuerzas;
sentimos angustia y dolor,
como una mujer de parto.

²⁵ ¡No salgan al campo,
no vayan por los caminos!
¡El enemigo está armado;
hay terror por todas partes!"ⁱ

²⁶ ¡Pueblo mío, ponte ropas ásperas
en señal de dolor;
revuélcate en la ceniza,
ponte de luto y llora amargamente,
como cuando se muere un hijo
único;
porque el que nos va a destruir
vendrá muy pronto contra nosotros!

²⁷ El Señor me dijo: "Te encargo que
pongas a prueba a mi pueblo.⁷ Examínalo,
para ver cuál es su conducta."

²⁸ Todos ellos, Señor, son muy
rebeldes;
son gente chismosa y pervertida;
no son más que bronce y hierro.

²⁹ Cuando el fuelle sopla con fuerza,
hace que el fuego derrita el plomo.
De nada sirve que a ellos se les
refine,
pues los malvados no desaparecen.

³⁰ Habrá que llamarlos "plata de
desecho",
porque tú, Señor, los has desechado.

Jeremías predica en el templo

7 ¹ El Señor se dirigió a Jeremías, y le
dijo: ² "Ponte a la entrada del templo
del Señor y da a conocer allí este mensaje:
Habitantes todos de Judá, que entran por
estas puertas a adorar al Señor, escuchen
este mensaje ³ del Señor todopoderoso, el
Dios de Israel: 'Mejoren su vida y sus
obras, y yo los dejaré seguir viviendo en
esta tierra. ⁴ No confíen en esos que los
engañan diciendo: ¡Aquí está el templo del
Señor, aquí está el templo del Señor!
⁵ 'Si mejoran su vida y sus obras y son
justos los unos con los otros, ⁶ si no explotan a los extranjeros, a los huérfanos y a
las viudas, ni matan a gente inocente en

⁷ Heb. añade: una fortaleza.
ᵉ 6.12-13 Jer 8.10-12. ᶠ 6.14 Jer 8.11; Ez 13.10. ᵍ 6.16 Mt 11.29. ʰ 6.22-23 Jer 50.41-43. ⁱ 6.25 Sal 31.13; Jer 20.3,10; 46.5; 49.29; Lm 2.22.

este lugar, ni dan culto a otros dioses, con lo que ustedes mismos se perjudicarían, [7] yo los dejaré seguir viviendo aquí, en la tierra que di para siempre a sus antepasados.

[8] 'Ustedes confían en palabras engañosas que no les sirven de nada. [9] Roban, matan, cometen adulterio, juran en falso, ofrecen incienso a Baal, dan culto a dioses con los que ustedes nada tienen que ver, [10] y después vienen a este templo que me está dedicado, a presentarse ante mí. Se creen que aquí están seguros; creen que pueden seguir haciendo esas cosas que yo no soporto. [11] ¿Acaso piensan que este templo que me está dedicado es una cueva de ladrones?[j] Yo he visto todo eso. Yo, el Señor, lo afirmo. [12] Vayan a mi santuario en Silo, el primer lugar que escogí para residir, y vean lo que hice con él por la maldad de mi pueblo Israel. [13] Y aunque una y otra vez les he advertido acerca de su conducta, ustedes no han querido obedecerme, y ni siquiera me han respondido.[k] Yo, el Señor, lo afirmo. [14] Por eso, lo mismo que hice con el santuario de Silo, lo voy a hacer con este templo dedicado a mí, el cual les di a ustedes y a sus antepasados y en el que ustedes confían.[l] [15] Los arrojaré a ustedes de mi presencia como antes arrojé a sus hermanos, los descendientes de Efraín.'

Infidelidad de Israel

[16] "Tú, Jeremías, no ores por este pueblo, no me ruegues ni me supliques por ellos. No me insistas, porque no te escucharé. [17] ¿No ves lo que ellos hacen en las ciudades de Judá y en las calles de Jerusalén? [18] Los hijos recogen la leña, los padres encienden el fuego y las mujeres preparan la masa para hacer tortas y ofrecerlas a la diosa que llaman Reina del Cielo.[m] Me ofenden, además, ofreciendo vino a dioses extraños. [19] Pero más que ofenderme a mí, se ofenden a sí mismos, para su propia vergüenza. Yo, el Señor, lo afirmo. [20] Por eso yo, el Señor, les aseguro que voy a descargar toda mi ira contra este lugar y contra la gente, y aun contra los animales, los árboles del campo y las cosechas. Será como un incendio que no se apagará."

[21] El Señor todopoderoso, el Dios de Israel, dice a su pueblo: "Ofrezcan todos los holocaustos y sacrificios que quieran, y coman de esa carne. [22] Pero cuando yo saqué a sus antepasados de Egipto, nada les dije ni ordené acerca de holocaustos y sacrificios.[n] [23] Lo que sí les ordené fue que

me obedecieran; pues así yo sería su Dios y ellos serían mi pueblo. Y les dije que se portaran como yo les había ordenado, para que les fuera bien.[ñ] [24] Pero no me obedecieron ni me hicieron caso, sino que tercamente se dejaron llevar por las malas inclinaciones de su corazón. En vez de volverse a mí, me volvieron la espalda. [25] Desde que sus antepasados salieron de Egipto hasta ahora, yo les he enviado a ustedes, uno tras otro, a todos mis siervos los profetas. [26] Pero ustedes no me obedecieron ni me hicieron caso, sino que se portaron aún más tercamente que sus antepasados.

[27] "Tú, Jeremías, diles todas estas cosas, aunque no te hagan caso; grítales, aunque no te respondan. [28] Diles: 'Esta es la nación que no obedece al Señor su Dios ni quiere ser corregida. La sinceridad ha desaparecido por completo de sus labios.' "

Culto pagano en Jerusalén

[29] ¡Jerusalén, córtate la cabellera y
    tírala!
¡Entona un canto triste en las lomas
    desiertas!
Porque el Señor está enojado con tu
    gente,
la ha abandonado y rechazado.

[30] El Señor afirma: "La gente de Judá ha hecho algo que me disgusta: pusieron sus despreciables ídolos en el templo dedicado a mí, y lo profanaron. [31] En el valle de Ben-hinom construyeron el altar de Tofet[o] para quemar a sus hijos y a sus hijas,[p] cosa que yo no les había ordenado y que ni siquiera me pasó por la mente.[q] [32] Por eso yo, el Señor, afirmo que vendrá el día en que a ese lugar ya no lo llamarán Tofet ni Valle de Ben-hinom, sino Valle de la Matanza.[r] Y en Tofet enterrarán a los muertos, por no haber más lugar. [33] Los cadáveres de esta gente servirán de comida a las aves de rapiña y a las fieras, y no habrá quien las espante. [34] Haré desaparecer de las ciudades de Judá y de las calles de Jerusalén los cantos de fiesta y alegría, y los cantos de bodas;[s] todo el país quedará convertido en un desierto."

8 [1] El Señor afirma: "En aquel tiempo sacarán de sus tumbas los huesos de los reyes y de los jefes de Judá, de los sacerdotes, de los profetas y de los que vivieron en Jerusalén, [2] y los dejarán tendidos al sol, a la luna y a todas las estrellas a las que habían amado, servido, seguido, consultado y adorado. Nadie los recogerá para enterrarlos. Quedarán en el suelo,

[j] 7.11 Mt 21.13; Mr 11.17; Lc 19.46.   [k] 7.13 Is 65.12; 66.4.   [l] 7.12–14 Jos 18.1; 1 S 4; Sal 78.60; Jer 26.6.
[m] 7.18 Jer 44.15–26.   [n] 7.22 Sal 51.16–19; Am 5.22–24.   [ñ] 7.23 Ex 15.26; 19.5; Lv 26.3–12; Jer 11.4.   [o] 7.31 2 R 23.10;
Jer 32.35.   [p] 7.31 Lv 18.21; Jer 19.5.   [q] 7.31 Lv 18.21; Is 57.5; Jer 19.5.   [r] 7.32 Jer 19.6.   [s] 7.34 Jer 16.9; 25.10; Ap 18.23.

como estiércol.[t] [3] Los que queden con vida de esta gente tan mala, en cualquier lugar en que se encuentren después que yo los disperse, preferirán la muerte a la vida. Yo, el Señor todopoderoso, lo afirmo.

Traición y castigo de Israel

[4] "Tú, Jeremías, comunícale al pueblo este mensaje de mi parte:

'Cuando uno se cae, se levanta;
cuando pierde el camino, vuelve a
él.
[5] Entonces, Israel, ¿por qué me
traicionaste?
¿Por qué, Jerusalén, renegaste de mí
para siempre?
¿Por qué te empeñas en ser rebelde
y no quieres volver?
[6] He estado escuchando con atención,
pero no he oído a nadie
que se arrepienta de su maldad
y tenga la franqueza de decir:
¿Qué es lo que he hecho?
Todos siguen veloces su camino,
como caballos desbocados en la
batalla.
[7] Aun la cigüeña en el cielo
sabe cuándo debe volver.
La tórtola, la golondrina y la grulla
saben cuándo deben ir a otro lugar.
En cambio tú, pueblo mío,
no conoces mis leyes.[u]
[8] ¿Cómo pueden ustedes decir que
son sabios
y que tienen la ley del Señor?
¡Si los cronistas, con pluma
mentirosa,
la han falsificado!
[9] Pero esos sabios quedarán
humillados,
acobardados, como animales caídos
en la trampa.
¿Dónde está su sabiduría,
si han rechazado mi palabra?
[10] Por eso, voy a entregar sus mujeres
a otros hombres,
y sus tierras a otros dueños.
Porque todos, grandes y pequeños,
sólo piensan en las ganancias mal
habidas;
profetas y sacerdotes,
todos cometen fraudes.
[11] Tratan por encima las heridas de mi
pueblo;
dicen que todo está bien,
cuando todo está tan mal.[v]
[12] ¡Debería darles vergüenza
de hacer esas cosas que no soporto!

Pero no, no sienten vergüenza,
¡ya ni saben lo que es avergonzarse!
Por eso, cuando yo los castigue,
tropezarán y caerán como los
otros.[w]
Yo, el Señor, lo digo.' "

[13] El Señor afirma:
"Voy a cortar a mi pueblo como si
fuera trigo.
No quedará ni una uva en el viñedo,
ni un higo en la higuera.[x]
Sólo quedarán hojas marchitas."[8]

[14] Y el pueblo dirá:
"¿Para qué nos quedamos aquí?
¡Vámonos todos a las ciudades
fortificadas,
a que nos maten de una vez!
El Señor, nuestro Dios, va a
hacernos morir;
nos da a beber agua envenenada,
porque pecamos contra él.
[15] Esperábamos prosperidad,
pero nada bueno nos ha llegado.
Esperábamos salud,
pero sólo hay espanto.
[16] ¡Ya viene el enemigo!
¡Ya se oye desde Dan el resoplar de
sus caballos!
Cuando relinchan, tiembla toda la
tierra.
Vienen a destruir el país y todos sus
bienes,
las ciudades y a los que en ellas
viven."

[17] El Señor afirma:
"Voy a enviar contra ustedes
serpientes venenosas,
que los van a morder;
contra ellas no hay magia que
valga."

Dolor de Jeremías por su pueblo

[18] Mi dolor no tiene remedio,[9]
mi corazón desfallece.
[19] Los ayes de mi pueblo
se oyen por todo el país:
"¿Ya no está el Señor en Sión?
¿Ya no está allí su rey?"
Y el Señor responde:
"¿Por qué me ofendieron adorando a
los ídolos,
a dioses inútiles y extraños?"
[20] Pasó el verano, se acabó la cosecha
y no ha habido salvación para
nosotros.
[21] Sufro con el sufrimiento de mi
pueblo;

---

[8] *El Señor . . . hojas marchitas:* según la versión griega. Heb. añade unas palabras oscuras. [9] *Mi dolor no tiene remedio:* texto probable. Heb. oscuro.
[t] **8.1-2** Jer 25.33. [u] **8.7** Is 1.3. [v] **8.11** Jer 6.14; Ez 13.10. [w] **8.10-12** Jer 6.12-15. [x] **8.13** Lc 13.7.

la tristeza y el terror se han
apoderado de mí.
22 ¿No habrá algún remedio en
Galaad?
¿No habrá allí nadie que lo cure?
¿Por qué no puede sanar mi pueblo?

9 1 ʸ¡Ojalá fueran mis ojos como un
manantial,
como un torrente de lágrimas,
para llorar día y noche
por los muertos de mi pueblo!ᶻ
2 ¡Ojalá tuviera yo en el desierto
un lugar donde vivir,
para irme lejos de mi pueblo!
Porque todos han sido infieles;
son una partida de traidores.
3 Siempre están listos a decir mentiras
como si dispararan flechas con un
arco.
En el país reina la mentira, no la
verdad;
han ido de mal en peor,
y el Señor mismo afirma:
"No han querido reconocerme."
4 Hay que desconfiar hasta del amigo;
ni siquiera en el hermano se puede
confiar,
pues los hermanos se engañan entre
sí
y los amigos se calumnian unos a
otros.
5 Cada uno se burla del otro,
y no hay quien diga la verdad.
Se han acostumbrado a mentir;
son perversos, incapaces 6 de
cambiar.

El Señor afirma:
"¡Atropello tras atropello,¹⁰
falsedad tras falsedad!
Mi pueblo no quiere reconocerme.
7 Por eso yo, el Señor todopoderoso,
digo:
¿Qué otra cosa puedo hacer con mi
pueblo,
sino ponerlo al fuego para refinarlo?
8 Sus lenguas son flechas mortales;
andan diciendo falsedades.
Saludan cordialmente a sus amigos,
pero en realidad les están poniendo
trampas.
9 ¿Y no los he de castigar por estas
cosas?
¿No he de darle su merecido a un
pueblo así?
Yo, el Señor, lo afirmo.

10 "Lloren y giman por las montañas,
entonen un lamento por las
praderas,

porque están quemadas y ya nadie
pasa por ellas;
ya no se oye el mugir del ganado,
y hasta las aves y las fieras se
fueron huyendo.

11 "Voy a convertir a Jerusalén en un
montón de piedras,
en una guarida de chacales;
convertiré en un desierto las
ciudades de Judá,
y quedarán sin habitantes."

12 ¿Quién es lo bastante sabio para comprender esto? ¿A quién le ha dado a conocer el Señor estas cosas, para que él se las
pueda explicar a los demás? ¿Por qué está
el país en ruinas, seco como un desierto
por donde nadie pasa?
13 El Señor responde: "Todo esto sucedió
porque los israelitas abandonaron las instrucciones que yo les di; no me obedecieron y no las pusieron en práctica. 14 Siguieron tercamente las inclinaciones de su
corazón y dieron culto a dioses falsos,
como sus padres les enseñaron. 15 Por eso
yo, el Señor todopoderoso, el Dios de Israel, digo: Voy a darles de comer algo
muy amargo, voy a darles de beber agua
envenenada.ᵃ 16 Los voy a dispersar entre
naciones que ni ellos ni sus padres conocieron; haré que los persigan espada en
mano, hasta que no quede ni uno solo."

Lamentaciones en Jerusalén

17 El Señor todopoderoso dice:
"¡Atención! Manden llamar a las
mujeres
que tienen por oficio hacer
lamentación."

18 ¡Sí, que vengan pronto
y que hagan lamentación por
nosotros;
que se nos llenen de lágrimas los
ojos
y nuestros párpados se inunden de
llanto!
19 Desde Sión nos llegan ayes de dolor:
¡Ay, cómo hemos quedado en
ruinas!,
¡qué deshonra hemos sufrido!
Tenemos que abandonar nuestra
patria,
nuestros hogares están en ruinas.
20 Mujeres, escuchen la palabra del
Señor,
pongan atención a su mensaje.
Enseñen a sus hijas a llorar
y a sus amigas a lamentarse así:

---

¹⁰ *Incapaces* ⁶ *de cambiar . . . atropello tras atropello:* según la versión griega. Heb. *cansados* ⁶ *tú vives en medio.*
ʸ Los vs. 9.1–26 corresponden a los vs. 8.23—9.25 en el texto hebreo.   ᶻ **9.1** Lm 3.48–51.   ᵃ **9.15** Jer 23.15.

21 "La muerte entró en nuestros
   hogares,
llegó a nuestros palacios;
mata a los niños en las calles
y a los jóvenes en las plazas.
22 Los cadáveres de los hombres
   quedaron tendidos
como estiércol en el campo,
como espiga que cae detrás del
   segador
y que nadie la recoge."
El Señor lo afirma.

23 El Señor dice:
"Que no se enorgullezca el sabio de
   ser sabio,
ni el poderoso de su poder,
ni el rico de su riqueza.
24 Si alguien se quiere enorgullecer,
que se enorgullezca de conocerme,
de saber que yo soy el Señor,[b]
que actúo en la tierra con amor,
   justicia y rectitud,
pues eso es lo que a mí me agrada.
Yo, el Señor, lo afirmo."

25 El Señor afirma: "Viene el día en que
castigaré a todos los pueblos que se circuncidan físicamente: 26 a Egipto, Judá,
Edom, Amón y Moab, y a todos los que
viven en el desierto y se afeitan las sienes.
Porque todos esos pueblos, y aun todo el
pueblo de Israel, son realmente paganos
de corazón."[c]

Idolatría y culto verdadero a Dios

10 1 Escucha, pueblo de Israel, este
   mensaje que el Señor te dirige. 2 El
Señor dice:

"No sigan el ejemplo de otras
   naciones
ni se dejen asustar por las señales
   del cielo,
como esas naciones lo hacen.
3 La religión de esos pueblos no vale
   nada.
Cortan un tronco en el bosque,
un escultor lo labra con su cincel,
4 luego lo adornan con plata y oro,
y lo aseguran con clavos y martillo
para que no se caiga.[d]
5 Los ídolos parecen espantapájaros
en un campo sembrado de melones;
no pueden hablar,
y hay que cargar con ellos, porque
   no caminan.[e]
No tengan miedo de ellos,
que a nadie hacen mal ni bien."[f]

6 Señor, no hay nadie como tú:
tú eres grande.
tu nombre es grande y poderoso.
7 ¿Quién no te teme, rey de las
   naciones?[g]
Tú mereces ser temido.
Entre todos los sabios y reyes del
   mundo,
no hay nadie como tú.
8 Todos ellos son necios,
no tienen ninguna inteligencia.
¡Nada puede enseñarles un pedazo
   de madera!
9 Sus ídolos son tan sólo plata traída
   de Tarsis
y oro traído de Ufaz;
objetos hechos por escultores y
   orfebres
y vestidos con telas moradas y rojas,
todos ellos fabricados por hábiles
   artistas.
10 El Señor es el Dios verdadero,
el Dios viviente el Rey eterno.
Cuando se enoja, tiembla la tierra;
las naciones no pueden resistir su
   ira.

11 (Ustedes, israelitas, digan a los paganos: "Los dioses que no hicieron el cielo ni
la tierra desaparecerán de la tierra; ni uno
de ellos quedará debajo del cielo.")

Himno de alabanza a Dios
(Jer 51.15-19)

12 El Señor, con su poder, hizo la
   tierra;
con su sabiduría afirmó el mundo;
con su inteligencia extendió el cielo.
13 Con voz de trueno hace rugir el
   agua en el cielo,
hace subir las nubes desde el
   extremo de la tierra,
hace brillar los relámpagos en medio
   de la lluvia
y saca el viento de donde lo tiene
   guardado.[h]
14 Necio e ignorante es todo hombre.
Los ídolos defraudan al que los
   fabrica:
son imágenes engañosas y sin vida;
15 son objetos sin valor, ridículos,
que el Señor, en el juicio, destruirá.
16 ¡Qué diferente es el Dios de Jacob,
creador de todo lo que existe!
Él escogió a Israel como su
   propiedad.
El Señor todopoderoso: ése es su
   nombre.

b 9.24 1 Co 1.31; 2 Co 10.17; Stg 1.9.   c 9.25-26 Hch 7.51; Ro 2.25-29.   d 10.3-4 Is 40.19-20; 44.9-20; Sal 115.4-8;
135.15-18.   e 10.5 Is 46.1-7.   f 10.5 Is 41.23-24.29.   g 10.7 Ap 15.4.   h 10.13 Sal 135.7.

Diálogo entre el profeta y la nación

17 —Y tú, nación en estado de sitio,
recoge tus cosas.
18 Porque el Señor dice:
'Esta vez voy a lanzar lejos
a los habitantes de este país.
Voy a ponerlos en aprietos,
a ver si así me encuentran.'*11*

19 —¡Ay de mí, que estoy en ruinas!
¡Mis heridas no tienen curación!
¡Y yo que pensé que podría
soportar este dolor!
20 Mi campamento está destruido,
todas las cuerdas están rotas.
Mis hijos me han abandonado,
¡ya no existen!
Ya no hay quien vuelva a plantar
mis tiendas,
quien vuelva a extender sus lonas.

21 —Los pastores de este pueblo son
necios;
no buscan al Señor.
Por eso han fracasado
y todo su rebaño está disperso.*i*

22 ¡Atención! ¡Llega una noticia!
De un país del norte viene un gran
estruendo
que va a convertir las ciudades de
Judá
en un desierto donde sólo vivan los
chacales.

23 Señor, yo sé que el hombre no es
dueño de su vida,
que no tiene dominio sobre su
destino.*j*
24 Corrígenos conforme a tu justicia,
y no con ira, pues nos destruirías.*k*
25 Descarga tu ira sobre las naciones
que no te reconocen,
sobre los pueblos que no te invocan,
porque han devorado al pueblo de
Jacob,
lo han destruido por completo
y han dejado en ruinas el país.*l*

Violación del pacto

11 1 El Señor se dirigió a mí, Jeremías,
y me dijo: 2 "Que los israelitas pongan atención a los términos de este pacto.
Habla a la gente de Judá y a los habitantes de Jerusalén, 3 y diles que yo, el Señor,
el Dios de Israel, declaro maldito al que no
obedezca los términos de este pacto.*m*
4 Es el pacto que hice con sus antepasados

cuando los saqué de Egipto, país que era
para ellos como un horno de fundir hierro.
Les dije: Obedézcanme, hagan todo lo que
yo les ordene y ustedes serán mi pueblo y
yo seré su Dios.*n* 5 Si ustedes me hacen
caso, yo cumpliré el juramento que hice a
sus antepasados, de darles una tierra, la
tierra que ahora tienen, donde la leche y
la miel corren como el agua."*ñ*
Y yo respondí: "Sí, Señor."
6 Entonces el Señor me dijo: "Proclama
este mensaje en las ciudades de Judá y en
las calles de Jerusalén. Di a la gente: 'Escuchen cuáles son los términos de este
pacto, y cúmplanlos. 7 Cuando yo saqué
de Egipto a los antepasados de ustedes, les
advertí solemnemente que me hicieran
caso, y desde entonces hasta ahora se lo
he seguido advirtiendo. 8 Pero no me hicieron caso ni me obedecieron, sino que
tercamente se dejaron llevar por las malas
inclinaciones de su corazón. No quisieron
cumplir los términos que yo les había ordenado, y entonces hice que les vinieran
los castigos anunciados en el pacto.' "
9 El Señor siguió diciéndome: "La gente
de Judá y los habitantes de Jerusalén
conspiran contra mí. 10 Han vuelto a los
mismos pecados que antes cometieron sus
antepasados, los cuales se negaron a obedecerme y se fueron tras otros dioses y los
adoraron. Tanto Israel como Judá han
violado el pacto que yo hice con sus antepasados. 11 Por lo tanto, voy a enviarles
una calamidad de la que no podrán escapar. Por más que griten pidiéndome auxilio, no los escucharé. Yo, el Señor, lo
afirmo. 12 Entonces la gente de Judá y los
habitantes de Jerusalén irán a pedir ayuda
a los dioses a los que ofrecen incienso,
pero ellos no podrán salvarlos cuando llegue la calamidad. 13 Judá tiene tantos
dioses como ciudades, y los habitantes de
Jerusalén han levantado tantos altares
para ofrecer incienso a Baal como calles
hay en la ciudad. 14 Así que tú, Jeremías,
no ores en favor de este pueblo; no me
ofrezcas oraciones ni súplicas por ellos,
porque no voy a escucharlos cuando me
pidan ayuda en medio de la calamidad.
15 "¿Qué busca Israel, mi amigo, en mi
templo, después de haber hecho tantas cosas malas? ¿Piensa que ofreciéndome
grasa*12* y carne como sacrificio va a hacer
que se aleje la calamidad, y que él logrará
escapar?*13* 16 En otro tiempo yo, el Señor,
lo llamaba olivo frondoso cargado de hermosos frutos; pero ahora, en medio de
fuertes truenos, voy a quemar sus hojas y
desgajar sus ramas.

---

11 Me encuentran: texto probable. Heb. oscuro. *12 Grasa:* según la versión latina. Heb. *muchos.* *13 Logrará escapar:*
según la versión griega. Heb. *entonces te alegrarás.*
i 10.21 Jer 23.1–4; Ez 34.1–10. *j 10.23* Pr 20.24. *k 10.24* Sal 6.1; 38.1. *l 10.25* Sal 79.6–7. *m 11.3* Dt 27.26.
n 11.4 Dt 4.20; 1 R 8.51; Jer 7.23. *ñ 11.5* Dt 7.12–13.

17 "Yo, el Señor todopoderoso, que lo planté, he ordenado la calamidad contra él por causa de las maldades que Israel y Judá han cometido, pues me han ofendido ofreciendo incienso a Baal."

Los enemigos de Jeremías pretenden darle muerte

18 El Señor me hizo saber que mis enemigos estaban tramando algo malo. Él me abrió los ojos, para que me diera cuenta. 19 Yo estaba tranquilo, como un cordero que llevan al matadero, sin saber que estaban haciendo planes contra mí. Decían: "Cortemos el árbol ahora que está en todo su vigor;[14] arranquémoslo de este mundo de los vivientes, para que nadie vuelva a acordarse de él."

20 Pero tú, Señor todopoderoso,
eres un juez justo;
tú conoces hasta lo más íntimo del
hombre.
Hazme ver cómo castigas a esa
gente,
pues he puesto mi causa en tus
manos.[o]

21 Y a los hombres de Anatot, que buscaban mi muerte y que me ordenaban no hablar en nombre del Señor, si no quería que me mataran, 22 el Señor todopoderoso les dice: "Voy a ajustar cuentas con ustedes: los jóvenes morirán en la guerra, y sus hijos y sus hijas morirán de hambre. 23 No quedará ni uno solo de ellos, porque viene el día en que yo ajustaré cuentas con ustedes, hombres de Anatot, y traeré sobre ustedes la calamidad."

El profeta se dirige a Dios

12 1 Señor, si me pongo a discutir
contigo,
tú siempre tienes la razón;
y sin embargo quisiera preguntarte
el porqué de algunas cosas.
¿Por qué les va bien a los malvados?
¿Por qué viven tranquilos los
traidores?[p]
2 Tú los plantas,
y ellos echan raíces, y crecen y dan
fruto.
De labios para afuera, te tienen
cerca,
pero en su interior están lejos de ti.
3 Tú, en cambio, Señor, me conoces;
tú me ves y sabes
cuáles son mis sentimientos hacia ti.

¡Llévate a esa gente como ovejas al
matadero;
márcalos para el día de la matanza!
4 ¿Hasta cuándo va a estar seca la
tierra
y marchita la hierba de los campos?
Los animales y las aves se están
muriendo
por la maldad de los habitantes del
país,
que piensan que no ves lo que ellos
hacen.

Respuesta de Dios

5 "Si tanto te cansas corriendo contra
gente de a pie,
¿cómo podrás competir con gente de
a caballo?
En terreno seguro te sientes
tranquilo,
¿pero qué harás en la espesura del
Jordán?
6 Aun tus hermanos, los de tu propia
familia,
te han traicionado,
y a gritos te insultan a tus espaldas.
No confíes en ellos,
ni aunque te hablen con buenas
palabras.

Tristeza del Señor por la suerte de su pueblo

7 "He abandonado a mi pueblo,
he rechazado a la que fue mi
posesión.
He puesto en manos de sus
enemigos
a la nación que yo tanto amaba.
8 Este pueblo, que fue mi posesión,
es ahora para mí como un león en la
selva;
ruge contra mí, por eso lo
aborrezco.
9 Mi pueblo es como un ave de bello
plumaje,
a la que otras aves atacan.
¡Vengan, todos los animales
salvajes;
júntense a darse su banquete!
10 Muchos jefes enemigos han
destruido mi viñedo,
han pisoteado mi campo.
Han convertido en desolado desierto
el terreno que yo más quiero.
11 Lo dejaron desierto y desolado,
y yo lo veo lamentarse.
Todo el país está desierto,
pero a nadie le preocupa.
12 Por todas las lomas del desierto
vinieron hombres violentos,

14 *Vigor:* texto probable. Heb. *pan.*
o **11.20** Jer 20.12.   p **12.1-4** Job 21; Sal 73.4-14; Hab 1.

porque yo, el Señor, tengo una
    espada
que destruirá el país de extremo a
    extremo,
y no habrá paz para ninguno.
[13] Sembraron trigo y cosecharon
    espinos;
todos sus trabajos fueron vanos.
La cosecha fue un fracaso
por causa de mi ardiente ira."

Promesas del Señor a los pueblos vecinos de Israel

[14] Así dice el Señor acerca de los pueblos malvados, vecinos de Israel, que han destruido la tierra que él dio como herencia a su pueblo Israel: "Yo los arrancaré de sus tierras, y sacaré a Judá de en medio de ellos. [15] Pero después de arrancarlos volveré a tener compasión de ellos, y los haré regresar a su propia tierra y a su propio país. [16] Ciertamente ellos enseñaron a mi pueblo a jurar por Baal, pero ahora podrán establecerse en medio de mi pueblo, si de veras aceptan la religión de mi pueblo y juran por mi nombre diciendo: 'Por la vida del Señor.' [17] Pero a la nación que no me obedezca, la arrancaré de raíz y la destruiré. Yo, el Señor, lo afirmo."

Acción simbólica sobre la infidelidad de Israel

13 [1] El Señor me dijo: "Ve y cómprate un cinturón de lino y póntelo en la cintura, pero no lo mojes con agua." [2] Yo compré el cinturón, como el Señor me lo había ordenado, y me lo puse en la cintura. [3] Entonces me habló de nuevo el Señor y me dijo: [4] "Toma el cinturón que compraste y que tienes puesto, vete al río Éufrates y escóndelo allí, en la grieta de una roca." [5] Fui entonces al río Éufrates y lo escondí, como el Señor me lo había ordenado.

[6] Al cabo de mucho tiempo, el Señor me dijo: "Ve al río Éufrates y trae el cinturón que te ordené que escondieras allá." [7] Fui al río Éufrates, busqué en la tierra y saqué el cinturón del sitio en que lo había escondido, pero ya estaba podrido y no servía para nada.

[8] Entonces el Señor se dirigió a mí una vez más, [9] y me dijo: "De esta misma manera destruiré el orgullo de Judá y Jerusalén. [10] Este pueblo malvado se niega a obedecer mis órdenes y sigue tercamente las inclinaciones de su corazón. Se ha ido tras otros dioses, para servirlos y adorarlos. Es como ese cinturón, que no sirve para nada. [11] Así como uno se aprieta el cintu-rón alrededor de la cintura, así tuve a todo el pueblo de Israel y a todo el pueblo de Judá muy unidos a mí, para que fueran mi pueblo y dieran a conocer mi nombre, y fueran mi honor y mi gloria. Pero no me obedecieron. Yo, el Señor, lo afirmo.

Otra acción simbólica sobre el futuro castigo

[12] "Diles también: 'El Señor, el Dios de Israel, dice: Cualquier vasija puede llenarse de vino.' Los israelitas te van a contestar: '¿Acaso no sabemos de sobra que cualquier vasija puede llenarse de vino?' [13] Y tú les responderás: 'El Señor dice: Voy a emborrachar a todos los que viven en este país; a los reyes que se sientan en el trono de David, a los sacerdotes, a los profetas y a todos los que viven en Jerusalén. [14] Luego los romperé como vasijas, unos contra otros, padres e hijos por igual. No les tendré compasión; los destruiré sin misericordia y sin piedad. Yo, el Señor, lo afirmo.' "

Advertencia a Israel

[15] ¡Israelitas, el Señor ha hablado!
    No sean orgullosos, escúchenlo con
      atención.
[16] Honren al Señor su Dios,
    antes que él haga llegar la oscuridad
    y tropiecen ustedes en los montes
      tenebrosos;
    antes que él convierta en tinieblas,
    en pesada sombra,
    la luz que ustedes esperaban.
[17] Si ustedes no hacen caso,
    lloraré en secreto a causa de su
      orgullo;
    de mis ojos correrán las lágrimas,
    porque se llevan preso el rebaño del
      Señor.

Mensaje de parte de Dios para el rey

[18] "Di al rey y a la reina madre:
    'Bajen del trono, siéntense en el
      suelo,
    pues de su cabeza ha caído
    la corona que los adornaba.'
[19] Las ciudades del Néguev están
      sitiadas;
    nadie puede pasar.
    Todos los de Judá fueron llevados al
      destierro,
    a un destierro total.
[20] Alcen la vista y miren
    cómo viene del norte el enemigo.
    ¿Dónde está el rebaño que yo te
      había confiado,
    ese rebaño que era tu orgullo?

Anuncio del destierro de Israel

21 "¿Y qué vas a decir, Jerusalén,
cuando tengas que ser gobernada
por gente que tú misma instruiste?
Te vendrán dolores
como a mujer de parto. [15]
22 Y si preguntas por qué te pasa esto,
debes saber que es por tus graves
pecados;
¡por eso te han desnudado
y han abusado de ti!
23 ¿Puede un negro cambiar de color?
¿Puede un leopardo quitarse sus
manchas?
Pues tampoco ustedes,
acostumbrados al mal,
pueden hacer lo bueno.
24 Por eso voy a dispersarlos a ustedes
como a paja que arrastra el viento
del desierto. [q]
25 Ese es tu destino, Israel,
eso has merecido que yo te haga.
Yo, el Señor, lo afirmo.
Pues te olvidaste de mí
y pusiste tu confianza en falsos
ídolos.
26 Yo también te voy a desnudar del
todo
y a exponerte a la vergüenza.
27 He visto tu pasión, tus adulterios,
tu vergonzosa conducta de
prostituta,
tus repugnantes acciones
en las colinas y en los campos.
¡Ay de ti, Jerusalén!,
¿cuánto tiempo seguirás estando
impura?"

La gran sequía

14 1 Por causa de la sequía, el Señor se
dirigió a Jeremías, y le dijo:

2 "Judá llora de tristeza,
sus ciudades están afligidas,
la gente está tendida por el suelo.
Jerusalén lanza gritos de dolor. [r]
3 Los ricos mandan a sus criados por
agua;
éstos van a las cisternas, pero no la
encuentran,
y vuelven con sus cántaros vacíos;
defraudados y llenos de vergüenza,
se cubren la cabeza.
4 Los campesinos se sienten
defraudados
y se cubren la cabeza,
porque falta la lluvia
y la tierra está reseca.
5 Aun las ciervas, en el campo,

abandonan sus crías recién nacidas,
porque no hay hierba que comer.
6 Los asnos salvajes,
parados en las lomas desiertas,
toman aire como los chacales;
y la vista se les nubla
porque no hay pasto que comer."

El profeta invoca al Señor en nombre del pueblo

7 ¡Señor, aunque nuestros pecados
nos acusan,
actúa por el honor de tu nombre!
Muchas veces te hemos sido infieles,
hemos pecado contra ti.
8 Esperanza de Israel,
salvador nuestro en tiempos
difíciles,
¿por qué te portas como un extraño
en el país,
como un viajero que sólo se queda a
pasar la noche?
9 ¿Por qué estás como un hombre
aturdido,
como un guerrero que no puede
ayudar?
Pero, Señor, tú estás en medio de
nosotros,
todos saben que somos tu pueblo;
¡no nos abandones!

10 El Señor dice esto acerca del pueblo
de Israel: "A este pueblo le encanta andar
siempre de un lado para otro. Por eso no
lo miro con agrado. Ahora voy a acordarme de sus pecados y a pedirle cuenta
de ellos."
11 El Señor me dijo: "No me ruegues por
el bienestar de este pueblo. 12 Por mucho
que ayune, no escucharé sus súplicas; por
muchos holocaustos y ofrendas de cereales que me traiga, no lo miraré con
agrado. Voy a destruirlo con guerra,
hambre y peste."
13 Y yo le contesté: "Pero, Señor; los
profetas le están diciendo al pueblo que
no va a haber guerra ni hambre, y que tú
le vas a conceder una paz duradera en
este lugar."
14 Entonces el Señor me respondió: "Si
eso dicen en mi nombre los profetas, es
que están mintiendo. Yo no los he enviado, ni les he dado ninguna orden, y ni
siquiera les he hablado. Son revelaciones
falsas, visiones engañosas, inventos de su
propia fantasía. Esto es lo que les anuncian esos profetas. 15 Pues yo, el Señor,
digo de esos profetas que pretenden hablar en mi nombre sin que yo los haya enviado, y que dicen que no va a haber guerra ni hambre en este país: esos profetas

15 "¿Y qué vas . . . mujer de parto: texto probable. Heb. oscuro.
q 13.24 Sal 1.4; Os 13.3; Sof 2.2.   r 14.2 Is 3.26; Lm 1.4.

morirán por la guerra y el hambre. ¹⁶ Y el pueblo al que ellos se dirigen, morirá también por la guerra y el hambre, con sus mujeres, sus hijos y sus hijas. Los cadáveres serán arrojados a las calles de Jerusalén, y no habrá quien los entierre. Así les haré pagar su maldad. ¹⁷ Di al pueblo lo siguiente:

'Que broten lágrimas de mis ojos
día y noche, sin cesar,
por la terrible desgracia de mi
pueblo,
por la gravedad de su herida.
¹⁸ Salgo al campo, y veo los cadáveres
de los muertos en batalla;
entro en la ciudad, y veo gente
que se está muriendo de hambre,
Aun los profetas y los sacerdotes
se van a un país desconocido.' "¹⁶

El profeta se dirige al Señor

¹⁹ Señor, ¿has rechazado del todo a
Judá?
¿Te has cansado de la ciudad de
Sión?
¿Por qué nos heriste
irremediablemente?
Esperábamos prosperidad,
pero nada bueno nos ha llegado.
Esperábamos salud,
pero sólo hay espanto.
²⁰ Reconocemos, Señor, nuestra
maldad
y la culpa de nuestros antepasados;
hemos pecado contra ti.
²¹ ¡Por el honor de tu nombre, no nos
rechaces;
no trates con desprecio a la ciudad
donde está tu glorioso trono!
¡Recuerda el pacto que hiciste con
nosotros,
no faltes a él!
²² ¿Hay acaso entre los ídolos paganos
alguno que pueda hacer llover?
¿Acaso el cielo envía los aguaceros
por sí mismo?
¡No, Señor y Dios nuestro!
Tú eres quien los envía,
tú eres quien hace todas estas cosas;
¡por eso esperamos en ti!

Anuncio del castigo

15 ¹ El Señor me dijo: "Aunque Moisés⁵ y Samuel⁴ se presentaran aquí, delante de mí, yo no tendría compasión de este pueblo. Diles que salgan de mi presencia, que se vayan. ² Y si te preguntan a dónde han de ir, diles esto de mi parte:

'Los destinados a morir de peste,
a morir de peste;
los destinados a morir en la guerra,
a morir en la guerra;
los destinados a morir de hambre,
a morir de hambre;
los destinados al destierro,
al destierro.'ᵘ

³ "Yo, el Señor, afirmo: Voy a enviarles cuatro diferentes castigos: los matarán en la guerra, los arrastrarán los perros, se los comerán las aves de rapiña y los devorarán las fieras. ⁴ Haré que todas las naciones de la tierra sientan horror de lo que voy a hacer con ellos, por causa de lo que el rey de Judá, Manasés, hijo de Ezequías, ha hecho en Jerusalén.ᵛ

⁵ "¿Quién tendrá compasión de ti,
Jerusalén?
¿Quién va a sentir lástima de ti?
¿Quién se va a preocupar de tu
salud?
⁶ Tú me abandonaste, me diste la
espalda.
Yo, el Señor, lo afirmo.
Por eso yo, cansado de tener
paciencia,
levanté mi mano para castigarte, y
te destruí.
⁷ Dispersé a tu gente como a paja,
sacándola de las ciudades del país;
dejé sin hijos a mi pueblo, lo destruí
porque no quiso dejar su mala vida.
⁸ Dejé entre ellos más viudas
que granos de arena tiene el mar.
En pleno mediodía hice caer la
muerte
sobre las madres con hijos jóvenes;
de repente hice caer sobre ellas
la angustia y el terror.
⁹ Madres con muchos hijos
se desmayan, quedan sin aliento;
avergonzadas y humilladas,
la luz del día se les vuelve
oscuridad.
Si algunos quedan con vida,
haré que sus enemigos los maten.
Yo, el Señor, doy mi palabra."

Exclamación del profeta

¹⁰ ¡Ay de mí, madre mía, que me diste
a luz
sólo para disputar y pelear con todo
el mundo!

---

¹⁶ *Se van a un país desconocido:* texto probable. Heb. oscuro.
ˢ **15.1** Ex 32.11-14; Nm 14.13-19.   ᵗ **15.1** 1 S 7.5-9.   ᵘ **15.2** Jer 43.11; Ap 13.10.   ᵛ **15.4** 2 R 21.1-16; 2 Cr 33.1-9.

A nadie he prestado dinero, ni me lo
han prestado a mí,
y sin embargo todos me maldicen.
[11] Que sus maldiciones se cumplan,[17]
Señor,
si no te he servido bien,
si no te he rogado en favor de mis
enemigos,
cuando estaban en desgracia y
aflicción.

Dios anuncia el castigo a Israel

[12] "¿Quién puede romper
el hierro del norte[18] y el bronce?
[13] A causa de todos tus pecados, Israel,
voy a entregar a tus enemigos
tu riqueza y tus tesoros,
todo lo que tienes en tu territorio,
para que se lo lleven gratuitamente.
[14] Voy a hacerte esclavo de tus
enemigos
en una tierra que tú no conoces,
porque mi ira se ha encendido
como un fuego que te consumirá."

El profeta invoca al Señor

[15] Señor, tú que lo sabes todo,
¡acuérdate de mí y ven en mi ayuda!
¡Toma venganza de los que me
persiguen!
No seas con ellos tan paciente
que me dejes morir a mí;
mira que por ti soporto insultos.
[16] Cuando me hablabas, yo devoraba
tus palabras;
ellas eran la dicha y la alegría de mi
corazón,
porque yo te pertenezco,
Señor y Dios todopoderoso.
[17] Yo he evitado juntarme
con los que sólo piensan en
divertirse;
desde que tú te apoderaste de mí
he llevado una vida solitaria,
pues me llenaste de tu ira.
[18] ¿Por qué mi dolor nunca termina?
¿Por qué mi herida es incurable,
rebelde a toda curación?
Te has vuelto para mí
como el agua engañosa de un
espejismo.

Respuesta del Señor

[19] Entonces el Señor me respondió:
"Si regresas a mí, volveré a recibirte
y podrás servirme.
Si evitas el hablar por hablar

y dices sólo cosas que valgan la
pena,
tú serás quien hable de mi parte.
Son ellos quienes deben volverse a
ti,
y no tú quien debe volverse a ellos.
[20] Yo haré que seas para este pueblo
como un muro de bronce, difícil de
vencer.
Te harán la guerra,
pero no te vencerán,
pues yo estoy contigo para salvarte
y librarte."
Yo, el Señor, doy mi palabra.
[21] Te libraré de poder de los malvados,
¡te salvaré del poder de los
violentos!"

Jeremías recibe órdenes del Señor

16 [1] El Señor se dirigió a mí, y me dijo:
[2] "No te cases ni tengas hijos en
este país. [3] Porque yo, el Señor, te voy a
decir lo que va a suceder a los hijos que
nazcan en este país y a los padres que los
tengan. [4] Morirán de enfermedades terribles y nadie llorará por ellos ni los ente-
rrará: quedarán tendidos en el suelo como
estiércol. La guerra y el hambre acabarán
con ellos, y sus cadáveres serán devorados
por las aves de rapiña y las fieras."

[5] El Señor me dijo también: "No entres
en una casa donde estén de luto por un
muerto; no llores ni muestres tu dolor por
él, porque a este pueblo se le he retirado mi
paz, mi amor y mi misericordia. Yo, el Señor, lo afirmo. [6] Grandes y pequeños morirán en este país; nadie les dará sepultura,
ni los llorará, ni mostrará dolor por ellos
hiriéndose en el cuerpo o rapándose la cabeza. [7] Nadie celebrará banquetes fúnebres para consolar a los parientes, ni aun
cuando se trate de la muerte del padre o
de la madre.

[8] "Tampoco entres en una casa donde
haya un banquete, a sentarte con ellos a
comer y beber. [9] Porque yo, el Señor todopoderoso, el Dios de Israel, declaro: Yo
haré que terminen en este país los cantos
de fiesta y alegría, y los cantos de bodas.[x]
Esto pasará en sus propios días, y ustedes
mismos lo verán.

[10] "Cuando comuniques al pueblo este
mensaje, te van a preguntar: '¿Por qué ha
ordenado el Señor contra nosotros este
mal tan grande? ¿Qué mal hemos hecho?
¿Qué pecado hemos cometido contra el
Señor nuestro Dios?' [11] Tú contéstales: 'El
Señor afirma: Esto es porque los antepasados de ustedes me dejaron y se fueron

---

[17] *Que sus maldiciones se cumplan:* según la versión griega. Heb. *dijo.* [18] *Hierro del norte:* el hierro, y en general la industria de los metales, procedían del norte de Palestina y del Asia Menor.
w 15.20 Jer 1.18. **x 16.9** Jer 7.34; 25.10; Ap 18.23.

tras otros dioses, para darles culto y adorarlos; a mí me abandonaron y no cumplieron las instrucciones que yo les di. [12] Y ustedes han sido peores que sus antepasados, pues cada uno ha seguido tercamente las malas inclinaciones de su corazón y no me ha obedecido. [13] Por eso los voy a echar de esta tierra a un país que ni ustedes ni sus antepasados conocían, y allá servirán día y noche a otros dioses, pues no tendré compasión de ustedes.'

[14] "Pero vendrá un tiempo —yo, el Señor, lo afirmo— en que ya no jurarán diciendo: 'Por la vida del Señor, que sacó a los israelitas de Egipto', [15] sino que dirán: 'Por la vida del Señor, que sacó a los israelitas del país del norte y de todos los demás países por donde los había dispersado'. [y] Yo haré que ustedes regresen a su tierra, a la tierra que di a sus antepasados.

[16] "Voy a hacer venir muchos pescadores —yo, el Señor, lo afirmo—para que pesquen a los israelitas. Luego haré venir muchos cazadores para que los cacen y los saquen de todas las montañas y colinas y hasta de las grietas de las rocas. [z] [17] Porque veo todas sus acciones; ninguna queda oculta para mí, ni sus pecados pueden esconderse de mi vista. [18] Primero los haré pagar el doble por sus maldades y pecados, porque profanaron mi tierra con sus aborrecibles ídolos muertos, y en toda la tierra que les di como herencia hicieron cosas que yo detesto."

Jeremías invoca al Señor

[19] Señor, fuerza y protección mía,
mi refugio en el momento de
  peligro;
a ti vendrán las naciones
desde el extremo de la tierra, y te
  dirán:
"Sólo dioses falsos, inútiles y sin
  poder
recibieron nuestros padres como
  herencia.
[20] ¿Puede el hombre hacer sus propios
  dioses?
¡Entonces esos dioses no son
  verdaderos!"

Respuesta del Señor

[21] "Por eso, de una vez por todas,
voy a mostrarles mi poder;
así sabrán que mi nombre es el
  Señor.

Pecado y castigo de Judá

17 [1] "Judá, tu pecado está escrito con
  cincel de hierro,
está grabado con punta de diamante
en la piedra de tu corazón,
en los cuernos de tus altares.
[2] Tus hijos se acuerdan de los altares
y de los troncos sagrados
que había junto a los árboles
  frondosos
y sobre las colinas elevadas
[3] y sobre los montes del campo.
Por causa de tus pecados,
haré que te roben tus riquezas y
  tesoros,
y que saqueen tus colinas sagradas
en todo tu territorio.
[4] Tendrás que abandonar[19] la tierra
que yo te di como herencia,
y te haré esclava de tus enemigos
en una tierra que no conoces,
porque mi ira se ha encendido
como un fuego que te consumirá."

Mensajes varios

[5] El Señor dice:
"Maldito aquel que aparta de mí su
  corazón,
que pone su confianza en los
  hombres
y en ellos busca apoyo.
[6] Será como la zarza del desierto,
que nunca recibe cuidados:
que crece entre las piedras,
en tierras de sal, donde nadie vive.

[7] "Pero bendito el hombre que confía
  en mí,
que pone en mí su esperanza.
[8] Será como un árbol plantado a la
  orilla de un río,[a]
que extiende sus raíces hacia la
  corriente
y no teme cuando llegan los calores,
pues su follaje está siempre
  frondoso.
En tiempo de sequía no se inquieta,
y nunca deja de dar fruto.

[9] "Nada hay tan engañoso y
  perverso[20]
como el corazón humano.
¿Quién es capaz de comprenderlo?
[10] Yo, el Señor, que investigo el
  corazón
y conozco a fondo los sentimientos;[b]
que doy a cada cual lo que se
  merece,
de acuerdo con sus acciones."[c]

[19] *Abandonar:* según versiones antiguas. Heb. oscuro. [20] *Y perverso:* lit. *y sin remedio.*
[y] **16.14-15** Is 43.16-19; Jer 23.7-8. [z] **16.16** Hab 1.14-15. [a] **17.8** Sal 1.3. [b] **17.10** Sal 7.9; Jer 11.20; Ap 2.23.
[c] **17.10** Sal 62.11-12; Pr 24.12; Ez 18.30; 33.20; Mt 16.27; Ro 2.6.

11 El que se hace rico injustamente
es como la perdiz que empolla
huevos ajenos.
En pleno vigor tendrá que
abandonar su riqueza,
y al fin sólo será un tonto más.

12 Nuestro templo es un trono glorioso,
puesto en alto desde el principio.

13 Señor, tú eres la esperanza de Israel.
Todo el que te abandona quedará
avergonzado.
Todo el que se aleja de ti
desaparecerá como un nombre
escrito en el polvo,
por abandonarte a ti, manantial de
frescas aguas.

Jeremías invoca al Señor

14 Sáname tú, Señor, y seré sanado;
sálvame tú, y seré salvado,
pues sólo a ti te alabo.
15 La gente me dice:
"¿Qué pasó con las palabras del
Señor?
¡Que se cumplan ahora mismo!"
16 Y, sin embargo, yo no he insistido
en que tú les envíes un desastre,²¹
ni he deseado calamidades para
ellos.
Tú bien sabes lo que he dicho,
pues lo dije en tu presencia.
17 No te conviertas para mí en terror,
pues eres mi refugio en momentos
de angustia.
18 Deja en ridículo a mis
perseguidores, y no a mí;
que ellos queden espantados, y no
yo.
Haz venir sobre ellos momentos de
angustia,
destrózalos por completo una y otra
vez.

Sobre la observancia del día de reposo

19 El Señor me dijo: "Ve y párate en la
Puerta del Pueblo, por donde entran y salen los reyes de Judá, y luego haz lo
mismo en las demás puertas de Jerusalén.
20 Di a la gente: 'Reyes y pueblo todo de
Judá, habitantes todos de Jerusalén que
entran por estas puertas, escuchen la
palabra del Señor. 21 El Señor dice: En el
día de reposo²² y por consideración a sus
propias vidas, no lleven cargas ni las metan por las puertas de Jerusalén.ᵈ 22 No
saquen tampoco ninguna carga de sus casas en el día de reposo,²² ni hagan en él

ningún trabajo. Conságrenme el día de reposo,²² tal como se lo ordené a sus antepa-
sados.ᵉ 23 Pero ellos no me hicieron caso
ni me obedecieron, sino que fueron tercos
y no quisieron obedecer ni escarmentar.
24 'Yo, el Señor, afirmo: Obedézcanme
de veras, no lleven ninguna carga por las
puertas de la ciudad en el día de reposo;²²
conságrenme este día y no hagan en él
ningún trabajo. 25 Si lo hacen así, siempre
habrá reyes que ocupen el trono de David
y que entren por las puertas de esta ciudad en carrozas y caballos, acompañados
de los jefes y de la gente de Judá y de Jerusalén. Y Jerusalén siempre tendrá habitantes. 26 Y vendrá gente de las ciudades
de Judá que están en los alrededores de
Jerusalén, y del territorio de Benjamín, de
la llanura, de la región montañosa y del
Néguev. Traerán al templo animales para
el holocausto y para los demás sacrificios,
ofrendas de cereales e incienso, y ofrendas
de acción de gracias. 27 Pero si ustedes no
obedecen mi mandato de consagrarme el
día de reposo²² y de no meter cargas en
ese día por las puertas de Jerusalén, entonces pondré fuego a las puertas de la
ciudad, un fuego que destruirá los palacios de Jerusalén y que nadie podrá apagar.' "

Acción simbólica del alfarero y el barro

18 ¹ El Señor se dirigió a mí, y me dijo:
² "Baja a la casa del alfarero y allí te
comunicaré un mensaje." 3 Yo, Jeremías,
bajé y encontré al alfarero trabajando el
barro en el torno. 4 Cuando el objeto que
estaba haciendo le salía mal, volvía a hacer otro con el mismo barro, hasta que
quedaba como él quería.
5 Entonces el Señor me dijo: 6 "¿Acaso
no puedo hacer yo con ustedes, israelitas,
lo mismo que este alfarero hace con el
barro? Ustedes son en mis manos como el
barro en las manos del alfarero.ᶠ Yo, el Señor, lo afirmo. 7 En un momento dado decido arrancar, derribar y destruir una nación o un reino. 8 Pero si esa nación se
aparta del mal, entonces ya no le envío el
castigo que le tenía preparado. 9 En otra
ocasión decido construir y hacer crecer
una nación o un reino. 10 Pero si esa nación hace lo malo y desatiende mis advertencias, entonces ya no le envío los beneficios que le tenía preparados.
11 "Di, pues, a la gente de Judá y a los
habitantes de Jerusalén que yo, el Señor,
les digo: 'Estoy haciendo planes contra
ustedes; estoy pensando en castigarlos.

²¹ En que tú les envíes un desastre: texto probable. Heb. para no ser pastor detrás de ti.   ²² Día de reposo:
aquí equivale a sábado.
ᵈ 17.21 Neh 13.15–22.   ᵉ 17.22 Ex 20.8–10; Dt 5.12–14; Is 58.13–14.   ᶠ 18.1–6 Is 64.8; Ro 9.20–21.

Dejen ya el mal camino; mejoren su conducta y sus obras.' ¹²Ellos te van a decir: '¡No pierdas tu tiempo! Preferimos vivir como a nosotros nos gusta y seguir tercamente las malas inclinaciones de nuestro corazón.' "

¹³ Por eso, el Señor dice:
"Pregunten entre las naciones,
si alguien ha oído cosa semejante.
¡El pueblo de Israel
ha hecho algo muy horrible!
¹⁴ ¿Desaparece alguna vez la nieve
de las altas rocas del Líbano?
¿Se secarán acaso las frescas aguas
que bajan de las montañas?²³
¹⁵ Pero mi pueblo me ha olvidado,
y ofrece incienso a dioses falsos.
Se ha extraviado en su camino,
el camino antiguo,
y sigue senderos desconocidos.
¹⁶ Así ha convertido su país en un
desierto,
en un constante motivo de asombro.
Todo el que pase por él
moverá espantado la cabeza.
¹⁷ Yo, como un viento del este,
dispersaré a Israel;
lo haré huir de sus enemigos.
Yo le volveré la espalda, no la cara,
cuando llegue el día de su castigo."

Planes contra el profeta

¹⁸ La gente dijo: "Vamos a preparar un plan para deshacernos de Jeremías. Jamás faltarán sacerdotes que nos instruyan, ni sabios que nos den consejos, ni profetas que nos comuniquen la palabra de Dios. Acusémoslo, para que lo maten. No hagamos caso a nada de lo que dice."

Oración de Jeremías

¹⁹ ¡Señor, préstame atención!
¡Oye lo que dicen mis enemigos!
²⁰ ¿Es con el mal como se paga el
bien?
¡Ellos han cavado mi sepultura!

Recuerda que me he enfrentado
contigo
para hablarte en favor de ellos,
para pedirte que apartaras de ellos
tu ira.
²¹ ¡Pero ahora, haz que sus hijos
mueran
de hambre o a filo de espada;
que queden viudas y sin hijos sus
esposas!

¡Que la peste mate a sus hombres
y sus jóvenes caigan en el campo de
batalla!
²² Envía de repente contra ellos
una banda de ladrones;
¡que se oigan sus gritos de terror!
Porque cavaron un hoyo para
atraparme,
pusieron trampas a mi paso.
²³ Pero tú, Señor, conoces todos los
planes
que han hecho para darme muerte.
¡No les perdones su maldad
ni olvides sus pecados!
¡Hazlos caer delante de ti,
castígalos con ira!

Acción simbólica del cántaro roto

19 ¹ El Señor me dijo: "Ve y compra un cántaro de barro, y llama a algunos ancianos del pueblo y a algunos sacerdotes ancianos. ² Luego sal al Valle de Ben-hinom,ᵍ frente a la Puerta de los Tiestos,²⁴ y proclama allí el mensaje que voy a comunicarte. ³ Di: 'Reyes de Judá y habitantes de Jerusalén, escuchen este mensaje del Señor todopoderoso, el Dios de Israel: Voy a enviar una calamidad tan grande sobre este lugar, que todo el que oiga la noticia quedará aturdido. ⁴ Porque los israelitas me abandonaron y convirtieron este lugar en tierra extraña; en él ofrecieron incienso a otros dioses, que no conocían ni ellos ni sus antepasados ni los reyes de Judá, y lo llenaron de sangre de gente inocente. ⁵ Además construyeron altares para quemar a sus hijos en holocausto a Baal,ʰ cosa que yo no les ordené ni les dije, y que ni siquiera me pasó por la mente. ⁶ Por eso vendrán días en que este lugar ya no se llamará Tofet ni Valle de Ben-hinom, sino Valle de la Matanza. Yo, el Señor, lo afirmo. ⁷ En este lugar haré pedazos los planes de Judá y de Jerusalén. Haré que sus enemigos mortales los derroten y los maten, y que sus cadáveres sirvan de comida a las aves de rapiña y a las fieras. ⁸ Convertiré esta ciudad en un desierto, en algo que cause espanto. Todos los que pasen por ella se quedarán espantados y asombrados al ver su completa destrucción. ⁹ Haré que la gente se coma a sus propios hijos e hijas, y que se coman unos a otros a causa de la situación desesperada a que los someterán sus enemigos mortales durante el sitio de la ciudad.'ⁱ

¹⁰ "Después de decir esto, haz pedazos el cántaro a la vista de los hombres que te acompañan, ¹¹ y diles: 'El Señor todopoderoso dice: Haré pedazos este pueblo y esta

²³ ¿Se secarán . . . montañas?: texto probable. Heb. oscuro. ²⁴ Esta puerta, que se menciona con este nombre sólo en este pasaje, probablemente sea la misma llamada Puerta del Basurero en Neh 2.13.
ᵍ 19.2–6 2 R 23.10; Jer 7.30–32; 32.34–35. ʰ 19.5 Lv 18.21; Is 57.5; Jer 7.31. ⁱ 19.9 Dt 28.53–57; Ez 5.10.

ciudad como quien hace pedazos un cántaro de barro, que ya no se puede reparar. La gente tendrá que enterrar a los muertos en Tofet, por no haber más lugar donde enterrarlos. ¹² Así haré con esta ciudad y sus habitantes. La dejaré en las mismas condiciones que a Tofet. Yo, el Señor, lo afirmo. ¹³ Las casas de Jerusalén, los palacios de los reyes de Judá y las azoteas de las casas donde ofrecían incienso a todos los astros y derramaban ofrendas de vino a otros dioses, serán consideradas impuros, lo mismo que Tofet.' "

¹⁴ Después de esto, Jeremías regresó de Tofet, adonde el Señor lo había enviado a hablar en su nombre, y parándose en el atrio del templo, dijo a todo el pueblo: ¹⁵ "El Señor todopoderoso, el Dios de Israel, dice: 'Voy a enviar a esta ciudad y a todos los pueblos vecinos todos los castigos que les he anunciado, porque se han puesto tercos para no obedecer mis palabras.' "

Profecía acerca de Pasur, enemigo de Jeremías

20 ¹ Cuando Pasur, hijo de Imer, que era sacerdote e inspector mayor en el templo, oyó a Jeremías pronunciar esta profecía, ² mandó que lo golpearan y lo sujetaran en el cepo que estaba en la Puerta Superior de Benjamín, junto al templo. ³ Un día después mandó que quitaran a Jeremías del cepo, y entonces Jeremías le dijo: "El Señor te ha cambiado el nombre de Pasur por el de Magor-misabib.²⁵ ⁴ Porque el Señor dice: 'Te voy a convertir en terror para ti mismo y para todos tus amigos; ante tus propios ojos, tus amigos caerán bajo la espada de sus enemigos. Entregaré a todos los habitantes de Judá en manos del rey de Babilonia, el cual los llevará desterrados a Babilonia o los pasará a cuchillo. ⁵ Entregaré también en manos de sus enemigos todas las riquezas de esta ciudad, todas sus posesiones y objetos de valor, y todos los tesoros de los reyes de Judá, para que se los lleven a Babilonia. ⁶ Y tú, Pasur, serás desterrado a Babilonia, junto con toda tu familia. Allí morirás y allí te enterrarán a ti y a todos los amigos a quienes profetizabas cosas falsas.' "

Quejas de Jeremías ante el Señor

⁷ Señor, tú me engañaste,
y yo me dejé engañar;
eras más fuerte, y me venciste.

A todas horas soy motivo de risa;
todos se burlan de mí.
⁸ Siempre que hablo es para anunciar
violencia y destrucción;
continuamente me insultan y me
hacen burla
porque anuncio tu palabra.
⁹ Si digo: "No pensaré más en el
Señor,
no volveré a hablar en su nombre",
entonces tu palabra en mi interior
se convierte en un fuego que
devora,
que me cala hasta los huesos.
Trato de contenerla,
pero no puedo.ⁱ
¹⁰ Puedo oír que la gente cuchichea:
"¡Hay terror por todas partes!"
Dicen: "¡Vengan, vamos a acusarlo!"
Aun mis amigos esperan
que yo dé un paso en falso.
Dicen: "Quizás se deje engañar;
entonces lo venceremos y nos
vengaremos de él."ᵏ
¹¹ Pero tú, Señor, estás conmigo
como un guerrero invencible;
los que me persiguen caerán,
y no podrán vencerme;
fracasarán, quedarán avergonzados,
cubiertos para siempre de deshonra
inolvidable.

¹² Señor todopoderoso,
tú que examinas con justicia,
tú que ves hasta lo más íntimo del
hombre,
hazme ver cómo castigas a esa
gente,
pues he puesto mi causa en tus
manos.ˡ

¹³ ¡Canten al Señor, alaben al Señor!,
pues él salva al afligido del poder de
los malvados.

¹⁴ ¡Maldito el día en que nací!ᵐ
¡Que el día en que mi madre me dio
a luz no sea bendito!
¹⁵ ¡Maldito el que alegró a mi padre
con la noticia de que un hijo varón
le había nacido!
¹⁶ ¡Que ese hombre sea como las
ciudades
que Dios destruye para siempre!
¡Que oiga de mañana gritos de
dolor,
y alarma de guerra a mediodía,
¹⁷ pues Dios no me hizo morir en el
seno de mi madre!
Así ella hubiera sido mi sepulcro,
y yo nunca habría nacido.

²⁵ En hebreo, este nombre significa *hay terror por todas partes*, frase característica del profeta Jeremías.
ⁱ **20.9** Am 3.8; 1 Co 9.16. ᵏ **20.10–12** Sal 6.9–10; 31.13–18; 109.30–31; Jer 20.3; 46.5; 49.29; Lm 2.22. ˡ **20.12** Jer 11.20.
ᵐ **20.14–18** Job 3.1–19.

¹⁸ ¿Por qué salí del vientre
sólo para ver dolor y penas,
y para terminar mi vida cubierto de
vergüenza?

Anuncio del castigo a Jerusalén

21 ¹⁻² El rey Sedequías envió a Pasur,
hijo de Malquías, y al sacerdote Sofonías, hijo de Maasías, a ver a Jeremías y
a decirle: "Por favor, consulta al Señor
por nosotros, porque Nabucodonosor, rey
de Babilonia, nos está atacando.ⁿ Tal vez
quiera el Señor hacer uno de sus milagros
y obligue a Nabucodonosor a retirarse."

Entonces habló el Señor a Jeremías, ³ y
éste respondió a los enviados de Sedequías: "Díganle a Sedequías ⁴ que el Señor,
el Dios de Israel, dice: 'Voy a hacer retroceder a las tropas con las que, fuera de las
murallas, están ustedes respondiendo al
ataque del rey de Babilonia y de los caldeos, y las reuniré en medio de esta ciudad. ⁵ Yo mismo pelearé contra ustedes,
con gran despliegue de poder y con ardiente ira y gran furor.ⁿ ⁶ Mataré a todos
los habitantes de esta ciudad; hombres y
animales morirán de una peste terrible.
⁷ Después entregaré a Sedequías, rey de
Judá, en manos de Nabucodonosor y de
sus otros enemigos mortales, junto con
sus oficiales y tropas y la gente que haya
quedado con vida en la ciudad después de
la peste, la guerra y el hambre. Yo haré
que los maten a filo de espada, sin piedad
ni compasión. Yo, el Señor, lo afirmo.

⁸ 'Anuncia también al pueblo que yo, el
Señor, digo: Les doy a escoger entre el camino de la vida y el camino de la muerte.
⁹ El que se quede en esta ciudad morirá en
la guerra, o de hambre o de peste. En
cambio, el que salga y se entregue a los
caldeos que están ahora atacando la ciudad, no morirá; al menos podrá salvar su
vida.º ¹⁰ Porque yo he decidido traer mal
en vez de bien sobre esta ciudad. Voy a
entregársela al rey de Babilonia, y él le
prenderá fuego.ᵖ Yo, el Señor, lo afirmo.

Anuncio contra el rey de Judá

¹¹⁻¹² 'A la casa real de Judá, a la casa del
rey David, dile de mi parte:

Escucha el mensaje del Señor:
Haz justicia todos los días;
libra de explotadores a los
oprimidos,
no sea que, por tus malas acciones,
mi enojo se encienda como un fuego
y arda sin que nadie pueda apagarlo.

Anuncio de castigo a Jerusalén

¹³ 'Ciudad que dominas el valle,
como peñasco en la llanura,
yo, el Señor, me declaro contra ti.
Ustedes dicen: ¿Quién podrá
atacarnos?
¿Quién podrá llegar hasta nuestro
refugio?
¹⁴ Yo los castigaré como merecen sus
acciones;
prenderé fuego a sus bosques,²⁶
y ese fuego devorará todos los
alrededores.
Yo, el Señor, lo afirmo.' "

Mensaje a la casa real de Judá

22 ¹ El Señor me dijo: "Ve al palacio
real y proclama este mensaje ² ante
el rey de Judá, que está sentado en el
trono de David, y ante sus funcionarios y
la gente de la ciudad: 'Escuchen la palabra
del Señor. ³ Practiquen en este lugar la
justicia y la rectitud, libren del explotador
al oprimido, no humillen ni maltraten a
los extranjeros, los huérfanos y las viudas.
No maten a gente inocente. ⁴ Si de veras
hacen esto y me lo mandan, seguirá habiendo reyes que ocupen el trono de David, los cuales entrarán en carrozas y a caballo por las puertas de este palacio,
acompañados de los funcionarios y del
pueblo. ⁵ Pero si no hacen caso de estas
advertencias, este palacio quedará convertido en ruinas. Yo, el Señor, lo afirmo.' "

⁶ Porque el Señor dice acerca del palacio del rey de Judá:

"Tú eres para mí como el monte
Galaad,
como la cumbre del Líbano,
pero juro que te convertiré en
desierto,
en un lugar sin habitantes.
⁷ Voy a enviar gente armada contra
ti,
con la misión de destruirte.
Cortarán tus hermosas columnas de
cedro
y las echarán al fuego.

⁸ "Gentes de muchas naciones pasarán
después junto a esta ciudad, y se preguntarán unos a otros: '¿Por qué trató así el
Señor a esta ciudad tan grande?' ⁹ Y responderán: 'Porque abandonaron el pacto
que el Señor, su Dios, había hecho con
ellos, y adoraron y dieron culto a otros
dioses.' "

---

²⁶ Lit. *bosque*. Probable alusión al palacio llamado "Bosque del Líbano". Véase 22.6,7.
ⁿ **21.1-2** 2 R 25.1-11; 2 Cr 36.17-21. ᶠ **21.5** Dt 29.28. º **21.9** Jer 38.2. ᵖ **21.10** Jer 38.17-18.

Mensaje de Jeremías acerca de Salum (Joacaz)

10-11 No lloren por el rey Josías,
no lloren por su muerte;
lloren más bien por su hijo
Salum,[q]
que se va para no volver;
ya no verá más su tierra natal.

Pues el Señor dice acerca de Salum, hijo de Josías, rey de Judá, que ocupó el trono después de su padre, y que salió de este lugar: "No regresará, 12 sino que morirá en el país adonde lo llevaron desterrado, y no volverá a ver este país.

Mensaje acerca de Joacim

13 "¡Ay de ti, que a base de maldad e
injusticias
construyes tu palacio y tus altos
edificios,
que haces trabajar a los demás
sin pagarles sus salarios!
14 Que dices: 'Voy a construirme un
gran palacio,
con amplias salas en el piso
superior.'
Y le abres ventanas,
recubres de cedro sus paredes
y lo pintas de rojo.
15 ¿Piensas que ser rey
consiste en vivir rodeado de cedro?
Tu padre gozó de la vida;
pero actuaba con justicia y rectitud,
y por eso le fue bien.
16 Defendía los derechos de pobres y
oprimidos,
y por eso le fue bien.
Eso es lo que se llama conocerme.
Yo, el Señor, lo afirmo.

17 "Pero tú sólo te preocupas
por las ganancias mal habidas;
haces morir al inocente,
y oprimes y explotas a tu pueblo."

18 El Señor dice acerca de Joacim,[r] hijo
de Josías, rey de Judá:

"No habrá nadie que llore su
muerte.
No habrá nadie que llore y diga:
'¡Ay, hermano! ¡Ay, hermana!
¡Ay, Señor! ¡Ay, Majestad!'
19 Lo enterrarán como a un asno:
lo arrastrarán y lo echarán
fuera de Jerusalén."

Mensaje acerca de Jerusalén

20 "¡Judá, sube al monte Líbano y
grita!
¡Levanta la voz en las montañas de
Basán!
¡Grita desde las colinas de Abarim,
pues todos tus amantes han sido
derrotados!
21 Yo te hablé en el tiempo de tu
prosperidad,
pero no quisiste oírme.
Así lo has hecho desde tu juventud:
¡no has querido escuchar mi voz!
22 El viento arrastrará a todos tus
jefes,
y tus amantes irán al destierro.
Quedarás avergonzada y humillada
por causa de todas tus maldades.
23 Tú estás ahora tranquila en tu nido,
entre los cedros traídos del Líbano,
¡pero ya sufrirás cuando te vengan
dolores,
dolores como de parto!"

Mensaje de Dios al rey Jeconías

24 El Señor ha dicho a Jeconías,[27,s] hijo
de Joacim, rey de Judá: "Lo juro por mi
vida: Aunque fueras un anillo de sellar
puesto en mi mano derecha, te arrancaría
de ahí 25 para entregarte a tus enemigos
mortales, a los que tú tanto temes. Te entregaré a Nabucodonosor, rey de Babilonia, y a los caldeos. 26 Y te arrojaré a ti y a
tu madre a una tierra que no los vio nacer, y allá morirán los dos." 27 Así que ellos
no volverán a la tierra a la que tanto desearán volver.

Exclamación del profeta

28 ¿Es Jeconías una vasija rota e inútil,
un trasto que nadie quiere?
¿Por qué son lanzados él y sus hijos
a una tierra desconocida?
29 ¡Tierra, tierra, tierra;
escucha la palabra del Señor!

30 El Señor dice:
"Anoten a este hombre en los
registros
como un hombre sin hijos,
como un hombre que fracasó en la
vida.
Porque ninguno de sus
descendientes
llegará a ocupar el trono de David
para reinar de nuevo en Judá."

[27] *Jeconías*, o *Conías*. Este rey también es llamado *Joaquín*.
[q] **22.10-11** 2 R 23.31-34; 2 Cr 36.1-4. [r] **22.13-19** 2 R 23.36—24.6; 2 Cr 36.5-7; Jer 36.30-31. [s] **22.24-26** 2 R 24.8-15; 2 Cr 36.9-10.

Esperanzas para el futuro

23 ¹ El Señor afirma: "¡Ay de los pastores que dejan que mis ovejas se pierdan y dispersen!"ᵗ

² El Señor, el Dios de Israel, dice a los pastores que gobiernan a su pueblo: "Ustedes han dispersado mis ovejas, las han hecho huir y no las han cuidado. Pues bien, yo tendré buen cuidado de castigar sus malas acciones. Yo, el Señor, lo afirmo. ³ Y yo mismo traeré el resto de mis ovejas de los países adonde las hice huir, las reuniré y las haré volver a sus pastos, para que tengan muchas crías. ⁴ Les pondré pastores que las cuiden, para que no tengan nada que temer ni falte ninguna de ellas.ᵘ Yo, el Señor, lo afirmo."

⁵ El Señor afirma:
"Vendrá un día en que haré
que David tenga un descendiente
legítimo,
un rey que reine con sabiduría
y que actúe con justicia y rectitud
en el país.
⁶ Durante su reinado, Judá estará a
salvo,
y también Israel vivirá seguro.
Este es el nombre con que lo
llamarán:
'El Señor es nuestra victoria.' "ᵛ

⁷ El Señor afirma: "Vendrán días en que ya no jurarán diciendo: 'Por la vida del Señor, que sacó a los israelitas de Egipto', ⁸ sino que jurarán diciendo: 'Por la vida del Señor, que sacó a los descendientes de Israel, del país del norte y de todos los demás países por donde los había dispersado.'ʷ Y vivirán en su propia tierra."

Mensaje acerca de los profetas

⁹ Mensaje acerca de los profetas:ˣ
Estoy profundamente perturbado;
todo el cuerpo me tiembla,
parezco un borracho,
un hombre dominado por el vino,
por causa del Señor
y de sus palabras santas.
¹⁰ El país está lleno de adúlteros,
de gente que corre a hacer el mal,
que usa su poder para cometer
injusticias.
Por eso el Señor maldijo la tierra,
y la tierra se secó,
y los pastos del desierto se
quemaron.

¹¹ El Señor afirma:
"Hasta los profetas y los sacerdotes
son impíos;
en mi propio templo los he
encontrado haciendo el mal.
¹² Por eso su camino
será oscuro y resbaladizo:
yo haré que los empujen y caigan.
Cuando ajuste cuentas con ellos,
traeré sobre ellos la desgracia.
Yo, el Señor, lo afirmo.

¹³ "Yo he visto a los profetas de
Samaria
hacer cosas que me ofenden:
han profetizado en nombre de Baal
y han hecho que mi pueblo Israel se
extravíe.
¹⁴ Yo he visto a los profetas de
Jerusalén
hacer cosas horribles:
cometen adulterios y fraudes,
animan de tal modo a los malvados
que nadie se aparta de su maldad.
Ellos y los habitantes de la ciudad
son para mí como Sodomaʸ y
Gomorra.
¹⁵ Por eso yo, el Señor todopoderoso,
digo esto contra los profetas:
Voy a darles de comer algo muy
amargo;
voy a darles de beber agua
envenenada,ᶻ
porque de los profetas de Jerusalén
se ha extendido la maldad a todo el
país."

¹⁶ El Señor todopoderoso dice:
"Israelitas, no hagan caso
a lo que les dicen los profetas.
Lo que dicen no son más que
mentiras,
cosas que ellos mismos inventan,
que yo no les he comunicado.
¹⁷ A los que desprecian mi palabra
les dicen: 'Todo les saldrá bien.'
Y a los que siguen tercamente
las inclinaciones de su corazón,
les dicen: 'No les vendrá ningún
mal.' "

Exclamación de Jeremías

¹⁸ Pero ¿quién conoce los secretos del
Señor?,
¿quién ha visto o escuchado su
palabra?,
¿quién le ha prestado atención?
¹⁹ La ira del Señor es como una
tormenta,
como un viento huracanado
que se agita sobre los malvados.

ᵗ **23.1-4** Ez 34.1-10; Jn 10. ᵘ **23.4** Jn 6.37. ᵛ **23.5-6** Jer 33.14-16. ʷ **23.7-8** Is 43.16-19; Jer 16.14-15.
ˣ **23.9-32** Jer 14.13-15; 27.9-10,16-18; Ez 13.1-16. ʸ **23.14** Gn 18.20. ᶻ **23.15** Jer 9.15.

²⁰ La ira del Señor no cesará
hasta que él haya realizado sus
propósitos.
Vendrá el tiempo en que ustedes
pensarán
y entenderán estas cosas. ª

Mensaje del Señor contra los falsos profetas

²¹ "Yo no envié a esos profetas,
y ni siquiera les hablé,
pero ellos salieron corriendo
a hablar en mi nombre.
²² Si hubieran conocido mis secretos,
habrían anunciado mi palabra a mi
pueblo;
lo habrían hecho apartarse de su
mal camino
y dejar sus malas acciones."

²³ El Señor afirma:
"Lejos o cerca, yo soy Dios.
²⁴ ¿Quién podrá esconderse de mi
vista?
Con mi presencia lleno el cielo y la
tierra.
Yo, el Señor, lo afirmo.

²⁵ "He oído las mentiras de esos profetas
que pretenden hablar en mi nombre y co-
municarse en sueños conmigo. ²⁶ ¿Hasta
cuándo esos profetas van a seguir anunciando cosas falsas, inventos de su propia
fantasía? ²⁷ Con los sueños que se cuentan
unos a otros, pretenden hacer que mi
pueblo se olvide de mí, como también sus
antepasados me olvidaron y se fueron tras
Baal. ²⁸⁻²⁹ ¡Si un profeta tiene un sueño,
que diga que es un sueño, pero si recibe
mi palabra, que la anuncie fielmente! No
se puede comparar la paja con el trigo. Mi
palabra es como el fuego, como un martillo que hace pedazos la roca. Yo, el Señor,
lo afirmo.
³⁰ "Por eso me declaro contra esos profetas que se roban unos a otros mis palabras. Yo, el Señor, lo afirmo. ³¹ Me declaro
contra esos profetas que hacen pasar
como mensaje mío cosas que ellos inventan. ³² Me declaro contra esos profetas que
cuentan sueños mentirosos; que con sus
mentiras y habladurías hacen que mi
pueblo se extravíe. Yo no los he enviado
ni les he dado orden alguna, así que son
incapaces de ayudar al pueblo. Yo, el Señor, lo afirmo.

Cómo hablar de los mensajes del Señor

³³ "Jeremías, si alguna persona del
pueblo o un profeta o un sacerdote te pregunta: '¿Cuál es el encargo²⁸ del Señor?'
diles: 'El Señor afirma que su carga²⁸ son
ustedes, y que la va a dejar caer.' ³⁴ Y si
un profeta o un sacerdote o una persona
del pueblo usa la frase 'encargo del Señor',
yo le castigaré, a él y a su familia.
³⁵ Cuando alguien le pregunte a un amigo
o familiar suyo, podrá decir: '¿Qué respuesta ha dado el Señor? ¿Qué ha dicho?'
³⁶ Pero no vuelvan a usar la frase 'encargo
del Señor', porque si alguien la usa, haré
que sus palabras se le vuelvan una carga.
Ustedes han pervertido el sentido de las
palabras del Dios viviente, de su Dios, el
Señor todopoderoso.
³⁷ "Jeremías, pregunta a los profetas:
'¿Qué respuesta ha dado el Señor? ¿Qué
ha dicho?' ³⁸ Y si dicen 'encargo del Señor', respóndeles: 'El Señor dice: Puesto
que ustedes siguen usando la frase que les
prohibí que usaran, ³⁹ yo los levantaré
como una carga,²⁹ a ustedes y a la ciudad
que les di a ustedes y a sus antepasados, y
los dejaré caer lejos de mí. ⁴⁰ Y para
siempre traeré sobre ustedes humillación
y vergüenza tales que no podrán olvidar-
las.' "

Visión de las canastas de higos

24 ¹ Después que Nabucodonosor, rey
de Babilonia, se llevó desterrado a
Jeconías, hijo de Joacim, rey de Judá,
junto con los jefes de Judá y los artesanos
y los cerrajeros,ᵇ el Señor me hizo ver dos
canastas de higos colocadas delante del
templo. ² Una de ellas tenía higos muy
buenos, de los primeros en madurar, pero
la otra tenía higos muy malos, tan malos
que no se podían comer.
³ Y el Señor me preguntó: "Jeremías,
¿qué ves?" Yo respondí: "Higos. Los buenos son muy buenos; pero los malos son
tan malos que no se pueden comer."
⁴ Entonces me dijo el Señor: ⁵ "Yo, el
Señor, el Dios de Israel, digo: Como a higos buenos miraré al pueblo de Judá, que
mandé desterrado de aquí al país de los
caldeos. Los miraré favorablemente, ⁶ los
tendré bajo mi protección y los haré regresar a este país. Aquí los haré prosperar,
y no los volveré a destruir; los plantaré, y
no los volveré a arrancar. ⁷ Les daré entendimiento para que reconozcan que yo
soy el Señor, y ellos serán mi pueblo y yo
seré su Dios, porque volverán a mí de todo
corazón.

²⁸ Aquí y en los vs. siguientes, el profeta juega con la palabra hebrea que significa tanto *encargo* o *mensaje*, como *carga*.
²⁹ *Yo los levantaré como una carga:* según versiones antiguas. Heb. *yo los echaré al olvido.*
ª 23.19-20 Jer 30.23-24. ᵇ 24.1 2 R 24.12-16; 2 Cr 36.10.

[8] "En cambio, a Sedequías, rey de Judá, y a los jefes y demás habitantes de Jerusalén que se quedaron en el país, o que se instalaron en Egipto, los trataré como a los higos malos, que de malos no se pueden comer. [9] Haré con ellos algo que causará horror[30] a todas las naciones de la tierra, y que será ejemplo de humillación, desprecio y maldición en todos los países por donde yo los disperse. [10] Les enviaré la guerra, el hambre y la peste, hasta que no quede uno solo en el país que les di a ellos y a sus antepasados."

El enemigo que viene del norte

25 [1] El año cuarto del reinado de Joacim,[c] hijo de Josías, en Judá, el Señor dirigió a Jeremías un mensaje acerca de todo el pueblo de Judá. Ese era el primer año del reinado de Nabucodonosor en Babilonia. [2] El profeta Jeremías comunicó el mensaje a todo el pueblo de Judá y a los habitantes de Jerusalén. Dijo: [3] "Desde el año trece del reinado de Josías, hijo de Amón, en Judá, hasta ahora, es decir, desde hace veintitrés años, el Señor se ha dirigido a mí, y yo les he hablado a ustedes una y otra vez; pero ustedes no me han hecho caso. [4] Y a pesar de que una y otra vez el Señor les ha enviado sus siervos los profetas, ustedes no han hecho caso, ni han querido prestar ninguna atención y obedecer. [5] Ellos les han dicho: 'Dejen su mala conducta y sus malas acciones; así podrán vivir en la tierra que el Señor les dio para siempre a ustedes y a sus antepasados. [6] No sigan a otros dioses; no les den culto ni los adoren. No irriten al Señor adorando dioses hechos por ustedes mismos, y él no les enviará ningún mal.' [7] Y ahora, el Señor dice: 'Ustedes no han querido hacerme caso; me irritan adorando dioses hechos por ustedes mismos, y esto será para su propio mal.'

[8] "Por eso dice el Señor todopoderoso: 'Ya que ustedes no han hecho caso a mis advertencias, [9] voy a llamar a todos los pueblos del norte y a mi servidor Nabucodonosor, rey de Babilonia, para que vengan y ataquen a este país, a todos sus habitantes y a todas las naciones vecinas. Los voy a destruir completamente. Los convertiré para siempre en ruinas, en algo que cause terror y espanto. [10] Voy a hacer que entre ellos no vuelvan a oírse cantos de fiesta y alegría, ni cantos de bodas,[d] ni el sonido de las piedras de moler, ni que vuelva a verse la luz de las lámparas. [11] Todo este país quedará destruido y convertido en ruinas. Durante setenta años[e]

estas naciones estarán sometidas al rey de Babilonia. [12] Y cuando se completen los setenta años, pediré cuentas de sus pecados al rey de Babilonia y a su nación, el país de los caldeos, y lo destruiré para siempre. Yo, el Señor, lo afirmo. [13] Haré caer sobre ese país todo lo que he anunciado y está escrito en este libro: todo lo que Jeremías ha dicho en mi nombre contra todas las naciones. [14] Grandes naciones y reyes poderosos los someterán también a ellos. Así les daré el pago que merecen sus acciones.' "

Castigo de las naciones

[15] El Señor, el Dios de Israel, me dijo: "Mira esta copa llena del vino de mi ira.[f] Tómala y dásela a beber a todas las naciones a las que yo te envíe. [16] Cuando beban de ella, comenzarán a vomitar y se pondrán como locos a causa de la guerra que les voy a enviar."

[17] Yo tomé la copa, de la mano del Señor, y se la di a beber a todas las naciones a las que el Señor me envió. [18] Se la di a beber a Jerusalén y a las ciudades de Judá, junto con sus reyes y jefes, para destruirlas y dejarlas convertidas en ruinas, en algo que causara terror y espanto, en el ejemplo de maldición que aún hoy siguen siendo. [19] Igualmente se la di a beber al faraón, rey de Egipto, y a sus funcionarios y jefes, y a todo su pueblo, [20] y a la gente de diversas razas que hay allí; a todos los reyes del país de Uz y de la región de los filisteos: Ascalón, Gaza, Ecrón y lo que queda de Asdod; [21] a Edom, Moab y Amón; [22] a todos los reyes de Tiro y de Sidón; a todos los reyes de los países del mar Mediterráneo; [23] a las tribus de Dedán, Tema y Buz, y a los pueblos que se afeitan las sienes; [24] a todos los reyes de Arabia; a todos los reyes de las diversas razas que viven en el desierto; [25] a todos los reyes de Zimri, Elam y Media; [26] a todos los reyes del norte, cercanos o lejanos uno del otro. Es decir, a todos los reinos de la tierra. Por último beberá el rey de Babilonia.[31]

[27] Luego me dijo el Señor: "Diles que yo, el Señor todopoderoso, el Dios de Israel, les ordeno que beban hasta que se emborrachen y vomiten y caigan al suelo para no levantarse, por causa de la guerra que les voy a enviar. [28] Y si no quieren recibir de ti la copa y beberla, diles: 'El Señor todopoderoso dice: Tendrán que beberla de todos modos. [29] Pues comenzaré a enviar mis castigos sobre la ciudad que me está consagrada. ¿Y creen ustedes que van a

---

[30] *Horror:* según la versión griega. Heb. añade: *para el mal.* (Véase también 51.1,41.)   [31] *Babilonia:* lit. *Sesac,* escritura en clave para Babilonia.
[c] **25.1** 2 R 24.1; 2 Cr 36.5–7; Dn 1.1–2.   [d] **25.10** Jer 7.34; 16.9; Ap 18.22–23.   [e] **25.11** 2 Cr 36.21; Jer 29.10; Dn 9.2; Zac 1.12.
[f] **25.15** Is 51.17; Ap 14.10; 16.19.

quedar sin castigo? Pues no se quedarán sin él, porque voy a enviar la guerra a todos los habitantes de la tierra. Yo, el Señor todopoderoso, lo afirmo.'

[30] "Tú, Jeremías, anúnciales en mi nombre todas esas cosas. Diles:

'El Señor lanza su voz de trueno
desde lo alto, desde el santo lugar
donde vive.[g]
Pues contra su rebaño
grita como los que pisan las uvas,
contra todos los habitantes de la
tierra.
[31] El estruendo llega hasta el extremo
de la tierra,
porque el Señor va a entablar un
proceso contra las naciones,
va a llamar a juicio a todos los
mortales,
a condenar a muerte a los malvados.
El Señor lo afirma.' "

[32] El Señor todopoderoso dice:
"La calamidad va a llegar
a una nación tras otra;
una terrible tormenta se levanta
desde el extremo de la tierra."
[33] Los que el Señor haga morir ese día,
quedarán tendidos de un extremo a
otro de la tierra.
Nadie llorará por ellos,
nadie recogerá sus cadáveres para
enterrarlos;
quedarán tendidos en el suelo como
estiércol.[h]
[34] ¡Griten, pastores, griten de dolor!
¡Ustedes, que guían el rebaño,
revuélquense en el suelo!
Pues ha llegado el momento de la
matanza[32]
y a ustedes los matarán como a
carneros[33] gordos.

[35] Los pastores no podrán huir,
los que guían el rebaño no podrán
escapar.
[36] Los pastores gritan,
gritan de dolor los que guían el
rebaño,
porque el Señor ha destruido sus
pastos.
[37] El Señor se enojó y destruyó sus
hermosos campos.
[38] Salió como un león de su guarida
y el país de ellos quedó convertido
en ruinas,
pues se encendió la ira del Señor
y envió una guerra terrible.

Jeremías amenazado de muerte

26 [1] Al comienzo del reinado de Joacim,[i] hijo de Josías, en Judá, el Señor se dirigió a Jeremías [2] y le dijo: "Párate en el atrio del templo, y di todo lo que te ordené que dijeras a la gente que viene de las ciudades de Judá para adorar en el templo. No dejes nada por decir. [3] Quizá te hagan caso y dejen su mala conducta, y yo decida no castigarlos por sus malas acciones, como había pensado. [4] Diles que yo, el Señor, digo: 'Si no me hacen caso ni cumplen las instrucciones que les he dado, [5] ni hacen caso a las advertencias de mis siervos los profetas, que una y otra vez les he enviado y a los que ustedes han desobedecido, [6] entonces haré con este templo lo que hice con el de Silo.[j] Haré de esta ciudad un ejemplo de maldición para todas las naciones de la tierra.' "

[7] Los sacerdotes, los profetas y todo el pueblo oyeron estas palabras que Jeremías pronunció en el templo. [8] Y cuando él terminó de decir lo que el Señor le había ordenado, los sacerdotes, los profetas y el pueblo lo agarraron y le dijeron: "¡Vas a morir! [9] ¿Cómo te atreves a decir en nombre del Señor que este templo quedará como el de Silo, y que esta ciudad será destruida y quedará sin habitantes?" Y todo el pueblo se agolpó en el templo, alrededor de Jeremías.

[10] Los jefes de Judá, al oír lo que pasaba, fueron del palacio del rey al templo, y allí, en la Puerta Nueva, se sentaron. [11] Entonces los sacerdotes y los profetas dijeron a los jefes y a todo el pueblo: "Este hombre debe ser condenado a muerte porque ha hablado contra esta ciudad. Ustedes lo oyeron con sus propios oídos."

[12] Jeremías se dirigió a los jefes y al pueblo, y les dijo: ' El Señor fue quien me envió a hablar en su nombre, y a decir contra este templo y esta ciudad todo lo que ustedes han oído. [13] Mejoren su conducta y sus acciones, obedezcan al Señor su Dios y él no les enviará las calamidades que les ha anunciado. [14] En cuanto a mí, estoy en manos de ustedes; hagan conmigo lo que les parezca. [15] Pero, eso sí, sepan bien esto: si me matan, ustedes y los habitantes de esta ciudad serán culpables de matar a un inocente; porque en verdad fue el Señor quien me envió a anunciarles claramente todas esas cosas."

[16] Entonces los jefes y el pueblo dijeron a los sacerdotes y a los profetas: "No hay motivo para condenar a muerte a este hombre; nos ha hablado en nombre del Señor nuestro Dios."

[32] Así, según la versión griega. Heb. oscuro. [33] Carneros: según la versión griega. Heb. instrumentos.
[g] 25.30 Jl 3.16; Am 1.2. [h] 25.33 Jer 8.1-2. [i] 26.1 2 R 23.36—24.6; 2 Cr 36.5-7. [j] 26.6 Jos 18.1; 1 S 4; Sal 78.60; Jer 7.12-14.

¹⁷ Algunos ancianos se levantaron y dijeron al pueblo que estaba allí reunido: ¹⁸ "En tiempos de Ezequías, rey de Judá, Miqueas de Moreset habló en nombre del Señor a todo el pueblo de Judá, diciéndole:

'El Señor todopoderoso dice:
Sión quedará convertida en un
   campo arado,
Jerusalén quedará hecha un montón
   de ruinas
y la colina del templo se llenará de
   maleza.'ᵏ

¹⁹ "¿Acaso el rey Ezequías y todo el pueblo de Judá mataron a Miqueas? Todo lo contrario: el rey sintió temor del Señor y le pidió que tuviera compasión de ellos. Entonces el Señor no envió contra ellos la calamidad que les había anunciado. ¿Y vamos nosotros a cargar con la responsabilidad de un crimen tan grande?"

²⁰ También el profeta Urías, hijo de Semaías, de la ciudad de Quiriat-jearim, habló en nombre del Señor contra esta ciudad y contra el país, del mismo modo que Jeremías. ²¹ El rey Joacim, sus funcionarios y sus jefes oyeron lo que él dijo, y el rey quiso hacerlo matar. Pero cuando Urías se enteró, tuvo miedo y huyó a Egipto. ²² El rey Joacim envió a Egipto a Elnatán, hijo de Acbor, y a otros hombres, ²³ los cuales trajeron de Egipto a Urías y lo entregaron al rey Joacim, quien mandó que lo mataran y que echaran su cadáver a la fosa común. ²⁴ Ahicam, hijo de Safán, habló en favor de Jeremías, y esto hizo que no lo entregaran al pueblo para que lo mataran.

Acción simbólica: el yugo

27 ¹ El año cuarto³⁴ del reinado de Sedequías,³⁵,ˡ hijo de Josías, en Judá, el Señor se dirigió a Jeremías, ² y le dijo: "Hazte unas correas y un yugo, y póntelo todo al cuello. ³ Luego manda un recado a los reyes de Edom, Moab, Amón, Tiro y Sidón por medio de los mensajeros que han venido a Jerusalén a visitar al rey Sedequías. ⁴ Ordénales decir a sus soberanos que yo, el Señor todopoderoso, el Dios de Israel, digo: ⁵ Con gran despliegue de poder hice el mundo, y los hombres y animales que hay en él, y puedo dárselo a quien yo quiera. ⁶ Pues bien, yo he puesto todas estas tierras bajo el poder de mi servidor Nabucodonosor, rey de Babilonia, y hasta a los animales salvajes los he puesto bajo su dominio. ⁷ Todas las naciones estarán

sometidas a él, a su hijo y a su nieto, hasta que a su país le llegue el momento de estar también sometido a grandes naciones y reyes poderosos. ⁸ Y si algunas naciones o reyes no se someten al yugo de Nabucodonosor, yo los castigaré con guerra, hambre y peste, hasta que todos queden bajo su poder. Yo, el Señor, lo afirmo.

⁹ "Por tanto, no hagan ustedes caso a esos profetas, adivinos o intérpretes de sueños, ni a los hechiceros que pretenden predecir el futuro y que les aconsejan no someterse al rey de Babilonia. ¹⁰ Eso que les dicen es mentira, y lo único que van a conseguir ustedes es que los destierren de su país, y que yo los disperse y mueran. ¹¹ En cambio, a la nación que se someta al poder del rey de Babilonia, yo la dejaré quedarse en su tierra para que viva en ella y la cultive. Yo, el Señor, lo afirmo."

¹² Yo, Jeremías, repetí todo esto a Sedequías, rey de Judá, y además le dije: "Sométanse al poder del rey de Babilonia y de su pueblo, y vivirán. ¹³ ¿Qué necesidad hay de que mueran tú y tu pueblo a causa de la guerra, el hambre y la peste? Porque el Señor ha dicho que esto le pasará a toda nación que no se someta al rey de Babilonia. ¹⁴ No hagan caso a esos profetas que les aconsejan no someterse al rey de Babilonia, porque lo que les dicen es mentira. ¹⁵ El Señor afirma que él no los envió; falsamente hablan ellos en el nombre del Señor. Y así, el Señor acabará por dispersarlos a ustedes, y ustedes y los profetas que les han dicho esas cosas morirán."

¹⁶ También me dirigí a los sacerdotes y a todo el pueblo, y les dije: "Esto dice el Señor: 'No hagan caso a los profetas que les aseguran que muy pronto van a ser devueltos de Babilonia los utensilios del templo. Eso que les dicen es mentira. ¹⁷ ¡No les hagan caso! Sométanse al rey de Babilonia y vivirán. ¿Qué necesidad hay de que esta ciudad se convierta en un montón de ruinas? ¹⁸ Si realmente son profetas, y en verdad yo les he hablado, que me pidan a mí, el Señor todopoderoso, que no permita que sean llevados a Babilonia los utensilios que aún quedan en el templo, en el palacio del rey de Judá y en Jerusalén.'

¹⁹⁻²¹ "Cuando el rey Nabucodonosor se llevó de Jerusalén a Jeconías,ᵐ hijo de Joacim, rey de Judá, y lo desterró a Babilonia junto con todos los hombres principales de Judá y de Jerusalén, no se llevó las columnas, ni la enorme pila de bronce para el agua, ni las bases, ni el resto de los utensilios del templo. El Señor todopoderoso dice a propósito de esos objetos que

---

³⁴ *El año cuarto:* texto probable. Heb. *al comienzo.* (Véase 28,1.)   ³⁵ *Sedequías:* según algunos manuscritos y versiones antiguas. Heb. *Joacim.* Véase v. 3.
ᵏ **26.18** Mi 3.12.   ˡ **27.1** 2 R 24.18–20; 2 Cr 36.11–13.   ᵐ **27.19–21** 2 R 24.8–17; 2 Cr 36.9–10.

quedaron en el templo y en el palacio del rey de Judá y en Jerusalén: [22] 'Se los llevarán a Babilonia, y allí se quedarán hasta que yo quiera traerlos otra vez a este lugar. Yo, el Señor, lo afirmo.' "

Jeremías y el profeta Hananías

28 [1] En el quinto mes del mismo año, es decir, del año cuarto[36] del reinado de Sedequías[n] en Judá, el profeta Hananías, hijo de Azur, del pueblo de Gabaón, se dirigió a Jeremías en el templo, delante de los sacerdotes y de todo el pueblo, y le dijo:

[2] —El Señor todopoderoso, el Dios de Israel, dice: 'Voy a romper el yugo del rey de Babilonia, y [3] dentro de dos años haré que sean devueltos a este lugar todos los utensilios del templo que se llevó a Babilonia el rey Nabucodonosor. [4] Y también haré que regresen a este lugar Jeconías, hijo de Joacim, rey de Judá, y toda la demás gente que salió desterrada de Judá a Babilonia. Sí, yo romperé el yugo del rey de Babilonia. Yo, el Señor, lo afirmo.'

[5] El profeta Jeremías respondió al profeta Hananías, delante de los sacerdotes y de todo el pueblo que se encontraba en el templo:

[6] —¡Sí, ojalá el Señor haga eso! ¡Ojalá haga el Señor que se cumplan las palabras que has dicho, y que sean devueltos los utensilios del templo y regresen de Babilonia todos los desterrados! [7] Pero escucha esto que te digo a ti y a todo el pueblo: [8] Los profetas que hubo en tiempos pasados, antes que naciéramos tú y yo, anunciaron guerra, calamidad y peste contra numerosas naciones y reinos poderosos. [9] Pero cuando un profeta anuncia prosperidad, solamente si se cumplen sus palabras se comprueba que realmente el Señor lo envió.[ñ]

[10] Entonces Hananías le quitó a Jeremías el yugo del cuello y lo hizo pedazos, [11] al tiempo que decía delante de todo el pueblo:

—El Señor dice: 'De esta misma manera, dentro de dos años quitaré del cuello de todas las naciones el yugo del rey Nabucodonosor de Babilonia, y lo romperé.'

Y Jeremías se fue. [12] Algún tiempo después de que Hananías le quitara a Jeremías el yugo que llevaba al cuello y lo rompiera, el Señor se dirigió al profeta Jeremías, y le dijo: [13] "Ve y dile a Hananías que yo, el Señor, digo: Hiciste pedazos un yugo de madera, pero yo te he preparado[37] un yugo de hierro. [14] Porque yo, el Señor todopoderoso, el Dios de Israel, digo: He puesto sobre el cuello de todas esas naciones un yugo de hierro para que sirvan como esclavos al rey Nabucodonosor de Babilonia. Hasta a los animales salvajes les he puesto bajo su poder."

[15] Entonces dijo Jeremías a Hananías:

—¡Escucha, Hananías! El Señor no te ha enviado, y tú estás dando a este pueblo una falsa confianza. [16] Por eso, el Señor dice: 'Te voy a enviar, sí, pero para hacerte desaparecer de la tierra. Este año morirás, porque con tus palabras has llevado al pueblo a ponerse en contra mía.'

[17] Y el profeta Hananías murió en el séptimo mes de aquel mismo año.[o]

Carta de Jeremías a los desterrados

29 [1-2] Después de que el rey Jeconías salió al destierro, junto con la reina madre, los criados del palacio,[38] los jefes de Judá y Jerusalén, los artesanos y los cerrajeros, el profeta Jeremías envió desde Jerusalén una carta a los ancianos que quedaban de los desterrados, y a los sacerdotes, profetas y gente que Nabucodonosor había llevado desterrados de Jerusalén a Babilonia.[p] [3] Esta carta fue enviada por medio de Elasa, hijo de Safán, y de Gemarías, hijo de Hilcías, a quienes Sedequías, rey de Judá, había enviado a Babilonia para presentarse ante el rey Nabucodonosor. La carta decía:

[4] Así dice el Señor todopoderoso, el Dios de Israel, a todos los que hizo salir desterrados de Jerusalén a Babilonia: [5] 'Construyan casas y establézcanse; planten árboles frutales y coman de su fruto. [6] Cásense, tengan hijos e hijas, y que ellos también se casen y tengan hijos. Aumenten en número allá, y no disminuyan. [7] Trabajen en favor de la ciudad a donde los desterré, y pídanme a mí por ella, porque del bienestar de ella depende el bienestar de ustedes. [8] Yo, el Señor todopoderoso, el Dios de Israel, les advierto esto: No se dejen engañar por los profetas y los adivinos que viven entre ustedes; no hagan caso de los sueños que ellos tienen.[39] [9] Lo que ellos les anuncian en mi nombre es mentira. Yo no los he enviado. Yo, el Señor, lo afirmo.

[10] "El Señor dice: 'Cuando se le cumplan a Babilonia los setenta años,[q] actuaré en favor de ustedes y les cumpliré mi promesa favorable de hacerlos regre-

---

[36] *Del año cuarto:* según la versión griega. Heb. añade: *al comienzo del reinado.* [37] *Yo te he preparado:* según la versión griega. Heb. *tú haces.* [38] *Criados del palacio:* lit. *eunucos.* Véase Glosario anexo. [39] *Que ellos tienen:* texto probable. Heb. *que ustedes hacen tener.*

[n] 28.1 2 R 24.18–20; 2 Cr 36.11–13. [ñ] 28.9 Dt 18.21–22. [o] 28.15–17 Dt 13.6–10. [p] 29.1–2 2 R 24.12–16; 2 Cr 36.10. [q] 29.10 2 Cr 36.21; Jer 25.11; Dn 9.2; Zac 1.12.

sar a este lugar. ¹¹ Yo sé los planes que tengo para ustedes, planes para su bienestar y no para su mal, a fin de darles un futuro lleno de esperanza. Yo, el Señor, lo afirmo. ¹² Entonces ustedes me invocarán, y vendrán a mí en oración y yo los escucharé. ¹³ Me buscarán y me encontrarán, porque me buscarán de todo corazón.ʳ ¹⁴ Sí, yo dejaré que ustedes me encuentren, y haré que cambie su suerte: los sacaré de todas las naciones y de todos los lugares por donde los dispersé, y los reuniré y haré que vuelvan a este lugar de donde los desterré. Yo, el Señor, lo afirmo.'

¹⁵ "Ustedes dicen: 'El Señor nos ha dado profetas en Babilonia.' ¹⁶ (El Señor dice acerca del rey que ocupa el trono de David y acerca de los habitantes de esta ciudad, parientes de ustedes que no fueron llevados con ustedes al destierro: ¹⁷ 'Yo, el Señor todopoderoso, digo: Voy a enviarles guerra, hambre y peste. Voy a hacer que queden como esos higos podridos, que de tan malos no se pueden comer. ¹⁸ Los voy a perseguir con guerra, hambre y peste. Haré que todas las naciones de la tierra sientan horror al verlos, y los convertiré en ejemplo de maldición y de vergüenza, en algo que causará horror y espanto en todas las naciones por donde yo los haya dispersado. ¹⁹ Porque no hicieron caso de las advertencias que les hice por medio de mis siervos los profetas, a quienes una y otra vez envié, sin que ustedes los escucharan. Yo, el Señor, lo afirmo. ²⁰ Obedezcan, pues, mi palabra, todos los que hice desterrar de Jerusalén a Babilonia.')⁴⁰

²¹ "El Señor todopoderoso, el Dios de Israel, dice acerca de Acab, hijo de Colaías, y acerca de Sedequías, hijo de Maasías, quienes dicen a ustedes cosas falsas en el nombre del Señor: 'Voy a hacer que caigan en poder del rey Nabucodonosor de Babilonia, y él los matará delante de ustedes. ²² Así, cuando los desterrados de Judá que están en Babilonia quieran maldecir a alguno, dirán: Que el Señor haga contigo como hizo con Sedequías y Acab, a quienes el rey de Babilonia asó al fuego. ²³ Eso les va a suceder por haber hecho cosas infames en Israel: cometieron adulterio con las mujeres de sus prójimos y dijeron en mi nombre cosas falsas que yo no les ordené decir. Yo lo sé y me consta. Yo, el Señor, lo afirmo.' "

Mensaje a Semaías

²⁴ El Señor ordenó a Jeremías que le dijera a Semaías de Nehelam: ²⁵ "El Señor todopoderoso, el Dios de Israel, dice: 'Tú enviaste en tu propio nombre una carta a todo el pueblo que está en Jerusalén, y al sacerdote Sofonías, hijo de Maasías, y a todos los demás sacerdotes. En la carta decías a Sofonías: ²⁶ El Señor te ha puesto como sacerdote en lugar de Joiada, para que seas el inspector mayorⁿ del templo. Si se presenta un loco y empieza a hablar como profeta, tú debes ponerlo en el cepo y atarlo con cadenas. ²⁷ ¿Por qué, pues, no has reprendido a Jeremías de Anatot, que se ha puesto a hablar ante ustedes como profeta? ²⁸ Hasta nos mandó una carta a Babilonia, en la que decía: El destierro va a durar mucho tiempo; construyan casas e instálense, y siembren árboles frutales y coman de su fruto.' "

²⁹ El sacerdote Sofonías leyó la carta a Jeremías. ³⁰ Entonces el Señor se dirigió al profeta, y le dijo: ³¹ "Manda a decir a todos los que están en el destierro que yo, el Señor, les digo: Puesto que Semaías de Nehelam les ha hablado en mi nombre sin que yo lo haya enviado, y les ha inspirado a ustedes una falsa confianza, ³² yo, el Señor, digo que voy a castigar a Semaías y a su descendencia. No tendrá descendientes entre mi pueblo, ni gozará de la felicidad que yo voy a conceder a mi pueblo, porque con sus palabras lo llevó a ponerse en contra mía. Yo, el Señor, lo afirmo."

Promesas del Señor para el futuro

30 ¹ Este es el mensaje que el Señor dirigió a Jeremías. Le dijo: ² "El Señor, el Dios de Israel, dice: Escribe en un libro todo lo que te he dicho, ³ porque viene el día en que cambiaré la suerte de mi pueblo Israel y Judá. Yo, el Señor, lo afirmo. Yo los haré volver a la tierra que di a sus padres como su propiedad."

⁴ Este es el mensaje del Señor acerca de Israel y de Judá. ⁵ El Señor dice:

"¡Se oyen gritos de terror,
de miedo e intranquilidad!
⁶ Pregunten, a ver si es posible
que un hombre dé a luz.
¿Por qué, pues, veo retorcerse a los
     hombres
como si tuvieran dolores de parto?
¿Por qué se han puesto pálidos
todos ellos?

---

⁴⁰ Los vs. 16-20 no aparecen en la versión griega. Los vs. 21-23 deben leerse después del v. 15. ⁴¹ *Para que seas el inspector mayor:* según versiones antiguas. Heb. *para ser los inspectores mayores.*
ʳ **29.13** Dt 4.29.

⁷ ¡Se acerca un día terrible,
un día como ningún otro!
Será un tiempo de angustia para el
pueblo de Jacob,
pero yo los salvaré.
⁸ Yo, el Señor todopoderoso, afirmo:
Libraré a mi pueblo del yugo de la
esclavitud,
y no volverá a ser esclavo de
extranjeros.
⁹ Y me servirá a mí, su Señor y Dios,
y a David, a quien yo le pondré
por rey.

El Señor salvará a su pueblo
(Jer 46.27–28)

¹⁰ "Yo, el Señor, afirmo:
No temas, pueblo de Jacob, siervo
mío;
no tengas miedo, Israel,
pues a ti y a tus hijos los libraré
de ese país lejano donde están
desterrados.ˢ
Volverás a vivir en paz,
tranquilo, sin que nadie te asuste.
¹¹ Yo, el Señor, afirmo
que estoy contigo para salvarte.
Destruiré a todas las naciones
entre las cuales te dispersé.
Pero a ti no te destruiré;
sólo te castigaré como mereces:
no te dejaré sin tu castigo."

¹² El Señor dice:
"Tu herida es incurable,
tu mal no tiene remedio.
¹³ No hay quien te ocupe de ti;
no hay quien te cure las heridas,
y no tienes curación.
¹⁴ Todos tus amantes te olvidaron;
ya no se preocupan por ti.
Y es que yo te herí, como si fuera tu
enemigo,
te castigué duramente
por tus muchas maldades,
por tus innumerables pecados.
¹⁵ ¿Por qué te quejas de tus heridas?
Tu dolor es incurable.
Por tus muchas maldades
y tus innumerables pecados,
te he tratado así.ᵗ
¹⁶ Pero todo el que te devore será
devorado,
y todos tus enemigos irán al
destierro;
haré que sean saqueados los que te
saqueen,
y que les roben a los que te roben a
ti.

¹⁷ Te devolveré la salud,
curaré tus heridas,
por más que digan tus enemigos:
'Sión está abandonada,
nadie se preocupa por ella.'ᵘ
Yo, el Señor, lo afirmo."

¹⁸ El Señor dice:
"Cambiaré la suerte de la nación de
Jacob,
tendré compasión de su país;
las ciudades se reconstruirán sobre
sus ruinas
y los palacios en su debido lugar.
¹⁹ De ellos saldrán cantos de gratitud
y risas de alegría.
No disminuirán, pues yo haré que
aumenten.
No los despreciarán, porque yo los
honraré.
²⁰ Los israelitas serán como antes;
su pueblo estará firme en mi
presencia,
y yo castigaré a sus opresores.
²¹⁻²² De entre ellos saldrá su jefe:
un gobernante saldrá de entre ellos
mismos.
Haré que se acerque a mí,
pues, ¿quién se atrevería a
acercárseme?
Ellos serán mi pueblo y yo seré su
Dios.
Yo, el Señor, lo afirmo."

²³ La ira del Señor es como una
tormenta,
como un viento huracanado
que se agita sobre los malvados.
²⁴ La ira del Señor no cesará
hasta que él haya realizado sus
propósitos.
Vendrá el tiempo en que ustedes
entenderán estas cosas.ᵛ

Regreso de los israelitas a su patria

31 ¹ El Señor afirma: "En ese tiempo
yo seré el Dios de todas las tribus
de Israel, y ellas serán mi pueblo."

² El Señor dice:
"En el desierto me mostré
bondadoso
con el pueblo que escapó de la
muerte.
Cuando Israel buscaba un lugar de
descanso,
³ yo me aparecí a él⁴² de lejos.
Yo te he amado con amor eterno;
por eso te sigo tratando con bondad.
⁴ Te reconstruiré, Israel.

⁴² Yo me aparecí a él: según la versión griega. Heb. el Señor se me apareció.
ˢ 30.10 Is 49.25.   ᵗ 30.12–15 Is 1.5–6.   ᵘ 30.17 Os 14.4.   ᵛ 30.23–24 Jer 23.19–20.

De nuevo vendrás con panderetas
a bailar alegremente.
5 Volverás a plantar viñedos
en las colinas de Samaria,
y los que planten viñas
gozarán de sus frutos. w
6 Porque vendrá un día en que los
centinelas
gritarán en las colinas de Efraín:
'Vengan ustedes, vamos a Sión,
al Señor nuestro Dios.' "

7 El Señor dice:
"Canten de gozo y alegría por el
pueblo de Jacob,
la principal entre todas las naciones.
Hagan oír sus alabanzas y digan:
'El Señor salvó a su pueblo,⁴³
lo que quedaba de Israel.'
8 Voy a hacerlos volver del país del
norte,
y a reunirlos del último rincón del
mundo.
Con ellos vendrán los ciegos y los
cojos,
las mujeres embarazadas y las que
ya dieron a luz;
¡volverá una enorme multitud!
9 Vendrán orando y llorando.
Yo los llevaré a corrientes de agua,
por un camino llano, donde no
tropiecen.
Pues soy el padre de Israel,
y Efraín es mi hijo mayor.

10 "Naciones, escuchen la palabra del
Señor
y anuncien en las costas lejanas:
'El Señor dispersó a Israel,
pero lo reunirá y lo cuidará
como cuida el pastor a sus ovejas.'
11 Porque el Señor rescató al pueblo de
Jacob,
lo libró de una nación más
poderosa.ˣ

12 "Vendrán y cantarán de alegría en
lo alto de Sión,
se deleitarán con los beneficios del
Señor:
el trigo, el vino y el aceite,
las ovejas y las reses.
Serán como una huerta bien regada,
y no volverán a perder las fuerzas.ʸ
13 Las muchachas bailarán
alegremente,
lo mismo que los jóvenes y los
viejos.
Yo les daré consuelo:
convertiré su llanto en alegría,

y les daré una alegría mayor que su
dolor.
14 Haré que los sacerdotes coman los
mejores alimentos
y que mi pueblo disfrute en
abundancia de mis bienes.
Yo, el Señor, lo afirmo."

15 El Señor dice:
"Se oye una voz en Ramá,
de alguien que llora amargamente.
Es Raquel, que llora por sus hijos,ᶻ
y no quiere ser consolada
porque ya están muertos."ᵃ

16 Pero el Señor le dice:
"Raquel, no llores más;
ya no derrames tus lágrimas,
pues tus penas tendrán su
recompensa:
tus hijos volverán del país enemigo.
Yo, el Señor, lo afirmo.
17 Hay una esperanza para tu futuro:
tus hijos volverán a su patria.
Yo, el Señor, lo afirmo.
18 He oído al pueblo de Efraín quejarse
amargamente:
'Yo era como un novillo sin domar,
pero tú me has domado;
hazme volver a ti,
pues tú eres el Señor, mi Dios.
19 Yo me aparté de ti,
pero estoy arrepentido;
he reconocido mi pecado
y me doy golpes en el muslo;⁴⁴
me siento avergonzado y humillado
por los pecados de mi juventud.'

20 "El pueblo de Efraín es para mí un
hijo amado;
es el hijo que más quiero.
Aun cuando lo reprendo,
no dejo de acordarme de él;
mi corazón se conmueve
y siento por él gran compasión.
Yo, el Señor, lo afirmo.

21 "Israel, marca con señales el
camino,
para que vuelvas a encontrarlo
fácilmente;
fíjate bien en el camino que
anduviste.
¡Vuelve, pueblo de Israel,
vuelve a tus ciudades!
22 ¿Hasta cuándo vas a ir de un lado a
otro,
como una hija descarriada?
Yo, el Señor, he creado algo nuevo
en este mundo:

---

⁴³ *El Señor salvó a su pueblo:* según versiones antiguas. Heb. *Salva, Señor, a tu pueblo.* ⁴⁴ *Golpes en el muslo:* (o *en la ingle*): era una señal de dolor o pena.
ʷ **31.5** Is 65.21; Am 9.14. ˣ **31.11** Is 49.25. ʸ **31.12** Ez 47.1–12; Jn 4.14; 6.35; 7.37–39; Ap 22.1–2. ᶻ **31.15** Gn 35.16–19.
ᵃ **31.15** Mt 2.18.

una mujer que corteja a un
hombre."[45]

Prosperidad futura de Israel

[23] El Señor todopoderoso, el Dios de Israel, dice: "Cuando yo cambie la suerte de
la gente de Judá, y ellos estén de nuevo en
su tierra y en sus ciudades, dirán otra vez:
'¡Que el Señor bendiga este monte santo
donde habita la justicia! [24] La gente de
Judá y de sus ciudades, los agricultores y
los pastores de rebaños vivirán ahí. [25] Pues
daré de comer y de beber en abundancia a
los que estén cansados y sin fuerzas."
[26] En esto me desperté y abrí los ojos.
Mi sueño me agradó.
[27] El Señor afirma: "Vendrá un día en
que haré que hombres y animales abunden en Israel y en Judá. [28] Y así como estuve atento para arrancar, derribar, echar
abajo, destruir y causar daños, así también estaré vigilante para construir y plantar. Yo, el Señor, lo afirmo.
[29] "En aquel tiempo no volverá a decirse: 'Los padres comen uvas agrias y a
los hijos se les destemplan los dientes.'[b]
[30] Porque será que a quien coma uvas
agrias, a ése se le destemplarán los
dientes. Cada cual morirá por su propio
pecado."[c]
[31] El Señor afirma: "Vendrá un día en
que haré un nuevo pacto[d] con Israel y con
Judá. [32] Este pacto no será como el que
hice con sus antepasados, cuando yo
tomé de la mano para sacarlos de Egipto;
porque ellos no cumplieron mi pacto, a pesar de que yo era su dueño. Yo, el Señor,
lo afirmo. [33] Este será el pacto que haré
con Israel en aquel tiempo: Pondré mi ley
en su corazón y la escribiré en su mente.[e]
Yo seré su Dios y ellos serán mi pueblo.
Yo, el Señor, lo afirmo. [34] Ya no será necesario que unos a otros, amigos y parientes,
tengan que instruirse para que me conozcan, porque todos, desde el más grande
hasta el más pequeño, me conocerán. Yo
les perdonaré su maldad y no me acordaré
más de sus pecados.[f] Yo, el Señor, lo
afirmo."

[35] El Señor, que puso el sol para
      alumbrar de día
   y la luna y las estrellas para
      alumbrar de noche,
   que hace que el mar se agite y rujan
      sus olas,
   que tiene por nombre el Señor
      todopoderoso, dice:
[36] "Si un día llegaran a fallar
   estas leyes que he establecido,

ese día Israel dejaría de ser mi
      pueblo.[g]
   Yo, el Señor, lo afirmo.
[37] Si un día se llegara a medir el cielo
   y a explorar la tierra hasta sus
      cimientos,
   ese día yo rechazaría a Israel
   por todo lo que ha hecho.
   Yo, el Señor, lo afirmo."

[38] El Señor afirma: "Vendrá un día en
que mi ciudad será reconstruida, desde la
torre de Hananeel hasta la Puerta del Ángulo. [39] Los límites irán, en línea recta,
desde allí hasta la colina de Gareb, y luego
torcerán hacia Goa. [40] Todo el valle donde
se entierra a los muertos y se tira la ceniza, y todos los campos que están encima
del arroyo de Cedrón hasta el ángulo de la
Puerta de los Caballos, al oriente, me estarán consagrados, y todo esto no volverá
jamás a ser derribado ni destruido."

Jeremías compra un terreno

32 [1] El Señor habló a Jeremías en el
      año décimo del reinado de Sede-
quías[h] en Judá, que era el año dieciocho
del reinado de Nabucodonosor. [2] Por aquel
tiempo el ejército del rey de Babilonia estaba atacando a Jerusalén, y el profeta
Jeremías estaba encerrado en el patio de
la guardia del palacio real. [3] El rey Sedequías lo había mandado arrestar, porque
Jeremías había dicho: "El Señor dice: 'Voy
a hacer que esta ciudad caiga en poder del
rey de Babilonia, [4] y el rey Sedequías no
escapará de los caldeos, sino que caerá en
poder del rey de Babilonia y tendrá que
presentarse ante él. [5] Nabucodonosor se
llevará a Sedequías a Babilonia, donde se
quedará hasta que yo me vuelva a ocupar
de él. Aunque ustedes peleen contra los
caldeos, no tendrán éxito. Yo, el Señor, lo
afirmo.'"

[6] Y dijo Jeremías: "El Señor se dirigió a
mí, y me dijo: [7] 'Mira, tu primo Hanameel,
el hijo de tu tío Salum, va a venir a proponerte que le compres un terreno que tiene
en Anatot, pues tú tienes el derecho de
comprarlo por ser el pariente más cercano.' [8] Tal como el Señor me lo dijo, mi
primo Hanameel vino a verme al patio de
la guardia y me pidió que le comprara el
campo que tenía en Anatot, en territorio
de la tribu de Benjamín, porque yo tenía
el derecho de comprarlo y quedarme con
él, por ser el pariente más cercano. Al
darme cuenta de que aquello era una orden del Señor, [9-10] le compré el campo a mi
primo Hanameel. Le entregué diecisiete

[45] *Una mujer que corteja a un hombre:* traducción probable. Heb. oscuro.
[b] 31.29 Ez 18.2.   [c] 31.30 Dt 24.16.   [d] 31.31 Mt 26.28; Mr 14.24; Lc 22.20; 1 Co 11.25; 2 Co 3.6.   [e] 31.33 Heb 10.16.
[f] 31.31-34 Jer 32.38-40; Ez 36.27-28; Heb 8.8-12; 10.16-17.   [g] 31.35-36 Is 54.10; Mr 13.31.   [h] 32.1 2 R 25.1-7.

monedas de plata, que fue el precio convenido, y puse el contrato por escrito, sellado y firmado por los testigos. ¹¹ Luego tomé las dos copias del contrato, una sellada y con las condiciones de compra, y otra abierta, ¹² y se las di a Baruc, hijo de Nerías y nieto de Maasías, delante de mi primo Hanameel, de los testigos que habían firmado el contrato y de todos los judíos que estaban sentados en el patio de la guardia. ¹³ Delante de ellos dije a Baruc: ¹⁴ 'El Señor todopoderoso, el Dios de Israel, dice: Toma las dos copias de este contrato, la sellada y la abierta, y guárdalas en una vasija de barro, para que se conserven mucho tiempo. ¹⁵ Pues el Señor todopoderoso, el Dios de Israel, dice: En esta tierra volverán a comprarse casas, campos y viñedos.'

Oración de Jeremías

¹⁶ "Después de darle el contrato de compra a Baruc, hijo de Nerías, dirigí al Señor esta oración: ¹⁷ 'Tú, Señor, con gran despliegue de poder creaste el cielo y la tierra. Nada hay imposible para ti. ¹⁸ Tú muestras tu amor por mil generaciones, pero también castigas a los hombres por los pecados de sus padres. ¡Oh Dios grande y poderoso, tu nombre es Señor todopoderoso! ¹⁹ Tú eres grandioso en tus planes y poderoso en tus obras. Tú ves todo lo que hacen los hombres y das a cada uno lo que merecen sus acciones. ²⁰ Tú hiciste milagros y señales en Egipto, y aún hoy los sigues haciendo tanto en Israel como entre todos los hombres, de manera que tu nombre se ha hecho famoso. ²¹ Tú, con gran despliegue de poder, sacaste de Egipto a tu pueblo Israel, haciendo milagros y señales y llenando de terror a todos. ²² Le diste a Israel esta tierra en que la leche y la miel corren como el agua, según lo habías prometido a sus antepasados. ²³ Pero cuando ellos entraron en el país y tomaron posesión de él, no te obedecieron ni siguieron las instrucciones que les diste, ni hicieron nada de lo que les ordenaste. Por eso les enviaste toda esta calamidad.ⁱ ²⁴ 'Ahora los caldeos han levantado rampas para atacar la ciudad, y la guerra, el hambre y la peste van a hacer que la ciudad caiga en manos de los atacantes. Señor, ya ves que se está cumpliendo lo que dijiste. ²⁵ Y sin embargo, Señor, tú me ordenaste que comprara y pagara aquel terreno en presencia de testigos, aunque la ciudad va a caer en manos de los caldeos.' "

²⁶ Entonces el Señor respondió a Jeremías: ²⁷ "Yo soy el Señor, el Dios de todo ser viviente. Nada hay imposible para mí.^j ²⁸ Así pues, yo te digo: Voy a hacer que esta ciudad caiga en poder de Nabucodonosor, rey de Babilonia, y de los caldeos.^k ²⁹ Los caldeos que están atacando la ciudad entrarán en ella y le prenderán fuego; la quemarán junto con las casas en cuyas azoteas, para ofenderme, se quemaba incienso a Baal y se ofrecía vino a dioses extraños. ³⁰ Desde el principio, el pueblo de Israel y el pueblo de Judá han hecho siempre lo que me desagrada; los israelitas no han dejado de ofenderme con ídolos que ellos mismos se hicieron. Yo, el Señor, lo afirmo. ³¹ Y esta ciudad, desde el día en que empezó a construirse hasta este día, no ha hecho más que provocar mi ira y mi enojo. Por eso voy a hacerla desaparecer, ³² por todo lo que me han ofendido con sus malas acciones el pueblo de Israel y el pueblo de Judá, lo mismo que sus reyes, sus jefes, sus sacerdotes, sus profetas y todos los habitantes de Judá y de Jerusalén. ³³ Me han dado la espalda, no la cara. Y aunque en ningún momento he dejado de instruirlos, no me han hecho caso ni han querido recibir corrección. ³⁴ Hasta han llegado a profanar el templo consagrado a mí, poniendo allí sus ídolos detestables.^l ³⁵ También construyeron altares a Baal en el valle de Ben-hinom,^m para quemar sus hijos y sus hijas en sacrificio a Moloc,ⁿ y así hacer pecar a Judá, cosa detestable que yo no les ordené y que ni siquiera pasó por mi mente.

Promesas para el futuro

³⁶ "Yo, el Señor, el Dios de Israel, digo acerca de esta ciudad que tú dices⁴⁶ que va a caer en poder del rey de Babilonia por causa de la guerra, el hambre y la peste: ³⁷ Voy a reunir a sus ciudadanos de entre todos los países por donde los dispersé cuando me llené de enojo, ira y furor terrible, y los haré volver a este lugar para que en él vivan tranquilos. ³⁸ Ellos serán mi pueblo, y yo seré su Dios. ³⁹ Haré que sólo tengan voluntad y determinación de honrarme toda su vida, para su propio bien y el de sus descendientes. ⁴⁰ Haré con ellos un pacto eterno: me comprometeré a no dejar nunca de hacerles bien, y les llenaré del deseo de honrarme y no apartarse nunca de mí.^ñ ⁴¹ Yo me alegraré de hacerles bien,^o y de todo corazón y con toda sinceridad los haré habitar en este país."

---

⁴⁶ *Dices:* según la versión griega. Heb. *ustedes dicen.*
ⁱ **32.20–23** Ex 3.8; 7—14; Dt 4.34–40.   ^j **32.16, 27** Gn 18.14; Lc 1.37.   ^k **32.28** 2 R 25.1–11; 2 Cr 36.17–21.   ^l **32.34** 2 R 23.10; Jer 7.30–31; 19.1–6.   ^m **32.35** 2 R 23.10; Jer 7.31.   ⁿ **32.35** Lv 18.21.   ^ñ **32.38–40** Jer 31.31–34.   ^o **32.41** Dt 30.9.

[42] El Señor añadió: "Así como envié esta calamidad tan grande a este pueblo, también le enviaré todos los bienes que le he prometido. [43] Y en este país, que dices[47] que va a quedar desierto, sin hombres ni animales, y que va a caer en poder de los caldeos, se volverán a comprar terrenos. [44] Se comprarán y se harán los contratos por escrito, con sello y firmas de testigos. Esto sucederá en el territorio de Benjamín, en los alrededores de Jerusalén y en las ciudades de Judá, tanto de la región montañosa como de la llanura, y en las ciudades del Néguev, porque yo haré que cambie su suerte. Yo, el Señor, lo afirmo."

Anuncio de esperanza

33 [1] Mientras Jeremías todavía estaba preso en el patio de la guardia, el Señor se dirigió a él de nuevo, y le dijo: [2] "Yo, el Señor, que hice la tierra, la formé y la coloqué firmemente en su sitio, te digo: [3] Llámame y te responderé, y te anunciaré cosas grandes y misteriosas que tú ignoras. [4-5] Yo, el Señor, el Dios de Israel, tengo un mensaje acerca de las casas de Jerusalén y de las casas de los reyes de Judá que van a ser derribadas. El salir a pelear con espadas contra los caldeos que levantan rampas para atacar la ciudad, sólo servirá para llenarla de cadáveres. Yo, en mi terrible ira, los haré morir, porque he apartado mi rostro de esta ciudad a causa de las muchas maldades que han cometido.[48] [6] Pero los curaré, les daré la salud y haré que con honra disfruten de paz y seguridad. [7] Cambiaré la suerte de Judá y de Israel, y los reconstruiré para que vuelvan a ser como al principio. [8] Los purificaré de todos los pecados que cometieron contra mí; les perdonaré todas las maldades que cometieron y con las que se rebelaron contra mí. [9] Jerusalén será para mí un motivo de alegría, honor y gloria ante todas las naciones de la tierra. Cuando ellas oigan hablar de todos los beneficios que voy a traer sobre los habitantes de Jerusalén, y de toda la prosperidad que le voy a dar, temblarán de miedo."

[10] El Señor dice: "Ustedes dicen que este lugar está desierto y que no hay en él hombres ni animales; que las calles de Jerusalén y las ciudades de Judá están vacías; y que nadie, ni hombres ni animales, vive allí. Pues bien, aquí se volverán a oír [11] los cantos de fiesta y alegría, y los cantos de los novios, y se oirá decir: 'Den gracias al Señor todopoderoso, porque el Señor es bueno, porque su amor es eterno.'[p] Y traerán al templo ofrendas de gratitud. Sí, yo cambiaré la suerte de este país, para que vuelva a ser como al principio. Yo, el Señor, lo afirmo."

[12] El Señor todopoderoso dice: "En este país que ahora está desierto, sin hombres ni animales, y en todas sus ciudades, volverá a haber pastos adonde los pastores lleven sus rebaños. [13] Tanto en las ciudades de la región montañosa como en las de la llanura, y en las del Néguev y del territorio de Benjamín, y en los alrededores de Jerusalén y en las demás ciudades de Judá, se volverá a ver a los pastores contando sus ovejas. Yo, el Señor, lo digo."

[14] El Señor afirma: "Llegará el día en que cumpliré las promesas de bendición que hice al pueblo de Israel y de Judá. [15] Cuando llegue ese tiempo y ese día, haré que David tenga un descendiente legítimo, que establecerá la justicia y la rectitud en el país. [16] En aquel tiempo Judá estará a salvo y Jerusalén vivirá segura. Este es el nombre con que la llamarán: 'El Señor es nuestra victoria.'[q] [17] Yo, el Señor, digo: Nunca faltará un descendiente de David que ocupe el trono de Israel,[r] [18] ni faltarán jamás sacerdotes descendientes de Leví que todos los días me ofrezcan holocaustos, quemen ofrendas de cereales en mi honor y me dediquen otros sacrificios."[s]

[19] El Señor se dirigió a Jeremías, y le dijo: [20] "Yo, el Señor, digo: Es imposible que deje de cumplirse el pacto que he hecho con el día y con la noche, de manera que el día y la noche dejen de llegar a su debido tiempo. [21] Del mismo modo, es imposible que deje de cumplirse mi pacto con mi siervo David, y que deje de haber un descendiente suyo que reine en su trono, o que deje de cumplirse mi pacto con mis ministros los sacerdotes descendientes de Leví. [22] Y a los descendientes de mi siervo David, y a mis ministros, los descendientes de Leví, los haré tan numerosos como las estrellas del cielo y los granos de arena del mar, que nadie puede contar."

[23] El Señor se dirigió a Jeremías, y le dijo: [24] "¿No has notado que la gente dice que he rechazado a las dos familias que yo mismo había escogido, a Israel y Judá? ¡Por eso miran con desprecio a mi pueblo, y ya ni lo considera una nación! [25] Pues yo, el Señor, digo: Yo, que he hecho un pacto con el día y con la noche, y que he fijado las leyes que gobiernan el cielo y la tierra, [26] jamás rechazaré a los descendientes de Jacob y de David mi siervo, ni dejaré de sacar de entre ellos a quienes go-

---

[47] Dices: según la versión griega. Heb. ustedes dicen. [48] Yo, el Señor, . . . han cometido: traducción probable. Heb. oscuro.

[p] 33.11 1 Cr 16.34; 2 Cr 5.13; 7.3; Esd 3.11; Sal 100.5; 106.1; 107.1; 118.1; 136.1. [q] 33.14-16 Jer 23.5-6. [r] 33.17 2 S 7.12-16; 1 R 2.4; 1 Cr 17.11-14. [s] 33.18 Nm 3.5-10.

biernen a los descendientes de Abraham, Isaac y Jacob. Porque yo tendré compasión de ellos y haré que cambie su suerte."

Mensaje al rey Sedequías

34 [1] Cuando Nabucodonosor, rey de Babilonia, con todo su ejército formado por gente de todas las naciones de la tierra sometidas a él, estaba atacando Jerusalén[t] y todas las ciudades vecinas, el Señor se dirigió a Jeremías, y le dijo: [2] "Yo, el Señor, el Dios de Israel, te ordeno que vayas a decirle a Sedequías, rey de Judá: 'Así dice el Señor: Voy a hacer que el rey de Babilonia se apodere de esta ciudad y le prenda fuego. [3] Tú no podrás escapar de caer en sus manos; te capturarán y te entregarán a él, y después de que te hayan llevado ante su presencia, serás llevado a Babilonia. [4] Con todo, escucha, Sedequías, rey de Judá, lo que yo, el Señor, te voy a decir: No morirás a filo de espada. [5] Morirás en paz, y quemarán perfumes en tus funerales, como los quemaron en los funerales de tus antepasados que reinaron antes de ti, y dirán: ¡Ay, señor!, haciendo lamentación por ti. Yo, el Señor, lo afirmo y doy mi palabra.' "

[6] El profeta Jeremías repitió todo esto al rey Sedequías en Jerusalén. [7] Entre tanto, el ejército del rey de Babilonia estaba atacando Jerusalén, Laquis y Azeca, las únicas ciudades fortificadas de Judá que aún quedaban.

Violación del pacto de libertar a los esclavos hebreos

[8] El Señor se dirigió a Jeremías, después que el rey Sedequías hizo un pacto con todos los habitantes de Jerusalén para dejar libres a los esclavos. [9] El pacto establecía que los que tuvieran esclavos o esclavas hebreos los dejaran en libertad, para que nadie tuviera como esclavo a un compatriota judío. [10] Todos los jefes y todo el pueblo aceptaron los términos del pacto, y dejaron libres a sus esclavos y no los obligaron a servirles. [11] Pero después se arrepintieron de haberles dado libertad, y los obligaron a volver y a servirles de nuevo como esclavos.

[12] Entonces el Señor se dirigió a Jeremías, y le dijo: [13] "Yo, el Señor, el Dios de Israel, hice un pacto con los antepasados de ustedes cuando los saqué de Egipto, donde servían como esclavos. Les ordené [14] que cada siete años dejaran libre a cualquier hebreo que se hubiera vendido a ellos y que les hubiera servido durante

seis años. Pero sus antepasados no me hicieron caso ni me obedecieron.[u] [15] Ahora ustedes habían cambiado de conducta, y habían hecho lo que a mí me agrada, al dejar en libertad a sus compatriotas esclavos. Y se comprometieron con un pacto hecho en mi presencia, en el templo que está dedicado a mí. [16] Pero después cambiaron de parecer y, profanando mi nombre, obligaron a los esclavos que habían dejado en libertad a volver y servirles de nuevo como esclavos. [17] Así pues, yo, el Señor, digo: Ustedes no me obedecieron, puesto que no dejaron en libertad a sus compatriotas esclavos; por lo tanto, ahora yo voy a dejar en libertad a la guerra, la peste y el hambre, para que hagan con ustedes algo que cause horror a todos los reinos de la tierra. Yo, el Señor, lo afirmo. [18-19] Los jefes de Judá y de Jerusalén, junto con los criados del palacio, los sacerdotes y todos los demás ciudadanos hicieron un pacto en mi presencia: partieron en dos un becerro y pasaron por entre las dos partes. Pero luego violaron el pacto y faltaron a su compromiso.[v] [20] Por lo tanto, haré que ellos caigan en poder de sus enemigos mortales, y que sus cadáveres sirvan de comida a las aves de rapiña y a las fieras. [21] También haré que Sedequías, rey de Judá, y sus oficiales caigan en poder de sus enemigos mortales, en poder del ejército del rey de Babilonia, que ahora ha dejado de atacarles. [22] Voy a ordenarles que vuelvan contra esta ciudad y que la ataquen, que la tomen y le prendan fuego. Y haré que las demás ciudades de Judá queden desiertas y sin ningún habitante. Yo, el Señor, lo afirmo."

Jeremías y los recabitas

35 [1] En el tiempo en que Joacim,[w] hijo de Josías, era rey de Judá, el Señor se dirigió a mí, y me dijo: [2] "Ve a la comunidad de los recabitas y habla con ellos. Llévalos luego a uno de los cuartos que hay en el templo, y ofréceles vino." [3] Yo, Jeremías, fui a buscar a Jaazanías (hijo de otro Jeremías y nieto de Habasinías), y a sus hermanos e hijos, y a toda la comunidad de los recabitas, [4] y los llevé al templo, al cuarto de los hijos de Hanán, hijo de Igdalías, que era un hombre de Dios. Este cuarto se encuentra junto al de los jefes del templo y encima del cuarto de Maasías, hijo de Salum, que era el guardián del umbral del templo. [5] Serví a los recabitas jarros y copas llenos de vino, y les dije: "Tomen un poco de vino." [6] Ellos respondieron: "Nosotros no bebemos vino, porque Jonadab, hijo de

Recab,ˣ nuestro antepasado, prohibió para siempre que nosotros y nuestros descendientes bebiéramos vino. ⁷ También nos prohibió hacer casas, sembrar campos y plantar o tener viñedos. Nos mandó que habitáramos siempre en tiendas de campaña, para vivir mucho tiempo en esta tierra donde andamos como extranjeros. ⁸ Nosotros hemos obedecido todas las órdenes de nuestro antepasado Jonadab, y nunca bebemos vino, ni nosotros ni nuestras mujeres ni nuestros hijos, ⁹ ni construimos casas para vivir, ni tenemos viñedos ni terrenos sembrados. ¹⁰ Vivimos en tiendas de campaña y cumplimos todo lo que nuestro antepasado Jonadab nos ordenó. ¹¹ Pero cuando Nabucodonosor, rey de Babilonia, invadió este país, decidimos venir a Jerusalén para huir de los ejércitos caldeos y sirios; por eso estamos viviendo en Jerusalén."

¹² Entonces el Señor se dirigió a Jeremías, y le dijo: ¹³ "Yo, el Señor todopoderoso y Dios de Israel, te ordeno que vayas y digas a la gente de Judá y de Jerusalén: 'Aprendan la lección y obedezcan mis órdenes. Yo, el Señor, lo digo. ¹⁴ Los descendientes de Jonadab, hijo de Recab, han cumplido la orden que él les dio de no beber vino, y hasta el día de hoy no lo beben porque han obedecido la orden de su antepasado. Yo también les he dado a ustedes órdenes una y otra vez, pero no me han obedecido. ¹⁵ Les he enviado, uno tras otro, a todos mis siervos los profetas, para decirles: Dejen su mala conducta y sus malas acciones. No se vayan tras otros dioses ni les rindan culto, y así podrán seguir viviendo en la tierra que les he dado a ustedes y a sus antepasados. Pero ustedes no quisieron hacerme caso ni me han obedecido. ¹⁶ Los descendientes de Jonadab, hijo de Recab, han cumplido la orden que su antepasado les dio; en cambio, el pueblo de Israel no me ha obedecido. ¹⁷ Por eso yo, el Señor todopoderoso y Dios de Israel, digo: Voy a hacer que caigan sobre Judá y sobre los habitantes de Jerusalén todas las calamidades que les he anunciado. Porque yo les he hablado, y ustedes no me han hecho caso; los he llamado, y ustedes no me han respondido.' "

¹⁸ Además, Jeremías dijo a los recabitas: "El Señor todopoderoso y Dios de Israel dice: 'Ya que ustedes han obedecido las órdenes de su antepasado Jonadab, y han observado sus instrucciones y cumplido todo lo que él les ordenó, ¹⁹ yo, el Señor todopoderoso y Dios de Israel, les aseguro que nunca faltará un descendiente de Jonadab que esté siempre a mi servicio.' "

Baruc lee el rollo en el templo

36 ¹ El año cuarto del gobierno de Joacim,ʸ hijo de Josías, rey de Judá, el Señor se dirigió a Jeremías, y le dijo: ² "Toma un rollo de escribir, y escribe en él todo lo que te he dicho acerca de Israel, de Judá y de las demás naciones, desde que comencé a hablarte en tiempos de Josías hasta ahora. ³ Quizá cuando los de Judá sepan de todas las calamidades que pienso enviarles, dejarán su mala conducta y yo les perdonaré sus maldades y pecados."

⁴ Jeremías llamó a Baruc, hijo de Nerías, y le dictó todo lo que el Señor le había dicho, y Baruc lo escribió en un rollo. ⁵ Luego Jeremías dio a Baruc las siguientes instrucciones: "Mira, la situación en que me encuentro me impide ir al templo del Señor. ⁶ Por lo tanto, ve tú el próximo día de ayuno y lee el rollo que yo te dicté y que tú escribiste, para que el pueblo y todos los habitantes de las ciudades de Judá que hayan venido acá, oigan el mensaje del Señor. ⁷ Quizá dirijan al Señor sus ruegos y dejen todos su mala conducta, porque la ira y el furor con que el Señor ha amenazado a este pueblo son terribles." ⁸ Baruc hizo todo lo que el profeta Jeremías ordenó: fue al templo y leyó en el rollo el mensaje del Señor.

⁹ El noveno mes del año quinto del gobierno de Joacim, hijo de Josías, rey de Judá, se dispuso que, tanto los habitantes de Jerusalén como los que habían venido de otras ciudades de Judá, ayunaran ante el Señor. ¹⁰ Baruc fue al atrio superior del templo, a la entrada de la Puerta Nueva, y desde el cuarto de Gemarías, hijo de Safánᶻ el cronista, leyó a todo el pueblo del rollo donde estaban las palabras de Jeremías.

Baruc lee el rollo ante los altos funcionarios

¹¹ Micaías, hijo de Gemarías y nieto de Safán, oyó todo el mensaje del Señor que Baruc leyó en el rollo, ¹² y fue al palacio real, al cuarto del cronista, donde estaban reunidos todos los altos funcionarios: Elisama, el cronista; Delaía, hijo de Semaías; Elnatán, hijo de Acbor; Gemarías, hijo de Safán; Sedequías, hijo de Hananías, y otros funcionarios. ¹³ Micaías les contó todo lo que había oído cuando Baruc leyó en el rollo delante del pueblo. ¹⁴ Los funcionarios enviaron a Jehudí, que era hijo de Netanías, nieto de Selemías y bisnieto

ˣ 35.6 2 R 10.15; 1 Cr 2.55.   ʸ 36.1 2 R 24.1; 2 Cr 36.5-7; Dn 1.1-2.   ᶻ 36.10 Jer 26.24.

de Cusi, a decirle a Baruc que les llevara el rollo que había leído delante del pueblo. Baruc tomó entonces el rollo y se presentó ante ellos, [15] y ellos le dijeron:

—Siéntate y léenos el rollo.

Baruc se lo leyó, [16] y tan pronto como lo oyeron, llenos de miedo se volvieron unos a otros y dijeron:[49]

—Tenemos que informar de todo esto al rey.

[17] Luego dijeron a Baruc:

—Cuéntanos cómo escribiste todo esto.[50]

[18] Baruc respondió:

—Jeremías personalmente me lo dictó todo, y yo lo escribí con tinta en el rollo.

[19] Entonces le dijeron a Baruc:

—¡Pues tú y Jeremías vayan a esconderse, y que nadie sepa dónde están!

El rey Joacim quema el rollo

[20] Los altos funcionarios dejaron el rollo en el cuarto de Elisama, el cronista, y fueron al palacio a informar de todo esto al rey. [21] El rey mandó a Jehudí traer el rollo del cuarto de Elisama, el cronista, y cuando Jehudí lo trajo, lo leyó delante del rey y de todos los altos funcionarios que lo rodeaban. [22] Como era el mes noveno, el rey se encontraba en su cuarto de invierno, ante un brasero encendido. [23] En cuanto Jehudí terminaba de leer tres o cuatro columnas, el rey las cortaba con un cuchillo y las echaba al fuego del brasero. Así lo hizo hasta quemar todo el rollo. [24] Ni el rey ni los altos funcionarios que oyeron toda la lectura, sintieron miedo ni dieron señales de dolor. [25] Elnatán, Delaía y Gemarías rogaron al rey que no quemara el rollo, pero él no les hizo caso, [26] sino que ordenó a Jerameel, príncipe de sangre real, a Seraías, hijo de Azriel, y a Selemías, hijo de Abdeel, que apresaran al profeta Jeremías y a su secretario Baruc. Pero el Señor los ocultó.

Jeremías dicta otro rollo

[27] Después que el rey quemó el rollo con las palabras que Jeremías le había dictado a Baruc, el Señor se dirigió a Jeremías y le dijo: [28] "Toma otro rollo y vuelve a escribir en él todo lo que estaba escrito en el primero, el que quemó Joacim, rey de Judá. [29] Y dile lo siguiente: 'Así dice el Señor: Tú quemaste el rollo, y reprendiste a Jeremías por haber escrito en él que el rey de Babilonia va a venir sin falta, a destruir el país y a dejarlo sin hombres ni animales.

[30] Pues bien, yo, el Señor, te digo a ti, Joacim, rey de Judá, que tú no tendrás descendiente en el trono de David. Tu cadáver quedará expuesto al calor del día y a las heladas de la noche, [31] y a ti y a tus descendientes, lo mismo que a tus funcionarios, los castigaré por sus pecados. Haré que caigan sobre ustedes y sobre los habitantes de Jerusalén y de Judá todas las calamidades que les anuncié, y a las que ustedes no hicieron caso.' "[a]

[32] Entonces Jeremías tomó otro rollo y se lo dio a Baruc, su secretario, quien escribió todo lo que Jeremías le dictó, es decir, todo lo que estaba escrito en el rollo que el rey Joacim había quemado. Jeremías añadió además muchas otras cosas parecidas.

Petición de Sedequías a Jeremías

37 [1] Nabucodonosor, rey de Babilonia, puso como rey de Judá a Sedequías, hijo de Josías, en lugar de Jeconías, hijo de Joacim.[b] [2] Pero ni Sedequías ni sus funcionarios ni el pueblo hicieron caso del mensaje que el Señor les dirigió por medio del profeta Jeremías.

[3] El rey Sedequías envió a Jucal, hijo de Selemías, y al sacerdote Sofonías, hijo de Maasías, a ver al profeta Jeremías y decirle: "Ora por nosotros al Señor nuestro Dios." [4] A Jeremías todavía no lo habían apresado, así que podía moverse libremente entre el pueblo. [5] Mientras tanto, el ejército del faraón había salido de Egipto. Cuando los caldeos que estaban atacando Jerusalén lo supieron, se retiraron de allí.

[6] Entonces el Señor se dirigió al profeta Jeremías, y le ordenó decir [7] de parte suya a los enviados: "Digan al rey de Judá, que los envió a consultarme, que el ejército del faraón, que se había puesto en camino para ayudarlos, ha regresado a Egipto. [8] Los caldeos volverán para atacar la ciudad de Jerusalén, y la tomarán y le prenderán fuego. [9] Yo, el Señor, les advierto: No se hagan ilusiones ni crean que los caldeos se van a retirar, porque no será así. [10] Aun cuando ustedes derrotaran a todo el ejército caldeo que los está atacando, y no le quedaran más que unos cuantos hombres heridos en el campamento, esos hombres se levantarían y le prenderían fuego a la ciudad."

Encarcelamiento de Jeremías

[11] Cuando el ejército de los caldeos se estaba retirando de Jerusalén, porque su-

---

[49] *Dijeron:* según la versión griega. Heb. añade: *a Baruc.* [50] *Esto:* según la versión griega. Heb. añade: *¿él te lo dictó?*
[a] **36.30-31** 2 R 23.36—24.6; Jer 22.18-19. [b] **37.1** 2 R 24.17; 2 Cr 36.10.

pieron que venía el ejército del faraón, [12] Jeremías salió de la ciudad para dirigirse al territorio de Benjamín y ocuparse de la repartición de una herencia[51] entre los de su tierra. [13] Pero cuando llegó a la Puerta de Benjamín, un hombre llamado Irías, hijo de Selemías y nieto de Hananías, que era jefe de la guardia, detuvo a Jeremías y le dijo:

—¡Tú te vas a pasar a los caldeos!

[14] Jeremías respondió:

—¡No es verdad, no me voy a pasar a los caldeos!

Pero Irías no lo escuchó, sino que lo arrestó y lo llevó ante los funcionarios. [15] Estos se pusieron furiosos con Jeremías, y mandaron que lo golpearan y lo encarcelaran en la casa de Jonatán, el cronista, la cual habían convertido en cárcel. [16] Jeremías fue a parar al calabozo del sótano, donde estuvo mucho tiempo.

[17] El rey Sedequías ordenó que llevaran a Jeremías al palacio, y cuando Jeremías fue llevado ante el rey, éste le preguntó en secreto:

—¿Hay algún mensaje del Señor?

Jeremías respondió:

—Sí, y es el siguiente: que Su Majestad va a caer en poder del rey de Babilonia. [18] A su vez, Jeremías le preguntó al rey Sedequías:

—¿Qué crimen he cometido contra Su Majestad, o contra sus funcionarios, o contra el pueblo, para que me hayan metido en la cárcel? [19] ¿Dónde están esos profetas que aseguraban que el rey de Babilonia no los atacaría, ni a ustedes ni al país? [20] Escuche ahora Su Majestad, y concédame esta petición que le voy a hacer: No permita que me lleven otra vez a la casa de Jonatán, el cronista, no sea que yo muera allá.

[21] Entonces el rey Sedequías ordenó que Jeremías quedara preso en el patio de la guardia y que cada día le llevaran un pan de la calle de los Panaderos. Y esto se hizo así mientras hubo pan en la ciudad. De esta manera, Jeremías se quedó en el patio de la guardia.

Echan a Jeremías en una cisterna seca

38 [1] Sefatías, hijo de Matán, Gedalías, hijo de Pasur, Jucal, hijo de Selemías, y Pasur, hijo de Malquías, oyeron a Jeremías pronunciar ante el pueblo las siguientes palabras: [2] "El Señor dice: 'El que se quede en la ciudad morirá en la guerra o de hambre o de peste. En cambio, el que salga y se entregue a los caldeos, podrá al menos salvar su vida.'[c] [3] El Señor dice: 'Esta ciudad va a caer en poder del ejér-

cito del rey de Babilonia. Él la tomará, y nadie podrá evitarlo.'"

[4] Entonces los funcionarios dijeron al rey:

—Hay que matar a este hombre, pues con sus palabras desmoraliza a los soldados que aún quedan en la ciudad, y a toda la gente. Este hombre no busca el bien del pueblo, sino su mal.

[5] El rey Sedequías les respondió:

—Está bien, hagan con él lo que quieran. Yo nada puedo contra ustedes.

[6] Entonces ellos se apoderaron de Jeremías y lo echaron en la cisterna del príncipe Malquías, que se encontraba en el patio de la guardia. Lo bajaron con sogas, y como en la cisterna no había agua, sino lodo, Jeremías se hundió en él.

[7] Un etíope llamado Ebed-melec, que era hombre de confianza en el palacio real, oyó decir que habían echado a Jeremías en la cisterna. Por aquel tiempo, el rey estaba en una sesión en la Puerta de Benjamín. [8] Entonces Ebed-melec salió del palacio real y fue a decirle al rey:

[9] —Majestad, lo que esos hombres han hecho con Jeremías es un crimen. Lo han echado en una cisterna, y ahí se está muriendo de hambre porque ya no hay pan en la ciudad.

[10] En seguida el rey ordenó a Ebed-melec que se llevara con él a treinta hombres para sacar a Jeremías de la cisterna, antes que muriera. [11] Ebed-melec se llevó a los hombres, fue al depósito de ropa del palacio y tomó de allí unos trapos viejos, se los bajó con sogas a Jeremías en la cisterna, [12] y le dijo:

—Ponte esos trapos bajo los brazos, para que las sogas no te lastimen.

Jeremías lo hizo así. [13] Entonces los hombres tiraron de las sogas y lo sacaron de allí. Después de esto, Jeremías se quedó en el patio de la guardia.

Sedequías manda llamar a Jeremías

[14] El rey Sedequías mandó que llevaran ante él al profeta Jeremías, a la tercera entrada del templo. Allí el rey le dijo:

—Voy a hacerte una pregunta, y quiero que me contestes con toda franqueza.

[15] Jeremías le respondió:

—Si contesto a la pregunta, Su Majestad me mandará matar; y si le doy algún consejo, no me hará caso.

[16] Pero en secreto el rey Sedequías le hizo este juramento a Jeremías:

—Te juro por el Señor, que nos dio la vida, que no te mandaré matar ni te entregaré en manos de los que quieren matarte.

---

[51] *Y ocuparse de la repartición de una herencia:* otra posible traducción: *y recibir allí una herencia.* Heb. oscuro.
[c] **38.2** Jer 21.9.

¹⁷ Jeremías dijo entonces a Sedequías:

—El Señor todopoderoso, el Dios de Israel, dice: 'Si te entregas de una vez a los generales del rey de Babilonia, tú y tu familia salvarán la vida, y esta ciudad no será incendiada. ¹⁸ Pero si no te entregas a ellos, los caldeos se apoderarán de la ciudad y le prenderán fuego, y tú no podrás escapar.'

¹⁹ Sedequías respondió:

—Tengo miedo de los judíos que se han pasado a los caldeos; si caigo en manos de ellos, me torturarán.

²⁰ Jeremías contestó:

—Pero Su Majestad no caerá en manos de ellos. Obedezca Su Majestad, por favor, a la voz del Señor, que yo le he comunicado, y le irá bien y salvará la vida. ²¹ El Señor me ha hecho ver lo que pasará, si Su Majestad se empeña en no rendirse: ²² todas las mujeres que queden en el palacio del rey de Judá serán sacadas y entregadas a los generales del rey de Babilonia, y ellas mismas dirán:

'Los mejores amigos del rey
lo engañaron y le vencieron;
dejaron que sus pies se hundieran
    en el lodo
y le dieron la espalda.'

²³ Y Jeremías continuó diciendo al rey:

—Todas las mujeres y los hijos de Su Majestad serán entregados a los caldeos, y Su Majestad no escapará de ellos, sino que será entregado al rey de Babilonia, y prenderán fuego a la ciudad.

²⁴ Entonces Sedequías respondió a Jeremías:

—Si en algo aprecias tu vida, no hables de esto con nadie. ²⁵ Si los funcionarios llegan a saber que he estado hablando contigo, vendrán y te preguntarán qué me dijiste tú, y qué te dije yo, y con la promesa de salvarte la vida, te pedirán que les cuentes todo. ²⁶ Pero tú respóndeles que sólo me estabas suplicando que no te mandara de nuevo a la casa de Jonatán, para no morir allí.

²⁷ En efecto, todos los funcionarios fueron a ver a Jeremías y le hicieron preguntas, pero él les respondió exactamente lo que el rey le había ordenado. Entonces lo dejaron en paz, porque nadie había oído la conversación. ²⁸ Y Jeremías se quedó en el patio de la guardia hasta el día en que Jerusalén fue tomada.ᵈ

Caída de Jerusalén
(2 R 24.20—25.21; 2 Cr 36.17–21; Jer 52.3–30)

39 ¹ En el mes décimo del año noveno del reinado de Sedequías en Judá,

ᵈ **38.28** Ez 33.21.

Nabucodonosor, rey de Babilonia, marchó con todo su ejército contra Jerusalén, y la sitió. ² El día nueve del mes cuarto del año once del gobierno de Sedequías, el ejército enemigo entró en la ciudad, ³ y todos los oficiales del rey de Babilonia entraron y se instalaron en la puerta central. Eran Nergal-sarezer, Samgar-nebo, Sarsequim, alto funcionario de la corte, y otro Nergal-sarezer, también alto funcionario.

⁴ Cuando el rey Sedequías y sus soldados vieron lo que pasaba, huyeron de la ciudad. Salieron de noche por el camino de los jardines reales, por la puerta situada entre las dos murallas, y tomaron el camino del valle del Jordán. ⁵⁻⁶ Pero los soldados caldeos los persiguieron, y alcanzaron a Sedequías en la llanura de Jericó. Lo capturaron y lo llevaron ante el rey Nabucodonosor, que estaba en Ribla, en el territorio de Hamat. Allí Nabucodonosor dictó sentencia: hizo degollar a los hijos de Sedequías en presencia de éste, y también a todos los nobles de Judá. ⁷ En cuanto a Sedequías, mandó que le sacaran los ojos y que lo encadenaran para llevarlo a Babilonia.

⁸ Los caldeos prendieron fuego al palacio real y a las casas de la ciudad, y derribaron las murallas de Jerusalén. ⁹ Por último, Nabuzaradán, comandante de la guardia real, llevó desterrados a Babilonia tanto a los habitantes de la ciudad que aún quedaban como a los que se habían pasado a los caldeos; en fin, a todo el pueblo. ¹⁰ Sólo dejó en el territorio de Judá a algunos de los más pobres, de los que no tenían nada, y ese día les dio viñedos y campos de cultivo.

Jeremías es puesto en libertad

¹¹ El rey Nabucodonosor de Babilonia dio a Nabuzaradán, comandante de la guardia, las siguientes órdenes respecto de Jeremías: ¹² "Tómalo bajo tu cuidado, y no lo trates mal, sino dale todo lo que te pida." ¹³ Entonces Nabuzaradán, junto con Nabusazbán y Nergal-sarezer, dos altos funcionarios de la corte, y todos los demás oficiales del rey de Babilonia, ¹⁴ mandaron sacar a Jeremías del patio de la guardia y lo pusieron bajo el cuidado de Gedalías, hijo de Ahicam y nieto de Safán, para que lo llevaran a su casa. Así pues, Jeremías se quedó a vivir entre el pueblo.

Promesas a Ebed-melec

¹⁵ Cuando Jeremías estaba todavía preso en el patio de la guardia, el Señor se dirigió a él, y le dijo: ¹⁶ "Ve y dile a Ebed-melec, el etíope: 'El Señor todopoderoso, el

Dios de Israel, dice: Voy a cumplir lo que le he anunciado a esta ciudad, para su mal y no para su bien. Cuando esto suceda, tú estarás presente. [17] Pero yo te protegeré, para que no caigas en poder de esa gente a la que temes. Yo, el Señor, lo afirmo. [18] Yo te libraré de que te maten. Podrás escapar con vida, porque confiaste en mí. Yo, el Señor, lo afirmo.' "

Jeremías se queda con Gedalías

40 [1] El Señor se dirigió a Jeremías, después que Nabuzaradán, comandante de la guardia, dejó libre a Jeremías en Ramá. Nabuzaradán lo había encontrado preso y encadenado entre la gente de Jerusalén y de Judá que era llevada al destierro a Babilonia.

[2] El comandante de la guardia llevó aparte a Jeremías, y le dijo: "El Señor tu Dios amenazó con enviar esta desgracia a esta tierra, [3] y ahora ha cumplido su amenaza. Esto les ha pasado a ustedes porque pecaron contra el Señor y no lo obedecieron. [4] Mira, ahora mismo te quito las cadenas con que estás atado. Si quieres venir conmigo a Babilonia, ven; yo te cuidaré. Pero si no quieres venir, quédate. Tienes todo el país a tu disposición: ve a donde mejor te parezca. [5] Si prefieres regresar,[52] vuélvete a Gedalías, hijo de Ahicam y nieto de Safán, a quien el rey de Babilonia ha nombrado gobernador de las ciudades de Judá, y vive con él y con tu pueblo. Ve a donde te parezca mejor." Luego el comandante dio a Jeremías un regalo y provisiones, y lo despidió. [6] Jeremías se fue con Gedalías a Mizpa, y vivió con él y con la gente que había quedado en el país.

Conspiración contra Gedalías
(2 R 25.23–24)

[7] Cuando los comandantes y los soldados de las tropas judías que aún estaban en los campos se enteraron de que el rey de Babilonia había nombrado gobernador del país a Gedalías, hijo de Ahicam, y que había puesto bajo su cuidado a los hombres, mujeres y niños de la gente más pobre del país, los cuales no habían sido deportados a Babilonia, [8] fueron con su gente a Mizpa, a ver a Gedalías. Entre ellos estaban: Ismael, hijo de Netanías; Johanán y Jonatán, hijos de Carea; Seraías, hijo de Tanhumet; los hijos de Efai de Netofa; y Jezanías, hijo de un hombre de Maacat, y sus hombres. [9] Gedalías les aseguró bajo juramento: "No tengan miedo de someterse a los caldeos. Quédense a vivir en el país, sométanse al rey de Babilo-

nia, y les irá bien. [10] Yo me quedaré en Mizpa, para representarlos a ustedes ante los caldeos cuando ellos vengan aquí. Ustedes dediquense a almacenar vino, frutas y aceite, y así podrán quedarse en las ciudades que han tomado." [11] También los judíos que se encontraban en Moab, Amón, Edom y otros países se enteraron de que el rey de Babilonia había permitido que algunos judíos se quedaran en su tierra, y que había nombrado a Gedalías como gobernador de ellos. [12] Entonces volvieron a Judá de todos los sitios por donde se habían dispersado, y se presentaron ante Gedalías en Mizpa. Y también ellos almacenaron vino y frutas en grandes cantidades.

Conspiración de Ismael contra Gedalías

[13] Johanán, hijo de Carea, y todos los demás comandantes de tropas que habían quedado en los campos, fueron a Mizpa, a ver a Gedalías, [14] y le dijeron:

—¿No sabes que el rey Baalis de Amón ha enviado a Ismael, el hijo de Netanías, a matarte?

Pero Gedalías no les creyó. [15] Entonces Johanán le dijo en secreto a Gedalías:

—Deja que yo vaya y mate a Ismael. Nadie tiene que saber quién lo hizo. ¿Por qué vamos a dejar que él te mate a ti? Eso traería la dispersión de todos los judíos que se han reunido a tu alrededor, y sería la ruina de lo que aún queda de Judá.

[16] Pero Gedalías le respondió:

—¡No lo hagas! Lo que dices de Ismael no es verdad.

Asesinato de Gedalías
(2 R 25.25–26)

41 [1] En el séptimo mes, Ismael, hijo de Netanías y nieto de Elisama, miembro de la familia real,[53] fue a Mizpa para entrevistarse con Gedalías. Iba acompañado de diez hombres. Y allí en Mizpa, mientras comían juntos, [2] Ismael y los diez hombres que lo acompañaban se levantaron de pronto y a filo de espada mataron a Gedalías, a quien el rey de Babilonia había nombrado gobernador de Judá. [3] Ismael mató también a todos los judíos y soldados caldeos que estaban con Gedalías en Mizpa.

[4] Al día siguiente del asesinato de Gedalías, cuando todavía nadie se había enterado de lo sucedido, [5] llegaron de Siquem, Silo y Samaria ochenta hombres, los cuales traían la barba afeitada, la ropa rasgada y el cuerpo lleno de heridas que

---

[52] *Si prefieres regresar*: texto probable. Heb. *y aún él no se volvía.* [53] *Real*: según la versión griega. Heb. añade: *y los principales funcionarios del rey.*

ellos mismos se habían hecho. Traían además cereales e incienso para ofrecerlos al Señor en el templo. [6] Entonces Ismael salió de Mizpa a su encuentro, llorando por el camino. Apenas se encontró con ellos, les dijo:

—Vengan a ver a Gedalías, hijo de Ahicam.

[7] Pero tan pronto como llegaron al centro de la ciudad, Ismael y sus hombres los mataron y los echaron en una cisterna. [8] Sin embargo, diez de los hombres de ese grupo dijeron a Ismael:

—No nos mates; nosotros tenemos trigo, cebada, aceite y miel escondidos en el campo.

Entonces Ismael no los mató como a sus compañeros. [9] La cisterna en que Ismael echó los cadáveres de todos los hombres que había matado era la misma que el rey Asa había mandado hacer cuando se defendía del rey Baasa de Israel.[e] Era una cisterna muy grande, pero quedó llena con los cadáveres de la gente que Ismael mató. [10] Además, Ismael apresó a las hijas del rey y a la gente que quedaba en Mizpa, a quienes Nabuzaradán, comandante de la guardia, había puesto bajo el mando de Gedalías. Ismael los apresó, y se puso en camino con intención de pasar al territorio de Amón.

[11] Cuando Johanán, hijo de Carea, y los jefes militares que estaban con él se enteraron del crimen que Ismael había cometido, [12] reunieron a toda su gente y se fueron a luchar contra él. Lo encontraron junto al gran estanque que hay en Gabaón.[f] [13] Cuando los que Ismael llevaba presos vieron a Johanán y a todos los jefes militares que lo acompañaban, se pusieron muy contentos, [14] y se volvieron y fueron a reunirse con Johanán. [15] Pero Ismael y ocho de sus hombres lograron escapar de Johanán y se fueron al país de Amón.

[16] Por su parte, Johanán y los jefes militares que lo acompañaban se hicieron cargo de los soldados, las mujeres, los niños y los altos funcionarios que Ismael había llevado presos de Mizpa después de haber matado a Gedalías, y que Johanán había traído de vuelta desde Gabaón. [17] Se pusieron así en camino hasta llegar a Gerut-quimam, junto a Belén, donde hicieron un alto. Su intención era continuar hasta Egipto [18] para escapar de los caldeos, pues les tenían miedo por haber matado a Ismael a Gedalías, a quien el rey de Babilonia había nombrado gobernador del país.

El pueblo pide a Jeremías que ore por ellos

42 [1] Todos los jefes militares, incluyendo a Johanán, hijo de Carea, y a Azarías,[54] hijo de Osaías, y toda la gente, chicos y grandes, se acercaron [2] al profeta Jeremías y le dijeron:

—Vamos a pedirte una cosa; no nos la niegues: Ruega al Señor tu Dios por nosotros, los pocos que quedamos. Antes éramos muchos, pero ahora quedamos sólo unos pocos, como puedes ver. [3] Ruega al Señor tu Dios que nos enseñe el camino que debemos seguir y lo que debemos hacer.

[4] Jeremías les respondió:

—Está bien. Voy a rogar al Señor su Dios por ustedes, como me lo han pedido, y les daré a conocer todo lo que él me responda, sin ocultarles nada.

[5] Entonces ellos dijeron a Jeremías:

—Que el Señor tu Dios sea testigo fiel y verdadero en contra nuestra, si no hacemos lo que él te encargue decirnos. [6] Nos guste o nos disguste su respuesta, obedeceremos al Señor nuestro Dios, a quien te hemos pedido que recurras, para que así nos vaya bien.

Respuesta del Señor a la oración de Jeremías

[7] Diez días más tarde, el Señor le habló a Jeremías, [8] y éste llamó a Johanán, hijo de Carea, y a los jefes militares que lo acompañaban, y a toda la gente, desde el más chico hasta el más grande, [9] y les dijo: "El Señor, el Dios de Israel, a quien ustedes me encargaron que fuera a presentar su petición, dice: [10] 'Si ustedes están dispuestos a quedarse en esta tierra, yo los haré prosperar; no los destruiré, sino que los plantaré y no los arrancaré, pues me pesa haberles enviado esa calamidad. [11] No tengan miedo del rey de Babilonia, al que tanto temen. No le tengan miedo, porque yo estoy con ustedes para salvarlos y librarlos de su poder. Yo, el Señor, lo afirmo. [12] Tendré compasión de ustedes, y haré que también él les tenga compasión y los deje volver a su tierra.'

[13] "Pero si ustedes no quieren quedarse en este país, sino que desobedecen al Señor su Dios [14] y dicen: 'Preferimos ir a vivir a Egipto, donde no veremos guerra, ni oiremos el sonido de la trompeta, ni nos moriremos de hambre', [15] entonces escuchen ustedes, los que quedan de Judá, lo que les dice el Señor todopoderoso, el Dios de Israel: 'Si ustedes se empeñan en ir a

[54] *Azarías:* según la versión griega. (Véase 42.3) Heb. *Jezanías.*
[e] **41.9** 1 R 15.16–22. [f] **41.12** 2 S 2.13.

vivir a Egipto, [16] la guerra y el hambre que ustedes tanto temen los alcanzará allí mismo, y allí morirán. [17] Todos los que están empeñados en irse a vivir a Egipto, morirán allá por la guerra, el hambre o la peste. Nadie quedará con vida; nadie escapará a la calamidad que les voy a enviar.'

[18] "El Señor todopoderoso, el Dios de Israel, dice: 'Así como mi ira y mi furor se encendieron contra los habitantes de Jerusalén, así se encenderán también contra ustedes, si se van a Egipto. Se convertirán en ejemplo de maldición, en algo que causará terror, y no volverán a ver este lugar.' [19] A ustedes, los que aún quedan de Judá, el Señor les ordena que no vayan a Egipto. Sépanlo bien, yo se lo advierto ahora. [20] Ustedes cometen un error fatal, pues ustedes mismos me encargaron que acudiera al Señor su Dios, y me dijeron: 'Ruega al Señor nuestro Dios por nosotros, y haznos saber todo lo que él ordene, para que lo hagamos.' [21] Yo les he dado a conocer hoy lo que el Señor su Dios me encargó decirles, pero ustedes no quieren obedecer. [22] Por lo tanto, sepan bien que por causa de la guerra, el hambre y la peste, ustedes morirán en el país a donde quieren ir a vivir."

Se llevan a Jeremías a Egipto

43 [1] Cuando Jeremías terminó de comunicar al pueblo todo lo que el Señor, el Dios de ellos, le había encargado decirles, [2] Azarias, hijo de Osaías, Johanán, hijo de Carea, y otros hombres arrogantes dijeron a Jeremías: "¡Lo que dices es mentira! El Señor nuestro Dios no te ha encargado decirnos que no vayamos a vivir en Egipto. [3] Es Baruc, hijo de Nerías, el que te ha predispuesto contra nosotros, para hacer que caigamos en poder de los caldeos y que nos maten o nos lleven desterrados a Babilonia."

[4] Así pues, ni Johanán ni los jefes militares ni la gente se quedaron en el territorio de Judá, desobedeciendo así la orden del Señor. [5] Por el contrario, Johanán y todos los jefes militares reunieron a la poca gente de Judá que aún quedaba y que, después de haber sido dispersada por distintos países, había vuelto a Judá para establecerse allí: [6] hombres, mujeres, niños, las hijas del rey y todas las personas que Nabuzaradán, comandante de la guardia, había dejado bajo el cuidado de Gedalías, incluyendo a Jeremías y a Baruc. [7] Sin hacer caso de la orden del Señor, todos ellos se fueron a Egipto[g] y llegaron hasta la ciudad de Tafnes.

[8] En Tafnes, el Señor se dirigió a Jeremías y le dijo: [9] "Toma unas piedras grandes y, a la vista de la gente de Judá, entiérralas en el piso de barro de la terraza, frente a la entrada del palacio real de la ciudad. [10] Y diles: 'El Señor todopoderoso, Dios de Israel, dice: Voy a hacer venir a mi siervo Nabucodonosor, rey de Babilonia, y voy a poner su trono y su tienda real encima de estas piedras que he enterrado aquí. [11] Él vendrá y destruirá el país de Egipto. Los que están destinados a morir, morirán; los que están destinados a ir al destierro, irán al destierro; y los que están destinados a morir en la guerra, morirán en la guerra.[h] [12] Prenderá fuego[55] a los templos de los dioses de Egipto, y a sus dioses les prenderá fuego o se los llevará como si fueran prisioneros. Limpiará el país de Egipto, como un pastor que limpia de piojos su ropa, y luego se irá sin que nadie se lo impida. [13] Destruirá los obeliscos de Heliópolis, en Egipto,[56] y prenderá fuego a los templos de los dioses de Egipto.' "

Mensaje del Señor a los judíos que fueron a Egipto

44 [1] Mensaje que Jeremías recibió para todos los judíos que vivían en Egipto, en las ciudades de Migdol, Tafnes, Menfis y la región del sur: [2] "El Señor todopoderoso, el Dios de Israel, dice: 'Ustedes han visto todas las calamidades que hice caer sobre Jerusalén y las demás ciudades de Judá. Ahora están en ruinas, y nadie vive en ellas [3] por causa de las maldades que cometieron, pues me ofendieron adorando a otros dioses[i] y ofreciéndoles incienso; dioses con los que ni ellos ni ustedes ni sus antepasados tenían nada que ver. [4] Una y otra vez envié a mis siervos los profetas para que les dijeran a ustedes que no hicieran esas cosas repugnantes que yo detesto. [5] Pero ustedes no me obedecieron ni me hicieron caso. En vez de dejar su maldad, siguieron ofreciendo incienso a otros dioses. [6] Entonces se encendieron mi ira y mi furor, y ardieron como un fuego en las ciudades de Judá y en las calles de Jerusalén. Quedaron en ruinas y desiertas hasta el día de hoy.

[7] 'Así pues, yo, el Señor todopoderoso, el Dios de Israel, digo: ¿Por qué traen sobre ustedes mismos ese mal tan grande? ¿Por qué hacen que muera toda la gente de Judá, hombres, mujeres y niños, y hasta recién nacidos, de manera que no

---

[55] *Prenderá fuego:* según versiones antiguas. Heb. *prenderé fuego.* [56] *En Egipto:* lit. *(la) que está en Egipto:* el texto hebreo añade esta explicación para distinguirla de una ciudad Palestina, Betsemes, nombre también de Heliópolis en hebreo.

[g] **43.5-7** 2 R 25.26. [h] **43.11** Jer 15.2. [i] **44.3** Ex 20.3.

quede nadie? ⁸¿Por qué me ofenden con sus acciones y ofrecen incienso a otros dioses aquí en Egipto, donde han venido a vivir? Con ello van a provocar su propia destrucción, y se convertirán en ejemplo de maldición y humillación entre todas las naciones de la tierra. ⁹¿Ya se han olvidado de todas las maldades que cometieron los antepasados de ustedes, y de las que cometieron los reyes de Judá y sus esposas, y de las que ustedes mismos y las esposas de ustedes cometieron en el territorio de Judá y en las calles de Jerusalén? ¹⁰Hasta ahora ustedes no han cambiado de conducta, ni han sentido temor, ni han cumplido las instrucciones y leyes que a ustedes y a sus antepasados les di.

¹¹'Por eso yo, el Señor todopoderoso, el Dios de Israel, les digo: He decidido traer mal sobre ustedes y destruir a todo Judá. ¹²Haré que los que quedaron de Judá y se empeñaron en irse a vivir a Egipto, sean destruidos allá por completo. Todos, desde el más chico hasta el más grande, morirán por la guerra o el hambre, y se convertirán en ejemplo de maldición y humillación, en algo que causará terror. ¹³Castigaré a los que vivan en Egipto como castigué a Jerusalén, con la guerra, el hambre y la peste. ¹⁴Nadie de ese pequeño resto de Judá que se ha ido a vivir a Egipto, podrá escapar o quedar con vida. Y aunque quieran volver a Judá para establecerse allí, no volverán, a no ser unos cuantos refugiados.' "

¹⁵Entonces, aquellos que sabían que sus esposas ofrecían incienso a otros dioses, y las mujeres que se encontraban allí, todos los cuales formaban un grupo numeroso, más los judíos que vivían en la región sur de Egipto, respondieron a Jeremías:

¹⁶—No haremos caso de ese mensaje que nos has traído de parte del Señor. ¹⁷Al contrario, seguiremos haciendo lo que habíamos decidido hacer. Seguiremos ofreciendo incienso y ofrendas de vino a la diosa Reina del Cielo,ʲ como lo hemos hecho hasta ahora y como antes lo hicieron nuestros antepasados y nuestros reyes y jefes en las ciudades de Judá y en las calles de Jerusalén. Pues antes teníamos comida en abundancia, nos iba bien y no nos vino ninguna desgracia; ¹⁸pero desde que dejamos de ofrecer incienso y ofrendas de vino a la Reina del Cielo, nos falta de todo, y nuestra gente muere de hambre o en la guerra.

¹⁹Las mujeres añadieron:

—Nosotras hacíamos tortas que representaban a la Reina del Cielo, y le ofrecíamos incienso y ofrendas de vino, pero todo ello con el consentimiento de nuestros esposos. Y lo seguiremos haciendo.

²⁰Entonces Jeremías respondió a todos los hombres y mujeres que le habían contestado de esa manera:

²¹—¿Creen ustedes que el Señor no se daba cuenta, o se había olvidado, de que ustedes y sus antepasados, sus reyes, sus jefes y el pueblo en general, ofrecían incienso a otros dioses en las ciudades de Judá y en las calles de Jerusalén? ²²Pero el Señor ya no pudo soportar más las malas acciones que ustedes cometían y que a él tanto le disgustan. Por eso el país de ustedes está hoy en ruinas y sin nadie que viva en él; se ha convertido en ejemplo de maldición, en algo que causa terror. ²³Esta desgracia en que ahora se encuentran se ha venido precisamente porque ofrecieron incienso a otros dioses, pecando así contra el Señor, y porque no obedecieron sus instrucciones y leyes, ni cumplieron sus mandatos.

²⁴Jeremías dijo además a todo el pueblo, y especialmente a las mujeres:

—Escuchen este mensaje del Señor todos ustedes, gente de Judá que vive en Egipto. ²⁵El Señor todopoderoso, el Dios de Israel, dice: 'Ustedes las mujeresˢ⁷ lo dicen de boca y lo practican de hecho. Ustedes dicen que han prometido ofrecer incienso y ofrendas de vino a la Reina del Cielo, y que cumplirán sin falta su promesa. ¡Muy bien, cumplan y pongan por obra lo que han prometido! ²⁶Pero oigan todos ustedes, gente de Judá que vive en Egipto, lo que yo, el Señor, les digo: Juro por mi nombre soberano que ninguno de los de Judá volverá a pronunciar mi nombre en todo Egipto, diciendo: Por la vida del Señor. ²⁷Porque yo estaré vigilando para enviarles calamidades y no beneficios. Todos los de Judá que viven en Egipto serán completamente aniquilados por la guerra o el hambre. ²⁸Serán muy contados los que escapen de morir en la guerra y vuelvan de Egipto a Judá. Así, todos los que quedaban en Judá y vinieron a vivir a Egipto, verán qué palabras se cumplieron, si las mías o las de ellos. ²⁹Yo, el Señor, les daré a ustedes esta señal como prueba de que mis amenazas se van a cumplir, y de que los castigaré en este país: ³⁰Yo entregaré al faraón Hofra, rey de Egipto, en poder de sus enemigos mortales, así como entregué a Sedequías, rey de Judá, en poder de Nabucodonosor, rey de Babilonia,ᵏ su enemigo mortal.'

ˢ⁷ *Ustedes las mujeres:* según la versión griega. Heb. *ustedes y sus mujeres.*
ʲ **44.17** Jer 7.18. ᵏ **44.30** 2 R 25.1-7.

Promesas del Señor a Baruc

45 ¹ El año cuarto del gobierno de Joacim,[l] hijo de Josías, rey de Judá, mientras Baruc, hijo de Nerías, escribía lo que el profeta Jeremías le dictaba, dijo Jeremías a Baruc: ²⁻³ "Tú, Baruc, dices: '¡Ay de mí! ¡El Señor no me da sino penas y dolores! Ya estoy cansado de llorar y no encuentro ningún alivio.' Pues el Señor dice respecto de ti, ⁴ y me manda que te diga: 'Yo destruyo lo que construí, y arranco lo que planté. Y lo mismo haré con toda la tierra. ⁵ ¿Quieres pedir para ti algo extraordinario? Pues no lo pidas, porque yo voy a enviar calamidades sobre toda la humanidad. Pero al menos permitiré que conserves tu vida por dondequiera que vayas. Yo, el Señor, lo afirmo.' "

Derrota de Egipto en Carquemis

46 ¹ El Señor habló al profeta Jeremías acerca de las naciones. ² Este fue su mensaje acerca de Egipto,[m] y en particular acerca del ejército del faraón Necao, rey de Egipto, que se hallaba en Carquemis, junto al río Éufrates, y a quien el rey Nabucodonosor de Babilonia derrotó en el año cuarto del gobierno de Joacim, hijo de Josías, rey de Judá:

³ "¡Preparen los escudos!
¡Láncense al ataque!
⁴ ¡Ensillen los caballos!
¡Monten, jinetes!
¡Pónganse los cascos y formen líneas!
¡Afilen las lanzas!
¡Pónganse las corazas!

⁵ "Pero ¿qué es lo que veo?
Retroceden llenos de terror.
Sus guerreros se dispersan derrotados;
salen corriendo, sin mirar atrás.
¡Hay terror por todas partes![n]
Yo, el Señor, lo afirmo.
⁶ ¡No pueden huir los más veloces,
ni escapar los más valientes!
En el norte, junto al río Éufrates,
tropiezan y caen.
⁷ ¿Quién es ése que crece como el Nilo,
como un río de aguas violentas?
⁸ Es Egipto, que crece como el Nilo,
como un río de aguas violentas.
Egipto dice: 'Voy a crecer y a inundar la tierra,

voy a destruir las ciudades y sus habitantes.'

⁹ "¡Que avance la caballería!
¡Adelante los carros!
¡Que se pongan en marcha los guerreros:
los soldados de Etiopía y de Libia,
armados de escudos;
los soldados de Lidia,
que manejan bien el arco!
¹⁰ Este es el día del Señor todopoderoso,
el día en que va a vengarse de sus enemigos.
La espada herirá hasta saciarse,
hasta emborracharse de sangre.
Pues el Señor todopoderoso hará una matanza[ss]
en el país del norte, junto al Éufrates.

¹¹ "¡Pueblo de Egipto,
ve a Galaad en busca de medicinas!
¡Pero por más remedios que uses,
de nada te van a servir,
pues no hay remedio para ti!
¹² Las naciones ya saben que has sido humillado,
y en toda la tierra se te oye gritar;
chocan los guerreros unos contra otros,
y juntos ruedan por el suelo."

El ataque de Nabucodonosor a Egipto

¹³ El Señor habló al profeta Jeremías cuando Nabucodonosor, rey de Babilonia, se dirigía a atacar a Egipto:[ñ]

¹⁴ "Anuncien en Egipto,
en Migdol, en Menfis y en Tafnes:
'¡Alerta, estén listos!
¡La espada hace estragos a tu alrededor!'
¹⁵ ¿Por qué huyó Apis, tu toro sagrado?[59]
¿Por qué no pudo tenerse en pie?
Pues porque yo, el Señor, lo derribé.
¹⁶ Tus soldados tropiezan y caen,
y unos a otros se dicen:
'¡Vámonos de aquí, volvamos a nuestra patria,
al país donde nacimos!
¡Huyamos de la violencia de la guerra!'

¹⁷ "Pónganle este apodo al faraón, el rey de Egipto:
'Mucho ruido, pero a destiempo'.

---

⁵⁸ *Matanza:* lit. *sacrificio.* Otra posible traducción: *pues será sacrificio al Señor todopoderoso.*　⁵⁹ *¿Por qué huyó Apis, tu toro sagrado?:* según la versión griega. Heb. *¿por qué fueron derribados tus toros?*
ˡ **45.1** 2 R 24.1; 2 Cr 36.5-7; Dn 1.1-2.　ᵐ **46.2-26** Is 19.1-25; Ez 29.1—32.32.　ⁿ **46.5** Sal 31.13; Jer 6.25; 20.3,10; 49.29; Lm 2.22.　ñ **46.13** Jer 43.10-13.

18 Yo, que soy el rey
y me llamo el Señor todopoderoso,
lo juro por mi vida:
Como el Tabor, que se destaca entre
los montes,
y como el Carmelo, que se alza
sobre el mar,
así es el enemigo que vendrá.
19 Prepárense para el destierro,
habitantes de Egipto,
pues Menfis se convertirá en
desierto,
en ruinas donde nadie vivirá.
20 Egipto parece una hermosa novilla,
pero viene a picarle un tábano del
norte.
21 Sus soldados mercenarios
son como becerros gordos,
pero ellos también saldrán corriendo
y no podrán resistir,
porque llega el día de su desastre,
la hora de su castigo.
22 Egipto huirá silbando como una
serpiente
cuando se acerquen los ejércitos
y lo ataquen con hachas,
como si cortaran árboles.
23 ¡Cortarán sus espesos bosques!
Yo, el Señor, lo afirmo.
Eran más numerosos que las
langostas,
y nadie los podía contar.
24 Egipto será humillado,
y caerá en poder del pueblo del
norte."

25 El Señor todopoderoso, el Dios de Israel, dice: "Voy a castigar a Amón, el dios
de Tebas, a Egipto con sus dioses y sus
reyes, y al faraón y a los que en él confían.
26 Haré que caigan en poder de sus enemigos mortales, de Nabucodonosor, rey de
Babilonia, y de su gente. Pero al cabo de
un tiempo, Egipto volverá a estar habitado como antes. Yo, el Señor, lo afirmo.

El Señor salvará a su pueblo

(Jer 30.10–11)

27 "No temas, pueblo de Jacob, siervo
mío;
no tengas miedo, Israel.
Pues a ti y a tus hijos los libraré
de ese país lejano donde están
desterrados.
Volverás a vivir en paz,
tranquilo, sin que nadie te asuste.
28 Yo, el Señor, afirmo:
No temas, pueblo de Jacob, siervo
mío,
porque yo estoy contigo.
Destruiré todas las naciones
entre las cuales te dispersé.
Pero a ti no te destruiré;
sólo te corregiré como mereces;
no te dejaré sin tu castigo."

Profecía acerca de los filisteos

47 1 Este es el mensaje que el Señor dirigió al profeta Jeremías acerca de
los filisteos,[o] antes que el faraón atacara
Gaza:

2 "Yo, el Señor, digo:
Del norte llega una inundación,
como de un río desbordado;
inunda el país y todo lo que hay en
él,
las ciudades y los que en ellas viven.
Todos los habitantes del país gritan,
la gente lanza ayes de dolor.
3 Al oír el galope de los caballos,
el estruendo de los carros
y el ruido de las ruedas,
les faltan fuerzas a los padres
y abandonan a sus hijos.
4 Porque llegó el día de aniquilar a los
filisteos,
de quitarles a Tiro y Sidón
la ayuda que aún les queda."

Sí, el Señor va a destruir a los
filisteos,
que emigraron de la isla de Creta.
5 La gente de Gaza se rapa la cabeza,
la gente de Ascalón se queda muda.
Último resto de los antiguos
gigantes,[60, p]
¿hasta cuándo te harás cortaduras
en la carne
en señal de dolor?
6 ¡Ay, espada del Señor!
¿Cuándo te vas a detener?
¡Vuelve a entrar en tu vaina,
cálmate, quédate quieta!
7 ¿Pero cómo podría quedarse quieta
si el Señor le ha dado órdenes,
si le ha dado el encargo
de atacar a Ascalón y toda la costa?

Profecía acerca de Moab

48 1 Mensaje del Señor todopoderoso,
el Dios de Israel, acerca de Moab:[q]

"¡Pobre ciudad de Nebo,
qué destruida está!
¡Quiriataim fue tomada y humillada!
¡Su fortaleza fue derribada al suelo!
2 El esplendor de Moab ha terminado.
En Hesbón los enemigos hacen
planes

[60] *Los antiguos gigantes:* según la versión griega. Heb. *del valle de ellos.*
[o] **47.1–7** Is 14.29–31; Ez 25.15–17; Jl 3.4–8; Am 1.6–8; Sof 2.4–7; Zac 9.5–7. [p] **47.5** Jos 11.22. [q] **48.1–47** Is 15.1—16.14; 25.10–12; Ez 25.8–11; Am 2.1–3; Sof 2.8–11.

para que Moab, como nación,
  desaparezca.
Tú también, Madmén, serás
  destruida,
y la guerra no dejará de
  amenazarte.
3 De Horonaim salen gritos:
  '¡Ruina y gran destrucción!'

4 "Moab está en ruinas;
  los gritos de dolor llegan hasta
  Zoar.[61]
5 Con lágrimas en los ojos avanzan
  los que suben por la cuesta de
  Luhit;
  gritan de dolor ante el desastre
  los que bajan a Horonaim.
6 ¡Huyan! ¡Sálvese quien pueda!
  ¡Sean como la zarza en el desierto![62]

7 "Moab, tú confiabas en tu fuerza
  y en tus riquezas,
  pero también tú serás tomada.
  Tu dios Quemós irá al destierro,
  con sus sacerdotes y gente
  importante.
8 La destrucción llegará a todas las
  ciudades,
  y ni una sola escapará;
  el valle y la meseta quedarán en
  ruinas.
  Yo, el Señor, lo afirmo.
9 Pónganle una lápida[63] a Moab,
  porque la van a destruir;
  sus ciudades quedarán en ruinas
  y sin ningún habitante."

10 (¡Maldito el que no haga con gusto el
trabajo que el Señor encarga! ¡Maldito el
que se niegue a tomar parte en la matanza!)
11 Moab siempre ha vivido en paz, nunca
ha tenido que ir al destierro. Es como el
vino que se deja asentar, que no se pasa
de una vasija a otra, y por eso nunca
pierde su sabor ni su aroma.
12 Pero el Señor afirma: "Va a llegar el
día en que yo enviaré gente que eche ese
vino en otras vasijas, y que a las vasijas
vacías las haga pedazos. 13 Entonces Moab
se sentirá defraudado por su dios Quemós,
así como Israel se sintió defraudado por
Betel, en quien tenía puesta su confianza.

14 "Que no diga Moab: 'Somos
  valientes,
  guerreros poderosos.'
15 Ya llega el destructor de Moab y sus
  ciudades;
  lo mejor de su juventud morirá.

Lo afirma el Rey, cuyo nombre es el
  Señor todopoderoso.
16 El desastre de Moab se acerca,
  su desgracia está a punto de llegar.
17 Vecinos de Moab,
  y todos los que conocen su fama,
  lloren por él y digan:
  '¡Miren cómo quedó deshecho su
  dominio
  tan fuerte y tan glorioso!'

18 "Baja de tu sitio de honor, ciudad de
  Dibón,
  y siéntate en el suelo reseco,
  porque el destructor de Moab
  avanza contra ti
  y ha destruido tus fortificaciones.
19 Ciudad de Aroer,
  párate al lado del camino y mira;
  pregunta a los sobrevivientes
  qué fue lo que pasó.
20 Moab está humillado, lleno de
  terror.
  ¡Lloren de dolor por él!
  ¡Anuncien en el río Arnón
  que Moab ha sido destruido!"

21 Llegó el castigo decretado contra las
ciudades de la meseta: Holón, Jahaza, Mefaat, 22 Dibón, Nebo, Bet-diblataim, 23 Quiriataim, Bet-gamul, Bet-meón, 24 Queriot,
Bosra y todas las ciudades de Moab, cercanas y lejanas.

25 El Señor afirma:
  "La fuerza de Moab ha sido rota,
  y su poder destruido."

26 Emborrachen a Moab,
  porque se rebeló contra el Señor.
  Entonces Moab se revolcará en su
  vómito
  y todos se burlarán de él.
27 Moab, ¿no te burlabas tú de Israel
  y hablabas siempre de él con
  desprecio,
  como si fuera un ladrón?
28 Abandonen las ciudades, habitantes
  de Moab;
  váyanse a las peñas, a vivir como
  las palomas
  que anidan al borde de los
  precipicios.
29 Conocemos el gran orgullo de Moab:
  su arrogancia, su altivez y su
  soberbia.
30 También el Señor conoce su
  insolencia,
  su charlatanería y sus bravatas.

61 *Hasta Zoar:* según la versión griega. Heb. *de sus pequeños.*
Heb. oscuro.   63 *Lápida:* según la versión griega. Heb. oscuro.   62 *Como la zarza en el desierto:* según la versión latina.

31 Por eso lloraré y me lamentaré
por todo el pueblo de Moab
y por los hombres de Kir-hares.
32 Lloraré por ti, viñedo de Sibma,
más de lo que se lloró por Jazer.
Tus ramas pasaban más allá del mar
y llegaban hasta Jazer.
Pero ahora tu cosecha de uvas
ha quedado destruida.
33 Ya no se oyen gritos de contento
en los jardines de Moab.
El vino se ha acabado en los
depósitos.
Ya no hay quien pise las uvas,
ya no hay más cantos de alegría.
34 La gente de Hesbón grita de dolor,
y sus gritos llegan hasta Eleale y
Jahaza,
y desde Zoar hasta Horonaim y
Eglat-selisiya,
porque aun los manantiales de
Nimrim están secos.

35 El Señor afirma:
"Yo destruiré a la gente de Moab
que sube a las colinas, a los
santuarios paganos,
para ofrecer sacrificios e incienso a
sus dioses."

36 Por eso mi corazón gime por Moab
y por los hombres de Kir-hares
con sonido de flautas fúnebres,
pues las riquezas que juntó se han
perdido.
37 Toda cabeza está rapada y toda
barba cortada;
todos se han hecho heridas en las
manos
y se han vestido con ropas ásperas.

38 "En todas las terrazas de Moab
y en todas sus calles
no se oye más que llanto,
porque yo hice pedazos a Moab
como a una vasija inútil.
Yo, el Señor, lo afirmo."

39 ¡Hagan lamentación por Moab!
¡Qué lleno de terror está!
¡Volvió la espalda de manera
vergonzosa!
Se convirtió en algo horrible y
despreciable
para todos sus vecinos.

40 El Señor dice:
"El enemigo de Moab se lanza
contra él
como un águila con las alas
extendidas.

41 Ciudades y fortalezas
caerán en poder del enemigo.
En ese día los guerreros de Moab
temblarán como mujer de parto.
42 Moab dejará de ser nación,
porque se levantó contra mí, contra
el Señor.
43 Por eso yo, el Señor, afirmo:
Los habitantes de Moab serán
como animales perseguidos por los
cazadores
o en peligro de caer en un hoyo o
una trampa.
44 El que escape de los cazadores caerá
en el hoyo,
y el que salga del hoyo caerá en la
trampa,^{r}
porque yo traeré sobre Moab
el tiempo de su castigo.
Yo, el Señor, lo afirmo.

45 "Algunos huyen sin fuerzas
a buscar refugio a la sombra de
Hesbón;
pero Hesbón, la ciudad del rey
Sehón,
está en llamas, y el fuego se
extiende
y devora los montes de Moab,
ese pueblo revoltoso.
46 ¡Ay de ti, Moab!
¡Pueblo de Quemós, estás perdido!
¡A tus hijos y a tus hijas se los
lleven al destierro!
47 Pero al final yo cambiaré la suerte
de Moab;
yo, el Señor, lo afirmo."

Esta es la sentencia del Señor contra
Moab.

Profecía acerca de los amonitas

49 **1** Mensaje del Señor acerca de
Amón:^{s}
"¿Dónde están los hijos de Israel?
¿Dónde están sus herederos?
¿Por qué el dios Milcom^{64} es ahora
dueño de Gad?
¿Por qué los amonitas habitan en
sus ciudades?

2 "Pues bien, yo, el Señor, afirmo:
Va a llegar el día
en que haré que la ciudad amonita
de Rabá
escuche el grito de guerra;
se convertirá en un montón de
ruinas,
y sus poblaciones arderán en llamas.

---

64 *Milcom:* según varias versiones antiguas. Heb. *su rey.*
r 48.43-44 Is 24.17-18.   **s 49.1-6** Ez 21.28-32; 25.1-7; Am 1.13-15; Sof 2.8-11.

Entonces Israel reconquistará sus ciudades.
Yo, el Señor, lo afirmo.

3 "¡Gime, Hesbón, pues Hai ha sido destruida!
¡Hagan lamentación, mujeres de Rabá!
¡Vístanse de luto, golpéense el pecho!
¡Corran como locas, hiéranse el cuerpo![65]
Porque el dios Milcom va al destierro,
con sus sacerdotes y gente importante.
4 ¿Por qué te jactas de tu fuerza?
Tu fuerza ya se acaba, pueblo rebelde,
que confías en las riquezas que has juntado
y dices: '¿Quién me va a atacar?'
5 Pues bien, de todas partes
voy a enviar terror sobre ti.
Yo, el Señor todopoderoso, lo afirmo.
Cada uno de ustedes saldrá corriendo por su lado,
y no habrá nadie que los vuelva a reunir.
6 Pero después cambiaré la suerte de los amonitas.
Yo, el Señor, lo afirmo."

Profecía acerca de Edom

7 Mensaje del Señor todopoderoso acerca de Edom:[t]

"¿Ya no hay sabiduría en Temán?
¿Ya no saben qué hacer los inteligentes?
¿Se echó a perder su sabiduría?
8 ¡Habitantes de Dedán, salgan corriendo,
vayan a esconderse!
Porque voy a destruir el pueblo de Esaú;
ha llegado el tiempo en que voy a castigarlo.
9 Cuando se cosechan las uvas,
se dejan algunos racimos;
cuando por la noche llegan ladrones,
sólo se llevan lo que necesitan.
10 Pero yo he dejado al pueblo de Esaú sin nada,
he descubierto sus escondites
y ya no puede ocultarse.
Sus hijos, sus parientes y vecinos,
fueron todos destruidos;
no quedó nadie que diga:[66]

11 'Déjame a tus huérfanos, que yo los cuidaré.
Tus viudas pueden contar conmigo.'"

12 El Señor dice: "Si aquellos que no merecían la copa del castigo han tenido que beberla, de ningún modo quedarás tú sin castigo, sino que tendrás que beber también de ella. 13 Yo, el Señor, lo juro por mí mismo: La ciudad de Bosra quedará convertida en un desierto, en ruinas, en ejemplo de humillación y maldición, y las demás ciudades quedarán en ruinas para siempre."

14 Me ha llegado una noticia de parte del Señor;
un heraldo proclama entre las naciones:
"¡Reúnanse y marchen contra Edom!
¡Prepárense para la batalla!
15 Yo te haré el más pequeño de los pueblos,
el más despreciado entre los hombres.
16 Te dejaste engañar por tu orgullo,[67]
porque infundías terror.
Vives entre las grietas de las rocas,
agarrado a las cumbres de los montes.
Pero aunque anides tan alto como el águila,
de allá te haré bajar.
Yo, el Señor, lo afirmo.

17 "La destrucción de Edom será tan grande que causará espanto. Todo el que pase por allí se espantará al ver el castigo, 18 pues quedará como Sodoma y Gomorra y las ciudades vecinas, cuando fueron destruidas.[u] Nadie volverá a vivir allí, ni siquiera de paso. Yo, el Señor, lo digo. 19 Vendré repentinamente, como un león que sale de los matorrales del Jordán y se lanza a los lugares donde siempre hay pasto fresco, y haré huir de ahí a los de Edom, y haré que gobierne la persona que yo escoja. Pues ¿quién puede compararse a mí? ¿Quién puede desafiarme? ¿Qué pastor me puede hacer frente? 20 Escuchen el plan que yo, el Señor, he preparado contra Edom, el proyecto que he formulado contra los habitantes de Temán: Aun a los corderos más pequeños se los llevarán, y las praderas mismas serán también destrozadas. 21 La caída de Edom hará tanto ruido, que la tierra temblará; gritará pidiendo auxilio, y sus gritos se oirán hasta en el Mar Rojo.[v] 22 El enemigo se lanzará

---

65 Hiéranse el cuerpo: texto probable. Heb. en los cercados.   66 No quedó nadie que diga: texto probable. Heb. y él ya no existe.   67 Tu orgullo: traducción probable. Heb. oscuro.
t 49.7-22 Is 34.5-17; 63.1-6; Ez 25.12-14; 35.1-15; Am 1.11-12; Abd 1-14; Mal 1.2-5.   u 49.18 Gn 19.24-25.
v 49.18-21 Jer 50.40,44-46.

contra Bosra como un águila con las alas extendidas, y ese día los guerreros de Edom temblarán como mujer de parto."

Profecía acerca de Damasco

23 Mensaje acerca de Damasco:ʷ

"Las ciudades de Hamat y Arfad
   están avergonzadas,
porque les han llegado malas
   noticias.
Se llenan de terror,⁶⁸ no pueden
   estar tranquilas.
24 Damasco, ya sin fuerzas, se dispone
   a huir.
La dominan el pánico, la angustia y
   el dolor,
como a una mujer de parto.
25 La ciudad famosa, la ciudad feliz,⁶⁹
   ha quedado abandonada.
26 Ese día quedarán sus jóvenes
   tendidos en las calles,
y todos sus guerreros morirán.
Yo, el Señor todopoderoso, lo
   afirmo.
27 Voy a prender fuego a las murallas
   de Damasco,
y ese fuego destruirá los palacios de
   Ben-adad."

Profecía acerca de Cedar y Hazor

28 Mensaje del Señor acerca de la tribu de Cedar y de los jefes de Hazor, a los cuales derrotó Nabucodonosor, rey de Babilonia:

"¡Adelante, ataquen a Cedar!
¡Destruyan a esa tribu de oriente!
29 Apodérense de sus tiendas y de sus
   rebaños,
de sus lonas y de todos sus
   utensilios.
Quítenles sus camellos y grítenles:
'¡Hay terror por todas partes!'ˣ
30 ¡Salgan corriendo, habitantes de
   Hazor!
¡Vayan a esconderse!
Yo, el Señor, lo digo.
Pues Nabucodonosor, el rey de
   Babilonia,
ha hecho planes contra ustedes.
31 Yo, el Señor, les ordeno:
¡Adelante, ataquen a ese pueblo
que vive confiado y tranquilo,
sin puertas ni cerrojos
y completamente solo!
32 ¡Róbenle sus camellos y todo su
   ganado!
Voy a dispersar en todas direcciones

a esa gente que se afeita las sienes;
de todas partes les traeré el
   desastre.
Yo, el Señor, lo afirmo.
33 Hazor será para siempre
un desierto y guarida de chacales.
Nadie volverá a vivir allí ni siquiera
   de paso."

Profecía acerca de Elam

34 Cuando Sedequías comenzó a reinar en Judá, el Señor dirigió este mensaje a Jeremías acerca de Elam:

35 "Yo, el Señor todopoderoso, afirmo:
Voy a romper los arcos de Elam,
que son su arma principal.
36 Voy a traer vientos contra este
   pueblo
desde las cuatro direcciones,
para que lo dispersen por todas
   partes,
hasta que no quede país
adonde no lleguen sus refugiados.
37 Haré temblar a Elam ante sus
   enemigos mortales,
le enviaré calamidades,
desataré mi ira contra él,
y le enviaré la guerra hasta
   destruirlo por completo.
Yo, el Señor, lo afirmo.
38 Pondré mi trono en Elam,
y haré morir a sus reyes y a sus
   jefes.
Yo, el Señor, lo afirmo.
39 Pero en el futuro cambiaré la suerte
   de Elam.
Yo, el Señor, lo afirmo."

Caída de Babilonia

50 ¹ Mensaje acerca de Babilonia,ʸ país de los caldeos, que el Señor comunicó por medio del profeta Jeremías:

2 "Anuncien esto, denlo a conocer
   entre las naciones.
Levanten la señal de anuncio; no
   oculten nada.
Digan: '¡Babilonia fue tomada!
¡El dios Bel quedó en ridículo,
el dios Marduc está lleno de terror!
¡Sus ídolos, sus falsos dioses,
quedaron en ridículo y llenos de
   terror!'
3 Porque del norte avanza contra ella
   una nación
que convertirá su país en un
   desierto.
Nadie, ni hombres ni animales,

---

⁶⁸ *Se llenan de terror:* traducción probable. Heb. oscuro.   ⁶⁹ *Feliz:* según versiones antiguas. Heb. *de mi felicidad.*
ʷ **49.23-27** Is 17.1-3; Am 1.3-5; Zac 9.1.   ˣ **49.29** Sal 31.13; Jer 6.25; 20.3,10; Lm 2.22.   ʸ **50.1—51.64** Is 13.1—14.23; 47.1-15.

volverá a vivir allí,
pues todos se irán huyendo."

Regreso de los israelitas

⁴ El Señor dice: "En aquel tiempo, la gente de Israel y de Judá vendrá llorando a buscarme a mí, el Señor su Dios. ⁵ Preguntarán por el camino de Sión, y hacia allá irán, diciendo: 'Vayamos al Señor, y unámonos con él en un pacto eterno, que no se olvide nunca.'
⁶ "Mi pueblo era como ovejas perdidas,ᶻ mal guiadas por sus pastores, que las dejaron perderse en los montes. Iban de un monte al otro, y hasta olvidaron su corral. ⁷ Sus enemigos, al encontrarlos, los devoraban y decían: 'No es culpa nuestra, porque ellos pecaron contra el Señor, su pastizal seguro, la esperanza de sus antepasados.'

⁸ "¡Huyan de Babilonia,ᵃ del país de
   los caldeos!
¡Salgan como guías al frente del
   rebaño!
⁹ Pues voy a hacer que un grupo
de poderosos pueblos del norte
ataque al mismo tiempo a Babilonia.
Se alinearán y la conquistarán.
Son guerreros expertos,
que disparan sus flechas sin fallar el
   tiro.
¹⁰ Saquearán a los caldeos;
los saquearán hasta llenarse.
Yo, el Señor, lo afirmo.

Caída de Babilonia

¹¹ "Ustedes, caldeos, que saquearon mi
   pueblo,
¡alégrense y diviértanse!
¡Salten como una novilla en la
   hierba!
¡Relinchen como caballos!
¹² Pero su patria y su ciudad natal
quedarán cubiertas de vergüenza.
Será la última de las naciones,
un desierto seco y desolado.
¹³ Porque me enojaré y la dejaré sin
   habitantes,
completamente convertida en un
   desierto.
Todo el que pase por allí quedará
   espantado
al ver el castigo que recibió.

¹⁴ "¡A sus puestos, arqueros, rodeen
   Babilonia!

¡Disparen contra ella todas sus
   flechas,
porque pecó contra mí, contra el
   Señor!
¹⁵ ¡Lancen gritos de guerra por todos
   lados!
¡Babilonia ya se rinde!
¡Cayeron las torres, se derrumbaron
   las murallas!
¡Esta es mi venganza: vénguense de
   ella!
¡Hagan con ella lo mismo que ella
   hizo!
¹⁶ No dejen en Babilonia a nadie que
   siembre o recoja las cosechas.
Al ver la guerra destructora,
los extranjeros volverán a su patria,
cada cual huyendo hacia su tierra.ᵇ

Regreso de Israel

¹⁷ "Israel es como una oveja perdida, perseguida por leones. Primero se lo comió el rey de Asiria; después, Nabucodonosor, rey de Babilonia, le royó los huesos. ¹⁸ Por eso yo, el Señor todopoderoso, el Dios de Israel, digo: Voy a castigar al rey de Babilonia y a su país, como lo hice con el rey de Asiria. ¹⁹ Haré que Israel vuelva a su tierra, y como una oveja tendrá pastos abundantes en el Carmelo, en Basán, en la región montañosa de Efraín y en Galaad. ²⁰ Yo, el Señor, afirmo: En aquel tiempo, Israel y Judá estarán libres de culpas y pecados, porque yo perdonaré a los que deje con vida.

Derrota de Babilonia

²¹ "¡Ataquen la región de Merataim⁷⁰
y a los habitantes de Pecod!⁷⁰
¡Persíganlos, destrúyanlos por
   completo!
¡Cumplan mis órdenes en todo!
Yo, el Señor, lo ordeno."

²² En el país se oye estruendo de
   batalla,
de gran destrucción.
²³ ¡Babilonia, el martilloᶜ del mundo
   entero,
ha quedado roto, hecho pedazos!
¡Qué horror sienten las naciones
al ver lo que a Babilonia le ha
   pasado!
²⁴ Tú misma, Babilonia, te tendiste una
   trampa,
y sin darte cuenta caíste en ella.
Quedaste presa, atrapada,
porque te opusiste al Señor.

---

⁷⁰ *Merataim* y *Pecod*: el texto hebreo registra así a los nombres de dos lugares de Babilonia, para que signifiquen *doble rebelión* y *lugar de castigo* respectivamente.
ᶻ **50.6–7** Ez 34.5–6; Zac 10.2; Mt 9.36; Mr 6.34.   ᵃ **50.8** Is 48.20; Jer 51.6,45; Ap 18.4.   ᵇ **50.16** Is 13.14.
ᶜ **50.23** Jer 51.20–23.

25 El Señor abrió el depósito de sus
armas
y sacó las armas de su ira,
porque el Señor todopoderoso
tiene una tarea que llevar a cabo
en la nación de los caldeos.
26 ¡Atáquenla por todas partes!
¡Abran sus graneros!
¡Amontonen a la gente y
destrúyanla!
¡Que no quede nadie con vida!
27 ¡Maten a todos sus soldados,
envíenlos al matadero!
¡Ay de ellos! ¡Les llegó su día,
la hora de su castigo!

28 (Gente escapada de Babilonia llega a
Sión contando cómo el Señor nuestro
Dios ha dado su merecido a Babilonia por
lo que ella hizo con el templo.)

29 "¡Llamen a todos los arqueros,
para que ataquen a Babilonia!
¡Acampen alrededor de la ciudad
para que nadie escape!
¡Páguenle como merece!ᵈ
¡Hagan con ella lo mismo que ella
hizo!
Porque ha sido insolente conmigo,
con el Señor, el Dios Santo de
Israel.
30 Por eso sus jóvenes caerán muertos
por las calles
y todos sus guerreros morirán en
ese día.
Yo, el Señor, lo afirmo."

31 El Señor todopoderoso dice:
"Nación insolente, yo estoy en
contra tuya;
ha llegado tu día, la hora de
castigarte.
32 Nación insolente, tropezarás y
caerás,
y nadie te levantará.
Prenderé fuego a todas tus ciudades,
y ese fuego destruirá todos tus
contornos."

33 El Señor todopoderoso dice: "El
pueblo de Israel y el pueblo de Judá están
sufriendo la opresión. Sus enemigos los
tienen presos y no quieren soltarlos.
34 Pero su libertador es fuerte y se llama el
Señor todopoderoso. Él se encargará de
hacerles justicia; traerá paz al país y terror a los habitantes de Babilonia."

35 El Señor dice:
"¡Guerra a Babilonia y a sus
habitantes!

¡A sus jefes y a sus sabios!
36 ¡Guerra a sus adivinos: que se
vuelvan locos!
37 ¡Guerra a sus soldados: que tiemblen
de miedo!
¡Guerra a sus caballos y sus carros!
¡Guerra a sus soldados mercenarios:
que se vuelvan como mujeres!
¡Guerra a sus tesoros: que se los
roben!
38 ¡Guerra a sus ríos: que se sequen!
Porque Babilonia es un país de
ídolos horribles,
y por ellos ha perdido el sentido.

39 "Por eso, en Babilonia harán sus gua-
ridas los gatos monteses y los chacales,ᵉ y
allí vivirán los avestruces. Jamás en todos
los siglos venideros volverá a ser habitada.
40 Quedará como Sodoma y Gomorra y las
ciudades vecinas,ᶠ cuando fueron destruidas. Nadie volverá a vivir allí, ni siquiera
de paso.ᵍ Yo, el Señor, lo afirmo.

41 "Desde lejanas tierras del norte,
una nación poderosa y numerosos
reyes
se preparan a venir.
42 Están armados de arcos y lanzas;
son crueles, no tienen compasión,
sus gritos son como el estruendo del
mar,
y van montados a caballo.
Están listos para la batalla contra
Babilonia.
43 El rey de Babilonia, al saber esta
noticia,
se ha quedado paralizado de miedo,
y siente angustia y dolor
como mujer de parto.ʰ

44 "Vendré repentinamente como un
león que sale de los matorrales del Jordán
y se lanza a los lugares donde siempre hay
pasto fresco, y haré huir de ahí a los de
Babilonia, y haré que gobierne la persona
que yo escoja. Pues ¿quién puede compararse a mí? ¿Quién puede desafiarme?
¿Qué pastor me puede hacer frente? **45** Escuchen el plan que yo, el Señor, he preparado contra Babilonia; el proyecto que he
formulado contra el país de los caldeos:
Aun a los corderos más pequeños se los
llevarán, y las mismas praderas serán también destrozadas. **46** La caída de Babilonia
hará tanto ruido, que la tierra temblará, y
sus gritos se oirán en las demás naciones."ⁱ

ᵈ **50.29** Sal 28.4; 137.8; Ap 18.6.   ᵉ **50.39** Ap 18.2.   ᶠ **50.40** Gn 19.24-25.   ᵍ **50.39-40** Is 13.20-22.   ʰ **50.41-43** Jer 6.22-23.
ⁱ **50.40,44-46** Jer 49.18-21.

Destrucción de Babilonia

51 [1] El Señor dice:
"Voy a enviar un viento
    destructor
contra Babilonia y los caldeos.[71]
[2] Haré que sus enemigos traten a
    Babilonia
como a trigo que se lanza al aire;
haré que dejen sin habitantes su
    territorio.
Cuando llegue el día del desastre,
la atacarán por todas partes.
[3] ¡Que preparen sus arcos los
    arqueros!
¡Que se pongan las corazas![72]
¡No tengan compasión de los
    jóvenes de Babilonia;
destruyan su ejército por completo!
[4] Por todo el país de los caldeos
la gente quedará tendida por las
    calles,
[5] pues aunque Israel y Judá han
    pecado contra mí
y han llenado de pecado su país,
yo, el Señor todopoderoso,
el Dios Santo de Israel,
aún no los he abandonado.

[6] "¡Huyan de Babilonia! ¡Sálvese quien
    pueda!
¡No mueran por causa del pecado de
    ella!
Esta es la hora de mi venganza,
y le pagaré como merece.[j]
[7] Babilonia era en mi mano una copa
    de oro
que embriagaba a todo el mundo.
Las naciones bebían de ese vino[k]
y perdían el sentido.
[8] Pero de pronto Babilonia cayó
    hecha pedazos.[l]
¡Pónganse a llorar por ella!
Traigan remedios para sus heridas,
a ver si se cura."

[9] Ya le pusimos remedios a Babilonia,
pero no se curó.
¡Déjenla! Vámonos de aquí,
cada uno a su patria,
pues su crimen llega hasta el cielo,[m]
se levanta hasta las nubes.

[10] El Señor hizo triunfar nuestro
    derecho.
Vengan, vamos a contar en Sión
lo que ha hecho el Señor nuestro
    Dios.
[11] El Señor quiere destruir Babilonia,
y ha despertado en los reyes de
    Media

ese mismo sentimiento.
Esa es la venganza del Señor
por lo que hicieron con su templo.
¡Preparen las flechas! ¡Sujeten los
    escudos!
[12] ¡Den la señal de atacar los muros de
    Babilonia!
¡Refuercen la guardia!
¡Pongan centinelas!
¡Tiendan emboscadas!

Porque el Señor preparó y llevó a
    cabo
los planes que había anunciado
contra los habitantes de Babilonia.
[13] Tú, Babilonia, que estás junto a
    grandes ríos[n]
y tienes grandes riquezas,
¡ya se te ha llegado tu fin,
el término de tu existencia!
[14] El Señor todopoderoso ha jurado
    por su vida:
"¡Te llenaré de enemigos, como de
    langostas,
y ellos cantarán victoria sobre ti!"

Himno de alabanza a Dios
(Jer 10.12–16)

[15] El Señor, con su poder, hizo la
    tierra;
con su sabiduría afirmó el mundo;
con su inteligencia extendió el cielo.
[16] Con voz de trueno hace rugir el
    agua en el cielo,
hace subir las nubes desde el
    extremo de la tierra,
hace brillar los relámpagos en medio
    de la lluvia
y saca el viento de donde lo tiene
    guardado.[n]
[17] Necio e ignorante es todo hombre.
Los ídolos defraudan al que los
    fabrica:
son imágenes engañosas y sin vida;
[18] son objetos sin valor, ridículos,
que el Señor, en el juicio, destruirá.
[19] ¡Qué diferente es el Dios de Jacob,
    creador de todo lo que existe!
Él escogió a Israel como su
    propiedad.
El Señor todopoderoso: ése es su
    nombre.

Babilonia, instrumento de castigo
del Señor

[20] "¡Babilonia, tú eres mi mazo,[o]
mi arma de guerra!

---

[71] *Caldeos:* lit. *corazón de los que se levantan contra mí,* escritura en clave para Caldea. (Véase también 25.26; 51.41.)
[72] *Que preparen . . . corazas:* según la versión griega. Heb. oscuro.
[j] 51.6 Is 48.20; Jer 50.8; 51.45; Ap 18.4. [k] 51.7 Ap 17.2–4; 18.3. [l] 51.8 Ap 18.2. [m] 51.9 Ap 18.5. [n] 51.13 Ap 17.1.
[n] 51.16 Sal 135.7. [o] 51.20–23 Jer 50.23.

Contigo destrozo naciones
y destruyo reinos.
21 Contigo destrozo caballos y jinetes,
carros y cocheros.
22 Contigo destrozo hombres y
mujeres,
ancianos y jóvenes,
muchachos y muchachas.
23 Contigo destrozo pastores y
rebaños,
labradores y bueyes,
gobernadores y funcionarios.

Castigo de Babilonia

24 "Pero ante los propios ojos de
ustedes
pagaré a Babilonia y a todos los
caldeos
como merecen, por el mal que
hicieron a Sión.
Yo, el Señor lo afirmo.
25 Yo estoy en contra tuya, montaña
destructora,
que destruyes toda la tierra.
Yo, el Señor, lo afirmo.
Levantaré la mano para castigarte,
te haré rodar desde los peñascos
y te convertiré en un cerro
quemado.
26 Ninguna de las piedras de tus ruinas
servirá para construir edificios.
Serás un desierto para siempre.
Yo, el Señor, lo afirmo.

27 "¡Den en el país la señal de ataque!
¡Toquen la trompeta y preparen a
las naciones
para atacar a Babilonia!
¡Levanten contra ella a los reinos de
Ararat,
de Mini y de Askenaz!
¡Nombren un general que dirija la
batalla!
¡Hagan avanzar la caballería como
langostas furiosas!
28 Preparen a las naciones para
atacarla;
preparen a los reyes de Media,
y a sus gobernadores y funcionarios,
y toda la tierra que dominan."

29 La tierra tiembla y se estremece,
porque el Señor está cumpliendo sus
planes
de convertir Babilonia en un
horrible desierto.
30 Los soldados babilonios dejaron de
luchar,
se quedaron en sus fortalezas;
sus fuerzas se agotaron,
y hasta parecían mujeres.

Sus ciudades fueron invadidas
y sus casas incendiadas.
31 Uno tras otro corren los mensajeros
a anunciar al rey de Babilonia
que su ciudad fue conquistada por
completo.
32 El enemigo ocupó los pasos de los
ríos,
incendió los puestos de defensa[73]
y los soldados se llenaron de terror.
33 Porque el Señor todopoderoso,
el Dios de Israel, dice:
"¡Babilonia es como una era
pisoteada en el tiempo de la trilla,
y muy pronto va a llegarle el tiempo
de la cosecha!"

34-35 Dice Jerusalén, la ciudad de Sión:
"Nabucodonosor, el rey de
Babilonia,
me hizo pedazos y me devoró;
me dejó como un plato vacío.
Como un monstruo del mar, me
tragó;
se llenó con lo que más le gustó de
mí,
y el resto lo tiró.[74]
¡Que pague Babilonia por la
violencia que me hizo!
¡Que paguen los caldeos por la gente
que me mataron!"

Promesa a Israel

36 El Señor dice:
"Yo te voy a hacer justicia,
me voy a vengar de tus enemigos.
Voy a dejar completamente secos
el río y los manantiales de Babilonia,
37 que quedará convertida en un
montón de ruinas,
en guarida de chacales,
en un lugar inhabitable
que a todos causará espanto y
horror.
38 Todos ellos rugirán como leones
y gruñirán como cachorros.
39 Cuando ardan de calor, yo les daré a
beber
bebidas que los embriaguen
y les hagan perder el sentido.[75]
Así caerán en un sueño eterno
del que no despertarán.
Yo, el Señor, lo afirmo.
40 Luego los llevaré al matadero,
como se lleva a los corderos, chivos
y carneros."

Caída de Babilonia

41 ¡Babilonia,[76] la ciudad famosa en
todo el mundo,

---

73 *Puestos de defensa:* traducción probable. Heb. *pantanos.*   74 *Y el resto lo tiró:* traducción probable. Heb. oscuro.
75 *Y les hagan perder el sentido:* según varias versiones antiguas. Heb. *se divierten.*   76 Véase nota en 25.26 y 51.1.

ha caído, ha sido conquistada!
¡Cómo se espantan las naciones al
verla!
42 El mar inundó Babilonia,
la cubrió con sus grandes olas.
43 Sus ciudades se convirtieron en
horrible desierto,
en tierra seca y desolada,
donde nadie vive,
por donde nadie pasa.

44 "Castigaré al dios Bel en Babilonia,
le haré vomitar lo que se había
tragado,
y no volverán las naciones a acudir
a él.
¡Ya cayeron las murallas de
Babilonia!
45 Pueblo mío, sal de ahí,
y que cada cual salve su vida
de mi ardiente ira![p]
46 No se asusten, no tengan miedo
por los rumores que corren en el
país.
Cada año correrán rumores
diferentes,
rumores de violencia en el país
y de luchas entre gobernantes.
47 Así pues, vendrá el día
en que castigaré a los ídolos de
Babilonia.
Todo el país quedará humillado
y cubierto de cadáveres.
48 El cielo y la tierra y todo lo que
existe
se alegrarán cuando caiga
Babilonia,[q]
cuando vengan del norte sus
destructores.
Yo, el Señor, lo afirmo.
49 Sí, Babilonia ha de caer
por los muertos que le causó a
Israel
y por los muertos que causó en todo
el mundo."[r]

Mensaje a los judíos que están en Babilonia

50 Ustedes, los que escaparon de la
matanza,
huyan sin parar,
y aun cuando estén lejos, piensen en
el Señor
y acuérdense de Jerusalén.
51 Ustedes dicen: "Sentimos vergüenza
al oír cómo nos insultan.
La deshonra cubre nuestros rostros,
porque gente extranjera ha entrado
hasta los sitios más santos del
templo."

52 Pero el Señor afirma:
"Viene el día
en que castigaré a los ídolos de
Babilonia,
y en todo su territorio gemirán los
heridos.
53 Y aunque Babilonia suba hasta el
cielo
para poner bien alta su fortaleza,
aun allí le enviaré enemigos que la
destruyan.
Yo, el Señor, lo afirmo."

Destrucción de Babilonia

54 Desde Babilonia llegan gritos de
dolor,
desde el país de los caldeos llega un
gran ruido.
55 Es el Señor, que destruye a
Babilonia
y pone fin a su bullicio.
Los enemigos, como olas rugientes,
caerán sobre ella con gran
estruendo.
56 Vinieron a destruir Babilonia;
ya capturaron a sus guerreros
y les hicieron pedazos sus arcos.
Porque el Señor es un Dios
que a cada cual le da lo que merece.
57 El Rey, el Señor todopoderoso,
afirma:
"Emborracharé a los jefes de
Babilonia,
a sus sabios y gobernadores,
y a sus funcionarios y soldados,
y caerán en un sueño eterno
del que no despertarán.
58 Yo, el Señor todopoderoso, digo:
Las anchas murallas de Babilonia
serán derribadas por completo,
y sus enormes puertas serán
incendiadas.
Inútilmente habrán trabajado las
naciones,
pues sus fatigas terminarán en el
fuego."

Llevan a Babilonia el mensaje de Jeremías

59 En el año cuarto del gobierno de Sedequías, rey de Judá, el profeta Jeremías
dio un encargo a Seraías, hijo de Nerías y
nieto de Maasías. Seraías acompañaba al
rey Sedequías en su viaje a Babilonia,
como encargado de arreglar el hospedaje
del rey. 60 Jeremías había escrito en un libro su mensaje acerca de todas las calamidades que habrían de venir sobre Babilonia, es decir, todo lo escrito acerca de ella,
61 y le dijo a Seraías: "Cuando llegues a

[p] **51.45** Is 48.20; Jer 50.8. [q] **51.48** Ap 18.20. [r] **51.49** Ap 18.24.

Babilonia, ten cuidado de leer todo este mensaje. [62] Luego dirás: 'Señor, tú has dicho que destruirás este lugar, de manera que nadie vuelva a vivir aquí, ni hombres ni animales, porque lo vas a convertir en un desierto para siempre.' [63] Y luego que termines de leer este libro, átale una piedra y échalo al río Éufrates, [64] y di: 'Así se hundirá Babilonia, y no se volverá a levantar[s] del desastre que el Señor le va a enviar.' "[77]

Aquí terminan las palabras de Jeremías.

Reinado de Sedequías
(2 R 24.18–20; 2 Cr 36.11–16)

52 [1] Sedequías tenía veintiún años cuando comenzó a reinar, y reinó en Jerusalén once años. Su madre se llamaba Hamutal, hija de Jeremías, y era de Libna. [2] Pero sus hechos fueron malos a los ojos del Señor, igual que los de Joacim. [3] Por eso el Señor se enojó con Jerusalén y con Judá, y los echó de su presencia.

Caída de Jerusalén
(2 R 24.20—25.7; Jer 39.1–7)

Después Sedequías se rebeló contra el rey de Babilonia. [4] El día diez del mes décimo del año noveno del reinado de Sedequías, el rey Nabucodonosor marchó con todo su ejército contra Jerusalén, y la sitió.[t] Acampó frente a ella, y a su alrededor construyó rampas para atacarla. [5] La ciudad estuvo sitiada hasta el año once del reinado de Sedequías. [6] El día nueve del mes cuarto de ese año aumentó el hambre en la ciudad, y la gente no tenía ya nada que comer. [7] Entonces hicieron un boquete en las murallas de la ciudad,[u] y aunque los caldeos la tenían sitiada, el rey[78] y todos los soldados huyeron de la ciudad durante la noche. Salieron por la puerta situada entre las dos murallas, por el camino de los jardines reales, y tomaron el camino del valle del Jordán. [8] Pero los soldados caldeos persiguieron al rey Sedequías, y lo alcanzaron en la llanura de Jericó. Todo su ejército lo abandonó y se dispersó. [9] Los caldeos capturaron al rey y lo llevaron ante el rey de Babilonia, que estaba en Ribla, en el territorio de Hamat. Allí Nabucodonosor dictó sentencia contra Sedequías, [10] y en presencia de éste mandó degollar a sus hijos y a todos los nobles de Judá. [11] En cuanto a Sedequías, mandó que le sacaran los ojos y que lo encadenaran para llevarlo a Babilonia,[v] en donde estuvo preso hasta que murió.

Destrucción del templo
(2 R 25.8–21; 2 Cr 36.17–21; Jer 39.8–10)

[12] El día diez del mes quinto del año diecinueve del reinado de Nabucodonosor, rey de Babilonia, Nabuzaradán, ministro del rey y comandante de la guardia real, llegó a Jerusalén [13] e incendió el templo,[w] el palacio real y todas las casas de la ciudad, especialmente las casas de todos los personajes notables, [14] y el ejército caldeo que lo acompañaba derribó las murallas que rodeaban a Jerusalén. [15] Luego Nabuzaradán llevó desterrados a Babilonia[79] tanto a los que aún quedaban en la ciudad como a los que se habían puesto del lado del rey de Babilonia, y al resto de los artesanos. [16] Sólo dejó a algunos de entre la gente más pobre, para que cultivaran los viñedos y los campos.[x]

[17] Los caldeos hicieron pedazos los objetos de bronce que había en el templo: las columnas, las bases y la enorme pila para el agua, y se llevaron todo el bronce a Babilonia. [18] También se llevaron los ceniceros, las palas, las despabiladeras, los tazones, los cucharones y todos los utensilios de bronce para el culto. [19] Igualmente, el comandante de la guardia se llevó todos los objetos de oro y plata: las palanganas, los braseros, los tazones, los ceniceros, los candelabros, los cucharones y las copas para las ofrendas de vino. [20] Por lo que se refiere a las dos columnas, la enorme pila para el agua con los doce toros de bronce que la sostenían y las bases que el rey Salomón había mandado hacer para el templo, su peso no podía calcularse. [21] Cada columna tenía más de ocho metros de altura y como cinco metros y medio de circunferencia; eran huecas por dentro, y el grosor del bronce era de siete centímetros. [22] Cada columna tenía en su parte superior un capitel de bronce, de más de dos metros de altura, alrededor del cual había una rejilla toda de bronce, adornada con granadas. Las dos columnas eran iguales. [23] En la rejilla de cada capitel había cien granadas, de las cuales noventa y seis estaban a la vista.[y]

Los judíos llevados al destierro

[24] El comandante de la guardia apresó también a Seraías, sumo sacerdote, a Sofonías, sacerdote que le seguía en dignidad, y a los tres guardianes del umbral del templo. [25] De la gente de la ciudad apresó al oficial que mandaba las tropas, a siete hombres del servicio personal del rey que

[77] Heb. añade: y se fatigarán. [78] El rey: incluido según 39.4. En el texto hebreo no aparece esta frase. [79] Heb. añade: a algunos de entre la gente más pobre.
[s] 51.63–64 Ap 18.21. [t] 52.4 Ez 24.2. [u] 52.7 Ez 33.21. [v] 52.4–11 Ez 12.8–13; 17.18–20. [w] 52.13 1 R 9.8.
[x] 52.15–16 Ez 12.14–16; 17.21. [y] 52.17–23 1 R 7.15–47.

se encontraron en la ciudad, al funcionario militar que reclutaba hombres para el ejército y a sesenta ciudadanos notables que estaban en la ciudad. ²⁶⁻²⁷ Nabuzaradán llevó a todos estos ante el rey de Babilonia, que estaba en Ribla, en el territorio de Hamat. Allí el rey de Babilonia mandó que los mataran.

Así pues, el pueblo de Judá fue desterrado de su país. ²⁸ El número de personas desterradas por Nabucodonosor fue el siguiente: el año séptimo de su reinado desterró a tres mil veintitrés personas de Judá; ²⁹ el año dieciocho desterró a ochocientas treinta y dos de Jerusalén; ³⁰ el año veintitrés, Nabuzaradán desterró a setecientas cuarenta y cinco de Judá, lo que dio un total de cuatro mil seiscientas personas desterradas.

Joaquín es libertado y recibe honores en Babilonia
(2 R 25.27-30)

³¹ El día veinticinco del mes doce del año treinta y siete del destierro del rey Joaquín de Judá, comenzó a reinar en Babilonia el rey Evil-merodac, el cual se mostró bondadoso con Joaquín y lo sacó de la cárcel, ³² lo trató bien y le dio preferencia sobre los otros reyes que estaban con él en Babilonia. ³³ De esta manera, Joaquín pudo quitarse la ropa que usaba en la prisión y comer con el rey por el resto de su vida. ³⁴ Además, durante toda su vida, hasta que murió, Joaquín recibió una pensión diaria de parte del rey de Babilonia.

LAMENTACIONES

Se llama Lamentaciones a la colección de cinco poemas en que, con patética emoción, se lamenta la destrucción de Jerusalén y la desolación y el exilio que sobrevinieron tras ella. Los primeros cuatro poemas son acrósticos en el original hebreo. Cada poema ocupa un capítulo. A pesar de que el dolor y la lamentación son la nota dominante del libro, también se oye en él la nota de la confianza en Dios y de la esperanza en el futuro.

Primer lamento

1 ¹ ¡Cuán solitaria ha quedado
la ciudad antes llena de gente!
¡Tiene apariencia de viuda
la ciudad capital de los pueblos!
¡Sometida está a trabajos forzados
la princesa de los reinos!

² Se ahoga en llanto por las noches;
lágrimas corren por sus mejillas.
De entre todos sus amantes
no hay uno que la consuele.^a
Todos sus amigos la han traicionado;
se han vuelto sus enemigos.^b

³ A más de sufrimientos y duros trabajos,
Judá sufre ahora el cautiverio.
La que antes reinaba entre los pueblos,
ahora no encuentra reposo.
Los que la perseguían, la alcanzaron
y la pusieron en aprietos.

⁴ ¡Qué tristes están los caminos de Sión!

¡No hay nadie que venga a las fiestas!
Las puertas de la ciudad están desiertas,
los sacerdotes lloran,
las jóvenes se afligen
y Jerusalén pasa amarguras.^c

⁵ Sus enemigos dominan,
sus adversarios prosperan.
Es que el Señor la ha afligido
por lo mucho que ha pecado.
Sus hijos fueron al destierro
llevados por el enemigo.

⁶ Desapareció de la bella Sión
toda su hermosura;
sus jefes, como venados,
andan en busca de pastos;
arrastrando los pies, avanzan
delante de sus cazadores.

⁷ Jerusalén recuerda aquellos días,
cuando se quedó sola y triste;
recuerda todas las riquezas que tuvo
en tiempos pasados;

^a 1.2 Sal 69.20; Jer 9.17-19; 13.17.   ^b 1.2 Jer 30.13,14.   ^c 1.4 Is 3.26; Jer 14.2.

recuerda cuando cayó en poder del
    enemigo
y nadie vino en su ayuda,
cuando sus enemigos la vieron
    y se burlaron de su ruina.

[8] Jerusalén ha pecado tanto
    que se ha hecho digna de
    desprecio.[1]
Los que antes la honraban, ahora la
    desprecian,
porque han visto su desnudez.
Por eso está llorando,
    y avergonzada vuelve la
    espalda.[d]

[9] Tiene su ropa llena de inmundicia;
    no pensó en las consecuencias.
Es increíble cómo ha caído;
    no hay quien la consuele.
¡Mira, Señor, mi humillación
    y la altivez del enemigo!

[10] El enemigo se ha adueñado
    de las riquezas de Jerusalén.[e]
La ciudad vio a los paganos
    entrar violentamente en el
    santuario,
¡gente a la que tú, Señor, ordenaste
    que no entrara en tu lugar de
    reunión!

[11] Todos sus habitantes lloran,
    andan en busca de alimentos;
dieron sus riquezas a cambio de
    comida
para poder sobrevivir.
¡Mira, Señor, mi ruina!
¡Considera mi desgracia!

[12] ¡Ustedes,[2] los que van por el camino,
    deténganse a pensar
si hay dolor como el mío,
    que tanto me hace sufrir!
¡El Señor me mandó esta aflicción
    al encenderse su enojo!

[13] El Señor lanzó desde lo alto
    un fuego que me ha calado hasta
    los huesos;
tendió una trampa a mi paso
    y me hizo volver atrás;
me ha entregado al abandono,
    al sufrimiento a cada instante.

[14] Mis pecados los ha visto el Señor;
    me han sido atados por él mismo,
y como un yugo[3] pesan sobre mí:
    ¡acaban con mis fuerzas!
El Señor me ha puesto en manos de
    gente
ante la cual no puedo resistir.

[15] El Señor arrojó lejos de mí
    a todos los valientes que me
    defendían.
Lanzó un ejército a atacarme,
    para acabar con mis hombres
    más valientes.
¡El Señor ha aplastado a la virginal
    Judá
como se aplastan las uvas para
    sacar vino![f]

[16] Estas cosas me hacen llorar.
    Mis ojos se llenan de lágrimas,
pues no tengo a nadie que me
    consuele,
a nadie que me dé nuevo aliento.
Entre ruinas han quedado mis hijos,
    porque pudo más el enemigo que
    nosotros.

[17] Sión extiende las manos suplicante,
    pero no hay quien la consuele.
El Señor ha ordenado que a Jacob
    lo rodeen sus enemigos;
Jerusalén es para ellos
    objeto de desprecio.

[18] El Señor hizo lo debido,
    porque me opuse a sus
    mandatos.
¡Escúchenme, pueblos todos;
    contemplen mi dolor!
¡Mis jóvenes y jovencitas
    han sido llevados cautivos!

[19] Pedí ayuda a mis amantes,
    pero ellos me traicionaron.
Mis sacerdotes y mis ancianos
    murieron en la ciudad:
¡andaban en busca de alimentos
    para poder sobrevivir!

[20] ¡Mira, Señor, mi angustia!
    ¡Siento que me estalla el pecho!
El dolor me oprime el corazón
    cuando pienso en lo rebelde que
    he sido.
Allá afuera la espada mata a mis
    hijos,
y aquí adentro también hay
    muerte.[g]

[21] La gente escucha mis lamentos,
    pero no hay quien me consuele.
Todos mis enemigos saben de mi mal,
    y se alegran de que tú lo hayas
    hecho.
¡Haz que venga el día que tienes
    anunciado,

---

[1] *Digna de desprecio*: probablemente lit. *impura* (por menstruación). Véase v.17.   [2] *Ustedes*: texto probable. Heb. *no a ustedes*.   [3] *Mis pecados . . . un yugo*: texto probable según la versión griega. Heb. oscuro.   [d] **1.8** Ez 16.35–37.   [e] **1.10** 2 R 24.13; 25.13–17.   [f] **1.15** Is 63.3; Jl 3.13; Ap 14.20; 19.15.   [g] **1.20** Jer 4.19; 9.21.

y que les vaya a ellos como me
  ha ido a mí!

22 Haz que llegue a tu presencia
    toda la maldad que han
      cometido;
  trátalos por sus pecados
    como me has tratado a mí,
  pues es mucho lo que lloro;
    ¡tengo enfermo el corazón!

Segundo lamento

2 1 ¡Tan grande ha sido el enojo del
      Señor,
    que ha oscurecido a la bella Sión!
  Ha derribado la hermosura de Israel,
    como del cielo a la tierra;
  ni siquiera se acordó, en su enojo,
    del estrado de sus pies.⁴

2 El Señor no ha dejado en pie
    ni una sola de las casas de Jacob;
  en un momento de furor ha destruido
    las fortalezas de la bella Judá;
  ha echado por tierra, humillados,
    al reino y sus gobernantes.

3 Al encenderse su enojo, cortó de un
      tajo
    todo el poder de Israel.
  Nos retiró el apoyo de su poder
    al enfrentarnos con el enemigo;
  ¡ha prendido en Jacob un fuego
    que devora todo lo que
      encuentra!

4 El Señor, como un enemigo,
    tensó el arco, afirmó el brazo;
  igual que un adversario,
    destrozó lo que era agradable a
      la vista;
  como un fuego, lanzó su enojo
    sobre el campamento de la bella
      Sión.

5 El Señor actuó como un enemigo:
  destruyó por completo a Israel;
  derrumbó todos sus palacios,
    derribó sus fortalezas,
  colmó a la bella Judá
    de aflicción tras aflicción.

6 Como un ladrón, hizo violencia a su
      santuario;
    destruyó el lugar de las
      reuniones.
  El Señor hizo que en Sión se
      olvidaran
    las fiestas y los días de reposo.⁵ ʰ
  En el ardor de su enojo,
    rechazó al rey y al sacerdote.

7 El Señor ha rechazado su altar,
    ha despreciado su santuario;ⁱ
  ha entregado en poder del enemigo
    las murallas que protegían la
      ciudad.
  ¡Hay un griterío en el templo del
      Señor,
    como si fuera día de fiesta!

8 El Señor decidió derrumbar
    las murallas de la bella Sión.
  Trazó el plan de destrucción
    y lo llevó a cabo sin descanso.
  Paredes y murallas, que él ha
      envuelto en luto,
    se han venido abajo al mismo
      tiempo.

9 La ciudad no tiene puertas ni
      cerrojos
    ¡quedaron destrozados, tirados
      por el suelo!
  Su rey y sus gobernantes están entre
      paganos;
    ya no existe la ley de Dios.
  ¡Ni siquiera sus profetas tienen
    visiones de parte del Señor!ʲ

10 Los ancianos de la bella Sión
    se sientan silenciosos en el suelo,
  se echan polvo sobre la cabeza
    y se visten de ropas burdas.
  Las jóvenes de Jerusalén
    agachan la cabeza hasta el suelo.

11 El llanto acaba con mis ojos,
    y siento que el pecho me
      revienta;
  mi ánimo se ha venido al suelo
    al ver destruida la ciudad de mi
      gente,
  al ver que hasta los niños de pecho
    mueren de hambre por las calles.

12 Decían los niños a sus madres:
    "¡Ya no tenemos pan ni vino!"
  Y caían como heridos de muerte
    por las calles de la ciudad,
  exhalando el último suspiro
    en brazos de sus madres.

13 ¿A qué te puedo comparar o
      asemejar,
    hermosa Jerusalén?
  ¿Qué ejemplo puedo poner para
      consolarte,
    pura y bella ciudad de Sión?
  Enorme como el mar ha sido tu
      destrucción;
    ¿quién podrá darte alivio?

⁴ Estrado de sus pies: referencia al templo de Jerusalén. ⁵ Días de reposo: aquí equivale a sábado.
ʰ 2.6 Is 1.13. ⁱ 2.7 Ez 24.21. ʲ 2.7-9 Sal 74.3-9; Ez 7.26.

14 Las visiones que tus profetas te
anunciaron
no eran más que un vil engaño.
No pusieron tu pecado al descubierto
para hacer cambiar tu suerte;
te anunciaron visiones engañosas,
y te hicieron creer en ellas.[k]

15 Al verte, los que van por el camino
aplauden en son de burla;
silban y mueven burlones la cabeza,
diciendo de la bella Jerusalén:
"¿Y es ésta la ciudad a la que llaman
la máxima belleza de la tierra?"

16 Todos tus enemigos
abren la boca en contra tuya.
Entre silbidos y gestos de amenaza,
dicen:
"La hemos arruinado por
completo.
Este es el día que tanto esperábamos;
¡por fin pudimos verlo!"

17 El Señor llevó a cabo sus planes,
cumplió su palabra.
Destruyó sin miramientos
lo que mucho antes había
resuelto destruir,[l]
permitió que el enemigo se riera de ti
y puso en alto el poder del
adversario.

18 ¡Pídele ayuda al Señor,
bella[6] ciudad de Sión!
¡Deja correr de día y de noche
el torrente de tus lágrimas!
¡No dejes de llorar,
no des reposo a tus ojos!

19 Levántate, grita por las noches,
grita hora tras hora;
vacía tu corazón delante del Señor,
déjalo que corra como el agua;
dirige a él tus manos suplicantes
y ruega por la vida de tus niños,
que en las esquinas de las calles
mueren por falta de alimentos.

20 Mira, Señor, ponte a pensar
que nunca a nadie has tratado
así.
¿Tendrán acaso las madres
que comerse a sus niños de
pecho?[m]
¿Tendrán los sacerdotes y profetas
que ser asesinados en tu
santuario?

21 Tendidos por las calles
se ven jóvenes y ancianos;
mis jóvenes y jovencitas
cayeron a filo de espada.
En el día de tu ira, heriste de muerte,
¡mataste sin miramientos!

22 Has hecho venir peligros de todos
lados,[n]
como si acudieran a una fiesta;
en el día de tu ira, Señor,
no hubo nadie que escapara.
A los que yo crié y eduqué,
el enemigo los mató.

Tercer lamento

3 1 Yo soy el que ha experimentado el
sufrimiento
bajo los golpes de la furia del
Señor.
2 Me ha llevado a regiones oscuras,
me ha hecho andar por caminos
sin luz;[ñ]
3 una y otra vez, a todas horas,
descarga su mano sobre mí.[o]

4 Ha hecho envejecer mi carne y mi
piel,
ha hecho pedazos mis huesos;[p]
5 ha levantado a mi alrededor
un cerco de amargura y
sufrimientos;[q]
6 me ha hecho vivir en las sombras,
como los que murieron hace
tiempo.[r]

7 Me encerró en un cerco sin salida;[s]
me oprimió con pesadas cadenas;
8 aunque grité pidiendo ayuda,
no hizo caso de mis ruegos;[t]
9 me cerró el paso con muros de
piedra,
¡cambió el curso de mis senderos!

10 Él ha sido para mí como un león
escondido,[u]
como un oso a punto de
atacarme.
11 Me ha desviado del camino, me ha
desgarrado,
¡me ha dejado lleno de terror!
12 ¡Tensó el arco y me puso
como blanco de sus flechas!

13 Las flechas lanzadas por el Señor
se me han clavado muy hondo.[v]
14 Toda mi gente se burla de mí;
a todas horas soy el tema de sus
burlas.[w]
15 El Señor me ha llenado de
amarguras;

[6] *Bella:* traducción probable. Otra posible traducción: *gime.*
[k] **2.14** Jer 5.31; 23.25–27; Ez 13.10. [l] **2.17** 1 R 9.6–9. [m] **2.20** Dt 28.53; 2 R 6.28–29; Jer 19.9. [n] **2.22** Sal 31.13; Jer 20.3,10; 46.5; 49.29. [ñ] **3.2** Job 19.8. [o] **3.3** Job 7.16–19; Sal 88.7,15–16. [p] **3.4** Job 7.5; 30.30. [q] **3.5** Job 19.12. [r] **3.6** Sal 88.5–6; 143.3. [s] **3.7,9** Job 3.23; 19.8. [t] **3.8** Job 30.20. [u] **3.10–11** Job 10.16; 16.9. [v] **3.12–13** Job 16.12–13. [w] **3.14** Dt 28.37; Job 30.9; Sal 69.10–12; Jer 20.7.

amarga es la bebida que me ha
dado.[x]

[16] Me estrelló los dientes contra el
suelo;
me hizo morder el polvo.
[17] De mí se ha alejado la paz
y he olvidado ya lo que es la
dicha.
[18] Hasta he llegado a pensar que ha
muerto
mi firme esperanza en el Señor.[y]

[19] Recuerdo mi tristeza y soledad,
mi amargura y sufrimiento;
[20] me pongo a pensar en ello
y el ánimo se me viene abajo.
[21] Pero una cosa quiero tener presente
y poner en ella mi esperanza:

[22] El amor del Señor no tiene fin,
ni se han agotado sus bondades.
[23] Cada mañana se renuevan;
¡qué grande es su fidelidad![z]
[24] Y me digo: ¡El Señor lo es todo para
mí;
por eso en él confío![a]

[25] El Señor es bueno con los que en él
confían,
con los que a él recurren.[b]
[26] Es mejor esperar en silencio
a que el Señor nos ayude.
[27] Es mejor que el hombre se someta
desde su juventud.

[28] El hombre debe quedarse solo y
callado
cuando el Señor se lo impone;
[29] debe, humillado, besar el suelo,
pues tal vez aún haya esperanza;
[30] debe ofrecer la mejilla a quien le
hiera,
y recibir el máximo de ofensas.[c]

[31] El Señor no ha de abandonarnos
para siempre.
[32] Aunque hace sufrir, también se
compadece,
porque su amor es inmenso.[d]
[33] Realmente no le agrada afligir
ni causar dolor a los hombres.

[34] El pisotear sin compasión
a los prisioneros del país,
[35] el violar los derechos de un hombre
en la propia cara del Altísimo,
[36] el torcer la justicia de un proceso,
son cosas que el Señor condena.

[37] Cuando algo se dice, cuando algo
pasa,

es porque el Señor lo ha
ordenado.
[38] Tanto los bienes como los males
vienen porque el Altísimo así lo
dispone.[e]
[39] Siendo el hombre un pecador,
¿de qué se queja en esta vida?

[40] Reflexionemos seriamente en nuestra
conducta,
y volvamos nuevamente al
Señor.
[41] Elevemos al Dios del cielo
nuestros pensamientos y
oraciones.
[42] Nosotros pecamos y fuimos rebeldes,
y tú no perdonaste.[f]

[43] Nos rodeaste con tu furia, nos
perseguiste,
¡nos quitaste la vida sin
miramientos!
[44] Te envolviste en una nube
para no escuchar nuestros
ruegos.
[45] Nos has tratado como a vil basura
delante de toda la gente.

[46] Todos nuestros enemigos
abren la boca en contra de
nosotros;
[47] temores, trampas, destrucción y
ruina,
¡eso es lo que nos ha tocado!
[48] Ríos de lágrimas brotan de mis ojos
ante la destrucción de mi amada
ciudad.[g]

[49] Lloran mis ojos sin descanso,
pues no habrá alivio
[50] hasta que el Señor del cielo
nos mire desde lo alto.
[51] Me duelen los ojos hasta el alma,
por lo ocurrido a las hijas de mi
ciudad.

[52] Sin tener ningún motivo,
mis enemigos me han cazado
como a un ave;
[53] me enterraron vivo en un pozo,
y con una piedra taparon la
salida.
[54] El agua me ha cubierto por completo,
y he pensado: "Estoy perdido."[h]

[55] Yo, Señor, invoco tu nombre
desde lo más profundo del pozo:[i]
[56] tú escuchas mi voz;
y no dejas de atender a mis
ruegos.

[x] **3.15** Job 9.18.　[y] **3.16-18** Job 17.15-16; 19.9-10; 30.19　[z] **3.22-23** Ex 34.6-7; Sal 136.　[a] **3.24** Sal 16.5; 119.57.
[b] **3.25** Is 30.18.　[c] **3.30** Mt 5.39.　[d] **3.31-33** Sal 30.5; Is 54.7-8; 60.10.　[e] **3.38** Job 2.10; Is 45.7.　[f] **3.40-42** Is 55.7.
[g] **3.48-51** Jer 9.1; Lm 2.11.　[h] **3.54** Jon 2.3-6.　[i] **3.55-56** Sal 130.1-2.

⁵⁷ El día que te llamo, vienes a mí,
   y me dices: "No tengas miedo."

⁵⁸ Tú me defiendes, Señor, en mi lucha,
   tú rescatas mi vida.
⁵⁹ Tú ves, Señor, las injusticias que
      sufro,
   ¡hazme justicia!
⁶⁰ Tú ves sus deseos de venganza
   y todos los planes que hacen
      contra mí.

⁶¹ "Escucha, Señor, sus ofensas
   y todos los planes que hacen
      contra mí;
⁶² las habladurías de mis enemigos,
   que a todas horas hablan en
      contra mía.
⁶³ ¡Mira cómo en todas sus acciones
   soy objeto de sus burlas!

⁶⁴ Dales, Señor, su merecido,
   dales lo que sus hechos merecen.
⁶⁵ Enduréceles el entendimiento,
   y pon sobre ellos tu maldición.
⁶⁶ Persíguelos con furia, Señor,
   ¡haz que desaparezcan de este
      mundo!

Cuarto lamento

4 ¹ ¡Cómo se ha empañado el oro!
      ¡Cómo perdió su brillo el oro
         fino!
   ¡Esparcidas por todas las esquinas
      están las piedras del santuario!

² Los habitantes de Sión, tan
      estimados,
   los que valían su peso en oro,
   ahora son tratados como ollas de
      barro
   hechas por un simple alfarero.

³ Hasta las hembras de los chacales
      dan la teta
   y amamantan a sus cachorros,
   pero la capital de mi pueblo es cruel,
      cruel como un avestruz del
         desierto.

⁴ Tienen tanta sed los niños de pecho
   que la lengua se les pega al
      paladar.
   Piden los niños pan,
      pero no hay nadie que se lo dé.

⁵ Los que antes comían en abundancia,
      ahora mueren de hambre por las
         calles.ʲ

Los que crecieron en medio de lujos,
   ahora viven en los muladares.

⁶ La maldad de la capital de mi pueblo
      es mayor que el pecado de
         Sodoma,
   la cual fue destruida en un instante
      sin que nadie la atacara.ᵏ

⁷ Más blancos que la nieve eran sus
      hombres escogidos,
      más blancos que la leche;
   su cuerpo, más rojizo que el coral;
      su porte, hermoso como el zafiro.

⁸ Pero ahora se ven más sombríos que
      las tinieblas;
   nadie en la calle podría
      reconocerlos.
   La piel se les pega a los huesos,
      ¡la tienen seca como leña!

⁹ Mejor les fue a los que murieron en
      batalla
   que a los que murieron de
      hambre,
   porque estos murieron lentamente
      al faltarles los frutos de la tierra.

¹⁰ Con sus propias manos,
      mujeres de buen corazón
         cocieron a sus hijos;
   sus propios hijos les sirvieron de
      comida
   al ser destruida la capital de mi
      pueblo.ˡ

¹¹ El Señor agotó su enojo,
   dio rienda suelta al ardor de su
      furia;
   le prendió fuego a Sión
      y destruyó hasta sus cimientos.

¹² Jamás creyeron los reyes de la tierra,
   todos los que reinaban en el
      mundo,
   que el enemigo, el adversario,
      entraría por las puertas de
         Jerusalén.

¹³ ¡Y todo por el pecado de sus profetas,
      por la maldad de sus sacerdotes,
   que dentro de la ciudad misma
      derramaron sangre inocente!

¹⁴ Caminan inseguros, como ciegos,
      por las calles de la ciudad;
   tan sucios están de sangre
      que nadie se atreve a tocarles la
         ropa.ᵐ

ʲ **4.4-5** 2 R 25.3; Jer 52.6. ᵏ **4.6** Gn 19.24. ˡ **4.10** Dt 28.56-57; Lm 2.20; Ez 5.10. ᵐ **4.14-15** Nm 19.11-16.

15 "¡Apártense, apártense —les gritan—;
son gente impura, no los
toquen!"
"Son vagabundos en fuga —dicen los
paganos—,
no pueden seguir viviendo aquí."

16 La presencia del Señor los dispersó,
y no volvió a dirigirles la mirada.
No hubo respeto para los sacerdotes
ni compasión para los ancianos.

17 Con los ojos cansados, pero atentos,
en vano esperamos ayuda.
Pendientes estamos de la llegada
de un pueblo que no puede
salvar.[n]

18 Vigilan todos nuestros pasos;
no podemos salir a la calle.
Nuestro fin está cerca, nos ha llegado
la hora;
¡ha llegado nuestro fin!

19 Más veloces que las águilas del cielo
son nuestros perseguidores;
nos persiguen por los montes,
¡nos ponen trampas en el
desierto!

20 Preso ha caído el escogido del Señor,[ñ]
el que daba aliento a nuestra
vida,
el rey de quien decíamos:
"A su sombra viviremos entre los
pueblos."

21 ¡Ríete, alégrate, nación de Edom;
tú que reinas en la región de Uz!
¡También a ti te llegará el trago
amargo,
y quedarás borracha y desnuda!

22 Tu castigo ha terminado, ciudad de
Sión;[o]
el Señor no volverá a desterrarte.
Pero castigará tu maldad, nación de
Edom,
y pondrá al descubierto tus
pecados.[p]

Quinto lamento

5 1 Recuerda, Señor, lo que nos ha
pasado;
míranos, ve cómo nos ofenden.[q]

2 Todo lo nuestro está ahora en manos
de extranjeros;
ahora nuestras casas son de
gente extraña.

3 Estamos huérfanos, sin padre;
nuestras madres han quedado
como viudas.

4 ¡Nuestra propia agua tenemos que
comprarla;
nuestra propia leña tenemos que
pagarla!

5 Nos han puesto un yugo en el cuello;
nos cansamos, y no nos dejan
descansar.

6 Para llenarnos de pan, tendemos la
mano
a los egipcios y a los asirios.

7 Nuestros padres pecaron, y ya no
existen,
y nosotros cargamos con sus
culpas.

8 Ahora somos dominados por
esclavos,
y no hay quien nos libre de sus
manos.

9 El pan lo conseguimos a riesgo de la
vida
y a pesar de los guerreros del
desierto.

10 La piel nos arde como un horno,
por la fiebre que el hambre nos
causa.

11 En Sión y en las ciudades de Judá,
mujeres y niñas han sido
deshonradas.

12 Nuestros jefes fueron colgados de las
manos,
los ancianos no fueron
respetados.

13 A los hombres más fuertes los
pusieron a moler;
los jóvenes cayeron bajo el peso
de la leña.

14 Ya no hay ancianos a las puertas de
la ciudad;
ya no se escuchan canciones
juveniles.

15 Ya no tenemos alegría en el corazón;
nuestras danzas de alegría
acabaron en tristeza.

16 Se nos cayó de la cabeza la corona;
¡ay de nosotros, que hemos
pecado!

[n] **4.17** Jer 37.5–10. [ñ] **4.20** 2 R 25.4–6; Jer 39.4–6. [o] **4.22** Is 40.2. [p] **4.21–22** Abd 1–12. [q] **5.1–22** Sal 44.9–26; 74; 79.

¹⁷ Por eso tenemos enfermo el corazón;
por eso se nos nubla la vista.

¹⁸ El monte Sión es un montón de
ruinas;
en él van y vienen las zorras.

¹⁹ Pero tú, Señor, por siempre reinarás;
¡siempre estarás en tu trono!ʳ

²⁰ ¿Por qué has de olvidarnos para
siempre?

¿Por qué has de abandonarnos
tanto tiempo?ˢ

²¹ ¡Haznos volver a ti, Señor, y
volveremos!
¡Haz que nuestra vida sea otra
vez lo que antes fue!ᵗ

²² Pero tú nos has rechazado por
completo;
mucho ha sido tu enojo con
nosotros.

ʳ **5.19** Sal 102.12; 145.13; 146.10.   ˢ **5.20, 22** Sal 74.1.   ᵗ **5.21** Sal 80.3–7; Jer 31.18.

EZEQUIEL

El profeta Ezequiel fue llevado cautivo a Babilonia antes de la caída de Jerusalén (586 a. C.) y permaneció allá después de ese acontecimiento. Así que su mensaje se dirige tanto al pueblo de Jerusalén como a los exiliados en Babilonia. El libro puede dividirse en cuatro partes: (1) Llamamiento del profeta y mensajes al pueblo acerca del juicio de Dios sobre ellos y la inminente caída y destrucción de Jerusalén (caps. 1—24). (2) El juicio de Dios alcanza también a las naciones que han oprimido y descarriado al pueblo, profecías pronunciadas después de la caída de Jerusalén (caps. 25—32). (3) Mensajes de consuelo al pueblo en cautividad, y promesa de restauración y de un futuro mejor, con una profecía final contra Gog (caps. 33—39). (4) Una visión del país y de su templo en el futuro (caps. 40—48).

Ezequiel fue un hombre de profunda fe y brillante imaginación. Percibió las revelaciones divinas en forma de visiones y se valió de vívidas acciones simbólicas para expresar muchos de sus mensajes. Hizo hincapié en la responsabilidad individual por los pecados propios y la necesidad de una completa renovación de espíritu. Proclamó igualmente su esperanza en la renovación de la nación como un todo. A este respecto, ofrece el muy conocido pasaje de la visión de los huesos secos que Dios vuelve a la vida infundiéndoles su espíritu (37.1-14). Como sacerdote que era también, dio especial importancia a la necesidad de santidad y a la construcción del templo futuro, el cual describe con todo detalle.

Visión del trono de Dios

1 ¹⁻³ Yo, el sacerdote Ezequiel, hijo de Buzi, estaba un día a orillas del río Quebar, en Babilonia, entre los que habían sido llevados al destierro. En esto se abrió el cielo,ᵃ y vi a Dios en una visión. Era el día cinco del mes cuarto del año treinta, cinco años después que el rey Joaquín había sido llevado al destierro.ᵇ El Señor puso su mano sobre mí. ⁴ Entonces vi que del norte venía un viento huracanado; de una gran nube salía un fuego como de relámpagos, y en su derredor había un fuerte resplandor. En medio del fuego brillaba algo semejante al metal bruñido, ⁵ y en el centro mismo había algo parecido a cuatro seresᶜ con aspecto humano. ⁶ Cada uno de ellos tenía cuatro caras y cuatro alas; ⁷ sus piernas eran rectas, con pezuñas como de becerro, y brillaban como bronce muy pulido. ⁸⁻⁹ Además de sus cuatro caras y sus cuatro alas, estos seres tenían manos de hombre en sus cuatro costados, debajo de sus alas. Las alas se tocaban unas con otras. Al andar, no se volvían, sino que caminaban de frente. ¹⁰ Las caras de los cuatro seres tenían este aspecto: por delante, su cara era la de un hombre; a la derecha, la de un león; a la izquierda, la de un toro; y por detrás, la de un águila.ᵈ ¹¹ Las alasᶠ se extendían hacia arriba. Dos de ellas se tocaban entre sí, y con las otras dos se cubrían el cuerpo. ¹² Todos caminaban de frente, y no se vol-

vían al andar. Iban en la dirección en que el poder de Dios los llevaba. ¹³ El aspecto de los seres era como de carbones encendidos, o como de algo parecido a antorchasᵉ que iban y venían en medio de ellos; el fuego era resplandeciente, y de él salían relámpagos. ¹⁴ Los seres iban y venían rápidamente, como si fueran relámpagos.

¹⁵ Miré a aquellos seres y vi que en el suelo, al lado de cada uno de ellos, había una rueda. ¹⁶ Las cuatro ruedas eran iguales y, por la manera en que estaban hechas, brillaban como el topacio. Parecía como si dentro de cada rueda hubiera otra rueda. ¹⁷ Podían avanzar en cualquiera de las cuatro direcciones, sin tener que volverse. ¹⁸ Vi² que las cuatro ruedas tenían sus aros, y que en su derredor estaban llenas de reflejos.³ᶠ ¹⁹ Cuando aquellos seres avanzaban, también avanzaban las ruedas con ellos, y cuando los seres se levantaban del suelo, también se levantaban las ruedas. ²⁰ Los seres se movían en la dirección en que el poder de Dios los impulsaba, y las ruedas se levantaban junto con ellos, porque las ruedas formaban parte viva de los seres. ²¹ Cuando los seres se movían, se movían también las ruedas, y cuando ellos se detenían, las ruedas también se detenían; y cuando los seres se levantaban del suelo, también las ruedas se levantaban con ellos, porque las ruedas formaban parte viva de los seres.ᵍ ²² Por encima de sus cabezas se veía una especie de bóveda, brillante como el cris-

---

¹ Así, según versiones antiguas. Heb. añade: y sus caras. ² Vi: según la versión griega. Heb. temor. ³ Reflejos: lit. ojos.
ᵃ 1.1-3 Ap 19.11. ᵇ 1.1-3 2 R 24.10-16; 2 Cr 36.9-10. ᶜ 1.5 Ex 25.18-22; 1 R 6.23-28; Ap 4.6. ᵈ 1.10 Ez 10.14; Ap 4.7.
ᵉ 1.13 Ap 4.5. ᶠ 1.18 Ap 4.8. ᵍ 1.15-21 Ez 10.9-13.

tal.ʰ ²³ Debajo de la bóveda se extendían rectas las alas de aquellos seres, tocándose unas con otras. Con dos de ellas se cubrían el cuerpo. ²⁴ Y oí también el ruido que hacían las alas cuando avanzaban: era como el ruido del agua de un río crecido,ⁱ como la voz del Todopoderoso, como el ruido de un gran ejército. Cuando se detenían, bajaban las alas. ²⁵ Y salió un ruido de encima de la bóveda que estaba sobre la cabeza de ellos.⁴ ²⁶ Encima de la bóveda vi algo como un trono que parecía de zafiro, y sobre aquella especie de trono había alguien que parecía un hombre.ʲ ²⁷ De lo que parecía ser su cintura para arriba, vi que brillaba como metal bruñido rodeado de fuego, y de allí para abajo vi algo semejante al fuego.ᵏ En su derredor había un resplandor ²⁸ parecido al arco iris cuando aparece entre las nubes en un día de lluvia. De esta manera se me presentó la gloria del Señor. Al verla, me incliné hasta tocar el suelo con la frente.

Dios llama a Ezequiel

2 Luego oí una voz ¹ que me decía: "Tú, hombre,⁵ ponte de pie, que te voy a hablar." ² Mientras esa voz me hablaba, entró en mí el poder de Dios y me hizo ponerme de pie. Entonces oí que la voz que me hablaba ³ seguía diciendo: "A ti, hombre, te voy a enviar a los israelitas, un pueblo desobediente que se ha rebelado contra mí. Ellos y sus antepasados se han levantado contra mí hasta este mismo día. ⁴ También sus hijos son tercos y de cabeza dura. Pues te voy a enviar a ellos, para que les digas: 'Esto dice el Señor.' ⁵ Y ya sea que te hagan caso o no, pues son gente rebelde, sabrán que hay un profeta en medio de ellos. ⁶ Tú, hombre, no tengas miedo de ellos ni de lo que te digan, aunque te sientas como rodeado de espinos o viviendo entre alacranes. No tengas miedo de lo que te digan ni te asustes ante la cara que pongan, por muy rebeldes que sean. ⁷ Tú comunícales mis palabras, ya sea que te hagan caso o no, pues son muy rebeldes. ⁸ Atiende bien lo que te digo, y no seas rebelde como ellos. Abre la boca y come lo que te voy a dar."

⁹ Entonces vi una mano extendida hacia mí, la cual tenía un escrito enrollado. ¹⁰ La mano lo desenrolló delante de mí. Estaba escrito por ambos lados:ᶫ eran lamentos, ayes de dolor

3 y amenazas. ¹ Entonces me dijo: "Tú, hombre, cómete este escrito, y luego ve a hablar a la nación de Israel."

² Abrí la boca y él me hizo comer el escrito. ³ Luego me dijo: "Trágate ahora este escrito que te doy, y llena con él tu estómago."ᵐ

Yo me lo comí, y me supo tan dulce como la miel. ⁴ Entonces me dijo: "Ve y comunica al pueblo de Israel lo que tengo que decirle. ⁵ Yo no te envío a un pueblo que habla una lengua complicada o difícil de entender, sino al pueblo de Israel. ⁶ No te envío a naciones numerosas que hablan idiomas complicados o difíciles, que tú no entenderías. Aunque, si yo te enviara a esos pueblos, ellos te harían caso. ⁷ En cambio, el pueblo de Israel no va a querer hacerte caso, porque no quiere hacerme caso a mí. Todo el pueblo de Israel es terco y de cabeza dura. ⁸ Pero yo voy a hacerte tan obstinado y terco como ellos. ⁹ Voy a hacerte duro como el diamante, más duro que la piedra. No les tengas miedo, ni te asustes ante la cara que pongan, por muy rebeldes que sean."

¹⁰ Luego me dijo: "Escucha atentamente todo lo que te voy a decir, y grábatelo en la memoria. ¹¹ Ve a ver a tus compatriotas que están en el destierro y, ya sea que te hagan caso o no, diles: 'Esto dice el Señor.'"

¹² Entonces el poder de Dios me levantó, y detrás de mí oí un fuerte ruido, como de un terremoto, al levantarse⁶ de su sitio la gloria del Señor. ¹³ El ruido lo hacían las alas de los seres al rozarse unas con otras, y las ruedas que estaban junto a ellos; el ruido era como el de un gran terremoto. ¹⁴ El poder de Dios me levantó y me sacó de allí, y yo me fui triste y amargado, mientras el Señor me agarraba fuertemente con su mano. ¹⁵ Y llegué a Tel Abib, a orillas del río Quebar, donde vivían los israelitas desterrados, y durante siete días me quedé allí con ellos, sin saber qué hacer ni qué decir.

Dios pone a Ezequiel como centinela
(Ez 33.1-9)

¹⁶ Al cabo de los siete días, el Señor se dirigió a mí, y me dijo: ¹⁷ "A ti, hombre, yo te he puesto de centinelaⁿ para el pueblo de Israel. Cuando yo te comunique algún mensaje, deberás anunciárselo de mi parte, para que estén advertidos. ¹⁸ Puede darse el caso de que yo pronuncie sentencia de muerte contra un malvado; pues bien, si tú no le hablas a ese malvado y le adviertes que deje su mala conducta para que pueda seguir viviendo, él morirá por su pecado, pero yo te pediré a ti cuentas de su muerte. ¹⁹ Si tú, en cambio, ad-

---

⁴ Heb. repite: *cuando se detenían, bajaban las alas.* ⁵ *Hombre:* véase en el *Glosario* el artículo *Hijo del hombre.* ⁶ *Al levantarse:* texto probable. Heb. *bendita.*
ʰ 1.22 Ap 4.6. ⁱ 1.24 Ap 1.4-15; 19.6. ʲ 1.26 Ez 10.1; Ap 4.2-3. ᵏ 1.27 Ez 8.2. ᶫ 2.9-10 Zac 5.1-4; Ap 5.1.
ᵐ 3.1-3 Jer 15.16; Ap 10.9-11. ⁿ 3.17 Is 21.6,11; Jer 6.17; Os 9.8.

viertes al malvado y él no deja su maldad ni su mala conducta, él morirá por su pecado, pero tú salvarás tu vida. ²⁰ También puede darse el caso de que un hombre recto deje su vida de rectitud y haga lo malo, y que yo lo ponga en peligro de caer; si tú no se lo adviertes, morirá. Yo no tomaré en cuenta el bien que haya hecho, y morirá por su pecado, pero a ti te pediré cuentas de su muerte. ²¹ Si tú, en cambio, adviertes a ese hombre que no peque, y él no peca, seguirá viviendo, porque hizo caso de la advertencia, y tú salvarás tu vida."

Ezequiel se queda mudo

²² El Señor puso allí mismo su mano sobre mí, y me dijo: "Levántate y sal a la llanura, que allí te voy a hablar." ²³ Yo me levanté y salí a la llanura, y allí vi la gloria del Señor, como la había visto a orillas del río Quebar. Me incliné hasta tocar el suelo con la frente, ²⁴ pero el poder de Dios entró en mí y me hizo poner de pie. Entonces el Señor me habló de esta manera: "Ve y enciérrate en tu casa. ²⁵ Mira, te van a atar con cuerdas, de manera que no podrás salir y estar con el pueblo. ²⁶ Además yo voy a hacer que tu lengua se te quede pegada al paladar y que te quedes mudo. No podrás reprenderlos, aunque son un pueblo rebelde. ²⁷ Pero cuando yo quiera decirte algo, te devolveré el habla, y entonces les dirás: 'Esto dice el Señor.' El que quiera oír, oirá, pero el que no quiera, no oirá. Porque son un pueblo rebelde.

Ezequiel anuncia el ataque a Jerusalén

4 ¹ "Y tú, hombre, toma un adobe, ponlo delante de ti y dibuja sobre él la ciudad de Jerusalén. ² Luego rodéala de ejércitos y de instrumentos de asalto, construye un muro a su alrededor, y también una rampa, para que se vea como una ciudad sitiada. ³ Toma en seguida una lámina de hierro y ponla entre ti y la ciudad, como si fuera una muralla, y colócate frente a la ciudad, como si la estuvieras atacando. Esto servirá de señal a los israelitas.

⁴ "Y tú te acostarás sobre el lado izquierdo, y echarás sobre ti la culpa del pueblo de Israel. Tendrás que estar acostado sobre ese lado, llevando sobre ti su culpa ⁵ trescientos noventa días, o sea, un día por cada año de culpa de Israel. ⁶ Cuando hayas cumplido ese tiempo, te acostarás sobre el lado derecho y echarás sobre ti la culpa del reino de Judá durante cuarenta días. Un día por cada año de culpa. ⁷ Luego te volverás hacia Jerusalén, rodeada de enemigos; te desnudarás el

brazo y hablarás en mi nombre contra ella. ⁸ Mira, te voy a atar con cuerdas, para que no te puedas volver de un lado a otro hasta que completes los días en que debes estar sufriendo.

⁹ "Toma en seguida un poco de trigo, cebada, mijo y avena, y también habas y lentejas; mézclalo todo en una sola vasija y haz con ello tu pan. Eso es lo que comerás durante los trescientos noventa días que estarás acostado sobre el lado izquierdo. ¹⁰ Tomarás tu comida a horas fijas, en raciones de un cuarto de kilo por día; ¹¹ el agua la tomarás también a horas fijas, en raciones de medio litro por día. ¹² Tu comida será una torta de cebada, cocida en fuego de estiércol humano, y la prepararás donde la gente te vea."

¹³ Luego añadió el Señor: "Comida impura como ésa es la que tendrán que comer los israelitas en los países a donde los voy a desterrar."

¹⁴ Yo le contesté: "Pero, Señor, yo nunca en mi vida he tocado nada impuro; nunca he comido carne de un animal muerto por sí solo, o despedazado por las fieras, ni he probado nunca carne impura."

¹⁵ Entonces él me dijo: "Bueno, te permito que uses estiércol de vaca en vez de estiércol humano, para cocer tu pan."

¹⁶ Después me dijo: "Voy a hacer que falten alimentos en Jerusalén. La comida estará racionada, y la gente se la comerá con angustia; el agua estará medida, y la beberán llenos de miedo. ¹⁷ Les faltará agua y comida, y unos a otros se mirarán llenos de miedo. Y por sus pecados se irán pudriendo en vida."

5 ¹ El Señor me dijo: "Ahora, hombre, toma un cuchillo afilado como navaja de afeitar, y rápate la cabeza y la barba.⁷ Toma luego una balanza, y divide tu pelo en tres partes. ² Cuando termine el ataque a la ciudad, quema una de las tres partes del pelo en medio de la ciudad; toma después un cuchillo, y corta otra de esas tres partes de pelo alrededor de la ciudad, y la parte restante lánzala al viento. Yo iré detrás de la gente de la ciudad, con una espada en la mano. ³ Toma unos cuantos de aquellos pelos, y átalos en el borde de tu vestido. ⁴ Toma luego unos pocos de ellos, y échalos al fuego para que se quemen. De allí saldrá fuego contra todo el pueblo de Israel.

⁵ "Yo, el Señor, lo digo: Ahí está Jerusalén. Yo fui quien la puso en medio de los pueblos y naciones. ⁶ Pero ella se rebeló contra mis leyes y mandatos, y ha resultado peor que los pueblos y naciones a su alrededor, pues no obedece mis leyes ni sigue mis mandatos.

---

⁷ Entre los hebreos, el raparse era señal de gran luto y aflicción.

7 "Por eso yo, el Señor, lo digo: Ustedes han sido más rebeldes[8] que los pueblos que los rodean, y no han seguido mis mandatos; ni siquiera han cumplido las leyes de los pueblos que los rodean. 8 Por eso yo, el Señor, lo digo: Yo también me voy a poner contra ti, Jerusalén; voy a ejecutar la sentencia contra ti a la vista de las naciones, 9 como nunca lo había hecho ni volveré a hacerlo. Tan detestables son todas tus acciones. 10 Dentro de ti habrá padres que se coman a sus hijos,[n] e hijos que se coman a sus padres. Ejecutaré la sentencia contra ti, y a los que sobrevivan los dispersaré a los cuatro vientos. 11 Yo, el Señor, lo juro por mi vida: como ustedes han profanado mi santo templo con sus ído los inmundos y sus acciones detestables, también yo los voy a destrozar sin misericordia; no tendré compasión de ustedes. 12 Una tercera parte de tus habitantes morirá de peste y de hambre dentro de ti, otra tercera parte caerá asesinada por los enemigos en los alrededores, y a la tercera parte restante la dispersaré a los cuatro vientos. Yo iré detrás de ellos con una espada en la mano. 13 Entonces descargaré mi furor; haré que mi ira contra ellos quede satisfecha, y me calmaré. Y cuando haya descargado mi ira contra ellos, sabrán que yo, el Señor, fui quien lo dijo en el ardor de mis celos. 14 Yo te convertiré en un montón de ruinas, Jerusalén; te humillaré en medio de los pueblos que te rodean, para que lo vean todos los que pasen. 15 Cuando yo ejecute con ira y furor la sentencia contra ti, y te castigue duramente, todos te insultarán y te ofenderán, y servirás de escarmiento terrible para los pueblos que te rodean. Yo, el Señor, lo he dicho. 16 Yo haré que venga el hambre sobre ustedes, como terribles flechas destructoras. Sí, haré que vengan sobre ustedes la destrucción y el hambre y la escasez de alimentos. 17 Sí, haré venir sobre ustedes hambre, enfermedad y muerte, y animales feroces que los dejarán sin hijos; y haré que muchos de ustedes mueran en la guerra.[o] Yo, el Señor, lo he dicho."

Ezequiel denuncia la idolatría

6 1 El Señor se dirigió a mí, y me dijo: 2 "Mira hacia los montes de Israel, y háblales en mi nombre 3 de la siguiente manera: 'Escuchen, montes de Israel, lo que dice el Señor a los montes, las colinas, los ríos y los valles: Voy a hacer venir sobre ustedes la guerra, y a destruir sus lugares altos de culto pagano. 4 Haré peda-

zos los altares donde ustedes ofrecen sacrificios y queman incienso, y haré que sus hombres caigan muertos delante de los ídolos. 5 Arrojaré los cadáveres de los israelitas delante de sus ídolos, y esparciré sus huesos alrededor de sus altares. 6 En todos los lugares donde ustedes vivan, las ciudades serán destruidas y sus altares de culto pagano quedarán en ruinas. Sus altares quedarán completamente destruidos, sus ídolos, hechos pedazos; sus altares para quemar incienso, derrumbados; todo lo que ustedes han hecho desaparecerá.[p] 7 Y cuando vean caer muerta entre ustedes a tanta gente, reconocerán que yo soy el Señor. 8 Pero yo haré que algunos de ustedes se salven de la muerte y queden con vida, esparcidos entre las naciones. 9 Los sobrevivientes se acordarán de mí en esas naciones; se acordarán de cómo les hice sufrir[q] por haberme sido infieles y por haberse apartado de mí para adorar ídolos. Ellos sentirán asco de sí mismos por todas las maldades que han hecho, por todas sus acciones detestables. 10 Entonces reconocerán que yo soy el Señor y que, cuando prometí enviarles estos males, no hice vanas amenazas.'"

11 El Señor me dijo: "Laméntate dando golpes con las manos y los pies; lanza gritos de dolor por las maldades detestables del pueblo de Israel, pues va a morir por causa de la guerra, el hambre y las enfermedades. 12 Los que estén lejos morirán por las enfermedades, los que estén cerca morirán en la guerra, y los que queden con vida morirán de hambre. Así acabaré de descargar mi ira contra ellos. 13 Y cuando vean los cadáveres de esa gente entre sus ídolos y alrededor de los altares, en todas las colinas elevadas, en las cumbres de los montes, debajo de todo árbol verde, debajo de toda encina frondosa, y en los lugares en que ofrecieron a sus ídolos perfumes agradables, entonces reconocerán que yo soy el Señor. 14 Levantaré mi mano para castigarlos y, desde el desierto del sur hasta Ribla[10] en el norte, convertiré su país y todos sus lugares habitados en un desierto espantoso. Entonces reconocerán que yo soy el Señor."

El fin está cerca

7 1 El Señor se dirigió a mí, y me dijo: 2 "Yo, el Señor, digo al país de Israel: Ya llega el fin, ya llega el fin de la tierra entera. 3 Ya llega tu fin, Israel. Voy a descargar mi ira contra ti; voy a pedirte cuentas de tu conducta y a castigarte por todas tus acciones detestables. 4 No te voy a

---

8 *Ustedes han sido más rebeldes:* texto probable. Heb. *el tumulto de ustedes.*
9 *Los hice sufrir:* según versiones antiguas. Heb. *fui quebrantado.*   10 *Ribla:* texto probable. Heb. *Dibla.*
n **5.10** Dt 28.53-57; Jer 19.9; Lm 4.10.   o **5.16-17** Ez 14.21; Ap 6.8.   p **6.3-6** Lv 26.30-31.

tratar con misericordia; voy a castigarte por tu conducta y a hacerte pagar las consecuencias de tus acciones detestables. Y reconocerán ustedes que yo soy el Señor.

5-6 "Yo, el Señor, digo: Mira, ya se acerca el fin, y va a venir desgracia tras desgracia; ya está cerca el fin para ti. 7 Llega la destrucción,[11] habitantes del país. El momento ha llegado; se acerca el día en que sólo habrá confusión. Se acabará la alegría en las montañas. 8 Ahora mismo, en seguida, descargaré mi ira contra ti hasta quedar satisfecho, te pediré cuentas de tu conducta y te castigaré por todas tus acciones detestables. 9 No te voy a tratar con misericordia; voy a castigarte por tu conducta y a hacerte pagar las consecuencias de tus acciones detestables. Y reconocerán ustedes que yo, el Señor, soy quien los castiga.

10 "¡Aquí está el día! ¡Ya llegó! ¡Vino la destrucción![12] La maldad triunfa por todas partes y es mucha la insolencia. 11 La violencia aparece y produce maldad. Pero ellos no lograrán nada con sus riquezas y su griterío. No hay en ellos nada de valor. 12 Llegó el momento, vino el día. Ni el vendedor tiene de qué alegrarse, ni el comprador por qué ponerse triste. Voy a castigar con ira el orgullo de Israel. 13 El que haya vendido algo no lo recuperará en toda su vida, ni podrá deshacer el negocio que hizo.[13] Los malvados no podrán conservar su vida.

14 "Suena la trompeta llamando a la batalla; todos se preparan, pero nadie sale a luchar. Voy a castigar con ira el orgullo de Israel. 15 Afuera hay guerra, y adentro enfermedades y hambre. Los que estén en los campos morirán en la guerra, y los que estén en la ciudad morirán de hambre y enfermedad. 16 Aunque algunos logren escapar a las montañas, como palomas asustadas, todos morirán[14] por sus pecados. 17 Todos dejarán caer los brazos, y les temblarán de miedo las rodillas. 18 Se vestirán con ropas ásperas en señal de dolor; todo el cuerpo les temblará, e irán con la cara roja de vergüenza y la cabeza rapada. 19 Tirarán su plata a la calle; tirarán su oro como si fuera basura. Ni su oro ni su plata podrá salvarlos en el día de la ira del Señor. No podrán calmar el hambre ni llenar el estómago, porque el oro fue la causa de que cayeran en la maldad. 20 Por la belleza de sus joyas se llenaron de vanidad, y con ellas hicieron las detestables imágenes de sus ídolos. Por eso yo convertiré esas joyas suyas en basura. 21 Haré que vengan extranjeros y se las roben, que venga la gente más despreciable de la tierra y se las

quite, y las trate como cosa impura. 22 Yo me apartaré de este país y dejaré que profanen mi templo, que era mi tesoro. Vendrán bandidos y lo profanarán.

23 "Prepara una cadena, porque en el país se condena a muchos por asesinato y la ciudad está llena de violencia. 24 Yo voy a hacer que venga gente malvada y se apodere de las casas de la ciudad. Pondré fin al orgullo de los poderosos; haré que sus lugares sagrados sean profanados. 25 El terror se apoderará de ellos; buscarán la paz, y no la encontrarán. 26 Vendrá desgracia tras desgracia; malas noticias, una tras otra. En vano buscarán algún profeta que les haga una revelación; no habrá sacerdotes que los instruyan ni ancianos que les den consejos. 27 El rey se pondrá de luto, el gobernante caerá en la tristeza y el pueblo se pondrá a temblar. Los trataré según su conducta y los juzgaré según su manera de juzgar. Así reconocerán que yo soy el Señor."

Visión de las cosas detestables que se cometían en Jerusalén

8 1 El día cinco del mes sexto del año sexto, estaba yo sentado en mi casa en compañía de los ancianos de Judá. De repente el Señor puso su mano sobre mí, 2 y vi algo que parecía un hombre.[15] De lo que parecía ser su cintura para abajo, vi algo semejante al fuego, y de allí para arriba brillaba como metal bruñido.[q] 3 El hombre extendió lo que parecía ser una mano y me agarró por el pelo. Entonces el poder de Dios me levantó por los aires y, en visiones producidas por Dios, me llevó a Jerusalén y me colocó a la entrada de la puerta interior de la ciudad, que da hacia el norte, donde se encuentra el ídolo que provoca la ira del Señor. 4 Allí estaba la gloria del Dios de Israel, como yo la había visto en la visión que tuve en la llanura.[r] 5 Entonces me dijo: "Dirige tu vista hacia el norte."

Dirigí mi vista hacia el norte y, en la entrada, junto a la puerta del altar, vi el ídolo que provoca la ira del Señor.

6 Luego me dijo: "¿Ves las cosas tan detestables que hacen los israelitas, con las cuales me alejan de mi santo templo? Pues todavía verás otras peores."

7 Luego me llevó a la entrada del atrio. En el muro se veía un boquete. 8 Entonces me dijo: "Agranda el boquete del muro."

Yo agrandé el boquete y encontré una entrada. 9 Entonces me dijo: "Entra y verás las cosas tan horribles que hacen allí." 10 Entré y, a todo lo largo del muro, vi pintadas toda clase de figuras de reptiles y de

---

[11] *Llega la destrucción:* traducción probable. Heb. *la guirnalda.* [12] Véase nota a v. 7. [13] Heb. añade una frase de sentido oscuro. [14] *Morirán:* texto probable. Heb. *gimen.* [15] *Hombre:* según la versión griega. Heb. *fuego.* [q] 8.2 Ez 1.27. [r] 8.4 Ez 1.28.

otros animales impuros, y toda clase de ídolos del pueblo de Israel. [11] Setenta ancianos israelitas, entre los que se encontraba Jaazanías, hijo de Safán, rendían culto a esos ídolos. Cada uno tenía un incensario en la mano, del cual subía una espesa nube de incienso.

[12] Y me dijo: "¿Ves lo que hacen en secreto los ancianos israelitas, cada uno en el nicho de su ídolo? Piensan que yo no los veo, que he abandonado el país." [13] Y añadió: "Todavía los verás hacer cosas peores."

[14] Y me llevó a la puerta de entrada del templo del Señor, que da hacia el norte. Allí estaban sentadas unas mujeres, llorando por el dios Tamuz. [15] Entonces me dijo: "¿Ves esto? Pues todavía verás cosas peores."

[16] Entonces me llevó al atrio interior del templo del Señor y, a la entrada del santuario, entre el vestíbulo y el altar, unos veinticinco hombres estaban de espaldas al santuario; inclinados hacia el oriente, y con la frente en el suelo, adoraban al sol.[s] [17] Entonces el Señor me dijo: "¿Lo ves? ¡No le ha bastado al pueblo de Judá con hacer aquí estas cosas tan detestables, que además ha llenado el país de actos de violencia! Una y otra vez provocan mi ira, y hacen que su pestilencia me llegue a la nariz.[16] [18] Pero yo voy a actuar con ira. No tendré ninguna compasión de ellos. Aunque me llamen a gritos, no los escucharé."

Visión del castigo de Jerusalén

9 [1] Después oí una voz muy fuerte, que me gritó al oído: "¡Ya llegan los que van a castigar la ciudad, cada uno con su arma de destrucción en la mano!"

[2] Vi entonces que seis hombres entraban por la puerta superior que da al norte, cada uno con un mazo en la mano. En medio de ellos venía un hombre vestido de lino, que llevaba a la cintura instrumentos de escribir. Entraron y se detuvieron junto al altar de bronce. [3] Entonces la gloria del Dios de Israel se elevó de encima de los seres alados, donde había estado, y se dirigió a la entrada del templo. El Señor llamó al hombre vestido de lino que llevaba a la cintura instrumentos de escribir, [4] y le dijo: "Recorre la ciudad de Jerusalén, y pon una señal en la frente[t] de los que sientan tristeza y pesar por todas las cosas detestables que se hacen en ella."

[5-6] Luego oí que les decía a los otros hombres: "Vayan tras él a recorrer la ciudad y, comenzando por mi templo, maten sin ninguna compasión a ancianos, jóvenes, muchachas, niños y mujeres. Pero no toquen a nadie que tenga la señal." Ellos, entonces, comenzaron por los ancianos que estaban delante del templo.

[7] Después les dijo: "Vayan al templo, y profánenlo; y llenen de cadáveres sus atrios."

Ellos salieron y comenzaron a matar gente en la ciudad. [8] Y mientras lo hacían, yo me quedé solo. Entonces me incliné hasta tocar el suelo con la frente, y lleno de dolor grité: "Señor, ¿vas a descargar tu ira sobre Jerusalén hasta destruir lo poco que queda de Israel?"

[9] El Señor me respondió: "El pecado del pueblo de Israel y de Judá es muy grande. El país está lleno de crímenes; la ciudad está llena de injusticia. Piensan que yo he abandonado el país y que no veo lo que hacen. [10] Pues no voy a tener ninguna compasión de ellos, sino que les voy a pedir cuentas de su conducta."

[11] Entonces el hombre vestido de lino que llevaba a la cintura instrumentos de escribir, volvió y dijo: "Ya he cumplido la orden que me diste."

La gloria del Señor abandona el templo

10 [1] Luego vi que, encima de la bóveda que estaba sobre las cabezas de los seres alados, apareció algo así como un trono que parecía de zafiro.[u] [2] Y el Señor dijo al hombre vestido de lino: "Métete entre las ruedas del carro, debajo de los seres alados, y toma un puñado de brasas encendidas, de esas que están en medio de los seres alados, y espárcelas sobre la ciudad."[v]

Y vi cómo el hombre se metió. [3] En ese momento los seres alados estaban al sur del templo, y una nube llenaba el atrio interior. [4] Entonces la gloria del Señor se elevó de encima de los seres alados y se dirigió a la entrada del templo; la nube llenó el templo, y el atrio se iluminó con el resplandor de la gloria del Señor.[w] [5] El ruido que hacían las alas de los seres alados se oía hasta en el atrio exterior. Era como si el Dios todopoderoso estuviera hablando. [6] Entonces el Señor ordenó al hombre vestido de lino que tomara fuego de entre las ruedas del carro, de en medio de los seres alados. El hombre fue y se puso junto a una de las ruedas. [7-8] Debajo de las alas de los seres alados se veía algo así como una mano de hombre. Uno de ellos extendió la mano hacia el fuego que estaba en medio y, tomando un poco, se lo

---

[16] Hacen que su pestilencia me llegue a la nariz: traducción probable. Heb. lanzan la rama (de vid) a su nariz. Alusión probable a la rama o ramas que según el historiador Estrabón usaban los adoradores del sol en sus ritos. Al parecer el texto hebreo dice su nariz para evitar la posible blasfemia si se aludiera claramente a la nariz de Dios.
[s] 8.16 Dt 4.19. [t] 9.4–6 Ap 7.2–3; 9.4; 14.1. [u] 10.1 Ez 1.26; Ap 4.2. [v] 10.2 Ap 8.5. [w] 10.3–4 Ex 16.10; 24.16; Nm 10.34.

puso en las manos al hombre vestido de lino, el cual lo tomó y se fue. ⁹ Junto a los seres alados vi cuatro ruedas, una junto a cada uno de ellos. Las ruedas brillaban como si fueran de topacio. ¹⁰ Las cuatro ruedas eran iguales y parecían estar una dentro de la otra. ¹¹ Cuando los seres alados avanzaban en una de las cuatro direcciones, no tenían que volverse, sino que avanzaban en la dirección en que iba el de adelante. ¹² Su cuerpo, sus espaldas, sus manos y sus alas estaban llenos de reflejos¹⁷ por todos lados,ˣ lo mismo que las cuatro ruedas. ¹³ Yo mismo oí que a las ruedas también les daban el nombre de "carro".ʸ ¹⁴ Cada ser alado tenía cuatro caras: la primera cara era la de un toro;¹⁸ la segunda, la de un hombre; la tercera, la de un león; y la cuarta, la de un águila.ᶻ ¹⁵ Estos seres son los mismos que yo había visto junto al río Quebar.ᵃ

Los seres alados se levantaron, ¹⁶ y cuando ellos avanzaban, también avanzaban las ruedas; y cuando alzaban las alas para levantarse del suelo, las ruedas no se apartaban de su lado; ¹⁷ cuando se detenían, se detenían también las ruedas; y cuando se levantaban, se levantaban también las ruedas, porque las ruedas formaban parte viva de ellos. ¹⁸ Entonces la gloria del Señor se elevó de encima del templo y se colocó sobre los seres alados. ¹⁹ Estos alzaron las alas y se levantaron del suelo. Yo vi cómo se levantaron, con las ruedas a su lado, y cómo se detuvieron en la puerta oriental del templo del Señor. La gloria del Dios de Israel estaba encima de ellos. ²⁰ Eran los mismos seres alados que yo había visto debajo del Dios de Israel, junto al río Quebar. Entonces me di cuenta de lo que eran. ²¹ Cada uno de ellos tenía cuatro caras y cuatro alas, y debajo de las alas se veía algo que parecía manos de hombre. ²² Las caras tenían la misma apariencia que las de los seres alados que yo había visto junto al río Quebar. Cada uno avanzaba de frente.

Castigo de Jerusalén

11 ¹ El poder de Dios me levantó y me llevó hasta la entrada oriental del templo del Señor. En la puerta había veinticinco hombres. Entre ellos distinguí a Jaazanías, hijo de Azur, y a Pelatías, hijo de Benaías, que eran jefes del pueblo. ² El Señor me dijo: "Estos son los que están tramando crímenes y haciendo planes malvados en esta ciudad. ³ Dicen: 'No hace mucho que reconstruimos las casas. Aquí estaremos a salvo, como la carne en la olla,'ᵇ ⁴ Por eso, háblales en mi nombre."

⁵ El espíritu del Señor se posesionó de mí, y me ordenó que dijera: "Esto dice el Señor: 'Eso es lo que ustedes piensan, israelitas. Yo conozco sus pensamientos. ⁶ Ustedes han cometido muchos asesinatos en esta ciudad, y han llenado de cadáveres las calles. ⁷ Por eso yo, el Señor, les aseguro: Jerusalén será como una olla, pero la carne no serán ustedes, sino los cadáveres de los que ustedes mataron, pues a ustedes los voy a sacar de la olla. ⁸ ¿Tienen miedo a la guerra? Pues haré venir guerra sobre ustedes. Yo, el Señor, doy mi palabra. ⁹ Ejecutaré la sentencia contra ustedes: los sacaré de aquí y los entregaré a gente extranjera. ¹⁰ Morirán a filo de espada. Yo los juzgaré a ustedes en los límites de Israel, y entonces reconocerán que yo soy el Señor. ¹¹ La ciudad no les servirá a ustedes de olla, ni ustedes serán la carne. Yo los juzgaré a ustedes en los límites de Israel, ¹² y entonces reconocerán que yo soy el Señor. Ustedes no han vivido de acuerdo con mis órdenes ni han practicado mis leyes, sino que han seguido las prácticas de las naciones que los rodean.'"

¹³ Mientras yo les hablaba en nombre del Señor, cayó muerto Pelatías, hijo de Benaías. Yo me incliné hasta tocar el suelo con la frente, lancé un fuerte grito y dije: "¡Ay, Señor! ¿Vas a terminar con lo poco que queda de Israel?"

Dios anuncia un nuevo pacto

¹⁴ El Señor se dirigió a mí, y me dijo: ¹⁵ "La gente que vive en Jerusalén habla de los israelitas, tus compatriotas, y dice: ¡Ellos están lejos del Señor! A nosotros, en cambio, nos dio el país para que seamos dueños de él.' ¹⁶ Por eso diles: 'Esto dice el Señor: Yo los desterré y los dispersé entre las naciones, entre países extraños, pero sólo por un corto tiempo. Ahora yo mismo seré un santuario para ellos en los países adonde han ido.' ¹⁷ Diles también: 'Esto dice el Señor: Yo los haré volver de esos países y naciones adonde los he dispersado, y los reuniré y les daré el país de Israel. ¹⁸ E los volverán a su país y acabarán con todas las prácticas odiosas y detestables que hay en él. ¹⁹ Yo les quitaré ese corazón duro como la piedra, y les daré un nuevo corazón y un nuevo espíritu.ᶜ ²⁰ Entonces vivirán de acuerdo con mis leyes y decretos, y los pondrán en práctica. Ellos serán mi pueblo y yo seré su Dios.ᵈ ²¹ Pero a los que viven apegados

¹⁷ *Reflejos:* lit. *ojos.* ¹⁸ *Era la de un toro:* según 1.10. Heb. *era la de un querubín.*
ˣ **10.12** Ez 1.18; Ap 4.8. ʸ **10.9-13** Ez 1.15-21. ᶻ **10.14** Ez 1.10; Ap 4.7. ᵃ **10.15,20** Ez 1.1-3. ᵇ **11.3** Ez 24.1-14.
ᶜ **11.19** Sal 51.10. ᵈ **11.19-20** Ez 36.26-28.

a esas prácticas odiosas y detestables, les pediré cuentas de su conducta. Yo, el Señor, doy mi palabra.' "

La gloria del Señor se aleja de Jerusalén

²² Los seres alados levantaron el vuelo, y las ruedas los siguieron. Entonces la gloria del Dios de Israel, que estaba encima de ellos, ²³ se levantó y se alejó de la ciudad, yendo a colocarse sobre el monte que está al oriente de la ciudad.ᵉ ²⁴ Luego el poder de Dios me levantó y me hizo volver a Babilonia, donde estaban los otros desterrados. Esto sucedió en una visión que el espíritu de Dios me hizo ver. Después la visión desapareció, ²⁵ y yo les conté a los desterrados todo lo que el Señor me había revelado.

Ezequiel anuncia el destierro

12 ¹ El Señor se dirigió a mí, y me dijo: ² "Tú, hombre, vives en medio de un pueblo rebelde. Tienen ojos para ver, pero no ven; y oídos para oír, pero no oyen,ᶠ porque son un pueblo rebelde. ³ Por eso, prepara lo necesario para salir al destierro y, a pleno día y a la vista de todos, sal de tu casa y vete a otro lugar; tal vez se den cuenta de que son un pueblo rebelde. ⁴ A pleno día y a la vista de todos, saca tus cosas como para ir al destierro; y por la tarde, también a la vista de todos, sal como si fueras al destierro. ⁵ Después, haz un boquete en el muro, a la vista de todos, y sal por él con tus cosas. ⁶ Y cuando oscurezca, échate al hombro tus cosas y sal con ellas a la vista de todos. Tápate la cara, de modo que no puedas ver el país. Quiero que seas una señal de alarma para el pueblo de Israel."

⁷ Yo preparé mis cosas tal como el Señor me lo había ordenado, y a pleno día salí con ellas, como quien va al destierro. Por la tarde hice con mis manos un boquete en el muro y, cuando oscureció, a la vista de todos me eché las cosas al hombro y salí con ellas.

⁸ A la mañana siguiente, el Señor se dirigió a mí, y me dijo: ⁹ "Seguramente los israelitas, ese pueblo rebelde, te habrán preguntado qué estabas haciendo. ¹⁰ Pues diles de mi parte que esto es un anuncio para el rey de Jerusalén y para todos los israelitas que allí viven. ¹¹ Diles que tú eres una señal de alarma para ellos, y que tendrán que hacer lo mismo que tú hiciste, porque serán llevados al destierro. ¹² El jefe que tienen habrá de echarse sus cosas al hombro, y cuando oscurezca saldrá con

ellas por un boquete que harán en el muro. Irá con la cara tapada, para que nadie pueda verlo a él ni él pueda ver¹⁹ el país. ¹³ Yo le echaré encima mi red y lo atraparé con ella. Lo llevaré a Babilonia, tierra de los caldeos, tierra que no podrá ver,ᵍ y allí morirá. ¹⁴ Y dispersaré a los cuatro vientos la guardia que lo rodea para defenderlo, lo mismo que sus otras tropas, y los perseguiré con la espada en la mano. ¹⁵ Y cuando ya los haya dispersado por otros países y naciones, reconocerán que yo soy el Señor. ¹⁶ Pero haré que unos cuantos escapen de la guerra, el hambre y las enfermedades, para que en las naciones adonde vayan cuenten todas las cosas detestables que cometieron y reconozcan que yo soy el Señor."

Nuevo anuncio de castigo

¹⁷ El Señor se dirigió a mí una vez más, y me dijo: ¹⁸ "Tú, hombre, tiembla de miedo al comer, y muéstrate angustiado al beber. ¹⁹ Y diles a los habitantes del país y de Jerusalén, y a todos los israelitas: 'Esto dice el Señor: Comerán su comida llenos de angustia, y tomarán sus bebidas llenos de miedo; el país quedará destruido y vacío, por causa de la violencia de sus habitantes. ²⁰ Toda ciudad habitada será destruida; el país quedará convertido en desierto. Entonces reconocerán ustedes que yo soy el Señor.' "

²¹ El Señor se dirigió a mí, y me dijo: ²² "¿Qué quieren decir los israelitas con eso de 'Pasan los días, y las visiones del profeta no se cumplen'?ʰ ²³ Pues diles: 'Esto dice el Señor: Yo voy a hacer que no se repitan más esas palabras en Israel.' Y diles también que ya está cerca el día en que se cumplirá todo lo anunciado en las visiones. ²⁴ No volverá a haber entre los israelitas visiones falsas ni profecías que sean mentira, ²⁵ porque yo, el Señor, voy a hablar, y lo que diga se cumplirá sin tardanza. Ustedes mismos lo verán, pueblo rebelde; yo hablaré y haré que se cumpla lo que digo. Yo, el Señor, doy mi palabra."

²⁶ El Señor se dirigió a mí, y me dijo: ²⁷ "Los israelitas andan diciendo que tus visiones proféticas son de cumplimiento a largo plazo. ²⁸ Por lo tanto, diles: 'Esto dice el Señor: Mis palabras no tardarán en cumplirse; lo que he dicho se cumplirá. Yo, el Señor, doy mi palabra.' "

El Señor condena a los falsos profetas

13 ¹ El Señor se dirigió a mí, y me dijo: ² "Habla en mi nombre contra los profetasⁱ de Israel, esos profetas que ha-

¹⁹ *Para que nadie pueda verlo a él ni él pueda ver:* según la versión griega. Heb. *porque él no ve.*
ᵉ **11.22-23** Ez 10.1-22; 43.2-5.   ᶠ **12.2** Is 6.9-10; Jer 5.21; Mr 8.18.   ᵍ **12.13** 2 R 25.7; Jer 52.4-11; Ez 17.18-20.
ʰ **12.22** 2 P 3.4.   ⁱ **13.1-16** Jer 23.9-32.

blan por su propia cuenta, y diles: 'Oigan la palabra del Señor: ³ ¡Ay de los profetas estúpidos que siguen su propia inspiración y no tienen verdaderas visiones! ⁴ Tus profetas, Israel, son como zorras que viven entre ruinas. ⁵ No han hecho nada para defender a Israel, para que pueda resistir en la batalla cuando venga el día del Señor. ⁶ Sus visiones son falsas y sus profecías son mentira. Dicen que hablan de mi parte, pero yo no los he enviado. ¡Y esperan que sus palabras se cumplan! ⁷ ¡Las visiones que ustedes tienen son falsas! ¡Sus profecías son mentira! Dicen que hablan de mi parte, pero yo no he dicho nada. ⁸ Por eso yo, el Señor, digo: Como ustedes dicen cosas falsas y sus visiones son mentira, yo estoy contra ustedes. Yo, el Señor, lo afirmo. ⁹ Voy a levantar la mano para castigar a los profetas que tienen visiones falsas y cuyas profecías son mentira. No podrán tomar parte en las reuniones de mi pueblo Israel; sus nombres no serán anotados en las listas de los israelitas, ni entrarán en la tierra de Israel. Entonces reconocerán ustedes que yo soy el Señor.'

¹⁰ "Sí, ellos engañaron a mi pueblo diciéndole que todo iba bien, cuando en realidad no era así.ʲ Son como quien levanta una pared insegura y luego la recubre con cal. ¹¹ Pues diles a esos que blanquean la pared, que la pared se vendrá abajo. Vendrá la lluvia a torrentes, y caerán granizos como piedras, y soplará un viento huracanado, ¹² y la pared se vendrá abajo. Entonces les preguntarán: '¿Qué pasó con la cal que le pusieron?' ¹³ Por eso yo, el Señor, digo: En mi ira voy a hacer que sople un viento huracanado; en mi furor voy a hacer que llueva a torrentes y que caigan granizos como piedras, para destruirlo todo con furia. ¹⁴ Y derribaré esa pared que ustedes blanquearon; la echaré por tierra, y sus cimientos quedarán al descubierto. Sí, la pared se vendrá abajo, y ustedes morirán entre sus escombros. Entonces reconocerán que yo soy el Señor. ¹⁵ Descargaré toda mi ira contra esa pared y contra los que la blanquearon, y la gente dirá:²⁰ 'No quedó nada de la pared ni de los que la blanquearon, ¹⁶ esos profetas de Israel que tenían visiones falsas y anunciaban a Jerusalén que todo iba bien, cuando en realidad no era así.' Yo, el Señor, lo afirmo.

El Señor condena a las profetisas

¹⁷ "Ahora, hombre, dirígete a las mujeres de tu pueblo que se ponen a hablar en mi nombre por su propia cuenta, ¹⁸ y diles: 'Esto dice el Señor: ¡Ay de ustedes, que andan a caza de la gente; que cosen ven-

das mágicas para que todo el mundo se las ponga como pulseras, y hacen velos para que todos se los pongan en la cabeza! ¿Creen que pueden disponer de la vida y de la muerte de mi pueblo, según les convenga? ¹⁹ Ustedes, por unos puñados de cebada y unos bocados de pan, me deshonran delante de mi pueblo; dan muerte a gente que no debía morir, y dejan con vida a gente que no debía vivir. Así engañan a mi pueblo, que hace caso a las mentiras. ²⁰ Por eso yo, el Señor, digo: Yo me declaro enemigo de esas vendas mágicas que ustedes hacen, con las que atrapan a la gente como a pájaros. Yo libraré del poder de ustedes a esas personas, y las dejaré volar libremente; ²¹ libraré a mi pueblo del poder.ce ustedes y de los velos que le han puesto, y no lo volverán a atrapar. Entonces reconocerán ustedes que yo soy el Señor. ²² Ustedes, con sus mentiras, han acobardado a los buenos, cosa que yo no quería hacer, y en cambio han animado a los malvados a seguir en su mala conducta, para que yo no les dé vida. ²³ Por eso no volverán ustedes a tener sus falsas visiones ni a proclamar sus profecías de mentira. Yo salvaré a mi pueblo del poder de ustedes, y reconocerán ustedes que yo soy el Señor.' "

Contra el culto a los ídolos

14 ¹ Varios ancianos de Israel vinieron a verme para consultar al Señor. ² Entonces el Señor se dirigió a mí, y me dijo: ³ "Estos hombres se han entregado por completo al culto de sus ídolos y han puesto sus ojos en lo que les hace pecar. ¿Y acaso voy a permitir que me consulten? ⁴ Habla con ellos y diles: 'Esto dice el Señor: Todo israelita que se entregue al culto de los ídolos y ponga sus ojos en lo que les hace pecar, y que venga luego a consultar al profeta, tendrá de mi parte la respuesta que se merece por tener tantos ídolos.'

⁵ "Yo les tocaré el corazón a todos los israelitas que se apartaron de mí por causa de sus ídolos. ⁶ Por eso, diles a los israelitas: 'Esto dice el Señor: Vuélvanse a mí, apártense de sus ídolos y dejen todas esas cosas detestables.' ⁷ Si un israelita o un extranjero que viva en Israel se aparta de mí y se entrega por completo al culto de sus ídolos, y pone sus ojos en lo que le hace pecar, y luego recurre a un profeta para consultarme, yo mismo le daré la respuesta: ⁸ Me enfrentaré con ese hombre y le daré un castigo ejemplar, algo de lo que todos hablen, y lo eliminaré de entre mi pueblo. Entonces reconocerán ustedes que yo soy el Señor.

²⁰ *La gente dirá:* texto probable. Heb. *diré.*
ʲ **13.10** Jer 6.14; 8.11.

⁹ "Y si un profeta da un mensaje falso, es porque yo, el Señor, engañé a ese profeta; y yo levantaré mi mano para castigarlo y lo eliminaré de mi pueblo Israel. ¹⁰ Tanto el hombre que hace la consulta como el profeta serán castigados por su pecado, ¹¹ para que el pueblo de Israel no vuelva jamás a apartarse de mí ni a mancharse con esos crímenes. Ellos serán mi pueblo, y yo seré su Dios. Yo, el Señor, lo afirmo."

Jerusalén merece ser castigada

¹² El Señor se dirigió a mí, y me dijo: ¹³ "Si un país peca contra mí y me es infiel, yo levantaré la mano para castigarlo y le quitaré sus provisiones de alimento; enviaré hambre sobre él, y haré que mueran hombres y animales. ¹⁴ Y si en ese país vivieran Noé, Danel²¹ y Job, sólo ellos tres se salvarían por ser justos. Yo, el Señor, lo afirmo.

¹⁵ "Y si envío animales feroces a un país, para que maten a sus habitantes y lo conviertan en un desierto donde nadie se atreva a pasar por miedo a las fieras, ¹⁶ si vivieran allí esos tres hombres, no podrían salvar ni a sus hijos ni a sus hijas; sólo ellos se salvarían, y el país quedaría convertido en un desierto. Yo, el Señor, lo juro por mi vida.

¹⁷ "Y si hago venir la guerra sobre todo ese país y ordeno la muerte de hombres y animales, ¹⁸ si vivieran allí esos tres hombres, no podrían salvar ni a sus hijos ni a sus hijas; sólo ellos se salvarían. Yo, el Señor, lo juro por mi vida.

¹⁹ "Y si envío enfermedades a ese país, y en mi ira siembro allí la muerte y hago que mueran hombres y animales, ²⁰ si vivieran allí Noé, Danel y Job, no podrían salvar ni a sus hijos ni a sus hijas; sólo ellos se salvarían por ser justos. Yo, el Señor, lo juro por mi vida.

²¹ "Yo, el Señor, digo: Peor todavía será cuando yo mande contra Jerusalén mis cuatro castigos terribles: la guerra, el hambre, los animales salvajes y las enfermedades,ᵏ y mate a hombres y animales. ²² Sólo unos cuantos quedarán con vida y podrán salir de allí con sus hijos e hijas. Cuando ellos vayan a ustedes, ustedes verán cómo se han portado y las cosas que han hecho, y se consolarán del castigo que hice venir sobre Jerusalén. ²³ Se consolarán al ver cómo se han portado ellos y las cosas que han hecho. Entonces reconocerán ustedes que no me faltaba motivo para hacer todo lo que hice con Jerusalén. Yo, el Señor, lo afirmo."

Israel comparado a una vid inútil

15 ¹ El Señor se dirigió a mí, y me dijo: ² "¿En qué es mejor el tronco de la vid
que la madera de los árboles?
³ Su tronco no sirve para nada,
¡ni siquiera para hacer una percha!
⁴ No sirve más que para leña.
Y cuando el fuego ha quemado las puntas
y el centro está hecho carbón,
¿para qué puede servir?
⁵ Si cuando estaba entero
no servía para nada,
¡menos ahora que está quemado
podrá servir para algo!

⁶ "Por eso yo, el Señor, digo:
Así como al tronco de la vid
se le echa en el fuego para que arda,
así también echaré en el fuego
a los habitantes de Jerusalén.
⁷ Yo me declararé enemigo de ellos.
Escaparán de un fuego,
pero otro fuego los devorará.
Y cuando yo me declare su enemigo,
ustedes reconocerán que yo soy el Señor.
⁸ Convertiré su país en un desierto,
por haberme sido infieles.
Yo, el Señor, lo afirmo."

Infidelidad de Jerusalén

16 ¹ El Señor se dirigió a mí, y me dijo: ² "Tú, hombre, hazle ver a Jerusalén las cosas que detestables que ha hecho. ³ Dile: 'Esto dice el Señor: Por lo que toca a tu origen, tú, Jerusalén, eres cananea de nacimiento; tu padre fue amorreo y tu madre hitita. ⁴ El día en que naciste no te cortaron el ombligo, ni te bañaron, ni te frotaron con sal, ni te fajaron. ⁵ Nadie tuvo compasión de ti ni se preocupó de hacerte esas cosas. El día en que naciste, te dejaron tirada en el campo porque sentían asco de ti. ⁶ Yo pasé junto a ti, y al verte pataleando en tu sangre, decidí que debías vivir. ⁷ Te hice crecer como una planta del campo. Te desarrollaste, llegaste a ser grande y te hiciste mujer. Tus pechos se hicieron firmes, y el vello te brotó. Pero estabas completamente desnuda.

⁸ 'Volví a pasar junto a ti, y te miré; estabas ya en la edad del amor. Extendí mi manto sobre ti, y cubrí tu cuerpo desnudo, y me comprometí contigo; hice un pacto contigo, y fuiste mía.ᶦ Yo, el Señor, lo afirmo. ⁹ Y te bañé, te limpié la sangre y te perfumé; ¹⁰ te puse un vestido de bellos

---

²¹ Heb. *Danel* o *Daniel*, héroe de la antigüedad, famoso por su sabiduría y rectitud.
ᵏ 14.21 Ap 6.8. ᶦ 16.8-63 Jer 31.3-4; Os 2-3.

colores y sandalias de cuero fino; te di un cinturón de lino y un vestido de finos tejidos; [11] te adorné con joyas, te puse brazaletes en los brazos y un collar en el cuello; [12] te puse un anillo en la nariz, aretes en las orejas y una hermosa corona en la cabeza. [13] Quedaste cubierta de oro y plata; tus vestidos eran de lino, de finos tejidos y de telas de bellos colores. Te alimentabas con el mejor pan, y con miel y aceite de oliva. Llegaste a ser muy hermosa: te convertiste en una reina. [14] Te hiciste famosa entre las naciones por tu belleza, que era perfecta por el encanto con que te adorné. Yo, el Señor, lo afirmo.

[15] 'Pero confiaste en tu belleza y te aprovechaste de tu fama para convertirte en una prostituta, entregando tu cuerpo a todo el que pasaba. [16] Con tus vestidos hiciste tiendas de culto pagano en las colinas, y te prostituiste en ellas.[22] [17] Tomaste las joyas de oro y de plata que yo te había regalado, e hiciste figuras de hombres para prostituirte con ellos; [18] les pusiste tus vestidos de bellos colores y les ofreciste mi aceite y mi incienso. [19] El pan que yo te había dado, que era de la mejor harina, y el aceite y la miel con que yo te había alimentado, se los ofreciste a ellos como ofrenda de olor agradable. Yo, el Señor, lo afirmo.

[20] 'Tomaste también a los hijos e hijas que tuve contigo, y los sacrificaste a esos ídolos como alimento para ellos. ¿Te parecía poco haberte convertido en prostituta, [21] que además sacrificaste a mis hijos entregándolos a morir quemados en honor de esos ídolos? [22] Con tu detestable vida de prostituta ya no te acuerdas de cuando eras niña y estabas completamente desnuda, pataleando en tu propia sangre.

[23] 'Esto afirmo yo, el Señor: ¡Ay de ti! Además de todos los males que hiciste, [24] te construiste en todo sitio despejado un lugar donde dar culto a los ídolos y entregarte a la prostitución. [25] Al término de todo camino construiste tales lugares, y convertiste tu belleza en algo detestable ofreciendo tu cuerpo a todo el que pasaba, en continuos actos de prostitución. [26] Practicaste la prostitución con tus vecinos, esos egipcios de gran potencia sexual, y provocaste mi ira con tus continuos actos de prostitución.

[27] 'Entonces levanté la mano para castigarte: te hice pasar privaciones y te entregué a las ciudades filisteas, que te odian y que estaban disgustadas por tu conducta vergonzosa. [28] Pero no contenta con eso, te entregaste a la prostitución con los asirios; y ni aun así quedaste satisfecha. [29] Y seguiste entregándote a la prostitución en Babilonia, tierra de comerciantes; y ni aun así quedaste satisfecha. [30] Yo, el Señor, afirmo: ¡Qué enfermo tenías el corazón para cometer todos esos actos propios de una prostituta desvergonzada! [31] Al término de todo camino y en todo sitio despejado, te construiste un altar donde dar culto a los ídolos y entregarte a la prostitución. Pero tú no te portabas como las prostitutas: ¡tú no cobrabas!

[32] 'La mujer que es infiel a su marido, recibe a extraños. [33] A toda prostituta se le da una paga; pero tú eras más bien la que dabas regalos a todos tus amantes y les pagabas para que vinieran de todas partes a pecar contigo. [34] En tu prostitución has hecho lo contrario de lo que hacen otras mujeres: nadie te busca para pecar, ni ellos te pagan a ti, sino que tú les pagas a ellos. ¡Sólo en eso eres diferente!

[35] 'Por eso, escucha, prostituta, mi palabra: [36] Yo, el Señor, te digo: Tú has descubierto desvergonzadamente tu cuerpo para entregarte a la prostitución con tus amantes y con todos tus detestables ídolos, y has derramado la sangre de tus hijos que ofreciste en sacrificio. [37] Por eso, yo voy a reunir a todos los amantes que has complacido, a todos los que amaste y a todos los que odiaste; los reuniré alrededor de ti, y delante de ellos descubriré tu cuerpo para que te vean completamente desnuda.[m] [38] Te juzgaré por adulterio y asesinato; y con ira y celo te entregaré a la muerte. [39] Te dejaré en manos de ellos, para que destruyan tus lugares de prostitución y de culto a los ídolos. Te arrancarán tus vestidos y tus magníficos adornos, y te dejarán completamente desnuda. [40] Levantarán al pueblo contra ti, te apedrearán y te matarán con sus espadas. [41] Prenderán fuego a tus casas y ejecutarán la sentencia contra ti delante de muchas mujeres. Pondré fin a tu prostitución, y no volverás a pagar más a tus amantes. [42] Entonces mi ira contra ti quedará satisfecha y mis celos se calmarán; me tranquilizaré y ya no estaré enojado. [43] Tú te olvidaste de cuando eras joven, y me irritaste con todas tus acciones infames y detestables; por lo tanto, yo te castigaré por esa conducta tuya. Yo, el Señor, lo afirmo.

De tal madre, tal hija

[44] 'Todos los amigos de decir refranes, dirán refiriéndose a ti: De tal madre, tal hija. [45] Tú eres hija de una madre que odiaba a su marido y a sus hijos, y también tus hermanas odiaban a sus maridos

---

22 Heb. añade: *ellas no vienen y él no será.*
m **16.35–37** Ap 17.16.

y a sus hijos. La madre de todas ustedes era hitita, y su padre, amorreo. ⁴⁶ Al norte estaba tu hermana mayor, la ciudad de Samaria, con sus aldeas; al sur, tu hermana menor, la ciudad de Sodoma, también con sus aldeas. ⁴⁷ Y tú seguiste su ejemplo y cometiste sus mismas acciones detestables. Y no satisfecha con esto, tu conducta fue peor que la de ellas. ⁴⁸ Yo, el Señor, lo juro por mi vida: ni tu hermana Sodoma ni sus aldeas hicieron lo que tú y tus aldeas han hecho. ⁴⁹ Este fue el pecado de tu hermana Sodoma: ella y sus aldeas se sentían orgullosas de tener abundancia de alimentos y de gozar de comodidad, pero nunca ayudaron al pobre y al necesitado. ⁵⁰ Se volvieron orgullosas y cometieron cosas que yo detesto; por eso las destruí, como has visto. ⁵¹ En cuanto a Samaria, no cometió ni la mitad de tus pecados. Tú has hecho más cosas detestables que ellas; tantas que, a tu lado, ellas parecen inocentes. ⁵² Tú tendrás que soportar tu humillación, pues al cometer pecados más detestables que tus hermanas, las hiciste parecer inocentes. Tú tendrás que sufrir esa vergüenza y soportar tu humillación, pues hiciste parecer inocentes a tus hermanas.

⁵³ 'Yo devolveré la prosperidad a Sodoma y Samaria, y a sus aldeas; y también a ti volveré a darte prosperidad, ⁵⁴ pero tendrás que soportar tu humillación y avergonzarte de lo que hiciste, con lo cual tú serás para ellas motivo de consuelo. ⁵⁵ Y cuando Sodoma y Samaria y sus aldeas vuelvan a ser lo que antes fueron, también tú y tus aldeas volverán a serlo. ⁵⁶ Tú te burlabas del castigo de tu hermana Sodoma, cuando te sentías tan orgullosa ⁵⁷ y todavía no se había puesto al descubierto tu maldad; pero ahora²³ las ciudades edomitas y filisteas, todas tus vecinas, te insultan; ¡todo el mundo te desprecia! ⁵⁸ Ahora tienes que soportar el castigo de tus acciones malas y detestables. Yo, el Señor, lo afirmo.

⁵⁹ 'Yo, el Señor, digo: Te voy a dar tu merecido, pues faltaste a tu juramento y no cumpliste el pacto. ⁶⁰ Pero yo sí me acordaré del pacto que hice contigo cuando eras joven, y haré contigo un pacto eterno. ⁶¹ Cuando yo te dé como hijas a tu hermana mayor y a tu hermana menor, a pesar de que el pacto no me obliga a ello, tú te acordarás de tu conducta pasada y sentirás vergüenza. ⁶² Yo renovaré mi pacto contigo, y reconocerás que yo soy el Señor. ⁶³ Tú te acordarás, y sentirás tanta vergüenza y humillación que no volverás a abrir la boca cuando yo

te perdone todo lo que has hecho. Yo, el Señor, lo afirmo.' "

La vid y el águila

17 ¹ El Señor se dirigió a mí, y me dijo: ² "Tú, hombre, propón al pueblo de Israel una comparación. ³ Diles:

'Esto dice el Señor:
Un águila enorme llegó al Líbano;
sus alas eran grandes y de mucho
     alcance,
cubiertas de plumas de muchos
     colores.
Agarró la punta de un cedro,
⁴ cortó la rama más alta
y fue a plantarla en un país de
     comerciantes,
en una ciudad de mucho comercio.
⁵ Luego tomó de la tierra una semilla
y la sembró en un terreno cultivado,
a la orilla de un arroyo,
con agua abundante.²⁴
⁶ La semilla nació
y se convirtió en una vid frondosa;
y aunque era poca su altura,
dirigió sus ramas hacia el águila,
mientras hundía sus raíces en la
     tierra.
Se convirtió en una vid;
produjo retoños y echó ramas.
⁷ Pero había otra águila enorme,
de grandes alas y abundante
     plumaje.
Entonces la vid dirigió sus raíces
y tendió sus ramas hacia esta águila,
para que le diera más agua,
lejos del lugar donde estaba
     plantada.
⁸ Sin embargo, estaba plantada en
     buena tierra,
junto a agua abundante,
donde podía echar ramas y dar fruto
y convertirse en una vid hermosa.'

⁹ "Diles, pues, de mi parte:
'Esto dice el Señor:
Esta vid no prosperará.
El águila primera le arrancará las
     raíces,
y le hará caer los frutos;
con poco esfuerzo y sin mucha
     gente
la arrancará de raíz,
y se secarán todos sus nuevos
     retoños.
¹⁰ Aunque la trasplanten, no retoñará;
se secará al soplar sobre ella el
     viento del este;
se secará en el lugar donde debía
     retoñar.' "

---

²³ *Pero ahora:* según la versión griega. Heb. *como tiempo.* Otra posible traducción: *pero ahora eres como ella.*   ²⁴ *A la orilla . . . abundante:* otra posible traducción: *la puso junto a agua abundante como se planta un sauce.*

11 El Señor se dirigió a mí, y me dijo:
12 "Pregunta a este pueblo rebelde si saben
lo que significa esta comparación. Diles:
'El rey de Babilonia vino a Jerusalén e
hizo prisioneros al rey de Judá y a sus
funcionarios, y se los llevó con él a Babilonia. 13 Luego tomó a un príncipe de la familia real e hizo un pacto con él, obligán-
dolo a jurarle fidelidad, y se llevó a la
gente importante del país 14 para que Judá
fuera un reino débil, incapaz de levantarse, aunque dispuesto a cumplir ese
pacto y a mantenerlo en vigor. 15 Pero este
príncipe se rebeló contra el rey de Babilonia[n] y envió embajadores a Egipto para
pedir caballos y hombres en gran cantidad. ¿Creen ustedes que después de eso
podrá tener éxito y escapar con vida?
¿Puede escapar con vida quien no cumple
un pacto? 16 Yo, el Señor, juro por mi vida
que morirá en Babilonia el que se burló
del juramento y no cumplió el pacto que
hizo con el rey que lo puso en el trono.
17 Cuando el rey de Babilonia lo ataque, y
construya rampas y muros alrededor de la
ciudad, y mate a mucha gente, el faraón
no enviará en su ayuda un poderoso ejército ni gran cantidad de gente, 18 pues él se
burló del juramento y no cumplió el
pacto; se había comprometido y, sin embargo, ha hecho todo esto. Por eso no podrá escapar con vida.
19 'Yo, el Señor, lo juro por mi vida: él se
burló del juramento que me hizo, y no
cumplió el pacto que había hecho conmigo; por eso yo le voy a pedir cuentas.
20 Voy a echar sobre él mis redes, y lo atraparé en ellas; lo llevaré a Babilonia, y allá
lo someteré a juicio por haberme sido infiel.[ñ] 21 Sus mejores soldados[25] morirán en
batalla, y los que queden con vida serán
esparcidos a los cuatro vientos. Entonces
reconocerán ustedes que yo, el Señor, he
hablado.
22 'Yo, el Señor, digo: También yo voy a
tomar la punta más alta del cedro; arrancaré un retoño tierno de la rama más alta,
y yo mismo lo plantaré en un monte muy
elevado, 23 en el monte más alto de Israel.
Echará ramas, dará fruto y se convertirá
en un cedro magnífico. Animales[26] de toda
clase vivirán debajo de él, y aves de toda
especie anidarán a la sombra de sus ramas. 24 Y todos los árboles del campo sabrán que yo soy el Señor. Yo derribo el
árbol orgulloso y hago crecer el árbol pequeño. Yo seco el árbol verde y hago reverdecer el árbol seco. Yo, el Señor, lo
digo y lo cumplo.' "

Responsabilidad personal

18 1 El Señor se dirigió a mí, y me dijo:
2 "¿Por qué en Israel no deja de repetirse aquel refrán que dice: 'Los padres
comen uvas agrias y a los hijos se les destemplan los dientes'?[o] 3 Yo, el Señor, juro
por mi vida que nunca volverán ustedes a
repetir este refrán en Israel. 4 A mí me
pertenece todo ser humano, lo mismo el
padre que el hijo. Aquel que peque, morirá.
5 "El hombre recto es el que hace lo que
es justo y recto: 6 no participa en los banquetes que se celebran en las colinas para
honrar a los ídolos, ni pone su confianza
en los falsos dioses de Israel; no le quita la
mujer a su prójimo, ni se une con su propia mujer cuando ella está en su periodo
de menstruación; 7 no oprime a nadie, sino
que devuelve a su deudor lo que había recibido de él en prenda; no roba a nadie;
comparte su pan con el hambriento y da
ropa al desnudo;[p] 8 no presta dinero con
usura ni exige intereses; no causa daño a
nadie; es justo cuando juzga un pleito
entre dos personas; 9 actúa de acuerdo con
mis leyes y cumple fielmente mis mandamientos. Ese hombre es verdaderamente
recto, y por lo tanto vivirá.[q] Yo, el Señor,
lo afirmo.
10 "Pero si este hombre tiene un hijo
violento y asesino, que hace cualquiera de
esas cosas 11 que su padre no hacía, es decir, que participa en los banquetes que se
celebran en las colinas para honrar a los
ídolos, que le quita la mujer a su prójimo,
12 que oprime al pobre y al necesitado, que
roba a los demás, que no devuelve a sus
deudores lo que había recibido de ellos en
prenda, que pone su confianza en los falsos dioses y hace cosas que yo detesto,
13 que presta dinero con usura y exige intereses: ese hombre no podrá vivir. Después de haber hecho todas esas cosas que
yo detesto, morirá sin remedio, y él mismo
será responsable de su muerte.
14 "Puede ser que este hombre, a su vez,
tenga un hijo que vea todos los pecados
cometidos por su padre, pero que no siga
su ejemplo; 15 es decir, que no participe en
los banquetes que se celebran en las colinas para honrar a los ídolos, ni ponga su
confianza en los falsos dioses de Israel;
que no le quite la mujer a su prójimo 16 ni
oprima a nadie; que no exija nada en
prenda cuando le pidan prestado; que no
robe a nadie, sino que comparta su pan
con el hambriento y dé ropa al desnudo;
17 que no haga daño a nadie[27] ni preste di-

[25] *Sus mejores soldados:* según versiones antiguas. Heb. *Todos sus fugitivos en toda su tropa.* [26] *Animales:* según la versión griega. Esta palabra no aparece en el texto hebreo. [27] *Que no haga daño a nadie:* según la versión griega. Heb. *se abstiene del infeliz.*

[n] **17.12–15** 2 R 24.15–20; 2 Cr 36.10–13. [ñ] **17.18–20** Jer 37.1–2; 52.4–11; Ez 12.13. [o] **18.2** Jer 31.29. [p] **18.7** Mt 25.35–40. [q] **18.9** Lv 18.5.

nero con usura o intereses; y que cumpla mis leyes y actúe según mis mandatos: ese hombre no morirá por los pecados de su padre. Ciertamente vivirá.

[18] "Su padre, que fue opresor, y cometió robos, e hizo lo malo en medio de su pueblo, morirá en castigo de sus propios pecados. [19] Ustedes preguntarán: '¿Por qué no paga el hijo también por los pecados del padre?' Pues porque el hijo hizo lo que es recto y justo, y cumplió y puso en práctica todas mis leyes: por eso ciertamente vivirá. [20] Sólo aquel que peque morirá. Ni el hijo ha de pagar por los pecados del padre, ni el padre por los pecados del hijo.[r] El justo recibirá el premio a su justicia; y el malvado, el castigo a su maldad.

El Señor actúa con justicia
(Ez 33.10–20)

[21] "Y si el malvado se aparta de todos los pecados que cometía, y cumple todas mis leyes y hace lo que es recto y justo, ciertamente vivirá y no morirá. [22] Yo no volveré a acordarme de todo lo malo que hizo, y él vivirá por hacer lo que es recto. [23] Yo no quiero que el malvado muera, sino que cambie de conducta y viva.[s] Yo, el Señor, lo afirmo.

[24] "Pero si el justo deja de actuar rectamente, y hace todo lo malo y detestable que hace el malvado, ¿piensan ustedes que habrá de seguir viviendo? Yo no volveré a acordarme de todo lo bueno que haya hecho: morirá por culpa de su infidelidad y de sus pecados. [25] Ustedes dirán que yo no estoy actuando con justicia; pero escucha, pueblo de Israel, ¿piensan ustedes que yo no estoy actuando bien? ¿No será más bien lo contrario, que son ustedes los que están actuando mal? [26] Si el justo deja de hacer lo bueno y hace lo malo, morirá por culpa de sus malas acciones. [27] Por el contrario, si el malvado se aparta de su maldad y hace lo que es recto y justo, salvará su vida. [28] Si abre los ojos y se aparta de todas las maldades que había hecho, ciertamente vivirá y no morirá. [29] "Pero el pueblo de Israel dirá que yo no actúo con justicia. ¿Que yo no actúo con justicia? ¿No será más bien el pueblo de Israel el que no actúa con justicia? [30] Yo los juzgo a cada uno de ustedes, israelitas, de acuerdo con sus acciones.[t] Yo, el Señor, lo afirmo. Abandonen de una vez por todas sus maldades, para que no se hagan culpables de su propia ruina. [31] Apártense de todas las maldades que han cometido contra mí, y háganse de un corazón y un espíritu nuevos.[u] ¿Por qué

habrás de morir, pueblo de Israel, [32] si yo no quiero que nadie muera? Apártense del mal y vivirán. Yo, el Señor, lo afirmo.

Lamento por los reyes de Israel

19 [1] "Y tú, hombre, dedica este canto fúnebre a los reyes de Israel:

[2] 'Tu madre era una leona
que vivía entre leones.[v]
Hizo su guarida entre ellos,
y allí crió a sus cachorros.
[3] A uno especialmente lo hizo crecer
hasta su pleno desarrollo.
Aprendió a desgarrar la presa,
y devoraba hombres.
[4] Las naciones oyeron hablar de él;
lo apresaron en una trampa,
y con ganchos lo arrastraron
hasta el país de Egipto.[w]
[5] Al ver la leona que su esperanza
quedaba frustrada por completo,
tomó otro de sus cachorros
y lo ayudó a desarrollarse.
[6] Hecho ya todo un león,
iba y venía entre los leones.
Aprendió a desgarrar la presa,
y devoraba hombres.
[7] Hacía destrozos en los palacios[28]
y arruinaba las ciudades;
con sus rugidos
hacía temblar a todo el mundo.
[8] Entonces levantaron contra él
a los pueblos de las provincias
vecinas;
le tendieron sus redes
y lo hicieron caer en la trampa.
[9] Con ganchos lo encerraron en una
jaula
y se lo llevaron al rey de Babilonia;
allí lo metieron preso,
para que nadie volviera a oír sus
rugidos
en las montañas de Israel.[x]

[10] 'Tu madre parecía una vid[y]
plantada junto al agua,
fecunda y frondosa
gracias a la abundancia de riego.
[11] Sus ramas se hicieron tan fuertes
que llegaron a ser cetros de reyes,
y tanto creció
que llegó hasta las nubes.
Se destacaba por su altura
y por sus ramas frondosas.
[12] Pero la arrancaron con furia
y la echaron al suelo.
El viento del oriente la secó[z]
y se le cayeron las uvas;

---

[28] *Hacía destrozos en los palacios:* según versiones antiguas. Heb. *y conocía sus viudas.*
[r] 18.20 Dt 24.16. [s] 18.23 2 P 3.9. [t] 18.30 Job 34.11; Sal 62.11–12; Pr 24.12; Jer 17.10; Ez 33.20; Mt 16.27; Ro 2.6.
[u] 18.31 Ez 36.26. [v] 19.2 Gn 49.9; 1 R 10.18–20. [w] 19.3–4 2 R 23.30–34; Jer 22.10–12. [x] 19.5–9 2 R 24.8–15; Jer 22.24–30.
[y] 19.10–14 Is 5.1–4; Jer 2.21. [z] 19.11–14 Jer 52.1–11; Ez 17.7–13.

se secaron sus fuertes ramas
y las echaron al fuego.
13 Ahora está plantada en el desierto,
en tierra seca y sedienta.
14 De sus ramas sale un fuego
que devora sus retoños y sus frutos.
Ya no le quedan ramas fuertes
que lleguen a ser cetros de reyes.' "

(Este es un canto fúnebre, y como
canto fúnebre será usado.)

Fidelidad de Dios y rebeldía de Israel

20 1 El día décimo del mes quinto del
año séptimo, unos ancianos de Israel fueron a consultar al Señor, y se sentaron delante de mí. 2 El Señor se dirigió a
mí, y me dijo: 3 "Tú, hombre, habla a los
ancianos de Israel y diles: 'Esto dice el Señor: ¿Vienen ustedes a consultarme? Pues
yo, el Señor, juro por mi vida que no me
dejaré consultar por ustedes.' 4 Júzgalos
más bien tú, hombre; júzgalos y hazles reconocer las cosas detestables que sus padres cometieron.ᵃ 5 Diles: 'Esto dice el Señor: Cuando elegí a Israel, hice un
juramento a sus descendientes y me
manifesté a ellos en Egipto. Solemnemente les juré: Yo soy el Señor su Dios.
6 En ese día me comprometí a sacarlos de
Egipto y a llevarlos al país que yo les había buscado, un país donde la leche y la
miel corren como el agua, ¡el país más
hermoso de todos!ᵇ 7 Y a todos sin excepción les ordené que se deshicieran de sus
detestables dioses y que no se mancharan
con los ídolos de Egipto, porque yo, el Señor, soy su Dios.ᶜ
8 'Pero ellos se rebelaron contra mí, y
no quisieron escucharme; no se deshicieron de sus detestables dioses ni abandonaron los ídolos de Egipto. Yo pensé en descargar mi ira contra ellos, y en castigarlos
en Egipto hasta que mi furor quedara satisfecho. 9 Pero actué por honor a mi
nombre,ᵈ para no quedar mal a los ojos de
las naciones en medio de las cuales vivían,
pues delante de esas naciones me había
manifestado a ellos y les había prometido
sacarlos de Egipto. 10 Yo los saqué de
Egipto y los llevé al desierto; 11 allí les di a
conocer mis leyes y mandamientos, que
dan vida a quien los practica.ᵉ 12 También
les di a conocer mis días de reposo,²⁹ᶠ que
debían ser una señal entre ellos y yo, y un
recuerdo de que yo, el Señor, los había
consagrado para mí. 13 Pero se rebelaron
contra mí en el desierto,ᵍ y no obedecieron mis leyes; rechazaron los mandamien-

tos que les había dado para que, cumplién-
dolos, tuvieran vida, y profanaron
completamente mis días de reposo.²⁹
Pensé entonces en descargar mi ira contra
ellos y en aniquilarlos allí, en el desierto,
14 pero por honor a mi nombre no lo hice,
para no quedar mal a los ojos de las naciones que habían visto cómo los había sacado de Egipto.
15 'También en el desierto les juré que
no los haría entrar en el país que les había
dado,ʰ el más hermoso de todos, donde la
leche y la miel corren como el agua,
16 porque rechazaron mis mandamientos,
no obedecieron mis leyes y profanaron
mis días de reposo,²⁹ porque el corazón se
les iba tras sus ídolos. 17 Sin embargo, me
dio lástima destruirlos y no los aniquilé en
el desierto. 18 Entonces les pedí a sus hijos
que no hicieran lo que sus padres les mandaban, que no cumplieran lo que les ordenaban, que no se contaminaran con los
ídolos. 19 Les dije: Yo soy el Señor su Dios.
Cumplan al pie de la letra mis leyes y decretos, 20 y respeten como sagrados mis
días de reposo,²⁹ de manera que sean una
señal entre ustedes y yo, así reconocerán
que yo soy el Señor su Dios.
21 'Pero también los hijos de ellos se rebelaron contra mí. No obedecieron mis
leyes, ni cumplieron ni practicaron mis
mandamientos, que dan vida a quien los
practica, y profanaron mis días de re-
poso.²⁹ Pensé en descargar mi ira contra
ellos y aniquilarlos allí, en el desierto, para
calmar mi furor, 22 pero me contuve por
honor a mi nombre, para no quedar mal a
los ojos de las naciones que habían visto
cómo los había sacado de Egipto. 23 En el
desierto les juré que los iba a dispersar por
todas las naciones del mundo,ⁱ 24 porque
no cumplieron mis mandamientos, rechazaron mis leyes, profanaron mis días de
reposo²⁹ y sólo tuvieron ojos para los ídolos de sus padres. 25 Y hasta llegué a imponerles leyes que no eran buenas y mandamientos con los que no podían encontrar
la vida. 26 Dejé que se contaminaran llevando ofrendas a los ídolos y sacrificándo-
les en el fuego a sus hijos mayores. Esto lo
hice para que se llenaran de miedo y reco-
nocieran que yo soy el Señor.'
27 "Y tú, hombre, diles a los israelitas:
'Esto dice el Señor: También los padres de
ustedes me han ofendido; me han sido infieles. 28 Cuando yo los hice entrar en la
tierra que había jurado darles, apenas
veían una colina elevada o un árbol frondoso, allí ofrecían sus sacrificios y hacían
las ofrendas que tanto me ofenden, ponían

²⁹ Días de reposo: aquí equivale a sábado.
ᵃ 20.2–44 Sal 106.   ᵇ 20.5–6 Ex 3.14–16; 6.2–8; 20.2.   ᶜ 20.7 Jos 24.14.   ᵈ 20.9,14 Dt 7.7–8; Sal 106.8; Jer 14.7; Ez 36.22–23.
ᵉ 20.11,13 Lv 18.5.   ᶠ 20.12 Ex 20.8–11; 31.13–17.   ᵍ 20.13 Ex 14.11; 15.24; 32; Nm 11.1,4.   ʰ 20.15 Nm 14.26–35;
Dt 1.34–40.   ⁱ 20.23 Lv 26.33.

sus sustancias perfumadas y derramaban sus ofrendas de vino.ⁱ ²⁹ Yo les pregunté: ¿Qué santuario pagano es ése a donde van ustedes? Y se le quedó el nombre de Santuario Pagano³⁰ hasta el día de hoy.'

³⁰ "Dile al pueblo de Israel: 'Esto dice el Señor: ¿Por qué quieren ustedes mancharse lo mismo que sus antepasados? ¿Por qué me son infieles adorando esos ídolos detestables? ³¹ Al presentar esas ofrendas y sacrificar en el fuego a sus hijos, ustedes siguen todavía manchándose con sus ídolos. ¿Y así quieren ustedes, israelitas, venir a consultarme? Yo, el Señor, juro por mi vida que no me dejaré consultar por ustedes. ³² Se les ha metido en la cabeza ser como las demás naciones de la tierra, que adoran al palo y a la piedra, pero no será así. ³³ Yo, el Señor, juro por mi vida que, con gran despliegue de poder y castigando con ira, reinaré sobre ustedes. ³⁴ Yo los reuniré de entre los pueblos y naciones donde se encuentren dispersos, desplegando mi gran poder y castigando con ira. ³⁵⁻³⁶ Los llevaré al desierto de los pueblos, y cara a cara los llamaré a juicio, de la misma manera que llamé a juicio a sus padres en el desierto de Egipto. Yo, el Señor, lo afirmo. ³⁷ Yo los examinaré a ustedes como un pastor que cuenta sus ovejas, y haré que se sometan al pacto. ³⁸ Separaré de ustedes a los rebeldes y revoltosos, y los sacaré de la tierra extranjera en que ahora están viviendo; pero ellos no entrarán en la tierra de Israel. Entonces reconocerán ustedes que yo soy el Señor.

³⁹ 'Pueblo de Israel, esto dice el Señor: ¡Vayan a adorar a sus ídolos . . . ! Pero después ustedes me obedecerán, y no volverán a profanar mi santo nombre haciendo esas ofrendas y adorando a sus ídolos. ⁴⁰ Todo Israel me adorará en mi santo monte, en el monte elevado de Israel, situado en mi país. Yo, el Señor, lo afirmo. Allí los recibiré con gusto; allí les pediré que me hagan sus ofrendas, y que me traigan los primeros frutos de sus cosechas y todo lo que hayan de consagrarme. ⁴¹ Cuando yo los reúna de los países y naciones donde ahora están dispersos, y muestre mi santidad entre ustedes a la vista de todos los pueblos, entonces aceptaré sus ofrendas de olor agradable. ⁴² 'Y cuando yo los haga entrar en Israel, en el país que había jurado dar a los antepasados de ustedes, entonces reconocerán que yo soy el Señor. ⁴³ Allí se acordarán de todas las malas acciones con que se han profanado, y sentirán asco de uste-

des mismos por la mucha maldad que han cometido. ⁴⁴ Pueblo de Israel, cuando yo los trate a ustedes, no de acuerdo con su mala conducta y peores acciones, sino haciendo honor a mi nombre, entonces reconocerán que yo soy el Señor. Yo, el Señor, lo afirmo.' "

Castigo de la región del sur

⁴⁵ ᵏ El Señor se dirigió a mí, y me dijo: ⁴⁶ "Tú, hombre, vuélvete hacia el sur, y dirige hacia allá tus palabras; habla en mi nombre contra el bosque de la región del sur, ⁴⁷ y dile: 'Esto dice el Señor: Yo voy a prender en ti un fuego que devorará todos tus árboles, verdes y secos; este fuego arderá sin apagarse y le quemará la cara a toda la gente que hay en ti, de norte a sur.ˡ ⁴⁸ Y todo el mundo verá que yo, el Señor, fui quien lo encendió. Y el fuego no se apagará.' "

⁴⁹ Yo le contesté: "¡Ay, Señor, la gente anda diciendo que yo sólo digo cosas que nadie entiende!"

La espada del Señor

21 ¹ Entonces el Señor se dirigió a mí, y me dijo: ² "Tú, hombre, vuélvete hacia Jerusalén y dirige tu palabra contra su templo. Habla en mi nombre contra el país de Israel, ³ y dile: 'Esto dice el Señor: Yo me declaro tu enemigo. Voy a sacar mi espada, y mataré lo mismo a justos que a pecadores. ⁴ Sí, voy a sacar mi espada para matar a todos por igual, a justos y a pecadores, desde el norte hasta el sur. ⁵ Y todo el mundo sabrá que yo, el Señor, he sacado la espada y no la voy a guardar.'

⁶ "Y tú, hombre, llora amargamente y con el corazón hecho pedazos; llora delante del pueblo. ⁷ Y si acaso te preguntan por qué lloras, diles que es por la noticia de algo que está a punto de suceder, y que todo el mundo se quedará sin ánimo y dejará caer sus brazos; nadie tendrá valor, a todos les temblarán las rodillas de miedo. Ya llega el momento, ya va a suceder. Yo, el Señor, lo afirmo."

⁸ El Señor se dirigió a mí, y me dijo: ⁹ "Tú, hombre, habla en nombre mío y di que yo, el Señor, te he ordenado decir:

'¡La espada, la espada!
Ya está afilada y pulida.
¹⁰ Afilada para hacer una matanza,
pulida para lanzar rayos;³¹
¹¹ la hicieron pulir para que uno la
empuñe.

³⁰ *Santuario Pagano.* El término hebreo significa, literalmente, *lugar alto,* y se usaba para referirse a los santuarios de cultos paganos que se construían en lo alto de las montañas. Aquí el profeta juega con las palabras *qué* y *lugar alto,* que en hebreo tienen un sonido parecido. ³¹ Heb. añade unas palabras oscuras. ⁱ **20.27-29** Dt 12.2-3; Ez 6.1-7; 16.15-22. ᵏ Los vs. 20.45—21.32 corresponden a los vs. 21.1-37 en el texto hebreo. ˡ **20.47** Jer 5.14-17.

La espada está afilada y pulida,
para ponerla en la mano del asesino.
[12] Y tú, hombre, ¡grita, chilla,
porque está destinada a matar a mi
pueblo,
a todos los gobernantes de Israel!
Están condenados a morir con mi
pueblo,
así que date golpes de dolor.[32]
[13] Yo, el Señor, lo afirmo.'[33]

[14] "Tú, hombre, habla en nombre mío;
incita a la espada a que hiera
con el doble y el triple de furor.
Es una espada para matar,
la terrible espada de la matanza
que amenaza al pueblo por todas
partes.
[15] Ella los va a llenar de miedo,
va a hacer muchas víctimas.
En todas sus casas
he puesto la espada asesina.
Es la espada pulida para lanzar
rayos,
afilada para la matanza.
[16] ¡Afilada te quiero,[34]
a la derecha, a la izquierda,
cortando a uno y otro lado!
[17] Yo también la voy a incitar
hasta que mi ira se calme.
Yo, el Señor, lo he dicho."

[18] El Señor se dirigió a mí, y me dijo:
[19] "Traza dos caminos, para que el rey de
Babilonia pase con su espada. Los dos caminos deben salir del mismo país, y al comienzo de cada camino deberás poner una señal que diga a qué ciudad lleva.[35]
[20] Debes trazar un camino por donde pase el rey con la espada. Las ciudades son Rabá de los Amonitas y Jerusalén, la ciudad fortificada de Judá. [21] El rey de Babilonia se ha colocado donde comienzan los dos caminos, y consulta a la suerte: revuelve las flechas, consulta a sus dioses, examina hígados de animales. [22] En la mano derecha le salió la flecha que señala a Jerusalén, y ello significa que debe atacarla con instrumentos de asalto y dar órdenes de matanza, lanzar gritos de guerra, atacar sus puertas, construir una rampa y rodearla por completo. [23] Pero a la gente de Jerusalén le parece que ésta es una falsa profecía, por los pactos que han hecho. Pero en realidad es una acusación contra el pecado de ellos, y un anuncio de su captura. [24] Por eso, yo, el Señor, digo: Las maldades y los crímenes de ustedes saltan a la vista; los pecados que cometen

en todas sus acciones están al descubierto. Por eso van a ser capturados. [25] Y a ti, rey de Israel, criminal malvado, se te acerca el momento de recibir el castigo final.[m] [26] Yo, el Señor, digo: Te quitarán el turbante, te arrebatarán la corona, y todo será diferente. ¡Llegue a la cumbre lo que está en el llano, y caiga por tierra lo que está en la cumbre! [27] Todo lo dejaré convertido en ruinas, ruinas y más ruinas. Pero esto sólo sucederá cuando venga aquel a quien, por encargo mío, le corresponde hacer justicia.

Castigo de los amonitas

[28] "Tú, hombre, habla en mi nombre y diles de mi parte a los amonitas[n] que insultan a Israel, que la espada ya está desenfundada: lista para matar y pulida para lanzar rayos y destruir. [29] Sus visiones son falsas, y sus predicciones son mentira. La espada caerá sobre el cuello de esos malvados criminales. Ya se acerca el momento de su castigo final. [30] "¡Espada, vuelve a tu funda! Yo te voy a juzgar allí donde te forjé, en la tierra en que naciste, [31] y descargaré sobre ti mi ira como un incendio terrible; te entregaré en poder de gente brutal y destructora. [32] Serás quemada, destruida; tu sangre correrá por todo el país y nadie volverá a acordarse de ti. Yo, el Señor, lo he dicho."

Crímenes de Jerusalén

22 [1] El Señor se dirigió a mí, y me dijo: [2] "Tú, hombre, vas a dictar la sentencia contra la ciudad criminal. La acusarás de todas las cosas detestables que ha hecho, [3] y le dirás: 'Esto dice el Señor: Ciudad que matas a tus habitantes y fabricas ídolos para contaminarte, ¡ya te va a llegar tu hora! [4] Con los asesinatos que has cometido te has hecho culpable, y con los ídolos que has fabricado te has contaminado; has hecho que tu hora se acerque y que haya llegado el fin de tus días. Así pues, yo voy a hacer que los pueblos te insulten, que todas las naciones se burlen de ti. [5] Los de cerca y los de lejos se burlarán de ti, ciudad famosa por tu idolatría y tu gran desorden. [6] Allí están los gobernantes de Israel, que viven en medio de ti y cometen todos los crímenes que pueden. [7] Tus habitantes no honran a su padre ni a su madre,[ñ] maltratan a los extranjeros, explotan a los huérfanos y a las viudas.[o]

[32] Golpes de dolor: lit. golpes en el muslo. Véase Jer 31.19 y nota.   [33] Heb. añade: Se hizo la prueba y qué, si tampoco habrá un cetro altanero.   [34] Afilada te quiero: texto probable. Heb. sé única o únete.   [35] Y al comienzo ... lleva: texto probable. Heb. añade después de señal y al final del versículo la palabra corta.
[m] 21.25 Jer 21.7.   [n] 21.28-32 Jer 49.1-6; Ez 25.1-7; Am 1.3-15; Sof 2.8-11.   [ñ] 22.7 Ex 20.12; Lv 19.3; Dt 5.16; 27.16.
[o] 22.7 Ex 22.21-22; Dt 24.17.

8 No respetan mis lugares sagrados ni mis días de reposo.[36,p] 9 Por causa de sus mentiras, algunos de tus habitantes son los culpables de que otros mueran; asisten a los banquetes que se celebran en los montes en honor de los ídolos, y hacen cosas detestables. 10 Algunos tienen relaciones sexuales con la esposa de su padre, o abusan de la mujer que está en su periodo de menstruación. 11 Hay quienes cometen adulterio con la mujer de su prójimo, o tienen relaciones vergonzosas con su nuera, o hacen violencia a una media hermana.[q] 12 Algunos de tus habitantes se dejan comprar para matar a otros.[r] Prestan dinero a usura e interés,[s] explotan y hacen violencia a su prójimo, y se olvidan de mí. Yo, el Señor, lo afirmo.

13 'Yo estoy muy enojado por tus explotaciones y asesinatos. 14 No pienses que vas a poder hacerme frente cuando yo tome medidas contra ti. Yo, el Señor, lo he dicho y lo voy a cumplir: 15 te esparciré por todas las naciones, te dispersaré por todos los países[t] y te limpiaré totalmente de tu impureza; 16 me harás quedar mal[37] a los ojos de las demás naciones, pero reconocerás que yo soy el Señor.' "

17 El Señor se dirigió a mí, y me dijo: 18 "El pueblo de Israel es para mí como el resto inservible que queda cuando se echa cobre, estaño, hierro, plomo o plata en el horno. 19 Por eso yo, el Señor, digo: Como todos ustedes se han convertido en un resto inservible, los voy a reunir en medio de Jerusalén. 20 Así como la plata, el cobre, el hierro, el plomo y el estaño se echan juntos en un horno, y se atiza el fuego para fundirlos, así yo, en mi ira terrible, los voy a reunir a ustedes y los pondré a fundir. 21 Sí, voy a atizar el fuego de mi ira, y los reuniré a ustedes para fundirlos en medio de la ciudad. 22 Así como se funde la plata en el horno, así serán fundidos ustedes en medio de la ciudad, y así reconocerán que yo, el Señor, he descargado mi ira contra ustedes."

23 El Señor se dirigió a mí, y me dijo: 24 "Tú, hombre, dile a Israel: 'Eres un país castigado con falta de lluvias[38] y de agua, 25 un país con gobernantes[39] como leones, que rugen y despedazan su presa; que en su territorio devoran a la gente, le roban sus tesoros y riquezas y dejan viudas a muchas mujeres. 26 Los sacerdotes de este país tuercen el sentido de mis enseñanzas y profanan las cosas que yo considero sagradas; no hacen ninguna distinción entre lo sagrado y lo profano, ni enseñan a otros a distinguir entre lo puro y lo impuro.[u] No ponen atención a mis días de reposo,[40] ni me honran. 27 Los jefes de este país son como lobos que despedazan su presa, listos a derramar sangre y a matar gente con tal de enriquecerse. 28 Los profetas ocultan la verdad, como quien blanquea una pared; dicen tener visiones, y anuncian cosas que resultan falsas. Aseguran que hablan en mi nombre, cuando en realidad yo no he hablado. 29 La gente del pueblo se dedica a la violencia y al robo; explotan al pobre y al necesitado, y cometen violencias e injusticias con los extranjeros. 30 Yo he buscado entre esa gente a alguien que haga algo en favor del país y que interceda ante mí para que yo no los destruya, pero no lo he encontrado. 31 Por eso he descargado mi castigo sobre ellos y los he destruido con el fuego de mi ira, para hacerlos responder por su conducta. Yo, el Señor, lo afirmo.' "

Samaria y Jerusalén, dos hermanas pecadoras

23 1 El Señor se dirigió a mí, y me dijo: 2 "Había una vez dos mujeres,[v] hijas de la misma madre. 3 Desde jóvenes, estas dos mujeres se entregaron a la prostitución; en Egipto dejaron que les manosearan los pechos, y perdieron su virginidad. 4 La mayor se llamaba Ahola[41] (que representa a Samaria), y su hermana Aholiba[42] (que representa a Jerusalén). Yo las tomé por esposas, y me dieron hijos e hijas. 5 Ahola me fue infiel y se apasionó por sus amantes, los guerreros asirios, 6 con sus uniformes de púrpura, todos ellos jefes y gobernadores, jóvenes apuestos, jinetes montados en sus caballos, 7 ¡lo más selecto de los asirios! Ahola se entregó a la prostitución con ellos, y hasta se apasionó por todos sus ídolos y se rebajó adorándolos. 8 Desde que estuvo en Egipto se volvió una prostituta, y jamás dejó de serlo. Desde que era joven, muchos se acostaron con ella y le quitaron su virginidad, convirtiéndola en una prostituta. 9 Por eso la entregué en manos de sus amantes, los asirios, por quienes ella se había apasionado, 10 y ellos la deshonraron; luego le quitaron a sus hijos e hijas, y a ella la mataron a filo de espada, ejecutando así la sentencia contra ella. Y su caso se hizo famoso entre las mujeres.

11 "Su hermana Aholiba vio esto, y sin embargo se entregó, más aún que su her-

[36] *Días de reposo:* aquí equivale a *sábado.* [37] *Me harás quedar mal:* texto probable. Heb. *tú te profanarás en ti.*
[38] *Castigado con falta de lluvias:* según la versión griega. Heb. *no purificado.* [39] *Un país con gobernantes:* según la versión griega. Heb. *la conspiración de sus profetas.* [40] *Días de reposo:* aquí equivale a *sábado.* [41] En hebreo, *Ahola* significa *santuario de ella.* [42] En hebreo, *Aholiba* significa *mi santuario en ella.*
[p] **22.8** Lv 19.30; 26.2. [q] **22.10-11** Lv 18.7-20. [r] **22.12** Ex 23.8; Dt 16.19. [s] **22.12** Ex 22.25; Lv 25.36-37; Dt 23.19.
[t] **22.15** Lv 26.33. [u] **22.26** Lv 10.10. [v] **23.1-49** Jer 3.6-13; Os 2.2-20.

mana, a la pasión y la prostitución. [12] También ella se apasionó por los asirios,[w] todos ellos jefes y gobernadores, guerreros espléndidamente vestidos, jinetes montados a caballo, jóvenes apuestos. [13] Me di cuenta de que también ella se había manchado, y que había seguido el ejemplo de su hermana. [14-15] Pero ella fue aún más lejos en sus prostituciones: vio en las paredes imágenes de babilonios, grabadas y pintadas de rojo; todos ellos tenían aspecto de oficiales, a juzgar por sus cinturones y turbantes. [16] Al ver a estos babilonios, se apasionó por ellos y envió mensajeros a Babilonia; [17] y los babilonios vinieron y se acostaron con ella, y le hicieron el amor, manchándola con sus prostituciones. Tanto la mancharon que al fin sintió asco de ellos. [18] Entonces se entregó públicamente a la prostitución, mostrando su cuerpo desnudo, hasta que yo sentí asco de ella como antes la había sentido de su hermana. [19] Pero se entregó más y más a la prostitución, recordando el tiempo de su juventud, cuando se prostituyó en Egipto [20] y se apasionó por sus amantes egipcios, que en sus impulsos sexuales se parecen a los asnos y los caballos.
[21] "Tú, Aholiba, sentías nostalgia del libertinaje de tu juventud, cuando los egipcios te manoseaban los pechos. [22] Por eso yo, el Señor, digo: Voy a hacer que esos amantes tuyos, de los que ahora sientes asco, se vuelvan tus enemigos. De todas partes voy a lanzar contra ti [23] a los babilonios y a los caldeos, a los de Pecod, Soa y Coa, y a todos los asirios; todos ellos jóvenes apuestos, jefes y gobernadores, oficiales y guerreros;[43] todos ellos gente de a caballo. [24] Vendrán contra ti, con gran número de carros y de ejércitos; te rodearán por todas partes, armados y con cascos y escudos, y yo les daré el derecho de juzgarte, y ellos te juzgarán según sus leyes. [25] Yo descargaré sobre ti el furor de mi ira, y ellos te tratarán con crueldad; te cortarán la nariz y las orejas, y a los que aún queden vivos los matarán a filo de espada. Te arrebatarán a tus hijos y a tus hijas, y al fin caerás devorada por el fuego. [26] Te quitarán tus vestidos y se apoderarán de tus joyas. [27] Así pondré fin a tu libertinaje y a la prostitución a que te entregaste en Egipto, y no volverás a ver a los egipcios ni a acordarte de ellos.
[28] "Esto digo yo, el Señor: Voy a dejar que caigas en poder de las naciones que odias, y por las que sientes asco. [29] Ellas te tratarán con odio, se adueñarán de lo que has ganado con tu trabajo y te dejarán

completamente desnuda; quedará al descubierto tu cuerpo, el cual entregaste a la prostitución. Tu libertinaje y tu prostitución [30] son la causa de lo que hoy te pasa, pues te entregaste a la prostitución con esas naciones y te rebajaste adorando sus ídolos. [31] Seguiste los pasos de tu hermana; por eso te daré a beber la misma copa que le di a ella.

[32] "Esto digo yo, el Señor:
Beberás de la misma copa que tu
  hermana,[x]
una copa grande, ancha y profunda,
llena de burla y desprecio,
[33] llena de ruina y destrucción.
Es la copa de tu hermana Samaria,
con la que quedarás borracha y
  dolorida.
[34] La beberás hasta el fondo,
y luego la harás pedazos
y te desgarrarás los pechos.
Yo, el Señor, he hablado;
yo he dado mi palabra.

[35] "Por eso yo, el Señor, digo: Puesto que te has olvidado de mí y me has vuelto la espalda, tendrás que sufrir el castigo de tu libertinaje y de tus prostituciones."
[36] El Señor me dijo: "Y tú, hombre, ¿quieres pronunciar la sentencia contra Ahola y Aholiba? Entonces échales en cara sus acciones detestables. [37] Ellas me han sido infieles y tienen las manos manchadas de sangre. Me han sido infieles adorando a sus ídolos, y en honor de ellos han sacrificado en el fuego a sus propios hijos, los hijos que yo tuve con ellas. [38] Además, han hecho esto contra mí: en un mismo día profanaron mi santo templo y deshonraron mis días de reposo.[44] [39] Y el mismo día que sacrificaron a sus hijos para honrar a sus ídolos, vinieron a mi santo templo y lo profanaron. ¡Esto es lo que han hecho, en mi propia casa!
[40] "Enviaron mensajeros para hacer venir hombres de lejos, y ellos vinieron. Ellas dos se bañaron, se pintaron los ojos y se pusieron joyas para recibirlos; [41] se sentaron en una cama lujosa, con la mesa ya servida, y en ella pusieron el incienso y el aceite consagrados a mi servicio. [42] Se escuchaban los gritos de una multitud haciendo fiesta; eran hombres venidos del desierto, que adornaban a las mujeres poniéndoles brazaletes en los brazos y hermosas coronas en la cabeza. [43] Yo me decía: 'Ahora van a servirse de estas prostitutas gastadas por los adulterios. ¡Nada menos que con ellas!' [44] Vienen a Ahola y a Aholiba, mujeres libertinas, como

---

[43] *Guerreros:* texto probable. Heb. *llamados.* [44] *Días de reposo:* aquí equivale a *sábado.* [45] *Yo me decía . . . con ellas:* traducción probable. Heb. oscuro.
[w] **23.11-21** 2 R 16.7-19. [x] **23.32-34** Sal 75.8; Jer 25.15-29; Hab 2.16

quien va a las prostitutas.' [45] Pero los hombres justos dictarán contra ellas la sentencia que merecen las adúlteras y las asesinas.[y] Porque adúlteras son, y tienen las manos manchadas de sangre."

[46] Esto dice el Señor: "Que se reúna el pueblo contra ellas, que las haga sentir pánico y las robe; [47] que el pueblo entero las mate a pedradas y las atraviese con sus espadas; que mate a sus hijos e hijas y queme sus casas. [48] Yo haré que desaparezca del país esta conducta infame. Así todas las mujeres aprenderán la lección y no seguirán su ejemplo inmoral. [49] En cuanto a esas dos, recibirán el castigo de su conducta inmoral y de sus pecados de idolatría. Y ustedes reconocerán que yo soy el Señor."

Imagen de la olla

24 [1] El día diez del mes décimo del año noveno, el Señor se dirigió a mí, y me dijo: [2] "Anota esta fecha, la fecha de hoy, porque hoy el rey de Babilonia ha atacado Jerusalén.[z] [3] Y recítale a este pueblo rebelde un poema que le sirva de ejemplo. Dile de mi parte:

'Pon una olla al fuego y échale agua;
[4] pon en ella pedazos de carne,
buenos pedazos de pierna y de lomo,
y también lo mejor de los huesos.
[5] Toma luego una de las mejores ovejas,
y amontona leña[46] debajo
para que hierva bien,
hasta que queden cocidos los huesos.

[6] 'Porque el Señor dice:
¡Ay de la ciudad asesina!
Es como una olla enmohecida,
a la que el moho no se le quita.
Saca tú, uno a uno, los pedazos de carne,
hasta dejar la olla vacía.[47]
[7] La ciudad está llena de la sangre derramada;
y derramada, no sobre la tierra
para que el polvo la cubriera,
sino sobre la roca desnuda.
[8] Pues yo voy a dejar la sangre allí,
sobre la roca desnuda,
de manera que no se pueda cubrir,
para que mi ira se encienda
y se haga justicia.

[9] 'Porque el Señor dice:
¡Ay de la ciudad asesina!
Yo mismo voy a hacer una hoguera.

[10] Y tú trae mucha leña, enciende el fuego
y cuece bien la carne,
hasta que se acabe el caldo y se quemen los huesos;
[11] pon luego la olla vacía sobre el fuego,
hasta que el cobre se ponga al rojo vivo
y quede limpio de sus impurezas;
¡hasta que el moho desaparezca!
[12] Sin embargo, tan enmohecido está
que no se limpia ni con fuego.[48]

[13] 'Jerusalén, yo he querido limpiarte de la impureza de tu libertinaje, pero no has quedado limpia. Sólo quedarás limpia cuando descargue mi ira sobre ti. [14] Yo, el Señor, lo he dicho, y así será. Yo mismo voy a hacerlo, y no dejaré de cumplirlo; no tendré compasión ni me arrepentiré. Te castigaré por tu conducta y tus acciones. Yo, el Señor, lo afirmo.'"

Muerte de la esposa de Ezequiel

[15] El Señor se dirigió a mí, y me dijo: [16] "Voy a quitarte de un solo golpe a la persona que tú más quieres. Pero no te lamentes ni llores; no derrames lágrimas. [17] Sufre en silencio y no guardes luto como se hace por los muertos. No andes con la cabeza descubierta ni vayas descalzo; no te cubras la cara en señal de dolor ni comas el pan que se come en tales casos."

[18] Por la mañana estuve hablando con la gente, y por la tarde murió mi esposa; a la mañana siguiente hice lo que el Señor me había ordenado. [19] Entonces la gente del pueblo me dijo: "Explícanos qué quiere decir para nosotros eso que estás haciendo."

[20] Yo les dije: "El Señor se dirigió a mí, y me dijo: [21] 'Dile al pueblo de Israel: Esto dice el Señor: Voy a profanar mi templo, que a ustedes tanto les gusta mirar y tanto quieren, y que es su orgullo y su fuerza; los hijos e hijas que ustedes dejaron en Jerusalén morirán asesinados. [22] Y diles: Ustedes harán lo mismo que yo he hecho: no podrán cubrirse la cara en señal de dolor, ni comer el pan que se come en tales casos. [23] No podrán llevar la cabeza descubierta ni los pies descalzos. No se lamentarán ni llorarán. Quedarán sin fuerzas por culpa de sus maldades, y se pondrán a lamentarse unos con otros. [24] Ezequiel será para ustedes un ejemplo, y todo lo que él hizo lo harán ustedes. Cuando esto suceda, reconocerán que yo soy el Señor.

[25] 'Y ahora voy a quitarles a los israelitas su fortaleza, que es el templo, con cuya belleza se alegran tanto, y que tanto les gusta mirar y tanto quieren. También les quitaré a sus hijos e hijas. [26] Y en ese día, el que pueda escapar vendrá a darte la noticia. [27] Ese día dejarás de estar mudo, y podrás hablar con el que haya escapado. Servirás así de ejemplo al pueblo, y ellos reconocerán que yo soy el Señor.' "

Contra los amonitas

25 [1] El Señor se dirigió a mí, y me dijo: [2] "Tú, hombre, vuélvete hacia los amonitas[a] y habla en mi nombre contra ellos. [3] Diles que escuchen la palabra que el Señor les dirige: 'Ustedes dieron gritos de alegría al ver que mi templo era profanado, el país de Israel destruido y los habitantes de Judá llevados al destierro. [4] Pues bien, por eso los voy a entregar a ustedes al poder de los pueblos del oriente, para que ellos se apoderen de su tierra, y levanten campamentos, y establezcan ahí su habitación. Ellos se comerán las cosechas de ustedes y se beberán su leche. [5] Convertiré a Rabá en pastizal de camellos, y a Amón en campo de ovejas. Entonces reconocerán ustedes que yo soy el Señor.

[6] 'Yo, el Señor, digo: Ustedes los amonitas han aplaudido y saltado de alegría, y han despreciado a Israel. [7] Por eso voy a levantar mi mano para castigarlos y entregarlos a las naciones, para que les quiten todo lo que tengan. Los voy a arrancar de entre los pueblos, los voy a hacer desaparecer de entre las naciones, los voy a destruir por completo. Entonces reconocerán que yo soy el Señor.'

Contra Moab

[8] "Yo, el Señor, digo: Moab[b] y Seir dicen que Judá es igual a todas las naciones. [9] Por eso voy a abrir una brecha en el costado de Moab, y voy a dejarlo de un extremo al otro sin ciudades, esas ciudades que son las joyas del país: Bet-jesimot, Baal-meón y Quiriataim. [10] Haré que los pueblos del oriente tomen posesión de su territorio, además del de los amonitas, de manera que entre las naciones nadie se acuerde más de los amonitas. [11] Ejecutaré la sentencia contra Moab, y entonces reconocerán que yo soy el Señor.

Contra Edom

[12] "Yo, el Señor, digo: Edom[c] se ha vengado de Judá, y con ello se ha hecho gravemente culpable. [13] Por eso yo, el Señor, digo: Voy a levantar mi mano para castigar a Edom y destruir a sus hombres y sus animales. Lo voy a dejar en ruinas. Desde Temán hasta Dedán, la gente morirá a filo de espada. [14] Me vengaré de Edom por medio de mi pueblo Israel; él tratará a Edom de acuerdo con mi ira y mi furor. Así sabrán lo que es mi venganza. Yo, el Señor, lo afirmo.

Contra los filisteos

[15] "Yo, el Señor, digo: Los filisteos[d] han tomado venganza, se han desquitado con corazón lleno de desprecio; como eternos enemigos de Israel, se han entregado a la destrucción. [16] Por eso yo, el Señor, digo: Voy a levantar la mano para castigar a los filisteos; voy a exterminar a los cereteos y voy a destruir a los que aún quedan en la costa. [17] Me vengaré de ellos terriblemente; los castigaré con ira. Y cuando haga esto, reconocerán que yo soy el Señor."

Profecía contra la ciudad de Tiro

26 [1] El día primero del mes, en el año once, el Señor se dirigió a mí, y me dijo: [2] "Tiro[e] ha dicho, a propósito de Jerusalén:

'¡Ah, la puerta del comercio entre
  las naciones
está hecha pedazos!
¡Ahora ha llegado mi turno!
Yo me lleno de riquezas
mientras ella queda en ruinas.'

[3] "Por eso yo, el Señor, digo:
Tiro, yo me declaro tu enemigo.
Haré que muchas naciones se
  levanten contra ti,
como levanta el mar sus olas,
[4] y que destruyan tus murallas
y echen abajo tus torres.
Hasta el polvo barreré de su lugar,
y sólo dejaré una roca pelada.
[5] En medio del mar quedará,
como un lugar para poner las redes
  a secar.
Yo, el Señor, lo afirmo.
Tiro será saqueada por las naciones,
[6] y sus colonias en tierra firme
caerán a filo de espada.
Entonces reconocerán que yo soy el
  Señor.

[7] "Yo, el Señor, digo:
Voy a hacer venir del norte
a Nabucodonosor, rey de Babilonia,
el rey más poderoso,

a 25.1-7 Jer 49.1-6; Ez 21.28-32; Am 1.13-15; Sof 2.8-11.   b 25.8-11 Is 15.1—16.14; 25.10-12; Jer 48; Am 2.1-3; Sof 2.8-11.
c 25.12-14 Is 34.5-17; 63.1-6; Jer 49.7-22; Ez 35; Am 1.11-12; Abd 1-14; Mal 1.2-5.   d 25.15-17 Is 14.29-31; Jer 47.1-7;
Jl 3.4-8; Am 1.6-8; Sof 2.4-7; Zac 9.5-7.   e 26.1—28.19 Is 23; Jl 3.4-8; Am 1.9-10; Zac 9.1-4; Mt 11.21-22; Lc 10.13-14.

para que ataque a Tiro.
Vendrá con caballos, y carros, y
jinetes,
y con muchas tropas reunidas.
⁸ A filo de espada destruirá
tus colonias en tierra firme;
construirá un muro alrededor de ti,
levantará rampas para atacarte
y lanzará contra ti soldados
armados con escudos.
⁹ Atacará con arietes tus murallas
y a golpe de barra destrozará tus
torres.
¹⁰ Cuando el rey de Babilonia entre
por tus puertas
como se entra en una ciudad
tomada por asalto,
serán tantos los caballos,
que te cubrirán con el polvo que
levanten;
tus murallas temblarán
al estruendo de sus carros y
caballería;
¹¹ los cascos de sus caballos
pisotearán todas tus calles.
Matará a tu pueblo a filo de espada;
y echará por tierra tus fuertes
columnas.
¹² Te dejarán sin riquezas,
te robarán tus mercancías,
derribarán tus murallas
y echarán abajo tus lujosos palacios;
arrojarán al mar las piedras,
las vigas y hasta los escombros.
¹³ Así pondré fin al ruido de tus
canciones,
y no se volverá a oír el sonido de
tus arpas.ᶠ
¹⁴ Te convertiré en una roca pelada,
en un lugar para poner las redes a
secar,
y nunca más serás reconstruida.
Yo, el Señor, he hablado;
yo, el Señor, lo afirmo.

¹⁵ "Yo, el Señor, digo a Tiro: Los países
del mar temblarán al oír el ruido de tu
caída, entre los gemidos de los heridos y la
matanza de tus habitantes. ¹⁶ Todos los
reyes del mar bajarán de sus tronos, y se
quitarán sus capas y sus vestidos bordados; llenos de terror se sentarán en el
suelo, temblando a todas horas y espantados al verte. ¹⁷ Entonces te dedicarán este
canto fúnebre:

¡Cómo fuiste destruida,
cómo desapareciste⁴⁹ del mar, ciudad
famosa!
¡Tú, con tu gente, fuiste poderosa en
el mar

y sembraste el terror en todo el
continente!⁵⁰
¹⁸ Ahora que has caído,
los países del mar tiemblan de
miedo.
Ahora que has desaparecido,
las islas del mar se llenan de
espanto.'ᵍ

¹⁹ "Porque esto digo yo, el Señor: Te voy
a dejar en ruinas, como las ciudades
donde no vive nadie. Voy a hacer que te
cubran las aguas profundas del mar, ²⁰ y
que te hundas hasta donde están los
muertos, la gente que vivió en el pasado.
Te arrojaré a lo más profundo de la tierra,
al país de eternas ruinas, y vivirás entre
los que ya han muerto. No volverás a tener habitantes, ni serás reconstruida⁵¹ en
esta tierra de los que viven. ²¹ Te convertiré en algo terrible, y dejarás de existir.
Te buscarán, y jamás volverán a encon-
trarte.ʰ Yo, el Señor, lo afirmo."

Canto fúnebre por la ciudad de Tiro

27 ¹ El Señor se dirigió a mí, y me dijo:
²"Tú, hombre, entona este canto
fúnebre ³ acerca de Tiro, la ciudad que
está a la salida del mar y que comercia
con las naciones, con muchos países del
mar. Dile que así dice el Señor:

'Tú, Tiro, presumes de ser
una nave⁵² bella y perfecta;
⁴ tu dominio se extiende hasta el
corazón del mar,
tus constructores te hicieron la más
hermosa.
⁵ Todos tus entablados los hicieron
con pinos traídos del monte Senir;
tu mástil lo hicieron de un cedro del
Líbano;
⁶ tus remos los hicieron con robles de
Basán;
tu cubierta la hicieron de cipreses
traídos de las costas de Chipre
e incrustados de marfil.
⁷ Tu vela, de lino bordado de Egipto,
te servía de bandera;
tu toldo era de telas moradas y rojas
traídas de las costas de Elisa.
⁸ Tus remeros eran hombres de Sidón
y de Arvad,
tus pilotos eran expertos hombres
tuyos.
⁹ Hombres veteranos de Gebal
reparaban tus daños hábilmente.
Marineros de todas las naves del
mar
comerciaban con tus mercancías.

⁴⁹ *Desapareciste*: según la versión griega. Heb. *colocada*. ⁵⁰ *El continente*: texto probable. Heb. *sus habitantes*. ⁵¹ *Ni serás reconstruida*: según la versión griega. Heb. *y pondré un adorno*. ⁵² *Una nave*: texto probable. Heb. *yo*.
ᶠ **26.13** Ap 18.22. ᵍ **26.16–18** Ap 18.9–10. ʰ **26.21** Ap 18.21.

[10] Hombres de Persia, Lidia y Libia
servían de guerreros en tu ejército;
te adornaban con tus escudos y sus
cascos,
y te daban esplendor.

[11] 'Gente de Arvad, junto con tu ejército, ocupaba tus murallas en derredor, y en tus torres había hombres de Gamad. Sus escudos colgaban a todo lo largo de tus muros, haciéndote aparecer más bella. [12] Era tanta tu riqueza, que Tarsis comerciaba contigo, y a cambio de tus mercancías te daba plata, hierro, estaño y plomo. [13] También Grecia, Tubal y Mesec comerciaban contigo, ofreciéndote en pago esclavos y objetos de bronce. [14] Los de Bet-togarma te pagaban con caballos de trabajo y de montar, y con mulas. [15] Gente de Rodas[53] comerciaba contigo. Hacías negocios con numerosos países del mar, que te pagaban con marfil y ébano. [16] Edom hacía comercio contigo, gracias a tus muchos productos: a cambio de tus mercancías te traían piedras de granate, telas teñidas de púrpura, bordados, telas de lino, corales y rubíes. [17] Igualmente comerciaban contigo Judá e Israel, y te pagaban con trigo de Minit, y con pasteles,[54] miel, aceite y bálsamo. [18] Damasco te compraba gran cantidad de productos y de riquezas; te pagaba con vino de Helbón y lana de Sahar. [19] Desde Uzal te traían vino,[55] hierro forjado, canela y caña aromática, a cambio de tus mercancías. [20] Dedán hacía contigo comercio de aparejos para montar. [21] Arabia y todos los jefes de Cedar eran clientes tuyos: te pagaban con corderos, carneros y chivos. [22] Comerciantes de Sabá y Raama eran clientes tuyos, y te pagaban con los mejores perfumes, con piedras preciosas y oro. [23] Contigo hacían negocios Harán, Cane, Edén y los comerciantes de Sabá, de Asiria y de toda Media;[56] [24] te vendían telas finas, mantos de color púrpura, bordados, tapices de varios colores y fuertes cuerdas trenzadas. [25] Las naves de Tarsis venían, una tras otra, trayéndote productos.

'Eras como una nave en alta mar,
toda cargada de riquezas.
[26] Tus remeros te llevaron por aguas
profundas,
pero el viento del este te destrozó
en alta mar.
[27] Tu riqueza, tus mercancías y tus
productos,
tus marineros y tus pilotos,

tus calafateadores, tus comerciantes,
tus guerreros y toda tu tripulación,
se irán al fordo del mar
el día en que te hundas.
[28] A los gritos de tus marineros
temblarán las olas.[57]
[29] Los remeros bajarán de sus barcos;
los marineros y todos los pilotos
saltarán a tierra.
[30] Levantarán la voz
y llorarán por ti amargamente.
Se echarán polvo en la cabeza
y se revolcaran en la ceniza.
[31] Por ti se raparán la cabeza,
se vestirán de luto
y llorarán lleros de amargura.
[32] Por ti entonarán un canto fúnebre,
en el que dirán con tristeza:
¿Quién podía compararse a Tiro,
la ciudad que estaba en el mar?[58]
[33] Cuando llegaban del mar tus
mercancías,
satisfacías a muchas naciones.
Con la abundancia de tus riquezas y
productos
enriquecías a los reyes de la tierra.
[34] Ahora estás deshecha por el mar,
hundida en el fondo del agua.
Tus productos y toda tu tripulación
se fueron contigo al fondo.
[35] Todos los habitantes de los países
del mar
están aterrados por ti;
sus reyes estár espantados,
se les ve el miedo en la cara.
[36] Los comerciantes de los otros países
se quedan asustados al verte.
Te has convertido en algo terrible;
para siempre has dejado de
existir.' "[i]

Profecía contra el rey de Tiro

28 [1] El Señor se dirigió a mí, y me dijo: [2] "Tú, hombre, dile al rey de Tiro:

'Esto dice el Señor:
Tu corazón se llenó de orgullo,
y te creíste un dios
sentado en el trono de los dioses
y rodeado por el mar.
Pero tú no eres un dios, sino un
hombre
que cree tener la inteligencia de un
dios.
[3] ¿Acaso eres más sabio que Danel?[59]
¿Acaso ningún secreto te es
desconocido?
[4] Con tu sabiduría y tu habilidad
has conseguido muchas riquezas,

[53] *Rodas:* según la versión griega. Heb. *Dedán.*　[54] *Pasteles:* traducción probable. Heb. usa una palabra de significado desconocido.　[55] *Vino:* texto probable. Heb. *Y Dan y Javán.*　[56] *Toda Media:* texto probable. Heb. *Quilmad.*　[57] *Las olas:* traducción probable: las versiones antiguas difieren. Heb. probable *pastizales.*　[58] *¿Quién podía . . . en el mar?:* otra posible traducción: *¿Quién como Tiro ha sido destruida (lit. silenciada) en medio del mar?*　[59] Véase nota 14.14.
[i] 27.25-36 Ap 18.11-19.

has llenado tus cofres de oro y
plata.
⁵ Con tu gran habilidad para el
comercio
has aumentado tus riquezas,
y las riquezas te han vuelto
orgulloso.
⁶ Por eso, el Señor dice:
Ya que crees tener la inteligencia de
un dios,
⁷ voy a hacer que vengan extranjeros
contra ti,
gente de lo más cruel,
que sacará la espada para atacarte,
a ti, tan hermoso y tan sabio,
y que dejará tu esplendor por el
suelo.
⁸ Te hundirán en el abismo,
y tendrás una muerte violenta en
alta mar.
⁹ ¿Y seguirás creyendo que eres un
dios,
cuando estés ante tus verdugos?
¡En manos de los que te maten
no serás más que un simple hombre!
¹⁰ Morirás a manos de extranjeros,
como mueren los paganos.
Yo, el Señor, he hablado;
yo he dado mi palabra.' "

Canto fúnebre por el rey de Tiro

¹¹ El Señor se dirigió a mí, y me dijo:
¹² "Tú, hombre, entona un canto fúnebre
al rey de Tiro, y dile:

'Esto dice el Señor:
Tú eras modelo de perfección,
lleno de sabiduría y de perfecta
belleza.
¹³ Estabas en Edén, el jardín de Dios,
adornado de toda clase de piedras
preciosas:
rubí, crisólito, jade,
topacio, cornalina, jaspe,
zafiro, granate y esmeralda;
tus joyas y aretes eran de oro,
preparados desde el día en que
fuiste creado.
¹⁴ Te dejé al cuidado de un ser alado,⁶⁰
estabas en el monte santo de Dios
y caminabas entre las estrellas.⁶¹
¹⁵ Tu conducta fue perfecta
desde el día en que fuiste creado
hasta que apareció en ti la maldad.
¹⁶ Con la abundancia de tu comercio
te llenaste de violencia y de pecado.
Entonces te eché de mi presencia;
te expulsé del monte de Dios,
y el ser alado que te protegía
te sacó de entre las estrellas.

¹⁷ Tu belleza te llenó de orgullo;
tu esplendor echó a perder tu
sabiduría.
Yo te arrojé al suelo,
te expuse al ridículo
en presencia de los reyes.
¹⁸ Tantos pecados cometiste
y tanto te corrompiste con tu
comercio,
que llegaste a profanar tus templos.
Entonces hice brotar en medio de ti
un fuego que te devorara.
Todos pueden verte ahora en el
suelo,
convertido en cenizas.
¹⁹ Todas las naciones que te conocen
se espantan al verte.
Te has convertido en algo terrible;
¡para siempre has dejado de
existir!' "

Profecía contra Sidón

²⁰ El Señor se dirigió a mí, y me dijo:
²¹ "Tú, hombre, vuélvete hacia Sidónʲ y
habla en mi nombre contra ella. ²² Dile:

'Esto dice el Señor:
Yo me declaro tu enemigo, Sidón;
en medio de ti voy a ser glorificado.
Y cuando ejecute la sentencia
contra ti
y demuestre así mi santidad,
se reconocerá que yo soy el Señor.

²³ 'Enviaré contra ti enfermedades,
y la sangre correrá por tus calles;
tus habitantes caerán muertos,
atacados a espada por todos lados.
Entonces se reconocerá que yo soy
el Señor.

²⁴ 'Israel no volverá a sufrir
las espinas punzantes y dolorosas
del desprecio de los pueblos que lo
rodean.
Entonces se reconocerá que yo soy
el Señor.'

²⁵ "Yo, el Señor, digo: Reuniré al pueblo
de Israel de entre las naciones donde está
disperso, y mostraré mi santidad a la vista
de las naciones. Israel se establecerá en su
propio país, el país que di a Jacob, mi
siervo. ²⁶ Allí vivirán seguros y tranquilos,
y construirán casas y plantarán viñedos.
Yo ejecutaré la sentencia contra todos los
vecinos que desprecian al pueblo de Israel.
Entonces se reconocerá que yo soy el Señor, el Dios de Israel."

⁶⁰ *Te dejé al cuidado de un ser alado:* según la versión griega. Heb. oscuro. ⁶¹ *Entre las estrellas:* lit. *entre piedras de fuego.*
ʲ **28.20-26** Jl 3.4-8; Zac 9.1-2; Mt 11.21-22; Lc 10.13-14.

Profecía contra Egipto

29 [1] El día doce del mes décimo del año décimo, el Señor se dirigió a mí, y me dijo: [2] "Tú, hombre, dirígete ahora al faraón, rey de Egipto, y habla en mi nombre contra él y contra todo Egipto.[k] [3] Dile:

'Esto dice el Señor:
Yo me declaro tu enemigo,
faraón, rey de Egipto,
monstruo gigantesco que estás
    echado en tu río
y dices: El Nilo es mío, yo lo hice.[62]
[4] Voy a ponerte ganchos en el hocico,
y haré que los peces de tu río
se peguen a tus escamas.
¡De tu río te sacaré
con todos los peces pegados a tus
    escamas!
[5] Te arrojaré al desierto,
junto con todos los peces de tu río;
caerás en campo abierto,
y nadie te recogerá para enterrarte.
Haré que te devoren las fieras
    salvajes
y las aves del cielo.
[6] Todos los habitantes de Egipto
    reconocerán
que yo soy el Señor.
El pueblo de Israel buscó tu apoyo,
pero fuiste como una caña:[l]
[7] cuando te tomaron entre sus manos,
tú te quebraste y les heriste el
    costado;
cuando quisieron apoyarse en ti,
tú te rompiste y los hiciste caer.[63]

[8] 'Por eso yo, el Señor, digo: Egipto, voy a hacer que te ataquen con espadas, y que maten a tus hombres y tus animales. [9] Quedarás convertido en un desierto, y la gente reconocerá que yo soy el Señor. Tú dijiste: El Nilo es mío, yo lo hice. [10] Pues bien, yo me declaro enemigo tuyo y de tu río. Voy a convertirte en un desierto espantoso y desolado, desde Migdol hasta Asuán, hasta la frontera con Etiopía. [11] Ni hombres ni animales pasarán por allí. Durante cuarenta años nadie vivirá allí. [12] Yo te convertiré, Egipto, en el país más desolado; durante cuarenta años tus ciudades quedarán en ruinas, en peor estado que otras ciudades en ruinas, y desterraré a tus habitantes y los dispersaré entre los demás países y naciones.

[13] 'Yo, el Señor, digo: Después de los cuarenta años, reuniré a los egipcios de los países adonde los había dispersado. [14] Haré que los prisioneros egipcios vuel-van y se instalen en el sur de Egipto, en su lugar de origen, donde formarán un reino sin importancia. [15] Será el reino menos importante de todos, y no volverá a levantarse por encima de las demás naciones. Lo haré tan pequeño que no podrá dominar a otros países; [16] y el pueblo de Israel no volverá a confiar en Egipto, pues esto les hará ver lo equivocados que estaban cuando fueron allá a buscar ayuda. Entonces reconocerán que yo soy el Señor.'"

[17] El día primero del mes primero del año veintisiete, el Señor se dirigió a mí, y me dijo: [18] "Nabucodonosor, el rey de Babilonia, ha lanzado su ejército a una gran campaña contra Tiro; tanto que a todos se les ha pelado la cabeza y se les han llagado los hombros; pero ni él ni su ejército han sacado ningún provecho de esa campaña contra Tiro. [19] Por eso yo, el Señor, digo: Voy a hacer que Nabucodonosor se apodere de Egipto, y que le quite sus riquezas y todo lo que tenga; con lo que le robe tendrá para pagar a su ejército. [20] Voy a hacer que Nabucodonosor se apodere de Egipto en pago de la campaña que lanzó contra Tiro, porque ha trabajado para mí. Yo, el Señor, lo afirmo.

[21] En ese tiempo haré que aumente la fuerza del pueblo de Israel, y que tú, Ezequiel, puedas hablarles abiertamente. Entonces reconocerán que yo soy el Señor."

Castigo de Egipto

30 [1] El Señor se dirigió a mí, y me dijo: [2] "Tú, hombre, habla en nombre mío y di:

'Esto dice el Señor:
Griten por el día [3] que ya se acerca;
¡se acerca el día del Señor!
¡Será un día nublado,
un día terrible para las naciones![m]
[4] Vendrá la guerra contra Egipto.
Y cuando allí maten a muchos,
y les roben sus riquezas,
y destruyan Egipto hasta sus
    cimientos,
Etiopía se pondrá a temblar.
[5] Caerán también en la guerra
los soldados de Etiopía y de Libia,
de Lidia, de toda Arabia, de Cub y
    de otros pueblos,
y de los demás países aliados.

[6] 'Esto dice el Señor:
Los que apoyen a Egipto
morirán en la guerra,
desde Migdol hasta Asuán.

---

[62] *Yo lo hice:* según versiones antiguas. Heb. *yo me hice.* [63] *Hiciste caer:* según una versión antigua. Heb. *hiciste estar derechos.* Otra posible traducción: *y los hiciste tambalearse.*
[k] **29.1—32.32** Is 19.1-25; Jer 46.2-26. [l] **29.6-7** 2 R 18.21; Is 36.6. [m] **30.2-3** Is 13.6; Jl 1.15; Sof 1.14-18; Mal 3.2; Ap 6.17.

El orgulloso poder de Egipto
quedará humillado.
Yo, el Señor, doy mi palabra.'

[7] "Egipto será el país más desolado de todos, y sus ciudades las más arruinadas. [8] Cuando yo haga que el país se incendie y queden destruidos todos los que le ayudan, entonces reconocerán que yo soy el Señor.

[9] "Cuando llegue el día del castigo de Egipto, enviaré mensajeros por mar para que alarmen a la gente despreocupada de Etiopía, la cual se llenará de terror. Ese día está a punto de llegar.

[10] "Yo, el Señor, digo: Me voy a valer de Nabucodonosor, rey de Babilonia, para destruir la riqueza de Egipto. [11] Él irá con su ejército, que es gente de lo más cruel, a destruir el país. Atacarán a Egipto con sus espadas, y dejarán el país lleno de muertos. [12] Haré que el Nilo se seque, y pondré el país en manos de gente malvada; por medio de esos extranjeros dejaré en ruinas el país y todo lo que hay en él. Yo, el Señor, he hablado.

[13] "Yo, el Señor, digo:
Voy a destruir los ídolos
y a terminar con los falsos dioses de
     Menfis.
Egipto no volverá a tener quien lo
     gobierne,
y llenaré de terror el país.
[14] Convertiré en ruinas el sur de
     Egipto, pondré fuego a Zoán
y ejecutaré la sentencia contra Tebas.

[15] "Descargaré mi ira sobre Sin, la fortaleza de Egipto, y destruiré la riqueza de Tebas. [16] Pondré fuego a Egipto, y Sin se retorcerá de dolor; se abrirán boquetes en las murallas de Tebas, y Menfis será atacada en pleno día. [17] Los jóvenes de On y de Bubastis morirán en la guerra, y a los demás habitantes se los llevarán presos. [18] Cuando yo destruya el poder de Egipto y acabe con la fuerza de la cual estaba tan orgulloso, el sol se oscurecerá en Tafnes, una nube cubrirá a Egipto, y a los habitantes de sus ciudades se los llevarán presos. [19] Yo ejecutaré la sentencia contra Egipto, y entonces reconocerán que yo soy el Señor."

[20] El día siete del mes primero del año once, el Señor se dirigió a mí, y me dijo: [21] "Yo le he roto el brazo al faraón, rey de Egipto, y nadie se lo ha curado ni vendado para que recobre su fuerza y pueda volver a empuñar la espada. [22] Por eso yo, el Señor, digo: Yo me declaro enemigo del faraón, el rey de Egipto. Voy a romperle los dos brazos, el bueno y el que ya tenía roto, y haré que se le caiga la espada de la mano. [23] Voy a dispersar a los egipcios entre las demás naciones, a esparcirlos por los diversos países. [24] Y voy a dar fuerza a los brazos del rey de Babilonia, y a ponerle mi espada en la mano. Voy a romperle al faraón los brazos, y él se quejará al sentirse herido delante de su enemigo. [25] Daré fuerzas a los brazos del rey de Babilonia y se las quitaré a los brazos del faraón. Cuando yo ponga mi espada en la mano del rey de Babilonia y él la levante contra Egipto, reconocerán que yo soy el Señor. [26] Dispersaré a los egipcios entre los demás pueblos y naciones, y entonces reconocerán que yo soy el Señor."

El faraón comparado a un cedro

31 [1] El día primero del mes tercero del año once, el Señor se dirigió a mí, y me dijo: [2] "Di al faraón, rey de Egipto, y a toda su gente:

'¿Con qué se puede comparar tu
     grandeza?
[3] Pareces un ciprés[64] o un cedro del
     Líbano,
con hermosas ramas que dan
     sombra al bosque,
tan alto que su punta llega a las
     nubes.
[4] La lluvia y el agua del suelo
le ayudaron a crecer;
se formaron ríos alrededor
de donde estaba plantado;
sus corrientes regaron
todos los árboles de la región.
[5] Como tenía tanta agua,
creció más que los otros árboles del
     bosque;
sus ramas aumentaron
y se extendieron mucho.
[6] Aves de todas clases
hacían nidos en sus ramas;
animales salvajes de toda especie
daban a luz debajo de ellas.
A su sombra podían vivir
naciones numerosas.
[7] Era un árbol magnífico, inmenso,
con ramas muy largas,
pues sus raíces estaban
junto a aguas abundantes.
[8] Ningún cedro del jardín de Dios[n]
se podía comparar a él;
ningún pino tenía ramas como las
     suyas,
ningún castaño tenía tantas hojas,
ningún árbol del jardín de Dios
se le igualaba en belleza.

[64] Un ciprés: texto probable. Heb. Asiria.
[n] 31.8-9 Gn 2.8-9.

⁹ Yo lo hice bello y con mucho ramaje; los demás árboles del Edén, jardín de Dios, le tenían envidia.

¹⁰ 'Pues bien, esto dice el Señor: El árbol llegó a ser tan alto que su punta llegaba a las nubes; tanto creció que se llenó de orgullo. ¹¹ Por eso yo lo he desechado; voy a dejarlo caer en poder de un jefe extranjero, que lo tratará como merece su maldad. ¹² Los más crueles extranjeros van a cortarlo y dejarlo abandonado; sus ramas caerán rotas por todas las montañas, valles y cañadas del país, y todos los pueblos que vivían bajo su sombra huirán y lo abandonarán. ¹³ Aves de todas clases vendrán a vivir en el árbol caído, y animales salvajes de toda especie se echarán en sus ramas. ¹⁴ Y ya ningún árbol, aunque esté junto al agua, volverá a crecer tanto, ni aunque esté bien regado volverá a alcanzar las nubes con su punta ni subirá a tanta altura. Todos están condenados a morir, a bajar a ese mundo bajo tierra y reunirse con los que ya están en el sepulcro.

¹⁵ 'Yo, el Señor, digo: Cuando el árbol baje al reino de la muerte, haré que de tristeza se seque el mar profundo; detendré los ríos y las corrientes de agua; por él haré que el monte Líbano se cubra de tristeza y que todos los árboles del campo se marchiten. ¹⁶ Cuando yo lo haga bajar al reino de la muerte para reunirlo con los que ya han muerto, el ruido de su caída hará temblar a las naciones. Y en ese mundo bajo tierra sentirán consuelo los árboles del Edén, los más hermosos y mejor regados del monte Líbano. ¹⁷ También ellos bajarán, como él, al reino de la muerte, a juntarse con los que murieron en batalla. Los que vivían a su sombra, se dispersarán entre las naciones. ¹⁸ Ninguno de los árboles del Edén podía compararse a él en esplendor y altura; y, sin embargo, bajará con los demás árboles del Edén a ese mundo bajo tierra, para vivir entre paganos, entre gente que murió en batalla. 'El árbol es el faraón y toda su gente. Yo, el Señor, lo afirmo.' '

El faraón comparado a un monstruo

32 ¹ El día primero del mes duodécimo del año doce, el Señor se dirigió a mí, y me dijo: ² "Dedica este canto fúnebre al faraón, rey de Egipto:

'Pareces un león de las naciones; eres como un monstruo marino:

chapotea en tu río, con las patas enturbias el agua y revuelves la corriente.

³ 'Esto dice el Señor: Aunque estés entre pueblos numerosos, echaré mi red sobre ti y con ella te atraparé. ⁴ Te arrastraré a tierra y te dejaré tendido en el suelo. Haré que todas las aves del cielo se paren sobre ti, y que se harten de tu carne todos los animales salvajes. ⁵ Con la carne podrida de tu cadáver llenaré los montes y los valles. ⁶ Empaparé el suelo con tu sangre, la cual llegará hasta las montañas, y con ella se llenarán los cauces de los ríos. ⁷ Cuando yo te destruya, haré que el cielo se oscurezca y se apaguen las estrellas; cubriré con nubes el sol, y la luna no brillará más.ʰ ⁸ Por causa tuya apagaré todas las luces que brillan en el cielo, y llenaré de oscuridad tu país. Yo, el Señor, lo afirmo.

⁹ 'Cuando las noticias de tu destrucción lleguen a países que no conocías, haré que se inquieten muchos pueblos. ¹⁰ Por causa tuya sembraré el terror en muchos pueblos; sus reyes se llenarán de pánico cuando yo esgrima mi espada delante de ellos. Cuando caigas, ellos temblarán de miedo por sus propias vidas. ¹¹ 'El Señor dice: La espada del rey de Babilonia caerá sobre ti. ¹² Voy a hacer que tu pueblo numeroso caiga herido por la espada de los más crueles guerreros. Pondrán fin a la grandeza de Egipto y acabarán con su pueblo numeroso. ¹³ Destruiré todo el ganado que bebe de tus aguas, y nunca más los hombres ni los animales las enturbiarán con sus pisadas. ¹⁴ Entonces haré que el agua se aclare y que los ríos corran tranquilos como aceite. Yo, el Señor, lo afirmo. ¹⁵ Cuando convierta a Egipto en un desierto y el país quede vacío, sin habitantes, entonces reconocerán que yo soy el Señor.'

¹⁶ "Este es un canto fúnebre, y así deberán cantarlo las mujeres de las diversas naciones cuando lloren por Egipto y por su gente numerosa. Yo, el Señor, lo afirmo."

Egipto en el reino de la muerte

¹⁷ El día quince del mes duodécimo⁶⁵ del año doce, el Señor se dirigió a mí, y me dijo: ¹⁸ "Tú, hombre, entona en compañía de las mujeres de las diversas naciones un canto fúnebre por el numeroso pueblo de Egipto y por sus jefes⁶⁶

'Los poderosos caen al mundo bajo tierra.

---

⁶⁵ *Duodécimo*: incluido, según 32.1. Esta palabra no aparece en el texto hebreo. La versión griega dice: *del primer mes*.
⁶⁶ *Sus jefes*: texto probable. Heb. *hazlo bajar*.
ʰ **32.7** Is 13.10; Am 8.9; Mt 24.29; Mr 13.24–25; Lc 21.25; Ap 6.12–13; 8.12.

con los que han bajado ya al sepulcro.
¹⁹ ¿Eres tú acaso más hermoso que los otros?
Baja y tiéndete también junto a los paganos.'

²⁰ "Ellos caerán con los que mueren en la guerra. La espada está lista. Con ellos se irán sus grandes multitudes.⁶⁷　²¹ Los jefes más poderosos recibirán en el reino de la muerte a los egipcios y a sus aliados, diciendo: '¡Ya bajaron! ¡Quedaron tendidos esos paganos, muertos en la guerra!' ²² "Ahí está Asiria, con todos sus soldados rodeando su tumba. Todos ellos murieron en la guerra. ²³ Están enterrados en lo más hondo de la fosa. Sus soldados sembraron el pánico entre los que aún estaban vivos, pero cayeron muertos en la guerra y ahora rodean la tumba de Asiria. ²⁴ "Ahí está Elam, con todos sus soldados rodeando su tumba. Todos ellos murieron en la guerra, paganos que cayeron al mundo bajo tierra. Sembraron el pánico entre los vivos, pero ahora están sin honor entre los que bajaron al sepulcro. ²⁵ Elam está tendido en medio de todos sus soldados muertos, todos ellos paganos muertos en la guerra, que ahora rodean su tumba. Sembraron el pánico entre los vivos, pero ahora están sin honor entre los que bajaron al sepulcro. Quedaron entre gente asesinada.
²⁶ "Ahí están Mesec y Tubal, con todos sus soldados rodeando su tumba, todos ellos paganos muertos en la guerra, que sembraron el pánico entre los vivos. ²⁷ No están sepultados con los héroes del pasado,⁶⁸ que bajaron con sus armas al reino de la muerte y que tienen sus espadas bajo la cabeza y sus escudos⁶⁹ sobre el cuerpo, después de haber sembrado el pánico entre los que estaban vivos.
²⁸ "Ahí estarás tú, Egipto, en medio de paganos, destrozado y sepultado con los muertos en la guerra.
²⁹ "Ahí está Edom, con sus reyes y gobernantes. A pesar de haber sido tan poderosos, están entre los muertos en la guerra, sepultados entre los paganos, entre los que bajaron al sepulcro.
³⁰ "Ahí están todos los jefes del norte, igual que todos los de Sidón. Fueron muy poderosos y sembraron el pánico, pero ahora han bajado con los muertos en la guerra, cubiertos de deshonra. Son paganos, y están sepultados sin honor entre los muertos en la guerra, entre los que bajaron al sepulcro.
³¹ "Cuando el faraón los vea, se consolará de la muerte de toda su gente, pues él

y todo su ejército murieron en la guerra. Yo, el Señor, lo afirmo. ³² El faraón sembró el pánico entre los vivos; por eso está sepultado entre los paganos, entre los muertos en la guerra, lo mismo que su numeroso ejército. Yo, el Señor, lo afirmo."

Responsabilidad del centinela
(Ez 3.16–21)

33 ¹ El Señor se dirigió a mí, y me dijo: ² "Tú, hombre, habla a tus compatriotas, y diles: 'Cuando yo envío la guerra a un país, la gente de ese país escoge a uno de ellos para ponerlo de centinela.º ³ Y cuando el centinela ve que los ejércitos enemigos se acercan al país, toca la trompeta y previene a la gente. ⁴ Si alguien escucha el toque de trompeta y no le hace caso, y los enemigos llegan y lo matan, el culpable de su muerte es él mismo, ⁵ porque oyó el toque de trompeta pero no hizo caso; es culpable de su muerte, porque, si hubiera hecho caso, habría salvado su vida. ⁶ Pero si el centinela ve llegar los ejércitos enemigos y no toca la trompeta para prevenir a la gente, y los enemigos llegan y matan a alguien, éste morirá por su pecado, pero yo le pediré al centinela cuentas de esa muerte.'
⁷ "Pues a ti, hombre, yo te he puesto como centinela del pueblo de Israel. Tú deberás recibir mis mensajes y comunicarles mis advertencias. ⁸ Puede darse el caso de que yo pronuncie sentencia de muerte contra un malvado; pues bien, si tú no hablas con él para advertirle que cambie de vida, y él no lo hace, ese malvado morirá por su pecado, pero yo te pediré a ti cuentas de su muerte. ⁹ Si tú, en cambio, adviertes al malvado que cambie de vida, y él no lo hace, él morirá por su pecado, pero tú salvarás tu vida.

Responsabilidad personal
(Ez 18.21–32)

¹⁰ "Tú, hombre, di al pueblo de Israel: 'Ustedes dicen: Estamos cargados de faltas y pecados. Por eso no estamos pudriendo en vida. ¿Cómo podremos vivir?' ¹¹ Pero yo, el Señor, juro por mi vida que no quiero la muerte del malvado, sino que cambie de conducta y viva. Israel, deja esa mala vida que llevas. ¿Por qué habrás de morir?'
¹² "Tú, hombre, di a tus compatriotas: 'Si un hombre bueno peca, su bondad anterior no lo salvará, y si un malvado deja de hacer el mal, su maldad anterior no será causa de su muerte. Si el hombre

⁶⁷ *Con ellos . . . multitudes:* traducción probable. Heb. oscuro.　⁶⁸ *Del pasado:* según versiones antiguas. Heb. *de los incircuncisos.*　⁶⁹ *Sus escudos:* texto probable. Heb. *sus maldades.*
º **33.2** Is 21.6,11; Jer 6.17; Os 9.8.

bueno peca, su bondad anterior no le valdrá para seguir viviendo. 13 Si yo le prometo vida a un hombre bueno, y éste, ate-
niéndose a su bondad, hace el mal, no
tomaré en cuenta ninguna buena acción
suya, sino que morirá por el mal que haya
cometido. 14 Y si condeno a morir a un
malvado, y éste deja el pecado y actúa
bien y con justicia, 15 y devuelve lo que
había recibido en prenda o lo que había
robado, y cumple las leyes que dan la vida
y deja de hacer lo malo, ciertamente vivirá y no morirá. 16 Puesto que ahora actúa bien y con justicia, vivirá, y no me
acordaré de ninguno de los pecados que
había cometido.' 17 Tus compatriotas dirán
que yo no actúo con justicia; pero en realidad son ellos los que no actúan con justicia. 18 Si el hombre bueno deja de hacer lo
bueno y hace lo malo, morirá a causa de
ello. 19 Y si el malvado deja de hacer lo
malo y hace lo bueno y lo justo, a causa
de ello vivirá. 20 Ustedes repiten: 'El Señor
no está actuando con justicia.' Pero yo
juzgaré a cada uno de ustedes, israelitas,
de acuerdo con sus acciones."[p]

La caída de Jerusalén

21 El quinto día del mes décimo del año
doce de nuestro destierro, un hombre que
había huido de Jerusalén vino y me contó
que la ciudad había caído en poder del
enemigo.[q] 22 La noche antes de que llegara el escapado, el Señor había puesto su
mano sobre mí; y por la mañana, cuando
vino el hombre, el Señor me devolvió el
habla y dejé de estar mudo.

Los pecados del pueblo

23 El Señor se dirigió a mí, y me dijo:
24 "La gente que vive en esas ciudades de
Israel que están en ruinas, anda diciendo:
'Abraham era uno solo y, sin embargo,
llegó a ser dueño del país; con mayor razón nosotros, que somos muchos, llegare-
mos a ser dueños del país.' 25 Por lo tanto,
diles: 'Así dice el Señor: Ustedes comen
carne con sangre, adoran ídolos, cometen
asesinatos, ¿y creen que van a ser dueños
del país? 26 Recurren a la violencia de las
armas, hacen cosas que yo detesto, todos
cometen adulterio, ¿y creen que van a ser
dueños del país?'
27 "Diles también: 'Así dice el Señor:
Juro por mi vida que los que viven en las
ciudades en ruinas también serán asesinados, y a los que viven en el campo haré
que se los coman las fieras, y los que viven en rocas y cuevas morirán de enfermedades. 28 Dejaré el país desierto y en
ruinas, y destruiré la fuerza de la cual está
tan orgulloso. Los montes de Israel quedarán desiertos; nadie pasará por ellos.
29 Cuando yo deje desierto y en ruinas el
país a causa de los pecados detestables
que ellos cometieron, entonces reconocerán que yo soy el Señor.'
30 "Tus compatriotas hablan de ti junto
a las murallas, y en las puertas de las casas, y se dicen unos a otros: 'Vengan, vamos a oír el mensaje que ha venido de
parte del Señor.' 31 Y así mi pueblo viene y
se sienta delante de ti, como acostumbra
hacerlo, para oír tus palabras. Pero no las
ponen en práctica. Las repiten como si
fueran canciones amorosas, pero su corazón va tras el dinero. 32 Ellos te consideran
como uno que canta canciones amorosas,
que tiene hermosa voz y toca bien el arpa.
Escuchan tus palabras, pero no las ponen
en práctica. 33 Sin embargo, todo ello va a
cumplirse; y cuando se cumpla, reconocerán que sí había un profeta entre ellos."[r]

Profecía contra los pastores de Israel

34 1 El Señor se dirigió a mí, y me dijo:
2 "Tú, hombre, habla en mi nombre
contra los pastores[s] de Israel, y diles: 'Esto
dice el Señor: ¡Ay de los pastores de Israel, que se cuidan a sí mismos! Lo que
deben cuidar los pastores es el rebaño.
3 Ustedes se beben la leche, se hacen vestidos con la lana y matan las ovejas más
gordas, pero no cuidan el rebaño. 4 Ustedes no ayudan a las ovejas débiles, ni curan a las enfermas, ni vendan a las que
tienen alguna pata rota, ni hacen volver a
las que se extravían, ni buscan a las que
se pierden, sino que las tratan con dureza
y crueldad. 5 Mis ovejas se quedaron sin
pastor y se dispersaron,[t] y las fieras salvajes se las comieron. 6 Se dispersaron por
todos los montes y cerros altos, se extraviaron por toda la tierra, y no hubo nadie
que se preocupara por ellas y fuera a bus-
carlas.
7 'Así que, pastores, escuchen bien mis
palabras. 8 Yo, el Señor, lo juro por mi
vida: Fieras salvajes de todas clases han
robado y devorado a mis ovejas, porque
no tienen pastor. Mis pastores no van a
buscar a las ovejas. Los pastores cuidan
de sí mismos, pero no de mi rebaño. 9 Por
eso, pastores, escuchen las palabras 10 que
yo, el Señor, les dirijo: Pastores, yo me declaro su enemigo y les voy a reclamar mi
rebaño; les voy a quitar el encargo de cuidarlo, para que no se sigan cuidando ustedes mismos; rescataré a mis ovejas, para
que ustedes no se las sigan comiendo.'

[p] **33.20** Job 34.11; Sal 62.11–12; Pr 24.12; Jer 17.10; Ez 18.30; Mt 16.27; Ro 2.6. [q] **33.21** 2 R 25.3–10; Jer 39.2–8; 52.4–14. [r] **33.33** Dt 18.21–22; Jer 28.9. [s] **34.1–10** Jer 10.21; 23.1–6. [t] **34.5** Nm 27.17; 2 Cr 18.16; Jer 50.6–7; Zac 10.2; Mt 9.36; Mr 6.34.

El buen pastor

[11] "Yo, el Señor, digo: Yo mismo voy a encargarme del cuidado de mi rebaño. [12] Como el pastor[u] que se preocupa por sus ovejas cuando están dispersas, así me preocuparé yo de mis ovejas; las rescataré de los lugares por donde se dispersaron en un día oscuro y de tormenta. [13] Las sacaré de los países extranjeros, las reuniré y las llevaré a su propia tierra. Las llevaré a comer a los montes de Israel, y por los arroyos, y por todos los lugares habitados del país. [14] Las llevaré a comer los mejores pastos, en los pastizales de las altas montañas de Israel. Allí podrán descansar y comer los pastos más ricos. [15] Yo mismo seré el pastor de mis ovejas, yo mismo las llevaré a descansar.[v] Yo, el Señor, lo afirmo. [16] Buscaré a las ovejas perdidas,[w] traeré a las extraviadas, vendaré a las que tengan alguna pata rota, ayudaré a las débiles, y cuidaré[70] a las gordas y fuertes. Yo las cuidaré como es debido.

[17] "Yo, el Señor, digo: Escuchen, ovejas mías: Voy a hacer justicia entre los corderos y los cabritos.[x] [18] ¿No les basta con comerse el mejor pasto, sino que tienen que pisotear el que queda? Beben el agua clara, y la demás la enturbian con las patas. [19] Y mis ovejas tienen que comer el pasto que ustedes han pisoteado y beber el agua que ustedes han enturbiado. [20] Por eso yo, el Señor, les digo: Voy a hacer justicia entre las ovejas gordas y las flacas. [21] Ustedes han alejado a empujones a las débiles, las han atacado a cornadas y las han hecho huir. [22] Pero yo voy a salvar a mis ovejas. No dejaré que las sigan robando. Voy a hacer justicia entre las ovejas. [23] Voy a hacer que vuelva mi siervo David, y lo pondré como único pastor, y él las cuidará. Él será su pastor.[y] [24] Yo, el Señor, seré su Dios, y mi siervo David será su jefe.[z] Yo, el Señor, he hablado. [25] Voy a hacer un pacto con ellas, para asegurarles una vida tranquila. Haré desaparecer las fieras del país, para que mis ovejas puedan vivir tranquilas en campo abierto y dormir en los bosques.

[26] "Yo pondré a mis ovejas alrededor de mi monte santo, y las bendeciré; les enviaré lluvias de bendición en el tiempo oportuno. [27] Los árboles del campo darán su fruto, la tierra dará sus cosechas, y ellas vivirán tranquilas en su propia tierra. Cuando yo libere a mi pueblo de quienes lo han esclavizado, entonces reconocerán que yo soy el Señor. [28] Los pueblos extranjeros no volverán a apoderarse de ellos, ni las fieras volverán a devorarlos. Vivirán tranquilos, sin que nadie los asuste. [29] Les daré sembrados fértiles,[71] y ellos no volverán a sufrir hambre ni las demás naciones volverán a burlarse de ellos. [30] Entonces reconocerán que yo, el Señor su Dios, estoy con ellos, y que Israel es mi pueblo. Yo, el Señor, lo afirmo. [31] Ustedes son mis ovejas, las ovejas de mi prado.[72] Yo soy su Dios. Yo, el Señor, lo afirmo."

Profecía contra el monte Seir

35 [1] El Señor se dirigió a mí, y me dijo: [2] "Vuélvete hacia el monte de Seir[a] y habla en mi nombre contra él. [3] Dile:

'Esto dice el Señor:
Yo me declaro tu enemigo,
monte de Seir,
y te voy a castigar
dejándote desierto y en ruinas.
[4] Voy a dejar destruidas tus ciudades,
y tú quedarás convertido en un
desierto.
Entonces reconocerás que yo soy el
Señor.

[5] 'Tú has sido eterno enemigo de los israelitas, y les hiciste la guerra cuando ellos recibían el castigo final por sus pecados. [6] Pero yo, el Señor, juro por mi vida que te entregaré a la muerte, y la muerte te perseguirá. Eres culpable[73] de muerte, y la muerte te perseguirá. [7] Te voy a dejar desierto y en ruinas, monte de Seir, y no permitiré que nadie vuelva a pasar por ti. [8] Haré que tus cerros y tus colinas, tus valles y tus ríos, queden llenos de los cadáveres de los que mueran en la guerra. [9] Te dejaré convertido para siempre en un desierto, y nadie vivirá en tus ciudades. Entonces reconocerán ustedes que yo soy el Señor.

[10] 'Tú dijiste: El país de Israel, con sus dos reinos, será mío; yo seré su dueño, a pesar de que el Señor viva allí. [11] Pero yo, el Señor, juro por mi vida que voy a tratarte a ti con la misma ira, envidia y odio con que tú trataste a Israel. Cuando yo te castigue, ellos me reconocerán. [12] Entonces verás que yo, el Señor, había escuchado todos los insultos que lanzaste contra los montes de Israel. Tú dijiste: ¡Son un desierto; ahora los podemos devorar! [13] Abriste la boca desafiándome, y se te soltó la lengua contra mí. Yo lo escuché. [14] 'Pues esto digo yo, el Señor: Toda la tierra se va a alegrar cuando yo te destruya. [15] Tú te alegraste cuando fue des-

[70] Cuidaré: según versiones antiguas. Heb. destruiré. [71] Fértiles: según versiones antiguas. Heb. famosos. [72] Así, con versiones antiguas. Heb. añade: hombres. [73] Eres culpable: según la versión griega. Heb. odiaste.
[u] 34.11-16 Is 40.11. [v] 34.13-15 Sal 23. [w] 34.16 Lc 15.4-7. [x] 34.17 Mt 25.31-34. [y] 34.23 Jn 10; Ap 7.17.
[z] 34.24 Ez 37.24. [a] 35.1-15 Is 34.5-17; 63.1-6; Jer 49.7-22; Ez 25.12-14; Am 1.11-12; Abd 1-14; Mal 1.2-5.

truido el país que Israel recibió en propiedad, pero lo mismo pasará contigo: quedarás hecho un desierto, monte de Seir, país de Edom. Entonces reconocerán que yo soy el Señor.'

Futura prosperidad de Israel

36 ¹ "Y tú, hombre, habla en nombre mío a las montañas de Israel, y diles que escuchen mi palabra. ² Yo, el Señor, digo: Los enemigos de Israel se creen dueños ya de las montañas eternas. ³ Pues bien, habla en mi nombre y diles: 'Esto dice el Señor: De todas partes las atacan a ustedes y las destruyen; todos los pueblos extranjeros se han apoderado de ustedes, y la gente las trata con burla y desprecio. ⁴ Por lo tanto, montañas de Israel, escuchen el mensaje del Señor a las montañas, colinas, ríos y valles; a las ruinas despobladas y a las ciudades desiertas de Israel, que han sido saqueadas por los pueblos vecinos y que han sido objeto de burla por parte de ellos. ⁵ Esto dice el Señor: Mis palabras van encendidas de enojo contra los otros pueblos, y en especial contra todo Edom, porque con gran alegría se apoderaron de mi tierra y con profundo desprecio saquearon sus campos.

⁶ "Habla en mi nombre acerca de la tierra de Israel, y di: 'Esto dice el Señor a las montañas, colinas, ríos y valles: Yo tengo palabras de ira y furor, por los insultos que han sufrido ustedes de parte de las naciones extranjeras. ⁷ Por lo tanto yo, el Señor, juro que los pueblos vecinos de ustedes se verán cubiertos de vergüenza. ⁸ Ustedes, en cambio, montañas de Israel, estarán cubiertas de árboles grandes y con mucho fruto para mi pueblo Israel, que ya está a punto de regresar. ⁹ Yo los voy a proteger, y haré que sean cultivadas y sembradas. ¹⁰ Haré que aumente mucho el pueblo de Israel que vive allí. Las ciudades se llenarán de habitantes, y las ruinas serán reconstruidas. ¹¹ Haré que aumenten en ustedes los hombres y los animales, y que se hagan muy numerosos. Habrá tantos habitantes como antes, y ustedes estarán mejor que en el pasado. Entonces reconocerán que yo soy el Señor. ¹² Haré que mi pueblo camine sobre ustedes, montañas de Israel, y que tomen ellos posesión de ustedes como dueños, y ustedes no volverán a dejarlos sin hijos.

¹³ 'Yo, el Señor, digo: A ustedes, montañas, las acusan de comerse a la gente y de dejar sin hijos a su pueblo. ¹⁴ Pues bien, ustedes no volverán a comerse a la gente ni a dejar sin hijos a su pueblo. Yo, el Señor, lo afirmo. ¹⁵ No permitiré que oigan de nuevo los insultos de las naciones extranjeras; no recibirán más ofensas de esos pueblos, porque ustedes no volverán a dejar sin hijos a su pueblo. Yo, el Señor, lo afirmo.' "

¹⁶ El Señor se dirigió a mí, y me dijo: ¹⁷ "Cuando los israelitas vivían en su tierra, la profanaron con sus malas acciones. Su manera de vivir era para mí algo sucio y repugnante. ¹⁸ Entonces descargué mi ira sobre ellos por los asesinatos que cometieron en el país y por la manera en que lo profanaron adorando a los ídolos, ¹⁹ y en castigo de sus malas acciones los dispersé entre los demás países y naciones. ²⁰ Pero en todos los pueblos a donde ellos llegaban, ofendían mi santo nombre, pues la gente decía: 'Estos son el pueblo del Señor, pero tuvieron que salir de su país.' ²¹ Entonces me dolió ver que, por culpa de Israel, mi santo nombre era profanado en cada nación adonde ellos llegaban.

²² "Por eso, dile al pueblo de Israel: 'Esto dice el Señor: Lo que voy a realizar no es por causa de ustedes, israelitas, sino por mi santo nombre, que ustedes han ofendido entre las naciones a donde han ido. ²³ Yo voy a mostrar ante las naciones la santidad de mi gran nombre, que ustedes han ofendido entre ellas; cuando yo lo haga, ellas reconocerán que yo soy el Señor. Yo, el Señor, lo afirmo. ²⁴ Yo los sacaré a ustedes de todas esas naciones y países; los reuniré y los haré volver a su tierra. ²⁵ Los lavaré con agua pura, los limpiaré de todas sus impurezas, los purificaré del contacto con sus ídolos; ²⁶ pondré en ustedes un corazón nuevo y un espíritu nuevo. Quitaré de ustedes ese corazón duro como la piedra y les pondré un corazón dócil.ᵇ ²⁷ Pondré en ustedes mi espíritu, y haré que cumplan mis leyes y decretos;ᶜ ²⁸ vivirán en el país que di a sus padres, y serán mi pueblo y yo seré su Dios.ᵈ ²⁹ Los libraré de todo lo que los manche. Haré que el trigo abunde, y no volveré a enviarles hambre. ³⁰ Haré también que los árboles y los campos den más fruto, para que ustedes no vuelvan a pasar vergüenza delante de las otras naciones por causa del hambre. ³¹ Y cuando se acuerden de su mala conducta y de sus malas acciones, sentirán vergüenza de ustedes mismos por sus pecados y malas acciones. ³² Yo, el Señor, lo afirmo: Sepan, israelitas, que no hago esto porque ustedes lo merezcan; sientan vergüenza y confusión por su conducta.

³³ 'Yo, el Señor, digo: Cuando yo los purifique de todos sus pecados, haré que vivan en sus ciudades y que reconstruyan

las ruinas. ³⁴ La tierra que había quedado desierta, en vez de quedar desierta será cultivada a la vista de todos los que pasan. ³⁵ Y se dirá: Esta tierra, que había quedado desierta, ahora se parece al jardín de Edén;ᵉ las ciudades que habían sido destruidas, arrasadas y dejadas en ruinas, ahora son unas fortalezas y están habitadas. ³⁶ Entonces los pueblos vecinos que queden con vida reconocerán que yo, el Señor, reconstruyo lo destruido y vuelvo a sembrar lo arrasado. Yo, el Señor, lo he dicho, y lo realizaré.

³⁷ "Yo, el Señor, digo: Aún haré algo más. Concederé al pueblo de Israel lo que me pida que haga por ellos; multiplicaré su gente como un rebaño. ³⁸ Las ciudades en ruinas se llenarán de tanta gente, que se parecerán a las ovejas que en las fiestas se llevan a Jerusalén para ofrecerlas en sacrificio. Entonces reconocerán que yo soy el Señor.' "

Los huesos secos

37 ¹ El Señor puso su mano sobre mí, y me hizo salir lleno de su poder, y me colocó en un valle que estaba lleno de huesos. ² El Señor me hizo recorrerlo en todas direcciones; los huesos cubrían el valle, eran muchísimos y estaban completamente secos. ³ Entonces me dijo: "¿Crees tú que estos huesos pueden volver a tener vida?" Yo le respondí: "Señor, sólo tú lo sabes."

⁴ Entonces el Señor me dijo: "Habla en mi nombre a estos huesos. Diles: 'Huesos secos, escuchen este mensaje del Señor. ⁵ El Señor les dice: Voy a hacer entrar en ustedes aliento de vida, para que revivan. ⁶ Les pondré tendones, los rellenaré de carne, los cubriré de piel y les daré aliento de vida para que revivan. Entonces reconocerán ustedes que yo soy el Señor.' "

⁷ Yo les hablé como él me lo había ordenado. Y mientras les hablaba, oí un ruido: era un terremoto, y los huesos comenzaron a juntarse unos con otros. ⁸ Y vi que sobre ellos aparecían tendones y carne, y que se cubrían de piel. Pero no tenían aliento de vida.

⁹ Entonces el Señor me dijo: "Habla en mi nombre al aliento de vida, y dile: 'Así dice el Señor: Aliento de vida, ven de los cuatro puntos cardinales y da vida a estos cuerpos muertos.' " ¹⁰ Yo hablé en nombre del Señor, como él me lo ordenó, y el aliento de vida vino y entró en ellos, ellos revivieron y se pusieron de pie.ᶠ Eran tantos que formaban un ejército inmenso.

¹¹ Entonces el Señor me dijo: "El pueblo de Israel son estos huesos. Andan di-

ciendo: 'Nuestros huesos están secos; no tenemos ninguna esperanza, estamos perdidos.' ¹² Pues bien, háblales en mi nombre, y diles: 'Esto dice el Señor: Pueblo mío, voy a abrir las tumbas de ustedes; voy a sacarlos de ellas y a hacerlos volver a la tierra de Israel. ¹³ Y cuando yo abra sus tumbas y los saque de ellas, reconocerán ustedes, pueblo mío, que yo soy el Señor. ¹⁴ Yo pondré en ustedes mi aliento de vida, y ustedes revivirán; y los instalaré en su propia tierra. Entonces sabrán que yo, el Señor, lo he dicho y lo he hecho. Yo, el Señor, lo afirmo.' "

Reunificación de Judá e Israel

¹⁵ El Señor se dirigió a mí, y me dijo: ¹⁶ "Toma un palo, y escribe en él: 'Judá y sus aliados israelitas'. Toma luego otro palo, y escribe: 'José, representado por Efraín, y todos sus aliados del resto de Israel'. ¹⁷ En seguida, júntalos en tu mano el uno con el otro, de manera que formen uno solo. ¹⁸ Cuando tus compatriotas te digan: 'Explícanos lo que esto significa', ¹⁹ diles: 'Esto dice el Señor: Voy a tomar el palo de José, que está en manos de Efraín y de las demás tribus aliadas de Israel, y lo voy a juntar con el palo de Judá para convertirlos en un solo palo en mi mano.' ²⁰ Ten en tu mano, a la vista de ellos, los dos palos sobre los cuales escribiste. ²¹ Luego diles: 'Esto dice el Señor: Voy a sacar a los israelitas de entre las naciones a donde han ido a parar; los reuniré de todas partes y los haré volver a su tierra. ²² Haré de ellos una sola nación en este país, en los montes de Israel, y tendrán un solo rey. No volverán a estar divididos en dos naciones, ni separados en dos reinos. ²³ Tampoco volverán a mancharse adorando ídolos repugnantes ni cometiendo toda clase de pecados. Yo los libraré de todas las infidelidades⁷⁴ que han cometido, y los limpiaré de sus pecados. Ellos serán mi pueblo y yo seré su Dios. ²⁴ Mi siervo David será el rey y único pastor de todos ellos,ᵍ y ellos me obedecerán y cumplirán mis leyes y decretos. ²⁵ Vivirán en el país que di a mi siervo Jacob, donde también vivieron sus antepasados. Allí vivirán siempre ellos y sus hijos y todos sus descendientes; y mi siervo David será siempre su jefe. ²⁶ Haré con ellos un pacto para asegurarles una vida tranquila. Será un pacto eterno. Haré que aumenten en número, y para siempre pondré mi santo templo en medio de ellos. ²⁷ Viviré entre ellos, y yo seré su Dios y ellos serán mi pueblo.ʰ ²⁸ Cuando mi santo templo esté para siempre en medio de ellos, las demás

---

⁷⁴ *Infidelidades:* según una versión antigua. Heb. *habitaciones.*
ᵉ **36.35** Gn 2.8; Is 51.3.   ᶠ **37.10** Ap 11.11.   ᵍ **37.24** Ez 34.24.   ʰ **37.27** 2 Co 6.16; Ap 21.3.

naciones reconocerán que yo he escogido a Israel como mi posesión sagrada.' "

Gog, instrumento de Dios

38 [1] El Señor se dirigió a mí, y me dijo: [2] "Tú, hombre, vuélvete ahora hacia el país de Magog, y habla en mi nombre contra Gog,[i] jefe supremo de Mesec y Tubal. [3] Dile: 'Esto dice el Señor: Gog, jefe supremo de Mesec y Tubal, yo me declaro tu enemigo. [4] Te voy a hacer volver, te voy a poner ganchos en la boca, te voy a sacar a ti y a toda tu caballería, con sus jinetes de elegantes uniformes, ese enorme ejército armado de espadas y escudos de diversas clases. [5] Irán acompañados de gente de Persia, Etiopía y Libia, todos ellos con escudos y cascos, [6] y también de todos los soldados de Gomer y de Bet-togarma, de lo más lejano del norte, los numerosos pueblos aliados tuyos. [7] Prepárate y ármate, tú y todos los ejércitos que están contigo; tómalos bajo tu mando. [8] Al cabo de muchos años vas a recibir la orden de invadir un país que estuvo en guerra, pero que ya se habrá restablecido; un pueblo que estuvo disperso entre muchas naciones y que había sido arrasado para siempre, pero que ya se habrá vuelto a reunir en los montes de Israel. Para entonces, ellos habrán regresado ya de muchos países, y estarán todos viviendo tranquilos. [9] Llegarás tú, como un nubarrón, para cubrir el país, y lo invadirás como una tormenta con todos tus ejércitos y pueblos numerosos.

[10] 'Yo, el Señor, digo: En ese tiempo se te ocurrirán planes malvados. [11] Vas a decir: Voy a invadir un país indefenso, de gente que vive tranquila y confiada, toda en ciudades sin murallas, sin puertas ni trancas. [12] Lo voy a saquear y robar; voy a atacar ciudades ya reconstruidas de un pueblo que se ha reunido de varias naciones, que tiene ganado y otras propiedades y que vive en el centro del mundo. [13] La gente de Sabá y Dedán, y los comerciantes de Tarsis y demás ciudades, te preguntarán: ¿Viniste a robar? ¿Reuniste tus ejércitos para saquear y apoderarte de la plata y del oro, del ganado y otras propiedades, y llevarte una enorme riqueza?'

[14] "Pues, bien, habla en mi nombre a Gog, y dile: 'Esto dice el Señor: Cuando mi pueblo Israel viva tranquilo, tú te pondrás en marcha[75] [15] desde tu tierra, en lo más lejano del norte, acompañado de ejércitos fuertes y numerosos, y tropas de caballería, [16] y atacarás a mi pueblo Israel. Tú, Gog, cubrirás la tierra como un nuba-

rrón. En esos últimos días te haré venir contra mi tierra, para que por medio de ti las demás naciones me reconozcan cuando yo demuestre mi santidad delante de ellos. [17] 'Yo, el Señor, digo: Era a ti a quien yo me refería en tiempos pasados, cuando hablaba por medio de mis siervos los profetas de Israel; ellos anunciaron en aquel tiempo que yo te haría venir para que atacaras a Israel.'

Castigo de Gog

[18] "Yo, el Señor, afirmo: Cuando Gog invada a Israel, mi ira se encenderá terriblemente. [19] En el ardor de mi ira juro que, en ese tiempo, habrá un fuerte terremoto en Israel. [20] Los peces del mar, las aves del cielo, las fieras salvajes y los reptiles temblarán delante de mí, lo mismo que todos los hombres de la tierra. Las montañas se derrumbarán, las rocas caerán y todas las murallas se vendrán abajo. [21-22] Yo haré venir sobre Gog toda clase de males que lo llenen de miedo.[76] Lo castigaré con enfermedades y muerte violenta. Haré que caigan sobre él, sobre su ejército y sobre los numerosos pueblos que lo acompañan, lluvia a torrentes, granizo, fuego y azufre, y sus hombres se atacarán unos a otros con la espada. Yo, el Señor, lo afirmo. [23] Así demostraré a muchos pueblos mi grandeza y mi santidad. Yo me daré a conocer a ellos, y reconocerán que yo soy el Señor.

Derrota de Gog

39 [1] "Y tú, hombre, habla en mi nombre contra Gog, y dile: 'Esto dice el Señor: Gog, jefe supremo de Mesec y Tubal, yo me declaro tu enemigo. [2] Te voy a hacer volver; paso a paso te voy a sacar de lo más lejano del norte y te voy a traer a las montañas de Israel. [3] Luego romperé el arco que llevas en la mano izquierda y haré caer las flechas que llevas en la derecha. [4] Y tú, con tus ejércitos y pueblos que te acompañan, caerás muerto en las montañas de Israel. Allí los entregaré a toda clase de aves de rapiña y de fieras salvajes, para que se los coman. [5] Quedarán tendidos en campo abierto. Yo, el Señor, he hablado. Yo he dado mi palabra. [6] Enviaré fuego sobre Magog y sobre los que viven tranquilos en los países del mar. Entonces reconocerán que yo soy el Señor. [7] Yo haré que mi santo nombre sea conocido de mi pueblo Israel, y no permitiré que siga siendo profanado. Y las naciones extranjeras sabrán que yo,

[75] *Te pondrás en marcha:* según la versión griega. Heb. *conocerás.* [76] *Males que lo llenen de miedo:* según la versión griega. Heb. *mis montes espada.*
[i] **38.2** Ap 20.8.

el Señor, muestro mi santidad en Israel. [8] El día de que hablo va a llegar sin falta. Yo, el Señor, lo afirmo.'

[9] "Los habitantes de las ciudades de Israel saldrán y quemarán sus armas, sus diversas clases de escudos, arcos, flechas, jabalinas y lanzas, y tendrán leña suficiente para hacer fuego durante siete años. [10] No tendrán necesidad de salir al campo a recoger leña, ni de cortarla en los bosques, porque todas esas armas les servirán de leña. Así ellos saquearán a quienes antes los habían saqueado, y despojarán a quienes antes los habían despojado. Yo, el Señor, lo afirmo.

Sepultura de Gog

[11] "Por aquel tiempo daré a Gog un lugar en Israel, en el Valle de los Viajeros, frente al mar, para que lo sepulten. Ese lugar impedirá el paso, y allí enterrarán a Gog y a todo su ejército, y le pondrán el nombre de Valle del ejército de Gog. [12] Los israelitas necesitarán siete meses para enterrarlos y dejar limpio el país. [13] Toda la gente estará ocupada enterrándolos, y será un honor para ellos. En ese día yo me mostraré glorioso. Yo, el Señor, lo afirmo. [14] Además, después de esos siete meses, se encargará a un grupo de personas que recorran y exploren el país, y que entierren[77] a los que hayan quedado en el suelo, para dejarlo limpio. [15] Cuando alguna de estas personas, al recorrer el país, vea algún hueso humano, pondrá a su lado una señal hasta que los enterradores lo entierren en el Valle del ejército de Gog. [16] (También hay una ciudad llamada El Ejército.) Así dejarán limpio el país."

[17] El Señor me dijo: "Di a todas las aves y a todas las fieras que se reúnan de los alrededores y vengan a las montañas de Israel, al sacrificio que allí voy a hacer para ellas. Podrán comer carne y beber sangre; [18] se comerán la carne de los soldados y beberán la sangre de los gobernantes de la tierra, como si fuera de carneros, corderos, chivos o gordos becerros de Basán. [19] De ese sacrificio que voy a hacer para ellas, comerán grasa hasta enfermar y beberán sangre hasta emborracharse. [20] Les prepararé un banquete con la carne de los caballos y de los jinetes, de los soldados y de toda clase de guerreros, para que coman hasta llenarse. Yo, el Señor, lo afirmo.[j]

Restauración de Israel

[21] "Así mostraré mi gloria a las naciones extranjeras. Todas las naciones verán cómo las he juzgado y castigado. [22] De ese día en adelante, Israel reconocerá que yo

soy el Señor su Dios. [23] Y las naciones extranjeras sabrán que los israelitas fueron al destierro por causa de sus pecados, porque me fueron infieles; y que yo les volví la espalda y dejé que los enemigos los vencieran y los mataran a todos en la guerra. [24] Yo los traté como merecían su impureza y rebeldía, y les volví la espalda.

[25] "Por eso yo, el Señor, digo: Ahora voy a tener misericordia de todo el pueblo de Israel, de los descendientes de Jacob. Voy a hacer que cambie su suerte, para exigir que se dé honor a mi santo nombre. [26-27] Yo los reuniré otra vez de las naciones extranjeras y de los países enemigos; entonces vivirán tranquilos en su propia tierra, sin que nadie los asuste. Así mostraré mi santidad, y muchas naciones podrán verla. Los israelitas soportarán su deshonra por haberme sido infieles. [28] Yo los envié al destierro entre naciones extranjeras, y yo los reuniré de nuevo en su tierra. No dejaré desterrado a ninguno. Entonces reconocerán que yo soy el Señor su Dios. [29] No volveré a darles la espalda, pues he derramado mi poder sobre el pueblo de Israel. Yo, el Señor, lo afirmo."

Visión del templo futuro

40 [1-2] El día diez del mes, que es el día de año nuevo, el Señor puso su mano sobre mí, y en una visión me trasladó a la tierra de Israel. Ya iban a cumplirse veinticinco años desde que habíamos sido llevados a Babilonia, y catorce años desde la toma de Jerusalén.

En tierra de Israel, el Señor me puso sobre un monte muy alto; y desde allí, vi hacia el sur, una serie de edificios que parecían una ciudad.[k] [3] El Señor me llevó allá, y vi un hombre que parecía de bronce. Estaba de pie en la puerta, y tenía en la mano una cinta de lino y una regla para medir.[l] [4] Y aquel hombre me dijo: "Mira bien y escucha con cuidado; pon mucha atención a todo lo que te voy a mostrar, pues Dios te ha traído aquí para que yo te lo muestre. Luego, comunica al pueblo de Israel todo lo que veas."

La puerta oriental

[5] Por fuera del templo[m] había una muralla que lo rodeaba. La regla que el hombre tenía en la mano medía tres metros. Entonces midió el muro, y éste tenía tres metros de ancho y tres de alto. [6] Luego se fue a la entrada que daba al oriente, subió los escalones y midió el umbral de la puerta, el cual tenía tres metros de ancho. [7] Las celdas que había a cada lado de la entrada medían cada una tres metros de

[77] Que entierren: según versiones antiguas. Heb. añade: a los que pasan.
[j] 39.17-20 Ap 19.17-18. [k] 40.1-2 Ap 21.10. [l] 40.3 Ap 11.1; 21.15. [m] 40.5—42.20 1 R 6; 2 Cr 3.

largo por tres de ancho, y entre celda y celda había una distancia de dos metros y medio. Luego estaba la puerta que daba al vestíbulo, el cual miraba hacia el templo. El umbral de esta puerta tenía tres metros de ancho. **8-9** El hombre midió el vestíbulo que daba entrada al templo, y el vestíbulo medía cuatro metros. Había dos pilastras de un metro de grueso. **10** (En cada lado de la entrada oriental había tres celdas, todas del mismo tamaño, y las pilastras que había a cada lado eran también del mismo tamaño.)

11 Luego el hombre midió la puerta de entrada: tenía cinco metros de ancho, y la entrada seis metros y medio. **12** Delante de cada celda había un pequeño muro que tenía medio metro de ancho por cada lado. Cada celda medía tres metros de ancho por tres de largo. **13** Luego midió el ancho total de la entrada, desde el fondo de una celda hasta el fondo de la celda de enfrente, pasando de una puerta a la puerta de enfrente, y media doce metros y medio. **14** Luego midió el vestíbulo: diez metros.[78] El edificio de entrada daba por todos lados al atrio.[79] **15** El largo total, desde la parte exterior de la puerta hasta la parte interior del vestíbulo, era de veinticinco metros. **16** Las celdas, lo mismo que sus pilastras, tenían ventanas con rejas por dentro y alrededor del edificio de entrada. Igualmente, el vestíbulo tenía ventanas alrededor, por la parte de adentro. En las pilastras había grabados de palmeras.

El atrio exterior

17 El hombre me llevó después al atrio exterior. El atrio tenía un empedrado a su alrededor, y treinta cuartos daban a él. **18** Este empedrado, que era el más bajo, se extendía por los costados de los edificios de entrada, y su ancho era igual al largo de éstos. **19** El hombre midió la distancia que había desde el frente de la puerta de abajo hasta la parte de afuera de la puerta[80] interior, y era de cincuenta metros.[81]

La puerta norte

20 También había una entrada que daba al norte del atrio exterior. El hombre la midió a lo largo y a lo ancho. **21** Tenía también tres celdas a cada lado, y pilastras y vestíbulo de medidas iguales a las de la entrada oriental, es decir, de veinticinco metros de largo por doce y medio metros de ancho. **22** El vestíbulo, las ventanas y las palmeras eran del mismo tamaño que los de la entrada oriental. Aquí también se subía por una escalinata de siete escalones, y el vestíbulo quedaba por la parte de adentro.[82] **23** Tanto al oriente como al norte, frente a la entrada exterior, había otra entrada que conducía al atrio interior. El hombre midió la distancia entre las dos entradas, y era de cincuenta metros.

La puerta sur

24 Luego el hombre me llevó al sur, donde había una entrada, y midió las pilastras y el vestíbulo, que median lo mismo que las otras. **25** El edificio de entrada, con su vestíbulo, tenía ventanas alrededor, como los otros. Medía en total veinticinco metros de largo por doce y medio de ancho. **26** Tenía también una escalinata de siete escalones, y el vestíbulo quedaba también en la parte interior. Las pilastras tenían también grabados de palmeras, una de cada lado. **27** El atrio interior tenía también una puerta que daba hacia el sur. El hombre midió la distancia entre las dos puertas del lado sur, y era de cincuenta metros.

El atrio interior: la puerta sur

28 Luego me llevó por la entrada sur hacia el atrio interior. Midió la puerta del sur, y tenía las mismas medidas de las puertas anteriores. **29-30** Sus celdas, vestíbulo y pilastras eran del mismo tamaño que los otros. El edificio de entrada, con su vestíbulo también, tenía ventanas alrededor, y medía en total veinticinco metros de largo por doce y medio de ancho. **31** El vestíbulo daba hacia el atrio exterior. Las pilastras tenían grabados de palmeras. A esta puerta se subía por una escalinata de ocho escalones.

El atrio interior: la puerta oriental

32 En seguida me llevó al atrio interior, por el lado de oriente, y midió la entrada, la cual medía lo mismo que las otras. **33** Sus celdas, pilastras y vestíbulo, eran también de iguales medidas que los otros. El edificio de entrada, con su vestíbulo, tenía ventanas alrededor, y medía veinticinco metros de largo por doce y medio de ancho. **34** El vestíbulo daba hacia el atrio exterior. Las pilastras tenían grabados de palmeras a cada lado. A esta puerta se subía por una escalinata de ocho escalones.

El atrio interior: la puerta norte

35 Luego aquel hombre me llevó a la entrada que daba al norte, y midió la en-

---

[78] *El vestíbulo: diez metros:* según una versión antigua. Heb. *hizo las pilastras: treinta metros.*   [79] *A·rio:* texto probable. Heb. *la pilastra del atrio.*   [80] *Puerta:* según la versión griega. Heb. *atrio.*   [81] Heb. añade: *al oriente y al norte.*   [82] *La parte de adentro:* según la versión griega. Heb. *delante de ellos.*

trada, la cual medía lo mismo que las otras [36] y tenía también celdas, pilastras, vestíbulo y ventanas alrededor. El edificio de entrada medía veinticinco metros de largo por doce y medio de ancho. [37] El vestíbulo[83] daba hacia el atrio exterior. Las pilastras tenían grabados de palmeras a cada lado. A esta puerta se subía por una escalinata de ocho escalones.

Edificios junto a la puerta norte

[38] Había también un cuarto que se comunicaba con el vestíbulo[84] de la entrada. Allí era donde se lavaba a los animales para el holocausto. [39] En el vestíbulo de la entrada había cuatro mesas, dos a cada lado, sobre las que mataban a los animales para el holocausto y para los sacrificios por el pecado o por la culpa. [40] Fuera del vestíbulo[85] de la entrada norte había también dos mesas a cada lado, [41] de manera que había cuatro mesas dentro y cuatro mesas fuera del edificio de entrada: ocho mesas en total. Sobre ellas se mataba a los animales. [42-43] Las cuatro mesas para los animales que se quemaban eran de piedra de cantera; medían setenta y cinco centímetros de largo por setenta y cinco centímetros de ancho, y cincuenta centímetros de alto, y sobre ellas se colocaba la carne de las ofrendas. Por la parte interior del cuarto, a todo su alrededor, había un borde de seis centímetros de ancho, sobre el que se colocaban la ofrenda de harina y los utensilios necesarios para matar los animales del holocausto.

[44] En el atrio interior, fuera de las puertas interiores, había dos cuartos,[86] uno junto a la puerta interior norte, mirando hacia el sur, y otro junto a la puerta interior sur, mirando hacia el norte.

[45] El hombre me dijo: "El cuarto que mira hacia el sur es para los sacerdotes que prestan servicio en el templo, [46] y el cuarto que mira hacia el norte es para los sacerdotes que prestan servicio en el altar. Son descendientes de Sadoc, y son los únicos levitas que pueden acercarse al Señor para servirle."

El atrio interior y el templo

[47] El hombre midió después el atrio interior, que era un cuadrado de cincuenta metros por lado. El altar estaba delante del templo. [48] El hombre me llevó al vestíbulo del templo y midió las pilastras del vestíbulo: cada una tenía dos metros y medio de grueso. La puerta tenía siete metros de ancho, y los soportes de la puerta del vestíbulo[87] medían un metro y medio de ancho cada uno. [49] El vestíbulo medía diez metros de ancho por seis[88] de profundidad, y se subía a él por una escalinata de diez escalones. Junto a cada pilastra había una columna.

41 [1] En seguida el hombre me llevó al interior mismo del templo, y midió las pilastras: ambas tenían tres metros de grueso.[89] [2] La puerta tenía cinco metros de ancho; sus soportes medían dos metros y medio de ancho cada uno. Luego midió la sala central, y tenía veinte metros de largo por diez de ancho. [3] Después fue a la sala del fondo y midió las pilastras de la entrada, y cada una tenía un metro de grueso. La entrada tenía tres metros de ancho, y las pilastras de cada lado[90] medían tres metros y medio de grueso. [4] Luego midió la sala del fondo, y medía diez metros por lado. Entonces me dijo: "Este es el Lugar Santísimo."

Las celdas construidas junto al muro

[5] Luego el hombre midió la pared exterior del templo, y tenía tres metros de grueso. Alrededor del templo, y unidas al mismo, había celdas de dos metros de profundidad. [6] Estas celdas estaban una sobre otra, formando tres pisos, y en cada piso había treinta celdas. El muro del templo era más estrecho en cada piso, y sobre estos entrantes se apoyaban las vigas de las celdas, de modo que no quedaban empotradas en el muro. [7] Por fuera de las celdas que rodeaban el templo había una rampa que llegaba hasta la parte de arriba, y así se podía subir desde la planta baja al piso intermedio y al de arriba.[91] [8] Yo vi que por todos lados el templo estaba sobre una base elevada, sobre la cual también estaban construidas las celdas. Esta base tenía una altura de tres metros, [9-10] La pared exterior de las celdas tenía dos metros y medio de grueso, y alrededor de todo el templo, entre las celdas que rodeaban el templo y los cuartos de los sacerdotes, había un espacio libre de diez metros de ancho. [11] Las celdas se comunicaban con el espacio libre por medio de una puerta hacia el norte y otra hacia el sur. El espacio libre tenía a todo lo largo un muro de dos metros y medio de grueso.

El edificio del oeste

[12] Por el oeste, mirando hacia el patio cerrado, había un edificio que medía

---

[83] *El vestíbulo:* según versiones antiguas. Heb. *las pilastras.*   [84] *El vestíbulo:* según versiones antiguas. Heb. *la pilastra.*   [85] *Vestíbulo:* texto probable. Heb. *el que sube.*   [86] *Dos cuartos:* según la versión griega. Heb. oscuro.   [87] *Tenía siete metros de ancho, y los soportes de la puerta del vestíbulo:* según la versión griega. En el texto hebreo no aparece esta frase.   [88] *Seis:* según la versión griega. Heb. *cinco y medio.*   [89] *Grueso:* texto probable. Heb. añade: *la anchura de la tienda.*   [90] *Las pilastras de cada lado:* según la versión griega. Heb. *la entrada.*   [91] *Por fuera de . . . y al de arriba:* traducción probable. Heb. oscuro.

treinta y cinco metros de ancho por cuarenta y cinco de largo, con un muro de dos metros y medio de grueso.

Medidas totales de templo

13 El hombre midió el templo, y tenía en total cincuenta metros de largo. El ancho del patio cerrado, más el edificio y sus muros, también era de cincuenta metros. 14 La fachada del templo, más la parte del patio cerrado que daba al oriente, medía cincuenta metros. 15 Luego midió el largo del edificio que quedaba detrás del templo, frente al patio cerrado, más los muros de cada lado, y era de cincuenta metros.

Detalles del templo

Las salas interiores del templo y el vestíbulo 16-17 estaban recubiertos de madera. Las ventanas enrejadas y los marcos que había alrededor estaban recubiertos de madera por los tres lados. El espacio comprendido entre el piso y las ventanas, y la parte superior de la puerta, también estaban recubiertos. Las paredes del templo, por dentro y por fuera, 18 estaban cubiertas de grabados alternados de seres alados y palmeras. Cada ser alado tenía dos caras; 19 de un lado, una cara de hombre miraba a una palmera, y del otro, una cara de león miraba a otra palmera. Así, alrededor de todo el templo 20 había grabados de seres alados y palmeras, desde el piso hasta la parte superior de las puertas. En la pared de la sala central, 21 el marco de la puerta tenía los postes cuadrados.

El altar de madera

Frente a la entrada del Lugar Santísimo había algo que parecía 22 un altar de madera, que medía un metro por lado, y un metro y medio de alto. Tenía esquinas, y la base92 y sus lados eran de madera. El hombre me dijo: "Esta es la mesa que está delante del Señor."

Las puertas

23-24 Tanto la sala central como el Lugar Santísimo tenían puertas dobles. Cada puerta tenía dos hojas que se abrían hacia la pared. 25 Las puertas de la sala central tenían grabados de seres alados y palmeras, iguales a los que había en los muros. En la fachada del vestíbulo, por la parte de afuera, había una verja93 de madera. 26 A cada lado del vestíbulo había ventanas enrejadas y grabados de palmeras. Las celdas unidas al templo también tenían verjas.

Los edificios junto al templo

42 1 El hombre me sacó después al atrio exterior, hacia el norte, y me hizo entrar en el conjunto de cuartos que quedaba al norte, frente al patio cerrado y al edificio detrás del templo. 2 Este conjunto medía cincuenta metros de largo por el lado norte, y veinticinco metros de ancho. 3 Por un lado daba al patio interior, que tenía diez metros de ancho, y por el otro lado daba al empedrado del atrio exterior. Tenía tres pisos, cada uno de ellos más entrado que el de abajo. 4 Frente a los cuartos había un pasillo de cinco metros de ancho y cincuenta de largo,94 que conducía al interior. Las puertas de los cuartos daban al norte. 5 Los cuartos del piso superior eran más cortos que los del piso intermedio y los de la planta baja, pues cada piso era más entrado que el de abajo. 6 Estos cuartos estaban dispuestos en tres pisos, pero no tenían columnas como los cuartos del atrio, sino que los cuartos del piso superior quedaban más entrados que los del medio y los del inferior. 7-8 La serie de cuartos del atrio exterior tenía una extensión de veinticinco metros. Por todo el frente de los cuartos corría un muro de veinticinco metros de largo, que daba al atrio exterior. En total,95 el pasillo media cincuenta metros. 9 Al piso inferior de estas habitaciones se entraba por el atrio exterior, es decir, por el oriente, 10 por el lugar a donde llegaba el muro del atrio exterior.

Hacia el sur,96 frente al patio cerrado y al edificio del occidente del templo, había también cuartos 11 de igual forma e iguales medidas, y dispuestos de la misma manera, con entradas y salidas como las de los cuartos del lado norte, y con un pasillo frente a ellos. 12 Para llegar hasta los cuartos del lado sur había una puerta en donde comenzaba el pasillo que estaba frente al muro de protección, entrando por el oriente.

13 El hombre me dijo: "Tanto los cuartos del norte como los del sur, que están frente al patio cerrado, son cuartos sagrados. Los sacerdotes que se acercan al Señor comen allí las ofrendas más sagradas. Allí también colocan ellos ofrendas tan sagradas como son la ofrenda de cereales, la ofrenda por el pecado y la ofrenda por la culpa, pues es un lugar sagrado. 14 Una vez que los sacerdotes han entrado en el templo, no deben ya salir al atrio exterior

92 La base: según la versión griega. Heb. la longitud. 93 Verja: El sentido de la palabra hebrea es incierto. Puede también entenderse como techo o viga. 94 Cincuenta de largo: según versiones antiguas. Heb. un camino de medio metro. 95 En total: según la versión griega. Heb. frente al santuario 96 Hacia el sur: según la versión griega. Heb. hacia el oriente

sin antes dejar allí la ropa con que estaban haciendo los servicios, porque esa ropa es sagrada. Para salir a donde está el pueblo, deben ponerse otra ropa."

Medidas del área del templo

[15] Cuando el hombre terminó de medir el terreno interior del templo, me llevó afuera por la puerta oriental y se puso a medir el terreno exterior del mismo. [16] Tomó la regla de medir y midió el lado este: doscientos cincuenta metros.[97] [17] Luego midió el lado norte, y también medía doscientos cincuenta metros; [18] luego el lado sur: doscientos cincuenta metros; [19] y finalmente el lado oeste, otros doscientos cincuenta metros. [20] Por los cuatro lados tomó las medidas. El terreno del templo tenía a su alrededor un muro de doscientos cincuenta metros por lado, que separaba lo sagrado de lo profano.[98]

La gloria del Señor vuelve al templo

43 [1] El hombre me llevó a la puerta oriental, [2] y vi que la gloria del Dios de Israel venía del oriente.[n] Se oía un ruido muy fuerte, como el de un río caudaloso, y la tierra se llenó de luz.[n] [3] La visión era como la que yo tuve cuando el Señor vino a destruir Jerusalén, y como la que tuve junto al río Quebar. Me incliné hasta tocar el suelo con la frente, [4] y la gloria del Señor entró hasta el templo por la puerta oriental.

[5] Entonces el poder de Dios me levantó y me llevó al atrio interior, y vi que la gloria del Señor había llenado el templo.[o] [6] El hombre se puso junto a mí, y oí que el Señor me hablaba desde el templo [7] y me decía: "Este es el lugar de mi trono, el lugar donde pongo mis pies; aquí viviré en medio de los israelitas para siempre.[p] Ni ellos ni sus reyes volverán a deshonrar con sus infidelidades mi santo nombre: no volverán a construir monumentos a sus reyes después de su muerte, [8] o a construir sus palacios de manera que sus puertas queden junto a las puertas de mi templo, con sólo una pared de por medio. Ellos deshonraron mi santo nombre con acciones que yo detesto; por eso me enojé con ellos y los hice morir. [9] Que alejen ahora de mí sus infidelidades y sus monumentos a sus reyes, y yo viviré en medio de ellos para siempre. [10] Y tú, hombre, cuéntales a los israelitas lo que viste del templo, y de sus planos y medidas, para que se avergüencen de sus pecados. [11] Y si se avergüenzan

de todo lo que han hecho, explícales la forma del templo y lo que hay en él, las salidas y entradas, en fin, todo el plano, lo mismo que las leyes que deben cumplir. Dibújales todo esto para que tengan una idea clara del diseño y lo lleven a cabo. Escríbeles también todas las leyes para que puedan cumplirlas. [12] Esta es la ley del templo: todo el terreno que rodea al templo sobre el monte será un lugar sumamente sagrado."

El altar

[13] Estas eran las medidas del altar,[q] usando las medidas de antes. Alrededor del altar había una zanja de medio metro de hondo y medio de ancho, la cual tenía por fuera, alrededor, un borde que se levantaba veinticinco centímetros. La base del altar era así: [14] desde el fondo de la zanja hasta el borde del cuerpo inferior, había un metro de alto. El cuerpo inferior sobresalía medio metro. El cuerpo central medía dos metros de altura, y sobresalía también medio metro. [15] El cuerpo superior, que es donde se queman los sacrificios, medía dos metros de altura. Tenía cuatro cuernos, que salían hacia arriba. [16] El cuerpo superior del altar era cuadrado, de seis metros por lado. [17] El cuerpo central también era cuadrado, de siete metros por lado. La zanja que había alrededor tenía medio metro de ancho, y el borde levantado tenía veinticinco centímetros de ancho. Los escalones para subir al altar daban hacia el oriente.

[18] Luego el Señor me dijo: "Cuando llegue el momento de construir el altar, deberán cumplirse estas normas:[r] Quemarán sobre el altar un animal, en holocausto, y rociarán el altar con la sangre. [19] A los sacerdotes levitas descendientes de Sadoc, que son los que deben acercarse a mí para servirme, les darás como sacrificio un becerro para que lo ofrezcan como sacrificio por el pecado. Yo, el Señor, lo ordeno. [20] Luego tomarás un poco de su sangre y rociarás con ella los cuatro cuernos, las cuatro esquinas del cuerpo central y todo el borde levantado. Así lo purificarás por completo del pecado. [21] Luego tomarás el becerro ofrecido por el pecado, y lo quemarás fuera del templo, en el lugar destinado para ello. [22] Al día siguiente ofrecerás, en sacrificio por el pecado, un cabrito que no tenga ningún defecto, y los sacerdotes purificarán el altar de la misma manera que lo hicieron con el becerro. [23] Cuando termines

---

[97] Tomó la regla . . . doscientos cincuenta metros: traducción probable. Heb. oscuro. [98] La descripción del templo que el profeta ve en su visión se basa en general en el plano de Salomón, pero el texto hebreo tiene tantos puntos oscuros que su traducción resulta sumamente difícil. Las versiones antiguas y modernas difieren mucho entre sí.
n 43.2-3 Ez 10.3-4,18-19; 11.22-23. n 43.2 Is 60.1-3. o 43.5 1 R 8.10-11. p 43.7 Ex 25.8. q 43.13-17 Ex 27.1-2; 2 Cr 4.1. r 43.18-27 Ex 29.35-37.

estos ritos de purificación, tomarás un becerro y un carnero, ambos sin ningún defecto, [24] y me los ofrecerás. Que los sacerdotes los rocíen con sal y los quemen, como holocausto en mi honor. [25] Diariamente, durante siete días,[s] deberás ofrecer un cabrito como sacrificio por el pecado, y también un becerro y un carnero, todos sin ningún defecto. [26] Diariamente, durante siete días, los sacerdotes deberán purificar por completo el altar, para dedicarlo al uso sagrado. [27] Así lo harán durante siete días, y del octavo en adelante empezarán a ofrecer los holocaustos y los sacrificios de reconciliación. Entonces yo los recibiré a ustedes con agrado. Yo, el Señor, doy mi palabra."

Uso de la puerta oriental

44 [1] El hombre me volvió a llevar a la entrada exterior del templo que daba al oriente, la cual estaba cerrada.

[2] Allí el Señor me dijo: "Esta entrada quedará cerrada; no deberá abrirse. Nadie podrá entrar por ella, porque por ella ha entrado el Señor, el Dios de Israel. Así pues, quedará cerrada. [3] Sólo podrá entrar el gobernante, para sentarse a comer la comida sagrada en presencia del Señor. Deberá entrar por el vestíbulo de la puerta y salir por el mismo sitio."

Quiénes pueden entrar en el templo

[4] El hombre me llevó después por la entrada del norte, frente al templo. Vi que la gloria del Señor había llenado el templo, y me incliné hasta tocar el suelo con la frente. [5] Entonces el Señor me dijo: "Tú, hombre, abre bien los ojos y escucha atentamente todo lo que te voy a decir acerca de las leyes y normas del templo. Fíjate bien en quiénes son los que pueden entrar en el templo y salir de él. [6] "Dile a ese pueblo rebelde de Israel: 'Esto dice el Señor: Basta ya de acciones detestables, pueblo de Israel. [7] Ustedes profanan mi templo dejando entrar en él a extranjeros, a gente que no lleva la marca de mi pacto ni en su mente ni en su cuerpo;[t] lo profanan ofreciéndome como alimento la grasa y la sangre de los sacrificios y violando mi pacto con todas esas acciones detestables. [8] Y no han cumplido mis ritos sagrados, sino que los han puesto en manos de extranjeros.' [9] "Por eso yo, el Señor, digo: No entrará en mi templo ningún extranjero que no lleve en su mente y en su cuerpo la marca de mi pacto; ni siquiera un extranjero que viva entre los israelitas. [10] Los levitas, que

se alejaron de mí cuando Israel se apartó de mis caminos y me abandonó para adorar a los ídolos, deberán pagar por su pecado. [11] Podrán servir en mi templo como guardianes de las puertas, y en otros servicios del templo; ellos serán quienes maten los animales que se queman en holocausto y los que el pueblo presenta como ofrenda; además, deberán estar listos para servir al pueblo. [12] Ellos estuvieron al servicio de los israelitas para dirigir el culto a los ídolos, y así los hicieron pecar. Por eso, pagarán por su pecado. Yo, el Señor, lo afirmo. [13] No podrán estar a mi servicio como sacerdotes ni acercarse a mis cosas sagradas, ni menos aún a las más sagradas. Tendrán que cargar con su deshonra por las cosas detestables que han cometido. [14] Los pondré a cargo del servicio ordinario del templo, para que hagan todo lo que se deba hacer en él.

Los sacerdotes

[15] "Los sacerdotes levitas descendientes de Sadoc,[u] que continuaron prestando servicio en mi templo cuando los israelitas se apartaron de mis caminos, sí podrán acercarse a mí para servirme. Ellos podrán presentarse ante mí para ofrecerme la grasa y la sangre de los sacrificios. Yo, el Señor, lo ordeno. [16] Podrán también entrar en mi templo y acercarse a mi altar para servirme, y se encargarán de mi servicio. [17] Cuando entren por la puerta del atrio interior, deberán llevar puesta ropa de lino. Cuando estén de servicio en el atrio interior o en el templo, no llevarán ropa de lana. [18] Llevarán un turbante de lino en la cabeza, y calzones también de lino,[v] y no se pondrán en la cintura nada que los haga sudar. [19] Y antes de salir al atrio exterior, donde está el pueblo, deberán quitarse la ropa que usaron para los servicios en el templo,[w] y ponerse otra ropa, para que la santidad de la ropa no se trasmita al pueblo. [20] "No se raparán la cabeza, ni tampoco se dejarán el pelo largo[x] tan sólo se lo recortarán. [21] Ningún sacerdote debe beber vino cuando entre en el atrio interior.[y] [22] No debe casarse con una viuda o divorciada, sino sólo con una israelita virgen o con la viuda de un sacerdote.[z] [23] "Los sacerdotes deben enseñar a mi pueblo a distinguir entre lo santo y lo profano, y entre lo puro y lo impuro.[a] [24] En los pleitos, ellos actuarán como jueces, y juzgarán según mis leyes. Cumplirán todas mis leyes y enseñanzas acerca de to-

s **43.25-27** Lv 8.33-35. t **44.7** Gn 17.10; Dt 10.16; Ro 2.25-29. u **44.15** 2 S 15.24-29; 1 R 1.5-8,32-45; 2.27,35.
v **44.17-18** Ex 28.39-43; Lv 16.4. w **44.19** Lv 16.23. x **44.20** Lv 21.5. y **44.21** Lv 10.9. z **44.22** Lv 21.7,13-14.
a **44.23** Lv 10.10.

das mis fiestas, y respetarán como días sagrados mis días de reposo.[99] [25] "Nunca deberán tocar un cadáver, para no contaminarse,[b] a menos que se trate del propio padre, la madre, un hijo, una hija, un hermano o una hermana no casada. [26] Si lo hacen, deberán purificarse, y después esperar aún siete días. [27] Cuando vuelvan a entrar en el atrio interior del templo para cumplir su servicio, ofrecerán un sacrificio por el pecado. Yo, el Señor, lo ordeno. [28] "Yo seré la única posesión que reciban los sacerdotes como herencia. No se les dará ninguna propiedad en Israel. Yo soy su propiedad.[c] [29] Podrán comer los cereales que los israelitas me ofrecen, y los animales de los sacrificios por el pecado y por la culpa. Igualmente, todo lo que los israelitas me consagren será para ellos. [30] Los sacerdotes recibirán también lo mejor de las primeras cosechas y de todas las ofrendas. Y cuando ustedes preparen la masa para el pan, lo mejor se lo darán a ellos. Así mi bendición descansará sobre las casas de ustedes.[d] [31] Los sacerdotes no deberán comer ningún ave o animal que haya muerto por sí mismo, o que haya sido despedazado por una fiera.[e]

La porción de territorio consagrada al Señor
(Ez 48.9–20)

45 [1] "Cuando hagan el sorteo del territorio para dar a cada tribu su parte, deberán reservar una porción de terreno de doce kilómetros y medio de largo por diez[1] de ancho, la cual estará consagrada al Señor. Todo ese terreno será terreno sagrado. [2] De allí se reservará para el templo un cuadrado de doscientos cincuenta metros por lado, rodeado por una franja de pastos de veinticinco metros de ancho. [3] En la parte reservada al Señor se señalará un terreno de doce kilómetros y medio de largo por cinco de ancho, que será la parte más sagrada: ahí estará el templo. [4] Esa parte del terreno estará destinada a los sacerdotes que sirven en el templo del Señor y que se acercan a él para servirle. Ahí tendrán lugar para sus casas. Será un lugar sagrado, reservado al templo. [5] Además, habrá otro terreno de doce kilómetros y medio de largo por cinco de ancho, reservado como propiedad de los levitas que sirven en el templo, para que tengan ciudades donde vivir.[2] [6] Por último, para la ciudad deberá reservarse un terreno de doce kilómetros y medio de largo por dos y medio de ancho, junto a la porción sagrada. Este terreno pertenecerá a todo el pueblo de Israel.

Parte reservada al gobernante
(Ez 48.21–22)

[7] "También habrá un terreno reservado para el gobernante. Una parte estará al oriente y otra al occidente, es decir, a uno y otro lado de la parte sagrada y del terreno reservado para la ciudad. De oriente a occidente, tendrá el mismo largo que uno de los terrenos asignados a una de las tribus. [8] Este terreno será propiedad del gobernante de Israel; así no volverán los gobernantes a oprimir a mi pueblo, sino que dejarán su territorio a los israelitas según sus tribus.

Normas para el gobernante

[9] "Yo, el Señor, digo: ¡Basta ya, gobernantes de Israel! ¡No más violencia ni explotación! ¡Actúen con justicia y rectitud! ¡Dejen de robarle tierras a mi pueblo! Yo, el Señor, lo ordeno. [10] "Usen todos pesas y medidas exactas.[f] [11] La medida para granos debe ser igual a la medida para líquidos. El *homer* de doscientos veinte litros servirá de patrón. Un *bato* de líquidos debe medir un décimo de *homer*, y un *efa* de granos igualmente un décimo de *homer*. [12] "Igualmente en cuanto a las medidas de peso: veinte *geras* hacen un *siclo* de once gramos; sesenta *siclos* hacen una *mina*. [13] "Estas son las ofrendas que deben hacer: Dividirán sus cosechas de trigo y de cebada en sesenta partes iguales, y ofrendarán una de ellas. [14] Igualmente, el aceite que obtengan lo dividirán en cien partes iguales, y ofrendarán una de ellas.[3] [15] En cuanto a las ovejas, tomarán una por cada doscientas, de los mejores pastos de Israel. Esto será para las ofrendas de cereales, para el holocausto y para el sacrificio de reconciliación, que se ofrecen para el perdón de los pecados. Yo, el Señor, lo ordeno. [16] "Todos en el país están obligados a entregar esta ofrenda al gobernante de Israel, [17] el cual se encargará de dar los animales para los holocaustos, y lo necesario para las ofrendas de cereales y de vino en las lunas nuevas, en los días de reposo[4] y en todas las fiestas de Israel. Deberá también presentar los sacrificios por el pe-

---

[99] *Día(s) de reposo:* aquí equivale a *sábado.* [1] *Diez:* según la versión griega. Heb. *cinco.* [2] *Ciudades donde vivir:* según la versión griega. Heb. *veinte cuartos.* [3] La traducción de los vs. 13–14 se ha simplificado para hacerla más inteligible. Heb. hace las cuentas en detalle basándose en las medidas que se usaban entonces.
[b] 44.25 Lv 21.1–4. [c] 44.28 Nm 18.20–24. [d] 44.29–30 Nm 18.8–19. [e] 44.31 Lv 7.24; 22.8. [f] 45.10 Lv 19.36.

cado, las ofrendas de cereales, los holocaustos y los sacrificios de reconciliación, para que se le perdonen los pecados a Israel.

Fiesta de la Pascua

[18] "Yo, el Señor, digo: El día primero del mes primero ofrecerán ustedes como sacrificio un becerro que no tenga ningún defecto, para purificar de pecado el templo. [19] El sacerdote tomará un poco de sangre del animal ofrecido como sacrificio por el pecado, y la untará en los postes de las puertas del templo; en las cuatro esquinas del altar y en los postes de las puertas del atrio interior. [20] Lo mismo se hará el día siete del mes en favor de cualquiera que haya cometido un pecado involuntariamente o sin darse cuenta. Así se purificará el templo. [21] El día catorce del mes primero comenzarán ustedes a celebrar la fiesta de la Pascua, y durante siete días comerán pan sin levadura.[g] [22] Ese día el gobernante ofrecerá un becerro como sacrificio por sus propios pecados y por los de todo el pueblo, [23] y en cada uno de los siete días que dura la fiesta presentará siete becerros y siete carneros, todos sin defecto, en holocausto al Señor. Además, cada día ofrecerá un chivo como sacrificio por el pecado. [24] Por cada becerro y por cada carnero se añadirá una ofrenda de veinte litros de cereales y tres litros y medio de aceite.

Fiesta de las Enramadas

[25] "También en la fiesta de las Enramadas,[h] que se celebra el día quince del séptimo mes, el gobernante deberá ofrecer, durante siete días, iguales sacrificios por el pecado, quemar igual número de animales y hacer las mismas ofrendas de cereales y de aceite.

Deberes del gobernante y del pueblo en las fiestas

46 [1] "Yo, el Señor, digo: La puerta oriental del atrio interior deberá estar cerrada durante los seis días de trabajo, y se abrirá el día de reposo[✦] y el día de luna nueva. [2] El gobernante entrará en el vestíbulo desde el atrio exterior, y se colocará junto a uno de los postes de la puerta. Entre tanto, los sacerdotes quemarán los animales del sacrificio y harán los sacrificios de reconciliación presentados por el gobernante, el cual se inclinará junto al umbral de la puerta, tocando el suelo con la frente, y luego saldrá. La puerta no volverá a cerrarse hasta el atar-

decer. [3] Los días de reposo[✦] y de luna nueva, el pueblo adorará delante del Señor, frente a la misma puerta. [4] Los animales que el gobernante debe presentar en el día de reposo[✦] para quemarlos como ofrenda al Señor son seis corderos y un carnero, todos sin ningún defecto. [5] Por cada carnero ofrecerá veinte litros de cereales, y por los corderos lo que quiera. Por cada veinte litros de cereales ofrecerá tres litros y medio de aceite. [6] El día de la luna nueva ofrecerá un becerro, seis corderos y un carnero, todos sin defecto. [7] Por cada becerro ofrecerá veinte litros de cereales, y otro tanto por cada carnero, y por los corderos lo que quiera. Y por cada veinte litros de cereales, tres litros y medio de aceite.

[8] "Cuando el gobernante entre, deberá hacerlo por el vestíbulo de la puerta, y saldrá por allí mismo. [9] Y cuando en las fiestas el pueblo entre a adorar al Señor, deberá hacerlo así: los que entren por la puerta norte saldrán por la puerta sur; y los que entren por la puerta sur saldrán por la puerta norte. No volverán por la misma puerta por la que entraron, sino por la de enfrente. [10] El gobernante deberá entrar con el pueblo y salir también con él. [11] En las diversas fiestas se ofrecerán veinte litros de cereales por cada becerro, y otro tanto por cada carnero; por los corderos, lo que se quiera. Por cada veinte litros de cereales se ofrecerán, además, tres litros y medio de aceite.

[12] "Cuando el gobernante haga una ofrenda voluntaria al Señor, como un animal para el holocausto o un sacrificio de reconciliación, se le abrirá la puerta oriental y ofrecerá su sacrificio de la misma manera que lo hace en los días de reposo.[✦] Una vez que haya salido, se cerrará la puerta.

La ofrenda diaria

[13] "Todos los días por la mañana se ofrecerá un cordero de un año, sin defecto, para ser quemado como sacrificio al Señor. [14] Igualmente, cada mañana se le hará al Señor una ofrenda de siete litros de cereales y un litro de aceite, que se derramará sobre la harina. Este rito será obligatorio siempre. [15] El sacrificio en que se quema el cordero, y la ofrenda de cereal y de aceite, se deberán presentar siempre por la mañana.[i]

Obligaciones del gobernante respecto de la tierra

[16] "Yo, el Señor, digo: Si el gobernante regala a uno de sus hijos parte del terreno

que le pertenece, pasará a ser propiedad hereditaria de sus descendientes. [17] Pero si el gobernante regala parte de su terreno a uno de sus servidores, sólo será suya hasta el año de liberación,[j] en el que volverá a ser propiedad del gobernante y quedará como herencia de sus hijos. [18] El gobernante no tiene derecho de despojar a nadie de su propiedad. Lo que dé a sus hijos como herencia, deberá dárselo de sus propiedades; así nadie se quedará sin su propiedad ni se dispersará mi pueblo."

Las cocinas del templo

[19] Luego el hombre me llevó, por la entrada que había al lado de la puerta, a los cuartos que daban hacia el norte y que estaban consagrados exclusivamente para los sacerdotes. Señalándome un lugar hacia el occidente, por la parte de atrás, [20] me dijo: "Aquí es donde los sacerdotes deberán hervir la carne de los animales ofrecidos como sacrificio por la culpa o por el pecado, y cocer la ofrenda de cereales. Así no tendrán que sacar esas cosas al atrio exterior, ni el pueblo entrará en contacto con las cosas sagradas."

[21-22] Luego me llevó al atrio exterior y me hizo recorrer sus cuatro ángulos. Vi que en cada uno de los cuatro ángulos del atrio había un patio pequeño.[s] Todos tenían las mismas medidas de veinte metros por quince; [23] alrededor de ellos había un muro de piedra, y al pie de todo el muro había fogones. [24] Entonces me dijo: "Estas son las cocinas donde los que sirven en el templo hervirán los animales que el pueblo ofrezca en sacrificio."

El agua que brota del templo

47 [1] El hombre me hizo volver después a la entrada del templo. Entonces vi que por debajo de la puerta brotaba agua,[k] y que corría hacia el oriente, hacia donde estaba orientado el templo. El agua bajaba por el lado derecho del templo, al lado sur del altar. [2] Luego me hizo salir del terreno del templo por la puerta norte, y me hizo dar la vuelta por fuera hasta la entrada exterior que miraba al oriente. Un pequeño chorro de agua brotaba por el lado sur de la entrada. [3] El hombre salió hacia el oriente con una cuerda en la mano, midió quinientos metros y me hizo cruzar la corriente; el agua me llegaba a los tobillos. [4] Luego midió otros quinientos metros y me hizo cruzar la corriente; el agua me llegaba entonces hasta las rodillas. Midió otros quinientos metros y me

hizo cruzar la corriente; el agua me llegaba ya a la cintura. [5] Midió otros quinientos metros y la corriente era ya un río que no pude atravesar; se había convertido en un río tan hondo que sólo se podía cruzar a nado. [6] Entonces me dijo: "Fíjate bien en lo que has visto."

Después me hizo volver por la orilla del río, [7] y vi que en las dos orillas había muchos árboles. [8] Entonces me dijo: "Esta agua corre hacia la región oriental y llega hasta la cuenca del Jordán, de donde desembocará en el Mar Muerto. Cuando llegue allá, el agua del mar se volverá dulce. [9] En cualquier parte a donde llegue esta corriente, podrán vivir animales de todas clases y muchísimos peces. Porque el agua de este río convertirá el agua amarga en agua dulce, y habrá todo género de vida. [10] Desde En-gadí hasta En-eglaim habrá pescadores, y ahí pondrán a secar sus redes. Y habrá allí tanta abundancia y variedad de peces como en el mar Mediterráneo. [11] Pero en las ciénagas y pantanos no habrá agua dulce; allí quedará agua salada, que servirá para sacar sal. [12] En las dos orillas del río crecerá toda clase de árboles frutales. Sus hojas no se caerán nunca, ni dejarán de dar fruto jamás. Cada mes tendrán fruto, porque estarán regados con el agua que sale del templo. Los frutos servirán de alimento y las hojas de medicina.[l]

Los límites del país

[13] "Yo, el Señor, digo: Estos son los límites[m] del país que recibirán como herencia las doce tribus de Israel (a José le corresponde una porción doble). [14] Yo juré dar este país a los antepasados de ustedes. Repártanselo por partes iguales. Este país será su herencia.

[15] "Los límites por el norte, partiendo del mar Mediterráneo, pasarán por la ciudad de Hetlón y las ciudades de Zedad, [16] Berota y Sibraim (las cuales se encuentran entre el territorio de Damasco y el de Hamat), y Hazar-haticón (que limita con Haurán). [17] Así pues, el límite norte irá desde el Mediterráneo hasta Hazar-enán, quedando al norte los territorios de Damasco y de Hamat.

[18] "Los límites orientales irán desde el punto situado entre Haurán y Damasco hasta la ciudad de Tamar,[6] junto al Mar Muerto, a lo largo del río Jordán, que servirá de frontera entre el territorio de Galaad y el de Israel.

[19] "Los límites por el sur partirán de Tamar, pasando por el oasis de Meriba-cades

---

[5] *Pequeño:* según la versión griega. Heb. oscuro.   [6] *Tamar:* según versiones antiguas. Heb. *medirán.*
[j] **46.17** Lv 25.10.   [k] **47.1** Is 44.3; Jl 3.18; Zac 13.1; 14.8; Jn 7.38; Ap 22.1.   [l] **47.12** Ap 22.2.   [m] **47.13-20** Nm 34.1-12.

y por el arroyo de Egipto, hasta llegar al Mediterráneo.

²⁰ "El límite occidental lo formará el mar Mediterráneo, desde la frontera con Egipto hasta el lugar de la costa que está frente a la entrada de Hamat.

²¹ "Este es el país que deben repartir entre las doce tribus de Israel. ²² Será la herencia que les toque a ustedes, y también a los extranjeros que vivan con ustedes y que tengan hijos entre ustedes. Deberán considerarlos como si hubieran nacido en Israel. Cuando repartan la tierra entre las tribus de Israel, a ellos también les tocará su parte. ²³ Los extranjeros recibirán su parte en el territorio de la tribu en que estén viviendo. Yo, el Señor, lo ordeno.

División del país entre las tribus

48 ¹⁻⁷ "Esta es la lista de las tribus.

"Partiendo de la frontera norte, que va desde el Mediterráneo y pasa por Hetlón, la entrada de Hamat y Hazarenán, al sur de los territorios de Damasco y Hamat, cada tribu recibirá una porción de territorio desde la frontera oriental hasta la occidental, en este orden:

Dan
Aser
Neftalí
Manasés
Efraín
Rubén
Judá

⁸ "En seguida vendrá el territorio que deberán reservar, y que se extiende también de oriente a occidente. De ancho medirá doce kilómetros y medio, y de largo medirá lo mismo que miden los otros territorios de oriente a occidente. En medio de él estará el templo.

El territorio consagrado al Señor
(Ez 45.1–6)

⁹ "La porción consagrada al Señor dentro de este territorio tendrá doce kilómetros y medio de largo por diez⁷ de ancho.
¹⁰ Dentro de esta porción habrá un terreno consagrado exclusivamente a los sacerdotes; por el norte y por el sur medirá doce kilómetros y medio, y por el este y el oeste, cinco kilómetros. En medio estará el templo del Señor. ¹¹ Este terreno estará reservado a los sacerdotes consagrados al Señor, descendientes de Sadoc, que se encargaron de mi servicio y no siguieron a los demás israelitas cuando éstos se apartaron de mis caminos, como lo hicieron los levitas. ¹² Por eso, dentro de la porción consagrada al Señor, junto al terreno de los levitas, los sacerdotes tendrán un te-

rreno, que será la porción más sagrada. ¹³ Junto al terreno de los sacerdotes, los levitas tendrán el suyo, el cual medirá doce kilómetros y medio de largo por cinco de ancho. La parte consagrada al Señor tendrá, pues, en total doce kilómetros y medio de largo por diez de ancho.⁸ ¹⁴ Esta será la mejor porción del país. Ninguna parte de ella se podrá vender o cambiar o pasar a otra persona, pues está consagrada al Señor.

¹⁵ "La porción restante, de doce kilómetros y medio de largo por dos y medio de ancho, no es sagrada. Allí podrá vivir la gente y allí estarán los pastizales para el ganado. En medio estará la ciudad, ¹⁶ que ocupará un cuadrado de dos mil doscientos cincuenta metros por lado. ¹⁷ Alrededor de la ciudad estarán los pastizales, los cuales tendrán ciento veinticinco metros de ancho en las cuatro direcciones. ¹⁸ A los lados de la ciudad queda un terreno junto a la porción consagrada al Señor, que tiene cinco kilómetros de largo por el oriente y otro tanto por el occidente. Este terreno se cultivará, y sus productos servirán para alimentar a la gente que trabaja en la ciudad. ¹⁹ Los que trabajen en la ciudad, cualquiera que sea la tribu israelita a que pertenezcan, cultivarán ese terreno. ²⁰ Todo el terreno así reservado, formado por la porción consagrada al Señor más lo que pertenece a la ciudad, formará un cuadrado de doce kilómetros y medio por lado.

El territorio para el gobernante
(Ez 45.7–8)

²¹⁻²² "Al gobernante le tocará el resto de la franja de territorio que queda entre los territorios de Judá y de Benjamín; es decir, los terrenos situados a uno y otro lado de la porción reservada al Señor y del terreno de la ciudad. Medirá doce kilómetros y medio de ancho, y se extenderá por el oriente hasta la frontera oriental, y por el occidente hasta el mar. En el centro quedarán la porción reservada al Señor, con el templo, más la porción de los levitas y el terreno de la ciudad.

El territorio de las otras tribus

²³⁻²⁷ "El territorio de las otras tribus sigue hacia el sur. Cada tribu recibirá una porción de territorio desde la frontera oriental hasta la occidental, en este orden:

Benjamín
Simeón
Isacar
Zabulón
Gad

---

⁷ *Diez:* texto probable. Heb. *cinco.*   ⁸ Véase nota en v. 9.

28 "Al sur del territorio de Gad, la frontera irá desde Tamar, pasando por el oasis de Meriba-cades y el arroyo de Egipto, hasta el mar Mediterráneo.

29 "Este es el país que recibirán como herencia las tribus de Israel, y de esa manera deberán ustedes repartirlo. Yo, el Señor, lo ordeno.

Las puertas de Jerusalén

30-34 "La ciudad estará rodeada de una muralla, que medirá dos mil doscientos cincuenta metros por cada uno de sus cuatro lados. En cada lado de la muralla habrá tres puertas, cada una dedicada a una de las tribus de Israel, en este orden: Las puertas del norte: a Rubén, Judá y Leví; las del oriente: a José, Benjamín y Dan; las del sur: a Simeón, Isacar y Zabulón; las de occidente: a Gad, Aser y Neftalí. 35 La muralla medirá en total nueve mil metros de largo, y el nombre de la ciudad será en adelante: 'El Señor está aquí'." n

n 48.30-34 Ap 21.12-13.

DANIEL

El libro de Daniel se escribió en tiempos en que el pueblo judío sufría opresión. Por medio de visiones y relatos de episodios, el autor trata de fortalecer la fe y la lealtad a Dios de sus contemporáneos, y de explicarles las pruebas a que se ven sujetos. Para ello procura inspirarles la esperanza y confianza de que Dios vendrá en su socorro, derrocará a sus opresores y restablecerá la soberanía nacional. El relato se sitúa en tiempos de Nabucodonosor y en el escenario de Babilonia. Los protagonistas son unos jóvenes judíos de la cautividad, que se enfrentan con un tirano idólatra que quiere obligarlos a renegar de su Dios. Pero a pesar de los tremendos peligros que tienen que afrontar, ellos se mantienen fieles a su Dios, su pueblo y su religión.

El libro consta de dos partes. La primera relata la historia de Daniel y sus compañeros, y su heroica resistencia al tirano (caps. 1—6). La segunda contiene tres grandes visiones de Daniel, repletas de símbolos, sobre la elevación y caída de varios imperios, comenzando por Babilonia. En ellas se predicen el desplome del opresor y el triunfo del pueblo de Dios (caps. 7—12).

Introducción

1 ¹ Durante el tercer año del reinado de Joacim, rey de Judá, el rey Nabucodonosor de Babilonia llegó a Jerusalén y rodeó la ciudad con su ejército.ᵃ ² El Señor dejó que Nabucodonosor capturara a Joacim, y que también cayeran en su poder gran parte de los utensilios del templo de Dios. Nabucodonosor se llevó los prisioneros a Babilonia,ⁱ y puso los utensilios sagrados en el tesoro del templo de sus dioses; ³ además, ordenó a Aspenaz, jefe del servicio de palacio,² que de entre los israelitas de familia real y de familias distinguidas trajera ⁴ jóvenes bien parecidos, sin ningún defecto físico, cultos e inteligentes, entendidos en todos los campos del saber y aptos para servir en el palacio real. A ellos se les enseñaría el lenguaje y la literatura de los caldeos.ᵇ ⁵ Nabucodonosor ordenó también que a esos jóvenes se les diera todos los días de los mismos alimentos y vinos que a él le servían, y que los educaran durante tres años, al cabo de los cuales quedarían a su servicio.

Daniel y sus compañeros en el palacio del rey

⁶ Entre estos jóvenes estaban Daniel, Ananías, Misael y Azarías, de la tribu de Judá, ⁷ a quienes el jefe del servicio de palacio les cambió de nombre: a Daniel le puso Beltsasar; a Ananías, Sadrac; a Misael, Mesac; y a Azarías, Abed-nego. ⁸ Pero Daniel se propuso no contaminarse con la comida y el vino del rey, y pidió al jefe del servicio de palacio que no le obligara a contaminarse con tales alimentos. ⁹ Por obra de Dios, el jefe del servicio de palacio vio con buenos ojos a Daniel, ¹⁰ pero le dijo:

—Tengo miedo de mi señor, el rey. Él me ha dicho lo que ustedes deben comer y beber, y si los ve con peor aspecto que los otros jóvenes, serán ustedes la causa de que el rey me condene a muerte.

¹¹ Daniel habló entonces con el mayordomo a quien el jefe del servicio de palacio había encargado el cuidado de Daniel, Ananías, Misael y Azarías, y le dijo:

¹² —Ruego a usted que haga una prueba con estos servidores suyos: ordene usted que durante diez días nos den de comer solamente legumbres, y de beber solamente agua. ¹³ Pasado ese tiempo, compare usted nuestro aspecto con el de los jóvenes alimentados con la misma comida que se sirve al rey, y haga entonces con nosotros según lo que vea.

¹⁴ El mayordomo estuvo de acuerdo, y durante diez días hizo la prueba con ellos. ¹⁵ Pasados los diez días, el aspecto de ellos era más sano y más fuerte que el de todos los jóvenes que comían de la comida del rey. ¹⁶ Así pues, el mayordomo se llevaba la comida y el vino que ellos tenían que comer y beber, y les servía legumbres.

¹⁷ A estos cuatro jóvenes, Dios les dio inteligencia y entendimiento para comprender toda clase de libros y toda ciencia. Daniel entendía además el significado de toda clase de visiones y sueños. ¹⁸ Al cumplirse el plazo que el rey había señalado para que le fueran presentados los jóvenes, el jefe del servicio de palacio los llevó a su presencia. ¹⁹ El rey habló con ellos y, entre todos los jóvenes, no encontró ni uno solo que pudiera compararse con Daniel, Ananías, Misael y Azarías, quienes, por lo tanto, quedaron al servicio del rey. ²⁰ En todos los asuntos que requerían sabiduría e inteligencia, y sobre los cuales les preguntó el rey, los encontró

ⁱ Heb. *a territorio de Sinar*, otro nombre de Babilonia. ² *Jefe del servicio de palacio*: lit. *jefe de sus eunucos*. Véase Glosario anexo.
ᵃ **1.1** 2 R 24.1; 2 Cr 36.5-7. ᵇ **1.2-4** 2 R 20.17-18; 24.10-16; 2 Cr 36.10; Is 39.7-8.

diez veces más sabios que todos los magos y adivinos que había en su reino. [21] Y Daniel se quedó allí hasta el primer año del reinado de Ciro.[c]

El sueño del rey Nabucodonosor

2 [1] Durante el segundo año de su reinado, Nabucodonosor tuvo varios sueños, y por causa de ellos llegó a estar tan preocupado que no podía dormir. [2] Entonces mandó llamar a magos, adivinos, hechiceros y sabios,[3] para que le explicaran aquellos sueños. Ellos fueron y se presentaron ante el rey, [3] el cual les dijo:

—He tenido un sueño y estoy muy preocupado tratando de comprenderlo.

[4] Y los sabios dijeron al rey:[4]

—¡Que viva Su Majestad para siempre! Cuente Su Majestad a estos servidores suyos lo que ha soñado, y nosotros le explicaremos lo que significa.

[5] —Esta es mi decisión —contestó el rey—: Si no me dicen ustedes qué es lo que soñé y lo que significa, serán hechos pedazos y sus casas serán convertidas en un montón de escombros. [6] Pero si me dicen lo que soñé y lo que mi sueño significa, recibirán regalos de mi parte, y favores y grandes honores. Así pues, díganme qué fue lo que soñé, y explíquenme su significado.

[7] Los sabios respondieron por segunda vez:

—Cuéntenos Su Majestad lo que soñó, y nosotros le explicaremos el significado.

[8] —Sé muy bien —contestó el rey— que ustedes quieren ganar tiempo, porque han oído mi decisión. [9] Por lo tanto, si no me dicen lo que soñé, todos ustedes sufrirán la misma sentencia, pues se han puesto de acuerdo para darme como respuesta mentiras y falsedades, en espera de que cambie la situación. Díganme, pues, el sueño, y así sabré que también pueden explicarme su significado.

[10] —No hay nadie en el mundo —respondieron los sabios— que pueda decir lo que Su Majestad desea saber. Por otra parte, jamás ningún rey, por grande y poderoso que haya sido, ha pedido semejante cosa a ningún mago, adivino o sabio. [11] Lo que Su Majestad pide es tan difícil que no hay nadie que se lo pueda decir, a no ser los dioses; ¡pero ellos no viven entre los hombres!

[12] Al oír esto, el rey se puso furioso y ordenó matar a todos los sabios de Babilonia. [13] Una vez publicada la orden, buscaron también a Daniel y a sus compañeros[d] para quitarles la vida.

Daniel interpreta el sueño del rey

[14] Entonces Daniel habló de manera discreta y sensata con Arioc, el jefe de la guardia real, que ya se disponía a matar a los sabios. [15] Y le preguntó:

—¿Por qué ha dado el rey esta orden tan terminante?

Arioc le explicó el motivo. [16] Entonces Daniel fue a ver al rey y le suplicó que le concediera algún tiempo para poder explicarle el sueño y su significado. [17] Luego se fue a su casa e informó de todo a sus compañeros Ananías, Misael y Azarías, [18] para que pidieran ayuda del Dios del cielo sobre aquel misterio, a fin de que no los mataran junto con los otros sabios de Babilonia. [19] Aquella noche el misterio le fue revelado a Daniel en una visión, por lo cual Daniel bendijo al Dios del cielo [20] con estas palabras:

"Bendito sea por siempre el nombre de Dios,
porque suyos son la sabiduría y el poder.[e]
[21] Él cambia los tiempos y las épocas;
quita y pone reyes,
da sabiduría a los sabios
e inteligencia a los inteligentes.
[22] Él revela las cosas profundas y secretas;
conoce lo que está en la oscuridad,
pues la luz está con él.[f]
[23] A ti, Dios de mis padres,
te doy gracias y te alabo,
porque me has hecho sabio y fuerte;
y ahora me has hecho saber lo que te pedimos:
nos has dado a conocer lo que preocupaba al rey."

[24] Después de esto, Daniel fue a ver a Arioc, a quien el rey había ordenado matar a los sabios de Babilonia, y le dijo:

—No mates a los sabios. Llévame ante el rey, y yo le explicaré todo su sueño.

[25] En seguida Arioc llevó a Daniel ante el rey Nabucodonosor, y le dijo al rey:

—Entre los judíos desterrados he hallado un hombre que explicará a Su Majestad el significado de su sueño.

[26] Entonces el rey le dijo a Daniel, a quien llamaban Beltsasar:

—¿Puedes tú decirme lo que soñé, y lo que mi sueño significa?

[27] Daniel respondió:

—No hay ningún sabio ni adivino, ni mago ni astrólogo, que pueda explicar a Su Majestad el misterio que desea conocer. [28] Pero hay un Dios en el cielo que re-

[3] Heb. caldeos, y lo mismo en vs. 4 y 10: en estos casos el nombre no indica nacionalidad. Fuera de Mesopotamia era sinónimo de sabios, especialmente de astrólogos, por lo famosos que los de Caldea se hicieron en su estudio de los astros.
[4] Heb. añade: en arameo. A partir de aquí, y hasta 7.28, el texto original está escrito en lengua aramea.
[c] 1.21 Esd 1.1. [d] 2.13 Dn 1.20. [e] 2.20 Job 12.13; Pr 2.6. [f] 2.22 Job 12.22; Sal 139.11-12.

vela los misterios, y él ha hecho saber a Su Majestad lo que va a pasar en el futuro. Voy a explicarle a Su Majestad el sueño y las visiones que ha tenido mientras dormía: [29] Su Majestad se hallaba en su cama; se puso a pensar en lo que va a pasar en el futuro, y el que revela los misterios se lo ha dado a conocer. [30] También a mí me ha sido revelado este misterio, pero no porque yo sea más sabio que todos los hombres, sino para que yo explique a Su Majestad lo que el sueño significa, y que así Su Majestad pueda comprender los pensamientos que han venido a su mente.

[31] "En el sueño, Su Majestad veía que en su presencia se levantaba una estatua muy grande y brillante, y de aspecto terrible. [32] La cabeza de la estatua era de oro puro; el pecho y los brazos, de plata; el vientre y los muslos, de bronce; [33] las piernas, de hierro; y una parte de los pies era de hierro, y la otra de barro. [34] Mientras Su Majestad la estaba mirando, de un monte se desprendió una piedra, sin que nadie la empujara, y vino a dar contra los pies de la estatua y los destrozó. [35] En un momento, el hierro, el barro, el bronce, la plata y el oro quedaron todos convertidos en polvo, como el que se ve en verano cuando se trilla el trigo, y el viento se lo llevó sin dejar el menor rastro. Pero la piedra que dio contra la estatua se convirtió en una gran montaña que ocupó toda la tierra.

[36] "Este es el sueño. Y ahora voy a explicar a Su Majestad lo que el sueño significa. [37] Su Majestad es el más grande de todos los reyes, porque el Dios del cielo le ha dado el reino, el poder, la fuerza, el honor [38] y el dominio sobre todos los lugares habitados por hombres, animales y aves; él lo ha puesto todo bajo el poder de Su Majestad, que es la cabeza de oro. [39] Después del reino de Su Majestad habrá otro reino inferior al suyo, y luego un tercer reino de bronce, que dominará sobre toda la tierra. [40] Vendrá después un cuarto reino, fuerte como el hierro; y así como el hierro lo destroza todo y lo destruye, así ese reino destrozará y destruirá a todos los otros reinos.

[41] "Su Majestad vio también que una parte de los pies y de los dedos era de barro, y la otra, de hierro; esto quiere decir que será un reino dividido, aunque con algo de la fortaleza del hierro, pues Su Majestad vio que el hierro estaba mezclado con el barro. [42] Los dedos de los pies eran en parte de hierro y en parte de barro, y eso significa que el reino será fuerte y débil al mismo tiempo. [43] Y así como Su Majestad vio el hierro mezclado con el barro, así los gobernantes de este reino se unirán por medio de alianzas matrimoniales; pero no podrán formar un solo cuerpo entre sí, como tampoco puede mezclarse con el barro. [44] Durante el gobierno de estos reyes, el Dios del cielo establecerá un reino que jamás será destruido ni dominado por ninguna otra nación, sino que acabará por completo con todos los demás reinos, y durará para siempre. [45] Eso es lo que significa la piedra que Su Majestad vio desprenderse del monte, sin que nadie la hubiera empujado; piedra que convirtió en polvo el hierro, el bronce, el barro, la plata y el oro. El gran Dios ha revelado a Su Majestad lo que va a pasar en el futuro. El sueño es verdadero, y su interpretación, cierta.

[46] Entonces el rey Nabucodonosor se puso de rodillas delante de Daniel, inclinó la cabeza hasta el suelo y mandó que le ofrecieran sacrificios e incienso. [47] Después le dijo a Daniel:

—Verdaderamente el Dios de ustedes es el más grande de todos los dioses; es el Señor de los reyes y el que revela los misterios, pues tú has podido descubrir este misterio.

[48] Luego el rey puso a Daniel en un alto puesto y le hizo muchos y espléndidos regalos; además lo nombró gobernador de la provincia de Babilonia y jefe supremo de todos los sabios de aquella nación. [49] A petición de Daniel, el rey puso a Sadrac, Mesac y Abed-nego en importantes cargos de la administración de la provincia de Babilonia. Daniel mismo se quedó en la corte del rey.

La adoración de la estatua de oro

3 [1] El rey Nabucodonosor mandó hacer una estatua de oro, que tenía treinta metros de alto por tres de ancho, y ordenó que la pusieran en la llanura de Dura, en la provincia de Babilonia. [2] Después mandó llamar a todos los gobernadores regionales, jefes del ejército, gobernadores provinciales, consejeros, tesoreros, jueces, magistrados y demás autoridades de las provincias, para que asistieran a la dedicación de la estatua que él había mandado hacer. [3] Todas estas grandes personalidades de la nación se reunieron ante la estatua, para celebrar su dedicación. [4] El encargado de anunciar el comienzo de la ceremonia ordenó en voz alta: "Atención, hombres de todos los pueblos, naciones y lenguas: [5] En cuanto oigan ustedes tocar la trompeta, la flauta, la cítara, la lira, el salterio, la gaita y todos los instrumentos musicales, se pondrán de rodillas y adorarán a la estatua de oro que hizo construir el rey Nabucodonosor. [6] Todo aquel que no se arrodille y adore a la estatua, será arrojado inmediatamente a un horno encendido."

⁷ Así pues, en cuanto la multitud allí reunida oyó el sonido de todos aquellos instrumentos de música, se puso de rodillas y adoró a la estatua de oro.

⁸ Unos caldeos aprovecharon esta oportunidad para acusar a los judíos ante el rey Nabucodonosor, ⁹ diciendo:

—¡Viva Su Majestad para siempre, y sea su nombre siempre recordado! ¹⁰ Su Majestad ha ordenado que todo el mundo se arrodille y adore a la estatua de oro tan pronto como se oiga el sonido de los instrumentos musicales, ¹¹ y que aquel que no lo haga sea arrojado a un horno encendido. ¹² Pues bien, hay unos judíos, a quienes Su Majestad puso al frente de la administración de la provincia de Babilonia, que no guardan el menor respeto por Su Majestad, ni adoran a los dioses ni a la estatua de oro que Su Majestad ha mandado levantar. Ellos son Sadrac, Mesac y Abed-nego.

¹³ Nabucodonosor se puso muy furioso, y mandó que llevaran ante él a Sadrac, Mesac y Abed-nego. Y cuando ya estaban en su presencia, ¹⁴ les preguntó:

—¿Es verdad que ustedes no adoran a mis dioses ni a la estatua de oro que yo he mandado hacer? ¹⁵ ¿Están ustedes dispuestos, tan pronto como oigan la música, a inclinarse ante la estatua que yo he mandado hacer, y adorarla? Porque si no la adoran, ahora mismo serán arrojados a un horno encendido; y entonces, ¿qué dios podrá salvarlos?

¹⁶ —No tenemos por qué discutir este asunto —contestaron los tres jóvenes—. ¹⁷ Nuestro Dios, a quien adoramos, puede librarnos de las llamas del horno y de todo el mal que Su Majestad quiere hacernos, y nos librará. ¹⁸ Pero, aun si no lo hiciera, sepa bien Su Majestad que no adoraremos a sus dioses ni nos arrodillaremos ante la estatua de oro.

Los tres jóvenes son librados del horno de fuego

¹⁹ Al oír Nabucodonosor estas palabras, la cara se le puso roja de rabia contra los tres jóvenes. Entonces ordenó que se calentara el horno siete veces más de lo acostumbrado; ²⁰ luego mandó que algunos de los soldados más fuertes de su ejército ataran a Sadrac, Mesac y Abed-nego, y que los arrojaran a las llamas del horno. ²¹ Los tres jóvenes, vestidos todavía con la misma ropa de los altos cargos que ocupaban, fueron atados y arrojados al horno ardiente. ²² Y como el rey había mandado que su orden se cumpliera al instante, y el horno estaba muy encendido, las llamas alcanzaron y mataron a los soldados que

habían arrojado en él a los tres jóvenes, ²³ los cuales cayeron atados dentro del horno.

²⁴ Entonces Nabucodonosor se levantó rápidamente, y muy asombrado dijo a los consejeros de su gobierno:

—¿No arrojamos al fuego a tres hombres atados?

—Así es —le respondieron.

²⁵ —Pues yo veo cuatro hombres desatados, que caminan en medio del fuego sin que les pase nada, y el cuarto hombre tiene el aspecto de un ángel.

²⁶ Y diciendo esto, Nabucodonosor se acercó a la boca del horno y gritó:

—¡Sadrac, Mesac y Abed-nego, siervos del Dios altísimo, salgan y vengan aquí!

Los tres salieron de entre las llamas, ²⁷ y todas las autoridades de la nación allí presentes se acercaron a aquellos hombres, cuyos cuerpos no habían sido tocados por el fuego, y comprobaron que ni un pelo de la cabeza se les había chamuscado ni sus vestidos se habían estropeado, y que ni siquiera olían a quemado.

²⁸ En ese momento Nabucodonosor exclamó: "¡Alabado sea el Dios de Sadrac, Mesac y Abed-nego, que envió a su ángel para salvar a sus siervos fieles, que no cumplieron la orden del rey, prefiriendo morir antes que arrodillarse y adorar a otro dios que no fuera su Dios! ²⁹ Ahora pues, yo ordeno que cualquier hombre que hable mal del Dios de estos jóvenes, sea descuartizado, y su casa convertida en un montón de escombros, sea cual sea su pueblo, nación o lengua, pues no hay otro dios que pueda salvar así."

³⁰ Luego el rey dio a estos tres jóvenes cargos más importantes en la provincia de Babilonia.

La locura del rey Nabucodonosor

4 ¹ ᵍ"Yo, el rey Nabucodonosor, deseo paz y prosperidad a los hombres de todos los pueblos, naciones y lenguas que habitan la tierra. ² Quiero que sepan ustedes las cosas tan maravillosas que el Dios altísimo ha hecho conmigo. ³ ¡Qué grandes son sus prodigios y milagros! Su reino durará por siempre, y su poder continuará de generación en generación.

⁴ "Yo, Nabucodonosor, vivía tranquilo en mi palacio y disfrutaba de una gran prosperidad. ⁵ Pero una noche, estando ya acostado, tuve un sueño que me espantó, y pensamientos y visiones que me llenaron de terror. ⁶ Entonces ordené que vinieran a verme todos los sabios de Babilonia, para que me explicaran el significado del sueño. ⁷ Vinieron todos los magos, adivinos, sabios y astrólogos de Babilonia, y

---

ᵍ Los vs. 4.1–37 corresponden a los vs. 3.31—4.34 en el texto arameo.

yo les conté el sueño, pero no pudieron decirme lo que significaba. ⁸ Por último se presentó Daniel, llamado también Beltsasar en honor a mi dios, y cuya vida está guiada por el espíritu del Dios santo, y le conté mi sueño de la siguiente manera: ⁹ 'Beltsasar, jefe de los adivinos, yo sé que el espíritu del Dios santo te guía, y que conoces todos los misterios. Escucha, pues, lo que he visto en mi sueño, y dime lo que significa. ¹⁰ Estas son las visiones que tuve mientras estaba acostado:

"En medio de la tierra había un
árbol muy alto.
¹¹ El árbol creció y se hizo muy
grueso;
su copa tocaba el cielo, y se le podía
ver
desde los puntos más lejanos de la
tierra.
¹² Eran tan hermosas sus hojas
y tan abundante su fruto,
que bastaba para alimentar a todos.
Las bestias del campo se ponían a
su sombra,
en sus ramas hacían nidos las aves
y la vida de todo el mundo dependía
de él.

¹³ "De repente vi en mis visiones un ángel centinela que bajaba del cielo, ¹⁴ y que en voz alta decía:

'Echen abajo el árbol, córtenle las
ramas,
quítenle las hojas, esparzan sus
frutos.
Que huyan las bestias que están
bajo su sombra
y las aves que están en sus ramas.
¹⁵ Pero dejen en la tierra el tronco y
sus raíces;
sujétenlo con cadenas de hierro y de
bronce,
y déjenlo entre la hierba del campo.
Que caiga el rocío sobre él,
y que comparta con las bestias la
hierba del campo.
¹⁶ Que su mente se trastorne
y se vuelva como la de un animal,
y que ese mal le dure siete años.
¹⁷ Esta es la sentencia que han dictado
los santos ángeles centinelas,
para que todos los hombres sepan
que el Dios altísimo tiene poder
sobre los reinos humanos,
que él da el gobierno a quien quiere
dárselo[h]
y hace jefe de una nación
al más humilde de los hombres.'

¹⁸ "Este es el sueño que yo, el rey Nabucodonosor, tuve. Ahora, Beltsasar, dime

[h] 4.17 Job 36.7; Jer 27.5-8.

su significado, pues ninguno de los sabios de mi reino lo ha entendido; pero tú podrás interpretarlo, porque en ti está el espíritu del Dios santo.

¹⁹ "Entonces Daniel, al que llamaban Beltsasar, se quedó un momento pensativo, horrorizado por los pensamientos que le venían a la mente. Pero yo, el rey, le dije: 'Beltsasar, no te preocupes por el sueño que he tenido, ni por su explicación.' Y Beltsasar contestó: '¡Ay, que todo lo que el sueño significa recaiga sobre los enemigos de Su Majestad! ²⁰ El árbol alto y grueso que vio Su Majestad, el cual llegaba hasta el cielo y se podía ver desde los puntos más lejanos de la tierra, ²¹ que tenía hojas hermosas y fruto abundante que alcanzaba para alimentar a todos, a cuya sombra se arrimaban las bestias del campo y en cuyas ramas hacían su nido las aves, ²² ese árbol es Su Majestad, que ha crecido y se ha hecho poderoso. La grandeza de Su Majestad ha aumentado hasta alcanzar la altura del cielo, y su dominio se ha extendido sobre toda la tierra. ²³ Su Majestad vio también que un santo ángel centinela bajaba del cielo y decía: Echen abajo el árbol y destrúyanlo, pero dejen en la tierra el tronco y sus raíces; sujétenlo con cadenas de hierro y de bronce, y déjenlo entre la hierba del campo. Que caiga el rocío sobre él, y que comparta con las bestias la hierba del campo durante siete años. ²⁴ Esto significa la sentencia que el Dios altísimo ha dictado contra Su Majestad. ²⁵ Y Su Majestad será separado de la gente y vivirá con los animales; comerá hierba, como los bueyes, y el rocío empapará su cuerpo. Así vivirá Su Majestad durante siete años, hasta que reconozca que el Dios altísimo tiene poder sobre todos los reinos humanos, y que es él quien pone como gobernante a quien él quiere. ²⁶ La orden de que se dejara en la tierra el tronco y sus raíces, significa que se devolverá a Su Majestad el reino cuando Su Majestad haya reconocido que Dios es quien tiene el poder. ²⁷ Por tanto, siga Su Majestad este consejo mío: actúe con rectitud y no peque más; ponga fin a sus maldades y ocúpese de ayudar a los pobres. Tal vez así pueda Su Majestad seguir viviendo en paz y prosperidad.' "

²⁸ Todas estas cosas anunciadas al rey Nabucodonosor, se cumplieron: ²⁹ Un año después, mientras el rey se paseaba por la terraza de su palacio de Babilonia, ³⁰ dijo: "¡Miren qué grande es Babilonia! Yo, con mi gran poder, la edifiqué como capital de mi reino, para dejar muestras de mi grandeza."

³¹ Todavía estaba hablando el rey cuando se oyó una voz del cielo, que de-

cia: "Oye esto, rey Nabucodonosor. Tu reino ya no te pertenece; ³² serás separado de la gente y vivirás con los animales; comerás hierba como los bueyes durante siete años, hasta que reconozcas que el Dios altísimo tiene poder sobre todas las naciones de la tierra, y que es él quien pone como gobernante a quien él quiere."

³³ En ese mismo instante se cumplió la sentencia anunciada, y Nabucodonosor fue separado de la gente; comió hierba, como los bueyes, y el rocío empapó su cuerpo, hasta que el pelo y las uñas le crecieron como si fueran plumas y garras de águila.

Curación de Nabucodonosor

³⁴ "Cuando el tiempo de la sentencia se cumplió, yo, Nabucodonosor, miré al cielo y me sentí curado de mi locura; entonces bendije al Dios altísimo y alabé con estas palabras al que vive para siempre:

'Su poder durará siempre;
 su reino permanecerá de generación
 en generación.
³⁵ Ante él nada son
 los habitantes de la tierra.
Él actúa según su voluntad,
tanto en el cielo como en la tierra.
No hay nadie que pueda oponerse a
 su poderⁱ
ni preguntarle por qué actúa como
 actúa.'ʲ

³⁶ "En aquel mismo momento recobré el juicio, el esplendor de mi reino, mi honor y mi grandeza. Mis consejeros y las altas personalidades de mi gobierno vinieron a buscarme, y me puse nuevamente al frente del gobierno de mi nación, llegando a tener un poder todavía mayor del que había tenido antes.

³⁷ "Ahora pues, yo, Nabucodonosor, alabo, honro y glorifico al Rey del cielo, porque todo lo que hace es verdadero y justo,ᵏ y puede humillar a los que se creen importantes."

La escritura en la pared

5 ¹ Belsasar, rey de Babilonia, invitó a un gran banquete a mil de las altas personalidades de la nación; y, durante la comida, el rey y sus invitados bebieron mucho vino. ²⁻³ Excitado por el vino, el rey Belsasar mandó traer las copas y tazones de oro y plata que su padre Nabucodonosor se había llevado del templo de Jerusalén. Las copas y tazones fueron traídos, y bebieron en ellos el rey, sus mujeres, sus concubinas y todos los demás asistentes al

banquete. ⁴ Todos bebían vino y alababan a sus ídolos, hechos de oro, plata, bronce, hierro, madera y piedra.

⁵ En aquel momento apareció una mano de hombre que, a la luz de los candiles, comenzó a escribir con el dedo sobre la pared blanca de la sala. Al ver el rey la mano que escribía, ⁶ se puso pálido y, del miedo que le entró, comenzó a temblar de pies a cabeza. ⁷ Luego se puso a gritar y llamar a los adivinos, sabios y astrólogos de Babilonia, y les dijo:

—El que lea lo que ahí está escrito, y me explique lo que quiere decir, será vestido con ropas de púrpura, llevará una cadena de oro en el cuello y ocupará el tercer lugar en el gobierno de mi reino.

⁸ Todos los sabios que estaban al servicio del rey entraron en la sala, pero nadie pudo entender el significado de lo escrito ni explicárselo al rey. ⁹ Entonces le entró tanto miedo al rey Belsasar, que su cara se puso completamente pálida. Las personalidades del gobierno no sabían qué hacer, ¹⁰ pero la reina madre, atraída por los gritos de su hijo el rey y de los grandes personajes invitados, entró en la sala del banquete y dijo:

—¡Que viva Su Majestad para siempre! Y no se preocupe ni se ponga pálido, ¹¹ que en su reino hay un hombre guiado por el espíritu del Dios santo. Cuando el padre de Su Majestad era rey, ese hombre demostró tener una mente clara, e inteligencia y sabiduría como la de los dioses. Por eso el rey Nabucodonosor, padre de Su Majestad, nombró a ese hombre jefe de todos los magos, adivinos, sabios y astrólogos de la nación, ¹² ya que en Daniel, a quien el rey puso el nombre de Beltsasar, había un espíritu extraordinario e inteligencia y ciencia para entender el significado de los sueños, explicar el sentido de las palabras misteriosas y resolver los asuntos complicados. Llame Su Majestad a Daniel, y él le dará a conocer el significado de lo que está escrito en la pared.

¹³ Daniel fue llevado ante el rey, y el rey le preguntó:

—¿Eres tú Daniel, uno de aquellos prisioneros judíos que mi padre, el rey Nabucodonosor, trajo de Judea? ¹⁴ Me han dicho que el espíritu de Dios está en ti, que tienes una mente clara, y que eres muy inteligente y sabio. ¹⁵ Pues bien, los hombres más sabios de la nación han estado aquí para leer esas palabras y explicarme su significado, pero ni siquiera las entienden. ¹⁶ Sin embargo, he oído decir que tú puedes aclarar dudas y resolver cuestiones difíciles. Si tú puedes leer esas palabras y decirme lo que significan, haré que seas vestido con ropas de púrpura, que te

ⁱ **4.35** Is 40.22-23. ʲ **4.35** Job 9.12; Is 45.9. ᵏ **4.37** Dt 32.4.

pongan una cadena de oro en el cuello y que ocupes el tercer lugar en el gobierno de mi reino. [17] Entonces Daniel le contestó:

—Quédese Su Majestad con sus regalos, y ofrézcale a otro el honor de estar en su palacio. Yo le explicaré de todos modos a Su Majestad lo que quieren decir las palabras escritas en la pared.

[18] "El Dios altísimo dio el reino, y también grandeza, gloria y honor, a Nabucodonosor, padre de Su Majestad. [19] Por el poder que le dio, gente de todos los pueblos, naciones y lenguas lo respetaban y temblaban ante él. Y él mataba o dejaba vivir a quien él quería; a unos los ponía en alto y a otros los humillaba. [20] Pero cuando se llenó de soberbia, y actuó terca y orgullosamente, se le quitó el poder y la gloria que tenía como rey. [21] Fue apartado de la gente y se convirtió en una especie de animal; vivió con los asnos salvajes, comió hierba como los bueyes y el rocío empapó su cuerpo, hasta que reconoció que el Dios altísimo tiene poder sobre todos los reinos humanos, y que él da la dirección del gobierno a quien él quiere. [22] Y ahora Su Majestad, Belsasar, que es hijo de aquél y que sabe lo que le pasó, tampoco ha vivido con humildad. [23] Al contrario, Su Majestad se ha burlado del Señor del cielo mandando traerse a la mesa las copas y tazones del templo, y, junto con sus invitados, ha bebido vino en ellos y ha dado alabanza a dioses hechos de oro, plata, bronce, hierro, madera y piedra; dioses que no ven, ni oyen, ni saben nada. En cambio, no ha alabado al Dios en cuyas manos está la vida de Su Majestad[l] y de quien depende todo lo que haga. [24] Por eso, él envió la mano que escribió esas palabras, [25] MENE, MENE, TEKEL y PARSIN, [26] las cuales significan lo siguiente: MENE: Dios ha medido los días del reinado de Su Majestad, y le ha señalado su fin; [27] TEKEL: Su Majestad ha sido pesado en la balanza, y pesa menos de lo debido; [28] PARSIN: el reino de Su Majestad ha sido dividido, y será entregado a medos y persas.[s]

[29] En seguida el rey Belsasar ordenó que vistieran a Daniel con ropas de púrpura y que le pusieran una cadena de oro en el cuello, y comunicó a todos que, desde ese mismo instante, Daniel ocuparía el tercer lugar en el gobierno del reino.

[30] Aquella misma noche mataron a Belsasar, rey de los caldeos, [31] my Darío de Media se apoderó del reino. Darío tenía entonces sesenta y dos años de edad.

Daniel en el foso de los leones

6 [1] El rey Darío decidió nombrar ciento veinte gobernadores regionales para que se encargaran de las distintas partes del reino. [2] Al frente de ellos puso tres supervisores, para que vigilaran la administración de los gobernadores, con el fin de que el rey no saliera perjudicado en nada. Uno de los supervisores era Daniel, [3] quien pronto se distinguió de los otros supervisores y jefes regionales por su gran capacidad; por eso el rey pensó en ponerlo al frente del gobierno de la nación. [4] Los supervisores y gobernadores buscaron entonces un motivo para acusarlo de mala administración del reino, pero como Daniel era un hombre honrado, no le encontraron ninguna falta; por lo tanto no pudieron presentar ningún cargo contra él. [5] Sin embargo, siguieron pensando en el asunto, y dijeron: "No encontraremos ningún motivo para acusar a Daniel, a no ser algo que tenga que ver con su religión."

[6] Así pues, los supervisores y gobernadores se pusieron de acuerdo para ir a hablar con el rey Darío, y cuando estuvieron en su presencia le dijeron:

—¡Que viva Su Majestad para siempre! [7] Todas las autoridades que gobiernan la nación han tenido una junta, en la que acordaron la publicación de un decreto real ordenando que, durante treinta días, nadie dirija una súplica a ningún dios ni hombre, sino sólo a Su Majestad. El que no obedezca, deberá ser arrojado al foso de los leones. [8] Por lo tanto, confirme Su Majestad el decreto, y fírmelo para que no pueda ser modificado, conforme a la ley de los medos y los persas, que no puede ser anulada.[n]

[9] Ante esto, el rey Darío firmó el decreto. [10] Y cuando Daniel supo que el decreto había sido firmado, se fue a su casa, abrió las ventanas de su dormitorio, el cual estaba orientado hacia Jerusalén,[n] y se arrodilló para orar y alabar a Dios. Esto lo hacía tres veces al día,[o] tal como siempre lo había hecho. [11] Entonces aquellos hombres entraron juntos en la casa de Daniel, y lo encontraron orando y alabando a su Dios. [12] En seguida fueron a ver al rey para hablarle del decreto, y le dijeron:

—Su Majestad ha publicado un decreto, según el cual, aquel que durante estos treinta días dirija una súplica a cualquier dios o a cualquier hombre que no sea Su Majestad, será arrojado al foso de los leones, ¿no es verdad?

---

[s] Estas tres palabras son de medidas de peso o monedas de la antigüedad: *mené*, "mina"; *tekel* (*shekel*), "siclo"; *parsín*, plural de *peres*, "media mina". El autor relaciona al mismo tiempo las dos primeras palabras con los verbos *maná*, "medir" y *shakal*, "pesar"; y la tercera, tanto con el verbo *parás*, "dividir", como con el nombre de los *persas*.
[l] **5.23** Job 12.10.   [m] Los vs. 5.31—6.28 corresponden a los vs. 6.1-29 en el texto arameo.   [n] **6.8** Est 1.19; 8.8.
[n] **6.10** 1 R 8.44,48; Sal 5.7; 28.2; 138.2.   [o] **6.10** Sal 55.17.

—Así es —respondió el rey—. Y el decreto debe cumplirse conforme a la ley de
los medos y los persas, que no puede ser
anulada.
13 Entonces ellos siguieron diciendo:
—Pues Daniel, uno de esos judíos desterrados, no muestra ningún respeto por Su
Majestad ni por el decreto publicado, ya
que lo hemos visto hacer su oración tres
veces al día.
14 Al oír esto, el rey quedó muy triste, y
buscó la manera de salvar a Daniel. Hasta
la hora de ponerse el sol hizo todo lo posible para salvarlo, 15 pero aquellos hombres
se presentaron otra vez al rey y le dijeron:
—Su Majestad sabe bien que, según la
ley de los medos y los persas, ninguna
prohibición o decreto firmado por el rey
puede ser anulado.
16 Entonces el rey ordenó que trajeran a
Daniel y lo echaran al foso de los leones.
Pero antes que se cumpliera la sentencia,
el rey le dijo a Daniel:
—¡Que tu Dios, a quien sirves con tanta
fidelidad, te salve!
17 En cuanto Daniel estuvo en el foso,
trajeron una piedra y la pusieron sobre la
boca del foso, y el rey la selló con su sello
real y con el sello de las altas personalidades de su gobierno, para que también en el
caso de Daniel se cumpliera estrictamente
lo establecido por la ley. 18 Después el rey
se fue a su palacio y se acostó sin cenar y
sin entregarse a sus distracciones habi-
tuales; además, no pudo dormir en toda la
noche. 19 Tan pronto como amaneció, se
levantó y fue a toda prisa al foso de los
leones. 20 Cuando el rey estuvo cerca,
llamó con voz triste a Daniel, diciendo:
—Daniel, siervo del Dios viviente, ¿pudo
tu Dios, a quien sirves con tanta fidelidad,
librarte de los leones?
21 Y Daniel le respondió:
—¡Que viva Su Majestad para siempre!
22 Mi Dios envió su ángel, el cual cerró la
boca de los leones[p] para que no me hicieran ningún daño, pues Dios sabe que soy
inocente y que no he hecho nada malo
contra Su Majestad.
23 Entonces el rey se alegró mucho y ordenó que sacaran del foso a Daniel.
Cuando lo sacaron, no le encontraron ninguna herida, porque tuvo confianza en su
Dios. 24 Después, por orden del rey, fueron
traídos los hombres que habían acusado a
Daniel, y junto con sus mujeres y sus hijos fueron echados al foso de los leones; y
aún no habían llegado al fondo cuando ya
los leones se habían lanzado sobre ellos y
los habían despedazado.
25 Entonces el rey Darío escribió a la
gente de todas las naciones y lenguas de
la tierra, diciéndoles: "Deseo a ustedes paz
y prosperidad, 26 y ordeno y mando que en
todo mi imperio se respete y reverencie al
Dios de Daniel.

"Porque él es el Dios viviente,
y permanece para siempre.
Su reino no será jamás destruido
ni su poder tendrá fin.
27 Él es el salvador y el libertador;
el que hace señales maravillosas
en el cielo y en la tierra.
Él ha salvado a Daniel
de las garras de los leones."

28 Y Daniel siguió siendo una alta personalidad del gobierno en el reinado de Darío, y también en el reinado de Ciro, rey
de Persia.

La visión de los cuatro monstruos

7 1 Una noche, durante el primer año
del reinado de Belsasar en Babilonia,
Daniel tuvo un sueño y visiones. En
cuanto se despertó, puso por escrito las
cosas principales que había soñado. Esto
es lo que escribió:
2 "Yo veía en mi sueño que los cuatro
vientos soplaban y agitaban las aguas del
gran mar. 3 De repente, cuatro enormes
monstruos, diferentes uno del otro, salieron del mar.[q] 4 El primero se parecía a un
león, pero tenía alas de águila. Mientras
yo lo estaba mirando, le arrancaron las
alas, lo levantaron del suelo y lo apoyaron
sobre sus patas traseras, poniéndolo de pie
como un hombre, y su cerebro se convirtió en el de un ser humano.
5 "El segundo se parecía a un oso, alzado más de un lado que de otro, el cual
tenía tres costillas entre los dientes; y oí
que le decían: '¡Anda, come toda la carne
que puedas!'
6 "El tercero se parecía a un leopardo,
pero con cuatro alas en la espalda; también vi que tenía cuatro cabezas y que se
le entregaba el poder.[r]
7 "El cuarto monstruo que vi en mis visiones era terrible, espantoso, y de una
fuerza extraordinaria. Tenía grandes
dientes de hierro; todo lo devoraba y destrozaba, y pisoteaba las sobras. Era un
monstruo diferente de todos los que yo
había visto en mi sueño, y tenía diez cuernos[s] en la cabeza.
8 "Mientras yo estaba mirando los cuernos, vi que de entre ellos salía otro cuerno
más pequeño, y entonces le arrancaron
tres cuernos para dejar lugar al último
que le había salido, el cual tenía ojos
como los de un ser humano y una boca
que hablaba con mucha arrogancia.[t]

[p] **6.22** Heb 11.33. [q] **7.3** Ap 13.1; 17.8. [r] **7.4–6** Ap 13.2. [s] **7.7** Ap 12.3; 13.1. [t] **7.8** Ap 13.5–6.

El juicio de Dios

[9] "Seguí mirando,
hasta que fueron puestos unos
  tronos[u]
y un Anciano se sentó.
Su vestido era blanco como la nieve,
y su cabello como lana limpia.[v]
El trono y sus ruedas eran llamas de
  fuego,
[10] y un río de fuego salía de delante de
  él.[w]
Miles y miles le servían,
y millones y millones estaban de pie
  en su presencia.
El tribunal dio principio a la sesión,
y los libros fueron abiertos.[x]

[11] "Yo estaba mirando, atraído por las
cosas tan arrogantes que el cuerno pequeño decía; y mientras estaba mirando,
mataron al monstruo y lo despedazaron,
y luego lo echaron al fuego para que se quemara. [12] También a los otros monstruos se
les quitó el poder, pero los dejaron seguir
viviendo hasta que les llegara su hora.
[13] "Yo seguía viendo estas visiones en la
noche. De pronto:

"Vi que venía entre las nubes
  alguien parecido a un hijo de
  hombre,[y]
el cual fue a donde estaba el
  Anciano;
y le hicieron acercarse a él.
[14] Y le fue dado el poder, la gloria y el
  reino,
y gente de todas las naciones y
  lenguas le servían.[z]
Su poder será siempre el mismo,
y su reino jamás será destruido.

[15] "Yo, Daniel, sentí que el terror se apo-
deraba de mí; y muy preocupado por todo
lo que había visto, [16] me acerqué a uno de
los que estaban allí de pie, y le pedí que
me explicara todo aquello. Él aceptó expli-
cármelo, y me dijo: [17] 'Estos cuatro monstruos son cuatro reyes que dominarán el
mundo.[6] [18] Pero después el reino será entregado al pueblo del Dios altísimo, y será
suyo por toda la eternidad.'[a]
[19] "Yo quería saber más acerca del
cuarto monstruo, que era tan diferente de
los otros, pues su aspecto era horrible: tenía dientes de hierro y garras de bronce;
todo lo devoraba y destrozaba, y pisoteaba las sobras. [20] También quería yo saber más acerca de sus diez cuernos, y del
cuerno pequeño que tenía ojos y una boca
que hablaba con mucha arrogancia, pues

hasta parecía más grande que los otros
cuernos, y tres cuernos habían caído para
dejarle lugar. [21] Entonces vi que este
cuerno luchaba contra el pueblo de Dios,
y lo vencía,[b] [22] hasta que llegó el Anciano
e hizo justicia al pueblo del Dios altísimo,[c]
pues se había cumplido el tiempo para que
el pueblo de Dios tomara posesión del
reino. [23] Y dijo:

'El cuarto monstruo será un cuarto
  reino
que habrá sobre la tierra,
diferente de todos los demás.
Devorará toda la tierra,
la pisoteará y la destrozará.
[24] Los diez cuernos son diez reyes
que reinarán en ese reino.[d]
Después de ellos subirá otro al
  poder,
que será muy diferente de los
  primeros
y que derribará a tres de estos reyes.
[25] Insultará al Dios altísimo
e irá acabando con su pueblo;
tratará de cambiar la ley de Dios y
  las fiestas religiosas,
y el pueblo de Dios estará bajo su
  poder
durante tres años y medio.[e]
[26] Pero el tribunal celebrará un juicio,
y se le arrebatará el poder,
dejándolo completamente destruido.
[27] Y el reino, el poder y la gloria
de todos los reinos de la tierra,
serán dados al pueblo del Dios
  altísimo.[f]
Su reino permanecerá para siempre,[g]
y todos los pueblos de la tierra
le servirán y le obedecerán.'

[28] "Este es el final del relato. Y yo, Daniel, me quedé muy preocupado y me puse
pálido; pero no dije nada a nadie sobre
este asunto."

Visión del carnero y del chivo

8 [1] "Durante el tercer año del reinado de
Belsasar, yo, Daniel, tuve otra visión,
además de la que antes había tenido. [2] Durante la visión, me parecía estar en la
ciudadela de Susa, en la provincia de
Elam, a orillas del río Ulai. [3] Miré a lo lejos, y vi un carnero que estaba a la orilla
del río. Tenía dos cuernos altos, pero uno
de ellos le había salido más tarde y era
más alto que el otro. Vi que el carnero
embestía con sus cuernos hacia el oeste, el
norte y el sur, y que ningún otro animal
podía hacerle frente ni librarse de sus

[6] *Dominarán el mundo:* otra posible traducción: *se levantarán de la tierra.*
[u] 7.9 Ap 20.4. [v] 7.9 Ap 1.14. [w] 7.10 Ap 5.11. [x] 7.10 Ap 20.12. [y] 7.13 Mt 24.30; 26.64; Mr 13.26; 14.62; Lc 21.27;
Ap 1.7,13; 14.14. [z] 7.14 Ap 11.15. [a] 7.18 Ap 22.5. [b] 7.21 Ap 13.7. [c] 7.22 Ap 20.4. [d] 7.24 Ap 17.12. [e] 7.25 Dn 12.7;
Ap 12.14; 13.5–6. [f] 7.27 Ap 20.4. [g] 7.27 Ap 2.5.

golpes. Hacía lo que mejor le parecía, y cada vez era más fuerte.

⁵ "Todavía estaba yo pensando en lo que había visto, cuando me di cuenta de que un chivo venía del oeste, corriendo tan de prisa que ni siquiera tocaba el suelo. Este chivo tenía un gran cuerno entre los ojos, ⁶ y cuando llegó cerca del carnero de dos cuernos, que yo había visto junto al río, lo embistió con todas sus fuerzas ⁷ y le rompió sus dos cuernos, sin que el carnero tuviera fuerzas para enfrentarse con él. Después el chivo derribó por tierra al carnero y lo pisoteó, sin que nadie pudiera salvarlo.

⁸ "El chivo se hacía cada vez más fuerte, pero en el momento en que más poder tenía, su gran cuerno se rompió, y en su lugar le salieron cuatro cuernos que apuntaban hacia los cuatro vientos. ⁹ De uno de ellos salió otro cuerno pequeño, que creció mucho hacia el sur, hacia el este y hacia la Tierra de la Hermosura.⁷ ¹⁰ Tanto creció que llegó hasta el ejército del cielo, derribó parte de las estrellasʰ y las pisoteó, ¹¹ y aun llegó a desafiar al jefe mismo de ese ejército; suprimió el sacrificio diarioᵍ y profanó el lugar de adoración. ¹² Perversamente hizo que su ejército acampara donde antes se ofrecía el sacrificio,⁹ y echó por los suelos la verdad. Hizo, en fin, todo cuanto quiso, y en todo tuvo éxito.

¹³ "Después oí que un ángel le preguntaba a otro ángel: '¿Cuándo va a terminar esto que se ve en el altar del sacrificio diario? ¿Cuánto va a durar el horrible pecado de entregar el santuario del Señor y los creyentes en él, para ser pisoteados?' ¹⁴ Y la respuesta fue: 'Hasta dos mil trescientas tardes y mañanas. Después de eso, el santuario será purificado.'

¹⁵ "Mientras yo, Daniel, contemplaba esta visión y trataba de comprender su significado, apareció de repente delante de mí una figura parecida a un hombre, ¹⁶ y oí una voz humana que venía del río Ulai, la cual decía: 'Gabriel,ⁱ explícale a este hombre la visión.'

¹⁷ "Entonces él se me acercó. Yo me asusté, y me incliné hasta tocar el suelo con la frente, pero él me dijo: 'Hijo de hombre, ten en cuenta que esta visión se refiere al fin de los tiempos.'

¹⁸ "Mientras él me estaba hablando, yo me desmayé y quedé tendido en el suelo; pero él me tocó, hizo que me pusiera de pie, ¹⁹ y me dijo:

'Voy a explicarte lo que va a pasar cuando termine el tiempo de la ira de Dios, pues la visión se refiere al tiempo del fin.

²⁰ 'El carnero con dos cuernos representa a los reyes de Media y de Persia. ²¹ El chivo es el rey de Grecia, y el gran cuerno que tiene entre los ojos es el primer rey. ²² Los cuatro cuernos que salieron cuando el primer cuerno se rompió, significan que de esta nación saldrán cuatro reinos más, pero no con el poder del primero.

²³ 'Cuando el dominio de estos reinos
    llegue a su fin
y las maldades hayan llegado al
    colmo,
un rey insolente y astuto ocupará el
    poder.
²⁴ Llegará a ser poderoso,
pero no con su propio poder;
destruirá de manera increíble
y triunfará en todo lo que haga.
Destruirá a hombres poderosos
y también a muchos del pueblo de
    Dios.
²⁵ Por su astucia,
sus engaños triunfarán.
Se llenará de orgullo,
y a mucha gente que vivía confiada
le quitará la vida a traición.
Hará frente al príncipe de príncipes,
pero será destruido por él.

²⁶ 'La visión de las tardes y las mañanas te ha sido revelada, y es verdadera; pero tú mantenla en secreto, pues se cumplirá cuando haya pasado mucho tiempo.'

²⁷ "Yo, Daniel, sentí que me faltaban las fuerzas, y estuve enfermo varios días. Después me levanté y seguí atendiendo los asuntos del gobierno de la nación. Pero estaba yo muy preocupado por la visión que había tenido, pues no podía comprenderla.

Daniel ora por su pueblo

9 ¹ "Darío, hijo de Asuero, de la raza de los medos, gobernaba el reino de los caldeos. ² En el primer año de su reinado, yo, Daniel, estaba estudiando en el libro del profeta Jeremías acerca de los setenta añosʲ que debían pasar para que se cumpliera la ruina de Jerusalén, según el Señor se lo había dicho al profeta. ³ Y dirigí mis oraciones y súplicas a Dios el Señor, ayunando y vistiéndome con ropas ásperas, y sentándome en ceniza. ⁴ Oré al Señor mi Dios, y le hice esta confesión:ᵏ

'Señor, Dios grande y poderoso, que siempre cumples tus promesas y das pruebas de tu amor a los que te aman y cumplen tus mandamientos; ⁵ hemos pecado y cometido maldad; hemos hecho lo malo;

---

⁷ Tierra de la Hermosura: evidentemente una referencia a Palestina.   ⁸ Diario: lit. continuo.   ⁹ Perversamente . . . sacrificio: traducción probable. Heb. oscuro.
ʰ 8.10 Ap 12.4.   ⁱ 8.16 Lc 1.19,26.   ʲ 9.2 Jer 25.11; 29.10.   ᵏ 9.4–19 Neh 1.5–11; 9.6–37.

hemos vivido sin tomarte en cuenta; hemos abandonado tus mandamientos y decretos. [6] No hemos hecho caso a tus siervos los profetas, los cuales hablaron en tu nombre a nuestros reyes, jefes y antepasados, y a todo el pueblo de Israel. [7] Tú, Señor, eres justo, pero nosotros los judíos nos sentimos hoy avergonzados; tanto los que viven en Jerusalén como los otros israelitas, los de cerca y los de lejos, que viven en los países adonde tú los arrojaste por haberse rebelado contra ti. [8] Nosotros, Señor, lo mismo que nuestros reyes, jefes y antepasados, nos sentimos avergonzados porque hemos pecado contra ti. [9] Pero de ti, Dios nuestro, es propio el ser compasivo y perdonar. Nosotros nos hemos rebelado contra ti [10] y no te hemos escuchado, Señor y Dios nuestro, ni hemos obedecido las enseñanzas que nos diste por medio de tus siervos los profetas. [11] Todo Israel desobedeció tus enseñanzas y se negó a obedecer tus órdenes; por eso han caído sobre nosotros la maldición y el juramento que están escritos en la ley de Moisés,[l] tu siervo, porque hemos pecado contra ti. [12] Tú, al enviarnos una calamidad tan grande, has cumplido la amenaza que nos hiciste a nosotros y a los que nos gobernaron; pues jamás ha habido en el mundo nada comparable al castigo que ha caído sobre Jerusalén. [13] Todo este mal ha venido sobre nosotros, tal como está escrito en la ley de Moisés; pero nosotros no te hemos buscado, Señor y Dios nuestro, ni hemos abandonado nuestras maldades, ni hemos seguido tu verdad. [14] Por eso, Señor, has preparado este mal y lo has enviado sobre nosotros; porque tú, Señor y Dios nuestro, eres justo en todo lo que haces; pero nosotros no quisimos escucharte.

[15] 'Señor y Dios nuestro, tú mostraste tu gran poder al sacar de Egipto a tu pueblo,[m] haciendo así famoso tu nombre desde aquellos días hasta hoy; pero nosotros hemos pecado y hemos hecho lo malo. [16] Señor, sabemos que eres bondadoso. Por favor, aparta de Jerusalén tu ira y furor, porque ella es tu ciudad, tu monte santo. Toda la gente de las naciones vecinas se burla de Jerusalén y de tu pueblo, por culpa de nuestros pecados y de los de nuestros antepasados. [17] Dios nuestro, escucha la oración y las súplicas de este siervo tuyo; por tu nombre, Señor, mira con amor la triste situación en que ha quedado tu templo. [18] Atiende, Dios mío, y escucha; mira con atención nuestra ruina y la de la ciudad donde se invoca tu nombre. No te hacemos nuestras súplicas confiados en la rectitud de nuestra vida,

sino en tu gran compasión.[n] [19] ¡Señor, Señor! ¡Escúchanos, perdónanos! ¡Atiéndenos, Señor, y ven a ayudarnos! ¡Por ti mismo, Dios mío, y por tu ciudad y tu pueblo, que invocan tu nombre, no tardes!'

Profecía de las setenta semanas

[20] "Yo seguí orando y confesando mis pecados y los de mi pueblo Israel, y presentando mis súplicas al Señor mi Dios por su monte santo. [21] Mientras yo oraba, Gabriel,[ñ] que se me había aparecido antes en la visión, vino volando a donde yo estaba. Era casi la hora de ofrecer a Dios el sacrificio de la tarde. [22] Y me dijo: 'Daniel, he venido ahora para hacerte entender estas cosas. [23] En cuanto comenzaste a orar, Dios te respondió. Yo he venido para darte su respuesta, porque Dios te quiere mucho. Ahora, pues, pon mucha atención a lo siguiente, para que entiendas la visión:

[24] 'Setenta semanas han de pasar sobre tu pueblo y tu ciudad santa para poner fin a la rebelión y al pecado, para obtener el perdón por la maldad y establecer la justicia para siempre, para que se cumplan la visión y la profecía y se consagre el Santísimo. [25] Debes saber y entender esto: Desde el momento en que se ordene restaurar y reconstruir Jerusalén, hasta la llegada del jefe consagrado, han de pasar siete semanas, y las calles y murallas reconstruidas de Jerusalén durarán sesenta y dos semanas, pero serán tiempos de mucha angustia. [26] Después de las sesenta y dos semanas le quitarán la vida al jefe consagrado.[16] Jerusalén y el templo serán destruidos por la gente de un rey que vendrá. El fin llegará de pronto, como una inundación, y hasta el fin seguirán la guerra y las destrucciones que han sido determinadas. [27] Durante una semana más, él hará un pacto con mucha gente, pero a mitad de la semana pondrá fin a los sacrificios y las ofrendas.

---

[16] *Jefe consagrado:* lit. *ungido.* [l] 9.11 Lv 26.14-39; Dt 28.15-68. [m] 9.15 Ex 20.2; Dt 6.21; Jer 32.20-21. [n] 9.18 Neh 9.17-19,27-28; Sal 51.1-4; 57.1-3; Is 54.8,10; Tit 3.5. [ñ] 9.21 Lc 1.19,26.

Y un horrible sacrilegio se
cometerá[o]
ante el altar de los sacrificios,[11]
hasta que la destrucción
determinada
caiga sobre el autor de estos
horrores.' "

Visión de Daniel junto al río Tigris

10 1 Durante el tercer año del reinado
de Ciro de Persia, Daniel, llamado
también Beltsasar, tuvo una revelación
verdadera, pero de significado muy difícil
de entender.[12] Sin embargo, Daniel puso
toda su atención en ello y pudo comprender el sentido de la revelación.
2 "En aquellos días, yo, Daniel, estuve
muy triste durante tres semanas. 3 No
comí alimentos exquisitos, ni probé carne
ni vino, ni me puse ningún perfume hasta
que pasaron esas tres semanas. 4 El día
veinticuatro del primer mes del año, estaba yo a la orilla del gran río Tigris. 5 De
pronto, me fijé y vi un hombre vestido
con ropas de lino y un cinturón de oro
puro. 6 Su cuerpo brillaba como el topacio,
su cara resplandecía como un relámpago,
sus ojos eran como antorchas encendidas,
sus brazos y sus pies brillaban como el
bronce, su voz parecía la de una multitud.[p]
7 "Sólo yo pude ver la visión, pues los
hombres que estaban conmigo no se dieron cuenta de nada, porque el miedo se
apoderó de ellos y corrieron a esconderse.
8 Yo estaba solo cuando tuve esta gran visión. Me puse completamente pálido y
sentí que me faltaban las fuerzas.
9 Cuando le oí hablar, caí desmayado y
quedé tendido en el suelo. 10 En seguida,
una mano me agarró y me levantó, hasta
dejarme apoyado sobre mis manos y rodillas. 11 Luego me dijo: 'Daniel, a quien
Dios ama, escucha bien lo que te voy a
decir: levántate; porque yo he sido enviado a ti.'
"Tan pronto como terminó de decir estas palabras, yo, tembloroso, me puse de
pie. 12 Entonces me dijo: 'No tengas miedo,
Daniel, porque desde el primer día en que
trataste de comprender las cosas difíciles
y decidiste humillarte ante tu Dios, él escuchó tus oraciones. Por eso he venido yo.
13 El ángel príncipe del reino de Persia se
me ha opuesto durante veintiún días; pero
Miguel,[q] uno de los ángeles príncipes más
altos, vino en mi ayuda, pues yo me había
quedado solo junto a los reyes de Persia.
14 Así que he venido a explicarte lo que va
a pasarle a tu pueblo en el futuro, porque
la visión que has tenido se refiere a ese
tiempo.'
15 "Mientras me decía esto, yo estaba
con la mirada fija en el suelo y sin decir
una sola palabra. 16 De pronto, alguien parecido a un hijo de hombre me tocó los
labios. Entonces le dije al que estaba ante
mí: 'Señor, esta visión me ha llenado de
angustia y me ha dejado sin fuerzas.
17 ¿Cómo va a poder hablar contigo este
siervo tuyo, si estoy completamente sin
fuerzas y hasta me falta el aliento?'
18 "Aquel que parecía un hijo de hombre
me volvió a tocar, me dio nuevas fuerzas
19 y me dijo: 'No tengas miedo ni te preocupes. Dios te ama; ¡anímate y ten valor!'
"Mientras me hablaba, sentí que me iba
reanimando, y dije: 'Señor, háblame, pues
me has devuelto las fuerzas.' 20 Entonces
me dijo: '¿Sabes por qué he venido a
verte? Pues porque ahora tengo que volver a luchar con el ángel príncipe de Persia. Y cuando haya terminado de luchar
con él, vendrá el ángel príncipe de Grecia.
21 Ahora voy a decirte lo que está escrito
en el libro de la verdad: En mi lucha contra ellos sólo tengo la ayuda de Miguel,[r] el
ángel príncipe de Israel.
11 1 Yo también le animé y ayudé
cuando Darío, el rey de Media, estaba en el primer año de su reinado. 2 Y
ahora te voy a dar a conocer la verdad:

Los reyes del norte y del sur

'Todavía gobernarán en Persia tres
reyes, después de los cuales ocupará el poder un cuarto rey que será más rico que
los otros tres. Y cuando por medio de sus
riquezas haya alcanzado gran poder, pondrá todo en movimiento contra el reino de
Grecia. 3 Pero después gobernará un rey
muy guerrero, que extenderá su dominio
sobre un gran imperio y hará lo que se le
antoje. 4 Sin embargo, una vez establecido, su imperio será deshecho y repartido
en cuatro partes. El poder de este rey no
pasará a sus descendientes, ni tampoco el
imperio será tan poderoso como antes lo
fue, ya que quedará dividido y otros gobernarán en su lugar.
5 'El rey del sur será muy poderoso,
pero uno de sus generales llegará a ser
más fuerte que él y extenderá su dominio
sobre un gran imperio. 6 Al cabo de algunos años, los dos harán un pacto: el rey
del sur dará a su hija en matrimonio al rey
del norte, con el fin de asegurar la paz
entre las dos naciones. Pero el plan fracasará, pues tanto ella como su hijo, su marido y sus criados, serán asesinados. 7 Sin

[11] *Ante el altar de los sacrificios:* texto probable. Heb. *y sobre el ala.* [12] *Pero de significado muy difícil de entender:* lit. *y grande ejército.*
[o] **9.27** Dn 11.31; 12.11; Mt 24.15; Mr 13.14. [p] **10.5–6** Ap 1.13–15; 2.18; 19.12. [q] **10.13** Jud 9; Ap 12.7. [r] **10.21** Jud 9; Ap 12.7.

embargo, un miembro de su familia atacará al ejército del norte y ocupará la fortaleza real, y sus tropas dominarán la situación. [8] Además, se llevará a Egipto a sus dioses, a sus imágenes hechas de metal fundido, junto con otros valiosos objetos de oro y plata. Después de algunos años sin guerra entre las dos naciones, [9] el rey del norte tratará de invadir el sur, pero se verá obligado a retirarse.

[10] 'Pero los hijos del rey del norte se prepararán para la guerra y organizarán un gran ejército. Uno de ellos se lanzará con sus tropas a la conquista del sur, destruyéndolo todo como si fuera un río desbordado; después volverá a atacar, llegando hasta la fortaleza del rey del sur. [11] La invasión del ejército del norte enojará tanto al rey del sur, que éste saldrá a luchar contra el gran ejército enemigo y lo derrotará por completo. [12] El triunfo obtenido y el gran número de enemigos muertos lo llenará de orgullo, pero su poder no durará mucho tiempo. [13] El rey del norte volverá a organizar un ejército, más grande que el anterior, y después de algunos años volverá a atacar al sur con un ejército numeroso y perfectamente armado.

[14] 'Cuando esto suceda, muchos se rebelarán contra el rey del sur. Entre ellos habrá algunos hombres malvados de Israel, tal como fue mostrado en la visión, pero fracasarán. [15] El rey del norte vendrá y construirá una rampa alrededor de una ciudad fortificada, y la conquistará. Ni los mejores soldados del sur podrán detener el avance de las tropas enemigas. [16] El invasor hará lo que se le antoje con los vencidos, sin que nadie pueda hacerle frente, y se quedará en la Tierra de la Hermosura[13] destruyendo todo lo que encuentre a su paso. [17] Además, se preparará para apoderarse de todo el territorio del sur; para ello, hará un pacto con ese rey y le dará a su hija como esposa, con el fin de destruir su reino, pero sus planes fracasarán. [18] Después atacará a las ciudades de las costas, y muchas de ellas caerán en su poder; pero un general pondrá fin a esta vergüenza, poniendo a su vez en vergüenza al rey del norte.[14] [19] Desde allí, el rey se retirará a las fortalezas de su país; pero tropezará con una dificultad que le costará la vida, y nunca más se volverá a saber de él.

[20] 'Su lugar será ocupado por otro rey, que enviará un cobrador de tributos para enriquecer su reino; pero al cabo de pocos días lo matarán, aunque no en el campo de batalla. [21] 'Después de él reinará un hombre despreciable, a quien no le correspondería ser rey, el cual ocultará sus malas intenciones y tomará el poder por medio de engaños. [22] Destruirá por completo a las fuerzas que se le opongan, y además matará al jefe del pacto. [23] Engañará también a los que hayan hecho un pacto de amistad con él y, a pesar de disponer de poca gente, vencerá. [24] Cuando nadie se lo espere, entrará en las tierras más ricas de la provincia y hará lo que no hizo ninguno de sus antepasados: repartirá entre sus soldados los bienes y riquezas obtenidas en la guerra. Planeará sus ataques contra las ciudades fortificadas, aunque sólo por algún tiempo.

[25] 'Animado por su poder y su valor, atacará al rey del sur con el apoyo de un gran ejército. El rey del sur responderá con valor, y entrará en la guerra con un ejército grande y poderoso; pero será traicionado, y no podrá resistir los ataques del ejército enemigo. [26] Los mismos que él invitaba a comer en su propia mesa, le prepararán la ruina, pues su ejército será derrotado y muchísimos de sus soldados morirán. [27] Entonces los dos reyes, pensando sólo en hacerse daño, se sentarán a comer en la misma mesa y se dirán mentiras el uno al otro, pero ninguno de los dos logrará su propósito porque todavía no será el momento. [28] El rey del norte regresará a su país con todas las riquezas capturadas en la guerra, y entonces se pondrá en contra del santo pacto; llevará a cabo sus planes, y después volverá a su tierra. [29] Cuando llegue el momento señalado, lanzará de nuevo sus tropas contra el sur; pero en esta invasión no triunfará como la primera vez. [30] Su ejército será atacado por tropas del oeste[15] traídas en barcos, y dominado por el pánico emprenderá la retirada. Entonces el rey del norte descargará su odio sobre el santo pacto, valiéndose de los que renegaron del pacto para servirle a él.

[31] 'Sus soldados profanarán el templo y las fortificaciones, suspenderán el sacrificio diario y pondrán allí el horrible sacrilegio.[s] [32] El rey tratará de comprar con halagos a los que renieguen del pacto, pero el pueblo que ama a su Dios se mantendrá firme y hará frente a la situación. [33] Los sabios del pueblo instruirán a mucha gente, pero luego los matarán a ellos, y los quemarán, y les robarán todo lo que tengan, y los harán esclavos en tierras extranjeras. Esto durará algún tiempo. [34] Cuando llegue el momento de las persecuciones, recibirán un poco de ayuda, aunque muchos se unirán a ellos sólo por conveniencia propia. [35] También serán perseguidos algunos de los que instruían

---

[13] Véase nota en 8.9.   [14] Después atacará . . . rey del norte: traducción probable. Heb. oscura.
[15] Del oeste: lit. de Quitim.
[s] 11.31 Dn 9.27; 12.11; Mt 24.15; Mr 13.14.

al pueblo, para que, puestos a prueba, sean purificados y perfeccionados, hasta que llegue el momento final que ya ha sido señalado. [36] 'El rey del norte hará todo lo que se le antoje. Será tal su orgullo que se creerá superior a todos los dioses,[t] y dirá terribles ofensas contra el verdadero Dios;[u] y todo le saldrá bien, hasta que Dios le envíe su castigo; porque lo que Dios ha de hacer, lo hará. [37] Este rey no tomará en cuenta a los dioses de sus antepasados, ni a los dioses adorados por las mujeres, ni a ningún otro dios, porque se creerá superior a todos ellos. [38] Sin embargo, adorará al dios de las fortalezas; honrará a este dios que sus antepasados no adoraron, y le ofrecerá oro, plata, piedras preciosas y objetos de gran valor. [39] Para defender las fortificaciones usará gente que adora a un dios extranjero; y a todos los que adoren a este rey, él les hará grandes honores, los pondrá en puestos importantes y les dará tierras como recompensa.

[40] 'Cuando llegue el momento final, el rey del sur atacará al rey del norte; pero éste saldrá a su encuentro y, como una tormenta, se lanzará contra el sur, inundando todo el país con carros de guerra, tropas de caballería y muchos barcos. [41] También entrará en la Tierra de la Hermosura, y matará a muchísima gente; pero se salvarán los habitantes de Edom y Moab, y la mayor parte del territorio de Amón. [42] Su ejército ocupará otros países, y ni siquiera Egipto se librará. [43] Se llevará los tesoros de oro y plata, y todos los objetos preciosos de Egipto; luego les llegará su turno a Libia y Etiopía. [44] Pero recibirá noticias del este y del norte, que le dejarán alarmado; entonces saldrá furioso, con la idea de hacer una gran matanza, [45] y establecerá su campamento real entre el mar y el santo monte de la Hermosura. Pero allí mismo llegará la hora de su muerte, y no habrá nadie que lo ayude.

La hora final

12 [1] 'En ese momento aparecerá Miguel,[v] el gran ángel protector que defiende a tu pueblo.

'Será un momento angustioso, un momento como no ha habido otro

desde que existen las naciones.[w]
Cuando ese momento llegue,
se salvarán todos los de tu pueblo
que tienen su nombre escrito en el libro.
[2] Muchos de los que duermen en la tumba, despertarán:
unos para vivir eternamente,
y otros para la vergüenza y el horror eternos.[x]
[3] Los hombres sabios,
los que guiaron a muchos por el camino recto,
brillarán como la bóveda celeste;
¡brillarán por siempre, como las estrellas![y]

[4] 'Pero tú, Daniel, guarda estas cosas en secreto y sella el libro[z] hasta el tiempo del fin. Mucha gente andará de acá para allá, buscando aumentar sus conocimientos.'

[5] "Yo, Daniel, vi que otros dos hombres estaban de pie, uno a cada lado del río. [6] Y uno de ellos le preguntó al hombre vestido con ropas de lino, que estaba sobre las aguas del río: '¿Cuándo van a terminar estas cosas tan extraordinarias?' [7] El hombre vestido de lino levantó sus manos al cielo y, jurando en el nombre del Dios viviente,[a] dijo: 'Dentro de tres tiempos y medio,[b] cuando deje de ser destrozado el poder del pueblo de Dios, entonces terminarán todas estas cosas.'

[8] "Yo escuché lo que decía, pero no entendí nada. Entonces le pregunté: 'Señor, ¿qué va a pasar después de todo esto?' [9] Y él me contestó: 'Sigue tu camino, Daniel, pues estas cosas deben ser mantenidas en secreto hasta que llegue el momento final. [10] Muchos pasarán por los sufrimientos anunciados, y saldrán de ellos purificados y perfeccionados. Los malvados seguirán cometiendo maldades,[c] sin entender lo que pasa, pero los hombres sabios lo comprenderán todo. [11] Mil doscientos noventa días pasarán desde el momento en que se suspenda el sacrificio diario y se ponga el horrible sacrilegio[d] en el templo del Señor. [12] Feliz aquel que espere confiado hasta que hayan pasado mil trescientos treinta y cinco días. [13] Pero tú, Daniel, camina hacia tu fin y reposa, que en los últimos días te levantarás para recibir tu recompensa.' "

[t] 11.36 2 Ts 2.3–4. [u] 11.36 Ap 13.5–6. [v] 12.1 Jud 9; Ap 12.7. [w] 12.1 Mt 24.21; Mr 13.19; Ap 7.14; 12.7. [x] 12.2 Mt 25.46; Jn 5.29. [y] 12.3 Mt 13.43. [z] 12.4 Ap 22.10. [a] 12.7 Ap 10.5. [b] 12.7 Dn 7.25; Ap 12.14. [c] 12.10 Ap 22.11. [d] 12.11 Dn 9.27; 11.31; Mt 24.15; Mr 13.14.

OSEAS

Oseas es otro de los grandes profetas del siglo octavo a. C. Predica a Israel, reino del norte, después de Amós. Bajo la figura de una dolorosa tragedia conyugal —que muchos comentaristas piensan que fue una experiencia personal propia—, ocasionada por su matrimonio con una mujer infiel, a la que finalmente perdona y recoge, el profeta condena la idolatría del pueblo, que él compara, como lo hará después Jeremías, con un abominable adulterio. Por ello caerá sobre Israel el severo juicio de Dios. Pero Dios, que es infinito amor, no ha dejado de amar a su pueblo infiel, así que lo busca, lo perdona, lo rescata y lo recobra como suyo.

Tal es el fondo del mensaje de Oseas. El libro puede considerarse dividido en tres partes: (1) El drama conyugal de Oseas (caps. 1—3). (2) Mensajes de reprobación contra Israel (caps. 4—13). (3) Llamamiento al arrepentimiento y promesa de final reconciliación (cap. 14).

La esposa y los hijos de Oseas

1 ¹ Este es el mensaje que el Señor dirigió a Oseas, hijo de Beeri, en tiempos de Uzías,ᵃ Jotam,ᵇ Acazᶜ y Ezequías,ᵈ reyes de Judá, y de Jeroboam,ᵉ hijo de Joás, rey de Israel.

² El Señor comenzó así el mensaje que quería comunicar por medio de Oseas: "La tierra de Israel se ha prostituido apartándose de mí. De la misma manera, ve tú y toma por mujer a una prostituta, y ten hijos con ella; así ellos serán hijos de una prostituta."

³ Oseas tomó entonces por mujer a Gomer, hija de Diblaim, la cual quedó embarazada y le dio un hijo. ⁴ Entonces el Señor le dijo a Oseas: "Llama Jezreel¹ al niño, porque dentro de poco voy a castigar a los descendientes del rey Jehú por los crímenes que él cometió en Jezreel,ᶠ y voy a poner fin al reino de Israel. ⁵ Ese día destruiré en el valle de Jezreel el poderío militar de Israel."

⁶ Gomer volvió a quedar embarazada y tuvo una hija. El Señor le dijo a Oseas: "Llama Lo-ruhama² a la niña, porque ya no volveré a tener compasión del reino de Israel. No los perdonaré.³ ⁷ En cambio, tendré compasión del reino de Judá: yo mismo, el Señor su Dios, los salvaré. Pero no los salvaré por medio de la guerra, sino que lo haré sin arco ni espada ni caballos ni jinetes."ᵍ

⁸ Después de haber destetado a Lo-ruhama, Gomer volvió a quedar embarazada y tuvo un hijo. ⁹ Entonces el Señor le dijo a Oseas: "Llama Lo-ami⁴ al niño, porque ustedes ya no son mi pueblo ni yo soy ya su Dios."

La restauración del pueblo de Israel

¹⁰ ʰ Un día los israelitas
serán como la arena del mar,ⁱ
que nadie la puede medir ni contar.
Y en vez de decirles:
"Ustedes ya no son mi pueblo",
Dios les dirá:
"Ustedes son hijos del Dios
viviente."ʲ
¹¹ Entonces se juntará
la gente de Judá y de Israel,
y nombrarán un jefe único,
y de todas partes volverán a
Jerusalén.⁵
¡Grande será el día de Jezreel!

2 ¹ Entonces dirán ustedes a sus
hermanos:
"Pueblo de Dios",
y a sus hermanas:
"Compadecidas".

La infidelidad del pueblo de Israel

² El Señor dice:
"¡Acusen ustedes a su madre,
acúsenla,
porque ella no es ya mi esposa
ni yo soy su marido!
¡Que deje de mostrarse como
prostituta!
¡Que aparte de sus pechos a sus
amantes!ª
³ Si no lo hace, la dejaré desnuda por
completo:
la pondré como el día en que nació,ᵇ
la convertiré en un desierto,
en pura tierra seca,
y la haré morir de sed.
⁴ No me compadeceré de sus hijos,
pues son fruto de su prostitución.

ʲ Alusión a la residencia que los reyes de Israel tenían en Jezreel. Allí fue donde Jehú mató a los familiares de Acab (2 R 10.11.) ² En hebreo, *Lo-ruhama* significa *no compadecida.* ³ *No los perdonaré:* traducción probable. Heb. oscuro. ⁴ En hebreo, *Lo-ami* significa *no es mi pueblo.* ⁵ *Y de todas partes volverán a Jerusalén:* Lt. *y subirán de la tierra.*
ᵃ 1.1 2 R 15.1-7; 2 Cr 26.1-23. ᵇ 1.1 2 R 15.32-38; 2 Cr 27.1-8. ᶜ 1.1 2 R 16.1-20; 2 Cr 28.1-27. ᵈ 1.1 2 R 18.1—20.21; 2 Cr 29.1—32.33. ᵉ 1.1 2 R 14.23-29. ᶠ 1.4 2 R 10.11. ᵍ 1.7 Zac 4.6. ʰ Los vs. 1.10—2.23 corresponden a los vs. 2.1-25 en el texto hebreo. ⁱ 1.10 Gn 22.17. ʲ 1.10 Ro 9.25-26. ᵏ 2.2—3.5 Ez 16.8-63. ˡ 2.3 Is 47.1-3; Ez 16.37-39; Ap 17.16.

5 Su madre se prostituyó;
perdió el honor, cuando dijo:
'Iré en busca de mis amantes,
los que me dan mi pan y mi agua,
mi lana y mi lino,
mi aceite y mis bebidas.'*m*

6 "Por eso cerraré con espinos su
camino
y pondré una cerca a su alrededor,
para que no encuentre sus senderos.
7 Seguirá a sus amantes,
pero no los alcanzará;
los buscará, pero no los encontrará.
Dirá entonces:
'Volveré a mi primer marido,
pues con él me iba mejor que
ahora.'

8 "Pero ella no reconoció
que yo era quien le daba
el trigo, el vino y el aceite;
que yo era quien le aumentaba
la plata y el oro con que fabricó sus
ídolos.
9 Por lo tanto, volveré
y tomaré mi trigo y mi vino
en el tiempo de su cosecha,
y recogeré mi lana y mi lino,
que le había dado para cubrirse.
10 A la vista de sus amantes
pondré su desnudez al descubierto.
¡Nadie la librará de mi mano!
11 Pondré fin a su alegría,
a sus fiestas y lunas nuevas,
a sus días de reposo⁶
y a todas sus festividades.*n*
12 Destruiré sus viñas y sus higueras,
de las que ella decía:
'Esta es la paga
que me dieron mis amantes.'
Las convertiré en un matorral,
y se las comerán los animales
salvajes.
13 Voy a castigarla por el tiempo que
pasó
ofreciendo incienso a los ídolos,
cuando se adornaba con anillos y
collares
para seguir a sus amantes
olvidándose de mí.
Yo, el Señor, lo afirmo.

Dios ama a su pueblo Israel

14 "Yo la voy a enamorar:
la llevaré al desierto
y le hablaré al corazón.

15 Luego le devolveré sus viñas,
y convertiré el valle de Acor⁷,*ñ*
en puerta de esperanza para ella.
Allí me responderá como en su
juventud,*o*
como en el día en que salió de
Egipto.
16 Entonces me llamará 'Marido mío',
en vez de llamarme 'Baal mío'.
Yo, el Señor, lo afirmo.
17 Y quitaré de sus labios
los nombres de los baales,⁸
y jamás volverán a mencionarse.

18 "En aquel tiempo haré en favor de
Israel
un pacto con los animales salvajes,
y con las aves y las serpientes;
romperé y quitaré de este país
el arco, la espada y la guerra,
para que mi pueblo descanse
tranquilo.
19 Israel, yo te haré mi esposa para
siempre,
mi esposa legítima, conforme a la
ley,
porque te amo entrañablemente.
20 Yo te haré mi esposa y te seré fiel,
y tú entonces me conocerás como el
Señor.
21 Yo, el Señor, lo afirmo:
En aquel tiempo yo responderé al
cielo,
y el cielo responderá a la tierra;
22 la tierra responderá al trigo,
al vino y al aceite,
y ellos responderán a Jezreel.⁹
23 Plantaré a mi pueblo en la tierra
exclusivamente para mí;
tendré compasión de Lo-ruhama,
y a Lo-ami¹⁰ le diré: 'Tú eres mi
pueblo',*p*
y él me dirá: '¡Tú eres mi Dios!' "

Oseas y la mujer adúltera

3 ¹ El Señor volvió a decirme:
"Ve y ama a una mujer
amada de su amigo y adúltera.
Así ama el Señor a los israelitas,
aunque ellos se vuelven a dioses
extraños
y comen de las tortas de pasas que
les ofrecen."
² Entonces adquirí una mujer para mí
por quince monedas de plata
y trescientos treinta litros de
cebada.

---

⁶ *Días de reposo:* aquí equivale a *sábado.*   ⁷ En hebreo, *Acor* significa *desastre.*   ⁸ En hebreo hay un juego de ideas entre *baal,* que significa *marido, Baal,* nombre de un dios pagano que ni siquiera debía ser pronunciado por un israelita, y *baales,* término que servía para designar a los ídolos en general.   ⁹ En hebreo, *Jezreel* significa *Dios siembra.*   ¹⁰ Véanse notas en 1.6,9.
m **2.5** Jer 2.23–25; 3.1–2; Os 4.12–14.   *n* **2.11** Is 1.12–14; Am 5.21–23.   *ñ* **2.15** Jos 7.24–26.   *o* **2.15–16** Jer 2.2.
p **2.23** Zac 13.8–9; Ro 9.25; 1 P 2.10.

³ Le dije: "Por mucho tiempo serás
  mía;
no te prostituyas ni te entregues a
  otro hombre,
y yo también te seré fiel."[11]

⁴ Pues por mucho tiempo los israelitas
  estarán sin rey ni jefe,
sin sacrificio ni piedras sagradas,
sin ropas sacerdotales[12] ni ídolos
  familiares.
⁵ Después de esto se volverán los
  israelitas
y buscarán al Señor su Dios
y a David su rey.
En los últimos tiempos
acudirán con reverencia al Señor
y a los bienes que él concede.

El pleito del Señor contra Israel

4 ¹ Israelitas, escuchen
      lo que dice el Señor.
Él ha entablado un pleito[q]
  contra los que viven en este país,
porque aquí ya no hay lealtad entre
  la gente,
ni fidelidad ni conocimiento de Dios.
² Abundan en cambio el juramento
  falso y la mentira,
el asesinato y el robo,
el adulterio y la violencia,
y se comete homicidio tras
  homicidio.
³ Por eso, el país está de luto;
se quedan sin fuerzas los que viven
  en él;
y con los animales salvajes y las
  aves
mueren también los peces del mar.

El Señor acusa a los sacerdotes

⁴ Dice el Señor:
"¡Que nadie acuse ni reprenda a
  otro!
Mi pleito es sólo contra ti,
  sacerdote.[13]
⁵ Tú caerás en pleno día,
y por la noche
caerá también contigo el profeta,
y a ti te destruiré.[14]
⁶ Mi pueblo no tiene conocimiento,
por eso ha sido destruido.
Y a ti, sacerdote, que rechazaste el
  conocimiento,
yo te rechazo de mi sacerdocio.
Puesto que tú olvidas las
  enseñanzas de tu Dios,
yo me olvidaré de tus descendientes.

⁷ "Cuantos más eran los sacerdotes,
  más pecaban contra mí;
por lo tanto, cambiaré su honra en
  afrenta.
⁸ Viven del pecado de mi pueblo;
por eso anhelan que mi gente peque.
⁹ Lo mismo al pueblo que a los
  sacerdotes,
los castigaré por su conducta.
¹⁰ Puesto que han dejado de servir al
  Señor,
comerán, pero no quedarán
  satisfechos;
se prostituirán, pero no tendrán
  hijos.

La idolatría de Israel

¹¹ "La prostitución y el vino
hacen perder el juicio.
¹² Mi pueblo consulta a sus ídolos de
  madera;
por medio de varas practica la
  adivinación.
Dominado por la prostitución,
mi pueblo sigue caminos
  equivocados
se prostituye apartándose de su
  Dios.
¹³ En lo alto de los montes y sobre las
  colinas
queman incienso y ofrecen
  sacrificios,
y también bajo la buena sombra
de los robles, los álamos y las
  encinas.
Por eso se han prostituido las hijas
  de ustedes,
y sus nueras cometen adulterio.
¹⁴ Pero yo no castigaré a sus hijas por
  su prostitución
ni a sus nueras por sus adulterios,
porque ustedes mismos se van con
  prostitutas;
para ofrecer sacrificios, se juntan
con mujeres que practican la
  prostitución como un culto.
¡Y así se hunde un pueblo falto de
  inteligencia![r]

¹⁵ "Si tú, Israel, te prostituyes,
que al menos Judá no peque.
¡No vayan ustedes a Gilgal
ni suban a Bet-avén[15]
ni juren por la vida del Señor![s]
¹⁶ Israel es rebelde
como una novilla arisca;
y así, ¿los cuidará el Señor en
  hermosos pastizales,
igual que si fueran corderitos?

---

[11] *Yo también te seré fiel:* otra posible traducción: *y yo tampoco me llegaré a ti.* Lit. *y yo también a ti.* [12] *Sin ropas sacerdotales:* lit. *sin efod.* [13] *Mi pleito es sólo contra ti, sacerdote:* texto probable. Heb. *Tu pueblo es como los que pleitean contra el sacerdote.* [14] *Y a ti te destruiré:* texto probable. Heb. *a tu madre destruiré.* [15] En hebreo, *Bet-avén* significa *casa de iniquidad.* Oseas lo aplica en forma despectiva a Betel, que significa *casa de Dios.*
q **4.1** Mi 6.2.   r **4.12-14** Jer 2.23-27; 3.1-2; Os 2.5.   s **4.15** Am 4.4; 5.5.

17-18 Efraín[16] se ha entregado a la idolatría.
¡Todos han caído como pandilla de
borrachos!
Una y otra vez se prostituyen,
y prefieren la vergüenza a la
honra.[17]
19 ¡Un viento se los llevará en sus alas,
y se avergonzarán de su idolatría!

5 1 "Sacerdotes, oigan esto;
presta atención, pueblo de Israel;
escuchen ustedes, los de la casa
real:
Contra ustedes va a ser el juicio,
porque han sido una trampa puesta
en Mizpa,
una red tendida sobre el monte
Tabor,
2 un pozo ahondado en el valle de
Sitim.
Por eso voy a castigarlos.
3 Yo conozco a Efraín;
Israel no me es desconocido.
Efraín se ha prostituido;
Israel se ha manchado."

4 Las malas acciones del pueblo
no lo dejan volverse a su Dios.
Dominado por la prostitución,
no reconoce al Señor.
5 El orgullo de Israel clama en contra
suya;
Efraín tropieza en su propia maldad,
¡y, junto con ellos, hasta Judá
tropezará!
6 Con sus ovejas y sus vacas
irán en busca del Señor,
pero no lo encontrarán
porque se apartó de ellos.
7 Han sido infieles al Señor,
pues tienen hijos de otro padre.
Por su infidelidad, en un solo mes
sus tierras serán devoradas.

El castigo de Israel y de Judá

8 ¡Toquen el cuerno de guerra en
Gabaa
y la trompeta en Ramá!
¡Den la alarma en Bet-avén![18]
¡Siembren el desconcierto en
Benjamín![19]
9 Yo anuncio entre las tribus[20] de
Israel
lo que ha de suceder con toda
seguridad:
Efraín será asolado en el día del
castigo.

10 Dice el Señor:
"Los jefes de Judá son como esa
gente
que altera los límites de los campos.[t]
¡Pero los voy a inundar con mi
furor!
11 Efraín está oprimido,
quebrantados sus derechos,
porque se ha empeñado en seguir
a los falsos dioses.
12 Pues yo seré como la polilla para
Efraín,
como la carcoma para el pueblo de
Judá.

13 "Cuando Efraín vea lo enfermo que
está,
y Judá se vea sus heridas,
Efraín irá a Asiria
a pedirle ayuda al gran rey,[u]
pero él no podrá sanarlos
ni curarles las heridas.
14 Como un león cuando ataca,
así atacaré yo a Efraín y a Judá;
yo mismo los despedazaré, y luego
me iré;
los arrebataré, y nadie podrá
librarlos.

15 "Volveré luego a mi lugar,
hasta que ellos reconozcan su
pecado
y vengan a buscarme.
¡En medio de su angustia, me
buscarán!"

Israel habla de volverse al Señor

6 1 Vengan todos y volvámonos al
Señor.
Él nos destrozó, pero también nos
sanará;
nos hirió, pero también nos curará.[v]
2 En un momento nos devolverá la
salud,
nos levantará para vivir delante de
él.
3 ¡Esforcémonos por conocer al Señor!
El Señor vendrá a nosotros,
tan cierto como que sale el sol,
tan cierto como que la lluvia riega
la tierra
en otoño y primavera.

La respuesta del Señor

4 Dice el Señor:
"¿Qué haré contigo, Efraín?
¿Qué haré contigo, Judá?
Él amor que ustedes me tienen

---

16 Oseas usa este nombre como sinónimo de Israel, el reino del norte.   17 *¡Todos han caído . . . a la honra:* traducción probable. Heb. oscuro.   18 Véase nota en 4.15.   19 *Siembren el desconcierto en Benjamín!:* según la versión griega. Heb. *después de ti, Benjamín.*   20 *Entre las tribus:* otra posible traducción: *contra las tribus.*
t 5.10 Dt 19.14; 27.17; Pr 22.28.   u 5.13 2 R 15.19; 16.7.   v 6.1 Job 5.18.

es como la niebla de la mañana,
como el rocío de madrugada, que
temprano desaparece.
⁵ Por eso los he despedazado
mediante los profetas;
por medio de mi mensaje los he
matado.
Mi justicia brota como la luz.
⁶ Lo que quiero de ustedes es que me
amen,
y no que me hagan sacrificios;ʷ
que me reconozcan como Dios,
y no que me ofrezcan holocaustos.ˣ

⁷ "Pero mi pueblo, lo mismo que
Adán,
ha faltado a mi pacto y me ha sido
infiel.
⁸ Galaad es una ciudad de
malhechores,
toda llena de huellas de sangre.
⁹ Los sacerdotes son una pandilla de
ladrones
puestos al acecho de la gente;
asesinan y cometen infamias
en el camino de Siquem.
¹⁰ En Israel he visto cosas horribles:
Efraín se ha prostituido,
Israel se ha contaminado.
¹¹ Y aun para ti, Judá,
ya he señalado el día de tu castigo.

"Cuando quiero cambiar la suerte de
mi pueblo Israel,
7 ¹ cuando quiero curar a mi pueblo, a
Efraín y a Samaria,
salta a la vista su pecado y su
maldad.
Porque todos practican la mentira;
como ladrones, entran en las casas
y asaltan a la gente en plena calle.
² No toman en cuenta
que yo recuerdo todas sus maldades.
Ahora los acorralan sus propias
acciones,
que están siempre delante de mis
ojos.

La corrupción de los gobernantes

³ "Con su maldad y sus mentiras
mi pueblo divierte al rey y a los
jefes.
⁴ Todos ellos son adúlteros;
son como el horno, que una vez
encendido
deja el hornero de atizarlo
mientras fermenta la masa.
⁵ En el día de la coronación de
nuestro rey,

los jefes le hicieron enfermar con el
calor del vino.
¡Y él tendió la mano a los que se
burlaban!
⁶ Disponen su corazón para la intriga,
como si dispusieran un horno;
duerme el hornero toda la noche,
pero a la mañana el horno sigue
bien encendido.²¹
⁷ Sí, todos ellos arden como un horno
que devoró a sus gobernantes.
Todos sus reyes han caído,
y no hay ni uno solo que me
invoque.

El pueblo que se apartó de su Dios

⁸ "Efraín se ha mezclado con otros
pueblos.
Efraín es como una torta
cocida solamente por un lado.
⁹ Gente extraña ha acabado con sus
fuerzas
sin que él se diera cuenta.
¡Hasta el pelo se le puso blanco
sin que él se diera cuenta!
¹⁰ El orgullo de Israel es testigo en
contra suya.
Con todo, ellos no se volvieron
ni buscaron al Señor su Dios.
¹¹ Efraín es como una paloma
atolondrada, sin inteligencia:
pide ayuda a Egipto,
acude luego a Asiria . . .
¹² Pero cuando vayan allá,
lanzaré mi red sobre ellos;
los haré caer como aves del cielo,
los atraparé a causa de su maldad.²²

¹³ "¡Ay de ellos por haberse apartado
de mí!
La destrucción los alcanzará
porque contra mí se han rebelado.
Yo quiero salvarlos,
pero ellos mienten en contra mía.
¹⁴ Aunque gritan cuando están en la
cama,
no me invocan de corazón.
Para pedir trigo y vino se hacen
heridas;²³'
¡se han rebelado contra mí!
¹⁵ Yo los había enseñado
y había dado fuerzas a sus brazos,
pero ellos planearon maldades
contra mí.
¹⁶ Se volvieron a los ídolos;²⁴
son como un arco torcido,
cuya flecha no da en el blanco.
Por hablar con insolencia
caerán sus jefes a filo de espada,
y en Egipto se burlarán de ellos.

---

²¹ *Disponen su corazón . . . encendido:* traducción probable. Heb. oscuro. ²² *A causa de su maldad:* texto probable. Heb. *conforme al informe de su asamblea.* ²³ *Se hacen heridas:* texto probable. Heb. *viven como forasteros.* ²⁴ *Se volvieron a los ídolos:* texto probable. Heb. *se volvieron, pero no hacia arriba.*
ʷ **6.6** Mt 9.13; 12.7. ˣ **6.6** 1 S 15.22; Pr 21.3; Am 5.22-24; Mi 6.6-8. ʸ **7.14** Dt 14.1; 1 R 18.28.

Israel condenado a causa de la idolatría

8 ¹ "Toca tu trompeta,
como centinela que vigila²⁵
sobre el pueblo del Señor.
Porque han faltado a mi pacto
y se han rebelado contra mi
enseñanza.
² Mientras tanto, vienen a mí
gritando:
'¡Te reconocemos como el Dios de
Israel!'²⁶
³ Pero Israel ha rechazado lo bueno,
y por eso lo perseguirán sus
enemigos.

⁴ "Sin contar conmigo han
establecido reyes,
y han nombrado jefes sin saberlo yo.
Han tomado su plata y su oro
para fabricarse ídolos
y destruirse a sí mismos.
⁵ ¡Me repugna el becerro que tú,
Samaria, adoras!ᶻ
Mi enojo se ha encendido en contra
de él.
¿Cuánto tardarán en quedar limpios
⁶ los israelitas?²⁷
¡Ese becerro de Samaria no es Dios!
Salió de manos de un artesano,
y será hecho pedazos.
⁷ Ellos sembraron vientos
y cosecharán tempestades;ᵃ
no tendrán campos que segar,
ni sacarán harina de sus espigas;
y si acaso llegan a sacarla,
los extranjeros se la comerán.
⁸ ¡Israel ha sido tragado!
Las otras naciones lo miran
como a un objeto sin valor,
⁹ por haber acudido a Asiria
como un terco asno salvaje.
¡Efraín dio regalos para comprarse
amantes!
¹⁰ Pero aunque dé regalos entre las
naciones,
yo voy ahora a dispersarlos,
y durante un tiempo dejarán de
surgir
reyes y jefes.²⁸

¹¹ "Porque Efraín construye multitud
de altares,
que sólo le sirven para pecar.
¹² Aunque yo escribí para él mis
muchas enseñanzas,
él las tuvo por cosa extraña.
¹³ A ellos les gustan los sacrificios, y
sacrifican,
y comen la carne de los sacrificios;

pero yo, el Señor, no estoy contento
con ellos:
recordaré las maldades que
cometieron,
y los castigaré por su pecado
haciéndolos regresar a Egipto.
¹⁴ Israel construye palacios,
pero se olvida de su creador.
Judá levanta muchas ciudades
fortificadas,
pero yo las haré arder en un fuego
que consumirá sus palacios."ᵇ

El castigo de Israel anunciado por Oseas

9 ¹ No te alegres, Israel;
no saltes de contento como otros
pueblos,
pues te has prostituido
al abandonar a tu Dios.
En las eras donde se trilla el grano,
te gusta recibir el pago de tus
prostituciones.
² El pueblo de Israel no tendrá trigo
ni vino;
su vino nuevo no será suficiente.
³ Efraín regresará a Egipto,
y en Asiria comerá alimentos
impuros.
No vivirán más en el país del Señor:
⁴ no beberán vino en honor del Señor,
ni le ofrecerán allí sus sacrificios.
El pan que coman será como pan de
duelo,
y quienes lo coman quedarán
impuros.
Ellos se comerán ese pan,
pero no podrán llevarlo al templo
del Señor.
⁵ ¿Qué harán ustedes en el día de la
fiesta,
de la solemne fiesta del Señor?
⁶ Ellos han huido de la destrucción;
Egipto los recogerá,
y en Menfis serán enterrados.
Sus tesoros de plata se llenarán de
ortigas,
y en su campamento crecerán los
espinos.

⁷ ¡Ya han llegado los días del castigo!ᶜ
¡Ya han llegado los días del pago
merecido!
¡Israel va a saber que ya han
llegado!
Ustedes dicen: "El profeta es un
necio.
El hombre inspirado es un loco."

---

²⁵ *Como centinela que vigila:* texto probable. Heb. *como águila.* ²⁶ *Te reconocemos . . . Israel:* texto probable. Heb. *Dios mío, te reconocemos, Israel.* ²⁷ *Israelitas:* texto probable. Heb. *porque de Israel.* ²⁸ *Pero aunque . . . reyes y jefes:* traducción probable. Heb. oscuro.
ᶻ **8.5** 1 R 12.28–32. ᵃ **8.7** Pr 22.8; Gá 6.7. ᵇ **8.14** Am 2.5. ᶜ **9.7** Lc 21.22.

Pero lo dicen porque están llenos de
maldad,
porque su odio es grande.
[8] Dios ha puesto a su profeta por
centinela[d] de Efraín,
pero ustedes tienden trampas a su
paso;
¡hasta en el templo de Dios le
odian![29]
[9] Se corrompieron completamente,
como en los tiempos de Gabaa.[e]
Pero el Señor se acordará de su
maldad
y castigará sus pecados.

Israel sufrirá las consecuencias de su pecado

[10] Dice el Señor:
"Cuando encontré a Israel, me
alegré
como el que encuentra uvas en el
desierto.
Los antepasados de ustedes fueron a
mis ojos
como los higos tempranos.
Pero cuando llegaron a Baal-peor[f]
se consagraron a los dioses falsos,
y se hicieron tan despreciables
como los ídolos que ellos amaban.
[11] La grandeza de Efraín volará como
un ave.
No nacerán más niños,
no habrá más mujeres embarazadas,
no se concebirán más hijos.
[12] Y aun si lograran criar a sus hijos,
yo se los quitaría sin dejarles
ninguno.
¡Ay de esta gente cuando me aparte
de ella!
[13] Veo que Efraín trata a sus hijos
como si fueran presa de cazadores:
los saca para entregarlos a la
matanza."[30]

[14] ¡Dales, Señor, lo que hayas de
darles!
¡Dales vientres estériles y pechos sin
leche!

Enojo del Señor contra Efraín

[15] Dice el Señor:
"En Gilgal hicieron todo lo malo,[g]
y allí comencé a odiarlos.
Por la maldad de sus acciones
los voy a echar de mi casa;
no voy a seguir amándolos,
pues todos sus jefes son rebeldes.
[16] Efraín está herido;
es como un árbol de raíces secas

que ha dejado de dar fruto.
Aunque tenga hijos,
yo los haré morir."
[17] Este pueblo no ha querido
hacerle caso a mi Dios;
por eso mi Dios va a rechazarlo,
y andarán errantes entre las
naciones.[h]

Destrucción de los altares de Israel

10 [1] Israel es como una vid llena de
uvas;
pero cuanto más abundante era su
fruto,
más altares se construía,
cuanto más hermosa era su tierra,
más hermosas eran sus piedras
sagradas.
[2] Israel tiene el corazón dividido,
y ahora va a pagar por su pecado.
El Señor destruirá sus altares
y derribará sus piedras sagradas.

[3] Ahora este pueblo dirá:
"No tenemos rey
porque no tenemos reverencia al
Señor.
Pero ¿qué podría hacer un rey por
nosotros?
[4] Tan sólo hablar y hablar,
prometer en falso y firmar pactos;
su justicia sería como una planta
venenosa
que crece entre los surcos del
campo."

[5] La gente de Samaria tiembla;
llora la pérdida del becerro[i] de Bet-
avén.[31]
Por él se están lamentando
el pueblo y los sacerdotes,
porque su gloria ha desaparecido.
[6] Aun el propio becerro será llevado a
Asiria
para ofrecérselo al gran rey.
Así Efraín quedará avergonzado:
Israel se avergonzará de su ídolo.[32]
[7] Desaparecerá el rey de Samaria
como una astilla que flota sobre el
agua.
[8] Serán destruidos los santuarios
paganos
donde el pueblo de Israel pecaba.
Sobre sus altares crecerán cardos y
espinos,
y la gente les dirá a los montes:
"¡Cúbrannos!",
y a los cerros: "¡Caigan sobre
nosotros!"[j]

[29] Dios ha puesto . . . le odian: traducción probable. Heb. oscuro. [30] Veo que Efraín . . . la matanza: texto probable. Heb. oscuro. [31] Véase nota en 4.15. [32] Ídolo: texto probable. Heb. propósito.
[d] 9.8 Is 21.6,11; Jer 6.17; Ez 3.16-21; 33.1-9. [e] 9.9 Jue 19.1-30. [f] 9.10 Nm 25.1-5. [g] 9.15 Os 4.15; 12.11; Am 5.5.
[h] 9.17 Dt 28.64-65. [i] 10.5 Os 8.5. [j] 10.8 Lc 23.30; Ap 6.16.

Sentencia del Señor contra Israel

9 Dice el Señor:
"Israel no ha dejado de pecar
desde que comenzó a hacerlo en
Gabaa.*
¡En su pecado persisten!
Por eso, la guerra
alcanzará a estos malvados en
Gabaa.
10 Castigaré a este pueblo cuando yo
quiera.
Contra él se juntarán naciones
cuando yo lo castigue por su gran
maldad.

11 "Efraín era como una novilla
domada
que gustaba de trillar el grano.
Yo he puesto yugo ahora
sobre su hermoso cuello,
para que tire del carro;
y Judá tirará del arado,
y Jacob tirará del rastrillo.
12 Les dije: Siembren ustedes justicia
y recojan cosecha de amor.
Preparen la tierra para un nuevo
cultivo,*
porque es tiempo de buscar al
Señor,
hasta que él venga y traiga
lluvia de salvación sobre ustedes.*
13 Pero ustedes han cultivado la
maldad,
han cosechado la injusticia
y han comido los frutos de la
mentira.

"Por haber confiado en tus carros
de guerra[33]
y en tus muchos guerreros,
14 habrá alboroto entre tu gente
y todas tus fortalezas serán
asoladas,
como asoló a Bet-arbel el rey
Salmán
el día de la batalla,
cuando aplastaron a la madre con
los hijos.
15 Esto mismo les pasará a ustedes,
habitantes de Betel,
por causa de su gran maldad.
¡El rey de Israel
morirá al nacer el día!

Dios ama a su pueblo rebelde

11 ¹ "Cuando el pueblo de Israel era
niño, yo lo amaba;
a él, que era mi hijo, lo llamé de
Egipto.*
2 Pero cuanto más lo llamaba,
más se apartaba de mí.
Mi pueblo ofrecía sacrificios a los
dioses falsos
y quemaba incienso a los ídolos.
3 Con todo, yo guié al pueblo de
Efraín
y lo enseñé a caminar;
pero ellos no comprendieron que era
yo quien los cuidaba.[34]
4 Con lazos de ternura, con cuerdas
de amor,
los atraje hacia mí;
los acerqué a mis mejillas
como si fueran niños de pecho;[35]
me incliné a ellos para darles de
comer,
5 pero ellos no quisieron volverse a
mí.
Por eso tendrán que regresar a
Egipto,
y Asiria reinará sobre ellos.
6 La espada caerá sobre sus ciudades
y acabará con sus fortalezas,
destruyéndolos a causa de los planes
que hacen.
7 Mi pueblo persiste en estar alejado
de mí;
gritan hacia lo alto, pero nadie los
ayuda.

8 "¿Cómo podré dejarte, Efraín?
¿Cómo podré abandonarte, Israel?
¿Podré destruirte como destruí la
ciudad de Adma,
o hacer contigo lo mismo que hice
con Zeboim?*
¡Mi corazón está conmovido,
lleno de compasión por ti!
9 No actuaré según el ardor de mi ira:
no volveré a destruir a Efraín,
porque yo soy Dios, no hombre.
Yo soy el Santo, que estoy en medio
de ti,
y no he venido a destruirte."[36]

10 Ellos seguirán al Señor,
y él rugirá como un león.
Rugirá, y los suyos
vendrán temblando de occidente.
11 "Como aves, vendrán temblando de
Egipto;
vendrán de Asiria, como palomas;
y haré que habiten de nuevo en sus
casas.
Yo, el Señor, lo afirmo.

---

[33] *Tus carros de guerra:* según la versión griega. Heb. *en tu camino.*   [34] *Quien los cuidaba:* lit. *quien los sanaba.*   [35] *Los acerqué . . . niños de pecho:* texto probable. Heb. oscuro.   [36] *Y no he venido a destruirte:* texto probable. Heb. *y no he de venir a la ciudad.*
k 10.9 Jue 19.1–30.   *l* 10.12 Jer 4.3.   *m* 10.12 Is 44.3; 45.8; Os 6.3.   *n* 11.1 Ex 4.22; Mt 2.15.
ñ 11.8 Dt 29.23.

La maldad del pueblo de Dios

¹² ᵒ"Efraín me ha rodeado de mentiras;
me ha rodeado de engaños el pueblo
de Israel.
Judá se ha separado de Dios,
y ahora es fiel a los ídolos.³⁷

12 ¹ Efraín se alimenta de aire:
todo el día va tras el viento del
este.
Aumenta sus mentiras y violencias,
hace pactos con Asiria
y manda regalos de aceite a Egipto."

² El Señor le ha puesto pleito a
Israel.³⁸
Va a castigar al pueblo de Jacob por
su conducta;
le va a pagar como merecen sus
acciones.
³ Aun antes de nacer, Jacob suplantó
a su hermano,ᵖ
y cuando ya fue hombre luchó con
Dios.
⁴ Luchó con un ángel, y lo venció;
lloró y pidió que le tuviera
compasión.�q
Dios lo encontró en Betelʳ
y habló con él allí.
⁵ El Señor, el Dios todopoderoso:
¡el Señor es su nombre!
⁶ Así pues, Israel, vuélvete a tu Dios;
actúa con lealtad y rectitud,
y confía siempre en tu Dios.

⁷ Dice el Señor:
"Canaán tiene en su mano pesas
falsas,
porque le gusta estafar.
⁸ Efraín dice: '¡Sí, me he hecho rico,
me he encontrado una fortuna;
pero nadie podrá acusarme
de haber obtenido mis ganancias
por medios deshonestos!'
⁹ Yo, el Señor, que soy tu Dios
desde que estabas en Egipto,
haré que vivas de nuevo en tiendas
de campaña,
como en los días de nuestro
encuentro en el desierto.

¹⁰ "Yo hablé a los profetas
y aumenté el número de sus
visiones,
y por medio de ellos hablé en
parábolas.
¹¹ En Galaad hay dioses paganos,
pero sólo son falsos dioses.
En Gilgal se ofrecen sacrificios de
toros;
sus altares son como montones de
piedras
entre los surcos del campo."

¹² Jacob huyó a los campos de Aram, y
allí, para conseguir esposa, trabajó cuidando ovejas.ˢ ³ Por medio de un profeta, el Señor sacó de Egipto al pueblo de
Israel;ᵗ ¡por medio de un profeta, cuidó de
él!

¹⁴ La gente de Efraín ha irritado al
Señor,
le ha causado un amargo disgusto.
Por eso el Señor les hará pagar los
crímenes cometidos,³⁹
y hará caer sobre ellos sus propias
maldades.

La ruina total de Israel

13 ¹ Cuando la gente de Efraín
hablaba,
las otras tribus de Israel mostraban
respeto;
pero Efraín murió cuando se hizo
culpable
por haber adorado a Baal.
² ¡Y todavía siguen pecando!
Funden su plata y se hacen ídolos
según se les ocurre y a gusto de los
artesanos.
Luego dicen: "¡Ofrézcanles
sacrificios!",
y la gente besa ídolos que tienen
forma de becerro.
³ Por eso serán como la niebla de la
mañana,
como el rocío de madrugada, que
temprano desaparece,
como la paja que se lleva el viento,ᵘ
como el humo que sale por la
chimenea.

⁴ Dice el Señor:
"Yo, el Señor, soy tu Dios
desde que estabas en Egipto:
No reconozcas como Dios a nadie
sino a mí,
pues sólo yo soy tu salvador.ᵛ
⁵ Yo te cuidé en las tierras ardientes
del desierto.

⁶ "Pero cuando ustedes tuvieron
comida de sobra,
su corazón se llenó de orgullo
y se olvidaron de mí.ᵂ

---

³⁷ Efraín me . . . a los ídolos: traducción probable. Heb. oscuro. ³⁸ Israel: texto probable. Heb. Judá. ³⁹ Les hará pagar los crímenes cometidos: otra posible traducción: los hará culpables de su propia muerte.
ᵒ Los vs. 11.12—12.14 corresponden a los vs. 12.1-15 en el texto hebreo. ᵖ 12.3 Gn 25.26. q 12.3–4 Gn 32.24–26.
ʳ 12.4 Gn 28.10–22. ˢ 12.12 Gn 29.1–20. ᵗ 12.13 Ex 12.50-51. ᵘ 13.3 Sal 1.4; Jer 13.24; Os 13.3; Sof 2.2. ᵛ 13.4 Ex 20.2; Is 43.11; 45.21. ᵂ 13.5–6 Dt 8.11-17.

⁷ Por lo tanto, voy a ser para ellos
  como un león,
como un leopardo que los aceche en
  el camino.
⁸ Voy a salir a su encuentro como
  una osa
que ha perdido sus cachorros,
y les despedazaré el corazón.
Como un león, los devoraré allí
  mismo;
como una fiera, los destrozaré.
⁹ Voy a destruirte, Israel,
y nadie podrá evitarlo.
¹⁰ Pues ¿dónde está ahora tu rey,
que te salve en todas tus ciudades?
¿Dónde están tus caudillos,
a quienes pediste rey y jefes?ˣ
¹¹ Enojado contigo, te di reyes,ʸ
y enojado contigo, te los quité.ᶻ

¹² "La maldad de Efraín está anotada;
su pecado ha quedado registrado.
¹³ A Israel le ha llegado el momento
  de nacer,
pero es un hijo tan torpe
que ni siquiera es capaz de colocarse
en la debida posición para el parto.
¹⁴ ¿Y habré de librarlos del poder del
  sepulcro?
¿Habré de rescatarlos de la
  muerte? . . .
¿Dónde está,⁴⁰ muerte, tu poder
destructor?
¿Dónde están,⁴⁰ sepulcro, tus males?ᵃ
¡Ya no tendré compasión de esta
gente!"
¹⁵ Aunque Israel florezca como la
  hierba,⁴¹
vendrá el viento del este,
el fuerte viento que sopla del
  desierto,
y secará y agotará sus fuentes y
  manantiales.
El enemigo le arrebatará el tesoro
de sus ricas joyas.
¹⁶ ᵇ El pueblo de Samaria llevará su
  castigo
por haberse rebelado contra su Dios.
Morirán a filo de espada,
sus niños serán estrellados contra el
  suelo
y las mujeres embarazadas serán
abiertas en canal.

Oseas suplica a Israel que vuelva al Señor

14 ¹ ¡Vuélvete, Israel, al Señor tu Dios,
tú que caíste a causa de tu
pecado!
² Vuélvanse al Señor
llevando con ustedes esta oración:
"Perdona toda nuestra maldad
y recibe con benevolencia
las alabanzas que te ofrecemos.ᶜ
³ Asiria no puede salvarnos,
ni tampoco escaparemos a caballo.
Ya no llamaremos 'Dios nuestro'
a nada fabricado por nosotros
mismos,
porque solamente en ti, Señor,
el huérfano encuentra compasión."

El Señor promete nueva vida a Israel

⁴ Dice el Señor:
"Voy a curarlos de su rebeldía;
voy a amarlos aunque no lo
merezcan,
pues ya se ha apartado de ellos mi
ira.ᵈ
⁵ Voy a ser para Israel como el rocío,
y él dará flores, como los lirios.
Sus raíces serán tan firmes
como el monte Líbano;
⁶ sus ramas se extenderán
hermosas como las ramas del olivo,
y será su aroma como el de los
cedros del Líbano.
⁷ Israel vivirá de nuevo bajo mi
protección;
entonces crecerán como el trigo,
florecerán como la vid
y serán famosos como el vino del
Líbano.
⁸ Efraín dirá: '¿Qué me importan ya
los ídolos?'
¡Yo soy quien atiendo y cuido a mi
pueblo!
Yo soy como un pino siempre verde,
y en mí encontrará mi pueblo su
fruto."

Conclusión

⁹ Que los sabios y prudentes
entiendan este mensaje:
Los caminos del Señor son rectos,
y los justos los siguen;
pero los malvados tropiezan en
ellos.ᵉ

---

⁴⁰ *¿Dónde está* y *¿Dónde están:* según la versión griega. Heb. *yo seré.* ⁴¹ *Como la hierba:* texto probable.
Heb. *hijo de hermanos.*
ˣ **13.10** 1 S 8.5–6. ʸ **13.11** 1 S 10.17–24. ᶻ **13.11** 1 S 15.26. ᵃ **13.14** 1 Co 15.55. ᵇ Los vs. 13.16—
14.9 corresponden a los vs. 14.1–10 en el texto hebreo. ᶜ **14.1–2** Is 55.6–7. ᵈ **14.4** Jer 30.15–17. ᵉ **14.9** Sal 1.6;
Pr 4.7–12,18–19.

JOEL

El marco de la profecía de Joel es una terrible plaga, tan común como temida en Palestina, tras la cual sobreviene una sequía igualmente terrible (1.1—2.11). El profeta trasmite el llamado de Dios al pueblo a arrepentirse, y su promesa de restauración y bendición (2.12–29). Grandes prodigios y señales anunciarán la llegada del Día del Señor, cuando él castigará a quienes se opongan a su voluntad; pero quienes recurran a él serán salvos. Dios liberará y restaurará a Judá, y hará de una Sión restaurada y purificada, su residencia.

A diferencia de otros profetas, Joel no da ninguna referencia de sí mismo ni de la época en que profetiza. Pero, según parece probable, el libro se escribió en el llamado periodo persa, entre los siglos quinto y cuarto a. C.

Las langostas arruinan las cosechas

1 ¹ Este es el mensaje que el Señor dirigió a Joel, hijo de Petuel.

² Oigan bien esto, ancianos,
y todos ustedes, habitantes del país.
¿Han visto ustedes nunca cosa
    semejante?
¿Se vio nunca cosa igual en tiempos
    de sus padres?
³ Cuéntenlo a sus hijos,
y que ellos lo cuenten a los suyos,
y éstos a los que nazcan después.
⁴ Todo se lo comieron las langostas:[a]
lo que unas dejaron, otras vinieron
y lo devoraron.[1]

⁵ ¡Ustedes, borrachos, despierten!
¡Échense a llorar, bebedores de vino,
porque aun el jugo de la uva les van
    a quitar!
⁶ Pues la langosta, como un ejército
    fuerte y numeroso,
de dientes de león y colmillos de
    leona,[b]
ha invadido mi país.
⁷ Ha destruido nuestros viñedos,
ha destrozado nuestras higueras;
las ha pelado por completo,
hasta dejar blancas sus ramas.
⁸ Como novia que llora y se viste de
    luto
por la muerte de su prometido,
⁹ así lloran los sacerdotes
porque en el templo ya no hay
    cereales ni vino
para las ofrendas del Señor.
¹⁰ Los campos están desolados;
las tierras están de luto.
El trigo se ha perdido,
los viñedos se han secado
y los olivos están marchitos.
¹¹ Ustedes, los que trabajan en campos
    y viñedos,
lloren entristecidos,
pues se echaron a perder las
    siembras
y las cosechas de trigo y de cebada.
¹² Se han secado los viñedos
y se han perdido las higueras.
Secos quedaron también
los granados, las palmeras, los
    manzanos
y todos los árboles del campo.
¡Así se ha perdido la alegría de toda
    la gente![c]
¹³ Ustedes, sacerdotes, ministros del
    altar,
vístanse de ropas ásperas y lloren de
    dolor,
porque en el templo de su Dios
ya no hay cereales ni vino para las
    ofrendas.

¹⁴ Convoquen al pueblo y proclamen
    ayuno;
junten en el templo del Señor su
    Dios
a los ancianos y a todos los
    habitantes del país,
e invoquen al Señor.
¹⁵ ¡Ay, se acerca el día del Señor!
¡Día terrible, que nos trae
    destrucción
de parte del Todopoderoso![d]
¹⁶ Ante nuestros ojos nos quitaron la
    comida,
y se acabó la alegría en el templo de
    nuestro Dios.
¹⁷ La semilla murió en el surco,
el trigo se ha perdido
y los graneros están en ruinas.
¹⁸ ¡Cómo muge el ganado!
En vano buscan pasto las vacas;
los rebaños de ovejas se están
    muriendo.

¹⁹ ¡A ti clamo, Señor,
pues el fuego ha quemado
la hierba del desierto y los árboles
    del campo!

---

[1] Para describir de una manera gráfica la acción destructora de las langostas, el hebreo las menciona bajo cuatro nombres distintos, que probablemente corresponden a cuatro etapas de su desarrollo.
a 1.4 Dt 28.38; Jl 2.2–11; Am 4.9; 7.1.   b 1.6 Ap 9.8.   c 1.10–12 Os 4.3; Am 4.6–9.   d 1.15 Is 13.6; Ez 30.2–3; Sof 1.14–18.

20 ¡Aun los animales salvajes claman a
ti,
porque se han secado los arroyos
y el fuego quema los pastizales!ᵉ

2 ¹ Toquen la trompeta en el monte
Sión;
den el toque de alarma en el santo
monte del Señor.
Tiemblen todos los que viven en
Judá,
porque ya está cerca el día del
Señor:
² día de oscuridad y tinieblas,
día de nubes y sombras.

El ataque de las langostas

Un ejército fuerte y numeroso
se ha desplegado sobre los montes
como la luz del amanecer.
Nunca antes se vio, ni se verá
jamás,
nada que se le parezca.
³ Son como el fuego, que todo lo
devora,
que ya quema antes de pasar,
y aun después que ha pasado.
La tierra, que antes de su llegada
era un paraíso,
cuando se van parece un desierto.
¡No hay nada que se les escape!
⁴ Su aspecto es como de caballos,
corren como jinetes
⁵ y su estruendo al saltar sobre los
montes
es como el estruendo de los carros
de guerra,
como el crujir de las hojas secas que
arden en el fuego.
Son como un ejército poderoso
en formación de batalla.ᶠ
⁶ La gente tiembla al verlas,
y todas las caras palidecen.
⁷ Como valientes hombres de guerra,
corren, trepan por los muros
y avanzan de frente,
sin torcer ninguna su camino.
⁸ No se atropellan unas a otras;
cada una sigue su camino,
y se lanzan entre las flechas
sin romper la formación.
⁹ Asaltan la ciudad,
corren sobre los muros,
trepan por las casas
y como ladrones se cuelan por las
ventanas.

¹⁰ La tierra tiembla ante ellas,
el cielo se estremece,
el sol y la luna se oscurecen
y las estrellas pierden su brillo.ᵍ

¹¹ El Señor, al frente de su ejército,
hace oír su voz de trueno.
Muy numeroso es su ejército;
incontables los que cumplen sus
órdenes.
¡Qué grande y terrible es el día del
Señor!
No hay quien pueda resistirlo.ʰ

La misericordia del Señor

¹² "Pero ahora —lo afirma el Señor—,
vuélvanse a mí de todo corazón.
¡Ayunen, griten y lloren!"ⁱ
¹³ ¡Vuélvanse ustedes al Señor su Dios,
y desgárrense el corazón
en vez de desgarrarse la ropa!
Porque el Señor es tierno y
compasivo,
paciente y todo amor,ʲ
dispuesto siempre a levantar el
castigo.
¹⁴ Tal vez decida no castigarlos a
ustedes,
y les envíe bendición:
cereales y vino
para las ofrendas del Señor su Dios.

¹⁵ ¡Toquen la trompeta en el monte
Sión!
Convoquen al pueblo y proclamen
ayuno;
¹⁶ reúnan al pueblo de Dios, y
purifíquenlo;
reúnan a los ancianos, a los niños
y aun a los niños de pecho.
¡Que hasta los recién casados
salgan de la habitación nupcial!
¹⁷ Lloren los sacerdotes, los ministros
del Señor,
y digan entre el vestíbulo y el altar:
"Perdona, Señor, a tu pueblo;
no dejes que nadie se burle de los
tuyos;
no dejes que otras naciones los
dominen
y que los paganos digan:
¿Dónde está su Dios?' "ᵏ

¹⁸ Entonces el Señor mostró su amor por
su país; compadecido de su pueblo, ¹⁹ dijo:

"Voy a enviarles trigo, vino y aceite,
hasta que queden satisfechos;
y no volveré a permitir
que los paganos se burlen de
ustedes.
²⁰ Alejaré de ustedes las langostas que
vienen del norte,
y las echaré al desierto.
Ahogaré su vanguardia en el Mar
Muerto

ᵉ **1.19-20** Am 7.4-5. ᶠ **2.4-5** Ap 9.7-9. ᵍ **2.10** Am 8.9; Ap 8.12. ʰ **2.11** Ap 6.17. ⁱ **2.12** Dt 4.29; Jer 29.13.
ʲ **2.13** Ex 34.6; Neh 9.17; Sal 86.15. ᵏ **2.17** Sal 79.10.

y su retaguardia en el Mediterráneo,
y sus cuerpos se pudrirán y
apestarán.
¡Voy a hacer grandes cosas!"

21 Alégrate mucho, tierra, y no tengas
miedo,
porque el Señor va a hacer grandes
cosas.
22 No tengan miedo, animales salvajes,
pues los pastizales reverdecerán,
los árboles darán su fruto,
y habrá higos y uvas en abundancia.
23 ¡Alégrense ustedes, habitantes de
Sión,
alégrense en el Señor su Dios!
Él les ha dado las lluvias en el
momento oportuno,
las lluvias de invierno y de
primavera,
tal como antes lo hacía.
24 Habrá una buena cosecha de trigo
y gran abundancia de vino y aceite.

25 "Yo les compensaré a ustedes
los años que perdieron
a causa de la plaga de langostas,
de ese ejército destructor
que envié contra ustedes.
26 Ustedes comerán hasta quedar
satisfechos,
y alabarán al Señor su Dios,
pues yo hice por ustedes grandes
maravillas.
Nunca más quedará mi pueblo
cubierto de vergüenza,
27 y ustedes, israelitas, habrán de
reconocer
que yo, el Señor, estoy con ustedes,
que yo soy su Dios, y nadie más.[l]
¡Nunca más quedará mi pueblo
cubierto de vergüenza!

Viene el espíritu de Dios

28 [m]"Después de estas cosas
derramaré mi espíritu sobre toda la
humanidad:[n]
los hijos e hijas de ustedes
hablarán de mi parte,
los viejos tendrán sueños
y los jóvenes visiones.
29 También sobre siervos y siervas
derramaré mi espíritu en aquellos
días;
30 mostraré en el cielo grandes
maravillas,
y sangre, fuego y nubes de humo en
la tierra.
31 El sol se volverá oscuridad,
y la luna como sangre,[ñ]
antes que llegue el día del Señor,
día grande y terrible."
32 Pero todos los que invoquen el
nombre del Señor
lograrán salvarse de la muerte,[o]
pues en el monte Sión, en Jerusalén,
estará la salvación,
tal como el Señor lo ha prometido.
Los que él ha escogido quedarán
con vida.

3 1 "Cuando llegue ese momento—dice
el Señor—
haré que cambie la suerte de Judá y
Jerusalén.
2 Reuniré a todas las naciones,
las llevaré al valle de Josafat[2]
y allí las juzgaré por lo que hicieron
con mi pueblo Israel.
Pues dispersaron a los israelitas por
todo el mundo,
y se repartieron mi país.

3 Se repartieron mi pueblo echándolo
a suertes,
vendieron a los niños y a las niñas,
y luego se gastaron el dinero
en vino y prostitutas.

Juicio del Señor contra las naciones

4 "¿Qué quieren ustedes de mí, Tiro, Sidón[p] y Filistea?[q] ¿Quieren vengarse de mí?
¿Quieren cobrarse algo? ¡Pues muy pronto
les daré su merecido! 5 Ustedes robaron
mi plata y mi oro, y se llevaron mis tesoros a sus templos. 6 Se llevaron lejos a la
gente de Judá, a los habitantes de Jerusalén, y los vendieron como esclavos a los
griegos. 7 Pero yo voy a sacarlos del lugar
donde los vendieron, y voy a hacer que
ustedes sufran la misma suerte. 8 Venderé
sus hijos e hijas a los judíos, para que
ellos los vendan a los sabeos, gente de tierras lejanas. Yo, el Señor, lo he dicho."

9 Anuncien esto a las naciones:
¡Declaren la guerra santa!
¡Llamen a los valientes!
¡Que vengan y avancen los
guerreros!
10 Que hagan espadas de sus azadones
y lanzas de sus hoces,[r]
y que el débil diga: "¡Yo soy fuerte!"
11 Todas ustedes, naciones vecinas,
¡dense prisa, vengan a reunirse!

[2] En hebreo, *Josafat* significa *el Señor juzgó.*
[l] **2.27** Is 42.8; 45.5–6,18; Ez 36.11. [m] Los vs. 2.28—3.21 corresponden a los vs. 3.1—4.21 en el texto hebreo.
[n] **2.28–32** Hch 2.17–21. [ñ] **2.31** Mt 24.29; Mr 13.24–25; Lc 21.25; Ap 6.12–13. [o] **2.32** Ro 10.13. [p] **3.4–8** Is 23.1–18; Ez 26—28; Am 1.9–10; Zac 9.1–4; Mt 11.21–22; Lc 10.13–14. [q] **3.4–8** Is 14.29–31; Jer 47; Ez 25.15–17; Am 1.6–8; Sof 2.4–7; Zac 9.5–7. [r] **3.10** Is 2.4; Mi 4.3.

¡Que aun el pacífico se convierta en
un guerrero![3]
12 Prepárense las naciones
y acudan al valle de Josafat,
pues allí juzgará el Señor
a todas las naciones vecinas.
13 Porque ellos son tan malvados,
córtenlos como a trigo maduro,
pues ya es el tiempo de la cosecha;[s]
aplástenlos como a uvas,
pues ya está todo listo para hacer el
vino.[t]
14 Hay grandes multitudes en el valle
de la Decisión,
porque ya está cerca el día del
Señor.
15 El sol y la luna se oscurecen
y las estrellas pierden su brillo.
16 Cuando el Señor hace oír su voz de
trueno
desde el monte Sión, en Jerusalén,[u]
el cielo y la tierra se ponen a
temblar.
Pero el Señor es un refugio
protector
para los israelitas, que son su
pueblo.

Futuro glorioso de Judá

17 "Ustedes reconocerán que yo, el
Señor su Dios,
vivo en Sión, mi santo monte.
Jerusalén será una ciudad santa:
jamás volverán a conquistarla los
extranjeros.
18 En aquel día, el vino y la leche
correrán como agua por montes y
colinas,
y los arroyos de Judá llevarán agua
en abundancia.
De mi templo brotará un manantial
que regará el valle de Sitim.[v]
19 Egipto quedará en ruinas,
y Edom será convertido en un
desierto,
porque atacaron a los habitantes de
Judá
y en su país derramaron sangre
inocente.[w]
20-21 Yo vengaré su muerte; no perdonaré al
culpable.[4]
Pero Judá y Jerusalén estarán siempre
habitadas,
y yo, el Señor, viviré en el monte
Sión."

3 *¡Que aun el pacífico se convierta en un guerrero!:* según la versión griega. Heb. *Haz venir, Señor, a tus valientes.*   4 *Yo vengaré su muerte; no perdonaré al culpable:* según algunas versiones antiguas. Heb. oscuro.
s 3.13 Ap 14.14–16.   t 3.13 Is 63.3; Lm 1.15; Ap 14.19–20; 19.15.   u 3.16 Jer 25.30; Am 1.2.   v 3.18 Ez 47.1–12.
w 3.19 Abd 10.

AMÓS

Amós no sólo es, en cuanto al tiempo, el primero de los grandes profetas del siglo de oro de la profecía hebrea (octavo a. C.), sino también el primer profeta de la Biblia cuyo mensaje se recogió con amplitud. Provenía de un pequeño poblado de Judá, y era un simple pastor. Pero fue llamado a predicar en Israel, el reino del norte, que en aquel tiempo gozaba de notable prosperidad pero en el que también imperaban la inmoralidad y la injusticia. La vida religiosa estaba plagada de insinceridad e infiltrada de paganismo y, frente al lujo insolente de los adinerados, las masas populares vivían extorsionadas y en la mayor miseria.

Amós comienza con una serie de profecías contra las naciones vecinas (1.1—2.5). Pero pronto se vuelve contra Israel y Judá, que no por formar el pueblo escogido son exceptuados del juicio severo de Dios sobre el pecado. Su primer mensaje es, pues, que Dios es el Señor de todas las naciones, que la vara de medir de su juicio se aplica a todas ellas sin excepción, y que el pueblo escogido no sólo no escapa a él sino que, precisamente por ser escogido, tiene mayor responsabilidad y es juzgado con más severidad (2.6—6.14). Las cinco visiones con que termina el libro (7.1—9.15) tienen como tema el juicio soberano de Dios, pero en la primera se revela también su misericordia. La conclusión del libro es una promesa de la futura restauración de Israel.

Amós es considerado con razón como el profeta por excelencia de la justicia social. Pero su demanda de justicia social no es realmente el centro de su mensaje, sino un derivado de su proclama central: la verdadera naturaleza de Dios, como Señor universal de la justicia. Denuncia las injusticias sociales por la iniquidad de ellas en sí, pero sobre todo porque constituyen también una ofensa y una rebeldía contra el Dios de la justicia. Las ardientes proclamas sociales del profeta son natural y obligada consecuencia de su teología.

Juicios sobre las naciones vecinas

1 [1] Este es el mensaje que Amós, pastor de ovejas del poblado de Tecoa, recibió de parte de Dios acerca de Israel, dos años antes del terremoto, en tiempos de Uzías,[a] rey de Judá, y de Jeroboam,[b] hijo de Joás, rey de Israel.

[2] Cuando el Señor hace oír su voz de
  trueno
desde el monte Sión, en Jerusalén,[c]
las tierras de pastos se marchitan
y se reseca la cumbre del Carmelo.

[3] Así dice el Señor:
"Los de Damasco[d] han cometido
  tantas maldades
que no dejaré de castigarlos;
pues trillaron a los de Galaad[e] con
  trillos de hierro.
[4] Por eso pondré fuego a la casa real
  de Hazael,
y ese fuego destruirá los palacios de
  Ben-hadad.[f]
[5] Abriré a la fuerza las puertas de
  Damasco;
destruiré al que reina en Bicat-avén[1]
y al que gobierna en Bet-edén,[2]
y los sirios serán llevados cautivos a
  Kir."[g]
Lo dice el Señor.

[6] Así dice el Señor:
"Los de Gaza han cometido tantas
  maldades
que no dejaré de castigarlos;
pues se llevaron cautivo a todo un
  pueblo
y lo vendieron en Edom como
  esclavo.[h]
[7] Por eso pondré fuego a los muros de
  Gaza,
y ese fuego destruirá sus palacios.
[8] Destruiré al que reina en Asdod
y al que gobierna en Ascalón.
¡Con todo mi poder me lanzaré
  contra Ecrón,
y hasta el último filisteo[i] morirá!"
Lo dice el Señor.

[9] Así dice el Señor:
"Los de Tiro[j] han cometido tantas
  maldades
que no dejaré de castigarlos;
pues entregaron cautivo al poder de
  Edom
a todo un pueblo con el que tenían
  un pacto de hermanos.

[10] Por eso pondré fuego a los muros de
  Tiro,
y ese fuego destruirá sus palacios."

[11] Así dice el Señor:
"Los de Edom[k] han cometido tantas
  maldades
que no dejaré de castigarlos;
pues, espada en mano y sin
  compasión,
persiguieron a sus hermanos
  israelitas.
Dieron rienda suelta a su enojo,
y su odio fue implacable.
[12] Por eso pondré fuego a Temán,
y ese fuego destruirá los palacios de
  Bosra."

[13] Así dice el Señor:
"Los de Amón[l] han cometido tantas
  maldades
que no dejaré de castigarlos;
pues, en su afán de agrandar su
  territorio,
abrieron en canal a las mujeres
  embarazadas de la región de
  Galaad.
[14] Por eso pondré fuego a los muros de
  Rabá,
y ese fuego destruirá sus palacios
entre clamores de batalla
y estruendo de día tempestuoso.
[15] Y su rey marchará al destierro,
junto con todos sus hombres
  importantes."
Lo dice el Señor.

2 [1] Así dice el Señor:
"Los de Moab[m] han cometido tantas
  maldades
que no dejaré de castigarlos;
pues quemaron los huesos del rey de
  Edom
hasta convertirlos en ceniza.
[2] Por eso pondré fuego a la región de
  Moab,
y ese fuego destruirá los palacios de
  Queriot;
y entre clamores de batalla
y toques de trompeta,
los moabitas morirán.
[3] ¡Quitaré al rey de en medio de su
  pueblo;
lo mataré, y con él a sus hombres
  importantes "
Lo dice el Señor.

[4] Así dice el Señor:
"Los de Judá han cometido tantas
  maldades

---

[1] En hebreo, *Bicat-avén* significa *valle de iniquidad.* Probable juego de palabras para aludir al distrito de Bit Adín, en Siria.   [2] En hebreo, *Bet-edén* significa *casa de placer.*
[a] **1.1** 2 R 15.1–7; 2 Cr 26.1–23.   [b] **1.1** 2 R 14.23–29.   [c] **1.2** Jer 25.30; Jl 3.16.   [d] **1.3–5** Is 17.1–3; Jer 49.23–27; Zac 9.1.
[e] **1.3** 2 R 10.32–33.   [f] **1.4** 2 R 13.3.   [g] **1.5** 2 R 16.9.   [h] **1.6** 2 Cr 21.16–17; Jl 3.4–8.   [i] **1.6–8** Is 14.29–31; Jer 47;
Ez 25.15–17; Jl 3.4–8; Sof 2.4–7; Zac 9.5–7.   [j] **1.9–10** Is 23; Ez 26.1—28.19; Jl 3.4–8; Zac 9.1–4; Mt 11.21–22; Lc 10.13–14.
[k] **1.11–12** Is 34.5–17; 63.1–6; Jer 49.7–22; Ez 25.12–14; 35.1–15; Abd 1–14; Mal 1.2–5.   [l] **1.13–15** Jer 49.1–6; Ez 21.28–32;
25.1–7; Sof 2.8–11.   [m] **2.1–3** Is 15.1—16.14; 25.10–12; Jer 48; Ez 25.8–11; Sof 2.8–11.

que no dejaré de castigarlos;
pues rechazaron las enseñanzas del Señor
y no obedecieron sus leyes,
sino que adoraron a los mismos ídolos[3]
que sus padres habían adorado.
5 Por eso pondré fuego a Judá,
y ese fuego destruirá los palacios de Jerusalén."[n]

Juicio sobre Israel

6 Así dice el Señor:
"Los de Israel han cometido tantas maldades
que no dejaré de castigarlos;
pues venden al inocente por dinero
y al pobre por un par de sandalias.
7 Oprimen y humillan a los pobres,
y se niegan a hacer justicia a los humildes.
El padre y el hijo se acuestan con la misma mujer,
profanando así mi santo nombre.
8 Tendidos sobre ropas que recibieron en prenda,
participan en comidas en honor de los ídolos;
con dinero de multas injustas compran vino,
que beben en el templo de su dios.[ñ]
9 Yo, sin embargo, para abrirles paso a ustedes,
destruí a los amorreos;[o]
los destruí por completo,
aunque eran altos como cedros y fuertes como robles.
10 Pero a ustedes los saqué de Egipto,
y los conduje cuarenta años por el desierto
para darles la tierra de ellos.[p]
11 Y no pueden negar, israelitas, que de entre ustedes
a algunos los hice profetas y a otros nazareos."[4, q]
El Señor lo afirma.

12 "Pero ustedes obligaron a los nazareos a beber vino,
y prohibieron a los profetas que hablaran en mi nombre.
13 Pues bien, yo haré crujir la tierra bajo los pies de ustedes,
como cruje una carreta cargada de trigo.
14 Por mucho que corran, no escaparán;
al más fuerte le faltarán las fuerzas,
y no se salvará ni el más valiente.
15 El arquero no resistirá, y no se salvarán
ni el que corra con pies ligeros
ni el que huya a caballo.
16 Ese día, hasta el más valiente de los guerreros
se despojará de sus armas para poder huir."
El Señor lo afirma.

La tarea del profeta

3 1 Israelitas, oigan lo que dice el Señor al pueblo que sacó de Egipto:

2 "Sólo a ustedes he escogido
de entre todos los pueblos de la tierra.[r]
Por eso habré de pedirles cuentas
de todas las maldades que han cometido."

3 Si dos caminan juntos, es porque están de acuerdo;
4 si el león ruge en la selva, es porque ha hecho una presa;
si el cachorro gruñe en la cueva, es porque ha capturado algo;
5 si un pájaro cae al suelo, es porque había una trampa;
si la trampa salta del suelo, es porque algo ha atrapado;
6 si la trompeta suena en la ciudad, la gente se alarma;
si algo malo pasa en la ciudad, es porque el Señor lo ha mandado.[s]
7 Nunca hace nada el Señor
sin revelarlo a sus siervos los profetas.[t]
8 ¿Quién no tiembla de miedo, si el león ruge?
¿Quién no habla en nombre del Señor, si él lo ordena?[u]

Destrucción de Samaria

9 Proclamen ustedes en los palacios de Asdod
y en los palacios de Egipto:
"Vengan a los montes de Samaria;
vean los desórdenes que hay en ella
y la violencia que allí se sufre."

10 El Señor afirma:
"Ellos no saben actuar con rectitud;
guardan en sus palacios lo que robaron con violencia."

11 Por tanto, así dice Dios el Señor:
"Un enemigo rodeará el país,

[3] *Ídolos:* lit. *mentiras.* [4] *Nazareo:* véase nota en Nm 6.2.
[n] **2.5** Os 8.14. [ñ] **2.8** Ex 22.26–27; Dt 24.12–13. [o] **2.9** Dt 3.8–11. [p] **2.10** Ex 20.2; Dt 8.2–16. [q] **2.11** Nm 6.1–8.
[r] **3.2** Dt 7.6. [s] **3.6** Job 2.10; Is 45.7. [t] **3.7** Gn 18.17–19; Jer 7.25; Dn 9.10. [u] **3.8** Jer 20.9; 1 Co 9.16.

derribará tu fortaleza
y saqueará tus palacios."

¹² Así dice el Señor:
"Así como el pastor salva de la boca
    del león
dos patas o la punta de una oreja,
así escaparán los israelitas
que viven en Samaria,
esos que se recuestan en lujosos
    divanes de Damasco."⁵

¹³ El Señor, el Dios todopoderoso,
    afirma:
"Oigan ustedes y den testimonio
    contra el pueblo de Jacob,
¹⁴ pues el día en que yo pida cuentas a
    Israel por sus pecados,
destruiré los altares de Betel;ᵛ
los cuernos del altar serán cortados
y caerán a tierra.
¹⁵ Destruiré las casas de invierno y de
    verano,
pondré fin a las casas de marfil
y arruinaré los grandes palacios."

El Señor lo afirma.

4 ¹ Escuchen esto, aristocráticas
    damas,⁶
flor y nata de Samaria,
que oprimen a los pobres
y maltratan a los necesitados,
que ordenan a sus maridos
traerles vino para beber.
² Dios el Señor juró por su santidad:
"Vienen días en que a ustedes
se las llevarán con ganchos,
y sus hijos serán enganchados con
    anzuelos.
³ Tendrán que salir por las brechas,
    en fila,
y las ecnarán al monte Hermón."⁷
El Señor lo afirma.

Una exhortación irónica

⁴ "Vayan a Betel, y a Gilgal;
¡pequen, aumenten sus rebeliones!ʷ
Lleven sus sacrificios por la mañana
y sus diezmos cada tercer día.
⁵ Quemen panes sin levadura en
    ofrenda de gratitud,
y anuncien por todas partes sus
    ofrendas voluntarias,
ya que eso es lo que a ustedes les
    encanta."
El Señor lo afirma.

A pesar del castigo, Israel no aprende

⁶ "Yo hice que ustedes pasaran
    hambre

en todas sus ciudades;
yo hice que les faltara comida
en todos sus poblados,
¡pero ustedes no se volvieron a mí!"
El Señor lo afirma.

⁷ "También hice que les faltara la
    lluvia
durante tres meses antes de la
    cosecha.
En una ciudad hice llover y en otra
    no;
en un campo llovió y otro se secó
    por falta de agua;
⁸ de ciudad en ciudad iba la gente en
    busca de agua,
y no encontraban bastante para
    calmar su sed,
¡pero ustedes no se volvieron a mí!"
El Señor lo afirma.

⁹ "Los azoté con vientos calurosos y
    con plagas,
hice que se marchitaran sus huertos
    y sus viñedos,
la langosta se comió sus higueras y
    sus olivos,
¡pero ustedes no se volvieron a mí!"ˣ
El Señor lo afirma.

¹⁰ "Les mandé una plaga como las que
    mandé sobre Egipto;ʸ
hice que sus jóvenes murieran en
    los campos de batalla
y dejé que el enemigo se adueñara
    de sus caballos;
les hice oler la peste de los muertos
    en los campamentos,
¡pero ustedes no se volvieron a mí!"
El Señor lo afirma.

¹¹ "Los destruí con una catástrofe
como la que mandé sobre Sodoma y
    Gomorra;ᶻ
parecían una brasa sacada del fuego,
¡pero ustedes no se volvieron a mí!"
El Señor lo afirma.

¹² "Por eso, Israel, voy a hacer lo
    mismo contigo;
y porque voy a hacerlo,
¡prepárate para encontrarte con tu
    Dios!"

¹³ El Señor, el que forma las montañas
    y crea el viento,
el que da a conocer sus planes al
    hombre,
el que convierte la luz en oscuridad,

---

⁵ *Esos que se recuestan en lujosos divanes de Damasco:* traducción probable. Heb. oscuro.   ⁶ *Aristocráticas damas:*
lit. *vacas de Basán.* Basán era una región al nordeste del río Jordán, famosa por su buen ganado.   ⁷ *Hermón:* texto
probable. Heb. *Harmón.*
ᵛ **3.14** 2 R 23.15.   ʷ **4.4** Os 4.15; Am 5.5.   ˣ **4.9** Dt 28.38; Jl 1.4-6; 2.4-9.   ʸ **4.10** Ex 9.1-6; 12.29 Dt 28.27,60.
ᶻ **4.11** Gn 19.24.

el que recorre las regiones más altas
de la tierra,
el Señor, el Dios todopoderoso: ése
es su nombre.

Llamado a volverse a Dios

5 ¹ Oigan mis palabras, israelitas;
escuchen el lamento que entono
contra ustedes:
² La bella y pura Israel ha caído;
cayó para no levantarse más.
Quedó tendida sobre su propio
suelo,
y no hay quien la levante.

³ Así dice Dios el Señor a los israelitas:
"Si una ciudad manda mil hombres
a la guerra,
sólo cien volverán con vida;
y si una ciudad manda cien,
sólo diez regresarán."

⁴ Así dice el Señor a los israelitas:
"Acudan a mí, y vivirán.
⁵ No acudan a Betel,
no vayan a Gilgal*ᵃ*
ni pasen por Beerseba,
porque Gilgal irá sin remedio al
destierro
y Betel quedará convertida en
ruinas."

⁶ Acudan al Señor, y vivirán;
de otro modo él enviará fuego sobre
el reino de Israel,
y no habrá en Betel quien lo apague.
⁷ ¡Ay de ustedes, que convierten la
justicia en amargura
y arrojan por los suelos el derecho!

⁸⁻⁹ El Señor, que hizo las Pléyades y el
Orión,
es quien convierte la noche en día
y el día en noche oscura;
quien llama a las aguas del mar
y las derrama sobre la tierra;
quien desencadena la ruina sobre la
fortaleza
y la hace llegar sobre la fortificación.*⁸*
El Señor, ése es su nombre.

¹⁰ ¡Ay de ustedes, que odian al
defensor de la justicia
y detestan al testigo honrado!
¹¹ Puesto que pisotean al pobre
y le cobran impuestos de trigo,
no podrán vivir en las casas de
piedra que han construido,
ni beberán el vino de los viñedos
que han plantado.

¹² Yo conozco sus muchas maldades
y sus pecados sin fin:
oprimen al justo, reciben soborno
y en los tribunales hacen que el
pobre pierda su causa.
¹³ Por eso el que es sabio se calla,
porque el tiempo es malo.

¹⁴ Busquen el bien y no el mal, y
vivirán;
así será verdad lo que ustedes dicen:
que el Señor, el Dios todopoderoso,
está con ustedes.
¹⁵ ¡Odien el mal! ¡Amen el bien!
Asegúrense de que en los tribunales
se hace justicia;
quizá entonces el Señor, el Dios
todopoderoso,
tendrá piedad de los sobrevivientes
de Israel.

¹⁶ Así dice el Señor, el Dios
todopoderoso:
"En todas las plazas habrá llanto,
en todas las calles habrá gritos de
dolor.
Llamarán al duelo a los campesinos,
y a los llorones profesionales al
llanto.
¹⁷ En todos los viñedos llorarán
cuando yo venga a castigarlos."
Lo dice el Señor.

¹⁸ ¡Ay de los que ansían que llegue el
día del Señor!
¿Saben cómo va a ser para ustedes
ese día?
Será día de oscuridad, y no de luz.
¹⁹ Será como cuando uno huye de un
león
y se topa con un oso,
o como cuando uno entra en su
casa,
se apoya en la pared,
y lo muerde una culebra.
²⁰ Sí, el día del Señor será de
oscuridad, y no de luz;
de densa oscuridad, sin claridad
ninguna.

²¹ "Odio y desprecio las fiestas
religiosas que ustedes celebran;
me disgustan sus reuniones
solemnes.
²² No quiero los holocaustos que
ofrecen en mi honor,
ni sus ofrendas de cereales;
no aceptaré los gordos becerros
de sus sacrificios de reconciliación.*ᵇ*
²³ ¡Alejen de mí el ruido de sus cantos!
¡No quiero oír el sonido de sus
arpas!

---

⁸ *Quien desencadena . . . la fortificación:* otra posible traducción: *quien hace que Tauro brille tras Capricornio*
y que se meta después de Arcturo.
ᵃ 5.5 Os 4.15; Am 4.4.   ᵇ 5.21-22 Is 1.11-14.

²⁴ Pero que fluya como agua la
   justicia,
   y la honradez como un manantial
   inagotable.ᶜ

²⁵ "Israelitas, ¿acaso en los cuarenta
años del desierto me ofrecieron ustedes
sacrificios y ofrendas? ²⁶ Ahora, sin embargo, tendrán que cargar con su rey Si-
cut⁹ y su estrella Quiyún,⁹ imágenes de
dioses que ustedes mismos se han hecho.
²⁷ Los lanzaré a ustedes al destierro, más
allá de Damasco."ᵈ Lo dice el Señor, el
Dios todopoderoso. Ese es su nombre.

Destrucción de Israel

6 ¹ ¡Ay de los que llevan una vida fácil
   en Sión!
   ¡Ay de los que viven confiados en
   Samaria,
   los jefes de la nación más
   importante,
   a quienes recurren los israelitas!
² Vayan a Calne, y vean;
   de allí pasen a Hamat la grande,
   y bajen a Gat de los filisteos.
   ¿Son acaso ustedes mejores que
   esos países?
   ¿Es el país de ustedes mejor que el
   de ellos?
³ Ustedes no quieren pensar en el día
   malo,
   pero están atrayendo el imperio de
   la violencia.
⁴ Recostados en lujosos divanes de
   marfil,
   se tienden a sus anchas en sus
   fiestas;
   banquetean con corderitos y gordos
   becerros;
⁵ tocan la flauta sin ton ni son;
   imitan a David,ᵉ inventando
   instrumentos musicales;
⁶ beben vino en grandes copas,
   usan los más finos perfumes,
   ¡y nada les importa la ruina del país!
⁷ Ustedes serán los primeros en ir al
   destierro,
   y se acabará el alboroto de sus
   banquetes.

⁸ El Señor ha jurado por sí mismo; el
Señor, el Dios todopoderoso, lo afirma:

   "Odio el orgullo del pueblo de
   Jacob;
   aborrezco sus palacios;
   entregaré la ciudad al enemigo,
   junto con todo lo que hay en ella."

⁹ Entonces, si quedan diez hombres en
una casa, los diez morirán. ¹⁰ Tan grande
será el terror que, cuando alguien levante
el cadáver de un pariente para sacarlo de
la casa,¹⁰ le dirá a otro pariente que ande
adentro: "¿Hay alguien más contigo?"
"No", responderá el otro. Y dirá el primero: "¡Cállate, no sea que pronuncies el
nombre del Señor!" ¹¹ Porque el Señor va
a ordenar su castigo sobre las casas
grandes y sobre las pequeñas, y todas quedarán completamente en ruinas.

¹² ¿Pueden los caballos trepar por las
   peñas?
   ¿Acaso se puede arar en el mar?
   ¡Pues ustedes han convertido la
   justicia en veneno
   y el fruto de la justicia en amargura!
¹³ Ustedes se alegran falsamente, y
   dicen:
   "Con nuestra propia fuerza hemos
   adquirido poder."
¹⁴ Pues fíjense bien, israelitas;
   el Señor, el Dios todopoderoso,
   afirma:
   "Yo levantaré contra ustedes una
   nación
   que los oprima por completo,
   desde el extremo norte hasta el
   extremo sur."

Visión de las langostas

7 ¹ Esto me mostró el Señor: Cuando
   apenas comenzaba a brotar la siembra
tardía, la que se hace después de la cosecha del rey, vi al Señor creando langos-
tas.ᶠ ² Y cuando las langostas ya estaban
comiéndose hasta la última hierba, dije:
   —¡Señor, perdónanos! ¿Cómo va a resistir tu pueblo Jacob, si es tan pequeño?
   ³ Entonces el Señor desistió de su propósito, y dijo:
   —¡Eso no va a suceder!

Visión del fuego

⁴ Esto me mostró el Señor: Le vi enviar
como castigo un fuego abrasador, que
secó por completo el gran mar profundo y
que estaba acabando también con los
campos.ᵍ ⁵ Yo dije:
   —¡Detente, Señor, por favor! ¿Cómo va
a resistir tu pueblo Jacob, si es tan pequeño?
   ⁶ Entonces el Señor desistió de su propósito, y dijo:
   —¡Tampoco esto va a suceder!

⁹ *Sicut y Quiyún:* el texto hebreo registra así los nombres de los dioses *Sacut y Keiwan,* usando en ambos las vocales de
la palabra hebrea *siqqus, abominación.* ¹⁰ *Tan grande será . . . de la casa:* traducción probable. Heb. oscuro.
ᶜ **5.22-24** 1 S 15.22; Pr 21.3; Jer 7.22-23; Os 6.6; Mi 6.6-8.   ᵈ **5.25-27** Hch 7.42-43.   ᵉ **6.5** 1 Cr 23.5; Neh 12.36.
ᶠ **7.1-2** Jl 1.4; 2.2-11.   ᵍ **7.4-5** Jl 1.19-20.

Visión de la plomada

⁷ El Señor me mostró también esto: Estaba él junto a un muro, y tenía en la mano una plomada de albañil. ⁸ Y me preguntó:

—¿Qué ves, Amós?

—Una plomada de albañil —respondí.

Entonces me dijo:

—Pues con esta plomada de albañil voy a ver cómo es de recta la conducta de mi pueblo Israel. No le voy a perdonar ni una vez más. ⁹ Los santuarios de Isaac serán destruidos, y los templos de Israel quedarán en ruinas. ¡Alzaré la espada contra la familia de Jeroboam!

Amós se enfrenta a Amasías

¹⁰ Amasías, sacerdote de Betel, mandó a decir a Jeroboam, rey de Israel: "Amós anda entre la gente de Israel, conspirando contra Su Majestad. El país ya no puede soportar que siga hablando. ¹¹ Porque anda por ahí diciendo: 'Jeroboam morirá a filo de espada, y todo el pueblo de Israel será llevado al destierro.' "

¹² Luego, Amasías le ordenó a Amós:

—¡Largo de aquí, profeta! Si quieres ganarte la vida profetizando, vete a Judá; ¹³ pero no profetices más en Betel, porque es santuario del rey y templo principal del reino.

¹⁴ Pero Amós le contestó:

—Yo no soy profeta, ni pretendo serlo. Me gano la vida cuidando ovejas y recogiendo¹¹ higos silvestres, ¹⁵ pero el Señor me quitó de andar cuidando ovejas, y me dijo: 'Ve y habla en mi nombre a mi pueblo Israel.' ¹⁶ Por lo tanto, oye la palabra del Señor. Esto es lo que tú dices: 'No hables nada en nombre de Dios contra Israel, ni digas nada contra los descendientes de Isaac.' ¹⁷ Pero esto es lo que dice el Señor: 'Tu mujer se prostituirá en plena ciudad, y tus hijos e hijas morirán a filo de espada; tus tierras serán repartidas en sorteo; tú mismo morirás en tierra de paganos, y los israelitas serán llevados cautivos, lejos de su tierra.'

La cesta de fruta madura

8 ¹ Esto me mostró Dios el Señor: Había una cesta de fruta madura, ² y él me preguntó:

—¿Qué ves, Amós?

—Una cesta de fruta madura —respondí.

Y me dijo el Señor:

—Ya Israel está maduro; no le voy a perdonar ni una vez más. ³ Ese día los cantos del palacio se volverán lamentos. Mucha gente morirá, y en silencio serán arrojados fuera sus cadáveres. El Señor lo afirma.

Se acerca el juicio de Israel

⁴ Oigan esto, ustedes que oprimen a los humildes y arruinan a los pobres del país; ⁵ ustedes que dicen: "¿Cuándo pasará la fiesta de la luna nueva, para que podamos vender el trigo? ¿Cuándo pasará el día de reposo,¹² para que vendamos el grano a precios altos y usando medidas con trampa y pesas falsas?ʰ ⁶ ¡Arruinaremos a los pobres hasta que ellos mismos se nos vendan como esclavos para pagar sus deudas, aunque sólo deban un par de sandalias! ¡Venderemos hasta el desecho del trigo!" ⁷ El Señor ha jurado por la gloria de Jacob: "Nunca olvidaré lo que han hecho."

⁸ ¿Y no habrá de temblar la tierra por
todo esto?
¿No habrán de llorar todos sus
habitantes?
¡La tierra subirá y bajará,
como suben y bajan las aguas del
Nilo!
⁹ "Ese día —afirma el Señor—,
haré que se oculte el sol al
mediodía,¹³
y en pleno día cubriré de oscuridad
la tierra.ⁱ
¹⁰ Cambiaré las fiestas en llanto por
los muertos,
y los cantos en lamentos fúnebres;
haré que ustedes se vistan de luto,
y que se rapen la cabeza en señal de
dolor.
Llorarán como el que ha perdido a
su único hijo,
y todo acabará en amargura.
¹¹ Vienen días —afirma el Señor—
en los cuales mandaré hambre a la
tierra;
no hambre de pan, ni sed de agua,
sino hambre de oír la palabra del
Señor.
¹² La gente andará errante,
buscando la palabra del Señor;
irán de un mar al otro mar,
y desde el norte y hasta el oriente,
pero no podrán encontrarla.
¹³ Hermosas muchachas y valientes
muchachos
se desmayarán de sed ese día.

---

¹¹ *Y recogiendo:* lit. *y picando:* el fruto verde del árbol llamado sicómoro, que tenía aspecto de higo silvestre, se picaba a fin de hacerlo madurar más pronto, y venderse como fruta corriente y barata. ¹² *Día de reposo:* aquí equivale a *sábado.* ¹³ *Que se oculte el sol al mediodía:* por las crónicas asirias se sabe que, precisamente en la época de Amós, en junio del año 763 a.C., hubo un eclipse de sol visible en todo el Medio Oriente.
ʰ 8.5 Lv 19.35–36; Dt 25.13–16; Pr 11.1; 20.10,13; Mi 6.10–11. ⁱ 8.9 Jl 2.10.

¹⁴ Los que juran por los ídolos de
  Samaria;
los que dicen: 'Por vida de tu dios,
  oh Dan',
'Por vida de los dioses de Beerseba',
caerán para no levantarse más."

Nadie escapa al juicio del Señor

9 ¹ Vi al Señor, que estaba junto al altar
  y me decía:

"Golpea los capiteles hasta que
  tiemblen los umbrales;
¡que caigan hechos pedazos sobre la
  gente!
A quienes queden vivos, los mataré
  a filo de espada:
aunque traten de huir, ni uno solo
  se salvará;
² aunque se escondan en las
  profundidades de la tierra,
de allí los sacaré;
aunque suban a las alturas de los
  cielos,
de allí los haré bajar.ʲ
³ Si se esconden en la cumbre del
  monte Carmelo,
aun allá los iré a buscar;
si se esconden de mí en el fondo del
  mar,
mandaré al monstruo marino que
  vaya y los destroce;
⁴ y si van al destierro, llevados por
  sus enemigos,
mandaré a la espada que vaya y los
  mate.
¡Para mal, y no para bien,
los tendré siempre a la vista!"

⁵ El Señor, el Dios todopoderoso,
toca la tierra, y la tierra se derrite
y lloran todos sus habitantes.
La tierra sube y baja,
como suben y bajan las aguas del
  Nilo.
⁶ El Señor ha puesto su habitación en
  el cielo
y la bóveda celeste sobre la tierra;
él llama a las aguas del mar
y las derrama sobre la tierra.
El Señor, ése es su nombre.

ʲ 9.2 Sal 139.7–12; Jer 23.23–24.   ᵏ 9.11–12 Hch 15.16–18.

⁷ Esto afirma el Señor:
"Israelitas, para mí no hay
  diferencia
entre ustedes y los etiopes.
Así como los traje a ustedes de
  Egipto,
así traje también de Creta a los
  filisteos
y de Kir a los arameos."

⁸ El Señor mira este reino pecador, y
  dice:
"Lo voy a borrar de la tierra,
pero no destruiré por completo la
  casa de Jacob.
Yo, el Señor, lo afirmo.
⁹ Voy a ordenar que la casa de Israel
  sea zarandeada
como se zarandea el trigo en una
  criba,
sin que un solo grano caiga a tierra.
¹⁰ Todos los pecadores de mi pueblo
morirán a filo de espada,
todos los que dicen: 'Nada de eso
  nos pasará;
el mal no va a alcanzarnos.'

Restauración futura de Israel

¹¹ "El día viene en que levantaré la caída
choza de David. Taparé sus brechas, levantaré sus ruinas y la reconstruiré tal
como fue en los tiempos pasados, ¹² para
que lo que quede de Edom y de toda nación que me ha pertenecido vuelva a ser
posesión de Israel.' El Señor ha dado su
palabra, y la cumplirá.ᵏ
¹³ "Vienen días en que todavía se estará
cosechando el trigo cuando ya será
tiempo de arar el campo, y en que aún no
se habrá acabado de pisar las uvas cuando
ya será tiempo de sembrar el trigo. Por
montes y colinas correrá el vino como
agua. ¹⁴ Entonces traeré del destierro a mi
pueblo Israel. Reconstruirán las ciudades
destruidas, y vivirán en ellas; plantarán viñedos, y beberán su vino; sembrarán
huertos, y comerán sus frutos. ¹⁵ Pues los
plantaré en su propia tierra, y nunca más
volverán a ser arrancados de la tierra que
les di." Dios el Señor lo afirma.

ABDÍAS

El trasfondo histórico de esta breve profecía es lo hecho por los idumeos contra Judá, aprovechándose de la caída y destrucción de Jerusalén: no sólo ayudaron al invasor, no sólo se alegraron de la desgracia de Judá, sino que saquearon la ciudad y ocuparon una parte del territorio. Abdías anuncia el castigo de Edom por esta felonía (vs. 1–14) y la proximidad del Día del Señor, en que el juicio divino se abatirá sobre ese pueblo y Judá será restaurado (vs. 15–21).

La humillación de Edom

¹ Profecía que Abdías recibió del Señor por revelación.

Hemos oído un mensaje del Señor;
un mensajero ha ido a las naciones,
a decirles:
"¡En marcha! ¡Vamos a la guerra
contra Edom!"ᵃ

Dios del Señor le dice a Edom:
² "Voy a hacerte pequeño entre las
naciones
y a humillarte en gran manera.
³ Tu orgullo te ha engañado.
Vives en las grietas de las peñas
y habitas en las alturas,
y por eso has llegado a creer
que nadie puede derribarte.
⁴ Pero aunque te eleves como el
águila
y pongas tu nido en las estrellas,
de allí te haré caer."

El Señor afirma:
⁵ "Si los ladrones vinieran de noche a
robarte,
no se lo llevarían todo;
si vinieran a ti los vendimiadores,
algunos racimos dejarían.
En cambio, tus enemigos
te han destrozado por completo.
⁶ ¡Cómo te han saqueado, Esaú!ᴶ
¡Han robado hasta el último de tus
tesoros!
⁷ Todos tus aliados te engañaron;
te echaron de tu propia tierra.
Aun tus propios amigos
se han puesto en contra tuya,
y tus amigos de confianza te han
tendido trampas.
¡Edom no tiene inteligencia!"

⁸ El Señor afirma:
"Cuando yo castigue a Edom,
destruiré a todos sus sabios
y quitaré la inteligencia
a los de la región montañosa de
Esaú.

⁹ Los guerreros de Temán temblarán
de miedo,
y en la región montañosa de Esaú
no quedará nadie con vida.

Las culpas de Edom

¹⁰ "Quedarás cubierto de vergüenza y
destruido para siempre,
por haber maltratado y matado a tu
hermano Jacob.ᵇ
¹¹ Cuando el enemigo saqueó las
riquezas de la ciudad,
cuando los soldados extranjeros
rompieron las puertas de Jerusalén,
¡tú te hiciste a un lado!
Cuando se rifaron sus despojos
y se llevaron sus riquezas,
¡tú te portaste como uno de ellos!
¹² No debiste alegrarte de ver a tu
hermano
en el día de su desgracia,
ni debiste alegrarte de ver a Judá
en el día de su ruina,
ni debiste burlarte de ellos
en el día de su angustia.ᶜ
¹³ No debiste entrar en mi ciudad
el día de su sufrimiento,
ni debiste alegrarte de su desgracia
el día de su infortunio,
ni debiste robar sus riquezas
el día de su calamidad.
¹⁴ No te debiste parar en las
encrucijadas
para matar a los que escapaban,
ni debiste entregar a los que huían
en el día de la angustia.
¹⁵ Lo mismo que hiciste con otros, se
hará contigo:
¡recibirás tu merecido!

La exaltación de Israel

"Ya está cerca el día del Señor
para todas las naciones.
¹⁶ Como fue de amarga la copa que
ustedes
bebieron en mi santo monte,
así de amarga será la copa que las
demás naciones

ᴶ *Esaú*: otro nombre del país de *Edom*.
ᵃ 1–14 Is 34.5–17; 63.1–6; Jer 49.7–22; Ez 25.12–14; 35.1–15; Am 1.11–12; Mal 1.2–5.   ᵇ 10 Jl 3.19.   ᶜ 12 Sal 137.7; Lm 4.21.

beberán sorbo a sorbo;
y desaparecerán por completo.
[17] Pero el monte Sión será un lugar
  santo
adonde algunos lograrán escapar.
Los descendientes de Jacob
  recobrarán sus tierras;
[18] los descendientes de Jacob y de José
  serán fuego y serán llama,
y los de Esaú serán estopa
que aquel fuego devorará
  completamente.
¡Ninguno de los de Esaú se salvará!
Yo, el Señor, lo he dicho."

[19-20] Los israelitas del Néguev tomarán
posesión de la región montañosa de Esaú,
y los de la llanura se apoderarán del territorio de los filisteos. También tomarán posesión de las tierras de Efraín y del territorio de Samaria, y los de Benjamín se
apoderarán de Galaad. Esta multitud de
israelitas desterrados tomará posesión del
territorio de los cananeos[2] hasta Sarepta,
y los cautivos de Jerusalén que están en
Sefarad tomarán posesión de las ciudades
del Néguev. [21] Subirán victoriosos al
monte Sión para dictar sentencia contra
los de la región montañosa de Esaú, y el
Señor será quien reine.

[2] *Tomará posesión del territorio de los cananeos*: texto probable. Heb. oscuro.

JONÁS

*A diferencia de otros escritos proféticos, que son un mensaje o una serie de men-
sajes en forma de predicación o proclama, el libro de Jonás es un relato. Trata de las
aventuras de un profeta que quiso eludir el cumplimiento de la comisión que Dios le
encomendó de ir a la ciudad de Nínive a exhortarla al arrepentimiento (cap. 1). Tras
una dramática experiencia que lo pone al borde de la muerte, pero que lo hace arrepentirse, Jonás obedece la reiterada orden de Dios, va a la gran ciudad y da allí su
mensaje. Pero después se disgusta porque sucede algo que él no esperaba: los ninivitas
se arrepienten y Dios les levanta la sentencia de castigo que el profeta había ido a
anunciar (caps. 2,3). Por medio de una parábola actuada, Dios lo reprende por su injusta y hasta ridícula contrariedad.*

*El libro exalta la soberanía de Dios sobre su creación, pero ante todo, su amor y
misericordia. Cuando hay arrepentimiento, Dios prefiere perdonar y salvar aun a los
enemigos de su pueblo antes que castigarlos y destruirlos. En un relato que no carece
de humor, se ridiculizan el amor propio y la arrogancia nacionalista de Jonás, el sentir
y la actitud de quienes, llevados de su enemistad o desprecio hacia otras naciones,
caen en extremos de exclusivismo religioso y de inhumanidad.*

Jonás huye de Dios

1 [1] El Señor se dirigió a Jonás,[a] hijo de
Amitai, y le dijo: [2] "Anda, vete a la
gran ciudad de Nínive y anuncia que voy
a destruirla, porque hasta mí ha llegado la
noticia de su maldad."[b]
[3] Pero Jonás, en lugar de obedecer,
trató de huir del Señor, y se fue al puerto
de Jope, donde encontró un barco que estaba a punto de salir para Tarsis;[1] entonces compró pasaje y se embarcó para ir
allá. [4] Pero el Señor hizo que soplara un
viento muy fuerte, y se levantó en alta
mar una tempestad tan violenta que parecía que el barco iba a hacerse pedazos.
[5] Los marineros estaban llenos de miedo, y
cada uno invocaba a su dios. Por fin, para

aligerar el barco, echaron toda la carga al
mar. Jonás, mientras tanto, había bajado
a la bodega del barco, y allí se había quedado profundamente dormido. [6] Entonces
el capitán fue a donde estaba Jonás, y le
dijo:
—¿Qué haces tú ahí, dormilón? ¡Levántate y clama a tu Dios! Tal vez quiera ocuparse de nosotros y nos ponga a salvo.
[7] Entre tanto, los marineros se decían
unos a otros:
—Vamos a echar suertes, para ver
quién tiene la culpa de esta desgracia.
Echaron, pues, suertes, y Jonás resultó
ser el culpable. [8] Entonces le dijeron:
—Dinos por qué nos ha venido esta desgracia. ¿Qué negocio te ha traído aquí?

[1] *Tarsis*: puerto en el mar Mediterráneo, considerado por los israelitas de aquellos tiempos como el punto más lejano de
la tierra. Probablemente Tarsis correspondía a Tarteso, en la península ibérica.
[a] 1.1 2 R 14.25. [b] 1.2 Nah 1.1; 3.1-19.

¿De dónde vienes? ¿Cuál es tu país? ¿De qué raza eres?

[9] Jonás les contestó:

—Soy hebreo, y rindo culto al Señor, el Dios del cielo, creador del mar y de la tierra.

[10-11] Jonás contó a los marineros que él estaba huyendo del Señor, y ellos, al oírlo y al ver que el mar se agitaba más y más, sintieron mucho miedo y le preguntaron:

—¿Por qué has hecho esto? ¿Qué podemos hacer contigo para que el mar se calme?

[12] —Pues échenme al mar, y el mar se calmará —contestó Jonás—. Yo sé bien que soy el culpable de que esta tremenda tempestad se les haya venido encima.

[13] Los marineros se pusieron a remar con todas sus fuerzas para acercarse a tierra, pero no lo lograron, porque el mar se embravecía cada vez más. [14] Entonces clamaron al Señor y dijeron: "Señor, no nos dejes morir por culpa de este hombre. Y si es inocente, no nos hagas responsables de su muerte, porque tú, Señor, actúas según tu voluntad."

[15] Dicho esto, echaron a Jonás al mar, y el mar se calmó. [16] Al verlo, los marineros sintieron una profunda reverencia por el Señor, y le ofrecieron un sacrificio y le hicieron promesas.

[17] [c]Entre tanto, el Señor había dispuesto un enorme pez para que se lo tragara a Jonás. Y Jonás pasó tres días y tres noches dentro del pez.[d]

La oración de Jonás

2 [1] Entonces Jonás oró al Señor su Dios desde dentro del pez, [2] diciendo:

"En mi angustia clamé a ti, Señor,
y tú me respondiste.[e]
Desde las profundidades de la
    muerte
clamé a ti, y tú me oíste.[f]
[3] Me arrojaste a lo más hondo del
    mar,
y las corrientes me envolvieron.
Las grandes olas que tú mandas
pasaban sobre mí.[g]
[4] Llegué a sentirme echado de tu
    presencia;[h]
pensé que no volvería a ver tu santo
    templo.
[5] Las aguas me rodeaban por
    completo;
me cubría el mar profundo;
las algas se enredaban en mi cabeza.
[6] Me hundí hasta el fondo del
    abismo;[i]

¡ya me sentía su eterno prisionero!
Pero tú, Señor, mi Dios,
me salvaste de la muerte.[j]
[7] Al sentir que la vida se me iba,
me acordé de ti, Señor;
mi oración llegó a ti en tu santo
    templo.
[8] Los que siguen a los ídolos
dejan de serte leales;
[9] pero yo, con voz de gratitud,
te ofreceré sacrificios;
cumpliré las promesas que te hice.[k]
¡Sólo tú, Señor, puedes salvar!"

[10] Entonces el Señor dispuso que el pez vomitara a Jonás en tierra firme.

Nínive se arrepiente

3 [1] El Señor se dirigió por segunda vez a Jonás, y le dijo: [2] "Anda, vete a la gran ciudad de Nínive y anuncia lo que te voy a decir."

[3-4] Jonás se puso en marcha y fue a Nínive, como el Señor se lo había ordenado. Nínive era una ciudad tan grande que para recorrerla toda había que caminar tres días. Jonás entró en la ciudad y caminó todo un día, diciendo a grandes voces: "¡Dentro de cuarenta días Nínive será destruida!"

[5] Los habitantes de la ciudad, grandes y pequeños, creyeron en Dios, proclamaron ayuno y se pusieron ropas ásperas en señal de dolor.[l] [6] Cuando la noticia llegó al rey de Nínive, también él se levantó de su trono, se quitó sus vestiduras reales y puso ropas ásperas y se sentó en el suelo. [7] Luego, el rey y sus ministros dieron a conocer por toda la ciudad el siguiente decreto: "Que nadie tome ningún alimento. Que tampoco se dé de comer ni de beber al ganado y a los rebaños. [8] Al contrario, vístanse todos con ropas ásperas en señal de dolor, y clamen a Dios con todas sus fuerzas. Deje cada uno su mala conducta y la violencia que ha estado cometiendo hasta ahora; [9] tal vez Dios cambie de parecer y se calme su ira, y así no moriremos."

[10] Dios vio lo que hacía la gente de Nínive y cómo dejaba su mala conducta, y decidió no hacerles el daño que les había anunciado.

El enojo de Jonás

4 [1] A Jonás le cayó muy mal lo que Dios había hecho, y se disgustó mucho. [2] Así que oró al Señor, y le dijo:

—Mira, Señor, esto es lo que yo decía que iba a pasar cuando aún me encontraba en mi tierra. Por eso quise huir de

---

[c] Los vs. 1.17—2.10 corresponden a los vs. 2.1-11 en el texto hebreo.   [d] 1.17 Mt 12.40.   [e] 2.2 2 S 22.7; Sal 18.6; 120.1.
[f] 2.2 Sal 130.1; Lm 3.55.   [g] 2.3 Sal 42.7; 88.3–7.   [h] 2.4 Sal 31.22.   [i] 2.5–6 Sal 69.2.   [j] 2.6 Sal 30.3.   [k] 2.9 Sal 22.25.
[l] 3.3–5 Mt 12.41; Lc 11.32.

prisa a Tarsis, pues yo sé que tú eres un Dios tierno y compasivo, que no te enojas fácilmente,[m] y que es tanto tu amor que anuncias un castigo y luego te arrepientes. [3] Por eso, Señor, te ruego que me quites la vida. Más me vale morir que seguir viviendo.

[4] Pero el Señor le contestó:

—¿Te parece bien enojarte así?

[5] Jonás salió de la ciudad y acampó al oriente de ella; allí hizo una enramada y se sentó a su sombra, esperando a ver lo que le iba a pasar a la ciudad. [6] Dios el Señor dispuso entonces que una mata de ricino[2] creciera por encima de Jonás, y que su sombra le cubriera la cabeza para que se sintiera mejor. Jonás estaba muy contento con aquella mata de ricino. [7] Pero, al amanecer del día siguiente, Dios dispuso que un gusano picara el ricino, y éste se secó. [8] Cuando el sol salió, Dios dispuso que soplara un viento caliente del este, y como el sol le daba a Jonás directamente en la cabeza, él sintió que se desmayaba, y quería morirse.

—Más me vale morir que seguir viviendo —decía.

[9] Pero Dios le contestó:

—¿Te parece bien enojarte así porque se haya secado la mata de ricino?

—¡Claro que me parece bien! —respondió Jonás—. ¡Estoy que me muero de rabia!

[10] Entonces el Señor le dijo:

—Tú no sembraste la mata de ricino, ni la hiciste crecer; en una noche nació, y a la otra se murió. Sin embargo le tienes compasión. [11] Pues con mayor razón debo yo tener compasión de Nínive, esa gran ciudad donde hay más de ciento veinte mil niños inocentes[3] y muchos animales.

---

[2] *Una mata de ricino:* la palabra hebrea se ha traducido también *calabacera* y *hiedra.* Se trata de una planta de identificación insegura. [3] *Niños inocentes:* lit. *personas que no saben distinguir su derecha de su izquierda.* [m] **4.2** Ex 34.6.

MIQUEAS

Miqueas es uno de los cuatro grandes profetas del siglo octavo a. C., y contemporáneo de Isaías. Miqueas tiene la viva conciencia de que Judá, de cuyo territorio es nativo y en cuya zona rural predica, va a correr la misma suerte y por las mismas causas que Israel, conforme al anuncio de Amós (caps. 1—3). Confirma así, al anunciar el juicio de Dios, el mensaje clásico de los profetas sobre la santidad, la justicia y la universalidad del Señor. Pero recalca también la misericordia divina: el Dios del juicio es también el Dios del perdón. Por lo cual anuncia la final restauración y el futuro reinado de la paz (caps. 4, 5). El libro termina con un mensaje a la vez de amonestación y de esperanza, con la promesa de restauración.

Su anuncio de que un gran rey de la familia de David, el Esperado y Elegido, nacerá en Belén Efrata (5.2–5a), se cita en Mt 2.6 como anuncio del nacimiento de Jesús en esa población.

Juicio de Dios sobre Samaria

1 [1] Este es el mensaje que el Señor dirigió a Miqueas de Moréset y lo que por revelación le comunicó acerca de Samaria y Jerusalén, en el tiempo en que Jotam,[a] Acaz[b] y Ezequías[c] reinaban en Judá.

[2] Pueblos todos, escuchen esto;
habitantes de todo el país, pongan
atención:
El Señor, desde su santo templo,
va a ser testigo contra ustedes.
[3] El Señor saldrá del lugar donde
habita

y vendrá caminando sobre las
cumbres de los montes.
[4] Debajo de sus pies se fundirán los
montes
como cera puesta al fuego,[d]
y los valles se abrirán en dos
como cortados por las aguas de un
torrente.
[5] Todo esto por la rebeldía del pueblo
de Jacob,
por los pecados del reino de Israel.
¿Dónde está la rebeldía de Jacob?
¡En el pueblo de Samaria!
¿Y dónde los santuarios paganos de
Jacob?
¡En la misma Jerusalén!

---

[a] **1.1** 2 R 15.32–38; 2 Cr 27.1–7. [b] **1.1** 2 R 16.1–20; 2 Cr 28.1–27. [c] **1.1** 2 R 18.1—20.21; 2 Cr 29.1—32.33. [d] **1.4** Sal 97.5.

⁶ Por eso dice el Señor:
"Haré de la ciudad de Samaria un
    montón de ruinas,
un campo abierto donde plantar
    viñedos.
Esparciré por el valle las piedras de
    la ciudad
y pondré al descubierto sus
    cimientos.
⁷ Todos sus ídolos quedarán hechos
    pedazos,
y quemados todos sus troncos
    sagrados.¹
Puesto que fueron hechos con
    dinero de prostitutas,
en dinero de prostitutas los
    convertiré otra vez."

Lamento de Miqueas

⁸ Por eso lloraré con profunda
    tristeza;
por eso andaré descalzo y desnudo,
aullando como un chacal
y gritando como un pollo de
    avestruz.
⁹ Porque la herida de Samaria es
    incurable:
ha alcanzado a Judá
y ha llegado hasta Jerusalén,
la ciudad donde vive mi pueblo.
¹⁰ No digan esto a los habitantes de
    Gat;
no se echen a llorar.
Revuélquense de dolor
entre el polvo de Bet-le-afra.²
¹¹ ¡Habitantes de Safir, vayan al
    destierro,
desnudos y llenos de vergüenza!
¡No saldrán los que viven en
    Zaanán!
¡Hay llanto en Bet-esel,
y ustedes van a quedar sin su
    apoyo!
¹² Los que viven en Marot se retuercen
    de dolor ansiando sentirse bien,
porque el Señor ha hecho que el mal
    llegue
a las puertas mismas de Jerusalén.
¹³ Ustedes, habitantes de Laquis,
que fueron rebeldes como Israel,
que fueron la causa del pecado de
    Sión,
enganchen caballos a sus carros.
¹⁴ Despídanse para siempre de
    Moreset-gat.
La ciudad de Aczib servirá de
    trampa
a los reyes de Israel.

¹⁵ El Señor dice:
"Contra ustedes, los que viven en
    Maresa,
enviaré de nuevo un conquistador,
y lo más escogido de Israel
irá a meterse en la cueva de
    Adulam.
¹⁶ Y tú, ciudad de Sión,³
rápate la cabeza en señal de dolor,
a causa de los hijos que tanto amas.
Rápate hasta quedar calva como un
    buitre,
porque tus hijos van a ser llevados
    al destierro."

El poder de los opresores

2 ¹ ¡Ay de aquellos que aun en sus
    sueños
siguen planeando maldades,
y que al llegar el día las llevan a
    cabo
porque tienen el poder en sus
    manos!
² Codician terrenos, y se apoderan de
    ellos;
codician casas, y las roban.
Oprimen a los hombres,
y a sus familias y propiedades.
³ Por eso dice el Señor:
"Yo también tengo planes contra
    ustedes.
Voy a enviarles una desgracia
de la que no podrán librar su cuello,
y ya no podrán caminar
    orgullosamente
porque serán tiempos de desastre.
⁴ En aquel día les cantarán a ustedes
canciones en son de lamento. Les
    dirán:
'Hemos sido completamente
    destruidos;
nuestro pueblo, propiedad del Señor,
ha cambiado de dueño sin que nadie
    lo impida;
nuestros campos han sido repartidos
entre nuestros conquistadores.' ⁴
⁵ Por eso ustedes no tendrán parte
en el pueblo del Señor.

Los malos profetas

⁶ "¡Que no nos vengan con profecías!
    —dicen ellos—.
¡La desgracia no podrá
    alcanzarnos!"ᵉ
⁷ ¿Acaso está maldito⁵ el pueblo de
    Jacob?
¿Es que Dios ha perdido la
    paciencia?

---

¹ *Sus troncos sagrados:* texto probable. Heb. *sus donativos (recibidos como paga) de prostituta.* ² *Bet-le-afra* significa en hebreo *casa del polvo.* Este lugar aún no ha sido identificado. ³ *Ciudad de Sión:* texto probable. En el texto hebreo no aparece esta frase. ⁴ *En aquel día . . . nuestros conquistadores:* traducción probable. Heb. oscuro. ⁵ *¿Acaso está maldito:* texto probable. Heb. oscuro.
ᵉ **2.6** Is 30.10.

¿Es así como Dios actúa?
¿Acaso no beneficia su palabra
al que se porta rectamente?
8 Ustedes se han alzado en contra de
mi pueblo.
Les arrebatan las ropas de valor
a los que vuelven de la guerra
pensando que ya están a salvo.
9 De sus amados hogares
arrojan a las mujeres,
y a sus niños los privan para
siempre
del honor que les he dado.
10 Levántense y sigan caminando,
que éste no es lugar de descanso;
es tanta la corrupción que hay en él,
que está por completo corrompido.
11 Si alguien inventa mentiras, y dice:
"Yo anuncio vino y licor",
ése es el profeta ideal para este
pueblo.

Dios promete liberar a su pueblo

12 Voy a reunir a todo el pueblo de
Jacob;
voy a recoger al pequeño resto de
Israel.
Los juntaré como ovejas en el redil,
como rebaño en el pastizal,
y harán el ruido de una multitud.
13 Dios irá abriéndoles camino,
y ellos le seguirán
y saldrán por la puerta de la ciudad.
Su rey, el Señor,
marchará al frente de todos.

Mensaje contra los malos gobernantes

3 1 Escuchen ahora, gobernantes y jefes
de Israel,
¿acaso no corresponde a ustedes
saber lo que es la justicia?
2 En cambio, odian el bien y aman el
mal;
despellejan a mi pueblo
y le dejan los huesos pelados.
3 Se comen vivo a mi pueblo;
le arrancan la piel y le rompen los
huesos;
lo tratan como si fuera carne para la
olla.
4 Un día llamarán ustedes al Señor,
pero él no les contestará.
En aquel tiempo se esconderá de
ustedes
por las maldades que han cometido.

5 Mi pueblo sigue caminos
equivocados
por culpa de los profetas que lo
engañan,

que anuncian paz a quienes les dan
de comer
pero declaran la guerra
a quienes no les llenan la boca.
El Señor dice a esos profetas:
6 "No volverán ustedes a tener
visiones proféticas en la noche
ni a predecir el futuro en la
oscuridad."
El sol se pondrá para esos profetas,
y el día se les oscurecerá.
7 Esos videntes y adivinos
quedarán en completo ridículo.
Todos ellos se quedarán callados
al no recibir respuesta de Dios.
8 En cambio, a mí, el espíritu del
Señor
me llena de fuerza, justicia y valor,
para echarle en cara a Israel su
rebeldía y su pecado.

9 Escuchen esto ahora, gobernantes y
jefes de Israel,
ustedes que odian la justicia
y tuercen todo lo que está derecho,f
10 que construyen Jerusalén, la ciudad
del monte Sión,
sobre la base del crimen y la
injusticia.g
11 Los jueces de la ciudad se dejan
sobornar,
los sacerdotes enseñan sólo por
dinero
y los profetas venden sus
predicciones
alegando que el Señor los apoya, y
diciendo:
"El Señor está con nosotros;
nada malo nos puede suceder."
12 Por lo tanto, por culpa de ustedes,
Jerusalén, la ciudad del monte Sión,
va a quedar convertida en barbecho,
en un montón de ruinas,
y el monte del templo se cubrirá de
maleza.h

El reinado de paz del Señor
(Is 2.2-4)

4 1 En los últimos tiempos quedará
afirmado
el monte donde se halla el templo
del Señor.
Será el monte más alto;
más alto que cualquier otro monte.
Todas las naciones vendrán a él;
2 pueblos numerosos llegarán,
diciendo:
"Vengan, subamos al monte del
Señor,
al templo del Dios de Jacob,
para que él nos enseñe sus caminos
y podamos andar por sus senderos."

---

f 3.9 Am 5.7.   g 3.10 Hab 2.12.   h 3.12 Jer 26.18.

Porque de Sión saldrá la enseñanza
del Señor,
de Jerusalén vendrá su palabra.
³ El Señor juzgará entre las naciones
y decidirá los pleitos de pueblos
numerosos,
aun de los más lejanos.
Ellos convertirán sus espadas en
arados
y sus lanzas en hoces.ⁱ
Ningún pueblo volverá a tomar las
armas contra otro
ni a recibir instrucción para la
guerra.
⁴ Todos vivirán entonces sin temor,
y cada cual podrá descansar
a la sombra de su vid y de su
higuera.ʲ
¡Son las propias palabras del Señor
todopoderoso!

⁵ Los otros pueblos obedecen a sus
propios dioses,
pero nosotros siempre obedeceremos
al Señor nuestro Dios.

El Señor salvará a su pueblo

⁶⁻⁷ Esto afirma el Señor:
"En aquel día reuniré a mis ovejas,
a las que había castigado:
a las cojas, cansadas y dispersas.
Con ellas, con las que hayan
quedado,
haré una nación poderosa.
Yo, el Señor, gobernaré a mi pueblo
desde el monte Sión, ahora y
siempre.ᵏ
⁸ Y tú, Jerusalén, torre y fortaleza de
Sión,
tú volverás a ser la capital del reino,
la gran señora que antes fuiste."

⁹ Ahora pues, ¿por qué gritas así,
como una mujer con dolores de
parto?
¿Acaso porque en ti no hay rey?
¿O porque han muerto tus
consejeros?
¹⁰ Retuércete y grita, ciudad de Sión,
como una mujer con dolores de
parto,
porque tu gente va a salir de ti y
tendrá que vivir a campo abierto,
y aun llegará hasta Babilonia.
Pero allí librará el Señor a su
pueblo;
lo salvará de sus enemigos.

¹¹ Ahora muchas naciones
se han juntado en contra tuya,
diciendo: "¡Vamos a darnos el gusto
de ver a Jerusalén profanada!"

¹² Pero esas naciones no conocen
los pensamientos y los planes de
Dios;
no saben que él las va a juntar
como manojos de espigas en la era.

¹³ ¡Levántate y trilla, ciudad de Sión!
Porque el Señor dice:
"Yo te daré la fuerza de un toro
de cuernos de hierro y pezuñas de
bronce,
para que destroces a muchos
pueblos.
Tú les quitarás sus riquezas mal
habidas
y me las consagrarás a mí,
al Señor de toda la tierra."

Dios proveerá de gobernantes a Israel

5 ¹ ˡ"Pero ahora, Jerusalén, prepara tu
defensa,
porque has sido sitiada
y van a castigar duramente al jefe
de Israel.
² En cuanto a ti, Belén Efrata,
pequeña entre los clanes de Judá,
de ti saldrá un gobernante de
Israelᵐ
que desciende de una antigua
familia."
³ Ahora el Señor deja a los suyos,
pero sólo hasta que dé a luz
la mujer que está esperando un hijo.
Entonces se reunirán con sus
compatriotas
los israelitas que están en el
destierro.
⁴ El rey se levantará para pastorear a
su pueblo
con el poder y la majestad del Señor
su Dios,
y ellos podrán vivir en paz,
porque el Señor será engrandecido
hasta el último rincón de la tierra.
⁵ Él traerá la paz.
Cuando los asirios invadan nuestro
país
y entren en nuestros palacios,
enviaremos contra ellos
siete jefes y ocho hombres
importantes.
⁶ Ellos gobernarán Asiria,
el país de Nimrod,ⁿ a filo de espada,
y nos librarán de los asirios
que hayan cruzado nuestras
fronteras
e invadido nuestra tierra.
⁷ Entonces, en medio de muchos
pueblos,
los que queden del pueblo de Jacob
serán como el rocío que envía el

ⁱ **4.3** Jl 3.10. ʲ **4.4** Zac 3.10. ᵏ **4.6-7** Is 40.11; Ez 34.11-16; Sof 3.19; Jn 10.7-16.
ˡ Los vs. 5.1-15 corresponden a los vs. 4.14—5.14 en el texto hebreo. ᵐ **5.2** Mt 2.6; Jn 7.42. ⁿ **5.6** Gn 10.8-11.

Señor, como las lluvias que caen
sobre la hierba,
que no dependen de la voluntad del
hombre.
[8] Entonces, en medio de muchas
naciones,
lo que quede del pueblo de Jacob
será como un león entre los
animales salvajes,
como un león en un rebaño de
ovejas,
que al pasar las desgarra y destroza,
y no deja que ninguna escape con
vida.
[9] Así atacarás tú, Señor, y destruirás
a todos tus enemigos.

[10] Esto afirma el Señor:
"En aquel día mataré tus caballos
y destruiré tus carros de guerra;
[11] convertiré en ruinas tus ciudades
y derribaré todas tus fortalezas;
[12] acabaré con tus hechicerías
y te dejaré sin adivinos;
[13] destruiré tus ídolos y piedras
sagradas,
para que no vuelvas a adorar jamás
a los dioses que tú mismo hiciste.
[14] Arrancaré tus árboles sagrados
y destruiré por completo tus
ciudades.
[15] En mi furor, tomaré venganza
de las naciones que no quisieron
obedecerme."

Pleito de Dios contra Israel

6 [1] Oigan ustedes ahora lo que dice el
Señor:
"¡Levántate y expón tu caso ante los
montes,
y que los cerros oigan tu voz!"
[2] Escuchen ustedes, montes
y firmes cimientos de la tierra:
el Señor va a entablar un juicio
contra su pueblo,
va a entablar un pleito contra
Israel.[n]

[3] Esto dice el Señor:
"Respóndeme, pueblo mío,
¿qué te he hecho o en qué te he
molestado?
[4] Yo te saqué de Egipto,[o] librándote
de la esclavitud;
yo envié a Moisés, Aarón[p] y María,[q]
para que te dirigieran.
[5] Pueblo mío, recuerda ahora
los planes de Balac, rey de Moab,
y la respuesta que le dio Balaam,
hijo de Beor.[r]

Recuerda cuando pasaste de Sitim a
Gilgal,[s]
y reconoce las victorias del Señor."

Lo que el Señor espera del hombre

[6] ¿Con qué me presentaré a adorar
al Señor, Dios de las alturas?
¿Me presentaré ante él con becerros
de un año,
para ofrecérselos en holocausto?
[7] ¿Se alegrará el Señor, si le ofrezco
mil carneros
o diez mil ríos de aceite?
¿O si le ofrezco a mi hijo mayor
en pago de mi rebelión y mi pecado?

[8] El Señor ya te ha dicho, oh hombre,
en qué consiste lo bueno
y qué es lo que él espera de ti:
que hagas justicia, que seas fiel y
leal
y que obedezcas humildemente a tu
Dios.[t]

[9] El Señor está llamando a la ciudad,
y es sabio oírle con reverencia:
"Escuchen, pueblo y consejeros de
la ciudad:[6]
[10] En la casa del malvado hay riquezas
mal habidas
y esas medidas falsas que aborrezco.
[11] ¿Cómo podré perdonar al que
emplea
balanzas alteradas y pesas falsas?[u]
[12] Los ricos de esta ciudad son todos
opresores;
mentirosos y engañadores todos sus
habitantes.
[13] Por eso voy a castigarte;
voy a arruinarte por causa de tus
pecados.
[14] Comerás, pero no quedarás
satisfecho,
sino que seguirás sufriendo hambre;
recogerás provisiones, pero no
podrás salvar nada,
y aun si algo salvas, haré que la
guerra lo destruya.
[15] Sembrarás, pero no cosecharás;
molerás aceitunas, pero no
aprovecharás el aceite;
pisarás uvas, pero no beberás el
vino.
[16] Porque has seguido los mandatos y
las prácticas
de Omrí y de la familia de Acab,[v]
y te has portado como ellos lo
hicieron.

[6] *Pueblo y consejeros de la ciudad:* texto probable. Heb. oscuro.
[n] **6.2** Is 3.13; Os 4.1; 12.2.   [o] **6.4** Ex 12.50—51.   [p] **6.4** Ex 4.10—16.   [q] **6.4** Ex 15.20.   [r] **6.5** Nm 22—24.   [s] **6.5** Jos 3.1—4.19.
[t] **6.6—8** 1 S 15.22; Pr 21.3; Os 2.19—20; 6.6; Am 5.22—24; Zac 7.9—10.   [u] **6.10—11** Lv 19.35—36; Dt 25.13—16; Am 8.5.
[v] **6.16** 1 R 16.23—34; 21.25—26.

Por eso yo haré de ti y de tus
habitantes
un motivo de horror y de burla,
y la vergüenza de mi pueblo caerá
sobre ti."

La corrupción de Israel

7 ¹ ¡Ay de mí! Soy como el que rebusca
después de la cosecha,
y ya no encuentra uvas ni higos,
esos frutos que querría comer.
² Ya no quedan en el mundo
hombres rectos ni fieles a Dios; ʷ
todos esperan el momento
de actuar con violencia;
los unos a los otros se ponen
trampas.
³ Son maestros en hacer lo malo;
los funcionarios exigen
recompensas,
los jueces se dejan sobornar,
los poderosos hacen lo que se les
antoja
y pervierten la ciudad.⁷
⁴ El mejor de ellos es como un espino;
el más honrado, como una zarza.
Pero viene el día de ajustar las
cuentas,
el día que te anunció el centinela.
Entonces reinará la confusión entre
ellos.
⁵ No creas en la palabra de tu prójimo
ni confíes en ningún amigo;
cuídate aun de lo que hables con tu
esposa.
⁶ Porque los hijos tratan con
desprecio a los padres,
las hijas se rebelan contra las
madres,
las nueras contra las suegras
y los enemigos de cada cual son sus
propios parientes.ˣ
⁷ Pero yo esperaré en el Señor;
pondré mi esperanza en Dios mi
salvador,
porque él me escuchará.

La victoria definitiva de Israel

⁸ Nación enemiga mía, no te alegres
de mi desgracia,
pues, aunque caí, voy a levantarme;
aunque me rodee la oscuridad,
el Señor es mi luz.
⁹ He pecado contra el Señor,
y por eso soportaré su enojo;
mientras tanto, él juzgará mi causa
y me hará justicia.
El Señor me llevará a la luz,
me hará ver su victoria.

¹⁰ También la verá mi enemiga,
y eso la cubrirá de vergüenza.
Ella me decía: "¿Dónde está el Señor
tu Dios?",ʸ
pero ahora tendré el gusto de verla
pisoteada como el barro de las
calles.

¹¹ Jerusalén, ya viene el día
en que tus muros serán
reconstruidos
y tus límites ensanchados.
¹² Ya viene el día
en que acudirán a ti de todas partes:
desde Asiria hasta Egipto,
desde el río Nilo hasta el Éufrates,
de mar a mar y de monte a monte.
¹³ La tierra será convertida en desierto
por culpa de sus habitantes,
como resultado de su maldad.

¹⁴ ¡Cuida, Señor, de tu pueblo,
de las ovejas de tu propiedad,
que están solas en el bosque,
rodeadas de fértiles tierras!
Llévalas, como en tiempos pasados,
a los pastos de Basán y Galaad.
¹⁵ Hazles ver maravillas,
como en los días en que los sacaste
de Egipto.
¹⁶ ¡Que las otras naciones también las
vean,
y se cubran de vergüenza
a pesar de todo su poder!
¡Que se queden como mudas y
sordas!
¹⁷ ¡Que muerdan el polvo como las
serpientes
y como los otros reptiles!
¡Que salgan temblando de sus nidos,
y que llenas de miedo recurran
a ti, Señor nuestro Dios!

Dios perdona a su pueblo

¹⁸ No hay otro Dios como tú,
porque tú perdonas la maldad
y olvidas las rebeliones
de este pequeño resto de tu pueblo.
Tú nos muestras tu amor
y no mantienes tu enojo para
siempre.
¹⁹ Ten otra vez compasión de nosotros
y sepulta nuestras maldades.
Arroja nuestros pecados
a las profundidades del mar.
²⁰ ¡Mantén, Señor, la fidelidad y el
amor
que en tiempos antiguos prometiste
a nuestros antepasados, Abraham y
Jacob!ᶻ

---

⁷ *Pervierten la ciudad:* traducción probable. Heb. oscuro.
ʷ **7.2** Sal 12.1.   ˣ **7.6** Mt 10.35–36; Lc 12.53.   ʸ **7.10** Sal 79.10; Jl 2.17.   ᶻ **7.20** Gn 12.1–3; 17.6–8; 28.13–15; Lc 1.55,73.

NAHÚM

El libro de Nahúm anuncia con alegría la caída de Nínive, capital de Asiria, la nación imperialista más brutal del mundo antiguo, y enemiga feroz de Israel. Esa caída ocurrió a fines del siglo siete a. C., y no sólo Judá sino todos los pueblos del Medio Oriente la aplaudieron, sintiéndose libres de tamaña amenaza. El profeta, por supuesto, interpreta el suceso como castigo de Dios. El lenguaje poético del libro es brillante y de vigoroso colorido, como por ejemplo la descripción del ataque de los carros y la caballería enemiga contra la ciudad (2.1–12). El estilo es de gran movimiento, con frases concisas y resonantes, con palabras que en el original hebreo parecen escogidas para imitar el estruendo de los carros, el galope de los caballos y la confusión del combate.

La ira vengadora de Dios

1 ¹ Libro de la profecía que Nahúm de Elcos recibió por revelación. Este es el mensaje dirigido a la ciudad de Nínive.ᵃ

² El Señor es Dios celoso y vengador:ᵇ
se venga de los que se le oponen,
y se enoja con sus enemigos.
³ El Señor es paciente pero poderoso,
y no dejará de castigar al culpable.
El Señor camina sobre la tormenta,
y las nubes son el polvo de sus pies.
⁴ Amenaza al mar, y lo seca.
Hace que se sequen todos los ríos.
Los campos de Basán
y el monte Carmelo se marchitan,
y se marchitan también las flores
del Líbano.
⁵ Ante él tiemblan las montañas;
los cerros se derriten en su
presencia.ᶜ
Toda la tierra se estremece al verlo;
todo el mundo y los que en él viven.
⁶ ¿Quién podrá mantenerse de pie
ante su ira?
¿Quién podrá resistir su enojo?
Su furia se derrama como fuego,
y ante él se parten en dos las peñas.
⁷ El Señor es bueno;
es un refugio en horas de angustia:
protege a los que en él confían.
⁸ Pero, como inundación que todo lo
arrasa,
destruye a los que se le oponen;
la oscuridad alcanzará a sus
enemigos.
⁹ ¿Qué están tramando ustedes en
contra del Señor?
¡Él los destruirá por completo!
¡Nadie puede oponérsele dos veces!
¹⁰ Pues como espinos enmarañados,ᶠ
como paja seca, serán quemados por
completo.

¹¹ De ti, Nínive, salió el que trama
lo malo en contra del Señor:
un malvado consejero.

¹² Por eso dice el Señor a su pueblo:
"Aunque los asirios sean fuertes y
numerosos,
serán destruidos y pasarán.²
Yo te he hecho sufrir,
pero no te haré sufrir más.
¹³ Haré pedazos el yugo que tienes
encima
y romperé tus cadenas."

¹⁴ El Señor ordenó respecto a ti, rey de
Nínive:
"No tendrás descendientes que
continúen tu nombre;
del templo de tu dios destruiré
los ídolos y las estatuas,
y allí te voy a enterrar porque eres
despreciable."

Anuncio de la caída de Nínive

¹⁵ ᵈ¡Miren! ¡Ya viene sobre los montes
el mensajero que trae noticias de
paz!ᵉ
Celebra tus fiestas Judá;
cumple tus promesas.
Nunca más te invadirán los
malvados;
han sido destruidos por completo.

2 ¹ Nínive, el destructor marcha contra
ti.
¡Monta tu guardia en la fortaleza!
¡Vigila el camino!
¡Cíñete la espada!
¡Reúne tus fuerzas!
² Porque el Señor va a restaurar el
orgullo de Jacob,
el orgullo de Israel,
como era antes de que lo saquearan
y lo dejaran como vid sin ramas.

---

¹ Como espinos enmarañados: Heb. añade: y como borrachos en su borrachera. ² Aunque los asirios . . . pasarán: texto probable. Heb. oscuro.
ᵃ 1.1—3.19 Is 10.5–34; 14.24–27; Sof 2.13–15. ᵇ 1.2–3 Ex 20.5–6; Dt 4.24. ᶜ 1.5 Sal 97.5; Mi 1.4. ᵈ Los vs. 1.15—2.13 corresponden a los vs. 2.1–14 en el texto hebreo. ᵉ 1.15 Is 52.7.

³ Rojo es el escudo de sus guerreros
y rojo el uniforme de su ejército.
¡Están listos para el ataque!
Sus carros parecen de fuego;
sus caballos³ se impacientan.
⁴ Los carros corren con furia por las
    calles,
van de un lado a otro de las plazas,
son como antorchas encendidas,
pasan como relámpagos.
⁵ Llama el rey a sus oficiales,
y ellos se atropellan
al correr a la muralla,
al parapeto ya preparado.
⁶ Se abren las compuertas del río,
y el palacio se viene abajo.
⁷ Al destierro llevan a la reina;
la acompañan sus criadas,
que gimen como palomas
y lloran golpeándose el pecho.
⁸ Como el agua a través de un dique
    roto,
así huyen los habitantes de Nínive.
"¡Deténganse! ¡Vuelvan!" les gritan,
pero nadie vuelve.
⁹ ¡Roben la plata! ¡Roben el oro!
¡Las riquezas de Nínive no tienen
    fin!

¹⁰ Destruida, desierta, desolada,
así está Nínive.
Los corazones se deshacen de
    miedo,
tiemblan las rodillas,
a todos les faltan las fuerzas
y los rostros pierden el color.
¹¹ ¿Qué queda de la cueva de los
    leones,
de la guarida de los cachorros de
    león?
Allí los leones y sus cachorros
se sentían seguros;
no había nadie que los espantara.
¹² Mataba el león a su presa,
la repartía entre la leona y sus
    cachorros,
y llenaba de rapiña sus cuevas.

Destrucción total de Nínive

¹³ El Señor todopoderoso afirma:
"Aquí estoy contra ti:
voy a quemar tus carros de guerra
y a convertirlos en humo;
voy a matar tus cachorros;
acabaré con el robo que hay en tu
    tierra,
y no se oirá más la voz de tus
    mensajeros."

3 ¹ ¡Ay de ti, ciudad sanguinaria,
llena de mentira y violencia;
tu rapiña no tiene fin!

---

³ *Caballos:* según la versión griega. Heb. *pinos.*

² ¡Chasquido de látigo,
estruendo de ruedas!
¡Galopar de caballos,
carros que saltan!
³ ¡Carga de caballería!
¡Brillo de espada,
resplandor de lanza!
¡Miles de heridos,
montones de muertos!
¡Cadáveres sin fin!
¡La gente tropieza con ellos!
⁴ Y todo por culpa de las
    prostituciones
de esa ramera llena de gracia y
    hermosura,
maestra en brujerías,
que con sus prostituciones y
    hechizos
embaucaba a pueblos y naciones.

⁵ El Señor todopoderoso afirma:
"Aquí estoy contra ti:
te voy a levantar el vestido hasta la
    cara,
para que las naciones te vean
    desnuda
y los reinos vean tu vergüenza.
⁶ Y echaré suciedad sobre ti;
te cubriré de deshonra y haré de ti
    un espectáculo.
⁷ Todos los que te vean
huirán de ti, diciendo:
'¡Nínive está destruida!
¿Quien le tendrá compasión?
¿Dónde hallar quien la consuele?'
⁸ ¿Acaso eres tú mejor que Tebas,
la ciudad junto al río Nilo,
rodeada de muchas aguas,
con el río por barrera y el agua por
    muralla?
⁹ Etiopía y Egipto eran su fortaleza
    sin límite;
los de Fut, los libios, eran sus
    aliados.
¹⁰ Sin embargo, Tebas fue llevada al
    destierro;
sus niños fueron estrellados
en las esquinas de las calles;
sobre sus nobles echaron suertes
y sus caudillos fueron encadenados.
¹¹ También a ti te van a emborrachar;
aturdida, te esconderás
buscando refugio de tu enemigo.
¹² Todas tus fortalezas son como
    higueras
cargadas de higos tiernos,
que caen, si las sacuden,
en la boca de quien los come.
¹³ Tu ejército parece formado de
    mujeres;
las puertas del país
están abiertas para el enemigo;
el fuego ha destruido tus cerrojos.

14 Prepara agua, para que puedas
   resistir el sitio;
refuerza tus defensas.
Métete en el lodo,
pisa el barro,
toma el molde de ladrillos.
15 Allí te consumirá el fuego,
y la espada, como langosta,
te exterminará por completo.
¡Multiplícate como las langostas!
¡Multiplícate como los saltamontes!
16 Tus comerciantes se hicieron
   más numerosos que las estrellas del
   cielo.
(La langosta cambia de piel y vuela.)
17 Tus guardianes son como langostas;
y los encargados de reclutar tus
   tropas

son como nubes de insectos:
cuando hace frío, se posan en las
   paredes;
cuando sale el sol, se van; nadie
   sabe a dónde.

18 "¡Cómo duermen tus pastores,
oh rey de Asiria!
Tus oficiales descansan,
tus tropas andan dispersas por los
   montes
y no hay quien las reúna.
19 ¡No hay remedio para tu herida;
tu llaga es incurable!
Todos los que oyen de tu desgracia
aplauden de alegría,
pues ¿quién no sufrió tu maldad sin
   fin?"

HABACUC

*Los vencedores de los asirios fueron los babilonios. Habacuc profetiza al parecer
poco después de Nahúm, cuando Babilonia, después de vencer a Nínive, alcanza su
apogeo imperial. Sus ejércitos igualan en crueldad a los asirios. Si Nahúm anuncia la
caída de Nínive, Habacuc se alarma por la aparición de esta nueva y tremenda amenaza. Comprende que el pueblo escogido ha incurrido en pecado, y presiente que vendrá el castigo por mano de los babilonios. En momentos de inconformidad, que recuerdan la de Job, llega a interpelar a Dios. ¿Cómo permite él todo esto? Y en cuanto a los
babilonios, si Dios es santo, ¿cómo puede soportar a gente tan cruel? (cap. 1). Dios le
responde que debe tener paciencia y confianza en él. A su debido tiempo, y cuando él
considere llegada la hora, vendrá la merecida retribución: la destrucción de los malvados y la supervivencia de quienes se mantengan fieles a él (cap. 2). El capítulo final es
una oración, en forma de salmo, en que se alaba la grandeza de Dios y se expresa la fe
inconmovible del autor.*

Queja de Habacuc contra la injusticia

1 ¹ Este es el mensaje que el Señor re-
veló al profeta Habacuc.

² Señor, ¿hasta cuándo gritaré
   pidiendo ayuda
sin que tú me escuches?
¿Hasta cuándo clamaré a causa de
   la violencia
sin que vengas a librarnos?ᵃ
³ ¿Por qué me haces ver
tanta angustia y maldad?
Estoy rodeado de violencia y
   destrucción;
por todas partes hay pleitos y
   luchas.
⁴ No se aplica la ley,
se pisotea el derecho,
el malo persigue al bueno
y se tuerce la justicia.

Respuesta del Señor

⁵ "Miren ustedes a las naciones que
   los rodean;
mírenlas y llénense de espanto.
Estoy a punto de hacer cosas tales
que ustedes no las creerían, si
   alguien se las contara.ᵇ
⁶ Voy a poner en pie de guerra a los
   caldeos,ᶜ
que son gente cruel, que siempre
   están dispuestos
a recorrer el mundo de lado a lado
para adueñarse de tierras que no les
   pertenecen.
⁷ Son espantosos y terribles,
y no reconocen más ley que la suya.
⁸ Sus caballos son más veloces que los
   leopardos,

ᵃ **1.2** Job 21; Sal 13.1-2; 73.4-14; Jer 12.1-4; 14.9; Ap 6.10.   ᵇ **1.5** Hch 13.41.   ᶜ **1.6** 2 R 24.2.

más salvajes que los lobos del
desierto.[1]
Sus jinetes galopan en gran número
y se lanzan al ataque desde lejos,
como el águila se lanza sobre su
presa.
[9] Todo lo destruyen a su paso;
en su avance van sembrando el
terror,
y son más los prisioneros que hacen
que las arenas que hay en el mar.
[10] Se burlan de los reyes
y de la gente importante.
Se ríen de las fortalezas,
pues levantan rampas ante ellas
y las toman por asalto.
[11] Pasan como un huracán;
no reconocen más dios que su
propia fuerza."[2]

Nueva queja de Habacuc

[12] Señor, ¿acaso no existes tú
eternamente,
mi Dios santo e inmortal?[3]
Señor y protector mío,
tú has dado fuerza a los caldeos
para que ellos ejecuten tu justicia.
[13] Tú eres demasiado puro para
consentir el mal,
para contemplar con agrado la
iniquidad;
¿cómo, pues, contemplas callado a
los criminales,
y guardas silencio mientras el
malvado
destruye a los que son mejores que
él?[d]
[14] ¿Por qué tratas a los hombres
como a peces del mar,
como a animales sin gobierno?
[15] Los caldeos se apoderan de otras
naciones
como el pescador se apodera del
pescado:
lo atrapa con anzuelos y con redes,
y luego, al verlo todo junto, se llena
de alegría.
[16] Por eso el pescador adora sus redes
y anzuelos,
y ofrece sacrificios y quema incienso
en su honor,
pues gracias a ellos tiene comida
buena y abundante.
[17] Así, ¿seguirán los caldeos
pescándonos con sus redes?
¿Seguirán matando sin compasión a
la gente?

Lo que el Señor reveló a Habacuc

2 [1] Estaré atento y vigilante,
como lo está el centinela en su
puesto,
para ver qué me dice el Señor
y qué respuesta da a mis quejas.[e]

[2] El Señor me contestó:
"Escribe en tablas de barro lo que te
voy a mostrar,
de modo que pueda leerse de
corrido.[4]
[3] Aún no ha llegado el momento
de que esta visión se cumpla;
pero no dejará de cumplirse.
Tú espera, aunque parezca tardar,[f]
pues llegará en el momento preciso.
[4] Escribe que los malvados son
orgullosos,[5]
pero los justos vivirán por su
fidelidad a Dios."[g]

El destino de los opresores

[5] Los hombres orgullosos desean el
poder;[6]
lo buscan sin descanso y siempre
quieren más,
aun cuando el poder es traicionero.[7]
Abren su boca, como el sepulcro;
son insaciables, como la muerte,
y por eso se lanzan a conquistar
nación tras nación.
[6] Pero todas las naciones
conquistadas
se burlarán del que las conquistó,
cantándole:
"¡Ay de ti, que te haces rico
con lo que no te pertenece!
¿Hasta cuándo seguirás
amontonando
las riquezas que tomaste prestadas?"

[7] Cuando menos lo esperes, llegarán
tus acreedores,
despertarán los que te atormentan
y te dejarán desnudo.
[8] Las naciones se unirán en contra
tuya
y te saquearán como tú las
saqueaste a ellas.
Te harán pagar todos tus crímenes,
las violencias que cometiste en el
país
contra las ciudades y sus habitantes.

[9] ¡Ay de ti, que has llenado tu casa
con el producto de tus robos,
para ponerte a salvo de todo peligro!

---

[1] *Lobos del desierto:* según la versión griega. Heb. *lobos de la noche.*　　[2] *No reconocen . . . fuerza:* según un manuscrito antiguo. Heb. oscuro.　　[3] *E inmortal:* texto probable. Heb. *no moriremos,* para evitar, por irreverencia, aludir directamente a Dios.　　[4] *Que pueda leerse de corrido:* otra posible traducción: *que el que lea corra a obedecer.*　　[5] *Los malvados son orgullosos:* traducción probable. Heb. oscuro.　　[6] *Desean el poder:* traducción probable. Heb. oscuro.　　[7] *El poder es traicionero:* según un manuscrito antiguo. Heb. *el vino es traicionero.*
[d] 1.13 Sal 5.4–6.　　[e] 2.1 Sal 5.3; 130.5–6.　　[f] 2.3 He 10.37; 2 P 3.8–10.　　[g] 2.4 Ro 1.17; Gá 3.11; He 10.38.

[10] De ese modo has cubierto tu casa de
vergüenza,
y has causado tu propia destrucción
al destruir a numerosas naciones.
[11] Aun las piedras de los muros
y la madera de las vigas
gritarán en contra tuya.

[12] ¡Ay de ti, que construyes tus
ciudades
sobre la base del crimen y la
injusticia![h]
[13] El Señor todopoderoso
va a hacer inútil tu trabajo y tu
fatiga,
pues todas tus obras serán
destruidas por el fuego.
[14] Y el conocimiento de la gloria del
Señor
llenará entonces toda la tierra,
como las aguas llenan el mar.[i]

[15] ¡Ay de ti, que emborrachas a tus
vecinos
dándoles vino mezclado con drogas,
para humillarlos contemplando su
desnudez!
[16] En lugar de honor, te cubrirás de
vergüenza,
porque el Señor va a darte a beber
una copa
que te hará mostrar tu
incircuncisión
y convertirá en humillación tu
gloria.[j]
[17] Las violencias que le hiciste al
monte Líbano
se volverán en contra tuya,
y te espantarás por la matanza de
sus animales.
Esto te vendrá a causa de tus
crímenes
y de las violencias que cometiste en
el país
contra las ciudades y sus habitantes.

[18] ¿De qué sirve una escultura
en cuanto ha sido terminada?
¿De qué sirve una imagen
que sólo lleva a la mentira?
Los ídolos no pueden hablar;
¿cómo, pues, podrá confiar en ellos
el hombre que los fabrica?

[19] ¡Ay de ti, que a un ídolo de madera
le dices que despierte,
y a una piedra muda, que se ponga
de pie!
¿Podrán ellos comunicar mensaje
alguno?
¡No, porque no tienen vida propia,

aunque estén recubiertos de oro y
plata!
[20] Pero el Señor está en su santo
templo:
¡guarde silencio delante de él toda la
tierra![k]

Oración de Habacuc

3 [1] Esta es una oración del profeta Habacuc.

[2] Lo que oigo acerca de ti, Señor,
y de todo lo que has hecho,
me llena de profunda reverencia.
Realiza ahora, en nuestra vida,
tus grandes acciones de otros
tiempos,
para que nosotros también las
conozcamos.
Muéstranos así tu compasión
aun en medio de tu enojo.

[3] Dios viene de la región de Temán;
del monte Parán viene el Dios
Santo.
Su gloria se extiende por todo el
cielo,
y el mundo entero se llena de su
alabanza.
[4] Viene envuelto en brillante
resplandor,
y de sus manos brotan rayos de luz
que muestran el poder que en él se
esconde.
[5] Delante de él llegan plagas terribles,
y detrás la fiebre abrasadora.
[6] La tierra tiembla cuando él se
detiene;
se estremecen las naciones cuando
las mira;
las viejas montañas se derrumban
y se deshacen los montes antiguos;
pero los caminos de Dios son
eternos.

[7] Yo he visto a la gente de Cusán
hundida en la desgracia,
a los habitantes de Madián
encogidos por el miedo.
[8] ¿Te has enojado, Señor, contra los
ríos?
¿Se ha encendido tu furor contra los
mares?
¿Cabalgas por eso en tus caballos
y montas así en tu carro victorioso?

[9] Tienes el arco preparado
y dispuestas todas tus flechas.[g]
Con los ríos has abierto surcos en la
tierra.
[10] Las montañas tiemblan al verte;
cae del cielo la lluvia torrencial,

---

[g] *Tienes el ... tus flechas:* texto probable. Heb. oscuro.
[h] **2.12** Mi 3.10.   [i] **2.14** Is 11.9.   [j] **2.16** Sal 75.8; Jer 25.15-29; Ez 23.32-34.   [k] **2.20** Sal 11.4; Sof 1.7; Zac 2.13.

y el mar profundo da su rugido
mientras se alzan sus olas inmensas.
[11] El sol y la luna no salen de su
escondite
ante el vivo resplandor de tus
flechas
y la luz relampagueante de tu lanza.
[12] En tu enojo recorres toda la tierra;
en tu furor pisoteas las naciones.
[13] Tú has salido en ayuda de tu pueblo
y del rey que tú mismo escogiste.
Has destruido el techo de la casa del
malvado,
y has descubierto hasta la roca sus
cimientos.
[14] Mataste a su jefe con sus propias
flechas,
cuando sus jinetes, como una
tempestad,
se lanzaron arrogantes
a dispersar a los indefensos,
para destruirlos en secreto.

[15] Con tus caballos recorres el mar,
la gran extensión de las aguas
espumosas.

[16] Al oír todo esto tuve miedo.
Mis labios se pusieron a temblar,
mis piernas dejaron de sostenerme
y todo mi cuerpo perdió sus fuerzas.
Aun así, esperaré tranquilo
el día en que Dios ponga en
angustia
al ejército de nuestros opresores.

[17-18] Entonces me llenaré de alegría
a causa del Señor mi salvador.
Le alabaré aunque no florezcan las
higueras
ni den fruto los viñedos y los
olivares;
aunque los campos no den su
cosecha;
aunque se acaben los rebaños de
ovejas
y no haya reses en los establos.[l]
[19] Porque el Señor me da fuerzas;
da a mis piernas la ligereza del
ciervo[m]
y me lleva a alturas donde estaré a
salvo.

[l] **3.17-18** Sal 25.5; 68.19-20; Lc 1.47.   [m] **3.19** 2 S 22.34; Sal 18.33.

SOFONÍAS

El profeta Sofonías es contemporáneo de Nahúm y de Habacuc, y por el texto de este libro se puede saber que predicó antes de las reformas de Josías. Por eso comienza advirtiendo, como otros profetas, la proximidad del Día del Señor, día de juicio, castigo y destrucción (1.1—2.3). Ciertamente los vecinos de Judá, las ciudades filisteas de Gaza, Ascalón, Asdod y Ecrón serán destruidas (2.4-15). Pero también por su propio pecado, Jerusalén sufrirá el desastre. Para ella, sin embargo, hay esperanza de redención, lo cual hace que el profeta concluya con un cántico de alegría.

El día de la ira del Señor

1 [1] Este es el mensaje que el Señor dirigió a Sofonías en el tiempo en que Josías,[a] hijo de Amón, era rey de Judá. Sofonías era hijo de Cusi, éste de Gedalías, éste de Amarías y éste de Ezequías.

[2] Esto afirma el Señor:
"Voy a destruir completamente
todo lo que hay sobre la tierra.
[3] Destruiré a los hombres y los
animales, destruiré las aves y los
peces,
pondré tropiezo a los malvados
y eliminaré de la tierra al hombre."

Esto afirma el Señor:
[4] "Extenderé mi mano contra el
pueblo de Judá
y contra todos los que viven en
Jerusalén.
Borraré de este lugar todo rastro
del falso dios Baal,
y hasta el nombre de sus sacerdotes.
[5] Destruiré a los que suben a las
azoteas
para adorar a los astros,
y a los que se arrodillan
jurando al mismo tiempo por mi
nombre
y por el nombre del dios Milcom.[b]
[6] También destruiré a los que se
apartan de mí,

[a] **1.1** 2 R 22.1—22.30; 2 Cr 34.1—35.27.   [b] **1.4-5** 2 R 23.4-14.

a los que no me buscan ni acuden a
consultarme."

7 ¡Guarden silencio en presencia del
Señor,c
porque el día del Señor está cerca!
¡El Señor ha dispuesto un sacrificio
y ha consagrado a sus invitados!

8 "En el día del sacrificio
castigaré a los jefes —dice el
Señor—,
a los hijos del rey
y a todos los que visten ropa
extraña.
9 También castigaré en aquel día
a los que saltan sobre los umbrales,l
y a los que llenan de violencia y
engaños
la casa de sus amos."

10 Esto afirma el Señor:
"En aquel día se oirán gritos de
socorro
desde la Puerta de los Pescados.
Gritará la gente en el Segundo
Barrio
y habrá gran ruido de derrumbes
desde las colinas.
11 ¡Aúllen ustedes, habitantes del
Barrio del Mortero,
porque todos los comerciantes2 van
a morir,
todos los que trafican con dinero
van a ser destruidos!

12 "En aquel tiempo tomaré una
lámpara
y registraré Jerusalén.
Castigaré entonces a la gente
que se siente tranquila
como el vino reposado,
y que se dice a sí misma:
'¡El Señor no hará nada, ni bueno ni
malo!'
13 Por eso, sus tesoros serán saqueados
y sus casas destruidas.
Construirán casas, pero no vivirán
en ellas;
plantarán viñas, pero no beberán de
su vino."

14 ¡Ya está cerca el gran día del
Señor!d
¡Ya está cerca, viene de prisa!
El estruendo del día del Señor será
amargo:
¡hasta los más valientes gritarán
entonces!

15 Será un día de ira,
de angustia y aflicción,
de ruina y desolación,
de oscuridad y tinieblas,
de nublado y sombras profundas;
16 será un día de trompeta y de clamor
contra las ciudades fortificadas
y sus altas torres.

17 Dice el Señor:
"Pondré en apuros a la gente.
Caminarán como ciegos,
porque pecaron contra mí.
Su sangre será derramada como
polvo,
y su carne amontonada como
estiércol."

18 En el día de la ira del Señor,
no salvará a la gente ni su plata ni
su oro,
porque el fuego del enojo del Señor
consumirá todo el país.
¡Todos los habitantes de la tierra
quedarán destruidos en un solo
instante!

2 1 Reúnanse, júntense ustedes,
gente falta de vergüenza,
2 antes de ser aventados
como paja,e que en un día
desaparece;3
antes que caiga sobre ustedes
la ira ardiente del Señor;
antes que caiga sobre ustedes
el día de la ira del Señor.
3 Busquen al Señor todos ustedes,
los humildes de este mundo,
los que obedecen sus mandatos.
Actúen con rectitud y humildad,
y quizás así encontrarán refugio
en el día de la ira del Señor.f

El castigo que recibirán las naciones

4 La ciudad de Gaza quedará desierta,
y Ascalón, desolada;
en pleno día serán expulsados
los que viven en Asdod,
y los de Ecrón serán arrancados de
raíz.
5 ¡Ay de ustedes, gente de Creta,
que viven a orillas del mar!
Dios ha pronunciado esta sentencia
contra ustedes:
"¡Canaán, país de los filisteos,g
te voy a destruir y a dejar sin
habitantes!
6 El país que está a orillas del mar
quedará convertido en pastizales

---

l Saltan sobre los umbrales: esta frase podría ser alusión a la costumbre mencionada en 1 S 5.5 o a algún rito practicado
en las gradas de la plataforma o pedestal de los ídolos.   2 Todos los comerciantes: lit. todo el pueblo de Canaán,
expresión que había llegado a ser equivalente de la anterior.   3 Antes que sean . . . en un día desaparece: traducción
probable. Heb. oscuro.
c 1.7 Hab 2.20; Zac 2.13.   d 1.14–18 Is 13.6; Ez 30.2–3; Jl 1.15; Am 5.18,20; 8.9–14; Mal 3.2; Ap 6. 7.   e 2.2 Sal 1.4;
Jer 13.24; Os 13.3.   f 2.3 Is 55.6–7; Jl 2.12–14.   g 2.4–7 Is 14.29–31; Jer 47.1–7; Ez 25.15–17; Jl 3.4–8; Am 1.6–8; Zac 9.5–7.

donde se junten los pastores,
y en corrales para los rebaños."
⁷ Los sobrevivientes del pueblo de
Judá
tomarán posesión de ese país
cuando el Señor su Dios venga en
su ayuda
y cambie la suerte de ellos.
Allí cuidarán de sus rebaños,
y por las noches descansarán
en las casas de Ascalón.

⁸⁻⁹ Esto afirma el Señor todopoderoso, el
Dios de Israel:
"He oído los insultos de los
moabitas ʰ
y las ofensas de los amonitas.ⁱ
Porque ellos han insultado a mi
gente
y se han engrandecido a costa de su
territorio.
Por eso, juro por mi vida
que a Moab le pasará como a
Sodoma
y que los de Amón quedarán como
Gomorra,ʲ
convertidos en campo de espinos,
en mina de sal,
en un lugar de permanente soledad.
Los sobrevivientes de mi pueblo los
saquearán
y se quedarán con sus tierras."

¹⁰ Este es el pago que recibirán Moab
y Amón
por haber insultado al pueblo del
Señor,
por haberse engrandecido a costa
del pueblo del Señor todopoderoso.
¹¹ El Señor será terrible con ellos.
Destruirá todos los dioses del país,
y él será adorado en todo lugar,
aun por la gente de las islas.
¹² ¡También ustedes, los de Etiopía,ᵏ
caerán heridos por la espada del
Señor!
¹³ Extenderá él su mano contra el
norte
para destruir Asiria,ˡ
y dejará desolada la ciudad de
Nínive,
convirtiéndola en un seco desierto.
¹⁴ La madera de sus casas será
arrancada,
y en ellas se echarán los rebaños de
ovejas
y toda clase de animales salvajes.
El búho y el erizo
dormirán en lo alto de sus postes,
y los cuervosᵈ graznarán
en las ventanas y en los umbrales.

¹⁵ Esa es la ciudad llena de orgullo
que vivía confiada,
de la que decían sus habitantes
que no tenía igual en el mundo.
¡Cómo ha quedado desolada
y convertida en guarida de fieras!
Cuantos pasen cerca de ella,
silbarán y harán gestos de desprecio.

Pecado y redención de Jerusalén

3 ¹ ¡Ay de Jerusalén, la ciudad rebelde,
manchada y opresora!
² No escuchó la voz del Señor
ni aceptó ser corregida;
no confió en él;
no recurrió a su Dios.
³ Sus jefes son como leones que
rugen;
sus jueces, como lobos del desiertoˢ
que no dejan ni un hueso para la
mañana.
⁴ Sus profetas son insolentes,
traidores;
sus sacerdotes profanan el santuario
y violan la ley del Señor.
⁵ Pero el Señor está en la ciudad;
él hace lo bueno, no lo malo.
Cada mañana, sin falta, establece su
juicio.
En cambio, el malo
ni siquiera conoce la vergüenza.

⁶ Dice el Señor:
"He destruido naciones,
he arrasado las torres de sus
murallas
y he dejado desiertas sus calles,
sin gente que pase por ellas.
¡En sus solitarias ciudades
no queda un solo habitante!
⁷ Pensé: 'Así Jerusalén me temerá
y aceptará que la corrija;
así no quedará destruido su hogar
por haberla yo castigado.'
Pero ellos se apresuraron a cometer
toda clase de maldades.
⁸ Por eso, espérenme ustedes el día
en que me levante a hablar en su
contra.
Yo, el Señor, lo afirmo:
He decidido reunir las naciones y los
reinos
para descargar sobre ellos mi enojo,
mi ardiente ira.
¡Toda la tierra va a quedar destruida
por el fuego de mi furor!

⁹ "Cuando eso llegue, purificaré
el lenguaje de los pueblos,
para que todos me invoquen,
para que todos a una me sirvan.

ᵈ *Cuervos:* según la versión griega. Heb. *destrucción.* ˢ Véase nota en Hab 1.8.
ʰ **2.8-11** Is 15—16; 25.10-12; Jer 48; Ez 25.8-11; Am 1.13-15. ⁱ **2.8-11** Jer 49.1-6; Ez 21.28-32; 25.1-7; Am 1.13-15.
ʲ **2.8-9** Gn 19-24. ᵏ **2.12** Is 18.1-7. ˡ **2.13-15** Is 10.5-34; 14.24-27; Nah 1—3.

[10] Del otro lado de los ríos de Etiopía,
mi pueblo disperso vendrá
  suplicante
a traerme ofrendas.
[11] En aquel tiempo, pueblo mío,
ya no te avergonzarás
de ninguna de las acciones
con que te rebelaste contra mí,
pues entonces quitaré de ti
a los altaneros y orgullosos,
y nunca volverás a mostrar orgullo
en mi santo monte.
[12] Yo dejaré en ti gente humilde y
  sencilla,
que pondrá su confianza en mi
  nombre.
[13] Los sobrevivientes del pueblo de
  Israel
no cometerán injusticias,
ni dirán mentiras,[m]
ni llenarán de embustes su boca.
Podrán alimentarse
y descansar sin miedo alguno."[n]

Canto de alegría por Jerusalén

[14] ¡Canta, ciudad de Sión!
¡Da voces de alegría, pueblo de
  Israel!
¡Alégrate, Jerusalén,
alégrate de todo corazón!
[15] El Señor ha retirado la sentencia
contra ti

y ha rechazado a tus enemigos.
El Señor, el Rey de Israel, está en
  medio de ti:[ñ]
ya no tendrás que temer mal
  alguno.
[16] En aquel tiempo se dirá a Jerusalén:
"¡No tengas miedo, Sión,
ni dejes que tus manos queden sin
  fuerzas!"
[17] El Señor tu Dios está en medio de ti;
¡él es poderoso, y te salvará![o]
El Señor estará contento de ti.
Con su amor te dará nueva vida;[6]
en su alegría cantará
[18] como en día de fiesta.

Dice el Señor:
"Yo te libraré entonces del mal que
  te amenace
de la vergüenza que pese sobre ti.[7]
[19] En aquel tiempo actuaré
en contra de todos los que te
  oprimen.
Ayudaré a la oveja que cojea
y recogeré a la extraviada;[p]
convertiré en honor y fama,
en toda la tierra,
los desprecios que les hicieron.
[20] En aquel tiempo
los traeré a ustedes, los reuniré;
haré que cambie su suerte,
y les daré fama y honor
entre todos los pueblos de la tierra.[q]
Yo, el Señor, lo he dicho."

[6] *Con su amor te dará nueva vida:* según la versión griega. Heb. *él calla en su amor.*
[7] *Como en día . . . sobre ti:* traducción probable. Heb. oscuro.
[m] **3.13** Ap 14.5.   [n] **3.13** Sal 23.2–4; Ez 34.13–16.   [ñ] **3.14–15** Zac 9.9.   [o] **3.17** Is 12.2.   [p] **3.19** Is 40.11; Ez 34.11–16;
Mi 4.6–7; Jn 10.7–16.   [q] **3.20** Gn 12.2–3; Zac 10.8–12.

HAGEO

El profeta Hageo aparece un siglo después de los tres anteriores. Se había efectuado ya el regreso del exilio bajo Zorobabel. Pero el tiempo pasaba y no se reconstruía el templo, si bien se habían comenzado a levantar de nuevo bellas mansiones en Jerusalén. El profeta comunica la orden divina de no demorar más la reconstrucción del santuario (cap. 1). El Señor promete prosperidad y paz en el futuro para un pueblo arrepentido de su infidelidad y dispuesto a servirle (cap. 2).

Exhortación a construir el templo

1 [1] En el año segundo del gobierno del rey Darío, el día primero del sexto mes, el Señor, por medio del profeta Hageo, se dirigió al gobernador de Judá, Zorobabel, hijo de Salatiel, y al jefe de los sacerdotes, Josué, hijo de Josadac.[a]

[2-3] Y esto es lo que dijo el Señor todopoderoso por medio del profeta: "Esta gente dice que todavía no es tiempo de reconstruir mi templo. [4] ¿Y acaso para ustedes sí es tiempo de vivir en casas lujosas, mientras que mi templo está en ruinas? [5] Yo, el Señor todopoderoso, les digo que

[a] **1.1** Esd 4.24—5.2; 6.14.

piensen bien en su conducta. [6] Ustedes siembran mucho, pero cosechan poco; comen, pero no se sienten satisfechos; beben, pero se quedan con sed; se abrigan, pero no entran en calor; y el que trabaja a jornal, echa su salario en saco roto. [7] Yo, el Señor todopoderoso, les digo que piensen bien en su conducta. [8] Vayan a las montañas, traigan madera y construyan de nuevo el templo. Yo estaré allí contento, y mostraré mi gloria. [9] Ustedes buscan mucho, pero encuentran poco; y lo que guardan en su casa, yo me lo llevo de un soplo. ¿Por qué? Pues porque mi casa está en ruinas, mientras que ustedes sólo se preocupan de sus propias casas. Yo, el Señor, lo afirmo. [10] Por eso no cae para ustedes la lluvia, ni la tierra les da sus productos.[b] [11] Yo fui quien trajo la sequía sobre los campos y sobre los montes, sobre el trigo, los viñedos y los olivares, sobre las cosechas del campo, sobre los hombres y los animales, y sobre todas sus labores."

[12] Zorobabel, Josué y el resto de la gente sintieron miedo cuando oyeron lo que el Señor les decía por medio del profeta Hageo, esto es, lo que Dios el Señor le había encargado que dijera. [13] Entonces Hageo, el mensajero del Señor, les habló en nombre de Dios, diciéndoles: "El Señor dice: 'Yo, el Señor, lo afirmo: Yo estoy con ustedes.' "

[14-15] De esta manera animó el Señor a Zorobabel, gobernador de Judá, a Josué, jefe de los sacerdotes, y al resto de la gente, y el día veinticuatro del sexto mes del año segundo del reinado de Darío empezaron a reconstruir el templo de su Dios, el Señor todopoderoso.[c]

La gloria del nuevo templo

2 [1] El día veintiuno del séptimo mes, el Señor volvió a dirigirse al profeta Hageo, [2] y le ordenó que dijera a Zorobabel, a Josué y al resto de la gente:[d] [3] "Los que vieron el otro templo en todo su esplendor, digan qué les parece éste que ahora tenemos.[e] ¿No les parece que no vale nada comparado con aquel otro? [4] ¡Pero ánimo, Zorobabel! ¡Ánimo, Josué, jefe de los sacerdotes! Y anímense todos ustedes, gente del país. Trabajen, que yo estoy con ustedes. Yo, el Señor todopoderoso, lo afirmo. [5] Tal como se lo prometí cuando salieron de Egipto,[f] mi espíritu les acompaña. No tengan miedo. [6] Dentro de poco haré temblar el cielo y la tierra,[g] el mar y la tierra firme. [7] Haré temblar a todas las naciones, y traerán sus riquezas, y mi templo se llenará de gloria." El Señor todopoderoso lo afirma: [8] "Míos son la plata y el oro. [9] Este

segundo templo[j] será más hermoso que el primero. Entonces haré que haya paz en este lugar. Yo, el Señor todopoderoso, lo afirmo."

Dios reprende al pueblo infiel

[10] El día veinticuatro del noveno mes del mismo año del gobierno del rey Darío, el Señor se dirigió al profeta Hageo [11] y le ordenó que, en el nombre del Señor todopoderoso, hiciera a los sacerdotes las siguientes preguntas en relación con la ley: [12] "Supongamos que un hombre lleva carne consagrada envuelta en su capa, y que el borde de la capa toca pan, guiso, vino, aceite o cualquier otra comida: ¿quedará por eso consagrada la comida?" Los sacerdotes contestaron que no. [13] Entonces Hageo continuó: "Pero supongamos que alguien, que ha quedado impuro por haber tocado un cadáver,[h] va y toca también cualquiera de estas cosas: ¿acaso ellas no quedarán impuras?" Los sacerdotes contestaron que sí.

[14] Entonces dijo Hageo: "El Señor afirma: 'Lo mismo pasa con esta gente: todo lo que hacen y todo lo que me ofrecen es impuro. [15] De ahora en adelante piensen ustedes en esto. Antes de empezar a construir el templo, [16] ¿qué les pasaba?[2] Pues que cuando alguien iba a un montón de veinte medidas de grano, encontraba solamente diez; y cuando uno iba al lugar donde se hace el vino, a sacar cincuenta cántaros, encontraba solamente veinte. [17] Yo destruí con plagas y granizo el fruto de todos sus esfuerzos, pero ustedes no se volvieron a mí. Yo, el Señor, lo afirmo. [18] Hoy, día veinticuatro del noveno mes, han sido puestos los cimientos de mi templo. [19] Pues bien, fíjense ustedes en que a partir de hoy no faltará el grano en el granero. Aún no ha dado fruto la vid, ni la higuera, ni el granado, ni el olivo; pero a partir de hoy, yo los bendeciré.' "

Promesa del Señor a Zorobabel

[20] Ese mismo día, el Señor volvió a dirigirse a Hageo, [21] y le ordenó que dijera a Zorobabel, el gobernador de Judá: "Yo haré temblar el cielo y la tierra; [22] destruiré el poder de los reinos del mundo y echaré abajo sus tronos; volcaré los carros de guerra y a los que montan en ellos, y morirán los caballos y sus jinetes; cada uno morirá atravesado por la espada de su hermano. [23] Y aquel día, Zorobabel, siervo mío, te cuidaré como a mi anillo de sellar, porque yo te he escogido. Yo, el Señor todopoderoso, lo afirmo."

[j] *Este segundo templo:* lit. *este último templo.* [2] *¿Qué les pasaba?:* según la versión griega. Heb. oscuro.
[b] 1.10 Lv 26.18–20.   [c] 1.14–15 Esd 5.2.   [d] 2.1–2 Esd 3.1–2.   [e] 2.3 Esd 3.12.   [f] 2.5 Ex 29.45–46.   [g] 2.6 He 12.26.
[h] 2.13 Nm 19.11–22.

ZACARÍAS

Entre los que habían regresado del exilio con Zorobabel se hallaba Zacarías, jefe de una de las familias sacerdotales. Su mensaje se expresa en una serie de visiones, que contienen exhortaciones y palabras de esperanza en la restauración de Jerusalén y del templo, el perdón del pueblo por sus pecados pasados, su purificación por la acción divina y el advenimiento de la futura edad mesiánica (caps. 1—8). La serie de mensajes de los caps. 9—14 trata del Mesías que la establecerá y del juicio final, que comenzará con el de las naciones vecinas. El pasaje de 9.9 es citado por los evangelistas Mateo y Juan en relación con la entrada triunfal de Jesús en Jerusalén (Mt 21.5; Jn 12.15).

Llamamiento del Señor a su pueblo

1 [1] En el mes octavo del año segundo del gobierno del rey Darío, el Señor dirigió este mensaje al profeta Zacarías,[a] hijo de Berequías y nieto de Ido. Le dijo: [2-3] "Yo, el Señor todopoderoso, me enojé mucho con los antepasados de ustedes. Por eso, dile ahora de mi parte al pueblo: 'Vuélvanse a mí, y yo me volveré a ustedes.[b] Yo, el Señor, lo afirmo. [4] No hagan como sus antepasados, a quienes los antiguos profetas les dijeron de parte mía que abandonaran su mala conducta y sus malas acciones, pero ellos no quisieron escucharme ni hacerme caso. Yo, el Señor, lo afirmo. [5] Pero ahora, ¿dónde están aquellos antepasados de ustedes? ¿Acaso vivirán siempre los profetas? [6] Sin embargo, mis palabras y mandatos, que yo había encomendado a mis siervos los profetas, llegaron a los antepasados de ustedes. Y ellos se volvieron a mí, reconociendo que yo, el Señor todopoderoso, los había tratado como su conducta y sus acciones merecían.' "

Visión de los jinetes

[7] Este es el mensaje que yo, el profeta Zacarías, hijo de Berequías y nieto de Ido, recibí del Señor el día veinticuatro del mes once (el llamado mes de Sebat) del año segundo del gobierno del rey Darío. [8] Una noche tuve esta visión: Vi un jinete montado en un caballo rojo. Estaba parado en un valle, entre unos arrayanes, y detrás de él había un grupo de caballos, unos rojos, otros castaños y otros blancos.[c] [9] Yo pregunté: "Señor, ¿quiénes son esos jinetes?" Y el ángel que hablaba conmigo me contestó: "Yo te mostraré quiénes son." [10] Entonces el que estaba entre los arrayanes dijo: "Estos son los que el Señor ha enviado a recorrer toda la tierra." [11] Los jinetes le dijeron entonces al ángel del Señor que estaba entre los arraya-

nes: "Hemos recorrido toda la tierra, y la hemos encontrado tranquila y en paz."[i] [12] El ángel del Señor dijo: "Señor todopoderoso, hace ya setenta años[d] que estás enojado con Jerusalén y con las ciudades de Judá. ¿Cuánto tiempo habrá de pasar aún antes de que vuelvas a tenerles compasión?"

[13] El Señor respondió con bondadosas palabras de consuelo al ángel que hablaba conmigo, [14] y luego el ángel me ordenó que anunciara: "Esto dice el Señor todopoderoso: 'Yo amo profundamente a Jerusalén y al monte Sion. [15] Por eso mi furor se ha encendido contra esas naciones preocupadas que, cuando yo estaba poco enojado, ayudaron a agravar la maldad. [16] Por lo tanto, yo, el Señor, digo: Ahora me he vuelto con compasión a Jerusalén, y voy a hacer que el templo y toda la ciudad sean reconstruidos.' "

[17] El ángel me dijo además: "Anuncia también esto: 'El Señor todopoderoso dice: Voy a hacer que mis ciudades prosperen mucho otra vez; voy a dar nuevo aliento a Sión, y voy a proclamar de nuevo a Jerusalén como mi ciudad elegida.' "

Visión de los cuernos y los herreros

[18] [e]Tuve otra visión, en la cual vi aparecer cuatro cuernos. [19] Le pregunté al ángel que estaba hablando conmigo qué significaban aquellos cuernos, y él me contestó: "Estos cuernos representan el poder de los que han dispersado por todas partes a los habitantes de Judá, Israel y Jerusalén."

[20] Después el Señor me hizo ver a cuatro herreros. [21] Yo pregunté: "¿A qué han venido estos herreros?" Y él me contestó: "Así como esos cuernos representan a los que dispersaron a Judá, de tal modo que nadie podía levantar cabeza, estos herreros han venido a hacer temblar de espanto y a cortarles los cuernos a las naciones

---

[i] *Tranquila y en paz:* la fecha que se da en el v. 7 coincide, según la inscripción persa de la roca de Behistún, con la del fin de una rebelión contra Darío.
[a] 1.1 Esd 4.24—5.1; 6.14; Neh 12.16. [b] 1.2-3 Is 55.7; Mal 3.7. [c] 1.8 Zac 6.2-3; Ap 6.2-4. [d] 1.12 Jer 25.11; 29.10; Zac 7.5.
[e] Los vs. 1.18—2.13 corresponden a los vs. 2.1-17 en el texto hebreo.

que, dando cornadas a Judá, dispersaron a sus habitantes."

Visión de la cinta de medir

2 ¹ Aún tuve otra visión. Se me apareció un hombre que llevaba en la mano una cinta de medir. ² Le pregunté: "¿A dónde vas?" Y él me contestó: "Voy a medir la ciudad de Jerusalén, para saber su largo y su ancho."ᶠ

³ Entonces vi que se iba el ángel que había hablado conmigo, y que otro ángel le salía al encuentro ⁴ y le decía: "Corre a decirle al joven que lleva la cinta de medir: 'Jerusalén va a ser de nuevo habitada, y serán tantos sus habitantes y ganados que no podrá tener murallas. ⁵ Pero el Señor afirma: Yo seré como una muralla de fuego alrededor de Jerusalén, y en medio de la ciudad mostraré mi gloria.' "ᵍ

El Señor salvará a su pueblo

⁶⁻⁷ El Señor afirma: "Yo hice que ustedes fueran dispersados en todas direcciones. Pero ahora les digo: ¡Huyan pronto del país del norte! ¡Escapen de Babilonia, donde viven desterrados ustedes, los que vivían en Sión! Yo, el Señor, lo afirmo."

⁸⁻⁹ El Señor todopoderoso me ha enviado con este mensaje contra las naciones que los saquearon a ustedes: "Cualquiera que toca a mi pueblo, toca a la niña de mis ojos.² Por eso, yo mismo lucharé contra esas naciones, y haré que sus propios esclavos las saqueen." Así mostrará su gloria el Señor todopoderoso, y así comprenderán ustedes que él fue quien me envió.

¹⁰ El Señor afirma: "¡Canten de alegría, habitantes de Jerusalén, porque yo vengo a vivir entre ustedes!" ¹¹ Cuando esto suceda, muchas naciones se unirán al Señor. Y él dirá: "También estas naciones serán pueblo mío. Y yo viviré entonces entre ustedes." Así comprenderán ustedes que el Señor todopoderoso me ha enviado. ¹² El Señor tomará nuevamente a Judá como su posesión especial en la tierra santa, y proclamará de nuevo a Jerusalén como su ciudad elegida.

¹³ ¡Que todo el mundo guarde silencio ante el Señor, pues él viene a nosotros desde el santo lugar donde habita!ʰ

Visión del cambio de ropas de Josué

3 ¹ Luego el Señor me mostró en una visión a Josué,ⁱ el sumo sacerdote, que estaba de pie en presencia del ángel del Señor. Al lado derecho de Josué estaba el ángel acusador,³ que se disponía a acusarlo.ʲ ² Entonces el ángel del Señorᵈ le dijo al ángel acusador: "¡Que el Señor te reprenda!ᵏ ¡Que el Señor, que ama a Jerusalén, te reprenda! Pues este hombre es como un carbón encendido sacado de entre las brasas." ³ Josué, vestido con ropas muy sucias, permanecía de pie en presencia del ángel del Señor. ⁴ Entonces el ángel ordenó a sus ayudantes que le quitaran a Josué aquellas ropas sucias. Luego le dijo: "Mira, esto significa que te he quitado tus pecados. ¡Ahora voy a hacer que te vistan de fiesta!"ˡ ⁵ En seguida ordenó a sus ayudantes que pusieran a Josué un turbante limpio en la cabeza. Ellos se lo pusieron, y después le vistieron con ropas de fiesta. Mientras tanto, el ángel permanecía de pie.

⁶ Luego el ángel del Señor le dijo a Josué: ⁷ "Esto dice el Señor todopoderoso: 'Anda por mis caminos y cumple todos los deberes que te he encomendado. Si lo haces así, quedarás encargado de mi templo. Cuidarás de él y de sus atrios, y yo te daré un puesto entre estos ángeles que están a mi servicio. ⁸ Escucha bien, Josué, tú que eres el sumo sacerdote, y que escuchen también tus compañeros de la junta sacerdotal, pues todos ustedes son como una señal profética: Voy a traer a mi siervo, el Retoño. ⁹ Yo he puesto delante de Josué una piedra de siete lados,ˢ y yo mismo grabaré en ella una inscripción. Luego, en un solo día, quitaré el pecado de este país. ¹⁰ Cuando llegue ese día, podrán ustedes convidarse unos a otros a disfrutar de paz a la sombra de sus vides y sus higueras.ᵐ Yo, el Señor todopoderoso, lo afirmo.' "

Visión del candelabro y los olivos

4 ¹ Volvió entonces el ángel que hablaba conmigo, y me despertó como se despierta a uno que está dormido. Me preguntó: ² "¿Qué ves?" Y yo le contesté: "Veo un candelabro de oro, con un depósito de aceite encima. En lo alto tiene siete lámparas, a las que llega el aceite por siete tubos. ³ Junto al candelabro hay dos olivos,ⁿ uno a su derecha y otro a su izquierda."

⁴ Pregunté al ángel que hablaba conmigo: "Mi señor, ¿qué significa esto?" ⁵ El ángel me contestó: "¿No sabes lo que significa?" Yo le dije: "No, señor."

⁶ Y él continuó: "Este es el mensaje del Señor para Zorobabel:ᵖ 'No depende del

---

² La niña de mis ojos: Heb. la niña de sus ojos, queriendo evitar que sea irreverencia aludir a los ojos de Dios.   ³ Ángel acusador: lit. Satán. (Véase Glosario anexo.)   ⁴ El ángel del Señor: según una versión antigua. Heb. el Señor.   ⁵ Lados: lit. ojos.

ᶠ 2.1-2 Ez 40.3-4; Ap 11.1; 21.15-17.   ᵍ 2.5 Is 4.5; Ez 43.4-5; Ap 21.3,23.   ʰ 2.13 Hab 2.20; Sof 1.7.   ⁱ 3.1 Esd 5.2.
ʲ 3.1 1 Cr 21.1; Job 1.6; Ap 12.10.   ᵏ 3.2 Jud 9.   ˡ 3.4 Ap 19.8.   ᵐ 3.10 Mi 4.4.   ⁿ 4.3 Ap 11.4.   ᵖ 4.6 Esd 5.2.

ejército, ni de la fuerza, sino de mi Espíritu, dice el Señor todopoderoso.º º [7] ¿Quién eres tú, gran montaña? ¡Quedarás convertida en llanura delante de Zorobabel! Él sacará la piedra principal, mientras grita la gente: ¡Qué hermosa es! ¡Qué hermosa!' "

[8] Después me dio el Señor otro mensaje: [9] "Zorobabel ha puesto los cimientos de este templo, y él mismo será quien lo termine." Así reconocerán ustedes que fue el Señor todopoderoso quien me envió. [10] "Aquellos que no tomaron en serio los pequeños comienzos, ahora se alegrarán viendo a Zorobabel terminar las obras."

Después de esto, el ángel añadió: "Estas siete lámparas son los ojos del Señor, que están recorriendo toda la tierra." [p]

[11] Yo le pregunté: "¿Qué son esos dos olivos,[q] uno a cada lado del candelabro?" [12] También le pregunté: "¿Y qué significan esas dos ramas de olivo que están junto a los tubos de oro por donde llega el aceite a las lámparas?" [13] El ángel me respondió: "¿No sabes lo que significan?" Le dije: "No, señor."

[14] Y él me contestó: "Estos son los dos que han sido consagrados para el servicio del Señor de toda la tierra."

Visión del rollo escrito

5 [1] Tuve otra visión. Vi un rollo escrito,[r] que volaba. [2] El ángel me preguntó: "¿Qué ves?" Le contesté: "Veo un rollo escrito, que vuela; mide nueve metros de largo por cuatro metros y medio de ancho."

[3] Me dijo entonces: "Ahí está escrita la maldición que alcanza a todo el país. Según lo escrito por ambos lados, nadie que robe o que jure en falso puede quedar sin castigo. [4] El Señor todopoderoso afirma: 'Yo envío esta maldición para que entre en casa del que roba y en casa del que jura en falso por mi nombre.[s] Y la maldición permanecerá allí hasta que no queden ni vigas ni piedras.' "

Visión de la medida y la mujer

[5] Luego salió el ángel que hablaba conmigo, y me dijo: "¡Fíjate en eso que aparece ahora!" [6] Le pregunté: "¿Qué es eso?" Él me contestó: "Es una medida. Es la medida del pecado de los que viven en el país."

[7] La medida estaba cubierta con una tapa de plomo. Y fue levantada la tapa, y había una mujer sentada dentro de la medida. [8] Me dijo el ángel: "Esa mujer es la maldad." Y la empujó adentro de la medida, y la cerró con la tapa de plomo.

[9] Miré otra vez, y vi aparecer dos mujeres. Tenían alas, y el viento las impulsaba. Eran alas como de cigüeña, y llevaban la medida por los aires.

[10] Pregunté entonces al ángel que hablaba conmigo: "¿A dónde llevan esa medida?" [11] Y él me contestó: "Van a construirle un templo en Babilonia. Cuando ya esté terminado el templo, la instalarán allí, sobre un pedestal."

Visión de los cuatro carros de guerra

6 [1] Tuve otra visión. Vi aparecer cuatro carros de guerra por entre dos montañas de bronce. [2] El primer carro iba tirado por caballos rojos; el segundo, por caballos negros; [3] el tercero, por caballos blancos; y el cuarto, por caballos tordillos.[t]

[4] Pregunté al ángel que hablaba conmigo: "Mi señor, ¿qué significa esto?" [5] El ángel me contestó: "Estos son los cuatro vientos,[u] que salen de delante del Señor de toda la tierra. [6] El carro tirado por caballos negros va al país del norte; el tirado por caballos blancos, al país del poniente; y el tirado por caballos tordillos, al país del sur."

[7] Y salieron los caballos tordillos, ansiosos de recorrer toda la tierra. El ángel les dijo: "Recorran toda la tierra." Y ellos lo hicieron así.

[8] Después de esto el ángel me gritó: "¡Mira, los que fueron al país del norte van a calmar el enojo del Señor en ese país!"

La coronación de Josué

[9] El Señor me dio este mensaje: [10] "Recoge una colecta entre los desterrados que ya han regresado de Babilonia: Heldai, Tobías y Jedaías. Luego en el mismo día, vete a casa de Josías hijo de Sofonías. [11] Con la plata y el oro que hayas recogido, haz coronas, y ponle una en la cabeza al sumo sacerdote Josué, hijo de Josadac. [12] Y dile: 'El Señor todopoderoso afirma que el varón llamado Retoño brotará de sus propias raíces y reconstruirá el templo del Señor. [13] Reconstruirá el templo del Señor y recibirá los honores propios de un rey. Se sentará en su trono a gobernar, y al lado de su trono se sentará el sacerdote, y habrá paz entre los dos. [14] Y las coronas serán un recuerdo que quedará en el templo del Señor en honor de Heldai,[6] Tobías, Jedaías y Josías,[7] hijo de Sofonías.'

[15] Vendrá gente de lejos, para ayudar a

---

[6] *Heldai:* según una versión antigua. Heb. *Helom.*   [7] *Josías:* según una versión antigua. Heb. *Hen.*
º **4.6** Os 1.7.   [p] **4.10** Ap 5.6.   [q] **4.11–14** Ap 11.4.   [r] **5.1–2** Ez 2.9–10; Ap 5.1; 10.9–11.   [s] **5.3–4** Ex 20.7,15.   [t] **6.2–3** Zac 1.8; Ap 6.2–5.   [u] **6.5** Ap 7.1.

reconstruir el templo del Señor; y entonces reconocerán ustedes que el Señor todopoderoso fue quien me envió. Esto sucederá cuando ustedes escuchen la voz del Señor su Dios y le obedezcan.

El falso ayuno

7 ¹ El día cuatro del mes noveno (llamado Quisleu), del cuarto año del gobierno del rey Darío, el Señor dirigió un mensaje al profeta Zacarías. ² En aquel tiempo, el pueblo de Betel había enviado a Sarezer y a Regem-melec, con sus hombres, a pedir la ayuda del Señor ³ y a preguntar a los profetas y a los sacerdotes del templo del Señor todopoderoso: "¿Habremos de seguir guardando luto y ayuno el quinto mes de cada año, tal como lo hemos hecho hasta ahora?"

⁴ Entonces el Señor todopoderoso se dirigió a mí, y me dijo: ⁵ "Di a todo el pueblo del país, y a los sacerdotes: 'Ustedes hacen ayuno y guardan luto el quinto y el séptimo mes desde hace setenta años.ᵛ Pero no lo hacen para honrarme a mí, ⁶ sino que cuando ustedes comen y beben, lo hacen para su propio provecho.' " ⁷ ¿Acaso no son éstas las mismas palabras que el Señor pronunció por medio de los antiguos profetas, cuando Jerusalén estaba en paz y llena de gente, y lo estaban también las ciudades de alrededor, y las regiones del Néguev y la llanura?

La desobediencia, causa del destierro

⁸ El Señor se dirigió al profeta Zacarías, y le dijo: ⁹ "Esto es lo que yo ordeno: Sean ustedes rectos en sus juicios, y bondadosos y compasivos unos con otros. ¹⁰ No opriman a las viudas, ni a los huérfanos, ni a los extranjeros, ni a los pobres. No piensen en cómo hacerse daño unos a otros."ʷ ¹¹ Pero el pueblo se negó a obedecer. Todos volvieron la espalda y se hicieron los sordos. ¹² Endurecieron su corazón como el diamante, para no escuchar la enseñanza y los mandatos que el Señor todopoderoso comunicó por su espíritu, por medio de los antiguos profetas.

Por eso el Señor se enojó mucho, ¹³ y dijo: "Así como ellos no quisieron escucharme cuando yo los llamaba, tampoco yo los escucharé cuando ellos me invoquen. ¹⁴ Por eso los dispersé como por un torbellino entre todas esas naciones que ellos no conocían, y tras ellos quedó el país convertido en un desierto donde nadie podía vivir. ¡Un país tan hermoso, y ellos lo convirtieron en desolación!"

Promesa del Señor

8 ¹ El Señor todopoderoso me dio este mensaje: ² "Esto es lo que yo, el Señor todopoderoso, digo: Siento por Sión grandes celos, celos furiosos. ³ Y he de volver a Jerusalén, para vivir allí. Entonces Jerusalén será llamada Ciudad Fiel, y el monte del Señor todopoderoso será llamado Monte Santo.ˣ ⁴ Ancianos y ancianas se sentarán de nuevo en las plazas de Jerusalén, apoyado cada cual en su bastón a causa de su mucha edad. ⁵ Niños y niñas llenarán las plazas de la ciudad y jugarán en ellas. ⁶ En aquel tiempo todo esto parecerá imposible a los ojos de los que queden de mi pueblo; pero a mí no me lo parecerá. Yo, el Señor todopoderoso, lo afirmo: ⁷ Yo libertaré a mi pueblo del poder del país de oriente y del país de occidente, ⁸ y lo traeré a Jerusalén para que viva allí. Ellos serán entonces mi pueblo, y yo seré su Dios, con fidelidad y justicia."

⁹ Esto dice el Señor todopoderoso: "Esfuércense, ustedes que en estos días han oído las palabras dichas por los profetas, desde el día en que se pusieron los cimientos para la reconstrucción del templo del Señor todopoderoso. ¹⁰ Porque hasta estos días no había paga para los hombres ni para las bestias. Y a causa del enemigo, tampoco había paz para los habitantes; y yo había puesto a los unos en contra de los otros. ¹¹ Pero ahora, para que queden de este pueblo, ya no voy a ser como en los primeros días. Yo, el Señor todopoderoso, lo afirmo. ¹² Porque la paz estará sembrada entre ellos. Los viñedos darán su fruto; la tierra, sus productos; y el cielo, su rocío. Y yo les daré todo eso en posesión a los que queden de este pueblo. ¹³ Y así como ustedes, los de Judá y los de Israel, fueron maldición entre las demás naciones, así yo ahora los salvaré y haré que sean bendición. ¡No tengan miedo! ¡Esfuércense!"

¹⁴ Esto dice el Señor todopoderoso: "Yo había decidido castigar a los antepasados de ustedes cuando me hicieron enojar, y mantuve mi decisión. ¹⁵ Ahora, en cambio, he decidido hacerles bien a Jerusalén y a Judá. Por lo tanto, no tengan miedo. ¹⁶ Esto es lo que siempre deben hacer ustedes: Díganse siempre la verdad unos a otros, juzguen con justicia y procuren la paz en los tribunales; ¹⁷ no se hagan daño unos a otros ni juren en falso.ʸ Porque yo odio todo eso. Yo, el Señor, lo afirmo."

¹⁸ El Señor todopoderoso se dirigió a mí, y me dijo: ¹⁹ "Los ayunos de los meses cuarto, quinto, séptimo y décimo se convertirán en motivo de alegría, en fiestas

ᵛ 7.5 Jer 25.11; 29.10; Zac 1.12. ʷ 7.9–10 Am 5.24; Mi 6.8. ˣ 8.3 Is 1.26. ʸ 8.16–17 Ef 4.25–32.

felices para los descendientes de Judá. ¡Amen ustedes, pues, la verdad y la paz!"

²⁰ Esto dice el Señor todopoderoso: "Todavía han de venir gentes y habitantes de grandes ciudades. ²¹ Entonces los de una ciudad se dirigirán a los de otra, y les dirán: '¡Vamos a buscar al Señor todopoderoso y a pedirle que nos bendiga!' Y los otros les contestarán: '¡Nosotros también iremos!' ²² Y vendrán a Jerusalén muchos pueblos y naciones numerosas, a buscar al Señor todopoderoso y a pedirle que los bendiga. ²³ En aquel tiempo, diez extranjeros de las demás naciones agarrarán por la ropa a un judío, y le dirán: '¡Queremos ir con ustedes, porque hemos oído que Dios está con ustedes!' "

El castigo de las naciones vecinas

9 ¹ Este es el mensaje que el Señor comunicó contra el país de Hadrac y la ciudad de Damasco:ᶻ "Las ciudades de Siriaᵍ pertenecen al Señor, lo mismo que todas las tribus de Israel. ² También le pertenecen Hamat, vecina de aquellas ciudades, y Tiro y Sidónᵃ con toda su cultura. ³ Tiro construyó fortificaciones, y amontonó oro y plata como quien amontona barro. ⁴ Pero el Señor se lo quitará todo, y echará al mar su riqueza, y quemará por completo la ciudad.

⁵ "Cuando la ciudad de Ascalón vea esto, se llenará de espanto. Gaza también sufrirá mucho, y las esperanzas de Ecrón quedarán por los suelos. ¡Gaza quedará sin rey, y Ascalón quedará sin habitantes! ⁶ En Asdod vivirá una raza mezclada, y así humillaré el orgullo de los filisteos.ᵇ ⁷ Les quitaré de la boca la carne con sangre que comen, y de entre los dientes, los alimentos prohibidos. Pero de esa gente habrá algunos que quedarán para mí; llegarán a ser parte de Judá, y Ecrón será como los jebuseos. ⁸ Y yo estaré atento para defender a los míos frente a cualquiera que pase por aquí. El opresor no volverá a oprimirlos, porque ahora yo vigilo con mis propios ojos."

El futuro rey de Israel

⁹ ¡Alégrate mucho, ciudad de Sión! ¡Canta de alegría, ciudad de Jerusalén! Tu reyᶜ viene a ti, justo y victorioso, pero humilde, montado en un burro, en un burrito, cría de una burra.ᵈ ¹⁰ Él destruirá los carros de Efraín, los caballos de Jerusalén y los arcos de guerra. Anunciará paz a las naciones y gobernará de mar a mar, del Éufrates al último rincón del mundo.ᵉ

La restauración de Israel

¹¹ Esto dice el Señor: "Jerusalén, por la sangre de tu pacto, yo sacaré del pozo sin agua a tus presos que están en él.ᶠ ¹² ¡Ustedes, cautivos que mantienen la esperanza, regresen a su fortaleza! Les digo que voy a darles en bendición el doble de cuanto tuvieron que sufrir. ¹³ Pues he tendido mi arco de guerra, que es Judá, y le he puesto una flecha, que es Efraín. De ti, Sión, haré una espada, y levantaré a tus hijos contra los hijos de Grecia."

¹⁴ El Señor se mostrará sobre su pueblo; disparará sus flechas como rayos. Dios, el Señor, tocará la trompeta y avanzará entre las tempestades del sur. ¹⁵ El Señor todopoderoso protegerá a los suyos, y ellos pisotearán las piedras de los honderos y devorarán a sus enemigos; beberán su sangre como vino, se llenarán de ella como un tazón, como los cuernos del altar.ᵍ

¹⁶ En aquel día, el Señor su Dios salvará a su pueblo como a un rebaño, y brillarán los suyos en su propio país como las piedras preciosas de una corona. ¹⁷ ¡Qué bueno, qué hermoso será el país! Con la abundancia de su trigo y su vino, nuestros muchachos y muchachas crecerán hermosos.ᵉ

La promesa de liberación

10 ¹ Pídanle al Señor lluvias de primavera,

---

⁸ *Las ciudades de Siria:* texto probable. Heb. e! ojo de! hombre. ⁹ *Beberán su sangre . . . cuernos del altar:* según la versión griega. Heb. oscuro.

ᶻ **9.1** Is 17.1–3; Jer 49.23–27; Am 1.3–5. ᵃ **9.1–4** Is 23.1–18; Ez 26.1—28.26; Jl 3.4–8; Am 1.9– 0; Mt 11.21–22; Lc 10.13–14. ᵇ **9.5–7** Is 14.29–31; Jer 47.1–7; Ez 25.15–17; Jl 3.4–8; Am 1.6–8; Sof 2.4–7. ᶜ **9.9** Sof 3.14–15. ᵈ **9.9** Mt 21.5; Jn 12.15. ᵉ **9.10** Sal 72.8. ᶠ **9.11** Ex 24.8; Mt 26.28; Mr 14.24; He 9.20. ᵍ **9.17** Jer 31.12–13.

y el Señor, que produce los
relámpagos,
las enviará en abundancia,
y a todos les dará hierba en el
campo.
2 La palabra de los ídolos es mentira,
y es falso lo que ven los adivinos.
Sus predicciones son sueños sin
sentido,
y sus palabras de consuelo están
vacías.
Por eso el pueblo vaga como un
rebaño,
y sufre por falta de un pastor. *h*

3 Por eso dice el Señor:
"Mi furor se ha encendido contra los
pastores, *i*
y castigaré a los guías de mi
pueblo."
El Señor todopoderoso, que cuida de
su rebaño,
de los descendientes de Judá,
hará de ellos su fuerte caballo en la
batalla.
4 De ellos saldrán la Piedra Angular,
la Estaca de Tienda y el Arco de
Guerra.
De ellos saldrán todos los caudillos.
5 Serán como soldados
que en la batalla pisan el barro de
las calles;
lucharán, porque el Señor está con
ellos,
y pondrán en vergüenza a los
jinetes.

6 Dice el Señor:
"Yo daré fuerzas a los descendientes
de Judá
y salvaré a los descendientes de
José.
Los guiaré de vuelta a su patria,
porque tengo compasión de ellos.
Volverán a ser como si yo nunca los
hubiera rechazado,
pues yo soy el Señor su Dios,
que atiendo sus oraciones.
7 Efraín será como un soldado.
Su corazón se alegrará como con
vino,
y al verlo se·alegrarán también sus
hijos.
¡Su corazón se alegrará a causa del
Señor!

8 "Yo los llamaré y los reuniré,
porque los he salvado.
Volverán a ser tan numerosos
como lo fueron en otros tiempos.

9 Yo los dispersé entre las naciones
pero, aun estando lejos, se
acordarán de mí,
y un día volverán con sus hijos. *10*
10 Los haré regresar de Egipto,
los traeré de Asiria,
los llevaré a Galaad y al Líbano,
y serán tantos que faltará lugar para
ellos.
11 Atravesarán el mar de Egipto, *11*
cuyas olas heriré.
Secaré el Nilo hasta el fondo,
destruiré el orgullo de Asiria
y acabaré con el poder de Egipto.
12 Yo les daré fuerzas,
y avanzarán en mi nombre.
Yo, el Señor, doy mi palabra."

11 1 ¡Abre, Líbano, tus puertas,
y que el fuego consuma tus
cedros!
2 ¡Llora, oh pino,
porque cayó el cedro,
porque aquellos árboles hermosos
han quedado destruidos!
¡Giman ustedes, encinas de Basán,
porque el bosque espeso ha sido
derribado! *j*
3 Lloran a gritos los pastores,
porque la hermosura de los pastos
ha quedado destruida.
Se oye el rugido del león,
porque la espesura del Jordán
ha quedado destruida.

Los dos pastores

4 Esto me dijo el Señor mi Dios: "Cuida
las ovejas destinadas al matadero. 5 Los
compradores las matan sin sentirse culpables, y los vendedores dicen: '¡Gracias al
Señor, ya soy rico!' Ni siquiera sus propios
pastores tienen compasión de ellas. 6 Pues,
del mismo modo, tampoco yo volveré a tener compasión de la gente que vive en
este país, sino que voy a entregar a cada
uno en manos de su prójimo y en manos
de su rey. Estos destruirán el país, y no
salvaré de sus manos a nadie. Yo, el Señor, lo afirmo."
7 Entonces me puse a cuidar las ovejas
destinadas al matadero. Lo hice por
cuenta de los tratantes. *12* Y me conseguí
dos bastones: al uno lo llamé "Bienestar"
y al otro "Unión". 8 Y en un solo mes despedí a tres pastores que habían agotado
mi paciencia y que me odiaban.
9 Y a las ovejas les dije: "¡No volveré a
ser el pastor de ustedes! ¡Si alguna ha de

---

10 *Volverán con sus hijos:* texto probable. Heb. *vivirán con sus hijos y volverán.* 11 *Egipto:* texto probable. Heb. *angustia.*
12 *Por cuenta de los tratantes:* según la versión griega. Heb. *por tanto los humildes del rebaño.*
h 10.2 Jer 50.6–7; Ez 34.5–6; Mt 9.36; Mr 6.34. *i* 10.3 Ez 34.2. *j* 11.1–2 Is 2.12–13.

morir, que muera! ¡Si a alguna la matan, que la maten! ¡Y las que queden, que se coman unas a otras!"

[10] Tomé entonces mi bastón llamado "Bienestar" y lo rompí en señal de que quedaba anulado el pacto que Dios había hecho con todas las naciones. [11] Aquel día quedó anulado el pacto, y los tratantes de ovejas, que me estaban observando, comprendieron que era el Señor quien hablaba por medio de lo que yo hacía. [12] Les dije entonces: "Si les parece bien, páguenme mi salario; y si no, déjenlo." Y me pagaron treinta monedas de plata.

[13] El Señor me dijo: "Toma esas monedas, el espléndido precio que me han puesto, y échalas en el tesoro del templo." Yo tomé las treinta monedas y las eché en el tesoro del templo.[k] [14] Rompí después el segundo bastón, el llamado "Unión", y así quedó destruida la hermandad entre Judá e Israel. [15] El Señor me dijo: "Y ahora hazte pasar por un pastor irresponsable. [16] Porque voy a poner sobre este país un pastor que no se preocupará por la oveja descarriada, ni buscará a la perdida, ni curará a la herida, ni dará de comer a la debilitada, sino que se comerá la carne de las más gordas y no dejará de ellas ni las pezuñas.[l] [17] ¡Ay del pastor inútil que abandona el rebaño![m] ¡Que caiga la espada sobre su brazo y su ojo derecho! ¡Que se le quede seco el brazo y completamente ciego el ojo!"

La liberación de Jerusalén

12 [1] Este es un mensaje del Señor acerca de Israel. El Señor, que ha extendido el cielo, y ha puesto base a la tierra, y ha dado vida al hombre, afirma: [2] "Yo hago de Jerusalén una copa de vino que emborrachará a todas las naciones vecinas. Cuando ellas pongan sitio a Jerusalén, también las otras ciudades de Judá serán atacadas. [3] En aquel tiempo convertiré a Jerusalén en una piedra muy pesada para todas las naciones. Herirá a cualquiera de ellas que se intente levantarla. Todas las naciones se juntarán en contra de Jerusalén, [4] pero entonces yo espantaré a todos los caballos y volveré locos a sus jinetes. Cuidaré de los descendientes de Judá, y dejaré ciegos a todos los caballos de las naciones. [5] Al ver esto, los jefes de Judá dirán para sí: 'El Señor todopoderoso es el Dios de los que viven en Jerusalén, y el que les da fuerzas.' [6] En aquel tiempo haré que los jefes de Judá sean como un brasero encendido entre la leña, como un

fuego entre manojos de espigas. Devorarán a derecha e izquierda a todas las naciones vecinas, mientras que los habitantes de Jerusalén vivirán otra vez en su ciudad.

[7] "Pero primero yo, el Señor, salvaré a las familias de Judá, para que no crezca el prestigio de los descendientes de David y de los habitantes de Jerusalén por encima de los demás descendientes de Judá. [8] Yo, el Señor, protegeré a los que viven en Jerusalén. Los más débiles de ellos serán tan fuertes como el rey David, y los descendientes de David serán como Dios, como el ángel del Señor, que va al frente de ellos. [9] En aquel tiempo destruiré a cualquier nación que ataque a Jerusalén.

[10] "Llenaré de espíritu de bondad y oración a los descendientes de David y a los habitantes de Jerusalén. Entonces mirarán al que traspasaron,[n] y harán duelo y llorarán por él como por la muerte del hijo único o del hijo mayor. [11] Se hará en Jerusalén un duelo tan grande como el duelo que se hace por el dios Hadad-rimón en la llanura de Meguido. [12] Familia por familia, cada una por su lado, hará duelo en el país: los descendientes de David, y también sus mujeres; los descendientes de Natán, y también sus mujeres; [13] los descendientes de Leví, y también sus mujeres; los descendientes de Semeí, y también sus mujeres; [14] y así todas las otras familias, cada una por su lado, y también sus mujeres.

13 [1] "En aquel tiempo se abrirá un manantial, para que en él puedan lavar sus pecados y su impureza los descendientes de David y los habitantes de Jerusalén.[ñ] [2] Y en todo este país destruiré hasta los nombres de los ídolos, para que no sigan siendo invocados. Y también quitaré del país a los profetas y a todo espíritu impuro. Yo, el Señor, doy mi palabra.

[3] "Entonces, cuando alguno quiera profetizar, sus propios padres le dirán: '¡Tú has de morir, porque pretendes hacer pasar tus mentiras por mensajes del Señor!' ¡Sus propios padres lo apuñalarán cuando se esté haciendo pasar por profeta! [4] En aquel tiempo, los profetas tendrán vergüenza de sus visiones cuando profeticen. Ninguno engañará poniéndose el manto de pieles de los profetas, [5] sino que cada cual dirá: 'Yo no soy profeta, sino labrador. Desde niño me he dedicado a trabajar en el campo.'[13] [6] Y si alguien le pregunta: '¿Pues qué heridas son ésas que traes en el cuerpo?', él contestará: 'Me las hicieron en casa de mis amigos.' "

---

13 *Me he dedicado a trabajar en el campo:* traducción probable. Heb. oscuro.
[k] 11.12–13 Mt 27.9–10. [l] 11.16 Ez 34.2–4; Mi 3.1–7. [m] 11.17 Jn 10.12–13. [n] 12.10 Jn 19.37; Ap 1.7.
[ñ] 13.1 Ez 47.1–12; Jl 3.18; Jn 4.10–14; 7.38; Ap 22.1–2.

"El Señor es mi Dios"

7 El Señor todopoderoso afirma:
"¡Levántate, espada, contra mi
pastor
y contra mi ayudante!
¡Mata al pastor, y el rebaño se
dispersará,[o]
y yo me volveré contra los corderos!
8-9 Morirán dos terceras partes
de los que habitan en este país:
sólo quedará con vida la tercera
parte.
Y a esa parte que quede
la haré pasar por el fuego;
la purificaré como se purifica la plata,
la afinaré como se afina el oro.[p]
Entonces ellos me invocarán,
y yo les contestaré.
Los llamaré 'Pueblo mío',[q]
y ellos responderán: 'El Señor es
nuestro Dios.'
Yo, el Señor, doy mi palabra."

La victoria final de Jerusalén

14 1 Ya viene el día del Señor, cuando
tus despojos, Jerusalén, habrán de
ser repartidos en medio de ti. 2 Ese día reunirá el Señor a todas las naciones, para
que peleen contra Jerusalén. Y conquistarán la ciudad, saquearán sus casas, viola-
rán a sus mujeres y se llevarán cautiva a
la mitad de sus habitantes. Sólo el resto
permanecerá en ella. 3 Pero luego saldrá el
Señor a luchar contra esas naciones,
como cuando lucha en el día de la batalla.
4 Ese día el Señor apoyará sus pies sobre el
monte de los Olivos, que está frente a Jerusalén, hacia el lado oriental. Y un gran
valle, que correrá de oriente a occidente,
dividirá en dos el monte de los Olivos. Medio monte se moverá hacia el norte y el
otro medio hacia el sur, 5 y ustedes huirán
por ese valle que quedará entre los
montes, el cual llegará hasta Azal, del otro
lado. Huirán ustedes como antes huyeron
sus antepasados a causa del terremoto
que se produjo cuando el rey Uzías gobernaba en Judá. Y vendrá el Señor mi Dios
acompañado de todos sus fieles.
6 Ese día no hará frío ni habrá heladas.[14]
7 Será un día único, conocido solamente
por Dios. En él no se distinguirá el día de
la noche, pues aun por la noche seguirá
habiendo luz.[r] 8 Entonces saldrán de Jerusalén aguas frescas,[s] que correrán en invierno y en verano, la mitad de ellas hacia
el Mar Muerto y la otra mitad hacia el
Mediterráneo. 9 Ese día reinará el Señor en
toda la tierra. El Señor será el único, y
único será también su nombre. 10 Todo el
país quedará convertido en una llanura,
desde Geba hasta Rimón, al sur de Jerusalén. Jerusalén estará en alto, y será habitada en ese lugar, desde la Puerta de Benjamín hasta la Puerta del Ángulo (donde
antes estuvo la Puerta Antigua) y desde la
torre de Hananeel hasta las prensas de
aceite del rey. 11 Sí, Jerusalén será habitada, y no volverá a ser destruida. Sus habitantes vivirán seguros.
12 Pero a las naciones que hayan luchado contra Jerusalén, el Señor las castigará duramente: a su gente se le pudrirá
la carne en vida, y se le pudrirán los ojos
en sus cuencas y la lengua en la boca.
13 Ese día el Señor los llenará de espanto.
Cada cual agarrará de la mano a su compañero, y levantarán la mano unos contra
otros. 14 Entonces luchará también Judá
en Jerusalén, y arrebatarán a las naciones
vecinas abundantes riquezas de plata, oro
y ropas. 15 El mismo castigo que ha de caer
sobre la gente, caerá también sobre los caballos, los mulos, los camellos, los asnos y
todas las bestias que los enemigos tengan
en sus campamentos.
16 Después de esto, los sobrevivientes de
los mismos pueblos que lucharon contra
Jerusalén irán año tras año a adorar al
Rey, al Señor todopoderoso, y a celebrar
la fiesta de las Enramadas.[t] 17 Y si alguna
de las naciones de la tierra no va a Jerusalén a adorar al Rey, al Señor todopoderoso, la lluvia no caerá en sus tierras. 18 Y
si los egipcios no van, el Señor los castigará, del mismo modo que a cualquier
otra nación que no vaya a celebrar la
fiesta de las Enramadas. 19 Ese será el castigo de Egipto y de todas las naciones que
no vayan a celebrar la fiesta de las Enramadas.
20 Ese día, hasta los cascabeles de los caballos llevarán la inscripción "Consagrado
al Señor". Y los calderos del templo serán
entonces tan sagrados como los tazones
que están delante del altar. 21 Todos los
calderos, en Jerusalén y en Judá, estarán
consagrados al Señor todopoderoso.
Quienes vayan a hacer un sacrificio, los
usarán, y cocerán en ellos la carne de los
animales ofrecidos. Ese día ya no habrá
más comerciantes en el templo del Señor
todopoderoso.

[14] *No hará frío ni habrá heladas:* texto probable. Heb. *no habrá luz; las cosas preciosas se congelarán.*

[o] **13.7** Mt 26.31; Mr 14.27. [p] **13.8-9** Is 1.25; 48.10. [q] **13.8-9** Os 2.23. [r] **14.7** Is 24.23; Ap 22.5. [s] **14.8** Ez 47.1-12; Jn 7.38; Ap 22.1-2. [t] **14.16** Lv 23.39-43.

MALAQUÍAS

Este nombre, en hebreo Malaji, significa "mi mensajero". Los mensajes del libro se pronuncian en el siglo quinto a. C., después de haberse reconstruido el templo. A causa del tiempo transcurrido sin ver cumplidas las promesas de la restauración de Judá, el pueblo había caído no sólo en la desilusión y la apatía sino, lo que era peor, en el relajamiento de sus costumbres y el menosprecio del culto divino. La gente del pueblo y aun los sacerdotes defraudan a Dios de las ofrendas que le son debidas, y se comportan dando la espalda a sus mandamientos. El profeta reprocha a Israel sus pecados (1.1—2.16), y le anuncia que Dios vendrá a juzgarlo y purificarlo. Al efecto, enviará por delante a su mensajero, a quien se designa como "el profeta Elías" (4.5), para prepararle el camino. No obstante la severidad del juicio en el Día del Señor, que se acerca, quienes se arrepientan y lo obedezcan serán libres y felices.

El amor de Dios a Israel

1 ¹ Este es el mensaje que el Señor comunicó al pueblo de Israel por medio del profeta Malaquías.[1]

² El Señor dice: "Yo los amo a ustedes." Pero ustedes responden: "¿Cómo sabemos que nos amas?" El Señor contesta: "Yo los amo por la misma razón que, siendo hermanos Esaú y Jacob, amé a Jacob ³ y aborrecí a Esaú.[a] Y el país de Esaú, que era montañoso, lo convertí en un desierto, y sus propiedades en tierra sólo buena para los animales salvajes."

⁴ Si los edomitas,[b] descendientes de Esaú, dijeran: "Hemos sido destruidos, pero reconstruiremos nuestra nación", el Señor todopoderoso respondería: "Ellos reconstruirán, pero yo los destruiré otra vez. Su país será llamado 'País de maldad' y 'Nación del eterno enojo del Señor'."
⁵ Ustedes lo verán con sus propios ojos, y dirán: "¡El Señor es tan grande que sobrepasa las fronteras de Israel!"

El Señor reprende a los sacerdotes

⁶ El Señor todopoderoso dice a los sacerdotes: "Los hijos honran a sus padres, y los criados respetan a sus amos. Pues si yo soy el Padre de ustedes, ¿por qué ustedes no me honran? Si soy su Amo, ¿por qué no me respetan? Ustedes me desprecian, y dicen todavía: '¿En qué te hemos despreciado?' ⁷ Ustedes traen a mi altar pan indigno, y preguntan todavía: '¿En qué te ofendemos?' Ustedes me ofenden cuando piensan que mi altar puede ser despreciado ⁸ y que no hay nada malo en ofrecerme animales ciegos, cojos o enfermos."[c] ¡Vayan, pues, y llévenselos a sus gobernantes! ¡Vean si ellos les aceptan con gusto el regalo! ⁹ Pídanle ustedes a Dios que nos tenga compasión. Pero si le

hacen esa clase de ofrendas, no esperen que Dios los acepte a ustedes con gusto. El Señor todopoderoso dice: ¹⁰ "¡Ojalá alguno de ustedes cerrara las puertas del templo, para que no volvieran a encender en vano el fuego de mi altar! Porque no estoy contento con ustedes ni voy a seguir aceptando sus ofrendas.[d] ¹¹ En todas las naciones del mundo se me honra; en todas partes queman incienso en mi honor y me hacen ofrendas dignas. ¹² En cambio, ustedes me ofenden, pues piensan que mi altar, que es mi mesa, puede ser despreciado, y que es despreciable la comida que hay en él.[2] ¹³ Ustedes dicen: '¡Ya estamos cansados de todo esto!' Y me desprecian.[3] Y todavía suponen que voy a alegrarme cuando vienen a ofrecerme un animal robado, o una res coja o enferma. ¹⁴ ¡Maldito sea el tramposo que me promete un animal sano de su rebaño y luego me sacrifica uno que tiene defecto! Yo soy el gran Rey, y soy temido entre las naciones." Esto dice el Señor todopoderoso.

2 ¹ "Ahora, sacerdotes, esto es para ustedes: ² Ustedes han de obedecerme y deben tomar en serio el honrarme. Si no lo hacen, yo los maldeciré. Y como no han tomado en serio el honrarme, yo convertiré en maldición incluso los beneficios que obtienen de su sacerdocio." Lo dice el Señor todopoderoso.

³ "Voy a privarlos de su poder y a arrojarles a la cara el estiércol de los animales que traen a sacrificar. ¡Y junto con el estiércol, también ustedes serán barridos! ⁴ Así sabrán que yo les he dado este mandato para que mi pacto con Leví[e] permanezca firme." Lo dice el Señor todopoderoso.

⁵ "Mi pacto era vida y paz para Leví.[f] Se las di para que me respetara y me temiera, y él me mostró temor y reverencia.

---

[1] *Malaquías:* en hebreo el nombre es *Malají,* que significa *mi mensajero* (o *mi ángel*), como en 3.1. [2] *Y que es despreciable la comida que hay en él:* texto probable. Heb. oscuro. [3] *Me desprecian:* Heb. *lo desprecian,* para que no pareciera irreverencia aplicar a Dios el verbo despreciar.

a 1.2-3 Gn 25.23-26; Ro 9.13. b 1.2-5 Is 34.5-17; 63.1-6; Jer 49.7-22; Ez 25.12-14; 35.1-15; Am 1.11-12; Abd 1-14. c 1.8 Lv 22.18-25; Dt 15.21. d 1.10 Is 1.13; Am 5.21-24. e 2.4 Nm 3.11-13. f 2.5 Nm 25.12-13.

⁶ Leví enseñaba la verdad y no había maldad en sus labios. Vivía en perfecta relación de paz conmigo y apartó a muchos de hacer lo malo.ᵍ ⁷ Es el deber de los sacerdotes enseñar a la gente a conocerme,ʰ y todos deben acudir a ellos para recibir instrucción, porque ellos son los mensajeros del Señor todopoderoso.

⁸ "Pero ustedes, sacerdotes, se han apartado del buen camino; con sus enseñanzas han hecho caer a muchos. Así, ustedes han pervertido mi pacto con Leví. ⁹ Por eso, porque no me han obedecido y porque, además, cuando enseñan a la gente no tratan a todos por igual, yo haré que todo el pueblo los tenga por viles y los desprecie." Lo dice el Señor todopoderoso.

La infidelidad de Israel

¹⁰ ¿Acaso no tenemos todos un mismo Padre, que es el Dios que a todos nos ha creado?ⁱ ¿Por qué, pues, nos engañamos los unos a los otros, violando así el pacto que hizo Dios con nuestros antepasados? ¹¹ Judá es infiel a Dios, y se cometen acciones horribles en Jerusalén y en Israel. Judá ha violado la santidad del templo que el Señor ama, y los hombres de Judá han tomado por esposas mujeres que adoran a dioses falsos. ¹² ¡Ojalá el Señor borre de nuestra nación a quienes hacen tales cosas, sean quienes sean y aunque traigan ofrendas al Señor todopoderoso!

¹³ Pero ustedes aún hacen más: inundan de lágrimas el altar del Señor, y lloran con grandes lamentos porque el Señor ya no acepta con gusto sus ofrendas. ¹⁴ ¿Y aún preguntan ustedes por qué? Pues porque el Señor es testigo de que tú has faltado a la promesa que le hiciste a la mujer con quien te casaste cuando eras joven. ¡Era tu compañera, y tú le prometiste fidelidad!ᵈ ¹⁵ ¿Acaso no es un mismo Dios el que ha hecho el cuerpo y el espíritu? ¿Y qué requiere ese Dios sino descendientes que le sean consagrados?⁵ ¡Cuiden ustedes, pues, de su propio espíritu, y no falten a la promesa que le hicieron a la esposa de su juventud! ¹⁶ El Señor Dios de Israel, el todopoderoso, dice: "¡Cuiden, pues, de su propio espíritu, y no sean infieles; pues yo aborrezco al que se divorcia de su esposa y se mancha cometiendo esa maldad!"ʲ

El día del juicio

¹⁷ El Señor ya está cansado de escucharles; y todavía ustedes preguntan: "¿Qué hemos dicho para que se haya cansado de escucharnos?" Pues ustedes han dicho que al Señor le agradan los que hacen lo malo, y que está contento con ellos.ᵏ ¡Ustedes no creen que Dios sea justo!

3 ¹ El Señor todopoderoso dice: "Voy a enviar mi mensajero para que me prepare el camino.ˡ El Señor, a quien ustedes están buscando, va a entrar de pronto en su templo. ¡Ya llega el mensajero del pacto que ustedes desean!"

² Pero ¿quién podrá resistir el día de su venida? ¿Quién podrá entonces permanecer en pie?ᵐ Pues llegará como un fuego, para purificarnos; será como un jabón que quitará nuestras manchas.ⁿ ³ El Señor se sentará a purificar a los sacerdotes, los descendientes de Leví, como quien purifica la plata y el oro en el fuego. Después ellos podrán presentar su ofrenda al Señor, tal como deben hacerlo. ⁴ El Señor se alegrará entonces de la ofrenda de Judá y Jerusalén, igual que se alegraba de ella en otros tiempos.

⁵ El Señor todopoderoso dice: "Yo vendré a juzgarlos a ustedes. Y al mismo tiempo seré testigo contra los que practican la magia, los que cometen adulterio, los que juran en falso, los que oprimen a los trabajadores, a las viudas y a los huérfanos, los que tratan mal a los extranjeros y los que me faltan al respeto.

El diezmo y las ofrendas

⁶ "Yo soy el Señor. No he cambiado.ⁿ Y por eso ustedes, descendientes de Jacob, no han sido aniquilados. ⁷ Ustedes se han apartado de mis preceptos, como se apartaron sus antepasados, y no han querido obedecerlos. Yo, el Señor todopoderoso, les digo: ¡Vuélvanse a mí, y yo me volveré a ustedes!ᵒ Pero ustedes dicen: '¿Por qué hemos de volvernos a ti? ⁸ Y yo pregunto: ¿Acaso un hombre puede defraudar a Dios? ¡Pues ustedes me han defraudado! Y todavía preguntan: '¿En qué te hemos defraudado? ¡En los diezmos y en las ofrendas me han defraudado! ⁹ Sí, toda la nación, todos ustedes, me están defraudando, y por eso voy a maldecirlos. Yo, el Señor todopoderoso, les digo: ¹⁰ Traigan su diezmo al tesoro del templo,ᵖ y así habrá alimentos en mi casa. Pónganme a prueba en eso, a ver si no les abro las ventanas del cielo para vaciar sobre ustedes la más rica bendición. ¹¹ No dejaré que las plagas destruyan sus cosechas y sus viñedos. ¹² Todas las naciones

⁴ Y tú le prometiste fidelidad: otra posible traducción: y era tu esposa legal. Lit. y esposa de tu pacto. ⁵ ¿Acaso no es un mismo . . . que le sean consagrados?: traducción probable. Heb. oscuro.
ᵍ 2.6 Dt 33.8–10. ʰ 2.7 Lv 10.11; Dt 21.5. ⁱ 2.10 Is 63.16; 64.8; Os 11.1–4; Ef 4.6. ʲ 2.14–16 Gn 2.24; Pr 5.18; Mr 10.2–9; Ef 5.21–33. ᵏ 2.17 Job 21.7–16; Hab 1.2–4,13; Mal 3.14–15. ˡ 3.1 Mt 11.10; Mr 1.2; Lc 1.76; 7.27. ᵐ 3.2 Is 13.6; Ez 30.2–3; Jl 1.15; 2.11; Am 5.18–20; 8.9–14; Sof 1.14–18; Ap 6.17. ⁿ 3.2 Mt 3.10–12. ᵒ 3.6 Nm 23.19; He 13.8; Stg 1.17. ᵒ 3.7 Is 55.7; Zac 1.3. ᵖ 3.8–10 Lv 27.30; Nm 18.21–24; Dt 12.6; 14.22–29; Neh 13.12.

les llamarán dichosos, porque ustedes tendrán un país encantador." Yo, el Señor todopoderoso, lo he dicho.

Compasión de Dios hacia su pueblo

[13] El Señor dice: "Ustedes han dicho cosas muy duras contra mí. Y todavía preguntan: '¿Qué es lo que hemos dicho en contra tuya?' [14] Esto es lo que han dicho: 'Servir a Dios es cosa inútil. ¿Qué provecho sacaremos de hacer lo que él manda, de andar vestidos de luto delante del Señor todopoderoso? [15] Nosotros hemos visto que los orgullosos son felices, que a los malvados les salen las cosas bien, que ponen a prueba a Dios y no reciben ningún castigo.' " q

[16] (Los que honran a Dios hablaron entonces entre sí, y el Señor escuchó con atención lo que decían. Y en presencia del Señor se escribió un libro, en el cual se recordaba a los que honran al Señor y lo toman en cuenta.)

[17] El Señor todopoderoso dice: "Estoy preparando un día en el que ellos volverán a ser mi pueblo. Como un padre se compadece del hijo que le sirve, así tendré yo compasión de ellos. r [18] Entonces ustedes se darán cuenta otra vez de la diferencia que hay entre el bueno y el malo, entre el que adora a Dios y el que no lo adora."

La venida del día del Señor

4 [1] s El Señor todopoderoso dice: "Se acerca el día, ardiente como un horno, en que todos los orgullosos y malvados arderán como paja en una hoguera. Ese día que ha de venir los quemará, y nada quedará de ellos. [2] Pero para ustedes que me honran, mi justicia brillará como la luz del sol, que en sus rayos trae salud. 6 Y ustedes saltarán de alegría como becerros que salen del establo. [3] En ese día que estoy preparando, ustedes pisotearán a los malvados como si fueran polvo.

[4] "Acuérdense de la ley que le di a mi siervo Moisés en el monte Horeb. t ¡Eran preceptos y mandatos que todo Israel debía obedecer!

[5] "Miren ustedes: Voy a enviarles al profeta Elías, u antes que llegue el día del Señor, que será un día grande y terrible. [6] Y él hará que padres e hijos se reconcilien. v De lo contrario vendré y castigaré su país, destruyéndolo por completo."

6 *Mi justicia brillará . . . rayos trae salud*: lit. *nacerá un sol de justicia, que en sus alas trae salud.*
q **3.14–15** Mal 2.17. r **3.17** Sal 103.13. s Los vs. 4.1–6 corresponden a los vs. 3.19–24 en el texto hebreo. t **4.4** Ex 19.16—20.20; 24.1–17; Dt 5.1–3. u **4.5** 1 R 17—21; 2 R 2.1–12; Mt 11.14; 17.10–13; Mr 9.11–13; Jn 1.21.
v **4.5–6** Lc 1.17.

NUEVO TESTAMENTO

El Nuevo Testamento, nombre que equivale a Nuevo Pacto, es el libro que trata de Jesucristo, en cuya persona y obra redentora ofrece Dios a su pueblo un pacto nuevo. Este pacto se basa en las buenas noticias —que es lo que en griego quiere decir la palabra "evangelio"— de que Dios llega al hombre en la persona de Jesucristo y en él ofrece la salvación a todos los hombres, de cualquier pueblo y nación que sean y que confíen en él como Señor y Salvador.

El Nuevo Testamento contiene las escrituras reconocidas como de inspiración divina por todas las confesiones cristianas. Son veintisiete libros, escritos por unos diez autores en el curso de más o menos cincuenta años.

Los cuatro primeros escritos son los evangelios, que conjuntamente relatan los principales hechos y enseñanzas, y la muerte y la resurrección de Jesucristo. Los tres primeros hacen un relato más o menos continuo y paralelo, por lo cual se les llama "sinópticos". Se ve luego que el de Juan es diferente en su enfoque. En *Los Hechos de los Apóstoles* se narra cómo el mensaje de Cristo se propagó durante los primeros treinta años del cristianismo, desde Jerusalén hasta Roma.

Vienen luego las cartas del apóstol Pablo, escritas a diferentes iglesias o personas para tratar los problemas doctrinales y de conducta que se iban presentando a los primeros cristianos. También tenían por objeto guiar y aconsejar en diversos asuntos relacionados con la vida cristiana y con la organización y labores de las primeras iglesias.

Después hay ocho cartas llamadas generales o universales. Algunas de ellas se dirigieron a los cristianos en general, dondequiera que estuvieran. Otras eran para los creyentes de alguna región en particular o para alguna persona determinada, pero haciendo referencia a algún grupo de fieles. El Apocalipsis, o Revelación, es el último libro del Nuevo Testamento. Por medio de visiones, símbolos y alegorías proclama la autoridad suprema de Jesucristo y la victoria final del reino de Dios, a pesar de los tiempos en que predominan la maldad y la persecución padecida por los creyentes fieles. Su mensaje principal es también el tema de todo el Nuevo Testamento:

> *"El reino del mundo*
> *ha llegado a ser de nuestro Señor y de su Mesías,*
> *y reinarán por todos los siglos."*
> (Ap. 11.15)

Como base para la presente versión del Nuevo Testamento se utilizó la tercera edición del Nuevo Testamento Griego, preparado por un comité internacional e interconfesional de eruditos especializados en el estudio del texto bíblico, y publicado por las Sociedades Bíblicas Unidas. En los casos en que la traducción se aparta de dicho texto, las notas al pie de página explican a qué se debe ello.

El Evangelio Según
SAN MATEO

Cada uno de los evangelistas escribió desde cierto punto de vista y con un determinado propósito. En el primer evangelio se presenta a Jesús como el Mesías Salvador por medio de quien Dios cumplió las promesas hechas a su pueblo en el Antiguo Testamento. El relato sigue un orden consecutivo, reseñando primero la genealogía y nacimiento de Jesús, para luego, dejando pasar un intervalo de más o menos treinta años, seguir con el ministerio del precursor Juan el Bautista (1.1—3.12). El ministerio público de Jesús comienza con su bautismo y tentación (3.13—4.11). Luego el libro concentra su relato en el ministerio de Jesús en Galilea, donde predica, enseña y cura enfermedades (4.12—18.35), hasta que emprende su último viaje a Jerusalén (caps. 19,20). Los sucesos de la última semana, que culminan en su crucifixión y resurrección, con sus apariciones subsecuentes, se narran en los capítulos 21—28. El evangelio concluye con el mandato de Jesús a sus seguidores de ir y hacer discípulos por todo el mundo.

Este evangelio presenta a Jesús como el gran maestro, con autoridad para interpretar la Ley de Dios y enseñar sobre su reino. A tal fin, el cuerpo principal de sus enseñanzas se consigna en cinco grandes discursos o colecciones de dichos suyos: (1) el Sermón del Monte, relativo al carácter, deberes, privilegios y destino de los ciudadanos del reino de los cielos, (caps. 5—7); (2) las instrucciones a los doce discípulos enviados en misión evangelizadora (cap. 10); (3) parábolas sobre el reino de los cielos (cap. 13); (4) enseñanzas sobre lo que significa el discipulado cristiano (cap. 18), y (5) enseñanzas sobre el fin de la edad presente y la venida del reino de Dios (caps. 24,25).

Los antepasados de Jesucristo
(Lc 3.23-38)

1 ¹ Esta es una lista de los antepasados de Jesucristo, que fue descendiente de David y de Abraham:
² Abraham fue padre de Isaac, éste lo fue de Jacob y éste de Judá y sus hermanos. ³ Judá fue padre de Fares y de Zara, y su madre fue Tamar. Fares fue padre de Esrom y éste de Aram. ⁴ Aram fue padre de Aminadab, éste lo fue de Naasón y éste de Salmón. ⁵ Salmón fue padre de Booz, cuya madre fue Rahab. Booz fue padre de Obed, cuya madre fue Rut. Obed fue padre de Isaí. ⁶ Isaí fue padre del rey David, y el rey David fue padre de Salomón, cuya madre fue la que había sido esposa de Urías.ᵃ
⁷ Salomón fue padre de Roboam, éste lo fue de Abías y éste de Asa. ⁸ Asa fue padre de Josafat, éste lo fue de Joram y éste de Uzías. ⁹ Uzías fue padre de Jotam, éste lo fue de Acaz y éste de Ezequías. ¹⁰ Ezequías fue padre de Manasés, éste lo fue de Amón y éste de Josías. ¹¹ Josías fue padre de Jeconías y de sus hermanos, en el tiempo en que los israelitas fueron llevados cautivos a Babilonia.ᵇ
¹² Después de la cautividad, Jeconías fue padre de Salatiel y éste de Zorobabel. ¹³ Zorobabel fue padre de Abiud, éste lo fue de Eliaquim y éste de Azor. ¹⁴ Azor fue padre de Sadoc, éste lo fue de Aquim y éste de Eliud. ¹⁵ Eliud fue padre de Elea-zar, éste lo fue de Matán y éste de Jacob. ¹⁶ Jacob fue padre de José, el marido de María, y ella fue la madre de Jesús, al que llamamos el Mesías.
¹⁷ De modo que hubo catorce generaciones desde Abraham hasta David, catorce desde David hasta la cautividad de los israelitas en Babilonia, y otras catorce desde la cautividad hasta el nacimiento del Mesías.

Nacimiento de Jesucristo
(Lc 2.1-7)

¹⁸ El nacimiento de Jesucristo fue así: María, su madre, estaba comprometida para casarse con José;ᶜ pero antes que vivieran juntos, se encontró encinta por el poder del Espíritu Santo. ¹⁹ José, su marido, que era un hombre justo y no quería denunciar públicamente a María, decidió separarse de ella en secreto. ²⁰ Ya había pensado hacerlo así, cuando un ángel del Señor se le apareció en sueños y le dijo: "José, descendiente de David, no tengas miedo de tomar a María por esposa, porque el hijo que va a tener es del Espíritu Santo. ²¹ María tendrá un hijo, y le pondrás por nombre Jesús.ᶠ ᵈ Se llamará así porque salvará a su pueblo de sus pecados."
²² Todo esto sucedió para que se cumpliera lo que el Señor había dicho por medio del profeta:

ᶠ El nombre *Jesús* significa *El Señor salva.*
ᵃ 1.3-6 1 Cr 2.1-15; Rt 4.18-22.   ᵇ 1.11 2 R 24.14-15; 2 Cr 36.10; Jer 27.20.   ᶜ 1.18 Lc 1.27.   ᵈ 1.21 Lc 1.31.

[23] "La virgen quedará encinta
y tendrá un hijo,
al que pondrán por nombre
Emanuel"[e]
(que significa: "Dios con nosotros").
[24] Cuando José despertó del sueño, hizo lo que el ángel del Señor le había mandado, y tomó a María por esposa. [25] Pero no vivieron como esposos hasta que ella dio a luz a su hijo,[2] al que José puso por nombre Jesús.[f]

La visita de los sabios del Oriente

2 [1] Jesús nació en Belén, un pueblo de la región de Judea, en el tiempo en que Herodes era rey del país. Llegaron por entonces a Jerusalén unos sabios del Oriente que se dedicaban al estudio de las estrellas, [2] y preguntaron:

—¿Dónde está el rey de los judíos que ha nacido? Pues vimos salir[3] su estrella y hemos venido a adorarlo.

[3] El rey Herodes se inquietó mucho al oír esto, y lo mismo les pasó a todos los habitantes de Jerusalén. [4] Mandó a rey llamar a todos los jefes de los sacerdotes y a los maestros de la ley, y les preguntó dónde había de nacer el Mesías.[4] [5] Ellos le dijeron:

—En Belén de Judea; porque así lo escribió el profeta:

[6] 'En cuanto a ti, Belén, de la tierra de Judá,
no eres la más pequeña
entre las principales ciudades de esa tierra;
porque de ti saldrá un gobernante
que guiará a mi pueblo Israel.'[g]

[7] Entonces Herodes llamó en secreto a los sabios, y se informó por ellos del tiempo exacto en que había aparecido la estrella. [8] Luego los mandó a Belén, y les dijo:

—Vayan allá, y averigüen todo lo que puedan acerca de ese niño; y cuando lo encuentren, avísenme, para que yo también vaya a adorarlo.

[9] Con estas indicaciones del rey, los sabios se fueron. Y la estrella que habían visto salir[5] iba delante de ellos, hasta que por fin se detuvo sobre el lugar donde estaba el niño. [10] Cuando los sabios vieron la estrella, se alegraron mucho. [11] Luego entraron en la casa, y vieron al niño con María, su madre; y arrodillándose lo adoraron. Abrieron sus cofres y le ofrecieron oro, incienso y mirra. [12] Después, advertidos en sueños de que no debían volver a donde estaba Herodes, regresaron a su tierra por otro camino.

La huida a Egipto

[13] Cuando ya los sabios se habían ido, un ángel del Señor se le apareció en sueños a José, y le dijo: "Levántate, toma al niño y a su madre, y huye a Egipto. Quédate allí hasta que yo te avise, porque Herodes va a buscar al niño para matarlo."

[14] José se levantó, tomó al niño y a su madre, y salió con ellos de noche camino de Egipto, [15] donde estuvieron hasta que murió Herodes. Esto sucedió para que se cumpliera lo que el Señor había dicho por medio del profeta: "De Egipto llamé a mi Hijo."[h]

Herodes manda matar a los niños

[16] Al darse cuenta Herodes de que aquellos sabios lo habían engañado, se llenó de ira y mandó matar a todos los niños de dos años para abajo que vivían en Belén y sus alrededores, de acuerdo con el tiempo que le habían dicho los sabios. [17] Así se cumplió lo escrito por el profeta Jeremías:

[18] "Se oyó una voz en Ramá,
llantos amargos y grandes lamentos.
Era Raquel, que lloraba por sus hijos
y no quería ser consolada
porque ya estaban muertos."[i]

[19] Pero después que murió Herodes, un ángel del Señor se le apareció en sueños a José, en Egipto, y le dijo: [20] "Levántate, toma contigo al niño y a su madre, y regresa a Israel, porque ya han muerto los que querían matar al niño."

[21] Entonces José se levantó y llevó al niño y a su madre a Israel. [22] Pero cuando supo que Arquelao estaba gobernando en Judea en lugar de su padre Herodes, tuvo miedo de ir allá; y habiendo sido advertido en sueños por Dios, se dirigió a la región de Galilea. [23] Al llegar, se fue a vivir al pueblo de Nazaret.[j] Esto sucedió para que se cumpliera lo que dijeron los profetas: que Jesús sería llamado nazareno.

Juan el Bautista en el desierto
(Mr 1.1–8; Lc 3.1–9, 15–17; Jn 1.19–28)

3 [1] Por aquel tiempo se presentó Juan el Bautista en el desierto de Judea. [2] En su proclamación decía: "¡Vuélvanse a Dios, porque el reino de Dios[6] está cerca!"[k]

[3] Juan era aquel de quien el profeta Isaías había escrito:

"Una voz grita en el desierto:
'Preparen el camino del Señor;
ábranle un camino recto.' "[l]

---

[2] Su hijo: algunos mss. dicen: su primer hijo.   [3] Vimos salir: otra posible traducción: vimos en el oriente.   [4] El Mesías: véase Glosario anexo.   [5] Que habían visto salir: otra posible traducción: que habían visto en el oriente.   [6] Reino de Dios: lit. reino de los cielos. (Véase Glosario anexo.)
[e] 1.23 Is 7.14.   [f] 1.25 Lc 2.21.   [g] 2.6 Mi 5.2.   [h] 2.15 Os 11.1.   [i] 2.18 Jer 31.15.   [j] 2.23 Mr 1.24; Lc 2.39; Jn 1.45.
[k] 3.2 Mt 4.17; Mr 1.15.   [l] 3.3 Is 40.3.

⁴ La ropa de Juan estaba hecha de pelo de camello, y se la sujetaba al cuerpo con un cinturón de cuero;ᵐ su comida era langostas y miel del monte. ⁵ La gente de Jerusalén y todos los de la región de Judea y de la región cercana al Jordán salían a oírle. ⁶ Confesaban sus pecados y Juan los bautizaba en el río Jordán.

⁷ Pero cuando Juan vio que muchos fariseos y saduceos iban a que los bautizara, les dijo: "¡Raza de víboras!ⁿ ¿Quién les ha dicho a ustedes que van a librarse⁷ del terrible castigo que se acerca? ⁸ Pórtense de tal modo que se vea claramente que se han vuelto al Señor, ⁹ y no presuman diciéndose a sí mismos: 'Nosotros somos descendientes de Abraham';ñ porque les aseguro que incluso a estas piedras Dios puede convertirlas en descendientes de Abraham. ¹⁰ El hacha ya está lista para cortar los árboles de raíz. Todo árbol que no da buen fruto, se corta y se echa al fuego.º ¹¹ Yo, en verdad, los bautizo con agua para invitarlos a que se vuelvan a Dios; pero el que viene después de mí los bautizará con el Espíritu Santo y con fuego. El es más poderoso que yo, que ni siquiera merezco llevarle sus sandalias. ¹² Trae su pala en la mano, y limpiará el trigo y lo separará de la paja. Guardará su trigo en el granero, pero quemará la paja en un fuego que nunca se apagará."

Jesús es bautizado
(Mr 1.9–11; Lc 3.21–22)

¹³ Jesús fue de Galilea al río Jordán, donde estaba Juan, para que éste lo bautizara. ¹⁴ Al principio Juan quería impedírselo, y le dijo:

—Yo debería ser bautizado por ti, ¿y tú vienes a mí?

¹⁵ Jesús le contestó:

—Déjalo así por ahora, pues es conveniente que cumplamos todo lo que Dios ha ordenado.

Entonces Juan consintió. ¹⁶ En cuanto Jesús fue bautizado, salió del agua. De pronto el cielo se abrió, y Jesús vio que el Espíritu de Dios bajaba sobre él como una paloma. ¹⁷ Se oyó entonces una voz del cielo, que decía: "Este es mi Hijo amado, a quien he elegido."ᵖ

Jesús es puesto a prueba
(Mr 1.12–13; Lc 4.1–13)

4 ¹ Luego el Espíritu llevó a Jesús al desierto, para que el diablo lo pusiera a prueba.q

² Estuvo cuarenta días y cuarenta noches sin comer, y después sintió hambre. ³ El diablo se acercó entonces a Jesús para ponerlo a prueba, y le dijo:

—Si de veras eres Hijo de Dios, ordena que estas piedras se conviertan en panes.

⁴ Pero Jesús le contestó:

—La Escritura dice: 'No sólo de pan vivirá el hombre, sino también de toda palabra que salga de los labios de Dios.'r

⁵ Luego el diablo lo llevó a la santa ciudad de Jerusalén, lo subió a la parte más alta del templo ⁶ y le dijo:

—Si de veras eres Hijo de Dios, tírate abajo; porque la Escritura dice:

'Dios mandará que sus ángeles te cuiden.
Te levantarán con sus manos,
para que no tropieces con piedra alguna.'s

⁷ Jesús le contestó:

—También dice la Escritura: 'No pongas a prueba al Señor tu Dios.'t

⁸ Finalmente el diablo lo llevó a un cerro muy alto, y mostrándole todos los países del mundo y la grandeza de ellos, ⁹ le dijo:

—Yo te daré todo esto, si te arrodillas y me adoras.

¹⁰ Jesús le contestó:

—Vete, Satanás, porque la Escritura dice: 'Adora al Señor tu Dios, y sírvele sólo a él.'u

¹¹ Entonces el diablo se apartó de Jesús, y unos ángeles acudieron a servirle.

Jesús comienza su trabajo en Galilea
(Mr 1.14–15; Lc 4.14–15)

¹² Cuando Jesús oyó que habían metido a Juan en la cárcel,v se dirigió a Galilea. ¹³ Pero no se quedó en Nazaret, sino que se fue a vivir a Capernaum,w a orillas del lago, en la región de las tribus de Zabulón y Neftalí. ¹⁴ Esto sucedió para que se cumpliera lo que había escrito el profeta Isaías:

¹⁵ "Tierra de Zabulón y de Neftalí,
al otro lado del Jordán,
a la orilla del mar:
Galilea, donde viven los paganos.
¹⁶ El pueblo que andaba en la oscuridad
vio una gran luz;
una luz ha brillado
para los que vivían en sombras de muerte."x

¹⁷ Desde entonces Jesús comenzó a proclamar: "Vuélvanse a Dios, porque el reino de Dios está cerca."y

---

⁷ ¿Quién les ha dicho . . . que van a librarse . . .?: otra posible traducción: ¿Quién les advirtió . . . para que escaparan . . .? ᵐ 3.4 2 R 1.8. ⁿ 3.7 Mt 12.34; 23.33. ñ 3.9 Jn 8.33. º 3.10 Mt 7.19. ᵖ 3.17 Gn 22.2; Sal 2.7; Is 42.1; Mt 12.18; 17.5; Mr 1.11; Lc 9.35. q 4.1 He 2.18; 4.15. r 4.4 Dt 8.3. s 4.6 Sal 91.11–12. t 4.7 Dt 6.16. u 4.10 Dt 6.13. v 4.12 Mt 14.3; Mr 6.17; Lc 3.19–20. w 4.13 Jn 2.12. x 4.15–16 Is 9.1–2. y 4.17 Mt 3.2.

Jesús llama a cuatro pescadores
(Mr 1.16–20; Lc 5.1–11)

[18] Jesús iba caminando por la orilla del lago de Galilea, cuando vio a dos hermanos: uno era Simón, también llamado Pedro, y el otro Andrés. Eran pescadores, y estaban echando la red al agua. [19] Jesús les dijo:

—Síganme, y yo los haré pescadores de hombres.

[20] Al momento dejaron sus redes y se fueron con él.

[21] Un poco más adelante, Jesús vio a otros dos hermanos: Santiago y Juan, hijos de Zebedeo, que estaban con su padre en una barca arreglando las redes. Jesús los llamó, [22] y en seguida ellos dejaron la barca y a su padre, y lo siguieron.

Jesús enseña a mucha gente
(Lc 6.17–19)

[23] Jesús recorría toda Galilea, enseñando en la sinagoga de cada lugar. Anunciaba la buena noticia del reino de Dios y curaba a la gente de todas sus enfermedades y dolencias.[z] [24] Se hablaba de Jesús en toda la región de Siria, y le traían a cuantos sufrían de diferentes males, enfermedades y dolores, y a los endemoniados, a los epilépticos[8] y a los paralíticos. Y Jesús los sanaba.

[25] Mucha gente de Galilea, de los pueblos de Decápolis, de Jerusalén, de Judea y de la región al oriente del Jordán seguía a Jesús.

El sermón del monte

5 [1] Al ver la multitud, Jesús subió al monte y se sentó. Sus discípulos se le acercaron, [2] y él comenzó a enseñarles, diciendo:

La verdadera dicha del hombre
(Lc 6.20–23)

[3] "Dichosos los que reconocen su necesidad espiritual, pues el reino de Dios les pertenece.

[4] "Dichosos los que están tristes,[a] pues Dios les dará consuelo.

[5] "Dichosos los de corazón humilde,[b] pues recibirán la tierra que Dios les ha prometido.

[6] "Dichosos los que tienen hambre y sed[c] de hacer lo que Dios exige, pues él hará que se cumplan sus deseos.

[7] "Dichosos los que tienen compasión de otros, pues Dios tendrá compasión de ellos.

[8] "Dichosos los de corazón limpio,[d] pues ellos verán a Dios.

[9] "Dichosos los que procuran la paz,[e] pues Dios los llamará hijos suyos.

[10] "Dichosos los que sufren persecución por hacer lo que Dios exige,[f] pues el reino de Dios les pertenece.

[11] "Dichosos ustedes, cuando la gente los insulte y los maltrate, y cuando por causa mía los ataquen con toda clase de mentiras.[g] [12] Alégrense, estén contentos, porque van a recibir un gran premio en el cielo; pues así también persiguieron a los profetas que vivieron antes que ustedes.[h]

Sal y luz del mundo
(Mr 9.50; Lc 14.34–35)

[13] "Ustedes son la sal de este mundo. Pero si la sal deja de estar salada, ¿cómo podrá recobrar su sabor? Ya no sirve para nada, así que se la tira a la calle y la gente la pisotea.[i]

[14] "Ustedes son la luz de este mundo.[j] Una ciudad en lo alto de un cerro no puede esconderse. [15] Ni se enciende una lámpara para ponerla bajo un cajón; antes bien, se la pone en alto[k] para que alumbre a todos los que están en la casa. [16] Del mismo modo, procuren ustedes que su luz brille delante de la gente, para que, viendo el bien que ustedes hacen, todos alaben a su Padre que está en el cielo.[l]

Jesús enseña sobre la ley

[17] "No crean ustedes que yo he venido a poner fin a la ley ni a las enseñanzas de los profetas; no he venido a ponerles fin, sino a darles su verdadero significado.[9] [18] Pues les aseguro que mientras existan el cielo y la tierra, no se le quitará a la ley ni un punto ni una letra, hasta que suceda todo lo que tiene que suceder.[m] [19] Por eso, el que no obedece uno de los mandatos de la ley, aunque sea el más pequeño, ni enseña a la gente a obedecerlos, será considerado el más pequeño en el reino de Dios. Pero el que los obedece y enseña a otros a hacer lo mismo, será considerado grande en el reino de Dios. [20] Porque les digo a ustedes que, si no superan a los maestros de la ley y a los fariseos en hacer lo que Dios ha ordenado, nunca entrarán en el reino de Dios.

[8] Epilépticos: lit. lunáticos.   [9] A darles su verdadero significado: lit. a completar(los).
[z] 4.23 Mt 9.35; Mr 1.39.   [a] 5.4 Is 61.2.   [b] 5.5 Sal 37.11.   [c] 5.6 Is 55.1-2.   [d] 5.8 Sal 24.3-4.   [e] 5.9 Pr 12.20.
[f] 5.10 1 P 3.14.   [g] 5.11 1 P 4.14.   [h] 5.12 2 Cr 36.16; Hch 7.52.   [i] 5.13 Mr 9.50; Lc 14.34-35.   [j] 5.14 Jn 8.12; 9.5.
[k] 5.15 Mr 4.21; Lc 8.16; 11.33.   [l] 5.16 1 P 2.12.   [m] 5.18 Lc 16.17.

Jesús enseña sobre el enojo

(Lc 12.57–59)

21 “Ustedes han oído que a sus antepasados se les dijo: ‘No mates,[n] pues el que
mate será condenado.’ 22 Pero yo les digo
que cualquiera que se enoje con su hermano,[10] será condenado. Al que insulte a
su hermano, lo juzgará la Junta Suprema;
y el que injurie gravemente a su hermano,
se hará merecedor del fuego del infierno.
23 “Así que, si al llevar tu ofrenda al altar te acuerdas de que tu hermano tiene
algo contra ti, 24 deja tu ofrenda allí
mismo delante del altar y ve primero a ponerte en paz con tu hermano. Entonces
podrás volver al altar y presentar tu
ofrenda.
25 “Si alguien te demanda y te quiere llevar a juicio, procura ponerte de acuerdo
con él mientras todavía estés a tiempo,
para que no te entregue al juez; porque si
no, el juez te entregará a los guardias y te
meterán en la cárcel. 26 Te aseguro que no
saldrás de allí hasta que pagues el último
centavo.

Jesús enseña sobre el adulterio

27 “Ustedes han oído que antes se dijo:
‘No cometas adulterio.’[ñ] 28 Pero yo les
digo que cualquiera que mira con deseo a
una mujer, ya cometió adulterio con ella
en su corazón.
29 “Así pues, si tu ojo derecho te hace
caer en pecado, sácatelo y échalo lejos de
ti; es mejor que pierdas una sola parte de
tu cuerpo, y no que todo tu cuerpo sea
arrojado al infierno.[o] 30 Y si tu mano derecha te hace caer en pecado, córtatela y
échala lejos de ti; es mejor que pierdas
una sola parte de tu cuerpo, y no que todo
tu cuerpo sea arrojado al infierno.[p]

Jesús enseña sobre el divorcio

(Mt 19.9; Mr 10.11–12; Lc 16.18)

31 “También se dijo antes: ‘Cualquiera
que se divorcia de su esposa, debe darle
un certificado de divorcio.’[q] 32 Pero yo les
digo que si un hombre se divorcia de su
esposa, a no ser por motivo de inmoralidad sexual, la pone en peligro de cometer
adulterio. Y el que se casa con una divorciada, también comete adulterio.[r]

Jesús enseña sobre los juramentos

33 “También han oído ustedes que se
dijo a los antepasados: ‘No dejes de cumplir lo que hayas ofrecido al Señor bajo juramento.’[s] 34 Pero yo les digo que no juren por ninguna razón. No juren por el
cielo, porque es el trono de Dios; 35 ni por
la tierra, porque es el estrado de sus pies;[t]
ni por Jerusalén, porque es la ciudad del
gran Rey.[u] 36 Ni juren ustedes tampoco
por su propia cabeza, porque no pueden
hacer blanco o negro ni un solo cabello.
37 Si dicen ‘sí’, que sea sí; si dicen ‘no’, que
sea no, pues lo que se aparta de esto, es
malo.

Jesús enseña sobre la venganza

(Lc 6.29–30)

38 “Ustedes han oído que antes se dijo:
‘Ojo por ojo y diente por diente.’[v] 39 Pero
yo les digo: No resistas al que te haga algún mal; al contrario, si alguien te pega
en una mejilla, ofrécele también la otra.[w]
40 Si alguien te demanda y te quiere quitar
la camisa, déjale que se lleve también tu
capa. 41 Si te obligan a llevar carga una
milla, llévala dos. 42 A cualquiera que te
pida algo, dáselo; y no le vuelvas la espalda al que te pida prestado.

El amor a los enemigos

(Lc 6.27–28, 32–36)

43 “También han oído que antes se dijo:
‘Ama a tu amigo[x] y odia a tu enemigo.’
44 Pero yo les digo: Amen a sus enemigos,[11]
y oren por quienes[12] los persiguen. 45 Así
ustedes serán hijos de su Padre que está
en el cielo; pues él hace que su sol salga
sobre malos y buenos, y manda la lluvia
sobre justos e injustos. 46 Porque si ustedes aman solamente a quienes los aman,
¿qué premio recibirán? Hasta los que cobran impuestos para Roma se portan así.
47 Y si saludan solamente a sus hermanos,
¿qué hacen de extraordinario? Hasta los
paganos se portan así. 48 Sean ustedes perfectos, como su Padre que está en el cielo
es perfecto.[y]

Jesús enseña sobre las buenas obras

6 1 “No practiquen su religión delante
de la gente sólo para que los demás
los vean.[z] Si lo hacen así, su Padre que
está en el cielo no les dará ningún premio.
2 “Por eso, cuando ayudes a los necesitados, no lo publiques a los cuatro vientos,
como hacen los hipócritas en las sinagogas y en las calles para que la gente hable
bien de ellos. Les aseguro que con eso ya

[10] Algunos mss. añaden: *sin causa.* [11] Algunos mss. añaden: *bendigan a los que los maldicen, hagan bien a los que los odian.* [12] Algunos mss. añaden: *los ultrajan y.*

[n] **5.21** Ex 20.13; Dt 5.17. [ñ] **5.27** Ex 20.14; Dt 5.18. [o] **5.29** Mt 18.9; Mr 9.47. [p] **5.30** Mt 18.8; Mr 9.43. [q] **5.31** Dt 24.1–4; Mt 19.7; Mr 10.4. [r] **5.32** Mt 19.9; Mr 10.11–12; Lc 16.18; 1 Co 7.10–11. [s] **5.33** Lv 19.12; Nm 30.2; Dt 23.21. [t] **5.34–35** Is 66.1; Mt 23.22; Stg 5.12. [u] **5.35** Sal 48.2. [v] **5.38** Ex 21.24; Lv 24.20; Dt 19.21. [w] **5.39** Lm 3.30. [x] **5.43** Lv 19.18. [y] **5.48** Lv 11.44–45; 19.2; Dt 18.13. [z] **6.1** Mt 23.5.

tienen su premio. [3] Cuando tú ayudes a los necesitados, no se lo cuentes ni siquiera a tu amigo más íntimo; [4] hazlo en secreto. Y tu Padre, que ve lo que haces en secreto, te dará tu premio.[13]

Jesús enseña a orar
(Lc 11.2–4)

[5] "Cuando ustedes oren, no sean como los hipócritas, a quienes les gusta orar de pie en las sinagogas y en las esquinas de las plazas para que la gente los vea.[a] Les aseguro que con eso ya tienen su premio. [6] Pero tú, cuando ores, entra en tu cuarto, cierra la puerta y ora a tu Padre que está allí a solas contigo. Y tu Padre, que ve lo que haces en secreto, te dará tu premio.[13] [7] "Y al orar no repitas palabras inútiles, como hacen los paganos, que se imaginan que cuanto más hablen más caso les hará Dios. [8] No sean ustedes como ellos, porque su Padre ya sabe lo que ustedes necesitan, antes que se lo pidan. [9] Ustedes deben orar así:

'Padre nuestro que estás en el cielo, santificado sea tu nombre.
[10] Venga tu reino.
Hágase tu voluntad en la tierra, así como se hace en el cielo.
[11] Danos hoy el pan que necesitamos.[b]
[12] Perdónanos el mal que hemos hecho, así como nosotros hemos perdonado a los que nos han hecho mal.
[13] No nos expongas a la tentación, sino líbranos del maligno.'[14]

[14] "Porque si ustedes perdonan a otros el mal que les han hecho, su Padre que está en el cielo los perdonará también a ustedes; [15] pero si no perdonan a otros, tampoco su Padre les perdonará a ustedes sus pecados.[c]

Jesús enseña sobre el ayuno

[16] "Cuando ustedes ayunen, no pongan cara triste, como los hipócritas, que aparentan tristeza para que la gente vea que están ayunando. Les aseguro que con eso ya tienen su premio. [17] Tú, cuando ayunes, lávate la cara y arréglate bien, [18] para que la gente no note que estás ayunando. Solamente lo notará tu Padre, que está a solas contigo, y él te dará tu premio.

Riquezas en el cielo
(Lc 12.33–34)

[19] "No amontonen riquezas aquí en la tierra, donde la polilla destruye y las cosas se echan a perder,[d] y donde los ladrones entran a robar. [20] Más bien amontonen riquezas en el cielo, donde la polilla no destruye ni las cosas se echan a perder ni los ladrones entran a robar. [21] Pues donde esté tu riqueza, allí estará también tu corazón.

La lámpara del cuerpo
(Lc 11.34–36)

[22] "Los ojos son como una lámpara para el cuerpo; así que, si tus ojos son buenos, todo tu cuerpo tendrá luz; [23] pero si tus ojos son malos, todo tu cuerpo estará en oscuridad. Y si la luz que hay en ti resulta ser oscuridad, ¡qué negra será la oscuridad misma!

Dios y el dinero
(Lc 16.13)

[24] "Nadie puede servir a dos amos, porque odiará a uno y querrá al otro, o será fiel a uno y despreciará al otro. No se puede servir a Dios y a las riquezas.

Dios cuida de sus hijos
(Lc 12.22–31)

[25] "Por lo tanto, yo les digo: No se preocupen por lo que han de comer o beber para vivir, ni por la ropa que han de ponerse. ¿No vale la vida más que la comida y el cuerpo más que la ropa? [26] Miren las aves que vuelan por el aire: ni siembran ni cosechan ni guardan la cosecha en graneros; sin embargo, el Padre de ustedes que está en el cielo les da de comer. ¡Y ustedes valen más que las aves! [27] En todo caso, por mucho que uno se preocupe, ¿cómo podrá prolongar su vida ni siquiera una hora?[15] [28] "¿Y por qué se preocupan ustedes por la ropa? Fíjense cómo crecen las flores del campo: no trabajan ni hilan. [29] Sin embargo, les digo que ni siquiera el rey Salomón, con todo su lujo,[e] se vestía como una de ellas. [30] Pues si Dios viste así la hierba, que hoy está en el campo y mañana se quema en el horno, ¡con mayor razón los vestirá a ustedes, gente falta de fe! [31] Así que no se preocupen, preguntándose: '¿Qué vamos a comer?' o '¿Qué vamos a beber?' o '¿Con qué vamos a vestirnos?' [32] Todas estas cosas son las que

---

[13] Algunos mss. añaden: en público. [14] Algunos mss. añaden: Porque tuyo es el reino y el poder y la gloria para siempre. Así sea. [15] ¿Cómo podrá prolongar . . . una hora?: Otra posible traducción: ¿Cómo podrá aumentar medio metro su estatura?
[a] 6.5 Lc 18.10–14. [b] 6.11 Pr 30.8–9. [c] 6.14–15 Mr 11.25–26. [d] 6.19 Stg 5.2–3. [e] 6.29 1 R 10.4–7; 2 Cr 9.3–6.

preocupan a los paganos, pero ustedes tienen un Padre celestial que ya sabe que las necesitan. [33] Por lo tanto, pongan toda su atención en el reino de Dios y en hacer lo que Dios exige, y recibirán también todas estas cosas. [34] No se preocupen por el día de mañana, porque mañana habrá tiempo para preocuparse. Cada día tiene bastante con sus propios problemas.[f]

No juzgar a otros
(Lc 6.37–38, 41–42)

7 [1] "No juzguen a otros, para que Dios no los juzgue a ustedes. [2] Pues Dios los juzgará a ustedes de la misma manera que ustedes juzguen a otros; y con la misma medida con que ustedes midan, Dios los medirá a ustedes.[g] [3] ¿Por qué te pones a mirar la paja que tiene tu hermano en el ojo, y no te fijas en el tronco que tú tienes en el tuyo? [4] Y si tú tienes un tronco en tu propio ojo, ¿cómo puedes decirle a tu hermano: 'Déjame sacarte la paja que tienes en el ojo'? [5] ¡Hipócrita!, saca primero el tronco de tu propio ojo, y así podrás ver bien para sacar la paja que tiene tu hermano en el suyo.

[6] "No den las cosas sagradas a los perros, no sea que se vuelvan contra ustedes y los hagan pedazos. Y no echen sus perlas a los cerdos, no sea que las pisoteen.

Pedir, buscar y llamar a la puerta
(Lc 11.9–13; 6.31)

[7] "Pidan, y Dios les dará; busquen, y encontrarán; llamen a la puerta, y se les abrirá. [8] Porque el que pide, recibe; y el que busca, encuentra;[h] y al que llama a la puerta, se le abre.

[9] "¿Acaso alguno de ustedes sería capaz de darle a su hijo una piedra cuando le pide pan? [10] ¿O de darle una culebra cuando le pide un pescado? [11] Pues si ustedes, que son malos, saben dar cosas buenas a sus hijos, ¡cuánto más su Padre que está en el cielo dará cosas buenas a quienes se las pidan![i]

[12] "Así pues, hagan ustedes con los demás como quieran que los demás hagan con ustedes;[j] porque esto es lo que mandan la ley y los escritos de los profetas.

La puerta angosta
(Lc 13.24)

[13] "Entren por la puerta angosta. Porque la puerta y el camino que llevan a la perdición son anchos y espaciosos, y muchos entran por ellos; [14] pero la puerta y el camino que llevan a la vida son angostos y difíciles, y pocos los encuentran.[k]

El árbol se conoce por su fruto
(Lc 6.43–44)

[15] "Cuídense de esos mentirosos que pretenden hablar de parte de Dios. Vienen a ustedes disfrazados de ovejas, pero por dentro son lobos feroces. [16] Ustedes los pueden reconocer por sus acciones, pues no se cosechan uvas de los espinos ni higos de los cardos [17] Así, todo árbol bueno da fruto bueno, pero el árbol malo da fruto malo. [18] El árbol bueno no puede dar fruto malo, ni el árbol malo dar fruto bueno. [19] Todo árbol que no da buen fruto, se corta y se echa al fuego.[l] [20] De modo que ustedes los reconocerán por sus acciones.[m]

No todos entrarán en el reino de Dios
(Lc 13.25–27)

[21] "No todos los que me dicen: 'Señor, Señor', entrarán en el reino de Dios, sino solamente los que hacen la voluntad de mi Padre celestial. [22] Aquel día muchos me dirán: 'Señor, Señor, nosotros hablamos en tu nombre, y en tu nombre expulsamos demonios, y en tu nombre hicimos muchos milagros.' [23] Pero entonces les contestaré: 'Nunca los conocí; ¡aléjense de mí, malhechores!'[r]

Las dos bases
(Mr 1.22; Lc 6.47–49)

[24] "Por tanto, el que me oye y hace lo que yo digo, es como un hombre prudente que construyó su casa sobre la roca. [25] Vino la lluvia, crecieron los ríos y soplaron los vientos contra la casa; pero no cayó, porque tenía su base sobre la roca. [26] Pero el que me oye y no hace lo que yo digo, es como un tonto que construyó su casa sobre la arena. [27] Vino la lluvia, crecieron los ríos, soplaron los vientos y la casa se vino abajo ¡Fue un gran desastre!"

[28] Cuando Jesús terminó de hablar, toda la gente estaba admirada de cómo les enseñaba, [29] porque lo hacía con plena autoridad, y no como sus maestros de la ley.[ñ]

Jesús sana a un leproso
(Mr 1.40–45; Lc 5.12–16)

8 [1] Cuando Jesús bajó del monte, mucha gente le siguió. [2] En esto se le acercó un hombre enfermo de lepra, el

f 6.25–34 Sal 55.22; 1 P 5.7. g 7.2 Mr 4.24. h 7.7–8 Dt 4.29; 2 Cr 15.2–15; Jer 29.13. i 7.7–11 Jn 14.13–14; 15.7,16; 16.23–24; 1 Jn 3.21–22; 5.14–15. j 7.12 Lc 6.31. k 7.13–14 Sal 1.6; Pr 4.18–19. l 7.19 Mt 3.10; Lc 3.9. m 7.20 Mt 12.33. n 7.23 Sal 6.8. ñ 7.28–29 Mr 1.22; Lc 4.32.

cual se puso de rodillas delante de él y le
dijo:
—Señor, si quieres, puedes limpiarme de
mi enfermedad.
3 Jesús lo tocó con la mano, y dijo:
—Quiero. ¡Queda limpio!
Al momento, el leproso quedó limpio de
su enfermedad. 4 Jesús añadió:
—Mira, no se lo digas a nadie; solamente ve y preséntate al sacerdote, y lleva la ofrenda que ordenó Moisés,[o] para que todos sepan que ya estás limpio de tu enfermedad.

Jesús sana al criado de un capitán romano

(Lc 7.1–10)

5 Al entrar Jesús en Capernaum, un capitán romano se le acercó para hacerle un
ruego. 6 Le dijo:
—Señor, mi criado está en casa enfermo, paralizado y sufriendo terribles dolores.
7 Jesús le respondió:
—Iré a sanarlo.
8 El capitán contestó:
—Señor, yo no merezco que entres en mi casa; solamente da la orden, y mi
criado quedará sano. 9 Porque yo mismo
estoy bajo órdenes superiores, y a la vez tengo soldados bajo mi mando. Cuando le digo a uno de ellos que vaya, va; cuando le digo a otro que venga, viene; y cuando mando a mi criado que haga algo, lo hace.
10 Jesús se quedó admirado al oír esto, y
dijo a los que le seguían:
—Les aseguro que no he encontrado a nadie en Israel con tanta fe como este
hombre. 11 Y les digo que muchos vendrán
de oriente y de occidente, y se sentarán a comer con Abraham, Isaac y Jacob en el
reino de Dios,[p] 12 pero los que deberían
estar en el reino, serán echados a la oscuridad de afuera, donde llorarán y les rechinarán los dientes.[q]
13 Luego Jesús dijo al capitán:
—Vete a tu casa, y que se haga tal como has creído.
En ese mismo momento el criado quedó sano.

Jesús sana a la suegra de Pedro

(Mr 1.29–31; Lc 4.38–39)

14 Jesús fue a casa de Pedro, donde encontró a la suegra de éste en cama y con
fiebre. 15 Jesús tocó entonces la mano de
ella, y la fiebre se le quitó, así que ella se levantó y comenzó a atenderlos.

Jesús sana a muchos enfermos

(Mr 1.32–34; Lc 4.40–41)

16 Al anochecer llevaron a Jesús muchas
personas endemoniadas; y con una sola palabra expulsó a los espíritus malos, y
también sanó a todos los enfermos. 17 Esto
sucedió para que se cumpliera lo que anunció el profeta Isaías, cuando dijo: "Él tomó nuestras debilidades y cargó con nuestras enfermedades."[r]

Los que querían seguir a Jesús

(Lc 9.57–62)

18 Jesús, al verse rodeado por la multitud, dio orden de pasar al otro lado del
lago. 19 Entonces se le acercó un maestro
de la ley, y le dijo:
—Maestro, deseo seguirte a dondequiera que vayas.
20 Jesús le contestó:
—Las zorras tienen cuevas y las aves tienen nidos, pero el Hijo del hombre no tiene donde recostar la cabeza.
21 Otro, que era uno de sus discípulos, le
dijo:
—Señor, déjame ir primero a enterrar a mi padre.
22 Jesús le contestó:
—Sígueme, y deja que los muertos entierren a sus muertos.

Jesús calma el viento y las olas

(Mr 4.35–41; Lc 8.22–25)

23 Jesús subió a la barca, y sus discípulos
lo acompañaron. 24 En esto se desató sobre
el lago una tormenta tan fuerte que las olas cubrían la barca. Pero Jesús se había
dormido. 25 Entonces sus discípulos fueron
a despertarlo, diciéndole:
—¡Señor, sálvanos! ¡Nos estamos hundiendo!
26 El les contestó:
—¿Por qué tanto miedo? ¡Qué poca fe tienen ustedes!
Dicho esto, se levantó y dio una orden al viento y al mar, y todo quedó completamente tranquilo. 27 Ellos, admirados, se
preguntaban:
—¿Pues quién será éste, que hasta los vientos y el mar le obedecen?

Los endemoniados de Gadara

(Mr 5.1–20; Lc 8.26–39)

28 Cuando Jesús llegó al otro lado del
lago, a la tierra de Gadara, dos endemoniados salieron de entre las tumbas y se acercaron a él. Eran tan feroces que nadie

[o] **8.4** Lv 14.1–32. [p] **8.11** Lc 13.29. [q] **8.12** Mt 22.13; 25.30; Lc 13.28. [r] **8.17** Is 53.4.

podía pasar por aquel camino; ²⁹ y se pusieron a gritar:

—¡No te metas con nosotros, Jesús, Hijo de Dios! ¿Viniste acá para atormentarnos antes de tiempo?

³⁰ A cierta distancia de allí había muchos cerdos comiendo, ³¹ y los demonios le rogaron a Jesús:

—Si nos expulsas, déjanos entrar en esos cerdos.

³² Jesús les dijo:

—Vayan.

Los demonios salieron de los hombres y entraron en los cerdos; y al momento todos los cerdos echaron a correr pendiente abajo hasta el lago, y allí se ahogaron. ³³ Los que cuidaban de los cerdos salieron huyendo, y al llegar al pueblo comenzaron a contar lo sucedido, todo lo que había pasado con los endemoniados. ³⁴ Entonces todos los del pueblo salieron a donde estaba Jesús, y al verlo le rogaron que se fuera de aquellos lugares.

Jesús sana a un paralítico
(Mr 2.1–12; Lc 5.17–26)

9 ¹ Después de esto, Jesús subió a una barca, pasó al otro lado del lago y llegó a su propio pueblo. ² Allí le llevaron un paralítico, acostado en una camilla; y cuando Jesús vio la fe que tenían, le dijo al enfermo:

—Ánimo, hijo; tus pecados quedan perdonados.

³ Algunos maestros de la ley pensaron: "Lo que éste ha dicho es una ofensa contra Dios." ⁴ Pero como Jesús sabía lo que estaban pensando, les preguntó:

—¿Por qué tienen ustedes tan malos pensamientos? ⁵ ¿Qué es más fácil, decir: 'Tus pecados quedan perdonados', o decir: 'Levántate y anda'? ⁶ Pues voy a demostrarles que el Hijo del hombre tiene autoridad en la tierra para perdonar pecados.

Entonces le dijo al paralítico:

—Levántate, toma tu camilla y vete a tu casa.

⁷ El paralítico se levantó y se fue a su casa. ⁸ Al ver esto, la gente tuvo miedo y alabó a Dios por haber dado tal poder a los hombres.

Jesús llama a Mateo
(Mr 2.13–17; Lc 5.27–32)

⁹ Jesús se fue de allí y vio a un hombre llamado Mateo, que estaba sentado en el lugar donde cobraba los impuestos para Roma. Jesús le dijo:

—Sígueme.

Entonces Mateo se levantó y lo siguió.

¹⁰ Sucedió que Jesús estaba comiendo en la casa, y muchos de los que cobraban impuestos para Roma, y otra gente de mala fama, llegaron y se sentaron también a la mesa junto con Jesús y sus discípulos. ¹¹ Al ver esto, los fariseos preguntaron a los discípulos:

—¿Cómo es que su maestro come con cobradores de impuestos y pecadores?^s

¹² Jesús lo oyó y les dijo:

—Los que estan buenos y sanos no necesitan médico, sino los enfermos. ¹³ Vayan y aprendan el significado de esta Escritura: 'Lo que quiero es que sean compasivos, y no que ofrezcan sacrificios.'^t Pues yo no he venido a llamar a los buenos, sino a los pecadores.

La cuestión del ayuno
(Mr 2.13–22; Lc 5.33–39)

¹⁴ Los seguidores de Juan el Bautista se acercaron a Jesús y le preguntaron:

—Nosotros y los fariseos ayunamos mucho, ¿por qué tus discípulos no ayunan? ¹⁵ Jesús les contestó:

—¿Acaso pueden estar tristes los invitados a una boda, mientras el novio está con ellos? Pero llegará el momento en que se lleven al novio; entonces sí ayunarán. ¹⁶ "Nadie arregla un vestido viejo con un remiendo de tela nueva, porque el remiendo nuevo encoge y rompe el vestido viejo, y el desgarrón se hace mayor. ¹⁷ Ni tampoco se echa vino nuevo en cueros viejos, porque los cueros se revientan; y tanto el vino como los cueros se pierden. Por eso hay que echar el vino nuevo en cueros nuevos, para que así se conserven las dos cosas.

La hija de Jairo. La mujer que tocó la capa de Jesús
(Mr 5.21–43; Lc 8.40–56)

¹⁸ Mientras Jesús les estaba hablando, un jefe de los judíos llegó, se arrodilló ante él y le dijo:

—Mi hija acaba de morir; pero si tú vienes y pones tu mano sobre ella, volverá a la vida.

¹⁹ Jesús se levantó, y acompañado de sus discípulos se fue con él. ²⁰ Entonces una mujer que desde hacia doce años estaba enferma, con derrames de sangre, se acercó a Jesús por detrás y le tocó el borde de la capa. ²¹ Porque pensaba: "Tan sólo con que llegue a tocar su capa, quedaré sana." ²² Pero Jesús se dio la vuelta, vio a la mujer y le dijo:

—Ánimo, hija, por tu fe has sido sanada.

^s **9.10–11** Lc 15.1–2.   ^t **9.13** Os 6.6; Mt 12.7.

Y desde aquel mismo momento quedó sana.

[23] Cuando Jesús llegó a casa del jefe de los judíos, y vio que los músicos estaban preparados ya para el entierro y que la gente lloraba a gritos, [24] les dijo:

—Sálganse de aquí, pues la muchacha no está muerta, sino dormida.

La gente se rió de Jesús, [25] pero él los hizo salir; luego entró y tomó de la mano a la muchacha, y ella se levantó. [26] Y por toda aquella región corrió la noticia de lo que había pasado.

Jesús sana a dos ciegos

[27] Al salir Jesús de allí, dos ciegos lo siguieron, gritando:

—¡Ten compasión de nosotros, Hijo de David!

[28] Cuando Jesús entró en la casa, los ciegos se le acercaron, y él les preguntó:

—¿Creen ustedes que puedo hacer esto?

—Sí, Señor —le contestaron.

[29] Entonces Jesús les tocó los ojos, y les dijo:

—Que se haga conforme a la fe que ustedes tienen.

[30] Y recobraron la vista. Jesús les advirtió mucho:

—Procuren que no lo sepa nadie.

[31] Pero, apenas salieron, contaron por toda aquella región lo que Jesús había hecho.

Jesús sana a un mudo

[32] Mientras los ciegos salían, algunas personas trajeron a Jesús un mudo que estaba endemoniado. [33] En cuanto Jesús expulsó al demonio, el mudo comenzó a hablar. La gente, admirada, decía:

—¡Nunca se ha visto en Israel una cosa igual!

[34] Pero los fariseos decían:

—Es el propio jefe de los demonios quien le ha dado a éste el poder de expulsarlos.[u]

Jesús tiene compasión de la gente

[35] Jesús recorría todos los pueblos y aldeas, enseñando en las sinagogas de cada lugar. Anunciaba la buena noticia del reino de Dios, y curaba toda clase de enfermedades y dolencias.[v] [36] Al ver a la gente, sintió compasión de ellos, porque estaban angustiados y desvalidos, como ovejas que no tienen pastor.[w] [37] Dijo entonces a sus discípulos:

—Ciertamente la cosecha es mucha, pero los trabajadores son pocos. [38] Por eso, pidan ustedes al Dueño de la cosecha que mande trabajadores a recogerla.[x]

Jesús escoge a los doce apóstoles
(Mr 3.13–19; Lc 6.12–16)

10 [1] Jesús llamó a sus doce discípulos, y les dio autoridad para expulsar a los espíritus impuros y para curar toda clase de enfermedades y dolencias.

[2] Estos son los nombres de los doce apóstoles: primero Simón, llamado también Pedro, y su hermano Andrés; Santiago y su hermano Juan, hijos de Zebedeo; [3] Felipe y Bartolomé; Tomás y Mateo, el que cobraba impuestos para Roma; Santiago, hijo de Alfeo, y Tadeo; [4] Simón el celote,[16] y Judas Iscariote, que después traicionó a Jesús.

Jesús envía a los discípulos a anunciar el reino de Dios
(Mr 6.7–13; Lc 9.1–6)

[5] Jesús envió a estos doce con las siguientes instrucciones: "No vayan a las regiones de los paganos ni entren en los pueblos de Samaria; [6] vayan más bien a las ovejas perdidas del pueblo de Israel. [7] Vayan y anuncien que el reino de Dios se ha acercado. [8] Sanen a los enfermos, resuciten a los muertos, limpien de su enfermedad a los leprosos y expulsen a los demonios. Ustedes recibieron gratis este poder; no cobren tampoco por emplearlo.

[9] "No lleven oro ni plata ni cobre [10] ni bolsa para el camino. No lleven ropa de repuesto ni sandalias ni bastón, pues el trabajador tiene derecho a su alimento.[y]

[11] "Cuando lleguen ustedes a un pueblo o aldea, busquen alguna persona de confianza y quédense en su casa hasta que se vayan de allí. [12] Al entrar en la casa, saluden a los que viven en ella. [13] Si la gente de la casa lo merece, su deseo de paz se cumplirá; pero si no lo merece, no se cumplirá. [14] Y si no los reciben ni quieren oír, salgan de la casa o del pueblo y sacúdanse el polvo de los pies.[z] [15] Les aseguro que en el día del juicio el castigo para ese pueblo será peor que para la gente de la región de Sodoma y Gomorra.[a, b]

Persecuciones

[16] "¡Miren! Yo los envío a ustedes como ovejas en medio de lobos.[c] Sean, pues, astutos como serpientes, aunque también ingenuos como palomas. [17] Tengan cui-

---

16 *Celote:* véase *Glosario* anexo.
u 9.34 Mt 10.25; 12.24; Mr 3.22; Lc 11.15.   **v 9.35** Mt 4.23; Mr 1.39; Lc 4.44.   **w 9.36** Nm 27.17; 1 R 22.17; 2 Cr 18.16; Jer 50.6–7; Ez 34.5; Zac 10.2; Mr 6.34.   **x 9.37–38** Lc 10.2.   **y 10.10** 1 Co 9.14; 1 Ti 5.18.   **z 10.14** Hch 13.51.   **a 10.7–15** Lc 10.4–12.   **b 10.15** Gn 19.24–28; Mt 11.24.   **c 10.16** Lc 10.3.

dado, porque los entregarán a las autoridades, los golpearán en las sinagogas [18] y hasta los presentarán ante gobernadores y reyes por causa mía; así podrán dar testimonio de mí delante de ellos y de los paganos. [19] Pero cuando los entreguen a las autoridades, no se preocupen ustedes por lo que han de decir o cómo han de decirlo, porque cuando les llegue el momento de hablar, Dios les dará las palabras. [20] Pues no serán ustedes quienes hablen, sino que el Espíritu de su Padre hablará por ustedes.[d]

[21] "Los hermanos entregarán a la muerte a sus hermanos, y los padres a sus hijos; y los hijos se volverán contra sus padres y los matarán.[e] [22] Todo el mundo los odiará a ustedes por causa mía;[f] pero el que se mantenga firme hasta el fin, será salvo.[g] [23] Cuando los persigan en una ciudad, huyan a otra; pues les aseguro que el Hijo del hombre vendrá antes que ustedes hayan recorrido todas las ciudades de Israel.

[24] "Ningún discípulo es más que su maestro,[h] y ningún criado es más que su amo.[i] [25] El discípulo debe conformarse con llegar a ser como su maestro, y el criado como su amo. Si al jefe de la casa lo llaman Beelzebú,[j] ¿qué dirán de los de su familia?

A quién se debe tener miedo
(Lc 12.2-7)

[26] "No tengan, pues, miedo de la gente. Porque no hay nada secreto que no llegue a descubrirse, ni nada escondido que no llegue a saberse.[k] [27] Lo que les digo en la oscuridad, díganlo ustedes a la luz del día; y lo que les digo en secreto, grítenlo desde las azoteas de las casas. [28] No tengan miedo de los que pueden darles muerte, pero no pueden disponer de su destino eterno; teman más bien al que puede darles muerte y también puede destruirlos para siempre en el infierno. [29] "¿No se venden dos pajarillos por una monedita? Sin embargo, ni uno de ellos cae a tierra sin que el Padre de ustedes lo permita. [30] En cuanto a ustedes mismos, hasta los cabellos de la cabeza los tienen contados uno por uno. [31] Así que no tengan miedo: ustedes valen más que muchos pajarillos.

Los que reconocen a Jesucristo delante de los hombres
(Lc 12.8-9)

[32] "Si alguien se declara a mi favor delante de los hombres, yo también me declararé a favor de él delante de mi Padre que está en el cielo; [33] pero al que me niegue delante de los hombres, yo también lo negaré delante de mi Padre que está en el cielo.[l]

Jesús, causa de división
(Lc 12.51-53; 14.26-27)

[34] "No crean que yo he venido a traer paz al mundo; no he venido a traer paz, sino lucha. [35] He venido a poner al hombre contra su padre, a la hija contra su madre y a la nuera contra su suegra; [36] de modo que los enemigos de cada cual serán sus propios parientes."[m]

[37] "El que quiere a su padre o a su madre más que a mí, no merece ser mío; el que quiere a su hijo o a su hija más que a mí, no merece ser mío; [38] y el que no toma su cruz y me sigue, no merece ser mío.[n] [39] El que trate de salvar su vida, la perderá, pero el que pierda su vida por causa mía, la salvará.[ñ]

Premios
(Mr 9.41)

[40] "El que los recibe a ustedes, me recibe a mí;[o] y el que me recibe a mí, recibe al que me envió.[p] [41] El que recibe a un profeta porque viene de parte de Dios, recibirá el mismo premio que se da a un profeta; y el que recibe a un hombre bueno porque es bueno, recibirá el mismo premio que se da a un hombre bueno. [42] Y cualquiera que le dé siquiera un vaso de agua fresca a uno de estos pequeños por ser seguidor mío, les aseguro que tendrá su premio."

Los enviados de Juan el Bautista
(Lc 7.18-35)

11 [1] Cuando Jesús terminó de dar instrucciones a sus doce discípulos, se fue de allí a enseñar y anunciar el mensaje en los pueblos de aquella región.

[2] Juan, que estaba en la cárcel, tuvo noticias de lo que Cristo estaba haciendo. Entonces envió algunos de sus seguidores [3] a que le preguntaran si él era de veras el que había de venir, o si debían esperar a otro.

[4] Jesús les contestó: "Vayan y díganle a Juan lo que están viendo y oyendo. [5] Cuéntenle que los ciegos ven, los cojos andan, los leprosos quedan limpios de su enfermedad, los sordos oyen,[q] los muertos vuelven a la vida y a los pobres se les

---

d 10.17-20 Mr 13.9-11; Lc 12.11-12; 21.12-15. **e 10.21** Mr 13.12; Lc 21.16. **f 10.22** Mt 24.9; Mr 13.13; Lc 21.17. **g 10.22** Mt 24.13; Mr 13.13. **h 10.24** Mt 10.24 Lc 6.40. **i 10.24** Jn 13.16; 15.20. **j 10.25** Mt 9.34; 12.24; Mr 3.22; Lc 11.15. **k 10.26** Mr 4.22; Lc 8.17. **l 10.33** 2 Ti 2.12. **m 10.35-36** Mi 7.6. **n 10.38** Mt 16.24; Mr 8.34; Lc 9.23; Jn 12.24. **ñ 10.39** Mt 16.25; Mr 8.35; Lc 9.24; 17.33; Jn 12.25. **o 10.40** Lc 10.16; Jn 13.20. **p 10.40** Lc 9.37; Lc 9.48. **q 11.5** Is 35.5-6.

anuncia el mensaje de salvación.ʳ ⁶¡Y dichoso aquel que no pierda su confianza en mí!"

⁷Cuando ellos se fueron, Jesús comenzó a hablar a la gente acerca de Juan, diciendo: "¿Qué salieron ustedes a ver al desierto? ¿Una caña sacudida por el viento? ⁸Y si no, ¿qué salieron a ver? ¿Un hombre vestido con lujo? Ustedes saben que los que se visten con lujo están en las casas de los reyes. ⁹En fin, ¿a qué salieron? ¿A ver a un profeta? Sí, de veras, y a uno que es mucho más que profeta. ¹⁰Juan es aquel de quien dice la Escritura:

'Yo envío mi mensajero delante de
    ti,
para que te prepare el camino.'ˢ

¹¹Les aseguro que, entre todos los hombres, ninguno ha sido más grande que Juan el Bautista; y, sin embargo, el más pequeño en el reino de Dios es más grande que él.

¹²Desde que vino Juan el Bautista hasta ahora, el reino de Dios sufre violencia, y los que usan la fuerza pretenden acabar con él. ¹³Todos los profetas y la ley fueron sólo un anuncio del reino, hasta que vino Juan;ᵗ ¹⁴y, si ustedes quieren aceptar esto, Juan es el profeta Elías que había de venir.ᵘ ¹⁵Los que tienen oídos, oigan.

¹⁶"¿A qué compararé la gente de este tiempo? Se parece a los niños que se sientan a jugar en las plazas y gritan a sus compañeros: ¹⁷'Tocamos la flauta, pero ustedes no bailaron; cantamos canciones tristes, pero ustedes no lloraron.' ¹⁸Porque vino Juan, que ni come ni bebe, y dicen que tiene un demonio. ¹⁹Luego ha venido el Hijo del hombre, que come y bebe, y dicen que es glotón y bebedor, amigo de gente de mala fama y de los que cobran impuestos para Roma. Pero la sabiduría de Dios se demuestra por todos sus resultados."

Los pueblos desobedientes
(Lc 10.13-15)

²⁰Entonces Jesús comenzó a reprender a los pueblos donde había hecho la mayor parte de sus milagros, porque la gente que vivía en ellos no se había vuelto a Dios. Decía Jesús: ²¹"¡Ay de ti, Corazín! ¡Ay de ti, Betsaida! Porque si en Tiro y Sidónᵛ se hubieran hecho los milagros que se han hecho entre ustedes, ya hace tiempo que se habrían vuelto a Dios, y lo habrían demostrado poniéndose ropas ásperas y ceniza. ²²Pero les digo que en el día del jui-

cio el castigo para ustedes será peor que para la gente de Tiro y Sidón. ²³Y tú, pueblo de Capernaum, ¿crees que serás levantado hasta el cielo? ¡Hasta lo más hondo del abismo serás arrojado!ʷ Porque si en Sodomaˣ se hubieran hecho los milagros que se han hecho entre ustedes, esa ciudad habría permanecido hasta el día de hoy. ²⁴Pero les digo que en el día del juicio el castigo para ustedes será peor que para la gente de la región de Sodoma."ʸ

Vengan a mí y descansen
(Lc 10.21-22)

²⁵En aquel tiempo, Jesús dijo: "Te alabo, Padre, Señor del cielo y de la tierra, porque has mostrado a los sencillos las cosas que escondiste de los sabios y entendidos. ²⁶Sí, Padre, porque así lo has querido. ²⁷"Mi Padre me ha entregado todas las cosas.ᶻ Nadie conoce realmente al Hijo, sino el Padre; y nadie conoce realmente al Padre, sino el Hijo y aquellos a quienes el Hijo quiera darlo a conocer.ᵃ ²⁸Vengan a mí todos ustedes que están cansados de sus trabajos y cargas, y yo los haré descansar. ²⁹Acepten el yugo que les pongo, y aprendan de mí, que soy paciente y de corazón humilde; así encontrarán descanso.ᵇ ³⁰Porque el yugo que les pongo y la carga que les doy a llevar son ligeros."

Los discípulos arrancan espigas en el día de reposo
(Mr 2.23-28; Lc 6.1-5)

12 ¹Por aquel tiempo, en un día de reposo,¹⁷ Jesús caminaba entre los sembrados. Sus discípulos sintieron hambre, y comenzaron a arrancar espigas de trigoᶜ y a comer los granos. ²Los fariseos lo vieron, y dijeron a Jesús:

—Mira, tus discípulos están haciendo algo que no está permitido hacer en el día de reposo.¹⁷

³Él les contestó:

—¿No han leído ustedes lo que hizo David en una ocasión en que él y sus compañeros tuvieron hambre? ⁴Pues entró en la casa de Dios y comió los panes consagrados a Dios,ᵈ los cuales no les estaba permitido comer ni a él ni a sus compañeros, sino solamente a los sacerdotes.ᵉ ⁵¿O no han leído en la ley de Moisés que los sacerdotes en el templo no cometen pecado aunque no descansen en los días de reposo?¹⁷·ᶠ ⁶Pues les digo que aquí hay algo más importante que el templo. ⁷Ustedes no han entendido el significado de esta

¹⁷ *Día(s) de reposo:* aquí equivale a *sábado.*
ʳ **11.5** Is 61.1. ˢ **11.10** Mal 3.1. ᵗ **11.12-13** Lc 16.16. ᵘ **11.14** Mal 4.5; Mt 17.10-13; Mr 9.11-13. ᵛ **11.21** Is 23.1-18; Ez 26.1—28.26; Jl 3.4-8; Am 1.9-10; Zac 9.2-4. ʷ **11.23** Is 14.13-15. ˣ **11.23** Gn 19.24-28. ʸ **11.24** Mt 10.15; Lc 10.12. ᶻ **11.27** Jn 3.35. ᵃ **11.27** Jn 1.18; 10.15. ᵇ **11.28-29** Is 30.15; Jer 6.16. ᶜ **12.1** Dt 23.25. ᵈ **12.3-4** 1 S 21.1-6. ᵉ **12.4** Lv 24.9. ᶠ **12.5** Nm 28.9-10.

Escritura: 'Lo que quiero es que sean compasivos, y no que ofrezcan sacrificios.'ᵍ Si lo hubieran entendido, no condenarían a quienes no han cometido ninguna falta. ⁸ Pues bien, el Hijo del hombre tiene autoridad sobre el día de reposo.¹⁷

El hombre de la mano tullida
(Mr 3.1–6; Lc 6.6–11)

⁹ Jesús se fue de allí y entró en la sinagoga del lugar. ¹⁰ Había en ella un hombre que tenía una mano tullida; y como buscaban algún pretexto para acusar a Jesús, le preguntaron:
—¿Está permitido sanar a un enfermo en el día de reposo?¹⁷
¹¹ Jesús les contestó:
—¿Quién de ustedes, si tiene una oveja y se le cae a un pozo en el día de reposo,¹⁷ no va y la saca?ʰ ¹² Pues ¡cuánto más vale un hombre que una oveja! Por lo tanto, sí está permitido hacer el bien en los días de reposo.¹⁷
¹³ Entonces le dijo a aquel hombre:
—Extiende la mano.
El hombre la extendió, y le quedó tan sana como la otra. ¹⁴ Pero cuando los fariseos salieron, comenzaron a hacer planes para matar a Jesús.

Una profecía acerca de Jesús

¹⁵ Jesús, al saberlo, se fue de allí, y mucha gente lo siguió. Jesús sanaba a todos los enfermos, ¹⁶ y les ordenaba que no hablaran de él en público. ¹⁷ Esto fue para que se cumpliera lo que anunció el profeta Isaías, cuando dijo:
¹⁸ "Aquí está mi siervo, a quien he escogido,
mi amado, en quien me deleito.
Pondré sobre él mi Espíritu,
y proclamará justicia a las naciones.
¹⁹ No protestará ni gritará;
nadie oirá su voz en las calles.
²⁰ No romperá la caña quebrada
ni apagará la mecha que apenas humea,
hasta que haga triunfar la justicia.
²¹ Y las naciones pondrán su esperanza en él."ⁱ

Acusan a Jesús de recibir su poder del demonio
(Mr 3.20–30; Lc 11.14–23; 12.10)

²² Llevaron a Jesús un hombre ciego y mudo, que estaba endemoniado, y Jesús le devolvió la vista y el habla. ²³ Todos se preguntaban admirados: "¿Será éste el Hijo de David?"

²⁴ Al oír esto, los fariseos dijeron: "Beelzebú, el jefe de los demonios, es quien le ha dado a este hombre el poder de expulsarlos."ʲ
²⁵ Jesús, que sabía lo que estaban pensando, les dijo: "Todo país dividido en bandos enemigos, se destruye a sí mismo; y una ciudad o una familia dividida en bandos, no puede mantenerse. ²⁶ Así también, si Satanás expulsa al propio Satanás, contra sí mismo está dividido; ¿cómo, pues, mantendrá su poder? ²⁷ Ustedes dicen que yo expulso a los demonios por el poder de Beelzebú; pero si es así, ¿quién da a los seguidores de ustedes el poder para expulsarlos? Por eso, ellos mismos demuestran que ustedes están equivocados. ²⁸ Porque si yo expulso a los demonios por medio del Espíritu de Dios, eso significa que el reino de Dios ya ha llegado a ustedes.
²⁹ "¿Cómo podrá entrar alguien en la casa de un hombre fuerte y quitarle lo que le pertenece, si primero no lo ata? Solamente así podrá quitárselo.
³⁰ "El que no está a mi favor, está en contra mía;ᵏ y el que conmigo no recoge, desparrama.
³¹ "Por eso les digo que Dios perdonará a los hombres todos los pecados y todo lo malo que digan, pero no les perdonará que con sus palabras ofendan al Espíritu Santo. ³² Dios perdonará incluso a aquel que diga algo contra el Hijo del hombre; pero al que hable contra el Espíritu Santo, no lo perdonaráˡ ni en este mundo ni en el venidero.

El árbol se conoce por su fruto
(Lc 6.43–45)

³³ "Cultiven bien un árbol, y tendrán buen fruto; cultiven o mal, y tendrán mal fruto; pues el árbol se conoce por su fruto.ᵐ ³⁴ ¡Raza de víboras!ⁿ ¿Cómo pueden decir cosas buenas, si ustedes mismos son malos? De lo que abunda en el corazón, habla la boca.ⁿ ³⁵ El hombre bueno dice cosas buenas porque el bien está en él, y el hombre malo dice cosas malas porque el mal está en él. ³⁶ Y yo les digo que en el día del juicio todos tendrán que dar cuenta de cualquier palabra inútil que hayan pronunciado. ³⁷ Pues por tus propias palabras serás juzgado, y declarado inocente o culpable."

La gente mala pide una señal milagrosa
(Mr 8.12; Lc 11.29–32)

³⁸ Algunos de los fariseos y maestros de la ley dijeron entonces a Jesús:

¹⁷ Día(s) de reposo: aquí equivale a sábado.
ᵍ 12.7 Os 6.6; Mt 9.13. ʰ 12.11 Lc 14.5. ⁱ 12.18–21 Is 42.1–4. ʲ 12.24 Mt 9.34; 10.25. ᵏ 12.30 Mr 9.40. ˡ 12.32 Lc 12.10. ᵐ 12.33 Mt 7.20; Lc 6.44. ⁿ 12.34 Mt 3.7; 23.33; Lc 3.7. ⁿ 12.34 Mt 15.18; Lc 6.45.

—Maestro, queremos verte hacer alguna señal milagrosa.[o]
39 Jesús les contestó:
—Esta gente malvada e infiel pide una
señal milagrosa;[p] pero no va a dársele más
señal que la del profeta Jonás. 40 Pues así
como Jonás estuvo tres días y tres noches
dentro del gran pez,[q] así también el Hijo
del hombre estará tres días y tres noches
dentro de la tierra. 41 Los de Nínive se levantarán en el día del juicio, cuando se
juzgue a la gente de este tiempo, y la condenarán; porque los de Nínive se volvieron a Dios cuando oyeron el mensaje de
Jonás,[r] y lo que hay aquí es mayor que
Jonás. 42 También la reina del Sur se levantará en el día del juicio, cuando se juzgue a la gente de este tiempo, y la condenará; porque ella vino de lo más lejano de
la tierra para escuchar la sabiduría de Salomón,[s] y lo que hay aquí es mayor que
Salomón.

El espíritu impuro que regresa

(Lc 11.24–26)

43 "Cuando un espíritu impuro sale de
un hombre, anda por lugares secos buscando descanso; y si no lo encuentra,
piensa: 44 'Regresaré a mi casa, de donde
salí.' Cuando regresa, encuentra a ese
hombre como una casa desocupada, barrida y arreglada. 45 Entonces va y reúne
otros siete espíritus peores que él, y todos
juntos se meten a vivir en aquel hombre,
que al final queda peor que al principio.
Eso mismo le va a suceder a esta gente
malvada."

La madre y los hermanos de Jesús

(Mr 3.31–35; Lc 8.19–21)

46 Todavía estaba Jesús hablando a la
gente, cuando acudieron su madre y sus
hermanos, que deseaban hablar con él.
Como se quedaron afuera, 47 alguien avisó
a Jesús:
—Tu madre y tus hermanos están ahí
afuera, y quieren hablar contigo.
48 Pero él contestó al que le llevó el
aviso:
—¿Quién es mi madre, y quiénes son
mis hermanos?
49 Entonces, señalando a sus discípulos,
dijo:
—Estos son mi madre y mis hermanos.
50 Porque cualquiera que hace la voluntad
de mi Padre que está en el cielo, ése es mi
hermano, mi hermana y mi madre.

La parábola del sembrador

(Mr 4.1–9; Lc 8.4–8)

13 1 Aquel mismo día salió Jesús de
casa y se sentó a la orilla del lago.
2 Como se reunió mucha gente, Jesús subió a una barca y se sentó,[t] mientras la
gente se quedaba en la playa. 3 Entonces
se puso a hablarles de muchas cosas por
medio de parábolas.
Les dijo: "Un sembrador salió a sembrar. 4 Y al sembrar, una parte de la semilla cayó en el camino, y llegaron las aves y
se la comieron. 5 Otra parte cayó entre las
piedras, donde no había mucha tierra; esa
semilla brotó pronto, porque la tierra no
era muy honda; 6 pero el sol, al salir, la
quemó, y como no tenía raíz, se secó.
7 Otra parte de la semilla cayó entre espinos, y los espinos crecieron y la ahogaron.
8 Pero otra parte cayó en buena tierra, y
dio buena cosecha; algunas espigas dieron
cien granos por semilla, otras sesenta granos, y otras treinta. 9 Los que tienen oídos,
oigan."

El porqué de las parábolas

(Mr 4.10–12; Lc 8.9–10)

10 Los discípulos se acercaron a Jesús y
le preguntaron por qué hablaba a la gente
por medio de parábolas. 11 Jesús les contestó: "A ustedes, Dios les da a conocer
los secretos de su reino; pero a ellos no.
12 Pues al que tiene, se le dará más, y tendrá bastante; pero al que no tiene, hasta lo
poco que tiene se le quitará.[u] 13 Por eso
les hablo por medio de parábolas; porque
ellos miran, pero no ven; escuchan, pero
no oyen ni entienden. 14 Así, en el caso de
ellos se cumple lo que dijo el profeta
Isaías:
'Por más que escuchen, no
entenderán,
por más que miren, no verán.
15 Pues la mente de este pueblo está
entorpecida,
tienen tapados los oídos
y sus ojos están cerrados,
para que no puedan ver ni oír,
ni puedan entender;
para que no se vuelvan a mí,
y yo no los sane.'[v]
16 "Pero dichosos ustedes, porque tienen
ojos que ven y oídos que oyen. 17 Les aseguro que muchos profetas y gente buena
quisieron ver esto que ustedes ven, y no lo
vieron; quisieron oír esto que ustedes
oyen, y no lo oyeron.[w]

[o] **12.38** Mt 16.1; Mr 8.11; Lc 11.16. [p] **12.39** Mt 16.4; Mr 8.12. [q] **12.40** Jon 1.17. [r] **12.41** Jon 3.5. [s] **12.42** 1 R 10.1–10; 2 Cr 9.1–12. [t] **13.2** Lc 5.1–3. [u] **13.12** Mt 25.29; Mr 4.25; Lc 8.18; 19.26. [v] **13.14–15** Is 6.9–10. [w] **13.16–17** Lc 10.23–24.

Jesús explica la parábola del sembrador
(Mr 4.13–20; Lc 8.11–15)

18 "Escuchen, pues, lo que quiere decir la parábola del sembrador: 19 Los que oyen el mensaje del reino de Dios y no lo entienden, son como la semilla que cayó en el camino; viene el maligno y les quita el mensaje sembrado en su corazón. 20 La semilla que cayó entre las piedras representa a los que oyen el mensaje y lo reciben con gusto, 21 pero como no tienen suficiente raíz, no se mantienen firmes; cuando por causa del mensaje sufren pruebas o persecución, pierden la fe. 22 La semilla sembrada entre espinos representa a los que oyen el mensaje, pero los negocios de este mundo les preocupan demasiado y el amor por las riquezas los engaña. Todo esto ahoga el mensaje y no lo deja dar fruto en ellos. 23 Pero la semilla sembrada en buena tierra representa a los que oyen el mensaje y lo entienden y dan una buena cosecha. Algunos de éstos son como las espigas que dieron cien granos por semilla, otros como las que dieron sesenta y otros como las que dieron treinta."

La parábola de la mala hierba entre el trigo

24 Jesús les contó esta otra parábola: "El reino de Dios es como un hombre que sembró buena semilla en su campo; 25 pero cuando todos estaban durmiendo, llegó un enemigo, que sembró mala hierba entre el trigo y se fue. 26 Cuando el trigo creció y se formó la espiga, apareció también la mala hierba. 27 Entonces los trabajadores fueron a decirle al dueño: 'Señor, si la semilla que sembró usted en el campo era buena, ¿de dónde ha salido la mala hierba?' 28 El dueño les dijo: 'Algún enemigo ha hecho esto.' Los trabajadores le preguntaron: '¿Quiere usted que vayamos a arrancar la mala hierba?' 29 Pero él les dijo: 'No, porque al arrancar la mala hierba pueden arrancar también el trigo. 30 Lo mejor es dejarlos crecer juntos hasta la cosecha; entonces mandaré a los que han de recogerla que aparten primero la mala hierba y la aten en manojos, para quemarla, y que después guarden el trigo en mi granero.' "

La parábola de la semilla de mostaza
(Mr 4.30–32; Lc 13.18–19)

31 Jesús también les contó esta parábola: "El reino de Dios es como una semilla de mostaza que un hombre siembra en su campo. 32 Es, por cierto, la más pequeña de todas las semillas; pero cuando crece, se hace más grande que las otras plantas del huerto, y llega a ser como un árbol, tan grande que las aves van y hacen nidos en sus ramas."

La parábola de la levadura
(Lc 13.20–21)

33 También les contó esta parábola: "El reino de Dios es como la levadura que una mujer mezcla con tres medidas de harina para hacer fermentar toda la masa."

El uso que Jesús hacía de las parábolas
(Mr 4.33–34)

34 Jesús habló de todo esto a la gente por medio de parábolas, y sin parábolas no les hablaba. 35 Esto fue para que se cumpliera lo que había dicho el profeta:
"Hablaré por medio de parábolas;
diré cosas que han estado en secreto
desde que Dios hizo el mundo." x

Jesús explica la parábola de la mala hierba entre el trigo

36 Jesús despidió entonces a la gente y entró en la casa, donde sus discípulos se le acercaron y le pidieron que les explicara la parábola de la mala hierba en el campo. 37 Jesús les respondió: "El que siembra la buena semilla es el Hijo del hombre, 38 y el campo es el mundo. La buena semilla representa a los que son del reino, y la mala hierba representa a los que son del maligno, 39 y el enemigo que sembró la mala hierba es el diablo. La cosecha representa el fin del mundo, y los que recogen la cosecha son los ángeles. 40 Así como la mala hierba se recoge y se echa al fuego para quemarla, así sucederá también al fin del mundo. 41 El Hijo del hombre mandará a sus ángeles a recoger de su reino a todos los que hacen pecar a otros, y a los que practican el mal. 42 Los echarán en el horno encendido, donde llorarán y les rechinarán los dientes. 43 Entonces, aquellos que cumplen lo que Dios exige, brillarán como el sol y en el reino de su Padre. Los que tienen oídos, oigan.

La parábola del tesoro escondido

44 "El reino de Dios es como un tesoro escondido en un terreno. Un hombre encuentra el tesoro, y lo vuelve a esconder allí mismo; lleno de alegría, va y vende todo lo que tiene, y compra ese terreno.

La parábola de la perla de mucho valor

45 "El reino de Dios es también como un comerciante que anda buscando perlas

x 13.35 Sal 78.2.   y 13.43 Dn 12.3.

finas; [46] cuando encuentra una de mucho valor, va y vende todo lo que tiene, y compra esa perla.

La parábola de la red

[47] "El reino de Dios es también como una red que se echa al mar y recoge toda clase de pescado. [48] Cuando la red se llena, los pescadores la sacan a la playa, donde se sientan a escoger el pescado; guardan el bueno en canastas y tiran el malo. [49] Así también sucederá al fin del mundo: saldrán los ángeles para separar a los malos de los buenos, [50] y echarán a los malos en el horno de fuego, donde llorarán y les rechinarán los dientes."

Tesoros nuevos y viejos

[51] Jesús preguntó:

—¿Entienden ustedes todo esto?

—Sí, Señor —contestaron ellos.

[52] Entonces Jesús les dijo:

—Cuando un maestro de la ley se instruye acerca del reino de Dios, se parece al dueño de una casa, que de lo que tiene guardado sabe sacar cosas nuevas y cosas viejas.

Jesús en Nazaret
(Mr 6.1–6; Lc 4.16–30)

[53] Cuando Jesús terminó de contar estas parábolas, se fue de allí [54] y llegó a su propia tierra, donde comenzó a enseñar en la sinagoga del lugar. La gente, admirada, decía:

—¿Dónde aprendió éste todo lo que sabe? ¿Cómo puede hacer esos milagros? [55] ¿No es éste el hijo del carpintero, y su madre es María? ¿No es el hermano de Santiago, José, Simón y Judas, [56] y no viven sus hermanas también aquí entre nosotros? ¿De dónde le viene todo esto?

[57] Por eso no quisieron hacerle caso. Pero Jesús les dijo:

—En todas partes se honra a un profeta, menos en su propia tierra y en su propia casa.[z]

[58] Y no hizo allí muchos milagros porque aquella gente no creía en él.

La muerte de Juan el Bautista
(Mr 6.14–29; Lc 9.7–9)

14 [1] Por aquel mismo tiempo, Herodes, el que gobernaba en Galilea, oyó hablar de Jesús, [2] y dijo a los que estaban a su servicio: "Ese es Juan el Bautista, que ha resucitado. Por eso tiene este poder milagroso."

[3] Es que Herodes había hecho arrestar a Juan y llevarlo encadenado a la cárcel. Lo hizo por causa de Herodías, esposa de su hermano Felipe, [4] pues Juan había dicho a Herodes: "No debes tenerla como tu mujer."[a, b]

[5] Herodes, que quería matar a Juan, tenía miedo de la gente, porque todos creían que Juan era un profeta. [6] Pero en el cumpleaños de Herodes, la hija de Herodías salió a bailar delante de los invitados, y le gustó tanto a Herodes [7] que le prometió bajo juramento darle cualquier cosa que pidiera. [8] Ella entonces, aconsejada por su madre, dijo a Herodes:

—Dame en un plato la cabeza de Juan el Bautista.

[9] Esto entristeció al rey Herodes; pero como había hecho un juramento en presencia de sus invitados, mandó que se la dieran. [10] Ordenó, pues, cortarle la cabeza a Juan en la cárcel; [11] luego la llevaron en un plato y se la dieron a la muchacha, y ella se la entregó a su madre.

[12] Llegaron los seguidores de Juan, se llevaron el cuerpo y lo enterraron; después fueron y avisaron a Jesús.

Jesús da de comer a cinco mil hombres
(Mr 6.30–44; Lc 9.10–17; Jn 6.1–14)

[13] Cuando Jesús recibió la noticia, se fue de allí él solo, en una barca, a un lugar apartado. Pero la gente lo supo y salió de los pueblos para seguirlo por tierra. [14] Al bajar Jesús de la barca, vio la multitud; sintió compasión de ellos y sanó a los enfermos que llevaban. [15] Como ya se hacía de noche, los discípulos se le acercaron y le dijeron:

—Ya es tarde, y éste es un lugar solitario. Despide a la gente, para que vayan a las aldeas y se compren comida.

[16] Jesús les contestó:

—No es necesario que se vayan; denles ustedes de comer.

[17] Ellos respondieron:

—No tenemos aquí más que cinco panes y dos pescados.

[18] Jesús les dijo:

—Tráiganmelos aquí.

[19] Entonces mandó a la multitud que se sentara sobre la hierba. Luego tomó en sus manos los cinco panes y los dos pescados y, mirando al cielo, dio gracias a Dios y partió los panes, los dio a los discípulos y ellos los repartieron entre la gente. [20] Todos comieron hasta quedar satisfechos, y todavía llenaron doce canastas con los pedazos sobrantes. [21] Los que comieron fueron unos cinco mil hombres, sin contar las mujeres y los niños.

z 13.57 Jn 4.44.   a 14.3–4 Lc 3.19-20.   b 14.4 Lv 18.16; 20.21.

Jesús camina sobre el agua
(Mr 6.45–52; Jn 6.16–21)

²² Después de esto, Jesús hizo que sus discípulos subieran a la barca, para que cruzaran el lago antes que él y llegaran al otro lado mientras él despedía a la gente. ²³ Cuando la hubo despedido, Jesús subió a un cerro, para orar a solas. Al llegar la noche, estaba allí él solo, ²⁴ mientras la barca ya iba bastante lejos de tierra firme. Las olas azotaban la barca, porque tenían el viento en contra. ²⁵ A la madrugada, Jesús fue hacia ellos caminando sobre el agua. ²⁶ Cuando los discípulos lo vieron andar sobre el agua, se asustaron, y gritaron llenos de miedo:

—¡Es un fantasma!

²⁷ Pero Jesús les habló, diciéndoles:

—¡Tengan valor, soy yo, no tengan miedo!

²⁸ Entonces Pedro le respondió:

—Señor, si eres tú, ordena que yo vaya hasta ti sobre el agua.

²⁹ —Ven —dijo Jesús.

Pedro entonces bajó de la barca y comenzó a caminar sobre el agua en dirección a Jesús. ³⁰ Pero al notar la fuerza del viento, tuvo miedo; y como comenzaba a hundirse, gritó:

—¡Sálvame, Señor!

³¹ Al momento, Jesús lo tomó de la mano y le dijo:

—¡Qué poca fe tienes! ¿Por qué dudaste?

³² En cuanto subieron a la barca, se calmó el viento. ³³ Entonces los que estaban en la barca se pusieron de rodillas delante de Jesús, y le dijeron:

—¡En verdad tú eres el Hijo de Dios!

Jesús sana a los enfermos en Genesaret
(Mr 6.53–56)

³⁴ Cruzaron el lago y llegaron a la tierra de Genesaret. ³⁵ La gente del lugar reconoció a Jesús, y la noticia se extendió por toda la región. Le llevaban los enfermos, ³⁶ y le rogaban que les dejara tocar siquiera el borde de su capa; y todos los que la tocaban, quedaban sanos.

Lo que hace impuro al hombre
(Mr 7.1–23)

15 ¹ Se acercaron a Jesús algunos fariseos y maestros de la ley que habían llegado de Jerusalén, y le preguntaron:

² —¿Por qué tus discípulos desobedecen la tradición de nuestros antepasados? ¿Por qué no cumplen con la ceremonia de lavarse las manos antes de comer?

³ Jesús les preguntó:

—¿Y por qué también ustedes desobedecen el mandato de Dios para seguir sus propias tradiciones? ⁴ Porque Dios dijo: 'Honra a tu padre y a tu madre',ᶜ y 'El que maldiga a su padre o a su madre será condenado a muerte.'ᵈ ⁵ Pero ustedes afirman que un hombre puede decirle a su padre o a su madre: 'No puedo ayudarte, porque todo lo que tengo lo he ofrecido a Dios'; ⁶ y que cualquiera que diga esto, ya no está obligado a ayudar a su padre o a su madre. Así pues, ustedes han anulado el mandato de Dios para seguir sus propias tradiciones. ⁷ ¡Hipócritas! Bien habló el profeta Isaías acerca de ustedes, cuando dijo:

⁸ 'Este pueblo me honra con la boca,
    pero su corazón está lejos de mí.
⁹ De nada sirve que me rinda culto;
    sus enseñanzas son mandatos de
        hombres.'ᵉ

¹⁰ Luego Jesús llamó a la gente y dijo:

—Escuchen y entiendan: ¹¹ Lo que entra por la boca del hombre no es lo que le hace impuro. Al contrario, lo que hace impuro al hombre es lo que sale de su boca.

¹² Entonces los discípulos se acercaron a Jesús y le preguntaron:

—¿Sabes que los fariseos se ofendieron al oír lo que dijiste?

¹³ Él les contestó:

—Cualquier planta que mi Padre celestial no haya plantado, será arrancada de raíz. ¹⁴ Déjenlos, pues son ciegos que guían a otros ciegos. Y si un ciego guía a otro, los dos caerán en algún hoyo.ᶠ

¹⁵ Pedro entonces le dijo a Jesús:

—Explícanos lo que dijiste.

¹⁶ Jesús respondió:

—¿Tampoco lo comprenden ustedes? ¹⁷ ¿No entienden que todo lo que entra por la boca va al vientre, para después salir del cuerpo? ¹⁸ Pero lo que sale de la boca, viene del interior del hombre;ᵍ y eso es lo que le hace impuro. ¹⁹ Porque del interior del hombre salen los malos pensamientos, los asesinatos, el adulterio, la inmoralidad sexual, los robos, las mentiras y los insultos. ²⁰ Estas cosas son las que hacen impuro al hombre; pero el comer sin cumplir con la ceremonia de lavarse las manos, no lo hace impuro.

Una extranjera que creyó en Jesús
(Mr 7.24–30)

²¹ Jesús se dirigió de allí a la región de Tiro y Sidón. ²² Y una mujer cananea que vivía en aquella tierra, se le acercó, gritando:

—¡Señor, Hijo de David, ten compasión de mí! ¡Mi hija tiene un demonio!

ᶜ **15.4** Ex 20.12; Dt 5.16.   ᵈ **15.4** Ex 21.17; Lv 20.9.   ᵉ **15.8–9** Is 29.13   ᶠ **15.14** Lc 6.39.   ᵍ **15.13** Mt 12.34.

²³ Jesús no le contestó nada. Entonces sus discípulos se acercaron a él y le rogaron:

—Dile a esa mujer que se vaya, porque viene gritando detrás de nosotros.

²⁴ Jesús dijo:

—Dios me ha enviado solamente a las ovejas perdidas del pueblo de Israel.

²⁵ Pero la mujer fue a arrodillarse delante de él, diciendo:

—¡Señor, ayúdame!

²⁶ Jesús le contestó:

—No está bien quitarles el pan a los hijos y dárselo a los perros.

²⁷ Ella le dijo:

—Sí, Señor; pero hasta los perros comen las migajas que caen de la mesa de sus amos.

²⁸ Entonces le dijo Jesús:

—¡Mujer, qué grande es tu fe! Hágase como quieres.

Y desde ese mismo momento su hija quedó sana.

Jesús sana a muchos enfermos

²⁹ Jesús salió de allí y llegó a la orilla del lago de Galilea; luego subió a un cerro y se sentó. ³⁰ Mucha gente se reunió donde él estaba. Llevaban cojos, ciegos, mancos, mudos y otros muchos enfermos, que pusieron a los pies de Jesús, y él los sanó. ³¹ De modo que la gente estaba admirada al ver que los mudos hablaban, los mancos quedaban sanos, los cojos andaban y los ciegos podían ver. Y comenzaron a alabar al Dios de Israel.

Jesús da de comer a cuatro mil hombres
(Mr 8.1–10)

³² Jesús llamó a sus discípulos, y les dijo:

—Siento compasión de esta gente, porque ya hace tres días que están aquí conmigo y no tienen nada que comer. No quiero mandarlos sin comer a sus casas, porque pueden desmayarse por el camino.

³³ Sus discípulos le dijeron:

—Pero ¿cómo podremos encontrar comida para tanta gente, en un lugar como éste, donde no vive nadie?

³⁴ Jesús les preguntó:

—¿Cuántos panes tienen ustedes?

—Siete, y unos pocos pescaditos —contestaron ellos.

³⁵ Entonces mandó que la gente se sentara en el suelo, ³⁶ tomó en sus manos los siete panes y los pescados y, habiendo dado gracias a Dios, los partió y los dio a sus discípulos, y ellos los repartieron entre la gente. ³⁷ Todos comieron hasta quedar satisfechos, y aun llenaron siete canastas con los pedazos sobrantes. ³⁸ Los que comieron eran cuatro mil hombres, sin contar las mujeres y los niños. ³⁹ Después Jesús despidió a la gente, subió a la barca y se fue a la región de Magadán.¹⁸

Los fariseos y los saduceos piden una señal milagrosa
(Mr 8.11–13; Lc 12.54–56)

16 ¹ Los fariseos y los saduceos fueron a ver a Jesús y, para tenderle una trampa, le pidieron que hiciera alguna señal milagrosaʰ que probara que él venía de parte de Dios.

² Pero Jesús les contestó: "Por la tarde dicen ustedes: 'Va a hacer buen tiempo, porque el cielo está rojo'; ³ y por la mañana dicen: 'Hoy va a hacer mal tiempo, porque el cielo está rojo y nublado.' Pues si ustedes saben interpretar tan bien el aspecto del cielo, ¿cómo es que no saben interpretar las señales de estos tiempos? ⁴ Esta gente mala e infiel pide una señal milagrosa;ⁱ pero no va a dársele más señal que la de Jonás."

Y los dejó, y se fue.

La levadura de los fariseos
(Mr 8.14–21)

⁵ Cuando los discípulos pasaron al otro lado del lago, se olvidaron de llevar pan. ⁶ Entonces Jesús les dijo:

—Miren, cuídense de la levadura de los fariseosʲ y de los saduceos.

⁷ Los discípulos comentaban unos con otros:

—¡No trajimos pan!

⁸ Jesús se dio cuenta, y les dijo:

—¿Por qué dicen que no tienen pan? ¡Qué poca fe tienen ustedes! ⁹ ¿Todavía no entienden, ni se acuerdan de los cinco panes que repartí entre cinco mil hombres,ᵏ y cuántas canastas recogieron? ¹⁰ ¿Ni se acuerdan tampoco de los siete panes que repartí entre cuatro mil,ˡ y cuántas canastas recogieron? ¹¹ ¿Cómo no se dan cuenta ustedes de que yo no estaba hablando del pan? Cuídense de la levadura de los fariseos y de los saduceos.

¹² Entonces comprendieron que Jesús no les había dicho que se cuidaran de la levadura del pan, sino de la enseñanza de los fariseos y de los saduceos.

Pedro declara que Jesús es el Mesías
(Mr 8.27–30; Lc 9.18–21)

¹³ Cuando Jesús llegó a la región de Cesarea de Filipo, preguntó a sus discípulos:

---

¹⁸ Algunos mss. dicen: *Magdala.*

ʰ **16.1** Mt 12.38; Lc 11.16. ⁱ **16.4** Mt 12.39; Lc 11.29. ʲ **16.6** Lc 12.1. ᵏ **16.9** Mt 14.17–21. ˡ **16.10** Mt 15.34–38.

—¿Quién dice la gente que es el Hijo del hombre?

[14] Ellos contestaron:

—Algunos dicen que Juan el Bautista; otros dicen que Elías, y otros dicen que Jeremías o algún otro profeta.[m]

[15] —Y ustedes, ¿quién dicen que soy? —les preguntó.

[16] Simón Pedro le respondió:

—Tú eres el Mesías, el Hijo del Dios viviente.[n]

[17] Entonces Jesús le dijo:

—Dichoso tú, Simón, hijo de Jonás, porque ningún hombre te ha mostrado esto, sino mi Padre que está en el cielo. [18] Y yo te digo que tú eres Pedro, y sobre esta piedra voy a construir mi iglesia; y ni siquiera el poder de la muerte podrá vencerla. [19] Te daré las llaves del reino de los cielos; lo que tú ates en este mundo, también quedará atado en el cielo, y lo que tú desates en este mundo, también quedará desatado en el cielo.[ñ]

[20] Luego Jesús ordenó a sus discípulos que no dijeran a nadie que él era el Mesías.

Jesús anuncia su muerte
(Mr 8.31—9.1; Lc 9.22-27)

[21] A partir de entonces Jesús comenzó a explicar a sus discípulos que él tendría que ir a Jerusalén, y que los ancianos, los jefes de los sacerdotes y los maestros de la ley lo harían sufrir mucho. Les dijo que lo iban a matar, pero que al tercer día resucitaría. [22] Entonces Pedro lo llevó aparte y comenzó a reprenderlo, diciendo:

—¡Dios no lo quiera, Señor! ¡Esto no te puede pasar!

[23] Pero Jesús se volvió y le dijo a Pedro:

—¡Apártate de mí, Satanás, pues me pones en peligro de caer! Tú no ves las cosas como las ve Dios, sino como las ven los hombres.

[24] Luego Jesús dijo a sus discípulos:

—Si alguno quiere ser discípulo mío, olvídese de sí mismo, cargue con su cruz y sígame.[o] [25] Porque el que quiera salvar su vida, la perderá; pero el que pierda la vida por causa mía, la encontrará.[p] [26] ¿De qué le sirve al hombre ganar el mundo entero, si pierde la vida? ¿O cuánto podrá pagar el hombre por su vida? [27] Porque el Hijo del hombre va a venir con la gloria de su Padre y con sus ángeles,[q] y entonces recompensará a cada uno conforme a lo que haya hecho.[r] [28] Les aseguro que algunos de los que están aquí presentes no morirán hasta que vean al Hijo del hombre venir a reinar.

La transfiguración de Jesús
(Mr 9.2-13; Lc 9.28-36)

17 [1] Seis días después, Jesús tomó a Pedro, a Santiago y a Juan, el hermano de Santiago, y se fue aparte con ellos a un cerro muy alto. [2] Allí, delante de ellos, cambió la apariencia de Jesús. Su cara brillaba como el sol, y su ropa se volvió blanca como la luz. [3] En esto vieron a Moisés y a Elías conversando con Jesús. [4] Pedro le dijo a Jesús:

—Señor, ¡qué bien que estemos aquí! Si quieres, haré tres chozas: una para ti, otra para Moisés y otra para Elías.

[5] Mientras Pedro estaba hablando, una nube brillante los envolvió en su sombra, y de la nube salió una voz, que dijo: "Este es mi Hijo amado, a quien he elegido:[s] escúchenlo."[t, u]

[6] Al oír esto, los discípulos se postraron con la cara en tierra, llenos de miedo. [7] Jesús se acercó a ellos, los tocó y les dijo:

—Levántense; no tengan miedo.

[8] Y cuando miraron, ya no vieron a nadie, sino a Jesús solo.

[9] Mientras bajaban del cerro, Jesús les ordenó:

—No cuenten a nadie esta visión, hasta que el Hijo del hombre haya resucitado.

[10] Los discípulos preguntaron entonces a Jesús:

—¿Por qué dicen los maestros de la ley que Elías ha de venir primero?[v]

[11] Y Jesús contestó:

—Es cierto que Elías viene primero, y que él lo arreglará todo. [12] Pero yo les digo que Elías ya vino,[w] y que ellos no lo reconocieron, sino que hicieron con él todo lo que quisieron. Del mismo modo, el Hijo del hombre va a sufrir a manos de ellos.

[13] Entonces los discípulos se dieron cuenta de que Jesús les estaba hablando de Juan el Bautista.

Jesús sana a un muchacho que tenía un demonio
(Mr 9.14-29; Lc 9.37-43)

[14] Cuando llegaron a donde estaba la gente, se acercó un hombre a Jesús, y arrodillándose delante de él le dijo:

[15] —Señor, ten compasión de mi hijo, porque le dan ataques y sufre terriblemente; muchas veces cae en el fuego o en el agua. [16] Aquí se lo traje a tus discípulos, pero no han podido sanarlo.

[17] Jesús contestó:

—¡Oh gente sin fe y perversa! ¿Hasta cuándo tendré que estar con ustedes?

---

m 16.14 Mt 14.1-2; Mr 6.14-15; Lc 9.7-8. **n 16.16** Jn 6.68-69. **ñ 16.19** Mt 18.18; Jn 20.23. **o 16.24** Mt 10.38; Lc 14.27; Jn 12.24. **p 16.25** Mt 10.39; Lc 17.33; Jn 12.25. **q 16.27** Mt 25.31. **r 16.27** Sal 62.11-12; Pr 24.12; Jer 17.10; Ez 18.30; 33.20; Ro 2.6. **s 17.5** Gn 22.2; Sal 2.7; Is 42.1; Mt 3.17; 12.18; Mr 1.11; Lc 3.22. **t 17.5** Dt 18.15. **u 17.1-5** 2 P 1.17-18. **v 17.10** Mal 4.5. **w 17.12** Mt 11.14.

¿Hasta cuándo tendré que soportarlos? Traigan acá al muchacho.

[18] Entonces Jesús reprendió al demonio y lo hizo salir del muchacho, que quedó sano desde aquel momento.

[19] Después los discípulos hablaron aparte con Jesús, y le preguntaron:

—¿Por qué no pudimos nosotros expulsar el demonio?

[20] Jesús les dijo:

—Porque ustedes tienen muy poca fe. Les aseguro que si tuvieran fe, aunque sólo fuera del tamaño de una semilla de mostaza, le dirían a este cerro: 'Quítate de aquí y vete a otro lugar', y el cerro se quitaría.[x] Nada les sería imposible.[19]

Jesús anuncia por segunda vez su muerte
(Mr 9.30–32; Lc 9.43–45)

[22] Mientras andaban juntos por la región de Galilea, Jesús les dijo:

—El Hijo del hombre va a ser entregado en manos de los hombres, [23] y lo matarán; pero al tercer día resucitará.

Esta noticia los llenó de tristeza.

El pago del impuesto para el templo

[24] Cuando Jesús y sus discípulos llegaron a Capernaum, los que cobraban el impuesto para el templo[y] fueron a ver a Pedro, y le preguntaron:

—¿Tu maestro no paga el impuesto para el templo?

[25] —Sí, lo paga —contestó Pedro.

Luego, al entrar Pedro en la casa, Jesús le habló primero, diciendo:

—¿Tú qué opinas, Simón? ¿A quiénes cobran impuestos y contribuciones los reyes de este mundo: a sus propios súbditos o a los extranjeros?

[26] Pedro le contestó:

—A los extranjeros.

Jesús añadió:

—Así pues, los propios súbditos no tienen que pagar nada. [27] Pero, por no ofender a nadie, vete al lago, echa el anzuelo y saca el primer pez que pique. En su boca encontrarás una moneda, que será suficiente para pagar mi impuesto y el tuyo; llévala y págalos.

¿Quién es el más importante?
(Mr 9.33–37; Lc 9.46–48)

18 [1] En aquella misma ocasión los discípulos se acercaron a Jesús y le preguntaron:

—¿Quién es el más importante en el reino de Dios?[z]

[2] Jesús llamó entonces a un niño, lo puso en medio de ellos [3] y dijo:

—Les aseguro que si ustedes no cambian y se vuelven como niños, no entrarán en el reino de Dios.[a] [4] El más importante en el reino de Dios es el que se humilla y se vuelve como este niño. [5] Y el que recibe en mi nombre a un niño como éste, me recibe a mí.

El peligro de caer en pecado
(Mr 9.42–48; Lc 17.1–2)

[6] "A cualquiera que haga caer en pecado a uno de estos pequeños que creen en mí, más le valdría que lo hundieran en lo profundo del mar con una gran piedra de molino atada al cuello. [7] ¡Qué malo es para el mundo que haya tantas invitaciones al pecado! Siempre las habrá, pero ¡ay del hombre que haga pecar a los demás!

[8] "Por eso, si tu mano o tu pie te hacen caer en pecado, córtatelos y échalos lejos de ti; es mejor que entres en la vida manco o cojo, y no que con tus dos manos y tus dos pies seas arrojado al fuego eterno.[b] [9] Y si tu ojo te hace caer en pecado, sácatelo y échalo lejos de ti; es mejor que entres en la vida con un solo ojo, y no que con tus dos ojos seas arrojado al fuego del infierno.[c]

La parábola de la oveja perdida
(Lc 15.3–7)

[10] "No desprecien a ninguno de estos pequeños. Pues les digo que en el cielo los ángeles de ellos están siempre en la presencia de mi Padre celestial.[20, d] [12] "¿Qué les parece? Si un hombre tiene cien ovejas y se le extravía una de ellas, ¿acaso no dejará las otras noventa y nueve en el monte, para ir a buscar la oveja extraviada? [13] Y si logra encontrarla, de seguro se alegrará más por esa oveja que por las noventa y nueve que no se extraviaron. [14] Así también, el Padre de ustedes que está en el cielo no quiere que se pierda ninguno de estos pequeños.

Cómo se debe perdonar al hermano
(Lc 17.3)

[15] "Si tu hermano te hace algo malo, habla con él a solas y hazle reconocer su falta. Si te hace caso, ya has ganado a tu hermano.[e] [16] Si no te hace caso, llama a una o dos personas más, para que toda acusación se base en el testimonio de dos o tres testigos.[f] [17] Si tampoco les hace caso a ellos, díselo a la congregación; y si

---

[19] Algunos mss. añaden v. 21: Pero esta clase (de demonios) no sale sino con oración y ayuno. [20] Algunos mss. añaden v. 11: Porque el Hijo del hombre vino a salvar lo que se había perdido.
[x] 17.20 Mt 21.21; Mr 11.23; 1 Co 13.2. [y] 17.24 Ex 30.13; 38.26. [z] 18.1 Lc 22.24. [a] 18.3 Mr 10.15; Lc 18.17.
[b] 18.8 Mt 5.30. [c] 18.9 Mt 5.29. [d] 18.10 Ez 34.16; Lc 19.10. [e] 18.15 Lc 17.3. [f] 18.16 Dt 19.15.

tampoco hace caso a la congregación, entonces habrás de considerarlo como un pagano o como uno de esos que cobran impuestos para Roma.

[18] "Les aseguro que lo que ustedes aten en este mundo, también quedará atado en el cielo, y lo que ustedes desaten en este mundo, también quedará desatado en el cielo.[g]

[19] "Esto les digo: Si dos de ustedes se ponen de acuerdo aquí en la tierra para pedir algo en oración, mi Padre que está en el cielo se lo dará. [20] Porque donde dos o tres se reúnen en mi nombre, allí estoy yo en medio de ellos.

[21] Entonces Pedro fue y preguntó a Jesús:

—Señor, ¿cuántas veces deberé perdonar a mi hermano, si me hace algo malo? ¿Hasta siete?

[22] Jesús le contestó:

—No te digo hasta siete veces, sino hasta setenta veces siete.[h]

La parábola del funcionario que no quiso perdonar

[23] "Por esto, el reino de Dios es como un rey que quiso hacer cuentas con sus funcionarios. [24] Estaba comenzando a hacerlas cuando le presentaron a uno que le debía muchos millones. [25] Como aquel funcionario no tenía con qué pagar, el rey ordenó que lo vendieran como esclavo, junto con su esposa, sus hijos y todo lo que tenía, para que quedara pagada la deuda. [26] El funcionario se arrodilló delante del rey, y le rogó: 'Señor, tenga paciencia conmigo y se lo pagaré todo.' [27] Y el rey tuvo compasión de él; así que le perdonó la deuda y lo puso en libertad.

[28] "Pero al salir, aquel funcionario se encontró con un compañero suyo que le debía una pequeña cantidad. Lo agarró del cuello y comenzó a ahogarlo, diciéndole: '¡Págame lo que me debes!' [29] El compañero, arrodillándose delante de él, le rogó: 'Ten paciencia conmigo y te lo pagaré todo.' [30] Pero el otro no quiso, sino que lo hizo meter en la cárcel hasta que le pagara la deuda. [31] Esto dolió mucho a los otros funcionarios, que fueron a contarle al rey todo lo sucedido. [32] Entonces el rey lo mandó llamar, y le dijo: '¡Malvado! Yo te perdoné toda aquella deuda porque me lo rogaste. [33] Pues tú también debiste tener compasión de tu compañero, del mismo modo que yo tuve compasión de ti.' [34] Y tanto se enojó el rey, que ordenó castigarlo hasta que pagara todo lo que debía."

[35] Jesús añadió:

—Así hará también con ustedes mi Padre celestial, si cada uno de ustedes no perdona de corazón a su hermano.

Jesús enseña sobre el divorcio
(Mr 10.1–12; Lc 16.18)

19 [1] Después de decir estas cosas, Jesús se fue de Galilea y llegó a la región de Judea que está al oriente del Jordán. [2] Mucha gente le siguió, y allí sanó a los enfermos.

[3] Algunos fariseos se acercaron a Jesús y, para tenderle una trampa, le preguntaron:

—¿Le está permitido a uno divorciarse de su esposa por un motivo cualquiera?

[4] Jesús les contestó:

—¿No han leído ustedes en la Escritura que el que los creó en el principio, 'hombre y mujer los creó'?[i] [5] Y dijo: 'Por eso, el hombre dejará a su padre y a su madre para unirse a su esposa, y los dos serán como una sola persona.'[j] [6] Así que ya no son dos, sino uno solo. De modo que el hombre no debe separar lo que Dios ha unido.

[7] Ellos le preguntaron:

—¿Por qué, pues, mandó Moisés darle a la esposa un certificado de divorcio, y despedirla así?[k]

[8] Jesús les dijo:

—Precisamente por lo tercos que son ustedes, Moisés les permitió divorciarse de su esposa; pero al principio no fue de esa manera. [9] Yo les digo que el que se divorcia de su esposa, a no ser por motivo de inmoralidad sexual, y se casa con otra, comete adulterio.[2l,l]

[10] Le dijeron sus discípulos:

—Si éste es el caso del hombre en relación con su esposa, no conviene casarse.

[11] Jesús les contestó:

—No todos pueden comprender esto, sino únicamente aquellos a quienes Dios les ha dado que lo comprendan. [12] Hay diferentes razones que impiden a los hombres casarse: unos ya nacen incapacitados para el matrimonio, a otros los incapacitan los hombres, y otros viven como incapacitados por causa del reino de Dios. El que pueda aceptar esto, que lo acepte.

Jesús bendice a los niños
(Mr 10.13–16; Lc 18.15–17)

[13] Llevaron unos niños a Jesús, para que pusiera sobre ellos las manos y orara por ellos; pero los discípulos comenzaron a reprender a quienes los llevaban. [14] Entonces Jesús dijo:

[2l] Algunos mss. añaden: y el que se casa con la divorciada, comete adulterio. g 18.18 Mt 16.19; Jn 20.23. h 18.21-22 Lc 17.3-4. i 19.4 Gn 1.27; 5.2. j 19.5 Gn 2.24. k 19.7 Dt 24.1-4; Mt 5.31. l 19.9 Mt 5.32; 1 Co 7.10-11.

—Dejen que los niños vengan a mí, y no
se lo impidan, porque el reino de Dios es
de quienes son como ellos.
15 Puso las manos sobre los niños, y se
fue de aquel lugar.

Un joven rico habla con Jesús
(Mr 10.17–31; Lc 18.18–30)

16 Un joven fue a ver a Jesús, y le preguntó:
—Maestro,[22] ¿qué cosa buena debo hacer para tener vida eterna?
17 Jesús le contestó:
—¿Por qué me preguntas acerca de lo
que es bueno? Bueno solamente hay
uno.[23] Pero si quieres entrar en la vida,
obedece los mandamientos.
18 —¿Cuáles? —preguntó el joven.
Y Jesús le dijo:
—'No mates,[m] no cometas adulterio,[n]
no robes,[ñ] no digas mentiras en perjuicio
de nadie,[o] 19 honra a tu padre y a tu
madre,[p] y ama a tu prójimo como a ti
mismo.'[q]
20 —Todo eso ya lo he cumplido —dijo
el joven—. ¿Qué más me falta?
21 Jesús le contestó:
—Si quieres ser perfecto, anda, vende lo
que tienes y dáselo a los pobres. Así tendrás riqueza en el cielo. Luego ven y sígueme.
22 Cuando el joven oyó esto, se fue
triste, porque era muy rico.
23 Jesús dijo entonces a sus discípulos:
—Les aseguro que difícilmente entrará
un rico en el reino de Dios.[r] 24 Les repito
que es más fácil para un camello pasar por
el ojo de una aguja, que para un rico entrar en el reino de Dios.
25 Al oírlo, sus discípulos se asombraron
más aún, y decían:
—Entonces, ¿quién podrá salvarse?
26 Jesús los miró y les contestó:
—Para los hombres esto es imposible,
pero no para Dios.
27 Pedro le dijo entonces:
—Nosotros hemos dejado todo lo que
teníamos y te hemos seguido. ¿Qué vamos
a recibir?
28 Jesús les respondió:
—Les aseguro que cuando llegue el
tiempo en que todo sea renovado, cuando
el Hijo del hombre se siente en su trono
glorioso,[s] ustedes que me han seguido se
sentarán también en doce tronos para juzgar a las doce tribus de Israel.[t] 29 Y todos
los que por causa mía hayan dejado casa,
o hermanos, o hermanas, o padre, o
madre, o hijos, o terrenos, recibirán cien
veces más, y también recibirán la vida
eterna. 30 Pero muchos que ahora son los
primeros, serán los últimos; y muchos que
ahora son los últimos, serán los primeros.[u]

La parábola de los trabajadores

20 1 "El reino de Dios es como el dueño
de una finca que salió muy de mañana a contratar trabajadores para su viñedo. 2 Se arregló con ellos para pagarles
el jornal de un día, y los mandó a trabajar
a su viñedo. 3 Volvió a salir como a las
nueve de la mañana, y vio a otros que estaban en la plaza desocupados. 4 Les dijo:
'Vayan también ustedes a trabajar a mi
viñedo, y les daré lo que sea justo.' Y ellos
fueron. 5 El dueño salió de nuevo a eso del
mediodía, y otra vez a las tres de la tarde,
e hizo lo mismo. 6 Alrededor de las cinco
de la tarde volvió a la plaza, y encontró en
ella a otros que estaban desocupados; les
preguntó: '¿Por qué están ustedes aquí
todo el día sin trabajar?' 7 Le contestaron:
'Porque nadie nos ha contratado.' Entonces les dijo: 'Vayan también ustedes a trabajar a mi viñedo.'
8 "Cuando llegó la noche, el dueño dijo
al encargado del trabajo: 'Llama a los trabajadores, y págales[v] comenzando por los
últimos que entraron y terminando por los
que entraron primero.' 9 Se presentaron,
pues, los que habían entrado a trabajar
alrededor de las cinco de la tarde, y cada
uno recibió el jornal completo de un día.
10 Después, cuando les tocó el turno a los
que habían entrado primero, pensaron que
iban a recibir más; pero cada uno de ellos
recibió también el jornal de un día. 11 Al
cobrarlo, comenzaron a murmurar contra
el dueño, 12 diciendo: 'Estos, que llegaron
al final, trabajaron solamente una hora, y
usted les ha pagado igual que a nosotros,
que hemos aguantado el trabajo y el calor
de todo el día.' 13 Pero el dueño contestó a
uno de ellos: 'Amigo, no te estoy haciendo
ninguna injusticia. ¿Acaso no te arre-
glaste conmigo por el jornal de un día?
14 Pues toma tu paga y vete. Si yo quiero
darle a éste que entró a trabajar al final lo
mismo que te doy a ti, 15 es porque tengo
el derecho de hacer lo que quiera con mi
dinero. ¿O es que te da envidia que yo sea
bondadoso?'
16 "De modo que los que ahora son los
últimos, serán los primeros; y los que
ahora son los primeros, serán los últimos.[w]

[22] Algunos mss. añaden: *bueno.* [23] *¿Por qué . . . bueno? Bueno . . . hay uno:* Algunos mss. dicen: *¿Por qué me llamas "bueno"? Nadie es bueno, sino Dios.*
[m] **19.18** Ex 20.13; Dt 5.17. [n] **19.18** Ex 20.14; Dt 5.18. [ñ] **19.18** Ex 20.15; Dt 5.19. [o] **19.18** Ex 20.16; Dt 5.20.
[p] **19.19** Ex 20.12; Dt 5.16. [q] **19.19** Lv 19.18. [r] **19.23-24** Pr 11.28. [s] **19.28** Mt 25.31. [t] **19.28** Lc 22.30. [u] **19.30** Mt 20.16; Lc 13.30. [v] **20.8** Lv 19.13; Dt 24.15. [w] **20.16** Mt 19.30; Mr 10.31; Lc 13.30.

Jesús anuncia por tercera vez su muerte
(Mr 10.32–34; Lc 18.31–34)

¹⁷ Jesús, yendo ya de camino a Jerusalén, llamó aparte a sus doce discípulos y les dijo:
¹⁸ —Como ustedes ven, ahora vamos a Jerusalén, donde el Hijo del hombre va a ser entregado a los jefes de los sacerdotes y a los maestros de la ley, que lo condenarán a muerte ¹⁹ y lo entregarán a los extranjeros para que se burlen de él, lo golpeen y lo crucifiquen; pero al tercer día resucitará.

Lo que pidió la madre de Santiago y Juan
(Mr 10.35–45)

²⁰ La madre de los hijos de Zebedeo, junto con sus hijos, se acercó a Jesús y se arrodilló delante de él para pedirle un favor. ²¹ Jesús le preguntó:
—¿Qué quieres?
Ella le dijo:
—Manda que en tu reino uno de mis hijos se siente a tu derecha y el otro a tu izquierda.
²² Jesús contestó:
—Ustedes no saben lo que piden. ¿Acaso pueden beber el trago amargo que voy a beber yo?
Ellos dijeron:
—Podemos.
²³ Jesús les respondió:
—Ustedes beberán este trago amargo, pero el sentarse a mi derecha o a mi izquierda no me corresponde a mí darlo, sino que se les dará a aquellos para quienes mi Padre lo ha preparado.
²⁴ Cuando los otros diez discípulos oyeron esto, se enojaron con los dos hermanos. ²⁵ Pero Jesús los llamó, y les dijo:
—Como ustedes saben, entre los paganos los jefes gobiernan con tiranía a sus súbditos, y los grandes hacen sentir su autoridad sobre ellos. ²⁶ Pero entre ustedes no debe ser así.ˣ Al contrario, el que entre ustedes quiera ser grande, deberá servir a los demás; ²⁷ y el que entre ustedes quiera ser el primero, deberá ser su esclavo.ʸ ²⁸ Porque, del mismo modo, el Hijo del hombre no vino para que le sirvan, sino para servirᶻ y para dar su vida como precio por la libertad de muchos.

Jesús sana a dos ciegos
(Mr 10.46–52; Lc 18.35–43)

²⁹ Al salir ellos de Jericó, mucha gente siguió a Jesús. ³⁰ Dos ciegos que estaban sentados junto al camino, al oír que Jesús pasaba, gritaron:
—¡Señor, Hijo de David, ten compasión de nosotros!
³¹ La gente los reprendía para que se callaran, pero ellos gritaban más todavía:
—¡Señor, Hijo de David, ten compasión de nosotros!
³² Entonces Jesús se detuvo, llamó a los ciegos y les preguntó:
—¿Qué quieren que haga por ustedes?
³³ Ellos le contestaron:
—Señor, que recobremos la vista.
³⁴ Jesús tuvo compasión de ellos, y les tocó los ojos. En el mismo momento los ciegos recobraron la vista, y siguieron a Jesús.

Jesús entra en Jerusalén
(Mr 11.1–11; Lc 19.28–40; Jn 12.12–19)

21 ¹ Cuando ya estaban cerca de Jerusalén y habían llegado a Betfagé, al monte de los Olivos, Jesús envió a dos de sus discípulos, ² diciéndoles:
—Vayan a la aldea que está enfrente. Allí encontrarán una burra atada, y un burrito con ella. Desátenla y tráiganmelos. ³ Y si alguien les dice algo, díganle que el Señor los necesita y que en seguida los devolverá.
⁴ Esto sucedió para que se cumpliera lo que dijo el profeta, cuando escribió:
⁵ "Digan a la ciudad de Sión:
'Mira, tu Rey viene a ti,
humilde, montado en un burro,
en un burrito, cría de una bestia de carga.' "ᵃ
⁶ Los discípulos fueron e hicieron lo que Jesús les había mandado. ⁷ Llevaron la burra y su cría, les pusieron ropas encima y Jesús montó. ⁸ Había mucha gente. Unos tendían sus propias ropas por el camino, y otros tendían ramas que cortaban de los árboles. ⁹ Y tanto los que iban delante como los que iban detrás, gritaban:
—¡Gloria²⁴ al Hijo del rey David! ¡Bendito el que viene en el nombre del Señor!ᵇ ¡Gloria en las alturas!
¹⁰ Cuando Jesús entró en Jerusalén, toda la ciudad se alborotó, y muchos preguntaban:
—¿Quién es éste?
¹¹ Y la gente contestaba:
—Es el profeta Jesús, el de Nazaret de Galilea.

Jesús purifica el templo
(Mr 11.15–19; Lc 19.45–48; Jn 2.13–22)

¹² Jesús entró en el templo y echó de allí a todos los que estaban vendiendo y com-

---

²⁴ *Gloria:* lit. *hosana,* palabra hebrea que originalmente significaba *¡salva!*
ˣ **20.25–26** Lc 22.25–26.   ʸ **20.26–27** Mt 23.11; Mr 9.35; Lc 22.26.   ᶻ **20.28** Lc 22.27; Jn 13 12–15   ᵃ **21.5** Zac 9.9.
ᵇ **21.9** Sal 118.25–26.

prando. Volcó las mesas de los que cambiaban dinero a la gente, y los puestos de los que vendían palomas; [13] y les dijo:

—En las Escrituras se dice: 'Mi casa será declarada casa de oración',[c] pero ustedes han hecho de ella una cueva de ladrones.[d]

[14] Se acercaron a Jesús en el templo los ciegos y los cojos, y él los sanó. [15] Pero cuando los jefes de los sacerdotes y los maestros de la ley vieron los milagros que hacía, y oyeron que los niños gritaban en el templo: "¡Gloria al Hijo del rey David!", se enojaron [16] y dijeron a Jesús:

—¿Oyes lo que ésos están diciendo?

Jesús les contestó:

—Sí, lo oigo. Pero ¿no han leído ustedes la Escritura que habla de esto? Dice:

'Con los cantos de los pequeños,
de los niñitos de pecho,
has dispuesto tu alabanza.'[e]

[17] Entonces los dejó, y se fue de la ciudad a Betania, donde pasó la noche.

Jesús maldice la higuera sin fruto
(Mr 11.12–14, 20–26)

[18] Por la mañana, cuando volvía a la ciudad, Jesús sintió hambre. [19] Vio una higuera junto al camino y se acercó a ella, pero no encontró más que hojas. Entonces le dijo a la higuera:

—¡Nunca más vuelvas a dar fruto!

Y al instante la higuera se secó. [20] Al ver lo ocurrido, los discípulos se maravillaron y preguntaron a Jesús:

—¿Cómo es que la higuera se secó al instante?

[21] Jesús les contestó:

—Les aseguro que si tienen fe y no dudan, no solamente podrán hacer esto que le hice a la higuera, sino que le dirán a este cerro: 'Quítate de ahí y arrójate al mar', y así sucederá.[f] [22] Y todo lo que ustedes, al orar, pidan con fe, lo recibirán.

La autoridad de Jesús
(Mr 11.27–33; Lc 20.1–8)

[23] Después de esto, Jesús entró en el templo. Mientras estaba allí, enseñando, se le acercaron los jefes de los sacerdotes y los ancianos de los judíos, y le preguntaron:

—¿Con qué autoridad haces esto? ¿Quién te dio esta autoridad?

[24-25] Jesús les contestó:

—Yo también les voy a hacer una pregunta: ¿Quién envió a Juan a bautizar, Dios o los hombres? Si ustedes me responden, yo les diré con qué autoridad hago esto.

Comenzaron a discutir unos con otros: "Si respondemos que Dios lo envió, nos dirá: 'Entonces, ¿por qué no le creyeron?' [26] Y no podemos decir que fueron los hombres, porque tenemos miedo de la gente, ya que todos creen que Juan hablaba de parte de Dios." [27] Así que respondieron a Jesús:

—No lo sabemos.

Entonces él les contestó:

—Pues yo tampoco les digo con qué autoridad hago esto.

La parábola de los dos hijos

[28] Jesús les preguntó:

—¿Qué opinan ustedes de esto? Un hombre tenía dos hijos, y le dijo a uno de ellos: 'Hijo, ve hoy a trabajar a mi viñedo.' [29] El hijo le contestó: '¡No quiero ir!' Pero después cambió de parecer, y fue. [30] Luego el padre se dirigió al otro, y le dijo lo mismo. Este contestó: 'Sí, señor, yo iré.' Pero no fue. [31] ¿Cuál de los dos hizo lo que su padre quería?

—El primero —contestaron ellos.

Y Jesús les dijo:

—Les aseguro que los que cobran impuestos para Roma, y las prostitutas, entrarán antes que ustedes en el reino de Dios. [32] Porque Juan el Bautista vino a enseñarles cómo deben vivir, y ustedes no le creyeron; en cambio, esos cobradores de impuestos y esas prostitutas sí le creyeron.[g] Pero ustedes, aunque vieron todo esto, no cambiaron de actitud para creerle.

La parábola de los labradores malvados
(Mr 12.1–12; Lc 20.9–19)

[33] "Escuchen otra parábola: El dueño de una finca plantó un viñedo[h] y le puso un cerco; preparó un lugar donde hacer el vino y levantó una torre para vigilarlo todo. Luego alquiló el terreno a unos labradores y se fue de viaje. [34] Cuando llegó el tiempo de la cosecha, mandó unos criados a pedir a los labradores la parte que le correspondía. [35] Pero los labradores echaron mano a los criados: golpearon a unos, mataron a otros y apedrearon a otros. [36] El dueño volvió a mandar más criados que al principio; pero los labradores los trataron a todos de la misma manera.

[37] "Por fin mandó a su propio hijo, pensando: 'Sin duda, respetarán a mi hijo.' [38] Pero cuando vieron al hijo, los labradores se dijeron unos a otros: 'Este es el que ha de recibir la herencia; matémoslo y nos quedaremos con su propiedad.' [39] Así que

c 21.13 Is 56.7. d 21.13 Jer 7.11. e 21.16 Sal 8.2. f 21.21 Mt 17.20; 1 Co 13.2. g 21.32 Lc 3.12; 7.29–30.
h 21.33 Is 5.1–2.

lo agarraron, lo sacaron del viñedo y lo mataron.

40 "Y ahora, cuando venga el dueño del viñedo, ¿qué creen ustedes que hará con esos labradores?

41 Le contestaron:

—Matará sin compasión a esos malvados, y alquilará el viñedo a otros labradores que le entreguen a su debido tiempo la parte de la cosecha que le corresponde.

42 Jesús entonces les dijo:

—¿Nunca han leído ustedes las Escrituras? Dicen:

'La piedra que los constructores despreciaron
se ha convertido en la piedra principal.
Esto lo hizo el Señor,
y estamos maravillados.'*i*

43 Por eso les digo que a ustedes se les quitará el reino de Dios, y que se le dará a un pueblo que entregue al reino la debida cosecha. [**44** En cuanto a la piedra, cualquiera que caiga sobre ella quedará hecho pedazos; y si la piedra cae sobre alguien, lo hará polvo.]*25*

45 Los jefes de los sacerdotes y los fariseos, al oír las parábolas que Jesús contaba, se dieron cuenta de que hablaba de ellos. **46** Quisieron entonces arrestarlo, pero tenían miedo, porque la gente creía que Jesús era un profeta.

La parábola de la fiesta de bodas
(Lc 14.15–24)

22 **1** Jesús comenzó a hablarles otra vez por medio de parábolas. Les dijo:

2 "El reino de Dios es como un rey que hizo una fiesta para la boda de su hijo. **3** Mandó a sus criados que fueran a llamar a los invitados, pero éstos no quisieron asistir. **4** Volvió a mandar otros criados, encargándoles: 'Digan a los invitados que ya tengo preparada la comida. Mandé matar mis reses y animales engordados, y todo está listo; que vengan a la boda.' **5** Pero los invitados no hicieron caso. Uno de ellos se fue a sus terrenos, otro se fue a sus negocios, **6** y los otros agarraron a los criados del rey y los maltrataron hasta matarlos. **7** Entonces el rey se enojó mucho, y ordenó a sus soldados que mataran a aquellos asesinos y quemaran su pueblo. **8** Luego dijo a sus criados: 'Todo está listo para la boda, pero aquellos invitados no merecían venir. **9** Vayan, pues, ustedes a las calles principales, e inviten a la boda a todos los que encuentren.' **10** Los criados salieron a las calles y reunieron a todos los que encontraron, malos y buenos; y así la sala se llenó de gente.

11 "Cuando el rey entró a ver a los invitados, se fijó en un hombre que no iba vestido con traje de boda. **12** Le dijo: 'Amigo, ¿cómo has entrado aquí, si no traes traje de boda?' Pero el otro se quedó callado. **13** Entonces el rey dijo a los que atendían las mesas: 'Átenlo de pies y manos y échenlo a la oscuridad de afuera, donde llorará y le rechinarán los dientes.'*j* **14** Porque muchos son llamados, pero pocos escogidos."

El asunto de los impuestos
(Mr 12.13–17; Lc 20.20–26)

15 Después de esto, los fariseos fueron y se pusieron de acuerdo para hacerle decir a Jesús algo que les diera motivo para acusarlo. **16** Así que mandaron a algunos de sus partidarios, junto con otros del partido de Herodes, a decirle:

—Maestro, sabemos que tú dices la verdad, y que enseñas de veras a vivir como Dios exige, sin dejarte llevar por lo que diga la gente, porque no juzgas a los hombres por su apariencia. **17** Danos, pues, tu opinión: ¿Está bien que paguemos impuestos al emperador romano, o no?

18 Jesús, dándose cuenta de la mala intención que llevaban, les dijo:

—Hipócritas, ¿por qué me tienden trampas? **19** Enséñenme la moneda con que se paga el impuesto.

Le trajeron un denario, **20** y Jesús les preguntó:

—¿De quién es esta cara y el nombre que aquí está escrito?

21 Le contestaron:

—Del emperador.

Jesús les dijo entonces:

—Pues den al emperador lo que es del emperador, y a Dios lo que es de Dios.

22 Cuando oyeron esto, se quedaron admirados; y dejándolo, se fueron.

La pregunta sobre la resurrección
(Mr 12.18–27; Lc 20.27–40)

23 Aquel mismo día, algunos saduceos fueron a ver a Jesús. Los saduceos dicen que no hay resurrección de los muertos;*k* por eso le presentaron este caso:

24 —Maestro, Moisés dijo que si alguien muere sin dejar hijos, su hermano deberá tomar por esposa a la viuda, para darle hijos al hermano que murió.*l* **25** Pues bien, aquí, entre nosotros, había una vez siete hermanos. El primero se casó, y murió. Como no tuvo hijos, dejó su viuda al segundo hermano. **26** Lo mismo le pasó al segundo, y después al tercero, y así hasta el séptimo hermano. **27** Después de todos murió también la mujer. **28** Pues bien, en la

25 El texto entre corchetes falta en algunos mss.
i **21.42** Sal 118.22–23. *j* **22.13** Mt 8.12; 25.30; Lc 13.28. *k* **22.23** Hch 23.8. *l* **22.24** Dt 25.5.

resurrección, ¿de cuál de los siete hermanos será esposa esta mujer, si todos estuvieron casados con ella?

²⁹ Jesús les contestó:

—Ustedes están equivocados, porque no conocen las Escrituras ni el poder de Dios. ³⁰ Cuando los muertos resuciten, los hombres y las mujeres no se casarán, pues serán como los ángeles que están en el cielo. ³¹ Y en cuanto a que los muertos resucitan, ¿no han leído ustedes que Dios mismo dijo: ³² 'Yo soy el Dios de Abraham, de Isaac y de Jacob'?ᵐ ¡Y Dios no es Dios de muertos, sino de vivos!

³³ Al oír esto, la gente se quedó admirada de las enseñanzas de Jesús.

El mandamiento más importante
(Mr 12.28-34)

³⁴ Los fariseos se reunieron al saber que Jesús había hecho callar a los saduceos, ³⁵ y uno, que era maestro de la ley, para tenderle una trampa, le preguntó:

³⁶ —Maestro, ¿cuál es el mandamiento más importante de la ley?

³⁷ Jesús le dijo:

—'Ama al Señor tu Dios con todo tu corazón, con toda tu alma y con toda tu mente.'ⁿ ³⁸ Este es el más importante y el primero de los mandamientos. ³⁹ Y el segundo es parecido a éste; dice: 'Ama a tu prójimo como a ti mismo.'ñ ⁴⁰ Estos dos mandamientos son la base de toda la ley y de las enseñanzas de los profetas.º

¿De quién desciende el Mesías?
(Mr 12.35-37; Lc 20.41-44)

⁴¹ Mientras los fariseos todavía estaban reunidos, ⁴² Jesús les preguntó:

—¿Qué piensan ustedes del Mesías? ¿De quién desciende?

Le contestaron:

—Desciende de David.

⁴³ Entonces les dijo Jesús:

—¿Pues cómo es que David, inspirado por el Espíritu, lo llama Señor? Porque David dijo:

⁴⁴ 'El Señor dijo a mi Señor:
Siéntate a mi derecha,
hasta que yo ponga a tus enemigos
debajo de tus pies.'ᵖ
⁴⁵ ¿Cómo puede el Mesías descender de David, si David mismo lo llama Señor?

⁴⁶ Nadie pudo responderle ni una sola palabra, y desde ese día ninguno se atrevió a hacerle más preguntas.

Jesús acusa a los fariseos y a los maestros de la ley
(Mr 12.38-40; Lc 11.37-54; 20.45-47)

23 ¹ Después de esto, Jesús dijo a la gente y a sus discípulos: ² "Los maestros de la ley y los fariseos tienen la función de interpretar la ley de Moisés. ³ Por lo tanto, obedézcanlos ustedes y hagan todo lo que les digan; pero no sigan su ejemplo, porque ellos dicen una cosa y hacen otra. ⁴ Atan cargas tan pesadas que es imposible soportarlas, y las echan sobre los hombros de los demás, mientras que ellos mismos no quieren tocarlas ni siquiera con un dedo. ⁵ Todo lo hacen para que la gente los vea.�q Les gusta llevar en la frente y en los brazos porciones de las Escrituras escritas en anchas tiras,ʳ y ponerse ropas con grandes borlas.ˢ ⁶ Quieren tener los mejores lugares en las comidas y los asientos de honor en las sinagogas, ⁷ y desean que la gente los salude con todo respeto en la calle y que les llame maestros.

⁸ "Pero ustedes no deben pretender que la gente les llame maestros, porque todos ustedes son hermanos y tienen solamente un Maestro. ⁹ Y no llamen ustedes padre a nadie en la tierra, porque tienen solamente un Padre: el que está en el cielo. ¹⁰ Ni deben pretender que los llamen jefes, porque Cristo es su único Jefe. ¹¹ El más grande entre ustedes debe servir a los demás.ᵗ ¹² Porque el que a sí mismo se engrandece, será humillado; y el que se humilla, será engrandecido.ᵘ

¹³ "¡Ay de ustedes, maestros de la ley y fariseos, hipócritas!, que cierran la puerta del reino de Dios para que otros no entren. Y ni ustedes mismos entran, ni dejan entrar a los que quieren hacerlo.²⁶

¹⁵ "¡Ay de ustedes, maestros de la ley y fariseos, hipócritas!, que recorren tierra y mar para ganar un adepto, y cuando lo han logrado, hacen de él una persona dos veces más merecedora del infierno que ustedes mismos.

¹⁶ "¡Ay de ustedes, guías ciegos!, que dicen: 'Quien hace una promesa jurando por el templo, no se compromete a nada; pero si jura por el oro del templo, entonces sí queda comprometido.' ¹⁷ ¡Tontos y ciegos! ¿Qué es más importante: el oro, o el templo por cuya causa el oro queda consagrado? ¹⁸ También dicen ustedes: 'Quien hace una promesa jurando por el altar, no se compromete a nada; pero si jura por la ofrenda que está sobre el altar,

²⁶ Algunos mss. añaden v. 14: ¡Ay de ustedes, maestros de la ley y fariseos, hipócritas!, porque les quitan sus casas a las viudas, y para disimularlo hacen largas oraciones. Por esto ustedes recibirán mayor castigo.
ᵐ **22.32** Ex 3.6. ⁿ **22.37** Dt 6.5. ñ **22.39** Lv 19.18. º **22.35-40** Lc 10.25-28. ᵖ **22.44** Sal 110.1. q **23.5** Mt 6.1.
ʳ **23.5** Dt 6.8. ˢ **23.5** Nm 15.38. ᵗ **23.11** Mt 20.26-27; Mr 9.35; 10.43-44; Lc 22.26. ᵘ **23.12** Pr 29.23; Lc 14.11; 18.14.

entonces sí queda comprometido.' ¹⁹ ¡Ciegos! ¿Qué es más importante: la ofrenda, o el altar por cuya causa la ofrenda queda consagrada? ²⁰ El que jura por el altar, no está jurando solamente por el altar, sino también por todo lo que hay encima; ²¹ y el que jura por el templo, no está jurando solamente por el templo, sino también por Dios, que vive allí. ²² Y el que jura por el cielo, está jurando por el trono de Dios,ᵛ y a la vez por Dios, que se sienta en él.

²³ "¡Ay de ustedes, maestros de la ley y fariseos, hipócritas!, que separan para Dios la décima parte de la menta, del anís y del comino,ʷ pero no hacen caso de las enseñanzas más importantes de la ley, que son la justicia, la misericordia y la fidelidad. Esto es lo que deben hacer, sin dejar de hacer lo otro. ²⁴ ¡Ustedes, guías ciegos, cuelan el mosquito, pero se tragan el camello!

²⁵ "¡Ay de ustedes, maestros de la ley y fariseos, hipócritas!, que limpian por fuera el vaso y el plato, pero por dentro están llenos de lo que han conseguido por medio del robo y la avaricia. ²⁶ ¡Fariseo ciego: primero limpia por dentro el vaso, y así quedará limpio también por fuera!

²⁷ "¡Ay de ustedes, maestros de la ley y fariseos, hipócritas!, que son como sepulcros blanqueados,ˣ bonitos por fuera, pero llenos por dentro de huesos de muertos y de toda clase de impureza. ²⁸ Así son ustedes: por fuera parecen buenos ante la gente, pero por dentro están llenos de hipocresía y de maldad.

²⁹ "¡Ay de ustedes, maestros de la ley y fariseos, hipócritas!, que construyen los sepulcros de los profetas y adornan los monumentos de quienes fueron personas buenas, ³⁰ y luego dicen: 'Si nosotros hubiéramos vivido en tiempos de nuestros antepasados, no los habríamos ayudado a matar a los profetas.' ³¹ Ya con esto, ustedes mismos reconocen que son descendientes de los que mataron a los profetas. ³² ¡Terminen de hacer, pues, lo que sus antepasados comenzaron!

³³ "¡Serpientes! ¡Raza de víboras!ʸ ¿Cómo van a escapar del castigo del infierno? ³⁴ Por esto yo les voy a enviar profetas, sabios y maestros. Pero ustedes matarán y crucificarán a algunos de ellos, y a otros los golpearán en las sinagogas y los perseguirán de pueblo en pueblo. ³⁵ Así que sobre ustedes caerá el castigo por la muerte de todas las personas buenas que han sido asesinadas desde Abelᶻ el justo hasta Zacaríasᵃ hijo de Berequías, a quien ustedes mataron entre el santuario y el altar. ³⁶ Les aseguro que el castigo por todo esto caerá sobre la gente de hoy.

Jesús llora por Jerusalén
(Lc 13.34-35)

³⁷ "¡Jerusalén, Jerusalén, que matas a los profetasᵇ y apedreas a los mensajeros que Dios te envía! ¡Cuántas veces quise juntar a tus hijos, como la gallina junta sus pollitos bajo las alas, pero no quisiste! ³⁸ Pues miren, el hogar de ustedes va a quedar abandonado; ³⁹ y les digo que, a partir de este momento, no volverán a verme hasta que digan: '¡Bendito el que viene en el nombre del Señor!' "ᶜ

Jesús anuncia que el templo será destruido
(Mr 13.¹-2; Lc 21.5-6)

24 ¹ Jesús salió del templo, y ya se iba, cuando sus discípulos se acercaron y comenzaron a atraer su atención a los edificios del templo. ² Jesús les dijo:

—¿Ven ustedes todo esto? Pues les aseguro que aquí no va a quedar ni una piedra sobre otra. Todo será destruido.

Señales antes del fin
(Mr 13.3-23; Lc 21.7-24; 17.22-24)

³ Luego se fueron al monte de los Olivos. Jesús se sentó y los discípulos se le acercaron para preguntarle aparte:

—Queremos que nos digas cuándo va a ocurrir esto. ¿Cuál será la señal de tu regreso y del fin del mundo?

⁴ Jesús les contestó:

—Tengan cuidado de que nadie los engañe. ⁵ Porque vendrán muchos haciéndose pasar por mí. Dirán: 'Yo soy el Mesías', y engañarán a mucha gente. ⁶ Ustedes tendrán noticias de que hay guerras aquí y allá; pero no se asusten, pues así tiene que ocurrir; sin embargo, aún no será el fin. ⁷ Porque una nación peleará contra otra y un país hará guerra contra otro; y habrá hambres y terremotos en muchos lugares. ⁸ Pero todo eso apenas será el comienzo de los dolores.

⁹ "Entonces los entregarán a ustedes para que los maltraten; y los matarán, y todo el mundo los odiará por causa mía.ᵈ ¹⁰ En aquel tiempo muchos perderán su fe, y se odiarán y se traicionarán unos a otros. ¹¹ Aparecerán muchos falsos profetas, y engañarán a mucha gente. ¹² Habrá tanta maldad, que la mayoría dejará de tener amor hacia los demás. ¹³ Pero el que siga firme hasta el fin, será salvo.ᵉ ¹⁴ Y esta buena noticia del reino será anunciada en todo el mundo, para que todas las naciones la conozcan; entonces vendrá el fin.

ᵛ **23.22** Is 66.1; Mt 5.34.   ʷ **23.23** Lv 27.30.   ˣ **23.27** Hch 23.3.   ʸ **23.33** Mt 3.7; 12.34; Lc 3.7.   ᶻ **23.35** Gn 4.8.
ᵃ **23.35** 2 Cr 24.20-21.   ᵇ **23.37** 1 R 19.10; Jer 2.30.   ᶜ **23.39** Sal 118.25.   ᵈ **24.9** Mt 10.22.   ᵉ **24.13** Mt 10.22.

15 “El profeta Daniel escribió acerca del
horrible sacrilegio.[f] Cuando ustedes lo
vean en el lugar santo —el que lee, entienda—, 16 entonces los que estén en Judea, que huyan a las montañas; 17 y el que
esté en la azotea de su casa, que no baje a
sacar nada; 18 y el que esté en el campo,
que no regrese ni aun a recoger su ropa.[g]
19 ¡Pobres mujeres aquellas que en tales
días estén embarazadas o tengan niños de
pecho! 20 Pidan ustedes a Dios que no hayan de huir en el invierno ni en día de reposo;[27] 21 porque habrá entonces un sufrimiento tan grande como nunca lo ha
habido desde el comienzo del mundo[h] ni
lo habrá después. 22 Y si Dios no acortara
ese tiempo, no se salvaría nadie; pero lo
acortará por amor a los que ha escogido.
23 “Si entonces alguien les dice a ustedes: ‘Miren, aquí está el Mesías’, o ‘Miren,
allí está’, no lo crean. 24 Porque vendrán
falsos mesías y falsos profetas; y harán
grandes señales y milagros, para engañar,
a ser posible, hasta a los que Dios mismo
ha escogido. 25 Ya se lo he advertido a
ustedes de antemano. 26 Por eso, si les dicen: ‘Miren, allí está, en el desierto’, no
vayan; o si les dicen: ‘Miren, aquí está escondido, no lo crean. 27 Porque como un
relámpago que se ve brillar de oriente a
occidente, así será cuando regrese el Hijo
del hombre.[i] 28 Donde esté el cadáver, allí
se juntarán los buitres.[j]

El regreso del Hijo del hombre

(Mr 13.24–37; Lc 21.25–33; 17.26–30, 34–36)

29 “Tan pronto como pasen aquellos días
de sufrimiento, el sol se oscurecerá,[k] la
luna dejará de dar su luz,[l] las estrellas
caerán del cielo[m] y las fuerzas celestiales
temblarán.[n] 30 Entonces se verá en el
cielo la señal del Hijo del hombre, y llenos
de terror todos los pueblos del mundo llorarán, y verán al Hijo del hombre que
viene en las nubes del cielo[ñ] con gran poder y gloria. 31 Y él mandará a sus ángeles,
para que con un fuerte toque de trompeta
reúnan a sus escogidos de los cuatro puntos cardinales, desde un extremo del cielo
hasta el otro.
32 “Aprendan esta enseñanza de la higuera: Cuando sus ramas se ponen tiernas, y brotan sus hojas, se dan cuenta
ustedes de que ya el verano está cerca.
33 De la misma manera, cuando vean todo
esto, sepan que el Hijo del hombre ya está
a la puerta. 34 Les aseguro que todo esto
sucederá antes que muera la gente de este
tiempo. 35 El cielo y la tierra dejarán de
existir, pero mis palabras no dejarán de
cumplirse.
36 “En cuanto al día y la hora, nadie lo
sabe, ni aun los ángeles del cielo, ni el
Hijo. Solamente lo sabe el Padre.
37 “Como sucedió en tiempos de Noé,[o]
así sucederá también cuando regrese el
Hijo del hombre. 38 En aquellos tiempos
antes del diluvio, y hasta el día en que
Noé entró en la barca, la gente comía y
bebía y se casaba. 39 Pero cuando menos lo
esperaban, vino el diluvio y se los llevó a
todos.[p] Así sucederá también cuando regrese el Hijo del hombre. 40 En aquel momento estarán dos hombres en el campo:
uno será llevado y el otro será dejado.
41 Dos mujeres estarán moliendo: una será
llevada y la otra será dejada.
42 “Manténganse ustedes despiertos,
porque no saben a qué hora va a venir su
Señor. 43 Pero sepan esto, que si el dueño
de una casa supiera a qué hora de la
noche va a llegar el ladrón, se mantendría
despierto y no dejaría que nadie se me-
tiera en su casa a robar. 44 Por eso, ustedes
también estén preparados; porque el Hijo
del hombre vendrá cuando menos lo esperen.[q]

El criado fiel y el criado infiel

(Lc 12.41–48)

45 “¿Quién es el criado fiel y atento, a
quien su amo deja encargado de los de su
casa, para darles de comer a su debido
tiempo? 46 Dichoso el criado a quien su
amo, cuando llega, lo encuentra cumpliendo con su deber. 47 Les aseguro que el
amo lo pondrá como encargado de todos
sus bienes. 48 Pero si ese criado es un malvado, y pensando que su amo va a tardar
49 comienza a maltratar a los otros criados,
y se junta con borrachos a comer y beber,
50 el día que menos lo espere y a una hora
que no sabe, llegará su amo 51 y lo castigará,[28] condenándolo a correr la misma
suerte que los hipócritas. Entonces llorará
y le rechinarán los dientes.

La parábola de las diez muchachas

25 1 “El reino de Dios será entonces
como diez muchachas que, en una
boda, tomaron sus lámparas[r] de aceite y
salieron a recibir al novio. 2 Cinco de ellas
eran despreocupadas y cinco previsoras.
3 Las despreocupadas llevaron sus lámparas, pero no llevaron aceite para llenarlas
de nuevo; 4 en cambio, las previsoras llevaron sus botellas de aceite, además de

[27] *Día de reposo:* aquí equivale a *sábado.* [28] *Lo castigará:* lit. *lo cortará en dos.*

[f] **24.15** Dn 9.27; 11.31; 12.11. [g] **24.17–18** Lc 17.31. [h] **24.21** Dn 12.1; Ap 7.14. [i] **24.26–27** Lc 17.23–24. [j] **24.28** Lc 17.37. [k] **24.29** Is 13.10; Jl 2.10,31; 3.15; Ap 6.12. [l] **24.29** Is 13.10; Ez 32.7; Jl 2.10; 3.15. [m] **24.29** Is 34.4; Ap 6.13. [n] **24.29** Jl 2.10. [ñ] **24.30** Dn 7.13; Ap 1.7. [o] **24.37** Gn 6.5–8. [p] **24.39** Gn 7.6–24. [q] **24.43–44** Lc 12.39–40. [r] **25.1** Lc 12.35.

sus lámparas. [5] Como el novio tardaba en llegar, les dio sueño a todas, y por fin se durmieron. [6] Cerca de la medianoche, se oyó gritar: '¡Ya viene el novio! ¡Salgan a recibirlo!' [7] Todas las muchachas se levantaron y comenzaron a preparar sus lámparas. [8] Entonces las cinco despreocupadas dijeron a las cinco previsoras: 'Dennos un poco de su aceite, porque nuestras lámparas se están apagando.' [9] Pero las muchachas previsoras contestaron: 'No, porque así no alcanzará ni para nosotras ni para ustedes. Más vale que vayan a donde lo venden, y compren para ustedes mismas.' [10] Pero mientras aquellas cinco muchachas fueron a comprar aceite, llegó el novio, y las que habían sido previsoras entraron con él en la boda, y se cerró la puerta. [11] Después llegaron las otras muchachas, diciendo: '¡Señor, señor, ábrenos!' [12] Pero él les contestó: 'Les aseguro que no las conozco.'[s]

[13] "Manténganse ustedes despiertos —añadió Jesús—, porque no saben ni el día ni la hora.

La parábola del dinero
(Lc 19.11-27)

[14] "El reino de Dios es como un hombre que, estando a punto de irse a otro país, llamó a sus empleados y les encargó que le cuidaran su dinero. [15] A uno de ellos le entregó cinco mil monedas, a otro dos mil y a otro mil: a cada uno según su capacidad. Entonces se fue de viaje. [16] El empleado que recibió las cinco mil monedas, hizo negocio con el dinero y ganó otras cinco mil monedas. [17] Del mismo modo, el que recibió dos mil, ganó otras dos mil. [18] Pero el que recibió mil, fue y escondió el dinero de su jefe en un hoyo que hizo en la tierra.

[19] "Mucho tiempo después volvió el jefe de aquellos empleados, y se puso a hacer cuentas con ellos. [20] Primero llegó el que había recibido las cinco mil monedas, y entregó a su jefe otras cinco mil, diciéndole: 'Señor, usted me dio cinco mil, y aquí tiene otras cinco mil que gané.' [21] El jefe le dijo: 'Muy bien, eres un empleado bueno y fiel; ya que fuiste fiel en lo poco, te pondré a cargo de mucho más. Entra y alégrate conmigo.' [22] Después llegó el empleado que había recibido las dos mil monedas, y dijo: 'Señor, usted me dio dos mil, y aquí tiene otras dos mil que gané.' [23] El jefe le dijo: 'Muy bien, eres un empleado bueno y fiel; ya que fuiste fiel en lo poco, te pondré a cargo de mucho más. Entra y alégrate conmigo.'

[24] "Pero cuando llegó el empleado que había recibido las mil monedas, le dijo a su jefe: 'Señor, yo sabía que usted es un hombre duro, que cosecha donde no sembró y recoge donde no esparció. [25] Por eso tuve miedo, y fui y escondí su dinero en la tierra. Pero aquí tiene lo que es suyo.' [26] El jefe le contestó: 'Tú eres un empleado malo y perezoso, pues si sabías que yo cosecho donde no sembré y que recojo donde no esparc, [27] deberías haber llevado mi dinero al banco, y yo, al volver, habría recibido mi dinero más los intereses.' [28] Y dijo a los que estaban allí: 'Quítenle las mil monedas, y dénselas al que tiene diez mil. [29] Porque al que tiene, se le dará más, y tendrá de sobra; pero al que no tiene, hasta lo poco que tiene se le quitará.[t] [30] Y a este empleado inútil, échenlo fuera, a la oscuridad, donde llorará y le rechinarán los dientes.'[u, v]

El juicio de las naciones

[31] "Cuando el Hijo del hombre venga, rodeado de esplendor y de todos sus ángeles,[w] se sentará en su trono glorioso.[x] [32] La gente de todas las naciones se reunirá delante de él, y él separará unos de otros, como el pastor separa las ovejas de las cabras. [33] Pondrá las ovejas a su derecha y las cabras a su izquierda. [34] Y dirá el Rey a los que estén a su derecha: 'Vengan ustedes, los que han sido bendecidos por mi Padre; reciban el reino que está preparado para ustedes desde que Dios hizo el mundo. [35] Pues tuve hambre, y ustedes me dieron de comer;[y] tuve sed, y me dieron de beber; anduve como forastero, y me dieron alojamiento. [36] Me faltó ropa, y ustedes me la dieron; estuve enfermo, y me visitaron; estuve en la cárcel, y vinieron a verme.'[z] [37] Entonces los justos preguntarán: 'Señor, ¿cuándo te vimos con hambre, y te dimos de comer? ¿O cuándo te vimos con sed, y te dimos de beber? [38] ¿O cuándo te vimos como forastero, y te dimos alojamiento, o falto de ropa, y te la dimos? [39] ¿O cuándo te vimos enfermo o en la cárcel, y fuimos a verte?' [40] El Rey les contestará: 'Les aseguro que todo lo que hicieron por uno de estos hermanos míos más humildes, por mí mismo lo hicieron.'

[41] "Luego el Rey dirá a los que estén a su izquierda: 'Apártense de mí, ustedes que están bajo maldición; váyanse al fuego eterno preparado para el diablo y sus ángeles. [42] Pues tuve hambre, y ustedes no me dieron de comer; tuve sed, y no me dieron de beber; [43] anduve como foras-

[s] 25.11-12 Lc 13.25. [t] 25.29 Mt 13.12; Mr 4.25; Lc 8.18. [u] 25.30 Mt 8.12; 22.13; Lc 13.28. [v] 25.14-30 Lc 19.11-27.
[w] 25.31 Mt 16.27. [x] 25.31 Mt 19.28. [y] 25.35-40 Ez 18.7. [z] 25.36 He 13.3.

tero, y no me dieron alojamiento. Me faltó ropa, y ustedes no me la dieron; estuve enfermo, y en la cárcel, y no vinieron a visitarme.' ⁴⁴ Entonces ellos le preguntarán: 'Señor, ¿cuándo te vimos con hambre o con sed, o como forastero, o falto de ropa, o enfermo, o en la cárcel, y no te ayudamos?' ⁴⁵ El Rey les contestará: 'Les aseguro que todo lo que no hicieron por una de estas personas más humildes, tampoco por mí lo hicieron.'ᵃ ⁴⁶ Ésos irán al castigo eterno, y los justos a la vida eterna."ᵇ

Conspiración para arrestar a Jesús
(Mr 14.1–2; Lc 22.1–2; Jn 11.45–53)

26 ¹ Después de haber dicho todo esto, Jesús dijo a sus discípulos:
² —Como ustedes saben, dentro de dos días es la fiesta de la Pascua,ᶜ y el Hijo del hombre será entregado para que lo crucifiquen.
³ Por aquel tiempo, los jefes de los sacerdotes y los ancianos de los judíos se reunieron en el palacio de Caifás, el sumo sacerdote, ⁴ e hicieron planes para arrestar a Jesús mediante algún engaño, y matarlo. ⁵ Pero decían:
—No durante la fiesta, para que no se alborote la gente.

Una mujer derrama perfume sobre Jesús
(Mr 14.3–9; Jn 12.1–8)

⁶ Jesús estaba en Betania, en casa de Simón, el que llamaban el leproso; ⁷ en esto se le acercó una mujer que llevaba un frasco de alabastro lleno de un perfume muy caro. Mientras Jesús estaba a la mesa, ella le derramó el perfume sobre la cabeza.ᵈ ⁸ Los discípulos, al verlo, se enojaron y comenzaron a decir:
—¿Por qué se desperdicia esto? ⁹ Pudo haberse vendido por mucho dinero, para ayudar a los pobres.
¹⁰ Jesús lo oyó, y les dijo:
—¿Por qué molestan a esta mujer? Esto que me ha hecho es bueno. ¹¹ Pues a los pobres los tendrán siempre entre ustedes,ᵉ pero a mí no siempre me van a tener. ¹² Lo que ha hecho esta mujer, al derramar el perfume sobre mi cuerpo, es prepararme para mi entierro. ¹³ Les aseguro que en cualquier lugar del mundo donde se predique este mensaje de salvación, se hablará también de lo que hizo esta mujer, y así será recordada.

Judas traiciona a Jesús
(Mr 14.10–11; Lc 22.3–6)

¹⁴ Uno de los doce discípulos, el que se llamaba Judas Iscariote, fue a ver a los jefes de los sacerdotes ¹⁵ y les dijo:
—¿Cuánto me quieren dar, y yo les entrego a Jesús?
Ellos señalaron el precio: treinta monedas de plata. ¹⁶ Y desde entonces Judas anduvo buscando el momento más oportuno para entregarles a Jesús.

La Cena del Señor
(Mr 14.12–25; Lc 22.7–23; Jn 13.21–30; 1 Co 11.23–26)

¹⁷ El primer día de la fiesta en que se comía el pan sin levadura, los discípulos se acercaron a Jesús y le preguntaron:
—¿Dónde quieres que te preparemos la cena de Pascua?
¹⁸ El les contestó:
—Vayan a la ciudad, a casa de Fulano, y díganle: 'El Maestro dice: Mi hora está cerca, y voy a tu casa a celebrar la Pascua con mis discípulos.'
¹⁹ Los discípulos hicieron como Jesús se lo había mandado, y prepararon la cena de Pascua.
²⁰ Cuando llegó la noche, Jesús estaba a la mesa con los doce discípulos; ²¹ y mientras comían, les dijo:
—Les aseguro que uno de ustedes me va a traicionar.
²² Ellos se pusieron muy tristes, y comenzaron a preguntarle uno tras otro:
—Señor, ¿acaso seré yo?
²³ Jesús les contestó:
—Uno que moja el pan en el mismo plato que yo, va a traicionarme.ᶠ ²⁴ El Hijo del hombre ha de recorrer el camino que dicen las Escrituras; pero ¡ay de aquel que le traiciona! Hubiera sido mejor para él no haber nacido.
²⁵ Entonces Judas, el que le estaba traicionando, le preguntó:
—Maestro, ¿acaso seré yo?
—Tú lo has dicho —contestó Jesús.
²⁶ Mientras comían, Jesús tomó en sus manos el pan y, habiendo dado gracias a Dios, lo partió y se lo dio a los discípulos, diciendo:
—Coman, esto es mi cuerpo.
²⁷ Luego tomó en sus manos una copa y, habiendo dado gracias a Dios, se la pasó a ellos, diciendo:
—Beban todos ustedes de esta copa, ²⁸ porque esto es mi sangre,ᵍ con la que se confirma el pacto,²⁹,ʰ la cual es derramada en favor de muchos para perdón de sus pecados. ²⁹ Pero les digo que no volveré a

²⁹ El pacto: algunos mss. dicen el nuevo pacto.
ᵃ **25.45** 1 Co 8.12. ᵇ **25.46** Dn 12.2. ᶜ **26.2** Ex 12.1–27; Dt 16.1–8. ᵈ **26.7** Lc 7.37–38. ᵉ **26.11** Dt 15.11.
ᶠ **26.23** Sal 41.9. ᵍ **26.28** Ex 24.8; Zac 9.11. ʰ **26.28** Jer 31.31–34.

beber de este producto de la vid, hasta el día en que beba con ustedes el vino nuevo en el reino de mi Padre.

Jesús anuncia que Pedro lo negará
(Mr 14.26–31; Lc 22.31–34; Jn 13.36–38)

30 Después de cantar los salmos, se fueron al monte de los Olivos. 31 Y Jesús les dijo:

—Todos ustedes van a perder su confianza en mí esta noche. Así lo dicen las Escrituras: 'Mataré al pastor, y las ovejas se dispersarán.'i 32 Pero cuando yo resucite, iré a Galilea antes que ustedes.j

33 Pedro le contestó:

—Aunque todos pierdan su confianza en ti, yo no la perderé.

34 Jesús le dijo:

—Te aseguro que esta misma noche, antes que cante el gallo, me negarás tres veces.

35 Pedro afirmó:

—Aunque tenga que morir contigo, no te negaré.

Y todos los discípulos decían lo mismo.

Jesús ora en Getsemaní
(Mr 14.32–42; Lc 22.39–46)

36 Luego fue Jesús con sus discípulos a un lugar llamado Getsemaní, y les dijo:

—Siéntense aquí, mientras yo voy allí a orar.

37 Y se llevó a Pedro y a los dos hijos de Zebedeo, y comenzó a sentirse muy triste y angustiado. 38 Les dijo:

—Siento en mi alma una tristeza de muerte. Quédense ustedes aquí, y permanezcan despiertos conmigo.

39 En seguida Jesús se fue un poco más adelante, se inclinó hasta tocar el suelo con la frente, y oró diciendo: "Padre mío, si es posible, líbrame de este trago amargo; pero que no se haga lo que yo quiero, sino lo que quieres tú."

40 Luego volvió a donde estaban los discípulos, y los encontró dormidos. Le dijo a Pedro:

—¿Ni siquiera una hora pudieron ustedes mantenerse despiertos conmigo? 41 Manténganse despiertos y oren, para que no caigan en tentación. Ustedes tienen buena voluntad, pero su cuerpo es débil.

42 Por segunda vez se fue, y oró así: "Padre mío, si no es posible evitar que yo sufra esta prueba, hágase tu voluntad."

43 Cuando volvió, encontró otra vez dormidos a los discípulos, porque sus ojos se les cerraban de sueño. 44 Los dejó y se fue a orar por tercera vez, repitiendo las mis-

mas palabras. 45 Entonces regresó a donde estaban los discípulos, y les dijo:

—¿Siguen ustedes durmiendo y descansando? Ha llegado la hora en que el Hijo del hombre va a ser entregado en manos de los pecadores. 46 Levántense, vámonos; ya se acerca el que me traiciona.

Arrestan a Jesús
(Mr 14.43–50; Lc 22.47–53; Jn 18.2–11)

47 Todavía estaba hablando Jesús, cuando Judas, uno de los doce discípulos, llegó acompañado de mucha gente armada con espadas y con palos. Iban de parte de los jefes de los sacerdotes y de los ancianos de los judíos. 48 Judas, el traidor, les había dado una contraseña, diciéndoles: "Al que yo bese, ése es; arréstenlo." 49 Así que, acercándose a Jesús, dijo:

—¡Buenas noches, Maestro!

Y lo besó. 50 Jesús le contestó:

—Amigo, lo que has venido a hacer, hazlo.

Entonces los otros se acercaron, echaron mano a Jesús y lo arrestaron. 51 En eso, uno de los que estaban con Jesús sacó su espada y le cortó una oreja al criado del sumo sacerdote. 52 Jesús le dijo:

—Guarda tu espada en su lugar. Porque todos los que pelean con la espada, también a espada morirán. 53 ¿No sabes que yo podría rogarle a mi Padre, y él me mandaría ahora mismo más de doce ejércitos de ángeles? 54 Pero en ese caso, ¿cómo se cumplirían las Escrituras, que dicen que debe suceder así?

55 En seguida Jesús preguntó a la gente:

—¿Por qué han venido ustedes con espadas y con palos a arrestarme, como si yo fuera un bandido? Todos los días he estado enseñando en el templo,k y nunca me arrestaron. 56 Pero todo esto sucede para que se cumpla lo que dijeron los profetas en las Escrituras.

En aquel momento, todos los discípulos dejaron solo a Jesús y huyeron.

Jesús ante la Junta Suprema
(Mr 14.53–65; Lc 22.54–55, 63–71; Jn 18.12–14, 19–24)

57 Los que habían arrestado a Jesús lo llevaron a la casa de Caifás, el sumo sacerdote, donde los maestros de la ley y los ancianos estaban reunidos. 58 Pedro lo siguió de lejos hasta el patio de la casa del sumo sacerdote. Entró, y se quedó sentado con los guardianes del templo, para ver en qué terminaría todo aquello.

59 Los jefes de los sacerdotes y toda la Junta Suprema buscaban alguna prueba falsa para condenar a muerte a Jesús,

i **26.31** Zac 13.7.   j **26.32** Mt 28.16.   k **26.55** Lc 19.47; 21.37.

⁶⁰ pero no la encontraron, a pesar de que muchas personas se presentaron y lo acusaron falsamente. Por fin se presentaron dos más, ⁶¹ que afirmaron:

—Este hombre dijo: 'Yo puedo destruir el templo de Dios y volver a levantarlo en tres días.'ᶦ

⁶² Entonces el sumo sacerdote se levantó y preguntó a Jesús:

—¿No contestas nada? ¿Qué es esto que están diciendo contra ti?

⁶³ Pero Jesús se quedó callado. El sumo sacerdote le dijo:

—En el nombre del Dios viviente te ordeno que digas la verdad. Dinos si tú eres el Mesías, el Hijo de Dios.

⁶⁴ Jesús le contestó:

—Tú lo has dicho. Y yo les digo también que ustedes van a ver al Hijo del hombre sentado a la derecha del Todopoderoso, y venir en las nubes del cielo.ᵐ

⁶⁵ Entonces el sumo sacerdote se rasgó las ropas en señal de indignación, y dijo:

—¡Las palabras de este hombre son una ofensa contra Dios! ¿Qué necesidad tenemos de más testigos? Ustedes han oído sus palabras ofensivas; ⁶⁶ ¿qué les parece?

Ellos contestaron:

—Es culpable, y debe morir.ⁿ

⁶⁷ Entonces le escupieron en la cara y lo golpearon. Otros le pegaron en la cara,ⁿ ⁶⁸ diciéndole:

—Tú que eres el Mesías, ¡adivina quién te pegó!

Pedro niega conocer a Jesús
(Mr 14.66-72; Lc 22.56-62; Jn 18.15-18, 25-27)

⁶⁹ Pedro, entre tanto, estaba sentado afuera, en el patio. En esto, una sirvienta se le acercó y le dijo:

—Tú también andabas con Jesús, el de Galilea.

⁷⁰ Pero Pedro lo negó delante de todos, diciendo:

—No sé de qué estás hablando.

⁷¹ Luego se fue a la puerta, donde otra lo vio y dijo a los demás:

—Ése andaba con Jesús, el de Nazaret.

⁷² De nuevo Pedro lo negó, jurando:

—¡No conozco a ese hombre!

⁷³ Poco después, los que estaban allí se acercaron a Pedro y le dijeron:

—Seguro que tú también eres uno de ellos. Hasta en tu manera de hablar se te nota.

⁷⁴ Entonces él comenzó a jurar y perjurar, diciendo:

—¡No conozco a ese hombre!

En aquel mismo momento cantó un gallo, ⁷⁵ y Pedro se acordó de que Jesús le había dicho: 'Antes que cante el gallo, me negarás tres veces.' Y salió Pedro de allí, y lloró amargamente.

Jesús es entregado a Pilato
(Mr 15.1; Lc 23.1-2; Jn 18.28-32)

27 ¹ Cuando amaneció, todos los jefes de los sacerdotes y los ancianos de los judíos se pusieron de acuerdo en un plan para matar a Jesús. ² Lo llevaron atado y se lo entregaron a Pilato, el gobernador romano.

La muerte de Judas

³ Judas, el que había traicionado a Jesús, al ver que lo habían condenado, tuvo remordimientos y devolvió las treinta monedas de plata a los jefes de los sacerdotes y a los ancianos,ᵒ ⁴ diciéndoles:

—He pecado entregando a la muerte a un hombre inocente.

Pero ellos le contestaron:

—¿Y eso qué nos importa a nosotros? ¡Eso es cosa tuya!

⁵ Entonces Judas arrojó las monedas en el templo, y fue y se ahorcó.

⁶ Los jefes de los sacerdotes recogieron aquel dinero, y dijeron:

—Este dinero está manchado de sangre; no podemos ponerlo en el cofre de las ofrendas.

⁷ Así que tomaron el acuerdo de comprar con él un terreno llamado el Campo del Alfarero, para tener un lugar donde enterrar a los extranjeros. ⁸ Por eso, aquel terreno se llama hasta el día de hoy Campo de Sangre. ⁹ Así se cumplió lo que había dicho el profeta Jeremías: "Tomaron las treinta monedas de plata, el precio que los israelitas le habían puesto, ¹⁰ y con ellas compraron el campo del alfarero, tal como me lo ordenó el Señor."ᵖ

Jesús ante Pilato
(Mr 15.2-5; Lc 23.3-5; Jn 18.33-38)

¹¹ Jesús fue llevado ante el gobernador, que le preguntó:

—¿Eres tú el Rey de los judíos?

—Tú lo has dicho —contestó Jesús.

¹² Mientras los jefes de los sacerdotes y los ancianos lo acusaban, Jesús no respondía nada. ¹³ Por eso Pilato le preguntó:

—¿No oyes todo lo que están diciendo contra ti?

¹⁴ Pero Jesús no le contestó ni una sola palabra; de manera que el gobernador se quedó muy extrañado.

ᶦ **26.61** Jn 2.19.   ᵐ **26.64** Dn 7.13.   ⁿ **26.65-66** Lv 24.16.   ⁿ **26.67** Is 50.6.   ᵒ **27.3-8** Hch 1.18-19.   ᵖ **27.9-10** Zac 11.12-13.

Jesús es sentenciado a muerte
(Mr 15.6–20; Lc 23.13–25; Jn 18.38—19.16)

¹⁵ Durante la fiesta, el gobernador acostumbraba dejar libre un preso, el que la gente escogiera. ¹⁶ Había entonces un preso famoso llamado Jesús Barrabás;³⁰ ¹⁷ y estando ellos reunidos, Pilato les preguntó:

—¿A quién quieren ustedes que les ponga en libertad: a Jesús Barrabás,³⁰ o a Jesús, el que llaman el Mesías? ¹⁸ Porque se había dado cuenta de que lo habían entregado por envidia.

¹⁹ Mientras Pilato estaba sentado en el tribunal, su esposa mandó a decirle: "No te metas con ese hombre justo, porque anoche tuve un sueño horrible por causa suya."

²⁰ Pero los jefes de los sacerdotes y los ancianos convencieron a la multitud de que pidiera la libertad de Barrabás y la muerte de Jesús. ²¹ El gobernador les preguntó otra vez:

—¿A cuál de los dos quieren ustedes que les ponga en libertad?

Ellos dijeron:

—¡A Barrabás!

²² Pilato les preguntó:

—¿Y qué voy a hacer con Jesús, el que llaman el Mesías?

Todos contestaron:

—¡Crucifícalo!

²³ Pilato les dijo:

—Pues ¿qué mal ha hecho?

Pero ellos volvieron a gritar:

—¡Crucifícalo!

²⁴ Cuando Pilato vio que no conseguía nada, sino que el alboroto era cada vez mayor, mandó traer agua y se lavó las manos⁹ delante de todos, diciendo:

—Yo no soy responsable de la muerte de este hombre; es cosa de ustedes.

²⁵ Toda la gente contestó:

—¡Nosotros y nuestros hijos nos hacemos responsables de su muerte!

²⁶ Entonces Pilato dejó libre a Barrabás; luego mandó azotar a Jesús y lo entregó para que lo crucificaran.

²⁷ Los soldados del gobernador llevaron a Jesús al palacio y reunieron toda la tropa alrededor de él. ²⁸ Le quitaron su ropa, lo vistieron con una capa roja ²⁹ y le pusieron en la cabeza una corona tejida de espinas y una vara en la mano derecha. Luego se arrodillaron delante de él, y burlándose le decían:

—¡Viva el Rey de los judíos!

³⁰ También le escupían, y con la misma vara le golpeaban la cabeza. ³¹ Después de burlarse así de él, le quitaron la capa roja, le pusieron su propia ropa y se lo llevaron para crucificarlo.

Jesús es crucificado
(Mr 15.21–32; Lc 23.26–43; Jn 19.17–27)

³² Al salir de allí, encontraron a un hombre llamado Simón, natural de Cirene, a quien obligaron a cargar con la cruz de Jesús. ³³ Cuando llegaron a un sitio llamado Gólgota, (es decir, "Lugar de la Calavera"), ³⁴ le dieron a beber vino mezclado con hiel; pero Jesús, después de probarlo, no lo quiso beber.

³⁵ Cuando ya lo habían crucificado, los soldados echaron suertes para repartirse entre sí la ropa de Jesús.ʳ ³⁶ Luego se sentaron allí para vigilarlo. ³⁷ Y por encima de su cabeza pusieron un letrero, donde estaba escrita la causa de su condena. El letrero decía: "Este es Jesús, el Rey de los judíos."

³⁸ También fueron crucificados con él dos bandidos, uno a su derecha y otro a su izquierda. ³⁹ Los que pasaban lo insultaban, meneando la cabezaˢ ⁴⁰ y diciendo:

—¡Tú, que derribas el templo y en tres días lo vuelves a levantar,ᵗ sálvate a ti mismo! ¡Si eres Hijo de Dios, bájate de la cruz!

⁴¹ De la misma manera se burlaban de él los jefes de los sacerdotes y los maestros de la ley, junto con los ancianos. Decían:

⁴² —Salvó a otros, pero a sí mismo no puede salvarse. Es el Rey de Israel: ¡pues que baje de la cruz, y creeremos en él! ⁴³ Ha puesto su confianza en Dios: ¡pues que Dios lo salve ahora, si de veras le quiere!ᵘ ¿No nos ha dicho que es Hijo de Dios?

⁴⁴ Y hasta los bandidos que estaban crucificados con él, lo insultaban.

Muerte de Jesús
(Mr 15.33–41; Lc 23.44–49; Jn 19.28–30)

⁴⁵ Desde el mediodía y hasta las tres de la tarde, toda la tierra quedó en oscuridad. ⁴⁶ A esa misma hora, Jesús gritó con fuerza: "Elí, Elí, ¿lema sabactani?" (es decir: "Dios mío, Dios mío, ¿por qué me has abandonado?")ᵛ ⁴⁷ Algunos de los que estaban allí, lo oyeron y dijeron:

—Este está llamando al profeta Elías.

⁴⁸ Al momento, uno de ellos fue corriendo en busca de una esponja, la empapó en vino agrio, la ató a una caña y se la acercó para que bebiera.ʷ ⁴⁹ Pero los otros dijeron:

³⁰ Jesús Barrabás: algunos mss. sólo dicen Barrabás.
q 27.24 Dt 21.6–9. r 27.35 Sal 22.18. s 27.39 Sal 22.7; 109.25. t 27.40 Mt 26.61; Jn 2.19. u 27.43 Sal 22.8.
v 27.46 Sal 22.1. w 27.48 Sal 69.21.

—Déjalo, a ver si Elías viene a salvarlo. ⁵⁰ Jesús dio otra vez un fuerte grito, y murió. ⁵¹ En aquel momento el velo^x del templo se rasgó en dos, de arriba abajo. La tierra tembló, las rocas se partieron ⁵² y los sepulcros se abrieron; y hasta muchos hombres de Dios, que habían muerto, volvieron a la vida. ⁵³ Entonces salieron de sus tumbas, después de la resurrección de Jesús, y entraron en la santa ciudad de Jerusalén, donde mucha gente los vio.

⁵⁴ Cuando el capitán y los que estaban con él vigilando a Jesús vieron el terremoto y todo lo que estaba pasando, se llenaron de miedo y dijeron:

—¡De veras este hombre era Hijo de Dios!

⁵⁵ Estaban allí, mirando de lejos, muchas mujeres que habían seguido a Jesús desde Galilea y que lo habían ayudado. ⁵⁶ Entre ellas se encontraban María Magdalena, María la madre de Santiago y de José, y la madre de los hijos de Zebedeo.^y

Jesús es sepultado
(Mr 15.42–47; Lc 23.50–56; Jn 19.38–42)

⁵⁷ Cuando ya anochecía, llegó un hombre rico llamado José, natural de Arimatea, que también se había hecho seguidor de Jesús. ⁵⁸ José fue a ver a Pilato y le pidió el cuerpo de Jesús. Pilato ordenó que se lo dieran, ⁵⁹ y José tomó el cuerpo, lo envolvió en una sábana de lino limpia ⁶⁰ y lo puso en un sepulcro nuevo, de su propiedad, que había hecho cavar en la roca. Después de tapar la entrada del sepulcro con una gran piedra, se fue. ⁶¹ Pero María Magdalena y la otra María se quedaron sentadas frente al sepulcro.

La guardia ante el sepulcro de Jesús

⁶² Al día siguiente, es decir, el día de reposo,³¹ los jefes de los sacerdotes y los fariseos fueron juntos a ver a Pilato, ⁶³ y le dijeron:

—Señor, recordamos que aquel mentiroso, cuando aún vivía, dijo que después de tres días iba a resucitar.^z ⁶⁴ Por eso, mande usted asegurar el sepulcro hasta el tercer día, no sea que vengan de noche sus discípulos y roben el cuerpo, y después digan a la gente que ha resucitado. En tal caso, la última mentira sería peor que la primera.

⁶⁵ Pilato les dijo:

—Ahí tienen ustedes soldados de guardia. Vayan y aseguren el sepulcro lo mejor que puedan.

⁶⁶ Fueron, pues, y aseguraron el sepulcro poniendo un sello sobre la piedra que lo tapaba; y dejaron allí los soldados de guardia.

La resurrección de Jesús
(Mr 16.1–8; Lc 24.1–12; Jn 20.1–10)

28 ¹ Pasado el día de reposo,³¹ cuando ya amanecía el primer día de la semana, María Magdalena y la otra María fueron a ver el sepulcro. ² De pronto hubo un fuerte temblor de tierra, porque un ángel del Señor bajó del cielo y, acercándose al sepulcro, quitó la piedra que lo tapaba y se sentó sobre ella. ³ El ángel brillaba como un relámpago, y su ropa era blanca como la nieve. ⁴ Al verlo, los soldados temblaron de miedo y quedaron como muertos. ⁵ El ángel dijo a las mujeres:

—No tengan miedo. Yo sé que están buscando a Jesús, el que fue crucificado. ⁶ No está aquí, sino que ha resucitado, como dijo. Vengan a ver el lugar donde lo pusieron. ⁷ Vayan pronto y digan a los discípulos: 'Ha resucitado, y va a ir a Galilea antes que ustedes; allí lo verán.' Esto es lo que yo tenía que decirles.

⁸ Las mujeres se fueron rápidamente del sepulcro, con miedo y mucha alegría a la vez, y corrieron a llevar la noticia a los discípulos. ⁹ En eso, Jesús se presentó ante ellas y las saludó. Ellas se acercaron a Jesús y lo adoraron, abrazándole los pies, ¹⁰ y él les dijo:

—No tengan miedo. Vayan a decir a mis hermanos que se dirijan a Galilea, y que allá me verán.

Lo que contaron los soldados

¹¹ Mientras iban las mujeres, algunos soldados de la guardia llegaron a la ciudad y contaron a los jefes de los sacerdotes todo lo que había pasado. ¹² Estos jefes fueron a hablar con los ancianos, para ponerse de acuerdo con ellos. Y dieron mucho dinero a los soldados, ¹³ a quienes advirtieron:

—Ustedes digan que durante la noche, mientras ustedes dormían, los discípulos de Jesús vinieron y robaron el cuerpo. ¹⁴ Y si el gobernador se entera de esto, nosotros lo convenceremos, y a ustedes les evitaremos dificultades.

¹⁵ Los soldados recibieron el dinero e hicieron lo que se les había dicho. Y ésta es la explicación que hasta el día de hoy circula entre los judíos.

---

³¹ *Día de reposo:* aquí equivale a *sábado.* x **27.51** Ex 26.31–33; 2 Cr 3.14. y **27.55–56** Lc 8.2–3. z **27.63** Mt 16.21; 17.23; 20.19; Mr 8.31; 9.31; 10.33–34; Lc 9.22; 18.31–33.

El encargo de Jesús a los discípulos
(Mr 16.14–18; Lc 24.36–49; Jn 20.19–23)

¹⁶ Así pues, los once discípulos se fueron a Galilea,ᵃ al cerro que Jesús les había indicado. ¹⁷ Y cuando vieron a Jesús, lo adoraron, aunque algunos dudaban. ¹⁸ Jesús se acercó a ellos y les dijo:

—Dios me ha dado toda autoridad en el cielo y en la tierra. ¹⁹ Vayan, pues, a las gentes de todas las naciones, y háganlas mis discípulos;ᵇ bautícenlas en el nombre del Padre, del Hijo y del Espíritu Santo, ²⁰ y enséñenles a obedecer todo lo que les he mandado a ustedes. Por mi parte, yo estaré con ustedes todos los días, hasta el fin del mundo.

a 28.16 Mt 26.32; Mr 14.28. b 28.19 Hch 1.8.

El Evangelio Según
SAN MARCOS

Se considera que el de Marcos es el más antiguo de los evangelios, y que Mateo y Lucas, cada uno por su lado, lo conocieron y aprovecharon. Es a la vez el más breve y conciso de los cuatro. Empieza diciendo cómo fue el comienzo del "evangelio", o sea cuál fue el origen de las "buenas noticias" para el mundo, en la persona de Jesucristo. Y para el escritor sagrado, el evangelio comenzó con el ministerio de Juan el Bautista en el desierto (1.1–8) y con el bautismo y la tentación de Jesús (1.9–13). En paralelo con Mateo, refiere luego el ministerio público de Jesús en Galilea (1.14—9.50), el viaje de Galilea a Jerusalén (11.1–52) y los sucesos de la última semana, con la muerte y resurrección del Señor (caps 11—16).

Este libro presenta a Jesús en continua actividad. Hace más hincapié en sus hechos que en sus palabras, y pone de relieve su autoridad, la cual se deja ver claramente en su poder sobre la ley y sobre los demonios, en su facultad para perdonar pecados y en sus enseñanzas. En este evangelio, Jesús habla de sí mismo como del Hijo del hombre. Pero Dios le llama su "Hijo amado", los espíritus malignos lo reconocen como "el Hijo de Dios", y cuando en su proceso el sumo sacerdote le pregunta si él es "el Mesías, el Hijo del Dios bendito", él contesta: "Sí, yo soy" (14.61,62).

Juan el Bautista en el desierto
(Mt 3.1–12; Lc 3.1–9, 15–17; Jn 1.19–28)

1 ¹ Principio de la buena noticia de Jesucristo, el Hijo de Dios.
² El profeta Isaías había escrito:
"Envío mi mensajero delante de ti,
para que te prepare el camino.ª
³ Una voz grita en el desierto:
'Preparen el camino del Señor;
ábranle un camino recto.' "ᵇ
⁴ Sucedió que Juan se presentó en el desierto bautizando a la gente; les decía que debían volverse a Dios y ser bautizados, para que Dios les perdonara sus pecados. ⁵ Todos los de la región de Judea y de la ciudad de Jerusalén salían a oírlo. Confesaban sus pecados, y Juan los bautizaba en el río Jordán.
⁶ La ropa de Juan estaba hecha de pelo de camello, y se la sujetaba al cuerpo con un cinturón de cuero;ᶜ y comía langostas y miel del monte. ⁷ En su proclamación decía: "Después de mí viene uno más poderoso que yo, que ni siquiera merezco agacharme para desatarle la correa de sus sandalias. ⁸ Yo los he bautizado a ustedes con agua; pero él los bautizará con el Espíritu Santo."

Jesús es bautizado
(Mt 3.13–17; Lc 3.21–22)

⁹ Por aquellos días, Jesús salió de Nazaret, que está en la región de Galilea, y Juan lo bautizó en el Jordán. ¹⁰ En el momento de salir del agua, Jesús vio que el cielo se abría y que el Espíritu bajaba sobre él como una paloma. ¹¹ Y se oyó una voz del cielo, que decía: "Tú eres mi Hijo amado, a quien he elegido."ᵈ

Jesús es puesto a prueba
(Mt 4.1–11; Lc 4.1–13)

¹² Después de esto, el Espíritu llevó a Jesús al desierto. ¹³ Allí estuvo cuarenta días, viviendo entre las fieras y siendo puesto a prueba por Satanás; y los ángeles le servían.

Jesús comienza su trabajo en Galilea
(Mt 4.12–17; Lc 4.14–15)

¹⁴ Después que metieron a Juan en la cárcel, Jesús fue a Galilea a anunciar las buenas noticias de parte de Dios. ¹⁵ Decía: "Ha llegado el tiempo, y el reino de Dios está cerca. Vuélvanse a Diosᵉ y acepten con fe sus buenas noticias."

Jesús llama a cuatro pescadores
(Mt 4.18–22; Lc. 5.1–11)

¹⁶ Jesús iba caminando por la orilla del lago de Galilea, cuando vio a Simón y a su hermano Andrés. Eran pescadores, y estaban echando la red al agua. ¹⁷ Les dijo Jesús:
—Síganme, y yo haré que ustedes sean pescadores de hombres.
¹⁸ Al momento dejaron sus redes y se fueron con él.
¹⁹ Un poco más adelante, Jesús vio a Santiago y a su hermano Juan, hijos de Zebedeo, que estaban en una barca arreglando las redes. ²⁰ En seguida los llamó, y ellos dejaron a su padre Zebedeo en la

ª 1.2 Mal 3.1. ᵇ 1.3 Is 40.3. ᶜ 1.6 2 R 1.8. ᵈ 1.11 Gn 22.2; Sal 2.7; Is 42.1; Mt 3.17; 12.18; Mr 9.7; Lc 3.22.
ᵉ 1.15 Mt 3.2.

barca con sus ayudantes, y se fueron con Jesús.

Un hombre que tenía un espíritu impuro
(Lc 4.31–37)

²¹ Llegaron a Capernaum, y en el día de reposo¹ Jesús entró en la sinagoga y comenzó a enseñar. ²² La gente se admiraba de cómo les enseñaba, porque lo hacía con plena autoridad y no como los maestros de la ley.ᶠ ²³ En la sinagoga del pueblo había un hombre que tenía un espíritu impuro, el cual gritó:
²⁴ —¿Por qué te metes con nosotros, Jesús de Nazaret? ¿Has venido a destruirnos? Yo te conozco, y sé que eres el Santo de Dios.
²⁵ Jesús reprendió a aquel espíritu, diciéndole:
—¡Cállate y deja a este hombre!
²⁶ El espíritu impuro hizo que al hombre le diera un ataque, y gritando con gran fuerza salió de él. ²⁷ Todos se asustaron, y se preguntaban unos a otros:
—¿Qué es esto? ¡Enseña de una manera nueva, y con plena autoridad! ¡Incluso a los espíritus impuros da órdenes, y le obedecen!
²⁸ Y muy pronto se supo de Jesús en toda la región de Galilea.

Jesús sana a la suegra de Simón Pedro
(Mt 8.14–15; Lc 4.38–39)

²⁹ Cuando salieron de la sinagoga, Jesús fue con Santiago y Juan a casa de Simón y Andrés. ³⁰ La suegra de Simón estaba en cama, con fiebre. Se lo dijeron a Jesús, ³¹ y él se acercó, y tomándola de la mano la levantó; al momento se le quitó la fiebre y comenzó a atenderlos.

Jesús sana a muchos enfermos
(Mt 8.16–17; Lc 4.40–41)

³² Al anochecer, cuando ya se había puesto el sol, le llevaron a Jesús todos los enfermos y endemoniados, ³³ y el pueblo entero se reunió a la puerta. ³⁴ Jesús sanó de toda clase de enfermedades a mucha gente, y expulsó a muchos demonios; pero no dejaba que los demonios hablaran, porque ellos le conocían.

Jesús anuncia el mensaje en las sinagogas
(Lc 4.42–44)

³⁵ De madrugada, cuando todavía estaba oscuro, Jesús se levantó y salió de la ciudad para ir a orar a un lugar solitario. ³⁶ Simón y sus compañeros fueron en busca de Jesús, ³⁷ y cuando lo encontraron le dijeron:
—Todos te están buscando.
³⁸ Pero él les contestó:
—Vamos a los otros lugares cercanos, a anunciar también allí el mensaje; porque para esto he salido.
³⁹ Así que Jesús andaba por toda Galilea, anunciando el mensaje en las sinagogas de cada lugar y expulsando a los demonios.ᵍ

Jesús sana a un leproso
(Mt 8.1–4; Lc 5.12–16)

⁴⁰ Un hombre enfermo de lepra se acercó a Jesús, y poniéndose de rodillas le dijo:
—Si quieres, puedes limpiarme de mi enfermedad.
⁴¹ Jesús tuvo compasión de él; lo tocó con la mano y dijo:
—Quiero. ¡Queda limpio!
⁴² Al momento se le quitó la lepra al enfermo, y quedó limpio. ⁴³ Jesús lo despidió en seguida, y le recomendó mucho:
⁴⁴ —Mira, no se lo digas a nadie; solamente ve y preséntate al sacerdote, y lleva, por tu purificación, la ofrenda que ordenó Moisés,ʰ para que todos sepan que ya estás limpio de tu enfermedad.
⁴⁵ Pero el hombre se fue y comenzó a contar a todos lo que había pasado. Por eso Jesús ya no podía entrar abiertamente en ningún pueblo, sino que se quedaba afuera, en lugares donde no había gente; pero de todas partes acudían a verlo.

Jesús sana a un paralítico
(Mt 9.1–8; Lc 5.17–26)

2 ¹ Algunos días después, Jesús volvió a entrar en Capernaum. En cuanto se supo que estaba en casa, ² se juntó tanta gente que ni siquiera cabían frente a la puerta; y él les anunciaba el mensaje. ³ Entonces, vino cuatro, le llevaron un paralítico. ⁴ Pero como había mucha gente y no podían llegar hasta Jesús, quitaron parte del techo encima de donde él estaba, y por la abertura bajaron en una camilla al enfermo. ⁵ Cuando Jesús vio la fe que tenían, le dijo al enfermo:
—Hijo mío, tus pecados quedan perdonados.
⁶ Algunos maestros de la ley que estaban allí sentados, pensaron: ⁷ "¿Cómo se atreve éste a hablar así? Sus palabras son una ofensa contra Dios. Sólo Dios puede perdonar pecados." ⁸ Pero Jesús en seguida se dio cuenta de lo que estaban pensando, y les preguntó:

ᶠ Día de reposo: aquí equivale a sábado.
ᶠ **1.22** Mt 7.28–29. ᵍ **1.39** Mt 4.23; 9.35. ʰ **1.44** Lv 14.1–32.

—¿Por qué piensan ustedes así? [9] ¿Qué es más fácil, decirle al paralítico: 'Tus pecados quedan perdonados', o decirle: 'Levántate, toma tu camilla y anda'? [10] Pues voy a demostrarles que el Hijo del hombre tiene autoridad en la tierra para perdonar pecados.

Entonces le dijo al paralítico:

[11] —A ti te digo, levántate, toma tu camilla y vete a tu casa.

[12] El enfermo se levantó en el acto, y tomando su camilla salió de allí, a la vista de todos. Por esto, todos se admiraron y alabaron a Dios, diciendo:

—Nunca hemos visto una cosa así.

Jesús llama a Leví
(Mt 9.9–13; Lc 5.27–32)

[13] Después fue Jesús otra vez a la orilla del lago; la gente se acercaba a él, y él les enseñaba. [14] Al pasar vio a Leví, hijo de Alfeo, sentado en el lugar donde cobraba los impuestos para Roma. Jesús le dijo:

—Sígueme.

Leví se levantó y lo siguió. [15] Sucedió que Jesús estaba comiendo en casa de Leví, y muchos de los que cobraban impuestos para Roma, y otra gente de mala fama, estaban también sentados a la mesa, junto con Jesús y sus discípulos, pues eran muchos los que lo seguían. [16] Al ver los fariseos y maestros de la ley que Jesús comía con todos aquellos, preguntaron a los discípulos:

—¿Cómo es que su maestro come[2] con cobradores de impuestos y pecadores?

[17] Jesús lo oyó, y les dijo:

—Los que están buenos y sanos no necesitan médico, sino los enfermos. Yo no he venido a llamar a los buenos, sino a los pecadores.

La cuestión del ayuno
(Mt 9.14–17; Lc 5.33–39)

[18] Una vez estaban ayunando los seguidores de Juan el Bautista y los de los fariseos, y algunas personas fueron a Jesús y le preguntaron:

—Los seguidores de Juan y los de los fariseos ayunan: ¿por qué no ayunan tus discípulos?

[19] Jesús les contestó:

—¿Acaso pueden ayunar los invitados a una boda, mientras el novio está con ellos? Mientras está presente el novio, no pueden ayunar. [20] Pero llegará el momento en que se lleven al novio; cuando llegue ese día, entonces sí ayunarán.

[21] "Nadie arregla un vestido viejo con un remiendo de tela nueva, porque el remiendo nuevo encoge y rompe el vestido viejo, y el desgarrón se hace mayor. [22] Ni tampoco se echa vino nuevo en cueros viejos, porque el vino nuevo hace que se revienten los cueros, y se pierden tanto el vino como los cueros. Por eso hay que echar el vino nuevo en cueros nuevos.

Los discípulos arrancan espigas en el día de reposo
(Mt 12.1–8; Lc 6.1–5)

[23] Un día de reposo,[3] Jesús caminaba entre los sembrados, y sus discípulos, al pasar, comenzaron a arrancar espigas de trigo.[i] [24] Los fariseos le preguntaron:

—Oye, ¿por qué hacen tus discípulos algo que no está permitido hacer en los días de reposo?[3]

[25] Pero él les dijo:

—¿Nunca han leído ustedes lo que hizo David en una ocasión en que él y sus compañeros tuvieron necesidad y sintieron hambre? [26] Pues siendo Abiatar sumo sacerdote, David entró en la casa de Dios y comió los panes consagrados a Dios, que solamente a los sacerdotes se les permitía comer;[j] y dio también a la gente que iba con él.[k]

[27] Jesús añadió:

—El día de reposo[3] se hizo para el hombre, y no el hombre para el día de reposo. [28] Por esto, el Hijo del hombre tiene autoridad también sobre el día de reposo.[3]

El hombre de la mano tullida
(Mt 12.9–14; Lc 6.6–11)

3 [1] Jesús entró otra vez en una sinagoga; y había en ella un hombre que tenía una mano tullida. [2] Y espiaban a Jesús para ver si lo sanaría en el día de reposo,[3] y así tener de qué acusarlo. [3] Jesús le dijo entonces al hombre que tenía la mano tullida:

—Levántate y ponte ahí en medio.

[4] Luego preguntó a los otros:

—¿Qué está permitido hacer en el día de reposo:[3] el bien o el mal? ¿Salvar una vida o destruirla?

Pero ellos se quedaron callados. [5] Jesús miró entonces con enojo a los que se le rodeaban, y entristecido porque no querían entender le dijo a aquel hombre:

—Extiende la mano.

El hombre la extendió, y su mano quedó sana. [6] Pero en cuanto los fariseos salieron, comenzaron a hacer planes con los del partido de Herodes para matar a Jesús.

Mucha gente a la orilla del lago

[7] Jesús, seguido por mucha gente de Galilea, se fue con sus discípulos a la orilla

---

[2] Algunos mss. añaden: *y bebe.* [3] *Día(s) de reposo:* aquí equivale a *sábado.*
[i] **2.23** Dt 23.25. [j] **2.26** Lv 24.9. [k] **2.25–26** 1 S 21.1–6.

del lago. ⁸ Cuando supieron las grandes cosas que hacía, también acudieron a verlo muchos de Judea, de Jerusalén, de Idumea, del oriente del Jordán y de la región de Tiro y Sidón. ⁹ Por esto, Jesús encargó a sus discípulos que le tuvieran lista una barca, para evitar que la multitud lo apretujara. ¹⁰ Porque había sanado a tantos, que todos los enfermos se echaban sobre él para tocarlo.¹

¹¹ Y cuando los espíritus impuros le veían, se ponían de rodillas delante de él y gritaban:

—¡Tú eres el Hijo de Dios!

¹² Pero Jesús les ordenaba severamente que no hablaran de él en público.

Jesús escoge a los doce apóstoles
(Mt 10.1–4; Lc 6.12–16)

¹³ Después Jesús subió a un cerro, y llamó a los que le pareció bien. Una vez reunidos, ¹⁴ eligió de entre ellos a doce, para que lo acompañaran y para mandarlos a anunciar el mensaje. A éstos les dio el nombre de apóstoles, ¹⁵ y les dio autoridad para expulsar a los demonios. ¹⁶ Estos son los doce que escogió: Simón, a quien puso el nombre de Pedro; ¹⁷ Santiago y su hermano Juan, hijos de Zebedeo, a quienes llamó Boanerges (es decir, "Hijos del Trueno"); ¹⁸ Andrés, Felipe, Bartolomé, Mateo, Tomás y Santiago, hijo de Alfeo; Tadeo, Simón el celote, ¹⁹ y Judas Iscariote, que después traicionó a Jesús.

Acusan a Jesús de recibir su poder del demonio
(Mt 12.22–32; Lc 11.14–23; 12.10)

²⁰ Después entró Jesús en una casa, y otra vez se juntó tanta gente, que ni siquiera podían comer él y sus discípulos. ²¹ Cuando lo supieron los parientes de Jesús, fueron a llevárselo, pues decían que se había vuelto loco. ²² También los maestros de la ley que habían llegado de Jerusalén decían: "Beelzebú, el propio jefe de los demonios, es quien le ha dado a este hombre el poder de expulsarlos."ᵐ ²³ Jesús los llamó, y les puso un ejemplo, diciendo: "¿Cómo puede Satanás expulsar al propio Satanás? ²⁴ Un país dividido en bandos enemigos, no puede mantenerse; ²⁵ y una familia dividida, no puede mantenerse. ²⁶ Así también, si Satanás se divide y se levanta contra sí mismo, no podrá mantenerse; habrá llegado su fin. ²⁷ "Nadie puede entrar en la casa de un hombre fuerte y quitarle lo que le pertenece, si no lo ata primero; solamente así podrá quitárselo.

²⁸ "Les aseguro que Dios dará su perdón a los hombres por todos los pecados y todo lo malo que digan; ²⁹ pero al que ofenda con sus palabras al Espíritu Santo, nunca lo perdonará,ⁿ sino que será culpable para siempre."

³⁰ Esto lo dijo Jesús porque ellos afirmaban que tenía un espíritu impuro.

La madre y los hermanos de Jesús
(Mt 12.46–50; Lc 8.19–21)

³¹ Entre tanto llegaron la madre y los hermanos de Jesús, pero se quedaron afuera y mandaron llamarlo. ³² La gente que estaba sentada alrededor de Jesús le dijo:

—Tu madre, tus hermanos y tus hermanas están afuera, y te buscan.

³³ El les contestó:

—¿Quiénes son mi madre y mis hermanos?

³⁴ Luego, mirando a los que estaban sentados a su alrededor, añadió:

—Estos son mi madre y mis hermanos. ³⁵ Pues cualquiera que hace la voluntad de Dios, ése es mi hermano, mi hermana y mi madre.

La parábola del sembrador
(Mt 13.1–9; Lc 8.4–8)

4 ¹ Otra vez comenzó Jesús a enseñar a la orilla del lago. Como se reunió una gran multitud, Jesús subió a una barca que había en el lago, y se sentó,ⁿ mientras la gente se quedaba en la orilla. ² Entonces se puso a enseñarles muchas cosas por medio de parábolas.

En su enseñanza les decía: ³ "Oigan esto: Un sembrador salió a sembrar. ⁴ Y al sembrar, una parte de la semilla cayó en el camino, y llegaron las aves y se la comieron. ⁵ Otra parte cayó entre las piedras, donde no había mucha tierra; esa semilla brotó pronto, porque la tierra no era muy honda; ⁶ pero el sol, al salir, la quemó, y como no tenía raíz, se secó. ⁷ Otra parte de la semilla cayó entre espinos, y los espinos crecieron y la ahogaron, de modo que la semilla no dio grano ⁸ Pero otra parte cayó en buena tierra, y creció, dando una buena cosecha; algunas espigas dieron treinta granos por semilla, otras sesenta granos, y otras cien."

⁹ Y añadió Jesús: "Los que tienen oídos, oigan."

El porqué de las parábolas
(Mt 13.10–17; Lc 8.9–10)

¹⁰ Después, cuando Jesús se quedó solo, los que estaban cerca de él junto con los doce discípulos le preguntaron qué quería

¹ 3.9–10 Mr 4.1; Lc 5.1–3.   ᵐ 3.22 Mt 9.34; 10.25.   ⁿ 3.29 Lc 12.10.   ⁿ 4.1 Lc 5.1–3.

decir aquella parábola. 11 Les contestó: "A
ustedes, Dios les da a conocer el secreto
de su reino; pero a los que están afuera se
les dice todo por medio de parábolas,
12 para que por más que miren, no vean, y
por más que oigan, no entiendan, para
que no se vuelvan a Dios, y él no los perdone."[o]

Jesús explica la parábola del sembrador

(Mt 13.18–23; Lc 8.11–15)

13 Les dijo: "¿No entienden ustedes esta
parábola? ¿Cómo, pues, entenderán todas
las demás? 14 El que siembra la semilla es
como el que anuncia el mensaje. 15 Hay
quienes son como la semilla que cayó en
el camino: oyen el mensaje, pero después
de oírlo viene Satanás y les quita el mensaje sembrado en su corazón. 16 Otros son
como la semilla sembrada entre las piedras: oyen el mensaje y lo reciben con
gusto, 17 pero como no tienen suficiente
raíz, no se mantienen firmes; por eso,
cuando por causa del mensaje sufren
pruebas o persecución, pierden la fe.
18 Otros son como la semilla sembrada
entre espinos: oyen el mensaje, 19 pero los
negocios de este mundo les preocupan demasiado, el amor por las riquezas los engaña, y quisieran poseer todas las cosas.
Todo esto entra en ellos, y ahoga el mensaje y no lo deja dar fruto. 20 Pero hay
otros que oyen el mensaje y lo aceptan, y
dan una buena cosecha, como la semilla
sembrada en buena tierra. Algunos de éstos son como las espigas que dieron
treinta granos por semilla, otros como las
que dieron sesenta y otros como las que
dieron cien."

La parábola de la lámpara

(Lc 8.16–18)

21 También les dijo: "¿Acaso se trae una
lámpara para ponerla bajo un cajón o debajo de la cama? No, una lámpara se pone
en alto, para que alumbre.[p] 22 De la
misma manera, no hay nada escondido
que no llegue a descubrirse, ni nada secreto que no llegue a ponerse en claro.[q]
23 Los que tienen oídos, oigan."
24 También les dijo: "Fíjense en lo que
oyen. Con la misma medida con que ustedes midan, Dios los medirá a ustedes;[r] y
les dará todavía más. 25 Pues al que tiene,
se le dará más; pero al que no tiene, hasta
lo poco que tiene se le quitará."[s]

La parábola de la semilla que crece

26 Jesús dijo también: "Con el reino de
Dios sucede como con el hombre que
siembra semilla en la tierra: 27 que tanto si
duerme como si está despierto, lo mismo
de noche que de día, la semilla nace y
crece, sin que él sepa cómo. 28 Y es que la
tierra produce por sí misma: primero brota
una hierba, luego se forma la espiga y más
tarde los granos que llenan la espiga. 29 Y
cuando ya el grano está maduro, lo recoge, porque ha llegado el tiempo de la
cosecha."[t]

La parábola de la semilla de mostaza

(Mt 13.31–32; Lc 13.18–19)

30 También dijo Jesús: "¿A qué se parece
el reino de Dios, o con qué podremos compararlo? 31 Es como una semilla de mostaza que se siembra en la tierra. Es la más
pequeña de todas las semillas del mundo,
32 pero una vez sembrada, crece y se hace
mayor que todas las otras plantas del
huerto, con ramas tan grandes que hasta
las aves pueden anidar bajo su sombra."

El uso que Jesús hacía de las parábolas

(Mt 13.34–35)

33 De esta manera les enseñaba Jesús el
mensaje, por medio de muchas parábolas
como éstas y hasta donde podían entender. 34 Pero no les decía nada sin parábolas, aunque a sus discípulos se lo explicaba
todo aparte.

Jesús calma el viento y las olas

(Mt 8.23–27; Lc 8.22–25)

35 Al anochecer de aquel mismo día,
Jesús dijo a sus discípulos:
—Vamos al otro lado del lago.
36 Entonces dejaron a la gente y llevaron a Jesús en la barca en que ya estaba; y
también otras barcas le acompañaban.
37 En esto se desató una tormenta, con un
viento tan fuerte que las olas caían sobre
la barca, de modo que se llenaba de agua.
38 Pero Jesús se había dormido en la parte
de atrás, apoyado sobre una almohada. Lo
despertaron y le dijeron:
—¡Maestro! ¿No te importa que nos estemos hundiendo?
39 Jesús se levantó y dio una orden al
viento, y dijo al mar:
—¡Calla! ¡Quieto!
El viento se calmó, y todo quedó completamente tranquilo. 40 Después dijo
Jesús a los discípulos:
—¿Por qué tienen tanto miedo? ¿Todavía no tienen fe?
41 Pero ellos estaban llenos de miedo, y
se preguntaban unos a otros:
—¿Quién será éste, que hasta el viento
y el mar le obedecen?

[o] **4.12** Is 6.9–10. [p] **4.21** Mt 5.15; Lc 11.33. [q] **4.22** Mt 10.26; Lc 12.2. [r] **4.24** Mt 7.2; Lc 6.38. [s] **4.25** Mt 13.12; 25.29; Lc 19.26. [t] **4.29** Jl 3.13.

El endemoniado de Gerasa
(Mt 8.28–34; Lc 8.26–39)

5 ¹ Llegaron al otro lado del lago, a la tierra de Gerasa. ² En cuanto Jesús bajó de la barca, se le acercó un hombre que tenía un espíritu impuro. Este hombre había salido de entre las tumbas, ³ porque vivía en ellas. Nadie podía sujetarlo, ni siquiera con cadenas. ⁴ Pues aunque muchas veces lo habían atado de pies y manos con cadenas, siempre las había hecho pedazos, sin que nadie lo pudiera dominar. ⁵ Andaba de día y de noche por los cerros y las tumbas, gritando y golpeándose con piedras. ⁶ Pero cuando vio de lejos a Jesús, echó a correr, y poniéndose de rodillas delante de él ⁷ le dijo a gritos:

—¡No te metas conmigo, Jesús, Hijo del Dios altísimo! ¡Te ruego por Dios que no me atormentes!

⁸ Hablaba así porque Jesús le había dicho:

—¡Espíritu impuro, deja a ese hombre!

⁹ Jesús le preguntó:

—¿Cómo te llamas?

El contestó:

—Me llamo Legión, porque somos muchos.

¹⁰ Y rogaba mucho a Jesús que no enviara los espíritus fuera de aquella región. ¹¹ Y como cerca de allí, junto al cerro, había gran número de cerdos comiendo, ¹² los espíritus le rogaron:

—Mándanos a los cerdos y déjanos entrar en ellos.

¹³ Jesús les dio permiso, y los espíritus impuros salieron del hombre y entraron en los cerdos. Estos, que eran unos dos mil, echaron a correr pendiente abajo hasta el lago, y allí se ahogaron.

¹⁴ Los que cuidaban de los cerdos salieron huyendo, y fueron a contar en el pueblo y por los campos lo sucedido. La gente acudió a ver lo que había pasado. ¹⁵ Y cuando llegaron a donde estaba Jesús, vieron sentado, vestido y en su cabal juicio al endemoniado que había tenido la legión de espíritus. La gente estaba asustada, ¹⁶ y los que habían visto lo sucedido con el endemoniado y con los cerdos, se lo contaron a los demás. ¹⁷ Entonces comenzaron a rogarle a Jesús que se fuera de aquellos lugares.

¹⁸ Al volver Jesús a la barca, el hombre que había estado endemoniado le rogó que lo dejara ir con él. ¹⁹ Pero Jesús no se lo permitió, sino que le dijo:

—Vete a tu casa, con tus parientes, y cuéntales todo lo que el Señor te ha hecho, y cómo ha tenido compasión de ti.

²⁰ El hombre se fue, y comenzó a contar por los pueblos de Decápolis lo que Jesús había hecho por él; y todos se quedaron admirados.

La hija de Jairo La mujer que tocó la capa de Jesús
(Mt 9.18–26; Lc 8.40–56)

²¹ Cuando Jesús regresó en la barca al otro lado del lago, se le reunió mucha gente, y él se quedó en la orilla. ²² En esto llegó uno de los jefes de la sinagoga, llamado Jairo, que a ver a Jesús se echó a sus pies ²³ y le rogó mucho, diciéndole:

—Mi hija se está muriendo; ven a poner tus manos sobre ella, para que sane y viva.

²⁴ Jesús fue con él, y mucha gente lo acompañaba apretujándose a su alrededor. ²⁵ Entre la multitud había una mujer que desde hacía doce años estaba enferma, con derrames de sangre. ²⁶ Había sufrido mucho a manos de muchos médicos, y había gastado todo lo que tenía, sin que le hubiera servido de nada. Al contrario, iba de mal en peor. ²⁷ Cuando oyó hablar de Jesús, esta mujer se le acercó por detrás, entre la gente, y le tocó la capa. ²⁸ Porque pensaba: "Tan sólo con que llegue a tocar su capa, quedaré sana." ²⁹ Al momento, el derrame de sangre se detuvo, y sintió en el cuerpo que ya estaba curada de su enfermedad. ³⁰ Jesús, dándose cuenta de que había salido poder de él, se volvió a mirar a la gente, y preguntó:

—¿Quién me ha tocado la capa?

³¹ Sus discípulos le dijeron:

—Ves que la gente te oprime por todos lados, y preguntas '¿Quién me ha tocado?'

³² Pero Jesús seguía mirando a su alrededor, para ver quién lo había tocado. ³³ Entonces la mujer, temblando de miedo y sabiendo lo que le había pasado, fue y se arrodilló delante de él, y le contó toda la verdad. ³⁴ Jesús le dijo:

—Hija, por tu fe has sido sanada. Vete tranquila y curada ya de tu enfermedad.

³⁵ Todavía estaba hablando Jesús, cuando llegaron unos de casa del jefe de la sinagoga a decirle al padre de la niña:

—Tu hija ha muerto. ¿Para qué molestar más al Maestro?

³⁶ Pero Jesús, sin hacer caso de ellos,[4] le dijo al jefe de la sinagoga:

—No tengas miedo; cree solamente.

³⁷ Y no dejó que le acompañaran más que Pedro, Santiago y Juan, el hermano de Santiago. ³⁸ Al llegar a la casa del jefe de la sinagoga y ver el alboroto y la gente que lloraba y gritaba, ³⁹ entró y les dijo:

—¿Por qué hacen tanto ruido y lloran de esa manera? La niña no está muerta, sino dormida.

4 Sin hacer caso de ellos: algunos mss. dicen: al oír (los).

[40] La gente se rió de Jesús, pero él los hizo salir a todos, y tomando al padre, a la madre y a los que le acompañaban, entró a donde estaba la niña. [41] La tomó de la mano y le dijo:

—Talita, cum[5] (que significa: "Muchacha, a ti te digo, levántate.")

[42] Al momento, la muchacha, que tenía doce años, se levantó y echó a andar. Y la gente se quedó muy admirada. [43] Pero Jesús ordenó severamente que no se lo contaran a nadie, y luego mandó que dieran de comer a la niña.

Jesús en Nazaret
(Mt 13.53–58; Lc 4.16–30)

6 [1] Jesús se fue de allí a su propia tierra, y sus discípulos fueron con él. [2] Cuando llegó el día de reposo,[6] comenzó a enseñar en la sinagoga. La multitud, al oír a Jesús, se preguntaba admirada:

—¿Dónde aprendió éste tantas cosas? ¿De dónde ha sacado esa sabiduría y los milagros que hace? [3] ¿No es éste el carpintero, el hijo de María y hermano de Santiago, José, Judas y Simón? ¿Y no viven sus hermanas también aquí, entre nosotros?

Por eso no quisieron hacerle caso. [4] Pero Jesús les dijo:

—En todas partes se honra a un profeta, menos en su propia tierra,[u] entre sus parientes y en su propia casa.

[5] No pudo hacer allí ningún milagro, aparte de poner las manos sobre unos pocos enfermos y sanarlos. [6] Y estaba asombrado porque aquella gente no creía en él.

Jesús envía a los discípulos a anunciar el reino de Dios
(Mt 10.5–15; Lc 9.1–6)

Jesús recorría las aldeas cercanas, enseñando. [7] Llamó a los doce discípulos, y comenzó a enviarlos de dos en dos, dándoles autoridad sobre los espíritus impuros. [8] Les ordenó que no llevaran nada para el camino, sino solamente un bastón. No debían llevar bolsa ni pan ni dinero.[v] [9] Podían ponerse sandalias, pero no llevar ropa de repuesto. [10] Les dijo:

—Cuando entren ustedes en una casa, quédense allí hasta que se vayan del lugar. [11] Y si en algún lugar no los reciben ni los quieren oír, salgan de allí y sacúdanse el polvo de los pies, para que les sirva a ellos de advertencia.[w]

[12] Entonces salieron los discípulos a decirle a la gente que se volviera a Dios. [13] También expulsaron muchos demonios, y curaron a muchos enfermos poniéndoles aceite.[x]

La muerte de Juan el Bautista
(Mt 14.1–12; Lc 9.7–9)

[14] El rey Herodes oyó hablar de Jesús, cuya fama había corrido por todas partes. Y decía Herodes:

—Juan el Bautista ha resucitado, y por eso tiene este poder milagroso.

[15] Otros decían:

—Es el profeta Elías.

Y otros:

—Es un profeta, como los antiguos profetas.[y]

[16] Pero Herodes, al oír estas cosas, decía:

—Ese es Juan. Yo mandé cortarle la cabeza y ahora ha resucitado.

[17] Es que, por causa de Herodías, Herodes había mandado arrestar a Juan, y lo había hecho encadenar en la cárcel. Herodías era esposa de Felipe, hermano de Herodes, pero Herodes se había casado con ella. [18] Y Juan había dicho a Herodes: "No debes tener como tuya a la mujer de tu hermano."[z]

[19] Herodías odiaba por eso a Juan, y quería matarlo; pero no podía, [20] porque Herodes le tenía miedo, sabiendo que era un hombre justo y santo, y lo protegía. Y aunque al oírlo se quedaba sin saber qué hacer, Herodes escuchaba a Juan de buena gana. [21] Pero Herodías vio llegar su oportunidad cuando Herodes, en su cumpleaños, dio un banquete a sus jefes y comandantes y a las personas importantes de Galilea. [22] La hija de Herodías[7] entró en el lugar del banquete y bailó, y el baile gustó tanto a Herodes y a los que estaban cenando con él, que el rey dijo a la muchacha:

—Pídeme lo que quieras, y te lo daré.

[23] Y le juró una y otra vez que le daría cualquier cosa que pidiera, aunque fuera la mitad del país que él gobernaba. [24] Ella salió, y le preguntó a su madre:

—¿Qué pediré?

Le contestó:

—Pídele la cabeza de Juan el Bautista.

[25] La muchacha entró de prisa donde estaba el rey, y le dijo:

—Quiero que ahora mismo me des en un plato la cabeza de Juan el Bautista.

[26] El rey se puso muy triste; pero como había hecho un juramento en presencia de sus invitados, no quiso negarle lo que le pedía. [27] Así que mandó en seguida a un soldado con la orden de llevarle la cabeza de Juan. [28] Fue el soldado a la cárcel, le cortó la cabeza a Juan y se la llevó en un

---

[5] En arameo, idioma hablado en tiempos de Jesús. [6] Día de reposo: aquí equivale a sábado. [7] La hija de Herodías: algunos mss. dicen Herodías, la hija de Herodes.
[u] **6.4** Jn 4.44. [v] **6.8–11** Lc 10.4–11. [w] **6.11** Hch 13.51. [x] **6.13** Stg 5.14. [y] **6.14–15** Mt 16.14; Mr 8.28; Lc 9.19.
[z] **6.17–18** Lc 3.19–20.

plato. Se la dio a la muchacha, y ella se la entregó a su madre.

[29] Cuando los seguidores de Juan lo supieron, recogieron el cuerpo y se lo llevaron a enterrar.

Jesús da de comer a cinco mil hombres
(Mt 14.13–21; Lc 9.10–17; Jn 6.1–14)

[30] Después de esto, los apóstoles se reunieron con Jesús y le contaron todo lo que habían hecho y enseñado. [31] Jesús les dijo:

—Vengan, vamos nosotros solos a descansar un poco en un lugar tranquilo.

Porque iba y venía tanta gente, que ellos ni siquiera tenían tiempo para comer. [32] Así que Jesús y sus apóstoles se fueron en una barca a un lugar apartado. [33] Pero muchos los vieron ir, y los reconocieron; entonces de todos los pueblos corrieron allá, y llegaron antes que ellos. [34] Al bajar Jesús de la barca, vio la multitud, y sintió compasión de ellos, porque estaban como ovejas que no tienen pastor;[a] y comenzó a enseñarles muchas cosas. [35] Por la tarde, sus discípulos se le acercaron y le dijeron:

—Ya es tarde, y éste es un lugar solitario. [36] Despide a la gente, para que vayan por los campos y las aldeas de alrededor y se compren algo de comer.

[37] Pero Jesús les contestó:

—Denles ustedes de comer.

Ellos respondieron:

—¿Quieres que vayamos a comprar doscientos denarios de pan, para darles de comer?

[38] Jesús les dijo:

—¿Cuántos panes tienen ustedes? Vayan a verlo.

Cuando lo averiguaron, le dijeron:

—Cinco panes y dos pescados.

[39] Entonces mandó que la gente se sentara en grupos sobre la hierba verde; [40] y se sentaron en grupos de cien y de cincuenta. [41] Luego Jesús tomó en sus manos los cinco panes y los dos pescados y, mirando al cielo, dio gracias a Dios, partió los panes y se los dio a sus discípulos para que los repartieran entre la gente. Repartió también los dos pescados entre todos. [42] Todos comieron hasta quedar satisfechos, [43] y todavía llenaron doce canastas con los pedazos sobrantes de pan y de pescado. [44] Los que comieron de aquellos panes fueron cinco mil hombres.

Jesús camina sobre el agua
(Mt 14.22–27; Jn 6.16–21)

[45] Después de esto, Jesús hizo que sus discípulos subieran a la barca para que cruzaran el lago antes que él y llegaran a Betsaida mientras él despedía a la gente.

[46] Y cuando la hubo despedido, se fue al cerro a orar. [47] Al llegar la noche, la barca ya estaba en medio del lago. Jesús, que se había quedado solo en tierra, [48] vio que remaban con dificultad, porque tenían el viento en contra. A la madrugada, fue Jesús hacia ellos caminando sobre el agua, pero hizo como que iba a pasar de largo. [49] Cuando lo vieron andar sobre el agua, pensaron que era un fantasma, y gritaron; [50] porque todos lo vieron y se asustaron. Pero en seguida él les habló, diciéndoles:

—¡Tengan valor, soy yo, no tengan miedo!

[51] Subió a la barca, y se calmó el viento; y ellos se quedaron muy asombrados, [52] porque no habían entendido el milagro de los panes, pues tenían el entendimiento oscurecido.

Jesús sana a los enfermos de Genesaret
(Mt 14.34–36)

[53] Cruzaron el lago y llegaron a la tierra de Genesaret, donde amarraron la barca a la orilla. [54] Tan pronto como bajaron de la barca, la gente reconoció a Jesús. [55] Corrieron por toda aquella región, y comenzaron a llevar en camillas a los enfermos a donde sabían que estaba Jesús. [56] Y dondequiera que él entraba, ya fuera en las aldeas, en los pueblos o en los campos, ponían a los enfermos en las calles y le rogaban que los dejara tocar siquiera el borde de su capa; y todos los que la tocaban, quedaban sanos.

Lo que hace impuro al hombre
(Mt 15.1–20)

7 [1] Se acercaron los fariseos a Jesús, con unos maestros de la ley que habían llegado de Jerusalén. [2] Estos, al ver que algunos discípulos de Jesús comían con las manos impuras, es decir, sin haber cumplido con la ceremonia de lavárselas, los criticaron. [3] (Porque los fariseos y todos los judíos siguen la tradición de sus antepasados, de no comer sin antes lavarse las manos debidamente. [4] Y cuando regresan del mercado, no comen sin antes cumplir con la ceremonia de lavarse. Y aun tienen otras muchas costumbres, como lavar los vasos, los jarros, las vasijas de metal y las camas.) [5] Por eso, los fariseos y los maestros de la ley le preguntaron:

—¿Por qué tus discípulos no siguen la tradición de nuestros antepasados, sino que comen con las manos impuras?

[6] Jesús les contestó:

—Bien habló el profeta Isaías acerca de lo hipócritas que son ustedes, cuando escribió:

---

[a] **6.34** Nm 27.17; 1 R 22.17; 2 Cr 18.16; Jer 50.6–7; Ez 34.5; Zac 10.2; Mt 9.36.

'Este pueblo me honra con la boca,
pero su corazón está lejos de mí.
[7] De nada sirve que me rinda culto:
sus enseñanzas son mandatos de
hombres.'[b]
[8] Porque ustedes dejan el mandato de Dios
para seguir las tradiciones de los hombres.[8]
[9] También les dijo:
—Para mantener sus propias tradiciones, ustedes pasan por alto el mandato
de Dios. [10] Pues Moisés dijo: 'Honra a tu
padre y a tu madre',[c] y 'El que maldiga a
su padre o a su madre, será condenado a
muerte.'[d] [11] Pero ustedes afirman que un
hombre puede decirle a su padre o a su
madre: 'No puedo ayudarte, porque todo
lo que tengo es corbán' (es decir: "ofrecido a Dios"); [12] y también afirman que
quien dice esto ya no está obligado a ayudar a su padre o a su madre. [13] De esta manera ustedes anulan el mandato de Dios
con esas tradiciones que se trasmiten
unos a otros. Y hacen otras muchas cosas
parecidas.
[14] Luego Jesús llamó a la gente, y dijo:
—Escúchenme todos, y entiendan:
[15] Nada de lo que entra de afuera puede
hacer impuro al hombre. Lo que sale del
corazón del hombre es lo que lo hace impuro.[9]
[17] Cuando Jesús dejó a la gente y entró
en la casa, sus discípulos le preguntaron
sobre esta enseñanza. [18] El les dijo:
—¿Así que ustedes tampoco lo comprenden? ¿No entienden que nada de lo
que entra de afuera puede hacer impuro al
hombre, [19] porque no entra en el corazón,
sino en el vientre, para después salir del
cuerpo?
Con esto quiso decir que todos los alimentos son limpios. [20] Dijo también:
—Lo que sale del hombre, eso sí lo hace
impuro. [21] Porque de adentro, es decir, del
corazón de los hombres, salen los malos
pensamientos, la inmoralidad sexual, los
robos, los asesinatos, [22] los adulterios, la
codicia, las maldades, el engaño, los vicios, la envidia, los chismes, el orgullo y la
falta de juicio. [23] Todas estas cosas malas
salen de adentro y hacen impuro al hombre.

Una extranjera que creyó en Jesús
(Mt 15.21-28)

[24] De allí se dirigió Jesús a la región de
Tiro. Entró en una casa, sin querer que
nadie lo supiera; pero no pudo esconderse.
[25] Pronto supo de él la madre de una muchacha que tenía un espíritu impuro, la
cual fue y se arrodilló a los pies de Jesús.
[26] La mujer era extranjera, de nacionalidad sirofenicia. Fue, pues, y rogó a Jesús
que expulsara de su hija al demonio.
[27] Pero Jesús le dijo:
—Deja que los hijos coman primero,
porque no está bien quitarles el pan a los
hijos y dárselo a los perros.
[28] Ella le respondió:
—Sí, Señor, pero hasta los perros comen debajo de la mesa las migajas que dejan caer los hijos.
[29] Jesús le dijo:
—Has hablado bien; puedes irte. El demonio ya ha salido de tu hija.
[30] Cuando la mujer llegó a su casa, encontró a la niña en la cama, pero el demonio ya había salido de ella.

Jesús sana a un sordomudo

[31] Jesús volvió a salir de la región de
Tiro y, pasando por Sidón y los pueblos de
la región de Decápolis, llegó al lago de Galilea. [32] Allí le llevaron a un sordo y tartamudo, y le pidieron que pusiera su mano
sobre él. [33] Jesús se lo llevó a un lado,
aparte de la gente, le metió los dedos en
los oídos y con saliva le tocó la lengua.
[34] Luego, mirando al cielo, suspiró y dijo al
hombre: "¡Efatá!" (es decir: "¡Abrete!")
[35] Al momento, los oídos del sordo se
abrieron, y su lengua quedó sana y pudo
hablar bien. [36] Jesús les mandó que no se
lo dijeran a nadie; pero cuanto más se lo
mandaba, tanto más lo contaban. [37] Llenos
de admiración, decían: "Todo lo hace bien.
¡Hasta puede hacer que los sordos oigan y
que los mudos hablen!"

Jesús da de comer a cuatro mil personas
(Mt 15.32-39)

8 [1] Un día en que de nuevo se había juntado mucha gente y no tenían nada
que comer, Jesús llamó a sus discípulos y
les dijo:
[2] —Siento compasión de esta gente,
porque ya hace tres días que están aquí
conmigo y no tienen nada que comer. [3] Y
si los mando sin comer a sus casas, pueden desmayarse por el camino, porque algunos han venido de lejos.
[4] Sus discípulos le contestaron:
—¿Pero cómo se les puede dar de comer
en un lugar como éste, donde no vive nadie?
[5] Jesús les preguntó:
—¿Cuántos panes tienen ustedes?
—Siete —contestaron ellos.
[6] Entonces mandó que la gente se sentara en el suelo, tomó en sus manos los

[8] Algunos mss. añaden: *el lavar los jarros y los vasos, y el hacer muchas cosas semejantes.* [9] Algunos mss.
añaden v. 16: *Ustedes que tienen oídos, oigan.*
[b] 7.6-7 Is 29.13. [c] 7.10 Ex 20.12; Dt 5.16. [d] 7.10 Ex 21.17; Lv 20.9.

siete panes y, habiendo dado gracias a Dios, los partió y los dio a sus discípulos, y ellos los repartieron entre la gente. [7] Tenían también unos cuantos pescaditos; Jesús dio gracias a Dios por ellos, y también mandó repartirlos. [8] Todos comieron hasta quedar satisfechos, y aun llenaron siete canastas con los pedazos sobrantes. [9] Los que comieron eran cerca de cuatro mil. Luego Jesús los despidió, [10] subió a la barca con sus discípulos y se fue a la región de Dalmanuta.

Los fariseos piden una señal milagrosa
(Mt 16.1-4; Lc 12.54-56)

[11] Llegaron los fariseos y comenzaron a discutir con Jesús. Y para tenderle una trampa, le pidieron que hiciera alguna señal milagrosa[e] que probara que él venía de parte de Dios. [12] Jesús suspiró profundamente y dijo:

—¿Por qué pide esta gente una señal milagrosa?[f] Les aseguro que no se les dará ninguna señal.

[13] Entonces los dejó, y volviendo a entrar en la barca se fue al otro lado del lago.

La levadura de los fariseos
(Mt 16.5-12)

[14] Se habían olvidado de llevar algo de comer, y solamente tenían un pan en la barca. [15] Jesús les advirtió:

—Miren, cuídense de la levadura de los fariseos[g] y de la levadura de Herodes.

[16] Los discípulos comentaban entre sí que no tenían pan.

[17] Jesús se dio cuenta, y les dijo:

—¿Por qué dicen que no tienen pan? ¿Todavía no entienden ni se dan cuenta? ¿Tienen tan cerrado el entendimiento? [18] ¿Tienen ojos y no ven, y oídos y no oyen?[h] ¿No se acuerdan? [19] Cuando repartí los cinco panes entre cinco mil hombres, ¿cuántas canastas llenas de pedazos recogieron?

Ellos contestaron:

—Doce.

[20] —Y cuando repartí los siete panes entre cuatro mil, ¿cuántas canastas llenas recogieron?

Contestaron:

—Siete.

[21] Entonces les dijo:

—¿Todavía no entienden?

Jesús sana a un ciego en Betsaida

[22] Después llegaron a Betsaida, y llevaron un ciego a Jesús, rogándole que lo to-

cara. [23] Jesús tomó de la mano al ciego y lo sacó fuera del pueblo. Le mojó los ojos con saliva, puso las manos sobre él y le preguntó si podía ver algo. [24] El ciego comenzó a ver, y dijo:

—Veo a los hombres. Me parecen como árboles que andan.

[25] Jesús le puso otra vez las manos sobre los ojos, y el hombre miró con atención y quedó sano. Ya todo lo veía claramente. [26] Entonces Jesús lo mandó a su casa, y le dijo:

—No vuelvas al pueblo.[10]

Pedro declara que Jesús es el Mesías
(Mt 16.13-20, Lc 9.18-21)

[27] Después de esto, Jesús y sus discípulos fueron a las aldeas de la región de Cesarea de Filipo. En el camino, Jesús preguntó a sus discípulos:

—¿Quién dice la gente que soy yo?

[28] Ellos contestaron:

—Algunos dicen que eres Juan el Bautista, otros dicen que eres Elías, y otros dicen que eres uno de los profetas.[i]

[29] —Y ustedes, ¿quién dicen que soy? —les preguntó.

Pedro le respondió:

—Tú eres el Mesías.[j]

[30] Pero Jesús les ordenó que no hablaran de él a nadie.

Jesús anuncia su muerte
(Mt 16.21-28; Lc 9.22-27)

[31] Jesús comenzó a enseñarles que el Hijo del hombre tendría que sufrir mucho, y que sería rechazado por los ancianos, por los jefes de los sacerdotes y por los maestros de la ley. Les dijo que lo iban a matar, pero que resucitaría a los tres días. [32] Esto se lo advirtió claramente. Entonces Pedro lo llevó aparte y comenzó a reprenderlo. [33] Pero Jesús se volvió, miró a los discípulos y reprendió a Pedro, diciéndole:

—¡Apártate de mí, Satanás! Tú no ves las cosas como las ve Dios, sino como las ven los hombres.

[34] Luego Jesús llamó a sus discípulos y a la gente, y dijo:

—Si alguno quiere ser discípulo mío, olvídese de sí mismo, cargue con su cruz y sígame.[k] [35] Porque el que quiera salvar su vida, la perderá; pero el que pierda la vida por causa mía y del mensaje de salvación, la salvará.[l] [36] ¿De qué le sirve al hombre ganar el mundo entero, si pierde la vida? [37] O también, ¿cuánto podría pagar el hombre por su vida? [38] Pues si alguno se avergüenza de mí y de mi mensaje delante de esta gente infiel y pecadora, también el

[10] Algunos mss. añaden: *ni lo digas a nadie en el pueblo.* [e] 8.11 Mt 12.38; Lc 11.16. [f] 8.12 Mt 12.39; Lc 11.29. [g] 8.15 Lc 12.1. [h] 8.18 Jer 5.21; Ez 12.2; Mr 4.12. [i] 8.28 Mr 6.14-15; Lc 9.7-8. [j] 8.29 Jn 6.68-69. [k] 8.34 Mt 10.38; Lc 14.27; Jn 12.24. [l] 8.35 Mt 10.39; Lc 17.33; Jn 12.25.

Hijo del hombre se avergonzará de él cuando venga con la gloria de su Padre y con los santos ángeles.

9 [1] Jesús también les dijo:
—Les aseguro que algunos de los que están aquí presentes no morirán hasta que vean el reino de Dios llegar con poder.

La transfiguración de Jesús
(Mt 17.1–13; Lc 9.28–36)

[2] Seis días después, Jesús se fue a un cerro alto llevándose solamente a Pedro, a Santiago y a Juan.[m] Allí, delante de ellos, cambió la apariencia de Jesús. [3] Su ropa se volvió brillante y más blanca de lo que nadie podría dejarla por mucho que la lavara. [4] Y vieron a Elías y a Moisés, que estaban conversando con Jesús. [5] Pedro le dijo a Jesús:
—Maestro, ¡qué bien que estemos aquí! Vamos a hacer tres chozas: una para ti, otra para Moisés y otra para Elías.
[6] Es que los discípulos estaban asustados, y Pedro no sabía qué decir. [7] En esto, una nube bajó y los envolvió en su sombra. Y de la nube salió una voz, que dijo: "Este es mi Hijo amado:[n] escúchenlo." [8] Al momento, cuando miraron alrededor, ya no vieron a nadie con ellos, sino a Jesús solo.
[9] Mientras bajaban del cerro, Jesús les encargó que no contaran a nadie lo que habían visto, hasta que el Hijo del hombre hubiera resucitado. [10] Por esto se guardaron el secreto entre ellos, aunque se preguntaban qué sería eso de resucitar. [11] Le preguntaron a Jesús:
—¿Por qué dicen los maestros de la ley que Elías ha de venir primero?[ñ]
[12] El les contestó:
—Es cierto que Elías viene primero, y que él lo arreglará todo. ¿Y por qué dicen las Escrituras que el Hijo del hombre ha de sufrir y ser despreciado? [13] Pero yo les digo que Elías ya vino, y que ellos hicieron con él todo lo que quisieron, como dicen las Escrituras que se había de suceder.

Jesús sana a un muchacho que tenía un espíritu impuro
(Mt 17.14–21; Lc 9.37–43)

[14] Cuando regresaron a donde estaban los discípulos, los encontraron rodeados de una gran multitud, y algunos maestros de la ley discutían con ellos. [15] Al ver a Jesús, todos corrieron a saludarlo llenos de admiración. [16] El les preguntó:
—¿Qué están ustedes discutiendo con ellos?
[17] Uno de los presentes contestó:

—Maestro, aquí te he traído a mi hijo, pues tiene un espíritu que lo ha dejado mudo. [18] Dondequiera que se encuentra, el espíritu lo agarra y lo tira al suelo; y echa espuma por la boca, le rechinan los dientes y se queda tieso. He pedido a tus discípulos que le saquen ese espíritu, pero no han podido.
[19] Jesús contestó:
—¡Gente sin fe! ¿Hasta cuándo tendré que estar con ustedes? ¿Hasta cuándo tendré que soportarlos? Traigan acá al muchacho.
[20] Entonces llevaron al muchacho ante Jesús. Pero cuando el espíritu vio a Jesús, hizo que le diera un ataque al muchacho, el cual cayó al suelo revolcándose y echando espuma por la boca. [21] Jesús le preguntó al padre:
—¿Desde cuándo le sucede esto?
El padre contestó:
—Desde que era niño. [22] Y muchas veces ese espíritu lo ha arrojado al fuego y al agua, para matarlo. Así que, si puedes hacer algo, ten compasión de nosotros y ayúdanos.
[23] Jesús le dijo:
—¿Cómo que 'si puedes'? ¡Todo es posible para el que cree!
[24] Entonces el padre del muchacho gritó:
—Yo creo. ¡Ayúdame a creer más!
[25] Al ver Jesús que se estaba reuniendo mucha gente, reprendió al espíritu impuro, diciendo:
—Espíritu mudo y sordo, yo te ordeno que salgas de este muchacho y que no vuelvas a entrar en él.
[26] El espíritu gritó, e hizo que le diera otro ataque al muchacho. Luego salió de él, dejándolo como muerto, de modo que muchos decían que, en efecto, estaba muerto. [27] Pero Jesús, tomándolo de la mano, lo levantó; y el muchacho se puso de pie.
[28] Luego Jesús entró en una casa, y sus discípulos le preguntaron a solas:
—¿Por qué nosotros no pudimos expulsar ese espíritu?
[29] Y Jesús les contestó:
—A esta clase de demonios solamente se la puede expulsar por medio de la oración.[ll]

Jesús anuncia por segunda vez su muerte
(Mt 17.22–23; Lc 9.43–45)

[30] Cuando se fueron de allí, pasaron por Galilea. Pero Jesús no quiso que nadie lo supiera, [31] porque estaba enseñando a sus discípulos. Les decía:

[ll] Algunos mss. añaden: y el ayuno.
[m] 9.2-7 2 P 1.17–18. [n] 9.7 Mt 3.17; Mr 1.11; Lc 3.22. [ñ] 9.11 Mal 4.5; Mt 11.14.

—El Hijo del hombre va a ser entregado en manos de los hombres, y lo matarán; pero tres días después resucitará. [32] Ellos no entendían lo que les decía, y tenían miedo de preguntarle.

¿Quién es el más importante?
(Mt 18.1-5; Lc 9.46-48)

[33] Llegaron a la ciudad de Capernaum. Cuando ya estaban en casa, Jesús les preguntó:

—¿Qué venían discutiendo ustedes por el camino? [34] Pero se quedaron callados, porque en el camino habían discutido quién de ellos era el más importante.[o] [35] Entonces Jesús se sentó, llamó a los doce y les dijo:

—Si alguien quiere ser el primero, deberá ser el último de todos, y servirlos a todos.[p] [36] Luego puso un niño en medio de ellos, y tomándolo en brazos les dijo:

[37] —El que recibe en mi nombre a un niño como éste, me recibe a mí; y el que me recibe a mí, no solamente a mí me recibe, sino también a aquel que me envió.[q]

El que no está contra nosotros, está a nuestro favor
(Mt 10.42; Lc 9.49-50)

[38] Juan le dijo:

—Maestro, hemos visto a uno que expulsaba demonios en tu nombre, pero como no es de los nuestros, se lo hemos prohibido. [39] Jesús contestó:

—No se lo prohíban, porque nadie que haga un milagro en mi nombre podrá luego hablar mal de mí. [40] El que no está contra nosotros, está a nuestro favor.[r] [41] Cualquiera que les dé a ustedes aunque sólo sea un vaso de agua por ser ustedes de Cristo, les aseguro que tendrá su premio.[s]

El peligro de caer en pecado
(Mt 18.6-9; Lc 17.1-2)

[42] "A cualquiera que haga caer en pecado a uno de estos pequeños que creen en mí, mejor le sería que lo echaran al mar con una gran piedra de molino atada al cuello. [43] Si tu mano te hace caer en pecado, córtatela; es mejor que entres manco en la vida, y no que con las dos manos vayas a parar al infierno, donde el fuego no se puede apagar.[12, t] [45] Y si tu pie te hace caer en pecado, córtatelo; es me-

jor que entres cojo en la vida, y no que con los dos pies seas arrojado al infierno.[13] [47] Y si tu ojo te hace caer en pecado, sácatelo; es mejor que entres con un solo ojo en el reino de Dios, y no que con los dos ojos seas arrojado al infierno,[u] [48] donde los gusanos no mueren y el fuego no se apaga.[v]

[49] "Porque todos serán salados con fuego.[14] [50] La sal es buena; pero si deja de estar salada, ¿cómo podrán ustedes hacerla útil otra vez?[w] Tengan sal en ustedes y vivan en paz unos con otros.

Jesús enseña sobre el divorcio
(Mt 19.1-12; Lc 16.18)

10 [1] Jesús salió de Capernaum y fue a la región de Judea y a la tierra que está al oriente del Jordán. Allí volvió a reunírsele la gente, y él comenzó de nuevo a enseñar, como tenía por costumbre. [2] Algunos fariseos se acercaron a Jesús y, para tenderle una trampa, le preguntaron si al esposo le está permitido divorciarse de su esposa. [3] El les contestó:

—¿Qué les mandó a ustedes Moisés? [4] Dijeron:

—Moisés permitió divorciarse de la esposa dándole un certificado de divorcio.[x] [5] Entonces Jesús les dijo:

—Moisés les dio ese mandato por lo tercos que son ustedes. [6] Pero en el principio de la creación, 'Dios los creó hombre y mujer.'[y] [7] Por esto el hombre dejará a su padre y a su madre para unirse a su esposa, [8] y los dos serán como una sola persona.'[z] Así que ya no son dos, sino uno solo. [9] De modo que el hombre no debe separar lo que Dios ha unido.

[10] Cuando ya estaban en casa, los discípulos volvieron a preguntarle sobre este asunto. [11] Jesús les dijo:

—El que se divorcia de su esposa y se casa con otra, comete adulterio contra la primera; [12] y si la mujer deja a su esposo y se casa con otro, también comete adulterio.[a]

Jesús bendice a los niños
(Mt 19.13-15; Lc 18.15-17)

[13] Llevaron unos niños a Jesús, para que los tocara; pero los discípulos comenzaron a reprender a quienes los llevaban. [14] Jesús, viendo esto, se enojó y les dijo:

—Dejen que los niños vengan a mí, y no se lo impidan, porque el reino de Dios es de quienes son como ellos. [15] Les aseguro

---

[12] Algunos mss. añaden v. 44: *Donde los gusanos no mueren y el fuego no se apaga.* [13] Algunos mss. añaden v. 46: *Donde los gusanos no mueren y el fuego no se apaga.* [14] Algunos mss. añaden: *y todo sacrificio será salado con sal.* **o 9.34** Lc 22.24. **p 9.35** Mt 20.26-27; 23.11; Mr 10.43-44; Lc 22.26. **q 9.37** Mt 10.40; Lc 10.16; Jn 13.20. **r 9.40** Mt 12.30; Lc 11.23. **s 9.41** Mt 10.42. **t 9.43** Mt 5.30. **u 9.47** Mt 5.29. **v 9.48** Is 66.24. **w 9.50** Mt 5.13; Lc 14,34-35. **x 10.4** Dt 24.1-4; Mt 5.31. **y 10.6** Gn 1.27; 5.2. **z 10.7-8** Gn 2.24. **a 10.11-12** Mt 5.32; 1 Co 7.10-11.

que el que no acepta el reino de Dios como un niño, no entrará en él.[b] [16] Y tomó en sus brazos a los niños, y los bendijo poniendo las manos sobre ellos.

Un hombre rico habla con Jesús
(Mt 19.16–30; Lc 18.18–30)

[17] Cuando Jesús iba a seguir su viaje, llegó un hombre corriendo, se puso de rodillas delante de él y le preguntó:

—Maestro bueno, ¿qué debo hacer para alcanzar la vida eterna?

[18] Jesús le contestó:

—¿Por qué me llamas bueno? Bueno solamente hay uno: Dios. [19] Ya sabes los mandamientos: 'No mates,[c] no cometas adulterio,[d] no robes,[e] no digas mentiras en perjuicio de nadie[f] ni engañes; honra a tu padre y a tu madre.'[g]

[20] El hombre le dijo:

—Maestro, todo eso lo he cumplido desde joven.

[21] Jesús lo miró con cariño, y le contestó:

—Una cosa te falta: anda, vende todo lo que tienes y dáselo a los pobres. Así tendrás riqueza en el cielo. Luego ven y sígueme.

[22] El hombre se afligió al oír esto; y se fue triste, porque era muy rico.

[23] Jesús miró entonces alrededor, y dijo a sus discípulos:

—¡Qué difícil va a ser para los ricos entrar en el reino de Dios![h]

[24] Estas palabras dejaron asombrados a los discípulos, pero Jesús les volvió a decir:

—Hijos, ¡qué difícil es[15] entrar en el reino de Dios! [25] Es más fácil para un camello pasar por el ojo de una aguja, que para un rico entrar en el reino de Dios.

[26] Al oírlo, se asombraron más aún, y se preguntaban unos a otros:

—¿Y quién podrá salvarse?

[27] Jesús los miró y les contestó:

—Para los hombres es imposible, pero no para Dios, porque para él no hay nada imposible.

[28] Pedro comenzó a decirle:

—Nosotros hemos dejado todo lo que teníamos, y te hemos seguido.

[29] Jesús respondió:

—Les aseguro que cualquiera que por mi causa y por causa del mensaje de salvación haya dejado casa, o hermanos, o hermanas, o madre, o padre, o hijos, o terrenos, [30] recibirá ahora en este mundo cien veces más en casas, hermanos, hermanas, madres, hijos y terrenos, aunque

con persecuciones; y en el mundo venidero recibirá la vida eterna. [31] Pero muchos que ahora son los primeros, serán los últimos; y muchos que ahora son los últimos, serán los primeros.[i]

Jesús anuncia por tercera vez su muerte
(Mt 20.17–19; Lc 18.31–34)

[32] Se dirigían a Jerusalén, y Jesús caminaba delante de los discípulos. Ellos estaban asombrados, y los que iban detrás tenían miedo. Jesús volvió a llamar aparte a los doce discípulos, y comenzó a decirles lo que le iba a pasar: [33] "Como ustedes ven, ahora vamos a Jerusalén, donde el Hijo del hombre va a ser entregado a los jefes de los sacerdotes y a los maestros de la ley, que lo condenarán a muerte y lo entregarán a los extranjeros. [34] Se burlarán de él, le escupirán, lo golpearán y lo matarán; pero tres días después resucitará."

Santiago y Juan piden un favor
(Mt 20.20–28)

[35] Santiago y Juan, hijos de Zebedeo, se acercaron a Jesús y le dijeron:

—Maestro, queremos que nos hagas el favor que vamos a pedirte.

[36] El les preguntó:

—¿Qué quieren que haga por ustedes?

[37] Le dijeron:

—Concédenos que en tu reino glorioso nos sentemos uno a tu derecha y otro a tu izquierda.

[38] Jesús les contestó:

—Ustedes no saben lo que piden. ¿Acaso pueden beber este trago amargo que voy a beber yo, y recibir el bautismo que yo voy a recibir?[j]

[39] Ellos contestaron:

—Podemos.

Jesús les dijo:

—Ustedes beberán este trago amargo, y recibirán el bautismo que yo voy a recibir; [40] pero el sentarse a mi derecha o a mi izquierda no me corresponde a mí darlo, sino que les será dado a aquellos para quienes está preparado.

[41] Cuando los otros diez discípulos oyeron esto, se enojaron con Santiago y Juan. [42] Pero Jesús los llamó, y les dijo:

—Como ustedes saben, entre los paganos hay jefes que se creen con derecho a gobernar con tiranía a sus súbditos, y los grandes hacen sentir su autoridad sobre ellos. [43] Pero entre ustedes no debe ser así. Al contrario, el que quiera ser grande entre ustedes, deberá servir a los demás,[k]

[15] Algunos mss. añaden: para los que confían en las riquezas.
[b] 10.15 Mt 18.3. [c] 10.19 Ex 20.13; Dt 5.17. [d] 10.19 Ex 20.14; Dt 5.18. [e] 10.19 Ex 20.15; Dt 5.19. [f] 10.19 Ex 20.16; Dt 5.20. [g] 10.19 Ex 20.12; Dt 5.16. [h] 10.23–25 Pr 11.28. [i] 10.31 Mt 20.16; Lc 13.30. [j] 10.38 Lc 12.50. [k] 10.42–43 Lc 22.25–26.

[44] y el que entre ustedes quiera ser el primero, deberá ser el esclavo de los demás.[l] [45] Porque ni aun el Hijo del hombre vino para que le sirvan, sino para servir[m] y dar su vida como precio por la libertad de muchos.

Jesús sana a Bartimeo el ciego
(Mt 20.29-34; Lc 18.35-43)

[46] Llegaron a Jericó. Y cuando Jesús ya salía de la ciudad, seguido de sus discípulos y de mucha gente, un mendigo ciego llamado Bartimeo, hijo de Timeo, estaba sentado junto al camino. [47] Al oír que era Jesús de Nazaret, el ciego comenzó a gritar:

—¡Jesús, Hijo de David, ten compasión de mí!

[48] Muchos lo reprendían para que se callara, pero él gritaba más todavía:

—¡Hijo de David, ten compasión de mí!

[49] Entonces Jesús se detuvo, y dijo:

—Llámenlo.

Llamaron al ciego, diciéndole:

—Ánimo, levántate; te está llamando.

[50] El ciego arrojó su capa, y dando un salto se acercó a Jesús, [51] que le preguntó:

—¿Qué quieres que haga por ti?

El ciego le contestó:

—Maestro, quiero recobrar la vista.

[52] Jesús le dijo:

—Puedes irte; por tu fe has sido sanado.

En aquel mismo instante el ciego recobró la vista, y siguió a Jesús por el camino.

Jesús entra en Jerusalén
(Mt 21.1-11; Lc 19.28-40; Jn 12.12-19)

11 [1] Cuando ya estaban cerca de Jerusalén, en los pueblos de Betfagé y Betania, junto al monte de los Olivos, Jesús envió a dos de sus discípulos, [2] diciéndoles:

—Vayan a la aldea que está enfrente, y al entrar en ella encontrarán un burro atado, que nadie ha montado todavía. Desátenlo y tráiganlo. [3] Y si alguien les pregunta por qué lo hacen, díganle que el Señor lo necesita y que en seguida lo devolverá.

[4] Fueron, pues, y encontraron el burro atado en la calle, junto a una puerta, y lo desataron. [5] Algunos que estaban allí les preguntaron:

—¿Qué hacen ustedes? ¿Por qué desatan el burro?

[6] Ellos contestaron lo que Jesús les había dicho; los dejaron ir. [7] Pusieron entonces sus ropas sobre el burro, y se lo lle-

varon a Jesús. Y Jesús montó. [8] Muchos tendían sus propias ropas por el camino, y otros tendían ramas que habían cortado en el campo. [9] Y tanto los que iban delante como los que iban detrás, gritaban:

—¡Gloria![16] ¡Bendito el que viene en el nombre del Señor![n] [10] ¡Bendito el reino que viene, el reino de nuestro padre David! ¡Gloria en las alturas!

[11] Entró Jesús en Jerusalén y se dirigió al templo. Miró por todas partes y luego se fue a Betania con los doce discípulos, porque ya era tarde.

Jesús maldice la higuera sin fruto
(Mt 21.18-19)

[12] Al día siguiente, cuando salían de Betania, Jesús sintió hambre. [13] De lejos vio una higuera que tenía hojas, y se acercó a ver si también tenía fruto, pero no encontró más que las hojas, porque no era tiempo de higos. [14] Entonces le dijo a la higuera:

—¡Nunca más vuelva nadie a comer de tu fruto!

Sus discípulos lo oyeron.

Jesús purifica el templo
(Mt 21.12-17; Lc 19.45-48; Jn 2.13-22)

[15] Después que llegaron a Jerusalén, Jesús entró en el templo y comenzó a echar de allí a los que estaban vendiendo y comprando. Volcó las mesas de los que cambiaban dinero a la gente, y los puestos de los que vendían palomas; [16] y no permitía que nadie pasara por el templo llevando cosas. [17] Y se puso a enseñar, diciendo:

—En las Escrituras dice: 'Mi casa será declarada casa de oración para todas las naciones',[ñ] pero ustedes han hecho de ella una cueva de ladrones.[o]

[18] Al oír esto, los jefes de los sacerdotes y los maestros de la ley comenzaron a buscar la manera de matar a Jesús, porque le tenían miedo, pues toda la gente estaba admirada de su enseñanza. [19] Pero al llegar la noche, Jesús y sus discípulos salieron de la ciudad.

La higuera sin fruto se seca
(Mt 21.20-22)

[20] A la mañana siguiente pasaron junto a la higuera, y vieron que se había secado de raíz. [21] Entonces Pedro, acordándose de lo sucedido, le dijo a Jesús:

—Maestro, mira, la higuera que maldijiste se ha secado.

[16] Véase nota en Mt 21.9.
[l] 10.43-44 Mt 23.11; Mr 9.35; Lc 22.26. [m] 10.45 Lc 22.27; Jn 13.12-15. [n] 11.9 Sal 118.25-26. [ñ] 11.17 Is 56.7.
[o] 11.17 Jer 7.11.

22 Jesús contestó:
—Tengan fe en Dios. 23 Pues les aseguro
que si alguien le dice a este cerro: '¡Quítate de ahí y arrójate al mar', y no lo hace
con dudas sino creyendo que ha de suceder lo que dice, entonces sucederá.[p]
24 Por eso les digo que todo lo que ustedes
pidan en oración, crean que ya lo han
conseguido, y lo recibirán. 25 Y cuando estén orando, perdonen lo que tengan contra otro, para que también su Padre que
está en el cielo les perdone a ustedes sus
pecados.[17,q]

La autoridad de Jesús

(Mt 21.23–27; Lc 20.1–8)

27 Después de esto regresaron a Jerusalén. Mientras Jesús andaba por el templo,
se acercaron a él los jefes de los sacerdotes, los maestros de la ley y los ancianos,
28 y le preguntaron:
—¿Con qué autoridad haces esto?
¿Quién te dio la autoridad para hacerlo?
29-30 Jesús les contestó:
—Yo también les voy a hacer una pregunta: ¿Quién envió a Juan a bautizar,
Dios o los hombres? Contéstenme. Si ustedes me dan la respuesta, yo les diré con
qué autoridad hago esto.
31 Ellos se pusieron a discutir unos con
otros: "Si respondemos que Dios lo envió,
va a decir: 'Entonces, ¿por qué no le creyeron?' 32 ¿Y cómo vamos a decir que lo
enviaron los hombres? . . ." Tenían miedo
de la gente, pues todos creían que Juan
hablaba verdaderamente de parte de Dios.
33 Así que respondieron a Jesús:
—No lo sabemos.
Entonces Jesús les contestó:
—Pues yo tampoco les digo con qué autoridad hago esto.

La parábola de los labradores malvados

(Mt 21.33–46; Lc 20.9–19)

12 1 Jesús comenzó a hablarles por medio de parábolas. Les dijo: "Un
hombre plantó un viñedo[r] y le puso un
cerco; preparó un lugar donde hacer el
vino y levantó una torre para vigilarlo
todo. Luego alquiló el terreno a unos labradores y se fue de viaje. 2 A su debido
tiempo, mandó un criado a pedir a los labradores la parte de la cosecha que le
correspondía. 3 Pero ellos le echaron
mano, lo golpearon y lo enviaron con las
manos vacías. 4 Entonces el dueño mandó
otro criado, pero a éste lo hirieron en la
cabeza y lo insultaron. 5 Mandó a otro, y a
éste lo mataron. Después mandó a otros
muchos; y a unos los golpearon y a otros
los mataron.
6 "Todavía le quedaba uno: su propio
hijo, a quien quería mucho. Por último lo
mandó a él, pensando: 'Sin duda, respetarán a mi hijo.' 7 Pero los labradores se dijeron unos a otros: 'Este es el que ha de recibir la herencia; matémoslo, y será
nuestra la propiedad.' 8 Así que lo agarraron, lo mataron y arrojaron el cuerpo
fuera del viñedo.
9 "¿Y qué creen ustedes que hará el
dueño del viñedo? Pues irá y matará a
esos labradores, y dará el viñedo a otros.
10 "¿No han leído ustedes la Escritura?
Dice:
'La piedra que los constructores
despreciaron
se ha convertido en la piedra
principal.
11 Esto lo hizo el Señor,
y estamos maravillados.' "[s]
12 Quisieron entonces arrestar a Jesús,
porque sabían que había usado esta parábola contra ellos. Pero como tenían
miedo de la gente, lo dejaron y se fueron.

El asunto de los impuestos

(Mt 22.15–22; Lc 20.20–26)

13 Mandaron a Jesús algunos de los fariseos y del partido de Herodes, para hacerle decir algo de que pudieran acusarlo.
14 Estos fueron y le dijeron:
—Maestro, sabemos que tú dices la verdad, sin dejarte llevar por lo que diga la
gente, porque no juzgas a los hombres por
su apariencia. Tú enseñas de veras a vivir
como Dios exige. ¿Está bien que paguemos impuestos al emperador romano, o
no? ¿Debemos o no debemos pagarlos?
15 Pero Jesús, que conocía su hipocresía,
les dijo:
—¿Por qué me tienden trampas? Tráiganme una moneda, para que la vea.
16 Se la llevaron, y Jesús les dijo:
—¿De quién es esta cara y el nombre
que aquí está escrito?
Le contestaron:
—Del emperador.
17 Entonces Jesús les dijo:
—Pues den al emperador lo que es del
emperador, y a Dios lo que es de Dios.
Y su respuesta los dejó admirados.

La pregunta sobre la resurrección

(Mt 22.23–33; Lc 20.27–40)

18 Entonces fueron a ver a Jesús algunos
saduceos. Estos dicen que los muertos no
resucitan;[t] por eso le presentaron este
caso:

17 Algunos mss. añaden v. 26: *Pero si ustedes no perdonan, tampoco su Padre que está en el cielo les perdonará a ustedes sus pecados.*

p **11.23** Mt 17.20; 1 Co 13.2. q **11.25** Mt 6.14–15. r **12.1** Is 5.1–2. s **12.10–11** Sal 118.22–23. t **12.18** Hch 23.8.

¹⁹ —Maestro, Moisés nos dejó escrito que si un hombre casado muere sin haber tenido hijos con su mujer, el hermano del difunto deberá tomar por esposa a la viuda, para darle hijos al hermano que murió. ᵘ ²⁰ Pues bien, había una vez siete hermanos, el primero de los cuales se casó, pero murió sin dejar hijos. ²¹ Entonces el segundo se casó con la viuda, pero él también murió sin dejar hijos. Lo mismo pasó con el tercero, ²² y con los siete; pero ninguno dejó hijos. Finalmente murió también la mujer. ²³ Pues bien, en la resurrección, cuando vuelvan a vivir, ¿de cuál de ellos será esposa esta mujer, si los siete estuvieron casados con ella?

²⁴ Jesús les contestó:

—Ustedes están equivocados, porque no conocen las Escrituras ni el poder de Dios. ²⁵ Cuando los muertos resuciten, los hombres y las mujeres no se casarán, pues serán como los ángeles que están en el cielo. ²⁶ Y en cuanto a que los muertos resucitan, ¿no han leído ustedes en el libro de Moisés el pasaje de la zarza que ardía? Dios le dijo a Moisés: 'Yo soy el Dios de Abraham, de Isaac y de Jacob.' ᵛ ²⁷ ¡Y Dios no es Dios de muertos, sino de vivos! Así que ustedes están muy equivocados.

El mandamiento más importante
(Mt 22.34-40)

²⁸ Al ver que Jesús les había contestado bien, uno de los maestros de la ley, que los había oído discutir, se acercó a él y le preguntó:

—¿Cuál es el primero de todos los mandamientos?

²⁹ Jesús le contestó:

—El primer mandamiento de todos es: 'Oye, Israel: el Señor nuestro Dios es el único Señor. ¹⁸ ³⁰ Ama al Señor tu Dios con todo tu corazón, con toda tu alma, con toda tu mente y con todas tus fuerzas.' ʷ ³¹ Y el segundo es: 'Ama a tu prójimo como a ti mismo.' ˣ Ningún mandamiento es más importante que éstos.

³² El maestro de la ley le dijo:

—Muy bien, Maestro. Es verdad lo que dices: hay un solo Dios, y no hay otro fuera de él. ʸ ³³ Y amar a Dios con todo el corazón, con todo el entendimiento y con todas las fuerzas, y amar al prójimo como a uno mismo, vale más que todos los holocaustos y todos los sacrificios que se queman en el altar. ᶻ

³⁴ Al ver Jesús que el maestro de la ley había contestado con buen sentido, le dijo:

—No estás lejos del reino de Dios.

Y ya nadie se atrevía a hacerle más preguntas. ᵃ

¿De quién desciende el Mesías?
(Mt 22.41-46; Lc 20.41-44)

³⁵ Jesús estaba enseñando en el templo, y preguntó:

—¿Por qué dicen los maestros de la ley que el Mesías desciende de David? ³⁶ Pues David mismo, inspirado por el Espíritu Santo, dijo:

'El Señor dijo a mi Señor:
Siéntate a mi derecha,
hasta que yo ponga a tus enemigos
debajo de tus pies.' ᵇ
³⁷ ¿Pero cómo puede el Mesías descender de David, si David mismo lo llama Señor?

La gente, que era mucha, escuchaba con gusto a Jesús.

Jesús acusa a los maestros de la ley
(Mt 23.1-36; Lc 11.37-54; 20.45-47)

³⁸ Jesús decía en su enseñanza: "Cuídense de los maestros de la ley, pues les gusta andar con ropas largas y que los saluden con todo respeto en las plazas. ³⁹ Buscan los asientos de honor en las sinagogas y los mejores lugares en las comidas; ⁴⁰ y les quitan sus casas a las viudas, y para disimularlo hacen largas oraciones. Ellos recibirán mayor castigo."

La ofrenda de la viuda pobre
(Lc 21.1-4)

⁴¹ Jesús estaba una vez sentado frente a los cofres de las ofrendas, mirando cómo la gente echaba dinero en ellos. Muchos ricos echaban mucho dinero. ⁴² En esto llegó una viuda pobre, y echó en uno de los cofres dos monedita de cobre, de muy poco valor. ⁴³ Entonces Jesús llamó a sus discípulos, y les dijo:

—Les aseguro que esta viuda pobre ha dado más que todos los otros que echan dinero en los cofres; ⁴⁴ pues todos dan de lo que les sobra, pero ella, en su pobreza, ha dado todo lo que tenía para vivir.

Jesús anuncia que el templo será destruido
(Mt 24.1-2; Lc 21.5-6)

13 ¹ Al salir Jesús del templo, uno de sus discípulos le dijo:

—¡Maestro, mira qué piedras y qué edificios!

² Jesús le contestó:

---

¹⁸ Es el único Señor: otra posible traducción: el Señor es uno.
ᵘ 12.19 Dt 25.5.   ᵛ 12.26 Ex 3.6.   ʷ 12.29-30 Dt 6.4-5.   ˣ 12.31 Lv 19.18.   ʸ 12.32 Dt 4.35.   ᶻ 12.33 Os 6.6.
ᵃ 12.28-34 Lc 10.25-28.   ᵇ 12.36 Sal 110.1.

—¿Ves estos grandes edificios? Pues no va a quedar de ellos ni una piedra sobre otra. Todo será destruido.

Señales antes del fin
(Mt 24.3–28; Lc 21.7–24; 17.22–24)

[3] Luego se fueron al monte de los Olivos, que está frente al templo. Jesús se sentó, y Pedro, Santiago, Juan y Andrés le preguntaron aparte [4] cuándo iba a ocurrir esto y cuál sería la señal de que estas cosas ya estaban a punto de suceder.

[5] Jesús les contestó: "Tengan cuidado de que nadie los engañe. [6] Porque vendrán muchos haciéndose pasar por mí. Dirán: 'Yo soy', y engañarán a mucha gente.

[7] "Cuando ustedes tengan noticias de que hay guerras aquí y allá, no se asusten. Así tiene que ocurrir; sin embargo, aún no será el fin. [8] Porque una nación peleará contra otra y un país hará guerra contra otro; y habrá terremotos en muchos lugares, y habrá hambres. Eso apenas será el comienzo de los dolores.

[9] "Cuídense ustedes mismos; porque los entregarán a las autoridades y los golpearán en las sinagogas. Los harán comparecer ante gobernadores y reyes por causa mía; así podrán dar testimonio de mí delante de ellos. [10] Pues antes del fin, el mensaje de salvación tiene que anunciarse a todas las naciones. [11] Y no se preocupen ustedes por lo que hayan de decir cuando los entreguen a las autoridades. En esos momentos digan lo que Dios les dé a decir, porque no serán ustedes los que hablen, sino el Espíritu Santo.[c] [12] Los hermanos entregarán a la muerte a sus hermanos, y los padres a los hijos; y los hijos se volverán contra sus padres y los matarán. [13] Todo el mundo los odiará a ustedes por causa mía; pero el que siga firme hasta el fin, será salvo.[d]

[14] "Cuando ustedes vean el horrible sacrilegio[e] en el lugar donde no debe estar —el que lee, entienda—, entonces los que estén en Judea, que huyan a las montañas; [15] y el que esté en la azotea de su casa, que no baje ni entre a sacar nada; [16] y el que esté en el campo, que no regrese ni aun a recoger su ropa.[f] [17] ¡Pobres mujeres aquellas que en tales días estén embarazadas o tengan niños de pecho! [18] Pidan ustedes a Dios que esto no suceda en el invierno, [19] porque serán días de un sufrimiento como nunca lo ha habido desde que Dios hizo el mundo,[g] ni lo habrá después. [20] Y si el Señor no acortara ese tiempo, no se salvaría nadie; pero lo

ha acortado por amor a los suyos, a los que él ha escogido. [21] "Si entonces alguien les dice a ustedes: 'Miren, aquí está el Mesías', o 'Miren, allí está', no lo crean. [22] Pues vendrán falsos mesías y falsos profetas; y harán señales y milagros, para engañar, a ser posible, hasta a los que Dios mismo ha escogido. [23] ¡Tengan cuidado! Todo esto ya se lo he advertido a ustedes de antemano.

El regreso del Hijo del hombre
(Mt 24.29–35,42,44; Lc 21.25–36)

[24] "Pero en aquellos días, pasado el tiempo de sufrimiento, el sol se oscurecerá,[h] la luna dejará de dar su luz,[i] [25] las estrellas caerán del cielo[j] y las fuerzas celestiales temblarán.[k] [26] Entonces se verá al Hijo del hombre venir en las nubes[l] con gran poder y gloria. [27] Él mandará a sus ángeles, y reunirá a sus escogidos de los cuatro puntos cardinales, desde el último rincón de la tierra hasta el último rincón del cielo.

[28] "Aprendan esta enseñanza de la higuera: Cuando sus ramas se ponen tiernas, y brotan sus hojas, se dan cuenta ustedes de que ya está cerca. [29] De la misma manera, cuando vean que suceden estas cosas, sepan que el Hijo del hombre ya está a la puerta. [30] Les aseguro que todo esto sucederá antes que muera la gente de este tiempo. [31] El cielo y la tierra dejarán de existir, pero mis palabras no dejarán de cumplirse.

[32] "Pero en cuanto al día y la hora, nadie lo sabe, ni aun los ángeles del cielo, ni el Hijo. Solamente lo sabe el Padre.[m] [33] "Por lo tanto, manténganse ustedes despiertos y vigilantes,[19] porque no saben cuándo llegará el momento. [34] Esto es como un hombre que, estando a punto de irse a otro país, encarga a sus criados que le cuiden la casa. A cada cual le manda una tarea, y ordena al portero que vigile.[n] [35] Así pues, manténganse ustedes despiertos, porque no saben cuándo va a llegar el señor de la casa, si al anochecer, a la medianoche, al canto del gallo o a la mañana; [36] no sea que venga de repente y los encuentre durmiendo. [37] Lo que les digo a ustedes se lo digo a todos: ¡Manténganse despiertos!"

Conspiración para arrestar a Jesús
(Mt 26.1–5; Lc 22.1–2; Jn 11.45–53)

14 [1] Faltaban dos días para la fiesta de la Pascua,[ñ] cuando se come el pan

[19] Algunos mss. añaden: y oren.
[c] 13.9–11 Mt 10.17–20; Lc 12.11–12.   [d] 13.13 Mt 10.22.   [e] 13.14 Dn 9.27; 11.31; 12.11.   [f] 13.15–16 Lc 17.31.
[g] 13.19 Dn 12.1; Ap 7.14.   [h] 13.24 Is 13.10; Jl 2.10,31; 3.15; Ap 6.12.   [i] 13.24 Is 13.10; Ez 32.7; Jl 2.10; 3.15.
[j] 13.25 Is 34.14; Ap 6.13.   [k] 13.25 Jl 2.10.   [l] 13.26 Dn 7.13; Ap 1.7.   [m] 13.32 Mt 24.36.   [n] 13.34 Lc 12.36–38.
[ñ] 14.1 Ex 12.1–27; Dt 16.1–8.

sin levadura. Los jefes de los sacerdotes y los maestros de la ley buscaban la manera de arrestar a Jesús por medio de algún engaño, y matarlo. [2] Pues algunos decían:

—No durante la fiesta, para que la gente no se alborote.

Una mujer derrama perfume sobre Jesús
(Mt 26.6–13; Jn 12.1–8)

[3] Jesús había ido a Betania, a casa de Simón, al que llamaban el leproso; mientras estaba sentado a la mesa, llegó una mujer que llevaba un frasco de alabastro lleno de perfume de nardo puro, de mucho valor. Rompió el frasco y derramó el perfume sobre la cabeza de Jesús.[o] [4] Algunos de los presentes se enojaron, y se dijeron unos a otros:

—¿Por qué se ha desperdiciado este perfume? [5] Podía haberse vendido por más de trescientos denarios, para ayudar a los pobres.

Y criticaban a aquella mujer. [6] Pero Jesús dijo:

—Déjenla; ¿por qué la molestan? Esto que me ha hecho es bueno. [7] Pues a los pobres siempre los tendrán entre ustedes,[p] y pueden hacerles bien cuando quieran; pero a mí no siempre me van a tener. [8] Esta mujer ha hecho lo que ha podido: ha perfumado mi cuerpo de antemano para mi entierro. [9] Les aseguro que en cualquier lugar del mundo donde se predique el mensaje de salvación, se hablará también de lo que hizo esta mujer, y así será recordada.

Judas traiciona a Jesús
(Mt 26.14–16; Lc 22.3–6)

[10] Judas Iscariote, uno de los doce discípulos, fue a ver a los jefes de los sacerdotes para entregarles a Jesús. [11] Al oírlo, se alegraron y prometieron darle dinero a Judas, que comenzó a buscar el momento más oportuno de entregar a Jesús.

La Cena del Señor
(Mt 26.17–29; Lc 22.7–23; Jn 13.21–30; 1 Co 11.23–26)

[12] El primer día de la fiesta en que se comía el pan sin levadura, cuando se sacrificaba el cordero de Pascua, los discípulos de Jesús le preguntaron:

—¿Dónde quieres que vayamos a prepararte la cena de Pascua?

[13] Entonces envió a dos de sus discípulos, diciéndoles:

—Vayan a la ciudad. Allí encontrarán a un hombre que lleva un cántaro de agua; síganlo, [14] y donde entre, digan al dueño de la casa: 'El Maestro pregunta: ¿Cuál es el cuarto donde voy a comer con mis discípulos la cena de Pascua?' [15] El les mostrará en el piso alto un cuarto grande y muy bien arreglado. Preparen allí la cena para nosotros.

[16] Los discípulos salieron y fueron a la ciudad. Lo encontraron todo como Jesús se lo había dicho, y prepararon la cena de Pascua.

[17] Al anochecer llegó Jesús con los doce discípulos. [18] Mientras estaban a la mesa, comiendo, Jesús les dijo:

—Les aseguro que uno de ustedes, que está comiendo conmigo,[q] me va a traicionar.

[19] Ellos se pusieron tristes, y comenzaron a preguntarle uno por uno:

—¿Seré yo?

[20] Jesús les contestó:

—Es uno de los doce, que está mojando el pan en el mismo plato que yo. [21] El Hijo del hombre ha de recorrer el camino que dicen las Escrituras; pero ¡ay de aquel que le traiciona! Hubiera sido mejor para él no haber nacido.

[22] Mientras comían, Jesús tomó en sus manos el pan y, habiendo dado gracias a Dios, lo partió y se lo dio a ellos, diciendo:

—Tomen, esto es mi cuerpo.

[23] Luego tomó en sus manos una copa y, habiendo dado gracias a Dios, se la pasó a ellos, y todos bebieron. [24] Les dijo:

—Esto es mi sangre,[r] con la que se confirma el pacto,[20, s] la cual es derramada en favor de muchos. [25] Les aseguro que no volveré a beber del producto de la vid, hasta el día en que beba el vino nuevo en el reino de Dios.

Jesús anuncia que Pedro lo negará
(Mt 26.30–35; Lc 22.31–34; Jn 13.36–38)

[26] Después de cantar los salmos, se fueron al monte de los Olivos. [27] Jesús les dijo:

—Todos ustedes van a perder su confianza en mí. Así lo dicen las Escrituras: 'Mataré al pastor, y las ovejas se dispersarán.'[t] [28] Pero cuando yo resucite, iré a Galilea antes que ustedes.[u]

[29] Pedro le dijo:

—Aunque todos pierdan su confianza, yo no.

[30] Jesús le contestó:

—Te aseguro que esta misma noche, antes que cante el gallo por segunda vez, me negarás tres veces.

[20] El pacto: algunos mss. dicen: el nuevo pacto.
[o] 14.3 Lc 7.37–38. [p] 14.7 Dt 15.11. [q] 14.18 Sal 41.9. [r] 14.24 Ex 24.8; Zac 9.11. [s] 14.24 Jer 31.31–34. [t] 14.27 Zac 13.7.
[u] 14.28 Mt 28.16.

³¹ Pero él insistía:

—Aunque tenga que morir contigo, no te negaré.

Y todos decían lo mismo.

Jesús ora en Getsemaní
(Mt 26.36–46; Lc 22.39–46)

³² Luego fueron a un lugar llamado Getsemaní. Jesús dijo a sus discípulos:

—Siéntense aquí, mientras yo voy a orar.

³³ Y se llevó a Pedro, a Santiago y a Juan, y comenzó a sentirse muy afligido y angustiado. ³⁴ Les dijo:

—Siento en mi alma una tristeza de muerte. Quédense ustedes aquí, y permanezcan despiertos.

³⁵ En seguida Jesús se fue un poco más adelante, se inclinó hasta tocar el suelo con la frente, y pidió a Dios que, a ser posible, no le llegara ese momento de dolor. ³⁶ En su oración decía: "Padre mío, para ti todo es posible: líbrame de este trago amargo; pero que no se haga lo que yo quiero, sino lo que quieres tú."

³⁷ Luego volvió a donde ellos estaban, y los encontró dormidos. Le dijo a Pedro:

—Simón, ¿estás durmiendo? ¿Ni siquiera una hora pudiste mantenerte despierto? ³⁸ Manténganse despiertos y oren, para que no caigan en tentación. Ustedes tienen buena voluntad, pero su cuerpo es débil.

³⁹ Se fue otra vez, y oró repitiendo las mismas palabras. ⁴⁰ Cuando volvió, encontró otra vez dormidos a los discípulos, porque sus ojos se les cerraban de sueño. Y no sabían qué contestarle. ⁴¹ Volvió por tercera vez, y les dijo:

—¿Siguen ustedes durmiendo y descansando? Ya basta, ha llegado la hora en que el Hijo del hombre va a ser entregado en manos de los pecadores. ⁴² Levántense, vámonos; ya se acerca el que me traiciona.

Arrestan a Jesús
(Mt 26.47–56; Lc 22.47–53; Jn 18.2–11)

⁴³ Todavía estaba hablando Jesús cuando Judas, uno de los doce discípulos, llegó acompañado de mucha gente armada con espadas y con palos. Iban de parte de los jefes de los sacerdotes, de los maestros de la ley y de los ancianos. ⁴⁴ Judas, el traidor, les había dado una contraseña, diciéndoles: "Al que yo bese, ése es; arréstenlo y llévenselo bien sujeto." ⁴⁵ Así que se acercó a Jesús y le dijo:

—¡Maestro!

Y lo besó. ⁴⁶ Entonces le echaron mano a Jesús y lo arrestaron.

⁴⁷ Pero uno de los que estaban allí sacó su espada y le cortó una oreja al criado del sumo sacerdote. ⁴⁸ Y Jesús preguntó a la gente:

—¿Por qué han venido ustedes con espadas y con palos a arrestarme, como si yo fuera un bandido? ⁴⁹ Todos los días he estado entre ustedes enseñando en el templo,ᵛ y nunca me arrestaron. Pero esto sucede para que se cumplan las Escrituras.

⁵⁰ Todos los discípulos dejaron solo a Jesús, y huyeron. ⁵¹ Pero un joven lo seguía, cubierto sólo con una sábana. A éste lo agarraron, ⁵² pero él soltó la sábana y escapó desnudo.

Jesús ante la Junta Suprema
(Mt 26.57–68; Lc 22.54–55, 63–71; Jn 18.12–14, 19–24)

⁵³ Llevaron entonces a Jesús ante el sumo sacerdote, y se juntaron todos los jefes de los sacerdotes, los ancianos y los maestros de la ley. ⁵⁴ Pedro lo siguió de lejos hasta dentro del patio de la casa del sumo sacerdote, y se quedó sentado con los guardianes del templo, calentándose junto al fuego.

⁵⁵ Los jefes de los sacerdotes y toda la Junta Suprema buscaban alguna prueba para condenar a muerte a Jesús; pero no la encontraban. ⁵⁶ Porque aunque muchos presentaban falsos testimonios contra él, se contradecían unos a otros. ⁵⁷ Algunos se levantaron y lo acusaron falsamente, diciendo:

⁵⁸ —Nosotros le hemos oído decir: 'Yo voy a destruir este templo que hicieron los hombres, y en tres días levantaré otro no hecho por los hombres.'ʷ

⁵⁹ Pero ni aun así estaban de acuerdo en lo que decían.

⁶⁰ Entonces el sumo sacerdote se levantó en medio de todos, y preguntó a Jesús:

—¿No contestas nada? ¿Qué es esto que están diciendo contra ti?

⁶¹ Pero Jesús se quedó callado, sin contestar nada. El sumo sacerdote volvió a preguntarle:

—¿Eres tú el Mesías, el Hijo del Dios bendito?

⁶² Jesús le dijo:

—Sí, yo soy. Y ustedes verán al Hijo del hombre sentado a la derecha del Todopoderoso y venir en las nubes del cielo.ˣ

⁶³ Entonces el sumo sacerdote se rasgó las ropas en señal de indignación, y dijo:

—¿Qué necesidad tenemos de más testigos? ⁶⁴ Ustedes le han oído decir palabras ofensivas contra Dios. ¿Qué les parece?

Todos estuvieron de acuerdo en que era culpable y debía morir.ʸ

⁶⁵ Algunos comenzaron a escupirle, y a taparle los ojos y golpearlo, diciéndole:

ᵛ **14.49** Lc 19.47; 21.37.   ʷ **14.58** Jn 2.19.   ˣ **14.62** Dn 7.13.   ʸ **14.64** Lv 24.16.

—¡Adivina quién te pegó! Y los guardianes del templo le pegaron en la cara.

Pedro niega conocer a Jesús
(Mt 26.69–75; Lc 22.56–62; Jn 18.15–18, 25–29)

⁶⁶ Pedro estaba abajo, en el patio. En esto llegó una de las sirvientas del sumo sacerdote; ⁶⁷ y al ver a Pedro, que se estaba calentando junto al fuego, se quedó mirándolo y le dijo:

—Tú también andabas con Jesús, el de Nazaret.

⁶⁸ Pedro lo negó, diciendo:

—No lo conozco, ni sé de qué estás hablando.

Y salió afuera, a la entrada. Entonces cantó un gallo. ⁶⁹ La sirvienta vio otra vez a Pedro y comenzó a decir a los demás:

—Este es uno de ellos.

⁷⁰ Pero él volvió a negarlo. Poco después, los que estaban allí dijeron de nuevo a Pedro:

—Seguro que tú eres uno de ellos. Además eres de Galilea.

⁷¹ Entonces Pedro comenzó a jurar y perjurar, diciendo:

—¡No conozco a ese hombre de quien ustedes están hablando!

⁷² En aquel mismo momento cantó el gallo por segunda vez, y Pedro se acordó de que Jesús le había dicho: 'Antes que cante el gallo por segunda vez, me negarás tres veces.' Y se echó a llorar.

Jesús ante Pilato
(Mt 27.1–2, 11–14; Lc 23.1–5; Jn 18.28–38)

15 ¹ Al amanecer, se reunieron los jefes de los sacerdotes con los ancianos, los maestros de la ley y toda la Junta Suprema. Y llevaron a Jesús atado, y se lo entregaron a Pilato. ² Pilato le preguntó:

—¿Eres tú el Rey de los judíos?

—Tú lo has dicho —contestó Jesús.

³ Como los jefes de los sacerdotes lo acusaban de muchas cosas, ⁴ Pilato volvió a preguntarle:

—¿No respondes nada? Mira de cuántas cosas te están acusando.

⁵ Pero Jesús no le contestó; de manera que Pilato se quedó muy extrañado.

Jesús es sentenciado a muerte
(Mt 27.15–31; Lc 23.13–25; Jn 18.38–19.16)

⁶ Durante la fiesta, Pilato dejaba libre un preso, el que la gente pidiera. ⁷ Un hombre llamado Barrabás estaba entonces en la cárcel, junto con otros que habían cometido un asesinato en una rebelión.

⁸ La gente llegó, pues, y empezó a pedirle a Pilato que hiciera como tenía por costumbre. ⁹ Pilato les contestó:

—¿Quieren ustedes que les ponga en libertad al Rey de los judíos?

¹⁰ Porque se daba cuenta de que los jefes de los sacerdotes lo habían entregado por envidia. ¹¹ Pero los jefes de los sacerdotes alborotaron a la gente, para que pidieran que les dejara libre a Barrabás. ¹² Pilato les preguntó:

—¿Y qué quieren que haga con el que ustedes llaman el Rey de los judíos?

¹³ Ellos contestaron a gritos:

—¡Crucifícalo!

¹⁴ Pilato les dijo:

—Pues ¿qué mal ha hecho?

Pero ellos volvieron a gritar:

—¡Crucifícalo!

¹⁵ Entonces Pilato, como quería quedar bien con la gente, dejó libre a Barrabás; y después de mandar que azotaran a Jesús, lo entregó para que lo crucificaran.

¹⁶ Los soldados llevaron a Jesús al patio del palacio, y reunieron a toda la tropa. ¹⁷ Le pusieron una capa de color rojo oscuro, y en la cabeza una corona hecha de espinas. ¹⁸ Luego comenzaron a gritar:

—¡Viva el Rey de los judíos!

¹⁹ Y le golpeaban la cabeza con una vara, le escupían y doblando la rodilla, le hacían reverencias. ²⁰ Después de burlarse así de él, le quitaron la capa de color rojo oscuro, le pusieron su propia ropa y lo sacaron para crucificarlo.

Jesús es crucificado
(Mt 27.32–44; Lc 23.26–43; Jn 19.17–27)

²¹ Un hombre de Cirene, llamado Simón, padre de Alejandro y de Rufo,ᶻ llegaba entonces del campo. Al pasar por allí, le obligaron a cargar con la cruz de Jesús. ²² Llevaron a Jesús a un sitio llamado Gólgota (que significa: "Lugar de la Calavera"); ²³ y le dieron vino mezclado con mirra, pero Jesús no lo aceptó. ²⁴ Entonces lo crucificaron. Y los soldados echaron suertes para repartirse entre sí la ropa de Jesúsª y ver qué se llevaría cada uno. ²⁵ Eran las nueve de la mañana cuando lo crucificaron. ²⁶ Y pusieron un letrero en el que estaba escrita la causa de su condena: "El Rey de los judíos." ²⁷ Con él crucificaron también a dos bandidos, uno a su derecha y otro a su izquierda.²¹, ᵇ

²⁹ Los que pasaban lo insultaban, meneando la cabezaᶜ y diciendo:

—¡Eh, tú, que derribas el templo y en tres días lo vuelves a levantar,ᵈ ³⁰ sálvate a ti mismo y bájate de la cruz!

---

²¹ Algunos mss. añaden v. 28: Así se cumplió la Escritura que dice: "Fue contado entre los malvados." ᶻ **15.21** Ro 16.13. ª **15.24** Sal 22.18. ᵇ **15.27** Is 53.12. ᶜ **15.29** Sal 22.7; 109.25. ᵈ **15.29** Mr 14.58; Jn 2.19.

[31] De la misma manera se burlaban de él los jefes de los sacerdotes y los maestros de la ley. Decían:

—Salvó a otros, pero a sí mismo no puede salvarse. [32] ¡Que baje de la cruz ese Mesías, Rey de Israel, para que veamos y creamos!

Y hasta los que estaban crucificados con él lo insultaban.

Muerte de Jesús
(Mt 27.45–56; Lc 23.44–49; Jn 19.28–30)

[33] Al llegar el mediodía, toda la tierra quedó en oscuridad hasta las tres de la tarde. [34] A esa misma hora, Jesús gritó con fuerza: "Eloi, Eloi, ¿lema sabactani?" (que significa: "Dios mío, Dios mío, ¿por qué me has abandonado?")[e]

[35] Algunos de los que estaban allí, lo oyeron y dijeron:

—Oigan, está llamando al profeta Elías.

[36] Entonces uno de ellos corrió, empapó una esponja en vino agrio, la ató a una caña y se la acercó a Jesús para que bebiera,[f] diciendo:

—Déjenlo, a ver si Elías viene a bajarlo de la cruz.

[37] Pero Jesús dio un fuerte grito, y murió. [38] Y el velo[g] del templo se rasgó en dos, de arriba abajo. [39] El capitán romano, que estaba frente a Jesús, al ver que éste había muerto, dijo:

—Verdaderamente este hombre era Hijo de Dios.

[40] También había algunas mujeres mirando de lejos; entre ellas estaban María Magdalena, María la madre de Santiago el menor y de José, y Salomé. [41] Estas mujeres habían seguido a Jesús y lo habían ayudado cuando él estaba en Galilea.[h] Además había allí muchas otras que habían ido con él a Jerusalén.

Jesús es sepultado
(Mt 27.57–61; Lc 23.50–56; Jn 19.38–42)

[42] Cuando anochecía el día de la preparación, es decir, la víspera del día de reposo,[22] [43] José, natural de Arimatea y miembro importante de la Junta Suprema, el cual también esperaba el reino de Dios, se dirigió con decisión a Pilato y le pidió el cuerpo de Jesús. [44] Pilato, sorprendido de que ya hubiera muerto, llamó al capitán para preguntarle cuánto tiempo hacía de ello. [45] Cuando el capitán le hubo informado, Pilato entregó el cuerpo a José. [46] Entonces José compró una sábana de lino, bajó el cuerpo y lo envolvió en ella. Luego lo puso en un sepulcro abierto en la roca, y tapó la entrada del sepulcro con una piedra. [47] María Magdalena y María la madre de José, miraban dónde le ponían.

La resurrección de Jesús
(Mt 28.1–10; Lc 24.1–12; Jn 20.1–10)

16 [1] Pasado el día de reposo,[22] María Magdalena, María la madre de Santiago, y Salomé, compraron perfumes para perfumar el cuerpo de Jesús. [2] Y el primer día de la semana fueron al sepulcro muy temprano, apenas salido el sol, [3] diciéndose unas a otras:

—¿Quién nos quitará la piedra de la entrada del sepulcro?

[4] Pero, al mirar, vieron que la gran piedra que tapaba el sepulcro ya no estaba en su lugar. [5] Cuando entraron en el sepulcro vieron, sentado al lado derecho, a un joven vestido con una larga ropa blanca. Las mujeres se asustaron, [6] pero él les dijo:

—No se asusten. Ustedes buscan a Jesús de Nazaret, el que fue crucificado. Ha resucitado; no está aquí. Miren el lugar donde lo pusieron. [7] Vayan y digan a sus discípulos, y a Pedro: 'El va a ir a Galilea antes que ustedes;[i] allí lo verán, tal como les dijo.'

[8] Entonces las mujeres salieron huyendo del sepulcro, pues estaban temblando, asustadas. Y no dijeron nada a nadie, porque tenían miedo.[23]

Jesús se aparece a María Magdalena
(Jn 20.11–18)

[[9] Después que Jesús hubo resucitado al amanecer del primer día de la semana, se apareció primero a María Magdalena, de la que había expulsado siete demonios. [10] Ella fue y avisó a los que habían andado con Jesús, que estaban tristes y llorando. [11] Estos, al oír que Jesús vivía y que ella lo había visto, no lo creyeron.

Jesús se aparece a dos de sus discípulos
(Lc 24.13–35)

[12] Después de esto, Jesús se apareció en otra forma a dos de ellos que iban caminando hacia el campo. [13] Estos fueron y avisaron a los demás; pero tampoco a ellos les creyeron.

---

[22] Día de reposo: aquí equivale a sábado. [23] Los vs. 9–20 faltan en algunos mss. En otros aparece en su lugar: En pocas palabras, las mujeres contaron a Pedro y a sus compañeros todo lo que el ángel les había dicho. Después de esto, Jesús mismo, por medio de sus discípulos, envió de oriente a occidente el mensaje santo e incorruptible de la salvación eterna. Así sea.
[e] **15.34** Sal 22.1. [f] **15.36** Sal 69.21. [g] **15.38** Ex 26.31–33; 2 Cr 3.14. [h] **15.40–41** Lc 8.2–3. [i] **16.7** Mt 26.32; Mr 14.28.

El encargo de Jesús a los apóstoles
(Mt 28.16–20; Lc 24.36–49; Jn 20.19–23)

[14] Más tarde, Jesús se apareció a los once discípulos, mientras ellos estaban sentados a la mesa. Los reprendió por su falta de fe y su terquedad, ya que no creyeron a los que lo habían visto resucitado. [15] Y les dijo: "Vayan por todo el mundo y anuncien a todos este mensaje de salvación.[i] [16] El que crea y sea bautizado, será salvo; pero el que no crea, será condenado. [17] Y estas señales acompañarán a los que creen: en mi nombre expulsarán demonios; hablarán nuevas lenguas; [18] toma-rán en las manos serpientes; y si beben algo venenoso, no les hará daño; además pondrán las manos sobre los enfermos, y éstos sanarán."

Jesús sube al cielo
ʿLc 24.50–53)

[19] Después de hablarles, el Señor Jesús fue levantado al cielo[k] y se sentó a la derecha de Dios. [20] Ellos salieron a anunciar el mensaje por todas partes; y el Señor los ayudaba, y confirmaba el mensaje acompañándolo con señales milagrosas.]

<hr>

i 16.15 Hch 1.8.   * 16.19 Hch 1.9–11.

El Evangelio Según
SAN LUCAS

El Evangelio de Lucas presenta a Jesús, no sólo como el Salvador prometido de un pueblo, Israel, sino como el Salvador de todo el género humano. Es el evangelio en que se muestra un interés especial en los aspectos históricos de la vida de Jesús. El autor explica en su prólogo que ha consultado los escritos que existían acerca de él, ha investigado los hechos y luego ha tratado de escribir una ordenada relación de los mismos (1.1–4). Por eso, contiene más datos que Mateo sobre el nacimiento e infancia de Jesús, así como sobre los del precursor Juan el Bautista (1.5—2.52). Muchos de ellos se encuentran sólo en este evangelio. En paralelo con los evangelios de Mateo y Marcos, después de reseñar el ministerio de Juan el Bautista (3.1–20) y el bautismo y la tentación de Jesús (3.21—4.13), refiere el ministerio público del Señor en Galilea (4.14— 9.50). Como los otros dos, y siguiendo el mismo orden cronológico, narra el viaje final de Galilea a Jerusalén (9.51—19.27), la semana de la pasión (19.28—23.56) y la resurrección, las apariciones y la ascensión del Señor (cap. 24).

En cuanto al ministerio público de Jesús, este evangelio da mayor información sobre su visita a la sinagoga de Nazaret, y hasta nos dice qué pasaje de Isaías le sirvió de base para su exposición, y cómo Jesús se aplicó a sí mismo la inspiración del Espíritu del Señor para "dar buenas noticias a los pobres". Es característico de este evangelio el hacer resaltar la solicitud por los pobres, los que sufren y los socialmente menospreciados. Tanto al referir los antecedentes y circunstancias del nacimiento de Jesús, como en el pasaje de la ascensión, el evangelio hace sonar la nota del gozo. Las parábolas del buen samaritano y del padre que perdona a su hijo aparecen sólo en este evangelio. Y también es notable el hincapié que en él se hace en la oración, en el Espíritu Santo, en el perdón de los pecados, y en el papel de la mujer en el ministerio del Señor.

Prólogo

1 ¹ Muchos han tratado de escribir la historia de los hechos sucedidos entre nosotros, ² tal y como nos los enseñaron quienes, habiéndolos visto desde el comienzo, recibieron el encargo de anunciar el mensaje. ³ Yo también, excelentísimo Teófilo,ᵃ lo he investigado todo con cuidado desde el principio, y me ha parecido conveniente escribirte estas cosas ordenadamente, ⁴ para que conozcas bien la verdad de lo que te han enseñado.

Un ángel anuncia el nacimiento de Juan el Bautista

⁵ En el tiempo en que Herodes era rey de Judea, vivía un sacerdote llamado Zacarías, perteneciente al grupo de Abías.ᵇ Su esposa, llamada Isabel,ʲ descendía de Aarón. ⁶ Los dos eran justos delante de Dios y obedecían los mandatos y leyes del Señor, de tal manera que nadie los podía culpar de nada. ⁷ Pero no tenían hijos, porque Isabel no había podido tenerlos; además, los dos eran ya muy ancianos.

⁸ Un día en que al grupo sacerdotal de Zacarías le tocó el turno de oficiar delante de Dios, ⁹ según era costumbre entre los sacerdotes, le tocó en suerte a Zacarías entrar en el santuario del templo del Señor para quemar incienso. ¹⁰ Mientras se quemaba el incienso, todo el pueblo estaba orando afuera. ¹¹ En esto se le apareció a Zacarías un ángel del Señor, de pie al lado derecho del altar del incienso. ¹² Al ver al ángel, Zacarías se quedó sorprendido y lleno de miedo. ¹³ Pero el ángel le dijo:

—Zacarías, no tengas miedo, porque Dios ha oído tu oración, y tu esposa Isabel te va a dar un hijo, al que pondrás por nombre Juan. ¹⁴ Tú te llenarás de gozo, y muchos se alegrarán de su nacimiento, ¹⁵ porque tu hijo va a ser grande delante del Señor. No tomará vino ni licor,ᶜ y estará lleno del Espíritu Santo desde antes de nacer. ¹⁶ Hará que muchos de la nación de Israel se vuelvan al Señor su Dios. ¹⁷ Este Juan irá delante del Señor, con el espíritu y el poder del profeta Elías, para reconciliar a los padres con los hijosᵈ y para que los rebeldes aprendan a obedecer. De este modo preparará al pueblo para recibir al Señor.

¹⁸ Zacarías preguntó al ángel:

—¿Cómo puedo estar seguro de esto? Porque yo soy muy anciano y mi esposa también.

¹⁹ El ángel le contestó:

—Yo soy Gabriel,ᵉ y estoy al servicio de

ʲ *Isabel:* forma del nombre castellano: *Elisabet* es la forma griega y latina.
ᵃ **1.3** Hch 1.1.   ᵇ **1.5** 1 Cr 24.10.   ᶜ **1.15** Nm 6.3.   ᵈ **1.17** Mal 4.5–6.   ᵉ **1.19** Dn 8.16; 9.21.

Dios; él me mandó a hablar contigo y darte estas buenas noticias. [20] Pero ahora, como no has creído lo que te he dicho, vas a quedarte mudo; no podrás hablar hasta que, a su debido tiempo, suceda todo esto.

[21] Mientras tanto, la gente estaba afuera esperando a Zacarías y preguntándose por qué tardaba tanto en salir del santuario. [22] Cuando al fin salió, no les podía hablar; entonces se dieron cuenta de que había tenido una visión en el santuario, pues les hablaba por señas; y siguió así, sin poder hablar.

[23] Cumplido su servicio, Zacarías se fue a su casa. [24] Después de esto, su esposa Isabel quedó encinta, y durante cinco meses no salió de su casa, pensando: [25] "El Señor me ha hecho esto ahora, para que la gente ya no me desprecie."

Un ángel anuncia el nacimiento de Jesús

[26] A los seis meses, Dios mandó al ángel Gabriel a un pueblo de Galilea llamado Nazaret, [27] a visitar a una mujer virgen llamada María, que estaba comprometida para casarse con un hombre llamado José, descendiente del rey David.[f] [28] El ángel entró en el lugar donde ella estaba, y le dijo:

—¡Te saludo, favorecida de Dios! El Señor está contigo.[2]

[29] Cuando vio al ángel, se sorprendió de sus palabras, y se preguntaba qué significaría aquel saludo. [30] El ángel le dijo:

—María, no tengas miedo, pues tú gozas del favor de Dios. [31] Ahora vas a quedar encinta: tendrás un hijo, y le pondrás por nombre Jesús.[g] [32] Será un gran hombre, al que llamarán Hijo del Dios altísimo, y Dios el Señor lo hará rey, como a su antepasado David, [33] para que reine por siempre en la nación de Israel. Su reinado no tendrá fin.[h]

[34] María preguntó al ángel:

—¿Cómo podrá suceder esto, si no vivo con ningún hombre?

[35] El ángel le contestó:

—El Espíritu Santo vendrá sobre ti, y el poder del Dios altísimo descansará sobre ti como una nube. Por eso, el niño que va a nacer será llamado Santo e Hijo de Dios. [36] También tu parienta Isabel va a tener un hijo, a pesar de que es anciana; la que decían que no podía tener hijos, está encinta desde hace seis meses. [37] Para Dios no hay nada imposible.[i]

[38] Entonces María dijo:

—Yo soy esclava del Señor; que Dios haga conmigo como me has dicho.

Con esto, el ángel se fue.

María visita a Isabel

[39] Por aquellos días, María se fue de prisa a un pueblo de la región montañosa de Judea, [40] y entró en la casa de Zacarías y saludó a Isabel. [41] Cuando Isabel oyó el saludo de María, la criatura se le movió en el vientre, y ella quedó llena del Espíritu Santo. [42] Entonces, con voz muy fuerte, dijo:

—¡Dios te ha bendecido más que a todas las mujeres, y ha bendecido a tu hijo! [43] ¿Quién soy yo, para que venga a visitarme la madre de mi Señor? [44] Pues tan pronto como oí tu saludo, mi hijo se movió de alegría en mi vientre. [45] ¡Dichosa tú por haber creído que han de cumplirse las cosas que el Señor te ha dicho!

[46] María dijo:

"Mi alma alaba la grandeza del Señor;[j]
[47] mi espíritu se alegra en Dios mi Salvador.[k]
[48] Porque Dios ha puesto sus ojos en mí, su humilde esclava,
y desde ahora siempre me llamarán dichosa,
[49] porque el Todopoderoso ha hecho en mí grandes cosas.
¡Santo es su nombre!
[50] Dios tiene siempre misericordia de quienes lo reverencian.
[51] Actuó con todo su poder: deshizo los planes de los orgullosos,
[52] derribó a los reyes de sus tronos y puso en alto a los humildes.
[53] Llenó de bienes a los hambrientos y despidió a los ricos con las manos vacías.
[54] Ayudó al pueblo de Israel, su siervo, y no se olvidó de tratarlo con misericordia.
[55] Así lo había prometido a nuestros antepasados,
a Abraham[l] y a sus futuros descendientes.'

[56] María se quedó con Isabel unos tres meses, y después regresó a su casa.

Nacimiento de Juan el Bautista

[57] Al cumplirse el tiempo en que Isabel debía dar a luz, tuvo un hijo. [58] Sus vecinos y parientes fueron a felicitarla cuando supieron que el Señor había sido tan bueno con ella. [59] A los ocho días, llevaron a circuncidar al niño,[m] y querían ponerle el nombre de su padre, Zacarías. [60] Pero su madre dijo:

—No. Tiene que llamarse Juan.

---

[2] Algunos mss. añaden: *Dios te ha bendecido más que a todas las mujeres.*
[f] **1.27** Mt 1.18.   [g] **1.31** Mt 1.21.   [h] **1.32-33** 2 S 7.12,13,16; Is 9.7.   [i] **1.37** Gn 18.14; Jer 32.16,27.   [j] **1.46-55** 1 S 2.1-10; Sal 113.5-9.   [k] **1.46-47** Is 61.10.   [l] **1.55** Gn 17.7.   [m] **1.59** Lv 12.3.

61 Le contestaron:

—No hay nadie en tu familia con ese nombre.

62 Entonces preguntaron por señas al padre del niño, para saber qué nombre quería ponerle. 63 El padre pidió una tabla para escribir, y escribió: 'Su nombre es Juan.' Y todos se quedaron admirados. 64 En aquel mismo momento Zacarías volvió a hablar, y comenzó a alabar a Dios. 65 Todos los vecinos estaban asombrados, y en toda la región montañosa de Judea se contaba lo sucedido. 66 Todos los que lo oían se preguntaban a sí mismos: "¿Qué llegará a ser este niño?" Porque ciertamente el Señor mostraba su poder en favor de él.

El canto de Zacarías

67 Zacarías, el padre del niño, lleno del Espíritu Santo y hablando en nombre de Dios, dijo:

68 "¡Bendito sea el Señor, Dios de
    Israel,
    porque ha venido a salvar a su
        pueblo!
69 Nos ha enviado un poderoso
        salvador,
    un descendiente de David, su siervo.
70 Esto es lo que había prometido en el
        pasado
    por medio de sus santos profetas:
71 que nos salvaría de nuestros
        enemigos
    y de todos los que nos odian,
72 que tendría compasión de nuestros
        antepasados
    y que no se olvidaría de su santo
        pacto.
73 Y éste es el juramento que había
        hecho
    a nuestro padre Abraham:
74 que nos libraría de nuestros
        enemigos,
    para servirle a él sin temor alguno
75 y estar en su presencia, con rectitud
        y santidad,
    todos los días de nuestra vida.
76 En cuanto a ti, hijito mío,
    serás llamado profeta del Dios
        altísimo,
    porque irás delante del Señor
    preparando sus caminos,n
77 para hacer saber a su pueblo
    que Dios les perdona sus pecados
    y les da la salvación.
78 Porque nuestro Dios, en su gran
        misericordia,
    nos trae de lo alto el sol de un
        nuevo día,
79 para dar luz a los que viven
    en la más profunda oscuridad,n
    para dirigir nuestros pasos
    por el camino de la paz."

80 El niño crecía y se hacía fuerte espiritualmente, y vivió en los desiertos hasta el día en que se dio a conocer a los israelitas.

Nacimiento de Jesús
(Mt 1.18–25)

2 1 Por aquel tiempo, el emperador Augusto ordenó que se hiciera un censo de todo el mundo. 2 Este primer censo fue hecho siendo Cirenio gobernador de Siria. 3 Todos tenían que ir a inscribirse a su propio pueblo.

4 Por esto, José salió del pueblo de Nazaret, de la región de Galilea, y se fue a Belén, en Judea, donde había nacido el rey David, porque José era descendiente de David. 5 Fue allá a inscribirse, junto con María, que estaba comprometida para casarse con él y se encontraba encinta. 6 Y sucedió que mientras estaban en Belén, le llegó a María el tiempo de dar a luz. 7 Y allí nació su primer hijo, y lo envolvió en pañales y lo acostó en el establo, porque no había alojamiento para ellos en el mesón.

Los ángeles y los pastores

8 Cerca de Belén había unos pastores que pasaban la noche en el campo cuidando sus ovejas. 9 De pronto se les apareció un ángel del Señor, y la gloria del Señor brilló alrededor de ellos; y tuvieron mucho miedo. 10 Pero el ángel les dijo: "No tengan miedo, porque les traigo una buena noticia, que será motivo de gran alegría para todos: 11 Hoy les ha nacido en el pueblo de David un salvador, que es el Mesías, el Señor. 12 Como señal, encontrarán ustedes al niño envuelto en pañales y acostado en un establo."

13 En aquel momento aparecieron, junto al ángel, muchos otros ángeles del cielo, que alababan a Dios y decían:

14 "¡Gloria a Dios en las alturas!
    ¡Paz en la tierra entre los hombres
        que gozan de su favor!"3

15 Cuando los ángeles se volvieron al cielo, los pastores comenzaron a decirse unos a otros:

—Vamos, pues, a Belén, a ver esto que ha sucedido y que el Señor nos ha anunciado.

16 Fueron de prisa y encontraron a María y a José, y al niño acostado en el esta-

---

3 Los hombres que gozan de su favor: otra posible traducción: los hombres de buena voluntad.
n 1.76 Mal 3.1.   n 1.79 Is 9.2.

blo. [17] Cuando lo vieron, se pusieron a contar lo que el ángel les había dicho acerca del niño, [18] y todos los que lo oyeron se admiraban de lo que decían los pastores. [19] María guardaba todo esto en su corazón, y lo tenía muy presente. [20] Los pastores, por su parte, regresaron dando gloria y alabanza a Dios por todo lo que habían visto y oído, pues todo sucedió como se les había dicho.

El niño Jesús es presentado en el templo

[21] A los ocho días circuncidaron al niño,[o] y le pusieron por nombre Jesús, el mismo nombre que el ángel le había dicho[p] a María antes que ella estuviera encinta.

[22] Cuando se cumplieron los días en que ellos debían purificarse según las ceremonias de la ley de Moisés, llevaron al niño a Jerusalén para presentárselo al Señor. [23] Lo hicieron así porque en la ley del Señor está escrito: "Todo primer hijo varón será consagrado al Señor."[q] [24] Fueron, pues, a ofrecer en sacrificio lo que manda la ley del Señor: un par de tórtolas o dos pichones de paloma.[r]

[25] En aquel tiempo vivía en Jerusalén un hombre que se llamaba Simeón. Era un hombre justo, que adoraba a Dios y esperaba la liberación de Israel. El Espíritu Santo estaba con Simeón, [26] y le había hecho saber que no moriría sin ver antes al Mesías, a quien el Señor enviaría. [27] Guiado por el Espíritu Santo, Simeón fue al templo; y cuando los padres del niño Jesús lo llevaron también a él, para cumplir con lo que la ley ordenaba, [28] Simeón lo tomó en brazos y alabó a Dios, diciendo:

[29] "Ahora, Señor, tu promesa está cumplida:
puedes dejar que tu siervo muera en paz.
[30] Porque ya he visto la salvación
[31] que has comenzado a realizar
a la vista de todos los pueblos,
[32] la luz que alumbrará a las naciones[s]
y que será la honra de tu pueblo Israel."

[33] El padre y la madre de Jesús se quedaron admirados al oír lo que Simeón decía del niño. [34] Entonces Simeón les dio su bendición, y dijo a María, la madre de Jesús:

—Mira, este niño está destinado a hacer que muchos en Israel caigan o se levanten. El será una señal que muchos rechazarán, [35] a fin de que las intenciones de muchos corazones queden al descubierto. Pero todo esto va a ser para ti como una espada que atraviese tu propia alma.

[36] También estaba allí una mujer llamada Ana, que hablaba en nombre de Dios y que era hija de Fanuel, de la tribu de Aser. Era ya muy anciana. Se casó siendo muy joven, y había vivido con su marido siete años [37] hacía ya ochenta y cuatro años que se había quedado viuda.[4] Nunca salía del templo, sino que servía día y noche al Señor, con ayunos y oraciones. [38] Ana se presentó en aquel mismo momento, y comenzó a dar gracias a Dios y a hablar del niño Jesús a todos los que esperaban la liberación de Jerusalén.

El regreso a Nazaret

[39] Después de haber cumplido con todo lo que manda la ley del Señor, volvieron a Galilea, a su propio pueblo de Nazaret.[t] [40] Y el niño crecía y se hacía más fuerte y más sabio, y gozaba del favor de Dios.

El niño Jesús en el templo

[41] Los padres de Jesús iban todos los años a Jerusalén para la fiesta de la Pascua.[u] [42] Y así, cuando Jesús cumplió doce años, fueron allá todos ellos, como era costumbre en esa fiesta. [43] Pero pasados aquellos días, cuando volvían a casa, el niño Jesús se quedó en Jerusalén, sin que sus padres se dieran cuenta. [44] Pensando que Jesús iba entre la gente, hicieron un día de camino; pero luego, al buscarlo entre los parientes y conocidos, [45] no lo encontraron. Así que regresaron a Jerusalén para buscarlo allí. [46] Al cabo de tres días lo encontraron en el templo, sentado entre los maestros de la ley, escuchándolos y haciéndoles preguntas. [47] Y todos los que le oían se admiraban de su inteligencia y de sus respuestas. [48] Cuando sus padres le vieron, se sorprendieron; y su madre le dijo:

—Hijo mío, ¿por qué nos has hecho esto? Tu padre y yo te hemos estado buscando llenos de angustia.

[49] Jesús les contestó:

—¿Por qué me buscaban? ¿No saben que tengo que estar en la casa de mi Padre?[5]

[50] Pero ellos no entendieron lo que les decía.

[51] Entonces volvió con ellos a Nazaret, donde vivió obedeciéndoles en todo. Su madre guardaba todo esto en su corazón.

---

[4] *Hacía ya . . . viuda:* otra posible traducción: *ahora era viuda, y tenía ochenta y cuatro años.*   [5] *Tengo que estar en la casa de mi Padre:* otra posible traducción: *tengo que ocuparme en las cosas de mi Padre.*
[o] **2.21** Lv 12.3.   [p] **2.21** Lc 1.31.   [q] **2.23** Ex 13.2.12.   [r] **2.22-24** Lv 12.6-8.   [s] **2.32** Is 42.6; 49.6. 52.10.   [t] **2.39** Mt 2.23.
[u] **2.41** Ex 12.1-27; Dt 16.1-8.

⁵² Y Jesús seguía creciendo en cuerpo y mente, y gozaba del favor de Dios y de los hombres.ᵛ

Juan el Bautista en el desierto
(Mt 3.1–12; Mr 1.1–8; Jn 1.19–28)

3 ¹ En el año quince del gobierno del emperador Tiberio, Poncio Pilato era gobernador de Judea, Herodes gobernaba en Galilea, su hermano Felipe gobernaba en Iturea y Traconite, y Lisanias gobernaba en Abilinia. ² Anás y Caifás eran los sumos sacerdotes. Por aquel tiempo, Dios habló en el desierto a Juan, el hijo de Zacarías, ³ y Juan pasó por todos los lugares junto al río Jordán, diciendo a la gente que ellos debían volverse a Dios y ser bautizados, para que Dios les perdonara sus pecados. ⁴ Esto sucedió como el profeta Isaías había escrito:

"Una voz grita en el desierto:
'Preparen el Camino del Señor;
ábranle un camino recto.
⁵ Todo valle será rellenado,
todo cerro y colina será nivelado,
los caminos torcidos serán
    enderezados,
y allanados los caminos disparejos.
⁶ Todo el mundo verá la salvación
que Dios envía.' "ʷ

⁷ Cuando la gente salía para que Juan los bautizara, él les decía: "¡Raza de víboras!ˣ ¿Quién les ha dicho a ustedes que van a librarse⁶ del terrible castigo que se acerca? ⁸ Pórtense de tal modo que se vea claramente que se han vuelto al Señor, y no vayan a decir entre ustedes: '¡Nosotros somos descendientes de Abraham!';ʸ porque les aseguro que incluso a estas piedras Dios puede convertirlas en descendientes de Abraham. ⁹ Además, el hacha ya está lista para cortar los árboles de raíz. Todo árbol que no da buen fruto, se corta y se echa al fuego."ᶻ

¹⁰ Entonces la gente le preguntó:

—¿Qué debemos hacer?

¹¹ Juan les contestó:

—El que tenga dos trajes, dele uno al que no tiene ninguno; y el que tenga comida, compártala con el que no la tiene.

¹² Se acercaron también para ser bautizados algunos de los que cobraban impuestos para Roma,ᵃ y le preguntaron a Juan:

—Maestro, ¿qué debemos hacer nosotros?

¹³ Juan les dijo:

—No cobren más de lo que deben cobrar.

¹⁴ También algunos soldados le preguntaron:

—Y nosotros, ¿qué debemos hacer?

Les contestó:

—No le quiten nada a nadie, ni con amenazas ni acusándolo de algo que no haya hecho; y confórmense con su sueldo.

¹⁵ La gente estaba en gran expectativa, y se preguntaba si tal vez Juan sería el Mesías; ¹⁶ pero Juan les dijo a todos: "Yo, en verdad, los bautizo con agua; pero viene uno que los bautizará con el Espíritu Santo y con fuego. El es más poderoso que yo, que ni siquiera merezco desatarle la correa de sus sandalias. ¹⁷ Trae su aventador en la mano, para limpiar el trigo y separarlo de la paja. Guardará el trigo en su granero, pero quemará la paja en un fuego que nunca se apagará."

¹⁸ De este modo, y con otros muchos consejos, Juan anunciaba las buenas noticias a la gente. ¹⁹ Además reprendió a Herodes, el gobernante, porque tenía por mujer a Herodías, la esposa de su hermano Felipe, y también por todo lo malo que había hecho; ²⁰ pero Herodes, a todas sus malas acciones añadió otra: metió a Juan en la cárcel.ᵇ

Jesús es bautizado
(Mt 3.13–17; Mr 1.9–11)

²¹ Sucedió que cuando Juan los estaba bautizando a todos, también Jesús fue bautizado; y mientras oraba, el cielo se abrió ²² y el Espíritu Santo bajó sobre él en forma visible, como una paloma, y se oyó una voz del cielo, que decía:

—Tú eres mi Hijo amado, a quien he elegido.ᶜ

Los antepasados de Jesucristo
(Mt 1.1–17)

²³ Jesús tenía unos treinta años cuando comenzó su actividad. Fue hijo, según se creía, de José. José fue hijo de Elí, ²⁴ que a su vez fue hijo de Matat, que fue hijo de Leví, que fue hijo de Melqui, que fue hijo de Jana, que fue hijo de José, ²⁵ que fue hijo de Matatías, que fue hijo de Amós, que fue hijo de Nahúm, que fue hijo de Esli, que fue hijo de Nagai, ²⁶ que fue hijo de Maat, que fue hijo de Matatías, que fue hijo de Semei, que fue hijo de Josec, que fue hijo de Judá, ²⁷ que fue hijo de Joanán, que fue hijo de Resa, que fue hijo de Zorobabel, que fue hijo de Salatiel, que fue hijo de Neri, ²⁸ que fue hijo de Melqui, que fue hijo de Adi, que fue hijo de Cosam, que fue hijo de Elmadam, que fue hijo de Er, ²⁹ que fue hijo de Jesús, que fue hijo de Eliezer, que fue hijo de Jorim, que fue hijo de Matat, ³⁰ que fue hijo de Leví, que fue

⁶ ¿Quién les ha dicho . . . que van a librarse . . .?: otra posible traducción: ¿Quién les advirtió . . . para que escaparan . . .?
ᵛ 2.52 1 S 2.26; Pr 3.4.   ʷ 3.4–6 Is 40.3–5.   ˣ 3.7 Mt 12.34; 23.33.   ʸ 3.8 Jn 8.33.   ᶻ 3.9 Mt 7.19.   ᵃ 3.12 Lc 7.29.
ᵇ 3.19–20 Mt 14.3–4; Mr 6.17–18.   ᶜ 3.22 Gn 22.2; Sal 2.7; Is 42.1; Mt 3.17; Mr 1.11; Lc 9.35.

hijo de Simeón, que fue hijo de Judá, que fue hijo de José, que fue hijo de Jonam, que fue hijo de Eliaquim, [31] que fue hijo de Melea, que fue hijo de Mena, que fue hijo de Matata, que fue hijo de Natán, [32] que fue hijo de David, que fue hijo de Isaí, que fue hijo de Obed, que fue hijo de Booz, que fue hijo de Sala, que fue hijo de Naasón, [33] que fue hijo de Aminadab, que fue hijo de Admin, que fue hijo de Arni, que fue hijo de Esrom, que fue hijo de Fares, que fue hijo de Judá, [34] que fue hijo de Jacob, que fue hijo de Isaac, que fue hijo de Abraham, que fue hijo de Taré, que fue hijo de Nacor, [35] que fue hijo de Serug, que fue hijo de Ragau, que fue hijo de Peleg, que fue hijo de Heber, que fue hijo de Sala, [36] que fue hijo de Cainán, que fue hijo de Arfaxad, que fue hijo de Sem, que fue hijo de Noé, que fue hijo de Lamec, [37] que fue hijo de Matusalén, que fue hijo de Enoc, que fue hijo de Jared, que fue hijo de Mahalaleel, que fue hijo de Cainán, [38] que fue hijo de Enós, que fue hijo de Set, que fue hijo de Adán, que fue hijo de Dios.

Jesús es puesto a prueba
(Mt 4.1–11; Mr 1.12–13)

4 [1] Jesús, lleno del Espíritu Santo, volvió del río Jordán, y el Espíritu lo llevó al desierto. [2] Allí estuvo cuarenta días, y el diablo lo puso a prueba. No comió nada durante esos días, así que después sintió hambre. [3] El diablo entonces le dijo:

—Si de veras eres Hijo de Dios, ordena a esta piedra que se convierta en pan.

[4] Jesús le contestó:

—La Escritura dice: 'No sólo de pan vivirá el hombre.'[7,d]

[5] Luego el diablo lo levantó y, mostrándole en un momento todos los países del mundo, [6] le dijo:

—Yo te daré todo este poder y la grandeza de estos países. Porque yo lo he recibido, y se lo daré al que quiera dárselo. [7] Si te arrodillas y me adoras, todo será tuyo.

[8] Jesús le contestó:

—La Escritura dice: 'Adora al Señor tu Dios, y sírvele sólo a él.'[e]

[9] Después el diablo lo llevó a la ciudad de Jerusalén, lo subió a la parte más alta del templo y le dijo:

—Si de veras eres Hijo de Dios, tírate abajo desde aquí; [10] porque la Escritura dice:

'Dios mandará que sus ángeles te cuiden y te protejan.[f]
[11] Te levantarán con sus manos, para que no tropieces con piedra alguna.'[g]

[12] Jesús le contestó:

—También dice la Escritura: 'No pongas a prueba al Señor tu Dios.'[h]

[13] Cuando ya el diablo no encontró otra forma de poner a prueba a Jesús, se alejó de él por algún tiempo.

Jesús comienza su trabajo en Galilea
(Mt 4.12–17; Mr 1.14–15)

[14] Jesús volvió a Galilea lleno del poder del Espíritu Santo, y se hablaba de él por toda la tierra de alrededor. [15] Enseñaba en la sinagoga de cada lugar, y todos le alababan.

Jesús en Nazaret
(Mt 13.53–58; Mr 6.1–6)

[16] Jesús fue a Nazaret, el pueblo donde se había criado. En el día de reposo[g] entró en la sinagoga, como era su costumbre, y se puso de pie para leer las Escrituras. [17] Le dieron a leer el libro del profeta Isaías, y al abrirlo encontró el lugar donde estaba escrito:

[18] "El Espíritu del Señor está sobre mí, porque me ha consagrado para llevar la buena noticia a los pobres;
me ha enviado a anunciar libertad a los presos
y dar vista a los ciegos;
a poner en libertad a los oprimidos;
[19] a anunciar el año favorable del Señor."[i]

[20] Luego Jesús cerró el libro, lo dio al ayudante de la sinagoga y se sentó. Todos los que estaban allí seguían mirándole. [21] El comenzó a hablar, diciendo:

—Hoy mismo se ha cumplido esta Escritura delante de ustedes.

[22] Todos hablaban bien de Jesús y estaban admirados de las cosas tan bellas que decía. Se preguntaban:

—¿No es éste el hijo de José?

[23] Jesús les respondió:

—Seguramente ustedes me dirán este refrán: 'Médico, cúrate a ti mismo.' Y además me dirán: 'Lo que oímos que hiciste en Capernaum, hazlo también aquí en tu propia tierra.'

[24] Y siguió diciendo:

—Les aseguro que ningún profeta es bien recibido en su propia tierra.[j] [25] Verdaderamente, había muchas viudas en Israel en tiempos del profeta Elías, cuando no llovió durante tres años y medio y hubo mucha hambre en todo el país;[k] [26] pero Elías no fue enviado a ninguna de las viudas israelitas, sino a una de Sarepta, cerca de la ciudad de Sidón.[l]

---

[7] *Algunos mss. añaden: sino de toda palabra de Dios.* [8] *Día de reposo: aquí equivale a sábado.*
[d] **4.4** Dt 8.3. [e] **4.8** Dt 6.13. [f] **4.10** Sal 91.11. [g] **4.11** Sal 91.12. [h] **4.12** Dt 6.16. [i] **4.18–19** Is 61.1–2. [j] **4.24** Jn 4.44. [k] **4.25** 1 R 17.1. [l] **4.26** 1 R 17.8–16.

²⁷ También había en Israel muchos enfermos de lepra en tiempos del profeta Eliseo, pero no fue sanado ninguno de ellos, sino Naamán, que era de Siria.ᵐ

²⁸ Al oír esto, todos los que estaban en la sinagoga se enojaron mucho. ²⁹ Se levantaron y echaron del pueblo a Jesús, llevándolo a lo alto del monte sobre el cual el pueblo estaba construido, para arrojarle abajo desde allí. ³⁰ Pero Jesús pasó por en medio de ellos y se fue.

Un hombre que tenía un espíritu impuro
(Mr 1.21–28)

³¹ Jesús fue a Capernaum, un pueblo de Galilea, y en el día de reposoᵍ enseñaba a la gente. ³² Y la gente se admiraba de cómo les enseñaba, porque hablaba con plena autoridad.ⁿ

³³ En la sinagoga había un hombre que tenía un demonio o espíritu impuro, el cual gritó con fuerza:

³⁴ —¡Déjanos! ¿Por qué te metes con nosotros, Jesús de Nazaret? ¿Has venido a destruirnos? Yo te conozco, y sé que eres el Santo de Dios.

³⁵ Jesús reprendió a aquel demonio, diciéndole:

—¡Cállate y deja a este hombre!

Entonces el demonio arrojó al hombre al suelo delante de todos, y salió de él sin hacerle ningún daño. ³⁶ Todos se asustaron, y se decían unos a otros:

—¿Qué palabras son éstas? Con toda autoridad y poder este hombre ordena a los espíritus impuros que salgan, ¡y ellos salen!

³⁷ Y se hablaba de Jesús por todos los lugares de la región.

Jesús sana a la suegra de Simón Pedro
(Mt 8.14–15; Mr 1.29–31)

³⁸ Jesús salió de la sinagoga y entró en casa de Simón. La suegra de Simón estaba enferma, con mucha fiebre, y rogaron por ella a Jesús. ³⁹ Jesús se inclinó sobre ella y reprendió a la fiebre, y la fiebre se le quitó. Al momento, ella se levantó y comenzó a atenderlos.

Jesús sana a muchos enfermos
(Mt 8.16–17; Mr 1.32–34)

⁴⁰ Al ponerse el sol, todos los que tenían enfermos de diferentes enfermedades los llevaron a Jesús; y él puso las manos sobre cada uno de ellos, y los sanó. ⁴¹ De muchos enfermos también salieron demonios, que gritaban:

—¡Tú eres el Hijo de Dios!

Pero Jesús reprendía a los demonios y no los dejaba hablar, porque sabían que él era el Mesías.

Jesús anuncia el mensaje en las sinagogas
(Mr 1.35–39)

⁴² Al amanecer, Jesús salió fuera de la ciudad, a un lugar solitario. Pero la gente lo buscó, y llegaron a donde él estaba. Querían detenerlo, para que no se fuera, ⁴³ pero Jesús les dijo:

—También tengo que anunciar las buenas noticias del reino de Dios a los otros pueblos, porque para esto fui enviado.

⁴⁴ Así iba Jesús anunciando el mensaje en las sinagogas de Judea.ᵍ

La pesca milagrosa
(Mt 4.18–22; Mr 1.16–20)

5 ¹ En una ocasión, estando Jesús a orillas del lago de Genesaret, se sentía apretujado por la multitud que quería oír el mensaje de Dios. ² Jesús vio dos barcas en la playa. Estaban vacías, porque los pescadores habían bajado de ellas a lavar sus redes. ³ Jesús subió a una de las barcas, que era de Simón, y le pidió que la alejara un poco de la orilla. Luego se sentó en la barca, y desde allí comenzó a enseñar a la gente.ⁿ ⁴ Cuando terminó de hablar, le dijo a Simón:

—Lleva la barca a la parte honda del lago, y echen allí sus redes, para pescar.

⁵ Simón le contestó:

—Maestro, hemos estado trabajando toda la noche sin pescar nada;º pero, ya que tú lo mandas, voy a echar las redes.

⁶ Cuando lo hicieron, recogieron tanto pescadoᵖ que las redes se rompían. ⁷ Entonces hicieron señas a sus compañeros de la otra barca, para que fueran a ayudarlos. Ellos fueron, y llenaron tanto las dos barcas que les faltaba poco para hundirse. ⁸ Al ver esto, Simón Pedro se puso de rodillas delante de Jesús y le dijo:

—¡Apártate de mí, Señor, porque soy un pecador!ᵍ

⁹ Es que Simón y todos los demás estaban asustados por aquella gran pesca que habían hecho. ¹⁰ También lo estaban Santiago y Juan, hijos de Zebedeo, que eran compañeros de Simón. Pero Jesús le dijo a Simón:

—No tengas miedo; desde ahora vas a pescar hombres.

¹¹ Entonces llevaron las barcas a tierra, lo dejaron todo y se fueron con Jesús.

---

⁸ *Día de reposo:* aquí equivale a *sábado.* ⁹ A veces Lucas se refiere a toda la Palestina cuando dice *Judea.* (Véanse 1.5; 6.17; 7.17; 23.5.)
ᵐ **4.27** 2 R 5.1–14. ⁿ **4.32** Mt 7.28–29. ⁿ **5.1–3** Mt 13.1–2; Mr 3.9–10; 4.1. º **5.5** Jn 21.3. ᵖ **5.6** Jn 21.6.
ᵍ **5.8** Job 7.19–20; Sal 39.13.

Jesús sana a un leproso
(Mt 8.1–4; Mr 1.40–45)

[12] Un día, estando Jesús en un pueblo, llegó un hombre enfermo de lepra; al ver a Jesús, se inclinó hasta el suelo y le rogó:

—Señor, si quieres, puedes limpiarme de mi enfermedad.

[13] Jesús lo tocó con la mano, diciendo:

—Quiero. ¡Queda limpio!

Al momento se le quitó la lepra al enfermo, [14] y Jesús le ordenó:

—No se lo digas a nadie; solamente ve y preséntate al sacerdote, y lleva por tu purificación la ofrenda que ordenó Moisés,[r] para que todos sepan que ya estás limpio de tu enfermedad.

[15] Sin embargo, la fama de Jesús aumentaba cada vez más, y mucha gente se juntaba para oírlo y para que curara sus enfermedades. [16] Pero Jesús se retiraba a orar a lugares donde no había nadie.

Jesús sana a un paralítico
(Mt 9.1–8; Mr 2.1–12)

[17] Un día en que Jesús estaba enseñando, se habían sentado por allí algunos fariseos y maestros de la ley venidos de todas las aldeas de Galilea, y de Judea y Jerusalén. Y el poder de Dios se mostraba en Jesús sanando a los enfermos. [18] Entonces llegaron unos hombres que llevaban en una camilla a uno que estaba paralítico. Querían meterlo en la casa y ponerlo delante de Jesús, [19] pero no encontraban por dónde entrar, porque había mucha gente; así que subieron al techo y, haciendo un hueco entre las tejas, bajaron al enfermo en la camilla, allí en medio de todos, delante de Jesús. [20] Cuando Jesús vio la fe que tenían, le dijo al enfermo:

—Amigo, tus pecados quedan perdonados.

[21] Entonces los maestros de la ley y los fariseos comenzaron a pensar: "¿Quién es éste que se atreve a decir palabras ofensivas contra Dios? Sólo Dios puede perdonar pecados."

[22] Pero Jesús se dio cuenta de lo que estaban pensando, y les preguntó:

—¿Por qué piensan ustedes así? [23] ¿Qué es más fácil, decir: 'Tus pecados quedan perdonados', o decir: 'Levántate y anda'? [24] Pues voy a demostrarles que el Hijo del hombre tiene autoridad en la tierra para perdonar pecados.

Entonces le dijo al paralítico:

—A ti te digo, levántate, toma tu camilla y vete a tu casa.

[25] Al momento, el paralítico se levantó delante de todos, tomó la camilla en que estaba acostado y se fue a su casa alabando a Dios. [26] Todos se quedaron admirados y alabaron a Dios, y llenos de miedo dijeron:

—Hoy hemos visto cosas maravillosas.

Jesús llama a Leví
(Mt 9.9–13; Mr 2.13–17)

[27] Después de esto, Jesús salió y se fijó en uno de los que cobraban impuestos para Roma. Se llamaba Leví, y estaba sentado en el lugar donde cobraba los impuestos. Jesús le dijo:

—Sígueme.

[28] Entonces Leví se levantó, y dejándolo todo siguió a Jesús.

[29] Más tarde, Leví hizo en su casa una gran fiesta en honor de Jesús; y muchos de los que cobraban impuestos para Roma, junto con otras personas, estaban sentados con ellos a la mesa. [30] Pero los fariseos y los maestros de la ley del mismo partido comenzaron a criticar a los discípulos de Jesús. Les dijeron:

—¿Por qué comen y beben ustedes con cobradores de impuestos y pecadores?[s]

[31] Jesús les contestó:

—Los que están buenos y sanos no necesitan médico, sino los enfermos. [32] Yo no he venido a llamar a los buenos, sino a los pecadores, para que se vuelvan a Dios.

La cuestión del ayuno
(Mt 9.14–17; Mr 2.18–22)

[33] Le dijeron a Jesús:

—Los seguidores de Juan y de los fariseos ayunan mucho y hacen muchas oraciones, pero tus discípulos siempre comen y beben.

[34] Jesús les contestó:

—¿Acaso pueden ustedes hacer ayunar a los invitados a una boda, mientras el novio está con ellos? [35] Pero llegará el momento en que se lleven al novio; cuando llegue ese día, entonces sí ayunarán.

[36] También les contó esta parábola:

—Nadie corta un pedazo de un vestido nuevo para remendar un vestido viejo. Si lo hace así, echa a perder el vestido nuevo; además, el pedazo nuevo no quedará bien con el vestido viejo. [37] Ni tampoco se echa vino nuevo en cueros viejos, porque el vino nuevo hace que se revienten los cueros, y tanto el vino como los cueros se pierden. [38] Por eso hay que echar el vino nuevo en cueros nuevos. [39] Y nadie que toma el vino añejo quiere después el nuevo, porque dice: 'El añejo es más sabroso.'

[r] **5.14** Lv 14.1–32.　[s] **5.30** Lc 15.1-2.

Los discípulos arrancan espigas en el día de reposo
(Mt 12.1-8; Mr 2.23-28)

6 ¹ Un día de reposo,¹⁰ Jesús caminaba entre los sembrados. Sus discípulos arrancaban espigas de trigo, las desgranaban entre las manos y se comían los granos.ᵗ ² Entonces algunos fariseos les preguntaron:

—¿Por qué hacen ustedes algo que no está permitido hacer en los días de reposo?¹⁰

³ Jesús les contestó:

—¿No han leído ustedes lo que hizo David en una ocasión en que él y sus compañeros tuvieron hambre? ⁴ Entró en la casa de Dios y tomó los panes consagrados a Dios, comió de ellos y dio también a sus compañeros,ᵘ a pesar de que solamente a los sacerdotes se les permitía comer de ese pan.ᵛ

⁵ Y añadió:

—El Hijo del hombre tiene autoridad sobre el día de reposo.¹⁰

El hombre de la mano tullida
(Mt 12.9-14; Mr 3.1-6)

⁶ Otro día de reposo,¹⁰ Jesús entró en la sinagoga y comenzó a enseñar. Había en ella un hombre que tenía la mano derecha tullida; ⁷ y los maestros de la ley y los fariseos espiaban a Jesús para ver si lo sanaría en el día de reposo,¹⁰ y así tener algún pretexto para acusarlo. ⁸ Pero él, que sabía lo que estaban pensando, le dijo al hombre que tenía la mano tullida:

—Levántate y ponte ahí en medio.

El hombre se levantó y se puso de pie, ⁹ y Jesús dijo a los otros:

—Les voy a hacer una pregunta: ¿Qué está permitido hacer en el día de reposo:¹⁰ el bien o el mal? ¿Salvar una vida o destruirla?

¹⁰ Luego miró a todos los que le rodeaban, y le dijo a aquel hombre:

—Extiende la mano.

El hombre lo hizo así, y su mano quedó sana. ¹¹ Pero los otros se enojaron mucho y comenzaron a discutir qué podrían hacer contra Jesús.

Jesús escoge a los doce apóstoles
(Mt 10.1-4; Mr 3.13-19)

¹² Por aquellos días, Jesús se fue a un cerro a orar, y pasó toda la noche orando a Dios. ¹³ Cuando se hizo de día, llamó a sus discípulos, y escogió a doce de ellos, a quienes llamó apóstoles. ¹⁴ Estos fueron:

Simón, a quien puso también el nombre de Pedro; Andrés, hermano de Simón; Santiago, Juan, Felipe, Bartolomé, ¹⁵ Mateo, Tomás, Santiago, hijo de Alfeo; Simón el celote, ¹⁶ Judas, hijo de Santiago, y Judas Iscariote, que fue quien traicionó a Jesús.

Jesús enseña a mucha gente
(Mt 4.23-25)

¹⁷ Jesús bajó del cerro con ellos y se detuvo en un llano. Se habían juntado allí muchos de sus seguidores y mucha gente de toda la región de Judea, de Jerusalén y de la costa de Tiro y Sidón. Habían llegado para oír a Jesús y para que los curara de sus enfermedades. ¹⁸ Los que sufrían a causa de espíritus impuros, también quedaban sanos. ¹⁹ Así que toda la gente quería tocar a Jesús, porque los sanaba a todos con el poder que de él salía.

La felicidad y la infelicidad
(Mt 5.1-12)

²⁰ Jesús miró a sus discípulos, y les dijo: "Dichosos ustedes los pobres, pues el reino de Dios les pertenece.

²¹ "Dichosos ustedes los que ahora tienen hambre, pues quedarán satisfechos.

"Dichosos ustedes los que ahora lloran, pues después reirán.

²² "Dichosos ustedes cuando la gente los odie, cuando los expulsen, cuando los insulten y cuando desprecien su nombre como cosa mala, por causa del Hijo del hombre.ʷ ²³ Alégrense mucho, llénense de gozo en ese día, porque ustedes recibirán un gran premio en el cielo; pues también así maltrataron los antepasados de esa gente a los profetas.ˣ

²⁴ "Pero ¡ay de ustedes los ricos, pues ya han tenido su alegría!

²⁵ "¡Ay de ustedes los que ahora están satisfechos, pues tendrán hambre!

"¡Ay de ustedes los que ahora ríen, pues van a llorar de tristeza!

²⁶ "¡Ay de ustedes cuando todo el mundo los alabe, pues así hacían los antepasados de esa gente con los falsos profetas!

El amor a los enemigos
(Mt 5.38-48; 7.12)

²⁷ "Pero a ustedes que me escuchan les digo: Amen a sus enemigos, hagan bien a quienes los odian, ²⁸ bendigan a quienes los maldicen, oren por quienes los insultan. ²⁹ Si alguien te pega en una mejilla,

¹⁰ *Día(s) de reposo:* aquí equivale a *sábado.*
ᵗ **6.1** Dt 23.25. ᵘ **6.3-4** 1 S 21.1-6. ᵛ **6.4** Lv 24.9. ʷ **6.22** 1 P 4.14. ˣ **6.23** 2 Cr 36.16; Hch 7.52.

ofrécele también la otra; y si alguien te quita la capa, déjale que se lleve también tu camisa. [30] A cualquiera que te pida algo, dáselo, y al que te quite lo que es tuyo, no se lo reclames. [31] Hagan ustedes con los demás como quieren que los demás hagan con ustedes.[y]

[32] "Si ustedes aman solamente a quienes los aman a ustedes, ¿qué hacen de extraordinario? Hasta los pecadores se portan así. [33] Y si hacen bien solamente a quienes les hacen bien a ustedes, ¿qué tiene eso de extraordinario? También los pecadores se portan así. [34] Y si dan prestado sólo a aquellos de quienes piensan recibir algo, ¿qué hacen de extraordinario? También los pecadores se prestan unos a otros, esperando recibir unos de otros. [35] Ustedes deben amar a sus enemigos, y hacer bien, y dar prestado sin esperar recibir nada a cambio. Así será grande su recompensa, y ustedes serán hijos del Dios altísimo, que es también bondadoso con los desagradecidos y los malos. [36] Sean ustedes compasivos, como también su Padre es compasivo.

No juzgar a otros
(Mt 7.1–5)

[37] "No juzguen a otros, y Dios no los juzgará a ustedes. No condenen a otros, y Dios no los condenará a ustedes. Perdonen, y Dios los perdonará. [38] Den a otros, y Dios les dará a ustedes. Les dará en su bolsa una medida buena, apretada, sacudida y repleta. Dios los medirá a ustedes con la misma medida con que ustedes midan a los otros."

[39] Jesús les puso esta comparación: "¿Acaso puede un ciego servir de guía a otro ciego? ¿No caerán los dos en algún hoyo?[z] [40] Ningún discípulo es más que su maestro:[a] cuando termine sus estudios llegará a ser como su maestro.

[41] "¿Por qué te pones a mirar la paja que tiene tu hermano en el ojo, y no te fijas en el tronco que tienes en el tuyo? [42] Y si no te das cuenta del tronco que tienes en tu propio ojo, ¿cómo te atreves a decir a tu hermano: 'Hermano, déjame sacarte la paja que tienes en el ojo'? ¡Hipócrita!, saca primero el tronco de tu propio ojo, y así podrás ver bien para sacar la paja que tiene tu hermano en el suyo.

El árbol se conoce por su fruto
(Mt 7.17–20; 12.34–35)

[43] "No hay árbol bueno que pueda dar fruto malo, ni árbol malo que pueda dar fruto bueno. [44] Cada árbol se conoce por

su fruto:[b] no se cosechan higos de los espinos, ni se recogen uvas de las zarzas. [45] El hombre bueno dice cosas buenas porque el bien está en su corazón, y el hombre malo dice cosas malas porque el mal está en su corazón. Pues de lo que abunda en su corazón habla su boca.[c]

Las dos bases
(Mt 7.24–27)

[46] "¿Por qué me llaman ustedes, 'Señor, Señor', y no hacen lo que les digo? [47] Voy a decirles a quién se parece el que viene a mí y me oye y hace lo que digo: [48] se parece a un hombre que para construir una casa cavó primero bien hondo, y puso la base sobre la roca. Cuando creció el río, el agua dio con fuerza contra la casa, pero ni moverla pudo, porque estaba bien construida. [49] Pero el que me oye y no hace lo que digo, se parece a un hombre que construyó su casa sobre la tierra y sin cimientos; y cuando el río creció y dio con fuerza contra ella, se derrumbó y quedó completamente destruida."

Jesús sana al criado de un oficial romano
(Mt 8.5–13)

7 [1] Cuando Jesús terminó de hablar a la gente, se fue a Capernaum. [2] Vivía allí un capitán romano que tenía un criado al que quería mucho, el cual estaba enfermo y a punto de morir. [3] Cuando el capitán oyó hablar de Jesús mandó a unos ancianos de los judíos a rogarle que fuera a sanar a su criado. [4] Ellos se presentaron a Jesús y le rogaron mucho, diciendo:

—Este capitán merece que lo ayudes, [5] porque ama a nuestra nación y él mismo hizo construir nuestra sinagoga.

[6] Jesús fue con ellos, pero cuando ya estaban cerca de la casa, el capitán mandó unos amigos a decirle: "Señor, no te molestes, porque yo no merezco que entres en mi casa; [7] por eso, ni siquiera me atreví a ir en persona a buscarte. Solamente da la orden, para que sane mi criado. [8] Porque yo mismo estoy bajo órdenes superiores, y a la vez tengo soldados bajo mi mando. Cuando le digo a uno de ellos que vaya, va; y cuando le digo a otro que venga, viene; y cuando mando a mi criado que haga algo, lo hace."

[9] Jesús se quedó admirado al oír esto, y mirando a la gente que le seguía dijo:

—Les aseguro que ni siquiera en Israel he encontrado tanta fe como en este hombre.

[y] **6.31** Mt 7.12.   [z] **6.39** Mt 15.14.   [a] **6.40** Mt 10.24–25; Jn 13.16; 15.20.   [b] **6.44** Mt 12.33.   [c] **6.45** Mt 12.34.

¹⁰ Al regresar a la casa, los enviados encontraron que el criado ya estaba sano.

Jesús resucita al hijo de una viuda

¹¹ Después de esto, Jesús se dirigió a un pueblo llamado Naín. Iba acompañado de sus discípulos y de mucha gente. ¹² Al llegar cerca del pueblo, vio que llevaban a enterrar a un muerto, hijo único de su madre, que era viuda. Mucha gente del pueblo la acompañaba. ¹³ Al verla, el Señor tuvo compasión de ella y le dijo:

—No llores.

¹⁴ En seguida se acercó y tocó la camilla, y los que la llevaban se detuvieron. Jesús le dijo al muerto:

—Joven, a ti te digo: ¡Levántate!

¹⁵ Entonces el muerto se sentó y comenzó a hablar, y Jesús se lo entregó a la madre. ¹⁶ Al ver esto, todos tuvieron miedo y comenzaron a alabar a Dios, diciendo:

—Un gran profeta ha aparecido entre nosotros.

También decían:

—Dios ha venido a ayudar a su pueblo.

¹⁷ Y por toda Judea y sus alrededores se supo lo que había hecho Jesús.

Los enviados de Juan el Bautista
(Mt 11.2-19)

¹⁸ Juan tuvo noticias de todas estas cosas, pues sus seguidores se las contaron. Llamó a dos de ellos ¹⁹ y los envió a Jesús, a preguntarle si él era de veras el que había de venir o si debían esperar a otro. ²⁰ Los enviados de Juan se acercaron, pues, a Jesús y le dijeron:

—Juan el Bautista nos ha mandado a preguntarte si tú eres el que ha de venir, o si debemos esperar a otro.

²¹ En aquel mismo momento Jesús curó a muchas personas de sus enfermedades y sufrimientos, y de los espíritus malignos, y dio la vista a muchos ciegos. ²² Luego les contestó:

—Vayan y díganle a Juan lo que han visto y oído. Cuéntenle que los ciegos ven, los cojos andan, los leprosos quedan limpios de su enfermedad, los sordos oyen,[d] los muertos vuelven a la vida y a los pobres se les anuncia el mensaje de salvación.[e] ²³ ¡Y dichoso aquel que no pierda su confianza en mí!

²⁴ Cuando los enviados de Juan se fueron, Jesús comenzó a hablar a la gente acerca de Juan, diciendo: "¿Qué salieron ustedes a ver al desierto? ¿Una caña sacudida por el viento? ²⁵ Y si no, ¿qué salieron a ver? ¿Un hombre vestido con ropas de lujo? Ustedes saben que los que se visten con lujo y viven en placeres, están en las casas de los reyes. ²⁶ En fin, ¿qué salieron a ver? ¿Un profeta? Sí, de veras, y uno que es mucho más que profeta. ²⁷ Juan es aquel de quien dice la Escritura:

'Yo envío mi mensajero delante de
    ti,
para que te prepare el camino.'[f]

²⁸ Les digo que, entre todos los hombres, ninguno ha sido más grande que Juan; y, sin embargo, el más pequeño en el reino de Dios es más grande que él.

²⁹ "Todos los que oyeron a Juan, incluso los que cobraban impuestos para Roma, se hicieron bautizar por él, reconociendo así que Dios es justo; ³⁰ pero los fariseos y los maestros de la ley no se hicieron bautizar por Juan, despreciando de este modo lo que Dios había querido hacer en favor de ellos.[g]

³¹ "¿A qué compararé la gente de este tiempo? ¿A qué se parece? ³² Se parece a los niños que se sientan a jugar en la plaza y gritan a sus compañeros: 'Tocamos la flauta, pero ustedes no bailaron; cantamos canciones tristes, pero ustedes no lloraron.' ³³ Porque vino Juan el Bautista, que ni come pan ni bebe vino, y ustedes dicen que tiene un demonio. ³⁴ Luego ha venido el Hijo del hombre, que come y bebe, y ustedes dicen que es glotón y bebedor, amigo de gente de mala fama y de los que cobran impuestos para Roma. ³⁵ Pero la sabiduría de Dios se demuestra por todos sus resultados."[11]

Jesús en casa de Simón el fariseo

³⁶ Un fariseo invitó a Jesús a comer, y Jesús fue a su casa. Estaba sentado a la mesa, ³⁷ cuando una mujer de mala vida que vivía en el mismo pueblo y que supo que Jesús había ido a comer a casa del fariseo, llegó con un frasco de alabastro lleno de perfume. ³⁸ Llorando, se puso junto a los pies de Jesús y comenzó a bañarlos con lágrimas. Luego los secó con sus cabellos, los besó y derramó sobre ellos el perfume.[h] ³⁹ El fariseo que había invitado a Jesús, al ver esto, pensó: "Si este hombre fuera de veras un profeta, se daría cuenta de qué clase de persona es ésta que lo está tocando: una mujer de mala vida." ⁴⁰ Entonces Jesús le dijo al fariseo:

—Simón, tengo algo que decirte.

El fariseo contestó:

—Dímelo, Maestro.

⁴¹ Jesús siguió:

—Dos hombres le debían dinero a un prestamista. Uno le debía quinientos denarios, y el otro cincuenta; [42] y como no le podían pagar, el prestamista les perdonó la deuda a los dos. Ahora dime, ¿cuál de ellos le amará más?

[43] Simón le contestó:

—Me parece que el hombre a quien más le perdonó.

Jesús le dijo:

—Tienes razón.

[44] Entonces, mirando a la mujer, Jesús dijo a Simón:

—¿Ves esta mujer? Entré en tu casa, y no me diste agua para mis pies; en cambio, esta mujer me ha bañado los pies con sus lágrimas y los ha secado con sus cabellos. [45] No me besaste, pero ella, desde que entré, no ha dejado de besarme los pies. [46] No me pusiste aceite en la cabeza, pero ella ha derramado perfume sobre mis pies. [47] Por esto te digo que sus muchos pecados son perdonados, porque amó mucho; pero la persona a quien poco se le perdona, poco amor muestra.

[48] Luego dijo a la mujer:

—Tus pecados te son perdonados.

[49] Los otros invitados que estaban allí, comenzaron a preguntarse:

—¿Quién es éste, que hasta perdona pecados?

[50] Pero Jesús añadió, dirigiéndose a la mujer:

—Por tu fe has sido salvada; vete tranquila.

Mujeres que ayudaban a Jesús

8 [1] Después de esto, Jesús anduvo por muchos pueblos y aldeas, proclamando y anunciando el reino de Dios. Los doce apóstoles le acompañaban, [2] como también algunas mujeres que él había curado de espíritus malignos y enfermedades. Entre ellas iba María, la llamada Magdalena, de la que habían salido siete demonios; [3] también Juana, esposa de Cuza, el que era administrador de Herodes; y Susana; y muchas otras que les ayudaban con lo que tenían.[i]

La parábola del sembrador
(Mt 13.1–9; Mr 4.1–9)

[4] Muchos salieron de los pueblos para ver a Jesús, de manera que se reunió mucha gente. Entonces les contó esta parábola: [5] "Un sembrador salió a sembrar su semilla. Y al sembrar, una parte de la semilla cayó en el camino, y fue pisoteada, y las aves se la comieron. [6] Otra parte cayó entre las piedras; y cuando esa semilla brotó, se secó por falta de humedad. [7] Otra parte de la semilla cayó entre espinos; y al nacer juntamente, los espinos la

ahogaron. [8] Pero otra parte cayó en buena tierra; y creció, y dio una buena cosecha, hasta de cien granos por semilla."

Esto dijo Jesús, y añadió con voz muy fuerte: "¡Los que tienen oídos, oigan!"

El porqué de las parábolas
(Mt 13.10–17; Mr 4.10–12)

[9] Los discípulos le preguntaron a Jesús qué quería decir aquella parábola. [10] Les dijo: "A ustedes Dios les da a conocer los secretos de su reino; pero a los otros les hablo por medio de parábolas, para que por más que miren no vean, y por más que oigan no entiendan [j]

Jesús explica la parábola del sembrador
(Mt 13.18–23; Mr 4.13–20)

[11] "Esto es lo que quiere decir la parábola: La semilla representa el mensaje de Dios; [12] y la parte que cayó por el camino representa a los que oyen el mensaje, pero viene el diablo y se lo quita del corazón, para que no crean y se salven. [13] La semilla que cayó entre las piedras representa a los que oyen el mensaje y lo reciben con gusto, pero no tienen suficiente raíz; creen por algún tiempo, pero a la hora de la prueba fallan. [14] La semilla que cayó entre espinos representa a los que escuchan, pero poco a poco se dejan ahogar por las preocupaciones, las riquezas y los placeres, de modo que no llegan a dar fruto. [15] Pero la semilla que cayó en buena tierra, son las personas que con corazón bueno y dispuesto escuchan y hacen caso del mensaje y, permaneciendo firmes, dan una buena cosecha.

La parábola de la lámpara
(Mr 4.21–25)

[16] "Nadie enciende una lámpara para después taparla con algo o ponerla debajo de la cama, sino que la pone en alto,[k] para que tengan luz los que entran. [17] De la misma manera, no hay nada escondido que no llegue a descubrirse, ni nada secreto que no llegue a conocerse y ponerse en claro.[l]

[18] "Así pues, oigan bien, pues al que tiene se le dará más; pero al que no tiene, hasta lo que cree tener se le quitará."[m]

La madre y los hermanos de Jesús
(Mt 12.46–50; Mr 3.31–35)

[19] La madre y los hermanos de Jesús se presentaron donde él estaba, pero no pudieron acercarse a él porque había mucha gente. [20] Alguien avisó a Jesús:

[i] 8.2–3 Mt 27.55–56; Mr 15.40–41; Lc 23.49. [j] 8.10 Is 6.9–10. [k] 8.16 Mt 5.15; Lc 11.33. [l] 8.17 Mt 10.26; Lc 12.2. [m] 8.18 Mt 25.29; Lc 19.26.

—Tu madre y tus hermanos están ahí afuera, y quieren verte.

²¹ El contestó:

—Los que oyen el mensaje de Dios y lo ponen en práctica, ésos son mi madre y mis hermanos.

Jesús calma el viento y las olas
(Mt 8.23–27; Mr 4.35–41)

²² Un día, Jesús entró en una barca con sus discípulos, y les dijo:

—Vamos al otro lado del lago.

Partieron, pues, ²³ y mientras cruzaban el lago, Jesús se durmió. En esto se desató una fuerte tormenta sobre el lago, y la barca empezó a llenarse de agua y corrían peligro de hundirse. ²⁴ Entonces fueron a despertar a Jesús, diciéndole:

—¡Maestro! ¡Maestro! ¡Nos estamos hundiendo!

Jesús se levantó y dio una orden al viento y a las olas, y todo se calmó y quedó tranquilo. ²⁵ Después dijo a los discípulos:

—¿Qué pasó con su fe?

Pero ellos, asustados y admirados, se preguntaban unos a otros:

—¿Quién será éste, que da órdenes al viento y al agua, y le obedecen?

El endemoniado de Gerasa
(Mt 8.28–34; Mr 5.1–20)

²⁶ Por fin llegaron a la tierra de Gerasa, que está al otro lado del lago, frente a Galilea. ²⁷ Al bajar Jesús a tierra, salió del pueblo un hombre que estaba endemoniado, y se le acercó. Hacía mucho tiempo que no se ponía ropa ni vivía en una casa, sino entre las tumbas. ²⁸ Cuando vio a Jesús, cayó de rodillas delante de él, gritando:

—¡No te metas conmigo, Jesús, Hijo del Dios altísimo! ¡Te ruego que no me atormentes!

²⁹ Dijo esto porque Jesús estaba ordenando al espíritu impuro que saliera de él. Muchas veces el demonio se había apoderado de él; y aunque la gente le sujetaba las manos y los pies con cadenas para tenerlo seguro, él las rompía y el demonio lo hacía huir a lugares desiertos. ³⁰ Jesús le preguntó:

—¿Cómo te llamas?

Y él contestó:

—Me llamo Legión.

Dijo esto porque eran muchos los demonios que habían entrado en él, ³¹ los cuales pidieron a Jesús que no los mandara al abismo. ³² Como había muchos cerdos comiendo en el cerro, los espíritus le rogaron que los dejara entrar en ellos; y

Jesús les dio permiso. ³³ Los demonios salieron entonces del hombre y entraron en los cerdos, y éstos echaron a correr pendiente abajo hasta el lago, y allí se ahogaron.

³⁴ Los que cuidaban de los cerdos, cuando vieron lo sucedido, salieron huyendo y fueron a contarlo en el pueblo y por el campo. ³⁵ La gente salió a ver lo que había pasado. Y cuando llegaron a donde estaba Jesús, encontraron sentado a sus pies al hombre de quien habían salido los demonios, vestido y en su cabal juicio; y tuvieron miedo. ³⁶ Y los que habían visto lo sucedido, les contaron cómo había sido sanado aquel endemoniado. ³⁷ Toda la gente de la región de Gerasa comenzó entonces a rogar a Jesús que se fuera de allí, porque tenían mucho miedo. Así que Jesús entró en la barca y se fue. ³⁸ El hombre de quien habían salido los demonios le rogó que le permitiera ir con él, pero Jesús le ordenó que se quedara, y le dijo:

³⁹ —Vuelve a tu casa y cuenta todo lo que Dios ha hecho por ti.

El hombre se fue y contó por todo el pueblo lo que Jesús había hecho por él.

La hija de Jairo. La mujer que tocó la capa de Jesús
(Mt 9.18–26; Mr 5.21–43)

⁴⁰ Cuando Jesús regresó al otro lado del lago, la gente lo recibió con alegría, porque todos lo estaban esperando. ⁴¹ En esto llegó uno llamado Jairo, que era jefe de la sinagoga. Este hombre se postró a los pies de Jesús y le rogó que fuera a su casa, ⁴² porque tenía una sola hija, de unos doce años, que estaba a punto de morir.

Mientras Jesús iba, se sentía apretujado por la multitud que lo seguía. ⁴³ Entre la gente había una mujer que desde hacía doce años estaba enferma, con derrames de sangre, y que había gastado en médicos todo lo que tenía, sin que ninguno la hubiera podido sanar. ⁴⁴ Esta mujer se acercó a Jesús por detrás y tocó el borde de su capa, y en el mismo momento el derrame de sangre se detuvo. ⁴⁵ Entonces Jesús preguntó:

—¿Quién me ha tocado?

Como todos negaban haberlo tocado, Pedro dijo:¹²

—Maestro, la gente te oprime y empuja por todos lados.

⁴⁶ Pero Jesús insistió:

—Alguien me ha tocado, porque me he dado cuenta de que de mí ha salido poder.

⁴⁷ La mujer, al ver que no podía esconderse, fue temblando a arrodillarse a los pies de Jesús. Le confesó delante de todos

---

¹² Algunos mss. dicen: *Pedro y los que lo acompañaban dijeron.*

por qué razón lo había tocado, y cómo había sido sanada en el acto. [48] Jesús le dijo:
—Hija, por tu fe has sido sanada. Vete tranquila.
[49] Todavía estaba hablando Jesús, cuando llegó un mensajero y le dijo al jefe de la sinagoga:
—Tu hija ha muerto; no molestes más al Maestro.
[50] Pero Jesús lo oyó y le dijo:
—No tengas miedo; solamente cree, y tu hija se salvará.
[51] Al llegar a la casa, no dejó entrar con él a nadie más que a Pedro, a Santiago y a Juan, junto con el padre y la madre de la niña. [52] Todos estaban llorando y lamentándose por ella, pero Jesús les dijo:
—No lloren; la niña no está muerta, sino dormida.
[53] Todos se rieron de él, porque sabían que estaba muerta. [54] Entonces Jesús la tomó de la mano y dijo con voz fuerte:
—¡Muchacha, levántate!
[55] Y ella volvió a la vida; al momento se levantó, y Jesús mandó que le dieran de comer. [56] Sus padres estaban muy admirados; pero Jesús les ordenó que no contaran a nadie lo que había pasado.

Jesús envía a los discípulos a anunciar el reino de Dios
(Mt 10.5-15; Mr 6.7-13)

9 [1] Jesús reunió a sus doce discípulos, y les dio poder y autoridad para expulsar toda clase de demonios y para curar enfermedades. [2] Los envió a anunciar el reino de Dios y a sanar a los enfermos. [3] Les dijo:
—No lleven nada para el camino: ni bastón, ni bolsa, ni pan, ni dinero, ni ropa de repuesto.[n] [4] En cualquier casa donde lleguen, quédense hasta que se vayan del lugar. [5] Y si en algún pueblo no los quieren recibir, salgan de él y sacúdanse el polvo de los pies, para que les sirva a ellos de advertencia.[ñ]
[6] Salieron ellos, pues, y fueron por todas las aldeas, anunciando el mensaje de salvación y sanando enfermos.

Incertidumbre de Herodes
(Mt 14.1-12; Mr 6.14-29)

[7] El rey Herodes oyó hablar de Jesús y de todo lo que hacía; y no sabía qué pensar, porque unos decían que Juan había resucitado, [8] otros decían que había aparecido el profeta Elías, y otros decían que era alguno de los antiguos profetas, que había resucitado.[o] [9] Pero Herodes dijo:

—Yo mismo mandé que le cortaran la cabeza a Juan. ¿Quién será entonces éste, de quien oigo contar tantas cosas?
Por eso Herodes procuraba ver a Jesús.

Jesús da de comer a cinco mil hombres
(Mt 14.13-21; Mr 6.30-44; Jn 6.1-14)

[10] Cuando los apóstoles regresaron, contaron a Jesús lo que habían hecho. El, tomándolos llevó a un pueblo llamado Betsaida. [11] Pero cuando la gente lo supo, lo siguieron; y Jesús los recibió, les habló del reino de Dios y sanó a los enfermos.
[12] Cuando ya comenzaba a hacerse tarde, se acercaron a Jesús los doce discípulos y le dijeron:
—Despide a la gente, para que vayan a descansar y a buscar comida por las aldeas y los campos cercanos, porque en este lugar no hay nada.
[13] Jesús les dijo:
—Denles ustedes de comer.
Ellos contestaron:
—No tenemos más que cinco panes y dos pescados, a menos que vayamos a comprar comida para toda esta gente.
[14] Pues eran unos cinco mil hombres. Pero Jesús dijo a sus discípulos:
—Háganlos sentarse en grupos como de cincuenta.
[15] Así lo hicieron, y se sentaron todos. [16] Luego Jesús tomó en sus manos los cinco panes y los dos pescados y, mirando al cielo, dio gracias a Dios por ellos, los partió y se los dio a sus discípulos para que los repartieran entre la gente. [17] La gente comió hasta quedar satisfecha, y todavía llenaron doce canastas con los pedazos sobrantes.

Pedro declara que Jesús es el Mesías
(Mt 16.13-19; Mr 8.27-29)

[18] Un día en que Jesús estaba orando solo, y sus discípulos estaban con él, les preguntó:
—¿Quién dice la gente que soy yo?
[19] Ellos contestaron:
—Algunos dicen que eres Juan el Bautista, otros dicen que eres Elías, y otros dicen que eres uno de los antiguos profetas, que ha resucitado.[p]
[20] —Y ustedes, ¿quién dicen que soy? —les preguntó.
Y Pedro le respondió:
—Eres el Mesías de Dios.[q]

Jesús anuncia su muerte
(Mt 16.20-28; Mr 8.30—9.1)

[21] Pero Jesús les encargó mucho que no dijeran esto a nadie. [22] Y les dijo:

n 9.3-5 Lc 10.4-11. ñ 9.5 Hch 13.51. o 9.7-8 M: 16.14; Mr 8.28; Lc 9.19. p 9.19 Mt 14.1-2; Mr 6.14-15; Lc 9.7-8. q 9.20 Jn 6.68-69.

—El Hijo del hombre tendrá que sufrir mucho, y será rechazado por los ancianos, por los jefes de los sacerdotes y por los maestros de la ley. Lo van a matar, pero al tercer día resucitará.

²³ Después les dijo a todos:

—Si alguno quiere ser discípulo mío, olvídese de sí mismo, cargue con su cruz cada día y sígame.ʳ ²⁴ Porque el que quiera salvar su vida, la perderá; pero el que pierda la vida por causa mía, la salvará.ˢ ²⁵ ¿De qué le sirve al hombre ganar el mundo entero, si se pierde o se destruye a sí mismo? ²⁶ Pues si alguno se avergüenza de mí y de mi mensaje, también el Hijo del hombre se avergonzará de él cuando venga con su gloria y con la gloria de su Padre y de los santos ángeles. ²⁷ Les aseguro que algunos de los que están aquí presentes no morirán sin antes haber visto el reino de Dios.

La transfiguración de Jesús
(Mt 17.1–8; Mr 9.2–8)

²⁸ Unos ocho días después de esta conversación, Jesús subió a un cerro a orar, acompañado de Pedro, Santiago y Juan.ᵗ ²⁹ Mientras oraba, el aspecto de su cara cambió, y su ropa se volvió muy blanca y brillante; ³⁰ y aparecieron dos hombres conversando con él. Eran Moisés y Elías, que estaban ³¹ rodeados de un resplandor glorioso y hablaban de la muerte que Jesús iba a sufrir en Jerusalén. ³² Aunque Pedro y sus compañeros tenían mucho sueño, permanecieron despiertos, y vieron la gloria de Jesús y a los dos hombres que estaban con él. ³³ Cuando aquellos hombres se separaban ya de Jesús, Pedro le dijo:

—Maestro, ¡qué bien que estemos aquí! Vamos a hacer tres chozas: una para ti, otra para Moisés y otra para Elías.

Pero Pedro no sabía lo que decía. ³⁴ Mientras hablaba, una nube los envolvió en su sombra, y al verse dentro de la nube tuvieron miedo. ³⁵ Entonces de la nube salió una voz, que dijo: "Este es mi Hijo, mi elegido:ᵘ escúchenlo."

³⁶ En el momento en que la voz se escuchó, Jesús estaba solo. Pero ellos mantuvieron esto en secreto y en aquel tiempo a nadie dijeron nada de lo que habían visto.

Jesús sana a un muchacho que tenía un espíritu impuro
(Mt 17.14–21; Mr 9.14–29)

³⁷ Al día siguiente, cuando bajaron del cerro, una gran multitud salió al encuen-tro de Jesús. ³⁸ Y un hombre de entre la gente le dijo con voz fuerte:

—Maestro, por favor, mira a mi hijo, que es el único que tengo; ³⁹ un espíritu lo agarra, y hace que grite y que le den ataques y que eche espuma por la boca. Lo maltrata y no lo quiere soltar. ⁴⁰ He rogado a tus discípulos que le saquen ese espíritu, pero no han podido.

⁴¹ Jesús contestó:

—¡Oh gente sin fe y perversa! ¿Hasta cuándo tendré que estar con ustedes y soportarlos? Trae acá a tu hijo.

⁴² Cuando el muchacho se acercaba, el demonio lo tiró al suelo e hizo que le diera otro ataque; pero Jesús reprendió al espíritu impuro, sanó al muchacho y se lo devolvió a su padre. ⁴³ Y todos se quedaron admirados de la grandeza de Dios.

Jesús anuncia por segunda vez su muerte
(Mt 17.22–23; Mr 9.30–32)

Mientras todos se maravillaban de lo que Jesús hacía, él dijo a sus discípulos:

⁴⁴ —Oigan bien esto y no lo olviden: el Hijo del hombre va a ser entregado en manos de los hombres.

⁴⁵ Pero ellos no entendían lo que les decía, pues Dios no les había permitido entenderlo; además tenían miedo de pedirle a Jesús que se lo explicara.

¿Quién es el más importante?
(Mt 18.1–5; Mr 9.33–37)

⁴⁶ Por entonces los discípulos comenzaron a discutir quién de ellos sería el más importante.ᵛ ⁴⁷ Jesús, al darse cuenta de lo que estaban pensando, tomó a un niño, lo puso junto a él ⁴⁸ y les dijo:

—El que recibe a este niño en mi nombre, me recibe a mí; y el que me recibe a mí, recibe también al que me envió.ʷ Por eso, el más insignificante entre todos ustedes, ése es el más importante.

El que no está contra nosotros, está a nuestro favor
(Mr 9.38–40)

⁴⁹ Juan le dijo:

—Maestro, hemos visto a uno que expulsaba demonios en tu nombre; y se lo hemos prohibido, porque no es de los nuestros.

⁵⁰ Jesús le contestó:

—No se lo prohíban, porque el que no está contra nosotros, está a nuestro favor.

ʳ 9.23 Mt 10.38; Lc 14.27; Jn 12.24. ˢ 9.24 Mt 10.39; Lc 17.33; Jn 12.25. ᵗ 9.28–35 2 P 1.17–18. ᵘ 9.35 Is 42.1; Mt 3.17; 12.18; Mr 1.11; Lc 3.22. ᵛ 9.46 Lc 22.24. ʷ 9.48 Mt 10.40; Lc 10.16; Jn 13.20.

Jesús reprende a Santiago y a Juan

⁵¹ Cuando ya se acercaba el tiempo en que Jesús había de subir al cielo, emprendió con valor su viaje a Jerusalén. ⁵² Envió por delante mensajeros, que fueron a una aldea de Samaria para conseguirle alojamiento; ⁵³ pero los samaritanos no quisieron recibirlo, porque se daban cuenta de que se dirigía a Jerusalén. ⁵⁴ Cuando sus discípulos Santiago y Juan vieron esto, le dijeron:

—Señor, ¿quieres que ordenemos que baje fuego del cielo,¹³ y que acabe con ellos?ˣ

⁵⁵ Pero Jesús se volvió y los reprendió.¹⁴ ⁵⁶ Luego se fueron a otra aldea.

Los que querían seguir a Jesús
(Mt 8.19-22)

⁵⁷ Mientras iban de camino, un hombre le dijo a Jesús:

—Señor, deseo seguirte a dondequiera que vayas. ⁵⁸ Jesús le contestó:

—Las zorras tienen cuevas y las aves tienen nidos; pero el Hijo del hombre no tiene donde recostar la cabeza.

⁵⁹ Jesús le dijo a otro:

—Sígueme.

Pero él respondió:

—Señor, déjame ir primero a enterrar a mi padre.

⁶⁰ Jesús le contestó:

—Deja que los muertos entierren a sus muertos; tú ve y anuncia el reino de Dios.

⁶¹ Otro le dijo:

—Señor, quiero seguirte, pero primero déjame ir a despedirme de los de mi casa.ʸ

⁶² Jesús le contestó:

—El que pone la mano en el arado y sigue mirando atrás, no sirve para el reino de Dios.

Jesús envía a los setenta y dos

10 ¹ Después de esto, el Señor escogió también a otros setenta y dos,¹⁵ y los mandó de dos en dos delante de él, a todos los pueblos y lugares a donde tenía que ir.

² Les dijo: "Ciertamente la cosecha es mucha, pero los trabajadores son pocos. Por eso, pidan ustedes al Dueño de la cosecha que mande trabajadores a recogerla.ᶻ ³ Vayan ustedes; miren que los envío como corderos en medio de lobos.ᵃ ⁴ No lleven bolsa ni monedero ni sandalias; y no se detengan a saludar a nadie en el camino.ᵇ ⁵ Cuando entren en una casa, saluden primero diciendo: 'Paz a esta casa.' ⁶ Y si allí hay gente de paz, su deseo de paz se cumplirá; pero si no, no se cumplirá. ⁷ Quédense en la misma casa, y coman y beban de lo que ellos tengan, pues el trabajador tiene derecho a su paga.ᶜ No anden de casa en casa. ⁸ Al llegar a un pueblo donde los reciban, coman lo que les sirvan; ⁹ sanen a los enfermos que haya allí, y díganles: 'El reino de Dios ya está cerca de ustedes.' ¹⁰ Pero si llegan a un pueblo y no los reciben, salgan a las calles diciendo: ¹¹ '¡Hasta el polvo de su pueblo, que se ha pegado a nuestros pies, lo sacudimos como protesta contra ustedes!ᵈ Pero sepan esto, que el reino de Dios ya está cerca de ustedes.' ¹² Les digo que en aquel día el castigo para ese pueblo será peor que para la gente de Sodoma.ᵉ

Los pueblos desobedientes
(Mt 11.20-24)

¹³ "¡Ay de ti, Corazín! ¡Ay de ti, Betsaida! Porque si en Tiro y Sidónᶠ se hubieran hecho los milagros que se han hecho entre ustedes, ya hace tiempo que se habrían vuelto a Dios, y lo habrían demostrado poniéndose ropas ásperas y sentándose en ceniza. ¹⁴ Pero en el día del juicio el castigo para ustedes será peor que para la gente de Tiro y Sidón. ¹⁵ Y tú, pueblo de Capernaum, ¿crees que serás levantado hasta el cielo? ¡Hasta lo más hondo del abismo serás arrojado!ᵍ

¹⁶ "El que los escucha a ustedes, me escucha a mí;ʰ y el que los rechaza a ustedes, me rechaza a mí; y el que me rechaza a mí, rechaza al que me envió."

Regreso de los setenta y dos

¹⁷ Los setenta y dos regresaron muy contentos, diciendo:

—¡Señor, hasta los demonios nos obedecen en tu nombre!

¹⁸ Jesús les dijo:

—Sí, pues yo vi que Satanás caía del cielo como un rayo. ¹⁹ Yo les he dado poder a ustedes para caminar sobre serpientes y alacranes,ⁱ y para vencer toda la fuerza del enemigo, sin sufrir ningún daño. ²⁰ Pero no se alegren de que los espíritus los obedezcan, sino de que sus nombres ya están escritos en el cielo.

---

¹³ Algunos mss. añaden: *como hizo Elías.* ¹⁴ Algunos mss. añaden: *Y les dijo: "Ustedes no saben a qué espíritu pertenecen.* ⁵⁶ Pues el Hijo del hombre no ha venido a destruir la vida de los hombres, sino a salvarla.' ¹⁵ Algunos mss. dicen: *setenta.*
ˣ **9.54** 2 R 1.9-16. ʸ **9.61** 1 R 19.20. ᶻ **10.2** Mt 9.37-38. ᵃ **10.3** Mt 10.16. ᵇ **10.4-11** Mt 10.7-14; Mr 6.8-11; Lc 9.3-5. ᶜ **10.7** 1 Co 9.14; 1 Ti 5.18. ᵈ **10.10-11** Hch 13.51. ᵉ **10.12** Gn 19.24-28; Mt 10.15; 11.24. ᶠ **10.13** Is 23.1-18; Ez 26.1—28.26; Jl 3.4-8; Am 1.9-10; Zac 9.2-4. ᵍ **10.15** Is 14.13-15. ʰ **10.16** Mt 10.40; Mr 9.37; Lc 9.48; Jn 13.20. ⁱ **10.19** Sal 91.13.

Jesús se alegra
(Mt 11.25–27; 13.16–17)

²¹ En aquel momento, Jesús, lleno de alegría por el Espíritu Santo, dijo: "Te alabo, Padre, Señor del cielo y de la tierra, porque has mostrado a los sencillos las cosas que escondiste de los sabios y entendidos. Sí, Padre, porque así lo has querido. ²² "Mi Padre me ha entregado todas las cosas.ʲ Nadie sabe quién es el Hijo, sino el Padre; y nadie sabe quién es el Padre, sino el Hijo y aquellos a quienes el Hijo quiera darlo a conocer."ᵏ ²³ Volviéndose a los discípulos, les dijo a ellos solos: "Dichosos quienes vean lo que ustedes están viendo; ²⁴ porque les digo que muchos profetas y reyes quisieron ver esto que ustedes ven, y no lo vieron; quisieron oír esto que ustedes oyen, y no lo oyeron."

Parábola del buen samaritano

²⁵ Un maestro de la ley fue a hablar con Jesús,ˡ y para ponerlo a prueba le preguntó:

—Maestro, ¿qué debo hacer para alcanzar la vida eterna?

²⁶ Jesús le contestó:

—¿Qué está escrito en la ley? ¿Qué es lo que lees?

²⁷ El maestro de la ley contestó:

—Ama al Señor tu Dios con todo tu corazón, con toda tu alma, con todas tus fuerzas y con toda tu mente;ᵐ y ama a tu prójimo como a ti mismo.ⁿ

²⁸ Jesús le dijo:

—Has contestado bien. Si haces eso, tendrás la vida.ⁿ

²⁹ Pero el maestro de la ley, queriendo justificar su pregunta, dijo a Jesús:

—¿Y quién es mi prójimo?

³⁰ Jesús entonces le contestó:

—Un hombre iba por el camino de Jerusalén a Jericó, y unos bandidos lo asaltaron y le quitaron hasta la ropa; lo golpearon y se fueron, dejándolo medio muerto. ³¹ Por casualidad, un sacerdote pasaba por el mismo camino; pero al verle, dio un rodeo y siguió adelante. ³² También un levita llegó a aquel lugar, y cuando lo vio, dio un rodeo y siguió adelante. ³³ Pero un hombre de Samaria que viajaba por el mismo camino, al verle, sintió compasión. ³⁴ Se acercó a él, le curó las heridas con aceite y vino, y le puso vendas. Luego lo subió en su propia cabalgadura, lo llevó a un alojamiento y lo cuidó. ³⁵ Al día siguiente, el samaritano sacó dos monedas, se las dio al dueño del alojamiento y le dijo: 'Cuide

este hombre, y si gasta usted algo más, yo se lo pagaré cuando vuelva.' ³⁶ Pues bien, ¿cuál de esos tres te parece que fue el prójimo del hombre asaltado por los bandidos?

³⁷ El maestro de la ley contestó:

—El que tuvo compasión de él.

Jesús le dijo:

—Pues ve y haz tú lo mismo.

Jesús en casa de Marta y María

³⁸ Jesús siguió su camino y llegó a una aldea, donde una mujer llamada Marta lo recibió en su casa. ³⁹ Marta tenía una hermana llamada María,ᵒ la cual se sentó a los pies de Jesús para escuchar lo que él decía. ⁴⁰ Pero Marta, que estaba atareada con sus muchos quehaceres, se acercó a Jesús y le dijo:

—Señor, ¿no te preocupa nada que mi hermana me deje sola con todo el trabajo? Dile que me ayude.

⁴¹ Pero Jesús le contestó:

—Marta, Marta, estás preocupada y afligida por muchas cosas, ⁴² pero sólo una cosa es necesaria. María ha escogido la mejor parte, y nadie se la va a quitar.

Jesús y la oración
(Mt 6.9–15; 7.7–11)

11 ¹ Una vez, Jesús estaba orando en un lugar; cuando terminó, uno de sus discípulos le dijo:

—Señor, enséñanos a orar, lo mismo que Juan enseñó a sus discípulos.

² Jesús les dijo:

—Cuando oren, digan:

'Padre,¹⁶ santificado sea tu nombre.
Venga tu reino.¹⁷
³ Danos el pan suficiente para cada
  día.ᵖ
⁴ Perdónanos nuestros pecados,
  porque también nosotros
  perdonamos
a todos los que nos han hecho mal.
No nos expongas a la tentación.'¹⁸

⁵ También les dijo Jesús:

—Supongamos que uno de ustedes tiene un amigo, y que a medianoche va a su casa y le dice: 'Amigo, préstame tres panes, ⁶ porque un amigo mío acaba de llegar de viaje a mi casa, y no tengo nada que darle.' ⁷ Sin duda el otro no le contestará desde adentro: 'No me molestes: la puerta está cerrada, y mis hijos y yo estamos en la cama; no puedo levantarme a darte nada.' ⁸ Les digo que, aunque no se levante a darle algo por ser su amigo, lo hará por su impertinencia, y le dará todo

---

¹⁶ Algunos mss. añaden: *nuestro, que estás en el cielo.* ¹⁷ Algunos mss. añaden: *Hágase tu voluntad en la tierra, así como se hace en el cielo.* ¹⁸ Algunos mss. añaden: *sino líbranos del maligno.*
ʲ **10.22** Jn 3.35. ᵏ **10.22** Jn 10.15. ˡ **10.25–28** Mt 22.35–40; Mr 12.28–34. ᵐ **10.27** Dt 6.5. ⁿ **10.27** Lv 19.18.
ⁿ **10.28** Lv 18.5. ᵒ **10.38–39** Jn 11.1. ᵖ **11.3** Pr 30.8–9.

lo que necesita. [9] Así que yo les digo: Pidan, y Dios les dará; busquen, y encontrarán; llamen a la puerta, y se les abrirá. [10] Porque el que pide, recibe; y el que busca, encuentra; y al que llama a la puerta, se le abre.

[11] "¿Acaso alguno de ustedes, que sea padre, sería capaz de darle a su hijo[19] una culebra cuando le pide pescado, [12] o de darle un alacrán cuando le pide un huevo? [13] Pues si ustedes, que son malos, saben dar cosas buenas a sus hijos, ¡cuánto más el Padre que está en el cielo dará el Espíritu Santo a quienes se lo pidan![q]

Acusan a Jesús de recibir su poder del demonio
(Mt 12.22-30; Mr 3.20-27)

[14] Jesús estaba expulsando un demonio que había dejado mudo a un hombre; y cuando el demonio salió, el mudo comenzó a hablar. La gente se admiró de esto, [15] pero algunos dijeron: "Beelzebú, el jefe de los demonios, es quien ha dado a este hombre el poder de expulsarlos."[r] [16] Otros, para tenderle una trampa, le pidieron una señal milagrosa del cielo.[s] [17] Pero él, que sabía lo que estaban pensando, les dijo:

"Todo país dividido en bandos enemigos, se destruye a sí mismo y todas sus casas se derrumban una sobre otra. [18] Así también, si Satanás se divide contra sí mismo, ¿cómo mantendrá su poder? Esto lo digo porque ustedes afirman que yo expulso los demonios por el poder de Beelzebú; [19] pero si es así, ¿quién da a los seguidores de ustedes el poder para expulsarlos? Por eso, ellos mismos demuestran que ustedes están equivocados. [20] Porque si yo expulso los demonios precisamente por el poder de Dios, eso significa que el reino de Dios ya ha llegado a ustedes. [21] "Cuando un hombre fuerte está bien armado y cuida su casa, lo que en ella guarda está seguro. [22] Pero si otro más fuerte que él viene y lo vence, le quita las armas en que confía, y sus pertenencias, y dispone de ellas. [23] "El que no está a mi favor, está en contra mía,[t] y el que conmigo no recoge, desparrama.

El espíritu impuro que regresa
(Mt 12.43-45)

[24] "Cuando un espíritu impuro sale de un hombre, anda por lugares secos buscando descanso; pero, al no encontrarlo, piensa: 'Volveré a mi casa, de donde salí.' [25] Cuando regresa, encuentra a ese hombre como una casa barrida y arreglada. [26] Entonces va y reúne otros siete espíritus peores que él, y todos juntos se meten a vivir en aquel hombre, que al final queda peor que al principio."

La felicidad verdadera

[27] Mientras Jesús decía estas cosas, una mujer entre la gente gritó:
—¡Dichosa la mujer que te dio a luz y te crió!
[28] Él contestó:
—¡Dichosos más bien quienes escuchan lo que Dios dice, y le obedecen!

La gente mala pide una señal milagrosa
(Mt 12.38-42; Mr 8.12)

[29] La multitud seguía juntándose alrededor de Jesús, y él comenzó a decirles: "La gente de este tiempo es malvada; pide una señal milagrosa,[u] pero no va a dársele más señal que la de Jonás. [30] Pues así como Jonás fue una señal para la gente de Nínive,[v] también el Hijo del hombre será una señal para la gente de este tiempo. [31] En el día del juicio, cuando se juzgue a la gente de este tiempo, la reina del Sur se levantará y la condenará; porque ella vino de lo más lejano de la tierra para escuchar la sabiduría de Salomón,[w] y lo que hay aquí es mayor que Salomón. [32] También los de Nínive se levantarán en el día del juicio, cuando se juzgue a la gente de este tiempo, y la condenarán; porque los de Nínive se volvieron a Dios cuando oyeron el mensaje de Jonás,[x] y lo que hay aquí es mayor que Jonás.

La lámpara del cuerpo
(Mt 5.15; 6.22-23)

[33] "Nadie enciende una lámpara y la pone en un lugar escondido, ni bajo un cajón, sino en alto,[y] para que los que entran tengan luz. [34] Tus ojos son como una lámpara para el cuerpo; si tus ojos son buenos, todo tu cuerpo tendrá luz; pero si son malos, tu cuerpo estará en la oscuridad. [35] Ten cuidado de que la luz que hay en ti no resulte oscuridad. [36] Pues si todo tu cuerpo tiene luz y no hay en él ninguna oscuridad, lo verás todo claramente, como cuando una lámpara te alumbra con su luz."

[19] Algunos mss. añaden: una piedra cuando le pide pan, o de darle.
[q] 11.9-13 Jn 14.13-14; 15.7,16; 16.23-24; 1 Jn 3.21-22; 5.14-15. [r] 11.15 Mt 9.34; 10.25. [s] 11.16 Mt 12.38; 16.1; Mr 8.11. [t] 11.23 Mr 9.40. [u] 11.29 Mt 16.4; Mr 8.12. [v] 11.30 Jon 3.4. [w] 11.31 1 R 10.1-10; 2 Cr 9.1-12. [x] 11.32 Jon 3.5. [y] 11.33 Mt 5.15; Mr 4.21; Lc 8.16.

Jesús acusa a los fariseos y a los maestros de la ley

(Mt 23.1–36; Mr 12.38–40; Lc 20.45–47)

[37] Cuando Jesús dejó de hablar, un fariseo lo invitó a comer en su casa, y Jesús entró y se sentó a la mesa. [38] El fariseo se extrañó al ver que no había cumplido con la ceremonia de lavarse las manos antes de comer. [39] Pero el Señor le dijo:

—Ustedes los fariseos limpian por fuera el vaso y el plato, pero por dentro están llenos de lo que han conseguido por medio del robo y la maldad. [40] ¡Necios! ¿No saben que el que hizo lo de fuera, hizo también lo de dentro? [41] Den ustedes sus limosnas de lo que está dentro, y así todo quedará limpio.

[42] "¡Ay de ustedes, fariseos!, que separan para Dios la décima parte de la menta, de la ruda y de toda clase de legumbres,[z] pero no hacen caso de la justicia y el amor a Dios. Esto es lo que deben hacer, sin dejar de hacer lo otro.

[43] "¡Ay de ustedes, fariseos!, que quieren tener los asientos de honor en las sinagogas, y que desean que la gente los salude con todo respeto en las calles.

[44] "¡Ay de ustedes, que son como sepulcros ocultos a la vista, los cuales la gente pisa sin saberlo!

[45] Le contestó entonces uno de los maestros de la ley:

—Maestro, al decir esto nos ofendes también a nosotros.

[46] Pero Jesús dijo:

—¡Ay de ustedes también, maestros de la ley!, que cargan sobre los demás cargas que nadie puede soportar, y ustedes ni siquiera con un dedo quieren tocarlas.

[47] "¡Ay de ustedes!, que construyen los sepulcros de los profetas a quienes los antepasados de ustedes mataron. [48] Con eso dan a entender que están de acuerdo con lo que sus antepasados hicieron, pues ellos los mataron y ustedes construyen sus sepulcros.

[49] "Por eso, Dios en su sabiduría dijo: 'Les mandaré profetas y apóstoles, y matarán a algunos de ellos y perseguirán a otros.' [50] Pues a la gente de hoy Dios le va a pedir cuentas de la sangre de todos los profetas que fueron asesinados desde que se hizo el mundo, [51] desde la sangre de Abel[a] hasta la de Zacarías,[b] a quien mataron entre el altar y el santuario. Por lo tanto, les digo que Dios pedirá cuentas de la muerte de ellos a la gente de hoy.

[52] "¡Ay de ustedes, maestros de la ley!, que se han apoderado de la llave de la puerta del conocimiento; pero ni ustedes

mismos entran ni dejan entrar a los que quieren hacerlo.

[53] Cuando Jesús les dijo estas cosas, los maestros de la ley y los fariseos se enojaron mucho, y comenzaron a molestarlo con muchas preguntas, [54] tendiéndole trampas para intentar acusarlo de algo que él dijera.

Jesús enseña contra la hipocresía

12 [1] Entre tanto se juntaron miles y miles de personas, tantas que unas a otras se atropellaban. Jesús comenzó a hablar, dirigiéndose primero a sus discípulos: "Cuídense de la levadura de los fariseos,[c] es decir, de su hipocresía. [2] Porque no hay ningún secreto que no llegue a descubrirse, ni nada escondido que no llegue a saberse.[d] [3] Por tanto, todo lo que ustedes han dicho en la oscuridad, se oirá a la luz del día; y lo que han dicho en secreto y a puerta cerrada, será gritado desde las azoteas de las casas.

A quién se debe tener miedo

(Mt 10.26–31)

[4] "A ustedes, amigos míos, les digo que no deben tener miedo de los que pueden darles muerte, pero después no pueden hacer más. [5] Yo les voy a decir a quién deben tenerle miedo: ténganle miedo al que, después de quitar la vida, tiene autoridad para echar en el infierno. Sí, ténganle miedo a él.

[6] "¿No se venden cinco pajarillos por dos monedinas? Sin embargo, Dios no se olvida de ninguno de ellos. [7] En cuanto a ustedes mismos, hasta los cabellos de la cabeza los tienen contados uno por uno. Así que no tengan miedo: ustedes valen más que muchos pajarillos.

Los que reconocen a Jesucristo delante de los hombres

(Mt 10.32–33; 12.32; 10.19–20)

[8] "Les digo que si alguien se declara a mi favor delante de los hombres, también el Hijo del hombre se declarará a favor de él delante de los ángeles de Dios; [9] pero el que me niegue delante de los hombres, será negado delante de los ángeles de Dios.

[10] "Dios perdonará incluso a aquel que diga algo contra el Hijo del hombre; pero no perdonará a aquel que con sus palabras ofenda al Espíritu Santo.[e] [11] "Cuando los lleven a ustedes a las sinagogas, o ante los jueces y las autoridades, no se preocupen por cómo van a defenderse o qué van a decir, [12] porque

---

[z] **11.42** Lv 27.30.　[a] **11.51** Gn 4.8.　[b] **11.51** 2 Cr 24.20-21.　[c] **12.1** Mt 16.6; Mr 8.15.　[d] **12.2** Mr 4.22; Lc 8.17.
[e] **12.10** Mt 12.32; Mr 3.29.

cuando les llegue el momento de hablar, el Espíritu Santo les enseñará lo que deben decir."*f*

El peligro de las riquezas

¹³ Uno de entre la gente le dijo a Jesús:
—Maestro, dile a mi hermano que me dé mi parte de la herencia.
¹⁴ Y Jesús le contestó:
—Amigo, ¿quién me ha puesto sobre ustedes como juez o partidor?
¹⁵ También dijo:
—Cuídense ustedes de toda avaricia; porque la vida no depende del poseer muchas cosas.
¹⁶ Entonces les contó esta parábola: "Había un hombre rico, cuyas tierras dieron una gran cosecha. ¹⁷ El rico se puso a pensar: '¿Qué haré? No tengo dónde guardar mi cosecha.' ¹⁸ Y se dijo: 'Ya sé lo que voy a hacer. Derribaré mis graneros y levantaré otros más grandes, para guardar en ellos toda mi cosecha y todo lo que tengo. ¹⁹ Luego me diré: Amigo, tienes muchas cosas guardadas para muchos años; descansa, come, bebe, alégrate.' ²⁰ Pero Dios le dijo: 'Necio, esta misma noche vas a morir, y lo que tienes guardado, ¿para quién será?' ²¹ Así le pasa al hombre que amontona riquezas para sí mismo, pero es pobre delante de Dios."

Dios cuida de sus hijos
(Mt 6.25-34)

²² Después dijo Jesús a sus discípulos: "Esto les digo: No se preocupen por lo que han de comer para vivir, ni por la ropa que han de ponerse. ²³ La vida vale más que la comida, y el cuerpo más que la ropa. ²⁴ Fíjense en los cuervos: ni siembran ni cosechan, ni tienen granero ni troje; sin embargo, Dios les da de comer. ¡Cuánto más valen ustedes que las aves! ²⁵ Y en todo caso, por mucho que uno se preocupe, ¿cómo podrá prolongar su vida ni siquiera una hora?²⁰ ²⁶ Pues si no pueden hacer ni aun lo más pequeño, ¿por qué se preocupan por las demás cosas? ²⁷ "Fíjense cómo crecen las flores: no trabajan ni hilan. Sin embargo, les digo que ni siquiera el rey Salomón, con todo su lujo,*g* se vestía como una de ellas. ²⁸ Pues si Dios viste así a la hierba, que hoy está en el campo y mañana se quema en el horno, ¡cuánto más habrá de vestirlos a ustedes, gente falta de fe! ²⁹ Por tanto, no anden afligidos, buscando qué comer y qué beber. ³⁰ Porque todas estas cosas son las que preocupan a la gente del mundo, pero ustedes tienen un Padre que ya sabe que las necesitan. ³¹ Ustedes pongan su atención en el reino de Dios, y recibirán también estas cosas.

Riqueza en el cielo
(Mt 6.19-21)

³² "No tengan miedo, ovejas mías; ustedes son pocos, pero el Padre, en su bondad, ha decidido darles el reino. ³³ Vendan lo que tienen, y den a los necesitados; procúrense bolsas que no se hagan viejas, riqueza sin fin en el cielo, donde el ladrón no puede entrar ni la polilla destruir. ³⁴ Pues donde esté la riqueza de ustedes, allí estará también su corazón.

Hay que estar preparados

³⁵ "Estén preparados, vestidos y con sus lámparas encendidas.*h* ³⁶ Sean como criados que están esperando a que su amo regrese de una boda, para abrirle la puerta tan pronto como llegue y toque.*i* ³⁷ Dichosos los criados a quienes su amo, al llegar, encuentre despiertos. Les aseguro que el amo mismo los hará sentarse a la mesa y se dispondrá a servirles la comida. ³⁸ Dichosos ellos, si los encuentra despiertos aunque llegue a la medianoche o de madrugada. ³⁹ Y sepan ustedes esto: que si el dueño de una casa supiera a qué hora va a llegar el ladrón, no dejaría que le abrieran su casa para robarle. ⁴⁰ Ustedes también estén preparados; porque el Hijo del hombre vendrá cuando menos lo esperen."*j*

El criado fiel y el criado infiel
(M. 24.45-51)

⁴¹ Pedro le preguntó:
—Señor, ¿contaste esta parábola solamente para nosotros, o para todos?
⁴² Dijo el Señor: "¿Quién es el mayordomo fiel y atento, a quien su amo deja encargado de los de su casa, para darles de comer a su debido tiempo? ⁴³ Dichoso el criado a quien su amo, cuando llega, lo encuentra cumpliendo con su deber. ⁴⁴ De veras les digo que el amo lo pondrá como encargado de todos sus bienes. ⁴⁵ Pero si ese criado, pensando que su amo va a tardar en llegar, comienza a maltratar a los otros criados y a las criadas, y se pone a comer, a beber y a emborracharse, ⁴⁶ el día que menos lo espere y a una hora que no sabe, llegará su amo y lo castigará,²¹ condenándolo a correr la misma suerte que los infieles.

²⁰ *Cómo podrá prolongar . . . una hora?:* otra posible traducción: *¿Cómo podrá aumentar medio metro su estatura?*
²¹ *Lo castigará:* lit. *lo cortará en dos.*
f 12.11-12 Mt 10.19-20; Mr 13.11; Lc 21.14-15. *g* 12.27 1 R 10.4-7; 2 Cr 9.3-6. *h* 12.35 Mt 25.1-13. *i* 12.36 Mr 13.34-36.
j 12.39-40 Mt 24.43-44.

⁴⁷ "El criado que sabe lo que quiere su amo, pero no está preparado ni le obedece, será castigado con muchos golpes. ⁴⁸ Pero el criado que sin saberlo hace cosas que merecen castigo, será castigado con menos golpes. A quien mucho se le da, también se le pedirá mucho; a quien mucho se le confía, se le exigirá mucho más.

Jesús es causa de división
(Mt 10.34–36)

⁴⁹ "Yo he venido a prender fuego en el mundo; y ¡cómo quisiera que ya estuviera ardiendo! ⁵⁰ Tengo que pasar por una terrible prueba,ᵏ y ¡cómo sufro hasta que se lleve a cabo! ⁵¹ ¿Creen ustedes que he venido a traer paz a la tierra? Les digo que no, sino división. ⁵² Porque de hoy en adelante, cinco en una familia estarán divididos, tres contra dos y dos contra tres. ⁵³ El padre estará contra su hijo y el hijo contra su padre; la madre contra su hija y la hija contra su madre; la suegra contra su nuera y la nuera contra su suegra."ˡ

Las señales de los tiempos
(Mt 16.1–4; Mr 8.11–13)

⁵⁴ Jesús también dijo a la gente: "Cuando ustedes ven que las nubes se levantan por occidente, dicen que va a llover, y así sucede. ⁵⁵ Y cuando el viento sopla del sur, dicen que va a hacer calor, y lo hace. ⁵⁶ ¡Hipócritas! Si saben interpretar tan bien el aspecto del cielo y de la tierra, ¿cómo es que no saben interpretar el tiempo en que viven?

Procura ponerte en paz con tu enemigo
(Mt 5.25–26)

⁵⁷ "¿Por qué no juzgas por ti mismo lo que es justo? ⁵⁸ Si alguien te demanda y vas con él a presentarte a la autoridad, procura llegar a un acuerdo mientras aún estés a tiempo, para que no te lleve ante el juez; porque si no, el juez te entregará a los guardias, y los guardias te meterán en la cárcel. ⁵⁹ Te digo que no saldrás de allí hasta que pagues el último centavo."

Importancia de la conversión

13 ¹ Por aquel mismo tiempo fueron unos a ver a Jesús, y le contaron que Pilato había matado a unos hombres de Galilea, y que había mezclado su sangre con la de los animales que ellos habían ofrecido en sacrificio. ² Jesús les dijo: "¿Piensan ustedes que esto les pasó a esos hombres de Galilea por ser ellos más pecadores que los otros de su país? ³ Les digo que no; y si ustedes mismos no se vuelven a Dios, también morirán. ⁴ ¿O creen que aquellos dieciocho que murieron cuando la torre de Siloé les cayó encima, eran más culpables que los otros que vivían en Jerusalén? ⁵ Les digo que no; y si ustedes mismos no se vuelven a Dios, también morirán."

La parábola de la higuera sin fruto

⁶ Jesús les contó esta parábola: "Un hombre tenía una higuera plantada en su viñedo, y fue a ver si daba higos, pero no encontró ninguno.ᵐ ⁷ Así que le dijo al hombre que cuidaba el viñedo: 'Mira, por tres años seguidos he venido a esta higuera en busca de fruto, pero nunca lo encuentro. Córtala, pues; ¿para qué ha de ocupar terreno inútilmente?' ⁸ Pero el que cuidaba el terreno le contestó: 'Señor, déjala todavía este año; voy a aflojarle la tierra y a echarle abono. ⁹ Con eso tal vez dará fruto; y si no, ya la cortarás.' "

Jesús sana en el día de reposo a una mujer jorobada

¹⁰ Una vez, en el día de reposo,²² Jesús se había puesto a enseñar en una sinagoga; ¹¹ y había allí una mujer que estaba enferma desde hacía dieciocho años. Un espíritu maligno la había dejado jorobada, y no podía enderezarse para nada. ¹² Cuando Jesús la vio, la llamó y le dijo:

—Mujer, ya estás libre de tu enfermedad.

¹³ Entonces puso las manos sobre ella, y al momento la mujer se enderezó y comenzó a alabar a Dios. ¹⁴ Pero el jefe de la sinagoga se enojó, porque Jesús la había sanado en el día de reposo,²² y dijo a la gente:

—Hay seis días para trabajar; vengan en esos días a ser sanados, y no en el día de reposo.²², ⁿ

¹⁵ El Señor le contestó:

—Hipócritas, ¿no desata cualquiera de ustedes su buey o su burro en día de reposo,²² para llevarlo a tomar agua? ¹⁶ Pues a esta mujer, que es descendiente de Abraham y que Satanás tenía atada con esta enfermedad desde hace dieciocho años, ¿acaso no se la debía desatar en el día de reposo?²²

¹⁷ Cuando Jesús dijo esto, sus enemigos quedaron avergonzados; pero toda la gente se alegraba al ver las grandes cosas que él hacía.

---

²² *Día de reposo:* aquí equivale a *sábado.*
ᵏ **12.50** Mr 10.38. ˡ **12.53** Mi 7.6. ᵐ **13.6–9** Is 5.1–7; Jer 2.21; 8.13. ⁿ **13.14** Ex 20.9–10; Dt 5.13–14.

La parábola de la semilla de mostaza
(Mt 13.31-32; Mr 4.30-32)

[18] Jesús dijo también: "¿A qué se parece el reino de Dios y con qué puedo compararlo? [19] Es como una semilla de mostaza que un hombre siembra en su campo, y que crece hasta llegar a ser como un árbol, tan grande que las aves hacen nidos en sus ramas."

La parábola de la levadura
(Mt 13.33)

[20] También dijo Jesús: "¿Con qué puedo comparar el reino de Dios? [21] Es como la levadura que una mujer mezcla con tres medidas de harina para hacer fermentar toda la masa."

La puerta angosta
(Mt 7.13-14, 21-23)

[22] En su camino a Jerusalén, Jesús enseñaba en los pueblos y aldeas por donde pasaba. [23] Uno le preguntó:

—Señor, ¿son pocos los que se salvan? Y él contestó:

[24] —Procuren entrar por la puerta angosta; porque les digo que muchos querrán entrar, y no podrán. [25] Después que el dueño de la casa se levante y cierre la puerta, ustedes, los que están afuera, llamarán y dirán: 'Señor, ábrenos.' Pero él les contestará: 'No sé de dónde son ustedes.' [26] Entonces comenzarán ustedes a decir: 'Hemos comido y bebido contigo, y tú enseñaste en nuestras calles.' [27] Pero él les contestará: 'Ya les digo que no sé de dónde son. ¡Apártense de mí, malhechores!'[n] [28] Allí llorarán y les rechinarán los dientes,[o] al ver que Abraham, Isaac, Jacob y todos los profetas están en el reino de Dios, y que ustedes son echados fuera. [29] Porque va a venir gente del norte y del sur, del este y del oeste, para sentarse a comer en el reino de Dios.[p] [30] Entonces algunos de los que ahora son los últimos serán los primeros, y algunos que ahora son los primeros serán los últimos.[q]

Jesús llora por Jerusalén
(Mt 23.37-39)

[31] También entonces llegaron algunos fariseos, y le dijeron a Jesús:

—Vete de aquí, porque Herodes te quiere matar.

[32] Él les contestó:

—Vayan y díganle a ese zorro: 'Mira, hoy y mañana expulso a los demonios y sano a los enfermos, y pasado mañana ter-

mino.' [33] Pero tengo que seguir mi camino hoy, mañana y el día siguiente, porque no es posible que un profeta muera fuera de Jerusalén.

[34] "¡Jerusalén, Jerusalén, que matas a los profetas y apedreas a los mensajeros que Dios te envía! ¡Cuántas veces quise juntar a tus hijos, como la gallina junta sus pollitos bajo las alas, pero no quisiste! [35] Pues miren, el hogar de ustedes va a quedar abandonado; y les digo que no volverán a verme hasta que llegue el tiempo en que ustedes digan: '¡Bendito el que viene en el nombre del Señor!'[r]

Jesús sana a un enfermo de hidropesía

14 [1] Sucedió en un día de reposo,[22] que Jesús fue a comer a casa de un jefe fariseo, y otros fariseos lo estaban espiando. [2] También estaba allí, delante de él, un hombre enfermo de hidropesía. [3] Jesús les preguntó a los maestros de la ley y a los fariseos:

—¿Se permite sanar a un enfermo en el día de reposo,[22] o no?

[4] Pero ellos se quedaron callados. Entonces él tomó al enfermo, lo sanó y le dijo que se fuera. [5] Y a los fariseos les dijo:

—¿Quién de ustedes, si su hijo o su buey se cae a un pozo, no lo saca en seguida, aunque sea día de reposo?[22, s]

[6] Y no pudieron contestarle nada.

Los invitados a la fiesta de bodas

[7] Al ver Jesús cómo los invitados escogían los asientos de honor en la mesa, les dio este consejo:

[8] —Cuando alguien te invite a una fiesta de bodas, no te sientes en el lugar principal, pues puede llegar otro invitado más importante que tú; [9] y el que los invitó a los dos puede venir a decirte: 'Dale tu lugar a este otro.' Entonces tendrás que ir con vergüenza a ocupar el último asiento. [10] Al contrario, cuando te inviten, siéntate en el último lugar, para que cuando venga el que te invitó, te diga: 'Amigo, pásate a un lugar de más honor.' Así recibirás honores delante de los que están sentados contigo a la mesa.[t] [11] Porque el que a sí mismo se engrandece, será humillado; y el que se humilla, será engrandecido.[u]

[12] Dijo también al hombre que lo había invitado:

—Cuando des una comida o una cena, no invites a tus amigos, ni a tus hermanos, ni a tus parientes, ni a tus vecinos ricos; porque ellos, a su vez, te invitarán, y así quedarás ya recompensado. [13] Al con-

[22] Día de reposo: aquí equivale a sábado.
[n] 13.27 Sal 6.8.   [o] 13.28 Mt 22.13; 25.30.   [p] 13.28-29 Mt 8.11-12.   [q] 13.30 Mt 19.30; 20.16; Mr 10.31.   [r] 13.35 Sal 118.26.
[s] 14.5 Mt 12.11.   [t] 14.8-10 Pr 25.6-7.   [u] 14.11 Pr 29.23; Mt 23.12; Lc 18.14.

trario, cuando tú des una fiesta, invita a los pobres, los inválidos, los cojos y los ciegos; [14] y serás feliz. Pues ellos no te pueden pagar, pero tú tendrás tu recompensa el día en que los justos resuciten.

La parábola de la gran cena
(Mt 22.1–10)

[15] Al oír esto, uno de los que estaban sentados a la mesa le dijo a Jesús:

—¡Dichoso el que participe del banquete del reino de Dios!

[16] Jesús le dijo:

—Un hombre dio una gran cena, y mandó invitar a muchas personas. [17] A la hora de la cena mandó a su criado a decir a los invitados: 'Vengan, porque ya está todo listo.' [18] Pero todos comenzaron a disculparse. El primero dijo: 'Acabo de comprar un terreno, y tengo que ir a verlo. Te ruego que me disculpes.' [19] Otro dijo: 'He comprado cinco yuntas de bueyes, y voy a probarlas. Te ruego que me disculpes.' [20] Y otro dijo: 'Acabo de casarme, y no puedo ir.' [21] El criado regresó y se lo contó todo a su amo. Entonces el amo se enojó, y le dijo al criado: 'Ve pronto por las calles y los callejones de la ciudad, y trae acá a los pobres, los inválidos, los ciegos y los cojos.' [22] Más tarde, el criado dijo: 'Señor, ya hice lo que usted me mandó, y todavía hay lugar.' [23] Entonces el amo le dijo al criado: 'Ve por los caminos y los cercados, y obliga a otros a entrar, para que se llene mi casa. [24] Porque les digo que ninguno de aquellos primeros invitados comerá de mi cena.'

Lo que cuesta seguir a Cristo
(Mt 10.37–38)

[25] Mucha gente seguía a Jesús; y él se volvió y dijo: [26] "Si alguno viene a mí y no me ama más que a su padre, a su madre, a su esposa, a sus hijos, a sus hermanos y a sus hermanas, y aun más que a sí mismo, no puede ser mi discípulo.[v] [27] Y el que no toma su propia cruz y me sigue, no puede ser mi discípulo.[w] [28] Si alguno de ustedes quiere construir una torre, ¿acaso no se sienta primero a calcular los gastos, para ver si tiene con qué terminarla? [29] De otra manera, si pone los cimientos y después no puede terminarla, todos los que lo vean comenzarán a burlarse de él, [30] diciendo: 'Este hombre empezó a construir, pero no pudo terminar.' [31] O si algún rey tiene que ir a la guerra contra otro rey, ¿acaso no se sienta primero a calcular si con diez mil soldados puede hacer frente a quien va a

atacarlo con veinte mil? [32] Y si no puede hacerle frente, cuando el otro rey esté todavía lejos, le mandará mensajeros a pedir la paz. [33] Así pues, cualquiera de ustedes que no deje todo lo que tiene, no puede ser mi discípulo.

Cuando la sal deja de estar salada
(Mt 5.13; Mr. 9.50)

[34] "La sal es buena; pero si deja de estar salada, ¿cómo volverá a ser útil? [35] No sirve ni para la tierra ni para el montón de abono. Simplemente, se la tira. Los que tienen oídos, oigan."

La parábola del pastor que encuentra su oveja
(Mt 18.10–14)

15 [1] Todos los que cobraban impuestos para Roma y otra gente de mala fama se acercaban a Jesús, para oírlo. [2] Los fariseos y los maestros de la ley lo criticaban por esto, diciendo:

—Este recibe a los pecadores y come con ellos.[x]

[3] Entonces Jesús les contó esta parábola: [4] "¿Quién de ustedes, si tiene cien ovejas y pierde una de ellas, no deja las otras noventa y nueve en el campo y va en busca de la oveja perdida, hasta encontrarla? [5] Y cuando la encuentra, contento la pone sobre sus hombros,[y] [6] y al llegar a casa junta a sus amigos y vecinos, y les dice: 'Felicítenme, porque ya encontré la oveja que se me había perdido.' [7] Les digo que así también hay más alegría en el cielo por un pecador que se convierte que por noventa y nueve personas buenas que no necesitan convertirse.

La parábola de la mujer que encuentra su moneda

[8] "O bien, ¿qué mujer que tiene diez monedas y pierde una de ellas, no enciende una lámpara y barre la casa buscando con cuidado hasta encontrarla? [9] Y cuando la encuentra, reúne a sus amigas y vecinas, y les dice: 'Felicítenme, porque ya encontré la moneda que había perdido.' [10] Les digo que así también hay alegría entre los ángeles de Dios por un pecador que se convierte."

La parábola del padre que perdona a su hijo

[11] Jesús contó esto también: "Un hombre tenía dos hijos, [12] y el más joven le dijo a su padre: 'Padre, dame la parte de la

---

v **14.26** Mt 10.37.   w **14.27** Mt 10.38; 16.24; Mr 8.34; Lc 9.23; Jn 12.24.   x **15.1–2** Lc 5.29-30.   y **15.4–5** Is 40.11; Ez 34.11-12; Jn 10.1-16; He 13.20.

herencia que me toca.' Entonces el padre repartió los bienes entre ellos. ¹³ Pocos días después el hijo menor vendió su parte de la propiedad, y con ese dinero se fue lejos, a otro país, donde todo lo derrochó llevando una vida desenfrenada. ¹⁴ Pero cuando ya se lo había gastado todo, hubo una gran escasez de comida en aquel país, y él comenzó a pasar hambre. ¹⁵ Fue a pedir trabajo a un hombre del lugar, que lo mandó a sus campos a cuidar cerdos. ¹⁶ Y tenía ganas de llenarse el estómago con las algarrobas que comían los cerdos, pero nadie se las daba. ¹⁷ Al fin se puso a pensar: '¡Cuántos trabajadores en la casa de mi padre tienen comida de sobra, mientras yo aquí me muero de hambre! ¹⁸ Regresaré a casa de mi padre, y le diré: Padre mío, he pecado contra Dios y contra ti; ¹⁹ ya no merezco llamarme tu hijo; trátame como a uno de tus trabajadores.' ²⁰ Así que se puso en camino y regresó a la casa de su padre.

"Cuando todavía estaba lejos, su padre lo vio y sintió compasión de él. Corrió a su encuentro, y lo recibió con abrazos y besos. ²¹ El hijo le dijo: 'Padre mío, he pecado contra Dios y contra ti; ya no merezco llamarme tu hijo.' ²² Pero el padre ordenó a sus criados: 'Saquen pronto la mejor ropa y vístanlo; pónganle también un anillo en el dedo y sandalias en los pies. ²³ Traigan el becerro más gordo y mátenlo. ¡Vamos a comer y a hacer fiesta! ²⁴ Porque este hijo mío estaba muerto y ha vuelto a vivir; se había perdido y lo hemos encontrado.' Y comenzaron a hacer fiesta.

²⁵ "Entre tanto, el hijo mayor estaba en el campo. Cuando regresó y llegó cerca de la casa, oyó la música y el baile. ²⁶ Entonces llamó a uno de los criados y le preguntó qué pasaba. ²⁷ El criado le dijo: 'Es que su hermano ha vuelto; y su padre ha mandado matar el becerro más gordo, porque llegó bueno y sano.' ²⁸ Pero tanto se enojó el hermano mayor, que no quería entrar, así que su padre tuvo que salir a rogarle que lo hiciera. ²⁹ Le dijo a su padre: 'Tú sabes cuántos años te he servido, sin desobedecerte nunca, y jamás me has dado ni siquiera un cabrito para hacer fiesta con mis amigos. ³⁰ En cambio, ahora llega este hijo tuyo, que ha malgastado tu dinero con prostitutas, y matas para él el becerro más gordo.' ³¹ "El padre le contestó: 'Hijo mío, tú siempre estás conmigo, y todo lo que tengo es tuyo. ³² Pero ahora es muy justo hacer fiesta y alegrarnos, porque tu hermano, que estaba muerto, ha vuelto a vivir; se había perdido y lo hemos encontrado.' "

₂ **16.10** Mt 25.21; Lc 19.17. ᵃ **16.13** Mt 6.24.

La parábola del mayordomo que abusó de la confianza

16 ¹ Jesús contó también esto a sus discípulos: "Había un hombre rico que tenía un mayordomo; y fueron a decirle que éste le estaba malgastando sus bienes. ² El amo lo llamó y le dijo: '¿Qué es esto que oigo que me dicen de ti? Dame cuenta de tu trabajo, porque ya no puedes seguir siendo mi mayordomo.' ³ El mayordomo se puso a pensar: ¿Qué voy a hacer ahora que mi amo me deja sin trabajo? No tengo fuerzas para trabajar la tierra, y me da vergüenza pedir limosna. ⁴ Ya sé lo que voy a hacer, para tener quienes me reciban en sus casas cuando me quede sin trabajo.' ⁵ Llamó entonces uno por uno a los que le debían algo a su amo. Al primero le preguntó: '¿Cuánto le debes a mi amo?' ⁶ Le contestó: 'Le debo cien barriles de aceite.' El mayordomo le dijo: 'Aquí está tu vale; siéntate en seguida y haz otro por cincuenta solamente.' ⁷ Después preguntó a otro: 'Y tú, ¿cuánto le debes?' Éste le contestó: 'Cien medidas de trigo.' Le dijo: 'Aquí está tu vale; haz otro por ochenta solamente.' ⁸ El amo reconoció que el mal mayordomo había sido listo en su manera de hacer las cosas. Y es que cuando se trata de sus propios negocios, los que pertenecen al mundo son más listos que los que pertenecen a la luz.

⁹ "Les aconsejo que usen las riquezas de este mundo pecador para ganarse amigos, para que cuando las riquezas se acaben, haya quien los reciba a ustedes en las viviendas eternas.

¹⁰ "El que se porta honradamente en lo poco, también se porta honradamente en lo mucho; y el que no tiene honradez en lo poco, tampoco la tiene en lo mucho.₂ ¹¹ De manera que, si con las riquezas de este mundo pecador ustedes no se portan honradamente, ¿quién les confiará las verdaderas riquezas? ¹² Y si no se portan honradamente con lo ajeno, ¿quién les dará lo que les pertenece?

¹³ "Ningún sirviente puede servir a dos amos; porque odiará a uno y querrá al otro, o será fiel a uno y despreciará al otro. No se puede servir a Dios y a las riquezas."ᵃ

¹⁴ Los fariseos, que eran amigos del dinero, oyeron todo esto y se burlaron de Jesús. ¹⁵ Jesús les dijo: "Ustedes son los que se hacen pasar por buenos delante de la gente, pero Dios conoce sus corazones; pues lo que los hombres tienen por más elevado, Dios lo aborrece.

La ley y el reino de Dios

[16] "La ley y los profetas llegan hasta Juan. Desde entonces se anuncian las buenas noticias del reino de Dios, y a todos se les hace fuerza para que entren.[b]

[17] "Es más fácil que el cielo y la tierra dejen de existir, que deje de cumplirse una sola letra de la ley.[c]

Jesús enseña sobre el divorcio
(Mt 19.1–12; Mr 10.1–12)

[18] "Si un hombre se divorcia de su esposa y se casa con otra, comete adulterio; y el que se casa con una divorciada, también comete adulterio.[d]

El rico y Lázaro

[19] "Había un hombre rico, que se vestía con ropa fina y elegante y que todos los días hacía fiestas con mucho lujo. [20] Había también un pobre llamado Lázaro, que estaba lleno de llagas y se sentaba en el suelo a la puerta del rico. [21] Este pobre quería llenarse con lo que caía de la mesa del rico; y hasta los perros se acercaban a lamerle las llagas. [22] Un día el pobre murió, y los ángeles lo llevaron a estar con Abraham en el paraíso. El rico también murió, y fue enterrado.

[23] "Y mientras el rico sufría en el lugar adonde van los muertos, levantó los ojos y vio de lejos a Abraham, y a Lázaro con él. [24] Entonces gritó: "¡Padre Abraham, ten lástima de mí! Manda a Lázaro que moje la punta de su dedo en agua y venga a refrescar mi lengua, porque estoy sufriendo mucho en este fuego.' [25] Pero Abraham le contestó: 'Hijo, acuérdate que a ti te fue muy bien en la vida, y que a Lázaro le fue muy mal. Ahora él recibe consuelo aquí, y tú sufres. [26] Aparte de esto, hay un gran abismo entre nosotros y ustedes; de modo que los que quieren pasar de aquí allá, no pueden, ni los de allá tampoco pueden pasar aquí.'

[27] "El rico dijo: 'Te suplico entonces, padre Abraham, que mandes a Lázaro a la casa de mi padre, [28] donde tengo cinco hermanos, para que les hable y así no vengan ellos también a este lugar de tormento.' [29] Abraham dijo: 'Ellos ya tienen lo escrito por Moisés y los profetas: ¡que les hagan caso!' [30] El rico contestó: 'Sí, padre Abraham, pero si un muerto resucita y se les aparece, ellos se convertirán.' [31] Pero Abraham le dijo: 'Si no quieren hacer caso a Moisés y a los profetas, tampoco creerán aunque algún muerto resucite.' "

El peligro de caer en pecado
(Mt 18.6–7, 21–22; Mr 9.42)

[17] [1] Jesús dijo a sus discípulos: "Siempre habrá invitaciones al pecado; pero ¡ay del hombre que haga pecar a los demás! [2] Mejor le sería que lo echaran al mar con una piedra de molino atada al cuello, que hacer caer en pecado a uno de estos pequeñitos. [3] ¡Tengan cuidado!

"Si tu hermano peca, repréndelo; pero si cambia de actitud, perdónalo.[e] [4] Aunque peque contra ti siete veces en un día, si siete veces viene a decirte: 'No lo volveré a hacer', debes perdonarlo."

El poder de la fe

[5] Los apóstoles pidieron al Señor:

—Danos más fe.

[6] El Señor les contestó:

—Si ustedes tuvieran fe, aunque sólo fuera del tamaño de una semilla de mostaza, podrían decirle a esta morera: 'Arráncate de aquí y plántate en el mar', y el árbol les haría caso.

El deber del que sirve

[7] "Si uno de ustedes tiene un criado que regresa del campo después de haber estado arando o cuidando el ganado, ¿acaso le dice: 'Pasa y siéntate a comer'? [8] No, sino que le dice: 'Prepárame la cena, y dispónte a atenderme mientras yo como y bebo. Después podrás tú comer y beber.' [9] Y tampoco le da las gracias al criado por haber hecho lo que le mandó. [10] Así también ustedes, cuando ya hayan cumplido todo lo que Dios les manda, deberán decir: 'Somos servidores inútiles, porque no hemos hecho más que cumplir con nuestra obligación.'

Jesús sana a diez leprosos

[11] En su camino a Jerusalén, pasó Jesús entre las regiones de Samaria y Galilea. [12] Y llegó a una aldea, donde le salieron al encuentro diez hombres enfermos de lepra, los cuales se quedaron lejos de él [13] gritando:

—¡Jesús, Maestro, ten compasión de nosotros!

[14] Cuando Jesús los vio, les dijo:

—Vayan a presentarse a los sacerdotes.[f]

Y mientras iban, quedaron limpios de su enfermedad. [15] Uno de ellos, al verse limpio, regresó alabando a Dios a grandes voces, [16] y se arrodilló delante de Jesús, inclinándose hasta el suelo para darle las

b 16.16 Mt 11.12–13. c 16.17 Mt 5.18. d 16.18 Mt 5.32; 1 Co 7.10–11. e 17.3 Mt 18.15. f 17.14 Lv 14.1–32.

gracias. Este hombre era de Samaria.
¹⁷ Jesús dijo:
—¿Acaso no eran diez los que quedaron
limpios de su enfermedad? ¿Dónde están
los otros nueve? ¹⁸ ¿Únicamente este extranjero ha vuelto para alabar a Dios?
¹⁹ Y le dijo al hombre:
—Levántate y vete; por tu fe has sido
sanado.

Cómo llegará el reino de Dios
(Mt 24.23-28, 36-41)

²⁰ Los fariseos le preguntaron a Jesús
cuándo había de llegar el reino de Dios, y
él les contestó:
—El reino de Dios no va a llegar en
forma visible. ²¹ No se va a decir: 'Aquí
está', o 'Allí está'; porque el reino de Dios
ya está entre ustedes.²³
²² Y dijo a sus discípulos:
—Llegará el tiempo en que ustedes querrán ver siquiera uno de los días del Hijo
del hombre, y no lo verán. ²³ Algunos dirán: 'Aquí está', o 'Allí está'; pero no vayan ni los sigan. ²⁴ Porque así como el relámpago, al brillar, ilumina el cielo de uno
a otro lado, así será el Hijo del hombre en
el día de su regreso. ²⁵ Pero primero tiene
que sufrir mucho y ser rechazado por la
gente de este tiempo. ²⁶ Como pasó en los
tiempos de Noé,ᵍ así pasará también en
los días en que regrese el Hijo del hombre.
²⁷ La gente comía y bebía y se casaba,
hasta el día en que Noé entró en la barca,
y llegó el diluvio y todos murieron.ʰ ²⁸ Lo
mismo sucedió en los tiempos de Lot:ⁱ la
gente comía y bebía, compraba y vendía,
sembraba y construía casas; ²⁹ pero
cuando Lot salió de la ciudad de Sodoma,
llovió del cielo fuego y azufre, y todos murieron. ³⁰ Así será el día en que el Hijo del
hombre aparezca.
³¹ "En aquel día, el que se encuentre en
la azotea y tenga sus cosas dentro de la
casa, que no baje a sacarlas; y el que esté
en el campo, que no regrese a su casa.ʲ
³² Acuérdense de la mujer de Lot.ᵏ ³³ El
que trate de salvar su vida, la perderá;
pero el que la pierda, la conservará.ˡ
³⁴ "Les digo que en aquella noche estarán dos en una misma cama: uno será llevado y el otro será dejado. ³⁵ Dos mujeres
estarán moliendo juntas: una será llevada
y la otra será dejada.²⁴
³⁷ Le preguntaron entonces:
—¿Dónde ocurrirá eso, Señor?
Y él les contestó:
—Donde esté el cadáver, allí se juntarán los buitres.

La parábola de la viuda y el juez

18 ¹ Jesús les contó una parábola para
enseñarles que debían orar siempre,
sin desanimarse. ² Les dijo: "Había en un
pueblo un juez que ni temía a Dios ni res-
petaba a los hombres. ³ En el mismo
pueblo había también una viuda que tenía
un pleito y que fue al juez a pedirle justicia contra su adversario. ⁴ Durante mucho
tiempo el juez no quiso atenderla, pero
después pensó: 'Aunque ni temo a Dios ni
respeto a los hombres, ⁵ sin embargo,
como esta viuda no deja de molestarme, la
voy a defender, para que no siga viniendo
y acabe con mi paciencia.' "
⁶ Y el Señor añadió: "Esto es lo que dijo
el juez malo. ⁷ Pues bien, ¿acaso Dios no
defenderá también a sus escogidos, que
claman a él día y noche? ¿Los hará esperar? ⁸ Pero les digo que los defenderá sin demora. Pero cuando el Hijo del hombre
venga, ¿encontrará todavía fe en la
tierra?"

La parábola del fariseo y el cobrador
de impuestos

⁹ Jesús contó esta otra parábola para
algunos que, creyéndose buenos, despreciaban a los demás: ¹⁰ "Dos hombres fueron al templo a orar: el uno era fariseo, y
el otro era uno de esos que cobran impuestos para Roma. ¹¹ El fariseo, de pie,
oraba así: 'Oh Dios, te doy gracias porque
no soy como los demás, que son ladrones,
malvados y adúlteros, y porque tampoco
soy como ese cobrador de impuestos. ¹² Yo
ayuno dos veces a la semana y te doy la
décima parte de todo lo que gano.' ¹³ Pero
el cobrador de impuestos se quedó a cierta
distancia, y ni siquiera se atrevía a levantar los ojos al cielo, sino que se golpeaba
el pecho y decía: '¡Oh Dios, ten compasión
de mí, que soy pecador!' ¹⁴ Les digo que
este cobrador de impuestos volvió a su
casa ya perdonado por Dios, pero el fariseo no. Porque el que a sí mismo se engrandece, será humillado; y el que se humilla, será engrandecido."ᵐ

Jesús bendice a los niños
(Mt 19.13-15; Mr 10.13-16)

¹⁵ También le llevaban niñitos a Jesús,
para que los tocara; pero cuando los discípulos lo vieron, comenzaron a reprender
a quienes los llevaban. ¹⁶ Entonces Jesús
los llamó y dijo:

²³ *Entre ustedes*: otra posible traducción: *dentro de ustedes.* ²⁴ Algunos mss. añaden v. 36: *Dos hombres estarán en el campo: uno será llevado y el otro será dejado.* ᵍ **17.26** Gn 6.5-8. ʰ **17.27** Gn 7.6-24. ⁱ **17.28-29** Gn 18.20—19.25. ʲ **17.31** Mt 24.17-18; Mr 3.15-16. ᵏ **17.32** Gn 19.26. ˡ **17.33** Mt 10.39; 16.25; Mr 8.35; Lc 9.24; Jn 12.25. ᵐ **18.14** Pr 29.23; Mt 23.12; Lc 14.11.

—Dejen que los niños vengan a mí, y no se lo impidan, porque el reino de Dios es de quienes son como ellos. ¹⁷ Les aseguro que el que no acepte el reino de Dios como un niño, no entrará en él.

Un hombre rico habla con Jesús
(Mt 19.16–30; Mr 10.17–31)

¹⁸ Uno de los jefes le preguntó a Jesús:

—Buen Maestro, ¿qué debo hacer para alcanzar la vida eterna?

¹⁹ Jesús le contestó:

—¿Por qué me llamas bueno? Bueno solamente hay uno: Dios. ²⁰ Ya sabes los mandamientos: 'No cometas adulterio,ⁿ no mates,ⁿ no robes,º no digas mentiras en perjuicio de nadie,ᵖ y honra a tu padre y a tu madre.'q

²¹ El hombre le dijo:

—Todo eso lo he cumplido desde joven.

²² Al oír esto, Jesús le contestó:

—Todavía te falta una cosa: vende todo lo que tienes y dáselo a los pobres. Así tendrás riqueza en el cielo. Luego ven y sígueme.

²³ Pero cuando el hombre oyó esto, se puso muy triste, porque era muy rico. ²⁴ Al verlo triste, Jesús dijo:

—¡Qué difícil es para los ricos entrar en el reino de Dios!ʳ ²⁵ Es más fácil para un camello pasar por el ojo de una aguja, que para un rico entrar en el reino de Dios.

²⁶ Los que lo oyeron preguntaron:

—¿Y quién podrá salvarse?

²⁷ Jesús les contestó:

—Lo que es imposible para los hombres es posible para Dios.

²⁸ Pedro le dijo:

—Señor, nosotros hemos dejado todas nuestras cosas y te hemos seguido.

²⁹ El les respondió:

—Les aseguro que cualquiera que por causa del reino de Dios haya dejado casa, o esposa, o hermanos, o padres, o hijos, ³⁰ recibirá mucho más en este mundo, y en el mundo venidero recibirá la vida eterna.

Jesús anuncia por tercera vez su muerte
(Mt 20.17–19; Mr 10.32–34)

³¹ Jesús llamó aparte a los doce discípulos, y les dijo: "Ahora vamos a Jerusalén, donde se cumplirá todo lo que los profetas escribieron acerca del Hijo del hombre. ³² Pues lo van a entregar a los extranjeros, y se burlarán de él, lo insultarán y le escupirán. ³³ Lo golpearán y lo matarán; pero al tercer día resucitará."

³⁴ Ellos no entendieron nada de esto, ni sabían de qué les hablaba, pues eran cosas que no podían comprender.

Jesús sana a un ciego en Jericó
(Mt 20.29–34; Mr 10.46–52)

³⁵ Cuando ya se encontraba Jesús cerca de Jericó, un ciego que estaba sentado junto al camino pidiendo limosna, ³⁶ al oír que pasaba mucha gente, preguntó qué sucedía. ³⁷ Le dijeron que Jesús de Nazaret pasaba por allí, ³⁸ y él gritó:

—¡Jesús, Hijo de David, ten compasión de mí!

³⁹ Los que iban delante lo reprendían para que se callara, pero él gritaba más todavía:

—¡Hijo de David, ten compasión de mí!

⁴⁰ Jesús se detuvo y mandó que se lo trajeran. Cuando lo tuvo cerca, le preguntó:

⁴¹ —¿Qué quieres que haga por ti?

El ciego contestó:

—Señor, quiero recobrar la vista.

⁴² Jesús le dijo:

—¡Recóbrala! Por tu fe has sido sanado.

⁴³ En aquel mismo momento el ciego recobró la vista, y siguió a Jesús alabando a Dios. Y toda la gente que vio esto, también alababa a Dios.

Jesús y Zaqueo

19 ¹ Jesús entró en Jericó y comenzó a atravesar la ciudad. ² Vivía allí un hombre rico llamado Zaqueo, jefe de los que cobraban impuestos para Roma. ³ Este quería conocer a Jesús, pero no conseguía verlo porque había mucha gente y Zaqueo era pequeño de estatura. ⁴ Por eso corrió adelante y, para alcanzar a verlo, se subió a un árbol cerca de donde Jesús tenía que pasar. ⁵ Cuando Jesús pasaba por allí, miró hacia arriba y le dijo:

—Zaqueo, baja en seguida, porque hoy tengo que quedarme en tu casa.

⁶ Zaqueo bajó aprisa, y con gusto recibió a Jesús. ⁷ Al ver esto, todos comenzaron a criticar a Jesús, diciendo que había ido a quedarse en la casa de un pecador. ⁸ Zaqueo se levantó entonces y le dijo al Señor:

—Mira, Señor, voy a dar a los pobres la mitad de todo lo que tengo; y si le he robado algo a alguien, le devolveré cuatro veces más.

⁹ Jesús le dijo:

—Hoy ha llegado la salvación a esta casa, porque este hombre también es descendiente de Abraham. ¹⁰ Pues el Hijo del hombre ha venido a buscar y salvar lo que se había perdido.ˢ

l 17.33 Mt 10.39; 16.25; Mr 8.35; Lc 9.24; Jn 12.25. m 18.14 Pr 29.23; Mt 23.12; Lc 14.11.
n 18.20 Ex 20.14; Dt 5.18. ñ 18.20 Ex 20.13; Dt 5.17. o 18.20 Ex 20.15; Dt 5.19. p 18.20 Ex 20.16; Dt 5.20.
q 18.20 Ex 20.12; Dt 5.16. r 18.24–25 Pr 11.28. s 19.10 Ez 34.16; Mt 18.11.

La parábola del dinero
(Mt 25.14–30)

[11] La gente estaba oyendo a Jesús decir estas cosas, y él les contó una parábola,[t] porque ya estaba cerca de Jerusalén y ellos pensaban que el reino de Dios iba a llegar en seguida. [12] Les dijo: "Había un hombre de la nobleza, que se fue lejos, a otro país, para ser nombrado rey y regresar. [13] Antes de salir, llamó a diez de sus empleados, entregó a cada uno de ellos una gran cantidad de dinero y les dijo: 'Hagan negocio con este dinero hasta que yo vuelva.' [14] Pero la gente de su país le odiaba, y mandaron tras él una comisión encargada de decir: 'No queremos que este hombre sea nuestro rey.'

[15] "Pero él fue nombrado rey, y regresó a su país. Cuando llegó, mandó llamar a los empleados a quienes había entregado el dinero, para saber cuánto había ganado cada uno. [16] El primero se presentó y dijo: 'Señor, su dinero ha producido diez veces más.' [17] El rey le contestó: 'Muy bien; eres un buen empleado; ya que fuiste fiel en lo poco, te hago gobernador de diez pueblos.' [18] Se presentó otro y dijo: 'Señor, su dinero ha producido cinco veces más.' [19] También a éste le contestó: 'Tú serás gobernador de cinco pueblos.'

[20] "Pero otro se presentó diciendo: 'Señor, aquí está su dinero. Lo guardé en un pañuelo; [21] pues tuve miedo de usted, porque usted es un hombre duro, que recoge lo que no puso y cosecha donde no sembró,' [22] Entonces le dijo el rey: 'Empleado malo, con tus propias palabras te juzgo. Si sabías que soy un hombre duro, que recojo lo que no puse y cosecho donde no sembré, [23] ¿por qué no llevaste mi dinero al banco, para devolvérmelo con los intereses a mi regreso a casa?' [24] Y dijo a los que estaban allí: 'Quítenle el dinero y dénselo al que ganó diez veces más.' [25] Ellos le dijeron: 'Señor, ¡pero si él ya tiene diez veces más!' [26] El rey contestó: 'Pues les digo que al que tiene, se le dará más; pero al que no tiene, hasta lo poco que tiene se le quitará.[u] [27] Y en cuanto a mis enemigos que no querían tenerme por rey, tráiganlos acá y mátenlos en mi presencia.' "

Jesús entra en Jerusalén
(Mt 21.1–11; Mr 11.1–11; Jn 12.12–19)

[28] Después de decir esto, Jesús siguió su viaje a Jerusalén. [29] Cuando ya había llegado cerca de Betfagé y Betania, junto al monte que se llama de los Olivos, envió a dos de sus discípulos, [30] diciéndoles:

—Vayan a la aldea que está enfrente, y al llegar encontrarán un burro atado, que nadie ha montado todavía. Desátenlo y tráiganlo. [31] Y si alguien les pregunta por qué lo desatan, díganle que el Señor lo necesita.

[32] Los discípulos fueron y lo encontraron todo como Jesús se lo había dicho. [33] Mientras estaban desatando el burro, los dueños les preguntaron:

—¿Por qué lo desatan?

[34] Ellos contestaron:

—Porque el Señor lo necesita.

[35] Y poniendo sus ropas sobre el burro, se lo llevaron a Jesús y le hicieron montar. [36] Conforme Jesús avanzaba, la gente tendía sus propias ropas por el camino. [37] Y al acercarse a la bajada del monte de los Olivos, todos sus seguidores comenzaron a gritar de alegría y a alabar a Dios por todos los milagros que habían visto. [38] Decían:

—¡Bendito el Rey que viene en el nombre del Señor![v] ¡Paz en el cielo y gloria en las alturas!

[39] Entonces algunos fariseos que había entre la gente le dijeron:

—Maestro, reprende a tus seguidores.

[40] Pero Jesús les contestó:

—Les digo que si estos se callan, las piedras gritarán.

[41] Cuando llegó cerca de Jerusalén, al ver la ciudad, Jesús lloró por ella, [42] diciendo: "¡Si entendieras, siquiera en este día, lo que te puede dar paz! Pero ahora eso te está escondido y no puedes verlo. [43] Pues van a venir para ti días malos, en que tus enemigos harán un muro a tu alrededor, y te rodearán y atacarán por todos lados, [44] y te destruirán por completo. Matarán a tus habitantes, y no dejarán en ti ni una piedra sobre otra, porque no reconociste el momento en que Dios vino a salvarte."

Jesús purifica el templo
(Mt 21.12–17; Mr 11.15–19; Jn 2.13–22)

[45] Después de esto, Jesús entró en el templo y comenzó a echar de allí a los que estaban vendiendo, [46] y les dijo:

—En las Escrituras se dice: 'Mi casa será casa de oración',[w] pero ustedes han hecho de ella una cueva de ladrones.[x]

[47] Todos los días Jesús enseñaba en el templo,[y] y los jefes de los sacerdotes, los maestros de la ley y también los jefes del pueblo, andaban buscando cómo matarlo. [48] Pero no encontraban la manera de

hacerlo, porque toda la gente estaba oyendo con atención lo que él decía.

La autoridad de Jesús
(Mt 21.23–27; Mr 11.27–33)

20 ¹ Un día, mientras Jesús estaba en el templo enseñando a la gente y anunciándoles el mensaje de salvación, llegaron los jefes de los sacerdotes y los maestros de la ley, junto con los ancianos, ² y le dijeron:

—¿Con qué autoridad haces esto? ¿Quién te dio esta autoridad?

³ Jesús les contestó:

—Yo también les voy a hacer una pregunta. Respóndanme: ⁴ ¿Quién envió a Juan a bautizar, Dios o los hombres?

⁵ Comenzaron a discutir unos con otros: "Si respondemos que Dios lo envió, va a decir: '¿Por qué no le creyeron?' ⁶ Y no podemos decir que fueron los hombres, porque la gente nos matará a pedradas, ya que todos están seguros de que Juan hablaba de parte de Dios." ⁷ Así que respondieron que no sabían quién había enviado a Juan a bautizar. ⁸ Entonces Jesús les contestó:

—Pues yo tampoco les digo con qué autoridad hago esto.

La parábola de los labradores malvados
(Mt 21.33–44; Mr 12.1–11)

⁹ Luego empezó Jesús a hablar a la gente, y contó esta parábola: "Un hombre plantó un viñedo,ᶻ lo alquiló a unos labradores y emprendió un largo viaje. ¹⁰ A su debido tiempo, mandó un criado a pedir a los labradores la parte de la cosecha que le correspondía; pero ellos lo golpearon y lo enviaron con las manos vacías. ¹¹ Entonces el dueño mandó otro criado; también a éste lo insultaron, lo golpearon y lo enviaron con las manos vacías. ¹² Volvió a mandar otro, pero los labradores también lo hirieron y lo echaron fuera.

¹³ "Por fin el dueño del terreno dijo: '¿Qué haré? Mandaré a mi hijo querido; tal vez lo respetarán.' ¹⁴ Pero cuando los labradores lo vieron, se dijeron unos a otros: 'Este es el que ha de recibir la herencia; matémoslo, para que la propiedad pase a poder nuestro.' ¹⁵ Así que lo sacaron del viñedo y lo mataron.

"¿Y qué creen ustedes que hará con ellos el dueño del viñedo? ¹⁶ Pues irá y matará a esos labradores, y dará el viñedo a otros."

Al oír esto, dijeron:

—¡Eso jamás!

¹⁷ Pero Jesús los miró, y dijo:

—Entonces ¿qué significa esto que dicen las Escrituras?:

'La piedra que los constructores despreciaron se ha convertido en la piedra principal.'ᵃ

¹⁸ Cualquiera que caiga sobre esa piedra, quedará hecho pedazos; y si la piedra cae sobre alguien, lo hará polvo.

¹⁹ Los jefes de los sacerdotes y los maestros de la ley quisieron arrestar a Jesús en aquel mismo momento, porque sabían que había usado esta parábola contra ellos. Pero tenían miedo de la gente.

El asunto de los impuestos
(Mt 22.15–22; Mr 12.13–17)

²⁰ Mandaron a unos espías que, aparentando ser hombres honrados, hicieran decir a Jesús algo que les diera pretexto para entregarlo al gobernador. ²¹ Estos le preguntaron:

—Maestro, sabemos que lo que tú dices y enseñas es correcto, y que no te basas en las apariencias. Tú enseñas de veras a vivir como Dios exige. ²² ¿Está bien que paguemos impuestos al emperador romano, o no?

²³ Jesús, dándose cuenta de la mala intención que llevaban, les dijo:

²⁴ —Enséñenme una moneda. ¿De quién es la cara y el nombre que aquí está escrito?

Le contestaron:

—Del emperador.

²⁵ Jesús les dijo:

—Pues den al emperador lo que es del emperador, y a Dios lo que es de Dios.

²⁶ Y en nada de lo que él decía delante de la gente encontraron pretexto para arrestarlo, así que admirados de su respuesta se callaron.

La pregunta sobre la resurrección
(Mt 22.23–33; Mr 12.18–27)

²⁷ Después algunos saduceos fueron a ver a Jesús. Los saduceos niegan que los muertos resuciten;ᵇ por eso le presentaron este caso:

²⁸ —Maestro, Moisés nos dejó escrito que si un hombre casado muere sin haber tenido hijos con su mujer, el hermano del difunto deberá tomar por esposa a la viuda para darle hijos al hermano que murió.ᶜ ²⁹ Pues bien, había una vez siete hermanos, el primero de los cuales se casó, pero murió sin dejar hijos. ³⁰ El segundo ³¹ y el tercero se casaron con ella, y lo mismo hicieron los demás, pero los siete murieron sin dejar hijos. ³² Finalmente murió también la mujer. ³³ Pues bien, en la

ᶻ **20.9** Is 5.1.   ᵃ **20.17** Sal 118.22.   ᵇ **20.27** Hch 23.8.   ᶜ **20.28** Dt 25.5.

resurrección, ¿de cuál de ellos será esposa esta mujer, si los siete estuvieron casados con ella?

³⁴ Jesús les contestó:

—En este mundo, los hombres y las mujeres se casan; ³⁵ pero los que merezcan llegar a aquel otro mundo y resucitar, sean hombres o mujeres, ya no se casarán, ³⁶ porque ya no pueden morir. Pues serán como los ángeles, y serán hijos de Dios por haber resucitado. ³⁷ Hasta el mismo Moisés, en el pasaje de la zarza que ardía, nos hace saber que los muertos resucitan. Allí dice que el Señor es el Dios de Abraham, de Isaac y de Jacob.ᵈ ³⁸ ¡Y Dios no es Dios de muertos, sino de vivos, pues para él todos están vivos!

³⁹ Algunos maestros de la ley le dijeron entonces:

—Bien dicho, Maestro.

⁴⁰ Y ya no se atrevieron a hacerle más preguntas.

¿De quién desciende el Mesías?
(Mt 22.41-46; Mr 12.35-37)

⁴¹ Jesús les preguntó:

—¿Por qué dicen que el Mesías desciende de David? ⁴² Pues David mismo, en el libro de los Salmos, dice:

'El Señor dijo a mi Señor:
Siéntate a mi derecha,
⁴³ hasta que yo haga de tus enemigos
el estrado de tus pies.'ᵉ

⁴⁴ ¿Cómo puede entonces el Mesías descender de David, si David mismo lo llama Señor?

Jesús acusa a los maestros de la ley
(Mt 23.1-36; Mr 12.38-40; Lc 11.37-54)

⁴⁵ Toda la gente estaba escuchando, y Jesús dijo a sus discípulos: ⁴⁶ "Cuídense de los maestros de la ley, pues les gusta andar con ropas largas, y quieren que los saluden con todo respeto en las plazas. Buscan los asientos de honor en las sinagogas y los mejores lugares en las comidas; ⁴⁷ y les quitan sus casas a las viudas, y para disimularlo hacen largas oraciones. Ellos recibirán mayor castigo."

La ofrenda de la viuda pobre
(Mr 12.41-44)

21 ¹ Jesús estaba viendo a los ricos echar dinero en los cofres de las ofrendas, ² y vio también a una viuda pobre que echaba dos monedítas de cobre. ³ Entonces dijo:

—De veras les digo que esta viuda pobre ha dado más que todos; ⁴ pues todos dan ofrendas de lo que les sobra, pero ella,

en su pobreza, ha dado todo lo que tenía para vivir.

Jesús anuncia que el templo será destruido
(Mt 24.1-2; Mr 13.1-2)

⁵ Algunos estaban hablando del templo, de la belleza de sus piedras y de las ofrendas que lo adornaban. Jesús dijo:

⁶ —Vienen días en que de todo esto que ustedes están viendo no quedará ni una piedra sobre otra. Todo será destruido.

Señales antes del fin
(Mt 24.3-28; Mr 13.3-23)

⁷ Entonces le preguntaron:

—Maestro, ¿cuándo va a ocurrir esto? ¿Cuál será la señal de que estas cosas ya están a punto de suceder?

⁸ Jesús contestó: "Tengan cuidado para no dejarse engañar. Porque vendrán muchos haciéndose pasar por mí. Dirán: 'Yo soy', y 'Ahora es el tiempo.' Pero ustedes no los sigan. ⁹ Y cuando tengan noticias de guerras y revoluciones, no se asusten, pues esto tiene que ocurrir primero; sin embargo, aún no habrá llegado el fin."

¹⁰ Siguió diciéndoles: "Una nación peleará contra otra y un país hará guerra contra otro. ¹¹ Habrá grandes terremotos, y hambres y enfermedades en diferentes lugares, y en el cielo se verán cosas espantosas y grandes señales.

¹² "Pero antes de esto, a ustedes les echarán mano y los perseguirán. Los llevarán a juzgar en las sinagogas, los meterán en la cárcel y los presentarán ante reyes y gobernadores por causa mía. ¹³ Así tendrán oportunidad de dar testimonio de mí. ¹⁴ Háganse el propósito de no preparar de antemano su defensa, ¹⁵ porque yo les daré palabras tan llenas de sabiduría que ninguno de sus enemigos podrá resistirlos ni contradecirlos en nada.ᶠ ¹⁶ Pero ustedes serán traicionados incluso por sus padres, sus hermanos, sus parientes y sus amigos. A algunos de ustedes los matarán, ¹⁷ y todo el mundo los odiará por causa mía; ¹⁸ pero no se perderá ni un cabello de su cabeza. ¹⁹ ¡Manténganse firmes, para poder salvarse!

²⁰ "Cuando vean a Jerusalén rodeada de ejércitos, sepan que pronto será destruida. ²¹ Entonces, los que estén en Judea, que huyan a las montañas; los que estén en Jerusalén, que salgan de la ciudad, y los que estén en el campo, que no regresen a ella. ²² Porque serán días de castigo,ᵍ en que se cumplirá todo lo que dicen las Escrituras. ²³ ¡Pobres mujeres aquellas que en tales días estén embarazadas o tengan

ᵈ 20.37 Ex 3.6. ᵉ 20.42-43 Sal 110.1. ᶠ 21.14-15 Lc 12.11-12. ᵍ 21.22 Os 9.7.

niños de pecho! Porque habrá mucho dolor en el país, y un castigo terrible contra este pueblo. [24] Unos morirán a filo de espada y a otros los llevarán prisioneros por todas las naciones; y los paganos pisotearán a Jerusalén hasta que se cumpla el tiempo que les ha sido señalado.

El regreso del Hijo del hombre
(Mt 24.29-35, 42-44; Mr 13.24-37)

[25] "Habrá señales en el sol, en la luna y en las estrellas;[h] y en la tierra las naciones estarán confusas y se asustarán por el terrible ruido del mar y de las olas. [26] La gente se desmayará de miedo al pensar en lo que va a sucederle al mundo; pues hasta las fuerzas celestiales serán sacudidas. [27] Entonces se verá al Hijo del hombre venir en una nube[i] con gran poder y gloria. [28] Cuando comiencen a suceder estas cosas, anímense y levanten la cabeza, porque muy pronto serán libertados."

[29] También les puso esta comparación: "Fíjense en la higuera, o en cualquier otro árbol. [30] Cuando ven que brotan las hojas, se dan cuenta ustedes de que ya está cerca del verano. [31] De la misma manera, cuando vean que suceden estas cosas, sepan que el reino de Dios ya está cerca. [32] "Les aseguro que todo esto sucederá antes que muera la gente de este tiempo. [33] El cielo y la tierra dejarán de existir, pero mis palabras no dejarán de cumplirse.

[34] "Tengan cuidado y no dejen que sus corazones se endurezcan por los vicios, las borracheras y las preocupaciones de esta vida, para que aquel día no caiga de pronto sobre ustedes [35] como una trampa. Porque vendrá sobre todos los habitantes de la tierra. [36] Estén ustedes preparados, orando en todo tiempo, para que puedan escapar de todas estas cosas que van a suceder y para que puedan presentarse delante del Hijo del hombre."

[37] Jesús enseñaba de día en el templo,[j] y de noche se quedaba en el monte que se llama de los Olivos. [38] Y toda la gente iba temprano al templo a oírle.

Conspiración para arrestar a Jesús
(Mt 26.1-5, 14-16; Mr 14.1-2, 10-11; Jn 11.45-53)

22 [1] Estaba ya cerca la fiesta en que se come el pan sin levadura, o sea la fiesta de la Pascua.[k] [2] Los jefes de los sacerdotes y los maestros de la ley, que tenían miedo de la gente, buscaban la manera de matar a Jesús.

[3] Entonces Satanás entró en Judas, uno de los doce discípulos, al que llamaban Iscariote. [4] Este fue a ver a los jefes de los sacerdotes y a los oficiales del templo, y habló con ellos sobre cómo entregarles a Jesús. [5] Ellos se alegraron y prometieron darle dinero a Judas. [6] Y él aceptó y comenzó a buscar un momento oportuno, en que no hubiera gente, para entregarles a Jesús.

La Cena del Señor
(Mt 26.17-29; Mr 14.12-25; Jn 13.21-30; 1 Co 11.23-26)

[7] Llegó el día de la fiesta en que se comía el pan sin levadura, cuando se sacrificaba el cordero de Pascua. [8] Jesús envió a Pedro y a Juan, diciendo:

—Vayan a prepararnos la cena de Pascua.

[9] Ellos le preguntaron:

—¿Dónde quieres que la preparemos?

[10] Jesús les contestó:

—Cuando entren ustedes en la ciudad, encontrarán a un hombre que lleva un cántaro de agua. Síganlo hasta la casa donde entre, [11] y digan al dueño de la casa: 'El Maestro pregunta: ¿Cuál es el cuarto donde voy a comer con mis discípulos la cena de Pascua?' [12] El les mostrará en el piso alto un cuarto grande y arreglado. Preparen allí la cena.

[13] Ellos fueron y lo encontraron todo como Jesús se lo había dicho, y prepararon la cena de Pascua.

[14] Cuando llegó la hora, Jesús y los apóstoles se sentaron a la mesa. [15] Jesús les dijo:

—¡Cuánto he querido celebrar con ustedes esta cena de Pascua antes de mi muerte! [16] Porque les digo que no volveré a celebrarla hasta que se cumpla en el reino de Dios.

[17] Entonces tomó en sus manos una copa y, habiendo dado gracias a Dios, dijo:

—Tomen esto y repártanlo entre ustedes; [18] porque les digo que no volveré a beber del producto de la vid, hasta que venga el reino de Dios.

[19] Después tomó el pan en sus manos y, habiendo dado gracias a Dios, lo partió y se lo dio a ellos, diciendo:

—Esto es mi cuerpo, entregado a muerte en favor de ustedes. Hagan esto en memoria de mí.

[20] Lo mismo hizo con la copa después de la cena, diciendo:

—Esta copa es el nuevo pacto[l] confirmado con mi sangre, la cual se derramada en favor de ustedes. [21] Pero ahora la mano del que me va a traicionar está aquí, con la mía, sobre la mesa.[m] [22] Pues el Hijo del hombre ha de recorrer el camino que se le

h 21.25 Is 13.10; Ez 32.7; Jl 2.31; Ap 6.12-13. i 21.27 Dn 7.13; Ap 1.7. j 21.37 Lc 19.47. k 22.1 Ex 12.1-27; Dt 16.1-8. l 22.20 Jer 31.31-34. m 22.21 Sal 41.9.

ha señalado, pero ¡ay de aquel que le traiciona!
23 Entonces comenzaron a preguntarse
unos a otros quién sería el traidor.

Quién es el más importante

24 Los discípulos tuvieron una discusión
sobre cuál de ellos debía ser considerado
el más importante.[n] 25 Jesús les dijo:
"Entre los paganos, los reyes gobiernan
con tiranía a sus súbditos,[ñ] y de los jefes
se dice que son hombres que hacen el
bien. 26 Pero ustedes no deben ser así. Al
contrario, el más importante entre ustedes
tiene que hacerse como el más joven, y el
que manda tiene que hacerse como el que
sirve.[o] 27 Pues ¿quién es más importante,
el que se sienta a la mesa a comer o el que
sirve? ¿Acaso no lo es el que se sienta a la
mesa? En cambio yo estoy entre ustedes
como el que sirve.[p]
28 "Ustedes han estado siempre conmigo
en mis pruebas. 29 Por eso, yo les doy un
reino, como mi Padre me lo dio a mí, 30 y
ustedes comerán y beberán a mi mesa en
mi reino, y se sentarán en tronos para juzgar a las doce tribus de Israel."[q]

Jesús anuncia que Pedro lo negará

(Mt 26.31–35; Mr 14.27–31; Jn 13.36–38)

31 Dijo también el Señor:
—Simón, Simón, mira que Satanás los
ha pedido a ustedes para sacudirlos como
si fueran trigo; 32 pero yo he rogado por ti,
para que no te falte la fe. Y tú, cuando te
hayas vuelto a mí, ayuda a tus hermanos
a permanecer firmes.
33 Simón le dijo:
—Señor, estoy dispuesto a ir contigo a
la cárcel, y hasta a morir contigo.
34 Jesús le contestó:
—Pedro, te digo que hoy mismo, antes
que cante el gallo, tres veces negarás que
me conoces.

Se acerca la hora de la prueba

35 Luego Jesús les preguntó:
—Cuando los mandé sin bolsa ni monedero ni sandalias,[r] ¿acaso les faltó algo?
Ellos contestaron:
—Nada.
36 Entonces les dijo:
—Ahora, en cambio, el que tenga bolsa,
que la lleve, y también monedero; y el que
no tenga espada, que venda su abrigo y se
compre una. 37 Porque les digo que tiene
que cumplirse en mí esto que dicen las Escrituras: 'Y fue contado entre los malvados.'[s] Pues todo lo que está escrito de mí,
tiene que cumplirse.
38 Ellos dijeron:
—Señor, aquí hay dos espadas.
Y él contestó:
—Basta ya.

Jesús ora en Getsemaní

(Mt 26.36–46; Mr 14.32–42)

39 Luego Jesús salió y, según su costumbre, se fue al monte de los Olivos; y los
discípulos lo siguieron. 40 Al llegar al lugar,
les dijo:
—Oren, para que no caigan en tentación.
41 Se alejó de ellos como a la distancia
de un tiro de piedra, y se puso de rodillas
para orar. 42 Dijo: "Padre, si quieres, líbrame de este trago amargo; pero que no
se haga mi voluntad, sino la tuya."
[43 En esto se le apareció un ángel del
cielo, para darle fuerzas. 44 En medio de su
gran sufrimiento, Jesús oraba aún más intensamente, y el sudor le caía a tierra
como grandes gotas de sangre.][25]
45 Cuando se levantó de la oración, fue a
donde estaban los discípulos, y los encontró dormidos, vencidos por la tristeza.
46 Les dijo:
—¿Por qué están durmiendo? Levántense y oren, para que no caigan en tentación.

Arrestan a Jesús

(Mt 26.47–56; Mr 14.43–50; Jn 18.2–11)

47 Todavía estaba hablando Jesús,
cuando llegó mucha gente. El que se llamaba Judas, que era uno de los doce discípulos, iba a la cabeza. Este se acercó a
besar a Jesús, 48 pero Jesús le dijo:
—Judas, ¿con un beso traicionas al Hijo
del hombre?
49 Los que estaban con Jesús, al ver lo
que pasaba, le preguntaron:
—Señor, ¿atacamos con espada?
50 Y uno de ellos hirió al criado del sumo
sacerdote, cortándole la oreja derecha.
51 Jesús dijo:
—Déjenlos; ya basta.
Y le tocó la oreja al criado, y lo sanó.
52 Luego dijo a los jefes de los sacerdotes,
a los oficiales del templo y a los ancianos,
que habían venido a llevárselo:
—¿Por qué han venido ustedes con espadas y con palos, como si yo fuera un
bandido? 53 Todos los días he estado con
ustedes en el templo,[t] y ni siquiera me tocaron. Pero ésta es la hora de ustedes,
cuando domina la oscuridad.

[25] El texto entre corchetes falta en algunos mss.

[n] **22.24** Mt 18.1; Mr 9.34; Lc 9.46. [ñ] **22.25–26** Mt 20.25–27; Mr 10.42–44. [o] **22.26** Mt 23.11; Mr 9.35. [p] **22.27** Mt 20.28; Mr 10.45; Jn 13.12–15. [q] **22.30** Mt 19.28. [r] **22.35** Mt 10.9–10; Mr 6.8–9; Lc 9.3; 10.4. [s] **22.37** Is 53.12. [t] **22.53** Lc 19.47; 21.37.

Pedro niega conocer a Jesús
(Mt 26.57–58, 69–75; Mr 14.53–54, 66–72; Jn 18.12–18, 25–27)

⁵⁴ Arrestaron entonces a Jesús y lo llevaron a la casa del sumo sacerdote. Pedro lo seguía de lejos. ⁵⁵ Allí, en medio del patio, habían hecho fuego, y se sentaron alrededor; y Pedro se sentó también entre ellos. ⁵⁶ En esto, una sirvienta, al verlo sentado junto al fuego, se quedó mirándolo y dijo:

—También éste estaba con él.

⁵⁷ Pero Pedro lo negó, diciendo:

—Mujer, yo no lo conozco.

⁵⁸ Poco después, otro lo vio y dijo:

—Tú también eres de ellos.

Pedro contestó:

—No, hombre, no lo soy.

⁵⁹ Como una hora después, otro insistió:

—Seguro que éste estaba con él. Además es de Galilea.

⁶⁰ Pedro dijo:

—Hombre, no sé de qué hablas.

En ese mismo momento, mientras Pedro aún estaba hablando, cantó un gallo. ⁶¹ Entonces el Señor se volvió y miró a Pedro, y Pedro se acordó de que el Señor le había dicho: "Hoy, antes que el gallo cante, me negarás tres veces." ⁶² Y salió Pedro de allí y lloró amargamente.

Se burlan de Jesús
(Mt 26.67–68; Mr 14.65)

⁶³ Los hombres que estaban vigilando a Jesús se burlaban de él y lo golpeaban. ⁶⁴ Le taparon los ojos, y le preguntaban:

—¡Adivina quién te pegó!

⁶⁵ Y lo insultaban diciéndole otras muchas cosas.

Jesús ante la Junta Suprema
(Mt 26.59–66; Mr 14.55–64; Jn 18.19–24)

⁶⁶ Cuando se hizo de día, se reunieron los ancianos de los judíos, los jefes de los sacerdotes y los maestros de la ley, y llevaron a Jesús ante la Junta Suprema. Allí le preguntaron:

⁶⁷ —Dinos, ¿eres tú el Mesías?

Él les contestó:

—Si les digo que sí, no me van a creer. ⁶⁸ Y si les hago preguntas, no me van a contestar. ⁶⁹ Pero desde ahora el Hijo del hombre estará sentado a la derecha del Dios todopoderoso.

⁷⁰ Luego todos le preguntaron:

—¿Así que tú eres el Hijo de Dios?

Jesús les contestó:

—Ustedes mismos han dicho que lo soy.

⁷¹ Entonces ellos dijeron:

—¿Qué necesidad tenemos de más testigos? Nosotros mismos lo hemos oído de sus propios labios.

Jesús ante Pilato
(Mt 27.1–2, 11–14; Mr 15.1–5; Jn 18.28–38)

23 ¹ Todos se levantaron, y llevaron a Jesús ante Pilato. ² En su presencia comenzaron a acusarlo, diciendo:

—Hemos encontrado a este hombre alborotando a nuestra nación. Dice que no debemos pagar impuestos al emperador, y además afirma que él es el Mesías, el Rey.

³ Pilato le preguntó:

—¿Eres tú el Rey de los judíos?

—Tú lo has dicho —contestó Jesús.

⁴ Entonces Pilato dijo a los jefes de los sacerdotes y a la gente:

—No encuentro ninguna falta en este hombre.

⁵ Pero ellos insistieron con más fuerza:

—Con sus enseñanzas está alborotando a todo el pueblo. Comenzó en Galilea, y ahora sigue haciéndolo aquí, en Judea.

Jesús ante Herodes

⁶ Al oír esto, Pilato preguntó si el hombre era de Galilea. ⁷ Y cuando le dijeron que sí, lo envió a Herodes, que era gobernador de Galilea y que también se encontraba aquellos días en Jerusalén. ⁸ Al ver a Jesús, Herodes se puso muy contento, porque durante mucho tiempo había querido verlo, pues había oído hablar de él y esperaba verle hacer algún milagro. ⁹ Le hizo muchas preguntas, pero Jesús no le contestó nada. ¹⁰ También estaban allí los jefes de los sacerdotes y los maestros de la ley, que lo acusaban con gran insistencia. ¹¹ Entonces Herodes y sus soldados lo trataron con desprecio, y para burlarse de él lo vistieron con ropas lujosas, como de rey. Luego Herodes lo envió nuevamente a Pilato. ¹² Aquel día se hicieron amigos Pilato y Herodes, que antes eran enemigos.

Jesús es sentenciado a muerte
(Mt 27.15–26; Mr 15.6–15; Jn 18.39—19.16)

¹³ Pilato reunió a los jefes de los sacerdotes, a las autoridades y al pueblo, ¹⁴ y les dijo:

—Ustedes me trajeron a este hombre, diciendo que alborota al pueblo; pero yo lo he interrogado delante de ustedes y no lo he encontrado culpable de ninguna de las faltas de que lo acusan. ¹⁵ Ni tampoco Herodes, puesto que nos lo ha devuelto. Ya ven, no ha hecho nada que merezca la pena de muerte. ¹⁶ Lo voy a castigar y después lo dejaré libre.ᵃ

ᵃ Algunos mss. añaden v. 17: *Durante la fiesta, Pilato tenía que agradar a la gente dejando libre a un preso.*

[18] Pero todos juntos comenzaron a gritar:

—¡Fuera con ése! ¡Deja libre a Barrabás!
[19] A este Barrabás lo habían metido en la cárcel por una rebelión ocurrida en la ciudad, y por un asesinato. [20] Pilato, que quería dejar libre a Jesús, les habló otra vez; [21] pero ellos gritaron más alto:

—¡Crucifícalo! ¡Crucifícalo!
[22] Por tercera vez Pilato les dijo:

—Pues ¿qué mal ha hecho? Yo no encuentro en él nada que merezca la pena de muerte. Lo voy a castigar y después lo dejaré libre.
[23] Pero ellos insistían a gritos, pidiendo que lo crucificara; y tanto gritaron que consiguieron lo que querían. [24] Pilato decidió hacer lo que le estaban pidiendo; [25] así que dejó libre al hombre que habían escogido, el que estaba en la cárcel por rebelión y asesinato, y entregó a Jesús a la voluntad de ellos.

Jesús es crucificado

(Mt 27.32–44; Mr 15.21–32; Jn 19.17–27)

[26] Cuando llevaron a Jesús a crucificarlo, echaron mano de un hombre de Cirene llamado Simón, que venía del campo, y le hicieron cargar con la cruz y llevarla detrás de Jesús.
[27] Mucha gente y muchas mujeres que lloraban y gritaban de tristeza por él, lo seguían. [28] Pero Jesús las miró y les dijo:

—Mujeres de Jerusalén, no lloren por mí, sino por ustedes mismas y por sus hijos. [29] Porque vendrán días en que se dirá: 'Dichosas las que no pueden tener hijos, los vientres que nunca concibieron y los pechos que no dieron de mamar.' [30] Entonces comenzará la gente a decir a los montes: '¡Caigan sobre nosotros!', y a las colinas: '¡Escóndannos!'[u] [31] Porque si con el árbol verde hacen todo esto, ¿qué no harán con el seco?
[32] También llevaban a dos criminales, para crucificarlos junto con Jesús. [33] Cuando llegaron al sitio llamado La Calavera, crucificaron a Jesús y a los dos criminales, uno a su derecha y otro a su izquierda. [[34] Jesús dijo:

—Padre, perdónalos, porque no saben lo que hacen.][27]

Y los soldados echaron suertes para repartirse entre sí la ropa de Jesús.[v] [35] La gente estaba allí mirando; y hasta las autoridades se burlaban de él, diciendo:

—Salvó a otros; que se salve a sí mismo ahora, si de veras es el Mesías de Dios y su escogido.

[36] Los soldados también se burlaban de Jesús. Se acercaban y le daban a beber vino agrio, [37] diciéndole:

—¡Si tú eres el Rey de los judíos, sálvate a ti mismo!
[38] Y había un letrero sobre su cabeza, que decía:[28] "Este es el Rey de los judíos."
[39] Uno de los criminales que estaban colgados, le insultaba:

—¡Si tú eres el Mesías, sálvate a ti mismo y sálvanos también a nosotros!
[40] Pero el otro reprendió a su compañero, diciéndole:

—¿No tienes temor de Dios, tú que estás bajo el mismo castigo? [41] Nosotros estamos sufriendo con toda razón, porque estamos pagando el justo castigo de lo que hemos hecho; pero este hombre no hizo nada malo.
[42] Luego añadió:

—Jesús, acuérdate de mí cuando comiences a reinar.
[43] Jesús le contestó:

—Te aseguro que hoy estarás conmigo en el paraíso.

Muerte de Jesús

(Mt 27.45–56; Mr 15.33–41; Jn 19.28–30)

[44] Desde el mediodía y hasta las tres de la tarde, toda la tierra quedó en oscuridad. [45] El sol dejó de brillar, y el velo[w] del templo se rasgó por la mitad. [46] Jesús gritó con fuerza y dijo:

—¡Padre, en tus manos encomiendo mi espíritu![x]

Y al decir esto, murió.
[47] Cuando el capitán romano vio lo que había pasado, alabó a Dios, diciendo:

—De veras, este hombre era inocente.
[48] Toda la multitud que estaba presente y que vio lo que había pasado, se fue de allí golpeándose el pecho. [49] Pero todos los conocidos de Jesús, y también las mujeres que lo habían seguido desde Galilea,[y] se quedaron allí, mirando de lejos aquellas cosas.

Jesús es sepultado

(Mt 27.57–61; Mr 15.42–47; Jn 19.38–42)

[50-51] Había un hombre bueno y justo llamado José, natural de Arimatea, un pueblo de Judea. Pertenecía a la Junta Suprema de los judíos. Este José, que esperaba el reino de Dios y que no estuvo de acuerdo con lo que la Junta había hecho, [52] fue a ver a Pilato y le pidió el cuerpo de Jesús. [53] Después de bajarlo de la cruz, lo envolvió en una sábana de lino y lo puso en un sepulcro abierto en una peña, donde todavía no habían sepultado a nadie. [54] Era el día de la preparación para el día

---

[27] El texto entre corchetes falta en algunos mss.   [28] Algunos mss. añaden: *en griego, latín y hebreo.*
[u] **23.30** Os 10.8; Ap 6.16.   [v] **23.34** Sal 22.18.   [w] **23.45** Ex 26.31–33; 2 Cr 3.14.   [x] **23.46** Sal 31.5; Hch 7.59.
[y] **23.49** Lc 8.2–3.

de reposo,[29] que ya estaba a punto de comenzar.

[55] Las mujeres que habían acompañado a Jesús desde Galilea, fueron y vieron el sepulcro, y se fijaron en cómo habían puesto el cuerpo. [56] Cuando volvieron a casa, prepararon perfumes y ungüentos.

La resurrección de Jesús
(Mt 28.1–10; Mr 16.1–8; Jn 20.1–10)

Las mujeres descansaron en el día de reposo,[29] conforme al mandamiento,[z] **24** [1] Pero el primer día de la semana regresaron al sepulcro muy temprano, llevando los perfumes que habían preparado. [2] Al llegar, se encontraron con que la piedra que tapaba el sepulcro no estaba en su lugar; [3] y entraron, pero no encontraron el cuerpo del Señor Jesús. [4] Estaban asustadas, sin saber qué hacer, cuando de pronto vieron a dos hombres de pie junto a ellas, vestidos con ropas brillantes. [5] Llenas de miedo, se inclinaron hasta el suelo; pero aquellos hombres les dijeron:

—¿Por qué buscan ustedes entre los muertos al que está vivo? [6] No está aquí, sino que ha resucitado. Acuérdense de lo que les dijo cuando todavía estaba en Galilea: [7] que el Hijo del hombre tenía que ser entregado en manos de pecadores, que lo crucificarían y que al tercer día resucitaría.[a]

[8] Entonces ellas se acordaron de las palabras de Jesús, [9] y al regresar del sepulcro contaron todo esto a los once apóstoles y a todos los demás. [10] Las que llevaron la noticia a los apóstoles fueron María Magdalena, Juana, María madre de Santiago, y las otras mujeres. [11] Pero a los apóstoles les pareció una locura lo que ellas decían, y no querían creerles.

[12] Sin embargo, Pedro se fue corriendo al sepulcro; y cuando miró dentro, no vió más que las sábanas. Entonces volvió a casa, admirado de lo que había sucedido.

En el camino a Emaús
(Mr 16.12–13)

[13] Aquel mismo día, dos de los discípulos se dirigían a un pueblo llamado Emaús, a unos once kilómetros de Jerusalén. [14] Iban hablando de todo lo que había pasado. [15] Mientras conversaban y discutían, Jesús mismo se acercó y comenzó a caminar con ellos. [16] Pero aunque lo veían, algo les impedía darse cuenta de quién era. [17] Jesús les preguntó:

—¿De qué van hablando ustedes por el camino?

Se detuvieron tristes, [18] y uno de ellos, que se llamaba Cleofas, contestó:

—¿Eres tú el único que ha estado alojado en Jerusalén y que no sabe lo que ha pasado allí en estos días?

[19] El les preguntó:

—¿Qué ha pasado?

Le dijeron:

—Lo de Jesús de Nazaret, que era un profeta poderoso en hechos y en palabras delante de Dios y de todo el pueblo; [20] y cómo los jefes de los sacerdotes y nuestras autoridades lo entregaron para que lo condenaran a muerte y lo crucificaran. [21] Nosotros teníamos la esperanza de que él sería el que había de librar a la nación de Israel. Pero ya hace tres días que pasó todo eso. [22] Aunque algunas de las mujeres que están con nosotros nos han asustado, pues fueron de madrugada al sepulcro, [23] y como no encontraron el cuerpo, volvieron a casa. Y cuentan que unos ángeles se les han aparecido y les han dicho que Jesús vive. [24] Algunos de nuestros compañeros fueron después al sepulcro y lo encontraron tal como las mujeres habían dicho, pero a Jesús no lo vieron.

[25] Entonces Jesús les dijo:

—¡Qué faltos de comprensión son ustedes y qué lentos para creer todo lo que dijeron los profetas! [26] ¿Acaso no tenía que sufrir el Mesías estas cosas antes de ser glorificado?

[27] Luego se puso a explicarles todos los pasajes de las Escrituras que hablaban de él, comenzando por los libros de Moisés y siguiendo por todos los libros de los profetas.

[28] Al llegar al pueblo adonde se dirigían, Jesús hizo como que iba a seguir adelante. [29] Pero ellos lo obligaron a quedarse, diciendo:

—Quédate con nosotros, porque ya es tarde. Se está haciendo de noche.

Jesús entró, pues, para quedarse con ellos. [30] Cuando ya estaban sentados a la mesa, tomó en sus manos el pan, y habiendo dado gracias a Dios, lo partió y se lo dio. [31] En ese momento se les abrieron los ojos y reconocieron a Jesús; pero él desapareció. [32] Y se dijeron el uno al otro:

—¿No es verdad que el corazón nos ardía en el pecho cuando nos venía hablando por el camino y nos explicaba las Escrituras?

[33] Sin esperar más, se pusieron en camino y volvieron a Jerusalén, donde encontraron reunidos a los once apóstoles y a sus compañeros, [34] que les dijeron:

—De veras ha resucitado el Señor, y se le ha aparecido a Simón.

[35] Entonces ellos dos les contaron lo que

---

[29] *Día de reposo:* aquí equivale a *sábado.*
[z] **23.56** Ex 20.10; Dt 5.14.   [a] **24.6-7** Mt 16.21; 17.22-23; 20.18-19; Mr 8.31; 9.31; 10.33-34; Lc 9.22; 18.31-33.

les había pasado en el camino, y cómo reconocieron a Jesús cuando partió el pan.

Jesús se aparece a los discípulos
(Mt 28.16–20; Mr 16.14–18; Jn 20.19–23)

36 Estaban todavía hablando de estas cosas, cuando Jesús se puso en medio de ellos y los saludó diciendo:

—Paz a ustedes.

37 Ellos se asustaron mucho, pensando que estaban viendo un espíritu. 38 Pero Jesús les dijo:

—¿Por qué están asustados? ¿Por qué tienen esas dudas en su corazón? 39 Miren mis manos y mis pies. Soy yo mismo. Tóquenme y vean: un espíritu no tiene carne ni huesos, como ustedes ven que tengo yo.

40 Al decirles esto, les enseñó las manos y los pies. 41 Pero como ellos no acababan de creerlo, a causa de la alegría y el asombro que sentían, Jesús les preguntó:

—¿Tienen aquí algo que comer?

42 Le dieron un pedazo de pescado asado,30 43 y él lo aceptó y lo comió en su presencia. 44 Luego les dijo:

—Lo que me ha pasado es aquello que les anuncié cuando estaba todavía con ustedes: que había de cumplirse todo lo que está escrito de mí en la ley de Moisés, en los libros de los profetas y en los salmos.

45 Entonces hizo que entendieran las Escrituras, 46 y les dijo:

—Está escrito que el Mesías tenía que morir, y resucitar al tercer día. 47 En su nombre, y comenzando desde Jerusalén, hay que anunciar a todas las naciones que se vuelvan a Dios, para que sus pecados les sean perdonados. 48 Ustedes son testigos de estas cosas. 49 Y yo enviaré sobre ustedes lo que mi Padre prometió.b Pero ustedes quédense aquí, en la ciudad de Jerusalén, hasta que reciban el poder que viene del cielo.

Jesús sube al cielo
(Mr 16.19–20)

50 Luego Jesús los llevó fuera de la ciudad, hasta Betania, y alzando las manos los bendijo. 51 Y mientras los bendecía, se apartó de ellos y fue llevado al cielo.c 52 Ellos, después de adorarlo, volvieron a Jerusalén muy contentos. 53 Y estaban siempre en el templo, alabando a Dios.

---

30 Algunos mss. añaden: *y un panal de miel.*
b **24.49** Hch 1.4.   c **24.50–51** Hch 1.9–11.

El Evangelio Según
SAN JUAN

Se tiene por seguro que el Evangelio de Juan fue el último que se escribió, aunque no puede precisarse con exactitud cuánto tiempo después de los otros. Puede notarse a primera vista cómo se diferencia de ellos, pues narra muchos hechos y palabras del Señor que no se encuentran en los otros, o los mismos pero en otro orden. Comienza, como Marcos, con el ministerio de Juan el Bautista (1.19–51). En cuanto al ministerio público de Jesús (2.1—12.50), aunque refiere algunos episodios en Galilea, da más atención al ministerio del Señor en Judea. También da importancia especial a su presencia en varias pascuas y en otras grandes festividades judías. En relación con los últimos días del Señor en Jerusalén (13.1—19.42) y con su resurrección y apariciones subsecuentes, informa de sucesos importantes que no aparecen en ninguno de los otros tres evangelios. Por ejemplo, algunos encuentros con los fariseos y la visita de los griegos. Es el único evangelio que refiere la última aparición de Jesús, a la orilla del mar de Galilea, y la rehabilitación de Pedro, episodio que se narra a manera de un apéndice (cap. 21).

Pero la característica más notable del Evangelio de Juan es que más que informar lo que hizo Jesús, revela quién era él en última instancia. A ello se dedica explícitamente el prólogo (1.1–18), en donde se presenta a Jesús como la eterna Palabra de Dios, hecha hombre y viviendo entre los hombres. Sus milagros son signos o señales que revelan esa esencia de su persona. Sus discursos, que explican lo revelado en los milagros, se valen de símbolos como el agua, el pan y la luz, para expresar el don de la vida eterna que Dios otorga por medio de Cristo, un don que reciben ahora mismo, en esta vida, aquellos que responden a Jesús y le reconocen como el camino, la verdad y la vida. Los caps. 13—17 ofrecen amplios y preciosos datos sobre el íntimo compañerismo de Jesús con sus discípulos la noche de su arresto, su plegaria de intercesión por ellos y las conmovedoras palabras que les dirigió para prepararlos y alentarlos ante la proximidad de su arresto y crucifixión.

En este evangelio se citan los grandes "Yo soy" de Jesús: "Yo soy" el pan de vida, la luz del mundo, la puerta del redil, el buen pastor, la resurrección y la vida, el camino, la verdad y la vida, y la vid verdadera. Es también este evangelio el único de los cuatro que declara explícitamente cuál ha sido el propósito con el cual se escribió: para que quienes lo lean crean que Jesús es el Mesías prometido, el Hijo de Dios, y que por creer en él tengan vida (20.31).

La Palabra de Dios hecha hombre

1 [1] En el principio ya existía la Palabra; y aquel que es la Palabra estaba con Dios y era Dios. [2] Él estaba en el principio con Dios. [3] Por medio de él, Dios hizo todas las cosas; nada de lo que existe fue hecho sin él.[a] [4] En él estaba la vida, y la vida era la luz de la humanidad. [5] Esta luz brilla en las tinieblas, y las tinieblas no han podido apagarla.

[6] Hubo un hombre llamado Juan,[b] a quien Dios envió [7] como testigo, para que diera testimonio de la luz y para que todos creyeran por lo que él decía. [8] Juan no era la luz, sino uno enviado a dar testimonio de la luz. [9] La luz verdadera que alumbra a toda la humanidad venía a este mundo.

[10] Aquel que es la Palabra estaba en el mundo; y, aunque Dios hizo el mundo por medio de él, los que son del mundo no le reconocieron. [11] Vino a su propio mundo, pero los suyos no lo recibieron. [12] Pero a quienes lo recibieron y creyeron en él, les concedió el privilegio de llegar a ser hijos de Dios. [13] Y son hijos de Dios, no por la naturaleza ni los deseos humanos, sino porque Dios los ha engendrado.

[14] Aquel que es la Palabra se hizo hombre y vivió entre nosotros, lleno de amor y verdad. Y hemos visto su gloria, la gloria que como Hijo único recibió del Padre. [15] Juan dio testimonio de él, diciendo: "Este es aquel a quien yo me refería cuando dije que el que viene después de mí es más importante que yo, porque existía antes que yo."

[16] De sus grandes riquezas, todos hemos recibido bendición tras bendición. [17] La ley fue dada por medio de Moisés; el amor y la verdad se han hecho realidad por medio de Jesucristo. [18] Nadie ha visto jamás a Dios; el Hijo único, que es Dios[i] y que vive en íntima comunión con el Padre, es quien nos lo ha dado a conocer.[c]

[i] *Que es Dios:* esta frase falta en algunos mss.
[a] **1.1–3** Gn 1.1–3; Sal 33.6; Pr 8.22–31; Col 1.15–17; He 1.2; 1 Jn 1.1; Ap 19.13.   [b] **1.6** Mt 3.1; Mr 1.4; Lc 3.1–2.
[c] **1.14,18** Mt 11.27; Lc 10.22; 1 Jn 1.2.

Juan el Bautista da testimonio
de Jesucristo
(Mt 3.11-12; Mr 1.7-8; Lc 3.15-17)

¹⁹ Los judíos de Jerusalén enviaron sacerdotes y levitas a Juan, a preguntarle quién era. ²⁰ Y él confesó claramente:
—Yo no soy el Mesías.
²¹ Le volvieron a preguntar:
—¿Quién eres, pues? ¿El profeta Elías?ᵈ
Juan dijo:
—No lo soy.
Ellos insistieron:
—Entonces, ¿eres el profetaᵉ que ha de venir?
Contestó:
—No.
²² Le dijeron:
—¿Quién eres, pues? Tenemos que llevar una respuesta a los que nos enviaron. ¿Qué nos puedes decir de ti mismo?
²³ Juan les contestó:
—Yo soy una voz que grita en el desierto: 'Abran un camino derecho para el Señor', tal como dijo el profeta Isaías.ᶠ
²⁴ Los que fueron enviados por los fariseos a hablar con Juan, ²⁵ le preguntaron:
—Pues si no eres el Mesías, ni Elías ni el profeta, ¿por qué bautizas?
²⁶ Juan les contestó:
—Yo bautizo con agua; pero entre ustedes hay uno que no conocen ²⁷ y que viene después de mí. Yo ni siquiera merezco desatarle la correa de sus sandalias.
²⁸ Todo esto sucedió en el lugar llamado Betania, al oriente del río Jordán, donde Juan estaba bautizando.

Jesús, el Cordero de Dios

²⁹ Al día siguiente, Juan vio a Jesús, que se acercaba a él, y dijo: "¡Miren, éste es el Cordero de Dios, que quita el pecado del mundo! ³⁰ A él me refería yo cuando dije: 'Después de mí viene uno que es más importante que yo, porque existía antes que yo.' ³¹ Yo mismo no sabía quién era; pero he venido bautizando con agua precisamente para que el pueblo de Israel lo conozca."
³² Juan también declaró: "He visto al Espíritu Santo bajar del cielo como una paloma, y reposar sobre él. ³³ Yo todavía no sabía quién era; pero el que me envió a bautizar con agua, me dijo: 'Aquel sobre quien veas que el Espíritu baja y reposa, es el que bautiza con Espíritu Santo.' ³⁴ Yo ya lo he visto, y soy testigo de que es el Hijo de Dios."

Los primeros discípulos de Jesús

³⁵ Al día siguiente, Juan estaba allí otra vez con dos de sus seguidores. ³⁶ Cuando vio pasar a Jesús, Juan dijo:

—¡Miren, ése es el Cordero de Dios!
³⁷ Los dos seguidores de Juan le oyeron decir esto, y siguieron a Jesús. ³⁸ Jesús se volvió, y al ver que lo seguían les preguntó:
—¿Qué están buscando?
Ellos dijeron:
—Maestro, ¿dónde vives?
³⁹ Jesús les contestó:
—Vengan a verlo.
Fueron, pues, y vieron dónde vivía, y pasaron con él el resto del día, porque ya eran como las cuatro de la tarde.
⁴⁰ Uno de los dos que oyeron a Juan y siguieron a Jesús, era Andrés, hermano de Simón Pedro. ⁴¹ Andrés, antes que nada, fue a buscar a su hermano Simón y le dijo:
—Hemos encontrado al Mesías (que significa: Cristo.)
⁴² Luego Andrés llevó a Simón a donde estaba Jesús; cuando Jesús lo vio, le dijo:
—Tú eres Simón, hijo de Juan,² pero serás llamado Cefas (que significa: Pedro).

Jesús llama a Felipe y a Natanael

⁴³ Al día siguiente Jesús decidió ir a la región de Galilea. Encontró a Felipe, y le dijo:
—Sígueme.
⁴⁴ Este Felipe era del pueblo de Betsaida, de donde eran también Andrés y Pedro. ⁴⁵ Felipe fue a buscar a Natanael, y le dijo:
—Hemos encontrado a aquel de quien escribió Moisés en los libros de la ley, y de quien también escribieron los profetas. Es Jesús, el hijo de José, el de Nazaret.
⁴⁶ Dijo Natanael:
—¿Acaso puede salir algo bueno de Nazaret?
Felipe le contestó:
—Ven y compruébalo.
⁴⁷ Cuando Jesús vio acercarse a Natanael, dijo:
—Aquí viene un verdadero israelita, en quien no hay engaño.
⁴⁸ Natanael le preguntó:
—¿Cómo es que me conoces?
Jesús le respondió:
—Te vi antes que Felipe te llamara, cuando estabas bajo la higuera.
⁴⁹ Natanael le dijo:
—Maestro, ¡tú eres el Hijo de Dios,ᵍ tú eres el Rey de Israel!
⁵⁰ Jesús le contestó:
—¿Me crees solamente porque te he dicho que te vi bajo la higuera? Pues vas a ver cosas más grandes que éstas.
⁵¹ También dijo Jesús:
—Les aseguro que ustedes verán el cielo abierto, y a los ángeles de Dios subir y bajarʰ sobre el Hijo del hombre.

---

² *Hijo de Juan:* algunos mss. dicen: *hijo de Jonás.*
ᵈ **1.21** Mal 4.5. ᵉ **1.21** Dt 18.15,18. ᶠ **1.23** Is 40.3. ᵍ **1.49** Mt 16.15.

Una boda en Caná de Galilea

2 ¹ Al tercer día hubo una boda en Caná, un pueblo de Galilea. La madre de Jesús estaba allí, ² y Jesús y sus discípulos fueron también invitados a la boda. ³ Se acabó el vino, y la madre de Jesús le dijo:

—Ya no tienen vino.

⁴ Jesús le contestó:

—Mujer, ¿por qué me dices esto? Mi hora no ha llegado todavía.

⁵ Ella dijo a los que estaban sirviendo:

—Hagan todo lo que él les diga.

⁶ Había allí seis tinajas de piedra, para el agua que usan los judíos en sus ceremonias de purificación. En cada tinaja cabían de cincuenta a setenta litros de agua. ⁷ Jesús dijo a los sirvientes:

—Llenen de agua estas tinajas.

Las llenaron hasta arriba, ⁸ y Jesús les dijo:

—Ahora saquen un poco y llévenselo al encargado de la fiesta.

Así lo hicieron. ⁹ El encargado de la fiesta probó el agua convertida en vino, sin saber de dónde había salido; sólo los sirvientes lo sabían, pues ellos habían sacado el agua. Así que el encargado llamó al novio ¹⁰ y le dijo:

—Todo el mundo sirve primero el mejor vino, y cuando los invitados ya han bebido bastante, entonces se sirve el vino corriente. Pero tú has guardado el mejor vino hasta ahora.

¹¹ Esto que hizo Jesús en Caná de Galilea fue la primera señal milagrosa con la cual mostró su gloria; y sus discípulos creyeron en él.

¹² Después de esto se fue a Capernaum,ⁱ acompañado de su madre, sus hermanos y sus discípulos; y allí estuvieron unos cuantos días.

Jesús purifica el templo

(Mt 21.12–13; Mr 11.15–18; Lc 19.45–46)

¹³ Como ya se acercaba la fiesta de la Pascuaʲ de los judíos, Jesús fue a Jerusalén. ¹⁴ Y encontró en el templo a los vendedores de bueyes, ovejas y palomas, y a los que estaban sentados en los puestos donde se le cambiaba el dinero a la gente. ¹⁵ Al verlo, Jesús tomó unas cuerdas, se hizo un látigo y los echó a todos del templo, junto con sus ovejas y sus bueyes. A los que cambiaban dinero les arrojó las monedas al suelo y les volcó las mesas. ¹⁶ A los vendedores de palomas les dijo:

—¡Saquen esto de aquí! ¡No hagan un mercado de la casa de mi Padre!

¹⁷ Entonces sus discípulos se acordaron de la Escritura que dice: "Me consume el celo por tu casa."ᵏ

¹⁸ Los judíos le preguntaron:

—¿Qué prueba nos das de tu autoridad para hacer esto?

¹⁹ Jesús les contestó:

—Destruyan este templo, y en tres días volveré a levantarlo.ˡ

²⁰ Los judíos le dijeron:

—Cuarenta y seis años se ha trabajado en la construcción de este templo, ¿y tú en tres días lo vas a levantar?

²¹ Pero el templo al que Jesús se refería era su propio cuerpo. ²² Por eso, cuando resucitó, sus discípulos se acordaron de esto que había dicho, y creyeron en la Escritura y en las palabras de Jesús.

Jesús conoce a todos

²³ Mientras Jesús estaba en Jerusalén, en la fiesta de la Pascua, muchos creyeron en él al ver las señales milagrosas que hacía. ²⁴ Pero Jesús no confiaba en ellos, porque los conocía a todos. ²⁵ No necesitaba que nadie le dijera nada acerca de la gente, pues él mismo conocía el corazón del hombre.

Jesús y Nicodemo

3 ¹ Había un fariseo llamado Nicodemo, que era un hombre importante entre los judíos. ² Este fue de noche a visitar a Jesús, y le dijo:

—Maestro, sabemos que Dios te ha enviado a enseñarnos, porque nadie puede hacer los milagros que tú haces, si Dios no estuviera con él.

³ Jesús le dijo:

—Te aseguro que el que no nace de nuevo,³ no puede ver el reino de Dios.

⁴ Nicodemo le preguntó:

—¿Y cómo puede uno nacer de nuevo cuando ya es viejo? ¿Acaso podrá entrar otra vez dentro de su madre, para volver a nacer?

⁵ Jesús le contestó:

—Te aseguro que el que no nace de agua y del Espíritu, no puede entrar en el reino de Dios. ⁶ Lo que nace de padres humanos, es humano; lo que nace del Espíritu, es espíritu.⁴ ⁷ No te extrañes de que te diga: 'Todos tienen que nacer de nuevo.'ᵐ ⁸ El vientoⁱ sopla por donde quiere, y aunque oyes su ruido, no sabes de dónde viene ni a dónde va. Así son también todos los que nacen del Espíritu.ⁿ

⁹ Nicodemo volvió a preguntarle:

—¿Cómo puede ser esto?

¹⁰ Jesús le contestó:

—¿Tú, que eres el maestro de Israel, no

---

³ *De nuevo:* otra posible traducción: *de lo alto.*   ⁴ En griego, la misma palabra significa tanto *espíritu* como *viento.* Lo mismo en hebreo.
ʰ **1.51** Gn 28.12.   ⁱ **2.12** Mt 4.13.   ʲ **2.13** Ex 12.1–27; Dt 16.1–8.   ᵏ **2.17** Sal 69.9.   ˡ **2.19** Mt 26.61; 27.40; Mr 14.58; 15.29.
ᵐ **3.3–7** 1 P 1.3,23.   ⁿ **3.8** Ec 11.5.

sabes estas cosas? [11] Te aseguro que nosotros hablamos de lo que sabemos, y somos testigos de lo que hemos visto; pero ustedes no creen lo que les decimos. [12] Si no me creen cuando les hablo de las cosas de este mundo, ¿cómo me van a creer si les hablo de las cosas del cielo?

[13] "Nadie ha subido al cielo sino el que bajó del cielo; es decir, el Hijo del hombre.[5] [14] Y así como Moisés levantó la serpiente en el desierto,[n] así también el Hijo del hombre tiene que ser levantado,[o] [15] para que todo el que cree en él tenga vida eterna.

El amor de Dios para el mundo

[16] "Pues Dios amó tanto al mundo, que dio a su Hijo único, para que todo aquel que cree en él no muera, sino que tenga vida eterna. [17] Porque Dios no envió a su Hijo al mundo para condenar al mundo, sino para salvarlo.

[18] "El que cree en el Hijo de Dios, no está condenado; pero el que no cree, ya ha sido condenado por no creer en el Hijo único de Dios. [19] Los que no creen, ya han sido condenados, pues, como hacían cosas malas, cuando la luz vino al mundo prefirieron la oscuridad a la luz. [20] Todos los que hacen lo malo odian la luz, y no se acercan a ella para que no se descubra lo que están haciendo.[p] [21] Pero los que viven de acuerdo con la verdad, se acercan a la luz para que se vea que todo lo hacen de acuerdo con la voluntad de Dios.

Juan el Bautista vuelve a hablar de Jesús

[22] Después de esto, Jesús fue con sus discípulos a la región de Judea, donde pasó algún tiempo con ellos bautizando. [23] También Juan estaba bautizando en Enón, cerca de Salim, porque allí había mucha agua; y la gente iba y era bautizada. [24] Esto sucedió antes que metieran a Juan a la cárcel.[q]

[25] Pero algunos de los seguidores de Juan comenzaron a discutir con un judío sobre el asunto de la purificación, [26] y fueron a decirle a Juan:

—Maestro, el que estaba contigo al este del Jordán, de quien tú nos hablaste, ahora está bautizando y todos lo siguen.

[27] Juan les dijo:

—Nadie puede tener nada, si Dios no se lo da. [28] Ustedes mismos me oyeron decir claramente que yo no soy el Mesías,[r] sino uno que ha sido enviado delante de él.

[29] En una boda, el que tiene a la novia es el novio; y el amigo del novio, que está allí y lo escucha, se llena de alegría al oírlo hablar. Así también mi alegría es ahora completa. [30] Él ha de ir aumentando en importancia, y yo disminuyendo.

El que viene de arriba

[31] El que viene de arriba está sobre todos. El que es de la tierra es terrenal, y habla de las cosas de la tierra. Pero el que viene del cielo está sobre todos, [32] y habla de lo que ha visto y oído; pero nadie cree lo que él dice. [33] Pero si alguno lo cree, confirma con ello que Dios dice la verdad; [34] pues el que ha sido enviado por Dios, habla las palabras de Dios, porque Dios da abundantemente su Espíritu. [35] El Padre ama al Hijo, y le ha dado poder sobre todas las cosas.[s] [36] El que cree en el Hijo, tiene vida eterna; pero el que no quiere creer en el Hijo, no tendrá esa vida, sino que recibirá el terrible castigo de Dios.

Jesús y la mujer de Samaria

4 [1] Los fariseos se enteraron de que Jesús tenía mas seguidores y bautizaba más que Juan [2] (aunque en realidad no era Jesús el que bautizaba, sino sus discípulos). [3] Cuando Jesús lo supo, salió de Judea para volver a Galilea.

[4] En su viaje, tenía que pasar por la región de Samaria. [5] De modo que llegó a un pueblo de Samaria que se llamaba Sicar,[6] cerca del terreno que Jacob había dado en herencia a su hijo José.[t] [6] Allí estaba el pozo que llamaban de Jacob. Jesús, cansado del camino, se sentó junto al pozo. Era cerca del mediodía. [7-8] Los discípulos habían ido al pueblo a comprar algo de comer. En eso, una mujer de Samaria llegó al pozo a sacar agua, y Jesús le dijo:

—Dame un poco de agua.

[9] Pero como los judíos no tienen trato[7] con los samaritanos,[u] la mujer le respondió:

—¿Cómo es que tú, siendo judío, me pides agua a mí, que soy samaritana?

[10] Jesús le contestó:

—Si supieras lo que Dios da y quién es el que te está pidiendo agua, tú le pedirías a él, y él te daría agua viva.[v]

[11] La mujer le dijo:

—Señor, ni siquiera tienes con qué sacar agua, y el pozo es muy hondo: ¿de dónde vas a darme agua viva? [12] Nuestro antepasado Jacob nos dejó este pozo, del que él mismo bebía y del que bebían

---

[5] Algunos mss. añaden: *que está en el cielo*.   [6] Una antigua versión dice *Siquem*. Parece tra arse, en efecto, de esta población, muy próxima al pozo de Jacob. No se ha identificado ninguna Sicar en Samaria.   [7] *No tienen trato:* otra posible traducción: *no usan nada en común* (especialmente vasijas).   [n] **3.14** Nm 21.9.   [o] **3.14** Jn 8.28; 12.32–34; 18.32.   [p] **3.20** Job 24.13–17.   [q] **3.24** Mt 14.3; Mr 6 17; Lc 3 19–20.   [r] **3.28** Jn 1.20.   [s] **3.35** Mt 11.27; Lc 10.22.   [t] **4.5** Gn 33.19; Jos 24.32.   [u] **4.9** Esd 4.1–5; Neh 4.1–2.   [v] **4.10–14** Is 44.3; Jer 2.13; 17.13; Jn 7.37–39.

también sus hijos y sus animales. ¿Acaso eres tú más que él?

13 Jesús le contestó:

—Todos los que beben de esta agua, volverán a tener sed; 14 pero el que beba del agua que yo le daré, nunca volverá a tener sed. Porque el agua que yo le daré brotará en él como un manantial de vida eterna.

15 La mujer le dijo:

—Señor, dame de esa agua, para que no vuelva yo a tener sed ni haya de venir aquí a sacarla.

16 Jesús le dijo:

—Ve a llamar a tu marido y vuelve acá.

17 La mujer le contestó:

—No tengo marido.

Jesús le dijo:

—Bien dices que no tienes marido; 18 porque has tenido cinco maridos, y el que ahora tienes no es tu marido. Es cierto lo que has dicho.

19 Al oír esto, la mujer le dijo:

—Señor, ya veo que eres un profeta. 20 Nuestros antepasados, los samaritanos, adoraron a Dios aquí, en este monte;g pero ustedes los judíos dicen que Jerusalén es el lugar donde debemos adorarlo.

21 Jesús le contestó:

—Créeme, mujer, que llega la hora en que ustedes adorarán al Padre sin tener que venir a este monte ni ir a Jerusalén. 22 Ustedes no saben a quién adoran; pero nosotros sabemos a quién adoramos, pues la salvación viene de los judíos. 23 Pero llega la hora, y es ahora mismo, cuando los que de veras adoran al Padre lo harán de un modo verdadero, conforme al Espíritu de Dios. Pues el Padre quiere que así lo hagan los que lo adoran. 24 Dios es Espíritu, y los que lo adoran deben hacerlo de un modo verdadero, conforme al Espíritu de Dios.

25 La mujer le dijo:

—Yo sé que va a venir el Mesías (es decir, el Cristo); y cuando él venga, nos lo explicará todo.

26 Jesús le dijo:

—Ese soy yo, el mismo que habla contigo.

27 En esto llegaron sus discípulos, y se quedaron extrañados de que Jesús estuviera hablando con una mujer. Pero ninguno se atrevió a preguntarle qué quería, o de qué estaba conversando con ella. 28 La mujer dejó su cántaro y se fue al pueblo, donde dijo a la gente:

29 —Vengan a ver a un hombre que me ha dicho todo lo que he hecho. ¿No será éste el Mesías?

30 Entonces salieron del pueblo y fueron a donde estaba Jesús. 31 Mientras tanto, los discípulos le rogaban:

—Maestro, come algo.

32 Pero él les dijo:

—Yo tengo algo que comer, que ustedes no conocen.

33 Los discípulos comenzaron a preguntarse unos a otros:

—¿Será que le habrán traído algo de comer?

34 Pero Jesús les dijo:

—Mi comida es hacer la voluntad del que me envió y terminar su trabajo. 35 Ustedes dicen: 'Todavía faltan cuatro meses para la cosecha'; pero yo les digo que se fijen en los sembrados, pues ya están maduros para la cosecha. 36 El que trabaja en la cosecha recibe su paga, y la cosecha que recoge es para vida eterna, para que tanto el que siembra como el que cosecha se alegren juntamente. 37 Porque este dicho es verdadero: 'Uno es el que siembra y otro el que cosecha.' 38 Yo los envié a ustedes a cosechar algo que no les había costado ningún trabajo; otros fueron los que trabajaron, y ustedes son los que se han beneficiado del trabajo de ellos.

39 Muchos de los habitantes de aquel pueblo de Samaria creyeron en Jesús por lo que les había asegurado la mujer: "Me ha dicho todo lo que he hecho." 40 Así que, cuando los samaritanos llegaron, rogaron a Jesús que se quedara con ellos. El se quedó allí dos días, 41 y muchos más creyeron al oír lo que él mismo decía. 42 Y dijeron a la mujer:

—Ahora creemos, no solamente por lo que tú nos dijiste, sino también porque nosotros mismos le hemos oído y sabemos que de veras es el Salvador del mundo.

Jesús sana al hijo de un oficial del rey

43 Pasados esos dos días, Jesús salió de Samaria y siguió su viaje a Galilea. 44 Porque, como él mismo dijo, a un profeta no lo honran en su propia tierra.w 45 Cuando llegó a Galilea, los de aquella región lo recibieron bien, porque también habían ido a la fiesta de la Pascua a Jerusalén y habían visto todo lo que él hizo entonces.x 46 Jesús regresó a Caná de Galilea, donde había convertido el agua en vino.y Y había un alto oficial del rey, que tenía un hijo enfermo en Capernaum. 47 Cuando el oficial supo que Jesús había llegado de Judea a Galilea, fue a verlo y le rogó que fuera a su casa y sanara a su hijo, que estaba a punto de morir. 48 Jesús le contestó:

—Ustedes no creen, si no ven señales y milagros.

49 Pero el oficial le dijo:

g El monte Gerizim, donde los samaritanos tenían su santuario.
w 4.44 Mt 13.57; Mr 6.4; Lc 4.24.   x 4.45 Jn 2.23.   y 4.46 Jn 2.1-11.

—Señor, ven pronto, antes que mi hijo se muera.

[50] Jesús le dijo entonces:

—Vuelve a casa; tu hijo vive.

El hombre creyó lo que Jesús le dijo, y se fue. [51] Mientras regresaba a su casa, sus criados salieron a su encuentro y le dijeron:

—¡Su hijo vive!

[52] Él les preguntó a qué hora había comenzado a sentirse mejor su hijo, y le contestaron:

—Ayer a la una de la tarde se le quitó la fiebre.

[53] El padre cayó entonces en la cuenta de que era la misma hora en que Jesús le dijo: "Tu hijo vive"; y él y toda su familia creyeron en Jesús.

[54] Esta fue la segunda señal milagrosa que hizo Jesús, cuando volvió de Judea a Galilea.

Jesús sana al paralítico de Betzata

5 [1] Algún tiempo después, los judíos celebraban una fiesta, y Jesús volvió a Jerusalén. [2] En Jerusalén, cerca de la puerta llamada de las Ovejas, hay un estanque que en hebreo se llama Betzata. Tiene cinco pórticos, [3] en los cuales se encontraban muchos enfermos, ciegos, cojos y tullidos echados en el suelo.[9] [5] Había entre ellos un hombre que estaba enfermo desde hacía treinta y ocho años. [6] Cuando Jesús lo vio allí acostado y se enteró del mucho tiempo que llevaba así, le preguntó:

—¿Quieres recobrar la salud?

[7] El enfermo le contestó:

—Señor, no tengo a nadie que me meta en el estanque cuando se remueve el agua. Cada vez que quiero meterme, otro lo hace primero.

[8] Jesús le dijo:

—Levántate, recoge tu camilla y anda.

[9] En aquel momento el hombre recobró la salud, recogió su camilla y comenzó a andar. Pero como era día de reposo,[10] [10] los judíos dijeron al que había sido sanado:

—Hoy es día de reposo;[10] no te está permitido llevar tu camilla.[z]

[11] Aquel hombre les contestó:

—El que me devolvió la salud, me dijo: 'Recoge tu camilla y anda.'

[12] Ellos le preguntaron:

—¿Quién es el que te dijo: 'Recoge tu camilla y anda'?

[13] Pero el hombre no sabía quién lo había sanado, porque Jesús había desaparecido entre la mucha gente que había

allí. [14] Después Jesús lo encontró en el templo, y le dijo:

—Mira, ahora que ya estás sano, no vuelvas a pecar, para que no te pase algo peor.

[15] El hombre se fue y comunicó a los judíos que Jesús era quien le había devuelto la salud. [16] Por eso los judíos perseguían a Jesús, pues hacía estas cosas en el día de reposo.[10] [17] Pero Jesús les dijo:

—Mi Padre siempre ha trabajado, y yo también trabajo.

[18] Por esto, los judíos tenían aún más deseos de matarlo porque no solamente no observaba el mandato sobre el día de reposo,[10] sino que además se hacía igual a Dios, al decir que Dios era su propio Padre.[a]

La autoridad del Hijo de Dios

[19] Jesús les dijo: "Les aseguro que el Hijo de Dios no puede hacer nada por su propia cuenta; solamente hace lo que ve hacer al Padre. Todo lo que hace el Padre, también lo hace el Hijo. [20] Pues el Padre ama al Hijo y le muestra todo lo que hace; y le mostrará cosas todavía más grandes, que los dejarán a ustedes asombrados. [21] Porque así como el Padre resucita a los muertos y les da vida, también el Hijo da vida a quienes quiere dársela. [22] Y el Padre no juzga a nadie, sino que le ha dado a su Hijo todo el poder de juzgar, [23] para que todos den al Hijo la misma honra que dan al Padre. El que no honra al Hijo, tampoco honra al Padre, que lo ha enviado.

[24] "Les aseguro que quien presta atención a lo que yo digo y cree en el que me envió, tiene vida eterna; y no será condenado, pues ya ha pasado de la muerte a la vida. [25] Les aseguro que viene la hora, y es ahora mismo, cuando los muertos oirán la voz del Hijo de Dios y los que la oigan, vivirán. [26] Porque así como el Padre tiene vida en sí mismo, así también ha hecho que el Hijo tenga vida en sí mismo, [27] y le ha dado autoridad para juzgar, por cuanto que es el Hijo del hombre. [28] No se admiren de esto, porque va a llegar la hora en que todos los muertos oirán su voz [29] y saldrán de las tumbas. Los que hicieron el bien, resucitarán para tener vida; pero los que hicieron el mal, resucitarán para ser condenados.[b]

Pruebas de la autoridad de Jesús

[30] "Yo no puedo hacer nada por mi propia cuenta. Juzgo según el Padre me ordena, y mi juicio es justo, pues no trato de

---

[9] Algunos mss. añaden la parte final del v. 3 y el v. 4: *que esperaban el movimiento del agua.* [4] *Porque de cuando en cuando un ángel bajaba al estanque y removía el agua, y el primero que se metía en ella después de haber sido removida, quedaba sano de cualquier enfermedad que tuviera.* [10] Día de reposo: aquí equivale a *sábado.*
[z] 5.10 Neh 13.19; Jer 17.21. [a] 5.18 Jn 10.30-38. [b] 5.29 Dn 12.2.

hacer mi voluntad sino la voluntad del Padre, que me ha enviado. [31] Si yo diera testimonio en favor mío, mi testimonio no valdría como prueba. [32] Pero hay otro que da testimonio en favor mío, y me consta que su testimonio sí vale como prueba. [33] Ustedes enviaron a preguntarle a Juan, y lo que él contestó es cierto. [c] [34] Pero yo no dependo del testimonio de ningún hombre. Sólo digo esto para que ustedes puedan ser salvos. [35] Juan era como una lámpara que ardía y alumbraba, y ustedes quisieron gozar de su luz por un corto tiempo. [36] Pero tengo a mi favor una prueba mejor que la dada por Juan. Lo que yo hago, que es lo que el Padre me encargó que hiciera, comprueba que de veras el Padre me ha enviado. [37] Y también el Padre, que me ha enviado, da pruebas a mi favor,[d] a pesar de que ustedes nunca han oído su voz ni lo han visto, [38] ni tampoco su mensaje vive en ustedes, porque no creen en aquel que el Padre envió. [39] Ustedes estudian las Escrituras con mucho cuidado, porque esperan encontrar en ellas la vida eterna; sin embargo, aunque son las Escrituras las que hablan de mí, [40] ustedes no quieren venir a mí para tener esa vida.

[41] "Yo no acepto honores que vengan de los hombres. [42] Además, los conozco a ustedes y sé que no aman a Dios. [43] Yo he venido en nombre de mi Padre, y ustedes no me aceptan; en cambio, si viniera otro en nombre propio, a ése lo aceptarían. [44] ¿Cómo pueden creer ustedes, si reciben honores los unos de los otros y no buscan los honores que vienen del Dios único? [45] No crean que yo los voy a acusar delante de mi Padre; el que los acusa es Moisés mismo, en quien ustedes han puesto su esperanza. [46] Porque si ustedes creyeran lo que dijo Moisés, también me creerían a mí, porque Moisés escribió acerca de mí. [47] Pero si no creen lo que él escribió, ¿cómo van a creer lo que yo les digo?"

Jesús da de comer a cinco mil hombres
(Mt 14.13–21; Mr 6.30–44; Lc 9.10–17)

6 [1] Después de esto, Jesús se fue al otro lado del lago de Galilea, que es el mismo lago de Tiberias. [2] Mucha gente lo seguía, porque habían visto las señales milagrosas que hacía sanando a los enfermos. [3] Entonces Jesús subió a un monte, y se sentó con sus discípulos. [4] Ya estaba cerca la Pascua, la fiesta de los judíos. [5] Cuando Jesús miró y vio la mucha gente que lo seguía, le dijo a Felipe:

—¿Dónde vamos a comprar comida para toda esta gente?

[6] Pero lo dijo por ver qué contestaría Felipe, porque Jesús mismo sabía bien lo que había de hacer. [7] Felipe le respondió:

—Ni siquiera doscientos denarios de pan bastarían para que cada uno recibiera un poco.

[8] Entonces Andrés, que era otro de sus discípulos y hermano de Simón Pedro, le dijo:

[9] —Aquí hay un niño que tiene cinco panes de cebada y dos pescados; pero, ¿qué es esto para tanta gente?

[10] Jesús respondió:

—Díganles a todos que se sienten.

Había mucha hierba en aquel lugar, y se sentaron. Eran unos cinco mil hombres. [11] Jesús tomó en sus manos los panes y, después de dar gracias a Dios, los repartió entre los que estaban sentados. Hizo lo mismo con los pescados, dándoles todo lo que querían. [12] Cuando ya estuvieron satisfechos, Jesús dijo a sus discípulos:

—Recojan los pedazos sobrantes, para que no se desperdicie nada.

[13] Ellos los recogieron, y llenaron doce canastas con los pedazos que sobraron de los cinco panes de cebada. [14] La gente, al ver esta señal milagrosa hecha por Jesús, decía:

—De veras éste es el profeta que había de venir al mundo.

[15] Pero como Jesús se dio cuenta de que querían llevárselo a la fuerza para hacerlo rey, se retiró otra vez a lo alto del cerro, para estar solo.

Jesús camina sobre el agua
(Mt 14.22–27; Mr 6.45–52)

[16] Al llegar la noche, los discípulos de Jesús bajaron al lago, [17] subieron a una barca y comenzaron a cruzar el lago para llegar a Capernaum. Ya estaba completamente oscuro, y Jesús no había regresado todavía. [18] En esto, el lago se alborotó a causa de un fuerte viento que se había levantado. [19] Cuando ya habían avanzado unos cinco o seis kilómetros, vieron a Jesús, que se acercaba a la barca caminando sobre el agua, y tuvieron miedo. [20] Él les dijo:

—¡Soy yo, no tengan miedo!

[21] Ellos querían recibirlo en la barca; y en un momento llegaron a la tierra adonde iban.

La gente busca a Jesús

[22] Al día siguiente, la gente que estaba al otro lado del lago se dio cuenta de que los discípulos se habían ido en la única barca que allí había, y que Jesús no iba con ellos. [23] Mientras tanto, otras barcas

c **5.33** Jn 1.19–27; 3.27–30. d **5.37** Mt 3.17; Mr 1.11; Lc 3.22.

llegaron de la ciudad de Tiberias a un lugar cerca de donde habían comido el pan después que el Señor dio gracias. ²⁴ Así que, al ver que ni Jesús ni sus discípulos estaban allí, la gente subió también a las barcas y se dirigió a Capernaum, a buscarlo.

Jesús, el pan de la vida

²⁵ Al llegar ellos al otro lado del lago, encontraron a Jesús y le preguntaron:

—Maestro, ¿cuándo viniste acá?

²⁶ Jesús les dijo:

—Les aseguro que ustedes me buscan porque comieron hasta llenarse, y no porque hayan entendido las señales milagrosas. ²⁷ No trabajen por la comida que se acaba, sino por la comida que permanece y que les da vida eterna. Esta es la comida que les dará el Hijo del hombre, porque Dios, el Padre, ha puesto su sello en él.

²⁸ Le preguntaron:

—¿Qué debemos hacer para realizar las obras que Dios quiere que hagamos?

²⁹ Jesús les contestó:

—Lo que Dios quiere que hagan es que crean en aquel que él ha enviado.

³⁰ Le preguntaron entonces:

—¿Qué señal puedes darnos, para que al verla te creamos? ¿Cuáles son tus obras? ³¹ Nuestros antepasados comieron el maná en el desierto,^e como dice la Escritura: 'Dios les dio a comer pan del cielo.'^f

³² Jesús les contestó:

—Les aseguro que no fue Moisés quien les dio a ustedes el pan del cielo, sino que mi Padre es quien les da el verdadero pan del cielo. ³³ Porque el pan que Dios da es el que ha bajado del cielo y da vida al mundo.

³⁴ Ellos le pidieron:

—Señor, danos siempre ese pan.

³⁵ Y Jesús les dijo:

—Yo soy el pan que da vida. El que viene a mí, nunca tendrá hambre; y el que cree en mí, nunca tendrá sed. ³⁶ Pero como ya les dije, ustedes no creen aunque me han visto. ³⁷ Todos los que el Padre me da, vienen a mí; y a los que vienen a mí, no los echaré fuera. ³⁸ Porque yo no he venido del cielo para hacer mi propia voluntad, sino para hacer la voluntad de mi Padre, que me ha enviado. ³⁹ Y la voluntad del que me ha enviado es que yo no pierda a ninguno de los que me ha dado, sino que los resucite en el día último. ⁴⁰ Porque la voluntad de mi Padre es que todos los que miran al Hijo de Dios y creen en él, tengan vida eterna; y yo los resucitaré en el día último.

⁴¹ Por esto los judíos comenzaron a murmurar de Jesús, porque afirmó: "Yo soy el pan que ha bajado del cielo." ⁴² Y dijeron:

—¿No es éste Jesús, el hijo de José? Nosotros conocemos a su padre y a su madre. ¿Cómo dice ahora que ha bajado del cielo?

⁴³ Jesús les dijo entonces:

—Dejen de murmurar. ⁴⁴ Nadie puede venir a mí, si no lo trae el Padre, que me ha enviado; y yo lo resucitaré en el día último. ⁴⁵ En los libros de los profetas se dice: 'Dios instruirá a todos.'^g Así que todos los que escuchan al Padre y aprenden de él, vienen a mí.

⁴⁶ "No es que alguno haya visto al Padre; el único que lo ha visto es el que ha venido de Dios. ⁴⁷ Les aseguro que quien tiene fe, tiene vida eterna. ⁴⁸ Yo soy el pan que da vida. ⁴⁹ Los antepasados de ustedes comieron el maná en el desierto, y a pesar de ello murieron; ⁵⁰ pero yo hablo del pan que baja del cielo: quien come de él, no muere. ⁵¹ Yo soy ese pan vivo que ha bajado del cielo; el que come de este pan, vivirá para siempre. El pan que yo daré es mi propio cuerpo. Lo daré por la vida del mundo.

⁵² Los judíos se pusieron a discutir unos con otros:

—¿Cómo puede éste darnos a comer su propio cuerpo?

⁵³ Jesús les dijo:

—Les aseguro que si ustedes no comen el cuerpo del Hijo del hombre y beben su sangre, no tendrán vida. ⁵⁴ El que come mi cuerpo y bebe mi sangre, tiene vida eterna; y yo lo resucitaré en el día último. ⁵⁵ Porque mi cuerpo es verdadera comida, y mi sangre es verdadera bebida. ⁵⁶ El que come mi cuerpo y bebe mi sangre, vive unido a mí, y yo vivo unido a él. ⁵⁷ El Padre, que me ha enviado, tiene vida, y yo vivo por él; de la misma manera, el que se alimenta de mí, vivirá por mí. ⁵⁸ Hablo del pan que ha bajado del cielo. Este pan no es como el maná que comieron los antepasados de ustedes, que a pesar de haberlo comido murieron; el que come de este pan, vivirá para siempre.

⁵⁹ Jesús enseñó estas cosas en la reunión de la sinagoga en Capernaum.

Palabras de vida eterna

⁶⁰ Al oír estas enseñanzas, muchos de los que seguían a Jesús dijeron:

—Esto que dice es muy difícil de aceptar; ¿quién puede hacerle caso?

⁶¹ Jesús, dándose cuenta de lo que estaban murmurando, les preguntó:

—¿Esto les ofende? ⁶² ¿Qué pasaría entonces, si vieran al Hijo del hombre subir a donde antes estaba? ⁶³ El espíritu es el que da vida; el cuerpo no aprovecha. Y las

^e 6.31 Ex 16.4,15. ^f 6.31 Sal 78.24. ^g 6.45 Is 54.13.

cosas que yo les he dicho son espíritu y vida. [64] Pero todavía hay algunos de ustedes que no creen.

Es que Jesús sabía desde el principio quiénes eran los que no creían, y quién era el que lo iba a traicionar. [65] Y añadió:

—Por esto les he dicho que nadie puede venir a mí, si el Padre no lo trae.

[66] Desde entonces, muchos de los que habían seguido a Jesús lo dejaron, y ya no andaban con él. [67] Jesús les preguntó a los doce discípulos:

—¿También ustedes quieren irse?

[68] Simón Pedro le contestó:

—Señor, ¿a quién podemos ir? Tus palabras son palabras de vida eterna. [69] Nosotros ya hemos creído, y sabemos que tú eres el Santo de Dios.[h]

[70] Jesús les contestó:

—¿No los he escogido yo a ustedes doce? Sin embargo, uno de ustedes es un diablo.

[71] Al decir esto, Jesús hablaba de Judas, hijo de Simón Iscariote, porque Judas iba a traicionarlo, aunque era uno de los doce discípulos.

Los hermanos de Jesús no creían en él

7 [1] Después de esto, Jesús andaba por la región de Galilea. No quería estar en Judea, porque allí los judíos lo buscaban para matarlo. [2] Pero como se acercaba la fiesta de las Enramadas,[i] una de las fiestas de los judíos, [3] sus hermanos le dijeron:

—No te quedes aquí; vete a Judea, para que los seguidores que tienes allá también vean lo que haces. [4] Pues cuando uno quiere ser conocido, no hace las cosas en secreto. Ya que haces cosas como éstas, hazlas delante de todo el mundo.

[5] Y es que ni siquiera sus hermanos creían en él. [6] Jesús les dijo:

—Todavía no ha llegado mi hora, pero para ustedes cualquier hora es buena. [7] Los que son del mundo no pueden odiarlos a ustedes; pero a mí me odian, porque yo hago ver claramente que lo que hacen es malo. [8] Vayan ustedes a la fiesta; yo no voy,[11] porque todavía no se ha cumplido mi hora.

[9] Les dijo esto, y se quedó en Galilea.

Jesús en la fiesta de las Enramadas

[10] Pero después que se fueron sus hermanos, también Jesús fue a la fiesta, aunque no públicamente, sino casi en secreto. [11] Los judíos lo buscaban en la fiesta, y decían:

—¿Dónde estará ese hombre?

[12] Entre la gente se hablaba mucho de él. Unos decían: "Es un hombre de bien"; pero otros decían: "No es bueno; engaña a la gente."

[13] Sin embargo, nadie hablaba abiertamente de él, por miedo a los judíos.

[14] Hacia la mitad de la fiesta, Jesús entró en el templo y comenzó a enseñar. [15] Los judíos decían admirados:

—¿Cómo sabe éste tantas cosas, sin haber estudiado?

[16] Jesús les contestó:

—Mi enseñanza no es mía, sino de aquel que me envió. [17] Si alguien está dispuesto a hacer la voluntad de Dios, podrá reconocer si mi enseñanza viene de Dios o si hablo por mi propia cuenta. [18] El que habla por su propia cuenta, lo hace para que la gente lo honre; pero quien procura que el honor sea para el que lo envió, ése dice la verdad y en él no hay nada reprochable. [19] "¿No es verdad que Moisés les dio a ustedes la ley? Sin embargo, ninguno de ustedes la obedece. ¿Por qué quieren matarme?

[20] La gente le contestó:

—¡Estás endemoniado! ¿Quién quiere matarte?

[21] Jesús les dijo:

—Todos ustedes se admiran por una sola cosa que hice en el día de reposo. [22] Sin embargo, Moisés les mandó practicar el rito de la circuncisión[j] (aunque no procede de Moisés, sino de los antepasados de ustedes[k]), y ustedes circuncidan a un niño aunque sea en el día de reposo.[12] [23] Ahora bien, si por no faltar a la ley de Moisés ustedes circuncidan al niño aunque sea en el día de reposo,[12] ¿por qué se enojan conmigo por haber sanado en el día de reposo[12] el cuerpo entero de un hombre?[l] [24] No juzguen ustedes por las apariencias. Cuando juzguen, háganlo con rectitud.

Jesús habla de su origen

[25] Algunos de los que vivían en Jerusalén comenzaron entonces a preguntar:

—¿No es éste al que andan buscando para matarlo? [26] Pues está ahí, hablando en público, y nadie le dice nada. ¿Será que las autoridades creen de veras que este hombre es el Mesías? [27] Pero nosotros sabemos de dónde viene éste; en cambio, cuando venga el Mesías, nadie sabrá de dónde viene.

[28] Al oír esto, Jesús, que estaba enseñando en el templo, dijo con voz fuerte:

—¡Así que ustedes me conocen y saben de dónde vengo! Pero no he venido por mi propia cuenta, sino que vengo enviado por uno que es digno de confianza y a quien ustedes no conocen. [29] Yo lo conozco porque vengo de él, y él me ha enviado.

[11] Yo no voy: algunos mss. dicen: yo no voy todavía. [12] Día de reposo: aquí equivale a sábado.
[h] 6.68-69 Mt 16.16; Mr 8.29; Lc 9.20. [i] 7.2 Lv 23.34; Dt 16.13. [j] 7.22 Lv 12.3. [k] 7.22 Gn 17.10. [l] 7.23 Jn 5.9.

[30] Entonces quisieron arrestarlo, pero ninguno le echó mano porque todavía no había llegado su hora. [31] Muchos creyeron en él, y decían:

—Cuando venga el Mesías, ¿acaso hará más señales milagrosas que este hombre?

Los fariseos intentan arrestar a Jesús

[32] Los fariseos oyeron lo que la gente decía de Jesús; y ellos y los jefes de los sacerdotes mandaron a unos guardianes del templo a que lo arrestaran. [33] Entonces Jesús dijo:

—Voy a estar con ustedes solamente un poco de tiempo, y después regresaré al que me ha enviado. [34] Ustedes me buscarán, pero no me encontrarán, porque no podrán ir a donde yo voy a estar.

[35] Los judíos comenzaron entonces a preguntarse unos a otros:

—¿A dónde se va a ir éste, que no podremos encontrarlo? ¿Acaso va a ir a los judíos que viven dispersos en el extranjero, y a enseñar a los paganos? [36] ¿Qué quiere decir eso de que 'Me buscarán, pero no me encontrarán, porque no podrán ir a donde yo voy a estar'?

Ríos de agua viva

[37] El último día de la fiesta[m] era el más importante. Aquel día, Jesús, puesto de pie, dijo con voz fuerte:

—Si alguien tiene sed, venga a mí y beba.[n] [38] Como dice la Escritura, del corazón del que cree en mí brotarán ríos de agua viva.[ñ]

[39] Con esto, Jesús quería decir que los que creyeran en él recibirían el Espíritu; y es que el Espíritu todavía no había venido, porque Jesús aún no había sido glorificado.

División entre la gente

[40] Había algunos entre la gente que cuando oyeron estas palabras dijeron:

—Seguro que este hombre es el profeta.

[41] Otros decían:

—Este es el Mesías.

Pero otros decían:

—No, porque el Mesías no puede proceder de Galilea. [42] La Escritura dice que el Mesías tiene que ser descendiente del rey David,[o] y que procederá de Belén,[p] el mismo pueblo de donde era David.

[43] Así que la gente se dividió por causa de Jesús. [44] Algunos querían llevárselo preso, pero nadie lo hizo.

Las autoridades no creían en Jesús

[45] Los guardianes del templo volvieron a donde estaban los fariseos y los jefes de los sacerdotes, que les preguntaron:

—¿Por qué no lo trajeron?

[46] Los guardianes contestaron:

—¡Nunca ha hablado nadie como habla él!

[47] Entonces los fariseos les dijeron:

—¿También ustedes se han dejado engañar? [48] ¿Acaso ha creído en él alguno de nuestros jefes, o de los fariseos? [49] Pero esta gente, que no conoce la ley, está maldita.

[50] Nicodemo, el fariseo que en una ocasión había ido a ver a Jesús,[q] les dijo:

[51] —Según nuestra ley, no podemos condenar a un hombre sin antes haberlo oído para saber qué es lo que ha hecho.

[52] Ellos le contestaron:

—¿También tú eres de Galilea? Estudia las Escrituras y verás que ningún profeta ha venido de Galilea.

La mujer adúltera

[[53] Cada uno se fue a su casa.

8 [1] Pero Jesús se dirigió al monte de los Olivos, [2] y al día siguiente, al amanecer, volvió al templo. La gente se le acercó, y él se sentó y comenzó a enseñarles.

[3] Los maestros de la ley y los fariseos llevaron entonces a una mujer que habían sorprendido cometiendo adulterio. La pusieron en medio de todos los presentes, [4] y dijeron a Jesús:

—Maestro, esta mujer ha sido sorprendida en el acto mismo de cometer adulterio. [5] En nuestra ley, Moisés ordenó que se matara a pedradas a esta clase de mujeres.[r] ¿Tú qué dices?

[6] Ellos preguntaron esto para ponerlo a prueba, y tener así de qué acusarlo. Pero Jesús se inclinó y comenzó a escribir en la tierra con el dedo. [7] Luego, como seguían preguntándole, se enderezó y les dijo:

—Aquel de ustedes que no tenga pecado, que le tire la primera piedra.

[8] Y volvió a inclinarse y siguió escribiendo en la tierra. [9] Al oír esto, uno tras otro comenzaron a irse; y los primeros en hacerlo fueron los más viejos. Cuando Jesús se encontró solo con la mujer, que se había quedado allí, [10] se enderezó y le preguntó:

—Mujer, ¿dónde están? ¿Ninguno te ha condenado?

[11] Ella le contestó:

---

m **7.37** Lv 23.36; Nm 29.35.   n **7.37** Jn 4.10-14.   ñ **7.38** Ez 47.1; Zac 14.8.   o **7.42** 2 S 7.12-13; Sal 89.3-4; 132.11-12.
p **7.42** Mi 5.2.   q **7.50** Jn 3.1-2.   r **8.5** Lv 20.10; Dt 22.22-24.

—Ninguno, Señor.
Jesús le dijo:
—Tampoco yo te condeno; ahora vete, y no vuelvas a pecar.][13]

Jesús, la luz del mundo

[12] Jesús se dirigió otra vez a la gente, diciendo:
—Yo soy la luz del mundo;[s] el que me sigue, tendrá la luz que le da vida, y nunca andará en la oscuridad.
[13] Los fariseos le dijeron:
—Tú estás dando testimonio a favor tuyo: ese testimonio no tiene valor.[t]
[14] Jesús les contestó:
—Mi testimonio sí tiene valor, aunque lo dé yo mismo a mi favor. Pues yo sé de dónde vine y a dónde voy; en cambio, ustedes no lo saben. [15] Ustedes juzgan según los criterios humanos. Yo no juzgo a nadie; [16] pero si juzgo, mi juicio está de acuerdo con la verdad, porque no juzgo yo solo, sino que el Padre que me envió juzga conmigo. [17] En la ley de ustedes está escrito que cuando dos testigos dicen lo mismo, su testimonio tiene valor. [18] Pues bien, yo mismo soy un testigo a mi favor, y el Padre que me envió es el otro testigo.
[19] Le preguntaron:
—¿Dónde está tu Padre?
Jesús les contestó:
—Ustedes no me conocen a mí, ni tampoco a mi Padre; si me conocieran a mí, también conocerían a mi Padre.
[20] Jesús dijo estas cosas mientras enseñaba en el templo, en el lugar donde estaban los cofres de las ofrendas. Pero nadie lo arrestó, porque todavía no había llegado su hora.

"A donde yo voy, ustedes no pueden ir"

[21] Jesús les volvió a decir:
—Yo me voy, y ustedes me van a buscar, pero morirán en su pecado. A donde yo voy, ustedes no pueden ir.
[22] Los judíos dijeron:
—¿Acaso estará pensando en matarse, y por eso dice que no podemos ir a donde él va?
[23] Jesús les dijo:
—Ustedes son de aquí abajo, pero yo soy de arriba; ustedes son de este mundo, pero yo no soy de este mundo. [24] Por eso les dije que morirán en sus pecados; porque si no creen que yo soy el que soy, morirán en sus pecados.
[25] Entonces le preguntaron:
—¿Quién eres tú?
Jesús les respondió:

—En primer lugar, ¿por qué he de hablar con ustedes?[14] [26] Tengo mucho que decir y que juzgar de ustedes, pero el que me ha enviado dice la verdad, y lo que yo le digo al mundo es lo mismo que le he oído decir a él.
[27] Pero ellos no entendieron que les hablaba del Padre. [28] Por eso les dijo:
—Cuando ustedes levanten en alto al Hijo del hombre, reconocerán que yo soy el que soy, y que no hago nada por mi propia cuenta; solamente digo lo que el Padre me ha enseñado. [29] Porque el que me ha enviado está conmigo; mi Padre no me ha dejado solo, porque yo siempre hago lo que a él le agrada.
[30] Cuando Jesús dijo esto, muchos creyeron en él.

Los hijos de Dios y los esclavos del pecado

[31] Jesús les dijo a los judíos que habían creído en él:
—Si ustedes se mantienen fieles a mi palabra, serán de veras mis discípulos; [32] conocerán la verdad, y la verdad los hará libres.
[33] Ellos le contestaron:
—Nosotros somos descendientes de Abraham,[u] y nunca hemos sido esclavos de nadie; ¿cómo dices tú que seremos libres?
[34] Jesús les dijo:
—Les aseguro que todos los que pecan son esclavos del pecado. [35] Un esclavo no pertenece para siempre a la familia; pero un hijo sí pertenece para siempre a la familia. [36] Así que, si el Hijo los hace libres, ustedes serán verdaderamente libres.[v]
[37] Ya sé que ustedes son descendientes de Abraham; pero quieren matarme porque no aceptan mi palabra. [38] Yo hablo de lo que mi Padre me ha mostrado, y ustedes hacen lo que su padre les ha dicho.
[39] Ellos le dijeron:
—¡Nuestro padre es Abraham!
Pero Jesús les contestó:
—Si ustedes fueran de veras hijos de Abraham, harían lo que él hizo. [40] Sin embargo, aunque les he dicho la verdad que Dios me ha enseñado, ustedes quieren matarme. ¡Abraham nunca hizo nada así! [41] Ustedes hacen lo mismo que hace su padre.
Ellos le dijeron:
—¡Nosotros no somos hijos bastardos; tenemos un solo padre, que es Dios!
[42] Jesús les contestó:
—Si de veras Dios fuera su padre, ustedes me amarían, porque yo vengo de Dios y aquí estoy. No he venido por mi propia

---

[13] El texto entre corchetes falta en la mayoría de los mss. Otros mss. lo incluyen en distinto lugar.

[14] En primer lugar, ¿por qué he de hablar con ustedes?: otra posible traducción: Lo que he de hablar con ustedes desde el principio les digo.
[s] 8.12 Mt 5.14; Jn 9.5. [t] 8.13 Jn 5.31. [u] 8.33 Mt 3.9; Lc 3.8. [v] 8.36 Gá 5.1,13.

cuenta, sino que Dios me ha enviado. ⁴³ ¿Por qué no pueden entender ustedes mi mensaje? Pues simplemente porque no quieren escuchar mi palabra. ⁴⁴ El padre de ustedes es el diablo; ustedes le pertenecen, y tratan de hacer lo que él quiere. El diablo ha sido un asesino desde el principio. Nunca se ha basado en la verdad, y nunca dice la verdad. Cuando dice mentiras, habla como lo que es; porque es mentiroso y es el padre de la mentira. ⁴⁵ Pero como yo digo la verdad, ustedes no me creen. ⁴⁶ ¿Quién de ustedes puede demostrar que yo tengo algún pecado? Y si digo la verdad, ¿por qué no me creen? ⁴⁷ El que es de Dios, escucha las palabras de Dios; pero como ustedes no son de Dios, no quieren escuchar.

Cristo existe desde antes de Abraham

⁴⁸ Los judíos le dijeron entonces:

—Tenemos razón cuando decimos que eres un samaritano y que tienes un demonio.

⁴⁹ Jesús les contestó:

—No tengo ningún demonio. Lo que hago es honrar a mi Padre; en cambio, ustedes me deshonran. ⁵⁰ Yo no quiero que me honren, aunque hay alguien que quiere que se me honre, y él juzga. ⁵¹ Les aseguro que quien hace caso de mi palabra, no morirá.

⁵² Los judíos le contestaron:

—Ahora estamos seguros de que tienes un demonio. Abraham y todos los profetas murieron, y tú dices: 'El que hace caso de mi palabra, no morirá.' ⁵³ ¿Acaso tú eres más que nuestro padre Abraham? El murió, y los profetas también murieron. ¿Quién te has creído que eres?

⁵⁴ Jesús les contestó:

—Si yo me honro a mí mismo, mi honra no vale nada. Pero el que me honra es mi Padre, el mismo que ustedes dicen que es su Dios. ⁵⁵ Pero ustedes no lo conocen. Yo sí lo conozco; y si dijera que no lo conozco, sería yo tan mentiroso como ustedes. Pero ciertamente lo conozco, y hago caso de su palabra. ⁵⁶ Abraham, el antepasado de ustedes, se alegró porque iba a ver mi día; y lo vio, y se llenó de gozo.

⁵⁷ Los judíos dijeron a Jesús:

—Todavía no tienes cincuenta años, ¿y dices que has visto a Abraham?

⁵⁸ Jesús les contestó:

—Les aseguro que yo existo^w desde antes que existiera Abraham.

⁵⁹ Entonces ellos tomaron piedras para arrojárselas; pero Jesús se escondió y salió del templo.

Jesús da la vista a un hombre que nació ciego

9 ¹ Al pasar por cierto lugar, Jesús vio a un hombre que había nacido ciego. ² Sus discípulos le preguntaron:

—Maestro, ¿por qué nació ciego este hombre? ¿Por el pecado de sus padres o por su propio pecado?

³ Jesús les contestó:

—Ni por su propio pecado ni por el de sus padres; fue más bien para que en él se demuestre lo que Dios puede hacer. ⁴ Mientras es de día, tenemos que hacer el trabajo del que me envió; pues viene la noche, cuando nadie puede trabajar. ⁵ Mientras estoy en este mundo, soy la luz del mundo.^x

⁶ Después de haber dicho esto, Jesús escupió en el suelo, hizo con la saliva un poco de lodo y untó con él los ojos del ciego. ⁷ Luego le dijo:

—Ve a lavarte al estanque de Siloé (que significa: "Enviado").

El ciego fue y se lavó, y cuando regresó ya podía ver. ⁸ Los vecinos y los que antes lo habían visto pedir limosna se preguntaban:

—¿No es éste el que se sentaba a pedir limosna?

⁹ Unos decían:

—Sí, es él.

Otros decían:

—No, no es él, aunque se le parece.

Pero él mismo decía:

—Sí, yo soy.

¹⁰ Entonces le preguntaron:

—¿Y cómo es que ahora puedes ver?

¹¹ Él les contestó:

—Ese hombre que se llama Jesús hizo lodo, me untó los ojos con él y me dijo: 'Ve al estanque de Siloé, y lávate.' Yo fui, y en cuanto me lavé, pude ver.

¹² Entonces le preguntaron:

—¿Dónde está ese hombre?

Y él les dijo:

—No lo sé.

Los fariseos interrogan al ciego que fue sanado

¹³⁻¹⁴ El día en que Jesús hizo el lodo y devolvió la vista al ciego, era día de reposo.¹⁵ Por eso llevaron ante los fariseos al que había sido ciego, ¹⁵ y ellos le preguntaron cómo era que ya podía ver. Y él les contestó:

—Me puso lodo sobre los ojos, me lavé y ahora veo.

¹⁶ Algunos fariseos dijeron:

—El que hizo esto no puede ser de Dios, porque no respeta el día de reposo.¹⁵

¹⁵ *Día de reposo:* aquí equivale a *sábado.*
^w 8.58 Ex 3.14; Jn 8.24; 10.30–33; 13.19.   ^x 9.5 Mt 5.14; Jn 8.12.

Pero otros decían:

—¿Cómo puede hacer estas señales milagrosas, si es pecador?

De manera que hubo división entre ellos, [17] y volvieron a preguntarle al que antes era ciego:

—Puesto que te ha dado la vista, ¿qué dices de él?

El contestó:

—Yo digo que es un profeta.

[18] Pero los judíos no quisieron creer que había sido ciego y que ahora podía ver, hasta que llamaron a sus padres [19] y les preguntaron:

—¿Es éste su hijo? ¿Declaran ustedes que nació ciego? ¿Cómo es que ahora puede ver?

[20] Sus padres contestaron:

—Sabemos que éste es nuestro hijo, y que nació ciego; [21] pero no sabemos cómo es que ahora puede ver, ni tampoco sabemos quién le dio la vista. Pregúntenselo a él; ya es mayor de edad, y él mismo puede darles razón.

[22] Sus padres dijeron esto por miedo, pues los judíos se habían puesto de acuerdo para expulsar de la sinagoga a cualquiera que reconociera que Jesús era el Mesías. [23] Por eso dijeron sus padres: "Pregúntenselo a él, que ya es mayor de edad."

[24] Los judíos volvieron a llamar al que había sido ciego, y le dijeron:

—Dinos la verdad delante de Dios. Nosotros sabemos que ese hombre es pecador.

[25] El les contestó:

—Yo no sé si es pecador o no. Lo único que sé es que yo era ciego y ahora veo.

[26] Volvieron a preguntarle:

—¿Qué te hizo? ¿Qué hizo para darte la vista?

[27] Les contestó:

—Ya se lo he dicho, pero no me hacen caso. ¿Por qué quieren que se lo repita? ¿Es que también ustedes quieren seguirle?

[28] Entonces lo insultaron, y le dijeron:

—Tú sigues a ese hombre, pero nosotros seguimos a Moisés. [29] Nosotros sabemos que Dios le habló a Moisés; pero ése, ni siquiera sabemos de dónde ha salido.

[30] El hombre les contestó:

—¡Qué cosa tan rara! Ustedes no saben de dónde ha salido, y en cambio a mí me ha dado la vista. [31] Bien sabemos que Dios no escucha a los pecadores; solamente escucha a los que lo adoran y hacen su voluntad.[y] [32] Nunca se ha oído decir de nadie que diera la vista a una persona que nació ciega. [33] Si este hombre no viniera de Dios, no podría hacer nada.

[34] Le dijeron entonces:

—Tú, que naciste lleno de pecado, ¿quieres darnos lecciones a nosotros? Y lo expulsaron de la sinagoga.[16]

Ciegos espirituales

[35] Jesús supo que habían expulsado al ciego; y cuando se encontró con él, le preguntó:

—¿Crees tú en el Hijo del hombre?

[36] El le dijo:

—Señor, dime quién es, para que yo crea en él.

[37] Jesús le contestó:

—Ya lo has visto: soy yo, con quien estás hablando.

[38] Entonces el hombre se puso de rodillas delante de Jesús, y le dijo:

—Creo, Señor.

[39] Luego dijo Jesús:

—Yo he venido a este mundo para hacer juicio, para que los ciegos vean y para que los que ven se vuelvan ciegos.

[40] Algunos fariseos que estaban con él, al oír esto, le preguntaron:

—¿Acaso nosotros también somos ciegos?

[41] Jesús les contestó:

—Si ustedes fueran ciegos, no tendrían culpa de sus pecados. Pero como dicen que ven, son culpables.

El pastor y sus ovejas

10 [1] Entonces Jesús dijo: "Les aseguro que el que no entra por la puerta en el redil de las ovejas, sino que se mete por otro lado, es ladrón y bandido. [2] Pero el que entra por la puerta es el pastor que cuida las ovejas. [3] El portero le abre la puerta, y el pastor llama a cada oveja por su nombre, y las ovejas reconocen su voz. El las saca del redil, [4] y cuando ya han salido todas, camina delante de ellas, y las ovejas lo siguen porque reconocen su voz. [5] En cambio, no siguen a un desconocido, sino que huyen de él, porque no conocen la voz de los desconocidos."

[6] Jesús les puso esta comparación, pero ellos no entendieron lo que les quería decir.

Jesús, el buen pastor

[7] Jesús volvió a decirles: "Esto les aseguro: Yo soy la puerta por donde pasan las ovejas. [8] Todos los que vinieron antes de mí, fueron unos ladrones y bandidos; pero las ovejas no les hicieron caso. [9] Yo soy la puerta: el que por mí entre, será salvo. Será como una oveja que entra y sale y encuentra pastos.

---

[16] *De la sinagoga:* según v. 22. En el texto griego no aparece esta frase.
[y] **9.31** Pr 15.29.

[10] "El ladrón viene solamente para robar, matar y destruir; pero yo he venido para que tengan vida, y para que la tengan en abundancia. [11] Yo soy el buen pastor. El buen pastor da su vida por las ovejas; [12] pero el que trabaja solamente por la paga, cuando ve venir al lobo deja las ovejas y huye, porque no es el pastor ni porque las ovejas no son suyas. Y el lobo ataca a las ovejas y las dispersa en todas direcciones. [13] Ese hombre huye porque lo único que le importa es la paga, y no las ovejas.

[14-15] "Yo soy el buen pastor.ᶻ Así como mi Padre me conoce a mí y yo conozco a mi Padre,ᵃ así también yo conozco a mis ovejas y ellas me conocen a mí. Yo doy mi vida por las ovejas. [16] También tengo otras ovejas que no son de este redil; y también a ellas debo traerlas. Ellas me obedecerán, y habrá un solo rebaño y un solo pastor.ᵇ

[17] "El Padre me ama porque yo doy mi vida para volverla a recibir. [18] Nadie me quita la vida, sino que yo la doy por mi propia voluntad. Tengo el derecho de darla y de volver a recibirla. Esto es lo que me ordenó mi Padre."

[19] Cuando los judíos oyeron estas palabras, volvieron a dividirse. [20] Muchos de ellos decían:

—¿Por qué le hacen caso, si tiene un demonio y está loco?

[21] Pero otros decían:

—Nadie que tenga un demonio puede hablar así. ¿Acaso un demonio puede dar la vista a los ciegos?

Los judíos rechazan a Jesús

[22] Era invierno, y en Jerusalén estaban celebrando la fiesta en que se conmemoraba la dedicación del templo. [23] Jesús estaba en el templo, y andaba por el Pórtico de Salomón. [24] Entonces los judíos le rodearon y le preguntaron:

—¿Hasta cuándo nos vas a tener en dudas? Si tú eres el Mesías, dínoslo de una vez.

[25] Jesús les contestó:

—Ya se lo dije a ustedes, y no me creyeron. Las cosas que yo hago con la autoridad de mi Padre, lo demuestran claramente; [26] pero ustedes no creen, porque no son de mis ovejas. [27] Mis ovejas reconocen mi voz, y yo las conozco y ellas me siguen. [28] Yo les doy vida eterna, y jamás perecerán ni nadie me las quitará. [29] Lo que el Padre me ha dado es más grande que todo,[17] y nadie se lo puede quitar. [30] El Padre y yo somos uno solo.

[31] Los judíos volvieron a tomar piedras para tirárselas, [32] pero Jesús les dijo:

—Por el poder de mi Padre he hecho muchas cosas buenas delante de ustedes; ¿por cuál de ellas me van a apedrear?

[33] Los judíos le contestaron:

—No te vamos a apedrear por ninguna cosa buena que hayas hecho, sino porque tus palabras son una ofensa contra Dios.ᶜ Tú no eres más que un hombre, pero te estás haciendo Dios a ti mismo.

[34] Jesús les dijo:

—En la ley de ustedes está escrito: 'Yo dije que ustedes son dioses.'ᵈ [35] Sabemos que lo que la Escritura dice, no se puede negar; y Dios llamó dioses a aquellas personas a quienes dirigió su mensaje. [36] Y si Dios me apartó a mí y me envió al mundo, ¿cómo pueden ustedes decir que lo he ofendido porque dije que soy Hijo de Dios? [37] Si yo no hago las obras que hace mi Padre, no me crean. [38] Pero si las hago, aunque no me crean a mí, crean en las obras que hago, para que sepan de una vez por todas que el Padre está en mí y que yo estoy en el Padre.

[39] Otra vez quisieron arrestarlo, pero Jesús se les escapó.

[40] Regresó Jesús al oriente del Jordán, y se quedó allí, en el lugar donde Juan había estado antes bautizando.ᵉ [41] Mucha gente fue a verle, y decían:

—De veras, aunque Juan no hizo ninguna señal milagrosa, todo lo que dijo de este hombre era verdad.

[42] Muchos creyeron en Jesús en aquel lugar.

Muerte de Lázaro

11 [1] Había un hombre enfermo que se llamaba Lázaro, natural de Betania, el pueblo de María y de su hermana Marta.ᶠ [2] Esta María, que era hermana de Lázaro, fue la que derramó perfume sobre los pies del Señor y los secó con sus cabellos.ᵍ [3] Así pues, las dos hermanas mandaron a decir a Jesús:

—Señor, tu amigo está enfermo.

[4] Jesús, al oírlo, dijo:

—Esta enfermedad no va a terminar en muerte, sino que ha de servir para mostrar la gloria de Dios, y también la gloria del Hijo de Dios.

[5] Aunque Jesús quería mucho a Marta, a su hermana y a Lázaro, [6] cuando le dijeron que Lázaro estaba enfermo se quedó dos días más en el lugar donde se encontraba. [7] Después dijo a sus discípulos:

—Vamos otra vez a Judea.

[8] Los discípulos le dijeron:

—Maestro, hace poco los judíos de esa región trataron de matarte a pedradas, ¿y otra vez quieres ir allá?

17 Lo que el Padre . . . grande que todo: algunos mss. dicen: Mi Padre, que me las ha dado, es más grande que todos.
ᶻ 10.1–16 Is 40.11; Ez 34; Lc 15.4–5; He 13.20. ᵃ 10.15 Mt 11.27; Lc 10.22. ᵇ 10.16 Ef 2.11–22. ᶜ 10.33 Lv 24.16.
ᵈ 10.34 Sal 82.6. ᵉ 10.40 Jn 1.28. ᶠ 11.1 Lc 10.38–39. ᵍ 11.2 Jn 12.3.

⁹ Jesús les dijo:

—¿No es cierto que el día tiene doce horas? Pues si uno anda de día, no tropieza, porque ve la luz que hay en este mundo; ¹⁰ pero si uno anda de noche, tropieza, porque le falta la luz.

¹¹ Después añadió:

—Nuestro amigo Lázaro se ha dormido, pero voy a despertarlo.

¹² Los discípulos le dijeron:

—Señor, si se ha dormido, es señal de que va a sanar.

¹³ Pero lo que Jesús les decía es que Lázaro había muerto, mientras que los discípulos pensaban que se había referido al sueño natural. ¹⁴ Entonces Jesús les dijo claramente:

—Lázaro ha muerto. ¹⁵ Y me alegro de no haber estado allí, porque así es mejor para ustedes, para que crean. Pero vamos a verlo.

¹⁶ Entonces Tomás, al que llamaban el Gemelo, dijo a los otros discípulos:

—Vamos también nosotros, para morir con él.

Jesús, la resurrección y la vida

¹⁷ Al llegar, Jesús se encontró con que ya hacía cuatro días que Lázaro había sido sepultado. ¹⁸ Betania se hallaba cerca de Jerusalén, a unos tres kilómetros; ¹⁹ y muchos de los judíos habían ido a visitar a Marta y a María, para consolarlas por la muerte de su hermano. ²⁰ Cuando Marta supo que Jesús estaba llegando, salió a recibirlo; pero María se quedó en la casa. ²¹ Marta le dijo a Jesús:

—Señor, si hubieras estado aquí, mi hermano no habría muerto. ²² Pero yo sé que aun ahora Dios te dará todo lo que le pidas.

²³ Jesús le contestó:

—Tu hermano volverá a vivir.

²⁴ Marta le dijo:

—Sí, ya sé que volverá a vivir cuando los muertos resuciten, en el día último.

²⁵ Jesús le dijo entonces:

—Yo soy la resurrección y la vida.ʰ El que cree en mí, aunque muera, vivirá; ²⁶ y todo el que todavía está vivo y cree en mí, no morirá jamás. ¿Crees esto?

²⁷ Ella le dijo:

—Sí, Señor, yo creo que tú eres el Mesías, el Hijo de Dios, el que tenía que venir al mundo.

Jesús llora junto al sepulcro de Lázaro

²⁸ Después de decir esto, Marta fue a llamar a su hermana María, y le dijo en secreto:

—El Maestro está aquí y te llama.

ʰ **11.25** Ro 6.4–5; Col 2.12; 3.1.

²⁹ Tan pronto como lo oyó, María se levantó y fue a ver a Jesús. ³⁰ Jesús no había entrado todavía en el pueblo; estaba en el lugar donde Marta se había encontrado con él. ³¹ Al ver que María se levantaba y salía rápidamente, los judíos que estaban con ella en la casa, consolándola, la siguieron pensando que iba al sepulcro a llorar.

³² Cuando María llegó a donde estaba Jesús, se puso de rodillas a sus pies, diciendo:

—Señor, si hubieras estado aquí, mi hermano no habría muerto.

³³ Jesús, al ver llorar a María y a los judíos que habían llegado con ella, se conmovió profundamente y se estremeció, ³⁴ y les preguntó:

—¿Dónde lo sepultaron?

Le dijeron:

—Ven a verlo, Señor.

³⁵ Y Jesús lloró. ³⁶ Los judíos dijeron entonces:

—¡Miren cuánto lo quería!

³⁷ Pero algunos de ellos decían:

—Este que dio la vista al ciego, ¿no podría haber hecho algo para que Lázaro no muriera?

Resurrección de Lázaro

³⁸ Jesús, otra vez muy conmovido, se acercó a la tumba. Era una cueva, cuya entrada estaba tapada con una piedra. ³⁹ Jesús dijo:

—Quiten la piedra.

Marta, la hermana del muerto, le dijo:

—Señor, ya debe oler mal, porque hace cuatro días que murió.

⁴⁰ Jesús le contestó:

—¿No te dije que, si crees, verás la gloria de Dios?

⁴¹ Quitaron la piedra, y Jesús, mirando al cielo, dijo:

—Padre, te doy gracias porque me has escuchado. ⁴² Yo sé que siempre me escuchas, pero lo digo por el bien de esta gente que está aquí, para que crean que tú me has enviado.

⁴³ Después de decir esto, gritó:

—¡Lázaro, sal de ahí!

⁴⁴ Y el muerto salió, con las manos y los pies atados con vendas y la cara envuelta en un lienzo. Jesús les dijo:

—Desátenlo y déjenlo ir.

Conspiración para arrestar a Jesús
(Mt 26.1–5; Mr 14.1–2; Lc 22.1–2)

⁴⁵ Por esto creyeron en Jesús muchos de los judíos que habían ido a acompañar a María y que vieron lo que él había hecho. ⁴⁶ Pero algunos fueron a ver a los fariseos,

y les contaron lo que había hecho Jesús. [47] Entonces los fariseos y los jefes de los sacerdotes reunieron a la Junta Suprema, y dijeron:

—¿Qué haremos? Este hombre está haciendo muchas señales milagrosas. [48] Si lo dejamos, todos van a creer en él, y las autoridades romanas vendrán y destruirán nuestro templo y nuestra nación.

[49] Pero uno de ellos, llamado Caifás, que era el sumo sacerdote aquel año, les dijo:

—Ustedes no saben nada, [50] ni se dan cuenta de que es mejor para ustedes que muera un solo hombre por el pueblo, y no que toda la nación sea destruida.

[51] Pero Caifás no dijo esto por su propia cuenta, sino que, como era sumo sacerdote aquel año, dijo por inspiración de Dios que Jesús iba a morir por la nación judía; [52] y no solamente por esta nación, sino también para reunir a todos los hijos de Dios que estaban dispersos. [53] Así que desde aquel día las autoridades judías tomaron la decisión de matar a Jesús.

[54] Por eso Jesús ya no andaba públicamente entre los judíos, sino que salió de la región de Judea y se fue a un lugar cerca del desierto, a un pueblo llamado Efraín. Allí se quedó con sus discípulos.

[55] Faltaba poco para la fiesta de la Pascua de los judíos, y mucha gente de los pueblos se dirigía a Jerusalén a celebrar los ritos de purificación antes de la Pascua. [56] Andaban buscando a Jesús, y se preguntaban unos a otros en el templo:

—¿Qué les parece? ¿Vendrá a la fiesta o no?

[57] Los fariseos y los jefes de los sacerdotes habían dado orden de que, si alguien sabía dónde estaba Jesús, lo dijera, para poder arrestarlo.

Una mujer derrama perfume sobre Jesús
(Mt 26.6–13; Mr 14.3–9)

12 [1] Seis días antes de la Pascua, Jesús fue a Betania, donde vivía Lázaro, a quien él había resucitado. [2] Allí hicieron una cena en honor de Jesús; Marta servía, y Lázaro era uno de los que estaban a la mesa comiendo con él. [3] María trajo unos trescientos gramos de perfume de nardo puro, muy caro, y perfumó los pies de Jesús; luego se los secó con sus cabellos.[i] Y toda la casa se llenó del aroma del perfume. [4] Entonces Judas Iscariote, que era aquel de los discípulos que iba a traicionar a Jesús, dijo:

[5] —¿Por qué no se ha vendido este perfume en trescientos denarios, para ayudar a los pobres?

[6] Pero Judas no dijo esto porque le importaran los pobres, sino porque era ladrón, y como tenía a su cargo la bolsa del dinero, robaba de lo que echaban en ella. [7] Jesús le dijo:

—Déjala, pues lo estaba guardando para el día de mi entierro. [8] A los pobres siempre los tendrán entre ustedes,[j] pero a mí no siempre me tendrán.

Conspiración contra Lázaro

[9] Muchos de los judíos se enteraron de que Jesús estaba en Betania, y fueron allá, no sólo para ver a Jesús sino también a Lázaro, a quien Jesús había resucitado. [10] Entonces los jefes de los sacerdotes decidieron matar también a Lázaro, [11] porque por causa suya muchos judíos se estaban separando de ellos para creer en Jesús.

Jesús entra en Jerusalén
(Mt 21.1–11; Mr 11.1–11; Lc 19.28–40)

[12] Mucha gente había ido a Jerusalén para la fiesta de la Pascua. Al día siguiente, supieron que Jesús iba a llegar a la ciudad. [13] Entonces cortaron hojas de palmera y salieron a recibirlo, gritando:

—¡Gloria![k] ¡Bendito el que viene en el nombre del Señor! ¡Bendito el Rey de Israel![k]

[14] Jesús encontró un burro y montó en él, como se dice en la Escritura:

[15] "No tengas miedo, ciudad de Sión; mira, tu Rey viene montado en un burrito."[l]

[16] Al principio, sus discípulos no entendieron estas cosas; pero después, cuando Jesús fue glorificado, se acordaron de que todo esto que le había pasado era lo que estaba escrito acerca de él.

[17] La gente que estaba con Jesús cuando él llamó a Lázaro de la tumba y lo resucitó, contaba lo que había visto. [18] Por eso, la gente salió al encuentro de Jesús, porque supieron de la señal milagrosa que había hecho. [19] Pero los fariseos se decían unos a otros:

—Ya ven ustedes que así no vamos a conseguir nada. Miren, ¡todo el mundo se va con él!

Unos griegos buscan a Jesús

[20] Entre la gente que había ido a Jerusalén a adorar durante la fiesta, había algunos griegos. [21] Estos se acercaron a Felipe, que era de Betsaida, un pueblo de Galilea, y le rogaron:

—Señor, queremos ver a Jesús.

[18] Véase nota en Mt 21.9.
[i] 12.3 Lc 7.37–38. [j] 12.8 Dt 15.11. [k] 12.13 Sal 118.25–26. [l] 12.15 Zac 9.9.

²² Felipe fue y se lo dijo a Andrés, y los dos fueron a contárselo a Jesús. ²³ Jesús les dijo entonces:

—Ha llegado la hora en que el Hijo del hombre va a ser glorificado. ²⁴ Les aseguro que si un grano de trigo no cae en la tierra y muere, sigue siendo un solo grano; pero si muere, da abundante cosecha.ᵐ ²⁵ El que ama su vida, la perderá; pero el que desprecia su vida en este mundo, la conservará para la vida eterna.ⁿ ²⁶ Si alguno quiere servirme, que me siga; y donde yo esté, allí estará también el que me sirva. Si alguno me sirve, mi Padre lo honrará.

Jesús anuncia su muerte

²⁷ "¡Siento en este momento una angustia terrible! ¿Y qué voy a decir? ¿Diré: 'Padre, líbrame de esta angustia'? ¡Pero precisamente para esto he venido! ²⁸ Padre, glorifica tu nombre.

Entonces se oyó una voz del cielo, que decía: "Ya lo he glorificado, y lo voy a glorificar otra vez."

²⁹ La gente que estaba allí escuchando, decía que había sido un trueno; pero algunos afirmaban:

—Un ángel le ha hablado.

³⁰ Jesús les dijo:

—No fue por mí por quien se oyó esta voz, sino por ustedes. ³¹ Este es el momento en que el mundo va a ser juzgado, y ahora será expulsado el que manda en este mundo. ³² Pero cuando yo sea levantado de la tierra, atraeré a todos a mí mismo.

³³ Con esto daba a entender de qué forma había de morir. ³⁴ La gente le contestó:

—Por la ley sabemos que el Mesías vivirá para siempre.ᶰ ¿Cómo, pues, dices tú que el Hijo del hombre tiene que ser levantado? ¿Quién es ese Hijo del hombre?

³⁵ Jesús les dijo:

—Todavía estará entre ustedes la luz, pero solamente por un poco de tiempo. Anden, pues, mientras tienen esta luz, para que no les sorprenda la oscuridad; porque el que anda en oscuridad, no sabe por dónde va. ³⁶ Crean en la luz mientras todavía la tienen, para que pertenezcan a la luz.

Después de decir estas cosas, Jesús se fue y se escondió de ellos.

Por qué los judíos no creían en Jesús

³⁷ A pesar de que Jesús había hecho tan grandes señales milagrosas delante de ellos, no creían en él; ³⁸ pues tenía que cumplirse lo que escribió el profeta Isaías:

"Señor, ¿quién ha creído nuestro mensaje?
¿A quién ha revelado el Señor su poder?"ᵒ

³⁹ Así que no podían creer, pues también escribió Isaías:

⁴⁰ "Dios les ha cerrado los ojos
y ha entorpecido su mente,
para que no puedan ver
ni puedan entender;
para que no se vuelvan a mí,
y yo no los sane."ᵖ

⁴¹ Isaías dijo esto porque había visto la gloria de Jesús, y hablaba de él.

⁴² Sin embargo, muchos de los judíos creyeron en Jesús; incluso algunos de los más importantes. Pero no lo decían en público por miedo a los fariseos, para que no los expulsaran de las sinagogas. ⁴³ Preferían recibir la honra que dan los hombres a recibir la honra que da Dios.

Las palabras de Jesús juzgarán a la gente

⁴⁴ Jesús dijo con voz fuerte: "El que cree en mí, no cree solamente en mí, sino también en el Padre, que me ha enviado. ⁴⁵ Y el que me ve a mí, ve también al que me ha enviado. ⁴⁶ Yo, que soy la luz, he venido al mundo para que los que creen en mí no se queden en la oscuridad. ⁴⁷ Pero a aquel que oye mis palabras y no las obedece, no soy yo quien lo condena; porque yo no vine para condenar al mundo, sino para salvarlo. ⁴⁸ El que me desprecia y no hace caso de mis palabras, ya tiene quien lo condene: las palabras que yo he dicho lo condenarán en el día último. ⁴⁹ Porque yo no hablo por mi cuenta; el Padre, que me ha enviado, me ha ordenado lo que debo decir y enseñar. ⁵⁰ Y sé que el mandato de mi Padre es para vida eterna. Así pues, lo que yo digo, lo digo como el Padre me ha ordenado."

Jesús lava los pies de sus discípulos

13 ¹ Era el día anterior a la fiesta de la Pascua. Jesús sabía que había llegado la hora de que él dejara este mundo para ir a reunirse con el Padre. Él siempre había amado a los suyos que estaban en el mundo, y así los amó hasta el fin.

²⁻⁴ El diablo ya había metido en el corazón de Judas, hijo de Simón Iscariote, la idea de traicionar a Jesús. Jesús sabía que había venido de Dios, que iba a volver a Dios y que el Padre le había dado toda autoridad; así que, mientras estaban cenando, se levantó de la mesa, se quitó la

---

ᵐ **12.24** Mt 10.38; 16.24; Mr 8.34; Lc 9.23.   ⁿ **12.25** Mt 10.39; 16.25; Mr 8.35; Lc 9.24; 17.33.   ᶰ **12.34** Sal 110.4; Is 9.7; Ez 37.25; Dn 7.14.   ᵒ **12.38** Is 53.1.   ᵖ **12.40** Is 6.10.

ropa exterior y se ató una toalla a la cintura. 5 Luego echó agua en una palangana
y se puso a lavar los pies de los discípulos
y a secárselos con la toalla que llevaba a
la cintura.
6 Cuando iba a lavarle los pies a Simón
Pedro, éste le dijo:
—Señor, ¿tú me vas a lavar los pies a
mí?
7 Jesús le contestó:
—Ahora no entiendes lo que estoy haciendo, pero después lo entenderás.
8 Pedro le dijo:
—¡Jamás permitiré que me laves los
pies!
Respondió Jesús:
—Si no te los lavo, no podrás ser de los
míos.
9 Simón Pedro le dijo:
—¡Entonces, Señor, no me laves solamente los pies, sino también las manos y
la cabeza!
10 Pero Jesús le contestó:
—El que está recién bañado no necesita
lavarse más que los pies, porque está todo
limpio. Y ustedes están limpios, aunque
no todos.
11 Dijo: "No están limpios todos",
porque sabía quién lo iba a traicionar.
12 Después de lavarles los pies, Jesús
volvió a ponerse la ropa exterior, se sentó
otra vez a la mesa y les dijo:
—¿Entienden ustedes lo que les he hecho? 13 Ustedes me llaman Maestro y Señor, y tienen razón, porque lo soy. 14 Pues
si yo, el Maestro y Señor, les he lavado a
ustedes los pies, también ustedes deben lavarse los pies unos a otros. 15 Yo les he
dado un ejemplo, para que ustedes hagan
lo mismo que yo les he hecho.[q] 16 Les aseguro que ningún criado es más que su
amo,[r] y que ningún enviado es más que el
que lo envía. 17 Si entienden estas cosas y
las ponen en práctica, serán dichosos.
18 "No estoy hablando de todos ustedes;
yo sé quiénes son los que he escogido.
Pero tiene que cumplirse lo que dice la Escritura: 'El que come conmigo, se ha
vuelto contra mí.'[s] 19 Les digo esto de antemano para que, cuando suceda, ustedes
crean que yo soy el que soy. 20 Les aseguro
que el que recibe al que yo envío, me recibe a mí; y el que me recibe a mí, recibe
al que me ha enviado.[t]

Jesús anuncia que Judas lo traicionará
(Mt 26.20–25; Mr 14.17–21; Lc 22.21–23)

21 Después de decir esto, Jesús se sintió
profundamente conmovido, y añadió con
toda claridad:
—Les aseguro que uno de ustedes me
va a traicionar.
22 Los discípulos comenzaron entonces a
mirarse unos a otros, sin saber de quién
estaba hablando. 23 Uno de ellos, a quien
Jesús quería mucho, estaba a su lado, de
forma que podían conversar mientras ce-
naban, 24 y Simón Pedro le dijo por señas
que le preguntara de quién estaba hablando. 25 Él, acercándose más a Jesús, le
preguntó:
—Señor, ¿quién es?
26 Jesús le contestó:
—Voy a mojar un pedazo de pan, y a
quien se lo dé, ése es.
En seguida mojó un pedazo de pan y se
lo dio a Judas, hijo de Simón Iscariote.
27 Y tan pronto como Judas recibió el pan,
Satanás entró en su corazón. Jesús le dijo:
—Lo que vas a hacer, hazlo pronto.
28 Pero ninguno de los que estaban cenando a la mesa entendió por qué le decía
eso. 29 Como Judas era el encargado de la
bolsa del dinero, algunos pensaron que
Jesús le quería decir que comprara algo
para la fiesta, o que diera algo a los
pobres.
30 Una vez que Judas hubo recibido el
pan, salió. Ya era de noche.

El nuevo mandamiento

31 Después que Judas hubo salido, Jesús
dijo:
—Ahora se muestra la gloria del Hijo
del hombre, y la gloria de Dios se muestra
en él. 32 Y si el Hijo del hombre muestra la
gloria de Dios, también Dios mostrará la
gloria de él; y lo hará pronto. 33 Hijitos
míos, ya no estaré con ustedes mucho
tiempo. Ustedes me buscarán, pero lo
mismo que les dije a los judíos les digo
ahora a ustedes: No podrán ir a donde yo
voy.[u] 34 Les doy este mandamiento
nuevo: Que se amen los unos a los otros.
Así como yo los amo a ustedes, así deben
amarse ustedes los unos a los otros.[v] 35 Si
se aman los unos a los otros, todo el
mundo se dará cuenta de que son discípulos míos.

Jesús anuncia que Pedro lo negará
(Mt 26.31–35; Mr 14.27–31; Lc 22.31–34)

36 Simón Pedro le preguntó a Jesús:
—Señor, ¿a dónde vas?
—A donde yo voy —le contestó
Jesús—, no puedes seguirme ahora; pero
me seguirás después.
37 Pedro le dijo:
—Señor, ¿por qué no puedo seguirte
ahora? ¡Estoy dispuesto a dar mi vida por
ti!
38 Jesús le respondió:

[q] **13.12–15** Mt 20.28; Mr 10.45; Lc 22.27. [r] **13.16** Mt 10.24; Lc 6.40; Jn 15.20. [s] **13.18** Sal 41.9 [t] **13.20** Mt 10.40; Mr 9.37; Lc 9.48; 10.16. [u] **13.33** Jn 7.34. [v] **13.34** Jn 15.12,17; 1 Jn 3.23; 2 Jn 5.

—¿De veras estás dispuesto a dar tu vida por mí? Pues te aseguro que antes que cante el gallo, me negarás tres veces.

Jesús, el camino al Padre

14 [1] "No se angustien ustedes. Confíen en Dios y confíen también en mí.[19] [2] En la casa de mi Padre hay muchos lugares donde vivir; si no fuera así, yo no les hubiera dicho que voy a prepararles un lugar. [3] Y después de irme y de prepararles un lugar, vendré otra vez para llevarlos conmigo, para que ustedes estén en el mismo lugar en donde yo voy a estar. [4] Ustedes saben el camino que lleva a donde yo voy.[20]

[5] Tomás le dijo a Jesús:

—Señor, no sabemos a dónde vas, ¿cómo vamos a saber el camino?

[6] Jesús le contestó:

—Yo soy el camino, la verdad y la vida. Solamente por mí se puede llegar al Padre.[w] [7] Si ustedes me conocen a mí, también conocerán a mi Padre; y ya lo conocen desde ahora, pues lo han estado viendo.

[8] Felipe le dijo entonces:

—Señor, déjanos ver al Padre, y con eso nos basta.

[9] Jesús le contestó:

—Felipe, hace tanto tiempo que estoy con ustedes, ¿y todavía no me conoces? El que me ve a mí, ve al Padre; ¿por qué me pides que les deje ver al Padre? [10] ¿No crees que yo estoy en el Padre y el Padre está en mí? Las cosas que les digo, no las digo por mi propia cuenta. El Padre, que vive en mí, es el que hace su propio trabajo. [11] Créanme que yo estoy en el Padre y el Padre está en mí; si no, crean al menos por lo que hago. [12] Les aseguro que el que cree en mí hará también las obras que yo hago; y hará otras todavía más grandes, porque yo voy a donde está el Padre. [13] Y todo lo que ustedes pidan en mi nombre, yo lo haré, para que por el Hijo se muestre la gloria del Padre. [14] Yo haré cualquier cosa que en mi nombre ustedes me pidan.[x]

Jesús promete enviar el Espíritu Santo

[15] "Si ustedes me aman, obedecerán mis mandamientos. [16-17] Y yo le pediré al Padre que les mande otro Defensor, el Espíritu de la verdad, para que esté siempre con ustedes. Los que son del mundo no lo pueden recibir, porque no lo ven ni lo conocen; pero ustedes lo conocen, porque él está con ustedes y permanecerá siempre en ustedes.

[18] "No los voy a dejar abandonados; volveré para estar con ustedes. [19] Dentro de poco, los que son del mundo ya no me verán; pero ustedes me verán, y vivirán porque yo vivo. [20] En aquel día, ustedes se darán cuenta de que yo estoy en mi Padre, y ustedes están en mí, y yo en ustedes. [21] El que recibe mis mandamientos y los obedece, demuestra que de veras me ama. Y mi Padre amará al que me ama, y yo también lo amaré y me mostraré a él.

[22] Judas (no el Iscariote) le preguntó:

—Señor, ¿por qué vas a mostrarte a nosotros y no a la gente del mundo?

[23] Jesús le contestó:

—El que me ama, hace caso de mi palabra; y mi Padre lo amará, y mi Padre y yo vendremos a vivir con él. [24] El que no me ama, no hace caso de mis palabras. Las palabras que ustedes están escuchando no son mías, sino del Padre, que me ha enviado.

[25] "Les estoy diciendo todo esto mientras estoy con ustedes; [26] pero el Espíritu Santo, el Defensor que el Padre va a enviar en mi nombre, les enseñará todas las cosas y les recordará todo lo que les he dicho.

[27] "Al irme les dejo la paz. Les doy mi paz, pero no se la doy como la dan los que son del mundo. No se angustien ni tengan miedo. [28] Ya me oyeron decir que me voy y que vendré para estar otra vez con ustedes. Si de veras me amaran, se habrían alegrado al saber que voy al Padre, porque él es más que yo. [29] Les digo esto de antemano para que, cuando suceda, entonces crean. [30] "Ya no hablaré mucho con ustedes, porque viene el que manda en este mundo. Aunque no tiene ningún poder sobre mí, [31] así tiene que ser, para que el mundo sepa que yo amo al Padre y que hago lo que él me ha mandado.

"Levántense. Vámonos de aquí."

La vid verdadera

15 [1] Jesús continuó: "Yo soy la vid[y] verdadera, y mi Padre es el que la cultiva. [2] Si una de mis ramas no da uvas, la corta; pero si da uvas, la poda y la limpia, para que dé más. [3] Ustedes ya están limpios por las palabras que les he dicho. [4] Sigan unidos a mí, como yo sigo unido a ustedes. Una rama no puede dar uvas de sí misma, si no está unida a la vid; de igual

[19] Confíen en Dios . . . en mí: otras posibles traducciones: ustedes confían en Dios, y confían también en mí; y ustedes confían en Dios, confían también en mí.   [20] Ustedes saben . . . a donde yo voy: algunos mss. dicen: Ustedes saben a dónde voy y saben el camino.
w 14.6 Mt 11.27; Jn 1.18; 6.46; Hch 4.12.   x 14.13-14 Mt 7.7-11; Lc 11.9-13; Jn 15.7,16; 16.23-24; 1 Jn 3.21-22; 5.14-15.
y 15.1 Is 5.1-7.

manera, ustedes no pueden dar fruto, si no permanecen unidos a mí. [5] "Yo soy la vid, y ustedes son las ramas. El que permanece unido a mí, y yo unido a él, da mucho fruto; pues sin mí no pueden ustedes hacer nada. [6] El que no permanece unido a mí, será echado fuera y se secará como las ramas que se recogen y se queman en el fuego. [7] "Si ustedes permanecen unidos a mí, y si permanecen fieles a mis enseñanzas, pidan lo que quieran y se les dará. [8] Mi Padre recibe honor cuando ustedes dan mucho fruto y llegan así a ser verdaderos discípulos míos. [9] Yo los amo a ustedes como el Padre me ama a mí; permanezcan, pues, en el amor que les tengo. [10] Si obedecen mis mandamientos, permanecerán en mi amor, así como yo obedezco los mandamientos de mi Padre y permanezco en su amor.

[11] "Les hablo así para que se alegren conmigo y su alegría sea completa. [12] Mi mandamiento es éste: Que se amen unos a otros como yo los he amado a ustedes.[z] [13] El amor más grande que uno puede tener es dar su vida por sus amigos. [14] Ustedes son mis amigos, si hacen lo que yo les mando. [15] Ya no los llamo siervos, porque el siervo no sabe lo que hace su amo. Los llamo mis amigos, porque les he dado a conocer todo lo que mi Padre me ha dicho. [16] Ustedes no me escogieron a mí, sino que yo los he escogido a ustedes y les he encargado que vayan y den mucho fruto, y que ese fruto permanezca. Así el Padre les dará todo lo que le pidan en mi nombre. [17] Esto, pues, es lo que les mando: Que se amen unos a otros.

El mundo odia a Jesús y a los suyos

[18] "Si el mundo los odia a ustedes, sepan que a mí me odió primero. [19] Si ustedes fueran del mundo, la gente del mundo los amaría, como ama a los suyos. Pero yo los escogí a ustedes entre los que son del mundo, y por eso el mundo los odia, porque ya no son del mundo.[a] [20] Acuérdense de esto que les dije: 'Ningún criado es más que su amo.'[b] Si a mí me han perseguido, también a ustedes los perseguirán; y si han hecho caso de mi palabra, también harán caso de la de ustedes. [21] Todo esto van a hacerles por mi causa, porque no conocen al que me envió. [22] "Ellos no tendrían ninguna culpa, si yo no hubiera venido a hablarles. Pero ahora no tienen disculpa por su pecado; [23] pues los que me odian a mí, odian también a mi Padre. [24] No tendrían ninguna

culpa, si yo no hubiera hecho entre ellos cosas que ningún otro ha hecho; pero ya han visto estas cosas y, a pesar de ello, me odian a mí y odian también a mi Padre. [25] Pero esto sucede porque tienen que cumplirse las palabras que están escritas en la ley de ellos: 'Me odiaron sin motivo.'[c]

[26] "Pero cuando venga el Defensor, el Espíritu de la verdad, que yo voy a enviar de parte del Padre él será mi testigo. [27] Y ustedes también serán mis testigos, porque han estado conmigo desde el principio.

16 [1] "Les digo estas cosas para que no pierdan su fe en mí. [2] Los expulsarán de las sinagogas, y aun llegará el momento en que cualquiera que los mate creerá que así presta un servicio a Dios. [3] Esto lo harán porque no nos han conocido, ni al Padre ni a mí. [4] Les digo esto para que, cuando llegue el momento, se acuerden de que yo se lo había dicho ya.

Lo que hace el Espíritu Santo

"No les dije esto desde un principio porque yo estaba con ustedes. [5] Pero ahora me voy para estar con el que me ha enviado, y ninguno de ustedes me pregunta a dónde voy; [6] al contrario, se han puesto muy tristes porque les he dicho estas cosas. [7] Pero les digo la verdad: es mejor para ustedes que yo me vaya. Porque si no me voy, el Defensor no vendrá para estar con ustedes; pero si me voy, yo se lo enviaré. [8] Cuando él venga, mostrará claramente a la gente del mundo lo que es el pecado, la rectitud y el juicio de Dios. [9] El pecado se mostrará en que ellos no creen en mí; [10] la rectitud, en que yo voy al Padre y ustedes ya no me verán; [11] y el juicio, en que ya ha sido condenado el que gobierna este mundo.

[12] "Tengo mucho más que decirles, pero en este momento sería demasiado para ustedes. [13] Cuando venga el Espíritu de la verdad, él los guiará a toda verdad; porque no hablará por su propia cuenta, sino que dirá todo lo que oye, y les hará saber las cosas que van a suceder. [14] El me honrará a mí, porque recibirá de lo que es mío y se lo dará a conocer a ustedes. [15] Todo lo que el Padre tiene, es mío también; por eso dije que el Espíritu recibirá de lo que es mío y se lo dará a conocer a ustedes.

[16] "Dentro de poco, ustedes ya no me verán, pero un poco más tarde me volverán a ver."

---

[z] **15.12** Jn 13.34; 15.17; 1 Jn 3.23; 2 Jn 5.   [a] **15.18-19** Jn 17.14-18.   [b] **15.20** Mt 10.24; Lc 6.40; Jn 13.16.
[c] **15.25** Sal 35.19; 69.4.

La tristeza se cambiará en alegría

[17] Entonces algunos de sus discípulos se preguntaron unos a otros:

—¿Qué quiere decir con esto? Nos dice que dentro de poco ya no lo veremos, y que un poco más tarde lo volveremos a ver, y que es porque se va a donde está el Padre. [18] ¿Qué quiere decir con eso de 'dentro de poco'? No entendemos de qué está hablando.

[19] Jesús se dio cuenta de que querían hacerle preguntas, y les dijo:

—Yo les he dicho que dentro de poco ya no me verán, y que un poco más tarde me volverán a ver. ¿Es esto lo que se están preguntando ustedes? [20] Les aseguro que ustedes llorarán y estarán tristes, mientras que la gente del mundo se alegrará. Sin embargo, aunque ustedes estén tristes, su tristeza se convertirá en alegría. [21] Cuando una mujer va a dar a luz, se aflige porque le ha llegado la hora; pero después que nace la criatura, se olvida del dolor a causa de la alegría de que haya nacido un niño en el mundo. [22] Así también, ustedes se afligen ahora; pero yo volveré a verlos, y entonces su corazón se llenará de alegría, una alegría que nadie les podrá quitar.

[23] "En aquel día ya no me preguntarán nada. Les aseguro que el Padre les dará todo lo que le pidan en mi nombre. [24] Hasta ahora, ustedes no han pedido nada en mi nombre; pidan y recibirán, para que su alegría sea completa.[d]

Jesucristo, vencedor del mundo

[25] "Les he dicho estas cosas poniéndoles comparaciones; pero vendrá la hora en que ya no les pondré más comparaciones, sino que les hablaré claramente acerca del Padre. [26] Aquel día, ustedes le pedirán en mi nombre; y no digo que yo voy a rogar por ustedes al Padre, [27] porque el Padre mismo los ama. Los ama porque ustedes me aman a mí, y porque han creído que yo he venido de Dios. [28] Salí de la presencia del Padre para venir a este mundo, y ahora dejo el mundo para volver al Padre.

[29] Entonces dijeron sus discípulos:

—Ahora sí estás hablando claramente, sin usar comparaciones. [30] Ahora vemos que sabes todas las cosas y que no hay necesidad de que nadie te haga preguntas. Por esto creemos que has venido de Dios.

[31] Jesús les contestó:

—¿Así que ahora creen? [32] Pues ya llega la hora, y es ahora mismo, cuando ustedes se dispersarán cada uno por su lado, y me dejarán solo. Pero no estoy solo, porque el Padre está conmigo. [33] Les digo todo esto para que encuentren paz en su unión conmigo. En el mundo, ustedes habrán de sufrir; pero tengan valor: yo he vencido al mundo.[e]

Jesús ora por sus discípulos

17 [1] Después de decir estas cosas, Jesús miró al cielo y dijo: "Padre, la hora ha llegado: glorifica a tu Hijo, para que también tu Hijo te glorifique a ti. [2] Pues tú has dado a tu Hijo autoridad sobre todo hombre, para dar vida eterna a todos los que le diste. [3] Y la vida eterna consiste en que te conozcan a ti, el único Dios verdadero, y a Jesucristo, a quien tú enviaste.

[4] "Yo te he glorificado aquí en el mundo, pues he terminado lo que me mandaste hacer. [5] Ahora, pues, Padre, dame en tu presencia la misma gloria que yo tenía contigo desde antes que existiera el mundo.

[6] "A los que escogiste del mundo para dármelos, les he hecho saber quién eres. Eran tuyos, y tú me los diste, y han hecho caso de tu palabra. [7] Ahora saben que todo lo que me diste viene de ti; [8] pues les he dado el mensaje que me diste, y ellos lo han aceptado. Se han dado cuenta de que en verdad he venido de ti, y han creído que tú me enviaste.

[9] "Yo te ruego por ellos; no ruego por los que son del mundo, sino por los que me diste, porque son tuyos. [10] Todo lo que es mío es tuyo, y lo que es tuyo es mío; y mi gloria se hace visible en ellos.

[11] "Yo no voy a seguir en el mundo, pero ellos sí van a seguir en el mundo, mientras que yo me voy para estar contigo. Padre santo, cuídalos con el poder de tu nombre, el nombre que me has dado,[21] para que estén completamente unidos, como tú y yo. [12] Cuando yo estaba con ellos en este mundo, los cuidaba y los protegía con el poder de tu nombre, el nombre que me has dado.[21] Y ninguno de ellos se perdió, sino aquel que ya estaba perdido, para que se cumpliera lo que dice la Escritura.[f]

[13] "Ahora voy a donde tú estás; pero digo estas cosas mientras estoy en el mundo, para que ellos se llenen de la misma perfecta alegría que yo tengo. [14] Yo les he comunicado tu palabra, pero el mundo los odia porque ellos no son del mundo, como tampoco yo soy del mundo. [15] No te pido que los saques del mundo, sino que los protejas del mal. [16] Así como yo no soy del mundo, ellos tampoco son del mundo. [17] Conságralos a ti mismo por

---

[21] El nombre que me has dado: algunos mss. dicen: a los que me has dado.
[d] 16.23–24 Mt 7.7–11; Stg 1.5–6.   [e] 16.33 Rm 8.37; 2 Co 2.14; Ap 3.21; 5.5.   [f] 17.12 Sal 41.9; Jn 13.18.

medio de la verdad; tu palabra es la verdad. [18] Como me enviaste a mí entre los que son del mundo, también yo los envío a ellos entre los que son del mundo. [19] Y por causa de ellos me consagro a mí mismo, para que también ellos sean consagrados por medio de la verdad.

[20] "No te ruego solamente por éstos, sino también por los que después han de creer en mí al oír el mensaje de ellos. [21] Te pido que todos ellos estén completamente unidos, que sean una sola cosa en unión con nosotros, oh Padre, así como tú estás en mí y yo estoy en ti. Que estén completamente unidos, para que el mundo crea que tú me enviaste. [22] Les he dado la misma gloria que tú me diste, para que sean una sola cosa, así como tú y yo somos una sola cosa: [23] yo en ellos y tú en mí, para que lleguen a ser perfectamente uno, y que así el mundo pueda darse cuenta de que tú me enviaste, y que los amas tanto como me amas a mí.

[24] "Padre, tú me los diste, y quiero que estén conmigo donde yo voy a estar, para que vean mi gloria, la gloria que me has dado; porque me has amado desde antes que el mundo fuera hecho. [25] Oh Padre justo, los que son del mundo no te conocen; pero yo te conozco, y éstos también saben que tú me enviaste. [26] Les he dado a conocer quién eres, y aún seguiré haciéndolo, para que el amor que me tienes esté en ellos, y para que yo mismo esté en ellos."

Arrestan a Jesús
(Mt 26.47–56; Mr 14.43–50; Lc 22.47–53)

18 [1] Después de decir esto, Jesús salió con sus discípulos para ir al otro lado del arroyo de Cedrón. Allí había un huerto, donde Jesús entró con sus discípulos. [2] También Judas, el que lo estaba traicionando, conocía el lugar, porque muchas veces Jesús se había reunido allí con sus discípulos. [3] Así que Judas llegó con una tropa de soldados y con algunos guardianes del templo enviados por los jefes de los sacerdotes y por los fariseos. Estaban armados, y llevaban lámparas y antorchas. [4] Pero como Jesús ya sabía todo lo que le iba a pasar, salió y les preguntó:

—¿A quién buscan?

[5] Ellos le contestaron:

—A Jesús de Nazaret.

Jesús dijo:

—Yo soy.

Judas, el que lo estaba traicionando, se encontraba allí con ellos. [6] Cuando Jesús les dijo: "Yo soy", se echaron hacia atrás y cayeron al suelo. [7] Jesús volvió a preguntarles:

—¿A quién buscan?

Y ellos repitieron:

—A Jesús de Nazaret.

[8] Jesús les dijo otra vez:

—Ya les he dicho que soy yo. Si me buscan a mí, dejen que estos otros se vayan.

[9] Esto sucedió para que se cumpliera lo que Jesús mismo había dicho: "Padre, de los que me diste, no se perdió ninguno."

[10] Entonces Simón Pedro, que tenía una espada, la sacó y le cortó la oreja derecha a uno llamado Malco, que era criado del sumo sacerdote. [11] Jesús le dijo a Pedro:

—Vuelve a poner la espada en su lugar. Si el Padre me da a beber este trago amargo,[g] ¿acaso no habré de beberlo?

Jesús ante Anás
(Mt 26.57–58; Mr 14.53–54; Lc 22.54)

[12] Los soldados de la tropa, con su comandante y los guardianes judíos del templo, arrestaron a Jesús y lo ataron. [13] Lo llevaron primero a la casa de Anás, porque era suegro de Caifás, sumo sacerdote aquel año. [14] Este Caifás era el mismo que había dicho a los judíos que era mejor para ellos que un solo hombre muriera por el pueblo.[h]

Pedro niega conocer a Jesús
(Mt 26.69–70; Mr 14.66–68; Lc 22.55–57)

[15] Simón Pedro y otro discípulo seguían a Jesús. El otro discípulo era conocido del sumo sacerdote, de modo que entró con Jesús en la casa; [16] pero Pedro se quedó afuera, a la puerta. Por esto, el discípulo conocido del sumo sacerdote salió y habló con la portera, e hizo entrar a Pedro. [17] La portera le preguntó a Pedro:

—¿No eres tú uno de los discípulos de ese hombre?

Pedro contestó:

—No, no lo soy.

[18] Como hacía frío, los criados y los guardianes del templo habían hecho fuego, y estaban allí calentándose. Pedro también estaba con ellos, calentándose junto al fuego.

El sumo sacerdote interroga a Jesús
(Mt 26.59–66; Mr 14.55–64; Lc 22.66–71)

[19] El sumo sacerdote comenzó a preguntarle a Jesús acerca de sus discípulos y de lo que él enseñaba. [20] Jesús le dijo:

—Yo he hablado públicamente delante de todo el mundo; siempre he enseñado en las sinagogas y en el templo, donde se reúnen todos los judíos; así que no he dicho nada en secreto. [21] ¿Por qué me preguntas

---

g **18.11** Mt 26.39; Mr 14.36; Lc 22.42.   h **18.14** Jn 11.49–50.

a mí? Pregúntales a los que me han escuchado, y que ellos digan de qué les he hablado. Ellos saben lo que he dicho.

²² Cuando Jesús dijo esto, uno de los guardianes del templo le dio una bofetada, diciéndole:

—¿Así contestas al sumo sacerdote?

²³ Jesús le respondió:

—Si he dicho algo malo, dime en qué ha consistido; y si lo que he dicho está bien, ¿por qué me pegas?

²⁴ Entonces Anás lo envió, atado, a Caifás, el sumo sacerdote.

Pedro niega otra vez a Jesús
(Mt 26.71–75; Mr 14.69–72; Lc 22.58–62)

²⁵ Entre tanto, Pedro seguía allí, calentándose junto al fuego. Le preguntaron:

—¿No eres tú uno de los discípulos de ese hombre?

Pedro lo negó, diciendo:

—No, no lo soy.

²⁶ Luego le preguntó uno de los criados del sumo sacerdote, pariente del hombre a quien Pedro le había cortado la oreja:

—¿No te vi con él en el huerto?

²⁷ Pedro lo negó otra vez, y en ese mismo instante cantó el gallo.

Jesús ante Pilato
(Mt 27.1–2, 11–14; Mr 15.1–5; Lc 23.1–5)

²⁸ Llevaron a Jesús de la casa de Caifás al palacio del gobernador romano. Como ya comenzaba a amanecer, los judíos no entraron en el palacio, pues de lo contrario faltarían a las leyes sobre la pureza ritual y entonces no podrían comer la cena de Pascua. ²⁹ Por eso Pilato salió a hablarles; les dijo:

—¿De qué acusan a este hombre?

³⁰ —Si no fuera un criminal —le contestaron—, no te lo habríamos entregado.

³¹ Pilato les dijo:

—Llévenselo ustedes, y júzguenlo conforme a su propia ley.

Los judíos contestaron:

—Pero los judíos no tenemos el derecho de dar muerte a nadie.

³² Así se cumplió lo que Jesús había dicho sobre la manera en que tendría que morir.ⁱ ³³ Pilato volvió a entrar en el palacio, llamó a Jesús y le preguntó:

—¿Eres tú el Rey de los judíos?

³⁴ Jesús le dijo:

—¿Eso lo preguntas tú por tu cuenta, o porque otros te lo han dicho de mí?

³⁵ Le contestó Pilato:

—¿Acaso soy yo judío? Los de tu nación y los jefes de los sacerdotes son los que te han entregado a mí. ¿Qué has hecho?

³⁶ Jesús le contestó:

—Mi reino no es de este mundo. Si lo fuera, tendría gente a mi servicio que pelearía para que yo no fuera entregado a los judíos. Pero mi reino no es de aquí.

³⁷ Le preguntó entonces Pilato:

—¿Así que tú eres rey?

Jesús le contestó:

—Tú lo has dicho: soy rey. Yo nací y vine al mundo para decir lo que es la verdad. Y todos los que pertenecen a la verdad, me escuchan.

³⁸ Pilato le dijo:

—¿Y qué es la verdad?

Jesús es sentenciado a muerte
(Mt 27.15–31; Mr 15.6–20; Lc 23.13–25)

Después de hacer esta pregunta, Pilato salió otra vez a hablar con los judíos, y les dijo:

—Yo no encuentro ningún delito en este hombre. ³⁹ Pero ustedes tienen la costumbre de que yo les suelte un preso durante la fiesta de la Pascua: ¿quieren que les deje libre al Rey de los judíos?

⁴⁰ Todos volvieron a gritar:

—¡A ése no! ¡Suelta a Barrabás!

Y Barrabás era un bandido.

19 ¹ Pilato tomó entonces a Jesús y mandó azotarlo. ² Los soldados trenzaron una corona de espinas, la pusieron en la cabeza de Jesús y lo vistieron con una capa de color rojo oscuro. ³ Luego se acercaron a él, diciendo:

—¡Viva el Rey de los judíos!

Y le pegaban en la cara.

⁴ Pilato volvió a salir, y les dijo:

—Miren, lo he sacado para que se den cuenta de que no encuentro en él ningún delito.

⁵ Salió, pues, Jesús, con la corona de espinas en la cabeza y vestido con aquella capa de color rojo oscuro. Pilato dijo:

—¡Ahí tienen a este hombre!

⁶ Cuando lo vieron los jefes de los sacerdotes y los guardianes del templo, comenzaron a gritar:

—¡Crucifícalo! ¡Crucifícalo!

Pilato les dijo:

—Pues llévenselo y crucifíquenlo ustedes, porque yo no encuentro ningún delito en él.

⁷ Los judíos le contestaron:

—Nosotros tenemos una ley, y según nuestra ley debe morir, porque se ha hecho pasar por Hijo de Dios.

⁸ Al oír esto, Pilato tuvo más miedo todavía. ⁹ Entró de nuevo en el palacio y le preguntó a Jesús:

—¿De dónde eres tú?

Pero Jesús no le contestó nada. ¹⁰ Pilato le dijo:

ⁱ **18.32** Jn 3.14; 12.32.

—¿Es que no me vas a contestar? ¿No sabes que tengo autoridad para crucificarte, lo mismo que para ponerte en libertad?

[11] Entonces Jesús le contestó:

—No tendrías ninguna autoridad sobre mí, si Dios no te la hubiera dado; por eso, el que me entregó a ti es más culpable de pecado que tú.

[12] Desde aquel momento, Pilato buscaba la manera de dejar libre a Jesús; pero los judíos le gritaron:

—¡Si lo dejas libre, no eres amigo del emperador! ¡Cualquiera que se hace rey, es enemigo del emperador!

[13] Pilato, al oír esto, ordenó que sacaran a Jesús, y luego se sentó en el tribunal, en el lugar que en hebreo se llamaba Gabata, que quiere decir el Empedrado. [14] Era el día antes de la Pascua, como al mediodía. Pilato dijo a los judíos:

—¡Ahí tienen a su rey!

[15] Pero ellos gritaron:

—¡Muera! ¡Muera! ¡Crucifícalo!

Pilato les preguntó:

—¿Acaso voy a crucificar a su rey?

Y los jefes de los sacerdotes le contestaron:

—¡Nosotros no tenemos más rey que el emperador!

[16] Entonces Pilato les entregó a Jesús para que lo crucificaran, y ellos se lo llevaron.

Jesús es crucificado
(Mt 27.32–44; Mr 15.21–32; Lc 23.26–43)

[17] Jesús salió llevando su cruz, para ir al llamado "Lugar de la Calavera" (o que en hebreo se llama Gólgota). [18] Allí lo crucificaron, y con él a otros dos, uno a cada lado. [19] Pilato mandó poner sobre la cruz un letrero, que decía: "Jesús de Nazaret, Rey de los judíos." [20] Muchos judíos leyeron aquel letrero, porque el lugar donde crucificaron a Jesús estaba cerca de la ciudad, y el letrero estaba escrito en hebreo, latín y griego. [21] Por eso, los jefes de los sacerdotes judíos dijeron a Pilato:

—No escribas: 'Rey de los judíos', sino escribe: 'El que dice ser Rey de los judíos'.

[22] Pero Pilato les contestó:

—Lo que he escrito, escrito queda.

[23] Después que los soldados crucificaron a Jesús, recogieron su ropa y la repartieron en cuatro partes, una para cada soldado. Tomaron también la túnica, pero como era sin costura, tejida de arriba abajo de una sola pieza, [24] los soldados se dijeron unos a otros:

—No la rompamos, sino echémosla a suertes, a ver a quién le toca.

Así se cumplió la Escritura que dice: "Se repartieron entre sí mi ropa, y echaron a suertes mi túnica."[j] Esto fue lo que hicieron los soldados.

[25] Junto a la cruz de Jesús estaban su madre, y la hermana de su madre, María, esposa de Cleofas y María Magdalena. [26] Cuando Jesús vio a su madre, y junto a ella al discípulo a quien él quería mucho, dijo a su madre:

—Mujer, ahí tienes a tu hijo.

[27] Luego le dijo al discípulo:

—Ahí tienes a tu madre.

Desde entonces, ese discípulo la recibió en su casa.

Muerte de Jesús
(Mt 27.45–56; Mr 15.33–41; Lc 23.44–49)

[28] Después de esto, como Jesús sabía que ya todo se había cumplido, y para que se cumpliera la Escritura,[k] dijo:

—Tengo sed.

[29] Había allí un jarro lleno de vino agrio. Empaparon una esponja en el vino, la ataron a una rama de hisopo y se la acercaron a la boca. [30] Jesús bebió el vino agrio, y dijo:

—Todo está cumplido.

Luego inclinó la cabeza y murió.

Un soldado abre con su lanza el costado de Jesús

[31] Era el día antes de la Pascua, y los judíos no querían que los cuerpos quedaran en las cruces durante el día de reposo,[22] pues precisamente aquel día de reposo era muy solemne. Por eso le pidieron a Pilato que ordenara quebrar las piernas a los crucificados y que quitaran de allí los cuerpos. [32] Los soldados fueron entonces y le quebraron las piernas al primero, y también al otro que estaba crucificado junto a Jesús. [33] Pero al acercarse a Jesús, vieron que ya estaba muerto. Por eso no le quebraron las piernas. [34] Sin embargo, uno de los soldados le abrió el costado con una lanza, y al momento salió sangre y agua. [35] El que cuenta esto es uno que lo vio, y dice la verdad; él sabe que dice la verdad, para que ustedes también crean. [36] Porque estas cosas sucedieron para que se cumpliera la Escritura que dice: "No le quebrarán ningún hueso."[l] [37] Y en otra parte, la Escritura dice: "Mirarán al que traspasaron."[m]

Jesús es sepultado
(Mt 27.57–61; Mr 15.42–47; Lc 23.50–56)

[38] Después de esto, José, el de Arimatea, pidió permiso a Pilato para llevarse el

cuerpo de Jesús. José era un seguidor de Jesús, aunque en secreto por miedo a los judíos. Pilato le dio permiso, y José fue y se llevó el cuerpo. [39] También Nicodemo, el que una noche fue a hablar con Jesús,[n] llegó con unos treinta kilos de un perfume, mezcla de mirra y áloe. [40] Así pues, José y Nicodemo tomaron el cuerpo de Jesús y lo envolvieron con vendas empapadas en aquel perfume, según la costumbre que siguen los judíos para enterrar a los muertos. [41] En el lugar donde crucificaron a Jesús había un huerto, y en el huerto un sepulcro nuevo donde todavía no habían puesto a nadie. [42] Allí pusieron el cuerpo de Jesús, porque el sepulcro estaba cerca y porque ya iba a empezar el día de reposo de los judíos.

La resurrección de Jesús
(Mt 28.1–10; Mr 16.1–8; Lc 24.1–12)

20 [1] El primer día de la semana, María Magdalena fue al sepulcro muy temprano, cuando todavía estaba oscuro; y vio quitada la piedra que tapaba la entrada. [2] Entonces se fue corriendo a donde estaban Simón Pedro y el otro discípulo, aquel a quien Jesús quería mucho, y les dijo:
—¡Se han llevado del sepulcro al Señor, y no sabemos dónde lo han puesto!
[3] Pedro y el otro discípulo salieron y fueron al sepulcro. [4] Los dos iban corriendo juntos; pero el otro corrió más que Pedro y llegó primero al sepulcro. [5] Se agachó a mirar, y vio allí las vendas, pero no entró. [6] Detrás de él llegó Simón Pedro, y entró en el sepulcro. Él también vio allí las vendas; [7] y además vio que la tela que había servido para envolver la cabeza de Jesús, no estaba junto a las vendas, sino enrollada y puesta aparte. [8] Entonces entró también el otro discípulo, el que había llegado primero al sepulcro, y vio lo que había pasado, y creyó. [9] Pues todavía no habían entendido lo que dice la Escritura, que él tenía que resucitar. [10] Luego, aquellos discípulos regresaron a su casa.

Jesús se aparece a María Magdalena
(Mr 16.9–11)

[11] María se quedó afuera, junto al sepulcro, llorando. Y llorando como estaba, se agachó para mirar dentro, [12] y vio dos ángeles vestidos de blanco, sentados donde había estado el cuerpo de Jesús; uno a la cabecera y otro a los pies. [13] Los ángeles le preguntaron:
—Mujer, ¿por qué lloras?
Ella les dijo:

—Porque se han llevado a mi Señor, y no sé dónde lo han puesto.
[14] Apenas dijo esto, volvió la cara y vio allí a Jesús, pero no sabía que era él. [15] Jesús le preguntó:
—Mujer, ¿por qué lloras? ¿A quién buscas?
Ella, pensando que era el que cuidaba el huerto, le dijo:
—Señor, si usted se lo ha llevado, dígame dónde lo ha puesto, para que yo vaya a buscarlo.
[16] Jesús entonces le dijo:
—¡María!
Ella se volvió y le dijo en hebreo:
—¡Rabuni! (que quiere decir: "Maestro").
[17] Jesús le dijo:
—Suéltame, porque todavía no he ido a reunirme con mi Padre. Pero ve y di a mis hermanos que voy a reunirme con el que es mi Padre y Padre de ustedes, mi Dios y Dios de ustedes.
[18] Entonces María Magdalena fue y contó a los discípulos que había visto al Señor, y también les contó lo que él le había dicho.

Jesús se aparece a los discípulos
(Mt 28.16–20; Mr 16.14–18; Lc 24.36–49)

[19] Al llegar la noche de aquel mismo día, el primero de la semana, los discípulos se habían reunido con las puertas cerradas por miedo a los judíos. Jesús entró y, poniéndose en medio de los discípulos, los saludó diciendo:
—¡Paz a ustedes!
[20] Dicho esto, les mostró las manos y el costado. Y ellos se alegraron de ver al Señor. [21] Luego Jesús les dijo otra vez:
—¡Paz a ustedes! Como el Padre me envió a mí, así yo los envío a ustedes.
[22] Y sopló sobre ellos, y les dijo:
—Reciban el Espíritu Santo. [23] A quienes ustedes perdonen los pecados, les quedarán perdonados; y a quienes no se los perdonen, les quedarán sin perdonar.[ⁿ]

Tomás ve al Señor resucitado

[24] Tomás, uno de los doce discípulos, al que llamaban el Gemelo, no estaba con ellos cuando llegó Jesús. [25] Después los otros discípulos le dijeron:
—Hemos visto al Señor.
Pero Tomás les contestó:
—Si no veo en sus manos las heridas de los clavos, y si no meto mi dedo en ellas y mi mano en su costado, no lo podré creer.
[26] Ocho días después, los discípulos se habían reunido de nuevo en una casa, y esta vez Tomás estaba también. Tenían

las puertas cerradas, pero Jesús entró, se
puso en medio de ellos y los saludó, diciendo:
—¡Paz a ustedes!
27 Luego dijo a Tomás:
—Mete aquí tu dedo, y mira mis manos;
y trae tu mano y métela en mi costado.
No seas incrédulo; ¡cree!
28 Tomás entonces exclamó:
—¡Mi Señor y mi Dios!
29 Jesús le dijo:
—¿Crees porque me has visto? ¡Dichosos los que creen sin haber visto!

El porqué de este libro

30 Jesús hizo muchas otras señales milagrosas delante de sus discípulos, las cuales
no están escritas en este libro. 31 Pero éstas se han escrito para que ustedes crean
que Jesús es el Mesías, el Hijo de Dios, y
para que creyendo en él tengan vida.

Jesús se aparece a siete de sus discípulos

21 1 Después de esto, Jesús se apareció
otra vez a sus discípulos, a orillas
del lago de Tiberias. Sucedió de esta manera: 2 Estaban juntos Simón Pedro, Tomás, al que llamaban el Gemelo, Natanael,
que era de Caná de Galilea, los hijos de
Zebedeo y otros dos discípulos de Jesús.
3 Simón Pedro les dijo:
—Voy a pescar.
Ellos contestaron:
—Nosotros también vamos contigo.
Fueron, pues, y subieron a una barca;
pero aquella noche no pescaron nada.[o]
4 Cuando comenzaba a amanecer, Jesús se
apareció en la orilla, pero los discípulos no
sabían que era él. 5 Jesús les preguntó:
—Muchachos, ¿no han pescado nada?
Ellos le contestaron:
—Nada.
6 Jesús les dijo:
—Echen la red a la derecha de la barca,
y pescarán.
Así lo hicieron, y después no podían sacar la red por los muchos pescados que tenía.[p] 7 Entonces el discípulo a quien Jesús
quería mucho, le dijo a Pedro:
—¡Es el Señor!
Apenas oyó Simón Pedro que era el Señor, se vistió, porque estaba sin ropa, y se
tiró al agua. 8 Los otros discípulos llegaron
a la playa con la barca, arrastrando la red
llena de pescados, pues estaban a cien metros escasos de la orilla. 9 Al bajar a tierra,
encontraron un fuego encendido, con un
pescado encima, y pan. 10 Jesús les dijo:
—Traigan algunos pescados de los que
acaban de sacar.
11 Simón Pedro subió a la barca y arrastró hasta la playa la red llena de grandes
pescados, ciento cincuenta y tres; y aunque eran tantos, la red no se rompió.
12 Jesús les dijo:
—Vengan a desayunarse.
Ninguno de los discípulos se atrevía a
preguntarle quién era, porque sabían que
era el Señor. 13 Luego Jesús se acercó,
tomó en sus manos el pan y se lo dio a
ellos; y lo mismo hizo con el pescado.
14 Esta fue la tercera vez que Jesús se
apareció a sus discípulos después de haber
resucitado.

Jesús habla con Simón Pedro

15 Terminado el desayuno, Jesús le pre-
guntó a Simón Pedro:
—Simón, hijo de Juan, ¿me amas más
que éstos?
Pedro le contestó:
—Sí, Señor, tú sabes que te quiero.
Jesús le dijo:
—Cuida de mis corderos.
16 Volvió a preguntarle:
—Simón, hijo de Juan, ¿me amas?
Pedro le contestó:
—Sí, Señor, tú sabes que te quiero.
Jesús le dijo:
—Cuida de mis ovejas.
17 Por tercera vez le preguntó:
—Simón, hijo de Juan, ¿me quieres?
Pedro, triste porque le había preguntado
por tercera vez si lo quería, le contestó:
—Señor, tú lo sabes todo: tú sabes que
te quiero.
Jesús le dijo:
—Cuida de mis ovejas. 18 Te aseguro
que cuando eras más joven, te vestías
para ir a donde querías; pero cuando ya
seas viejo, extenderás los brazos y otro te
vestirá, y te llevará a donde no quieras ir.
19 Al decir esto, Jesús estaba dando a entender de qué manera Pedro iba a morir y
a glorificar con su muerte a Dios. Después
le dijo:
—¡Sígueme!

El discípulo a quien Jesús quería mucho

20 Al volverse, Pedro vio que detrás venía el discípulo a quien Jesús quería mucho, el mismo que en la cena había estado
a su lado y le había preguntado: "Señor,
¿quién es el que te va a traicionar?"[q]
21 Cuando Pedro lo vio, preguntó a Jesús:
—Señor, y a éste, ¿qué le va a pasar?
22 Jesús le contestó:
—Si quiero que él viva hasta que yo
vuelva, ¿qué te importa a ti? Tú sígueme.

[o] **21.3** Lc 5.5. [p] **21.6** Lc 5.6. [q] **21.20** Jn 13.25.

²³ Por esto corrió entre los hermanos el rumor de que aquel discípulo no moriría. Pero Jesús no dijo que no moriría. Lo que dijo fue: "Si quiero que él viva hasta que yo vuelva, ¿qué te importa a ti?"

²⁴ Este es el mismo discípulo que da testimonio de estas cosas, y que las ha escrito. Y sabemos que dice la verdad.

²⁵ Jesús hizo muchas otras cosas; tantas que, si se escribieran una por una, creo que en todo el mundo no cabrían los libros que podrían escribirse.

LOS HECHOS
de los Apóstoles

Juntando el comienzo de este libro (1.1) con el del Evangelio de Lucas, se ve que Hechos es la continuación de la historia relatada en el evangelio. Se podría decir que es la segunda parte de una misma obra. En efecto, hasta repite, como para volver a tomar el hilo, el relato de la ascensión, con que terminó el evangelio. Hechos refiere cómo los primeros seguidores de Jesús, guiados por el Espíritu Santo, difundieron la fe cristiana, partiendo de Jerusalén, por toda Judea, luego, hacia el norte, por Samaria, y después, entrando en territorio no judío, por Antioquía de Siria. Después, principalmente debido a la labor misionera de Pablo, el mensaje cristiano se extiende por Asia Menor y penetra en el mundo clásico, primero Grecia y luego Roma, capital del imperio. Es, pues, la historia de los principios del movimiento cristiano que después se difundiría por todo el mundo occidental y, con el correr de los siglos, por todos los continentes.

Destacan en este relato, como personajes principales, los apóstoles Pedro y Pablo. Pero el verdadero protagonista es el Espíritu Santo, con cuyo poder y bajo cuya dirección surge, en el escenario de la historia, la Iglesia, cuyo fundador y eterno cimiento es Cristo. Con toda razón, el Espíritu Santo se menciona unas cincuenta veces en el libro. El Espíritu Santo desciende poderosamente sobre los creyentes el día de Pentecostés en Jerusalén, y desde entonces no cesa de guiar y fortalecer a la Iglesia y a sus líderes en el curso de los sucesos consignados en Hechos. El mensaje cristiano primitivo se proclama en los sermones, y los acontecimientos registrados en el libro muestran el poder ejercido por ese mensaje en la vida de cada uno de los creyentes y de la comunidad que ellos forman.

Hechos puede dividirse en tres grandes partes: (1) los comienzos del movimiento cristiano en Jerusalén (1.15–8.3) después de la ascensión de Jesús y de su último mandato y promesas (1.1–14); (2) la propagación del movimiento a otras partes de Palestina (8.4–12.25) y (3) su posterior difusión por el mundo del Mediterráneo hasta Roma: primer viaje misionero de Pablo (13.1–14.28), la reunión de apóstoles y ancianos en Jerusalén (15.1–35), segundo viaje misionero (15.36—18.22), tercer viaje misionero (18.23—21.16) y prisiones de Pablo en Jerusalén, Cesarea y, finalmente, Roma (21.17—28.31).

La promesa del Espíritu Santo

1 ¹ En mi primer libro, excelentísimo Teófilo,ᵃ escribí acerca de todo lo que Jesús había hecho y enseñado desde el principio ² y hasta el día en que subió al cielo. Antes de irse, les dio instrucciones, por medio del Espíritu Santo, a los apóstoles que había escogido, sobre lo que debían hacer. ³ Y después de muerto se les presentó en persona, dándoles así claras pruebas de que estaba vivo. Durante cuarenta días se dejó ver de ellos y les estuvo hablando del reino de Dios.

⁴ Cuando todavía estaba con los apóstoles, Jesús les advirtió que no debían irse de Jerusalén. Les dijo:

—Esperen a que se cumpla la promesa que mi Padre les hizo,ᵇ de la cual yo les hablé. ⁵ Es cierto que Juan bautizó con agua, pero dentro de pocos días ustedes serán bautizados con el Espíritu Santo.ᶜ

Jesús asciende al cielo

⁶ Los que estaban reunidos con Jesús, le preguntaron:

—Señor, ¿vas a restablecer en este momento el reino de Israel?

⁷ Jesús les contestó:

—No les toca a ustedes saber en qué día o en qué ocasión hará el Padre las cosas que solamente él tiene autoridad para hacer; ⁸ pero cuando el Espíritu Santo venga sobre ustedes, recibirán poder y saldrán a dar testimonio de mí, en Jerusalén, en toda la región de Judea y de Samaria, y hasta en las partes más lejanas de la tierra.ᵈ

⁹ Dicho esto, mientras ellos lo estaban mirando, Jesús fue llevado, y una nube lo envolvió y no lo volvieron a ver.ᵉ ¹⁰ Y mientras miraban cómo subía Jesús al cielo, dos hombres vestidos de blanco se aparecieron junto a ellos ¹¹ y les dijeron:

—Galileos, ¿por qué se han quedado mi-

ᵃ 1.1 Lc 1.1–4. ᵇ 1.4 Lc 24.49. ᶜ 1.5 Mt 3.11; Mr 1.8; Lc 3.16; Jn 1.33. ᵈ 1.8 Mt 28.19; Mr 6.15; Lc 24.47–48. ᵉ 1.9 Mr 16.19; Lc 24.50–51.

rando al cielo? Este mismo Jesús que estuvo entre ustedes y que ha sido llevado al cielo, vendrá otra vez de la misma manera que lo han visto irse allá.

Se escoge a Matías para reemplazar a Judas

¹²Desde el monte llamado de los Olivos, regresaron los apóstoles a Jerusalén: un trecho corto, precisamente lo que la ley permitía caminar en el día de reposo.ʲ ¹³Cuando llegaron a la ciudad, subieron al piso alto de la casa donde estaban alojados. Eran Pedro, Juan, Santiago, Andrés, Felipe, Tomás, Bartolomé, Mateo, Santiago hijo de Alfeo, Simón el Celote, y Judas, el hijo de Santiago.ʲ ¹⁴Todos ellos se reunían siempre para orar con los hermanos de Jesús, con María su madre y con las otras mujeres.

¹⁵Por aquellos días se reunieron los creyentes, que eran unas ciento veinte personas, y Pedro tomó la palabra y les dijo: ¹⁶"Hermanos, tenía que cumplirse lo que el Espíritu Santo, por medio de David, ya había dicho en la Escritura acerca de Judas, el que sirvió de guía a los que arrestaron a Jesús. ¹⁷Pues Judas era uno de los nuestros, y tenía parte en nuestro trabajo. ¹⁸Pero fue y compró un terreno con el dinero que le pagaron por su maldad; luego cayó de cabeza y se reventó, y se le salieron todos los intestinos. ¹⁹Cuando los que vivían en Jerusalén lo supieron, llamaron a aquel terreno Acéldama, que en su lengua quiere decir: 'Campo de Sangre.'ᵍ ²⁰Porque en el libro de los Salmos dice:

'Que su casa se vuelva un desierto,
y que nadie viva en ella.'ʰ

Y dice también:

'Que otro ocupe su cargo.'ⁱ

²¹"Tenemos aquí hombres que nos han acompañado todo el tiempo que el Señor Jesús estuvo entre nosotros, ²²desde que fue bautizado por Juanʲ hasta que subió al cielo.ᵏ Es necesario, pues, que uno de ellos sea agregado a nosotros, para que junto con nosotros dé testimonio de que Jesús resucitó."

²³Entonces propusieron a dos: a José, llamado Barsabás, y llamado también Justo, y a Matías. ²⁴Y oraron así: "Señor, tú que conoces los corazones de todos, muéstranos cuál de estos dos has escogido ²⁵para que tome a su cargo el servicio de apóstol que Judas perdió por su pecado, cuando se fue al lugar que le correspondía." ²⁶Las suertes fueron echadas, y cayeron sobre Matías, quien desde aquel momento quedó agregado a los once apóstoles.

La venida del Espíritu Santo

2 ¹Cuando llegó la fiesta de Pentecostés,ⁱ todos los creyentes se encontraban reunidos en un mismo lugar. ²De repente, un gran ruido que venía del cielo, como de un viento fuerte, resonó en toda la casa donde ellos estaban. ³Y se les aparecieron lenguas como de fuego, repartidas sobre cada uno de ellos. ⁴Y todos quedaron llenos del Espíritu Santo, y comenzaron a hablar en otras lenguas, según el Espíritu hacía que hablaran.

⁵Por aquellos días había en Jerusalén judíos cumplidores de sus deberes religiosos, llegados de todas partes del mundo. ⁶La gente se reunió al oír aquel ruido, y no sabían qué pensar, porque cada uno oía a los creyentes hablar en su propia lengua. ⁷Eran tales su sorpresa y su asombro, que se decían unos a otros:

—¿Acaso no son de Galilea todos estos que están hablando? ⁸¿Cómo es que les oímos hablar en nuestras propias lenguas? ⁹Aquí hay gente de Partia, de Media, de Elam, de Mesopotamia, de Judea, de Capadocia, del Ponto y de la provincia de Asia, ¹⁰de Frigia y de Panfilia, de Egipto y de las regiones de Libia cercanas a Cirene. Hay también algunos que vienen de Roma; ¹¹unos son judíos de nacimiento y otros se han convertido al judaísmo. También los hay venidos de Creta y de Arabia. ¡Y todos les oímos hablar en nuestras propias lenguas de las maravillas de Dios!

¹²Todos estaban asombrados y sin saber qué pensar; y se preguntaban:

—¿Qué significa todo esto?

¹³Pero algunos, burlándose, decían:

—¡Es que están borrachos!

Discurso de Pedro

¹⁴Entonces Pedro se puso de pie junto con los otros apóstoles, y con voz fuerte dijo: "Judíos y todos los que viven en Jerusalén, sepan ustedes esto y oigan bien lo que les voy a decir. ¹⁵Estos no están borrachos como ustedes creen, ya que apenas son las nueve de la mañana. ¹⁶Al contrario, aquí está sucediendo lo que anunció el profeta Joel, cuando dijo:

¹⁷'Sucederá que en los últimos días,
dice Dios,
derramaré mi Espíritu sobre toda la
humanidad;
los hijos e hijas de ustedes
hablarán de mi parte,
los jóvenes tendrán visiones,
y los viejos tendrán sueños.
¹⁸También sobre mis siervos y siervas

ʲ *Día de reposo*: aquí equivale a *sábado*. ᶠ**1.13** Mt 10.2–4; Mr 3.16–19; Lc 6.14–16. ᵍ**1.18–19** Mt 27.3–8. ʰ**1.20** Sal 69.25. ⁱ**1.20** Sal 109.8. ʲ**1.22** Mt 3.16; Mr 1.9; Lc 3.21. ᵏ**1.22** Mr 16.19; Lc 24.51. ˡ**2.1** Lv 23.15–21; Dt 16.9–11.

derramaré mi Espíritu en aquellos
días,
y hablarán de mi parte.
[19] En el cielo mostraré grandes
maravillas,
y sangre, fuego y nubes de humo en
la tierra.
[20] El sol se volverá oscuridad,
y la luna como sangre,
antes que llegue el día del Señor,
día grande y glorioso.
[21] Pero todos los que invoquen el
nombre del Señor,
alcanzarán la salvación.'[m]

[22] "Escuchen, pues, israelitas, lo que voy
a decir: Como ustedes saben muy bien,
Jesús de Nazaret fue un hombre a quien
Dios aprobó ante ustedes, haciendo por
medio de él grandes maravillas, milagros y
señales. [23] Sin embargo, cuando él fue entregado en manos de ustedes, conforme a
los planes y propósitos que Dios tenía hechos de antemano,[n] ustedes lo arrestaron
y lo mataron, crucificándolo por medio de
hombres malvados.[ñ] [24] Pero Dios lo resucitó,[o] liberándolo de los dolores de la
muerte, porque la muerte no podía tenerlo
dominado. [25] El rey David, refiriéndose a
Jesús, dijo:
'Yo veía siempre al Señor delante de
mí;
con él a mi derecha, nada me hará
caer.
[26] Por eso se alegra mi corazón,
y mi lengua canta llena de gozo.
Todo mi ser vivirá confiadamente,
[27] porque no me dejarás en el sepulcro
ni permitirás que se descomponga
el cuerpo de tu santo siervo.
[28] Me mostraste el camino de la vida,
y me llenarás de alegría con tu
presencia.'[p]
[29] "Hermanos, permítanme decirles con
franqueza que nuestro antepasado David
murió y fue enterrado, y que su sepulcro
está todavía entre nosotros. [30] Pero David
era profeta, y sabía que Dios le había prometido con juramento que pondría por
rey a uno de sus descendientes.[q] [31] Así
que, como si ya lo estuviera viendo, David
habló de la resurrección del Mesías, y dijo
que éste no se quedaría en el sepulcro ni
su cuerpo se descompondría. [32] Pues bien,
Dios ha resucitado a ese mismo Jesús, y
de ello todos nosotros somos testigos. [33] El
fue levantado para ir a sentarse a la derecha de Dios, y recibió del Padre el Espíritu
Santo que había sido prometido, el cual, a
su vez, él repartió. Eso es lo que ustedes
han visto y oído. [34] Porque no fue David
quien subió al cielo; pues él mismo dijo:

'El Señor dijo a mi Señor:
Siéntate a mi derecha,
[35] hasta que yo haga de tus enemigos
el estrado de tus pies.'[r]
[36] "Sepa todo el pueblo de Israel, con
toda seguridad, que a este mismo Jesús a
quien ustedes crucificaron, Dios lo ha hecho Señor y Mesías."
[37] Cuando los allí reunidos oyeron esto,
se afligieron profundamente, y preguntaron a Pedro y a los otros apóstoles:
—Hermanos, ¿qué debemos hacer?
[38] Pedro les contestó:
—Vuélvanse a Dios y bautícese cada
uno en el nombre de Jesucristo, para que
Dios les perdone sus pecados, y así él les
dará el Espíritu Santo. [39] Esta promesa es
para ustedes y para sus hijos, y también
para todos los que están lejos; es decir,
para todos aquellos a quienes el Señor
nuestro Dios quiera llamar.
[40] Con estas y otras palabras, Pedro les
habló y les aconsejó, diciéndoles:
—¡Apártense de esta gente perversa!
[41] Así pues, los que hicieron caso de su
mensaje fueron bautizados; y aquel día se
agregaron a los creyentes unas tres mil
personas. [42] Todos seguían firmes en lo
que los apóstoles les enseñaban, y compartían lo que tenían, y oraban y se reunían para partir el pan.

La vida de los primeros cristianos

[43] Todos estaban asombrados a causa de
los muchos milagros y señales que eran
hechos por medio de los apóstoles. [44] Los
que habían creído estaban muy unidos y
compartían sus bienes entre sí;[s] [45] vendían sus propiedades y todo lo que tenían,
y repartían el dinero según las necesidades de cada uno. [46] Todos los días se reunían en el templo, y en las casas partían el
pan y comían juntos con alegría y sencillez de corazón. [47] Alababan a Dios y eran
estimados por todos; y cada día el Señor
añadía a la iglesia los que iban siendo salvos.

Un cojo es sanado

3 [1] Un día, Pedro y Juan fueron al templo a las tres de la tarde, que era la
hora de la oración. [2] Allí, en el templo, estaba un hombre cojo de nacimiento, al
cual llevaban todos los días y lo ponían
junto a la puerta llamada la Hermosa,
para que pidiera limosna a los que entraban. [3] Cuando el cojo vio a Pedro y a
Juan, que estaban a punto de entrar en el
templo, les pidió una limosna. [4] Ellos lo
vieron, y Pedro le dijo:
—Míranos.

[m] **2.17-21** Jl 2.28-32.   [n] **2.23** Lc 24.26.   [ñ] **2.23** Mt 27.35; Mr 15.24; Lc 23.33; Jn 19.18.   [o] **2.24** Mt 28.5-6; Mr 16.6; Lc 24.5.
[p] **2.25-28** Sal 16.8-11.   [q] **2.30** Sal 132.11; 2 S 7.12-13.   [r] **2.34-35** Sal 110.1.   [s] **2.44** Hch 4.32-35.

⁵ El hombre puso atención, creyendo que le iban a dar algo. ⁶ Pero Pedro le dijo: —No tengo plata ni oro, pero lo que tengo te doy: en el nombre de Jesucristo de Nazaret, levántate y anda.

⁷ Dicho esto, Pedro lo tomó por la mano derecha y lo levantó, y en el acto cobraron fuerzas sus pies y sus tobillos. ⁸ El cojo se puso en pie de un salto y comenzó a andar; luego entró con ellos en el templo, por su propio pie, brincando y alabando a Dios. ⁹ Todos los que lo vieron andar y alabar a Dios, ¹⁰ se llenaron de asombro y de temor por lo que le había pasado, ya que conocían al hombre y sabían que era el mismo que se sentaba a pedir limosna en el templo, en la puerta llamada la Hermosa.

Discurso de Pedro en el Pórtico de Salomón

¹¹ El cojo que había sido sanado no soltaba a Pedro y a Juan. Toda la gente, admirada, corrió a la parte del templo que se llama Pórtico de Salomón, donde ellos estaban. ¹² Pedro, al ver esto, les dijo: "¿Por qué se asombran ustedes, israelitas? ¿Por qué nos miran como si nosotros mismos hubiéramos sanado a este hombre y lo hubiéramos hecho andar por medio de algún poder nuestro o por nuestra devoción a Dios? ¹³ El Dios de Abraham, de Isaac y de Jacob, el Dios de nuestros antepasados,ᵗ ha dado el más alto honor a su siervoᵘ Jesús, a quien ustedes entregaron a las autoridades y a quien, cuando Pilato quiso soltarlo, ustedes no lo permitieron. ¹⁴ En vez de pedir la libertad de aquel que era santo y justo, ustedes pidieron que se soltara a un criminal.ᵛ ¹⁵ Y así mataron ustedes al que nos lleva a la vida.ᶻ Pero Dios lo resucitó, y de esto nosotros somos testigos. ¹⁶ Lo que ha hecho cobrar fuerzas a este hombre que ustedes ven y conocen, es la fe en el nombre de Jesús. Esa fe en Jesús es la que le ha hecho sanar completamente, como todos ustedes pueden ver.

¹⁷ "Ya sé, hermanos, que cuando ustedes y sus jefes mataron a Jesús, lo hicieron sin saber en realidad lo que estaban haciendo. ¹⁸ Pero Dios cumplió de este modo lo que antes había anunciado por medio de todos sus profetas: que su Mesías tenía que morir. ¹⁹ Por eso, vuélvanse ustedes a Dios y conviértanse, para que él les borre sus pecados. Quizás entonces el Señor les mande tiempos de alivio, ²⁰ enviándoles a Jesús, a quien desde el principio había escogido como Mesías para ustedes. ²¹ Aunque por ahora Jesucristo debe permanecer en el cielo hasta que Dios ponga en orden todas las cosas, como dijo por medio de sus santos profetas que vivieron en los tiempos antiguos. ²² Moisés anunció a nuestros antepasados: 'El Señor su Dios hará que salga de entre ustedes un profeta como yo. Obedézcanlo en todo lo que les diga, ²³ porque todo aquel que no haga caso a ese profeta, será eliminado del pueblo.'ʷ ²⁴ "Y todos los profetas, desde Samuel en adelante, hablaron también de estos días. ²⁵ Ustedes son herederos de las promesas que Dios hizo por medio de los profetas, y son también herederos del pacto hecho por Dios con nuestros antepasados. Pues Dios le dijo a Abraham: 'Todas las naciones del mundo serán bendecidas por medio de tus descendientes.'ˣ ²⁶ Cuando Dios resucitó a su Hijo, lo envió primero a ustedes, para bendecirlos, para que cada uno de ustedes se convierta de su maldad."

Pedro y Juan ante las autoridades

4 ¹ Todavía Pedro y Juan estaban hablándole a la gente, cuando llegaron los sacerdotes, con el jefe de la guardia del templo y con los saduceos. ² Estaban enojados porque Pedro y Juan enseñaban a la gente y decían que la resurrección de los muertos había quedado demostrada en el caso de Jesús. ³ Los arrestaron y, como ya era tarde, los metieron en la cárcel hasta el día siguiente. ⁴ Pero muchos de los que habían escuchado el mensaje, creyeron; y el número de creyentes, contando solamente los hombres, llegó a cerca de cinco mil.

⁵ Al día siguiente se reunieron en Jerusalén los jefes de los judíos, los ancianos y los maestros de la ley. ⁶ Allí estaban también Anás, que era el sumo sacerdote, Caifás, Juan, Alejandro y todos los que pertenecían a la familia de los sumos sacerdotes. ⁷ Ordenaron que les llevaran a Pedro y a Juan, y poniéndolos en medio de ellos les preguntaron: —¿Con qué autoridad, o en nombre de quién hacen ustedes estas cosas?

⁸ Pedro, lleno del Espíritu Santo, les contestó: —Jefes del pueblo y ancianos: ⁹ ustedes nos preguntan acerca del bien hecho a un enfermo, para saber de qué manera ha sido sanado. ¹⁰ Pues bien, declaramos ante ustedes, para que lo sepa todo el pueblo de Israel, que este hombre que está aquí, delante de todos, ha sido sanado en el nombre de Jesucristo de Nazaret, el

---

ᶻ *Al que nos lleva a la vida:* otra posible traducción: *al que gobierna la vida.* También es posible: *al originador de la vida.*
ᵗ **3.13** Ex 3.15. ᵘ **3.13** Is 52.13—53.12; Fil 2.7–9. ᵛ **3.14** Mt 27.15–23; Mr 15.6–14; Lc 23.13–23; Jn 19.12–15.
ʷ **3.22–23** Dt 18.15–19; 34.10. ˣ **3.25** Gn 12.3; 22.18.

mismo a quien ustedes crucificaron y a quien Dios resucitó. [11] Este Jesús es la piedra que ustedes los constructores despreciaron, pero que se ha convertido en la piedra principal.[y] [12] En ningún otro hay salvación,[z] porque en todo el mundo Dios no nos ha dado otra persona por la cual podamos ser salvos.

[13] Cuando las autoridades vieron la valentía con que hablaban Pedro y Juan, y se dieron cuenta de que eran hombres sin estudios ni cultura, se quedaron sorprendidos, y reconocieron que eran discípulos de Jesús. [14] Además, el que había sido sanado estaba allí con ellos, y por eso no podían decir nada en contra. [15] Entonces los mandaron salir de la reunión, y se quedaron discutiendo unos con otros. [16] Decían:

—¿Qué vamos a hacer con estos hombres? Todos los habitantes de Jerusalén saben que han hecho esta señal milagrosa, y no lo podemos negar. [17] Pero a fin de que este asunto no siga corriendo de boca en boca, vamos a amenazarlos, para que de aquí en adelante no hablen del nombre de Jesús a nadie.

[18] Así que los llamaron y les ordenaron que no hablaran ni enseñaran nada acerca del nombre de Jesús. [19] Pero Pedro y Juan les contestaron:

—Piensen ustedes mismos si es justo delante de Dios obedecerlos a ustedes en lugar de obedecerle a él. [20] Nosotros no podemos dejar de decir lo que hemos visto y oído.

[21] Las autoridades los amenazaron, pero los dejaron libres. No encontraron cómo castigarlos, porque toda la gente alababa a Dios por lo que había pasado. [22] El hombre que fue sanado de esta manera milagrosa, tenía más de cuarenta años.

Los creyentes piden confianza y valor

[23] Pedro y Juan, ya puestos en libertad, fueron a reunirse con sus compañeros y les contaron todo lo que los jefes de los sacerdotes y los ancianos les habían dicho. [24] Después de haberlos oído, todos juntos oraron a Dios, diciendo: "Señor, tú que hiciste el cielo, la tierra, el mar y todo lo que hay en ellos,[a] [25] dijiste por medio del Espíritu Santo y por boca de tu siervo David:

'¿Por qué se alborotan los pueblos?
¿Por qué hacen planes sin sentido?
[26] Los reyes y gobernantes de la tierra
se rebelan, y juntos conspiran
contra el Señor y contra su
escogido, el Mesías.'[b]
[27] "Es un hecho que Herodes[c] y Poncio Pilato[d] se juntaron aquí, en esta ciudad, con los extranjeros y los israelitas, contra tu santo siervo[e] Jesús, a quien escogiste como Mesías. [28] De esta manera, ellos hicieron todo lo que tú en tus planes ya habías dispuesto que tenía que suceder. [29] Ahora, Señor, fíjate en sus amenazas y concede a tus siervos que anuncien tu mensaje sin miedo, [30] y que por tu poder sanen a los enfermos y hagan señales y milagros en el nombre de tu santo siervo Jesús."

[31] Cuando acabaron de orar, el lugar donde estaban reunidos tembló; y todos fueron llenos del Espíritu Santo, y anunciaban abiertamente el mensaje de Dios.

Todas las cosas eran de todos

[32] Todos los creyentes, que eran muchos, pensaban y sentían de la misma manera. Ninguno decía que sus cosas fueran solamente suyas, sino que eran de todos.[f] [33] Los apóstoles seguían dando un poderoso testimonio de la resurrección del Señor Jesús, y Dios los bendecía mucho a todos. [34] No había entre ellos ningún necesitado, porque quienes tenían terrenos o casas, los vendían, y el dinero [35] lo ponían a disposición de los apóstoles, para repartirlo entre todos según las necesidades de cada uno. [36] Tal fue el caso de un levita llamado José, natural de la isla de Chipre, a quien los apóstoles pusieron por sobrenombre Bernabé (que significa: "Hijo de Consolación"). [37] Este hombre tenía un terreno, y lo vendió y puso el dinero a disposición de los apóstoles.

El pecado de Ananías y Safira

5 [1] Pero hubo uno, llamado Ananías, que junto con Safira, su esposa, vendió un terreno. [2] Este hombre, de común acuerdo con su esposa, se quedó con una parte del dinero y puso la otra parte a disposición de los apóstoles. [3] Pedro le dijo:

—Ananías, ¿por qué entró Satanás en tu corazón, para hacerte mentir al Espíritu Santo quedándote con parte del dinero que se pagaron por el terreno? [4] ¿Acaso no era tuyo el terreno? Y puesto que lo vendiste, ¿no era tuyo el dinero? ¿Por qué se te ocurrió hacer esto? No has mentido a los hombres, sino a Dios.

[5] Al oír esto, Ananías cayó muerto. Y todos los que lo supieron se llenaron de miedo. [6] Entonces vinieron unos jóvenes, envolvieron el cuerpo y se lo llevaron a enterrar.

[7] Unas tres horas después entró la esposa de Ananías, sin saber lo que había pasado. [8] Pedro le preguntó:

[y] 4.11 Sal 118.22. [z] 4.12 Jn 14.6. [a] 4.24 Ex 20.11; Neh 9.6; Sal 146.6. [b] 4.25–26 Sal 2.1–2. [c] 4.27 Lc 23.7–11.
[d] 4.27 Mt 27.1–2; Mr 15.1; Lc 23.1; Jn 18.28–29. [e] 4.27 Is 52.13; Fil 2.7. [f] 4.32 Hch 2.44–45.

—Dime, ¿vendieron ustedes el terreno en el precio que han dicho?

Ella contestó:

—Sí, en ese precio.

⁹ Pedro le dijo:

—¿Por qué se pusieron ustedes de acuerdo para poner a prueba al Espíritu del Señor? Ahí vienen los que se llevaron a enterrar a tu esposo, y ahora te van a llevar también a ti.

¹⁰ En ese mismo instante Safira cayó muerta a los pies de Pedro. Cuando entraron los jóvenes, la encontraron muerta, y se la llevaron a enterrar al lado de su esposo. ¹¹ Y todos los de la iglesia, y todos los que supieron estas cosas, se llenaron de miedo.

Muchos milagros y señales

¹² Por medio de los apóstoles se hacían muchas señales y milagros entre la gente; y todos se reunían en el Pórtico de Salomón. ¹³ Ninguno de los otros se atrevía a juntarse con ellos, pero la gente los tenía en alta estima. ¹⁴ Y aumentó el número de personas, tanto hombres como mujeres, que creyeron en el Señor. ¹⁵ Y sacaban los enfermos a las calles, poniéndolos en camas y camillas para que, al pasar Pedro, por lo menos su sombra cayera sobre alguno de ellos. ¹⁶ También de los pueblos vecinos acudía mucha gente a Jerusalén, trayendo enfermos y personas atormentadas por espíritus impuros; y todos eran sanados.

Los apóstoles son perseguidos

¹⁷ El sumo sacerdote y los del partido de los saduceos que estaban con él, se llenaron de envidia, ¹⁸ y arrestaron a los apóstoles y los metieron en la cárcel pública. ¹⁹ Pero un ángel del Señor abrió de noche las puertas de la cárcel y los sacó, diciéndoles: ²⁰ "Vayan y, de pie en el templo, cuenten al pueblo todo lo de esta vida^g nueva." ²¹ Conforme a esto que habían oído, al día siguiente entraron temprano en el templo y comenzaron a enseñar.

Mientras tanto, el sumo sacerdote y los que estaban con él llamaron a todos los ancianos israelitas a una reunión de la Junta Suprema, y mandaron traer de la cárcel a los apóstoles. ²² Pero cuando los guardias llegaron a la cárcel, no los encontraron. Así que volvieron con la noticia, ²³ diciendo:

—Encontramos la cárcel perfectamente cerrada, y a los soldados vigilando delante de las puertas; pero cuando abrimos, no encontramos a nadie adentro.

²⁴ Al oírlo, el sumo sacerdote, el jefe de la guardia del templo y los principales sacerdotes se preguntaban en qué iría a parar todo aquello. ²⁵ En aquel momento llegó uno, que les dijo:

—Los que ustedes metieron en la cárcel, están en el templo enseñando al pueblo.

²⁶ El jefe de la guardia, junto con los guardias, fue a buscarlos; pero no los maltrataron, porque tenían miedo de ser apedreados por la gente. ²⁷ Al llegar, los llevaron ante la Junta Suprema, y el sumo sacerdote les dijo:

²⁸ —Nosotros les habíamos prohibido terminantemente que enseñaran nada relacionado con ese hombre. ¿Y qué han hecho ustedes? Han llenado toda Jerusalén con esas enseñanzas, y encima quieren echarnos la culpa de la muerte de ese hombre.^h

²⁹ Pedro y los demás apóstoles contestaron:

—Es nuestro deber obedecer a Dios antes que a los hombres. ³⁰ El Dios de nuestros antepasados resucitó a Jesús, el mismo a quien ustedes mataron colgándolo en una cruz. ³¹ Dios lo ha levantado y lo ha puesto a su derecha, y lo ha hecho Guía y Salvador, para que la nación de Israel se vuelva a Dios y reciba el perdón de sus pecados. ³² De esto somos testigos nosotros, y también lo es el Espíritu Santo, que Dios ha dado a los que le obedecen.

³³ Cuando oyeron esto, se enfurecieron y quisieron matarlos. ³⁴ Pero entre aquellas autoridades había un fariseo llamado Gamaliel, que era un maestro de la ley muy respetado por el pueblo. Este se puso de pie y mandó que por un momento sacaran de allí a los apóstoles. ³⁵ Luego dijo a las demás autoridades:

—Israelitas, tengan cuidado con lo que van a hacer con estos hombres. ³⁶ Recuerden que hace algún tiempo se levantó Teudas, alegando ser un hombre importante, y unos cuatrocientos hombres lo siguieron. Pero a éste lo mataron, y sus seguidores se dispersaron, y allí se acabó todo. ³⁷ Más tarde, en los días del censo, se levantó Judas, el de Galilea, y logró que algunos lo siguieran; pero también lo mataron, y todos sus seguidores se dispersaron. ³⁸ Por eso, yo les aconsejo que dejen a estos hombres y que no se metan ccn ellos. Porque si este asunto es cosa de los hombres, pasará; ³⁹ pero si es cosa de Dios, no podrán ustedes vencerlos. Tengan cuidado, no se vayan a encontrar luchando contra Dios.

Ellos le hicieron caso. ⁴⁰ Así que llamaron a los apóstoles, los azotaron y les prohibieron seguir hablando en el nombre de Jesús; después los soltaron. ⁴¹ Los apóstoles salieron de la presencia de las autoridades muy contentos, porque Dios les había permitido sufrir injurias por causa del nombre de Jesús. [42] Todos los dias enseñaban y anunciaban las buenas noticias de Jesús el Mesías, tanto en el templo como por las casas.

Se nombra a siete ayudantes

6 [1] En aquel tiempo, como el número de los creyentes iba aumentando, los de habla griega comenzaron a quejarse de los de habla hebrea, diciendo que las viudas griegas no eran bien atendidas en la distribución diaria de ayuda.[3] [2] Los doce apóstoles reunieron a todos los creyentes, y les dijeron:

—No está bien que nosotros dejemos de anunciar el mensaje de Dios para dedicarnos a la administración. [3] Por eso, hermanos, busquen entre ustedes siete hombres de confianza, entendidos y llenos del Espíritu Santo, para que les encarguemos estos trabajos. [4] Nosotros seguiremos orando y proclamando el mensaje de Dios.

[5] Todos estuvieron de acuerdo, y escogieron a Esteban, hombre lleno de fe y del Espíritu Santo, y a Felipe, a Prócoro, a Nicanor, a Timón, a Parmenas y a Nicolás, uno de Antioquía que antes se había convertido al judaísmo. [6] Luego los llevaron a donde estaban los apóstoles, los cuales oraron y les impusieron las manos.

[7] El mensaje de Dios iba extendiéndose, y el número de los creyentes aumentaba mucho en Jerusalén. Incluso muchos sacerdotes judíos aceptaban la fe.

Arrestan a Esteban

[8] Esteban, lleno del poder y la bendición de Dios, hacía milagros y señales entre el pueblo. [9] Algunos de la sinagoga llamada de los Esclavos Libertados, junto con algunos de Cirene, de Alejandría, de Cilicia y de la provincia de Asia, comenzaron a discutir con Esteban; [10] pero no podían hacerle frente, porque hablaba con la sabiduría que le daba el Espíritu Santo. [11] Pagaron entonces a unos para que afirmaran que le habían oído decir palabras ofensivas contra Moisés y contra Dios. [12] De este modo alborotaron al pueblo, a los ancianos y a los maestros de la ley; por lo cual atacaron a Esteban, lo apresaron y lo llevaron ante la Junta Suprema. [13] Además buscaron testigos falsos, que dijeron:

—Ese hombre no deja de lanzar insultos contra este santo templo y contra la ley. [14] Le hemos oído decir que ese Jesús de Nazaret va a destruir el templo y que va a cambiar las costumbres que nos dejó Moisés.

[15] Las autoridades y todos los que estaban allí sentados, al mirar a Esteban, vieron que su cara era como la de un ángel.

Defensa de Esteban

7 [1] El sumo sacerdote le preguntó a Esteban si lo que decían de él era cierto, [2] y él contestó: "Hermanos y padres, escúchenme: Nuestro glorioso Dios se mostró a nuestro antepasado Abraham cuando estaba en Mesopotamia, antes que se fuera a vivir a Harán, [3] y le dijo: 'Deja tu tierra y a tus parientes, y vete a la tierra que yo te mostraré.'[i] [4] Entonces Abraham salió de Caldea y se fue a vivir a Harán.[j] Después murió su padre, y Dios trajo a Abraham a esta tierra, donde ustedes viven ahora.[z] [5] Pero no le dio ninguna herencia en ella; ni siquiera un lugar donde poner un pie. Pero sí le prometió que se la daría, para que después de su muerte fuera de sus descendientes[l] (aunque en aquel tiempo Abraham todavía no tenía hijos). [6] Además, Dios le dijo que sus descendientes vivirían como extranjeros en una tierra extraña, y que serían esclavos, y que los maltratarían durante cuatrocientos años. [7] Pero también le dijo Dios: 'Yo castigaré a la nación que los haga esclavos, y después ellos saldrán de allí y me servirán en este lugar.'[m] [8] En su pacto, Dios ordenó a Abraham la práctica de la circuncisión.[n] Por eso, a los ocho días de haber nacido su hijo Isaac, Abraham lo circuncidó.[ñ] Lo mismo hizo Isaac con su hijo Jacob,[o] y éste hizo lo mismo con sus hijos, que fueron los padres de las doce tribus de Israel.[p]

[9] "Estos hijos de Jacob, que fueron nuestros antepasados, tuvieron envidia de su hermano José,[q] y lo vendieron para que se lo llevaran a Egipto.[r] Pero Dios, que estaba con José,[s] [10] lo libró de todas sus aflicciones. Le dio sabiduría y le hizo ganarse el favor del faraón, rey de Egipto, el cual nombró a José gobernador de Egipto y del palacio real.[t]

[11] "Hubo entonces hambre y mucha aflicción en todo Egipto y en Canaán, y nuestros antepasados no tenían qué comer.[u] [12] Pero cuando Jacob supo que en Egipto había trigo, mandó allá a sus hijos, es decir, a nuestros antepasados. Este fue el primer viaje que hicieron. [13] Cuando fueron por segunda vez, José se dio a conocer a sus hermanos,[v] y así el faraón

[3] Este texto hace referencia a judíos procedentes de regiones en las que usualmente se hablaba el griego, a diferencia de los judíos palestinos, que conservaban la lengua aramea, llamada hebrea en el Nuevo Testamento.
[i] 7.2–3 Gn 12.1. [j] 7.4 Gn 11.31. [k] 7.4 Gn 12.4. [l] 7.5 Gn 12.7; 13.15; 15.18; 17.8. [m] 7.6–7 Gn 15.13–14; Ex 3.12. [n] 7.8 Gn 17.10–14. [ñ] 7.8 Gn 21.2–4. [o] 7.8 Gn 25.26. [p] 7.8 Gn 29.31—35.18. [q] 7.9 Gn 37.11. [r] 7.9 Gn 37.28. [s] 7.9 Gn 39.2,21. [t] 7.10 Gn 41.39–41. [u] 7.11 Gn 42.1–2. [v] 7.13 Gn 45.1.

supo de qué raza era José.[w] 14 Más tarde,
José ordenó que su padre Jacob y toda su
familia,[x] que eran setenta y cinco personas,[y] fueran llevados a Egipto. 15 De ese
modo Jacob se fue a vivir a Egipto;[z] y allí
murió,[a] y allí murieron también nuestros
antepasados. 16 Los restos de Jacob fueron
llevados a Siquem, y fueron enterrados en
el sepulcro que Abraham había comprado
por cierta cantidad de dinero a los hijos de
Hamor, en Siquem.[b]

17 "Cuando ya se acercaba el tiempo en
que había de cumplirse la promesa hecha
por Dios a Abraham, el pueblo de Israel
había crecido en Egipto y se había hecho
numeroso; 18 y por entonces comenzó a
gobernar en Egipto un rey que no había
conocido a José.[c] 19 Este rey engañó a
nuestro pueblo[d] y maltrató a nuestros
antepasados; los obligó a abandonar y dejar morir a sus hijos recién nacidos.[e]
20 En aquel tiempo nació Moisés. Fue un
niño que agradó a Dios, y sus padres lo
criaron en su casa durante tres meses.[f]
21 Cuando tuvieron que abandonarlo, la
hija del faraón lo recogió y lo crió como si
fuera su propio hijo.[g] 22 De esa manera
Moisés fue instruido en la sabiduría de los
egipcios, y fue un hombre poderoso en
palabras y en hechos.

23 "A la edad de cuarenta años, Moisés
decidió visitar a los israelitas, que eran su
propio pueblo. 24 Pero al ver que un egipcio maltrataba a uno de ellos, Moisés salió
en su defensa, y lo vengó matando al egipcio. 25 Y es que Moisés pensaba que sus
hermanos los israelitas se darían cuenta
de que por medio de él Dios iba a libertar-
los; pero ellos no se dieron cuenta. 26 Al
día siguiente, Moisés encontró a dos israelitas que se estaban peleando y, queriendo
ponerlos en paz, les dijo: 'Ustedes son hermanos; ¿por qué se maltratan el uno al
otro?' 27 Entonces el que maltrataba a su
compañero empujó a Moisés, y le dijo:
'¿Quién te ha puesto a ti como jefe y juez
entre nosotros? 28 ¿Acaso quieres matarme, como mataste ayer al egipcio?' 29 Al
oír esto, Moisés huyó y se fue a la tierra
de Madián.[h] Allí vivió como extranjero, y
tuvo dos hijos.[i]

30 "Cuarenta años después, en el desierto, cerca del monte Sinaí, un ángel se
le apareció en el fuego de una zarza que
estaba ardiendo. 31 Moisés se asombró de
aquella visión, y cuando se acercó para
ver mejor, oyó la voz del Señor, que decía:
32 'Yo soy el Dios de tus antepasados. Soy
el Dios de Abraham, de Isaac y de Jacob.'
Moisés comenzó a temblar de miedo, y no
se atrevía a mirar. 33 Entonces el Señor le
dijo: 'Descálzate, porque el lugar donde
estás es sagrado. 34 Claramente he visto
cómo sufre mi pueblo, que está en Egipto.
Los he oído quejarse y he bajado para librarlos. Por lo tanto, ven, que te voy a enviar a Egipto.'[j]

35 "Aunque ellos habían despreciado a
Moisés y le habían dicho: '¿Quién te nombró jefe y juez?', Dios lo envió como jefe y
libertador, por medio del ángel que se le
apareció en la zarza. 36 Y fue Moisés quien
sacó de Egipto a nuestros antepasados, y
quien hizo milagros y señales durante
cuarenta años en aquella tierra,[k] en el
Mar Rojo[l] y en el desierto.[m] 37 Este
mismo Moisés fue quien dijo a los israelitas: 'Dios hará que salga de entre ustedes
un profeta como yo.'[n] 38 Fue también
Moisés quien estuvo en la asamblea de Israel en el desierto, y con el ángel que le
habló en el monte Sinaí,[ñ] y con nuestros
antepasados; y él fue quien recibió palabras de vida para pasárnoslas a nosotros.

39 "Pero nuestros antepasados no quisieron obedecerlo, sino que lo rechazaron y
quisieron volverse a Egipto. 40 Le dijeron a
Aarón: 'Haznos dioses que nos guíen,
porque no sabemos qué le ha pasado a
este Moisés que nos sacó de Egipto.'[o]
41 Entonces hicieron un ídolo que tenía
forma de becerro, mataron animales para
ofrecérselos y celebraron una fiesta en
honor del ídolo que ellos mismos habían
hecho.[p] 42 Por esto, Dios se apartó de
ellos y los dejó adorar a las estrellas del
cielo. Pues así está escrito en el libro de
los profetas:

'Israelitas,
¿acaso en los cuarenta años del
desierto
me ofrecieron ustedes sacrificios y
ofrendas?
43 Por el contrario,
cargaron con el santuario del dios
Moloc
y con la estrella del dios Refán,
imágenes de dioses que ustedes
mismos
se hicieron para adorarlas.
Por eso los lanzaré a ustedes al
destierro
más allá de Babilonia.'[q]

44 "Nuestros antepasados tenían en el
desierto la tienda del pacto,[4] que fue hecha tal como Dios se lo ordenó a Moisés
cuando le dijo que la hiciera según el modelo que había visto.[r] 45 Nuestros antepa-

[4] *Tienda del pacto:* lit. *Tienda del testimonio.*

[w] **7.13** Gn 45.16. [x] **7.14** Gn 45.9–10,17–18. [y] **7.14** Gn 46.27. [z] **7.15** Gn 46.1–7. [a] **7.15** Gn 49.33. [b] **7.16** Gn 23.3–16; 33.19; 50.7–13; Jos 24.32. [c] **7.17–18** Ex 1.7–8. [d] **7.19** Ex 1.10–11. [e] **7.19** Ex 1.22. [f] **7.20** Ex 2.2. [g] **7.21** Ex 2.3–10. [h] **7.23–29** Ex 2.11–15. [i] **7.29** Ex 18.3–4. [j] **7.30–34** Ex 3.1–10. [k] **7.36** Ex 7.3. [l] **7.36** Ex 14.21. [m] **7.36** Nm 14.33. [n] **7.37** Dt 8.15,18. [ñ] **7.38** Ex 19.1—20.17; Dt. 5.1–33. [o] **7.40** Ex 32.1. [p] **7.41** Ex 32.2–6. [q] **7.42–43** Am 5.25–27. [r] **7.44** Ex 25.9,40.

sados recibieron esta tienda en herencia, y los que vinieron con Josué la trajeron consigo[s] cuando conquistaron la tierra de los otros pueblos, a los que Dios arrojó de delante de ellos. Así fue hasta los días de David. [46] El rey David encontró favor delante de Dios, y quiso construir un lugar donde viviera la descendencia[5] de Jacob;[t] [47] pero fue Salomón quien construyó el templo de Dios.[u] [48] Aunque el Dios altísimo no vive en templos hechos por la mano de los hombres. Como dijo el profeta:

[49] 'El cielo es mi trono,
      y la tierra es el estrado de mis pies.
  ¿Qué clase de casa me construirán?,
      dice el Señor;
  ¿cuál será mi lugar de descanso,
[50] si yo mismo hice todas estas cosas?'[v]

[51] "Pero ustedes —siguió diciendo Esteban— siempre han sido tercos, y tienen oídos y corazón paganos. Siempre están en contra del Espíritu Santo. Son iguales que sus antepasados.[w] [52] ¿A cuál de los profetas no maltrataron los antepasados de ustedes? Ellos mataron a quienes habían hablado de la venida de aquel que es justo, y ahora ese justo ya ha venido, ustedes lo traicionaron y lo mataron. [53] Ustedes, que recibieron la ley por medio de ángeles, no la obedecen."

Muerte de Esteban

[54] Cuando oyeron estas cosas, se enfurecieron y rechinaron los dientes contra Esteban. [55] Pero él, lleno del Espíritu Santo, miró al cielo y vio la gloria de Dios, y a Jesús de pie a la derecha de Dios. [56] Entonces dijo:

—¡Miren! Veo los cielos abiertos, y al Hijo del hombre a la derecha de Dios.

[57] Pero ellos se taparon los oídos, y dando fuertes gritos se lanzaron todos contra él. [58] Lo sacaron de la ciudad y lo apedrearon; y los que lo acusaban dejaron sus ropas al cuidado de un joven llamado Saulo.

[59] Mientras lo apedreaban, Esteban oró, diciendo: "Señor Jesús, recibe mi espíritu."[x] [60] Luego se puso de rodillas y gritó con voz fuerte: "¡Señor, no les tomes en cuenta este pecado!"[y]

Habiendo dicho esto, murió.

8 [1] Y Saulo estaba allí, dando su aprobación a la muerte de Esteban.

Saulo persigue a la iglesia

Aquel mismo día comenzó una gran persecución contra la iglesia de Jerusalén. Todos, menos los apóstoles, se dispersaron por las regiones de Judea y de Samaria.

[2] Algunos hombres piadosos enterraron a Esteban y lloraron mucho por él. [3] Mientras tanto, Saulo perseguía a la iglesia, y entraba de casa en casa para sacar a rastras a hombres y mujeres y mandarlos a la cárcel.[z]

Anuncio del evangelio en Samaria

[4] Pero los que tuvieron que salir de Jerusalén anunciaban el mensaje de salvación por dondequiera que iban. [5] Felipe, uno de ellos, se dirigió a la principal ciudad de Samaria y comenzó a hablarles de Cristo. [6] La gente se reunía, y todos escuchaban con atención lo que decía Felipe, pues veían las señales milagrosas hechas por él. [7] Muchas personas que tenían espíritus impuros eran sanadas, y los espíritus salían de ellas gritando; y también muchos paralíticos y cojos eran sanados. [8] Por esta causa hubo gran alegría en aquel pueblo.

[9] Pero había allí un hombre llamado Simón, que antes había practicado la brujería y que había engañado a la gente de Samaria haciéndose pasar por una persona importante. [10] Todos, desde el más pequeño hasta el más grande, lo escuchaban atentamente y decían: "Este es a quien llaman 'el gran poder de Dios'."

[11] Y le hacían caso, porque con su brujería los había engañado durante mucho tiempo. [12] Pero cuando creyeron en las buenas noticias que Felipe les anunciaba acerca del reino de Dios y de Jesucristo, tanto hombres como mujeres se bautizaron. [13] Y el mismo Simón creyó y se bautizó, y comenzó a acompañar a Felipe, admirado de los grandes milagros y señales que veía.

[14] Cuando los apóstoles que estaban en Jerusalén supieron que los de Samaria habían aceptado el mensaje de Dios, mandaron allá a Pedro y a Juan. [15] Al llegar, oraron por los creyentes de Samaria, para que recibieran el Espíritu Santo. [16] Porque todavía no había venido el Espíritu Santo sobre ninguno de ellos; solamente se habían bautizado en el nombre del Señor Jesús. [17] Entonces Pedro y Juan les impusieron las manos, y así recibieron el Espíritu Santo.

[18] Simón, al ver que el Espíritu Santo venía cuando los apóstoles imponían las manos a la gente, les ofreció dinero, [19] y les dijo:

—Denme también a mí ese poder, para que aquel a quien yo le imponga las manos reciba igualmente el Espíritu Santo.

[20] Entonces Pedro le contestó:

[5] La descendencia: lit. la casa. Otros mss.: el Dios.   [s] 7.45 Jos 3.14–17.   [t] 7.46 2 S 7.1–16; 1 Cr 17.1–14.   [u] 7.47 1 R 6.1–38; 2 Cr 3.1–17.   [v] 7.49–50 Is 66.1–2.   [w] 7.51 Is 63.10.   [x] 7.59 Sal 31.5; Lc 23.46.   [y] 7.60 Lc 23.34.   [z] 8.3 Hch 22.4–5; 26.9–11.

—¡Que tu dinero se condene contigo, porque has pensado comprar con dinero lo que es un don de Dios! ²¹ Tú no tienes ningún derecho a recibirlo, porque delante de Dios tu corazón no es recto. ²² Abandona esta maldad tuya, y ruega a Dios, que tal vez te perdonará el haber pensado así. ²³ Porque veo que estás lleno de amargura y que la maldad te tiene preso.

²⁴ Simón contestó:

—Oren ustedes al Señor por mí, para que no me pase nada de esto que me han dicho.

²⁵ Después de dar testimonio y de comunicar la palabra de Dios, los apóstoles anunciaron las buenas noticias en muchas de las aldeas de Samaria, y regresaron a Jerusalén.

Felipe y el funcionario etíope

²⁶ Después de esto, un ángel del Señor le dijo a Felipe: "Levántate y vete al sur, por el camino de Jerusalén a Gaza." Este camino pasa por el desierto. ²⁷ Felipe se levantó y se fue; y en el camino se encontró con un hombre de Etiopía. Era un alto funcionario, tesorero de la reina de Etiopía, el cual había ido a Jerusalén a adorar a Dios. ²⁸ Iba de regreso a su país, sentado en su carro y leyendo el libro del profeta Isaías. ²⁹ El Espíritu le dijo a Felipe: "Ve y acércate a ese carro." ³⁰ Cuando Felipe se acercó, oyó que el etíope leía el libro de Isaías; entonces le preguntó:

—¿Entiende usted lo que está leyendo?

³¹ El etíope le contestó:

—¿Cómo lo voy a entender, si no hay quien me lo explique?

Y le pidió a Felipe que subiera y se sentara junto a él. ³² La parte de la Escritura que estaba leyendo era ésta:

"Fue llevado como una oveja al
    matadero;
como un cordero que se queda
    callado
delante de los que lo trasquilan,
así tampoco abrió la boca.
³³ Fue humillado, y no se le hizo
    justicia;
¿quién podrá hablar de su
    descendencia?
Porque su vida fue arrancada de la
    tierra."ᵃ
³⁴ El funcionario etíope le preguntó a Felipe:

—Dígame, por favor, ¿de quién dice esto el profeta: de sí mismo o de algún otro? ³⁵ Entonces Felipe, tomando como

punto de partida el lugar de la Escritura que el etíope leía, le anunció las buenas noticias acerca de Jesús. ³⁶ Más tarde, al pasar por un sitio donde había agua, el funcionario dijo:

—Aquí hay agua; ¿no podría yo ser bautizado?ᵇ

³⁸ Entonces mandó parar el carro; y los dos bajaron al agua, y Felipe lo bautizó. ³⁹ Cuando subieron del agua, el Espíritu del Señor se llevó a Felipe, y el funcionario no lo volvió a ver; pero siguió su camino lleno de alegría. ⁴⁰ Felipe se encontró en Azoto, y pasó de pueblo en pueblo anunciando las buenas noticias, hasta llegar a Cesarea.

Conversión de Saulo
(Hch 22.6–16; 26.12–18)

9 ¹ Mientras tanto, Saulo no dejaba de amenazar de muerte a los creyentes en el Señor. Por eso, se presentó al sumo sacerdote, ² y le pidió cartas de autorización para ir a las sinagogas de Damasco, a buscar a los que seguían el Nuevo Camino,ᶜ tanto hombres como mujeres, y llevarlos presos a Jerusalén. ³ Pero cuando ya se encontraba cerca de la ciudad de Damasco, una luz que venía del cielo brilló de repente a su alrededor. ⁴ Saulo cayó al suelo, y oyó una voz que le decía: "Saulo, Saulo, ¿por qué me persigues?"

⁵ Saulo preguntó: "¿Quién eres, Señor?" La voz le contestó: "Yo soy Jesús, el mismo a quien estás persiguiendo."ᵈ ⁶ Levántate y entra en la ciudad; allí te dirán lo que debes hacer.

⁷ Los que viajaban con Saulo estaban muy asustados, porque habían oído la voz pero no habían visto a nadie. ⁸ Luego, Saulo se levantó del suelo; pero cuando abrió los ojos, no podía ver. Así que lo tomaron de la mano y lo llevaron a Damasco. ⁹ Allí estuvo tres días sin ver, y sin comer ni beber nada.

¹⁰ En Damasco vivía un creyente que se llamaba Ananías, a quien el Señor se le presentó en una visión y le dijo: "¡Ananías!" El contestó: "Aquí estoy, Señor."

¹¹ El Señor le dijo: "Levántate y vete a la calle llamada Derecha, y en la casa de Judas pregunta por un hombre de Tarso que se llama Saulo. Está orando, ¹² y en una visión ha visto a uno llamado Ananías que entra y pone sus manos sobre él para que pueda ver de nuevo."

¹³ Al oír esto, Ananías dijo: "Señor, muchos me han hablado de ese hombre y de todos los males que ha causado en Jerusa-

---

ᵇ Algunos mss. añaden v. 37: Felipe le dijo: —Si cree usted de todo corazón, puede. Y el hombre contestó: —Creo que Jesucristo es el Hijo de Dios.   ᶜ El Nuevo Camino: lit. el Camino.   ᵈ Algunos mss. añaden parte de los vs. 5 y 6: Te estás haciendo daño a ti mismo, como si dieras coces contra el aguijón. 6 Saulo entonces, temblando de miedo, dijo: "Señor, ¿qué quieres que yo haga?" Y el Señor le dijo: . . .
ᵃ **8.32–33** Is 53.7–8.

lén a tu pueblo santo. [14] Y ahora ha venido aquí, con autorización de los jefes de los sacerdotes, a llevarse presos a todos los que invocan tu nombre."

[15] Pero el Señor le dijo: "Ve, porque he escogido a ese hombre para que hable de mí a la gente de otras naciones, y a sus reyes, y también a los israelitas. [16] Yo le mostraré lo mucho que tiene que sufrir por mi causa."

[17] Ananías fue a la casa donde estaba Saulo. Al entrar, puso sus manos sobre él, y le dijo:

—Hermano Saulo, el Señor Jesús, el que se te apareció en el camino por donde venías, me ha mandado para que recobres la vista y quedes lleno del Espíritu Santo.

[18] Al momento cayeron de los ojos de Saulo una especie de escamas, y recobró la vista. Entonces se levantó y fue bautizado. [19] Después comió y recobró las fuerzas, y se quedó algunos días con los creyentes que vivían en Damasco.

Saulo predica en Damasco

[20] Luego Saulo comenzó a proclamar en las sinagogas que Jesús es el Hijo de Dios. [21] Todos los que lo oían se quedaban asombrados, y decían:

—¿No es éste el que andaba persiguiendo en Jerusalén a los que invocan el nombre de Jesús? ¿No es el mismo que también vino aquí para arrestarlos y entregarlos a los jefes de los sacerdotes?

[22] Pero Saulo hablaba cada vez con más valor, y dejaba confundidos a los judíos que vivían en Damasco, demostrándoles que Jesús es el Mesías.

Saulo escapa de los judíos

[23] Al cabo de muchos días, los judíos se pusieron de acuerdo para matar a Saulo, [24] pero él llegó a saberlo. Día y noche lo esperaban en las puertas de salida de la ciudad, para matarlo, [25] pero los creyentes lo pusieron en un gran canasto y lo bajaron de noche por la muralla que rodeaba la ciudad. Así se escapó.[b]

Saulo en Jerusalén

[26] Cuando Saulo llegó a Jerusalén, quiso reunirse con los creyentes; pero todos le tenían miedo, porque no creían que él también fuera creyente. [27] Sin embargo, Bernabé lo llevó y lo presentó a los apóstoles. Les contó que Saulo había visto al Señor en el camino, y que el Señor le ha-

bía hablado, y que, en Damasco, Saulo había anunciado a Jesús con toda valentía. [28] Así Saulo se quedó en Jerusalén, y andaba con ellos. Hablaba del Señor con toda valentía, [29] conversando y discutiendo con los judíos que hablaban griego; pero éstos procuraban matarlo. [30] Cuando los hermanos se dieron cuenta de ello, llevaron a Saulo a Cesarea, y de allí lo mandaron a Tarso.

[31] Entonces la iglesia, en todas las regiones de Judea, Galilea y Samaria, tenía paz y crecía espiritualmente. Vivía en el temor del Señor y, con la ayuda del Espíritu Santo, iba aumentando en número.

Curación de Eneas

[32] Pedro, que andaba visitando a los hermanos, fue también a ver a los creyentes que vivían en Lida. [33] Allí encontró a un hombre llamado Eneas, que desde hacía ocho años estaba en cama, paralítico. [34] Pedro le dijo:

—Eneas, Jesucristo te sana. Levántate y arregla tu cama.

Eneas se levantó al momento. [35] Y todos los que vivían en Lida y en Sarón lo vieron levantarse, y se convirtieron al Señor.

Resurrección de Dorcas

[36] Por aquel tiempo había en la ciudad de Jope una creyente llamada Tabita, que en griego significa Dorcas.[9] Esta mujer pasaba su vida haciendo el bien y ayudando a los necesitados. [37] Por aquellos días, Dorcas enfermó y murió. Su cuerpo, después de haber sido lavado, fue puesto en un cuarto del piso alto. [38] Jope estaba cerca de Lida, donde Pedro se encontraba; y como los creyentes supieron que estaba allí, mandaron dos hombres a decirle: "Venga usted a Jope sin demora."

[39] Y Pedro se fue con ellos. Cuando llegó, lo llevaron al cuarto donde estaba el cuerpo, y todas las viudas lo rodearon llorando y le mostraron los vestidos y túnicas que Dorcas había hecho cuando aún vivía. [40] Pedro los hizo salir a todos, y se arrodilló y oró; luego, mirando a la muerta, dijo:

—¡Tabita, levántate!

Ella abrió los ojos y, al ver a Pedro, se sentó. [41] Él la tomó de la mano y la levantó; luego llamó a los creyentes y a las viudas, y la presentó viva. [42] Esto se supo en toda la ciudad de Jope, y muchos creyeron en el Señor. [43] Pedro se quedó varios días en la ciudad, en casa de un curtidor que se llamaba Simón.

---

[9] El nombre arameo Tabita, cuya traducción griega es Dorcas, en castellano significa gacela.
[b] 9.23-25 2 Co 11.32-33.

Pedro y Cornelio

10 ¹ Había en la ciudad de Cesarea un hombre que se llamaba Cornelio, capitán del batallón llamado el Italiano. ² Era un hombre piadoso que, junto con toda su familia, adoraba a Dios. También daba mucho dinero para ayudar a los judíos, y oraba siempre a Dios. ³ Un día, a eso de las tres de la tarde, tuvo una visión: Vio claramente a un ángel de Dios que entraba donde él estaba y le decía: "¡Cornelio!" ⁴ Cornelio se quedó mirando al ángel, y con mucho miedo le preguntó: "¿Qué se te ofrece, señor?" El ángel le dijo: "Dios ha aceptado tus oraciones y lo que has hecho para ayudar a los necesitados. ⁵ Manda a alguien a la ciudad de Jope para que haga venir a Simón, que también es conocido como Pedro. ⁶ Está alojado en casa de otro Simón, un curtidor que vive junto al mar."

⁷ Cuando se fue el ángel que le había hablado, Cornelio llamó a dos de sus sirvientes y a un soldado que era muy religioso y de su confianza, ⁸ y después de contárselo todo, los envió a Jope.

⁹ Al día siguiente, a eso del mediodía, mientras iban de camino cerca de Jope, Pedro subió a orar a la azotea de la casa. ¹⁰ Tenía hambre y quería comer, pero mientras se la estaban preparando la comida, tuvo una visión: ¹¹ vio que el cielo se abría y que bajaba a la tierra algo parecido a una gran sábana, atada por las cuatro puntas. ¹² En la sábana había toda clase de cuadrúpedos, y también reptiles y aves. ¹³ Y oyó una voz, que le dijo: "Levántate, Pedro; mata y come." ¹⁴ Pedro contestó: "No, Señor; yo nunca he comido nada profano ni impuro." ¹⁵ La voz le habló de nuevo, y le dijo: "Lo que Dios ha purificado, no lo llames tú profano."

¹⁶ Esto sucedió tres veces, y luego la sábana volvió a subir al cielo. ¹⁷ Pedro estaba preocupado pensando qué querría decir aquella visión, cuando llegaron a la puerta los hombres de Cornelio, que iban preguntando por la casa de Simón. ¹⁸ Al llegar, preguntaron en voz alta si allí se alojaba un tal Simón, a quien también llamaban Pedro.

¹⁹ Y mientras Pedro todavía estaba pensando en la visión, el Espíritu Santo le dijo: "Mira, tres hombres te buscan. ²⁰ Levántate, baja y ve con ellos sin dudarlo, porque yo los he enviado."

²¹ Pedro bajó y dijo a los hombres:

—Yo soy el que ustedes buscan; ¿a qué han venido?

²² Ellos contestaron:

—Venimos de parte del capitán Cornelio, un hombre justo, que adora a Dios y a quien todos los judíos estiman y quieren. Un ángel de Dios le dijo que debía hacerle llamar a usted, para que usted vaya a su casa y él escuche lo que tenga que decirle.

²³ Entonces Pedro los hizo entrar, y se quedaron con él aquella noche. Al día siguiente, Pedro se fue con ellos, y lo acompañaron algunos de los hermanos que vivían en Jope.

²⁴ Y al otro día llegaron a Cesarea, donde Cornelio los estaba esperando junto con un grupo de sus parientes y amigos íntimos, a quienes había invitado. ²⁵ Cuando Pedro llegó a la casa, Cornelio salió a recibirlo, y se puso de rodillas delante de él, para adorarlo. ²⁶ Pero Pedro lo levantó, diciéndole:

—Ponte de pie, pues yo también soy un hombre, como tú.

²⁷ Mientras hablaba con él, entró y encontró a muchas personas reunidas. ²⁸ Pedro les dijo:

—Ustedes saben que a un judío le prohíbe su religión tener tratos con extranjeros o entrar en sus casas. Pero Dios me ha enseñado que no debo llamar profano o impuro a nadie. ²⁹ Por eso, tan pronto como me avisaron, vine sin poner ninguna objeción. Quisiera saber, pues, por qué me han llamado.

³⁰ Cornelio contestó:

—Hace cuatro días, como a esta misma hora, yo estaba aquí en mi casa ayunando y haciendo la oración de la tarde, cuando se me apareció un hombre vestido con ropa brillante. ³¹ Me dijo: 'Cornelio, Dios ha oído tu oración y se ha acordado de lo que has hecho para ayudar a los necesitados. ³² Envía a la ciudad de Jope a hacer venir a Simón, que también se llama Pedro. Está alojado en casa de otro Simón, un curtidor que vive junto al mar.' ³³ Así que envié inmediatamente a buscarte, y tú has tenido la bondad de venir. Ahora estamos todos aquí delante de Dios, y queremos escuchar todo lo que el Señor te ha mandado decirnos.

Discurso de Pedro en casa de Cornelio

³⁴ Pedro entonces comenzó a hablar, y dijo:

—Ahora entiendo que de veras Dios no hace diferencia entre una persona y otra,ᶜ ³⁵ sino que en cualquier nación acepta a los que le reverencian y hacen lo bueno. ³⁶ Dios habló a los descendientes de Israel, anunciando el mensaje de paz por medio de Jesucristo, que es el Señor de todos. ³⁷ Ustedes bien saben lo que pasó en toda la tierra de los judíos, comenzando en Galilea, después que Juan proclamó que era

ᶜ **10.34** Dt 10.17.

necesario bautizarse. [38] Saben que Dios llenó de poder y del Espíritu Santo a Jesús de Nazaret, y que Jesús anduvo haciendo bien y sanando a todos los que sufrían bajo el poder del diablo. Esto pudo hacerlo porque Dios estaba con él, [39] y nosotros somos testigos de todo lo que hizo Jesús en la región de Judea y en Jerusalén. Después lo mataron, colgándolo en una cruz. [40] Pero Dios lo resucitó al tercer día, e hizo que se nos apareciera a nosotros. [41] No se apareció a todo el pueblo, sino a nosotros, a quienes Dios había escogido de antemano como testigos. Nosotros comimos y bebimos con él después que resucitó. [42] Y él nos envió a anunciarle al pueblo que Dios lo ha puesto como Juez de los vivos y de los muertos. [43] Todos los profetas habían hablado ya de Jesús, y habían dicho que quienes creen en él reciben por medio de él el perdón de los pecados.

Los no judíos reciben el Espíritu Santo

[44] Todavía estaba hablando Pedro, cuando el Espíritu Santo vino sobre todos los que escuchaban su mensaje. [45] Y los creyentes procedentes del judaísmo que habían llegado con Pedro, se quedaron admirados de que el Espíritu Santo fuera dado también a los que no eran judíos, [46] pues los oían hablar en lenguas extrañas y alabar a Dios. Entonces Pedro dijo:

—¿Acaso puede impedirse que sean bautizadas estas personas, que han recibido el Espíritu Santo igual que nosotros?

[48] Y mandó que fueran bautizados en el nombre de Jesucristo. Después rogaron a Pedro que se quedara con ellos algunos días.

Informe de Pedro a la iglesia de Jerusalén

11 [1] Los apóstoles y los hermanos que estaban en Judea recibieron noticias de que también los no judíos habían aceptado el mensaje de Dios. [2] Pero cuando Pedro volvió a Jerusalén, lo criticaron algunos de los creyentes procedentes del judaísmo. [3] Le preguntaron:

—¿Por qué fuiste a visitar a los que no son judíos, y comiste con ellos?

[4] Pedro les contó desde el principio todo lo que había pasado. Les dijo:

[5] —Yo estaba en la ciudad de Jope, y mientras oraba tuve una visión: Vi algo parecido a una gran sábana que, atada por las cuatro puntas, bajaba del cielo hasta donde yo estaba. [6] Me fijé bien para ver lo que había adentro, y vi cuadrúpedos y fieras, reptiles y aves. [7] Y oí una voz, que me dijo: 'Levántate, Pedro; mata y come.'

[8] Yo contesté: 'No, Señor, porque nunca ha entrado en mi boca nada profano ni impuro.' [9] Entonces la voz del cielo me habló de nuevo, diciendome: 'Lo que Dios ha purificado, no lo llames tú profano.' [10] Esto sucedió tres veces, y luego todo volvió a subir al cielo. [11] En aquel momento, tres hombres enviados desde Cesarea a buscarme llegaron a la casa donde estábamos. [12] El Espíritu me mandó que, sin dudarlo, fuera con ellos. Y también fueron conmigo estos seis hermanos. Todos entramos en casa de cierto hombre, [13] que nos contó cómo en su casa había visto a un ángel, que puesto de pie le había dicho: 'Manda a alguien a la ciudad de Jope para que haga venir a Simón, que también es conocido como Pedro; [14] él te dirá cómo puedes salvarte, tú y toda tu familia.' [15] Cuando comencé a hablarles, el Espíritu Santo vino sobre ellos de igual manera que al principio vino sobre nosotros. [16] Entonces me acordé de lo que había dicho el Señor: 'Es cierto que Juan bautizó con agua, pero ustedes serán bautizados con el Espíritu Santo.'[d] [17] Pues bien, si Dios les da también a ellos lo mismo que nos ha dado a nosotros que hemos creído en el Señor Jesucristo, ¿quién soy yo para oponerme a Dios?

[18] Cuando los hermanos de Jerusalén oyeron estas cosas, se callaron y alabaron a Dios, diciendo:

—¡De manera que también a los que no son judíos les ha dado Dios la oportunidad de volverse a él y alcanzar la vida eterna!

La iglesia de Antioquía

[19] Después de la muerte de Esteban, comenzaron a perseguir a los creyentes, por lo que algunos tuvieron que huir a Fenicia, Chipre y Antioquía.[e] Allí anunciaron a los judíos el mensaje del evangelio, pero no a los demás. [20] Sin embargo, algunos creyentes de Chipre y de Cirene llegaron a la ciudad de Antioquía y hablaron también a los no judíos, anunciándoles las buenas noticias acerca de Jesús, el Señor. [21] El poder del Señor estaba con ellos, y así fueron muchos los que dejaron sus antiguas creencias y creyeron en el Señor.

[22] Los de la iglesia de Jerusalén, al conocer esta noticia, mandaron a Bernabé a Antioquía. [23] Al llegar, Bernabé vio cómo Dios los había bendecido, y se alegró mucho. Les aconsejó a todos que con corazón firme siguieran fieles al Señor. [24] Porque Bernabé era un hombre bueno, lleno del Espíritu Santo y de fe. Y así mucha gente se unió al Señor.

[25] Después de esto, Bernabé fue a Tarso a buscar a Saulo, [26] y cuando lo encontró,

d 11.16 Hch 1.5.   e 11.19 Hch 8.1-4.

lo llevó a Antioquía. Allí estuvieron con la iglesia un año entero, enseñando a mucha gente. Fue en Antioquía donde por primera vez se les dio a los discípulos el nombre de cristianos. [27] Por aquel tiempo, unos profetas fueron de Jerusalén a Antioquía. [28] Y uno de ellos, llamado Agabo,[f] puesto de pie y por inspiración del Espíritu, anunció que iba a haber una gran hambre en todo el país, lo cual sucedió, en efecto, en tiempos del emperador Claudio. [29] Entonces los creyentes de Antioquía decidieron enviar ayuda a los hermanos que vivían en Judea, según lo que cada uno pudiera dar. [30] Así lo hicieron, y por medio de Bernabé y Saulo mandaron una ofrenda a los ancianos de Judea.

Muerte de Santiago y encarcelamiento de Pedro

12 [1] Por aquel tiempo, el rey Herodes comenzó a perseguir a algunos de la iglesia. [2] Ordenó matar a filo de espada a Santiago, el hermano de Juan; [3] y como vio que esto había agradado a los judíos, hizo arrestar también a Pedro. Esto sucedió en los días de la fiesta en que se come el pan sin levadura. [4] Después de arrestarlo, Herodes metió a Pedro en la cárcel, donde estaba vigilado por cuatro grupos de soldados, de cuatro soldados por grupo. Pensaba presentarlo ante el pueblo después de la Pascua.[g] [5] Así que Pedro estaba en la cárcel, bien vigilado, pero los de la iglesia seguían orando a Dios por él con mucho fervor.

Dios libra de la cárcel a Pedro

[6] La misma noche anterior al día en que Herodes lo iba a presentar ante el pueblo, Pedro estaba durmiendo entre dos soldados, sujeto con dos cadenas, mientras otros soldados estaban en la puerta vigilando la cárcel. [7] De pronto se presentó un ángel del Señor, y la cárcel se llenó de luz. El ángel tocó a Pedro en el costado, lo despertó, y le dijo: "¡Levántate en seguida!" Al instante, las cadenas cayeron de las manos de Pedro, [8] y el ángel le dijo: "Vístete y ponte las sandalias." Así lo hizo Pedro, y el ángel añadió: "Ponte tu capa y sígueme."

[9] Pedro salió tras el ángel, sin saber si era realidad o no lo que el ángel hacía. Más bien le parecía que estaba viendo una visión. [10] Pero pasaron la primera guardia, luego la segunda, y cuando llegaron a la puerta de hierro que daba a la calle, la puerta se abrió por sí sola. Salieron, y después de haber caminado una calle, el ángel lo dejó solo.

[11] Pedro comprendió entonces, y dijo: "Ahora veo que verdaderamente el Señor ha enviado a su ángel para librarme de Herodes y de todo lo que los judíos querían hacerme."

[12] Al darse cuenta de esto, Pedro se fue a casa de María, la madre de Juan, llamado también Marcos, donde muchas personas estaban reunidas en oración. [13] Llamó a la puerta de la calle, y una muchacha llamada Rode salió a ver quién era. [14] Al reconocer la voz de Pedro, fue tanta su alegría que, en vez de abrir, corrió adentro a avisar que Pedro estaba a la puerta. [15] Le dijeron:

—¡Estás loca!

Pero ella aseguraba que era cierto. Ellos decían:

—No es él; es su ángel.

[16] Mientras tanto, Pedro seguía llamando a la puerta. Y cuando abrieron y lo vieron, se asustaron. [17] Pero él, con la mano, les hizo señas de que se callaran, y les contó cómo el Señor lo había sacado de la cárcel. Y añadió:

—Cuenten esto a Santiago y a los hermanos.

Luego salió y se fue a otro lugar.

[18] Cuando amaneció, se produjo una gran confusión entre los soldados, porque no sabían qué había pasado con Pedro. [19] Herodes ordenó buscarlo, pero como no lo pudo encontrar, hizo responsables a los guardias y los mandó matar. Después de esto, Herodes salió de Judea y se fue a vivir a Cesarea.

La muerte de Herodes

[20] Herodes estaba enojado con los habitantes de Tiro y de Sidón, los cuales se pusieron de acuerdo para presentarse ante él. Lograron ganarse la buena voluntad de Blasto, un alto funcionario del rey Herodes, y por medio de él le pidieron paz, porque Tiro y Sidón obtenían sus provisiones en el país del rey. [21] Herodes los citó para un cierto día, en el que, vestido con ropa de ceremonia, ocupó su asiento en el tribunal y les dirigió un discurso. [22] La gente comenzó entonces a gritar: "¡Este que habla no es un hombre, sino un dios!" [23] En el mismo momento, un ángel del Señor hizo que Herodes cayera enfermo, por no haber dado honor a Dios, y murió comido de gusanos.

[24] Entre tanto, el mensaje de Dios iba extendiéndose y era anunciado en todas partes.

[25] Cuando Bernabé y Saulo terminaron su trabajo, volvieron de Jerusalén lle-

f 11.28 Hch 21.10.   g 12.4 Ex 12.1-27.

vando con ellos a Juan, que también se llamaba Marcos.

Bernabé y Saulo comienzan su trabajo misionero

13 [1] En la iglesia que estaba en Antioquía había profetas y maestros. Eran Bernabé, Simón (al que también llamaban el Negro), Lucio de Cirene, Manaén (que se había criado junto con Herodes, el que gobernó en Galilea) y Saulo. [2] Un día, mientras estaban celebrando el culto al Señor y ayunando, el Espíritu Santo dijo: "Sepárenme a Bernabé y a Saulo para el trabajo al cual los he llamado." [3] Entonces, después de orar y ayunar, les impusieron las manos y los despidieron.

Los apóstoles en Chipre

[4] Enviados por el Espíritu Santo, Bernabé y Saulo se dirigieron a Seleucia, y allí se embarcaron para la isla de Chipre. [5] Al llegar al puerto de Salamina, comenzaron a anunciar el mensaje de Dios en las sinagogas de los judíos. Juan iba también con ellos, como ayudante. [6] Recorrieron toda la isla y llegaron a Pafos, donde encontraron a un brujo judío llamado Barjesús, el cual era además un mentiroso que decía hablar de parte de Dios. [7] Este brujo estaba con el gobernador Sergio Paulo, que era un hombre inteligente. El gobernador mandó llamar a Bernabé y a Saulo, porque quería oír el mensaje de Dios. [8] Pero el brujo, cuyo nombre griego era Elimas, se les opuso, tratando de impedir que el gobernador creyera. [9] Entonces Saulo, también llamado Pablo, lleno del Espíritu Santo, lo miró fijamente [10] y le dijo:

—¡Mentiroso, malvado, hijo del diablo y enemigo de todo lo bueno! ¿Por qué no dejas de torcer los caminos rectos del Señor? [11] Ahora el Señor te va a castigar: vas a quedarte ciego, y por algún tiempo no podrás ver la luz del sol.

Inmediatamente Elimas quedó en total oscuridad, y buscaba que alguien lo llevara de la mano porque estaba ciego. [12] Al ver esto, el gobernador creyó, admirado de la enseñanza acerca del Señor.

Pablo y Bernabé en Antioquía de Pisidia

[13] Pablo y sus compañeros se embarcaron en Pafos y viajaron a Perge, en la región de Panfilia; pero Juan los dejó y volvió a Jerusalén. [14] De Perge pasaron a Antioquía, que está cerca de Pisidia. Allí, el día de reposo,[10] entraron en la sinagoga y se sentaron. [15] Después de leer en los libros de la ley y de los profetas, los jefes de la sinagoga los invitaron:

—Hermanos, si tienen algo que decir para dar ánimo a la gente, díganlo ahora.

[16] Entonces Pablo se levantó y, pidiéndoles con la mano que guardaran silencio, dijo:

—Escuchen ustedes, israelitas, y también ustedes, los extranjeros que tienen temor de Dios. [17] El Dios del pueblo de Israel escogió a nuestros antepasados; hizo de ellos una nación grande cuando todavía estaban viviendo como extranjeros en Egipto,[h] y después, con su poder, los sacó de aquella tierra.[i] [18] Dios soportó su conducta en el desierto unos cuarenta años,[j] [19] y destruyó siete naciones en el país de Canaán,[k] para dar sus tierras a nuestros antepasados.[l] [20] Todo esto duró unos cuatrocientos cincuenta años.

"Después se dio caudillos,[m] hasta los días del profeta Samuel.[n] [21] Entonces ellos pidieron un rey[ñ] que los gobernara, y Dios, durante cuarenta años, les dio como rey a Saúl, hijo de Cis, que era de la tribu de Benjamín.[o] [22] Más tarde, Dios quitó de su puesto a Saúl,[p] y les dio por rey a David, de quien dijo: 'He encontrado que David, hijo de Isaí, es un hombre que me agrada y que está dispuesto a hacer todo lo que yo quiero.'[q] [23] Uno de los descendientes de este mismo David fue Jesús, a quien Dios envió para salvar a Israel, como había prometido. [24] Antes que Jesús viniera, Juan anunciaba el mensaje a todo el pueblo de Israel, diciéndoles que debían volverse a Dios y ser bautizados.[r] [25] Y cuando Juan se iba acercando al fin de su vida, dijo: 'Yo no soy lo que ustedes piensan;[s] pero después de mí viene uno a quien yo ni siquiera merezco desatarle las sandalias de los pies.'

[26] "Hermanos descendientes de Abraham, y ustedes, los extranjeros que tienen temor de Dios: este mensaje de salvación es para ustedes. [27] Pues los que vivían en Jerusalén, y sus jefes, no sabían quién era Jesús, ni entendían las palabras de los profetas que se leen en la sinagoga cada día de reposo;[10] así ellos mismos, cuando condenaron a Jesús, cumplieron esas profecías. [28] Y aunque no encontraron en él ningún motivo para darle muerte, pidieron a Pilato que mandara matarlo.[u] [29] Luego, cuando ya habían hecho todo lo que se decía de él en las Escrituras, lo ba-

[10] *Día de reposo:* aquí equivale a *sábado. Día de reposo:* aquí equivale a *sábado.*
[h] **13.17** Ex 1.7.   [i] **13.17** Ex 12.51.   [j] **13.18** Nm 14.34; Dt 1.31.   [k] **13.19** Dt 7.1.   [l] **13.19** Jos 14.1   [m] **13.20** Jue 2.16.   [n] **13.20** 1 S 3.20.   [ñ] **13.21** 1 S 8.5.   [o] **13.21** 1 S 10.21.   [p] **13.22** 1 S 13.14.   [q] **13.22** 1 S 16.12; Sal 89.20.   [r] **13.24** Mr 1.4; Lc 3.3.   [s] **13.25** Jn 1.20.   [t] **13.25** Mt 3.11; Mr 1.7; Lc 3.16; Jn 1.27.   [u] **13.28** Mt 27.22-23; Mr 15.13-14; Lc 23.21-23; Jn 19.15.

jaron de la cruz y lo enterraron.ᵛ ³⁰ Pero Dios lo resucitó. ³¹ Y, durante muchos días, Jesús se apareció a los que lo habían acompañado en su viaje de Galilea a Jerusalén;ʷ y ahora son ellos los que hablan de Jesús a la gente.

³² "Así que nosotros les estamos dando a ustedes esta buena noticia: La promesa que Dios hizo a nuestros antepasados, ³³ nos la ha cumplido a nosotros, que somos los descendientes. Esto lo ha hecho al resucitar a Jesús, como está escrito en el salmo segundo: 'Tú eres mi Hijo; yo te he engendrado hoy.'ˣ ³⁴ Dios ya había anunciado que lo resucitaría para que su cuerpo no se descompusiera, al decir en las Escrituras: 'Cumpliré las santas y verdaderas promesas que hice a David.'ʸ ³⁵ Por eso dice también en otro lugar: 'No permitirás que se descomponga el cuerpo de tu santo siervo.'ᶻ ³⁶ Ahora bien, lo cierto es que David sirvió a los de su tiempo, según Dios se lo había ordenado, y que después murió y se reunió con sus padres, y que su cuerpo se descompuso. ³⁷ Pero el cuerpo de aquel que Dios resucitó, no se descompuso. ³⁸⁻³⁹ Así pues, hermanos, ustedes deben saber que el perdón de los pecados se les anuncia por medio de Jesús. Por medio de él, todos los que creen quedan perdonados de todo aquello que bajo la ley de Moisés no tenía perdón. ⁴⁰ Tengan, pues, cuidado, para que no caiga sobre ustedes lo que escribieron los profetas:

⁴¹ 'Miren, ustedes que desprecian,
    asómbrense y desaparezcan;
    porque en sus días haré cosas tales
    que ustedes no las creerían,
    si alguien se las contara.' "ᵃ

⁴² Cuando Pablo y sus compañeros salieron de la sinagoga de los judíos, los que no eran judíos de nacimiento les pidieron que al siguiente día de reposo¹⁰ les hablaran también de estas cosas. ⁴³ Una vez terminada la reunión en la sinagoga, muchos de los judíos y de los que se habían convertido al judaísmo siguieron a Pablo y Bernabé. Y ellos les aconsejaron que permanecieran firmes en el llamamiento que habían recibido por amor de Dios.

⁴⁴ A la siguiente semana, en el día de reposo,¹⁰ casi toda la ciudad se reunió para oír el mensaje del Señor. ⁴⁵ Pero cuando los judíos vieron tanta gente, se llenaron de celos y comenzaron a contradecir a Pablo y a insultarlo. ⁴⁶ Entonces Pablo y Bernabé, hablando con valentía, les contestaron:

—Teníamos la obligación de anunciar el mensaje de Dios en primer lugar a ustedes, que son judíos; pero ya que ustedes lo rechazan y no se consideran dignos de la vida eterna, nos iremos a los que no son judíos. ⁴⁷ Porque así nos mandó el Señor, diciendo:

'Te he puesto como luz de las
    naciones,
para que lleves mi salvación
hasta las partes más lejanas de la
    tierra.'ᵇ

⁴⁸ Al oír esto, los que no eran judíos se alegraron y comenzaron a decir que el mensaje del Señor era bueno; y creyeron todos los que estaban destinados a tener vida eterna. ⁴⁹ Así se predicó el mensaje del Señor por toda aquella región. ⁵⁰ Pero los judíos hablaron con algunas mujeres piadosas y honorables, y con los hombres importantes de la ciudad, y los incitaron a comenzar una persecución contra Pablo y Bernabé, para echarlos de la región. ⁵¹ Entonces éstos sacudieron el polvo de sus pies en señal de protesta contra aquella gente,ᶜ y se fueron a Iconio. ⁵² Pero los creyentes estaban llenos de alegría y del Espíritu Santo.

Pablo y Bernabé en Iconio

14 ¹ En Iconio, Pablo y Bernabé entraron juntos en la sinagoga de los judíos, y hablaron de tal modo que muchos creyeron, tanto judíos como no judíos. ² Pero los judíos que no creían incitaron a los no judíos, haciéndolos pensar mal de los hermanos. ³ Por esto, los apóstoles se quedaron allí mucho tiempo, y confiados en el Señor hablaron con toda franqueza; y el Señor confirmaba lo que ellos decían del amor de Dios, dándoles poder para hacer señales y milagros. ⁴ Pero la gente de la ciudad estaba dividida, unos a favor de los judíos y otros a favor de los apóstoles. ⁵ Entonces, tanto los judíos como los no judíos se pusieron de acuerdo con las autoridades para maltratarlos y apedrearlos. ⁶ Pero Pablo y Bernabé, al saberlo, se escaparon a Listra y Derbe, pueblos de Licaonia, y a la región de alrededor, ⁷ donde también anunciaron las buenas noticias.

Apedrean a Pablo en Listra

⁸ En Listra había un hombre que no podía andar. Nunca había andado, porque era cojo de nacimiento. Este hombre estaba sentado, ⁹ oyendo lo que Pablo decía, y Pablo se fijó en él y vio que tenía suficiente fe para ser sanado. ¹⁰ Entonces le dijo con voz fuerte:

—¡Levántate y ponte derecho sobre tus pies!

El hombre se puso en pie de un salto, y

ᵛ **13.29** Mt 27.57–61; Mr 15.42–47; Lc 23.50–56; Jn 19.38–42. ʷ **13.31** Hch 1.3. ˣ **13.33** Sal 2.7. ʸ **13.34** Is 55.3. ᶻ **13.35** Sal 16.10. ᵃ **13.41** Hab 1.5. ᵇ **13.47** Is 42.6; 49.6. ᶜ **13.51** Mt 10.14; Mr 6.11; Lc 9.5; 10.11.

comenzó a andar. [11] Al ver lo que Pablo había hecho, la gente empezó a gritar en la lengua de Licaonia:

—¡Dioses en forma de hombre han bajado a nosotros!

[12] Y tomaron a Bernabé por el dios Zeus, y a Pablo por el dios Hermes, porque era el que hablaba. [13] El sacerdote de Zeus, que tenía su templo a la entrada del pueblo, trajo toros y adornos florales; y él y la gente querían adorar a los apóstoles y matar los toros como sacrificio. [14] Pero cuando Bernabé y Pablo se dieron cuenta, se rasgaron la ropa y se metieron entre la gente, gritando:

[15] —Pero señores, ¿por qué hacen esto? Nosotros somos hombres, como ustedes. Precisamente hemos venido para decirles que dejen ya estas cosas que no sirven para nada, y que se vuelvan al Dios viviente, que hizo el cielo, la tierra, el mar y todo lo que hay en ellos. [16] Aunque en otros tiempos Dios permitió que cada cual siguiera su propio camino, [17] nunca dejó de mostrar, por medio del bien que hacía, quién era él; pues él es quien les manda a ustedes la lluvia y las buenas cosechas, y quien les da lo suficiente para que coman y estén contentos.

[18] Pero aunque les dijeron todo esto, les fue difícil impedir que la gente matara los toros para ofrecérselos en sacrificio y adorarlos. [19] En esto llegaron unos judíos de Antioquía y de Iconio, que hicieron cambiar de parecer a la gente; entonces apedrearon a Pablo y, creyendo que lo habían matado, lo arrastraron fuera del pueblo. [20] Pero cuando los creyentes se juntaron alrededor de Pablo, él se levantó y entró otra vez en el pueblo; y al día siguiente salió con Bernabé para Derbe.

[21] Después de anunciar las buenas noticias en Derbe, donde ganaron muchos creyentes, volvieron a Listra, a Iconio y a Antioquía. [22] En estos lugares animaron a los creyentes, y recomendándoles que siguieran firmes en la fe, les dijeron que para entrar en el reino de Dios hay que sufrir muchas aflicciones. [23] También nombraron ancianos en cada iglesia, y después de orar y ayunar los encomendaron al Señor, en quien habían creído.

Pablo y Bernabé vuelven a Antioquía de Siria

[24] Pasando por la región de Pisidia, llegaron a la de Panfilia. [25] Anunciaron el mensaje en Perge, y luego fueron a Atalia; [26] allí se embarcaron para Antioquía, la ciudad donde los habían encomendado al amor de Dios para el trabajo que ahora

había terminado. [27] Cuando llegaron a Antioquía, reunieron a los de la iglesia y les contaron todas las cosas que Dios había hecho con ellos, y cómo el Señor había abierto la puerta a los no judíos, para que también ellos pudieran creer. [28] Y Pablo y Bernabé se quedaron allí mucho tiempo con los creyentes.

La reunión en Jerusalén

15 [1] Por aquel tiempo, algunos que habían ido de Judea a Antioquía comenzaron a enseñar a los hermanos que no podían ser salvos si no se sometían al rito de la circuncisión, conforme a la práctica establecida por Moisés.[d] [2] Pablo y Bernabé tuvieron una fuerte discusión con ellos, y por fin Pablo, Bernabé y algunos otros fueron nombrados para ir a Jerusalén a tratar este asunto con los apóstoles y ancianos de la iglesia de aquella ciudad.

[3] Enviados, pues, por los de la iglesia de Antioquía, al pasar por las regiones de Fenicia y Samaria contaron cómo los no judíos habían dejado sus antiguas creencias para seguir a Dios. Y todos los hermanos se alegraron mucho con estas noticias.

[4] Cuando Pablo y Bernabé llegaron a Jerusalén, fueron recibidos por la iglesia y por los apóstoles y ancianos, y contaron todo lo que Dios había hecho con ellos. [5] Pero algunos fariseos que habían creído, se levantaron y dijeron:

—Es necesario circuncidar a los creyentes que no son judíos, y mandarles que cumplan la ley de Moisés.

[6] Se reunieron entonces los apóstoles y los ancianos para estudiar este asunto. [7] Después de mucho discutir, Pedro se levantó y les dijo:

—Hermanos, ustedes saben que hace tiempo Dios me escogió de entre ustedes para comunicar las buenas noticias de la salvación a los no judíos, para que ellos crean.[e] [8] Y Dios, que conoce los corazones, mostró que los aceptaba, pues les dio el Espíritu Santo a ellos[f] lo mismo que a nosotros.[g] [9] Dios no ha hecho ninguna diferencia entre ellos y nosotros, pues también ha purificado sus corazones por medio de la fe. [10] Ahora pues, ¿por qué desafían ustedes a Dios imponiendo sobre estos creyentes una carga que ni nosotros ni nuestros antepasados hemos podido llevar? [11] Al contrario, nosotros creemos que somos salvados gratuitamente por la bondad del Señor Jesús, lo mismo que ellos.

[12] Todos se callaron y escucharon mientras Bernabé y Pablo hablaban de las señales y milagros que Dios había hecho por medio de ellos entre los no judíos.

[d] 15.1 Lv 12.3.   [e] 15.7 Hch 10.1-43.   [f] 15.8 Hch 10.44.   [g] 15.8 Hch 2.4.

¹³ Cuando terminaron de hablar, Santiago dijo:

—Hermanos, óiganme: ¹⁴ Simón nos ha contado cómo Dios favoreció por primera vez a los no judíos, escogiendo también de entre ellos un pueblo para sí mismo. ¹⁵ Esto está de acuerdo con lo que escribieron los profetas, como dice en la Escritura:

¹⁶ 'Después de esto volveré
y reconstruiré la caída choza de David;
reconstruiré sus ruinas
y la volveré a levantar,
¹⁷ para que los demás busquen al Señor
junto con todas las naciones
que han sido consagradas a mi nombre.
¹⁸ El Señor, que dio a conocer estas cosas
desde tiempos antiguos,
ha dado su palabra.'ʰ

¹⁹ "Considero, por lo tanto, que no se les debe imponer cargas innecesarias a aquellos que, no siendo judíos, dejan sus antiguas creencias para seguir a Dios. ²⁰ Basta con escribirles que se aparten de todo lo que haya sido contaminado por los ídolos,ⁱ que eviten la inmoralidad sexualʲ y que no coman carne de animales estrangulados o ahogados, ni tampoco sangre.ᵏ ²¹ Porque desde los tiempos antiguos hay en cada pueblo quienes predican la ley de Moisés, la cual se lee en las sinagogas cada día de reposo.¹⁰

La carta a los no judíos

²² Los apóstoles y los ancianos, con toda la iglesia, decidieron escoger algunos de entre ellos y enviarlos a Antioquía junto con Pablo y Bernabé. Nombraron a Judas, que también se llamaba Barsabás, y a Silas, hombres de importancia entre los hermanos, ²³ y con ellos mandaron la siguiente carta:

"Nosotros los apóstoles y los ancianos hermanos de ustedes saludamos a nuestros hermanos que no son judíos y que viven en Antioquía, Siria y Cilicia. ²⁴ Hemos sabido que algunas personas han ido de aquí sin nuestra autorización, y que los han molestado a ustedes con sus palabras, y los han confundido.¹¹ ²⁵ Por eso, de común acuerdo, nos ha parecido bien nombrar a algunos de entre nosotros para que vayan a verlos a ustedes junto con nuestros muy queridos hermanos Bernabé y Pablo, ²⁶ quienes han

puesto sus vidas en peligro por la causa de nuestro Señor Jesucristo. ²⁷ Así que les enviamos a Judas y a Silas: ellos hablarán personalmente con ustedes para explicarles todo esto. ²⁸ Pues ha parecido bien al Espíritu Santo y a nosotros no imponer sobre ustedes ninguna carga aparte de estas cosas necesarias: ²⁹ que no coman carne de animales ofrecidos en sacrificio a los ídolos, que no coman sangre ni carne de animales estrangulados y que eviten la inmoralidad sexual. Si se guardan de estas cosas, actuarán correctamente. Que les vaya bien."

³⁰ Así que ellos, después de despedirse, se dirigieron a Antioquía, y reuniendo a la congregación les entregaron la carta. ³¹ Cuando los hermanos la leyeron, se alegraron mucho por el consuelo que les daba. ³² Y como Judas y Silas tenían también el don de comunicar mensajes recibidos de Dios, consolaron y animaron mucho con sus palabras a los hermanos. ³³ Al cabo de algún tiempo, los hermanos los despidieron con saludos de paz, para que regresaran a quienes los habían enviado.¹² ³⁵ Pero Pablo y Bernabé se quedaron en Antioquía y, junto con otros muchos, siguieron enseñando y anunciando el mensaje del Señor.

Pablo comienza su segundo viaje misionero

³⁶ Algún tiempo después, Pablo dijo a Bernabé:

—Vamos a visitar otra vez a los hermanos en todas las ciudades donde hemos anunciado el mensaje del Señor, para ver cómo están.

³⁷ Bernabé quería llevar con ellos a Juan, al que también llamaban Marcos; ³⁸ pero a Pablo no le pareció conveniente llevarlo, porque Marcos los había abandonado en Panfiliaⁱ y no había seguido con ellos en el trabajo. ³⁹ Fue tan serio el desacuerdo, que terminaron separándose: Bernabé se llevó a Marcos y se embarcó para Chipre, ⁴⁰ mientras Pablo, por su parte, escogió a Silas y, encomendado por los hermanos al amor del Señor, salió de allí ⁴¹ y pasó por Siria y Cilicia animando a los hermanos en las iglesias.

Timoteo acompaña a Pablo y a Silas

16 ¹ Pablo llegó a Derbe y Listra, donde encontró a un creyente llamado Timoteo, hijo de una mujer judía creyente y de padre griego. ² Los herma-

---

¹⁰ *Día de reposo:* aquí equivale a *sábado.Día de reposo:* aquí equivale a *sábado.* ¹¹ Algunos mss. añaden: *diciéndoles que deben circuncidarse y cumplir la ley.* ¹² Algunos mss. añaden v. 34: *Pero Silas decidió quedarse.*
ʰ **15.16-18** Am 9.11-12. ⁱ **15.20** Ex 34.15-17. ʲ **15.20** Lv 18.6-23. ᵏ **15.20** Lv 17.10-16. ˡ **15.38** Hch 13.13.

nos de Listra y de Iconio hablaban bien de él. [3] Pablo quiso que Timoteo lo acompañara, pero antes lo hizo circuncidar para que no se ofendieran los judíos que vivían en aquellos lugares, ya que todos sabían que el padre de Timoteo era griego. [4] En todos los pueblos por donde pasaban, comunicaron a los hermanos las instrucciones dadas por los apóstoles y los ancianos de la iglesia de Jerusalén. [5] Así que las iglesias se afirmaban en la fe, y el número de creyentes aumentaba cada día.

La visión que Pablo tuvo de un hombre de Macedonia

[6] Como el Espíritu Santo no les permitió anunciar el mensaje en la provincia de Asia, atravesaron la región de Frigia y Galacia, [7] y llegaron a la frontera de Misia. De allí pensaban entrar en la región de Bitinia, pero el Espíritu de Jesús no se lo permitió. [8] Así que, pasando de largo por Misia, bajaron al puerto de Troas. [9] Allí Pablo tuvo de noche una visión; vio a un hombre de la región de Macedonia, que puesto de pie le rogaba: "Pasa a Macedonia y ayúdanos." [10] En cuanto Pablo tuvo esa visión, preparamos el viaje a Macedonia, seguros de que Dios nos estaba llamando para anunciar allí las buenas noticias.

Pablo y Silas en Filipos

[11] Nos embarcamos, pues, en Troas, y fuimos directamente a la isla de Samotracia, y al día siguiente llegamos a Neápolis. [12] De aquí fuimos a Filipos, que es una colonia romana y la ciudad más importante de esa parte de Macedonia. Allí estuvimos algunos días. [13] Un día de reposo[13] salimos a las afueras de la ciudad, junto al río, donde pensamos que había un lugar de oración de los judíos. Nos sentamos y hablamos del evangelio a las mujeres que se habían reunido. [14] Una de ellas se llamaba Lidia; era de la ciudad de Tiatira y vendía telas finas de púrpura. A esta mujer, que adoraba a Dios y que estaba escuchando, el Señor la movió a poner toda su atención en lo que Pablo decía. [15] Fue bautizada, junto con toda su familia, y después nos rogó:

—Si ustedes juzgan que de veras soy creyente en el Señor, vengan a alojarse en mi casa.

Y nos obligó a quedarnos.

[16] Sucedió una vez, cuando íbamos al lugar de oración, que encontramos a una muchacha poseída por un espíritu de adivinación. Era una esclava que, adivi-

nando, daba a ganar mucho dinero a sus amos. [17] Esta muchacha comenzó a seguirnos a Pablo y a nosotros, gritando:

—¡Estos hombres son servidores del Dios altísimo, y les anuncian a ustedes el camino de salvación!

[18] Esto hizo durante muchos días, hasta que Pablo, ya molesto, terminó por volverse y decirle al espíritu que la poseía:

—En el nombre de Jesucristo, te ordeno que salgas de ella.

En aquel mismo momento el espíritu la dejó.

[19] Pero cuando los amos de la muchacha vieron que ya no tenían más esperanza de ganar dinero por medio de ella, agarraron a Pablo y a Silas y los llevaron ante las autoridades, a la plaza principal. [20] Los presentaron a los jueces, diciendo:

—Estos judíos están alborotando nuestra ciudad, [21] y enseñan costumbres que nosotros no podemos admitir ni practicar, porque somos romanos.

[22] Entonces la gente se levantó contra ellos, y los jueces ordenaron que les quitaran la ropa y los azotaran con varas. [23] Después de haberlos azotado mucho, los metieron en la cárcel, y ordenaron al carcelero que los vigilara con el mayor cuidado. [24] Al recibir esta orden, el carcelero los metió en el lugar más profundo de la cárcel y los dejó con los pies sujetos en el cepo.

[25] Pero a eso de la medianoche, mientras Pablo y Silas oraban y cantaban himnos a Dios, y los otros presos estaban escuchando, [26] vino de repente un temblor tan fuerte que sacudió los cimientos de la cárcel. En el mismo momento se abrieron todas las puertas, y a todos los presos se les soltaron las cadenas. [27] Cuando el carcelero despertó y vio que las puertas de la cárcel estaban abiertas, sacó su espada para matarse, pues pensaba que los presos se habían escapado. [28] Pero Pablo le gritó:

—¡No te hagas ningún daño, que todos estamos aquí!

[29] Entonces el carcelero pidió una luz, entró corriendo y, temblando de miedo, se echó a los pies de Pablo y de Silas. [30] Luego los sacó y les preguntó:

—Señores, ¿qué debo hacer para ser salvo?

[31] Ellos contestaron:

—Cree en el Señor Jesús, y serás salvo tú y tu familia.

[32] Y les hablaron del mensaje del Señor a él y a todos los que estaban en su casa. [33] A esa misma hora de la noche, el carcelero les lavó las heridas, y luego él y toda su familia fueron bautizados. [34] Los llevó después a su casa y les dio de comer, y él

---

[13] Día de reposo: aquí equivale a sábado.

y su familia estaban muy contentos por haber creído en Dios.

35 Por la mañana, los jueces mandaron unos guardias al carcelero con orden de soltar a Pablo y a Silas. 36 El carcelero le dijo a Pablo:

—Los jueces me han ordenado que los suelte a ustedes; así que ya pueden irse tranquilos.

37 Pero Pablo dijo a los guardias:

—A nosotros, que somos ciudadanos romanos, nos azotaron públicamente sin antes habernos juzgado, y nos metieron en la cárcel; ¿y ahora quieren soltarnos a escondidas? ¡Pues no! Que vengan ellos mismos a sacarnos.

38 Los guardias hicieron saber esto a los jueces, los cuales se asustaron al oír que se trataba de ciudadanos romanos. 39 Fueron, pues, los jueces a disculparse ante Pablo y Silas, y los sacaron y les rogaron que salieran de la ciudad. 40 Al salir de la cárcel, Pablo y Silas se dirigieron a casa de Lidia, y después de ver a los hermanos y animarlos, se fueron de allí.

El alboroto en Tesalónica

17 1 En su viaje, Pablo y Silas pasaron por Anfípolis y Apolonia, y luego llegaron a Tesalónica, donde los judíos tenían una sinagoga. 2 Pablo, según su costumbre, fue a la sinagoga y cada día de reposo,13 durante tres semanas, discutió con ellos. Basándose en las Escrituras, 3 les explicaba que el Mesías tenía que morir, y que después de muerto tenía que resucitar. Les decía:

—Este mismo Jesús que yo les anuncio a ustedes, es el Mesías.

4 Algunos de los judíos creyeron, y se unieron a Pablo y Silas. También creyeron muchos griegos que adoraban a Dios, y muchas mujeres distinguidas. 5 Pero esto hizo que los judíos que no creían se llenaran de celos, y que reunieran a unos malvados que andaban ociosos por la calle para que alborotaran y perturbaran la ciudad. Atacaron además la casa de Jasón, buscando a Pablo y a Silas para sacarlos y entregarlos a la gente; 6 pero como no los encontraron allí, llevaron a rastras a Jasón y a algunos otros hermanos ante las autoridades de la ciudad, gritando:

—¡Estos hombres, que han trastornado el mundo entero, también han venido acá, 7 y Jasón los ha recibido en su casa! ¡Todos ellos están violando las leyes del emperador romano, pues dicen que hay otro rey, que es Jesús!

8 Al oír estas cosas, la gente y las autoridades se inquietaron. 9 Pero Jasón y los otros dieron una fianza, y los soltaron.

13 *Día de reposo:* aquí equivale a *sábado.*

Pablo y Silas en Berea

10 Ya de noche, los hermanos hicieron que Pablo y Silas partieran inmediatamente hacia Berea. En cuanto llegaron, se dirigieron a la sinagoga de los judíos. 11 Estos judíos, que eran de mejores sentimientos que los de Tesalónica, de buena gana recibieron el mensaje, y día tras día estudiaban las Escrituras para ver si era cierto lo que se les decía. 12 De modo que muchos de ellos creyeron, y también creyeron muchos de los griegos, tanto mujeres distinguidas como hombres. 13 Pero cuando los judíos de Tesalónica supieron que Pablo estaba anunciando el mensaje de Dios también en Berea, se fueron allá y alborotaron a la gente. 14 Pero los hermanos hicieron que Pablo saliera sin demora hacia la costa, mientras Silas y Timoteo se quedaban en Berea. 15 Los que acompañaban a Pablo fueron con él hasta la ciudad de Atenas. Luego volvieron con instrucciones para que Silas y Timoteo se le reunieran lo más pronto posible.

Pablo en Atenas

16 Mientras Pablo esperaba en Atenas a Silas y Timoteo, se indignó mucho al ver que la ciudad estaba llena de ídolos. 17 Por eso discutía en la sinagoga con los judíos y con otros que adoraban a Dios, y cada día discutía igualmente en la plaza con los que allí se reunían. 18 También algunos filósofos epicúreos y estoicos comenzaron a discutir con él. Unos decían:

—¿De qué habla este charlatán?

Y otros:

—Parece que es propagandista de dioses extranjeros.

Esto lo decían porque Pablo les anunciaba las buenas noticias acerca de Jesús y de la resurrección. 19 Entonces lo llevaron al Areópago, el lugar donde acostumbraban reunirse en consejo, y le preguntaron:

—¿Se puede saber qué nueva enseñanza es ésta que usted nos trae? 20 Pues nos habla usted de cosas extrañas, y queremos saber qué significan.

21 Y es que todos los atenienses, como también los extranjeros que vivían allí, sólo se ocupaban de oír y comentar las últimas novedades.

22 Pablo se levantó en medio de ellos en el Areópago y dijo:

"Atenienses, por todo lo que veo, ustedes son gente muy religiosa. 23 Pues al mirar los lugares donde ustedes celebran sus cultos, he encontrado un altar que tiene escritas estas palabras: 'Al Dios no conocido'. Pues bien, de ese Dios que ustedes adoran sin conocerlo es de quien yo les hablo.

[24] "El Dios que hizo el mundo y todas las cosas que hay en él, es Señor del cielo y de la tierra. No vive en templos hechos por los hombres, [25] ni necesita que nadie haga nada por él, pues él es quien nos da a todos la vida, el aire y las demás cosas.[m] [26] "De un solo hombre hizo él todas las naciones, para que vivan en toda la tierra; y les ha señalado el tiempo y el lugar en que deben vivir, [27] para que busquen a Dios, y quizás, como a tientas, puedan encontrarlo, aunque en verdad Dios no está lejos de cada uno de nosotros. [28] Porque en Dios vivimos, nos movemos y existimos; como también algunos de los poetas de ustedes dijeron: 'Somos descendientes de Dios.' [29] Siendo, pues, descendientes de Dios, no debemos pensar que Dios sea como las imágenes de oro, plata o piedra que los hombres hacen según su propia imaginación. [30] Dios pasó por alto en otros tiempos la ignorancia de la gente, pero ahora ordena a todos, en todas partes, que se vuelvan a él. [31] Porque Dios ha fijado un día en el cual juzgará al mundo con justicia,[n] por medio de un hombre que él ha escogido; y de ello dio pruebas a todos cuando lo resucitó."

[32] Al oír eso de la resurrección de los muertos, unos se burlaron y otros dijeron:

—Ya le oiremos hablar de esto en otra ocasión.

[33] Entonces Pablo los dejó. [34] Pero algunos lo siguieron y creyeron. Entre ellos estaba Dionisio, que era uno de los miembros del Areópago, y también una mujer llamada Dámaris, y otros más.

Pablo en Corinto

18 [1] Después de esto, Pablo salió de Atenas y se fue a Corinto. [2] Allí se encontró con un judío llamado Aquila, que era de la región del Ponto. Poco antes, Aquila y su esposa Priscila habían llegado de Italia, de donde tuvieron que salir porque el emperador Claudio había ordenado que todos los judíos salieran de Roma. Pablo fue a visitarlos [3] y, como tenía el mismo oficio que ellos, que era hacer tiendas de campaña, se quedó con ellos para trabajar juntos. [4] Y cada día de reposo[13] Pablo iba a la sinagoga, donde hablaba y trataba de convencer tanto a los judíos como a los no judíos.

[5] Cuando Silas y Timoteo llegaron de Macedonia, Pablo se dedicó por completo a anunciar el mensaje y a probar a los judíos que Jesús era el Mesías. [6] Pero ellos comenzaron a ponerse en contra suya y a insultarlo; así que Pablo sacudió su ropa en señal de protesta, y les dijo:

—De ustedes será la culpa de su propia perdición; yo no me hago responsable. De hoy en adelante me iré a los que no son judíos.

[7] Salió de la sinagoga y se fue a casa de un hombre llamado Ticio Justo, que adoraba a Dios y que vivía al lado de la sinagoga. [8] Y Crispo, un jefe de la sinagoga, con toda su familia, creyó en el Señor. Y también muchos de los de Corinto, al oír el mensaje, creyeron y fueron bautizados. [9] Una noche, el Señor le dijo a Pablo en una visión: "No tengas miedo; sigue anunciando el mensaje y no calles. [10] Porque yo estoy contigo y nadie te puede tocar para hacerte daño, pues yo tengo mucha gente en esta ciudad." [11] Así que Pablo se quedó un año y medio en Corinto, enseñando entre ellos el mensaje de Dios.

[12] Pero en los días en que Galión era gobernador de Acaya, los judíos se juntaron contra Pablo; lo llevaron al tribunal [13] y dijeron al gobernador:

—Este hombre anda convenciendo a la gente de que deben adorar a Dios en una forma que va contra la ley.

[14] Pablo ya iba a hablar, cuando Galión dijo a los judíos:

—Si se tratara de algún delito o algún crimen grave, yo, naturalmente, me tomaría la molestia de oírlos a ustedes los judíos; [15] pero como se trata de palabras, de nombres y de la ley de ustedes, arréglenlo ustedes mismos, porque yo no quiero meterme en esos asuntos.

[16] Y los echó del tribunal. [17] Entonces agarraron todos a Sóstenes, un jefe de la sinagoga, y lo golpearon allí mismo, delante del tribunal. Pero a Galión no le importaba nada de esto.

Pablo vuelve a Antioquía y comienza su tercer viaje misionero

[18] Pablo se quedó todavía muchos días en Corinto. Después se despidió de los hermanos y, junto con Priscila y Aquila, se embarcó para la región de Siria. En Cencrea, antes de embarcarse, se rapó la cabeza, para cumplir una promesa[p] que había hecho. [19] Cuando llegaron a Efeso, Pablo dejó a Priscila y Aquila y se fue a la sinagoga, donde habló con los judíos que allí se reunían. [20] Ellos le rogaron que se quedara más tiempo, pero no quiso, [21] sino que se despidió de ellos diciendo:[14] "Si Dios quiere, volveré a visitarlos otra vez."

Después Pablo se embarcó y se fue de Efeso. [22] Cuando llegó a Cesarea, fue a Jerusalén a saludar a los de la iglesia, y

[13] *Día de reposo:* aquí equivale a *sábado.* [14] *Algunos mss. añaden aquí:* Tengo que estar en Jerusalén para celebrar la próxima fiesta.
[m] 17.24–25 1 R 8.27; Is 42.5; Hch 8.47. [n] 17.31 Sal 9.8. [p] 18.18 Nm 6.18.

luego se dirigió a Antioquía. ²³ Al cabo de algún tiempo, salió de nuevo a recorrer uno por uno los lugares de Galacia y Frigia, animando a todos los creyentes.

Apolos predica en Efeso

²⁴ Por aquel tiempo llegó a Efeso un judío llamado Apolos, que era de la ciudad de Alejandría. Era muy elocuente y conocía muy bien las Escrituras. ²⁵ Estaba instruido en el camino del Señor, y hablaba con mucho entusiasmo enseñando con claridad acerca de Jesús, aunque sólo conocía el bautismo de Juan. ²⁶ Apolos se puso a hablar abiertamente en la sinagoga; pero cuando lo oyeron Priscila y Aquila, lo llevaron aparte y le explicaron más exactamente el camino de Dios. ²⁷ Cuando Apolos quiso pasar a la región de Acaya, los hermanos le dieron su apoyo, y escribieron una carta a los creyentes de allá para que lo recibieran bien. Cuando llegó a Acaya, ayudó mucho a los que, por la bondad de Dios, habían creído, ²⁸ pues delante de todos contradecía a los judíos con razones que ellos no podían negar, y basándose en las Escrituras demostraba que Jesús era el Mesías.

Pablo en Efeso

19 ¹ Mientras Apolos estaba en Corinto, Pablo cruzó la región montañosa y llegó a Efeso, donde encontró a varios creyentes. ² Les preguntó:
—¿Recibieron ustedes el Espíritu Santo cuando se hicieron creyentes?
Ellos le contestaron:
—Ni siquiera habíamos oído hablar del Espíritu Santo.
³ Pablo les preguntó:
—Pues ¿qué bautismo recibieron ustedes?
Y ellos respondieron:
—El bautismo de Juan.
⁴ Pablo les dijo:
—Sí, Juan bautizaba a los que se volvían a Dios, pero les decía que creyeran en el que vendría después de él, es decir, en Jesús.º
⁵ Al oír esto, fueron bautizados en el nombre del Señor Jesús; ⁶ y cuando Pablo les impuso las manos, también vino sobre ellos el Espíritu Santo, y hablaban en lenguas extrañas, y comunicaban mensajes recibidos de Dios. ⁷ Eran entre todos unos doce hombres.
⁸ Durante tres meses, Pablo estuvo yendo a la sinagoga, donde anunciaba el mensaje sin ningún temor, y hablaba y trataba de convencer a la gente acerca del reino de Dios. ⁹ Pero algunos, tercamente,

no quisieron creer, sino que delante de la gente hablaban mal del Nuevo Camino. Entonces Pablo se apartó de ellos y llevó a los creyentes a la escuela de un tal Tirano. Allí hablaba todos los días, ¹⁰ y así lo hizo durante dos años, de modo que todos los que vivían en la provincia de Asia, tanto los judíos como los que no lo eran, oyeron el mensaje del Señor. ¹¹ Y Dios hacía grandes milagros por medio de Pablo, ¹² tanto que hasta los pañuelos o las ropas que habían sido tocados por su cuerpo eran llevados a los enfermos, y éstos se curaban de sus enfermedades, y los espíritus malignos salían de ellos.

¹³ Pero algunos judíos que andaban por las calles expulsando de la gente espíritus malignos, quisieron usar para ello el nombre del Señor Jesús; así que decían a los espíritus: "¡En el nombre de Jesús, a quien Pablo anuncia, les ordeno que salgan!"

¹⁴ Esto es lo que hacían los siete hijos de un judío llamado Esceva, que era un jefe de los sacerdotes. ¹⁵ Pero en cierta ocasión el espíritu maligno les contestó: "Conozco a Jesús, y sé quién es Pablo; pero ustedes, ¿quiénes son?"

¹⁶ Al mismo tiempo, el hombre que tenía el espíritu maligno se lanzó sobre ellos, y con gran fuerza los dominó a todos, maltratándolos con tanta violencia que huyeron de la casa desnudos y heridos. ¹⁷ Todos los que vivían en Efeso, judíos y no judíos, lo supieron, y se llenaron de temor. De esta manera crecía la fama del nombre del Señor Jesús.

¹⁸ También muchos de los que creyeron llegaban confesando públicamente todo lo malo que antes habían hecho, ¹⁹ y muchos que habían practicado la brujería trajeron sus libros y los quemaron en presencia de todos. Cuando se calculó el precio de aquellos libros, resultó que valían como cincuenta mil monedas de plata. ²⁰ Así el mensaje del Señor iba extendiéndose y demostrando su poder.

²¹ Después de estas cosas, Pablo decidió visitar Macedonia y Acaya, y seguir su viaje hasta Jerusalén. Además decía que después de ir a Jerusalén tendría que ir también a Roma. ²² Entonces mandó a Macedonia a dos de sus ayudantes, Timoteo y Erasto, mientras él se quedaba algún tiempo más en Asia.

El alboroto en Efeso

²³ Por aquel tiempo hubo en Efeso un gran alboroto acerca del Nuevo Camino, ²⁴ causado por uno llamado Demetrio, que era platero. Este hombre hacía figuritas de plata que representaban el templo de la

º 19.4 Mt 3.11; Mr 1.4,7-8; Lc 3.4,16; Jn 1.26-27.

diosa Artemisa,[15] y daba mucha ganancia a los que trabajaban con él. [25] Reunió, pues, a éstos, junto con otros que trabajaban en oficios semejantes, y les dijo: "Señores, ustedes saben que nuestro bienestar depende de este oficio. [26] Pero como ustedes ven y oyen, ese tal Pablo anda diciendo que los dioses hechos por los hombres no son dioses; y así ha convencido a mucha gente, no solamente aquí en Efeso sino en casi toda la provincia de Asia. [27] Esto es muy peligroso, porque nuestro negocio puede echarse a perder, y el templo mismo de la gran diosa Artemisa puede también perder la fama que tiene, y así será despreciada la grandeza de esta diosa que es adorada en toda la provincia de Asia y en el mundo entero."

[28] Cuando oyeron esto, se enojaron mucho y gritaron: "¡Viva Artemisa de los efesios!"

[29] Hubo, pues, confusión en toda la ciudad. Se lanzaron sobre Gayo y Aristarco, dos hombres de Macedonia que acompañaban a Pablo, y los arrastraron hasta el teatro. [30] Pablo quiso entrar allí para hablar a la gente, pero los creyentes no lo dejaron. [31] También entre las autoridades de Asia había algunos amigos de Pablo, que mandaron a decirle que no debía meterse allí. [32] Entre tanto, en la reunión, unos gritaban una cosa y otros otra, porque la gente estaba alborotada y la mayor parte ni sabía para qué se habían reunido. [33] Pero algunos de ellos explicaron el asunto a Alejandro, a quien los judíos habían empujado al frente de todos. Alejandro hizo señas con la mano para pedir silencio y hablar en defensa de los judíos delante del pueblo. [34] Pero cuando se dieron cuenta de que él mismo era judío, gritaron todos durante un par de horas: "¡Viva Artemisa de los efesios!"

[35] El secretario de la ciudad, cuando pudo calmar a la gente, dijo: "Ciudadanos de Efeso, todo el mundo sabe que esta ciudad está encargada de cuidar el templo de la gran diosa Artemisa y de la imagen de ella que cayó del cielo.[16] [36] Como nadie puede negar esto, cálmense ustedes y no hagan nada sin pensarlo bien. [37] Porque estos hombres que ustedes han traído no han profanado el templo ni han hablado mal de nuestra diosa. [38] Si Demetrio y los que trabajan con él tienen alguna queja contra alguien, ahí están los jueces y los juzgados; que reclamen ante las autoridades y que cada uno defienda su derecho. [39] Y si ustedes piden alguna otra cosa, deberá tratarse en una reunión legal. [40] Con lo que hoy ha pasado corremos peligro de que nos acusen de agitadores, pues no hay ninguna razón que podamos dar, si nos preguntan por la causa de este alboroto." [41] Dicho esto, despidió a la gente.

Viaje de Pablo a Macedonia y Grecia

20 [1] Una vez terminado el alboroto, Pablo llamó a los creyentes para darles algunos consejos. Luego se despidió de ellos y se fue a Macedonia. [2] Visitó todos aquellos lugares animando mucho con sus palabras a los hermanos; y después llegó a Grecia, [3] donde se quedó tres meses. Estaba ya a punto de tomar el barco para ir a Siria, cuando supo que los judíos habían hecho planes contra él. Así que decidió regresar por tierra, pasando otra vez por Macedonia. [4] Le acompañaron Sópater de Berea, hijo de Pirro; y Aristarco y Segundo de Tesalónica, Gayo de Derbe, Timoteo, y también Tíquico y Trófimo, que eran de la provincia de Asia. [5] Estos hermanos se adelantaron y nos esperaron en Troas. [6] Nosotros, después de la fiesta en que se come el pan sin levadura, salimos de Filipos en barco, y a los cinco días los alcanzamos en Troas, donde nos quedamos siete días.

Visita de Pablo a Troas

[7] El primer día de la semana nos reunimos para partir el pan, y Pablo estuvo hablando a los creyentes. Como tenía que salir al día siguiente, prolongó su discurso hasta la medianoche. [8] Nos hallábamos reunidos en un cuarto del piso alto, donde había muchas lámparas encendidas; [9] y un joven que se llamaba Eutico estaba sentado en la ventana. Como Pablo habló por largo tiempo, le entró sueño al muchacho, que al fin, profundamente dormido, cayó desde el tercer piso; y lo levantaron muerto. [10] Entonces Pablo bajó, se tendió sobre el muchacho y lo abrazó. Y dijo a los hermanos:

—No se asusten; está vivo.

[11] Luego Pablo volvió a subir, partió el pan, comió y siguió hablando hasta el amanecer. Entonces se fue. [12] En cuanto al muchacho, se lo llevaron vivo, y eso los animó mucho.

Viaje desde Troas a Mileto

[13] Nosotros nos adelantamos y fuimos en barco hasta Aso para recoger a Pablo, según se había convenido, porque él quiso ir por tierra. [14] Cuando nos encontramos con él en Aso, se embarcó con nosotros y fuimos a Mitilene. [15] Salimos de allí, y al día siguiente pasamos frente a Quío, llegando un día después al puerto de

Samos.[17] Al cabo de otro día de viaje, llegamos a Mileto. [16] Se hizo así porque Pablo, para no retrasarse mucho en Asia, no quiso ir a Efeso; pues quería llegar pronto a Jerusalén y, de ser posible, estar allí para el día de Pentecostés.

Discurso de Pablo a los ancianos de Efeso

[17] Estando en Mileto, Pablo mandó llamar a los ancianos de la iglesia de Efeso. [18] Cuando llegaron les dijo: "Ustedes saben cómo me he portado desde el primer día que vine a la provincia de Asia. [19] Todo el tiempo he estado entre ustedes sirviendo al Señor con toda humildad, con muchas lágrimas y en medio de muchas pruebas que me vinieron por lo que me querían hacer los judíos. [20] Pero no dejé de anunciarles a ustedes nada de lo que era para su bien, enseñándoles públicamente y en sus casas. [21] A judíos y a no judíos les he dicho que se vuelvan a Dios y crean en nuestro Señor Jesús. [22] Y ahora voy a Jerusalén, obligado por el Espíritu, sin saber lo que allí me espera. [23] Lo único que sé es que, en todas las ciudades a donde voy, el Espíritu Santo me dice que me esperan la cárcel y muchos sufrimientos. [24] Para mí, sin embargo, mi propia vida no cuenta, con tal de que yo pueda correr con gozo hasta el fin de la carrera[p] y cumplir el encargo que el Señor Jesús me dio de anunciar la buena noticia del amor de Dios.
[25] "Y ahora estoy seguro de que ninguno de ustedes, entre quienes he anunciado el reino de Dios, me volverá a ver. [26] Por esto quiero decirles hoy que no me siento culpable respecto de ninguno, [27] porque les he anunciado todo el plan de Dios, sin ocultarles nada. [28] Por lo tanto, estén atentos y cuiden de toda la congregación, en la cual el Espíritu Santo los ha puesto como pastores para que cuiden de la iglesia de Dios,[18] que él compró con su propia sangre. [29] Sé que cuando yo me vaya vendrán otros que, como lobos feroces, querrán acabar con la iglesia. [30] Aun entre ustedes mismos se levantarán algunos que enseñarán mentiras para que los creyentes los sigan. [31] Estén alerta; acuérdense de que durante tres años, de día y de noche, no dejé de aconsejar con lágrimas a cada uno de ustedes.
[32] "Ahora, hermanos, los encomiendo a Dios y al mensaje de su amor. Él tiene poder para hacerlos crecer espiritualmente y darles todo lo que ha prometido a su pueblo santo. [33] No he querido para mí mismo ni el dinero ni la ropa de nadie; [34] al contrario, bien saben ustedes que trabajé con mis propias manos para conseguir lo necesario para mí y para los que estaban conmigo. [35] Siempre les he enseñado que así se debe trabajar y ayudar a los que están en necesidad, recordando aquellas palabras del Señor Jesús: 'Hay más dicha en dar que en recibir.' "
[36] Después de decir esto, Pablo se puso de rodillas y oró con todos ellos. [37] Todos lloraron, y abrazaron y besaron a Pablo. [38] Y estaban muy tristes, porque les había dicho que no volverían a verlo. Luego lo acompañaron hasta el barco.

Viaje de Pablo a Jerusalén

21 [1] Cuando dejamos a los hermanos, nos embarcamos y fuimos directamente a Cos, y al día siguiente a Rodas, y de allí a Pátara. [2] En Pátara encontramos un barco que iba a Fenicia, y en él nos embarcamos. [3] Al pasar, vimos la isla de Chipre, y dejándola a mano izquierda seguimos hasta Siria. Y como el barco tenía que dejar carga en el puerto de Tiro, entramos allí. [4] Encontramos a los creyentes, y nos quedamos con ellos siete días. Ellos, advertidos por el Espíritu, dijeron a Pablo que no debía ir a Jerusalén. [5] Pero pasados los siete días, salimos. Todos, con sus mujeres y niños, nos acompañaron hasta fuera de la ciudad, y allí en la playa nos arrodillamos y oramos. [6] Luego nos despedimos y subimos al barco, y ellos regresaron a sus casas.
[7] Terminamos nuestro viaje por mar yendo de Tiro a Tolemaida, donde saludamos a los hermanos y nos quedamos con ellos un día. [8] Al día siguiente salimos y llegamos a Cesarea. Fuimos a casa de Felipe[q] el evangelista, que era uno de los siete ayudantes de los apóstoles, y nos quedamos con él. [9] Felipe tenía cuatro hijas solteras, que eran profetisas. [10] Ya hacía varios días que estábamos allí, cuando llegó de Judea un profeta llamado Agabo.[r] [11] Al llegar ante nosotros tomó el cinturón de Pablo, se sujetó con él las manos y los pies, y dijo:
—El Espíritu Santo dice que en Jerusalén los judíos atarán así al dueño de este cinturón, y lo entregarán en manos de los extranjeros.
[12] Al oír esto, nosotros y los de Cesarea rogamos a Pablo que no fuera a Jerusalén. [13] Pero Pablo contestó:
—¿Por qué lloran y me ponen triste? Yo estoy dispuesto, no solamente a ser atado sino también a morir en Jerusalén por causa del Señor Jesús.
[14] Como no pudimos convencerlo, lo dejamos, diciendo:
—Que se haga la voluntad del Señor.

[17] Algunos mss. añaden: Después de detenernos en Troguilio.   [18] Algunos mss. añaden: iglesia del Señor.
[p] 20.24 2 Ti 4.7.   [q] 21.8 Hch 6.5; 8.5.   [r] 21.10 Hch 11.28.

¹⁵ Después de esto, nos preparamos y nos fuimos a Jerusalén. ¹⁶ Nos acompañaron algunos creyentes de Cesarea, quienes nos llevaron a casa de un hombre de Chipre llamado Mnasón, que era creyente desde hacía mucho tiempo y que iba a darnos alojamiento.

Pablo visita a Santiago

¹⁷ Cuando llegamos a Jerusalén, los hermanos nos recibieron con alegría. ¹⁸ Al día siguiente, Pablo fue con nosotros a visitar a Santiago, y allí estaban también todos los ancianos. ¹⁹ Pablo los saludó, y luego les contó detalladamente las cosas que Dios había hecho por medio de él entre los no judíos. ²⁰ Cuando lo oyeron, alabaron a Dios. Dijeron a Pablo:

—Bueno, hermano, ya ves que entre los judíos hay muchos miles que han creído, y todos ellos insisten en que es necesario seguir la ley de Moisés. ²¹ Y les han informado de que a todos los judíos que viven en el extranjero tú les enseñas a no hacer caso de lo que mandó Moisés, y les dices que no deben circuncidar a sus hijos ni seguir nuestras costumbres. ²² ¿Qué hay de esto? Pues sin duda la gente va a saber que has venido. ²³ Lo mejor es que hagas lo siguiente: Hay aquí, entre nosotros, cuatro hombres que tienen que cumplir una promesa. ²⁴ Llévalos contigo, purifícate junto con ellos y paga sus gastos, para que ellos puedan hacerse cortar el cabello.ˢ Así todos verán que no es cierto lo que les han dicho de ti; sino que, al contrario, tú también obedeces la ley. ²⁵ En cuanto a los que no son judíos y han creído, ya les hemos escrito nuestra decisión: no deben comer carne que haya sido ofrecida a los ídolos, ni sangre, ni carne de animales estrangulados, y deben evitar la inmoralidad sexual.ᵗ

Arrestan a Pablo en el templo

²⁶ Entonces Pablo se llevó a los cuatro hombres, y al día siguiente se purificó junto con ellos; luego entró en el templo para avisar cuándo terminarían los días del cumplimiento de la promesa, es decir, cuándo cada uno de ellos tendría que presentar su ofrenda. ²⁷ Estando ya por terminar los siete días, unos judíos de la provincia de Asia vieron a Pablo en el templo y alborotaron a la gente. Se lanzaron contra Pablo, ²⁸ gritando: "¡Israelitas, ayúdennos! Este es el hombre que anda por todas partes enseñando a la gente cosas que van contra nuestro pueblo, contra la ley de Moisés y

contra este templo. Además, ahora ha metido en el templo a unos griegos, profanando este lugar santo." ²⁹ Decían esto porque antes lo habían visto en la ciudad con Trófimoᵘ de Efeso, y pensaban que Pablo lo había llevado al templo. ³⁰ Toda la ciudad se alborotó, y la gente llegó corriendo. Agarraron a Pablo y lo arrastraron fuera del templo, cerrando inmediatamente las puertas. ³¹ Estaban a punto de matarlo, cuando al comandante del batallón romano le llegó la noticia de que toda la ciudad de Jerusalén se había alborotado. ³² El comandante reunió a sus soldados y oficiales, y fue corriendo a donde estaba la gente. Cuando vieron al comandante y a los soldados, dejaron de golpear a Pablo. ³³ Entonces el comandante se acercó, arrestó a Pablo y mandó que lo sujetaran con dos cadenas. Después preguntó quién era y qué había hecho. ³⁴ Pero unos gritaban una cosa y otros otra, de modo que el comandante no podía aclarar nada a causa del ruido que hacían; así que mandó llevarlo al cuartel. ³⁵ Al llegar a las gradas del cuartel, los soldados tuvieron que llevar a Pablo a cuestas, debido a la violencia de la gente; ³⁶ porque todos iban detrás, gritando: "¡Muera!"

Pablo se defiende delante de la gente

³⁷ Cuando ya iban a meterlo en el cuartel, Pablo le preguntó al comandante del batallón:

—¿Puedo hablar con usted un momento?

El comandante le contestó:

—¿Sabes hablar griego? ³⁸ Entonces, ¿tú no eres aquel egipcio que hace algún tiempo comenzó una rebelión y salió al desierto con cuatro mil guerrilleros?

³⁹ Pablo le dijo:

—Yo soy judío, natural de Tarso de Cilicia, ciudadano de una población importante; pero, por favor, permítame usted hablar a la gente.

⁴⁰ El comandante le dio permiso, y Pablo se puso de pie en las gradas y con la mano hizo callar a la gente. Cuando se hizo silencio, les habló en hebreo, diciendo:

22 ¹ "Hermanos y padres, escuchen lo que les digo en mi defensa." ² Al oír que les hablaba en hebreo, guardaron aún más silencio. Pablo continuó:

³ "Yo soy judío. Nací en Tarso de Cilicia, pero me crié aquí en Jerusalén y estudié bajo la dirección de Gamaliel,ᵛ muy de acuerdo con la ley de nuestros antepasados. Siempre he procurado servir a Dios

ˢ 21.23-24 Nm 6.13-21. ᵗ 21.25 Hch 15.29. ᵘ 21.29 Hch 20.4. ᵛ 22.3 Hch 5.34-39.

con todo mi corazón, tal como todos ustedes lo hacen hoy día. ⁴ Antes perseguí a muerte a quienes seguían este Nuevo Camino, y los arresté y metí en la cárcel, ya fueran hombres o mujeres. ⁵ El jefe de los sacerdotes y todos los ancianos son testigos de esto. Ellos me dieron cartas para nuestros hermanos judíos en Damasco, y fui allá en busca de creyentes, para traerlos aquí a Jerusalén y castigarlos.ʷ

Pablo cuenta su conversión
(Hch 9.1–19; 26.12–18)

⁶ "Pero mientras iba yo de camino, y estando ya cerca de Damasco, a eso del mediodía, una fuerte luz del cielo brilló de repente a mi alrededor, ⁷ y caí al suelo. Y oí una voz, que me decía: 'Saulo, Saulo, ¿por qué me persigues?' ⁸ Pregunté: '¿Quién eres, Señor?' Y la voz me contestó: 'Yo soy Jesús de Nazaret, el mismo a quien tú estás persiguiendo.' ⁹ Los que iban conmigo vieron la luz y se asustaron, pero no oyeron la voz del que me hablaba. ¹⁰ Yo pregunté: '¿Qué debo hacer, Señor?' Y el Señor me dijo: 'Levántate y sigue tu viaje a Damasco. Allí se te dirá todo lo que debes hacer.' ¹¹ Como la luz me dejó ciego, mis compañeros me llevaron de la mano a Damasco.

¹² "Allí había un hombre llamado Ananías, que era muy piadoso y obediente a la ley de Moisés; todos los judíos que vivían en Damasco hablaban muy bien de él. ¹³ Ananías vino a verme, y al llegar me dijo: 'Hermano Saulo, recibe de nuevo la vista.' En aquel mismo momento recobré la vista, y pude verlo. ¹⁴ Luego añadió: 'El Dios de nuestros padres te ha escogido para que conozcas su voluntad, y para que veas al que es justo y oigas su voz de sus propios labios. ¹⁵ Pues tú vas a ser testigo suyo ante todo el mundo, y vas a contar lo que has visto y oído. ¹⁶ Y ahora, no esperes más. Levántate y bautízate, invocando el nombre del Señor para lavarte de tus pecados.'

Pablo cuenta cómo fue enviado a los no judíos

¹⁷ "Cuando regresé a Jerusalén, fui al templo a orar, y tuve una visión. ¹⁸ Vi al Señor, que me dijo: 'Date prisa, sal rápidamente de Jerusalén, porque no van a hacer caso de lo que dices de mí.' ¹⁹ Yo le dije: 'Señor, ellos saben que yo iba por todas las sinagogas y llevaba a la cárcel a los que creían en ti, y que los golpeaba, ²⁰ y que cuando mataron a tu siervo Esteban, que daba testimonio de ti, yo mismo estaba allí, aprobando que lo mataran, e

incluso cuidé la ropa de quienes lo mataron.'ˣ ²¹ Pero el Señor me dijo: 'Ponte en camino, que voy a enviarte a naciones lejanas.' "

Pablo en manos del comandante

²² Hasta este punto lo escucharon; pero entonces comenzaron a gritar: "¡Ese hombre no debe vivir! ¡Bórralo de este mundo!" ²³ Y como seguían gritando y sacudiendo sus ropas y tirando polvo al aire, ²⁴ el comandante ordenó que metieran a Pablo en el cuartel, y mandó que lo azotaran, para que confesara por qué la gente gritaba en contra suya. ²⁵ Pero cuando ya lo tenían atado para azotarlo, Pablo le preguntó al capitán que estaba presente:

—¿Tienen ustedes autoridad para azotar a un ciudadano romano, y además sin haberlo juzgado?

²⁶ Al oír esto, el capitán fue y avisó al comandante, diciendo:

—¿Qué va a hacer usted? Este hombre es ciudadano romano.

²⁷ Entonces el comandante se acercó a Pablo, y le preguntó:

—¿Es cierto que tú eres ciudadano romano?

Pablo le contestó:

—Sí.

²⁸ El comandante le dijo:

—A mí me costó mucho dinero hacerme ciudadano romano.

Y Pablo respondió:

—Pues yo lo soy por nacimiento.

²⁹ Con esto, los que iban a azotar a Pablo se apartaron de él; y hasta el mismo comandante, al darse cuenta de que era ciudadano romano, tuvo miedo por haberlo encadenado.

Pablo ante la Junta Suprema de los judíos

³⁰ Al día siguiente, el comandante, queriendo saber con exactitud de qué acusaban los judíos a Pablo, le quitó las cadenas y mandó reunir a los jefes de los sacerdotes y a toda la Junta Suprema. Luego sacó a Pablo y lo puso delante de ellos.

23 ¹ Pablo miró a los de la Junta Suprema y les dijo:

—Hermanos, yo he vivido hasta hoy con la conciencia tranquila delante de Dios.

² Entonces Ananías, que era sumo sacerdote, mandó a los que estaban cerca de Pablo que le pegaran en la boca. ³ Pero Pablo le contestó:

—¡Dios le va a pegar a usted, hipócrita!ʸ Si usted está sentado ahí para juzgarme según la ley, ¿por qué contra la ley manda que me peguen?

⁴ Los que estaban presentes le dijeron:

—¿Así insultas al sumo sacerdote de Dios?

⁵ Pablo dijo:

—Hermanos, yo no sabía que fuera el sumo sacerdote; pues en la Escritura dice: 'No maldigas al que gobierna a tu pueblo.'ᶻ

⁶ Luego, dándose cuenta de que algunos de la Junta eran del partido saduceo y otros del partido fariseo, dijo Pablo en voz alta:

—Hermanos, yo soy fariseo,ᵃ de familia de fariseos; y se me está juzgando porque creo en la resurrección de los muertos.

⁷ En cuanto Pablo dijo esto, los fariseos y los saduceos comenzaron a discutir entre sí, y se dividió la reunión. ⁸ Porque los saduceos dicen que los muertos no resucitan,ᵇ y que no hay ángeles ni espíritus; en cambio, los fariseos creen en todas estas cosas. ⁹ Todos gritaban; y algunos maestros de la ley, que eran del partido fariseo, se levantaron y dijeron:

—Este hombre no ha hecho nada malo; tal vez le ha hablado un espíritu o un ángel.

¹⁰ Como el alboroto era cada vez mayor, el comandante tuvo miedo de que hicieran pedazos a Pablo, por lo cual mandó llamar a unos soldados para sacarlo de allí y llevarlo otra vez al cuartel. ¹¹ A la noche siguiente, el Señor se le apareció a Pablo y le dijo: "Ánimo, Pablo, porque así como has dado testimonio de mí aquí en Jerusalén, así tendrás que darlo también en Roma."

Planes para matar a Pablo

¹² Al día siguiente, algunos de los judíos se pusieron de acuerdo para matar a Pablo, y juraron bajo maldición que no comerían ni beberían hasta que lograran matarlo. ¹³ Eran más de cuarenta hombres los que así se habían comprometido. ¹⁴ Fueron, pues, a los jefes de los sacerdotes y a los ancianos de los judíos, y les dijeron:

—Nosotros hemos jurado bajo maldición que no comeremos nada mientras no matemos a Pablo. ¹⁵ Ahora, ustedes y los demás miembros de la Junta Suprema pidan al comandante que lo traiga mañana ante ustedes, con el pretexto de investigar su caso con más cuidado; y nosotros estaremos listos para matarlo antes que llegue.

¹⁶ Pero el hijo de la hermana de Pablo se enteró del asunto, y fue al cuartel a avisarle. ¹⁷ Pablo llamó a uno de los capitanes, y le dijo:

—Lleve a este muchacho al comandante, porque tiene algo que comunicarle.

¹⁸ El capitán lo llevó al comandante, y le dijo:

—El preso Pablo me llamó y me pidió que trajera aquí a este muchacho, que tiene algo que comunicarle a usted.

¹⁹ El comandante tomó de la mano al muchacho, y llevándolo aparte le preguntó:

—¿Qué quieres decirme?

²⁰ Él muchacho le dijo:

—Los judíos se han puesto de acuerdo para pedirle a usted que mañana lleve a Pablo ante la Junta Suprema, con el pretexto de que quieren investigar su caso con más cuidado. ²¹ Pero no les crea, porque más de cuarenta de sus hombres lo esperan escondidos, y han jurado bajo maldición que no comerán ni beberán hasta que maten a Pablo; y ahora están listos, esperando solamente que usted les dé una respuesta.

²² Entonces el comandante despidió al muchacho, mandándole que no dijera a nadie lo que le había contado.

Envían a Pablo ante Félix el gobernador

²³ El comandante llamó a dos de sus capitanes, y les dio orden de preparar doscientos soldados de a pie, setenta de a caballo y doscientos con lanzas, para ir a Cesarea a las nueve de la noche. ²⁴ Además mandó preparar caballos para que Pablo montara, y dio orden de llevarlo sano y salvo al gobernador Félix. ²⁵ Con ellos envió una carta que decía lo siguiente:

²⁶ "De Claudio Lisias al excelentísimo gobernador Félix: saludos. ²⁷ Los judíos habían arrestado a este hombre y lo iban a matar, pero cuando yo supe que se trataba de un ciudadano romano, fui con mis soldados y lo libré. ²⁸ Como quise saber de qué lo acusaban, lo llevé ante la Junta de los judíos, ²⁹ y resultó que lo acusaban de asuntos de la ley de ellos; pero no había razón para matarlo, y ni siquiera para tenerlo en la cárcel. ³⁰ Pero como me he enterado de que los judíos tienen planes para matarlo, ahí se lo envío a usted; y he pedido también a los que lo acusan que traten delante de usted lo que tengan contra él."

³¹ Los soldados, conforme a las órdenes que tenían, tomaron a Pablo y lo llevaron de noche a Antípatris. ³² Al día siguiente, los soldados de a pie volvieron al cuartel, y los de a caballo siguieron el viaje con

ᶻ 23.5 Ex 22.28. ᵃ 23.6 Hch 26.5; Fil 3.5. ᵇ 23.8 Mt 22.23; Mr 12.18; Lc 20.27.

Pablo. [33] Al llegar a Cesarea, dieron la carta al gobernador y le entregaron también a Pablo. [34] Después de leer la carta, el gobernador preguntó de dónde era Pablo; y al saber que era de Cilicia, [35] le dijo:

—Te oiré cuando vengan los que te acusan.

Luego dio orden de ponerlo bajo vigilancia en el palacio de Herodes.

Defensa de Pablo ante Félix

24 [1] Cinco días después, Ananías, el sumo sacerdote, llegó a Cesarea con algunos de los ancianos y con un abogado que se llamaba Tértulo. Estos se presentaron ante el gobernador, para acusar a Pablo. [2] Cuando trajeron a Pablo, Tértulo comenzó su acusación, diciendo a Félix:

—Gracias a usted, señor gobernador, tenemos paz, y gracias a su sabiduría se han hecho muchas mejoras en nuestra nación. [3] Todo esto lo recibimos siempre y en todas partes, oh excelentísimo Félix, con mucho agradecimiento. [4] Pero para no quitarle mucho tiempo, le ruego que tenga la bondad de oírnos un momento. [5] Hemos encontrado que este hombre es una calamidad, y que por todo el mundo anda provocando divisiones entre los judíos, y que es cabecilla de la secta de los nazarenos. [6] Incluso trató de profanar el templo, por lo cual nosotros lo arrestamos.[19] [8] Usted mismo puede interrogarlo para saber la verdad de todo esto de que lo acusamos.

[9] Los judíos allí presentes también afirmaban lo mismo. [10] El gobernador le hizo entonces a Pablo señas de que hablara, y Pablo dijo:

—Con mucho gusto presento mi defensa ante usted, porque sé que usted es juez de esta nación desde hace muchos años. [11] Como usted mismo puede averiguar, hace apenas doce días que llegué a Jerusalén, a adorar a Dios. [12] Y no me encontraron discutiendo con nadie, ni alborotando a la gente en el templo, ni en las sinagogas, ni en otras partes de la ciudad. [13] Estas personas no pueden probar ninguna de las cosas de que me acusan. [14] Pero lo que sí confieso es que sirvo al Dios de mis padres de acuerdo con el Nuevo Camino que ellos llaman una secta, porque creo todo lo que está escrito en los libros de la ley y de los profetas. [15] Y tengo, lo mismo que ellos, la esperanza en Dios de que los muertos han de resucitar, tanto los buenos como los malos. [16] Por eso procuro siempre tener limpia mi conciencia delante de Dios y de los hombres. [17] Después de algunos años de andar por otras partes, volví a mi país para dar limosnas y presentar ofrendas. [18-19] Y estaba haciendo esto, después de haberme purificado según el rito establecido, aunque sin mucha gente y sin ningún alboroto, cuando unos judíos de la provincia de Asia me encontraron en el templo.[c] Esos son los que deben venir y presentarse aquí para acusarme, si es que tienen algo contra mí. [20] Y si no, que éstos que están aquí digan si me hallaron culpable de algún delito cuando estuve ante la Junta Suprema de los judíos. [21] A no ser que cuando estuve entre ellos dije en voz alta: 'Hoy me están juzgando ustedes porque creo en la resurrección de los muertos.'[d]

[22] Al oír esto, Félix, como estaba bien informado del Nuevo Camino, dejó el asunto pendiente y les dijo:

—Cuando venga el comandante Lisias, me informaré mejor de este asunto de ustedes.

[23] Y mandó Félix al capitán que Pablo siguiera detenido, pero que le diera alguna libertad y dejara que sus amigos lo atendieran.

[24] Unos días más tarde llegó otra vez Félix, junto con Drusila, su esposa, que era judía. Y mandó Félix llamar a Pablo, y escuchó lo que éste decía acerca de la fe en Jesucristo. [25] Pero cuando Pablo le habló de una vida de rectitud, del dominio propio y del juicio futuro, Félix se asustó y le dijo:

—Vete ahora. Te volveré a llamar cuando tenga tiempo.

[26] Por otra parte, Félix esperaba que Pablo le diera dinero, para que lo soltara; por eso lo llamaba muchas veces para hablar con él. [27] Dos años pasaron así; luego Félix dejó de ser gobernador, y en su lugar entró Porcio Festo. Y como Félix quería quedar bien con los judíos, dejó preso a Pablo.

Pablo delante de Festo

25 [1] Festo llegó para tomar su puesto de gobernador, y tres días después se dirigió de Cesarea a Jerusalén. [2] Allí los jefes de los sacerdotes y los judíos más importantes le presentaron una demanda contra Pablo. [3] Le pidieron, como favor especial, que ordenara que Pablo fuera llevado a Jerusalén. El plan de ellos era hacer que lo mataran en el camino; [4] pero Festo contestó que Pablo estaba preso en Cesarea, y que él mismo pensaba ir allá dentro de poco. [5] Les dijo:

—Por eso, las autoridades de ustedes deben ir conmigo a Cesarea, y si ese hom-

---

[19] Algunos mss. añaden: y quisimos juzgarlo de acuerdo con nuestra ley; [7] pero el comandante Lisias se metió, y con mucha fuerza nos lo quitó [8] y dijo que los que lo acusaban debían presentarse ante usted.
[c] **24.17-19** Hch 21.17-28.   [d] **24.21** Hch 23.6.

bre ha cometido algún delito, allí podrán acusarlo.

⁶ Festo estuvo en Jerusalén unos ocho o diez días más, y luego regresó a Cesarea. Al día siguiente ocupó su asiento en el tribunal y ordenó que le llevaran a Pablo. ⁷ Cuando Pablo entró, los judíos que habían llegado de Jerusalén se acercaron y lo acusaron de muchas cosas graves, aunque no pudieron probar ninguna de ellas. ⁸ Pablo, por su parte, decía en su defensa:

—Yo no he cometido ningún delito, ni contra la ley de los judíos ni contra el templo ni contra el emperador romano.

⁹ Pero como Festo quería quedar bien con los judíos, le preguntó a Pablo:

—¿Quieres ir a Jerusalén, para que yo juzgue allá tu caso?

¹⁰ Pablo contestó:

—Estoy ante el tribunal del emperador romano, que es donde debo ser juzgado. Como bien sabe usted, no he hecho nada malo contra los judíos. ¹¹ Si he cometido algún delito que merezca la pena de muerte, no me niego a morir; pero si no hay nada de cierto en las cosas de que me acusan, nadie tiene el derecho de entregarme a ellos. Pido que el emperador mismo me juzgue.

¹² Festo entonces consultó con sus consejeros, y luego dijo:

—Ya que has pedido que te juzgue el emperador, al emperador irás.

Pablo ante el rey Agripa

¹³ Al cabo de algunos días, el rey Agripa y Berenice fueron a Cesarea a saludar a Festo. ¹⁴ Como estuvieron allí varios días, Festo contó al rey el caso de Pablo. Le dijo:

—Hay aquí un hombre que Félix dejó preso. ¹⁵ Cuando estuve en Jerusalén, los jefes de los sacerdotes y los ancianos de los judíos me presentaron una demanda contra él, pidiéndome que lo condenara. ¹⁶ Yo les contesté que la autoridad romana no acostumbra condenar a muerte a nadie sin que antes el acusado pueda verse cara a cara con los que lo acusan, para defenderse de la acusación. ¹⁷ Por eso, cuando ellos vinieron acá, no perdí tiempo, sino que al día siguiente ocupé mi asiento en el tribunal y mandé traer al hombre. ¹⁸ Pero los que se presentaron para acusarlo no alegaron en contra suya ninguno de los delitos que yo había pensado. ¹⁹ Lo único que decían contra él eran cosas de su religión, y de un tal Jesús que murió y que Pablo dice que está vivo. ²⁰ Como yo no sabía qué hacer en este asunto, le pregunté a Pablo si quería ir a Jerusalén para

ser juzgado de esas cosas. ²¹ Pero él ha pedido que lo juzgue Su Majestad el emperador, así que he ordenado que siga preso hasta que yo pueda mandárselo.

²² Entonces Agripa le dijo a Festo:

—Yo también quisiera oír a ese hombre. Y Festo le contestó:

—Mañana mismo lo oirás.

²³ Al día siguiente, Agripa y Berenice llegaron y entraron con gran solemnidad en la sala, junto con los jefes militares y los principales señores de la ciudad. Festo mandó que le llevaran a Pablo, ²⁴ y dijo:

—Rey Agripa y señores que están aquí reunidos con nosotros: ahí tienen a ese hombre. Todos los judíos me han traído acusaciones contra él, tanto en Jerusalén como aquí en Cesarea, y no dejan de pedirme a gritos su muerte; ²⁵ pero a mí me parece que no ha hecho nada que la merezca. Sin embargo, como él mismo ha pedido ser juzgado por Su Majestad el emperador, he decidido enviárselo. ²⁶ Pero como no tengo nada concreto que escribirle a mi señor el emperador acerca de él, lo traigo ante ustedes, y sobre todo ante ti, oh rey Agripa, para que después de interrogarlo tenga yo algo que escribir. ²⁷ Pues me parece absurdo enviar un preso y no decir de qué está acusado.

Pablo presenta su caso ante el rey Agripa

26 ¹ Entonces Agripa le dijo a Pablo:

—Puedes hablar en tu defensa.

Pablo alzó la mano y comenzó a hablar así: ² "Me siento feliz de poder hablar hoy delante de Su Majestad, oh rey Agripa, para defenderme de todas las acusaciones que los judíos han presentado contra mí, ³ sobre todo porque Su Majestad conoce todas las costumbres de los judíos y las cosas que discutimos. Por eso le pido que me oiga con paciencia.

La vida de Pablo antes de su conversión

⁴ "Todos los judíos saben cómo viví entre ellos, en mi tierra y en Jerusalén, desde mi juventud. ⁵ También saben, y lo pueden declarar si quieren, que siempre he sido fariseo,ᵉ que es la secta más estricta de nuestra religión. ⁶ Y ahora me han traído a juicio precisamente por esta esperanza que tengo en la promesa que Dios hizo a nuestros antepasados. ⁷ Nuestras doce tribus de Israel esperan ver el cumplimiento de esta promesa, y por eso adoran a Dios y le sirven día y noche. Por esta misma esperanza, oh rey Agripa, los judíos me acusan ahora. ⁸ ¿Por qué no

---

ᵉ **26.5** Hch 23.6; Fil 3.5.

creen ustedes que Dios resucita a los muertos?

Pablo cuenta cómo perseguía a los cristianos

[9] "Yo mismo pensaba antes que debía hacer muchas cosas en contra del nombre de Jesús de Nazaret, [10] y así lo hice en Jerusalén. Con la autorización de los jefes de los sacerdotes, metí en la cárcel a muchos de los creyentes; y cuando los mataban, yo estaba de acuerdo. [11] Muchas veces los castigaba para obligarlos a negar su fe. Y esto lo hacía en todas las sinagogas, y estaba tan furioso contra ellos que los perseguía hasta en ciudades extranjeras.[f]

Pablo cuenta otra vez su conversión
(Hch 9.1–19; 22.6–16)

[12] "Con ese propósito me dirigía a la ciudad de Damasco, autorizado y comisionado por los jefes de los sacerdotes. [13] Pero en el camino, oh rey, vi a mediodía una luz del cielo, más fuerte que la luz del sol, que brilló alrededor de mí y de los que iban conmigo. [14] Todos caímos al suelo, y oí una voz que me decía en hebreo: 'Saulo, Saulo, ¿por qué me persigues? Te estás haciendo daño a ti mismo, como si dieras coces contra el aguijón.' [15] Entonces dije: '¿Quién eres, Señor?' El Señor me contestó: 'Yo soy Jesús, el mismo a quien estás persiguiendo. [16] Pero levántate, ponte en pie, porque me he aparecido a ti para que me sirvas y para que seas testigo de lo que ahora has visto y de lo que todavía has de ver de mí. [17] Te voy a librar de los judíos y también de los no judíos, a los cuales ahora te envío. [18] Te mando a ellos para que les abras los ojos y no caminen más en la oscuridad, sino en la luz; para que no sigan bajo el poder de Satanás, sino que sigan a Dios; y para que crean en mí y reciban así el perdón de los pecados y una herencia en el pueblo santo de Dios.

Pablo obedece a la visión

[19] "Así que, oh rey Agripa, no desobedecí a la visión del cielo, [20] sino que primero anuncié el mensaje a los que estaban en Damasco,[g] luego a los de Jerusalén[h] y de toda la región de Judea, y también a los no judíos, invitándolos a convertirse, y a volverse a Dios, y a hacer obras que demuestren esa conversión. [21] Por este motivo, los judíos me arrestaron en el templo y quisieron matarme. [22] Pero con la ayuda de Dios sigo firme hasta ahora, hablando de Dios a todos, pequeños y grandes. Nunca les digo nada aparte de lo que los profetas y Moisés dijeron que había de suceder: [23] que el Mesías tenía que morir, pero que después de morir sería el primero en resucitar,[i] y que anunciaría la luz de la salvación tanto a nuestro pueblo como a las otras naciones."[j]

Pablo trata de convencer a Agripa de que se haga cristiano

[24] Al decir Pablo estas cosas en su defensa, Festo gritó:

—¡Estás loco, Pablo! De tanto estudiar te has vuelto loco.

[25] Pero Pablo contestó:

—No estoy loco, excelentísimo Festo; al contrario, lo que digo es razonable y es la verdad. [26] Ahí está el rey Agripa, que conoce bien estas cosas, y por eso hablo con tanta libertad delante de él; porque estoy seguro de que él también sabe todo esto, ya que no se trata de cosas sucedidas en algún rincón escondido. [27] ¿Cree Su Majestad lo que dijeron los profetas? Yo sé que lo cree.

[28] Agripa le contestó:

—Por poco me convences de que me haga cristiano.

[29] Pablo dijo:

—Pues por poco o por mucho, quiera Dios que, no solamente Su Majestad, sino también todos los que me están escuchando hoy, lleguen a ser como yo, aunque sin estas cadenas.

[30] Entonces se levantó el rey, y también el gobernador, junto con Berenice y todos los que estaban allí sentados, [31] y se fueron aparte a hablar del asunto. Decían entre sí:

—Este hombre no ha hecho nada que merezca la muerte; ni siquiera debe estar en la cárcel.

[32] Y Agripa dijo a Festo:

—Se podría haber soltado a este hombre, si él mismo no hubiera pedido ser juzgado por el emperador.

Pablo enviado a Roma

27 [1] Cuando decidieron mandarnos a Italia, Pablo y los otros presos fueron entregados a un capitán que se llamaba Julio, del batallón llamado del Emperador. [2] Nos embarcamos, pues, en un barco del puerto de Adramitio que estaba a punto de salir para los puertos de Asia. Estaba también con nosotros Aristarco, que era de Tesalónica, ciudad de Macedonia. [3] Al día siguiente llegamos al puerto

f **26.9-11** Hch 8.3; 22.4-5.   *g* **26.20** Hch 9.20.   *h* **26.20** Hch 9.28-29.   *i* **26.23** 1 Co 15.20.   *j* **26.23** Is 42.6; 49.6.

de Sidón, donde Julio trató a Pablo con mucha consideración, pues le dejó visitar a sus amigos y ser atendido por ellos. ⁴ Saliendo de Sidón, navegamos protegidos del viento por la isla de Chipre, porque teníamos el viento en contra. ⁵ Atravesamos el mar frente a la costa de Cilicia y Panfilia, y llegamos a Mira, una ciudad de Licia.

⁶ El capitán de los soldados encontró allí un barco de Alejandría que iba a Italia, y nos hizo embarcar para seguir el viaje. ⁷ Durante varios días viajamos despacio, y con mucho trabajo llegamos frente a Gnido. Como todavía teníamos el viento en contra, pasamos frente a Salmón dando la vuelta a la isla de Creta; ⁸ y navegando con dificultad a lo largo de la costa, llegamos a un lugar llamado Buenos Puertos, cerca del pueblo de Lasea.

⁹ Se había perdido mucho tiempo, y ya era peligroso viajar por mar porque se acercaba el invierno.²⁰ Por eso, Pablo les aconsejó:

¹⁰ —Señores, veo que este viaje va a ser muy peligroso, y que vamos a perder tanto el barco como su carga, y que hasta podemos perder la vida.

¹¹ Pero el capitán de los soldados hizo más caso al dueño del barco y al capitán del mismo que a Pablo. ¹² Y como aquel puerto no era bueno para pasar el invierno, casi todos pensaron que sería mejor salir de allí e intentar llegar a Fenice, un puerto de Creta que mira al noroeste y al suroeste, y pasar allí el invierno.

La tempestad en el mar

¹³ Pensando que podrían seguir el viaje porque comenzaba a soplar un viento suave del sur, salieron y navegaron junto a la costa de Creta. ¹⁴ Pero poco después un viento huracanado del nordeste azotó el barco, ¹⁵ y comenzó a arrastrarlo. Como no podíamos mantener el barco de cara al viento, tuvimos que dejarnos llevar por él. ¹⁶ Pasamos por detrás de una pequeña isla llamada Cauda, donde el viento no soplaba tan fuerte, y con mucho trabajo pudimos recoger el bote salvavidas. ¹⁷ Después de subirlo a bordo, usaron sogas para reforzar el barco. Luego, como tenían miedo de encallar en los bancos de arena llamados la Sirte, echaron el ancla flotante²¹ y se dejaron llevar por el viento. ¹⁸ Al día siguiente, la tempestad era todavía fuerte, así que comenzaron a arrojar al mar la carga del barco; ¹⁹ y al tercer día, con sus propias manos, arrojaron también los aparejos del barco. ²⁰ Por muchos días no se dejaron ver ni el sol ni las estrellas, y con la gran tempestad que nos azotaba habíamos perdido ya toda esperanza de salvarnos.

²¹ Como habíamos pasado mucho tiempo sin comer, Pablo se levantó en medio de todos y dijo:

—Señores, hubiera sido mejor hacerme caso y no salir de Creta; así habríamos evitado estos daños y perjuicios. ²² Ahora, sin embargo, no se desanimen, porque ninguno de ustedes morirá, aunque el barco sí va a perderse. ²³ Pues anoche se me apareció un ángel, enviado por el Dios a quien pertenezco y sirvo, ²⁴ y me dijo: 'No tengas miedo, Pablo, porque tienes que presentarte ante el emperador romano, y por tu causa Dios va a librar de la muerte a todos los que están contigo en el barco.' ²⁵ Por tanto, señores, anímense, porque tengo confianza en Dios y estoy seguro de que las cosas sucederán como el ángel me dijo. ²⁶ Pero tendremos que ser arrojados a una isla.

²⁷ Una noche, cuando al cabo de dos semanas de viaje nos encontrábamos en el mar Adriático llevados de un lado a otro por el viento, a eso de la medianoche los marineros se dieron cuenta de que estábamos llegando a tierra. ²⁸ Midieron la profundidad del agua, y era de treinta y seis metros; un poco más adelante la midieron otra vez, y era de veintisiete metros. ²⁹ Por miedo de chocar contra las rocas, echaron cuatro anclas por la parte de atrás del barco, mientras pedían a Dios que amaneciera. ³⁰ Pero los marineros pensaron en escapar del barco, así que comenzaron a bajar el bote salvavidas, haciendo como que iban a echar las anclas de la parte delantera del barco. ³¹ Pero Pablo avisó al capitán y a sus soldados, diciendo:

—Si éstos no se quedan en el barco, ustedes no podrán salvarse.

³² Entonces los soldados cortaron las amarras del bote salvavidas y lo dejaron caer al agua.

³³ De madrugada, Pablo les recomendó a todos que comieran algo. Les dijo:

—Ya hace dos semanas que, por esperar a ver qué pasa, ustedes no han comido como de costumbre. ³⁴ Les ruego que coman algo. Esto es necesario, si quieren sobrevivir, pues nadie va a perder ni un cabello de la cabeza.

³⁵ Al decir esto, Pablo tomó en sus manos un pan y dio gracias a Dios delante de todos. Lo partió y comenzó a comer. ³⁶ Luego todos se animaron y comieron también. ³⁷ Éramos en el barco doscientas setenta y seis personas en total. ³⁸ Después

---

²⁰ *Porque se acercaba el invierno:* lit. *porque ya había pasado el ayuno.* Al hacer Pablo referencia al ayuno del Día de Perdón, que en el calendario judío tiene lugar el día diez del mes Tishri (septiembre-octubre), lo hace para indicar la época del año en que esto ocurría (véase v. 12). ²¹ *Echaron el ancla flotante:* una especie de balsa con cuyo peso se contrarresta la velocidad del barco. Otra posible traducción: *arriaron los aparejos.*

de haber comido lo que quisieron, echaron el trigo al mar para aligerar el barco.

Se hunde el barco

39 Cuando amaneció, los marineros no reconocieron la tierra, pero vieron una bahía que tenía playa; y decidieron tratar de arrimar el barco hacia allá. **40** Cortaron las amarras de las anclas, abandonándolas en el mar, y aflojaron los remos que servían para guiar el barco. Luego alzaron al viento la vela delantera, y el barco comenzó a acercarse a la playa. **41** Pero fue a dar en un banco de arena, donde el barco encalló. La parte delantera quedó atascada en la arena, sin poder moverse, mientras la parte de atrás comenzó a hacerse pedazos por la fuerza de las olas. **42** Los soldados quisieron matar a los presos, para no dejarlos escapar nadando. **43** Pero el capitán de los soldados, que quería salvar a Pablo, no dejó que lo hicieran, sino que ordenó que quienes supieran nadar se echaran al agua primero para llegar a tierra, **44** y que los demás siguieran sobre tablas o en pedazos del barco. Así llegamos todos salvos a tierra.

Pablo en la isla de Malta

28 **1** Cuando ya estuvimos todos a salvo, supimos que la isla se llamaba Malta. **2** Los nativos nos trataron muy bien a todos; y como estaba lloviendo y hacía frío, encendieron una gran fogata y nos invitaron a acercarnos. **3** Pablo, que había recogido un poco de leña seca, la estaba echando al fuego cuando una víbora salió huyendo del calor y se le enredó en la mano. **4** Al ver los nativos la víbora colgada de la mano de Pablo, se dijeron unos a otros: "Este hombre debe de ser un asesino, pues aunque se salvó del mar, la justicia divina²² no lo deja vivir." **5** Pero Pablo se sacudió la víbora en el fuego, y no le pasó nada. **6** Todos estaban esperando que se hinchara o que de un momento a otro cayera muerto; pero después de mucho esperar, cuando vieron que nada le pasaba, cambiaron de idea y comenzaron a decir que Pablo era un dios.

7 Cerca de aquel lugar había unos terrenos que pertenecían al personaje principal de la isla, llamado Publio, que nos recibió y nos atendió muy bien durante tres días. **8** Y sucedió que el padre de Publio estaba en cama, enfermo de fiebre y disentería. Pablo fue entonces a visitarlo y, después de orar, puso las manos sobre él y lo sanó. **9** Con esto, vinieron también los otros enfermos que había en la isla, y fueron sana-

dos. **10** Nos llenaron de atenciones, y después, al embarcarnos de nuevo, nos dieron todo lo necesario para el viaje.

Pablo llega a Roma

11 Al cabo de tres meses de estar en la isla, nos embarcamos en un barco que había pasado allí el invierno; era una embarcación de Alejandría, que llevaba por insignia la figura de los dioses Cástor y Pólux. **12** Llegamos al puerto de Siracusa, donde nos quedamos tres días, **13** y de allí navegamos cerca de la costa hasta arribar a Regio. El día siguiente tuvimos viento sur, y un día más tarde llegamos a Puteoli, **14** donde encontramos a algunos hermanos que nos invitaron a quedarnos con ellos una semana; y así, finalmente, llegamos a Roma. **15** Los hermanos de Roma ya tenían noticias acerca de nosotros; de manera que salieron a nuestro encuentro hasta el Foro de Apio y el lugar llamado las Tres Tabernas. Al verlos, Pablo dio gracias a Dios y se sintió animado. **16** Cuando llegamos a Roma,²³ permitieron que Pablo viviera aparte, vigilado solamente por un soldado.

Pablo en Roma

17 Tres días después de su llegada, Pablo mandó llamar a los principales judíos de Roma. Cuando estuvieron reunidos, les dijo:

—Hermanos, yo no he hecho nada contra los judíos ni contra las costumbres de nuestros antepasados. Sin embargo, en Jerusalén fui entregado a los romanos, **18** quienes después de interrogarme querían soltarme, porque no encontraron ninguna razón para condenarme a muerte. **19** Pero los judíos se opusieron, y tuve que pedir que el emperador me juzgara,ᵏ aunque no tengo nada de qué acusar a los de mi nación. **20** Por esto, pues, los he llamado a ustedes, para verlos y hablarles; porque es precisamente por la esperanza que tenemos nosotros los israelitas, por lo que me encuentro aquí encadenado. **21** Ellos le dijeron:

—Nosotros no hemos recibido ninguna carta de Judea acerca de ti, ni ninguno de los hermanos judíos que han llegado de allá nos ha dicho nada malo en contra tuya. **22** Quisiéramos oír lo que tú piensas, porque sabemos que en todas partes se habla en contra de esta nueva secta.

23 Así que le señalaron un día, en el que acudieron muchas personas a donde Pablo estaba alojado. Desde la mañana hasta la tarde, Pablo les habló del reino de Dios.

---

²² *La justicia divina:* en griego, *dike.* Al parecer los malteses aludían a *Dike,* la diosa griega de la justicia.   ²³ Algunos mss. añaden: *el capitán entregó los presos al prefecto militar.*
ᵏ **28.19** Hch 25.11.

Trataba de convencerlos acerca de Jesús, por medio de la ley de Moisés y los escritos de los profetas. 24 Unos aceptaron lo que Pablo decía, pero otros no creyeron. 25 Y como no se ponían de acuerdo entre sí, comenzaron a irse. Pablo les dijo:

—Bien habló el Espíritu Santo a los antepasados de ustedes por medio del profeta Isaías, diciendo:

26 'Anda y dile a este pueblo:
Por más que escuchen, no
    entenderán;
por más que miren, no verán.
27 Pues la mente de este pueblo está
    entorpecida,

tienen tapados los oídos
y sus ojos están cerrados,
para que no puedan ver ni oír,
ni puedan entender;
para que no se vuelvan a mí,
y yo no los sane.'[l]

28 Sepan ustedes, pues, que de ahora en adelante esta salvación de Dios se ofrece a los no judíos, y ellos sí escucharán.[24]

30 Pablo se quedó dos años completos en la casa que tenía alquilada, donde recibía a todos los que iban a verlo. 31 Con toda libertad anunciaba el reino de Dios, y enseñaba acerca del Señor Jesucristo sin que nadie se lo estorbara.

---

24 Algunos mss. añaden v. 29: *Cuando Pablo dijo esto, los judíos se fueron, discutiendo mucho entre ellos.*
l 28.26-27 Is 6.9-10.

Carta de San Pablo a los
ROMANOS

Pablo no había visitado Roma todavía cuando escribió esta carta a los creyentes de aquella ciudad, pero tenía planes de hacerlo, de camino a España, a donde también pensaba ir. Y esperaba que ellos le ayudaran a tal fin. Esta carta es, con la dirigida a los Gálatas, la más amplia exposición de cómo entiende Pablo la fe cristiana y lo que ésta significa, en sentido práctico, para el modo de vivir cristiano. Siguiendo el estilo epistolar de su época, empieza con la identificación del que escribe y un saludo, a lo cual se añade una oración de gratitud y una indicación del motivo y propósito de la carta (1.1–17). Y en seguida (vs. 16, 17) hace un resumen de lo que para él es el evangelio —las buenas noticias— y la doctrina central de su predicación y enseñanza: judíos y gentiles, y en fin todos los hombres, necesitan la salvación; en el mensaje del evangelio se nos muestra de qué manera Dios nos libra de culpa: es "por fe y solamente por fe" (1.17).

En lo que sigue, se puede notar una forma característica de casi todas las cartas de Pablo. Tras una introducción, se divide en una primera gran sección que podríamos llamar de exposición de doctrina; una segunda, en que lleva la doctrina a su aplicación en la vida práctica, y, finalmente, recomendaciones adicionales y saludos, sea en general o personales.

En esta carta, la sección doctrinal ocupa la mayor parte: 1.18—11.36. En ella enseña Pablo que todo hombre, judío o no judío, se halla bajo el poder del pecado y, por tanto, bajo condenación. Necesita, pues, de la salvación (1.18—3.20). Esta consiste en que Dios perdona al hombre, lo libra de culpa y lo restaura a una íntima relación con él, todo mediante la fe en Jesucristo (3.21—4.25). El resultado de esa relación con Dios es una nueva vida en unión con Cristo. El creyente, liberado por el Espíritu Santo del poder del pecado y de la muerte, y reconciliado con Dios, obtiene una profunda paz. El propósito de la ley ha sido convencer al hombre de su pecado, pero, una vez perdonado y librado de él, su vida queda bajo el poder del Espíritu de Dios (caps. 5—8). En el plan de Dios para todos los hombres, el rechazo actual de Jesús por la mayoría de los judíos abre las puertas de la gracia divina a todos los demás hombres. Pero Dios no ha retirado de los judíos ni su amor ni su llamamiento, y al final también ellos aceptarán a Jesús y "todo Israel será salvado" (caps. 9—11).

Pablo termina su exposición escribiendo sobre lo que es la vida cristiana, cuya clave es el amor, e incluye el servicio a Dios y los deberes para con el estado y de los unos para con los otros. Trata también algunas cuestiones de conciencia (12.1—15.13). La carta concluye con una serie de referencias y saludos personales (15.14—16.27).

Saludo

1 [1] Yo, Pablo, siervo de Jesucristo, escribo esta carta. Dios me llamó y me apartó para ser apóstol suyo, para anunciar su mensaje de salvación.

[2] Por medio de sus profetas, Dios ya había comunicado este mensaje en las santas Escrituras. [3-4] Es el mensaje que trata de su Hijo Jesucristo, nuestro Señor, que como hombre fue descendiente del rey David,[a] pero como espíritu santificador y por el hecho de haber resucitado, fue declarado Hijo de Dios y se le dieron plenos poderes.

[5] Por medio de Jesucristo, Dios me ha concedido el privilegio de ser su apóstol y de anunciar su nombre, para que en todas las naciones haya quienes crean en él y le obedezcan. [6-7] Entre ellos están también

ustedes, que viven en Roma. Dios los ama, y los ha llamado a ser de Jesucristo y a formar parte de su pueblo. Que Dios nuestro Padre y el Señor Jesucristo derramen su gracia y su paz sobre ustedes.

Pablo quiere visitar Roma

[8] En primer lugar, por medio de Jesucristo doy gracias a mi Dios por cada uno de ustedes, porque en todas partes se habla de su fe. [9] Dios, a quien yo sirvo con todo mi corazón anunciando el mensaje de su Hijo, es testigo de que continuamente los recuerdo en mis oraciones, [10] y pido siempre a Dios que, si es su voluntad, me conceda que vaya por fin a visitarlos. [11] Porque deseo verlos y prestarles alguna ayuda espiritual, para que estén más firmes; [12] es decir, para que nos animemos

a 1.3–4 Mt 1.1; 12.23.

unos a otros con esta fe que ustedes y yo tenemos.

[13] Quiero que sepan, hermanos, que muchas veces me he propuesto ir a verlos,[b] pero hasta ahora siempre se me han presentado obstáculos. Mi deseo es recoger alguna cosecha espiritual entre ustedes, como la he recogido entre las otras naciones. [14] Me siento en deuda con todos, sean cultos o incultos, sabios o ignorantes; [15] por eso estoy tan ansioso de anunciarles el evangelio también a ustedes que viven en Roma.

El poder del evangelio

[16] No me avergüenzo[c] del mensaje del evangelio, porque es poder de Dios[d] para que todos los que creen alcancen la salvación, los judíos en primer lugar, pero también los que no lo son. [17] Pues este mensaje nos muestra de qué manera Dios nos libra de culpa: es por fe y solamente por fe. Así lo dicen las Escrituras: "El justo por la fe vivirá."[e]

La culpa de la humanidad

[18] Pues vemos que el terrible castigo de Dios viene del cielo sobre toda la gente mala e injusta, que con su maldad impide que se conozca la verdad. [19] Lo que de Dios se puede conocer, ellos lo conocen muy bien, porque él mismo se lo ha mostrado; [20] pues lo invisible de Dios se puede llegar a conocer, si se reflexiona en lo que él ha hecho. En efecto, desde que el mundo fue creado, claramente se ha podido ver que él es Dios y que su poder nunca tendrá fin. Por eso los malvados no tienen disculpa. [21] Pues aunque han conocido a Dios, no lo han honrado como a Dios ni le han dado gracias. Al contrario, han terminado pensando puras tonterías, y su necia mente se ha quedado a oscuras.[f] [22] Dicen que son sabios, pero son tontos; [23] porque han cambiado[g] la gloria del Dios inmortal por imágenes del hombre mortal, y hasta por imágenes de aves, cuadrúpedos y reptiles.[h]

[24] Por eso, Dios los ha abandonado a los impuros deseos que hay en ellos, y han cometido unos con otros acciones vergonzosas. [25] En lugar de la verdad de Dios, han buscado la mentira, y han honrado y adorado las cosas creadas por Dios y no a Dios mismo, que las creó y que merece alabanza por siempre. Así sea.

[26] Por eso, Dios los ha abandonado a pasiones vergonzosas. Hasta sus mujeres han cambiado las relaciones naturales por las que van en contra la naturaleza; [27] de la misma manera, los hombres han dejado sus relaciones naturales con la mujer y arden en malos deseos los unos por los otros. Hombres con hombres cometen acciones vergonzosas, y sufren en su propio cuerpo el castigo de su perversión.

[28] Como no quieren reconocer a Dios, él los ha abandonado a sus perversos pensamientos, para que hagan lo que no deben. [29] Están llenos de toda clase de injusticia,[i] perversidad, avaricia y maldad. Son envidiosos, asesinos, pendencieros, engañadores, perversos y chismosos. [30] Hablan mal de los demás, son enemigos de Dios, insolentes, vanidosos y orgullosos; inventan maldades, desobedecen a sus padres, [31] no quieren entender, no cumplen su palabra, no sienten cariño por nadie, no saben perdonar, no sienten compasión. [32] Saben muy bien que Dios ha decretado que quienes hacen estas cosas merecen la muerte; y sin embargo las siguen haciendo, y hasta ver con gusto que otros las hagan.

Dios juzga conforme a la verdad

2 [1] Por eso no tienes disculpa, tú que juzgas a otros, no importa quién seas. Al juzgar a otros te condenas a ti mismo,[i] pues haces precisamente lo mismo que hacen ellos. [2] Pero sabemos que Dios juzga conforme a la verdad cuando condena a los que así se portan. [3] En cuanto a ti, que juzgas a otros y haces lo mismo que ellos, no creas que vas a escapar de la condenación de Dios. [4] Tú desprecias la inagotable bondad, tolerancia y paciencia de Dios, sin darte cuenta de que es precisamente su bondad la que te está llevando a convertirte a él. [5] Pero tú, como eres terco y has querido volverte a Dios, estás amontonando castigo sobre ti mismo para el día del castigo, cuando Dios se manifestará para dictar su justa sentencia [6] y pagar a cada uno conforme a lo que haya hecho.[j] [7] Dará vida eterna a quienes, buscando gloria, honor e inmortalidad, perseveraron en hacer lo bueno; [8] pero castigará con enojo a los rebeldes, es decir, a los que están en contra de la verdad y a favor de la maldad. [9] Habrá sufrimiento y angustia para todos los que hacen lo malo, para os judíos en primer lugar, pero también para los que no lo son. [10] En cambio, Dios dará gloria, honor y paz a todos los que hacen lo bueno, a los judíos en primer lugar, pero también a los que no lo son.

[11] Porque Dios no hace diferencia entre unos y otros;[k] [12] todos los que pecan sin haber tenido la ley de Moisés, morirán sin

---

[i] Algunos mss. añaden aquí: *inmoralidad sexual*.
[b] 1.13 Hch 19.21. [c] 1.16 Mr 8.38. [d] 1.16 1 Co 1.18. [e] 1.17 Hab 2.4. [f] 1.21 Ef 4.17–18. [g] 1.23 Sal 106.20; Jer 2.11.
[h] 1.23 Dt 4.16–18. [i] 2.1 Mt 7.1; Lc 6.37. [j] 2.6 Sal 62.11–12; Pr 24.12; Jer 17.10; Ez 18,30; 33.20; Mt 16.27.
[k] 2.11 Dt 10.17.

esa ley; y los que pecan a pesar de tener la
ley de Moisés, por medio de esa misma ley
serán juzgados. 13 Porque no quedan libres
de culpa los que solamente oyen la ley,
sino los que la obedecen. 14 Pero cuando
los que no son judíos ni tienen la ley hacen por naturaleza lo que la ley manda,
ellos mismos son su propia ley, 15 pues
muestran por su conducta que llevan la
ley escrita en el corazón. Su propia conciencia lo comprueba, y sus propios pensamientos los acusarán o los defenderán
16 el día en que Dios juzgará los secretos
de todos por medio de Jesucristo, conforme al mensaje de salvación que yo predico.

Los judíos y la ley de Moisés

17 Tú dices que eres judío, y te basas en
la ley de Moisés, y estás orgulloso de tu
Dios. 18 Conoces su voluntad, y la ley te
enseña a escoger lo mejor. 19 Estás convencido de que puedes guiar a los ciegos y
alumbrar a los que andan en la oscuridad;
20 de que puedes instruir a los ignorantes y
orientar a los sencillos, ya que en la ley
tienes la regla del conocimiento y de la
verdad. 21 Pues bien, si enseñas a otros,
¿por qué no te enseñas a ti mismo? Si pre-
dicas que no se debe robar, ¿por qué robas? 22 Si dices que no se debe cometer
adulterio, ¿por qué lo cometes? Si odias a
los ídolos, ¿por qué robas las riquezas de
sus templos? 23 Te ufanas de la ley, pero
deshonras a Dios porque la desobedeces.
24 Con razón dice la Escritura: "Los paganos ofenden a Dios por culpa de ustedes."[l]
25 Es cierto que, a quien obedece a la ley
de Moisés, la circuncisión le sirve de algo;
pero si no la obedece, es como si no estuviera circuncidado. 26 En cambio, si el que
no está circuncidado se porta según lo que
la ley ordena, se le considerará circuncidado aun cuando no lo esté. 27 El que obedece a la ley, aunque no esté circuncidado
en su cuerpo, juzgará a aquel que, a pesar
de tener la ley y de estar circuncidado, no
la obedece. 28 Porque ser judío no es serlo
solamente por fuera, y estar circuncidado
no es estarlo solamente por fuera, en el
cuerpo. 29 El verdadero judío lo es interior-
mente, y el estar circuncidado es cosa del
corazón:[m] no depende de reglas escritas,
sino del espíritu. El que es así, resulta
aprobado, no por los hombres, sino por
Dios.

3 1 Entonces, ¿qué ventajas tiene el ser
judío o el estar circuncidado? 2 Muchas y por muchas razones. En primer lugar, Dios confió su mensaje a los judíos.[n]
3 Ahora bien, ¿qué pasa si dejan de ser
fieles algunos de ellos? ¿Acaso por eso dejará Dios de ser fiel? 4 ¡Claro que no! Al
contrario, Dios actúa siempre conforme a
la verdad, aunque todo hombre sea mentiroso; pues la Escritura dice:

"Serás tenido por justo en lo que
dices,
y saldrás vencedor cuando te
juzguen."[ñ]

5 Pero si nuestra maldad sirve para poner de relieve que Dios es justo, ¿qué diremos? ¿Que Dios es injusto porque nos castiga? (Hablo en términos humanos.)
6 ¡Claro que no! Porque si Dios fuera injusto, ¿cómo podría juzgar al mundo?
7 Pero si mi mentira sirve para que la
verdad de Dios resulte todavía más gloriosa, ¿por qué se me juzga a mí como pecador? 8 En tal caso, ¿por qué no hacer lo
malo para que venga lo bueno? Esto es
precisamente lo que algunos, para desa-
creditarme, dicen que yo enseño; pero
tales personas merecen la condenación.

Todos somos culpables

9 ¿Qué pues? ¿Somos nosotros, los judíos, mejores que los demás?[2] ¡Claro que
no! Porque ya hemos demostrado que,
tanto los judíos como los que no lo son,
están bajo el poder del pecado, 10 pues las
Escrituras dicen:

"¡No hay quien haga lo bueno!
¡No hay ni siquiera uno!
11 No hay quien tenga entendimiento;
no hay quien busque a Dios.
12 Todos se han ido por mal camino;
todos por igual se han pervertido.
¡No hay quien haga lo bueno!
¡No hay ni siquiera uno![o]
13 Su garganta es un sepulcro abierto,
su lengua es mentirosa,[p]
sus labios esconden veneno de
víbora[q]
14 y su boca está llena de maldición y
amargura.[r]
15 Sus pies corren ágiles a derramar
sangre;
16 destrucción y miseria hay en sus
caminos,
17 y no conocen el camino de la paz.[s]
18 Jamás tienen presente que hay que
temer a Dios."[t]

19 Sabemos que todo lo que dice el libro
de la ley, lo dice a quienes están sometidos a ella, para que todos callen y el
mundo entero caiga bajo el juicio de Dios;
20 porque Dios no declarará a nadie libre
de culpa por haber cumplido la ley,[u] ya
que la ley solamente sirve para hacernos
saber que somos pecadores.

[2] *¿Somos nosotros . . . los demás?*: otra posible traducción: *¿Nos estamos disculpando?*

[l] **2.24** Is 52.5. [m] **2.25–29** Dt 10.16; 30.6; Jer 4.4. [n] **3.2** Sal 147.19–20. [ñ] **3.4** Sal 51.4. [o] **3.10–12** Sal 14.1–3; 53.1–3. [p] **3.13** Sal 5.9. [q] **3.13** Sal 140.3. [r] **3.14** Sal 10.7. [s] **3.15–17** Is 59.7–8. [t] **3.18** Sal 36.1. [u] **3.20** Sal 143.2; Gá 2.16.

La salvación es por medio de la fe

21-22 Pero ahora, dejando aparte la ley, Dios ha dado a conocer de qué manera nos libra de culpa, y esto se comprueba leyendo los libros de la ley y los profetas: Dios nos libra de culpa por medio de la fe en Jesucristo;[v] y lo hace por igual con todos los que creen, **23** pues todos han pecado y están lejos de la presencia salvadora de Dios. **24** Pero Dios, en su bondad y gratuitamente, los ha librado de culpa, mediante la liberación que se alcanza por Cristo Jesús. **25** Dios hizo que Cristo, al derramar su sangre, fuera el instrumento del perdón. Este perdón se alcanza por la fe, y demuestra que Dios es justo y que, si pasó por alto los pecados de otro tiempo, **26** fue sólo a causa de su paciencia. Igualmente demuestra que Dios es justo ahora, y que sigue siendo justo al declarar libres de culpa a los que creen en Jesús.

27 ¿Dónde, pues, queda el orgullo del hombre ante Dios? ¡Queda eliminado! ¿Por qué razón? No por haber cumplido la ley, sino por haber creído. **28** Así llegamos a esta conclusión: que Dios declara libre de culpa al hombre por la fe, sin exigirle cumplir con la ley. **29** ¿Acaso Dios es solamente Dios de los judíos? ¿No lo es también de todas las naciones? ¡Claro está que lo es también de todas las naciones, **30** pues no hay más que un Dios:[w] el Dios que libra de culpa a los que tienen fe, sin tomar en cuenta si están o no están circuncidados! **31** Entonces, ¿con la fe le quitamos el valor a la ley? ¡Claro que no! Más bien afirmamos el valor de la ley.

El ejemplo de Abraham

4 **1** Pero entonces, ¿qué diremos que ganó Abraham, nuestro antepasado? **2** En realidad, si Abraham hubiera sido aceptado como justo a causa de sus propios hechos, tendría un motivo de orgullo, aunque no delante de Dios. **3** Pues la Escritura dice: "Abraham creyó a Dios, y por eso Dios lo aceptó como justo."[x] **4** Ahora bien, si alguno trabaja, el pago no se le da como un regalo sino como algo merecido. **5** En cambio, si alguno cree en Dios, que libra de culpa al pecador, Dios lo acepta como justo por su fe, aunque no haya hecho nada que merezca su favor. **6** David mismo habló de la dicha de aquel a quien Dios acepta como justo sin tomarle en cuenta sus hechos. **7** Dijo David:

"¡Dichosos aquellos a quienes Dios
perdona sus maldades y pasa por
alto sus pecados!

8 ¡Dichoso el hombre a quien el Señor
no toma en cuenta su pecado!"[y]

9 ¿Será que esta dicha corresponde solamente a los que están circuncidados, o corresponderá también a los que no lo están? Hemos dicho que Dios aceptó como justo a Abraham por su fe. **10** Pero ¿cuándo lo aceptó? ¿Después de que Abraham fue circuncidado, o antes? No después, sino antes. **11** Y después Abraham fue circuncidado,[z] como señal o sello de que Dios ya lo había aceptado como justo por causa de su fe. De este modo, Abraham ha venido a ser también el padre de todos los que tienen fe, aunque no hayan sido circuncidados; y así Dios los acepta igualmente a ellos como justos. **12** Y Abraham es también el padre de quienes, además de estar circuncidados, siguen el ejemplo de aquella fe que él ya tenía cuando aún no estaba circuncidado.

La promesa se cumple por medio de la fe

13 Pues Dios prometió a Abraham y a sus descendientes que recibirían el mundo como herencia;[a] pero esta promesa no les fue hecha porque Abraham hubiera obedecido la ley, sino porque tuvo fe en Dios; y por eso, Dios lo aceptó como justo. **14** Pues si los que han de recibir la herencia son los que obedecen la ley, entonces la fe resultaría cosa inútil y la promesa de Dios perdería su valor.[b] **15** Porque la ley trae castigo; pero donde no hay ley, tampoco hay faltas contra la ley.

16 Por eso, para que la promesa hecha a Abraham fuera firme para todos sus descendientes, tenía que ser un don basado en la fe. Es decir, la promesa no es solamente para los que obedecen la ley, sino también para todos los que creen como creyó Abraham. De esa manera, él viene a ser padre de todos nosotros,[c] **17** como dice la Escritura: "Te he hecho padre de muchas naciones."[d] Este es el Dios en quien Abraham creyó, el Dios que da vida a los muertos y crea las cosas que aún no existen.

18 Cuando ya no había esperanza, Abraham creyó y tuvo esperanza, y así vino a ser "padre de muchas naciones", conforme a lo que Dios le había dicho: "Así será el número de tus descendientes."[e] **19** La fe de Abraham no se debilitó, aunque ya tenía casi cien años de edad[f] y se daba cuenta de que tanto él como Sara morirían pronto, y que eran demasiado viejos para tener hijos. **20** No dudó ni desconfió de la promesa de Dios, sino que tuvo más

v **3.21-22** Gá 2.16.   w **3.30** Dt 6.4; Gá 3.20.   x **4.3** Gn 15.6; Gá 3.6.   y **4.7-8** Sal 32.1-2.   z **4.11** Gn 17.10.
a **4.13** Gn 17.4-6; 22.17-18; Gá 3.29.   b **4.14** Gá 3.18.   c **4.16** Gá 3.7.   d **4.17** Gn 17.5.   e **4.18** Gn 15.5.   f **4.19** Gn 17.17.

fe y confianza. Alabó a Dios, [21] plenamente convencido de que Dios tiene poder para cumplir lo que promete. [22] Por eso, Dios lo aceptó como justo.

[23] Y esto de que Dios lo aceptó como justo por su fe, no se escribió solamente de Abraham; [24] se escribió también de nosotros. Pues, por nuestra fe, Dios nos acepta como justos también a nosotros, los que creemos en aquel que resucitó a Jesús, nuestro Señor, [25] que fue entregado a la muerte por nuestros pecados[g] y resucitado para librarnos de culpa.

Libres de culpa

5 [1] Así pues, libres ya de culpa gracias a la fe, tenemos paz con Dios por medio de nuestro Señor Jesucristo. [2] Pues por Cristo gozamos del favor de Dios por medio de la fe, y estamos firmes, y nos alegramos con la esperanza de tener parte en la gloria de Dios. [3] Y no sólo esto, sino que también nos alegramos en el sufrimiento; porque sabemos que el sufrimiento nos da firmeza para soportar, [4] y esta firmeza nos permite salir aprobados, y el salir aprobados nos llena de esperanza. [5] Y esta esperanza no nos defrauda, porque Dios ha llenado con su amor nuestro corazón por medio del Espíritu Santo que nos ha dado. [6] Pues cuando nosotros éramos incapaces de salvarnos, Cristo, a su debido tiempo, murió por los malos. [7] No es fácil que alguien se deje matar en lugar de otra persona. Ni siquiera en lugar de una persona justa; aunque quizás alguien estaría dispuesto a morir por una persona verdaderamente buena. [8] Pero Dios prueba que nos ama, en que, cuando todavía éramos pecadores, Cristo murió por nosotros. [9] Y ahora, libres ya de culpa mediante la muerte de Cristo, con mayor razón seremos librados del castigo final por medio de él. [10] Porque si Dios, cuando todavía éramos sus enemigos, nos puso en paz consigo mismo mediante la muerte de su Hijo, con mayor razón seremos salvados por su vida, ahora que ya estamos en paz con él. [11] Y no sólo esto, sino que también nos alegramos en Dios mediante nuestro Señor Jesucristo, pues por Cristo hemos llegado a tener paz con Dios.

Adán y Cristo

[12] Así pues, por medio de un solo hombre entró el pecado en el mundo y trajo consigo la muerte,[h] y la muerte pasó a todos porque todos pecaron. [13] Antes que hubiera ley, ya había pecado en el mundo; aunque el pecado no se toma en cuenta cuando no hay ley. [14] Sin embargo, desde el tiempo de Adán hasta el de Moisés, la muerte reinó sobre los que pecaron, aunque el pecado de éstos no consistió en desobedecer un mandato, como hizo Adán,[i] el cual fue figura de aquel que había de venir.

[15] Pero el delito de Adán no puede compararse con el don que Dios nos ha dado. Pues por el delito de un solo hombre, muchos murieron; pero el don que Dios nos ha dado gratuitamente por medio de un solo hombre, Jesucristo, es mucho mayor y en bien de muchos. [16] El pecado de un solo hombre no puede compararse con el don de Dios, pues por un solo pecado vino la condenación, pero por el don de Dios los hombres son declarados libres de sus muchos pecados. [17] Pues si la muerte reinó como resultado del delito de un solo hombre, con mayor razón aquellos a quienes Dios, en su gran bondad y gratuitamente, declara libres de culpa, reinarán en la nueva vida mediante un solo hombre, Jesucristo.

[18] Y así como el delito de Adán puso bajo condenación a todos los hombres, así también el acto justo de Jesucristo trajo a todos los hombres una vida libre de condenación. [19] Es decir, que por la desobediencia de un solo hombre, muchos fueron hechos pecadores; pero, de la misma manera, por la obediencia de un solo hombre, muchos quedarán libres de culpa.

[20] La ley vino para que aumentara el pecado; pero cuando el pecado aumentó, Dios se mostró aún más bondadoso. [21] Y así como el pecado reinó para traer muerte, así también la bondad de Dios reinó para librarnos de culpa y darnos vida eterna mediante nuestro Señor Jesucristo.

Muertos respecto al pecado pero vivos en Cristo

6 [1] ¿Qué, pues, diremos? ¿Vamos a seguir pecando para que Dios se muestre aún más bondadoso? [2] ¡Claro que no! Nosotros ya hemos muerto respecto al pecado; ¿cómo, pues, podremos seguir viviendo en pecado? [3] ¿No saben ustedes que, al quedar unidos a Cristo Jesús en el bautismo, quedamos unidos a su muerte? [4] Pues por el bautismo fuimos sepultados con Cristo, y morimos para ser resucitados y vivir una vida nueva, así como Cristo fue resucitado por el glorioso poder del Padre.[j]

[5] Si nos hemos unido a Cristo en una muerte como la suya, también nos uniremos a él en su resurrección. [6] Sabemos que lo que antes éramos fue crucificado con Cristo, para que el poder de nuestra

g 4.25 Is 53.4–5.   h 5.12 Gn 3.6–19.   i 5.14 Gn 2.16–17; 3.11–12.   j 6.4 Col 2.12.   k 6.6 Gá 2.20.

naturaleza pecadora quedara destruido y ya no siguiéramos siendo esclavos del pecado.[k] [7] Porque, cuando uno muere, queda libre del pecado. [8] Si nosotros hemos muerto con Cristo, confiamos en que también viviremos con él. [9] Sabemos que Cristo, habiendo resucitado, no volverá a morir. La muerte ya no tiene poder sobre él. [10] Pues Cristo, al morir, murió de una vez para siempre respecto al pecado; pero al vivir, vive para Dios. [11] Así también, ustedes considérense muertos respecto al pecado, pero vivos para Dios en unión con Cristo Jesús.

[12] Por lo tanto, no dejen ustedes que el pecado siga dominando en su cuerpo mortal y que los siga obligando a obedecer los deseos del cuerpo. [13] No entreguen su cuerpo al pecado, como instrumento para hacer lo malo. Al contrario, entréguense a Dios, como personas que han muerto y han vuelto a vivir, y entréguenle su cuerpo como instrumento para hacer lo bueno. [14] Así el pecado ya no tendrá poder sobre ustedes, pues no están sujetos a la ley sino a la bondad de Dios.

Un ejemplo tomado de la esclavitud

[15] ¿Entonces qué? ¿Vamos a pecar porque no estamos sujetos a la ley sino a la bondad de Dios? ¡Claro que no! [16] Ustedes saben muy bien que si se entregan como esclavos a un amo para obedecerlo, entonces son esclavos de ese amo a quien obedecen. Y esto es así, lo mismo si obedecen al pecado, lo cual lleva a la muerte, que si obedecen a Dios para vivir una vida de rectitud. [17] Pero gracias a Dios que ustedes, que antes eran esclavos del pecado, ya han obedecido de corazón a la forma de enseñanza que han recibido. [18] Una vez libres de la esclavitud del pecado, ustedes han entrado al servicio de una vida de rectitud. [19] (Hablo en términos humanos, porque ustedes, por su naturaleza humana, no pueden entender bien estas cosas.) De modo que, así como antes entregaron su cuerpo al servicio de la impureza y la maldad para hacer lo malo, entreguen también ahora su cuerpo al servicio de una vida de rectitud, con el fin de vivir completamente consagrados a Dios. [20] Cuando ustedes todavía eran esclavos del pecado, no estaban al servicio de una vida de rectitud; [21] pero ¿qué provecho sacaron de aquellas cosas que ahora les dan vergüenza, y que no llevan sino a la muerte?[j] [22] Pero ahora, libres de la esclavitud del pecado, han entrado al servicio de Dios. Esto sí les es provechoso, pues el resultado es una vida consagrada a Dios y,

finalmente, la vida eterna.[l] [23] El pago que da el pecado es la muerte, pero el don de Dios es vida eterna en unión con Cristo Jesús, nuestro Señor.

Un ejemplo tomado del matrimonio

7 [1] Hermanos, ustedes conocen la ley, y saben que la ley solamente tiene poder sobre una persona mientras esa persona vive. [2] Por ejemplo, una mujer casada está ligada por ley a su esposo mientras éste vive; pero si el esposo muere, la mujer queda libre de la ley que la ligaba a él. [3] De modo que si ella tiene relaciones con otro hombre mientras el esposo vive, comete adulterio, pero si el esposo muere, ella queda libre de esa ley, y puede casarse con otro sin cometer adulterio.

[4] Así también, ustedes, hermanos míos, mediante la muerte de Cristo han muerto con él a la ley, para pertenecer a otro esposo. Ahora son de Cristo, de aquel que resucitó. De este modo, nuestra vida será útil delante de Dios [5] Porque mientras estábamos viviendo como hombres pecadores, la ley sirvió para despertar en nuestro cuerpo los malos deseos, y eso nos llevó a la muerte. [6] Pero ahora hemos muerto a la ley que nos tenía bajo su poder, quedando así libres para servir a Dios en la nueva vida del Espíritu y no bajo la vieja ley escrita.

El pecado que está en mí

[7] ¿Vamos a decir por esto que la ley es pecado? ¡Claro que no! Sin embargo, de no ser por la ley, yo no hubiera sabido lo que es el pecado. Jamás habría sabido lo que es codiciar, si la ley no hubiera dicho: "No codicies."[m] [8] Pero el pecado se aprovechó de esto, y valiéndose del propio mandamiento despertó en mí toda clase de malos deseos. Pues mientras no hay ley, el pecado es cosa muerta. [9] Hubo un tiempo en que, sin la ley, yo tenía vida; pero cuando vino el mandamiento, cobró vida el pecado, [10] y yo mori. Así resultó que aquel mandamiento que debía darme la vida, me llevó a la muerte, [11] porque el pecado se aprovechó del mandamiento y me engañó,[n] y con el mismo mandamiento me dio muerte.

[12] En resumen, la ley en sí misma es santa, y el mandamiento es santo, justo y bueno. [13] Pero entonces, ¿esto que es bueno habrá de llevarme a la muerte? ¡Claro que no! Lo que pasa es que el pecado, para demostrar que verdaderamente es pecado, me causó la muerte valiéndose

[j] Les dan vergüenza . . . muerte?: otra posible traducción: les dan vergüenza? No llevan sino a la muerte.
[k] 6.21–22 Pr 12.28. [m] 7.7 Ex 20.17; Dt 5.21. [n] 7.11 Gn 3.13.

de lo bueno. Y así, por medio del mandamiento, quedó demostrado lo terriblemente malo que es el pecado. [14] Sabemos que la ley es espiritual, pero en mi naturaleza humana estoy vendido como esclavo al pecado. [15] No entiendo lo que me pasa, pues no hago lo que quiero, y en cambio aquello que odio es precisamente lo que hago.[n] [16] Pero si lo que hago es lo que no quiero hacer, reconozco con ello que la ley es buena. [17] Así que ya no soy yo quien lo hace, sino el pecado que está en mí. [18] Porque yo sé que en mí, es decir, en mi naturaleza de hombre pecador, no hay nada bueno; pues aunque tengo el deseo de hacer lo bueno, no soy capaz de hacerlo. [19] No hago lo bueno que quiero hacer, sino lo malo que no quiero hacer. [20] Ahora bien, si hago lo que no quiero hacer, ya no soy yo quien lo hace, sino el pecado que está en mí.

[21] Me doy cuenta de que, aun queriendo hacer el bien, solamente encuentro el mal a mi alcance. [22] En mi interior me gusta la ley de Dios, [23] pero veo en mí algo que se opone a mi capacidad de razonar: es la ley del pecado, que está en mí y que me tiene preso. [24] ¡Desdichado de mí! ¿Quién me librará del poder de la muerte que está en mi cuerpo?[s] [25] Solamente Dios, a quien doy gracias por medio de nuestro Señor Jesucristo. En conclusión: yo entiendo que debo someterme a la ley de Dios, pero como hombre estoy sometido a la ley del pecado.

La vida conforme al Espíritu de Dios

8 [1] Así pues, no hay ninguna condenación para los que están unidos a Cristo Jesús,[5] [2] porque la ley del Espíritu que da vida en Cristo Jesús, nos libera de la ley del pecado y de la muerte. [3] Porque Dios ha hecho lo que la ley de Moisés no pudo hacer, pues no era capaz de hacerlo debido a la naturaleza del hombre pecador: Dios envió a su propio Hijo en condición semejante a la del hombre pecador y como sacrificio por el pecado, para de esta manera condenar al pecado en la propia naturaleza humana. [4] Lo hizo para que nosotros podamos cumplir lo que la ley ordena, pues ya no vivimos conforme a la naturaleza del hombre pecador sino conforme al Espíritu.

[5] Los que viven conforme a la naturaleza del hombre pecador, sólo se preocupan por lo puramente humano; pero los que viven conforme al Espíritu, se preocupan por las cosas del Espíritu. [6] Y preocuparse por lo puramente humano lleva a la muerte; pero preocuparse por las cosas del Espíritu lleva a la vida y a la paz. [7] Los que se preocupan por lo puramente humano son enemigos de Dios, porque ni quieren ni pueden someterse a su ley. [8] Por eso, los que viven sometidos a los deseos del hombre pecador no pueden agradar a Dios.

[9] Pero ustedes ya no viven conforme a tales deseos, sino conforme al Espíritu, si es que realmente el Espíritu de Dios vive en ustedes. El que no tiene el Espíritu de Cristo, no es de Cristo. [10] Pero si Cristo vive en ustedes, el espíritu vive[6] porque Dios los ha librado de culpa, aun cuando el cuerpo esté destinado a la muerte por causa del pecado. [11] Y si el Espíritu de aquel que resucitó a Jesús vive en ustedes, el mismo que resucitó a Cristo dará nueva vida a sus cuerpos mortales por medio del Espíritu de Dios que vive en ustedes.[o]

[12] Así pues, hermanos, tenemos una obligación, pero no es la de vivir conforme a los deseos del hombre pecador. [13] Porque si viven ustedes conforme a tales deseos, morirán; pero si por medio del Espíritu hacen ustedes morir esos deseos, vivirán. [14] Todos los que son guiados por el Espíritu de Dios, son hijos de Dios. [15] Pues ustedes no han recibido un espíritu de esclavitud que los lleve otra vez a tener miedo, sino el Espíritu que los hace hijos de Dios. Por este Espíritu nos dirigimos a Dios, diciendo: "¡Padre mío!"[p] [16] Y este mismo Espíritu se une a nuestro espíritu para dar testimonio de que ya somos hijos de Dios. [17] Y puesto que somos sus hijos, también tendremos parte en la herencia que Dios nos ha prometido,[q] la cual compartiremos con Cristo, si es que realmente sufrimos con él para después estar con él en su gloria.

La gloria que ha de venir

[18] Considero que los sufrimientos del tiempo presente no son nada si los comparamos con la gloria que habremos de ver después. [19] La creación espera con gran impaciencia el momento en que los hijos de Dios sean dados a conocer. [20] Porque la creación perdió su verdadera finalidad, no por su propia voluntad, sino porque Dios así lo había dispuesto;[r] pero le quedaba siempre la esperanza [21] de ser liberada de la esclavitud y la destrucción, para alcanzar la gloriosa libertad de los hijos de Dios. [22] Sabemos que hasta ahora la creación se queja y sufre como una mujer con dolores de parto. [23] Y no sólo ella sufre, sino también nosotros, que ya tenemos el

---

[s] *Del poder de la muerte que está en mi cuerpo: lit. del cuerpo de esta muerte.* [5] *Algunos mss. añaden: los que no viven según la naturaleza humana sino según el espíritu.* [6] *El espíritu vive: otra posible traducción: el Espíritu es vida para ustedes.*

[n] **7.15** Gá 5.17. [o] **8.11** 1 Co 3.16. [p] **8.15** Mr 14.36; Gá 4.6. [q] **8.15-17** Gá 4.5-7. [r] **8.20** Gn 3.17-19.

Espíritu como anticipo de lo que vamos a recibir. Sufrimos profundamente, esperando el momento de ser adoptados como hijos de Dios, con lo cual serán liberados nuestros cuerpos.ˢ ²⁴ Hemos sido salvados, pero sólo en esperanza. Ahora bien, si lo que uno espera ya lo está viendo, entonces no es esperanza, pues lo que uno ve no tiene por qué esperarlo. ²⁵ Pero si lo que esperamos es algo que todavía no vemos, tenemos que esperarlo con constancia.

²⁶ De igual manera, el Espíritu nos ayuda en nuestra debilidad. Porque no sabemos orar como es debido, pero el Espíritu mismo ruega a Dios por nosotros, con gemidos que no pueden expresarse con palabras. ²⁷ Y Dios, que examina los corazones, sabe qué es lo que el Espíritu quiere decir, porque el Espíritu ruega, conforme a la voluntad de Dios, por los que le pertenecen.

Más que victoriosos

²⁸ Sabemos que Dios dispone todas las cosas para el bien de quienes le aman, a los cuales él ha llamado de acuerdo con su propósito. ²⁹ A los que de antemano Dios había conocido, los destinó desde un principio a ser como su Hijo,ᵗ para que su Hijo fuera el mayor entre muchos hermanos. ³⁰ Y a los que Dios destinó desde un principio, también los llamó; y a los que llamó, los declaró libres de culpa; y a los que declaró libres de culpa, les dio parte en su gloria.

³¹ ¿Qué más podremos decir? ¡Que si Dios está a nuestro favor, nadie podrá estar contra nosotros! ³² Si Dios no nos negó ni a su propio Hijo, sino que lo entregó a la muerte por todos nosotros, ¿cómo no habrá de darnos también, junto con su Hijo, todas las cosas? ³³ ¿Quién podrá acusar a los que Dios ha escogido? Dios es quien los declara libres de culpa. ³⁴ ¿Quién podrá condenarlos? Cristo Jesús es quien murió; todavía más, quien resucitó y está a la derecha de Dios, rogando por nosotros. ³⁵ ¿Quién no podrá separar del amor de Cristo? ¿El sufrimiento, o las dificultades, o la persecución, o el hambre, o la falta de ropa, o el peligro, o la muerte? ³⁶ Como dice la Escritura:

"Por causa tuya estamos siempre
    expuestos a la muerte;
nos tratan como a ovejas llevadas al
    matadero."ᵘ

³⁷ Pero en todo esto salimos más que vencedores por medio de aquel que nos amó. ³⁸ Estoy convencido de que nada podrá separarnos del amor de Dios: ni la muerte, ni la vida, ni los ángeles, ni los poderes y fuerzas espirituales, ni lo presente, ni lo futuro, ³⁹ ni lo alto, ni lo profundo, ni ninguna otra de las cosas creadas por Dios. ¡Nada podrá separarnos del amor que Dios nos ha mostrado en Cristo Jesús nuestro Señor!

Dios ha escogido a Israel

9 ¹ Como creyente que soy en Cristo, estoy diciendo la verdad, no miento. Además, mi conciencia, guiada por el Espíritu Santo, me asegura que esto es verdad: ² tengo una gran tristeza y en mi corazón hay un dolor continuo, ³ pues hasta quisiera estar yo mismo bajo maldición, separado de Cristo, si así pudiera favorecer a mis hermanos, los de mi propia raza. ⁴ Son descendientes de Israel, y Dios los adoptó como hijos.ᵛ Dios estuvo entre ellos con su presencia gloriosa, y les dio los pactos, la ley de Moisés, el culto y las promesas. ⁵ Son descendientes de nuestros antepasados; y de su raza, en cuanto a lo humano, vino el Mesías, el cual es Dios sobre todas las cosas, alabado por siempre.⁷ Así sea.

⁶ Pero no es que las promesas de Dios a Israel hayan quedado sin cumplirse; más bien es que no todos los descendientes de Israel son verdadero pueblo de Israel. ⁷ No todos los descendientes de Abraham son verdaderamente sus hijos, sino que Dios le había dicho: "Tu descendencia vendrá por medio de Isaac."ʷ ⁸ Esto nos da a entender que nadie es hijo de Dios solamente por pertenecer a cierta raza; al contrario, sólo a quienes son hijos en cumplimiento de la promesa de Dios, se les considera verdaderos descendientes. ⁹ Porque ésta es la promesa que Dios hizo a Abraham: "Por este tiempo volveré, y Sara tendrá un hijo."ˣ

¹⁰ Pero eso no es todo. Los dos hijos de Rebeca eran de un mismo padre, nuestro antepasado Isaac, ¹¹⁻¹³ y antes que ellos nacieran, cuando aún no habían hecho nada, ni bueno ni malo, Dios anunció a Rebeca: "El mayor será siervo del menor."ʸ Lo cual también está de acuerdo con la Escritura que dice: "Amé a Jacob y aborrecí a Esaú."ᶻ Así quedó confirmado el derecho que Dios tiene de escoger, de acuerdo con su propósito, a los que quiere llamar, sin tomar en cuenta lo que hayan hecho.

¹⁴ ¿Diremos por eso que Dios es injusto?

---

⁷ *El Mesías, el cual . . . por siempre:* otra posible traducción: *el Mesías. Dios, que está sobre todas las cosas, sea alabado por siempre.*
ˢ **8.23** 2 Co 5.2–4. ᵗ **8.29** 2 Co 3.18; Gá 4.19; Fil 3.10. ᵘ **8.36** Sal 44.22. ᵛ **9.4** Ex 4.22. ʷ **9.7** Gn 21.12. ˣ **9.9** Gn 18.10. ʸ **9.11–13** Gn 25.23. ᶻ **9.11–13** Mal 1.2–3.

¡Claro que no! [15] Porque Dios dijo a Moisés: "Tendré misericordia de quien yo quiera, y tendré compasión también de quien yo quiera."[a] [16] Así pues, no depende de que el hombre quiera o se esfuerce, sino de que Dios tenga compasión. [17] Pues en la Escritura Dios le dice al rey de Egipto: "Te hice rey precisamente para mostrar en ti mi poder y para darme a conocer en toda la tierra."[b] [18] De manera que Dios tiene compasión de quien él quiere tenerla, y también le endurece el corazón a quien él quiere endurecérselo.

[19] Pero me dirás: "Siendo así, ¿de qué puede Dios culpar al hombre, si nadie puede oponerse a su voluntad?" [20] Y tú, hombre, ¿quién eres para pedirle cuentas a Dios? ¿Acaso la olla de barro le dirá al que la hizo: "¿Por qué me hiciste así?"[c] [21] El alfarero tiene el poder de hacer lo que quiera con el barro,[d] y del mismo barro puede hacer una olla para uso especial y otra para uso común.

[22] Dios, queriendo dar un ejemplo de castigo y mostrar su poder, soportó con mucha paciencia a aquellos que merecían el castigo e iban a ser destruidos. [23] Al mismo tiempo quiso dar a conocer en nosotros la grandeza de su gloria, pues nos tuvo compasión y nos preparó de antemano para tener parte en ella. [24] Así que Dios nos llamó, a unos de entre los judíos y a otros de entre los no judíos. [25] Como se dice en el libro de Oseas:

"A los que no eran mi pueblo, los
    llamaré mi pueblo;
a la que no era amada, la llamaré mi
    amada.[e]
[26] Y en el mismo lugar donde se les
    dijo: 'Ustedes no son mi pueblo',
serán llamados hijos del Dios
    viviente."[f]

[27] En cuanto a los israelitas, Isaías dijo: "Aunque los descendientes de Israel sean tan numerosos como la arena del mar, solamente un resto de ellos alcanzará la salvación, [28] porque muy pronto el Señor cumplirá plenamente su palabra en todo el mundo."[g] [29] Como el mismo Isaías había dicho antes:

"Si el Señor todopoderoso no nos
    hubiera dejado descendencia,
ahora mismo estaríamos como
    Sodoma y Gomorra."[h]

Los judíos y el evangelio

[30] ¿Qué diremos a esto? Que, por medio de la fe, Dios ha declarado libres de culpa a los paganos, que no buscaban tal liberación. [31] En cambio, los israelitas, que intentaban cumplir la ley para quedar libres de culpa, no lo lograron. [32] ¿Por qué? Porque no procuraron quedar libres de culpa por su fe, sino por sus hechos. Por eso tropezaron con la "piedra de tropiezo" [33] que se menciona en la Escritura:

"Yo pongo en Sión una roca,
una piedra con la cual tropezarán;
el que confíe en ella, no quedará
    defraudado."[i]

10 [1] Hermanos, el deseo de mi corazón y mi oración a Dios por los israelitas es que alcancen la salvación. [2] En su favor puedo decir que tienen un gran deseo de servir a Dios; sólo que ese deseo no está basado en el verdadero conocimiento. [3] Pues no reconocen que es Dios quien libra de culpa a los hombres, y por eso buscan ser librados por sus propios medios, sin someterse a lo que Dios ha establecido. [4] Porque la ley se cumple en Cristo, para librar de culpa a todos los que tienen fe.

[5] En cuanto a quedar libres de culpa por cumplir la ley, Moisés escribió esto: "La persona que cumpla la ley, vivirá por ella."[j] [6] Pero en cuanto a quedar libres de culpa por medio de la fe, dice: "No pienses: '¿Quién subirá al cielo?' —esto es, para hacer que Cristo baje—; [7] o '¿Quién bajará al abismo?' " —esto es, para hacer que Cristo suba de entre los muertos. [8] ¿Qué es, pues, lo que dice?: "La palabra está cerca de ti, en tu boca y en tu corazón."[k] Esta palabra es el mensaje de fe que predicamos. [9] Si con tu boca reconoces a Jesús como Señor, y con tu corazón crees que Dios lo resucitó, alcanzarás la salvación. [10] Pues con el corazón se cree para quedar libre de culpa, y con la boca se reconoce a Jesucristo para alcanzar la salvación.

[11] La Escritura dice: "El que confíe en él, no quedará defraudado."[l] [12] No hay diferencia entre los judíos y los no judíos; pues el mismo Señor es Señor de todos, y da con abundancia a todos los que le invocan. [13] Porque esto es lo que dice: "Todos los que invoquen el nombre del Señor, alcanzarán la salvación."[m] [14] Pero ¿cómo van a invocarlo, si no han creído en él? ¿Y cómo van a creer en él, si no han oído hablar de él? ¿Y cómo van a oír, si no hay quien les anuncie el mensaje? [15] ¿Y cómo van a anunciar el mensaje, si no hay quien los envíe? Como dice la Escritura: "¡Qué hermosa es la llegada de los que traen buenas noticias!"[n]

[16] Pero no todos hacen caso del mensaje de salvación. Es como dice Isaías: "Señor, ¿quién ha creído nuestro mensaje?"[ñ]

a **9.15** Ex 33.19.   *b* **9.17** Ex 9.16.   *c* **9.20** Is 29.16; 45.9.   *d* **9.21** Jer 18.4–6.   *e* **9.25** Os 2.23.   *f* **9.26** Os 1.10.
g **9.27–28** Is 10.22–23.   *h* **9.29** Is 1.9.   *i* **9.33** Is 28.16.   *j* **10.5** Lv 18.5.   *k* **10.6–8** Dt 30.12–14.   *l* **10.11** Is 28.16.
m **10.13** Jl 2.32.   *n* **10.15** Is 52.7.   *ñ* **10.16** Is 53.1.

17 Así pues, la fe viene como resultado del oír, y lo que se oye es el mensaje de Cristo. 18 Pero yo pregunto: ¿Será tal vez que no oyeron el mensaje? ¡Claro que lo oyeron! Porque la Escritura dice:

"La voz de ellos salió por toda la
    tierra,
y hasta los últimos rincones del
    mundo llegaron sus palabras."o

19 Y vuelvo a preguntar: ¿Será que los de Israel no se han dado cuenta? En primer lugar, Moisés dice:

"Yo los pondré a ustedes celosos
    de un pueblo que no es pueblo;
los haré enojar contra un pueblo
    que no quiere entender."p

20 Luego, Isaías se atreve a decir:

"Los que no me buscaban, me
    encontraron;
y me mostré a los que no
    preguntaban por mí."q

21 Y al hablar de los israelitas, Isaías dice: "Todo el día extendí mis manos a un pueblo desobediente y rebelde."ᵣ

El Israel escogido

11 1 Ahora pregunto: ¿Será que Dios ha rechazado a su pueblo? ¡Claro que no! Yo mismo soy israelita, descendiente de Abraham y de la tribu de Benjamín.s 2 Desde el principio, Dios había reconocido a los israelitas como su pueblo; y ahora no los ha rechazado. ¿No saben ustedes que la Escritura dice en la historia del profeta Elías que éste, en su oración a Dios, acusó al pueblo de Israel? Dijo: 3 "Señor, han matado a tus profetas y han destruido tus altares; sólo yo he quedado con vida, y a mí también me quieren matar."t 4 Pero Dios le contestó: "He apartado para mí siete mil hombres que no se han arrodillado ante el dios Baal."u 5 Pues de la misma manera, ha quedado ahora un pequeño resto de ellos, que Dios, en su bondad, ha escogido. 6 Y si es por la bondad de Dios, ya no es por los hechos; porque si así fuera, la bondad de Dios ya no sería bondad.ᵍ 7 ¿Entonces qué? Los israelitas no consiguieron lo que buscaban, pero los que Dios escogió sí lo consiguieron. Los otros fueron endurecidos, 8 como dice la Escritura: "Dios los hizo espiritualmente insensibles, y así son hasta el día de hoy; les dio ojos que no ven y oídos que no oyen."ᵥ 9 También dice David:

"Que sus banquetes se les vuelvan
    trampas y redes,

para que tropiecen y sean
    castigados.
10 Que sus ojos se queden ciegos y no
    vean;
que su espalda se les doble para
    siempre."w

La salvación de los no judíos

11 Ahora pregunto: ¿Será que los judíos, al tropezar, cayeron por completo? ¡De ninguna manera! Al contrario, al desobedecer los judíos, los otros han podido alcanzar la salvación, para que los israelitas se pongan celosos. 12 Así que, si el tropiezo y el fracaso de los judíos han servido para enriquecer al mundo, a los que no son judíos, ¡ya podemos imaginarnos lo que será su plena restauración! 13 Pero tengo algo que decirles a ustedes, que no son judíos. Puesto que Dios me ha enviado a los no judíos, yo doy mucha importancia a mi trabajo. 14 Quiero que algunos de mi propia raza sientan celos de ustedes, y que así alcancen la salvación. 15 Pues si por ser rechazados los judíos, el mundo pudo llegar a la paz con Dios, ¿qué no será cuando sean aceptados? ¡Nada menos que vida para los que estaban muertos! 16 Pues si el primer pan que se hace de la masa está consagrado a Dios, también lo está la masa entera. Y si la raíz de un árbol está consagrada a Dios, también lo están las ramas.

17 Algunos de los judíos, como ramas naturales del olivo, fueron cortados, y en su lugar fuiste injertado tú, que eras como una rama de olivo silvestre. Así llegaste a tener parte en la misma raíz y en la misma vida del olivo. 18 Pero no te creas mejor que las ramas naturales. Si te crees mejor, recuerda que no eres tú quien sostiene a la raíz, sino que la raíz te sostiene a ti. 19 Tal vez dirás: "Sí, pero las ramas fueron cortadas para injertarme a mí en el olivo." 20 Bien, pero fueron cortadas porque no tenían fe, y tú estás ahí únicamente porque tienes fe. Así que no te jactes, sino más bien siente temor. 21 Porque si Dios no perdonó a las ramas naturales, tampoco a ti te perdonará. 22 Mira, pues, qué bueno es Dios, aunque también qué estricto. Ha sido estricto con los que cayeron, y ha sido bueno contigo. Pero tienes que vivir siempre de acuerdo con su bondad; pues de lo contrario también tú serás cortado. 23 Por otra parte, si los judíos abandonan su incredulidad, serán injertados de nuevo; pues Dios tiene poder para volver a injertarlos. 24 Porque

---

8 Algunos mss. añaden: Y si es por los hechos, ya no es por la bondad de Dios; porque si así fuera, los hechos ya no serían hechos.
o 10.18 Sal 19.4. p 10.19 Dt 32.21. q 10.20. Is 65.1. r 10.21 Is 65.2. s 11.1 Fil 3.5. t 11.2-3. 1 R 19.10,14. u 11.4 1 R 19.18. v 11.8 Dt 29.4; Is 29.10. w 11.9-10 Sal 69.22-23.

si tú, que no eres judío, fuiste cortado de un olivo silvestre e injertado contra lo natural en el olivo bueno, ¡cuánto más los judíos, que son las ramas naturales del olivo bueno, serán injertados nuevamente en su propio olivo!

La salvación final de los de Israel

[25] Hermanos, quiero que sepan este secreto del plan de Dios, para que no se crean sabios: los israelitas se han endurecido en parte, pero sólo hasta que hayan entrado todos los que no son de Israel. [26] Cuando esto suceda, todo Israel alcanzará la salvación, pues la Escritura dice: "El libertador vendrá de Sión y apartará de Jacob la maldad.[x] [27] Y éste será mi pacto con ellos cuando yo quite sus pecados."[y] [28] En cuanto al mensaje de salvación, los judíos son tenidos por enemigos de Dios a fin de darles oportunidad a ustedes; pero Dios todavía los ama a ellos, porque escogió a sus antepasados. [29] Pues lo que Dios da, no lo quita, ni retira tampoco su llamamiento. [30] En tiempos pasados, ustedes desobedecieron a Dios, pero ahora que los judíos han desobedecido, Dios tiene compasión de ustedes. [31] De la misma manera, ellos han desobedecido ahora, pero solamente para que Dios tenga compasión de ustedes y para que, también ahora, tenga compasión de ellos. [32] Porque Dios sujetó a todos por igual a la desobediencia, con el fin de tener compasión de todos por igual.

[33] ¡Qué profundas son las riquezas de Dios, y su sabiduría y entendimiento! Nadie puede explicar sus decisiones, ni llegar a comprender sus caminos.[z] [34] Pues "¿quién conoce la mente del Señor? ¿Quién podrá darle consejos?[a] [35] ¿Quién le ha dado algo antes, para que él tenga que devolvérselo?" [36] Porque todas las cosas vienen de Dios, y existen por él y para él.[b] ¡Gloria para siempre a Dios! Así sea.

La vida consagrada a Dios

12 [1] Así que, hermanos míos, les ruego por la misericordia de Dios que se presenten ustedes mismos como ofrenda viva, consagrada y agradable a Dios. Este es el verdadero culto que deben ofrecer. [2] No vivan ya según los criterios del tiempo presente; al contrario, cambien su manera de pensar para que así cambie su manera de vivir y lleguen a conocer la voluntad de Dios, es decir, lo que es bueno, lo que le es grato, lo que es perfecto.[g]

[3] Por el encargo que Dios en su bondad me ha dado, digo a todos ustedes que ninguno piense de sí mismo más de lo que debe pensar. Antes bien, cada uno piense de sí con moderación, según los dones que Dios le haya dado junto con la fe. [4] Porque así como en un solo cuerpo tenemos muchas partes, y no todas las partes sirven para lo mismo, [5] así también nosotros, aunque somos muchos, formamos un solo cuerpo en Cristo y estamos unidos unos a otros como partes de un mismo cuerpo.[c] [6] Dios nos ha dado diferentes dones, según lo que él quiso dar a cada uno. Por lo tanto, si Dios nos ha dado el don de comunicar sus mensajes, hagámoslo según la fe que tenemos; [7] si nos ha dado el don de servir a otros, sirvámoslos bien. El que haya recibido el don de enseñar, que se dedique a la enseñanza; [8] el que haya recibido el don de animar a otros, que se dedique a animarlos. El que da, hágalo con sencillez; el que ocupa un puesto de responsabilidad, desempeñe su cargo con todo cuidado; el que ayuda a los necesitados, hágalo con alegría.[d]

Deberes de la vida cristiana

[9] Ámense sinceramente unos a otros. Aborrezcan lo malo y sigan lo bueno. [10] Ámense como hermanos los unos a los otros, dándose preferencia y respetándose mutuamente. [11] Esfuércense, no sean perezosos y sirvan al Señor con corazón ferviente. [12] Vivan alegres por la esperanza que tienen; soporten con valor los sufrimientos; no dejen nunca de orar. [13] Hagan suyas las necesidades de los que pertenecen al pueblo de Dios; reciban bien a quienes los visitan.[e] [14] Bendigan a quienes los persiguen.[f] Bendíganlos y no los maldigan. [15] Alégrense con los que están alegres y lloren con los que lloran. [16] Vivan en armonía unos con otros. No sean orgullosos, sino pónganse al nivel de los humildes. No se crean sabios.[g] [17] No paguen a nadie mal por mal. Procuren hacer lo bueno delante de todos. [18] Hasta donde dependa de ustedes, hagan cuanto puedan por vivir en paz con todos. [19] Queridos hermanos, no tomen venganza ustedes mismos, sino dejen que Dios sea quien castigue; porque la Escritura dice: "A mí me corresponde hacer justicia; yo pagaré, dice el Señor."[h] [20] Y también: "Si tu enemigo tiene hambre, dale de comer; y si tiene sed, dale de beber; así harás que le arda la cara de vergüenza."[i] [21] No te

---

[9] *La voluntad de Dios . . . perfecto:* otra posible traducción: *la voluntad de Dios, buena, grata y perfecta.*
[x] 11.26 Is 59.20.   [y] 11.27 Jer 31.33–34.   [z] 11.33 Is 55.8–9.   [a] 11.34 Job 15.8; Is 40.13; Jer 23.18; 1 Co 2.16.
[b] 11.36 1 Co 8.6; Ef 4.6; Col 1.16.   [c] 12.4–5 1 Co 12.12.   [d] 12.6–8 1 Co 12.4–11.   [e] 12.13 He 13.2; 1 P 4.9.
[f] 12.14 Mt 5.44; Lc 6.28.   [g] 12.16 Pr 3.7.   [h] 12.19 Dt 32.35.   [i] 12.20 Pr 25.21–22.

dejes vencer por el mal. Al contrario, vence con el bien el mal.

13 [1] Todos deben someterse a las autoridades establecidas. Porque no hay autoridad que no venga de Dios, y las que hay, fueron puestas por él. [2] Así que quien se opone a la autoridad, va en contra de lo que Dios ha ordenado. Y los que se oponen serán castigados; [3] porque los gobernantes no están para causar miedo a los que hacen lo bueno, sino a los que hacen lo malo. ¿Quieres vivir sin miedo a la autoridad? Pues pórtate bien, y la autoridad te aprobará, [4] porque está al servicio de Dios para tu bien. Pero si te portas mal, entonces sí debes tener miedo; porque no en vano la autoridad lleva la espada, ya que está al servicio de Dios para dar su merecido al que hace lo malo. [5] Por lo tanto, es preciso someterse a las autoridades, no sólo para evitar el castigo, sino como un deber de conciencia. [6] También por esta razón ustedes pagan impuestos; porque las autoridades están al servicio de Dios, y a eso se dedican.

[7] Denle a cada uno lo que le corresponde. Al que deban pagar contribuciones, páguenle las contribuciones; al que deban pagar impuestos, páguenle los impuestos; al que deban respeto, respétenlo; al que deban estimación, estímenlo.[j]

[8] No tengan deudas con nadie, aparte de la deuda de amor que tienen unos con otros; pues el que ama a su prójimo ya ha cumplido todo lo que la ley ordena. [9] Los mandamientos dicen: "No cometas adulterio,[k] no mates,[l] no robes,[10, m] no codicies";[n] pero éstos y los demás mandamientos quedan comprendidos en estas palabras: "Ama a tu prójimo como a ti mismo."[ñ] [10] El que tiene amor no hace mal al prójimo; así que en el amor se cumple perfectamente la ley.

[11] En todo esto tengan en cuenta el tiempo en que vivimos, y sepan que ya es hora de despertarnos del sueño. Porque nuestra salvación está más cerca ahora que al principio, cuando creímos en el mensaje. [12] La noche está muy avanzada, y se acerca el día; por eso dejemos de hacer las cosas propias de la oscuridad y revistámonos de luz, como un soldado se reviste de su armadura. [13] Actuemos con decencia, como en pleno día. No andemos en borracheras y banquetes ruidosos, ni en inmoralidades y vicios, ni en discordias y envidias. [14] Al contrario, revístanse ustedes del Señor Jesucristo como de una armadura,[o] y no busquen satisfacer los malos deseos de la naturaleza humana.

No critiques a tu hermano

14 [1] Reciban bien al que es débil en la fe, y no entren en discusiones con él. [2] Por ejemplo, hay quienes piensan que pueden comer de todo, mientras otros, que son débiles en la fe, comen solamente verduras. [3] Pues bien, el que come de todo no debe menospreciar al que no come ciertas cosas; y el que no come ciertas cosas no debe criticar al que come de todo, pues Dios lo ha aceptado. [4] ¿Quién eres tú para criticar al servidor de otro? Si queda bien o queda mal, es asunto de su propio amo. Pero quedará bien, porque el Señor tiene poder para hacerle quedar bien.

[5] Otro caso: Hay quienes dan más importancia a un día que a otro, y hay quienes creen que todos los días son iguales. Cada uno debe estar convencido de lo que cree. [6] El que guarda cierto día, para honrar al Señor lo guarda.[11] Y el que come de todo, para honrar al Señor lo come, y da gracias a Dios; y el que no come ciertas cosas, para honrar al Señor deja de comerlas, y también da gracias a Dios.[p] [7] Ninguno de nosotros vive para sí mismo ni muere para sí mismo. [8] Si vivimos, para el Señor vivimos; y si morimos, para el Señor morimos. De manera que, tanto en la vida como en la muerte, del Señor somos. [9] Para eso murió Cristo y volvió a la vida: para ser Señor tanto de los muertos como de los vivos. [10] ¿Por qué, entonces, criticas a tu hermano? ¿O por qué lo desprecias? Todos tendremos que presentarnos delante de Dios, para que él nos juzgue.[q] [11] Porque la Escritura dice:

"Juro por mi vida, dice el Señor,
que ante mí todos doblarán la
    rodilla
y todos alabarán a Dios."[r]

[12] Así pues, cada uno de nosotros tendrá que dar cuenta de sí mismo a Dios.

No hagas tropezar a tu hermano

[13] Por eso, ya no debemos criticarnos unos a otros. Al contrario, propónganse ustedes no hacer nada que sea causa de que su hermano tropiece, o que ponga en peligro su fe. [14] Yo sé que no hay nada impuro en sí mismo; como creyente en el Señor Jesús, estoy seguro de ello. Y si alguno piensa que una cosa es impura, será impura para él. [15] Pero si, por lo que tú comes, tu hermano se siente ofendido, tu

---

[10] Algunos mss. añaden aquí: no digas mentiras en perjuicio de tu prójimo. [11] Algunos mss. añaden: y el que no lo guarda, para honrar al Señor deja de guardarlo.
[j] 13.6-7 Mt 22.21; Mr 12.17; Lc 20.25. [k] 13.9 Ex 20.14; Dt 5.18. [l] 13.9 Ex 20.13; Dt 5.17. [m] 3.9 Ex 20.15; Dt 5.19. [n] 13.9 Ex 20.17; Dt 5.21. [ñ] 13.9 Lv 19.18. [o] 13.14 Ef 6.11-17. [p] 14.1-6 Col 2.16. [q] 14.10 2 Co 5.10. [r] 14.11 Is 45.23.

conducta ya no es de amor. ¡Que tu comida no sea causa de que se pierda aquel por quien Cristo murió! [16] No den pues, lugar, a que se hable mal de la libertad que ustedes tienen.[12] [17] Porque el reino de Dios no es cuestión de comer o beber determinadas cosas, sino de vivir en rectitud, paz y alegría por medio del Espíritu Santo. [18] El que de esta manera sirve a Cristo, agrada a Dios y es aprobado por los hombres.

[19] Por lo tanto, busquemos todo lo que conduce a la paz; con ello podremos ayudarnos unos a otros a crecer espiritualmente. [20] No eches a perder la obra de Dios por causa de la comida. En realidad, todos los alimentos son limpios; lo malo es comer algo que haga perder la fe a otros. [21] Es mejor no comer carne, ni beber vino, ni hacer nada que sea causa de que tu hermano tropiece. [22] La fe que tienes, debes tenerla tú mismo delante de Dios. ¡Dichoso aquel que usa de su libertad sin cargos de conciencia! [23] Pero el que no está seguro de si debe o no comer algo, al comerlo se hace culpable, porque no lo come con la convicción que da la fe; y todo lo que no se hace con la convicción que da la fe, es pecado.

Agrada a tu prójimo, no a ti mismo

15 [1] Los que somos fuertes en la fe debemos aceptar como nuestras las debilidades de los que son menos fuertes, y no buscar lo que a nosotros mismos nos agrada. [2] Todos nosotros debemos agradar a nuestro prójimo y hacer las cosas para su bien y para que pueda crecer en la fe. [3] Porque tampoco Cristo buscó agradarse a sí mismo; al contrario, en él se cumplió lo que dice la Escritura: "Las ofensas de los que te insultaban cayeron sobre mí."[s] [4] Todo lo que antes se dijo en las Escrituras, se escribió para nuestra instrucción, para que con constancia y con el consuelo que de ellas recibimos, tengamos esperanza. [5] Y Dios, que es quien da constancia y consuelo, los ayude a ustedes a vivir en armonía unos con otros, conforme al ejemplo de Cristo Jesús, [6] para que todos juntos, a una sola voz, alaben al Dios y Padre de nuestro Señor Jesucristo.

El evangelio es anunciado a los no judíos

[7] Así pues, recíbanse los unos a los otros, como también Cristo los recibió a ustedes, para gloria de Dios. [8] Puedo de-cirles que Cristo vino a servir a los judíos para cumplir las promesas hechas a nuestros antepasados y demostrar así que Dios es fiel a lo que promete. [9] Vino también para que los no judíos alaben a Dios por su misericordia, según dice la Escritura:
"Por eso te alabaré entre las
    naciones
y cantaré himnos a tu nombre."[t]
[10] En otra parte, la Escritura dice:
"¡Alégrense, naciones, con el pueblo
    de Dios!"[u]
[11] Y en otro lugar dice:
"Naciones y pueblos todos,
¡alaben al Señor!"[v]
[12] Isaías también escribió:
"Brotará la raíz de Isaí,
que se levantará para gobernar a las
    naciones,
las cuales pondrán en él su
    esperanza."[w]
[13] Que Dios, que da esperanza, los llene de alegría y paz a ustedes que tienen fe en él, y les dé abundante esperanza por el poder del Espíritu Santo.

[14] Hermanos míos, estoy convencido de que ustedes están llenos de bondad y de todo conocimiento, y que saben aconsejarse unos a otros; [15] pero en esta carta me he atrevido a escribirles francamente sobre algunas cosas, para que no las olviden. Lo hago por el encargo que Dios en su bondad me ha dado, [16] de servir a Jesucristo para bien de los que no son judíos. El servicio sacerdotal que presto consiste en predicar el mensaje de la salvación que Dios ofrece, con el fin de presentar ante él a los no judíos, como ofrenda que le sea grata, consagrada por el Espíritu Santo.

[17] Como creyente en Cristo Jesús, tengo motivo de satisfacción en mi servicio a Dios, [18] porque no me atrevo a hablar de nada, aparte de lo que Cristo mismo ha hecho por medio de mí para llevar a los no judíos a obedecer a Dios. Esto se ha realizado con palabras y hechos, [19] por el poder de señales y milagros y por el poder del Espíritu de Dios. De esta manera he llevado a buen término la predicación del mensaje de la salvación por Cristo, desde Jerusalén y por todas partes hasta la región de Iliria. [20] Así he procurado anunciar la salvación donde nunca antes se había oído hablar de Cristo, para no construir sobre bases puestas por otros, [21] sino más bien, como dice la Escritura:
"Verán los que nunca habían tenido
    noticias de él;
entenderán los que nunca habían
    oído de él."[x]

---

[12] La libertad que ustedes tienen: otra posible traducción: lo que ustedes consideran bueno. **s** 15.3 Sal 69.9. **t** 15.9 2 S 22.50; Sal 18.49. **u** 15.10 Dt 32.43. **v** 15.11 Sal 117.1. **w** 15.12 Is 11.10. **x** 15.21 Is 52.15.

Pablo piensa ir a Roma

²² Precisamente por esto no he podido ir a verlos, aunque muchas veces me lo había propuesto.ʸ ²³ Pero ahora que ya he terminado mi trabajo en estas regiones, y como desde hace muchos años estoy queriendo visitarlos, ²⁴ espero que podré hacerlo durante mi viaje a España. Y una vez que haya tenido el gusto de verlos, espero que ustedes me ayuden a continuar el viaje. ²⁵ Pero ahora voy a Jerusalén, a llevar ayuda a los hermanos de allí. ²⁶ Porque los de Macedonia y Acaya decidieron voluntariamente hacer una colecta y mandarla a los hermanos pobres de Jerusalén.ᶻ ²⁷ Lo decidieron voluntariamente, y han hecho bien, porque así como los creyentes judíos compartieron sus bienes espirituales con los no judíos, éstos, a su vez, deben ayudar con sus bienes materiales a los creyentes judíos.ᵃ ²⁸ Así que, cuando yo haya terminado este asunto y les haya entregado a ellos la colecta, saldré para España, y de paso los visitaré a ustedes. ²⁹ Estoy seguro de que cuando yo vaya, Cristo me bendecirá abundantemente.

³⁰ Hermanos, por nuestro Señor Jesucristo y por el amor que el Espíritu nos da, les ruego que se unan conmigo en la lucha, orando a Dios por mí. ³¹ Pidan a Dios que me libre de los incrédulos que hay en Judea, y que la ayuda que llevo a los hermanos de Jerusalén sea bien recibida, ³² para que, si Dios quiere, llegue yo con alegría a verlos a ustedes y tenga descanso al visitarlos. ³³ Que el Dios de paz esté con todos ustedes. Así sea.

Saludos personales

16 ¹ Les recomiendo a nuestra hermana Febe, diaconisa en la iglesia de Cencrea. ² Recíbanla bien en el nombre del Señor, como se debe hacer entre los hermanos en la fe, y ayúdenla en todo lo que necesite, porque ha ayudado a muchos, y también a mí mismo.

³ Saluden a Prisca y Aquila,ᵇ mis compañeros de trabajo en el servicio de Cristo Jesús. ⁴ A ellos, que pusieron en peligro su propia vida por salvar la mía, no sólo yo les doy las gracias, sino también todos los hermanos de las iglesias no judías. ⁵ Saluden igualmente a los hermanos que se reúnen en casa de Prisca y Aquila. Saluden a mi querido amigo Epeneto, que en la provincia de Asia fue el primer creyente en Cristo. ⁶ Saluden a María, que tanto ha trabajado por ustedes. ⁷ Saluden a mis pai-

sanos Andrónico y Junias, que fueron mis compañeros de cárcel; se han distinguido entre los apóstoles, y se hicieron creyentes en Cristo antes que yo.

⁸ Saluden a Ampliato, mi querido amigo en el Señor. ⁹ Saluden a Urbano, nuestro compañero de trabajo en Cristo, y a mi querido Estaquis. ¹⁰ Saluden a Apeles, que ha dado tantas pruebas de su fe en Cristo; y también a los de la familia de Aristóbulo. ¹¹ Saluden a mi paisano Herodión, y a los de la familia de Narciso que creen en el Señor. ¹² Saluden a Trifena y a Trifosa, que trabajan en la obra del Señor; y también a nuestra querida hermana Pérsida, que tanto ha trabajado en la obra del Señor. ¹³ Saluden a Rufo,ᶜ distinguido creyente en el Señor, y a su madre, que ha sido también como una madre para mí. ¹⁴ Saluden a Asíncrito, a Flegonte, a Hermes, a Patrobas, a Hermas y a los hermanos que están con ellos. ¹⁵ Saluden también a Filólogo y a Julia, a Nereo y a su hermana, a Olimpas y a todos los hermanos en la fe que están con ellos.

¹⁶ Salúdense los unos a los otros con un beso santo. Todas las iglesias de Cristo les mandan saludos.

¹⁷ Hermanos, les ruego que se fijen en los que causan divisiones y ponen tropiezos, pues eso va contra la enseñanza que ustedes recibieron. Apártense de ellos, ¹⁸ porque no sirven a nuestro Señor Jesucristo, sino a sus propios apetitos, y con sus palabras suaves y agradables engañan el corazón de la gente sencilla. ¹⁹ Todos saben que ustedes han sido obedientes; por eso me alegro, y quiero que muestren sabiduría para hacer lo bueno, pero no para hacer lo malo; ²⁰ así el Dios de paz aplastará pronto a Satanás bajo los pies de ustedes. Que nuestro Señor Jesús los bendiga.

²¹ Les manda saludos Timoteo,ᵈ mi compañero de trabajo; y también Lucio, Jasón y Sosipater, mis paisanos.

²² Yo, Tercio, que estoy escribiendo esta carta, también les mando saludos en el Señor.

²³ Los saluda Gayo.ᵉ Estoy alojado en su casa, que él pone a disposición de toda la iglesia. También los saluda Erasto,ᶠ tesorero de la ciudad, y el hermano Cuarto.¹³

Alabanza final

²⁵ Alabemos a Dios, que puede hacerlos a ustedes firmes conforme al mensaje de salvación que yo anuncio y la enseñanza acerca de Jesucristo. Esto está de acuerdo con lo que Dios ha revelado de su plan se-

¹³ Algunos mss. añaden v. 24: *Que nuestro Señor Jesucristo bendiga a todos ustedes. Así sea.*
ʸ **15.22** Ro 1.13.   ᶻ **15.25-26** 1 Co 16.1-4.   ᵃ **15.27** 1 Co 9.11.   ᵇ **16.3** Hch 18.2.   ᶜ **16.13** Mr 15.21.   ᵈ **16.21** Hch 16.1.
ᵉ **16.23** Hch 19.29; 1 Co 1.14.   ᶠ **16.23** 2 Ti 4.20.

creto, el cual estuvo oculto desde antes que el mundo existiera, ²⁶ pero ahora se ha dado a conocer por los escritos de los profetas, de acuerdo con el mandato del Dios eterno. Este secreto del plan de Dios se ha dado a conocer a todas las naciones, para que crean y obedezcan.

²⁷ ¡A Dios, el único y sabio, sea la gloria para siempre por medio de Jesucristo! Así sea.

Primera Carta de San Pablo a los
CORINTIOS

En la iglesia de Corinto, que Pablo había fundado, se habían presentado muy serios problemas tanto de doctrina como de conducta. Corinto era una gran ciudad griega, cosmopolita y próspera. De comercio floreciente, con una cultura refinada y una variedad de religiones, ofrecía un ambiente cargado de inmoralidad que constituía un medio lleno de presiones y tentaciones para la comunidad cristiana del lugar.

En el saludo acostumbrado, no obstante la situación de la iglesia corintia, Pablo halla motivo para dar gracias por lo bueno que todavía hay en ella (1.1-9). Después el apóstol va al grano. Reprocha a los corintios que se hallen divididos en facciones (1.10—4.21), que ocurran entre ellos graves inmoralidades sexuales y que lleven sus pleitos ante los jueces civiles; y les da consejos prácticos sobre el matrimonio (caps. 5—7). El predominio del paganismo había planteado a los cristianos problemas de conciencia sobre los que Pablo les ofrece orientación y criterios (8.1—11.1). En materias de culto y vida de la iglesia, había cuestiones que necesitaban aclararse, como lo relativo a los dones del Espíritu Santo y la reverencia en la Cena del Señor (11.2—14.40).

Los creyentes se sentían confundidos respecto a la doctrina de la resurrección de Cristo y va al grano, y Pablo les explica su significado (cap. 15). Para terminar les da instrucciones acerca de la ayuda económica para los creyentes de Judea, y les habla de sus propios planes y de otros asuntos personales. El capítulo 13 ha sido llamado el "himno del amor".

Saludo

1 ¹ Yo, Pablo, he sido llamado por la voluntad de Dios a ser apóstol de Jesucristo. Junto con el hermano Sóstenes, ² escribo esta carta a los hermanos de la iglesia de Dios que están en la ciudad de Corinto,ᵃ los que en Cristo Jesús han sido consagrados a Dios y llamados a formar parte de su pueblo, junto con todos los que en todas partes invocan el nombre de nuestro Señor Jesucristo, Señor nuestro y de ellos. ³ Que Dios nuestro Padre y el Señor Jesucristo derramen sobre ustedes su gracia y su paz.

Bendiciones por medio de Cristo

⁴ Siempre doy gracias a Dios por ustedes, por la gracia que Dios ha derramado sobre ustedes por medio de Cristo Jesús. ⁵ Pues por medio de él Dios les ha dado gran riqueza espiritual, así de palabra como de conocimiento. ⁶ De manera que el mensaje acerca de Cristo ha llegado a ser una realidad en ustedes. ⁷ De este modo no les falta ningún don de Dios mientras esperan el día en que aparezca nuestro Señor Jesucristo. ⁸ Dios los mantendrá firmes hasta el fin, para que nadie pueda reprocharles nada cuando nuestro Señor Jesucristo regrese. ⁹ Dios siempre cumple sus promesas, y él es quien los llamó a vivir en unión con su Hijo Jesucristo, nuestro Señor.

Divisiones en la iglesia

¹⁰ Hermanos, en el nombre de nuestro Señor Jesucristo les ruego que se pongan de acuerdo y no estén divididos. Vivan en armonía, pensando y sintiendo de la misma manera. ¹¹ Digo esto, hermanos míos, porque he sabido por los de la familia de Cloé que hay discordias entre ustedes. ¹² Quiero decir, que algunos de ustedes afirman: "Yo soy de Pablo"; otros: "Yo soy de Apolos";ᵇ otros: "Yo soy de

---

ᵃ 1.2 Hch 18.1.   ᵇ 1.12 Hch 18.24.

Pedro"; y otros: "Yo soy de Cristo." ¹³¿Acaso Cristo está dividido? ¿Fue crucificado Pablo en favor de ustedes? ¿O fueron ustedes bautizados en el nombre de Pablo? ¹⁴¡Gracias a Dios que yo no bauticé a ninguno de ustedes, aparte de Crispo^c y de Gayo!^d ¹⁵ Así nadie puede decir que fue bautizado en mi nombre. ¹⁶ También bauticé a la familia de Estéfanas,^e pero no recuerdo haber bautizado a ningún otro, ¹⁷ pues Cristo no me mandó a bautizar, sino a anunciar la salvación, y no con alardes de sabiduría, para no quitarle valor a la muerte de Cristo en la cruz.

Cristo, poder y sabiduría de Dios

¹⁸ El mensaje de la muerte de Cristo en la cruz parece una tontería a los que van a la destrucción; pero este mensaje es poder de Dios para los que vamos a la salvación.^f ¹⁹ Como dice la Escritura:

"Destruiré la sabiduría de los sabios
y rechazaré el entendimiento de los
entendidos."^g

²⁰ ¿En qué pararon el sabio, y el maestro,^h y el que sabe discutir sobre cosas de este mundo? ¡Dios ha convertido en tontería la sabiduría de este mundo!ⁱ ²¹ Dios, en su sabiduría, dispuso que los que son del mundo no le conocieran por medio de la sabiduría humana; antes bien, prefirió salvar por medio de su mensaje a los que confían en él, aunque este mensaje parezca una tontería. ²² Los judíos quieren ver señales milagrosas, y los griegos buscan sabiduría; ²³ pero nosotros anunciamos a un Mesías crucificado. Esto les resulta ofensivo a los judíos, y a los no judíos les parece una tontería; ²⁴ pero para los que Dios ha llamado, sean judíos o griegos, este Mesías es el poder y la sabiduría de Dios. ²⁵ Pues lo que en Dios puede parecer una tontería, es mucho más sabio que toda sabiduría humana; y lo que en Dios puede parecer debilidad, es más fuerte que toda fuerza humana. ²⁶ Hermanos, deben darse cuenta de que Dios los ha llamado a pesar de que pocos de ustedes son sabios según los criterios humanos, y pocos de ustedes son gente con autoridad o pertenecientes a familias importantes. ²⁷ Y es que, para avergonzar a los sabios, Dios ha escogido a los que el mundo tiene por tontos; y para avergonzar a los fuertes, ha escogido a los que el mundo tiene por débiles. ²⁸ Dios ha escogido a la gente despreciada y sin importancia de este mundo, es decir, a los que no son nada, para anular a los que son algo. ²⁹ Así nadie podrá presumir de-

lante de Dios. ³⁰ Pero Dios mismo los ha unido a ustedes con Cristo Jesús, y ha hecho también que Cristo sea nuestra sabiduría y que por medio de Cristo seamos librados de culpa, consagrados a Dios y salvados. ³¹ De esta manera, como dicen las Escrituras: "Si alguno quiere enorgullecerse, que se enorgullezca del Señor."^j

El mensaje de Cristo crucificado

2 ¹ Pero hermanos, cuando yo fui a hablarles de la verdad secreta de Dios, lo hice sin usar palabras sabias ni elevadas. ² Y, estando entre ustedes, no quise saber de otra cosa sino de Jesucristo y, más estrictamente, de Jesucristo crucificado. ³ Me presenté ante ustedes débil y temblando de miedo,^k ⁴ y cuando les hablé y les prediqué el mensaje, no usé palabras sabias para convencerlos. Al contrario, los convencí por medio del Espíritu y del poder de Dios, ⁵ para que la fe de ustedes dependiera del poder de Dios y no de la sabiduría de los hombres.

Dios se da a conocer por medio de su Espíritu

⁶ Sin embargo, entre los que ya han alcanzado la madurez en su fe sí usamos palabras de sabiduría. Pero no se trata de una sabiduría propia de este mundo ni de quienes lo gobiernan, los cuales pronto van a desaparecer. ⁷ Se trata más bien de la sabiduría secreta de Dios, del secreto propósito que Dios, desde antes de hacer el mundo, ha tenido para nuestra gloria. ⁸ Esto es algo que no han entendido los gobernantes de este mundo, pues si lo hubieran entendido no habrían crucificado al Señor de la gloria. ⁹ Pero, como se dice en la Escritura:

"Dios ha preparado para los que le
aman
cosas que nadie ha visto ni oído,
y ni siquiera pensado."^l

¹⁰ Estas son las cosas que Dios nos ha hecho conocer por medio del Espíritu, pues el Espíritu lo examina todo, hasta las cosas más profundas de Dios. ¹¹ ¿Quién entre los hombres puede saber lo que hay en el corazón del hombre, sino sólo el espíritu que está dentro del hombre? De la misma manera, solamente el Espíritu de Dios sabe lo que hay en Dios. ¹² Y nosotros no hemos recibido el espíritu del mundo, sino el Espíritu que viene de Dios, para que entendamos las cosas que Dios en su bondad nos ha dado. ¹³ Hablamos de estas cosas con palabras que el Espíritu de Dios nos ha enseñado, y no con

c 1.14 Hch 18.8. d 1.14 Hch 19.29; Ro 16.23. e 1.16 1 Co 16.15. f 1.18 Ro 1.16. g 1.19 Is 29. 4. h 1.20 Job 12.17; Is 19.12; 33.18. i 1.20 Is 44.25. j 1.31 Jer 9.23–24. k 2.3 Hch 18.9. l 2.9 Is 64.4.

palabras que hayamos aprendido por nuestra propia sabiduría. Así explicamos las cosas espirituales a los que son espirituales. [14] El que no es espiritual no acepta las cosas que son del Espíritu de Dios, porque para él son tonterías. Y tampoco las puede entender, porque son cosas que tienen que juzgarse espiritualmente. [15] Pero aquel que tiene el Espíritu puede juzgar todas las cosas, y nadie lo puede juzgar a él. [16] Pues la Escritura dice: "¿Quién conoce la mente del Señor? ¿Quién podrá instruirle?"[m] Sin embargo, nosotros tenemos la mente de Cristo.

Compañeros de trabajo al servicio de Dios

3 [1] Yo, hermanos, no pude hablarles entonces como a gente guiada por el Espíritu, sino como a personas con criterios puramente humanos, como a niños en cuanto a las cosas de Cristo. [2] Les di una enseñanza sencilla, igual que a un niño de pecho se le da leche en vez de alimento sólido,[n] porque ustedes todavía no podían digerir la comida fuerte. ¡Y ni siquiera pueden digerirla ahora, [3] porque todavía tienen criterios puramente humanos! Mientras haya entre ustedes envidias y discordias, es que siguen manteniendo criterios puramente humanos y conduciéndose como lo hace todo el mundo. [4] Porque cuando uno afirma: "Yo soy de Pablo", y otro: "Yo soy de Apolos",[ñ] están manteniendo criterios puramente humanos.

[5] A fin de cuentas, ¿quién es Pablo?, ¿quién es Apolos? Simplemente servidores, por medio de los cuales ustedes han creído en el Señor. Cada uno de nosotros hizo el trabajo que el Señor le señaló: [6] yo sembré[o] y Apolos regó,[p] pero Dios es quien hizo crecer la planta. [7] De manera que ni el que siembra ni el que riega son nada, sino que Dios lo es todo, pues él es quien hace crecer la planta. [8] Los que siembran y los que riegan son iguales, aunque Dios pagará a cada uno según su trabajo. [9] Somos compañeros de trabajo al servicio de Dios, y ustedes son el campo que Dios está trabajando, el edificio que Dios está construyendo. [10] Yo soy el maestro albañil al cual Dios permitió poner los fundamentos, y otro está construyendo sobre ellos. Pero cada uno debe tener cuidado de cómo construye, [11] pues nadie puede poner otro fundamento que el que ya está puesto, que es Jesucristo. [12] Sobre este fundamento, uno puede construir con oro, plata y piedras preciosas, o con ma-

dera, paja y cañas; [13] pero el trabajo de cada cual se verá claramente en el día del juicio; porque ese día vendrá con fuego, y el fuego probará la clase de trabajo que cada uno haya hecho. [14] Si alguno construyó un edificio resistente al fuego, recibirá su pago; [15] pero si lo que construyó llega a quemarse, lo perderá todo, aunque él mismo logrará salvarse como quien escapa del fuego.

[16] ¿Acaso no saben ustedes que son templo de Dios, y que el Espíritu de Dios vive en ustedes?[q] [17] Si alguno destruye el templo de Dios, Dios lo destruirá a él, porque el templo de Dios es santo, y ese templo son ustedes mismos.

[18] Que nadie se engañe: si alguno de ustedes se cree sabio según la sabiduría de este mundo, vuélvase como un ignorante, para así llegar a ser verdaderamente sabio. [19] Pues la sabiduría de este mundo es pura tontería para Dios. En efecto, la Escritura dice: "Dios atrapa a los sabios en la propia astucia de ellos."[r] [20] Y dice también: "El Señor sabe que los pensamientos de los sabios son tonterías."[s] [21] Por eso, nadie debe sentirse orgulloso de ser seguidor de hombre alguno; pues todas las cosas son de ustedes: [22] Pablo, Apolos, Pedro, el mundo, la vida, la muerte, el presente y el futuro; todo es de ustedes, y [23] ustedes son de Cristo, y Cristo es de Dios.

El trabajo de los apóstoles

4 [1] Ustedes deben considerarnos simplemente como ayudantes de Cristo, encargados de enseñar los secretos del plan de Dios. [2] Ahora bien, el que recibe un encargo debe demostrar que es digno de confianza. [3] En cuanto a mí respecta, muy poco me preocupa ser juzgado por ustedes o por algún tribunal humano. Ni siquiera yo mismo me juzgo. [4] Sin embargo, el que mi conciencia no me acuse de nada no significa que Dios me considere libre de culpa. Pues el que me juzga es el Señor.[t] [5] Por lo tanto, no juzguen ustedes nada antes de tiempo; esperen a que el Señor venga y saque a la luz lo que ahora está en la oscuridad y dé a conocer las intenciones del corazón. Entonces Dios dará a cada uno la alabanza que merezca.

[6] Hermanos, les hablo de estas cosas por su propio bien y poniendo como ejemplo a Apolos y a mí mismo. Lo digo para que por nuestro ejemplo aprendan ustedes a no ir más allá de lo que está escrito, y para que nadie se enorgullezca de favorecer a uno en perjuicio de otro. [7] Pues, ¿quién te hace mejor que los demás? ¿Y qué tienes que Dios no te haya dado? Y si

m 2.16 Is 40.13; Ro 11.34.   **n** 3.2 He 5.12–13.   **ñ** 3.4 1 Co 1.12.   **o** 3.6 Hch 18.4–11.   **p** 3.6 Hch 18.24–28.
q 3.16 1 Co 6.19; 2 Co 6.16.   **r** 3.19 Job 5.13.   **s** 3.20 Sal 94.11.   **t** 4.4 1 Jn 3.19–21.

él te lo ha dado, ¿por qué presumes, como si lo hubieras conseguido por ti mismo? 8 Al parecer, ustedes ya son ricos, y tienen todo lo que pueden desear, y se sienten como reyes que nada necesitan de nosotros. ¡Ojalá fueran reyes de verdad, para que nosotros tuviéramos parte en su reino! 9 Pues me parece que a nosotros, los apóstoles, Dios nos ha puesto en el último lugar, como si fuéramos condenados a muerte. Hemos llegado a ser un espectáculo para el mundo, para los ángeles y para los hombres. 10 Nosotros, por causa de Cristo, pasamos por tontos; mientras que ustedes, gracias a Cristo, pasan por inteligentes. Nosotros somos débiles, mientras que ustedes son fuertes. A nosotros se nos desprecia, y a ustedes se les respeta. 11 Hasta hoy mismo no hemos dejado de sufrir hambre, sed y falta de ropa; la gente nos maltrata, no tenemos hogar propio 12 y nos cansamos trabajando con nuestras propias manos.ᵘ A las maldiciones respondemos con bendiciones; somos perseguidos, y lo soportamos. 13 Se habla mal de nosotros, y contestamos con bondad. Nos tratan como a basura del mundo, como a desperdicio de la humanidad. Y así hasta el día de hoy.

14 No les escribo esto para avergonzarlos, sino para darles un consejo, como a mis propios hijos, pues los amo. 15 Pues aunque ustedes tengan diez mil maestros que les hablen de Cristo, padres no tienen muchos. Padre de ustedes en cuanto a su fe en Cristo Jesús, lo soy yo por haberles dado las buenas noticias de la salvación. 16 Así pues, les ruego que sigan mi ejemplo.ᵛ

17 Por esto les envío a Timoteo, mi querido y fiel hijo en el Señor. Él les hará recordar mi conducta como creyente en Cristo Jesús, conforme a lo que enseño en todas las iglesias por donde paso. 18 Algunos de ustedes ya se sienten importantes pensando que no iré a verlos; 19 pero, si el Señor quiere, espero visitarlos pronto. Entonces veré lo que son capaces de hacer esos presumidos, y no solamente lo que son capaces de decir. 20 Porque el reino de Dios no es cuestión de palabras, sino de poder. 21 ¿Qué prefieren ustedes: que vaya dispuesto a castigarlos, o que vaya a verlos con amor y ternura?

Juicio sobre un caso de inmoralidad

5 1 Se ha sabido que uno de ustedes tiene como mujer a su propia madrastra.ʷ Este caso de inmoralidad es tan grave, que ni siquiera se da entre los paganos. 2 ¡Y aún se llenan ustedes de orgullo!

¡Deberían llenarse de tristeza! El hombre que vive en semejante situación debe ser expulsado de entre ustedes. 3 En cuanto a mí, aunque en el cuerpo no estoy presente entre ustedes, lo estoy en el espíritu; y, como si estuviera presente, en nombre de nuestro Señor Jesucristo he dado ya mi sentencia sobre aquél que así actúa. 4 Cuando ustedes se reúnan, yo estaré con ustedes en espíritu y también el poder del Señor Jesús estará con ustedes. 5 Entonces ese hombre deberá ser entregado a Satanás, para que su cuerpo sea destruido y su espíritu se salve cuando el Señor Jesús venga.

6 Ustedes no deben enorgullecerse de tales acciones. Ya conocen el dicho: "Un poco de levadura hace fermentar toda la masa."ˣ 7 Así que echen fuera esa vieja levadura que los corrompe, para que sean como el pan hecho de masa nueva y sin levadura que se come en la fiesta de Pascua, lo que en realidad son ustedes. Porque Cristo, que es el Cordero de nuestra Pascua,ʸ fue muerto en sacrificio por nosotros. 8 Así que debemos celebrar nuestra Pascua con sinceridad y verdad, que son como el pan sin levadura,ᶻ y no celebrarla con maldad y perversidad, que son como la vieja levadura.

9 En mi otra carta les dije que no deben tener trato alguno con quienes cometen inmoralidades sexuales. 10 Y con esto no quise decirles que se aparten por completo de todos los que en este mundo son inmorales, o avaros, o ladrones, o idólatras, pues para lograrlo tendrían ustedes que salirse del mundo. 11 Lo que quise decir es que no deben tener trato con ninguno que, llamándose hermano, sea inmoral, o avaro, o idólatra, o chismoso, o borracho, o ladrón. Con gente así, ni siquiera se sienten a comer. 12-13 No me toca a mí juzgar a los de afuera; Dios será quien los juzgue. Pero ustedes deben juzgar a los de adentro. Por eso, quiten a ese pecador de en medio de ustedes.ᵉ

Pleitos ante jueces no creyentes

6 1 Cuando alguno de ustedes tiene una queja que presentar contra otro, ¿por qué va a pedir justicia a los jueces paganos, en vez de pedírsela al pueblo de Dios? 2 ¿Acaso no saben ustedes que el pueblo de Dios ha de juzgar al mundo? Y si ustedes han de juzgar al mundo, ¿cómo no son capaces de juzgar estos asuntos tan pequeños? 3 ¿No saben que incluso a los ángeles habremos de juzgarlos nosotros? ¡Pues con mayor razón los asuntos de esta vida! 4 Así que, si ustedes tienen pleitos

ᵘ 4.12 Hch 18.3.   ᵛ 4.16 1 Co 11.1; Fil 3.17.   ʷ 5.1 Dt 22.30.   ˣ 5.6 Gá 5.9.   ʸ 5.7 Ex 12.5.   ᶻ 5.8 Ex 13.7; Dt 16.3.   ᵉ 5.12–13 Dt 13.5; 17.7.

por asuntos de esta vida, ¿por qué ponen por jueces a los que nada significan para la iglesia? [5] Digo esto para que les dé vergüenza: ¿Acaso no hay entre ustedes ni siquiera uno con capacidad suficiente para juzgar un asunto entre sus hermanos? [6] ¡No sólo se pelean unos hermanos con otros, sino que llevan sus pleitos ante jueces paganos!

[7] Ya el simple hecho de tener pleitos entre ustedes mismos, es un grave defecto. ¿Por qué no, mejor, soportar la injusticia? ¿Por qué no, mejor, dejar que les roben? [8] ¡Pero ustedes, al contrario, cometen injusticias y roban hasta a sus propios hermanos!

[9-10] ¿No saben ustedes que los malvados no tendrán parte en el reino de Dios? No se dejen engañar, pues en el reino de Dios no tendrán parte los que cometen inmoralidades sexuales, ni los idólatras, ni los que cometen adulterio, ni los hombres que tienen trato sexual con otros hombres, ni los ladrones, ni los avaros, ni los borrachos, ni los chismosos, ni los tramposos. [11] Y esto eran antes algunos de ustedes; pero ahora ya han sido limpiados y consagrados a Dios, ya han sido libres de culpa en el nombre del Señor Jesucristo y por el Espíritu de nuestro Dios.

La santidad del cuerpo

[12] Se dice: "Yo soy libre de hacer lo que quiera." Es cierto, pero no todo conviene.[b] Sí, yo soy libre de hacer lo que quiera, pero no debo dejar que nada me domine. [13] También se dice: "La comida es para el estómago, y el estómago para la comida." Es cierto, pero Dios va a terminar con las dos cosas. En cambio, no es verdad que el cuerpo sea para la inmoralidad sexual; el cuerpo es para el Señor, y el Señor es para el cuerpo. [14] Y así como Dios resucitó al Señor, también nos va a resucitar a nosotros por su poder.

[15] ¿Acaso no saben ustedes que su cuerpo es parte del cuerpo de Cristo? ¿Y habré de tomar yo esa parte del cuerpo de Cristo y hacerla parte del cuerpo de una prostituta? ¡Claro que no! [16] ¿No saben ustedes que cuando un hombre se une con una prostituta, se hacen los dos un solo cuerpo? Pues la Escritura dice: "Los dos serán como una sola persona."[c] [17] Pero cuando alguien se une al Señor, se hace espiritualmente uno con él.

[18] Huyan, pues, de la inmoralidad sexual. Cualquier otro pecado que una persona comete, no afecta a su cuerpo; pero el que comete inmoralidades sexuales, peca contra su propio cuerpo. [19] ¿No saben ustedes que su cuerpo es templo del Espíritu Santo, que Dios les ha dado, y que el Espíritu Santo vive en ustedes?[d] Ustedes no son sus propios dueños, [20] porque Dios los ha comprado por un precio. Por eso deben honrar a Dios en el cuerpo.

Consejos sobre el matrimonio

7 [1] Ahora paso a contestar las preguntas que ustedes me hicieron en su carta. Bueno sería que el hombre no se casara; [2] pero, a causa de la inmoralidad sexual, cada uno debe tener su propia esposa, y cada mujer su propio esposo. [3] Y tanto el esposo como la esposa deben cumplir con los deberes propios del matrimonio. [4] Ni la esposa es dueña de su propio cuerpo, puesto que pertenece a su esposo, ni el esposo es dueño de su propio cuerpo, puesto que pertenece a su esposa. [5] Por lo tanto, no se nieguen el uno al otro, a no ser que se pongan de acuerdo en no juntarse por algún tiempo para dedicarse a la oración. Después deberán volver a juntarse; no sea que, por no poder dominarse, Satanás los haga pecar.

[6] Todo esto lo digo más como concesión que como mandamiento. [7] Personalmente, quisiera que todos fueran como yo; pero Dios ha dado a cada uno diferentes dones, a unos de una clase y a otros de otra.

[8] A los solteros y a las viudas les digo que es bueno quedarse sin casar, como yo. [9] Pero si no pueden controlar su naturaleza, que se casen, pues más vale casarse que consumirse de pasión.

[10] Pero a los que ya están casados, les doy este mandato, que no es mío, sino del Señor: que la esposa no se separe de su esposo. [11] Ahora bien, en caso de que la esposa se separe de su esposo, deberá quedarse sin casar o reconciliarse con él. De la misma manera, el esposo no debe divorciarse de su esposa.[e]

[12] En cuanto a lo demás, les digo, como cosa mía y no del Señor, que si la mujer de algún hermano no es creyente pero está de acuerdo en seguir viviendo con él, el hermano no debe divorciarse de ella. [13] Y si una mujer creyente está casada con un hombre no creyente que está de acuerdo en seguir viviendo con ella, no deberá divorciarse de él. [14] Pues el esposo no creyente queda consagrado a Dios por su unión con una mujer creyente; y la mujer no creyente queda consagrada a Dios por su unión con un esposo creyente. De otra manera, los hijos de ustedes serían impuros; pero, de hecho, son parte del pueblo de Dios. [15] Ahora bien, si el esposo o la esposa no creyentes insisten en separarse, que lo hagan. En estos casos, el

b 6.12 1 Co 10.23. c 6.16 Gn 2.24. d 6.19 1 Co 3.16; 2 Co 6.16. e 7.10-11 Mt 5.32; 19.9; Mr 10.11-12; Lc 16.18.

hermano o la hermana quedan en libertad, porque Dios los ha llamado a ustedes a vivir en paz. [16] Pues ¿cómo sabes tú, esposa, si acaso puedes salvar a tu esposo? ¿O cómo sabes tú, esposo, si acaso puedes salvar a tu esposa?

[17] Como quiera que sea, cada uno debe vivir según los dones que el Señor le ha dado, y tal como era cuando Dios lo llamó. Esta es la norma que doy a todas las iglesias. [18] Si Dios llama a alguno que ha sido circuncidado, no trate de disimular su circuncisión; y si llama a uno que no ha sido circuncidado, no debe circuncidarse. [19] Porque lo que importa no es estar o no estar circuncidado, sino obedecer los mandatos de Dios. [20] Cada uno debe quedarse en la condición en que estaba cuando Dios lo llamó. [21] Si cuando fuiste llamado eras esclavo, no te preocupes; aunque si tienes oportunidad de conseguir tu libertad, debes aprovecharla.[1] [22] Pues el que era esclavo cuando fue llamado a creer en el Señor, ahora es un hombre libre al servicio del Señor; y, de la misma manera, el que era hombre libre cuando fue llamado, ahora es esclavo de Cristo. [23] Dios los ha comprado a ustedes a gran precio; no permitan que otros hombres los hagan esclavos. [24] Así pues, hermanos, que cada cual permanezca delante de Dios en la condición en que estaba cuando fue llamado.

[25] En cuanto al no casarse, no tengo ningún mandato especial del Señor; pero doy mi opinión, como uno que es digno de confianza por la misericordia del Señor. [26] A mí me parece que el hombre debe quedarse tal como está, por causa de los tiempos difíciles en que vivimos. [27] Si tienes mujer, no la abandones; y si no tienes, no la busques. [28] Si te casas, no cometes pecado; y si una joven se casa, tampoco comete pecado. Pero los que se casan van a tener problemas materiales que yo quisiera evitarles.

[29] Hermanos, lo que quiero decir es esto: Nos queda poco tiempo. Por lo tanto, los casados deben vivir como si no lo estuvieran; [30] los que están de luto deben portarse como si estuvieran de fiesta, y los que están de fiesta deben portarse como si estuvieran de luto; los que compran deben vivir como si nada fuera suyo; [31] y los que sacan provecho de este mundo deben vivir como si no lo estuvieran sacando, porque este mundo que vemos ha de terminar.

[32] Yo quisiera librarlos a ustedes de preocupaciones. El que está soltero se preocupa por las cosas del Señor, y por agradarle; [33] pero el que está casado se preocupa por las cosas del mundo y por agradar a su esposa, [34] y así está dividido. Igualmente, la mujer que no está casada y la que nunca se casó, se preocupan por las cosas del Señor, por estar consagradas a Dios[2] tanto en cuerpo como en espíritu; pero la casada se preocupa por las cosas del mundo y por agradar a su esposo.

[35] Les digo esto, no para ponerles restricciones, sino en bien de ustedes y para que vivan de una manera digna, sirviendo al Señor con toda dedicación.

[36] Si alguno cree que debe casarse con su prometida, porque ya está en edad de casarse, y si piensa que eso es lo más indicado, que haga lo que crea conveniente; cásese, pues no es pecado. [37] Y si otro, sin sentirse obligado, y con toda libertad para actuar como quiera, se hace en su corazón el propósito firme de no casarse, hará bien. [38] Así que, si se casa con su prometida, hace bien; pero si no se casa, hace mejor.[3]

[39] La mujer casada está ligada a su esposo mientras éste vive; pero si el esposo muere, ella queda libre para casarse con quien quiera, con tal de que sea un creyente. [40] Aunque creo que será más feliz si no vuelve a casarse. Esta es mi opinión, y creo que yo también tengo el Espíritu de Dios.

Los alimentos consagrados a los ídolos

8 [1] Ahora paso al asunto de los alimentos ofrecidos en sacrificio a los ídolos. Es verdad lo que se dice: que todos tenemos conocimiento; pero el conocimiento nos hace creernos importantes, en tanto que el amor nos hace crecer espiritualmente. [2] Si alguien cree que conoce algo, todavía no lo conoce como lo debe conocer. [3] Pero si alguien ama a Dios, Dios lo conoce a él.

[4] En cuanto a esto de comer alimentos ofrecidos en sacrificio a los ídolos, bien sabemos que un ídolo no tiene valor alguno en el mundo y que solamente hay un Dios. [5] Pues aunque en el cielo y en la tierra existan esos llamados dioses (y en este sentido hay muchos dioses y muchos señores), [6] para nosotros no hay más que un solo Dios, el Padre, en quien todo tiene su origen y para quien nosotros existimos. Y hay también un solo Señor, Jesucristo,

[1] *Aunque si tienes . . . aprovecharla:* otra posible traducción: *y aunque tengas oportunidad de conseguir tu libertad, saca provecho de tu esclavitud.* [2] *Y así está dividido . . . consagradas a Dios:* algunos mss. dicen: *Y hay diferencia entre la que está casada y la que nunca se casó. La que nunca se casó se preocupa por las cosas del Señor, por estar consagrada a Dios.* [3] Otra posible traducción de los vs. 36-38: *Si alguno piensa que es mejor que su hija se case, porque va pasando ya su juventud, y si piensa que eso es lo más indicado, que haga lo que crea conveniente; puede casarla, pues eso no es pecado.* [37] *Y si otro, sin sentirse obligado, y con toda libertad para actuar como quiera, se hace en su corazón el propósito firme de que su hija se quede sin casar, hará bien.* [38] *Así que, el que la da en matrimonio, hace bien; y el que no la da, hace mejor.*

por quien todas las cosas existen, incluso nosotros mismos.*ᶠ*

⁷ Pero no todos saben esto. Algunos que estaban acostumbrados a adorar ídolos, todavía comen de esos alimentos pensando que fueron ofrecidos a los dioses; y su conciencia, que es débil, los hace sentirse contaminados por el ídolo. ⁸ Claro que el que Dios nos acepte no depende de lo que comamos; pues no vamos a ser mejores por comer, ni peores por no comer. ⁹ Pero eviten que esa libertad que ustedes tienen haga caer en pecado a los que son débiles en su fe. ¹⁰ Porque si tú, que sabes estas cosas, te sientas a comer en un lugar dedicado a los ídolos, y algún hermano débil te ve, puede suceder que él se anime a comer de esa ofrenda hecha a un ídolo. ¹¹ Y así tú, por tu conocimiento, haces que se pierda tu hermano débil, por quien Cristo también murió. ¹² Al herir la conciencia de los hermanos débiles en la fe, pecan ustedes contra Cristo mismo.*ᵍ* ¹³ Por eso, si por causa de mi comida hago caer en pecado a mi hermano, mejor me será no comer carne nunca, para no ponerlo en peligro de pecar.

Los derechos de un apóstol

9 ¹ Claro que yo tengo la libertad y los derechos de un apóstol, pues he visto a Jesús nuestro Señor,*ʰ* y ustedes mismos son el resultado de mi trabajo en la obra del Señor. ² Puede ser que otros no me reconozcan como apóstol; pero ustedes tienen que reconocerme como tal, porque el hecho de que ustedes sean creyentes en el Señor prueba que en verdad lo soy.

³ Esta es mi respuesta a los que me critican: ⁴ Tengo todo el derecho de recibir comida y bebida, ⁵ y también de llevar conmigo una esposa cristiana, como hacen los otros apóstoles, y los hermanos del Señor, y Pedro. ⁶ ¿O acaso Bernabé y yo somos los únicos que no tenemos derecho a que la comunidad nos mantenga? ⁷ ¿Quién sirve como soldado pagándose sus propios gastos? ¿Quién cultiva un viñedo y no come de sus uvas? ¿Quién cuida las ovejas y no toma de la leche que ordeña? ⁸ Y no vayan a creer que ésta es sólo una opinión humana, porque la ley de Moisés también lo dice. ⁹ Pues está escrito en el libro de la ley: "No le pongas bozal al buey que trilla."*ⁱ* Y esto no significa que Dios se preocupe de los bueyes, ¹⁰ sino que se preocupa de nosotros. Porque la ley se escribió por causa nuestra, pues tanto el que ara la tierra como el que trilla el grano deben hacerlo con la esperanza de recibir su parte de la cosecha. ¹¹ Así que, si

nosotros hemos sembrado en ustedes una semilla espiritual, no es mucho pedir que cosechemos de ustedes algo de lo material.*ʲ* ¹² Si otros tienen este derecho sobre ustedes, con mayor razón nosotros.

Pero no hemos hecho uso de tal derecho, y hemos venido soportándolo todo por no estorbar la predicación del mensaje de Cristo. ¹³ Ustedes saben que quienes trabajan al servicio del templo, viven de lo que hay en el templo.*ᵏ* Es decir, que quienes atienden al altar donde se ofrecen los sacrificios, comen de la carne de los animales que allí se sacrifican. ¹⁴ De igual manera, el Señor ha dispuesto que quienes anuncian el mensaje de salvación vivan de ese mismo trabajo.*ˡ* ¹⁵ Pero yo nunca he utilizado ninguno de estos derechos, ni tampoco les escribo esto para que ustedes me den algo. ¡Prefiero morir a que alguien me quite esta satisfacción que tengo! ¹⁶ Para mí no es motivo de orgullo predicar el mensaje de salvación, porque lo considero una obligación ineludible. ¡Y ay de mí si no lo predico!*ᵐ* ¹⁷ Por eso, si lo hago por mi propia voluntad, ya tengo mi recompensa; y si lo hago a regañadientes, de todas maneras es un encargo que Dios me ha dado. ¹⁸ Así pues, mi recompensa es la satisfacción de predicar el mensaje de salvación sin cobrar nada; es decir, sin hacer valer mi derecho a vivir de mi trabajo como predicador.

¹⁹ Aunque no soy esclavo de nadie, me he hecho esclavo de todos, a fin de ganar para Cristo el mayor número posible de personas. ²⁰ Cuando estoy entre los judíos me vuelvo como un judío, para ganarlos a ellos; es decir, que para ganar a los que viven bajo la ley de Moisés, yo mismo me pongo bajo esa ley, aunque en realidad no estoy sujeto a ella. ²¹ Por otra parte, para ganar a los que no viven bajo la ley de Moisés, me vuelvo como uno de ellos, aunque realmente estoy sujeto a la ley de Dios, ya que estoy bajo la ley de Cristo. ²² Cuando estoy con los que son débiles en la fe, me vuelvo débil como uno de ellos, para ganarlos también. Es decir, me he hecho igual a todos, para de alguna manera poder salvar a algunos. ²³ Hago todo esto por causa del mensaje de salvación, para tener parte en el mismo.

²⁴ Ustedes saben que en una carrera todos corren, pero solamente uno recibe el premio. Pues bien, corran ustedes de tal modo que reciban el premio. ²⁵ Los que se preparan para competir en un deporte, evitan todo lo que pueda hacerles daño. Y esto lo hacen por alcanzar como premio una corona de hojas de laurel, que en seguida se marchita; en cambio, nosotros lu-

---

ᶠ **8.6** Mal 2.10; Jn 1.3; Ro 11.36; Ef 4.6; Col 1.16.   *ᵍ* **8.12** Mt 25.45.   *ʰ* **9.1** Hch 9.3–6; 1 Co 15.8; Gá 1.11–16.   *ⁱ* **9.9** Dt 25.4; 1 Ti 5.18.   *ʲ* **9.11** Ro 15.27.   *ᵏ* **9.13** Dt 18.1.   *ˡ* **9.14** Mt 10.10; Lc 10.7.   *ᵐ* **9.16** Jer 20.9; Am 3.8.

chamos por recibir un premio que no se
marchita. 26 Yo, por mi parte, no corro a
ciegas ni peleo como si estuviera dando
golpes al aire. 27 Al contrario, castigo mi
cuerpo y lo obligo a obedecerme, para no
quedar yo mismo descalificado después de
haber enseñado a otros.

Consejos contra la idolatría

10 1 No quiero, hermanos, que olviden
que nuestros antepasados estuvieron todos bajo aquella nube,[n] y que todos
atravesaron el Mar Rojo.[ñ] 2 De ese modo,
todos ellos quedaron unidos a Moisés al
ser bautizados en la nube y en el mar.
3 Igualmente, todos ellos comieron el
mismo alimento espiritual[o] 4 y tomaron la
misma bebida espiritual.[p] Porque bebían
agua de la roca espiritual que los acompañaba en su viaje, la cual era Cristo. 5 Sin
embargo, la mayoría de ellos no agradó a
Dios, y por eso sus cuerpos quedaron tendidos en el desierto.[q]
6 Todo esto sucedió como un ejemplo
para nosotros, para que no deseemos lo
malo, como ellos lo desearon.[r] 7 Por eso,
no adoren ustedes ídolos, como algunos
de ellos lo hicieron, según dice la Escritura: "La gente se sentó a comer y beber,
y luego se levantó a divertirse."[s] 8 No co-
metamos inmoralidades sexuales, como
las que algunos de ellos cometieron, por lo
que en un solo día murieron veintitrés
mil.[t] 9 Tampoco pongamos a prueba a
Cristo, como algunos de ellos lo hicieron,
por lo que murieron mordidos por las serpientes.[u] 10 Ni murmuren contra Dios,
como algunos de ellos murmuraron, por lo
que el ángel de la muerte los mató.[v]
11 Todo esto les sucedió a nuestros antepasados como un ejemplo para nosotros, y
fue puesto en las Escrituras como una advertencia para los que vivimos en estos
tiempos últimos. 12 Así pues, el que cree
estar firme, tenga cuidado de no caer.
13 Ustedes no han pasado por ninguna
prueba que no sea humanamente sopor-
table. Y pueden ustedes confiar en Dios,
que no les dejará sufrir pruebas más duras
de lo que pueden soportar. Por el contrario, cuando llegue la prueba, Dios les dará
también la manera de salir de ella, para
que puedan soportarla.
14 Por eso, mis queridos hermanos,
huyan de la idolatría. 15 Les hablo como a
personas entendidas, y ustedes mismos
pueden juzgar lo que les digo. 16 Cuando
bebemos de la copa bendita por la cual damos gracias a Dios, nos hacemos uno con
Cristo en su sangre; cuando comemos del
pan que partimos, nos hacemos uno con
Cristo en su cuerpo.[w] 17 Aunque somos
muchos, todos comemos de un mismo
pan, y por esto somos un solo cuerpo.
18 Fíjense en el pueblo de Israel: los que
comen de los animales ofrecidos en sacrificio, participan del sacrificio mismo.[x]
19 Con esto no quiero decir que el ídolo
tenga valor alguno, ni que la carne ofrecida al ídolo sea algo más que otra carne
cualquiera. 20 Lo que digo es que cuando
los paganos ofrecen algo en sacrificio, se
lo ofrecen a los demonios, y no a Dios,[y] y
yo no quiero que ustedes tengan parte
con los demonios. 21 No pueden beber de
la copa del Señor y, a la vez, de la copa de
los demonios; ni pueden sentarse a la
mesa del Señor y, a la vez, a la mesa de
los demonios.[z]
22 ¿O acaso queremos poner celoso al
Señor?[a] ¿Somos acaso más fuertes que él?

La libertad y el amor cristiano

23 Se dice: "Uno es libre de hacer lo que
quiera." Es cierto, pero no todo conviene.[b]
Sí, uno es libre de hacer lo que quiera,
pero no todo ayuda al crecimiento espiritual. 24 No hay que buscar el bien de uno
mismo, sino el bien de los demás.
25 Coman ustedes de todo lo que se
vende en la carnicería, sin preguntar nada
por motivos de conciencia; 26 porque el
mundo entero, con todo lo que hay en él,
es del Señor.[c]
27 Si uno que no es creyente los invita a
comer, y ustedes quieren ir, coman de
todo lo que les sirvan, sin preguntar nada
por motivos de conciencia. 28 Ahora bien,
si alguien les dice: "Esta carne fue ofrecida en sacrificio", entonces no la coman,
en atención al que lo dijo y por motivos
de conciencia.[4] 29 Estoy hablando de la
conciencia del otro, no de la de ustedes.[d]
Pero alguien puede preguntar: "¿Por
qué se ha de juzgar mi libertad según la
conciencia de otra persona? 30 Y si doy
gracias a Dios por lo que como, ¿por qué
me han de criticar por comerlo?" 31 En
todo caso, lo mismo si comen, que si beben, que si hacen cualquier otra cosa, háganlo todo para la gloria de Dios. 32 No
den mal ejemplo a nadie; ni a los judíos, ni
a los no judíos, ni a los que pertenecen a
la iglesia de Dios. 33 Yo, por mi parte, procuro agradar a todos en todo, sin buscar
mi propio bien sino el de los demás, para
11 que alcancen la salvación. 1 Sigan
ustedes mi ejemplo,[e] como yo sigo
el ejemplo de Cristo.

[4] Algunos mss. añaden: *Porque del Señor es la tierra y todo lo que hay en ella.*
[n] **10.1** Ex 13.21–22. [ñ] **10.1** Ex 14.22–29. [o] **10.3** Ex 16.35. [p] **10.4** Ex 17.6; Nm 20.11. [q] **10.5** Nm 14.29–30.
[r] **10.6** Nm 11.4. [s] **10.7** Ex 32.6. [t] **10.8** Nm 25.1–18. [u] **10.9** Nm 21.5–6. [v] **10.10** Nm 16.41–49. [w] **10.16** Mt 26.26–28;
Mr 14.22–24; Lc 22.19–20. [x] **10.18** Lv 7.6. [y] **10.20** Dt 32.17. [z] **10.21** 2 Co 6.15–16. [a] **10.22** Ex 20.5; Dt 32.21.
[b] **10.23** 1 Co 6.12. [c] **10.26** Sal 24.1; 50.12; 89.11. [d] **10.28–29** 1 Co 8.7–12. [e] **11.1** 1 Co 4.16; Fil 3.17.

Las mujeres en el culto

[2] Los felicito porque siempre se acuerdan de mí y siguen las enseñanzas que les trasmití.[f] [3] Pero quiero que entiendan que Cristo es cabeza de cada hombre, y que el esposo es cabeza de su esposa, así como Dios es cabeza de Cristo. [4] Si un hombre se cubre la cabeza cuando ora o cuando comunica mensajes de parte de Dios, deshonra al que es su cabeza. [5] En cambio, si una mujer no se cubre la cabeza cuando ora o cuando comunica mensajes de parte de Dios, deshonra al que es su cabeza. Es igual que si se hubiera rapado. [6] Porque si una mujer no se cubre la cabeza, más vale que se la rape de una vez. Pero si la mujer considera vergonzoso cortarse el cabello o raparse la cabeza, entonces que se la cubra. [7] El hombre no debe cubrirse la cabeza, porque él es imagen de Dios y refleja la gloria de Dios.[g] Pero la mujer refleja la gloria del hombre, [8] pues el hombre no fue sacado de la mujer, sino la mujer del hombre. [9] Y el hombre no fue creado por causa de la mujer, sino la mujer por causa del hombre.[h] [10] Precisamente por esto, y por causa de los ángeles, la mujer debe llevar sobre la cabeza una señal de autoridad. [11] Sin embargo, en la vida cristiana, ni el hombre existe sin la mujer, ni la mujer sin el hombre. [12] Pues aunque es verdad que la mujer fue formada del hombre, también es cierto que el hombre nace de la mujer; y todo tiene su origen en Dios. [13] Ustedes mismos juzguen si está bien que la mujer ore a Dios sin cubrirse la cabeza. [14] La naturaleza misma nos enseña que es una vergüenza que el hombre se deje crecer el cabello; [15] en cambio, es una honra para la mujer dejárselo crecer; porque a ella se le ha dado el cabello largo para que le cubra la cabeza. [16] En todo caso, si alguno quiere discutir este asunto, debe saber que ni nosotros ni las iglesias de Dios conocemos otra costumbre.

Abusos en la Cena del Señor

[17] Al escribirles lo que sigue, no puedo felicitarlos, pues parece que sus reuniones les hacen daño en vez de hacerles bien. [18] En primer lugar, se me ha dicho que cuando se reúnen para celebrar el culto, hay divisiones entre ustedes; y en parte creo que esto es verdad. [19] ¡No cabe duda de que ustedes tienen que dividirse en partidos, para que se sepa quiénes son los verdaderos cristianos! [20] El resultado de esas divisiones es que la cena que ustedes toman en sus reuniones ya no es real-

mente la Cena del Señor. [21] Porque a la hora de comer, cada uno se adelanta a tomar su propia cena; y mientras unos se quedan con hambre, otros hasta se emborrachan. [22] ¿No tienen ustedes casas donde comer y beber? ¿Por qué menosprecian la iglesia de Dios y ponen en vergüenza a los que no tienen nada? ¿Qué les voy a decir? ¿Que los felicito? ¡No en cuanto a esto!

La Cena del Señor
(Mt 26.26–29; Mr 14.22–25; Lc 22.14–20)

[23] Porque yo recibí del Señor esta enseñanza que les di: Que la misma noche que el Señor Jesús fue traicionado, tomó en sus manos pan [24] y, después de dar gracias a Dios, lo partió y dijo: "Esto es mi cuerpo, entregado a muerte para bien de ustedes. Hagan esto en memoria de mí." [25] Así también, después de la cena, tomó en sus manos la copa y dijo: "Esta copa es el nuevo pacto[i] confirmado con mi sangre.[j] Cada vez que beban, háganlo en memoria de mí." [26] De manera que, hasta que venga el Señor, ustedes proclaman su muerte cada vez que comen de este pan y beben de esta copa.

Cómo se debe tomar la Cena del Señor

[27] Así pues, cualquiera que come del pan o bebe de la copa del Señor de manera indigna, comete un pecado contra el cuerpo y la sangre del Señor. [28] Por tanto, cada uno debe examinar su propia conciencia antes de comer del pan y beber de la copa. [29] Porque si come y bebe sin fijarse en que se trata del cuerpo del Señor, para su propio castigo come y bebe. [30] Por eso, muchos de ustedes están enfermos y débiles, y también algunos han muerto. [31] Si nos examináramos bien a nosotros mismos, el Señor no tendría que castigarnos, [32] aunque si el Señor nos castiga es para que aprendamos y no seamos condenados con los que son del mundo.[k] [33] Así que, hermanos míos, cuando se reúnan para comer, espérense unos a otros. [34] Y si alguno tiene hambre, que coma en su propia casa, para que Dios no tenga que castigarlos por esa clase de reuniones. Los otros asuntos los arreglaré cuando vaya a verles.

Los dones espirituales

12 [1] Hermanos, quiero que ustedes sepan algo respecto a los dones espirituales. [2] Ustedes saben que cuando todavía no eran creyentes se dejaban arrastrar ciega-

f 11.2 2 Ts 2.15. g 11.7 Gn 1.26–27. h 11.8–9 Gn 2.18–23. i 11.25 Ex 24.8; Jer 31.31–34. j 11.25 Ex 24.6–8.
k 11.31–32 Dt 8.5; He 12.5–11.

mente tras los ídolos mudos. ³ Por eso, ahora quiero que sepan que nadie puede decir: "¡Maldito sea Jesús!", si está hablando por el poder del Espíritu de Dios. Y tampoco puede decir nadie: "¡Jesús es Señor!", si no está hablando por el poder del Espíritu Santo. ⁴ Una persona puede recibir diferentes dones, pero el que los concede es un mismo Espíritu. ⁵ Hay diferentes maneras de servir, pero todas por encargo de un mismo Señor. ⁶ Y hay diferentes poderes para actuar, pero es un mismo Dios el que lo hace todo en todos. ⁷ Dios da a cada uno alguna prueba de la presencia del Espíritu, para provecho de todos. ⁸ Por medio del Espíritu, a unos les concede que hablen con sabiduría; y a otros, por el mismo Espíritu, les concede que hablen con profundo conocimiento. ⁹ Unos reciben fe por medio del mismo Espíritu, y otros reciben el don de curar enfermos. ¹⁰ Unos reciben poder para hacer milagros, y otros para comunicar mensajes recibidos de Dios. A unos, Dios les da la capacidad de distinguir entre los espíritus falsos y el Espíritu verdadero, y a otros la capacidad de hablar en lenguas; y todavía a otros les da la capacidad de interpretar lo que se ha dicho en esas lenguas. ¹¹ Pero todas estas cosas las hace el único y mismo Espíritu, dando a cada persona lo que a él mejor le parece.ⁱ

Todos pertenecemos a un solo cuerpo

¹² El cuerpo humano, aunque está formado por muchas partes, es un solo cuerpo. Así también Cristo.ᵐ ¹³ Y de la misma manera, todos nosotros, judíos o no judíos, esclavos o libres, fuimos bautizados para formar un solo cuerpo por medio de un solo Espíritu; y a todos se nos dio a beber de ese mismo Espíritu. ¹⁴ Un cuerpo no se compone de una sola parte, sino de muchas. ¹⁵ Si el pie dijera: "Como no soy mano, no soy del cuerpo", no por eso dejaría de ser del cuerpo. ¹⁶ Y si la oreja dijera: "Como no soy ojo, no soy del cuerpo", no por eso dejaría de ser del cuerpo. ¹⁷ Si todo el cuerpo fuera ojo, no podríamos oír. Y si todo el cuerpo fuera oído, no podríamos oler. ¹⁸ Pero Dios ha puesto cada parte del cuerpo en el sitio que mejor le pareció. ¹⁹ Si todo fuera una sola parte, no habría cuerpo. ²⁰ Lo cierto es que, aunque son muchas las partes, el cuerpo sólo es uno. ²¹ El ojo no puede decirle a la mano: "No te necesito"; ni la cabeza puede decirles a los pies: "No los necesito." ²² Al contrario, las partes del cuerpo que parecen más débiles, son las que más se necesitan; ²³ y las partes del cuerpo que menos estimamos, son las que vestimos con más cuidado. Y las partes que consideramos menos presentables, son las que tratamos con más modestia, ²⁴ lo cual no es necesario hacer con las partes más presentables. Dios arregló el cuerpo de tal manera que las partes menos estimadas reciban más honor, ²⁵ para que no haya desunión en el cuerpo, sino que cada parte del cuerpo se preocupe por las otras. ²⁶ Si una parte del cuerpo sufre, todas las demás sufren también; y si una parte recibe atención especial, todas las demás comparten su alegría.

²⁷ Pues bien, ustedes son el cuerpo de Cristo, y cada uno de ustedes es parte de ese cuerpo. ²⁸ Dios ha querido que en la iglesia haya, en primer lugar, apóstoles; en segundo lugar, profetas; en tercer lugar, maestros;ⁿ luego personas que hacen milagros, y otras que curan enfermos, o que ayudan, o que dirigen, o que hablan en lenguas. ²⁹ No todos son apóstoles, ni todos son profetas. No todos son maestros, ni todos hacen milagros, ³⁰ ni todos tienen poder para curar enfermos. Tampoco todos hablan en lenguas, ni todos saben interpretarlas. ³¹ Ustedes deben ambicionar los mejores dones.

El amor

Yo voy a enseñarles un camino mucho mejor.

13 ¹ Si hablo las lenguas de los hombres y aun de los ángeles, pero no tengo amor, no soy más que un metal que resuena o un platillo discordante. ² Y si hablo de parte de Dios, y entiendo sus propósitos secretos, y sé todas las cosas, y si tengo la fe necesaria para mover montañas,ⁿ pero no tengo amor, no soy nada. ³ Y si reparto entre los pobres todo lo que poseo, y aun si entrego mi propio cuerpo para ser quemado ⁵ pero no tengo amor, de nada me sirve. ⁴ Tener amor es saber soportar; es ser bondadoso; es no tener envidia, ni ser presumido, ni orgulloso, ⁵ ni grosero, ni egoísta; es no enojarse ni guardar rencor; ⁶ es no alegrarse de las injusticias, sino de la verdad. ⁷ Tener amor es sufrirlo todo, creerlo todo, esperarlo todo, soportarlo todo.

⁸ El amor jamás dejará de existir. Un día los hombres dejarán de profetizar, y ya no hablarán en lenguas, ni serán necesarios los conocimientos. ⁹ Porque los conocimientos y la profecía son cosas im-

---

⁵ *Para ser quemado:* algunos mss. dicen: *para poder enorgullecerme.*
ⁱ **12.4-11** Ro 12.6-8.   ᵐ **12.12** Ro 12.4-5; Ef 4.14-16.   ⁿ **12.28** Ef 4.11.   ⁿ **13.2** Mt 17.20; 21.21; Mr 11.23.

perfectas, [10] que llegarán a su fin cuando venga lo que es perfecto.

[11] Cuando yo era niño, hablaba, pensaba y razonaba como un niño; pero al hacerme hombre, dejé atrás lo que era propio de un niño. [12] Ahora vemos de manera borrosa, como en un espejo; pero un día lo veremos todo tal como es en realidad.[o] Mi conocimiento es ahora imperfecto, pero un día lo conoceré todo del mismo modo que Dios me conoce a mí.

[13] Tres cosas hay que son permanentes: la fe, la esperanza y el amor; pero la más importante de las tres es el amor.

El hablar en lenguas

14 [1] Procuren, pues, tener amor, y al mismo tiempo ambicionen que Dios les dé dones espirituales, especialmente el de comunicar mensajes de su parte. [2] Aquel que habla en lenguas extrañas, habla a Dios y no a la gente, pues nadie le entiende. Lo que dice es espiritual, pero nadie lo sabe.[6] [3] En cambio, el que comunica mensajes de parte de Dios, hace crecer espiritualmente a los demás, y los anima y consuela. [4] El que habla en una lengua extraña, crece espiritualmente él mismo; pero el que comunica mensajes recibidos de Dios, hace crecer espiritualmente a los de la iglesia.

[5] Yo quisiera que todos ustedes hablaran en lenguas extrañas; pero preferiría que comunicaran mensajes de parte de Dios; esto es mejor que hablar en lenguas, a menos que se interprete su significado para que los de la iglesia crezcan espiritualmente. [6] Por eso, hermanos, no les servirá de nada que yo los visite y les hable en lenguas extrañas, en vez de hablarles de lo que Dios nos manifiesta, o del conocimiento de la verdad, o en vez de comunicarles algún mensaje de parte de Dios, o alguna enseñanza.

[7] Si los instrumentos musicales, como la flauta o el arpa, no tuvieran diferente sonido, no podrían distinguirse unos de otros. [8] Y si, en la guerra, la trompeta no diera sus toques con claridad, nadie se prepararía para la batalla. [9] Lo mismo sucede con ustedes: si no usan su lengua para pronunciar palabras que se puedan entender, ¿cómo va a saberse lo que están diciendo? ¡Le estarán hablando al aire! [10] Sin duda hay muchos idiomas en el mundo, y ciertamente todos tienen sentido. [11] Pero si yo no conozco el significado de las palabras, seré un extranjero para el que me habla, y él será un extranjero para mí. [12] Por eso, ya que ustedes ambicionan poseer dones espirituales, pro-

curen tener en abundancia aquellos que ayudan a crecer espiritualmente a los de la iglesia.

[13] Por lo tanto, el que habla en lengua extraña, pídale a Dios que le conceda el poder de interpretarla. [14] Pues si yo oro en una lengua extraña, es verdad que estoy orando con mi espíritu, pero mi entendimiento no participa. [15] ¿Qué debo hacer entonces? Pues debo orar con el espíritu, pero también con el entendimiento. Debo cantar con el espíritu, pero también con el entendimiento. [16] Porque si tú alabas a Dios solamente con el espíritu, y una persona no instruida te escucha, no podrá unirse a ti en tu acción de gracias, pues no entenderá lo que dices. [17] Tu acción de gracias podrá ser muy buena, pero no ayudará al otro a crecer espiritualmente. [18] Doy gracias a Dios porque hablo en lenguas extrañas más que todos ustedes; [19] pero en la iglesia prefiero decir cinco palabras que se entiendan, para enseñar así a otros, que decir diez mil palabras en lengua extraña.

[20] Hermanos, no piensen ustedes como niños. Sean como niños para lo malo; pero sean adultos en su modo de pensar. [21] En el libro de la ley está escrito: "Hablaré a esta nación en lenguas extrañas y por boca de extranjeros, pero ni aun así me harán caso, dice el Señor."[p] [22] Así que el hablar en lenguas es una señal para los incrédulos, no para los creyentes. Pero el comunicar mensajes de parte de Dios es una señal para los creyentes, no para los incrédulos. [23] Porque cuando la iglesia se encuentra reunida, si todos están hablando en lenguas, y entra un simple oyente o un incrédulo, creerá que ustedes se han vuelto locos. [24] En cambio, si todos están comunicando mensajes recibidos de Dios, y entra un incrédulo o un simple oyente, se convencerá de su pecado, y él mismo se examinará al oír lo que todos están diciendo. [25] Así quedará al descubierto lo más profundo de su corazón, y adorará de rodillas a Dios, y reconocerá que Dios está verdaderamente entre ustedes.

Háganlo todo decentemente y con orden

[26] En resumen, hermanos, cuando ustedes se reúnan, unos pueden cantar salmos, otros pueden enseñar, o comunicar lo que Dios les haya revelado, o hablar en lenguas extrañas, o interpretarlas. Pero que todo sea para su crecimiento espiritual. [27] Y cuando se hable en lenguas extrañas, que lo hagan dos personas, o tres cuando más, y por turno; además, alguien debe interpretar esas lenguas. [28] Y si no

---

[6] *Lo que dice es espiritual, pero nadie lo sabe:* otra posible traducción: *para sí mismo* (lit. *en espíritu*) *habla de cosas secretas.*
[o] **13.12** 1 Jn 3.2.   [p] **14.21** Is 28.11–12.

hay nadie en la iglesia que pueda interpretarlas, mejor será no hablar en lenguas, sino que cada uno hable consigo mismo y con Dios. [29] Igualmente, si se trata de comunicar mensajes de parte de Dios, que hablen dos o tres, y que los otros consideren lo que se haya dicho. [30] Pero si Dios le revela algo a otra persona que está allí sentada, entonces el primero debe dejar de hablar. [31] De esta manera todos, cada uno en su turno correspondiente, podrán comunicar mensajes de parte de Dios, para que todos aprendan y se animen. [32] El comunicar mensajes de parte de Dios debe estar bajo el control del que los comunica, [33] porque Dios es Dios de paz y no de confusión.

Siguiendo la práctica general del pueblo de Dios, [34] las mujeres deben guardar silencio en el culto de la iglesia, porque no les está permitido hablar. Deben estar sometidas a sus esposos, como manda la ley de Dios. [35] Si quieren saber algo, pregúntenlo a sus esposos en casa; porque no está bien que una mujer hable en el culto. [36] Tengan presente que la palabra de Dios no comenzó en ustedes, ni ustedes son los únicos que la han recibido. [37] Si alguien se cree profeta, o cree estar inspirado por el Espíritu, reconocerá que esto que les estoy escribiendo es un mandato del Señor. [38] Y si no lo reconoce, que tampoco se le reconozca a él.

[39] Así pues, hermanos míos, ambicionen comunicar mensajes de Dios, y no prohíban que se hable en lenguas; [40] pero háganlo todo decentemente y con orden.

La resurrección de Cristo

15 [1] Ahora, hermanos, quiero que se acuerden del mensaje de salvación que les he predicado. Este es el mensaje que ustedes aceptaron, y en el cual están firmes. [2] También por medio de este mensaje son ustedes salvos, si es que se mantienen firmes en él; de lo contrario, habrán creído en vano.

[3] En primer lugar les he dado a conocer la enseñanza que yo recibí. Les he enseñado que Cristo murió por nuestros pecados, como dicen las Escrituras;[q] [4] que lo sepultaron y que resucitó al tercer día, como también dicen las Escrituras;[r] [5] y que se apareció a Pedro,[s] y luego a los doce.[t] [6] Después se apareció a más de quinientos hermanos a la vez, la mayoría de los cuales vive todavía, aunque algunos ya han muerto. [7] Después se apareció a Santiago, y luego a todos los apóstoles.

[8] Por último se me apareció también a mí,[u] que soy como un niño nacido anormalmente. [9] Pues yo soy el menos importante de los apóstoles, y ni siquiera merezco llamarme apóstol, porque perseguí a la iglesia de Dios.[v] [10] Pero soy lo que soy porque Dios fue bueno conmigo; y su bondad para conmigo no ha resultado en vano. Al contrario, he trabajado más que todos ellos; aunque no he sido yo, sino Dios, que en su bondad me ha ayudado. [11] Lo que importa no es si he sido yo o si han sido ellos, sino que éste es nuestro mensaje y que esto es lo que ustedes han creído.

La resurrección de los muertos

[12] Pero si nuestro mensaje es que Cristo resucitó, ¿por qué dicen algunos de ustedes que los muertos no resucitan? [13] Porque si los muertos no resucitan, entonces tampoco Cristo resucitó; [14] y si Cristo no resucitó, el mensaje que predicamos no vale para nada, ni tampoco vale para nada la fe que ustedes tienen. [15] Si esto fuera así, nosotros resultaríamos ser testigos falsos de Dios, puesto que afirmamos que él resucitó a Cristo, cuando en realidad no lo habría resucitado si fuera verdad que los muertos no resucitan. [16] Porque si los muertos no resucitan, entonces tampoco Cristo resucitó; [17] y si Cristo no resucitó, la fe de ustedes no vale para nada: todavía siguen en sus pecados. [18] En este caso, también están perdidos los que murieron creyendo en Cristo. [19] Si nuestra esperanza en Cristo solamente está referida a esta vida, somos los más desdichados de todos.

[20] Pero lo cierto es que Cristo ha resucitado. Él es el primer fruto de la cosecha: ha sido el primero en resucitar. [21] Así como por causa de un hombre entró la muerte en el mundo, también por causa de un hombre entró la resurrección de los muertos. [22] Y así como en Adán todos mueren, así también en Cristo todos tendrán vida.[w] [23] Pero cada uno en el orden que le corresponda: Cristo en primer lugar; después, cuando Cristo vuelva, los que son suyos. [24] Entonces vendrá el fin, cuando Cristo derrote a todos los señoríos, autoridades y poderes, y entregue el reino al Dios y Padre. [25] Porque Cristo tiene que reinar hasta que todos sus enemigos estén puestos debajo de sus pies;[x] [26] y el último enemigo que será derrotado es la muerte. [27] Porque Dios lo ha sometido todo debajo de sus pies.[y] Pero cuando dice que todo ha quedado sometido, es

q **15.3** Is 53.5-12. r **15.4** Sal 16.8-10; Mt 12.40; Hch 2.24-32. s **15.5** Lc 24.34. t **15.5** Mt 28.16-17; Mr 16.14; Lc 24.36; Jn 20.19. u **15.8** Hch 9.3-6. v **15.9** Hch 8.3. w **15.21-22** Ro 5.12-18. x **15.25** Sal 110.1. y **15.27** Sal 8.6.

claro que esto no incluye a Dios mismo, ya que es él quien le sometió todas las cosas. [28] Y cuando todo haya quedado sometido a Cristo, entonces Cristo mismo, que es el Hijo, se someterá a Dios, que es quien sometió a él todas las cosas. Así, Dios será todo en todo.

[29] De otra manera, los que se bautizan por los muertos, ¿para qué lo harían? Si los muertos no resucitan, ¿para qué bautizarse por ellos? [30] ¿Y por qué estamos nosotros en peligro a todas horas? [31] Porque, hermanos, todos los días estoy en peligro de muerte. Esto es tan cierto como la satisfacción que siento por ustedes como creyentes en nuestro Señor Jesucristo. [32] Yo he luchado con las fieras en Efeso, pero ¿qué he ganado con eso? Si es verdad que los muertos no resucitan, entonces, como algunos dicen: "¡Comamos y bebamos, que mañana moriremos!"[z]

[33] No se dejen engañar. Como alguien dijo: "Los malos compañeros echan a perder las buenas costumbres." [34] Vuelvan ustedes al buen juicio, y no pequen, pues algunos de ustedes no conocen a Dios. Digo esto para que se avergüencen.

Cómo resucitarán los muertos

[35] Tal vez alguno preguntará: "¿Cómo resucitarán los muertos? ¿Qué clase de cuerpo tendrán?" [36] ¡Vaya pregunta tonta! Cuando se siembra, la semilla tiene que morir para que tome vida la planta. [37] Lo que se siembra no es la planta que ha de brotar, sino el simple grano, sea de trigo o de otra cosa. [38] Después Dios le da la forma que él quiere, y a cada semilla le da el cuerpo que le corresponde. [39] No todos los cuerpos son iguales; uno es el cuerpo del hombre, otro el de los animales, otro el de las aves y otro el de los peces. [40] Del mismo modo, hay cuerpos celestes y cuerpos terrestres; pero una es la hermosura de los cuerpos celestes y otra la hermosura de los cuerpos terrestres. [41] El brillo del sol es diferente del brillo de la luna y del brillo de las estrellas; y aun entre las estrellas, el brillo de una es diferente del de otra.

[42] Lo mismo pasa con la resurrección de los muertos. Lo que se entierra es corruptible; lo que resucita es incorruptible. [43] Lo que se entierra es despreciable; lo que resucita es glorioso. Lo que se entierra es débil; lo que resucita es fuerte. [44] Lo que se entierra es un cuerpo material; lo que resucita es un cuerpo espiritual. Si hay cuerpo material, también hay cuerpo espiritual.

[45] Así dice la Escritura: "El primer hombre, Adán, fue materia con vida"; pero el último Adán es espíritu que da vida. [46] Sin embargo, lo espiritual no es primero, sino lo material; después lo espiritual. [47] El primer hombre, hecho de tierra, era de la tierra;[a] el segundo hombre es del cielo. [48] Los cuerpos de la tierra son como aquel hombre hecho de tierra; y los del cielo son como aquel que es del cielo. [49] Así como nos parecemos al hombre hecho de tierra, así también nos pareceremos a aquel que es del cielo.

[50] Quiero decirles, hermanos, que lo que es de carne y hueso[7] no puede tener parte en el reino de Dios, y que lo corruptible no puede tener parte en lo incorruptible. [51] Pero quiero que sepan un secreto: No todos moriremos, pero todos seremos transformados [52] en un momento, en un abrir y cerrar de ojos, cuando suene el último toque de trompeta. Porque sonará la trompeta, y los muertos serán resucitados para no volver a morir. Y nosotros seremos transformados.[b] [53] Pues nuestra naturaleza corruptible se revestirá de lo incorruptible, y nuestro cuerpo mortal se revestirá de inmortalidad. [54] Y cuando nuestra naturaleza corruptible se haya revestido de lo incorruptible, y cuando nuestro cuerpo mortal se haya revestido de inmortalidad, se cumplirá lo que dice la Escritura: "La muerte ha sido devorada por la victoria.[c] [55] ¿Dónde está, oh muerte, tu victoria? ¿Dónde está, oh muerte, tu aguijón?"[d] [56] El aguijón de la muerte es el pecado, y la ley antigua es la que da al pecado su poder. [57] ¡Pero gracias a Dios, que nos da la victoria por medio de nuestro Señor Jesucristo!

[58] Por lo tanto, mis queridos hermanos, sigan firmes y constantes, trabajando siempre más y más en la obra del Señor; porque ustedes saben que no es en vano el trabajo que hacen en unión con el Señor.

La colecta para los hermanos

16 [1] En cuanto a la colecta para los hermanos en la fe,[e] háganla según las instrucciones que di a las iglesias en la provincia de Galacia. [2] Los domingos, cada uno de ustedes debe apartar algo, según lo que haya ganado, y guardarlo para que cuando yo llegue no se tengan que hacer colectas. [3] Y cuando yo llegue, mandaré a Jerusalén a las personas que ustedes esco-

[7] Carne y hueso: lit. carne y sangre.
[z] 15.32 Is 22.13. [a] 15.45-47 Gn 2.7. [b] 15.51-52 1 Ts 4.15-17. [c] 15.54 Is 25.8. [d] 15.55 Os 13.14. [e] 16.1 Ro 15.25-26; 2 Co 8-9.

jan, dándoles cartas para que lleven a los hermanos de allá la colecta hecha por ustedes. [4] Y si es conveniente que yo también vaya, ellos irán conmigo.

Planes de viaje de Pablo

[5] En mi viaje tengo que pasar por la región de Macedonia; y después de Macedonia llegaré a Corinto.[f] [6] Puede ser que me quede con ustedes algún tiempo, o que tal vez pase allí todo el invierno; entonces ustedes podrán ayudarme en mi viaje a donde tenga que ir después. [7] No quiero verlos solamente de paso, sino que espero estar algún tiempo con ustedes, si el Señor lo permite; [8] pero me quedaré en Efeso hasta el día de Pentecostés,[g] [9] porque tengo una gran oportunidad de trabajar en la obra del Señor y obtener buenos resultados, a pesar de que muchos están en contra mía.[h]

[10] Si llega Timoteo,[i] procuren que se sienta a gusto entre ustedes, pues trabaja en la obra del Señor lo mismo que yo. [11] Así que ninguno de ustedes lo desprecie; sino, al contrario, ayúdenlo a seguir su viaje en paz, para que venga a verme, porque lo estoy esperando junto con los otros hermanos.

[12] En cuanto al hermano Apolos, le rogué mucho que fuera con los hermanos a visitarlos a ustedes, pero por ahora no quiso ir. Lo hará cuando tenga oportunidad.

Saludos finales

[13] Manténganse despiertos y firmes en la fe. Tengan mucho valor y firmeza. [14] Y todo lo que hagan, háganlo con amor.

[15] Hermanos, ustedes saben que la familia de Estéfanas[j] fue la primera que en la región de Acaya se convirtió al evangelio, y que ellos se han dedicado a servir a los hermanos en la fe. [16] Quiero que ustedes, a su vez, se sometan a personas como ellos y a todos los que ayudan y trabajan en esta labor.

[17] Me alegro de que hayan venido Estéfanas, Fortunato y Acaico, pues en ausencia de ustedes [18] ellos me han animado espiritualmente, lo mismo que a ustedes. Personas así merecen que ustedes las reconozcan.

[19] Las iglesias de la provincia de Asia les mandan saludos. Aquila y Prisca,[k] y la congregación que se reúne en su casa, les mandan muchos saludos en el Señor. [20] Reciban saludos de todos los hermanos. Salúdense unos a otros con un beso santo.

[21] Yo, Pablo, les escribo a ustedes este saludo de mi puño y letra.

[22] Si alguien no ama al Señor Jesucristo, que sea puesto bajo maldición. ¡Señor nuestro, ven![l]

[23] Que el Señor Jesucristo derrame su gracia sobre ustedes. [24] A todos ustedes les envío mi amor en Cristo Jesús.

---

[l] *¡Señor nuestro, ven!*: otra posible traducción: *El Señor viene.*
[f] **16.5** Hch 19.21. [g] **16.8** Lv 23.15-21; Dt 16.9-11. [h] **16.8-9** Hch 19.8-10. [i] **16.10** 1 Co 4.17. [j] **16.15** 1 Co 1.16.
[k] **16.19** Hch 18.2.

Segunda Carta de San Pablo a los
CORINTIOS

Esta es una de las cartas más emotivas y francas del apóstol, así como más de carácter personal. La iglesia de Corinto seguía causándole dolores de cabeza, y ahora sus relaciones con ella parecían colgar de un hilo. Algunos de sus miembros habían emprendido una campaña para desprestigiar a Pablo, llegando hasta poner en duda la legitimidad y autoridad de su apostolado. Y a esto él reaccionaba con energía y aun con rudeza. Pero no obstante, la carta respira el amor del apóstol por los corintios, su espíritu dispuesto a la reconciliación y su convicción de que, a pesar de todo, los corintios también lo aman.

Tras la introducción acostumbrada (1.1–11), Pablo se refiere a sus relaciones con la iglesia de Corinto, y explica por qué les ha escrito con severidad ante la campaña desatada contra él. Se alegra de que su severidad hubiera producido arrepentimiento y reconciliación (1.12–7.16). Aun en medio del conflicto que se había creado no deja de pensar en los demás, así que hace un nuevo llamamiento a la iglesia para que envíen socorros a los hermanos de Judea (caps. 8,9). Luego viene la más vibrante defensa que hizo Pablo de su autoridad de apóstol, frente a aquellos —al parecer sólo una minoría— que lo acusaban de ser un falso apóstol, y que, además, se presentaban a sí mismos como verdaderos apóstoles y trataban de suplantarlo en el afecto y obediencia de los creyentes corintios (10.1—13.10). La conclusión es breve, pero afectuosa (13.11–14).

Saludo

1 [1] Yo, Pablo, por la voluntad de Dios soy apóstol de Jesucristo. Junto con el hermano Timoteo, escribo esta carta a la iglesia de Dios que está en la ciudad de Corinto[a] y al pueblo de Dios en toda la región de Acaya. [2] Que Dios nuestro Padre y el Señor Jesucristo derramen su gracia y su paz sobre ustedes.

Sufrimientos de Pablo

[3] Alabemos al Dios y Padre de nuestro Señor Jesucristo, pues él es el Padre que nos tiene compasión y el Dios que siempre nos consuela. [4] El nos consuela en todos nuestros sufrimientos, para que nosotros podamos consolar también a los que sufren, dándoles el mismo consuelo que él nos ha dado a nosotros. [5] Porque así como los sufrimientos de Cristo se desbordan sobre nosotros y nosotros sufrimos con él, así también por medio de Cristo se desborda nuestro consuelo. [6] Pues si nosotros sufrimos, es para que ustedes tengan consuelo y salvación; y si Dios nos consuela, también es para que ustedes tengan consuelo y puedan soportar con fortaleza los mismos sufrimientos que nosotros padecemos. [7] Tenemos una esperanza firme en cuanto a ustedes, porque nos consta que, así como tienen parte en los sufrimientos, también tienen parte en el consuelo que viene de Dios.

[8] Hermanos, queremos recordarles cuántas dificultades tuvimos en la provincia de Asia.[b] Fue una prueba tan dura que ya no podíamos resistir más, y hasta perdimos la esperanza de salir con vida. [9] Nos sentíamos como condenados a muerte. Pero esto sirvió para enseñarnos a no confiar en nosotros mismos, sino en Dios, que resucita a los muertos. [10] Y Dios nos libró y nos librará de tan gran peligro de muerte. Confiamos en que seguirá librándonos, [11] si ustedes nos ayudan orando por nosotros. Si muchos oran por nosotros, muchos también darán gracias a Dios por las bendiciones que de él recibimos.

Por qué no fue Pablo a Corinto

[12] Hay algo que nos causa satisfacción, y es que nuestra conciencia nos dice que nos hemos portado limpia y sinceramente en este mundo, y especialmente entre ustedes. Esto no se debe a nuestra propia sabiduría, sino a que Dios, en su bondad, nos ha ayudado a vivir así. [13] En nuestras cartas, no escribimos nada distinto de lo que ustedes pueden leer y entender. Y espero que lleguen a entender perfectamente, [14] como ya lo han entendido en parte, que cuando regrese nuestro Señor Jesús ustedes se sentirán satisfechos de nosotros, como también nosotros nos sentiremos satisfechos de ustedes.

[15] Confiando en esto, yo había pensado en ir primero a verlos a ustedes, y así hacerles el favor de visitarlos dos veces; [16] pensaba visitarlos primero al pasar ca-

a 1.1 Hch 18.1. *b* 1.8 1 Co 15.32.

mino de Macedonia,c y después, al regresar, visitarlos otra vez. Así ustedes podrían ayudarme luego a seguir mi viaje a Judea. ¹⁷¿Será que cuando decidí hacer esto no lo pensé seriamente? ¿Creen ustedes que yo hago mis planes con doblez, diciendo "sí" y "no" al mismo tiempo? ¹⁸Dios es testigo de que nosotros no les decimos a ustedes "sí" y "no" al mismo tiempo. ¹⁹Porque Cristo Jesús, el Hijo de Dios, a quien Silvano, Timoteo y yod predicamos entre ustedes, no es "sí" y "no" al mismo tiempo. Cristo es el "sí" de Dios, ²⁰pues en él se cumplen todas las promesas de Dios. Por esto, cuando alabamos a Dios, decimos "Así sea" por medio de Cristo Jesús. ²¹Y Dios es el que a nosotros y a ustedes nos ha afirmado al unirnos a Cristo, y nos ha escogido. ²²Nos ha marcado con su sello, y ha puesto en nuestro corazón el Espíritu Santo como garantíae de lo que vamos a recibir.

²³Pero si todavía no he ido a Corinto, como pensaba, pongo a Dios por testigo de que ha sido por consideración a ustedes. ²⁴No es que queramos imponerles a ustedes lo que tienen que creer, pues ya están firmes en su fe; lo que queremos es colaborar con ustedes, para que tengan alegría.

2 ¹Por esto decidí no hacerles otra visita que les causara tristeza. ²Porque si yo los entristezco, ¿quién hará que me sienta alegre, de no ser ustedes, a quienes he entristecido? ³Por eso les escribí como lo hice, porque no quería ir para que me entristecieran ustedes, que más bien deberían alegrarme. Estaba seguro de que todos ustedes harían suya mi alegría, ⁴pero cuando les escribí esa carta, me sentía tan preocupado y afligido que hasta lloraba. Sin embargo, no la escribí para causarles tristeza, sino para que vieran el amor tan grande que les tengo.

Perdón para el que había ofendido a Pablo

⁵Si alguno ha causado tristeza, no me la ha causado sólo a mí, sino hasta cierto punto también a todos ustedes. Digo "hasta cierto punto" para no exagerar. ⁶El castigo que la mayoría de ustedes le impuso a esa persona, ya es suficiente. ⁷Lo que ahora deben hacer es perdonarlo y ayudarlo, no sea que tanta tristeza lo lleve a la desesperación. ⁸Por eso les ruego que nuevamente le demuestren el amor que le tienen. ⁹Ya antes les escribí sobre este asunto, precisamente para probarlos y saber si están dispuestos a seguir mis instrucciones. ¹⁰Así que aquel a quien uste-

des perdonen algo, también yo se lo perdono. Y se lo perdono, si es que había algo que perdonar, por consideración a ustedes y en presencia de Cristo. ¹¹Así Satanás no se aprovechará de nosotros, pues conocemos muy b en sus mañas.

Intranquilidad de Pablo en Troas

¹²Cuando llegué a la ciudad de Troas para anunciar el mensaje de Cristo, se me presentó una gran oportunidad de trabajar por el Señor. ¹³Pero mi ánimo no estaba tranquilo, porque no encontré a nuestro hermano Tito. Por eso me despedí de ellos y me fui a Macedonia.f

Victoriosos en Cristo

¹⁴Gracias a Dios que siempre nos lleva en el desfile victorioso de Cristo Jesúsj y que por medio de nosotros da a conocer su mensaje, el cual se esparce por todas partes como un aroma agradable. ¹⁵Porque nosotros somos como el olor del incienso que Cristo ofrece a Dios, y que se esparce tanto entre los que se salvan como entre los que se pierden. ¹⁶Para los que se pierden, este incienso resulta un aroma mortal, pero para los que se salvan, es una fragancia que les da vida. ¿Y quién está capacitado para esto? ¹⁷Nosotros no andamos negociando con el mensaje de Dios, como hacen muchos; al contrario, hablamos con sinceridad delante de Dios, como enviados suyos que somos y por nuestra unión con Cristo.

El mensaje del nuevo pacto

3 ¹Cuando decimos esto, ¿les parece que estamos comenzando otra vez a alabarnos a nosotros mismos? ¿O acaso tendremos que presentarles o pedirles a ustedes cartas de recomendación, como hacen algunos? ²Ustedes mismos son la única carta de recomendación que necesitamos: una carta escrita en nuestro corazón, la cual todos conocen y pueden leer. ³Y se ve claramente que ustedes son una carta escrita por Cristo mismo y entregada por nosotros; una carta que no ha sido escrita con tinta, sino con el Espíritu del Dios viviente; una carta que no ha sido grabada en tablas de piedra,g sino en corazones humanos.f

⁴Confiados en Dios por medio de Cristo, estamos seguros de esto. ⁵No es que nosotros mismos estemos capacitados para considerar algo como nuestro; al contrario, todo lo que podemos hacer

---

j Nos lleva ... Cristo Jesús: otra posible traducción: nos hace triunfar en unión con Cristo Jesús.
c 1.16 Hch 19.21. d 1.19 Hch 18.5. e 1.22 Ef 1.14. f 2.12-13 Hch 20.1. g 3.3 Ex 24.12. h 3.3 Jer 31.33; Ez 11.19; 36.26.

viene de Dios, [6] pues él nos ha capacitado para ser servidores de un nuevo pacto,[i] no escrito, sino espiritual. La ley escrita condena a muerte, pero el Espíritu de Dios da vida.

[7] Esta ley, grabada en letras sobre tablas de piedra, vino con tal resplandor que los israelitas ni siquiera podían mirar la cara de Moisés a causa de su intenso brillo.[j] Sin embargo, aquel resplandor había de terminar por apagarse. Pero si esa ley que condena a muerte fue promulgada con tanta gloria, [8] ¡cuánta más será la gloria del anuncio de un nuevo pacto fundado en el Espíritu! [9] Es decir, que si fue tan gloriosa la promulgación de una ley que sirvió para condenarnos, ¡cuánto más glorioso será poder anunciar que Dios nos declara sin culpa! [10] Porque la gloria anterior ya no es nada en comparación con esto, que es mucho más glorioso. [11] Y si fue glorioso lo que había de terminar por apagarse, mucho más glorioso será lo que permanece para siempre.

[12] Precisamente porque tenemos esta esperanza, hablamos con toda libertad. [13] No hacemos como Moisés, que se tapaba la cara con un velo[k] para que los israelitas no vieran que aquel resplandor se iba apagando. [14] Pero ellos no lo entendieron así, y todavía ahora, cuando leen el antiguo pacto, ese mismo velo les impide entender, pues no les ha sido quitado, porque solamente se quita por medio de Cristo. [15] Hasta el día de hoy, cuando leen los libros de Moisés, un velo cubre su entendimiento. [16] Pero cuando una persona se vuelve al Señor, el velo se le quita. [17] Porque el Señor es el Espíritu; y donde está el Espíritu del Señor, allí hay libertad. [18] Por eso, todos nosotros, ya sin el velo que nos cubría la cara, somos como un espejo que refleja la gloria del Señor, y vamos transformándonos en su imagen misma,[l] porque cada vez tenemos más de su gloria, y esto por la acción del Señor, que es el Espíritu.

4 [1] Por eso no nos desanimamos, porque Dios, en su misericordia, nos ha encargado este trabajo. [2] Hemos rechazado las cosas vergonzosas que se hacen a escondidas; y no actuamos con astucia ni falseamos el mensaje de Dios. Al contrario, decimos solamente la verdad, y de esta manera nos recomendamos a la conciencia de todos delante de Dios. [3] Y si el mensaje de salvación que predicamos es oscuro, lo es solamente para los que se pierden. [4] Pues como ellos no creen, el dios de este mundo los ha hecho ciegos de entendimiento, para que no vean la brillante luz del evangelio del Cristo glorioso,

imagen viva de Dios. [5] No nos predicamos a nosotros mismos, sino a Jesucristo como Señor; nosotros nos declaramos simplemente servidores de ustedes por amor de Jesús. [6] Porque el mismo Dios que mandó que la luz brotara de la oscuridad,[m] es el que ha hecho brotar su luz en nuestro corazón, para que por medio de ella podamos conocer la gloria de Dios que brilla en la cara de Jesucristo.

El vivir por la fe

[7] Pero esta riqueza la tenemos en nuestro cuerpo, que es como una olla de barro, para mostrar que ese poder tan grande viene de Dios y no de nosotros. [8] Así, aunque llenos de problemas, no estamos sin salida; tenemos preocupaciones, pero no nos desesperamos. [9] Nos persiguen, pero no estamos abandonados; nos derriban, pero no nos destruyen. [10] Dondequiera que vamos, llevamos siempre en nuestro cuerpo la muerte de Jesús, para que también su vida se muestre en nosotros. [11] Pues nosotros, los que vivimos, siempre estamos expuestos a la muerte por causa de Jesús, para que también su vida se muestre en nuestro cuerpo mortal. [12] De ese modo, la muerte actúa en nosotros, y en ustedes actúa la vida.

[13] La Escritura dice: "Tuve fe, y por eso hablé."[n] De igual manera, nosotros, con esa misma actitud de fe, creemos y también hablamos. [14] Porque sabemos que Dios, que resucitó de la muerte al Señor Jesús, también nos resucitará a nosotros con él, y junto con ustedes nos llevará a su presencia. [15] Todo esto ha sucedido para bien de ustedes, para que, siendo muchas las bendiciones de Dios, muchos sean también los que le den gracias, para la gloria de Dios.

[16] Por eso no nos desanimamos. Pues aunque por fuera vamos envejeciendo, por dentro nos rejuvenecemos día a día. [17] Lo que sufrimos en esta vida es cosa ligera, que pronto pasa; pero nos trae como resultado una gloria eterna mucho más grande y abundante. [18] Porque no nos fijamos en lo que se ve, sino en lo que no se ve, ya que las cosas que se ven son pasajeras, pero las que no se ven son eternas.

5 [1] Nosotros somos como una casa terrenal, como una tienda de campaña no permanente; pero sabemos que si esta tienda se destruye, Dios nos tiene preparada en el cielo una casa eterna, que no ha sido hecha por manos humanas. [2] Por eso suspiramos mientras vivimos en esta casa actual, pues quisiéramos mudarnos ya a nuestra casa celestial, [3] la cual nos cubrirá como un vestido para que no quedemos desnudos. [4] Mientras vivimos en esta tienda suspiramos afligidos, pues no quisiéramos ser desnudados, sino más bien ser revestidos de tal modo que lo mortal quede absorbido por la nueva vida. [5] Y Dios es quien nos ha preparado para esto, y quien nos ha dado el Espíritu Santo como garantía de lo que hemos de recibir.

[6] Por eso tenemos siempre confianza. Sabemos que mientras vivamos en este cuerpo estaremos como en el destierro, lejos del Señor. [7] Ahora no podemos verlo, sino que vivimos sostenidos por la fe; [8] pero tenemos confianza, y quisiéramos más bien salir de este cuerpo para ir a presentarnos ante el Señor. [9] Por eso procuramos agradar siempre al Señor, ya sea que dejemos este cuerpo o que sigamos en él. [10] Porque todos tenemos que presentarnos ante el tribunal de Cristo,[n] para que cada uno reciba lo que le corresponda, según lo bueno o lo malo que haya hecho mientras estaba en el cuerpo.[2]

El mensaje de la paz

[11] Por eso, sabiendo que al Señor hay que tenerle reverencia, procuramos convencer a los hombres. Dios nos conoce muy bien, y espero que también ustedes nos conozcan. [12] No es que no hayamos puesto otra vez a alabarnos a nosotros mismos, sino que les estamos dando a ustedes una oportunidad de sentirse satisfechos de nosotros, para que puedan contestar a quienes presumen de las apariencias y no de lo que hay en el corazón. [13] Pues si estamos locos, es para Dios; y si no lo estamos, es para ustedes. [14] El amor de Cristo gobierna nuestras vidas, desde que sabemos que uno murió por todos y que, por consiguiente, todos han muerto. [15] Y Cristo murió por todos, para que los que viven ya no vivan para sí mismos, sino para él, que murió y resucitó por ellos. [16] Por eso, nosotros ya no pensamos de nadie según los criterios de este mundo; y aunque antes pensábamos de Cristo según tales criterios, ahora ya no pensamos así de él. [17] Por lo tanto, el que está unido a Cristo es una nueva persona. Las cosas viejas pasaron; lo que ahora hay, es nuevo.[3,][o]

[18] Todo esto es la obra de Dios, quien por medio de Cristo nos puso en paz consigo mismo y nos dio el encargo de poner a todos en paz con él. [19] Es decir que, en Cristo, Dios estaba poniendo al mundo en paz consigo mismo, sin tomar en cuenta los pecados de los hombres; y a nosotros nos encargó que diéramos a conocer este mensaje. [20] Así que somos embajadores de Cristo, lo cual es como si Dios mismo les rogara a ustedes por medio de nosotros. Así pues, en el nombre de Cristo les rogamos que se pongan en paz con Dios. [21] Cristo no cometió pecado alguno; pero por causa nuestra, Dios lo trató como al pecado mismo, para así, por medio de Cristo, librarnos de culpa.

6 [1] Ahora pues, como colaboradores en la obra de Dios, les rogamos a ustedes que no desaprovechen la bondad que Dios les ha mostrado. [2] Porque él dice en las Escrituras:

"En el momento oportuno te
    escuché;
en el día de la salvación te ayudé."[p]

Y ahora es el momento oportuno. ¡Ahora es el día de la salvación!

[3] En nada damos mal ejemplo a nadie, para que nuestro trabajo no caiga en descrédito. [4] Al contrario, en todo damos muestras de que somos siervos de Dios, soportando con mucha paciencia los sufrimientos, las necesidades, las dificultades, [5] los azotes, las prisiones,[q] los alborotos, el trabajo duro, los desvelos y el hambre. [6] También lo demostramos por nuestra pureza de vida, por nuestro conocimiento de la verdad, por nuestra tolerancia y bondad, por la presencia del Espíritu Santo en nosotros, por nuestro amor sincero, [7] por nuestro mensaje de verdad y por el poder de Dios en nosotros. Usamos las armas de la rectitud, tanto para el ataque como para la defensa. [8] Unas veces se nos honra, y otras veces se nos ofende; unas veces se habla bien de nosotros, y otras veces se habla mal. Nos tratan como a mentirosos, a pesar de que decimos la verdad. [9] Nos tratan como a desconocidos, a pesar de que somos bien conocidos. Estamos medio muertos, pero seguimos viviendo; nos castigan, pero no nos matan. [10] Parecemos tristes, pero siempre estamos contentos; parecemos pobres, pero hemos enriquecido a muchos; parece que no tenemos nada, pero lo tenemos todo.

[11] Hermanos corintios, les hemos hablado con toda franqueza; les hemos abierto por completo nuestro corazón. [12] No tenemos con ustedes ninguna clase de reserva; son ustedes quienes tienen reservas con nosotros. [13] Les ruego por lo tanto, como un padre ruega a sus hijos, que sean francos conmigo, como yo lo he sido con ustedes.

Somos templo del Dios viviente

[14] No se unan ustedes en un mismo yugo con los que no creen. Porque ¿qué

---

[2] *Mientras estaba en el cuerpo:* otra posible traducción: *sirviéndose de su cuerpo.*   [3] *Lo que ahora hay, es nuevo:* otra posible traducción: *se han vuelto nuevas.*

[n] **5.10** Ro 14.10.   [o] **5.17** Jn 3.3-7; Gá 6.15.   [p] **6.2** Is 49.8.   [q] **6.5** Hch 16.23.

tienen en común la justicia y la injusticia? ¿O cómo puede la luz ser compañera de la oscuridad? [15] No puede haber armonía entre Cristo y el diablo, ni entre un creyente y un incrédulo. [16] No puede haber nada en común entre el templo de Dios y los ídolos. Porque nosotros somos templo del Dios viviente,[r] como él mismo dijo:

"Viviré y andaré entre ellos;
yo seré su Dios
y ellos serán mi pueblo."[s]

[17] Por eso también dice el Señor:
"Salgan de en medio de ellos, y apártense;
no toquen nada impuro.[t]
Entonces yo los recibiré
[18] y seré un Padre para ustedes,
y ustedes serán mis hijos y mis hijas,
dice el Señor todopoderoso."[u]

7 [1] Así pues, queridos hermanos, éstas son las promesas que tenemos. Por eso debemos mantenernos limpios de todo lo que pueda mancharnos, tanto en el cuerpo como en el espíritu; y en el temor de Dios debemos consagrarnos completamente a él.

La conversión de los corintios

[2] ¡Hágannos un lugar en su corazón! Con nadie hemos sido injustos; a nadie hemos hecho daño; a nadie hemos engañado. [3] No les digo esto para criticarlos, pues, como ya les dije antes, ustedes están en mi corazón, para vivir juntos o morir juntos. [4] Tengo mucha franqueza para hablarles y mucha satisfacción a causa de ustedes. En medio de todo lo que sufrimos, me siento muy animado y lleno de gozo. [5] Desde que llegamos a Macedonia,[v] no hemos tenido ningún descanso, sino que en todas partes hemos encontrado dificultades: luchas a nuestro alrededor y temores en nuestro interior. [6] Pero Dios, que anima a los desanimados, nos animó con la llegada de Tito; [7] y no solamente con su llegada, sino también por el hecho de que él se sentía muy animado a causa de ustedes. El nos habló de lo mucho que ustedes desean vernos, y nos contó de la tristeza que sienten y de su preocupación por mí; y con todo esto me alegré más todavía. [8] Aunque la carta que les escribí los entristeció, no lo lamento ahora. Y si antes lo lamenté viendo que esa carta los había entristecido por un poco de tiempo, [9] ahora me alegro; no por la tristeza que les causó, sino porque esa tristeza les hizo volverse a Dios. Ustedes soportaron la tristeza de una manera que agrada a Dios,

así que nosotros no les causamos ningún daño; [10] pues la tristeza que se soporta de manera agradable a Dios, conduce a una conversión que da por resultado la salvación, y no hay nada que lamentar. Pero la tristeza del mundo produce la muerte. [11] Ustedes soportaron la tristeza como a Dios le agrada, ¡y miren ahora los resultados! Les hizo tomar en serio el asunto y defenderme; les hizo enojar, y también sentir miedo. Después tuvieron deseos de verme, y se dispusieron a castigar al culpable. Con todo lo cual han demostrado ustedes que no tuvieron nada que ver en este asunto. [12] Así pues, cuando les escribí aquella carta, no lo hice pensando en el ofensor ni en la persona ofendida, sino más bien para que se viera delante de Dios la preocupación que ustedes tienen por nosotros. [13] Esto ha sido para nosotros un consuelo.

Pero mucho más que este consuelo que hemos recibido, nos ha alegrado el ver que Tito está muy contento; pues todos ustedes le han dado nuevos ánimos. [14] Yo ya le había dicho a Tito que me sentía satisfecho de ustedes, y no he quedado mal. Al contrario, así como es verdad todo lo que les hemos dicho a ustedes, también es verdad lo que le dijimos a Tito: que estamos satisfechos de ustedes. [15] Y él les tiene aún más cariño cuando recuerda que todos ustedes le obedecieron y lo recibieron con tan profundo respeto. [16] ¡Me alegro de poder confiar plenamente en ustedes!

Generosidad en las ofrendas

8 [1] Ahora, hermanos, queremos contarles cómo se ha mostrado la bondad de Dios en las iglesias de Macedonia. [2] A pesar de las pruebas por las que han tenido que pasar, son muy felices; y a pesar de ser muy pobres, sus ofrendas han sido tan generosas como si fueran ricos. [3] Yo soy testigo de que, de buena gana, han ofrendado según sus posibilidades, y aun más allá de sus posibilidades. [4] Nos rogaron mucho que les permitiéramos tomar parte en esta ayuda para el pueblo de Dios.[w] [5] Y hasta hicieron más de lo que esperábamos, pues se ofrendaron a sí mismos, primero al Señor y luego a nosotros, conforme a la voluntad de Dios. [6] Por eso hemos rogado a Tito que recoja entre ustedes esta bondadosa colecta que él comenzó antes a recoger. [7] Pues ustedes, que sobresalen en todo: en fe, en facilidad de palabra, en conocimientos, en buena disposición para servir y en amor que aprendieron de nosotros, igualmente deben sobresalir en esta obra de caridad.

[r] **6.16** 1 Co 3.16; 6.19. [s] **6.16** Lv 26.12; Ez 37.27. [t] **6.17** Is 52.11. [u] **6.18** 2 S 7.14; 1 Cr 17.13; Is 43.6; Jer 31.9.
[v] **7.5** 2 Co 2.13. [w] **8.1-4** Ro 15.26.

⁸ No les digo esto como un mandato; solamente quiero que conozcan la buena disposición de otros, para darles a ustedes la oportunidad de demostrar que su amor es verdadero. ⁹ Porque ya saben ustedes que nuestro Señor Jesucristo, en su bondad, siendo rico se hizo pobre por causa de ustedes, para que por su pobreza fueran ustedes enriquecidos.

¹⁰ Por el bien de ustedes les doy mi opinión sobre este asunto. Desde el año pasado, no sólo comenzaron ustedes a hacer algo al respecto, sino a hacerlo con entusiasmo. ¹¹ Ahora pues, dentro de sus posibilidades, terminen lo que han comenzado con la misma buena disposición que mostraron al principio, cuando decidieron hacerlo. ¹² Porque si alguien de veras quiere dar, Dios le acepta la ofrenda que él dé conforme a sus posibilidades. Dios no pide lo que uno no tiene.

¹³ No se trata de que por ayudar a otros ustedes pasen necesidad; ¹⁴ se trata más bien de que haya igualdad. Ahora ustedes tienen lo que a ellos les falta; en otra ocasión ellos tendrán lo que les falte a ustedes, y de esta manera habrá igualdad. ¹⁵ Como dice la Escritura: "Ni le sobró al que había recogido mucho, ni le faltó al que había recogido poco."ˣ

Tito y sus compañeros

¹⁶ Gracias a Dios que puso en el corazón de Tito la misma preocupación que yo tengo por ustedes. ¹⁷ Pues aceptó mi encargo y, como él mismo está muy interesado en ustedes, ahora va a verlos por su propia voluntad.

¹⁸ Junto con Tito, les envío un hermano de quien se habla muy bien en todas las iglesias, por lo bien que ha trabajado en favor del mensaje de salvación. ¹⁹ Además, las iglesias lo escogieron para que viajara con nosotros y ayudara en esta obra de caridad que estamos haciendo para honrar al Señor y para demostrar nuestros deseos de ayudar. ²⁰ Queremos evitar así que se nos critique a causa de esta gran colecta que estamos recogiendo, ²¹ y por eso procuramos hacer lo bueno, no sólo delante del Señor sino también delante de los hombres.ʸ

²² Juntamente con aquellos, les envío otro de nuestros hermanos, que nos ha demostrado de muchas maneras su buena disposición, y mucho más ahora, por la gran confianza que tiene en ustedes. ²³ Si alguien pregunta acerca de Tito, dígale que es mi compañero y que trabaja conmigo para servirles a ustedes. Y si preguntan acerca de los otros hermanos, díganles que son enviados de las iglesias y que

honran a Cristo. ²⁴ Y para que las iglesias lo sepan, muéstrenles ustedes que verdaderamente los aman y que tenemos razón al estar satisfechos de ustedes.

La colecta para los hermanos

9 ¹ En cuanto a la colecta para los hermanos en la fe, realmente no es necesario que les escriba a ustedes, ² porque ya conozco su buena voluntad. Siempre digo con satisfacción a los de Macedonia, que desde el año pasado ustedes los de Acaya han estado dispuestos a ayudar, y la mayoría de los de Macedonia se han animado por la buena disposición de ustedes. ³ Sin embargo, les envío a estos hermanos para que no resulte falso lo bueno que respecto de ustedes he dicho al hablar de este asunto. Es decir, para que de veras estén preparados, ⁴ no sea que algunos de Macedonia vayan conmigo y encuentren que ustedes no lo estén. Eso sería una vergüenza para nosotros, que hemos tenido tanta confianza en ustedes; por no hablar de la vergüenza que sería para ustedes mismos. ⁵ Precisamente por ello me ha parecido necesario pedir a estos hermanos que vayan a visitarlos primero, y que los ayuden a completar la colecta que ustedes habían prometido. Así, la colecta de ustedes estará dispuesta como una muestra de generosidad, y no como una muestra de tacañería.

⁶ Acuérdense de esto: El que siembra poco, poco cosecha; el que siembra mucho, mucho cosecha. ⁷ Cada uno debe dar según lo que haya decidido en su corazón, y no de mala gana o a la fuerza, porque Dios ama al que da con alegría. ⁸ Dios puede darles a ustedes con abundancia toda clase de bendiciones, para que tengan siempre todo lo necesario y además les sobre para ayudar en toda clase de buenas obras. ⁹ La Escritura dice:

"Ha dado generosamente a los
     pobres,
y su justicia permanece para
     siempre."ᶻ

¹⁰ Dios, que da la semilla que se siembra y el alimento que se come,ᵃ les dará a ustedes todo lo necesario para su siembra, y la hará crecer, y hará que la generosidad de ustedes produzca una gran cosecha. ¹¹ Así tendrán ustedes toda clase de riquezas y podrán dar generosamente. Y la colecta que ustedes envíen, será motivo de que por medio de nosotros los hermanos den gracias a Dios. ¹² Porque al llevar esta ayudaᵇ a los hermanos, no solamente les llevamos lo que les hace falta, sino que también los movemos a dar muchas gra-

---

ᵇ *Al llevar esta ayuda:* lit. *al oficiar (en) esta liturgia.* La expresión que se emplea es propia de un acto de culto a Dios.
ˣ **8.15** Ex 16.18.   ʸ **8.21** Pr 3.4.   ᶻ **9.9** Sal 112.9.   ᵃ **9.10** Is 55.10.

cias a Dios. [13] Y ellos alabarán a Dios, pues esta ayuda les demostrará que ustedes obedecen al evangelio de Cristo. También ellos honrarán a Dios por la generosa contribución de ustedes para ellos y para todos. [14] Y además orarán por ustedes con mucho cariño, por la gran bondad que Dios les ha mostrado a ustedes. [15] ¡Gracias a Dios, porque nos ha hecho un regalo tan grande que no tenemos palabras para expresarlo!

La autoridad de Pablo como apóstol

10 [1] Yo, Pablo, les ruego a ustedes, por la ternura y la bondad de Cristo. Se dice que cuando estoy entre ustedes soy muy tímido, y muy atrevido cuando estoy lejos. [2] Pues bien, les ruego que, cuando vaya a verlos, no me obliguen a ser atrevido con quienes nos acusan de hacer las cosas por motivos puramente humanos, pues estoy dispuesto a enfrentarme con ellos. [3] Es cierto que somos humanos, pero no luchamos como los hombres de este mundo. [4] Las armas que usamos no son las del mundo, sino que son poder de Dios capaz de destruir fortalezas. Y así destruimos las acusaciones [5] y toda altanería que pretenda impedir que se conozca a Dios. Todo pensamiento humano lo sometemos a Cristo, para que le obedezca a él, [6] y estamos dispuestos a castigar toda desobediencia, una vez que ustedes obedezcan perfectamente.

[7] Ustedes sólo se fijan en las apariencias.[5] Si alguno está seguro de ser de Cristo, debe tener en cuenta que también nosotros somos de Cristo. [8] Y aunque yo insista un poco más de la cuenta en nuestra autoridad, no tengo por qué avergonzarme; pues el Señor nos dio la autoridad para hacerlos crecer a ustedes espiritualmente, y no para destruirlos. [9] No quiero que parezca que trato de asustarlos con mis cartas. [10] Hay quien dice que mis cartas son duras y fuertes, pero que en persona no impresiono a nadie, ni impongo respeto al hablar. [11] Pero el que esto dice debe saber también que, así como somos con palabras y por carta estando lejos de ustedes, así seremos con hechos cuando estemos entre ustedes.

[12] Ciertamente, no nos atrevemos a igualarnos o a compararnos con esos que se alaban a sí mismos. Pero ellos cometen una tontería al medirse con su propia medida y al compararse unos con otros. [13] Nosotros no vamos a jactarnos más allá de ciertos límites. Dios es quien señala los límites de nuestro campo de trabajo, y él nos permitió llegar hasta ustedes en Co-

rinto. [14] Por eso, no estamos saliéndonos de nuestros límites, como sería el caso si no hubiéramos estado antes entre ustedes. Nosotros fuimos los primeros en llevarles a ustedes la buena noticia acerca de Cristo. [15] Y no nos jactamos de los trabajos que otros han hecho, saliéndonos de nuestros límites. Al contrario, esperamos poder trabajar más entre ustedes, conforme ustedes vayan teniendo más fe, aunque siempre dentro de nuestros límites. [16] También esperamos extendernos y anunciar la salvación en lugares más allá de donde están ustedes, pero sin meternos en campos ajenos, para no jactarnos de los trabajos que otros han hecho. [17] Si alguno quiere enorgullecerse, que se enorgullezca del Señor.[b] [18] Porque el hombre digno de aprobación no es el que se alaba a sí mismo, sino aquel a quien el Señor alaba.

Pablo y los falsos apóstoles

11 [1] ¡Ojalá me soportaran ustedes un poco de locura! Como quiera que sea, sopórtenme. [2] Porque el celo que siento por ustedes es un celo que viene de Dios. Yo los he comprometido en casamiento con un solo esposo, Cristo, y quiero presentarlos ante él puros como una virgen. [3] Pero temo que, así como la serpiente engañó con su astucia a Eva,[c] también ustedes se dejen engañar, y que sus pensamientos se aparten de la devoción pura y sincera a Cristo. [4] Ustedes soportan con gusto a cualquiera que llega hablándoles de un Jesús diferente del que nosotros les hemos predicado; y aceptan de buena gana un espíritu diferente del Espíritu que ya recibieron y un mensaje de salvación diferente del que ya han aceptado. [5] Pues bien, yo no me siento inferior en nada a esos superapóstoles a quienes ustedes siguen. [6] Aunque yo sea torpe en mi modo de hablar, no lo soy en cuanto a conocimientos; y esto se lo hemos demostrado a ustedes siempre y en todos nuestros hechos.

[7] ¿Será que hice mal en predicarles el mensaje de salvación sin cobrarles nada, humillándome yo para enaltecerlos a ustedes? [8] Les he quitado su dinero a otras iglesias, al aceptar que ellos me pagaran para poder servirles a ustedes. [9] Y cuando estando entre ustedes necesité algo, nunca fui una carga para ninguno; pues los hermanos que llegaron de Macedonia me dieron lo que necesitaba.[d] Procuré no ser una carga para ustedes, y así seguiré haciéndolo. [10] Tan seguro estoy de que conozco la verdad de Cristo, como de que

[5] *Ustedes sólo se fijan en las apariencias:* otra posible traducción: *Fíjense en lo que es evidente.*
[b] **10.17** Jer 9.24.   [c] **11.3** Gn 3.1–5,13.   [d] **11.9** Fil 4.15–18.

nadie me va a quitar este motivo de satisfacción en toda la región de Acaya. ¹¹ ¿Por qué hablo así? ¿Será porque no los quiero a ustedes? ¡Dios sabe que sí los quiero! ¹² Pero voy a seguir haciendo lo que hago, para no dar oportunidad a ésos que andan buscando pretexto para tener una satisfacción como la nuestra; ¹³ pues no son más que falsos apóstoles y engañadores que se disfrazan de apóstoles de Cristo. ¹⁴ Y esto no es nada raro, ya que Satanás mismo se disfraza de ángel de luz; ¹⁵ por eso resulta muy natural que sus servidores también se disfracen de personas de bien. ¡Pero habrán de terminar como sus hechos merecen!

Sufrimientos de Pablo como apóstol

¹⁶ Vuelvo a decirles que nadie piense que estoy loco; pero si así lo piensan, déjenme que les hable como un loco, para que también yo pueda jactarme un poco, ¹⁷ aunque esta jactancia sea más bien una locura y no palabras que el Señor apruebe. ¹⁸ ¡Ya que hay tantos que se jactan de sus propios méritos, también yo me jactaré! ¹⁹ Ustedes son muy sabios, pero soportan de buena gana a los locos, ²⁰ y soportan también a aquellos que les obligan a servir, que los explotan, que los engañan, que los tratan con desprecio o que los golpean en la cara. ²¹ Aunque me da vergüenza decirlo, ¡nosotros fuimos demasiado débiles para portarnos así!

Pero si los otros se atreven a jactarse, también yo me atreveré, aunque esto sea una locura. ²² ¿Son ellos hebreos? Yo también. ¿Son israelitas? Yo también. ¿Son descendientes de Abraham? Yo también. ²³ ¿Son siervos de Cristo? Yo lo soy más que ellos, aunque al decir esto hablo como un loco. Yo he trabajado más que ellos, me han encarcelado[e] más veces que a ellos, he sido azotado más que ellos, y muchas veces he estado en peligro de muerte. ²⁴ En cinco ocasiones los judíos me castigaron con los treinta y nueve azotes.[f] ²⁵ Tres veces me apalearon,[g] y una me apedrearon.[h] En tres ocasiones se hundió el barco en que yo viajaba, y, a punto de ahogarme, pasé una noche y un día en alta mar. ²⁶ He viajado mucho, y me he visto en peligros de ríos, en peligros de ladrones, y en peligros entre mis paisanos[i] y entre los extranjeros.[j] También me he visto en peligros en la ciudad, en el campo y en el mar, y en peligros entre falsos hermanos. ²⁷ He pasado trabajos y dificultades; muchas veces me he quedado sin dormir; he sufrido hambre y sed; muchas

veces no he comido; he sufrido por el frío y por la falta de ropa. ²⁸ Además de estas y otras cosas, cada día pesa sobre mí la preocupación por todas las iglesias. ²⁹ Si alguien enferma, también yo enfermo; y si hacen caer a alguno, yo me indigno. ³⁰ Si de algo hay que jactarse, me jactaré de las cosas que demuestran mi debilidad. ³¹ El Dios y Padre de nuestro Señor Jesucristo, que es digno de alabanza por siempre, sabe que digo la verdad. ³² Cuando estuve en Damasco, el gobernador que servía al rey Aretas puso guardias a las puertas de la ciudad, para que me arrestaran; ³³ pero hubo quienes me bajaron en un canasto por una ventana de la muralla de la ciudad, y así escapé de sus manos.[k]

Visiones y revelaciones

12 ¹ Nada gana uno con hacer alarde de sí mismo. Sin embargo, tengo que hablar de las visiones y revelaciones que he recibido del Señor. ² Conozco a un hombre que cree en Cristo y que hace catorce años fue llevado al tercer cielo. No sé si fue llevado en cuerpo o en espíritu; Dios lo sabe. ³ Pero sé que ese hombre (si en cuerpo o en espíritu, no lo sé, sólo Dios lo sabe) ⁴ fue llevado al paraíso, donde oyó palabras tan secretas que a ningún hombre se le permite pronunciarlas. ⁵ Yo podría hacer alarde de alguien así, pero no de mí mismo, a no ser de mis debilidades. ⁶ Aunque si quisiera yo alardear, eso no sería ninguna locura, porque estaría diciendo la verdad; pero no lo hago, para que nadie piense que soy más de lo que aparento o de lo que digo. ⁷ Por eso, para que no creyera yo ser más de lo que soy, por haber recibido revelaciones tan maravillosas, se me dio un sufrimiento, una especie de espina clavada en el cuerpo, que como un instrumento de Satanás vino a maltratarme. ⁸ Tres veces le he pedido al Señor que me quite ese sufrimiento; ⁹ pero el Señor me ha dicho: "Mi amor es todo lo que necesitas; pues mi poder se muestra mejor en los débiles." Así que me alegro de ser débil, para que en mí se muestre el poder de Cristo. ¹⁰ Y me alegro también de las debilidades, los insultos, las necesidades, las persecuciones y las dificultades que sufro por Cristo, porque cuando más débil me siento es cuando más fuerte soy.

Preocupación de Pablo por la iglesia de Corinto

¹¹ Me he portado como un loco, pero ustedes me obligaron a hacerlo. Porque

e 11.23 Hch 16.23.   f 11.24 Dt 25.3.   g 11.25 Hch 16.22.   h 11.25 Hch 14.19.   i 11.26 Hch 9.23.   j 11.26 Hch 14.5.
k 11.32-33 Hch 9.23-25.

ustedes son quienes debían hablar bien de mí, pues en nada valgo menos que esos superapóstoles a quienes ustedes siguen. ¡Y eso que yo no valgo nada! [12] Con las señales, milagros y maravillas que con tanta paciencia he realizado entre ustedes, ha quedado comprobado que soy un verdadero apóstol. [13] Perdónenme si los ofendo, pero sólo en una cosa han sido ustedes menos que las otras iglesias: ¡en que yo no fui una carga para ustedes!

[14] Ya estoy preparado para hacerles mi tercera visita, y tampoco ahora les seré una carga. Yo no busco lo que ustedes tienen, sino a ustedes mismos; porque son los padres quienes deben juntar dinero para los hijos, y no los hijos para los padres. [15] Y yo de buena gana gastaré todo lo que tengo, y aun a mí mismo me gastaré en bien de ustedes; aunque parece que mientras más los quiero yo, menos me quieren ustedes.

[16] No, yo no fui una carga para ustedes. Sin embargo, algunos dicen que los hice caer astutamente en una trampa. [17] ¿Acaso los engañé por medio de alguna de las personas que les he enviado? [18] A Tito le pedí que fuera a visitarlos, y con él mandé al otro hermano. ¿Acaso los engañó Tito? ¿No es verdad que los dos nos hemos portado de la misma manera y con el mismo espíritu?

[19] Tal vez ustedes piensen que nos estamos disculpando ante ustedes, pero no es así. Al contrario, estamos hablando en presencia de Dios y como quienes pertenecen a Cristo. Y todo esto, queridos hermanos, es para que ustedes crezcan espiritualmente. [20] Porque temo que cuando vaya a verlos, quizá no los encuentre como quisiera, y que tampoco ustedes me encuentren a mí como ustedes quisieran. Temo que haya discordias, envidias, enojos, egoísmos, críticas, orgullos y desórdenes. [21] Temo también que, en mi próxima visita, mi Dios me haga sentir vergüenza de ustedes, y que me haga llorar por muchos de ustedes que desde hace tiempo vienen pecando y no han dejado la impureza, la inmoralidad sexual y los vicios que practicaban.

[1] 13.1 Dt 17.6; 19.15.

Advertencias y saludos finales

13 [1] Esta es la tercera vez que voy a visitarlos. Todo tendrá que decidirse por el testimonio de dos o tres testigos.[1] [2] A los que antes pecaron, y a todos, ahora que estoy lejos les repito la advertencia que les hice personalmente en mi segunda visita: que si voy otra vez a visitarlos, no voy a tenerles consideración, [3] ya que ustedes están buscando una prueba de que Cristo habla por mí. Y Cristo no es débil en su trato con ustedes, sino que muestra su fuerza entre ustedes. [4] Es cierto que fue crucificado como débil, pero vive por el poder de Dios. De la misma manera, nosotros participamos de su debilidad, pero unidos a él viviremos por el poder de Dios para servirles a ustedes.

[5] Examínense ustedes mismos, para ver si están firmes en la fe; pónganse a prueba. ¿No se dan cuenta de que Jesucristo está en ustedes? ¡A menos que hayan fracasado en la prueba! [6] Confío, sin embargo, en que reconocerán que nosotros no hemos fracasado. [7] Y oramos a Dios para que ustedes no hagan nada malo; no para demostrar que nosotros hemos pasado la prueba, sino simplemente para que ustedes hagan lo bueno, aunque parezca que nosotros hemos fracasado. [8] Porque no podemos hacer nada contra la verdad, sino solamente a favor de la verdad. [9] Por eso nos alegramos cuando somos débiles, con tal de que ustedes sean fuertes; y seguiremos orando para que lleguen a ser perfectos. [10] Les escribo esta carta antes de ir a verlos, para que cuando vaya no tenga que ser tan duro en el uso de mi autoridad, la cual el Señor me dio, no para destruirlos, sino para hacer que ustedes crezcan espiritualmente.

[11] Para terminar, hermanos, deseo que vivan felices y que busquen la perfección en su vida. Anímense y vivan en armonía y paz; y el Dios de amor y de paz estará con ustedes. [12] Salúdense los unos a los otros con un beso santo. [13] Todos los hermanos en la fe les mandan saludos.

[14] Que la gracia del Señor Jesucristo, el amor de Dios y la presencia constante del Espíritu Santo estén con todos ustedes.

Carta de San Pablo a los
GÁLATAS

El tema de esta carta es en importantes respectos semejante al de la carta a los romanos: Pablo insiste en que la clave de la reconciliación con Dios es la fe y no las obras de la ley. Pero mientras que en Romanos ésta es una designación general, en Gálatas se trata particularmente de una de tales "obras": la circuncisión. También, a diferencia del caso de Roma, Pablo había fundado las iglesias de la provincia romana de Galacia, en el Asia Menor, así que el problema que se presentaba en ellas le tocaba más vivamente el corazón. A la zaga del apóstol, en su activa labor misionera en Galacia, habían entrado personas que predicaban que para obtener la reconciliación con Dios era necesario cumplir también con la ley de Moisés, especialmente en cuanto a la circuncisión. Esto iba en completa contraposición con lo que Pablo llamaba "su" evangelio, y no podía menos que repudiar enérgicamente esa exigencia que se les hacía a los cristianos no judíos. Y más cuando la gente que así enseñaba atacaba también su autoridad apostólica.

Pablo escribe a los gálatas, que ya habían comenzado a desviarse de la fe y la práctica verdaderas, con el fin de volverlos a ellas. Después de la introducción (1.1-10), defiende con toda energía su autoridad como apóstol. Con vigor insiste en que recibió su autoridad directamente del Señor, y con ella el evangelio que predica. No los recibió de seres humanos, ni siquiera de los otros apóstoles. Y la comisión que recibió de él fue de llevar ese evangelio a los no judíos (1.11—2.21). Luego explica que este evangelio es el único auténtico, el evangelio de la gracia de Dios solamente por la fe en Cristo (3.1—4.31).

Habla con seguridad de la libertad cristiana que Cristo da, y de la responsabilidad que de ella resulta, hace un fervoroso llamado a los gálatas a que vivan esa libertad y no vuelvan a dejarse esclavizar por ritos y obras de la ley, y los exhorta a aplicar en su vida el amor que es producto de la fe en Cristo (5.1—6.10). En su conclusión escribe, de su puño y letra, su famosa declaración: "De nada vale estar o no estar circuncidados; lo que sí vale es el haber sido creados de nuevo" (6.15).

Saludo

1 ¹ Yo, Pablo, soy un apóstol, no enviado ni nombrado por los hombres, sino por Jesucristo mismo y por Dios Padre, que lo resucitó. ² Yo, junto con todos los hermanos que están conmigo, escribo esta carta a las iglesias de la provincia de Galacia. ³ Que Dios nuestro Padre y el Señor Jesucristo derramen su gracia y su paz sobre ustedes. ⁴ Jesucristo se entregó a la muerte por nuestros pecados,ᵃ para librarnos del presente mundo perverso, según la voluntad de nuestro Dios y Padre. ⁵ ¡Gloria a Dios para siempre! Así sea.

No hay otro mensaje de salvación

⁶ Estoy muy sorprendido de que ustedes se hayan alejado tan pronto de Dios, que los llamó por el amor de Cristo, y se hayan pasado a un mensaje diferente de salvación. ⁷ En realidad no es que haya otro mensaje de salvación. Lo que pasa es que hay algunos que los perturban a ustedes, y que quieren trastornar el mensaje de salvación de Cristo. ⁸ Pero si alguien les anuncia un mensaje de salvación distinto del que ya les hemos anunciado, caiga bajo maldición, no importa si se trata de mí mismo o de un ángel venido del cielo. ⁹ Lo he dicho antes y ahora lo repito: Si alguien les anuncia un mensaje de salvación diferente del que ya recibieron, caiga bajo maldición.

¹⁰ Yo no busco la aprobación de los hombres, sino la aprobación de Dios.ᵇ ¡Si yo quisiera quedar bien con los hombres, ya no sería un siervo de Cristo!

Cómo llegó Pablo a ser apóstol

¹¹ Sepan ustedes esto, hermanos: el mensaje de salvación que yo anuncio no es una idea humana. ¹² No lo recibí ni lo aprendí de hombre alguno, sino que Jesucristo mismo me lo hizo conocer. ¹³ Ustedes habrán oído decir que en otros tiempos, cuando yo pertenecía al judaísmo, perseguí con violencia a la iglesia de Dios y procuré destruirla.ᶜ ¹⁴ En el judaísmo, yo estaba más adelantado que muchos de mis paisanos de mi misma edad, porque era mucho más estricto en conservar las tradiciones de mis antepasados.ᵈ ¹⁵ Pero Dios me escogió antes que

---

ᵃ **1.4** Mt 20.28; Mr 10.45; 1 Ti 2.6; Tit 2.14. ᵇ **1.10** 1 Ts 2.4. ᶜ **1.13** Hch 8.3; 22.4-5; 26.9-11. ᵈ **1.14** Hch 22.3.

yo naciera, y por su mucho amor me llamó. Cuando él quiso, [16] me hizo conocer a su Hijo,[e] para que yo anunciara su mensaje de salvación entre los no judíos. Y no fui entonces a consultar con nadie; [17] ni fui tampoco a Jerusalén a ver a los que eran apóstoles antes que yo. Por el contrario, me dirigí sin tardar a la región de Arabia, y luego volví a Damasco.

[18] Tres años después fui a Jerusalén[f] para conocer a Pedro, con quien estuve quince días. [19] Pero no vi a ningún otro de los apóstoles, sino a Santiago[f] el hermano del Señor. [20] Les aseguro delante de Dios que lo que les estoy escribiendo es la verdad.

[21] Después me dirigí a las regiones de Siria y Cilicia. [22] En cambio, los hermanos de las iglesias de Cristo que están en Judea no me conocían personalmente. [23] Solamente oían decir: "El que antes nos perseguía, anda ahora predicando el mensaje de fe que en otro tiempo quería destruir." [24] Y alababan a Dios por causa mía.

Los otros apóstoles aceptan a Pablo

2 [1] Catorce años después fui otra vez a Jerusalén[g] con Bernabé, y llevé a Tito conmigo. [2] Fui porque Dios me había mostrado que tenía que ir. Y ya en Jerusalén, en una reunión que tuve en privado con los que eran reconocidos como dirigentes, les expliqué el mensaje de salvación que predico entre los no judíos. Hice esto porque no quería que lo que había hecho y estaba haciendo fuera trabajo perdido. [3] Pero ni siquiera Tito, que estaba conmigo y que era griego, fue obligado a someterse al rito de la circuncisión. [4] Algunos falsos hermanos se habían metido entre nosotros a escondidas, para espiar la libertad que tenemos en Cristo Jesús y hacernos otra vez esclavos de la ley. [5] Pero ni por un momento nos dejamos llevar por ellos, porque queríamos que la verdad del mensaje de salvación permaneciera en ustedes.

[6] Pero no me dieron nuevas instrucciones los que eran reconocidos como dirigentes (aunque a mí no me interesa lo que hayan sido ellos, porque Dios no juzga por las apariencias[h]). [7] Lejos de darme nuevas instrucciones, reconocieron que Dios me había encargado el trabajo de predicar el mensaje de salvación a los no judíos, así como a Pedro le había encargado el trabajo de predicarlo a los judíos. [8] Pues el mismo Dios que envió a Pedro como apóstol a los judíos, me envió también a mí como apóstol a los no judíos.

[9] Por eso, Santiago, Pedro y Juan, que eran tenidos por columnas de la iglesia, reconocieron que Dios me había concedido este privilegio. Para confirmar que nos aceptaban como compañeros, nos dieron la mano a mí y a Bernabé, y estuvieron de acuerdo en que nosotros fuéramos a trabajar entre los no judíos, mientras que ellos trabajarían entre los judíos. [10] Solamente nos pidieron que nos acordáramos de los pobres, cosa que he procurado hacer con todo cuidado.

Pablo reprende a Pedro en Antioquía

[11] Pero cuando Pedro fue a la ciudad de Antioquía, le reprendí en su propia cara, porque lo que estaba haciendo era condenable. [12] Pues primero comía con los no judíos,[i] hasta que llegaron algunas personas de parte de Santiago; entonces comenzó a separarse, y dejó de comer con ellos, porque tenía miedo de los fanáticos de la circuncisión. [13] Y los otros creyentes judíos consintieron también con Pedro en su hipocresía, tanto que hasta Bernabé se dejó llevar por ellos. [14] Por eso, cuando vi que no se portaban conforme a la verdad que el mensaje de salvación enseña, le dije a Pedro delante de toda la congregación: "Tú, que eres judío, has estado viviendo como si no lo fueras; ¿por qué, pues, quieres obligar a los no judíos a vivir como si lo fueran?"

Los judíos y los no judíos alcanzan la salvación por la fe

[15] Nosotros somos judíos de nacimiento, y no pecadores paganos. [16] Sin embargo, sabemos que nadie queda libre de culpa por hacer lo que manda la ley de Moisés,[j] sino únicamente por creer en Jesucristo.[k] Por esto, también nosotros hemos creído en Jesucristo, para ser librados de culpa por medio de esta fe y no por hacer lo que manda la ley. Porque nadie queda libre de culpa por hacer lo que manda la ley.

[17] Ahora bien, si buscando ser librados de culpa por medio de Cristo, resulta que también nosotros somos pecadores, ¿acaso esto querrá decir que Cristo nos hace pecadores? ¡Claro que no! [18] Pues si destruyo algo y luego lo vuelvo a construir, yo mismo soy el culpable. [19] Porque debido a la ley yo he muerto a la ley, a fin de vivir para Dios. Con Cristo he sido crucificado, [20] y ya no soy yo quien vive, sino que es Cristo quien vive en mí.[l] Y la vida que ahora vivo en el cuerpo, la vivo por mi fe en el Hijo de Dios, que me amó y se entregó a la muerte por mí. [21] No quiero rechazar la bondad de Dios; pues si uno

f Pero no vi . . . a Santiago: otra posible traducción: *Pero fuera de los apóstoles no vi sino a Santiago.*
e 1.15–16 Hch 9.3–6; 22.6–10; 26.13–18.   *f* **1.18** Hch 9.26–30.   **g 2.1** Hch 11.30; 15.2.   **h 2.6** Dt 10.17.   **i 2.12** Hch 11.2–17.   **j 2.16** Sal 143.2; Ro 3.20.   **k 2.16** Ro 3.22.   **l 2.20** Fil 1.21.

pudiera quedar libre de culpa por obedecer a la ley, Cristo habría muerto inútilmente.

La ley o la fe

3 [1] ¡Gálatas estúpidos! ¿Quién los embrujó? En nuestra predicación hemos mostrado ante sus propios ojos a Jesucristo crucificado. [2] Sólo quiero que me contesten a esta pregunta: ¿Recibieron ustedes el Espíritu de Dios por obedecer a la ley de Moisés o por haber creído en el mensaje que oyeron? [3] ¿Tan estúpidos son ustedes, que habiendo comenzado con el Espíritu quieren ahora terminar con esfuerzos puramente humanos? [4] ¿Tantas buenas experiencias para nada?... ¡Imposible que hayan sido para nada! [5] Cuando Dios les da su Espíritu y hace milagros entre ustedes, ¿por qué lo hace? No porque ustedes cumplan lo que la ley manda, sino porque creen en el mensaje que han oído.

[6] Abraham creyó a Dios, y por eso Dios lo aceptó como justo.[m] [7] Por lo tanto, ustedes deben saber que los verdaderos descendientes de Abraham son los que tienen fe.[n] [8] La Escritura, viendo de antemano que también entre los no judíos iba Dios a librar de culpa a los que tuvieran fe, había anunciado a Abraham esta buena noticia: "Todas las naciones serán bendecidas por medio de ti."[ñ] [9] De manera que los que creen son bendecidos junto con Abraham, que también creyó.

[10] Quienes ponen su confianza en la ley de Moisés, están bajo maldición, porque la Escritura dice: "Maldito sea el que no cumple fielmente todo lo que está escrito en el libro de la ley."[o] [11] Por tanto, está claro que nadie queda libre de culpa por hacer lo que manda la ley; pues la Escritura dice: "El justo por la fe vivirá."[p] [12] Pero la ley de Moisés no es cuestión de fe, sino que dice: "El que cumpla la ley, vivirá por ella."[q] [13] Cristo nos libró de la maldición de la ley, pues él fue hecho objeto de maldición por causa nuestra, porque la Escritura dice: "Maldito todo el que muere colgado de un madero."[r] [14] Esto sucedió para que la bendición que Dios prometió a Abraham alcance también, por medio de Cristo Jesús, a los no judíos; y para que por medio de la fe recibamos todos el Espíritu que Dios ha prometido.

La ley y la promesa

[15] Hermanos, voy a hablarles en términos humanos: Cuando un hombre hace un trato y lo respalda con su firma, nadie puede anularlo ni agregarle nada. [16] Ahora bien, Dios hizo sus promesas a Abraham y a su descendencia. La Escritura no habla de "descendencias", en plural, sino en singular; dice: "y a tu descendencia",[s] la cual es Cristo. [17] Lo que digo es esto: Dios hizo un pacto con Abraham, y lo confirmó. Por eso, la ley de Moisés, que vino cuatrocientos treinta años después,[t] no puede anular aquel pacto y dejar sin valor la promesa de Dios. [18] Pues si lo que Dios ha de darnos dependiera de la ley de Moisés, ya no sería una promesa.[u] pero en el hecho es que Dios prometió a Abraham dárselo gratuitamente.

[19] Entonces, ¿para qué sirve la ley de Moisés? Fue dada después, para poner de manifiesto la desobediencia de los hombres, hasta que viniera esa "descendencia" a quien se le había hecho la promesa. La ley fue proclamada por medio de ángeles, y Moisés sirvió de intermediario. [20] Pero no hay necesidad de intermediario cuando se trata de una sola persona, y Dios es uno solo.

El propósito de la ley

[21] ¿Acaso esto quiere decir que la ley de Moisés está en contra de las promesas de Dios? ¡Claro que no! Porque si la ley pudiera dar vida, entonces uno podría quedar libre de culpa haciendo lo que esa ley manda. [22] Pero, según lo que dice la Escritura, todos son prisioneros del pecado, para que quienes creen en Jesucristo puedan recibir lo que Dios ha prometido.

[23] Antes de venir la fe, la ley nos tenía presos, esperando a que la fe fuera dada a conocer. [24] La ley, como el esclavo que conduce a los niños, nos condujo a Cristo,[2] para que al creer en él pudiéramos ser hechos libres de culpa. [25] Pero ahora que ha llegado la fe, ya no estamos a cargo de ese esclavo que era la ley, [26] pues por la fe en Cristo Jesús todos ustedes son hijos de Dios, [27] y por el bautismo han venido a estar unidos con Cristo y se encuentran revestidos de él. [28] Ya no importa el ser judío o griego, esclavo o libre, hombre o mujer; porque unidos a Cristo Jesús, todos ustedes son uno solo. [29] Y si son de Cristo, entonces son descendientes de Abraham y herederos de las promesas que Dios le hizo.[v]

4 [1] Lo que quiero decir es esto: Mientras el heredero es niño, en nada se diferencia de un esclavo de la familia, aunque sea en realidad el dueño de todo. [2] Hay personas que lo cuidan y que se encargan de sus asuntos, hasta el tiempo que su

---

[2] *La ley . . . a Cristo:* otra posible traducción: *Hasta Cristo, la ley nos condujo, como el esclavo que conduce a los niños.* [m] 3.6 Gn 15.6; Ro 4.3. [n] 3.7 Ro 4.16. [ñ] 3.8 Gn 12.3. [o] 3.10 Dt 27.26. [p] 3.11 Hab 2.4. [q] 3.12 Lv 18.5. [r] 3.13 Dt 21.23. [s] 3.16 Gn 12.7. [t] 3.17 Ex 12.40. [u] 3.18 Ro 4.14. [v] 3.29 Ro 4.13.

padre haya señalado. [3] Lo mismo pasa con nosotros: durante nuestra niñez, estábamos, por así decirlo, sometidos a los poderes que dominan este mundo.[w] [4] Pero cuando se cumplió el tiempo, Dios envió a su Hijo, que nació de una mujer, sometido a la ley de Moisés, [5] para dar libertad a los que estábamos bajo esa ley, para que Dios nos recibiera como a hijos. [6] Y para mostrar que ya somos sus hijos, Dios mandó el Espíritu de su Hijo a nuestros corazones; y el Espíritu clama: "¡Padre mío!" [7] Así pues, tú ya no eres esclavo, sino hijo de Dios; y por ser hijo suyo, es voluntad de Dios que seas también su heredero.[3, x]

Pablo se preocupa por los creyentes

[8] Antes, cuando ustedes no conocían a Dios, eran esclavos de dioses que en realidad no lo son. [9] Pero ahora que conocen a Dios, o mejor dicho, que Dios los conoce a ustedes, ¿cómo es posible que vuelvan a someterse a esos débiles y pobres poderes, y a hacerse sus esclavos? [10] Ustedes celebran ciertos días, meses, fechas y años . . . [11] ¡Mucho me temo que mi trabajo entre ustedes no haya servido de nada!

[12] Hermanos, les ruego que se vuelvan como yo, porque yo me he vuelto como ustedes. No es que me hayan causado ustedes ningún daño. [13] Como ya saben, cuando primero les prediqué el mensaje de salvación[y] lo hice debido a una enfermedad que sufría. [14] Y esa enfermedad fue una prueba para ustedes, que no me despreciaron ni me rechazaron a causa de ella, sino que, al contrario, me recibieron como a un ángel de Dios, ¡como si se tratara de Jesucristo mismo! [15] ¿Qué pasó con aquella alegría que sentían? Puedo decir en favor de ustedes que, de haberles sido posible, hasta se habrían sacado los ojos para dármelos a mí. [16] Y ahora, ¿acaso me he vuelto enemigo de ustedes, solamente porque les he dicho la verdad?

[17] Esa gente tiene mucho interés en ustedes, pero no son buenas sus intenciones. Lo que quieren es apartarlos de nosotros, para que luego ustedes se interesen por ellos. [18] Claro que es bueno interesarse por los demás, pero con buenas intenciones; y que sea siempre, y no solamente cuando estoy entre ustedes. [19] Hijitos míos, otra vez sufro dolores por ustedes, como una madre sufre dolores de parto; y seguiré sufriéndolos hasta que Cristo se forme en ustedes.[z] [20] ¡Ojalá estuviera yo ahí ahora mismo para hablarles de otra manera, pues no sé qué pensar de ustedes!

El ejemplo de Agar y Sara

[21] Díganme una cosa, ustedes, los que quieren someterse a la ley de Moisés: ¿acaso no han escuchado lo que esa ley dice? [22] Pues dice que Abraham tuvo dos hijos: uno de una esclava,[a] y el otro de su propia esposa, que era libre.[b] [23] El hijo de la esclava nació según las leyes de la naturaleza; pero el hijo de la libre nació para que se cumpliera lo que Dios había prometido. [24] Esto tiene un profundo sentido; las dos mujeres representan dos pactos: uno es el del monte Sinaí, y está representado por Agar; los que pertenecen a este pacto nacen para ser esclavos. [25] Pues Agar, en efecto, representa el monte Sinaí, en Arabia, que corresponde a la actual Jerusalén, ya que esta ciudad está sometida a esclavitud junto con sus hijos. [26] Pero la Jerusalén celestial es libre, y nosotros somos hijos suyos. [27] Porque la Escritura dice:

"Alégrate, mujer estéril, tú que no
  tienes hijos;
grita de alegría, tú que no conoces
  los dolores de parto.
Porque la mujer que fue
  abandonada tendrá más hijos
que la mujer que tiene esposo."[c]

[28] Hermanos, ustedes son como Isaac: son los hijos que Dios había prometido. [29] Pero así como en aquel tiempo el hijo que nació según las leyes de la naturaleza perseguía al hijo que nació por obra del Espíritu,[d] así sucede también ahora. [30] Pero ¿qué dice la Escritura? Pues dice: "Echa fuera a la esclava y a su hijo, porque el hijo de la esclava no puede compartir la herencia con el hijo de la libre."[e] [31] De manera, hermanos, que no somos hijos de la esclava, sino de la libre.

Firmes en la libertad

5 [1] Cristo nos dio libertad para que seamos libres.[f] Por lo tanto, manténganse ustedes firmes en esa libertad y no se sometan otra vez al yugo de la esclavitud. [2] Escúchenme. Yo, Pablo, les digo que si ustedes se someten al rito de la circuncisión, Cristo no les servirá de nada. [3] Quiero repetirle a cualquier hombre que se circuncida, que está obligado a hacer todo lo que manda la ley de Moisés. [4] Ustedes, los que buscan quedar libres de culpa cumpliendo la ley, se han apartado de Cristo; se han separado del amor de Dios. [5] Pero nosotros, por medio del Espíritu y por la fe, tenemos la esperanza de ser librados de culpa. [6] Porque si estamos unidos a Cristo Jesús, de nada vale estar o

---

[3] Algunos mss. añaden: por medio de Cristo.
[w] 4.3,9 Col 2.8,20.   [x] 4.5–7 Ro 8.15–17.   [y] 4.13 Hch 16.6.   [z] 4.19 Ro 8.29; 2 Co 3.18; Fil 3.10.   [a] 4.22 Gn 16.15.
[b] 4.22 Gn 21.2.   [c] 4.27 Is 54.1.   [d] 4.29 Gn 21.9.   [e] 4.30 Gn 21.10.   [f] 5.1 Jn 8.32–36.

no circuncidados. Lo que sí vale es tener fe, y que esta fe nos haga vivir con amor. [7] Ustedes iban bien. ¿Quién hizo que dejaran de obedecer a la verdad? [8] No fue cosa de Dios, que los ha llamado. [9] Se dice que "un poco de levadura hace que fermente toda la masa",[g] [10] y yo tengo confianza en el Señor de que ustedes no van a pensar de otro modo; pero Dios castigará a ese que los anda perturbando, no importa quién sea.

[11] En cuanto a mí, hermanos, si todavía estuviera yo insistiendo en que los creyentes se circunciden, los judíos no me perseguirían, ya que en ese caso el mensaje de la cruz de Cristo no los ofendería. [12] Pero esos que los andan perturbando a ustedes, ¡ojalá se castraran a sí mismos de una vez! [13] Ustedes, hermanos, fueron llamados a ser libres. Pero no usen esta libertad para dar rienda suelta a sus instintos. Más bien sírvanse los unos a los otros[h] por amor. [14] Porque toda la ley se resume en este solo mandato: "Ama a tu prójimo como a ti mismo."[i] [15] Tengan cuidado, porque si ustedes se muerden y se comen unos a otros, llegarán a destruirse entre ustedes mismos.

Los deseos humanos y la vida por el Espíritu

[16] Por lo tanto, digo: Vivan según el Espíritu, y no busquen satisfacer sus propios malos deseos. [17] Porque los malos deseos están en contra del Espíritu, y el Espíritu está en contra de los malos deseos. El uno está en contra de los otros, y por eso ustedes no pueden hacer lo que quisieran.[j] [18] Pero si el Espíritu los guía, entonces ya no estarán sometidos a la ley.

[19] Es fácil ver lo que hacen quienes siguen los malos deseos: cometen inmoralidades sexuales, hacen cosas impuras y viciosas, [20] adoran ídolos y practican la brujería. Mantienen odios, discordias y celos. Se enojan fácilmente, causan rivalidades, divisiones y partidismos. [21] Son envidiosos,[4] borrachos, glotones y otras cosas parecidas. Les advierto a ustedes, como ya antes lo he hecho, que los que así se portan no tendrán parte en el reino de Dios.

[22] En cambio, lo que el Espíritu produce es amor, alegría, paz, paciencia, amabilidad, bondad, fidelidad, [23] humildad y dominio propio. No hay ninguna ley que condene cosas como éstas. [24] Y los que son de Jesucristo, ya han crucificado la naturaleza del hombre pecador junto con sus pasiones y malos deseos.[k] [25] Si ahora vivimos por el Espíritu, dejemos también que el Espíritu nos guíe. [26] No seamos orgullosos, ni sembremos rivalidades y envidias entre nosotros.

Ayúdense unos a otros

[1] Hermanos, si ven que alguien ha caído[5] en algún pecado, ustedes que son espirituales deben ayudarlo a corregirse. Pero háganlo amablemente; y que cada cual tenga mucho cuidado, no suceda que él también sea puesto a prueba. [2] Ayúdense entre sí a soportar las cargas, y de esa manera cumplirán la ley de Cristo. [3] Si alguien se cree ser algo, cuando no es nada, a sí mismo se engaña. [4] Cada uno debe juzgar su propia conducta, y si ha de sentirse satisfecho, que lo sea respecto de sí mismo y no respecto de los demás. [5] Pues cada uno tiene que llevar su propia carga.

[6] El que recibe instrucción en el mensaje del evangelio, debe compartir con su maestro toda clase de bienes. [7] No se engañen ustedes: nadie puede burlarse de Dios. Lo que se siembra, se cosecha.[l] [8] El que siembra la satisfacción de sus malos deseos, de sus malos deseos recogerá una cosecha de muerte. El que siembra la satisfacción del Espíritu, del Espíritu recogerá una cosecha de vida eterna. [9] Así que no debemos cansarnos de hacer el bien;[m] porque si no nos desanimamos, a su debido tiempo cosecharemos. [10] Por eso, siempre que podamos, hagamos bien a todos, y especialmente a nuestros hermanos en la fe.

Advertencias y saludos finales

[11] ¡Miren ustedes con qué letras tan grandes les estoy escribiendo ahora con mi propia mano! [12] Esos que quieren obligarlos a circuncidarse lo hacen solamente para quedar bien con la gente y no ser perseguidos por causa de la cruz de Cristo. [13] Pero ni siquiera los que se circuncidan cumplen todo lo que la ley dice. En cambio quieren que ustedes se circunciden, para así ellos presumir de haberlos obligado a ustedes a llevar esa marca en el cuerpo. [14] En cuanto a mí, de nada quiero presumir sino de la cruz de nuestro Señor Jesucristo. Pues por medio de la cruz de Cristo,[6] el mundo ha muerto para mí y yo he muerto para el mundo. [15] De nada vale estar o no estar circuncidados; lo que sí vale es el haber sido creados de nuevo.[n]

---

[4] Algunos mss. añaden: *asesinos.* [5] *Si ven que alguien ha caído:* otra posible traducción: *si alguien es sorprendido.*
[6] *Pues por medio de la cruz de Cristo:* otra posible traducción: *pues por medio de él.*
[g] 5.9 1 Co 5.6. [h] 5.13 Mt 20.26. [i] 5.14 Lv 19.18; Ro 13.8-10. [j] 5.17 Ro 7.15-23. [k] 5.24 Ro 6.3-14; Ga 2.20; 6.14.
[l] 6.7 Pr 22.8; Os 8.7. [m] 6.9 2 Ts 3.13. [n] 6.15 Jn 3.3-7; 2 Co 5.17.

¹⁶ Reciban paz y misericordia todos los que viven según esta regla, y todos los del verdadero pueblo de Dios. ʳ

¹⁷ De ahora en adelante no quiero que nadie me cause más dificultades; pues las cicatrices que tengo en mi cuerpo muestran que soy un siervo de Jesús.

¹⁸ Hermanos, que nuestro Señor Jesucristo derrame su gracia sobre todos ustedes. Así sea.

ʳ **6.16** Sal 125.5; 128.6.

Carta de San Pablo a los
EFESIOS

El tema central de esta carta es el plan y propósito eternos de Dios, de unir a toda la creación bajo la autoridad de Cristo cuando llegue el tiempo señalado. Dios revela a los suyos este plan, que está oculto a los otros. Y en vista de él, debe el pueblo de Dios vivir en unidad con Cristo, camino por el cual se llegará a la unidad de todos los hombres.

La introducción es más breve que la de otras cartas (1.1,2). Luego la carta puede dividirse en dos grandes secciones. En la primera (1.3—3.21) se desarrolla el tema de la unidad, hablando de cómo ha escogido Dios a su pueblo, cómo lo ha perdonado y librado del pecado mediante su Hijo Jesucristo, y cuán grande es el amor de Cristo. En la segunda sección (4.1—6.20) se hace hincapié en la unidad por el Espíritu Santo, en la nueva vida en Cristo y en cómo deben vivir los hijos de Dios. En la conclusión (6.21-24) se anuncia el envío de un mensajero, Tíquico.

Tres principales figuras se emplean en la carta para ilustrar la unidad de los creyentes: la del cuerpo —la Iglesia, con Cristo como cabeza—; la del edificio —la Iglesia con Cristo como piedra principal—, y la del matrimonio —la Iglesia como la esposa de Cristo. Cuando se habla del amor de Cristo, la carta prorrumpe en una fervorosa alabanza a Dios (3.20,21). Antes de los saludos finales se exhorta a tener firmeza y valor, comparando las armas espirituales del cristiano con la armadura que usaban los ejércitos de ese tiempo (6.10-20).

Saludo

1 ¹ Yo, Pablo, apóstol de Jesucristo por la voluntad de Dios, escribo esta carta a quienes en la ciudad de Efeso ᵃ pertenecen a Dios y creen en Cristo Jesús. ² Que Dios nuestro Padre y el Señor Jesucristo derramen su gracia y su paz sobre ustedes.

Bendiciones espirituales en Cristo

³ Alabemos al Dios y Padre de nuestro Señor Jesucristo, pues en nuestra unión con Cristo¹ nos ha bendecido en los cielos con toda clase de bendiciones espirituales. ⁴ Dios nos escogió en Cristo desde antes de la creación del mundo, para estar en su presencia, consagrados a él y sin culpa. Por su amor² ⁵ nos había destinado a ser adoptados como hijos suyos por medio de Jesucristo, conforme a lo que se había propuesto en su voluntad. ⁶ Por esta causa alabamos siempre a Dios por su gloriosa bondad, con la cual nos bendijo mediante su amado Hijo. ⁷ En su gran amor, Dios nos ha liberado por la sangre que su Hijo derramó, ᵇ y ha perdonado nuestros pecados. ᶜ ⁸ Dios nos ha mostrado su amor dándonos toda sabiduría y entendimiento, ⁹ y nos ha hecho conocer su voluntad secreta, o sea el plan que él mismo se había propuesto llevar a cabo. ¹⁰ Según este plan, que se cumplirá fielmente a su debido tiempo, Dios va a unir bajo el mando de Cristo todas las cosas, tanto en el cielo como en la tierra.

¹¹ Dios nos había escogido de antemano para que, por nuestra unión con Cristo, recibiéramos nuestra parte en la herencia,³ de acuerdo con el propósito de Dios mismo, que todo lo hace según lo que bien le parece. ¹² Y lo ha hecho así a fin de que nosotros, que fuimos los primeros en con-

¹ *En nuestra unión con Cristo: otra posible traducción: en la persona de Cristo.* ² *Para estar en su . . . Por su amor: otra posible traducción: para que, consagrados a él y sin culpa, estemos en su presencia en el amor.* ³ *Recibiéramos . . . su herencia: otra posible traducción: fuéramos su herencia.*
ᵃ **1.1** Hch 18.19-21; 19.1. ᵇ **1.7** Mr 10.45; 14.24; He 9.12-14. ᶜ **1.7** Col 1.14.

fiar en Cristo, vivamos para que Dios sea alabado por su grandeza. ¹³ Y también ustedes, cuando oyeron el mensaje de la verdad, el anuncio de su salvación, y creyeron en Cristo, fueron unidos a él y sellados como propiedad de Dios por medio del Espíritu Santo que él había prometido.ᵈ ¹⁴ El Espíritu Santo es la garantíaᵉ de que recibiremos la herencia que Dios nos ha de dar cuando haya completado la liberación de los suyos, para que él sea alabado por su grandeza.

Pablo pide a Dios que dé sabiduría a los creyentes

¹⁵ Por esto, como sé que ustedes tienen fe en el Señor Jesús y amor para con todos los que pertenecen al pueblo de Dios, ¹⁶ no dejo de darle gracias por ustedes, recordándolos en mis oraciones. ¹⁷ Pido al Dios de nuestro Señor Jesucristo, al glorioso Padre, que les dé sabiduría espiritual para entender su revelación y conocerlo mejor. ¹⁸ Pido que Dios les ilumine la mente, para que sepan cuál es la esperanza a la que han sido llamados, cuán gloriosa y rica es la herencia que Dios da a los que pertenecen a su pueblo, ¹⁹ y cuán grande y sin límites es su poder, el cual actúa en nosotros los creyentes. Este poder es el mismo que Dios mostró con tanta fuerza y potencia ²⁰ cuando resucitó a Cristo y lo hizo sentar a su derecha en el cielo,ᶠ ²¹ poniéndolo por encima de todo poder, autoridad, dominio y señorío, y por encima de todo lo que existe, tanto en este mundo como en el venidero. ²² Sometió todas las cosas bajo los pies de Cristo,ᵍ y a Cristo mismo lo dio a la iglesia como cabeza de todo. ²³ Pues la iglesia es el cuerpo de Cristo,ʰ la plenitud misma de Cristo; y Cristo es la plenitud de todas las cosas.ⁱ

Salvos por el amor de Dios

2 ¹ Antes ustedes estaban muertos a causa de las maldades y pecados ² en que vivían, pues seguían el ejemplo de este mundo y hacían la voluntad de aquel espíritu que domina en el aire y que anima a los que desobedecen a Dios.ʲ ³ De esa manera vivíamos también todos nosotros en otro tiempo, siguiendo nuestros propios deseos y cumpliendo los caprichos de nuestra naturaleza pecadora y de nuestros pensamientos. A causa de esa naturaleza merecíamos el terrible castigo de Dios,ʲ igual que los demás. ⁴ Pero Dios es tan misericordioso y nos amó tanto, ⁵ que nos

dio vida juntamente con Cristo cuando todavía estábamos muertos a causa de nuestros pecados.ᵏ Por la bondad de Dios han recibido ustedes la salvación. ⁶ Dios nos resucitó juntamente con Cristo Jesús, y nos hizo sentar con él en el cielo. ⁷ Hizo esto para demostrar en los tiempos futuros el gran amor que nos tiene, y su bondad para con nosotros en Cristo Jesús. ⁸ Pues por la bondad de Dios han recibido ustedes la salvación por medio de la fe. No es esto algo que ustedes mismos hayan conseguido, sino que es la bondad que ha sido dado por Dios. ⁹ No es el resultado de las propias acciones, de modo que nadie puede jactarse de nada; ¹⁰ pues es Dios quien nos ha hecho, él nos ha creado en Cristo Jesús para que hagamos buenas obras, según él lo había dispuesto de antemano.

La paz que tenemos por medio de Cristo

¹¹ Así pues, ustedes, que no son judíos, y a quienes llaman "no circuncidados" los judíos (que circuncidan al hombre en el cuerpo, y a sí mismos se llaman "circuncidados"), ¹² recuerden que en otro tiempo estaban sin Cristo, separados de la nación de Israel, y no tenían parte en los pactos ni en la promesa de Dios. Vivían en este mundo, sin Dios y sin esperanza. ¹³ Pero ahora, unidos a Cristo Jesús por la sangre que él derramó, ustedes que antes estaban lejos han sido acercados. ¹⁴ Cristo es nuestra paz.ˡ El hizo de judíos y de no judíos un solo pueblo, al destruir el muro de enemistad que los separaba. En su propio cuerpo, ¹⁵ Cristo puso fin a la ley que consistía en mandatos y reglamentos,ᵐ y formó de los dos pueblos un solo pueblo nuevo, unido a él. Así hizo la paz. ¹⁶ Por su muerte en la cruz, Cristo dio fin a las luchas entre los dos pueblos, y los puso en paz con Dios, haciendo de ellos un solo cuerpo.ⁿ ¹⁷ Cristo vino a traer buenas noticias de paz a todos, tanto a ustedes que estaban lejos de Dios como a los que estaban cerca.ⁿ ¹⁸ Pues por medio de Cristo, los unos y los otros podemos acercarnos al Padre por un mismo Espíritu. ¹⁹ Por eso, ustedes ya no son extranjeros, ya no están fuera de su tierra, sino que ahora comparten con el pueblo de Dios los mismos derechos, y son miembros de la familia de Dios. ²⁰ Ustedes son como un edificio levantado sobre los fundamentos que son los apóstoles y los profetas, y Jesucristo mismo es la piedra que corona el edificio.º ²¹ Unido a Cristo, todo el edificio va levan-

ⁱ *La plenitud misma . . . todas las cosas:* otra posible traducción: *la que completa al que es la plenitud de todas las cosas.* ᵈ 1.13 Lc 24.49; Jn 14.26; 16.13–15; Hch 1.4; 2.33. ᵉ 1.14 2 Co 1.22. ᶠ 1.20 Sal 110.1. ᵍ 1.22 Sal 8.6. ʰ 1.22–23 Col 1.18. ⁱ 2.2 Ef 6.11–12; Col 1.13. ʲ 2.3 Col 3.6. ᵏ 2.1–5 Col 2.13. ˡ 2.14 Jn 14.27. ᵐ 2.15 Col 2.14. ⁿ 2.16 Col 1.20. ⁿ 2.17 Is 57.19. º 2.20 Is 28.16; Mt 21.42.

tándose en todas y cada una de sus partes, hasta llegar a ser un templo consagrado y unido al Señor. [22] Así también ustedes, unidos a Cristo, se unen todos entre sí para llegar a ser un templo[p] en el cual Dios vive por medio de su Espíritu.

Pablo encargado de llevar el evangelio a los no judíos

3 [1] Por esta razón yo, Pablo, estoy preso por causa de Cristo Jesús para bien de ustedes, los que no son judíos. [2] Pues ya deben de saber que Dios, en su bondad, me ha encargado esta tarea[s] en favor de ustedes.[q] [3] Dios mostró su plan secreto, y me lo hizo saber,[r] como ya les escribí brevemente. [4] Al leerlo, pueden darse cuenta de que conozco el secreto de Cristo, [5] un secreto que no se dio a conocer a nadie en otros tiempos, pero que ahora Dios ha mostrado a sus santos apóstoles y profetas por medio de su Espíritu. [6] El secreto es éste: que por medio del mensaje de salvación, los no judíos recibirán la misma herencia que los judíos, pues son miembros del mismo cuerpo y tienen parte en la misma promesa que Dios hizo en Cristo Jesús.[s]

[7] Yo, sin merecerlo, he sido puesto al servicio de este mensaje, por la acción poderosa de Dios. [8] Yo soy menos que el más pequeño de todos los que pertenecen al pueblo de Dios;[t] pero él me ha concedido este privilegio de anunciar a los no judíos la buena noticia de las incontables riquezas de Cristo. [9] Y me ha encargado hacerles ver a todos cuál es el plan que desde siempre era un secreto de Dios, creador de todas las cosas. [10] Sucedió así para que ahora, por medio de la iglesia, todos los poderes y autoridades en el cielo lleguen a conocer la sabiduría de Dios en todas sus formas. [11] Dios hizo esto de acuerdo con el propósito eterno que llevó a cabo en nuestro Señor Jesucristo. [12] Y en Cristo tenemos libertad para acercarnos a Dios, con la confianza que nos da nuestra fe en él. [13] Por eso les ruego que no se desanimen a causa de lo que por ustedes estoy sufriendo, porque esto es más bien un honor para ustedes.

El amor de Cristo

[14] Por esta razón me pongo de rodillas delante del Padre,[6] [15] de quien recibe su nombre toda familia, tanto en el cielo como en la tierra. [16] Pido al Padre que de su gloriosa riqueza les dé a ustedes, inte-riormente, poder y fuerza por medio del Espíritu de Dios, [17] y que Cristo viva en sus corazones por la fe. Así ustedes, firmes y con raíces profundas en el amor, [18] podrán comprender con todos los creyentes cuán ancho, largo, profundo y alto es el amor de Cristo. [19] Pido, pues, que conozcan ese amor, que es mucho más grande que todo cuanto podemos conocer, para que así estén completamente llenos de Dios.

[20] Y ahora, gloria sea a Dios, que tiene poder para hacer muchísimo más de lo que nosotros pedimos o pensamos, por medio de su poder que actúa en nosotros. [21] ¡Gloria a Dios en la iglesia y en Cristo Jesús, por todos los siglos y para siempre! Así sea.

Unidos por el Espíritu

4 [1] Por esto yo, que estoy preso por la causa del Señor, les ruego que se porten como deben hacerlo los que han sido llamados por Dios, como lo fueron ustedes. [2] Sean humildes y amables; tengan paciencia y sopórtense unos a otros con amor;[u] [3] procuren mantenerse siempre unidos, con la ayuda del Espíritu Santo y por medio de la paz que ya los une. [4] Hay un solo cuerpo y un solo Espíritu, así como Dios los ha llamado a una sola esperanza. [5] Hay un Señor, una fe, un bautismo; [6] hay un Dios y Padre de todos, que está sobre todos, actúa por medio de todos y está en todos.

[7] Pero cada uno de nosotros ha recibido los dones que Cristo le ha querido dar. [8] Por eso, la Escritura dice:

"Subió al cielo llevando consigo a
    los cautivos,
y dio dones a los hombres."[v]

[9] ¿Y qué quiere decir eso de que "subió"? Pues quiere decir que primero bajó a esta tierra.[7] [10] Y el que bajó es el mismo que también subió a lo más alto del cielo, para llenarlo todo con su presencia. [11] Y él mismo concedió a unos ser apóstoles y a otros profetas, a otros anunciar el mensaje de salvación y a otros ser pastores y maestros. [12] Así preparó a los suyos para un trabajo de servicio, para hacer crecer el cuerpo de Cristo [13] hasta que todos lleguemos a estar unidos en la fe y en el conocimiento del Hijo de Dios. De ese modo alcanzaremos la madurez y el desarrollo que corresponden a la estatura perfecta de Cristo. [14] Ya no seremos como niños, que cambian fácilmente de parecer y que son arrastrados por el viento de cualquier

---

[5] *Dios, en su bondad . . . tarea:* otra posible traducción: *Dios me ha encargado esta tarea de su bondad.* [6] Algunos mss. añaden: *de nuestro Señor Jesucristo.* [7] *A esta tierra:* otra posible traducción: *a lo más bajo de la tierra.*
[p] 2.22 1 Co 3.16–17; 1 P 2.4–5. [q] 3.2 Col 1.25. [r] 3.3 Gá 1.12. [s] 3.4–6 Col 1.26–27. [t] 3.8 1 Co 15.9. [u] 4.2 Col 3.12–13.
[v] 4.8 Sal 68.18.

nueva enseñanza hasta dejarse engañar por gente astuta que anda por caminos equivocados. [15] Más bien, hablando la verdad en un espíritu de amor, debemos crecer en todo hacia Cristo, que es la cabeza del cuerpo. [16] Y por Cristo el cuerpo entero se ajusta y se liga bien mediante la unión entre sí de todas sus partes; y cuando cada parte funciona bien, todo va creciendo y desarrollándose en amor.[w]

La nueva vida en Cristo

[17] Esto, pues, es lo que les digo y les encargo en el nombre del Señor: que ya no vivan más como los paganos, los cuales viven de acuerdo con sus inútiles pensamientos [18] y tienen oscurecido el entendimiento. Ellos no gozan de la vida que viene de Dios, porque son ignorantes a causa de lo insensible de su corazón. [19] Se han endurecido y se han entregado al vicio, cometiendo sin freno toda clase de cosas impuras.[x] [20] Pero ustedes no conocieron a Cristo para vivir así, [21] si es que de veras oyeron acerca de él y aprendieron de él en qué consiste la verdad. [22] En cuanto a su antigua manera de vivir, deshágandse ustedes de su vieja naturaleza,[y] que está corrompida, engañada por sus malos deseos. [23] Ustedes deben renovarse en su mente y en su espíritu, [24] y revestirse de la nueva naturaleza,[z] creada según la voluntad de Dios[a] y que se muestra en una vida recta y pura, basada en la verdad.

[25] Por lo tanto, ya no mientan más, sino diga cada uno la verdad a su prójimo,[b] porque todos somos miembros de un mismo cuerpo.[c] [26] Si se enojan, no pequen;[d] y procuren que el enojo no les dure todo el día. [27] No le den oportunidad al diablo. [28] El que robaba, deje de robar y póngase a trabajar, realizando un buen trabajo con sus manos para que tenga algo que dar a los necesitados. [29] No digan malas palabras, sino sólo palabras buenas y oportunas que ayuden a crecer y traigan bendición a quienes las escuchen. [30] No hagan que se entristezca el Espíritu Santo de Dios, con el que ustedes han sido sellados para distinguirlos como propiedad de Dios el día en que él les dé completa salvación. [31] Echen fuera la amargura, las pasiones, los enojos, los gritos, los insultos y toda clase de maldad. [32] Sean buenos y compasivos unos con otros, y perdónense unos a otros, como Dios los perdonó a ustedes en Cristo.[e]

Cómo deben vivir los hijos de Dios

5 [1] Ustedes, como hijos amados de Dios, procuren ser como él. [2] Condúzcanse con amor, lo mismo que Cristo nos amó y se entregó para ser sacrificado por nosotros, como ofrenda y sacrificio de olor agradable a Dios.[f]

[3] Ustedes, que pertenecen al pueblo de Dios, no deben ni siquiera hablar de la inmoralidad sexual ni de ninguna otra clase de impureza o de avaricia. [4] No digan indecencias ni tonterías ni vulgaridades, porque estas cosas no convienen; más bien alaben a Dios. [5] Pues ya saben que quien comete inmoralidades sexuales, o hace cosas impuras, o es avaro (que es una especie de idolatría), no puede tener parte en el reino de Cristo y de Dios. [6] Que nadie los engañe con palabras huecas, porque precisamente por estas cosas viene el terrible castigo de Dios sobre aquellos que no le obedecen. [7] No tengan ustedes, pues, ninguna parte con ellos.

[8] Ustedes antes vivían en la oscuridad, pero ahora, por estar unidos al Señor, viven en la luz. Pórtense como quienes pertenecen a la luz, [9] pues la luz produce toda una cosecha de bondad, rectitud y verdad. [10] Procuren hacer lo que agrada al Señor. [11] No tomen parte en las cosas inútiles que hacen los que son de la oscuridad; más bien sáquenlas a la luz. [12] Pues hasta vergüenza da hablar de lo que ellos hacen en secreto; [13] pero cuando todas las cosas son puestas al descubierto por la luz, quedan en claro, [14] porque la luz lo descubre todo. Por eso se dice:

"Despiértate, tú que duermes;
levántate de entre los muertos,
y Cristo te alumbrará."

[15] Por lo tanto, cuiden mucho su comportamiento. No vivan neciamente, sino con sabiduría. [16] Aprovechen bien el tiempo,[g] porque los días son malos. [17] No actúen tontamente procuren entender cuál es la voluntad del Señor. [18] No se emborrachen, pues eso lleva al desenfreno; al contrario, llénense del Espíritu Santo. [19] Háblense unos a otros con salmos, himnos y cantos espirituales, y canten y alaben de todo corazón al Señor. [20] Den siempre gracias a Dios el Padre por todas las cosas, en el nombre de nuestro Señor Jesucristo.[h]

La vida familiar del cristiano

[21] Sométanse los unos a los otros, por reverencia a Cristo. [22] Esposas, estén sujetas a sus esposos[i]

---

[w] 4.16 Col 2.19.   [x] 4.17–19 Ro 1.21–25.   [y] 4.22 Col 3.9.   [z] 4.24 Col 3.10.   [a] 4.24 Gn 1.26.   [b] 4.25 Zac 8.16.
[c] 4.25 Ro 12.5.   [d] 4.26 Sal 4.4; Stg 1.19–20.   [e] 4.32 Col 3.13.   [f] 5.2 Ex 29.18; Sal 40.6.   [g] 5.13 Col 4.5.
[h] 5.19–20 Col 3.16–17.   [i] 5.22 Col 3.18; 1 P 3.1.

como al Señor. ²³ Porque el esposo es cabeza de la esposa, como Cristo es cabeza de la iglesia. Cristo es también el Salvador de la iglesia, la cual es su cuerpo; ²⁴ y así como la iglesia está sujeta a Cristo, así también las esposas deben estar en todo sujetas a sus esposos.

²⁵ Esposos, amen a sus esposas*i* como Cristo amó a la iglesia y dio su vida por ella. ²⁶ Esto lo hizo para consagrarla, purificándola por medio de la palabra y del lavamiento del agua ²⁷ para presentársela a sí mismo como una iglesia gloriosa, sin mancha ni arruga ni nada parecido, sino consagrada y perfecta.*k* ²⁸ Así como el esposo ama a su propio cuerpo, así debe amar también a su esposa. El que ama a su esposa, se ama a sí mismo. ²⁹ Porque nadie odia su propio cuerpo, sino que lo alimenta y lo cuida, como Cristo hace con la iglesia, ³⁰ porque ella es su cuerpo.*8* Y nosotros somos parte de ese cuerpo. ³¹ "Por eso, el hombre dejará a su padre y a su madre para unirse a su esposa, y los dos serán como una sola persona."*l* ³² Esto es un secreto muy grande; pero yo me estoy refiriendo a Cristo y a la iglesia. ³³ En todo caso, que cada uno de ustedes ame a su esposa como a sí mismo, y que la esposa respete al esposo.

6 ¹ Hijos, obedezcan a sus padres por amor al Señor, porque esto es justo.*m* ² El primer mandamiento que contiene una promesa es éste: "Honra a tu padre y a tu madre, ³ para que seas feliz y vivas una larga vida en la tierra."*n* ⁴ Y ustedes, padres, no hagan enojar a sus hijos,*ñ* sino más bien críenlos con disciplina e instrúyanlos en el amor al Señor.

⁵ Esclavos, obedezcan ustedes a los que aquí en la tierra son sus amos. Háganlo con respeto, temor y sinceridad, como si estuvieran sirviendo a Cristo. ⁶ Sírvanles, no solamente cuando ellos los están mirando, para quedar bien con ellos, sino como siervos de Cristo, haciendo de todo corazón la voluntad de Dios. ⁷ Realicen su trabajo de buena gana, como un servicio al Señor y no a los hombres. ⁸ Pues ya saben que cada uno, sea esclavo o libre, recibirá del Señor según lo que haya hecho de bueno.*o* ⁹ Y ustedes, amos, pórtense del mismo modo con sus siervos, sin amenazas.

Recuerden que tanto ustedes como ellos están sujetos al Señor que está en el cielo,*p* y que él no hace diferencia entre una persona y otra.*q*

Las armas espirituales del cristiano

¹⁰ Y ahora, hermanos, háganse fuertes en unión con el Señor, por medio de su fuerza poderosa. ¹¹ Protéjanse con toda la armadura*r* que Dios les ha dado, para que puedan estar firmes contra los engaños del diablo. ¹² Porque no estamos luchando contra gente de carne y hueso, sino contra malignas fuerzas espirituales del cielo, las cuales tienen mando, autoridad y dominio sobre este mundo oscuro. ¹³ Por eso, tomen toda la armadura que Dios les ha dado, para que puedan resistir en el día malo y, después de haberse preparado bien, mantenerse firmes.*9*

¹⁴ Así que manténganse firmes, revestidos de la verdad*s* y protegidos por la rectitud.*t* ¹⁵ Estén siempre listos*10* para salir a anunciar el mensaje de la paz.*u* ¹⁶ Sobre todo, que su fe sea el escudo que los libre de las flechas encendidas del maligno.*v* ¹⁷ Que la salvación sea el casco*w* que proteja su cabeza, y que la palabra de Dios sea la espada*x* que les da el Espíritu Santo. ¹⁸ No dejen ustedes de orar:*y* rueguen y pidan a Dios siempre, guiados por el Espíritu. Manténganse alerta, sin desanimarse, y oren por todo el pueblo de Dios. ¹⁹ Oren también por mí, para que Dios me dé las palabras que debo decir, y para que pueda hablar con valor y dar así a conocer el secreto del mensaje de salvación. ²⁰ Dios me ha enviado como embajador de este mensaje, por el cual estoy preso ahora. Oren para que yo hable de él sin temor alguno.

Saludos finales

²¹ Tíquico,*z* nuestro querido .hermano y fiel ayudante en la obra del Señor, les llevará todas las noticias acerca de mí y de lo que estoy haciendo. ²² Por eso se lo envío a ustedes, para que les diga cómo estamos y de esta manera los anime.*a* ²³ Que Dios el Padre, y el Señor Jesucristo, les dé a los hermanos paz y amor, con fe; ²⁴ y que derrame su gracia sobre todos los que aman a nuestro Señor Jesucristo con un amor inalterable.

---

8 Algunos mss. añaden: *de su carne y de sus huesos.* *9* Y, *después de . . . firmes:* otra posible traducción: *y vencer, y mantenerse firmes.* *10* Estén siempre listos: lit. *Pónganse sus sandalias.*
i **5.25** Col 3.19; 1 P 3.7. *k* **5.25-27** 2 Co 11.2; Ap 21.2,9. *l* **5.31** Gn 2.24. *m* **6.1** Col 3.20. *n* **6.2-3** Ex 20.12; Dt 5.16. *ñ* **6.4** Col 3.21. *o* **6.5-8** Col 3.22-25. *p* **6.9** Col 4.1. *q* **6.9** Dt 10.17; Col 3.25. *r* **6.11-17** Ro 13.12-14; 1 Ts 5.8. *s* **6.14** Is 11.5. *t* **6.14** Is 59.17. *u* **6.15** Is 52.7. *v* **6.16** Sal 7.13. *w* **6.17** Is 59.17. *x* **6.17** He 4.12. *y* **6.18-20** Col 4.2-4. *z* **6.21** Hch 20.4; 2 Ti 4.12. *a* **6.21-22** Col 4.7-8.

Carta de San Pablo a los
FILIPENSES

La primera iglesia que Pablo estableció en Europa propiamente dicha fue la de Filipos, en Macedonia. El apóstol escribe desde la prisión, en un tono especialmente afectuoso, primeramente para dar gracias a los cristianos filipenses por el donativo que le han enviado para asistirlo en su necesidad. A la vez, preocupado por falsas enseñanzas que se han introducido en aquella iglesia, los exhorta a ser fieles y a tener valor y confianza.

Desde la introducción (1.1–11), Pablo hace sonar la nota del gozo, del amor y de la gratitud que siente por los creyentes de Filipos. Sintiéndolos tan cerca de su corazón, les da informes sobre su situación. Pero lo hace, no como queja, sino expresando su ánimo y seguridad por sentirse completamente identificado con Cristo, a tal punto que puede enfrentarse con la propia muerte. "Porque para mí —escribe— la vida es Cristo y la muerte es ganancia" (1.12–21). Exhorta a los filipenses a tener valor y confianza, a vivir de acuerdo con el evangelio y a mostrar el espíritu de humildad que hubo en Cristo (1.27—2.18). Pasa luego a comunicarles los planes que tiene para Timoteo y Epafrodito, sus ayudantes (2.19–30).

Y volviendo a hacer sonar la nota del gozo, les da su testimonio de cómo él, habiendo sido celoso cumplidor de la ley, ha llegado a encontrar en Cristo la clave de la verdadera rectitud, aunque de ninguna manera cree haber alcanzado la perfección. A este respecto emplea Pablo la comparación de los juegos olímpicos y la carrera del atleta (cap. 3). Termina la carta con reiteradas exhortaciones al gozo cristiano, recomendaciones, referencias personales y saludos (cap. 4).

Saludo

1 ¹ Pablo y Timoteo, siervos de Jesucristo, escribimos esta carta a los que en la ciudad de Filipos[a] pertenecen al pueblo de Dios y están unidos con Cristo Jesús, es decir, a toda la comunidad con sus obispos y diáconos. ² Que Dios nuestro Padre y el Señor Jesucristo derramen su gracia y su paz sobre ustedes.

Oración de Pablo por los creyentes

³ Cada vez que me acuerdo de ustedes doy gracias a mi Dios; ⁴ y cuando oro, siempre pido con alegría por todos ustedes; ⁵ pues juntos hemos participado en la causa del evangelio, desde el primer día hasta hoy. ⁶ Estoy seguro de que Dios, que comenzó a hacer su buena obra en ustedes, la irá llevando a buen fin[b] hasta el día en que Jesucristo regrese. ⁷ Es muy justo que yo piense así de todos ustedes, porque les tengo mucho cariño y porque participan conmigo de las mismas bendiciones, ya sea que esté yo en la cárcel o que me presente delante de las autoridades para defender y confirmar el mensaje de salvación. ⁸ Pues Dios sabe cuánto deseo verlos a todos ustedes, por el tierno amor de Jesucristo. ⁹ Pido en oración que lleguen a tener más amor todavía, y mucha sabiduría y entendimiento en todo, ¹⁰ para que sepan escoger siempre lo mejor. Así podrán vivir una vida limpia, y no habrá nada que reprocharles cuando Cristo regrese; ¹¹ pues ustedes presentarán una abundante cosecha de buenas acciones gracias a Jesucristo, para honra y gloria de Dios.

Para mí la vida es Cristo

¹² Hermanos, quiero que sepan que las cosas que a mí me han pasado han venido en realidad a ayudar a la predicación del mensaje de salvación. ¹³ Toda la gente de palacio, y todos los demás, saben que estoy preso[c] por seguir a Cristo. ¹⁴ Y al ver que estoy preso, la mayoría de los hermanos se han animado a anunciar el mensaje, sin miedo y con más confianza en el Señor.

¹⁵ Es verdad que algunos hablan de Cristo por envidia y rivalidad, pero otros lo hacen con buena intención. ¹⁶ Algunos hablan de Cristo por amor, sabiendo que Dios me ha puesto aquí para defender el mensaje de salvación; ¹⁷ pero otros lo hacen por interés personal, y no son sinceros, sino que quieren causarme más dificultades ahora que estoy preso. ¹⁸ Pero ¿qué importa? De cualquier manera, con sinceridad o sin ella, hablan de Cristo; y esto me causa alegría.

Y todavía me alegraré más, ¹⁹ pues yo sé que todo esto será para mi salvación, gracias a las oraciones de ustedes y a la ayuda que me da el Espíritu de Jesucristo.

a 1.1 Hch 16.12.   b 1.6 Sal 138.8.   c 1.13 Hch 28.30.

²⁰ Pues espero firmemente que Dios no me dejará quedar mal, sino que podré hablar con confianza delante de todos y, ahora como siempre, se verá más y más en mí la grandeza de Cristo, tanto si estoy vivo como si estoy muerto. ²¹ Porque para mí la vida es Cristoᵈ y la muerte es ganancia. ²² Pero si viviendo en este cuerpo puedo seguir trabajando para bien de la causa del Señor, entonces no sé qué escoger. ²³ Me es difícil decidirme por una de las dos cosas: por un lado, quisiera morir para ir a estar con Cristo, pues eso sería mucho mejor para mí; ²⁴ pero, por otro lado, a causa de ustedes es más necesario que siga viviendo. ²⁵ Y como estoy convencido de esto, sé que me quedaré todavía con ustedes, para ayudarlos a seguir adelante y a tener más gozo en su fe. ²⁶ Así me tendrán otra vez entre ustedes, como motivo de satisfacción en Cristo Jesús.

²⁷ Solamente esto: procuren que su manera de vivir esté de acuerdo con el evangelio de Cristo. Así, lo mismo si voy a verlos que si no voy, quiero recibir noticias de que ustedes siguen firmes y muy unidos, luchando todos juntos por la fe que procede del mensaje de salvación, ²⁸ sin dejarse asustar en nada por sus enemigos. Esto es una clara señal de que ellos van a la destrucción, y al mismo tiempo es señal de la salvación de ustedes. Y esto procede de Dios. ²⁹ Pues por causa de Cristo, ustedes no sólo tienen el privilegio de creer en él, sino también de sufrir por él. ³⁰ Ustedes y yo estamos en la misma lucha. Ya vieron antes cómo luché,ᵉ y ahora tienen noticias de cómo sigo luchando.

La humillación y la grandeza de Cristo

2 ¹ Así que, si Cristo los anima, si el amor los consuela, si el Espíritu está con ustedes, si conocen el cariño y la compasión, ² llénenme de alegría viviendo todos en armonía, unidos por un mismo amor, por un mismo espíritu y por un mismo propósito. ³ No hagan nada por rivalidad o por orgullo, sino con humildad, y que cada uno considere a los demás como mejores que él mismo. ⁴ Ninguno busque únicamente su propio bien, sino también el bien de los otros.
⁵ Tengan ustedes la misma manera de pensar que tuvo Cristo Jesús,ᶠ ⁶ el cual:

Aunque era de naturaleza divina,ᶠ
no insistió en ser igual a Dios,
⁷ sino que hizo a un lado lo que le era propio,

y tomando naturaleza de siervo
nació como hombre.
Y al presentarse como hombre
⁸ se humilló a sí mismo,
y por obediencia fue a la muerte,ᵍ
a la vergonzosa muerte en la cruz.
⁹ Por eso, Dios le dio el más alto honorʰ
y el más excelente de todos los nombres,
¹⁰ para que, al nombre de Jesús,
doblen la rodilla
todos los que están en los cielos,
y en la tierra, y debajo de la tierra,
¹¹ y todos reconozcanⁱ
que Jesucristo es el Señor,
para honra de Dios Padre.

Los cristianos son como luces en el mundo

¹² Por tanto, mis queridos hermanos, así como ustedes me han obedecido siempre cuando he estado entre ustedes, obedézcanme más ahora que estoy lejos. Ocúpense de su salvación con profunda reverencia; ¹³ pues Dios es quien hace nacer en ustedes los buenos deseos y quien les ayuda a llevarlos a cabo, según su buena voluntad.

¹⁴ Háganlo todo sin murmuraciones ni discusiones, ¹⁵ para que nadie encuentre en ustedes culpa ni falta alguna. Sean hijos de Dios sin mancha en medio de esta gente mala y perversa.ʲ Entre ellos brillan ustedes como estrellas en un mundo oscuro, ¹⁶ manteniendo en alto el mensaje de vida. Así, cuando venga Cristo, yo podré sentirme satisfecho a causa de ustedes, sabiendo que no he corrido ni trabajado en vano. ¹⁷ Y aunque mi propia vida sea sacrificada para completar la ofrenda que ustedes hacen a Dios por su fe, yo me alegro y comparto esa alegría con todos ustedes. ¹⁸ Alégrense ustedes también, y tomen parte en mi alegría.

Timoteo y Epafrodito

¹⁹ Confiado en el Señor Jesús, espero mandarles pronto a Timoteo,ᵏ para alegrarme al recibir noticias de ustedes. ²⁰ Porque no tengo a ningún otro que piense igual que yo y que de veras se preocupe por el bien de ustedes; ²¹ todos buscan su propio interés, y no el interés de Jesucristo. ²² Pero ustedes ya saben del buen comportamiento de Timoteo y de cómo ha servido conmigo en el anuncio del mensaje, ayudándome como si fuera mi hijo. ²³ Así que espero enviárselo en cuanto yo sepa cómo van mis asuntos;

ᶠ Que tuvo Cristo Jesús: otra posible traducción: que conviene al que está unido a Cristo Jesús.
ᵈ 1.21 Gá 2.20; Col 3.4.   ᵉ 1.30 Hch 16.19–40.   ᶠ 2.6 Jn 1.1–3; Col 1.15.   ᵍ 2.8 Mt 26.39; Jn 10.18; He 5.8.   ʰ 2.8–9 He 2.9; 12.2.   ⁱ 2.10–11 Is 45.23.   ʲ 2.15 Dt 32.5.   ᵏ 2.19 Hch 16.1–3.

24 aunque confío en el Señor que también
yo mismo iré pronto.
25 Igualmente me parece necesario mandarles al hermano Epafrodito, mi compañero de trabajo y de armas, al que ustedes
mismos me enviaron para atender mis necesidades. 26 El tiene muchos deseos de
verlos a todos, y está muy preocupado
porque ustedes supieron que se encontraba enfermo. 27 Y es verdad que lo estuvo, y hasta a punto de morir; pero Dios
tuvo compasión de él, y no sólo de él sino
también de mí, para que no tuviera yo
más tristezas de las que ya tengo. 28 Por
eso se lo envío a toda prisa, para que ustedes se alegren de verlo otra vez y para que
yo no esté tan triste. 29 Recíbanlo con toda
alegría, como hermano en el Señor, y esti-
men siempre a los que son como él, 30 ya
que estuvo a punto de morir por servir a
Cristo. Puso en peligro su propia vida por
prestarme los servicios que ustedes no me
podían prestar personalmente.

Lo verdaderamente valioso

3 1 Y ahora, hermanos míos, alégrense
en el Señor. Para mí no es ninguna
molestia repetir lo que ya les he escrito, y
para ustedes es útil. 2 Cuídense de esa
gente despreciable,[2] de esos que hacen lo
malo, de esos que mutilan el cuerpo;
3 porque los verdaderos circuncidados[l] somos nosotros, los que adoramos a Dios
movidos por su Espíritu,[3] y nos alegramos
de ser de Cristo Jesús, y no ponemos
nuestra confianza en las cosas externas.
4 Aunque también yo tengo razones para
confiar en tales cosas. Nadie tendría más
razones que yo para confiar en ellas: 5 me
circuncidaron a los ocho días de nacer,
soy de raza israelita, pertenezco a la tribu
de Benjamín,[m] soy hebreo e hijo de hebreos. En cuanto a la interpretación de la
ley judía, fui del partido fariseo;[n] 6 era
tan fanático, que perseguía a los de la iglesia;[ñ] y en cuanto al cumplimiento de la
ley, nadie tuvo nada que reprocharme.
7 Pero todo esto, que antes valía mucho
para mí, ahora, a causa de Cristo, lo tengo
por algo sin valor. 8 Aún más, a nada le
concedo valor si lo comparo con el bien
supremo de conocer a Cristo Jesús, mi Señor. Por causa de Cristo lo he perdido
todo, y todo lo considero basura a cambio
de ganarlo a él 9 y encontrarme unido a él.
No busco quedar libre de culpa por la obediencia a la ley, sino por medio de la fe en
Cristo; es decir, que Dios me libre de culpa
por medio de la fe. 10 Lo que quiero es
conocer a Cristo, sentir en mí el poder de
su resurrección, tomar parte en sus sufrimientos y llegar a ser como él en su
muerte,[o] 11 con la esperanza de alcanzar
la resurrección de los muertos.

La lucha por llegar a la meta

12 No quiero decir que ya lo haya conseguido todo, ni que ya sea perfecto; pero
sigo adelante con la esperanza de alcanzarlo, puesto que Cristo Jesús me alcanzó
primero. 13 Hermanos, no digo que yo
mismo ya lo haya alcanzado; lo que sí
hago es olvidarme de lo que queda atrás y
esforzarme por alcanzar lo que está delante, 14 para llegar a la meta y ganar el
premio que Dios nos llama a recibir por
medio de Cristo Jesús.
15 Todos los que ya poseemos una fe madura, debemos pensar de esta manera. Si
en alguna cosa ustedes piensan de otro
modo, Dios les hará ver esto también.
16 Pero, eso sí, debemos vivir de acuerdo
con lo que ya hemos alcanzado.
17 Hermanos, sigan mi ejemplo[p] y fíjense
también en los que viven según el ejemplo
que nosotros les hemos dado a ustedes.
18 Ya les he dicho muchas veces, y ahora
se lo repito con lágrimas, que hay muchos
que están viviendo como enemigos de la
cruz de Cristo 19 y que acabarán por ser
destruidos. Su dios son sus propios apetitos, y sienten orgullo de lo que debería
darles vergüenza. Sólo piensan en las cosas de este mundo. 20 En cambio, nosotros
somos ciudadanos del cielo, y estamos esperando que del cielo venga el Salvador, el
Señor Jesucristo, 21 que cambiará nuestro
cuerpo miserable para que sea como su
propio cuerpo glorioso. Y lo hará por medio del poder que tiene para dominar todas las cosas.

Alégrense siempre en el Señor

4 1 Por eso, mis queridos hermanos, a
quienes tanto deseo ver; ustedes,
amados míos, que son mi alegría y mi premio, sigan así, firmes en el Señor.
2 Ruego a Evodia, y también a Síntique,
que se pongan de acuerdo como hermanas
en el Señor. 3 Y a ti, mi fiel compañero de
trabajo, te pido que ayudes a estas hermanas, pues ellas lucharon a mi lado en la
predicación del mensaje de salvación,
junto con Clemente y los otros que trabajaron conmigo. Sus nombres ya están escritos en el libro de la vida.
4 Alégrense siempre en el Señor. Repito: ¡Alégrense![q] 5 Que todos los conozcan a ustedes como personas bondadosas.
El Señor está cerca.[r]
6 No se aflijan por nada, sino presén-

[2] *Esa gente despreciable.* lit. *los perros.* [3] *Movidos por su Espíritu:* algunos mss. dicen: *en espíritu.*
[l] **3.3** Jer 4.4; Ro 2.28–29; Gá 6.14–15; Col 2.11–13. [m] **3.5** Ro 11.1. [n] **3.5** Hch 23.6; 26.5. [ñ] **3.6** Hch 8.3; 9.1–2; 22.4; 26.9–11. [o] **3.10** Ro 6.11–13; 8.29; 2 Co 3.18; Gá 4.19. [p] **3.17** 1 Co 4.16; 11.1. [q] **4.4** 1 Ts 5.16. [r] **4.5** Sal 119.151.

tenselo todo a Dios en oración; pídanle, y denle gracias también.ᵃ ⁷ Así Dios les dará su paz, que es más grande de lo que el hombre puede entender; y esta paz cuidará sus corazones y sus pensamientos, porque ustedes están unidos a Cristo Jesús.

Piensen en todo lo que es bueno

⁸ Por último, hermanos, piensen en todo lo verdadero, en todo lo que es digno de respeto, en todo lo recto, en todo lo puro, en todo lo agradable, en todo lo que tiene buena fama. Piensen en todo lo que es bueno y merece alabanza.

⁹ Pongan en práctica lo que les enseñé y las instrucciones que les di, lo que me oyeron decir y lo que me vieron hacer: háganlo así y el Dios de paz estará con ustedes.

Ofrendas de los filipenses para Pablo

¹⁰ Me alegro mucho en el Señor de que ustedes hayan vuelto a pensar en mí. No quiero decir que me hubieran olvidado, sino que no tenían la oportunidad de ayudarme. ¹¹ No lo digo porque yo esté necesitado, pues he aprendido a contentarme con lo que tengo. ¹² Sé lo que es vivir en la pobreza, y también lo que es vivir en la abundancia. He aprendido a hacer frente a cualquier situación, lo mismo a estar satisfecho que a tener hambre, a tener de sobra que a no tener nada. ¹³ A todo puedo hacerle frente, pues Cristo es quien me

sostiene. ¹⁴ Sin embargo, ustedes hicieron bien compartiendo mis dificultades.

¹⁵ Cuando yo partí de Macedonia, al comenzar a anunciar el mensaje de salvación, fueron ustedes, los de la iglesia de Filipos, los únicos que me enviaron ofrendas de gratitud por la ayuda espiritual que habían recibido. ¹⁶ Pues incluso estando yo en Tesalónica,ᵗ más de una vez ustedes me enviaron ofrendas para mis necesidades.ᵘ ¹⁷ No es que yo piense sólo en recibir; lo que quiero es que ustedes lleguen a tener más en su cuenta delante de Dios. ¹⁸ Pues yo ya lo he recibido todo, y hasta tengo de sobra. Con lo que me enviaron por medio de Epafrodito, tengo más que suficiente. Lo que me enviaron fue como una ofrenda de incienso perfumado, un sacrificio de olor agradable a Dios.ᵛ ¹⁹ Por lo tanto, mi Dios les dará a ustedes todo lo que les falte, conforme a las gloriosas riquezas que tiene en Cristo Jesús. ²⁰ ¡Gloria para siempre a nuestro Dios y Padre! Así sea.

Saludos finales

²¹ Saluden de mi parte a todos los que pertenecen al pueblo de Dios por Jesucristo. Los hermanos que están conmigo les mandan saludos. ²² También les mandan saludos todos los que pertenecen al pueblo de Dios, y especialmente los del servicio del emperador romano.

²³ Que nuestro Señor Jesucristo derrame su gracia sobre todos ustedes.

ᵃ **4.6** Col 4.2–7; 1 Ts 5.17–18. ᵗ **4.16** Hch 17.1. ᵘ **4.15–16** 2 Co 11.9. ᵛ **4.18** Ex 29.18.

Carta de San Pablo a los
COLOSENSES

Aunque Pablo no había fundado él mismo la iglesia de Colosas, se sentía responsable por ella debido, en primer lugar, a que estaba en el área que consideraba bajo su cuidado, y después a que desde Efeso había enviado personas a ayudar a dicha iglesia. Es otra de las cartas desde la prisión. Después del saludo inicial, en el cual asocia a su ayudante Timoteo, expresa, como en otras cartas, su gratitud a Dios por todo lo bueno que se le ha informado sobre la iglesia de Colosas (1.1–8). Al parecer se habían introducido en ella falsos maestros que hablaban de ciertas potencias y espíritus sobrenaturales que debían ser adorados, y a la vez insistían en que la circuncisión, las reglas sobre comidas y otros preceptos de la ley mosaica deberían ser estrictamente observados.

Pablo rebate todo esto, proclamando que Cristo, por medio de quien Dios creó todas las cosas, es superior a aquellas potencias sobrehumanas, las cuales le están sujetas. Además, él es la cabeza de la Iglesia, y por su muerte en la cruz ha efectuado la reconciliación con Dios. La obra de Cristo es suficiente para la salvación. A la circuncisión corporal contrapone una "circuncisión que viene de Cristo" (2.11) y que consiste en despojarse de las cosas. Al exaltar la soberanía de Cristo, el tono general es muy semejante al de la carta a los efesios (1.9—2.19). Y su mensaje sobre la nueva vida en Cristo (2.20—4.6), tema que se recalca en la carta a los filipenses, hace pensar que tal vez el apóstol escribió ambas cartas por las mismas fechas. Los creyentes, a quienes Dios ha dado una nueva vida, la "vida juntamente con Cristo" (2.13), deben mantenerse unidos a él, y mostrar en su conducta diaria y en sus relaciones con los demás que en verdad viven esa nueva vida. Algunas de sus recomendaciones al respecto se asemejan a las del cap. 5 de Efesios.

Los saludos finales reflejan el interés y afecto personales que dominaban en las relaciones de Pablo con sus compañeros de trabajo. En esta sección (4.7–18) se habla de una carta a la iglesia de Laodicea, pero entre las cartas de Pablo que se conocen no figura una "Carta a los Laodicenses".

Saludo

1 [1] Yo, Pablo, apóstol de Jesucristo por la voluntad de Dios, junto con el hermano Timoteo [2] escribo esta carta a nuestros fieles hermanos en Cristo que están en Colosas y pertenecen al pueblo de Dios. Que Dios nuestro Padre[j] derrame su gracia y su paz sobre ustedes.

La oración de Pablo por los creyentes

[3] Siempre que oramos por ustedes damos gracias a Dios, el Padre de nuestro Señor Jesucristo. [4] Pues hemos recibido noticias de su fe en Cristo Jesús y de su amor para con todos los que pertenecen al pueblo de Dios, [5] amor basado en la esperanza de lo que a ustedes se les ha reservado en el cielo. Ustedes alcanzaron esta esperanza al escuchar el mensaje verdadero, las buenas noticias de la salvación. [6] Este mensaje que les fue predicado está creciendo y dando fruto en todas partes del mundo, igual que ha sucedido entre ustedes desde que oyeron hablar del amor de Dios y supieron que ese amor es verdadero. [7] Esto les enseñó nuestro querido Epafras,[a] quien ha trabajado con nosotros y en quien ustedes tienen un fiel servidor de Cristo. [8] El nos ha traído noticias de ustedes y del amor que el Espíritu les inspira.

[9] Por esto nosotros, desde el día que lo supimos, no hemos dejado de orar por ustedes y de pedir a Dios que les haga conocer plenamente su voluntad y les dé toda clase de sabiduría y entendimiento espiritual. [10] Así podrán portarse como deben hacerlo los que son del Señor, haciendo siempre lo que a él le agrada, dando frutos de toda clase de buenas obras y llegando a conocer mejor a Dios. [11] Pedimos que él, con su glorioso poder, los haga fuertes; así podrán ustedes soportarlo todo con mucha fortaleza y paciencia, [12] y darán gracias con alegría al Padre, que los ha preparado a ustedes para recibir en la luz la parte de la herencia que él dará a quienes pertenecen a su pueblo. [13] Dios nos libró del poder de la oscuridad[b] y nos llevó al reino de su amado Hijo, [14] por quien nos salvó y nos perdonó nuestros pecados.[c]

---

[j] Algunos mss. añaden aquí: *y el Señor Jesucristo.*
[a] **1.7** Col 4.12; Flm 23. [b] **1.13** Ef 6.12. [c] **1.14** Ef 1.7.

La paz con Dios por medio de la muerte de Cristo

[15] Cristo es la imagen visible de Dios, que es invisible; es su Hijo primero, anterior a todo lo creado. [16] Por medio de él, Dios creó todo lo que hay en el cielo y en la tierra, tanto lo visible como lo invisible, así como los seres espirituales que tienen dominio, autoridad y poder.[d] Todo fue creado por medio de él y para él. [17] Cristo existe antes que todas las cosas, y por él se mantiene todo en orden.[e] [18] Además, Cristo es la cabeza del cuerpo, que es la iglesia.[f] Él, que es el principio, fue el primero en resucitar, para tener así el primer puesto en todo.[g] [19] Pues Dios quiso habitar plenamente en Cristo, [20] y por medio de Cristo quiso poner en paz consigo al universo entero, tanto lo que está en la tierra como lo que está en el cielo, haciendo la paz mediante la sangre que Cristo derramó en la cruz.[h]

[21] Ustedes antes eran extranjeros y enemigos de Dios en sus corazones, por las cosas malas que hacían, [22] pero ahora Dios los ha puesto en paz con él, mediante la muerte que Cristo sufrió en su cuerpo humano. Y lo hizo para tenerlos a ustedes en su presencia, consagrados a él, sin mancha y sin culpa. [23] Pero para esto deben permanecer firmemente basados en la fe, sin apartarse de la esperanza que tienen por el mensaje de salvación que oyeron. Este es el mensaje que se ha anunciado en todas partes del mundo, y que yo, Pablo, ayudo a predicar.

Pablo encargado de servir a la iglesia

[24] Ahora me alegro de lo que sufro por ustedes, porque de esta manera voy completando, en mi propio cuerpo, lo que falta de los sufrimientos de Cristo por la iglesia, que es su cuerpo. [25] Dios ha hecho de mí un servidor de la iglesia, por el encargo que él me dio, para bien de ustedes,[i] de anunciar en forma completa su mensaje, [26] es decir, el secreto que desde hace siglos y generaciones Dios tenía escondido, pero que ahora ha manifestado a los suyos. [27] A ellos Dios les quiso dar a conocer la gloriosa riqueza que ese secreto encierra para los que no son judíos. Y ese secreto es Cristo, que habita en ustedes[j] y que es la esperanza de la gloria que han de tener.

[28] Nosotros anunciamos a Cristo, aconsejando y enseñando a todos en toda sabiduría, para presentarlos perfectos en Cristo. [29] Para esto trabajo y lucho con toda la fuerza y el poder que Cristo me da.

2 [1] Pues quiero que sepan que estoy luchando duramente por ustedes, por los de Laodicea[j] y por todos los que no me han visto personalmente. [2] Lucho para que ellos reciban ánimo en su corazón, para que permanezcan unidos en amor y enriquecidos con un perfecto entendimiento que les permita comprender el secreto de Dios, que es Cristo mismo;[3] [3] pues en él están encerradas todas las riquezas de la sabiduría y del conocimiento. [4] Esto se lo digo a ustedes para que nadie los engañe con palabras seductoras. [5] Pues aunque no estoy presente entre ustedes en persona, lo estoy en espíritu, y me alegra ver que tienen orden y que se mantienen firmes en su fe en Cristo.

La nueva vida en Cristo

[6] Por eso, así como aceptaron ustedes al Señor Jesucristo, así deben vivir unidos a él, [7] con profundas raíces en Cristo, firmemente basados en él por la fe, como se les enseñó, y dando siempre gracias a Dios.

[8] Tengan cuidado: no se dejen llevar por quienes los quieren engañar con teorías y argumentos falsos, pues ellos no se apoyan en Cristo, sino en las tradiciones de los hombres y en los poderes que dominan este mundo.[k]

[9] Porque todo lo que Dios es, se encuentra plenamente en la persona de Cristo, [10] y ustedes están llenos de Dios porque están unidos a Cristo, que es cabeza de todos los seres espirituales que tienen poder y autoridad. [11] También, por su unión con Cristo, ustedes han sido circuncidados, no con aquella circuncisión que se hace en el cuerpo, sino con la que consiste en ser librados de la naturaleza pecadora. Esta es la circuncisión que viene de Cristo. [12] Al ser bautizados, ustedes fueron sepultados con Cristo, y fueron también resucitados con él,[l] porque creyeron en el poder de Dios, que lo resucitó. [13] Ustedes, en otro tiempo, estaban muertos espiritualmente a causa de sus pecados y por no haber sido circuncidados; pero ahora Dios les ha dado vida juntamente con Cristo,[m] en quien nos ha perdonado todos los pecados. [14] Dios canceló la deuda que había contra nosotros y que nos obligaba con sus requisitos legales. Puso fin a esa deuda clavándola en la cruz.[n] [15] Por medio de Cristo, Dios[4] venció a los seres espirituales que tienen poder y autoridad, y los humilló públicamente llevándolos como prisioneros en su desfile victorioso.

[2] *Cristo, que habita entre ustedes:* otra posible traducción: *Cristo predicado entre ustedes.* [3] *El secreto de Dios que es Cristo mismo:* algunos mss. dicen: *el secreto de Dios el Padre, y de Cristo.* [4] *Por medio de Cristo, Dios:* otra posible traducción: *En la cruz, Cristo.*
[d] 1.16 Ef 6.12. [e] 1.15-17 Jn 1.1-3,18; He 1.2-3. [f] 1.18 Ef 1.22-23; 4.15. [g] 1.18 Hch 26.23; Ap 1.5. [h] 1.20 Ef 2.16.
[i] 1.25 Ef 3.2. [j] 2.1 Ap 3.14-22. [k] 2.8,20 Gá 4.3,9. [l] 2.12 Ro 6.4. [m] 2.13 Ef 2.1-5. [n] 2.14 Ef 2.15.

Busquen las cosas del cielo

[16] Por tanto, que nadie los critique a ustedes por lo que comen o beben, o por cuestiones tales como días de fiesta, lunas nuevas o días de reposo.[5][ñ] [17] Todo esto no es más que la sombra de lo que ha de venir, pero la realidad misma es Cristo. [18] No dejen que los condenen esos que se hacen pasar por muy humildes y que adoran a los ángeles, que pretenden tener visiones y que se hinchan de orgullo a causa de sus pensamientos humanos. [19] Ellos no están unidos a la cabeza, la cual hace crecer todo el cuerpo al alimentarlo y unir cada una de sus partes conforme al plan de Dios.[o] [20] Ustedes han muerto con Cristo[p] y ya no están sujetos a los poderes que dominan este mundo. ¿Por qué, pues, viven como si todavía fueran del mundo, sometidos a reglas tales [21] como: "No toques eso, no comas aquello, no lo tomes en tus manos"? [22] Todas estas reglas tienen que ver con cosas que se acaban con el uso y que sólo son mandatos y enseñanzas de hombres. [23] Es verdad que tales cosas pueden parecer sabias, porque exigen cierta religiosidad y humildad y duro trato del cuerpo, pero de nada sirven para combatir los deseos humanos.

3 [1] Por lo tanto, ya que ustedes han sido resucitados con Cristo,[q] busquen las cosas del cielo, donde Cristo está sentado a la derecha de Dios.[r] [2] Piensen en las cosas del cielo, no en las de la tierra. [3] Pues ustedes murieron, y ahora su vida está escondida con Cristo en Dios. [4] Cristo mismo es la vida de ustedes.[s] Cuando él aparezca, ustedes también aparecerán con él y tendrán parte en su gloria.

La vida antigua y la vida nueva

[5] Hagan, pues, morir todo lo que de terrenal hay en ustedes: que nadie cometa inmoralidades sexuales, ni haga cosas impuras, ni siga sus pasiones y malos deseos, ni sea avaro (que es una forma de idolatría). [6] Estas cosas, por las que viene el terrible castigo de Dios sobre aquellos que no le obedecen,[t] [7] son las que ustedes hacían en su vida pasada. [8] Pero ahora dejen todo eso: el enojo, la pasión, la maldad, los insultos y las palabras indecentes. [9] No se mientan los unos a los otros, puesto que ya se han librado de su vieja naturaleza[u] y de las cosas que antes hacían, [10] y se han revestido de la nueva naturaleza:[v] la del nuevo hombre, que se va renovando a imagen de Dios, su Creador,[w] para llegar a

conocerlo plenamente. [11] Ya no tiene importancia el ser griego o judío, el estar circuncidado o no estarlo, el ser extranjero, inculto, esclavo o libre; lo que importa es que Cristo es todo y está en todos. [12] Dios los ama a ustedes y los ha escogido para que pertenezcan a su pueblo. Vivan, pues, revestidos de verdadera compasión, bondad, humildad, mansedumbre y paciencia.[x] [13] Tengan paciencia unos con otros, y perdónense si alguno tiene una queja contra otro. Así como el Señor los perdonó, perdonen también ustedes.[y] [14] Sobre todo revístanse de amor, que es el perfecto lazo de unión. [15] Y que la paz de Cristo dirija sus corazones, porque con este propósito los llamó Dios a formar un solo cuerpo. Y sean agradecidos. [16] Que el mensaje de Cristo esté siempre presente en sus corazones. Instrúyanse y anímense unos a otros con toda sabiduría. Con profunda gratitud canten a Dios salmos, himnos y canciones espirituales. [17] Y todo lo que hagan o digan, háganlo en el nombre del Señor Jesús, dando gracias a Dios el Padre por medio de él.[z]

Deberes sociales del cristiano

[18] Esposas, sométanse a sus esposos,[a] pues éste es su deber como creyentes en el Señor. [19] Esposos, amen a sus esposas[b] y no las traten con aspereza.

[20] Hijos, obedezcan en todo a sus padres, porque esto agrada al Señor.[c] [21] Padres, no hagan enojar a sus hijos,[d] para que no se desanimen.

[22] Esclavos, obedezcan en todo a quienes aquí en la tierra son sus amos, no solamente cuando ellos los estén mirando, para quedar bien con ellos, sino de corazón sincero, por temor al Señor. [23] Todo lo que hagan, háganlo de buena gana, como si estuvieran sirviendo al Señor y no a los hombres. [24] Pues ya saben que, en recompensa, el Señor les dará parte en la herencia. Porque ustedes sirven a Cristo, que es su verdadero Señor. [25] Pero el que hace lo malo, recibirá el pago del mal que ha hecho,[e] porque Dios no hace diferencia entre una persona y otra.[f]

4 [1] Ustedes, amos, sean justos y razonables con sus esclavos. Acuérdense de que también ustedes tienen que responder ante un Señor que está en el cielo.[g]

[2] Manténganse constantes en la oración,[h] siempre alerta y dando gracias a Dios. [3] Oren también por nosotros, a fin de que el Señor nos abra las puertas para predicar el mensaje y hablar del secreto de Cristo, pues por este secreto estoy

---

[5] *Días de reposo:* aquí equivale a *sábado.*
[ñ] **2.16** Ro 14.1-6. [o] **2.19** Ef 1.22; 4.15-16. [p] **2.20** Ro 6.6-11; Gá 2.19-20. [q] **3.1-3** Ro 6.4-11; Col 2.12. [r] **3.1** Sal 110.1; He 1.3. [s] **3.4** Gá 2.20; Fil 1.21. [t] **3.6** Ef 2.3. [u] **3.9** Ef 4.22. [v] **3.10** Ef 4.24. [w] **3.10** Gn 1.26; Ef 2.10. [x] **3.12-13** Ef 4.2. [y] **3.13** Ef 4.32. [z] **3.16-17** Ef 5.19-20. [a] **3.18** Ef 5.22; 1 P 3.1. [b] **3.19** Ef 5.25; 1 P 3.7. [c] **3.20** Ef 6.1. [d] **3.21** Ef 6.4. [e] **3.22-25** Ef 6.5-8. [f] **3.25** Dt 10.17; Ef 6.9. [g] **4.1** Ef 6.9. [h] **4.2-4** Ef 6.18-20; Fil 4.6.

preso. [4] Oren para que yo lo dé a conocer tan claramente como debo hacerlo.

[5] Pórtense prudentemente con los no creyentes, y aprovechen bien el tiempo.[i] [6] Su conversación debe ser siempre agradable y de buen gusto, y deben saber también cómo contestar a cada uno.

Saludos finales

[7] Nuestro querido hermano Tíquico,[j] que ha sido un fiel ayudante y que ha servido al Señor conmigo, les llevará noticias mías. [8] Por esto lo envío a ustedes, para que les diga cómo estamos y los anime.[k] [9] Con él va también Onésimo,[l] nuestro querido y fiel hermano, que es uno de ustedes. Ellos les contarán todo lo que pasa por aquí.

[10] Aristarco,[m] mi compañero de cárcel, les manda saludos; y también Marcos,[n] el primo de Bernabé. Ustedes ya tienen instrucciones respecto a Marcos; si va a visitarlos, recíbanlo bien. [11] También los saluda Jesús, al que llaman el Justo. Estos son los únicos entre los creyentes judíos que han trabajado conmigo por el reino de Dios, y han sido un gran consuelo para mí. [12] Les manda saludos Epafras,[ñ] un siervo de Cristo Jesús; él es uno de ustedes, y siempre está rogando por ustedes en oración, para que se mantengan firmes y totalmente entregados a hacer la voluntad de Dios. [13] Yo soy testigo de lo mucho que Epafras se preocupa por ustedes y por los que están en Laodicea y en Hierápolis. [14] Lucas,[o] el médico amado, los saluda, y también Demas.[p]

[15] Saluden a los hermanos que están en Laodicea. Saluden también a Ninfa y a la congregación que se reúne en su casa. [16] Después de haber leído ustedes esta carta, mándenla a la iglesia de Laodicea,[q] para que también allí sea leída; y ustedes, a su vez, lean la carta que les llegue de allá. [17] Díganle esto a Arquipo:[r] "Procura cumplir bien el servicio que el Señor te ha encomendado."

[18] Yo, Pablo, les escribo este saludo de mi puño y letra. Recuerden que estoy preso. Que Dios derrame su gracia sobre ustedes.

[i] 4.5 Ef 5.16. [j] 4.7 Hch 20.4; 2 Ti 4.12. [k] 4.7-8 Ef 6.21-22. [l] 4.9 Flm 10-12. [m] 4.10 Hch 19.29; 27.2; Flm 24. [n] 4.10 Hch 12.12,25; 13.13; 15.37-39. [ñ] 4.12 Col 1.7; Flm 23. [o] 4.14 2 Ti 4.11; Flm 24. [p] 4.14 2 Ti 4.10; Flm 24. [q] 4.16 Ap 3.14-22. [r] 4.17 Flm 2.

Primera Carta de San Pablo a los
TESALONICENSES

Se hallaba Pablo en Corinto cuando Timoteo, su compañero y colaborador, le dio un informe personal sobre la situación de la iglesia fundada por él en Tesalónica, la capital de Macedonia, provincia romana. Por la oposición judía, debida a que el mensaje del apóstol estaba siendo aceptado por no judíos que se habían interesado por el judaísmo, y que estaban convirtiéndose en cristianos, Pablo había tenido que salir de aquella ciudad. Pero siempre recordaba a los creyentes con cariño, y estaba ansioso de saber de ellos.

Las noticias eran buenas. A pesar de la oposición, los creyentes eran un verdadero ejemplo de fidelidad para los cristianos de toda la región. Pablo no puede menos que escribirles, lleno de alegría, agradeciendo a Dios y a ellos esa adhesión a la fe, y haciendo recuerdos de cuando estaba con ellos (1.1—3.13). Los exhorta a crecer en la vida cristiana, en la que han mostrado tan buen comienzo (4.13—5.11), y pasa a tratar un asunto que había despertado interés especial entre ellos y sobre el cual necesitaban más explicación: la resurrección de los muertos y la segunda venida del Señor. Pablo les confirma esta doctrina y esperanza, y les aconseja estar preparados en la fe y el amor. Termina con algunas exhortaciones, consejos y más encargos (5.12–28).

Con mucha probabilidad esta carta fue el primer escrito con que empezó a formarse el Nuevo Testamento. Pablo la escribió más o menos por el año 50 o el 51 de nuestra era.

Saludo

1 ¹ Yo, Pablo, junto con Silvano y Timoteo, escribo esta carta a los hermanos de la iglesia de la ciudad de Tesalónica,ᵃ que están unidos a Dios el Padre y al Señor Jesucristo. Que Dios derrame¹ su gracia y su paz sobre ustedes.

El ejemplo de fe que daban los de Tesalónica

² Siempre damos gracias a Dios por todos ustedes, y los recordamos en nuestras oraciones. ³ Continuamente recordamos delante de nuestro Dios y Padre con cuánta fe han trabajado ustedes, con cuánto amor han servido y qué manera su esperanza en nuestro Señor Jesucristo los ha ayudado a soportar con fortaleza los sufrimientos. ⁴ Hermanos, Dios los ama a ustedes, y sabemos que él los ha escogido. ⁵ Pues cuando nosotros les predicamos el mensaje de salvación, no fue solamente con palabras, sino también con el poder del Espíritu Santo y con la completa seguridad de que este mensaje es la verdad. Bien saben cómo nos portamos entre ustedes, buscando su propio bien.

⁶ Ustedes, por su parte, siguieron nuestro ejemplo y el ejemplo del Señor, y recibieron el mensaje con la alegría que el Espíritu Santo les daba, aunque les costó mucho sufrimiento.ᵇ ⁷ De esta manera llegaron a ser un ejemplo para todos los creyentes en las regiones de Macedonia y

Acaya. ⁸ Partiendo de ustedes, el mensaje del Señor se ha extendido, no sólo por Macedonia y Acaya, sino por todas partes, y se sabe de la fe que ustedes tienen en Dios, de manera que ya no es necesario que nosotros digamos nada. ⁹ Al contrario, ellos mismos hablan de la visita que les hicimos a ustedes, de lo bien que ustedes nos recibieron y de cómo abandonaron los ídolos para seguir al Dios vivo y verdadero y comenzar a servirle. ¹⁰ También cuentan cómo ustedes están esperando que vuelva del cielo Jesús, el Hijo de Dios, al cual Dios resucitó. Jesús es quien nos salva del terrible castigo que viene.

El trabajo de Pablo en Tesalónica

2 ¹ Ustedes mismos, hermanos, saben que nuestra visita a ustedes no fue en vano. ² Más bien, aunque, como ya saben, antes habíamos sido insultados y maltratados en Filipos,ᵈ Dios nos ayudó a anunciarles a ustedes su mensaje de salvación, con todo valor y en medio de una fuerte lucha.ᵈ ³ Porque no estábamos equivocados en lo que predicábamos, ni tampoco hablábamos con malas intenciones ni con el propósito de engañar a nadie. ⁴ Al contrario, Dios nos aprobó y nos encargó el mensaje de salvación, y así es como hablamos. No tratamos de agradar a la gente,ᵉ sino a Dios, que examina nuestros corazones. ⁵ Como ustedes saben, nunca los hemos halagado con palabras bonitas, ni hemos usado pretextos para ganar di-

¹ *Que Dios derrame:* algunos mss. dicen: *Que Dios nuestro Padre y el Señor Jesucristo derramen.*
ᵃ **1.1** Hch 17.1. ᵇ **1.6** Hch 17.5–9. ᶜ **2.2** Hch 16.19–24. ᵈ **2.2** Hch 17.1–9. ᵉ **2.4** Gá 1.10.

nero. Dios es testigo de esto. [6] Nunca hemos buscado honores de nadie: ni de ustedes ni de otros. [7] Aunque muy bien hubiéramos podido hacerles sentir el peso de nuestra autoridad como apóstoles de Cristo, fuimos como niños entre ustedes. Como una madre que cría y cuida a sus propios hijos, [8] así también les tenemos a ustedes tanto cariño que hubiéramos deseado darles, no sólo el evangelio de Dios, sino hasta nuestras propias vidas. ¡Tanto hemos llegado a quererlos! [9] Hermanos, ustedes se acuerdan de cómo trabajábamos y luchábamos para ganarnos la vida.[f] Trabajábamos día y noche, a fin de no ser una carga para ninguno de ustedes mientras les anunciábamos el mensaje de Dios.

[10] Ustedes son testigos, y Dios también, de que nos hemos portado de una manera limpia, recta e irreprochable con ustedes los creyentes. [11-12] También saben que los hemos animado y consolado a cada uno de ustedes, como hace un padre con sus hijos. Les hemos encargado que se porten como deben hacerlo los que son de Dios, que los ha llamado a tener parte en su propio reino y gloria.

[13] Por esto damos siempre gracias a Dios, pues cuando ustedes escucharon el mensaje de Dios que nosotros les predicamos, lo recibieron realmente como mensaje de Dios y no como mensaje de hombres. Y en verdad es el mensaje de Dios, el cual produce sus resultados en ustedes los que creen. [14] Cuando ustedes, hermanos, sufrieron persecución a manos de sus paisanos,[g] les pasó lo mismo que a las iglesias de Dios que están en Judea y que son de Cristo Jesús, pues ellos también fueron perseguidos por sus paisanos los judíos. [15] Estos judíos mataron al Señor Jesús, como antes habían matado a los profetas, y nos echaron ahora a nosotros. [h] No agradan a Dios, y están en contra de todos, [16] pues cuando queremos hablar a los que no son judíos, para que también se salven, no nos dejan hacerlo. De esta manera han llenado la medida de sus pecados. Pero ahora, por fin, el terrible castigo de Dios ha venido sobre ellos.

Pablo desea visitar otra vez a los de Tesalónica

[17] Hermanos, cuando nos separamos de ustedes por algún tiempo, aunque no los veíamos, siempre los teníamos presentes en nuestro corazón y deseábamos mucho ir a verlos. [18] Intentamos ir; por lo menos yo, Pablo, quise hacerlo varias veces, pero Satanás nos lo impidió. [19] Pues ¿cuál es nuestra esperanza, nuestro gozo, nuestro motivo de alegría y satisfacción? ¡Ustedes mismos lo serán cuando regrese nuestro Señor Jesucristo! [20] Sí, ustedes son nuestra satisfacción y nuestra alegría.

3 [1] Entonces, como ya no pude resistir más, decidí quedarme, yo solo, en Atenas,[i] [2] y envié a nuestro hermano Timoteo, que es un colaborador de Dios en el anuncio de las buenas noticias acerca de Cristo. Lo envié para que fuera a visitarlos y los afirmara y animara en su fe, [3] y para que ninguno se desanimara por estas dificultades. Pues ustedes mismos saben que tenemos que sufrir estas cosas. [4] Además, cuando todavía estábamos con ustedes, les advertimos que íbamos a tener aflicciones; y así sucedió, como ya saben. [5] Por eso, no pudiendo resistir más, mandé preguntar cómo andaban ustedes en cuanto a su fe, pues tenía miedo de que el diablo los hubiera empujado al mal y que nuestro trabajo hubiera resultado en vano.

[6] Pero ahora Timoteo ha vuelto de Tesalónica,[j] y nos trae buenas noticias de la fe y el amor que ustedes tienen. Nos dice que siempre se acuerdan de nosotros con cariño, y que tienen tantos deseos de vernos como nosotros los tenemos de verlos a ustedes. [7] Por esto, hermanos, en medio de todas nuestras dificultades y aflicciones, hemos recibido mucho consuelo al saber que ustedes siguen firmes en su fe. [8] El saber que ustedes están firmes en el Señor, nos reaviva. [9] ¿Cómo podremos dar suficientes gracias a nuestro Dios por ustedes y por el mucho gozo que a causa de ustedes tenemos delante de él? [10] Día y noche suplicamos a Dios que nos permita verlos personalmente y completar lo que todavía falte en su fe.

[11] Deseamos que Dios mismo nuestro Padre, y nuestro Señor Jesús, nos ayuden para que podamos ir a visitarlos. [12] Y que el Señor los haga crecer y tener todavía más amor los unos para con los otros y para con todos, como nosotros los amamos a ustedes. [13] Que los haga firmes en sus corazones, santos y sin culpa delante de Dios nuestro Padre cuando regrese nuestro Señor Jesús con todos los suyos. Así sea.

La vida que agrada a Dios

4 [1] Ahora, hermanos, les rogamos y encargamos esto en el nombre del Señor Jesús: que sigan ustedes portándose (como ya lo están haciendo) de la manera que nosotros les enseñamos que lo hicieran para agradar a Dios.

---

[f] **2.9** Hch 18.3; 2 Ts 3.8.   [g] **2.14** Hch 17.5.   [h] **2.15** Hch 9.23,29; 13.45,50; 14.2,5,19; 17.5,13; 18.12.   [i] **3.1** Hch 17.15.
[j] **3.6** Hch 18.5.

² Ustedes conocen las instrucciones que les dimos por la autoridad del Señor Jesús. ³ Lo que Dios quiere es que ustedes vivan consagrados a él, que nadie cometa inmoralidades sexuales ⁴ y que cada uno sepa portarse con su propia esposa² en forma santa y respetuosa, ⁵ no con pasión y malos deseos como las gentes que no conocen a Dios. ⁶ Que nadie abuse ni engañe en este asunto³ a su hermano, porque el Señor castiga duramente todo esto, como ya les hemos advertido. ⁷ Pues Dios no nos ha llamado a vivir en impureza, sino consagrados a él. ⁸ Así pues, el que desprecia estas enseñanzas no desprecia a ningún hombre, sino a Dios, que les ha dado a ustedes su Espíritu Santo.

⁹ En cuanto al amor entre hermanos, no tengo necesidad de escribirles, porque Dios mismo les ha enseñado a amarse unos a otros. ¹⁰ Pues así hacen ustedes con todos los hermanos que viven en toda Macedonia. Pero les rogamos, hermanos, que su amor aumente todavía más. ¹¹ Procuren vivir tranquilos y ocupados en sus propios asuntos, trabajando con sus manos como les hemos encargado, ¹² para que los respeten los de afuera y para que no les falte nada.

menos se le espere, como un ladrón que llega de noche.¹ ² Cuando la gente diga: "Todo está en paz y tranquilo", entonces vendrá de repente sobre ellos la destrucción, como le vienen los dolores de parto^m a una mujer que está encinta; y no podrán escapar. ⁴ Pero ustedes, hermanos, no están en la oscuridad para que el día del regreso del Señor los sorprenda como un ladrón. ⁵ Todos ustedes son de la luz y del día. No somos de la noche ni de la oscuridad; ⁶ por eso no debemos dormir como los otros, sino mantenernos despiertos y en nuestro sano juicio. ⁷ Los que duermen, duermen de noche, y los que se emborrachan, se emborrachan de noche; ⁸ pero nosotros, que somos del día, debemos estar siempre en nuestro sano juicio. Debemos protegernos con la fe y el amor, y cubrirnos, como con un casco, con la esperanza de la salvación.^{n} ⁹ Porque Dios no nos destinó a recibir el castigo, sino a alcanzar la salvación por medio de nuestro Señor Jesucristo. ¹⁰ Jesucristo murió por nosotros, para que, ya sea que vivamos o que muramos, vivamos juntamente con él. ¹¹ Por eso, anímense y fortalézcanse unos a otros, tal como ya lo están haciendo.

El regreso del Señor

¹³ Hermanos, no queremos que se queden sin saber lo que pasa con los muertos, para que ustedes no se entristezcan como los otros, los que no tienen esperanza. ¹⁴ Así como creemos que Jesús murió y resucitó, así también creemos que Dios va a resucitar con Jesús a los que murieron creyendo en él.

¹⁵ Por esto les decimos a ustedes, como enseñanza del Señor, que nosotros, los que quedemos vivos hasta la venida del Señor, no nos adelantaremos a los que murieron. ¹⁶ Porque se oirá una voz de mando, la voz de un arcángel y el sonido de la trompeta de Dios, y el Señor mismo bajará del cielo. Y los que murieron creyendo en Cristo, resucitarán primero; ¹⁷ después, los que estemos vivos seremos llevados, juntamente con ellos, en las nubes, para encontrarnos con el Señor en el aire; y así estaremos con el Señor para siempre.^{k} ¹⁸ Anímense, pues, unos a otros con estas palabras.

5 ¹ En cuanto a las fechas y los tiempos, hermanos, no es necesario que yo les escriba. ² Ustedes saben muy bien que el día del regreso del Señor llegará cuando

Pablo aconseja a los hermanos

¹² Hermanos, les rogamos que tengan respeto a los que trabajan entre ustedes y los dirigen y aconsejan en el Señor. ¹³ Deben estimarlos y amarlos mucho, por el trabajo que hacen. Vivan en paz unos con otros.

¹⁴ También les encargamos, hermanos, que reprendan a los que no quieren trabajar, que animen a los que están desanimados, que ayuden a los débiles y que tengan paciencia con todos.

¹⁵ Tengan cuidado de que ninguno pague a otro mal por mal. Al contrario, procuren hacer siempre el bien, lo mismo entre ustedes mismos que a todo el mundo.

¹⁶ Estén siempre contentos.^{ñ} ¹⁷ Oren en todo momento. ¹⁸ Den gracias a Dios por todo, porque esto es lo que él quiere de ustedes como creyentes en Cristo Jesús.^{o}

¹⁹ No apaguen el fuego del Espíritu. ²⁰ No desprecien el mensaje de los que hablan por inspiración de Dios. ²¹ Sométanlo todo a prueba y retengan lo bueno. ²² Apártense de toda clase de mal.

²³ Que Dios mismo, el Dios de paz, los haga a ustedes perfectamente santos, y les

² *Esposa*: lit. *vasija*, según el uso de los rabinos. Véase 1 P 3.7.   ³ *En este asunto*: otra posible traducción: *en los negocios*.   ᵏ 4.15–17 Mt 24.30–31; Mr 13.26–27; 1 Co 15.51–52.   ˡ 5.2 Mt 24.43; Lc 12.39; 2 P 3.10.   ᵐ 5.3 Is 13.8.   ⁿ 5.8 Is 59.17; Ro 13.12; Ef 6.13–17.   ñ 5.16 Fil 4.4.   ᵒ 5.17–18 Fil 4.6 Col 4.2–7.

conserve todo su ser, espíritu, alma y cuerpo, sin defecto alguno, para la venida de nuestro Señor Jesucristo. ²⁴ El que los ha llamado es fiel, y cumplirá todo esto.

Saludos y bendición final

²⁵ Hermanos, oren también por nosotros.

²⁶ Saluden a todos los hermanos con un beso santo.

²⁷ Les encargo, por la autoridad del Señor, que lean esta carta a todos los hermanos.

²⁸ Que nuestro Señor Jesucristo derrame su gracia sobre ustedes.

Segunda Carta de San Pablo a los
TESALONICENSES

Al parecer, la primera carta tuvo entre los cristianos de Tesalónica un efecto inesperado para Pablo: produjo alarma, porque creyeron que la venida de Cristo estaba muy próxima. Hasta, según se desprende de la amonestación de 3.6–12, algunos hermanos habían abandonado su trabajo y, mientras esperaban la venida del Señor, estaban viviendo a costa de los demás. Pablo les escribe esta segunda carta para aclarar las cosas y corregir aquella alarma y confusión.

Después de alegrarse y dar nuevamente gracias a Dios porque la fe y amor de los creyentes de Tesalónica va en aumento (1.1–12), pasa a explicarles que, aunque el juicio de Dios es seguro y la segunda venida del Señor es cierta, antes de ella la maldad del mundo alcanzará una culminación bajo la dirección de un misterioso poder que el apóstol llama "el hombre malvado". Les encarga, pues, que no se dejen asustar por nadie que les diga, ni siquiera atribuyéndole a él mismo el aviso, "que el día del regreso del Señor ya llegó" (2.2).

Entre los consejos en cuanto al modo cristiano de vivir, que les da al final de su carta (cap. 3), después de pedirles que oren por él y sus compañeros, hace hincapié, severamente, en el deber de trabajar para ganarse honradamente el propio sustento, conforme al ejemplo que él les dio personalmente. Es suya, y aparece en este pasaje, la famosa máxima que a veces se ha atribuido a otros: "El que no quiera trabajar, que tampoco coma" (3.10).

Saludo

1 ¹ Yo, Pablo, junto con Silvano y Timoteo, escribo esta carta a los hermanos de la iglesia de la ciudad de Tesalónica,ᵃ que están unidos a Dios nuestro Padre y al Señor Jesucristo. ² Que Dios nuestro Padre y el Señor Jesucristo derramen su gracia y su paz sobre ustedes.

Dios juzgará a los pecadores cuando Cristo vuelva

³ Hermanos, siempre tenemos que dar gracias a Dios por ustedes, como es justo que hagamos, porque la fe de ustedes está creciendo y el amor que cada uno tiene por los otros es cada vez mayor. ⁴ De modo que nosotros mismos hablamos de ustedes con satisfacción en las iglesias de Dios, por la fortaleza y la fe que ustedes muestran en medio de todas las persecuciones y aflicciones que sufren. ⁵ Esto demuestra que Dios es justo en su manera de juzgar, al tenerlos a ustedes por dignos de entrar en su reino, por el cual están sufriendo.

⁶ Pues es justo que Dios haga sufrir a quienes los hacen sufrir a ustedes, ⁷ y que a ustedes, los que sufren, les dé descanso lo mismo que a nosotros. Esto será en el día en que el Señor Jesús aparezca con sus ángeles poderosos, viniendo del cielo entre llamas de fuego. ⁸ Vendrá para castigar a los que no reconocen a Dios ni hacen caso al mensaje de salvación de nuestro Señor Jesús. ⁹ Estos serán castigados con destrucción eterna, y serán arrojados lejos de la presencia del Señor y de su gloria y poder, ¹⁰ cuando el Señor venga en aquel día para ser honrado por los suyos y admirado por todos los creyentes; pues ustedes han creído en el testimonio que les dimos.

¹¹ Con este fin oramos siempre por ustedes, pidiendo a nuestro Dios que los tenga por dignos de haber sido llamados por él, y que él cumpla por su poder todos los bue-

ᵃ 1.1 Hch 17.1; 1 Ts 1.1.

nos deseos de ustedes y los trabajos que realizan por fe. [12] De esta manera, el nombre de nuestro Señor Jesús será honrado por causa de ustedes, y él los honrará conforme a la bondad de nuestro Dios y del Señor Jesucristo.

Aclaraciones sobre el regreso del Señor

2 [1] Ahora, hermanos, en cuanto al regreso de nuestro Señor Jesucristo y a nuestra reunión con él,[b] les rogamos [2] que no cambien fácilmente de manera de pensar ni se dejen asustar por ningún mensaje espiritual, discurso o carta que reciban como si fuera nuestra, diciendo que el día del regreso del Señor ya llegó. [3] No se dejen engañar de ninguna manera. Pues antes de aquel día tiene que venir la rebelión contra Dios, cuando aparecerá el hombre malvado, el que está condenado a la destrucción. [4] Este es el enemigo que se levanta contra todo lo que lleva el nombre de Dios o merece ser adorado,[c] y llega incluso a instalar su trono en el templo de Dios, haciéndose pasar por Dios.

[5] ¿No recuerdan que yo les hablaba de esto cuando aún estaba con ustedes? [6] Y ahora ustedes saben qué es lo que lo detiene, para que no aparezca antes de su debido tiempo. [7] Pues el plan secreto de la maldad ya está en marcha; sólo falta que sea quitado de en medio el que ahora lo está deteniendo. [8] Entonces aparecerá aquel malvado, a quien el Señor Jesús matará con el soplo de su boca[d] y destruirá cuando regrese en todo su esplendor. [9] En cuanto a ese malvado, vendrá con la ayuda de Satanás; llegará con mucho poder, y con señales y milagros[e] falsos. [10] Y usará toda clase de maldad para engañar a los que van a la condenación, porque no quisieron aceptar y amar la verdad para recibir la salvación. [11] Por eso, Dios deja que el error los engañe y que crean en la mentira, [12] a fin de que sean condenados todos los que no han querido creer en la verdad, sino que se complacen en la maldad.

Escogidos para ser salvados

[13] Pero nosotros siempre tenemos que dar gracias a Dios por ustedes, hermanos amados por el Señor, porque Dios los escogió para que fueran los primeros en alcanzar la salvación[f] por medio del Espíritu que los consagra y de la verdad en que han creído. [14] Para esto los llamó Dios por medio del mensaje de salvación que nosotros anunciamos: para que lleguen a te-

ner parte en la gloria de nuestro Señor Jesucristo.

[15] Así que, hermanos, sigan firmes y no se olviden de las enseñanzas que les hemos trasmitido personalmente y por carta.[f] [16] Que nuestro Señor Jesucristo mismo, y Dios nuestro Padre, que en su bondad nos ha amado y nos ha dado consuelo eterno y una buena esperanza, [17] anime sus corazones y les mantenga firmes para que todo lo que digan y hagan sea bueno.

Oren por nosotros

3 [1] Por último, hermanos, oren por nosotros, para que el mensaje del Señor llegue pronto a todas partes y sea recibido con estimación, como sucedió entre ustedes. [2] Oren también para que seamos librados de los hombres malos y perversos, porque no todos tienen fe. [3] Pero el Señor es fiel, y él los mantendrá a ustedes firmes y los protegerá del mal. [4] Y en el Señor tenemos confianza en que ustedes hacen y seguirán haciendo lo que les hemos ordenado. [5] Que el Señor los ayude a amar como Dios ama y a tener en el sufrimiento la fortaleza de Cristo.

El deber de trabajar

[6] Hermanos, les ordenamos en el nombre de nuestro Señor Jesucristo, que se aparten de cualquier hermano que no quiera trabajar y que no viva de acuerdo con las enseñanzas que les hemos trasmitido. [7] Pues ustedes saben cómo deben vivir para seguir nuestro ejemplo: nosotros no hemos vivido entre ustedes sin trabajar, [8] ni hemos comido el pan de nadie sin pagarlo. Al contrario, trabajamos y luchamos día y noche para no serle una carga a ninguno de ustedes.[g] [9] Y ciertamente teníamos el derecho de pedirles a ustedes que nos ayudaran, pero trabajamos para darles un ejemplo a seguir. [10] Cuando estuvimos con ustedes, les dimos esta regla: El que no quiera trabajar, que tampoco coma. [11] Pero hemos sabido que algunos de ustedes viven sin trabajar, muy ocupados en no hacer nada. [12] A tales personas les mandamos y encargamos, con la autoridad del Señor Jesucristo, que trabajen tranquilamente para ganarse la vida. [13] Hermanos, no se cansen de hacer el bien.[h] [14] Si alguno no hace caso a lo que decimos en esta carta, fíjense en quién es y no se junten con él, para que le dé ver-

[f] Para que fueran los primeros en alcanzar la salvación: algunos mss. dicen: desde el principio para la salvación.
[b] 2.1 1 Ts 4.15–17.   [c] 2.4 Dn 11.36; Ez 28.2.   [d] 2.8 Is 11.4.   [e] 2.9 Mt 24.24.   [f] 2.15 1 Co 11.2.
[g] 3.8 Hch 18.3; 1 Ts 2.9.   [h] 3.13 Gá 6.9.

güenza. ¹⁵ Pero no lo tengan por enemigo, sino aconséjenlo como a hermano.

Bendición final

¹⁶ Y que el mismo Señor de paz les dé paz a ustedes en todo tiempo y en todas formas. Que el Señor esté con todos ustedes.

¹⁷ Yo, Pablo, les escribo este saludo de mi puño y letra. Así firmo todas mis cartas; así escribo. ¹⁸ Que nuestro Señor Jesucristo derrame su gracia sobre todos ustedes.

Primera Carta de San Pablo a
TIMOTEO

Esta es la primera de las cartas llamadas "pastorales". Timoteo era un joven cristiano, de madre judía y padre griego, que Pablo había encontrado en Listra (Hch. 6.1-3) y que había llegado a ser un amado y valioso colaborador suyo. Esta carta y la siguiente, dirigida también a Timoteo, se consideran como la Carta Magna del joven ministro cristiano. Ambas están llenas de consejos, más que pastorales, paternales, y rebosan de solicitud y afecto.

La primera carta trata de tres grandes temas. En los caps. 1—3, se expresa mucha preocupación por las falsas doctrinas que se han infiltrado en la iglesia, en este caso una mezcla de ideas judías y paganas. De las primeras, es la abstención de cierta clase de alimentos. De las segundas, el concepto de que el mundo material es malo en sí —creencia muy difundida en el mundo griego y oriental—, y que la salvación se alcanza por una especie de conocimiento particular secreto, reservado a los iniciados. También es de origen pagano la prohibición del matrimonio. De modo que se hace una severa advertencia contra estas serias desviaciones doctrinales y de conducta.

El segundo tema tratado es el de la dirección del culto y el comportamiento en él, así como de la organización, administración y dignatarios de la congregación. Por último (caps. 4—6), en un plano más personal y afectuoso, se instruye al joven ministro sobre cómo debe realizar su trabajo, a fin de ser "un buen siervo de Jesucristo" (4.6).

Saludo

1 ¹ Yo, Pablo, apóstol de Jesucristo, enviado por mandato de Dios nuestro Salvador y del Señor Jesucristo, que es nuestra esperanza, ² te escribo esta carta, Timoteo,ª mi verdadero hijo en la fe, deseando que Dios nuestro Padre y Cristo Jesús nuestro Señor derramen su gracia, su misericordia y su paz sobre ti.

Advertencia contra enseñanzas falsas

³ Como ya te rogué al irme a la región de Macedonia, quédate en Efeso, para ordenar a ciertas personas que no enseñen ideas falsas ⁴ ni presten atención a cuentos y cuestiones interminables acerca de los antepasados. Estas cosas llevan solamente a la discusión y no ayudan a aceptar con fe el plan de Dios.

⁵ El propósito de esa orden es que nos amemos unos a otros con el amor que proviene de un corazón limpio, de una buena conciencia y de una fe sincera. ⁶ Algunos se han desviado de esto y se han perdido en inútiles discusiones. ⁷ Quieren ser maestros de la ley de Dios, cuando no entienden lo que ellos mismos dicen ni lo que enseñan con tanta seguridad.

⁸ Sabemos que la ley es buena, si se usa de ella conforme al propósito que tiene. ⁹ Hay que recordar que ninguna ley se da para quienes hacen lo bueno. La ley se da para castigar a los rebeldes y desobedientes, a los malvados y pecadores, a los que no respetan a Dios ni a la religión, a los que matan a su padre o a su madre, a todos los asesinos, ¹⁰ a los que cometen inmoralidades sexuales, a los homosexuales, a los traficantes de esclavos, a los mentirosos y a los que juran en falso; es decir, a los que hacen cosas que van en contra de la sana enseñanza. ¹¹ Y esta sana enseñanza es la que se encuentra en el glorioso mensaje de salvación que el Dios bendito me ha encargado.

ª **1.2** Hch 16.1-3.

Gratitud por la misericordia de Dios

[12] Doy gracias a nuestro Señor Jesucristo, el cual me ha dado fuerzas, porque me ha considerado fiel y me ha puesto a su servicio, [13] a pesar de que yo antes decía cosas ofensivas contra él, lo perseguía[b] y lo insultaba. Pero Dios tuvo misericordia de mí, porque yo todavía no era creyente y no sabía lo que hacía. [14] Y así nuestro Señor derramó abundantemente su gracia sobre mí, y me dio la fe y el amor que tenemos por nuestra unión con Cristo Jesús.

[15] Esto es muy cierto, y todos deben creerlo: que Cristo Jesús vino al mundo para salvar a los pecadores, de los cuales yo soy el primero. [16] Por eso, Dios tuvo misericordia de mí: para que Jesucristo mostrara en mí toda su paciencia. Así yo vine a ser ejemplo de los que habían de creer en él para obtener la vida eterna. [17] ¡Demos honor y gloria para siempre al Rey eterno, al inmortal, invisible y único Dios! Así sea.

[18-19] Timoteo, hijo mío, te doy este encargo para que pelees la buena batalla con fe y buena conciencia, conforme a lo que antes dijeron los hermanos que hablaron de ti en nombre de Dios. Algunos, por no haber hecho caso a su conciencia, han fracasado en su fe. [20] Esto se les ha pasado a Himeneo y Alejandro, a quienes he entregado a Satanás para que aprendan a no decir cosas ofensivas contra Dios.

Instrucciones sobre la oración

2 [1] Ante todo recomiendo que se hagan peticiones, oraciones, súplicas y acciones de gracias a Dios por toda la humanidad. [2] Se debe orar por los que gobiernan y por todas las autoridades, para que podamos gozar de una vida tranquila y pacífica, llena de reverencia a Dios y respetable en todos sentidos. [3] Esto es bueno y agrada a Dios nuestro Salvador, [4] pues él quiere que todos se salven y lleguen a conocer la verdad. [5] Porque no hay más que un Dios; y no hay más que un hombre que pueda llevar a todos los hombres a la unión con Dios: Jesucristo. [6] Porque Jesucristo se entregó a la muerte para pagar el precio de la salvación de todos,[c] conforme al testimonio que se dio a su debido tiempo. [7] Por esto yo he sido nombrado mensajero y apóstol, y se me ha encargado que enseñe acerca de la fe y de la verdad a los que no son judíos. Lo que digo es cierto; no miento.[d]

[8] Así pues, quiero que los hombres oren en todas partes, y que eleven sus manos a Dios con pureza de corazón y sin enojos ni discusiones. [9] Y quiero que las mujeres se vistan decentemente, con modestia y sencillez; que se adornen, pero no con peinados exagerados ni con oro, perlas o vestidos costosos,[e] [10] sino con buenas obras, como deben hacerlo las mujeres que se han consagrado a Dios. [11] La mujer debe escuchar la instrucción en silencio, con toda sumisión. [12] y no permito que la mujer enseñe en público ni domine al hombre. Quiero que permanezca callada, [13] porque Dios hizo primero a Adán[f] y después a Eva;[g] [14] y Adán no fue el engañado, sino la mujer; y al ser engañada, cayó en pecado.[h] [15] Pero la mujer se salvará si cumple sus deberes como madre, y si con buen juicio se mantiene en la fe, amor y la santidad.

Cómo deben ser los dirigentes

3 [1] Esto es muy cierto: si alguien aspira a un puesto de dirigente en la iglesia,[i] a un buen trabajo aspira. [2] Por eso, la conducta del que tiene responsabilidades como dirigente ha de ser irreprensible. Debe ser esposo de una sola mujer[2] y llevar una vida seria, juiciosa y respetable. Debe estar siempre dispuesto a hospedar gente en su casa; debe ser apto para enseñar; [3] no debe ser borracho ni amigo de peleas, sino bondadoso, pacífico y desinteresado en cuanto a dinero. [4] Debe saber gobernar bien su casa y hacer que sus hijos sean obedientes y respetuosos; [5] porque si uno no sabe gobernar su propia casa, ¿cómo podrá cuidar de la iglesia de Dios? [6] Por lo tanto, el dirigente no debe ser un recién convertido, no sea que se llene de orgullo y caiga bajo la misma condenación en que cayó el diablo. [7] También debe ser respetado entre los no creyentes, para que no caiga en deshonra y en alguna trampa del diablo.[i]

Cómo deben ser los diáconos

[8] Asimismo, los diáconos deben ser hombres respetables, que nunca falten a su palabra ni sean dados a emborracharse ni a desear ganancias mal habidas. [9] Deben apegarse a la verdad revelada en la cual creemos, y mantener limpia la conciencia. [10] Primero deben ser sometidos a una prueba, y después, si no tienen falta, podrán servir como diáconos. [11] Igualmente, las mujeres deben ser respetables, no chismosas, serias y fieles en todo. [12] Un diácono debe ser esposo de una sola mujer,[3] y saber gobernar bien a sus hijos y su

---

[1] Un puesto de dirigente en la iglesia: lit. obispado. [2] Esposo de una sola mujer: otra posible traducción: casado una sola vez. [3] Véase nota en 3.2.
[b] 1.13 Hch 8.3; 9.4-5. [c] 2.6 Mt 20.28; Mr 10.45; Gá 1.4; Tit 2.14. [c] 2.7 2 Ti 1.11. [e] 2.9 1 P 3.3. [f] 2.13 Gn 2.7.
[g] 2.13 Gn 2.21-22. [h] 2.14 Gn 3.1-6. [i] 3.2-7 Tit 1.6-9.

propia casa. ¹³ Porque los diáconos que realizan bien su trabajo, se ganan un lugar de honor, y con mayor confianza podrán hablar de su fe en Cristo Jesús.

La verdad revelada de nuestra religión

¹⁴ Espero ir pronto a verte; pero te escribo esto ¹⁵ para que, si me retraso, sepas cómo debe portarse uno en la familia de Dios, que es la iglesia del Dios viviente, la cual sostiene y defiende la verdad. ¹⁶ No hay duda de que el secreto de nuestra religión es algo muy grande:

Cristo se manifestó en su condición
de hombre,
triunfó en su condición de espíritu⁴
y fue visto por los ángeles.
Fue anunciado a las naciones,
creído en el mundo
y recibido en la gloria.

Los que se apartarán de la fe

4 ¹ Pero el Espíritu dice claramente que en los últimos tiempos algunos se apartarán de la fe, siguiendo a espíritus engañadores y enseñanzas que vienen de los demonios. ² Harán caso a gente hipócrita y mentirosa, cuya conciencia está marcada con el hierro de sus malas acciones. ³ Esta gente prohíbe casarse y comer ciertos alimentos que Dios ha creado para que los creyentes y los que conocen la verdad los coman, dándole gracias. ⁴ Pues todo lo que Dios ha creado es bueno; y nada debe ser rechazado si lo aceptamos dando gracias a Dios, ⁵ porque la palabra de Dios y la oración lo hacen sagrado.

Un buen siervo de Jesucristo

⁶ Si enseñas estas cosas a los hermanos y te alimentas con las palabras de la fe y de la buena enseñanza que has seguido, serás un buen siervo de Jesucristo.

⁷ Pero no hagas caso de cuentos mundanos y tontos. Ejercítate en la devoción a Dios; ⁸ pues aunque el ejercicio del cuerpo sirve para algo, la devoción a Dios es útil para todo, porque nos trae provecho para esta vida y también para la vida futura. ⁹ Esto es muy cierto, y todos deben creerlo. ¹⁰ Por eso mismo trabajamos y luchamos,⁵ porque hemos puesto nuestra esperanza en el Dios viviente, que es el Salvador de todos, especialmente de los que creen.

¹¹ Estas cosas tienes que mandar y enseñar. ¹² Evita que te desprecien por ser joven; más bien debes ser un ejemplo para los creyentes en tu modo de hablar y de portarte, y en amor, fe y pureza de vida. ¹³ Mientras llego, dedícate a leer en público las Escrituras, a animar a los hermanos y a instruirlos. ¹⁴ No descuides los dones que Dios te concedió cuando, por inspiración suya, los ancianos de la iglesia te impusieron las manos.

¹⁵ Pon toda tu atención en estas cosas, para que todos puedan ver cómo adelantas. ¹⁶ Ten cuidado de ti mismo y de lo que enseñas a otros, y sigue firme en todo. Si lo haces así, te salvarás a ti mismo y salvarás también a los que te escuchan.

Cómo portarse con los creyentes

5 ¹ No reprendas al anciano; al contrario, aconséjalo como si fuera tu padre; y trata a los jóvenes como si fueran tus hermanos. ² A las ancianas trátalas como a tu propia madre; y a las jóvenes, como si fueran tus hermanas, con toda pureza.

³ Ayuda a las viudas que no tengan a quien recurrir. ⁴ Pero si una viuda tiene hijos o nietos, ellos son quienes primero deben aprender a cumplir sus obligaciones con los de su propia familia y a corresponder al amor de sus padres, porque esto es bueno y agrada a Dios. ⁵ La verdadera viuda, la que se ha quedado sola, pone su esperanza en Dios y no deja de rogar, orando día y noche. ⁶ Pero la viuda que se entrega al placer, está muerta en vida. ⁷ Mándales también estas cosas, para que sean irreprensibles. ⁸ Pues quien no se preocupa de los suyos, y sobre todo de los de su propia familia, ha negado la fe y es peor que los que no creen.

⁹ En la lista de las viudas debe estar únicamente la que tenga más de sesenta años y no haya tenido sino un sólo esposo. ¹⁰ Debe ser conocida por el bien que haya hecho: si ha criado bien a sus hijos, si ha sido amable con los que llegan a su casa, si ha lavado los pies a los creyentes y si ha ayudado a los que sufren; en fin, si ha procurado hacer toda clase de obras buenas. ¹¹ Pero no pongas en la lista a viudas de menos edad; porque cuando sus propios deseos las apartan de Cristo, quieren casarse de nuevo ¹² y resultan culpables de haber faltado a su compromiso. ¹³ Además andan de casa en casa, y se vuelven perezosas; y no sólo perezosas, sino también chismosas, metiéndose en todo y diciendo cosas que no convienen. ¹⁴ Por eso quiero que las viudas jóvenes se casen, que tengan hijos, que sean amas de casa y que no den lugar a las críticas del enemigo. ¹⁵ Pues algunas viudas ya se han apartado y han seguido a Satanás.

¹⁶ Si alguna mujer creyente⁶ tiene viu-

---

⁴ *Triunfó en su condición de espíritu:* otra posible traducción: *fue declarado justo por el Espíritu.* ⁵ *Luchamos:* algunos mss. dicen: *somos objeto de insultos.* ⁶ *Si alguna mujer creyente:* algunos mss. dicen: *Si algún creyente o alguna creyente.*

das en su familia, debe ayudarlas, para que no sean una carga para la iglesia; así la iglesia podrá ayudar a las viudas que de veras no tengan a quien recurrir.

[17] Los ancianos que gobiernan bien la iglesia deben ser doblemente apreciados,[7] especialmente los que se dedican a predicar y enseñar. [18] Pues la Escritura dice: "No le pongas bozal al buey que trilla."[j] Y también: "El trabajador tiene derecho a su paga."[k]

[19] No hagas caso de acusaciones contra un anciano, si no están apoyadas por dos o tres testigos.[l]

[20] A los que siguen pecando, debes reprenderlos delante de todos, para que los demás tengan temor.

[21] Te encargo delante de Dios, de Jesucristo y de los ángeles escogidos, que sigas estas reglas sin hacer distinciones ni preferencias. [22] No impongas las manos a nadie sin haberlo pensado bien, para no hacerte cómplice de los pecados de otros. Evita todo lo malo.

[23] Puesto que a menudo estás enfermo del estómago, no bebas agua sola, sino bebe también un poco de vino.

[24] Los pecados de algunos se ven claramente antes de que ellos vayan a juicio, pero en otros casos sólo se ven después. [25] Del mismo modo, las obras buenas se ven claramente; y aquellas que no se ven, no podrán quedar siempre escondidas.

6 [1] Los que están sometidos a esclavitud, deben considerar a sus amos como dignos de todo respeto, para que no se hable mal del nombre de Dios ni de nuestra enseñanza. [2] Y si algunos tienen amos creyentes, que no dejen de respetarlos por ser sus hermanos en la fe. Al contrario, deben servirlos mejor todavía, porque los que reciben sus buenos servicios son creyentes y hermanos amados.

La verdadera riqueza

Enseña y predica esto: [3] Si alguien enseña ideas extrañas y no está de acuerdo con la sana enseñanza de nuestro Señor Jesucristo ni con lo que enseña nuestra religión, [4] es un orgulloso que no sabe nada. Discutir sobre cuestiones de palabras es en él como una enfermedad; y de ahí vienen envidias, discordias, insultos, desconfianzas [5] y peleas sin fin entre gente que tiene la mente pervertida y no conoce la verdad, y que toma la religión por una fuente de riqueza.[g] [6] Y claro está que la religión es una fuente de gran riqueza, pero sólo para el que se contenta con lo que tiene. [7] Porque nada trajimos a este mundo, y nada podremos llevarnos;[m]

[8] si tenemos qué comer y con qué vestirnos, ya nos podemos dar por satisfechos. [9] En cambio, los que quieren hacerse ricos no resisten la prueba, y caen en la trampa de muchos deseos insensatos y perjudiciales, que hunden a los hombres en la ruina y la condenación. [10] Porque el amor al dinero es raíz de toda clase de males;[n] y hay quienes, por codicia, se han desviado de la fe y han llenado de sufrimiento sus propias vidas.

La buena lucha de la fe

[11] Pero tú, hombre de Dios, huye de todo esto. Lleva una vida de rectitud, de devoción a Dios, de fe, de amor, de constancia y de humildad de corazón. [12] Pelea la buena batalla de la fe; no dejes escapar la vida eterna, pues para eso te llamó Dios y por eso hiciste una buena declaración de tu fe delante de muchos testigos. [13] Ahora, delante de Dios, que da vida a todo lo que existe, y delante de Jesucristo, que también hizo una buena declaración y dio testimonio ante Poncio Pilato,[ñ] te mando [14] que obedezcas lo que te ordeno, sin cambiarlo, para que no haya de qué reprenderte. Y hazlo así hasta que venga nuestro Señor Jesucristo. [15] A su debido tiempo, Dios llevará esto a cabo, porque él es el único y bendito Soberano, Rey de reyes y Señor de señores. [16] Es el único inmortal, que vive en una luz a la que nadie puede acercarse.[o] Ningún hombre lo ha visto ni lo puede ver. ¡Suyos sean para siempre el honor y el poder! Así sea.

[17] A los que tienen riquezas de este mundo, mándales que no sean orgullosos ni pongan su esperanza en sus riquezas, porque las riquezas no son seguras. Antes bien, que pongan su esperanza en Dios, el cual nos da todas las cosas con abundancia y para nuestro provecho. [18] Mándales que hagan el bien, que se hagan ricos en buenas obras y que estén dispuestos a dar y compartir lo que tienen. [19] Así tendrán riquezas que les proporcionarán una base firme para el futuro, y alcanzarán la vida verdadera.[g]

Encargo final a Timoteo

[20] Timoteo, cuida bien lo que se te ha confiado. No escuches palabrerías mundanas y vacías, ni los argumentos que se opone el falsamente llamado conocimiento; [21] pues algunos que profesan esa clase de conocimiento, se han desviado de la fe.

Que el Señor derrame su gracia sobre ustedes.

---

[7] *Deben ser doblemente apreciados:* otra posible traducción: *deben recibir doble salario.* [8] Algunos mss. añaden: *apártate de ellos.* [9] *La vida verdadera:* algunos mss. dicen: *la vida eterna.*
[j] **5.18** Dt 25.4.   [k] **5.18** Mt 10.10; Lc 10.7.   [l] **5.19** Dt 17.6; 19.15.   [m] **6.7** Job 1.21; Sal 49.17; Ec 5.15.   [n] **6.6–10** He 13.5.
[ñ] **6.13** Jn 18.37.   [o] **6.16** Sal 104.2.

Segunda Carta de San Pablo a
TIMOTEO

Esta segunda carta prosigue en el plano íntimo, personal y práctico de la primera. El autor, que siente muy próxima su muerte, recuerda y agradece a Dios el amor y la fe de Timoteo. Ante el sufrimiento y la oposición, le exhorta a resistir valerosamente las pruebas y mantenerse firme "como un buen soldado de Jesucristo" (1.1—2.13). Por otra parte, le aconseja no enredarse en polémicas "por cuestión de palabras", que no sirven de nada, sino que perjudican a quienes las oyen, y degeneran en pleitos. Le recomienda igualmente cuidar de su vida personal, y mantenerse firme en las enseñanzas que, conforme a las Escrituras sagradas, ha recibido desde niño (2.14—4.5).

La carta termina haciendo a Timoteo confidencias acerca de la propia situación del autor: preso y procesado, abandonado de muchos, sufriendo la enemistad de otros, con sólo Lucas a su lado, y con el deseo de que él, Timoteo, venga pronto a verlo. En medio de todo, sin embargo, el Señor ha estado con él y lo ha ayudado, por lo cual le da la gloria (4.6–22). En todo esto, se invoca el ejemplo que el autor ha dado a Timoteo en su manera de vivir y en sus enseñanzas, su determinación, paciencia, fe, amor y fortaleza para soportar la persecución.

Saludo

1 ¹ Yo, Pablo, apóstol de Jesucristo, enviado por la voluntad de Dios de acuerdo con la promesa de vida que hay en la unión con Cristo Jesús, ² te escribo esta carta, mi querido hijo Timoteo,ᵃ deseando que Dios el Padre y nuestro Señor Jesucristo derramen su gracia, su misericordia y su paz sobre ti.

Dar testimonio de Cristo

³ Al recordarte siempre en mis oraciones, día y noche doy gracias a Dios, a quien sirvo con una conciencia limpia, como sirvieron también mis antepasados. ⁴ Me acuerdo siempre de tus lágrimas, y quisiera verte para llenarme de alegría. ⁵ Porque me acuerdo de la fe sincera que tienes. Primero la tuvieron tu abuela Loida y tu madre Eunice,ᵇ y estoy seguro de que también tú la tienes.

⁶ Por eso te recomiendo que avives el fuego del don que Dios te dio cuando te impuse las manos. ⁷ Pues Dios no nos ha dado un espíritu de temor, sino un espíritu de poder, de amor y de buen juicio. ⁸ No te avergüences, pues, de dar testimonio a favor de nuestro Señor; ni tampoco te avergüences de mí, preso por causa suya. Antes bien, con las fuerzas que Dios te da, acepta tu parte en los sufrimientos que vienen por causa del mensaje de salvación. ⁹ Dios nos salvó y nos ha llamado a consagrarle nuestra vida, no por lo que nosotros hayamos hecho, sino porque ése fue su propósito y porque nos ama en Cristo Jesús. Dios, que nos ama desde antes que el mundo existiera, ¹⁰ ha mostrado su amor ahora, al venir nuestro Salvador Jesucristo, que destruyó el poder de la muerte y que, por el mensaje de salvación, sacó a la luz la vida inmortal.

¹¹ Dios me ha encargado de anunciar este mensaje, y me ha enviado como apóstol y maestro.ᶜ ¹² Precisamente por eso sufro todas estas cosas. Pero no me avergüenzo de ello, porque yo sé en quién he puesto mi confianza; y estoy seguro de que él tiene poder para guardar hasta aquel día lo que me ha encomendado.ⁱ ¹³ Sigue el modelo de la sana enseñanza que de mí has recibido, y vive en la fe y el amor que tenemos por estar unidos a Cristo Jesús. ¹⁴ Con la ayuda del Espíritu Santo que vive en nosotros, cuida de la buena doctrina que Dios te ha confiado.

¹⁵ Como ya sabes, todos los de la provincia de Asia me abandonaron; entre ellos, Figelo y Hermógenes. ¹⁶ Que el Señor tenga misericordia de la familia de Onesíforo, porque él muchas veces me trajo alivio y no se avergonzó de que yo estuviera preso. ¹⁷ Al contrario, apenas llegó a Roma se puso a buscarme sin descanso, hasta que me encontró. ¹⁸ Que el Señor le permita encontrar su misericordia en aquel día. Tú ya sabes muy bien cuánto nos ayudó en Efeso.

Un buen soldado de Jesucristo

2 ¹ Y tú, hijo mío, saca fuerzas de los dones que has recibido de Cristo Jesús. ² Lo que me has oído decir delante de muchos testigos, encárgaselo a hombres de confianza que sean capaces de enseñárselo a otros.

ⁱ *Lo que me ha encomendado:* lit. *mi depósito.*
ᵃ **1.2** Hch 16.1; 1 Ti 1.2. ᵇ **1.5** Hch 16.1. ᶜ **1.11** 1 Ti 2.7.

³ Toma tu parte en los sufrimientos como un buen soldado de Jesucristo. ⁴ Ningún soldado en servicio activo se enreda en los asuntos de la vida civil, porque tiene que agradar a su superior. ⁵ De la misma manera, el deportista no puede recibir el premio, si no lucha de acuerdo con las reglas. ⁶ El que trabaja en el campo tiene derecho a ser el primero en recibir su parte de la cosecha. ⁷ Piensa en esto que digo, y el Señor te lo hará comprender todo.

⁸ Acuérdate de Jesucristo, que resucitó y que era descendiente del rey David; éste es el mensaje de salvación que predico. ⁹ Y por causa de este mensaje soporto sufrimientos, incluso el estar encadenado como un criminal; pero el mensaje de Dios no está encadenado. ¹⁰ Por eso lo soporto todo en bien de los que Dios ha escogido, para que también ellos alcancen la salvación gloriosa y eterna en Cristo Jesús.

¹¹ Esto es muy cierto:

Si hemos muerto con él, también
    viviremos con él;
¹² si sufrimos, tendremos parte en su
    reino;ᵈ
si le negamos, también él nos
    negará;ᵉ
¹³ si no somos fieles, él sigue siendo
    fiel,
porque no puede negarse a sí
    mismo.

Un trabajador aprobado

¹⁴ Recuérdales esto, y encárgales delante de Dios que dejen de discutir por cuestiones de palabras. Esas discusiones no sirven para nada; lo que hacen es perjudicar a quienes las escuchan. ¹⁵ Haz todo lo posible por presentarte delante de Dios como un trabajador aprobado que no tiene de qué avergonzarse, que enseña debidamente el mensaje de la verdad. ¹⁶ Evita palabrerías mundanas y vacías, porque los que hablan así, se hunden cada vez más en la maldad ¹⁷ y sus enseñanzas corroen como la gangrena. Esto es lo que sucede con Himeneo y Fileto, ¹⁸ que se han desviado de la verdad diciendo que nuestra resurrección ya ha tenido lugar, y andan trastornando de esa manera la fe de algunos. ¹⁹ Pero Dios ha puesto una base que permanece firme, en la cual está escrito: "El Señor conoce a los que le pertenecen",ᶠ y "Todos los que invocan el nombre del Señor han de apartarse de la maldad."

²⁰ En una casa grande, no solamente hay objetos de oro y de plata, sino también de madera y de barro; unos son para usos especiales y otros para uso común. ²¹ Para ser de uso especial, consagrado y útil al Señor, uno tiene que mantenerse limpio de todo lo malo; entonces será útil para cualquier cosa buena.

²² Huye, pues, de las pasiones de la juventud, y vive con rectitud, fe, amor y paz, junto con todos los que de limpio corazón invocan al Señor. ²³ No hagas caso de discusiones que no tienen ton ni son; ya sabes que traen disgustos. ²⁴ Y un siervo del Señor no debe andar en peleas; al contrario, debe ser bueno con todos. Debe ser apto para enseñar; debe tener paciencia ²⁵ y corregir con corazón humilde a los rebeldes, esperando que Dios haga que se vuelvan a él y conozcan la verdad, ²⁶ a fin de que se despierten y escapen de la trampa en que el diablo los tiene presos para hacer de ellos lo que quiera.

Cómo será la gente en los tiempos últimos

3 ¹ También debes saber que en los tiempos últimos vendrán días difíciles. ² Los hombres serán egoístas, amantes del dinero, orgullosos y vanidosos. Hablarán en contra de Dios, desobedecerán a sus padres, serán ingratos y no respetarán la religión. ³ No tendrán cariño ni compasión, serán chismosos, no podrán dominar sus pasiones, serán crueles y enemigos de todo lo bueno. ⁴ Serán traidores y atrevidos, estarán llenos de vanidad y buscarán sus propios placeres en vez de buscar a Dios. ⁵ Aparentarán ser muy religiosos, pero con sus hechos negarán el verdadero poder de la religión.

No tengas nada que ver con esa clase de gente. ⁶ Porque a ellos pertenecen esos que se meten en las casas y engañan a débiles mujeres cargadas de pecado que, arrastradas por toda clase de deseos, ⁷ están siempre aprendiendo pero jamás llegan a comprender la verdad. ⁸ Y así como los brujos Janes y Jambres se opusieron a Moisés,ᵍ también esa gente se opone a la verdad. Son hombres de mente pervertida, fracasados en la fe. ⁹ Pero no avanzarán mucho, porque todo el mundo se dará cuenta de que son unos tontos, igual que les pasó a aquellos dos que se opusieron a Moisés.

El último encargo de Pablo a Timoteo

¹⁰ Pero tú has seguido bien mis enseñanzas, mi manera de vivir, mi propósito, mi

ᵈ **2.11–12** 1 P 5.1.   ᵉ **2.12** Mt 10.33; Lc 12.9.   ᶠ **2.19** Nm 16.5; Jn 10.14; 1 Co 8.3.   ᵍ **3.8** Ex 7.11.

fe, mi paciencia, mi amor y mi fortaleza para soportar [11] las persecuciones y los sufrimientos. Sabes todo lo que me pasó en Antioquía,[h] Iconio[i] y Listra,[j] y las persecuciones que sufrí; pero el Señor me libró de todo ello. [12] Es cierto que todos los que quieren vivir consagrados a Cristo Jesús sufrirán persecución; [13] pero los malos y los engañadores irán de mal en peor, engañando y siendo engañados.

[14] Tú, sigue firme en todo aquello que aprendiste, de lo cual estás convencido. Ya sabes quiénes te lo enseñaron. [15] Recuerda que desde niño conoces las sagradas Escrituras, que pueden instruirte y llevarte a la salvación por medio de la fe en Cristo Jesús. [16] Toda Escritura está inspirada por Dios y es útil[2] para enseñar y reprender, para corregir y educar en una vida de rectitud, [17] para que el hombre de Dios esté capacitado y completamente preparado para hacer toda clase de bien.

4 [1] Delante de Dios y de Cristo Jesús, que vendrá como rey a juzgar a los vivos y a los muertos, te encargo mucho [2] que prediques el mensaje, y que insistas cuando sea oportuno y aun cuando no lo sea. Convence, reprende y anima, enseñando con toda paciencia. [3] Porque va a llegar el tiempo en que la gente no soportará la sana enseñanza; más bien, según sus propios caprichos, se buscarán un montón de maestros que sólo les enseñen lo que ellos quieran oír. [4] Darán la espalda a la verdad y harán caso a toda clase de cuentos. [5] Pero tú conserva siempre el buen juicio, soporta los sufrimientos, dedícate a predicar el mensaje de salvación, cumple bien con tu trabajo.

[6] Yo ya estoy para ser ofrecido en sacrificio; ya se acerca la hora de mi muerte. [7] He peleado la buena batalla, he llegado al término de la carrera, me he mantenido fiel. [8] Ahora me espera la corona merecida[3] que el Señor, el Juez justo, me dará en aquel día. Y no me la dará solamente a mí, sino también a todos los que con amor esperan que él vuelva.

Instrucciones personales

[9] Haz lo posible por venir pronto a verme; [10] pues Demas,[k] que amaba más las cosas de este mundo, me ha abandonado y se ha ido a Tesalónica. Crescente se ha ido a la región de Galacia, y Tito[l] a la de Dalmacia. [11] Solamente Lucas[m] está conmigo. Busca a Marcos[n] y tráelo contigo, porque puede ser una ayuda para mí en el trabajo. [12] A Tíquico[ñ] lo mandé a Efeso. [13] Cuando vengas, tráeme la capa que dejé en Troas,[o] en casa de Carpo; también los libros, y especialmente los pergaminos.

[14] Alejandro[p] el herrero se ha portado muy mal conmigo; el Señor le pagará conforme a lo que ha hecho.[q] [15] Tú cuídate de él, porque se ha puesto muy en contra de nuestro mensaje.

[16] En mi primera defensa ante las autoridades, nadie me ayudó; todos me abandonaron. Espero que Dios no se lo tome en cuenta. [17] Pero el Señor sí me ayudó y me dio fuerzas, de modo que pude llevar a cabo la predicación del mensaje de salvación y hacer que lo oyeran todos los paganos. Así el Señor me libró de la boca del león, [18] y me librará de todo mal, y me guardará para su reino celestial. ¡Gloria a él para siempre! Así sea.

Saludos y bendición final

[19] Saludos a Prisca y a Aquila,[r] y a la familia de Onesíforo.[s] [20] Erasto[t] se quedó en Corinto, y a Trófimo[u] lo dejé enfermo en Mileto. [21] Procura venir antes del invierno. Te mandan saludos Eubulo, Pudente, Lino, Claudia y todos los hermanos. [22] Que el Señor Jesucristo esté contigo, y que Dios derrame su gracia sobre todos ustedes.

---

[2] *Toda Escritura está inspirada por Dios y es útil:* otra posible traducción: *Toda Escritura inspirada por Dios también es útil.* [3] *Corona merecida:* lit. *corona de justicia.*
[h] **3.11** Hch 13.14–52. [i] **3.11** Hch 14.1–7. [j] **3.11** Hch 14.8–20. [k] **4.10** Col 4.14; Flm 24. [l] **4.10** 2 Co 8.23; Gá 2.3; Tit 1.4. [m] **4.11** Col 4.14; Flm 24. [n] **4.11** Hch 12.12,25; 13.13; 15.37–39; Col 4.10; Flm 24. [ñ] **4.12** Hch 20.4; Ef 6.21–22; Col 4.7–8. [o] **4.13** Hch 20.6. [p] **4.14** 1 Ti 1.20. [q] **4.14** Sal 62.12; Ro 2.6. [r] **4.19** Hch 18.2,18. [s] **4.19** 2 Ti 1.16–17. [t] **4.20** Hch 19.22; Ro 16.23. [u] **4.20** Hch 20.4; 21.29.

Carta de San Pablo a
TITO

Pablo había dejado en Creta a Tito, un no judío convertido al cristianismo, a quien había encargado organizar debidamente la iglesia del lugar. Esta carta se la dirige para aconsejarlo sobre varios asuntos al respecto. Como las cartas a Timoteo, esta carta está llena de afecto personal.

En primer lugar, la carta habla sobre los dignatarios de la iglesia, sus requisitos y deberes, en términos semejantes a los que emplea cuando escribe a Timoteo (3.1–13). El carácter y conducta de aquellos han de ser ejemplares, sobre todo en vista del difícil medio ambiente en que han de trabajar (cap. 1). Se le encomienda que vigile cómo han de ser y comportarse los varios grupos y las distintas edades que forman la iglesia (cap. 2) y cómo cumplen sus deberes los creyentes en general (3.1–11). Concluye, como en otras cartas, con instrucciones y saludos personales (3.12–15).

Saludo

1 ¹ Yo, Pablo, soy siervo de Dios y apóstol de Jesucristo, enviado por él para traer a la fe a los que Dios ha escogido, y para que conozcan la verdad de nuestra religión, ² que está basada en la esperanza de la vida eterna. Dios, que no miente, prometió esta vida desde antes que el mundo existiera; ³ y ahora, a su debido tiempo, nos ha dado a conocer su mensaje por medio de la predicación que me ha sido confiada por mandato de Dios nuestro Salvador. ⁴ Te escribo la presente carta, Tito,ᵃ verdadero hijo mío en esta fe que los dos tenemos, deseando que Dios nuestro Padre y Jesucristo nuestro Salvador derramen su gracia y su paz sobre ti.

El trabajo de Tito en Creta

⁵ Cuando te dejé en la isla de Creta, lo hice para que arreglaras lo que quedaba por arreglar y para que, en cada pueblo, nombraras ancianos de la iglesia, de acuerdo con lo que yo te encargué. ⁶ Un anciano debe vivir de tal manera que no haya nada de qué reprenderlo. Debe ser esposo de una sola mujer,ⁱ y sus hijos deben ser creyentes y no estar acusados de mala conducta o de ser rebeldes. ⁷ Pues el que tiene responsabilidades como dirigente de la iglesia, está encargado de las cosas de Dios, y por eso es necesario que lleve una vida recta. No debe ser terco, ni de mal genio; no debe ser borracho, ni amigo de peleas, ni desear ganancias mal habidas. ⁸ Al contrario, siempre debe estar dispuesto a hospedar gente en su casa, y debe ser un hombre de bien, de buen juicio, justo, consagrado a Dios y disciplinado. ⁹ Debe apegarse al verdadero mensaje que se le enseñó, para que también pueda animar a otros con la sana enseñanza y convencer a los que contradicen.ᵇ

¹⁰ Porque hay muchos rebeldes, sobre todo entre los que insisten en la circuncisión, que dicen cosas sin sentido y engañan a la gente. ¹¹ A ésos hay que taparles la boca, pues trastornan familias enteras, enseñando lo que no deben para obtener ganancias mal habidas. ¹² Fue un profeta de la misma isla de Creta quien dijo de sus paisanos: "Los cretenses, siempre mentirosos, salvajes, glotones y perezosos." ¹³ Y dijo la verdad; por eso, repréndelos duramente, para que sean sanos en su fe ¹⁴ y para que no hagan caso de cuentos inventados por los judíos, ni de lo que ordenan los que dan la espalda a la verdad.

¹⁵ Para quienes tienen la mente limpia, todas las cosas son limpias; pero para quienes no creen ni tienen la mente limpia, no hay nada limpio; pues hasta su mente y su conciencia están sucias. ¹⁶ Dicen conocer a Dios pero con sus hechos lo niegan; son odiosos y rebeldes, incapaces de ninguna obra buena.

La sana enseñanza

2 ¹ Lo que digas debe estar siempre de acuerdo con la sana enseñanza. ² Los ancianos deben ser serios, respetables y de buen juicio; sanos en su fe, en su amor y en su fortaleza para soportar el sufrimiento. ³ Igualmente, las ancianas deben portarse con reverencia, y no ser chismosas, ni emborracharse. Deben dar buen ejemplo ⁴ y enseñar a las jóvenes a amar a sus esposos y a sus hijos, ⁵ a ser juiciosas, puras, cuidadosas del hogar, bondadosas y sujetas a sus esposos, para que nadie pueda hablar mal del mensaje de Dios.

⁶ Anima igualmente a los jóvenes a ser juiciosos, ⁷ y dales tú mismo un buen

---

ⁱ *Esposo de una sola mujer:* otra posible traducción: *casado una sola vez.*
ᵃ **1.4** 2 Co 8.23; Gá 2.3; 2 Ti 4.10. ᵇ **1.6–9** 1 Ti 3.2–7.

ejemplo en todas las cosas. Al enseñarles, hazlo con toda pureza y seriedad, [8] hablando de una manera sana, que nadie pueda condenar. Así sentirá vergüenza cualquiera que se ponga en contra, pues no podrá decir nada malo de nosotros.

[9] Aconseja a los siervos que obedezcan en todo a sus amos; que sean amables y no respondones. [10] Que no roben, sino que sean completamente honrados, para que todos vean en sus vidas lo hermosa que es la enseñanza acerca de Dios nuestro Salvador.

[11] Pues Dios nos ha mostrado su bondad, la cual trae la salvación a toda la humanidad. [12] Esa bondad de Dios nos enseña a dejar la maldad y los deseos mundanos, y a llevar en este mundo una vida de buen juicio, rectitud y devoción a Dios, [13] viviendo en espera del feliz cumplimiento de lo que se nos ha prometido: el regreso glorioso de nuestro gran Dios y Salvador Jesucristo.[c] [14] El se entregó a la muerte por nosotros,[d] para salvarnos de toda maldad[e] y limpiarnos completamente, para que seamos suyos,[f] deseosos de hacer el bien.

[15] Esto es lo que tienes que enseñar, animando y reprendiendo con toda autoridad. Que nadie te desprecie.

Deberes de los creyentes

3 [1] Recuérdales que se sometan al gobierno y a las autoridades, que sean obedientes y que siempre estén dispuestos a hacer lo bueno. [2] Que no hablen mal de nadie, que sean pacíficos y bondadosos, y que se muestren humildes de corazón en su trato con todos. [3] Porque antes también nosotros éramos insensatos y desobedientes a Dios; andábamos perdidos y éramos esclavos de toda clase de deseos y placeres. Vivíamos en maldad y envidia, odiados y odiándonos unos a otros. [4] Pero cuando Dios nuestro Salvador mostró su bondad y su amor por la humanidad, [5] nos salvó, no porque nosotros hubiéramos hecho nada bueno, sino porque tuvo compasión de nosotros.[g] Por medio del lavamiento[h] nos ha hecho nacer de nuevo; por medio del Espíritu Santo nos ha dado nueva vida; [6] y por medio de nuestro Salvador Jesucristo nos ha dado el Espíritu Santo en abundancia, [7] para que, habiéndonos librado de culpa por su bondad, recibamos la vida eterna que esperamos.

[8] Esto es muy cierto, y quiero que insistas mucho en ello, para que los que creen en Dios se ocupen en hacer el bien. Estas cosas son buenas y útiles para todos. [9] Pero evita las discusiones tontas, las leyendas acerca de los antepasados, las discordias y las peleas por cuestiones de la ley de Moisés. Son cosas inútiles y sin sentido. [10] Si alguien causa divisiones en la iglesia, llámale la atención una y dos veces; pero si no te hace caso, expúlsalo de ella, [11] pues debes saber que esa persona se ha pervertido y que su mismo pecado la está condenando.

Instrucciones personales

[12] Cuando yo te mande a Artemas o a Tíquico,[i] haz lo posible por ir a Nicópolis a verme, porque he decidido pasar allí el invierno. [13] Ayuda en todo lo que puedas al abogado Zenas y a Apolos,[j] dándoles lo necesario para que sigan su viaje y no les falte nada. [14] Y que los nuestros aprendan también a hacer el bien y a ayudar en casos de necesidad, para que sus vidas sean útiles.

Saludos y bendición final

[15] Todos los que están conmigo te mandan saludos. Saluda a nuestros queridos amigos en la fe. Que Dios derrame su gracia sobre todos ustedes.

c 2.13 2 P 1.1.   d 2.14 Mt 20.28; Mr 10.45; Gá 1.4; 1 Ti 2.6.   e 2.14 Sal 130.8; Mt 20.28.   f 2.14 Ex 19.5; Dt 4.20; 7.6; 14.2; 1 P 2.9.   g 3.5 Dn 9.18.   h 3.5 Ef 5.26.   i 3.12 Hch 20.4; Ef 6.21–22; Col 4.7–8; 2 Ti 4.12.   j 3.13 Hch 18.24; 1 Co 16.12.

Carta de San Pablo a
FILEMÓN

Cuando Pablo se hallaba preso, cierto esclavo fugitivo, llamado Onésimo, se puso de algún modo en contacto con él, se hizo cristiano por su predicación y se puso a su servicio. Era para él una gran ayuda, pero conforme a la ley romana, debía ser devuelto a su dueño. En este caso, el dueño era un cristiano llamado Filemón, persona muy importante y probablemente miembro de la iglesia de Colosas, a quien Pablo conocía bien. Habiendo decidido devolver su esclavo a Filemón, Pablo se lo envía, pero le escribe una carta pidiéndole que lo reciba bien, ya no como a un esclavo sino como a un querido hermano en la fe.

Esta carta es un verdadero modelo de tacto, discreción, cortesía y ternura: Pablo no discute los derechos legales de Filemón sobre Onésimo. Simplemente le habla en nombre de una ley más alta, la del amor cristiano.

Saludo

[1] Yo, Pablo, que estoy preso por causa de Cristo Jesús, te escribo esta carta junto con el hermano Timoteo, a ti, Filemón, nuestro querido compañero de trabajo, [2] y a la iglesia que se reúne en tu casa, así como a nuestra hermana Apia y a Arquipo,[a] compañero nuestro en la lucha. [3] Que Dios nuestro Padre y el Señor Jesucristo derramen su gracia y su paz sobre ustedes.

El amor y la fe de Filemón

[4] Siempre doy gracias a mi Dios al acordarme de ti en mis oraciones, [5] porque he tenido noticias del amor y la fe que tienes para con el Señor Jesús y para con todos los que pertenecen al pueblo de Dios. [6] Y pido a Dios que tú, que compartes nuestra fe, llegues a entender bien todas las bendiciones que tenemos por Cristo Jesús.[1] [7] Estoy muy contento y animado por tu amor, ya que gracias a ti, hermano, el corazón de los creyentes ha sido consolado.

Pablo pide un favor para el esclavo Onésimo

[8] Por eso, aunque como apóstol de Cristo tengo derecho a ordenarte lo que debes hacer, [9] prefiero rogártelo en nombre del amor. Yo, Pablo, ya anciano, y ahora preso por causa de Cristo Jesús, [10] te pido un favor para Onésimo,[b] que ha llegado a ser mi hijo espiritual aquí en la cárcel. [11] En otro tiempo, Onésimo fue para ti un esclavo inútil, pero ahora nos es útil[2] tanto a ti como a mí. [12] Te lo envío de nuevo: trátalo como a mí mismo. [13] Yo hubiera querido que se quedara aquí conmigo, para que me sirviera en tu lugar mientras estoy preso por causa del evangelio. [14] Pero no quiero hacer nada que tú antes no hayas aprobado, para que el favor que me haces no sea por obligación sino por tu propia voluntad. [15] Tal vez Onésimo se apartó de ti por algún tiempo para que ahora lo tengas para siempre, [16] ya no como un esclavo, sino como algo mejor que un esclavo: como un hermano querido. Yo lo quiero mucho, pero tú debes quererlo todavía más, no solamente como persona sino también como hermano en el Señor.

[17] Así pues, si me tienes por hermano en la fe, recíbelo como si se tratara de mí mismo. [18] Si te ha hecho algún daño, o si te debe algo, cóbramelo a mí. [19] Yo, Pablo, escribo esto con mi puño y letra: Yo lo pagaré. ¡Aunque podría recordarte que tú me debes tu propia persona! [20] Sí, hermano, hazme este favor como creyente en el Señor; consuela mi corazón como hermano en Cristo.

[21] Te escribo porque estoy seguro de tu obediencia, y sé que harás más de lo que te pido. [22] Además de esto, prepárame alojamiento; porque espero que, en respuesta a las oraciones de ustedes, Dios les concederá que yo vaya a verlos.

Saludos y bendición final

[23] Saludos de Epafras,[c] mi compañero de cárcel por causa de Cristo Jesús, [24] y también de Marcos,[d] Aristarco,[e] Demas[f] y Lucas,[g] que me ayudan en el trabajo. [25] Que el Señor Jesucristo derrame su gracia sobre ustedes.

---

[1] *Y pido a Dios . . . que tenemos por Cristo Jesús:* otra posible traducción: *Y pido a Dios que la fe que compartes con nosotros sea tan eficaz que llegues a entender todo lo bueno que entre nosotros se puede hacer para Cristo. Griego oscuro.* [2] *Ahora nos es útil:* posible juego de palabras con el nombre *Onésimo, que significa útil.*
a 2 Col 4.17.   b 10 Col 4.9.   c 23 Col 1.7; 4.12.   d 24 Hch 12.12,25; 13.13; 15.37-39; Col 4.10   e 24 Hch 19.29; 27.2; Col 4.10.   f 24 Col 4.14; 2 Ti 4.10.   g 24 Col 4.14; 2 Ti 4.11.

Carta a los
HEBREOS

Sólo al final tiene este escrito el carácter de una carta propiamente dicha. En realidad parece más bien una disertación o sermón. Por su contenido parece haberse dirigido, sin embargo, a cristianos casi seguramente de origen judío que, acosados por la impopularidad y la oposición, se veían tentados a abandonar la fe cristiana y volver a sus antiguas creencias y prácticas. El autor trata de disuadirlos. El tema central, que se expresa a modo de resumen al comienzo (1.1-3), es la superioridad de Jesucristo como revelación definitiva de Dios.

Luego se desarrolla de modo ordenado ese tema: Jesús, como Hijo eterno de Dios, que aprendió la obediencia por medio del sufrimiento que soportó, es superior, no sólo a sus profetas (1.1) sino a los ángeles sus mensajeros (1.4—2.18), a Moisés mismo y a Josué (3.1—4.13), así como al antiguo sacerdocio, puesto que Dios lo ha declarado sacerdote eterno (4.14—7.28). Por medio de él, Dios establece un pacto nuevo y mejor (8.1—9.28). Por el sacrificio que Jesús hace de sí mismo, superior al de los toros y de los cabritos, y oficiando él mismo a la vez como sumo sacerdote eterno, el que cree en él es salvado del pecado, el temor y la muerte. Así obtiene de él la verdadera salvación, de la cual los rituales y los sacrificios de animales del pacto antiguo son sólo una figura anticipada (10.1-31).

Y puesto que esa salvación se recibe sólo por la fe, el autor procede a declarar, con numerosos ejemplos de la historia judía, la primacía de la fe. En consecuencia, exhorta a los creyentes a permanecer fieles hasta el fin y, con la mirada fija en Jesús, a soportar el sufrimiento y la persecución que puedan sobrevenirles. El cap. 13 cierra el libro con varias exhortaciones, peticiones y saludos finales.

Dios ha hablado por medio de su Hijo

1 ¹ En tiempos antiguos Dios habló a nuestros antepasados muchas veces y de muchas maneras por medio de los profetas. ² Ahora, en estos tiempos últimos, nos ha hablado por su Hijo, mediante el cual creó los mundos y al cual ha hecho heredero de todas las cosas. ³ El es el resplandor glorioso de Dios, la imagen misma de lo que es Dios y el que sostiene todas las cosas con su palabra poderosa.ª Después de limpiarnos de nuestros pecados, se ha sentado en el cielo, a la derecha del trono de Dios.

El Hijo de Dios es superior a los ángeles

⁴ El Hijo de Dios ha llegado a ser superior a los ángeles, pues ha recibido en herencia un título mucho más importante que el de ellos. ⁵ Porque Dios nunca dijo a ningún ángel:

"Tú eres mi Hijo;
yo te he engendrado hoy."ᵇ

Ni dijo tampoco de ningún ángel:

"Yo seré un padre para él,
y él será un hijo para mí."ᶜ

⁶ Pero en otro lugar, al presentar a su Hijo primogénito al mundo, dice:

"Que todos los ángeles de Dios le adoren."ᵈ

⁷ Respecto a los ángeles, Dios dice:

"Hace que sus ángeles sean como vientos,
y como llamas de fuego sus servidores."ᵉ

⁸ Pero respecto al Hijo, dice:

"Tu reinado, oh Dios, es eterno,
y es un reinado de justicia.
⁹ Has amado lo bueno y odiado lo malo;
por eso te ha escogido Dios, tu Dios,
y te ha colmado de alegría
más que a tus compañeros."ᶠ

¹⁰ También dice:

"Tú, oh Señor, afirmaste la tierra desde el principio;
tú mismo hiciste el cielo.
¹¹ Todo ello dejará de existir,
pero tú permaneces para siempre.
Todo ello se gastará como la ropa;
¹² ¡lo doblarás como se dobla un vestido,
lo cambiarás como quien se cambia de ropa!
Pero tú eres el mismo;
tu vida no terminará."ᵍ

¹³ Dios nunca dijo a ninguno de los ángeles:

"Siéntate a mi derecha,
hasta que yo haga de tus enemigos el estrado de tus pies."ʰ

¹⁴ Porque todos los ángeles son espíritusⁱ al servicio de Dios, enviados en ayuda de

---

ⁱ *Son espíritus*: juego de palabras con 1.7: en griego como en hebreo la misma palabra puede significar *espíritu* o *viento*.
ª **1.2-3** Jn 1.1-3; Col 1.15-17.   ᵇ **1.5** Sal 2.7.   ᶜ **1.5** 2 S 7.14; 1 Cr 17.13.   ᵈ **1.6** Dt 32.43; Sal 97.7.   ᵉ **1.7** Sal 104.4.
ᶠ **1.8-9** Sal 45.6-7.   ᵍ **1.10-12** Sal 102.25-27.   ʰ **1.13** Sal 110.1.

quienes han de recibir en herencia la salvación.

No hay que descuidar la salvación

2 [1] Por esta causa debemos prestar mucha más atención al mensaje que hemos oído, para que no nos apartemos del camino. [2] Los mandamientos que Dios dio en otros tiempos por medio de los ángeles, tenían fuerza de ley, y quienes pecaron y los desobedecieron fueron castigados justamente. [3] ¿Cómo, pues, escaparemos nosotros, si descuidamos una salvación tan grande? Pues el mismo Señor fue quien anunció primero esta salvación, la cual después confirmaron entre nosotros los que le oyeron. [4] Además, Dios la ha confirmado con señales, maravillas y muchos milagros, y por medio del Espíritu Santo, que nos ha dado de diferentes maneras, conforme a su voluntad.

Jesucristo, hecho como sus hermanos

[5] Dios no ha puesto bajo la autoridad de los ángeles ese mundo futuro del cual estamos hablando. [6] Al contrario, en un lugar de la Escritura alguien declara:
"¿Qué es el hombre? ¿Qué es el ser
    humano?
¿Por qué lo recuerdas y te
    preocupas por él?
[7] Por un poco de tiempo lo hiciste
    algo menor que los ángeles,
pero lo coronaste de gloria y honor;
[8] todo lo sujetaste debajo de sus
    pies."[i]
Así que, al sujetarlo todo debajo de sus pies, Dios no dejó nada sin sujetarlo a él. Sin embargo, todavía no vemos que todo le esté sujeto. [9] Pero vemos a Jesús, a quien, por un poco de tiempo, Dios hizo algo menor que los ángeles. Dios, en su amor, quiso que muriera por todos aquél que ahora, a causa de la muerte que sufrió, está coronado de gloria y honor.[j] [10] Todas las cosas existen para Dios y por la acción de Dios, que quiere que todos sus hijos tengan parte en su gloria. Por eso, Dios, por medio del sufrimiento, tenía que hacer perfecto a Jesucristo, el Salvador de ellos. [11] Porque todos son del mismo Padre: tanto los consagrados como el que los consagra. Por esta razón, el Hijo de Dios no se avergüenza de llamarlos hermanos, [12] al decir en la Escritura:
"Hablaré de ti a mis hermanos,
y te cantaré himnos en medio de la
    congregación."[k]
[13] También dice:
"En él pondré mi esperanza."[l]
Y otra vez dice:

"Aquí estoy, con los hijos que Dios
    me dio."[m]
[14] Así como los hijos de una familia son de la misma carne y sangre, así también Jesús fue de carne y sangre humanas, para derrotar con su muerte al que tenía poder para matar, es decir, al diablo. [15] De esta manera ha dado libertad a todos los que por miedo a la muerte viven como esclavos durante toda la vida. [16] Pues ciertamente no vino para ayudar a los ángeles, sino a los descendientes de Abraham. [17] Y para eso tenía que ser hecho igual en todo a sus hermanos, para llegar a ser delante de Dios un sumo sacerdote fiel y compasivo, y para obtener el perdón de los pecados de los hombres por medio del sacrificio. [18] Y como él mismo sufrió y fue puesto a prueba, ahora puede ayudar a los que también son puestos a prueba.

Jesús es superior a Moisés

3 [1] Por lo tanto, hermanos, ustedes que pertenecen al pueblo de Dios, que han sido llamados por Dios a ser suyos, consideren atentamente a Cristo Jesús, el apóstol y sumo sacerdote gracias al cual profesamos nuestra fe. [2] Pues Jesús ha sido fiel a Dios, que lo nombró para este servicio, como también Moisés fue fiel en su servicio en toda la casa de Dios.[n] [3] Pero Jesús merece más honor que Moisés, del mismo modo que el que hace una casa merece más honor que la casa misma. [4] Toda casa tiene que estar hecha por alguien; pero Dios es el que hizo todo lo que existe. [5] Así pues, Moisés, como siervo, fue fiel en toda la casa de Dios, y su servicio consistió en ser testigo de las cosas que Dios había de decir. [6] Pero Cristo, como Hijo, es fiel sobre esta casa de Dios que somos nosotros mismos, si mantenemos la seguridad y la alegría en la esperanza que tenemos.

Reposo del pueblo de Dios

[7] Por eso, como dice el Espíritu Santo en la Escritura:
"Si hoy escuchan ustedes lo que
    Dios dice,
[8] no endurezcan su corazón como
    aquellos que se rebelaron
y pusieron a Dios a prueba en el
    desierto.
[9] Allí me pusieron a prueba los
    antepasados de ustedes,
aun cuando habían visto mis obras
    durante cuarenta años.
[10] Por eso me enojé con aquella
    generación,
y dije: 'Andan siempre extraviados
    en su corazón,

i 2.6-8 Sal 8.4-6.   j 2.9 Fil 2.6-11; He 12.2.   k 2.12 Sal 22.22.   l 2.13 Is 8.17.   m 2.13 Is 8.18.   n 3.2 Nm 12.7.

y no han querido conocer mis caminos.'
[11] Por eso juré en mi furor
que no entrarían en mi reposo."ª

[12] Hermanos, cuídense de que ninguno de ustedes tenga un corazón malo que se aparte del Dios viviente por no creer en él. [13] Al contrario, anímense unos a otros cada día, mientras dura ese "hoy" de que habla la Escritura, para que ninguno de ustedes sea engañado por el pecado y su corazón se vuelva rebelde. [14] Porque para tener parte con Cristo, hemos de mantenernos firmes hasta el fin en la confianza que teníamos al principio.

[15] Por lo cual dice:
"Si hoy escuchan ustedes lo que
Dios dice,
no endurezcan su corazón como
aquellos que se rebelaron."°

[16] ¿Y quiénes fueron los que se rebelaron después de haber oído la voz de Dios? Pues todos los que Moisés había sacado de la tierra de Egipto. [17] ¿Y con quiénes estuvo Dios enojado durante cuarenta años? Con los que pecaron, los cuales cayeron muertos en el desierto. [18] ¿Y a quiénes juró Dios que no entrarían en su reposo? A los que desobedecieron.ᵖ [19] Y, en efecto, vemos que no pudieron entrar porque no creyeron.

4 [1] Por eso, mientras todavía contamos con la promesa de entrar en ese reposo de Dios, debemos tener cuidado, no sea que alguno de ustedes no lo logre. [2] Porque a nosotros también se nos anunció el mensaje de salvación, lo mismo que a ellos; pero a ellos no les sirvió de nada el oírlo, porque no se unieron por la fe con los que habían obedecido el mensaje. [3] Pero nosotros, que hemos creído, entraremos en ese reposo, del cual Dios ha dicho:

"Por eso juré en mi furor
que no entrarían en el lugar de mi
reposo."ᑫ

Sin embargo, Dios había terminado su trabajo desde que creó el mundo; [4] pues en alguna parte de las Escrituras se dice del séptimo día:

"Dios reposó de todo su trabajo el
séptimo día."ʳ

[5] Y otra vez se dice en las Escrituras:
"No entrarán en mi reposo."ˢ

[6] Pero todavía falta que algunos entren en ese lugar de reposo, ya que, por haber desobedecido, no entraron los que primero oyeron el mensaje de salvación. [7] Por eso, Dios ha vuelto a señalar un día, un nuevo "hoy", y lo ha hecho hablándonos por medio de lo que, mucho tiempo después, David dijo en la Escritura ya mencionada:

"Si hoy escuchan ustedes lo que
Dios dice,
no endurezcan su corazón."ᵗ

[8] Porque si Josué les hubiera dado reposo a los israelitas,ᵘ Dios no habría hablado de otro día. [9] De manera que todavía queda un reposo sagrado para el pueblo de Dios; [10] porque el que entra en ese reposo de Dios, reposa de su trabajo, así como Dios reposó del suyo. [11] Debemos, pues, esforzarnos por entrar en ese reposo, para que nadie siga el ejemplo de aquellos que no creyeron.

[12] Porque la palabra de Dios tiene vida y poder. Es más aguda que cualquier espada de dos filos,ᵛ y penetra hasta lo más profundo del alma y del espíritu, hasta lo más íntimo de la persona; y somete a juicio los pensamientos y las intenciones del corazón. [13] Nada de lo que Dios ha creado puede esconderse de él; todo está claramente expuesto ante aquel a quien tenemos que rendir cuentas.

Jesús es el gran sumo sacerdote

[14] Jesús, el Hijo de Dios, es nuestro gran sumo sacerdote que ha entrado en el cielo. Por eso debemos seguir firmes en la fe que profesamos. [15] Pues nuestro sumo sacerdote puede compadecerse de nuestra debilidad, porque él también estuvo sometido a las mismas pruebas que nosotros; sólo que él jamás pecó. [16] Acerquémonos, pues, con confianza al trono de nuestro Dios amoroso, para que él tenga misericordia de nosotros y en su bondad nos ayude en la hora de necesidad.

5 [1] Todo sumo sacerdote es escogido de entre los hombres, nombrado para representarlos delante de Dios y para hacer ofrendas y sacrificios por los pecados. [2] Y como el sacerdote está sujeto a las debilidades humanas, puede tener compasión de los ignorantes y los extraviados; [3] y a causa de su propia debilidad, tiene que ofrecer sacrificios por sus pecados tanto como por los pecados del pueblo.ʷ [4] Nadie puede tomar este honor para sí mismo, sino que es Dios quien lo llama y le da el honor, como en el caso de Aarón.ˣ [5] De la misma manera, Cristo no se nombró sumo sacerdote a sí mismo, sino que Dios le dio ese honor, pues él fue quien dijo:

"Tú eres mi hijo;
yo te he engendrado hoy."ʸ

[6] Y también le dijo en otra parte de las Escrituras:

"Tú eres sacerdote para siempre,
de la misma clase que
Melquisedec."ᶻ

ª 3.7–11 Sal 95.7–11.   ° 3.15 Sal 95.7–8.   ᵖ 3.16–18 Nm 14.1–35.   ᑫ 4.3 Sal 95.11.   ʳ 4.4 Gn 2.2.   ˢ 4.5 Sal 95.11.   ᵗ 4.7 Sal 95.7–8.   ᵘ 4.8 Dt 31.7; Jos 22.4.   ᵛ 4.12 Is 49.2; Ef 6.17.   ʷ 5.3 Lv 9.7.   ˣ 5.4 Ex 28.1.   ʸ 5.5 Sal 2.7.   ᶻ 5.6 Sal 110.4.

[7] Mientras Cristo estuvo viviendo aquí en el mundo, con voz fuerte y muchas lágrimas oró y suplicó a Dios, que tenía poder para librarlo de la muerte;[a] y por su obediencia, Dios lo escuchó. [8] Así que Cristo, a pesar de ser Hijo, sufriendo aprendió a obedecer;[b] [9] y al perfeccionarse de esa manera, llegó a ser fuente de salvación eterna para todos los que le obedecen, [10] y Dios lo nombró sumo sacerdote de la misma clase que Melquisedec.

Peligro de renunciar a la fe

[11] Tenemos mucho que decir sobre este asunto, pero es difícil explicarlo, porque ustedes son lentos para entender. [12] Al cabo de tanto tiempo, ustedes ya deberían ser maestros; en cambio, necesitan que se les expliquen de nuevo las cosas más sencillas de las enseñanzas de Dios. Han vuelto a ser tan débiles que, en vez de comida sólida, tienen que tomar leche. [13] Y los que se alimentan de leche son como niños de pecho, incapaces de juzgar rectamente.[2][c] [14] La comida sólida es para los adultos, para los que ya saben juzgar, porque están acostumbrados a distinguir entre lo bueno y lo malo.

[6] [1] Así que sigamos adelante hasta llegar a ser adultos, dejando a un lado las primeras enseñanzas acerca de Cristo. No volvamos otra vez a las cosas básicas, como la conversión y el abandono de las obras que llevan a la muerte, o como la fe en Dios, [2] las enseñanzas sobre el bautismo, el imponer las manos a los creyentes, la resurrección de los muertos y el juicio eterno. [3] Es lo que haremos, si Dios lo permite.

[4] Porque a los que una vez recibieron la luz, y saborearon el don de Dios, y tuvieron parte en el Espíritu Santo, [5] y saborearon el buen mensaje de Dios y el poder del mundo venidero, [6] si caen de nuevo, ya no se les puede hacer volver a Dios, porque ellos mismos están crucificando otra vez al Hijo de Dios y exponiéndolo a la burla de todos. [7] Son como la tierra que bebe la lluvia que cae sobre ella: si da una cosecha útil a los que la trabajan, recibe la bendición de Dios; [8] pero si da espinos y cardos, no vale nada; cae bajo la maldición de Dios,[d] y finalmente será quemada.

La esperanza que nos mantiene firmes

[9] Pero aunque hablamos así, queridos hermanos, estamos seguros de que ustedes se encuentran en el primer caso, es decir, en camino de salvación. [10] Porque Dios es justo, y no olvidará lo que ustedes

han hecho y el amor que le han mostrado al ayudar a los hermanos en la fe, como aún lo están haciendo. [11] Pero deseamos que cada uno de ustedes siga mostrando hasta el fin ese mismo entusiasmo, para que se realice completamente su esperanza. [12] No queremos que se vuelvan perezosos, sino que sigan el ejemplo de quienes por medio de la fe y la constancia están recibiendo la herencia que Dios les ha prometido.

[13] Cuando Dios hizo la promesa a Abraham, juró por sí mismo, porque no había otro superior a él por quien jurar; [14] y dijo: "Sí, yo te bendeciré mucho y haré que tu descendencia sea numerosa."[e] [15] Abraham esperó con paciencia, y recibió lo que Dios le había prometido. [16] Cuando los hombres juran, lo hacen por alguien superior a ellos mismos; y cuando garantizan algo mediante un juramento, ya no hay más que discutir. [17] Pues bien, Dios quiso mostrar claramente a quienes habían de recibir la herencia que él les prometía, que estaba dispuesto a cumplir la promesa sin cambiar nada de ella. Por eso garantizó su promesa mediante el juramento. [18] De estas dos cosas que no pueden cambiar y en las que Dios no puede mentir, recibimos un firme consuelo los que hemos buscado la protección de Dios y hemos confiado en la esperanza que él nos ha dado. [19] Esta esperanza mantiene firme y segura nuestra alma, igual que el ancla mantiene firme al barco. Es una esperanza que ha penetrado hasta detrás del velo[f] en el templo celestial, [20] donde antes entró Jesús para abrirnos camino llegando él a ser así sumo sacerdote para siempre, de la misma clase que Melquisedec.[g]

Jesús, sacerdote de la misma clase que Melquisedec

[7] [1] Este Melquisedec fue rey de Salem y sacerdote del Dios altísimo. Cuando Abraham regresaba de la batalla en que había derrotado a los reyes, Melquisedec salió a su encuentro y lo bendijo; [2] entonces Abraham le dio la décima parte de todo lo que había ganado en la batalla.[h] El nombre Melquisedec quiere decir en primer lugar "rey justo"; y, como era rey de Salem, que quiere decir "paz", significa también "rey de paz". [3] Nada se sabe de su padre ni de su madre ni de sus antepasados; ni tampoco se habla de su nacimiento ni de su muerte; y así, a semejanza del Hijo de Dios, es sacerdote para siempre. [4] Ahora bien, fíjense qué importante era Melquisedec, que nuestro propio antepasado Abraham le dio la décima parte de

---

[2] *Incapaces de juzgar rectamente: otra posible traducción: inexpertos en cuanto a la recta doctrina.*
[a] 5.7 Mt 26.36-46; Mr 14.32-42; Lc 22.39-46.   [b] 5.7-8 Mt 26.39; Jn 10.18; Fil 2.8.   [c] 5.12-13 1 Co 3.2.   [d] 6.8 Gn 3.17-18.
[e] 6.14 Gn 22.16-17.   [f] 6.19 Lv 16.2.   [g] 6.20 Sal 110.4.   [h] 7.1-2 Gn 14.17-20.

lo que les había ganado a los reyes en la batalla. [5] Según la ley de Moisés, los sacerdotes que son descendientes de Leví tienen el derecho de cobrarle al pueblo la décima parte de todo,[i] a pesar de que son sus parientes y descienden de Abraham lo mismo que ellos. [6] Pero Melquisedec, aunque no era descendiente de Leví, le cobró la décima parte a Abraham, que había recibido las promesas de Dios. Así Melquisedec bendijo a Abraham; [7] y nadie puede negar que el que bendice es superior al bendecido. [8] Aquí, en esta vida, los que cobran la décima parte son hombres mortales; pero la Escritura habla de Melquisedec como de uno que todavía vive. [9] Y se puede decir que los sacerdotes que descienden de Leví, y que ahora cobran la décima parte, pagaron también la décima parte a Melquisedec al pagársela a Abraham; [10] porque, en cierto sentido, cuando Melquisedec salió al encuentro de Abraham, éste llevaba ya en su cuerpo a sus descendientes que aún no habían nacido.

[11] El pueblo de Israel recibió la ley por medio de los sacerdotes levitas, que eran descendientes de Aarón. Ahora pues, si en verdad éstos hubieran podido hacer perfectos a los que seguían la ley, no habría sido necesario que apareciera otro sacerdote, ya no de la clase de Aarón sino de la clase de Melquisedec. [12] Porque al cambiar el sacerdocio, también se tiene que cambiar la ley; [13] y nuestro Señor, de quien la Escritura dice esto, pertenece a otra tribu de Israel, de la cual no ha salido ningún sacerdote. [14] Porque es bien sabido que nuestro Señor vino de la tribu de Judá, y Moisés no dijo nada de esa tribu cuando habló del sacerdocio.

[15] Y esto es aún más claro si el nuevo sacerdote que aparece es uno como Melquisedec, [16] que no fue sacerdote según una ley que establece de qué familia debe venir, sino según el poder de una vida indestructible. [17] Porque esto es lo que Dios dice de él:

"Tú eres sacerdote para siempre,
    de la misma clase que
        Melquisedec."[j]

[18] Así que el mandato anterior quedó cancelado porque era débil e inútil, [19] pues la ley de Moisés no perfeccionó nada, y en su lugar tenemos una esperanza mejor, por la cual nos acercamos a Dios.

[20] Y Dios garantizó esto con un juramento. Los otros sacerdotes fueron nombrados sin juramento alguno, [21] pero en el caso del Señor sí hubo un juramento, pues en la Escritura se le dice:

"El Señor hizo un juramento
y no va a desdecirse:
'Tú eres sacerdote para siempre.' "[k]

[22] De este modo, Jesús es quien garantiza un pacto mejor que el primero. [23] Los otros sacerdotes fueron muchos porque la muerte les impedía seguir viviendo; [24] pero como Jesús no muere, su oficio sacerdotal no pasa a ningún otro. [25] Por eso puede salvar para siempre a los que se acercan a Dios por medio de él, pues vive para siempre, para rogar a Dios por ellos.

[26] Así pues, Jesús es precisamente el sumo sacerdote que necesitábamos. El es santo, sin maldad y sin mancha, apartado de los pecadores y puesto más alto que el cielo. [27] No es como los otros sumos sacerdotes, que tienen que matar animales y ofrecerlos cada día en sacrificio, primero por sus propios pecados y luego por los pecados del pueblo.[l] Por el contrario, Jesús ofreció el sacrificio una sola vez y para siempre, cuando se ofreció a sí mismo. [28] La ley de Moisés nombra como sumos sacerdotes a hombres imperfectos; pero el juramento de Dios, que fue hecho después de la ley, nombra sumo sacerdote a su Hijo, quien ha sido hecho perfecto para siempre.

Jesús, mediador de un nuevo pacto

8 [1] Lo más importante de lo que estamos diciendo es que nuestro sumo sacerdote es de tal naturaleza que se ha sentado en el cielo, a la derecha del trono de Dios,[m] [2] y oficia como sacerdote en el verdadero santuario, el que fue hecho por el Señor y no por los hombres.

[3] Todo sumo sacerdote es nombrado para presentar ofrendas y sacrificios, y por eso es necesario que Jesucristo también tenga algo que ofrecer. [4] Si él estuviera en la tierra, ni siquiera sería sacerdote, pues aquí ya hay sacerdotes que presentan las ofrendas mandadas por la ley de Moisés. [5] Pero estos sacerdotes prestan su servicio por medio de cosas que no son más que copias y sombras de lo que hay en el cielo. Y sabemos que son copias porque, cuando Moisés iba a construir el santuario, Dios le dijo: "Pon atención y hazlo todo según el modelo que te mostré en el monte."[n] [6] Pero nuestro sumo sacerdote, que ha recibido un ministerio sacerdotal mucho mejor, ha unido a Dios y los hombres mediante un pacto mejor, basado en mejores promesas.

[7] Si el primer pacto hubiera sido perfecto, no habría sido necesario un segundo pacto. [8] Pero Dios encontró imperfecta a aquella gente,[3] y dijo:

---

[3] *Dios encontró imperfecta a aquella gente:* algunos mss. dicen: *Dios encontró que para ellos era imperfecto (aquel pacto).*
[i] **7.5** Nm 18.21.   [j] **7.17** Sal 110.4.   [k] **7.21** Sal 110.4.   [l] **7.27** Lv 9.7.   [m] **8.1** Sal 110.1.   [n] **8.5** Ex 25.40.

"El Señor dice: Vendrán días
en que haré un nuevo pacto con
Israel y con Judá.
[9] Este pacto no será como el que hice
con sus antepasados,
cuando los tomé de la mano
para sacarlos de la tierra de Egipto;
y como ellos no cumplieron mi
pacto,
yo los abandoné, dice el Señor.
[10] El pacto que haré con Israel
después de aquellos días,
será éste, dice el Señor:
Pondré mis leyes en su mente
y las escribiré en su corazón.
Yo seré su Dios
y ellos serán mi pueblo.
[11] Ya no será necesario que unos a
otros,
compatriotas o parientes, tengan
que instruirse
para que conozcan al Señor,
porque todos me conocerán,
desde el más pequeño hasta el más
grande.
[12] Yo les perdonaré sus maldades
y no me acordaré más de sus
pecados." [n]
[13] Cuando Dios habla de un nuevo pacto
es porque ha declarado viejo al primero; y
a lo que está viejo y anticuado, poco le
falta para desaparecer.

El santuario terrenal y el santuario celestial

9 [1] Ahora bien, el primer pacto tenía sus reglas para el culto, pero en un santuario terrenal. [2] La tienda[o] se levantó de tal forma que en su primera parte, llamada el Lugar Santo, estaban el candelabro[p] y la mesa con los panes consagrados a Dios.[q] [3] Detrás del segundo velo estaba el llamado Lugar Santísimo;[r] [4] allí había un altar de oro para quemar el incienso,[s] y el cofre del pacto cubierto de oro por todos lados.[t] En el cofre había una jarra de oro que contenía el maná,[u] y también estaban el bastón de Aarón, que había retoñado,[v] y las tablas del pacto.[w] [5] Encima del cofre estaban los seres alados que representaban la presencia de Dios, los cuales cubrían con sus alas la tapa del cofre.[x] Pero por ahora no es necesario dar más detalles sobre estas cosas.

[6] Preparadas así las cosas, los sacerdotes entran continuamente en la primera parte de la tienda para celebrar los oficios del culto.[y] [7] Pero en la segunda parte entra únicamente el sumo sacerdote, y sólo una vez al año; y cuando entra, tiene que llevar sangre de animales para ofrecerla por sí mismo y por los pecados que el pueblo comete sin darse cuenta.[z] [8] Con esto el Espíritu Santo nos da a entender que, mientras la primera parte de la tienda seguía sirviendo para el culto, el camino al santuario todavía no estaba abierto. [9] Todo esto es como un ejemplo para el tiempo presente; pues las ofrendas y sacrificios que allí se ofrecen a Dios no pueden hacer perfecta la conciencia de los que así le adoran. [10] Se trata únicamente de alimentos, bebidas y ciertas ceremonias de purificación, que son reglas externas y que tienen valor solamente hasta que Dios cambie las cosas.

[11] Pero Cristo ya vino, y ahora él es el sumo sacerdote de los bienes definitivos.[4] El santuario donde él actúa como sacerdote es mejor y más perfecto, y no ha sido hecho por los hombres; es decir, no es de esta creación. [12] Cristo ha entrado en el santuario, ya no para ofrecer la sangre de chivos y becerros, sino su propia sangre; ha entrado una sola vez y para siempre, y ha obtenido para nosotros la salvación eterna. [13] Es verdad que la sangre de los toros y chivos,[a] y las cenizas de la becerra[b] que se quema en el altar, las cuales son rociadas sobre los que están impuros, tienen poder para consagrarlos y purificarlos por fuera. [14] Pero si esto es así, ¡cuánto más poder tendrá la sangre de Cristo! Pues por medio del Espíritu eterno, Cristo se ofreció a sí mismo a Dios como sacrificio sin mancha, y su sangre limpia nuestra conciencia de las obras que llevan a la muerte, para que podamos servir al Dios viviente.

[15] Por eso, Jesucristo intervino con su muerte, a fin de unir a Dios y los hombres mediante un nuevo pacto y testamento, para que sean perdonados los pecados cometidos bajo el primer pacto, y para que los que Dios ha llamado puedan recibir la herencia eterna que él les ha prometido. [16] Para que un testamento[5] entre en vigor, tiene que comprobarse primero la muerte de la persona que lo hizo. [17] Pues un testamento no tiene valor mientras vive el que lo hizo, sino sólo cuando ya ha muerto. [18] Por eso, el primer pacto también se estableció con derramamiento de sangre. [19] Moisés anunció todos los mandamientos de la ley a todo el pueblo; después tomó lana roja y una rama de hisopo, las mojó en la sangre de los becerros y los chivos mezclada con agua, y roció el libro de la ley y también a todo el pueblo. [20] Entonces

---

[4] *Bienes definitivos:* algunos mss. dicen: *bienes venideros.* [5] *Testamento:* la misma palabra griega puede significar *pacto* o *testamento.*

[n] 8.8-12 Jer 31.31-34. [o] 9.2 Ex 26.1-30. [p] 9.2 Ex 25.31-40. [q] 9.2 Ex 25.23-30. [r] 9.3 Ex 26.31-33. [s] 9.4 Ex 30.1-6. [t] 9.4 Ex 25.10-16. [u] 9.4 Ex 16.33. [v] 9.4 Nm 17.8-10. [w] 9.4 Ex 25.16; Dt 10.3-5. [x] 9.5 Ex 25.18-22. [y] 9.6 Nm 18.2-6. [z] 9.7 Lv 16.2-34. [a] 9.13 Lv 16.15-16. [b] 9.13 Nm 19.9,17-19.

les dijo: "Esta es la sangre que confirma el pacto que Dios ha ordenado para ustedes."[c] [21] Moisés roció también con sangre el santuario y todos los objetos que se usaban en el culto.[d] [22] Según la ley, casi todo tiene que ser purificado con sangre; y no hay perdón de pecados si no hay derramamiento de sangre.[e]

El sacrificio de Cristo quita el pecado

[23] De manera que se necesitaban tales sacrificios para purificar aquellas cosas que son copias de lo celestial; pero las cosas celestiales necesitan mejores sacrificios que esos. [24] Porque Cristo no entró en aquel santuario hecho por los hombres, que era solamente una figura del santuario verdadero, sino que entró en el cielo mismo, donde ahora se presenta delante de Dios para rogar en nuestro favor. [25] Y no entró para ofrecerse en sacrificio muchas veces, como hace cada año todo sumo sacerdote, que entra en el santuario para ofrecer sangre ajena. [26] Si ése fuera el caso, Cristo habría tenido que morir muchas veces desde la creación del mundo. Pero el hecho es que ahora, en el final de los tiempos, Cristo ha aparecido una sola vez y para siempre, ofreciéndose a sí mismo en sacrificio para quitar el pecado. [27] Y así como todos han de morir una sola vez y después vendrá el juicio, [28] así también Cristo ha sido ofrecido en sacrificio una sola vez para quitar los pecados de muchos.[f] Después aparecerá por segunda vez, ya no en relación con el pecado, sino para salvar a los que le esperan.

10 [1] Porque la ley de Moisés era solamente una sombra de los bienes que habían de venir, y no su presencia verdadera. Por eso la ley nunca puede hacer perfectos a quienes cada año se acercan a Dios para ofrecerle los mismos sacrificios. [2] Pues si la ley realmente pudiera purificarlos del pecado, ya no se sentirían culpables, y dejarían de ofrecer sacrificios. [3] Pero estos sacrificios sirven más bien para hacerles recordar sus pecados cada año, [4] ya que la sangre de los toros y de los chivos no puede quitar los pecados. [5] Por eso Cristo, al entrar en el mundo, dijo a Dios:

"No quieres sacrificio ni ofrendas,
sino que me has dado un cuerpo.
[6] No te agradan los holocaustos ni las
ofrendas para quitar el pecado.
[7] Entonces dije: 'Aquí estoy, tal como
está escrito de mí en el libro,
para hacer tu voluntad, oh Dios.' "[g]
[8] En primer lugar, dice que Dios no quiere

ni le agradan sacrificios ni ofrendas de animales, ni holocaustos para quitar el pecado, a pesar de que son cosas que la ley manda ofrecer. [9] Y después añade: "Aquí vengo para hacer tu voluntad." Es decir, que quita aquellos sacrificios antiguos y pone en su lugar uno nuevo. [10] Dios nos ha consagrado porque Jesucristo hizo la voluntad de Dios al ofrecer su propio cuerpo en sacrificio una sola vez y para siempre.

[11] Todo sacerdote judío oficia cada día y sigue ofreciendo muchas veces los mismos sacrificios, aunque éstos nunca pueden quitar los pecados.[h] [12] Pero Jesucristo ofreció por los pecados un solo sacrificio para siempre, y luego se sentó a la derecha de Dios. [13] Allí está esperando hasta que Dios haga de sus enemigos el estrado de sus pies,[i] [14] porque por medio de una sola ofrenda hizo perfectos para siempre a los que han sido consagrados a Dios. [15] Y el Espíritu Santo nos lo confirma, al decir:

[16] "El pacto que haré con ellos
después de aquellos días,
será éste, dice el Señor:
Pondré mis leyes en su corazón
y las escribiré en su mente.[j]
[17] Y no me acordaré más de sus
pecados y maldades."[k]
[18] Así pues, cuando los pecados han sido perdonados, ya no hay necesidad de más ofrendas por el pecado.

Debemos acercarnos a Dios

[19] Por tanto, hermanos, ahora podemos entrar sin ningún temor en el santuario por medio de la sangre de Jesucristo, [20] siguiendo el camino nuevo, el camino de vida que él nos abrió a través del velo, es decir, a través de su propio cuerpo. [21] Jesús es nuestro gran sacerdote que está al frente de la casa de Dios; [22] por eso debemos acercarnos a Dios con corazón sincero y con una fe completamente segura, limpios nuestros corazones de mala conciencia y lavados nuestros cuerpos con agua pura.[l] [23] Mantengámonos firmes, sin dudar, en la esperanza de la fe que profesamos, porque Dios cumplirá la promesa que nos ha hecho. [24] Busquemos la manera de ayudarnos unos a otros a tener más amor y a hacer el bien. [25] No dejemos de asistir a nuestras reuniones, como hacen algunos, sino démonos ánimos unos a otros; y tanto más cuanto que vemos que el día del Señor se acerca.

[26] Porque si seguimos pecando intencionalmente después de haber conocido la verdad, ya no queda más sacrificio por los pecados; [27] solamente nos queda la terrible

c 9.19-20 Ex 24.6-8; Zac 9.11; Mt 26.28. d 9.21 Lv 8.15. e 9.22 Lv 17.11. f 9.28 Is 53.12. g 10.5-7 Sal 40.6-8.
h 10.11 Ex 29.38. i 10.12-13 Sal 110.1. j 10.16 Jer 31.33. k 10.17 Jer 31.34. l 10.22 Lv 8.30; Ez 36.25.

amenaza del juicio y del fuego ardiente que destruirá a los enemigos de Dios.[m] [28] Cuando alguien que desobedece la ley de Moisés tiene dos o tres testigos en su contra, se le condena a muerte sin compasión.[n] [29] Pues ¿no creen ustedes que mucho mayor castigo merecen los que pisotean al Hijo de Dios y desprecian su sangre, los que insultan al Espíritu del Dios que los ama? Esa sangre es la que confirma el pacto,[ñ] y con ella han sido ellos consagrados. [30] Sabemos que el Señor ha dicho: "A mí me corresponde hacer justicia; yo pagaré."[o] Y ha dicho también: "El Señor juzgará a su pueblo."[p] [31] ¡Terrible cosa es caer en las manos del Dios viviente!

[32] Pero recuerden ustedes los tiempos pasados, cuando acababan ustedes de recibir la luz y soportaron con fortaleza los sufrimientos de una gran lucha. [33] Algunos de ustèdes fueron insultados y maltratados públicamente, y otros se unieron en el sufrimiento con los que fueron tratados así. [34] Ustedes tuvieron compasión de los que estaban en la cárcel, y hasta con alegría se dejaron quitar lo que poseían, sabiendo que en el cielo tienen algo que es mucho mejor y que permanece para siempre. [35] No pierdan, pues, su confianza, porque ella les traerá una gran recompensa. [36] Ustedes necesitan tener fortaleza en el sufrimiento, para hacer la voluntad de Dios y recibir así lo que él ha prometido. [37] Pues la Escritura dice:

"Pronto, muy pronto,
vendrá el que tiene que venir.
No tardará.
[38] Mi justo por la fe vivirá;
pero si se vuelve atrás,
no estaré contento de él."[q]

[39] Y nosotros no somos de los que se vuelven atrás y van a su condenación, sino de los que alcanzan la salvación porque tienen fe.

La fe

11 [1] Tener fe es tener la plena seguridad de recibir lo que se espera; es estar convencidos de la realidad de cosas que no vemos. [2] Nuestros antepasados fueron aprobados porque tuvieron fe. [3] Por fe sabemos que Dios formó los mundos mediante su palabra,[r] de modo que lo que ahora vemos fue hecho de cosas que no podían verse.[c] [4] Por fe, Abel ofreció a Dios un sacrificio mejor que el que ofreció Caín, y por

eso Dios lo declaró justo y le aceptó sus ofrendas.[s] Así que, aunque Abel está muerto, sigue hablando por medio de su fe. [5] Por su fe, Enoc fue llevado en vida para que no muriera, y ya no lo encontraron, porque Dios se lo había llevado. Y la Escritura dice que, antes de ser llevado, Enoc había agradado a Dios.[t] [6] Pero no es posible agradar a Dios sin tener fe, porque para acercarse a Dios, uno tiene que creer que existe y que recompensa a los que le buscan.

[7] Por fe, Noé, cuando Dios le advirtió que habían de pasar cosas que todavía no podían verse, obedeció y construyó la barca para salvar a su familia.[u] Y por esa misma fe, Noé condenó a la gente del mundo y alcanzó la salvación que se obtiene por la fe.

[8] Por fe, Abraham, cuando Dios lo llamó, obedeció y salió para ir al lugar que él le iba a dar como herencia. Salió de su tierra sin saber a dónde iba,[v] [9] y por la fe que tenía vivió como extranjero en la tierra que Dios le había prometido. Vivió en tiendas de campaña, lo mismo que Isaac y Jacob, que también recibieron esa promesa.[w] [10] Porque Abraham esperaba aquella ciudad que tiene bases firmes, de la cual Dios es arquitecto y constructor.[x]

[11] Por fe también, aunque Sara no podía tener hijos y Abraham era demasiado viejo, éste recibió fuerzas para ser padre, porque creyó que Dios cumpliría sin falta su promesa.[y] [12] Así que Abraham, aunque ya próximo al fin de sus días, llegó a tener descendientes tan numerosos como las estrellas del cielo y como la arena de la orilla del mar, que no se puede contar.[z]

[13] Todas esas personas murieron sin haber recibido las cosas que Dios había prometido; pero como tenían fe, las vieron de lejos, y las saludaron reconociéndose a sí mismos como extranjeros de paso por este mundo.[a] [14] Y los que dicen tal cosa, claramente dan a entender que todavía andan en busca de una patria. [15] Si hubieran estado pensando en la tierra de donde salieron, bien podrían haber regresado allá; [16] pero ellos deseaban una patria mejor, es decir, la patria celestial. Por eso, Dios no se avergüenza de ser llamado el Dios de ellos, pues les tiene preparada una ciudad.

[17] Por fe, Abraham, cuando Dios lo puso a prueba, tomó a Isaac para ofrecerlo en sacrificio. Estaba dispuesto a ofrecer a su único hijo,[b] a pesar de que Dios le había prometido: [18] "Por medio de Isaac tendrás

c Lo que ahora vemos fue hecho de cosas que no podían verse: otra posible traducción: lo que ahora vemos no fue hecho de cosas que podían verse.
m 10.27 Is 26.11. n 10.28 Dt 17.6; 19.15. ñ 10.29 Ex 24.8; He 13.20. o 10.30 Dt 32.35. p 10.30 Dt 32.36.
q 10.37-38 Hab 2.3-4. r 11.3 Gn 1.1; Sal 33.6,9; Jn 1.3. s 11.4 Gn 4.3-10. t 11.5 Gn 5.21-24. u 11.7 Gn 6.13-22.
v 11.8 Gn 12.1-5. w 11.9 Gn 35.27. x 11.10 He 13.14. y 11.11 Gn 17.19; 18.11-14; 21.2; Ro 4.1-22. z 11.12 Gn 15.5;
22.17; 32.12. a 11.13 Gn 23.4; 1 Cr 29.15; Sal 39.12. b 11.17 Gn 22.1-14.

descendientes."[c] [19] Es que Abraham reconocía que Dios tiene poder hasta para resucitar a los muertos; y por eso Abraham recobró a su hijo,[d] y así vino a ser un símbolo.

[20] Por fe, Isaac prometió bendiciones futuras a Jacob y a Esaú.[e]

[21] Por fe, Jacob, cuando ya iba a morir, prometió bendiciones a cada uno de los hijos de José, y adoró a Dios apoyándose sobre la punta de su bastón.[f]

[22] Por fe, José, al morir, dijo que los israelitas saldrían más tarde de la tierra de Egipto, y dejó órdenes acerca de lo que deberían hacer con sus restos.[g]

[23] Por fe, al nacer Moisés, sus padres lo escondieron durante tres meses;[h] porque vieron que era un niño hermoso, y no tuvieron miedo de la orden que el rey había dado de matar a los niños.[i]

[24] Y por fe, Moisés, cuando ya fue hombre, no quiso llamarse hijo de la hija del faraón;[j] [25] prefirió ser maltratado junto con el pueblo de Dios, a gozar por un tiempo los placeres del pecado. [26] Consideró de más valor sufrir la deshonra del Mesías que gozar de la riqueza de Egipto; porque tenía la vista puesta en la recompensa que Dios le había de dar.

[27] Por fe, Moisés se fue de la tierra de Egipto,[k] sin miedo al enojo del rey; y se mantuvo firme en su propósito, como si viera al Dios invisible. [28] Por fe, Moisés celebró la Pascua y mandó rociar las puertas con sangre, para que el ángel de la muerte no tocara al hijo mayor de ningún israelita.[l]

[29] Por fe, los israelitas pasaron el Mar Rojo como si fuera tierra seca; luego, cuando los egipcios quisieron hacer lo mismo, se ahogaron.[m]

[30] Por fe cayeron los muros de la ciudad de Jericó, después que los israelitas marcharon alrededor de ellos durante siete días.[n] [31] Y por fe, Rahab, la prostituta, no murió junto con los desobedientes,[ñ] porque ella había recibido bien a los espías de Israel.[o]

[32] ¿Qué más voy a decir? Me faltaría tiempo para hablar de Gedeón,[p] de Barac,[q] de Sansón,[r] de Jefté,[s] de David,[t] de Samuel[u] y de los profetas. [33] Por la fe conquistaron países, impartieron justicia, recibieron lo que Dios había prometido, cerraron la boca de los leones,[v] [34] apagaron fuegos violentos,[w] escaparon de ser muertos a filo de espada, sacaron fuerzas de flaqueza y llegaron a ser poderosos en la guerra, venciendo a los ejércitos enemigos. [35] Hubo mujeres que recibieron otra vez con vida a sus familiares muertos.[x]

Otros murieron en el tormento, sin aceptar ser liberados, a fin de resucitar a una vida mejor. [36] Otros sufrieron burlas y azotes,[y] y hasta cadenas y cárceles.[z] [37] Y otros fueron muertos a pedradas,[a] aserrados por la mitad o muertos a filo de espada;[b] anduvieron de un lado a otro vestidos sólo de piel de oveja y de cabra; pobres, afligidos y maltratados. [38] Estos hombres, que el mundo ni siquiera merecía, anduvieron sin rumbo fijo por los desiertos, y por los montes, y por las cuevas y las cavernas de la tierra.

[39] Sin embargo, ninguno de ellos recibió lo que Dios había prometido, aunque fueron aprobados por la fe que tenían; [40] porque Dios, teniéndonos en cuenta a nosotros, había dispuesto algo mejor, para que solamente en unión con nosotros fueran ellos hechos perfectos.

Fijemos la mirada en Jesús

12 [1] Por eso, nosotros, teniendo a nuestro alrededor tantas personas que han demostrado su fe, dejemos a un lado todo lo que nos estorba y el pecado que nos enreda, y corramos con fortaleza la carrera que tenemos por delante. [2] Fijemos nuestra mirada en Jesús, pues de él procede nuestra fe y él es quien la perfecciona. Jesús sufrió en la cruz, sin hacer caso de lo vergonzoso de esa muerte, porque sabía que después del sufrimiento tendría gozo y alegría; y se sentó a la derecha del trono de Dios.[c]

[3] Por lo tanto, mediten en el ejemplo de Jesús, que sufrió tanta contradicción de parte de los pecadores; por eso, no se cansen ni se desanimen. [4] Pues ustedes aún no han tenido que llegar hasta la muerte en su lucha contra el pecado, [5] y han olvidado ya lo que Dios les aconseja como a hijos suyos. Dice en la Escritura:

"No desprecies, hijo mío,
la corrección del Señor,
ni te desanimes cuando te reprenda.
[6] Porque el Señor corrige a quien él
    ama,
y castiga a aquel a quien recibe
    como hijo."[d]

[7] Soporten ustedes el castigo, y así Dios los tratará como a hijos. ¿Acaso hay algún hijo a quien su padre no corrija? [8] Pero si Dios no los corrige a ustedes como corrige a todos sus hijos, es que ustedes no son hijos legítimos, sino ilegítimos. [9] Además,

c 11.18 Gn 21.12. d 11.19 Gn 22.13. e 11.20 Gn 27.27-29,39-40. f 11.21 Gn 47.31—48.20. g 11.22 Gn 50.24-25; Ex 13.19. h 11.23 Ex 2.2. i 11.23 Ex 1.22. j 11.24 Ex 2.10-12. k 11.27 Ex 2.15. l 11.28 Ex 12.21-30. m 11.29 Ex 14.21-31. n 11.30 Jos 6.12-21. ñ 11.31 Jos 6.22-25. o 11.31 Jos 2.1-21. p 11.32 Jue 6.11—8.32. q 11.32 Jue 4.6—5.31. r 11.32 Jue 13.2—16.31. s 11.32 Jue 11.1—12.7. t 11.32 1 S 16.1—1 R 2.11. u 11.32 1 S 1.1—25.1. v 11.33 Dn 6. w 11.34 Dn 3. x 11.35 1 R 17.17-24; 2 R 4.25-37. y 11.36 Jer 20.2; 37.15. z 11.36 1 R 22.26-27; 2 Cr 18.25-26; Jer 20.2; 37.15; 38.6. a 11.37 2 Cr 24.21. b 11.37 Jer 26.23. c 12.2 Fil 2.6-11; He 2.9. d 12.5-6 Job 5.17; Pr 3.11-12.

cuando éramos niños, nuestros padres aquí en la tierra nos corregían, y los respetábamos. ¿Por qué no hemos de someternos, con mayor razón, a nuestro Padre celestial, para obtener la vida? [10] Nuestros padres aquí en la tierra nos corregían durante esta corta vida, según lo que más conveniente les parecía; pero Dios nos corrige para nuestro verdadero provecho, para hacernos santos como él. [11] Ciertamente, ningún castigo es agradable en el momento de recibirlo, sino que duele; pero si uno aprende la lección, el resultado es una vida de paz y rectitud.[e]

El peligro de rechazar la voz de Dios

[12] Así pues, renueven las fuerzas de sus manos cansadas y de sus rodillas debilitadas,[f] [13] y busquen el camino derecho, para que sane el pie que está cojo y no se tuerza más.

[14] Procuren estar en paz con todos y llevar una vida santa; pues sin la santidad, nadie podrá ver al Señor. [15] Procuren que a nadie le falte la gracia de Dios, a fin de que ninguno sea como una planta de raíz amarga[g] que hace daño y envenena a la gente. [16] Que ninguno de ustedes cometa inmoralidades sexuales ni desprecie lo sagrado; pues esto hizo Esaú, que por una sola comida vendió sus derechos de hijo mayor.[h] [17] Y ustedes saben que después, cuando quiso recibir la bendición de su padre, fue rechazado; y aunque lloró mucho, ya no hubo remedio para lo sucedido.[i]

[18] Ustedes no se acercaron, como los israelitas, a algo[7] que se podía tocar y que ardía en llamas, donde había oscuridad, tinieblas y tempestad; [19] ni oyeron el sonido de la trompeta ni la voz de Dios. Los que oyeron esa voz rogaron que no les siguiera hablando,[j] [20] porque no podían soportar el mandato que decía: "Al que ponga el pie en el monte, hay que matarlo a pedradas o con lanza, aunque sea un animal."[k] [21] Tan espantoso era lo que se veía, que el mismo Moisés dijo: "Estoy temblando de miedo."[l]

[22] Ustedes, por el contrario, se han acercado al monte Sión, y a la ciudad del Dios viviente, la Jerusalén celestial, y a muchos miles de ángeles reunidos para alabar a Dios, [23] y a la congregación de los primeros hijos de Dios inscritos en el cielo. Se han acercado a Dios, el Juez de todos, a los espíritus de los hombres buenos que Dios ha hecho perfectos, [24] a Jesús, que

realizó el nuevo pacto, y a la sangre con que hemos sido purificados, la cual nos habla mejor que la sangre de Abel.[m] [25] Por eso tengan cuidado de no rechazar al que nos habla. Pues los que rechazaron a Dios cuando él les llamó la atención aquí en la tierra, no escaparon. Y mucho menos podremos escapar nosotros, si le damos la espalda al que nos llama la atención desde e cielo.[n] [26] En aquel tiempo, la voz de Dios hizo temblar la tierra, pero ahora dice: "Una vez más haré temblar no sólo la tierra, sino también el cielo."[ñ] [27] Al decir "una vez más", se entiende que se quitarán las cosas creadas, lo que puede ser movido, para que permanezca lo que no puede moverse. [28] El reino que Dios nos da, no puede ser movido. Demos gracias por esto, y adoremos a Dios con la devoción y reverencia que le agradan. [29] Porque nuestro Dios es como un fuego que todo lo consume.[o]

Cómo agradar a Dios

13 [1] No dejen de amarse unos a otros como hermanos. [2] No se olviden de ser amables con los que lleguen a su casa, pues de esa manera, sin saberlo, algunos hospedaron ángeles.[a]

[3] Acuérdense de los presos, como si también ustedes estuvieran presos con ellos. Piensen en los que han sido maltratados, ya que ustedes también pueden pasar por lo mismo.[q,8]

[4] Que todos respeten el matrimonio y mantengan la pureza de sus relaciones matrimoniales; porque Dios juzgará a los que cometen inmoralidades sexuales y a los que cometen adulterio.

[5] No amen el dinero;[r] conténtense con lo que tienen, porque Dios ha dicho: "Nunca te dejaré ni te abandonaré."[s] [6] Así que podemos decir con confianza:

"El Señor es mi ayuda; no temeré.
¿Qué me puede hacer el hombre?"[t]

[7] Acuérdense de quienes los han dirigido y les han anunciado el mensaje de Dios; mediten en cómo han terminado sus vidas, y sigan el ejemplo de su fe.

[8] Jesucristo es el mismo ayer, hoy y siempre. [9] No se dejen ustedes llevar por enseñanzas diferentes y extrañas. Es mejor que nuestros corazones se fortalezcan en el amor de Dios que en seguir reglas sobre los alimentos; pues esas reglas nunca han sido de provecho.

[10] Nosotros tenemos un sacrificio distinto, del cual no tienen derecho a comer

---

[7] A algo: algunos mss. dicen: a un monte. [8] Ya que ustedes . . . por lo mismo: otra posible traducción: como si se tratara de ustedes mismos.
[e] 12.5–11 Dt 8.5; 1 S 7.14; 1 Co 11.31–32. [f] 12.12 Is 35.3. [g] 12.15 Dt 29.18. [h] 12.16 Gn 25.29–34. [i] 12.17 Gn 27.30–40. [j] 12.18–19 Ex 19.16–22; 20.18–21; Dt 4.11–12; 5.22–27. [k] 12.20 Ex 19.12–13. [l] 12.21 Dt 9.19. [m] 12.24 Gn 4.10. [n] 12.25 Ex 20.22. [ñ] 12.26 Hag 2.6. [o] 12.29 Dt 4.24; 9.3; Mt 3.12; 2 Ts 1.7–8. [p] 13.2 Gn 18.1–8; 19.1–3; Ro 12.13; 1 P 4.9. [q] 13.3 Mt 25.35–46. [r] 13.5 1 Ti 6.6–10. [s] 13.5 Dt 31.6,8; Jos 1.5; Fil 4.11–13. [t] 13.6 Sal 56.3–4,9–11; 118.6.

los sacerdotes del antiguo santuario. [11] Pues el sumo sacerdote lleva la sangre de los animales al santuario, como ofrenda para quitar el pecado, pero los cuerpos de esos animales se queman fuera del campamento.[u] [12] Así también, Jesús sufrió la muerte fuera de la ciudad, para consagrar al pueblo por medio de su propia sangre. [13] Vayamos, pues, con Jesús, fuera del campamento, y suframos la misma deshonra que él sufrió. [14] Pues en este mundo no tenemos una ciudad que permanezca para siempre, sino que vamos en busca de la ciudad futura. [15] Por eso debemos alabar siempre a Dios por medio de Jesucristo. Esta alabanza es el sacrificio que debemos ofrecer. ¡Alabémosle, pues, con nuestros labios![v] [16] No se olviden ustedes de hacer el bien y de compartir con otros lo que tienen; porque éstos son los sacrificios que agradan a Dios.

[17] Obedezcan a sus dirigentes y sométanse a ellos, porque ellos cuidan sin descanso de ustedes, sabiendo que tienen que rendir cuentas a Dios. Procuren hacerles el trabajo agradable y no penoso, pues lo contrario no sería de ningún provecho para ustedes.

[18] Oren por nosotros, que estamos seguros de tener la conciencia tranquila, ya que queremos portarnos bien en todo. [19] Pido especialmente sus oraciones para que Dios me permita volver a estar pronto con ustedes.

Bendición y saludos finales

[20] Que el Dios de paz, que resucitó de la muerte a nuestro Señor Jesús, el gran Pastor de las ovejas,[w] por la sangre que confirmó su pacto eterno[x] [21] los haga a ustedes perfectos y buenos en todo, para que cumplan su voluntad; y que haga de nosotros lo que él quiera, por medio de Jesucristo. ¡Gloria para siempre a Cristo! Así sea.

[22] Hermanos, les ruego que reciban con paciencia estas pocas palabras de aliento que les he escrito. [23] Sepan ustedes que nuestro hermano Timoteo está ya en libertad; si llega pronto, lo llevaré conmigo cuando vaya a verlos.

[24] Saluden a todos sus dirigentes y a todos los que pertenecen al pueblo de Dios. Los de Italia les mandan saludos.

[25] Que Dios derrame su gracia sobre todos ustedes.

[u] **13.11** Lv 16.27.　[v] **13.15** Lv 7.12; Sal 50.14,23; Os 14.2.　[w] **13.20** Is 40.11; Ez 34; Lc 15.4-5; Jn 10.1-16.　[x] **13.20** Ex 24.8; He 10.29.

Carta de
SANTIAGO

Si Hebreos comienza como sermón y termina como carta, este escrito comienza como carta y termina como sermón. Pero una y otro van dirigidos a los creyentes esparcidos por todo el mundo. El hincapié está en la vida cristiana práctica, la cual, por medio de vivas comparaciones y analogías, se presenta como prueba y fruto de la verdadera fe, que, si no se manifiesta en los hechos de una persona, en su manera de vivir, resulta una fe muerta (2.14–26).

El autor exhorta a procurar la sabiduría que viene de Dios, la cual se necesita cuando la fe está sometida a prueba, y se obtiene sólo pidiéndola con fe (1.1–8). Trata en seguida sobre la pobreza y la riqueza, las pruebas y tentaciones, y la verdadera religión, que se expresa en hechos virtuosos (1.9–27). Amonesta enérgicamente contra la discriminación (2.1–13). Uno de sus pasajes más fuertes y a la vez más lleno de comparaciones gráficas, es aquel en que denuncia los peligros y daños de la mala lengua (3.1–12), y en que, como al principio, insiste en la verdadera sabiduría y lo que ésta significa (3.13–18).

Reconviene severamente a los causantes de discordias, a los que tienen amistad con el mundo, a los que se erigen en jueces de sus hermanos y a los ricos explotadores (4.1–5.6). Y termina recomendando la paciencia y la oración, y dando otros consejos (5.7–20).

Saludo

1 ¹ Yo, Santiago,ᵃ siervo de Dios y del Señor Jesucristo, saludo a las doce tribus de Israel esparcidas por todo el mundo.ᵇ

La sabiduría que viene de Dios

² Hermanos míos, ustedes deben tenerse por muy dichosos cuando se vean sometidos a pruebas de toda clase. ³ Pues ya saben que cuando su fe es puesta a prueba, ustedes aprenden a soportar con fortaleza el sufrimiento. ⁴ Pero procuren que esa fortaleza los lleve a la perfección, a la madurez plena, sin que les falte nada. ⁵ Si a alguno de ustedes le falta sabiduría, pídasela a Dios, y él se la dará; pues Dios da a todos sin limitación y sin hacer reproche alguno.ᶜ ⁶ Pero tiene que pedir con fe, sin dudar nada; porque el que duda es como una ola del mar, que el viento lleva de un lado a otro.ᵈ ⁷ Quien es así, no crea que va a recibir nada del Señor, ⁸ porque hoy piensa una cosa y mañana otra, y no es constante en su conducta.

⁹ El hermano de condición humilde debe sentirse orgulloso si Dios lo enaltece;ᵉ ¹⁰ y el rico debe sentirse orgulloso si Dios lo humilla. Porque el rico es como la flor de la hierba, que no permanece. ¹¹ Cuando el sol sale y calienta con fuerza, la hierba se seca, su flor se cae y su belleza se pierde.ᶠ Así también, el rico desaparecerá en medio de sus negocios.

Pruebas y tentaciones

¹² Dichoso el hombre que soporta la prueba con fortaleza, porque al salir aprobado recibirá como premio la vida, que es la corona que Dios ha prometido a los que le aman. ¹³ Cuando alguno se sienta tentado a hacer lo malo, no piense que es tentado por Dios, porque Dios ni siente la tentación de hacer lo malo, ni tienta a nadie para que lo haga. ¹⁴ Al contrario, uno es tentado por sus propios malos deseos, que lo atraen y lo seducen. ¹⁵ De estos malos deseos nace el pecado; y del pecado, cuando llega a su completo desarrollo, nace la muerte.

¹⁶ Queridos hermanos míos, no se engañen: ¹⁷ todo lo bueno y perfecto que se nos da, viene de arriba, de Dios, que creó los astros del cielo. Dios es siempre el mismo: en él no hay cambioᵍ que produzca sombras. ¹⁸ Él, porque así lo quiso, nos dio vida mediante el mensaje de la verdad,ʰ para que seamos los primeros frutos de su creación.

La verdadera religión

¹⁹ Recuerden esto, queridos hermanos: todos ustedes deben estar listos para escuchar; en cambio deben ser lentos para hablar y para enojarse. ²⁰ Porque el hombre enojado no hace lo que agrada a Dios. ²¹ Así pues, dejen ustedes todo lo impuro y la maldad que tanto abunda, y acepten humildemente el mensaje que se ha sem-

ᵃ 1.1 Mt 13.55; Mr 6.3; Hch 15.13; Gá 1.19.   ᵇ 1.1 1 P 1.1.   ᶜ 1.5 Pr 1—9; Stg 3.13–17.   ᵈ 1.5–6 Mt 7.7–11; Jn 16.23–24.   ᵉ 1.9 Jer 9.24.   ᶠ 1.10–11 Is 40.6–7.   ᵍ 1.17 Nm 23.19; Mal 3.6.   ʰ 1.18 1 P 1.23.

brado en su corazón; pues ese mensaje tiene poder para salvarlos.

²² Pero no basta con oír el mensaje; hay que ponerlo en práctica, pues de lo contrario se estarían engañando ustedes mismos. ²³ El que solamente oye el mensaje, y no lo practica, es como el hombre que se mira la cara en un espejo: ²⁴ se ve a sí mismo, pero en cuanto da la vuelta se olvida de cómo es. ²⁵ Pero el que no olvida lo que oye, sino que se fija atentamente en la ley perfecta, que es la ley que nos trae libertad, y permanece firme cumpliendo lo que ella manda, será feliz en lo que hace. ²⁶ Si alguno cree ser religioso, pero no sabe poner freno a su lengua, se engaña a sí mismo y su religión no sirve de nada. ²⁷ La religión pura y sin mancha delante de Dios el Padre es ésta: ayudar a los huérfanos y a las viudas en sus aflicciones, y no mancharse con la maldad del mundo.

Advertencia contra la discriminación

2 ¹ Ustedes, hermanos míos, que creen en nuestro glorioso Señor Jesucristo, no deben hacer diferencia entre una persona y otra. ²⁻³ Supongamos que ustedes están reunidos, y llega un rico con anillos de oro y ropa lujosa, y lo atienden bien y le dicen: "Siéntate aquí, en un buen lugar", y al mismo tiempo llega un pobre vestido con ropa vieja, y a éste le dicen: "Tú quédate allá de pie, o siéntate ahí en el suelo"; ⁴ entonces ya están haciendo distinciones entre ustedes mismos y juzgando con mala intención.

⁵ Queridos hermanos míos, oigan esto: Dios ha escogido a los que en este mundo son pobres, para que sean ricos en fe y para que reciban como herencia el reino que él ha prometido a los que le aman; ⁶ ustedes, en cambio, los humillan. ¿Acaso no son los ricos quienes los explotan a ustedes, y quienes a rastras los llevan ante las autoridades? ⁷ ¿No son ellos quienes hablan mal del precioso nombre que fue invocado sobre ustedes?

⁸ Ustedes hacen bien si de veras cumplen la ley suprema, tal como dice la Escritura: "Ama a tu prójimo como a ti mismo."ⁱ ⁹ Pero si hacen diferencia entre una persona y otra, cometen pecado y son culpables ante la ley de Dios. ¹⁰ Porque si una persona obedece toda la ley, pero falla en un solo mandato, resulta culpable frente a todos los mandatos de la ley. ¹¹ Pues el mismo Dios que dijo: "No cometas adulterio",ʲ dijo también: "No mates."ᵏ Así que, si uno no comete adulterio, pero mata, ya ha violado la ley. ¹² Ustedes de-

ben hablar y portarse como quienes van a ser juzgados por la ley que nos trae libertad. ¹³ Pues los que no han tenido compasión de otros, sin compasión serán también juzgados, pero los que han tenido compasión, saldrán victoriosos en la hora del juicio.

Hechos y no palabras

¹⁴ Hermanos míos, ¿de qué le sirve a uno decir que tiene fe, si sus hechos no lo demuestran? ¿Podrá acaso salvarlo esa fe? ¹⁵ Supongamos que a un hermano o a una hermana le falta la ropa y la comida necesarias para el día; ¹⁶ si uno de ustedes les dice: "Que les vaya bien; abríguense y coman todo lo que quieran", pero no les da lo que su cuerpo necesita, ¿de qué les sirve? ¹⁷ Así pasa con la fe: por sí sola, es decir, si no se demuestra con hechos, es una cosa muerta.

¹⁸ Tal vez alguien dirá: "Tú tienes fe, y yo tengo hechos." Muéstrame tu fe sin hechos, y yo te mostraré mi fe con mis hechos. ¹⁹ Tú crees que hay un solo Dios, y en esto haces bien; pero los demonios también lo creen, y tiemblan de miedo. ²⁰ No seas tonto, y reconoce que si la fe que uno tiene no va acompañada de hechos, es una fe inútil. ²¹ Dios aceptó como justo a Abraham, nuestro antepasado, por lo que él hizo cuando ofreció en sacrificio a su hijo Isaac.ˡ ²² Y puedes ver que, en el caso de Abraham, su fe se demostró con hechos, y que por sus hechos llegó a ser perfecta su fe. ²³ Así se cumplió la Escritura que dice: "Abraham creyó a Dios, y por eso Dios lo aceptó como justo."ᵐ Y Abraham fue llamado amigo de Dios.ⁿ

²⁴ Ya ven ustedes, pues, que Dios declara justo al hombre también por sus hechos, y no solamente por su fe. ²⁵ Lo mismo pasó con Rahab, la prostituta; Dios la aceptó como justa por sus hechos, porque dio alojamiento a los mensajeros y los ayudó a salir por otro camino.ⁿ ²⁶ En resumen: así como el cuerpo sin espíritu está muerto, así también la fe está muerta si no va acompañada de hechos.

La lengua

3 ¹ Hermanos míos, no haya entre ustedes tantos maestros, pues ya saben que quienes enseñamos seremos juzgados con más severidad. ² Todos cometemos muchos errores; ahora bien, si alguien no comete ningún error en lo que dice, es un hombre perfecto, capaz también de controlar todo su cuerpo. ³ Cuando ponemos freno en la boca a los caballos para que

ⁱ **2.8** Lv 19.18. ʲ **2.11** Ex 20.14; Dt 5.18. ᵏ **2.11** Ex 20.13; Dt 5.17. ˡ **2.21** Gn 22.1-14. ᵐ **2.23** Gn 15.6. ⁿ **2.23** 2 Cr 20.7; Is 41.8. ⁿ **2.25** Jos 2.1-21.

nos obedezcan, controlamos todo su cuerpo. [4] Y fíjense también en los barcos: aunque son tan grandes y los vientos que los empujan son fuertes, los pilotos, con un pequeño timón, los guían por donde quieren. [5] Lo mismo pasa con la lengua; es una parte muy pequeña del cuerpo, pero se cree capaz de grandes cosas. ¡Qué bosque tan grande puede quemarse por causa de un pequeño fuego! [6] Y la lengua es un fuego. Es un mundo de maldad puesto en nuestro cuerpo, que contamina a toda la persona. Está encendida por el infierno mismo, y a su vez hace arder todo el curso de la vida.[o] [7] El hombre es capaz de dominar toda clase de fieras, de aves, de serpientes y de animales del mar, y los ha dominado; [8] pero nadie ha podido dominar la lengua. Es un mal que no se deja dominar y que está lleno de veneno mortal. [9] Con la lengua, lo mismo bendecimos a nuestro Dios y Padre, que maldecimos a los hombres creados por Dios a su propia imagen.[p] [10] De la misma boca salen bendiciones y maldiciones. Hermanos míos, esto no debe ser así. [11] De un mismo manantial no puede brotar a la vez agua dulce y agua amarga. [12] Así como una higuera no puede dar aceitunas ni una vid puede dar higos, tampoco, hermanos míos, puede dar agua dulce un manantial de agua salada.

La verdadera sabiduría

[13] Si entre ustedes hay alguno sabio y entendido, que lo demuestre con su buena conducta, con la humildad que su sabiduría le da. [14] Pero si ustedes dejan que la envidia les amargue el corazón, y hacen las cosas por rivalidad, entonces no tienen de qué enorgullecerse y están faltando a la verdad. [15] Porque esta sabiduría no es la que viene de Dios, sino que es sabiduría de este mundo, de la mente humana y del diablo mismo. [16] Donde hay envidias y rivalidades, hay también desorden y toda clase de maldad; [17] pero los que tienen la sabiduría que viene de Dios, llevan ante todo una vida pura; y además son pacíficos, bondadosos y dóciles. Son también compasivos, imparciales y sinceros, y hacen el bien.[q] [18] Y los que procuran la paz, siembran en paz para recoger como fruto la justicia.

La amistad con el mundo

4 [1] ¿De dónde vienen las guerras y las peleas entre ustedes? Pues de los malos deseos que siempre están luchando en su interior. [2] Ustedes quieren algo, y no lo obtienen; matan, sienten envidia de alguna cosa, y como no la pueden conseguir, luchan y se hacen la guerra. No consiguen lo que quieren porque no se lo piden a Dios; [3] y si se lo piden, no lo reciben porque lo piden mal, pues lo quieren para gastarlo en sus placeres. [4] ¡Oh gente infiel![r] ¿No saben ustedes que ser amigos del mundo es ser enemigos de Dios?[s] Cualquiera que decide ser amigo del mundo, se vuelve enemigo de Dios. [5] Por algo dice la Escritura: "Dios ama celosamente el espíritu que ha puesto dentro de nosotros."[l, t] [6] Pero Dios nos ayuda más con su bondad, pues la Escritura dice: "Dios se opone a los orgullosos, pero trata con bondad a los humildes."[u] [7] Sométanse, pues, a Dios. Resistan al diablo, y éste huirá de ustedes. [8] Acérquense a Dios, y él se acercará a ustedes. ¡Límpiense las manos, pecadores! ¡Purifiquen sus corazones, ustedes que quieren amar a Dios y al mundo a la vez! [9] ¡Aflíjanse, lloren y laméntense! ¡Que su risa se cambie en lágrimas y su alegría en tristeza! [10] Humíllense delante del Señor, y él los enaltecerá.[v]

No juzgar al hermano

[11] Hermanos, no hablen mal unos de otros. El que habla mal de su hermano, o lo juzga, habla mal de la ley y la juzga. Y si juzgas a la ley, te haces juez de ella en vez de obedecerla. [12] Solamente hay uno que ha dado la ley y al mismo tiempo es Juez, y es aquel que puede salvar o condenar; tú, en cambio, ¿quién eres para juzgar a tu prójimo?

Inseguridad del día de mañana

[13] Ahora oigan esto, ustedes, los que dicen: "Hoy o mañana iremos a tal o cual ciudad, y allí pasaremos un año haciendo negocios y ganando dinero", [14] ¡y ni siquiera saben lo que mañana será de su vida![w] Ustedes son como una neblina que aparece por un momento y en seguida desaparece. [15] Lo que deben decir es: "Si el Señor quiere, viviremos y haremos esto o aquello." [16] En cambio, ustedes insisten en hablar orgullosamente; y todo orgullo de esa clase es malo. [17] El que sabe hacer el bien y no lo hace, comete pecado.

Advertencias a los ricos

5 [1] ¡Oigan esto, ustedes los ricos! ¡Lloren y griten por las desgracias que van a sufrir! [2] Sus riquezas están podridas; sus ropas, comidas por la polilla. [3] Su oro y su

l Dios ama . . . dentro de nosotros: otra posible traducción: El Espíritu que él hizo morar dentro de nosotros ama celosamente. Griego oscuro.
o 3.6 Pr 16.27.   p 3.9 Gn 1.26.   q 3.13-17 Pr 1—9; Stg 1.5.   r 4.4 Is 1.21; Jer 3.6-10; Os 2.2.   s 4.4 Mt 6.24; Lc 16.13.
t 4.5 Ex 20.5; Dt 4.24; Zac 8.2.   u 4.6 Pr 3.34; 1 P 5.5.   v 4.10 Mt 23.12; 1 P 5.6.   w 4.13-14 Pr 27.1.

plata se han enmohecido, y ese moho será una prueba contra ustedes y los destruirá como fuego. Han amontonado riquezas en estos días, que son los últimos.ˣ ⁴ El pago que no les dieron a los hombres que trabajaron en su cosecha, está clamando contra ustedes; y el Señor todopoderoso ha oído la reclamación de esos trabajadores.ʸ ⁵ Aquí en la tierra se han dado ustedes una vida de lujo y placeres, engordando como ganado, ¡y ya llega el día de la matanza! ⁶ Ustedes han condenado y matado a los inocentes sin que ellos opusieran resistencia.

La paciencia y la oración

⁷ Pero ustedes, hermanos, tengan paciencia hasta que el Señor venga. El campesino que espera recoger la preciosa cosecha, tiene que aguardar con paciencia las temporadas de lluvia. ⁸ Ustedes también tengan paciencia y manténganse firmes, porque muy pronto volverá el Señor.

⁹ Hermanos, no se quejen unos de otros, para que no sean juzgados; pues Dios, que es el Juez, está ya a la puerta. ¹⁰ Hermanos míos, tomen como ejemplo de sufrimiento y paciencia a los profetas que hablaron en nombre del Señor. ¹¹ Pues nosotros consideramos felices a los que soportan con fortaleza el sufrimiento.

Ustedes han oído cómo soportó Job sus sufrimientos,ᶻ y saben de qué modo lo trató al fin el Señor, porque el Señor es muy misericordioso y compasivo.ᵃ

¹² Sobre todo, hermanos míos, no juren: ni por el cielo, ni por la tierra, ni por ninguna otra cosa. Cuando digan "Sí", que sea sí; y cuando digan "No", que sea no, para que Dios no los condene.ᵇ

¹³ Si alguno de ustedes está afligido, que ore. Si alguno está contento, que cante alabanzas. ¹⁴ Si alguno está enfermo, llame a los ancianos de la iglesia, para que oren por él y en el nombre del Señor le unten aceite.²ᶜ ¹⁵ Y cuando oren con fe, el enfermo sanará, y el Señor lo levantará; y si ha cometido pecados, le serán perdonados. ¹⁶ Por eso, confiésense unos a otros sus pecados, y oren unos por otros para ser sanados. La oración fervorosa del hombre bueno tiene mucho poder. ¹⁷ El profeta Elías era un hombre como nosotros, y cuando oró con fervor pidiendo que no lloviera, dejó de llover sobre la tierra durante tres años y medio.ᵈ ¹⁸ Después, cuando oró otra vez, volvió a llover,ᵉ y la tierra dio su cosecha.

¹⁹ Hermanos míos, si alguno de ustedes se desvía de la verdad y otro lo hace volver, ²⁰ sepan ustedes que cualquiera que hace volver al pecador de su mal camino, le salva de la muerte y hace que muchos pecados sean perdonados.ᶠ

---

² Práctica usual en la iglesia cristiana primitiva. A los enfermos se les untaba aceite, mientras los hermanos oraban por ellos al Señor. (Véase Mr 6.13.)
ˣ 5.2–3 Mt 6.19. ʸ 5.4 Dt 24.14–15. ᶻ 5.11 Job 1.21–22; 2.10. ᵃ 5.11 Sal 103.8; 111.4. ᵇ 5.12 Mt 5.34–37. ᶜ 5.14 Mr 6.13; Lc 10.34. ᵈ 5.17 1 R 17.1; 18.1; Lc 4.25. ᵉ 5.18 1 R 18.42–45. ᶠ 5.20 Pr 10.12; 1 P 4.8.

Primera Carta de
SAN PEDRO

Esta carta, como otras, se dirige a los cristianos esparcidos, pero esta vez en la región norte del Asia Menor (1.1,2), los cuales se hallan sometidos a persecución y sufrimiento por causa de su fe. El autor procura alentarlos y fortalecerlos, para lo cual les recuerda cómo Dios los ha salvado y les ha dado una vida de esperanza (1.3–12): ha sido por medio de la muerte y resurrección de Cristo. Y es la promesa de su venida la que infunde esperanza. Lo que ellos sufren es prueba de su fe, y en medio de ella deben vivir como quienes han sido consagrados a Cristo y pertenecen a Dios (1.13— 2.10).

Inspirados en el ejemplo de Cristo, deben reconocer que es mejor sufrir por hacer el bien que por hacer el mal, y padecer dignamente, como cristianos que son. Concretamente da consejos al respecto a amos y sirvientes, así como a los casados, y a todos les recomienda que más que nada haya entre ellos mucho amor (2.11—4.19). Termina dirigiéndose especialmente a los ancianos que están al frente de las iglesias, y a los jóvenes, y asegura a todos que después del presente sufrimiento Dios les dará bendiciones y los perfeccionará (cap. 5).

Saludo

1 [1] Yo, Pedro, apóstol de Jesucristo, escribo esta carta a los que viven esparcidos fuera de su patria,[a] en las provincias de Ponto, Galacia, Capadocia, Asia y Bitinia, [2] a quienes Dios el Padre había escogido anteriormente conforme a su propósito. Por medio del Espíritu los ha consagrado a ustedes para que le obedezcan y sean purificados con la sangre de Jesucristo. Reciban abundancia de gracia y de paz.

Una vida de esperanza

[3] Alabemos al Dios y Padre de nuestro Señor Jesucristo, que por su gran misericordia nos ha hecho nacer de nuevo por la resurrección de Jesucristo.[b] Esto nos da una viva esperanza, [4] y hará que ustedes reciban la herencia que Dios les tiene guardada en el cielo, la cual no puede destruirse, ni mancharse, ni marchitarse. [5] Por la fe que ustedes tienen en Dios, él los protege con su poder para que alcancen la salvación que tiene preparada, la cual dará a conocer en los tiempos últimos. [6] Por esta razón están ustedes llenos de alegría, aunque quizá sea necesario que durante un poco de tiempo pasen por muchas pruebas. [7] Porque la fe de ustedes es como el oro: su calidad debe ser probada por medio del fuego. La fe que resiste la prueba vale mucho más que el oro, el cual se puede destruir. De manera que la fe de ustedes, al ser así probada, merecerá aprobación, gloria y honor cuando Jesucristo aparezca. [8] Ustedes aman a Jesucristo, aunque no lo han visto; y ahora, creyendo en él sin haberlo visto,[c] se alegran con una alegría tan grande y gloriosa que no pueden expresarla con palabras, [9] por haber conseguido la salvación de sus almas; pues tal es la meta de su fe.

[10] Ya en tiempos antiguos los profetas estudiaron e investigaron acerca de esta salvación, y hablaron de lo que Dios en su bondad iba a darles a ustedes. [11] El Espíritu de Cristo hacía saber de antemano a los profetas lo que Cristo había de sufrir y la gloria que vendría después; y ellos trataban de descubrir quién era la persona y cuál el tiempo que señalaba ese Espíritu que estaba en ellos. [12] Pero Dios les hizo saber que lo que ellos anunciaban no era para ellos mismos, sino para bien de ustedes. Ahora pues, esto es lo que les ha sido anunciado por los mismos que les predicaron el mensaje de salvación con el poder del Espíritu Santo que ha sido enviado del cielo. ¡Estas son cosas que los ángeles mismos quisieran contemplar!

Dios nos llama a una vida santa

[13] Por eso, estén preparados y usen de su buen juicio. Pongan toda su esperanza en lo que Dios en su bondad les va a dar cuando Jesucristo aparezca. [14] Como hijos obedientes, no vivan conforme a los deseos que tenían antes de conocer a Dios. [15] Al contrario, vivan de una manera completamente santa, porque Dios, que los llamó, es santo; [16] pues la Escritura dice: "Sean ustedes santos, porque yo soy santo."[d] [17] Si ustedes llaman "Padre" a Dios, que juzga a cada uno según sus hechos y sin

a 1.1 Stg 1.1.   b 1.3 Jn 3.3–7; Ro 6.4–13; 1 P 1.22.   c 1.8 Jn 20.29.   d 1.16 Lv 11.44–45; 19.2.

hacer distinción entre personas, deben mostrarle reverencia durante todo el tiempo que vivan en este mundo. [18] Pues Dios los ha salvado a ustedes de la vida sin sentido que heredaron de sus antepasados; y ustedes saben muy bien que el costo de esta salvación no se pagó con cosas corruptibles, como el oro o la plata, [19] sino con la sangre preciosa de Cristo, que fue ofrecido en sacrificio como un cordero sin defecto ni mancha. [20] Cristo había sido destinado para esto desde antes que el mundo fuera creado, pero en estos tiempos últimos ha aparecido para bien de ustedes. [21] Por medio de Cristo, ustedes creen en Dios, el cual lo resucitó y lo glorificó; así que ustedes han puesto su fe y su esperanza en Dios.

[22] Ahora ustedes, al obedecer al mensaje de la verdad, han purificado sus almas para amar sinceramente a los hermanos. Así que deben amarse unos a otros con corazón puro y con todas sus fuerzas. [23] Pues ustedes han vuelto a nacer, y esta vez no de padres humanos y mortales, sino de la palabra de Dios, la cual vive y permanece para siempre.[e] [24] Porque la Escritura dice:

"Todo hombre es como hierba,
    y su grandeza es como la flor de la
    hierba.
La hierba se seca y la flor se cae,
[25] pero la palabra del Señor permanece
    para siempre."[f]

Y esta palabra es el mensaje de salvación que se les ha anunciado a ustedes.

2 [1] Por lo tanto, abandonen toda clase de maldad, todo engaño, hipocresía y envidia, y toda clase de chismes. [2] Como niños recién nacidos, busquen con ansia la leche espiritual pura, para que por medio de ella crezcan y tengan salvación, [3] si es que realmente han llegado a darse cuenta de que el Señor es bueno.[g]

Cristo, la piedra viva

[4] Acérquense, pues, al Señor, la piedra viva que los hombres desecharon, pero que para Dios es una piedra escogida y de mucho valor. [5] De esta manera, Dios hará de ustedes, como de piedras vivas, un templo espiritual, un sacerdocio santo, que por medio de Jesucristo ofrezca sacrificios espirituales, agradables a Dios. [6] Por eso también dice la Escritura:

"Yo pongo en Sión una piedra
    que es la piedra principal,
    escogida y muy valiosa;
el que confía en ella, no quedará
    defraudado."[h]

[7] Para ustedes, que creen, esa piedra es de mucho valor; pero para los que no creen se cumple lo que dice la Escritura:

"La piedra que los constructores
    despreciaron,
    se ha convertido en la piedra
    principal."[i]

[8] Y también esto otro:

"Una roca, una piedra con la cual
    tropezarán."[j]

Pues ellos tropiezan al no hacer caso del mensaje: para eso fueron destinados.

[9] Pero ustedes son una familia escogida, un sacerdocio al servicio del rey, una nación santa,[k] un pueblo adquirido por Dios.[l] Y esto es así para que anuncien las obras maravillosas de Dios,[m] el cual los llamó a salir de la oscuridad para entrar en su luz maravillosa.[n] [10] Ustedes antes ni siquiera eran pueblo, pero ahora son pueblo de Dios; antes Dios no les tenía compasión, pero ahora les tiene compasión.[ñ]

Vivan para servir a Dios

[11] Queridos hermanos, les ruego, como a extranjeros de paso por este mundo, que no den lugar a los deseos humanos que luchan contra el alma.[o] [12] Condúzcanse bien entre los que no conocen a Dios. Así ellos, aunque ahora hablen contra ustedes como si ustedes fueran malhechores, verán el bien que ustedes hacen y alabarán a Dios el día en que él pida cuentas a todos.

[13] Por causa del Señor, sométanse a toda autoridad humana: tanto al emperador, por ser el cargo más alto, [14] como a los gobernantes que él envía para castigar a los malhechores y honrar a los que hacen el bien. [15] Porque Dios quiere que ustedes hagan el bien, para que los ignorantes y los tontos no tengan nada que decir en contra de ustedes.

[16] Pórtense como personas libres, aunque sin usar su libertad como un pretexto para hacer lo malo. Pórtense más bien como siervos de Dios. [17] Den a todos el debido respeto. Amen a los hermanos, reverencien a Dios, respeten al emperador.

El ejemplo del sufrimiento de Cristo

[18] Sirvientes, sométanse con todo respeto a sus amos, no solamente a los buenos y comprensivos sino también a los malos. [19] Porque buena cosa es que uno soporte sufrimientos injustamente, por sentido de responsabilidad delante de Dios. [20] Pues si a ustedes los castigan por haber hecho algo malo, ¿qué mérito tendrá que lo soporten con paciencia? Pero si sufren por haber hecho el bien, y soportan con paciencia el sufrimiento, eso es bueno

e **1.23** Jn 3.3–7; Stg 1.18; 1 P 1.3.   f **1.24–25** Is 40.6–8.   g **2.3** Sal 34.8.   h **2.6** Is 28.16.   i **2.7** Sal 118.22.   j **2.8** Is 8.14–15.
k **2.9** Ex 19.5–6; Is 43.20.   l **2.9** Ex 19.5; Dt 4.20; 7.6; 14.2; Tit 2.14.   m **2.9** Is 43.21.   n **2.9** Is 9.2.   ñ **2.10** Os 2.23.
o **2.11** Sal 119.19.

delante de Dios. [21] Pues para esto los llamó Dios, ya que Cristo sufrió por ustedes, dándoles un ejemplo para que sigan sus pasos. [22] Cristo no cometió ningún pecado ni engañó jamás a nadie.[p] [23] Cuando lo insultaban, no contestaba con insultos; cuando lo hacían sufrir, no amenazaba, sino que se encomendaba a Dios, que juzga con rectitud.[q] [24] Cristo mismo llevó nuestros pecados en su cuerpo sobre la cruz, para que nosotros muramos al pecado y vivamos una vida de rectitud. Cristo fue herido para que ustedes fueran sanados.[r] [25] Pues ustedes andaban antes como ovejas extraviadas,[s] pero ahora han vuelto a Cristo, que los cuida como un pastor y vela por ustedes.

Cómo deben vivir los casados

3 [1] Así también ustedes, las esposas, sométanse a sus esposos,[t] para que los que no creen en el mensaje puedan ser convencidos, sin necesidad de palabras, por el comportamiento de ustedes, [2] al ver ellos su conducta pura y respetuosa. [3] Que el adorno de ustedes no consista en cosas externas, como peinados exagerados, joyas de oro o vestidos lujosos,[u] [4] sino en lo íntimo del corazón, en la belleza incorruptible de un espíritu suave y tranquilo. Esta belleza vale mucho delante de Dios. [5] Pues éste era también, en tiempos antiguos, el adorno de las mujeres santas; ellas confiaban en Dios y se sometían a sus esposos. [6] Así fue Sara, que obedeció a Abraham y le llamó "mi señor".[v] Y ustedes son hijas de ella, si hacen el bien y no tienen miedo de nada.

[7] En cuanto a ustedes, los esposos, sean comprensivos con sus esposas.[w] Denles el honor que les corresponde, no solamente porque la mujer es más delicada, sino también porque Dios en su bondad les ha prometido a ellas la misma vida que a ustedes. Háganlo así para que nada estorbe sus oraciones.

Los que sufren por hacer el bien

[8] En fin, vivan todos ustedes en armonía, unidos en un mismo sentir y amándose como hermanos. Sean bondadosos y humildes. [9] No devuelvan mal por mal ni insulto por insulto. Al contrario, devuelvan bendición, pues Dios los ha llamado a recibir bendición. [10] Porque:

"Quien quiera amar la vida y pasar
días felices,
cuide su lengua de hablar mal
y sus labios de decir mentiras;
[11] aléjese del mal y haga el bien,
busque la paz y sígala.

[12] Porque el Señor cuida a los justos
y presta oídos a sus oraciones,
pero está en contra de los
malhechores."[x]

[13] ¿Quién podrá hacerles mal, si ustedes se empeñan siempre en hacer el bien? [14] Pero aun si por actuar con rectitud han de sufrir, ¡dichosos ustedes![y] No tengan miedo a nadie, ni se asusten, [15] sino honren a Cristo como Señor en sus corazones.[z] Estén siempre preparados a responder a todo el que les pida razón de la esperanza que ustedes tienen, [16] pero háganlo con humildad y respeto. Pórtense de tal modo que tengan tranquila su conciencia, para que los que hablan mal de su buena conducta como creyentes en Cristo, se avergüencen de sus propias palabras. [17] Es mejor sufrir por hacer el bien, si así lo quiere Dios, que por hacer el mal. [18] Porque Cristo mismo sufrió la muerte por nuestros pecados, una vez para siempre. El era bueno, pero sufrió por los malos, para llevarlos a ustedes a Dios. Como hombre, murió; pero como ser espiritual que era, volvió a la vida. [19] Y como ser espiritual, fue y predicó a los espíritus que estaban presos. [20] Estos habían sido desobedientes en tiempos antiguos, en los días de Noé, cuando Dios esperaba con paciencia mientras se construía la barca, en la que algunas personas, ocho en total, fueron salvadas por medio del agua.[a] [21] Y aquella agua representaba el agua del bautismo, por medio del cual somos ahora salvados. El bautismo no consiste en limpiar el cuerpo, sino en pedirle a Dios una conciencia limpia; y nos salva por la resurrección de Jesucristo, [22] que subió al cielo y está a la derecha de Dios, y al que han quedado sujetos los ángeles y demás seres espirituales que tienen autoridad y poder.

Servir según los dones recibidos de Dios

4 [1] Por eso, así como Cristo sufrió en su cuerpo, ustedes también deben estar dispuestos a sufrir. Pues el que ha sufrido en el cuerpo ha roto con el pecado, [2] para vivir el resto de su vida conforme a la voluntad de Dios y no conforme a los deseos humanos. [3] Por mucho tiempo hicieron ustedes las mismas cosas que hacen los paganos, pues vivían entonces en vicios, malos deseos, borracheras y banquetes ruidosos, bebiendo con exceso y adorando ídolos abominables. [4] Ahora, como ustedes ya no los acompañan en los excesos de su mala vida, ellos se extrañan y hablan mal de ustedes. [5] Pero ellos tendrán que rendir

cuentas ante aquel que está preparado para juzgar a los vivos y a los muertos. [6] Pues a los que están muertos se les predicó el mensaje, para que pudieran vivir en el espíritu, según Dios, aunque en este mundo hubieran sido juzgados en el cuerpo, según los hombres. [7] Ya se acerca el fin de todas las cosas. Por eso, sean ustedes juiciosos y dedíquense seriamente a la oración. [8] Haya sobre todo mucho amor entre ustedes, porque el amor perdona muchos pecados.[l,b] [9] Recíbanse unos a otros en sus casas, sin murmurar de nadie.[c] [10] Como buenos administradores de las variadas bendiciones de Dios, cada uno de ustedes sirva a los demás según los dones que haya recibido. [11] Cuando alguien hable, sean sus palabras como palabras de Dios. Cuando alguien preste algún servicio, préstelo con las fuerzas que Dios le da. Todo lo que hagan, háganlo para que Dios sea alabado por medio de Jesucristo, a quien pertenece la gloria y el poder para siempre. Así sea.

Sufrir como cristianos

[12] Queridos hermanos, no se extrañen de verse sometidos al fuego de la prueba, como si fuera algo extraordinario. [13] Al contrario, alégrense de tener parte en los sufrimientos de Cristo, para que también se llenen de alegría cuando su gloria se manifieste.[d] [14] Dichosos ustedes, si alguien los insulta por causa de Cristo, porque el glorioso Espíritu de Dios está continuamente sobre ustedes.[2] [15] Si alguno de ustedes sufre, que no sea por asesino, ladrón o criminal, ni por meterse en asuntos ajenos. [16] Pero si sufre por ser cristiano, no debe avergonzarse, sino alabar a Dios por ello. [17] Ya ha llegado el tiempo en que el juicio comience por la propia familia de Dios. Y si el juicio está comenzando así por nosotros, ¿cómo será el fin de los que no obedecen al mensaje de Dios? [18] Y si el justo con dificultad se salva, ¿qué pasará con el malvado y el pecador?[e] [19] De manera que los que sufren según la voluntad de Dios, deben seguir haciendo el bien y poner sus almas en manos del Dios que los creó, pues él es fiel.

Consejos para los creyentes

5 [1] Quiero aconsejar ahora a los ancianos[3] de las congregaciones de ustedes, yo que soy anciano como ellos y testigo de los sufrimientos de Cristo, y que, lo mismo que ellos, voy a tener parte en la gloria que ha de manifestarse. [2] Cuiden de las ovejas de Dios[f] que han sido puestas a su cargo; háganlo de buena voluntad, como Dios quiere, y no por obligación ni por ambición de dinero. Realicen su trabajo de buena gana, [3] no como si ustedes fueran los dueños de los que están a su cuidado, sino procurando ser un ejemplo para ellos. [4] Así, cuando aparezca el Pastor principal,[g] ustedes recibirán la corona de la gloria, una corona que jamás se marchitará.

[5] De la misma manera, ustedes los jóvenes sométanse a la autoridad de los ancianos. Todos deben someterse unos a otros con humildad, porque:

"Dios se opone a los orgullosos,
pero ayuda con su bondad a los
humildes."[h]

[6] Humíllense, pues, bajo la poderosa mano de Dios, para que él los enaltezca a su debido tiempo.[i] [7] Dejen todas sus preocupaciones a Dios, porque él se interesa por ustedes.[j] [8] Sean prudentes y manténganse despiertos, porque su enemigo el diablo, como un león rugiente, anda buscando a quien devorar. [9] Resístanle, firmes en la fe, sabiendo que en todas partes del mundo sus hermanos de ustedes están sufriendo las mismas cosas. [10] Pero después que ustedes hayan sufrido por un poco de tiempo, Dios los hará perfectos, firmes, fuertes y seguros. Es el mismo Dios que en su gran amor nos ha llamado a tener parte en su gloria eterna en unión con Jesucristo. [11] A él sea el poder para siempre. Así sea.

Saludos finales

[12] Por medio de Silvano,[k] a quien considero un hermano fiel, les he escrito esta breve carta, para aconsejarles y asegurarles que las bendiciones que han recibido son prueba verdadera del amor de Dios. ¡Permanezcan fieles a ese amor! [13] La iglesia que está en Babilonia,[f] la cual Dios ha escogido lo mismo que a ustedes, les manda saludos, y también mi hijo Marcos.[l] [14] Salúdense unos a otros con un beso de amor fraternal.

Tengan paz todos ustedes, los que pertenecen a Cristo.

---

[l] *El amor perdona muchos pecados:* otra posible traducción: *el amor alcanza el perdón para muchos pecados.* [2] Algunos mss. añaden: *Ciertamente ellos blasfeman* (contra él), *pero ustedes (lo) glorifican.* [3] *Ancianos:* la palabra puede referirse a la edad, y puede también, siguiendo la tradición judía, designar un puesto directivo en la comunidad. (Véase v. 2.) [4] *Babilonia:* nombre que los primeros cristianos usaban a veces para referirse a Roma.
[b] 4.8 Pr 10.12; 1 Co 13.7. [c] 4.9 Ro 12.13. [d] 4.13 Ro 8.17; 1 P 4.1. [e] 4.18 Pr 11.31. [f] 5.2 Jn 21.15–17. [g] 5.4 He 13.20.
[h] 5.5 Pr 3.34; Stg 4.6. [i] 5.6 Mt 23.12; Lc 14.11; 18.14; Stg 4.10. [j] 5.7 Sal 55.22; Mt 6.25–34. [k] 5.12 Hch 15.22,40.
[l] 5.13 Hch 12.12,25; 13.13; 15.37–39; Col 4.10; Flm 24.

Segunda Carta de

SAN PEDRO

Esta carta se dirige a los creyentes en general. Sucedía que en muchas iglesias había falsos maestros que se habían introducido en ellas y enseñaban doctrinas que daban como resultado un relajamiento de la moral cristiana. El autor procura fortalecer a los creyentes en la fe y en la doctrina que han recibido de quienes vieron con sus propios ojos al Señor. Una de las falsas doctrinas que se estaban difundiendo aseguraba que no era cierto que el Señor vendría otra vez, ya que el tiempo pasaba y pasaba, y él no volvía.

El autor comienza haciendo hincapié en las virtudes capitales de la vida cristiana: fe, buena conducta, entendimiento, dominio propio, paciencia, devoción a Dios, cariño fraternal y amor (cap. 1). Denuncia luego a los falsos maestros (cap. 2) y termina reiterando la seguridad de la venida del Señor, explicando que la aparente demora de ella se debe a que Dios quiere dar a todos la oportunidad de que se vuelvan a él y dejen de pecar (cap. 3).

Saludo

1 [1] Yo, Simón[1] Pedro, siervo y apóstol de Jesucristo, les escribo esta carta a ustedes, que han llegado a tener una fe tan preciosa como la nuestra, porque nuestro Dios y Salvador Jesucristo[a] es justo. [2] Reciban abundancia de gracia y de paz mediante el conocimiento que tienen de Dios y de Jesús, nuestro Señor.

Cualidades del cristiano

[3] Dios, por su poder, nos ha concedido todo lo que necesitamos para la vida y la devoción, al hacernos conocer a aquel que nos llamó por su propia grandeza y sus obras maravillosas. [4] Por medio de estas cosas nos ha dado sus promesas, que son muy grandes y de mucho valor, para que por ellas lleguen ustedes a tener parte en la naturaleza de Dios y escapen de la corrupción que los malos deseos han traído al mundo. [5] Y por esto deben esforzarse en añadir a su fe la buena conducta; a la buena conducta, el entendimiento; [6] al entendimiento, el dominio propio; al dominio propio, la paciencia; a la paciencia, la devoción; [7] a la devoción, el afecto fraternal; y al afecto fraternal, el amor. [8] Si ustedes poseen estas cosas y las desarrollan, ni su vida será inútil ni habrán conocido en vano a nuestro Señor Jesucristo. [9] Pero el que no las posee es como un ciego o corto de vista; ha olvidado que fue limpiado de sus pecados pasados. [10] Por eso, hermanos, ya que Dios los ha llamado y escogido, procuren que esto arraigue en ustedes, pues haciéndolo así nunca caerán. [11] De ese modo se les abrirán de par en par las puertas del reino eterno de nuestro Señor y Salvador Jesucristo.

[12] Por eso les seguiré recordando siempre todo esto, aun cuando ya lo saben y permanecen firmes en la verdad que les han enseñado. [13] Mientras yo viva, creo que estoy en el deber de llamarles la atención con estos consejos. [14] Nuestro Señor Jesucristo me ha hecho saber que pronto habré de dejar esta vida; [15] pero haré todo lo posible para que también después de mi muerte se acuerden ustedes de estas cosas.

Los que vieron la grandeza de Cristo

[16] La enseñanza que les dimos sobre el poder y el regreso de nuestro Señor Jesucristo, no consistía en cuentos inventados con maña, pues con nuestros propios ojos vimos al Señor en su grandeza. [17] Lo vimos cuando Dios el Padre le dio honor y gloria, cuando la voz de Dios le habló de aquella gloriosa manera: "Este es mi Hijo amado, a quien he elegido." [18] Nosotros mismos oímos aquella voz que venía del cielo, pues estábamos con el Señor en el monte sagrado.[b]

[19] Esto hace más seguro el mensaje de los profetas, el cual con toda razón toman ustedes en cuenta. Pues ese mensaje es como una lámpara que brilla en un lugar oscuro, hasta que el día amanezca y la estrella de la mañana salga para alumbrarles el corazón. [20] Pero ante todo tengan esto presente: que ninguna profecía de la Escritura es algo que puede interpretarse según el personal parecer de nadie, [21] porque los profetas nunca hablaron por su propia voluntad; al contrario, eran hombres que hablaban de parte de Dios, dirigidos por el Espíritu Santo.

[1] Simón: algunos mss. dicen: Simeón, que es la forma hebrea del mismo nombre.
[a] 1.1 Tit 2.13.   [b] 1.17-18 Mt 17.1-5; Mr 9.2-7; Lc 9.28-35.

Los que enseñan mentiras
(Judas 4–13)

2 ¹ Hubo también falsos profetas entre el pueblo de Israel; y así habrá falsos maestros entre ustedes. Ellos enseñarán con disimulo sus dañinas ideas, negando de ese modo al propio Señor que los salvó; esto les atraerá una rápida condenación. ² Muchos los seguirán en su vida viciosa, y por causa de ellos se hablará mal del camino de la verdad. ³ En su ambición de dinero, los explotarán a ustedes con falsas enseñanzas; pero la condenación los espera a ellos sin remedio, pues desde hace mucho tiempo están sentenciados.

⁴ Dios no perdonó a los ángeles que pecaron, sino que los arrojó al infierno y los dejó en tinieblas, encadenados y guardados para el juicio. ⁵ Ni tampoco perdonó Dios al mundo antiguo, sino que mandó el diluvio sobre aquellos hombres malos, y salvó solamente a Noé, que predicó una vida de rectitud, y a otras siete personas.ᶜ ⁶ Dios también condenó a la destrucción a las ciudades de Sodoma y Gomorra, quemándolas hasta dejarlas hechas cenizas,ᵈ para que sirvieran de advertencia a la gente mala que habría de vivir después. ⁷ Pero libró a Lot, un hombre justo a quien afligía la vida viciosa de aquellos malvados.ᵉ

⁸ Este hombre justo que vivía entre ellos, sufría en su corazón a causa de las maldades que día tras día tenía que ver y oír. ⁹ El Señor sabe librar de la prueba a los que viven entregados a él, y sabe tener a los malos bajo castigo para el día del juicio. ¹⁰ Dios castigará sobre todo a los que siguen deseos impuros y desprecian la autoridad del Señor. Son tercos y atrevidos, y no tienen miedo de insultar a los poderes superiores; ¹¹ en cambio, los ángeles, aunque tienen más fuerza y autoridad, no se atreven a condenar con insultos a esos poderes de parte del Señor.

¹² Esos hombres son como los animales: no tienen entendimiento, viven sólo por instinto y nacen para que los atrapen y los maten. Hablan mal de cosas que no entienden; pero morirán de la misma manera que los animales,ʲ ¹³ sufriendo por lo que han hecho sufrir a otros. Se creen felices divirtiéndose con los placeres del momento. ¡Son una vergüenza y un escándalo cuando los acompañan a ustedes en sus fiestas, divirtiéndose con sus placeres engañosos!

¹⁴ No pueden ver a una mujer sin desearla; no se cansan de pecar. Seducen a las almas débiles; son expertos en la avaricia; son gente maldita. ¹⁵ Andan perdidos, porque se han desviado del camino recto. Siguen el ejemplo del profeta Balaam, hijo de Beor,³ que quiso ganar dinero haciendo el mal ¹⁶ y fue reprendido por su pecado: una asna muda le habló con voz humana y no lo dejó seguir con su locura.ᶠ

¹⁷ Esos maestros son como pozos sin agua, como nubes llevadas por el viento; están condenados a pasar la eternidad en la más negra oscuridad. ¹⁸ Dicen cosas altisonantes y vacías, y con vicios y deseos humanos seducen a quienes a duras penas logran escapar de los que viven en el error. ¹⁹ Les prometen libertad, siendo ellos mismos esclavosᵍ de la corrupción;⁴ porque todo hombre es esclavo de aquello que lo ha dominado. ²⁰ Pues los que han conocido al Señor y Salvador Jesucristo, y han escapado así de las impurezas del mundo, si se dejan enredar otra vez en esas cosas y son dominados por ellas, quedan peor que antes.ʰ ²¹ Hubiera sido mejor para ellos no haber conocido el camino recto que, después de haberlo conocido, apartarse del santo mandamiento que les fue dado. ²² Pero en ellos se ha cumplido la verdad de aquel dicho: "El perro vuelve a su vómitoⁱ y la puerca recién bañada vuelve a revolcarse en el lodo."

El regreso del Señor

3 ¹ Esta es, queridos hermanos, la segunda carta que les escribo. En las dos he querido, con mis consejos, hacerlos pensar rectamente. ² Acuérdense de lo que en otro tiempo dijeron los santos profetas; y del mandamiento del Señor y Salvador, que los apóstoles les enseñaron a ustedes.

³ Sobre todo tengan esto en cuenta: que en los días últimos vendrá gente que vivirá de acuerdo con sus propios malos deseos,ʲ y que en son de burla ⁴ preguntará: "¿Qué pasó con la promesa de que Cristo iba a volver? Ya murieron nuestros padres, y todo sigue igual desde que el mundo fue creado."ᵏ ⁵ Esa gente no quiere darse cuenta de que el cielo ya existía desde tiempos antiguos, y de que por mandato de Dios la tierra surgió del agua y por medio del agua.ˡ ⁶ También por medio del agua del diluvio fue destruido el mundo de entonces.ᵐ ⁷ Pero los cielos y la tierra que ahora existen, están reservados para el fuego por el mismo mandato de Dios. Ese fuego los quemará en el día del juicio y de la perdición de los malos.

⁸ Además, queridos hermanos, no olviden que para el Señor un día es como mil

---

ʲ **Pero morirán . . . animales:** otra posible traducción: *pero en la destrucción que causan morirán ellos mismos.* Griego oscuro.   ³ **Beor:** según algunos mss. y Nm 22.4–35. Griego oscuro.   ⁴ **La corrupción:** otra posible traducción: *la muerte.* ᶜ **2.5** Gn 6.1—7.24; 8.18.   ᵈ **2.6** Gn 19.24.   ᵉ **2.7** Gn 19.1–16,29.   ᶠ **2.15–16** Nm 22.4–35.   ᵍ **2.19** Jn 8.34; Ro 6.6,16. ʰ **2.20** Mt 12.45; Lc 11.26.   ⁱ **2.22** Pr 26.11.   ʲ **3.3** 2 Ti 3.1–5; Jud 18.   ᵏ **3.4** Ez 12.22.   ˡ **3.5** Gn 1.6–9; Sal 24.2. ᵐ **3.6** Gn 7.11.

años, y mil años como un día." ⁹ No es que el Señor se tarde en cumplir su promesa, como algunos suponen, sino que tiene paciencia con ustedes, pues no quiere que nadie muera, sino que todos se vuelvan a Dios."

¹⁰ Pero el día del Señor vendrá como un ladrón.º Entonces los cielos se desharán con un ruido espantoso, los elementos serán destruidos por el fuego, y la tierra, con todo lo que hay en ella, quedará sometida al juicio de Dios.⁵

¹¹ Puesto que todo va a ser destruido de esa manera, ¡con cuánta santidad y devoción deben vivir ustedes! ¹² Esperen la llegada del día de Dios, y hagan lo posible por apresurarla. Ese día los cielos serán destruidos por el fuego, y los elementos se derretirán entre las llamas; ¹³ pero nosotros esperamos el cielo nuevo y la tierra nueva que Dios ha prometido, en los cuales todo será justo y bueno.ᴾ

¹⁴ Por eso, queridos hermanos, mientras esperan estas cosas, hagan todo lo posible para que Dios los encuentre en paz, sin mancha ni culpa. ¹⁵ Tengan en cuenta que la paciencia con que nuestro Señor nos trata es para nuestra salvación. Acerca de esto también les ha escrito a ustedes nuestro querido hermano Pablo, según la sabiduría que Dios le ha dado. ¹⁶ En cada una de sus cartas él les ha hablado de esto, aunque hay en ellas puntos difíciles de entender que los ignorantes y los débiles en la fe tuercen, como tuercen las demás Escrituras,⁶ para su propia condenación.

¹⁷ Por eso, queridos hermanos, ya que ustedes saben de antemano estas cosas, cuídense, para que no sean arrastrados por los engaños de los malvados ni caigan de su firme posición. ¹⁸ Pero conozcan mejor a nuestro Señor y Salvador Jesucristo y crezcan en su amor. ¡Gloria a él ahora y para siempre! Así sea.

---

⁵ *Quedará sometida al juicio de Dios:* lit. *será encontrada.* Algunos mss. dicen: *será quemada.* ⁶ *Como tuercen las demás Escrituras:* otra posible traducción: *como tuercen sus otros escritos.*
ⁿ **3.8** Sal 90.4. ⁿ **3.9** Ez 18.23. º **3.10** Mt 24.43; Lc 12.39; 1 Ts 5.2; Ap 16.15. ᴾ **3.13** Is 65.17 66.22; Ap 21.1.

Primera Carta de
SAN JUAN

El tema central de esta carta es el amor, como demostración del verdadero conocimiento de Dios. Porque "Dios es amor", y sólo el que ama a sus hermanos conoce en verdad a Dios. Se echa de ver que el autor refuta por lo menos dos falsas doctrinas: la de que siendo el mundo físico malo en sí mismo —concepto que vimos refutado ya en la primera carta a Timoteo— Jesús, el Hijo de Dios, no pudo haberse hecho realmente hombre, y la de que la salvación no tenía nada que ver con este mundo y con las relaciones humanas, sino que era cuestión de un secreto conocimiento intelectual de Dios, falsa idea repudiada en aquella misma carta de Pablo.

Recalcando la contraposición entre la luz y las tinieblas, que era un tema común en el judaísmo de entonces, se exhorta a los creyentes a "vivir en la luz", porque "Dios es luz" (cap. 1). En el cap. 2 comienza a insistirse en el amor entre hermanos, y se anuncia la aparición de grandes opositores de Cristo, que niegan que Jesús es el Cristo y son por tanto mentirosos, tema al que se vuelve en 4.1-6. La característica de los hijos de Dios es el amor, y el sumario de la vida cristiana es creer en Jesucristo, obedecer los mandamientos de Dios y amarse los unos a los otros (cap. 3; 4.7-21). La carta termina proclamando una fe victoriosa y añadiendo algunos consejos finales (cap. 5).

La palabra de vida

1 ¹ Les escribimos a ustedes acerca de aquello que ya existía desde el principio,ᵃ de lo que hemos oído y de lo que hemos visto con nuestros propios ojos. Porque lo hemos visto y lo hemos tocado con nuestras manos. Se trata de la Palabra de vida.ᵇ ² Esta vida se manifestó, y nosotros la vimosᶜ y hemos dado testimonio de ella; y les anunciamos a ustedes esta vida eterna, la cual estaba con el Padre y se nos ha manifestado. ³ Les anunciamos, pues, lo que hemos visto y oído, para que ustedes estén unidos con nosotros, como nosotros estamos unidos con

---

ᵃ **1.1** Jn 1.1; 1 Jn 2.13,14. ᵇ **1.1** Jn 1.1,4; 6.68. ᶜ **1.2** Jn 1.14,18.

Dios el Padre y con su Hijo Jesucristo. [4] Escribimos estas cosas para que nuestra alegría sea completa.

Dios es luz

[5] Este es el mensaje que Jesucristo nos enseñó y que les anunciamos a ustedes: que Dios es luz y que en él no hay ninguna oscuridad. [6] Si decimos que estamos unidos a él, y al mismo tiempo vivimos en la oscuridad, mentimos de palabra y de hecho. [7] Pero si vivimos en la luz, así como Dios está en la luz, entonces hay unión entre nosotros, y la sangre de su Hijo Jesucristo nos limpia de todo pecado.

[8] Si decimos que no tenemos pecado, nos engañamos a nosotros mismos y no hay verdad en nosotros; [9] pero si confesamos nuestros pecados, podemos confiar en que Dios hará lo que es justo: nos perdonará nuestros pecados y nos limpiará de toda maldad. [10] Si decimos que no hemos cometido pecado, hacemos que Dios parezca mentiroso y no hemos aceptado verdaderamente su palabra. [d]

Cristo, nuestro abogado

2 [1] Hijitos míos, les escribo estas cosas para que no cometan pecado. [e] Aunque si alguno comete pecado, tenemos un abogado ante el Padre, que es Jesucristo, y él es justo. [2] Jesucristo se ofreció en sacrificio para que nuestros pecados sean perdonados; [f] y no sólo los nuestros, sino los de todo el mundo.

[3] Si obedecemos los mandamientos de Dios, podemos estar seguros de que hemos llegado a conocerlo. [g] [4] Pero si alguno dice: "Yo lo conozco", y no obedece sus mandamientos, es un mentiroso y no hay verdad en él. [5] En cambio, el que hace caso de su palabra, ha llegado a amarle perfectamente, y de ese modo sabemos que estamos unidos a él. [6] El que dice que está unido a Dios, debe vivir como vivió Jesucristo.

El nuevo mandamiento

[7] Hermanos, este mandamiento que les escribo no es nuevo: es el mismo que ustedes recibieron desde el principio. Este mandamiento antiguo es el mensaje que ya oyeron. [8] Y, sin embargo, esto que les escribo es un mandamiento nuevo, [h] que es verdad tanto en Cristo como en ustedes, porque la oscuridad va pasando y ya brilla la luz verdadera. [9] Si alguno dice que está en la luz, [i] pero odia a su hermano, todavía está en la os-

curidad. [10] El que ama a su hermano vive en la luz, y no hay nada que lo haga caer en pecado. [11] Pero el que odia a su hermano vive y anda en la oscuridad, y no sabe a dónde va, porque la oscuridad lo ha dejado ciego.

[12] Hijitos, les escribo a ustedes porque Dios, haciendo honor a su nombre, les ha perdonado sus pecados. [13] Padres, les escribo a ustedes porque han conocido al que ya existía desde el principio. Jóvenes, les escribo a ustedes porque han vencido al maligno.

[14] Les he escrito a ustedes, hijitos, porque han conocido al Padre. Les he escrito a ustedes, padres, porque han conocido al que ya existía desde el principio. Les he escrito también a ustedes, jóvenes, porque son fuertes y han aceptado la palabra de Dios en su corazón, y porque han vencido al maligno.

[15] No amen al mundo, ni lo que hay en el mundo. [j] Si alguno ama al mundo, no ama al Padre; [16] porque nada de lo que el mundo ofrece viene del Padre, sino del mundo mismo. Y esto es lo que el mundo ofrece: los malos deseos de la naturaleza humana, el deseo de poseer lo que agrada a los ojos, y el orgullo de las riquezas. [17] Pero el mundo se va acabando, con todos sus malos deseos; en cambio, el que hace la voluntad de Dios vive para siempre.

La verdad y la mentira

[18] Hijitos, ésta es la hora última. Ustedes han oído de uno que viene y que es enemigo de Cristo; pues bien, ahora han aparecido muchos enemigos de Cristo. Por eso sabemos que es la hora última. [19] Ellos salieron de entre nosotros; pero en realidad no eran de los nuestros, porque si lo hubieran sido se habrían quedado con nosotros. Pero sucedió así para que se viera claramente que no todos son de los nuestros.

[20] Cristo les ha dado a ustedes el Espíritu Santo, y todos ustedes tienen conocimiento. [l, k] [21] Les escribo, pues, no porque no conozcan la verdad, sino porque la conocen; y ustedes saben que ninguna mentira puede venir de la verdad. [22] ¿Quién es el mentiroso? Precisamente el que dice que Jesús no es el Mesías. Ese es el enemigo de Cristo, pues niega tanto al Padre como al Hijo. [23] Cualquiera que niega al Hijo, tampoco tiene al Padre; pero el que se declara a favor del Hijo, tiene también al Padre.

[24] Por eso, guarden ustedes en su corazón el mensaje que oyeron desde el princi-

---

[l] Y todos ustedes tienen conocimiento: algunos mss. dicen: y ustedes conocen todo.
[d] **1.8–10** Pr 20.9.   [e] **2.1** Ro 6.11–14.   [f] **2.2** 1 Jn 4.10.   [g] **2.3** Jn 14.15,21,23.   [h] **2.8** Jn 13.34; 15.12.   [i] **2.8–10** Ro 13.12–14.
[j] **2.15** Stg 1.27.   [k] **2.20** 1 Co 2.10–16.

pio; y si lo que oyeron desde el principio queda en su corazón, también ustedes permanecerán unidos con el Hijo y con el Padre. [25] Esto es precisamente lo que nos ha prometido Jesucristo: la vida eterna. [26] Les estoy escribiendo acerca de quienes tratan de engañarlos. [27] Pero ustedes tienen el Espíritu Santo que Jesucristo les ha dado, y no necesitan que nadie les enseñe, porque el Espíritu mismo les enseña todas las cosas, y sus enseñanzas son verdad y no mentira. Permanezcan unidos a Cristo, conforme a lo que el Espíritu les ha enseñado.

[28] Ahora, hijitos, permanezcan unidos a Cristo, para que tengamos confianza cuando él aparezca y no sintamos vergüenza delante de él cuando venga. [29] Ya que ustedes saben que Jesucristo es justo, deben saber también que todos los que hacen lo que es justo son hijos de Dios.

Hijos de Dios

3 [1] Miren cuánto nos ama Dios el Padre, que se nos puede llamar hijos de Dios,[l] y lo somos. Por eso, los que son del mundo no nos conocen, pues no han conocido a Dios. [2] Queridos hermanos, ya somos hijos de Dios. Y aunque no sabemos todavía lo que seremos después, sabemos que cuando Jesucristo aparezca seremos como él, porque lo veremos tal como es. [3] Y todo el que tiene esta esperanza en él, se purifica a sí mismo, de la misma manera que Jesucristo es puro.

[4] Pero todo el que peca, hace maldad; porque el pecado es la maldad. [5] Ustedes ya saben que Jesucristo vino al mundo para quitar los pecados,[m] y que él no tiene pecado alguno. [6] Así pues, todo el que permanece unido a él, no peca; pero todo el que peca, no lo ha visto ni lo ha conocido. [7] Hijitos míos, que nadie los engañe: el que practica la justicia es justo, como él es justo; [8] pero el que practica el pecado es del diablo, porque el diablo peca desde el principio. Precisamente para esto ha venido el Hijo de Dios: para deshacer lo hecho por el diablo.[n] [9] Ninguno que sea hijo de Dios practica el pecado, porque tiene la vida que Dios le ha dado; y no puede pecar porque es hijo de Dios. [10] Se sabe quiénes son hijos de Dios y quiénes son hijos del diablo, porque cualquiera que no hace el bien o no ama a su hermano, no es de Dios.

Amémonos unos a otros

[11] Este es el mensaje que han oído ustedes desde el principio: que nos amemos unos a otros.[ñ] [12] No seamos como Caín,

que era del maligno y mató a su hermano.[o] ¿Y por qué lo mató? Pues porque los hechos de Caín eran malos, y los de su hermano, buenos.

[13] Hermanos míos, no se extrañen si los que son del mundo los odian. [14] Nosotros hemos pasado de la muerte a la vida,[p] y lo sabemos porque amamos a nuestros hermanos. El que no ama, aún está muerto. [15] Todo el que odia a su hermano es un asesino, y ustedes saben que ningún asesino puede tener v da eterna en sí mismo. [16] Conocemos lo que es el amor porque Jesucristo dio su vida por nosotros;[q] así también, nosotros debemos dar la vida por nuestros hermanos. [17] Pues si uno es rico y ve que su hermano necesita ayuda, pero no se la da, ¿cómo puede tener amor de Dios en su corazón? [18] Hijitos míos, que nuestro amor no sea solamente de palabra, sino que se demuestre con hechos.

Confianza delante de Dios

[19] De esta manera sabremos que somos de la verdad, y podremos sentirnos seguros delante de Dios; [20] pues si nuestro corazón nos acusa de algo, Dios es más grande que nuestro corazón, y lo sabe todo. [21] Queridos hermanos, si nuestro corazón no nos acusa, tenemos confianza delante de Dios; [22] y si nos dará todo lo que le pidamos, porque obedecemos sus mandamientos y hacemos lo que le agrada. [23] Y su mandamiento es que creamos en su Hijo Jesucristo y que nos amemos unos a otros como él nos mandó.[r] [24] Los que obedecen sus mandamientos viven en él, y él vive en ellos. Y en esto sabemos que él vive en nosotros: por el Espíritu que nos ha dado.

El Espíritu de Dios y el espíritu del enemigo de Cristo

4 [1] Queridos hermanos, no crean ustedes a todos los que dicen estar inspirados por Dios, sino pónganlos a prueba, a ver si el espíritu que hay en ellos es de Dios o no. Porque el mundo está lleno de mentirosos que dicen hablar de parte de Dios. [2] De esta manera pueden ustedes saber quién tiene el Espíritu de Dios: todo el que reconoce que Jesucristo vino como hombre verdadero, tiene el Espíritu de Dios. [3] El que no reconoce así a Jesús, no tiene el Espíritu de Dios; al contrario, tiene el espíritu del enemigo de Cristo. Ustedes han oído que ese espíritu ha de venir; pues bien, ya está en el mundo.[s] [4] Hijitos, ustedes son de Dios y han vencido a esos mentirosos, porque el que

está en ustedes es más poderoso que el que está en los que son del mundo. [5] Ellos son del mundo; por eso hablan de las cosas del mundo, y los que son del mundo los escuchan.[t] [6] En cambio, nosotros somos de Dios. El que conoce a Dios nos escucha, pero el que no es de Dios no nos escucha.[u] En esto, pues, podemos conocer quién tiene el espíritu de la verdad y quién tiene el espíritu del engaño.

Dios es amor

[7] Queridos hermanos, debemos amarnos unos a otros, porque el amor viene de Dios. Todo el que ama es hijo de Dios y conoce a Dios. [8] El que no ama no ha conocido a Dios, porque Dios es amor. [9] Dios mostró su amor hacia nosotros al enviar a su Hijo único al mundo para que tengamos vida por él.[v] [10] El amor consiste en esto: no en que nosotros hayamos amado a Dios, sino en que él nos amó a nosotros y envió a su Hijo, para que, ofreciéndose en sacrificio, nuestros pecados quedaran perdonados.

[11] Queridos hermanos, si Dios nos ha amado así, nosotros también debemos amarnos unos a otros. [12] A Dios nunca lo ha visto nadie;[w] pero si nos amamos unos a otros, Dios vive en nosotros y su amor se hace realidad en nosotros. [13] La prueba de que nosotros vivimos en Dios y de que él vive en nosotros, es que nos ha dado su Espíritu.[x] [14] Y nosotros mismos hemos visto y declaramos que el Padre envió a su Hijo para salvar al mundo.[y] [15] Cualquiera que reconoce que Jesús es el Hijo de Dios, vive en Dios y Dios en él.

[16] Así hemos llegado a saber y creer que Dios nos ama. Dios es amor; y el que vive en el amor, vive en Dios y Dios en él. [17] De esta manera se hace realidad el amor en nosotros, para que en el día del juicio tengamos confianza; porque nosotros somos en este mundo tal como es Jesucristo. [18] Donde hay amor no hay miedo. Al contrario, el amor perfecto echa fuera el miedo, pues el miedo supone el castigo. Por eso, si alguien tiene miedo, es que no ha llegado a amar perfectamente.

[19] Nosotros amamos[z] porque él nos amó primero. [20] Si alguno dice: "Yo amo a Dios", y al mismo tiempo odia a su hermano, es un mentiroso. Pues si uno no ama a su hermano, a quien ve, tampoco puede amar a Dios, a quien no ve. [21] Jesucristo nos ha dado este mandamiento: el que ama a Dios, ame también a su hermano.[z]

Nuestra victoria sobre el mundo

5 [1] Todo el que tiene fe en que Jesús es el Mesías, es hijo de Dios; y el que ama a un padre, ama también a los hijos de ese padre. [2] Cuando amamos a Dios y hacemos lo que él manda, sabemos que amamos también a los hijos de Dios. [3] El amar a Dios consiste en obedecer sus mandamientos;[a] y sus mandamientos no son una carga,[b] [4] porque todo el que es hijo de Dios vence al mundo. Y nuestra fe nos ha dado la victoria sobre el mundo. [5] El que cree que Jesús es el Hijo de Dios, vence al mundo.

El testimonio acerca del Hijo de Dios

[6] La venida de Jesucristo quedó señalada con agua y sangre; no sólo con agua, sino con agua y sangre. El Espíritu mismo es testigo de esto, y el Espíritu es la verdad. [7] Tres son los testigos:[3] [8] el Espíritu, el agua y la sangre; y los tres están de acuerdo. [9] Aceptamos el testimonio de los hombres, pero el testimonio de Dios es de mucho más valor, porque consiste en el testimonio que Dios ha dado acerca de su Hijo.[c] [10] El que cree en el Hijo de Dios, lleva este testimonio en su propio corazón; el que no cree en Dios, lo hace aparecer como mentiroso, porque no cree en el testimonio que Dios ha dado acerca de su Hijo. [11] Este testimonio es que Dios nos ha dado vida eterna, y que esta vida está en su Hijo. [12] El que tiene al Hijo de Dios, tiene también esta vida; pero el que no tiene al Hijo de Dios, no la tiene.[d]

Conclusión y consejos finales

[13] Les escribo esto a ustedes que creen en el Hijo de Dios, para que sepan que tienen vida eterna.[e]

[14] Tenemos confianza en Dios, porque sabemos que si le pedimos algo conforme a su voluntad, él nos oye. [15] Y así como sabemos que Dios oye nuestras oraciones, también sabemos que ya tenemos lo que le hemos pedido.[f]

[16] Si alguno ve que su hermano está cometiendo un pecado que no lleva a la muerte, debe orar, y Dios dará vida al hermano, si se trata de un pecado que no lleva a la muerte. Hay pecado que lleva a la muerte, y por ese pecado no digo que se deba orar. [17] Toda maldad es pecado; pero hay pecado que no lleva a la muerte.

[18] Sabemos que el que tiene a Dios como Padre, no peca, porque el Hijo de Dios lo

---

2 *Nosotros amamos:* algunos mss. dicen: *nosotros amamos a Dios.* 3 *Tres son los testigos:* algunos mss. latinos añaden: *en el cielo: el Padre, la Palabra y el Espíritu Santo, y estos tres son uno.* 8 *Y tres son los testigos en la tierra.*
t **4.5** Jn 15.19. u **4.6** Jn 8.47. v **4.9** Jn 3.16. w **4.12** Jn 1.18. x **4.13** Ro 8.9; 1 Jn 3.24. y **4.14** Jn 3.17.
z **4.21** Mt 5.44–45; Mr 12.29–31. a **5.3** Jn 14.15; 2 Jn 6. b **5.3** Dt 30.11; Mt 11.30. c **5.9** Jn 5.32–37; 8.18. d **5.12** Jn 3.36.
e **5.13** Jn 20.31. f **5.14–15** Mt 7.7–11; Lc 11.9–13; Jn 15.7,16; 16.23–24; 1 Jn 3.21–22.

cuida, y el maligno no lo toca. ¹⁹ Sabemos que somos de Dios y que el mundo entero está bajo el poder del maligno. ²⁰ Sabemos también que el Hijo de Dios ha venido y nos ha dado entendimiento para conocer al Dios verdadero. Vivimos unidos al que es verdadero, es decir, a su Hijo Jesucristo. Este es el Dios verdadero y la vida eterna.ᵍ ²¹ Hijitos, cuídense de los dioses falsos.

a 5.20 Jn 17.3.

Segunda Carta de
SAN JUAN

El autor se describe simplemente como "el anciano", y dirige su breve carta a "la congregación escogida por Dios y a los que pertenecen a ella". El mensaje es una exhortación a vivir en la verdad y el amor (1-6), y también una advertencia contra los falsos maestros y sus doctrinas (7-11). A esto se añade una concisa conclusión (12,13).

La verdad y el amor

¹ Yo, el anciano, escribo esta carta a la congregación escogida por Dios y a los que pertenecen a ella,¹ a quienes amo de veras; y no sólo yo, sino también todos los que han conocido la verdad. ² Los amo a ustedes por causa de la verdad que tenemos en nuestro corazón y que estará con nosotros para siempre. ³ Que Dios el Padre, y Jesucristo, Hijo del Padre, derramen su gracia sobre ustedes y les den misericordia y paz, en verdad y en amor.
⁴ Me he alegrado mucho de encontrar a algunos de los tuyos² viviendo conforme a la verdad,ᵃ como Dios el Padre nos ha mandado. ⁵ Ahora, queridos hermanos, les ruego que nos amemos los unos a los otros.ᵇ Esto que les escribo³ no es un mandamiento nuevo, sino el mismo que recibimos desde el principio. ⁶ El amor consiste en vivir según los mandamientos de Dios, y el mandamiento, como ya lo han oído ustedes desde el principio, es que vivan en el amor.ᶜ

Los engañadores

⁷ Pues andan por el mundo muchos engañadores que no reconocen que Jesucristo vino como hombre verdadero. El que es así, es el engañador y el enemigo de Cristo.ᵈ ⁸ Tengan ustedes cuidado, para no perder el resultado de su trabajo, sino recibir su recompensa completa.
⁹ Cualquiera que pretenda avanzar más allá de lo que Cristo enseñó, no tiene a Dios; pero el que permanece en esa enseñanza, tiene al Padre y también al Hijo.ᵉ ¹⁰ Si alguno va a visitarlos a ustedes y no lleva esta enseñanza, no lo reciban en casa ni lo saluden; ¹¹ porque quien lo salude se hará cómplice de sus malas acciones.

Palabras finales

¹² Tengo mucho que decirles a ustedes, pero no quiero hacerlo por carta. Espero ir a verlos y hablar con ustedes personalmente,ᶠ para que así nuestra alegría sea completa.
¹³ Los que pertenecen a la congregación hermana de ustedes, a la cual Dios también ha escogido, les mandan saludos.⁴

¹ A la congregación escogida por Dios y a los que pertenecen a ella: lit. a la señora escogida y c sus hijos. ² Algunos de los tuyos: lit. tus hijos. ³ Queridos hermanos, les ruego que nos amemos los unos a los otros. Esto que les escribo: lit. señora, te ruego que nos amemos los unos a los otros. Esto que te escribo. ⁴ Los que pertenecen a la congregación hermana de ustedes, que Dios también ha escogido, les mandan saludos: lit. los hijos de tu hermana, que Dios también ha escogido, te mandan saludos.
a 4 3 Jn 3.   *b* 5 Jn 13.34; 15.12,17.   *c* 6 Jn 14.15,23-24; 1 Jn 5.3.   *d* 7 Mt 7.15; 1 Jn 2.18; 4.1-3.   *e* 9 1 Jn 2.22-23; 4.15.
f 12 3 Jn 13-14.

Tercera Carta de
SAN JUAN

La carta, escrita también por "el anciano", va dirigida a un pastor o prominente cristiano de una iglesia, llamado Gayo, en un tono personal y afectuoso. Lo alaba por los servicios que está prestando a los creyentes (1–8), se duele de la conducta de un cierto Diótrefes (9,10), elogia también a otro buen cristiano llamado Demetrio (11,12) y se despide, según era usual, con saludos (13–15).

Alabanzas a Gayo

[1] Yo, el anciano, escribo esta carta a mi querido amigo Gayo,[a] a quien amo en verdad.

[2] Querido hermano, pido a Dios que, así como te va bien espiritualmente, te vaya bien en todo y tengas buena salud. [3] Me alegré mucho cuando algunos hermanos vinieron y me contaron que te mantienes fiel a la verdad.[b] [4] No hay para mí mayor alegría que saber que mis hijos viven de acuerdo con la verdad.

[5] Querido hermano, te estás portando fielmente en el servicio que prestas a los demás hermanos, especialmente a los que llegan de otros lugares. [6] Delante de la congregación han hablado ellos de cuánto los amas. Por favor, ayúdalos en lo que necesiten para seguir su viaje, de manera agradable a Dios. [7] Pues ellos han emprendido su viaje en el servicio de Jesucristo,[f] y no han aceptado ninguna ayuda de gente pagana. [8] Por eso nosotros debemos hacernos cargo de ellos, para ayudarlos en la predicación de la verdad.

La mala conducta de Diótrefes y el buen ejemplo de Demetrio

[9] Yo escribí una carta a la congregación, pero Diótrefes no acepta nuestra autoridad porque le gusta mandar. [10] Por eso, cuando yo vaya le llamaré la atención, pues anda contando chismes y mentiras contra nosotros. Y, no contento con esto, no recibe a los hermanos que llegan, y a quienes quieren recibirlos les prohíbe hacerlo y los expulsa de la congregación.

[11] Querido hermano, no sigas los malos ejemplos, sino los buenos. El que hace lo bueno es de Dios, pero el que hace lo malo no ha visto a Dios.[c]

[12] Todos, incluso la verdad misma, hablan bien de Demetrio. También nosotros hablamos en favor suyo, y tú sabes que decimos la verdad.

Palabras finales

[13] Yo tenía mucho que decirte, pero no quiero hacerlo por escrito, [14] porque espero verte pronto y hablar contigo personalmente.[d]

[15] Que tengas paz. Los amigos te mandan saludos. Por favor, saluda a cada uno de nuestros amigos.

[f] *En el servicio de Jesucristo:* lit. *por el Nombre.*
[a] 1 Hch 19.29; Ro 16.23; 1 Co 1.14. [b] 3 2 Jn 4. [c] 11 1 Jn 2.29; 3.6,9–10. [d] 13–14 2 Jn 12.

Carta de
SAN JUDAS

Esta carta parece dirigirse a cristianos de la segunda generación y ofrece mucha semejanza con la segunda carta de San Pedro. Contiene una advertencia contra los falsos maestros (1–16) y una exhortación a mantenerse firmes en la fe (17–23), la cual se designa en el versículo 3 como "la fe que una vez fue entregada a los que pertenecen a Dios".

Saludo

[1] Yo, Judas,[a] siervo de Jesucristo y hermano de Santiago, escribo esta carta a los que Dios el Padre ama y ha llamado, los cuales son protegidos por Jesucristo. [2] Reciban ustedes abundancia de misericordia, paz y amor.

Los que enseñan mentiras
(2 Pedro 2.1–7)

[3] Queridos hermanos, he sentido grandes deseos de escribirles acerca de la salvación que tanto ustedes como yo tenemos; pero ahora me veo en la necesidad de hacerlo para rogarles que luchen por la fe que una vez fue entregada a los que pertenecen a Dios. [4] Porque por medio de engaños se han infiltrado ciertas personas a quienes las Escrituras ya habían señalado desde hace mucho tiempo para la condenación. Son hombres malvados, que toman la bondad de nuestro Dios como pretexto para una vida desenfrenada, y niegan a nuestro único Dueño y Señor, Jesucristo.

[5] Aunque ustedes ya lo saben, quiero recordarles que el Señor, después que sacó de Egipto al pueblo de Israel,[b] destruyó a los que no creyeron.[c] [6] Y a los ángeles que no conservaron su debido puesto, sino que dejaron su propio hogar, Dios los retiene en prisiones oscuras y eternas para el gran día del juicio. [7] Lo mismo que esos ángeles, también Sodoma y Gomorra y las ciudades vecinas se entregaron a las inmoralidades sexuales, y se dejaron llevar por vicios contra la naturaleza. Por eso sufrieron el castigo del fuego eterno y quedaron como advertencia para todos.[d]

[8] A pesar de ello, también esos hombres, viviendo en sueños, contaminan su cuerpo, rechazan la autoridad del Señor e insultan a los poderes superiores. [9] El mismo arcángel Miguel,[e] cuando luchaba contra el diablo disputándole el cuerpo de Moisés[f], no se atrevió a condenarlo con insultos, sino que solamente le dijo: "¡Que

el Señor te reprenda."[g] [10] Pero esos hombres hablan mal de las cosas que no conocen; y en cuanto a las que conocen por instinto, como las conocen los animales sin entendimiento, las usan para su propia condenación.

[11] ¡Ay de ellos!, porque han seguido el ejemplo de Caín.[h] Por ganar dinero se han desviado, como Balaam,[i] y como Coré, mueren por su rebeldía.[j] [12] Son una vergüenza en las fiestas de amor fraternal que ustedes celebran, en las que ellos comen y beben alegremente, sin mostrar ningún respeto. Son pastores que cuidan solamente de sí mismos. Son nubes sin agua, llevadas por el viento. Son árboles que no dan fruto a su tiempo, dos veces muertos y arrancados de raíz. [13] Son violentas olas del mar, que arrojan como espuma sus acciones vergonzosas. Son estrellas que han perdido su rumbo y están condenadas a pasar la eternidad en la más negra oscuridad.

[14] También Enoc,[k] que fue el séptimo después de Adán, habló de parte de Dios cuando dijo acerca de esa gente: "Vi al Señor, que venía con miles y miles de sus ángeles [15] a juzgar a todo hombre y a condenar a todos los malvados, por todo el mal que cometieron en su maldad y por todas las palabras insolentes que como malvados pecadores dijeron contra él."[l] [16] De todo se quejan, todo lo critican y sólo buscan satisfacer sus propios deseos. Hablan con jactancia, y adulan a los demás para aprovecharse de ellos.

Amonestaciones a los creyentes

[17] Pero ustedes, queridos hermanos, acuérdense de que los apóstoles de nuestro Señor Jesucristo [18] les habían dicho: "En los últimos tiempos habrá gente burlona, que vivirá de acuerdo con sus malos deseos."[l] [19] Esos son los que causan divisiones; siguen sus deseos naturales y no tienen el Espíritu de Dios. [20] Pero ustedes, queridos hermanos, manténganse firmes en su santísima fe.

---

l Esta cita es de un documento extra-bíblico, el Libro de Enoc (1.9; 5.4; 15). Véase *Glosario* anexo.
a 1 Mt 13.55; Mr 6.3. *b* 5 Ex 12.51. *c* 5 Nm 14.29–30. *d* 7 Gn 19.1–24. *e* 9 Dn 10.13,21; 12.1; Ap 12.7. *f* 9 Dt 34.6.
g 9 Zac 3.2. *h* 11 Gn 4.3–9; He 11.4; 1 Jn 3.12. *i* 11 Nm 22.1–35; Ap 2.14. *j* 11 Nm 16.1–35. *k* 14 Gn 5.18,21–24.
l 18 2 Ti 3.1–5; 2 P 3.3.

Oren guiados por el Espíritu Santo. ²¹ Consérvense en el amor de Dios y esperen el día en que nuestro Señor Jesucristo, en su misericordia, nos dará la vida eterna.
²² Tengan compasión de² los que dudan. ²³ A unos sálvenlos sacándolos del fuego, y tengan compasión de otros, aunque cuídense de ellos y aborrezcan hasta la ropa que llevan contaminada por su mala vida.

² *Tengan compasión de:* algunos mss. dicen: *Convenzan a.*

Alabanza final

²⁴⁻²⁵ El Dios único, Salvador nuestro, tiene poder para cuidar de que ustedes no caigan, y para presentarlos sin mancha y llenos de alegría ante su gloriosa presencia. A él sea la gloria, la grandeza, el poder y la autoridad, por nuestro Señor Jesucristo, antes, ahora y siempre. Así sea.

EL APOCALIPSIS

Apocalipsis significa "revelación". Según el orden establecido, es el último de los libros del Nuevo Testamento, y se da por hecho que fue uno de los últimos que se escribió. Se compone en su mayor parte de visiones y revelaciones, con un gran número de símbolos y un lenguaje alegórico o simbólico, en una especie de clave que los lectores cristianos de su tiempo entendían, pero que resultaba oscuro y misterioso para otros lectores de aquel mismo tiempo como también lo resulta para nosotros hoy en algunos de sus pasajes. Pero ¿por qué mensaje "en clave"? Pues porque se escribió en una época en que la Iglesia sufría una ruda persecución bajo el imperio romano. Era necesario fortalecer la fe y la confianza de los creyentes, presentándoles, bajo un ropaje brillante de símbolos y figuras, la revelación de que, a pesar del aparente triunfo de los poderes malignos, la victoria final y decisiva sería de Dios y de Cristo el Señor. Debían, pues, permanecer firmes y fieles en medio del sufrimiento y la persecución.

Se ha comparado la índole y estructura de este libro con un drama sinfónico. Después de los compases introductorios (1.1–8) viene la obertura en la tierra, cuyo tema es la visión del Cristo glorioso, y las cartas a las siete iglesias (1.9—3.22). Sigue luego la obertura en el cielo (caps. 4,5). El primer acto es el de los siete sellos (6.1—8.1), que concluye con un primer intermedio (cap. 7) sobre los sellados de Dios. El segundo acto es el de las siete trompetas y los tres ayes (8.2—14.20), en el que hay un segundo intermedio (10.1—11.13). El tercer acto es el de las siete copas (15.1—16.21). El tercer intermedio sigue esta vez al tercer acto, y contiene visiones del juicio final (17.1—20.15). Luego viene el gran acto final: la nueva Jerusalén (21.1—22.15), y después, el epílogo, cuya nota dominante es: "¡Ven, Señor Jesús!"

El Apocalipsis o Revelación ha de verse primero a la luz de la situación y los sucesos de la época en que fue escrito, o sea, en el contexto histórico de fines del siglo primero de nuestra era. Visto así, constituye un mensaje concreto para los cristianos de aquellos días. Sin embargo, su mensaje esencial de esperanza, aliento y seguridad es válido para todas las épocas y ofrece en algunos pasajes una visión simbólica de los últimos tiempos. Las fuerzas del mal podrán prevalecer por períodos más o menos prolongados, pero el triunfo definitivo será de Dios por medio de Jesucristo.

La revelación de Jesucristo

1 ¹ Esta es la revelación que Dios hizo a Jesucristo, para que él mostrara a sus siervos lo que pronto ha de suceder. Jesucristo lo ha dado a conocer enviando su ángel a su siervo Juan, ² el cual ha dicho la verdad de todo lo que vio, y es testigo del mensaje de Dios confirmado por Jesucristo.

³ Dichoso el que lee y dichosos los que escuchan la lectura de este mensaje recibido de Dios, y hacen caso de lo que aquí está escrito, porque ya se acerca el tiempo.

Juan escribe a las siete iglesias

⁴ Yo, Juan, escribo a las siete iglesias de la provincia de Asia. Reciban ustedes gracia y paz de parte del que es y era y ha de venir,ᵃ y de parte de los siete espíritus que están delante de su trono,ᵇ ⁵ y también de parte de Jesucristo, testigo fiel,ᶜ que fue el primero en resucitarᵈ y tiene autori-

dad sobre los reyes de la tierra.ᵉ Cristo nos ama, y nos ha librado de nuestros pecados derramando su sangre, ⁶ y ha hecho de nosotros un reino; nos ha hecho sacerdotes al servicio de su Dios y Padre.ᶠ ¡Que la gloria y el poder sean suyos para siempre! Así sea.

⁷ ¡Cristo viene en las nubes!ᵍ
Todos le verán,
incluso los que lo traspasaron;ʰ
y todos los pueblos del mundo
harán duelo y llorarán por él.ⁱ
Sí, así sea.

⁸ "Yo soy el alfa y la omega,"ʲ,ˡ dice el Señor, el Dios todopoderoso, el que es y era y ha de venir.ᵏ

Una visión del Cristo glorioso

⁹ Yo, Juan, soy hermano de ustedes, y por mi unión con Jesús tengo parte con ustedes en el reino de Dios, en los sufrimientos y en la fortaleza para soportarlos.

ˡ Las letras *alfa* y *omega* son respectivamente la primera y la última del alfabeto griego. Algunos mss. añaden: *el principio y el fin.*
ᵃ **1.4** Ex 3.14. ᵇ **1.4** Ap 4.5; Is 11.2. ᶜ **1.5** Is 55.4. ᵈ **1.5** Hch 26.23; Col 1.18. ᵉ **1.5** Sal 89.27. ᶠ **1.6** Ex 19.6, Ap 5.10; 20.6. ᵍ **1.7** Dn 7.13; Mt 24.30; Mr 13.26; Lc 21.27; 1 Ts 4.17. ʰ **1.7** Zac 12.10; Jn 19.34,37. ⁱ **1.7** Zac 12.10; Mt 24.30.
ʲ **1.8** Is 41.4; 44.6; Ap 1.17; 22.13. ᵏ **1.8** Ex 3.14.

Por haber anunciado el mensaje de Dios confirmado por Jesús, me encontraba yo en la isla llamada Patmos. [10] Y sucedió que en el día del Señor quedé bajo el poder del Espíritu, y oí detrás de mí una fuerte voz, como un toque de trompeta, [11] que me decía: "Escribe en un libro lo que ves, y mándalo a las siete iglesias de la provincia de Asia: a Efeso, Esmirna, Pérgamo, Tiatira, Sardis, Filadelfia y Laodicea."

[12] Me volví para ver de quién era la voz que me hablaba; y al hacerlo vi siete candelabros de oro, [13] y en medio de los siete candelabros vi a alguien con apariencia humana,[l] vestido con una ropa que le llegaba hasta los pies y con un cinturón de oro a la altura del pecho.[m] [14] Sus cabellos eran blancos como la lana,[n] o como la nieve, y sus ojos parecían llamas de fuego. [15] Sus pies brillaban como bronce pulido, fundido en un horno;[ñ] y su voz era tan fuerte como el ruido de una cascada.[o] [16] En su mano derecha tenía siete estrellas, y de su boca salía una aguda espada de dos filos. Su cara era como el sol cuando brilla en todo su esplendor.

[17] Al verlo, caí a sus pies como muerto. Pero él, poniendo su mano derecha sobre mí, me dijo: "No tengas miedo; yo soy el primero y el último,[p] [18] y el que vive. Estuve muerto, pero ahora vivo para siempre. Yo tengo las llaves del reino de la muerte. [19] Escribe lo que has visto: lo que ahora hay y lo que va a haber después. [20] Este es el secreto de las siete estrellas que has visto en mi mano derecha, y de los siete candelabros de oro: las siete estrellas representan a los ángeles de las siete iglesias, y los siete candelabros representan a las siete iglesias.

Mensajes a las siete iglesias. El mensaje a Efeso

2 [1] "Escribe al ángel de la iglesia de Efeso: 'Esto dice el que tiene las siete estrellas en su mano derecha y anda en medio de los siete candelabros de oro: [2] Yo sé todo lo que haces; conozco tu duro trabajo y tu constancia, y sé que no puedes soportar a los malos. También sé que has puesto a prueba a los que dicen ser apóstoles y no lo son, y has descubierto que son mentirosos. [3] Has sido constante, y has sufrido mucho por mi causa, sin cansarte. [4] Pero tengo una cosa contra ti: que ya no tienes el mismo amor que al principio. [5] Por eso, recuerda de dónde has caído, vuélvete a Dios y haz otra vez lo que hacías al principio. Si no, iré pronto contra ti y quitaré tu candelabro de su lu-

gar, a menos que te vuelvas a Dios. [6] Sin embargo, tienes a tu favor que odias los hechos de los nicolaítas, los cuales yo también odio. [7] ¡El que tiene oídos, oiga lo que el Espíritu dice a las iglesias! A los que salgan vencedores les daré a comer del árbol de la vida,[q] que está en el paraíso de Dios.'[r]

El mensaje a Esmirna

[8] "Escribe también al ángel de la iglesia de Esmirna: 'Esto dice el primero y el último,[s] el que murió y ha vuelto a vivir: [9] Yo conozco tus sufrimientos y tu pobreza, aunque en realidad eres rico. Y sé lo mal que hablan de ti los que se dicen judíos pero no son otra cosa que una congregación de Satanás. [10] No tengas miedo de lo que vas a sufrir, pues el diablo meterá en la cárcel a algunos de ustedes, para que todos ustedes sean puestos a prueba; y tendrán que sufrir durante diez días. Manténte fiel hasta la muerte, y yo te daré la vida como premio. [11] ¡El que tiene oídos, oiga lo que el Espíritu dice a las iglesias! Los que salgan vencedores no sufrirán ningún daño de la segunda muerte.'[t]

El mensaje a Pérgamo

[12] "Escribe también al ángel de la iglesia de Pérgamo: 'Esto dice el que tiene la aguda espada de dos filos: [13] Yo sé que vives donde Satanás tiene su trono; sin embargo sigues fiel a mi causa. No has dejado de creer en mí, ni siquiera en los días en que a Antipas, mi testigo fiel, lo mataron en esa ciudad donde vive Satanás. [14] Pero tengo unas cuantas cosas contra ti: que ahí tienes algunos que no quieren apartarse de la enseñanza de Balaam, el cual aconsejó a Balac que hiciera pecar a los israelitas[u] incitándolos a comer alimentos ofrecidos en sacrificio a los ídolos y a cometer inmoralidades sexuales.[v] [15] También tienes ahí algunos que no quieren apartarse de la enseñanza de los nicolaítas. [16] Por eso, vuélvete a Dios; de lo contrario, iré pronto a ti, y con la espada que sale de mi boca pelearé contra ellos. [17] ¡El que tiene oídos, oiga lo que el Espíritu dice a las iglesias! A los que salgan vencedores les daré a comer del maná[w] que está escondido; y les daré también una piedra blanca, en la que está escrito un nombre nuevo[x] que nadie conoce sino quien lo recibe.'

[l] 1.13 Dn 7.13. [m] 1.13 Dn 10.5. [n] 1.14 Dn 7.9. [ñ] 1.14-15 Dn 10.6. [o] 1.15 Ez 1.24; 43.2. [p] 1.17 Is 41.4; 44.6-8; 48.12; Ap 1.8; 2.8; 22.13. [q] 2.7 Gn 2.9; Ap 22.2. [r] 2.7 Ez 28.13; 31.8. [s] 2.8 Is 41.4; 44.6; 48.12; Ap 1.17; 22.13. [t] 2.11 Ap 20.14; 21.8. [u] 2.14 Nm 22.5,7; 31.16; Dt 23.4. [v] 2.14 Nm 25.1-3. [w] 2.17 Ex 16.14-15; 16.33-34; Jn 6.48-50. [x] 2.17 Is 62.2; 65.15.

El mensaje a Tiatira

[18] "Escribe también al ángel de la iglesia de Tiatira: 'Esto dice el Hijo de Dios, el que tiene los ojos como llamas de fuego y los pies como bronce pulido: [19] Yo sé todo lo que haces; conozco tu amor, tu fe, tu servicio y tu constancia, y sé que ahora estás haciendo más que al principio. [20] Pero tengo una cosa contra ti: que toleras a esa mujer, Jezabel,[y] que dice hablar de parte de Dios pero engaña con su enseñanza a mis siervos, haciéndoles cometer inmoralidades sexuales y comer alimentos ofrecidos en sacrificio a los ídolos. [21] Yo le he dado tiempo para que se convierta a Dios; pero ella no ha querido hacerlo ni ha abandonado su inmoralidad sexual. [22-23] Por eso, voy a hacerla caer en cama, y mataré a sus hijos; y a los que cometen adulterio con ella, si no dejan de portarse como ella lo hace, les enviaré grandes sufrimientos. Así todas las iglesias se darán cuenta de que yo conozco hasta el fondo la mente y el corazón;[z] y a cada uno de ustedes le daré según lo que haya hecho.[a] [24] En cuanto a ustedes, los que están en Tiatira pero no siguen esa enseñanza ni han llegado a conocer lo que ellos llaman los secretos profundos de Satanás, les digo que no les impongo otra carga. [25] Pero conserven lo que tienen, hasta que yo venga. [26] A los que salgan vencedores y sigan hasta el fin haciendo lo que yo quiero que se haga, les daré autoridad sobre las naciones, [27-28] así como mi Padre me ha dado autoridad a mí; y gobernarán a las naciones con cetro de hierro, y las harán pedazos como a ollas de barro.[b] Y les daré también la estrella de la mañana. [29] ¡El que tiene oídos, oiga lo que el Espíritu dice a las iglesias!'

El mensaje a Sardis

3 [1] "Escribe también al ángel de la iglesia de Sardis: 'Esto dice el que tiene los siete espíritus de Dios y las siete estrellas: Yo sé todo lo que haces, y sé que estás muerto aunque tienes fama de estar vivo. [2] Despiértate y refuerza las cosas que todavía quedan, pero que ya están a punto de morir, pues he visto que lo que haces no es perfecto delante de mi Dios. [3] Recuerda, pues, la enseñanza que has recibido; síguela y vuélvete a Dios. Si no te mantienes despierto, iré a ti como un ladrón, cuando menos lo esperes.[c] [4] Sin embargo, ahí en Sardis tienes unas cuantas personas que no han manchado sus ropas; ellas andarán conmigo vestidas de blanco, porque se lo merecen. [5] Los que salgan vencedores serán así vestidos de blanco, y no borraré sus nombres del libro de la vida,[d] sino que los reconoceré delante de mi Padre y delante de sus ángeles.[e] [6] ¡El que tiene oídos, oiga lo que el Espíritu dice a las iglesias!'

El mensaje a Filadelfia

[7] "Escribe también al ángel de la iglesia de Filadelfia: 'Esto dice el que es santo y verdadero, el que tiene la llave del rey David, el que cuando abre nadie puede cerrar y cuando cierra nadie puede abrir:[f] [8] Yo sé todo lo que haces; mira, delante de ti he puesto una puerta abierta que nadie puede cerrar, y aunque tienes poca fuerza, has hecho caso de mi palabra y no me has negado. [9] Yo haré que los de la congregación de Satanás, los mentirosos que dicen ser judíos y no lo son, vayan a arrodillarse a tus pies,[g] para que sepan que yo te he amado.[h] [10] Has cumplido mi mandamiento de ser constante, y por eso yo te protegeré de la hora de prueba que va a venir sobre el mundo entero para poner a prueba a todos los que viven en la tierra. [11] Vengo pronto. Conserva lo que tienes, para que nadie te arrebate tu premio. [12] A los que salgan vencedores les daré que sean columnas en el templo de mi Dios, y nunca más saldrán de allí; y en ellos escribiré el nombre de mi Dios y el nombre de la ciudad de mi Dios, la nueva Jerusalén que viene del cielo, de mi Dios;[i] y también escribiré en ellos mi nombre nuevo.[j] [13] ¡El que tiene oídos, oiga lo que el Espíritu dice a las iglesias!'

El mensaje a Laodicea

[14] "Escribe también al ángel de la iglesia de Laodicea: 'Esto dice el Verdadero, el testigo fiel que dice la verdad, el origen de todo lo que Dios creó:[k] [15] Yo sé todo lo que haces. Sé que no eres frío ni caliente. ¡Ojalá fueras frío o caliente! [16] Pero como eres tibio, y no frío ni caliente, te vomitaré de mi boca. [17] Pues tú dices que eres rico, que te ha ido muy bien y que no te hace falta nada; y no te das cuenta de que eres un desdichado, miserable, pobre, ciego y desnudo. [18] Por eso te aconsejo que de mí compres oro refinado en el fuego, para que seas realmente rico; y que de mí compres ropa blanca para vestirte y cubrir tu vergonzosa desnudez, y una medicina para que te la pongas en los ojos y veas. [19] Yo reprendo y corrijo a todos los que amo.[l] Por lo tanto, sé fervoroso y vuélvete

y **2.20** 1 R 16.31; 2 R 9.22,30. z **2.22-23** Sal 7.9; Jer 17.10. a **2.22-23** Sal 62.11-12; Pr 24.12; Ez 18.30; 33.20; Mt 16.27. b **2.26-28** Sal 2.8-9. c **3.3** Mt 24.43-44; Lc 12.39-40; Ap 16.15. d **3.5** Ex 32.32-33; Sal 69.28; Ap 20.12. e **3.5** Mt 10.32; Lc 12.8. f **3.7** Is 22.22; Job 12.14. g **3.9** Is 49.23; 60.14. h **3.9** Is 43.4. i **3.12** Ap 21.2. j **3.12** Is 62.2; 65.15. k **3.14** Pr 8.22-31; Jn 1.3; Col 1.15,18. l **3.19** Pr 3.12; He 12.6.

a Dios. **20** Mira, yo estoy llamando a la puerta; si alguien oye mi voz y abre la puerta, entraré en su casa y cenaremos juntos. **21** A los que salgan vencedores les daré un lugar conmigo en mi trono, así como yo he vencido[m] y me he sentado con mi Padre en su trono. **22** ¡El que tiene oídos, oiga lo que el Espíritu dice a las iglesias!' "

La adoración en el cielo

4 **1** Después de esto, miré y vi una puerta abierta en el cielo; y la voz que yo había escuchado primero, y que parecía un toque de trompeta, me dijo: "Sube acá y te mostraré las cosas que tienen que suceder después de éstas."

2 En ese momento quedé bajo el poder del Espíritu, y vi un trono puesto en el cielo, y alguien estaba sentado en el trono. **3** El que estaba sentado en el trono tenía el aspecto de una piedra de jaspe o de cornalina, y alrededor del trono había un arco iris que brillaba como una esmeralda;[n] **4** también alrededor del trono vi otros veinticuatro tronos, en los cuales estaban sentados veinticuatro ancianos: iban vestidos de blanco y llevaban una corona de oro en la cabeza. **5** Del trono salían relámpagos, voces[z] y truenos;[ñ] y delante del trono ardían siete antorchas de fuego,[o] que son los siete espíritus de Dios.[p] **6** Delante del trono había también algo que parecía un mar, transparente como el cristal.[q]

En el centro, donde estaba el trono, y a su alrededor, había cuatro seres vivientes llenos de ojos por delante y por detrás. **7** El primero de aquellos seres parecía un león, el segundo parecía un toro, el tercero tenía aspecto humano, y el cuarto parecía un águila volando.[r] **8** Cada uno de los cuatro seres vivientes tenía seis alas, y estaba cubierto de ojos por fuera y por dentro.[s] Y ni de día ni de noche dejaban de decir:

"¡Santo, santo, santo es el Señor,
Dios todopoderoso,[t]
el que era y es y ha de venir!"

9-10 Cada vez que esos seres vivientes dan gloria y honor y gracias al que está sentado en el trono, al que vive por todos los siglos, los veinticuatro ancianos se arrodillan ante él y lo adoran y, arrojando sus coronas delante del trono, dicen:

11 "Tú eres digno, Señor y Dios nuestro,

de recibir la gloria, el honor y el poder,
porque tú has creado todas las cosas;
por tu voluntad existen y han sido creadas."

El rollo escrito y el Cordero

5 **1** En la mano derecha del que estaba sentado en el trono vi un rollo escrito por dentro y por fuera,[u] y cerrado con siete sellos. **2** Y vi un ángel poderoso que preguntaba a gran voz: "¿Quién es digno de abrir el rollo y romper sus sellos?" **3** Pero ni en el cielo ni en la tierra ni debajo de la tierra había nadie que pudiera abrir el rollo, ni mirarlo. **4** Y yo lloraba mucho, porque no se había encontrado a nadie digno de abrir el rollo, ni de mirarlo. **5** Pero uno de los ancianos me dijo: "No llores más, pues el León de la tribu de Judá,[v] que es descendiente del rey David,[w] ha vencido[x] y puede abrir el rollo y romper sus siete sellos."

6 Entonces, en medio del trono y de los cuatro seres vivientes, y en medio de los ancianos, vi un Cordero. Estaba de pie, aunque parecía haber sido sacrificado.[y] Tenía siete cuernos y siete ojos,[z] que son los siete espíritus de Dios enviados por toda la tierra. **7** Aquel Cordero fue y tomó el rollo de la mano derecha del que estaba sentado en el trono; **8** y en cuanto tomó el rollo, los cuatro seres vivientes y los veinticuatro ancianos se pusieron de rodillas delante del Cordero. Todos ellos tenían arpas, y llevaban copas de oro llenas de incienso, que son las oraciones de los que pertenecen al pueblo de Dios.[a] **9** Y cantaban este canto nuevo:[b]

"Tú eres digno de tomar el rollo y
de romper sus sellos,
porque fuiste sacrificado;
y derramando tu sangre compraste para Dios
gentes de toda raza, lengua, pueblo y nación.
10 De ellos hiciste un reino,
hiciste sacerdotes para nuestro Dios,[c]
y reinarán sobre la tierra."

11 Luego miré, y oí la voz de muchos ángeles que estaban alrededor del trono, de los seres vivientes y de los ancianos. Había millones y millones de ellos,[d] **12** y decían con fuerte voz:

z Voces: lit. estruendos.
m **3.21** Jn 16.33; Ap 5.5. n **4.2–3** Ez 1.26–28; 10.1. ñ **4.5** Ex 19.16; Ap 8.5; 11.19; 16.18. o **4.5** Ez 1.13. p **4.5** Zac 4.2; Ap 1.4. q **4.6** Ez 1.22. r **4.6–7** Ez 1.5–10; 10.14. s **4.8** Ez 1.18; 10.12. t **4.8** Is 6.2–3. u **5.1** Is 29.11; Ez 2.9–10; Zac 5.1. v **5.5** Gn 49.9. w **5.5** Is 11.1,10. x **5.5** Jn 16.33; Ap 3.21. y **5.6** Is 53.7. z **5.6** Zac 4.10. a **5.8** Sal 141.2; Ap 8.3. b **5.9** Sal 33.3; 98.1; Is 42.10. c **5.10** Ex 19.6; Ap 1.6; 20.6. d **5.11** Dn 7.10.

"¡El Cordero que fue sacrificado[e]
es digno de recibir el poder y la
riqueza,
la sabiduría y la fuerza,
el honor, la gloria y la alabanza!'

13 Y oí también que todas las cosas creadas por Dios en el cielo, en la tierra, debajo de la tierra y en el mar, decían:

"¡Al que está sentado en el trono y
al Cordero,
sean dados la alabanza, el honor, la
gloria y el poder
por todos los siglos!"

14 Los cuatro seres vivientes respondían:
"¡Así sea!" Y los veinticuatro ancianos se
pusieron de rodillas y adoraron.

Los siete sellos

6 1 Luego vi cómo el Cordero rompía el
primero de los siete sellos, y oí que
uno de aquellos cuatro seres vivientes decía con voz que parecía un trueno:
"¡Ven!" 2 Miré, y vi un caballo blanco,[f] y el
que lo montaba llevaba un arco en la
mano. Se le dio una corona, y salió triunfante y para triunfar.
3 Cuando el Cordero rompió el segundo
sello, oí que el segundo de los seres vivientes decía: "¡Ven!" 4 Y salió otro caballo.
Era de color rojo,[g] y el que lo montaba recibió poder para quitar la paz del mundo y
para hacer que los hombres se mataran
unos a otros; y se le dio una gran espada.
5 Cuando el Cordero rompió el tercer
sello, oí que el tercero de los seres vivientes decía: "¡Ven!" Miré, y vi un caballo negro,[h] y el que lo montaba tenía una balanza en la mano. 6 Y en medio de los
cuatro seres vivientes oí una voz que decía: "Solamente un kilo de trigo por el salario de un día, y tres kilos de cebada por
el salario de un día; pero no eches a perder el aceite ni el vino."
7 Cuando el Cordero rompió el cuarto
sello, oí que el cuarto de los seres vivientes decía: "¡Ven!" 8 Miré, y vi un caballo
amarillento, y el que lo montaba se llamaba Muerte. Tras él venía el que representaba al reino de la muerte, y se les dio
poder sobre la cuarta parte del mundo,
para matar con guerras, con hambres, con
enfermedades y con las fieras de la tierra.[i]
9 Cuando el Cordero rompió el quinto
sello, vi debajo del altar a los que habían
sido muertos por haber proclamado el
mensaje de Dios. 10 Decían con fuerte voz:
"Soberano santo y fiel, ¿cuándo juzgarás
a los habitantes de la tierra y vengarás
nuestra muerte?" 11 Entonces se les dieron
ropas blancas, y se les dijo que descansa-
ran aún por un poco de tiempo, hasta que
se completara el número de sus hermanos
que, en el servicio de Cristo, tenían que
ser muertos como ellos.
12 Cuando el Cordero rompió el sexto sello, miré, y hubo un gran terremoto.[j] El sol
se volvió negro,[k] como ropa de luto; toda
la luna se volvió roja, como la sangre,[l]
13 y las estrellas cayeron del cielo a la
tierra, como caen los higos verdes de la
higuera cuando ésta es sacudida por un
fuerte viento. 14 El cielo desapareció como
un papel que se enrolla,[m] y todas las montañas y las islas fueron removidas de su
lugar.[n] 15 Y los reyes del mundo se escondieron en las cuevas y entre las rocas de
las montañas,[ñ] junto con los grandes, los
jefes militares, los ricos, los poderosos y
todos los esclavos y los hombres libres;
16 y decían a las montañas y a las rocas:
"¡Caigan sobre nosotros y escóndannos[o]
de la presencia del que está sentado en el
trono, y de la ira del Cordero! 17 Porque ha
llegado ya el gran día del castigo, ¿y quién
podrá resistir?"[p]

Los señalados de las tribus de Israel

7 1 Después de esto, vi cuatro ángeles
que estaban en pie sobre los cuatro
puntos cardinales, deteniendo los cuatro
vientos[q] para que no soplaran sobre la
tierra ni sobre el mar ni sobre ningún árbol. 2 También vi otro ángel que venía del
oriente, y que tenía el sello del Dios viviente. Este ángel gritó con fuerte voz a
los otros cuatro que habían recibido poder
para hacer daño a la tierra y al mar: 3 "¡No
hagan daño a la tierra ni al mar ni a los
árboles, mientras no hayamos puesto un
sello en la frente a los siervos de nuestro
Dios!"[r]
4 Y oí el número de los que así fueron
señalados: ciento cuarenta y cuatro mil de
entre todas las tribus israelitas. 5 Fueron
señalados doce mil de la tribu de Judá,
doce mil de la tribu de Rubén, doce mil de
la tribu de Gad, 6 doce mil de la tribu de
Aser, doce mil de la tribu de Neftalí, doce
mil de la tribu de Manasés, 7 doce mil de la
tribu de Simeón, doce mil de la tribu de
Leví, doce mil de la tribu de Isacar, 8 doce
mil de la tribu de Zabulón, doce mil de la
tribu de José y doce mil de la tribu de
Benjamín.

[e] **5.12** Jn 1.29; 1 Co 5.7. [f] **6.2** Zac 1.8; 6.3,6. [g] **6.4** Zac 1.8; 6.2. [h] **6.5** Zac 6.2,6. [i] **6.8** Ez 14.21. [j] **6.12** Ap 11.13; 16.18. [k] **6.12** Is 13.10; Jl 2.10,31; 3.15; Mt 24.29; Mr 13.24–25; Lc 21.25 [l] **6.12** Jl 2.31. [m] **6.13–14** Is 34.4. [n] **6.14** Ap 16.20. [ñ] **6.15** Is 2.19,21. [o] **6.16** Os 10.8; Lc 23.30. [p] **6.17** Is 13.6; Ez 30.2–3; Jl 1.15; 2.11; Am 5.18–20; 8.9–14; Sof 1.14–18; Mal 3.2. [q] **7.1** Jer 49.36; Dn 7.2; Zac 6.5. [r] **7.3** Ez 9.4,6.

La multitud vestida de blanco

⁹ Después de esto, miré y vi una gran multitud de todas las naciones, razas, lenguas y pueblos. Estaban en pie delante del trono y delante del Cordero, y eran tantos que nadie podía contarlos. Iban vestidos de blanco y llevaban hojas de palma en las manos. ¹⁰ Todos gritaban con fuerte voz:

"¡La victoria es de nuestro Dios,
que está sentado en el trono,
y del Cordero!"

¹¹ Y todos los ángeles estaban en pie alrededor del trono y de los ancianos y de los cuatro seres vivientes; y se inclinaron delante del trono hasta tocar el suelo con la frente, y adoraron a Dios ¹² diciendo:

"¡Así sea!
La alabanza, la gloria,
la sabiduría, la gratitud,
el honor, el poder y la fuerza
sean dados a nuestro Dios por todos
    los siglos.
¡Así sea!"

¹³ Entonces uno de los ancianos me preguntó: "¿Quiénes son éstos que están vestidos de blanco, y de dónde han venido?" ¹⁴ "Tú lo sabes, señor", le contesté. Y él me dijo: "Estos son los que han pasado por la gran aflicción,ˢ los que han lavado sus ropas y las han blanqueado en la sangre del Cordero.ᵗ

¹⁵ "Por eso están delante del trono de
    Dios,
y día y noche le sirven en su templo.
El que está sentado en el trono
los protegerá con su presencia.
¹⁶ Ya no sufrirán hambre ni sed,
ni los quemará el sol,
ni el calor los molestará;ᵘ
¹⁷ porque el Cordero, que está en
    medio del trono,
los cuidará como a ovejasᵛ
y los guiará a manantiales de aguas
    de vida,ʷ
y Dios secará toda lágrima de sus
    ojos."ˣ

El séptimo sello y el incensario de oro

8 ¹ Cuando el Cordero rompió el séptimo sello del rollo, hubo silencio en el cielo durante una media hora. ² Luego vi a los siete ángeles que estaban de pie delante de Dios, a los cuales se les dieron siete trompetas. ³ Después vino otro ángel, con un incensario de oro, y se puso de pie ante el altar;ʸ y se le dio mucho incienso, para ofrecerlo sobre el altar de oroᶻ que estaba delante del trono, junto con las oraciones de todos los que pertenecen al pueblo de Dios.ᵃ ⁴ El humo del incienso subió de la mano del ángel a la presencia de Dios, junto con las oraciones de los que pertenecen al pueblo de Dios. ⁵ Entonces el ángel tomó el incensario, lo llenó con brasas de fuego del altar, y lo lanzó sobre la tierra;ᵇ y hubo truenos, voces², relámpagos y un terremoto.ᶜ

Las trompetas

⁶ Los siete ángeles que tenían las siete trompetas se prepararon para tocarlas.
⁷ El primer ángel tocó su trompeta, y fueron lanzados sobre la tierra granizo y fuegoᵈ mezclados con sangre. Se quemó la tercera parte de la tierra, junto con la tercera parte de los árboles y toda la hierba verde.
⁸ El segundo ángel tocó su trompeta, y fue lanzado al mar algo que parecía un gran monte ardiendo en llamas; y la tercera parte del mar se volvió sangre.ᵉ ⁹ La tercera parte de todo lo que vivía en el mar, murió, y la tercera parte de los barcos fueron destruidos.
¹⁰ El tercer ángel tocó su trompeta, y una gran estrella, ardiendo como una antorcha, cayó del cieloᶠ sobre la tercera parte de los ríos y sobre los manantiales. ¹¹ La estrella se llamaba Amargura; y la tercera parte de las aguas se volvió amarga, y a causa de aquellas aguas amargas murió mucha gente.ᵍ ¹² El cuarto ángel tocó su trompeta, y fue dañada la tercera parte del sol, la tercera parte de la luna y la tercera parte de las estrellas. De modo que una tercera parte de ellos quedó oscura,ʰ y no dieron su luz durante la tercera parte del día ni de la noche.
¹³ Luego miré, y oí un águila que volaba en medio del cielo y decía con fuerte voz: "¡Ay, ay, ay de los habitantes de la tierra, cuando suenen las trompetas que van a tocar los otros tres ángeles!"

9 ¹ El quinto ángel tocó su trompeta, y vi una estrella que había caído del cielo a la tierra; y se le dio la llave del pozo del abismo. ² Abrió el pozo del abismo, y de él subió humo como de un gran horno;ⁱ y el humo del pozo hizo oscurecer el sol y el aire. ³ Del humo salieron langostas que se extendieron por la

² Voces: lit. estruendos.
ˢ 7.14 Dn 12.1; Mt 24.21; Mr 13.19.   ᵗ 7.14 Jn 1.29; 1 Jn 1.7.   ᵘ 7.16 Sal 121.6; Is 49.10.   ᵛ 7.17 Sal 23.1; Ez 34.23; Jn 10.1–16.   ʷ 7.17 Sal 23.2; Is 49.10; Jn 4.10; 7.37.   ˣ 7.17 Is 25.8; Ap 21.4.   ʸ 8.3 Am 9.1.   ᶻ 8.3 Ex 30.1,3.   ᵃ 8.3 Sal 141.2; Ap 5.8.   ᵇ 8.5 Lv 16.12; Ez 10.2.   ᶜ 8.5 Ex 19.16; Ap 11.19; 16.18.   ᵈ 8.7 Ex 9.23–25; Ez 38.22.   ᵉ 8.8 Ex 7.17–21.   ᶠ 8.10 Is 14.12.   ᵍ 8.11 Jer 9.15; 23.15.   ʰ 8.12 Ex 10.21–23; Is 13.10; Ez 32.7; Jl 2.10,31; 3.15.   ⁱ 9.2 Gn 19.28.

tierra;[j] y se les dio poder como el que tienen los alacranes. 4 Se les mandó que no
hicieran daño a la hierba de la tierra ni a
ninguna cosa verde ni a ningún árbol, sino
solamente a quienes no llevaran el sello de
Dios en la frente.[k] 5 Pero no se les permitió matar a la gente, sino tan sólo causarle
dolor durante cinco meses; y el dolor que
causaban era como el de una picadura de
alacrán.
6 En aquellos días la gente buscará la
muerte, y no la encontrará; desearán morirse, y la muerte se alejará de ellos.[l]
7 Las langostas parecían caballos preparados para la guerra;[m] en la cabeza llevaban algo semejante a una corona de oro, y
su cara tenía apariencia humana. 8 Tenían
cabello como de mujer, y sus dientes parecían de león.[n] 9 Sus cuerpos estaban protegidos con una especie de armadura de
hierro, y el ruido de sus alas era como el
de muchos carros tirados por caballos
cuando entran en combate.[ñ] 10 Sus colas,
armadas de aguijones, parecían de alacrán, y en ellas tenían poder para hacer
daño a la gente durante cinco meses. 11 El
jefe de las langostas, que es el ángel del
abismo, se llama en hebreo Abadón y en
griego Apolión.[3]
12 Pasó el primer desastre; pero todavía
faltan dos.
13 El sexto ángel tocó su trompeta, y oí
una voz que salía de entre los cuatro cuernos del altar de oro[o] que estaba delante de
Dios. 14 Y la voz le dijo al sexto ángel, que
tenía la trompeta: "Suelta los cuatro ángeles que están atados junto al gran río
Éufrates." 15 Entonces fueron soltados los
cuatro ángeles, para que mataran a la tercera parte de la gente, pues habían sido
preparados precisamente para esa hora,
día, mes y año. 16 Y alcancé a oír el número de los soldados de a caballo: eran
doscientos millones.
17 Así es como vi los caballos en la visión, y quienes los montaban se cubrían el
pecho con una armadura que parecía de
fuego, pues era azul como el jacinto y
amarilla como el azufre. Y los caballos tenían cabeza como de león, y de su boca
salía fuego, humo y azufre. 18 La tercera
parte de la gente fue muerta por estas tres
calamidades que salían de la boca de los
caballos: fuego, humo y azufre. 19 Porque
el poder de los caballos estaba en su boca
y en su cola; pues sus colas parecían serpientes, y dañaban con sus cabezas.
20 Pero el resto de la gente, los que no
murieron por estas calamidades, tampoco
ahora dejaron de hacer el mal que hacían,
ni dejaron de adorar a los demonios y a
los ídolos de oro, plata, bronce, piedra y
madera, los cuales no pueden ver ni oír ni
caminar.[p] 21 Y tampoco dejaron de matar,
ni de hacer brujerías, ni de cometer inmoralidades sexuales, ni de robar.[q]

El ángel con el rollito escrito

10 1 Vi otro ángel poderoso, que bajaba
del cielo envuelto en una nube; tenía un arco iris sobre la cabeza, su cara
brillaba como el sol y sus piernas parecían
columnas de fuego. 2 Llevaba en la mano
un rollito abierto, y puso el pie derecho
sobre el mar y el izquierdo sobre la tierra.
3 Y gritó con fuerte voz, como un león que
ruge; y cuando gritó, siete truenos dejaron oír sus propias voces. 4 Después que
los siete truenos hablaron, iba yo a escribir; pero oí una voz del cielo, que me decía: "Guarda en secreto lo que dijeron los
siete truenos, y no lo escribas."
5 Entonces el ángel que vi en pie sobre
el mar y sobre la tierra, levantó al cielo su
mano derecha 6 y juró por el que vive para
siempre, el que hizo el cielo, la tierra, el
mar y todas las cosas que hay en ellos.
Dijo: "Ya no habrá más tiempo; 7 pues
cuando llegue el momento en que el séptimo ángel comience a tocar su trompeta,
ya se habrá cumplido el plan secreto de
Dios, como él anunció a sus propios siervos los profetas."[r]
8 La voz que yo había oído, y que salía
del cielo, volvió a hablarme, y me dijo:
"Anda y toma el rollito abierto que tiene
en la mano el ángel que está de pie sobre
el mar y sobre la tierra." 9 Fui al ángel y le
pedí que me diera el rollito, y me contestó:
"Toma y cómetelo. En tu boca será dulce
como la miel, pero en tu estómago se volverá amargo."
10 Tomé el rollito de la mano del ángel, y
me lo comí; y en mi boca era dulce como
la miel, pero cuando me lo hube comido se
volvió amargo en mi estómago.[s] 11 Entonces me dijeron: "Tienes que anunciar otra
vez lo que Dios dice acerca de muchos
pueblos, naciones, lenguas y reyes."

Los dos testigos

11 1 Me dieron una vara de medir, parecida a una caña, y me dijeron:
"Levántate y toma las medidas del templo
de Dios[t] y del altar, y cuenta los que adoran allí. 2 Pero no midas el atrio exterior
del templo, porque ha sido entregado a los
paganos, los cuales van a pisotear la ciudad santa durante cuarenta y dos meses.[u]
3 Y yo enviaré dos testigos, vestidos con

[3] El nombre hebreo *Abadón*, que en griego se traduce por *Apolión*, significa *Destructor*.

[j] **9.3** Ex 10.12–15. [k] **9.4** Ez 9.4. [l] **9.6** Job 3.21; Jer 8.3. [m] **9.7** Jl 2.4. [n] **9.8** Jl 1.6. [ñ] **9.9** Jl 2.5. [o] **9.13** Ex 30.1–3.
[p] **9.20** Sal 115.4–7; 135.15–17; Dn 5.23. [q] **9.20–21** Ex 8.15,19. [r] **10.5–7** Ex 20.11; Dt 32.40; Dn 12.7; Am 3.7.
[s] **10.8–10** Ez 2.8—3.3. [t] **11.1** Ez 40.3; Zac 2.1–2. [u] **11.2** Dn 7.25; 12.7; Lc 21.24.

ropas ásperas, a hablar de mi parte durante mil doscientos sesenta días."

⁴ Estos dos testigos son los dos olivos y los dos candelabros que están delante del Señor de la tierra.ᵛ ⁵ Si alguien intenta hacerles daño, ellos echan fuego por la boca, que quema por completo a sus enemigos; así morirá cualquiera que quiera hacerles daño. ⁶ Estos testigos tienen poder para cerrar el cielo, para que no llueva durante el tiempo en que estén hablando de parte de Dios,ʷ y también tienen poder para cambiar el agua en sangreˣ y para hacer sufrir a la tierra con toda clase de calamidades,ʸ tantas veces como ellos quieran.

⁷ Pero cuando hayan terminado de dar su testimonio, el monstruo que sube del abismoᶻ los atacará, los vencerá y los matará.ᵃ ⁸ Sus cadáveres quedarán tendidos en las calles de la gran ciudad donde fue crucificado su Señor, la cual en lenguaje figurado se llama Sodoma,ᵇ y también Egipto. ⁹ Y por tres días y medio, gente de distintos pueblos, razas, lenguas y naciones verá sus cadáveres y no dejará que los entierren. ¹⁰ Los que viven en la tierra se alegrarán de su muerte. Estarán tan contentos que se harán regalos unos a otros, porque aquellos dos profetas eran un tormento para ellos.

¹¹ Pero al cabo de los tres días y medio, Dios los revivió y se levantaron otra vez,ᶜ y todos los que los vieron se llenaron de miedo. ¹² Entonces los dos testigos oyeron una fuerte voz del cielo, que les decía: "¡Suban acá!" Y subieron al cielo en una nube,ᵈ y sus enemigos los vieron. ¹³ En aquel mismo momento hubo un gran terremoto,ᵉ y a causa del terremoto se derrumbó la décima parte de la ciudad, y siete mil personas murieron. Los que aún quedaron con vida, llenos de miedo alabaron a Dios, que está en el cielo.

¹⁴ Pasó el segundo desastre, pero pronto viene el tercero.

La séptima trompeta

¹⁵ El séptimo ángel tocó su trompeta, y se oyeron fuertes voces en el cielo, que decían:

"El reino del mundo
ha llegado a ser de nuestro Señor y
de su Mesías,
y reinarán por todos los siglos."ᶠ

¹⁶ Los veinticuatro ancianos que estaban sentados en sus tronos delante de Dios, se inclinaron hasta el suelo y adoraron a Dios, ¹⁷ diciendo:

"Te damos gracias, Señor, Dios
todopoderoso,
tú que eres y que eras,
porque has tomado tu gran poder
y has comenzado a reinar.
¹⁸ Las naciones se han enfurecido;
pero ha llegado el día de tu ira,ᵍ
el momento en que has de juzgar a
los muertos;
y darás la recompensa a tus siervos
los profetas,
a los que pertenecen a tu pueblo
y a los que honran tu nombre,
sean grandes o pequeños;ʰ
y destruirás a los que destruyen la
tierra."

¹⁹ Entonces se abrió el templo de Dios que está en el cielo, y en el templo se veía el cofre de su pacto. Y hubo relámpagos, voces,ᶦ truenos, un terremoto y una gran granizada.ᶦ

La mujer y el dragón

12 ¹ Apareció en el cielo una gran señal: una mujer envuelta en el sol como en un vestido, con la luna bajo sus pies y una corona de doce estrellas en la cabeza. ² La mujer estaba encinta, y gritaba por los dolores del parto, por el sufrimiento de dar a luz. ³ Luego apareció en el cielo otra señal: un gran dragón rojo que tenía siete cabezas, diez cuernosʲ y una corona en cada cabeza. ⁴ Con la cola arrastró la tercera parte de las estrellas del cielo, y las lanzó sobre la tierra.ᵏ El dragón se detuvo delante de la mujer que iba a dar a luz, para devorar a su hijo tan pronto como naciera. ⁵ Y la mujer dio a luz un hijo varón,ˡ el cual ha de gobernar a todas las naciones con cetro de hierro.ᵐ Pero su hijo le fue quitado y llevado ante Dios y ante su trono; ⁶ y la mujer huyó al desierto, donde Dios le había preparado un lugar para que allí le dieran de comer durante mil doscientos sesenta días.

⁷ Después hubo una batalla en el cielo: Miguelⁿ y sus ángeles lucharon contra el dragón. El dragón y sus ángeles pelearon, ⁸ pero no pudieron vencer, y ya no hubo lugar para ellos en el cielo. ⁹ Así que fue expulsado el gran dragón, aquella serpiente antiguaⁿ que se llama Diablo y Satanás, y que engaña a todo el mundo. El y sus ángeles fueron lanzados a la tierra.ᵒ

⁴ Voces: lit. estruendos.
ᵛ 11.4 Zac 4.3,11–14. ʷ 11.6 1 R 17.1. ˣ 11.6 Ex 7.17–19. ʸ 11.6 1 S 4.8. ᶻ 11.7 Dn 7.7.; Ap 13.5–7; 17.8.
ᵃ 11.7 Dn 7.21. ᵇ 11.8 Is 1.9–10. ᶜ 11.11 Ez 37.5,10. ᵈ 11.12 2 R 2.11. ᵉ 11.13 Ap 6.12; 16.18. ᶠ 11.15 Ex 15.18;
Dn 2.44; 7.14,27. ᵍ 11.18 Sal 2.5; 110.5. ʰ 11.18 Sal 115.13. ᶦ 11.19 Ap 8.5; 16.18–21. ʲ 12.3 Dn 7.7. ᵏ 12.4 Dn 8.10.
ˡ 12.5 Is 66.7. ᵐ 12.5 Sal 2.9. ⁿ 12.7 Dn 10.13,21; 12.1; Jud 9. ⁿ 12.9 Gn 3.1. ᵒ 12.9 Lc 10.18.

[10] Entonces oí una fuerte voz en el cielo, que decía:

"Ya llegó la salvación,
el poder y el reino de nuestro Dios,
y la autoridad de su Mesías;
porque ha sido expulsado
el acusador de nuestros hermanos,[p]
el que día y noche los acusaba
delante de nuestro Dios.
[11] Nuestros hermanos lo han vencido
con la sangre derramada del
Cordero
y con el mensaje que ellos
proclamaron;
no tuvieron miedo de perder la vida,
sino que estuvieron dispuestos a
morir.
[12] ¡Alégrense, pues, cielos,
y ustedes que viven en ellos!
¡Pero ay de los que viven en la
tierra y en el mar,
porque el diablo, sabiendo que le
queda poco tiempo,
ha bajado contra ustedes lleno de
furor!"

[13] Cuando el dragón se vio lanzado a la tierra, persiguió a la mujer que había tenido el hijo. [14] Pero a la mujer se le dieron dos grandes alas de águila, para que pudiera volar a su lugar en el desierto, lejos de la serpiente, donde tenían que darle de comer durante tres años y medio.[q] [15] La serpiente arrojó agua por la boca, para formar un río que arrastrara a la mujer; [16] pero la tierra ayudó a la mujer, pues abrió la boca y se tragó el río que el dragón había arrojado por su boca. [17] Con eso, el dragón se puso furioso contra la mujer, y fue a pelear contra el resto de los descendientes de ella, contra los que obedecen los mandamientos de Dios y siguen fieles al testimonio de Jesús. [18] Y el dragón se plantó[5] a la orilla del mar.[6]

Los dos monstruos

13 [1] Vi subir del mar un monstruo[r] que tenía siete cabezas y diez cuernos. En cada cuerno tenía una corona, y en las cabezas tenía nombres ofensivos contra Dios.[s] [2] Este monstruo que yo vi, parecía un leopardo; y tenía patas como de oso, y boca como de león.[t] El dragón le dio su poder y su trono, y mucha autoridad. [3] Una de las cabezas del monstruo parecía tener una herida mortal; pero la herida fue curada, y el mundo entero se llenó de asombro y siguió al monstruo. [4] Adoraron

al dragón porque había dado autoridad al monstruo, y adoraron también al monstruo, diciendo: "¿Quién hay como este monstruo, y quién podrá luchar contra él?"

[5] También se le permitió al monstruo decir cosas arrogantes y ofensivas contra Dios, y tener autoridad durante cuarenta y dos meses. [6] Y así lo hizo; habló contra Dios,[u] y dijo cosas ofensivas contra él y su santuario y contra los que están en el cielo. [7] También se le permitió hacer guerra contra los que pertenecen al pueblo de Dios, hasta vencerlos;[v] y se le dio autoridad sobre toda raza, pueblo, lengua y nación. [8] A ese monstruo lo adorarán todos los habitantes de la tierra cuyos nombres no están escritos, desde la creación del mundo, en el libro de la vida[w] del Cordero que fue sacrificado.

[9] Si alguno tiene oídos, oiga:
[10] "A los que deban ir presos,
se los llevarán presos;[7,x]
y a los que deban morir a filo de
espada,[8]
a filo de espada los matarán."

Aquí se verá la fortaleza y la fe del pueblo de Dios.
[11] Después vi otro monstruo, que subía de la tierra. Tenía dos cuernos que parecían de cordero, pero hablaba como un dragón. [12] Y tenía toda la autoridad del primer monstruo, en su presencia, y hacía que la tierra y los que viven en ella adoraran al primer monstruo, el que había sido curado de su herida mortal. [13] También hacía grandes señales milagrosas. Hasta hacía caer fuego del cielo a la tierra, a la vista de la gente. [14] Y por medio de esas señales que se le permitía hacer en presencia del primer monstruo, engañó a los habitantes de la tierra[y] y les mandó que hicieran una imagen de aquel monstruo que seguía vivo a pesar de haber sido herido a filo de espada. [15] Y al segundo monstruo se le dio el poder de dar vida a la imagen del primer monstruo, para que aquella imagen hablara e hiciera matar a todos los que no la adorasen. [16] Además, hizo que a todos, pequeños y grandes, ricos y pobres, libres y esclavos, les pusieran una marca en la mano derecha o en la frente. [17] Y nadie podía comprar ni vender, si no tenía la marca o el nombre del monstruo, o el número de su nombre. [18] Aquí se verá la sabiduría; el que entienda, calcule el número del monstruo,

---

[5] *Y el dragón se plantó:* algunos mss. dicen: *y yo estaba de pie.*　[6] Algunas versiones tradicionales incluyen v. 18 como parte de 13.1.　[7] *A los que deban ir presos:* algunos mss. dicen: *A los que llevan presos.*　[8] *Y a los que deban morir a filo de espada:* algunos mss. dicen: *y a los que a filo de espada matan.*
[p] **12.10** Job 1.6–12; Zac 3.1.　[q] **12.14** Dn 7.25; 12.7.　[r] **13.1** Dn 7.3.　[s] **13.1** Ap 17.3,7–12.　[t] **13.2** Dn 7.4–6.
[u] **13.5–6** Dn 7.8,25; 11.36.　[v] **13.7** Dn 7.21.　[w] **13.8** Sal 69.28; Ap 3.5.　[x] **13.10** Jer 15.2; 43.11.　[y] **13.14** Mt 24.24; 2 Ts 2.9–10.

que es un número de hombre. Ese número es el seiscientos sesenta y seis.[9]

El canto de los 144,000

14 [1] Vi al Cordero, que estaba de pie sobre el monte Sión. Con él había ciento cuarenta y cuatro mil personas que tenían escritos en la frente el nombre del Cordero y de su Padre.[z] [2] Luego oí un sonido que venía del cielo; era como el sonido de una cascada, como el retumbar de un fuerte trueno; era un sonido como el de muchos arpistas tocando sus arpas. [3] Y cantaban un canto nuevo delante del trono y delante de los cuatro seres vivientes y de los ancianos. Ninguno podía aprender aquel canto, sino solamente los ciento cuarenta y cuatro mil que fueron salvados de entre los de la tierra. [4] Estos son los que no se contaminaron con mujeres, pues no tuvieron relaciones con ellas; son los que siguen al Cordero por dondequiera que va. Fueron salvados de entre los hombres como primera ofrenda[a] para Dios y para el Cordero. [5] No se encontró ninguna mentira en sus labios,[b] pues son intachables.

Los mensajes de los tres ángeles

[6] Vi otro ángel, que volaba en medio del cielo y que llevaba un mensaje eterno para anunciarlo a los que viven en la tierra, a todas las naciones, razas, lenguas y pueblos. [7] Decía con fuerte voz: "Teman a Dios y denle alabanza, pues ya llegó la hora en que él ha de juzgar. Adoren al que hizo el cielo y la tierra, el mar y los manantiales."

[8] Lo siguió un segundo ángel, que decía: "¡Ya cayó, ya cayó la gran Babilonia,[c] la que emborrachó a todas las naciones con el vino de su pasión inmoral!"

[9] Luego los siguió otro ángel, el tercero, que decía con fuerte voz: "Si alguno adora al monstruo y a su imagen, y se deja poner su marca en la frente o en la mano, [10] tendrá que beber el vino del terrible castigo que viene de Dios, que se ha preparado puro en la copa de su ira;[d] y será atormentado con fuego y azufre[e] delante de los santos ángeles y del Cordero. [11] El humo de su tormento sube por todos los siglos,[f] y no hay descanso de día ni de noche para los que adoran al monstruo y a su imagen y reciben la marca de su nombre."

[12] ¡Aquí se verá la fortaleza del pueblo de Dios, de aquellos que cumplen sus mandamientos y son fieles a Jesús!

[13] Entonces oí una voz del cielo, que me decía: "Escribe esto: 'Dichosos de aquí en adelante los que mueren unidos al Señor.'"

"Sí—dice el Espíritu—, ellos descansarán de sus trabajos, pues sus obras los acompañan."

La cosecha de la tierra

[14] Miré, y vi una nube blanca, y sobre la nube estaba sentado uno que tenía apariencia humana.[g] Llevaba una corona de oro en la cabeza y una hoz afilada en la mano. [15] Y salió del templo otro ángel, gritando con fuerte voz al que estaba sentado en la nube: "¡Mete tu hoz y recoge la cosecha; porque ya llegó la hora, y la cosecha de la tierra está madura!"[h] [16] El que estaba sentado en la nube pasó entonces su hoz sobre la tierra, y recogió la cosecha de la tierra.

[17] Luego otro ángel salió del templo que está en el cielo, llevando él también una hoz afilada. [18] Y del altar salió otro ángel, que tenía autoridad sobre el fuego y que llamó con fuerte voz al que llevaba la hoz afilada, diciendo: "¡Mete tu hoz afilada, y corta con ella los racimos de los viñedos que hay en la tierra, porque ya sus uvas están maduras!" [19] El ángel pasó su hoz sobre la tierra y cortó las uvas de los viñedos de la tierra, y luego las echó en un gran depósito para que fueran exprimidas. Esto significa el terrible castigo que viene de Dios. [20] Las uvas fueron exprimidas fuera de la ciudad,[i] y del depósito salió sangre, que llegó a la altura de los frenos de los caballos en una extensión de trescientos kilómetros.

Los ángeles con las siete últimas calamidades

15 [1] Vi en el cielo otra señal grande y asombrosa: siete ángeles con las siete últimas calamidades, con las cuales llegaba a su fin la ira de Dios.

[2] Vi también lo que parecía ser un mar de cristal mezclado con fuego; junto a ese mar de cristal estaban de pie, con arpas que Dios les había dado, los que habían alcanzado la victoria sobre el monstruo y su imagen, y sobre el número de su nombre. [3] Y cantaban el canto de Moisés,[j] siervo de Dios, y el canto del Cordero. Decían:

"Grande y maravilloso es todo lo
    que has hecho,
Señor, Dios todopoderoso;

9 *Seiscientos sesenta y seis:* algunos mss. dicen: *seiscientos dieciséis.* z **14.1** Ez 9.4; Ap 7.3. a **14.4** Ex 23.19; Stg 1.18. b **14.5** Sof 3.13. c **14.8** Is 21.9; Jer 51.8; Ap 18.2. d **14.10** Is 51.17; Jer 25.15; Ap 16.19. e **14.10** Gn 19.24; Sal 11.6; Ez 38.22. f **14.11** Is 34.10. g **14.14** Dn 7.13. h **14.15** Jl 3.13. i **14.20** Is 63.3; Lm 1.15; Jl 3.13; Ap 19.15. j **15.3** Ex 15.1–18.

rectos y verdaderos son tus
      caminos,
oh Rey de las naciones.
[4] ¿Quién no te temerá, oh Señor?
¿Quién no te alabará?[k]
Pues solamente tú eres santo;
todas las naciones vendrán y te
      adorarán,[l]
porque tus juicios han sido
      manifestados."

[5] Después de esto, miré y vi abrirse en el cielo el santuario, la tienda del pacto.[10, m] [6] Del santuario salieron aquellos siete ángeles que llevaban las siete calamidades. Iban vestidos de lino limpio y brillante, y llevaban cinturones de oro a la altura del pecho. [7] Uno de los cuatro seres vivientes dio a cada uno de los siete ángeles una copa de oro llena del terrible castigo que viene de Dios, el cual vive por todos los siglos. [8] Y el santuario se llenó del humo[n] procedente de la grandeza y del poder de Dios, y nadie podía entrar en él hasta que no se hubieran terminado las siete calamidades que llevaban los siete ángeles.

Las copas del castigo

16 [1] Oí una fuerte voz, que salía del santuario y que decía a los siete ángeles: "Vayan y vacíen sobre la tierra esas siete copas del terrible castigo que viene de Dios."

[2] El primer ángel fue y vació su copa sobre la tierra; y a toda la gente que tenía la marca del monstruo y adoraba su imagen, le salió una llaga maligna y dolorosa.[ñ]

[3] El segundo ángel vació su copa sobre el mar, y el agua del mar se volvió sangre, como la de un hombre asesinado, y murió todo lo que en el mar tenía vida.

[4] El tercer ángel vació su copa sobre los ríos y manantiales, y se volvieron sangre.[o]
[5] Luego oí que el ángel de las aguas decía:

"Tú eres justo por haber juzgado
      así,
oh Dios santo, que eres y que eras,
[6] porque ellos derramaron la sangre
de los que pertenecen a tu pueblo,
y de los profetas,
y ahora tú les has dado a beber
      sangre.
¡Se lo han merecido!"

[7] Oí también que el altar decía: "Sí, oh Señor, Dios todopoderoso, tú has juzgado con verdad y rectitud."

[8] El cuarto ángel vació su copa sobre el sol, y se le dio al sol poder para quemar con fuego a la gente. [9] Y todos quedaron terriblemente quemados; pero no se volvieron a Dios ni lo alabaron, sino que dijeron cosas ofensivas contra él, que tiene poder sobre estas calamidades.

[10] El quinto ángel vació su copa sobre el trono del monstruo, y su reino quedó en oscuridad.[p] La gente se mordía la lengua de dolor; [11] pero ni aun así dejaron de hacer el mal, sino que a causa de sus dolores y sus llagas dijeron cosas ofensivas contra el Dios del cielo.

[12] El sexto ángel vació su copa sobre el gran río Éufrates, y el agua del río se secó[q] para dar paso a los reyes que venían de oriente.

[13] Vi que de la boca del dragón, de la boca del monstruo y de la boca del falso profeta, salían tres espíritus impuros en forma de ranas. [14] Eran espíritus de demonios, que hacían señales milagrosas y salían a reunir a todos los reyes del mundo para la batalla del gran día del Dios todopoderoso.

[15] "Miren, yo vengo inesperadamente, como un ladrón.[r] Dichoso el que se mantiene despierto y conserva su ropa, para que no ande desnudo y se vea la vergüenza de su desnudez."
[16] Y reunieron a los reyes en el lugar que en hebreo se llama Armagedón.[s]

[17] El séptimo ángel vació su copa en el aire, y desde el santuario del cielo salió una fuerte voz que venía del trono y decía: "¡Ya está hecho!" [18] Entonces hubo relámpagos, voces[11] y truenos, y la tierra tembló a causa de un terremoto[t] más violento que todos los terremotos que ha habido desde que hay gente en el mundo. [19] La gran ciudad se partió en tres, y las ciudades del mundo se derrumbaron; y Dios se acordó de la gran ciudad de Babilonia, para hacerle beber el vino del castigo que él le mandó en su enojo.[u] [20] Todas las islas y los montes desaparecieron,[v] [21] y del cielo cayeron sobre la gente enormes granizos,[w] que pesaban más de cuarenta kilos, y los hombres dijeron cosas ofensivas contra Dios por la calamidad del granizo, porque fue un castigo muy grande.

Condenación de la gran prostituta

17 [1] Uno de los siete ángeles que tenían las siete copas, vino y me dijo: "Ven, te voy a mostrar el castigo de la gran prostituta que está sentada sobre las

---

[10] Tienda del pacto: lit. Tienda del testimonio. [11] Voces: lit. estruendos.
[k] 15.4 Jer 10.7. [l] 15.4 Sal 86.9. [m] 15.5 Ex 38.21. [n] 15.8 Ex 40.34; 1 R 8.10-11; 2 Cr 5.13-14; Is 6.4. [ñ] 16.2 Ex 9.10; Dt 28.35. [o] 16.4 Ex 7.17-21; Sal 78.44. [p] 16.10 Ex 10.21. [q] 16.12 Is 11.15. [r] 16.15 Mt 24.43-44; Lc 12.39-40; Ap 3.3. [s] 16.16 Jue 5.19; 2 R 9.27; 23.29; 2 Cr 35.22; Zac 12.11. [t] 16.18 Ap 8.5; 11.13,19. [u] 16.19 Is 51.17; Jer 25.15; Ap 14.10. [v] 16.20 Ap 6.14. [w] 16.21 Ex 9.23; Ap 11.19.

aguas.ˣ ² Los reyes del mundo han cometido inmoralidades sexuales con ella, y los habitantes de la tierra se han emborrachado con el vino de sus inmoralidades."ʸ

³ Luego, en la visión que me hizo ver el Espíritu, el ángel me llevó al desierto. Allí vi una mujer montada en un monstruo rojo, el cual estaba cubierto de nombres ofensivos para Dios y tenía siete cabezas y diez cuernos.ᶻ ⁴ Aquella mujer iba vestida con ropa de colores púrpura y rojo, y estaba adornada con oro, piedras preciosas y perlas. Tenía en la mano una copa de oroᵃ llena de cosas odiosas y de la impureza de sus inmoralidades sexuales; ⁵ y llevaba escrito en la frente un nombre misterioso: "La gran Babilonia, madre de las prostitutas y de todo lo que hay de odioso en el mundo." ⁶ Luego me di cuenta de que la mujer estaba borracha de la sangre de los que pertenecen al pueblo de Dios y de los que habían sido muertos por ser testigos de Jesús.

Al verlo, me quedé muy asombrado. ⁷ Entonces el ángel me dijo: "¿Por qué te asombras? Te voy a decir el significado secreto de esa mujer y del monstruo que la lleva, el que tiene las siete cabezas y los diez cuernos. ⁸ El monstruo que has visto es uno que antes vivía, pero ya no existe; sin embargo, va a subir del abismoᵇ antes de ir a su destrucción total. Los habitantes de la tierra cuyos nombres no están escritos en el libro de la vidaᶜ desde la creación del mundo, se asombrarán cuando vean ese monstruo que antes vivía y ya no existe, pero que volverá a venir.

⁹ "Aquí se verá quién tiene sabiduría y entendimiento: Las siete cabezas representan siete montes sobre los que esa mujer está sentada; las cabezas, a su vez, representan siete reyes. ¹⁰ Cinco de estos reyes ya cayeron, uno de ellos gobierna ahora y el otro no ha venido todavía. Pero cuando venga el último de ellos, no durará mucho tiempo. ¹¹ El monstruo que antes vivía y que ya no existe, es el octavo rey; aunque es también uno de los otros siete, y se encamina a su destrucción total.

¹² "Los diez cuernos que has visto son diez reyesᵈ que todavía no han comenzado a gobernar; pero por una hora recibirán, junto con el monstruo, autoridad como de reyes. ¹³ Estos diez reyes están de acuerdo, y darán su poder y autoridad al monstruo. ¹⁴ Pelearán contra el Cordero; pero el Cordero los vencerá, teniendo con él a los que Dios ha llamado y escogido y son fieles, porque el Cordero es Señor de señores y Rey de reyes."ᵉ

¹⁵ El ángel me dijo también: "Las aguas que viste, sobre las cuales está sentada la prostituta, son pueblos, gentes, lenguas y naciones. ¹⁶ Y los diez cuernos que viste en el monstruo, odiarán a la prostituta, y la dejarán abandonada y desnuda; comerán la carne de su cuerpo, y la quemarán con fuego. ¹⁷ Dios les ha puesto en el corazón el deseo de hacer lo que él quiere que hagan: se pondrán de acuerdo para entregar su autoridad de reyes al monstruo, hasta que se cumpla lo que Dios ha dicho. ¹⁸ La mujer que viste es aquella gran ciudad que domina a los reyes del mundo."

La caída de Babilonia

18 ¹ Después de esto, vi otro ángel que bajaba del cielo; tenía mucha autoridad, y la tierra quedó iluminada con su resplandor. ² Con fuerte voz gritaba:

"¡Ya cayó, ya cayó la gran
    Babilonia!ᶠ
¡Se ha vuelto vivienda de demonios,
guarida de toda clase de espíritus
    impuros,
nido de fieras impuras y odiosas!ᵍ
³ Pues todas las naciones se
    emborracharon
con el vino de su pasión inmoral;ʰ
los reyes del mundo
cometieron con ella inmoralidades
    sexuales,
y los comerciantes del mundo
se hicieron ricos con su exagerado
    derroche."

⁴ Oí otra voz del cielo, que decía:
"Salgan de esa ciudad, ustedes que
    son mi pueblo,ⁱ
para que no participen en sus
    pecados
ni les alcancen sus calamidades;
⁵ pues sus pecados se han
    amontonado hasta el cielo,ʲ
y Dios ha tenido presentes sus
    maldades.
⁶ Denle lo mismo que ella ha dado a
    otros;ᵏ
páguenle el doble de lo que ha
    hecho;
mézclenle una bebida dos veces más
    fuerte
que la que ella mezcló para otros;
⁷ denle tormento y sufrimiento
en la medida en que se entregó al
    orgullo y al derroche.
Pues dice en su corazón:
'Aquí estoy sentada como una reina.
No soy viuda, ni sufriré.'

ˣ 17.1 Jer 51.13. ʸ 17.2 Is 23.17; Jer 51.7. ᶻ 17.3 Ap 13.1. ᵃ 17.4 Jer 51.7. ᵇ 17.8 Dn 7.7; Ap 11.7. ᶜ 17.8 Sal 69.28; Ap 3.5; 13.8. ᵈ 17.12 Dn 7.24. ᵉ 17.14 Dt 10.17; Ap 19.16. ᶠ 18.2 Is 21.9; Jer 51.8; Ap 14.8. ᵍ 18.2 Is 13.21; Jer 50.39. ʰ 18.3 Is 23.17; Jer 51.7. ⁱ 18.4 Is 48.20; Jer 50.8; 51.6,45. ʲ 18.5 Gn 18.20-21; Jer 51.9. ᵏ 18.6 Sal 28.4; 137.8; Jer 50.29.

[8] Por eso, en un solo día le vendrán sus calamidades:[l]
muerte, aflicción y hambre,
y será quemada en el fuego;
porque poderoso es Dios, el Señor,
que la ha condenado."

[9] Los reyes del mundo que cometieron con ella inmoralidades sexuales y se entregaron al derroche, llorarán y harán lamentación por ella cuando vean el humo de su incendio. [10] Se quedarán lejos por miedo a su castigo, y dirán:

"¡Ay, ay de ti, la gran ciudad,
Babilonia, la ciudad poderosa!
Porque en un instante llegó tu
castigo."[m]

[11] Los comerciantes del mundo también llorarán y harán lamentación por esa ciudad, porque ya no habrá quien les compre sus cargamentos:[n] [12] cargamentos de oro, plata, piedras preciosas, perlas, telas de lino fino y de seda, de color púrpura y rojo; toda clase de maderas aromáticas; objetos de marfil, de maderas preciosas, de bronce, de hierro y de mármol; [13] cargamentos de canela y especias aromáticas; incienso, mirra y perfumes; vino, aceite, harina fina y trigo; animales de carga, ovejas, caballos, carros y hasta esclavos, que son vidas humanas.[ñ] [14] Y dirán a la ciudad:

"¡Ya no tienes las ricas frutas
que tanto te gustaban;
para siempre has perdido
todos tus lujos y riquezas!"

[15] Los que negociaban con esas cosas y se hicieron ricos a costa de la ciudad, se quedarán lejos por miedo a su castigo, llorando y lamentándose,[o] [16] y dirán:

"¡Ay, ay de la gran ciudad!
Parecía una mujer vestida de lino
fino,
vestida con ropas de color púrpura y
rojo,
adornada con oro, perlas y piedras
preciosas.
[17] ¡Y en un instante se ha acabado
tanta riqueza!"

Todos los capitanes de barco y los que navegan por la costa, los marineros y todos los que se ganan la vida en el mar, se quedaron lejos[p] [18] y, al ver el humo del incendio de la ciudad, gritaron: "¿Qué otra ciudad podía compararse a esta gran ciu-

dad?"[q] [19] Y se echaron polvo en la cabeza, llorando y lamentándose, y gritaron:

"¡Ay, ay de la gran ciudad!
Con su riqueza se hicieron ricos
todos los que tenían barcos en el
mar.
¡Y en un instante ha quedado
destruida!"[r]

[20] Tú, oh cielo, alégrate
por causa de esa ciudad;[s]
y alégrense ustedes,
los que pertenecen al pueblo de
Dios,
y los apóstoles y los profetas,
porque Dios, al condenarla,
les ha hecho justicia a ustedes.

[21] Entonces un ángel poderoso levantó una piedra, que era como una gran piedra de molino, y lanzándola al mar dijo:

"Así serás tú echada abajo,
Babilonia, la gran ciudad,[t]
y nunca más te volverán a ver.[u]
[22] Nunca más se oirá en tus calles
música de arpas, flautas y
trompetas,[v]
ni habrá en ti trabajadores de
ningún oficio,
ni se oirá en ti el ruido de la piedra
del molino.
[23] Nunca más brillará en ti la luz de
una lámpara,
ni se oirá en ti el bullicio de las
fiestas de bodas[w]
aunque tus comerciantes eran los
poderosos del mundo
y engañaste a todas las naciones
con tus brujerías."

[24] Pues en esa ciudad se ha encontrado la sangre de los profetas y de los que pertenecen al pueblo de Dios, y de todos los que han sido asesinados en el mundo.[x]

19 [1] Después de esto, oí las fuertes voces de una gran multitud que decía en el cielo:

"¡Alabado sea el Señor!
La salvación, la gloria y el poder
son de nuestro Dios,
[2] porque él juzga rectamente y con
verdad;
pues ha condenado a la gran
prostituta
que con su inmoralidad corrompió al
mundo;
ha vengado en ella
la muerte de los siervos de Dios."[y]

3 Luego volvieron a decir:
"¡Alabado sea el Señor!
El humo de ella nunca dejará de
subir."[z]

4 Y los veinticuatro ancianos y los cuatro seres vivientes se postraron hasta el
suelo y adoraron a Dios, que estaba sentado en el trono. Y decían: "¡Así sea! ¡Alabado sea el Señor!" 5 Desde el trono se oyó
entonces una voz, que decía:

"¡Alaben a nuestro Dios
todos ustedes, pequeños y grandes,
todos ustedes que lo sirven
y le tienen reverencia!"[a]

La fiesta de las bodas del Cordero

6 Oí también algo como las voces de
mucha gente, como el sonido de una cascada[b] y de fuertes truenos. Decían:

"¡Alabado sea el Señor!
Porque ha comenzado a gobernar el
Señor,
nuestro Dios todopoderoso.[c]
7 Alegrémonos,
llenémonos de gozo y démosle
gloria,
porque ha llegado el momento
de las bodas del Cordero.
Su esposa[d] se ha preparado:
8 se le ha permitido vestirse
de lino fino, limpio y brillante,[e]
porque ese lino es la recta conducta
de los que pertenecen al pueblo de
Dios."

9 El ángel me dijo: "Escribe: 'Felices los
que han sido invitados a la fiesta de bodas[f] del Cordero.' " Y añadió: "Estas son
palabras verdaderas de Dios."
10 Me arrodillé a los pies del ángel, para
adorarlo, pero él me dijo: "No hagas eso,
pues yo soy siervo de Dios, lo mismo que
tú y tus hermanos que siguen fieles al
testimonio de Jesús. Adora a Dios."
Pues ese testimonio de Jesús es el que
inspira a los profetas.

El jinete del caballo blanco

11 Vi el cielo abierto;[g] y apareció un caballo blanco, y el que lo montaba se llamaba Fiel y Verdadero, porque con rectitud gobernaba[h] y hacía la guerra. 12 Sus
ojos brillaban como llamas de fuego,[i] llevaba en la cabeza muchas coronas y tenía
un nombre escrito que solamente él conocía. 13 Iba vestido con ropa teñida de
sangre, y su nombre era: La Palabra de
Dios.[j] 14 Lo seguían los ejércitos del cielo,
vestidos de lino fino, blanco y limpio, y
montados en caballos blancos. 15 Le salía
de la boca una espada afilada, para herir
con ella a las naciones. Las gobernará con
cetro de hierro.[k] Las juzgará como quien
exprime uvas y las pisa con los pies, y las
hará beber el vino del terrible castigo que
viene del furor del Dios todopoderoso.[l]
16 En su manto y sobre el muslo llevaba escrito este título: "Rey de reyes y Señor de
señores."[m]
17 Y vi un ángel que, puesto de pie en el
sol, gritaba con fuerza a todas las aves de
rapiña que vuelan en medio del cielo:
"¡Vengan y reúnanse para la gran cena de
Dios, 18 para que coman carne de reyes, de
jefes militares y de hombres valientes,
carne de caballos y de sus jinetes, carne
de todos: de libres y de esclavos, de pequeños y de grandes!"[n]
19 Vi al monstruo y a los reyes del
mundo con sus ejércitos, que se habían
reunido para pelear contra el que montaba aquel caballo y contra su ejército.
20 El monstruo fue apresado, junto con el
falso profeta que había hecho señales
milagrosas en su presencia. Por medio de
esas señales, el falso profeta había engañado a los que se dejaron poner la marca
del monstruo y adoraron su imagen.[ñ] Entonces el monstruo y el falso profeta fueron arrojados vivos al lago de fuego donde
arde el azufre. 21 Y los demás fueron
muertos con la espada que salía de la boca
del que montaba el caballo, y todas las
aves de rapiña se hartaron de la carne de
ellos.

Los mil años

20 1 Vi un ángel que bajaba del cielo
con la llave del abismo y una gran
cadena en la mano. 2 Este ángel sujetó al
dragón, aquella serpiente antigua[o] que es
el diablo y Satanás, y lo encadenó por mil
años. 3 Lo arrojó al abismo, donde lo encerró, y puso un sello sobre la puerta para
que no engañara a las naciones hasta que
pasaran los mil años, al cabo de los cuales
habrá de ser soltado por un poco de
tiempo.
4 Vi tronos, y en ellos estaban sentados
los que habían recibido autoridad para
juzgar.[p] Vi también las almas de aquellos
a quienes les cortaron la cabeza por haber
sido fieles al testimonio de Jesús y al mensaje de Dios.[q] Ellos no habían adorado al
monstruo ni a su imagen, ni se habían dejado poner su marca[r] en la frente o en la

[z] **19.3** Is 34.10. [a] **19.5** Sal 115.13. [b] **19.6** Ez 1.24. [c] **19.6** Sal 93.1; 97.1; 99.1. [d] **19.7–8** Ef 5.23–32. [e] **19.8** Ap 7.14. [f] **19.9** Mt 22.2–3. [g] **19.11** Ez 1.1. [h] **19.11** Sal 96.13; Is 11.4. [i] **19.12** Dn 10.6. [j] **19.13** Jn 1.1,14. [k] **19.15** Sal 2.9. [l] **19.15** Is 63.3; Lm 1.15; Jl 3.13; Ap 14.20. [m] **19.16** Dt 10.17; Ap 17.14. [n] **19.17–18** Ez 39.17–20. [ñ] **19.20** Ap 13.1–18. [o] **20.2** Gn 3.1. [p] **20.4** Dn 7.9,22,27; Mt 19.28; Lc 22.30. [q] **20.4** Ap 6.9. [r] **20.4** Ap 13.16–17; 14.9.

mano. Y vi que volvieron a vivir y que reinaron con Cristo mil años. ⁵ Pero los otros muertos no volvieron a vivir hasta después de los mil años. Esta es la primera resurrección. ⁶ ¡Dichosos los que tienen parte en la primera resurrección, pues pertenecen al pueblo de Dios! La segunda muerte no tiene ningún poder sobre ellos, sino que serán sacerdotesˢ de Dios y de Cristo, y reinarán con él los mil años.

Derrota del diablo

⁷ Cuando hayan pasado los mil años, Satanás será soltado de su prisión, ⁸ y saldrá a engañar a las naciones de todo el mundo; saldrá a engañar a Gog y a Magog,ᵗ cuyos ejércitos, numerosos como la arena del mar, reunirá para la batalla. ⁹ Y subieron por lo ancho de la tierra, y rodearon el campamento del pueblo de Dios, y la ciudad que él ama. Pero cayó fuego del cielo y los quemó por completo. ¹⁰ Y el diablo, que los había engañado, fue arrojado al lago de fuego y azufre, donde también habían sido arrojados el monstruo y el falso profeta. Allí serán atormentados día y noche por todos los siglos.

El juicio ante el gran trono blanco

¹¹ Vi un gran trono blanco, y al que estaba sentado en él. Delante de su presencia desaparecieron completamente la tierra y el cielo, y no se los volvió a ver por ninguna parte. ¹² Y vi los muertos, grandes y pequeños, de pie delante del trono; y fueron abiertos los libros, y también otro libro, que es el libro de la vida.ᵘ Los muertos fueron juzgados de acuerdo con sus hechos y con lo que estaba escrito en aquellos libros.ᵛ ¹³ El mar entregó sus muertos, y el reino de la muerte entregó los muertos que había en él; y todos fueron juzgados, cada uno conforme a lo que había hecho. ¹⁴ Luego el reino de la muerte fue arrojado al lago de fuego. Este lago de fuego es la muerte segunda,ʷ ¹⁵ y allí fueron arrojados los que no tenían su nombre escrito en el libro de la vida.

El cielo nuevo y la tierra nueva

21 ¹ Después vi un cielo nuevo y una tierra nueva;ˣ porque el primer cielo y la primera tierra habían dejado de existir, y también el mar. ² Vi la ciudad santa,ʸ la nueva Jerusalén, que bajaba del cielo,ᶻ de la presencia de Dios. Estaba arreglada como una novia vestida para su

prometido.ᵃ ³ Y oí una fuerte voz que venía del trono, y que decía: "Dios vive ahora entre los hombres. Vivirá con ellos, y ellos serán su pueblo,ᵇ y Dios mismo estará con ellos como su Dios. ⁴ Secará todas las lágrimas de ellos, y ya no habrá muerte,ᶜ ni llanto ni lamento, ni dolor;ᵈ porque todo lo que antes existía ha dejado de existir."

⁵ El que estaba sentado en el trono dijo: "Yo hago nuevas todas las cosas." Y también dijo: "Escribe, porque estas palabras son verdaderas y dignas de confianza." ⁶ Después me dijo: "Ya está hecho. Yo soy el alfa y la omega, el principio y el fin. Al que tenga sed le daré a beber del manantial del agua de la vida, sin que le cueste nada.ᵉ ⁷ El que salga vencedor recibirá todo esto como herencia; y yo seré su Dios y él será mi hijo.ᶠ ⁸ Pero en cuanto a los cobardes, los incrédulos, los odiosos, los asesinos, los que cometen inmoralidades sexuales, los que practican la brujería, los que adoran ídolos, y todos los mentirosos, a ellos les tocará ir al lago de azufre ardiente, que es la segunda muerte."ᵍ

La nueva Jerusalén

⁹ Vino uno de los siete ángeles que tenían las siete copasʰ llenas de las siete últimas calamidades, y me dijo: "Ven, que te voy a enseñar a la novia, la esposa del Cordero." ¹⁰ Y en la visión que me hizo ver el Espíritu, el ángel me llevó a un monte grande y alto, y me mostró la gran ciudad santa de Jerusalén,ⁱ que bajaba del cielo, de la presencia de Dios. ¹¹ La ciudad brillaba con el resplandor de Dios; su brillo era como el de una piedra preciosa, como una piedra de jaspe, transparente como el cristal. ¹² Alrededor de la ciudad había una muralla grande y alta, que tenía doce puertas, y en cada puerta había un ángel; en las puertas estaban escritos los nombres de las doce tribus de Israel. ¹³ Tres puertas daban al este, tres al norte, tres al sur y tres al oeste.ʲ ¹⁴ La muralla de la ciudad tenía doce piedras por base, en las que estaban escritos los nombres de los doce apóstolesᵏ del Cordero.

¹⁵ El ángel que hablaba conmigo llevaba una caña de oro para medir la ciudad, sus puertas y su muralla.ˡ ¹⁶ La ciudad era cuadrada; su largo era igual a su ancho. El ángel midió con su caña la ciudad: medía dos mil doscientos kilómetros;¹² su largo, su alto y su ancho eran iguales. ¹⁷ Luego

<hr/>

¹² Dos mil doscientos kilómetros: lit. doce mil estadios.
ᵃ **20.6** Ap 1.6; 5.10. ᵗ **20.8** Ez 38.2,9,15. ᵘ **20.12** Sal 69.28; Ap 3.5. ᵛ **20.11-12** Dn 7.9-10. ʷ **20.14** Mt 25.41; Ap 2.11; 21.8. ˣ **21.1** Is 65.17; 66.22; 2 P 3.13. ʸ **21.2** Is 52.1. ᶻ **21.2** Gá 4.26; Ap 3.12. ᵃ **21.2** Is 6.10; Ap 19.7-8. ᵇ **21.3** Lv 26.11,12; Ez 37.27. ᶜ **21.4** Is 25.8; Ap 7.17. ᵈ **21.4** Is 35.10; 65.19. ᵉ **21.6** Is 55.1; Jn 4.10,14; 7.37. ᶠ **21.7** 2 S 7.14; Sal 89.26-27. ᵍ **21.8** Mt 25.41; Ap 2.11; 20.14. ʰ **21.9** Ap 16.1. ⁱ **21.10** Ez 40.2. ʲ **21.12-13** Ez 48.30-35. ᵏ **21.14** Ef 2.20. ˡ **21.15** Ez 40.3.

midió la muralla: medía sesenta y cinco metros, según las medidas humanas que el ángel estaba usando.

[18] La muralla estaba hecha de piedra de jaspe, y la ciudad era de oro puro, como vidrio pulido. [19] Las piedras de la base de la muralla estaban adornadas con toda clase de piedras preciosas: la primera, con jaspe; la segunda, con zafiro; la tercera, con ágata; la cuarta, con esmeralda; [20] la quinta, con ónice; la sexta, con cornalina; la séptima, con crisólito; la octava, con berilo; la novena, con topacio; la décima, con crisoprasa; la undécima, con jacinto; y la duodécima, con amatista. [21] Las doce puertas eran doce perlas;[m] cada puerta estaba hecha de una sola perla. Y la calle principal de la ciudad era de oro puro, como vidrio transparente.

[22] No vi ningún santuario en la ciudad, porque el Señor, el Dios todopoderoso, es su santuario, y también el Cordero. [23] La ciudad no necesita ni sol ni luna que la alumbren, porque la alumbra el resplandor de Dios,[n] y su lámpara es el Cordero.[ñ] [24] Las naciones caminarán a la luz de la ciudad,[o] y los reyes del mundo le entregarán sus riquezas. [25] Sus puertas no se cerrarán de día, y en ella no habrá noche.[p] [26] Le entregarán las riquezas y el esplendor de las naciones; [27] pero nunca entrará nada impuro,[q] ni nadie que haga cosas odiosas o engañosas. Solamente entrarán los que tienen su nombre escrito en el libro de la vida del Cordero.

22 [1] El ángel me mostró un río limpio, de agua de vida.[r] Era claro como el cristal, y salía del trono de Dios y del Cordero. [2] En medio de la calle principal de la ciudad y a cada lado del río, crecía el árbol de la vida,[s] que da fruto cada mes, es decir, doce veces al año; y las hojas del árbol sirven para sanar a las naciones. [3] Ya no habrá allí nada puesto bajo maldición.[t] El trono de Dios y del Cordero estará en la ciudad, y sus siervos lo adorarán. [4] Lo verán cara a cara,[u] y llevarán su nombre en la frente. [5] Allí no habrá noche, y los que allí vivan no necesitarán luz de lámpara ni luz del sol, porque Dios el Señor les dará su luz,[v] y ellos reinarán por todos los siglos.[w]

La venida de Jesucristo está cerca

[6] El ángel me dijo: "Estas palabras son verdaderas y dignas de confianza. El Se-

ñor, el mismo Dios que inspira a los profetas, ha enviado su ángel para mostrar a sus siervos lo que pronto va a suceder."

[7] "¡Vengo pronto! ¡Dichoso el que hace caso del mensaje profético que está escrito en este libro!"

[8] Yo, Juan, vi y oí estas cosas. Y después de verlas y oírlas, me arrodillé a los pies del ángel que me las había mostrado, para adorarlo. [9] Pero él me dijo: "No hagas eso, pues yo soy siervo de Dios, lo mismo que tú y que tus hermanos los profetas y que todos los que hacen caso de lo que está escrito en este libro. Adora a Dios."

[10] También me dijo: "No guardes en secreto el mensaje profético que está escrito en este libro, porque ya se acerca el tiempo de su cumplimiento. [11] Deja que el malo siga en su maldad, y que el impuro siga en su impureza; pero que el bueno siga haciendo el bien, y que el hombre consagrado a Dios le siga siendo fiel."[x]

[12] "Sí, vengo pronto, y traigo el premio que voy a dar a cada uno conforme a lo que haya hecho.[y] [13] Yo soy el alfa y la omega,[z] el primero y el último,[a] el principio y el fin."

[14] Dichosos los que lavan sus ropas para tener derecho al árbol de la vida[b] y poder entrar por las puertas de la ciudad. [15] Pero afuera se quedarán los pervertidos, los que practican la brujería, los que cometen inmoralidades sexuales, los asesinos, los que adoran ídolos y todos los que aman y practican el engaño.

[16] "Yo, Jesús, he enviado mi ángel para declarar todo esto a las iglesias. Yo soy el retoño que desciende de David.[c] Soy la estrella brillante de la mañana."

[17] El Espíritu Santo y la esposa del Cordero dicen: "¡Ven!" Y el que escuche, diga: "¡Ven!" Y el que tenga sed, y quiera, venga y tome del agua de la vida sin que le cueste nada.[d]

[18] A todos los que escuchan el mensaje profético escrito en este libro, les advierto esto: Si alguno añade algo a estas cosas, Dios le añadirá a él las calamidades que en este libro se han descrito. [19] Y si alguno quita algo del mensaje profético escrito en este libro, Dios le quitará su parte del árbol de la vida y de la ciudad santa que en este libro se han descrito.[e]

[20] El que declara esto, dice: "Sí, vengo pronto."

Así sea. ¡Ven, Señor Jesús!

[21] Que el Señor Jesús derrame su gracia sobre todos ustedes.

[m] 21.18-21 Is 54.11-12. [n] 21.23 Is 60.19-20. [ñ] 21.23 Jn 8.12. [o] 21.24 Is 60.3. [p] 21.25-26 Is 60.11. [q] 21.27 Is 52.1; Ez 44.9. [r] 22.1 Ez 47.1,12; Zac 14.8. [s] 22.2 Gn 2.9. [t] 22.3 Gn 3.17. [u] 22.4 Sal 17.15; Mt 5.8; 1 Jn 3.2. [v] 22.5 Is 60.19; Ap 21.23. [w] 22.5 Dn 7.18. [x] 22.11 Dn 12.10. [y] 22.12 Jer 17.10. [z] 22.13 Ap 1.8. [a] 22.13 Is 41.4; 44.6; 48.12; Ap 1.17; 2.8. [b] 22.14 Gn 2.9; 3.22. [c] 22.16 Is 11.1,10. [d] 22.17 Is 55.1; Jn 4.10,14; 7.37. [e] 22.18-19 Dt 4.2; 12.32.

GLOSARIO

TABLA CRONOLÓGICA

TABLA DE PESAS,
   MONEDAS Y MEDIDAS

PLANOS DEL TEMPLO

MAPAS

GLOSARIO

Abadón Palabra hebrea que a veces significa "destrucción" (Job 31.12), pero más comúnmente en el Antiguo Testamento "lugar de destrucción", o sea la morada de los muertos (Job 26.6; Sal 88.12; Pr 15.11; 27.20). En ocasiones se le personificaba, como en Ap 9.11, donde se da ese nombre al "ángel del abismo" (véase *abismo*).

Abismo En el Antiguo Testamento significa océano (Job 36.16, 30; Is 51.10; Jon 2.6) y, al parecer una vez (Sal 71.20), la morada de los muertos. En el Nuevo Testamento esa palabra sirve para designar el profundo pozo que, según la tradición judía contemporánea servía de prisión de espíritus malignos (Ap 9.1, 2; 11.7; 17.8; 20.1-3; Lc 8.31).

Algarroba Fruto de un árbol propio de los países del Mediterráneo. Es una vaina con semillas muy duras que se da como alimento al ganado y otros animales, sobre todo cuando no hay cosa mejor que darles. En tiempos de hambre extrema, también la gente se ha visto obligada a comerlo.

Altar El Antiguo Testamento menciona dos clases de altares. La más común era un lugar o construcción destinada a ofrecer sacrificios. Podía improvisarse con un simple montón de grandes piedras, o edificarse, también generalmente de piedra, de manera más permanente. Su tamaño también variaba. Según Ex. 27.1-8 y 38.1-2 el altar construido por Moisés fue hecho de madera de acacia recubierta de bronce era de forma cúbica, con un saliente triangular hacia arriba en cada esquina (los "cuernos" del altar). La cara superior tenía una depresión para el fuego en que se quemaban las víctimas ("la rejilla" del altar). Además del altar de los sacrificios, el santuario israelita poseía un altar de incienso (Ex. 30.1-10) ubicado dentro del lugar santo. Estaba hecho de madera de acacia recubierta de oro laminado. Era cuadrado (como medio metro por lado) y tenía como un metro de alto.

Anciano En un principio se trataba de las personas de más edad, que en la primitiva organización social de los israelitas, por tribus, eran reconocidos como jefes o autoridades. Después ya no fue solamente cuestión de edad, sino que la palabra *anciano* se convirtió en un título dado a quienes ejercían la autoridad en la región designada con el nombre de una tribu y en cada una de las ciudades de ella. En los tiempos del Nuevo Testamento se llamaba así a los jefes religiosos, algunos de los cuales eran miembros de la Junta Suprema (Sanedrín). La iglesia primitiva, siguiendo esta tradición, dio el nombre de *ancianos* (la palabra *presbítero* viene del griego que significa "anciano") a las personas prominentes de la congregación a quienes se encargaba de su dirección. Según Hch 20.1, 28 y Tit 1.5-9 el cargo de *anciano* era, en un principio, igual al de obispo (véase *Obispo*). El significado de anciano en al Apocalipsis es difícil de precisar.

Ángel Tanto la palabra griega como la hebrea que se traducen como "ángel" significan "mensajero". Los ángeles son los seres celestiales que rodean a Dios (Ap 5.11) y constituyen su ejército (Sal 148.2). Aparecen muchas veces, tanto en el Antiguo como en el Nuevo Testamento, ayudando a seres humanos (Sal 37.4) y protegiéndolos (Sal 91.11; Hch 12.7-10). Dios emplea a los ángeles para transmitir sus mensajes a los hombres (Gn 19.1, 5; Lc 2.10). En los libros protocanónicos se menciona el nombre personal de los ángeles: Gabriel (Dn 8.16; 9.21; Lc 1.19, 26) y Miguel (Dn 10.13; Ap 12.7) también denominado "arcángel" (Jud 9), o sea "jefe de ángeles". En los libros deuterocanónicos se menciona al arcángel Rafael (Tobit 12.15). En el Antiguo Testamento aparecen también los "seres alados" (querubines, Gn 3.24) y los "seres como de fuego" (serafines, Is 6.2). Los ángeles estuvieron relacionados con la vida de Jesús desde el anuncio de su nacimiemto (Lc 1.26, 28) hasta su resurrección (Mt 28.5-7). Jesús habló acerca de ángeles buenos y de su actividad (Mt 18.10; Lc 15.10; etc.). Se mencionan también ángeles malos, que sirven al diablo (Mt 25.41; Ap 12.7).

Apóstol La palabra significa "enviado", y designa en general a una persona comisionada y enviada con algún encargo, especialmente religioso. Equivale a "mensajero". Se aplica particularmente a los doce discípulos escogidos por Jesús para ser sus más íntimos compañeros y colaboradores. Pablo reclamó y sostuvo con energía su título de apóstol, por haber sido elegido y constituido personalmente por Cristo (en el camino a Damasco), también como los doce.

Arabá La palabra hebrea significa una "extensión despoblada o desierta". Pero como nombre propio se aplicaba a la gran depresión del terreno por el cual corre el Jordán desde el mar de Galilea. Esa depresión, en la cual se encuentra también el mar Muerto, continúa luego hasta el golfo de Eilat (Aqaba). Especialmente este último tramo es que recibe, todavía hoy, el nombre de Arabá.

Areópago Nombre de una colina de Atenas, al pie de la Acrópolis, donde se reunía el consejo de la ciudad. Por extensión también a éste se le daba el mismo nombre.

Armagedón Nombre del lugar, probablemente simbólico, en el que, según Ap 16.16, se juntarán los reyes de la tierra para librar la última batalla contra Dios. Hay quienes consideran que *Harmaguedón,* transliteración compuesta del hebreo que significa "monte de Maguedón", tiene alguna relación con Meguido, ciudad que estaba situada en el extremo norte de un desfiladero que corta el monte Carmelo, y que comunica el valle de Jezreel (o Esdraelón) con la gran llanura costera de Palestina. En este lugar, desde la antigüedad hasta los tiempos modernos, se han librado grandes y decisivas batallas. Esa posición estratégica podría ser, según opinión de algunos, el origen del nombre y la razón de que se convirtiera, en el pasaje citado, en símbolo de la batalla decisiva de los últimos tiempos.

Artemisa Diosa pagana de la fertilidad, llamada también *Diana,* pero que no debe confundirse con la Diana Cazadora de los griegos. Su culto estaba muy extendido en el Asia Menor. Tenía un templo en Éfeso, que era considerado una de las siete maravillas del mundo de aquel tiempo.

Asera Diosa cananea de la fertilidad, pareja femenina de *Baal* (véase *Baal*). Por extensión se llamaba también así el árbol, poste o tronco sagrado asociado con su culto, y que generalmente se hallaba junto a su altar, como probable símbolo de la vegetación.

Asia El Asia mencionada en el Nuevo Testamento no es el continente del mismo nombre, sino tan sólo parte del Asia Menor occidental, que era entonces una provincia romana. Se llamaba también *Asia protoconsular.*

Astarté Forma griega del nombre de Astart, diosa cananea de la vegetación, la fertilidad y los cielos. Los hebreos la llamaban *Astoret,* para hacer que sonara como *boset,* que en hebreo significa "oprobio" o "vergüenza", palabra que usaban a menudo para referirse a un ídolo o dios pagano cuyo nombre les repugnaba pronunciar. Tenía varias advocaciones o representaciones, y por eso en hebreo se usa a veces el plural *Astarot.*

Baal Dios cananeo de la fertilidad, llamado también *Hadad.* Su nombre significa "señor". Su pareja femenina era *Asera* (véase *Asera*). Cuando se usa el plural "baales", se trata de sus varias representaciones, algunas de las cuales eran locales o regionales. Una de ellas era Baal-berit ("señor del pacto"), de Siquem (Jue 9.4). El nombre de este dios figuraba en nombres compuestos de lugar y de persona. En este último caso los hebreos lo sustituían generalmente por *boset* ("oprobio" o "vergüenza"). Y así, por ejemplo, a *Is-baal,* hijo de Saúl, le llamaban *Is-boset.*

Bautismo El empleo del agua en lavamientos o baños rituales aparece en numerosas y distintas religiones. Por su forma, el bautismo cristiano tiene como antecedente directo las abluciones practicadas por el judaísmo, y más particularmente el bautismo de Juan, el precursor de Jesús. Este bautismo representa un volverse a Dios, que requiere la confesión de pecados y el arrepentimiento. El bautismo cristiano exige además un requisito que le da carácter único: la fe en Cristo como redentor y como Señor resucitado y glorificado, y representa la recepción del Espíritu Santo por el creyente. La palabra *bautizar* viene del griego *baptiza* que significa literalmente sumergir. La administración del bautismo constituye el rito de iniciación formal y oficial en la comunidad de fe y vida (la iglesia).

Beelzebú Nombre que se da en el Nuevo Testamento al diablo como jefe de los espíritus malignos. Aparece también en los manuscritos como *Beelzebub* y *Beelzebul.* Se cree que es la adaptación de Baalzebub ("señor de las moscas"), dios de Ecrón (2 R 1.2), hecha por los rabinos para hacerle significar "señor del estiércol".

Calendario judío El año judío se basaba en las fases de la luna y tenía doce meses de veintinueve o treinta días cada uno. En un principio se llamaban simplemente "primer mes", "segundo mes", etc. Sólo cuatro de esos meses se mencionan en el Antiguo Testamento con nombres cananeos: *Abib* (marzo-abril, Ex 13.4), *Ziv* (abril-mayo, R 6.1), *Etanim* (septiembre-octubre, 1 R 8.2), y *Bul* (octubre-noviembre, R 6.38). Al regreso de la cautividad se habían adoptado ya los nombres babilónicos: el primer mes, o *Abib,* pasó a llamarse *Nisán;* el siguiente, o *Ziv,* se llamó entonces *Iyar;* y así sucesivamente, *Siván* (mayo-junio), *Tamuz* (junio-julio), *Ab* (julio-agosto), *Elul* (agosto-septiembre), *Tisri* (septiembre-octubre), *Marjesván* (octubre-noviembre), *Kislev* (noviembre-diciembre), *Tevet* (diciembre-enero), *Sabat* (enero-febrero), y *Adar* (febrero-marzo). El mes se contaba comenzando con la luna nueva. Para compensar la diferencia respecto al año solar, cada dos o tres años se añadía un decimotercer mes, llamado *segundo Adar.* La iglesia primitiva adoptó el calendario romano, que se divide en doce meses de treinta o treinta y un días.

Camino En la Biblia se usa con frecuencia esta palabra para significar conducta, el modo de vivir de los hombres. Y cuando se dice "camino (o caminos) de Dios", se quiere expresar el modo de proceder de Dios y también como quiere Dios que los hombres vivan. Significa especialmente la conducta religiosa y, en este sentido, equivale más o menos a nuestra palabra *religión.* Los primeros cristianos fueron llamados "los del Camino", queriendo decir, de un nuevo camino, un nuevo modo de vida, una nueva religión (Hch 9.2; 19.9; 22.4; etc.).

Cástor y Pólux Dioses o héroes de la mitología romana, hijos gemelos de Zeus y Leda, representados en el mascarón del barco en que Pablo y sus compañeros continuaron el viaje desde Malta. Según la mitología, se convirtieron en la constelación Géminis.

Celote Miembro de un movimiento judío de resistencia contra los romanos. Los celotes eran nacionalistas fanáticos y pensaban en el Mesías como en un caudillo político revolucionario que libertaría al pueblo judío del yugo de Roma. Su celo nacionalista los llevaba a justificar el uso de la violencia. Es casi seguro que los "guerrilleros" (lit. *sicarios,* "los del puñal") de Hch 21.38 eran celotes. Tomaron parte muy activa en el levantamiento contra Roma de los años 66-70 d.C. Simón, uno de los apóstoles de Jesús, había pertenecido a ese partido, y para distinguirlo del otro Simón (Pedro), se le conocía como "Simón el celote".

Circuncidar, circuncisión Operación que consistía en cortar el extremo del prepucio. Era una costumbre que practicaban varios pueblos antiguos en el Cercano Oriente. (Se practica también en algunas religiones primitivas.) Entre los israelitas tenía un significado altamente religioso: era la señal externa y visible del pacto de Dios con Israel, mediante la cual el circuncidado era formalmente reconocido como perteneciente al pueblo de Dios.

Ciudad Comparadas con las ciudades modernas, las ciudades de los tiempos bíblicos, especialmente en Palestina, vendrían a ser apenas grandes aldeas, sólo que algunas de ellas estaban amuralladas. Cuando una ciudad llegaba a tener, como en el caso de Hazor, 40,000 habitantes, se consideraba realmente extraordinaria en tamaño. No obstante, algunas constituían, con los pequeños poblados circunvecinos que dependían de ellas, estados independientes con su propio "rey" (véase, *Reino, rey*).

Cobrador de impuestos Según el sistema implantado por los romanos en Palestina, el cobro de impuestos se hacía por medio de concesionarios que se comprometían a pagar al gobierno imperial determinada cantidad cada cierto tiempo. Todo lo demás que pudieran cobrar era para ellos, con lo cual fácilmente se convertían en ambiciosos extorsionadores del pueblo. Como, por otra parte, se les consideraba empleados del gobierno extranjero, y como para obtener el pago de los impuestos acostumbraban pedir la ayuda de los soldados romanos, los judíos los odiaban intensamente y los clasificaban en la misma categoría que las prostitutas y otros a quienes llamaban "pecadores". (Las versiones tradicionales traducen "publicanos".) El rencor popular creó la designación de "cobradores de impuestos y pecadores" para le gente considerada la peor.

Cofre del pacto Se le llamaba también "cofre de Dios", "cofre del Señor" o "cofre de la ley". Las versiones tradicionales traducen "arca". Era el signo o símbolo visible de la presencia y protección de Dios para su pueblo. Se describe en Ex 37.1-9. Contenía las tablas de la ley, y según He 9.4, también una jarra con maná y el bastón de Aarón. Después de muchas peripecias y cambios de lugar, quedó depositado en el templo de Salomón. La Biblia nada dice acerca de la suerte del cofre del pacto durante o después de la destrucción del templo en el año 586 a.C. Según una antigua tradición judía Jeremías lo hizo ocultar en una caverna poco antes de aquel suceso. En las sinagogas judías hay al frente un armario en que se guardan los rollos de la ley, y que recibe por eso el nombre de "arca del pacto" o "de la ley".

Concubina Mujer con la que se hacía vida marital aparte de la esposa propiamente dicha. Era considerada como esposa legítima, aunque de segunda categoría, y tenía ciertos derechos legales. Generalmente era una criada o esclava.

Consagrar, consagrado Consagrar un lugar, objeto o persona a Dios quería decir apartarlo para él. Otra palabra que las versiones tradicionales usan para designar lo así consagrado, es "santo". Como señal visible de la consagración, se untaba o derramaba aceite de olivo sobre la cabeza del que iba a ser consagrado ("ungir", "ungimiento"). Así se consagraba a los sacerdotes y los reyes.

Cristo Este nombre es la traducción griega de *Mesías* (véase *Mesías*). En un principio era un título, y por eso se usaba con el artículo determinado: se decía *el Cristo* (el Mesías). Aplicado a Jesús llegó a ser nombre propio, y se combinó para formar con Jesús un solo nombre: *Jesucristo,* que equivale a *Jesús Mesías.* Es difícil precisar cuándo ocurrió el cambio. Seguramente fue gradual. En términos generales podría decirse que en los Evangelios y el libro de los Hechos aparece como título, pero que en el resto del Nuevo

Testamento ocurre casi siempre como nombre propio.

Cruz, crucifixión El suplicio de la crucifixión consistía en colgar o clavar al condenado a muerte en un poste que llevaba un travesaño destinado a los brazos. Parece que lo inventaron los persas. Los romanos lo adoptaron, pero lo consideraban tan humillante y vergonzoso que jamás se aplicaba a los ciudadanos romanos. Se reservaba para los esclavos, los insurrectos y los prisioneros de guerra de otras naciones. Lo usaron con frecuencia tratándose de judíos, con los cuales llegaron a hacer crucifixiones en masa. Era una forma horrible de muerte. El crucificado quedaba abandonado a la intemperie, desangrándose hasta morir y expuesto a los quemantes rayos del sol. A la tortura de la dolorosa posición se unía el tormento de las heridas y sobre todo el de la sed, que se agravaba con la pérdida de sangre y el sofocante calor. A veces el crucificado tardaba en morir días enteros. Otras, se apresuraba su muerte golpeándolo con palos o quebrándole los huesos. Era usual dejarlo en la cruz hasta que el cadáver entraba en descomposición. Generalmente la sentencia prohibía sepultar el cuerpo, y se consideraba una concesión especial, que había que solicitar, el que se permitiera bajarlo de la cruz y darle sepultura.

Denario Moneda romana de plata que lleva una inscripción y la imagen del emperador, y tenía el valor de una dracma. Era el salario normal de un día de trabajo manual.

Diaconisa No aparece en el Nuevo Testamento esta forma femenina del oficio de diácono, que en griego se emplea en él tanto para los de un sexo como para los del otro. Así se ve en Ro 16.1 donde se llama a Febe simplemente "diácono". Es posible que 1 Ti 3.11 se refiera a diaconisas. Sin embargo, en el texto bíblico no se indica precisamente en qué consistía su trabajo.

Diácono Palabra que en griego viene del verbo "servir". En la iglesia apostólica se llamó así primeramente al encargado de servir las mesas en la comida fraternal de la comunidad cristiana. Después se le confiaron otros servicios especiales, así que con el tiempo, el oficio de diácono vino a ser uno de los principales de la iglesia, inferior sólo al del *obispo* y al *anciano* (véanse).

Día del Señor Con este nombre y sus equivalentes se designa el tiempo cuando Dios intervendrá decisivamente en la historia humana. Tiene dos significados: se le describe como terrible para los que se oponen a Dios, pero glorioso para sus fieles. Es, por eso, día de juicio y castigo para unos, y día de misericordia y alegría para otros. Se identifica en la predicación cristiana del Nuevo Testamento con el día "cuando el Señor Jesús venga" (1 Co 5.5), "cuando Cristo regrese" (Fil 1.10; véase 2.16).

Día de Reposo Día en que se suspendía el trabajo usual, y que se dedicaba especialmente al culto a Dios. El nombre hebreo es *sabat*, que pasó al griego como *sábaton* y al latín como *sabatum*, de donde viene el castellano *sábado*. La palabra hebrea se relaciona con el verbo de la misma lengua que significa "cesar", "dejar de hacer algo", "descansar". En la gran mayoría de los casos, el *sabat* era el séptimo día de la semana, y por tanto equivale a nuestro sábado (Ex 16.23, 25–26, 29; 20.8, 10–11; 31.13–16; 35.2–3; Lev 19.3, 30; 23.3, 11, 15–16, 38; 24.8; 26.2; Nm 15.32; 28.9–10; Dt 5.12, 14–15; 2 R 4.23; 11.5, 7, 9; 16.18; 1 Cr 9.32; 23.31; 2 Cr 2.4; 8.13; 23.4, 8; Neh 9.14; 10.31, 33; 13.15–19, 21–22; Is 1.13; 56.2, 4, 6; 58.13; 66.23; Jer 17.21–22, 24, 27; Lm 2.6; Ez 20.12–13, 16, 20–21, 24; 22.8, 26; 23.38; 44.24; 45.17; 46.1, 3–4, 12; Os 2.11; Am 8.5; Mt 12.1–2, 5, 8, 10–12; 24.20; 27.62; 28.1; Mr 1.21; 2.23–24, 27–28; 3.2, 4; 6.2; 15.42; 16.1; Lc 4.16, 31; 6.1–2, 5–7, 9; 13.10, 14–16; 14.1, 3, 5; 23.54, 56; Jn 5.9–10, 16, 18; 7.22–23; 9.14, 16; 19.31; Hch 1.12; 13.14, 27, 42, 44; 15.21; 16.13; 17.2; 18.4; Col 2.16.)

En los Diez Mandamientos se ordena la observancia de este día en conmemoración de la creación del "descanso" divino al terminar la Creación (Ex 20.8-11; Gn 2.1-3) y de la liberación del pueblo israelita de la esclavitud (Dt 5.12-15). Los hebreos contaban el día de reposo desde la puesta del sol del viernes hasta la puesta del sol del sábado, y así lo hacen todavía hoy los judíos. Por su significado de "día en que no se trabaja", se llamaban también *sabat* los días de gran festividad religiosa, que no siempre caían en el séptimo día de la semana (Lv 16.29-31; 23.24, 32, 39). El mismo término se aplicó a cada séptimo año, en el que se dejaba descansar la tierra (Lv 25.2-7).

Dracma (Véase *Denario*)

Dragón Animal imaginario, que se pensaba era como un lagarto gigante o una enorme serpiente, y que en Ap 12.9 aparece como representación del diablo y Satanás.

Efod Artículo asociado con las funciones rituales del sacerdote israelita, pero cuya forma y significado no han podido precisarse con seguridad. Los contextos en que aparece mencionado son muy diversos, y dan ideas diferentes de lo que pudo haber sido y para lo que servía. Unas veces parece ser parte de la vestidura sacerdotal, quizá a modo de delantal (1 S 2.18; 2 S 6.14). Se le enumera entre las vestiduras sacerdotales en Ex 28.5-14, pero aquí su descripción parece ser la de un corpiño que se suspende de los hombros y va al parecer debajo del *pectoral* (véase *pectoral*). Pero en otros casos se alude al *efod* como un objeto de culto idolátrico (Jue 8.26, 27; 18.14-20).

Enoc, Libro de Libro apócrifo escrito probablemente en el siglo segundo a.C., del cual al parecer se cita en Jud 14-16 un pasaje, el de 1.9. Se conoce especialmente en su versión etiópica, aunque existen también fragmentos de una versión griega y en hebreo, estos últimos hallados en las cuevas de Qumrán, cerca del mar Muerto. La iglesia abisinia o etíope lo considera canónico. En opinión de algunos, también hay influencias de este libro en la carta a los Hebreos y en el Apocalipsis.

Enramadas, Fiesta de las Fiesta celebrada por los israelitas en el otoño de cada año, al término de la cosecha. Se llamaba así porque se construían chozas improvisadas con ramas para vivir en ellas durante la fiesta. Servían para recordar a los israelitas la vida de sus antepasados en el desierto, después de la salida de Egipto. Tradicionalmente se ha llamado fiesta de los Tabernáculos o de las Cabañas. La fiesta se llama en hebreo *Sucot,* que quiere decir "cabañas".

Epicúreos Se llamaba así a los seguidores del filósofo griego Epicuro, que vivió a fines del siglo cuarto y principios del tercero a.C. Enseñaba que la felicidad, entendida como la liberación del dolor y del temor, es el supremo bien de la vida.

Escrituras En el Nuevo Testamento los escritores sagrados se refieren con estas palabras a los escritos de los judíos que hoy llamamos Antiguo Testamento. Cuando se refieren a un solo pasaje usan el singular "escritura".

Estoicos Los seguidores de Zenón, filósofo griego del siglo tercero a.C., que enseñaba que la meta suprema del hombre debe ser vivir conforme a la razón y practicando la virtud, la cual consiste en dominar las pasiones y en no sentirse atraído por el placer ni dejarse vencer por el dolor.

Eunuco En un principio se designaba así generalmente al hombre que había sido castrado para servir principalmente como guardián de las mujeres de su amo. Pero los eunucos llegaron a tener tanta importancia en las cortes de los reyes antiguos que, al parecer el término dejó de usarse exclusivamente en su sentido literal y pasó a significar también un alto funcionario de toda confianza del rey, estuviera o no realmente castrado. En Mt 19.11, 12 la palabra "eunuco", como ocurre en versiones tradicionales, se emplea también en sentido figurado, aplicándolo a los que permanecen sin casarse.

Evangelio Esta palabra significa literalmente "buena noticia". Llegó a llamarse así a cada uno de los cuatro primeros libros del Nuevo Testamento, en los cuales se relatan la vida, obra, muerte y resurrección de Jesucristo. Quizá esto fue así por la forma en que comienza el relato de San Marcos. En esta versión la palabra se ha traducido en el texto como "buenas noticias", "mensaje de salvación", "mensaje de Cristo" y otras expresiones semejantes que aclaran su sentido.

Fariseo Miembro de uno de los principales grupos religiosos judíos de tiempos de Cristo. Los fariseos eran muy estrictos en cuanto a la obediencia literal de la ley de Moisés y a otros ritos y costumbres que se le habían agregado en el curso de los siglos.

Filisteos Uno de los llamados "pueblos del mar". Procedían de la isla de Creta, y por el año 1200 a.C. invadieron Palestina y se establecieron en la costa del Mediterráneo. Tuvieron choques con Egipto, pero como no pudieron conquistarle territorios a dicho país, se hicieron fuertes en esa costa, desde donde amenazaron constantemente a los israelitas. La superioridad militar de los filisteos se basaba principalmente en su monopolio de la producción del hierro, metal que ellos ya utilizaban cuando los israelitas no habían salido todavía de la edad del bronce.

Genesaret Nombre que se daba a una fértil llanura junto a la orilla noroeste del mar de Galilea, también llamado lago de Genesaret. (Este nombre se recuerda hoy todavía en el de *Guinossar*, que es el de una granja colectiva israelí *(quibuts)* situada en la ribera del mencionado lago, y en la antigua llanura de Genesaret.)

Gog, Magog Potencias apocalípticas (Ap 20.8) que se congregan con las naciones, o son nombres colectivos de ellas, en la batalla decisiva que libran contra Dios. Los nombres están tomados de Ez 38.2, sólo que en este pasaje Magog es un país y Gog su rey. La identificación de un país con una persona es común en la literatura de los rabinos.

Hebreo El hebreo era el idioma clásico de los israelitas, que también eran llamados hebreos. Pero en el Nuevo Testamento a palabra "hebreo", cuando se refiere al lenguaje, significa más bien arameo, una lengua hermana del hebreo y muy parecida a él, que era la que más comúnmente se hablaba en Palestina en tiempos de Jesús. El hebreo propiamente dicho se hablaba también, pero parece que se reservaba más bien para los actos religiosos y para algunos documentos importantes, según se ha comprobado por el hallazgo reciente de unas cartas en ese idioma dirigidas por el caudillo de la segunda insurrección judía (año 135 de nuestra era), Simón Ben Cosiba, a algunos comandantes. Cuando Pablo dice de sí mismo que es "hebreo e hijo de hebreos" (lit "hebreo de hebreos") probablemente quiere decir también que es un hebreo que habla el hebreo.

Hermes Nombre de un dios griego que servía de portavoz y mensajero de los dioses. Se le da también el nombre latino de *Mercurio*. (Véase *Zeus*.)

Herodes Nombre que en el Nuevo Testamento llevan varios gobernantes. Es importante no confundirlos. El Herodes de Mt 2 es el llamado el Grande, fundador de la familia, hijo de padre idumeo y de madre árabe, y constructor del gran templo de Jerusalén. Gobernó casi toda Palestina. Murió el año 4 antes de nuestra era. El Herodes de los tiempos de Jesús adulto (Mt 14.1; Lc 23.8) era hijo del anterior, y se le conoce como Herodes Antipas. A su hermano Filipo o Felipe, el marido de Herodías, se llamaba también Herodes Filipo, hijo de Cleopatra. El Herodes de Hch 12.1-25 es Herodes Agripa I, nieto de Herodes el Grande. Y el Herodes llamado en el Nuevo Testamento simplemente Agripa (Hch 25 y 26) es Herodes Agripa II, hijo del anterior.

Hijo del hombre Esta expresión ocurre en el Antiguo Testamento muchas veces en el sentido general de *hijo de hombre,* es decir, ser humano, simple hombre, hombre a secas. En estos casos en la presente versión se traduce sencillamente *hombre* (Ez 2.1; 3.1; etc). Pero en la literatura apocalíptica empezando con Dn 7.13, 14, 27, esa expresión adquiere un significado específico a la vez que misterioso. En este pasaje aparece alguien llamado un hijo de hombre que viene entre las nubes y al cual fue dado el poder, la gloria y el reino. En el libro de Enoc se identifica con el Mesías. Con este significado se usa en los Evangelios. Jesús la emplea siempre en tercera persona, pero se la aplica a sí mismo (Mt 16.13-16) uniendo, sin embargo, al antiguo concepto el del siervo de Dios que sufre (Is 53; Mr 8.31; 9.31; Jn 3.14, 15 etc.). En este sentido usa la expresión como un título mesiánico. *Hijo del hombre* no es, pues, una expresión que simplemente afirma la naturaleza humana de Jesucristo y que con ello completa la de "Hijo de Dios", sino la forma como Jesús reconoce y expresa su misión mesiánica.

Holocausto Este nombre significa "todo quemado" y es el nombre que se da a una forma principal de sacrificio en que la víctima es enteramente consumida por el fuego (Lv 1). En el templo de Jerusalén se ofrecía dos veces, una por la mañana y otra por la tarde, diariamente. Una persona podía, además, acudir al templo a ofrecer, por medio de los sacerdotes, un holocausto como sacrificio privado. (Véase *Sacrificio.*)

Iglesia Palabra que viene del griego *ecclesia,* que originalmente y en el uso común significa "asamblea" o "reunión", celebrada previa convocatoria o llamado. En Atenas se llamaba así a la asamblea de los ciudadanos. En el Nuevo Testamento es Pablo quien usa con frecuencia esta palabra, y significa tanto la congregación local de creyentes cristianos como la comunidad cristiana universal. Nunca se llama *iglesia* al edificio en que los cristianos se reúnen.

Impuro, impureza (Véase *Purificar, purificación.*)

Janes y Jambres En Ex 7.11, pasaje al que se refiere 2 Ti 3.8, no aparecen estos nombres como los de los magos egipcios que se opusieron a Moisés y Aarón. Los nombres provienen de una antigua tradición judía, consignada probablemente en un libro apócrifo del siglo segundo a.C., llamado "Historia de Moisés, Janes y Jambres", mencionado por Orígenes. En un escrito llamado "Documento de Damasco", hallado en el Cairo en 1896, y del que aparecieron fragmentos también en los rollos de Qumrán, se mencionan como "Janes y su hermano" (5.18, 19).

Jesucristo Combinación del nombre personal Jesús con el título de *Cristo,* equivalente a *Mesías* (véanse). Por tanto, *Jesucristo* quiere decir *Jesús Mesías.*

Junta Suprema Consejo y tribunal religioso supremo de los judíos, llamado también Sanedrín, compuesto de los sumos sacerdotes (el que estaba en función y los ya retirados), los ancianos y los maestros de la ley, estos últimos generalmente fariseos. Tenía un total de 71 miembros, incluido su presidente.

Legión Una división del ejército romano compuesta de aproximadamente 6,000 soldados de infantería y 120 de caballería. En el Nuevo Testamento la palabra no se usa nunca en su sentido militar sino sólo para significar un número incontable de ángeles (Mt 26.53, en esta versión "ejércitos") o de espíritus malignos (Mr 5.9, 15).

Lepra Bajo este nombre se agrupaba en los tiempos bíblicos una variedad de afecciones de la piel, incluyendo la que la medicina moderna considera como verdadera lepra. Las telas podridas o con moho se consideraban "leprosas" y, por consiguiente, ritualmente impuras. También se consideraba como "lepra" la avería causada en las paredes por la humedad, el salitre y el moho.

Levadura La levadura, sustancia que se mezcla con la masa para hacer que fermente y se alce antes de meterla en el horno, sirve en la Biblia como ejemplo y símbolo de lo que penetra y crece, unas veces benéficamente y otras con efecto dañoso. En el Antiguo Testamento se ordena que el pan que se coma en la Pascua sea sin levadura, como recuerdo del sufrimiento y la precipitación con que se efectuó la salida de Egipto (Dt 16.3). Considerada la fermentación como una forma de corrupción, estaban prohibidas las ofrendas con levadura (Lv 2.11). Jesús parece emplear la figura con este sentido cuando advierte a sus discípulos que se cuiden "de la levadura de los fariseos y los saduceos" (Mt 16.6). Lo mismo hace Pablo cuando exhorta a los corintios a limpiarse de la "vieja levadura" (1 Co 5.6-8). Jesús, en cambio, compara el reino de Dios con la levadura, por la forma irresistible en que ésta va penetrando en la masa hasta dejarla completamente fermentada (Mt 13.33).

Levita Miembro de la tribu de Leví. En Nm 3.6-10 se establece una diferencia entre los levitas consagrados específicamente para el sacerdocio—Aarón y sus descendientes—y los demás, que desempeñarían más bien el oficio de ayudantes de los sacerdotes y se encargarían de diversos servicios menores del santuario. Esta distinción aparece más marcada en Ez 44.6-31, debido a la apostasía en que incurrieron muchos levitas. Algunos opinan que ya desde la reforma de Josías (2 R 22 y 23) los levitas no sacerdotes habían perdido mucha importancia.

Ley Este vocablo se encuentra usado con diferentes acepciones. Se usó para hablar del código civil judío (Hch 25.8; Jn 8.5) o romano (Hch 18.13, 15). También se usó con referencia a las ceremonias judías o lo que es conocido como "ley ceremonial", con referencia a una ceremonia específica (Lc 2.27) o en términos generales (Ef 2.15; He 10.1). Desde tiempos del Antiguo Testamento los judíos también usaron este vocablo para hablar de la *toráh*, los primeros cinco libros del Antiguo Testamento (Neh 8.8). Lo mismo sucedió en el Nuevo Testamento donde era conocido como *nómos* (Lc 24.44). Desde tiempos de Moisés los Diez Mandamientos eran considerados ser el corazón de esta ley (Ex 24.12). Lo mismo sucedió en el Nuevo Testamento (Ro 7.7; Stg 2.9-12). En tiempos del Nuevo Testamento también se usó esta expresión con relación a los "profetas" (1 Co 14.21 citando a Is 28.11, 12) y hasta los "escritos" (Jn 10.34 citando a Sal 110.4). Esto significa que el término "ley" podía usarse con referencia a todo el Antiguo Testamento. En tiempos de Jesús, los judíos incluyeron como ley no sólo el Antiguo Testamento, sino también los reglamentos que la tradición fue agregando en el curso de los siglos.

Lugar Santísimo Llamado en hebreo *debir* y también *qodesh qodashim,* era el cuarto que se hallaba al fondo del tabernáculo (Ex 26.34) y más tarde del templo (1 R 6.16). En él se encontraba el *Cofre del pacto* (véase *Cofre del pacto*). Era de una forma cúbica, sin ventanas, y en él podía entrar solamente el sumo sacerdote una vez al año, en el gran día de la expiación (Lv 16.15-17, 29-34), para rociar la tapa del cofre con la sangre de un chivo sacrificado por los pecados del pueblo.

Lugar Santo Llamado en hebreo *hejal* y también *qodesh,* era el salón que se encontraba delante del Lugar Santísimo. En él se hallaban el altar del incienso, la mesa de los panes consagrados a Dios y el candelabro de siete brazos. Entre el Lugar Santo y el Lugar Santísimo había una puerta, en el Templo de Salomón, y dos cortinas en el de Herodes. En el tabernáculo, ambos lugares estaban separados por una cortina.

Llanura Cuando se dice simplemente "la llanura", y por el contexto este término se relaciona con la región montañosa de Judea, se refiere a la zona llana situada al occidente de dicha región, a lo largo de la costa del Mediterráneo. En hebreo se llamaba

Sefela, que literalmente quiere decir "tierra baja" o "llanura". Se menciona así especialmente en los libros de Josué y Jueces. Era famosa por su fertilidad, y particularmente por su abundancia de higueras silvestres.

Maestro de la ley Así se traduce en esta versión lo que en otras versiones se traduce por *escriba.* En un principio el escriba judío era sólo un escribiente o escribano, ocupado principalmente en copiar las Escrituras. Pero después llegó a especializarse de tal modo en el conocimiento e interpretación de ellas, sobre todo de la ley de Moisés, que se convirtió en un verdadero maestro en ese respecto. Vino a ser lo que hoy llamaríamos no sólo un maestro de la Biblia sino un escriturista o erudito bíblico.

Magos Bajo esta designación, como practicantes de artes mágicas, podrían agruparse los adivinos, hechiceros, astrólogos y brujos que en una forma u otra se mencionan en la Biblia, y cuyas prácticas estaban rigurosamente prohibidas por la ley mosaica. Los tradicionalmente llamados *magos* de Mt 2 quizá pertenecían a un grupo de sacerdotes de los países orientales, particularmente de Media, y eran sabios que se dedicaban al estudio de las estrellas. Así es como se les designa en esta versión. San Mateo no dice que fueran tres ni mucho menos que fueran reyes. Tampoco da sus nombres. Lo de los "reyes" magos llamados Melchor, Gaspar y Baltasar es una leyenda que data del siglo octavo de nuestra era. En el Nuevo Testamento, como en el Antiguo, se condena enérgicamente la magia bajo cualquiera de sus formas (Dt 18.10, 11; Hch 19.18, 19; Gá 5.20; etc.).

Maná Alimento proporcionado por Dios a los israelitas durante sus viajes por el desierto, entre Egipto y Canaán (Ex 16; Jos 5.12). Se parecía a la escarcha; era blanco, dulce y parecido a la semilla de cilantro (Ex 16.14, 31). En forma poética se le describe como "pan del cielo" (Sal 105.41). Jesús señaló que el maná lo representaba a él como pan que había descendido del cielo (Jn 6.48–51). Se encuentra en la península de Sinaí un árbol, llamado tamarisco, que da una especie de goma comestible, de sabor dulce, cuando cierto insecto pica su corteza. Los árabes llaman *mann* a esta sustancia que puede encontrarse por un par de meses al año.

Mar Rojo En hebreo se llama *mar de los Juncos* (o carrizos). Entonces, como ahora, con ese nombre se designaba la zona que comprende el golfo de Suez, el golfo de Eilat (o Aqaba) y el mar Rojo propiamente dicho. Hay quienes piensan que el nombre también se aplicaba a los pantanos y lagos situados en el golfo de Suez y el Mediterráneo, que desaparecieron en parte al construirse el canal de Suez.

Mesías Título hebreo que significaba "ungido" (véase *Consagrar, consagrado*). Se daba al Salvador prometido por Dios a su pueblo, y cuya llegada predijeron los profetas del Antiguo Testamento. Los judíos llegaron a pensar en el Mesías como un caudillo político o rey victorioso y justo de la dinastía de David, que vendría a liberar a Israel de sus opresores extranjeros, derrotaría a todos sus enemigos y establecería un imperio universal con capital en Jerusalén. Al aceptar para sí el título y la misión del Mesías, Jesús corrigió este concepto político y nacionalista mediante sus actos y enseñanzas, y le dio al reino que venía a establecer un significado moral y espiritual, que, sin embargo, produciría la transformación total de la vida humana. *Mesías* equivale en griego a *Cristo* (véase).

Mirra Una resina fragante y muy costosa, importada generalmente del sur de Arabia y obtenida probablemente del árbol llamado terebinto. Mezclada con vino tenía un efecto calmante o medicinal (Mr 15.23). Mezclada con aceite de oliva resultaba un perfume muy apreciado, que los judíos usaban también para preparar los cuerpos que habían de recibir sepultura (Jn 19.39).

Moloc Nombre derivado de una raíz de las lenguas semíticas que significa "reinar". Por tanto quiere decir "rey", en hebreo *mélej*. Los israelitas lo llamaban *Molej*, haciéndolo sonar como *boset*, "oprobio" o "vergüenza". Era un dios originario de Mesopotamia. Entre los ritos de su culto, el más cruel era sin duda el de sacrificarle niños lanzándolos al fuego. Los israelitas llegaron a ofrecerle esta clase de sacrificios en el valle de Hinom, situado al sur de Jerusalén. En 1 R 11.7, se identifica Moloc con Milcom, dios de los amonitas (véase también 1 R 11.5, 33).

Nardo, Perfume de Era un perfume que se preparaba con las raíces y tallos de una planta llamada también espinacardo. Por ser originaria de la India tenía que importarse, lo cual hacía que este perfume resultara muy costoso.

Nazareo o **nazireo**, del hebreo **nazir**, que significa "separado", "consagrado". (Véase la nota a Nm 6.2.) El voto de nazareo podía tomarse sólo por determinado tiempo, pero había quienes estaban consagrados a Dios como nazareos desde su nacimiento.

Nicolaítas Miembros de una secta cristiana considerada herética (Ap 2.6, 15). El nombre parece significar "seguidores de Nicolás", personaje que no ha sido posible identificar.

Nombre En el uso bíblico, "nombre" significa mucho más que el nombre de una persona. Representa la esencia misma de la personalidad. Equivale, en suma, a la persona misma. Dar nombre a algo es reconocer su existencia real. No tener nombre es como no existir, o como ser algo insignificante y despreciable. Pedir que alguien diga su nombre no es solo pedirle que lo pronuncie, sino que manifieste su naturaleza, que se identifique (Gn 32.29; Ex 3.13, 14). Bendecir el nombre de Dios no es bendecir la palabra con que se le nombra, sino a Dios mismo. Invocar el nombre de Dios es invocar a Dios, y no sólo pronunciar su nombre. Cuando se dice que Dios escogió a Jerusalén para que en ella residiera su "nombre", quiere decirse que la escogió como su residencia personal. Cuando Cristo dice que algo se haga en su "nombre", eso significa que debe hacerse identificándose con él, haciéndolo en su espíritu, como si fuera él mismo. En ningún caso se trata de pronunciar el nombre divino como palabra mágica.

Obispo Del griego *epískopos*, que significa exactamente lo mismo que *supervisor* o *superintendente*. Su función se compara con la de un pastor. Por lo menos en los tiempos apostólicos se llamó así al encargado de una congregación o iglesia local y parece haber sido equivalente de *anciano* (véase *anciano*). Fue sólo en tiempos posteriores a los bíblicos cuando el obispo asumió superintendencia del conjunto de iglesias de toda una determinada región.

Pacto En la Biblia es el trato, convenio o alianza que Dios, por su propia iniciativa, ha hecho con su pueblo. En el Antiguo Testamento se habla de un primer pacto hecho con Noé después del diluvio (Gn 9.9), de un pacto hecho con Abraham (Gn 17.1-8), refrendado con Isaac y con Jacob, y finalmente del pacto hecho con todo el pueblo israelita en el Sinaí (Ex 19.1-5) ratificado en Moab (Dt 29.1). Los términos principales de este pacto estaban escritos en las tablas de la ley, que quedaron guardadas en el *Cofre del pacto* (véase *Cofre del pacto*). El profeta Jeremías anunció un nuevo pacto (31.31). En el Nuevo Testamento se habla del nuevo pacto que Dios ha hecho con los que tienen fe en Jesucristo. En el griego del original, una misma palabra significa tanto "pacto" como "testamento". "Nuevo Testamento" quiere decir, pues, "Nuevo Pacto", y "Antiguo Testamento", "Antiguo Pacto". La idea de pacto viene a ser, por ello, la clave de la historia de la salvación.

Paganos Las palabras hebrea y griega que se traducen así tienen también otros significados aparte del usual de "practicantes de una religión pagana". Pueden significar también los que no son judíos (equivalente de *gentiles*) y después los que no son cristianos (porque los cristianos se consideran el Israel espiritual, 1 Co 5.1; 12.2). También puede significar las naciones en general, sin querer referirse sólo a aquellas en que predomina el paganismo como religión. En la presente versión se ha procurado precisar esos varios significados.

Pan sin Levadura, Fiesta del Una fiesta judía que se celebraba durante los siete días que seguían a la *Pascua* (véase *Pascua*), y en que, como el nombre lo dice, estaba prohibido comer pan hecho de masa fermentada. Era también una conmemoración de la salida de Egipto, cuando los israelitas se abstuvieron durante una semana de comer pan con levadura (Ex 12.14-20). Se celebraba del 15 al 21 del mes de Nisán. (Véase *Calendario judío*.)

Paraíso Esta palabra de origen persa, adoptada por el hebreo y el griego, significa literalmente "jardín", "parque" o "huerto". Pasó a usarse con referencia especial al jardín del Edén (Gn 28). En sentido figurado se usa en el Nuevo Testamento para designar al cielo (2 Co 12.2, 4), el lugar donde Dios está (Ap 2.7; véase también Lc 23.43).

Pascua La fiesta judía considerada como más importante, para celebrar la liberación de los israelitas de su esclavitud en Egipto. Se efectuaba el día 14 del mes de Nisán (véase *Calendario judío*). El nombre viene de *Pésaj*, que es como se llama la fiesta en hebreo, y que contiene la idea de "pasar por encima" o "pasar de largo", que según el relato de Éxodo es lo que hizo el Señor aquella noche en Egipto (Ex 12.27).

Paz Con esta palabra se ha traducido generalmente la hebrea *shalom*, cuyo sentido en el uso bíblico es tan amplio y profundo que en ninguna otra lengua puede hallarse la manera de expresarlo con un solo término que encierre todo lo que significa. Originalmente, *shalom* quiere decir "estar completo", "estar sano", "estar

bien en todos sentidos", "ser próspero y feliz". *Shalom* es el completo bienestar que, por supuesto, significa paz en su más profundo significado: paz del hombre primeramente con Dios, y, en consecuencia, consigo mismo y con sus semejantes. Hasta nuestros días, el saludo hebreo es: "*¡Shalom!*" En el mismo sentido se usa en el Nuevo Testamento la palabra equivalente en griego, como no podía ser menos, ya que Jesús y sus discípulos, como en general los judíos de su tiempo, empleaban como lengua de uso diario la aramea, que es muy semejante a la hebrea. La paz de que se habla en el Nuevo Testamento significa muchísimo más que la mera ausencia de contiendas, guerras y conflictos entre los hombres. Tiene un profundo sentido religioso. Depende del estado de las relaciones del hombre con Dios, y, sobre todo en Pablo, es un elemento básico en el reinado de Cristo (Gá 5.22; Ro 5.1; Col 1.20).

Pecador En los Evangelios este adjetivo se aplica especialmente a los judíos que habían sido excluidos del culto de la sinagoga, debido a que violaban las reglas relativas a los alimentos prohibidos y que, también contra los estrictos reglamentos al respecto, se asociaban con los no judíos, por lo cual se les consideraba ritualmente impuros. Estas personas sufrían el desprecio de muchos de sus compatriotas judíos, y al mismo Jesús se le censuró fuertemente por juntarse con ellos. A los *cobradores de impuestos* (véase *cobrador de impuestos*) se les consideraba igualmente detestables (Mr 2.15-17; Lc 7.34; 15.1, 2). "Pecador" es aplicado también, tanto en los evangelios (Mt 26.45; Lc 5.8; 7.37; 15.7, 10) como en varias de las epístolas (Ro 5.8, 19; Gá 2.15, 17; 1 Ti 1.9, 15; Jud 15) a quienes desobedecen a Dios, sea en cuanto a un precepto específico o en general, incluyendo la rebelión abierta contra él.

Pectoral Una de las prendas de la vestimenta del sumo sacerdote en funciones, que se llevaba sobre el *efod* (véase *efod*). Las descripciones que se hacen de él son confusas. Pero parece haber sido hecho de tela multicolor bordada con hilo de oro. El pectoral estaba adornado con doce piedras preciosas. Cada una llevaba grabado el nombre de una de las tribus de Israel. Sobre él estaban el Urim y el Tumim (Ex 28.15-30). La explicación de cómo se sujetaba al pecho del sumo sacerdote también resulta oscura.

Pentecostés Fiesta judía llamada también fiesta de la Cosecha (Ex 23.16) y fiesta de las Semanas (Nm 28.26), esto último porque se celebraba siete semanas después de la *Pascua* y de la *Fiesta del Pan sin Levadura* (véanse). El nombre Pentecostés viene de una palabra griega que quiere decir "quincuagésimo", o sea "a los cincuenta" días del ofrecimiento a Dios de la primera gavilla cosechada (Lv 23.9-14). En los escritos de los rabinos se llama fiesta de los Cincuenta Días.

Preparación Se llamaba así al día viernes (Mr 15.42), el día anterior al día de reposo, porque en él se hacían los preparativos necesarios para observar debidamente el reposo semanal. Entre ellos estaba la preparación anticipada de los alimentos, a fin de no tener que prender fuego y cocinar el día de reposo mismo.

Profeta En el uso corriente esta palabra ha venido a entenderse casi exclusivamente como "uno que predice el futuro". Pero en la Biblia, el profeta es uno que habla en nombre de otro y, en un sentido especial, en la mayoría de los casos en que la palabra ocurre, uno que habla en nombre de Dios como su portavoz y representante. La predicción de las cosas futuras es sólo una parte de su mensaje, y no siempre está presente en él. En el Antiguo Testamento, al profeta se le llama *nabí*, término que posiblemente significa "el que es llamado (por Dios) y tiene el encargo de llamar a otros de parte de Dios". También se le llama con otra palabra que quiere decir "vidente", o sea el que ve, por revelación divina, a veces en verdaderas visiones o sueños, un mensaje que

Dios le transmite, y que a su vez le encarga que transmita a otros. En ese amplio sentido bíblico, bien puede decirse que toda persona que ha sido llamada por Dios para encomendarle un mensaje suyo que debe llevar a otros, es un profeta. En la presente versión se ha conservado la palabra "profeta" al referirse a los profetas del Antiguo Testamento. En otros casos, especialmente en el Nuevo Testamento, cuando se trata de personas que tenían el don de "profecía" en el sentido que se ha explicado, unas veces se usa la palabra "profeta" y otras, en su lugar, una frase descriptiva, como, por ejemplo, "el que habla en nombre de Dios".

Profundidades de la tierra Así se ha expresado a veces en esta versión el concepto hebreo antiguo de que el infierno y el lugar de los muertos (véase *Reino de la muerte*) se halla en lo más hondo de la tierra.

Prostitución Además del significado usual de esta palabra, en la Biblia sirve para referirse a la prostitución ritual que se practicaba en las religiones paganas, muy particularmente en relación con el culto a la fertilidad. Los templos contaban con un prostíbulo servido por mujeres que tenían prácticamente el carácter de sacerdotisas. Existía también una prostitución masculina dedicada al mismo oficio. Se tenía la idea de que, mediante esta práctica ritual de la unión sexual, el participante se unía misticamente con el dios o los dioses correspondientes, y además se estimulaba simbólicamente la intervención de los mismos en favor de la fertilidad de la tierra, el ganado y la familia. Desde luego, estas prácticas llegaban a degenerar en orgías desenfrenadas. Había pues un elemento literal en las vigorosas denuncias de la idolatría hechas por los profetas, cuando para condenarla hablaban de ella como de una prostitución.

Purificar, purificación Según la ley de Moisés, la purificación era una ceremonia exigida para limpiar o dejar libre de impureza ritual un objeto, un lugar o una persona. Las leyes de pureza se consignan principalmente en Levítico caps. 11-16. Se podía llegar a estar ritualmente impuro por haber comido alimentos prohibidos, por padecer de lepra, por tocar un muerto o un sepulcro, por entrar en contacto con sangre, y por otras razones. Según estas leyes, la impureza consistía en hacer cosas así, las cuales incapacitaban al que las hacía para tomar parte en el culto y, por consiguiente para entrar en contacto con Dios. No se trataba precisamente de impureza moral. Los profetas denunciaron esta última con toda energía, y advirtieron al pueblo que la pureza simplemente ritual y externa no tiene valor delante de Dios cuando no va acompañada de la pureza moral, que consiste en obedecer los preceptos divinos que exigen una vida limpia, regida por la misericordia, la justicia, el amor a Dios y al prójimo y la fidelidad. Este es el hincapié hecho también por Jesús, que aunque respetó en lo esencial los preceptos relativos a la pureza ritual, predicó absoluta supremacía de la pureza moral, el "corazón limpio", que es lo único que permite realmente "ver" a Dios y entrar en comunión con él. La purificación verdadera viene, según el Nuevo Testamento, volviéndose a Dios y por la fe en Cristo, y es obra del Espíritu Santo.

Refán Con este nombre aparece en el discurso de Esteban (Hch 7.43), el dios Keiwan (o *Quiyún*, según Am 5.26), personificación del planeta Saturno. La razón de esta diferencia de nombres consiste en que Esteban estaba citando la versión griega (Septuaginta), en la cual el nombre es *Refán*.

Reino, rey Los "reinos" bíblicos, especialmente en la antigüedad, y sólo con las excepciones que pueden identificarse fácilmente (Egipto, Asiria, Babilonia, Israel en tiempos de David y Salomón, etc.) no tenían la extensión y la importancia que la palabra sugiere hoy. La mayoría de las veces equivalían prácticamente a lo que hoy llamamos una provincia, un estado o hasta un distrito. A veces se trataba sólo de una ciudad con sus anexos. (Véase *Ciudad*). Sus "reyes", con las exepciones mencionadas, eran por lo general caciques locales o regionales, con jurisdicción muy limitada, aunque políticamente independientes entre sí. A menudo, sin embargo, eran tributarios y vasallos de alguno de los grandes reinos o imperios de la época.

Reino de Dios En el Antiguo Testamento se habla muchas veces del futuro reinado del Señor y de un reino mesiánico universal. En el Nuevo Testamento, el anuncio del *reino de Dios* (o "reino de los cielos") que "ha llegado" ya, constituye la proclama inicial y el centro del mensaje de Jesús. Es el reino que llega con él y que él viene a establecer. Es un reino que está presente ya, y en marcha o desarrollo, pero cuya consumación es futura. No es un reino temporal sino eterno, y no es nacional sino universal. No es un reino político, a manera de los reinos humanos, pero tampoco es un reino solamente moral y espiritual en abstracto, y enteramente ultraterrestre. El reino de Dios consiste en su soberanía. Dondequiera que se acepta su soberanía y se ajusta la vida a su voluntad, su reino ha empezado. Pero el reino de Dios no viene ni crece por el esfuerzo humano, sino por la gracia y el poder de Dios mismo. El hombre sólo puede, y eso por la acción de Dios en él, acatar su soberanía y ofrecerse para ser, en sus manos, su colaborador (Col 4.11). En la oración que el Señor enseñó, las peticiones "Venga tu reino" y "Hágase tu voluntad en la tierra así como se hace en el cielo", son equivalentes.

Reino de la muerte Con esta expresión y otras semejantes, según el contexto respectivo, como "lugar donde van los muertos", "sepulcro" o simplemente "muerte", se traducen en esta versión la palabra hebrea *seol* y la griega *hades*, que en la Biblia tienen el mismo significado.

Reino de los cielos (Véase *Reino de Dios.*)

Ropas ásperas Para expresar dolor, arrepentimiento o luto, los hebreos acostumbraban vestirse, sobre el cuerpo desnudo, ropas que causaran molestia, y cuya naturaleza es ahora difícil de precisar. Tal vez estaban hechas de pelo de cabra o de algún otro material tosco y rasposo. A la vez se acostumbraba esparcir ceniza o tierra suelta sobre la propia cabeza.

Sacerdote En el Antiguo Testamento el sacerdote era el encargado del culto divino, principalmente del ofrecimiento de los sacrificios (véase *Sacrificar, sacrificio*). El sacerdocio israelita propiamente dicho apareció cuando se construyó el tabernáculo del desierto, del cual estaban encargados los sacerdotes, Aarón y sus descendientes. Las funciones del sacerdocio se especializaron más cuando se construyó el templo de Jerusalén. Hasta que, al regreso del exilio, apareció la sinagoga como centro de instrucción doctrinal, quien impartía ésta era el sacerdote, pero no ejercía, propiamente hablando, lo que hoy llamamos "ministerio pastoral". Cuando en el Nuevo Testamento hablamos de sacerdotes, la referencia es siempre a los del judaísmo. No se nombra en él ningún sacerdocio como oficio u orden propio de la iglesia. Cristo, como mediador, es el único sacerdote, a la vez que es el sacrificio único y perfecto. Este es el tema en que se hace hincapié especialmente en la carta a los Hebreos. Todos los creyentes son "sacerdotes al servicio de su Dios" (Ap 1.6) y constituyen "un sacerdocio al servicio del rey" (1 P 2.9). Y por ser sacerdote, el creyente ha de ofrecerse a sí mismo en sacrificio, como "ofrenda viva" (Ro 12.1).

Sacrificar, sacrificio En el Antiguo Testamento, el sacrificio es un acto de culto tan importante que se le considera indispensable. Hoy entendemos por "sacrificio" la inmolación de un animal, es decir, el sacrificio que consiste en matarlo para ofrecerlo a Dios. Pero para los hebreos ésta era tan sólo una de las formas posibles del sacrificio, ciertamente la principal, pero no la única. También se hacían ofrendas de alimentos, de bebida y de incienso. En cuanto a su objeto o motivo, el sacrificio podía ser de gratitud (o acción de gracias), de expiación o perdón de pecados, de reconciliación con Dios o de purificación. Una de las formas principales del sacrificio era el holocausto (véase *holocausto*). En el Nuevo Testamento, Jesucristo, por su muerte en la cruz, se ofrece "en sacrificio una sola vez y para siempre" (He 10.10) por los pecados de todo el mundo (Jn 1.29).

Saduceo Miembro de un grupo o partido religioso judío, menos numeroso pero de mayor fuerza que el de los fariseos (véase *Fariseo*). Su influencia no era sólo religiosa sino política. Formaban la clase sacerdotal dominante, y contaban entre sus miembros y partidarios con elementos de la aristocracia de Jerusalén. En cuanto a sus doctrinas, se apegaban solamente a la ley mosaica escrita, y para interpretarla rechazaban la tradición oral en que se apoyaban los fariseos. Por eso estaban en pugna con éstos. Negaban, por ejemplo, la resurrección (Hch 23.6-8). No obstante esa rivalidad con los fariseos, hicieron causa común con ellos contra Jesús.

Samaritanos Habitantes de Samaria, la región al norte de Judea que fue el centro del reino de Israel, rival del reino de Judá. Después de la caída de Samaria (año 772 a.C.) los asirios deportaron a buena parte de su población y en su lugar establecieron colonos asirios. Se produjo así una mezcla de razas, por la cual los judíos consideraban ritualmente impuros a los samaritanos. Al regreso del exilio, los samaritanos se opusieron a que los judíos reconstruyeran Jerusalén y el templo, y levantaron su propio santuario en el monte Gerizim. Por otra parte, no reconocían más autoridad doctrinal que los libros de la ley (el Pentateuco). A causa de todo ello, los judíos no reconocían como legítimo el culto de los samaritanos, los cuales eran para ellos prácticamente paganos. Se negaban, pues a tener con ellos cualquier clase de relación o trato.

Sangre En el Antiguo Testamento, la sangre se consideraba como el asiento o sustancia de la vida (Lv 17.14). Por eso se ofrece a Dios la sangre de las víctimas de los sacrificios, como un reconocimiento de que la vida le pertenece a él. Y por eso también se prohíbe alimentarse con sangre. Además, "derramar sangre", o sea el homicidio, se juzga como uno de los pecados que más aborrece el Señor. En el Nuevo Testamento, la sangre de Cristo significa su vida sacrificada en expiación de los pecados del mundo, y participar de su "sangre" (Jn 6.54-56; 1 Co 10.16) es compartir su vida, unirse con él en comunión de vida.

Santuario Aunque cualquier lugar de culto puede llamarse en general santuario, este nombre se da especialmente a un edificio dedicado al culto. En la peregrinación por el desierto y hasta la construcción del templo por Salomón, se consideró como santuario la tienda de campaña consagrada al culto por el Señor (Ex 25—40). En esta versión se traduce como "santuario" el término hebreo que otras versiones traducen literalmente "lugar alto". Pero como casi siempre se trata de un santuario pagano en lo alto de una colina, también se le ha traducido como "lugar alto de culto pagano". Cuando los israelitas se establecieron en Palestina, hallaron muchos de estos santuarios de los cananeos, y antes de la construcción del templo de Jerusalén adaptaron muchos de ellos al culto del Señor. Pero no siempre eliminaron en su uso algunas prácticas del culto pagano, y aun a veces, como en ciertas etapas de la monarquía, siguieron existiendo santuarios de esta clase en que los propios israelitas practicaban la idolatría. Por eso los profetas denunciaban con toda energía la subsistencia de los mismos. En Hebreos 9 y 10 se hace referencia al santuario celestial en el que entró Cristo después de haberse ofrecido a sí mismo como sacrificio.

Satán, Satanás La palabra hebrea *satán,* de donde se ha formado como nombre propio *Satanás,* significa "adversario", "enemigo", "opositor". Y en el Antiguo Testamento se usa con frecuencia en ese sentido general de nombre común. En algunos casos este nombre puede tener un sentido judicial y designar una especie de fiscal o acusador de oficio. En Job 2.1 aparece con este carácter y como uno de los servidores de Dios (lit. "hijos de Dios"). En hebreo se le sigue designando como un nombre común, no propio: lleva el artículo determinado; es "el satán". Por ello en esta versión se traduce como "el ángel acusador". Igual función acusadora, como la de un fiscal, tiene en Zac 3.1, aunque ya en este pasaje recibe la represión divina. En 1 Cr 21.1 ocurre sin el artículo, con lo que *Satán* adquiere carácter de nombre propio. Es interesante, sin embargo, notar que el autor de Crónicas lo identifica con "la ira" del Señor (véase paralelo en 2 S 24.1). En el judaísmo posterior, la figura de Satán adquiere un carácter ya bien definido: es el adversario de Dios que se opone a sus santos designios, y el supremo enemigo del hombre, al que trata de mantener bajo la esclavitud del pecado. Tal es el concepto que se halla en el Nuevo Testamento.

Señor, el Esta es la expresión que se usa en la presente versión en vez del nombre personal de Dios que en la Biblia hebrea aparece escrito sólo con las consonantes YHWH. Se ha seguido así la tradición judía consistente en leer, al encontrar esas letras, "Adonay", que quiere decir precisamente "Señor". Lo mismo hicieron las antiguas versiones griega (Septuaginta) y latina (Vulgata), como lo hacen también algunas versiones modernas. En cuanto al nombre divino, según opinión general, era probablemente *Yahvéh,* y así, o en forma simplificada, *"Yavé",* aparece en algunas traducciones de nuestros días. (La transcripción como *Jehová* se debe a que los rabinos les pusieron a las consonantes YHWH, como contraseña para que se pronunciara "Adonay", las vocales que esta palabra lleva en hebreo. Siglos después, lectores cristianos que no sabían tal cosa, creyeron que estas vocales eran las que correspondían a las cuatro consonantes. De ahí resultó, conforme a la forma latina, *Jehová*.)

Sepulcro, sepultura   Los sepulcros o sepulturas israelitas tuvieron diferentes formas, según las épocas. Pero ya desde tiempos de Abraham existía la costumbre, que se generalizó con el tiempo, de sepultar a los muertos en grutas, unas veces naturales, y otras, cavadas en la roca especialmente para ese objeto. La entrada se cubría con una piedra. Estas cámaras sepulcrales servían generalmente para varios cuerpos. En la presente versión, a veces se traducen simplemente por "sepulcro" las palabras hebreas *seol* y griega *hades*. (Véase *Reino de la muerte*.)

Seres alados   Casi siempre se ha traducido así en esta versión la palabra hebrea *querubim* (de donde viene el castellano *querubín*) plural de *querub*. El querubín era un ser sobrenatural de representación bastante común en al antiguo Oriente Medio. Tenía rostro humano, alas, y cuerpo y patas de toro o de león, a veces con cola diferente de uno o de otro. Variedades del querubín son los toros alados esculpidos en algunos palacios de Mesopotamia, y también las esfinges de Egipto. Es probable que el querubín represente la combinación de las cualidades respectivas del hombre, el águila y el león o el toro, como ejemplo supremo de vigor y bravura.

Seres como de fuego   De tal manera se ha traducido en esta versión la palabra hebrea *serafim* (de donde viene el castellano *serafín*), plural de *saraf*, originalmente "serpiente", pero nombre derivado de la raíz que significa "arder" o "quemar". Estos seres sobrenaturales aparecen solamente en el pasaje de Is 6.2-6, pero no se les describe, exepto para decir que tenían

seis alas cada uno. Quizá tienen que ver con el fuego del altar.

Sinagoga   La sinagoga es una institución que surgió en la época del exilio en Babilonia, cuando no fue posible para los judíos seguir practicando los sacrificios en el templo como elemento central del culto a Dios. La vida religiosa judía se concentró necesariamente en el estudio de las Escrituras, la oración y la observancia del día de reposo y de las festividades tradicionales. El rabino, como encargado de la instrucción religiosa, vino con el tiempo a sustituir al sacerdote propiamente dicho. Al regreso de la cautividad, y aunque el culto del templo se restableció con la construcción de uno nuevo, la sinagoga continuó en actividad y siguió siendo el centro del estudio bíblico y de la instrucción en la ley y sus prácticas. Por otra parte, los judíos de la dispersión—los que se quedaron en Babilonia y los demás que residían fuera de Palestina—hicieron de la sinagoga tanto el centro de su vida religiosa como el de su cohesión y continuidad como comunidad. Los locales donde se reunían recibieron también el nombre de sinagoga. Se formaban con un mínimo de diez varones y se reunían bajo la dirección de un presidente.

Sión   Nombre de la colina situada al sureste de Jerusalén, donde estuvo situada originalmente la ciudad, tanto en la época de los jebuseos como por un tiempo después de conquistada por David. Entonces recibió también el nombre de "Ciudad de David". La ciudad comenzó a extenderse primero hacia el norte, con la construcción del palacio y el templo de Salomón, y el nombre se hizo extensivo al monte en que éstos se edificaron. En los siglos siguientes, la ciudad se extendió no sólo más al norte sino también a la colina occidental, situada al otro lado del valle central. Y con ello se extendió más todavía la aplicación del nombre, de modo que finalmente *Sión* llegó a ser sinónimo de toda la ciudad de Jerusalén. En tiempos posteriores a los bíblicos, sobre todo desde la época bizantina (siglo cuarto de nuestra era en adelante), la colina occidental fue absorviendo para sí el nombre, de manera que hasta la fecha se le llama "el monte Sión".

Sumo sacerdote Sacerdote principal o jefe de los sacerdotes judíos. Desde el regreso de la cautividad de Babilonia, y especialmente en la época de los macabeos, cuando Judea tuvo periodos de independencia nacional, el sumo sacerdote ejerció la jefatura política a la vez que la religiosa de la nación. Cuando Palestina cayó bajo la jurisdicción romana, el suno sacerdote volvió a tener solamente la suprema autoridad religiosa. Sus funciones se prescriben principalmente en los libros de Éxodo y Levítico. En tiempos del Nuevo Testamento, era también presidente de la Junta Suprema (véase *Junta Suprema*).

Templo El templo de Jerusalén tuvo tres épocas antes de ser destruido definitivamente, en el año 70 de nuestra era, por los romanos. En la primera se trata del famoso templo de Salomón. Fue destruido por los Babilonios en al año 587-586 a.C. En la literatura judía se alude a él como el Primer Templo. Al regreso del destierro en Babilonia, se construyó un nuevo templo, no tan hermoso como el de Salomón, pero de cuyo plano y construcción no tenemos una descripción completa. Herodes emprendió su reconstrucción en el año 20 a.C. Por riguroso orden, éste fue en realidad el segundo templo. Pero como, según parece, era sumamente modesto, y el edificio que lo reemplazó era, en cambio, tan espléndido, en la literatura judía se reserva la designación de Segundo Templo al de Herodes propiamente dicho. La construcción de este templo y construcciones anexas duró hasta el año 64 de nuestra era, en que se terminó, sólo seis años antes de ser destruido por completo.

Testamento Se da este nombre a cada una de las dos secciones de la Biblia usada por los cristianos: el *Antiguo Testamento* y el *Nuevo Testamento*.

En este uso tiene el significado de "pacto" (véase *Pacto*), debido a que la palabra griega de la cual se traduce tiene los dos significados de "pacto" y "testamento". En He 9.15-18 se combinan ambos.

Tiberias, Lago de En el Evangelio de San Juan, lago o mar de Tiberias es el nombre que se da al mar de Galilea o lago de Genesaret, por la ciudad de Tiberias que era, y es hasta hoy, la problación más importante de sus riberas. Se le dio ese nombre en honor del emperador romano Tiberio.

Tienda del encuentro con Dios La gran tienda que sirvió a los israelitas en el desierto como santuario. Se describe en detalle en Ex 26. Fue reemplazada por el templo de Salomón. Tradicionalmente se la ha llamado también *el tabernáculo del Testimonio* o simplemente *el tabernáculo*.

Tribu Uno de los grandes grupos en que se dividía el pueblo de Israel, cada uno de los cuales llevaba el nombre de uno de los hijos de Jacob, a título de descendientes suyos. La agrupación por tribu se hizo más definida al establecerse los israelitas en Canaán, cuando se dividió entre ellas el territorio, con exepción de la tribu de Leví a la que no se le asignó parte en él, para quedar consagrada por completo al culto del Señor. La tribu se dividía a su vez en clanes, o grupos de familias de parentesco más próximo, y familias, a veces llamadas en hebreo "casas paternas" o simplemente "casas".

Urim y Tumim Objetos que se mencionan usualmente juntos, y que portaba el sumo sacerdote (véanse *Efod* y *Pectoral*). Su forma y significado son difíciles de precisar. Sólo se sabe que servían para consultar a Dios y emitir fallos y decisiones, probablemente echando suertes. Su uso se menciona después de los tiempos de David, y parece que tampoco se emplearon después del exilio (Esd 2.63; Neh 7.65).

Zeus Nombre del supremo dios griego, llamado por los romanos *Júpiter*. (Véase *Hermes*.)

TABLA CRONOLÓGICA DE LA BIBLIA[1]

A.C. = Antes de Cristo
c. = circa (aprox)[2]

EL COMIENZO	**EL COMIENZO** La Creación Adán y Eva en el Jardín de Edén Caín y Abel Noé y el diluvio La torre de Babel
2000 A.C.	**LOS ANTEPASADOS DE LOS ISRAELITAS** Abraham viene a Palestina. *approx.* 1900 El nacimiento de Isaac El nacimiento de Jacob y Esaú
1800 A.C.	De los doce hijos de Jacob descienden las doce tribus de Israel. El más destacado de sus hijos es José, pues llega a ser consejero del faraón de Egipto. **LOS ISRAELITAS EN EGIPTO** Los descendientes de Jacob, esclavos en Egipto.
1600 A.C.	
1250 A.C.	Moisés saca a los israelitas de Egipto.[4] Los israelitas vagan por el desierto. Durante este tiempo Moisés recibe las tablas de la ley en el monte Sinaí.
	CONQUISTA Y POSESIÓN DE CANAÁN Josué dirige la primera invasión a Canaán. Israel se establece en Canaán como una confederación informal de tribus, dirigida por hombres heroicos conocidos como los jueces o caudillos.
1000 A.C.	**EL REINO UNIDO DE ISRAEL** Reino de Saúl *aprox.* 1030 — 1010 Reino de David *aprox.* 1010 — 970 Reino de Salomón *aprox.* 970 — 931

[1] En esta escala las fechas, sobre las cuales hay diferencias de opinión, se expresan en números redondos aproximados. [2] Una fecha "c." es tan sólo aproximada. Por lo general, cuanto más antigua la fecha, menos precisa es. Desde la muerte de Salomón en 931 a.C. hasta el decreto de Ciro 538 a.C. las fechas son relativamente precisas, pero aún en este período puede haber un error de uno o dos años. [3] Fechas aún no definidas. [4] Según algunos, aprox. 1450; según otros, aprox. 1290.

TABLA CRONOLÓGICA DE LA BIBLIA

FECHA	

DIVISIÓN DEL REINO

JUDÁ (reino del sur)
Reyes
Roboam 931-913
Abiam 913-911
Asa 911-870

Josafat 870-848   *Profetas*

Joram 848-841   Elías
Ocozías 841
Reina Atalía   Eliseo
841-835

Joás 835-796

Amasías 796-781
Uzías 781-740

Amós

Jotam 740-736   Oseas
Acaz 736-716

Miqueas

Ezequías 736-687   Isaías

ISRAEL (reino del norte)
Reyes
Jeroboam 931-910
Nadab 910-909
Baasa 909-886
Ela 886-885
Zimri 7 días en el año 885
Omri 885-874
Acab 874-853
Ocozías 853-852
Joram 852-841
Jehú 841-814

Joacaz 814-798

Joás 798-783

Jeroboam II 783-743

Zacarías 6 meses en 743
Salum 1 mes en 743
Menahem 743-738
Pekaía 738-737
Peka 737-732
Oseas 732-723
Caída de Samaria 722

930 A.C.
900 A.C.
850 A.C.
800 A.C.
750 A.C.
700 A.C.

ÚLTIMOS AÑOS DEL REINO DE JUDÁ

Manasés 687-642

Amón 642-640   *Profetas*
Josías 640-609   Sofonías
Joacaz 3 meses en 609   Nahúm
Joacim 609-598
Joaquín 3 meses en 598
Sedequías 598-587   Jeremías
Caída de Jerusalén en julio
587 o 586   Habacuc?

Ezequiel

650 A.C.
600 A.C.

TABLA CRONOLÓGICA DE LA BIBLIA

FECHA

580 A.C.	

EL EXILIO Y LA RESTAURACIÓN

Los judíos son llevados a Babilonia después de la caída de Jerusalén.

Comienza el imperio persa. 539

Profetas

Edicto de Ciro, concediendo el regreso a los judíos. 538

Hageo   Zacarías

Abdías

Empieza la reconstrucción del templo. 520

Malaquías

Restauración de la muralla de Jerusalén. 445-443

Joel?

400 A.C.	

TIEMPO INTERTESTAMENTARIO

Alejandro el Grande impone su gobierno en Palestina.   333
Palestina es gobernada por los tolomeos, descendientes de un general de Alejandro, que había estado gobernando en Egipto 323 a 198

200 A.C.	

Palestina es gobernada por los seleucos, descendientes de un general de Alejandro, quien había adquirido el gobierno de Siria. 198 a 166

La revolución de Judas Macabeo restablece la independencia judía. Palestina es gobernada por la familia de Judas y sus descendientes, los asmoneos. 166 a 63

Jerusalén es tomada por Pompeyo, general romano. 63 a.C. Palestina es gobernada por reyes mandados por Roma. Uno de ellos es Herodes el Grande, quien gobierna desde el año 37 a 4 a.C.

TIEMPO DEL NUEVO TESTAMENTO

D.C. 1	Nacimiento de Jesús

Ministerio de Juan el Bautista; bautismo de Jesús y comienzo de su ministerio público.

Muerte y resurrección de Jesús

D.C. 30	Conversión de Pablo (Saulo de Tarso) *aprox.* 37 d. C. Ministerio de Pablo *aprox.* 41 a 65 d. C.

Encarcelamiento final de Pablo *aprox.* 65 d. C.

TABLA DE PESAS, MONEDAS Y MEDIDAS

En la antigüedad no existía para las pesas, monedas y medidas una exatitud tan grande como la que se conoce hoy. Por esta y otras razones, no es posible en muchos casos saber la equivalencia exacta de muchos datos de la Biblia. Las equivalencias dadas por los diversos autores varían a veces considerablemente.

A continuación se da una tabla que indica las equivalencias que parecen actualmente más probables, y que son las que se han tomado como base para las adoptadas en el texto de esta Versión.

Nomenclatura	Valor relativo dentro del sistema	Equivalencia adoptada

A. MEDIDAS DE PESO

1) Nomenclatura hebrea

Nomenclatura	Valor relativo	Equivalencia adoptada
Gerah	1/20	0.5 gr.
Reba	1/4	2.7 gr.
Beqa	1/2	5.5 gr.
Siclo	1	11 gr.
Mina[1]	50/1	550 gr.
Talento[2]	3,000/1	33 Kg.

2) Nomenclatura griega

Nomenclatura	Valor relativo	Equivalencia adoptada
Libra	——	327 gr.
Mina	——	436 gr.
Talento	125 libras	41 Kg.

B. MONEDAS*

1) Nomenclatura hebrea

Nomenclatura	Equivalencia adoptada
Pim	7 gr.
Dárico	8 gr.
Siclo	11 gr.
Mina	550 gr.
Talento	33 Kg.

[1] En Ezequiel la mina equivale a 60 siclos = 660 gr.
[2] En Ezequiel el talento equivale a 41 Kg.
*Es imposible indicar las equivalencias de las monedas antiguas en monedas actuales.

2) *Nomenclatura griega*

Lepton	1/128 de denario
Cuadrante	1/64 de denario
Asarion (as)	1/16 de denario
Dracma	Más o menos un denario
Denario	Equivalente al jornal de un obrero
Mina	100 denarios
Talento	6,000 denarios

C. MEDIDAS LINEALES

1) *Nomenclatura hebrea*

Dedo	1/24	1.8	cm.
Palmo menor	1/6	7.5	cm.
Palmo	1/2	22.5	cm.
Gómed	2/3	30	cm.
Codo[3]	1	45	cm.
Caña[4]	6/1	2.70	m.

2) *Nomenclatura griega*

Pie	2/3	30	cm.
Codo	1	45	cm.
Paso	2/1	90	cm.
Braza	4/1	1.80	m.
Estadio	40/1	180	m.
Milla	——	1,500	m.

D. MEDIDAS DE SUPERFICIE

Yuntada	0.275 hectárea

E. MEDIDAS DE CAPACIDAD (LÍQUIDOS)

1) *Nomenclatura hebrea*

Log	1/720	0.3	litros
Hin	1/60	3.66	litros
Bato	1/10	22	litros
Coro	1	220	litros

---

[3]En Ezequiel el *codo* equivale a 50 cm.
[4]En Ezequiel la *caña* equivale a 1 m.

2) *Nomenclatura griega*

Barril (= 1 bato)	22	litros
Metreta (= 1 bato)	22	litros

F.   *MEDIDAS DE CAPACIDAD (ÁRIDOS)*

1) *Nomenclatura hebrea*

Qab	1/180	1.2	litros
Gomer (décima)	1/100	2.2	litros
Seah (tercio)	1/30	7.3	litros
Efa	1/10	22	litros
Létek	1/2	110	litros
Homer (coro)	1	220	litros

2) *Nomenclatura griega*

Medida (saton)	12	litros
Almud (modios)	8.7	litros
Coro	220	litros

PLANOS DEL TEMPLO DESCRITO EN EL LIBRO DE EZEQUIEL

Estos planos se basan en la visión de Ezequiel (capítulos 40 y 41) y no puede pretenderse que representen el templo de Salomón ni tampoco el segundo templo, construido después del exilio.

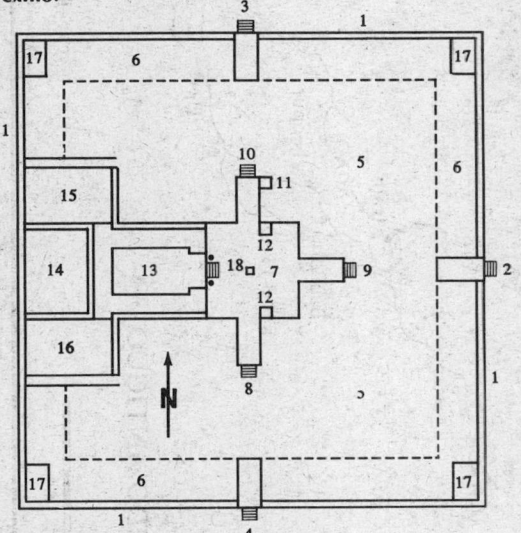

PLANO GENERAL DEL TEMPLO

1. Muralla exterior (40.5; 42.15-20)
2. Puerta oriental (40.5-16)
3. Puerta norte (40.20-23)
4. Puerta sur (40.24-27)
5. Atrio exterior (40.17)
6. Empedrado (40.17-18)
7. Atrio interior (40.28)
8. Puerta sur del atrio interior (40.28-31)
9. Puerta oriental del atrio interior (40.32-34)
10. Puerta norte del atrio interior (40.35-37)
11. Cuarto para lavar los animales (40.38)
12. Cuartos para los sacerdotes (40.44-46)
13. Templo propiamente dicho (Véase figura II)
14. Edificio del oeste (41.12)
15. Cuartos del norte (42.1-10)
16. Cuartos del sur (42.10-11)
17. Patios (46.21-22)
18. Altar (40.47; 43.13-17).

0 10 20 m

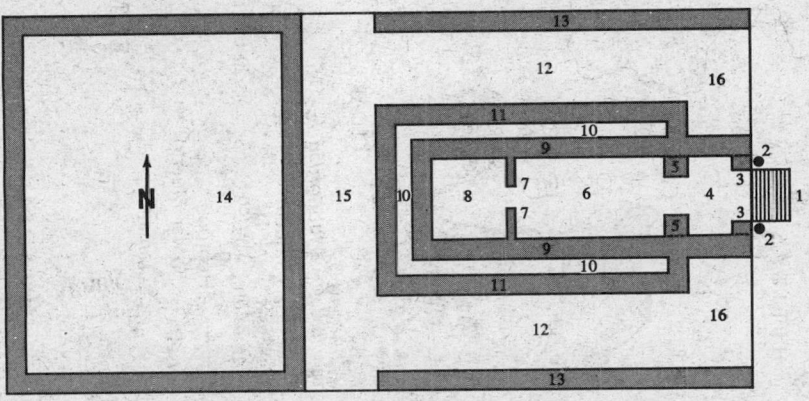

ZONA DEL TEMPLO PROPIAMENTE DICHO (40.48-41.15)

0   10 m

1. Escalinata (40.49)
2. Columnas (40.49)
3. Pilastras del vestíbulo (40.48)
4. Vestíbulo (40.49)
5. Pilastras (41.1)
6. Sala central (41.2)
7. Pilastras (41.3)
8. Lugar santísimo (41.4)
9. Pared exterior (41.5)
10. Celdas anexas (41.5)
11. Pared exterior de las celdas (41.9)
12. Espacio libre (41.9)
13. Muro (41.11)
14. Edificio del oeste (41.12)
15. Patio cerrado (41.12)
16. Parte del patio cerrado que da al oriente (41.14)

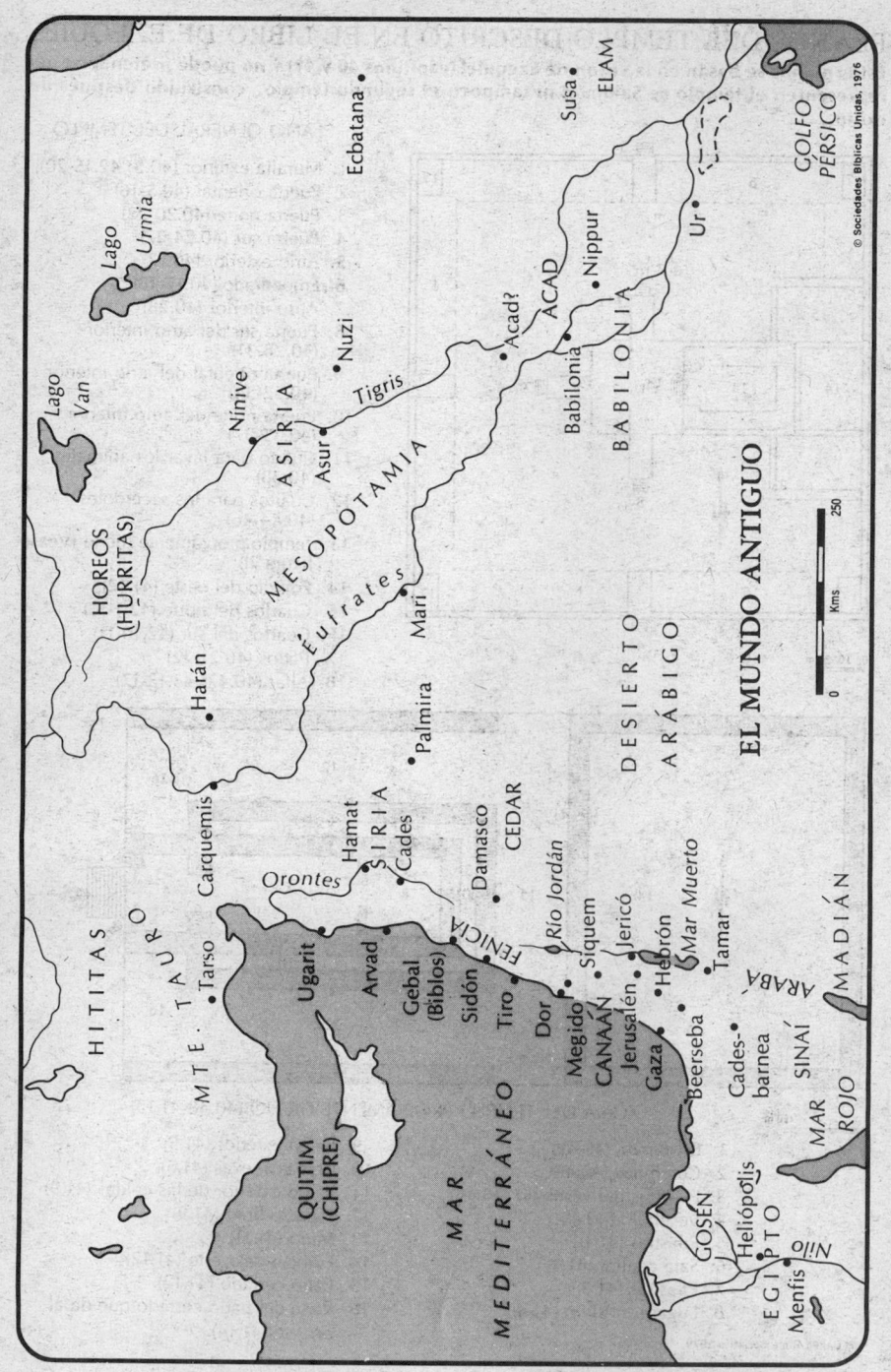

EL MUNDO ANTIGUO

© Sociedades Bíblicas Unidas, 1976

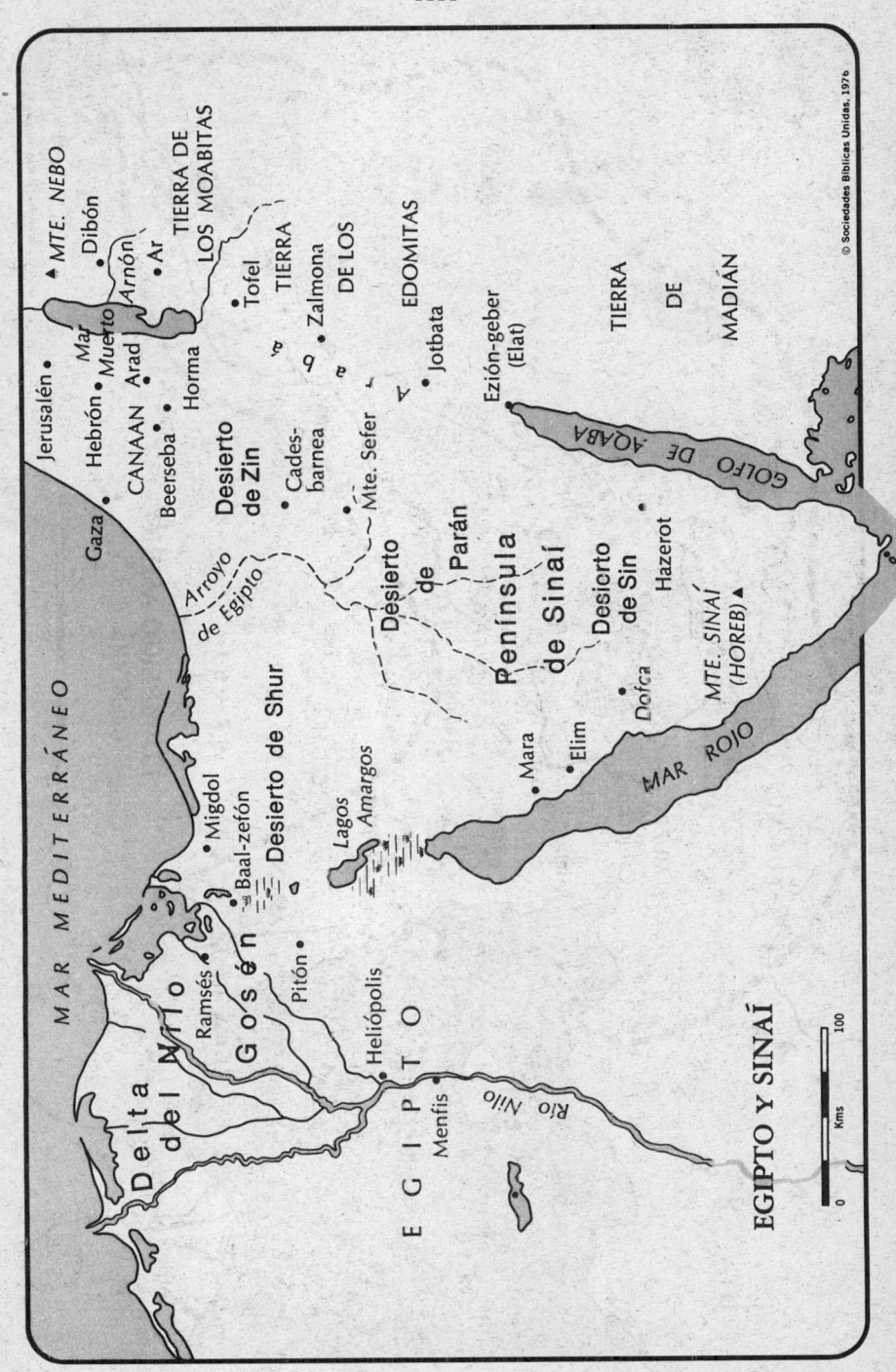

EGIPTO Y SINAÍ

0   100
Kms

© Sociedades Bíblicas Unidas, 1976

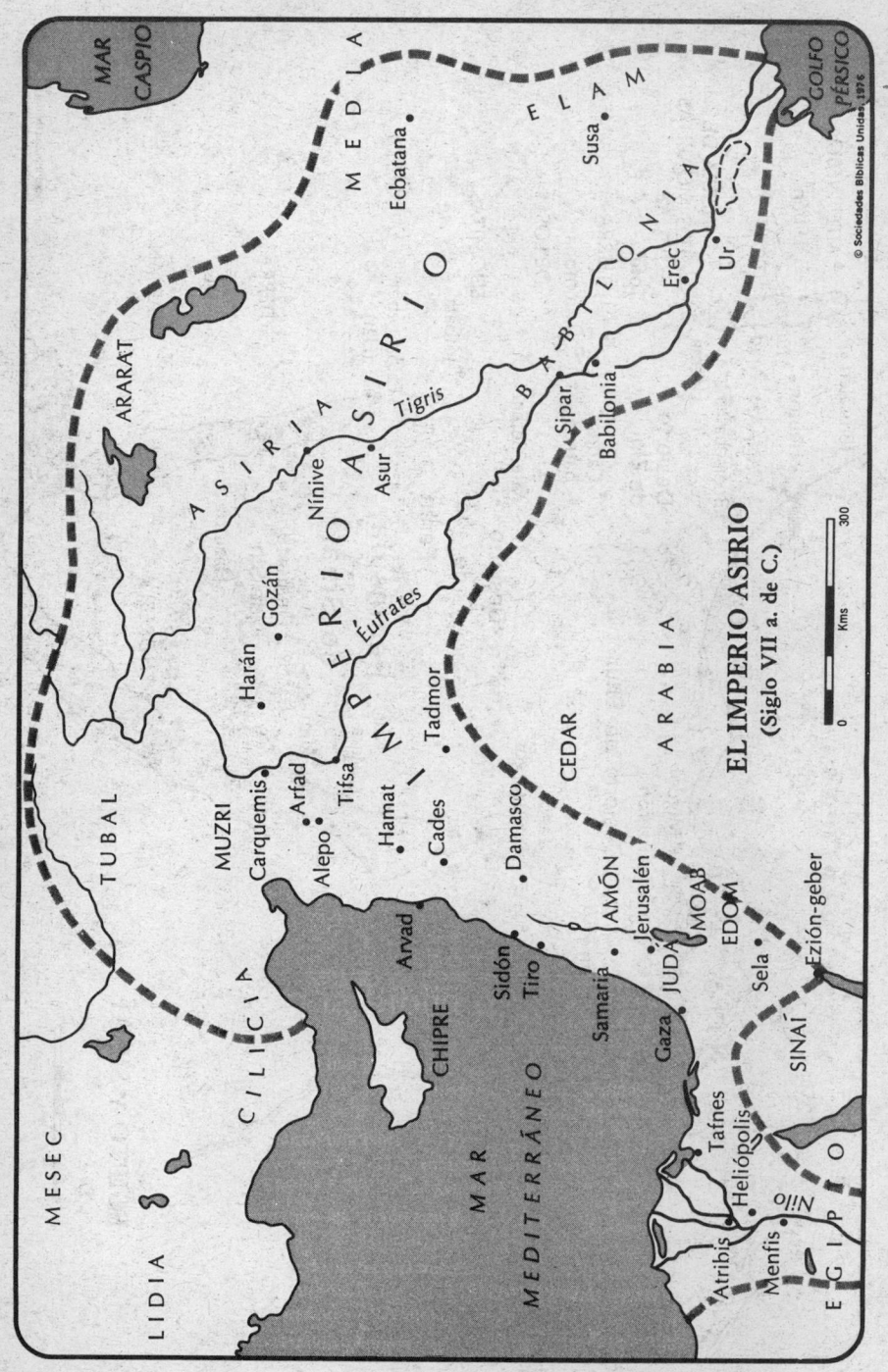

MAR CASPIO

GOLFO PÉRSICO

MEDIA

ELAM

Ecbatana

Susa

ARARAT

ASIRIA

Tigris

Erec

Ur

BABILONIA

Nínive

Asur

Sipar

Babilonia

IMPERIO ASIRIO

Harán

Gozán

Éufrates

Tadmor

ARABIA

© Sociedades Bíblicas Unidas, 1976

TUBAL

Carquemis

Arfad

Tifsa

Alepo

Hamat

Cades

CEDAR

Damasco

EL IMPERIO ASIRIO
(Siglo VII a. de C.)

MUZRI

Arvad

AMÓN

Jerusalén

MOAB

EDOM

300

Kms

0

CILICIA

CHIPRE

Sidón

Tiro

Samaria

JUDÁ

Gaza

Sela

Ezión-geber

MESEC

SINAÍ

LIDIA

MAR MEDITERRÁNEO

Tafnes

Heliópolis

Nilo

EGIPTO

Atribis

Menfis

LOS REINOS DE
ISRAEL y JUDÁ

0   Kms   40

Sidón

Sarepta

Damasco

▲ MTE. HERMON

SIRIA

MTE. LÍBANO

Tiro

Dan

Cedes

Hazor

BASÁN

GALILEA

Lago de
Galilea

MAR
MEDITERRÁNEO

MTE. CARMELO ▲

Sunem

Megido

Ramot

Jezreel ▲

I S R A E L

Río Jordán

GALAAD

AMÓN

Samaria

Siquem

Silo

Jope

Betel

Gilgal

Jericó

Ecrón

Geba

Jerusalén

Asdod

Libna

Belén

Ascalón

Gat?

Laquis

Hebrón

Mar
Muerto

Gaza

Gat?

J U D Á

FILISTEA

M O A B

El Néguev

EDOM

© Sociedades Bíblicas Unidas, 1979

CANAÁN: DISTRIBUCION DE LAS TRIBUS

Kms 0 — 40

MAR MEDITERRÁNEO

SIDONIOS

Sidón

MTE. LÍBANO

HITITAS

ARAMEOS

Damasco

MTE. HERMÓN

Tiro

DAN
Dan (Lais)

ASER

NEFTALÍ

Hazor

Lago de Galilea

Astarot

MTE. CARMELO

ZABULÓN

MTE. TABOR

MANASÉS (ORIENTE)

Dor
Megido

Endor
Sunem
ISACAR

Jezreel
MTE. GILBOA

Ramot

MANASÉS (OCCIDENTE)

Río Jordán

Jabes

Siquem

GAD

Jope

Silo

AMONITAS

DAN

EFRAÍN
Betel

Gilgal

Rabá

Hai
BENJAMIN
Gabaa

Jericó

Asdod

Libna

Jerusalén

Bet-peor

Ascalón

Gat?
Laquis

Belén

Gaza

Hebrón

RUBEN

FILISTEOS

JUDÁ

En-gadi

Mar Muerto

Gat?

SIMEON

Beerseba

Horma

MOABITAS

El Néguev

EDOMITAS

© Sociedades Bíblicas Unidas, 1976

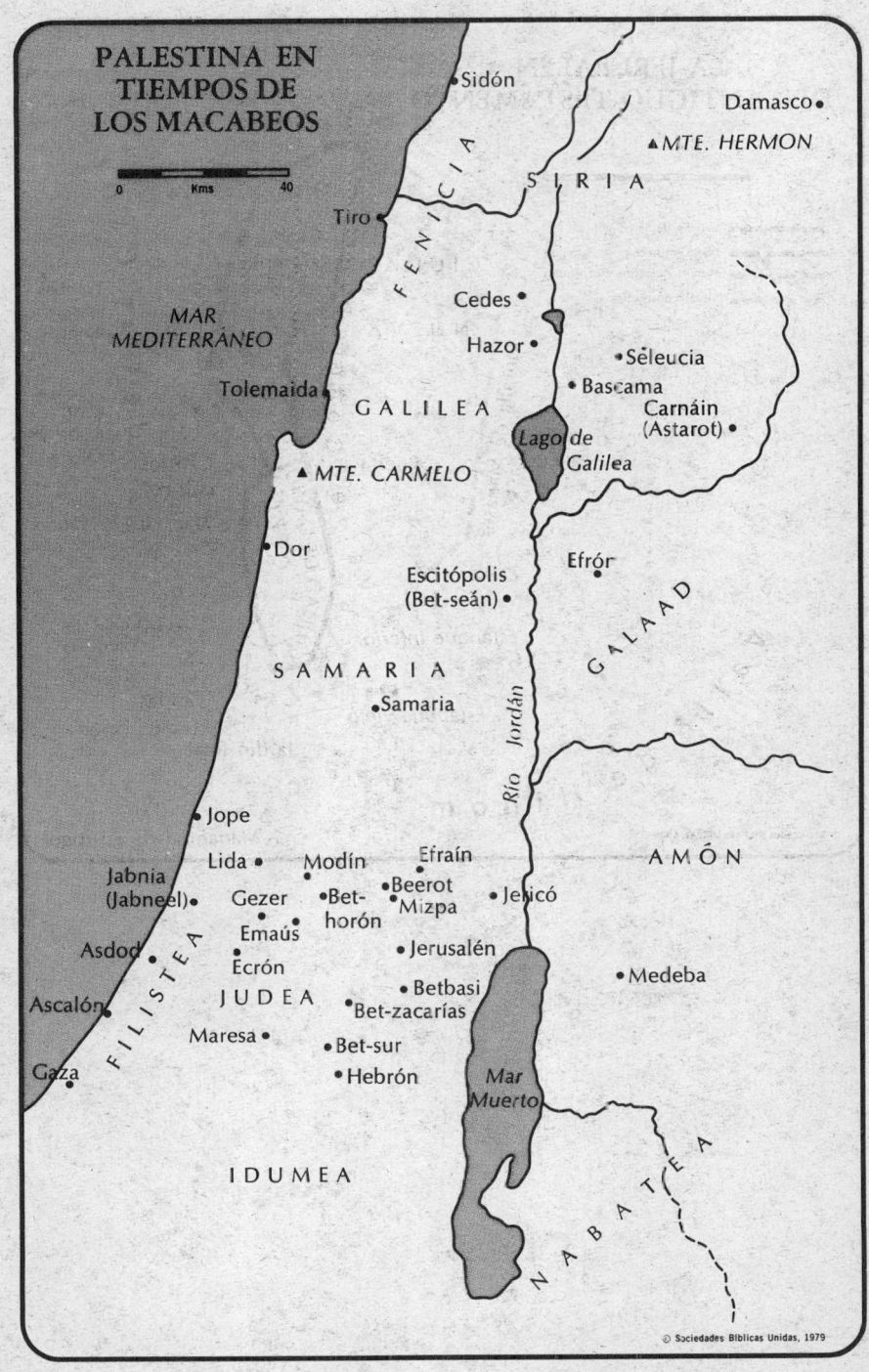

PALESTINA EN
TIEMPOS DE
LOS MACABEOS

0   Kms   40

MAR
MEDITERRÁNEO

FENICIA

SIRIA

Sidón

Damasco•

▲MTE. HERMON

Tiro•

Cedes •

Hazor •

•Séleucia

•Bascama

Carnáin
(Astarot) •

Tolemaida•

GALILEA

Lago de
Galilea

▲ MTE. CARMELO

•Dor

Escitópolis
(Bet-seán) •

•Efrór

GALAAD

SAMARIA

•Samaria

Río Jordán

Jope •

Efraín
•

AMÓN

Lida •

Modín
•

•Beerot

•Jericó

Jabnia
(Jabneel)•

Gezer
•

•Bet-
horón

Mizpa

Asdod•

Emaús
•

•Jerusalén

•Medeba

Ecrón
•

JUDEA

•Betbasi

Ascalón•

Maresa •

Bet-zacarías
•

Mar
Muerto

Gaza•

FILISTEA

•Bet-sur

•Hebrón

IDUMEA

NABATEA

© Sociedades Bíblicas Unidas, 1979

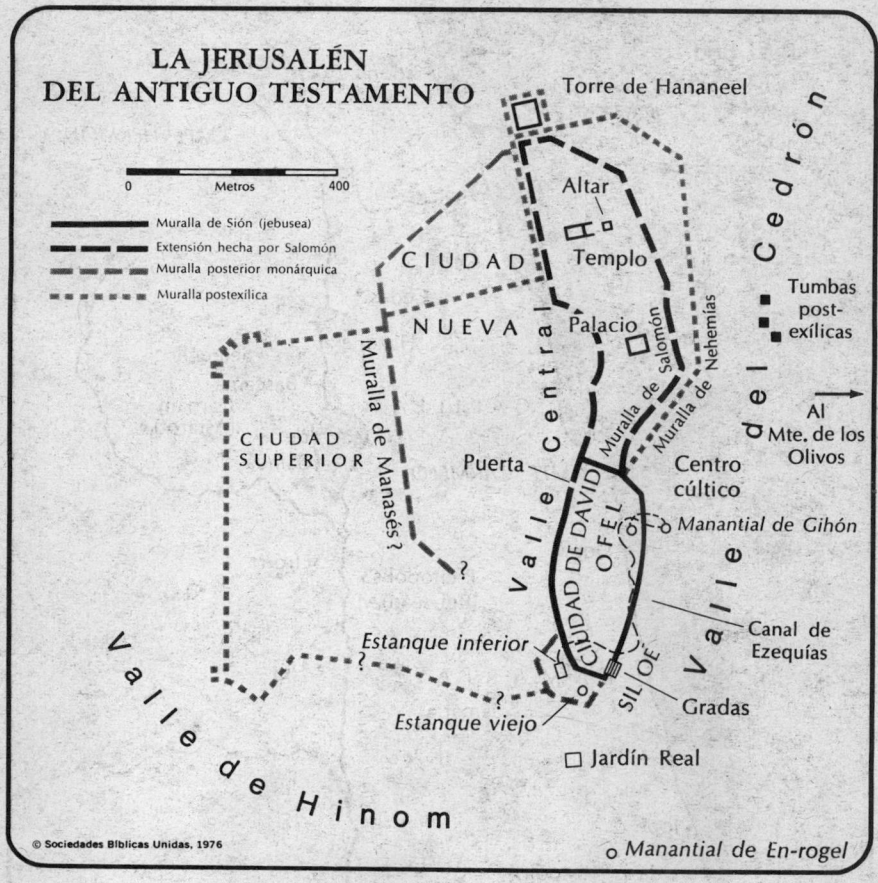

LA JERUSALÉN
DEL ANTIGUO TESTAMENTO

0 — Metros — 400

— Muralla de Sión (jebusea)
– – Extensión hecha por Salomón
– – Muralla posterior monárquica
···· Muralla postexílica

Torre de Hananeel

Valle del Cedrón

CIUDAD

NUEVA

Altar

Templo

Palacio

Muralla de Salomón

Muralla de Nehemías

Tumbas post-exílicas

Muralla de Manasés ?

CIUDAD
SUPERIOR

Valle Central

Puerta

CIUDAD DE DAVID

OFEL

Centro cúltico

Al Mte. de los Olivos

Manantial de Gihón

Valle

Canal de Ezequías

SILOÉ

Estanque inferior

?

?

Estanque viejo

Gradas

Jardín Real

Valle de Hinom

© Sociedades Bíblicas Unidas, 1976

o Manantial de En-rogel

PALESTINA EN TIEMPOS DE JESÚS

0 — Kms — 40

Sidón

Sarepta

MTE. LÍBANO

Abila
ABILINIA
Damasco

MTE. HERMÓN

SIRIA

Cesarea de Filipo

MAR MEDITERRÁNEO

Fenicia

Tolemaida

GALILEA

Tiro

Corazín
Capernaum
Betsaida
Lago de

Magadán
Caná
Tiberias
Galilea

MTE. CARMELO

Nazaret

Naín
MTE. TABOR
Gadara

Cesarea

DECÁPOLIS

Salim
Enón

SAMARIA

Samaria

Gerasa

MTE. GERIZIM
MTE. EBAL
Sicar

Río Jordán

P E R E A

Jope

Arimatea?

Efraín

Emaús
Betania
Jerusalén
Qumrán
Betania

Azoto

JUDEA
Belén

Ascalón

Hebrón

Gaza

Mar Muerto

IDUMEA

N A B A T E A

© Sociedades Bíblicas Unidas, 1976

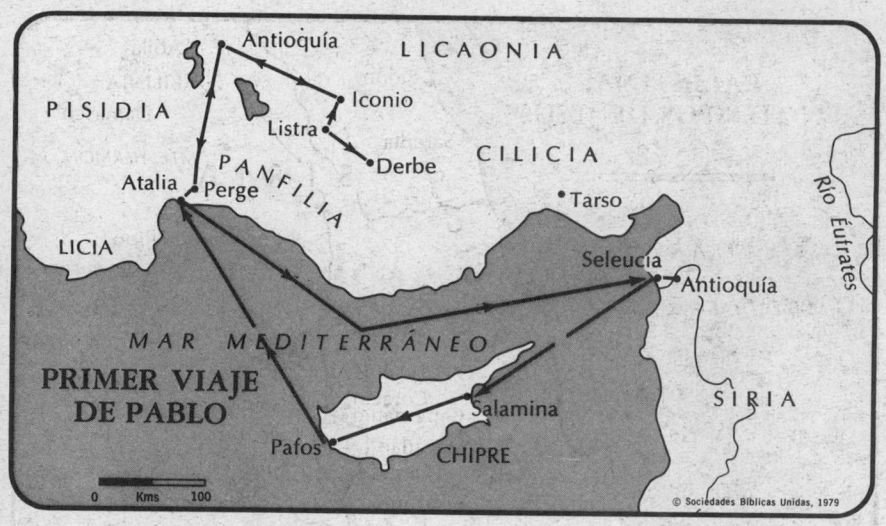

PRIMER VIAJE DE PABLO

LICAONIA
Antioquía
• Iconio
PISIDIA
Listra
• Derbe
CILICIA
Atalia • Perge
PANFILIA
• Tarso
LICIA
Seleucia
• Antioquía
SIRIA
Río Éufrates
MAR MEDITERRÁNEO
Salamina
Pafos
CHIPRE
0 Kms 100
© Sociedades Bíblicas Unidas, 1979

SEGUNDO VIAJE DE PABLO

© Sociedades Bíblicas Unidas, 1979
Filipos • Neápolis
Tesalónica
Berea
SAMOTRACIA
MACEDONIA
Apolonia
GALACIA
Troas
MISIA
FRIGIA
• Tiatira
ASIA
Corinto
Antioquía
Atenas
• Iconio
ACAYA
• Efeso
Listra
Cencrea
• Mileto
PISIDIA Derbe
CILICIA
Antioquía
SIRIA
CRETA
RODAS
CHIPRE
Sidón
Tiro
MAR MEDITERRÁNEO
Cesarea
JUDEA
Jerusalén
0 Kms 300

TERCER VIAJE
DE PABLO

MAR
MEDITERRÁNEO

© Sociedades Bíblicas Unidas, 1979

VIAJE A
ROMA

MAR MEDITERRÁNEO

© Sociedades Bíblicas Unidas, 1979

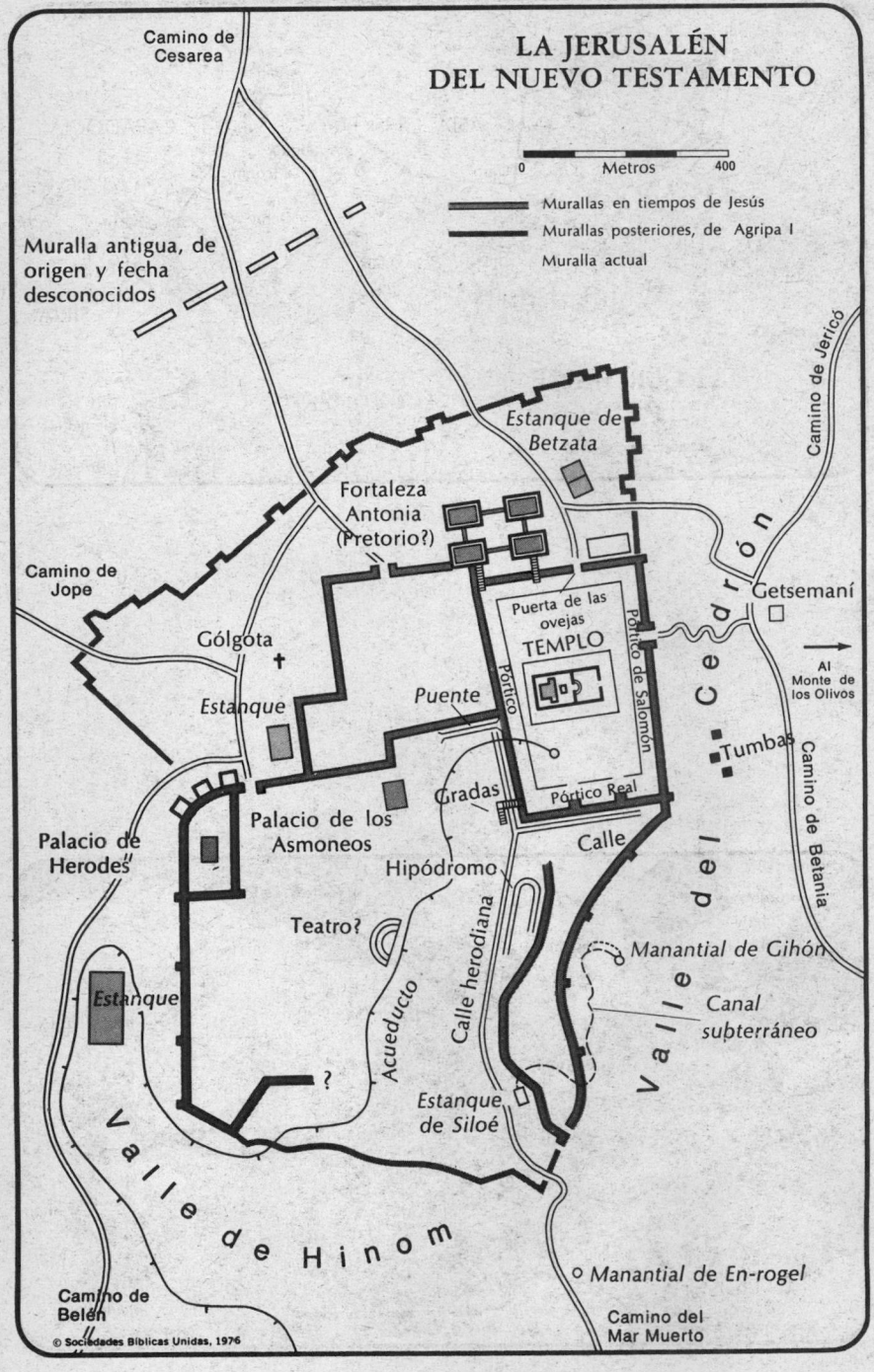

LA JERUSALÉN DEL NUEVO TESTAMENTO

AYUDAS ESPECIALES PARA EL LECTOR

AYUDAS ESPECIALES PARA EL LECTOR

¡Felicitaciones!

En tus manos tienes uno de los libros más preciados que el mundo ha visto. Es un libro lleno de profunda sabiduría y discernimiento claro acerca de la naturaleza humana y del carácter y propósito del que creó todas las cosas. A través de los siglos mucha gente de muchos países han abierto sus páginas para leer en sus propios idiomas. En él han aprendido del amor y la justicia de Dios. Grandes líderes e intelectuales han buscado y explorado sus páginas buscando sus verdades, buscando las respuestas a los problemas y retos de la vida.

Te invitamos a hacer la misma exploración. La sección que sigue, con ayudas al lector, provee la ayuda básica para emprender este viaje tan gratificante.

- *Qué se encuentra en la Biblia* da un breve resumen de cada libro y una Tabla con una vista general de los libros que componen la Biblia.
- *Cómo leer la Biblia* da sugererencias de cómo leer la Biblia para devocional y cómo hacer anotaciones de las muchas lecciones que irán aprendiendo.
- *Lee la Biblia en un año* es un plan de lectura fácil de seguir y que guiará al lector a través del Antiguo y del Nuevo Testamento en un año.
- *Lecturas para días especiales* da pasajes que quizás quieres leer en los días especiales del año como Navidad, Domingo de Resurrección, Día de las Madres o tu cumpleaños.
- *Pasajes famosos en la Biblia* te ayuda a localizar esas historias famosas de la Biblia que todos hemos oído una y otra vez, pero que quizás no hayas leído por ti mismo.
- *Encuentre ayuda en la Biblia* nos lleva a esos pasajes de la Biblia en los que podemos encontrar apoyo y ayuda cuando enfrentamos problemas difíciles o retos especiales.
- *Qué dice la Biblia sobre el perdón de Dios* te llevará a pasajes bíblicos donde puedes aprender cuánto Dios nos ama a cada uno y lo que ha hecho para reconciliarnos consigo mismo.

No importa dónde comiences a leer, lo que importa es que comiences. Usa cualquiera de estas ayudas al lector para empezar a crear tu hábito diario de leer la Biblia. Descubre por ti mismo la ayuda y la esperanza que las Escrituras ofrecen.

La Biblia

La palabra "biblia" viene del griego *biblía*, plural de *biblíon*, "libritos." Así que la Biblia es realmente, una colección o biblioteca de muchos libros. Estos libros están divididos en dos secciones: el Antiguo Testamento y el Nuevo Testamento.

Antiguo Testamento

El Antiguo Testamento cuenta la historia del pueblo de Israel. Esa historia está basada en la fe del pueblo en el Dios de Israel y su vida religiosa como pueblo de Dios. Los autores de estos libros escribieron de lo que Dios había hecho por ellos como pueblo, y en qué forma ellos debían adorarlo y obedecerlo en respuesta a su amor. La siguiente Tabla enseña gráficamente cómo están agrupados los libros que forman el Antiguo Testamento.

La Ley	Históricos
Génesis · Éxodo · Levítico · Números · Deuteronomio	Josué · Jueces · Rut · 1 Samuel · 2 Samuel · 1 Reyes · 2 Reyes · 1 Crónicas · 2 Crónicas · Esdras · Nehemías · Ester

Poéticos y de Sabiduría	Profetas Mayores
Job · Salmos · Proverbios · Eclesiastés · Cantares	Isaías · Jeremías · Lamentaciones · Ezequiel · Daniel

Profetas Menores
Oseas · Joel · Amós · Abdías · Jonás · Miqueas · Nahúm · Habacuc · Sofonías · Hageo · Zacarías · Malaquías

Nuevo Testamento

Los libros del Nuevo Testamento fueron escritos por los discípulos de Jesucristo. Ellos querían que otros oyeran de la vida nueva que es posible a través de la muerte y resurrección de Jesús. La Tabla que sigue muestra los diferentes grupos de libros que componen el Nuevo Testamento. Aunque los eruditos divergen de opinión, tradicionalmente San Pablo escribió las cartas que se le atribuyen a continuación.

Evangelios	Cartas Paulinas
San Mateo · San Marcos · San Lucas · San Juan	Romanos · 1 Corintios · 2 Corintios · Gálatas · Efesios · Filipenses · Colosenses · 1 Tesalonicenses · 2 Tesalonicenses · 1 Timoteo · 2 Timoteo · Tito · Filemón

Cartas Generales	Históricos	Proféticos
Hebreos · Santiago · 1 Pedro · 2 Pedro · 1 Juan · 2 Juan · 3 Juan · Judas	Hechos	Apocalipsis

Qué se encuentra en la Biblia

Damos a continuación resúmenes de cada uno de los libros de la Biblia. Es evidente por su brevedad, que no son descripciones completas. Sin embargo, pueden servir de referencia conveniente al contenido de la Biblia.

Antiguo Testamento

GÉNESIS: Este libro de "comienzos" hace una narración de la relación de Dios con el hombre y la promesa de Dios a Abraham y a sus descendientes.

ÉXODO: El nombre Éxodo quiere decir "salida". Este libro cuenta cómo Dios liberó a los Israelitas de una vida de penurias y esclavitud en Egipto. Dios hizo un pacto con ellos y les dio leyes para ordenar y governar sus vidas.

LEVÍTICO: El nombre del libro se deriva de una de las doce tribus de Israel. El libro da todas las leyes y regulaciones concernientes a rituales y ceremonias.

NÚMEROS: Los israelitas vagaron por el desierto cuarenta años antes de entrar a la tierra de Canaán "la tierra prometida". El nombre del libro se deriva de los dos censos tomados durante ese tiempo en el desierto.

DEUTERONOMIO: Moisés dio tres discursos de despedida poco antes de morir. En ellos repasó con el pueblo todas las leyes de Dios para los israelitas. El nombre del libro viene de ese repaso o "segunda ley".

JOSUÉ: Josué fue el líder de los ejércitos israelitas en sus victorias contra los cananeos. El libro termina con la partición de la tierra entre las doce tribus de Israel.

JUECES: Los israelitas a menudo desobedecían a Dios y caían en las manos de gobiernos opresores. Dios les enviaba jueces para librarlos de la opresión.

RUT: El amor y la dedicación de Rut a su suegra, Noemí, son el tema de este libro.

1 SAMUEL: Samuel fue el líder de Israel en el período entre el tiempo de los jueces y el tiempo de Saúl, el primer rey de Israel. Cuando el liderazgo de Saúl falló, Samuel ungió a David como rey.

2 SAMUEL: Bajo el reinado de David la nación se hizo fuerte y unificada. Pero después de los pecados de David: adulterio y asesinato, tanto la familia como la nación sufrió.

1 REYES: Este libro comienza con el reinado de Salomón en Israel. Después de su muerte, el reino se dividió en guerra civil: el norte contra el sur. El resultado fue el nacimiento de dos naciones: Israel, en el norte; y Judá en el sur.

2 REYES: Israel fue conquistada por Asiria en el 721 antes de C. Judá perdió en su guerra contra Babilonia en el 586 antes de C. Estos eventos son vistos como el castigo al pueblo por no haber seguido las leyes de Dios.

1 CRÓNICAS: Este libro comienza con la genealogía desde Adám hasta David, y luego recuenta los incidentes del reinado de David.

2 CRÓNICAS: Este libro cubre el mismo período que 2 Reyes pero con énfasis en Judá, el reino del sur, y sus governantes.

ESDRAS: Después de ser cautivos en Babilonia por algunas décadas, el pueblo de Dios retorna a Jerusalén. Uno de sus líderes era Esdras. Este libro contiene el reto que Esdras le hizo al pueblo a seguir y honrar la ley de Dios.

NEHEMÍAS: Después que el Templo fue reconstruido, la muralla protectora al rededor de Jerusalén también fue reconstruida. Nehemías fue quien dirigió esta empresa. El también trabajó con Esdras para restaurar el fervor religioso entre el pueblo.

ESTER: Este libro relata la historia de la reina de Persia, quien era judía, y quien expuso un complot para destruir a sus compatriotas y así libró a todos los judíos en ese país de ser aniquilados.

JOB: La pregunta: "¿Porqué sufren los inocentes?" es tratada en esta historia de Job.

SALMOS: Estos 150 himnos y oraciones fueron usados por los hebreos para expresar su relación con Dios. Cubren todo el campo de emociones humanas: desde alegría hasta furia, de esperanza a desesperación.

PROVERBIOS: Este es un libro de dichos sabios, de enseñanzas éticas y de sentido común acerca de cómo vivir una vida recta.

ECLESIASTÉS: En su búsqueda de la felicidad y del sentido de la vida, este escritor, conocido sólo como "el filósofo", hace preguntas que aún están vigentes en la sociedad de hoy.

CANTAR DE CANTARES: Este poema describe el gozo y el éxtasis del amor. Simbólicamente, ha sido aplicado al amor de Dios por Israel y al amor de Cristo por la Iglesia.

ISAÍAS: El profeta Isaías trajo el mensaje del juicio de Dios a las naciones, señaló a un rey futuro, como David, y prometió una era de paz y tranquilidad.

JEREMÍAS: Mucho antes de que Babilonia destruyera a Judá, Jeremías predijo el justo juicio de Dios. Aunque su mensaje era mayormente acerca de la destrucción, también habló del nuevo pacto con Dios.

LAMENTACIONES: Tal y como Jeremías había predicho, Jerusalén cayó cautiva bajo Babilonia. Este libro registra cinco "lamentos" por la ciudad caída.

EZEQUIEL: El mensaje de Ezequiel fue dado a los judíos cautivos en Babilonia. Él usó historias y parábolas para hablar del juicio, la esperanza y la restauración de Israel.

DANIEL: Daniel se mantuvo fiel a Dios aun enfrentando muchas presiones como cautivo en Babilonia. Este libro incluye las visiones proféticas de Daniel.

OSEAS: Oseas usó la lección de su dedicación a su esposa, aún enfrentando su infidelidad, para ilustrar el adulterio que Israel había cometido contra Dios, y como el amor fiel de Dios por su pueblo nunca cambia.

JOEL: Después de una plaga de langostas, Joel amonesta al pueblo a arrepentirse.

AMÓS: Durante un tiempo de prosperidad, este profeta de Judea predicó a los ricos líderes de Israel acerca del juicio de Dios. Amós insistía en que pensaran en los pobres y oprimidos antes que en su satisfacción propia.

ABDÍAS: Abdías profetizó el juicio a Edom, un país vecino a Israel.

JONÁS: Jonás no quería predicar a la gente de Nínive, quienes eran enemigos de su propio país. Cuando finalmente les llevó el mensaje enviado por Dios, ellos se arrepintieron.

MIQUEAS: El mensaje de Miqueas a Judá era un mensaje de juicio a la vez que de perdón, esperanza y restauración. Especialmente notable es un verso en el que sumariza lo que Dios requiere de nosotros. (6.8)

NAHÚM: Nahúm anunció que Dios destruiría al pueblo de Nínive por causa de su crueldad en la guerra.

HABACUC: Este libro presenta un diálogo entre Dios y Habacuc sobre la justicia y el sufrimiento.

SOFONÍAS: Sofonías anunció el día del Señor, que traería juicio a Judá y a las otras naciones vecinas. Ese futuro día sería uno de destrucción para muchos, pero un pequeño remanente siempre fiel a Dios sobreviviría para bendecir al mundo entero.

HAGEO: Después que el pueblo volvió del exilio, Hageo les recordó darle a Dios la prioridad y reconstruir el Templo antes que sus propias casas.

ZACARÍAS: Al igual que Hageo, Zacarías instó al pueblo a reconstruir el Templo, asegurándoles la ayuda y bendiciones de Dios. Sus visiones apuntaban a un futuro brillante.

MALAQUÍAS: Después del retorno del exilio, el pueblo llegó de nuevo a descuidarse de su vida religiosa. Malaquías trató de inspirarlos de nuevo hablándoles del "día del Señor."

Nuevo Testamento

SAN MATEO: Este Evangelio cita muchos pasajes del Antiguo Testamento. De esta forma es atractivo a la audiencia judía a quien presenta a Jesús como el Mesías prometido en las Escrituras judías. San Mateo narró la historia de Jesús desde su nacimiento hasta la resurrección y pone énfasis especial en las enseñanzas del maestro.

SAN MARCOS: San Marcos escribió un Evangelio corto, conciso y lleno de acción. Su meta era profundizar la fe y la dedicación de los creyentes de la comunidad para quien escribía.

SAN LUCAS: En este Evangelio se enfatiza cuán al alcance de todos está la salvación en Jesús. El evangelista lo hace describiendo a Jesús en contacto con la gente pobre, con los necesitados y con los que viven al margen de la sociedad.

SAN JUAN: El Evangelio de San Juan, por su forma, se coloca aparte del los otros tres. San Juan organiza su mensaje enfocándolo en siete señales que apuntan a Jesús como Hijo de Dios. Su estilo de escribir es reflexivo y lleno de imágenes y figuras.

LOS HECHOS: Cuando Jesús se ausentó de sus discípulos, el Espíritu Santo vino a morar con ellos. Este libro fue escrito por San Lucas como complemento a su Evangelio y relata etapas claves en la historia y trabajo de la iglesia cristiana primitiva y como se propagó la fe en el mundo Mediterráneo de entonces.

ROMANOS: En esta importante carta, San Pablo le escribe a los Romanos acerca de la vida en el Espíritu, que es dada, por la fe, a los creyentes en Cristo. El apóstol les reitera la gran bondad de Dios y les declara que a través de Jesucristo, Dios nos acepta y nos liberta de nuestros pecados.

1 CORINTIOS: Esta carta trata específicamente los problemas que la iglesia en Corinto estaba enfrentando: disensión, inmoralidad, problemas de forma en la adoración pública y confusión acerca de los dones del Espíritu.

2 CORINTIOS: En esta carta San Pablo escribe sobre su relación con la iglesia de Corinto y los efectos que algunos falsos profetas habían tenido en su ministerio.

GÁLATAS: Esta carta expone la libertad con respecto a la ley del creyente en Cristo. Pablo declara que es solo por fe que todos los creyentes son reconciliados con Dios.

EFESIOS: El tema central de esta carta es el propósito eterno de Dios: juntar de muchas naciones y razas la iglesia universal de Jesucristo.

FILIPENSES: El énfasis de esta carta es en el gozo que el creyente en Cristo encuentra en todas las situaciones de la vida. San Pablo la escribió mientras estaba en la cárcel.

COLOSENSES: En esta carta San Pablo le dice los creyentes en Colosas que pongan a un lado sus supersticiones y que pongan a Cristo en el centro de sus vidas.

1 TESALONICENSES: En esta carta San Pablo da consejos a los cristianos de Tesalónica en cuanto al retorno de Jesús al mundo.

2 TESALONICENSES: En esta carta, como en la primera, San Pablo habla del retorno de Jesús al mundo. También trata de preparar a los creyentes para la venida del Señor.

1 TIMOTEO: Esta carta sirve como guía a Timoteo, un joven líder de la iglesia primitiva. San Pablo le da consejos sobre la adoración, el ministerio y las relaciones dentro de la iglesia.

2 TIMOTEO: Es esta la última carta escrita por San Pablo. En ella él da un último reto a sus compañeros de trabajo.

TITO: Tito estaba ministrando en Creta. En esta carta San Pablo le aconseja cómo ayudar a los nuevos cristianos.

FILEMÓN: En esta carta, Filemón es instado a perdonar a su esclavo, Onésimo, quien había tratado de escaparse; también a aceptarlo como a un amigo en Cristo.

HEBREOS: Esta carta reta a los nuevos cristianos a ir más allá de los rituales y ceremonias tradicionales y a darse cuenta de que en Cristo todos han encontrado su cumplimiento.

SANTIAGO: Santiago aconseja a los creyentes a poner en práctica sus creencias y además ofrece ideas prácticas de cómo vivir su fe.

1 PEDRO: Esta carta fue escrita para confortar a los primeros cristianos quienes estaban siendo perseguidos por causa de su fe.

2 PEDRO: En esta carta San Pedro advierte a los creyentes sobre los falsos maestros y los estimula a seguir leales a Dios.

1 JUAN: Esta carta explica verdades básicas acerca de la vida cristiana con énfasis en el mandato de amarse unos a otros.

2 JUAN: Esta carta, dirijida a "la señora escogida y a sus hijos" advierte a los creyentes sobre los falsos maestros.

3 JUAN: En contraste con la Segunda Carta de San Juan, esta carta habla de la necesidad de recibir a aquellos que predican a Cristo.

JUDAS: Judas advierte a los creyentes en contra de la influencia mala de personas fuera de la hermandad de creyentes.

APOCALIPSIS: Este libro fue escrito para alentar a los creyentes quienes estaban siendo perseguidos y para afirmar su fe en que Dios cuidará de ellos. Usando símbolos y visiones, el escritor ilustra el triunfo del bien sobre el mal y la creación de una tierra nueva y un cielo nuevo.

Cómo leer la Biblia

Cada día separa un tiempo para leer tu Biblia. Trata de apartar la misma hora del día cada día. Dedica tanto tiempo como sea lógico y posible usar sin interferir con otras pues vas a dedicarlo por un tiempo más o menos largo. Antes de comenzar la ...ura pide la guía y bendición de Dios. Algunas personas han descubierto que mantener un diario les ha ayudado. Usa los siguientes pasos para sacar el mayor provecho posible de tus lecturas diarias de la Biblia.

1. Selecciona un pasaje bíblico (puedes hacerlo siguiendo la guía *Lee la Biblia en un año* a continuación.)

2. Examina su contexto:

   a. ¿De qué clase de libro está tomada? (Un libro biográfico como uno de los Evangelios que da la vida de Jesús; un libro histórico como *El Segundo Libro de Samuel* que da la historia del reinado del Rey David; o una breve carta a una persona como *Las Cartas a Timoteo* o una carta a una iglesia específica como *Las Cartas de Pablo a los Corintios*.)

   b. ¿Cuál es el enfoque general del libro? (No tienes que hacer estudios extensos sobre el libro, pero siéntete libre para leer el primer o el último párrafo del libro, así como los subtítulos y las introducciones al libro si tu Biblia las tiene.)

   c. ¿Qué ocurre o es discutido en los pasajes antes y después de la lectura que has escogido?

3. Lee el pasaje completo para coger el sentido de lo que lees.

4. Identifica palabras y frases. ¿Hay alguna palabra o frase que se repite a través del pasaje? ¿Se discierne alguna relación de causa y efecto? (Las frases repetidas casi siempre están precedidas de *si, entonces, por eso, porque*, etc. ¿Hay alguna comparación hecha? ¿Se contrastan personajes, cosas o conceptos?

5. Lee el pasaje de nuevo y pregúntate cuál es la intención o propósito del pasaje. Trata de encontrar lo que el autor está tratando de decir. Debes ser honesto; no busques para encontrar sólo lo que quieres oír. La Biblia contiene muchos mensajes fuertes que pueden cambiar vidas.

6. ¿Qué has aprendido acerca de Dios en este pasaje? ¿Qué has aprendido acerca de la naturaleza humana? Pregúntate a ti mismo cómo este mensaje se aplica a tu propia vida. ¿Hay algo en tu vida que necesita cambiar para llegar a ser un mejor hijo de Dios o más amante del prójimo? Pídele a Dios que te ayude a hacer los cambios necesarios en tu vida para llegar a ser una mejor persona.

7. Lee el pasaje una vez más. ¿Hay algún versículo que quieres memorizar? ¿Por qué no lo escribes en una tarjetita y lo llevas contigo todo el día para estudiarlo?

8. Da gracias a Dios por lo que te ha mostrado y pídele su ayuda hoy, cuando tratas de aplicar la lección aprendida a tu vida.

9. Comparte lo que has aprendido con alguna otra persona.

Lee la Biblia en un año

¿Has leído alguna vez la Biblia completa? Si dedicas de veinte a treinta minutos diarios, y sigues este plan, puedes hacerlo en solo un año. Las abreviaciones de los libros están explicadas al principio de la Biblia. Si necesitas ayuda para encontrar las referencias busca *Cómo encontrar las referencias en la Biblia*. Empieza a leer tu Biblia hoy y descubre las riquezas de la Palabra de Dios.

ENERO

1 ☐ Lc 5.27-39 ☐ Gn 1-2 ☐ Sal 1
2 ☐ Lc 6.1-26 ☐ Gn 3-5 ☐ Sal 2
3 ☐ Lc 6.27-49 ☐ Gn 6-7 ☐ Sal 3
4 ☐ Lc 1.1-17 ☐ Gn 8-10 ☐ Sal 4
5 ☐ Lc 7.18-50 ☐ Gn 11 ☐ Sal 5
6 ☐ Lc 8.1-25 ☐ Gn 12 ☐ Sal 6
7 ☐ Lc 8.26-56 ☐ Gn 13-14 ☐ Sal 7
8 ☐ Lc 9.1-27 ☐ Gn 15 ☐ Sal 8
9 ☐ Lc 9.28-62 ☐ Gn 16 ☐ Sal 9
10 ☐ Lc 10.1-20 ☐ Gn 17 ☐ Sal 10
11 ☐ Lc 10.21-42 ☐ Gn 18 ☐ Sal 11
12 ☐ Lc 11.1-28 ☐ Gn 19 ☐ Sal 12
13 ☐ Lc 11.29-54 ☐ Gn 20 ☐ Sal 13
14 ☐ Lc 12.1-31 ☐ Gn 21 ☐ Sal 14
15 ☐ Lc 12.32-59 ☐ Gn 22 ☐ Sal 15
16 ☐ Lc 13.1-17 ☐ Gn 23 ☐ Sal 16
17 ☐ Lc 13.18-35 ☐ Gn 24 ☐ Sal 17
18 ☐ Lc 14.1-24 ☐ Gn 25 ☐ Sal 18
19 ☐ Lc 14.25-35 ☐ Gn 26 ☐ Sal 19
20 ☐ Lc 15 ☐ Gn 27.1-45 ☐ Sal 20
21 ☐ Lc 16 ☐ Gn 27.46-28.22 ☐ Sal 21
22 ☐ Lc 17 ☐ Gn 29.1-30 ☐ Sal 22
23 ☐ Lc 18.1-17 ☐ Gn 29.31-30.43 ☐ Sal 23
24 ☐ Lc 18.18-43 ☐ Gn 31 ☐ Sal 24
25 ☐ Lc 19.1-27 ☐ Gn 32-33 ☐ Sal 25
26 ☐ Lc 19.28-48 ☐ Gn 34 ☐ Sal 26
27 ☐ Lc 20.1-26 ☐ Gn 35-36 ☐ Sal 27
28 ☐ Lc 20.27-47 ☐ Gn 37 ☐ Sal 28
29 ☐ Lc 21 ☐ Gn 38 ☐ Sal 29
30 ☐ Lc 22.1-38 ☐ Gn 39 ☐ Sal 30
31 ☐ Lc 22.39-71 ☐ Gn 40 ☐ Sal 31

FEBRERO

1 ☐ Lc 23.1-25 ☐ Gn 41 ☐ Sal 32
2 ☐ Lc 23.26-56 ☐ Gn 42 ☐ Sal 33
3 ☐ Lc 24.1-12 ☐ Gn 43 ☐ Sal 34
4 ☐ Lc 24.13-53 ☐ Gn 44 ☐ Sal 35
5 ☐ He 1 ☐ Gn 45.1-46.27 ☐ Sal 36
6 ☐ He 2 ☐ Gn 46.28-47.31 ☐ Sal 37
7 ☐ He 3.1-4.13 ☐ Gn 48 ☐ Sal 38
8 ☐ He 4.14-6.12 ☐ Gn 49-50 ☐ Sal 39
9 ☐ He 6.13-20 ☐ Exod 1-2 ☐ Sal 40
10 ☐ He 7 ☐ Ex 3-4 ☐ Sal 41
11 ☐ He 8 ☐ Ex 5.1-6.27 ☐ Pr 1
12 ☐ He 9.1-22 ☐ Ex 6.28-8.32 ☐ Pr 2
13 ☐ He 9.23-10.18 ☐ Ex 9-10 ☐ Pr 3
14 ☐ He 10.19-39 ☐ Ex 11-12 ☐ Pr 4
15 ☐ He 11.1-21 ☐ Ex 13-14 ☐ Pr 5
16 ☐ He 11.22-40 ☐ Ex 15 ☐ Pr 6.1-7.5
17 ☐ He 12 ☐ Ex 16-17 ☐ Pr 7.6-27
18 ☐ He 13 ☐ Ex 18-19 ☐ Pr 8
19 ☐ Mt 1 ☐ Ex 20-21 ☐ Pr 9
20 ☐ Mt 2 ☐ Ex 22-23 ☐ Pr 10
21 ☐ Mt 3 ☐ Ex 24 ☐ Pr 11
22 ☐ Mt 4 ☐ Ex 25-27 ☐ Pr 12
23 ☐ Mt 5.1-20 ☐ Ex 28-29 ☐ Pr 13
24 ☐ Mt 5.21-48 ☐ Ex 30-32 ☐ Pr 14
25 ☐ Mt 6.1-18 ☐ Ex 33-34 ☐ Pr 15
26 ☐ Mt 6.19-34 ☐ Ex 35-36 ☐ Pr 16
27 ☐ Mt 7 ☐ Ex 37-38 ☐ Pr 17
28 ☐ Mt 8.1-13 ☐ Ex 39-40 ☐ Pr 18

MARZO

1 ☐ Mt 8.14-34 ☐ Lv 1-2 ☐ Pr 19
2 ☐ Mt 9.1-17 ☐ Lv 3-4 ☐ Pr 20
3 ☐ Mt 9.18-38 ☐ Lv 5-6 ☐ Pr 21
4 ☐ Mt 10.1-25 ☐ Lv 7-8 ☐ Pr 22
5 ☐ Mt 10.26-42 ☐ Lv 9-10 ☐ Pr 23
6 ☐ Mt 11.1-19 ☐ Lv 11-12 ☐ Pr 24
7 ☐ Mt 11.20-30 ☐ Lv 13 ☐ Pr 25
8 ☐ Mt 12.1-21 ☐ Lv 14 ☐ Pr 26
9 ☐ Mt 12.22-50 ☐ Lv 15-16 ☐ Pr 27
10 ☐ Mt 13.1-23 ☐ Lv 17-18 ☐ Pr 28
11 ☐ Mt 13.24-58 ☐ Lv 19 ☐ Pr 29
12 ☐ Mt 14.1-21 ☐ Lv 20-21 ☐ Pr 30
13 ☐ Mt 14.22-36 ☐ Lv 22-23 ☐ Pr 31
14 ☐ Mt 15.1-20 ☐ Lv 24-25 ☐ Ec 1.1-11
15 ☐ Mt 15.21-39 ☐ Lv 26-27 ☐ Ec 1.12-2.26
16 ☐ Mt 16 ☐ Nm 1-2 ☐ Ec 3.1-15

Cómo encontrar una referencia bíblica

Cada versículo en esta Biblia está marcado con su *propio número*. Para encontrar los pasajes aquí numerados, necesitas encontrar primero, el libro, luego el número del capítulo dentro de ese libro, y luego el número o números de los versículos dentro de ese capítulo. En las listas, el número de capítulo aparece inmediatamente después del nombre del libro. Después del punto están los números de los versículos. Por ejemplo: 1 Corintios 12.1-11 es la primera carta de San Pablo a los Corintios capítulo doce, versículos del uno al once.

28 ☐ 2 Ts 2 ☐ Is 27-28 ☐ Sal 118
29 ☐ 2 Ts 3 ☐ Is 29-30 ☐ Sal 119.1-32
30 ☐ 1 Ti 1 ☐ Is 31-33 ☐ Sal 119.33-64
31 ☐ 1 Ti 2 ☐ Is 34-35 ☐ Sal 119.65-96

NOVIEMBRE
1 ☐ 1 Ti 3 ☐ Is 36-37 ☐ Sal 119.97-120
2 ☐ 1 Ti 4 ☐ Is 38-39 ☐ Sal 119.121-144
3 ☐ 1 Ti 5.1-20 ☐ Jr 1-2 ☐ Sal 119.145-176î
4 ☐ 1 Ti 5.21-6.21 ☐ Jr 3-4 ☐ Sal 120
5 ☐ 2 Ti 1 ☐ Jr 5-6 ☐ Sal 121
6 ☐ 2 Ti 2 ☐ Jr 7-8 ☐ Sal 122
7 ☐ 2 Ti 3 ☐ Jr 9-10 ☐ Sal 123
8 ☐ 2 Ti 4 ☐ Jr 11-12 ☐ Sal 124
9 ☐ Tit 1 ☐ Jr 13-14 ☐ Sal 125
10 ☐ Tit 2 ☐ Jr 15-16 ☐ Sal 126
11 ☐ Tit 3 ☐ Jr 17-18 ☐ Sal 127
12 ☐ Flm ☐ Jr 19-20 ☐ Sal 128
13 ☐ Stg 1 ☐ Jr 21-22 ☐ Sal 129
14 ☐ Stg 2 ☐ Jr 23-24 ☐ Sal 130
15 ☐ Stg 3 ☐ Jr 25-26 ☐ Sal 131
16 ☐ Stg 4 ☐ Jr 27-28 ☐ Sal 132
17 ☐ Stg 5 ☐ Jr 29-30 ☐ Sal 133
18 ☐ 1 Pe 1 ☐ Jr 31-32 ☐ Sal 134
19 ☐ 1 Pe 2 ☐ Jr 33-34 ☐ Sal 135
20 ☐ 1 Pe 3 ☐ Jr 35-36 ☐ Sal 136
21 ☐ 1 Pe 4 ☐ Jr 37-38 ☐ Sal 137
22 ☐ 1 Pe 5 ☐ Jr 39-40 ☐ Sal 138
23 ☐ 2 Pe 1 ☐ Jr 41-42 ☐ Sal 139
24 ☐ 2 Pe 2 ☐ Jr 43-44 ☐ Sal 140
25 ☐ 2 Pe 3 ☐ Jr 45-46 ☐ Sal 141
26 ☐ Gá 1 ☐ Jr 47-48 ☐ Sal 142
27 ☐ Gá 2 ☐ Jr 49-50 ☐ Sal 143
28 ☐ Gá 3.1-20 ☐ Jr 51-52 ☐ Sal 144

1131

29 ☐ Gá 3.21-4.20 ☐ Lm 1-2 ☐ Sal 145
30 ☐ Gá 4.21-31 ☐ Lm 3-4 ☐ Sal 146

DICIEMBRE
1 ☐ Gá 5.1-15 ☐ Lm 5 ☐ Sal 147
2 ☐ Gá 5.16-26 ☐ Ez 1 ☐ Sal 148
3 ☐ Gá 6 ☐ Ez 2-3 ☐ Sal 149
4 ☐ Ef 1 ☐ Ez 4-5 ☐ Sal 150
5 ☐ Ef 2 ☐ Ez 6-7 ☐ Is 40
6 ☐ Ef 3 ☐ Ez 8-9 ☐ Is 41
7 ☐ Ef 4.1-16 ☐ Ez 10-11 ☐ Is 42
8 ☐ Ef 4.17-32 ☐ Ez 12-13 ☐ Is 43
9 ☐ Ef 5.1-20 ☐ Ez 14-15 ☐ Is 44
10 ☐ Ef 5.21-33 ☐ Ez 16 ☐ Is 45
11 ☐ Ef 6 ☐ Ez 17 ☐ Is 46
12 ☐ Fil 1.1-11 ☐ Ez 18 ☐ Is 47
13 ☐ Fil 1.12-30 ☐ Ez 19 ☐ Is 48
14 ☐ Fil 2.1-11 ☐ Ez 20 ☐ Is 49
15 ☐ Fil 2.12-30 ☐ Ez 21-22 ☐ Is 50
16 ☐ Fil 3 ☐ Ez 23 ☐ Is 51
17 ☐ Fil 4 ☐ Ez 24 ☐ Is 52
18 ☐ Col 1.1-23 ☐ Ez 25-26 ☐ Is 53
19 ☐ Col 1.24-2.19 ☐ Ez 27-28 ☐ Is 54
20 ☐ Col 2.20-3.17 ☐ Ez 29-30 ☐ Is 55
21 ☐ Col 3.18-4.18 ☐ Ez 31-32 ☐ Is 56î
22 ☐ Lc 1.1-25 ☐ Ez 33 ☐ Is 57
23 ☐ Lc 1.26-56 ☐ Ez 34 ☐ Is 58
24 ☐ Lc 1.57-80 ☐ Ez 35-36 ☐ Is 59
25 ☐ Lc 2.1-20 ☐ Ez 37 ☐ Is 60
26 ☐ Lc 2.21-52 ☐ Ez 38-39 ☐ Is 61
27 ☐ Lc 3.1-20 ☐ Ez 40-41 ☐ Is 62
28 ☐ Lc 3.21-38 ☐ Ez 42-43 ☐ Is 63
29 ☐ Lc 4.1-30 ☐ Ez 44-45 ☐ Is 64
30 ☐ Lc 4.31-44 ☐ Ez 46-47 ☐ Is 65
31 ☐ Lc 5.1-26 ☐ Ez 48 ☐ Is 66

Cómo encontrar una referencia bíblica

Cada versículo en está Biblia esta marcado con su *propio número*. Para encontrar los pasajes aquí numerados, necesitas encontrar primero, el libro, luego el número del capítulo dentro de ese libro, y luego el número o números de los versículos dentro de ese capítulo. En las listas, el número de capítulo aparece inmediatamente después del nombre del libro. Después del punto están los números de los versículos. Por ejemplo: 1 Corintios 12.1-11 es la primera carta de San Pablo a los Corintios capítulo doce, versículos del uno al once.

Lecturas para días especiales

Día de Año Nuevo
Colosenses 3.5-17
Epifanía
San Mateo 2.1-12
Día de Martín Lutero King, Jr
Éxodo 3.1-12
Día de San Valentín
1 Corintios 13; 1 Juan 4.7-21
Día de los Presidentes
Isaías 32.1-8
Miércoles de Ceniza
Salmo 51; Joel 2.12-19; San Mateo 6.1-6;
Santiago 1.12-18
Día de San Patricio
Isaías 52.7-12
Domingo de Ramos
San Marcos 11.1-11; San Juan 12.12-19;
Filipenses 2.1-5
Jueves Santo
San Juan 13.1-17,34; Salmo 116
Viernes Santo
San Juan 18.1-19.42; Salmo 22;
Isaías 52.13-53.12
Domingo de Resurrección
San Mateo 28; San Lucas 24; San Juan 20;
Hechos 10.34-43; Salmo 33
La Pascua
Éxodo 12
Día de las Madres
1 Samuel 1. 1-28; Proverbios 23.22-25;
Proverbios 31.10-31; San Lucas 1.26-56
Día Memorial
Isaías 26.1-19
Pentecostés
Hechos 2.1-11
Día de los Padres
Proverbios 4; Proverbios 20.7;
San Lucas 15.11-32
Día de la Independencia
Salmo 33

Día del Trabajo
Génesis 1.26-2.4
Día de Reconciliación
Jeremías 31.31-34
Día de los Abuelos
Salmo 128
Domingo de Comunión Mundial
San Juan 10.1-16
Halloween
1 Juan 3.1-10; 1 Corintios 15.51-58
Día de Todos los Santos
Hebreos 11
Día de Mayordomía Cristiana
San Mateo 25.11-29; 2 Corintios 9.1-15
Día de Elecciones
1 Pedro 2.13-17
Día de los Veteranos
Isaías 2.1-5
Domingo de la Biblia
2 Timoteo 3.10-17
Día de Gracias
Deuteronomio 8.1-10; Salmo 65; Salmo 67
Primer Domingo de Adviento
Isaías 63.16-64.9; San Mateo 24.36-44;
San Lucas 21.25-36; Salmo 25
Segundo Domingo de Adviento
Malaquías 3.1-5; San Mateo 3.1-12; Salmo 8
Tercer Domingo de Adviento
Isaías 12. 1-6; San Mateo 11.2-19;
San Lucas 3.7-18; Filepenses 4.4-9
Cuarto Domingo de Adviento
Isaías 7.10-17; Miqueas 5.1-4;
San Lucas 1.26-56; Salmo 89.1-18
Navidad
San Lucas 2.1-20; San Mateo 1.18-25;
San Juan 1.1-18; Tito 3.4-7
Cumpleaños Personal
Salmo 145

Pasajes famosos en la Biblia
Historias del Antiguo Testamento

EL COMIENZO

La creación y el pecado
Génesis 2.4-3.24
El primer asesinato
Génesis 4.1-15
Noé y el diluvio
Génesis 6.1-9.17

La Torre de Babel
Génesis 11.1-9
El llamado a Abraham
Génesis 12.1-9
La destrucción de Sodoma y Gomorra
Génesis 19.1-28

Historias del Nuevo Testamento

MILAGROS Y CURACIONES DE JESÚS

¿Qué es una parábola?

Parábola es una historia que usa situaciones de la vida real diaria para enseñar verdades. Jesús usó muchas parábolas para enseñar sobre el Reino de Dios a sus seguidores.

Otros pasajes famosos en la Biblia

CANCIONES EN LA BIBLIA

El canto de liberación de Moisés
Éxodo 15.1-18

La canción de victoria de Débora y Barac
Jueces 5.1-31

El canto de alabanza de Ana
1 Samuel 2.1-10

El lamento de David por Saúl y Jonatán
2 Samuel 1.17-27

Canto de victoria de David
2 Samuel 22;
Salmo 18

Canción de amor de Salomón
Cantares 2.10-15

Canción de alabanza de María
San Lucas 1.46-55

Himno a Cristo Jesús
Filipenses 2.6-11

ORACIONES EN LA BIBLIA

Oración personal de Salomón
1 Reyes 3.5-10

Oración pública de Salomón
1 Reyes 8.22-61;
2 Crónicas 6.12-42

Oración de Ezequías en el Templo
2 Reyes 19.15-19;
Isaías 37.14-20

Oración de acción de gracias de David
2 Samuel 7.18-29;
1 Crónicas 17.16-27

La oración de Job
Job 42.1-6

La oración de Jeremías

Jeremías 32.16-25

La oración de Daniel
Daniel 9.3-19

La oración de Jonás
Jonás 2.1-9

El Padre Nuestro
San Mateo 6.9-13

Oración de Jesús en Getsemaní
San Mateo 26.36-44

Jesús ora por sus discípulos
San Juan 17

La oración de los discípulos
Hechos 4.24-31

La oración de Pablo por los creyentes
Efesios 3.14-21

BENDICIONES ESPECIALES HALLADAS EN LA BIBLIA

Invocaciones y aperturas
Salmo 19.14;
1 Corintios 1.3;
1 Timoteo 1.2;
2 San Juan 3;
Apocalipsis 1.4-6

Despedidas y conclusiones
Números 6.24-26;
1 Reyes 8.57,58;
Romanos 15.5,6,13;
Romanos 16.25-27;
2 Corintios 13.13;
Efesios 6.23,24;
Filipenses 4.7;
Hebreos 13.20,21;
Judas 24,25

Encuentra ayuda en la Biblia

Ayuda en Circunstancias Especiales

Siendo un buen amigo
Proverbios 17.17; San Lucas 10.25-37; San Juan
15.11-17; Romanos 16.1-2

Siendo un líder
Isaías 11.1-9; Isaías 32.1-8; 1 Timoteo 3.1-7;
2 Timoteo 2.14-26; Tito 1.5-9

Cuidando a las viudas y a los ancianos
Génesis 47.1-12; Rut 1; Proverbios 23.22;
1 Timoteo 5.3-8

Celebrando la adopción/nacimiento de un niño
Salmo 100; Proverbios 22.6; San Lucas
18.15-17; San Juan 16.16-22

Celebrando una graduación
Salmo 119.105,105; Proverbios 9.10-12; Gálatas
5.16-26; Filipenses 4.4-9

Celebrando una boda
Génesis 2.18-24; Cantar de Cantares 8.6-7;
Efesios 5.21-33; Colosenses 2.6,7

Celebrando un aniversario de boda
Salmo 100; 1 Corintios 13

Controlando su temperamento
Proverbios 14.17, 29; 15.18; 19.11; 29.22;
Eclesiastés 7.9; Gálatas 5.16-26

Controlando su lengua
Salmo 12; Salmo 19.14; Proverbios 11.13;
Proverbios 26.20; 2 Tesalonicenses 2.16-17;
Santiago 3.1-12

Descubriendo la voluntad de Dios
Salmo 15; Miqueas 6.6-8; San Mateo 5.14-16;
San Lucas 9.21-27; Romanos 13.8-14; 2 Pedro
1.3-9; 1 Juan 4.7-21

Enfrentando un culto extraño
San Mateo 7.15-20; 2 Pedro 2;
1 Juan 4.1-6; Judas

Enfrentando la presión de los compañeros
Proverbios 1.7-19; Romanos 12.1-2;
Gálatas 6.1-5; Efesios 5.1-20

Entrando a la Universidad
Proverbios 2.1-8; Proverbios 3.1-18; Proverbios
4.1-27; Proverbios 23.12; Romanos 8.1-17;
1 Corintios 1.18-31

Entrando al servicio militar
2 Samuel 22.2-51; Salmo 91; Efesios 6.10-20;
2 Timoteo 2.1-13

Confrontando la muerte de un ser querido
Job 19.25-27; San Juan 11.25-27; San Juan
14.1-7; Romanos 8.31-39; Romanos 14.7-9;
1 Tesalonicenses 4.13-18

Confrontando enfermedad
Salmo 23; San Marcos 1.29-34; San Marcos
6.53-56; Santiago 5.14-16

Confrontando el sufrimiento y la persecución
Salmo 109; Salmo 119.153-160; San Mateo
5.3-12; San Juan 15.18-16.4; Romanos 8.18-30;
2 Corintios 4.1-15; Hebreos 12.1-11; 1 Pedro
4.12-19

Tomando una decisión difícil
1 Reyes 3; Ester 4-7; Salmo 139; Daniel 2.14-23;
Colosenses 3.12-17

Enfrentando divorcio
Salmo 25; San Mateo 19.1-9; Filipenses 3.1-11

Confrontando el desamparo
Salmo 90.1-2; Isaías 65.17-25; Lamentaciones
3.19-24; San Lucas 9.57-62; Apocalipsis 21.1-4

Enfrentando la cárcel
Lamentaciones 3.34-36; San Mateo 25.31-46;
San Lucas 4.16-21

De frente a una vida solitaria
1 Corintios 7.25-38; 1 Corintios 12.1-31

Enfrentando un desastre natural
Génesis 8-9.17; Job 36.22-37.13; Salmos 29,
124; Salmo 36.5-9; Jeremías 31.35-37; Romanos
8.31-39; 1 Pedro 1.3-12

De frente a un juicio o demanda judicial
Salmo 26; Isaías 50.4-11; San Mateo 5.25-26;
San Lucas 18.1-8

Perdiendo tu trabajo
Jeremías 29.10-14; San Lucas 16.1-13;
Filipenses 4.10-13

Perdiendo las posesiones o propiedades
Job 1.13-22; Job 42.7-17; Isaías 30.19-26;
Isaías 41.17-20; Romanos 8.18-39

Manejando el tiempo
Proverbios 12.11; Proverbios 28.19; San Marcos
13.32-37; San Lucas 21.34-36; Timoteo 4.11-16;
Tito 3.8-14

Mudándose a una nueva casa
Salmo 127.1-2; Proverbios 24.3-4; San Juan
14.1-7; Efesios 3.14-21; Apocalipsis 3.20,21

Sobreponiéndose a la adicción
Salmo 40.1-5, 11-17; Salmo 116.1-7; Proverbios
23.29-35; 2 Corintios 5.16-21; Efesios 4.22-24

Superando una rencilla
Levítico 19.17-18; San Mateo 5.23-26;
San Lucas 6.27-36; Efesios 4.25-32

Superando el prejuicio
San Mateo 7.1-5; Hechos 10.34-36; Gálatas
3.26-29; Efesios 2.11-22; Colosenses 3.5-11;
Santiago 2.1-13

Conquistando el orgullo
Salmo 131; San Marcos 9.33-37; San Lucas
14.7-11; San Lucas 18.9-14; San Lucas 22.24-27;
Romanos 12.14-16; 1 Corintios 1.18-31;
2 Corintios 12.1-10

No dejando para mañana lo que puedas hacer hoy
San Mateo 22.1-14; San Mateo 25.1-13;
2 Corintios 6.1-2

Criando niños
Proverbios 22.6; Efesios 6.4; Colosenses 3.21

Respetando la autoridad civil
San Marcos 12.13-17; Romanos 13.1-7;
Tito 3.1-2; 1 Pedro 2.13-17

Respetando a los padres
Exodus 20.12; Proverbios 23.22; Efesios 6.1-3;
Colosenses 3.20

Jubilándose de su trabajo
Números 6.24-26; Salmo 145; San Mateo
25.31-46; Romanos 12.1-2; Filipenses 3.12-21;
2 Pedro 1.2

Buscando perdón
Salmo 32.1-5; Salmo 51; Proverbios 28.13;
Joel 2.12-17; San Mateo 6.14-15; San Lucas 15;
Filemón; Hebreos 4.14-16; 1 Juan 1.5-10

Buscando la ayuda de Dios
Salmos 5, 57, 86, 121, 130; Salmo 119.169-176;
San Mateo 7.7-12

Buscando justicia
Salmos 10, 17, 75, 94; Isaías 42.1-7; Isaías
61.1-9; Amós 5.21-24; Habacuc 1.1-2.4

Buscando salvación
San Juan 3.1-21; Romanos 1.16-17; Romanos
3.21-31; Romanos 5.1-11; Romanos 10.5-13;
Efesios 1.3-14; Efesios 2.1-10

Buscando fortaleza
Salmos 46, 138; Isaías 40.27-31; Isaías 51.12-16;
Efesios 6.10-20; 2 Tesalonicenses 2.16-17

Buscando la verdad
Salmo 119.153-160; San Juan 8.31-47; San Juan 14.6-14; San Juan 16.4b-15; 1 Timoteo 2.1-7

Compartiendo tus dones
Exodus 35.20-29; Malaquías 3.6-12; San Lucas 21.1-4; Hechos 2.43-47; Hechos 4.32-37; Romanos 12.9-13; 1 Corintios 16.1-4; 2 Corintios 8.1-15; 2 Corintios 9.6-15

Comenzando un trabajo nuevo
Proverbios 11.3; Proverbios 22.29; Romanos 12.3-11; 1 Tesalonicenses 5.12-18; 2 Tesalonicenses 3.6-13; 1 Pedro 4.7-11

Entendiendo tu relación con Dios
Deuteronomio 5.1-22; Salmo 139; San Juan 15.1-17; Romanos 5.1-11; Romanos 8.1-17

Entendiendo tu relación con otros
Deuteronomio 5.16-21; Proverbios 3.27-35; San Mateo 18.15-17; San Mateo 18.21-35; Romanos 14.13- 23; Romanos 15.1-6; Gálatas 6.1-10; Colosenses 3.12-17; 1 Juan 4.7-12

Preocupándote por el futuro
Isaías 35; Isaías 60; Jeremías 29.10-14; 1 Pedro 1.3-5; Apocalipsis 21.1-8

Preocupándote por la vejez
Salmo 37.23-29; Isaías 46.3-4

Preocupándote por el dinero
Proverbios 11.7; Eclesiastée 5.10-20; San Mateo 6.24- 34; San Lucas 12.13-21; 1 Timoteo 6.6-10

Confrontando sentimientos que perturban

¿Tienes miedo?
Salmos 27, 91; Isaías 41.5-13; San Marcos 4.35-41; Hebreos 13.5-6; 1 Juan 4.13-18

¿Tienes miedo a la muerte?
Salmo 23; Salmo 63.1-8; San Juan 6.35-40; Romanos 8.18-39; 1 Corintios 15.35-57; 2 Corintios 5.1-10; 2 Timoteo 1.8-10

¿Estás enojado?
Proverbios 15.1; Romanos 12.17-21; San Mateo 5.21-24; Efesios 4.26-32; Santiago 1.19-21

¿Estás ansioso o enojado?
Salmo 25; San Mateo 6.24-34; San Mateo 10.26-31; 1 Pedro 1.3-5; 1 Pedro 5.7

¿Te sientes deprimido?
Salmos 16, 43, 130; Isaías 61.1-4; Jeremías

15.10-21; Lamentaciones 3.55-57; San Juan 3.14-17; Efesios 3.14-21

¿Te sientes frustrado o engañado?
Salmo 55; Salmo 62.1-8; Jeremías 20.7-18

¿Estás desanimado?
Salmo 34; Isaías 12.1-6; Romanos 15.13; 2 Corintios 4.16-18; Filipenses 4.10-13; Colosenses 1.9-14; Hebreos 6.9-12

¿Dudando en cuanto a tu fe en Dios?
Salmos 8, 146; Proverbios 30.5; San Mateo 7.7-12; San Lucas 17.5-6; San Juan 20.24-31; Romanos 4.13-25; Hebreos 11; 1 Juan 5.13-15

¿Estás frustrado?
Job 21.1-16; Job 24.1-17; Job 36.1-26; San Mateo 7.13-14

¿Eres impaciente?
Salmo 13; Salmo 37.1-7; Salmo 40.1-5; Eclesiastés 3.1-15; Lamentaciones 3.25-33; Hebreos 6.13-20; Santiago 5.7-11

¿Eres inseguro? ¿Te falta estima propia?
Deuteronomy 31.1-8; Salmo 73.21-26; Salmo 108; Filipenses 4.10-20; 1 Juan 3.19-24

¿Eres celoso?
Salmo 49; Proverbios 23.17; Santiago 3.13-18

¿Te sientes solo?
Salmos 22, 42; San Juan 14.15-31a

¿Te sientes abrumado? ¿Bajo tensión?
Isaías 55.1-9; San Mateo 11.25-30; San Juan 4.1-30; 2 Corintios 6.3-10; Apocalipsis 22.17

¿Te sientes rechazado?
Salmo 38; Isaías 52.13-53.12; San Mateo 9.9-3; San Lucas 4.16-30; San Juan 15.18-16.4; Efesios 1.3-14; 1 Pedro 2.1-10

¿Eres tentado?
Salmo 19.12-14; Salmo 141; San Lucas 4.1-13; Hebreos 2.11-18; Hebreos 4.14-16; Santiago 1.12-18

¿Eres tentado por el sexo?
2 Samuel 11.1-12.25; 1 Corintios 6.12-20; Gálatas 5.16.26

¿Estás cansado? ¿Exhausto?
Salmo 3.5-6; Salmo 4.4-8; Isaías 35.1-10; San Mateo 11.25-30; 2 Tesalonicenses 3.16; Hebreos 4.1-11

¿Te sientes inútil o inferior?
Isaías 6.1-8; Jeremías 1.4-10; Gálatas 1.11-24; Efesios 4.1-16; 1 Pedro 2.4-10

¿Tienes deseos de venganza?
San Mateo 5.38-42; Romanos 12.17-21

Qué dice la Biblia sobre el perdón de Dios

Todos estamos separados de Dios por causa del pecado.
Isaías 59.1-15
Romanos 3.9-20
Romanos 5.12-21
Eclesiastés 7.20
Romanos 7.14-25

Dios siempre ha buscado tener una relación de cerca con la humanidad.
Éxodo 19.3b-8
Jeremías 31.31-34
Isaías, 54.1-10
1 Pedro 1.1-10
1 Juan 3.1-10

Dios ha tratado de hacer contacto con nosotros de una forma personal al enviar a su hijo Jesucristo.
Colosenses 1.15-23
Romanos 5.1-11
1 Pedro 2.10-25
San Juan 3.1-21
2 Timoteo 1.3-10
Efesios 2.1-10

El perdón de Dios a través de su hijo Jesucristo está al alcance de todos.
Salmos 51.1-17
1 Juan 1.5-10
Romanos 10. 5-13
Salmos 32.1-11
Romanos 8.31-39
Romanos 3.21-26

Para vivir la "nueva vida" en Cristo es necesario vivir como Cristo vivió.
Romanos 6.1-14
San Mateo 20.20-28
Efesios 4.17-32
Gálatas 5.16-26
1 Juan 4.7-21
Romanos 12.1-21

Impreso en los Estados Unidos de América

Your opinion m   for's travelers,
too. And we'd

When you s   ve member
of the Fodo   ck to make
our books b   , er possible.
Throughout our gu   , excerpts of your unvarnished
feedback.

Here's how you can help improve Fodor's for all of us.

Tell us when we're right. We rely on local writers to give you an insider's perspective. But our writers and staff editors—who are the best in the business—depend on you. Your positive feedback is a vote to renew our recommendations for the next edition.

Tell us when we're wrong. We're proud that we update most of our guides every year. But we're not perfect. Things change. Hotels cut services. Museums change hours. Charming cafés lose charm. If our writer didn't quite capture the essence of a place, tell us how you'd do it differently. If any of our descriptions are inaccurate or inadequate, we'll incorporate your changes in the next edition and will correct factual errors at fodors.com immediately.

Tell us what to include. You probably have had fantastic travel experiences that aren't yet in Fodor's. Why not share them with a community of like-minded travelers? Maybe you chanced upon a beach or bistro or B&B that you don't want to keep to yourself. Tell us why we should include it. And share your discoveries and experiences with everyone directly at fodors.com. Your input may lead us to add a new listing or highlight a place we cover with a "Highly Recommended" star or with our highest rating, "Fodor's Choice."

Give us your opinion instantly at our feedback center at www.fodors.com/feedback. You may also e-mail editors@fodors.com with the subject line "Central America Editor." Or send your nominations, comments, and complaints by mail to Central America Editor, Fodor's, 1745 Broadway, New York, NY 10019.

You and travelers like you are the heart of the Fodor's community. Make our community richer by sharing your experiences. Be a Fodor's correspondent.

Happy traveling and Feliz viaje!

Tim Jarrell, Publisher

CONTENTS

ABOUT THIS BOOK

Our Ratings

Sometimes you find terrific travel experiences and sometimes they just find you. But usually the burden is on you to select the right combination of experiences. That's where our ratings come in.

As travelers we've all discovered a place so wonderful that its worthiness is obvious. And sometimes that place is so experiential that superlatives don't do it justice: you just have to be there to know. These sights, properties, and experiences get our highest rating, **Fodor's Choice,** indicated by orange stars throughout this book.

Black stars highlight sights and properties we deem **Highly Recommended,** places that our writers, editors, and readers praise again and again for consistency and excellence.

By default, there's another category: any place we include in this book is by definition worth your time, unless we say otherwise. And we will.

Disagree with any of our choices? Care to nominate a place or suggest that we rate one more highly? Visit our feedback center at www.fodors.com/feedback.

Budget Well

Hotel and restaurant price categories from ¢ to $$$$ are defined in the opening pages of each chapter. For attractions, we always give standard adult admission fees; reductions are usually available for children, students, and senior citizens. Want to pay with plastic? **AE, D, DC, MC, V** following restaurant and hotel listings indicate whether American Express, Discover, Diner's Club, MasterCard, and Visa are accepted.

Restaurants

Unless we state otherwise, restaurants are open for lunch and dinner daily. We mention dress only when there's a specific requirement and reservations only when they're essential or not accepted—it's always best to book ahead.

Hotels

Hotels have private bath, phone, TV, and air-conditioning and operate on the European Plan (aka EP, meaning without meals), unless we specify that they use the Continental Plan (CP, with a continental breakfast), Breakfast Plan (BP, with a full breakfast), or Modified American Plan (MAP, with breakfast and dinner) or are all-inclusive (AI, including all meals and most activities). We always

list facilities but not whether you'll be charged an extra fee to use them, so when pricing accommodations, find out what's included.

Many Listings
- ★ Fodor's Choice
- ★ Highly recommended
- ✉ Physical address
- ✛ Directions
- ⬧ Mailing address
- ☎ Telephone
- 🖷 Fax
- ⊕ On the Web
- ✎ E-mail
- 🎟 Admission fee
- ☉ Open/closed times
- Ⓜ Metro stations
- 🖃 Credit cards

Hotels & Restaurants
- 🏨 Hotel
- ⌨ Number of rooms
- ♨ Facilities
- ¶ Meal plans
- ✗ Restaurant
- ⌦ Reservations
- ⌇ Smoking
- ⌘ BYOB
- ✗🏨 Hotel with restaurant that warrants a visit

Outdoors
- ⛳ Golf
- ⛺ Camping

Other
- ⌚ Family-friendly
- ⇨ See also
- ✉ Branch address
- ☞ Take note

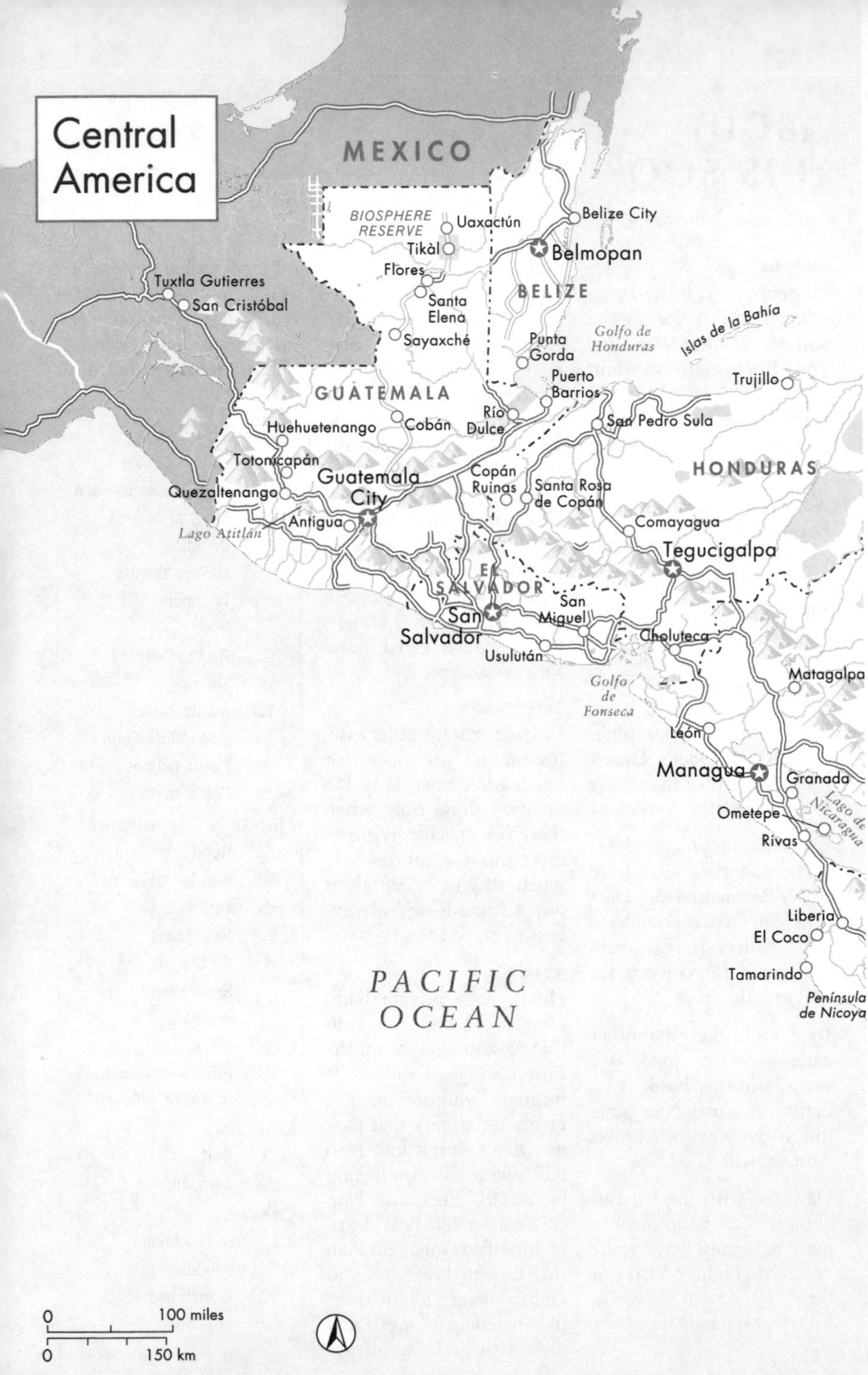

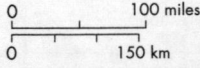

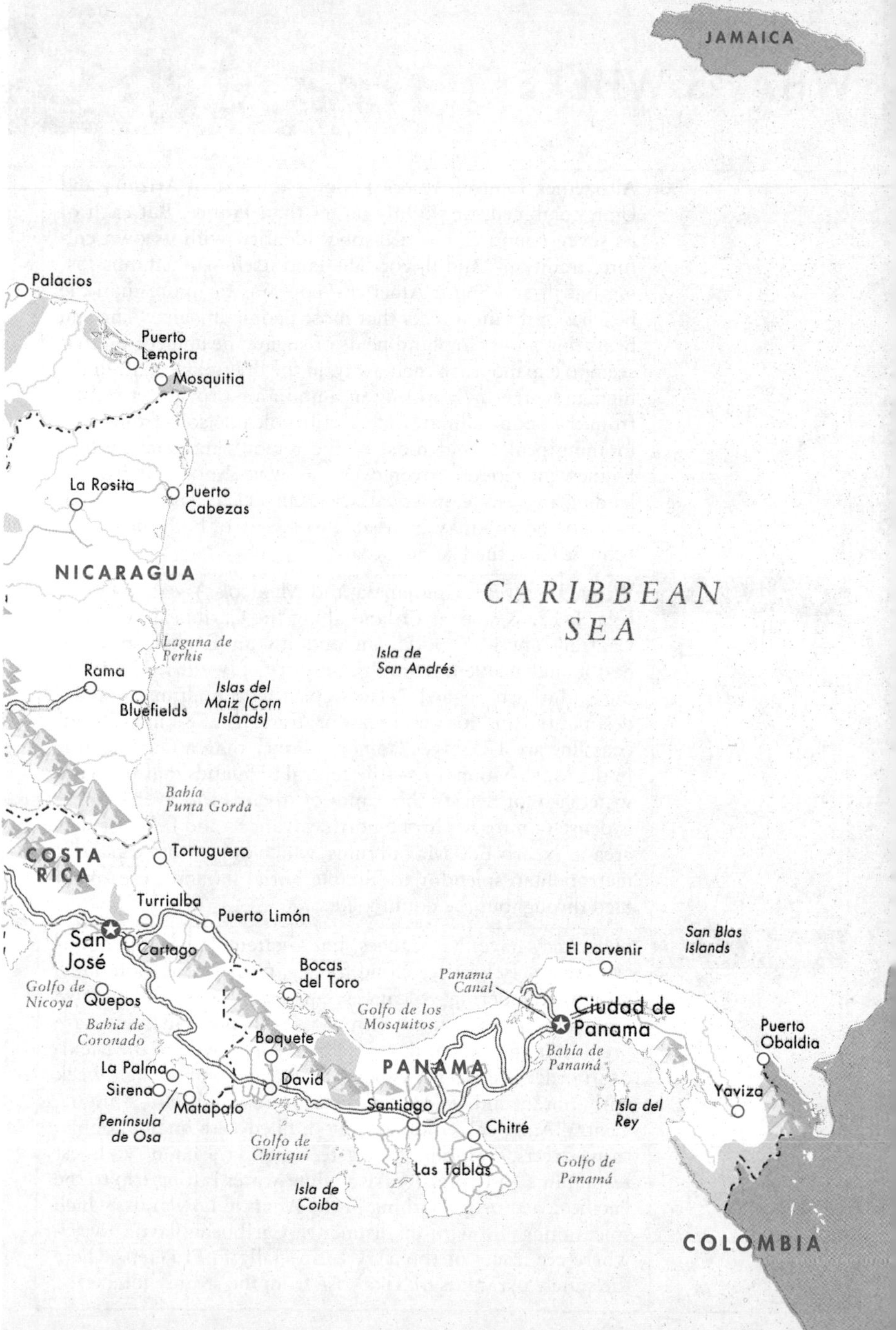

JAMAICA

Palacios

Puerto
Lempira
Mosquitia

La Rosita   Puerto
                   Cabezas

NICARAGUA   CARIBBEAN
                                   SEA

          *Laguna de
           Perlas*   Isla de
                                San Andrés
Rama   *Islas del
Bluefields   Maiz (Corn
                       Islands)*

          *Bahía
          Punta Gorda*

COSTA   Tortuguero
RICA
          Turrialba
San ★   Puerto Limón
José   Cartago
Golfo de   Bocas   El Porvenir   San Blas
Nicoya Quepos   del Toro   Islands
Bahía de   *Panama   Puerto
Coronado   Boquete Canal* Ciudad de   Obaldia
La Palma   *Golfo de los* ★Panama
Sirena   David   *Mosquitos* *Bahía de*
          Matapalo   *Panamá*   Yaviza
Península   Santiago   PANAMA
de Osa   *Golfo de*   Chitré   *Isla del*
               Chiriquí   *Rey*
                        Isla de Las Tablas   *Golfo de*
                        Coiba   *Panamá*
                                                      COLOMBIA

WHAT'S WHERE

Altogether, Central America is only the size of Arizona and Utah combined, or slightly larger than France. But each of its seven countries has a distinct identity, with its own culture, traditions, and flavor. The land itself—an isthmus fusing North and South America—contains far more than the beaches and rain forests that most people imagine. The sun beats down over lowland fields of sugarcane and cotton that seem to expand, then melt away, in the dreamlike heat. In the highlands, the invigorating mountain air provides a respite from the taxing climate. The fertile volcanic soils from these looming peaks yield most of the region's material wealth. Evanescent clouds hover over the agricultural patchwork, lending an opaque, mystical twist. On a clear day, climb high enough and you may be treated to a view of both the Caribbean Sea and the Pacific Ocean.

BELIZE

Wedged between Guatemala and Mexico's Yucatán Peninsula, Belize is a sliver of land along the Caribbean Sea, and Central America's odd man out: it's an English-speaking nation, independent from Britain since only 1981. Most diving enthusiasts regard Belize's coast as the ultimate diving destination, and for good reason. Along its 278-km (174-mi) coastline are 175 cayes, some no larger than a tennis court. In the Maya Mountains—the central highlands that form the watershed for Belize's thousands of streams and rivers—there is dense rain forest; in the north, savannas and fields of sugarcane. Nearly 600 Mayan ruins, which range from Caracol's metropolitan splendor to humble burial mounds, are sprinkled throughout the countryside.

GUATEMALA

Belize may have the beaches, but Guatemala has just about everything else—misty cloud forests, tremendous mountains ranges, smoldering volcanoes, and rain forests of massive mahogany trees draped with mosses, bromeliads, and rare orchids. In the highlands from Lake Atitlán west to the Mexican border are sleepy villages that come to life each week with vibrant indigenous markets. Here you'll find Antigua, Central America's colonial capital, filled with quaint cobblestone streets, crumbling monasteries, and the country's finest restaurants and hotels. Take a white-water rafting trip to the Pacific coast, or go bathing in the Atlantic Lowlands, which spices things up with its distinctive Caribbean flavor. Everywhere are traces of the Maya, especially in El Petén, where the stately pyramids of Tikal rise from the steamy jungle.

| EL SALVADOR | Only 250 km (150 mi) from end to end, El Salvador is the smallest country in Central America—but it is also the most densely populated. This relative crowding is most apparent in the centrally located capital city, but respite is available only a short distance away in any direction. A quick drive from San Salvador, two beautiful lakes—Lago de Coatepeque to the west and Lago de Ilopango to the east—lure visitors with swimming, boating, and scuba diving. Farther east stretches a mountain chain where volcanic pools, hot springs, and some serious off-the-beaten-path hiking await. The rugged grandeur of the thinly populated northwest is home to the beautiful Montecristo cloud forest and the stunning Lago de Güija. The Pacific coast is a long and relaxing string of good beaches ranging from the surfing mecca of La Libertad to the quaint fishing village of Las Playitas. |

| HONDURAS | Once dubbed the "Athens of Central America," the ancient Mayan city of Copán lies in the western jungles of Honduras, where its soaring pyramids are today guarded by a team of scarlet parrots. But all of this country's attractions are not historical. Populated by the Garífuna people, the northern coast has a distinctly Caribbean flavor. Towns like La Cieba are sleepy during the day but come awake at night with music and dancing. Not far from shore are the Bay Islands, surrounded by pristine coral reefs that are a scuba diver's dream. Mountainous central Honduras has national parks and reserves that are well worth the effort it takes to reach them. You'll also find the capital, Tegucigalpa, here. In the undisturbed lowland forests you might see a jaguar or a tapir, while in the highland cloud forests you can still spot the holy grail of bird-watchers, the emerald-plumed quetzal. |

| NICARAGUA | No one lists Managua, arguably the world's most peculiar capital, as their favorite place in Nicaragua, but it's easy to get from the city to the country's more compelling spots. Only one hour away, the Pacific Ocean laps at miles of desolate, unspoiled beaches. Even closer are the colonial towns of León, an hour north, and Granada, which borders Lago de Nicaragua, with its islands large and small. The largest and most spectacular is Isla de Ometepe, a volcanic island perfectly suited for hiking, wildlife spotting, and investigating pre-Columbian stone carvings. Also near Granada is Volcán Mombacho Natural Reserve, a dormant volcano topped by a gorgeous cloud forest. The north–central region's pleas- |

WHAT'S WHERE

	ant climate, soaring mountains, and coffee farms around Matagalpa make for an ideal respite to the country's lowland heat. Off the Caribbean coast, on the laid-back Corn Islands, you'll find Creole and indigenous Miskito fisherman your only companions.
COSTA RICA	The variety of Costa Rica's landscape belies its compact size. The Pacific coast contains a beach to satisfy everyone from nature lovers (Manuel Antonio) to party animals (Quepos). On the more remote, less-expensive, wetter Caribbean coast you'll find smaller crowds and opportunities for snorkeling and sportfishing. Between the shores you'll find the diversity that gave birth to Costa Rica's burgeoning ecotourism industry. The rain forests in the north provide an ideal spot for a morning spent bird-watching as a colorful kaleidoscope of birds—scarlet-rumped tanagers and yellow-billed toucans, bright blue honeycreepers and great white egrets—floats before your eyes. (With 25% of its land set aside as nature reserves and national parks, Costa Rica is home to more species of birds than the United States and Canada combined.) A visit to the cool, damp Monteverde Cloud Forest after dark reveals creatures less flamboyant but no less intriguing, from frogs the size of your fingernail to tarantulas the size of your fist. Don't get *too* close to Volcán Arenal, one of the country's top attractions: it still shoots lava into the air on a regular basis; the fireworks against the night sky are best observed from the hot springs near the volcano's base.
PANAMA	"We're more than a canal," Panamanians are fond of saying. Of course, one of the world's greatest engineering marvels is well worth a visit, but there's more to this narrow isthmus than that all-important waterway. In fact, some of the world's most accessible rain forests line the canal itself, reachable in minutes from Panama City. Farther east, the Darién Gap, the only roadless stretch between Alaska and the tip of South America, offers one of the region's most pristine jungles. Tropical beaches and coral reefs line the Caribbean coast, whereas the sedate villages along the shores of the Azuero Peninsula in the south offer sunbathing and surfing in relative seclusion. The western part of the country has cool mountains cut through by raging rivers, ideal for rafting enthusiasts who want to ride the rapids.

WHEN TO GO

The Central American climate has two basic seasons. The rainy season, which in Spanish-speaking areas is *invierno* (winter), lasts from around June through November; the dry season, which is called *verano* (summer), runs from December through May. The driest of the dry season takes place in March and April, before seasonal rains begin, when lowland temperatures may soar to 38°C (100°F).

If you want to escape crowds and high prices and don't mind getting a little wet, visit in the rainy season. Though some restaurants may close and hotels may offer limited facilities, reservations are easy to get, even at top establishments, and the countryside is lush and green.

Climate

The climate varies greatly between the lowlands and the mountains. Central America's tropical temperatures generally hover between 21°C and 29°C (70°F and 85°F). It's the high humidity, especially in the dense jungle and in lowlands, that is the true culprit for any discomfort. Remember to drink plenty of bottled water to avoid dehydration.

Central America's rainy season is marked by sporadic downpours that occur without warning; rainfall is generally heavier in the afternoon than in the morning, so you may want to do the majority of your sightseeing and shopping early, leaving the rest of the day flexible. September and October generally see the most rain.

Forecasts Weather Channel Connection (☎900/932-8437 95¢ per minute ⊕www. weather.com).

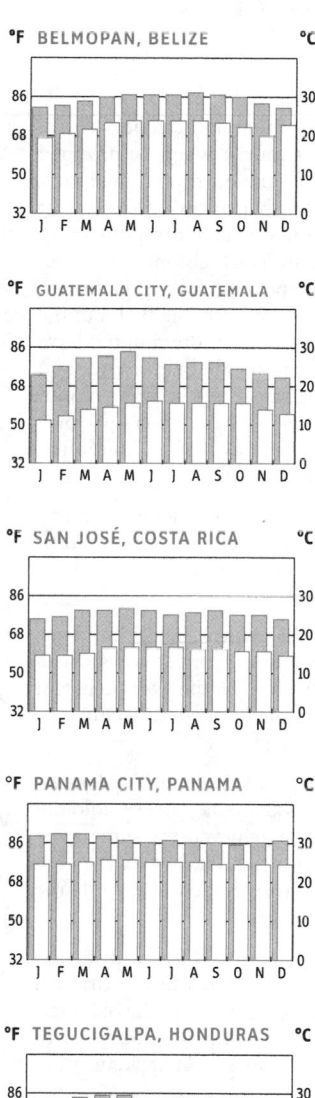

IF YOU LIKE

Colonial Cities

Christopher Columbus became Central America's first tourist when he dropped anchor here on his fourth and final voyage to the New World in 1502. He set the stage for three-plus centuries of Spanish domination. Much colonial architecture has disappeared, falling victim to earthquakes or the wrecking ball, but the proud citizens of a few communities have restored their colonial-era churches and palaces. Some structures serve as monuments to a splendid past; others perform more modern duty as homes, boutiques, hotels, and restaurants.

Antigua, Guatemala. A splendid central plaza and iconic colonial arch make Antigua one of Central America's most recognizable colonial cities.

Comayagua, Honduras. The buildings in Honduras's first capital, not so well known to the rest of the world, gleam with whitewashed facades, thanks to civic restoration efforts.

León, Nicaragua. Always envious of Granada's wealth, Nicaragua's *other* colonial city never quite achieved the same fame as its southern neighbor, but today, Leonenses are restoring their city with the same love and verve.

Panama City, Panama. Not far from the capital's sleek downtown lies its original downtown, the Casco Viejo, the old quarter's collection of colonial buildings with their baroque facades, iron balconies, and tropical pastels.

Volcanoes

Volcanoes are the bane of the Central American isthmus—these behemoths loom over populated areas and have wreaked destruction at occasional points throughout history—and also the region's boon. Fertile volcanic ash nourishes the soil and has turned Central America into a productive agricultural region. Some are best observed safely from afar; others invite you to approach the rim and cautiously peer inside.

Volcán Arenal, Costa Rica. With its perfect cone and reliable lava show, Arenal is the perfect volcano, although pesky clouds can sometimes obscure the show during the rainy season.

Volcán Izalco, El Salvador. Dormant for a half-century, this volcano's stark cone provides the perfect backdrop to El Salvador's serene Lago de Coatepeque.

Volcán Masaya, Nicaragua. Indigenous tradition held that the summit here was the gate to hell; one look inside the fiery crater and you just might agree.

Volcán Mombacho, Nicaragua. A kinder, gentler volcano just outside Granada is home to a cloud forest at its dormant summit, and offers a surprisingly chilly contrast to the sweltering nearby lowlands.

Volcán Pacaya, Guatemala. The quintessential day trip from Guatemala's capital takes you on a hike to the lava-strewn summit of the volcano that looms south of the city.

Volcán Poás, Costa Rica. An easy jaunt from San José lets you drive to the summit of this volcano and peer inside the steaming crater.

Crafts & Textiles

If you're like most visitors, you associate Central American artisan work with Guatemala only, a country where the vibrant patterns and colors of a woman's dress and blouse identify the community where she lives. But don't ignore the pulsating markets scattered up and down the isthmus. If you're pressed for time, capital cities have trendy shops that assemble works from around their respective countries for your shopping convenience, but if you're feeling adventurous, it's always more fun to make your purchases at their out-country source.

Chichicastenango, Guatemala. One of the world's most famous markets takes place in this highland town each Thursday and Sunday.

Ilobasco, El Salvador. Ceramics workshops line the town's main street; get a load of the tiny *sorpresas,* intricate works with miniature village scenes set inside.

La Campa, Honduras. Distinctive red pottery and ceramics are the hallmark of this village inhabited by the indigenous Lenca people.

Masaya, Nicaragua. Two markets—one old, one new—anchor this small city, assembling crafts from an orbit of surrounding artisan towns. Hammocks are a particularly good buy here.

San Blas, Panama. Molas from the indigenous-governed islands off the Caribbean coast, elaborately decorated, multilayered reverse-appliqué cotton squares that will look smashing as a wall hanging back home.

Adventure Sports

Costa Rica may have taken a polished Madison Avenue approach to promoting its own nature and adventure tourism, but opportunities abound up and down the isthmus, with outfitters ready set you up with equipment and/or take you on a guided excursion. Gauge your own abilities carefully—Central America can be nature at its wildest, rather than simply an outdoor theme park—and have fun.

Chiriquí, Panama. Northwest Panama is home to the Chiriquí and Chiriquí Viejo rivers, and offers everyone from novice to experienced rafter a thrilling white water experience.

La Libertad, El Salvador. Surfers wax poetic about the reputedly perfect right-hand break along this sector of Pacific coast.

Matagalpa, Nicaragua. A cool, forested oasis in hot, largely deforested Nicaragua, the hillsides around Matagalpa offer that perfect hiker's paradise.

Monteverde, Costa Rica. This cloud-forest community gave birth to the so-called canopy tour, a series of zip lines that let you glide among the tops of the trees, courtesy of a helmet and a very secure harness.

Roatán, Honduras. Divers' eyes glaze over at the mere mention of the coral reefs surrounding the Bay Islands off Honduras's northern coast.

The Cayo, Belize. Caves tunnel under the central and southern part of the country, some well-trodden, others never explored.

GREAT ITINERARIES

ON THE TRAIL OF THE MAYA

Day 1: Arrival in Guatemala City

Arrive in Guatemala City (most arrivals are in the evening) and head straight to one of the hotels in the capital's trendy Zona 10, or in nearby colonial Antigua, about a 45-minute minivan-shuttle ride away.

Logistics: Guatemala City's snazzy, newly remodeled La Aurora airport can now handle all the large flights from North America that arrive at about the same time each evening. Waits in immigration, baggage claim, and customs aren't too long.

Day 2: Tikal

You certainly *could* drive to the famed ruins of Tikal in northern Guatemala's Petén region, but an hour-long, early-morning flight saves you about 10 hours on the road. The Petén's Mundo Maya airport lies near the twin towns of Flores and Santa Elena, about 65 km (39 mi) from Tikal itself. Make your way to the ruins, and spend the cooler morning sightseeing, retreating to one of the eateries at Tikal's visitor center for lunch.

Logistics: Flores and Santa Elena have the region's largest selection of hotels and restaurants. You'll also find three lodgings on the grounds of Tikal itself.

TIPS

■ Tour operators all over Guatemala can arrange a one-day Tikal jaunt, with an early-morning flight from the capital, sightseeing at the ruins, lunch, and flight back.

■ Those same Guatemala tour operators offer one-day overland tours to Copán, too. Since the ruins lie just over the Guatemala–Honduras border, you can enter Honduras temporarily this way without paying Guatemala's exit fees.

■ Caracol nearly straddles the Belize–Guatemala border, putting it within reasonable overland reach of Tikal. Accessing Caracol and Copán this way can make this a mostly Guatemala-based itinerary and cuts down on the flying time and expense.

Day 3: Tikal to Belize City

You'll have the morning to spend catching up on any Tikal sightseeing you missed out on yesterday, before catching an afternoon flight to Belize City for the night.

Logistics: You'll inevitably end up on one of the small prop planes that ply the route between northern Guatemala and Belize. The ride and view are spectacular, but if small aircraft give you the jitters, you should stay away. The overland journey is just a few hours.

Day 4: Belize City to Caracol

Speaking of small planes, a domestic flight from Belize City to San Ignacio in the country's Cayo region puts you within striking distance of the Mayan ruins of Caracol. Excavation is a work in progress here. When it's completed, the site may dwarf Tikal. No one is quite sure yet.

Logistics: Caracol itself has no accommodation, but lodgings abound in nearby Mountain Pine Ridge or back in San Ignacio.

Day 5: Caracol to San Pedro Sula

If the Mayan gods smile on you, your morning flight from San Ignacio should get you back to Belize City in plenty of time to catch a flight to San Pedro Sula, Honduras. If your Belize–San Pedro flight arrives too late in the day, you'll need to overnight there.

Logistics: Don't forget that Belize City has two airports, domestic and international. You'll need to make your way between the two.

Day 6: San Pedro Sula to Copán

From San Pedro Sula it's an easy 3- to 4-hour drive to the ruins at Copán. An early-morning start gets you there in time to check into your hotel in the thoroughly charming town of Copán Ruinas. (The place has a lot to choose from.) Spend the latter part of the afternoon sightseeing. It's cooler at that time of day.

Logistics: "Copán" refers to the ruins; "Copán Ruinas" is the town. The nomenclature is a bit odd, yes.

Day 7: Copán & Departure

Any last-minute sightseeing at the ruins should be done in the morning, before heading back to San Pedro Sula for a flight out.

Logistics: The bustling airport in San Salvador, El Salvador, is the busiest in the region, and offers far greater and far more flexible connections to the rest of the world than does San Pedro Sula.

GREAT ITINERARIES

BEACHES

Day 1: Arrival at Panama City

Arrive at Panama City's Tocumen airport. Many flights arrive in the evening, necessitating an overnight stay in the capital, but if you get here early enough in the day, you may be able to head directly to Portobelo, a snorkeling paradise on Panama's Caribbean coast.

Logistics: Efficient, spacious Tocumen moves you through immigration and customs efficiently. The airport has more shops per square meter than any other Central American airport. You'll be tempted to linger here, or at least, scope out some purchase ideas for your flight out.

Day 2: Bocas del Toro & Isla Grande

A quick jaunt in a small plane puts you at Bocas del Toro, an archipelago of about 70 postcard-perfect islands with swaying palms and white-sand beaches off Panama's northwest Caribbean coast. (The overland, over-water trip to Bocas from Panama City takes about eight hours.) The appropriately named Isla Grande offers the best selection of hotels and restaurants, with a smattering on a few of the outlying islands, too.

Logistics: Isla Grande is the only island with any cars, but it is made for walking. As befits an archipelago, motorboat taxis are the only way to get from island to island here in Bocas.

Day 3: Isla Grande to Puerto Viejo de Talamanca

Another water taxi back to the mainland at Almirante puts you within striking distance of the Costa Rican border. From there, public buses—or if you have a group, a taxi can be a reasonable option—can transport you to Puerto Viejo de Talamanca. The reggae music wafting from the bars echoes far-off Jamaica more than Latino Central America.

Logistics: "Funky" describes most of the lodgings in Puerto Viejo town itself, largely the province of the backpacking crowd. More upscale, grown-up options line the road heading southeast out of town.

Day 4: Quepos

Get an early-morning start and head to San José, where you can catch an afternoon flight to Quepos, on Costa Rica's central Pacific coast. The town, once again, a party-hearty kind of place, adjoins Manuel Antonio National Park, with its lush, green backdrop and growing selection of trendy boutique hotels and fine restaurants.

Logistics: Costa Rica looks disarmingly small on the map. It is, but its legendarily pothole-filled roads make driving times longer than you think. Minivan shuttles are faster and far more comfortable transportation options than the country's public bus system. A small airstrip at Limón, about 90 minutes north of Puerto Viejo de Talamanca, also has flights to San José, an option that would cut down overland-transport time.

Day 5: Manuel Antonio

Manuel Antonio warrants an entire day, which you can devote to exploring the park, home to capuchin monkeys, sloths, agoutis, and 200 species of birds. It's also one of two locales in the country where you'll see squirrel monkeys.

Logistics: Almost all Manuel Antonio hotels have transport to the park. If yours doesn't, taxis are plentiful and cheap. Most everything you need here strings along the 5-km (3-mi) road between Quepos and Manuel Antonio National Park. It's practically impossible to get lost.

Day 6: Managua

An early-morning flight back to San José connects with an international flight to Managua, where you can catch a shuttle to San Juan del Sur, Nicaragua's entry in the beach-town sweepstakes. A fine entry it is, too, with its growing selection of accommodation for all budgets arranged around a pretty crescent-shaped bay.

Logistics: Costa Rica has two domestic airlines: Sansa uses Juan Santamaría International Airport. Nature Air has its own airfield in the western San José suburbs, about a 30-minute ride from the international airport. San Juan del Sur sits just north of the Costa Rican border. Alternatively, you can catch a flight from San José to Liberia, in northwest Costa Rica, an option that requires you to negotiate crossing the border by land. In the interest of time, you may wish to fly all the way to Managua.

Day 7: San Juan del Sur

Enjoy the morning in SJDS, the shorthand everyone uses to describe this beach town. A shuttle ride takes you back to Managua for a flight out, or back to Panama City.

TIPS

■ Mix and match these beach towns at will. Each is filled with visitors who have stayed a lot longer than they originally intended.

■ Transportation schedules don't always mesh well here. A certain amount of flexibility will help keep you sane.

■ In addition to the requisite sunscreen and wide-brimmed hat, you'll appreciate insect repellent. Costs of such supplies are always greater at the beach.

■ Panama and Nicaragua have good highway systems. Advanced though Costa Rica is in many ways, it has some catching-up to do in road-construction know-how. Allow yourself more time in that country for any overland trip.

Logistics: Managua's small but efficient Augusto César Sandino International Airport has flights to San Salvador, or back to Panama City.

GREAT ITINERARIES

NATURE

Day 1: Arrival in San José

Fly into San José's Juan Santamaría International Airport. Most flights from North America arrive in the evening.

Logistics: The logical place to head after arrival is into San José, but many fine lodgings cluster out near the airport, which sits about 30 minutes northwest of the capital in Alajuela. Any makes a good first-night, last-night place to stay.

Day 2: Drake Bay

It's off to the airport for an early-morning flight to Drake Bay, named for British explorer Sir Francis Drake. The bay sits on the Osa peninsula on Costa Rica's rugged south Pacific coast, and is home to a variety of the nature lodges for which Costa Rica is famous. Settle in.

Logistics: Costa Rica's two domestic airlines use different airports: Sansa flies from the international airport, where you arrived last night. Nature Air has its own airstrip closer to San José.

Day 3: Parque Nacional Corcovado

Corcovado National Park, a place *National Geographic* magazine once dubbed "the most biologically intense place on earth," covers one-third of the Osa peninsula, and is the highlight of a visit down here. A hike means spotting toucans, monkeys, dart frogs, and maybe even a boa constrictor.

Logistics: Most of the Drake lodges can organize day trips into Corcovado. If you're feeling truly intrepid and flush with time, you can arrange for excursions deep into the park, very much on the roughing-it end of the spectrum, lasting two or more days.

Day 4: Drake Bay

With two long coastlines, not all Central American nature is land-based. A stay at Drake Bay places you at one of the hemisphere's premier diving and snorkeling destinations. Dolphin-watching excursions are popular here too.

Logistics: Any of the lodges here can set you up with tours. "Remote" usually translates into "small"—a good thing, of course—but that can also mean "limited space." Advance plans are a good idea to avoid disappointment.

Day 5: San José to San Salvador

Grab an early-morning flight back to San José and connect with an afternoon flight to San Salvador, about an hour away. Overnight there at one of the city's splendid hotels. You'll appreciate a bit of civilization in the midst of a week of wilderness.

Logistics: Build in plenty of time between domestic and international flights. Weather can cause delays, especially during the rainy season.

Day 6: Parque Nacional Montecristo

About three hours north of San Salvador lies Montecristo National Park, one of El Salvador's last remaining wilderness areas. Nothing is too remote in tiny El Salvador, but you'll need a 4WD vehicle to negotiate the last stretch of road into the park. Anteaters, pumas, and monkeys abound. If you're lucky, you'll be able to add a green quetzal to your bird-watching life list. If you're up to roughing it, you can camp overnight here. An overnight inside Montecristo requires a permit, necessary to be obtained in advance, from the park's administration office in San Salvador, a frequent requirement for many of Central America's wilderness areas.

Logistics: A visit to Montecristo illustrates that not all is balmy and tropical in Central America. At about 2,100 m (7,000 ft), this is cloud forest, rather than lowland rain forest like Costa Rica's Corcovado, and you'll appreciate a jacket..

Day 7: San Salvador and Departure
Head back to the capital. After roughing it last night, you'll look forward to a night in a real bed in a real hotel back in San Salvador in anticipation of your flight back to Costa Rica or to points north.

Logistics: Reconfirming flights is always a good idea—schedules can change—but it's admittedly difficult when you're on the road. Do it when you have access to civilization, or ask the personnel at your lodge for help.

TIPS

■ You'll have an entirely new standard for what "get away from it all" means when you visit Central America's famed nature reserves. You'll need to engage in a bit of choreography to get to such places, but the payoff is the splendid isolation that only a back-to-nature experience can provide.

■ Procuring a place to stay at such far-flung destinations always requires advance notice.

Belize

WORD OF MOUTH

"Blue Hole National Park . . . was one of the highlights of our trip. The cave is a short hike through the jungle and the entranceway is lush and beautiful. We headed in with our funny flashlight headgear and explored. [It] was thrilling and scary, no guide goes with you, and there are no handrails!"

—Brooklyn Girl

"We just returned from a 10-day trip to Belize and stayed in Ambergris Caye. Just about any place you go around there has fabulous snorkeling. You can book trips when you get there, so don't fret. Try to get on with a smaller organization or individual so you don't end up on a boat with 10 people who have never snorkeled before."

—JanieC

www.fodors.com/forums

By Ian Sluder

BELIZEANS FREQUENTLY TALK ABOUT "THE JEWEL." They say, "Get yourself a piece of the Jewel." Or, "When are you coming back to the Jewel?" By Jewel, they simply mean Belize. It's a place of incredible natural beauty, of mint-green seas and emerald-green forests, of the longest barrier reef in the western or northern hemisphere, with more kinds of birds, butterflies, flowers, and trees than in all of the United States and Canada combined. Massive ceiba trees and graceful cohune palms stand guard in rain forests where jaguars still roam and toucans and parrots fly overhead.

Evidence of the Maya is everywhere in Belize, from the lagoon-side temples of Lamanai to the caves of Actun Tunichil Muknal. Only a fraction of the thousands of Mayan ruins have been excavated from the jungle that over the centuries has swallowed the splendid temples and sprawling cities.

Today the country is a gumbo of cultures—African, Hispanic, Mayan, Asian, European, and Caribbean—all getting along better than anyone would expect. English is the official language, Spanish is widely spoken in the north and west, and Maya dialects are heard mainly in the south.

If you're intent on finding a sprawling beach resort or a golfer's paradise, look elsewhere. On the other hand, if you want to take a night dive through a tunnel of living coral, explore a jungle resounding with the call of howler monkeys, the "Adventure Coast"—as Belize is rightly called—won't disappoint. Some of the world's most exciting sportfishing lies off Belize's coast and cayes. And one of the most exciting ways to tour Belize is to head underground—you can canoe down subterranean rivers, ducking under low-hanging stalactites while keeping your eyes trained for Mayan artifacts.

ORIENTATION & PLANNING

ORIENTATION

Though Belize has hundreds of islands in the Caribbean, only a handful are set up for visitors with hotels, restaurants, and tours. The two largest and most populated cayes (pronounced *keys*) are Ambergris (*Am-bur-griss*) Caye, with around 8,000 people, and Caye Caulker, population 1,000. They're just a few hundred feet inside the Belize Barrier Reef. You can dive, snorkel, swim, and fish to your heart's content, or stroll the streets of San Pedro, Ambergris Caye's only town. Caye Caulker is Ambergris Caye's sister island—smaller, less developed, and a cheaper date.

Northern Belize is the "Sugar Coast" of Belize, land of sugarcane. The Cayo, in western Belize, has wide-open spaces, few bugs, and friendly people. The major towns are San Ignacio–Santa Elena (population about 16,000), about 10 mi from the Guatemala border. Want beaches? The best on the mainland are in Placencia, an appealing seaside alter-

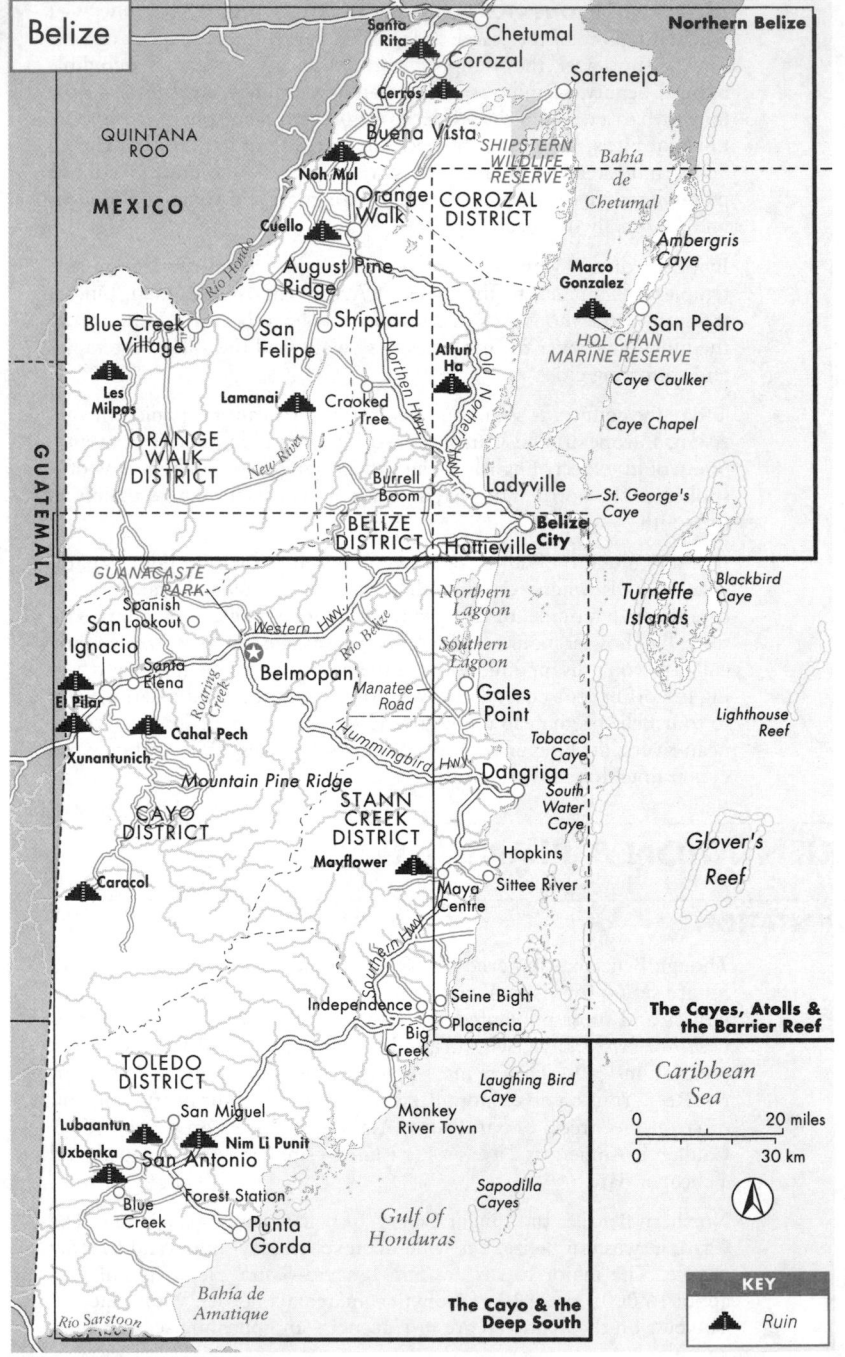

Belize

Northern Belize

Chetumal

Santa Rita

Corozal

Cerros

Sarteneja

QUINTANA ROO

Buena Vista

SHIPSTERN WILDLIFE RESERVE

Bahía de Chetumal

Noh Mul

MEXICO

Cuello

Orange Walk

COROZAL DISTRICT

Ambergris Caye

Marco Gonzalez

August Pine Ridge

Blue Creek Village

San Felipe

Shipyard

Rio Hondo

Altun Ha

San Pedro

HOL CHAN MARINE RESERVE

Caye Caulker

Northern Hwy

GUATEMALA

Les Milpas

Lamanai

Crooked Tree

Caye Chapel

ORANGE WALK DISTRICT

New River

Burrell Boom

Ladyville

St. George's Caye

BELIZE DISTRICT

Belize City

Hattieville

GUANACASTE PARK

Spanish Lookout

San Ignacio

Western Hwy

Rio Belize

Northern Lagoon

Turneffe Islands

Blackbird Caye

Santa Elena

Belmopan

Southern Lagoon

El Pilar

Cahal Pech

Roaring Creek

Manatee Road

Gales Point

Lighthouse Reef

Xunantunich

Mountain Pine Ridge

Hummingbird Hwy

Tobacco Caye

CAYO DISTRICT

STANN CREEK DISTRICT

Dangriga

South Water Caye

Glover's Reef

Caracol

Mayflower

Maya Centre

Hopkins

Sittee River

Independence

Seine Bight

Placencia

The Cayes, Atolls & the Barrier Reef

Big Creek

Laughing Bird Caye

Caribbean Sea

TOLEDO DISTRICT

Monkey River Town

Lubaantun

San Miguel

Uxbenka

Nim Li Punit

San Antonio

Sapodilla Cayes

Blue Creek

Forest Station

Punta Gorda

Gulf of Honduras

Bahía de Amatique

Rio Sarstoon

The Cayo & the Deep South

| 0 | | 20 miles |
| 0 | | 30 km |

KEY

▲ Ruin

native to the bustle of Ambergris Caye. Belize City is probably the first place you'll see in Belize, and often it doesn't make a good impression. With a population of less than 80,000, it's hardly more than an overgrown town. This is the business, media, financial, transportation, cultural, social, and—despite the capital being almost 50 mi away—political hub of Belize.

TAKE IT ALL IN

3 Days: If your international flight arrives early enough, say by 4:30 PM, head directly to one of the cays. Otherwise, spend your first night in Belize City and take a morning flight or ferry to Ambergris Caye. Spend a few days poking around San Pedro, the island's main town, and exploring the nearby Barrier Reef. If you fancy a laid-back tropical paradise with fewer tourists and less development, travel to the southern town of Placencia, where you can also dive and snorkel.

5 Days: It's said that Belize is the only country where you can scuba dive before breakfast and hike in the rain forest after lunch, but to do this you have to plan carefully. Head first to Ambergris Caye for a few days of fun in the sun. If you would like to extend your underwater adventures, move on to one of the remote coral atolls such as Turneffe Atoll or Lighthouse Reef Atoll. For the jungle experience, head to San Ignacio, in the Cayo district, and take excursions from one of the lodges in the area. From here you can canoe down the Macal River, hike through the rain forest, or explore the Mayan ruins at Xunantunich or Caracol.

7 Days: If you have more than a week, it's worth spending a bit more time around Belize City. If you're looking for nature, visit the Crooked Tree Wildlife Sanctuary and Community Baboon Sanctuary. Fly to Ambergris Caye for two or three days of diving and sunbathing; then fly back to Belize City and head for the resorts around San Ignacio to see the rain forests that make Belize a naturalist's paradise. Finally, head south to Placencia or Hopkins for a luscious last few days of snorkeling and relaxing under palm trees.

PLANNING

WHEN TO GO

Belize has two basic seasons: the rainy season and the dry season. The rainy season is June through October, extending in some areas through November or even December. The dry season runs from December through May. However, by "dry season" Belizeans usually mean the months in late winter and spring, February through May, when temperatures inland may reach 100°F.

There's considerable variation in weather from north to south, and also from the cayes to the mainland. Rainfall varies dramatically: the Deep South gets as much as 160 to 200 inches of rain each year, but the rest of the country gets a lot less, as little as 50 inches in Corozal. The cayes generally get less rain than the mainland.

TOP REASONS TO GO

NO SHOES, NO SHIRT, NO PROBLEM

The islands are where Belizeans come on vacation, and it's as if the concept of being laid-back was invented here. "Go Slow" street signs dot the sandy roads on many of the islands, and unlike some parts of the mainland, where strenuous outdoor activities such as rappelling, hiking, and caving are prime, here you spend a lot of time lazing in hammocks or sipping beer in a beachside palapa.

SNORKELING & SCUBA DIVING

Dive destinations are often divided into two broad categories—the reef and the atolls. Most reef diving is done on Belize's northern section, particularly off Ambergris Caye. For a truly dramatic experience, head to the atolls for some of the world's greatest diving opportunities. But you don't have to don scuba gear to enjoy the colorful fish and psychedelic vistas under the surface of the sea. Soak up the cast of aquatic characters offshore and around the Barrier Reef. Bloated blowfish hover in their holes; barracuda patrol the depths; and queen angelfish shimmy through the water with puckered lips and haughty self-assurance.

MAYAN SITES

Evidence of the Maya is everywhere in Belize, from the lagoon-side temples of Lamanai to the caves of Actun Tunichil Muknal. All together, Belize has about a thousand Mayan sites, most small and unexcavated, with likely hundreds or even thousands still to be discovered.

CAYO CAVES

The Cayo has the most, the biggest, and the most exciting caves. Actun Tunichil Muknal is the top caving experience in Belize. Explore huge and mysterious underground chambers on foot or float on subterranean rivers through the underworld of the ancient Maya. Regardless of your fitness level and experience, or lack of it, in the Cayo you'll find a cave that's right for you.

LODGE LUXURY

Deluxe duvets. 1,200-thread-count sheets. Your own villa on a private island or a jungle hideaway with fine wines and gourmet dinners. You may be traipsing around Mayan ruins or diving the Blue Hole during the day, but at night you can look forward to pampering at Belize's luxury jungle lodges and beach resorts.

The western Caribbean's hurricane season is from June through November. September and October are the two prime months for tropical storms and hurricanes in Belize. Over the past century, about 85% of storms to hit Belize arrived in those two months; hurricanes, however, are relatively rare.

ABOUT THE RESTAURANTS

Belize has no unique cuisine, but a gastronomic gumbo of Mexican, Caribbean, Mayan, Garífuna, English, and American dishes provides a tasty variety. Belize has restaurants serving French, Thai, Indian, Chinese, Mexican, and even Sri Lankan food. On the coast and cayes, seafood—especially lobster, conch, and locally caught fish such as snapper and grouper—is fresh, relatively inexpensive, and delicious. Try creole specialties such as cowfoot soup (yes, made with real cows' feet), "boil up" (a stew of fish, potatoes, plantains, cassava and other vegetables, and eggs), and the ubiquitous "stew chicken" with rice and beans. Many creole dishes are seasoned with red or black *recado*, a paste made from annatto seeds and other spices. In border areas, enjoy mestizo favorites such as *escabeche* (onion soup), *salbutes* (fried corn tortillas with chicken and a topping of tomatoes, onions, and peppers), or *garnaches* (fried tortillas with refried beans, cabbage, and cheese). In Dangriga and Punta Gorda or other Garífuna areas, try dishes such as *sere lasus* (fish soup with plantain balls) or cassava dumplings.

Reservations are rarely needed in Belize. The exceptions are for dinner at jungle lodges and at small restaurants where the owner or chef needs to know in advance how many people are dining that night. Belize restaurants rarely add a service charge, so tip 10%–15% of the total bill.

In Belize you'll likely stay in a traditional hotel, a jungle lodge, a beach resort, or a lodge on a remote caye. Traditional hotels, usually found in larger towns, can be basic budget places or international-style hotels. Jungle lodges are concentrated in the Cayo and Orange Walk districts, but they can be found most anywhere. Jungle lodges need not be spartan; most have electricity, a number have swimming pools, and a few have air-conditioning. The typical jungle lodge has a roof of bay-palm thatch and may remind you of a Mayan house gone upscale. Beach hotels also come in various levels of luxury, from basic seaside cabins to small, deluxe resorts. Lodging choices on remote cayes appeal to the diving and fishing crowd. Amenity levels vary greatly, from cabins with outdoor bathrooms to simple cottages with composting toilets to comfortable villas with air-conditioning. Belize accommodations usually reflect the personalities of their owners, for better or worse.

WHAT IT COSTS IN BELIZE DOLLARS					
	¢	$	$$	$$$	$$$$
RESTAURANTS	under BZ$8	BZ$8–BZ$15	BZ$15–BZ$25	BZ$25–BZ$50	over BZ$50
HOTELS	under BZ$100	BZ$100–BZ$200	BZ$200–BZ$300	BZ$300–BZ$500	over BZ$500

Restaurant prices are per person for a main course at dinner. Hotel prices are for two people in a standard double room, including tax and service.

BELIZE CITY

Belize City is more of a town than a city—few of the ramshackle buildings are taller than a palm tree, and a short distance beyond the city center streets give way to two-lane country roads where animals outnumber people. Although on paper Belize City looks like an ideal base for exploring the central part of the country, most old Belize hands will advise you to get out of Belize City as quickly as you can.

Certainly any visitor to Belize City should take the usual precautions for travel in an impoverished urban area, but Belize City does have an energy and excitement to it. There are good restaurants, a vibrant arts community, and, outside some of the rougher parts of town, nice residential areas and a number of pleasant hotels and B&Bs.

The finest British colonial houses—graceful white buildings with wraparound verandas, painted shutters, and fussy Victorian woodwork— are on the North Shore, that is, the Fort George area, near the Radisson Fort George, the most pleasant part of the city in which to stroll.

Numbers in the margin correspond to points of interest on the Belize City map.

GETTING AROUND

The main part of Belize City is at the end of a small peninsula jutting out into the Caribbean Sea. Haulover Creek, an extension of the Belize River, running roughly west to east, divides the city into the North Side and the South Side. The North Side is more affluent than the South Side. The venerable Swing Bridge connects the two, although other bridges over Haulover Creek carry more traffic. At the mouth of the river, just beyond Swing Bridge, is the Belize Harbor.

There are only two highways to Belize City: the Northern Highway, which stretches to the Mexican border, 102 mi (165 km) away, and the Western Highway, which runs 81 mi (131 km) to Guatemala. Both are paved and in good condition. Big directional signs also are now posted identifying key turns on the Northern and Western highways.

If you're staying in either the northern or western sprawling suburbs, a car is handy. If you're spending time in downtown Belize City, you're better off without a car. Parking is limited, and leaving a car on the street overnight is just asking for trouble. It's not customary to tip taxi drivers, unless they help you with luggage or perform other services.

SAFETY

The government has made great progress in cleaning up street crime. Crimes against tourists in Belize City are now relatively rare. Still, the street hustle, drug offers, and aggravation might get to you. Don't wear expensive jewelry or watches, avoid handling money in public, and leave valuables in a safe. Ignore offers to buy drugs. On buses and in crowded areas hold purses and backpacks close to your body. Check with the staff at your hotel before venturing into any unfamiliar areas, particularly at night. After dark, take a taxi rather than walk even a few blocks. Avoid leaving your rental car on the street overnight.

EXPLORING BELIZE CITY

FORT GEORGE

This is the most pleasant and appealing section of the city. It has stately colonial buildings that escaped the hurricanes of 1931 and 1961, several embassies (though the U.S. embassy was transplanted to Belmopan in late 2006), upmarket restaurants such as Harbour View that attract the city's elite, and the city's better hotels.

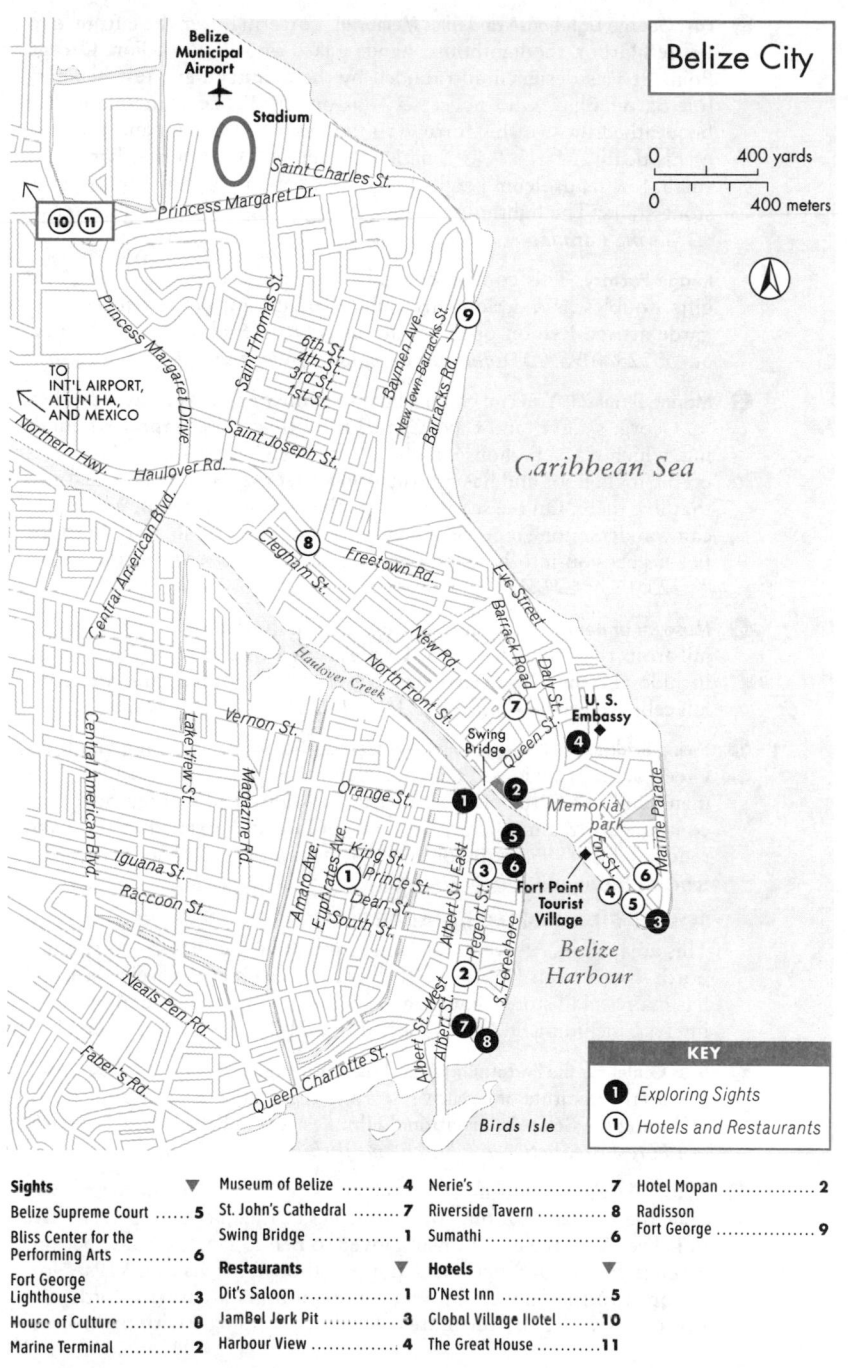

Belize City

1

Sights ▼
- Belize Supreme Court **5**
- Bliss Center for the Performing Arts **6**
- Fort George Lighthouse **3**
- House of Culture **8**
- Marine Terminal **2**
- Museum of Belize **4**
- St. John's Cathedral **7**
- Swing Bridge **1**

Restaurants ▼
- Dit's Saloon **1**
- JamBel Jerk Pit **3**
- Harbour View **4**
- Nerie's **7**
- Riverside Tavern **8**
- Sumathi **6**

Hotels ▼
- D'Nest Inn **5**
- Global Village Hotel **10**
- The Great House **11**
- Hotel Mopan **2**
- Radisson Fort George **9**

KEY

❶ Exploring Sights

① Hotels and Restaurants

❸ Fort George Lighthouse and Bliss Memorial. Towering over the entrance to Belize Harbor, the lighthouse stands guard on the tip of Fort George Point. It was designed and funded by the country's greatest benefactor, Baron Bliss, who never set foot on the Belizean mainland but bequeathed most of his fortune to the people of Belize, and the date of his death, March 9, is a national holiday. He is buried here, in a small, low mausoleum perched on the seawall, up a short run of limestone stairs. The lighthouse is for photo ops only—you can't enter it. ✉ *Marine Parade.*

Image Factory. This commercial gallery selling art prints, books, and gifts doubles as a serious art gallery, exhibiting Belize's top avant-garde artists. Exhibit openings are usually on Friday. ✉ *91 N. Front St.* ☎ *223/4093* ✉ *Donations accepted* ☉ *Weekdays 9–5.*

❷ Marine Terminal. You can catch a boat to Ambergris Caye, Caye Caulker, St. George's Caye, and Caye Chapel from this white clapboard building, which was a firehouse in the 1920s. The **Coastal Zone Museum** is on the main floor and has information about the reef and the creatures that live there. On the second floor is the **Marine Museum,** where you can wander among models of boats and tools used by shipwrights. One ticket gets you into both museums. ✉ *10 N. Front St., at Queen St.* ☎ *223/1969* ✉ *BZ$8* ☉ *Mon.–Sat. 8–5:30.*

❹ Museum of Belize. This small but interesting museum was a Belize City jail from the 1850s to 1993. Displays on Belize history and culture include ancient Mayan artifacts, eclectic memorabilia, and an actual jail cell. ✉ *Gabourel La.* ☎ *223/4524* ✉ *BZ$10* ☉ *Weekdays 9–5.*

❶ Swing Bridge. As you might have guessed, the bridge spanning Haulover Creek actually swings. Each weekday at 5:30 AM and 6:30 PM, four men hand-winch the bridge a quarter-revolution so waiting boats can continue upstream. The bridge, made in England, opened in 1923 and renovated in 1999, is the only one of its kind left. ✉ *Haulover Creek where Queen and Albert Sts. meet.*

SOUTH SIDE COMMERCIAL DISTRICT

This area, along Albert and Regent streets, two parallel streets running north–south from Haulover Creek, is the city's commercial heart. It has many small stores, banks, and budget hotels, and several places of interest, including St. John's Cathedral and the House of Culture.

❻ Bliss Center for the Performing Arts. This building, overlooking the harbor, houses the Institute of Creative Arts and regularly hosts cultural events, including the Belize International Film Festival in February. ✉ *2 Southern Foreshore, between Church and Bishop Sts.* ☎ *227/2110.*

❽ House of Culture. Built in 1812, the city's finest colonial structure was once the residence of the governor-general, the queen's representative in Belize. After the government moved to Belmopan, the house became a venue for social functions and a guesthouse for visiting VIPs. Now it's open to the public, and you can explore its archival records, art, silver, glassware, and furniture collections, or mingle with the tropical

Made in Belize

1

HOT SAUCE

This spicy sauce was created by Marie Sharp in her kitchen in the early 1980s. From a little plant near Dangriga, it comes in various heat levels, from the moderate Mild Habanero and Belizean Heat, to the fiery No Wimps Allowed, and, finally, Beware. Call ahead for an informal plant tour. **Marie Sharp's** (⊠ *3 Pier Rd., Dangriga* ☎ *522/2370 or 520/2087*).

RUM

A favorite of rum connoisseurs and a specialty of Belize is One Barrel, from **Travellers Ltd.** (✆ *Box 623, Belize City* ☎ *223/2855*); Duurley's, another Travellers product, is also delicious. For distillery tours, contact Travellers Liquors Ltd. A good mixing white rum is called Caribbean Rum. It is made by family-owned **Cuellos Distillery** (⊠ *2 Miles, Yo Creek Rd., Orange Walk Town* ☎ *322/2141*), which offers occasional tours.

HARDWOOD FURNITURE

The low-slung folding "clam chairs" are a favorite and made from the region's tropical hardwood. **New Hope Woodworking, Ltd.** (⊠ *Buena Vista St., San Ignacio, Cayo* ☎ *824/2188*) also makes more portable, small wooden boxes. **New River Enterprises** (⊠ *14 Westby St., Orange Walk Town* ☎ *322/2225*) makes beautiful solid mahogany and other hardwood doors.

BEER

With a nationwide monopoly on beer, the **Belize Brewing Co. Ltd.** is one of the countries most profitable businesses. The beer is perfect for sipping on the beach and there are four types to choose from: a lager, with 4% alcohol; Belikin Premium, also a lager, with 5% alcohol; Lighthouse, a pale lager, with 4.2% alcohol; and Belikin Stout, a dark beer with 6% alcohol.

birds that frequent the gardens. ⊠*Regent St. at Southern Foreshore* ☎*227/3050* ✆*BZ$10* ☉ *Weekdays 9–4.*

➐ **St. John's Cathedral.** On Albert Street's south end is the oldest Anglican church in Central America, and the only one outside England where kings were crowned. From 1815 to 1845 four kings of the Mosquito Coast (a British protectorate along the coast of Honduras and Nicaragua) were crowned here. ⊠*Albert St.* ☎*227/2137.*

➎ **Belize Supreme Court.** One of the city's most striking buildings, the Belize Supreme Court building is patterned after its wooden predecessor, which had burned in 1918. The current building, painted white, has filigreed iron stair and balcony rails between two arms of the structure, and above the balcony a four-sided clock. This being Belize, the clock faces seem to all show different times. ⊠*Regent St.* ☎*227/4387.*

WHERE TO EAT

★ $$$–$$$$ ✕ **Harbour View.** For the most romantic setting in the city, ask for a table on the wraparound balcony overlooking the harbor. The friendly staff and consistently excellent food also make the Harbour View a favorite of Belize's power brokers. The seafood is especially good; try the snapper with mango chutney, cooked in a banana leaf. Pork dishes, especially Pork Picasso with a hot pepper relish, also are delicious. ✉ *Fort St., near Tourist Village* ☎ *223/6420* 🗀 *AE, D, MC, V.*

★ $-$$$$ ✕ **Riverside Tavern.** The huge signature hamburger is arguably the best in Belize. The Riverside has added new steak and prime rib dishes, from cattle from Bowen's farm at Gallon Jug. This is one of the few restaurants in Belize with a dress code; shorts aren't allowed at night. There's a free and guarded parking lot in front of the restaurant. ✉ *2 Mapp St., off Freetown Rd.* ☎ *223/5640* 🗀 *AE, MC, V.*

$$-$$$ ✕ **Sumathi.** Sumathi serves the best Northern Indian food in Belize City, so don't let the ugly concrete facade turn you away. The restaurant uses an authentic tandoori oven, a large clay oven with intense heat that cooks meat and seafood quickly. Try the tandoori chicken, with cumin, ginger, and minty yogurt, served with *naan* (Indian flatbread). There are many vegetarian options, too. ✉ *190 Newtown Barracks, near Princess Hotel & Casino* ☎ *223/1172* 🗀 *MC, V.*

$-$$$ ✕ **JamBel Jerk Pit.** Serving Jamaican jerk-style dishes, some with a Belizean twist, JamBel Jerk Pit is a branch of the two San Pedro restaurants of the same name. Jerk chicken, lobster, and fish are the way to go here. Unless you choose lobster, you can get a big plate of food and a cold drink for BZ$15. ✉ *2 B King St.* ☎ *227/6080* 🗀 *MC, V.*

¢-$$ ✕ **Dit's Saloon.** More café-cum-saloon than restaurant, Dit's is a Belize City institution that specializes in beans and rice. Among the must-try, sticky and sweet baked goods are the three-milks cake and the coconut tarts. The platters of eggs, beans, and toast, washed down with large mugs of tea, are an excellent breakfast value. Sip on the delicious fresh-squeezed juices. ✉ *50 King St.* ☎ *227/3330* 🗀 *No credit cards.*

¢-$$ ✕ **Nerie's.** Always packed with locals, Nerie's offersmany traditional dishes, including fry jacks for breakfast and *garífuna sere* (fish soup with coconut milk) for lunch. Stew chicken with rice, beans, and a soft drink will only set you back BZ$10. ✉ *Queen and Daly Sts.* ☎ *223/4028* ✉ *124 Freetown Rd.* ☎ *224/5199* 🗀 *No credit cards.*

WHERE TO STAY

★ $$$ ✕🖾 **The Great House.** Among Fort George's loveliest sights is the colonial facade of this large wooden house, across from the Radisson. The large rooms have antique pine floors, and you can relax on a wraparound veranda while taking in the sea breeze. On the ground floor there's a tiny gallery of shops and a good restaurant, the Smokey Mermaid. ✉ *13 Cork St.* ☎ *223/3400* ⊕ *www.greathousebelize.com* ↘ *16 rooms* ♿ *In-room: safe, refrigerator, Wi-Fi. In-hotel: restaurant, no elevator, laundry service, public Wi-Fi* 🗀 *AE, DC, MC, V.*

$$-$$$ ✕🖾 **Radisson Fort George.** Porters in white pith helmets perpetuate a sense of British colonialism at Belize City's best-known large hotel. Lush red and ocher fabrics, faux-leopard carpets, and reproduction rattan and hardwood antiques re-create the British raj of the 1880s, albeit showing some wear and tear. Rooms in the six-story tower have panoramic views of the sea through tinted glass, whereas those in the Villa wing across the road overlook the river and one of the hotel's two

pools (however, a few rooms in this wing don't have any windows). Dining options include the expensive St. George's Dining Room and the Stonegrill, where food is grilled at tables on heated volcanic stones. The Baymen's Tavern is one of the city's upscale watering holes. ⊠*2 Marine Parade* ☎*227/7400, 888/201–1718 in U.S.* ⊕*www.radissonbelize. com* ↬*102 rooms* ☖*In-room: safe (some). In-hotel: 2 restaurants, room service, bars, pools, gym, diving, laundry service, public Internet, executive floor, no-smoking rooms, airport shuttle* ▭*AE, MC, V.*

★ $ ⊞ **D'Nest Inn.** In Belama Phase 2, a safe, middle-class suburb between the international airport and downtown, D'Nest Inn is run by a charming couple, Gaby and Oty Ake. The four guest rooms are furnished with antiques such as a hand-carved, four-poster bed. With a private entrance and your own key, you can come and go as you like. The two-story house is on a canal a few feet from the Belize River. ⊠*475 Cedar St.* ✛*From Northern Hwy., turn west on Chetumal St., turn right at police station, go 1 block and turn left, then turn right on Cedar St.* ☎*223/5416* ⊕*www.dnestinn.com* ↬*4 rooms* ☖*In-room: refrigerator, Wi-Fi. In-hotel: no elevator, public Wi-Fi* ▭*MC, V* ⦿*BP.*

$ ⊞ **Global Village Hotel.** This Chinese-owned hotel has little atmosphere, but it's sparkling clean, with modern furniture and fixtures, and a good value at BZ$100 for a double. Near the turnoff to the international airport, the hotel has free transportation to and from the airport and a fenced parking lot with 24-hour security. ⊠*Mile 8½, Northern Hwy.* ☎*225/2555* ⊕*www.globalhotel-bz.com* ✛*South of the turnoff to the international airport* ↬*40 rooms* ☖*In-hotel: restaurant, bar, no elevator, public Internet, airport shuttle* ▭*MC, V* ⦿*CP.*

¢–$ ⊞ **Hotel Mopan.** This hotel is well known for attracting interesting, well-traveled guests including archaeologists, adventurers, and birders. There's an Internet room, guest quarters are bright and clean, and the staff is always helpful. ⊠*55 Regent St., at south end* ☎*227/7351* ⊕*www.hotelmopan.com* ↬*12 rooms* ☖*In-room: no a/c (some), no phone. In-hotel: public Internet, public Wi-Fi, no elevator* ▭*MC, V.*

SPORTS & THE OUTDOORS

Belize Dive Connection (⊠*71 N. Front St.* ☎*223/4526*) runs trips from the Radisson Fort George dock. Dive trips to the Belize Barrier Reef, about 30–45 minutes away, cost around BZ$160 to BZ$210 per person. Those to Turneffe Atoll cost BZ$300 to BZ$340 per person and involve an hour to 90 minutes of travel time one way. Snorkel trips are BZ$110–BZ$200 per person.

Sea Sports Belize (⊠*83 N. Front St.* ☎*223/5505*) will take you on a 30- to 45-minute trip to Goff's Caye or St. George's Caye for snorkeling (BZ$180) or to Turneffe Atoll for diving (from BZ$285).

SHOPPING

Opened in 2004, **Fine Arts Gallery** (⊠*1 Fort St., next to Tourist Village* ☎*223/7773*), quickly became one of Belize's top spots to shop for art. It has original paintings by many of Belize's best-known artists, including Pen Cayetano, Walter Castillo, and Patrick Chevailler, along with prints by Carolyn Carr and other artists.

National Handicraft Center (⊠2 *South Park St., in Fort George section* ☎223/3636) has Belizean souvenir items, including hand-carved figurines, handmade furniture, pottery, and woven baskets. It faces the small Memorial Park.

BEYOND BELIZE CITY

If you're heading west to Cayo, plan to make a stop at the wonderful Belize Zoo, about 30 mi (49 km) west of Belize City. Going north or west, you can visit the Community Baboon Sanctuary, as there is road access to Bermudian Landing, where the sanctuary is located, via either the Northern Highway or the Western Highway.

BELIZE ZOO

★ ☉ Turn a sharp corner on the jungle trail, and suddenly you're face-to-face with a black jaguar, the largest cat in the Western Hemisphere. The big cat growls a deep rumbling threat. You jump back, thankful that a strong but inconspicuous fence separates you and the jaguar.

The Belize Zoo has more than 125 native species and has self-guided tours through several Belizean ecosystems—rain forest, lagoons, and riverine forest. You'll see the country's four other wild cats: the puma, margay, ocelot, and jaguarondi. Perhaps the zoo's most famous resident is April, a Baird's tapir. This relative of the horse and rhino is known to locals as the mountain cow, and is also Belize's national animal.

You can hike or canoe through the adjacent 84-acre Tropical Education Center. Dormitory accommodations, with outdoor toilets, are available at the center for BZ$60 per person; spiffier cabins go for BZ$130–BZ$140 double. Overnighters can take a nocturnal zoo tour for BZ$20. ⊠ *Western Hwy., 30 mi (49 km) west of Belize City* ☎220/8004 ⊕*www.belizezoo.org* ☎*BZ$15* ☉*Daily 9–5.*

COMMUNITY BABOON SANCTUARY

☉ One of Belize's most fascinating wildlife conservation projects is the Community Baboon Sanctuary, which is actually a haven for black howler monkeys—agile bundles of black fur with a deafening roar. Spanning a 20-mi (32-km) stretch of the Belize River, the reserve was established in 1985 by a group of local farmers, when the howler monkey was facing extinction. Today the sanctuary is home to nearly 1,000 black howler monkeys, as well as numerous species of birds and mammals. Explore the 3 mi of trails that start near a small museum and visitor center.

If you are going north on the Northern Highway, turn west at Mile 13 onto the Burrell Boom Road. Go 3 mi (5 km) and turn right just beyond the new bridge over the Belize River. Signs to Bermudian Landing mark the turn. Stay on this road approximately 12 mi (20 km) to Bermudian Landing. If going west on the Western Highway, turn north on the Burrell Boom Road at a roundabout at Mile 15½, and go 9 mi

(14 km) to the new bridge over the Belize River. Just before the bridge, turn left. ⊠ *Community Baboon Sanctuary, 31 mi (50 km) northwest of Belize City* ☎*220/2181* ⊡*BZ$10* ⊙*Daily 8–5.*

MONKEY BAY WILDLIFE SANCTUARY

Ⓒ Monkey Bay is a privately owned wildlife reserve on 1,070 acres near the Belize Zoo. Here you can canoe on the Sibun River, hike a 16 mi (31 km) nature trail along Indian Creek (only partly within Monkey Bay lands), or go bird-watching—some 250 bird species have been identified in the area. Overnight accommodations include tent camping (BZ$15 per person), a bunkhouse (BZ$20 a person), and rooms (BZ$35 per person) in the field research station. Meals are available if an educational group is in residence. Otherwise you'll have to make your own meals. ⊠ *Mile 31, Western Hwy., 31½ mi (51 km) northwest of Belize City* ⎙*Monkey Bay Wildlife Sanctuary, Box 187, Belmopan* ☎*820/3032* ⊕*www.monkeybaybelize.org.*

WHERE TO STAY & EAT

Just west of the Belize Zoo, the Western Highway is home to three similar restaurants in the same area: Cheers, JB's, and Amigos. Locals disagree as to which is the best, but, truth be told, they all have cold beer, unremarkable burgers, fries, and other snacks, and all have open-air seating, with decor heavy on T-shirts and other relics put up by tourists and British army troops.

$$ ╳▣**Belize R Us Resort.** The resort perches at the edge of the Belize River, and you can launch a canoe, kayak, or powerboat from the hotel's dock, or just laze about the riverside swimming pool and thatch palapa. The air-conditioned rooms are large, with custom-made mahogany furnishings. The on-site restaurant serves good Belizean food. Rates include pick-up from the international airport. ⊠ *Burrell Boom Village, 12 mi (20 km) from Baboon Sanctuary* ☎*225/9029* ⊕*www.belizerus.com* ⋥*4 rooms* ⚲*In-hotel: restaurant, bar, pool, water sports, no elevator, airport shuttle* ⊟*MC, V.*

¢–$ ▣**Howler Monkey Lodge.** You're sure to see (and hear) plenty of howler monkeys at this small, Belizean-owned lodge on a low hill above the Belize River. The rooms in simple wood cabins are small and basic; one has a swing off the back porch so you can swing out and drop into the river. Home-cooked meals (dinner, BZ$25) are served in a palapa. The lodge rents canoes (BZ$80 a day). ⊠ *Bermudian Landing, Box 694, Belize City* ☎*220/2158* ⊕*www.howlermonkeylodge.com* ⋥*8 rooms* ⚲*In-room: no a/c (some), no TV, no phone. In-hotel: restaurant, bar, pool, no elevator, airport shuttle* ⊟*MC, V.*

BELIZE CITY ESSENTIALS

TRANSPORTATION

For more information, see Essentials at the back of the chapter.

BY AIR

Philip S. W. Goldson International Airport (BZE) is near Ladyville, 9 mi (14 km) north of the city. A domestic terminal has flights on Maya Island Air and Tropic Air to Ambergris Caye and Caye Caulker and the coastal towns of Dangriga, Placencia, and Punta Gorda. The Belize City Municipal Airport, on the seafront about 1 mi (2 km) north of the city center, has domestic flights only, and fares are about 10%–45% cheaper.

BY BUS
Belize City is the hub of the country's fairly extensive bus network. National Transport and other regional companies, including Tillett's, James Bus Line, and Belize Bus, a drivers' co-op, also provide service on the Northern, Western, and Southern highways.

Information Belize City Main Bus Terminal (⊠ *W. Collet Canal, Belize City*).

BY TAXI
Cabs cost BZ$7 to BZ$10 for one person between any two points in the city, plus BZ$1 for each additional person. Outside the city, and from downtown to the suburbs, you're charged by the distance you travel. There are no meters, so be sure to agree on a price before you leave. Authorized taxis have green license plates. Taxis to town from the international airport cost BZ$50.

Contacts Belcan Taxi Stand (☎ *223/2916*). Cinderella Plaza Taxi Stand (☎ *223/0371*).

CONTACTS & RESOURCES
BANKS & EXCHANGE SERVICES
Banks Alliance Bank (⊠ *Princess Margaret Dr.* ☎ *223/5698*). Atlantic Bank (⊠ *Freetown Rd.* ☎ *223/4123*). Belize Bank (⊠ *60 Market Sq.* ☎ *227/7132*). First Caribbean International Bank (⊠ *21 Albert St.* ☎ *227/7211*). ScotiaBank (⊠ *Albert St.* ☎ *227/7027*).

EMERGENCIES
Karl Heusner Memorial, a public hospital that is merging with the private hospital Universal Health Services, and Belize Medical Associates, a private facility, both have 24-hour emergency rooms.

Hospitals Belize Medical Associates (⊠ *5791 St. Thomas St.* ☎ *223/0303*). Karl Heusner Memorial Hospital (⊠ *Princess Margaret Dr.* ☎ *223/1548*).

Pharmacies Belize Medical Associates Pharmacy (⊠ *5791 St. Thomas St.* ☎ *223/0302*). Brodie's Pharmacy (⊠ *Regent St. at Market Sq.* ⊠ *Mile 2½, Northern Hwy.*). Community Drug (⊠ *Farmers' Market* ⊠ *18 Albert St.*).

TOURS
S&L Travel and Tours is an established local tour operator that offers trips to Lamanai, Xunantunich, and Altun Ha Mayan sites; Belize Zoo; the Mountain Pine Ridge; and the Sibun River for cave tubing. Belize Trips's Katie Valk, a transplanted New Yorker, can organize a custom trip to almost any place in the country, and also to Tikal in Guatemala.

Most Belize City tour operators focus more on the booming cruise-ship market, which brings customers by the thousands, than on individual travelers.

Contacts **Katie Valk, Belize Trips** (✑ *Box 1108, Belize City* ☎ *223/0376* ⊕ *www. belize-trips.com*). **Cave-Tubing in Belize** (☎ *605/1573* ⊕ *www.cave-tubing.com*). **Coral Breeze Ltd.** (⊕ *www.coralbreezelimited.com*). **Discovery Expeditions** (✉ *5916 Manatee Dr., Buttonwood Bay* ☎ *223/0748* ⊕ *www.discoverybelize. com*). **Gray Line** (✉ *71 N. Front St., Belize City* ☎ *223/6025* ⊕ *www.graylinebelize. com*). **Maya Travel Services** (✉ *42 Cleghorn St., Belize City* ☎ *223/1623* ⊕ *www. mayatravelservices.com*). **S&L Travel and Tours** (✉ *91 N. Front St.* ☎ *227/7593* ⊕ *www.sltravelbelize.com*).

VISITOR INFORMATION

The Belize Tourism Board is open Monday–Thursday 8–5, Friday 8–4:30.

Contacts **Belize Tourism Board** (✉ *Lower Flat, New Horizon Investment Bldg., Mile 3½, Northern Hwy. Box 325, Belize City* ☎ *223/1913 or 800/624–0686* ⊕ *www. travelbelize.org*).

THE CAYES & ATOLLS

Imagine heading back to shore after a day of snorkeling, the white prow of your boat pointing up toward the billowing clouds, the sky's base darkening to deep lilac, spray from the green water pouring over you like warm rain.

You can experience such adventures off the coast of Belize, where more than 400 cayes (pronounced "keys," as in the Florida Keys) dot the Caribbean Sea. Most cayes lie inside the Barrier Reef, and the vast majority are uninhabited but for pelicans, brown- and red-footed boobies, and wish-willies (a kind of iguana). Island names are evocative and often humorous: there are Wee Wee Caye, Laughing Bird Caye, and Bread and Butter Caye. Names can suggest the company you should expect: Mosquito Caye, Sandfly Caye, and Crawl Caye, which is supposedly infested with boa constrictors.

Farther out to sea, between 30 mi and 60 mi (48 km and 96 km) off the coast, are the atolls, which are impossibly beautiful when viewed from the air. At their center the water is mint-green: the white sandy bottom reflects the light upward and is flecked with patches of mangrove and rust-color sediment. Around the atoll's fringe the surf breaks in a white circle before the color changes abruptly to ultramarine.

Diving and snorkeling are excellent on the Barrier Reef and truly world-class around the atolls. There's great fishing, whether for bonefish, tarpon, or permit on the flats, or snapper, grouper, or barracuda near the reef, or for sailfish, marlin, tuna, and other big fish in the blue water outside the reef. Caye Caulker is known for its excellent windsurfing, especially in spring, and the Belize cayes are famous for kayaking. Beach swimming, however, is only fair in many areas because of the mucky bottoms and large amounts of sea grass near shore. Still, most resorts have a swimming area off a pier or on a part of a sandy beach where they've cleared the sea grass. The Caribbean here is usually crystal-clear and around 80°F.

GETTING AROUND

Island hopping between Ambergris Caye, Caye Caulker, and Belize City is simple, though getting to other cayes can be more complicated. Caye Caulker Water Taxi Association water taxis—fast, open boats that hold 30 to 50 passengers—regularly connect Ambergris Caye and Caye Caulker, and on trips to and from Belize City also stop on demand at Caye Chapel and St. George's Caye. Other than that, you can charter a small boat with driver—typically BZ$400 and up a day—or negotiate a one-way or round-trip price.

Once on the islands, you'll generally get around by golf cart, bike, or on foot. Ambergris Caye is the only island where you'll see cars and trucks, but you can only rent a golf cart or a bike on any island.

HEALTH & SAFETY

You'll face few health concerns worse than sunburn. San Pedro's water, from a treated municipal water supply, is safe to drink. On Caye Caulker the water, usually from brackish shallow wells, often smells of sulfur, and on other remote cayes the water usually comes from cisterns. Stick to the bottled stuff, unless you're assured the water is potable. At times the sand flies on Caye Caulker and some remote cayes are irksome—apply baby oil liberally to your feet and ankles. Insect repellent with at least 30% DEET helps ward off mosquitoes.

In terms of crime risk, the cayes are among the safest areas of Belize. However, petty thefts do happen.

Numbers in the margin correspond to points of interest on the Cayes, Atolls & Barrier Reef map.

AMBERGRIS CAYE & SAN PEDRO

35 mi (56 km) northeast of Belize City.

Every year there are more cars, more souvenir shops, and more tourists. Ambergris will never be like Cancún, but it's the most developed of the cayes. Still, only one street is paved (the rest are hard-packed sand), transportation is most commonly by golf cart and bike or by foot, and the tallest building is just four stories.

At its core, the town remains mostly unchanged: a couple of rows of brightly painted wooden houses flanked by the ocean on one side and the lagoon on the other. Stores and restaurants have names like Lily's, Celi's, or Lee's. With an island population of around 10,000, San Pedro remains a small, friendly, and prosperous village.

At 25 mi (40 km) long and 4½ mi (7 km) wide, Ambergris is the queen of the cayes. Here the reef is just a few hundred yards from shore, making access to dive sites extremely easy: the journey by boat takes as little as 10 minutes. Coast and coral are farther apart as you head south, which means a greater dependence on weather. Ambergris Caye is generally superior in the number of dive shops, experience of dive masters, and range of equipment and facilities. San Pedro has Belize's only hyperbaric chamber and an on-site doctor to tend divers with the

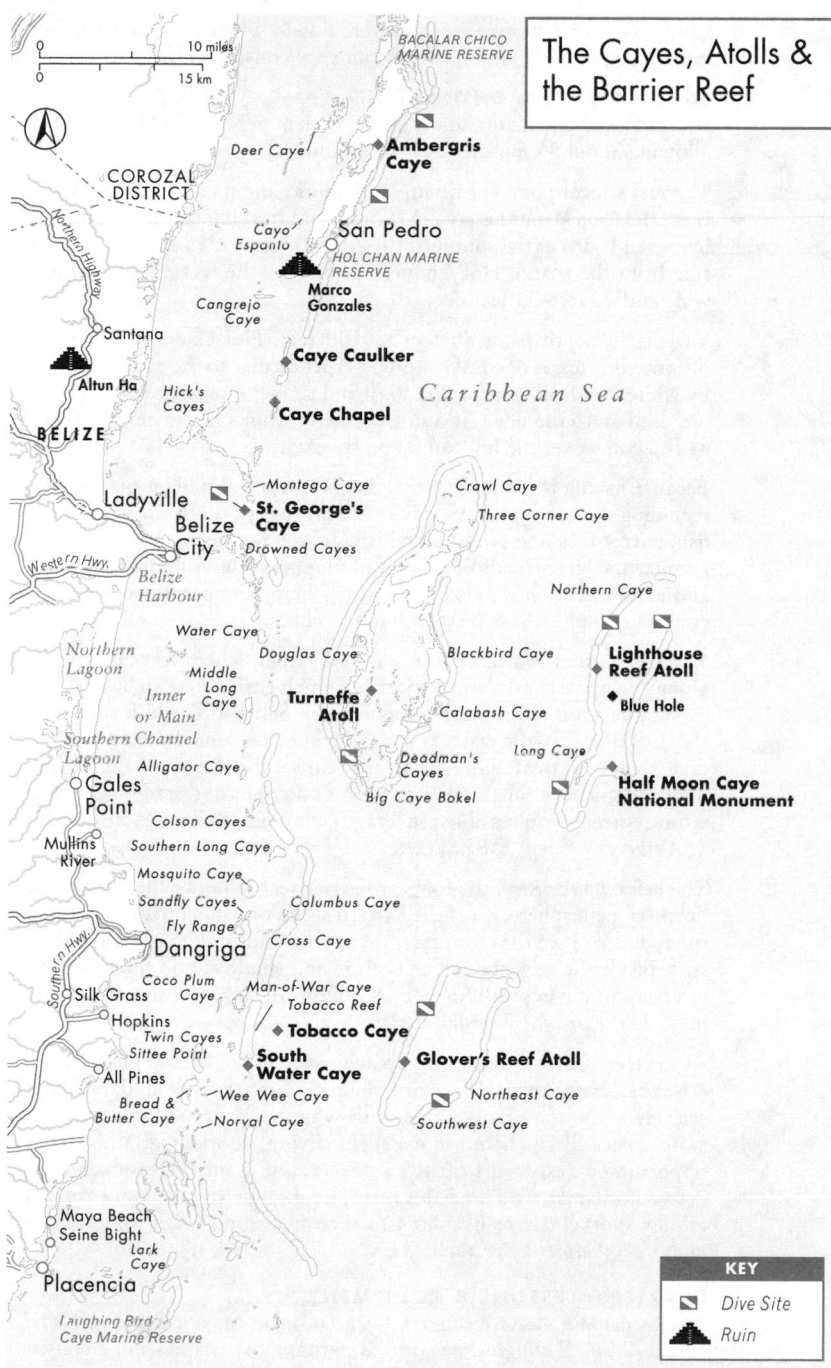

The Cayes, Atolls & the Barrier Reef

1

BACALAR CHICO MARINE RESERVE

Deer Caye

Ambergris Caye

COROZAL DISTRICT

Cayo Espanto

San Pedro

HOL CHAN MARINE RESERVE

Marco Gonzales

Cangrejo Caye

Santana

Caye Caulker

Altun Ha

Hick's Cayes

Caribbean Sea

Caye Chapel

BELIZE

Montego Caye

Crawl Caye

Ladyville

St. George's Caye

Three Corner Caye

Belize City

Drowned Cayes

Belize Harbour

Northern Caye

Water Caye

Northern Lagoon

Middle Long Caye

Douglas Caye

Blackbird Caye

Lighthouse Reef Atoll

Inner or Main

Turneffe Atoll

Calabash Caye

Blue Hole

Southern Channel

Southern Lagoon

Alligator Caye

Deadman's Cayes

Long Caye

Gales Point

Big Caye Bokel

Half Moon Caye National Monument

Colson Cayes

Mullins River

Southern Long Caye

Mosquito Caye

Sandfly Cayes

Columbus Caye

Fly Range

Cross Caye

Dangriga

Coco Plum Caye

Man-of-War Caye

Silk Grass

Tobacco Reef

Hopkins

Tobacco Caye

Twin Cayes

Sittee Point

South Water Caye

Glover's Reef Atoll

All Pines

Wee Wee Caye

Northeast Caye

Bread & Butter Caye

Norval Caye

Southwest Caye

Maya Beach

Seine Bight

Lark Caye

Placencia

Laughing Bird Caye Marine Reserve

Northern Highway

Western Hwy.

Southern Hwy.

0   10 miles

0   15 km

KEY	
🔲	*Dive Site*
🔺	*Ruin*

bends. Most dive shops are attached to hotels, where the quality of dive masters, equipment, and facilities can vary considerably.

SCUBA DIVING & SNORKELING

Dives off Ambergris are usually single-tank at depths of 50 feet–80 feet, allowing about 35 minutes of bottom time.

Fodor'sChoice
★ The reef's focal point for diving and snorkeling near Ambergris Caye is the **Hol Chan Marine Reserve** (Mayan for "little channel"), 4 mi (6 km) from San Pedro at the southern tip of Ambergris. It's a 20-minute boat ride from the island. Hol Chan is a break in the reef about 100 feet wide and 20 feet–35 feet deep.

Varying in depth from 50 feet to 100 feet, Hol Chan's canyons lie between buttresses of coral running perpendicular to the reef, separated by white, sandy channels. You may find tunnel-like passageways from one canyon to the next, and not knowing what's in the next "valley" as you come over the hill can be pretty exciting.

Because fishing is off-limits here, divers can see abundant marine life, including spotted eagle rays. There are throngs of squirrelfish, butterfly fish, parrot fish, and queen angelfish, as well as Nassau groupers, barracuda, and large shoals of yellowtail snappers. Hawksbill, loggerhead, and green turtles have also been found here, along with spotted and common dolphins and West Indian manatees.

Shark-Ray Alley is a sandbar within Hol Chan where you can snorkel alongside nurse sharks and stingrays (which gather here to be fed) and even larger numbers of day-trippers from San Pedro and from cruise ships. Sliding into the water is a small feat of personal bravery. A night dive is a special treat: bioluminescence causes the water to light up, and many nocturnal animals emerge, such as octopus and spider crab. The strong current requires above-average swimming skills. ⊠*Southern tip of Ambergris Caye* 🕮*BZ$20.*

The **Belize Barrier Reef,** the longest barrier reef in either the western or northern hemisphere, is off the eastern shore of Ambergris Caye. From the island you see the coral reef as an almost unbroken chain of white surf. Inside the reef, the water is clear and shallow, and the reef itself is a beautiful living wall formed by billions of small coral polyps. ⊠*½ mi (1 km) east of Ambergris Caye.*

At the top of the caye, butting up against Mexico, **Bacalar Chico Marine & Nature Reserve** spans 41 square mi (105 square km) of land, reef, and sea. Here you may cross paths with whitetail deer, ocelots, and saltwater crocodiles. There are excellent diving, snorkeling, and fishing opportunities, especially off Rocky Point, and a small visitor center to get you oriented. You'll need a boat and a guide to take you here. An all-day snorkel trip to Bacalar Chico costs around BZ$170. ⊠*North end of Ambergris Caye* 🕮*BZ$10.*

CHARTERS, LESSONS & EQUIPMENT

Amigos del Mar (⊠*Off Barrier Reef Dr. near Mayan Princess Hotel* ☎226/2706 ⊕*amigosdive.com*) is perhaps the island's most consistently recommended dive operation. It offers a range of local dives as well as trips to Turneffe Atoll and Lighthouse Reef in a fast 48-foot dive boat. **Bottom Time Dive Spot** (✉ *Barrier Reef Dr. at Holiday Hotel, San Pedro* ☎ *226/2634* ⊕ *www.sanpedroholiday.com/dive.html*) offers a range of local dive and snorkel trips.

Ecologic Divers (✉ *Beachfront, on pier at north end of San Pedro* ☎ *226/ 4118* ⊕ *www.ecologicdivers.com*) has won a good reputation for safety and service. Operated by Elmer "Patojo" Paz, who has nearly 20 years of diving experience, **Patojo's Scuba Center** (✉ *At Tides Hotel at the north end of San Pedro* ☎ *226/3202* ⊕ *www.ambergriscaye.com/tides/ dive.html*) is a small dive shop with a good reputation. **ProTech Dive Centre** (✉ *Spindrift Hotel* ☎ *226/3008* ⊕ *www.protechdive.com*) has three dive boats, the largest a 38-foot diesel-powered boat with rear ladder, and first-class dive equipment.

FISHING

You can fish for snapper, barracuda, and other fish from piers and docks on the island. No license is required. Buy bait, hooks, and tackle at small fishing-tackle shacks on the beachfront in San Pedro. You can also wade out in the flats near shore on North Ambergris, just north of the river channel, and try your luck with bonefish. (Keep an eye out for the occasional crocodile.)

FISHING GUIDES

George Bradley (✉ *Back St., San Pedro* ☎ *226/2179* ✎ *roxsam@btl. net*) specializes in fly-fishing for bonefish. **Pete Graniel** (✉ *San Pedro* ☎ *226/2584*) has a 30-foot boat that's good for trolling. **Fishing San Pedro** (✉ *CocoNet Internet Café, San Pedro* ☎ *226/2835* ⊕ *www. fishingsanpedro.com*) is a fishing-guide service run by Steve DeMaio that works with about a half-dozen guides on the island.

WHERE TO STAY & EAT

One of your biggest decisions in Ambergris Caye will be choosing a place to stay. There are three basic options: in or near the town of San Pedro, in the South Beach or South End area beyond town, or on North Ambergris, beyond the river channel. Access to restaurants, bars, and other activities is easiest in and around San Pedro.

Ambergris Caye also has dozens of homes that can be rented on a weekly basis. **Caye Management** (☎ *226/3077* ⊕ *www.cayemanagement. com*) is the island's oldest and largest rental management company.

SAN PEDRO

★ $$-$$$$ ✗ **Elvi's Kitchen.** Initially, Elvi Staines sold burgers from the window of her house in 1974. Soon she added a few tables on the sand under a flamboyant tree. A quarter century later the sandy floor is still here, and the tree remains (cut back to fit inside the roof), but everything else is changed. Enter through massive mahogany doors and you'll be tended to by a staff of a couple dozen. The burgers are still good, but Elvi's now specializes in upmarket dishes such as shrimp in watermelon sauce (BZ$34) or crab claws with garlic butter (BZ$75). For dessert, don't pass on the coconut pie. ⊠ *Pescador Dr. near Ambergris St.* ☎ *226/2176* ⊟ *AE, MC, V* ☾ *Closed Sun.*

★ \$\$–\$\$\$ ✕ **Blue Water Grill.** Close to the beach, this restaurant's seats are on a raised, covered deck with views of the Barrier Reef. The emphasis is on seafood, and it's consistently well prepared, but there are wood-fired pizza and pastas, and Tuesday and Thursday are sushi nights. The crispy coconut shrimp appetizers are our favorites. ⊠ *Beachfront at SunBreeze Beach Hotel* ☎ *226/3347* ⊟ *AE, MC, V.*

\$–\$\$\$ ✕ **Fido's Courtyard.** You're sure to end up at Fido's (pronounced Fee-do's), sipping something cold and contemplating the ocean views, under what the owners claim is the largest thatch palapa in Belize. This casual restaurant and bar is one of San Pedro's most popular places, serving burgers, fish-and-chips, and pizza. Upstairs is the Rice 'n Roll sushi and martini bar. Fido's is open every day for lunch and dinner, and most nights there's live music. ⊠ *Beachfront, Barrier Reef Dr. just north of Catholic church* ☎ *226/3176* ⊟ *MC, V.*

\$–\$\$\$ ✕ **Papi's Diner.** Little more than a porch with a few wooden tables, the unpretentious diner is tucked away at San Pedro's north end. But the seafood and other dishes are expertly prepared by owner Stephen "Papi" Manuel at some of the town's most reasonable prices. Grilled fish is served with multiple side dishes. Many visitors say this is their favorite spot to eat lobster. ⊠ *Pescador Dr. at north end of town behind Seven Seas Resort* ☎ *226/2047* ⊟ *No credit cards.*

\$–\$\$\$ ✕ **Wild Mango's.** Noted local chef Amy Knox calls her cooking "New Wave Latin," Caribbean food infused with spicy Latin flavors from Cuba, Argentina, and Mexico—it's good enough to have earned her Belize Chef of the Year honors twice. Try the pulled pork taquitos, or the huge fish burritos (enough for two). Seating is beach casual, with stools at tables on a covered, open-air veranda. ⊠ *Beachfront, Barrier Reef Dr.* ☎ *226/2859* ⊟ *MC, V.*

¢–\$ ✕▥ **Ruby's.** No wonder budget-minded travelers flock to this clean, simple hotel on the beach: air-conditioned rooms with private baths and balconies facing the ocean go for BZ\$100, while the original rooms with fans, facing the street, are only BZ\$70 for a double. Try the breakfast burritos at the hotel's little restaurant, Ruby's Café, which opens by 6 for the fishing and diving crowd. ⊠ *Beachfront, south end of Barrier Reef Dr. at Tarpon St.* ☎ *226/2063* ⊕ *www.ambergriscaye.com/rubys* ⤳ *23 rooms, 21 with bath* ⚷ *In-room: no a/c (some), no phone, no TV. In-hotel: restaurant, beachfront, no elevator* ⊟ *MC, V.*

\$\$–\$\$\$ ▥ **Caye Casa.** The small complex was designed to have a colonial atmosphere—with thatched roofs on the porches, wooden shutters, and traditional hardwood railings—but built to modern architectural standards. The great rooms in the condo units have cathedral ceilings, track lighting, and tile floors. There's a small pool and a new pier. ⊠ *Boza del Rio Dr., beachfront, at north end of town* ☎ *226/2880* ⊕ *www.cayecasa.com* ⤳ *2 3-bedroom units, 1 2-bedroom, 2 casitas* ⚷ *In-room: kitchen, Wi-Fi. In-hotel: Beachfront, pool, no elevator, laundry facilities* ⊟ *MC, V.*

\$\$ ▥ **Mayan Princess.** Sitting pretty in the middle of town, this pink three-story condo hotel has rattan furniture covered with pastel-color fabrics. Sliding doors open onto verandas, where you can eat meals prepared in your well-equipped kitchenette. There's no pool, but all units have lovely sea views. ⊠*Beachfront, Barrier Reef Dr.* ☎*226/2778 or 800/850–4101* ⊕*www.mayanprincesshotel.com* ⌕*23 apartments* ⌂*In-room: kitchen. In-hotel: beachfront, no elevator* ⊟*AE, MC, V.*

\$\$ ⊡ **The Tides Beach Resort.** If diving is your reason for being, you couldn't do better than this hotel, owned by Patojo Paz, one of the island's most experienced dive masters, and his wife. Top picks here are the second- and third-floor oceanfront rooms, which have balconies overlooking the beach. The hotel is north of town, but you can walk along the beach to San Pedro's bars and restaurants. ⊠*Beachfront, Boca del Rio Dr., north of town* ☎*226/2283* ⊕*www.ambergriscaye.com/tides* ⌕*12 rooms* ⌂*In-room: no phone, refrigerator, no TV (some). In-hotel: bar, pool, beachfront, diving, no elevator, laundry service, airport shuttle* ⊟*MC, V* ⊚*BP.*

NORTH OF SAN PEDRO

★ \$\$\$–\$\$\$\$ ✕ **Rendezvous Restaurant & Winery.** Belize's only Thai–French restaurant combines local seafood with Thai spices and presentation. The menu changes frequently, with dishes from pad thai to jumbo sea prawns with a garlic-butter-and-lime sauce, but try not to miss the chocolate truffle cake with Belizean *wongla* (sesame seed) candy. Rent the honeymoon suite above the restaurant if you can't bear the water-taxi ride back to your hotel. It's next door to Journey's End resort. ⊠*4 mi (7 km) north of San Pedro* ☎*226/3426* ⊟*AE, MC, V.*

Fodor'sChoice   ✕ **Rojo Lounge.** This is the hippest restaurant and bar on the cayes. ★   Rojo Lounge, in a sultry open-air palapa on a beautiful beach, is def-
\$\$–\$\$\$\$ initely red-hot. Lunch offers a selection of sophisticated snacks like chili-dusted cold shrimp, grilled lobster salad, and conch pizza, from BZ\$24 to BZ\$44. Dinner is romantic and delicious, with surprising combinations such as cashew-crusted grouper stuffed with lobster (BZ\$62) and guava-glaze ribs (BZ\$58). The spider crab is fantastic. The bar serves killer frozen mojitos. ⊠*Beachfront, North Ambergris, 5 mi (8 km) north of town* ☎*226/4012* ⊟*AE, MC, V* ⊙*Tues.–Sun. noon–10:30* PM.

\$\$\$\$ ⊡ **La Perla del Caribe.** Seven deluxe villas command the beachfront about 6 mi (10 km) north of town. Varying in size from two to five-bedrooms, the architecture is inspired by Mexican, Moroccan, and Mayan traditions. Villas are enhanced by mahogany floors, custom-made furniture, and gourmet kitchens. ⊠*North Ambergris, 6 mi (10 km) north of San Pedro* ☎*220/5733* ⊕*www.laperlabelize.com* ⌕*7 beach houses* ⌂*In-room: kitchen, Wi-Fi. In-hotel: pool, beachfront, water sports, gym, no elevator, laundry, airport shuttle (boat)* ⊟*MC, V.*

\$\$\$–\$\$\$\$ ⊡ **El Pescador.** Nearly every place on Ambergris Caye claims that it offers fishing trips, but this hotel has the best angling resources. Loosely described as a "fishing camp," the main lodge is actually a handsome colonial house with comfortable, if not luxurious, rooms. Adjoining the lodge in two groupings, each with a pool, are deluxe two- and three-bedroom villas. You can enjoy a fine meal, served family style in the dining room, or a drink on the veranda. Most guests arrive as part of a fishing package; prices start at BZ\$2,590 per person for three nights, including fishing guide, boat, and meals. ⊠*3 mi (5 km) north of San Pedro* ☎226/2398 ⊕*www.elpescador.com* ⟿*14 rooms, 8 villas* ⌂*In-room: kitchen, no TV (some). In-hotel: restaurant, bar, pools, gym, beachfront, diving, water sports, no elevator, public Wi-Fi, laundry service* ▤*MC, V* ⦿*AI.*

$$$ ☷ **Belizean Shores.** If you're looking for a peaceful setting and well-maintained rooms at reasonable prices, this condotel with one-bedroom units is a good choice. Kick back with a cool cocktail from the 24-hour pool's swim-up bar, or stay in and cook dinner in the pretty kitchens, which have mahogany cabinets, fridges, microwaves, and small butane stoves. If you want to eat out, skip the on-site restaurant and head for one of the nearby eateries, some of the island's best. ⊠*5 mi (8 km) north of San Pedro* ☎226/2355 or 800/319–9026 ⊕*www. belizeanshores.com* ⟿*48 suites* ⌂*In-room: kitchen. In-hotel: restaurant, bar, tennis courts, pool, gym, beachfront, no elevator, public Internet, laundry service, airport shuttle (boat)* ▤*MC, V* ⦿*AI.*

SOUTH OF SAN PEDRO

★ $$-$$$ ✕ **Casa Picasso.** Belizean artists created the Picasso-inspired art on the walls of this Spanish-influenced restaurant, which specializes in tapas like *gamas a la plancha* (sautéed shrimp with red pepper). Lasagna and other pasta dishes are also served, along with freshly baked rustic Italian bread. Martinis are a specialty, as is the tangy key lime pie. ⊠*Sting Ray St. off Coconut Dr., on lagoon side* ☎226/4507 ▤*AE, MC, V.*

Fodor's Choice ✕☷ **Victoria House.** With its bougainvillea-filled gardens, this property ★ 2½ mi south of San Pedro has the style and seclusion of a diplomatic $$$-$$$$ residence. In 2006, stunning new villas, some of the most luxurious accommodations in Belize, opened, and the casitas and other units were upgraded. Victoria House also has a new infinity swimming pool. In the white colonial-style house with airy verandas and tile walkways are three ample suites. You have a wide choice of accommodations here, from motel-like rooms to a five-bedroom house. The restaurant remains one of the island's best. ⊠*Coconut Dr., 2 mi (3 km) south of San Pedro* ☎226/2067, 800/247–5159 in U.S. ⊕*www.victoria-house. com* ⟿*14 rooms, 4 casitas, 3 suites, 8 villas* ⌂*In-room: no phone (some), kitchen, no TV (some), Wi-Fi. In-hotel: restaurant, room service, bar, pools, beachfront, diving, water sports, no elevator, laundry service, airport shuttle* ▤*AE, D, MC, V.*

★ $$-$$$ ✕☷ **Banana Beach Resort.** Thanks to its friendly staff and affordable rates, this resort has one of the island's highest guest-occupancy rates. The original section, built around an interior courtyard, has one-bedroom suites; a newer section has regular rooms at bargain prices, plus deluxe "flex suites" that expand from one to four bedrooms, depending on your needs. The restaurant, El Divino (named after a beloved staffer who passed away), is a steak house and martini bar. ⊠*Coconut Dr., 1½ mi (2½ km) south of San Pedro* ☎226/3890 ⊕*www.bananabeach. com* ⟿*24 rooms, 45 suites* ⌂*In-room: kitchen (some), Wi-Fi. In-hotel: restaurant, bar, 2 pools, beachfront, diving, no elevator, public Internet, laundry service, no-smoking rooms* ▤*AE, D, MC, V* ⦿*CP.*

★ $$$-$$$$ ☷ **Ramon's Village Resort.** A five-minute stroll from town, the very popular resort attracts an active crowd who take their margaritas by the pool. The beachfront units are attractive, but those in the back are dark and can be noisy. You may find room prices surprisingly high for the size and amenities, but you're paying for the location. The 500-foot beach is the best in town (though not the best on the island), and snorkeling is pretty good off the 420-foot pier, with its artificial reef. The hotel also manages a collection of cottages across the street called Steve and Becky's Cute Little Hotel. ⊠ *Coconut Dr.* ☎*226/2071, 800/624–4315 in U.S.* ⊕*www.ramons.com* ⌑*61 rooms, 8 cottages* ☐*In-room: kitchen (some), refrigerator (some), no TV (some). In-hotel: restaurant, room service, bar, pool, beachfront, diving, water sports, no elevator, laundry service* ☐*AE, MC, V.*

$$$ 🏨 **Royal Caribbean Resort.** The small canary-yellow cabins lined up in tidy rows at this new resort may remind you of army barracks, except for the thatch roofs, but inside the rooms are comfortable, with tile floors, wicker furniture, and small kitchenettes. There's a pool and 400 feet of beach on 12 acres just south of Victoria House, and the price, just BZ$250 double, is right. Fido's has opened a branch at the resort. ⊠*1 Seagrape St., 2¼ mi (3½ km) south of town* ☎*226/4220* ⌑*45 cabins* ☐*In-room: no a/c, no phone, kitchen. In-hotel: restaurant, pool, beachfront, no elevator, laundry service* ☐*AE, MC, V.*

$$–$$$ 🏨 **Mata Rocks Resort.** Squeaky-clean rooms at this intimate hotel on the beach, about a 25-minute walk from town, have perfect sea views and breezes. Mata Rocks has the quintessential thatch tropical beach bar and you're a short stroll away from several good restaurants. Bikes are complimentary. ⊠*Coconut Dr., 1½ mi (3 km) south of town* ☎*226/2336, 888/628–2757 in U.S. and Canada* ⊕*www.matarocks. com* ⌑*17 rooms* ☐*In-room: kitchen (some), refrigerator. In-hotel: bar, pool, bicycles, no elevator, laundry service* ☐*AE, MC, V* ☐*CP.*

¢   🏨 **Pedro's Backpacker Inn.** Not long ago, gregarious British expat Peter Lawrence opened the island's only hostel-style accommodations. He's since added a sports bar, and a bistro serving some of the best pizza in town. A single bed and shared bath in this white frame house go for BZ$25, or you can get a double with private bath for BZ$40. ⊠*Seagrape Dr. south of San Pedro* ☎*226/3825* ⊕*www.backpackersbelize. com* ⌑*25 rooms* ☐*In-room: no a/c (some), no phone, no TV. In-hotel: restaurant, bar, no elevator, public Internet* ☐*MC, V.*

NIGHTLIFE

Beach bars abound, and generally, the action starts late (after 10 or 11). Karaoke is big in Belize, and some bars and clubs in San Pedro have karaoke nights, which are more for locals than visitors. In late January and early February, singer Jerry Jeff Walker holds "Camp Belize," two weeklong events in San Pedro during which Walker puts on shows for his loyal fans.

Known for its burgers, **BC's Beach Bar** (⊠*South of SunBreeze Hotel*) is a popular oceanfront bar that hosts all-you-can-eat barbecues on Sunday afternoon. **Big Daddy's** (⊠*Barrier Reef Dr., north side of Central Park*) is the scene of much of the action in downtown San Pedro.

Several popular bars are on piers out in the water, including **Wet Willy's** (⊠*At Hustler's pier*) and **Tackle Box** (⊠*At Shark's pier*). Under a giant thatch palapa, **Fido's** (⊠*Barrier Reef Dr.*) is always jumping and has live music most nights. Then there's the Chicken Drop, held on Wednesday starting around 6 PM at the **Pier Lounge** (⊠*At Spindrift Hotel, Barrier Reef Dr.*). Bet a buck on a numbered square, and if the chicken poops on your square, you win the pot of US$100.

CAYE CAULKER

5 mi (8 km) south of Ambergris Caye, 18 mi (29 km) northeast of Belize City.

A half hour away from San Pedro by water taxi and sharing essentially the same reef and sea ecosystems, Caye Caulker is very different from its big sister island, Ambergris Caye. It's smaller, with a population of around 1,200, less developed, way more relaxed, and less expensive.

Caye Caulker remains Belize's most popular budget destination. As you might guess from all the *no shirt, no shoes, no problem* signs at the bars, the living is easy here. This is the kind of place where most of the listings in the telephone directory give addresses like "near football field." However, Caye Corker, as it's often called in Belize, isn't immune to change. Many hotels are adding air-conditioning, and the island now has cybercafés and several upmarket restaurants; there are even a couple of condos. Still, Caye Caulker remains the epitome of laid-back, and its simpler charms exercise considerable appeal to those who seek an affordable and relaxing island experience.

WATER ACTIVITIES & TOURS

When you see the waves breaking on the Barrier Reef a few hundred yards from the shore, boats full of eager snorkelers and divers, and the colorful sails of windsurfers dashing back and forth in front of the island, you know you've come to a good place for water sports.

Hol Chan Marine Reserve at the southern tip of Ambergris Caye *(see Ambergris Caye section, above)* is a popular destination for snorkel and dive trips from Caye Caulker. Boats from Caulker also go to Lighthouse and Turneffe atolls. The Caye Caulker Marine Reserve north and east of Caye Caulker, with its coral canyons, is a favorite of divers, especially for night dives. Caulker has its own miniversion of San Pedro's Shark-Ray Alley, called Shark-Ray Village.

Go out for sightseeing and a snorkel with **Raggamuffin Tours** (⊠*Front St.* ☎*226/0348* ⊕*www.raggamuffintours.com*), **Tsunami Adventures** (⊠*Front St. at Split* ☎*226/0462* ⊕*www.tsunamiadventures.com*) (also known as Coral Adventures), **Carlos Tours** (⊠*Front St.* ☎*226/0058*), and **Anwar Tours** (⊠*Front St.* ☎*226/0327*). For diving, try **Belize Diving Services** (⊠*Back St., near the football [soccer] field* ☎*226/0143*) and **Frenchie's Diving Services** (⊠*Front St., north of public pier* ☎*226/0234*).

WINDSURFING

With brisk easterly winds most of the year, Caye Caulker is one of Belize's premier centers for windsurfing. The island gets winds over 12 knots most days from November to July. The best windsurfing is in the morning and afternoon, with lulls around midday. In the late winter and spring, winds frequently hit 20 knots or more.

CHARTERS,   Opened in 2004 by Michael Femrite, an aerospace engineer from Min-
LESSONS &   nesota, **Michael's Windsurf & Water Sports** (⊠*Beachfront, just north of*
EQUIPMENT   *main public pier* ☎*226/0457* ⊕*www.windsurfbelize.com*) has an
excellent selection of long and short boards.

FISHING

From Caulker you can fly-fish for bonefish or permit in the grass flats behind the island, troll for barracuda or grouper inside the reef, or charter a boat to take you to blue water outside the reef for deep-sea fishing. Blue marlin weighing more than 400 pounds have been caught off Caye Caulker, along with big sailfish, pompano, and kingfish.

Porfilio "Piggy" Guzman (⊠*Calle Almendro* ☎*226/0152*) is the best-known fishing guide on the island, and he may charge a little more than others. **Raggamuffin Tours** (⊠*Front St.* ☎*226/0348* ⊕*www. raggamuffintours.com*) arranges full-day fishing charters with boat, guide, and spinning tackle for BZ\$500, half day BZ\$400. **Tsunami Adventures** (⊠*Front St. at Split* ☎*226/0462* ⊕*www.tsunami adventures.com*) offers reef, deep-sea, and flats fishing trips starting at BZ\$350 for a half day, including boat and guide.

WHERE TO STAY & EAT

\$–\$\$\$ ✕**Habaneros.** On the front door is a hand-painted drawing of a haba-nero pepper plant, but not everything here is super spicy. When you taste the Snapper Santa Fe or the vegetable lasagna, you'll know why this is considered one of the best restaurants between San Pedro and Belize City. The specialty at lunch is "Mayan pizza," a thin-crusted pizza. ⊠*Front St.* ☎*226/0486* ⊟*AE, MC, V.*

\$–\$\$\$ ✕**Rainbow Grill & Bar.** To catch the sea breezes, the Rainbow is built out over the water. It serves some of the tastiest seafood on the islands—our favorites are the grilled or fried fish dishes. ⊠*On beachfront between public pier and Split* ☎*226/0281* ⊟*MC, V* ⊘*Closed Mon.*

\$–\$\$\$ ✕**Rasta Pasta Rainforest Café.** People flock to this eclectic beachfront spot, with sand floors, for owner Maralyn Gill's conch fritters, giant burritos, Thai curries, and scrumptious coconut macaroons. Service is sometimes slow. ⊠*Front St. on beach north of public pier* ☎*206/0356* ⊟*MC, V* ⊘*Closed Wed.*

\$–\$\$\$ ✕**Syd's.** If you ask a local resident for a restaurant recommendation, chances are you'll get a vote for Syd's. It serves Belizean and Mexican favorites like beans and rice, stew chicken, *garnaches,* and tostadas (BZ\$1.50), along with (in-season) lobster and conch. ⊠*Middle St., south of public pier* ☎*226/0294* ⊟*MC, V* ⊘*Closed Sun.*

\$\$ ⊡**Auxillou Beach Suites.** Smack in the middle of Caulker, on the beach-front north of the public pier, is this collection of eye-catching green, coral, and blue houses. Inside, the one-bedroom suites are more toned down, with neutral-color walls, tile floors, and kitchenettes. Each unit has a deck or balcony, and you're only about 50 feet from the sea. ⊠*Front St. north of public pier* 🕾*226/0370* ⊕*www.auxilloubeach-suites.com* ⇆*10 apartments* ♿*In-room: no phone, kitchen, Wi-Fi. In-hotel: beachfront, no elevator* ▭*MC, V.*

★ $$ 🛏 **Iguana Reef Inn.** The suites are colorfully furnished with handmade furniture and local artwork and have air-conditioning, which, while becoming more common, is still the exception, not the rule, for the island. Upstairs suites have vaulted ceilings with skylights. New in early 2007 is a third-story 2,000-square-foot penthouse suite with two bedrooms, available for weekly rental, and a swimming pool. Because the inn is on the island's lee or west side, you have the benefit of sunset views from your veranda, but you're not on the Caribbean-side beaches. ⊠*Near end of Middle St., next to soccer field* 🕾*226/0213* ⊕*www.iguanareefinn.com* ⇆*12 1-bedroom suites and 1 2-bedroom penthouse suite* ♿*In-room: safe, no phone, refrigerator, no TV. In-hotel: bar, pool, water sports, no elevator, no kids under 10* ▭*D, MC, V.*

★ $$ 🛏 **Seaside Cabañas.** If your Belizean dreams include lounging poolside, Belikin in hand, get thee to Seaside, a delightful beachfront inn with one of only two swimming pools on the island. Seaside, which has three sunset orange–color thatch-roof buildings arranged around the pool, commands a prime location just south of the public pier. Bathrooms feel bare-bones (showers don't have curtains), but other creature comforts (air-conditioning, cable TV, and a mini-refrigerator) make up for it. Four of the rooms (numbers 1, 2, 3, and 4) have private rooftop terraces for sunning or watching the sea. The Una Mas bar serves drinks and coffee. ⊠*At public pier* 🕾*226/0498* ⊕*www.seasidecabanas.com* ⇆*15 rooms, 1 2-bedroom suite* ♿*In-room: no phone, refrigerator. In-hotel: bar, pool, water sports, no elevator* ▭*MC, V.*

$ 🛏 **Lazy Iguana B&B.** This B&B may be the tallest structure on the caye. The views of the sunsets from the fourth-level rooftop terrace are terrific, though the hotel's location on the island's back side means you need to swat an occasional mosquito while you watch. The rooms are furnished with attractive wicker and tropical hardwood furniture. ⊠*Back St. north of airstrip* 🕾*226/0350* ⊕*www.lazyiguana.net* ⇆*4 rooms* ♿*In-room: no phone, no TV. In-hotel: public Internet, no elevator, no kids under 10, no-smoking rooms* ▭*MC, V* ⦿*CP.*

NIGHTLIFE

Knock back a Belikin or two to the beat of reggae music at **I&I Reggae Bar** (⊠*Off Front St. south of public pier, go south on Front St. to dead end, then turn right* 🕾*No phone*). Swings hang from the ceiling, replacing bar stools, in one area, and the top floor has hammocks and a thatch roof. For live music, your best bet is **Oceanside** (⊠*Front St. near public pier* 🕾*226/0233*). "Sunny place for shady people" is the slogan of the **Lazy Lizard** (⊠*At Split* 🕾*226/0368*), but after dark there's a spotlight pointed into the water, so you can see fish, small sharks, and occasionally even a crocodile swimming around.

ST. GEORGE'S CAYE

9 mi (15 km) northeast of Belize City.

Just a stone's throw from Belize City, this small caye is steeped in history. The state of Belize had its origins here, as St. George's Caye held the original British settlement's first capital. In 1798 the island was the site of a decisive battle with the Spanish. Islanders had only one sloop, while the Spanish had 31 ships. Their knowledge of the sea, however, helped them to defeat the invaders in two hours.

Getting to St. George's Caye couldn't be easier, as the boat trip from Belize City takes little more than 20 minutes. Affluent Belize City residents weekend in their private cottages here. Although St. George's Caye has great places to dive, many serious scuba enthusiasts choose to head out to the more pristine atolls.

WHERE TO STAY

$$$$ **St. George's Lodge.** Today divers favor St. George's Caye, undoubtedly because of the diving program led by Fred Good. You have a choice of rooms in the main building or thatch cottages partly over the water. A three-bedroom villa (BZ$2,200) can accommodate families. Electricity comes from the lodge's own windmills, and the shower water is heated by the sun. The restaurant serves homemade bread and soups and grilled snapper or grouper, and coffee is delivered to your door in the morning. Weekly dive packages start at around BZ$3,350 per person, including meals, with discounts for cash. ✉*St. George's Caye (office: Mile 2, Northern Hwy., Belize City)* ☎*220/4444, 877/517–9365 in U.S.* ⊕*www.gooddiving.com* ⇝*8 rooms, 6 cabanas, 1 3-bedroom villa* &*In-room: no phone, no TV. In-hotel: restaurant, beachfront, diving, water sports, no elevator* ☰*AE, MC, V* ⊚*AI.*

TOBACCO CAYE

11 mi (18 km) southeast of Dangriga.

If you don't want to pay a lot for your place in the sun, Tobacco Caye may be for you. It's a tiny island—barely 4 acres, and a walk around the entire caye takes 10 minutes—but it's right on the reef, so you can wade in and snorkel all you want. Though the snorkeling off the caye is not as good as in some other areas (some of the coral is dead and most of the fish are small), you can see spotted eagle rays, moray eels, octopuses, and other sea life. All the accommodations here are budget places, basically simple wood cabins, some not much larger than sheds. A half-dozen hotels vie for space, making the islet seem even smaller than it is.

A word of caution: hotels can be very casual about reservations. After making reservations months in advance, you may arrive to find that your reservation has been lost and the hotel is fully occupied. Fortunately, it's usually easy to find a room in another hotel. The island has no shops, bars, or restaurants, except those at the hotels, but there is one dive shop. Boats leave from the Riverside Café in Dangriga for the

30-minute, BZ$35 trip to Tobacco Caye. Get to the Riverside by 9 AM; most boats leave around 9:30. You can get information on the boats, as well as breakfast, at the Riverside Café.

Tobacco Caye is at the northern tip of the South Water Caye Marine Reserve, a 62-square-mi (160-square-km) reserve that's popular for diving and fishing and which has some of the most beautiful islands in Belize. Visitors to the South Water Caye Marine Reserve pay BZ$10 a day, for up to three days, or BZ$30 a week, park fee. Rangers come around and collect it from guests at the Tobacco Caye hotels.

WHERE TO STAY

$$ **Tobacco Caye Lodge.** This cluster of pastel blue cabins is a mere few feet from the turquoise sea. There's a bit more room here for stretching out than at the island's other lodges, as the property extends from the sea on the east to the back side of the caye. A thatch-roof bar is set away from the cabins, and three simple but filling meals are included in the rate. ⊠ *Tobacco Caye* ☎ *520/5033* ⊕ *www.tclodgebelize.com* ⬙ *6 cabins* ⌂ *In-room: no a/c, no phone, no TV. In-hotel: restaurant, bar, beachfront, water sports, no elevator* ☰ *MC, V* ⦿ *AI.*

¢–$ **Gaviota Coral Reef Resort.** On this island you're locked into a meal plan at your hotel, so the quality of food matters. Here, the food, served family style at fixed times, is very good. You'll enjoy fresh fish, beans and rice, and even salads. The clapboard rooms and cabins are tiny, but the location on the east side of the caye provides cooling breezes. At BZ$60 per person including all meals, it's a good value. ⊠ *Tobacco Caye* ☎ *509/5032* ⬙ *4 rooms, 5 cabins, all with shared baths* ⌂ *In-room: no a/c, no phone, no TV. In-hotel: restaurant, beachfront, water sports, no elevator* ☰ *MC, V* ⦿ *AI.*

SOUTH WATER CAYE

Fodor'sChoice ★ *14 mi (23 km) southeast of Dangriga.*

One of our favorite underrated spots in Belize, the 15-acre South Water Caye has good off-the-beaten-reef diving and snorkeling in a stunning tropical setting, and the beach at the southern end of the island is a beauty. The reef is only a short swim from shore. The downside of the small caye? The sand flies here can be a nuisance, and there aren't any facilities other than those at the island's two resorts and the International Zoological Expeditions' student dorm.

WHERE TO STAY

$$$$ **Blue Marlin Lodge.** An excellent, though pricey, base for fishing, snorkeling, and diving trips, this Belizean-owned resort at the north end of the island is only 50 yards from the reef. Accommodations, which spread out over half the caye, range from rooms with plywood walls to cozy wood cabins to a trio of aquamarine-color concrete dome buildings. The resort has its own dive shop and two boats for diving and fishing. The restaurant and bar are great places to swap stories with other travelers. The minimum stay is three nights. ⊠ *South Water Caye* ☎ *522/2243, 800/798–1558 in U.S.* ⊕ *www.bluemarlinlodge.*

com ↻*9 rooms, 8 cottages* ♿*In-room: no a/c (some), no phone, no TV. In-hotel: restaurant, bar, beachfront, diving, water sports, no elevator* ▤*MC, V* ⧆*AI.*

★ $$$$ ⚏ **Pelican Beach South Water Caye.** Steps from one of Belize's best beaches, where you can swim, snorkel, and fish to your heart's content and dive from shore, is this former convent turned peaceful island retreat. The colonial-era main house has a dining room serving fresh seafood and Belizean-style dishes on the ground floor, and five large rooms on the second floor. You can also stay in one of four no-frills but pleasant cottages. Power here is solar, showers are rainwater, and toilets are the composting kind. ⊠*South Water Caye* ☎*522/2044* ⊕*www. pelicanbeachbelize.com* ↻*5 rooms, 4 cottages with 7 suites, 1 student dorm* ♿*In-room: no a/c, no phone, no TV. In-hotel: restaurant, beachfront, diving, water sports, no elevator* ▤*AE, MC, V* ⧆*AI.*

TURNEFFE ATOLL

25 mi (40 km) east of Belize City.

The largest of the three atolls, Turneffe is the closest to Belize City and it's a good base for exploring all the atolls. The best-known attraction, and probably Belize's most exciting wall dive, is the **Elbow,** at Turneffe's southernmost tip. You may encounter eagle rays swimming nearby. As many as 50 might flutter together, forming a rippling herd. Elbow is generally considered an advanced dive because of the strong currents.

The atoll has dives for every level. The leeward side, where the reef is wide and gently sloping, is good for shallower dives and snorkeling; you'll see large concentrations of tube sponges, soft corals such as forked sea feathers and sea fans, and plenty of fish.

You can fly-fish for bonefish and permit in the grassy flats, or go after migratory tarpon from May to September in the channels and lagoons of the atoll. Jack, barracuda, and snappers lurk in the mangrove-lined bays and shorelines. Billfish, sailfish, and other big creatures are in the blue water around the atoll.

WHERE TO STAY

$$$$ ⚏ **Blackbird Caye Resort.** Deluxe cabanas at this gorgeous 166-acre resort have private bedrooms with king beds and separate living areas. Unlike some other atoll resorts, Blackbird Caye caters to snorkelers, divers, and anglers, with two boat trips daily for snorkelers; so sometimes there's a shortage of dive masters. ⊠*Turneffe Atoll* ⌖*Caye Resorts, Box 13099, Burton, WA 98013* ☎*206/463–0833 or 888/271–3483* ⊕*www.blackbirdresort.com* ↻*16 cabanas* ♿*In-room: no phone, refrigerator (some), no TV. In-hotel: restaurant, bar, beachfront, diving, water sports, no elevator, airport shuttle* ▤*MC, V* ⧆*AI.*

★ $$$$ ⚏**Turneffe Island Lodge.** White dive tanks serving as fence posts and a rusty anchor from an 18th-century British warship set the tone at this south end resort. This was Turneffe Atoll's first dive lodge, and it bagged the best spot a few hundred yards from the legendary Elbow. If you came to Belize for the diving, this is an ideal base. The rooms, in palm-shaded cottages with sea views, have been refurbished without spoiling the cozy feeling created by the varnished hardwood fittings. Eight beachfront cabanas are solid mahogany inside. The two-story colonial-style house holds the bar and the dining room. The resort isn't for penny-pinchers: a three-night beachcombing package is BZ$4,560 double, and dive and fishing rates are higher. ⊠ *Coco Tree Caye* ☎ *713/313–4670 or 800/874–0118* ⊕ *www.turneffe lodge.com* ⇗ *12 rooms, 8 cabanas* ⚘ *In-room: no phone, no TV. In-hotel: restaurant, bar, diving, water sports, no elevator, airport shuttle (boat)* ☰ *AE, MC, V* ⊙ *Closed Sept. and Oct.* ▯◐▯*AI.*

LIGHTHOUSE REEF ATOLL, THE BLUE HOLE & HALF MOON CAYE

50 mi (80 km) east of Belize City.

Lighthouse Reef is about 18 mi (29 km) long and less than 1 mi (2 km) wide, and is surrounded by a seemingly endless stretch of coral. Here you'll find two of the country's best dives.

Blue Hole. From the air, the Blue Hole, a breathtaking vertical chute that drops several hundred feet through the reef, looks like a dark blue eye in the center of the shallow lagoon. The Blue Hole was first dived by Jacques Cousteau in 1970, and has since become a diver's pilgrimage site. Just over 1,000 feet wide at the surface and dropping almost vertically to a depth of 412 feet, the Blue Hole is like swimming down a mineshaft, but a mineshaft with hammerhead sharks.

Half Moon Caye. The best diving on Lighthouse Reef is at this classic wall dive. Half Moon Caye begins at 35 feet and drops almost vertically to blue infinity. Floating out over the edge is a bit like free-fall parachuting. Magnificent spurs of coral jut out to the seaward side, looking like small tunnels; they're fascinating to explore. An exceptionally varied marine life hovers around this caye. On the gently sloping sand flats behind the coral spurs a vast colony of garden eels stirs, their heads protruding from the sand like periscopes. Spotted eagle rays, sea turtles, and other underwater wonders frequent the drop-off.

Half Moon Caye National Monument. Belize's easternmost island offers one of Belize's greatest wildlife encounters, although it's difficult to reach and lacks accommodations other than camping. Part of the Lighthouse Reef system, Half Moon Caye owes its protected status to the presence of the red-footed booby. The bird is here in such numbers that it's hard to believe it has only one other nesting ground in the entire Caribbean (on Tobago Island, off the coast of Venezuela). Some 4,000 of these birds hang their hats on Half Moon Caye, along with iguanas, lizards, and loggerhead turtles. The entire 40-acre island is a nature reserve, so you can explore the beaches or head into the bush on the narrow nature trail. Several dive operators and resorts arrange day trips and overnight camping trips to Half Moon Caye. The park fee here is a steep BZ$80 per person.

You may be able to stay at **Calypso Beach Retreat** (✉ *Long Caye, Lighthouse Atoll* ☎ *303/523–8165* ⊕ *www.calypsobeachretreat.com*), which is open occasionally, when there is demand from dive groups.

GLOVER'S REEF ATOLL

Fodor'sChoice
★

70 mi (113 km) southeast of Belize City.

Named after the pirate John Glover, this coral necklace strung around an 80-square-mi (208-square-km) lagoon is the southernmost of Belize's three atolls. There are five islands at the atoll. Visitors to Glover's Reef are charged a BZ$20 park fee (BZ$25 for fly-fishing).

Although most of the best dive sites are along the atoll's southeastern side, **Emerald Forest Reef** is the exception. It's named for its masses of huge green elkhorn coral. Because the reef's most exciting part is only 25 feet down, it's excellent for novice divers.

Long Caye Wall is an exciting wall with a dramatic drop-off hundreds of feet down. It's a good place to spot turtles, rays, and barracuda.

Southwest Caye Wall is an underwater cliff that falls quickly to 130 feet. It's briefly interrupted by a narrow shelf, then continues its near-vertical descent to 350 feet. This dive gives you the exhilaration of flying in blue space, so it's easy to lose track of how deep you are going. Both ascent and descent require careful monitoring.

Kayaking is another popular sport here; you can paddle out to the atoll's many patch reefs for snorkeling. Most hotels rent kayaks.

WHERE TO STAY

$$$$ 🏨 **Isla Marisol.** At Isla Marisol you can sip a cold Belikin in a bar perched at the end of a pier, a hundred feet out in the Caribbean. After a breakfast of mango and johnnycake, you can dive "The Pinnacles," where coral heads rise 40 feet from the ocean floor. After a lobster or fish dinner, wander back to your cabin, a breezy retreat built of tropical hardwoods. Beachcomber packages including meals and transport to the island start at BZ$1,050 per person for three days, diving at BZ$1,600, and fishing at BZ$1,850. Bring plenty of bug spray, as sand flies can be unfriendly. ✉ *Southwest Caye* ☎ *520/2056* ⊕ *www.isla marisolresort.com* ⇆ *10 cabins* ⚑ *In-room: no phone, no TV. In-hotel: restaurant, bar, beachfront, diving, water sports, no elevator, airport shuttle (by boat from Dangriga)* ⊟ *AE, MC, V* ⦿|*AI.*

¢–$ 🏨 **Glover's Atoll Resort.** This little group of cabanas, including several built over the water, is a lesson in laid-back living. Forget about electricity, running water, and indoor bathrooms and surrender to a life of fishing, diving, snorkeling, and swimming. You bring your tackle for boat or shore fishing and your own food supplies, though simple meals and a few basics such as bottled water are sold at fairly steep prices. Also available are beds in a bunkhouse and camping. This is as close as they come to a *Gilligan's Island*–style vacation spot. Unless you come out on the free weekly boat from Sittee River on Sunday, you'll pay BZ$600 or more for transportation. ⊠*Northeast Caye* ⌂*Box 2215, Belize City* ☎*520/5016* ⊕*www.glovers.com.bz* ➟*12 cabins with shared bath, 1 dorm, campground* ♿*In-room: no a/c, no phone, no TV. In-hotel: beachfront, diving, water sports, no elevator* ▤*MC, V* ⊙*Closed Sept. and Oct. most years.*

THE CAYES & ATOLLS ESSENTIALS

TRANSPORTATION

BY AIR
Maya Island Airways and Tropic Air operate flights to Ambergris Caye and Caye Caulker from both the municipal and international airports in Belize City. Each has hourly service every day to Ambergris Caye between about 7:30 AM and 5:30 PM. Round-trip fares for the 20-minute flight are about BZ$115 (municipal) and BZ$207 (international). There are no scheduled flights to the other cayes.

Contacts **Maya Island Airways** (⌂ *Box 458, Municipal Airport, Belize City* ☎ *223/1140, 800/225–6732 in U.S.* ⊕ *www.mayaislandair.com*). **Tropic Air** (⌂ *Box 20, San Pedro* ☎ *226/2012, 800/422–3435 in U.S.* ⊕ *www.tropicair.com*).

BY BOAT & FERRY
A variety of boats connect Belize City with Ambergris Caye and Caye Caulker. The cost to Ambergris Caye is BZ$30 one way for the 75-minute trip. The most dependable, operated by the Caye Caulker Water Taxi Association, leave from the Belize Marine Terminal on North Front Street. Caye Caulker Water Taxi Association boats from Belize City take 45 minutes to reach Caye Caulker and cost BZ$20 each way.

To reach the more remote cayes, you're left to your own devices. You can charter boats in either San Pedro or Belize City, but they're not cheap. The resorts on the atolls run their own flights or boats, but these aren't available to the general public.

BY WATER TAXI
To get to North Ambergris from San Pedro, you can take a water taxi. Scheduled service is available roughly hourly on the Island Ferry during the day until 10 PM.

Contacts **Caye Caulker Water Taxi Association** (⊠ *Marine Terminal, N. Front St. at Swing Bridge, Belize City* ☎ *223/5752* ⊕ *www.cayecaulkerwatertaxi.com*). **Riverside Café** (⊠ *South Riverside Dr., Dangriga* ☎ *501/502–3449*).**Island Ferry** (⊠ *Barrier Reef Dr., San Pedro* ☎ *226/3231*). **San Pedro Water Taxi** (⊠ *Beachfront, San Pedro* ☎ *226/2194*).

CONTACTS & RESOURCES

Banks Atlantic Bank (✉ *Barrier Reef Dr., San Pedro* ☏ *226/2195* ✉ *Back St., Caye Caulker* ☏ *226/0207*). **Alliance Bank** (✉ *33 Barrier Reef Dr., San Pedro* ☏ *226/2136*). **Belize Bank** (✉ *49 Barrier Reef Dr., San Pedro* ☏ *226/2482*). **First Caribbean International Bank** (✉ *Barrier Reef Dr., San Pedro* ☏ *226/0355*). **Scotia Bank** (✉ *12 Coconut Dr., San Pedro* ☏ *226/3730*).

EMERGENCIES

The San Pedro Lions Polyclinic has services just short of a full-scale hospital and is open weekdays from 8 to 5. A doctor and nurse are on 24-hour call. On Caye Caulker, the Caye Caulker Health Center is open weekdays 8–11:30 and 1–4:30.

For police emergencies, call 911 or 90. On marine radios, channel 16 is the international distress channel.

Clinics San Pedro Lions Polyclinic (✉ *Near airstrip, San Pedro* ☏ *226/4052*). **Caye Caulker Health Center** (✉ *Front St. near Lena's Hotel, Caye Caulker* ☏ *226/0166*). **San Pedro Hyperbaric Chamber** (✉ *Near airstrip, San Pedro* ☏ *226/2851*).

TOURS

Among San Pedro's top tour operators are Tanisha Tours, which offers excellent trips to Altun Ha and Lamanai, along with manatee-spotting trips, cave tubing, and others. SEAduced by Belize is unrivaled for its nature and kayak tours. SEAduced and SEArious Adventures both do other trips, including manatee-spotting, visits to Altun Ha, and others. On Caye Caulker, Chocolate is the best-known guide and tour operator, though he is semiretired. He and the people he has trained are known for their full-day manatee trips.

Contacts Anwar Tours (✉ *Front St., Caye Caulker* ☏ *226/0327*). **Carlos Tours** (✉ *Front St., Caye Caulker* ☏ *226/0058*). **Chocolate Tours** (✉ *Front St., Caye Caulker* ☏ *226/0151*). **SEAduced by Belize** (✉ *Tarpon St., San Pedro* ☏ *226/2254*). **SEArious Adventures** (✉ *Beachfront, San Pedro* ☏ *226/4202*). **Tanisha Tours** (✉ *Middle St., San Pedro* ☏ *226/2314* ⊕ *www.tanishatours.com*).

VISITOR INFORMATION

The best source of information on the islands is online. AmbergrisCaye. com (⊕ *www.ambergriscaye.com*) has more than 6,000 pages of facts and figures on San Pedro. Caye Caulker's official Belize Tourist Industry Association Web site is ⊕ *www.gocayecaulker.com*. The Toucan Trail Web site (⊕ *www.toucantrail.com*) is excellent for information on the less-expensive end of the spectrum.

Contacts Caye Caulker Belize Tourism Industry Association (✉ *Mini-Reserve Caye Caulker village* ☏ *227/5717*) is at the south end of the island just northeast of the airstrip. **San Pedro Visitor Information Center** (✉ *Barrier Reef Dr., near Town Hall, San Pedro* ☏ *226/2903*) is open three hours a day, 10–1, Monday–Saturday.

NORTHERN BELIZE

Razzamatazz and bling are in short supply in northern Belize. Here you'll find more orange groves than beach bars, more sugarcane than sugary sand, and more farms than restaurants. The only sizeable towns in the region are Orange Walk, about 53 mi (87 km) north of Belize City, with about 16,000 residents, and the slightly smaller Corozal, population around 9,000, 85 mi (139 km) north of Belize City. Both are on the Northern Highway, a paved two-lane road that runs 95 mi (156 km) from Belize City up the center of the region, ending at the Mexican border.

Offering little in the way of tourism facilities itself, Orange Walk Town is a jumping-off point for trips to Lamanai and other Mayan ruins, to Mennonite farmlands, and to several well-regarded jungle lodges in wild, remote areas. Corozal Town, next door to Chetumal, Mexico, is a place to slow down, relax, and enjoy the laid-back atmosphere of a charming small town on the beautiful Corozal Bay (or, as Mexico calls it, Chetumal Bay).

GETTING AROUND

The Northern Highway, a paved two-lane road, is the transportation spine of the region, running about 95 mi (156 km) from Belize City to the Mexican border at Chetumal, passing the two main towns in northern Belize, Orange Walk and Corozal. The Northern Highway is a two-lane paved road in good condition. Other roads, including the Old Northern Highway, roads to Lamanai, Río Bravo, and Gallon Jug, and the road to Sarteneja are mostly unpaved. Because tour and long-distance taxi prices are high, especially if you're traveling with family or in a group, you likely will save money by renting a car, despite the high cost of car rental and fuel.

CROOKED TREE WILDLIFE SANCTUARY

33 mi (54 km) north of Belize City.

A paradise for birders and animal lovers, this wildlife sanctuary encompasses a chain of inland waterways around the Northern Lagoon covering about 3,000 acres. Traveling through by canoe, you're likely to see iguanas, crocodiles, coatis, and turtles. The sanctuary's most prestigious visitor, however, is the jabiru stork, several of which usually visit between November and May. With a wingspan up to 12 feet, the jabiru is the largest flying bird in the Americas. Snowy egrets, snail kites, ospreys, and black-collared hawks, as well as two types of duck—Muscovy and black-bellied whistling—and all five species of kingfisher native to Belize can be spotted.

At the Crooked Tree **visitor center,** at the end of the causeway where you pay your BZ$8 sanctuary admission fee, you can arrange a guided tour of the sanctuary or rent a canoe (around BZ$10 per person per hour) for a do-it-yourself trip. You can also walk through the village and hike birding trails around the area. The visitor center has a free village and trail map. If you're staying overnight, your hotel can arrange

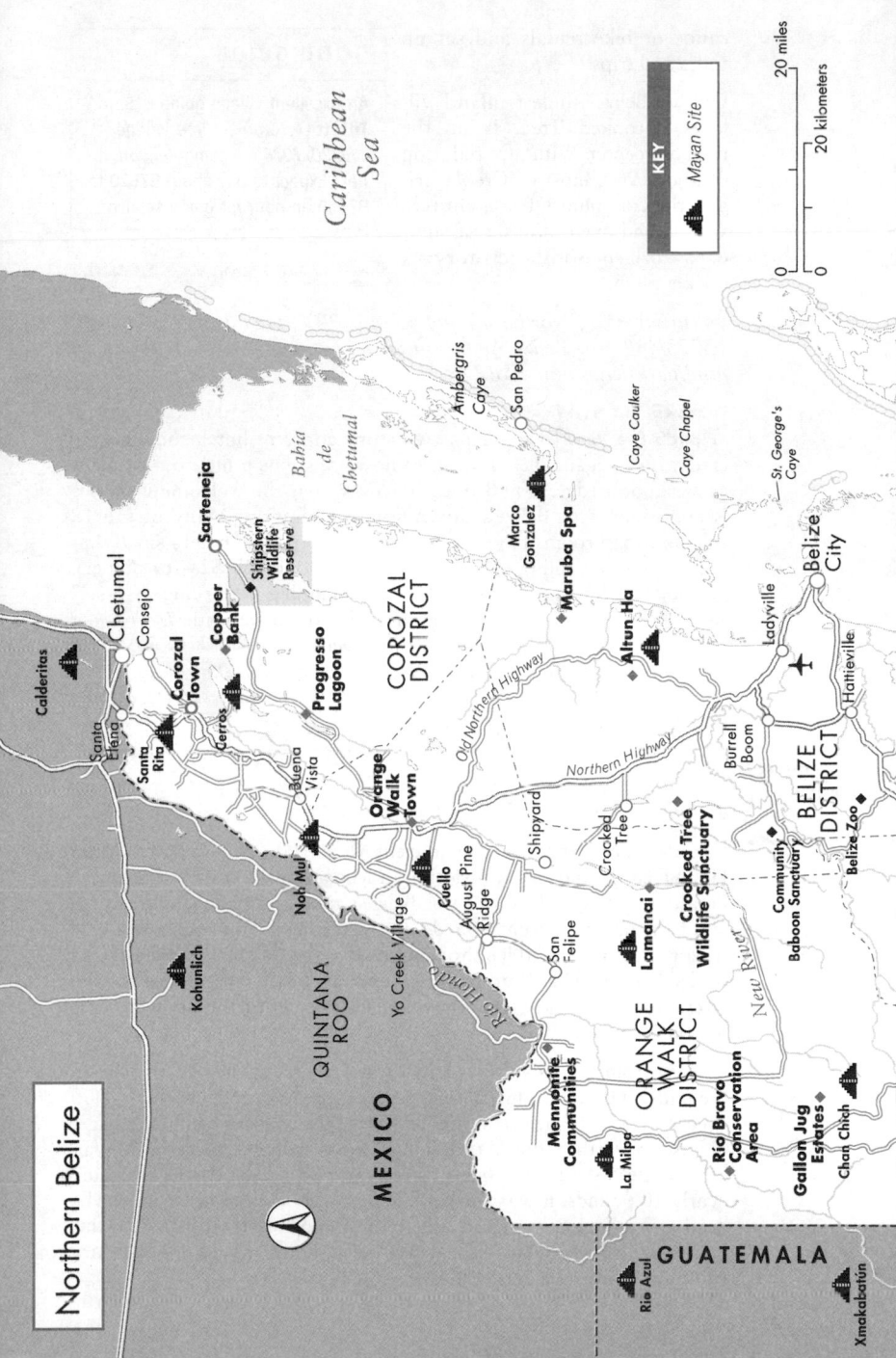

Northern Belize

canoe or bike rentals and set up tours and trips.

One of Belize's oldest inland villages, **Crooked Tree**, is at the reserve's center. With a population of about 900, most of Creole origin, the community has a church, school, and one of the surest signs of a former British territory: a cricket pitch.

✉ *Turn west off Northern Hwy. at Mile 30.8, then drive 2 mi (3 km)* ☎ *223/4987 for Belize Audubon Society* ⊕ *www.belizeaudubon.org/ html/parks/ctws.htm* 🎫 *BZ$8.*

WHERE TO STAY

$ 🏨 **Bird's Eye View Lodge.** This two-story concrete hotel, though covered with bougainvillea and other flowers, seems a little out of place at a lagoon's edge. You'll find, however, that the welcoming service is consistent with Belize's down-home reputation. Many of the 18 spic-and-span rooms have views of the lagoon. The hotel's small dining room serves filling creole and American fare (BZ$24 for dinner). The lodge offers many kinds of tours, including a "birding-by-boat" early morning cruise on the lagoon (BZ$50 per person). ✉ *Crooked Tree* ☎ *225/7027* ⊕ *www.birdseyeviewbelize.com* ☎ *18 rooms* ♿ *In-room: no a/c (some), no phone, no TV. In-hotel: restaurant, lagoon-front, water sports, no elevator, public Wi-Fi, laundry service, airport shuttle* ☰ *AE, MC, V.*

ALTUN HA

 45 km (28 mi) north of Belize City.

If you've never experienced an ancient Mayan city, make a trip to Altun Ha, which is a modern translation in Mayan of the name "Rockstone Pond," a nearby village. It's not Belize's most dramatic site—Caracol and Lamanai vie for that award—but you can visit on your own easily (if you have a car) and it's thoroughly excavated. The first inhabitants settled before 300 BC, and their descendants finally abandoned the site after AD 1000. At its height during the Classic period the city was home to 10,000 people.

A team from the Royal Ontario Museum first excavated the site in the mid-1960s and found 250 structures spread over more than 1,000 square yards. At Plaza B, in the Temple of the Masonry Altars, archaeologists unearthed the grandest and most valuable piece of Mayan art ever discovered—the head of the sun god Kinich Ahau. Weighing nearly 10 pounds, it was carved from a solid block of green jade. The head is kept in a solid steel vault in the Central Bank of Belize. If this temple looks familiar to you, it's because an illustration of the Masonry Altars structure appears on Belikin beer bottles.

⊕ *From Belize City, take the Northern Hwy. north to Mile 18.9. Turn right (east) on the Old Northern Hwy., which is only partly paved, and go 10½ mi (17 km) to the signed entrance road to Altun Ha on the left. Follow this paved road 2 mi (3 km) to the visitor center* ☎609/3540 💷*BZ$10* ⊙*Daily 9–5.*

ORANGE WALK TOWN

52 mi (85 km) north of Belize City.

Orange Walk Town is barely on the radar of tourists, except as a jumping-off point for boat trips to Lamanai, road trips to Gallon Jug and Río Bravo, or as a place to gas up en route from Corozal to Belize City. Though its population of around 16,000, mostly Mestizos, makes it the third-largest urban center in Belize, it's more like a "county seat" in an agricultural area than a city.

The town's atmosphere will remind you a little of Mexico, with signs in Spanish, a central plaza, and sun-baked stores set close to the streets. The plaza, near the Orange Walk Town Hall, has a small market (daily except Sunday and holidays) with fruits, vegetables, and inexpensive local foods for sale. This was once the site of Fort Cairns, which dates to the Caste Wars of the 19th century.

WHERE TO STAY & EAT

$–$$ ✕**El Establo Bar & Grill.** This friendly, family-run eatery is near the northern end of the Orange Walk bypass and it's a great place to stop on a trip between Belize City and Corozal Town. Enjoy local dishes such as cow-foot soup, *escabeche,* and, of course, rice and beans. ⊠*Indian Hill, Northern Hwy.* ☎322–0094 ▭*No credit cards.*

¢–$$ ✕**Victor's Inn.** Victor's Inn is a truly local dining spot well off the busy main road, about 2 mi (3 km) east of Orange Walk Town in Petville near the Tower Hill sugar factory. Victor Ayuso and Sonya Espat serve authentic Belizean and Yucatec fare, including excellent pork dishes and, occasionally, gibnut (a large rodent). Not on the menu is a tame ocelot, one of the restaurant's mascots. ⊠*Honey Camp Rd., Petville* ☎322/0094 or 302/1083 ▭*No credit cards.*

¢–$ 🏨 **Hotel de la Fuente.** Orlando de la Fuente's place is a step up from
★   the other hotels in Orange Walk Town, and the remarkably low room rates, starting at BZ$50 with air-conditioning, put it among the best values in northern Belize. It won the 2006 Small Hotel of the Year award from the Belize Tourism Board. Two suites (BZ$140) have separate bedrooms and kitchenettes. The hotel also arranges trips to Lamanai for BZ$80 per person, including lunch, admission, and pick-up and drop-off at the hotel. ⊠*14 Main St., Orange Walk Town* ☎322/2290 ⊕*www.hoteldelafuente.com* 🛏*8 rooms, 2 suites* ♿*In-room: no phone, kitchen (some), ethernet. In-hotel: no elevator, laundry service* ▭*MC, V.*

¢   🏨 **St. Christopher's Hotel.** On a quiet street near the Banquitos House of Culture and backing up on the New River, this family-run hotel has simple but clean rooms, with tile floors and brightly colored bedspreads, at reasonable rates. It's owned by the Urbina family, one of the oldest and largest families in the area, with roots in Orange Walk dating back to the early 1800s. The back gardens are attractive, alive with tropical plants, and you can relax in a thatch palapa with picnic tables next to the river. ✉*10 Main St., Orange Walk Town* ☎*322/2420 or 302/1064* ⊕*www.stchristophershotelbze.com* ⇆*25 rooms* ⬦*In-room: no a/c (some), no phone. In-hotel: restaurant, no elevator, laundry service* ▭*MC, V.*

LAMANAI

Fodor'sChoice
★

⛰ *About 2½ hours northwest of Belize City, or 24 mi (39 km) south of Orange Walk Town.*

Lamanai ("submerged crocodile") is Belize's longest-occupied Mayan site, inhabited until well after Christopher Columbus discovered the New World in 1492. In fact archaeologists have found signs of continuous occupation from 1500 BC until AD 1700.

Lamanai's residents carried on a lifestyle that was passed down for millennia, until the Spanish missionaries arrived. You can still see the ruins of the missionaries' church in the nearby village of Indian Church. The same village also has an abandoned 19th-century sugar mill. With its immense drive wheel and steam engine—on which you can still read the name of the manufacturer, Leeds Foundry of New Orleans—swathed in strangler vines and creepers, it's a haunting sight.

In all, 50 to 60 Mayan structures are spread over this 950-acre archaeological reserve. The most impressive is the largest Pre-Classic structure in Belize—a massive, stepped temple built into the hillside overlooking the New River Lagoon. Many structures at Lamanai have only been superficially excavated. Trees and vines grow from the tops of temples, and the sides of one pyramid are covered with vegetation. On the grounds you'll find a new visitor center with educational displays on the site, and pottery, carvings, and small statues, some dating back 2,500 years.

What makes Lamanai so appealing is its setting on the west bank of a beautiful 28-mi-long (45-km-long) lagoon, one of only two waterside Mayan sites in Belize (the other is Cerros, near Corozal Town). Nearly 400 species of birds have been spotted in the area and a troop of howler monkeys visits the archaeological site regularly. Lamanai Outpost Lodge and other hotels offer guided tours of the ruins, but you can also explore the site on your own. ✉*Near Indian Church Village, Orange Walk District* ☎*BZ$10* ☉*Daily 9–5.*

GETTING HERE

You can drive on the well-maintained but mostly unpaved road from Orange Walk Town. Turn west at the Orange Walk fire station. From here go to Yo Creek, then southwest to San Felipe Village, a total of 24 mi (39 km). In San Felipe go straight (the road to Chan Chich turns to the right) for another 12 mi (19 km) to reach the ruins. The best way to approach the ruins, however, is by boat, which takes about an hour and a half from Orange Walk. Boats leave around 9 AM from the Tower

Hill bridge over the New River on the Northern Highway, about 6 mi (10 km) south of Orange Walk.

WHERE TO STAY & EAT

$$$ ⚏ **Lamanai South Lodge.** Lamanai South is an appealing option for overnighting near the Lamanai ruins. On 52 acres adjoining the New River Lagoon, the lodge has four rooms in a coral-color building steps from the water. The rooms, with cream-color stucco walls, have furniture made of local hardwoods, screen windows front and back for ventilation, and verandas with views of the lagoon. Above the rooms is a 2,000 square-foot second level, thatched, with restaurant and bar. Meal packages are BZ$90 per person per day. ⊠ *Indian Church Village* ☎ *615/1892* ⊕ *www.lamanaisouth.com* ⚐ *4 rooms* �⃘ *In-room: no a/c, no phone, no TV. In-hotel: restaurant, bar, no elevator* ⊟ *MC, V* ❘⊙❘ *MAP.*

MENNONITE COMMUNITIES

2½ hrs northwest of Belize City.

In the 1950s some 3,000 Mennonites emigrated to Belize, where they established communities in the Orange Walk and Cayo districts. Many in Belize still speak Low German, which combines elements of German and Dutch

The Blue Creek Mennonite community, about midway between Orange Walk Town and Chan Chich Lodge—it's 33 mi (54 km) from Orange Walk Town via Yo Creek, August Pine Ridge, and San Felipe, and 36 mi (59 km) from Chan Chich—is predominantly progressive, which means the Mennonites accept modern conveniences such as automobiles and electricity.

Most of the Mennonites in Shipyard, which you reach via an unpaved road that turns west off the Northern Highway just south of Orange Walk Town, and Little Belize, which you can visit by driving northeast from Orange Walk Town via San Estevan, are conservative; they shun the use of cars and motorized farm equipment. Both Little Belize and Shipyard are primarily farming areas, and have no hotels or tourist facilities, but the unexpected sight, on dusty rural roads, of pale-skin folks in old-fashion dress—the women in long plaid dresses and the men with suspenders and straw hats—in horse-pulled buggies will remind you of how diverse Belizean culture really is.

WHERE TO STAY

$ ⚏ **Hillside Bed and Breakfast.** After Mennonites John and Judy Klassen finished raising their 10 children, they opened this small B&B. It has clean motel-like rooms with 24-hour electricity on a hill overlooking Blue Creek Village, with two larger thatch cabanas nearby, down steep wood steps. Kitchen facilities are available. The breakfast (BZ$10) is huge and delicious, with homemade bread, fresh-squeezed orange juice, and locally produced milk and eggs. ⊠ *General Delivery, Blue Creek Village* ☎ *323/0155* ⚐ *5 rooms, 2 cabanas* �⃘ *In-room: no a/c,* *no phone, kitchen (some), no TV. In-hotel: no elevator, laundry service* =No *credit cards.*

COROZAL TOWN

95 mi (153 km) north of Belize City.

Settled by refugees from the Yucatán during the 19th-century Caste Wars, Corozal is the last town before Río Hondo, the river separating Belize from Mexico. Though thoroughly ignored by today's travelers, this friendly town is great for a few days of easy living.

English is the official language in Corozal, but Spanish is just as common here. The town was largely rebuilt after Hurricane Janet nearly destroyed it in 1955, so it's neat and modern. Many houses are clapboard, built on wooden piles, and other houses are simple concrete-block structures, though the growing clan of expats is putting up new houses that wouldn't look out of place in Florida

Not far from Corozal are several Mayan sites. The closest, **Santa Rita,** is a short walk from the town's center. It's on a low hill across from the Coca-Cola plant. Only a few of its structures have been excavated, and there's currently no visitor center open, so it takes some imagination to picture this settlement, founded in 1500 BC, as one of the district's major trading centers. It isn't currently officially open, but you can walk around the site.

A twice-daily water-taxi service, the *Thunderbolt,* runs from Corozal Town to San Pedro, Ambergris Caye, with a stop on demand at Sarteneja.

WHERE TO STAY & EAT

¢–$ ✗ **Cactus Plaza.** For a great bargain, grab a seat and order a plateful of tacos, tostadas, *salbutes* (stuffed tortillas), and other Mexican finger foods. You won't be stuck with a big check: most entrées are less than BZ$4. Everything is freshly made and tasty. ⊠6 *6th St. S, 2 blocks west of bay* ☎442/0394 =No *credit cards.*

¢–$ ✗ **Patti's Bistro.** Although Patti's is next door to an undertaker and the street address is the unlucky number 13, you don't have to worry— the food here is among the best in town, the service is sprightly and friendly, and prices are very low. A delicious fried-chicken dinner with salad and mashed potatoes is only BZ$6.50, and a T-bone steak dinner only BZ$12. Sit inside or at one of the handful of outdoor tables. ⊠13 *4th Ave.* ☎402/0174 =MC, V.

$ ✗▥ **Tony's Inn.** One of the oldest hotels and restaurants in Corozal, Tony's Inn is still going strong, despite the passing of its founder, Tony Castillo. His family now runs the motel and its popular restaurant, Y Not Grill & Bar, in a breezy bay-side thatch palapa. The rooms have been upgraded and now all have air-conditioning, phones, and mahogany furniture. Fajitas (chicken, beef, shrimp, or combo) are the way to go in the restaurant. ⊠*South End, Corozal Town* ☎422/2055, *800/447–2931 in U.S.* ⊕*www.tonysinn.com* ⇆*24 rooms* ⅄*In-hotel:*

2 restaurants, bar, bayfront, no elevator, laundry service, no-smoking rooms, public Internet ☰AE, MC, V.

$–$$ ⊡ **Casablanca by the Sea.** It's worth a short trip to Consejo just to see the
★ hand-carved mahogany doors gracing each room's entrance at this inn. Beverly Temte, an expat from New England, created this appealing, small hotel. In a quiet village, with views of Chetumal across Corozal Bay, this is a fine place to get away. The best rooms are the three second-floor suites facing the bay. Other rooms are all on the small side. The first-floor restaurant serves tasty Belizean and American food. An added plus: the waterside area with palapa. Besides guests, the young Eastern European women employed as dancers at the casinos in the Free Zone often sunbathe here, too. ⊠ *8 mi (18 km) northeast of Corozal Town, Consejo* ☎ *423/1018* ⊕ *www.casablanca-bythesea.com* ⇆ *7 rooms, 3 suites* ㋵ *In-room: mini-fridge (some), no phone. In-hotel: restaurant, bar, bayfront, no elevator* ☰ *AE, MC, V.*

¢–$ ⊡ **Las Palmas.** The three-story concrete hotel is right in the middle of
★ town, inside a walled courtyard. The rooms, with whitewashed stucco walls, have new beds, linens, and brightly colored bedspreads, and all have air-conditioning, TVs, and mini-refrigerators. Doubles start at BZ$90 including tax, with one night free on a week's stay, making this one of the best values in town. ⊠ *123 5th Ave.* ☎ *422/0196* ⊕ *www. laspalmashotelbelize.com* ⇆ *20 rooms* ㋵ *In-room: no phone, refrigerator. In-hotel: restaurant, bar, no elevator, laundry service* ☰ *MC, V.*

NORTHERN BELIZE ESSENTIALS

TRANSPORTATION

BY AIR

Tropic Air and Maya Island Air each fly four or five times daily between Ambergris Caye and the airstrip at Corozal, about 2 mi (3 km) south of town off the Northern Highway. The journey takes 20 minutes and costs BZ$80 one way. There's no direct service to Belize City or other destinations in Belize.

Contacts Tropic Air (☎ *226/2012, 800/422–3435 in U.S.* ⊕ *www.tropicair.com*). **Maya Island Air** (☎ *422/2333, 800/225–6732 in U.S.* ⊕ *www.mayaairways. com*).

BY BOAT & FERRY

A daily water taxi operates between Corozal Town and Ambergris Caye. The *Thunderbolt* departs from Corozal at the pier near Reunion Park behind Corozal Cultural Center at 7 ᴀᴍ and returns from San Pedro at 3 ᴘᴍ, leaving from the *Thunderbolt* dock on the back side of the island.

Contact Thunderbolt (⊠ *San Pedro Town* ☎ *226/2217* ✉ *thunderbolttravels@ yahoo.com*).

BY CAR

Corozal Bay Inn in Corozal Town has a few cars to rent. Corozal police enthusiastically ticket cars from other parts of Belize for such minor violations as parking the wrong way on a one-way street, so be especially cautious.

BY TAXI

To get around Corozal, call the Taxi Association or ask your hotel to arrange for transportation. Likewise, in Orange Walk call the Taxi Association or ask your hotel to arrange a taxi.

Contacts **Taxi Association** (✉ *1st St. S, Corozal* ☎ *422/2035*). **Taxi Association** (✉ *Queen Victoria Ave., Orange Walk* ☎ *322/2560*).

CONTACTS & RESOURCES

Banks **Atlantic Bank** (✉ *1 Park St. S, Corozal* ☎ *422/3473*). **Belize Bank** (✉ *5th Ave. at 1st St. S, Corozal* ☎ *422/2087* ✉ *Main and Park Sts., Orange Walk* ☎ *322/2019*). **ScotiaBank** (✉ *4th Ave., Corozal* ☎ *422/2046* ✉ *Main and Park Sts., Orange Walk* ☎ *322/2194*).

Hospitals **Corozal Hospital** (✉ *Northern Hwy., Corozal* ☎ *422/2076*). **Northern Regional Hospital** (✉ *Northern Hwy., Orange Walk* ☎ *322/2752*).

Pharmacies **V-Mart Pharmacy** (✉ *4th Ave. and 1st St. N, Corozal* ☎ *422/2597*). **de la Fuente Drugstore** (✉ *16 Main St., Orange Walk* ☎ *322/2035*).

TOURS

Your hotel can usually arrange tours to Lamanai, Cerros, and other sites. Henry Menzies of Belize Transfers arranges trips to Mexico as well as to sites around Corozal. To or from Cancún, Belize Transfers charges BZ$800 for up to four persons. In Orange Walk, Jungle River Tours and J. Avila & Sons run boat trips (BZ$80 per person) up the New River to Lamanai and can help arrange other tours and trips.

Contacts **J. Avila & Sons River Tours** (✉ *42 Riverside St., Orange Walk* ☎ *322/3068*). **Henry Menzies, Belize Transfers** (✉ *Caribbean Village, South End, Corozal* ☎ *422/3415* ⊕ *www.belizetransfers.com*). **Jungle River Tours** (✉ *20 Lovers La., Orange Walk* ☎ *302/2293*).

VISITOR INFORMATION

Brochures and visitor information are available in the Corozal Cultural Center (✉ *1st Ave.* ☎ *422/3176*), near the market. An excellent source of general information on northern Belize is the Web site Northern Belize, ⊕ *www.northernbelize.com*, and another is Belize North ⊕ *www.belizenorth.com*. A good source of online information about Corozal is ⊕ *www.corozal.com*.

THE CAYO

When the first jungle lodges opened in the Cayo, Belize's largest district, not many people thought this wild area would become a tourist magnet. The mountainous region on the country's western border was too remote. Today more than half of those touring Belize visit the Cayo during their trip, where the lost world of the Maya comes alive through majestic, haunting ruins. And the Indiana Jones in you can hike through the jungle, ride horseback, canoe down the Macal or Mopan River, and explore incredible caves.

About 60% of the land in the Cayo District is national parks and reserves, which is good news if you like hiking, birding, wildlife-spotting, canoeing, and other outdoor activities. The Mountain Pine Ridge, at more than 127,000 acres, is the largest forest reserve in Belize. Other national parks and protected areas you can explore include the Elijio Panti National Park, St. Herman's Blue Hole National Park, and Guanacaste National Park (great bird-watching).

CAVES

The Cayo has the most, the biggest, and the most exciting caves. Actun Tunichil Muknal is the top caving experience in Belize and one of the top attractions of any kind. Explore huge and mysterious underground chambers on foot or float on subterranean rivers through the underworld of the ancient Maya. Regardless of your fitness level and experience, or lack of it, in the Cayo you'll find a cave that's right for you.

MAYAN SITES

The Cayo is home to the largest and most important Mayan site in Belize, Caracol, with more than 35,000 buildings over 30 square mi (78 square km). It also has the most easily accessible Mayan sites in the country, Cahal Pech and Xunantunich, along with dozens of smaller and less well-known sites.

GETTING AROUND

To get to the Cayo, simply follow the Western Highway, a paved two-lane road running 78 mi (128 km) between Belize City and the Guatemala border. The highway is in generally good condition, but shoulders are narrow, and it can be slick after rains. Secondary roads, mostly unpaved and difficult to drive on, branch off the Western Highway, leading to small villages and to the Mountain Pine Ridge, the Spanish Lookout Mennonite area, and various jungle lodges.

At Belmopan, the paved Hummingbird Highway is Belize's most scenic road, cutting 54 mi (90 km) southeast through the Maya Mountains to Dangriga, passing Five Blues Lake (now a dry lake bed) and Blue Hole national parks. Mile markers on the Hummingbird start in Dangriga.

SAFETY IN THE CAYO

Although most visitors report feeling completely safe in the Cayo, in 2005 and 2006 there was a series of robberies by armed bandits. Alleged ringleaders of the gang were caught in Guatemala and turned over to Belizean authorities, and no further incidents have occurred since mid-2006. At this writing, the U.S. Embassy had issued a warning about highway banditry on unpaved roads near the Guatemala border, and trips to Caracol may be made only in convoys accompanied by Belize Defence Forces soldiers. Ask locally about any recent incidents before starting road trips to remote areas.

BELMOPAN CITY

50 mi (80 km) southwest of Belize City.

It used to be said that the best way to see Belize's capital was through the rearview mirror as you head toward San Ignacio or south down the Hummingbird. It's a dreary cluster of concrete office buildings plunked in the middle of nowhere. However, with the opening of the main campus of the University of Belize in Belmopan in 2002, and new commer-

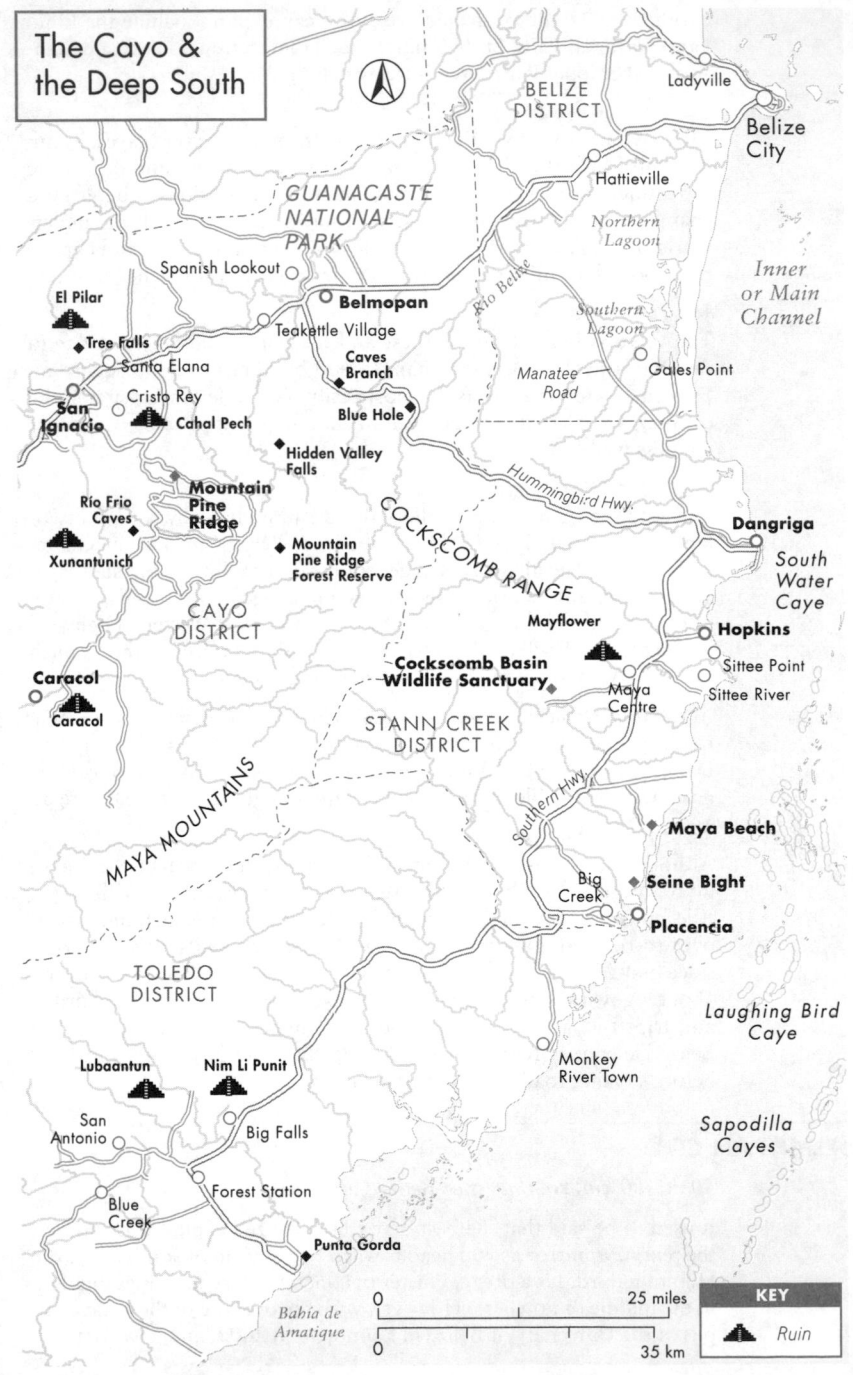

The Cayo &
the Deep South

BELIZE DISTRICT

Ladyville

Belize City

Hattieville

GUANACASTE NATIONAL PARK

Northern Lagoon

Spanish Lookout

Belmopan

Teakettle Village

Rio Belize

Southern Lagoon

Inner or Main Channel

El Pilar

Tree Falls

Santa Elana

Cristo Rey

Caves Branch

Blue Hole

Manatee Road

Gales Point

San Ignacio

Cahal Pech

Hidden Valley Falls

Rio Frio Caves

Mountain Pine Ridge

Mountain Pine Ridge Forest Reserve

COCKSCOMB RANGE

Hummingbird Hwy.

Dangriga

South Water Caye

Xunantunich

CAYO DISTRICT

Mayflower

Hopkins

Sittee Point

Sittee River

Cockscomb Basin Wildlife Sanctuary

Maya Centre

Caracol

Caracol

STANN CREEK DISTRICT

MAYA MOUNTAINS

Southern Hwy.

Maya Beach

Big Creek

Seine Bight

Placencia

TOLEDO DISTRICT

Laughing Bird Caye

Lubaantun

Nim Li Punit

Monkey River Town

Sapodilla Cayes

San Antonio

Big Falls

Blue Creek

Forest Station

Punta Gorda

Bahía de Amatique

| 0 | | 25 miles |
| 0 | | 35 km |

KEY

🔺 *Ruin*

cial activity around the capital, Belmopan—finally—is showing some signs of life. However, we recommend you spend your time at nearby sites rather than in the city itself.

Worth a quick visit on the way out of Belmopan is Belize's small nature reserve, **Guanacaste National Park,** named for the huge guanacaste trees that grow here. Also called monkey's ear trees because of their oddly shaped seedpods, the trees tower more than 100 feet. The 50-acre park has a rich population of tropical birds, including smoky brown woodpeckers, black-headed trogons, red-lored parrots, and white-breasted wood wrens. ⊠*Mile 47.7, Western Hwy.* ☎*223/4434 Belize Audubon Society in Belize City* ⊠*BZ$5* ☉*Daily 8:30–4:30; tours every hr 8:30–3:30.*

☺ Less than a half hour south of Belmopan, **St. Herman's Blue Hole Natural Park** has a natural turquoise pool surrounded by mosses and lush vegetation, excellent for a cool dip. The Blue Hole is actually part of an underground river system. On the other side of the hill is St. Herman's Cave, once inhabited by the Maya. A path leads up from the highway, right near the Blue Hole, but it's quite steep and difficult to climb unless the ground is dry. To explore St. Herman's Cave beyond the first 300 yards or so, you must be accompanied by a guide (available at the park), and no more than five people can enter the cave at one time. With a guide, you also can explore part of another cave system here, the Crystal Cave, which stretches for miles. The park visitor center is 12½ mi (20½ km) from Belmopan. ⊠*Mile 42.5, Hummingbird Hwy.* ☎*BZ$8.* ☉*Daily 8–4:30*

CAVING

Fodor'sChoice
★ The most rewarding caving experience, and one of the most amazing experiences of any kind in Belize, is **Actun Tunichil Muknal,** or "Cave of the Crystal Sepulchre," southwest of Teakettle Village in the 500-acre Actun Tunichil Muknal National Monument. You hike about 45 minutes, crossing the Roaring River three times, swim a few yards in the river, and enter the cave's hourglass-shape opening. Once inside, you clamber over large boulders and squeeze through tight passageways (even a large person can get through). You spend about three hours or longer inside. This is a real caving experience, with no lighting except what your guide provides and no well-marked walkways or roped-off platforms. If you're physically active and can swim, don't hesitate. You'll see amazing limestone formations, thousand-year-old human calcified skulls and skeletons, and many Mayan artifacts including well-preserved pottery. Only a few licensed guides (listed below) are authorized to run tours of the cave, among them **PACZ Tours** (⊠*22 Burns Ave., San Ignacio* ☎*824/2477* ✎ *pacztours@btl.net*) and **Maya Walk** (⊠*19 Burns Ave., San Ignacio* ☎*824/3070*).

WHERE TO STAY & EAT

$-$$$ ✕ **Caladium.** The Caladium is one of the oldest businesses in this young capital. It's next to the bus station at Market Square, and you'll find many of the country's favorites on the menu, including fried chicken, tender barbecued pork ribs, traditional rice and beans with chicken, beef, or pork, and cow-foot soup. It's clean, well run, and air-conditioned. ✉ *Market Sq.* ☎ *822/2754* ▭ *MC, V* ⏲ *Closed Sun.*

$$$ **Jaguar Paw.** Although this lodge is down a long dirt road, it's anything but rustic. Eye-popping Mayan murals grace the main lodge's inner walls, which also has a 25-foot indoor waterfall. Each room has air-conditioning and a theme—the Victorian Room has a country armoire and sheer curtains; the Pioneer Room has a pebble-lined shower and rough-hewn wooden bed. Surrounding all this are 215 acres of jungle containing 9 mi (15 km) of hiking trails, a butterfly farm, a zip-line canopy tour, and caves that you (and at times hundreds of day-trippers) can float through on an inner tube. ✣ *Off Western Hwy., turn south at Mile 37 and follow dirt road 7 mi (11 km)* ☎ *820/2023, 888/775–8645 in U.S.* 🌐 *www.jaguarpaw.com* *16 rooms* *In-room: no phone, no TV. In-hotel: restaurant, bar, pool, no elevator, public Wi-Fi, public Internet, airport shuttle* ▭ *AE, DC, MC, V.*

★ $$$ **Pook's Hill.** When the lamps are lighted each night on the rosewood veranda, this low-key jungle lodge, on 300 remote acres adjoining the 6,700-acre Tapir Mountain Reserve (open only to researchers) and Actun Tunichil Muknal National Monument, is one of the most pleasant places in the Cayo. The stone-and-thatch cabanas are laid out on a grassy clearing around a small, partially excavated Mayan site. During the day you can swim, ride horses, go birding, or boat up the Roaring River to a series of caves. Dine family style by lantern light (the cabanas do have 24-hour electricity). ✣ *At Mile 52 of Western Hwy., head south for 5 mi (8 km)* ☎ *820/2017* 🌐 *www.pookshillbelize.com* *11 cabanas* *In-room: no a/c, no phone, no TV. In-hotel: restaurant, bar, no elevator, public Internet, airport shuttle* ▭ *MC, V.*

$–$$$ **Banana Bank Lodge.** Along the banks of the Belize River, this jungle lodge is one of the best spots for families. Equestrians of all skill levels can choose from 80 horses. Owners John and Carolyn Carr (he's a cowboy from Montana, she's an artist) arrange canoe trips and hikes on the lodge's 4,000 acres. Thatch cabanas are modest but comfortable (no air-conditioning, though), and there are three new air-conditioned rooms and two suites in the three-story Chateau Brio, and four budget rooms in the Chalet. ✣ *From Western Hwy., turn north at Mile 46.9 and cross bridge over Belize River. Follow gravel/dirt road 3 mi (5 km) to Banana Bank sign. Turn right and follow dirt road for 2 mi (3 km)* ☎ *820/2020* 🌐 *www.bananabank.com* *7 rooms, 7 cabanas, 2 suites* *In-room: no a/c (some), no phone, no TV. In-hotel: restaurant, no elevator, public Internet, airport shuttle* ▭ *MC, V* *BP.*

★ ¢–$$$ **Caves Branch Adventure Co. & Jungle Camp.** Budget-minded guests at this jungle lodge on a 58,000-acre private reserve will head to the bunkhouse (BZ$30 per person) or the campground (BZ$10 per person), while those in search of creature comforts will appreciate the mahogany and bamboo bungalows and suites. Owner Ian Anderson and his highly trained jungle guides offer more than a dozen wilderness adventures, priced from BZ$150 to BZ$350 per person for day trips. On the tubing expedition to Footprint Cave you spend hours floating around underground lakes and crawling past stalagmites into dry chambers. Cold Belikins await you when you return, followed by a delicious dinner (BZ$36). ⊠*12 mi (19½ km) south of Belmopan at Mile 41½ of Hummingbird Hwy.* ☎*822/2800* ⊕*www.cavesbranch. com* ⇆*8 suites, 10 cabanas, 7 with shared bath, 8 beds in bunkhouse* ⅋*In-room: no a/c, no phone, no TV. In-hotel: restaurant, bar, no elevator, laundry service, public Internet, airport shuttle* ▤*MC, V.*

SAN IGNACIO

23 mi (37 km) southwest of Belmopan.

When you hear the incredible commotion made by black grackles in the town square's trees, and see the Hawksworth Bridge, the only public suspension bridge in Belize, you'll know you've arrived at San Ignacio, the hub of the Cayo district. San Ignacio is an excellent base for exploring western Belize. Nearby are three Mayan ruins, as well as national parks and a cluster of butterfly farms.

With its well-preserved wooden structures, dusty little San Ignacio is a Belizean town where you might want to linger. Evenings are cool and mosquito-free, and the colonial-era streets are lined with funky bars and restaurants.

On Saturday mornings, **San Ignacio Market,** in an open field across from the soccer stadium, comes alive with farmers selling local fruits and vegetables. Vendors also hawk crafts, clothing, and household goods. A much smaller vegetable and fruit market is open weekdays on Burns Avenue, closer to town. ⊗*Sat. 7–noon.*

NEARBY SITES

★ ⟲ You ride a hand-pulled ferry across the Mopan River, near the village of San José Succotz, toward the archaeological site of **Xunantunich** (pronounced *shoo-nan-too-nitch*), which means "stone maiden." As you hike through the profusion of maidenhair ferns to the ruins, you'll encounter numerous butterflies flitting through the air. A magnificent avenue of cohune palms announces your arrival at an important ceremonial center from the Mayan Classic period. El Castillo, the massive 120-foot-high main pyramid, was built on a leveled hilltop. The pyramid has a spectacular 360-degree panorama of the Mopan River valley into Guatemala. On the eastern wall is a reproduction of one of the finest Mayan sculptures in Belize, a frieze decorated with jaguar heads, human faces, and abstract geometric patterns telling the story of the Moon's affair with Morning Light. ⊠*Near San José Succotz Village, 6½ mi (11 km) southwest of San Ignacio on Benque Rd., Western Hwy.* ☎*No phone.* ⊡*BZ$10* ⊗*Daily 8–4.*

Excavations of Mayan ruins have traditionally concentrated on public buildings, but at **El Pilar** the emphasis has been on reconstructing domestic architecture—everything from houses to gardens with crops used by the Maya. El Pilar has two well-marked trails that take you around the site. Because the structures haven't been stripped of vegetation, you may feel like you're walking through a series of shady orchards. Don't forget binoculars: in the 5,000-acre nature reserve there's some terrific bird-watching. Behind the main plaza a lookout grants a spectacular view across the jungle to El Pilar's sister city, Pilar Poniente, on the Guatemalan border. Note that several incidents of robbery have occurred at or near this site. ⊠*8 mi (13 km) west of Bullet Tree Falls, Western Hwy.* ☎*No phone.* ⊡*BZ$10* ⊘*Daily 8–5.*

℧ Just outside San Ignacio is a third major Mayan ruin, the unfortunately named **Cahal Pech** ("place of the ticks"). It was occupied from around 900 BC to AD 1100. At its peak, in AD 600, Cahal Pech was a medium-size settlement with some three dozen structures huddled around seven plazas. It may be somewhat less compelling than the area's other ruins, but it's no less mysterious. ⊠*On hill at edge of San Ignacio* ☎*No phone.* ⊡*BZ$10* ⊘*Daily 8–5.*

On private land, **Actun Chechem Ha,** which means "Cave of the Poisonwood Water," is a Mayan burial cave with artifacts that date back two millennia. There are many pots and a stela used for ceremonial purposes. To examine some of the pottery, you'll have to climb ladders, and getting to the cave requires a 35-minute walk, mostly uphill. ⊠*10 mi (17 km) south of Benque Viejo* ☎*820/4063 to arrange a visit* ⊡*BZ$50 for guided tour for up to 3 people, if arranged with owner; tours including transportation from San Ignacio or your lodge and often including lunch and swimming at Vaca Falls are around BZ$100 per person* ⊘*By appointment.*

One of the most unusual attractions in Belize, **Poustinia Land Art Park** is a collection of 30 original works by an international mix of artists about some 60 acres of a former cattle ranch. Among the works of outdoor art, which some would call funky and others fascinating, are Downtown, by Venezuelan artist Manuel Piney, and Returned Parquet, a visual reference to Belize's colonial history by Tim Davies, a British artist. Getting around the park, which is open by appointment only, requires many hours of sometimes strenuous hiking. Bring insect repellent. ⊠*Hydro Rd., 2½ mi (5 km) south of Benque Viejo, 8 mi (13 km) southwest of San Ignacio* ☎*822/3522 to arrange a visit* ⊡*BZ$10* ⊘*By appointment.*

℧ The life's work of Ken duPlooy, an ornithologist who died in 2001, and the personable Judy duPlooy is the **Belize Botanical Gardens,** a collection of hundreds of trees, plants, and flowers from all over Central America. Enlightening tours of the gardens, set on a bank of the Macal River, are given by Heather, daughter of Ken and Judy, who is the director of the gardens, and by local Maya who can explain their varied medicinal uses. An orchid house holds the duPlooys' collection of more than 100 orchid species. ✛*duPlooy's Lodge; from San Ignacio, head 4¾ mi (7½ km) west on Benque Rd., turn left on Chial Rd., San Ignacio* ☎*824/3101* ⊕*www.belizebotanic.org* ⊡*BZ$10 self-guided tour, BZ$15 guided tour* ⊘*Daily 9–5.*

The small hilltop community of **Spanish Lookout,** about 5 mi (8 km) north of the Western Highway (the easiest access is via the paved Route 30 at Mile 57½ of the Western Highway), is one of the centers of Belize's Mennonite community. The village's blond-haired, blue-eyed residents may seem out of place in this tropical country, but they're

1

BUDGETING YOUR TRIP

Here are a range of rates you can expect to pay for selected trips. These charges are per person and usually include transportation, lunch (on full-day trips), and in the case of river trips, drop-off and pick-up. Admission to Mayan sites, border fees, and gratuities to guides are usually extra.

■ Guided nature walk, at lodge: BZ$20 to BZ$60

■ Morning birding walk, at lodge: BZ$20 to BZ$30

■ Day trip to Caracol: BZ$100 to BZ$200 (cheaper for larger parties)

■ Half-day tour of Xunantunich: BZ$40 to BZ$100

■ Mountain Pine Ridge tour: BZ$70 to BZ$120

■ Actun Tunichil Muknal: BZ$150 to BZ$200

■ Barton Creek Cave with canoe: BZ$60 to BZ$100

■ Self-guided canoe or kayak trip on Macal or Mopan rivers: BZ$50 to BZ$70

■ Half-day horseback riding: BZ$60 to BZ$120

■ Mountain-bike rental: BZ$25 to BZ$70 a day (complimentary at some lodges)

■ Overnight camping trip, with guide: BZ$300 per night for up to three persons, plus supplies

actually responsible for many of Belize's major projects. They built nearly all the area's resorts, and most of the eggs and milk you'll consume during your stay come from their farms. The women dress in cotton frocks and head scarves, and the men don straw hats, suspenders, and dark trousers. Some still travel in horse-drawn buggies, though many Mennonites around Spanish Lookout have embraced pickup trucks and modern farming equipment. But they don't appreciate being gawked at or photographed any more than you do.

CANOEING & KAYAKING

The Cayo's rivers, especially the Mopan and Macal, make it an excellent place for canoeing and kayaking. Generally you put in the Macal around Chaa Creek and paddle and float down to the Hawksworth Bridge at San Ignacio, a trip that takes about two hours. You'll pay about BZ$50 a person for canoe rental and pick-up. You'll see iguanas and bird life on the banks, and if you dip in for a swim, don't be surprised if tiny (toothless) fish school around you to figure out if you're food. In San Ignacio you can rent canoes from **Toni Canoes** (☎824/3292), which also organizes guided trips and overnight camping trips. If you'd rather float down the Mopan on an inner tube, **The Trek Stop** (☎823/2265) rents them for BZ$20, a rate that includes drop-off and pick-up.

Do exercise caution. You won't believe how fast the rivers, especially the Macal, can rise after a heavy rain. Also, in the past there have been some incidents of visitors in canoes being stopped and robbed on the Macal. Watch weather forecasts, and ask locally about safety on the rivers.

CAVING

Over the millennia, as dozens of swift-flowing rivers bored through the soft limestone, the Maya Mountains became pitted with miles of caves. The Maya used them as burial sites and, according to one theory, as subterranean waterways that linked the Cayo with communities as far north as the Yucatán. In recent years the caves have been rediscovered by spelunkers. First on the scene was Ian Anderson, owner of **Caves Branch Adventure Co. & Jungle Camp** (✉ *12 mi [19½ km] south of Belmopan* ☎ *822/2800* ⊕*www.cavesbranch.com*). He and his staff run exhilarating adventure-theme caving, tubing, and hiking trips from a tiki-torchlighted jungle camp just south of Belmopan. **Emilio Awe** (✉*22 Burns Ave., San Ignacio* ☎*824/2477*) is considered one of the top caving guides in the country. **Pacz Tours** (✉*Cahal Pech, San Ignacio* ☎*824/2477*) and **Maya Walk** (✉*19 Burns Ave., San Ignacio* ☎*824/3070*) specialize in tours to the spooky, wonderful Actun Tunichil Muknal near Belmopan. David A. Simpson, of **David's Adventure Tours** (✉*San Ignacio* ☎*824/3674* ⊕*www.davidsadventuretours.com*), was the first to do tours of the now-popular Barton Creek Cave.

WHERE TO STAY & EAT

SAN IGNACIO

$-$$$ ✗**Sanny's Grill.** With a hot grill and sizzling spices, this restaurant transforms Belizean basics, like chicken or pork chops, beyond standard fare. Try the champagne shrimp or lime-thyme red snapper, along with the tastiest, spiciest rice and beans in the Cayo. In a residential area off Benque Road, the place can be hard to find after dark. ✉*23rd St., heading west of San Ignacio, look for sign just beyond Texaco station* ☎*824/2988* ☐*MC, V* ⊙*No lunch.*

¢-$$ ✗**Café Sol.** No need to wilt in the sun here, as you can sit in the shade of a large mango tree at this little downtown café and enjoy healthy vegetarian, vegan, and white-meat dishes. For breakfast, try the vegetarian sausages and rich banana pancakes. The fresh-made guava, mango, lime, and watermelon juices are refreshing. ✉*West St.* ☎*824/2166* ☐*MC, V* ⊙ *Closed Sun. and Mon.*

¢-$ ✗**Hode's Place Bar & Grill.** Bigger than it looks from the outside, with a large shaded patio and swings and slides for the kids at the back, Hode's is popular for cold beers, karaoke, and billiards. Oh yes, it also has good food in large portions and at modest prices. The escabeche (onion soup with chicken) is terrific. ✉*Savannah Rd., next to sports stadium* ☎*824/2522* ☐*MC, V.*

★ $ ✗▦**Cahal Pech Village.** You'll enjoy the best views in Cayo at this resort set on a high hill at the western edge of San Ignacio, near the Cahal Pech Mayan site. The latest additions are new cottages and rooms and a gorgeous two-level swimming pool. You have a choice here of thatch cabanas or air-conditioned rooms. The restaurant, while not a gourmet spot, serves tasty Belizean and American fare (such as grilled fish, pork chops, spaghetti, and steaks) in an open-air space with views of the valley below. ✉*Cahal Pech Rd., 1 mi (2 km) west of town, off Western Hwy.* ☎*824/3740* ⊕*www.cahalpechvillageresort.com* ✏*20 rooms, 5 suites, 20 cabanas* ♦*In-room: no phone. In-hotel: restaurant, bar, pool, public Internet, no elevator, airport shuttle* ☐*MC, V.*

$–$$ 🏠**Maya Mountain Lodge.** Designed with the nature lover in mind, this hilltop lodge aspires toward comfort rather than luxury. Owners Bart and Suzi Mickler designed the nature trails. One passes 150 edible jungle plant species; the other focuses on ornamental plants. In summer they run workshops on ecology, birding, and other subjects. The whitewashed, newly renovated cottages all have private patios. A large wooden building has rooms, recently renovated with air-conditioning added, for budget-conscious guests. The pleasant open-air dining room serves tempting, wholesome food. ✉*Cristo Rey Rd., 1 mi (2 km) outside San Ignacio* ☎*824/2164* ⊕*www.mayamountain.com* 🛏*8 cottages, 6 rooms* ♿*In-room: no phone, no TV. In-hotel: restaurant, pool, laundry service, public Internet, no elevator* ▭*AE, MC, V.*

★ **¢–$**   🏠**Casa Blanca Guest House.** Though it's in the center of San Ignacio, on bustling Burns Avenue, this small hotel, winner of the Belize Tourism Board's "Best Small Hotel Award" in 2004, is an oasis of quiet and one of Belize's top budget choices. The rooms, with cool white walls trimmed in mahogany and locally made wood furniture, are a big step above typical budget lodging. Casa Blanca is often fully booked. ✉*10 Burns Ave.* ☎*824/2080* ⊕*www.casablancaguesthouse.com* 🛏*9 rooms* ♿*In-room: no a/c (some), no phone, no elevator* ▭*MC, V.*

ALONG THE MOPAN RIVER

¢–$ ✗**Benny's Kitchen.** This little open-air restaurant near Xunantunich serves hearty Mayan and Creole dishes at rock-bottom prices. Most items on the menu are BZ$8 or less, including *chilimole* (chicken with mole sauce), cow-foot soup, *escabeche*, and stewed pork with rice and beans and plantains. The classic Mayan pibil (pork cooked in an underground oven) is BZ$12. The banana *licuados* (milk shakes) are delicious. ✉*San José Succotz Village, across Benque Rd., Western Hwy., from ferry to Xunantunich* ✣*Turn south just west of ferry and follow signs about 3 blocks* ☎*823/2541* ▭*No credit cards.*

★ **¢**   ✗🏠**The Trek Stop.** After a day out and about, a cold Belikin and filling Mexican and Belizean dishes await you at this cluster of neat-as-a-pin cabins. Tent camping (BZ$10 per person) is also available, as is a common kitchen for preparing your own grub. It's an exceptional find, particularly for budget travelers, as cabins (with showers and composting toilets around the corner) start at just BZ$24 per person or BZ$40 double. Large new double cabins with private bath are BZ$70. Here you can also hike nature trails, visit the butterfly farm, and play Frisbee golf at the only disc golf course in Belize. ✉*San José Succotz Village, 6 mi (9 km) west of San Ignacio* ☎*823/2265* ⊕*www.thetrekstop.com* 🛏*9 cabins, 7 without private bath* ♿*In-room: no a/c, no phone, no TV. In-hotel: Restaurant, bar, public Wi-Fi, no elevator, airport shuttle* ▭*MC, V.*

★ **$$$$**   🏠**Mopan River Resort.** Once you've taken the short ferry trip across the Mopan River to the resort's manicured palm-studded grounds, you're in your own private bit of paradise, and everything except border fees and site admission charges is included in the price, from meals and drinks to trips to Tikal and Barton Cave, transfers from Belize City, and even tips. A week's stay including everything is BZ$2,800 to BZ$3,200 per person. The thatch cabanas have traditional facades, but have modern amenities like cable TVs, air-conditioning, and refrigerators with gratis soft drinks and beer. The swimming pool, lighted by constantly changing fiber-optic lights, provides a romantic setting for a late-night swim. ✉ *Benque Viejo del Carmen* ☎ *823/2047* 🌐 *www.mopanriverresort.com* *12 cabanas* *In-room: no phone, kitchen (some), refrigerator. In-hotel: pool, laundry service, no-smoking rooms, public Wi-Fi, public Internet, no elevator, airport shuttle* *D, MC, V* *Closed July–Oct.* *AI*

ALONG THE MACAL RIVER

Fodor's Choice ★ $$–$$$$ **The Lodge at Chaa Creek.** This was the first jungle lodge in the Cayo, and owners Mick and Lucy Fleming have spent 30 years polishing Chaa Creek to a fine, rich patina. To start, the gracefully landscaped grounds, surrounded by 340 acres of rolling hills above the Macal River, are magnificent. On the grounds are the Rainforest Medicine Trail, Natural History Centre, and butterfly farm. The whitewashed stone cottages with thatch roofs and custom-made furnishings are both simple and elegant. Ideal for honeymooners are the Tree Top and other suites (BZ$640) with whirlpools. The less expensive Macal River Camp has small A-frame rooms on individual wooden platforms (BZ$220 double including meals). The resort's spa is the best in Belize. Dinner (BZ$64) is a special event, and a full breakfast is included in the rates. Chaa Creek's tours are among the country's finest, and horseback riding is available. ✉ *Chial Rd., southwest of San Ignacio* *From San Ignacio go 4¾ mi (7½ km) on Benque Rd., Western Hwy., turn left on Chial Rd.* ☎ *824/2037* 🌐 *www.chaacreek.com* *14 rooms in duplex cottages, 6 suites, 4 villas, 10 casitas* *In-room: no a/c, no phone, no TV. In-hotel: restaurant, spa, bicycles, no elevator, laundry service, public Wi-Fi, public Internet, airport shuttle* *AE, D, MC, V* *BP.*

★ $$$–$$$$ **duPlooy's Lodge.** High above a bend in the Macal River called Big Eddy is this remarkable lodge whose grounds include the 45-acre Belize Botanic Gardens. From the covered deck and 200 feet of canopied walkway, 30 feet above the forest floor, you'll see iguanas sunning in the trees and, perhaps while sipping a beer, you can do your bird-watching in comfort. You can swim and dive off the rocks from the sandy beach below. There are private bungalows and less expensive rooms in the jungle lodge, and the River House has family suites. The food is terrific (full meal plan is BZ$80 a person), and there's always a vegetarian option. *Head 4¾ mi (7½ km) west on Benque Rd., turn left on Chial Rd., San Ignacio* ☎ *824/3101* 🌐 *www.duplooys.com* *1 house, 4 cabanas, 3 suites, 15 rooms* *In-room: no a/c, no phone, no TV. In-hotel: no elevator, laundry service, public Internet, no-smoking rooms, airport shuttle* *MC, V.*

$–$$ **Crystal Paradise Resort.** This lodge is operated by the Tut (pronounced Toot) family—Mom and Dad Tut and 10, yes, 10, children. Mom and the daughters cook and run the lodge, and several of the sons are accomplished guides for birding, caving, and river expeditions. There's a range of lodging, from simple rooms to traditional thatch cabanas with views of the Macal River valley. Rates, starting at BZ$170 double, are affordable, but are made even more so as delicious, fresh-made breakfasts and dinners are included in the price. ✉ *Cristo Rey Rd.,*

Cristo Rey Village ⊕*www.crystalparadise.com* 🛏8 *cabanas, 5 rooms,* &*In-room: no a/c, no phone, no TV. In-hotel: no elevator, laundry service, airport shuttle* ▤*MC, V.*

MOUNTAIN PINE RIDGE

17 mi (27 km) south of San Ignacio.

The Mountain Pine Ridge Forest Reserve is a highlight of any journey to Belize and an adventure to reach. It's in the high country of Belize— low mountains and rolling hills are covered in part by vast pine forests and crisscrossed with old logging roads. The higher elevations provide cooler temperatures and outstanding views. The best way to see this area is on a mountain bike, a horse, or your own feet, not bouncing around in an Isuzu Trooper.

WHAT TO SEE

Inside the Mountain Pine Ridge Forest Reserve is **Hidden Valley Falls.** Also known as the Thousand Foot Falls (it drops nearly 1,600 feet), it's the highest in Central America. A thin plume of spray plummets over the edge of a rock face into an ostensibly bottomless gorge below. Many visitors find the narrow falls unimpressive from the viewing area (admission BZ$3). To climb closer requires a major commitment: a steep climb down the side of the mountain is several hours.

Just outside the reserve are the **Río Frio Caves.** They're only a few miles by car down a steep track, but ecologically speaking, these caves are in a different world. In the course of a few hundred yards, you drop from pine savanna to tropical forest. A river runs right through the center and over the centuries has carved the rock into fantastic shapes. Swallows fill the place, and at night ocelots and margays pad silently across the cold floor in search of slumbering prey. Seen from the dark interior, the light-filled world outside seems more intense and beautiful than ever.

Named after the famed Guatemala-born herbal healer who died in 1996 at the age of 106, **Elijio Panti National Park** spans 13,000 acres around the villages of San Antonio, Cristo Rey, and El Progreso and into the Mountain Pine Ridge. The hope is that with no hunting in this park, more wildlife will return to western Belize. As it only opened in 2001, the park boundaries are ill-defined, no admission fee is charged, and an official welcome center and other park formalities are nonexistent.

HIKING

With its karst limestone terrain, extensive network of old logging trails and roads, and cooler temperatures, the Mountain Pine Ridge is ideal for hiking. All lodges have miles of marked trails. You can also hike along the roads (mostly gravel or dirt), as very few cars are in the Pine Ridge. Most people find this more pleasant than fighting their way through the bush. The mountain area around Baldy Beacon is especially beautiful.

All of the Mountain Pine Ridge and Chichibul Wilderness is lightly populated, and some of the residents, such as unemployed squatters who have moved into this remote area, may not always have your best interests at heart. Always leave word with a responsible party about your hiking plans and time of expected return.

MOUNTAIN BIKING

Mountain Pine Ridge has the best mountain biking in Belize, on hundreds of miles of remote logging roads. Blancaneaux and Hidden Valley Inn provide complimentary mountain bikes to guests. Mountain bikes can also be rented in San Ignacio at **The Trek Stop** (⊠ *San José Succotz* ☎ *823/2265* ⊕ *www.thetrekstop.com*) for BZ$24 a day.

WHERE TO STAY & EAT

Fodor's Choice
★
$$$$

✕⊡**Blancaneaux Lodge.** As you sweep down this upscale resort's hibiscus- and palm-lined drive, past the croquet lawn, you may get a whiff of Beverly Hills. Indeed, the lodge is owned by director Francis Ford Coppola. Spread on a hillside above the Privassion River, the villas have soaring thatch ceilings, Japanese-style tile baths, and screened porches overlook the river. A fleet of four-wheel-drive vehicles takes you to remote Mayan ruins or on shopping trips to Guatemala. The restaurant is one of the best in the Cayo, specializing in Italian dishes and serving wines from Coppola's wineries. ⊠ *Mountain Pine Ridge* ✛ *Turn right at Blancaneaux sign 4½ mi (7½ km) from Mountain Pine Ridge entrance gate* ☎ *824/3878, 800/746–3743 in U.S.* ⊕ *www. blancaneaux.com* ☞ *7 cabanas, 5 villas* ⚭ *In-room: no a/c, no phone, safe, no TV. In-hotel: restaurant, bar, spa, bicycles, no elevator, laundry service, public Internet, airport shuttle* ☰ *AE, MC, V* ⦿ *CP.*

$$

✕⊡**Five Sisters Falls & Lodge.** With a laid-back and romantic style, this Belizean-owned lodge is perched on a steep hill above five small waterfalls. A small, open-air hydraulic lift will take you down to the river if you're eager to avoid the 286 steps. After your swim, the thatch-roof bar is a great place to unwind. Accommodations are in attractive suites or thatch cabanas with screened porches. A privately owned villa, managed by the lodge, with stunning riverside setting below the falls (BZ$500), is the top choice here. The lodge's restaurant, with a beautiful view of the falls, prepares savory Belizean food. ⊠ *Mountain Pine Ridge* ✛ *Turn right at Blancaneaux and Five Sisters signs 4½ mi (7½ km) from Mountain Pine Ridge entrance gate. Continue past airstrip about 1 mi (1½ km)* ☎ *820/4005, 800/447–2931 in U.S.* ⊕ *www. fivesisterslodge.com* ☞ *10 cabanas, 4 suites, 1 2-bedroom villa* ⚭ *In-room: no a/c, no phone, no TV. In-hotel: restaurant, bar, no elevator, laundry service, airport shuttle* ☰ *MC, V* ⦿ *CP.*

★ $$$

⊡**Hidden Valley Inn.** Hidden Valley Inn sits on more than 7,000 acres and has more than a dozen waterfalls and 90 mi (150 km) of hiking and mountain-biking trails. The estate grounds, including the waterfalls, are exclusively for guests and not open to the public. The cottages have mahogany furnishings, tile floors, and fireplaces. Dinner (BZ$52) is served in the main house, which has vaulted ceilings and four fireplaces. ⊠ *Mountain Pine Ridge* ✛ *Turn left at Hidden Valley Inn sign 3¾ mi (6¼ km) from Mountain Pine Ridge entrance gate* ☎ *822/3320*

⊕*www.hiddenvalleyinn.com* ☞*12 cottages* ♿*In-room: no a/c, no phone, no TV. In-hotel: restaurant, bar, bicycles, no elevator, laundry service, airport shuttle* ▤*AE, MC, V.*

CARACOL

Fodor'sChoice *40 mi (65 km) south of San Ignacio, a 3-hr journey by road.*

★

♨ Caracol (Spanish for "snail") is the most spectacular Mayan site in Belize, as well as one of the most impressive in Central America. It was once home to as many as 200,000 people (nearly the population of modern-day Belize). It was a metropolis with five plazas and 32 large structures covering almost a square mile. Altogether there are some 35,000 buildings at the site, though only a handful have been excavated. It's hard to believe it could have been lost for centuries, as the great pyramid of Caana, at 140 feet, is Belize's tallest structure.

Near the entrance to Caracol is a small but interesting visitor center. If you've arrived on your own, a guide usually can be hired at the site, but you can also walk around on your own. A brochure on the site is sold for BZ$4. Seeing all of the excavated area involves several hours of hiking around the site. Around the ruins are troops of howler monkeys and flocks of oscellated turkeys, and you may also see deer, coatimundis, foxes, and other wildlife at the site or on the way.

⊹*From Mountain Pine Forest Ridge reserve entrance, head south 14 mi (23 km) to village of Douglas DiSilva; turn left and go 36 mi (58 km)* ▨*BZ$15* ☯*Daily 8–4.*

GETTING THERE

Advance permission to visit Caracol is no longer required. Although only a short section of the road to Caracol through the Mountain Pine Ridge is paved, it's in generally good shape. Currently, due to bandit incidents in 2005 and early 2006, visits to Caracol may be made only in a convoy, protected by Belize Defence Forces soldiers. The convoys leave three times a day from Augustine/Douglas DiSilva village. You can drive your own rental vehicle in the convoy, or go on a tour van.

THE CAYO ESSENTIALS

TRANSPORTATION

BY AIR

Many Cayo hotels and lodges have van transportation from both airports in Belize City for about BZ$250–BZ$300 for up to four people, one way. Several hotels run shuttle vans, both for their own guests and for other visitors, between Belize City and San Ignacio, for around BZ$60–BZ$70 a person. Among them are Aguada, Cahal Pech Village, and the Trek Stop's San Ignacio Shuttle. You must call or e-mail ahead for reservations for all the shuttles.

Shuttle Vans Aguada (✉*Santa Elena* ☎*804/3609* ⊕*www.aguadahotel.com*). **Cahal Pech Village** (✉*San Ignacio* ☎*824/3740* ⊕*www.cahalpechvillageresort. com*); and **the Trek Stop's San Ignacio Shuttle** (✉ *San José Succotz* ☎*601/2416*

⊕ *www.sanignacioshuttle.com*).

BY BUS

There is frequent service—about once every half hour during daylight and early evening hours—between Belize City and Cayo. National Transportation, T-Line, BZ Bus (a drivers' co-op), Tillet's, and others operate on the Western Highway. Cost between Belize City and San Ignacio is about BZ$6 on a local, and BZ$8 on an express.

Information National Transportation Bus Terminal (⊠ *Savannah St., San Ignacio* ☎ *227/6372*)

BY CAR

Information Cayo Auto Rentals (⊠ *81 Benque Rd., San Ignacio* ☎ *824/2222* ⊕ *www.cayoautorentals.com*). Safe Tours Belize (⊠ *Western Hwy., Santa Elena* ☎ *824/3731*).

CONTACTS & RESOURCES

Banks Atlantic Bank (⊠ *17 Burns Ave., San Ignacio* ☎ *824/2596*). Belize Bank (⊠ *16 Burns Ave., San Ignacio* ☎ *824/2031*). ScotiaBank (⊠ *Burns Ave. at Riverside St., San Ignacio* ☎ *824/4190*).

Hospitals La Loma Luz Hospital (⊠ *Western Hwy., Santa Elena* ☎ *824/3253*). San Ignacio Hospital (⊠ *Western Hwy., San Ignacio* ☎ *824/2066*).

Hot Lines Police (☎ *911 or 824/2111*).

Pharmacies The Pharmacy (⊠ *24 West St., San Ignacio* ☎ *824/2510*).

VISITOR INFORMATION

The best way to find out what's going on in the San Ignacio area is to stop by **Eva's** (⊠ *22 Burns Ave., San Ignacio* ☎ *824/2267*) in San Ignacio, a café that doubles as an unofficial visitor center.

THE SOUTHERN COAST

As you approach the Hummingbird Highway's end in coastal Dangriga, the lush, mountainous terrain of the north gives way to flat plains bristling with orange trees. Farther south the Stann Creek Valley is where most of Belize's fruit is grown. Equally startling to the change in scenery is the cultural segue: whereas San Ignacio has a Spanish air, the southern coast is strongly Afro-Caribbean.

The paving of the Southern Highway from Dangriga all the way to Punta Gorda (except for a short stretch near Golden Stream) has made the region much more accessible. Off the main highway, however, most roads consist of red dirt and potholes, and the Peninsula Road from the Southern Highway to Placencia is one of the worst. Tourist dollars largely bypassed Dangriga to land 35 mi (56 km) south in Placencia, the region's most striking destination. Several years ago there were only three small resorts north of Placencia village. Now there are about 20, stretching up to the village of Seine Bight, Maya Beach, and beyond.

1

Placencia makes an excellent base for anglers, as there are many good local fishing guides, and a range of accommodations from budget to deluxe. The Barrier Reef here is 15 mi (25 km) or more off the coast, so it's a long trip out, but there are patch reefs around closer islands, with excellent snorkeling. Serious divers will find two of Belize's three atolls, Turneffe and Glover's, within reach.

This is one area of Belize where you can snorkel or swim in the sea in the morning and then see a Mayan site or do a jungle hike in the afternoon. But the drive to the ruin or trailhead may be a little longer than it appears on the map, due to unpaved roads, and the boat ride out to the Barrier Reef may take an hour or more. So enjoy the two worlds, but, remember, you're on Belize time.

GETTING THERE

To get to Placencia, head southeast from Belmopan on the Hummingbird Highway. The highway is one of Belize's best roads, as well as its most scenic. The Southern Highway is now beautifully paved from Dangriga south, except for a short section near Golden Stream. The turnoff to Hopkins is at Mile 10 of the Southern Highway, and the turn to Placencia is at Mile 22.2. From the Southern Highway to Placencia most of the 25-mi (42-km) road is unpaved and can be treacherous after rains, even for four-wheel-drive vehicles. There are now two gas stations in Placencia Village, and one at Riversdale. Dangriga has several gas stations.

SAFETY

Most visitors say they feel safe on the Placencia peninsula and in Hopkins. However, petty theft is a perennial problem, especially in Placencia Village. Many budget travelers report thefts from their hotel rooms. A few Placencia hotels, and most of the more upscale resorts up the peninsula and in Hopkins, have security guards. Visitors may get hassled a little on the streets of Dangriga, and care should be exercised if walking around town after dark.

DANGRIGA

99 mi (160 km) southeast of Belmopan.

With a population of around 11,000, Dangriga is the largest town in the south and the home of the Garífuna or Black Caribs, as they're also known (though some view the latter term as a remnant of colonialism). The plural is Garinagu. They have their own religion, a potent mix of ancestor worship and Catholicism; their own language, which, like Carib, has separate male and female dialects; their own music, a percussion-oriented sound known as punta rock; and their own social structure, which dissuades young people from marrying outside their community.

For the traveler, there's not much to keep you in Dangriga. Rickety clapboard houses on stilts and small shops line the downtown streets, and the town has a kind of end-of-the-road feel. Dangriga isn't really dangerous, though it has a rough vibe, a little like Belize City, that's off-putting for many visitors.

Each year, on November 19 and the days around it, the town cuts loose with a week of Carnival-style celebrations. Garífuna drumming, costumed Jonkunu dancers, punta music, and a good bit of drinking make up the festivities of Garífuna Settlement Day, when these proud people celebrate their arrival in Belize and remember their roots.

WHAT TO SEE

Getting to **Davis Falls** requires a four-wheel-drive vehicle and an arduous 2 mi (3 km) hike, but the falls here are about 500 feet high and are the second-highest in the country (after 1,000-Foot Falls in the Mountain Pine Ridge), and the natural pool at the base of the falls is 75 feet deep. The swimming is wonderful, and the undisturbed forest around the falls is great for a picnic or enjoying nature. Before going to Davis Falls, stop at the Citrus Products of Belize plant (Mile 42) or at Awe & Sons store in Alta Vista village (Mile 40) for late-breaking information and to pay your admission fee. ⊠ *Off Mile 42, Hummingbird Hwy.* ⊡*BZ$10* ⊙*9–4:30 daily.*

☺ Named after a Garífuna heroine who came to Belize with her 13 children, founding the village of Punta Negra in Toledo District, the **Gulisi Garífuna Museum,** opened in late 2004, has a number of displays on Garífuna history and life. Three exhibits are on Garífuna migration from Africa to St. Vincent, then to Roatan and Belize. Other displays are on Garífuna food, art, clothing, and music and dance. ⊠*Mile 2, Hummingbird Hwy.* ☎*502/0639* ⊡*BZ$10* ⊙ *Weekdays 10–5, Sat. 8–noon.*

Mayflower Bocawina National Park has three minor Mayan ceremonial sites: Mayflower, T'au Witz, and Maintzunum, near Silk Grass Creek. Nearby are the three waterfalls Bocawina Falls, Three Sisters Falls, and Antelope Falls. To get to Bocawina and Three Sisters Falls, which are close together, it's an easy hike of about 1¼ mi (2 km) on the marked Bocawina Falls trail. The trail to Antelope Falls, about 1¾ mi (3 km), has steep sections that can be slick after rains. Maps of the trails are available at the small visitor center. So far, little excavation has been conducted at the Mayan sites, but the parklike setting at the base of the Maya Mountains is beautiful. There's a small visitor center with information and maps. Another ½ mi (1 km) takes you to Mama Noots, a lodge where you can buy drinks and snacks. ⊠*Off Mile 6* ✛*From Southern Hwy. go 4½ mi (7½ km) west on dirt road to park visitor center* ⊡*BZ$10* ⊙*Daily 8–4.*

One of the most beautiful lagoons in Belize, **Southern Lagoon,** is about 25 mi (41 km) north of Dangriga—a 45-minute car ride. This lagoon is home to many West Indian manatees, and on beaches nearby hawksbill turtles nest May to October.

The small Creole village of **Gales Point,** population about 500, set beside the lagoon, is home to several drum makers, including Boombay Andrewin and Emmeth Young. They both give Creole-style drumming lessons (about BZ$15 an hour) at the Maroon Creole Drum School. You can find Young at his snack and gift shop, the **Sugar Shack** (⊠ *Gales Point Village* ☎*603/6051* ⊙ *Hrs vary but generally Mon.–Sat. 9–5*). Handmade drums of coconut wood, cashew wood, or mahogany cost BZ$100 to BZ$800. ☎*209/8031 community phone for Gales Point* ✛ *To Gales Point: from Dangriga, go northwest on Hummingbird Hwy. 8½ mi (14 km) to village of Melinda; turn right on Manatee Hwy. (Coastal Rd) and follow 13 mi (21 km) to turnoff, a sharp right turn. This dirt road to Gales Point Village runs about 2½ mi (4 km) until it ends at lagoon and Manatee Lodge.*

WHERE TO STAY & EAT

NEAR DANGRIGA

$–$$ 🔅**Mama Noots Backabush Lodge.** Being environmentally conscious doesn't have to come at the expense of comfort. A combination solar, wind, and hydro system generates this resort's electricity. Most of the produce served in the open-air dining room is grown on the grounds. Rooms, in thatch cabanas or a modern concrete lodge building, have views of the rugged Maya Mountains. Because the resort is *backabush* (in the jungle), owners Kevin and Nanette Denny advise guests to bring lightweight "jungle clothing," plus plenty of insect repellent and an adventuresome spirit. Nearby are the Mayflower archaeological site and miles of jungle trails and waterfalls. ⊠ *Near Mayflower archaeological site, 5 mi (8 km) off Mile 6, Southern Hwy., 6 mi (10 km) south of junction of Hummingbird and Southern Hwys.* ☎*422/3666* ⊕ *www.mamanoots.com* ⤴*6 rooms, 2 cabanas* ⚘*In-room: no a/c, no phone, no TV. In-hotel: restaurant, bar, no elevator no-smoking rooms* ⊟*AE, MC, V.*

$ 🔅 **Manatee Lodge.** This colonial-era lodge, just feet from the Southern Lagoon and surrounded by tropical flowers, has one of the most stunning settings on the Southern Coast. With its fading white facade like something out of a Graham Greene novel, uninspired food, and sometimes lackadaisical service, the lodge may not quite live up to its setting, but in minutes you can be on a boat looking for manatees (BZ$110 for a tour from the hotel) or on a deserted beach. Rooms on the second floor are simple but have polished wood floors and views of the lagoon. ⊠ *Gales Point Village* ☎*220/8040* ⊕ *www.manateelodge.com* ⤴*8 rooms* ⚘*In-room: no a/c, no phone, no TV. In-hotel: restaurant, bar, no elevator, no-smoking rooms* ⊟*AE, MC, V.*

DANGRIGA

$$ 🔅 **Pelican Beach Resort.** Despite linoleum on some of the floors and thin wood walls, this waterfront hotel on the north end of Dangriga, near the airstrip, is the best the town has to offer. Most rooms are in a two-story colonial-style building with a veranda. Some have porches with sea views. The restaurant has dependable food and service. It's about a half-hour stroll to the center of town. The resort has an annex on Southwater Caye, an hour away by boat. ⊠ *Scotchman Town, North End* ⬡ *Box 2, Dangriga* ☎*522/2044* ⊕ *www.pelicanbeachbelize.com* ⤴*20 rooms* ⚘*In-room: no a/c (some), Wi-Fi. In-hotel: restaurant,*

bar, beachfront, no elevator, laundry service, public Internet ⊟*AE, MC, V.*

¢ 🖭 **Ruthie's Cabañas.** This is the closest you can come to staying in a Garífuna home in Dangriga. Owners Ruthie and Meeto Flores built the thatch cabanas themselves, live in a two-story building next door, and go out of their way to make you feel at home. The small rooms have private baths and are steps from the sea, so you get a nice breeze, though the swimming is not good here. Ruthie is a good cook and prepares traditional Garífuna dishes such as *hudut* (fish cooked in coconut milk) and, for breakfast, delicious coconut bread. ⊠*31 Southern Foreshore* 🕾*502/3184* 🖙*5 rooms* ⚭*In-room: no a/c, no phone, no TV. In hotel: restaurant, no elevator* ⊟*No credit cards.*

HOPKINS VILLAGE

10 mi (17 km) south of Dangriga on the Southern Hwy., then 2 mi (3 km) east on a partially paved road.

Hopkins is an intriguing Garífuna coastal village of about 1,000 people, halfway between Dangriga and Placencia. Garífuna culture is more accessible here than in Dangriga. Hopkins has the same toast-color beaches as those in Placencia, and a number of new resorts have opened to take advantage of them. Americans, Canadians, and Europeans are snapping up beachfront land here at prices somewhat lower than in Placencia or on Ambergris Caye, but so far only a few vacation homes and condos have been built. If there's a downside to the area, it's the biting sand flies, which can be vicious.

In the center of town you can watch local Garífuna boys hone their drumming skills at the **Lebeha Drumming Center** (🕾*608/3143*). *Lebeha* means "the end" in the Garífuna language, a reference to the school's location at a small guesthouse and bar near the north end of the village. Visitors are welcome. The drums are of mahogany or mayflower wood, with deerskin on the drumhead. Other instruments include *shakas,* or shakers, calabash gourds filled with fruit seeds, and turtle shells. The boys, mostly in their early teens, usually play punta rock rather than the more traditional Garífuna music. The drumming goes on nightly, though the most activity is on weekends.

BIRD-WATCHING

Cockscomb Basin Wildlife Sanctuary has excellent birding, with some 300 species identified in the reserve. You can also sometimes see the jabiru stork, the largest flying bird in the Western Hemisphere, in the marsh areas just to the west of Hopkins Village. Keep an eye out as you drive into the village from the Southern Highway. North of Hopkins is Fresh Water Creek Lagoon, and south of the village is Anderson Lagoon. These lagoons and mangrove swamps are home to many waterbirds, including herons and egrets. A kayak trip on the Sittee River should reward you with kingfishers, toucans, and various flycatchers. About 30 minutes by boat off Hopkins is Man-o-War Caye, a bird sanctuary that has one of the largest colonies of frigate birds in the Caribbean, more than 300 nesting birds.

DIVING & SNORKELING

Diving off Hopkins is very good to terrific. The Barrier Reef is closer here—about 10 mi (17 km) from shore—than it is at Placencia. One of the best diving operations in Southern Belize is at **Hamanasi** (☎520/7073 ⊕*www.hamanasi.com*). **Second Nature Divers** (✉*At Jaguar Reef Lodge* ☎520/7040 ⊕*www.secondnaturedivers.com*) has a good reputation as well.

Snorkeling off Hopkins is excellent, though expensive. Half-day snorkeling trips from Hopkins to the Belize Barrier Reef in the South Water Caye Marine Reserve, cost from BZ$100 to BZ$150 per person. Full-day snorkel trips to Glover's Atoll, which has some of the best snorkeling in the Caribbean, are around BZ$150 to BZ$200.

WHERE TO STAY & EAT

$–$$ ✗**Yugadah Inn.** A family of sisters, all good cooks, runs this small hotel and restaurant on the sea (*Yugadah* means "coastal village" in the Garífuna language). They prepare food in a traditional, freestanding kitchen. ✉*Hopkins* ☎502/7089.

¢–$$ ✗ **King Cassava Cultural Restaurant and Bar.** Some call this bar and restaurant the soul of Hopkins. At the very least, it has some of the best soul food, Garífuna-style. The tasty, fresh fish, barbecued lobster, and spicy shrimp, plus friendly service, helped earn this place the "Small Vendor of the Year" award from the Belize Tourism Board in 2007. Located at the entrance to the village on the road from the Southern Highway, it doesn't look like much, but when the rum and beer start flowing, and the drums start drumming, this is THE place to be in Hopkins. ✉*Hopkins, at the main crossroads entering the village* ☎503/7305 ⊟*No credit cards.*

$$–$$$$ ✗⬚ **Beaches and Dreams Seafront Inn and Barracuda Bar & Grill.** New owners Tony and Angela Marsico have spruced up the inn's two octagonal cottages, each with two rooms with vaulted ceilings and rattan furniture. They've also turned the restaurant into one of the best eateries on the southern coast, with delicious dishes like fig-stuffed pork chops (BZ$36) and gibnut gumbo (BZ$32). ✉*Sittee Point* ☎523/7259 ⊕*www.beachesanddreams.com* ↙*4 rooms* ♿*In-room: no a/c, no phone, no TV. In-hotel: restaurant, bar, beachfront, bicycles, no elevator* ⊟*MC, V* ☉*May–Oct.* ⫙*BP*

★ $$$$ ⬚**Hamanasi.** With beautifully landscaped grounds, top-notch accommodations, and an excellent dive program, Hamanasi (Garífuna for "almond") is among Belize's superior beach and dive resorts. Choose from regular rooms, gorgeous suites with king-size four-poster beds of barba jolote wood, and "tree houses" on stilts. In season there's a four-night minimum stay. Most people come here for the diving opportunities, but you won't feel out of place if you want to snorkel or just laze around the pool. The restaurant, which has a romantic outdoor dining area, serves delicious seafood. ✉*Hopkins* ✎*Box 265, Dangriga* ☎520/7073, 877/552–3483 in U.S. ⊕*www.hamanasi.com* ↙*12 rooms, 8 suites* ♿*In-room: no phone, refrigerator, no TV. In-hotel: restaurant, bar, pool, beachfront, diving, no elevator, public Internet, no-smoking rooms, airport shuttle (from Dangriga)* ⊟*MC, V.* ⫙*CP*

$$$–$$$$ ⊡ **Jaguar Reef Lodge.** At night, with a row of torches burning on the beach and the waterside thatch-covered dining room glowing in lamplight, this lodge has an East African feel. Nestled on the coast, it has views over the water in one direction and of the Maya Mountains' green slopes in the other. The whitewashed duplex cabanas with thatch roofs have soaring pitched ceilings with exposed wooden beams. For those who aren't excited about swimming in the sea, there's a seaside pool. The dining room's meals (dinner is BZ$58) can be taken inside or outside. You'll find the staff here polite and easygoing. ⊠*Hopkins* ⚓*Box 297, Dangriga* ☎*520/7040, 800/289–5756 in U.S. and Canada* ⊕*www.jaguarreef.com* ⇆*8 rooms, 9 suites, 1 2-bedroom suite, 7 duplex cabanas* �*In-room: no phone, safe, kitchen (some), refrigerator, no TV, Wi-Fi. In-hotel: restaurant, bar, pool, gym, beachfront, diving, water sports, bicycles, no elevator, laundry service, airport shuttle (from Dangriga), no-smoking rooms* ⊟*MC, V.*

¢–$ ⊡ **Toucan Sittee.** Neville Collins ran a store in San Ignacio before he retired to this 20-acre farm on the Sittee River, where he grows 60 different kinds of fruit trees including 10 mango varieties. This peaceful retreat has wood cottages on stilts with apartments and shared rooms. Take advantage of the activities that Collins can arrange, such as canoeing, hiking, and bird-watching. Meals (dinners BZ$20) use organic ingredients grown on the farm. There are delicious vegan and vegetarian options. Like all lodges in these parts, this one can get buggy, so bring repellent. ⊠*Sittee River* ☎*523/7039* ⊕*www.toucansittee.info* ⇆*2 rooms with shared bath, 2 apartments, 1 bunkhouse with 5 beds* ċ*In-room: no a/c, no phone, refrigerator, no TV. In-hotel: no elevator* ⊟*MC, V.*

★ ¢   ⊡ **Jungle Jeanies.** Although not actually in the jungle, this group of wood cabanas on stilts is on about 2 acres of beachfront nicely shaded by coconut palms. You can rent kayaks and Windsurfers here, or just relax in a hammock. You can also pitch your tent for BZ$14 per person. ⊠*Hopkins* ☎*523/7047* ⊕*www.junglebythesea.com* ⇆*5 cottages* ċ*In-room: no phone, refrigerator, no TV. In-hotel: beachfront, no elevator* ⊟*No credit cards.*

COCKSCOMB BASIN WILDLIFE SANCTUARY

10 mi (17 km) southwest of Hopkins.

Ⓒ The mighty jaguar, once the undisputed king of the Central and South
★ American jungles, is now endangered. But it has a haven in the Cockscomb Basin Wildlife Sanctuary, which covers 128,000 acres of lush rain forest in the Cockscomb Range of the Maya Mountains. Thanks to this reserve, as well as other protected areas around the country, Belize has the highest concentration of jaguars in the world.

The experience at Cockscomb is indeed a low-key one, and seeing wildlife usually requires patience and luck. You'll have the best chance of seeing wild animals, perhaps even a jaguar or one of the other large cats, if you stay overnight, preferably for several nights, in the sanctuary. Several nearby lodges, such as **Hamanasi,** offer night hikes to Cockscomb, departing around dusk and returning around 9 PM.

Cockscomb Basin also has native wildlife aside from the jaguars. You might see other cats—pumas, margays, and ocelots—plus coatis, kinkajous, deer, peccaries, and, last but not least, tapirs. Also known as the mountain cow, this shy, curious creature appears to be half horse, half hippo, with a bit of cow and elephant thrown in. Nearly 300 species of birds have been identified in the Cockscomb Basin, including the Keel-Billed Toucan, the King Vulture, several hawk species, and the Scarlet Macaw.

Within the reserve is Belize's best-maintained system of jungle and mountain trails, most of which lead to at least one outstanding swimming hole. The sanctuary also has spectacular views of Victoria Peak and the Cockscomb Range. Bring serious bug spray with you—the reserve swarms with mosquitoes and tiny biting flies called no-see-ums—and wear long-sleeve shirts and long pants. The best times to hike anywhere in Belize are early morning, late afternoon, and early evening, when temperatures are lower and more animals are on the prowl.

Register in a thatch building at Maya Centre on the Southern Highway before proceeding several miles to the visitor center. The road from Maya Centre to the Cockscomb ranger station and visitor center winds 6 mi (10 km) through dense vegetation, and as you go higher the marvelous sound of tropical birds, often resembling strange windup toys, grows stronger and stronger. This is four-wheel-drive terrain. You may have to ford several small rivers as well as negotiate deep, muddy ruts. At the end, in a clearing with hibiscus and bougainvillea bushes, you'll find a little office where you can buy maps of the nature trails, along with restrooms, several picnic tables, cabins, and a campground. ⊠ *Outside Maya Centre* ☎ *227/7369* ≝ *BZ$10* ☉ *Daily 8–5.*

WHERE TO STAY

Although most visitors come to Cockscomb on day trips and stay in Hopkins, Placencia, or Dangriga, you can camp in the reserve for BZ$10 a night per person, or for a little more money you can stay in pleasant new rooms in a dormitory with solar-generated electricity for BZ$37 per person. Also, a small house and three cabins, each with private bath, can accommodate up to four or six people (BZ$107 per house/cabin). No fishing or hunting is allowed in the reserve, and pets are prohibited. Book in Belize City through the **Belize Audubon Society** (☎ *223/5004* ⊕ *www.belizeaudubon.org*).

¢   ⊡ **Tutzil Nah Cottages.** Gregorio Chun and his family, Mopan Maya people who've lived in this area for generations, provide accommodations in simple thatch cabanas. Meals also are available, for BZ$12–BZ$24, and the Chuns provide a range of tours to Cockscomb and Mayan sites. ⊠ *Near Maya Centre, Mile 13½, Southern Hwy.* ☎ *520/3044* ⊕ *www. mayacenter.com* ⟿ *2 cabanas with outdoor share baths* ⟨ *In-room: no a/c, no phone, no TV. In-hotel: no elevator, airport shuttle (from Dangriga)* ⊟ *No credit cards.*

MAYA BEACH & THE NORTHERN PLACENCIA PENINSULA

36 mi (61 km) south of Dangriga by road.

Dusty in dry weather and a muddy slop after rains, the largely dirt road that runs 25 mi (41 km) from the Southern Highway to Placencia Village is called the Peninsula Road or the Placencia Road, or just "the road," but whatever it's called, it's the only artery down the peninsula. Beginning at Riversdale—about 8½ mi (14 km) from the Southern Highway, at the elbow where the peninsula joins the mainland—you'll get a quick glimpse through mangroves of the startlingly blue Caribbean. As you go south, the Placencia Lagoon is on your right, and behind it in the distance rise the low Maya Mountains.

The northern peninsula from Riversdale south to Maya Beach, which is about 7 mi (12 km) south of Riversdale, once had just a few small seaside houses, and Maya Beach was a sleepy beach community. These new resorts and condo developments join a small group of laid-back seaside hotels and cabins.If you stay at the northern end of the peninsula, you may want a rental car. Public transportation is limited to an on-again, off-again shuttle and a few buses bound to or from Dangriga. Taxis are expensive.

WHERE TO STAY & EAT

The big beachfront, two-story thatch cabana was an institution for years in Maya Beach, before going through a series of changes and finally closing. Then, in early 2007, to the delight of thirsty Maya Beachers, Mango's reopened, with a new thatch roof, new kitchen, and new owners. Besides beer and gossip, Mango's serves up beach fare like shrimp.

Fodor's Choice ★ $–$$ ✕🏨 **Maya Beach Hotel and Bistro.** Before ending up here, owners John and Ellen Lee (he's Australian, she's American) traveled the world and worked in 20 countries. They obviously figured out what travelers love, because their bistro by the beach is one of our favorite restaurants in all of Belize, and the hotel is a small oasis of easygoing charm. The Bistro menu changes occasionally, but among the standards are the gazpacho with grilled shrimp, ultrafresh ceviche, delicious snapper stack, and cocoa-dusted pork chop on a risotto cake. In addition to the simple but pleasant hotel rooms with views of False Caye and the sea, the hotel rents several apartments nearby with access to a pool. ✉*Maya Beach* ☎*520/8040, 800/503–5124 in U.S.* 🌐*www.mayabeachhotel.com* *6 rooms, 4 apartments, 2 houses* *In-room: no a/c (some), no phone, kitchen (some), no TV (some), Wi-Fi (some). In-hotel: restaurant, bar, beachfront, water sports, no elevator, public Wi-Fi* ▭*MC, V* ⊙*Bistro closed Mon. and for part of July.*

$–$$$ 🏨 **Maya Breeze Inn.** Choice is what it's about at this resort. You can choose from three cabins and two apartments on the sea side of the road, or take a room in the lagoon-side hotel. The cabins are older, wood units, while the hotel rooms are in a modern concrete building with terra-cotta floors and private balconies. One of the apartments has a cathedral ceiling and a third-floor loft with a terrific view of the sea. ✉*Maya Beach, 2 mi (3 km) north of Seine Bight* ☎*523/8012, 888/458–*

A Creole Primer

Here are a few Creole words and phrases:

Ah mi gat wahn gud guf taim: I had a really good time

Bwah: Boy

Bashment: Party

Chaaly prise: A large rat, after Sir Charles Price, an 18th-century Jamaican planter

Chinchi: A little bit

Dis da fi wi chikin: This is our chicken (well-known slogan of Mennonite chicken company)

Dollah: A Belize dollar

Fowl caca white and tink eh lay egg: A chicken sees its white droppings and thinks it laid an egg (said of a self-important person)

Grind mean: Ground meat

Gyal: Girl

Humoch dis kaas?: How much is this?

Ih noh mata: It doesn't matter

Madda rass: Foolishness (literally, mother's ass)

Tiga maga but eh no sic: Tiger's skinny but he's not sick (that is, don't judge a book by its cover)

Waawa: Foolish

Wangla: Sesame seed or candy made from sesame seeds

Weh di beach deh?: Where's the beach?

Yerrisso: Gossip, from "Ah her so" (so I hear)

8581 in U.S. ⊕www.mayabreezeinn.com ⇨3 cabins, 2 apartments, 4 rooms ♿In-room: no phone, safe (some), kitchen (some), refrigerator. In-hotel: beachfront, water sports, no elevator, laundry service, airport shuttle ▭MC, V.

$$ ☷**Green Parrot Beach Houses.** This resort has Mennonite-built cottages, now showing a little wear, along a nice stretch of beach, each with a kitchenette and dining area. The sleeping quarters are upstairs in a loftlike space with a pitched wooden roof. One nifty feature is an octagonal wall panel, operated by pulleys, which can be opened for a bedside view of the ocean. Two of the smaller thatch cabanas have outdoor showers. The beachfront restaurant has a limited menu. ⊠*No. 1 Maya Beach, 4 mi (6½ km) north of Seine Bight* ☎*523/2488* ⊕*www. greenparrot-belize.com* ⇨*6 cabins, 2 cabanas* ♿*In-room: no a/c, no phone, no TV. In-hotel: restaurant, bar, beachfront, water sports, no elevator, laundry service, airport shuttle* ▭*MC, V* ⫧⊙*CP.*

$-$$ ☷**Singing Sands.** The six wood-and-thatch cabanas here are small and simply decorated with Guatemalan needlecrafts. They were relocated after Hurricane Iris (2001) and now have better views. Singing Sands has a dock with a nice area for swimming, and a pool for those who'd rather take a dip in fresh water. ⊠*Maya Beach* ☎*520/8022* ⊕*www. singingsands.com* ⇨*6 cabanas* ♿*In-room: no a/c, no phone, no TV. In-hotel: restaurant, bar, pool, beachfront, no elevator, laundry service, public Internet, airport shuttle* ▭*MC, V* ⫧⊙*CP.*

SEINE BIGHT

47 mi (77 km) south of Dangriga.

Like Placencia, its Creole neighbor to the south, Seine Bight is a small coastal fishing village. It may not be for long, though, as Placencia's resorts are stretching north to and through this Garífuna community, one of six predominantly Garífuna villages in Belize. The beach is among the best in Belize, though garbage sometimes mars the view. Hotels do rake and clean their beachfronts, and several community cleanups have been organized in an effort to solve this problem. All the businesses catering to tourists are along the main road (actually, it's the only road) that leads south to Placencia Village. The name Seine Bight derives from a type of net, called a seine, used by local fishermen. Bight means an indentation or inward bend in the coastline.

WHERE TO STAY & EAT

Fodor'sChoice   ✕⊡   **The Inn at Robert's Grove.** Energetic New Yorkers Bob and Risa
★   Frackman invite you to stay at their place on a palm-lined stretch of
$$$–$$$$ beach, recently expanded and upgraded. You can play tennis and swim in the sea or one of the three beachside pools. Their chef packs lunches for boat rides to deserted cayes and serves dinner in the seaside dining room. Although the regular rooms and junior suites have been beautifully refurbished, opt for the deluxe suites, most with verandas overlooking the ocean. The hotel has a dive center and two private cayes, Bob's Caye and Ranguana Caye, for picnics or overnight trips. ⊠ ½ *mi (1 km) south of Seine Bight* ☎ *523/3565, 800/565–9757 in U.S.* ⊕ *www.robertsgrove.com* ⇆ *20 rooms, 32 suites* ⅃ *In-room: kitchen (some), refrigerator (some). In-hotel: 2 restaurants, bars, tennis courts, pools, gym, spa, beachfront, diving, water sports, bicycles, no elevator, laundry service, public Internet, airport shuttle* ⊟ *AE, MC, V.*

$$–$$$ ⊡   **Nautical Inn.** The rooms at this inn are in two-tier octagonal buildings, shipped from North Carolina. They have American-style fixtures, firm mattresses, and glass-wall showers. The pool is one of the nicest on the peninsula. There are canoes as well as a dive boat to transport you to the reef. On Wednesday evening the hotel hosts Garífuna drummers and coconut bowling. ⊠ *Seine Bight* ☎ *523/3595, 800/688–0377 in U.S.* ⊕ *www.nauticalinnbelize.com* ⇆ *12 rooms* ⅃ *In-room: refrigerator (some). In-hotel: restaurant, pool, beachfront, diving, no elevator, public Internet, airport shuttle* ⊟ *AE, MC, V.*

PLACENCIA

5 mi (8 km) south of Seine Bight, 52 mi (85 km) south of Dangriga.

On a sheltered half-moon bay with crystal-clear water and almost 3 mi (5 km) of palm-dotted white sand, this fishing village is straight out of a Robert Louis Stevenson novel. To the west, the Cockscomb Range ruffles the tropical sky with its jagged peaks; to the east, a line of uninhabited cayes grazes the horizon. From here you can dive along the reef, hike into the jungle, look for scarlet macaws in Red Bank Village to the southwest (between December and February), explore the

Mayan ruins at Lubeentun, or treat yourself to some of the best sport-fishing in the country. Once you arrive, you'll probably just want to lie in a hammock with a good book, perhaps getting up long enough to cool off in the waves.

Placencia is so small that it doesn't even have a main street—it has a concrete path just wide enough for two people. Setting off purposefully from the southern end of town, the path meanders through everyone's backyard, passes wooden cottages on stilts overrun with bougainvillea and festooned with laundry, then peters out abruptly in a little clearing filled with lovely white morning glories. Stroll along the sidewalk, and you've seen the town. If you don't mind it being a little rough around the edges, you'll be utterly enchanted by this rustic village, where the palm trees rustle, the waves lap the shore, and no one is in a hurry.

Along the path are most of the village's quaint guesthouses and palapa-covered cafés, which serve mainly burgers, rice and beans, and a bit of seafood. With the opening of more and more small resorts up the peninsula, Placencia's restaurants are beginning to compete with those in Ambergris Caye.

WHERE TO STAY & EAT

$–$$$ ✕De Tatch Café. This open-air bar and restaurant with a "tatch" roof long has been one of the most popular hangouts in the village. Try the huge shrimp burrito and wash it down with a few cold Belikins. If you go fishing and catch something, the restaurant will prepare it for you. Breakfasts are good here, too. ⊠ *In village near Seaspray Hotel* ☏ *523/3148* ▭ *MC, V* ⊗ *Wed.*

$–$$$ ✕Pickled Parrot Bar & Grill. This popular feet-in-the-sand restaurant and bar is in the heart of Placencia. Fresh seafood is the main draw, but owner Wende Bryan also offers pizza, fajitas, and burgers. ⊠ *Off main road, behind Wallen's Market* ☏ *604/0278* ▭ *V* ⊗ *Closed Sun.*

★ $–$$ ✕Wendy's. No, not that Wendy's. This Wendy's is a little local restaurant, operated by Wendy Lemus, that's often packed for lunch and dinner. The grilled fish is fresh and delicious, and there also are Creole dishes (like stew chicken with rice and beans) and mestizo dishes (like escabeche with fresh-made flour tortillas). ⊠ *Main road near dock in Placencia Village* ☏ *523/3335* ▭ *MC, V.*

$–$$ ✕Yoli's Bar & Grill. The best views in the village are from your table at Yoli's. Built on a pier jutting out into the Placencia harbor, Yoli's attracts a big crowd at night. It's also a pleasant place to sip a Belikin and enjoy the sea breezes at lunch. Meals are simple, highlighting local seafood, hamburgers, and basic Belizean fare. Food is cooked at Merlene's restaurant nearby and brought out to the pier. ⊠ *Harborfront in the Bakader area, near Harry's Cozy Cabañas* ☏ *523/3183* ▭ *MC, V.*

Fodor'sChoice
★
$$$$ ✕⊡Turtle Inn. Francis Ford Coppola's second hotel in Belize is among the country's most exotic resorts. Furnishings, art, and most of the construction materials were selected in Bali by Coppola and his wife. The two-bedroom villas have not one or two, but three bathrooms (two Japanese-style ones indoors and one in a walled outdoor garden). You'll be assigned a walkie-talkie-carrying "houseman" who will see to any requests, including a massage from a resident Thai masseuse.

The open-air restaurant is great for pizza (baked in a wood-burning oven), seafood, and Neibaum-Coppola wines. Try to get a seafront cabana to catch the breeze, as there's no air-conditioning. ⊠ *Placencia Village* ☎ *523/3244, 800/746–3743 in U.S. and Canada* ⊕ *www. blancaneauxlodge.com* ↝ *19 cabanas, 1 house* ☝ *In-room: no a/c, no phone, no TV. In-hotel: 3 restaurants, pools, spa, beachfront, diving, no elevator, airport shuttle* ⊟ *AE, MC, V* ¶Ol *CP.*

$–$$$ 🔲 **South Waters Resort.** This new harborside resort has three condo units with full kitchens, air-conditioning, cable TV, DVD players, and walk-in closets. There are also four cabanas without air-conditioning. The hotel's restaurant and bar, the Crow's Nest, is under a big thatch palapa with views of the sea. It has live entertainment at times and, with its ship's hull-shaped bar, has become a popular drinking spot. ⊠ *In Bakader area, on beach* ☎ *523/3308* ⊕ *www.southwatersresort.com* ↝ *4 cabanas, 3 suites* ☝ *In-room: no a/c (some), no phone, kitchen (some), refrigerator (some), no TV (some). In-hotel: restaurant, bar, beachfront, no elevator* ⊟ *MC, V.*

★ $–$$ 🔲 **Tradewinds.** If you're yearning for a cottage right on the beach but don't want to spend a lot of money, then this little cottage colony is for you. Eight cabins, painted in Caribbean pastels, are small but pleasant. They have the best spot in the village, secluded about 20 feet from the sea at the peninsula's south point. Two of the cabins are "deluxe," with king beds and fully equipped kitchens; they go for BZ$204 double in-season. ⊠ *South Point* ☎ *523/3122* ↝ *5 cabins* ☝ *In-room: no a/c, no phone, refrigerator, no TV. In-hotel: beachfront, water sports, no elevator* ⊟ *MC, V.*

$ 🔲 **Westwind.** A favorite with anglers and beachcombers, this is a dependable, no-frills spot to rest your head. The rooms are plain but spotlessly clean, and owner George Westby has a wealth of Placencia stories to share. All rooms have a balcony, patio, or terrace with at least a partial view of the sea. ⊠ *Beachfront, near middle of Placencia Village* ☎ *523/3255* ⊕ *www.westwindhotel.com* ↝ *12 rooms, 1 suite, 1 house* ☝ *In-room: no a/c (some), no phone, refrigerator, no TV. In-hotel: beachfront, no elevator, public Internet* ⊟ *MC, V.*

FISHING

The fly-fishing on the flats off the cayes east of Placencia is some of Belize's best. The area from Dangriga south to Gladden Caye is called "Permit Alley," and the mangrove lagoons off Punta Ycacos and other points south of Placencia are also terrific permit fisheries. You'll encounter plentiful tarpon—they flurry 10 deep in the water at times—as well as snook. You can also catch king mackerel, barracuda, wahoo, and cubera snapper.

Most of the better hotels also can arrange guides, many of whom pair with specific hotels. Fishing guides in Placencia are down-to-earth, self-taught guys who have fished these waters for years. They use small skiffs called pangas. The many excellent guides in Placencia include Wyatt Cabral, Julian Cabral, Egbert Cabral, Bruce Leslie, Eworth Garbutt, Daniel Cabral, Dermin Shivers, and Arthur Vernon. For more information, get in touch with **Mary Toy at Destinations Belize** (☎ *523/4018* ⊕ *www.destinationsbelize.com*). You may also want to talk with **Wyatt Cabral** (☎*523/3534* ⊕*www.wyattsfishing.com*), a Placencia native who is considered one of the best fly-fishing guides. Another well-known fly-fishing guide is **Julian Cabral** (☎*610/1068*). Or contact **Bill Kiene at Kiene's Fly Shop** (☎*916/486–9958, 800/400–0359 in U.S.* ⊕*www.kiene.com*), who has been to Placencia many times and is very familiar with fishing conditions here.

SAILING

The Moorings (✉*Placencia Harbor, Placencia* ☎*523/3206, 888/952–8420 in U.S.* ⊕*www.moorings.com*) offers bareboat catamaran charters, with a week's sailing going for around BZ$8,000 to BZ$14,000. **Next Wave Sailing** (✉*Placencia Harbor, Placencia* ☎*523/3391* ⊕*www.nextwavesailing.com*) offers day and sunset cruises, with snorkeling, along with private charters, on a 50-foot catamaran.

SCUBA DIVING

This far south, the reef is as much as 20 mi (33 km) offshore, necessitating boat rides of at least 45 minutes to reach dive sites. Because this part of the reef has fewer cuts and channels, it's also more difficult to get out to the seaward side, where you'll find the best diving. As a result, most of the diving in this region is done from offshore cayes, which are surrounded by small reefs, usually with gently sloping drop-offs of about 80–100 feet. Near Moho Caye, southeast of Placencia, you'll find brilliant red-and-yellow corals and sponges that rarely appear elsewhere in Belize. Laughingbird Caye, Belize's smallest marine reserve, is a popular spot for snorkeling. Whale sharks, gentle giants of the sea, appear off Placencia, in the Gladden Spit area, in late spring and early summer. You can snorkel or dive with them on day trips (around BZ$160 BZ$300) from Placencia. The best time to see whale sharks is three or four days before and after a full moon, April through early June.

Most of the larger resorts, like the Inn at Robert's Grove and Turtle Inn, have good dive shops and also offer snorkel trips at competitive prices. Brian Young runs the respected **Seahorse Dive Shop** (☎*523/3166*). For snorkeling trips and gear there's **Ocean Motion** (☎*523/3363*), on the sidewalk in the heart of Placencia Village (by the grocery store). **South Belize Reef and Jungle** (☎*523/3330*), across from Atlantic Bank in the village and at Laru Beya resort, also runs dive and snorkel trips.

THE SOUTHERN COAST ESSENTIALS

TRANSPORTATION

BY AIR

There are more than 20 flights daily between Belize City and Placencia. Both Tropic Air and Maya Island Air fly from Belize City (BZ$140 one way from the municipal airport, BZ$162 from the international airport).

Contacts Maya Island Air (✉*Placencia airstrip* ☎*523/3475* ⊕*www.mayaairways.com*). **Tropic Air** (✉*Placencia airstrip* ☎*523/3410* ⊕*www.tropicair.com*).

BY CAR

Barefoot Rentals rents cars in Placencia. Rates are around BZ$160 a day for a Geo Tracker or Isuzu Trooper. Budget and other rental agencies in Belize City will deliver a car to Placencia, Hopkins, or Dangriga for a fee of around BZ$100–BZ$140.

Contact Barefoot Rentals (✉ *Placencia* ☎ *607/5125* ⊕ *www.barefootrentals. net*).

BY TAXI

Contacts Neal's Taxi (✉ *1 St. Vincent St., Dangriga* ☎ *522/3309*). **Percy Neal** (✉ *Placencia* ☎ *523/3131*). **Samuel Burgess** (✉ *Placencia* ☎ *607/2711*).

CONTACTS & RESOURCES

Banks Atlantic Bank (✉ *Peninsula Rd., Placencia* ☎ *523/3386*). **Belize Bank** (✉ *24 St. Vincent St., Dangriga* ☎ *522/2903*). **First Caribbean International Bank** (✉ *Commerce St., Dangriga* ☎ *522/2015*). **Scotia Bank** (✉ *Main St., Placencia* ☎ *523/3277*).

EMERGENCIES

Although Placencia has a small medical clinic with a physician and nurse, and Hopkins and Independence have medical clinics, for serious medical attention you should go to Dangriga or Belize City. The Belize Emergency Response Team, based in Belize City, provides air transportation all over the country in emergency cases. A pharmacy with very limited supplies is at Wallen's store in Placencia.

Hospitals Belize Emergency Response Team (✉ *Placencia* ☎ *223/3292*). **Dangriga Regional Hospital** (✉ *Stann Creek District Hwy., Dangriga* ☎ *522/2078*). **Independence Medical Center** (✉ *Independence* ☎ *523/2167*). **Placencia Medical Clinic** (✉ *In center of village near primary school, Placencia* ☎ *523/3326*).

TOURS

To book tours and trips, check with your hotel or walk along the sidewalk in Placencia Village, where several of the tour operators have small shops. For the more adventurous traveler, Toadal Adventures, one of the top operators on the Southern Coast, has excellent biking, hiking, and kayaking tours.

Contacts Caribbean Tours (✉ *Placencia* ☎ *253/3481* ⊕ *www.ctbelize.com*). **Destinations Belize** (✉ *Placencia* ☎ *253/4018* ⊕ *www.destinationsbelize.com*). **Joy Tours** (✉ *Placencia* ☎ *253/3325* ⊕ *www.belizewithjoy.com*). **Toadal Adventures Belize** (✉ *Point Placencia, Placencia* ☎ *253/3207* ⊕ *www.toadaladventure. com*).

VISITOR INFORMATION

The Placencia office of the Belize Tourism Industry Association is in a building near the Shell gas station at the village's south end. The BTIA publishes the *Placencia Breeze,* an informative monthly newspaper, and has a very helpful Web site listing all accommodations, restaurants, and bars, ⊕ *www.placencia.com*. Another extremely helpful site on Placencia is put together by local resident Mary Toy, ⊕ *www.destinationsbelize.com*. Hopkins has several interesting Web sites put together by local residents, including ⊕ *www.hopkinsbelize.com* and ⊕ *www.cometohopkins.com*.

Information Belize Tourism Industry Association (✉ *Point Placencia, Placencia* ☎ *523/4045*).

BELIZE ESSENTIALS

TRANSPORTATION

BY AIR
To Belize City, it's roughly 2 hours from Miami and Atlanta; 2½ hours from Dallas, Houston, and Charlotte.

AIRPORTS
International flights to Belize arrive at the Philip Goldson International Airport (BZE) in Ladyville, 9 mi (15 km) north of Belize City, probably the only airport in the world with a mahogany ceiling. Small domestic airports (which comprise landing strips with a one-room check-in) in Belize are in Belize City (TZA), Corozal (CZH), Dangriga (DGA), Independence (INB), Placencia (PLJ), Punta Gorda (PND), San Pedro (SPR), Caye Caulker (CUK), and Sarteneja (SJX).

Belize Belize Municipal Airstrip (✉ *Belize City* ☎ *No phone*). **Philip Goldson International Airport** (✉ *Ladyville* ☎ *501/225–2014*).

FLIGHTS
American Airlines, Continental, Delta, TACA, and US Airways fly to Belize from the United States. The major departure gateways are Atlanta, with daily flights on Delta to Belize City; Charlotte, with daily nonstops on US Airways to Belize City (flight frequency usually is reduced in the fall); Houston, with daily nonstop service to Belize City on TACA and Continental; and Miami, with daily nonstop service on American. TACA also flies to Belize City from several other U.S. cities with a change of planes in San Salvador, El Salvador. Continental has a weekly flight nonstop from Newark.

Domestic planes in Belize are single- or twin-engine island-hoppers. The main carriers are Tropic Air and Maya Island Air, both of which fly to San Pedro on Ambergris Caye and Caye Caulker as well as Corozal, Dangriga, Independence, Placencia, and Punta Gorda. They also fly to Flores, Guatemala, for around BZ$406 round-trip. Belize domestic flights on Maya Island and Tropic from and to the international airport are between BZ$215 and BZ$415 round-trip, and about BZ$120 to BZ$350 round-trip between the municipal airstrip in Belize City and domestic destinations. Charter services such as Javier Flying Service and Cai Bee Air Service will take you almost anywhere for around BZ$400 per hour; Javier has flights to Chan Chich Lodge.

Airline Contacts American Airlines (☎ *800/433–7300, 501/223–2522 in Belize* ⊕ *www.aa.com*). **Continental Airlines** (☎ *800/523–3273 for U.S. and Mexico reservations, 800/231–0856 for international reservations, 501/822–1062 in Belize* ⊕ *www.continental.com*). **Delta Airlines** (☎ *800/221–1212 for U.S. reservations, 800/241–4141 for international reservations, 501/225–3423 in Belize* ⊕ *www.delta*.

com). **TACA** (☎ *800/535–8780, 501/227–7363 in Belize, 502/261–2144 in Gua-temala*). **United Airlines** (☎ *800/864–8331 for U.S. reservations, 800/538–2929 for international reservations* ⊕ *www.united.com*). **USAirways** (☎ *800/428–4322 for U.S. and Canada reservations, 800/622–1015 for international reservations, 501/225–3589 in Belize* ⊕ *www.usairways.com*).

Belizean Carriers Cari Bee Air Service (☎ *501/223–3542*). **Javier Flying Service** (☎ *501/223–5360*). **Maya Island Air** (☎ *501/226–3838, 800/521–1247 in U.S.* ✎ *mayair@btl.net* ⊕ *www.mayaairways.com*). **Tropic Air** (☎ *501/226–2012, 800/422–3435 in U.S.* ✎ *tropicair@btl.net* ⊕ *www.tropicair.com*).

BY BUS

Belize has frequent and inexpensive bus service on the Northern and Western highways, and also reasonable service to southern Belize via the Hummingbird and Southern highways. Elsewhere, bus service is spotty. Expect to ride on old U.S. school buses or retired North American Greyhound buses. On some routes in Belize there are a few express buses with air-conditioning and other comforts. These cost a few dollars more. Buses accept only cash in U.S. or Belize dollars.

Belize Companies National Transport (✉ *W. Collet Canal, Belize City* ☎ *227/6372*). **James Bus Line** (✉ *King St., Punta Gorda* ☎ *702/2049*).

Guatemala Companies Autobuses de Oriente (✉ *Guatemala City* ☎ *2238–3894*). **Línea Dorada** (✉ *Calle Principal, Santa Elena* ✉ *Calle de la Playa, Flores* ☎ *2232–9658*).

BY CAR

RENTAL CARS

Belize City and the international airport in Ladyville have most major car-rental agencies, as well as several local operators. Prices vary from company to company, but all are high by U.S. standards (BZ$120–BZ$275 per day). Off-season, rates are a little lower.

For serious safaris, a four-wheel-drive vehicle is invaluable. But since unpaved roads, mudslides in rainy season, and a general off-the-beaten-path landscape are status quo here, all drivers will be comforted with a four-wheel-drive vehicle, called *doble-tracción* in Spanish.

In Belize some rental agencies with their own pumps actually charge less for gas than you'd pay at service stations, so ask for fill-ups.

Major Agencies Avis (☎ *800/331–1084 or 501/205–2629 in Belize* ⊕ *www.avis.com*). **Budget** (☎ *800/472–3325 or 501/223–2435 in Belize* ⊕ *www.budget-belize.com*). **Crystal** (☎ *501/223–1600* ⊕ *www.crystal-belize.com*). **Hertz** (☎ *800/654–3001 or 501/223–0886 in Belize* ⊕ *www.hertz.com*).

GASOLINE

Modern, U.S.-style gas stations are in Belize City and most major towns. In more remote areas fill up the tank whenever you see a service station. Unleaded gas costs about BZ$10 a gallon. Plan to use cash, as credit cards are rarely accepted.

ROADSIDE EMERGENCIES

When renting a car, ask the rental agency what they do if your car breaks down in a remote area. Most in Belize send a driver with a replacement vehicle or a mechanic to fix the car.

Emergency Services Belize Police (☎ *911*). **Guatemalan National Police** (☎ *110*).

RULES OF THE ROAD

Driving in Belize is on the right. There are few speed-limit signs, and speed limits are rarely enforced. Despite the relatively small number of private cars in Belize, traffic accidents are the number one cause of death in the country. Always allow extra travel time for unpredictable events, and bring along snacks and water. Otherwise, if you observe the rules you follow at home, you'll likely do just fine. Just don't expect everyone else to follow them.

EMERGENCIES

In an emergency, call 911 or 90 nationwide.

MONEY

ATMS & BANKS

Belize has three local banks, Alliance Bank, Atlantic Bank, and Belize Bank, and two international banks, First Caribbean International (formerly Barclays) and Bank of Nova Scotia.

Do *not* go to Belize expecting to get all your cash from ATMs, as machines frequently are down and not all accept foreign cards. ATMs at Belize Bank's 15 offices around the country do take ATM cards issued outside Belize on the CIRRUS, MasterCard, PLUS, and Visa Electron networks. There are no Belize Bank offices on Caye Caulker or in Placencia. Atlantic Bank's 12 ATMs, including those in Placencia, Caye Caulker, and the international airport (near the American Airlines check-in area) accept foreign cards. First Caribbean International Bank ATMs (only in Belize City, Belmopan, and Dangriga) also accept foreign cards with Visa and MasterCard logos. ATMs give cash in Belize dollars.

CREDIT CARDS

In Belize, MasterCard and Visa are widely accepted, American Express less so, and Discover hardly at all. Hotels and shops in Belize sometimes levy a surcharge for credit-card use, usually 5% but ranging from 2% to 10%. If you use a credit card, ask if there's a surcharge.

CURRENCY & EXCHANGE

The Belizean dollar (BZ$) is pegged to the U.S. dollar at a rate of BZ$2 per US$1. Most hotel prices are quoted in U.S. dollars, while most restaurant prices are in Belize dollars. In this guide, all Belize prices are quoted in Belize dollars. Because misunderstandings can happen, always ask which currency is being used. When leaving Belize, you can exchange Belizean currency back to U.S. dollars (up to US$100) at Belize Bank at the international airport. The Belize dollar is difficult if not impossible to exchange outside of Belize.

Because the U.S. dollar is gladly accepted everywhere, there's little need to exchange it. When paying in U.S. dollars, you may get change in Belize or U.S. currency, or in both.

PASSPORTS & VISAS

To enter Belize, only a valid passport is necessary for citizens of the United States. If the customs official asks how long you expect to stay in Belize, give the longest period you might stay—you may legally stay for up to 30 days on the tourist card you'll receive on entry—otherwise, the official may endorse your passport with a shorter period. You can renew your entry permit at immigration offices for a fee of BZ$50 per month for the first six months.

Guatemala

WORD OF MOUTH

"You will certainly want to stay right at Tikál. There's nothing like entering the ruins early morning and late afternoon/early evening to enjoy the tremendous light and the abundance of birds and animals. Whatever you do, be sure to pack some good binoculars!"

–SharonNRayMc

By Jeffrey Van
Fleet

CAPTIVATING TRAVELERS FOR CENTURIES, GUATEMALA has lost none of its charm. From conquistador Pedro de Alvarado, who stopped between battles to marvel at the beauty of Lago Atitlán, to writer Aldous Huxley, who waxed poetic on the same lake's shores centuries later, this intricate jewel of a country has intrigued and inspired its share of foreigners. In a matter of days you can walk the cobblestone streets of a colonial capital, barter with indigenous people who still worship the gods of the ancient Maya, and explore the meandering trails of a tropical rain forest.

Perched at the top of the Central American isthmus, Guatemala is divided into a number of distinct regions: the Pacific Lowlands, the Western Highlands, the central Verapaces, the Caribbean Lowlands, and the northern jungle region of El Petén. With a territory of just 108,900 square km (42,046 square mi), Guatemala has 19 ecosystems encompassing palm-lined beaches, cloud forests, rugged mountain ranges, scrubby desert valleys, and rain forests chock-full of tropical flora and fauna.

Guatemala's landscape may be fascinating, but its population of more than 12.5 million people is even more compelling. Half are of indigenous descent, and though they have adopted some of the European customs forced on their ancestors, they remain some of the region's most dedicated protectors of ancient culture.

ORIENTATION & PLANNING

ORIENTATION

Guatemala is a rugged country where major roads are few and far between and highways are all but nonexistent. But because there are only two airports—one in Guatemala City, the other in Flores—you're forced to do most of your travel by land. All but the hardiest travelers will want to stay in the larger towns and explore the more isolated regions on day trips.

TAKE IT ALL IN

5 Days: Fly into Guatemala City, departing immediately for the colonial city of Antigua. Spend at least two nights here. If you're in Antigua on Thursday or Sunday, plan an early-morning excursion to the mountain village of Chichicastenango, where the region's best handicrafts are found at a lively market. On your fourth day take an early-morning plane to Flores, a pastel-painted town in El Petén. Head straight to the ruins at nearby Tikal. Depending on your schedule, you may choose to spend the night either here so you can see the ruins in the morning (a must for birders) or in Flores so you'll be closer to the airport for your flight back to Guatemala City.

7 Days: Spend your first day in Guatemala City, visiting the museums and dining in Zona Viva. On Day 2 head for Antigua so you can tour the remarkable ruins of 16th-, 17th-, and 18th-century monasteries and convents. Spend two nights here, and then head for Panajachel. Spend Day 5 visiting the villages surrounding picture-perfect Lago Atitlán or head to the renowned market in the colonial village of Chichicastenango. On Day 6 fly north to Flores, where you can spend the afternoon shopping, strolling, and sipping cappuccino. Make arrangements for a taxi to pick you up at your hotel the next morning—you'll want to leave before dawn for the breathtaking ruins of Tikal. Climb the rustic ladder to the top of the tallest temple, then watch the sun rise over the rain forest that engulfs the ancient city. Spend your last morning hiking the terrific trails of the Biotopo Cerro Cahuí before returning to Guatemala City.

PLANNING

WHEN TO GO

Most people visit Guatemala from June to August and from January to April. The busiest time of year is Semana Santa, the week from Palm Sunday to Easter Sunday. Hotels in Antigua, Panajachel, and Chichicastenango are booked months ahead for this holiday. The rainy season runs from May to November, with a few dry spells in July and August. A typical day in the rainy season is sunny in the morning, cloudy at midday, and pouring throughout the afternoon and evening. Guatemala's climate depends more on altitude than season. The coasts and El Petén are hot, while the mountains enjoy warm days and cool nights.

GETTING AROUND

You should probably count on buses to get around, because driving in Guatemala is not for the faint of heart. Speed limits and road signs are routinely ignored, drivers overtake on blind corners without batting an eyelid, and turn-signal use is inconsistent at best. However, a car can be a real asset to your trip. The roads in Guatemala are well paved if not well marked, and you won't have to count on unpredictable bus schedules. Take a good map and everything will be ok.

Guatemalan buses come in three very different subspecies. Locals still favor the recycled Bluebird school buses known as *camionetas*; but the newer, more expensive *pullmans*—once Greyhound coaches—are gaining popularity, especially for longer trips. Quicker and more comfortable are private minibus shuttle services: you can hire one to yourself or buy a seat on services with scheduled departures.

Tikal is served by the smaller Aeropuerto del Mundo Maya (FRS), just outside Flores. More commonly known as Aeropuerto Internacional Santa Elena, it's mainly for internal flights from Guatemala City, although some flights from other Central American countries, notably Belize, also land here.

RESTAURANTS & CUISINE

The basis of Guatemalan food is corn, usually eaten as a tortilla, a tamale, or on the cob. Black beans accompany most meals, either whole beans cooked in a broth or mashed and refried. Meats are often served in *caldos* (stews) or cooked in a spicy chili sauce. Thin and ten-

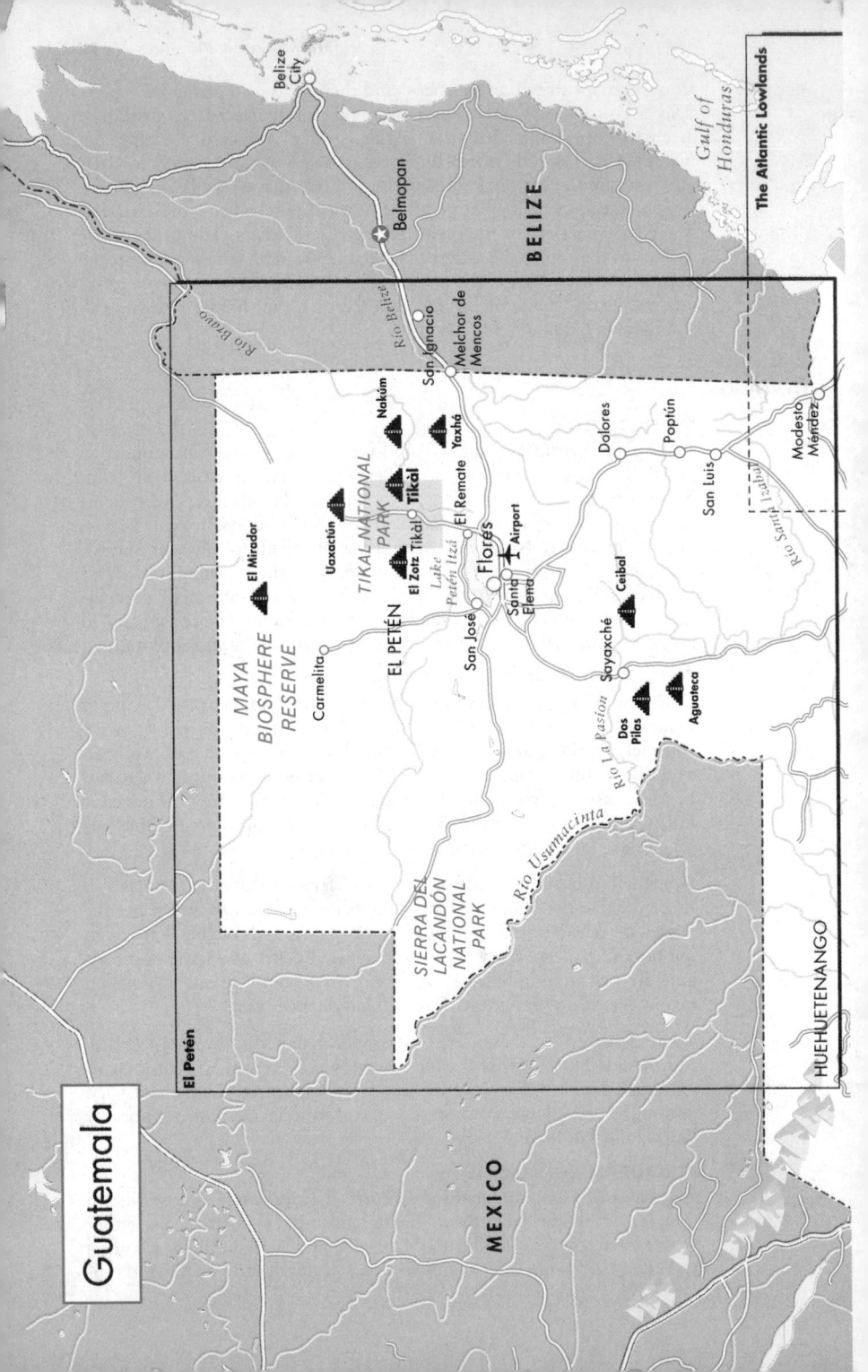

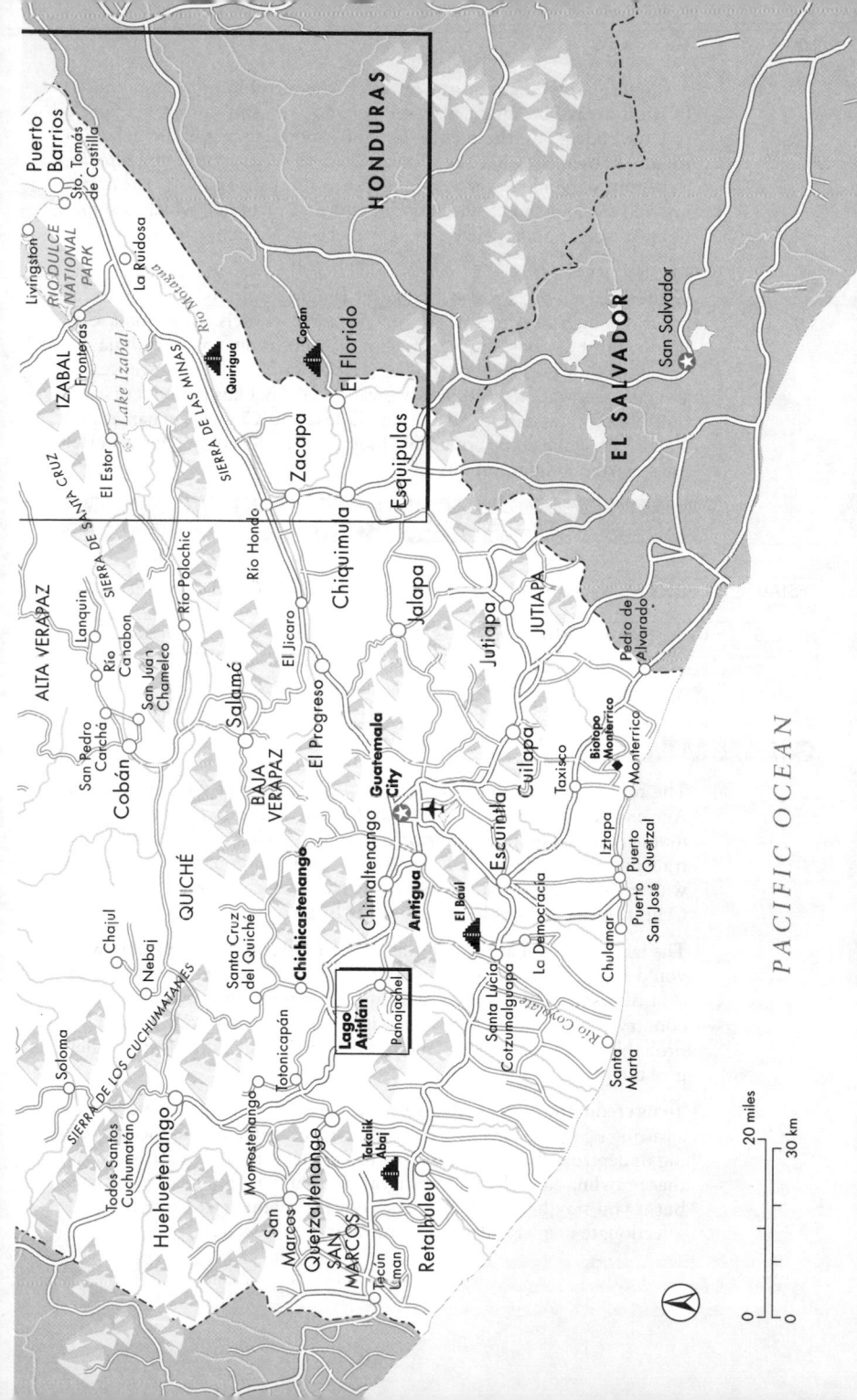

der *lomito*, a popular cut of beef, is on the menu in most restaurants. In rural areas you might also see *venado* (venison) and *tepezcuintle* (a large rodent) on the menu. The most popular fish is the delicious *robálo*, known elsewhere as snook. Along the coast you'll find *tapado*, a coconut stew made with plantains, shrimp, crab, and fish. The *queso fundido* (melted cheese with condiments and tortillas), which is sometimes served as an appetizer, is a good choice for light eaters.

ABOUT THE HOTELS

Guatemala now has a wide range of lodging options, from suites at luxurious high-rises to stark rooms in budget hotels. Guatemala City has the most options, but the much more appealing city of Antigua is a better base for exploring the country. Rooms often fill up on weekends, so make reservations well in advance. Panajachel has the widest selection of accommodations in the highlands, and Chichicastenango and Xelajú can claim some creditable lodgings. Most remote villages offer only spartan lodgings, if any at all.

WHAT IT COSTS IN GUATEMALAN QUETZALS				
¢	$	$$	$$$	$$$$
RESTAU-RANTS	Under Q40	Q41-Q70	Q71-Q100	Q101-Q130	over Q130
HOTELS	Under Q160	Q161-Q360	Q361-Q560	Q561-Q760	over Q760

Restaurant prices are per person for a main course at dinner. Hotel prices are for two people in a standard double room, including tax and service.

GUATEMALA CITY

The tourist buzz is that there's little reason to visit Guatemala City. Ancient ruins, colonial cities, flamboyant markets and spectacular mountains beckon just a short distance away, after all, and convenient transportation links make it a breeze to get in and out of town quickly without spending any time here. It is true that the one-time "jewel of Central America" has lost much of its luster.

The fact remains that the isthmus' largest metropolis has exactly what you'd expect from an urban area of 2.5 million people—the best selection of restaurants, hotels, nightlife, shopping, and museums in the country. This nation's only true city does grow on you, although it probably takes longer than the typical short visit that most travelers give the place.

To its credit, the municipal government is trying to improve life here by sprucing up the historic center, beefing up security, moving electric wiring underground, and adding lots of greenery. It's still a struggle, and the sprawling capital will never rival the refinement of nearby Antigua, but if you stay here long enough, you just might start using the same affectionate name residents give to their city: "Guate."

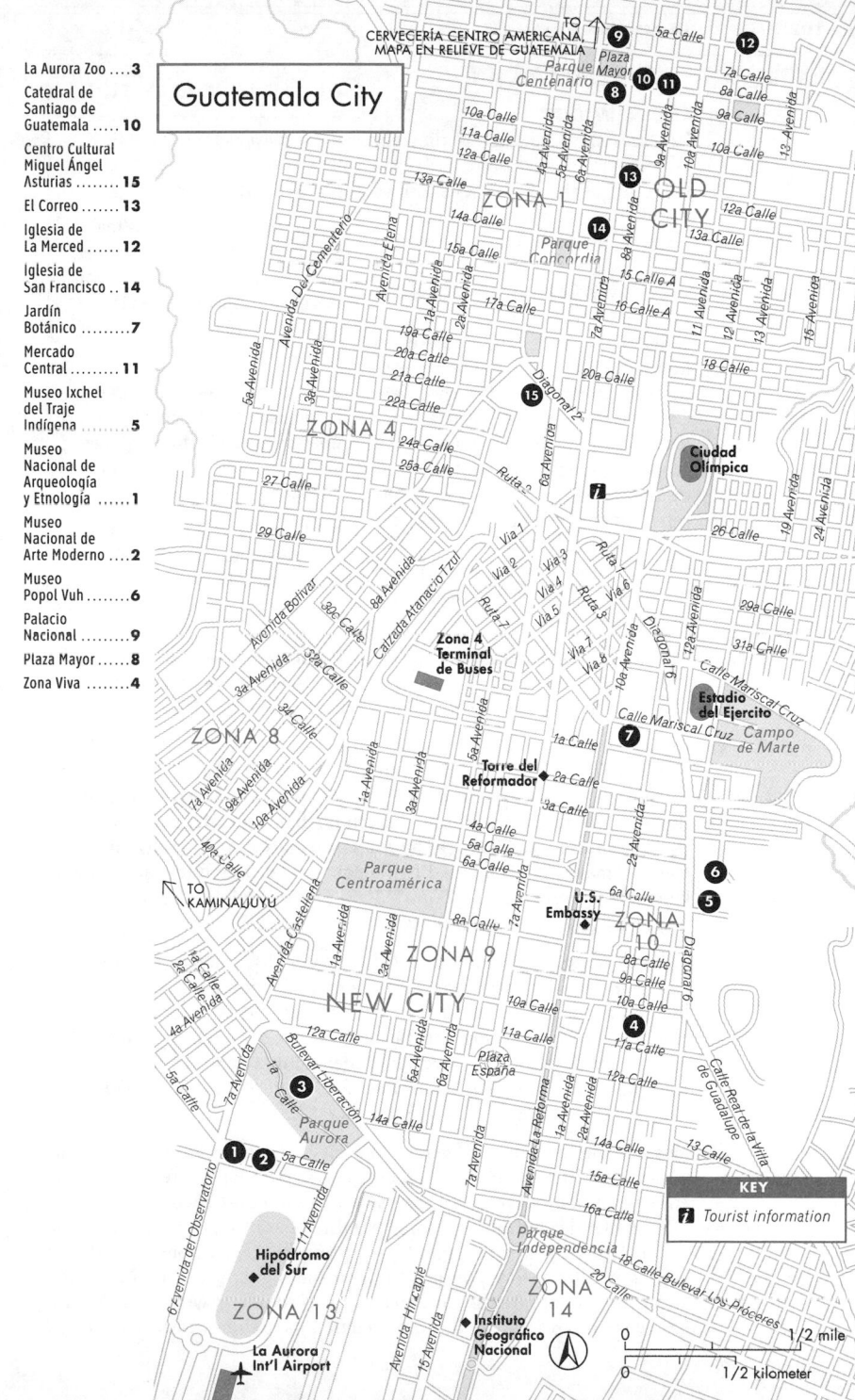

Guatemala City

TO
CERVECERÍA CENTRO AMERICANA,
MAPA EN RELIEVE DE GUATEMALA

KEY

🛈 Tourist information

0 _____ 1/2 mile

0 _____ 1/2 kilometer

EXPLORING GUATEMALA CITY

THE NEW CITY

Whereas the Old City is the real Guatemala, the modern look and fast pace of the New City's Zonas 9 and 10 are reminiscent of upscale districts in other Latin American cities. This is especially the case in Zona Viva, the posh center of Zona 10, where dozens of smart restaurants, bars, and clubs stay open long after the rest of the city goes to bed. During the day the New City's museums and cultural sites draw an equally affluent and savvy crowd. While the glitz and glamour of the Zona Viva are a welcome relief for travel-weary visitors, it is a far cry from the authentic, rustic enchantment to be found in the pueblos and backstreets of the rest of the country.

Avenida La Reforma splits the New City down the middle, with Zona 9 to the west, and Zona 10 to the east. ■TIP➔ **To save confusion, always check which zone your destination is in before heading there.**

❸ **La Aurora Zoo.** It's small, but the capital's zoo is well arranged and well maintained. The facility contains four exhibit areas: the African savanna, the Asian subcontinent, the Mesoamerican tropics, and the down-home farm. You'll see everything from giraffes and elephants to cows and ducks. ■TIP➔ **The zoo's proximity to the nearby Children's Museum makes the combined two a convenient outing for families with kids.** ✉ *La Aurora Park, Zona 13* ☎ *2475–0894* ⊕ *www.aurorazoo. org.gt* ✎ *Q18;* ⊗ *Tues.–Sun. 9–5.*

❼ **Jardín Botánico.** The small but lovely Botanical Garden at the northern end of Zona 10 contains an impressive collection of plants managed by the Univesidad de San Carlos. Your ticket price also includes admission to a small, adjoining natural-history museum, which, frankly, has seen better days, but is currently undergoing a renovation. ✉ *Av. La Reforma 0–63, Zona 10* ☎ *Gardens, 2331–0904; museum 2334–6065* ✎ *Q10* ⊗ *Weekdays 8:30–3, Sat. 8:30–12:30.*

❺ **Museo Ixchel del Traje Indígena.** The city's best museum, the Ixchel Museum of Indigenous Dress, focuses on textiles of Guatemala's indigenous community, with an impressive array of handwoven fabrics from 120 highland communities, some of which date from the 19th century. It will provide you with a good background in the regional differences among textiles before you head out to the highlands. You'll also find sculptures, photographs, and paintings, including works by Andres Curruchich, an influential Guatemalan folk painter. Multimedia and

Fodor's Choice
★

interactive weaving displays make the museum engaging for all ages—watch one of the short introductory videos describing the museum's holdings to get your grounded—and there's a café, a bookstore, and a terrific gift shop. The only drawback is its location—at the bottom of a long hill at the Universidad Francisco Marroquín. ⊠*End of 6 C. at 6 Av., Zona 10* ☎*2331–3662* ⊕*www.museoixchel.org* 💷*Q35* ☉ *Weekdays 9–5, Sat. 9–1.*

❶ Museo Nacional de Arqueología y Etnología. Dedicated to the history of ★ the Maya, the National Museum of Archaeology and Ethnology has a large and excellent collection of Mayan pottery, jewelry, masks, and costumes, as well as models of the ancient cities. The jade exhibit, in particular, is stunning. The museum is a must for understanding the link between ancient and modern Mayan cultures, but the exhibits are labeled in Spanish only. ⊠*Edificio 5, La Aurora Park, 6 C. and 7 Av., Zona 13* ☎*2475–4399* ⊕*www.munae.gob.gt* 💷*Q30* ☉*Tues.–Fri. 9–4, weekends 9–noon and 1:30–4.*

❷ Museo Nacional de Arte Moderno. Surrealism and multimedia work are among the wide range of styles represented at the National Museum of Modern Art. Some of the collection does go back to the early-19th-century independence period. Many of Guatemala's most distinguished artists are represented here, including Efraín Recinos and Zipacna de León. Exhibits include works by other Latin American artists from similar periods. ⊠*Edificio 6, La Aurora Park, Zona 13* ☎*2472–0467* 💷*Q10* ☉*Tues.–Fri. 9–4, weekends 9–noon and 1:30–4.*

NEED A BREAK? Satisfy your sweet tooth on the porch of Café Zurich (⊠*6 Av. 12–58, Zona 10* ☎*2334–2781*), a former colonial home. The menu has specialty coffees as well as chocolate, chocolate, and more chocolate.

❻ Museo Popol Vuh. Religious figures, animals, and mythological half-★ animal–half-man creatures with stolid eyes, hawkish noses, and fierce poses inhabit this museum. Though much smaller than the city's other museums, Popol Vuh has an interesting display of well-preserved stone carvings from the Preclassic period, the earliest pieces dating from 1500 BC. Some statues are quite large, all the more impressive given that they were each cut from a single stone. Also look for the "painted books," which were historical records kept by the Maya. The most famous is the museum's namesake, the *Popol Vuh,* otherwise known as the Mayan Bible, which was lost (and later recovered) after it was translated into Spanish. An ample collection of colonial artifacts and rotating special exhibitions rounds out the museum's offerings. Monthly evening public lectures, in Spanish only, deal with topics related to the institution's holdings. ⊠*Universidad Francisco Marroquín, end of 6 C., Zona 10* ☎*2338–7896* ⊕*www.popolvuh.ufm.edu.gt* 💷*Q35,* ☉ *Weekdays 9–5, Sat. 9–1.*

❹ Zona Viva. The so-called "lively zone" is undoubtedly the most cosmopolitan area of town. The daytime crowd is mostly business executives, but at night a more vivacious bunch takes over. The precise definition of the neighborhood differs depending on whom you talk

KAMINALJUYÚ

Who says you can't find Mayan ruins in the metropolitan area? From 300 BC to AD 900, an early Mayan city of some 50,000 people flourished in what is now the heart of Zona 7, in one of Guatemala City's many gorges. What you can see today, about 100 mounds and platforms, is but a fraction of the original city, most of which is buried beneath today's urban sprawl. Excavation of this impressive site, which includes the bases of several pyramids, began in 1925, triggered by the simple act of a local soccer team digging into the ground to expand its practice field. Many of the figurines and artifacts originally unearthed were thought to be associated with burial, leading authorities to dub the site with its present name, a Quiché term meaning "hills of the dead." No one knows for sure what the city was originally called. Many of the objects found here are now on display at the Museo Popol Vuh.

to, but it roughly centers on the area from Avenidas La Reforma and 4, and Calles 12 and 14, fanning out from there. Streets accommodate pedestrians overflowing from the narrow sidewalks on which restaurants have introduced outdoor seating, and lines extend from bars. You won't find the boutiques that characterize most upscale neighborhoods; those that do exist are mostly inside the large, international-chain hotels. ⊠ *Zona 10.*

THE OLD CITY

Older and grittier than the New City, the Old City has the hustle and bustle of many Central American capitals. But walking around the area, especially around the Plaza Mayor, is quite pleasant. The frenetic colors and sounds of the metropolis can be daunting at first, but with a little patience—and, of course, a well-hidden money pouch—the downtown experience can be both memorable and exhilarating.

🔟 **Catedral de Santiago de Guatemala.** Built between 1778 and 1867, Guatemala City's cathedral replaced the old Catedral de Santiago Apóstol in Antigua, destroyed in that city's 1773 earthquake. The structure is a rare example of colonial architecture in the Old City. Standing steadfast on the eastern end of Plaza Mayor, it is one of the city's most enduring landmarks, having survived the capital's numerous 20th century earthquakes. The ornate altars hold outstanding examples of colonial religious art, including an image of the Virgen de la Asunción, the city's patron saint. Off a courtyard on the cathedral's south side—enter through the church—stands the Museo de la Arquidiócesis de Santiago Guatemala, the archdiocesan museum with a small collection of colonial religious art. ⊠ *8 C. and 7 Av., Zona 1* 🕾 *2232–7621; museum, 2232–2527* ⊕ *www.catedraldeguatemala.org* ⊠ *Free, Q20 for museum* ☉ *Cathedral: Mon.–Wed. and Fri.–Sat. 7–1 and 2–6, Thurs. and Sun. 7–6; museum: Tues.–Sat. 9–1 and 2–5, Sun. 9–2.*

🔟 **Centro Cultural Miguel Ángel Asturias.** The city's fine-arts complex consists of the imposing Teatro Nacional and the open-air Teatro del Aire Libre.

Named for Guatemala's Nobel Prize–winning novelist who spent much of his life in exile for opposing Guatemala's dictatorship, the hilltop cluster of buildings overlooks the Old City. Check out the performance schedule while you're here and pick up a ticket if something strikes your fancy. Prices are far less than you'd pay at a comparable venue in Europe or North America. ✉*24 C. 3–81, Centro Cívico* ☎*2232–4041* ⊕*www.teatro-nacional.com* ✉*Free* ☻*Weekdays 10–4.*

13 El Correo. You can mail packages from your hotel, but it's far more fun to come to the main post office, housed in a cantaloupe-color structure dating from the colonial era. At press time, it was undergoing a renovation, paid for by a grant from the Spanish government. ✉*7 Av. 12–11, Zona 1* ☎*2232–6101* ☻*Weekdays 8:30–5:30, Sat. 9–1.*

12 Iglesia de La Merced. If religious iconography is one of the reasons you're in Guatemala, step inside this lovely church dating from 1813 to see its baroque interior. Many of the elaborate paintings and sculptures originally adorned La Merced in Antigua, but were moved here after earthquakes devastated that city. ✉*5 C. 11–67, Zona 1* ☎*2232–0631* ☻*Daily 6–7.*

14 Iglesia de San Francisco. The Church of St. Francis, built by its namesake Franciscan order between 1800 and 1851, is known for its ornate wooden altar. A small museum explains the church's history. ✉*13 C. 6–34, Zona 1* ☎*2232–3625* ☻*Daily 10–4.*

11 Mercado Central. A seemingly endless maze of underground passages is home to the Mercado Central, where handicrafts from the highlands are hawked from overstocked stalls. It's not as appealing as the open-air markets in Antigua or Chichicastenango, but the leather goods, wooden masks, and woolen blankets found here are often cheaper. There are skilled pickpockets in the market, so keep an eye on your belongings. ✉*8 C. and 8 Av., Zona 1* ☎*No phone* ☻*Mon.–Sat. 9–6, Sun. 9–noon.*

9 Palacio Nacional. The grandiose National Palace was built between 1937 and 1943 to satisfy the monumental ego of President Jorge Ubico Castañeda. It once held the offices of the president and his ministers, but now many of its 320 rooms house a collection of paintings and sculptures by well-known Guatemalan artists from the colonial period to the present. Look for Alfredo Gálvez Suárez's murals illustrating the history of the city above the entry. The palace's ornate stairways and stained-glass windows are a pleasant contrast to the gritty city outside its walls. ■TIP➔ **Admission is free, but you must visit with a guide who will take you on a 45-minute highlights tour, which leaves at fixed times throughout the day.** Your visit includes a stop at the presidential balcony off the banquet room. If the palace is a must on your itinerary, call ahead to confirm that it is open; the building occasionally closes for presidential functions. ✉*6 C. and 7 Av., Zona 1* ☎*2232–8550* ✉*Free* ☻*Weekdays 9–5:30. Tours depart every 15 mins 9:15–noon and 2–5 PM; every 30 mins noon–2.*

8 Plaza Mayor. Some people refer to this expanse as the Parque Central, but, despite a few trees, it's more vast concrete plaza than park. Clustered around this historic square are landmarks that survived the 19th and 20th centuries' earthquakes. One original building did not get through the 1917 earthquake: the colonial-era Palacio del Gobierno, which once stood on the plaza's west side, was leveled and later cleared, adding a second city block to the expanse of the square. In the center of the plaza is a fountain where children sometimes splash while their parents relax on the nearby benches. Photographers set up shop here on weekends, putting up small backdrops of rural scenes—you can have your picture taken in front of them. ⊠ *Between 6 and 8 Cs. and 6 and 7 Av., Zona 1.*

WHERE TO EAT

THE NEW CITY
Guatemala City has the varied cuisine you'd expect in a major city. Finer restaurants are clustered in the New City. Virtually every street in the Zona Viva has a selection of tempting restaurants, making it almost impossible to choose. Some tried-and-true favorites are listed below. Fortunately, the Zona Viva is small enough that you can stroll around until you find that perfect place.

ECLECTIC
$$$–$$$$ ✕ **Zumo.** Longtime favorite Siriacos was reborn as Zumo in 2007, and
Fodor'sChoice takes the often overused term "fusion cuisine" seriously. The chef here
★ mixes in-season Guatemalan ingredients with an around-the-world menu. We like the shrimp in mango sauce with avocado butter, the wonton ravioli stuffed with sweet potato, and salmon drenched in an almond cream sauce. Top it off with a mango mousse and a selection from a reasonably priced wine list (one of the best in the capital). The service is impeccable. The new owner has added lots of whimsical fountains to this century-old brick-and-stucco former carriage house. ⊠ *1 Av. 12–12, Zona 10* ☎ *2334–6316* ▤ *AE, D, DC, MC, V* ⊗ *Closed Sun. No lunch Sat.*

$$–$$$$ ✕ **Jake's.** If you only have one meal in Guatemala City, head to Jake
Fodor'sChoice Denburg's place. A painter-turned-restaurateur, Jake uses his creative
★ talents on food, producing dishes ranging from handmade smoked-chicken tortellini to *robalo* (snook) in a green-pepper sauce. The crowning achievement is the *vaquero chino* (Chinese cowboy), a tenderloin steak served with a sweet soy, espresso, and star anise sauce. The restaurant is a beautiful converted farmhouse with hardwood ceilings, tile floors, an outdoor patio, and new lounge. The wine list is quite possibly the best in Central America. ⊠ *17 C. 10–40, Zona 10* ☎ *2368–0351* ▤ *AE, D, DC, MC, V* ⊗ *No dinner Sun.*

GUATEMALAN
$$–$$$ ✕ **Hacienda Real.** Small stone pedestals containing hot coals warm the
★ dining room, so even on a chilly day you needn't pass up this charming restaurant serving authentic Guatemalan fare. Choose from platters of robalo, steak, or pork, all served with a variety of savory condiments

A TOUR AND A BREW

The capital's **Cervecería Centro Americana** has brewed the majority of the beer sold in Guatemala since 1886. If you've been traveling around the country, you've seen (and likely sampled) Gallo, its ubiquitous flagship beer, pronounced *GAH-yo*. The *cervecería* manufactures a complete line of beverages, including Gallo Light, Victoria lager, dark bock beer Moza, and Malta Gallo malt liquor. Gallo, incidentally, is marketed in the United States, but under the name "Famosa." (A certain famous California winery already holds the rights to the "Gallo" name there.)

The brewery offers fun, informative hour-long tours in Spanish and Eng-lish of its installations several blocks north of the Old City each Monday to Thursday at 9 and 11 AM and 3 PM. (A taxi is the best way to get here.) Reservations aren't necessary, but the brewery recommends calling ahead to make sure your desired time doesn't conflict with that of a large group, and also to be sure an English-speaking guide is available. Best of all, the whole thing is free, and the tour concludes with samples (also free) in the brewery café.

✉ *3 Av. Norte final, Zona 2*
☎ *2289-1555* ⊕ *www.cerveceria centroamericana.com.*

like fresh salsa, pickled carrots, and jalapeños. The attentive, exuberant servers bring endless baskets of warm tortillas, but try not to fill up—the truly incomparable caramel flan shouldn't be missed. To top off the experience, mariachi bands stroll through the place on most evenings. ✉ *13 C. 1–10, Zona 10* ☎ *2333–5408* ▭ *AE, MC, V.*

$$–$$$ ✕ **Hacienda de los Sánchez.** This Zona Viva steak house is known for its quality cuts of beef, yet the atmosphere has won over more than one vegetarian. The brick-floor dining room calls to mind the American West, with such touches as sturdy wooden tables and old saddles. Eat inside or on the plant-filled patio under the big tent overhang. Grilled and barbecued meats dominate the menu, but you can also order chicken and seafood. There's a decent wine list. ✉ *12 C. 2–25, Zona 10* ☎ *2360–5428* ▭ *AE, D, DC, MC, V.*

THE OLD CITY

AMERICAN

¢–$ ✕ **Europa Bar & Restaurante.** Plan on hearing as much English spoken as Spanish at this long-standing hangout for American expats opened by an Oregon native. Expect comfort food like hamburgers, mashed potatoes, and chili, as well as diner-style breakfasts of eggs, bacon, and hash browns. In the second-floor bar you can play a game of backgammon or watch soccer on cable TV. ✉ *11 C. 5–16, Zona 1* ☎ *2253–4929* ▭ *AE, D, DC, MC, V* ☻ *Closed Sun.*

GUATEMALAN

$–$$ ✕ **Arrin Cuan.** Ask locals to recommend a place to eat in the Old City, and chances are they'll send you to this spirited Guatemalan favorite. The decor couldn't be simpler—wooden masks adorn the walls and soda-bottle flower vases add a touch of color to each table. The flavorful cuisine, typical of the Cobán region, includes *kaq'ik* (a spicy turkey stew), *gallo en chicha* (chicken in a slightly sweet sauce), and *sopa de tortuga* (turtle soup). More adventurous types will want to sample the roasted tepezcuintle. ■TIP➜ **On Friday and Saturday night live marimba music fills the restaurant.** A branch in the New City opened in 2006, and dishes up the same regional cuisine from Las Verapaces. The business has even opened up food-court stands in several shopping centers around town, but we suggest you partake in one of the sit-down outlets. ⊠*5 Av. 3–27, Zona 1* ☎*2238–0242* ⊠*16 C. 4–32, Zona 10* ☎*2366–2660* ⊟*AE, DC, MC, V.*

SPANISH

$$–$$$ ✕**Altuna.** Waiters in white jackets and ties move briskly around the
Fodor's Choice covered courtyard that serves as the main dining room. If you want
★ a bit more privacy, ask to be seated in one of several adjacent rooms decorated with Iberian paintings, photographs, and posters. The Spanish and Basque menu is fairly limited; consider the calamari, paella, or filet mignon with mushroom sauce. A branch in the New City, while newly constructed, maintains the old style and impeccable service of the original city-center restaurant. ⊠*5 Av. 12–31, Zona 1* ☎*2253–6743* ⊠*10 C. 0–45, Zona 10* ☎*2332–6576* ⊟*AE, D, DC, MC, V* ⊙*Closed Mon., no dinner Sun.*

WHERE TO STAY

Guatemala City has the country's widest range of accommodations. Upscale hotels are found in the New City, while more moderately priced lodgings are clustered in the Old City.

THE NEW CITY

$$$$ ▦**Westin Camino Real.** With every imaginable amenity and a staff that
★ aims to please, it isn't surprising that the immense Camino Real has hosted everyone from rock stars to heads of state. The spacious reception area lies just beyond a long foyer lined with overstuffed leather chairs. Stately rooms are furnished with carved French provincial–style pieces. Executive floors hold spacious suites with room for business travelers to spread out. French doors in the rooms on the executive floors provide views of the nearby volcanoes. ⊠*14 C. and Av. La Reforma, Zona 10* ☎*2333–3000, 800/228–3000 in U.S.* ☐*2337–4313* ⊕*www.westin.com* ⬎*271 rooms* ⅋*In-room: safe, refrigerator, ethernet. In-hotel: 2 restaurants, room service, 3 bars, tennis courts, pools, gym, concierge, laundry service, airport shuttle, parking (no fee)* ⊟*AE, DC, MC, V.*

$$$ ▦**Hotel San Carlos.** Formerly the owner's own home, this modest colonial structure puts a little space between you and the bustling Zona Viva. Floor-to-ceiling windows in the reception area look out onto a sunny courtyard dotted with statues. Sloping stairs lead up to the individually decorated rooms. Other rooms in an annex are newer, but they lack the charm of those in the main house. ⊠*Av. La Reforma 7–89, Zona 10* ☎*2362–9076* ☐*2331–6411* ⊕*www.hsancarlos.com* ⬎*20 rooms, 3 suites* ⅋*In-room: no a/c, safe, kitchen (some), Wi-*

Fi. In-hotel: restaurant, bar, pool, no elevator, laundry service, public Internet, airport shuttle, parking (no fee) ☰*AE, MC, V* ❗◎❘*CP.*

$$ ▦ **La Casa Grande.** This stately hotel is one of the best options in the New City. You enter through iron gates then step into a small reception area that leads to a comfortable lounge with a fireplace to keep out the chill. The restaurant spills out into the courtyard; its cast-iron chairs are surrounded by arches covered with dangling philodendrons. Traditional tile floors grace the rooms, which are furnished with antiques. Rooms in the front open onto a balcony, but those in the back are quieter. ✉*Av. La Reforma 7–67, Zona 10* ☎▦*2332–0914* ⊕*www. casagrande-gua.com* ↩*28 rooms* ♿*In-room: no a/c (some). In-hotel: restaurant, bar, no elevator, laundry service, public Internet, parking (no fee)* ☰*AE, D, DC, MC, V.*

THE OLD CITY

$$ ▦ **Pan American.** The grande dame of downtown hotels, the Pan Ameri-
★ can was for many years the most luxurious lodging in town. To step into the dark-wood lobby of this former mansion is to leave the confusion of the city behind. A covered courtyard with attractive wrought-iron chandeliers spills out from the restaurant, whose servers wear traditional highland dress. The rooms are small but attractive, with tile floors, handmade rugs and bedspreads, and walls adorned with traditional paintings. ✉*9 C. 5–63, Zona 1* ☎*2232–6807* ▦*2232–6402* ⊕*www.hotelpanamerican.com.gt* ↩*51 rooms* ♿*In-room: no a/c, Wi Fi. In-hotel: restaurant, concierge, laundry service, public Internet, airport shuttle, parking (no fee)* ☰*AE, DC, MC, V.*

$
Fodor'sChoice ▦ **Posada Belén.** This little bed-and-breakfast on a quiet side street is
★ exceptional thanks to the couple that runs it. Built in 1873, the family's former home has been renovated just enough to combine old-world charm with modern comfort. Rooms have tile floors, handwoven bedspreads, and walls decorated with Guatemalan paintings and weavings. A small but impressive collection of Mayan artifacts graces the dining room. Family-style meals are made to order by the owners, who are also a great source of information about the city. ■TIP→ **You get a slight discount on the already reasonable rates if you pay in cash.** ✉*13 C. A 10–30, Zona 1* ☎*2253–4530* ▦*2251–3478* ⊕*www.posadabelen. com* ↩*10 rooms* ♿*In-room: no a/c, no phone, safe, no TV. In-hotel: airport shuttle, parking (no fee)* ☰*AE, DC, MC, V.*

¢–$ ▦ **Chalet Suizo.** This quiet hotel has been popular with budget travelers for more than 40 years. An attractive central courtyard behind the reception area is a great place to relax. Facing a series of smaller courtyards, the rooms are all fairly plain. The staff is friendly and will happily store your extra luggage while you travel around the country. ✉*7 Av. 14–34, Zona 1* ☎*2251–3786* ▦*2232–0429* ✉*chaletsuizo@turbonett.com* ↩*25 rooms, 15 with bath* ♿*In-room: no a/c, no phone, no TV. In-hotel: restaurant, laundry facilities, parking (no fee)* ☰*AE, D, DC, MC, V.*

NIGHTLIFE

The Zona Viva is the city's night-life center, offering everything from bars (sedate or lively) to noisy discos. Strolling the streets is especially entertaining, as people come here to see and be seen. Dress codes have been implemented by some of the nicer places, which generally means men must wear dress shoes to be admitted. Expect lines at the most popular places.

Old City nightspots have more character than those in the New City, so they shouldn't be passed up just because the area isn't the greatest. Never walk alone at night, especially south of 15 Calle. Pick a place you want to visit, take a taxi there, and have your hotel or restaurant call one to take you back.

> **STAY IN THE LOOP**
>
> Although published in Antigua, the free monthly English-language magazine *Revue* (⊕ *www.revuemag.com*) contains an ample section describing what's going on in the capital. The same company publishes the Spanish-language monthly *Recrearte* magazine with a similar focus. Look for either at hotels and restaurants around the city.

THE ARTS

As Spain is Guatemala's mother country, its **Centro Cultural de España** (⊠*24 C. 3–81, Zona 1* ☎*2232–4041* ⊕*www.centroculturalespana.com.gt*) keeps up an active Spanish-language calendar of music, art, theater, and lectures, with something going on several nights a week.

The city's cultural venue par excellence, the **Centro Cultural Miguel Ángel Asturias** (⊠*24 C. 3–81, Zona 1* ☎*2232–4041*) has an active program of music, dance, and theater presentations by national and international groups. Most large shows are held at its Teatro Nacional; smaller presentations take place at the complex's smaller theaters. Loosely affiliated with the U.S. embassy, the **Instituto Guatemalteco Americano** (⊠*1 Ruta 4–05, Zona 4* ☎*2422–5555* ⊕*www.iga.edu*) presents an active calendar of cultural offerings by Guatemalan and international groups.

BARS

THE NEW CITY Like its namesake 1980s television show, friendly **Cheers** (⊠*13 C. 0–40, Zona 10* ☎*2368–2089*) draws a friendly crowd, mostly for the sporting events being show on the big-screen TVs. The **Brass Beer Company** (⊠*3 Av. 12–48, Zona 10* ☎*2332–3329*) serves a variety of excellent microbrews to a mellow crowd. Despite its name, **William Shakespeare Pub** (⊠*13 C. and 1 Av., Zona 10* ☎*2331–2641*) doesn't exactly evoke an English pub, but is a convivial place to stop for a drink.

A branch of the outlet by the same name in Antigua, **Frida's** (⊠*3 Av. 14–60, Zona 10* ☎*2367–1611*) is a place to knock back a margarita with a few friends with prints by Mexican artists Frida Kahlo and Diego Rivera as backdrop. **Giuseppe Verdi** (⊠*Westin Camino Real, 14 C. at Av. La Reforma, Zona 10* ☎*2333–3000*) is an upscale bar that caters mostly to tourists.

We like **Kloster** (⊠*13 C. 2–75, Zona 10* ☎*2334–3882*), a German *oom-pah-pah* kind of place with a variety of fondues as well as tasty microbrews. Throw a few (and throw down a few) at **Boliche's Fun Plaza** (⊠*Blvd. Los Próceres 26–55, Zona 10* ☎*2366–3956*), which is, as far as we know, Guatemala City's only bar-slash-bowling alley.

THE OLD CITY A sporting event, local or U.S., is always on the big-screen TV at low-key expat hangout **Europa Bar & Restaurante** (⊠*11 C. 5–16, Zona 1* ☎*2253–4929*).

LIVE MUSIC

THE NEW CITY Attracting an international crowd, **Sesto Senso** (⊠*2 Av. 12–81, Zona 10* ☎*2361–6987*) offers live music ranging from Guatemalan folk to American pop.

THE OLD CITY If you're looking for something a little different, **La Bodeguita del Centro** (⊠*12 C. 3–55, Zona 1* ☎*2230–2976*) draws an intellectual crowd with its live music and poetry readings.

SHOPPING

With the exception of the big market in the Old City, shop hours are weekdays 9 to 1 and 3 to 7, Saturday 9 to 1. The midday break is gradually disappearing in the capital.

ART

THE NEW CITY Works by contemporary Guatemalan painters are on display at **El Ático** (⊠*4 Av. 15–45, Zona 14* ☎*2368–0853*). **Galería Ríos** (⊠*C. Montúfar 0–85, Zona 9* ☎*2331–7071*), in the Centro Commercial Plaza, has a good selection of works by local artists. **Sol de Río** (⊠*5 Av. 10–22, Zona 9* ☎*2334–1377*) is small, but well worth a visit.

HANDICRAFTS

THE NEW CITY **In-Nola** (⊠*18 C. 21–31, Zona 10*
★ ☎*2367–2424* ⊕*www.in-nola. com*) specializes in textiles, but you'll also find wool and leather items. It's your best bet if you only have time to pop into one shop. **Topis Cerámica** (⊠ *Blvd. Los Próceres and 8 Av., Zona 10* ☎*2337–3838*) has a fine selection of pottery by artists from Antigua. **Típicos Reforma Utatlán** (⊠*14 C. 7–77, Zona 13* ☎*2232–7008*) has an excellent selection of textiles made in highland villages.

Goods from highland artisans can be found at the **Mercado de Artesanías** (⊠*Blvd. Juan Pablo II, Zona 13* ☎*2472–0208*). The spacious

THE NEW GUA

Visitors to Guatemala during recent years have endured utter chaos at the capital's La Aurora International Airport (airport code = GUA) as they weaved through mazes of tarp-covered construction. The payoff came at the end of 2007 as one of Central America's tiniest airports was reborn thanks to a \$30 million makeover—spacious check-in areas, more and larger boarding gates, new shops and restaurants, and a capacity to handle triple the number of flights are the happy result.

San Remo (✉14 C. 7–61, Zona 9 ☎2334–1388) has a wide variety of handcrafted items.

The elegant **Casa Solares** (✉Av. La Reforma 11–07, Zona 10) is pricey, but you can be certain that you are buying the best-quality goods. In addition to *artesanía*, **Colección 21** (✉12 C. 4–65, Zona 14 ☎2368–1659) has an art gallery featuring works by local painters. **Cerámicas Decorativas Artesanales** (✉1 Av. 12–41, Zona 10 ☎2334–1160) sells hand-crafted tiles in colonial or contemporary style.

THE OLD CITY   If you're in the market for *típica*, roughly translated as "typical goods," head to **Mercado Central** (✉8 C. and 8 Av., Zona 1 ☎No phone). **Lin-Canola** (✉5 C. 9–60, Zona 1 ☎2253–0138) has an excellent selection of típica and other wares. The prices are often inexpensive.

GUATEMALA CITY ESSENTIALS

TRANSPORTATION

BY AIR
Most international flights into Guatemala head to the newly renovated Aeropuerto Internacional La Aurora (GUA). International airlines serving the airport are American, Continental, Copa, Cubana, Delta, Iberia, Mexicana, Spirit Air, Taca, United, and US Airways.

Domestic airlines Inter Regional (a division of Taca) and TAG fly between the capital and Aeropuerto Internacional Mundo Maya outside the twin towns of Flores and Santa Elena in El Petén.

TO & FROM THE AIRPORT   Less than a mile from the New City, Aeropuerto Internacional La Aurora is convenient if a bit too close. A taxi from the airport to Zonas 9 or 10 runs Q60 to Q80—drivers gladly accept dollars if you haven't had a chance to change money. Minivan shuttles to Antigua, less than one hour away, meet most flights, too. You pay a Q30 airport tax upon departure.

Carriers Inter Regional (☎2332–6034 ⊕ www.taca.com). **American** (☎2422–0000 ⊕ www.aa.com). **Continental** (☎2385–9610 ⊕ www.continental.com). **Copa** (☎2385–5555 ⊕ www.copaair.com). **Cubana** (☎2361–0857). **Delta** (☎2360–7954 ⊕ www.delta.com). **Iberia** (☎2332–0911 ⊕ www.iberia.com). **Mexicana** (☎2333–6001 ⊕ www.mexicana.com). **Taca** (☎2470–8222 ⊕ www.taca.com). **United** (☎2336–9900 ⊕ www.ual.com). **US Airways** (☎2970–0880).

Contacts Aeropuerto Internacional La Aurora (☎2331–8392).

BY BUS
TO & FROM GUATEMALA CITY   The *terminal de buses,* or main bus station, is in Zona 4. From here you can catch a bus to almost anywhere in the country. Autobuses de Oriente has service to the Atlantic Lowlands, Las Verapaces, and El Petén. Transgalgos travels to the highlands.

Some companies run small minivans, which are a much more comfortable way to travel. Atitrans, Autobuses de Oriente, Transportes Express, and Turansa offer shuttle service to most cities.

Information Atitrans (☎7832–3371 ⊕ www.atitrans.com). **Autobuses de**

Oriente (☎2238-3894). **Transgalgos** (☎232-3661 or 220-6018). **Transportes Express** (☎2431-5500). **Turansa** (☎7832-2928).

WITHIN GUATEMALA CITY Guatemala's network of red public buses logs dozens of thefts (and a few armed robberies) each day. Your chances as an outsider of escaping unscathed are slim, so we advise against using the system. Taxis are plentiful and reasonably priced; take them instead. The exception to the "no bus" rule is the TransMetro, a system of green public buses that travel on special lanes and stop at fixed stations with ample security. The first line opened in 2007; however, it runs a route through Zonas 1, 3, 8, 11, and 12, where visitors are not likely to find themselves. More routes are in the works at this writing.

2

BY CAR

If you're not intimidated by Guatemala City's winding mountain roads, renting a car is a great way to see the countryside. There are several international agencies at Aeropuerto Internacional La Aurora and in the New City. Reputable local companies include Ahorrent, Tabarini, and Tikal.

Local Agencies Ahorrent (✉13 C. 2-02, Zona 9 ☎2383-2800 ⊕ www.ahorrent. com). **Tabarini** (✉2 C. A 7-30, Zona 10 ☎2331-2643 ⊕ www.tabarini.com). **Tikal** (✉2 C. 6-56, Zona 10 ☎2332-4721 ⊕ www.tikalrentacar.com).

BY TAXI

Taxis can be found waiting at hotels and intersections or can be flagged down on the street. Most do not have meters, so negotiate a price before getting in. We recommend having your hotel or restaurant call a taxi for you at night—establishments are happy to do it—and that you use the services of a cab even if you're only going a short distance. Within a single zone, a ride should cost Q20 to Q25; between zones expect to pay Q30 to Q50.

Contacts Amarillo Express (☎2470-1515). **Las Américas** (☎2362-0583). **Verde Express** (☎2475-9595). **Yellow-Car** (☎2437-4824).

CONTACTS & RESOURCES

EMERGENCY

The ever-present Meykos chain has reputable pharmacies all over the city. Both Centro Médico and Hospital Herrera Llerandi have English-speaking staff and are accustomed to dealing with foreigners. The Red Cross (*Cruz Roja* in Spanish) serves as an ambulance and rescue service.

Cruz Roja (☎125). **Fire** (☎122). **Police** (☎120).

Hospitals Centro Médico (✉6 Av. 3-47, Zona 10 ☎2279-4949 ⊕ www.centro medico.com.gt). **Hospital Herrera Llerandi** (✉6 Av. 8-71, Zona 10 ☎2384-5959 ⊕ www.herrerallerandi.com).

Pharmacies Meykos (✉18 C. 25-76, Zona 10 ☎2363-5903 ✉6 Av. 5-01, Zona 9 ☎2385-1504 ⊕ www.meykos.com).

Overnight Services UPS (✉12 C. 5-53, Zona 10 ☎2421-6000). **DHL** (✉12 C. 5-12, Zona 10 ☎2339-8400). **FedEx** (✉14 Av. 7-12, Bodega 20, Zona 14 ☎2366-8536).

Post Offices El Correo (✉ *7 Av. 12–11, Zona 1* ☎ *2232-6101*).

MONEY MATTERS

You can exchange currency or traveler's checks at almost any bank in Guatemala City. Banquetzal is one of many banks with numerous branches around town, including one at the airport. Banco Agromercantil has a large office on Avenida La Reforma between Zonas 9 and 10. Bancared is Guatemala City's largest network of ATMs with 150 outlets around the city, as well as about 80 around the rest of Guatemala. Several upscale hotels have ATMs on the premises.

Information Banco Agromercantil (✉ *Av. La Reforma, Zona 9* ☎ *2331-1501*). **Banquetzal** (✉ *Aeropuerto Internacional La Aurora, Zona 13* ☎ *2362-9741*).

TOURS

These reputable major tour operators offer half- and full-day tours of the capital as well as day trips outside the city.

Contacts Clark Tours (✉ *7 Av. 14–76, Zona 9* ☎ *2412-4700* ⊕ *www.clarktours. com.gt*). **Gray Line Tours** (✉ *1 Av. 13–22, Zona 10* ☎ *2383-8600 or 2470-3850* ⊕ *www.graylineguatemala.com*). **Jaguar Tours** (✉ *13 C. 3–40, Edificio Atlantis, 3rd fl., Zona 10* ☎ *2363-2640*). **Maya Expeditions** (✉ *15 C. A 14-07, Zona 10* ☎ *2363-4955* ⊕ *www.mayaexpeditions.com*). **Mayabalam** (✉ *33 Av. A 6–41, Zona 7* ☎ *2439-0343* ⊕ *www.mayabalam.com*). **Tropical Tours** (✉ *3 C. A 3–22, Zona 10* ☎ *2339-3662* ⊕ *www.tropicaltoursoperador.com*). **Turansa** (✉ *Km 15, Carretera Roosevelt, local 69, Zona 11* ☎ *2437-8182* ⊕ *www.turansa.com*). **Unitours** (✉ *7 Av. 7–91, Zona 4* ☎ *2230-0696* ✎ *unitours@infovia.com.gt*).

VISITOR INFORMATION

Inguat, Guatemala's ever-helpful government tourism office, is open weekdays 8 to 4 and has an information desk in the lobby of its building in Zona 4. The airport office stays open daily 6 AM to midnight.

Information Inguat (✉ *7 Av. 1–17, Zona 4* ☎ *2421-2800 or 801/494-8281* ✉ *Aeropuerto Internacional La Aurora, Zona 13* ☎ *2331-4256* ⊕ *www.visit guatemala.com*).

ANTIGUA

Filled with vestiges of its colonial past—cobblestone streets, enchanting squares, and deserted convents—Antigua, one of Latin America's loveliest cities, instantly transports you back hundreds of years to when the Spanish ruled this land. The city lost out on its role as colonial capital in the late 18th century, and yet with the reverence shown here to the past, you may think *Antigüeños* don't realize that era is over. No matter—Antigua likely relishes its role as the capital of Guatemalan tourism far more.

Today you'll find a mountainside enclave that is vastly more pleasant than Guatemala City. At a 1,530-meter (5,019-foot) altitude, its pleasant climate lives up to that oft-repeated boast that Guatemala is the land of eternal spring. Antigua is also a favored escape for wealthy Guatemalans, and its higher prices mean that many others cannot

A BIT OF HISTORY

Founded in 1543, the city was christened *La Muy Noble y Muy Leal Ciudad de Santiago de los Caballeros de Goathemala*("The Very Noble and Very Loyal City of St. James of the Knights of Guatemala"), named for the apostle St. James, the patron saint of the conquistadors. For more than 200 years it administered a region that stretched from Mexico's Yucatán peninsula south to Costa Rica. Along with Lima and Mexico City, Antigua was one of the grandest cities of the Americas.

By the late 18th century the city had been decimated by earthquakes several times. Because it was a major political, religious, and intellectual center—it had 32 churches, 18 convents and monasteries, 7 colleges, 5 hospitals, and a university—it was always rebuilt. Powerful tremors struck again in late 1773, reducing much of the city's painstakingly restored elegance to rubble. The government reluctantly relocated to a supposedly safer site 45 km (28 mi) east, where Guatemala City now stands. The now-former capital became *La Antigua Guatemala* ("the old Guatemala"), still its official name.

Ironically, it is because Antigua was abandoned that it retains so much of its colonial character. Only the poorest inhabitants stayed put after the capital was moved, and being of limited means, they could only repair the old structures, not tear them down or build new ones. In the 1960s laws took effect that limited commercial development and required what development did occur to keep within the city's colonial character. The National Council for the Protection of Antigua Guatemala was formed in 1972 to restore the ruins, maintain the monuments, and rid the city of such modern intrusions as billboards and neon signs. Restoration projects, both private and public, have transformed Antigua into Guatemala's most popular tourist destination.

afford to live here, so they travel to the city each day to sell their wares. An ever-increasing influx of visitors has brought in some of the country's finest hotels and restaurants, a collection of boutiques and galleries, and several dozen Spanish-language schools that attract students from all over the world.

EXPLORING ANTIGUA

WHAT TO SEE

8 ★ Arco de Santa Catalina. The only remnant of the once-enormous Convent of St. Catherine is this beautiful yellow arch that spans 5 Avenida Norte, a street locals call Calle de Santa Catalina. The convent was founded in 1613 with only four nuns, but by 1693 its growing numbers forced it to expand across the street. The arch was built to allow the sisters to pass from one side to the other unseen. ⊠ *5 Av. Norte and 2 C. Poniente* ☎*7832–0184* ✆*Q30.*

9 Casa del Tejido Antiguo. This is the place to come for background information on the rainbow of textiles you'll see when you head out to the highlands. Exhibits present the utilitarian "how it's made" facts, delve into the cultural meaning of the patterns, and show how designs differ

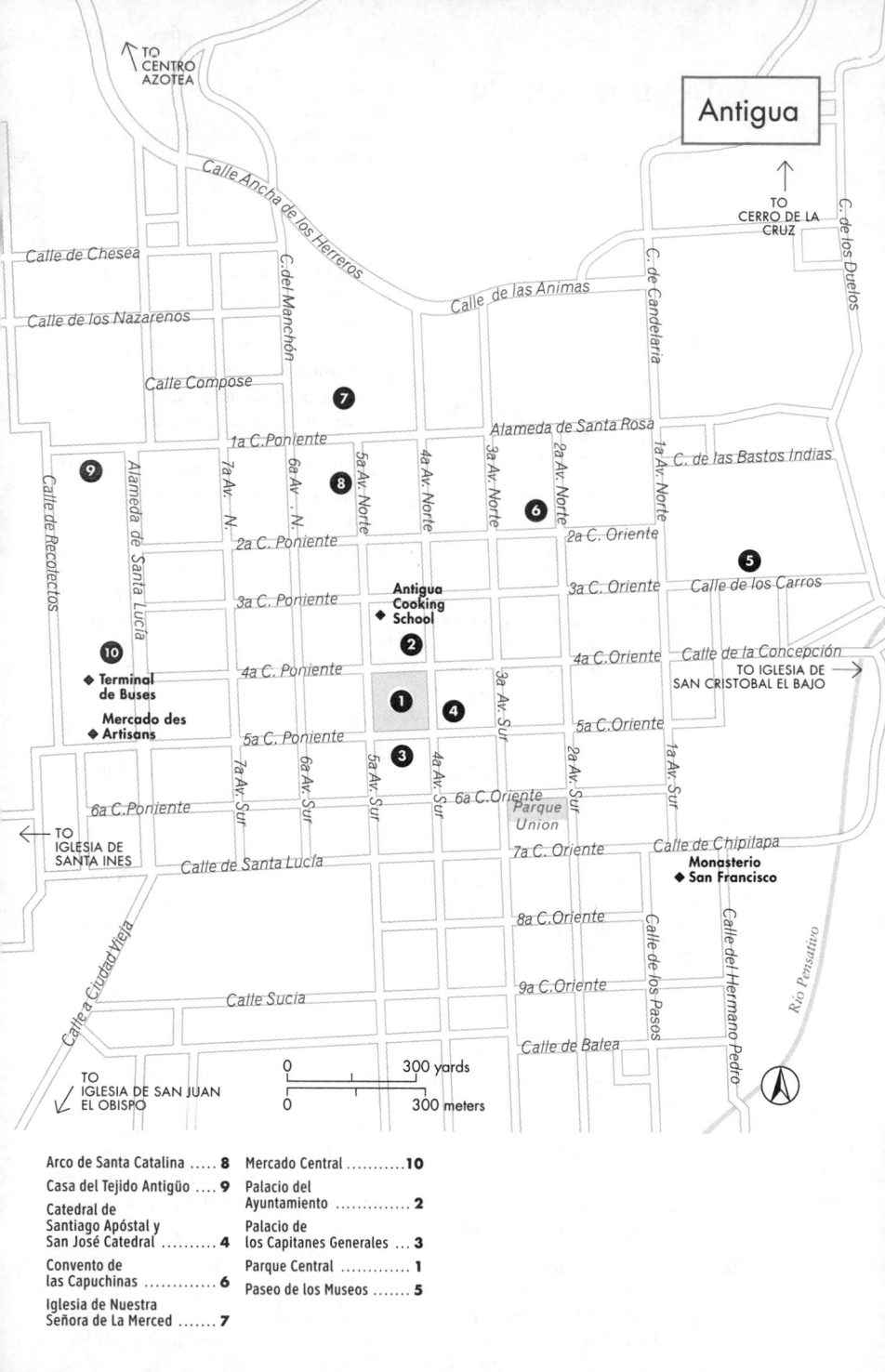

Antigua

TO CENTRO AZOTEA

TO CERRO DE LA CRUZ

Calle Ancha de los Herreros

Calle de Chesea

Calle de los Nazarenos

Calle Compose

Calle de las Animas

C. del Manchón

C. de Candelaria

C. de los Duelos

7

1a C. Poniente

Alameda de Santa Rosa

C. de las Bastos Indias

9

Alameda de Santa Lucía

7a Av. N.

6a Av. N.

5a Av. Norte

4a Av. Norte

3a Av. Norte

2a Av. Norte

1a Av. Norte

8

2a C. Poniente

2a C. Oriente

6

Calle de Recolectos

3a C. Poniente

3a C. Oriente

Calle de los Carros

5

Antigua Cooking School ◆

4a C. Oriente

Calle de la Concepción

TO IGLESIA DE SAN CRISTOBAL EL BAJO

10

4a C. Poniente

2

◆ Terminal de Buses

1 **4**

Mercado des ◆ Artisans

5a C. Poniente

3

3a Av. Sur

4a Av. Sur

5a Av. Sur

6a Av. Sur

7a Av. Sur

2a Av. Sur

1a Av. Sur

5a C. Oriente

6a C. Poniente

6a C.Oriente

Parque Union

TO IGLESIA DE SANTA INES

Calle de Santa Lucía

7a C. Oriente

Calle de Chipilapa

Monasterio ◆ San Francisco

8a C. Oriente

Calle de los Pasos

Calle del Hermano Pedro

Río Pensativo

Calle a Ciudad Vieja

Calle Sucia

9a C. Oriente

TO IGLESIA DE SAN JUAN EL OBISPO

Calle de Balea

0   300 yards

0   300 meters

Arco de Santa Catalina **8**

Casa del Tejido Antigüo **9**

Catedral de Santiago Apóstal y San José Catedral **4**

Convento de las Capuchinas **6**

Iglesia de Nuestra Señora de La Merced **7**

Mercado Central **10**

Palacio del Ayuntamiento **2**

Palacio de los Capitanes Generales ... **3**

Parque Central **1**

Paseo de los Museos **5**

ANTIGUA, ANTIGÜENO STYLE

The city packs a plethora of monuments into a compact area, but we recommend savoring the city leisurely, the way locals do. (Don't take our suggestions below as a list of items you have to check off.) Remember that most sights close promptly at 5 PM and that some ruins are closed on Sunday and Monday.

1. **Attend mass.** History and religion interlock in Antigua like nowhere else. The city's numerous churches hold mass several times a day, all week long. Even if you aren't Catholic, this is Antigua at its most devout, and well worth a look.

2. **Pay homage to Brother Pedro.** Pedro de San José Betancur, Guatemala's very own saint, is said to intercede on behalf of the faithful who pray at his tomb in the San Francisco Monastery, although we can't guarantee your request will be answered.

3. **Take a horse-drawn carriage ride.** It's a wonderful way to see the city by day. Wagons congregate on the central park. Expect to pay Q200 per hour. Drivers are happy to give running commentary, but speak little English. If you want a tour in your own language, bring along your own guide.

4. **Jockey for the perfect photo position.** The Santa Catalina Arch is the symbol of the city; and standing in front of it is the *de rigueur* photo. Your best chance of getting a clear shot is on Sunday, when Avenida 5 Norte, the street running under the arch, is closed to traffic.

5. **Listen to the marimbas.** Music from the buzzing, xylophone-like marimba wafts from restaurants and hotel gardens, or out on the street as small ensembles spontaneously set up shop. Don't forget to leave a coin in their collection bowls for the entertainment.

6. **Scope out a bench in the Parque Central.** Antigua's tree-shaded central park is *the* people-watching venue in the city. You may have to circle benches like a vulture on Sunday when everybody else has the same idea.

7. **Get a shoe shine.** Locals pay Q5 to have their shoes polished to a brilliant shine. You'll likely be asked double that, but don't quibble over price with the kids who approach you in the central park. (They speak little English, but they do know the words "Shoe shine?") It's still a bargain and your shoes will look like new again.

■TIP→ **On the topic of shoes, flimsy soles mean you'll feel every cobblestone press through the bottoms of your feet. Wear something sturdy and comfortable.**

from region to region. Prices tend to be higher in the museum gift shop than at other places around the country. It's near the central market, several blocks from the city center; call if you need transportation. ⊠*1 C. Poniente 51* 🕾*Tourist police: 7832–3169* ⊕*www.casadeltejido.org* 🎫*Q5; under 12, free* ⊙ *Weekdays 9–5:30, weekends 9–5.*

❹ **Catedral de Santiago Apóstol y San José Catedral.** Upon your first peek inside, you may wonder why the cathedral of Central America's preeminent colonial city seems so small. That's because what you see is one of only two remaining chapels in what was once the city's main house of worship. The lovely white cathedral was completed in 1680 but destroyed in an earthquake less than 100 years later. Out back are the stark but magnificent ruins of the original cathedral—well worth a look for the nominal admission price. Although restoration is underway, there are no plans to reopen the old cathedral as a house of worship. ⊠*4 Av. Sur, east side of Parque Ctl.* ☎*7832–0909* 🖾*Ruins Q3* ⊙*Daily 9–5.*

6 ★ **Convento de las Capuchinas.** Antigua's largest convent was built by the Capuchin nuns, whose number had swelled because they, unlike other sisterhoods, did not require young women to pay dowries to undertake the religious life. They constructed the mammoth structure in 1736, just a decade after the first of their order arrived from Madrid. The convent was abandoned after the earthquake of 1773, even though damage to the structure was relatively light. In the 1940s the convent was restored and opened to the public. The ruins, which are quite well preserved, include several lovely courtyards and gardens, the former bathing halls, and a round tower lined with the nuns' cells—two of which illustrate cloistered life with rather eerie mannequins. Climb to the roof for a memorable view of the surrounding landscape. The building now houses the offices of the Consejo Nacional para la Protección de La Antigua Guatemala, the national council charged with preservation and restoration of the city. ⊠*2 Av. Norte at 2 C. Oriente* ☎*7832–0184* 🖾*Q30* ⊙*Daily 9–5.*

7 ★ **Iglesia de Nuestra Señora de La Merced.** The Church of Our Lady of Mercy is one of Antigua's most eye-catching attractions, known for its fanciful yellow stucco façade that incorporates Mayan deities. The attached monastery, which has an immense stone fountain in the central courtyard, has excellent views of nearby volcanoes. The church was built in 1548, only to be destroyed by an earthquake in 1717. It was finally rebuilt in 1765, six years before a second massive earthquake forced the city to be abandoned. Architect Juan Luis de Dios Estrada wisely designed the church to be earthquake resistant. The squat shape, thick walls, and small, high windows are responsible for La Merced's surviving the 1773 quake with barely a crack. The church did suffer significant damage in the 1976 earthquake, but a massive restoration project reinforced the stone floor. ⊠*1 C. Poniente and 6 Av. Norte* ☎*7832–0559* 🖾*Q5* ⊙*Daily 8:30–6.*

10 **Mercado Central.** The smell of fresh fruits and vegetables will lead you to this unassuming market, the place where local residents come to shop for all manner of day-to-day goods. Women in colorful skirts sell huge piles of produce culled from their own gardens. Their husbands are nearby, chatting with friends or watching a soccer match. ⊠*Between Alameda de Santa Lucía and C. de Recolectos.*

2 **Palacio del Ayuntamiento.** As in colonial times, the City Hall continues to serve as the seat of government. Today it also houses two museums, the Museo de Santiago (Museum of St. James) and Museo del Libro

Antiguo (Museum of Antique Books). The former, which is housed in what was once the city jail, displays colonial art and artifacts; Central America's first printing press, dating from the late 17th century, is displayed in the latter, along with a collection of ancient manuscripts. Given the delicate nature of the collection in both museums, photography is forbidden. ⊠4 C. Poniente, north side of Parque Ctl. ☎7832–5511 ⛁Q10 ☯Tues.–Fri. 9–4, weekends 9–noon and 2–4.

2

❸ **Palacio de los Capitanes Generales.** Restoration is underway at this writing of the Palace of the Captains General, easily recognized by its stately archways, and once the font of Spanish colonial power in the region. It now houses the friendly, helpful Inguat tourism office in addition to some other governmental agencies. ⊠5 C. Poniente, south side of Parque Ctl.

❶ **Parque Central.** Surrounded by old colonial buildings, this tree-lined square is the center of Antigua, and one of Latin America's most pleasant central parks. Residents and travelers alike pass quiet afternoons on shady benches listening to the trickling Fuente de las Sirenas, conversing with neighbors, and getting their shoes shined under the jacaranda trees. Flowering *esquisúchil* (borage) trees accent the park; locals refer to them as *árboles de Hermano Pedro,* the tree of Pedro de San José Betancur, Guatemala's own saint. Legend holds that the flowers have curative powers for all manner of ailments. ⊠Bounded by 4 and 5 Cs. and 4 and 5 Avs.

❺ **Paseo de los Museos.** The Casa Santo Domingo hotel complex contains several small museums that deal with art, pharmacology, and archaeology from pre-Columbian, colonial, and contemporary eras. There are also workshops where you can watch wax and ceramics being crafted. All are open to the public. ⊠3 C. Oriente 28 ☎7820–1220 ⊕www.casasantodomingo.com ⛁Q30 ☯Daily 9–6.

OUTSIDE TOWN **Centro Azotea.** Three modest museums make up this cultural center in the village of Jocotenango just outside Antigua. *K'ojom* means "music" in various Mayan languages, and **Casa K'ojom** highlights the musical traditions of Guatemala's vastly diverse indigenous population. An interesting 15-minute documentary film is a good introduction for the newcomer touring the collection of musical instruments and other artifacts. A gift shop sells locally made crafts, simple instruments, and recordings of Guatemalan music. While you're here, learn about harvesting and roasting coffee beans at the **Museo del Café,** on the adjacent coffee plantation, which has a working mill dating from 1883. The **Rincón de Sacatepéquez** contains dioramas exhibiting the dress of indigenous peoples in this part of Guatemala. The center also offers horseback riding around the farm on Tuesday and Thursday. The fee is Q50. The museum is in the village of Jocotenango, 2 km (1 mi) from Antigua. Free minivan shuttles leave from the south side of the Parque Central in front of the Inguat office. Taxis from Antigua run Q20 to 25. ⊠C. del Cementerio Final, Jocotenango ☎7832–0907 ⊕www.centroazotea.com, www.kojom.org, www.cafeazotea.com ⛁Q30 ☯Weekdays 8:30–4, Sat. 8:30–2 (last tour at 2).

EARTHQUAKE!

Quakes large and small have ravaged the history of Guatemala, a nation that forms part of the seismically active "Ring of Fire" encircling the Pacific Rim. Two major earthquakes rocked Antigua in colonial times, first in 1717, then again in 1773. (Several lesser ones also hit the city.) The latter event leveled many structures in the city—contrary to popular belief, it did not completely destroy Antigua—and precipitated the transfer of the capital to supposedly safer ground in the nearby Ermita Valley, the site of present-day Guatemala City.

Folk wisdom held that the new capital's numerous ravines and gorges would absorb seismic shocks. Unfortunately, this was not so. Earthquakes caused significant damage and loss of life in Guatemala City in 1902, 1917, and 1918, but no one could begin to imagine the tragedy

that would strike in February 1976, when a 7.5-magnitude quake hit the capital, killing 23,000 people and causing $1 billion in damage to the entire region.

Seismologists attribute the activity to the east–west Motagua fault, which separates the North American and Caribbean tectonic plates and slices through the center of Guatemala. The smaller Mixco fault runs perpendicular to the Motagua and passes between Antigua and Guatemala City.

In a perverse way, the earth's rumblings and grumblings have benefited Antigua. The ash spewed from nearby volcanoes fertilizes the soil, and has turned the countryside around the city into a lush, abundant agricultural region. Experts say that Guatemala Antigua, some of the world's finest coffee, owes its high quality to that fertile volcanic soil.

Cerro de la Cruz. If the Santa Catalina arch is Antigua's iconic symbol, the view from this hillside perch north of the city, with its cross in the foreground, city rooftops and Volcán Agua in the background, is its best-known postcard vista. In person, the view is even better, but △ **under no circumstances should you make the walk up the hill on your own.** Tales of robbery along the way are legion. Antigua's Tourist Police offer a free, armed, guided escort for walkers up the hill every day at 10 AM and 3 PM. Walks depart from the police offices at 4 Avenida Norte on the east side of the Palacio de Ayuntamiento, one-half block north of the cathedral. ⊠ *1½ km (1 mi) north of Antigua on 1 Av. Norte* ☎ *Tourist police: 7832–0535* ☎ *Free* ☼ *Daily walks at 10 AM and 3 PM.*

WHERE TO EAT

CAFÉS

¢–$ ✕ **Rainbow Café.** We could picture Che plotting the revolution here at this café, a hangout of young expats in the heart of Antigua's language-school district. You'll find some meat on the menu, but vegetarian fare dominates. (We love the falafel and hummus dishes.) The place is immensely popular. Don't be afraid to ask if you can squeeze in if you see no available tables indoors or in the courtyard. There are lectures, in English, on some topic of political interest each Tuesday evening, and live music many other nights. ⊠*7 Av. Sur 8* ☎*7832–4205* ⊟*No credit cards.*

¢ ✕**Café Condesa.** Breakfast starts at 6:45 AM and specials such as toast topped with strawberries, papaya, or mango, and omelets made with fresh vegetables will give you plenty of sightseeing fuel. After such a big breakfast, don't count on eating much for the rest of the day. For lunch, try the quiche or the Brie plate; the homemade pies and pastries are also notable. You can eat in the café's airy dining room or grab a cappuccino and a sweet roll at Café Condesa Express next door. Either way, the location right on the Parque Central can't be beat. ⊠*5 Av. Norte, west side of Parque Ctl.* ☎*7832–0038* ⊟*MC, V.*

¢ ✕**Café de la Fuente.** This popular eatery takes over the courtyard of La Fuente, a classy collection of shops in a renovated colonial estate. Classical music creates a peaceful atmosphere. The international breakfasts, served until 11 AM, are excellent, and the Mexican-style eggs *ranchero* are not to be missed. There are several vegetarian options. La Fuente also makes one of the best desserts in town—a decadently rich chocolate brownie topped with coffee ice cream and chocolate syrup. The Q20 daily lunch special is a good bet. ⊠*4 C. Oriente 14, at 2 Av. Norte* ☎*7832–4520* ⊟*AE, D, DC, MC, V.*

ECLECTIC

¢ ✕**Doña Luisa Xicotencatl.** This restaurant—named after the mistress of
★ Spanish conquistador Pedro de Alvarado—is something of a local institution; tables are scattered throughout a dozen rooms, but it's still not easy to get a seat. Early-morning specialties include fruit salad, pancakes, and very fresh bread (the bakery is right downstairs). Sandwiches and other light fare make for ample lunch and dinner options. The service can be slow, but the eclectic decor makes the wait pleasant. The bulletin board downstairs is an excellent source of information for travelers. ⊠*4 C. Oriente 12 at 3 Av. Norte* ☎*7832–2578* ⊟*AE, D, DC, MC, V.*

ITALIAN

$$–$$$$ ✕**Welten.** You'll feel like a guest in a private home when you arrive at
Fodor's Choice this restaurant. Take your pick of tables, which are on a patio with
★ cascading orchid plants, by a small pool, festooned with candles and flower petals, in the rear garden, or in one of the elegantly appointed dining rooms. The menu includes homemade pasta dishes, such as *anolini* served with a creamy pepper-and-cognac sauce, as well as fish and meat dishes served with a variety of sauces. All the vegetables are organic, and the bread is baked right on the premises. ⊠*4 C. Oriente 21* ☎*7832–0630* ⊟*AE, D, DC, MC, V* ☉*Closed Tues.*

$ ✕**Café Mediterráneo.** For Italian food in the city, this tiny restaurant
★ can't be beat. Northern Italian specialties, delicious antipasti, and delicate homemade pastas are among the favorites. Wash it all down with a selection from the affordable wine list. The atmosphere and decor are low-key. Instead of giving out individual menus, waiters lug the menu board to your table to explain what's available. Hours can be a bit capricious; evening dining may begin at 6 or 7 PM, or whenever the restaurant opens, but the service is first-rate. Reservations are recom-

mended. ⊠6 C. Poniente 6A ☎7832–7180 ⊟AE, D, DC, MC, V
☉Closed Tues.

LATIN AMERICAN

$$$–$$$$ ✕**El Sereno.** One of Antigua's original elegant restaurants is in a 16th-century house near La Merced church a few blocks north of the Parque Central. The place is huge and does a brisk event business, but offers plenty of secluded tables for intimate, candlelight dinners. Lunch is served in the downstairs courtyard; dinner expands to the upstairs terrace with stupendous mountain and city views and gorgeous end-of-day sunsets. The menu changes every few months, but always consists of a mix of Guatemalan and international fare—perhaps a three-meat *pepián*, or a tarragon leg of lamb with a mango shrimp salad on the side. ⊠4 Av. Norte 16 ☎7832–0501 ⊟AE, D, DC, MC, V.

$–$$ ✕**La Fonda de la Calle Real.** An old Antigua favorite, this place has three locations serving the same Guatemalan and Mexican fare. The original restaurant, on 5 Avenida Norte near Parque Central, has pleasant views from the second floor. It tends to be a bit cramped, however. Newer spaces, across the street and around the corner on 3 Calle, are in colonial homes spacious enough to offer indoor and outdoor seating. Musicians stroll about on weekends. The menu includes *queso fundido* and the restaurant's famous *caldo real* (a hearty chicken soup). ⊠3 C. Poniente 7 at 5 Av. Norte ☎7832–0507 ⊠5 Av. Norte 5 at 4 C. Poniente ⊟AE, D, DC, MC, V.

MIDDLE EASTERN

$–$$$ ✕**Gaia.** Lebanon comes to Guatemala at this old favorite on busy Avenida 5 Norte. The fare is standard Middle Eastern: lamb or beef kebabs, couscous, tabouli, or *patush*, a Syrian salad. You have several seating choices here: you can sit on throw pillows at low tables in the front room or at one of the private booths out in the back courtyard. If you're so inclined, partake of an after-dinner flavored hookah in the front lounge. Come early to get a seat for the Thursday-evening belly-dancing show. It gets underway at 8:30 PM. ⊠5 Av. Norte 35A ☎7832–3670 ⊟AE, D, DC, MC, V.

WHERE TO STAY

$$$$ 🎦**Casa Santo Domingo.** This elegant hotel was built around the ruins of the ancient Monasterio Santo Domingo, taking advantage of its long passageways and snug little courtyards. Dark carved-wood furniture, yellow stucco walls, and iron sconces preserve the monastic atmosphere, but luxurious amenities abound. Unfortunately, the food at the restaurant is considerably less inspiring than the rest of the package. ■TIP➔ **This is one of those hotels that serve as tourist attractions in their own right—do visit its museums and grounds—but for guests here, the outside visitors occasionally translate into a lack of intimacy.** ⊠3 C. Oriente 28 ☎7832–1222 ☎7832–4155 ⊕www.casasantodomingo. com.gt ⇗126 rooms ♿In-room: no a/c, safe, refrigerator. In-hotel: restaurant, room service, bar, pool, spa, concierge, laundry service, airport shuttle, parking (no fee) ⊟AE, D, DC, MC, V ⎮◯⎮EP.

$$$$ ⊡**Porta Hotel Antigua.** As a tasteful combination of colonial elegance and modern comfort, Porta Hotel Antigua, part of a small Guatemalan chain, is one of the city's most popular lodgings. The sparkling pool, set amid lush gardens, is a treat after a day exploring the dusty city streets. Standard rooms have plenty of space for two, whereas one- and two-level suites can house a whole family quite comfortably. The oldest part of the hotel is a colonial-style building with a restaurant, bar, and a beautiful sitting room. A new building opened down the street in 2007 and, although constructed in the old colonial style, contains more modern rooms. Although this is now the city's largest lodging, nothing is overpowering about the place. Weddings are sometimes held in a sunny esplanade overlooking the ruins of Iglesia de San José. ⊠*8 C. Poniente 1* ☎*7832–2801, 888/790–5264 in North America* ⊟*7832–0807* ⊕*www.portahotels.com* ⟿*8 suites, 105 rooms* ⚒*In-room: no a/c, safe. In-hotel: 2 restaurants, room service, bar, pool, laundry service, parking (no fee)* ⊟*AE, D, DC, MC, V* ⛛|*BP.*

$$$$ ⊡**Posada del Ángel.** You'd never know from the unassuming, border-
Fodor'sChoice   line-rickety wooden gate that you're at the threshold of Antigua's most
★   beautiful lodging. It's all part of the ruse at this truly angelic inn. Large corner fireplaces warm the rooms, each of which is decorated with well-chosen antiques. Those on the main floor look out onto a plant-filled courtyard, and the large suite on the second floor has a private rooftop terrace. The staff has catered to presidents and prime ministers—former U.S. president Bill Clinton, who stayed in the upstairs suite, is the most famous guest on the register—but you'll receive the same fine service. ⊠*4 Av. Sur 24A* ☎*7832–5244* ⊟*7832–0260* ⊕*www.posadadelangel.com* ⟿*1 suite, 4 rooms* ⚒*In-room: no a/c. In-hotel: room service, bar, concierge, airport shuttle, parking (no fee), no elevator* ⊟*AE, D, DC, MC, V.*

$$$–$$$$ ⊡**Mesón Panza Verde.** A beautiful courtyard with a fountain and color-
Fodor'sChoice   ful gardens welcomes you to this retreat. The elegant rooms downstairs
★   open onto small gardens, whereas the romantic suites upstairs have four-poster beds piled high with down comforters and terraces where hammocks swing in the breeze. ■**TIP→ The rooftop patio is wonderful in late afternoon or early morning, and the restaurant ($–$$$$) is one of the best in town.** The meat dishes are particularly good, such as the *lomito* (pork) bourguignonne with escargot. ■**TIP→ The hotel and restaurant maintain an active evening cultural-events program open to the public.** ⊠*5 Av. Sur 19* ☎*7832–1745* ⊟*7832–2925* ⊕*www.panzaverde.com* ⟿*3 rooms, 9 suites* ⚒*In-room: no a/c, safe. In-hotel: restaurant, bar, laundry service, parking (no fee), public Internet, no elevator* ⊟*AE, D, DC, MC, V* ⛛|*BP.*

$$$–$$$$ ⊡**Villa de Antaño.** Your first just-inside-the-gate glance here is the park-
Fodor'sChoice   ing lot. Keep your disappointment in check, however. Loveliness lurks
★   behind this rambling, ochre-colored building's front door. The six room offerings are a mix-and-match affair, and each is decorated differently. The largest contains a fireplace, whirlpool tub, glassed-in shower and huge walk-in closet. The two smaller suites have their own patio, and the sole second-floor room comes equipped with kitchen and private dining balcony; the volcano views are stupendous. Common to all are

colonial paintings, cedar beds, tables, and marble or stone-and-bronze floors, all set among elegant common areas such as the three sitting rooms (each with fireplace) and a rushing fountain in a beautiful garden. ⊠*5 Av. Sur 31* 🕮7832–9539 ⊕*www.villadeantano.com* 🔑*1 room, 4 suites, 1 villa* ♿*In-room: no a/c, kitchen (some), refrigerator (some), Wi-Fi. In-hotel: restaurant, bar, laundry service, parking (no fee)* ⊟*AE, D, DC, MC, V* ⦿|*BP.*

$$$ 🏨 **La Casa de Los Sueños.** This stunning colonial mansion, converted into an elegant bed-and-breakfast, may truly be the house of your dreams, as the name implies. A lovely patio is covered on all sides by hanging plants. A joyful antique hobbyhorse and a square grand piano reside in the sitting room. Tastefully decorated with antiques, the rooms are painted the washed-out hues that typify Antigua. ⊠*1 Av. Norte 1* 🕮7832–9897 ⊕*www.lacasadelossuenos.com* 🔑*8 rooms* ♿*In-room: no a/c. In-hotel: restaurant, pool, parking (no fee)* ⊟*AE, D, DC, MC, V* ⦿|*BP.*

$$ 🏨 **Hotel Aurora.** This genteel inn, still run by the same family that opened it in 1923, has an unbeatable location in the heart of the city. The dimly lighted colonial-style rooms face a beautifully tended garden. You can relax in a tiled portico strewn with plenty of comfortable rattan chairs. Rooms have wooden furniture and old-fashioned armoires. ⊠*4 C. Oriente 16* 🕮7832–0217 ⊕*www.hotelauroraantigua.com* 🔑*19 rooms* ♿*In-room: no a/c, no phone. In-hotel: parking (no fee)* ⊟*AE, D, DC, MC, V* ⦿|*CP.*

$$ 🏨 **Posada Los Búcaros.** The pretty fountain that gives this hotel its name—*búcaro* refers to a water jar—set against a wall in the courtyard, is just one of the little touches that make this hotel special. The rooms have red-tile floors and wrought-iron furnishings. The owner and staff are extremely friendly. ⊠*7 Av. Norte 94* 🕮7832–2346 🔑*15 rooms* ♿*In-room: no a/c. In-hotel: parking (no fee)* ⊟*No credit cards.*

$$ 🏨 **Quinta de las Flores.** Located several blocks southeast of the city center, Quinta de las Flores has plenty of peace and quiet along with views of three volcanoes from the well-tended gardens and the open-air dining room. This 19th-century hacienda combines colonial comfort with a sense of whimsy—the decor includes modern takes on traditional crafts. All rooms have fireplaces to keep you cozy on chilly evenings. The quaint bungalows, which sleep as many as five, even have small kitchenettes. ⊠*C. del Hermano Pedro 6* ☎7832–3721 🖷7832–3726 ⊕*www.quintadelasflores.com* 🔑*14 rooms, 5 bungalows* ♿*In-room: no a/c, no phone, kitchen (some), refrigerator. In-hotel: restaurant, bar, pool, no elevator, laundry service* ⊟*AE, D, DC, MC, V* ⦿|*EP.*

$ 🏨 **Posada Asjemenou.** There are plenty of charming hotels in colonial mansions, but you won't pay through the nose at this one. The rooms are clean and comfortable, although a bit dark—door panels serve as their only windows—and the staff is friendly and eager. The small café serves breakfast and snacks. Lots of good bagels are on the menu. If you're hankering for more substantial fare, head to the nearby pizzeria run by the same family. ⊠*5 Av. Norte 31, at 1 C. Del Arco* 🕮7832–2670 ✉*asjemenou1@yahoo.com* 🔑*14 rooms, 11 with bath, 3 with* *shared bath* ♿ *In-room: no a/c, no phone, no TV. In-hotel: restaurant, bar* ▤*AE, MC, V* �𝍸⃝*CP.*

¢ 🂠**Jungle Party.** The cleanest, cheapest, and friendliest budget hostel in Antigua, Jungle Party is the place for backpackers and bargain hunters who enjoy its little touches like nightly happy hours and Saturday-evening barbecues. The simple, shared rooms with bunk beds are spotless, and the showers have plenty of hot water. The pleasant courtyard restaurant has funky orange and yellow mushroom-shape chairs and swinging hammocks for lounging. Salvadoran owner Monica is happy to help with travel arrangements. They also serve some of the best smoothies Antigua has to offer. ⊠*6 Av. Norte 20* ☏*7832–0463* ⊕*www.junglepartyhostal.com* ⮑*35 beds in 6 dormitories* ♿ *In-room: no a/c, no phone, no TV. In-hotel: restaurant, bar, laundry service, public Internet* ▤*AE, DC, MC, V* �𝍸⃝*BP.*

2

NIGHTLIFE

Nightlife, Antigua style, offers you the chance to flex your cultural knowledge, or to flex your arm hoisting a few with friends. The city is filled with watering holes. Many of those within a few blocks of the Parque Central are favored by people studying Spanish at one of the many language schools.

Your best source for upcoming events is the monthly English-language *Revue* magazine (⊕*www.revuemag.com*). The same company publishes the monthly Spanish-language magazine, *Recrearte* (⊕*www.revistarecrearte.com*) with a similar focus. Pick up a free copy of either in hotels and restaurants around town, or check out their respective Web sites.

THE ARTS

Numerous cultural events sprinkle Antigua's evening calendar, including two regularly scheduled weekly lecture series in English, both of which, unfortunately, take place on Tuesday evenings.

Antigua Tours' Elizabeth Bell presents a slide show titled **Antigua: Behind the Walls** each Tuesday evening at 6 PM at the CSA language school (⊠6 *Av. Norte 15* ☏*7832–5821*). She has assembled her vast collection of images during her almost four decades in Antigua. Admission is Q40, and proceeds go to buy textbooks for area elementary schools. Bell supplements her weekly offerings on Wednesday during the six weeks of Lent with a slide presentation devoted to Antigua's Semana Santa processions, also 6 PM, at the same place.

Weekly lectures in English with a political or social bent on some topic related to Guatemala get underway on the patio at the **Rainbow Café** (⊠7 *Av. Sur 8* ☏*7832–4205*) each Tuesday evening at 5:30 PM. Come early. Seats fill up quickly, but don't be afraid to grab a chair at a partially occupied table. Admission is Q25.

The **Mesón Panza Verde** (⊠5 *Av. Sur 19* ☏*7832–1745* ⊕*www.panzaverde.com*) hotel and restaurant is known for its weekly Art Flicks and

Dharma Flicks film series—most films are in English—as well as the occasional concert.

NIGHTLIFE

Down a beer with proudly Bohemian friends at **Café No Sé** (⊠*1 Av. Sur 11C* ☎*5242–3574*). Unpretentious **El Muro Pub** (⊠*3 C. Oriente 19D* ☎*7832–8849*) variously has classic-rock nights, darts nights, and just all-around good times and good conversation. If you're homesick for a pub, head to **Reilly's** (⊠*5 Av. Norte 31*), where pub grub and Guinness are served in a relaxed atmosphere. Jan, the friendly expat owner, serves up a variety of concoctions to help you forget the travails of the day. Its Sunday-night pub quiz is an Antigua institution. Upstairs from Frida's is **El Ático** (⊠*5 Av. Norte 29* ☎*7832–1296*), a popular local hangout. The pool table is free as long as you're drinking.

Guatemalans and foreigners alike enjoy the contemporary elegance of **La Sala** (⊠*6 C. Poniente 9* ☎*7832–9524*). Tuesday is movie night, live music is on tap Thursday to Saturday nights, and Sunday is salsa night. They close their doors around midnight, but the party continues on inside until the wee hours of the morning. Chow down on pub grub with a friendly expat crowd at **Micho's Pub** (⊠*4 C. Oriente 10* ☎*7832–5680*). If the interior bar gets too smoky, move to the back patio.

Root for your favorite team at **Monoloco** (⊠*5 Av. Sur 6* ☎*7832–4235*), where soccer matches are always on the television. Wash down one of the giant burritos with a pint of one of the microbrews. **Sabor Cubano** (⊠*4 C. Oriente 3A* ☎*7832–4137*) dishes up music and food, Cuban style, Thursday through Sunday evenings. **Sangre** (⊠*5 Av. Norte 33A* ☎*5656–7618*) serves wine and *bocas* (appetizers) for your noshing pleasure each evening.

LIVE MUSIC

The conversation is convivial and the cocktails are inexpensive at **Riki's** (⊠*4 Av. Norte 4* ☎*No phone*). Live music is yours seven nights a week, with jazz on Wednesday, Saturday, and Sunday. **La Peña de Sol Latino** (⊠*5 C. Poniente 15C* ☎*7832–1668*) has Latin music nightly beginning at 7 PM.

DANCE CLUBS

You can dance Wednesday through Sunday night away at **La Casbah** (⊠*5 Av. Norte 45* ☎*7832–2640*). Latin rhythms make the place popular. A packed salsa club with a gin-and-tonic, 1920s speakeasy feel, **La Sin Ventura** (⊠*5 Av. Sur 8* ☎*7832–4884*) frequently has live bands on weekends. A 20-something crowd heads to **Torero's** (⊠*Av. Los Recolectos 6* ☎*7832–5141*) Thursday to Saturday nights out near the Central Market.

OUTDOOR ACTIVITIES

BIKING

The rolling hills that surround Antigua make for great mountain biking. Local agencies rent bikes as well as equipment like helmets and water bottles. **Mayan Bike Tours** (⊠*1 Av. Sur 15* ☎*7832–3383*) offers trips ranging from easy rides in a morning or afternoon to more challenging treks lasting several days. **Old Town Outfitters** (✉*5 Av. Sur 12* ☎*7832–4171* ⊕*www.bikeguatemala.com*) caters to a backpack crowd, but its trips are suitable for people of all ages. It also offers volcano hikes and rock-climbing excursions.

HIKING
Antigua's best volcano expeditions are offered by **Eco-Tours Chejos** (✉*3 C. Poniente 24* ☎*7832–2657*), whose friendly owner has climbed Volcán Pacaya more than 1,800 times. The prices are higher than most, but there are usually fewer people in each group. **Sin Fronteras** (✉*5 Av. Norte 15A* ☎*7832–1017* ⊕*www.sinfront.com*) will take you on a one-day trip to Pacayá or a two-day trip to Fuego or Acatenango. **Voyageur** (✉*4 C. Oriente 14* ☎*7832–4237*) is a reputable outfitter with excursions to Pacaya. **Adrenalina** (✉*5 Av. Norte 31* ☎*7832–1108* ⊕*www.adrenalinatours.com*) also leads daily guided hikes to all four volcanoes.

SHOPPING

The single largest concentration of shops can be found in the **Mercado de Artesanías** (✉*4 C. Poniente and Alameda de Santa Lucía*), but stroll down any street and you'll find boutiques selling everything from finely embroidered blouses to beautiful ceramics.

CLOTHING
The **Central American Art Gallery** (✉*1 Av. Norte 10* ☎*7832–0618*) offers a contemporary-patterned twist on the standard Mayan textile fare. **Colibrí** (✉*4 C. Oriente 3B* ☎*7832–6404*) sells traditional backstrap-loom textiles woven by a local women's cooperative. **Katún** (✉*5 C. Poniente 2* ☎*7832–6601*) crafts a nice selection of cotton T-shirts with exclusive designs that make a nice change from the ubiquitous Gallo beer wear. **Nativo's** (✉*5 Av. Norte 25B* ☎*7832–6556*) carries a great selection of shawls, sashes, and blouses in traditional designs. **Nim Po't** (✉*5 Av. Norte 29* ☎*7832–2681*) is a self-proclaimed *centro de textiles tradicionales*. Here you'll find a large selection of fabrics from a few dozen neighboring villages. **Pues Si Tú** (✉*4 C. Poniente 30* ☎*7832–7837*) is a little shop that carries a variety of clothing in traditional patterns.

GALLERIES
Centro de Arte Popular Galería (✉*3 Av. Norte 10* ☎*7832–6634*) is a small gallery that features works by contemporary Guatemalan artists. An excellent selection of primitivist paintings is on display at **Wer Art Gallery** (✉*4 C. Oriente 27* ☎*7832–7161*).

La Antigua Galería de Arte (✉*4 C. Oriente 15* ☎*7832–2124* ⊕*www.artintheamericas.com*) features works from the 19th and 20th centuries. The **Mesón Panza Verde** (✉*5 Av. Sur 19* ☎*7832–1745*) hotel and restaurant has a small collection of rotating exhibits.

Centro Cultural El Sitio (✉*5 C. Poniente 15* ☎*7832–3037*) screens many films and hosts concerts in addition to maintaining a small gallery.

LANGUAGE SCHOOLS

Antigua ranks second to Quetzaltenango in sheer number of Spanish schools within its city limits. Its desirability as a place to live means that tuition and living costs skew slightly higher here than elsewhere around the country. The city's huge international population (resident, student, and tourist) leads to an oft-stated disadvantage to studying here: it becomes distressingly easy to spend all your out-of-class time with other English speakers. This is only a problem if you make it one. Don't succumb, and you can learn as much Spanish here as you can anywhere. Speaking of not succumbing, sign up with reputable schools such as the ones below and not with the touts who greet you at the public bus terminal.

Academia de Español Intercontinental (✉7 Av. Norte 56 ☎7832–5147 ⊕www.spanishantigua.com).

Academia de Español Probigua (✉6 Av. Norte 41B ☎7832–2998 ⊕www.probigua.org).

Alameda Spanish Academy (✉6 Av. Sur 7 ☎7832–1525 ⊕www.alamedaacademy.com).

APPE (✉1 C. Oriente 15 ☎7832–2552 ⊕www.appeschool.com).

Casa de Lenguas (✉6 Av. Norte 40 ☎7832–4846 ⊕www.casadelenguas.com).

Centro América Spanish Academy (✉Callejón Santa Ana ☎7832–5147 ⊕www.guacalling.com/ca).

Centro de Aprendizaje de Español Universal (✉2 Av. Sur 34 ☎5508–5999 ⊕www.universalspanishschool.com).

Centro Lingüístico La Unión (✉1 Av. Sur 21 ☎7832–7337 ⊕www.launion.edu.gt).

Centro Lingüístico Maya (✉5 C. Poniente 20 ☎7832–0656 ⊕www.clmmaya.com).

Cima del Mundo Spanish School (✉4 C. Oriente 35 ☎7832–0064 ⊕www.nurimaruschool.com).

CSA (✉6 Av. Norte 15 ☎7832–3923 ⊕www.learncsa.com).

Don Pedro de Alvarado Escuela de Español (✉1A C. Poniente No. 39 ☎7832–6645 ⊕www.donpedrospanishschool.com).

Guate-Linda Language Center (✉6 C. Poniente 40 ☎7832–0720 ⊕www.guatelindacenter.com).

Happy Spanish House (✉C. de los Pasos 7A ☎7832–1940 ⊕www.happyspanishhouse.com).

Ixchel Spanish School (✉3 Av. Sur 6 ☎7832–7137 ⊕www.ixchelschool.com).

Los Capitanes Generales Spanish Academy (✉4 Av. Sur 2 ☎7832–8769 ⊕www.loscapitanes.com).

San José El Viejo Spanish School (✉5 Av. Sur 34 ☎7832–3028 ⊕www.sanjoseelviejo.com).

Spanish Academy Antigüeña (✉7 C. Oriente 15 ☎7832–5057 ⊕www.acad.conexion.com).

Spanish Academy Sevilla (✉1 Av. Sur 8 ☎7832–5101 ⊕www.sevillantigua.com).

Zamora Academia (✉9 C. Poniente 7 ☎7832–7670 ⊕www.learnspanish-guatemala.com).

HANDICRAFTS

With a wide selection of wood figures and carvings and jewelry, **Casa de Artes** (⊠*4 Av. Sur 11* ☏*7832–0792* ⊕*www.casadeartes.com.gt*) is a nice place to browse. **Casa de los Gigantes** (⊠*7 C. Oriente 18* ☏*7832–4656*) has a good selection of quality items, including genuine antique festival masks. **El Mercadito** is a warren of vendors' stalls (⊠*5 Av. Norte 4A* ☏*No phone*) that offers standard souvenir fare. **La Casa de Angelina** (⊠*4 C. Oriente 22* ☏*7832–0203*) sells surreal items made of carved wood. For hand-painted pottery by local artisans, try **Topis Diseños** (⊠*5 Av. Norte 20B* ☏*7832–2429*).

SPAAAAH

Antigua Spa Resort. Massages, facials, and a variety of other treatments are available at this spa (aka Jardines del Spa), roughly 3 km (2 mi) from Antigua in the village of San Pedro El Panorama. Free transportation to and from Antigua is provided when you book an appointment. ⊠*3 Av. 8–66, Zona 14* ☏*7832–3960 or 2333–4620* ☐*7832–3968.*

ANTIGUA ESSENTIALS

BY AIR

The nearest airport is Guatemala City's Aeropuerto Internacional La Aurora, a little less than an hour's drive away. If your hotel does not offer a transfer from the airport, there are plenty of shuttle buses that run this route.

BY BUS

Several companies run frequent shuttle buses between Guatemala City and Antigua. Adrenalina, Atitrans, and Turansa are all reputable companies. Buses leave every 15 minutes from 18 Calle and 4 Avenida in Zona 1 in Guatemala City. They depart on a similar schedule from the bus station in Antigua. It's best to call ahead for reservations, but you can also purchase tickets on board.

Adrenalina, Atitrans, and Turansa also offer service to the Western Highlands, the cost ranging from Q100 for Chichicastenango and Panajachel to Q200 for Quetzaltenango. You can also catch a public bus at the terminal, which is cheaper but much less comfortable. There are one or two direct buses to Panajachel and Quetzaltenango each day, as well as five or six bound for Chichicastenango. Tickets cost about Q16.

Shuttle Companies Adrenalina (⊠*5 Av. Norte 31* ☏*7832–1108* ⊕*www.adrenalinatours.com*). **Atitrans** (⊠*6 Av. Sur 8* ☏*7832–3371* ⊕*www.atitrans.com*). **Turansa** (⊠*9 C. y Salida a Ciudad Vieja* ☏*7832–2928* ⊕*www.turansa.com*).

Bus Stations Terminal de Buses (⊠*Alameda Santa Lucía at 4 C. Poniente*).

BY CAR

The roads around Antigua are mostly well paved, so drives through the countryside can be quite pleasant. Keep on your guard, though, as other vehicles may ignore traffic laws and common sense. As one jovial

ALL THAT GLITTERS

Several jade shops and factories populate the streets east of Antigua's Parque Central. Although Guatemala's best-known gem is extracted in the eastern part of the country near Zacapa, jade is inexorably linked with Antigua, where the processing and polishing goes on. Much of the work is done by hand, and most shops have an affiliated factory, sometimes at another location, sometimes out in back, open to guided tours.

The umbrella term "jade" technically encompasses two types of silicate stone: nephrite and jadeite. Nephrite is mined in East Asia, giving rise to its sometimes name "Chinese jade." It's less durable, and less valuable than the rarer jadeite, which is found only in Guatemala, Russia, and Myanmar. High content of sodium, aluminum, iron, cobalt, and nickel give jadeite its distinctive durability and brilliance. Though green is the color usually associated with jadeite—experts recognize 25 tones of green—black, white, and lavender also make up its spectrum.

Olmec, Mayan, and Aztec peoples in pre-Columbian Mesoamerica highly prized the stone. In fact, the Olmec established lucrative jade trade routes throughout the region. The Spanish observed the Maya using the mineral to cure various loin and kidney ailments, and so gave it the name *piedra de ijada* (stone of loin), from which the English word jade was taken. The jade became so integral a part of Mayan funeral masks that it was deemed to be a passport to the afterlife. Indeed, one of the requisite items for sale in most shops here, among the standard jewelry offerings, is an entirely jade reproduction of the famous sixth-century Tikal funeral mask unearthed in 1963.

TIPS:
Two bits of advice regarding jade shopping: First, a lot of the "jade" floating around Antigua (and even the market in Chichicastenango) isn't jade at all. Don't buy from the vendors who sidle up to you on the street here and say, "Jade, mister?" Their wares *are* dirt cheap, but who knows what you're actually getting? It's possibly quartz. Make your purchases from a reputable shop in Antigua or Guatemala City, one that can certify that you have purchased true jadeite. Such an establishment is not going to gamble its reputation on a knock-off stone.

The pronunciation of the word in Spanish, where *J* is always rendered with an *H*-sound, is *HAH-day*.

man behind the wheel of a bus recently said, "All drivers in Guatemala are crazy."

To reach Antigua, drive west out of Guatemala City via the Calzada Roosevelt, which becomes the Pan-American Highway. Signs direct you either to ANTIGUA or ANTIGUA GUATEMALA. At San Lucas Sacatepéquez turn right off the highway and drive south to Antigua. The last several kilometers before Antigua have a steep descent. Note the FRENE CON MOTOR warnings ("engine brake")—use your lowest gear—and the rampa de emergencia signs for the emergency off-ramps for vehicles whose brakes give out. If you're coming from the highlands, head south near Chimaltenango.

If you want to rent a car to explore Antigua, it's a good idea to do so in Guatemala City's Aeropuerto Internacional La Aurora. In Antigua, reputable local agencies are Ahorrent and Tabarini.

Local Car Rental Agencies Ahorrent (✉ *6 C. Poniente 29 A* ☎ *2332–7744* ⊕ *www.ahorrent.com*). **Tabarini** (✉ *6 Av. Sur 22* ☎☎ *7832–8107* ⊕ *www.tabarini. com*).

TAXIS
A taxi between Guatemala City and Antigua should cost about Q200. Many run between Aeropuerto Internacional La Aurora and Antigua. Taxis Antigua has a good reputation. Your hotel or restaurant can call a taxi for you after dark. Most Antigua taxis are three-wheeled Bajaj vehicles made in India. People here refer to them as "tuk-tuks."

Contacts Taxis Antigua (☎ *7832–0479*).

EMERGENCIES
For all emergencies call the municipal police department. Officers patrol most blocks downtown in male-female pairs. Look for them in white pullover shirts, dark trousers, and baseball caps. Contact the tourist police for free, regularly scheduled escorts to the Cerro de la Cruz, information, and minor matters. The office is just around the corner from the Parque Central, and is open 24 hours.

Emergencies Police (✉ *5 C. Poniente, west end of Palacio del Capitánes* ☎ *7832–0251*). **Tourist police** (✉ *4 Av. Norte, Palacio del Ayuntamiento* ☎ *7832–0535*).

Hospitals Hospital Privado Hermano Pedro (✉ *C. de Los Peregrinos and 4 Av. Sur* ☎ *7832–1190*).

Pharmacies Farmacia Fénix (✉ *5 C. Poniente 11C* ☎ *7832–0503*).

MONEY MATTERS
Banquetzal has an office where you can exchange U.S. dollars and traveler's checks, on the north side of Parque Central. It stays open weeknights until 7 PM and weekends until 1 PM. You won't have a problem finding ATMs in Antigua. The Bancared system, with a machine near Parque Central, has one that accepts Cirrus- and Plus-affiliated cards.

Contacts Bancared (✉ *4 C. Poniente 22*).**Banquetzal** (✉ *4 C. Poniente 12* ☎ *7832–1111*).

SAFETY
Antigua is one of Guatemala's safest cities, and the streets around Parque Central are patrolled by the municipal and tourist police. Farther from the square you should walk in groups or take taxis after the sun goes down. Be careful in the countryside, where there have been some robberies. If you plan to tackle one of the nearby volcanoes, hire a reputable guide and ask what safety precautions the company takes.

TOURS
There are a number of travel agencies that can book you on trips around the region and throughout the country. Among the better known are Chiltepe Tours, Rainbow Travel Center, Vision Travel, and Turansa. One of the best is Antigua Tours, run by independent guide and long-

time resident Elizabeth Bell. It offers all sorts of personalized trips, from walking tours of Antigua, daily except Sunday, to excursions to Lake Atitlán, Chichicastenango, and Tikal.

A number of *fincas* (farms) in the hills around Antigua offer tours. Finca Los Nietos, and Finca Filadelfia, both coffee plantations, and Finca Valhalla, a macadamia farm, are southwest of the city.

Tour companies Adrenalina (⊠ *5 Av. Norte 31* ☎ *7832–1108* ⊕ *www.adrenalinatours.com*). **Antigua Tours** (⊠ *3 C. Oriente 28* ☎ *7832–5821* ⊕ *www.antiguatours. net*). **Chiltepe Tours** (⊠ *7 C. Poniente 15* ☎ *5709–0913* ⊕ *www.chiltepetours. com*). **Rainbow Travel Center** (⊠ *7 Av. Sur 8* ☎ *7832–4202*). **Turansa** (⊠ *9 C. Poniente at Salida a la Ciudad Vieja* ☎ *7832–4691*). **Vision Travel** (⊠ *3 Av. Norte 3* ☎ *7832–3293* ⊕ *www.guatemalainfo.com*).

VISITOR INFORMATION
Inguat, the national tourism office, has an office in the Palacio de los Capitanes Generales, on the south side of Parque Central. It is open weekdays 8 to 1 and 2 to 5 and opens at 9 on weekends.

Information Inguat (⊠ *5 C. Poniente, Palacio de los Capitanes Generales* ☎ *7832–0763*).

THE HIGHLANDS

The region that locals call the *Occidente* (west) or the *Altiplano* (high plain) is the Guatemala that everyone comes to see. The highlands begin near the colonial capital of Antigua and run all the way to the border of Mexico, in a spectacular stretch of territory where grumbling volcanoes rise above broad alpine lakes, narrow river ravines, subtropical valleys, misty cloud forests, and pastoral plains. All this makes the highlands an ideal place for outdoor activities.

The highlands equal nature, but for most visitors, they offer Guatemala's ultimate cultural experience. The region is home to the majority of Guatemala's indigenous people, most of whom live in small villages nestled in the valleys and perched on the hillsides. Village life consists of backbreaking work in the fields. Most survive on subsistence farming, selling what little is left over. Entire families pack fruits, vegetables, and whatever else they have onto their backs and head to market. Highland markets were once a local affair, but in the past decade or so they have begun to attract the attention of the rest of the world. Market day, held at least once a week in most communities, is as much a social gathering as anything else. Activity starts in the wee hours, when there is still a chill in the air. Bargaining and selling are carried out in hushed, amicable tones. The momentum wanes around late afternoon as the crowds depart, eager to head home before the sun sinks behind the mountains.

This combination of natural and cultural beauty leads us to use an oftoverused term to describe the highlands: the region is Guatemala at its most fabulous. We wager you'll agree.

LAGO ATITLÁN

Postcard-perfect Lago Atitlán lies at the foot of three massive dormant volcanoes—San Pedro (3,023 meters/9,920 feet), Tolimán (3,152 meters/10,340 feet), and Atitlán (3,523 meters/11,560 feet). Early in the morning and on calm nights the lake's water is as smooth as glass, capturing the huge volcanic cones in its reflection. You'll see why this is arguably the loveliest spot in Guatemala, and why British writer Aldous Huxley dubbed Atitlán "the most beautiful lake in the world."

Most visitors find a place to stay, park for the duration, and make cross-lake day trips. More than a dozen communities ring Atitlán. Each has its own personality, and you should be able to find one that matches yours. Panajachel anchors the lake at its one-o'clock position, and offers the most polished infrastructure for visitors. Continuing clockwise, intensely traditional Santa Catarina Palopó, and even more traditional San Antonio Palopó lie on Atitlán's eastern shore. Across the lake from Panajachel, Santiago Atitlán welcomes visitors to enjoy its rich culture, tradition, and history—but on its terms. Just east lies party-hearty San Pedro La Laguna, the hot new destination on the budget-travel circuit. Next door is indigenous, environmentally minded San Juan La Laguna, followed by tiny Jaibalito, so small that it doesn't appear on some maps. New Age devotees dock at San Marcos La Laguna, and, almost completing the loop around the lake, Santa Cruz La Laguna captures that middle ground if you want to kick back and relax without too much fuss.

PANAJACHEL

110 km (68 mi) northwest of Antigua.

The classic route to Panajachel takes you from Guatemala City past Chimaltenango. Just beyond the Los Encuentros crossroads that leads north to Chichicastenango, follow the signs that direct you south to Panajachel through Sololá. An alternate route turns southwest beyond Chimaltenango to Patzún, then to Panajachel. This isolated route fell into disuse for many years because of numerous robberies. The problem seems to have abated. Most transport uses the Sololá route, which is smoother and more convenient.

The quiet Cakchiquel village of Panajachel on the northern shore of Lago Atitlán began welcoming international visitors during the heady, hippie 1960s, and never looked back. This is still Guatemala's consummate hangout, a place where many end up staying longer than planned. And who can blame them? Bordered by three volcanoes that drop off into the crystalline waters of Lago Atitlán, Panajachel's setting could hardly be more dramatic. For better or for worse, the '60s are over and the "Pana" of old has been tamed. Once exclusively the province of bare-bones lodging for those with bare-bones resources, the town has matured in its middle age and today welcomes visitors of all stripes and budgets. It remains as fun as ever and counts an ever-increasing number of activities to keep you occupied. There may still be a few Dead Heads

WEAVING CULTURE, WEAVING HISTORY

It is said that the Mayan goddess Ixchel gave the art of weaving to her people. Today's Mayan descendents still make fervent use of that gift in generating the riot of bold, cultural color that punctuates the muted green and brown natural tones of the highlands.

Key to the taut weave of Guatemalan textiles is the back-strap loom, a technique peculiar to this part of the world. Characteristics always identify the wearer with a specific town, a salient feature of indigenous Guatemalan clothing. Although today's Maya-descended peoples proudly wear their attire as a badge of where they live, the structure actually began as a dress code implemented by Spanish colonial officials. They wanted to be able to identify their subjects by community of origin for tax-collection purposes. The system took on a far darker side during Guatemala's civil war when the government used clothing to identify and target specific indigenous communities.

A brief visit to the highlands will let you scratch the surface in identifying community differences: you'll begin to recognize the bright turquoises and bold geometric patterns of Santa Catarina Palopó, the tight embroidery of Nebaj, the showy, embroidered flowers and birds of Santiago Atitlán, or the knot tie-dyes of Salcajá.

A bit of vocabulary: a *huipil*, sometimes spelled *guipil*, refers to a woman's blouse. Structurally, it is little more than two pieces of cloth sewn together, but what a huipil lacks in tailoring, it more than makes up for in elaborate design. Equally simple in fit is her *corte*, a wraparound skirt, also woven with complex patterns. In some communities women wear a *tocoyal*, a piece of cloth wrapped tightly and worn as a circular headdress. (Alternately, this headgear is called a *cinta*, but foreigners often refer to it simply as a "halo.") What about traditional menswear? You won't see much of that, period—you'll come to that realization after a short time in the highlands—except in a few isolated communities such as Todos Santos Cuchumatán, where men still don a traditional woven shirt (*camisa*) and knee-length trousers (*calzoncillos*). Those trousers may be convered by an apron-like *sobrepantalón*, and a belt or sash (*faja*) might accent the ensemble.

The market for Guatemalan textiles has grown by leaps and bounds, and many villages have benefited, but, alas, many of the finer points of the weaving tradition are being left by the wayside to accommodate the frenzied shoppers. The traditional back-strap looms are speedily being replaced with gleaming sewing machines so garments can be churned out faster. The patterns that once relayed information about the wearer's town are now abandoned for those favored by visitors. Even those garments not destined for the tourist market have undergone change. The explosion of vendors selling *ropa americana*—literally "American clothing," but a generic term referring to secondhand clothes—means that a pair of jeans or a sweater can be had for a fraction of the cost (and time) it takes to produce a huipil and corte.

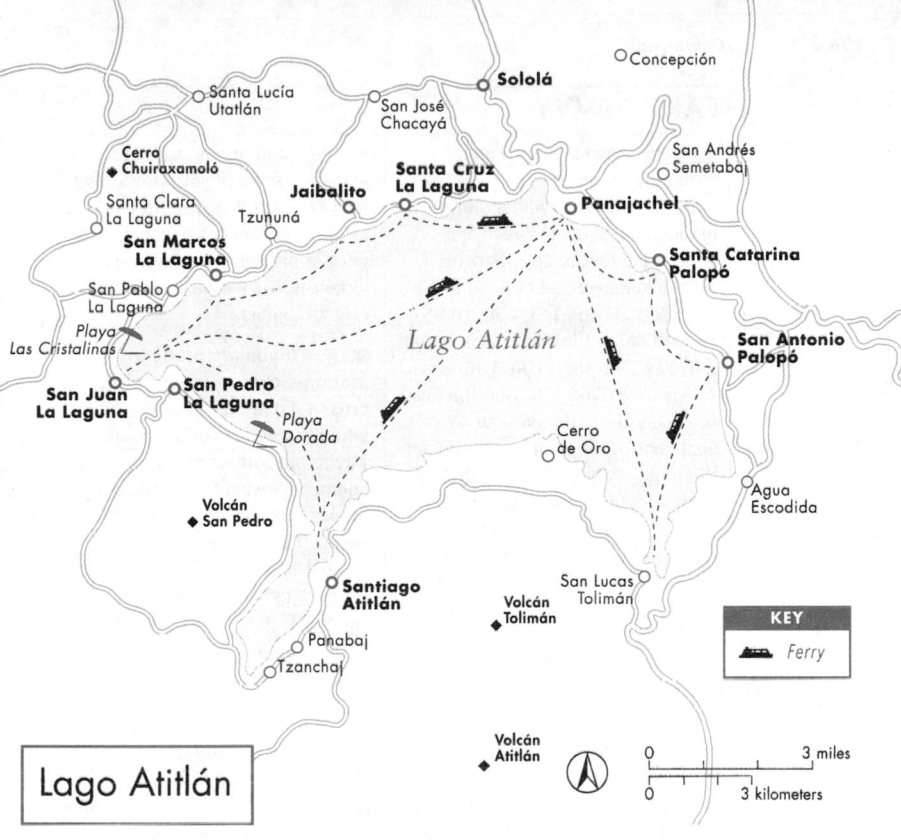

Concepción
Santa Lucía
Utatlán
San José
Chacayá
Sololá
San Andrés
Semetabaj
Cerro
Chuiraxamoló
Santa Clara
La Laguna
Jaibalito
Santa Cruz
La Laguna
Panajachel
San Marcos
La Laguna
Tzununá
San Pablo
La Laguna
Santa Catarina
Palopó
Playa
Las Cristalinas
Lago Atitlán
San Antonio
Palopó
San Juan
La Laguna
San Pedro
La Laguna
Playa
Dorada
Cerro
de Oro
Volcán
San Pedro
Agua
Escodida
Santiago
Atitlán
San Lucas
Tolimán
Panabaj
Volcán
Tolimán
Tzanchaj
KEY
Ferry
Volcán
Atitlán
0   3 miles
0   3 kilometers
Lago Atitlán

floating around, but today's Panajachel is a place you would be proud to take your parents.

Panajachel centers on seven-block Calle Santander, which connects the lakefront with the fringes of the original village, and typifies the main drag of a resort town; open-air restaurants, bars, and vendors' stalls line the street, giving you a front-row seat to observe the passing parade of pedestrians, dogs, and tuk-tuks—three-wheel motorized Bajaj RE taxis made in India, common here and elsewhere in Guatemala. The inland end of Calle Santander hooks up with Calle Principal, the highway leading north and east out of town. Avenida de los Árboles climbs the hill to the old part of town. You'd never know you were in a tourist mecca when you stand on the small plaza in front of the town's lovely church. Especially on its Thursday market day, Panajachel looks pretty much like any other highland village.

For a brief history of the lake and its people, head to the **Museo Lacustre de Atitlán.** Here you'll find a handful of informative displays tracing the history of the region back to precolonial times. ⊠*End of C. Santander, in the Hotel Posada de Don Rodrigo* ☎*7762–2326* 📷*Q35* ⊘ *Daily 8–6.*

LAKE SAVVY

Regularly scheduled passenger ferries ply the route between Panajachel and Santiago Atitlán during daylight hours. Boats depart the dock at the foot of Calle Rancho Grande in Panajachel at 6:30, 9, 9:30, and 10:30 AM, and 1, 3, 4:30, and 5 PM, with return trips from Santiago at 6, 7, 11:45 AM, and 12:30, 1:30, and 4:30 PM. You'll pay Q20, and the journey takes just under an hour. Private boat taxis supplement service on this route—they slice the Pana–Santiago ferry time in half. Other boat taxis fill in the gaps to and between other lake towns, departing from the foot of Panajachel's Calle del Embarcadero, two blocks from the ferry dock. Taxi service is collective: the driver departs after the boat fills up—the wait is never more than 30 minutes—and makes stops at towns along the shore. If you wish to hire a boat for yourself, expect to pay Q200 for the ride. You can negotiate the price of the entire boat for very short distances, say Panajachel to Santa Cruz La Laguna.

■ TIP→ If you are prone to motion-sickness, make your cross-lake jaunt in the morning, when the water surface is usually as smooth as glass. By early afternoon a wind that locals call the *xocomil* picks up, making for a choppy ride. In any case, try to be on your final boat of the day heading back to Panajachel by 4 PM, after which selection thins out as drivers make plans to be back home before dark.

The **Reserva Natural Atitlán** (⊠ *2 km [1 mi] west of Panajachel* ☎ *7762–2565* ⊕ *www.atitlanreserva.com* ☉ *Daily 8–4* ⊠ *Q50*) has a walking trail that loops through a small river canyon, crossing suspension bridges, and passing a butterfly atrium and enclosures of spider monkeys and coatimundis. If you feel like playing Tarzan, the complex contains a zip-line tour (Q125), where you glide through the forest canopy courtesy of a series of cables, a helmet, and a very secure harness. There's also a private beach for a bit of post-educational relaxation. Campsites are available in the park, or if you'd like a bit more luxury, cabins ($$), albeit spartan ones, are also available.

WHERE TO EAT

■ TIP→ If you stay on Calle Santander, ask for rooms that don't face the street, and consequently don't get the street noise.

$$–$$$$ ✕ **Casablanca.** Panajachel's most elegant restaurant, Casablanca has a white-walled dining room with windows overlooking the main street. The handful of tables on the upper level is much more intimate. The menu is ample, if a bit overpriced, and includes a few seafood and fish standouts such as lobster and black lake bass, as well as tenderloin in a green-pepper sauce. Musicians occasionally entertain. ⊠ *C. Principal 0–93, at C. Santander* ☎ *7762–1390* ⊟ *AE, D, DC, MC, V.*

$–$$ ✕ **Tocoyal.** Our favorite in-town lakefront restaurant, with great views
★   from its picture window, takes its name from the tightly wrapped cloth worn as a headdress by Tzutuhil women in the area. This is about as elegant as Panajachel gets: waiters in white shirts and bow ties scurry around and serve pepián or chile relleno on the local side of the menu,

or a good steak if you're looking for something international. This is still Pana, though, so you don't need to dress up. ⊠*C. del Lago* ☎*7762–1555* ⊟*AE, D, DC, MC, V.*

¢–$ ✕**El Bistro.** Hummingbirds dart among flowering vines at this romantic
Fodor'sChoice eatery on the shore of Lago Atitlán. Enter through an iron gate that
★ leads into a garden hidden behind a low wall. There are outside tables and a pair of intimate dining rooms. All the delicious Italian food, from the tasty bread to the fresh pasta, is homemade. Two standout special-ties are the fettuccine *arrabiata* (with a slightly spicy tomato sauce), and the steak au poivre (cooked in a wine sauce and black pepper) served with fresh vegetables. ⊠*End of C. Santander* ☎*7762–0508* ⊟*AE, D, DC, MC, V.*

¢–$ ✕**Café Bombay.** Despite the name, you'll find very little Indian about the cuisine here. The menu is a real catch-all and "vegetarian" is a bet-ter description to describe the falafel, pita, pad thai, burritos, lasagna, and key lime pie. Dine inside, or grab one of the umbrella-covered tables on the front deck and survey the action on Calle Santander. ⊠*C. Santander* ☎*7762–0611* ⊟*No credit cards.*

¢–$ ✕**Guajimbo's.** The Uruguayan and American business owners provide the live acoustic music many evenings here at one of Calle Santander's liveliest restaurants. Grab a seat in this semi-open-air place, enjoy the entertainment, and survey all that transpires on the main drag. Uru-guayan-style beef tenderloin rules, as do *churtos* (beef cutlets prepared variously with mozzarella cheese, ham, bacon, peppers, or olives). ⊠*C. Santander* ☎*7762–0063* ⊟*AE, D, DC, MC, V* ⊙*Closed Thurs.*

¢–$ ✕**Pájaro Azul.** Tired of frijoles? There isn't a single bean to be found
★ at this café, which serves up outstanding crepes. Choose from a small but creative menu of savory dinner crepes—fill them with vegetables, tofu, chicken, or pork—and sweet dessert crepes—we like the banana–brown sugar–yogurt Jamaica one—or pick and choose among your favorite ingredients. While you wait, you can thumb through a pile of back-issue magazines (including, oddly enough, the *New Yorker*). ⊠*C. Santander, next to the post office* ☎*7762–2596* ⊟*No credit cards* ⊙*Closed Thurs.*

WHERE TO STAY

$$$$ ✕⊡**Hotel Atitlán.** Keep any disappointment in check until you arrive.
Fodor'sChoice You turn into a quiet cove northwest of Panajachel, and will spot an
★ ugly high-rise building. That isn't this hotel. This Spanish-style inn consists of a main building flanked by two-story wings that surround a pool. The extensive grounds border on a long stretch of shoreline and the Reserva Natural Atitlán, a wooded reserve crossed by footpaths and hanging bridges. The rooms, each with tile floors, carved wooden furniture, and handwoven bedspreads, have balconies overlooking the gardens or the lake. Even if you don't stay here, stop by for views of the lake at sunset. The restaurant ($–$$$) is reliable, if a bit over-priced. Weekly rates, which include all meals, are available. ⊠*2 km (1 mi) northwest of Panajachel* ☎*7762–1441, 2334–0641 in Guatemala City* ☎*7762–0048, 2334–0640 in Guatemala City* ⊕*www.hotela-titlan.com* ⏎*62 rooms, 6 suites* ♨*In-room: no a/c, Wi-Fi. In-hotel: restaurant, bar, tennis court, pool, beachfront, no elevator, laundry*

service, public Internet, parking (no fee) ▤*AE, D, DC, MC, V* ▯❙*EP, all meals included*

$$$-$$$$ 🖭**Hotel San Buenaventura.** The well-manicured gardens of this small complex lead down past a shallow pool, bricked Mayan sauna, and Jacuzzi to a private beach. Although many of the condos lack good views of the lake, their barrel-roof brick ceilings and understated Moorish influence more than make up for it. This is a great place for groups or families—each bungalow has a separate living area, fully outfitted kitchen, and private terrace. The San Buenaventura sits in the same cove as the Hotel Atitlán, above. ✉*2 km (1 mi) west of Panajachel* ☎*7762–2559, 2337–0461 in Guatemala City* 🖷*7762– 2059, 2337–1961 in Guatemala City* ⊕*www.hotelsanbuenaventura. net* ⇄*10 bungalows* ⚬*In-room: no a/c, kitchen. In-hotel: restaurant, bar, pool, beachfront, bicycles, public Wi-Fi, parking (no fee)* ▤*AE, D, DC, MC, V* ▯❙*BP.*

$$-$$$ 🖭**Rancho Grande Inn.** A German immigrant by the name of Milly Schleisier opened this string of bungalows back in the 1940s. In so doing, she created what is still one of the most charming of Panaja-chel's accommodations, melding the designs of country houses in her homeland with the colorful culture of her adopted country. Each of the bungalows is unique; the largest, which can sleep up to five, has a fireplace. Breakfast is served family-style every morning. ✉*C. Ran-cho Grande* ☎*7762–2255* 🖷*7762–2247* ⊕*www.ranchograndeinn. com* ⇄*17 bungalows, 1 bungalow suite* ⚬*In-room: no a/c. In-hotel: restaurant, pool, parking (no fee)* ▤*AE, MC, V* ▯❙*BP.*

$$ ✕🖭**Cacique Inn.** This inn is a collection of little buildings about a block from the main street. Spacious, if sparsely furnished, rooms have slid-ing-glass doors that open onto the lovely garden. The rooms may seem a bit cool because of the tile floors, but they have fireplaces that warm you up in a snap. The grounds are surrounded by a wall, which makes the terraces by the pool a private place to sunbathe. The restaurant (¢– $$) is one of the best in town, serving a wide selection of Guatemalan dishes. The agreeable chefs will sometimes even prepare dishes to order. ✉*C. del Embarcadero, near C. Principal* ☎*7762–1205* 🖷*7762–2053* ⇄*33 rooms* ⚬*In-room: no a/c. In-hotel: restaurant, room service, bar, pool, parking (no fee)* ▤*AE, DC, MC, V* ▯❙*EP.*

$ 🖭**Posada de los Volcanes.** The friendly owners here operate their own small tour company, and are likely to be your guide or driver if you use their services. The layout isn't complicated: four levels, three rooms, and a communal veranda on each level. Those at the top have great views of the lake. Rooms themselves are bright, colorful, and simply furnished. Although it's on Calle Santander, the place is far enough removed from the string of bars and restaurants to feel quiet and secluded, but still within walking distance of the action. ✉*Across from post office, C. Santander* ☎*7762–0244* 🖷*7762–2367* ⊕*www.posadadelosvolcanes. com* ⇄*12 rooms* ⚬*In-room: no a/c, no phone. In-hotel: no elevator, parking (no fee)* ▤*AE, D, DC, MC, V* ▯❙*EP.*

NIGHTLIFE

As a resort town, Panajachel has some of the liveliest nightlife in the highlands. Calle Santander is the place to see and be seen. Stroll the street, look for a bar, café, or restaurant to park yourself, and watch the parade go by. Many other bars cluster near the intersection of Avenida de los Arboles and Calle Principal on the fringes of the old town.

The **Circus Bar** (✉ *Av. de los Arboles* ☎7762–2056) is a popular spot for locals and travelers alike, and often has live music. The **Pana Rock Café** (✉ *C. Santander* ☎7762–2194) has live music many nights, and wins Panajachel's loudest-bar award.

> **HURRICANE STAN**
>
> In 2005 Hurricane Stan, the 18th named tropical storm of a record season, made landfall on Mexico's Yucatán peninsula on October 4. It brought torrential rains that drenched the entire region. Lake Atitlán was hit especially hard by landslides as a direct result of the rains Stan spawned. An estimated 1,500 people died, many in Santiago Atitlán. Damage repair has come slowly. The main bridge connecting Panajachel with communities on the lake's eastern shore reopened in May 2007, thanks to construction aid from the government of Korea.

The dimly lighted **Chapiteau Disco** (✉ *Av. de los Arboles* ☎7762–374) plays mostly rock, Wednesday through Saturday.

Up above the fray of Calle Santander, **La Terraza** (✉ *C. Santander, near Av. de Los Arboles* ☎7762–0041) has an open-air, casual elegance perfect for early-evening cocktails. They also have a good menu focusing on continental favorites like rabbit and fondue Bourguignonne. **Solomon's Porchá** (✉ *C. Principal* ☎7723–0751) screens films several nights a week.

You can enjoy good Mexican food at the aptly named **Sunset Café** (✉ *C. Santander*). There's live music almost every night.

OUTDOOR ACTIVITIES

WATER SPORTS Water sports are becoming more popular at Lago Atitlán, giving the lake a Club Med feel. You can rent a canoe from **Diversiones Acuáticas Balom** (✉ *On the public beach near ferry terminals* ☎7762–2242). It's best to get out early and be back by noon, as the afternoon winds can be fierce. The company also offers tours of the lake.

BIKING For exploring the countryside you can rent a mountain bike at **Moto Servicio Quiché** (✉ *Av. de los Arboles at C. Principal*) and pedal over to nearby villages.

SHOPPING

Panajachel's weekly Thursday market (mostly fruits, vegetables, and animals) takes place in the old town near the church. Calle Santander is one long open-air souvenir market, lined on both sides with vendors who hang their wares from fences and makeshift stalls. Examine the items carefully, as goods purchased here are often not the best quality.

An outdoor market called **Tinamit Maya** (⊠ *C. Santander*) is easily the best place for reasonably priced artesanía.

El Guipil (⊠ *C. Santander*) is a large boutique with a varied selection of handmade items from highland villages.

Ojalá Antiques (⊠ *Av. de los Arboles*) has a small but excellent selection of antiques.

SANTA CATARINA PALOPÓ

4 km (2½ mi) southeast of Panajachel.

Santa Catarina Palopó provides an odd mix of deep-seated Cakchiquel tradition and sumptuous luxury in the vacation homes outsiders have built on the fringes of this small town. You'll be surrounded by the brilliant blues and greens of huipils worn by local women as you walk down the cobblestone streets of this picturesque town. (Interestingly enough, the women used to wear predominantly red huipils, but an influx of tourists in the 1960s requesting turquoise blouses caused the local women to change their traditional dress and adopt the gringafied turquoise color scheme.) This is one of the few places in the highlands where men retain traditional dress; their clothing echoes the geometric designs seen in women's huipils here. From here you'll be treated to magical views of the trio of volcanoes that loom over the lake. In Santa Catarina you'll see ramshackle homes standing within sight of luxury chalets whose owners arrive as often by helicopter as they do by car.

WHERE TO STAY & EAT

$$ ✕🏠 **Villa Santa Catarina.** Villa Santa Catarina has outstanding views. The long yellow building with an adobe-tile roof has small rooms, each with a private balcony overlooking the lake. The restaurant ($–$$) serves international fare including pastas, sandwiches, and chicken. You can relax in the pool or head to a series of natural hot springs that are only a few hundred feet away. ⊠ *C. de la Playa* 🖀 *7762–1291, 2334–8136 in Guatemala City* 🖀 *7762–2013* ⊕ *www.villasdeguatemala.com* ✓ *36 rooms* ⚐ *In-room: no a/c. In-hotel: restaurant, bar, pool, no elevator, laundry service, public Internet, public Wi-Fi, parking (no fee)* ▤ *AE, D, DC, MC, V* ⍓ *EP.*

$$$$ 🏠 **Casa Palopó.** By far the best B&B on the lake, luxurious Casa Palopó
Fodor's Choice has an almost mystical atmosphere. Each of the seven rooms in the
★ main house, decorated with religious-theme artworks from around the world, offer incredible views of the volcanoes. Muted blues run throughout this former villa, mirroring the colors of the lake. Most baths have giant tubs perfect for prolonged soaks. Just down the road, an annex offers two equally sumptuous suites, each with its own pool and hot tub. ⊠ *Km 6.8, Santa Catarina Palopó* 🖀 *7762–2270* 🖀 *7762–2721* ⊕ *www.casapalopo.com* ✓ *7 rooms, 2 suites* ⚐ *In-room: no a/c, no phone, refrigerator, no TV. In-hotel: restaurant, room service, bar, pool, gym, beachfront, no elevator, public Internet, public Wi-Fi, parking (no fee), no kids under 15* ▤ *AE, D, DC, MC, V.*

SANTIAGO ATITLÁN

★ *21 km (13 mi) west of San Antonio Palopó*

Santiago Atitlán is 30 to 60 minutes by boat from Panajachel.

Across the lake from Panajachel lies its rival in size, Santiago Atitlán, a small city with a fascinating history. With a population of about 48,000, this capital of the proud and independent Tzutuhil people is one of the largest indigenous communities in Guatemala. They resisted political domination during the country's civil war, which meant that many residents were murdered by the military. After a 1990 massacre in which 11 unarmed people were killed, the villagers protested the presence of the army in their town. To everyone's surprise, the army actually left, and Santiago Atitlán became a model for other highland towns fighting governmental oppression.

A road that leads up from the dock is lined on both sides with shops selling artesanía—take a good look at the huipils embroidered with elaborate depictions of fruits, birds, and spirits, Santiago's signature designs. Many local women wear a *tocoyal,* which is a 12-yard-long band wrapped around their forehead. Older men also wear traditional dress, sporting black-and-white-stripe calf-length pants with detailed embroidery below the knee.

The main road leads to the squat white 1547 **Iglesia de Santiago Apóstol,** the church dedicated to town patron St. James the Apostle, but where Tzutuhil deities can be seen in the woodwork around the pulpit. Fondly remembered one-time American parish priest Father Stanley Rother was assassinated in the church rectory by right-wing death squads in 1981 for his outspoken support of the Tzutuhil cause.

On the road west to San Pedro, **Parque de la Paz** commemorates a dozen Tzutuhil people, including several children, who were killed when the army open fired on a peaceful demonstration that protested the military presence here. The memorial is a sober reminder of Guatemala's tortured past.

WHERE TO STAY & EAT

$$-$$$ ✕▦ **Posada de Santiago.** This longtime favorite has deluxe accommoda-
Fodor'sChoice tions in private stone-wall bungalows with volcano views, as well as
★ a few rooms and suites in the main building. Pass through the carved-wood doors of your bungalow and you'll find a fireplace and thick wool blankets piled high on the bed. The restaurant (¢–$) serves exquisite food, such as smoked chicken píbil in a tangy red sauce and Thai coconut shrimp. The wine list is surprisingly extensive. On the premises is a small store where you can rent canoes and mountain bikes. ⊠*1 km (½ mi) south of town* ☎*7721-7366* ☎*7721-7365* ⊕*www.posadade-santiago.com* ⇄*9 rooms, 3 suites, 7 bungalows* ⌂*In-room: no a/c, no TV (some). In-hotel: restaurant, bar, pool, bicycles, public Internet* ⊟*AE, D, DC, MC, V.*

$$ ✕▦ **Bambú.** Run by a Spanish expatriate, Bambú is known for its excellent restaurant (¢–$$), an A-frame dining room warmed by a crackling stone fireplace. On the beautifully tended grounds are a string of thatch-

DRINKING & SMOKING WITH THE SAINTS

Arguably Guatemala's most curious object of veneration is the cigar-smoking, rum-swilling deity Maximón. He is still actively idolized a few places in the highlands, most notably here in Santiago Atitlán, and in the small town of Zunil, near Quetzaltenango, where he is known by his alternate name, San Simón.

Scholars debate just what Maximón (whose name is pronounced *Mah-shee-MOHN*) is supposed to represent. His cult likely descended from worship of the Mayan god Mam, but the Catholic church holds that he is the apostle Peter. (Peter's original name was Simon, of course.) Some suggest that Maximón is really Judas Iscariot, the betrayer of Jesus. Others liken him to Spanish conquistador Pedro de Alvarado. In any case, according to tradition, he is more a malevolent than benevolent being, and it's best to stay on his good side with offerings.

As you get off the boat here in Santiago, small children may offer to lead you to the **Casa de Maximón**, the local home housing his figure, in exchange for a few quetzals. (Five suffices.) You will need their guidance, for Maximón's guardianship changes each year during an elaborate Holy Week observance, a different member of the local *cofrade* (religious society) taking charge of the wooden idol and accommodating his many faithful followers. When the children bring you to the house, you'll be ushered inside to see the shrine. Maximón's stern figure is dressed much like a 19th-century Spanish nobleman, and is said to like cigars and rum. If you haven't brought such items to leave in the collection plate, another Q5 bill will do just fine. (Make it Q10 if you plan to take a photo.) Maximón is reputed to have proffered myriad favors, from curing illnesses to helping the faithful get a bigger house. We can't vouch for your success.

roof bungalows with private patios overlooking the lake. Stone pathways loop through a series of taxonomically arranged gardens (cacti in one, flowers in the next, and so on)—most of the restaurant's fruits, vegetables, and herbs are cultivated out back. Canoes are available for paddling around the lake. ⊠*1 km (½ mi) east of town* ☎*7721–7332* 🖷*7721–7333* ⊕*www.ecobambu.com* ⇆*11 bungalows* ♨*In-room: no a/c, no TV. In-hotel: restaurant, bar, pool, parking (no fee)* ⊟*AE, DC, MC, V.*

SAN JUAN LA LAGUNA

3 km (1.5 mi) north of San Pedro La Laguna.

To get here, take a water taxi from Santiago Atitlán and ask the driver to drop you at the Muelle Uxlabil, the Ecohotel Uxlabil's own dock. The boat ride from San Pedro La Laguna takes five minutes.

The tiny, one-hotel village of San Juan La Laguna bills itself as "the cleanest town in Guatemala," and it lives up to its claim. San Juan is a great place to get away from the crowds and get a more authentic look at indigenous life on the lake.

There are several artisan collectives in the town's center. **Lema** (⊠*San Juan La Laguna* ☎5967–7747) is an association of local weavers who use environmentally friendly dyes in their work. Atitlán is known for its fair-trade coffee, and a local 140-member cooperative, **La Voz que Clama en el Desierto** (⊠*San Juan La Laguna* ☎7723–2301)—that translates as "The voice crying in the wilderness"—offers tours of its coffee-processing facilities and artisan shop. Call to arrange a visit.

WHERE TO STAY

$ ☎ **Ecohotel Uxlabil.** San Juan La Laguna's best (and only) lodging option, the Uxlabil has its own thatched dock and extensive grounds with a medicinal herb garden, Mayan sauna, and Jacuzzi. The simple rooms have textured walls reminiscent of beach sand, rather hard beds, and traditional textile bedclothes. ⊠*San Juan La Laguna, Muelle Uxlabil* ☎*5990–6016, 2366–9555 in Guatemala City* ⊕*www.uxlabil.com* ⌇*10 rooms, 2 bungalows* ⌂*In-room: no a/c, kitchen (some), no TV. In-hotel: restaurant, bar* ☰*AE, D, DC, MC, V* ⏍*BP.*

SAN PEDRO LA LAGUNA

"It's the new Pana," proclaim its growing number of fans. Indeed, as Panajachel and its international population have matured—a few wags would say "gentrified"—the young and the restless have crossed the lake and set up shop in burgeoning San Pedro La Laguna. This traditional Tzutuhil fishing village knows it is on the cusp of something, but what that "something" will be can only be revealed in someone's crystal ball. This is still proudly budget-travel territory. For now, lodgings and facilities fall into the "as long as you're not too fussy" category, but all offer good value for very little money. That will no doubt change as the world begins to discover San Pedro.

WHERE TO STAY

¢ ☎ **Hotel Mansión del Lago.** Rooms are simple here—expect tiled floors and two beds each—but the hillside location above the dock gives you the best views in town, especially if you lodge on the top floor. All guests have access to the rooftop terrace. ⊠*4 Av. and 8 C.* ☎*7721–8041* ☏*7721–8195* ⊕*www.hotelmansiondellago.com* ⌇*18 rooms, 16 with bath* ⌂*In-room: no a/c, no phone no TV (some). In hotel: no elevator, public Internet, laundry service, parking (no fee)* ☰*V*

¢ ☎ **Hotel Nahual Maya.** Make this your first choice in San Pedro. It costs no more than the other budget options, and provides you with a big step up in quality. Rooms take up two floors—those on the top floor have good views—and are bright and cheery, with either double or a pair of twin beds. ☎*7721–8158* ⌇*16 rooms* ⌂*In-room: no a/c, no phone, no TV (some). In-hotel: no elevator, parking (no fee)* ☰*No credit cards*

SAN MARCOS LA LAGUNA

15-min by boat from Panajachel.

San Marcos has acquired fame as a center of New Age devotion, thanks to the presence of the Las Pirámides del Ka meditation center/lodge. The tiny village does cater mostly to tourists of all stripes, however, and even those whose vacation schedule is not "Yoga at 9, meditation at 10" will find their own bliss here. (San Marcos is home to a couple of our favorite Guatemalan hotels.) From the dock you can reach the center of the village by walking uphill along a narrow cobblestone path. The village itself has one or two stores and a restaurant around the central square. ■**TIP→If you plan on staying in San Marcos, you should remember to bring a flashlight, as much of the town lacks electricity.**

WHERE TO STAY & EAT

¢   ✕**Il Giardino.** An open-air restaurant centered around a bamboo hut and a fire pit, this little Italian eatery offers continental favorites like fondue and spaghetti, and also has a good selection of vegetarian entrées. There's live music from time to time, making this one of San Marcos's social hubs. Be sure to leave room for the delicious tiramisu. ⊠*San Marcos La Laguna* ☎*5891–0482* ▤*No credit cards.*

$–$$ ⌂**Posada Schumann.** Full of old-fashioned charm, this little inn has bungalows set along a narrow swath of garden stretching down to the lake. Exposed stonework and unfinished wood paneling lend the place a slightly rustic feel, but the rooms are enlivened by the festive colors from local textiles. The hot water can be unreliable. You'll get a 10% discount if you pay in cash rather than with a credit card. ⊠*San Marcos La Laguna* ☎*5202–2216* ⊕*www.posadaschumann.com* ⊆*6 rooms, 2 rooms without bath, 4 bungalows* ⌂*In-room: no a/c, no phone, safe, kitchen (some), refrigerator (some), no TV. In-hotel: restaurant, laundry service* ▤*AE, D, DC, MC, V.*

$ ⌂**Hotel Jinava.** This small hotel is in a secluded cove, and each of its
Fodor's Choice   stone-floor, stucco bungalows is shaded by avocado and papaya trees.
★   Ask the friendly German owner to make you a tropical drink, one of his favorite pastimes. If piña coladas aren't your thing, request a massage—he is rumored to be the best masseur on the lake. The restaurant serves up great curries and other international dishes. ⊠*San Marcos La Laguna* ☎*5406–5986* ⊕*www.hoteljinava.com* ⊆*5 bungalows* ⌂*In-room: no a/c, no phone, no TV. In-hotel: restaurant, bar, no elevator* ▤*No credit cards.*

$ ⌂**Las Pirámides del Ka.** Here is the place that gives San Marcos its New Age-y reputation. The tranquillity of the lake provides the perfect setting for this yoga retreat, which offers day-, week-, and monthlong courses. Pyramid-shape cabins concentrate energies for spiritualists seeking that elusive "Om." The price includes accommodations, classes, and use of the sauna and other facilities. You stay here, you're expected to participate. As they are fond of saying here: This isn't really a hotel. ⊠*San Marcos La Laguna* ☎*205–7151 or 205–7302* ⊕*www.laspiramidesdelka.com* ⊆*5 rooms* ⌂*In-room: no a/c, no TV. In-hotel: restaurant* ▤*No credit cards.*

SANTA CRUZ LA LAGUNA

10-min boat ride west of Panajachel.

Yours truly, first view of Santa Cruz La Laguna is the hubbub of a couple of hotels and a few vendors who hang around the dock. (A boat is realistically the only way to get here.) It's a steep walk up to the hillside village itself, but the hale and hearty are rewarded with a stroll through a Tzutuhil community that most travelers overlook. The square adobe houses are positioned precariously on the slopes, looking as if they might be washed away by the next heavy rain. A highlight of this little village is a squat adobe church, the **Iglesia de Santa Cruz,** in the main plaza. Make sure to look inside, where the walls are lined with carved wooden saints.

DECEMBER 29, 1996

Guatemala has just over a decade of peace under its belt, a fact you'll be reminded of each time you pick up a one-quetzal coin. "paz firme y duradera" (FIRM AND LASTING PEACE) reads the inscription, along with the date the peace accords were signed ending the 36-year civil war. On the center of the coin, the word *paz* (peace) flows into a stylized illustration of a dove.

2

WHERE TO STAY & EAT

¢–$ ✕⌂**Arca de Noé.** Magnificent views are the big draw at this rustic retreat. Rooms, in several wood-and-stone bungalows, are small but neat. The delicious home cooking is served family style in the main building, which resembles a New England farmhouse. The menu changes constantly, but each meal comes with fresh vegetables, and bread hot out of the oven. Electricity is solar-generated, with gas used to fuel the supply of hot water. ⊠*Santa Cruz La Laguna* ☎*5515–3712* ✐*arcasantacruz@yahoo.com* ↘*10 rooms, 5 with bath, 5 bungalows* ⚅*In-room: no a/c, no phone, no TV. In-hotel: restaurant* ⊟*No credit cards.*

¢–$ ✕⌂**La Iguana Perdida.** The traditionally backpacker-oriented "Lost Iguana" is part hotel and part summer camp. It hasn't forgotten its roots, but it's upgrading some of its offerings. The restaurant serves up good family-style meals, and the dormitory rooms can hold up to eight of your traveling companions. For a bit more privacy, choose one of the stone-floor, thatch-roof bungalows lit with kerosene lamps. Guests tend to be fairly young—most come for scuba-diving courses. You can also choose from Spanish, art, or weaving classes, too. ■TIP→**Stop by for the Saturday-night barbecue, even if you aren't staying here.** ⊠*Santa Cruz La Laguna* ☎*5706–4117, 7762–2621 in Panajachel* ⊕*www. laiguanaperdida.com* ↘*14 rooms, 3 cabins, 2 dormitory rooms* ⚅*In-room: no a/c, no phone, no TV. In-hotel: restaurant, bar, diving, no elevator, public Internet* ⊟*No credit cards.*

OUTDOOR ACTIVITIES

There are plenty of opportunities for hiking in the hills around Santa Cruz. It is the starting point of a scenic four-hour walk to San Marcos La Laguna. The trail passes through several tiny villages and over gusty bluffs overlooking the lake.

Lago Atitlán's wealth of underwater wonders draws divers from around the world. **ATI Divers** (⊠*Iguana Perdida* ☎5706–4117 ⊠*C. Santander, Panajachel* ☎7762–2621) is a certified diving school that offers courses for all levels, from basic certification to dive master.

CHICHICASTENANGO

Fodor's Choice
★ *37 km (23 mi) north of Panajachel, 108 km (67 mi) northwest of Antigua.*

Perched on a hillside, Chichicastenango ("the place of the nettles") is in many ways a typical highland town. The narrow cobblestone streets converge on a wide plaza where most days you'll find a few old men passing the time. You'd hardly recognize the place Thursday and Sunday, the two days a week on which one of the world's most famous markets takes place, when row after row of colorful stalls fill the square and overflow into the adjoining alleys. There's a dizzying array of handmade items, from wooden masks to woolen blankets to woven baskets. Much of the artesanía is produced for tourists, but walk a few blocks in any direction and you'll find where the locals do their shopping. South of the square is a narrow street where women sell chickens. To the east you might run across a family trying to coax a just-purchased pig up a rather steep hill.

Believe it or not, Chichicastenango does exist the other five days a week; if you come here on, say, a Tuesday, you'll have the place to yourself. Few tourists actually do that. At just an hour from Panajachel, two hours from Antigua or Quetzaltenango, or three hours from the capital, Chichicastenango will always be Guatemala's consummate day trip for most. But a visit here on a *non*-market day gives you a chance to see "Chichi"—few people ever bother to wrap their tongues around the entire six-syllable name—one of the spiritual centers of Quiché Mayan culture, at its most serene.

EXPLORING

Chichicastenango does offer more than its market, and a shopping break to see the town's sights is essential if you want some insight into Quiché culture. On market days a small cadre of guides certified by Inguat, the national tourist office, meets the tour buses. (Look for them in their red vests and Inguat badges.) They speak Spanish and English, and can rustle up colleagues who speak French, German, or Italian if need be. On many levels, we recommend their services. They can provide insight into the sights that you'll never get on your own. They are also protection insurance: there have been a few robberies of tourists visiting the cemetery and the Pascual Abaj shrine. Guides charge Q200 for a half-day tour, or Q60 for an hour-long abbreviated circuit.

WHAT TO SEE

❸ **Capilla de Calvario.** Across from the Iglesia de Santo Tomás is this squat little chapel. It doesn't attract the attention that its much larger neighbor does, but from its steep steps you'll have a nice view of the market.

SPINNING AROUND THE MAYPOLE

Take Chichicastenango's market and ratchet up the color and excitement several notches. Sound impossible? Just come here between December 13 to 21, and you'll see how possible it is as the city pays homage to St. Tomás, its patron saint, in its annual Día de Santo Tomás celebrations.

Chichi explodes with parades and dances over the entire week. During the festivities, the *cofrades* (city leaders) parade in elegant silver costumes and carry staffs topped by magnificent sun medallions. In the *Baile de la Conquista* ("Dance of the Conquest") and masked dancers reenact the meeting of Old and New Worlds.

The highlight of Santo Tomás is a variation on a maypole dance, called the *palo volador* ("flyer's pole"). Anyone can dance on the ground, but these participants—four of them dress as birds and represent the four directions—start at the top, wrapped in their own individual strands of rope and unravel a bit with each spin through the air until they arrive, completely unwrapped, safely on the ground. The dance requires elaborate choreography, the dancers making 13 rotations around the pole during their descent. As with everything in Mayan culture, there's method to the math (and in this case, to the madness): 13 x 4 = 52, the number of years in one cycle of the Mayan calendar.

As with the Santo Tomás church below, ■TIP➜ **photography is prohibited inside this church.** ⊠ *West end of Parque Ctl..*

❺ **Cementerio.** Filled with mausoleums painted brilliant shades of teal, yellow, and orange, the town's cemetery is one of the most colorful in the highlands. You'll be treated to wonderful views of the city's red rooftops. In the midst of headstones topped with crosses you'll doubtless find candles and incense—evidence of Mayan rituals. ⊠ *West end of 8 C.*

❷ **Iglesia de Santo Tomás.** Standing watch over the square is this gleaming white Dominican church, busy with worshippers all day and late into the night. The structure dates from 1540 on the site of an ancient temple, and locals say a block of stone near the massive front doors is all that remains of the altar. The Quiché people still consider Chichicastenango their spiritual city. Church officials look the other way as Mayan ceremonies are still practiced here today. Some worshippers wave around pungent incense during the day, and at night others toss rose petals and pine needles into a raging fire right on the steps of the church. The age-old ritual has darkened the once-white steps leading to the church entrance. On the topic of entering, ■TIP➜ **outsiders should not pass through the front doors. Instead, enter through the door via the courtyard on the building's right side. Also, under no circumstances should you take photos inside the church.** ⊠ *East end of Parque Ctl..*

❹ **Museo Regional.** If you want to learn more about the history of Chichicastenango, check out this little colonial-era building, which displays pre-Columbian artifacts that came from the private collection of a local

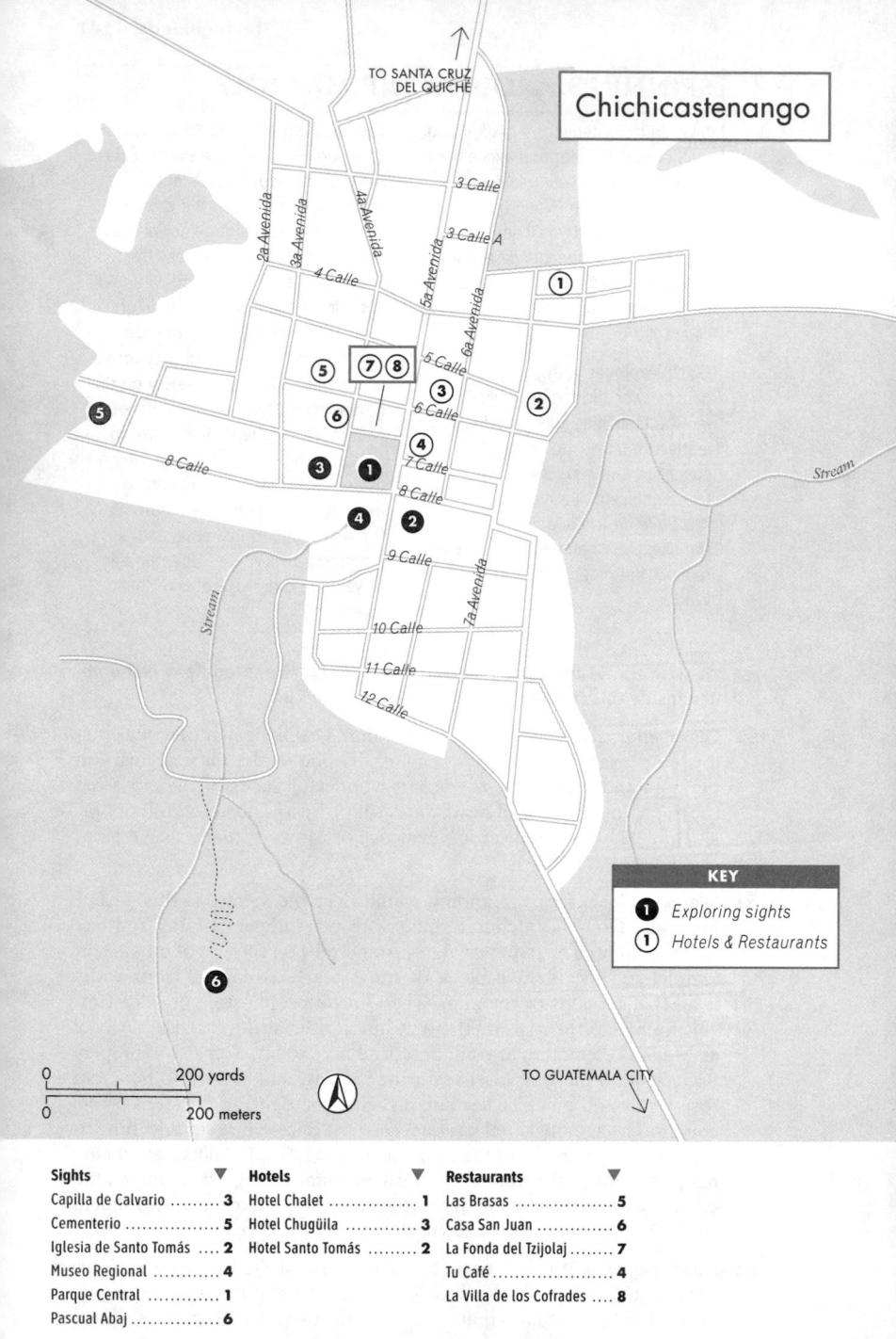

Chichicastenango

TO SANTA CRUZ
DEL QUICHÉ

3 Calle
3 Calle A
2a Avenida
3a Avenida
4a Avenida
5a Avenida
6a Avenida
4 Calle
5 Calle
6 Calle
7 Calle
8 Calle
8 Calle
9 Calle
10 Calle
11 Calle
12 Calle
7a Avenida

Stream
Stream

| KEY |
| ① Exploring sights |
| ① Hotels & Restaurants |

0   200 yards
0   200 meters

TO GUATEMALA CITY

priest. ✉*Next to Iglesia de Santo Tomás* 🔲*Donation suggested.*

❶ Parque Central. As in most colonial villages, the heart of Chichicastenango is its central square, and any tour begins here. It's pretty tranquil here when the market isn't going on, but on Thursday and Sunday when hundreds of vendors (and buyers) arrive from near and far. The market long ago outgrew this square and spills onto adjoin-

ing streets. All the major sights are either here or nearby. Three blocks north is Arco Gucumatz, an arch over 5 Avenida where you watch vendors heading to the square the night before or very early the morning of market day. ✉*5 Av. and 7 C..*

❻ Pascual Abaj. This ancient Mayan shrine, perched on a hilltop south of town, is often vandalized by overzealous Christians. The elongated stone face of the waist-high idol is always restored so that believers can return to their daily prayers. Local shamans lead villagers in special rites that occasionally include slaughtered chickens. Because it's one of the most accessible of the highland shrines, Pascual Abaj often attracts travelers eager to see these rituals firsthand. Try to be as unobtrusive as possible and always ask permission before taking photos. To see the shrine, follow 9 Calle until you see the signs for the narrow footpath up the hill. Boys hanging around the Parque Central will offer to guide you to the shrine for a small fee and can tell you when the rituals will take place. We recommend using the services of the official red-vested Inguat guides instead. There is a mask factory on-site. ✉*South of Chichicastenango.*

WHERE TO EAT

Chichicastenango's eateries do a brisk business on market day. No matter where you eat lunch on Thursday and Sunday, expect a few vendors to stroll in and show you their wares, even if you dine on the second floor. Proprietors don't seem too anxious to shoo them away, but a simple *"No, gracias"* from you is all it takes for them to leave.

¢–$ ✗**Las Brasas.** An eclectic collection of local handicrafts brightens the walls of this excellent second-floor steak house. The chef, formerly of the Hotel Santo Tomás, grills up a great steak, but there are plenty of other options, including a delicious *longaniza* (a spicy sausage similar to chorizo). Music and a full bar keep things lively, but not intrusively so. ✉*6 C. 4–52, 2nd level* ☎*7756–2226* 🖃*AE, D, DC, MC, V* ☺*BP.*

¢–$ ✗**Casa San Juan.** Though smack-dab in the middle of the market hubbub, this peaceful second-floor restaurant, with its wrought-iron chairs and wood tables, offers a reasonably quiet respite from the activity below. These folks dish up their signature *pollo estilo San Juan* (a chicken breast in tomato sauce), with guacamole salad and rice on the side. The menu makes a big deal of specifying that the chile relleno is "not spicy." It's actually a beef and vegetable-filled bell pepper, a signature highland dish. Be sure to accompany your main dish, whatever it is, with the warm homemade tortillas. Sunday lunch gives way to a sumptuous buffet. ⊠4 *Av. 6–58* ☎*7756–2086* ⊟*AE, D, DC, MC, V* ⊘*Closed Mon. Breakfast served Thurs. and Sun.*

¢–$ ✕**La Fonda del Tzijolaj.** This restaurant's second-story balcony overlooking Plaza Mayor is a great place to watch the vendors set up on the eve of the market. The *pollo chimichurri* (chicken in an herb sauce) is one of the best choices from the mostly traditional menu. There are also a few surprises, such as pizza and pasta. ⊠*7 C. and 4 Av., Centro Comercial Santo Tomás 30* ☎*7756–1013* ⊟*AE, D, DC, MC, V.*

¢–$ ✕**La Villa de los Cofrades.** With two locations within a block of each other, it's hard to miss this longtime favorite. The smaller of the two has patio seating right on the Parque Central, where you can watch the vendors setting up their stalls while you feast on Belgian waffles or sip one of the finest cappuccinos in the country. If you're in a hurry to get to the market, remember that the service here can be miserably slow. The other location, called simply Los Cofrades, a block away on 5 Calle, has a less hectic atmosphere on a second floor that lets you survey the fringes of the market. ⊠*6 C. and 5 Av.* ✉*Centro Comercial Santo Tomás 11* ☎*7756–1643* ⊟*AE, D, DC, MC, V* ⊘*Closed Mon. and Tues.*

¢ ✕**Tu Café.** Take a break from shopping at this tiny eatery—you'll find just 10 tables here—with spartan decor on the corner of the Parque Central. This place offers a huge selection of sandwiches—choose from chicken, various cheeses, ham, roast beef, or club—or opt for the daily lunch special, with a main course, usually chicken-based—perhaps a *pepián*, with a side of rice and vegetables—for Q25. You can fortify yourself early in the day, too, with a breakfast of omelets or pancakes. ⊠*5 Av. 6–44* ☎*7756–1448* ⊟*No credit cards* ⊘*BP.*

WHERE TO STAY

Lodgings in town raise their rates the nights before and of market day. There aren't that many hotels in Chichi, so make reservations if you plan to be in town on any of those nights. Stay here on a Monday, Tuesday, or Friday night and you'll pay a lot less.

$$$ ✕⊡ **Hotel Santo Tomás.** Built in the Spanish style around a central court-
Fodor'sChoice yard, Hotel Santo Tomás is one of the town's best lodgings. Breezy
★ passageways in which hundreds of plants spring from rustic clay pots lead past two trickling fountains. Spacious rooms are decorated with traditional textiles and antique reproductions. Each has a fireplace to warm you when the sun goes down. The back of the hotel is quieter and has views of the surrounding countryside. The large restaurant (¢–$$) serves an excellent lunch buffet on market days. ⊠*7 Av. 5–32* ☎*7756–1316 or 7756–1061* 🖷*7756–1306* ⊕*www.paginasamarillas. com/hotelsantotomas.htm* ⇱*70 rooms* ⚫*In-room: no a/c, no phone, no TV. In-hotel: restaurant, bar, pool, gym, no elevator, parking (no fee)* ⊟*AE, D, DC, MC, V.*

$ ⊡ **Hotel Chugüila.** This hotel, in an older building a few blocks north of the plaza, has a variety of rooms facing a cobblestone courtyard. The plant-filled portico leading to most rooms is scattered with inviting chairs and tables. Rooms are simply furnished, and a few have fireplaces. The hotel even offers its own rooftop market with 45 vendors on Thursday and Sunday market days. ⊠5 Av. 5–24 ☎7756–1134 ☎7759–9412 ✉hotelchuguila@yahoo.com ⌨15 rooms ♿In-room: no a/c, no phone. In-hotel: restaurant, no elevator, public Internet, parking ⊟No credit cards.

¢ ⊞**Hotel Chalet.** The Alps are nowhere to be seen, but at the very least, the sun-splashed breakfast room at this cozy little hotel does the name justice. The rooms are smallish but not cramped. Wooden masks and other handicrafts adorn the walls. A pleasant terrace is a great place for relaxing after a taxing day of roaming the markets. The hotel is down a small unpaved road near 7 Avenida, and removed from the cacophony of market central. ⊠3 C. C 7–44 ☎7756–2286 ☎7756–1793 ⌨9 rooms ♿In-room: no a/c, no phone, no TV. In-hotel: no elevator ⊟AE, D, DC, MC, V.

SHOPPING
Although the market is paramount, Chichicastenango has a decent selection of fixed shops selling high-quality souvenirs and artisan work. Many are on 6 Calle, the street you're likely to walk between your tour van and the market and back. Here's the kicker: Most of them open only on Thursday and Sunday market days.

Casa Maya (⊠6 C. ☎7756–1349) has a distinctive array of quality T-shirts. **Típica Maya** (⊠6 C. 6–35 ☎5910–1424) offers a good selection of women's clothing—in particular, woven huipils and cortes.

Galería de Artes Pintores de Chichicastenango (⊠6 C. ☎5443–0074) exhibits primitivist paintings created by a cooperative of 12 local artisits. We especially like the hand-painted Nativity scenes at **Tashe Artesanía** (⊠6 C. 6–13 ☎7756–1622) among all the other ceramics for sale.

Bucking the trend and staying open every day of the week, **De Colores** (⊠6 C. 6–21 ☎7756–1027) deals in woven and embroidered textiles, sweaters and blouses. Check out the selection of cute oven mitts and pot holders.

NIGHTLIFE & THE ARTS
Nightlife is limited in hard-working Chichicastenango, although there are many tiny bars along the streets surrounding the plaza where you can join the locals for a beer. Do not stray from the city center at night, as there have been numerous attacks by *maras* (gangs).

Las Brasas (⊠6 C. 4–52 ☎7756–2226) occasionally has live music.

Café San Juan (⊠4 Av. San Juan 6–58 ☎7756–2086) has a refreshing neocolonial feel and live music on the weekends. The light fare is also quite good.

QUETZALTENANGO (XELAJÚ)

91 km (56 mi) southwest of Chichicastenango.

Guatemala's second largest city might seem quite provincial if you've first visited the capital. But we'll take friendly, old Quetzaltenango any day. Historically, the city never entirely warmed to the idea of authority from far-away Guatemala City, and, in fact, was a hotbed of separatist sentiment during the 19th century. Those dreams have long faded, but you'll see Quetzaltenango's blue-white-red regional flag flying far more frequently here than the blue-white-blue national flag.

The first attraction of the place is the city itself. You won't find many must-see sights here, but Quetzaltenango's large student population gives it a cosmopolitan, politically astute, slightly bohemian feel, with a good selection of restaurants, cafés, and nightlife. It's no wonder that the city has become such a choice place to study Spanish.

The city anchors a valley guarded by the Volcán Santa María, with an economy based on agriculture. The rolling hills, enriched by fertile volcanic soil, are particularly good for growing coffee. The area attracts travelers, who come here to purchase the intricate weavings from the surrounding villages. The first Sunday of each month is the main market day in Quetzaltenango itself, and the central square is filled with women selling their wares. Many days a week, towns in the Quetzaltenango orbit play host to their own markets, and are well worth their easy day trips.

Streets in Quetzaltenango vaguely follow the Guatemala City organizational model. The city is divided into 11 zones, although nearly everything you need is in Zona 1. Avenidas run north–south; calles, east–west. Outside the very heart of the city, hills interrupt the regular grid system, and many streets need to be designated as *Diagonal*.

EXPLORING

Catedral del Espíritu Santo/Catedral de los Altos. On the southeastern corner of Parque Centro América, this cathedral dates from 1535. All that remains of the original building (Espíritu Santo) is the facade, which features life-size saints that look down upon those headed here to pray and is offset to the left of the newer cathedral (Los Altos), with its own front, constructed in 1899. ⊠*11 Av. and 7 C., Zona 1.*

Iglesia de San Nicolás. This bluish church, on the east side of Parque Benito Juárez, is known for its unusual baroque design. Although lovely, it looks a bit out of place in the town's mix of Greek and colonial structures. ⊠*15 Av. and 3 C., Zona 3.*

Museo de Historia Natural. In the Casa de la Cultura on the south side of Parque Centro América, the Museum of Natural History is interesting mainly for its neoclassic flourishes. Inside are some examples of pre-Columbian pottery. Your ticket also includes admission to the so-called Museo de la Marimba, which, despite its name, has little to do with marimbas, and is more a hodgepodge collection of Quetzaltenango artifacts. ⊠*7 C. and 11 Av., Zona 1* ☎*7761–6427* ☜*Q6.*

QUETZALTENANGO OR XELAJÚ?

All the highway signs direct you to QUETZALTENANGO, but once you arrive, you'll hear many residents refer to their city by its one-time indigenous name, "Xelajú" (*Shay-la-HOO*) or, more commonly, "Xela" for short. The long version was *Xelajú Noj*, meaning "under 10 mountains." Originally part of the Mam empire, Quetzaltenango was captured in the 14th century by the Quiché people. It remained part of the Quiché kingdom until 1524, when Spanish conqueror Pedro de Alvarado captured and destroyed the city. He used the stones to build a new city called Quetzaltenango, which means "the place of many quetzals" in Mexico's Nahuatl language.

Nearly five centuries later, the new name still sticks in the collective craw of many residents. Some, as a matter of pride and tradition, would never let the word "Quetzaltenango" pass their lips. Others are more pragmatic: "Xela" is just quicker to say and write.

Parque Benito Juárez. About 10 blocks north of Parque Centro América is this palm-lined park where many families spend their Sunday afternoons. Ice-cream stands are in glorious abundance. ⊠ *15 Av. and 3 C., Zona 3* ⌨ *Q6.*

Parque Centro América. The city's central plaza, ablaze with pepper trees, is one of the most beautiful in Central America. It is surrounded by neoclassical architectural masterpieces, most of which date from the early 20th century (earthquakes took their toll on older colonial structures), such as the magnificent building called Pasaje Enríquez, built in 1900 in the style of a center-city European shopping arcade. Bees buzz around the park's numerous flower beds. Be careful if you're susceptible to harm from their stings. ⊠ *12 Av. and 4 C., Zona 1.*

★ **Zunil.** Nine km (5½ mi) south of Quetzaltenango, and at the base of an extinct volcano, the radiant village of Zunil is one of the prettiest in the highlands. Mud and adobe houses are clustered around the whitewashed church that marks the center of town. On the outskirts of the village you'll find the local cemetery, which is lined with tombstones painted in soft shades of pink and blue. The best day to visit is Monday, when women wearing vivid purple shawls hawk fruits and vegetables grown in their own gardens.

☾ High in the hills above Zunil are the wonderful hot springs of **Fuentes Georginas.** There are four pools, two of which remain in their natural basins. Unfortunately, the spring has been losing its potency over the years and is now only tepid throughout. Lounging near the rocky source in the natural pool will give you the most warmth. The springs are tucked into a lush ravine in the middle of a cloud forest, so hikers should take advantage of the beautiful trails that begin here. The complex is open from 8 AM to 6 PM; admission is Q20.

WHERE TO EAT

$–$$ ✕**Dos Tejanos.** Tex-Mex food has come to Quetzaltenango in a big way with the 2007 opening of this restaurant inside the Pasaje Enríquez building on Parque Centro América. Look for the neon signs. Decor is that of an old, southwest cantina, with wood tables and stools in the room that also houses the bar, and chairs with backs in the amply sized room for nonsmokers. Barbecue ribs, fajitas, and nachos make up the hearty fare. ⊠*4 C. 12–3* ☎*7765–4360* ▤*V* ⊘*BP.*

¢–$$ ✕**Royal Paris.** This bistro caters to foreign students, so the menu covers a lot of bases. Some dishes aren't the least bit Parisian, such as the succulent chicken-curry kebab. It's all prepared with flair, however. The ambience at this second-floor restaurant is definitely imported, and slightly bohemian, courtesy of the paintings of cabaret scenes. There's also a bar with an extensive wine list. ■**TIP→Stop by on Tuesday evenings; it's movie night, with a French or Italian film (with Spanish subtitles).** ⊠*C. 14A 3–06, Zona 1* ☎*7761–1942* ▤*AE, D, DC, MC, V* ⊘*No lunch Mon.*

¢–$ ✕**El Kopetín.** Good food, attentive service, and reasonable prices make this place popular with the locals, so it can be tough to get a table later in the evening. It couldn't be described as fancy, but this restaurant's long polished bar and wood paneling raise it above the usual neighborhood dive. The menu has a number of delicious appetizers, including traditional queso fundido and a selection of meat and seafood dishes that are smothered in rich sauces. On Saturday the place whips up its *caldo de mariscos* (seafood stew). ⊠*14 Av. 3–51, Zona 1* ☎*7761–8381* ▤*AE, D, DC, MC, V.*

WHERE TO STAY

$$ ▦**Casa Mañen.** This romantic little B&B, west of the central plaza, blends colonial comforts with modern conveniences. The rooms—most have fireplaces—are spacious and homey, with handmade wall hangings and throw rugs and the occasional rocking chair. On the roof is a two-level terrace with a fantastic view of the city. Complimentary breakfast is served in a small dining room downstairs. The staff is incredibly friendly and will be happy to help you with travel plans. You'll get a small discount if you pay in cash. ⊠*9 Av. 4–11, Zona 1* ☎*7765–0786* 🖷*7765–0678* ⊕*www.comeseeit.com* ➷*7 rooms, 2 suites* ⚫*In-room: no a/c, no phone, safe, refrigerator (some). In-hotel: no elevator, laundry service, parking (no fee)* ▤*AE, D, DC, MC, V* ⦿*BP.*

$ ▦**Hotel Modelo.** Founded in 1892, this family-run establishment is one of Guatemala's oldest, still-operating lodgings. Over the years the distinguished hotel has maintained its tradition of good service. The wood-floor rooms, furnished with antiques, surround a few small courtyards leading off the lobby. Dinner is served in a fine colonial-style restaurant. Rooms in the overflow annex on the next block (the Hotel Modelo Anexo) are far more basic. ⊠*14 Av. A 2–31, Zona 1* ☎*7763–0216* 🖷*7763–1376* ➷*32 rooms* ⚫*In-room: no a/c, safe (some). In-hotel: restaurant, bar, parking (no fee)* ▤*AE, D, DC, MC, V* ⦿*BP.*

$ ▦**Hotel Villa Real Plaza.** Surrounding a covered courtyard illuminated by skylights, the spacious carpeted rooms at Hotel Villa Real Plaza

LANGUAGE SCHOOLS

Quetzaltenango has the greatest number of Spanish schools in Guatemala, and is widely known for having the country's most rigorous programs. As elsewhere, schools can line you up with homestays.

Casa Xelajú (✉ *Callejón 15, Diagonal 13–02, Zona 1* ☎ *7761-5954* ⊕ *www.casaxelaju.com*).

CBA Spanish School (✉ *12 Av. 10–27, Zona 1* ☎ *7761-8535* ⊕ *www.cbaspanishschool.com*).

Celas Maya Spanish School (✉ *6 C. 14–55, Zona 1* ☎ *7761-4342* ⊕ *www.celasmaya.edu.gt*).

Centro de Estudios Español Pop Wuj (✉ *1 C. 17–72, Zona 1* ☎ *7761-8286* ⊕ *www.pop-wuj.org*).

Centro Ligüístico El Baul (☎ *7765-8066*).

Educación para Todos (✉ *Av. el Cenizal 0-58, Zona 5* ☎ *5935-3815* ⊕ *www.spanishschools.biz*).

El Anual Language Center (✉ *27 Av. 8–68, Zona 1* ☎ *7765-2098* ⊕ *www.languageselnahual.com*).

El Mundo en Español (✉ *8 Av. C. B A-61, Zona 1* ☎ *7761-6256* ⊕ *www.elmundoenespanol.org*).

El Portal Spanish School (✉ *9 Callejón A 11–49, Zona 1* ☎ *7761-5275* ⊕ *www.spanishschoolelportal.com*).

El Quetzal Spanish School (✉ *10 C. 10–29, Zona 1* ☎ *7765-1085* ⊕ *222.xelawho.com/elquetzal*).

Escuela de Español EVA (✉ *Diagonal 12 6–39, Zona 1* ☎ *7765-3325* ⊕ *www.xelapages.com/vamosadelante*).

Eureka Spanish School (✉ *12 Av. 8–21, Zona 1* ☎ *7761-5260*).

Inepas Spanish School (✉ *15 Av. 4–59, Zona 1* ☎ *7765-1308* ⊕ *www.inepas.org*).

Ixim No'j (✉ *1 Av. 7–34, Zona 1* ☎ *5977-1040* ⊕ *www.iximnoj.com*).

Kie Balam Spanish School (✉ *Diagonal 12 4–46, Zona 1* ☎ *7761-1636* ⊕ *www.kiebalam.com*).

La Democracia Spanish School (✉ *9 C. 15–05, Zona 3* ☎ *7763-6895* ⊕ *www.lademocracia.net*).

Madre Tierra Spanish School (✉ *13 Av. 8–34* ☎ *7761-6105* ⊕ *www.madre-tierra.org*).

Miguel Ángel Asturias Spanish School (✉ *8 C. 16–23, Zona 1* ☎ *7765-3707* ⊕ *www.spanishschool.com*).

Minerva Spanish School (✉ *24 Av. 4–39, Zona 3* ☎ *7767-4427* ⊕ *www.minervaspanishschool.com*).

Proyecto Lingüístico Quetzalteco de Español (✉ *5 C. 2–40, Zona 1* ☎ *7763-1061* ⊕ *www.hermandad.com*).

Proyecto Lingüístico Santa María (✉ *3 C. 10–56, Zona 1* ☎ *7765-8136* ⊕ *www.spanishgua.net*).

Sakribal Spanish School (✉ *6 C. 7–42, Zona 1* ☎ *7763-0717* ⊕ *www.sakribal.com*).

Ulew Tinamit Spanish School (✉ *4 C. 15–23, Zona 1* ☎ *7761-6242* ⊕ *www.spanishguatemala.org*).

Utatlán Spanish School (✉ *12 Av. 4–32, Zona 1* ☎ *7763-0446* ⊕ *www.xelapages.com/utatlan*).

Xequijel Spanish School (✉ *6 C. 13–36, Zona 1* ☎ *7765-8309* ⊕ *www.xequijeledu.com*).

all have fireplaces that you'll appreciate on cool evenings. Those in a newer wing are superior to those in the dimly lit older section. The restaurant (¢–$$) has an interesting menu whose offerings range from chicken cordon bleu to a variety of meaty stews. You'll receive a small discount if you pay with cash. ⊠4 C. 12–22, Zona 1 ☎7761–4045 ☎7761–6780 ⊕www.xelapages.com/villarealplaza ⟳54 rooms ⚷In-room: no a/c. In-hotel: restaurant, room service, bar, laundry service, parking (no fee) ☰AE, DC, MC, V.

¢–$ ⚏The Black Cat. This slightly ramshackle hotel, a few blocks off the plaza, is a popular spot with travelers on a budget. Rooms on two floors of a converted residence face a small courtyard overflowing with plants. Several are arranged dorm style with bunks, and sleep eight to 10 people. Though simple, they're clean and comfortable. There's a separate lounge where you can chat with other guests. ⊠13 Av. 3–33, Zona 1 ☎7765–8591 ✐blackcatxela@gmail.com ⟳14 rooms, none with bath ⚷In-room: no a/c, no phone, no TV. In-hotel: restaurant, bar, public Internet, public Wi-Fi ☰No credit cards ⊌BP.

NIGHTLIFE

Guatemala's second city gets our first-place nod for a fun night out on the town. Although the center city is fine for walking in the evening, take a taxi back to your hotel if you plan to be out late.

Many places have no phone, other than a cell number belonging to someone on staff. For updates and the latest news, check the monthly, slightly irreverent English-language publication *Xela Who*, available around town.

BARS

Casa Babylon (⊠5 C. 12–54, Zona 1 ☎7761–2320) attracts foreign students and Guatemalans alike. They have an extensive mixed drink list. Right off the central square, **Salón Tecún** (⊠12 Av. 4–40, Zona 1) is a small pub inside the Pasaje Enríquez building on Parque Centro América that is popular with students.

Vegetarian restaurant **Asados Puente** (⊠7 C. 13–29, Zona 1 ☎7759–5077) holds happy hour every night from 8 to 10 PM.

Complementing all the city's down-home offerings, classy bar **Bajo La Luna** (⊠8 Av. 4–11, Zona 1 ☎7761–2242) serves wine by the glass, pitcher, or bottle.

CAFÉS

Grab a cup of coffee or a drink on the second-floor outdoor balcony of **Balcón del Enríquez** (⊠12 Av. 4–40, Zona 1 ☎7765–2296), in the Pasaje Enríquez building on Parque Centro América. **Blue Angel Video Café** (⊠7 C. 15–79, Zona 1) serves up fruit and veggie drinks while you log in via Wi-Fi on your laptop. For a taste of Xela's bohemian scene, head to the oh-so-funky **La Luna** (⊠8 Av. 4–1, Zona 1). Though they don't serve alcohol, the extensive hot-drink menu is enough to satisfy any espresso addict or chocophile.

LIVE MUSIC

Enjoy live music each Thursday evening at the mellow **Brooklyn Bar** (⊠*15 Av. 0–67, Zona 1*). **La Fonda del Ché** (⊠*15 Av. 7–43, Zona 1* ☎*5569–8827*) has trova, a genre of protest music popular in Latin America, Tuesday through Saturday night. Nurse a glass of wine and listen to live music or a poetry reading at **El Viñedo** (⊠*15 Av. A 3–05, Zona 1*) Tuesday through Saturday. **La Mansión Marilyn** (⊠*13 Av. 5–38, Zona 1*) offers live music with a lot of Marilyn Monroe decor in the background Tuesday through Sunday.

> ### CHEERING ON THE GOATS
>
> You'll have to look for it as XELAJÚ MC in the sports scores, but Quetzaltenango better knows its 2007 Guatemalan National League championship soccer team as the *Superchivos* ("supergoats"), the city being the center of an important goat-raising region.

FILMS

Enjoy a coffee, log in with your laptop, and enjoy the occasional movie night at **Cinema Coffee Shop** (⊠*12 Av. 8–21, Zona 1*). We like cozy **El Cuartito** (⊠*13 Av. 7–09, Zona 1*) for its coffee and veggie snacks. It has an outdoor patio, but the inside is a lot warmer. Tuesday's "Alternative Film Night" gets underway at 7 PM. **Cinema Paraíso** (⊠*1 C. and 2 Av., Zona 1*) is a small café that screens artsy films. **Cubatenango** (⊠*19 Av. 2–08, Zona 1* ☎*5508–3348*) screens Latin American films on DVD each Tuesday and Thursday at 7 PM, and serves two-for-one *Cuba Libres* (rum and cokes) each evening from 6 to 8 PM.

DANCING

Catering to the university crowd, **El Duende** (⊠*14 Av., between 1 and 2 Cs., Zona 1*) is the place to go dancing on the weekends. Take your pick, depending on the night of the week, at **Kokoloko's** (⊠*15 Av. and 4 C., Zona 1* ☎*5904–9028*), and dance to salsa, reggae, or world music. Happy hour is from 7 to 9 every night. Dance the night away, Latin style, at **La Parranda** (⊠*6 C. and 14 Av., Zona 1*). Dance to a variety of music at **Pala Life Klishé** (⊠*4 C. and 15 Av., Zona 1*) Tuesday is reggae night; Friday means disco.

OUTDOOR ACTIVITIES

BICYCLING

There's great mountain biking through the hills and villages surrounding Xela. **Vrisa Bicicletas** (⊠*15 Av. 3–64, Zona 1* ☎*7761–3237*) rents both on-road and off-road bikes by the day or week and has maps so you can take self-guided tours of the countryside.

HIKING

Quetzaltrekkers (⊠*Casa Argentina, 12 Diagonal 8–67, Zona 1* ☎*7761–5865* ⊕*www.quetzaltrekkers.com*) is a nonprofit company that supports three major social-service programs by coordinating truly unforgettable hiking trips. The three-day trek to Lago Atitlán and the two-day ascent of Volcán Tajumulco both pass through spectacular countryside and several remote villages.

SHOPPING

BOOKS

Literary- and politically-minded Quetzaltenango has several fine book-stores, three with good selections in English. **El Libro Abierto** (✉ *15 Av. A 1–56, Zona 1* ☎ *7761–5195*) deals in used books, as well as post-cards and organic coffee. **North & South Bookstore** (✉ *8 C. 13–77, Zona 1* ☎ *7761–0589*) is strong in works dealing with history and politics. **Vrisa Bookstore** (✉ *15 Av. 3–64, Zona 1* ☎ *7761–3237*) has many used books in English.

MARKETS

The bustling **Mercado Minerva** (✉ *6 C., Zona 3*), next to the main bus terminal, is the best of the city's markets. There are plenty of interesting handicrafts to be found here. But watch your pockets—groups of skillful thieves prey on tourists coming to and from the buses.

Artesanía from most of the villages in the region can be found in the **Mercado La Democracia** (✉ *1 C. and 15 Av., Zona 3*). Since there are relatively few shoppers, prices tend to be lower than elsewhere in the city.

Near Parque Centro América, the **Centro Comercial Municipal** (✉ *7 C. and 11 Av., Zona 1*) has a more limited selection of souvenirs.

SPECIALTY STORES

Trama Textiles (✉ *3 C. and 11 Av., Zona 1* ☎ *7765–8564*) exhibits scarves, bags, and tablecloths woven by a local women's cooperative. Quetzaltenango is famous for its beautiful glass. **Vitra** (✉ *13 Av. 5–27, Zona 3* ☎ *7767–1269*) is one of the city's most noted stores. You'll find excellent handblown glass at affordable prices.

Bazar de Café (✉ *13 Av. 5–38, Zona 1* ☎ *7761–4980*) sells fine roasted coffee from here in the highlands (fair-trade, of course). Purchase coffee from area cooperatives at **Café Conciencia** (✉ *6 C. 7–31, Zona 1* ☎ *7765–8761*), as well as peanut butter and macadamia nuts. The **Gallo Store** (✉ *12 Av. 3–35, Zona 1*) sells T-shirts, caps, and mugs with the logo of Guatemala's best-known beer, as well as the complete line of beer itself.

THE HIGHLANDS ESSENTIALS

BY AIR

There is no scheduled air service to the highlands. The Guatemalan government is retooling dormant airfields in Quetzaltenango (AAE) and Huehuetenango (HUE) at this writing, with plans to restore one-time domestic-air routes from Guatemala City. No date has been announced for resumption of such service. For now, Adrenalina Tours in Quetzatenango and Antigua charters air service between Guatemala City and Quetzaltenango.

Air Services Adrenalina Tours (☎ *7761–4509 in Quetzaltenango, 7832–1108 in Antigua* ⊕ *www.adrenalinatours.com*).

BY BOAT & FERRY

With the exception of the service between Panajachel and Santiago Atitlán, Lago Atitlán's public ferries have been replaced by private water taxis. Although they don't follow a schedule, the private boats are much faster and cost about the same. Panajachel has two primary docks, one at the end of Calle del Embarcadero and one at the end of Calle Rancho Grande. The first is for private boats on the San Pedro route, stopping at Santa Cruz, Jaibalito, San Marcos, Santa Clara, and San Pedro. It's about Q15, no matter where you get off.

The other dock is for hour-long journeys to Santiago, with departures at 6, 8:30, 9, 9:30, and 10:30 AM and 1, 3, 4:30, and 5 PM, and return trips at 6, 7, and 11:45 AM and 12:30, 1:30, and 4:30 PM. The cost is about Q10. Private boats occasionally take passengers to Santiago in about half the time.

BY BUS

Transportes Rébuli travels from Guatemala City to Panajachel hourly from 5 AM to 4 PM daily. Buses bound for Guatemala City leave Panajachel hourly from 6 AM to 3 PM daily. The 6 AM and 3 PM buses are more expensive, but they're also much more comfortable. Count on a four-hour trip.

To get to Chichicastenango and Santa Cruz del Quiché, take Veloz Quichelense, which departs from the capital on the half hour between 5 AM and 6 PM and returns on a similar schedule. For Quetzaltenango, take Galgos buses, which leave Guatemala City at 5:30, 8:30, and 11 AM and 12:45, 2:30, 5, 6:30, and 7 PM. They depart from Quetzaltenango at 4, 5, 8:15, 9:45, and 11:45 AM and 2:45 and 4:45 PM. The trip takes four hours.

To travel to Huehuetenango, you can choose from several companies for the five-hour run from Guatemala City. Los Halcones has departures at 7 AM and 2 PM. Rápidos Zaculeu runs buses at 6 AM and 3 PM. Transportes Velásquez also has daily departures at the same time.

Transportes Turisticos Atitrans and Turansa have buses that travel from Antigua to towns in the Western Highlands. You can also catch a public bus at the terminal, which is cheaper but much less comfortable. There are one or two direct buses to Panajachel and Quetzaltenango each day, as well as five or six bound for Chichicastenango.

Information Galgos (✉ 7 Av. 19–44, Zona 1, Guatemala City ☎ 2232–3661). **Los Halcones** (✉ Calzada Roosevelt, Zona 11 ☎ 2439–4911). **Rápidos Zaculeu** (✉ 9 C. 11–42, Zona 1 ☎ 2232–2858). **Transportes Rébuli** (✉ 21 C. 1–34, Zona 1, Guatemala City ☎ 2230–2748). **Transportes Velásquez** (✉ 20 C. 1–37, Zona 1 ☎ 2221–1084). **Veloz Quichelense** (✉ Terminal de Buses, Zona 4, Guatemala City ☎ No phone).

BY CAR

The Pan-American Highway—part country road, part modern highway—heads northwest out of Guatemala City, where it is called the Calzada Roosevelt. It bypasses Antigua and passes through Chimaltenango before reaching a crossroads called Los Encuentros. Here you can head north to Chichicastenango, Santa Cruz del Quiché, and Nebaj. Continue on the Pan-American Highway, and you'll pass a turnoff to Panajachel and then another just beyond for San Marcos La Laguna and other towns on the north shore of Lago Atitlán. The Pan-American Highway continues over some impressive ridges and then descends to a crossroads called Cuatro Caminos, about 200 km (124 mi) from the capital. Here the road to Quetzaltenango heads off to the south. The Los Encuentros-Cuatro Caminos section of the highway is undergoing construction and expansion to four lanes at this writing. The end result will cut travel time considerably to this part of the country; in the meantime, expect some slow-going as you weave around construction barriers. Heading west, the 60-km (37-mi) section between Cuatro Caminosand Huehuetenango has been completed. Many roads to the north of Huehuetenango and Santa Cruz del Quiché are unpaved and pretty rough—this is nerve-racking mountain driving relieved intermittently by memorable views.

CAR RENTAL There is only one national car-rental agency in the Western Highlands, Tabarini. It might be easier to rent a car in Guatemala City instead.

Local Agencies Tabarini (✉ *9 C. 9–21, Zona 1, Quetzaltenango* ☎ *7763–0418* ✉ *Hotel Los Cuchumatanes, Sector Brasil Zona 7, Huehuetenango* ☎ *7764–1951).*

EMERGENCIES
In Panajachel, Clínicas Médicas Pana Medic offers 24-hour medical attention. The physicians, Francisco Ordoñez and his wife Zulma Buitrago, both speak English. Quetzaltenango is home to two fine private hospitals, the Hospital Privado de Quetzaltenango and Hospital La Democracia. The Hospital Nacional Dr. Jorge Vides Molina in Huehuetenango and Hospital Nacional in Panajachel are both public hospitals. Farmacia La Unión is a full-service pharmacy in Panajachel. Farmacia Batres is a chain with many pharmacies in the highlands

Emergency Services Ambulance (☎ *7762–4121 in Panajachel, 7761–2746 in Quetzaltenango).* **Police** (☎ *7756–1365 in Chichicastenango, 7764–8877 in Huehuetenango, 7762–1120 in Panajachel, 7761–4990 in Quetzaltenango, 7755–1325 in Santa Cruz del Quiché, 7766–4374 in Totonicapán).*

Hospitals Clínicas Médicas Pana Medic (✉ *C. Principal 0–72, Panajachel* ☎ *7762–2174).* **Hosptial Nacional** (✉ *Calzada Venancio Barrios, Sololá* ☎ *7762–4122).* **Hospital Privado de Quetzaltenango** (✉ *5 C. 12–44, Zona 3, Quetzaltenango* ☎ *7763–4381).* **Hospital Nacional Dr. Jorge Vides Molina** (✉ *Aldea Las Lagunas, Huehuetenango* ☎ *7764–3204).* **Hospital La Democracia** (✉ *13 Av. 6–51, Zona 3, Quetzaltenango* ☎ *7763–6760).*

Pharmacies Farmacia Batres (✉ *6 Av. 6–05, Chichicastenango* ☎ *7756–1029* ✉ *4 C. 3–62, Zona 1, Huehuetenango* ☎ *7768–2325* ✉ *10 Av. and 6 C., Zona 1, Quetzaltenango* ☎ *7761–4531* ✉ *2 Av. 6–13, Zona 1, Santa Cruz del Quiché* ☎ *7755–3700* ✉ *C. Principal 0–32, Zona 2, Sololá* ☎ *7762–1485* ✉ *3 C. 11–09, Zona 2, Totonicapán* ☎ *7766–3978).* **Farmacia La Unión** (✉ *C. Santander near C. Principal, Panajachel* ☎ *7762–1138).*

MAIL & SHIPPING

All the villages in the Western Highlands have branches of El Correo, Guatemala's post office, but you are probably better off posting your letters from the larger towns, or better yet, back in Guatemala City. If you are sending something valuable, go with DHL, with branches in Panajachel and Quetzaltenango, or one of the local companies that will ship packages. Alternativas is in Quetzaltenango, and Get Guated Out is in Panajachel.

Post Offices Chichicastenango (⊠ 7 Av. 8–47). **Panajachel** (⊠ Cs. Santander and 5 de Febrero). **Quetzaltenango** (⊠ 15 Av. and 4 C., Zona 1).

MONEY MATTERS

All the larger towns in the Western Highlands have ATMs where you can use your bank card. Bancared has branches in Panajachel, Chichicastenango, Quetzaltenango, and Huehuetenango.

Banks Bancared (⊠ 5 Av. and 6 C., Chichicastenango ⊠ 4 C. 6–81, Zona 1, Huehuetenango ⊠ C. Principal 0–78, Zona 2, Panajachel ⊠ 4 Av. 17–40, Zona 3, Quetzaltenango).

SAFETY

Several groups of travelers have been robbed while hiking around the Lago Atitlán area. It is always a good idea to hire a guide, especially when you are not familiar with your destination. In Quetzaltenango and Chichicastenango it is best to avoid the areas outside the city center at night, as gang activity is reportedly on the rise.

TOURS

In Panajachel, Atitrans is a reputable company with many area excursions. Union Travel in Panajachel also offers tours to just about everywhere in the region. Chichicastenango's only tour company, Chichi Turkaj–Tours, is well-regarded. In Quetzaltenango, Quetzaltrekkers supports social-service programs in the area. Adrenalina Tours in Quetzaltenango and a branch in Antigua lead trips to area volcanoes and surrounding towns on their market days.

Contacts Adrenalina Tours (⊠ 12 Av. 4–25, Zona 1, Quetzaltenango ☎ 7761–4509 ⊕ www.adrenalinatours.com). **Atitrans** (⊠ 3 Av. 3–47, Zona 2, Panajachel ☎ 7762–2246).

Chichi Turkaj–Tours (⊠ 5 C. 4–42, Zona 1, Chichicastenango ☎ 7756–2111). **Kaqchiquel Tours** (⊠ 7 C. 15–20, Zona 1, Quetzaltenango ☎ 5294–8828 ✍ kaqchikeltours@hotmail.com). **Quetzaltrekkers** (⊠ Casa Argentina, Diagonal 12 8–67, Zona 1, Quetzaltenango ☎ 7765–5895 ⊕ www.quetzaltrekkers.com). **Union Travel** (⊠ In Los Pinos Av. Santander, Zona 2, Panajachel ☎ 7762–2426).

VISITOR INFORMATION

The Guatemala tourism agency Inguat has offices in Panajachel, open daily 9 to 5, and in Quetzaltenango, open weekdays 9 to 5 and Saturday 9 to 1, and San Miguel Totonicapán. The staff at the office in Panajachel is particularly helpful.

Information **Inguat** (⊠ *Edificio San Rafael, C. Santander, Panajachel* ☎ *7762–1106* ⊠ *Casa de la Cultura, Parque Centro América, 7 C. 11–35, Zona 1, Quetzaltenango* ☎ *7761–4931).*

THE ATLANTIC LOWLANDS

Guatemala's short Caribbean shoreline doesn't generate the same buzz as that of neighboring Belize and Mexico. The coast—Guatemalans all call it the *Atlántico*, even though it's the Caribbean you're seeing—stretches a scant 123 km (74 mi). But whatever you call it, there's plenty to keep you occupied in the lowlands on this side of the country. Tourist brochures tout this coast as "The Other Guatemala" because predominantly indigenous and Spanish cultures of the highlands give way to an Afro-Caribbean tradition that listens to the rhythms of far-off Jamaica rather than taking its cue from Guatemala City.

Although the indigenous culture here isn't as striking as that in the highlands, traces of the Mayan empire, such as the impressive city of Quiriguá, mark the movement of this ancient people through the lowlands, and you'll run across many inland people who speak only their native Q'eqchí. Living in remote mountain villages, they sometimes must walk a full day or more to get to the market towns. The coastal towns of Livingston and Puerto Barrios are home to the Garífuna, an Afro-Caribbean people who speak a language all their own. In this region largely untouched by tourism is the stunning Lago Izabal, one of Guatemala's great, don't-miss excursions.

LAGO IZABAL

Mention "Guatemala" and "lake" in the same sentence, and you'll likely think of the highlands' Lago Atitlán, but the famed Izabal deserves as much attention. The country's largest lake sits in the midst of a tropical-forested region alive with wildlife, and is connected to the Atlantic coast by the Río Dulce.

RÍO DULCE

Fodor'sChoice *30 km (19 mi) northwest of La Ruidosa, where the road to El Petén*
★ *leaves the Carretera Atlántica.*

The town serves as a major transportation hub. Drive south and you'll hit the road connecting Guatemala City with the Caribbean coast, head north and you'll eventually reach El Petén.

The term "Río Dulce" denotes two geographic entities. First and foremost, it is the name of the beautiful waterway connecting the coastal town of Livingston with Lake Izabal, and is one of Guatemala's signature sights. It also refers a the town of that name, although that isn't actually its name at all. (Highway signs do direct you to RÍO DULCE however.) What everyone refers to as "Río Dulce" consists of two towns on opposite banks of the river—Fronteras on the north and El Relleno

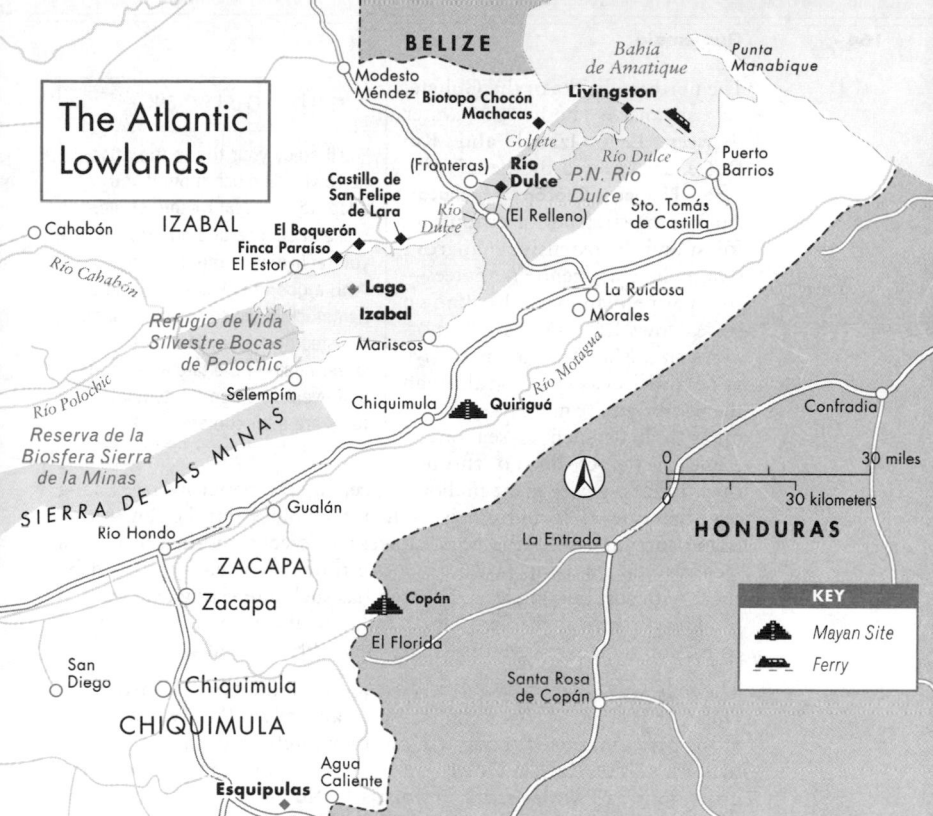

The Atlantic Lowlands

on the south—connected by the country's longest bridge clocking in at 850 meters (2,790 feet). At first glance, the town has little to keep you here, although unexpectedly good restaurants and hotels nearby are easily reached by road or water. The *lancheros* (captains) who congregate on the river will take you anywhere in the immediate area for under Q40.

Once an important Mayan trade route, the Río Dulce later became the route over which the conquistadors sent the gold and silver they plundered back to Spain. All this wealth attracted Dutch and English pirates, who attacked both the ships and the warehouses on shore. In hopes of curtailing these buccaneers, colonists built a series of fortresses on the river's northern banks. In 1955 the Guatemalan government reconstructed the ruined fortress of **Castillo de San Felipe de Lara** (⊠*Southwest of Fronteras* ☎*No phone* 💲*Q10*). Spanish colonists constructed the fortress in 1595 to guard the inland waterway from pirate incursions. It was used as a prison between 1655 and 1660. You can reach it by the road leading west from Río Dulce or by a short boat ride. A 1999 earthquake in this region destroyed the river pier as well as damaging portions of the fort. If you wish to visit, rather than simply see the structure from the water, you'll need to approach the park overland rather than upriver.

The northern banks of the Golfete, an expansive body of water between Lago Izabal and Río Dulce, are covered by the 17,790-acre **Biotopo Chocón Machacas.** Among the stretches of virgin rain forest and the extensive mangrove swamp here are gentle manatees—shy marine mammals also known as sea cows because of their enormous size. Manatees are as elusive as quetzals, so as you boat through the reserve you're more likely to see other animals such as sea otters. Some of the creeks go through

> **A GOOD OUTLOOK**
>
> You'll enjoy your trip to the Atlantic Lowlands much more if you adapt to the local rhythm of life. Wake at sunrise and do most of your activities in the morning. With a good book in hand, find a hammock in which to relax during the steamy midday hours. Hit the street again in the late afternoon and evening, when the temperatures are a bit cooler.

thick forests, where giant mahogany, ceiba, and mangrove trees hang over the water to form tunnels so thick they block out the sun. A tiny island surrounded by the park's dozens of creeks and lagoons has a well-maintained 1-km (1/2-mi) nature trail that is easily walked by those with stiff boating legs. The trail has such interesting examples of old-growth trees as the San Juan, a tall, straight tree with yellow blossoms, and such exotic plants as orchids and bromeliads.

The only way to get to the reserve is a 45-minute boat trip from Río Dulce or Livingston. Most launches up and down the river will stop at the park entrance if requested, but they rarely enter the park. Most major hotels on the Río Dulce rent boats with guides for individual or group tours. ⊠*Northeast of Fronteras* ☎*No phone.*

WHERE TO STAY & EAT

$$$ ✕⊡**Catamaran Island Hotel.** On the north bank of the Río Dulce, this
Fodor'sChoice   lovely resort takes advantage of its location with a restaurant (¢–$$)
★   built right over the water. The specialties are grilled steaks and fresh fish, including the delicious robalo plucked from the river. A string of spacious bungalows is cooled by river breezes, the nicest feature of which are the porches, perfect for watching boats. The staff can arrange boat trips along the river and to Livingston. Although the Banana Palms is bigger and grander, we prefer Catamaran Island's more traditional resortlike experience. ⊠*5 km (3 mi) east of Fronteras* ☎*7930–5494, 2367–1545 in Guatemala City* ☎*7930–5492, 2367–1633 in Guatemala City* ⊕*www.catamaranisland.com* ⇌*36 rooms* ⌂*In-room: no phone, no TV. In-hotel: restaurant, room service, bar, tennis court, pool, public Internet* ⊟*AE, D, DC, MC, V* ⏐⊙⏐*BP.*

$ ✕⊡**Hacienda Tijax.** There is only very basic accommodation here, but people come for the eco-activities, not the rooms. Built out over the water, this jungle lodge—the name is pronounced *Tee-HAHSH*—offers a number of types of accommodations, from cozy birdhouse-shape cabanas to large two-story bungalows with kitchens and dining rooms. A series of swinging bridges over a mangrove swamp lets you stroll to the adjacent nature reserve. Also nearby is a plantation where you can learn how rubber is extracted from trees. The lodge is also known for its restaurant (¢–$), which serves a variety of Italian dishes including homemade pesto. There are also plenty of vegetarian dishes. ✉*Northeast of Fronteras* ☎*7930-5505* ✍*tijax@directway.com* ⊕*www.tijax. com* ⌖*19 cabins, 10 with bath* ♿*In-room: no a/c, no phone, kitchen (some), no TV. In-hotel: restaurant, bar, pool, water sports, no elevator* ☰*MC, V.*

NIGHTLIFE

Head to **Hotel Backpackers** (✉*Under bridge, El Relleno* ☎*7930-5480*) for a beer at the waterfront bar. It's a fun place to while away the evening, and it's a bar with a conscience to boot. All the proceeds go to benefit **Casa Guatemala Orphanage** (⊕*www.casa-guatemala.org*), so drink up. They also offer Río Dulce's most affordable accommodation, but rates (¢) are cheap for a reason. The accommodation is extremely basic, although a few of the rooms are being upgraded at this writing.

OUTDOOR ACTIVITIES

The natural crown jewel of this region is Río Dulce, which winds its way between Lake Izabal and the coast through a 13,000-hectare (32,000-acre) national park. Excursions approach the park by land, but we recommend making the two- to three-hour trip up or down the river to immerse yourself in the experience and have fun feeling a bit like Indiana Jones. The *collectivos* (public boats) leave from Río Bravo Restaurant when they have at least eight passengers (the lancheros will keep you waiting all afternoon if the boat is not full). The rate is usually about Q100 per person. Private boats can also be hired, but they cost around Q750 depending on how well you negotiate the price, really only useful if you have your own group. All public launches stop at Bird Island, a roosting place for several hundred cormorants, and Flower Lagoon, a small inlet covered in bobbing water lilies and magnolias. There's also a stop at a hot springs that tumbles into a shallow river. Definitely bring your bathing suit.

LIVINGSTON

37 km (23 mi) northeast of Río Dulce.

The only way to get to or from the town is by boat.

Visitors always compare Livingston with Puerto Barrios across the bay, and the former wins hands down, for its sultry, seductive Caribbean flavor. Wooden houses, many on stilts, congregate in this old fishing town, once an important railroad hub, but today inaccessible by land from the outside world. Although it sits on the mainland, Livingston might as well be a Caribbean island—the culture seems closer to that of Jamaica than to the rest of Guatemala. Livingston proudly wears its Garífuna heritage on its sleeve. The culture is unique to Central America's eastern coast, and descends from the intermarriage of African slaves with Caribbean indigenous peoples.

Livingston's single paved road is the only evidence left of its heyday as a major port for coffee and other crops during the late 19th century. Livingston's population now makes its living mostly from fishing. By

DANCE THE PUNTA

You won't quite be able to put your finger on what it is: It's not reggae. It's not salsa. It's not hip-hop. But the punta resembles all three, and you'll hear the music everywhere along the Caribbean coast, here and in neighboring Belize and Honduras.

Scholars surmise that the name *punta* is actually a corruption of the word *bunda*, meaning "buttocks" in the Mandé language of West Africa, from where the music was imported. The name fits: dancers remain nearly stationary from the waist up, but engage in intense hip gyrations, right to left in a circular motion, while dancing on the balls of their feet. Historically, drums, rattles, and turtle shells provided the percussion-only accompaniment; these days, synthesizers and guitars have taken over that role, creating an all-the-rage style of music known as punta rock. Garífuna lyrics were the one-time norm; English and Spanish have become more common, helping to propel the punta beyond this region to prominence in World Music playlists.

day the soft lick of waves on the shore measures out the slow pace that makes this laid-back community so attractive. At night roving bands of musicians take to the streets.

Anyone expecting white-sand beaches and azure waters is bound to be disappointed. The narrow beach that stretches north from the river mouth is not especially attractive. It is, however, a great place to explore, as it is home to several bars and a little shop where Pablo Marino sells handmade drums, shakers, and wood carvings. Afternoon breezes off the ocean make resting on the beach a good place to pass the torrid afternoons. Once you arrive here, shed your worries and settle under a coconut palm.

■ TIP→ Livingston's streets have official names. However, other than the main street, called Calle Principal, no one uses them or even seems to know them.

WHERE TO STAY & EAT

$–$$ ✕ **Happy Fish.** The thatch roof and painfully slow-turning ceiling fans are right out of *Night of the Iguana* or any other tropical movie of your choice. The seafood is phenomenal here at one of the town's most popular restaurants, which draws locals and tourists in equal numbers. We like the seafood *tapado,* a sweet fish stew. You can check your e-mail at the Internet terminal while you're waiting. ⊠ *C. Principal* ☎ *7947–0303* ⊟ *V.*

¢–$ ✕ **Restaurante Bahía Azul.** The walls are literally covered with travel information at Bahía Azul, the most popular tourist restaurant in town. If you're thinking about a trip, you can probably arrange it here. At the curve on the main street, its porch is a great place to watch people stroll past. The large menu includes everything from sandwiches to lobster. Most nights include live drumming by a local band. ⊠ *C. Principal* ☎ *7947–0151* 🖷 *7947–0136* ⊟ *AE, D, DC, MC, V* ☉ *BP.*

¢–$ ✕**Restaurante Margoth.** Presided over by the charming, well-respected lady the entire town knows as "Doña Margoth," this longtime favorite serves the usual fish dishes. It's famous, however, for its delicious *caldo de mariscos* seafood stew. The dish is a challenge to eat, so tuck your napkin into your collar. Margoth keeps a sharp eye on her workers, so the service in this bright and bustling café is speedy. Dinner is a casual affair, and sometimes doesn't start until 7 PM. ⊠*North of C. Principal* ☎*7947–0019* ⊟*No credit cards.*

$$$$ ✕▦ **Hotel Villa Caribe.** Livingston's finest hotel, the Villa Caribe has

Fodor'sChoice some great views of the Caribbean from its hilltop perch. The exten-

★ sive grounds overflow with foliage. Spacious rooms, in a thatch-roof building, all have private balconies and ocean views. Palm trees surround the large pool, where you can relax in one of the lounge chairs or order a drink at the bar. The restaurant ($–$$$) serves seafood dishes, such as coconut shrimp and robalo, but is almost always empty. The staff can arrange trips up the Río Dulce and to spots around the Bahía de Amatique. ⊠*On the main street* ☎*2334–1818 in Guatemala City* 🖷*2334–8134 in Guatemala City* ⊕*www.villasdeguatemala.com* ↩*42 rooms, 2 suites* ⌂*In-room: no phone, refrigerator. In-hotel: 2 restaurants, room service, bar, pool, beachfront, no elevator, laundry service, public Internet* ⊟*AE, D, DC, MC, V.*

¢ ✕▦ **Casa Rosada.** This string of waterfront bungalows can best be

Fodor'sChoice described as Guatemala's most luxurious way of roughing it. Each is

★ furnished with bright highland furniture and a pair of beds draped with mosquito nets. Don't be scared off by the shared baths; they're clean and comfortable, and the showers have hot water. The main building houses a restaurant (¢–$) serving excellent meals on a pretty patio overlooking the water. The dinner menu changes daily, but always includes lobster and other favorites. Dinner, at 7 sharp, is by candlelight. ⊠*Near public dock* ☎*7947–0303* 🖷*7947–0304* ⊕*www.hotelcasarosada.com* ↩*10 bungalows, none with bath* ⌂*In-room: no a/c, no phone, no TV. In-hotel: restaurant, no elevator, laundry service* ⊟*No credit cards* ❲⊙❳*EP.*

¢ ▦ **Hotel Garífuna.** Run by a cordial Livingston family, Hotel Garífuna puts you in the heart of a lively neighborhood. The rooms in this two-story building open onto a porch overlooking the street or a tree-filled backyard. ⊠*Off the main street* ☎*7947–0183* 🖷*7947–0184* ↩*8 rooms* ⌂*In-room: no a/c, no TV. In-hotel: no elevator, laundry service, public Internet* ⊟*No credit cards.*

NIGHTLIFE

Nightlife in Livingston has always been synonymous with one word: Ubafu. Everyone, resident and visitor alike, stops by this popular bar on the Calle Principal to enjoy the distinctive punta music. Your other option is to stop by various hotels and restaurants—namely the Villa Caribe and Bahía Azule—which also present shows of Garífuna music many evenings. These places are lively and enjoyable, but fall a bit into the watered-down-for-tourists category.

OUTDOOR ACTIVITIES

A short hike or boat ride (5 km/3 mi) north of Livingston takes you to a gorgeous little jungle river called Siete Altares, a series of deep pools that are ideal for swimming. The name translates as "Seven Altars," the altars of which are seven lovely waterfalls. Arrange for a guided tour with the friendly folks at **Bahía Azul** (☎ *7947–0151*) or **Happy Fish** (☎ *7947–0303*). A walking tour costs about Q100, and usually takes in a stroll through Livingston; a bag lunch is included. Other tours replace the hike with a boat ride and cost about double. The one-way walk takes about 90 minutes, but is a fantastic way to experience nature here. ■**TIP➔There have been numerous robberies of tourists on the way to Siete Altares, so be sure to go with a guide. Never walk in the countryside around Livingston alone or, especially, after dark.**

CROSSING TO COPÁN

The Mayan ruins of Copán lie just across the border in Honduras, and are definitely worth the extra effort to visit if you've come this close. See chapter 4 for more information about the ruins.

Guatemala's border post is El Florido, a town with no real lodging or dining options other than a few informal food stands. If Copán is your only destination inside Honduras, formalities are minimal: $3 to exit Guatemala and a free visa that lets you stay in Honduras up to five days. You must not travel any farther than Copán and its nearby town of Copán Ruinas,

THE ATLANTIC LOWLANDS ESSENTIALS

AIR TRAVEL

There are presently no flights to the Atlantic Lowlands. The government is refurbishing dormant airfields at Puerto Barrios (PBR) and Río Dulce (LCF) with the eventual goal of restoring air service, but at press time no target date had been set.

BOAT TRAVEL

Daily ferry service leaves Puerto Barrios at 10:30 AM and 5 PM and Livingston at 5 AM and 2 PM. The trip takes about two hours. Launches that connect the two cities take about 30 minutes, but they don't depart until they are full. This can really dent your plans, especially if you are leaving late in the day. (You usually don't need to wait more than 45 minutes.) There is boat service from Puerto Barrios to Honduras and Livingston. There is also boat service from Livingston to Río Dulce for approximately Q100.

BUS TRAVEL

Litegua operates comfortable buses from Guatemala City to Puerto Barrios. Trips to the capital from Puerto Barrios also leave approximately hourly during the day, and slightly less frequently in the evening. Be sure to ask for the comfortable *clase* service on the company's double-decker buses, which run three times daily.

Litegua also has direct service to Río Dulce from the capital. Linea Dorada runs between Guatemala City and Flores in El Petén, passing through Río Dulce. Buses leave the capital daily at 10. The trip to Río Dulce takes about six hours.

Information Linea Dorada (✉ *16 C. 10–03, Zona 1, Guatemala City* ☎ *2290–7990*). **Litegua** (✉ *15 C. 10–40, Zona 1, Guatemala City* ☎ *2220–8840* ✉ *6 Av. 9–10, Puerto Barrios* ☎ *7948–1172* ✉ *C. Principal, Fronteras (Río Dulce* ☎ *7930–5251* ⊕ *www.litegua.com*).

CAR TRAVEL
From Guatemala City most people drive to the Atlantic Lowlands via the Carretera Atlántica. The journey to Río Dulce or Puerto Barrios is about five hours on a good day. Descending the curving roads through the mountains, you can feel the temperature and humidity rising.

EMERGENCIES
Emergency Services Police (☎ *7948–7943–2074 in Esquipulas, 7643 in Puerto Barrios, 7948–3244 in Santo Tomás de Castilla*).

Hospital Hospital Nacional (✉ *Colonia San Manuel, Puerto Barrios* ☎ *7948–3073*).

HEALTH
The heat and sun in the Atlantic Lowlands can be intense. Be prepared with a good sun hat and lightweight clothing that covers your arms and legs. Shorts don't protect legs from the sun, tall grass, insects, and dust. Also pack plenty of sunscreen and insect repellent.

MAIL & SHIPPING
Most towns in the Atlantic Lowlands have post offices, but you should wait to post letters in Puerto Barrios. The main post office here is about four blocks from the bay.

Post Office Puerto Barrios (✉ *6 C. and 6 Av.*).

MONEY MATTERS
If you need to exchange cash in the Atlantic Lowlands, the place to do it is Puerto Barrios. There are several banks that will be happy to help you, including Banco Industrial.

Contacts Banco Industrial (✉ *7 Av. Norte 73, Puerto Barrios*).

SAFETY
Robberies have been known to occur in Puerto Barrios and Livingston, so be on your guard. Use the same precautions you would anywhere else—don't wear flashy jewelry and watches, keep your camera in a secure bag, and don't handle money in public. Remain alert for pickpockets, especially in crowded markets. Only hike in the countryside with a reputable guide. Women should never hike alone.

TOURS
A few tour operators have set up shop in this area. Gray Line Guatemala operates in Puerto Barrios and Río Dulce, running shuttles to Guatemala City and Antigua. Río Dulce–based agency Otitours runs shuttles to the capital, Antigua, Tikal, and Copán, Honduras. Asotransali represents 50 private boat drivers in Livingston and can help you arrange à la carte tours on the Río Dulce or to Siete Altares. Happy

Fish Travel, affiliated with the restaurant of the same name in Livingston, arranges area tours. Transportes El Chato, in Puerto Barrios, can set you up with transport and tours to nearby Belize.

Contacts Asotransali (✉ *Municipal docks, Livingston* ☎ *7947-0870*). **Gray Line Guatemala** (✉ *16 C. and 7 Av., Puerto Barrios* ☎ *7948-1254* ✉ *C. Principal, Fronteras (Río Dulce* ☎ *7930-5196* ⊕ *www.graylineguatemala.com*). **Happy Fish Travel** (✉ *C. Principal, Livingston* ☎ *7947-0661*). **Otitours** (✉ *Parque Las Brisas, Fronteras, Río Dulce* ☎ *7930-7674*). **Transportes El Chato** (✉ *1 Av. and 10 C., Puerto Barrios* ☎ *7948-5525* ⊕ *www.transporteselchato.com*).

VISITOR INFORMATION

There are no official visitor-information offices in the area, but heading to a restaurant, tour operator, or hotel will certainly get you on the right path.

EL PETÉN

The jungles of El Petén were the onetime heartland of the Mayan civilization. The sprawling empire—including parts of present-day Mexico, Belize, Honduras, and El Salvador—once encompassed a network of cities that was home to hundreds of thousands of people, but a millennium ago this fascinating civilization suddenly vanished without a trace. The temples that dominated the horizon were swallowed up by the jungle, not to be rediscovered by outsiders until the late 19th and early 20th centuries.

El Petén still has a bit of a backwater bent to it—the region comprises one-third of Guatemala but is its least populated region—but tourism-fueled development is slowly beginning to change things. Nature reigns supreme, with vines and other plants quickly covering everything that stands still a little too long.

FLORES

206 km (133 mi) north of Río Dulce, 61 km (38 mi) northeast of Sayaxché.

The red-roof town of Flores, on an island surrounded by the waters of Lago Petén Itzá, sits on the site of the ancient city of Tayasal. This was the region's last unconquered outpost of Mayan civilization until it finally fell to the Spanish in 1697. The conquerors destroyed the city's huge pyramids.

Today the regional capital is one of Guatemala's most beguiling towns, a pleasant place to explore, its narrow streets lined with thick-walled buildings painted pink, blue, and purple. Flowering plants droop over gingerbread balconies. There's a central square presided over by a colonial church. Connected to the mainland by a bridge, Flores serves as a base for travelers to El Petén. It's also the center of many nongovernmental organizations working for the preservation of the Mayan Biosphere, an endangered area covering nearly all of northern Petén.

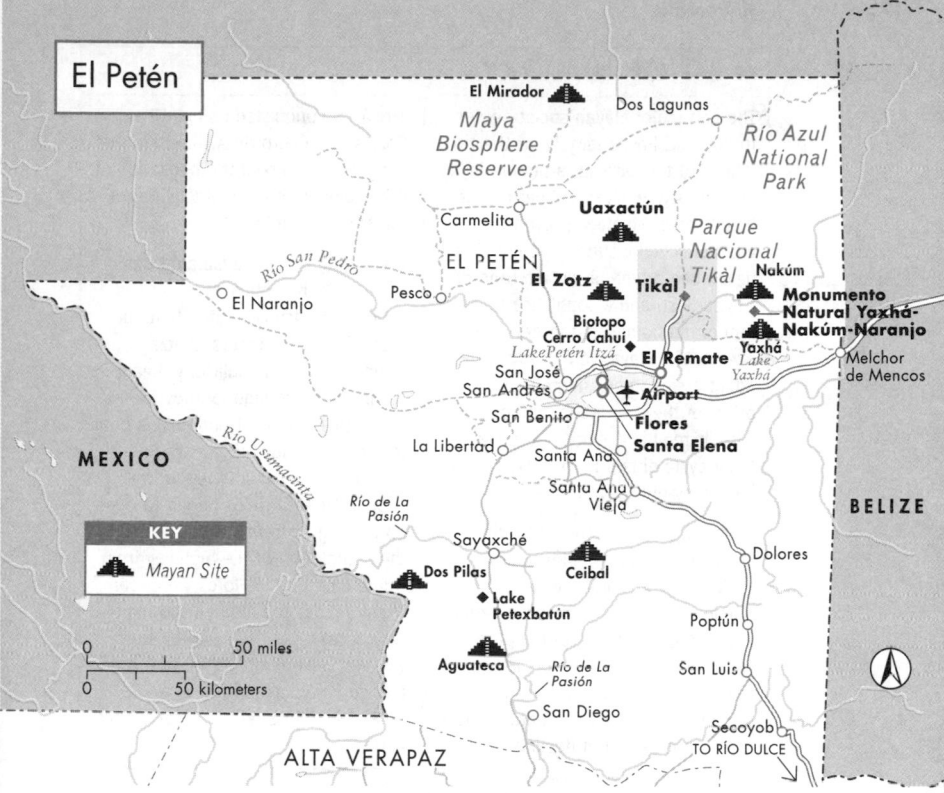

Flores is also one of the last remaining homes of the Itzá, the people who built Mexico's monumental Chichén Itzá.

In the 1800s, long before it was a departure point for travelers headed for the ruins, remote Flores was called Devil's Island because of the prison on top of the hill (a church stands there now). Since 1994 the building has been home to the **Centro de Información sobre la Naturaleza, Cultura, y Artesanía de Petén** (⊠*North side of Parque Ctl.* ☎*7867–5209* ⊗ *Weekdays 8–5; shop, daily 9–9*). This center has a small museum with photographs of the region and information about local resources, such as allspice, chewing-gum base *chicle* (*see Chewing Gum box, below*) and *xate* (a shade palm used in floral decorations). A gift shop sells wood carvings, woven baskets, corn-husk dolls, and even locally made peanut butter.

WHERE TO STAY & EAT

$–$$$
Fodor's Choice
★

✕ **La Luna.** With its homemade paper lamp shades illuminating lovely blue walls in a converted century-old house, La Luna inspires romance on any moonlit night, but you can just as easily fall in love with the place when you stop in for a delicious lunch. Choose from inventive dishes, including wonderful vegetarian options like the stuffed squash in white sauce. Many people drop by for a drink at the bar. ⊠*C. 30 de Junio* ☎*7867–5443* ⊟*AE, D, DC, MC, V* ⊗*Closed Sun.*

A BIT OF HISTORY

The first major Mayan society dates to 2000 BC, based largely on the traditions of the Olmecs, a people living in what is now Mexico. Over the next 2,000 years the Maya proved to be an intellectually curious people. They developed a type of writing (one of the earliest) and a sophisticated system of mathematics (the first to use a zero). The Maya were particularly adept astronomers, mapping the orbits of the sun, moon, and planets with incredible accuracy—the Mayan lunar cycle differs from today's calculations by only seven minutes.

From about 250 BC to AD 900 the Maya developed complex social systems, agricultural practices, and religious beliefs, reaching their zenith with the construction of temples like Tikal. Around AD 1000, the Maya suffered repeated attacks from rival civilizations, followed by a sudden and mysterious period of decline. The arrival of conquistadors like Hernán Cortés and Pedro de Alvarado in the early 1500s marked the beginning of the subjugation of what was left of the Mayan people.

The region remained isolated until the mid-20th century. Mexican and British currency circulated here far more than Guatemala's quetzal. Traveling to Guatemala City meant an arduous overland journey to Belize (then British Honduras), a boat trip to the Caribbean port of Puerto Barrios, and a rail journey to the capital. Modern roads began to open up the region in the 1940s, with the completion of the highway from Guatemala City to Flores via Cobán. Today's most commonly used highway access, the route via Río Dulce, was not paved until 1999. That road and commercial air links make El Petén seem less remote than it once was.

¢–$$$ ✕ **Capitán Tortuga.** The large, cartoonlike Capitán Tortuga sign may fool you into thinking this restaurant is just for kids, but the excellent grilled steak and seafood options make this one of Flores' best restaurants. The *pinchos* (grilled kebabs) are cooked on an open barbecue, sending enticing aromas throughout the restaurant. There's a nice patio and a second-floor balcony out back, both of which offer tremendous sunset views of the lake. ⊠ *C. 30 de Junio and Callejón San Pedrito* ☎ *7926–0247* ▭*MC, V.*

¢–$ ✕ **Las Puertas.** On a quiet side street, Las Puertas was named for its six screened doors. It's a favorite hangout for locals and travelers alike. The friendly couple who run the place take great pride in serving only the freshest foods. Notable are the delicious sandwiches made with homemade bread and mozzarella cheese and the giant goblets of incredible iced coffee. In the afternoon you can relax with a fruit drink—the freshly made orangeades and lemonades go down very easily—as you play one of the many board games. Don't forget to stop back at night for a hearty dinner and live music. ⊠ *C. Ctl. at Av. Santa Ana* ☎ *7867–5242* ▭*AE, D, DC, MC, V* ⊘*Closed Sun.*

$$$$
Fodor's Choice
★ ✕▩ **Ni'tun Ecolodge.** After hiking through the jungle, you'll love returning to this charming cluster of cabins. The point is to disturb the environment as little as possible, so the buildings are constructed of stone and wood left behind by farmers clearing land for fields. The common

ONE-DAY PETÉN

After the market in the highlands' Chichicastenango, Guatemala's most popular excursion is Tikal. Tour operators around the country pack round-trip transportation and a visit into a day.

Tours begin with an early-morning flight from Guatemala City to the Aeropuerto Internacional Mundo Maya outside Santa Elena. From there it's a 65-km (39-mi) ride to Tikal, followed by a morning of sightseeing, lunch, and a bus ride to the airport for the late-afternoon flight back to the capital. People do this from even Antigua or Panajachel, adding that transit time onto either end of the day. The cost runs $250 to $300 per person.

If this is the amount of time you have to spend at Tikal, so be it. However, if you can spend at least an overnight up here, you can do the trip and the ruins much more leisurely.

areas, including an enormous kitchen downstairs and an airy bar and reading room upstairs, are delightful. Multi-day packages are available. The owners also run Monkey Eco Tours, so you can choose from itineraries ranging from one-day trips to nearby villages to a seven-day journey to El Mirador. ⊠ *2 km (1 mi) west of San Andrés* ☎ *5201–0759* ⊕ *www.nitun.com* ⊅ *4 cabins* ☐ *In-room: no a/c, no phone, no TV. In-hotel: restaurant, bar, no elevator, airport shuttle, parking (no fee)* ⊟ *AE, D, DC, MC, V* ⑩ *BP.*

$ ⊡ **Hotel Petén.** An arabesque plunge pool graces the central courtyard of this lovely lodging. Taking a dip to escape the midday heat is a treat not to be missed. The rooms are simply furnished. Ask for one facing the lake, as the views are incredible. ⊠ *Off C. 30 de Junio* ☎ *7926–0692* ⊕ *www.hotelesdepeten.com* ⊅ *20 rooms* ☐ *In-hotel: restaurant, bar, pool, laundry service, public Internet* ⊟ *AE, D, DC, MC, V* ⑩ *BP.*

$ ✕⊡ **Hotel Sabana.** This small hotel offers simple rooms that open onto a terrace overlooking the pool. A sundeck has nice views of the lake. This is a good choice if you require a few creature comforts like air-conditioning and television. ⊠ *C. Unión and Av. Libertad* ☎ *7926–1248* ⊕ *www.hotelsabana.com* ⊅ *28 rooms* ☐ *In-room: no phone. In-hotel: restaurant, bar, pool, no elevator* ⊟ *AE, D, DC, MC, V.*

$ ✕⊡ **Hotel Santana.** Sitting right on the water, this bright pink hotel is the
Fodor's Choice best lodging on the island. All the rooms open up onto wide balconies
★ with wicker chairs where you can enjoy the view. The sunny central courtyard surrounds a pleasant pool. ⊠ *C. 30 de Junio* ☎ *7926–0262* ⊕ *www.santanapeten.com* ⊅ *32 rooms* ☐ *In-room: safe. In-hotel: restaurant, bar, pool, no elevator, public Internet* ⊟ *AE, D, DC, MC, V.*

¢ ✕⊡ **Hospedaje Doña Goya.** A rooftop terrace with hammocks swinging in the breeze is the best part of this budget lodging. If you prefer, grab a good book and sink into one of the comfortable lounge chairs. The hotel is clean and well run, which explains why it is so popular. Arrive early in the day to secure a room. ⊠ *C. Unión* ☎ *7926–3538* ⊅ *6 rooms, 3 with bath, dormitory* ☐ *In-room: no a/c, no phone, no TV. In-hotel: no elevator* ⊟ *No credit cards.*

FLORES OR SANTA ELENA?

A classic question confronts you if you wish to lodge in the Petén's "metropolis": Should I stay in Flores or Santa Elena? Officially, the entire municipal entity is Flores, but colloquially, everyone distinguishes between Flores (the island) and Santa Elena (the mainland). Whichever town you choose, you're not far from the other.

The island of Flores sits a few hundred meters offshore in Lago Petén Itzá, connected to the shore by a causeway. In a word, the place is sweet, with its hilly streets and narrow alleyways. It's on its way to achieving that place-to-hang-out cachet you find in Panajachel at Lake Atitlán, and makes a pleasant stop for a couple of days. Smaller hotels have set up shop here, as have some pretty good restaurants. Onshore Santa Elena resembles any other lowland Guatemalan town, and at first glance seems less attractive. But you'll find more upscale lodgings here, a few of them like mini-resorts.

NIGHTLIFE

The bar at the **Maya Princess** (⊠ *Av. La Reforma and Av. 14 de Noviembre* ☎ 7926–3797) shows nightly movies on a big-screen TV. **Las Puertas** (⊠ *C. Ctl. at Av. Santa Ana* ☎ 7926–1061) has live music many evenings. The artsy **La Luna** (⊠ *C. 30 de Junio* ☎ 7867–5443) morphs into a pleasant café as the night goes on, and is a pleasant place to stop by for a drink or coffee.

OUTDOOR ACTIVITIES

BOATING   Boat trips on Lake Petén Itzá can be arranged through most hotels in Flores or by haggling with boat owners who congregate behind the Hotel Santana. Tours often include a stop at Paraíso Escondido, a small mainland park northwest of Flores.

SANTA ELENA

½ km (¼ mi) south of Flores.

Tuk-tuks—the motorized three-wheeled Bajaj RE taxis manufactured in India seen many places in Guatemala—ply the streets of Flores and Santa Elena. Five minutes and Q5 will get you between the two.

Although it lacks the charms of neighboring Flores, gritty Santa Elena is pretty much unavoidable. Most services that you'll need for your trip around El Petén, from currency exchange to travel planning, are offered here. There are also nicer hotels here than in Flores.

WHERE TO STAY & EAT

$$$ ✕⊡ **Villa Maya.** You could lie in bed and count the birds flying by your window at these modern villas on beautiful Lago Petén Itzá. Some 50 species have been spotted in the region. If you're more interested in wildlife, ask an attendant where to find the troop of spider monkeys that roams the grounds and the adjacent rain forest. All the rooms, tastefully decorated with colorful weavings and mahogany accents, have terrific views. Vans shuttle you to and from Tikal. ⊠ *12 km (7*

mi) east of Santa Elena ☎*5415–1592, 2334–1818 in Guatemala City* 🖷*5514–0226, 2334–8134 in Guatemala City* ∰*www.villasdeguatemala.com* ⬲*56 rooms* ⚒*In-room: no phone, no TV. In-hotel: restaurant, bar, pool, bicycles, laundry service, public Internet, airport shuttle, parking (no fee)* ▤*AE, D, DC, MC, V.*

$$$ ✕⊡**Petén Espléndido.** You're not on Flores, but the views of that pretty island from your private balcony are the next best thing. The pool, surrounded by palm trees, is a great place to spend an afternoon sunbathing. Sit at one of the shaded tables on the terrace or in the attractive dining room and enjoy the *especial del día* (daily special). The hotel is popular among business travelers, who appreciate the fully equipped convention center. Families enjoy the paddleboats on the lake. ⊠*C. 5, at foot of bridge leading to Flores* ☎*7926–0880, 2360–8140 in Guatemala City* 🖷*7926–0866, 2334–4651 in Guatemala City* ∰*www.petenesplendido.com* ⬲*62 rooms* ⚒*In-room: safe. In-hotel: 2 restaurants, room service, bar, pool, public Internet, public Wi-Fi, airport shuttle, parking (no fee)* ▤*AE, D, DC, MC, V* ❶*EP.*

$$ ⊡**Hotel La Casona del Lago.** The style looks a tad out of place here (think Caribbean pastels), but no matter. Santa Elena's newest, spiffiest hotel sits on the lakeshore and has splendid views of Flores across the water, especially from the top-floor restaurant and bar. Rooms are bright and spacious, with large windows, tile floors, two double beds each and a desk, and are arranged around three sides of the pool. This place also tosses in amenities such as Wi-Fi, rarely seen in this part of the country. ⊠*1 C.* ☎*7952–8700, 2336–2841 in Guatemala City* ∰*www.hotelesdepeten.com* ⬲*33 rooms* ⚒*In-hotel: restaurant, bar, pool, laundry service, public Internet, public Wi-Fi, parking (no fee)* ▤*AE, D, DC, MC, V* ❶*EP.*

$$ ⊡**Hotel del Patio-Tikàl.** Built in traditional Spanish style, this modern hotel is easily recognizable by its stone walls and barrel-tile roof. Rooms face a small patio with a trickling fountain. Ask for a room on the first floor, as these have much larger windows. The patio restaurant sits under big arches leading to a grassy courtyard, making it a much more pleasant place to relax than the musty bar. ⊠*2 C. and 8 Av., Santa Elena* ☎*7926–1229* 🖷*7926–3030* ∰*www.caminoreal.com.gt* ⬲*21 rooms* ⚒*In-room: no a/c. In-hotel: restaurant, bar, pool, gym, no elevator, laundry service, parking (no fee)* ▤*AE, D, DC, MC, V* ❶*BP.*

OUTDOOR ACTIVITIES

There are several caves in the hills behind Santa Elena with interesting stalactite and stalagmite formations and subterranean rivers. The easiest to visit is Aktun Kan, just south of town.

🜚 **Ixpanpajul Parque Natural** (⊠*Km 468, Ruta a Santa Elena* ☎*2336–0576* ∰*www.ixpanpajul.com* ▨*Q200*) is a private nature reserve comprising a large stand of primary rain forest. Hiking the suspended bridges of the skyway will give you a bird's-eye view of the indigenous flora and fauna that make the rain forest the most biodiverse ecosystem on the planet. You'll also get a Tarzan's-eye view at the park's canopy tour, a series of zip-line cables that you navigate via a secure harness, but think of it more as an amusement-park ride, rather than an up-close view of nature. The park also offers myriad adventure opportunities from nighttime ATV tours to horseback rides to mountain-bike excursions. The entrance to the reserve is 10 km (6mi) south of Santa Elena.

EL REMATE

30 km (18½ mi) northeast of Flores.

El Remate is about an hour away from Tikal.

A mellow little town on the eastern shore of Lago Petén Itzá, El Remate is known mostly for its wood carvings, made by families that have dedicated themselves to this craft for generations. Because it's less than one hour from both Tikal and Yaxhá, El Remate makes a good base for exploring the area.

With more than 1,500 acres of rain forest, **Biotopo Cerro Cahuí** is one of the most accessible wildlife reserves in El Petén. It protects a portion of a mountain that extends to the eastern edge of Lago Petén Itzá, so there are plenty of opportunities for hiking. Two well-maintained trails put you in proximity of birds like oscillated turkeys, toucans, and parrots. As for mammals, look up to spot the long-armed spider monkeys or down to see squat rodents called *tepezcuintles*. Tzu'unte, a 6-km (4-mi) trail, leads to two lookouts with views of nearby lakes. The upper lookout, Mirador Moreletii, is known by locals as Crocodile Hill, because from the other side of the lake it looks like the eye of a half-submerged crocodile. Los Ujuxtes, a 5-km (3-mi) trail, offers a panoramic view of three lakes. Both hikes begin at a ranger station, where English-speaking guides are sporadically available. ■TIP➔Do go with a guide in any case; there are occasional tales of visitors getting robbed. ✉ *West of El Remate* 🔊*Q20* 🕙*Daily 7:30–4.*

WHERE TO STAY & EAT

¢–$ ✕**La Estancia Cafetería.** Owner Victor Morales's specialty is an exquisite whitefish served with vegetables sautéed in butter on a wooden platter. Every once in a while he cooks up some fresh venison. Even though the driveway is usually filled with cars, this eatery is easy to miss—look for the orange crush sign. ✉*2 km (1¼ mi) south of El Remate* 🕾*No phone* ▭*No credit cards.*

$$$$ ✕🖼**Camino Real Tikal.** To experience the natural beauty of the jungles surrounding Lago Petén Itzá without sacrificing creature comforts, many people head to Camino Real Tikal. It's possible to spend several days at the hotel without exhausting the possibilities—kayaking on the lake, hiking in a private reserve, swimming in the pool, lounging in the lakeside hammocks, and experiencing a traditional Mayan sauna. A dozen thatch-roof villas set high on the hillside hold the rooms, all of which have porches with views of the sparkling lake. ✉*5 km (3 mi) west of El Remate* 🕾*7926–0204, 2337–4402 in Guatemala City* 🕾*7926–0222, 2368–3741 in Guatemala City* 🌐*www.camino-realtikal.com.gt* 🛏*72 rooms* ⚎*In-room: safe, refrigerator. In-hotel: 2*

CHEWING GUM

October through February marks the busy *chicle* season in the forests of the Petén, in an industry that supports about 2,500 families here. The latex-like substance that has historically been used in chewing gum—the brand Chiclets takes its name from the substance—is extracted from the tropical evergreen chicozapote tree (*Manikara zapota*). Harvesters known as *chicleros* make zigzag cuts in the tree trunks. They collect the sap in bags and then boil it, just as their Mayan ancestors did centuries ago to make their own precursor to chewing gum.

At one time, the Wrigley Company of Chicago imported almost all of Guatemala's chicle for use in its gum. Economics and tastes have changed that fact, and since the 1970s U.S. companies have mostly replaced chicle with oil-based polymers. These days, nearly all of Guatemala's product goes to Japan and Italy—markets that prefer natural chicle in their chewing gums. Numbers are down from the Wrigley heyday, but about 500 metric tons (1.1 million pounds) of chicle is collected each year and pumps $2 million into the region's economy.

restaurants, bar, pool, gym, beachfront, bicycles, no elevator, airport shuttle, parking (no fee) ≡AE, DC, MC, V ⌶○⎮BP.

$$$$

Fodor's Choice

★

🖭**La Lancha.** Here's the third of film director Francis Ford Coppola's hotel forays into Central America (Blancaneaux Lodge and Turtle Inn in Belize are the others) and it's another winner. Rooms are arranged as duplex units that scatter down the hill toward the lake. Both rooms per unit share a deck divided by a curtain. Higher units have gorgeous lake views and are more spacious, with marble-and-tile bathrooms and a mix of Balinese and Guatemalan furnishings. Heading down the hill—and the paths do seem steep if you're making the trek up and down a few times a day—are the rain-forest-view rooms, slightly more snug, but cozy nevertheless, with similar, if a bit less, furniture. The restaurant prides itself in serving 100% Guatemalan cuisine; it's technically open to the public, but since hotel guests always get priority, call ahead if you're not staying here. ✉*Jobompiche, 15 km (9 mi) west of El Remate* ☎*7928–8331, 800/746–3743 in North America* ⊕*www.lalancha.com* ➭*10 rooms* ⌂*In-room: no a/c, no phone, no TV. In-hotel: restaurant, bar, pool, beachfront, parking (no fee)* ≡*AE, D, DC, MC, V* ⌶○⎮*CB.*

$$$

✕🖭**La Mansión del Pájaro Serpiente.** Perched high on a small hillside on the main road heading into El Remate, La Mansión del Pájaro Serpiente has some of the prettiest accommodations in El Petén. Canopy beds grace the bedrooms, which are furnished in dark tropical woods and have big windows that let in lots of light. You can throw open the windows to catch the lake breezes, so sleeping is comfortable. Up a nearby hill is a swimming pool, and farther up you'll find a covered terrace with several hammocks. The open-air restaurant serves local and international dishes. ✉*On main hwy south of El Remate* ☎*7928–8498* ✎*tikalnancy@hotmail.com* ➭*10 rooms* ⌂*In-room: no a/c, no phone, no TV. In-hotel: restaurant, pool, no elevator, parking (no fee)* ≡*No credit cards.*

$–$$ ✕⊞ **La Casa de Don David.** Owner David Kuhn was the original *Gringo Perdido* ("lost gringo"), who gave his name to the nearby lodging over 25 years ago. About a decade ago, Kuhn set up shop at this cluster of bungalows, and is a great source of travel tips. Rooms are simple and clean, with private baths. The hotel is perhaps most famous for its second-story restaurant, which has good home cooking. Have dinner for two in a booth, or eat at the "friendship table" and make some new acquaintances. ⊠ *On road to Biotopo Cerro Cahuí* ☎ *5306–2190 or 7928–8469* ⊕ *www.lacasadedondavid.com* ⤏ *15 rooms* ⚿ *In-room: no a/c (some), no phone, no TV. In-hotel: restaurant, beachfront, no elevator, laundry service, public Internet, parking (no fee)* ⊟ *MC, V accepted for Internet reservations* ◯| *All meals included.*

$ ⊞ **Gringo Perdido.** One of the Petén's oldest lodgings sits on the shore of Lago Petén Itzá and offers simply furnished and quite affordable accommodation. Though there's no air-conditioning here, ceiling fans and the lush, forested grounds keep things cool. ⊠ *3 km (2 mi) west of El Remate* ☎ *5404–6822* ⊕ *www.hotelgringoperdido.com* ⤏ *15 rooms, 11 with bath* ⚿ *In-room: no a/c, no phone, no TV. In-hotel: restaurant, bar, beachfront, parking (no fee)* ⊟ *MC, V* ◯| *EP.*

SHOPPING

Although most souvenirs here are similar to those found elsewhere in Guatemala, the beautiful wood carvings are unique to El Petén. More than 70 families in this small town dedicate themselves to this craft. Their wares are on display on the side of the highway right before the turnoff for the Camino Real hotel on the road to Tikal.

TIKÀL

Fodor's Choice *35 km (22 mi) north of El Remate, 68 km (42 mi) northeast of*
★ *Flores.*

🔼 A good, well-patrolled highway connects the two, passing through the town of El Remate at about its halfway point

The high point of any trip to Guatemala is a visit to Central America's most impressive ruins. Tikal is one of the most popular tourist attractions in Central America—and with good reason. Smack in the middle of the 575-square-km (222-square-mi) Parque Nacional Tikal, the towering temples are ringed on all sides by miles of virgin forest. The area around the ruins is great for checking out creatures that spend their entire lives hundreds of feet above the forest floor in the dense canopy of trees. Colorful birds like yellow toucans and scarlet macaws are common sights.

In 1881 and 1882 English archaeologist Alfred Percival Maudslay made the first map showing the architectural features of this vast city. As he began to unearth the major temples, he recorded his work in dramatic photographs—you can see copies in the museum at Tikal. His work was continued by Teobert Maler, who came in 1895 and 1904. Both Maler and Maudsley have causeways named in their honor. In 1951 the Guatemalan air force cleared an airstrip near the ruins to improve

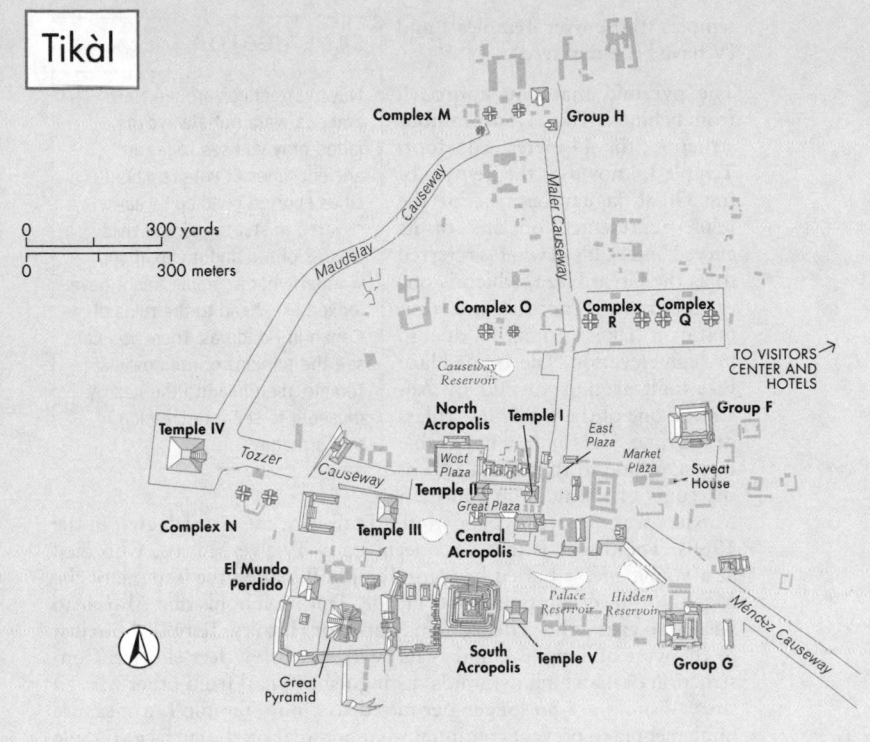

Tikàl

Complex M — Group H

Group H

Maler Causeway

Maudslay Causeway

0 ——— 300 yards
0 ——— 300 meters

Complex O

Complex R — Complex Q

Causeway Reservoir

TO VISITORS
CENTER AND
HOTELS

Temple IV

North Acropolis — Temple I

East Plaza

Group F

Tozzer Causeway

Wost Plaza

Market Plaza

Sweat House

Temple II

Great Plaza

Complex N

Temple III

Central Acropolis

El Mundo Perdido

Palace Reservoir — Hidden Reservoir

Méndez Causeway

Great Pyramid

South Acropolis — Temple V

Group G

---

access for large-scale archaeological work. Today, after more than 150 years of digging, researchers say that Tikal includes some 3,000 buildings. Countless more are still covered by the jungle.

✉ *Parque Nacional Tikal* ☎ *No phone* 💲Q50 🕐 *Daily 6–6.*

EXPLORING

Doing a complete tour of Tikal means a walk of about 10 km (6 mi), which, realistically, can take a full day or more. Most organized tours of the site last about four hours and take place during the cooler morning hours. If you have the time, two successive mornings are ideal, with hot afternoons spent visiting the site's museums or relaxing back at your hotel.

TOURING

To take in the highlights, and keep things to the standard half-day tour-group itinerary, follow the itinerary set out below:

As you enter from the visitor's center complex, keep to the middle trail. You'll soon arrive at the ancient city's center, filled with awe-inspiring temples and intricate acropolises. Tikal's six Roman numeral–denoted step pyramids, usually referred to as the "Great Temples," each contain a one- to three-room temple sitting on the top platform. A lintel (a carved wooden sculpture) stands guard over the entrance to four of the temples (those over Temples I and IV have been removed).

The pyramid that you approach from behind is Tikal's most famous structure, the 44-meter (145-foot) **Temple I,** known as the Temple of the Great Jaguar because of the feline represented on one of its carved lintels. It's in what is referred to as the **Great Plaza,** which is one of the most beautiful and dramatic in Tikal, primarily due to its high elevation. The Great Plaza was built around AD 700 by Ah-Cacao, one of the wealthiest rulers of his time. His tomb, comparable in magnitude to that of Pa Cal at the ruins of Palenque in southern Mexico, was discovered beneath the Temple of the Great Jaguar in the 1960s. The theory is that his queen, Lady Twelve Macaw, who died at a young age, is buried beneath **Temple II,** called the Temple of the Masks for the decorations on its facade. Tradition holds that Ah-Cacao wished to gaze at his wife from his tomb for eternity. Temple II lies just to the west of Temple I, and is its twin, but a few feet shorter. Construction of matching pyramids distinguishes Tikal from other Mayan sites. Visitors are no longer permitted to climb Temple I, a measure implemented to prevent continual wear and tear on the surface. Temple II may still be climbed.

> ### FADED COLOR
>
> Mayan structures around Mesoamerica were not always the faded gray you see today. In ancient times El Petén's vibrant cities sported building facades covered in stucco painted vivid shades of red and green. If you wonder what a temple might have looked like, head to the ruins of Copán in Honduras. There you can see the remains of the Rosalila Temple, then head to the nearby museum to see a re-creation of that structure.

The **North Acropolis,** to the west of Ah-Cacao's temple, is a mind-boggling conglomeration of temples built over layers and layers of previous construction. Excavations have revealed that the base of this structure is more than 2,000 years old. Be sure to see the stone mask of the rain god at Temple 33. The **Central Acropolis,** south of the Great Plaza, is an immense series of structures assumed to have served as administrative centers.

If you climb to the top of one of the pyramids, you'll see the gray roof combs of others rising above the rain forest's canopy but still trapped within it. **Temple V,** to the south, underwent a $3-million-restoration project and is now open to the public. **Temple IV,** to the west, is the tallestknown structure built by the Maya, at 64 meters (212 feet). It is frequently referred to as the Temple of the Two-headed Serpent. Although the climb to the top is difficult—you make the ascent via a series of wooden ladders—the view is unforgettable.

To the southwest of Temple V and the plaza lies the **South Acropolis,** which hasn't been reconstructed, and a 32-meter (105-foot) pyramid, similar in construction to those at central Mexico's Teotihuacán, and comparable in size to the north and central acropolises here at Tikal. A few jungle trails, including the marked Interpretative Benil-ha Trail, offer a chance to see spider monkeys and other wildlife. Outside the park, a somewhat overgrown trail halfway down the old airplane runway on the left leads to the remnants of old rubber-tappers' camps and is a good spot for bird-watching.

Just west of the South Acropolis is the so-called **Lost World** complex, with a radial pyramid, frequently called by the same name. The structures are assumed to have been built for astronomical observations, and the pyramid is Tikal's signature spot to watch the sun set. Explorers in the 1950s gave the collection of structures the name of an Arthur Conan Doyle novel, and even in Spanish, the name (*Mundo Perdido*) is commonly used.

Immediately north of the Lost World, and directly west of Temple II, sits **Temple III**, whose lintel depicts a head on a plate. Nearby is the so-called **Palace of Windows,** which is colloquially referred to as the Palace of the Bats, a name given in recognition of its one-time bat colonies.

Beyond "central" Tikal lie several less-visited sites. If you have time left over after a thorough exploration of the sights above, these are worth a visit. Rather than head down the middle trail when you enter from park headquarters, bear right to head to a series of letter-named complexes, most of which have undergone minimal excavation. Two pyramids grace each of **Complexes Q and R.** Their purposes have not yet been determined. A collection of stelae populate **Complex P,** the most northerly point in Tikal. Beyond the Great Plaza, southwest, you come to **Temple VI,** the last excavated of the six great temples here, and frequently referred to as the Temple of the Inscriptions, because of its extensive use of hieroglyphics. Temple VI is far enough off the beaten path that your opportunities for spotting wildlife, especially spider monkeys, will be good. However, "off the beaten path" has also translated into occasional robbery, so only go with a guide.

A series of causeways, named for Tikal's early re-discoverers, connects the various complexes: Maler (visitor's center to Complex P); Maudslay (Complex P to Temple IV); Tozzer (Temple IV to Great Plaza); and Méndez (Great Plaza to Temple VI). The well-trodden path from the visitor's center to the Great Plaza is unnamed.

Also falling into the only-if-you-have-extra-time category are two archaeological museums that display Mayan artifacts. These are at park headquarters and are a good resource for information on the enigmatic rise and fall of the Mayan people. The so-called Tikal Museum, officially the **Museo Sylvanus Morley,** contains a small collection of pottery. It's between the Jungle Lodge and Jaguar Inn. The larger **Stelae Museum** is in the modern visitor's center building and contains a collection of stelae taken from around Tikal. They are open daily from 9 to 5, and a Q10 ticket admits you to both museums.

WHERE TO STAY & EAT

$$–$$$$ ╳▦**Tikal Inn.** This cluster of comfortable bungalows wraps around a well-manicured garden and a pool. It's set apart from the other lodgings, affording a bit of privacy. The rooms have a modern look, yet they have thatch roofs and stucco walls decorated with traditional fabrics. A small restaurant has a menu that changes daily. Hot water and electricity are on for only a few hours in the morning and evening. ⊠ *Parque Nacional Tikal* ☎ *7926–1917 or 7926–0065* ✆*hoteltikalinn@itelgua.com* ⤏ *18 rooms, 18 bungalows* ♿ *In-room: no a/c, no phone, no TV. In-hotel: restaurant, pool, parking (no fee)* ☰ *AE, D, DC, MC, V* ⚏*MP.*

> ### WATCH FOR THE ANIMALS!
>
> Obey Tikal's 45 kph (27 mph) speed limit; it's designed to give you time to stop for animals that cross the road within the confines of the park. Be particularly careful of the raccoon-like animal locals call a *pizote*, which scurries with abandon across the road. At the park entrance a guard gives you a time-stamped ticket to be collected by another guard when you arrive at the visitor center. If you cover the 15-km (9-mi) distance in less than 20 minutes, you'll be deemed to have been speeding and possibly fined.

$–$$$$ ⚏**Jungle Lodge.** Originally built to house archaeologists working at Tikal, the Jungle Lodge is the largest and nicest of the lodgings on the grounds. If your budget is flush, opt for one of the spacious bungalows with double beds, tile floors, and ceiling fans, or the new suites, each with hot tub and private patio. The oldest rooms are cute duplexes, with a noticeable lack of privacy—the dividing wall between the rooms does not meet the ceiling—clean, though the furnishings are dated. ⊠ *Parque Nacional Tikal* ☎ *2477–0570 in Guatemala City* ⊕*www.junglelodge.guate.com* ⤏ *12 rooms, none with bath, 2 suites, 34 bungalows* ♿ *In-room: no a/c, no phone, no TV. In-hotel: restaurant, bar, pool, public Internet, parking (no fee)* ☰ *V* ⚏*MP.*

$$ ⚏**Jaguar Inn.** The most basic of the lodgings at the visitor's center complex nevertheless offers bright and spacious, if simply furnished, rooms. All come with two beds and a small porch with a hammock. The electricity here goes off at 11 PM and again for a few hours at midday. ⊠ *Parque Nacional Tikal* ☎ *7926–0002* ⊕*www.jaguartikal.com* ⤏ *13 rooms* ♿ *In-room: no a/c, no phone, no TV. In-hotel: no elevator, public Internet, parking (no fee)* ☰ *AE, D, DC, MC, V* ⚏*EP.*

MONUMENTO NATURAL YAXHÁ-NAKÚM-NARANJO

Southwest of Tikal.

Southwest of Tikal lies a 1,200-square-km (430-square-mi) complex of three ruins from the Late Classic period. Yaxhá is the most easily visited of these, with Nakúm and Naranjo realistically accessible only during the dry season. All three are part of the Proyecto Triángulo (Triangle Project), an ongoing German-led excavation funded by Deutsche Bank. All three ruins have suffered looting throughout their histories. Naranjo has endured the worst problems.

Overlooking a beautiful lake of the same name, the ruins of **Yaxhá** are divided into two sections of rectangular structures that form plazas and streets. Although this is the best excavated of the three complexes here, that's all relative, and the labors at Yaxhá remain a work in progress. ■ TIP→ **A guide is a good idea here, since it is not obvious what the structures are.** Here's what is known: the city was probably inhabited between the Preclassic and Classic periods, and at its peak contained 20,000 people. It was also an important ally of nearby Tikal. Only a portion of the estimated 500 structures are visible at present, the most famous of which is designated Templo 216, Yaxhá's highest edifice with splendid views of the adjoining lake and rain forest.

Lake Yaxhá—the name, pronounced *Yah-SHAH,* translates as "green waters"—surrounded by virgin rain forest, is a good bird-watching spot. In the middle of the lake sit the ruins of **Isla Topoxté,** a fortress dating from the Postclassic period about AD 1000, and the site of one of the last strongholds against Spanish invaders. Ask the staff here about transportation. Someone can take you if you pay for the boat's gas. (Crocodiles inhabit the lake. Beware.)

✉ *48 km (29 mi) east of Flores, 30 km (19 mi) southeast of Tikal* 🚌 *Q10* ⊙ *Daily 6–6.*

UAXACTÚN

35 km (22 mi) north of El Remate, 68 km (42 mi) northeast of Flores.

Uaxactún is surrounded by thick rain forest, so the trip can be difficult. The rock-and-dirt road is passable during the drier seasons and nearly impossible at other times without a four-wheel-drive vehicle.

The 4,000-year-old city of Uaxactún once rivaled Tikal's supremacy in the region. It was conquered by Tikal in the fourth century and lived in the shadow of that great city for centuries. Inscriptions show that Uaxactún existed longer than any other Mayan city, which may account for the wide variety of structures. Here, among the stelae and palaces, you'll find a Mayan astronomical observatory, thought to be the oldest in Mesoamerica. It is designated "Structure E-VII-B." From the observatory, the sun lines up precisely on the solstices and equinoxes.

As it's difficult to get here, you most likely won't have to fight the crowds as you do at neighboring Tikal, leaving you free to enjoy the quiet and mystical air of the ruins. You'll need to secure a permit to visit Uaxactún. The administration building in Tikal is on the road between the Jaguar Inn and the Jungle Lodge. Obtaining a permit is sometimes easier said than done, but with a little persistence and perhaps a small *mordida*

> ### PROTECTING AGRICULTURE
>
> El Petén is one of Guatemala's two protected agricultural regions. (El Quiché in the highlands is the other.) Entering via land or air, you'll need to surrender any fresh fruit in your possession.

(bribe), you should be able to get past the guards into the administration area where they grant the free permits. Sometimes police will ask to accompany you on the trip, which is helpful for two reasons: it prevents potential robberies and, most important, will give you an extra person to push if your vehicle gets stuck. The police may ask you for some money; a Q20 tip goes a long way toward making your trip smooth. ✉24 km (16 mi) north of Tikal ≊Q10 ☉Daily 6–6.

EL ZOTZ

A popular ecotourism destination, El Zotz is where you'll find the remnants of a Mayan city. On a clear day you can see the tallest of the ruins at Tikal from these unexcavated ruins. The odd name, which means "the bat" in Q'eqchí, refers to a cave from which thousands of bats make a nightly exodus. Troops of hyperactive spider monkeys seem to have claimed this place for themselves, swinging through the treetops and scrambling after each other like children playing a game of tag. Unlike those in Tikal, however, these long-limbed creatures are not used to people and will shake branches and throw twigs and fruit to try to scare you away. During the rainy season the mosquitoes can be fierce, so bring your strongest repellent. ■ TIP→ **Getting here is an arduous journey, best done with an organized excursion from Flores or Santa Elena. Trips are usually two days and one night.** ✉24 km (15 mi) west of Tikal.

EL PETÉN ESSENTIALS

BY AIR

Taca and TAG operate flights from Guatemala City to Santa Elena that take less than an hour and cost $60 to $100 each way. Air service between Santa Elena and the Mexican resort of Cancún is offered by Taca. Tropic Air flies twice daily between Santa Elena and Belize City.

Aeropuerto Internacional Mundo Maya (FRS) is less than 1 km (½ mi) outside Santa Elena. Taxis and shuttles meet every plane and charge about Q20 to take you into town.

Contacts Taca (☎ 7926–1238, 2470–8222 in Guatemala City ⊕ www.taca.com). **TAG** (☎ 2360–3038 ⊕ www.tag.com.gt). **Tropic Air** (☎ 7926–0348, 800/422-3435 in North America ⊕ www.tropicair.com).

BY BUS

Linea Dorada offers direct bus service between Guatemala City and Santa Elena and Flores. The 10-hour trip on air-conditioned buses with comfortable reclining seats, TVs, and bathrooms costs $30 to $50 round-trip. Call at least one day ahead for reservations. Inexpensive local service is available, but those buses stop in every village along the way, which adds hours to the trip.

In Santa Elena the San Juan Hotel serves as the local bus terminal. Here you can catch a bus operated by San Juan Travel that makes the two-hour trip to Tikal at 6, 8, and 10 AM and return trips at 2, 4, and 5 PM. Local buses serving other destinations like Sayaxché depart from the market in Santa Elena. They are inexpensive but very slow.

Information Linea Dorada (✉*C. Principal, Santa Elena* ☎*7926–0528* 📠*16 C. 10–03, Zona 1, Guatemala City* ☎*2290–7990*).

BY CAR

Roads in El Petén are often in poor repair and not very well marked. Some roads are impassable during the rainy season, so check with the tourist office before heading out on seldom-traveled roads, such as those to the more-remote ruins surrounding Tikal. A four-wheel-drive vehicle is highly recommended.

To be on the safe side, never travel at night. If you come upon a fallen tree across the road, do not get out of your car to remove the debris. Robbers have been known to fell trees to get tourists to stop. Turn around as quickly as possible.

If you're not booked on a tour, the best way to get around El Petén is by renting a four-wheel-drive vehicle. Hertz has an office in the Santa Elena suburb of San Benito. Guatemalan agencies Koka and Tabarini have offices at Aeropuerto Internacional Mundo Maya.

Local Agencies Hertz (✉*10 A C. 1–47, San Benito* ☎*7950–0204*). **Koka** (✉*Aeropuerto Internacional Mundo Maya* ☎*7926–1233*). **Tabarini** (✉*Aeropuerto Internacional Mundo Maya* ☎*7926–0277*).

EMERGENCIES

El Petén's only hospital is in San Benito, a suburb of Santa Elena.

Emergency Services Police (☎*7926–1365*). **Hospital Nacional** (✉*San Benito* ☎*7926–1333*). **Farmacia Nueva** (✉*Av. Santa Ana, Flores* ☎*7926–1387*).

MAIL & SHIPPING

The main post office in Flores is a half block east of the main square. In Santa Elena the post office is a block east of the bridge leading to Flores. Mail service is slow, so expect to get back home before your letter docs.

Post Offices Flores (✉*C. 10 de Noviembre, Flores*). **Santa Elena** (✉*2 C. and 7 Av., Flores*).

MONEY MATTERS

There are several banks in Santa Elena, but none anywhere else in the region. Make sure to exchange your money before heading off on your jungle adventure. Some high-end hotels will exchange dollars for a small commission.

TOURS

Flores-based Martsam Travel, run by Lileana and Benedicto Grijalva, offers many different types of tours in the area. Guatemala City–based Adventuras Naturales and Flores-based Expedition Panamundo specialize in tours of the Mayan world and bird-watching expeditions. Guatemala City–based Maya Expeditions has trips down Sayaxché area rivers and to the nearby archaeological sites. From Antigua, Inter Quetzal and Sin Fronteras offer tours of El Petén.

Contacts Adventuras Naturales (✉*9 C. 18–17, Zona 14, Guatemala City* ☎📠*2333–6051 or 7832–3328* ⊕*aventurasnaturales.tripod.com*). **Expedition**

Panamundo (✉ 2 C. and 4 Av., Zona 1, Santa Elena ☎ 7926–0501, 2331–7588 in Guatemala City ⌂ panamundo@guate.net). **Inter Quetzal** (✉ 7 Av. 1–20, Zona 4, Guatemala City ☎ 2360–1422). **Martsam Travel** (✉ C. Centroamérica and Av. 30 de Junio, Flores ☎ 7926–0346 ⊕ www.martsam.com). **Maya Expeditions** (✉ 15 C. 1–91, Zona 10, Guatemala City ☎ 2363–4965 ⊕ www.mayaexpeditions.com). **Sin Fronteras** (✉ 5 Av. Norte 15, Antigua ☎ 7832–1226 ⊕ www.sinfront.com).

VISITOR INFORMATION

Arcas, which returns illegally captured animals to the wild, is a great resource on the flora and fauna of El Petén. The Centro de Información sobre la Naturaleza, Cultura, y Artesanía de Petén in the center of Flores is a wealth of information about the region's nature, history, and culture. Inguat has two offices in El Petén, one outside Santa Elena on the highway to Tikal, open daily 8 to 1 and 2 to 6, and one open for all arriving flights at Aeropuerto Internacional Mundo Maya.

Information Arcas (✉ 10 km [6 mi] east of Santa Elena in San Benito ⊕ www.arcasguatemala.com). **Centro de Información sobre la Naturaleza, Cultura, y Artesanía de Petén** (CINCAP) (✉ North side of Parque Ctl. ☎ 7867–5209). **Inguat** (✉ Km 8, Hwy to Tikal ☎ 7926–0669 ✉ Aeropuerto Internacional Mundo Maya ☎ 7926–0533).

LANGUAGE SCHOOLS IN EL PETÉN

Though Spanish schools up here may promote themselves with images of your studying at Tikal, you're actually on the north shore of Lago Petén Itzá, and can combine your language study with optional excursions to visit area ruins—all in all, a nice deal.

Bio-Itzá Spanish School (✉ San José ☎ 7928–8142 ⊕ www.ecobioitza.org).

Eco-Escuela de Español (✉ 1 San Andrés ☎ 5940–1235).

GUATEMALA ESSENTIALS

BY AIR

Nearly all international flights arrive at Aeropuerto Internacional La Aurora (GUA) in Guatemala City, the country's main air hub. The road between the airport and Guatemala City is often targeted by thieves and carjackers, especially at night. Try to choose a flight that arrives in daylight hours. If you do travel into Guatemala City after dark, ask your hotel if they have a transfer service. Otherwise, arrange a private shuttle or take a registered taxi or the shuttle bus, never the public bus.

Airline Contacts Maya Island Air (☎ 800/225–6732 ⊕ www.mayaairways.com). **Mexicana** (☎ 800/531–7921 ⊕ www.mexicana.com). **Spirit Airlines** (☎ 800/772–7117 ⊕ www.spiritair.com). **TACA** (☎ 800/400–8222 ⊕ www.taca.com). **Tropic Air** (☎ 800/422–3435 ⊕ www.tropicair.com).

BY BUS

Many travelers arrive in and depart from Guatemala by bus. The services listed here are all so-called "first-class" buses, which means little more than that there is a toilet on board and air-conditioning, though there are never guarantees as to whether either will work. Despite this, departures are usually punctual. Several second-class buses operate international routes, but have neither Web sites, reliable inquiry numbers, nor, at this writing, fixed terminals, due to the Guatemala City transport authority's chaotic attempt at terminal reorganization.

Popular with budget travelers, Ticabus is a international bus company connecting all of Central America. They have direct daily services from Guatemala City to Tapachula in Mexico ($17; five hours) and El Salvador ($11; four hours). Connecting services go to Nicaragua, Honduras, Costa Rica, and Panama, but usually involve one or two overnight stops. Hedman Alas is a Honduran company that connects Guatemala and Antigua with Tegucigalpa in Honduras ($68). Línea Dorada runs services from Guatemala City to Tapachula, Mexico; and from Flores to Belize City and Chetumal, Mexico. They offer connecting services to other Mexican cities.

Contacts Hedman Alas (☎ *2362–5072* ⊕ *www.hedmanalas.com*). **Línea Dorada** (☎ *2232–5506* ⊕ *www.tikalmayanworld.com*). **Ticabus** (☎ *2366–4038* ⊕ *www. ticabus.com*).

BY CAR

Although it's easy to get around Guatemala without a car, it's much easier to visit small villages and explore the countryside if you have one. Taking to Guatemala's roads requires some courage, however. Local drivers pay scant attention to speed limits or traffic rules. Outside the big cities potholed road surfaces are common, and mountain roads are often bordered by sheer drops. If you are not used to driving very defensively, taking buses or private shuttles may be a better idea. Always allow extra travel time for unpredictable events, making sure to bring along snacks and drinks.

You can drive in Guatemala with a valid U.S. license. Most roads leading to larger towns and cities are paved; those leading to small towns and villages are generally dirt roads. *Doble-tracción*, or four-wheel drive, is a necessity in many remote areas, especially at the height of the rainy season. Gas stations can also be scarce, so be sure to fill up before heading into rural areas. Consider bringing some extra fuel along with you. Don't count on finding repair shops outside the major towns.

EMERGENCIES

In a medical or dental emergency, ask your hotel staff for information on and directions to the nearest private hospital or clinic. Taxi drivers should also know how to find one, and taking a taxi is often quicker than an ambulance. If you do need an ambulance, it's best to call for one from the hospital you want to go for; alternatively, you can call the Red Cross. Many private medical insurers provide online lists of hospitals and clinics in different towns. It's a good idea to print out a copy of these before you travel.

For theft, wallet loss, small road accidents, and minor emergencies, contact the nearest police station. Expect all dealings with the police to be a lengthy, bureaucratic business—it's probably only worth bothering if you need the report for insurance claims.

Pack a basic first-aid kit, especially if you're venturing into more remote areas. If you'll be carrying any medication, bring your doctor's contact information and prescription authorizations. Getting your prescription filled in Guatemala might be problematic, so bring enough medication for your entire trip—and extras in case of travel delays.

MAIL & SHIPPING

Most Guatemalan towns have a post office. El Correo, the Guatemalan mail system, has a bad reputation for losing letters—especially if they are sent from more remote locations in the country. Most post offices open from 8:30 to 5:30. Airmail letters to North America cost Q5 and take a week or two to arrive. High-end hotels can usually send your mail for you, too.

Your hotel may be willing to receive mail for you. American Express also offers free mail collection at its main city offices for its cardholders.

Contacts El Correo (☎ *1–801/267-7367* ⊕ *www.elcorreo.com.gt*).

MONEY

Guatemala can be remarkably cheap, especially when you're traveling in the villages of the highlands. Mid-range hotels and restaurants where locals eat are excellent value for money. Rooms at first-class hotels and meals at the best restaurants, however, approach those in developed countries. Trips into remote parts of the jungle and specialty travel like river rafting and deep-sea fishing are also relatively expensive.

You can plan your trip around ATMs—cash is king for day-to-day dealings—and credit cards (for bigger spending). U.S. dollars can be changed at any bank and are widely accepted as payment; leave all other currencies at home. Traveler's checks are useful only as a reserve.

ATMS & BANKS   ATMs—known as locally as *cajeros automáticos*—are easy to find in Guatemalan cities. Cards on the Cirrus and Plus networks can be used in ATMs bearing these signs: CREDOMATIC, BANCARED, BI, and 5B. Major banks in Guatemala include BAC, Banco Industrial, and Banco Occidente. In some smaller cities, finding an ATM is trickier. Technically, you should be able to go into the bank to withdraw money through a teller using your ATM card, but it's easier just to take ample cash supplies with you. ■TIP➔ATMs often empty out before holiday weekends, so withdraw your cash beforehand. Be sure your pin number only has four digits, as most Guatemalan ATMS don't accept longer ones. Make withdrawals from ATMs in daylight, never at night. Where possible, choose ATMs inside banks rather than freestanding ones.

CURRENCY &   Guatemala's currency is the quetzal, named after the national bird,
EXCHANGE   and is equal to 100 centavos. Single quetzals come as both coins and bills. There are also 1-, 5-, 10-, and 25-centavo coins. Bills come in denominations of ½ (brown), 1 (green), 5 (purple), 10 (red), 20 (blue),

50 (vermilion), and 100 (brown). At this writing the exchange rate is 7.6 quetzals to the U.S. dollar.

U.S. dollars are widely accepted in Guatemalan shops and restaurants, though the conversion rate might not be quite as good as at banks. Street-side money changers abound, but you'll be safer from scams if you change your money at a bank, even though the rates aren't quite as good. You can exchange money easily at the airport and at border crossings.

SAFETY

Guatemala has a bad reputation for safety, and it's true that pick-pocketings, muggings, and thefts from cars are common. However, most Central Americans are extremely honest and trustworthy. It's not uncommon for a vendor to chase you down if you accidentally leave without your change. Taking a few simple precautions when traveling in Guatemala is usually enough to avoid being a target.

Take special care when driving. If you can avoid it, don't drive after sunset. A common ploy used by highway robbers is to construct a road-block, such as logs strewn across the road, and then hide nearby. When unsuspecting motorists get out of their cars to remove the obstruction, they are waylaid. If you come upon a deserted roadblock, don't stop; turn around. In cities, always park in car parks, never on the street; and remove the front of the stereo, if possible.

Many popular destinations have a special tourist police service, known as the *Policía Turística* or just "Politur." Aimed at reducing crimes against tourists, they're more like a private security service than a police force. As well as keeping a lookout at street corners, they'll accompany you on hikes and walks in places where safety is an issue.

The most important advice we can give you is that, in the unlikely event of being mugged or robbed, do not put up a struggle. Nearly all physical attacks on tourists are the direct result of resisting would-be pickpockets or muggers. Comply with demands, hand over your stuff, and try to get the situation over with as quickly as possible—then let your travel insurance take care of it.

TOURS

Wildland Adventures pride themselves on culturally and ecologically sensitive trips. They have two Guatemala tours, both of which empha-size learning about Mayan culture. One of AdventureSmith Explora-tions' nine-day Guatemala trips focuses exclusively on El Petén, and another focuses on the highlands; their five-day Tikal and Palenque escape takes in two Mayan ruins in a very short time.

British-based company Responsible Travel has many Guatemala trips: the range includes low-budget packages and combinations with other Central American countries. Small groups and low-impact touring are also an important part of Intrepid Travel's holidays. They have 12 Guatemala trips, all aimed at independent travelers, that include a 10-day mountain biking holiday, ecotours, language programs, and multi-week volunteer opportunities.

The Adventure Center's trips usually involve a little bit of action (rafting, hiking, or cycling) as well as more standard touring. Guatemala is often combined with Mexico, Belize, and Costa Rica on their longer holidays. Canoe, foot, bike, and even zip-line are some of the modes of transport on The World Outdoors' Guatemala Multi-Sport holiday.

Overseas Adventure Travel takes pride in small groups and excellent guides. One of their tours combines Guatemala with Honduras, El Salvador, and Belize.

Recommended Companies AdventureSmith (☎ *800/728-2875* ⊕ *www. adventuresmithexplorations.com*). **Intrepid Travel** (☎ *61/3/9473—2626 [Australia]* ⊕ *www.intrepidtravel.com*).

Overseas Adventure Travel (☎ *800/493-6824* ⊕ *www.oattravel.com*). **Responsible Travel** (☎ *44/1273/600030 [UK]* ⊕ *www.responsibletravel.com*). **Wildland Adventures** (☎ *800/645-4453* ⊕ *www.wildland.com*).**The World Outdoors** (☎ *800/488-8483* ⊕ *www.theworldoutdoors.com*).

El Salvador

WORD OF MOUTH

"We were very impressed with El Salvador and I highly recommend it to anyone looking for a tropical paradise unspoiled by hordes of tourists. We were able to visit Antigua, Guatemala; Copan, Honduras; and tour many beaches. Now I want to buy some oceanfront property in El Salvador! Just beautiful and unspoiled!"

—dmjblalock

Updated
By Robin
Goldstein
& Alexis
Herschko-
witsch

BE CAREFUL WITH YOUR HEART, because you just might lose it in El Salvador. The country has subtle charms that go unnoticed on first glance. Very little here is geared toward travelers, making this a perfect destination for those with a curious spirit. The country's lovely landscapes, fascinating history, and genuinely friendly people—not to mention the utter absence of foreigners—will win over new converts in the coming years. If you have the desire to experience a Central American country untainted by tourism, you will find what you are looking for in El Salvador.

One appealing aspect of El Salvador is its diminutive size. The country, the smallest in Central America, is only 200 km (124 mi) long. The major roads are well paved and reasonably maintained, so trips to even the most far-flung reaches never take more than a few hours. This means that El Salvador's most beguiling sights are more accessible than you might guess. Although the country has seen most of its old-growth forests felled for timber or to make way for farms, this age of awareness about the environment—and its potential to draw tourists—has not been lost upon the powers that be, who are struggling to make up for lost time. The verdant national parks of the northwest (including a misty cloud forest), several impressive volcanoes (some still active), and a handful of sparkling lakes are now looked on as national treasures.

San Salvador, the sprawling capital, serves as the gateway for most visitors to El Salvador. It offers the mix of good and bad found in most cities of Central America. Although it can be wretched to the eye, San Salvador also has lively markets, interesting museums, and plenty of nightlife. Not far from the capital are several azure lakes—Lago de Coatepeque, Lago de Ilopango, and Lago de Güija—that lure you with opportunities for boating, swimming, or just relaxing in the sun. To the east of San Salvador stretches a chain of mountains that beckon to those in search of some serious off-the-beaten-track hiking. The thinly populated northwestern region is home to national parks such as Parque Nacional Montecristo. The Pacific coast is an unbroken string of untouched beaches with some of the best surfing in the world.

ORIENTATION & PLANNING

ORIENTATION

El Salvador is welcoming its first wave of tourists, but is ill prepared for them. Hiring a car and driver isn't a bad idea, but renting a car yourself is still completely feasible, and inexpensive if you reserve on the Internet beforehand. Major roads are generally well maintained, though confusing signage and even worse maps remain a problem. Travel companies offer specialized tours of the country's archaeological sites, historical monuments, and mountain villages.

El Salvador

Eastern El Salvador

Northern and Western El Salvador

HONDURAS

GUATEMALA

Comayagua

Río Coco/Segovia

Juitapa

las Chinamas

Hachadura

Ahuachapán

Ataco

Apaneca

Nahuizalco

PARQUE NACIONAL EL IMPOSIBLE

Acajutla

Los Cóbanos

Playa Los Cóbanos

Santo Domingo de Guzmán

Juayúa

Cerro Verde

Cerro Verde

Izalco

Caluco

Sonsonate

Volcán de Santa Ana

Lago de Coatepeque

El Congo

Volcán de San Salvador

Quezaltepeque

Santa Tecla

San Salvador

La Libertad

Zunzal

Playa Tunco

El Zonte

Playa San Diego

COSTA BALSAMO

Playa Conchalío

PACIFIC OCEAN

Tazumal/Chalchuapa

San Cristóbal

Lago de Güija

Santa Ana

Candelaria de la Frontera

Nueva Concepción

Metapán

Anguiatú

PARQUE NACIONAL MONTE CRISTO

El Poy

San Ignacio

La Palma

Agua Caliente

Tejutla

Nueva Ocotepeque

El Salvador

Río Lempa

Embalse Cerrón Grande

Las Cañas

Amayo

Concepción Quezaltepeque

Chalatenango

San José de las Flores

San Antonio Los Ranchos

Ilobasco

Sensuntepeque

Suchitoto

Cojutepeque

San Sebastián

Santa Clara

San Vicente

Verapaz

Volcán Chinchontepec

Zacatecoluca

Lago de Ilopango

Volcán Panchimalco

Río Lempa

La Herradura

Estero de Jaltepeque

La Puntilla

El Zapote

Marcelino

COSTA DEL SOL

de Mulas

Corral

Puerto El Triunfo

Bahía de Jiquilisco

Segundo Montes

Río Torola

Perquín

Corinto

Santa Rosa de Lima

San José

Bolívar

San Miguel

Quelepa

San Francisco Gotera

Mercedes Umaña

Berlín

Usulután

Santiago de María

Volcán de Usulután

Laguna de Olomega

Laguna El Jocotal

Jucuarán

El Cuco

Playa El Cuco

Puerto Caballo

Playa El Espino

Río Goascorán

El Amatillo

La Unión

Cutuco

Bahía de la Unión

Volcán Conchagua

Playitas

El Tamarindo

Playa El Tamarindo

I. Zacatillo

I. Conchagüita

I. Meanguera

Golfo de Fonseca

Intipucá

50 miles

75 km

TAKE IT ALL IN

3 Days: Spend the first day in San Salvador. Its major sights can easily be seen in one day. Because your flight will arrive in the capital, consider making this your base and taking day trips to other parts of the country. On your second day head north to Suchitoto, a colonial-era village where beautifully preserved buildings line the cobblestone streets. On the third day, head west to Lago de Coatepeque, a beautiful lake that makes a great place to stop for lunch. Outdoors enthusiasts will want to hike up nearby Cerro Verde or Volcán Santa Ana.

5 Days: If you have a few more days to explore El Salvador, head a bit farther afield. Start with the itinerary above. On the fourth day travel west to Santa Ana, where you can stop by for a look around the central square. A cathedral and several museums are found along its edges. From Santa Ana you can explore the Ruta de las Flores, which takes you through mountain villages such as Apaneca and Juayúa. On the fifth day, head south to the coast, enjoying the catch of the day in one of the many seaside restaurants.

PLANNING

WHEN TO GO

El Salvador greets most of its visitors during the dry season between November and April. During the wet season, which runs from late May to October, it rains almost every day. Fortunately, the downpours are usually short. The best time to visit is in the very beginning or end of the rainy season, when the countryside is green but the weather still manageable. Unless you're planning mountain treks, a sturdy umbrella will do fine. San Salvador and the Pacific coast are almost always hot during the day, while somewhat cooler temperatures prevail at the higher elevations.

GETTING AROUND

El Salvador has well-maintained highways, especially between the major cities. The Pan-American Highway, here called the CA-1, runs right through the middle of the country. Some smaller roads need work, but generally are passable. You can rent cars in the capital and some other cities. During the rainy season, many drivers prefer a four-wheel-drive vehicle or a pickup truck.

Salvadoran buses are of the school-bus variety (but decidedly more colorful) and are numbered according to their route. Intercity buses have their destination, along with important stops along the way, posted on the windshield. Bus travel is cheap—few trips cost more than $2. Departures on most routes are frequent, leaving every 10 to 20 minutes during the day. Buses rarely depart after sunset. Don't plan to arrive by bus "just in time" for anything, as delays are common.

RESTAURANTS & CUISINE

No food is more typically Salvadoran than the *pupusa,* a fried tortilla filled with beans, cheese, and/or *chicharrón* (pork skin). A pupusa called a *revuelta* has all three fillings mixed together. Delicious *pupusas*

A HISTORY OF STRUGGLE

El Salvador's natural beauty makes its history of armed conflict seem that much more tragic. Its grim past mocks its hopeful name, which in Spanish means "The Savior."

Lacking the population centers found in neighboring Guatemala, El Salvador's small indigenous communities were easily conquered by the Spanish conquistadors who arrived in the 16th century.

The country's first push for independence came when José Matías Delgado, known today as the father of the country, led a revolt against the Spanish in 1811. That first uprising was unsuccessful, but the priest led another a decade later that finally severed ties with the colonial government. He became the country's first president in 1821.

The Great Depression brought increasing political tensions to El Salvador. Desperate workers— losing their livelihoods as by-now ubiquitous coffee plantations fell idle—began to gravitate toward leftist leaders like Augustín Farabundo Martí. In January 1932, after the government voided the results of a series of municipal elections won by communist candidates, Martí led an uprising in the coffee center of Sonsonate. The army responded with unprecedented brutality, methodically hunting down and killing anyone suspected of supporting the insurrection.

In the mid-20th century, the disparity between rich and poor only increased. Agricultural exports increased tenfold in the 1960s, but the Salvadoran people ranked in the top five most undernourished populations in the world, even as the famed "fourteen families" that made up El Salvador's ruling class prospered. People pressed for change.

José Napoleón Duarte, a founder of the Christian Democratic Party, won the presidency in 1972, but military leaders voided his victory. Popular protest, ranging from civil disobedience to armed insurrection, followed.

Soon after the 1980 assassination of Archbishop Oscar Romero, a leading human-rights advocate, four guerrilla organizations united under the leadership of the Frente Martí Liberación Nacional. U.S. President Ronald Reagan, wary of the success of communists in neighboring Nicaragua, delivered unprecedented levels of aid. Instead of addressing the needs of the poverty-stricken population, the money was used to bolster the military.

In the late '80s, after rebel forces pitched battles in the heart of the capital city, negotiations began making unprecedented progress. A peace accord, mediated by the United Nations, officially ended 12 cruel years of civil war in 1992.

The last decade has brought many positive changes. The repressive Policía Nacional was disbanded and replaced by the Policía Nacional Civil, and judicial and electoral reforms were initiated. Crime is still a problem in many areas, but there are signs of progress. The country's economy is growing in fits and starts, and foreign investment is increasing. Salvadorans, eager to see their country move forward, are clearly pleased with the progress.

3

de arroz are made with rice flour and are not quite as thick; rather, they have a certain lightness, though they are still quite filling. *Loroco,* a sprouty green local vegetable, is also a popular and interesting filling. Both are found in *pupuserías,* where they are served up with spicy tomato sauce and a vinegary pickled cabbage and carrot concoction called *curtido.* The Salvadoran version of fast food, pupusas are a good way to fill up on the cheap. An all-out breakfast here consists of eggs, beans, cheese, fried plantains, tortillas, and coffee. For lunch, expect beef, chicken, or fish with rice, beans, tortillas, perhaps fried plantains, and a small salad; chicken here is often the best option. A delicious creamy seafood soup called *mariscada* makes a satisfying dinner in the coastal regions, as does shrimp cooked in garlic or a whole fried fish. That said, most Salvadorans eat their big meal at lunchtime, and stick with pupusas in the evening.

The most common drinks are *gaseosas* (sodas) and *refrescos* (fruit drinks with tons of sugar). Icy *minutas* are slushy drinks sweetened with honey—truly a godsend on a hot afternoon. Don't forget, however, to ask whether they are made with purified water. Purified or not, the answer will often be yes, if only to make the sale. *Licuados* are similar to minutas, but fresh fruit and sometimes milk are added. *Ponche,* usually found on the streets at festivals, is a special treat, especially after dinner on a cool evening: it's hot milk ladled from a steaming pitcher and mixed with vanilla, cinnamon, and dark rum. Omnipresent varieties of locally brewed *cerveza* (beer) include Suprema (full-bodied), Bahía (a lighter, fresher brew), and Pilsener (the lowest common denominator).

ABOUT THE HOTELS

There's no shortage of modern hotels in San Salvador. You'll immediately recognize names of top chains such as InterContinental, Marriott, Hilton, and Radisson. Outside the capital, however, the lodgings are more modest. *Posadas* and *cabañas* are usually more upscale options, whereas *hospedajes* and *casas de huespedes* are most often lower-end lodgings; *hoteles* can be anything along the spectrum. Even in *hoteles,* be prepared for cold-water showers and no air-conditioning anywhere outside San Salvador. *Moteles* are almost always seedy establishments that should be avoided. There are only a few sanctioned camping areas in the country, mostly in the west.

WHAT IT COSTS IN U.S. DOLLARS				
	$	$$	$$$	$$$$
RESTAURANTS	under $5	$5–$10	$10–$15	over $15
HOTELS	under $50	$50–$100	$100–$150	over $150

Restaurant prices are per person, for a main course at dinner. Hotel prices are for two people in a standard double room in high season, excluding tax.

TOP REASONS TO VISIT

Archaeological Sites. Although none are as grand as Tikal in Guatemala or Copán in Honduras, El Salvador has some interesting archaeological sites where you can wander among the remnants of Mesoamerican settlements. Temples at Tazumal and San Andrés are both well worth the trip. Joya de Cerén, just a few miles from San Andrés, provides a fascinating glimpse into the daily life of ancient peoples.

Beaches. One of El Salvador's best-kept secrets is its miles of beautiful beaches. When you head to the shore, you'll see why. The Costa del Sol, an easy drive from San Salvador, fills up with sun worshippers on weekends. The Costa Bálsamo is a favorite of surfers, who say the waves here are some of the best in Central America. Divers can explore one of the few coral reefs on the Pacific coast.

Outdoor Activities. The upper slopes of El Salvador's string of volcanoes are irresistible for those who love the great outdoors. Since the peaks are fairly low—El Pital, the country's highest peak, rises to only 8,950 feet—easy climbs will bring you to breathtaking views. National parks such as El Imposible in the southwest, Montecristo in the northwest, and Cerro Verde between the two, are the places to go for serious hiking through a variety of terrains. Regions like Chalatenango and Morazán have trails that bring hikers through a countryside dotted with small villages. There's plenty of opportunity for boating and other activities on lakes like Lago de Coatepeque.

Shopping. Markets and shops throughout the country are filled with locally produced crafts. In the village of Guatajiagua, near San Miguel, you can see local artisans making earthenware plates, jugs, and bowls the same way their ancestors did. This pottery, which is then tinted with a black dye made from seeds, is used on a daily basis in most Salvadoran homes. San Sebastián, east of San Salvador, is the place for hammocks and other woven goods. La Palma, in the north, is known for the colorful designs of artist Fernando Llort. Other villagers now emulate Llort's childlike view of rural life. Kitschy *pícaras*, which originated in the village of Ilobasco, can be found in shops around the country. These egg-shape containers have little clay tableaux of subjects ranging from the sacred to the profane.

SAN SALVADOR

Growing by leaps and bounds, San Salvador offers glimpses into the future for El Salvador. This modern city is the engine that runs the strongest economy in Central America. Here you'll find the Colonia San Benito, an upscale neighborhood where you can stroll among the restaurants and galleries. To the north is Colonia Escalón, where you'll find many of the city's most popular boutiques. Colonia Centroamérica has some of the city's most happening bars and clubs. More recently, the city's elite have migrated even farther from the old city center, to Antiguo Cuscatlán, home to the Multiplaza and Gran Via "lifestyle centers" and their array of upscale boutiques, foreign-fetish restaurants, and fashionarms-race nightclubs. Although these places are the richest and hippest in the city, they are also in many ways the least Salvadoran and the most Americanized, so following the locals to their favorite new places can be a double-edged cultural sword. It is an ironic fact of life that many of the areas of San Salvador that are most authentic and interesting to tourists are often the least frequented by the local bourgeoisie.

Accordingly, financial resources are often directed away from the city's historic center, leaving it sadly neglected. Although it has some lovely old buildings, the gritty neighborhood does not make visitors feel welcome. It is crowded, noisy, and polluted, and not geared toward tourists in any sense. The repatriation of many Mara Salvatrucha gang members has increased crime in the run-down suburbs of the city, but they tend to hang out in the poor shantytowns on the outskirts, rather than the Centro.

San Salvador is easily the most densely populated city in Central America. The official count is about 1.5 million, but that figure increases by at least half when you figure in those living in the shantytowns along its edges. There are not nearly enough jobs to go around, which means pickpocketings and other petty crimes are all too common. Be on your guard, especially in markets and other crowded places.

Some visitors are surprised to find so few older buildings in this colonial city. San Salvador has been destroyed by tremors several times since it was founded in 1525, and consequently bears hardly a trace of its heritage. In 1986 much of the capital was leveled by an earthquake that left more than 1,000 people dead. Another in 2001 caused even more damage.

EXPLORING SAN SALVADOR

For a chaotic Central American capital, San Salvador is surprisingly easy to navigate (at least in the center). Like most of its neighbors, El Salvador has cities organized in a grid pattern, with *avenidas* running north–south and *calles* running east–west. To make addresses easier to find, avenidas are labeled *norte* when north of the main plaza and *sur* when they are to the south (for example, Avenida 4a Norte). Ditto for calles, using *oriente* on the east side and *poniente* on the west. San Salvador takes the system one step further, placing odd-numbered avenidas west of the central plaza and even ones to the east, odd calles to the north and even to the south. Although confusing at first, this system makes orienting yourself easier, because the main plaza will always be roughly at Avenida 1 and Calle 1.

In many Central American cities, the major streets in either direction change names as they cross the main square. San Salvador is a typical case, as Calle Arce becomes Calle Delgado as it crosses the plaza. In some cases, main streets may change names as the *colonia* (neighborhood) changes. As you head east from Colonia Escalón, Paseo Escalón becomes Alameda Roosevelt, then Calle Rubén Darío, then Calle 2a Poniente, and finally Calle 2a Oriente.

3

San Salvador

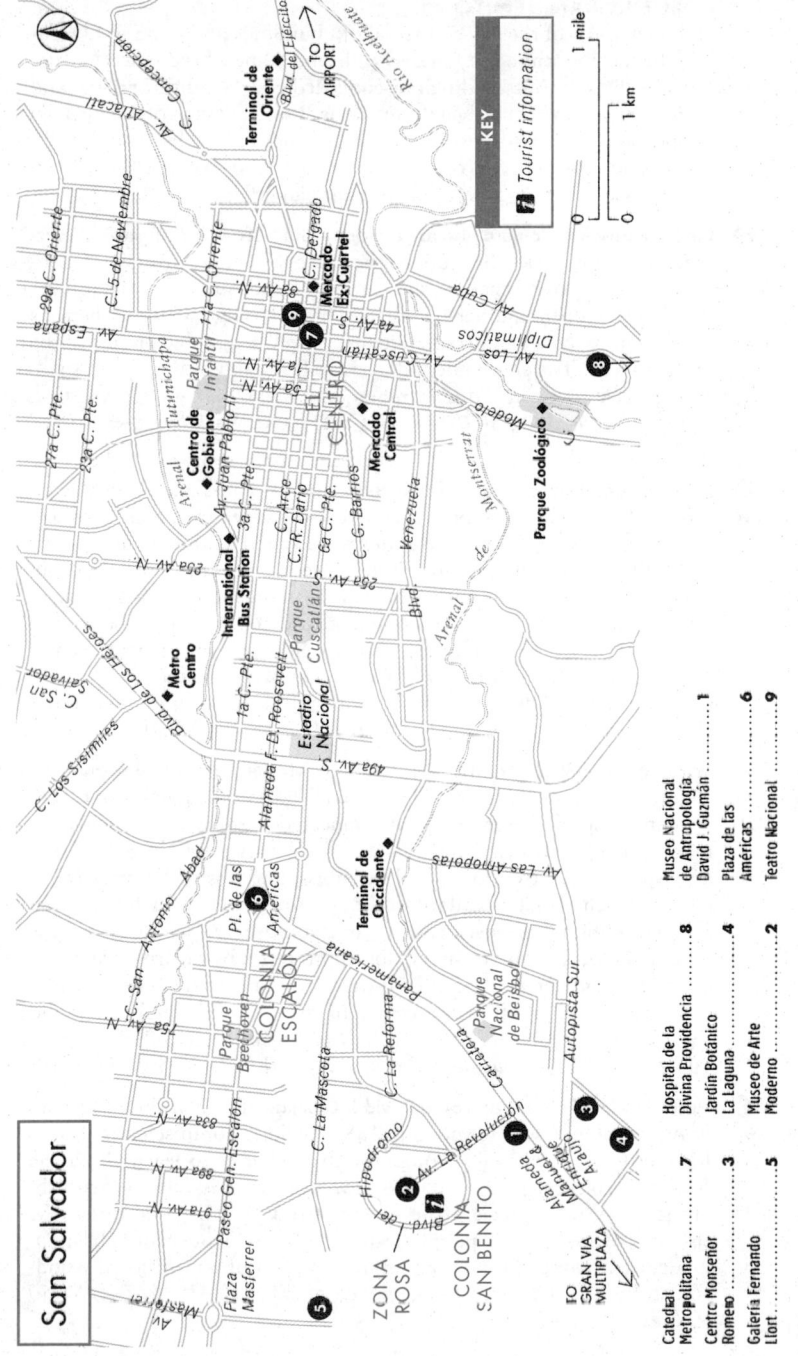

KEY

🛈 *Tourist information*

0 ——— 1 km
0 ——— 1 mile

Catedral Metropolitana **7**	Hospital de la Divina Providencia **8**
Centro Monseñor Romero **3**	Jardín Botánico La Laguna **4**
Galería Fernando Llort **5**	Museo de Arte Moderno **2**
Museo Nacional de Antropología David J Guzmán **1**	Plaza de las Américas **6**
	Teatro Nacional **9**

COLONIA SAN BENITO

Although most of the city's graceful old buildings are found in El Centro, this neighborhood is where you'll find some of the newer attractions, such as the outstanding museums dedicated to anthropology and modern art. Also here is the vibrant Zona Rosa, a stretch of Avenida del Hipódromo lined with restaurants, bars, and nightclubs. You'll probably spend most of your time in the city here, in Colonia Escalón, in Colonia Centroamérica, and in Antiguo Cuscatlán.

❸ Centro Monseñor Romero. In an incident that drew international outrage, a group of men broke into the rectory at the Universidad Centroaméricano José Simeón Cañas in 1989 and murdered six Jesuits, their housekeeper, and her daughter. This sobering memorial displays the victims' papers and personal items, as well as graphic photos of the murder scene. The church next door is well worth visiting, as is a small rose garden. ✉ *C. del Mediterraneo and Avda. Río Amazonas, Col. Antiguo Cusclatán* ☎ *503/210–6675* ✉ *Free* ☉ *Weekdays 8–noon and 2–6, Sat. 8–noon.*

❹ Jardín Botánico La Laguna. ★ A huge collection of plants and flowers from around the world—including a 200-year-old ceiba tree, a large collection of orchids, and a bamboo forest—is found at this botanical garden, called La Laguna because it is located in the crater of an extinct volcano that was filled with water until an earthquake drained it in 1873. You don't have to be a botanist to enjoy the shady paths and babbling streams that make this park a welcome respite from the city's hustle and bustle. ✉ *Near Universidad Centroaméricano José Simeón Cañas, Col. San Benito* ☎ *503/243–2013* ⊕ *www.jardinbotanico.org.sv* ✉ *$1 for adults, 50¢ for children* ☉ *Tues.–Sun. 9–5:30.*

❷ Museo de Arte Moderno. ★ The Museum of Modern Art has become the country's most important cultural center. The 25,000-square-foot facility, consisting of a large main hall connected to three smaller galleries, is home to a permanent collection of 20th-century works by Salvadoran artists, centering around surrealist, cubist, and abstract-expressionist paintings. The smaller galleries host rotating exhibitions by national and international artists. Leaders say the museum "heralds a renaissance of cultural consciousness" for the country; by incorporating into the museum's central plaza the 70-foot Monumento de la Revolución, the museum sets itself at the center of the country's intellectual and spiritual psyche. ✉ *End of Avda. La Revolución* ☎ *503/243–6099 or 503/243–1579* ⊕ *www.marte.org.sv* ✉ *$1.50* ☉ *Tues.–Sun. 10–6.*

❶ Museo Nacional de Antropología David J. Guzmán. The National Museum of Anthropology was founded in 1883 by Salvadoran scientist David Joaquín Guzmán. Stroll through the five galleries to learn about the country's cultural history. The explanatory text is only in Spanish, but it's easy to appreciate the pottery from pre-Hispanic times, the clothing of indigenous peoples, and the looms from San Sebastián. In a garden you can follow a path to a replica of a traditional wood-and-straw hut. ✉ *Avda. La Revolución,* ☎ *503/243–3927* ✉ *$1.50* ☉ *Tues.–Sun. 8–4.*

COLONIA ESCALÓN

An upscale commercial and residential neighborhood, Colonia Escalón is west of the historic district. Along Paseo General Escalón, the neighborhood's main artery, you'll find several glitzy shopping centers.

⑤ Galería Fernando Llort. With much success at home and abroad, Fernando Llort has received the most attention of any Salvadoran artist. This popular gallery sells original paintings, prints, and posters. The staff carefully packs purchases for your flight home. ⊠ *C. La Mascota and Avda. Masferrer, Col. Maquilishuat* ☎ *503/263–9206.*

⑥ Plaza de las Américas. Near the beginning of Colonia Escalón is a statue called *The Savior of the World,* depicting Jesus standing on top of a globe. It sits in the center of this tree-lined park. ⊠ *Paseo General Escalón at Blvd. Constitución.*

CENTRO HISTÓRICO

Loud, crowded, and polluted during the day and rough at night, the city's historic center is an intimidating place for visitors. Here you'll find some of the city's best-known landmarks, such as the colorful Catedral Metropolitana, but you probably won't want to spend more than a couple of hours of your trip here.

⑦ Catedral Metropolitana. The city's main cathedral, damaged by a series of earthquakes, was repainted by one of El Salvador's most famous artists, Fernando Llort. The facade is painted with bright solid colors, with rural motifs such as cattle, houses, corn, flowers, and butterflies. Archbishop Oscar Romero was buried here after being assassinated in 1980. His tomb is viewable in the crypt beneath the church. ⊠ *C. Oriente between Avdas. Cuscatlán and 2a Sur* ☎ *no phone* ⊠ *Free.*

⑧ Hospital de la Divina Providencia. It was at the altar of this hospital's small chapel, in the middle of mass, that Archbishop Oscar Romero was gunned down by a government death squad in March 1980. The church is simple and peaceful, with a plaque near the altar commemorating the tragedy. Ask in the office to the left of the church for a tour of Romero's living quarters, where you'll find photos, books, and even the typewriter he used to compose his famous homilies. ⊠ *Final C. Toluca and Avda. Bernal, Col. Miramonte Poniente* ☎ *503/260–0520* ⊠ *Free* ☉ *Daily 8–11 and 2–4.*

⑨ Teatro Nacional. Dating from 1911, the elegant National Theater is one of the most recognizable landmarks in San Salvador. Huge columns line the entrance, a favorite place for vendors selling jewelry and other items. The splendid gilt-edged interior is a clue to how much wealth the coffee plantations once brought to El Salvador. ⊠ *Avda. 2 Sur and C. Delgado* ☎ *503/222–8760.*

WHERE TO EAT

If you enjoy sampling *platos típicos* (typical dishes), you'll have a great time in San Salvador. Every block has at least one or two *comedores* (inexpensive eateries) serving up pupusas and other favorites. In the historic center, look for any *pupusería* that's clean and well kept, and you can have a filling lunch for a dollar or two. But San Salvador also has a handful of inventive restaurants where chefs apply refined techniques to local ingredients, with varying degrees of success; some are more flashy style than substance, whereas others are really worthwhile.

$$$$ ✕ **Citron.** Chef Eduardo Hardt is behind everything coming out of this
★ new restaurant. Some creations fuse local ingredients with foreign cuisines, as in gnocchi of yucca flour in a basil parmigiana–cream sauce, or *curvina* (the local white fish) tightly rolled with shrimp, corn, and peppers, with a sweetish asparagus sauce boasting notes of lemongrass and ginger and topped with fried basil leaves. A *tamal negro* smacks of the sea, darkened with squid ink and smothered in tomato sauce. You will certainly want to linger inside the modernist yet cozy interior—a series of rooms in hypnotic oranges, browns, and greens fronting an escapist urban garden. Visual touches like a lacquered citrus fruit on each table will keep you amused. ⊠ *C. La Reforma 220, Zona Rosa* ☎ *503/208–4000* ⊟ *AE, DC, MC, V.*

$$$–$$$$ ✕ **Alo Nuestro.** One of the best restaurants in El Salvador, Alo Nuestro
★ is set on a softly lit terrace with a breathtaking view of San Salvador. Tables inside are also quite pleasant and comfortably modern. Chef Tomás Regalado, who studied international cooking techniques at some of New York's top restaurants, uses traditional Salvadoran ingredients in his creations. You can lean toward your favorite influence, as do members of the French Embassy when they order the thick tenderloin with béarnaise sauce. Grilled chicken in a chili-chipotle sauce is also delicious. Get the full range of flavors with the five-course tasting menu. Desserts are a specialty, so don't pass up the warm chocolate-mousse cake. ⊠ *La Reforma 225, Col. San Benito* ☎ *503/223–5116* ⊟ *AE, DC, MC, V* ☉ *Closed Sun.*

$$$–$$$$ ✕ **Il Bongustaio.** When Chef Roberto Sartogo brought his talents across
Fodor's Choice the seas a decade ago, Florence's loss was San Salvador's gain. After
★ cooking around town for several years, Roberto opened his own restaurant, Il Bongustaio, which is a temple to his culinary talents, to Italian tradition, and to fresh Salvadoran seafood and meats. Start with a carpaccio of *mero*, paper-thin and redolent of good olive oil, or buttery strips of raw marinated salmon atop a bed of greens. Don't miss the pastas, which might include spaghettini with picked crabmeat; a whole fish roasted in a bed of salt; or gargantuan Salvadoran shrimp. Service is outstanding, and the environment is soothingly elegant yet convivial, with well-dressed tables and place settings framed by a walled-in garden. ⊠ *C. Loma Linda 327, Col. San Benito* ☎ *503/245–1731 or 503/245–2138* ⊟ *AE, DC, MC, V.*

$$$–$$$$ ✕ **La Hacienda Real.** Both Gran Via and Multiplaza have a few steak houses, and this one stands out among them. You'll feel more like you're in suburban America than San Salvador, but this is where Salvadorans with money go. Meat is the thing here; choose from steaks and different preparations of chicken, and even some *mariscos* (seafood). Pair it with a nice wine. ⊠ *Carretera Panamericana Km 8, in front of Gran Via, Antiguo Cuscatlán* ☎ *503/243–8657* ⊟ *AE, DC, MC, V.*

$$-$$$$ | ✕**Inka Grill.** One of San Salvador's more upscale Peruvian restaurants,
Fodor'sChoice Inka Grill boasts strangely addictive *ceviche peruano* (with *ají,* a pun-
★ gent chile sauce), and they also offer, bizarrely, fried ceviche. A section
of the menu entitled "Peruvian Chinese" has just that, but it might be
better just to ponder this marriage while you enjoy other parts of the
menu. Fried chicken is a good main dish, and more adventurous eaters
should try the beef hearts. Drinks are also interesting, especially *leche
de tigre,* a cocktail made from the juice of seafood ceviche. ⊠*79 Av.
Sur, Zona Rosa* ☎*503/230–6060* ⊟*AE, DC, MC, V.*

$$-$$$$ ✕**La Pampa Argentina.** Halfway up Volcán San Salvador, this appealing
ranch house has a bougainvillea-lined garden that overlooks the city,
as do tables along a curtain wall of tall glass windows. At night the
soft breezes and glittering lights make for a tranquil setting. Hot off the
parrilla (grill) are tenderloin steaks weighing anywhere from 6 to 14
ounces. The service is formal and attentive. ⊠*End of Paseo General
Escalón, Col. Escalón* ☎*503/264–0892* ⊟*AE, DC, MC, V.*

$$-$$$$ ✕**Café-Café.** San Salvador is lucky to have chef Roberto Cuadra Mora,
who spent more than a decade in Peru delighting diners with his fla-
vorful fare. Among the top choices here is the *ceviche de pescado* (fish
marinated with lemon, garlic, onion, and cilantro) accompanied by
camote, a delicious yellow sweet potato. The best course of action is to
order a sampling of smaller dishes—the chef will tell you his favorites.
The dining room is filled with shiny Peruvian paintings and handicrafts,
all of which are for sale. ⊠*C. El Tanque, 99 Avda. Norte and 7 C.
Poniente bis #130, Col. Escalón* ☎*503/263-2413 or 503/284–3338*
⊕*www.cafecafe.com.sv* ⊟*AE, DC, MC, V* ⊗*No dinner Sun.*

$$-$$$ ✕**Basilea.** The idyllic garden is the main draw here: tables are set amid
lush greenery and near a bubbling fountain. The menu offers no real
fireworks, and even less in the way of authentic Salvadoran food. There
are a few *platos típicos* however, and these are the way to go. Start with
the *crema de frijoles,* a soup of pureed red beans with a pleasant smo-
kiness. If you like hot sauce in your beer, the extra-limey *micheladas*
are tasty and strangely refreshing. Best of all, though, are the Satur-
day afternoon beer specials. Sip suds beneath the trees and take in the
scene. ⊠*Centro Comercial Basilea, Blvd. del Hipódromo, Zona Rosa*
☎*503/223–6818* ⊟*AE, DC, MC, V.*

$$-$$$ ✕**Kamakura.** The traditional paper screens that decorate Kamakura are
a clue that you've found one of the country's best places for sushi. Sit
at simple wooden tables and chairs, at the sushi bar, or on the floor in
the private tatami room. There's also a plant-filled back room with a
running fountain. The tempura is light and flaky and sometimes comes
with a pinwheel of battered lotus root. ⊠*Avda. 93 Norte 617, Col.
Escalón* ☎*503/263-2401* ⊟*AE, DC, MC, V* ⊗*Closed Sun.*

$$ ✕**La Hola Beto's.** You'll know this place by the wooden sailor keeping
watch out front. Open-air tables line the rooftop deck, which is a bless-
ing on a breezy evening. The seafood here will trick you into thinking
you are at the coast, even if the decor does not. And the sublime carpac-
cio of *mero* (local white fish) and salmon would fool you into thinking
you were in Italy, if not for the relatively low prices. ⊠*Av. Las Magnolias 230, Zona Rosa* ☎*503/223-6865* ⊟*AE, DC, MC, V.*

$-$$ ✕**Punto Literario.** This little café wouldn't attract much attention in a
★ more cosmopolitan city, but it will warm the heart of many an expatriate with its perfect crostones topped with avocado, Brie, and sun-
dried tomatoes. The restaurant is next door to an eponymously named
bookstore, the best in the city. Here you can linger over a glass of wine
while perusing a monograph on contemporary art or architecture. The
alfresco dining area, beside a gentle waterfall, makes this a good stop
while exploring the Zona Rosa. ✉ *Blvd. del Hipódromo 325, Col. San
Benito* ☎ *503/243–6619* ▭ *AE, DC, MC, V* ⊗ *Closed Sun.*

$-$$ ✕**La Ventana.** One of the most unusual restaurants in the capital, La
★ Ventana has a friendly and informal atmosphere. The intimate dining
rooms have changing painting and photography exhibits and solid-
wood tables. For dinner, choose between filet mignon, Hungarian
goulash, and *salchichas alemanes al curry* (curried wurst, the German
owner's specialty). The international selection of beers includes German and Danish brews. Wines are available by the glass. ✉ *83 C. Poniente #510, Col. Escalón* ☎ *503/263–3188* ▭ *AE, DC, MC, V* ⊗ *No
lunch Mon.*

$ ✕**Food stalls.** It doesn't get more authentic than this—and there's no
better place in San Salvador to realize the value of only a couple of dollars. Dozens of food stalls are packed into this area a few steps from the
main city market, and they are all serving up similar fare; pupusas, of
course, are ubiquitous, and incredibly cheap. But don't miss the hearty
stews and rice plates. Sidle up to a booth, enjoy the hustle and bustle
of it all, and appreciate the fact that you are doing something truly
Salvadoran. ✉ *1a Oriente and 6a Norte, one block from Mercado Ex-
Cuartel, Centro Histórico* ☎ *No phone* ▭ *No credit cards.*

$ ✕**Pupusería Irma.** Though you probably won't find yourself in the gritty
city center for long, this place is definitely worth a stop while you're
there. Set back only a few feet from the hectic street noise, the place
serves pupusas that are a welcome respite. *Pupusas de arroz* are unique,
made with rice flour, and not quite as heavy as the more common *pupusas de maiz.* Interesting fillings, such as *ayote,* a sort of squash, are yet
another reason to duck into this pupusería. ✉ *1a C. Oriente and 8a Av.
Norte, El Centro* ☎ *503/271–3050* ▭ *No credit cards.*

WHERE TO STAY

Colonia Escalón and Colonia San Benito are home to nearly all the
city's the top hotels, including the Sheraton, Hilton, and Radisson. This
is also a good area for restaurants. The InterContinental is nearby in
Colonia Los Héroes, across from the MetroCentro, whereas the new
Marriott Courtyard is the first to follow San Salvador's economic
heartbeat to the Gran Via and Multiplaza lifestyle centers, home to the
city's most cutting-edge shopping and nightlife. The larger hotels, competing for guests, are quick to offer discounted rates. You may secure a
corporate rate merely by showing a business card. Ask about cheaper
weekend rates as well.

$$$$ ▦**Radisson.** Tucked away in Colonia Escalón, this hotel is a great place
to get away from the noise of the city. Off the lobby, whose vastness

and lack of color make it feel a bit lonely, you'll find an interesting array of shops. The restaurant is set beside a colonnade where a waterfall drops into the pool. The main complex offers rooms that are nearly identical to those in the city's other luxury hotels, but a second building behind the pool has suites that are meant for extended stays, and as such, offer cheaper rates. ⊠*89 Avda. Norte and 11 C. Poniente, Col. Escalón* ☎*503/257–0700* 🖷*503/257–0710* ⊕*www.radisson. com/sansalvadores* ⟟*270 rooms, 15 suites* ♿*In-room: safe, Wi-Fi. In-hotel: restaurant, bars, pool, gym, sauna, massage, laundry service, airport shuttle, parking (no fee), no-smoking rooms, Wi-Fi, minibar* ⊟*AE, DC, MC, V.*

3

$$$$ 🔝**Real InterContinental San Salvador.** This high-rise in Colonia Los Héroes is considered the city's best business hotel for its large convention center and high standard of service. Rooms, with three phones and Wi-Fi, are perfect for traveling executives. Tequilas, a colorful restaurant that serves up big margaritas, is one of the best Tex-Mex spots in the city. You can relax with a cocktail in Vertigo, a sleek lobby lounge. MetroCentro, Central America's largest mall, is across the street. ⊠*Blvd. de los Héroes and Avda. Sisimiles, across from MetroCentro, Col. Los Héroes* ☎*503/211–3333* 🖷*503/211–4444* ⊕*www.realhotel sandresorts.com/rhr/info/en/RSanSalvador.aspx* ⟟*222 rooms, 6 suites* ♿*In-room: safe, Wi-Fi. In-hotel: 4 restaurants, room service, bars, pool, gym, laundry service, airport shuttle, parking (no fee), no-smoking rooms, Wi-Fi, minibar* ⊟*AE, DC, MC, V.*

$$$$ 🔝**Sheraton Presidente San Salvador.** You're sure to feel comfortable at this hotel, which in addition to its fine rooms offers additional amenities like daily digests from the *New York Times*. A comfortable bar and restaurant overlook the pool and adjacent thatch-roofed bar. The hotel's unique curved shape means that all rooms have balconies, some with views of the pool and the surrounding mountains. An additional highlight are the super-comfortable beds. ⊠*Final Avda. de la Revolución, Col. San Benito* ☎*503/283–4000* 🖷*503/283–4040* ⊕*www. sheraton.com/sansalvador* ⟟*220 rooms, 5 suites* ♿*In-room: safe, Wi-Fi (fee), cable TV. In-hotel: 3 restaurants, room service, bar, pool, gym, sauna, massage, laundry service, airport shuttle, parking (no fee), no-smoking rooms, minibar* ⊟*AE, DC, MC, V.*

$$$ 🔝**Courtyard Marriott San Salvador.** As new as the Gran Via shopping center in which it is located, Marriott is an extension of the shopping center in every sense. Aimed at the new group with money, as well as business travelers, it's a comfortable place to be. The lobby is hip and cheery, mixing bright oranges and reds with natural touches such as beiges and wood. Enjoy the proximity to San Salvador's newest nightlife scene. ⊠*Cs. 2 and 3, Centro de Estilo de Vida La Gran Via, Antiguo Cuscatlán* ☎*503/249–3000* 🖷*503/249–3001* ⊕*www. marriott.com/hotels/travel/salcy-courtyard-san-salvador* ⟟*133 rooms* ♿*In-room: refrigerator, safe. In-hotel: restaurant, bar, Wi-&Fi, pool, gym, laundry service* ⊟*AE, DC, MC, V.*

$$$ 🔝**Hilton Princess San Salvador.** An elegantly sloping mansard roof gives this high-rise a European flair. The interior is no less continental, with large tapestries adorning the spacious lobby, rich carpeting in the halls,

and hunting prints in the rooms. Churchill's Bar, with comfortable leather sofas, adds a degree of sophistication. The formal restaurant looks out to the small pool through stately arches. There is a fine health club that offers numerous classes and free access to all guests. It has a reputation as the most luxurious hotel in the country—and deservedly so. ⊠ *Avda. Magnolias and Blvd. del Hipódromo, Col. San Benito* ☎ *503/268–4545* 🖷 *503/268–4500* ⊕ *www.sansalvador.hilton.com* 🛏 *204 rooms, 4 suites* 🕭 *In-room: safe, dial-up. In-hotel: restaurant, bar, pool, gym, spa, sauna, laundry service, airport shuttle, parking (no fee), no-smoking rooms, Wi-Fi, minibar* ☰ *AE, DC, MC, V.*

$$$ 🖭 **Holiday Inn.** This lodging has business amenities equal to those of the most expensive hotels—Internet access, business center, meeting rooms—at half the price. Its location couldn't be more convenient for those dealing with the U.S. Embassy. After you've closed the deal you can swim laps in the pool or work out in the gym. A buffet breakfast is included in some rates. ⊠ *Blvd. Santa Elena, Col. Santa Elena* ☎ *503/500–6000* 🖷 *503/500–6001* ⊕ *www.holidayinn.com* 🛏 *129 rooms, 4 suites* 🕭 *In-room: safe, Wi-Fi. In-hotel: restaurant, bar, pool, gym, laundry service, parking (no fee), no-smoking rooms, Wi-Fi, minibar* ☰ *AE, DC, MC, V* ⍾ *CP (some).*

$$ 🖭 **Hotel Vista Marella.** With architecture that calls to mind the colonial period, Vista Marella is a great find: a clean, dependable, midrange hotel. Though it's marketed as a bed-and-breakfast, you don't have the feeling that you're staying in someone's home. A pleasant breakfast area, with wrought-iron chairs and tables set in a courtyard, faces a trim little pool. The simplicity of a few potted trees is cheery. ⊠ *C. Juan José Cañas between 81 Avdas. Sur and 83 Sur, Col. Escalón* ☎ 🖷 *503/211–3432* ✉ *vista_marella@123.com.sv* 🛏 *33 rooms* 🕭 *In-room: Wi-Fi. In-hotel: restaurant, bar, pool, laundry service, Wi-Fi* ☰ *AE, DC, MC, V* ⍾ *CP.*

$$ 🖭 **Novo Apart-Hotel.** If you're in San Salvador for an extended stay, consider the Novo Apart-Hotel. Rates are reduced if you book for 10 days or more. It's not quite like home, but it does have nice touches like fully stocked kitchens. The layout feels more like an apartment complex, but one with lush greenery all around. Relax on your terrace, which overlooks the pool and gardens dotted with statues. ⊠ *Avda. 61 Norte, one block north of C. 1 Poniente, Col. Escalón* ☎ *503/260–2288* 🖷 *503/260–5053* ⊕ *www.novoapart-hotel.com* 🛏 *50 rooms* 🕭 *In-room: Wi-Fi, kitchen, refrigerator. In-hotel: restaurant, bar, pool, gym, Wi-Fi* ☰ *AE, DC, MC, V.*

NIGHTLIFE & THE ARTS

NIGHTLIFE
If you want to party, you'll head to one of two very different neighborhoods—Antiguo Cuscatlán, home to the luxe Multiplaza and Gran Via "lifestyle center" shopping malls; and around Búlevar de los Héroes and Calle San Antonio Abad, in Colonia Centroamérica. The former is where you'll find the young people with lots of style and lots of cash. The latter, near the Universidad de El Salvador, has a more bohemian

atmosphere. There are also still a few watering holes in the city's former yuppie hot spot, the Zona Rosa (Colonia San Benito), and along the shopping strip of Colonia Escalón, but most of their thunder has recently been stolen by the new lifestyle centers in Antiguo Cuscatlán.

Wednesday, Friday, and Saturday are the most popular nights for going out on the town. Dress is largely casual. On weekends most bars get going around 11 PM and continue until 2 AM or 3 AM, and discos start to fill up at midnight and rock until 5 AM or 6 AM.

COLONIA Part of San Salvador's top independent arts organization, **La Luna Casa y Arte** (✉*228 C. Berlín, Urb. Buenos Aires* ☎*503/260–2921* ⊕*www. lalunacasayarte.com*) is a restaurant, bar, and performance space that hosts everything from poetry readings to film screenings to reggae dance parties. It is perhaps the city's most interesting place for drinks, with an indoor-outdoor patio and a postmodern mix of surreal and indigenous imagery. **Los Tres Diablos** (✉*C. San Antonio Abad 2241 and Izalco, Col. Centroamérica* ☎*503/225–5609*) has a bohemian bent. Inside you'll find political posters and alternative music. Look for the neon "3D" sign outside.

In the neighborhood just north of Colonia Centroamérica you'll find **El Arpa** (✉*Avda. A 137, Col. San José* ☎*503/225–0429*), a surprisingly authentic place for a pint of Guinness. Indoors the decor is a tribute to the old country, but the outdoor patio is the best place to sit.

San Salvador's bohemian crowd can be found at **Poetas y Locos** (✉*C. Guillermo Cortez 232* ☎*503/261–1978*), a two-story disco bar with an impressive seafood menu; each day there is a menu of the day which might consist of a *coctel de camarones* (shrimp cocktail) or *sopa de gallina* (chicken soup).

It's a bit out of the way, but you might want to end up at **Restaurant Hey!** (✉*31 Pasaje Palmeral at C. Toluca, Col. Toluca*), which has good food and music performed by its Chilean owner.

■ NEED A BREAK? When you just can't take the heat anymore, drop into Café la T for a refreshing drink. It's a hippyish place, a surprising change of pace in the capital; numerous coffee concoctions dot the menu, and there are interesting lefty books to pore over while you reenergize. You're bound to see a dreadlocked backpacker or two saunter in while you sip. (✉*C. San Antonio Abad 2233, Col. Centroamérica* ☎*503/225–6219*).

ANTIGUO CUSCATLÁN This area includes the shopping centers of Gran Via and Multiplaza—the place to be for nightlife. In Gran Via a good option is **Puyas** (✉*Gran Via, 2nd fl.* ☎*503/278–6207*), really a restaurant, but with good specials on beer. Every day from 6 to 9 PM beers are two for one. On Wednesday and Saturday see live music at **Republik** (✉*Gran Via, 2nd fl.*) until the wee hours of the morning.

Equally popular and just up the road is **Multiplaza** (✉*Carretera Panamericana*), a slightly older shopping center with interesting architecture and nightlife galore. The highlights are on the " Terrazas" level (Level

2), where every bar boasts an open-air terrace overlooking the greenery across the highway. **Stanza 6**, **Live**, and **Wasabi by Mai Thai** are all popular, but none is trendier than **Bliss Lounge Bar and Restaurant**. Don't come looking for traditional Salvadoran culture here—this is American-fetishized all the way, which is fascinating in its own right.

COLONIA
SAN BENITO

Disco Code (✉*Blvd. El Hipódromo 2-281, Col. San Benito* ☎*503/223–6068*) has the best dance floor in the country, which means it's always packed. Things get going late, about 1 AM.

A quieter but no less fun scene is at **Puerto Escondido,** where beers abound and Latin music entertains. A ceviche menu includes many different preparations. ✉*Blvd. El Hipódromo, Col. San Benito.*

One of city's liveliest nightspots, **Los Rinconcitos** (✉*Blvd. El Hipódromo 310, Col. San Benito* ☎*503/298–4799*) is three bars in one—on weekends there's recorded music in the middle level and a rock band playing on the back patio. This courtyard is a great place for a drink.

GAY BARS

Scape Discoteque Bar (✉*Avda. Juan Pablo II between Avs. 61 and 63 Norte, Col. Miramonte* ☎*503/260–0724* ⊕*www.scapedisco.com*) is the best of the handful of gay bars in the capital. Although primarily for men, it also draws a small contingent of women. The basement dance floor features music that varies from techno to merengue. Strippers perform on weekends, when the bar stays open all night; note that it is only open Thursday through Saturday. Another standard is **Millennium** (✉*Juan Pablo II between Avdas. 61 and 63 Norte, Col. Miramonte* ☎*No phone*).

THE ARTS

La Luna Casa y Arte (✉*228 C. Berlín, Urb. Buenos Aires* ☎*503/260–2921* ⊕*www.lalunacasayarte.com*), the city's top independent arts organization, has a performance space where you can see cutting-edge art, as well as films, music, dance, and poetry. Beatrice Alcaine, the young Salvadoran who runs the space from her old home, also organizes children's workshops. Check the calendar for specific events.

DANCE

The **Ballet Folklórico de El Salvador** (✉*6 Avda. Norte 319, El Centro* ☎*503/271–2628*) performs traditional folk dances. The country's top classical and contemporary dance company is **Escuela Nacional de Danza** (✉*1a C. Poniente 1233, El Centro* ☎*503/221–0972*), which performs in Teatro Presidente.

FILM

San Salvador has many cinemas where you can watch movies in English with Spanish subtitles. Movie listings are posted in *El Diario de Hoy,* the country's largest newspaper. Admission is about $2. Among the best theaters in town is the **Cinemark** (✉*Blvd. de los Héroes, Col. Miramonte* ☎*503/261–2001*), in the sprawling MetroCentro. **La Luna Casa y Arte** (✉*228 C. Berlín, Urb. Buenos Aires* ☎*503/260–2921* ⊕*www.lalunacasayarte.com*) hosts an independent-film series on Wednesday.

GALLERIES

Galería 1-2-3 (✉*Avda. La Capilla 258, Col. San Benito* ☎*503/275–9827 or 503/275–9856*) is the city's oldest gallery. It features shows by promising young artists. **Galería Espacio** (✉*La Reforma 209, Col. San*

Benito ☎*503/223–4807)* shows works by international heavy hitters. In Colonia Flor Blanca, **Galería Saravia** (✉*37 Avda. Norte 220, Col. Flor Blanca* ☎*503/260–6383)* offers drawing and painting classes in the locations in Colonía Escalón and in Santa Elena, in addition to its exhibitions in Colonía Flor Blanca.

MUSIC The city has two excellent venues for classical music. The most famous classical venue is the **Teatro Nacional** (✉*Avda. 2 Sur and C. Delgado, El Centro* ☎*503/222–8760)*, a lovely building in the city's historical center. Located in the Zona Rosa is the **Teatro Presidente** (✉*Final Avda. La Revolución, Col. San Benito* ☎*503/243–3407)*. The well-regarded **Orquestra Sinfónica Nacional** (☎*503/221–2373)* got its start in 1841 as a military band. It continues to perform classical works.

THEATER The **Centro Nacional de Artes** (✉*C. Valero Lecha, Col. San Mateo* ☎*503/298–1839)* stages plays at various theaters around the city, including the restored Teatro Nacional.

OUTDOOR SPORTS & ACTIVITIES

ATHLETIC CLUBS
At the Hilton Princess San Salvador, **El Spa** (✉*Avda. Magnolias and Blvd. del Hipódromo, Col. San Benito* ☎*503/268–4460)* has one of the best health clubs in the country. You can work out in the weight room, join aerobics and yoga classes, or even schedule a massage. It's free to hotel guests, but others must purchase a membership costing $12 per day or $100 monthly; for $60 you can get a membership, but the hours you can access the gym are limited.

SOCCER
Like nearly every other Latin American country, El Salvador is focused on one sport: *futbol*. Matches take place on Sunday from January to May and August to December. The capital has three teams that play in **Estadio Cuscatlán** (✉*Autopista Sur, Col. Altamira* ☎*503/275–7818 for schedules)*.

SHOPPING

MALLS
The shopping mecca in San Salvador, **Gran Via** (✉*C. Chiltiupán and Carretera Panamericana* ☎*503/273–8111* ⊕*www.lagranvia.com.sv)* has just about everything you might need—clothing, jewelry, a movie theater, banks. You can spend day and night there, as there are a number of bars as well.

The midrange **MetroCentro** (✉*Blvd. de los Héroes, Col. Miramonte* ☎*503/257–6000)* is one of the largest shopping centers in the city. Here you'll find two labyrinthine stories of laid-back shops where Salvadorans often come to spend an afternoon. **Basilea** (✉*Blvd. del Hipódromo, Col. San Benito* ☎*503/279–0833)*, a small shopping center in the Zona Rosa, caters to a fairly upscale crowd. It has a few boutiques, jewelry shops, and an art gallery. If all the shopping makes you hungry, there's also a bakery and restaurant.

MARKETS

The rows of stalls at the **Mercado Nacional de Artesanías** (✉ *Alameda Manuel Enrique Araujo, Col. San Benito* ☎ *503/243–2341*) are where you can find handicrafts from all over El Salvador (and some from Guatemala). This is one-stop shopping for ceramics, hammocks, and just about anything else you can imagine. It's open every day except Sunday from 8 to 5.

Sometimes called the Mercadito de Merliot, the **Mercado Antiguo Cuscat-lán** (✉ *Final C. La Cañada y Avda. Las Arboledas* ☎ *503/278–7475*) is a traditional market with individual areas for meats, seafood, haircut-ting salons, spices, piñatas, and fruits. It's open daily 6 to 6.

The huge downtown market, **Mercado Central** (✉ *6a C. Oriente, between 23 y 27 Avda. Sur, Col. La Mermeja* ☎ *No phone*) is the biggest and most colorful in the country. Pickpockets like the crowds, so be on your guard. The chaotic **Mercado Ex-Cuartel** (✉ *Avda. 8 Sur between Cs. Del-gado and 1a Oriente, El Centro*) seems to go on forever. Prices here are slightly higher than in the local villages (where most of the crafts come from), but it's a great place to stop for last-minute ceramics, textiles, hammocks, and more.

SPECIALTY SHOPS

Galería Fernando Llort is contained within a small indoor complex called **El Arbol de Dios** (✉ *C. La Mascota and Avda. Masferrer, Col. Maquilishuat* ☎ *503/263–9165*), meaning "God's Tree." Besides the gallery, El Arbol de Dios contains a nice gift store, a framing store, and Pupusería Margoth, a small cafeteria-style eatery with a wide range of Salvadoran food. The souvenir shop is a good place to pick up the vivid Llort-designed beach towels, shirts, ceramics, jewelry, and stationery. The complex is open daily 8 AM to 9 PM.

SIDE TRIPS FROM SAN SALVADOR

LAGO DE ILOPANGO

Filling the crater of an extinct volcano, Lago de Ilopango is the coun-try's largest and deepest lake, covering more than 120 square km (46 square mi). Along the beach is a line of stalls selling freshly fried fish. Locals will offer to take you on a half-hour boat ride to the island of Puntún. Another destination on the lake is Cerros Quemados (which means "Burned Hills"), an island created by an 1880 volcanic eruption. ✉ *15 km (9 mi) east of San Salvador.*

PANCHIMALCO

South of the capital lies the picturesque village of Panchimalco. Here, surrounded by lush green mountains and dramatic boulders, descen-dants of the indigenous Pipil people live a surprisingly traditional life. The town's tranquil cobblestone streets lead to a small but elegant colonial church. A yearly festival on the first Sunday of March features a colorful parade. ✉ *15 km (9 mi) south of San Salvador.*

JOYA DE CERÉN

About 1,500 years ago, Volcán Laguna Caldera erupted, depositing several yards of volcanic ash in the surrounding area, and burying a Mayan village at the base of the volcano. The perfectly preserved village—everything right down to clay urns and the food inside them—was discovered by a construction worker in 1976. The site provides an intriguing look at Mayan life, including the foods they ate, the crops they grew, and their social structure. Because there are no signs, it's best to see the site with a guide. You can view pieces unearthed here, including an ornate obsidian blade, at the anthropology museum in San Salvador. ⊠*36 km (22 mi) west of San Salvador* 🕾*No phone* 🖃*$3* ☉*Tues.–Sun. 9–5.*

SAN ANDRÉS

El Salvador's second-largest archaeological site, San Andrés is a Mayan community that was inhabited between AD 600 and 900, about the same time as Tikal in Guatemala and Copán in Honduras. More than 12,000 people once made their homes in and around the city. Two plazas ringed by pyramids have been carefully excavated, though the concrete used to shore up the structures is rather ugly. An interesting museum explains the history of the site and displays clay figurines found here. A scale model of the city helps you to imagine its former grandeur. The grounds are beautifully maintained, with trees set around the grass-covered terraces. Salvadorans often come here for picnics. ⊠*33 km (21 mi) west of San Salvador* 🕾*No phone* 🖃*$3* ☉*Tues.–Sun. 9–4:30.*

VOLCÁN DE SAN SALVADOR

This volcano, visible from all over the region, offers excellent views of San Salvador and the entire Valle de las Hamacas. There are two craters, the most famous of which is nicknamed El Boquerón ("The Big Mouth"). A path leads to the bottom of the crater, where you'll find another cone, formed during an eruption in 1917. It's best to hire a guide, as robbers sometimes target hikers along this route. ⊠*11 km (7 mi) north of Santa Tecla* 🕾*No phone* 🖃*Free.*

SAN SALVADOR ESSENTIALS

AIR TRAVEL TO & FROM SAN SALVADOR

Most people exploring this region fly into Aeropuerto Internacional Comalapa, 44 km (27 mi) south of San Salvador. For more on transportation to and from the airport, consult "Essentials" at the end of the chapter.

BUS TRAVEL TO & FROM SAN SALVADOR

Most intercity buses leave from one of the two main terminals: Terminal de Oriente serves destinations north and east of the capital, whereas Terminal de Occidente serves those to the west.

Bus Terminals Terminal de Occidente (⊠*Avda. 49 Sur and Blvd. Venezuela* 🕾*503/223-3784).* **Terminal de Oriente** (⊠*Avda. Peralta* 🕾*503/222-0315).*

BUS TRAVEL WITHIN SAN SALVADOR

Although the government has repeatedly tried improve it, San Salvador's bus system is dangerous. Drivers compete for customers, causing frequent accidents. Buses are crowded, resulting in pickpocketings and other crimes. That said, the bus system is efficient and extremely inexpensive. It's also easy to navigate, with the route numbers posted on the front of each bus.

CAR RENTAL

Most of the major rental agencies—Avis, Budget, Hertz, and Thrifty—have offices in San Salvador. A local agency worth checking into is Union.

Rental Agencies Avis (⊠ 43 Avda. Sur 127, Col. Flor Blanca ☎ 503/261-1212 or 503/298-6226). **Best** (⊠ 3 C. Poniente, Col. Escalón ☎ 503/298-9611 or 503/298-9612). **Budget** (⊠ Paseo Gen. Escalón, Col. Escalón ☎ 503/260-4333 or 503/260-3334). **Hertz** (⊠ 9 C. Poniente at 91 Avda. Norte, Col. Escalón ☎ 503/339-8004). **Thrifty** (⊠ Blvd. Orden de Malta Sur 12, Col. Santa Elena ☎ 503/289-2984). **Union** (⊠ C. Conchaga 22, Col. Santa Elena ☎ 503/243-8025 ⊕ unionrentacar.com).

CAR TRAVEL

Those who are used to urban driving will find that the city's thoroughfares are relatively simple to negotiate, as the capital is small. Getting around by taxis is less of a hassle, however, and cheap enough.

EMBASSIES

Embassies are generally open weekdays 8 to 4:30. Call before you visit, as many close their doors for a few hours at midday.

Embassies Canada (⊠ 63 Avda. Sur and Alameda Roosevelt, Col. Escalón ☎ 503/279-4655). **United States** (⊠ Blvd. Santa Elena, Antiguo Cuscatlán ☎ 503/278-4444).

EMERGENCIES

As in the United States, the number for any emergency is 911. The best hospital in town, which tends to most foreign residents and locals with money, is the Hospital de Diagnóstico at Plaza Villavicencio. Less severe problems can often be handled at *laboratorios* or *clínicas*. Pharmacies are scattered throughout town. On Búlevar de los Héroes, Farmacia Internacional is open 24 hours.

Emergency Services Emergencies (☎ 911). **Ambulance** (☎ 503/223-7300). **Fire** (☎ 503/271-1244). **Police** (☎ 911).

Hospitals Hospital de Diagnóstico (⊠ Paseo General Escalón, 99 Avda. Norte, Plaza Villavicencio ☎ 503/528-2000).

MAIL & SHIPPING

San Salvador's main post office is located in El Centro, just east of Parque Infantil. It's open weekdays 8 to 5, Saturday 8 to noon. The best way to send important packages is through one of the many express services. UPS is safe and reliable. It delivers to addresses in the United States in three to six business days. DHL is the city's most professional shipping company. It costs more, but the company can deliver a package to the United States in two business days.

Overnight Services DHL (✉ 47 Avda. Norte 104, Pasaje La Terraza 104 ☎ 503/250-5400). **UPS** (✉ Km 9.5 Carretra al Puerto La Libertad ☎ 503/226-0124).

Post Office San Salvador (✉ 15 C. Poniente and 19 Avda. Norte, Centro de Gobierno ☎ 503/271-1922).

MONEY MATTERS

Banco Cuscatlán, Banco Hipotecario, Citibank, and Scotiabank are the places to exchange currency. They are ubiquitous—not only in San Salvador, but throughout the country. Many branches have ATMs that accept cards issued abroad. You'll find branches of most banks along Avenida Roosevelt in Colonia Escalón and on Avenida Cuscatlán in El Centro, as well as in the Zona Rosa. Banks are usually open weekdays 9 to 5 and Saturday 9 to noon. Top hotels and restaurants take credit cards, but most smaller places don't. Take out plenty of money before leaving San Salvador for the countryside, as many smaller towns don't have ATMs.

SAFETY

As in any other big city in Central America, parts of San Salvador have quite a bit of street crime. Cramped sidewalks make tourists easy targets for pickpockets. Some areas, such as El Centro, are especially dangerous. It's a good idea to take a taxi to your destination, even during the day.

TAXIS

Taxis are plentiful in San Salvador. You should always settle on a price before beginning a journey, because there are no meters. A five-minute trip should run $3 to $ 5, and no trip within the city should cost you more than $7.

Taxi Companies Acontaxis (✉ 10 Avda. Sur 2011, Col. América ☎ 503/270-1176). **Radio Taxis Maranatha** (☎ 503/289-9948).

TELEPHONES

San Salvador, along with the rest of El Salvador, uses the area code 503. To make a call to anywhere within the country, dial the seven-digit number, preceded by the number 2. To call a mobile phone, dial 7 before the seven-digit number.

TOUR OPERATORS

Travel Time offers tours all throughout the country, as does AviTours. AviTours also offers city tours of San Salvador that last for four hours and cost about $25 per person.

Tour Company Travel Time (☎ 503/228-1122). **AviTours** (☎ 503/264-0146).

VISITOR INFORMATION

The Corporación Salvadoreña de Turismo, or Corsatur, doles out simple maps, bus schedules, and pamphlets on various points of interest. Most of the information is current, but not all of it is in English. They

are open Monday through Thursday from 8 to noon and 1 to 5:30;
Friday they are open from 8 to 4.

Tourist Information Corsatur (✉ *Alameda Manuel Enrique Araujo and Pasaje
Carbonel #1, Santa Elena* ☎ *503/243–7835* ⊕ *www.elsalvadorturismo.gob.sv*).

NORTHERN & WESTERN EL SALVADOR

Head north or west of San Salvador and you find yourself passing
through valleys carpeted in brilliant shades of green. The mild climate
and fertile soil make this the country's coffee capital. The crop continues to bring in great wealth to the owners of the haciendas, but the
people who live in the surrounding villages remain grindingly poor.

Toward the borders of the tiny country you'll encounter some breathtaking scenery. In the northwest the rugged mountains near La Palma,
such as Miramundo, attract hikers. In this area is El Pital, the country's
highest peak. Parque Nacional Montecristo, El Salvador's most famous
nature reserve, is perpetually shrouded in mist. This cloud forest is one
of the last places in the country to see endangered animals such as the
spider monkey.

Western El Salvador is also known for its dramatic natural beauty.
South of the town of Santa Ana is Lago de Coatepeque, a beautiful
blue lake hidden inside the crater of a long-dormant volcano. Rivers
and scenic waterfalls draw many people to the region.

The most charming towns in western El Salvador, however, are found
along the Ruta de las Flores ("Route of Flowers"), an informal collection of villages stretching between Sonsonate and Ahuachapán. The
villages of Juayúa and Ataco are sleepy colonial towns visited mostly
by Salvadorans, meaning that the weekend is the time to go; weekdays
find the cities empty, with most establishments closed. Farther along,
Tacuba is a popular jumping-off point for the beautiful Parque Nacional El Imposible and its waterfalls, lakes, and mountain forests. The
villages of the Ruta de las Flores are all along the same highway, so
traveling between them is easy. Juayúa is the Ruta's most hospitable
town in which to spend the night, but even more luxury can be found in
any of several beautiful hotels along the road between the towns, some
of which are converted coffee plantations. These are some of the most
precious gems of El Salvador's nascent tourist industry.

SUCHITOTO

★ *27 km (17 mi) north of San Salvador.*

Cobblestone streets lined with squat colonial buildings clustered
around a pretty church make this little town enchanting. Its setting,
along a huge reservoir called Lago de Suchitlán (also known as Cerrón
Grande), makes it one of the most popular destinations for day-trippers from San Salvador. Lake views abound from all along the edges of
Suchitoto, and boat tours of the lake are a popular activity.

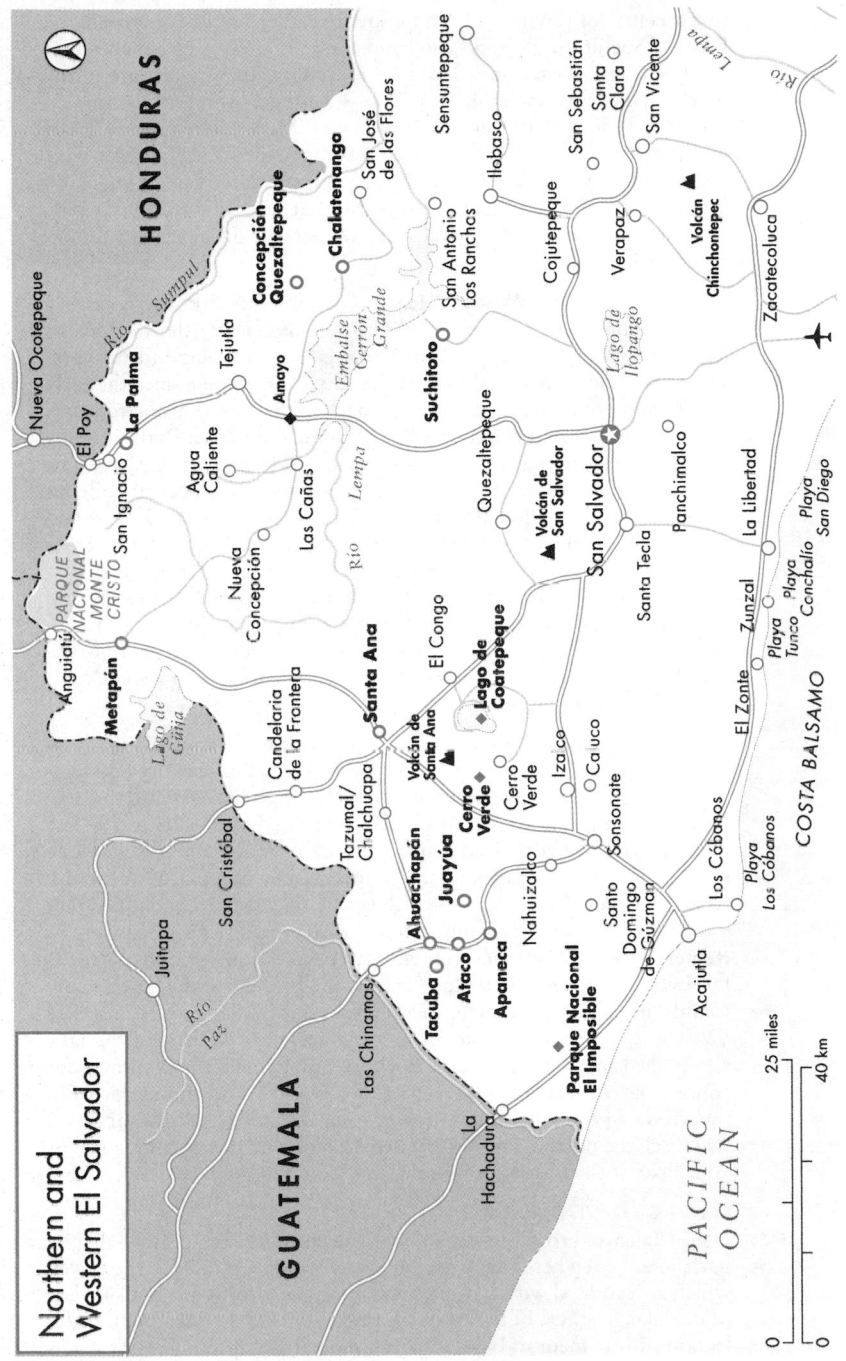

Northern and Western El Salvador

3

HONDURAS

Nueva Ocotepeque

El Poy
San Ignacio
La Palma
Tejutla

Río Sumpul

**Concepción
Quezaltepeque**

Chalatenango

San José
de las Flores

Sensuntepeque

San Sebastián
Santa
Clara

San Vicente

Ilobasco

Río Lempa

San Antonio
Los Ranchos

Amayo

Embalse
Cerrón
Grande

Agua
Caliente

Las Cañas

Nueva
Concepción

Río Lempa

Cojutepeque
Verapaz

**Volcán
Chinchontepec**

Zacatecoluca

Suchitoto

Quezaltepeque

Lago de
Ilopango

**Volcán de
San Salvador**

San Salvador

Panchimalco

La Libertad

Santa Tecla

PARQUE
NACIONAL
MONTE
CRISTO

Anguiatú

Metapán

Lago de
Güija

Candelaria
de la Frontera

Santa Ana

El Congo

Volcán de
Santa Ana

**Lago de
Coatepeque**

Izalco

Caluco

Cerro
Verde

El Zonte

Zunzal

Playa
Tunco

Playa
Conchalío

Playa
San Diego

San Cristóbal

Juitapa

Río Paz

Tazumal/
Chalchuapa

**Cerro
Verde**

Ahuachapán

Juayúa

Nahuizalco

Sonsonate

Santo
Domingo
de Guzmán

Los Cóbanos

COSTA BALSAMO

Playa
Los Cóbanos

Acajutla

Tacuba

Ataco

Apaneca

**Parque Nacional
El Imposible**

Las Chinamas

La
Hachadura

GUATEMALA

PACIFIC
OCEAN

25 miles

40 km

0

0

In the center of town you'll find a square called **Parque San Martín**, the heart of Suchitoto. Around the bandstand are dozens of benches that are filled with locals until late in the evening. In between are a few quirky sculptures, including one that is a replica of a *tatú*, or tunnel, used as a hiding place during the civil war. More interesting pieces of public art are across the street at a restaurant called Villa Balanza. This restaurant's name refers to the scale that rests above the entrance; on one side is part of an unexploded bomb that was dropped on the city, whereas on other other is a stack of *pupusas*, the delicious Salvadoran street food.

The rather secretive **Museo Alejandro Cotto** is housed in the residence of an eccentric man known as *el brujo de Suchitoto* (the warlock of Suchitoto). A former film director, Cotto is known for his efforts to preserve his hometown's character. He has owned the home since the early 1970s, and even remained there throughout the war, refusing to leave. After letting you in through the 300-year-old front door, Cotto proudly shows off the printing equipment owned by his father, including antique presses and blocks of metal with raised letters. A number of galleries hold his family's collection of works by top Salvadoran painters and countless portraits of Cotto; every piece has a story behind it, such as a painting personally given to Cotto by Diego Rivera while Cotto was living in Mexico. A chapel contains centuries-old wooden saints and relics. Cotto takes you down verdant paths past such antiques as a 200-year-old sugarcane juicer. The high point of the tour is a serpentine trail that leads to a magnificent view of Lago de Suchitlán. ⊠ *3 Avda. Norte s/n* ☎ *No phone* ☎*$4* ⊙ *Daily 9–noon and 2–5:30.*

No trip to Suchitoto would be complete without having taken a boat trip on **Lago de Suchitlán,** aka Cerrón Grande. Its hazy beauty and hypnotic calmness will make you think you are traveling backward through time. Suprisingly, however, this lake was created artificially in 1974 to drive the largest hydroelectric project in El Salvador, and it is now one of the most polluted lakes in the country, a meeting place for factory run-off and copious sewage—which is why scientists are so baffled that 150,000 or so seabirds hang out at the lake, including, according to Reuters, at least 90 species of migratory birds that fly in from places as far away as Alaska. Isla de los Pajaros, the birdiest of the lake's many islands, hums with a bizarre, cacophonous symphony of birdcalls. For $20 you can charter a boat for an hour to take you around the lake and to the Isla, past memorable flocks of low-flying birds skimming for contaminated fish. From the center of town, it's a 10-minute drive to the shores of the lake; just follow the signs marked AL LAGO and you will reach the port. It costs $1.50 to park your car, then you arrange for your boat at the little stand on the way down to the lake.

WHERE TO STAY & EAT

$-$$ ✕ **Villa Balanza.** From the scale above the entrance to the prow-shaped
★   bar, there's much here that's symbolic and strange. A table in the tower, which is decorated with antiques and artifacts, affords a beautiful view of the lake. The rest of the open-air restaurant is relaxing, and the collection of war memorabilia—bullets, mortars, and the like—provides

food for thought. A sign posted by the Rubidias that reads *Mejor es la Paz* ("Peace is Better") makes the message clear. The menu is typically Salvadoran, like *gallina india* (grilled hen) and *mar y tierra* (surf and turf) with shrimp. ⊠*North side of Parque San Martín* ☎*503/335–1408* ⊕*www.villabalanzarestaurante.com.sv* ⊟*AE, DC, MC, V* ⊙*Closed Mon.*

$$–$$$ ✕⌖**Los Almendros de San Lorenzo.** Set in a 200-year-old colonial home,
Fodor$Choice Los Almendros retains a stately air but throws in some hip touches, like
★ the attractive and comfortable bar whose cutting-edge lighting might be mistaken for SoHo, not Suchitoto; it's a fun place to come for evening cocktails and meeting fellow travelers, even if you're not staying at the hotel. Rooms are cozy, and the hotel has a loungey living room that houses an interesting library. The restaurant ($$–$$$), brainchild of a legendary Frenchman named Pascal, has a Franco-Salvadoran menu that ranges from French onion soup to *gallo en chicha* (chicken stewed in sweet Salvadoran liquor), which you can sip as you overlook the inviting dark-blue swimming pool and courtyard greenery. Across the street is Pascal's art gallery. ⊠*4a C. Poniente* ☎*503/335–1200* 🖷*503/335–1872* ⊕*www.hotelsalvador.com* ⇆*6 rooms* ♿*In-room: In-hotel: restaurant, bar, pool* ⊟*AE, DC, MC, V* ⊚*CP.*

$$ ✕⌖**La Posada de Suchitlán.** A quartet of villas at this century-old hacienda have private patios overlooking the lake—one of the most beautiful views in the country. The villas, set in lovely gardens, are about $10 more than the other rooms, but they are well worth the expense. The restaurant ($$–$$$) serves a fairly standard assortment of meats and *típicos*; it's more notable for the lovely lake view than for the food. If it's a hot day, try a refreshing fruit-flavored *licuado* (fruit shake) and listen to (or cringe at) the hotel's collection of exotic birds as they squawk. Note that showers don't have hot water. ⊠*Final 4 C. Poniente, Barrio San José* ☎*503/335–1164 or 503/335–1981* 🖷*503/335–1278* ⊕*www.laposada.com.sv* ⇆*9 rooms, 4 villas* ♿*In-hotel: restaurant, parking (no fee)* ⊟*AE, DC, MC, V.*

$$ ✕⌖**Las Puertas.** Suchitoto's newest hotel, opened in mid-2007, Las
★ Puertas has an unique location right on the town's main plaza. There are only six spectacularly comfortable, perfectly air-conditioned rooms, all of which have a view onto the square and cathedral, while their common shared terrace faces west, making it ideal for sunsets over the mountains. Facilities here—like Wi-Fi and modern TVs—are a notch above anything else in town, yet prices are eminently reasonable. Downstairs is a restaurant ($$) and bar that is one of Suchitoto's few nightlife spots. German-Salvadoran owner Norman Hauener has created a community atmosphere around the patio on the building's ground floor, with a traditional tie-dyeing studio and a gallery displaying works by local artists. The kitchen is staffed by Suchitoto natives, who prepare interesting dishes like chicken wrapped in tobacco leaves. ⊠*Avda. 15 de Septiembre, in front of the cathedral* ☎*503/335–1054* ⊕*www.laspuertassuchitoto.com* ⇆*6 suites* ♿*In-room: Wi-Fi. In-hotel: restaurant, pool* ⊟*AE, MC, V.*

$$ ✕⌖**El Tejado.** This sprawling hotel-restaurant, which feels more like a resort than Suchitoto's other hotels, boasts one of the town's best overall views of the lake—you can admire it from the hammocks that dot the lawn. Also worth mentioning is the pool that seems to blend into the horizon. If you're not a guest of the hotel, but just came for lunch, you can have access to the pool for $3.25 a day. Rooms are cheery and smell of the wooden furniture. The enormous open-air restaurant ($$) serves up typical Salvadoran food—grilled meats and *sopa de gallina* (chicken soup)—accompanied by that same view. ⊠*3a Avda. Norte #58* ☎*503/335–1769* 🖷*503/335–1970* 🛏*9 rooms* ⊟*AE, MC, V* ⦿*CP*

NIGHTLIFE

On weeknights head to **Bar Niceo** (⊠*4 Avda. Norte and 4 C. Poniente*)—the only place to serve drinks after 10 PM on weekdays. The walls here are decorated with revolutionary posters; come in your Che Guevara tee and you'll feel right at home.

On weekends, **Café los Sanchez** (⊠*3 Avda. Norte and 4 C. Poniente*) is the place to be. Dance the night away to Latin music and enjoy the beers, as it's all they serve. You can get six for $5. A rather amusing sign on the front door lists the first initials and last names of patrons who are barred from entering—take salsa lessons beforehand, lest you wind up on the list.

For a more subdued scene, head to **Fonda del Mirador** (⊠*3 Avda. Norte #98* ☎*503/335–1126*), whose view is second to none. Having a beer during sunset is a safe bet here; note that if there aren't many patrons they will close early.

Late-night drinks can be had at **Café El Harlequin** (⊠*Barrio Santa Lucia #26* ☎*503/325–5890*), a cute café with interesting cocktails. All tables are outdoors, and lights are strung across the area, creating a great atmosphere.

CHALATENANGO

69 km (43 mi) from San Salvador.

On the northern shore of Cerrón Grande, the bustling town of Chalatenango makes a good base for exploring the most far-flung regions of El Salvador. With a population of 30,000, it is the area's largest city. Despite being a center of conflict during the civil war—a large garrison is still found here—Chalatenango retains the easygoing charm characteristic of many northern communities.

The gleaming **Catedral de Chalatenango** stands guard on the east side of the central square.

Many people head to Chalatenango because the surrounding country is so beautiful. Here you'll find **La Montañona,** a pine-forest reserve on top of a massive hill. Getting there is a feat—it's a 5-km (3-mi) hike from the village of La Laguna—but you'll be rewarded with spectacular views.

SHOPPING

You can get a taste of daily life at the bustling **Mercado Central** (⊠ *C. Morazán and Avda. 4 Norte*). The market is also a good place to stop for lunch.

CONCEPCIÓN QUEZALTEPEQUE

10 km (6 mi) west of Chalatenango.

The civil war ravaged this little village, but today Concepción Quezaltepeque is one of El Salvador's most peaceful spots. Its reputation as the country's hammock capital is a testament to its mellow character. **Llano Grande,** about 8 km (5 mi) from Concepción Quezaltepeque, offers commanding views of the surrounding countryside.

LA PALMA

70 km (43 mi) northwest of Concepción Quezaltepeque.

In the shadow of El Pital, the country's highest mountain, is the little town of La Palma. That peak, as well as others nearly as high, draws hikers from around the world. From the top you can see across parts of El Salvador and Honduras.

When artist Fernando Llort moved to La Palma three decades ago, he began teaching residents his distinctive, playful style of painting. Today La Palma is famous for the dozens of workshops producing wood and ceramic goods adorned with these childlike designs. The facade of the town's little church, however, is the work of Llort himself. There isn't much to see in the town; it's just rows and rows of shops selling similar trinkets. The true draw here is the beautiful mountains, particularly the drive up to Miramundo nearby.

La Palma is about 10 km (6 mi) from the border with Honduras. You can cross at El Poy quite safely, too. You must pay US$3 to enter Honduras—park your car and buy the visa in a little office—and then theoretically another US$3 to return to El Salvador, although if you're just popping in for the day, the border guards can be talked out of it.

WHERE TO STAY & EAT

$ ✕**Del Pueblo.** In the heart of tiny La Palma, surrounded by shops selling artesanal crafts, sits Del Pueblo. A few small tables covered with lace tablecloths make up the modest interior. The best dish here is *pollo encebollado,* perfectly cooked roast chicken covered in onions, with a crispy skin that reveals a mild, pleasant mustard flavor. The *churrasco* steak comes a bit dry, but is accompanied by a delicious, spicy Argentine-style chorizo; we recommend the latter as a side dish. ⊠ *C. Principal 70* ☎ *503/305–8504* ▭ *No credit cards.*

$ ⚅**Hostal Miramundo.** You truly feel as if you can see the entire world laid out before you from this hotel, which is extremely popular with Salvadorans. Tiny villages of rustic but serviceable cabins are nestled amidst the towering mountains. The trek up Monte Miramundo is entertainment in itself, as you wind around hairpin turns on incredibly steep grades. (Don't attempt it without a four-wheel-drive vehicle.) Buses also travel up here, athough that can be an even more harrowing experience. Flavorful hot chocolate is a specialty. ✉ *Cerro Miramundo* ☎ *503/230–0437* 🖷 *503/729–1573* ⊕ *www.hotelmiramundo. com* ⟳ *8 rooms, 3 cabañas* ♿ *In-hotel: restaurant, no a/c* .

METAPÁN

160 km (99 mi) west of Chalatenango.

Sitting high in the mountains near the Guatemalan border, Metapán is one of the most isolated Salvadoran towns.

Some vestiges of the colonial era still remain, such as the **Iglesia de San Pedro.** The church's unusually ornate facade, dating from 1743, resembles a wedding cake. Rows of altars trimmed in gold line the inside of the domed structure.

Arguably the country's most beautiful lake, **Lago de Güija** straddles the border between El Salvador and Guatemala. The brilliant blue body of water is of great religious importance to both the Toltec and Pipil peoples. Legend has it that the lake was formed after several nearby volcanoes erupted, altering the paths of several rivers and destroying the towns of Zacualpa and Güija.

Fisherman will offer to take you on a two-hour tour of the lake. This should get you to the island of Tipa, where you'll be treated to great views of Volcán Chingo and Volcán Ipala, both near the Guatemalan border. On the island is Cerro Negro, a cluster of volcanic boulders that form a cave where fishermen take refuge during storms. Make sure to ask to see Las Figuras, so named for the hieroglyphics carved into boulders. Researchers came several years ago and hauled away the best of the rock carvings so they could be displayed in the national museum, but there are still a dozen or so interesting ones left.

One of the country's last remaining tracts of untouched forest is found at the breathtaking **Parque Nacional Montecristo,** part of an international conservation project administered by El Salvador, Guatemala, and Honduras. In addition to 7,600-foot Cerro Montecristo, two other peaks, 7,900-foot Cerro Miramundo and 7,100-foot Cerro El Brujo, stand nearby. With altitudes like these it can get chilly, so bring a jacket. Most people climb up to the cloud forest, where the tops of the mountains are perpetually covered with mist. The journey through the thick forest is a dark, wet odyssey. It rains more here than anywhere else in the country—more than 80 inches annually. A wide range of plants, including an array of colorful orchids, thrives under these conditions.

The number of animals found in the forest is amazing, from anteaters and porcupines to agoutis and pumas. A number of endangered species, such as long-limbed spider monkeys, have made their home in Montecristo. Also be on the lookout for rare birds, such as the brilliant green quetzal.

The park's upper reaches are closed from May to October to ensure undisturbed breeding. During these months you can still explore the other areas of the park. No matter what time of year you visit, you must obtain a permit from the Administración del Parque Nacional Montecristo in San Salvador before you can camp. ☎503/267–6259 ✉$6.

SANTA ANA

63 km (40 mi) west of San Salvador, 45 km (28 mi) south of Metapán.

Salvadoreños call Santa Ana *la segunda ciudad,* as it's the country's second-largest city. But don't worry that this will be a smaller version of San Salvador. With some of the country's best-preserved colonial buildings, Santa Ana retains much of its past elegance.

Parque Libertad, at the intersection of Avenida Independencia and Calle Libertad, is marked by graceful white bandstand.

Facing Parque Libertad is the neo-Gothic **Catedral de Santa Ana.** The ornate facade is topped by two towers. The stained glass in the rose window is broken in places, a vestige of the earthquake that devastated the region in 2001.

Facing the cathedral, the **Palacio Municipal** dates back to Santa Ana's brief stint as capital of the republic. Its neoclassical facade faces the street, but a peek inside reveals a colonial-style courtyard complete with a central fountain. Wooden balconies run around the sides.

The cream-colored **Teatro Nacional de Santa Ana,** an elegant neoclassical theater, is possibly the most remarkable piece of architecture in the country. The building, dating from 1910, is well preserved as a superb restoration returned its original grandeur. Note the depiction of Volcán de Santa Ana on the ornamental crest on the facade. It sits on the northern edge of Parque Libertad.

Next door to the Teatro Nacional is **Casino Santaneco,** built in 1896 as a private club; unlike many such buildings in Central America, it is still used as such today. Note the spiral columns that adorn the corner entrance. Ask a guard to let you inside for a peek at the polished interior. Moorish-style eight-point stars grace the woodwork of the ceiling and balconies.

On the south side of the main square is the **Museo Regional de Occidente,** a regional museum with changing exhibits dedicated to the economic, social, and cultural development of western El Salvador. Among the rotating shows you'll find some fine examples of the artifacts from the region's archaeological sites. Downstairs is a display about the country's currency. ✉*Avda. Independencia Sur 8* ☎*503/441–1215 or 503/441–2128* ✉*35¢ for adults, free for children* ☉*Tues.–Sat. 8:30–noon and 1–5.*

★ The Mayan city of **Tazumal,** which means "place where people were burned" in the Q'eqchí language, is one of El Salvador's most important and best-preserved pre-Columbian sites. Although much smaller than Tikal in Guatemala or Copán in Honduras, Tazumal gives a glimpse into the lives of several indigenous civilizations dating back over 3,000 years. Archaeological evidence suggests that the city traded with communities as far away as present-day Mexico. Unfortunately, only a small part of the 5-square-km (3-square-mi) area has been excavated, although work continues on and off. Until more structures are uncovered, Tazumal's main attractions are the large pyramid and ball court. From atop the large pyramid, most likely a religious temple, you have a nice view of the town of Chalchuapa and the surrounding countryside.

A small museum displays a number of relics found at Tazumal, although many of the best ones have been taken to museums in the capital. Photos and placards relate the site's complex history and the difficult restoration process. All are in Spanish. ⊠ *13 km (8 mi) west of Santa Ana* 🖳*$3* ◎ *Tues.–Sun. 9–5.*

WHERE TO STAY & EAT
The city is known for its *sorbetes,* which blend sherbet and ice cream. As you explore the city, look out for the little pushcarts run by a company called Sin Rival selling these treats. The best are *leche,* made with condensed milk, and *frutas,* made from different types of fresh fruit.

$$-$$$ ✕**El Patio.** It's worth the trip to this wonderful spot just for a taste of the
★ Salvadoran specialty called *gallo en chicha.* The sweet soup, flavored with prunes, olives, and raisins, has rooster meat in a homemade liquor made from fermented corn. Wash down your meal with a mammoth *fresco* (fruit smoothie)—try *piña* (pineapple) or *sandia* (watermelon). The restaurant, set around a cool courtyard, looks like a colonial-era ranch. ⊠ *21 C. Poniente 3 between C. Independencia and 2 Avda. Sur* ☎ *503/440–4221* ▤ *AE, DC, MC, V* ◎ *Closed Mon.*

$ ✕**Cafetería Ban Ban.** This popular bakery has two locations facing each other on Santa Ana's main street. Both serve up espresso drinks and tasty traditional pastries such as *orejitas* (sweet, flaky, ear-shaped sweets) and *merengues* (puffs of sweetened egg whites). ⊠ *Avda. Independencia Sur between Cs. Libertad and 1 Oriente* ☎ *503/447–1569* ▤ *No credit cards.*

$ 🏨**Hotel Sahara.** This is the best hotel in the city, which isn't saying much. You'll have to put up with fluorescent lights, chipped paint, and tacky furnishings. The rooms are clean, however, and have soaring ceilings. A rooftop terrace has views of the surrounding volcanoes. ⊠ *Avda. 10 Sur and C. 3 Poniente* ☎ *503/447–8832 or 503/447–0456* 🖶 *503/447–9664* 🛏 *30 rooms* ⚐ *In-hotel: restaurant, laundry service, parking (no fee), Wi-Fi* ▤ *AE, DC, MC, V* ◍ *CP.*

LAGO DE COATEPEQUE

Fodor'sChoice *16 km (10 mi) west of Santa Ana.*
★
Set high in the mountains, Lago de Coatepeque is one of the most beautiful sights in El Salvador. The enormous lake, set in a nearly perfectly circular crater, covers 26 square km (16 square mi). Here you'll find some of the best swimming in the country. The air is cool and fresh, and the natural springs keep the water temperature remarkably comfortable. Best of all, the lake hasn't been ruined by reckless development—in fact, all you'll find are the dozens of lovely old homes that line the shore, belonging primarily to Santa Ana coffee barons. The hotels, set back from the lake, have raised terraces that let you gaze out over the water to the looming Santa Ana and Izalco volcanoes.

3

WHERE TO STAY & EAT

$ ✕▦ **Amacuilco Guest House.** Colorful murals lend a bohemian flavor to this slightly ramshackle beach house popular with backpackers. If you just want to gaze out at the lake, there's no better place than the dock. If you feel a little more energetic, rent a canoe. Then again, you might decide to take a Spanish class or browse around the artesanía made at the in-house workshop. ✉ *Lago de Coatepeque, just before Hotel Torremolinos* ☎ *503/441–6239* ➹ *5 rooms* ☼ *In-hotel: restaurant* ☱ *No credit cards* .

$ ✕▦ **Hotel Torremolinos.** On a long dock directly above the shore, Torremolinos has no real competition, which means it can get away with slightly dingy rooms. Still, it is a wonderful spot to take in the lake's majesty. The menu at the restaurant ($–$$$$) is typically Salvadoran, with specialties like *guapote* (bass) and shrimp-stuffed avocado. On Sunday afternoon, dance to live Latin music while the sun sets over the mountains. ✉ *Lago de Coatepeque* ☎ *503/441–6037* ➹ *16 rooms* ☼ *In-hotel: restaurant, bar, no a/c* ☱ *AE, DC, MC, V.*

PARQUE NACIONAL CERRO VERDE

8 km (5 mi) west of Lago de Coatepeque.

The name is Spanish for "green hill," but Cerro Verde doesn't quite describe the towering peak that forms the centerpiece of this popular national park. This extinct volcano, with excellent views of Lago de Coatepeque, is home to a wide variety of birds—more than 125 species, including 17 types of hummingbirds, have been spotted inside the nature reserve. You can choose from several clearly marked hiking trails. The short nature trail is a pleasant stroll leading to good views of Volcán Santa Ana. Signs along the way point out unique features of the crater. The air is clean, crisp, and often chilly, so bring a jacket.

A more serious hike is up **Volcán Santa Ana**, the highest volcano in El Salvador. Also known as Lamatepec ("father hill"), this 7,757-foot peak is still active, although it hasn't erupted for decades. A hike to its crater and back takes about four hours, but the views of Volcán Cerro Verde and Volcán Izalco make it worth the effort. From the rim you'll surely get a whiff of the sulfuric lagoon inside the crater.

Hard-core hikers will want to take on the smaller but tougher **Volcán Izalco.** One of the world's youngest volcanoes, the 6,396-foot mound of stone was created in 1770 when molten lava began spewing so rapidly that in less than a month the debris had piled up thousands of feet high. The pyrotechnics were so intense that they could be seen from the sea, and sailors dubbed it *El Faro del Pacífico* (The Lighthouse of the Pacific). After almost two centuries of continuous activity, Izalco suddenly went dormant in 1957. Black and utterly barren, it remains an imposing sight. The climb to the crater is not as daunting as it appears, but the round-trip journey involves a good three hours of strenuous hiking. The crumbling surface—two steps forward, one step back the whole way—means inexperienced hikers should think twice before accepting the challenge.

Sadly, Parque Nacional Cerro Verde has become a popular spot for thieves as well. Ask a ranger to accompany you—it's free, and the details they provide about the park and its wildlife can be quite interesting. ⊠*37 km (23 mi) from Santa Ana* ≌*$2* ☉*Daily 8–5.*

JUAYÚA

FodorśChoice ★ *30 km (18 mi)) north of Sonsonate.*

The crown jewel of the Ruta de las Flores, **Juayúa** is the first major town you'll hit heading from Sonsonate on CA 8, and by far the most lively town along the Ruta in which to spend the night. The mountain village's colonial church and whitewashed buildings gleam in the sun. This community is best known as the home of the Cristo Negro (Black Christ), a 15th-century sculpture in the cathedral that attracts hundreds of pilgrims every year. One of the only images of Chirst depicted with indigenous features, it is thought to have healing powers. The charming little village is surrounded by the fields of coffee that bring prosperity to the region. Every Saturday and Sunday, from morning until about 6 PM, the city hosts a well-known *feria gastronómica,* or food festival. The streets are lined with street vendors selling everything from *gallo en chicha* to delicious roast pork. Make sure to try the *riguas* (fried corn cakes with sugar). Once you try the *ponche,* you will definitely bring this recipe home with you; it's steaming hot milk mixed with rum (or tequila), cinnamon, and vanilla. Do your absolute best to time your visit with a weekend, as Juayúa's food fair is a memorable Salvadoran experience.

WHERE TO STAY & EAT

$–$$ ✗ **Casa Vieja.** You'll hear a lot of '80s music in El Salvador, and this place is no exception. Sit amidst artisanal crafts in a verdant garden and enjoy such mainstays here as the ubiquitous *plato típico* or *pollo encebollado.* More interesting options include the *quesadillas de trigo,* a wheat tortilla stuffed with beans, cheese, and avocado. Sugary *naranjadas* (orange juice mixed with sugar) are a great way to start the day. ⊠*Avdas. Daniel Coron Sur and 6 Oriente* ☎*503/452–2599 or 503/452–2886* ⊟*AE, MC, DC, V.*

$ 🛏 **Hotel Anáhuac.** The people here—whether the staff or your fellow
★ wandering travelers—will make you feel quite at home. The owner is
a talented musician, and she often performs in Juayúa; don't miss it if
she's playing. The staff also provides a wealth of information about
the area. Rooms are pretty standard, and don't have air conditioners
or hot water. Nonetheless, the garden is lovely, everything is clean, and
you'll be with the right people to get to know the area. You can even
take a few Spanish lessons if you have time. ✉ *1a C. Poniente and 5a*
Avda. Norte ☎ *503/469-2401* ⊕ *www.tikal.dk/elsalvador* 🛏 *6 rooms*
⚙ *In-room: no a/c. In-hotel: Wi-Fi, laundry service, tour services* ⊟ *No*
credit cards .

NIGHTLIFE
The only nightlife spot in this sleepy town is **Restaurant R & R** (✉ *C.*
Merceditas Cacéres #1–4 ☎ *503/452-2083*). It's only open on Friday,
Saturday, and Sunday, and there is often live music. There's easy-to-like
comfort food available, too.

Another noteable town along the Ruta de las Flores, on CA 8 halfway
between Sonsonate and Juayúa, is **Nahuizalco,** famous for its wicker
workshops—a dozen or more produce baskets, chairs, tables, and other
products. It's home to a large population of Pipil who came here prior
to Spanish occupation. There's also a unique night market where locals
buy and sell fruits and vegetables by candlelight.

ATACO

10 km (6 mi) west of Juayúa.

This might be the sleepiest village along the Ruta de las Flores; Ataco's cobblestone streets, shops, and restaurants are all but deserted on
weekdays. You'll see a few more people on weekends, when vacation-
ing Salvadorans flock to a couple of the local restaurants. The town's
highlights are its pretty cathedral, greenery in the town square, and
one of the Ruta's hippest cafés (which, unlike other locales, is open
most of the week).

WHERE TO EAT
$$–$$$ ✗ **La Cocina de mi Abuela.** Located in an old home, this place could be
your grandmother's house. Note the number of San Salvadorans who
make the trek beyond Apaneca just for this delicious home-cooked,
typical Salvadoran fare. ✉ *1a Norte and 4a Oriente* ☎ *503/433-0100*
🕙 *Closed weekdays.*

$$–$$$ ✗ **Restaurante CaféCafé.** The original branch of this restaurant is in San
Salvador, and the two serve similar menus, though the one here is somewhat more limited. Peruvian food is the specialty here, namely the
ceviche. Note that the restaurant is open only on weekends. ✉ *Facing*
the square, on the north end ☎ *503/450-5111* ⊟ *AE, MC, V, DC*
🕙 *Closed weekdays.*

$–$$ ✗ **Tayua.** For such a small town, it's surprising to find a place this artsy.
Mauve and exposed-brick walls create a cozy feel, and an area with
low benches covered in pillows has a Middle Eastern feel. Everything

3

here is incredibly well thought out. The breakfast menu is wonderful; at lunch and dinner there are pastas and warm, healthy, pressed panini that are surprisingly good for El Salvador. At night the place turns into a bar that often hosts live music, and doesn't close until the last person leaves. ⊠*1a C. Central Oriente, one block south of the Square* ▤*AE, DC, MC, V* ⊙*Closed Mon.*

APANECA

20 km (12 mi) west of Juayúa.

Apaneca has the highest elevation of any major settlement in El Salvador. It is also one of the prettiest, with cobblestone streets lined with colorful houses. The surrounding countryside is spectacular, so it's no surprise that hikers come here from around the world. The colonial-era **Iglesia de Apaneca** is a bit run-down, but the twin bell towers are still quite pretty. Curiously, the church faces away from the main square. South of town is **Finca Santa Leticia**, a sprawling coffee plantation. Hire a guide to take you to **Laguna Verde** and **Laguna de las Ninfas**, two lovely lakes.

WHERE TO STAY & EAT

$$ ✕⌂ **Las Cabañas de Apaneca.** From the rooms, you would never guess that this hotel is just off the highway. All have hardwood floors and breathtaking rear-facing views of the greenery and mountains just outside the window. You'll feel pleasantly secluded. A garden area has multiple mosaic sculptures. On Sunday there is live marimba music in the cozy restaurant ($$–$$$), which serves up local fare with some interesting options, such as *sopa de pollo con chipilin* (chicken soup with a local herb). ⊠*Km 90.5 on the Sonsonate Rd. toward Apaneca* ☎*503/433–0500 or 503/433–0400* ⤶*15 rooms* ⌂*In-hotel: restaurant* ▤*AE, DC, MC, V* ¶⊙*CP.*

$$ ✕⌂ **Hotel Alicante Montaña.** In the shadows of a coffee plantation, you'll find this enormous hotel with an even bigger restaurant ($$–$$$) that seems as if it could house the entire population of tiny Apaneca—with room to spare. A sprawling lawn dotted with sculptures and hammocks is a great place to relax with a cocktail, as is the interestingly shaped pool. The rooms have a ski-lodge feel to them; each one has a private patio or balcony complete with comfortable wooden lounge furniture. The gargantuan restaurant offers a predictable menu of Salvadoran food. ⊠*Km 93.5 on the Sonsonate Rd. toward Apaneca* ☎*503/450–5651 or 503/433–0572* ⊕*www.alicanteapaneca.com* ⤶*26 rooms, 2 bungalows* ⌂*In-room: no phone, no a/c. In-hotel: restaurant, coffee shop, pool, gym, sauna, spa* ▤*AE, DC, MC, V* ¶⊙*CP.*

$$ ✕⌂ **Santa Leticia.** It's just outside Apaneca, but this family-run hotel's location within 230 acres of tropical hardwood forests makes it feel miles from civilization. The simply decorated rooms are crowned with ceiling beams made from lumber from the nearby farm. The restaurant ($$), La Finca, serves weekdays 9 AM to 5 PM, Saturday until 9:30 PM, and Sunday until 6 PM. The property is a fully functioning coffee plantation. Every Wednesday and Saturday they lead tours of the prop-

erty in the mornings; you must reserve in advance. ✉*Km 86.5 on the Sonsonate Rd. toward Apaneca* ☎*503/443–0357* 🖷*503/433–0351* ⊕*www.coffee.com.sv* ☞*11 rooms, 8 cabañas* ♿*In-room: no phone. In-hotel: restaurant, bar, pool* ■*AE, DC, MC, V* ⑩*CP.*

SPORTS & THE OUTDOORS
The coolest way to explore the area is by going on the **Apaneca Canopy Tour.** (☎*503/433–0554* ⊕*www.apanecanopy.com*). This outfit will take you zip-lining through the forest canopy for 1½ to 2 hours.

TACUBA & PARQUE NACIONAL EL IMPOSIBLE

20 km (12 mi) west of Ahuachapán.

Right on the edge of Parque Nacional El Imposible, Tacuba is best as a base camp for exploring the park. The town itself is quite sleepy and has little to offer. There is little in the way of restaurants there, just a few pupuserías, and only a couple of decent hotels. However, the tours run by **Manolo Gonzalez** (☎*503/417–4268* ✉ *contact@imposibletours.com*) are unbeatable. As one of the options for exporing the park, he offers a two-night camping and hiking trip. More relaxing is a six-hour tour of the hot springs in the area, or, if you wish, go on a tour of organic coffee plantations—complete with a tasting.

Named for a treacherous gorge that once was indeed impassable, **Parque Nacional El Imposible** is El Salvador's largest national park. Covering 13,000 acres, it contains 260 types of birds (including king vultures, white hawks, and black-crested eagles) and 40 species of mammals (including pumas, wild boars, and collared anteaters). The landscape itself is truly spectacular, soaring to 4,756 feet. Eight rivers run through one of the last remaining dry tropical forests in the Americas. There are a number of trails starting at the visitor center just inside the San Benito entrance, from easy half-hour loops to grueling six-hour treks. You are required to have a ranger with you on all the longer trails, so ask at the visitor center for information. The park is closed to most visitors, but you can obtain a permit from SalvaNatura in San Salvador. *SalvaNatura* ✉*33 Avda. Sur #640, Col. Flor Blanca, San Salvador* ☎*503/279–1515* ⊕*www.salvanatura.org* 🎫*$6.*

WHERE TO STAY & EAT
For treks into the park itself, most visitors choose to camp out, perhaps with Manolo Gonzalez's multiday tours. Otherwise, Tacuba is a more convenient base for exploring El Imposible than Juayúa or the other towns. There is one tourist-class hotel in town.

$ ✕🖼 **Las Cabañas de Tacuba.** Simple white rooms are all this bland but serviceable hotel has to offer for accommodations. There are a lot of them, though; the place caters to families and groups. Nonetheless, the rest of the hotel is cheery, from the large inviting pool to the cheery, tree-shaded dining area. Amenities are simple, but do include private baths and hot water (which is not too common in the area). Hotel rates include three meals per person, so bring your appetite. ✉*50 meters* *from Alcaldía Municipal* ☎*503/417–4332* ⇆*12 rooms* �&*In-hotel: restaurant, pool* ☐*AE, DC, MC, V* ❍|*AI.*

AHUACHAPÁN

30 km (19 mi) northwest of Sonsonate.

It may not have the charm of many of the towns in the mountains, but the bustling community of Ahuachapán is an important stop if you need to exchange currency or pick up some provisions. The pueblo is unique, as it has two plazas and two churches. **Iglesia El Calvario,** known for its ornate altar, is on the western edge of Parque Menéndez. **Parroquía de Nuestra Señora del Asunción,** with its beautiful stained-glass windows, is to the east of Parque La Concordia.

PACIFIC COAST

El Salvador's famed Costa del Bálsamo, named for the abundant balsam trees that grow along the coast, runs from Acajutla in the west to La Libertad, just south of San Salvador. If you're a surfer, you may find that you never want to leave. Those who travel in search of the perfect wave say the area offers some of the best surfing in Central America.

La Libertad is the largest city on the coast, and is also the most dangerous. Tourists no longer spend much time here. Should you find yourself in La Libertad, make sure it is during daylight hours only.

When you drive to the coast from San Salvador, you'll hit the Carretera el Litoral. Head west along this road and you'll soon reach Playa El Sunzal (also spelled Zunzal) and Playa El Tunco. The former is traditionally the more famous, but the latter is the more recommendable beach and nightlife area where everyone hangs out. (Some establishments in Playa El Tunco have taken to calling themselves by the Sunzal designation because of its greater renown; regardless, El Tunco is where you want to be.) Since much of the shoreline is private, one of the best ways to see the area is to head to an oceanfront restaurant. In addition to enjoying delicious seafood, you can leave your car parked there when you venture out to the sand.

Farther east you will encounter the Costa del Sol, which offers equally spectacular waves with a bit more seclusion.

WHERE TO STAY & EAT

$$$–$$$$ ✕**Café Sunzal.** Fuchsias and purple bougainvillea frame soothing ocean views at this attractive little café. Chinese lanterns in bamboo cubes are suspended from the peaked thatch roof that lets in the cool breezes and the sound of the surf. Order the *mariscada* and you will find yourself with a delicious bowl of coconut-milky broth filled with crustaceans of all types. Spicy *ceviche peruano*, fish slices cut razor-thin, is also quite good. ✉*Casa de Mar, Playa El Sunzal, Carretera del Litoral Km 43* ☎*503/389–6019 or 503/389–6020* ⊕*www.cafesunzal.com* ☐*AE, DC, MC, V.*

$$ ✗**Roca Sunzal.** Located in a hotel, this beachfront restaurant serves up the freshest of seafood—naturally. From ceviche to lobster to *mariscada* (a creamy soup with all imaginable seafood in it)—the specialty of El Salvador's coast—they have it all. Wash it all down with a cold beer and watch the surfers. ⊠ *Carretera El Litoral, Km 42, Playa El Tunco* ☎ *503/389–6126* ⊕ *www.rocasunzal.com* ☐ *AE, DC, MC, V.*

$$$–$$$$ ✗⊡ **Casa de Mar.** At this ultraluxe retreat, one of the most impressive
Fodor's Choice resorts in El Salvador, immaculate rooms overlook a sleek pool and,
★ beyond, the surf of Playa El Sunzal and the arc of the coastline. Tastefully and artfully decorated, they have large glass windows and soaring ceilings criss-crossed with wooden beams. Each suite stands alone and is painted a different bright color. The restaurant, Café Sunzal ($$$—$$$$), specializes in seafood and is equally pleasant. Prices are remarkably affordable for this degree of elegance and refinement. ⊠ *Carretera el Litoral, Km 43* ☎ *503/389–6284 or 503/389–6279* ⊕ *www.casademarhotel.com* ⇆ *11 suites* ⚓ *In-hotel: restaurant, bar, pool* ☐ *AE, DC, MC, V* ⊡ *BP.*

$$ ✗⊡ **Tekuani Kal.** Rooms at this hotel in Playa el Tunco are cozy, have great views, and are painted in bright colors and adorned with Nahuatl relics. The hotel's name translates into English as "House of the Jaguar." A few private hammocks right on the beach top it all off. The one drawback is a lack of hot water. However, you are only a minute's walk from El Tunco, a leafy, relaxingly upscale restaurant ($$–$$$) that serves huge breakfasts, as well as an excellent key lime pie and coconut shrimp. ⊠ *Carretera el Litoral, Km 42* ☎ *503/389–6487 up to 88* ⊕ *www.tekuanikal.com* ⇆ *6 rooms* ⚓ *In-hotel: restaurant, pool* ☐ *AE, DC, MC, V* ⊡ *CP.*

NIGHTLIFE

The nightlife here mainly consists of beach parties and the like, but one especially fun place is **La Guitarra** (⊠ *Carretera el Litoral, Km 42, just a bit inland from the beach* ☎ *503/7856–9393* ✍ *barlaguitarra@gmail. com*). The bar is covered with pictures of Che Guevara; they also serve the beach as well, especially on weekends.

SPORTS & THE OUTDOORS

To the west of La Libertad, the rocky spit known as **Punta Roca** is one of the world's top surf spots. With a perfect right-hand break, Punta Roca was legendary among surfers in the 1970s. Twelve years of civil war, however, drove away all but the most dedicated wave-riders. Today Punta Roca remains relatively empty, much to the delight of the small group of surfers who have rediscovered it. The eastern side of the wave is smaller and softer, perfect for less experienced surfers (though not first-timers).

There are a number of excellent surf spots farther west, most of them practically empty. **Playa el Tunco** boasts a left-hand break. Ask about renting a board and getting a few lessons. **Playa el Sunzal** has consistent waves and a good right-hand point. **Playa El Zonte** has a consistent right-hand break, with a decent left-hander at the point. **Playa Chutía** has a nice right-hand break.

NORTHERN & WESTERN EL SALVADOR ESSENTIALS

AIR TRAVEL

Most people exploring this region fly into Aeropuerto Internacional Comalapa, 44 km (27 mi) south of San Salvador. This is the only commercial airport in El Salvador.

BUSES TO & FROM NORTHERN & WESTERN EL SALVADOR

Terminal de Occidente in San Salvador has buses headed to the western part of the country, whereas Terminal de Oriente serves destinations north of the capital.

CAR RENTAL

Many visitors who plan to explore this region pick up a rental car in San Salvador. You can also rent a car in Santa Ana.

MONEY MATTERS

Your best bet for financial transactions is in San Salvador, but you can get cash advances on credit cards and use ATMs at banks in Santa Ana and La Palma.

TOUR OPERATORS

Suchitoto Tours organizes inexpensive outings to wildlife preserves and other scenic sights throughout the country. NOTE: Tours run anytime, but especially on weekends.

Tour Companies **Suchitoto Tours** (⊠ *Next to Telecom, in Suchitoto, Suchitoto* ☎ *503/848-3438* ✍ *suchitoto_tours@yahoo.com* ⊕ *www.suchitoto-tours.com*).

EASTERN EL SALVADOR

This region is extraordinarily diverse, ranging from mountain villages to charming towns to modern cities. Some areas within this region are famous for their artesanía, others for their outdoor activities. Eastern El Salvador rarely draws the attention of tourists, but the warm and generous spirit of its people wins the hearts of many who visit.

COJUTEPEQUE

32 km 19 mi) east of San Salvador.

The main attraction of this village is the Cerro De Pavas ("Hill of Turkeys"), where the **Santuario de la Virgen de Fátima** is found. The sanctuary holds a small statue, brought here from Portugal in 1949, that draws crowds of worshippers every Sunday. There's a great view of Lago Ilopango from the hill as well.

The towns's famous pork sausages, spicy chorizos, and salamis garland quaint roadside stands.

3

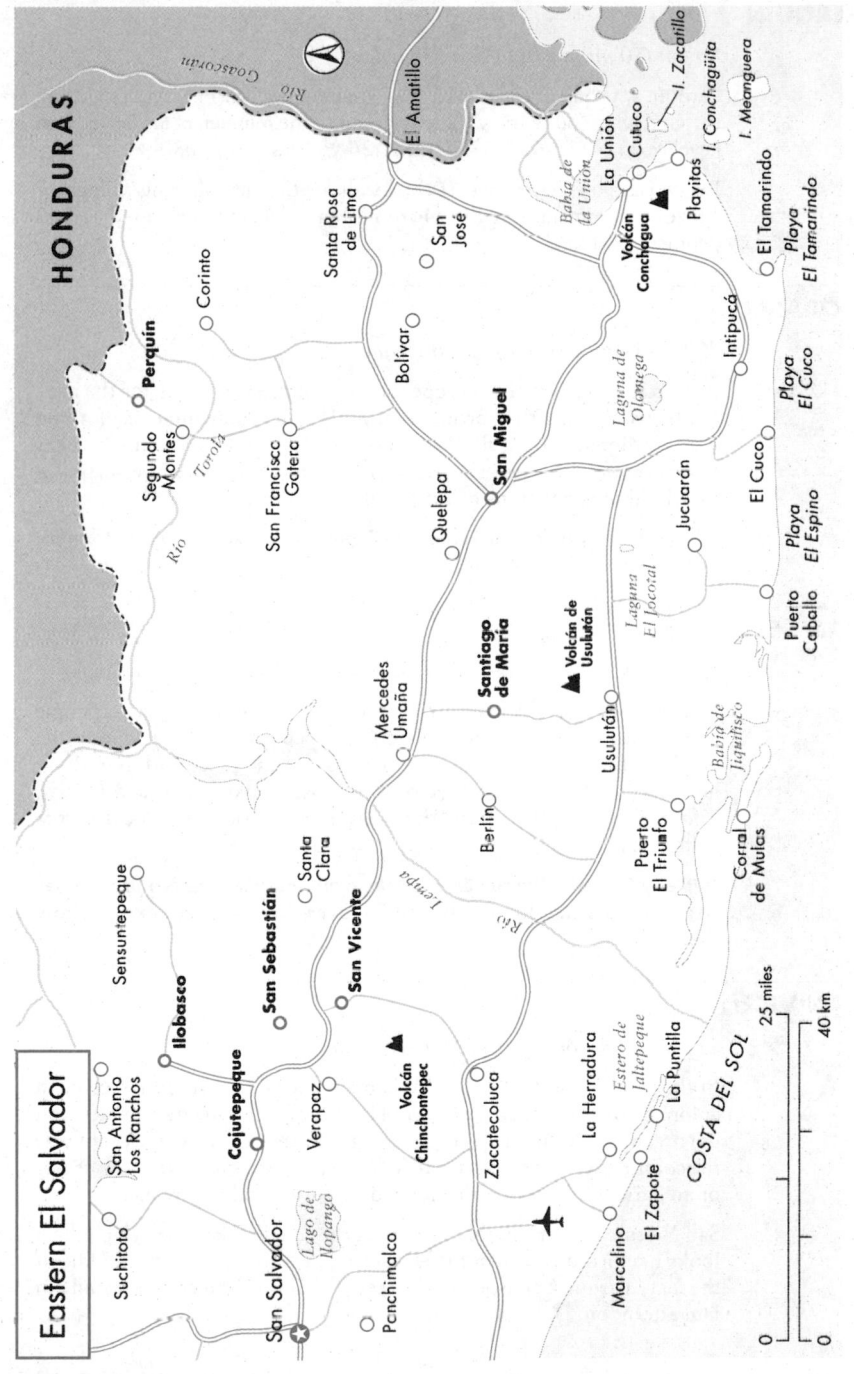

Eastern El Salvador

PERQUÍN

80 km (50 mi) north of San Miguel.

Perquín was one of the most ravaged cities in all of El Salvador during the civil war. Today the village is home to the **Museum of the Salvadoran Revolution** (☎ *503/610–6737* ☞ *$1.20* ☉ *Tues.–Sun. 8:30–4*).

Every year on December 10th, locals in the neighboring village of Mozonte commemorate the Mozonte Massacre, in which nearly 1,000 people were killed.

ILOBASCO

22 km (14 mi) north of Cojutepeque.

Just up the road from Cojutepeque, this village is famous for the dozens of workshops that produce brightly colored ceramics. All along Avenida Bonilla you'll find *sorpresas,* which are hand-painted scenes of village life inside egg-shaped shells. (You might indeed be surprised to behold the depictions of randy villagers inside some).

Make sure to stop by the **Escuela de Capacitación Kiko** (✉ *Avda. Bonilla*), a ceramics school that gives tours of its facility.

SAN SEBASTIÁN

22 km (14 mi) south of Ilobasco, 14 km (9 mi) east of Cojutepeque.

Festoons of colorfully dyed string hanging outside storefronts welcome you to San Sebastián, which, like Concepción Quetzaltepeque in the north, is famous for its textiles. This is a great place to buy radiant hammocks, place mats, tablecloths, towels, blankets, and bedspreads. You are welcome to watch the weavers at work at the local textile factories.

Textiles y Funerales Duran (✉ *3 blocks from the plaza* ☎ *No phone*) has large, complicated looms, and the weavers are happy to explain how they work.

SAN VICENTE

11 km (7 mi) southeast of San Sebastián.

In the shadow of 7,154-foot Volcán Chichontepec sits San Vicente, a colonial town founded in 1635. The elegant architecture makes you daydream about life here centuries ago. In the 1830s San Vicente was the country's temporary capital. Today the easygoing town is the center of an agricultural region dominated by coffee and sugarcane.

San Vicente's most notable feature is the fanciful **Torre de Reloj,** which looks likes a scaled-down Eiffel Tower. Plunked down in the middle of the leafy Parque Cañas, it offers a terrific view of the city, especially in late afternoon.

The **Alcaldía de San Vicente,** which houses the local government, is a stately white building on the south side of the main square.

On the eastern side of the plaza stands **Catedral de San Vicente**—earthquakes have left all but the facade in ruins.

The **Iglesia El Pilar,** a neo-Gothic church dating back to the 18th century, stands two blocks south of the plaza. Inside you'll find a beautiful hand-carved wooden altar. Near the door is a plaque honoring José Simeón Cañas, remembered for abolishing slavery in El Salvador.

The **Santuario San Juan Bautista,** another lovely church, is two blocks east of the cathedral on 6 Avenida Norte.

Some of the sights have a more sober history. An enormous **cuartel,** or military compound, occupies the entire block southwest of the plaza; you can't miss its fatigue-wearing sentries. This area saw many battles during the bloody civil war.

Near Verapáz, a village just west of San Vicente, you'll find a beautiful hot spring. Strong sulfuric fumes have made the affectionately named **Infiernillo,** meaning "Little Hell," a popular retreat for those who believe in the medicinal properties of the water.

A crater lake called **Laguna de Apastapeque,** about 3 km (2 mi) northeast of San Vicente, is a great place to escape the heat. Here you'll find a tidy beach, a swimming pool, and a restaurant. It can be crowded on weekends, but during the week you'll have the place practically to yourself. If you're interested in smaller, more secluded lakes, ask about nearby Laguna Bruja or Laguna Ciega.

SANTIAGO DE MARÍA

40 km (25 mi) east of San Vicente.

One of the most beautiful towns in eastern El Salvador, Santiago de María is in the middle of coffee-growing country; you'll spot the local cash crop creeping over the hills surrounding the town. The lively and attractive city was spared the ravages of the war, save for a brief occupation by rebels who looted the fields that belonged to President Alfredo Cristiani. It was not spared from the earthquakes that hit the region in the past few years, however.

When visiting Santiago de María, give yourself a day or two to explore the surrounding countryside.

Cerro Tigre *(Tiger Hill)* is the name given a string of overlapping hills east of town. A two-hour climb leads you to commanding views of the valley.

To the west of town, Volcán de Alegría has a crater lake known as the **Laguna de Alegría,** which is known more for its medicinal properties than its recreation; the sulfur fumes emanating from the lake are said to have therapeutic value when inhaled.

SAN MIGUEL

45 km (30 mi) east of Santiago de María.

With almost 200,000 residents, San Miguel is the third-largest city in the country.

On the central Parque David J. Guzmán, the huge **Catedral de Nuestra Señora de la Paz** (⊠4 *Avda. Norte*) has a marble altar and stained-glass windows that are worth seeing. Here you'll find a statue of the Virgin Mary that is credited with saving the city from destruction during a volcanic eruption.

South of the central square sits the elegant **Antiguo Teatro Nacional** (⊠2 *C. Oriental*), a century-old building where plays are often staged from August through November.

About seven blocks west of the square are the lovely gardens that house the **Capilla de la Medalla Miagrosa** (⊠7 *Avda. Norte and 4 C. Poniente*), a chapel where a religious healer once worked miracles.

The **Laguna de Olomega** is still the lifeblood of the many villages that dot its shoreline, which means fish is the main meal for miles around. (Locals favor the tasty *guapote* [similar to bass] and the sturgeon-size tilapia.) You can reach the communities around the lake, including Olomegita and La Estrachura, on passenger boats that leave at 8 AM, return at 3 PM, and leave again at 4 PM (35¢). Another nice stop is Los Cerritos, a little island where locals bake in the sun.

Dominating the town is the 6,986-foot **Volcán Chaparrastique,** an active volcano that last erupted in 1976. It's an intense two-hour hike to the summit from the town of La Placita.

WHERE TO STAY & EAT

$-$$$ ✕**Acajutla.** Great seafood dishes are served in an airy and elegant thatch-roof dining room of this San Miguel favorite that is part of a country-wide chain. ⊠*Avda. Roosevelt Sur and 7 C. Poniente* ☎*503/661–2255* ⊟*AE, DC, MC, V.*

$ ✕**Chilitas Pupusería.** At this mammoth San Miguel institution you'll find the service lukewarm but the pupusas always piping hot. It gets crowded on weekends. ⊠*402 C. 8 Oriente* ☎*503/661–1176* ⊟*No credit cards.*

$ ⚏**El Mandarín.** The most comfortable accommodations in town are found here. The management is friendly and helpful, and the rooms are simple and clean. As a bonus, you can also get tasty Chinese food at the restaurant. ⊠*Avda. Roosevelt Norte 407* ☎*503/669–6969* 🖷*503/669–7212* ☞*54 rooms* ⚐*In-hotel: restaurant* ⊟*AE, DC, MC, V.*

EASTERN EL SALVADOR ESSENTIALS

AIR TRAVEL

Most people exploring this region fly into Aeropuerto Internacional Comalapa, 44 km (27 mi) south of San Salvador. This is the only commercial airport in El Salvador.

BUS TRAVEL TO & FROM EASTERN EL SALVADOR

Buses bound for San Salvador depart about every 10 minutes from dawn until dusk from San Vicente and San Miguel.

CAR RENTAL

If you find yourself in need of a car, head to San Miguel. Note that the Hertz offices are closed on Sunday.

Local Agency

Hertz (⊠ *Avda. Garardo Barrios 202, San Miguel* ☎ *503/661–1691*).

MAIL & SHIPPING

All communities of any size in eastern El Salvador have a post office somewhere near the central square. The main post office in San Miguel is on 4 Avenida Sur, about three blocks south of Parque David J. Guzmán. For important packages, try Urbano Express.

Post Offices San Miguel (⊠ *4 Avda. Sur, between 3 and 5 Cs. Oriente).*

Overnight Services Urbano Express (⊠ *Avda. Roosevelt Norte 415, San Miguel* ☎ *503/640–1576* ⊕ *www.urbanoexpress.com*).

MONEY MATTERS

The best place for financial transactions is in San Salvador, but you can secure cash advances from credit cards and use ATM at banks in San Vicente and San Miguel. Banco Hipotecario has branches in both cities.

EL SALVADOR ESSENTIALS

AIR TRAVEL TO & FROM EL SALVADOR

Grupo Taca has a very good reputation. It flies between San Salvador and all other Central American capitals. Grupo Taca also has flights from the United States, as do American, Continental, and United. There are no direct flights from Europe, so you should transfer in Miami or Houston.

Airlines & Contacts American (⊠ *Alameda Roosevelt 3107, San Salvador* ☎ *503/298–0777*). **Continental** (⊠ *Torre El Roble, 1st fl., Blvd. de Los Héroes, San Salvador* ☎ *503/207–2040 or 503/800–6153*). **Grupo Taca** (⊠ *Multiplaza, San Salvador* ☎ *503/267–8222* ⊙ *Weekdays 8 AM–8 PM, Sat. 8–5, Sun. 9–5*). **United** (⊠ *Paseo General Escalón, San Salvador* ☎ *503/279–3900*).

AIRPORTS

Aeropuerto Internacional Comalapa is 44 km (27 mi) south of San Salvador. Expect a trip to the capital to take about 45 minutes.

A taxi will cost $20 from the airport to your hotel, $16 on the way back. The larger hotels, however, have shuttles waiting for flights that usually offer scheduled service several times per day for $12 to $14. Confirm in advance with your hotel to see if a shuttle coincides with your arrival; otherwise, take a taxi. Make sure you sign up with a taxi from the official booth in the arrivals terminal, rather than going along with one of the drivers that accost you, some of whom are unlicensed crooks.

Airport Information Aeropuerto Internacional Comalapa (⊠ *South of San Salvador* ☎ *503/339-9455*).

BUS TRAVEL

Mastering the *desvío* (highway junction) is an important skill in Salvadoran bus travel—you'll often take one bus to a desvío, and then pick up another heading to your destination. Another option is the *pickup* (pronounced "pika"), which has been adopted by Salvadorans to mean any truck that carries passengers. If you don't mind the wind, this isn't a bad way to go (and in more remote areas where buses run infrequently it may be your only option). Rates are slightly cheaper than buses.

In San Salvador, Terminal Puerto Bus is an international terminal for several bus lines, including King Quality and and Transnica. Destinations include Guatemala City (5 hrs, $23), Tegucigalpa (7 hrs, $25), and Managua (10 hrs, $30). Ticabus vehicles depart from Avenida 10 Norte and Calle Concepción to Guatemala, Honduras, and Nicaragua; the buses are much more modest, but the prices are about half those of the more luxurious companies.

Bus Companies King Quality (⊠ *Blvd. del Hipódromo 415, Col. San Benito, San Salvador* ☎ *503/271-1361 or 503/257-8997*). **Ticabus** (⊠ *Avda. 10 Norte and C. Concepción, San Salvador* ☎ *503/222-4808*). **Transnica** (⊠ *Alameda Roosevelt and 59 Avda. Sur, San Salvador* ☎ *503/240-1212*).

Bus Station Terminal Puerto Bus (⊠ *Avda. Juan Pablo II at Avda. 19 Norte, San Salvador* ☎ *503/222-2158*).

CAR RENTAL

In El Salvador you can rent cars for about $50 per day. At the airport all the rental agencies are clustered together outside the arrivals gate. Here you'll find Avis, Budget, Hertz, Thrifty, and the reliable local agency Best, which charges about $10 less per day than other agencies.

Rental Agencies Avis (☎ *503/261-1212 or 503/298-6226*). **Best** (☎ *503/298-9611 or 503/298-9612*). **Budget** (☎ *503/260-4333 or 503/260-3334*). **Hertz** (☎ *503/339-8004*). **Thrifty** (☎ *503/289-2984*).

CAR TRAVEL

To hit the road in El Salvador, all you need is a valid U.S. or international driver's license. You should always have evidence of your rightful possession of a car; proof of insurance isn't necessary, although it's good to have.

HEALTH
The most common malady for visitors to El Salvador is travelers' diarrhea. The best way to avoid it is to be careful about what you eat. Don't drink the water—*agua purificada* (purified water) is available everywhere in bottles. Always order your drinks *sin hielo* (without ice). Avoid salads and fresh fruits that may have been washed in tainted water. Do sample foods from street vendors, but make sure they haven't been sitting around all day. It's a good idea to eat only what has been prepared in front of you. Prepare in advance for the possibility of becoming sick by bringing Pepto-Bismol (the chewable tablets are convenient) and Imodium (in capsules). If it doesn't blow over in a day or two, head to a doctor.

As for mosquito-borne diseases, dengue fever is much more common in El Salvador than malaria, particularly in the eastern lowlands. Socks and long pants are the best protection. Make sure your bug spray has a high DEET content. Lastly, the sun can be extremely strong, even during the rainy season. Use a good sunscreen and wear a wide-brimmed hat.

MAIL & SHIPPING
Mail service in El Salvador is inexpensive, but quite slow and somewhat unreliable. Letters and postcards usually arrive in two weeks. Letters to the United States cost about 50¢, and slightly more to Europe and Australia. Do not send cash, valuables, or anything else important through the mail.

MONEY MATTERS
The official, and only, currency is the U.S. dollar. Use of *colónes,* the former currency of El Salvador, has been completely phased out. Get plenty of cash before heading from San Salvador for the countryside, as some smaller cities don't have ATMs. Credit cards are generally only accepted at big-time hotels and restaurants, mostly in the capital; elsewhere, be prepared with cash. And don't bother with traveler's checks—here, as in most of the world, they are a thing of the past.

ATMS Most branches of banks like Banco Cuscatlán, Banco Hipotecario, and Scotiabank have ATMs that accept foreign cards. Before you leave home, make sure your secret code has no more than four digits.

PASSPORTS & VISAS
Americans, Canadians, Central Americans, and most Europeans do not need visas to enter El Salvador for stays of fewer than 90 days. If you think you might need one, call your country's embassy or bring your passport and two passport-size photos to any Salvadoran consulate or embassy to get a free visa. When you arrive in El Salvador by land or by air you will be charged $10 for a tourist card, typically good for 90 days. If you need an extension, go to the Extranjería in the Centro de Gobierno on Avenida Juan Pablo II in San Salvador. It's open weekdays 8 to 4 and Saturday 8 to noon. You'll have to spend $3 on photos (which you can have taken outside the building) and another $1.50 for processing, but you can do it all in an hour or two.

Passports **Extranjería** (⊠ *Centro de Gobierno, Avda. Juan Pablo II, San Salvador* ☎ *503/233-7700*).

SAFETY

Wherever you go, don't wear expensive clothing, don't wear flashy jewelry, and don't handle money in public. It's a good idea to keep your money in a pocket rather than a wallet, which is easier to steal. Keep cameras in a secure camera bag, preferably one with a chain or wire embedded in the strap. Always remain alert for pickpockets, and don't walk alone at night, especially in the larger cities.

TELEPHONES

There are three main phone companies: Telecom, Telefónica, and Telemóvil. Because of competition among the trio, rates stay quite reasonable. In fact, it's cheaper to call the United States from El Salvador than it is to call El Salvador from the United States. The two biggest mobile-service providers are Tigo and Claro.

AREA & COUNTRY CODES All of El Salvador uses the same area code: 503. Any and all calls must be preceded by the number 2 after the country code; calls to mobile phones must be preceded by the number 7. To make a call within the country, simply dial the seven-digit number, preceded by correct number. To call El Salvador from the United States and Canada, dial 011 followed by 503 and the phone number. To make an international call from within El Salvador, dial 155, then 00, then the country code, and finally the area code and number.

PUBLIC PHONES Most public phones require phone cards. Remember that phone cards are issued by one of the three telephone companies, so they only work in some phones. Because Telecom has the greatest number of public phones, it's advisable to purchase the company's cards.

TIPPING

Hotel and upscale restaurants usually add a 10% *propina,* or gratuity, so scrutinize the check closely. Leave a bit more if you feel it's appropriate. Taxi drivers don't expect a tip.

TOUR OPERATORS

Travel Time offers tours all throughout the country; main attractions include visits to the Joya de Cerén and to Suchitoto. They also run tours across all of Central America. AviTours also travels throughout the country, and they offer city tours of San Salvador as well. They last for four hours and cost about $25 per person.

Tour Companies **Travel Time** (☎ *503/228-1122*). **AviTours** (☎ *503/264-0146*).

VISITOR INFORMATION

The Corporación Salvadoreña de Turismo is the major tourist board in the country. Corsatur's office in San Salvador stocks pamphlets and maps. It's open Monday through Thursday 8 to noon and 1 to 5:30; Friday they are open from 8 to 4. SalvaNatura, which works with both El Imposible and Los Volcanes national parks, is also a good source for hiking information.

Good maps of El Salvador are not easily found, so keep your eyes peeled. Most official ones look like maps of Disneyland, with thick, black lines that could have been drawn with a crayon.

Tourist Information Corsatur (✉ *Alameda Manuel Enrique Araujo and Pasaje Carbonel #1, San Salvador* ☎ *503/243-7835* ⊕ *www.elsalvadorturismo.gob.sv).* **SalvaNatura** (✉ *33 Avda. Sur 640, Col. Flor Blanca,San Salvador* ☎ *503/279-1515* ⊕ *www.salvanatura.org).*

3

Honduras

"There is great hiking at Parque Nacional Pico Bonito, or the cloud forest. We also rented mountain bikes and did a beach ride and rode to different waterfalls and hot springs. There is so much to do and such a variety I can't list it all."

—Jmckeeff

"IMO the place to go for snorkeling is Roatán. There aren't places to snorkel from the mainland unless you take a boat trip to one of the islands. Flights between SAP and Roatán are spendy—more than $100 one way—but the easiest way to get there. You could compromise by flying to La Ceiba and taking a ferry. The La Ceiba area has wonderful hiking, kayaking, and rafting."

—hopefulist

www.fodors.com/forums

Updated
by Melanie
Wetzel

THE ORIGINAL BANANA REPUBLIC, HONDURAS is still an agricultural country, with vast tracts of land devoted to bananas, pineapple, and other tropical fruit. But there is far more to this rugged country bordered by Guatemala, El Salvador, and Nicaragua. Honduras has fantastic biodiversity in various elevations and climatic conditions. In its jungly cloud forests the air is cool, the rain is abundant, and the landscape is covered with ferns, orchids, and bromeliads. Good guides will be able to point out green iguanas, white-faced monkeys, and—if you are lucky—jaguars and ocelots. Honduras also shelters some of the last tropical hardwood rain forest in this hemisphere. The Caribbean coastline and the Bay Islands offer hundreds of miles of palm-fringed beaches, some remote and private, and others that are are buzzing with resorts, restaurants, and fellow travelers.

There are now more than 100 biological reserves and wildlife refuges in the country, such as Parque Nacional La Tigra, north of Tegucigalpa, and Parque Nacional Celaque, south of Gracias. Many of the national parks have trails, visitor centers, and even lodgings to meet the demand of increased ecotourism. Resorts located near the parks, and tours led by experienced guides, make it easier than ever to visit Honduras's green spaces.

ORIENTATION & PLANNING

ORIENTATION

Bordered by Guatemala and El Salvador on the west and by Nicaragua to the east, Honduras has the most rugged topography of Central America. With peaks reaching over 9,345 feet, this predominantly mountainous country has been isolated from the rest of the region for much of its history. If you intend to wander even a bit off the beaten track you need to be prepared—rent a sturdy vehicle, hire a knowledgeable guide, and budget extra time for negotiating the terrain.

TAKE IT ALL IN

3 days: Spend your first day in Tegucigalpa, exploring the streets of the capital. Don't miss El Picacho, a mountain that overlooks the city. The nearby villages of Santa Lucía and Valle de Angeles, with their cobblestone streets, are a great place to stroll on your second day. Get up early the next day so you have plenty of time to explore Parque Nacional La Tigra, a beautiful example of a tropical cloud forest.

5 days: Start in San Pedro Sula, taking in the anthropology museum if you have the time. On your second day take a first-class bus to Copán Ruinas, where you'll find the painstakingly preserved ruins of one of the greatest ancient cities. Make sure to descend into the tunnels that wind below the pyramids to get a glimpse of what daily life was like for the Maya. Return to San Pedro Sula on your fourth day, continuing to Tela, a sleepy town on the northern coast. Tela was previously the headquarters for major foreign and local banana companies, and there are many historic buildings reminiscent of the Banana Republic heydays of the 1900s. If you're here on the weekend you can attend a dance thrown by Garífuna, an Afro-Caribbean people who live along the shore.

7 days: Head to the coastal community of La Ceiba to spend a day or two hiking through the pristine forests around towering Pico Bonito. If the weather is warm, cool off underneath one of the wonderful waterfalls. From La Ceiba it's a short flight to Roatán, the largest of the Bay Islands. Here you can spend a few days learning how to scuba dive. If you crave a bit more privacy, nearby Utila has splendid beaches that you might have all to yourself.

PLANNING

WHEN TO GO

The northern coast is hot and humid year-round. The rainy season here runs from October through January, although wet weather can come at any time of year. June, July, and August are usually hot and dry. In the rest of the country the altitude matters much more than the season. Tegucigalpa, nestled in the mountains, enjoys warm afternoons that fade into cool evenings. San Pedro Sula, sitting in the lowlands, is often sweltering.

GETTING AROUND

Honduras is a small country, but distance can be deceiving. Budget extra time for delays such as rain or construction work when traveling by car. The major cities of Tegucigalpa, San Pedro Sula, and La Ceiba have regular local airline service, generally twice daily. Airline connections can also be made to all three of the Bay Islands from La Ceiba. Another option for traveling in Honduras is taking the bus. First-class and luxury buses connect the major cities and tourist areas, and this can be a great way to take in the scenery as you pass through pine-covered mountains and market towns.

RESTAURANTS & CUISINE

Although Honduras isn't known for its cuisine, you might encounter some pleasant surprises. The national dish is the *plato típico,* consisting of some combination of meat, rice, beans, cheese, plantains (called *tajadas*), and perhaps eggs or avocados. This "typical dish" can always be livened up by the hot sauce on the table, often a homemade variety. Another tasty choice is the *pupusa,* a golden-fried patty of corn, beans, and cheese, usually served with a vinegary blend of cabbage and onion called *repollo. Nacatamales* (cornmeal and chicken wrapped in banana leaves) are found all over Central America, but in Honduras they can be very moist and delicate. *Baleadas* (tortillas with beans and cheese) are cheap, pleasant snacks and handy for vegetarians, who can ask for one *sin carne* (without meat).

Seafood is popular and abundant throughout Honduras. Seafood soup (*sopa marinera*) is flavored and thickened with coconut milk, and filled with yucca, platano, and other local vegetables. Fried fish served whole is a Honduran specialty, as are shrimp and lobster dishes.

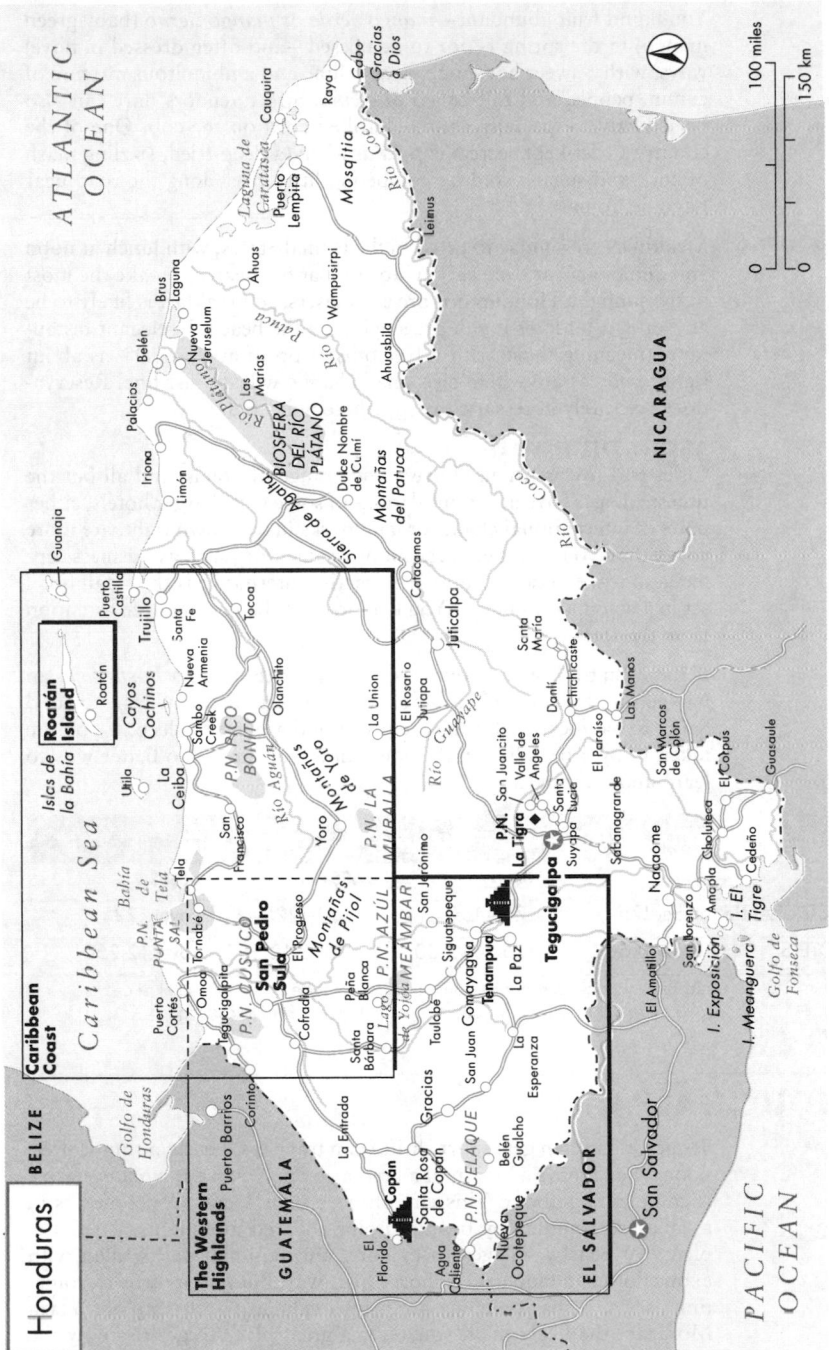

Honduras

ATLANTIC OCEAN

Caribbean Coast

The Western Highlands

Roatán Island

4

100 miles
150 km

Cabo Gracias a Dios
Cauquira
Raya
Mosquitia
Puerto Lempira
Laguna de Caratasca
Río Coco
Leimus
Ahuas
Wampusirpi
Río Patuca
Belén
Nueva Jeruselum
Las Marias
Palacios
Irionia
BIOSFERA DEL RÍO PLÁTANO
Sierra de Agalta
Dulce Nombre de Culmi
Montañas del Patuca
Río Coco
NICARAGUA
Limón
Catacamas
Juticalpa
Santa María
Río Cuyamapa
Chichicaste
Donli
Las Manos
San Marcos de Colón
El Corpus
Guasaule
Golfo de Fonseca
I. El Tigre
I. Meanguera
I. Exposición
Amapala
Cedeño
San Lorenzo
El Amatillo
Nacaome
Cholutecaí
Pespire
Sabanagrande
El Paraíso
Yuscarán
Valle de Ángeles
San Juancito
Santa Lucía
Suyapa
P.N. La Tigra
Tegucigalpa
Talanga
San Jerónimo
Siguatepeque
Comayagua
La Paz
Taulabé
San Juan
La Esperanza
Gracias
Belén Gualcho
P.N. CELAQUE
Santa Rosa de Copán
Copán
Agua Caliente
El Florido
Nueva Ocotepeque
EL SALVADOR
San Salvador
PACIFIC OCEAN
GUATEMALA
La Entrada
Corinto
Puerto Barrios
BELIZE
Golfo de Honduras
Santa Bárbara
Cofradía
Peña Blanca
Lago de Yojoa
P.N. AZÚL MEÁMBAR
P.N. CUSUCO
San Pedro Sula
El Progreso
Tela
P.N. PUNTA SAL
Puerto Cortés
Omoa
Tegucigalpita
Bahía de Tela
San Francisco
La Ceiba
Utila
Islas de la Bahía
Guanaja
Roatán
Cayos Cochinos
Sambo Creek
Nueva Armenia
Santa Fe
Trujillo
Puerto Castilla
Tocoa
P.N. PICO BONITO
Olanchito
Montañas de Pijol
Montañas de Nombre de Dios
Río Aguán
Yoro
La Unión
El Rosario
Juriapa
Río Humuya
P.N. LA MURALLA
Caribbean Sea
ATLANTIC OCEAN

You'll find fruit abundant—*mango verde* or *mango tierno* (baby green mango) in the spring is not to be missed—and often dressed in novel ways, with a sweet hot sauce or with lime and a ubiquitous mixture of cumin, pepper, and salt called *pimienta*. Street vendors' fare can also be seductive, especially charcoal-grilled corn on the cob. One of the country's best-kept secrets is *frita de elote* (a deep-fried, sizzling mash of corn and sugar), sold by competing little girls along the road near Lago de Yojoa.

Mealtimes are similar to those in the United States, with lunch at noon and dinner at 7 or even earlier. To combat the heat and make the most of the sunlight, Hondureños are early risers, so breakfast is likely to be at 7 or 8, a bit later if you are staying on the beach. In elegant restaurants (meaning those with tablecloths) a tip of at least 10% is about right, whereas anywhere else small change will do just fine. Reservations are rarely necessary, except where indicated.

ABOUT THE HOTELS
Cities and towns usually have a wide range of hotels, and all but the tiniest villages have accommodations of some sort. Larger hotels, either parts of international chains or landmarks in their own right, are more costly than you might expect, but offer amenities such as business centers and travel offices. Another attractive alternative is the small hotel set in a colonial-era home. You'll appreciate the personalized attention from the staff.

If there isn't a hotel in town, you can probably find a *hospedaje*, an inexpensive lodging. In remote spots, such as mountain villages around Santa Rosa, locals will often help you find a place to sleep. If you are taken in by a friendly family, you'll find that there's no better way to learn about the culture.

WHAT IT COSTS IN HONDURAN LEMPIRAS				
	$	$$	$$$	$$$$
RESTAURANTS	under L75	L75–L150	L150–L225	over L225
HOTELS	under L750	L750–L1,500	L1,500–L2,250	over L2,250

Restaurant prices are per person, for a main course at dinner. Hotel prices are for two people in a standard double room in high season, excluding tax.

TEGUCIGALPA

Tegucigalpa often gets short shrift from travelers, but on a sunny afternoon when there's a breath of a breeze you may wonder what everyone is complaining about. This city of more than 1 million people sits in a valley surrounded by beautiful pine-covered mountains. There are plenty of nearby villages to explore, and national parks filled with exotic flora and fauna are a short drive away. But the city streets, sometimes set at a sharp incline, are just as exhilarating to explore. Plaza Morazán, the lively main square, is a great place to get to know the

A BIT OF HISTORY

Explorer Christopher Columbus landed on the island of Guanaja in 1502, and later he reached Puerto Castillo, on the northern coast, claiming the region for Spain. He was far from the first person to set foot here, however. This land had already seen great civilizations rise and fall. Nowhere is this more evident than in Copán, one of the most breathtaking archaeological sites in Central America. What makes Copán so fascinating to archaeologists is not just its astounding size, but its small details. They have deciphered the hieroglyphics that tell the history of this great city, as well as that of others in the region. If you want to understand the ancient civilizations of Quiriguá in Guatemala or Teotihuacán in Mexico, you'll need to pay Copán a visit.

You'll find many generous and good-humored people in Honduras, especially if you are armed with at least a few words of Spanish. Unlike neighboring Guatemala, there are few indigenous communities here. Most people here are mestizo, meaning mixed-race descendants of Spaniards and Indians. The Lenca and Chortí of the western highlands and the Miskito, Pech, and Tawahka of the northeastern rain forests make up just a fraction of the population, and you'll have to make quite an effort to reach their isolated villages. You're likely, however, to come across the Garífuna, along the northern coast. This Afro-Caribbean people, brought to Roatán in 1797, have maintained a strong cultural identity and are famous for their traditional dances and music.

people. Don't miss Iglesia Los Dolores, either. It's several blocks northwest of the square, and has rows of souvenir stalls to explore.

The city's name is a contraction of two words from the language of the area's indigenous people: *teguz* (hill) and *galpa* (silver). As the mining industry brought wealth to the region, the city spread down from the hills and across the Río Choluteca. In 1880 it became the country's capital. The same year, the Gran Hotel Central opened as the city's first public lodging. A sign on the patio reflected the pace of life: DON'T LIE ON THE HAMMOCKS WITH YOUR SPURS ON.

With its winding streets lined with colorful houses built into the hillsides, the city retains many characteristics of a provincial town. But the surge in population has brought rumbling buses and blaring horns. Whenever possible, take side streets; you'll see the hidden life of the city, and also to get away from major bus routes.

EXPLORING TEGUCIGALPA

Tegucigalpa is made up of dozens of different neighborhoods. Those called *barrios* are usually older and more centrally located neighborhoods than the *colonias*. As long as you know which neighborhood you're headed to, getting places won't be a problem. In theory, the fact that *avenidas* run north–south and *calles* run east–west should make getting around much easier. Few maps, however, have details like street

TOP REASONS TO VISIT

Archaeological Treasures. The country's best-known archaeological site, the ancient city of Copán, lies in the jungle near the border of Guatemala. Often dubbed the "Athens of Central America," Copán is known for its soaring pyramids, mammoth stelae, and an intricately carved staircase that tells the story of the highly advanced civilization that thrived here for hundreds of years. For as yet undiscovered wonders, excavation work is finally beginning on the ruins of Los Naranjos, near Lago de Yojoa.

Scuba Diving & Snorkeling. The colorful coral surrounding the Bay Islands, comprised of Roatán, Guanaja, and Utila, 60 km (37 mi) off the northern coast, has been attracting divers for decades. There's no need to take a boat out to see the spectacular underwater world—in many places the reef begins only a few yards from shore. Farther out you'll find shipwrecks waiting to be explored. Although many novices come here to get their certification, there are plenty of dives that will challenge those who have been diving for years.

Trekking. Honduras is heaven for the intrepid traveler who doesn't mind the exertion required to reach the heart of a pristine cloud forest. Parque Nacional La Tigra, Parque Nacional Celaque, and Parque Nacional Cusuco, three of the most accessible reserves, are well worth the effort. Just be prepared to get wet and muddy, since these areas are rainy throughout the year. You'll often encounter biology students serving as guides, and they are eager to teach you about the region's natural wonders.

names. Familiarize yourself instead with the city's landmarks, as locals will refer to these when giving directions.

WHAT TO SEE

❷ Catedral San Miguel. Presiding over the eastern edge of Plaza Morazán, this gleaming white cathedral is more formally known as the Parroquia San Miguel Arcángel, named for Tegucigalpa's patron saint. The domed structure, flanked by towering palms, has stood on this site since 1765. Sunlight streams into the apse, where you'll find the glittering gold-and-silver altar sculpted by Guatemalan artist Vicente Galvéz. Mass is still held regularly in the cathedral, as well as occasional chamber-music concerts. The Plaza Morazán was recently renovated and rebuilt with attractive open-air seating. ⊠ *Avda. Miguel de Cervantes and C. Hipolito Matute* ⊞ *Free* ⊙ *Daily 9–4.*

Cristo de Picacho. Standing guard over the city, this monumental statue of Christ has been a landmark since it was erected in 1997. From here there's a beautiful view of the valley. Parque de las Naciones Unidas is a great place to have a picnic, although it can be crowded with locals on a weekend. ⊠ *Cerro El Picacho* ⊞ *No phone* ⊠ *L4* ⊙ *Weekdays 8–3, weekends 9–4:30.*

★ ❼ Galería Nacional de Arte. Housed in the former Convento de San Pedro Nolasco, the bright and airy National Gallery of Art displays some wonderful artifacts, including finely detailed pre-Columbian ceramics

Catedral San Miguel **2**
Galería Nacional de Arte **7**
Iglesia de la Merced **6**
Iglesia de San Francisco **4**
Iglesia Los Dolores **9**
Museo Nacional de Historica y Antropología Villa Roy **10**
Parque La Leona **3**
Parque La Merced **5**
Plaza Morazán ... **1**
Teatro Nacional Manuel Bonilla **8**

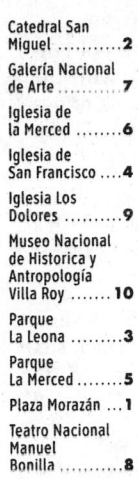

0
550 yards
0
500 meters
TO CERRO EL PICACHO AND PARQUE DE LAS NACIONES UNIDAS
Río Choluteca
Parque La Concordia
Calle Morelos
Av. Lampira
Calle Los Dolores
Av. Pauline Valladures
Calle El Telégrafo
Calle Salvador Mendieta
Calle la Concordia
Av. Máximo Jeréz
Av. Cristobol Colón
Av. Miguel de Cervantes
Av. Miguel Paz Barahona
Penitenciaria Central
Av. J.R. Molina
Río Chiquito
1a C.
Mercado San Isidro
8a Av.
3a C.
4a C.
5a C.
5a Av.
4a Av.
3a Av.
2a Av.
2a Av.
COMAYAGÜELA
Estadio Nacional
Parque La Libertad
7a C.
Bd. Suyapa
8a C.
9a C.
10a C.
6a Av.
11a C.
12a C.
Parque Monumento de La Paz
13a C.
Parque El Obelisco
14a C.
Tegucigalpa

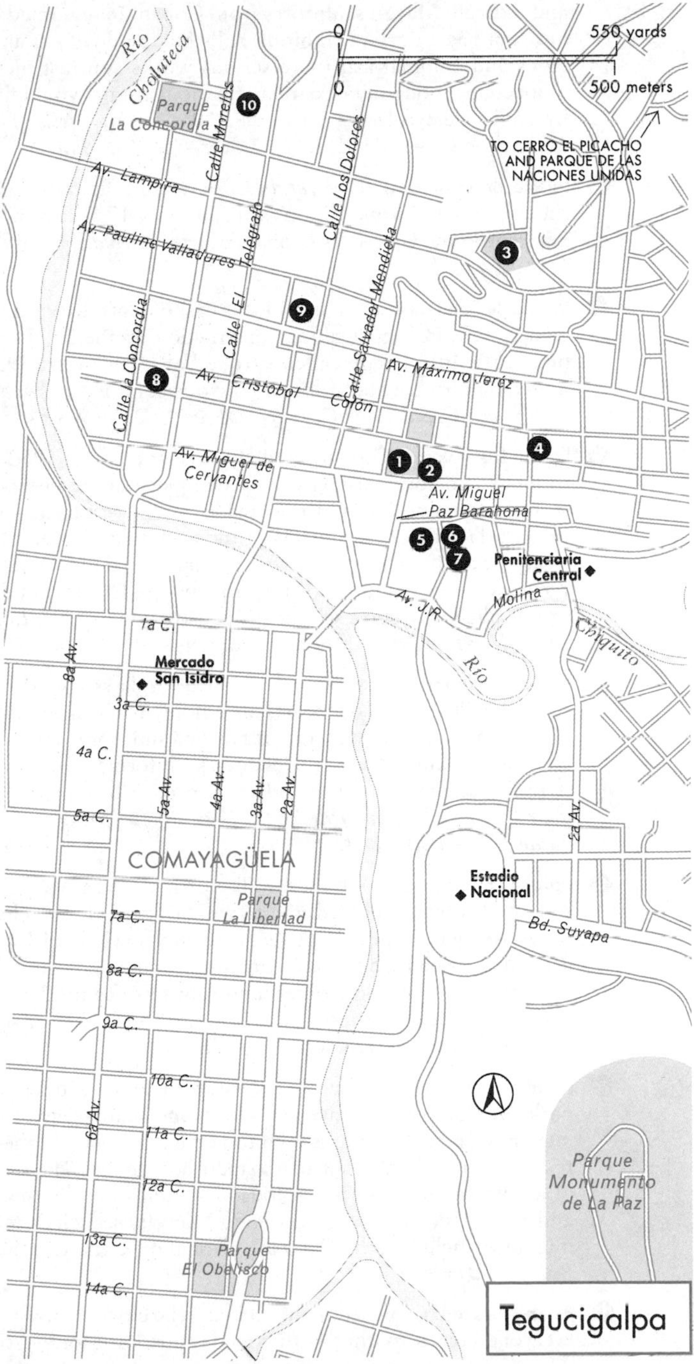

and intricate Mayan sculptures from Copán. Inaugurated in 1996, the museum has a dozen exhibition halls holding lovely examples of religious and colonial art; these serious works contrast nicely with the more comic modern works on the patio. Upstairs you'll find paintings by Pablo Zelaya Sierra and other 20th-century artists. ⊠ *Avda. La Merced* 🕿 *237–9884* ✉ *L25* 🕙 *Mon.–Sat. 9–4, Sun. 9–5.*

⑥ Iglesia de la Merced. Two *retablos,* or small religious paintings, flank the attractive altarpiece housed inside this 17th-century church. It's adjacent to the Galería Nacional de Arte. ⊠ *Avda. La Merced* ✉ *Free* 🕙 *Weekdays 9–4.*

④ Iglesia de San Francisco. Three blocks east of Plaza Morazán lies the first church built in Tegucigalpa. Construction on the building, which sits on a leafy little square called Parque Valle, began in 1592. Inside are a pretty altarpiece and colonial religious paintings. ⊠ *Avda. Cristobal Colón and C. Salvador Corieto* ✉ *Free* 🕙 *Daily 9–4.*

⑨ Iglesia Los Dolores. This towered church dating from 1732 is dedicated to human sorrow, earning it a special place in the hearts of poverty-stricken Hondureños. On the facade you'll see carvings representing the last days of Christ, including the cock that crowed three times to signal that he had been betrayed. The interior, dominated by a colorful dome, features paintings of the crucifixion. The church faces a lively square filled with stalls selling inexpensive goods. ⊠ *C. Los Dolores at Avda. Máximo Jerez* ✉ *Free* 🕙 *Daily 9–4.*

⑩ Museo National de Historica y Antropología Villa Roy. This hillside mansion near Plaza La Concordia, once home to President Julio Lozano, houses the National Museum of History and Anthropology. For those who read Spanish there is some quirky information on the republic's struggles after it gained its independence. ⊠ *In Barrio Buenos Aires, near Plaza de la Concordia* 🕿 *222–1468* ✉ *Lps. 20, plus a fee for a guide* 🕙 *Weekdays 8–4.*

③ Parque La Leona. A 20-minute walk north of Plaza Morazán, up some steep and twisting cobbled streets, will bring you to this charming park that is well worth the effort to get here. Lovely views of Tegucigalpa are even nicer at night, and locals say the winking lights look like a nativity display. Many of the older houses in this beautiful, but somewhat dishevelled, neighborhood once belonged to European settlers. ⊠ *C. Hipolito Matute* ✉ *Free.*

⑤ Parque La Merced. A few blocks south of Plaza Morazán, this small park provides weary travelers with some shady places to sit. Older men in wide-brimmed hats tend to perch here, making the most of the relative calm to read their newspapers and gossip. The park is the site of a 19th-century university; today its auditorium houses art exhibits and is a music-performance venue. Many of the city's most popular museums, including the Galería Nacional de Art, are in the area. ⊠ *C. Bolívar* ✉ *Free.*

① Plaza Morazán. Crowded night and day, the city's central park is where everyone comes to chat with friends, purchase lottery tickets, have their shoes polished, and listen to free afternoon concerts. As it was recently refurbished with new benches and outdoor seating, you'll want to sit here for a while to admire the cathedral's facade and watch the pigeons playing peekaboo near the statue of Francisco Morazán. Nearby is the Calle Peatonal, where street vendors hawk their wares and money changers haggle over rates. ⊠ *C. Bolívar and Avda. Miguel de Cervantes.*

NEED A BREAK?

The unpretentious but crowded Espresso Americano (⊠ *Plaza Morazán* 🕾 *238–2508*) serves up some of the best coffee in the country. This is the original location, but you'll find many others across Honduras.

Super Donuts (⊠ *C. Peatonal*) has a buffet breakfast and lunch. Specialty baked goods, tamales, and fresh fruit juices are always tasty.

4

❽ Teatro Nacional Manuel Bonilla. The National Theater, built in 1915, has an ornate interior that was modeled after the Athenée in Paris. Check the schedule for events that range from classical-ballet performances to rock concerts. ⊠ *Avda. Miguel Paz Barahona and C. La Concordia, Barrio El Centro* 🕾 *222–4366.*

WHERE TO EAT

Tegucigalpa has a few outstanding restaurants, especially along Boulevard Morazán. Colonia Palmira, to the east of El Centro, is an up-and-coming area for dining and drinking with the smart and trendy crowd.

BARRIO EL CENTRO

$-$$ ✕ **Don Quijote.** One of the oldest restaurants in Tegucigalpa, Don Quijote has been in business for more than three decades. Straightforward Spanish dishes are the specialty, especially the *paella valenciana,* made with rice, saffron, vegetables, chicken, and seafood. Another highly recommended dish is the hearty *fabada asturiana* (a meaty stew). There's also a fully stocked bar. ⊠ *Blvd. Morazán and Centro Commercial Lomas del Blvd., La Pedrera* 🕾 *239-&-7920* ⊟ *AE, MC, V.*

$-$$ ✕ **Restaurante Mediterraneo.** This friendly place may remind you of a diner, especially because the extensive menu includes a large number of Greek favorites. The rice dishes are good value, as are the salads. The restaurant is also a popular watering hole in the early evening because of the free *boquitas* (appetizers). ⊠ *Avda. Salvador Mendieta 511* 🕾 *237–9618* ⊟ *AE, MC, V* ⊗ *Closed Sun.*

$ ✕ **Café Paradiso.** This unpretentious little coffeehouse serves local specialties such as *carajillo* (coffee with cognac). The food is basic but filling, with locals leaning toward favorites like the *tortilla española* (Spanish omelet). While you wait, peruse the selection of books on Honduran history and politics. ⊠ *Avda. Miguel Paz Barahona at C. Las Damas* 🕾 *237–0337* ⊟ *No credit cards* ⊗ *Closed Sun.*

COLONIA PALMIRA

$-$$ ✕ **Casa María.** Frequented by the country's upper crust, this genteel res-
★ taurant has plenty of rooms that can be closed off for presidential meetings. Yet Melba Robelo, the Nicaraguan owner, makes sure every-

one feels welcome. The fish dishes, made with the freshest ingredients, all have intriguing flavors. Try the onion soup with Swiss cheese, followed by breaded *camarones* (shrimp) served with butter and tarragon. The famous *crepes de manzana* (apple crepes) are served with almonds and liqueur. The service is irreproachable. ⊠*Blvd. Morazán at Avda. Ramón Ernesto Cruz* ☎*239–4984* ⊟*AE, MC, V.*

$ ✕ **Café Honoré.** Hearty soups and abundant salads are the draws at this restaurant in Colonia Palmira. The outdoor terrace is a good spot for a beer, or even a bottle of French wine. On a cloudy day head into the wood-paneled dining room. There is also a gourmet shop, as well as a salon. ⊠*Avda. República de Argentina 1941* ☎*239–4567 or 239–7566* ⊟*AE, DC, MC, V* ⊘*Closed Sun.*

HATILLO
$$–$$$ ✕ **La Cumbre.** Long considered the city's most romantic restaurant, La Cumbre has a panoramic view of Tegucigalpa. By night or day, it is worth the trip to view the world from this privileged vantage point. The elegant dining room serves classic German dishes such as *Jägerschnitzel* (pork or veal cutlets in mushroom gravy). ⊠*Km 7.5 Carretera a Hatillo* ☎*211–9000 or 211–9001* ⊟*AE, MC, V* ⊘*Closed Sun.*

WHERE TO STAY

There is a good range of hotels in Tegucigalpa, many in the Colonia Palmira. Choose between elegant high-rises, older favorites that are full of personality, or intimate hostels with personalized service.

BARRIO EL CENTRO
$ ▦ **Hotel MacArthur.** Even though it's close to the center of the city, this budget-price hotel is remarkably quiet. After a day exploring the Tegucigalpa, it's nice to return for a nap in one of the spacious rooms or a dip in the pool. The manager is extremely helpful, dispensing information about the region. ⊠*Avda. Lempira 454, Barrio El Centro* ☎*237–5906* ⟲*45 rooms* ♿*In-hotel: pool, restaurant, no elevator* ⊟*AE, MC, V.*

COLONIA PALMIRA
$$$ ▦ **Hotel Portal del Ángel.** The city's only boutique hotel, Hotel Portal
★ del Ángel combines colonial elegance with sleek modern design. Gilt mirrors and baroque religious art bring a hallowed air to the lobby, whereas cool colors and clean lines brighten the courtyard. You can dine here beneath pale blue and lemon-colored arches where plants climb up bits of twirling wrought iron. Panels of hand-carved mahogany are used for headboards in the generously sized rooms. In the heart of Colonia Palmira, the hotel is close to trendy bars and restaurants. ⊠*Avda. República de Perú 2115, Col. Palmira* ☎*239–6538 or 239–6880* 🖶*235–8839* ⟲*19 rooms, 5 suites* ♿*In-hotel: restaurant, Wi-Fi, bar, pool, laundry service, no elevator* ⊟*AE, DC, MC, V.*

$$ ▦ **Honduras Maya.** The view of El Picacho Cristo, a 30-foot statue of Jesus perched on a nearby hill, is one of the best reasons to stay at this local landmark. A favorite in days gone by, this high-rise has faded a bit, with shortcomings here and there such as having to wait for hot

water. The lobby is welcoming, however, and the rooms are spacious. There is a newly refurbished gym and a large pool. Dine in the pleasant terrace restaurant, or stop by for a drink in the cozy bar. ⊠*Avda. República de Chile, Col. Palmira* ☎*220–5000* 📠*220–6000* ⊕*www. hondurasmaya.hn* ➪*146 rooms* ��*In-hotel: restaurant, room service, bar, pool, gym, spa, laundry service* ⊟*AE, DC, MC, V.*

$$ ⌕ **Hotel Plaza del San Martín.** You're not far from the city's financial district at this modern high-rise, which makes it popular with a corporate clientele. Internet access is available in the full-service business center, where you can also make use of the meeting rooms and banquet facilities. It's not all work and no play, however. Each room has a terrace that overlooks leafy Colonia Palmira. For art lovers, a collection of paintings by Honduran artists hangs in the lobby. ⊠*Plaza San Martín, Col. Palmira* ☎*238–4500* 📠*238–1066* ⊕*www.plazasanmartinhotel. com* ➪*110 rooms* ⧡*In-hotel: restaurant, room service, bar, gym, airport shuttle, Internet (some)* ⊟*AE, DC, MC, V.*

$$ ⌕ **Leslie's Place.** You'll be offered fruit-flavor beverages upon your arrival at this friendly bed-and-breakfast. That won't be the last thoughtful touch provided by the exceptionally caring staff. Rooms are spacious and cheerful, and it's a pleasure to get lost in the attractively tiled corridors of the converted house. Breakfast is served amid the green fronds that shade the patio garden, which overlooks a children's play area. ⊠*Calzada San Martín 452, Col. Palmira* ☎*239–0641 or 220–5325* 📠*232–1687* ⊕*www.dormir.com* ➪*20 rooms* ⧡*In-hotel: gym, laundry service* ⊟*AE, DC, MC, V.*

ELSEWHERE IN THE CITY

$$$$ ⌕ **InterContinental Real Tegucigalpa.** Built with business travelers in mind, this grand hotel in the heart of the city's financial district offers secretarial and courier services and conference facilities with state-of-the-art equipment. When you finish that meeting, head to the pool or the fully equipped gym. Great shopping is nearby, but you really never need to leave the area, as Mall MultiPlaza has plenty of boutiques to keep you occupied. Many of the comfortable rooms have CD players and VCRs , and one is designed for people with disabilities. ⊠*Avda. Roble s/n, Col. Florencia* ☎*231–2227 or 231–2828* 📠*231–1400* ⊕*tegucigalpa.honduras.intercontinental.com* ➪*167 rooms, 7 suites* ⧡*In-hotel: restaurant, room service, bar, pool, gym, laundry service, no-smoking rooms, Wi-Fi* ⊟*AE, DC, MC, V.*

$$$ ⌕ **Clarion Hotel Real Tegucigalpa.** A truly elegant lobby is your introduction to the Clarion Hotel Real Tegucigalpa, the most imposing of the capital's large hotels. Geared to business travelers, it has a floor reserved for executives where you are pampered with a drink in the evening and breakfast the next morning. Some rooms are on the small side, although all are luxuriously appointed. The pool is very attractive, and the gardens are immaculate. ⊠*Buld. Juan Pablo II, Col. Alameda* ☎*220–4500* 📠*220–5086* ⊕*www.gruporeal.com* ➪*167 rooms* ⧡*In-hotel: restaurant, room service, bar, pool, gym, spa, laundry service* ⊟*AE, DC, MC, V.*

$$ ⌕ **Humuya Inn.** If you bristle at the thought of another hotel, consider
★ this friendly little inn. Once a private home, it is set in a leafy neigh-

borhood far from the center of the city. Sunlight streams through the windows of the rooms, which have what must be the comfiest beds in Honduras. High ceilings, ceramic-tile floors, and pieces of locally made crafts make them feel particularly homey. Breakfast, with fresh banana and coconut breads, is included in the rate. Lunch and dinner are also available. If you want to make your own meals, the apartments have full kitchens. ⊠ *Col. Humuya 1150* 🖀*235–7275* 🖷*235–7276* ⊕*www.humuyainn.com* 🛏*9 rooms, 5 apartments* 🕭 *In-hotel: restaurant, laundry service, parking (no fee), Internet* ⊟*AE, MC, V* ⦿|*CP.*

SHOPPING

In Barrio El Centro, you will find a number of handicraft shops facing Avenida Miguel de Cervantes, which runs along the southern edge of Plaza Morazán. A block north is Calle Peatonal, a pedestrian street lined with shops frequented by locals.

Most residents of Tegucigalpa do their shopping in malls. One of the glitziest is **Mall MultiPlaza** (⊠*Blvd. San José Bosco, Col. Florencia* 🖀*556–7050*). Stroll among the upscale shops, see the latest releases at the movie theater, and stop for a bite at the food court.

Honduran cigars, which rival those from Cuba, are a popular souvenir. In Mall MultiPlaza is **Tabaco Fino** (⊠*Blvd. San José Bosco, Col. Florencia* 🖀*No phone*). Near the American Embassy, **Casa Havana** (⊠*Blvd. Morazán, Col. Palmira* 🖀*236–6632*) is another cigar shop.

NIGHTLIFE & THE ARTS

Friday and Saturday nights are very lively around Colonia Palmira, where you'll find good bars and restaurants, and on Blvd. Morazán, which is home to the glitziest clubs. Pick up the current edition of *Honduras This Week* to find out what's happening around town.

NIGHTLIFE

BARS The liveliest bar in town is **Taco Taco** (⊠*Avda. República de Argentina 2102, Col. Palmira* 🖀*232–2024*) where you compete with the itinerant mariachi and salsa musicians to be heard. Just down the street, **Rojo, Verde y Ajo** (⊠*Col. Palmira, one block from Blvd. Morazán*) is also a popular restaurant and bar, with a great atmosphere including jazz music.

CLUBS In Colonia Palmira is a cluster of clubs that are popular with foreigners and locals alike. **Confetti's** (⊠*Blvd. Morazán, Col. Palmira*) is one of the city's most popular discos. **Bambu** (⊠*Blvd. Morazán, Col. Palmira*) disco is a new club and bar that has good crowds most nights, especially when there are events, such as beer promotions or concerts.

South of Colonia Palmira, Avenida Juan Pablo II is popular with a younger, trendier crowd. Don't be intimidated by the sign asking customers to leave their guns at the door at **Tropical Port** (⊠*Avda. Juan Pablo II, Col. Alameda*). Maybe the crowd just doesn't appreciate all the thumping disco music. **El Nilo Ai Kap Bar** (⊠*Avda. Juan Pablo II,*

Col. Alameda) is a new disco with an Egyptian theme and a good crowd on weekends.

THE ARTS

Teatro Nacional Manuel Bonilla (✉ *Avda. Miguel Paz Barahona and C. La Concordia, Barrio El Centro* ☎222–4366) hosts frequent performances by music and dance groups.

SPORTS & THE OUTDOORS

Soccer is akin to religion in Honduras, as it is in most countries in Latin America. The populace is so passionate about fútbol that a game with El Salvador in 1969 sparked a war—although the underlying conflicts were more serious. The season runs October to July, when **Estadio Nacional** (✉ *Barrio Morazán, Col. Palmira*) hosts matches weekends and Wednesday. Check the local papers for times. Admission is about L25.

4

SIDE TRIPS FROM TEGUCIGALPA

SANTA LUCÍA

Santa Lucía is a pleasant mining town of winding cobblestone streets, red-tile roofs, and colorful gardens. Only 12 km (7 mi) east of the capital, it is surrounded by hills thick with pines. The colonial-era church houses a wooden figure of Christ called El Cristo Negro brought here by the Spanish in 1574.

WHERE TO STAY
$

🖭 **Posada de las Nubes.** This pretty B&B offers a spectacular view of the pine-covered mountains. Filled with quaint touches, the Inn of the Clouds is the perfect place to watch the sunset from your private patio. Continental breakfasts are served in the café, where you can enjoy wine or beer in the evening. ✉ *Carretera a Valle de Angeles s/n* ☎*779–0441* 🖳*232–1092* ⇆*4 rooms* ⚘*In-hotel: bar* ▤*MC, V* ❏*Continental breakfast included.*

PARQUE NACIONAL LA TIGRA

One of the most accessible national parks in Honduras, Parque Nacional La Tigra protects a cloud forest considered one of the most beautiful in the world. Just 20 km (12 mi) north from Tegucigalpa, the park feels worlds away. You'll forget the crowds in the capital as you wander among the orchids, bromeliads, and treelike ferns that tower above you. If you start early in the morning you can see much of the park in a day, but you'll gain even more by spending the night. With patience and a bit of luck you might spot ocelots, peccaries, and white-faced monkeys, as well as resplendent quetzals and the more than 200 species of birds.

There are currently seven different trails, including a few designed with children in mind. More challenging trails include La Cascada, which leads to a waterfall, and La Esperanza, which winds its way to the highest point in the park. Bring plenty of water and layers of clothes you can peel off when you work up a sweat. Be prepared to get wet and muddy. Paths are well marked, but a guide will help you spot creatures you would otherwise miss.

Two entrances take you into the 241-square-km (93-square-mi) park, each with a visitor center where you can talk with rangers and pick up a trail map. The western entrance at Jutiapa is more accessible from Tegucigalpa, but the one at El Rosario has an old hospital that has been converted into a hostel with dorm-style accommodations. Overnighting in the park is a great way to appreciate the early-morning-birding hours, before other tourists arrive. Contact the Fundación Amigos de la Tigra. ✉*Amitigra, Edificio Italia, Col. Palmira* ☎*238–0494* 🖷*235–8493* ⊕*www.nps.gov/centralamerica/honduras.*

Cabaña Mirador El Rosario. This cabin in the clouds belongs to Monika and Jorg, a friendly German couple. They are happy to make you breakfast and dinner, as well as transport you to the park. They also make and sell excellent jam. The warm shower is a treat in the wilderness. ✉*El Rosario* ☎*767-2141* 🛏*2 rooms* 🚫 ▭*No credit cards.*

VALLE DE ANGELES

It bustles with tourists from the capital on weekends, but during the week Valle de Angeles maintains an atmosphere of centuries past. Sunday is the day to arrive, when you can ride around in a horse-drawn cart or browse among the crafts found under five *pabellones* (pavilions). It's worth taking time to look for mahogany bowls, reed baskets, woven hammocks, embroidered blouses, bead necklaces, and bizarre ceramic chickens in bright shades of crimson.

The old church in the central square lacks the colonial charm of the one in Santa Lucía, but the nearby park has a painted fountain surrounded by lush trees. A comical macaw sometimes plays hide-and-seek on the roof of the bandstand. Valle de Angeles is about 11 km (8 mi) east of Santa Lucía.

✕**La Florida.** A combination pony farm, playground, and miniature zoo, La Florida is a popular place for families and weekend events. There is a restaurant with typical Honduran beef and chicken dishes, as well as *anafres* of refried beans and cheese. The outdoor area has a small swimming pool, children's playground, and sand volleyball, as well as shaded picnic and dining areas. Don't miss the L10 pony rides, if you belong to the under-10 age bracket. There is a very large stable of ponies and horses, and they offer trail rides for adults as well. In the back is a small zoo with the white-tailed deer of Honduras, and a tapir, as well as many birds. ✉*Main rd. to Valle de Angeles* ☎*766–2121* ▭*No credit cards.*

$ ✕**El Anafre.** This restaurant is named for a traditional mush of refried beans, cream, and cheese served with tortilla chips in a clay container. It's a great place to down a beer, as it is often open until 10 or later. ✉*Parque Central* ☎*No phone* ▭*No credit cards.*

$ ✕**Carnes El Español.** You smell the sizzling *chorizo* (sausage) and *carnitas* (chunks of beef) cooked by Don Manolo even before you see his popular restaurant. ✉*Parque Central* ☎*No phone* ▭*No credit cards.*

$ ⊞**La Posada del Ángel.** This colonial-style hotel, complete with a grassy courtyard, is popular with weekend crowds from Tegucigalpa. All rooms have splendid mountain views. There's a pool and plenty of activities for the kids. Reservations should be made a few days in advance for weekends. ⊠ *C.* *Principal* 🕾766–2233 ↙*25 rooms* 🕭 *In-hotel: restaurant, bar, pool, conference room, free parking* ⊟ *AE, MC, V.*

TEGUCIGALPA ESSENTIALS

AIR TRAVEL TO & FROM TEGUCIGALPA

Two North American airlines, American and Continental, have daily flights into Tegucigalpa. Taca flies here from many cities in Latin America. Isleña specializes in flights to and from the Bay Islands.

Airlines & Contacts American (⊠ *Edificio Palmira, Avda. República de Chile, Col. Palmira, Tegucigalpa* 🕾 *220–7585, toll free in Honduras 800/220–1414* ⊕ *www.aa.com*). **Continental** (⊠ *Edificio Palic, Avda. República de Chile, Col. Palmira, Tegucigalpa* 🕾 *220–0988 or 220–0989* ⊕ *www.continental.com*). **Isleña** (⊠ *Aeropuerto Internacional Toncontín* 🕾 *237–3410 or 237–3450* ⊕ *www.flyislena. com*). **Taca** (⊠ *Centro Comercial Criolla, Blvd. Morazán, Col. Palmira, Tegucigalpa* 🕾 *234–2422* ⊕ *www.grupotaca.com*).

AIRPORTS & TRANSFERS

About 7 km (4 mi) outside Tegucigalpa, Aeropuerto Internacional Toncontín has been nicknamed the "Stop and Drop," referring to the steep descents necessary to reach the short runway. Most international flights land here, although some fly to San Pedro Sula and Roatán.

There are special taxis at the airports. These taxis are usually nicer cars and minivans. They charge more than other taxis, but their direct access to the airport often makes it worth the money. Expect to pay L150 to L200 to get to most hotels. A regular taxi outside the gates might charge a bit less, if you are willing to walk out of the airport to negotiate.

Airport Information Aeropuerto Internacional Toncontín (⊠ *Blvd. Comunidad Económica Europea* 🕾 *233–1115 or 233–7613*).

BUS TRAVEL TO & FROM TEGUCIGALPA

There is no single bus station connecting the capital with the rest of the country. Many companies have their terminals in Comayagüela, the community across the Río Choluteca. It's a rough neighborhood, so be on your guard.

If you're headed north, Viana Clase Oro and Hedman Alas travel to San Pedro Sula and La Ceiba. They offer clean, comfortable coaches with air-conditioning, snacks, and even movies. Sáenz Primera has six departures per day to San Pedro Sula. El Rey Express has a decent hourly "direct" (meaning just a couple of stops) to San Pedro Sula. Cristina offers a slightly less frequent service to La Ceiba, from which you can hop off to Tela. Cotraibal has a morning departure to Trujillo.

The only buses west are the slow ones labeled "servicio a escala," but El Rey and Los Norteños will take you to Comayagua, Siguatepeque, and Lago de Yojoa. La Sultana heads to Santa Rosa de Copán four times a day, and El Jungueño can get you to Santa Barbara.

Bus Companies **Cotraibal** (✉ *7 Avda., between Cs. 11 and 12, Comayagüela* ☏ *237-1666).* **Cristina** (✉ *8 Avda., between Cs. 12 and 13, Comayagüela* ☏ *220-0117 or 220-1555).* **El Jungueño** (✉ *8 Avda., between Cs. 12 and 13, Comayagüela* ☏ *237-2921).* **El Rey** (✉ *Avda. 6 and C. 9, Comayagüela* ☏ *237-6609).* **El Rey Express** (✉ *C. 12 and Avda. 7, Comayagüela* ☏ *237-8561).* **Hedman Alas** (✉ *11 Avda., between Cs. 13 and 14, Comayagüela* ☏ *237-7143).* **La Sultana** (✉ *8 Avda., between Cs. 11 and 12, Comayagüela* ☏ *237-8101).* **Los Norteños** (✉ *12 C., between Avdas. 6 and 7, Comayagüela* ☏ *237-0706).* **Sáenz Primera** (✉ *C. 12 and Avda. 7, Comayagüela* ☏ *233-4229 or 233-4249).* **Viana Clase Oro** (✉ *Blvd. Fuerzas Armadas* ☏ *235-8185).*

BUS TRAVEL WITHIN TEGUCIGALPA

Tegucigalpa has many bus routes that can take you to the edges of the city and back for a few lempiras. Some bus stops are marked by signposts, but the most reliable indicator is a bunch of people huddled by the curb looking expectantly down the street. Buses start running at 5 AM and stop around 9 PM. Locals use buses like North Americans use cars, so they're quite knowledgeable about the routes; most are willing to show you which bus to get on.

CAR RENTAL

The vehicle of choice for exploring Honduras—especially if you are heading off the beaten path—is the four-wheel-drive double-cabin pickup. A number of international companies, including Avis, Budget, and Thrifty, are based at the airport. Rental cars are not cheap, however. They start at L950, or about $50 per day.

Rental Agencies **Avis** (✉ *Aeropuerto Internacional Toncontín* ☏ *233-9548* ✉ *Blvd. Suyapa, in front of Emisoras Unidas* ☏ *239-5711).* **Thrifty** (✉ *Aeropuerto Internacional Toncontín* ☏ *233-0933 or 233-0922* ✉ *Col. Prados Universitario* ☏ *235-6077).*

CAR TRAVEL

Unless you are taking a day trip outside the city, driving in Tegucigalpa is best avoided. In Barrio El Centro parking is an ordeal, traffic snarls are frequent, and many intersections have no signs warning that you are entering a one-way street.

EMBASSIES & CONSULATES

The Canadian Embassy is open weekdays 8:30 to 12:30. The embassy for the United Kingdom is open weekdays 8 to 1 and 2 to 4:20, and its counterpart for the United States is open weekdays 8 to 5.

Embassies **Canada** (✉ *Edificio Banexpo, Blvd. San Juan Bosco, Col. Payaquí* ☏ *232-4511).* **United Kingdom** (✉ *Edificio Banexpo, Blvd. San Juan Bosco, Col. Palmira* ☏ *232-0612).* **United States** (✉ *Edificio Embajada Americana, Avda. La Paz, Col. Palmira* ☏ *238-5114 or 236-9320).*

EMERGENCIES

Clínica Viera, on Avenida Cristobal Colón, accepts walk-ins around the clock. Drugstores are found everywhere in the city. Farmacia Rosna has English-speaking staff on duty daily 9 AM to 7 PM. Pharmacies take turns staying open all night, so check the schedule on the door of any shop to locate the nearest open one.

Hospital Clínica Viera (✉ Avda. Cristobal Colón, Barrio El Centro ☎ 237-3160).

Hot Lines Ambulance (☎ 195). **Fire** (☎ 198). **Police** (☎ 199).

Pharmacy Farmacia Rosna (✉ C. Peatonal, Barrio El Centro ☎ 237-0605).

MAIL & SHIPPING

The city's main post office is in Barrio El Centro, at the end of the Calle Peatonal. It is open weekdays 7 to 7 and Saturday 8 to 1. For packages, DHL and UPS have offices downtown, and Federal Express is located on Boulevard Morazán.

Post Office Correo de Honduras (✉ Avda. Miguel Paz Barahona at C. El Telégrafo, Barrio El Centro ☎ 237-8353 or 237-8354).

Overnight Services DHL (✉ Avda. República de Chile 502, Col. Palmira ☎ 220-1800 or 269-1300 ⊕ www.dhl.com). **Federal Express** (✉ Col. Partalcagua No. 4236, Final del Blvd. Morazán ☎ 221-2010 ⊕ www.fedex.com). **UPS** (✉ Plaza San Martín, Col. Palmira ☎ 239-4287 ⊕ www.ups.com).

MONEY MATTERS

U.S. cash and traveler's checks are the easiest, and usually the only, currency you can exchange in Honduras. Try Banco Lafise near Parque Central. Visa and MasterCard cash advances are available at all branches of BAC/Credomatic. Most banks and malls have ATMs available as well. Normal banking hours are 9 to 4 weekdays. They are located in a Financial Center in Mall MultiPlaza with branches that are open from 10 to 7 Monday through Saturday, if you miss regular banking hours.

Banks Bancahsa (✉ Avda. Cristobal Colón at C. Los Dolores, Barrio El Centro ☎ 237-1171). **Banco Lafise** (✉ Plaza Morazán, Barrio El Centro ☎ 237-4000 ☎ 237-1835). **Credomatic/BAC** (✉ Edificio BAC, Blvd. Morazán ☎ 238-7200 or 206-7200).

SAFETY

Tegucigalpa is generally safe, provided you dress down, don't wear flashy jewelry or watches, and avoid handling money in public. It's a good idea to keep your money in your front pocket rather than a back one, where it is easier to steal. In markets and other crowded areas, hold purses or handbags close to the body; thieves use knives to slice the bottom of a bag and catch the contents as they fall out. Avoid walking anywhere at night.

TAXIS

After 9 PM, taxis are basically the only transportation option. Day and night, taxis solicit your business by honking. If you take them up on it, discuss the price immediately. All prices should be around L50 to L60. If the driver seems unimpressed by how much you'll pay, ask to be let out at the corner—that usually closes the deal. Certain taxis are *colectivos*, where several people going in the same general direction share a ride. It's a good compromise between the expense of a regular taxi and the inconvenience of a bus. Look for lines of people in the side streets around Plaza Morazán, or yell out your destination when a half-full taxi honks at you.

If you'd like to call a cab, Pioneros is prompt and efficient, and has 24-hour service.

Taxi Company Pioneros (☎ *225–5563, 225–4346, or 225–1555*).

VISITOR INFORMATION

The friendly Instituto Hondureño de Turismo in Colonia San Carlos is worth a visit for information about the city.

Tourist Information Instituto Hondureño de Turismo (✉ *Edificio Europa, Col. San Carlos* ☎ *222–2124* 🖷 *222–6621* 🌐 *www.letsgohonduras.com*).

THE WESTERN HIGHLANDS

For 2,000 years the Maya resided in what is now western Honduras, creating the distinctive art and architecture that can still be seen at the ancient city of Copán. The Lenca, who are believed to have lived alongside the Maya, had an equally vibrant, although less well-known, culture. Dominating the region after the fall of the Maya, the Lenca had no intention of being subjugated when the Spanish arrived in the 16th century. Chief Lempira brought tribes together to battle the conquistadors; his murder at the hands of the Spanish at a "peace conference" provided Honduras with its first national hero. The country's currency is named for the great warrior.

Western Honduras still shows evidence of its colonial past. Cobblestone streets are lined with whitewashed Spanish-style houses. As you explore the highlands, you'll find yourself whisked back to another era. Small communities tucked into the green mountains maintain their old religious, cultural, artistic, and medicinal traditions. The people here are more outgoing than in many parts of Honduras, and they are more than happy to converse with newcomers.

With the exception of Comayagua, most of the attractions found in western Honduras are more accessible from San Pedro Sula than from Tegucigalpa. Many people exploring the country's western and northern regions often choose to bypass the capital altogether, flying instead into Aeropuerto Internacional Ramón Villeda Morales in San Pedro Sula.

The Western Highlands

GUATEMALA

Puerto Barrios
Corinto
Tegucigalpita
Parque Nacional Cusuco
San Pedro Sula
Cofradia
El Progreso
Montañas de Pijol
La Entrada
Cascadas de Pulhapanzak
Peña Blanca
Santa Bárbara
El Florido
Copán Ruinas
Santa Rosa de Copán
Lago de Yojoa
P.N. AZÚL MEÁMBAR
San Jerónimo
Taulabé
Gracias
Siguatepeque
Agua Caliente
P.N. CELAQUE
San Juan
Comayagua
Nueva Ocotepeque
Belén Gualcho
Tenampua
La Esperanza
La Paz

EL SALVADOR

0   50 miles
0   75 km

4

SAN PEDRO SULA

265 km (165 mi) northwest of Tegucigalpa.

Founded in 1536 by Spanish conquistador Pedro de Alvarado, the country's second-largest city acquired the odd "Sula" at the end of its name from the word *usula,* which means "valley of birds." You might still find yourself awakened by their calls, that is if the roar of the traffic does not reach your ears first. To hear some of the 300 species that live in the area, you'll probably have to visit nearby Parque Nacional Cusuco.

Now a bustling commercial center, San Pedro Sula is the fastest-growing city between Bogotá and Mexico City. It has long been a hub for the banana, coffee, and sugar industries. Despite its single-minded focus on business, San Pedro Sula's convenient location and modern airport have made it a gateway for those intent on exploring the country's western and northern reaches. Its well-maintained roads make it easy to drive east along the coast or south into the mountains.

EXPLORING SAN PEDRO SULA

Built on a traditional grid pattern, San Pedro Sula is an easy city to navigate. Its intersecting calles and avenidas are divided into four quadrants—northeast (abbreviated NE), southeast (SE), northwest (NO), and southwest (SO). You'll probably spend most of your time in the southwest quadrant. Around the perimeter of the city runs Avenida Circunvalación, which has other names at different points in the city. It seems every other vehicle is a taxi, and most rides cost between L40 and L60. San Pedro has some city buses, but they usually travel only by day to the places you might want to visit by night.

To get your bearings, start in the center of town at Parque Central, bordered by Calle 1 and Avenida 3. The Hotel Gran Sula across the street is a prominent landmark. The town's few attractions are an easy walk north or south from here. Remember that the area called *abajo de la linea* (literally meaning "below the line"), which means the southeast quadrant below Avenida 1, is a dangerous neighborhood night or day.

WHAT TO SEE

② **Catedral de San Pedro Sula.** On the eastern edge of Parque Central, this massive neoclassical structure was begun in 1949 but not completed for many years. The most important church in town, it is always buzzing with activity. Locals seem to treat it as a community center, and worshippers are surprisingly friendly and talkative. ⊠ *Avda. 3 SO at C. 1* ⊙ *Daily 8–6.*

❸ **Mercado Guamilito.** Mornings are the busiest and best time to visit this enclosed market in the northwest section of town. Besides wonderful ebony carvings, artisans also sell colorful baskets and hand-tooled leather goods. ⊠ *C. 6 NO between Avdas. 8 and 9 NO* ☎ *No phone* ⊙ *Mon.–Sat. 7–5, Sun. 8–11:30.*

❹ **Museo de Antropología e Historia.** You will find no better introduction to the country's geography, history, and society than this museum near Parque Central. Spread over two floors, the eye-catching exhibits examine clues about the ancient cultures that once inhabited the region, re-create daily life in the colonial era, and recount the country's more recent history. The sculptures, paintings, ceramics, and other items are labeled in Spanish (and occasionally in English). Budget a good two hours to take it all in. There are also a gift shop and a cafeteria serving a tasty set lunch. ⊠ *Avda. 3 NO and C. 4 NO* ☎ *557–1874 or 557–1798* 🖾 *L25* ⊙ *Wed.–Mon. 9–4.*

❶ **Parque Central.** Money changers, shoe shiners, watch vendors, and truant schoolchildren mill around San Pedro Sula's central square. Locals lounge about beneath the scrawny trees watching the crowds file past. A handful of U.S.. restaurant chains have opened in the surrounding blocks, if you need to satisfy your craving for Wendy's, Pizza Hut, Burger King, or Church's Chicken. There are several small taco shops, cafés, and juice vendors in the area as well. ⊠ *Avdas. 3 and 5 SO and Cs. 1 and 2 SO.*

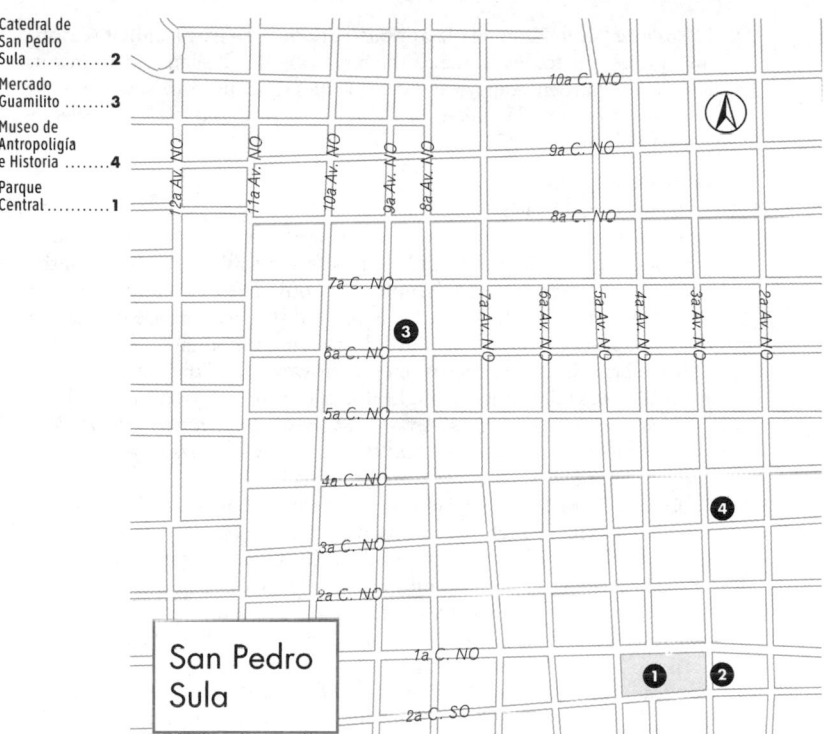

WHERE TO EAT

$$$–$$$$ ✕**Don Udo's.** Originally from Holland, Don Udo Van der Waag fell in love with the mountains around San Pedro Sula. Over the years his restaurant here has grown from a casual meeting place where the menu was scribbled on a chalkboard to one of the city's fanciest eateries. Along with excellent beers you'll find a good selection of wines. Try the stuffed-crab appetizer followed by a tasty jalapeño fillet. Fresh lobster is another treat. If you want to re-create a dish at home, there's a gourmet food store next door. ⊠ *Avda. 13 between Cs. 7 and 8, Barrio Los Andes* ☎ *557–7991 or 557-7-992* ✉ *AE, MC, V* ⊗ *Closed Sun.*

$$–$$$$ ✕**Chef Marianos.** San Pedro Sula isn't far from the Caribbean, which means you can easily find delicious seafood. This local favorite is run by a Garífuna family, so everything is as fresh as possible. Recommended are the king crab, jumbo shrimp, and the *negro bello* (a mixed plate of meat, conch, and fish). If it's available, don't pass up the lobster. The service is attentive. ⊠ *Avda. 6 SO at C. 10 SO, Barrio Suyapa* ☎ *552–5492* ✉ *AE, MC, V.*

$ ✕**Cafetería Pamplona.** This cheerful eatery on Parque Central serves up inexpensive Spanish-style dishes that are a welcome change from the beans-and-rice routine. Get here early, as it's only open until 8 PM. Breakfast is a bargain, and the coffee is nice and strong. ⊠ *C. 2 SO* ☎ *No phone* ✉ *No credit cards.*

$ ✕**Hasta La Pasta.** Homemade antipasti and hearty pastas, all at reasonable prices, make this one of the most popular Italian restaurants in town. The garden courtyard makes a pleasant place to savor a glass of wine. ✉*Avda. 22 and C. 2 NO, Col. Moderna* ☎*550–5494 or 550–3048* ⊟*AE, MC, V.*

WHERE TO STAY

$$$$ 🏨**Copantl Hotel & Club.** Long considered the city's finest hotel, this high-rise is a favorite among corporate travelers. There are plenty of meeting rooms and a wide range of business services available. Many of the rooms look down on the Olympic-size pool. The panoramic views of the mountains from La Churrasquería and the steak house on the 7th floor are unforgettable. There are shops and even an art gallery where you can browse. The service is uneven, however, and the din that comes from the cocktail lounge at night doesn't ensure a good night's sleep. ✉*Blvd. del Sur, Col. Los Arcos* ☎*556–8900* ⊕*www.copantl.com* 📞*199 rooms* ⚑*In-hotel: restaurant, bar, tennis courts, pool, parking (no fee), minibar, Wi-Fi, elevators* ⊟*AE, MC, V.*

$$$$ 🏨**Crowne Plaza San Pedro Sula.** With a great location in the center of town, this elegant high-rise is among the city's best hotels. All of the comfortably furnished rooms are set up for business travelers, so there are connections for your computer and plenty of telephones. For dining there's Antonio's, which serves typical Honduran cuisine, as well as a coffee shop that stays open until midnight. The staff is always ready to help guests find their way around the city. ✉*Blvd. Morazán, between Avdas.10 and 11* ☎*550–8080* ⊕*sanpedrosula.holiday-inn.com* 📞*121 rooms, 3 suites* ⚑*In-hotel: bar, pool, gym, airport shuttle, Ethernet* ⊟*AE, MC, V.*

$$$$ 🏨**Hotel Princess.** Although it caters predominantly to business executives, this European-style hotel has personalized service that makes it a good option for any traveler. There are plenty of amenities, from the sparkling pool to the gym. The restaurant is decorated in a stark style, whereas the bar more closely resembles an English pub. The concierge is great for tips on restaurants. ✉*C. 10 SO and Avda. Circunvalación, Col. Trejo* ☎*556–9600* ⊕*www.hotelesprincess.com* 📞*121 rooms, 3 suites* ⚑*In-room: safe. In-hotel: restaurant, room service, bar, pool, gym, parking (no fee), Wi-Fi* ⊟*AE, MC, V.*

$$ 🏨**Gran Hotel Sula.** This downtown high-rise operates as a Best Western franchise, and offers a wide range of services at economical prices. Facing Parque Central, it is close to all of San Pedro Sula's major attractions. Business travelers will appreciate the fact that it is near the financial district. Café Skandia, open 24 hours, is a great place for late-night dinners and early breakfasts by the pool. It is also the only coffee shop in Central America with a Viking theme. All rooms have balconies with views of the city. ✉*C. 1 NO, between Avdas. 3 and 4* ☎*552–9999* 📠*552–7000* 📞*125 rooms* ⚑*In-hotel: restaurant, bar, pool, Wi-Fi* ⊟*AE, MC, V.*

$$ 🏨**Hotel Saint Anthony.** This delightful hotel has splendid views from the pretty rooftop pool. You can feel your tensions fade as you step into the elegant lobby. If you have business needs, there is an executive floor with computer connections. ✉*Avda. 3 SO at C. 13 SO*

☎ *558–0744* ⤴*90 rooms* ♿*In-hotel: restaurant, bar, pool, public Internet* ▤*MC, V.*

$ ☎ **Hotel Bolívar.** Ideal for the budget traveler, Hotel Bolívar has amenities usually found only at more expensive lodgings, such as a restaurant, a bar, and a sparkling pool. The service is quite friendly. ✉*Avda. 2 SO at C. 2 SO* ☎*553–3224* 🖷*553–4823* ⤴*65 rooms* ♿*In-hotel: restaurant, bar, pool, laundry service* ▤*MC, V.*

NIGHTLIFE & THE ARTS
The neighborhood where people go to party, the Zona Viva, is west of town near Avenida Circunvalación. People begin to hit the clubs around 10. Places come and go, so pick up a copy of *Honduras Tips* at your hotel to find out which spot is popular at the moment.

BARS   An instant hit with the young crowd, **Frogs** (✉*Blvd. Los Próceres, near Avda. Circunvalación*) is known for its great light system and good music. There are three different bars, including one where you can order food. If you can't stand the karaoke on weekends, you can retreat to the second-story deck overlooking the volleyball court. A local favorite that has been around for years, **Kawama bay** (✉*Blvd. Circunvalación*) offers a full bar and great music.

In the Princess Hotel, **Clancy's Bar** (✉ *C. 10 SO at Avda. Circunvalación*) is one of the city's most refined bars. It's a good spot for appetizers before dinner or for a nightcap afterwards. The cheerful **Las Jarras** (✉*Avda. 16 NO at C. 2*) is a great place to enjoy a few *bocas* (appetizers) in the afternoon.

CLUBS   The classiest dance club in town, **Henry's** (✉*Avda. Circunvalación at Avda. 11 NO*) is a favorite with hip and trendy Sampedranos. Locals let loose on the sprawling dance floor. Also popular is **Confeti's** (✉*Avda. Circunvalación, near the exit to Puerto Cortés*). Attracting a slightly older crowd, **El Quijote** (✉*C. 11 SO, between Avdas. 3 and 4*) is the most exclusive of the city's dance clubs.

THE ARTS   For cultural events, try the **Centro Cultural Sampedrano** (✉*Avda. 4 NO at C. 3* ☎*553–3911*), which often has art exhibitions. It also serves as the public library. **Alianza Francesa** (✉*Avda. 23 SO, between Cs. 3 and 4* ☎*552–4359*) has a range of cultural events.

SIDE TRIPS FROM SAN PEDRO SULA

PARQUE NACIONAL CUSUCO
This swath of subtropical forest was declared a protected area in 1959, when an ecologist reported that the pine trees here were the tallest in Central America. It's located in the Cordillera del Merendón, a mountain range that runs through Honduras and Guatemala. The park's highest peak is Cerro Jilinco, which towers to 7,355 feet.

Although the park is named for the *cusuco,* or armadillo, you're unlikely to see this shy creature. You're more apt to spot troops of howler monkeys or white-faced monkeys. The park is a birder's paradise, with close to 300 different species, including toucans, parrots, and elusive resplendent quetzals. You can pick up a map of the four trails at the visitor center, but hiring a guide is a good idea because you'll see wildlife you might have missed.

Administered by the Fundación Ecologista Hector Rodrigo Pastor Fasquelle, Cusuco has accommodations in two small cabins. The park is 20 km (12 mi) west of San Pedro, but the trip will take 2½ hours—especially when the rain turns the roads to mush. You'll definitely need a four-wheel-drive vehicle to negotiate the terrain. *Fundación Ecologista Hector Rodrigo Pastor Fasquelle* ⊠ *Avda. 7 NO at 1 C.* ☎ *552–1014* 🖹 *557–6620* 📧 *L225.*

CASCADAS DE PULHAPANZAK

The roaring Pulhapanzak Falls are the highest in the country. The thunderous noise draws you down the 128 steps to where you have a good view of the 328-foot waterfall. Local children will offer to guide you to the best spots to contemplate nature's glory. The falls are located near Peña Blanca along the highway linking Tegucigalpa and San Pedro Sula. ⊠ *Near Peña Blanca* ☎ *No phone* 📧 *L20.*

COPÁN RUINAS

168 km (104 mi) south of San Pedro Sula.

The Ruins of Copán are without a doubt one of the most important attractions for tourists in Honduras. But there is much more to do in Copán Ruinas, and this destination is easily worth three or more days to explore completely. While the town retains its colonial charm, with cobblestone streets, and a pleasant central park, it is also becoming a more modern village with fine dining, lots of services, and a bustling tourism industry. Taxis here are most often small three-wheeled vehicles lovingly referred to as "tuk-tuks" and a variety of local sites can be reached by horseback.

Although most visitors come here to see the astounding Mayan ruins east of town, you can also learn a bit about that culture at the **Museo Copán Ruinas.** Though most of this charming little museum's descriptions are in Spanish, the ancient tools and artworks speak for themselves. The exhibit on *el brujo* ("the witch") is especially striking, displaying the skeleton and religious artifacts of a Mayan shaman. ⊠ *West side of Parque Central* ☎ *No phone* 📧 *L60* ◷ *Daily 9–5.*

VISITING THE SITE AT COPÁN

You'll approach the ruins via a short stone path, about a 20-minute walk, that leads just outside town. Before you reach the ruins you'll reach some carved Mayan statues, and eventually a gate and admissions building. There is a small house in the parking area where the guides gather to lead tours for the day. Their services are well worth the money. They have a wealth of knowledge regarding the life and activities of the ancient Mayan people, and can interpret the hieroglyphs' literal as well as folkloric meaning.

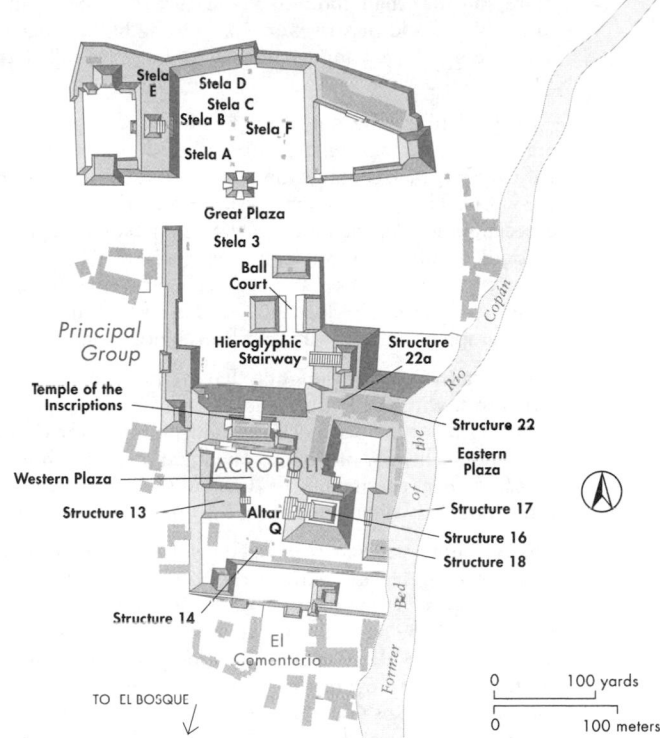

4

The area open to the public covers only a small part of the city's ceremonial center. Copán once extended for nearly 2 km (1¼ mi) along the river, making it as large as many Mayan archaeological sites in Guatemala. It's also just as old—more than 3,000 years ago there was an Olmec settlement on this site. Because new structures were usually built on top of existing ones, the great temples that are visible today were built during the reigns of the city's last few rulers.

As you stroll past towering cieba trees on your way to the archaeological site, you'll find the **Great Plaza** to your left. The stelae (meaning "tree stones") standing about the plaza were monuments erected to glorify rulers. Some stelae on the periphery are dedicated to Smoke Jaguar, but the most impressive, located in the middle of the plaza, depict 18 Rabbit. Besides stroking the egos of the kings, these monuments had religious significance as well. Vaults for ritual offerings have been found beneath most of them.

The city's most important **ball court** lies south of the Great Plaza. One of the largest of its kind in Central America, it was used for more than simple entertainment. Players had to keep a hard rubber ball from touching the ground, perhaps symbolizing the sun's battle to stay aloft. Stylized carvings of macaw heads that line either side of the court may have been used as markers for keeping score, although the game was more spiritual than sportslike in nature. Competitions were incredibly physical and players were likely using hallucinogenic substances. The losers—or the winners in some cases—were killed as a sacrifice to Mayan gods.

Near the ball court is one of the highlights of Copán, the **Hieroglyphic Stairway.** This amazing structure, covered with a canopy to protect it from the weather, contains the single largest collection of hieroglyphs in the world. The 63 steps immortalize the battles won by Copán's kings, especially those of the much revered King Smoke Jaguar. Once placed chronologically, the history can no longer be read because an earthquake knocked many steps free, and archaeologists replaced them in a random order. All may not be lost, however, as experts have located an early photograph of the stairway that helps unlock the proper sequence.

The **Western Court** is thought to have represented the underworld. The structures, with doors that lead to blank walls, appear symbolic. On the east side of the plaza is a reproduction of Altar Q, a key to understanding the history of Copán. The squat platform shows a long line of Copán's rulers passing power down to their heirs. It ends with the last great king, Dawning Sun, facing the first king, Yax Kuk Mo.

The **Acropolis** was partly washed away by the Río Copán, which has since been routed away from the ruins. Dawning Sun was credited with the construction of many of the buildings surrounding this grand plaza. Below the Acropolis are tunnels that lead to what archaeologists agree are some of the most fascinating discoveries at Copán. Underneath Structure 16 are the near-perfect remains of an older building, called the **Rosalila Temple.** This structure, dating from 571, was subsequently buried below taller structures. Uncovered in 1989, the Rosalila was notable in part because of the paint remains on its surface—rose and lilac—for which it was named. Another tunnel called **Los Jaguares** takes you past tombs, a system of aqueducts, and even an ancient bathroom.

Two other parts of Copán that served as residential and administrative areas are open to the public. Although the architecture is not nearly as impressive as that of the larger buildings, they offer a glimpse into the daily lives of ordinary people. **El Bosque** (literally, "the Forest") lies in the woods off the trail to the west of the Principal Group. **Las Sepulturas** ("the graves"), which lies 2 km (1 mi) down the main road, is a revealing look into Mayan society. Excavations have shown that the Maya had a highly stratified social system, where the elite owned houses with many rooms.

East of the main entrance to Copán, the marvelous **Museo de Escultura Maya** provides a close-up look at the best of Mayan artistry. All the sculptures and replicas are accompanied by informative signs in English as well as Spanish. Here you'll find a full-scale replica of the Rosalila Temple. The structure, in eye-popping shades of red and green, offers an educated guess at what the ceremonial and political structures of Copán must have looked like at the time they were in use.

CLOSE UP

Copán History

The first king during the Classic Period, Yax Kuk Mo (or "Blue-Green Quetzal Macaw") came to power around AD 435. Very little is known about him or his successors until the rise of the 12th king, Smoke Jaguar (628–695). Under his rule Copán grew to be one of the largest cities in the region. His successor, King 18 Rabbit (695–738), continued the quest for complete control of the region. The city's political structure was shaken, however, when he was captured by the soldiers of Quiriguá, a city in what is today part of Guatemala. He was brought to that city and beheaded.

During his short reign, Smoke Monkey (738–749) was increasingly challenged by powerful noble families. Smoke Monkey's son, Smoke Shell (749–763), tried to justify his power by playing up the historical importance of great warrior kings. He ordered the construction of the elaborate Hieroglyphic Stairway, the longest classic Mayan inscription yet to be discovered, which emphasized the supremacy in battle of Copán's rulers. The 16th king, Dawning Sun (763–820), continued to glorify warfare in his architecture, but it was too late. By this time, Copán and its political authority were in decline.

PRACTICALITIES

The $15 entrance fee covers admission to the ruins, and covers admission to nearby sites like El Bosque and Las Sepulturas. Admission to the tunnels to Rosalila and Los Jaguares is $15 extra. Admission to the Museo de Escultura Maya is $7. You can pay in U.S. dollars.

It's a good idea to hire a guide, as they are very knowledgeable about the site. English-speaking ones charge about L400 for a two-hour tour, while Spanish-speaking guides charge about half that. A small cafeteria and gift shop are near the entrance.

A visit to the ruins can last anywhere from one to four hours. On your own, you can easily walk through the ruins and admire the structures and carvings. If you have a guide along, you will likely spend more time getting up close to the carvings, and learning about Mayan hieroglyphics and the history that they record. ⊠ *1 km (½ mi) east of Copán Ruinas* ☎ *No phone* ☜ *$15* ☽ *Daily 8–4.*

WHERE TO EAT

There is great emphasis on traditional cooking and foods in Copán Ruinas. In addition to great restaurants, try some of the local *comedores* (diners) and *pupuserías* (pupusa shacks). Many restaurants prepare their version of Mayan cuisine, and other native dishes.

$$$–$$$$ ✕ **Twisted Tanya's.** A beautiful open-air dining room on the 2nd floor makes Twisted Tanya's great for a romantic dinner or a special occasion. There's usually a prix-fixe menu, with several selections for the main course. They also have tourist information downstairs, in Copán Connections, where you can book tours and lodgings around Copán, as well as to the Bay Islands and North Coast of Honduras. ⊠ *C. del*

Deposito, 1 block SE of Parque Central ☎*651–4182* ⊕*www.twist-edtanya.com* ☰*MC, V.*

$–$$ ✕**Café Via Via.** Heaven for backpackers, and a great meal and atmosphere for any traveler, Café Via Via serves food from 7 AM to 9 PM every day, and the bar stays open until just before midnight. Great selections of world music, as well as salsa-dancing lessons, bring in lots of people in the evenings. The kitchen specialties include vegetarian dishes, Indian and Thai food, and local favorites, all at great prices. They offer a new wing of hotel rooms at the back of the restaurant, with five economical double rooms ($14 a night), and also manage a very clean and pleasant backpacker hostel called La Manzana Verde. Basecamp Tours, the affiliated tourist information center, is located across the street, making this a great first stop on your visit to Copán. ⊠*1½ blocks west of Parque Central* ☎*651–4652* ☰*No credit cards.*

$–$$ ✕**Carnitas Nía Lola.** Housed in a charming wooden building, this longtime favorite has sweeping views of the valley from its second-story dining room. Wonderful smells emanate from the meats on the grill, which is crowned with a stone skull reminiscent of those at the nearby ruins. One of the favorite dishes here is the *carne encebollado*, sizzling beef topped with onions and accompanied by a mound of french fries. ⊠*2 blocks south of Parque Central* ☎*No phone* ☰*AE, MC, V.*

$ ✕**Llama del Bosque.** Named for a colorful flower, this cheerful little place is tucked away on a side street. It feels much larger than it really is because of the sloped wooden ceiling that soars above the dining room. This is the place to come for barbecued meats—try the *pinchos*, which are chunks of beef brought to your table on long skewers. Open for breakfast, lunch, and dinner, this is a longtime favorite in Copán. ⊠*1½ blocks west of Parque Central* ☎*651–4431* ☰*AE, MC, V.*

WHERE TO STAY

$$$ ⊡ **Hotel Marina Copán.** Facing Parque Central, this colonial-era building has been lovingly converted into the town's prettiest hotel. The second-story restaurant overlooks the sparkling pool, shaded by clusters of banana trees. Brilliant bougainvillea lines the paths to the rooms, which are filled with hand-hewn wood furniture and cooled by lazily turning ceiling fans. Once the marimba band starts playing, you might never want to leave the hotel. ⊠*NW corner of Parque Central* ☎*651–4070* 🖷*651–4477* ⊕*www.hotelmarinacopan.com* ⤙*48 rooms, 2 suites* ⚲*In-hotel: restaurant, café, room service, pool, gym, sauna, spa, horseback riding, bar, shop, laundry service, meeting rooms, travel services, free parking* ☰*AE, MC, V.*

$$$ ⊡ **Hotel Posada Real de Copán.** The closest lodging to the ruins, this Spanish-style hotel is in the hills just outside of town. The open-air lobby, filled with tropical flowers, adds to the ambience. Inside the tile-roof buildings are generously proportioned rooms with views of the lush gardens. After a day exploring the dusty ruins, swim a few laps in the palm-shaded pool or relax in the nearby hot tub. ⊠*2 km (1 mi) east of Copán Ruinas* ☎*651–4480* 🖷*651–4497* ⊕*www.posada-realdecopan.com* ⤙*80 rooms* ⚲*In-hotel: restaurant, room service,* *pool, hot tub, hiking, Ping-Pong, bar, shop, meeting rooms, free parking* ⊟*AE, MC, V.*

$$ ⚇ **Hotel Don Udo's.** Don Udo, long famous for his San Pedro Sula restaurant, is now in Copán. This small colonial hotel has 16 newly refurbished rooms that circle the lovely patio, restaurant, and bar. A 3rd-floor sundeck has a panoramic view of the stunning Copán valley and town. There are double rooms (starting at just $40), Jr. Suites, and Master Suites, for all group sizes and budgets. The attention to detail and amenities make this luxurious little hotel a great value. ⊠*2 blocks S. of Parque Central, Avda. del Mercado Municipal* ☎*651–4533 or 651–4527* ⊕*www.donudos.com* ⇆*16 rooms* ⚭*In-room: no TV (some). In-hotel: restaurant, hot tub, bar, Wi-Fi* ⊟*AE, MC, V.*

$$ ⚇ **Plaza Copán.** You can see a lot from the terrace at this hotel on Parque Central. If you ask for one of the rooms on the top floor, which have views of the town's red-tile roofs, you might see horses clip-clopping around the cobbled streets of town. Don't forget to relax with a drink by the little pool in the central courtyard, which is shaded by tall palm trees. The restaurant set behind a lovely colonnade, appropriately called Los Arcos, serves traditional fare. ⊠*S.E. corner of Parque Central* ☎*651–4508* 🖹*651–4039* ⇆*21 rooms* ⚭*In-hotel: restaurant, fans, minibar, pool, bar* ⊟*AE, MC, V.*

$ ⚇ **Hacienda San Lucas.** In a century-old hacienda, this country inn is
★ one of the most charming lodgings in the area. Flavia Cueva's tender care shows in all the details, from the carefully crafted wooden furniture in the simple but elegant rooms to the hammocks swinging from the porch outside. The restaurant, near the delightful old stove, serves steaming tamales, tasty adobo sauce, and aromatic coffee. Take a walk to Los Sapos, a Mayan archaeological site where huge stones were carved into the shape of frogs, or go horseback riding through the cool Copán Valley. ⊠*1½ km (1 mi) south of Copán* ☎*651–4106* ⊕*www.haciendasanlucas.com* ⇆*8 rooms* ⚭*In-hotel: restaurant* ⊟*No credit cards.*

OUTDOOR ACTIVITIES

There are almost unlimited outdoor activities available in Copán Ruinas these days. Although the main park holds the majority of the pre-Colombian ruins, many tour operators offer off-road visits to some other interesting Mayan sites. There are also hot springs nearby with pools and spa facilities, and a canopy tour in Los Sapos that offers views of the Mayan ruins from above. If you decide to spend more time in the Copán area, the following tours and tour operators can show you more about pre-Colombian Copán, and the lifestyles of current day Copanecos.

⚙ **Macaw Mountain Bird Park & Nature Reserve** (⊠*2½ km [1½ mi] outside Copán Ruinas* ☎*651–4245* ⊕*www.macawmountain.com* 💲*$10* ⊘*Daily 9–5*) has extensive aviaries and birding facilities, as well as rescued birds. There are handicap-accessible trails and walkways, and a coffee house and restaurant on-site.

Copán Coffee Tour (✉ *Finca Santa Isabel* ☎ *651–4202* ⊕ *www.cafehonduras.com* ✎ *$30 [includes breakfast or lunch]* ⊙ *Tours daily, at 9:30 and 1 on demand*). The Copán Coffee Tour is presented by the owners of the Hotel Marina Copán. Transportation to the finca is provided from Copán Ruinas in a traditional "baronesa" reminiscent of those used by plantation workers. The four-hour tour includes a steep climb in elevation. Luckily, visitors are carried by a tractor most of the distance. See how coffee is cultivated in the highlands, then return to the finca to see how it is processed in the wet warehouse, the dry warehouse, and the roasters. At the end of the tour a delicious meal is served (lunch, brunch, or breakfast). If you don't make it for the tour, you can still sample the coffee at Cafe Welchez, open daily 6 AM to 10 PM, right next door to the Hotel Marina Copán on Parque Central.

Luna Jaguar Spa Resort (✉ *Located at Hot Spring National Park, 20 km [12½ mi] outside of Copán Ruinas* ☎ *651–4746* ⊕ *www.lunajaguar. com* ✎ *Price varies for spa treatments, massage is $30/45 minutes. Park entrance is $10* ⊙ *Daily 10–5*) is a newly built facility on the hot springs located just outside of Copán Ruinas. The Luna Jaguar Spa Resort offers spa treatments and bathing in their beautiful pools and gardens. The natural thermal waters run down a mountainside, and into a river which runs hot and cold. There are several smaller bathing facilities in the area as well.

Yaragua Tours (✉ *Just off Parque Central*) ☎ *651–4147* ⊕ *www.yaragua.com* ⊙ *Daily 8–10*) is centrally located, and they also have a small hotel and restaurant, as well as an Internet café. They offer reservations and arrangements for all the major sites in the area, such as caving, hot springs, canopy tour, and a hacienda tour. Tour prices vary, from about $15 for horseback rides to the waterfalls up to $45 for full-day trips with meals.

SANTA ROSA DE COPÁN

153 km (95 mi) south of San Pedro Sula.

Set in one of the most beautiful regions of Honduras, Santa Rosa de Copán has a friendliness that makes you long to linger. It is the kind of highland town that still feels like a village—you get the sense you would know everybody in town within a week or so. The hilltop *casco histórico* (historic center) is being renovated with care, with much work being put into preserving the splendid colonial-era buildings lining the narrow cobbled streets.

Tobacco still runs the local economy, and nearly everyone seems to be hard at work rolling cigars. Some prefer the strong Don Melo or the smoother Santa Rosa, but the pride of the area is the Zino, made by **Flor de Copán** (✉ *C. Real Centenario 168, between Avdas. 2 and 3* ☎ *662–0111*). A seductively sweet odor engulfs you as you enter the decrepit old factory west of Parque Central. In the dimly lit space you can watch workers piling tobacco leaves into *pilones* (bales). The neat shop at the entrance stocks the different brands made by the company. The factory is open weekdays 7:30 to noon and 2 to 4.

Coffee lovers should head to **Beneficio Maya** (✉ *Between Avdas. 11 and 12 NO, Col. San Martín* ☎ *662–1665*) where they can watch the roasting and grading process. Fresh export-grade coffee is for sale on the premises. The factory is open weekdays 7 to noon and 2 to 5. Take a taxi, as it's difficult to find.

Set in a lovingly restored building, the **Casa de Cultura** (✉ *Avda. Alvaro Contreras, Barrio El Centro* ☎ *662–0800*) buzzes with music lessons, theater, ballet, and modern dance, and may well have one of the best children's libraries in Central America. The patio is a pleasant place to relax.

4

WHERE TO STAY & EAT

$$ ✕**El Rodeo.** Stuffed animals gaze down from the walls as you take a seat in this popular steak house. Meals are filling, accompanied by salad and plantains. There's always a crowd, as it doubles as a local watering hole. It stays open late (for Santa Rosa, anyway). ✉ *Avda. 1, between 1 and Cs. 2 SE, Barrio El Centro* ☎ *662–0697* ☐ *AE, MC, V.*

$–$$ ✕**Flamingo's.** Considered one of the finest restaurants in town, this is the place to come for a quiet meal. A touch of elegance is added by the white or melon color tablecloths. Dishes include such specialties as pork with onion sauce. The wine list includes some decent Chilean options. ✉ *Avda. 1 between C. Real Centenario and C. 1 SE, Barrio El Centro* ☎ *662–0654* ☐ *AE, MC, V.*

$ ✕**Pizza Pizza.** Hand-tossed pizzas with homemade sauce and locally grown toppings are given top billing at this cheery restaurant, but people come from all over for the delicious garlic bread. You can also order hamburgers, sandwiches, and other light fare. In addition to food, you can also check your e-mail, browse through a stack of books, or chat with amiable American owner Warren Post about what's going on in the area. If anyone would know, it's him. ✉ *C. Real Centenario, between Avdas. 5 and 6 (4½ blocks east of Parque Central), Barrio El Centro* ☎ *662–1104* ☐ *No credit cards.*

$ ▥**Hotel Elvir.** Enjoy a glass of *timoshenko*, a fruity spirit flavored with cloves, at the rooftop bar of this colonial-style hotel. By far the best lodging in town, it has a beautiful patio and smart lobby. Comfortable rooms have cozy beds and modern baths. The restaurant is good, but a little overpriced. ✉ *C. Real Centenario at Avda. 2 SO* ☎ *662–0805* ↶ *43 rooms* ♿ *In-hotel: restaurant, laundry service* ☐ *MC, V.*

$ ▥**Hotel Santa Rosa.** After entering through an attractive wooden lobby, you'll be escorted to one of the rooms surrounding a pleasant garden scattered with rocking chairs. The restaurant serves basic food. ✉ *Hwy. CA4* ☎ *662–2365 or 662–2366* ☐ *662–2368* ↶ *26 rooms* ♿ *In-hotel: restaurant* ☐ *No credit cards.*

SHOPPING

Two blocks east of Parque Central is the covered **mercado** (✉ *C. Real Centenario*), an enticing market that sells everything from shawls to saddles. It is also the place to go for a great breakfast—ask for *atol* *chuco,* a delicious mush of fermented corn served with a few beans, lime, and roasted squash seeds.

LAGO DE YOJOA

100 km (62 mi) south of San Pedro Sula.

The largest natural lake in the country, shimmering Lago de Yojoa is home to an amazing variety of birds. More than 370 different species are found in the moss-draped trees, from black-bellied whistling ducks and blue-crowned motmots to red-legged honeycreepers and keel-billed toucans. For even more unusual sights, you can grab a pair of binoculars and hire a boat to Isla del Venado.

With a name that means means "eye of water," Lago de Yojoa was once populated by Lenca, Maya, and other peoples. There are many ruins, the most significant being Los Naranjos on the northwest shore. Excavations were stalled for lack of funds, but now seem to be back on track. Of course, the main draw of the lake is purely recreational. There are many untouched natural areas around the lake, and it is less well known than other tourist destinations. There are all kinds of trips you can take out onto the lake, the most popular being by catamaran.

WHERE TO STAY & EAT

$ ✕⊡ **D&D Brewery and Bed and Breakfast.** On the west shore of Lago Yojoa, the Brewery ($$) is a favorite stop for many visitors to the Lake. The Brewery makes their own beer and sodas (try a Lenca Gold Pale Ale, or a Vanilla Cream Soda). Meals are tasty and economical. They also offer tours to various attractions around the lake, such as bird-watching, visiting the waterfalls at Puhlupanzak, and hiking the national park Cerro Azul Meambar. Private cabins are available for about $25 a night, and they also have single rooms with private bath and hot water for $13. ⊠*Road to Mochito, Lago de Yojoa* ☎*3396–1279 or 9994–9719* ⊕*www.dd-brewery.com* ⚲*In-hotel: restaurant, brewery, no elevator* ⊟*MC, V.*

$–$$ ⊡ **Posada del Lago.** If you want to relax with a gin and tonic as you gaze at Lago de Yojoa, this is *the* place. Charming expat Richard Joint evokes all things British, and is a wealth of information about the area. From your gleaming-white cabin you can wander down to look at the boats in the marina. Inquire about the *casa de campo* (country house) on the far side of lake. Sleeping eight, it's great for a longer stays. ⊠*Km 161 Carretera del Norte, Monte Verde, Santa Cruz de Yojoa* ☎*990–9386 or 990–9387* 🖶*239–2423* ⊕*www.honduyatemarina.net* ⇰*5 cabins, 1 suite* ⚲*In-room: DVD. In-hotel: 2 restaurants, bars, tennis courts, laundry service, parking (no fee), no-smoking rooms, Internet* ⊟*AE, MC, V.*

$ ⊡ **Hotel y Finca Las Glorias.** Set on a coffee and orange plantation, this flower-strewn hotel makes a perfect lakeside retreat. The picturesque bridge leading to an airy pavilion is great for bird-watching, and the catamaran trips on the lake are sublime. From the private balcony of your cabana you can watch horses and their foals trot around. Weekends tend to fill up with families, so reserve ahead. ⊠*Lago de Yojoa*

☎ *566–0461 or 566–0462* 📠*566–0553* ⊕*www.hotellasglorias.com*
🔁*45 rooms* &*In-hotel: restaurant, pools* ▤*MC, V.*

COMAYAGUA

★ *82 km (51 mi) northwest of Tegucigalpa.*

Founded in 1537, Santa María de Comayagua was the first capital of Honduras. It was also one of the last bastions of resistance by the Lenca and Nahuatl people, who staged a revolt two years later. President Marco Aurelio Soto moved the seat of power to Tegucigalpa in 1880, allegedly to avenge repeated snubs by the city's haughty upper classes. After a century of decline, Comayagua was declared a national monument in 1972. The focus now is on preserving its colonial-era character. The impressive project is evidenced in the gleaming-white facade of the Catedral de Comayagua and immaculately clean Parque Central.

With two of the best museums in the country, Comayagua must not be missed. Close to Tegucigalpa, you can see its major sights in a day. Most of its colonial churches are within a block of each other, and the museums are within easy walking distance. The city fills up during Semana Santa (the week leading up to Easter), when brightly colored "carpets" made of dyed sawdust decorate an entire block in the center. Processions crop up on nearly every street corner.

The largest house of worship constructed during the colonial period, **Catedral de Santa María** (⊠*Parque Central*) dates from 1711. The interior is incredibly ornate, with four hand-carved wooden altars covered in gold. Note the intriguing statue of Santa Ana, the mother of the Virgin Mary, carrying a diminutive Santa María, who in turn is holding a tiny infant Jesús. Phillip II of Spain donated a clock from Alhambra for the tower, and Hondureños claim it is the oldest in the Americas. As it's over 800 years old, it could well be true. For a peek at the ancient works, ask in the square for Don Blas Reyes, who can lead you up the belfry steps. This affable old gent may let you roam about on the cathedral roof for a truly magnificent view of the surrounding hills.

At the north end of town is **Iglesia de la Caridad** (⊠*C. 7 NO at Avda. 3 NO*). In the back is the country's only remaining open-air chapel, originally used for the conversion of indigenous peoples. The church's interior is famous for its statue of *El Señor de la Burrita* (*Lord of the Burro*), which is paraded through town on Palm Sunday.

Three blocks southeast of Iglesia de la Caridad is **Iglesia San Francisco** (⊠*Avda. 2 de Julio at C. 7 NE*), founded in 1560. The bell in the tower was brought from Spain and dates back to 1460, making it the oldest in the Americas. The church houses an elegantly carved baroque altarpiece from the 18th century.

Dating from 1542, **Iglesia La Merced** (⊠*C. 1 at Avda. 2 NE*) was the first church to be built in Honduras. One of the oldest in the Americas, it houses a magnificent altarpiece.

★ Recently restored, the elegant old building that holds the **Museo de Antropología** served as the country's first presidential palace. Since 1940 the museum has provided a fascinating examination of Lenca culture. It contains some well-preserved artifacts from around Comayagua, from cave art to colorful ceramics. It also houses interesting fossils and an important collection of jade. A workshop at the back has been transformed into a school where men and women train as carpenters, stonemasons, blacksmiths, and in the other old trades needed to rebuild the city according to the old traditions. A small cafeteria is open for breakfast and lunch. ✉*C. 6 NE at Avda. 2 de Julio* ☎*772–0386* 📠*772–2693* 💳*L20* ⊙*Tues.–Sat. 8:30–4, Sun. 9–5.*

Located in a building that served as Central America's first university, **Museo Colonial** holds a mysterious treasure trove guarded by cloistered nuns. The varied collection of 15th- to 18th-century artwork from local churches includes paintings, sculptures, and jewels used to adorn the statues of saints. It also houses the chair used by Pope John Paul II when he visited Tegucigalpa, the first worm-eaten statue of the Virgin Mary to reach Honduras, and a long-locked Christ sculpture with violet eyes that, if you stare into them, are said to reawaken long-lost dreams. ✉*Avda. 2 de Julio, between Cs. 3 and 4 NO* ☎*772–0169* 💳*L35* ⊙*Tues.–Sun. 9–noon and 2–5.*

WHERE TO STAY & EAT

$$ ✕**Villa Real.** A charming 18th-century house with a horse-drawn carriage in the entranceway houses the best restaurant in the city. Tables are set in a pretty, overgrown garden beside a trickling fountain. Enjoy the hint of a breeze as you sample *pechuga marsala* (chicken breast with vegetables). The *plato típico* is also quite satisfying. Ask the manager to show you around the historic building. ✉*C. Real 35* ☎📠*772–0101* ▭*MC, V.*

$$ ▥**Hotel Santa María Comayagua.** With a pool that's a welcome respite from the heat, this hotel has all the extras that matter most. Rooms are clean and fresh. Although outside the city, the hotel is only a 10-minute walk from the historic center. ✉*Km 82, Carretera Tegucigalpa-San Pedro Sula* ☎*772–7872 or 772–8934* 📠*772–7719* ⬡*28 rooms* ♿*In-hotel: restaurant, bar, pool* ▭*AE, MC, V.*

THE WESTERN HIGHLANDS ESSENTIALS

AIR TRAVEL TO & FROM THE WESTERN HIGHLANDS

American and Continental both have daily flights from the United States into San Pedro Sula. Taca flies to the city from many capitals throughout Central America. Isleña specializes in flights to the Bay Islands. Iberia flies from Madrid to San Pedro Sula.

Airlines & Contacts American (✉*Avda. 16 between Cs. 1 and 2, San Pedro Sula* ☎*553–3506 or 668–3244* ⊕*www.aa.com*). **Continental** (✉*C. 1 NO, between Avdas. 3 and 4, San Pedro Sula* ☎*552–9770* ✉*Avda. Circunvalación at C. 8, San Pedro Sula* ☎*557–4141 or 668–3208* ⊕*www.continental.com*). **Iberia** (✉ *C. 12 at Avda. 2, San Pedro Sula* ☎*550–2530 or 668–3216* ⊕*www.iberia.com*). **Isleña** (✉*Avda. 7 between Cs. 1 and 2, San Pedro Sula* ☎*552–8322 or 552–8335*). **Sosa**

(⊠ *Avda. 8 at C. 1, San Pedro Sula* ☎ *550–6545 or 668–3223*). **Taca** (⊠ *Avda. Circunvalación at Avda. 13, San Pedro Sula* ☎ *550–5265 or 668–3020* ⊕ *www. grupotaca.com*).

AIRPORTS & TRANSFERS

About 15 km (9 mi) outside San Pedro Sula, Aeropuerto Internacional Ramón Villeda Morales has connections to most international destinations. There are also frequent flights to the Bay Islands and other parts of the country.

There are no airport shuttle buses, only private taxis. A taxi to downtown San Pedro Sula should cost no more than L150.

Airport Information Aeropuerto Internacional Ramón Villeda Morales (⊠ *Carretera La Lima, San Pedro Sula* ☎ *668–3260*).

BUS TRAVEL TO & FROM THE WESTERN HIGHLANDS

Buses to Comayagua, the only community in western Honduras more accessible from Tegucigalpa than San Pedro Sula, are the slow "servicio a escala." Norteños and El Rey lines offer daily service. The same buses also stop at Lago de Yojoa. Santa Rosa de Copán is 7½ hours by bus on La Sultana. It's probably quicker to take an express bus to San Pedro Sula and head south from there.

If you're headed north, Viana Clase Oro and Hedman Alas run luxury buses to San Pedro Sula. Sáenz Primera and King Quality are other luxury services to San Pedro Sula. King Quality runs two buses daily to San Salvador and one daily to Guatemala. El Rey Express has a decent "direct" (meaning just a few stops) service to San Pedro Sula that leaves every hour.

One daily bus operated by Gracianos runs from San Pedro to Gracias, but Congolón has more frequent departures.

Bus Companies **Congolón** (⊠ *Avda. 8 between Cs. 9 and 10, San Pedro Sula* ☎ *553–1174*). **El Rey** (⊠ *Avda. 7 between Cs. 5 and 6, San Pedro Sula* ☎ *553–4264*). **El Rey Express** (⊠ *Avda. 9 between Cs. 9 and 10, San Pedro Sula* ☎ *550–8355*). **Gracianos** (⊠ *Parque Central, Gracias* ☎ *No phone* ⊠ *C. 6 between Avdas. 6 and 7, San Pedro Sula* ☎ *No phone*). **Hedman Alas** (⊠ *C. 3 between Avdas. 7 and 8, San Pedro Sula* ☎ *553–1361*). **King Quality** (⊠ *C. 6 between Avdas. 7 and 8, San Pedro Sula* ☎ *553–4547*). **La Sultana** (⊠ *Barrio Miraflores, Santa Rosa de Copán* ☎ *662–0940*). **Norteños** (⊠ *C. 6 between Avdas. 6 and 7, San Pedro Sula* ☎ *552–2145*). **Sáenz Primera** (⊠ *Avda. 8 between Cs. 5 and 6, San Pedro Sula* ☎ *553–4969*). **Viana Clase Oro** (⊠ *Avda. Circunvalación, San Pedro Sula* ☎ *556–9261*).

CAR RENTAL

There is no shortage of car-rental agencies in San Pedro Sula, and most have offices both in the airport and in town. Two good local companies are Maya and Molinari. There are no rental agencies in Gracias, Comayagua, or Santa Rosa de Copán.

Local Agencies **Avis** (⊠ *Aeropuerto Internacional Ramón Villeda Morales, San Pedro Sula* ☎ *668–3164* ⊠ *C. 1 and Avda. 6, San Pedro Sula* ☎ *553–0888 or 552–2872*). **Hertz** (⊠ *Aeropuerto Internacional Ramón Villeda Morales, San Pedro*

Sula ☎*668-3157* ✉*Blvd. Morazán and C. 1, San Pedro Sula* ☎*550-8080).* **Maya** (✉*Aeropuerto Internacional Ramón Villeda Morales, San Pedro Sula* ☎*668-3168* ✉*Avda. 3, between Cs. 7 and 8, San Pedro Sula* ☎*552-2670 or 552-2671).* **Molinari** (✉*C. 1, between Avdas. 3 and 4, San Pedro Sula* ☎*552-9999).* **Thrifty** (✉*Aeropuerto Internacional Ramón Villeda Morales, San Pedro Sula* ☎*559-2660).*

CAR TRAVEL
Traffic can get heavy during rush hour, but driving in San Pedro Sula is a breeze compared to the gridlock in the capital. Since this is the country's most important transportation hub, streets into and out of the city are well maintained, making driving to surrounding areas a pleasure. In the more mountainous parts of the region you will need a four-wheel-drive vehicle or a sturdy pickup.

EMBASSIES & CONSULATES
The embassy for the United Kingdom is open weekdays 8:30 to 11:30 and 2 to 6.

Embassy **United Kingdom** (✉*Edificio Banexpo, Avda. Circunvalación 11, San Pedro Sula* ☎*550-2288* 🖥*550-7009* ⊕*www.fco.gov.uk).*

EMERGENCIES
Clínica Bendaña, on Avenida Circunvalación, is a 24-hour clinic in San Pedro Sula that can assist you with most emergencies. Clínica Bendaña serves Comayagua, and Hospital Regional del Occidente serves Santa Rosa de Copán. Drugstores are plentiful in most towns.

Hospitals **Clínica Bendaña** (✉*Avda. Circunvalación between Cs. 9 and 10, San Pedro Sula* ☎*557-4429 or 553-1618).* **Clínica Bendaña** (✉*1 block from Parque Central, Comayagua* ☎*772-0102).* **Hospital Regional del Occidente** (✉*Barrio del Calvario, Santa Rosa de Copán* ☎*662-0107).*

Pharmacies **Farmacia Central** (✉*C. Centenario, Barrio Mercedes, Santa Rosa de Copán* ☎*662-0465).* **Farmacia Cruz Roja** (✉*Barrio Mercedes, Santa Rosa de Copán* ☎*662-0050).* **Farmacia Handa** (✉*Avda. 3 C. at 5, San Pedro Sula* ☎*550-1068).* **Farmacia María Auxiliadora** (✉*Avda. Circunvalación between Cs. 9 and 10, San Pedro Sula* ☎*552-7282).*

MAIL & SHIPPING
There are post offices near the center of most towns in the Western Highlands. If you have a package, there are plenty of overnight services available in San Pedro Sula.

Overnight Services **Federal Express** (✉*Avda. Circunvalación at C. 2 SO, San Pedro Sula* ☎*552-1717 or 552-1589* ⊕*www.fedex.com).* **UPS** (✉*Avda. 16 NO, between Cs. 3 and 4, San Pedro Sula* ☎*557-9809).*

Post Offices **Comayagua** (✉*1 block east of Parque Central, Comayagua* ☎*772-0089).* **San Pedro Sula** (✉*Avda. 3 SO and C. 9, San Pedro Sula* ☎*552-3185).*

MONEY MATTERS
San Pedro Sula has plenty of banks, most of them open weekdays 9 to 3. Many are also open Saturday morning. There are also currency-exchange offices in the airport and around the central square. Most

hotels also exchange currency, but some give unfavorable rates. American Express, MasterCard, and Visa are widely accepted in San Pedro Sula, but less so outside the big city. Cash advances from your Visa or MasterCard can be arranged smoothly while in San Pedro, but the procedure will be more of a challenge in smaller towns.

Banks Banco Central de Honduras (✉ *C. 1, San Pedro Sula* ☎*557-4952* ⊕*www.bch.hn*). **Banco Sogerin** (✉ *C. 1 at Avda. 8, San Pedro Sula* ☎*550-2002*). **Credomatic** (✉*Avda. 5 NO at C. 2* ☎*557-4350* ⊕*www.credomatic.com*).

SAFETY
Lock your car doors while driving in San Pedro Sula, as there have been robberies. Certain stretches of road between San Pedro Sula and Santa Rosa de Copán are dangerous after sunset, so always travel by day.

TAXIS
Negotiate the price before you set off. Although taxis are quite safe by day, at night you should use a company recommended by your hotel.

Taxi Company Radio Taxi (☎*557-8801*).

TOUR OPERATORS
Santa Rosa is home to one of the most culturally-informed tour operators in the country, Lenca Land Trails. Historian Max Elvir has learned local traditions by traveling to nearby villages by mule. If you want to see the more remote communities such as San Manuel de Colohete, you will get much more out of the adventure if you go with him.

Other reputable tour operators include MC Tours, which serves the region around San Pedro Sula and Copán Ruinas, and Explore Honduras, which leads trips to San Pedro Sula.

Tour Companies Explore Honduras (✉*Avda. 2 NO at C. 1 , San Pedro Sula* ☎*552-6242* ⊕*www.explorehonduras.com*). **Lenca Land Trails** (✉*C. Real Centenario SO and Avda. 2, Santa Rosa de Copán* ☎*662-1374*). **Mayan VIP Tours** (✉*C. 1 at Avda. Circunvalación, San Pedro Sula* ☎*552-7862*). **MC Tours** (✉*Avda. 6 SO at C. 10 , San Pedro Sula* ☎*552-4455* ⊕*www.mctours-honduras.com*).

THE CARIBBEAN COAST

The northern coast of Honduras is the domain of the Garífuna people, descendants of African slaves who were shipwrecked in the Caribbean. They first settled on the island of St. Vincent in the Lesser Antilles, but in the 18th century the British forcibly moved them to Roatán in the Bay Islands. Many eventually migrated to the mainland, and they now inhabit the Caribbean coast from Belize to Nicaragua. Many Garífuna people along the coast live in thatched-roof huts next to the sea, getting by mostly by fishing.

In Garífuna music, dancing, and native language you can note a distinct West African influence. Octogenarians can still sing and dance long after younger people collapse from exhaustion. Some of their songs are filled with images of poverty and loss, whereas others are more like oral history put to music. Religious rituals, especially those focusing

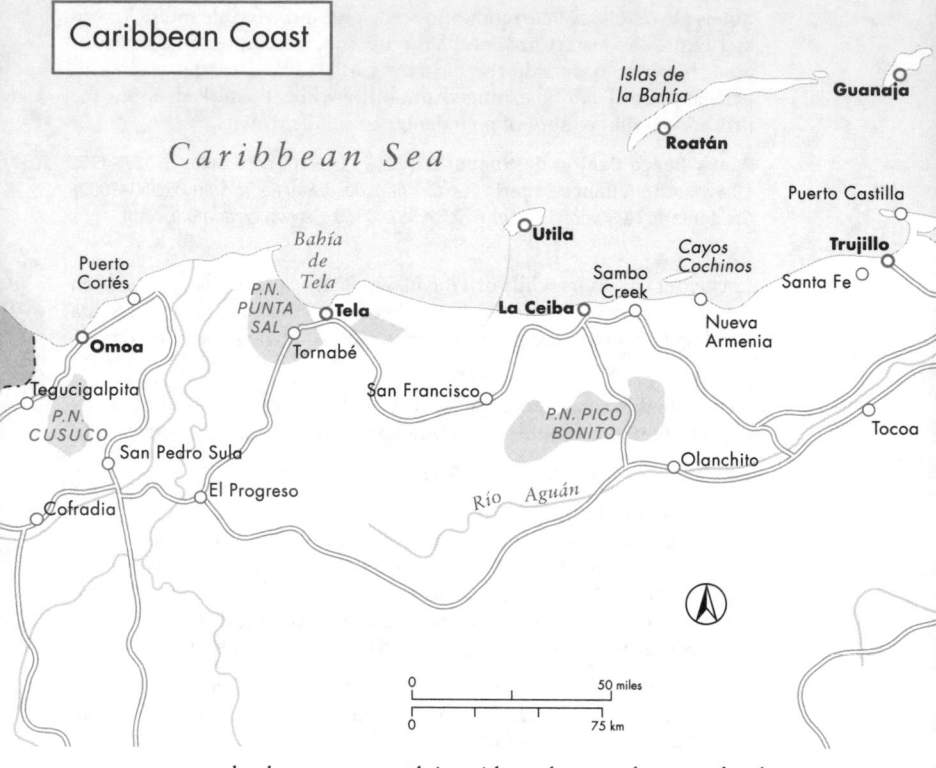

on death, are very much in evidence here, and respect for the ancestors is central to the culture.

The regional cuisine along the coast happens to be the country's best, with specialties such as *sopa de caracol* (conch soup) and *tapado de pescado* (steamed fish and coconut-milk stew) served with *machuca* (mashed yucca). *Pan de coco* (coconut bread) is another favorite in the area, as is the bitter spirit *gifiti*.

OMOA

69 km (43 mi) north of San Pedro Sula.

A seductive beach and spectacular waterfalls where the Sierra de Omoa meets the Caribbean have made this former fishing village an up-and-coming vacation destination. The town is still small however, so that addresses haven't caught on—hotels on the beach just say they are on *la playa*. There is just one main road, so either turn left or right.

The **Fuerte de San Fernando de Omoa** is surprisingly pretty, with stone walls of pink, gray, and deep russett surrounded on all sides by mangroves. The fort was built between 1759 and 1775 to protect the gold and other valuables being shipped back to Spain. It didn't take long, however, for a humiliating defeat. In 1779 the English conquered the fort after a two-day siege, escaping with all the booty before the Spaniards could call for reinforcements. ✉ *Omoa* ☎ *No phone* 💰 *L20* ⊙ *Weekdays 8–4, weekends 9–5.*

WHERE TO STAY & EAT

$ ✕⌂ **Flamingo.** Cool rooms decorated in pine with private terraces overlooking the ocean make this hotel the top choice in Omoa. The sundeck on the beach is a favorite spot for weddings. The friendly Colombian owners really know how to eat, and delicious dishes ($$) such as blue-crab soup and seafood casserole can't be beat. The tamales may be the best you've ever tasted. ✉ *La Playa* ☎ *658–9199* 🖷 *658–9288* 🛏 *10 rooms* ♿ *In-hotel: restaurant, bar, pool* 🖃 *MC, V.*

$ ⌂ **Rolie's Place.** Eighty meters before the beach, Rolie's Place has a wide variety of accommodations, including hammocks on the porch, dormitory hostel rooms, and private doubles with air-conditioning and private bath with hot water. They also offer tours around the area, including into Guatemala. A great place for information about the area, they can also arrange shuttle service to La Ceiba. ✉ *Omoa* ☎ *658–9082* ♿ *In-room: no phone. In-hotel: kitchen, refrigerator, no elevator* 🖃 *No credit cards.*

TELA

92 km (57 mi) northeast of San Pedro Sula.

Garífuna women stride gracefully along the shore with baskets of coconut bread balanced on their heads near Tela, a delightful town on the northern coast. Its sweeping beaches and undisturbed nature reserves have long drawn visitors from around the world. In recent years, young entrepreneurs have made their mark on the town with world-class restaurants and hotels.

The Spanish settled here in 1524—not in Tela, but in the nearby village of Triunfo de la Cruz. Tela itself gained importance centuries later when it served as the main port for the United Fruit Company. When the company moved its base to La Lima, it left behind the interesting

★ **Jardín Botánico Lancetilla** (✉ *1 km (½ mi) west of Tela*). This botanical garden, the second largest in the world, holds more than 1,000 varieties of plants marked by name, country of origin, and date of introduction. Many species of birds have made it their home, and birders come to see a variety of colorful parrots. There are short trails through the main gardens, and longer trails which go back into the hills and plantations, so there is something for all ages and interests. It's open daily 7 to 3.

Tela is a great place to learn more about little-known Garífuna culture. Near the Río Tela is the **Museo Garífuna** (✉ *C. 8 NE* ☎ *No phone*), which covers everything from musical styles to religious customs.

There are also several villages nearby where you can experience Garífuna life firsthand. To the east is **Triunfo de la Cruz,** where you'll find a line of homely little restaurants along the water.

Friendly **Tornabé,** to the west, also has a string beachfront eateries as well as a rustic little inn.

Beyond Tornabé is **Miami,** a pleasant community on the Laguna de los Micos. This is the most traditional of the villages, consisting mostly of thatched huts.

One of the most geographically diverse nature preserves in the country is **Parque Nacional Jeanette Kawas,** named for a slain environmentalist. The park, also known as Parque Nacional Punta Sal, protects mangrove swamps, tropical forests, shady lagoons, and coral reefs. It is likely you will see as many as 60 howler monkeys having their breakfast if you head out early enough in morning. The males gesticulate from their perches in the treetops, while the females, many with tiny babies, watch from a wary distance. You may also come across white-faced monkeys, some of which have developed a habit of throwing avocado pits at visitors—be ready to duck. Radiantly colored parrot and vine snakes, almost shoelace thin, ripple through the foliage. They are harmless, but be sure to watch your step.

If you take the Los Curumos trail, you can hear the waves as you reach Puerto Caribe, one of the hiding places of the notorious pirate Captain Morgan. Turtles and dolphins swim here in the turquoise waters. If you snorkel you may see barracudas and nurse sharks, as well as spindly lobsters taking a slow-motion stroll.

You can see Punta Sal jutting out into the ocean from Tela, which might make you think it's quite close. It's actually difficult to reach, so you should considering hiring a guide. It's also a great way to learn about the exotic animal and plant species (there are 14 types of banana here, for example). *Prolansate* ⊠*C. 9 at Avda. 3 NE, Tela* ☎*448–2042* *L15* ⊙*Daily 6–4.*

It's essential to hire a guide if you want to visit **Refugio de Vida Silvestre Punta Izopo,** a wildlife refuge east of Tela. It's easy to get lost in this labyrinth where even locals don't go alone. The best way to see the refuge is by kayak, letting you navigate the maze of mangroves along the Río Plátano without disturbing the wildlife. You can spot howler monkeys, crocodiles, and iguanas, as well as toucans and parrots that come around late in the afternoon. *Prolansate* ⊠*C. 9 at Avda. 3 NE, Tela* ☎*448–2042* *L15* ⊙*Daily 6–4.*

WHERE TO STAY & EAT

$–$$ ✕**Mango Café.** Located on the Río Tela, Mango Café is a great spot for a romantic dinner. Watch the fireflies flit about the lily pads as you enjoy regional dishes like tapado de pescado. Start with the scrumptious garlic bread (served while still warm) or one of the carefully prepared salads. Choose from the selection of wines (sold only by the bottle), beers, or locally made *gifiti* (a drink made from rum and various herbs). If you are heading out on an early morning trip with Garífuna Tours, stop by early to wake yourself up with a steaming cup of coffee. There's also an Internet café and a small B&B. ⊠*C. 8 NE, above Museo Garífuna* ☎*448–2856* ⊟*No credit cards.*

$ ✕**Casa Azul.** This cheery little restaurant is a popular evening hangout for tourists, especially since it has a bookstore and a small art gallery. Casa Azul is known for Italian dishes such as pizza and spaghetti and meatballs. The staff is justifiably proud of the "big clean salads." ⊠*C. 11 at Avda. 6 NE, 1 block north of Parque Central* ☎*448–1443* ▭*No credit cards.*

$$ ✕▦**Cesar Mariscos Hotel y Restaurante.** Just a stone's throw from the
★   beach, this stylish hotel has rooms with balconies shaded by lush palms. Hand-hewn wood furniture and carefully selected pieces of art add a homey touch. A light and airy reading room on the first floor is popular with adults, and children gravitate to the tiny playground. Truly delicious seafood is served in the romantic restaurant ($$) or at shaded tables on the sand. Try the spicy *camarones en salsa jalapeño* (shrimp in a creamy sauce seasoned with peppers). ⊠*C. Peatonal Playera* ☎*448–2083 or 448–1934* ⊕*www.hotelcesarmariscos.com* ⟳*15 rooms* ⟐*In-hotel: restaurant, bar, pool, Jacuzzi, laundry service, airport shuttle, Wi-Fi* ▭*AE, MC, V.*

$ ✕▦**Maya Vista.** There's a stunning view of the bay from the Maya Vista, which enjoys a vantage point high above the city. Clean and comfortable rooms have wide terraces where you can lounge in a hammock as you enjoy bay breezes. In the popular restaurant ($), entrées such as Chinese noodles with peppers are tasty and reasonably priced. You can also order wines by the glass—a rarity in this part of the country. The Canadian owners make sure there's a warm, friendly atmosphere. They know what's going on it Tela, so it's good to check with them. ⊠*8 C. and Avda. 10 NE* ☎*448–1497* ⊕*www.mayavista.com* ⟳*9 rooms* ⟐*In-hotel: restaurant, bar* ▭*AE, MC, V.*

$$$ ▦**Hotel y Villas Telamar.** Once home to executives of the United Fruit Company, this luxurious complex sits on 30 acres right on the Caribbean. The enormous wooden villas, with two or three bedrooms, are perfect for families. Each is filled with beautiful mahogany furniture. The pool and the adjoining grounds are a delight, especially on weekend evenings when an orchestra plays salsa and merengue. The service in the restaurant is depressingly bad. ⊠*Across the Río Tela* ☎*448–2196* 🖷*448–2984* ⊕*www.hoteltelamar.com* ⟳*40 rooms, 17 apartments, 38 villas* ⟐*In-hotel: restaurant, golf course, tennis courts, pools, beachfront, no elevator* ▭*AE, MC, V.*

NIGHTLIFE & THE ARTS

On Friday and Saturday night the discos near the market engage in an all-night battle of the sound systems. Follow the noise if you feel like dancing. Salsa and reggae bands (many dreadfully out of tune) often play in the park, and it's fun to join the locals who perch on the concrete ledges to lend a quizzical ear.

SPORTS & THE OUTDOORS

The best beaches are in the nearby Garífuna villages of Tornabé, San Juan, La Ensenada, and Triunfo de la Cruz, all easily accessible from Tela. Farther west and harder to reach are Río Tinto and Miami.

LA CEIBA

60 km (37 mi) east of Tela.

The third-largest city in Honduras, La Ceiba was once the country's busiest port. It's named after a huge tree near the dock that sheltered the workers, which should give you an idea of how hot La Ceiba can be. Mild relief is occasionally offered by trade winds off the bay.

You can't miss Pico Bonito, the majestic peak rising behind La Ceiba that turns a deep blue at dusk. **Parque Nacional Pico Bonito** is named after the 7,989-foot peak. Rugged and little explored, Parque Nacional Pico Bonito harbors some amazing primary tropical wet forest. There are 22 rivers that run through the park, meaning there are numerous cold-water pools where you can stop for a dip. Guides see jaguars and ocelots with impressive regularity, although the enormity of the area means you are lucky if you glimpse these fearsome creatures.

The most popular route through the park leads to a waterfall called La Ruidosa (meaning "The Noisy One"). Trails are fairly well maintained, but it is best to go with a guide. They are found through the Fundación Parque Nacional Pico Bonito office in La Ceiba. ⊠ *Avda. República* ☎ *443–3824* ⊕ *www.cohdefor.hn* ☜ *L100.*

About 27 km (17 mi) west of La Ceiba, the **Refugio de Vida Silvestre Cuero y Salado** is made up of 132 square km (51 square mi) of tropical forest formed by the confluence of the Río Cuero and Río Salado. This is one of the few places in the world where you can see manatees, aquatic creatures once mistaken for mermaids. In addition to these gentle giants, you may also spot white-faced monkeys, crocodiles, turtles, and several species of herons along the canals. The mangroves are best seen by boat, and the park organizes two-hour guided tours.

To get to the park, drive west from La Ceiba, turning right after crossing the Río Bonito. Stop at the railway tracks. From here you can take a small train run by the Fundación Cuero y Salado or a *burra* (a handcart operated by locals) for the remaining 9 km (6 mi). The visitor center has information about the park. ⊠ *Edificio Ferrocarril Nacional, La Ceiba* ☎ *443–3525* ☜ *L165* ☉ *Weekdays 8–11:30 and 1:30–4:30, Sat. 8–11:30.*

WHERE TO STAY & EAT

$$–$$$$ ✕ **La Plancha.** The town's most popular steak house, La Plancha serves up a 16-ounce *filete especial* that will satisfy the most ravenous diner. There's seafood as well—the shrimp and conch cocktails make a good starter. The service is snappy, whether in the dining room or at the fully stocked bar. ⊠ *Avda. Lempira at C. 9* ☎ *443–2304* ▤ *AE, MC, V.*

$$–$$$ ✕ **La Champa.** Sambo Creek's best-known restaurant fills up with patrons from La Ceiba on weekends. Once you try the king-crab soup or the shrimp salad, you'll understand why. As a bonus, there's a spectacular view of the Cayos Cochinos. Because the restaurant is so huge, it feels a little deserted on weekdays. ⊠ *Sambo Creek* ☎ *No phone* ▤ *No credit cards.*

$$-$$$ ✗**Restaurante Sambo Creek.** Also known as "Greg's" in honor of its owner, this restaurant is chock full of local character. Five tables set on the sand afford you a view of pigs snuffling around the seashore. Six tables on the first floor let you spy the Garífuna children splashing in the nearby stream. Don't pass up the conch soup and shrimp dishes prepared by Greg's wife, Marixa. If you fall in love with the place, a trio of backpacker-style rooms is for rent upstairs. ⊠*Sambo Creek* ☏*No phone* 🚫*No credit cards.*

$$ ✗**Expatriates.** This rooftop bar and grill, known as "Expats," is a gem. Informal and friendly, it is always packed with regulars eager to fill you in on what's happening in the area. It was renovated in 2006 with new bathrooms and a larger kitchen as well as refurbished dining area, so the old favorite is new again. A huge menu lists great burgers and grilled food and a wide selection of inexpensive tacos and appetizers. There is free Internet at the barside computer. ⊠*End of C. 12* ☏*440–1505* 🚫*AE, MC, V.*

$$ ✗**Ricardo's.** Ricardo's is a long-time favorite in La Ceiba, and contin-
★ ues to serve fine food in a classically elegant atmosphere. Choose from among the various steak and seafood dishes, served in the pretty dining room or on the leafy terrace. The full salad bar is a nice touch. The service is professional, and the bar is stocked with just about everything you could wish for. ⊠*Avda. 14 de Julio at C. 10* ☏*443–0468* 🚫*AE, MC, V* ⊗*Closed Sun.*

$-$$ ✗**Café Giarre.** With a couple of tables outside on the sidewalk and a cozy dining room within, this Italian eatery is becoming very popular. Pretty touches, such as the billowing curtains, abound. The *bruschetta ai pomodori* (toasted bread with tomatoes) makes a tasty starter, especially when followed by the *pasta alla puttanesca* (with garlic, capers, and anchovies). Imported beers and wines are great with dinner, and grappa or amaretto brings things to a fine finish. ⊠*Avda. San Isidro at C. 13* ☏*442–2812* 🚫*MC, V.*

$-$$ ✗**Masapan.** Masapan is a small group of eateries on a downtown corner. The cafeteria has a long buffet line, which serves many Honduran favorites, including tamales, baleadas, and typical breakfast and lunch plates. On Saturday they have seafood festival, and serve sopa marinera as well as other fish dishes. Campy and fun, the buffet line is great for browsing local cuisine, and the natural juice drinks are delicious. Two doors down there is a Masapan Chicken, with fried chicken and fries, and around the corner is the Masapan bakery, for cakes, breads, sandwiches, and more baleadas. ⊠*1 block north of Parque Central, between Avdas. la República and San Isidro* ☏*443–0627 or 443–3458* 🚫*MC, V* .

$$$$ 🏨**Las Cascadas Lodge.** This impressive resort is set in the most spectacular surroundings, with waterfalls, tropical gardens, and views of the river below. Swim in the rivers, swimming pool, or waterfall pools, or take a hike on one of the marked trails. All meals and airport transfers are included in the price, with sodas and wine or beer at mealtimes. The hosts will be able to arrange tours and activities in the area, such as rafting, hiking, bicycling, and canopy tours. No children. ⊠*Km. 6,*

Rio Cangrejal ☎*419–0030* ⊕*www.lascascadaslodge.com* ⊠*4 rooms* ⬦*In-hotel: pool, bar* ▭*AE, DC, MC, V* ⦿*All meals included.*

$$$$
★
✕ The Lodge at Pico Bonito. Set between two mountain-fed rivers, this breathtaking resort brings you unrivaled luxury amid a verdant tropical forest. Upon arrival you'll be greeted with a frothy cocktail served in a coconut shell, then asked when you would like your massage. All cabins, trimmed in rich mahogany, have private balconies and a handmade hammock. One of the English-speaking biologists can lead you on an early morning tour along the neighboring jungle paths to lookout towers and cascading waterfalls. You probably won't spot the jaguars whose howls punctuate the night, but you might see the semidomesticated ocelot that occasionally visits the lodge. ⊠*710, La Ceiba, Atlantida* ☎*440–0388, 440–0389, or 440–0391* ⊞*440–0468* ⊕*www.picobonito.com* ⊠*21 rooms, 1 suite* ⬦*In-room: no a/c, no TV. In-hotel: restaurant, room service, bar, pool, laundry service, airport shuttle, Internet* ▭*AE, MC, V* ⦿*All meals included, breakfast and lunch included* ⊘*Closed 2 weeks in Oct.*

$$$$
☾
✕ Palma Real. The only all-inclusive resort on the mainland, the Palma Real is set on a pristine stretch of beach. There are cabanas and hotel-style accommodations, a large pool, and even a small water park that is open to the public Wednesday to Sunday. There is a tour service on site (TURASER), which can arrange rafting, hiking, and canopy tours. ⊠*Playa Roma, between La Ceiba and Trujillo* ☎*236–9003* ⊞*236–9800* ⊠*160 rooms* ⬦*In-room: safe. In-hotel: 2 restaurants, bars, tennis court, pool, beachfront, laundry service* ▭*AE, MC, V.*

$$$
✕ Quinta Real. The first luxury hotel on the beach in Ceiba, Quinta Real is located in the heart of the Zona Viva. The decor is lavish, with a fine sampling of Honduran and international artwork on the walls. There are thatched tables on the beach or by the charming pool, and Maxim's, the restaurant on premises, offers fine dining daily from 6:30 AM to 10 PM. ⊠*On the beach, at Avdas. Victor Hugo and 15 de Septiembre* ☎*440–3311, 440–3312, or 440–3313* ⊞*440–3322* ⊕*www.quintarealhotel.com* ⊠*81 rooms* ⬦*In-hotel: restaurant, bar, pool, Wi-Fi, gym, spa, salon* ▭*AE, MC, V.*

$
✕ Gran Hotel Paris. Facing Parque Central, this hotel is a favorite among business travelers. Rooms are airy, with cool ceramic floors. The pool is a true oasis after a dusty day exploring the coast. The poolside bar is a good spot for an evening drink. ⊠*C. 8* ☎*443–2391 or 443–1643* ⊞*443–1614* ⊕*www.laceibaonline.net/hparis/* ⊠*63 rooms* ⬦*In-room: safe. In-hotel: restaurant, bar, pool, Wi-Fi* ▭*AE, MC, V.*

NIGHTLIFE

La Ceiba's nightlife is known as the best in Honduras. The clubs are concentrated in an area known as the Zona Viva, located on the Primera Calle, in Barrio La Isla, east of the estuary. This area can be extremely rowdy at night, so don't go alone. There are a few places that allow you to enjoy the atmosphere of the Zona Viva with relative security. **La Palapa,** an open-air, two-story bar with great music, drinks, and lively crowds, also serves food ⊠*Zona Viva, next to Quinta Real Hotel* ⊘*Open from 11 AM for lunch until late.*

The disco **Castle Beach,** formerly known as Monastere's, has a good sound system playing Latin music. There is a large beachfront deck outside, and lots of seating and room for dancing inside. The outdoor bar serves light food. ⊠ *C. 1* 🕮*L100* 🕑*Fri. and Sat.*.

La Casona. Very popular two-story disco, with an outdoor deck. They play popular Latin music, and have a full bar. Ladies' Night on Thursday and College Student Night on Friday generally have a full house. If dancing is not your thing, La Casona also has a popular karaoke bar. ⊠*Avda. 4, Barrio La Isla.*

SPORTS & THE OUTDOORS

BEACHES The closest beach to La Ceiba, **Playa La Barra,** starts beyond Barrio La Isla and continues to the Río Cangrejal. A nicer beach, **Playade Perú,** is about 10 km (6 mi) east of the city. It's extremely popular on weekends.

WHITE-WATER RAFTING The Río Cangrejal is one of the top spots in Central America for white-water rafting, offering Class II, III, and IV rapids. The river also borders the Pico Bonito National Park, and new resorts and activities are springing up almost daily. One of the original rafting lodges on the Cangrejal River, **Omega Jungle Lodge** (⊠*El Naranjo, south of La Ceiba* 🕾*440–0334*) has a top-quality staff of guides for rafting and kayaking trips, as well as horseback riding and jungle hiking. The lodge has operated since 1992, and has dorm-style accommodations or private cabins. The newest accommodations are 2nd-floor suites with screened walls providing incredible views of the verdant hills, and bird-watching from your own room. There is a pool, and meals are served every day in the *champa* (traditional Honduran thatch roof) dining room. It's a lot like summer camp for adults, and all the services are top quality. **Jungle River Rafting and Adventures** (⊠*Dutch Corner, C. 1* 🕾*440–1268*) offers half- and full-day rafting trips on the Río Cangrejal, as well as hiking expeditions up Pico Bonito.

TRUJILLO

160 km (99 mi) east of La Ceiba.

Explorer Christopher Columbus first set foot on the American mainland here, and it's said that he thanked God for delivering him from the *honduras* (loosely translated, it means "deep waters"). That footprint paved the way for the establishment of Trujillo, the country's first capital. Others soon followed. British pirates staked out the Bahía de Trujillo and occasionally raided coastal towns to snag gold bound for Spain. The fine **Fortaleza de Santa Bárbara,** near the central square, will give you the flavor of those days of conflict.

WHERE TO STAY & EAT

$–$$ ✕**Café Oasis.** Platters of delicious Cuban food are served up at this pleasant little restaurant. Try the hearty *tajadas delgadas de plátano verde con carne y repollo* (fried green plantains with a meat stew). The portions are ample, so you won't walk away hungry. ⊠*C. 2, south of Parque Central* 🕾*No phone* ⊟*No credit cards.*

$-$$ ✕**Rincón de Amigos.** Facing the Caribbean Sea, this open-air restaurant has made quite a splash with the expat community. Sit under the thatched roof and enjoy the excellent pizzas and other Italian fare. There are palapas a few feet from the water if you want to eat right on the beach. ✉*Trujillo* ☎*No phone* ▭*No credit cards* ☻*Closed Wed.*

$$ ⌨**Christopher Columbus Beach Resort.** The only resort on the unspoiled beaches of Trujillo, this modern hotel gives you views of the sea or the mountains from your private balcony. Activities including swimming, windsurfing, and fishing from the small private pier. ✉*Opposite the airport* ☎*434–4966* 🖷*434–4971* 🛏*69 rooms, 3 suites* ♿*In-hotel: restaurant, bar* ▭*AE, MC, V.*

$$ ⌨**Tranquility Bay Beach Resort.** A lovely rustic resort just outside of Trujillo, on the beach. Rooms are large and comfortable, and the surrounding area is beautiful. ✉*Road to Santa Fe* ☎*928–2095* ⊕*www. tranquilitybayhonduras.com* ♿*In-room: no a/c, no phones. In-hotel: beachfront* ▭*No credit cards.*

$ ⌨**Hotel Trujillo.** A short walk from the center of town, this hotel has clean, comfortable rooms with air-conditioning, private bath, and TV. ✉*C. 18 de Mayo near Cementario Viejo* ☎*434–4202* 🛏*18 rooms, some with bath* ♿*In-hotel: laundry service, free parking, no elevator* ▭*No credit cards.*

CARIBBEAN COAST ESSENTIALS

AIR TRAVEL TO & FROM THE CARIBBEAN COAST
La Ceiba is an important transportation hub for travelers headed to mainland communities such as Tela and Trujillo or to the Bay Islands. Taca flies daily to Trujillo. Isleña and Sosa have daily flights to Tegucigalpa, San Pedro Sula, Roatán, and Utila. Isleña and Sosa fly to Guanaja. Atlantic flies to Tegucigalpa, San Pedro Sula, Roatán, Utila, and Guanaja, as well as to Belize City and Managua.

Airlines & Contacts Atlantic Airlines (✉*Edificio Caribe, Avda. La República, La Ceiba* ☎*440–2343 or 440–1220 (airport)* ⊕*www.atlanticairlinesint.com*). **Isleña** (✉*Mall MultiPlaza, 1st level, La Ceiba* ☎*441–3354 or 441–3190* ⊕*www. flyislena.com*). **Sosa** (✉*Avda. San Isidro, La Ceiba* ☎*443–1399 or 443–2519*). **Taca** (✉*Mall MultiPlaza, 1st level, La Ceiba* ☎*441–3354 or 441–3190* ⊕*www. grupotaca.com*).

AIRPORTS & TRANSFERS
Aeropuerto Internacional Golosón is 12 km (7 mi) from La Ceiba. Most taxis will charge around L120 to get you to your hotel.

Airport Information Aeropuerto Internacional Golosón (✉*Carretera La Ceiba–Tela, La Ceiba* ☎*441–3025*).

BUS TRAVEL WITHIN THE CARIBBEAN COAST
Buses run frequently along the country's northern coast. La Ceiba is unusual in that it has a central bus station, although the deluxe bus companies such as Viana and Hedman have their own terminals.

There are no direct buses from La Ceiba or San Pedro Sula to Tela, but the (supposedly) hourly service by Catisa-Tupsa between San Pedro

Sula and La Ceiba stops at Tela, as do the Cotraibal and Cotuc buses that travel from San Pedro to La Ceiba and Trujillo. Expresos del Atlántico offers speedy direct buses between Puerto Cortés and San Pedro Sula, whereas Impala and Citul offer achingly slow service.

Bus Information Catisa-Tupsa (⊠*Mercado San José, La Ceiba* ☎*441-2539* ⊠*Avda. 4 between 2 and Cs. 3 NE, San Pedro Sula* ☎*553-1023*). **Citul** (⊠*Avda. 4 between Cs. 3 and 4, Puerto Cortés* ☎*665-0466* ⊠*Avda. 6 SO, between Cs. 7 and 8, San Pedro Sula* ☎*553-0070*). **Cotraibal** (⊠*Barrio El Centro, Trujillo* ☎*434-4932* ⊠*Avda. 1 between Cs. 7 and 8, San Pedro Sula* ☎*557-8470*). **Cotuc** (⊠*C. 18 de Septiembre, Trujillo* ☎*444-2181* ⊠*C. Principal, La Ceiba* ☎*441-2199*). **Expresos del Atlántico** (⊠*Parque Central, Puerto Cortés* ☎*No phone* ⊠*Avda. 6 SO between Cs. 7 and 8, San Pedro Sula* ☎*No phone*). **Hedman Alas** (⊠*Supermercado Ceibeño #4, hwy to Trujillo, La Ceiba* ☎*441-5347*). **Impala** (⊠*Barrio San Ramón, Puerto Cortés* ☎*665-0606* ⊠*Avda. 2 between Cs. 4 and 5, San Pedro Sula* ☎*553-3111*). **Viana Clase Oro** (⊠*Blvd. 15 de Septiembre, La Ceiba* ☎*441-2330*).

CAR RENTAL

If you are looking to rent a car along the coast, head to La Ceiba. Most agencies have offices in town and at the airport.

Rental Agencies Avis (⊠*Blvd. 15 de Septiembre, La Ceiba* ☎*441-2802*). **Molinari** (⊠*Parque Central, La Ceiba* ☎*443-0055*). **Toyota Rent a Car** (⊠*Carreterra a Tela, La Ceiba* ☎*441-0140 or 441-2532*).

EMERGENCIES

La Ceiba has some of the best hospitals in the country. Hospital Euro Honduras has a 24-hour emergency department staffed with English, German, and French speakers. There is no shortage of good clinics throughout the northern coast. Pharmacies are everywhere, so ask at your hotel which is the nearest.

Hospitals Clínica Médica (⊠*2 blocks south of Parque Central, Tela* ☎*448-0297*). **Hospital Euro Honduras** (⊠*C. 1 and Avda. Atlántida, La Ceiba* ☎*443-0244 or 440-0930*). **Hospital Salvador Paredes** (⊠*C. Principal, Trujillo* ☎*434-4093*). **Hospital Suizo Hondureño** (⊠*Prolongación Blvd. 15 de Septiembre, La Ceiba* ☎*441-2029 or 441-2518*). **Hospital Vicente D'Antoni** (⊠*C. de D'Antoni, La Ceiba* ☎*443-2264*).

MAIL & SHIPPING

All towns along the Caribbean Coast have a centrally located post office. For important packages, La Ceiba has several overnight services.

Overnight Services DHL (⊠*Avda. San Isidro, La Ceiba* ☎*443-2872*). **Federal Express** (⊠*Blvd. 15 de Septiembre, La Ceiba* ☎*443-1244*). **UPS** (⊠*Avda. 14 de Julio, La Ceiba* ☎*443-4395*).

Post Offices La Ceiba (⊠*Avda. Morazán and C. del Hospital Vicente D'Antoni* ☎*442-0024*). **Tela** (⊠*Avda. 4 NE* ☎*448-2094*).

MONEY MATTERS

Because of the number of tourists here, you can easily exchange currency at most communities along the Caribbean Coast. Banks or exchange houses usually offer slightly better rates than your hotel.

Except for La Ceiba, where transactions are fairly fast, you may not you might not want to bother with waiting in long lines.

Banks **Banco Atlántida** (✉ *La Ceiba* ☎ *441–4125* ✉ *Tela* ☎ *448–2009* ✉ *Trujillo* ☎ *434–4830* ⊕ *www.bancatlan.hn*). **Banco Ficohsa** (✉ *La Ceiba* ☎ *443–4447* ⊕ *www.ficohsa.hn*). **BAC/Credomatic** (✉ *Avda. San Isidro, La Ceiba* ☎ *443–0668* ⊕ *www.credomatic.com*).

SAFETY

The coast is fairly laid-back, so violent crime is rare. Petty theft, on the other hand, is common. Keep your wits about you, especially when being showered with attention by children. Backpacks are a common target, so don't forget about yours as you walk through crowds.

TAXIS

More than anywhere else in Honduras, taxis along the coast often stop to pick up additional passengers. This will not change your fare, but it might mean that you will not be dropped off first. Most taxis in La Ceiba offer a standard fare of L15, and collect other passengers. Ask about direct rates, and expect an increase in fare if you travel outside the city. In Tela fares hover between L10 and L20, rising a bit when you cross the bridge. In Trujillo some cabbies try to strike a hard bargain. Always check the going rate with locals and stand your ground.

TOUR OPERATORS

Though often expensive, tour operators can make otherwise impossible journeys feasible. La Ceiba has many fine tour companies, and is a good place to launch a trip to the remote areas of La Mosquitia. In Tela, Garífuna Tours is one of the most-respected tour operators. Run by busy Italian Alessandro D'Agostino, the company has made a name for itself since its inception in 1994 for its trips with trained biologists and local guides. La Moskitia Ecoadventures is among the best-regarded in La Ceiba.

★ **Tour Companies** **La Moskitia Ecoaventuras** (✉ *Avda. 14 de Julio, Hotel Plaza Caracol, La Ceiba* ☎ *441–2480* ⊕ *www.lamoskitiaecoaventuras.com*). **Caribbean Travel** (✉ *Edificio Hermanos Kawas, Avda. San Isidro, La Ceiba* ☎ *443–1360 or 443–1361*). **Honduras Tourist Options** (✉ *Blvd. 15 de Septiembre, near the Central Bank, La Ceiba* ☎ *443–0337* ⊕ *www.hondurastouristoptions.com*). **Garífuna Tours** (✉ *C. 9, Tela* ☎ *448–1069*).

VISITOR INFORMATION

The best information on Honduras is *Honduras Tips,* a free magazine based in La Ceiba. You should find a copy in airports, restaurants, and hotels. Published twice a year, it is also available online. It includes a transportation guide featuring current bus and boat schedules.

Tourist Information **Honduras Tips** (⊕ *www.hondurastips.honduras.com*).

THE BAY ISLANDS

Surrounded by one of the world's largest barrier reefs, the Bay Islands are a dream come true for snorkelers who can come face-to-face with shy sea turtles and divers who can glide along the bottom with graceful eagle rays. It's also irresistible for those who simply want to relax on a palm-fringed beach far from the crowds found in the rest of the Caribbean.

Located off the northern coast of Honduras, the Bay Islands are made up of three larger islands: Roatán, Utila, and Guanaja. There are also more than 60 islets and keys, many of them uninhabited. Truly a tropical paradise, these emerald specks in the azure sea have long attracted an eclectic mix of settlers who make up the spicy cultural soup that flavors life on the islands.

4

The islands were populated by the robust Pech people when explorer Christopher Columbus first set foot on the easternmost island, Guanaja, during his fourth voyage to the region in 1502. He claimed the islands for Spain, and that country soon forced the indigenous people to move to Mexico to work in the gold and silver mines. All the while the Spanish had to fend off pirates like Henry Morgan, who used the islands as a base for raiding Spanish ships in the early 1600s.

The islands were largely uninhabited until the late 18th century, when the British quelled a rebellion by the Garífuna people living on the Caribbean island of St. Vincent. The survivors were moved to Roatán, the largest of the Bay Islands. The Garífuna didn't much care for the island and emigrated to the mainland town of Trujillo, leaving behind one surviving settlement in the community of Punta Gorda.

Residents of the Bay Islands today live much as they have for hundreds of years—fishing, dancing, and holding on to traditions. They speak a very distinct style of Caribbean-accented English. Recently, though, the growing tourism industry has infused the island with a growing population, including many Spanish-speaking mainlanders, and a large number of foreign expats. As a result the Bay Islands are now more "Honduran" and more modern at the same time.

ROATÁN

Only about 65 km (40 mi) from end to end, ribbonlike Roatán is the most populous of the Bay Islands. Most villages are along the water's edge, with rows of modest homes looking directly out to the ocean. The west side of the island has recently seen much development, whereas the east side is still largely untouched by tourism. A drive into the mountains will reward you with a panoramic view of the entire island.

COXEN HOLE

Coxen Hole was named after John Coxen, a buccaneer who lived on Roatán at the end of the 17th century. The town itself, however, wasn't settled until more than a century later. The largest town on the island, it serves as the gateway to Roatán. Here you'll find the airport and

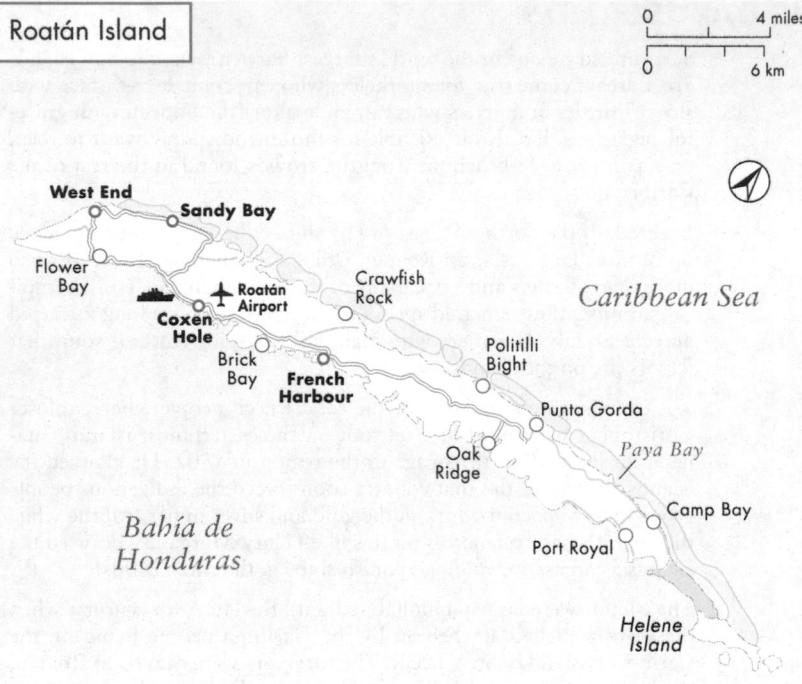

most bank branches, as well as ATM machines. Although it would be a stretch to call this cluster of clapboard houses attractive, the town's rich heritage lends it a unique atmosphere.

WHERE TO EAT   ✕**Bojangles Chicken/Pizza Inn.** Although you didn't come to Central
$ America to eat chicken and biscuits, even locals supplement their diet with a little fast food now and then. Sweet tea, your basic fried chicken, and a large variety of cheap pizza will satisfy most groups or weary travelers. ⊠ *At the Petrosun Gas Station, main highway outside of Coxen Hole* ☎ *445–1208* ▤ *MC, V* ☉ *Closed Sun.*

$ ✕**H. B. Warren.** The most centrally located supermarket on the island, H. B. Warren has a lunch counter where you can sample some delicious fried chicken. It's also a great place for a quick breakfast. ⊠ *Main St.* ☎ *445–1208* ▤ *No credit cards* ☉ *Closed Sun.*

SANDY BAY
7 km (4 mi) west of Coxen Hole.

On the north coast of the island, Sandy Bay is a laid-back community that stretches many miles along the sandy beach. It is home to many unique sites and attractions that will bring you closer to the Caribbean lifestyle.

☼ One of the attractions at Anthony's Key Resort, the **Roatán Institute for Marine Sciences** is an educational center that researches bottlenose dolphins and other marine animals. There are dolphin shows twice a day which are free to the public. For an additional fee you can participate in a "dolphin encounter," which allows you to interact with the dolphins either swimming or snorkling. There are also programs for children ages 5 to 14, including snorkeling experiences, and the "Dolphin Trainer for a Day" program. ⊠*Anthony's Key Resort* ☎*445–1327* ⊕*www.anthonyskey.com* ⊠*L64* ☉*Daily 8:30–5.*

Well worth a visit is the tiny **Roatán Museum,** named one of the best small museums in Central America. The facility, at Anthony's Key Resort, displays archaeological discoveries from Roatán and the rest of the Bay Islands. ⊠*Anthony's Key Resort* ☎*445–1327* ⊕*www.anthonyskey.com* ⊠*L64* ☉*Daily 8:30–5.*

With one of the country's most extensive orchid collections, the **Carambola Botanical Gardens** is home to many different varieties of tropical plants. It is also a breeding area for iguanas. There are several trails to follow, and many of the trees and plants are identified by small signs. The longest trail leads up to the top of the hill, where you find an amazing view of the West End of the island and Anthony's Key Resort. ⊠*Sandy Bay, across from Anthony's Key Resort* ☎*445–1117* ⊠*$5* ☉*Daily 7–5.*

WHERE TO
STAY & EAT
$$–$$$$

✕**Blue Parrot.** A popular hangout for expats, Bob's Blue Parrot serves cold beer, burgers, salads, and daily specials. Located next to Seadancer Condominiums, it draws a nice mix of vacationers for lunch and dinner. The island artwork and personal attention of the owner make this a great choice for a relaxing meal. ⊠*Seadancer Resort, Sandy Bay* ☎*no phone* ⊟*no credit cards.*

✕**Que Tal Café.** This long-time island favorite has recently relocated to the Resort at Lawson Rock. In their beautiful new location, they serve the same excellent breakfasts and daily lunch specials. The dining area has a book-exchange, Wi-Fi, and full coffee bar. ⊠*Lawson Rock, Sandy Bay* ☎*445–3295* ⊟*MC, V* ☉*Closed weekends during low season.*

$$$$
☼

📷**Anthony's Key Resort.** Nestled on a private key, the low-slung cabanas at this luxury resort put the Caribbean at your doorstep. Ocean breezes waft in through the slatted windows, keeping the simple rooms cool and comfortable. If you prefer, a few come with air-conditioning. Either way, you can enjoy blazing sunsets from your private terrace. Water taxis ferry you to the rest of the resort. Renowned for its diving operation, Anthony's Key takes you out on six 42-foot boats. The resort also offers kids' programs (ages 5 to 14), beach picnics, horseback riding, and a wide range of water sports. Always a favorite among divers. ⊠*Sandy Bay* ☎*445–1003* 📠*445–1140* ⊕*www.anthonyskey.com* ⤶*56 rooms* ♿*In-hotel: restaurant, bar, pool, diving, water sports, no elevator* ⊟*AE, MC, V.*

WEST END

5 km (3 mi) southwest of Sandy Bay.

One of the most popular destinations for budget travelers, West End offers idyllic beaches stretching as far as the eye can see. One of the loveliest spots is Half Moon Bay, a crescent of brilliant white sand. A huge number of dive shops offer incredibly low-priced courses.

WHERE TO
STAY & EAT
$$–$$$

✕ **The Galley.** Just a few steps back from the beach in West End, this little outdoor establishment serves a variety of Swiss, Italian, and German dishes, with lunch specials daily. They also have imported German beer. ✉ *West End* ☎ *349-4344* ⊙ *Daily 10:30–2* PM ⊟ *No credit cards* ⊙ *Closed Sat.*

$

✕ **French Harbour Bakery.** The West End branch of this popular bakery serves great bread, sandwiches, and bagels. ✉ *Beach house at Half Moon Bay, West End* ☎ *No phone* ⊟ *No credit cards* ⊙ *Closed Sun.*

$$$$

✕⌂ **Inn of Last Resort.** The owners of this lovely inn sought to keep the island's natural beauty intact, which is why they built one of the staircases around a huge tree. Nearly hidden in the foliage, the low-slung main building is steps away from a private lagoon where you can relax with a drink as you watch the sunset. The spacious rooms, with honey-color wood walls, have big windows that let in the breeze. The restaurant ($$–$$$), cooled by lazily turning ceiling fans, serves international favorites. Should you want to go diving, a pair of 42-foot boats is moored nearby. ✉ *West End* ☎ *445–1902* 🖷 *445–1848* ⊕ *www.innoflastresort.com* ⇆ *30 rooms* ⌂ *In-hotel: restaurant, bar, beachfront, diving, water sports, no elevator* ⊟ *AE, MC, V.*

$$$

✕⌂ **Luna Beach Resort.** If you ever daydreamed about your own beach house, this may be the place for you. Here you can have a stunningly designed cabin perched high above the silvery sands of West End. All have two or three bedrooms, making them perfect for families. Louvered windows let tropical breezes blow through your sitting room. If you want to mingle with the other guests, stroll down to the pier jutting out into the ocean. The upscale bar and restaurant ($$–$$$$) have a romantic atmosphere. Enjoy Mediterranean fare as you watch the sun dip below the horizon. ✉ *West End* ☎ *445–0009* ⊕ *www.lunabeachresort.com* ⇆ *9 houses* ⌂ *In-hotel: restaurant, no elevator* ⊟ *AE, MC, V.*

$$

⌂ **Casa Calico.** Located on the "quiet" end of West End, Casa Calico is off the beaten path, but still just a short walk to sand beaches, restaurants and nightlife in West End. There are six rooms and three suites, as well as four one-bedroom apartments and two two-bedroom town-homes. A very popular breakfast is served daily from 7 AM to 10 AM. Breakfast is included in room prices, but also open to the public. The rooms have all been recently remodeled with great beds, air-conditioning, and cable TV, making this a great value for the money. There is also a Spanish school on-site, if you are interested in working on your language skills. ✉ *North on the main road in West End* ☎ *445–4231* ⊕ *www.casacalico.com* ⇆ *6 rooms, 3 suites, 6 apartments* ⌂ *In-room: Wi-Fi, refrigerator, kitchen (some), no phones, no elevator* ⊟ *MC, V.*

$$ ✕☷ **Pura Vida Resort Hotel.** Popular with divers, this two-story hotel is steps away from the surf. It only takes a few minutes to reach any of 40 different dive sites. Rooms, all of which face the ocean, are clean and comfortable. Judging from the food, you might think that the hotel's popular eatery ($$$$) was perched next to the Mediterranean. The family that runs it serves up delicious seafood that calls on their Italian heritage. The atmosphere is convivial—great for people-watching. ✉ *West End* ☎*445–1141* ⊕*www.puravidaresort.com* ⤶*18 rooms* ⌂*In-hotel: restaurant, room service, bar, beachfront, diving, water sports, laundry service, Wi-Fi, no elevator* ▭*AE, MC, V.*

$–$$ ✕☷ **Posada Arco Iris.** Turn right as you enter West End and you'll find this friendly lodge run by an Argentinian couple. If you want a little privacy, try one of these self-contained apartments. All have hammocks on the private verandas. The on-site restaurant ($$$–$$$$), the Argentinian Grill, is always busy and serves excellent steak and seafood dishes. ✉*Half Moon Bay* ☎*445–1264* ⤶*19 rooms* ⌂*In-hotel: restaurant, no elevator* ▭*AE, MC, V* ☉*Restaurant closed Tues.*

$$$ ☷ **Cocolobo.** This new hotel on the point in West End has large, airy rooms, with a view of the passing dive boats out front and a small infinity pool in which to relax. Sand beaches are not directly accessible, but intrepid snorklers will put on a pair of sturdy shoes and pick their way across the rocky coral seashore to one of the ocean entry points. You can see the coral reef just a few feet from shore, and there are buoys that mark some of Roatán's most popular dive sites a bit farther out. ✉*North on the main road in West End, beyond Seagrape Plantation* ☎*No phone* ⊕*www.cocolobo.com* ⤶*10 rooms* ⌂*In-room: refrigerator, cable, no phones. In-hotel: no elevator* ▭*MC, V.*

$ ☷ **Chillies.** Run by a friendly British woman, this clean and comfortable lodging is the destination of most backpackers. In an idyllic setting on Half Moon Bay, it consists of a cluster of cabins with shared baths. If you want more privacy, there are a pair of larger cabins with private baths. Native Sons Dive Center is located here as well, and is a very professional and popular choice among divers. ✉*Half Moon Bay* ☎*445–4003* ⊕*www.nativesonsroatan.com/chillies.htm* ⤶*11 rooms* ⌂*In-room: no a/c (some), no TV. In-hotel: diving, no elevator* ▭*No credit cards.*

NIGHTLIFE The perfect place to end the day, **Sundowners** (✉*West End*) is where tourists and locals all hang out for a cold beer right on the beach. They open around noon, and after taking a dip in the ocean or lying on the sand, you can take advantage of their freshwater shower before ordering a cocktail or a snack. They have a small menu with great appetizers, sandwiches, and burgers. At the far southern end of West End **Loafers** (✉*West End*) is a late-night hot spot that opens after the restaurant bars have closed down. You can shoot a game of pool on the terrace, join in a volleyball game in the sand, or simply listen to the music.

SPORTS & THE
OUTDOORS Competition among the dive shops is fierce in West End, so check out a few. When shopping around, ask about class size (eight is the maximum), the condition of the diving equipment, and the safety equipment on the dive boat. **Native Sons** (✉*West End* ☎*445–1335*) is one of the most popular dive shops in town. It's run by a native of Roatán who

really knows the area. In business for more than a decade, **West End Divers** (✉ *West End* ☎*445–1531*) has a pair of dive boats. The company is committed to protecting the fragile marine ecology.

The popular **Ocean Connections** (✉ *West End* ☎*445–1925*) is a well-established dive shop. Just at the entrance to West End, **Coconut Tree Divers** (✉ *West End* ☎*445–4081*) is a PADI Gold Palm resort, offering a wide range of dives and dive courses. They also have cabins with air-conditioning and fridges, with a discount for their divers.

WEST BAY

Down the beach from West End is West Bay, where you'll find some of the area's more luxurious resorts and the best beaches on the island. The reef comes quite close to the shore, so you don't even need a boat to see some of the island's most astounding sea life.

Another option when visiting Roatán is a short-term rental. Recent development and retiring baby boomers have created an abundance of vacation homes on Roatán, which offer privacy and more amenities for your group or family vacation. **Roatán Life Vacation Rentals** (✉ *West Bay* ☎*445–5036, 970/300–4078 from U.S.* ⊕*www.roatanlifevacationrentals.com*), located in the West Bay Mall, has a great selection of homes and condos all over the island

WHERE TO
STAY & EAT
$$–$$$

✗**Bite on the Beach.** On a beautiful deck overlooking the beach, the restaurant serves up a wide selection of seafood, including conch, crab, and lobster. The menu changes often, but you'll almost always find favorites like Thai shrimp with peanut sauce. It's easily accessible by water taxi from West Bay. ✉ *West Bay* ☎*No phone* ▤*MC, V* ☉*Closed Mon.–Wed.*

$$$ **Mayan Princess Beach Resort & Spa.** Set among gardens filled with scarlet hibiscus, these Spanish-style condominiums are along the shore at West Bay. A beautiful meandering swimming pool with waterfalls is the centerpiece of the resort. The palm-sheltered beach is just outside your door. If you want to snorkel, the reef is a few yards offshore. This resort is a favorite location for weddings and honeymoons. ✉ *West Bay* ☎*445–5050* ⊕*www.mayanprincess.com* ⚲*50 rooms* ᐧ*In-room: kitchen, refrigerator, Wi-Fi. In-hotel: restaurant, bar, pool bar, business center, no elevator* ▤*AE, MC, V.*

$$$ **Las Rocas Resort & Diving Center.** Between West End and West Bay, this resort has one- and two-story bungalows with private porches overlooking the ocean. Grab a book and relax in one of the hammocks swaying in the breeze. Run by a friendly duo, the dive shop is very popular. ✉ *West Bay Beach* ☎*445–1841* ⊕*www.lasrocasresort.com* ⚲*16 rooms* ᐧ*In-room: no phone, no TV, dial-up. In-hotel: restaurant, room service, bar, pool, diving, water sports, laundry service, airport shuttle, parking (no fee), no kids under 8, Wi-Fi, minibar, no elevator* ▤*AE, DC, MC, V.*

FRENCH HARBOUR
11 km (7 mi) east of Coxen Hole.

The most bustling community on the island, French Harbour is home to one of the largest fishing fleets in the western Caribbean. The best supermarket on the island, Eldon's, is located at the entrance to the town. It stocks everything you could need for a picnic on the beach or an overnight stay on one of the deserted islets.

West of French Harbour you'll find **Arch's Iguana Farm,** where you can get a close look at the stern-faced lizards. Hundreds of the sleepy creatures roam around the reserve. Drop in around noon to see them have lunch. ⊠*French Harbour* ☎*445–1498* ⌨*L75.*

WHERE TO
STAY & EAT
$$$
✗**Gio's.** Famous for its king crabs, Gio's is something of an institution on Roatán. Served with lemon butter, the seafood comes in heaping portions. There's a slew of other satisfying seafood specialties, as well as great steaks. Sit in the air-conditioned dining room or on the terrace overlooking the Caribbean. ⊠*French Harbour* ☎*455–5214* ▤*AE, MC, V* ☾*Closed Sun.*

$$$$
▥**Fantasy Island.** One of the oldest and largest resorts on Roatán, this sprawling hotel offers accommodations similar to those of American hotels. At the efficiently run dive shop you can hop aboard any of the six large wooden boats that take you out to the reef. The restaurant is open for lunch and dinner. ⊠*French Harbour* ☎*455–5222* 🖷*455–5268* ⊕*www.fantasyislandresort.com* ⇗*87 rooms* ⌂*In-hotel: restaurant, bar, tennis court, beachfront, diving, water sports, minibar* ▤*AE, MC, V.*

$$$–$$$$
▥**Palmetto Bay Plantation.** West of French Harbour, Palmetto Bay is a cluster of beautifully designed two- and three-bedroom villas. Rooms feature vaulted ceilings, hardwoods floors, and tiled baths. Set in lovely landscaped gardens, this resort beckons with its glittering pool and private beach. The restaurant offers deliciously prepared seafood. On Saturday night you can grab a beer and dance to the live music. ⊠*Crawfish Rock* ☎*991–0811* ⊕*www.palmettobayplantation.com* ⇗*16 rooms* ⌂*In-hotel: restaurant, bar, pool, water sports* ▤*AE, MC, V.*

$$$
★
▥**CoCo View.** This hugely popular dive resort is famous for having more repeat business than anywhere else in the Caribbean. That's understandable, as the friendly staff ensures that everyone from newcomers to old pros have dives that are fun and challenging. A quintet of boats carries up to 30 people each to a variety of sites. A few dozen wooden cabins are set out over the ocean, so the sound of the waves will lull you to sleep. Accessible only by boat, the resort is about 5 km (3 mi) east of French Harbour. ⊠*French Harbour* ☎*445–7461 or 445–7500* 🖷*588–4158* ⊕*www.cocoviewresort.com* ⇗*25 rooms* ⌂*In-hotel: restaurant, bar, beachfront, diving, water sports, no elevator* ▤*AE, MC, V.*

4

UTILA

The smallest of the Bay Islands, Utila has managed to evade full-scale development. It is small, especially compared to Roatán, and some visitors complain that there isn't much to do. On the other hand, more than a few travelers have planned to drop in for a weekend and ended up staying for a month or more. Locals, with their penchant for story-telling, make visitors feel right at home.

Known for its affordable diving classes, Utila is very popular with backpackers. This does not mean, however, that you'll be roughing it. The resorts here are small but inviting, like the island itself.

WHERE TO STAY & EAT

$$ ✕ **The Jade Seahorse.** Looking a bit like a museum, this longtime favorite
★ is decorated with island paraphernalia. The best place to enjoy the big platters of seafood is in the pleasant garden. Stop by for one of the best fresh fruit shakes you'll find on the islands. ⊠ *Cola de Mico Rd.* ☎ *No phone* ▤ *MC, V* ⊘ *No dinner Sat.*

$ ✕ **Thompson's Bakery.** Without question the most popular place for breakfast, this little establishment sells baked goods hot out of the oven. If you want more substantial fare, try one of the omelets and some fresh orange juice. ⊠ *Cola de Mico Rd.* ☎ *No phone* ▤ *No credit cards.*

$$$ ▦ **Laguna Beach Resort.** Perched on the edge of the Caribbean, this resort has bungalows with private decks overlooking the water. The accommodations have a rustic feel, but have amenities such as air-conditioning and private baths. Along with a dive center offering trips to more than 100 underwater wonders, the resort also lets you try your hand at kayaking and other water sports. ⊠ *Southeast coast of Utila* ☎ *425–3239* ⊕ *www.utila.com* ⇄ *14 rooms* ♿ *In-hotel: restaurant, bar, pool, beachfront, diving, water sports* ▤ *AE, MC, V.*

$ ▦ **Mango Inn.** Set amid breadfruit and banana trees, this wooden lodge has generously proportioned rooms with porches where you can relax in a hammock. The pool is a favorite place for divers and families to gather in the afternoon. The restaurant serves up light fare, including a tasty grilled-chicken sandwich. There's a pretty garden where you'll find barbecues on weekends. ⊠ *Cola Mico Rd.* ☎ *425–3335* ᗓ *425–3327* ⊕ *mango-inn.com* ⇄ *23 rooms* ♿ *In-hotel: pool, restaurant, diving, water sports, no elevator* ▤ *MC, V.*

NIGHTLIFE

You'll find **Bar in the Bush** (⊠ *Past the Mango Inn*) in the middle of a tropical forest. It's the noisiest spot on the island. **La Pirata** (⊠ *Broussard Plaza, 3rd fl., Ferry Dock*) is open daily from 1 PM, and they serve very good steak dinners from 6 PM. Usually quite lively for dancing in the evening.

OUTDOOR ACTIVITIES & SPORTS

Warm water, great visibility, and thousands of colorful fish make Utila a popular destination. Add to this a good chance of seeing a whale shark and you'll realize why so many people head here each year. The **Bay Islands College of Diving** (⊠ *Utila Lodge* ☎ *425–3291*) is one of

Utila's top facilities. Classes are small, meaning you'll get more one-on-one attention. If you're looking for a one-stop dive center, look no further than **Ron's World** (⊠ *Cross Creek Hotel* ☎ *425–3134*). The bar has great music, and the restaurant is open for breakfast, lunch, and dinner.

GUANAJA

Guanaja, once populated by the Paya people, has rolling hills covered with evergreens. Explorer Christopher Columbus named it Pine Island when he came across it in his fourth and final voyage to the Americas in 1502. Guanaja Town, also known as Bonacca, is on a small key off the mainland. Since boats must negotiate shallow canals, Bonacca has been called the "Venice of Honduras." Although the winding roads and bridges make Guanaja Town seem like a maze, the town is so small you can't get lost. There are no cars here, making the island seem as removed from civilization as you can get.

WHERE TO STAY & EAT

$$ ✕ **Pirate's Den.** Locally caught seafood is the draw here, along with excellent chicken and beef dishes. Stop by on Friday for the weekly barbecue. ⊠ *Bonacca* ☎ *453–4308* ⊟ *No credit cards.*

$$$$ ⊡ **Posada del Sol.** One of the most well-regarded resorts on the island, this Spanish-style inn is set in a beautifully manicured garden overlooking the sea. A dramatic mountain peak serves as the backdrop. You won't run out of things to do—besides diving and snorkeling, you can take a dip in the pool, play a few games of tennis, or pamper yourself in the full-service spa. The resort has one of the friendliest staffs on the Bay Islands. ⊠ *Guanaja* ☎ *435–4505 or 237–4982* ⊕ *www.posadadel-sol.com* ⇄ *23 rooms* ⚭ *In-hotel: restaurant, bar, pool, spa, beachfront, diving, water sports* ⊟ *MC, V.*

THE BAY ISLANDS ESSENTIALS

AIR TRAVEL TO & FROM THE BAY ISLANDS
From North America, Taca flies nonstop from Houston and Miami to Roatán. Isleña offers daily flights from San Pedro Sula, Tegucigalpa, and La Cieba to Roatán. Isleña and Sosa also offer flights between La Cieba and Guanaja, whereas Sosa flies from La Cieba to Utila.

Airlines & Contacts Isleña (☎ *445–1833 on Roatán, 445–4208 on Guanaja*). **Sosa** (☎ *445–4359 on Guanaja, 445–3161 on Utila*). **Taca** (☎ *445–1387 on Roatán*).

AIRPORTS & TRANSFERS
About 1½ km (1 mi) from Coxen Hole, Roatán International Airport is the destination for all international flights and most domestic flights headed to the Bay Islands. You can also fly into the smaller airports on Guanaja and Utila.

Airport Information Aeropuerto Internacional Roatán (⊠ *Coxen Hole, Roatán* ☎ *445–1874*).

BUS TRAVEL WITHIN THE BAY ISLANDS
On Roatán, minibuses run an hourly service from Coxen Hole east to Oak Ridge and west to West End. All trips cost L10.

CAR RENTAL
Renting a car is a popular, if pricey, option on Roatán. The average cost is $35 to $40 per day. Well-regarded local companies include Arrendadora de Vehiculos and Sandy Bay Rentals.

Local Agencies **Arrendadora de Vehiculos** (✉ *Opposite Roatán International Airport, Roatán* ☎ *445-1568*). **Sandy Bay Rentals** (✉ *Sandy Bay, Roatán* ☎ *445-1710*).

CAR TRAVEL
The only paved road on Roatán runs the length of the island as far East as Oak Ridge and as far west as West Bay. There are a number of unpaved, unmarked roads leading to various settlements on the southern and northern shores. These are graded from time to time but can be difficult to navigate, particularly if it has been raining.

EMERGENCIES
There is only one private hospital on the Bay Islands. Wood's Medical Centre, open 24 hours, can handle most emergencies. It can also organize transfers to hospitals on the mainland. There are two hyperbaric chambers on the island to treat divers with the bends, one at Fantasy Island and the other at Anthony's Key Resort. These facilities also have medics on call for emergencies.

Hospital **Wood's Medical Centre** (✉ *Coxen Hole, Roatán* ☎ *445-1080*).

MONEY MATTERS
There are a number of banks on Roatán, and most offer cash advance on Visa cards. All have branches in Coxen Hole and French Harbour. Banco Atlántida, in Coxen Hole, has the only ATM on the islands.

Banks **Banco Atlántida** (✉ *Coxen Hole, Roatán* ☎ *445-1225*). **Credomatic** (✉ *Coxen Hole, Roatán* ☎ *445-1196*).

TAXIS
Roatán is crawling with taxis. Collective taxis, where the driver picks up other passengers along the way, are far less expensive than private ones. A collective taxi ride from Coxen Hole to French Harbour or to West End should not cost more than L50.

TOUR OPERATORS
You can organize a tour of the islands through a travel company like Bay Island Tours, or hire a taxi driver to bring you around.

Tour Company **Bay Island Tours** (✉ *Coxen Hole, Roatán* ☎ *455-5586*).

HONDURAS ESSENTIALS

AIR TRAVEL TO & FROM HONDURAS

American and Continental have flights to Tegucigalpa and San Pedro Sula from the United States, and Taca flies to both cities from many cities throughout Latin America. Taca also flies nonstop from Houston and Miami to Roatán. Continental has two flights on weekends from Houston to Roatán. Delta also has flights from Atlanta to Roatán on Saturday. From elsewhere in Central America, Atlantic flies to Tegucigalpa from Belize City and Managua. Iberia flies from Madrid to San Pedro Sula.

Airlines & Contacts American (⊠ *Edificio Palmira, Avda. República de Chile, Col. Palmira, Tegucigalpa* ☎ *220-7585, toll-free in Honduras 800/220-1414* ⊠ *Edificio Ficohsa, Avda. Circunvalación, San Pedro Sula* ☎ *553-3506* ⊕ *www. aa.com*). **Continental** (⊠ *Edificio Palic, Avda. República de Chile 804, Col. Palmira, Tegucigalpa* ☎ *220-0988* ⊠ *Edificio Versailles, Avda. Circunvalacion, San Pedro Sula* ☎ *557-4141* ⊕ *www.continental.com*). **Iberia** (⊠ *Avda. Republica de Chile 1710, Tegucigalpa* ☎ *232-5459 or 232-5488* ⊕ *www.iberia.com*). **Taca** (⊠ *Centro Comercial Criolla, Blvd. Morazán, Col. Palmira, Tegucigalpa* ☎ *234-2422* ⊠ *Avda. Circunvalacion, Avdas. 13 and 14, Barrio Los Andes, San Pedro Sula* ☎ *550-8222* ⊕ *www.grupotaca.com*).

AIRPORTS & TRANSFERS

Most international flights to Honduras land in Tegucigalpa and San Pedro Sula, but visitors to the Caribbean Coast or the Bay Islands can opt to fly directly to La Ceiba and Roatán.

Airport Information Aeropuerto Internacional Golosón (⊠ *Carretera La Ceiba-Tela, La Ceiba* ☎ *441-3025*). **Aeropuerto Internacional Ramón Villeda Morales** (⊠ *Carretera La Lima, San Pedro Sula* ☎ *668-3260 or 668-4864*). **Aeropuerto Internacional Roatán** (⊠ *Coxen Hole, Roatán* ☎ *445-1874*). **Aeropuerto Internacional Toncontín** (⊠ *Blvd. Comunidad Económica Europea, Tegucigalpa* ☎ *233-1115 or 233-7613*).

BUSINESS HOURS

Normal office hours are 8:30 AM to 5:30 PM. Government offices usually close for the day at 4:30 PM. Banks close earlier, but many are open on Saturday morning. Many shops close for lunch. In warmer regions, such as San Pedro Sula and all of the Caribbean Coast, businesses commonly open early, close at noon for an hour or two, then reopen in midafternoon when temperatures begin to drop.

BUS TRAVEL TO & FROM HONDURAS

There are several bus lines that connect Honduras with neighboring countries. Normally they run between the major cities and capitals, although there are smaller services connecting Copán with Guatemala. King Quality travels to San Salvador and Guatemala City. Tica Bus has routes going South, to Managua, and connecting to Costa Rica and Panama. Hedman-Alas first-class service has a connection from Copán Ruinas to Guatemala City and Antigua.

Bus Information **King Quality** (⊠ *Blvd. Comunidad Económica Europea, Tegucigalpa* ☎ *225-5415* ✉ *C. 2 between Avdas. 9 and 10, San Pedro Sula* ☎ *553-4547*). **Tica Bus** (⊠ *Barrio Villa Adela, between Avdas. 5 and 6, C. 16, Tegucigalpa* ☎ *220-0590* ✉ *Texaco, Monumento a la Madre, Bulevard del Sur, San Pedro Sula* ☎ *556-5149*). **Hedman-Alas** (⊠ *Avda. 11 between Cs. 13 and 14, Tegucigalpa* ☎ *237-7143* ✉ *C. 3 between Avdas. 7 and 8, San Pedro Sula* ☎ *553-1361* ✉ *Carreterra a Trujillo, Supermercado Cebeino La Ceiba* ☎ *441-5347*).

BUS TRAVEL WITHIN HONDURAS

Wonderful *de lujo* (luxury) buses with air-conditioning and lots of leg room can whisk you between larger cities such as Tegucigalpa, San Pedro, and La Ceiba. Going anywhere else you need patience, as even *primera clase* (first-class) and *directo* (direct) buses stop to pick up passengers along the way. Although *servicio a escala* (second-class) buses, the famous "chicken buses" of Central America, will get you absolutely anywhere, frustrating delays are common.

CAR TRAVEL

A car is the best way to see Honduras, especially if you plan to visit more than one region. Highways linking the major cities are all paved, well marked, and fairly safe. Be careful, though, when you visit. Many roads become streams (or rapids) in the rainy season, especially on the northern coast. Visits to perennially moist national parks, such as Parque Nacional La Tigra or Parque Nacional Celaque, generally require a four-wheel-drive vehicle.

GASOLINE   Gas will run you about $3.25 per gallon. Make sure to fill up frequently in more remote areas, as gas stations are few and far between.

RULES OF THE ROAD   Upon entering the country you must purchase a driving permit if you rent a car.

HEALTH

The worst thing you're likely to encounter in Honduras is a mild case of traveler's diarrhea. If your symptoms don't subside after a few days you may have something more serious, in which case you should see a doctor. Cholera is only a problem in a few isolated areas, but it's wise to watch where and what you eat and drink. Tap water is risky, but bottled water is available everywhere. As for food, avoid raw fruits and vegetables and stay away from cooked dishes if they have been allowed to cool to room temperature.

Malaria is still a problem, particularly in La Mosquitia, although lots of spraying has kept the disease in check. Don't arrive without a strong repellent, preferably one with DEET. Dengue fever, another nasty disease spread by mosquitoes, is one more reason to coat yourself with repellent when you're on the north coast, on the islands, or in the jungles. When locals tell you there are no mosquitoes, there invariably are.

MAIL & SHIPPING

Any *correo* (post office) can send letters abroad. A letter to the United States takes one to two weeks, whereas those to Europe and Australia take about a week longer. Postage costs about 70¢. Overnight services such as Federal Express and DHL are found in most larger cities.

MONEY MATTERS

Most businesses interested in tourism accept U.S. dollars. For the sake of convenience, we have provided prices in dollars where appropriate. Banks in the major cities will give you cash for major international traveler's checks. U.S. dollars are the most easily convertible currency in Honduras; almost every bank will exchange dollars even if they don't change traveler's checks.

ATMS Banks in most larger cities have ATMs that accept foreign-issued cards, whereas those in smaller towns and villages often do not. Before traveling, make sure you have a four-digit PIN code for your bank card, as many ATMs will not accept those with five or more digits.

CREDIT CARDS Credit cards are widely accepted, especially Visa and MasterCard. Most establishments in heavily touristed areas welcome them, but those in more isolated regions may not. When in doubt, make sure to bring enough cash. Most branches of Bancahsa will give cash advances on Visa cards. Credomatic, with offices in Tegucigalpa, San Pedro Sula, and La Ceiba, gives cash advances for MasterCard or Visa.

CURRENCY The currency is the lempira, abbreviated as L. The government prints 1, 2, 5, 10, 20, 50, 100, and 500 lempira bills. A lempira is made up of 100 centavos, and centavo coins come in denominations of one, two, five, 10, 20, and 50. The rate of exchange (which has been relatively stable in the last five years) used in this book is L19.1 to U.S.$1.

PASSPORTS & VISAS

To enter Honduras, everyone needs a passport. Citizens of the United States, United Kingdom, Canada, Australia, and New Zealand no longer need apply for a formal visa. Instead, you will be given a simple form to fill in on the plane or at the border, and receive a 30-day visa that can easily be renewed in almost any town. Extensions of 30 days are always granted as long as you have not exceeded 180 days in the country, in which case you must leave the country for three days before returning. People from other nations can obtain visas from Honduran embassies or consulates.

SAFETY

Pickpocketings and muggings are the most common types of crimes against tourists in Honduras. In larger cities you should do the same as you would in any metropolitan area—leave flashy jewelry and watches at home, keep your camera in a secure bag, and don't handle money in public.

TELEPHONES

There are only 6 million people in Honduras, so you don't need to bother with an area code. From abroad, dial the country code of 504 followed by the seven-digit number. Within Honduras you can drop the country code and simply dial the seven-digit number. Honduran cell-phone numbers recently changed from seven digits to eight, which can be confusing. Ask at your hotel desk if you have trouble reaching a number.

TIPPING

Tipping is not very common in most restaurants. In more elegant eateries you should leave at least 10%. Give porters and other people who handle your baggage the equivalent of $1 per item. It is unnecessary to tip taxi drivers.

VISITOR INFORMATION

The friendly Instituto Hondureño de Turismo in Tegucigalpa is worth a visit for information about the city. It's open weekdays 8:30 AM to 4:30 PM. The organization's Web site is also helpful.

Tourist Information **Instituto Hondureño de Turismo** (⊠ *Edificio Europa, Col. San Carlos, Tegucigalpa* ☎ *222–2124* 🖷 *222–6621* ⊕ *www.letsgohonduras. com*).

Nicaragua

WORD OF MOUTH

"In the afternoon we headed up Mombacho once again. Our short saunter culminated in a vista that is to date the most beautiful view we have ever had from a mountaintop. There below us was Lago de Nicaragua and the 365 small islands that make up its northern reaches, followed by the town of Granada, followed by the crater lake, Laguna de Apoyo. Beyond that was the smoldering volcano of Masaya, half a dozen other volcanic peaks, and then in the distance Lago de Managua and the capital city on its southern side. The view was breathtaking and worth a few moments contemplation."

-travelbear

By Jeffrey Van
Fleet

"SI PEQUEÑA ES LA PATRIA, UNO GRANDE LA SUEÑA," read the words on Nicaragua's 100-córdoba bill. Poet laureate Rubén Darío knew his country well when he made that statement: "If your homeland is small, you imagine it large." This New York State–sized nation of 5 million people has played a role in history completely out of proportion to its size. A turbulent past, Cold War politics, and natural disasters grabbed late-20th-century headlines and enticed previous generations of travelers into coming to see what the place was all about.

For better or for worse—and most people agree it's for the better—Nicaragua has been tamed, the lion tamer wielding a whip of democratic capitalism. The past is mostly the past here, much to everyone's relief, and a new generation of travelers is discovering a new Nicaragua. Once one of the world's most exasperating countries to visit due to lack of tourism infrastructure, Nicaragua now has a genuine interest in showing itself off to the world. The country has simplified entry requirements, streamlined banking procedures, opened new lodgings of all stripes, and taken a Madison Avenue approach to marketing itself. And nearly two decades of peace and democracy haven't hurt either.

But what goes around always comes around in Nicaragua, and separating the country and its history and politics into their component parts is never possible. That's especially true now that Daniel Ortega and the Sandinistas, who led the overthrow of the hated Somoza dictatorship in 1979 and ruled during the disordered 1980s, came back to power in 2007. (Democratic elections, rather than revolution, ushered Ortega and Company into office this time around.) Reaction has been mixed, but everyone expects this tenure to be different, especially now that the genie of capitalism is out of the bottle and has no intention of going back inside.

Everyone comes away with a favorite part of Nicaragua. The country has two of Latin America's finest, though lesser known, colonial cities, León and Granada, historically warring rivals, but today good-natured competitors for your tourist dollar. About an hour from Managua, the Pacific Ocean works away at miles of desolate, unspoiled beaches. The enormous freshwater Lake Nicaragua and its islands, large and small, dominate the southern half of the country. The north–central region's pleasant climate and forested mountains around Matagalpa fuse to create an ideal hiking environment. On the Atlantic Coast you'll find Afro-Caribbean culture in full swing replete with reggae and Caribbean-accented English. No visitors list sprawling, burgeoning Managua as their favorite place in the country, but even this city, badly wounded almost four decades ago, has experienced a renaissance of its own.

Nicaragua remains one of those glass-half-empty or glass-half-full places. Though conditions are improving all the time, it's not always smooth sailing for travelers if you venture too far off the beaten path. But that Nicaragua functions as well as it does, given its unusual history, is a tribute to the determination of its citizens. Today you'll find an economically struggling but remarkably friendly country, where travelers are still rare enough to incite curiosity in many places. Nicaragua's fractured past and historic lack of visitors have left it in a bit of a time warp. One Granada restaurant proprietor, herself a Spanish transplant, compares Nicaragua to the Spain she remembers 50 years ago: children play soccer in relatively automobile-free streets and people leave their doors open and sit out on the sidewalks enjoying evening breezes and neighborly conversations. The tourist industry still lacks the organization of Costa Rica's finely-tuned tourism machine—and that's exactly a strong selling point according to Nicaragua's growing number of fans—but visitor numbers and the facilities they seek (snazzy hotels, yummy restaurants, wireless Internet) are ever increasing. But for the moment, you'll experience an exhilarating feeling of standing on the edge, of being in on a secret the rest of the world has not yet uncovered. And you'll meet fellow travelers who all smack their heads and say, "I'd have come here sooner, if I'd only known."

ORIENTATION & PLANNING

ORIENTATION

Most of the country's population inhabits the largely deforested western Pacific lowlands. Highways and public transportation are excellent in the corridor that extends from León in the north to Rivas in the south near the Costa Rican border. Matagalpa anchors north-central Nicaragua's highlands, a cool respite from the year-round sweltering lowland heat. The sparsely populated eastern half of the country is largely impenetrable rain forest. Travel here is by boat or, for those with more money than time, small plane.

Here on business? Your itinerary will likely confine you to Managua. Otherwise most travelers take a quick glance at the capital, then head immediately to the colonial cities of Granada and León, with a shopping stop in Masaya. If forced to choose between the two, more travelers opt for Granada, it being centered in a region with access to more sights than León. A few extra days give you time to explore the Pacific-coast beaches, the island of Ometepe in Lake Nicaragua, or the cool northern highlands near Matagalpa.

TAKE IT ALL IN
3 days: Three days give you time for the classic Nicaragua sightseeing tour. After a morning arrival in Managua, spend the afternoon visiting the city's sights. Get an early start the next morning and travel by car or express minivan toward Masaya. En route, stop to visit the smoldering volcano crater at Volcán Masaya National Park, about 30-minutes southeast of Managua. (It's admittedly easier to make that stop if you're in your own vehicle.) Then continue the short distance to Masaya itself and spend a half day shopping at its markets. If time permits, make a midday stop for lunch at the *mirador* (lookout point) at Catarina; it's well worth the detour from the Masaya–Granada highway. Arrive in Granada that evening. Spend the next day exploring the colonial city's churches and attractions and take in a boat cruise of Las

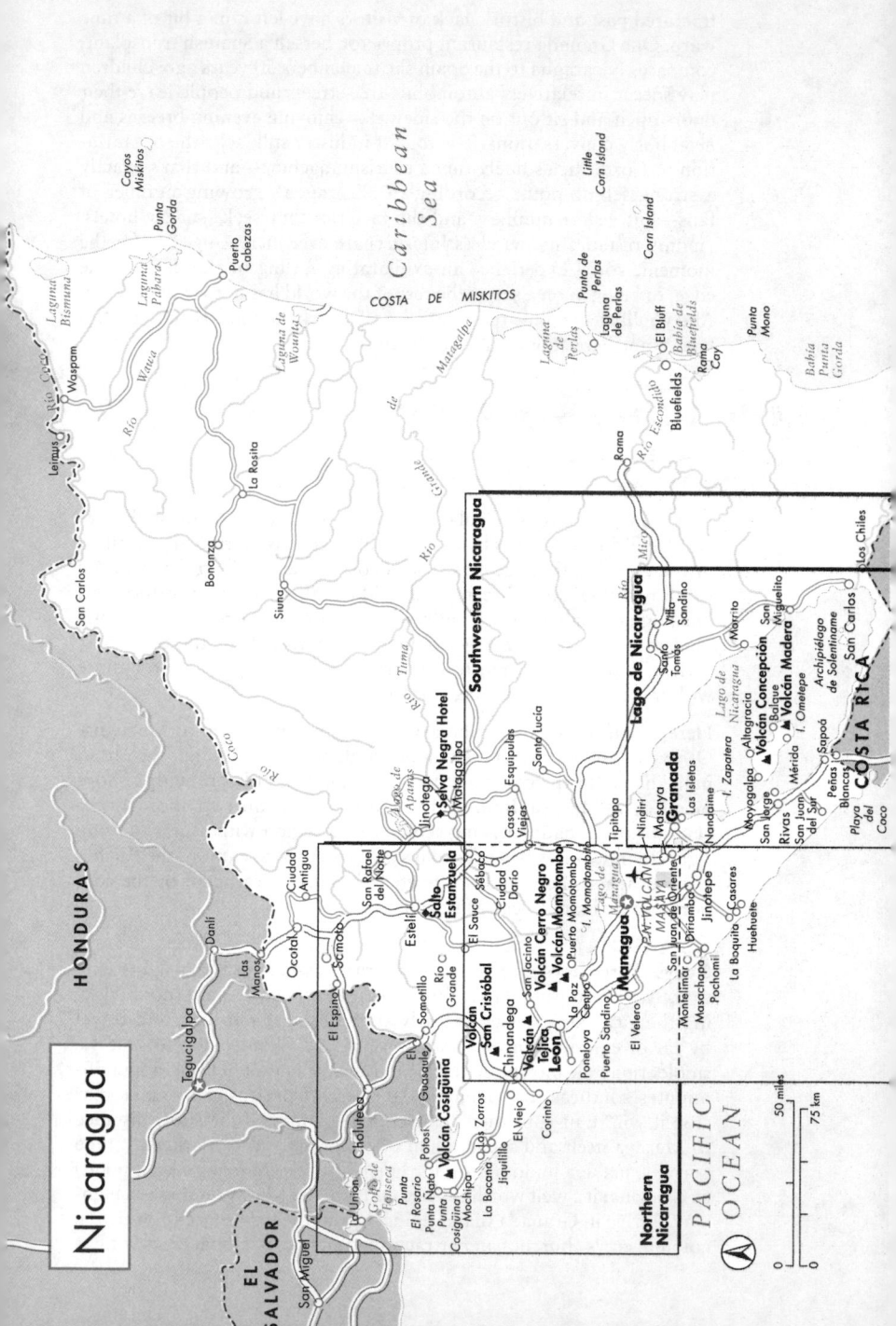

Nicaragua

HONDURAS

EL SALVADOR

PACIFIC OCEAN

Caribbean Sea

COSTA RICA

COSTA DE MISKITOS

Golfo de Fonseca

Lago de Nicaragua

Northern Nicaragua

Southwestern Nicaragua

Tegucigalpa

San Miguel

San Salvador

El Union
Punta
El Rosario
Punta Ñata
Potosí
Mochapa
Cosigüina
La Bocana
Jiquilillo
Los Zorros
El Viejo
Corinto
Guasaule
Somotillo
Chinandega
El Sauce
El Velero
Puerto Sandino
Poneloya
León
Volcán Cerro Negro
Volcán Telica
Volcán San Cristóbal
Volcán Cosigüina

Chinandega
La Paz Centro
Puerto Momotombo
Volcán Momotombo
I. Momotombito

Choluteca
El Espino
Ocotal
Somoto
San Rafael del Norte
Ciudad Antigua
Ciudad Darío
Río Grande
San Jacinto
Ciudad Darío

Danlí
Las Manos

Leimus
Waspam
Río Coco
Bonanza
La Rosita
Siuna
Bluefields
El Bluff
Bahía de Bluefields
Rama Cay

San Carlos
Cayos Miskitos
Punta Gorda
Puerto Cabezas
Laguna Bismuna
Laguna Páhará
Laguna de Wounta

Little Corn Island
Corn Island
Punta de Perlas
Laguna de Perlas
Punta Mono
Bahía Punta Gorda

Río Wawa
Río Coco
Río Grande de Matagalpa
Río Tuma

Managua
Lago de Managua
Masaya
VOLCÁN MASAYA
Nindirí
Masaya
Nandaime
San Juan de Oriente
Catarina
Diriá
Diriomo
Jinotepe
Masatepe
Niquinohomo
Pio XII
La Boquita
Casares
Huehuete
Pochomil
Montelimar
Masachapa

Estelí
Jinotega
Lago de Apanás
Matagalpa
Selva Negra Hotel
Salto Estanzuela
Casas Viejas
Santa Lucía
Esquipulas
Tipitapa

Granada
Las Isletas
Río Tipitapa

Rama
Río Escondido
Río Mico

Lago de Nicaragua
Volcán Concepción
Volcán Madera
I. Ometepe
Moyogalpa
Altagracia
San Jorge
San Ramón
Mérida
Balgüe
I. Zapatera
Rivas
Peñas Blancas
Playa del Coco
San Juan del Sur

San Miguelito
Morrito
San Tomás
Villa Sandino
Acoyapa
San Carlos
Los Chiles
Archipiélago de Solentiname
Sapoá

50 miles
75 km
0

TOP REASONS TO VISIT

Arts & Markets. Great buys can be had all over Nicaragua, but the best shopping town is Masaya, Nicaragua's artisan and folklore center, halfway between Managua and Granada. A lively, scruffy market competes with a more sterile but easier-to-navigate shopping complex, one of the country's most popular day excursions. In both places, look for shoes, leather goods, hammocks, pottery, and paintings—the country is full of artists making lively, colorful, primitivist-style paintings.

Colonial Towns. Historic rivals, conservative southern Granada and liberal northern León, both founded in 1524, have kept their architectural heritages largely intact and are two of Latin America's lesser-known, but well-preserved, colonial cities. Granada has fared the better of the two, having suffered less damage than León during the revolution and the Contra war. Granada also simply has more available wealth for restoration, but León is making a valiant effort to catch up.

National Parks & Volcanoes. Some 18% of Nicaragua's territory is set aside in 76 protected areas with designations such as "national park" or "wildlife reserve," but few have any facilities for visitors. The most visited is Volcán Masaya National Park, which include the volcano's multiple craters and Lake Masaya. Several other areas have unofficial park or reserve status, and will probably be "upgraded" at some point; these include the volcanoes on Ometepe Island—Madera and Concepción—and Volcán Mombacho, outside Granada.

5

Isletas, a groups of tiny islands in Lake Nicaragua. Return to Managua the following day, about a one-hour trip back from Granada.

5 days: An extra two days give you time to see the sights of northern Nicaragua after following the three-day itinerary, above. From Managua, at the beginning or end of that trip, head northwest by car or express minivan and take in the colonial sights and churches and museums of León, about 90 minutes from the capital. Spend the night here, then get an early morning start the next day for Matagalpa. A half-hour north of the city is the famed Selva Negra Mountain Resort, worth a visit, or even better, worth staying the night. Return to Managua the next day, about a two- or three-hour drive from Matagalpa, depending on traffic.

7 days: Use the extra two days or more to delve into the sights and attractions of southern Nicaragua. Get an early-morning start from Granada by car, bus, shuttle, or taxi and head to Rivas, about an hour away. Catch a ferry from nearby San Jorge to Ometepe, an hour by boat from the mainland. Tour the island and laze on balmy Playa Santo Domingo. Spend a night and get an early start on an all-day hike to one of the island's two volcanic craters. Catch a late ferry, or an early one the next day, back to San Jorge. Alternatively, from Rivas grab a bus or taxi and head for San Juan del Sur, about a half-hour away. Spend a day exploring the beaches in this area before heading back to Rivas and points north or head south toward Costa Rica, whose border is about 30-minutes away.

PLANNING

WHEN TO GO

Nicaragua's traditional lack of visitors means there aren't well-delineated high and low seasons. The selection of decent hotels decreases dramatically outside Managua, Granada, and San Juan del Sur—so reservations are a good idea year-round.

This nation's climate varies greatly between regions. The central mountains, regardless of season, remain lusciously cool and agreeable all year long. As for the rest of the country, heat reigns year-round. The wet season lasts from May to November, which is referred to here as *invierno* (winter); it usually rains at least once a day (though not for very long) during these months, and is rarely a hardship. But it can come down for days at a time in October. If you go to the Caribbean coastal lowlands, though, you'll get rained on no matter what time of year it is. The climate in December and January is the coolest, least humid, and least rainy.

GETTING AROUND

Your own vehicle gives you the freedom to explore at will, but it is entirely possible to do Nicaragua without a car. Public transportation is good, if crowded and slow the farther you get off the beaten path. Tour operators can take you almost anywhere, either on scheduled excursions, or on à la carte itineraries you arrange yourself. New to Nicaragua, at least to Managua and Granada, are shuttle services via small, air-conditioned minivans that hop between points of tourist interest.

RESTAURANTS & CUISINE

Nicaraguans favor rice and beans with meat, fish, or chicken; salads are usually made of cabbage with tomatoes and a vinaigrette-style dressing; and rice and beans usually reappear as the ubiquitous mix of the two, *gallo pinto* (literally, spotted rooster), at breakfast the next day. (Neighboring Costa Rica also claims gallo pinto as its national dish, and the two countries have "fought" it out in contests to enter the *Guinness Book of World Records* preparing the largest batch. Costa Rica presently holds that record with 5,000 pounds.) Two favorite dishes are *nacatamales,* corn tamales filled with chicken or pork, and *vigorón,* pork rind and cabbage served with steamed yuca. Near the coast, fresh fish is abundant and relatively cheap. It is usually served smothered in garlic (*al ajillo*) or tomato sauce (*entomatado*).

Flor de Caña, some of the best rum in the world, is produced near Chinandega: C$70 gets you a big bottle. Victoria and Toña are the two locally brewed beers. (Each beer has its own devoted fans, and a "Which is better?" question often results in passionate debate.)

ABOUT THE HOTELS

Managua has accommodations in all price ranges; Granada's assortment is somewhat smaller, and León's smaller still. The choice of hostelry is limited in the rest of Nicaragua, where extremely basic *hospedajes* are most common. The biggest growth spurt has come in smaller, medium-range, family-owned boutique hotels, where spending C$700 to C$1,200 buys you a night in some downright charming places.

Figures compiled by INTUR, Nicaragua's government tourist office, show a consistent 90% occupancy rate for lodgings in Managua, Granada, and San Juan del Sur. Those numbers attest to the popularity of those destinations (Managua for business, Granada and San Juan for leisure), but also are evidence of too few hotel rooms to meet the growing demand. And outside those big-three destinations, pickings get slimmer.

WHAT IT COSTS IN NICARAGUAN CÓRDOBAS				
	$	**$$**	**$$$**	**$$$$**
RESTAURANTS	under C$70	C$70–C$140	C$140–C$205	over C$205
HOTELS	under C$700	C$700–C$1,400	C$1,400–C$2,100	over C$2,100

Restaurant prices are per person, for a main course at dinner. Hotel prices are for two people in a standard double room in high season, excluding tax.

MANAGUA

"Managua, Nicaragua is a beautiful town" played Guy Lombardo and His Royal Canadians in a bouncy song popular during the Big Band era of the 1940s. ("You buy a hacienda for a few pesos down," continued the lyrics, in a decidedly archaic view of Nicaragua.) Your impression of one of the world's most peculiar capitals might be decidedly less favorable, but the city, with its good selection of hotels and terrific assortment of restaurants, does grow on you. It just takes more time than the average visitor usually gives the place.

On December 23, 1972, an earthquake measuring 7.2 on the Richter scale leveled downtown Managua, killing 5,000 and leaving thousands more homeless. (An equally devastating earthquake had rocked the city 40 years before.) Anastasio Somoza and his cohorts couldn't resist pocketing the aid that poured in from around the world. Then came revolution, war, and economic hardship. Turn the clock ahead to 1990 and the election of a conservative city government headed by Arnoldo Alemán, later to become president. Anxious to divert attention from the old city center and its Sandinista-era associations, Alemán touted the affluent southern part of the city as La Nueva Managua (the new Managua). A construction boom of shopping malls, restaurants, hotels, and car dealerships on the city's fringes resulted. The old center remained a surreal expanse of vacant lots and crumbling buildings for almost a quarter century.

A BIT OF HISTORY

The future looks good for Nicaragua, but then history was rarely kind to this country. Columbus claimed this territory for the Spanish crown in 1502, eventually paving the way for two major colonial settlements, both founded in 1524—Granada, on the shore of Lake Nicaragua in the south, and León, in the northern lowlands. Granada, which had access to the Atlantic via the Río San Juan, continued to prosper as a trading and commercial center, but León didn't fare as well.

The longtime rivalry between intellectual, liberal León and wealthy, conservative Granada set the stage for a century and a half of turbulence. León, anxious to thwart Granada's economic dominance, supported invasion by maniacal 19th-century U.S. invader William Walker and his ragtag mercenary army of *filibusteros* (filibusters). The ensuing civil war and a revolving door of leaders culminated in a period of occupation by the United States Marines in the early 20th century.

The U.S. military departed in 1935, leaving in place one Anastasio Somoza, the first of the three Somozas who would rule the country courtesy of a personal army, the Guardia Nacional (National Guard), for the next 44 years. The Somoza family appropriated for itself most of Nicaragua's prime property and commercial interests, while the country itself remained mired in poverty.

A popular revolution in 1979 toppled the Somoza dynasty and put in place the revolutionary government of Daniel Ortega and the Frente Sandinista de Liberación Nacional (Sandinista National Liberation Front), or FSLN. The U.S. government,

fearful of the Sandinistas' growing rapprochement with the Soviet bloc, supported an insurgence of *contra-revolucionarios* (Contras), supporters of the former Somoza government, keeping the country in conflict for the next decade. Exhausted by war and fed up with the nearly universally despised Sandinista military draft and curtailment of freedoms, Nicaragua voted in a conservative, business-backed coalition led by Violeta Chamorro in democratic elections in 1990.

Investment poured in during the 17 years of pro-business, center-right governments, and the rich, many of whom fled to the United States during the rule of the Sandinistas, trickled back, along with their *dinero*. The Sandinistas became the major opposition party in the always lively world of Nicaraguan politics.

To paraphrase a one-time Oldsmobile television commercial, are these your father's Sandinistas? Ortega— his diehard fans still refer to him as *Comandante Daniel*—has raised eyebrows with state visits to Cuba, Iran, Libya, and Venezuela. You'll do a double take at ubiquitous pink billboards showing Ortega's image as he exhorts ¡ARRIBA LOS POBRES DEL MUNDO! ("Rise up, poor people of the world"). But these are not the 1980s. Ortega has taken great pains to reassure business leaders that he has no intention of dismantling post-1990 economic reforms. Nicaragua is now party to the Central American Free-Trade Agreement with the United States, and the U.S. State Department has officially reaffirmed its desire to maintain warm relations with Nicaragua.

Why dwell on an earthquake that happened nearly four decades ago? It, more than any other event, has shaped the appearance of Nicaragua's capital. But anyone who knew Managua during those grim post-earthquake years would scarcely recognize the place today. The old city center is booming again. Shopping malls, monuments, and government buildings have risen from ashes. The overall effect—vast expanses of land interspersed with monumental buildings—is much like that of Washington, D.C. The hustling, bustling pre-1972 downtown is no more, and will never be again, but people are returning to a part of the city that, until a few years ago, looked like a barren moonscape.

Never intended to be the country's capital, Managua was an 1852 compromise choice between competing political factions, roughly halfway between liberal León and conservative Granada. Present-day Managua sits on the site of an ancient *indígena* (indigenous) fishing village whose inhabitants refused to submit peacefully to Spanish rule. In response, the Spanish destroyed the village.

5

For better or for worse, this is big-city life, Nicaraguan style. Far from the city center, in each of the city's 600 barrios, life for some one million Managuans pulses with a dizzying intensity. With no nucleus to hold it together, the capital sprawls, seemingly forever, across vast expanses of open land. And, at some point, every visitor here curses the sheer enormity of the place. A couple of days here is plenty, but for those pressed for time, Managua makes a convenient base from which to explore most anything in the León-Granada corridor. If you do spend much time here, make your peace with Managua, find an air-conditioned hotel—most are—and hail a taxi to get you from place to place.

EXPLORING MANAGUA

Numbers in white bullets in the text correspond to numbers in black bullets in the margins and on the Managua map.

The sprawling capital has few real sights, and the intense heat and huge open spaces left by the 1972 earthquake make Managua an awful city for walking. That said, most of the must-see sights cluster within easy walking distance of each other around the Plaza de la Revolución in the destroyed city center south of Lake Managua. Note that the midday heat is brutal. Time your sightseeing for early morning or late afternoon, and spend the hours of 11 AM to 3 PM somewhere out of the sun.

Immediately south of the center is Barrio Martha Quezada, home to a slew of mostly basic budget lodgings, then Barrio Bolonia and its more fashionable ambience. The famous pyramid-shaped Hotel Intercontinental is also nearby, as is a hilltop 54-foot black silhouette of revolutionary leader Sandino, visible from most everywhere in the city. Most of Managua's development rings the old center. Banks and airline offices congregate around Plaza España, south of Martha Quezada and Bolonia. You'll find upscale lodgings and restaurants in the capital's far southern sector, an area anchored by the huge Metrocentro shopping

312 <

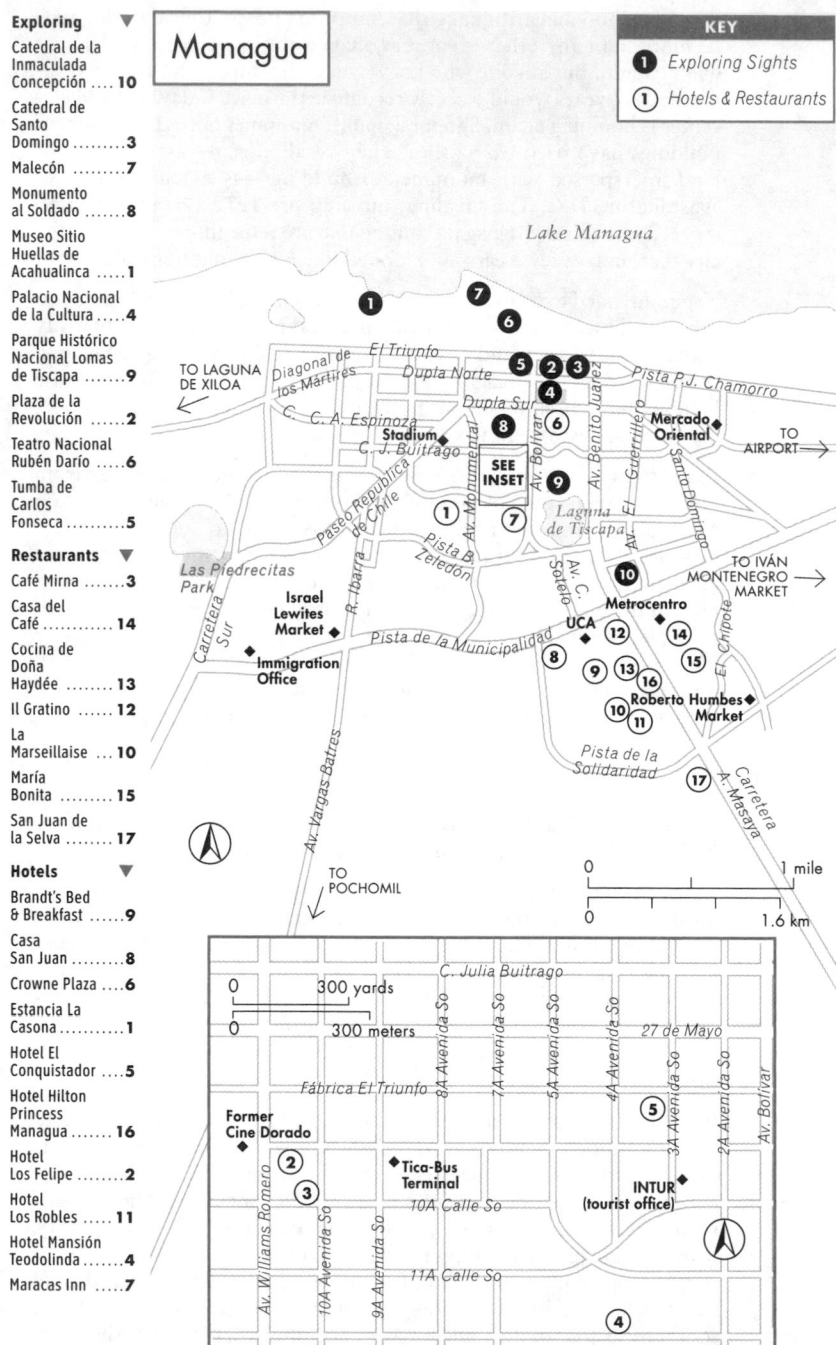

mall. Development marches south at an unbridled pace these days; it has become difficult to tell where Managua ends and Masaya, some 29 km (17 mi) away, begins.

Managuans give addresses in reference to *cuadras* (blocks) from a landmark: *al sur* (south), *al lago* (toward the lake, or north), *arriba* (up or east, where the sun rises), and *abajo* (down, or west toward the sunset). Beware: the earthquake destroyed a few of those landmarks, but that doesn't stop locals from still referring to them. Addresses on the three main routes heading out of town (Carreteras a Masaya, Norte, and Sur) are given by their kilometer distance from the center of Managua. Otherwise street names are scarce, and most directions are based on distances from landmarks.

SIGHTS TO SEE

⑩ **Catedral de la Inmaculada Concepción.** Domino's Pizza magnate Tom Monaghan funded a portion of the construction in 1993 of this present seat of the Archdiocese of Managua. (Ironically though, a Pizza Hut looms across the highway.) Likened by some to a mosque, by others to a nuclear reactor, this mammoth concrete structure could undoubtedly survive an earthquake of the type that devastated its predecessor, the Cathedral of Santo Domingo in the old city center. The hushed devotion of the small Sangre de Cristo (Blood of Christ) chapel on the west side of the building contrasts markedly with the cavernous enormity of the main sanctuary. The walk across the huge field to reach the cathedral can be overwhelming in the hot sun, but once you arrive, breezes cool the building's interior. ⊠*Rotonda Rubén Darío, across from Metrocentro shopping mall* ☉*Daily 8–6.*

③ **Catedral de Santo Domingo.** On the plaza's east side stand the poignant ruins of Managua's former cathedral, first badly damaged in a 1931 earth tremor, then destroyed by the 1972 earthquake. The 1929 structure is hauntingly beautiful, with murals and statues still clinging to the walls. The city rescued the ruins in 1995, enclosing them under a glass roof and placing an iron gate at the entrance. For the time being, the ruined structure has been deemed too fragile to permit visitors to enter. Placards are displayed in front of the cathedral steps most weekends showing old photos of the church and of pre-earthquake Managua. ⊠*Plaza de la Revolución, Barrio Santo Domingo.*

⑦ **Malecón.** Managua's lakeside promenade sits two blocks north of the Plaza de la Revolución on the shores of Lake Managua, or more correctly, Lago Xolotlán, its indigenous name. The area is forlornly deserted on weekdays, but buzzes weekend afternoons when families throng the many kiosks and grab a bite to eat at the food stands. The Malecón complex includes the futuristic **Concha Acústica** ("acoustic shell"), designed by U.S. architect Glen Howard, a resident of Nicaragua. Some have likened the structure, erected in 2005, to an exploding onion. The whimsical addition to the lakeside is the site of occasional cultural events. Nearby sits the **Plaza de la Fe** ("plaza of faith"), a memorial to the site where Pope John Paul II celebrated mass during his two visits to Nicaragua. The late pope's 1983 trip was noted for the frosty, borderline-stormy reception he received from the Sandinista government; 1996's visit was far less eventful. ⊠*Behind Teatro Rubén Darí.*

8 Monumento al Soldado. One of Managua's few remaining monuments from the first Sandinista era inspires pride in some, but embarrassment in others. The fierce-looking socialist-realist statue with no official name portrays a muscular,

> **THE NICAS**
>
> Forget for a minute that Spanish grammatical rule about masculine words ending in *o* and feminine words ending in *a*. The invariable term *Nica*, a shortened form of *Nicaragüense*, serves as noun or adjective, no matter what is being referred to.

shirtless soldier with a Kalashnikov rifle in his raised arm—a black-and-red Sandinista flag flutters from the gun—and a pickax in the other. The base plaque translates, "Only workers and campesinos will march to the end." An early 1990s bomb blast damaged the work's right leg. ⊠*Av. Bolívar, Barrio Santo Domingo.*

1 Museo Sitio Huellas de Acahualinca. Managua's only archaeological site is a small museum housing ancient footprints that are, by most claims, about 10,000 years old. Originally thought to be evidence of an indigenous people fleeing an eruption of nearby Volcán Masaya, these days most believe they were left by people walking at a normal pace. A small exhibit exhausts the known history of these prints and their 1874 discovery. The museum is worth a trip only if you're a real archaeology buff. ⊠*Barrio Acahualinca, about 1 km (½ mi) west of Plaza de la Revolución, on the waterfront* ☎266–5774 ⚏*C$40* ☉ *Weekdays 8–5, Sat. 9–4.*

4 Palacio Nacional de la Cultura. Built in 1931, the neoclassical building was the former meeting place of the National Assembly. The calm of the palace's high-ceilinged chambers was disrupted on August 22, 1978, when FSLN commandos, dressed as National Guard soldiers, stormed in and sealed off the building, holding the legislative body hostage for 45 hours, an event regarded as the beginning of the end for the Somoza dictatorship. Renovated in 1994, its orange facade shines once more with quiet elegance. Enormous portraits of guerilla leader Augusto César Sandino and Sandinista Front founder Carlos Fonseca graced the building's façade during the 1980s. More modern versions are back now that the Sandinistas have returned to power. The palace, which rings a beautiful, palm-filled courtyard, houses the **Museo Nacional,** with a small collection of pre-Columbian art and exhibits on natural history, including a display on earthquakes and volcanoes. The museum also houses temporary art exhibitions. ⊠*Plaza de la Revolución* ☎222–2905 ⚏*C$40* ☉ *Weekdays 8–5, weekends 9–4.*

9 Parque Histórico Nacional Lomas de Tiscapa. The hilltop park behind the Crowne Plaza hotel is a popular weekend picnic destination for residents of the capital. You don't actually need to visit the park to see its (and Managua's) iconic sight, an enormous black profile of mid-20th century revolutionary leader Augusto César Sandino wearing his distinctive hat. The figure, poignantly positioned on the site of his execution by Somoza's National Guard troops in 1934, is visible from around the city. At night a soft light bathes the silhouette. ✉*Behind Crowne Plaza* ☉*Tues.-Sun. 9–5.*

2 Plaza de la Revolución. What's in a name? Ask people what they call this plaza in the heart of the original city; their answer belies their politics. From its construction in 1899, it was the Plaza de la República, but when the Sandinistas came to power in 1979, they redubbed it "Plaza de la Revolución." This plaza and the points nearby have witnessed some of the most memorable events in Nicaraguan history. On July 19, 1979, two days after Somoza fled the country, the plaza was the site of the Sandinista victory celebration. When Ortega was

turned out of office in 1990, the plaza became the more sedate-sounding "República" once again, with an enormous, illuminated musical fountain constructed in the center to discourage the socialist-style rallies that had been a hallmark of the Sandinista years. Ortega is back, and so is the "Revolución" moniker. The fountain is gone, making space once again for the occasional rally of the party faithful. The ocher **presidential palace,** built with aid from the government of Taiwan, fronts the plaza's north side. It houses presidential offices, but not the residence, and is not open to the public. ✉*Pista P.J. Chamorro (Carretera Norte), at the waterfront, Barrio Santo Domingo.*

6 Teatro Nacional Rubén Darío. On the north side of the plaza, next to the lake, sits the whitewashed modern theater named for Rubén Darío, Nicaragua's best-known poet. The government-operated institution hosts embassy parties, plays, concerts, and dance performances. In front of the building is a monument and fountain dedicated to Darío, refurbished in 1998 with funding from Texaco. ✉*Plaza de la Revolución, Barrio Santo Domingo* ☎222–7426 ⊕*www.tnrubendario.gob.ni.*

5 Tumba de Carlos Fonseca. The mango tree–shaded west side of the plaza is the site of the tomb of Carlos Fonseca (1936–1976), one of the founders of the FSLN and its most hallowed leader. Fonseca was killed by Somoza's National Guard troops. Blue-and-white Nicaraguan and red-and-black Sandinista banners flutter in a semicircle around the white-stone tomb. ✉*Plaza de la Revolución, Barrio Santo Domingo.*

WHERE TO EAT

The quality of the food found in Managua has vastly improved in recent years, with an influx of non-Nicaraguan offerings to choose from. Beware of restaurants serving what they call "international" cuisine, which is more often than not an unsuccessful attempt to mimic European and American fare. Hotel restaurants are the worst culprits in this regard.

PRICES & Expect to pay from C$150 to C$300 for an entrée at an expensive
TIPPING restaurant. The more basic places will charge C$30 to C$50. Lunch specials always give you a better value for your money than the evening meal.

Tipping is expected in upscale restaurants, but the service charge will always be included in the bill. Rounding up to the next 10-córdoba amount is always a nice gesture. Most servers are minimally compensated.

RESERVATIONS Reservations are accepted at many nicer restaurants, but are rarely
& DRESS necessary. Peak lunch hours are from 1 to 2. Most people eat dinner between 7 and 9. Sunday is usually the only day without an afternoon closing between lunch and dinner; it is also the traditional maid's day off, meaning that Sunday is a popular dining day for local families.

Dining in Managua is casual. Jackets and ties are rarely required, even at fancier restaurants. You can get by with shorts during lunch at very casual places. Long pants are more appropriate for dinner.

$$$–$$$$ ✕ **La Marseillaise.** René Hauser has tendered elegant air-conditioned
★ French dining out of this rambling old Los Robles house with an art gallery since the days of revolution and right through the good times and bad. Try the fileta Madagascar (a fillet of beef with green peppers and cognac) or the lobster thermidor—both house specialties. The restaurant also has a full selection of French, Spanish, Italian, and Chilean wines. ⊠ *4 blocks north of Enitel Villa Fontana, Los Robles* ☎ *277–0224* ⊟ *AE, D, DC, MC, V* ☉ *Closed Sun.*

$$$–$$$$ ✕ **San Juan de la Selva.** Renaissance man Vittorio Tassinari (chef, artist, and architect) and his wife, Marí Elizabeth, designed the interior of this place to echo the tropical rain forest. Vines and plants hang from every nook, and the sound of water flowing inside an enormous tank greets you at the door. Seafood is the specialty, prepared with French and Latin influences. The freshwater prawns and fruit-based sauces are excellent. ⊠ *Km 5½ Carretera a Masaya, Planes de Altamira* ☎ *277–3055* ⊟ *AE, D, DC, MC, V* ☉ *Closed Sun.*

$$–$$$$ ✕ **Cocina de Doña Haydée.** Irene and Alicia Espinosa, daughters of the
★ original Doña Haydée, bring 30 years' worth of old family recipes to the porch of an elegant house decorated with Nica artisan work. Their cooking is the perfect introduction to upscale Nica cuisine. Try the *plato surtido,* a sampler platter with a little bit of everything, if you can't choose. You'll be serenaded most evenings with local folk music. ⊠ *1 block west of Optica Matamoros, Planes de Altamira* ☎ *270–6100* ⊟ *AE, D, DC, MC, V.*

$$–$$$ ✕**Il Grottino.** The place is small—there are just a few tables here—but the service is impeccable, the ambience is elegantly casual, and the pizza can't be beat. Start with the standard list of pizzas on the menu—the napoletano is the most requested—but mix and match any toppings your heart desires. These folks really aim to please. ⊠*Km 4 Carretera a Masaya, Los Robles* ☎*277–1790* ⊟*AE, D, DC, MC, V.*

$$–$$$ ✕**María Bonita.** Managua's best Mexican restaurant begins the day early with a breakfast buffet and doesn't stop serving dinner until well into the evening. Try the *carnitas al estilo Michoacán,* lean slices of pork served over plantain leaves. Vegetarians can rejoice: there are many nonmeat menu items, a real rarity in Nicaragua. Live music—mariachis and romantic ballad singers—entertain you most evenings on the partially open-air terrace. ⊠*1½ blocks west of Vicky, across from the San Agustín church, Altamira* ☎*270–4326* ⊟*AE, D, DC, MC, V.*

$–$$ ✕**Casa del Café.** Perhaps it's because they're also producers of their own El Crucero brand that Casa del Café is one the country's few places where you can actually buy good Nicaraguan coffee (C$57 per pound). The vine-covered patio is an excellent spot to sip cappuccino, indulge in some yummy cake or pie, and just hang out. The cornucopia of English and Spanish reading material and knickknacks can justify your lengthy stay. ⊠*1 block east and 1½ blocks north of Lacmiel, Altamira* ☎*278–0605* ⊟*AE, MC, V.*

$ ✕**Café Mirna.** Diners of all political stripes have caught their early morning sustenance through the years at this hole-in-the-wall restaurant, Managua's longtime breakfast hangout. Mirna and family serve a filling breakfast of pancakes or eggs, beans, and rice. For lunch they'll doll up *comida corriente* (literally "everyday meal") with beef or chicken, rice, beans, and salad. An eclectic mix of posters (religious, tourist, and political) graces the walls of this no-smoking restaurant. ⊠*1 block south and 1 block east of Cine Dorado, Barrio Martha Quezada* ☎*222–7913* ⊟*No credit cards* ⊗*No dinner.*

WHERE TO STAY

There was a time when lodging in Managua meant forking over C$3,000 to stay at the upscale Crowne Plaza—it was once the Inter-Continental and the city's only upscale lodging—or gritting your teeth and bearing one of the decidedly down-at-the-heels hospedajes. No more. Many, though not all, of the budget lodgings have cleaned up their acts and are actually pleasant places to spend the night, as long as you're not fussy. Most of those cluster in or near Barrio Martha Quezada, just west of the Crowne Plaza. With Managua's business and building booms, the luxury hotels have certainly increased in number, but Managua's biggest surprise is the growth in second-tier hostelries, where spending C$1,000 to C$1,500 gets you clean, decent accommodation in some charming, family-run boutique hotels.

$$$$ 🏨**Crowne Plaza.** Managua's most famous hotel is this centrally located pseudo-Mayan pyramid, a city landmark and once the haunt of expense-account journalists who covered Nicaragua's turbulent history. The hotel underwent a complete and much-appreciated remodeling in the late 1990s. The result is a cadre of gleaming, ample-sized rooms and a facility with all the amenities a business or leisure traveler expects. ⊠*Avda. Bolívar, south of Plaza Inter shopping mall, Barrio Bolonia* ☎*228–3530, 877/227–6963 in North America* 🖶*228–3087* ⊕*www.crowneplaza.com* ⤶*160 rooms, 24 suites* &*In-room: safe, refrigerator, Wi-Fi. In-hotel: 3 restaurants, room service, bar, pool, gym, laundry service, concierge, public Internet, airport shuttle, parking (no fee), no-smoking rooms* =*AE, D, DC, MC, V.*

$$$$ 🎬**Hotel Hilton Princess Managua.** This modern, colonial-style, ocher-color hotel is part of the Central American Princess chain. You have all the amenities you'd expect from an international luxury hotel, along with attentive, personalized service sometimes lacking at such lodgings. Rooms are decorated with quiet modern furnishings. ⊠*Km 4.5 Carretera a Masaya, Los Robles* ☎*270–9745, 800/445–8667 in North America* 🖶*278–8444* ⊕*www1.hilton.com* ⤶*104 rooms* &*In-room: safe, refrigerator, Wi-Fi. In-hotel: 3 restaurants, room service, bar, pool, gym, laundry service, concierge, public Internet, airport shuttle, parking (no fee), no-smoking rooms* =*AE, D, DC, MC, V.*

$$$ 🎬**Hotel Los Robles.** Nicaraguan furniture and handcrafted furnishings
Fodor'sChoice adorn this quiet hotel in its namesake southern Managua neighbor-
★ hood. The building is constructed in the style of a colonial convent, with covered interior walkways arranged around a tropical garden and fountain. Rooms are more modern, but the wrought-iron furnishings and small private balconies echo the stylishness of the lodging's common areas. Los Robles proffers a dignified elegance unmatched in Managua. Room rates include an enormous breakfast buffet. ⊠*4 blocks north of Enitel Villa Fontana, Los Robles* ☎*267–3008* 🖶*270–1074* ⊕*www.hotellosrobles.com* ⤶*13 rooms* &*In-room: safe, Wi-Fi. In-hotel: room service, bar, laundry service, concierge, public Internet* =*AE, D, DC, MC, V* ⍾*CP.*

$$$ 🎬**Hotel Mansión Teodolinda.** This gleaming bright medium-sized hotel caters to travelers in town on business. The airy rooms have huge windows and desks (and Internet connection). There's lots of room to spread out and work. All come with a furnished kitchenette. ⊠*1 block south and 1 block west of INTUR, Barrio Bolonia* ☎*228–1050* 🖶*228–4908* ⊕*www.teodolinda.com.ni* ⤶*42 rooms* &*In-room: kitchen, refrigerator, Wi-Fi. In-hotel: restaurant, room service, bar, pool, gym, laundry service, public Internet, parking (no fee)* =*AE, MC, V.*

$$ 🎬**Brandt's Bed & Breakfast.** An enormous plant-filled, tiled lobby sprinkled with wicker furniture welcomes you at this modern hotel. It's a good medium-range lodging option, with attentive service. The tiled guest rooms are bright, comfortable, and spacious, and have enormous windows. Rates include a huge breakfast. ⊠*1 block west of Galería Casa de Tres Mundos, Los Robles* ☎*270–2114* 🖶*278–8128* ⊕*www.brandtshotel.com.ni* ⤶*18 rooms* &*In-room: safe, refrigerator, Wi-Fi. In-hotel: laundry service, public Internet, parking (no fee)* =*AE, D, DC, MC, V.*

$$ 🎬**Casa San Juan.** This quiet, homey guesthouse is a favorite of exchange groups and NGO delegations; the plant-filled patio is often

packed with foreigners excitedly discussing their work in Nicaragua. The rambling building has large, clean basic doubles with bath. An exceptionally friendly staff aids bewildered guests in reserving flights, cars, and minibuses. Three good meals are served daily for C$70 to C$100 each. ⊠ *560 C. Esperanza, Reparto San Juan* ☎*278–3220* 🖷*267–0418* 📞*13 rooms* ♿*In-room: no phone, no TV, Wi-Fi. In-hotel: restaurant, laundry service, public Internet, parking (no fee)* ☰*AE, D, DC, MC, V.*

$$ ⊡**Estancia La Casona.** Nicaraguan art hangs on the walls of this cozy hotel, a converted house on a quiet Barrio Bolonia street. Rooms are clean but plain, with air-conditioning and modern baths. Rates include a buffet-style breakfast; lunch and dinner are served for C$70 to C$100. ⊠*5 blocks north and ½ block west of Plaza España, Barrio Bolonia* ☎*266–1685* 🖷*266–5677* ⊕*www.estancialacasona.com* 📞*9 rooms* ♿*In-room: no phone. In-hotel: restaurant, room service, laundry service, public Internet, parking (no fee), airport shuttle* ☰*MC, V* ⦿⦿*CP.*

$$ ⊡**Hotel El Conquistador.** A classy little bed-and-breakfast just up the street from INTUR, in the center of town, El Conquistador has spacious, tile-floor guest rooms decorated with wrought-iron furniture, combining a colonial and generic-hotel style. Rates include a large breakfast. ⊠*1 block west and ½ block north of Crowne Plaza, Barrio Bolonia* ☎*222–4789* 🖷*222–3657* ⊕*www.hotelelconquistador.com* 📞*20 rooms* ♿*In-room: refrigerator. In-hotel: laundry service, public Internet, airport shuttle* ☰*AE, MC, V* ⦿⦿*CP.*

$$ ⊡**Maracas Inn.** This is an example of that new breed of medium-range hotels that has sprung up in Nicaragua. The cheery pastel walls of the colonial-style rooms are punctuated by the owner's taste in brightly painted Nicaraguan art. The rate includes a huge breakfast. ⊠*1 block north and 1½ blocks west of Hospital Militar, Barrio Bolonia* ☎*266–8612* 🖷*266–8982* ⊕*www.maracasinn.com* 📞*18 rooms* ♿*In-room: no phone, no TV, Wi-Fi (some). In-hotel: pool, laundry service, public Internet, parking (no fee)* ☰*AE, D, DC, MC, V* ⦿⦿*CP.*

$ ⊡**Hotel Los Felipe.** Here's a pleasant, infinitely more upscale alternative to the slew of budget lodgings in Barrio Martha Quezada. Rooms are small and simple, and arranged in a circle motel style around a lush garden. Los Felipe tosses in amenities such as air-conditioning, TV, pool, and a thatch-roof restaurant. You rarely find those in this price bracket. ⊠*1½ blocks west of TicaBus, Barrio Martha Quezada* ☎*222–6501* 🖷*222–5622* ✉ *losfelipe@ideay.net.ni* 📞*28 rooms* ♿*In-room: no a/c (some), no phone. In-hotel: restaurant, pool, laundry service, public Internet, airport shuttle, parking (no fee)* ☰*MC, V.*

NIGHTLIFE

Managua's nightlife is spread all over the city, making a night on the town a complicated but certainly do-able venture. (Always take a taxi when going out at night.) Formal arts events are few in the capital, but you can check the daily papers *La Prensa* or *El Nuevo Diario* for music, dance, and theater goings-on (all in Spanish) at the **Teatro Nacio-**

nal **Rubén Darío** (⊠*near Plaza de la Revolución, Barrio Santo Domingo* ☎*222-7426* ⊕*www.tnrubendario.gob.ni*).

BARS

The semi-open-air **La Curva** (⊠*Behind the Crowne Plaza, Barrio Bolonia* ☎222–6876) has occasional live music on weekends, along with light Mexican and Nicaraguan food. The Mejía Godoy family has been a Mangua institution since the 1960s, and you can hear their folk music weekend nights at their own private **Casa de los Mejía Godoy** (⊠*Across from the Crowne Plaza, Barrio Bolonia* ☎362–6110). The capital's place to see and be seen, if you're under 30 at least, is **Hipa Hipa** (⊠*Km 7.5 Carretera a Masaya* ☎278–8504), with the capital's flashiest dance scene. **Hippo's** (⊠*2 blocks west of Hotel Princess Managua, Los Robles* ☎267–1346) is that back-home beer-and-burger joint that you'd find in the United States. It's everything from folk to rock to salsa—always something different—on the schedule, although BeeGees cover bands seem especially frequent at **La Ruta Maya** (⊠*Near Denis Martínez National Stadium* ☎268–0698). Call to see if the offerings suit your taste.

It doesn't get any better than a pint of Guinness at the **Shannon Irish Pub** (⊠*1 block east and 1 block south of TicaBus, Barrio Martha Quezada* ☎222–6683). The Irish owner will regale you with stories of his development work here in the 1980s.

FILM

Three movie theaters show month-old Hollywood hits. Tickets are C$40. Check *La Prensa* or *El Nuevo Diario*, the daily newspapers, for listings.

THEATERS **Cinemas 1 y 2** (⊠*Camino de Oriente shopping center, Km 5 ½ Carretera a Masaya* ☎267–0964). **Cinemark** (⊠*Metrocentro shopping center* ☎271–9037). **Cinemas Inter** (⊠*Plaza Inter shopping center, north of the Crown Plaza* ☎222–5122).

MUSIC & DANCING

You'll pay a minimal cover charge to get into most upscale places with music and dancing.

An older, local crowd rhumbas, cha-chas, and merengues the evening away at **Edylill** (⊠*1 block south and 1 block down from the Montoya statute, Barrio El Carmen* ☎266–3278). You'll definitely stand out as an outsider, but everyone is very welcoming.

In the same neighborhood as Edylill, **Ruta Maya** (⊠*1½ blocks east of Montoya statue, Barrio El Carmen* ☎268–0698) hosts pop and Latin musicians.

SPORTS & OUTDOOR ACTIVITIES

If you're a sports fan and you're here sometime between October and April, head to the stadium north of Barrio Martha Quezada to catch a baseball game. Tickets are cheap at C$20. You'll make friends if you deck out in red and blue, the colors of Bóer, Managua's beloved home-

¡Beisbol sí, Fútbol no!

The most commonly played and watched sport in Latin America is soccer (fútbol in Spanish), but Nicaraguans, always content to go their own way, couldn't care less: their passion is baseball. Soccer stadiums are few and far between, but every self-respecting town has a baseball diamond, and terms like *el pícher* and *¡esstrike!* pepper Nicaraguan Spanish. No one seems to know the reason for the "Take me out to the ball game" phenomenon here. Many attribute it to the influence of the long U.S. military occupation during the early 20th century.

Nicaragua's National League (⊕ *www.beisnica.com*) teams wind up for the first pitches of their opening days about the time the U.S. Major Leagues observe the World Series, and regular season championships here take place as U.S. teams are finishing their spring training. Nicaragua's November through April schedule gives its teams an advantage their stateside counterparts don't have: it's the dry season, so rainouts are almost nonexistent.

Denis Martínez, from Granada, has been Nicaragua's most venerated player ever since he made it to the U.S. Major Leagues—he was the first

of nine Nicaraguans to do so—as a pitcher, in order of appearance, for the Baltimore Orioles, Montreal Expos, Cleveland Indians, Seattle Mariners, and Atlanta Braves. (During Martínez' MLB career, sportswriters anglicized the spelling of his name to "Dennis.") Upon his 1999 retirement, Managua renamed its National Stadium for him. Though now a resident of Miami, Martínez makes frequent return trips to Nicaragua in his role as head of the Denis Martínez Foundation, dedicated to providing activities for disadvantaged young people.

But if Martínez is a hero in Nicaragua, then Puerto Rican–born all-star Roberto Clemente can only be called a saint. In the early '70s Clemente played a few times in Nicaragua and developed a rapport with the people. One story claims he was particularly moved when a local boy presented him with his pet lizard. When Clemente heard about the earthquake that leveled central Managua in December 1972, he quickly raised enough funds to fill a chartered plane with food and medicines for the victims. He decided to accompany the relief shipment himself, and tragically died when the plane crashed into the sea just off Nicaragua.

town team. And instead of the song's proverbial "peanuts and Cracker Jack," you'll likely snack on *nacatamales* (dough with a filling of pork or chicken, tomatoes, rice, garlic, onions, and potatoes) and *vigorón*, (pickled cabbage, tomatoes, onions, yuca, and fried pork skins).

SIDE TRIPS FROM MANAGUA

POCHOMIL & MONTELIMAR
62 km (37 mi) southwest of Managua.

For a country with two long coastlines, Nicaragua has surprisingly few developed beach areas. Pochomil, the beach closest to Managua, is one of the few, and draws big crowds from December through April and also during Easter week, when Nicaraguans of means head for the coast. At any other time of year, you'll have the place to yourself, especially on a weekday. Pochomil is perfect for day trips from the city, but it has limited accommodations if you want to stay the night. Food is available at the many inexpensive *comedores* lining the *malecón*, the shorefront promenade. The much more upscale 2-km (1-mi) beach of Montelimar was once the exclusive property of the Somozas, then a haven during the Sandinista years for aid workers seeking a little R&R on the sea. Today it houses Nicaragua's only big-time beach resort. Buses to Pochomil depart frequently from Managua's Mayoreo Market, with the last bus back to the capital leaving the beach at 5 PM. A taxi will transport you from Pochomil to Montelimar.

$$$$ 🎰**Barceló Montelimar Beach Resort and Casino.** Montelimar began life as Somoza's old beach house, but today it is completely refurbished and under the management of Spain's Barceló chain. Nicaragua's only all-inclusive resort has magnificent views of the Pacific coastline. You might have time to spend in your brightly furnished, comfortable room or bungalow if you can tear yourself away from the myriad activities, including windsurfing. Look for great off-season deals. ⊠*Montelimar, 65 km (40 mi) southwest of Managua* ☎*269–6769, 800/227–2356 in North America* 🖷*269–6754* ⊕*www.barcelomontelimarbeach.com* 🛏*88 rooms, 202 bungalows* &*In-room: safe, refrigerator. In-hotel: 3 restaurants, room service, bars, tennis court, pools, gym, beachfront, watersports, children's programs (6–12), no elevator, laundry service, public Internet, minibar* ☰*AE, D, DC, MC, V* ⦿|*AI.*

CORN ISLANDS
90 mins by plane southwest of Managua.

The two Corn Islands (Big and Little) are home to Creole and indigenous Miskito fisherman living a life far removed from the rest of Nicaragua. The people are extraordinarily friendly, the islands are blessed with breathtaking scenery, and the lobster is dirt cheap. Nearly all of the lodging and most of the action are on the big island, although the 45-minute *panga* (a flat-bottomed skiff with an outboard motor) ride to the little island makes for a nice day trip. And although you might dust off your best language skills and call the place *La Isla de Maíz,* no one uses the Spanish name. When you land, the pilot will welcome you to *La Isla de Corn Island.* As on much of Central America's Caribbean coast, most people speak English here.

Nicaragua's two domestic airlines, **La Costeña** (☎*285–5131*) and **Atlantic Airlines** (☎*285–5055*), have daily 90-minute flights to and from Managua with a stop in Bluefields on the mainland Caribbean coast. Although the airport is equipped to handle jet flights, nothing international is in the works yet. Boat travel to Big Corn is an option if you have more time than money. Plan on a sometimes-choppy sea crossing of four to six hours from Bluefields.

The big island is easily navigated on foot, although a bus circles the island every hour. Taxis to any destination, regardless of distance, will cost C$30. The airstrip runs north–south across the west coast of the island. The little hump known as Mount Pleasant is on the east side of the airstrip, whereas Brig Bay is to the west. A water taxi (C$120 to C$150 depending on the number of people) connects the two islands.

The big island gets downright resort-y at the Italian-owned **La Princesa de la Isla** (☎*854–2403* ✆*www.laprincesadelaisla.com*), near the airport. Pleasant rooms go for C$900, but opt for the sumptuous stone-and-mahogany bungalow for C$1,200.

The best budget option is the **Hotel Bayside** (☎*575–5001*), located right on the water. Clean, comfortable rooms with air-conditioning are C$700. Its restaurant and bar are also very popular. At the south end of Brig Bay is **Hotel Paraíso Club** (☎*575–5111* 🖷*285–5125*) with rustic bungalows for C$700. The bar and restaurant are arranged around a landscaped garden. About 45 minutes from the big island, **Little Corn Island** (often called the Islita by locals) remains a nearly undeveloped tropical paradise. For C$250 you can hire a panga from the dock on Brig Bay for the entire day. The crossing can get a bit rough, especially in the afternoon, or during the tentatively stormier June to November months. Carry a supply of water, food, and mosquito repellent. **Casa Iguana** (✉ casaiguana@mindspring.com, ✆ www.casaiguana.net) is the prime but still somehwhat rustic lodging here. Allow a week for a reply, as the e-mail message will be printed and sent via boat. It has basic rooms for C$500, but the small house, at C$1,100, gets quite luxurious for Little Corn.

Beaches are the star attraction on both islands. On the big island, Brig Bay and Long Bay (from Brig Bay, cross the airstrip then head east on path) have excellent swimming. If it's a hike you're craving, Mount Pleasant offers good views. You can rent snorkeling gear from the Hotel Bayside. Casa Iguana on the small island operates **Dive Little Corn** (✆*www.divelittlecorn.com*), a full-fledge PADI–affiliated dive outfitter, which can teach you to dive or take you on scuba excursions exploring the nearby coral reefs. Bring all the cash you need. No banks and no ATMs populate the two islands, and almost no business here is equipped to handle credit cards.

MANAGUA ESSENTIALS

AIR TRAVEL

The capital's gleaming, modern Aeropuerto Internacional Augusto César Sandino (MGA) sits 11 km (7 mi) east of the city center on the Carretera Norte, the highway to Tipitapa. (The airport is another institution involved in Nicaragua's ongoing battle of names: when the Sandinistas are in office, the airport honors Sandino; when another party is in power, it becomes the more perfunctory "Aeropuerto Internacional de Managua.") Banpro, the airport bank (open weekdays 8:30 to noon and 1 to 4, and Saturday 8:30 to noon), may not be open when you arrive, but you'll find ATMs by the shops near the check-in area, or you can pay for everything with U.S. dollars until you get to a bank in town. Airport taxis charge an outrageous C$350 (about $18 U.S.) to take you anywhere in Managua. The time-honored budget traveler's way around this is to walk across the highway and flag one down instead; you should pay no more than C$200, but remember that drivers who pick you up on the road might stop for other passengers along the way. If you have a lot of luggage or it is after dark, opt for the quicker service of the private airport taxis.

Airport **Aeropuerto Internacional Augusto César Sandino** (✉ *Km 11 Carretera Norte, east of Managua* ☎ *233–1624*).

BUS TRAVEL

Three of Managua's markets double as bus terminals. Two have experienced Ping-Ponging of names through the years depending on which party is in power, and now bear their 1980s Sandinista monikers once again. The main bus depots are Roberto Huembes Market (sometimes referred to as "Mercado Central"), Israel Lewites Market (also known as "Mercado Bóer"), and Mercado Mayoreo (no name change here—it was constructed post-1990). Express minivans, seating 15 to 20 passengers, connect the capital with Granada, León, Masaya, and Rivas for about 20% above the regular bus fares of about C$20 to $30.

ISRAEL LEWITES
MAYOREO
Buses serve León (2 hrs) every half hour, from 5 AM to 7:30 PM.

Buses depart for Matagalpa (2½ hrs) every half hour from 4 AM to 5:30 PM, for Estelí (3 hrs) every half hour, 4 AM to 5 PM.

ROBERTO HUEMBES
Buses serve Masaya (1 hr) every 30 minutes from 5 AM to 7 PM; Granada (2 hrs) every 15 minutes, 5 AM to 7 PM; and Rivas (3½ hrs) every half hour, 4:30 AM to 6 PM.

UCA
Interlocal express minivans depart from UCA, colloquially referred to as the *OO-ka,* west of the Metrocentro shopping mall, for Masaya (½ hr), Granada (¾ to 1 hr), and León (1½ hrs) as soon as the vehicle fills up (never a long wait), continuously throughout the day and early evening. These services are faster and more comfortable than local buses.

ENGLISH-LANGUAGE BOOKS

The Center for Global Education, a program of Minnesota's Augsburg College, has a good library of books on Central American history and politics. The English-speaking staff is also very helpful.

Resources **Center for Global Education** (✉ *From Estatua Montoya, 1 block east, 1 block south, and ½ block west in building labeled Casa Jaime Mayer* ☎ *268–2319*).

MAIL & SHIPPING

Correos de Nicaragua, open Monday to Saturday 7 to 7, has airmail, express mail, telex, telegraph, and fax services. Its headquarters in Managua is just west of Plaza de la Revolución, near the lake—look for the ugly building with a large antenna. Even if you're not a stamp collector, stop in the Oficina de Filatelia (Office of Philately) to see how the politics of Nicaraguan stamps have changed through the years.

DHL is open weekdays 8 to 6:30, and Saturday 8 to 1; it ships packages internationally. Passus Velox, the local FedEx affiliate, is open weekdays 8 to 6:30 and Saturday 8 to 1. UPS is open weekdays 8 to 6:30 and Saturday 8 to 1.

Mail Services Correos de Nicaragua (✉ *Palacio de Correos, 1 block west of Plaza de la Revolución* ☎ *222–2048*). **DHL** (✉ *6 blocks east of Rotonda Rubén Darío, Barrio Bolonia* ☎ *255–8700*). **Passus Velox (FedEx)** (✉ *Km 5 Carretera a Masaya* ☎ *278–4500*).**UPS** (✉ *2 blocks north of Plaza España, Barrio Bolonia* ☎ *254–4892*).

MONEY MATTERS

You can exchange U.S. dollars at any bank in town. Rates vary little from place to place. Any branch of Banco América Central (BAC) will cash American Express traveler's checks and is generally open weekdays 8 to 4, as well as Saturday morning. There are several branches scattered around town, notably at Plaza España and on the Carretera a Masaya. Viajes Atlántida, open weekdays 9:30 to 5 and Saturday 8:30 to noon, is the local American Express affiliate. It sells traveler's checks and replaces lost checks and cards, but will not cash the checks themselves. Look for an ATM machine (*cajero automático*), linked to the Visa/Plus and MasterCard/Cirrus systems, at BAC outlets. Most branches of Bancentro also have ATMs affiliated with the Visa/Plus system. Look for the CA$H sign. You'll also find ATMs at gas station/convenience stores. Machines at large Esso, Shell, or Texaco stations on highways headed out of town are affiliated with the Plus and/or Cirrus systems, and will occasionally give cash against an American Express, Diners Club, or Discover card.

Money Resources Bancentro (✉ *1 block south of Plaza España* ☎ *268–5013* ✉ *Carretera a Masaya Km 5.5* ☎ *278–7777*). **Banco América Central (BAC)** (✉ *Plaza España* ☎ *266–7062* ✉ *Carretera a Masaya Km 4.5* ☎ *274–4444*). **Viajes Atlántida** (✉ *½ block north and ½ block east of Price Mart* ☎ *266–8720*).

TELEPHONES

The Empresa Nicaragüense de Telecomunicaciones (Enitel) is the semiprivate telephone company with headquarters currently housed in the post office, just west of Plaza de la Revolución, near the lake. Its offices, open daily 7 AM to 10 PM, provide local and international telephone service. Smaller Enitel offices are scattered throughout Managua, including one at the Huembes market. Pay phones accept prepaid phone cards sold at most Enitel buildings and some stores (look for *tarjetas telefónicas* signs) or 1-córdoba coins. Dial 112 for information.

Phone Service Empresa Nicaragüense de Telecomunicaciones (*Enitel* ✉ *Palacio de Correos, 1 block west of Plaza de la Revolución* ☎ *222–2048*).

TRANSPORTATION AROUND MANAGUA

BY BUS Buses in Managua, all recycled U.S. school buses, are great fun, run frequently, and go everywhere, but aren't for the faint of heart. If you lack a good grounding in Spanish and a spirit of adventure, we recommend you avoid the system. The only way to figure out the bus system is to ask one of the locals (ideally one waiting at a bus stop). There's little time to ask the driver when the bus arrives; most come to kind of a rolling stop at best. A conductor, usually a teenage boy, will help push you into the packed bus. Buses begin running early in the morning and continue at 10-minute intervals until 6 PM, when they start running a little less often. Service stops around 10 PM. Rides cost only C$2. Come prepared with small change. Guard your possessions diligently; the vehicles are notorious for pickpockets who administer what seasoned travelers call "the Managua massage."

BY CAR Managua's lack of a city center, its enormous sprawl, and the country's relatively few motor vehicles make for surprisingly less automobile congestion than in other Central American capitals. Broad highways and boulevards zip traffic along at a lively pace across the vast distances.

BY TAXI Taxis are the best way to get around Managua: they're ubiquitous—the driver will toot his horn to let you know he's available—fast, and not outrageously expensive. A few clattering Russian Ladas remain—they were all the rage during the 1980s—but most companies have upgraded their fleets to spiffy new Japanese models. Prices are set by cooperatives; most rides are C$20 to C$40 per person during the day and a bit more at night. Ask for the fare before you climb in. Don't be surprised if occasionally other passengers are picked up along the way, as drivers try to carpool passengers headed in roughly the same direction. Tipping is not expected.

ON FOOT Managua's sprawling distances, open spaces, and intense heat make the capital a terrible walking city. Opt for a taxi instead.

VISITOR INFORMATION

The Instituto Nicaragüense de Turismo (INTUR) operates a tourist information office near the Crowne Plaza. The helpful folks here will try to answer all your questions; it's open weekdays 8 to 12:30 and 1:30 to 5. INTUR also has an airport office between passport control and baggage claim in the arrivals area, open weekdays 7 AM to 10 PM, and weekends 8 to 5.

Tourist Information Instituto Nicaragüense de Turismo (INTUR ⊠1 block west of southern side of Crowne Plaza, Barrio Bolonia ☎ 254-5191 ⊠ Aeropuerto Internacional Augusto César Sandino ☎ 263-3176).

NORTHERN NICARAGUA

The vast, lavish geography of the northwestern lowlands and the central highlands will give you plenty to write home about. The lowlands are dotted with volcanoes—some of which are still active—that make for excellent hikes. To the west, on the sprawling beaches of the Pacific coast, lie Nicaragua's most overlooked (and underdeveloped) areas. You'll have the beaches to yourself (except during Holy Week), and the surfing here is decent year-round. León, the largest city north of Managua, pulsates with the energy emanating from Nicaragua's largest intellectual center, the Universidad Nacional Autónoma de Nicaragua. As you make your way across the prolific lowlands by way of the broken, winding highways, the stifling heat gradually diminishes. The cordilleras (mountain ranges) of Isabelia and Dariense tower invitingly ahead.

This coffee-growing region has historically attracted farmers who tattoo the land with a symmetrical patchwork of agricultural plots. Flocks of European settlers who immigrated here in the late 1800s left an indelible imprint: peculiar pockets of brawny, befreckled men and their families are hidden away in the deep valleys of the highest mountains. Many people make the effort to come up here just to visit the Selva Negra Mountain Resort, a 1,400-acre lot of jungly land that's blessed with an almost dizzying mixture of plants, flowers, and wildlife.

The north has always been far to the left on the political pendulum—witness León's baseball stadium, named *Héroes y Mártires* ("heroes and martyrs") rather than simply for a well-known ball figure as elsewhere in Nicaragua. These areas were badly bruised during the revolution and Contra war years. Vestiges of these battles can still be seen today. Yet even here, most of the famous, once-ubiquitous, socialist-realist revolutionary murals have been painted over with advertisements for Pepsi and other U.S. products, a more lucrative use of the space.

LEÓN

93 km (56 mi) northwest of Managua.

León means "lion" in Spanish, and the country's second largest city has always exerted a lionlike presence on Nicaraguan history. As one of Latin America's most prominent colonial cities, León played an influential role in the commercial and intellectual life of Spanish America. Some of the greatest figures in the country's literature and politics lived or studied here, including the venerated poet Rubén Darío and such prominent Sandinistas as Sílvio Rodríguez, Tomás Borges, and FSLN founder Carlos Fonseca.

Present-day León sits 24 km (15 mi) west of its original location on the northwest shore of Lake Managua. Founded in 1524, the city was destroyed in 1609 by an earthquake caused by the eruption of nearby Volcán Momotombo. (That locale is now the site of the ruins of León Viejo—"Old León.) The survivors moved west and settled next to the village of the indigenous Subtiava people. The village still stands today, retaining much of its tradition and folklore.

León, Nicaragua's capital for over 300 years, was important enough to be the site of Central America's largest cathedral. Construction began in 1746, but didn't end until 1815. The growing rivalry between the liberals of León and the conservatives of Granada erupted into bitter conflict in 1821, resulting in 17 battles in the city between 1824 and 1842. León's massive church, however, survived. Many years later, the town again saw fierce fighting during the 1970s revolution against Somoza. Sensing that he was losing control, the dictator ordered the city bombed. Again, the hardy cathedral remained intact.

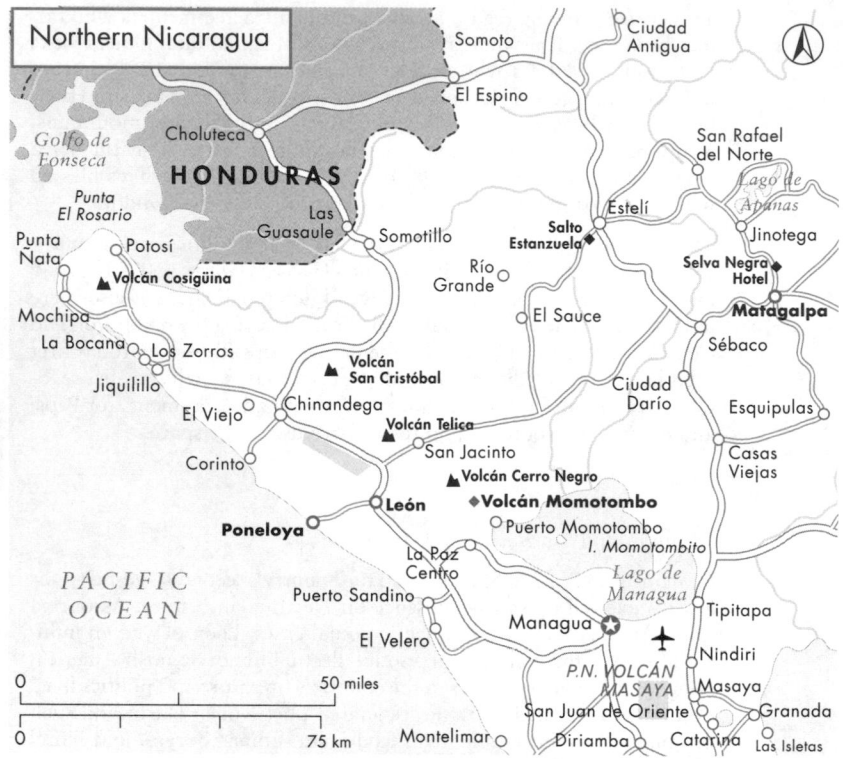

León comes close to approximating a modern city—there are street names and everything—but Leonenses, like most Nicaraguans, give directions based on distances from landmarks. Fortunately, the city is laid out as a grid, with calles running east–west and avenidas north–south. The baseline is the intersection of Calle Central Rubén Darío and Avenida Central, at the northeast corner of Parque Central, in front of the cathedral. Most sights are an easy walk from Parque Central.

Though not geared toward sightseeing, the **Universidad Nacional Autónoma de Nicaragua** (*UNAN* ⊕*www.unanleon.edu.ni*) dominates the city geographically and politically. The country's largest institution of higher education was founded in 1912, and sprawls amorphously north of the city center. Its bookstores, cafés, and ubiquitous copy shops give León that college-town feel, Nicaragua style.

WHAT TO SEE

Barrio Subtiava. About 11 blocks west of Parque Central live the Subtiava people, whose ancestors were here long before Columbus arrived. Here you'll find the church of **San Juan Bautista de Subtiava** (open daily 8:30 to 11:30), dating from 1700, and the ruins of the even older church of Vera Cruz, which was destroyed by a volcanic eruption in 1835. Semana Santa (Holy Week) is the most colorful time to visit, when residents create an exquisitely beautiful trail of sawdust draw-

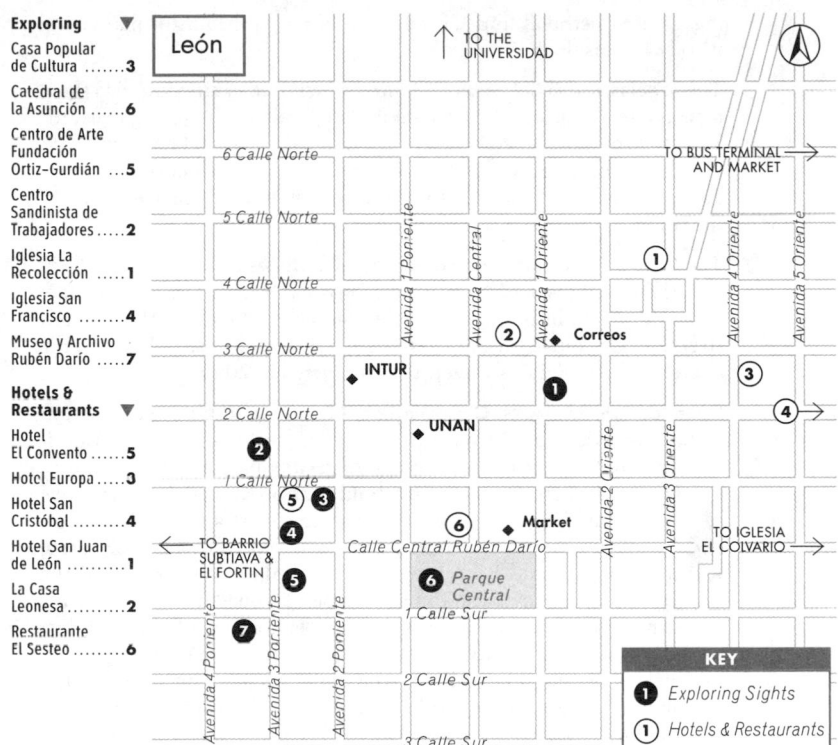

ings on the main streets that is then trampled by a procession carrying images of Christ's Passion.

❸ **Casa Popular de Cultura.** This small arts museum, with whimsical business hours—you'll just have to try your luck—contains a tiny collection of paintings by local artists. ✉*1 block north and 1½ blocks west of the northwest corner of Parque Ctl.* ☎*No phone* ☞*Free.*

❻ Taking up an entire city block, the massive **Catedral de la Asunción,** at Calle Central Rubén Darío and Avenida 1 Poniente, is the largest church in Central America. The 1747 structure is actually the fourth church to sit on the site. Tradition holds that the architect submitted a smaller, less gradiose blueprint to the Spanish crown, fearing that Spain would nix his real intentions. Inside, the high arches and heavy columns lend a feeling of indestructibility. Paintings of the stations of the cross by artist Antonio Sarra adorn the huge walls. Look for the tomb of poet Rubén Darío at the foot of the statue of St. Paul, to the right of the altar. A stone lion, representing the city of León, mourns atop the grave.

❶ León has dozens of churches worth visiting, including **La Recolección** (✉*2½ blocks north of back of the cathedral*), completed in 1786, which presents a cream-colored baroque façade with carvings depicting Christ's betrayal and Crucifixion. Note the beautiful mahogany woodwork inside the church.

The neoclassical **El Calvario** (✉*3 blocks east of the cathedral*) has three macabre renditions of the Crucifixion and a plaque honoring five anti-Somoza protesters killed here by the National Guard in February 1979. Historians disagree on the date of the church's construction—it probably was built in the late 17th century—but all agree that it is one of the country's most beautiful houses of worship.

4 The 1643 rococo-style **San Francisco** (✉*2 blocks west of Parque Central*) is the birthplace of Nicaragua's Purísima (Feast of the Immaculate Conception) traditions. The façade you see is actually a 1960 reconstruction. Of course, the convent seemingly attached seamlessly to the church is the Hotel El Convento, constructed in 2000.

Fodor's Choice ★ 5 **Centro de Arte Fundación Ortiz-Gurdián.** León now holds the distinction of housing Nicaragua's finest art museum (and one of Latin America's most prominent collections). Two restored 18th century houses, across the street from each other, hold that proverbial treasure trove of colonial, modern, and contemporary art. Most are by Nicaraguan and other Latin American artists, but you'll find paintings by Picasso, Rubens, Chagall, and Rivera as well. The gallery is a project of the nearby Hotel El Convento, and should be on your "don't miss" list if you're here in León. Your admission price lets you wander the exhibits on your own. A guided tour, for now in Spanish only, costs apporoximately an extra nominal dollar, and is worthwhile for an added understanding of the works on display here. ✉*Across from San Francisco church, 2 blocks west of Parque Ctl.* ☎*311–7225* 🎫*C$12; free Sun.; guided tour, C$20* ⏲*Tues.–Sat. 10:30–6:30, Sun. 11–7.*

2 **Centro Sandinista de Trabajadores.** The first of the Somozas met his demise at what is now the Sandinista party headquarters. There is little to see inside, but a plaque on the facade commemorates the dictator's assassination in 1956 at the hands of the poet Rigoberto López Pérez, who posed as a waiter at a government reception. (López himself was immediately shot and killed by Somoza's guards). ✉*1 block west and 1½ blocks north of Parque Ctl.'s northwest corner* ☎*No phone* 🎫*Free* ⏲*Weekdays 8–5.*

El Fortín. A 19th-century fort once used as a prison by the National Guard sits on a hill 2 km (1 mi) south of town and offers good views of León and volcanoes nearby. You can reach it from a dirt road that goes past Subtiava's San Juan Bautista church, about 11 blocks west of Parque Central. A few robberies of tourists have been reported on the route. Go with a group or on a tour.

7 **Museo y Archivo Rubén Darío.** The name Rubén Darío (1867–1916) may be fairly obscure in the English-speaking world, but throughout Nicaragua and Latin America it commands instant respect. Rubén Darío, Nicaragua's favorite son and poet laureate, became a leader of Latin American poetry's modernist movement, which rebelled against the ponderous, repetitive verse in vogue at the time. Darío was also famous

for his stormy personal life, battling alcoholism, and carrying on a series of indiscreet affairs. The museum, in the house where Darío spent his boyhood, includes personal effects and a plaster death mask made shortly after the great poet died. ⊠*3 blocks west of the northwest corner of Parque Ctl.* ☎*311–2388* ☜*Free* ⊘*Tues.–Sat. 9–noon and 2–5, Sun. 9–noon.*

WHERE TO STAY & EAT

Elegant dining is not León's forte, but as in any college town you'll never go hungry here. Join the throngs of university students for a quick bite or snack at the eateries dotting the city.

$ ✕**Restaurante El Sesteo.** An indoor gallery of portraits of Nicaraguan literary figures greets you at this Leonense institution, but opt for one of the pleasant outdoor tables overlooking the Parque Central instead. They make this the place to hang out for hours, late into the evening. The main dishes are a bit pricey, but the tasty ham or chicken sandwiches, amazing club sandwiches, and banana splits are all bargains. ⊠*East side of Parque Ctl.* ☎*311–5327* ☐*AE, D,DC, MC, V.*

$$$ ⊡**Hotel El Convento.** León's most sumptuous lodging was built only in 2000 in the style of the former San Francisco convent, and blends seamlessly with the church next door. Covered interior walkways loop around a large garden and its bubbling centerpiece fountain. The owners have collected 30 years' worth of antiques that furnish the common areas and private rooms. Each tiled room has its own balcony. ⊠*C. Rubén Darío, 3 blocks west of cathedral* ☎*311–7053* ☐*311–7067* ⊕*www.hotelelconvento.com.ni* ↪*31 rooms, 1 suite* ♿*In-room: Wi-Fi. In-hotel: 2 restaurants, room service, bar, laundry service, public Internet* ☐*AE, D, DC, MC, V* ⦿*CP.*

Fodor'sChoice
★

$$ ⊡**La Casa Leonesa.** An 18th century home just north of downtown has been converted into one of León's nicest lodgings, a step down from the nearby El Convento, but a very good value. Rooms congregate around a leafy garden with a small pool, and are decorated with wrought-iron furniture, tile floors and religious art. ⊠*3 blocks north and ¼ block east of cathedral* ☎*311–0551* ☐*311–5711* ⊕*www.casaleonesa.com* ↪*9 rooms, 1 suite* ♿*In-room: no phone. In-hotel: restaurant, no elevator, public Internet* ⦿*CP.*

$$ ⊡**Hotel San Cristóbal.** About 1 km (½ mi) outside the city limits on the bypass highway, the San Cristóbal is a cool, spacious alternative to the lodgings in town, but just a 10-minute taxi ride away. It opened in 2000, but is built in old Nicaragua style, around a courtyard with a central fountain. Modern tiled rooms are simply furnished with wood furniture and flowered drapes and bedspreads. The lower-floor restaurant specializes in Italian cuisine. ⊠*Carretera Bypass, next to Tropigas* ☎*311–1606* ☐*311–1608* ⊕*www.sancristobalhotel.com* ↪*30 rooms* ♿*In-hotel: restaurant, room service, bar, pool, no elevator, laundry service, public Internet* ☐*AE, MC, V.*

$$ ⊡**Hotel San Juan de León.** Rooms are small but comfortable with wood furniture at this lodging near the San Juan church, several blocks north of downtown. Rates include breakfast on the common upstairs balcony. For the rest of your meals, you have access to shared kitchen facilities.

5

✉*North side of Parque San Juan* ☎*311–0547* ⊕*www.hsanjuandeleon.com* ⤵*10 rooms* ⏃*In-room: Wi-Fi. In-hotel: pool, no elevator, laundry service, airport shuttle* ⊟*V* ⦿*CP.*

$ ⌸ **Hotel Europa.** The nicest of León's budget lodgings is clean, attractive, and has a staff that aims to please. Rooms, arranged around a courtyard, are small and basic and are bright yellow, bright blue, or bright red. ✉*3 C. NO and Avda. 4 NO* ☎*311–6040* 🖶*311–2577* ⊕*hoteleuropaleon.com.ni* ⤵*37 rooms* ⏃*In-room: no phone, Wi-Fi. In-hotel: restaurant, no elevator, laundry service, parking (no fee)* ⊟*AE, MC, V.*

NIGHTLIFE

The **Casa Popular de Cultura** (✉*1 block north and 1½ blocks west of the northwest corner of Parque Ctl.*) hosts cultural events some evenings. **Tertulias Leónesa** *(León Social Gatherings)* is a weekly celebration with music and food on the Parque Central each Saturday evening from 6 to midnight.

OUTDOOR ACTIVITIES

León-based **Quetzaltrekkers** (✉*1½ blocks east of La Recolección church* ☎*311–6695* ⊕*www.quetzaltrekkers.com*) leads guided excursions to many points in northern Nicaragua, including half-day tours to Volcán Momotombo that set out before dawn, and also take in a visit to the ruins of León Viejo. Other reliable guides can be arranged through the INTUR office or your hotel for visits to Momotombo or León Viejo, but you'll be expected to provide a vehicle. Fully escorted excursions to these sites can also be arranged through a tour operator in Managua.

Poneloya is the favorite Leónense beach, about a half-hour west of the city on the Pacific coast.

LEÓN ESSENTIALS

BUS TRAVEL

León's bus terminal, a dusty field adjoining a market, sits about 1 km (½ mi) northeast of downtown on 6 Calle NE, at Avenida 8 NE. Express minivans, the fastest option at 90 minutes, leave almost continually for Managua and cost C$25.

CAR TRAVEL

León is about an 90 minutes northeast of Managua via one of two routes. The shorter route hugs the shore of Lake Managua and passes through La Paz Centro. A slightly longer route passes through Ciudad Sandino.

EMERGENCIES

Emergency Services **Ambulance** (☎*311–2627*). **Fire** (☎*311–2323*). **Hospital Escuela Oscar Danilo Rosales** (✉*1 block south of the cathedral, C. 2 Sur and Avda. 1 Poniente* ☎*311–6990*). **Police** (☎*311–3137*).

INTERNET

Sibernetik provides Internet access for C$25 per hour.

Internet Service **Sibernetik** (⊠*1 block west and ½ block north of La Recolección church*).

MAIL & SHIPPING

The local Correos de Nicaragua, open Monday through Friday 7 to 5:30, and Saturday 7 to noon, is across from La Recolección church.

Mail & Shipping Services **Correos de Nicaragua** (⊠*Avda. 1 NE and C. 3 NE* ☏*311-2102*).

MONEY MATTERS

Several banks cluster on the corner of Calle 1 Norte and Avenida 1 Oriente, one block north of the cathedral; they'll change U.S. dollars weekdays 8:30 to noon and 2 to 4, Saturday 8:30 to 11:30. Banco América Central (BAC) changes American Express traveler's checks. Find ATMs at BAC (MasterCard/Cirrus and Visa/Plus) and Bancentro (Visa/Plus only).

Banks **Bancentro** (⊠*1 block north of the cathedral* ☏*311-0991*). **Banco América Central** (*BAC* ⊠*Esquina de los Bancos* ☏*311-7247*).

TELEPHONES

If your hotel room doesn't have a phone, the Empresa Nicaragüense de Telecomunicaciones (Enitel) provides local and international telephone service daily from 7 AM to 10 PM.

Telephone Service **Empresa Nicaragüense de Telecomunicaciones** (*Enitel* ⊠*northwest corner of Parque Ctl.* ☏*311-7377*).

TRANSPORTATION AROUND LEÓN

BY TAXI León's downtown is easily navigated on foot, but for farther distances taxis are ubiquitous and inexpensive. A trip from the bus terminal to the city center runs C$15.

VISITOR INFORMATION

The Instituto Nicaragüense de Turismo (INTUR) operates a tourist information office downtown with a helpful, friendly staff. The Oficina de Información Turística, a joint effort of the municipal government and a group of enthusiastic university students, serves as a tourist information office that keeps longer hours than INTUR's.

Tourist Information **Instituto Nicaragüense de Turismo** (*INTUR* ⊠*Avda. 2 NO and C. 2 NO* ☏*311-3682* ⏱*Weekdays 9–noon*). **Oficina de Informatción Turística** (⊠*Avda. 2 Poniente, next to El Sesteo* ☏*311-3528* ⏱*Weekdays 8–noon and 2-6, Sat. 9-5, Sun. 9-noon*).

VOLCÁN MOMOTOMBO

29 km (17 mi) east of León.

The near-perfect cone of this volcano—which is best known as the subject of a famous Rubén Darío poem—rises 4,000 feet over the western shore of Lake Managua, and is visible from as far away as the capital. Access is by a bumpy dirt road (which turns muddy in the rainy season) that starts just south of the village of La Paz Centro on the León–Managua highway; look for the sign reading ORMAT MOMOTOMBO, the name of the Israeli-built geothermal plant on the volcano's lower slopes that supplies almost 10% of the country's power. To get here, take one of the buses headed toward Managua and get off at La Paz Centro. From La Paz Centro you can take one of the public-transport trucks to Puerto Momotombo. Technically, you're supposed to have a pass to venture near the power plant. A León- or Managua-based tour operator can take care of all the necessary paperwork for you if you go on one of their guided tours, a far easier option than trying to tend to those details on your own. If you plan to visit on your own, to secure a pass, visit the **Empresa Nicaragüense de Electricidad (ENEL) office** (⊠*1 block north of Casa Nazareth* ☎266–8756) in Managua's Barrio Martha Quezada. The reward for your troubles, and the arduous four-hour climb, will be a stunning view of the lake and the surrounding country.

LEÓN VIEJO

24 km (15 mi) east of León.

An interesting day trip from *new* León, the ruined city of León Viejo (Old León) was one of the first two Spanish settlements in Nicaragua. (Granada was the other.) The city was the capital of Spain's colonial province in Nicaragua until a 1610 earthquake, triggered by Volcán Momotombo, leveled it. Now that parts have been excavated—the site was not discovered until 1967, after several false leads—you can make out the cathedral and the central plaza in front of it. In 2000 León Viejo was named a UNESCO World Heritage Site—Nicaragua's first. The ruins suffered much damage during 1998's Hurricane Mitch. Much-needed restoration is nearly complete at this writing. Your admission price includes a guided tour in Spanish only, but you will find signage in English. Most León- or Managua-based tour operators include excursions to León Viejo among their offerings. Many of the tours also take in a visit to Momotombo. ⊠*3 km (2 mi) east of La Paz Centro, then 15 km (9 mi) northeast* ☜C$35 ☉*Daily 8–4.*

PONELOYA

23 km (14 mi) west of León.

One of the nicer beaches in Nicaragua, Poneloya is an easy day trip from León. The beach will be yours and yours alone during the week; weekends and holidays, especially Holy Week, are quite another story. Swimmers should be careful of the strong undertow. The seafood restaurants along the beach offer big plates of *camarones al ajillo* (garlic shrimp) for about C$100. Make the beach a day trip; you'll find only very basic accommodation here.

EN ROUTE Nicaragua has three border crossings with Honduras: Las Manos (near Ocotal) and El Espino (near Somoto)—both are north of Matagalpa and Estelí—and El Guasaule, beyond Chinandega north of León. The busy Las Manos crossing is open 24 hours a day; the others, daily 8 to 5. Get an early start and expect delays.

MATAGALPA

130 km (78 mi) north of Managua.

At just over 3,300 feet, the lush mountains around workaday Matagalpa and its cool climate and reputation for hospitality have attracted large numbers of foreigners for years. In the 1800s a wave of immigrants—mostly British, German, and French—arrived and established the region's coffee plantations, forcing many of the indigenous farmers off their own land. Years later the region witnessed a more benevolent invasion of foreigners, who came during the 1980s years to work on solidarity projects.

As with most of northern Nicaragua, Matagalpa's heart is staunchly Sandinista. Both Tomás Borges, the lone survivor of the group that founded the FSLN, and Carlos Fonseca, its best-known martyr, were born and raised here. The city is also known for serving one of the best cups of coffee in the country, Matagalpa Roast. You'll find few international-quality hotels and restaurants here, but the region does contain the Selva Negra Mountain Resort, arguably Nicaragua's most famous lodging, just north of Matagalpa.

SIGHTS TO SEE

Matagalpa's sole museum makes an interesting visit for fans of Nicaraguan political history. The **Museo Casa Comandante Carlos Fonseca** (⊠ *1 block east of southeast corner of Parque Darío* ☎ *No phone*) was the childhood home of Carlos Fonseca, the guiding light of the FSLN. Photographs and texts tell the story of Fonseca's life, from his childhood to his death in a skirmish with the National Guard in 1976. Its hours are irregular, but you stand your best chance weekdays 9 to noon and 2 to 5; a donation is requested.

If the anachronistic architecture of the Bavarian-style **Selva Negra Mountain Resort** doesn't charm you, then owners Eddy and Mausi Kühl will. After receiving a personal invitation from the Nicaraguan government to come here to grow coffee, Eddy's grandfather emigrated from Germany in 1891. More than 100 years later, Eddy still grows world-famous coffee, and his knowledge of Nicaragua's politics is infinite, as he is a personal friend of many of the country's power brokers. The owners charge C$60 if you want to visit the property, but the fee is applied toward meals or lodging. Come here for a taste of some really fresh coffee, or for the excellent hiking. The 1,500 acres surrounding the hotel house howler monkeys, sloths, minks, ocelots, wild boars, and cougars, as well as 125 species of birds and 85 varieties of orchids. Fourteen different trails wind into the cloudy mountains and around the coffee plantation, and you can even rent a horse for C$250 an hour. ⊠ *Km 140 Carretera Matagalpa–Jinotega* ☎ *612–3883* ⊕ *www.selvanegra.com.*

WHERE TO STAY

$-$$$$ ⊞ **Selva Negra Mountain Resort.** Set in a combination private reserve and working coffee plantation, the "Black Forest" is arguably Nicaragua's most famous hotel. Rooms in the main house are rustic but furnished with flowered spreads and drapes. More upscale (although still a bit rustic) and expensive bungalows ($$$) have one to four bedrooms, and can accommodate two to six people. They come with private porch and spectacular views. Selva Negra also offers hostel-like accommodations next door. ⊠*Km 140 Carretera Matagalpa–Jinotega* 🕾🕾*612–3883* ⊕*www.selvanegra.com* ⊲*19 bungalows, 4 chalets, 20 dorm-style bunks* ⏷*In-room: no a/c, no phone, no TV. In-hotel: restaurant, bar, no elevator, parking (no fee)* ⊟*AE, MC, V.*

OUTDOOR ACTIVITIES

HIKING   The hills near Matagalpa contain some stunning scenery. One hiking trail, which begins south of town on the highway (about 60 feet south of pedestrian bridge), climbs 600 feet to **El Calvario,** whose summit has a small shrine dedicated to the crucified Christ and a good view of the valley. An easier excursion leads to the **cemetery** south of town (about 1 km or ½ mi southwest of bus depot), where you can see the town below and visit the grave of aid worker Ben Linder, the only U.S. citizen killed during the Contra war.

MATAGALPA ESSENTIALS

BUS TRAVEL

Matagalpa's bus depot is at the market in the southwest part of town, next to the river, about a 30-minute walk from Parque Central. A cab ride to the center should cost C$20. From the market, buses leave for Managua (3 hours, C$60) about every 30 minutes 4 AM to 5 PM, with less frequent *expreso* services making the trip in 2½ hours.

CAR TRAVEL

You reach Matagalpa via the Interamerican Highway north from Managua. Watch for the turnoff at Sébaco, 28 km (17 mi) before Matagalpa.

EMERGENCIES

Emergency Services Ambulance (🕾*612–2059*). **Fire** (🕾*612–3167*). **Police** (🕾*612–3870*).

MAIL & SHIPPING

The local Correos de Nicaragua, open Monday to Saturday 8 AM to 1 PM, is across from Parque Darío. A branch of DHL provides package shipping to international destinations.

Mail Services Correos de Nicaragua (⊠*Parque Darío* 🕾*612–3880*). **DHL** (⊠*1 block west of Teatro Perla* 🕾*612–6092*).

MONEY MATTERS

The banks cluster a half block south of the Parque Central's southeast corner on a street appropriately called Avenida de los Bancos. All will change cash (U.S. dollars only). Banco América Central (BAC) will change American Express traveler's checks weekdays 8:30 to 4:30 and Saturday 8 to noon. Use your Visa/Plus-affiliated card at ATMs at BAC and Bancentro. BAC's machine also accepts MasterCard/Cirrus cards.

Bank Information Bancentro (✉ *Avda. de los Bancos* ☎ *772–3922*). **Banco América Central** (*BAC* ✉ *1 block south of Enitel* ☎ *772–5905*).

TELEPHONES

The Empresa Nicaragüense de Telecomunicaciones (Enitel) provides local and international telephone service.

Telephone Service Empresa Nicaragüense de Telecomunicaciones (*Enitel* ✉ *1 block east of northwest corner of Parque Central* ☎ *612–2999*).

VISITOR INFORMATION

The Instituto Nicaragüense de Turismo (INTUR), open weekdays 8 to 12:30 and 1:30 to 5, operates a tourist information office with a helpful staff a few blocks south of downtown.

Tourist Information INTUR (✉ *1 block east and ½ block north of Molagüina church* ☎ *612–7060*).

GRANADA

FodorśChoice ★ *45 km (27 mi) southeast of Managua.*

Granada's graciously elegant architecture and people can seem to belie Nicaragua's difficult history, and it's this resiliency that makes Granada so fascinating—and a definite must especially if it's your first trip to Nicaragua. The past has not been forgotten here; the city's streets are packed with richly detailed colonial buildings that make it Nicaragua's most architecturally interesting town. Because of its position on the western shore of Lake Nicaragua, Granada played a crucial role in the commercial and trading life of colonial Latin America. Founded in 1524 during the first Spanish expeditions by Francisco Hernández de Córdoba, the city quickly became an important supply link to Spain. Ships entering Lake Nicaragua from the Atlantic via Río San Juan would dock at Granada's port, unload their cargo, and leave with their hulls full of gold mined by conquered tribes. As the region's economy developed and diversified, Granada became the major port for exporting goods to Spain that came from as far away as Guatemala. And the town's elite, whose control of the port brought them enormous wealth, embarked upon a construction campaign that transformed Granada into one of the Americas' classic cities.

As Granada got richer, it got more conservative. By the time Nicaragua gained its independence in the 1820s, a serious schism had developed between Granada's conservatives and León's liberals. With no Spanish master left to police the rivalry, the two cities quickly fell into a battle for power. Granadinos enjoyed the upper hand until American mercenary William Walker, invited by the liberals, captured the town in 1855. Walker ruled Nicaragua from Granada for nearly two years, until he was driven out by combined Central American forces. During his retreat, the demented colonel ordered the city destroyed, leaving Granada mostly in smoking ruins, and a sign saying, HERE WAS GRANADA.

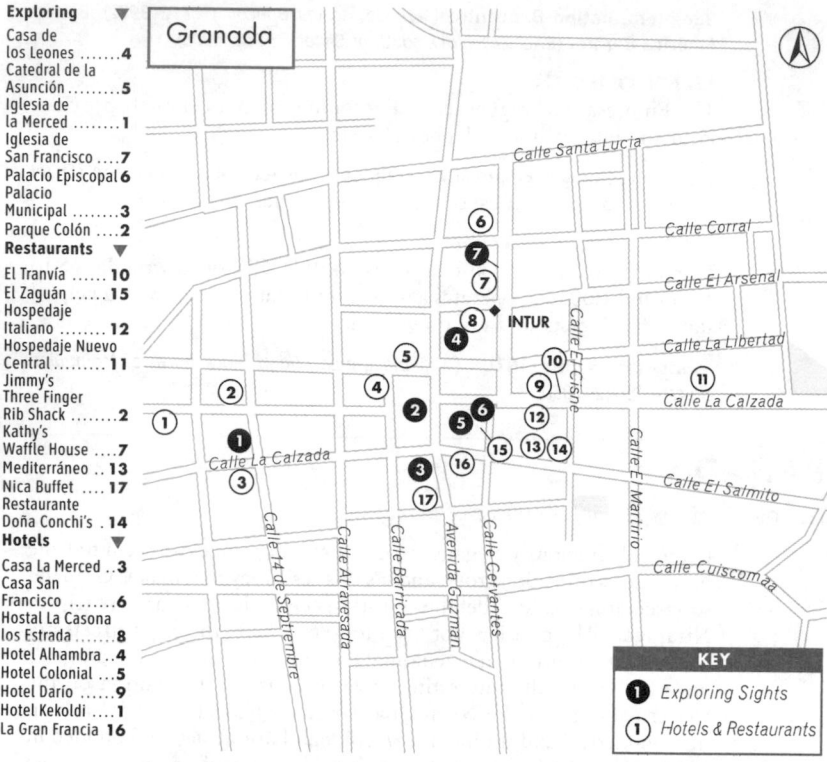

Granada has survived, and even prospered, through Nicaragua's troubled history. The entire center city has been declared a museum, meaning that no tall buildings will ever be erected in or near the colonial-era downtown. Additionally, every building renovation must follow strict design guidelines intended to maintain the integrity of the existing colonial architecture. Much of what you see here is a full or partial reconstruction, thanks to Walker's razing of the town, but no matter: Rebuilt, restored, and revived, Granada and its polished infrastructure today carry their conservative heritage proudly. The city has reaped the tourism harvest like no other place in Nicaragua. This is one of the few places in the country where you'll be regularly aware of the presence of other travelers, although it manages to absorb the tourist crowds without too much trouble. The city's churches, convents, and horse-drawn carriages attract the crowds, but this is no colonial Williamsburg. Nicaraguans and investors from Europe, the United States, Costa Rica, and elsewhere have been buying up the city's elegant 18th- and 19th-century homes with large interior patios, renovating them, and transforming them into hotels, restaurants, and trendy boutiques. Many more hold workaday barbershops and billiard halls frequented only by locals. Most remain family homes whose occupants bring their wicker chairs out to the sidewalk to enjoy the cool evening breezes and wish a friendly *"Buenas noches"* to passersby.

HORSING AROUND

They might strike you as a tropical variation of a hansom-cab ride in New York's Central Park, but Granada's ubiquitous horse-drawn carriages are intended primarily as a means of taxi transport for local people. You'll see them in a few other towns around Nicaragua, most notably in nearby Masaya, but the carriages, which congregate around Parque Colón here, are most associated in the tourist's mind with Nicaragua's number-one tourist city.

Corporate patronage has caught on all over Nicaragua, so Cemaco, a Central America–wide chain of appliance stores, sponsors most of Granada's carriages these days with (mostly) unobtrusive advertising. For many years, visitors cringed at the sight of the scrawny working horses here; many complaints later, the animals seem to be better fed and have filled out nicely.

Negotiate a price with a driver if you wish to take a tour. (Plan on about C$250 for an hour.) Drivers can provide some running commentary, but many speak little English. Remember that some are accustomed to providing utilitarian transport only. In fact, a Granadino's last ride on earth will likely be in a horse-drawn hearse to the local cemetery.

Leading the way in signage, streets in Granada do have actual names—romantic sounding, historic names. Calle La Calzada runs east from Parque Colón, the central park. Calle Real Xalteva heads west from the park. But, as elsewhere in Nicaragua, Granadinos give addresses in terms of numbers of *cuadras* (blocks) in cardinal directions from a landmark. The designations differ slightly from those used elsewehere around the country: *norte* (north); *sur* (south); *oeste* or *abajo* (west); and *al lago* (east toward Lake Nicaragua).

WHAT TO SEE

Any tour of Granada should start at **Parque Colón,** the city's central park, where you can imagine what Granada must have been like in its glory years. The park was the original site of Granada's central market; today the mango tree–shaded space is quintessential Latin America, a place to greet neighbors, eat an ice-cream cone, or get a shoe shine.

Parque Colón is dominated by the **Catedral de la Asunción,** open daily 3 to 7, on its eastern side. Walker burned the original cathedral down in 1857; this structure was completed in 1915. It's a rather imposing example of neoclassical architecture, worth a visit to explore the vivid examples of religious art within. The arched and columned building to the north of the cathedral is the 1913 colonial-style **Palacio Episcopal,** the seat of Granada's Catholic diocese. The **Palacio Municipal,** the city hall, sits on the south side of the park. On the park's west side sits the wonderful old **Hotel Alhambra,** one of Granada's premier places to spend the night.

The smaller **Plaza de los Leones** adjoins the park on its north side. The obelisk in the center of the plaza honors the heroes of Central American independence.

❹ On the plaza's east side is the old **Casa de los Leones** (⊠*Plaza de los Leones* ☎552–4176). The building's stone portal dates from 1809, and is the only portion of the structure to survive the fire set by William Walker in 1856. Its inscription, LONG LIVE DON FERNANDO VII, pays homage to the Spanish king. It now houses the Casa de Tres Mundos, Granada's art and culture center. It's open daily 8 to 7 and contains an art gallery, studios, school, library, and café and hosts cultural events.

★ **❼** The **Iglesia de San Francisco,** dating from 1529, but rebuilt in 1867 following Walker's fire, has a baroque facade with a system of pediments and symmetrical oval windows. Next door, the **old convent** serves as a museum, with a collection of stunningly carved stone artifacts dating from around AD 800, gathered on the Ometepe and Zapatera islands in Lake Nicaragua. The exhibit includes extensive maps of the archaeological sites on the islands. The former convent also hosts temporary art exhibitions and a permanent gallery of Nicaraguan primitivist paintings. Granada's branch of the Instituo Nicaragüense de Turismo (INTUR), the government tourist office, is housed here as well. ⊠*C. Arsenal and Avda. Miguel Cervantes (2 blocks east of Catedral de la Asunción)* ☎552–5535 ⊠C$40 ⊙ *Weekdays 8:30–5:30 and weekends 9–4.*

❶ Another church worth visiting is the **Iglesia de la Merced** (⊠*2 blocks west of park's southwest corner*). Built in 1781, only its original facade remains. The structure was rebuilt, of course, in 1863 after Walker's retreat. The church has a tower with good views. Ask the caretaker for permission to climb it.

Stroll or take one of the horse-carriage cabs down Calle la Calzada to the lakeshore. On the lake, at the end of Calle La Calzada, a warehouse now occupies the foundation of the first fort built by the Spanish in Central America, the **Fuerte de la Muelle.** Little remains except a few old cannons in the park next door.

About 109 yards south along the lakeshore is the **Centro Turístico,** a long, shady waterfront park lined with informal, local-patronized discos, restaurants, and other diversions. On weekends the place fills with families. The park is slated for major redevelopment. A few restaurants will rent boats to tour Las Isletas and Isla Zapatera.

From here it's a few kilometers farther south to **Puerto Aseses** (☎552–2269), where you can book a boat tour and spend an hour or two cruising through Granada's famed Isletas, the 360-odd tiny, plant-bedecked islands that lie offshore. A taxi will take you to Aseses for about C$15 a person.

WHERE TO EAT
Classy dining abounds in this old colonial town. A unique Granadino twist to getting out of town for lunch is to take a short boat ride to the nearby Isletas. A few restaurants scatter among the tiny specks, and you arrange the details at the dock.

$$$–$$$$ ✕ **El Tranvía.** With its 2007 opening, this establishment on the 1st floor of the Hotel Darío became Granada's snazziest restaurant. A scant nine

tables makes El Tranvía an intimate dining experience. You can usually snag a table here, but reservations are a good idea if you want to avoid disappointment. Try the filet mignon, or the *langosta en salsa de coco* (lobster in coconut sauce), accompanied with wine from the good selection of mostly Spanish, and some Chilean vintages. ✉*C. La Calzada, 1½ blocks east of Parque Colón* ☎*552–3400* ⊟*AE, D, DC, MC, V.*

$$–$$$$
★
✕**Mediterráneo.** Hostess-owner Enriqueta Mateo, unfailingly gracious and well informed, has a worldliness that shines through on the Spanish menu infused with international accents. The paellas are exceptional. A wonderfully romantic atmosphere prevails; the elegantly furnished dining room, done in rosy terra-cotta tones, flanks a lovely interior garden, enhanced by candlelight, plants, and quietly flowing fountains. ✉*1½ al Lago* ☎*552–6764* ⊟*AE, D, DC, MC, V* ⊙*Closed Mon.*

$$–$$$$
★
✕**Restaurante Doña Conchi's.** You can still see bullet holes in the wall, remnants of a botched execution attempt of William Walker by firing squad in this house. But these are happier times. The gracious Doña Conchi hails from Zaragoza and dishes up meats, hams, and fish—the Spanish family cuisine she calls *cocina familiar*—in a lovely garden in back, all to the accompaniment of a whispering fountain. Browse Conchi's artisan creations in the shop, or enjoy a luscious sangría while you wait. You'll find soft, live music here many evenings, playing old standbys such as *Guantanamera* or *La Bamba.* ✉*C. El Caimito* ☎*552–7376* ⊟*AE, D, DC, MC, V* ⊙*Closed Tues.*

$$–$$$
✕**Jimmy's Three-Finger Rib Shack.** Let's start with the barbecue dishes: the grilled chicken, center-cut loin of pork, and the baby-back ribs are dolled up with a sweet, spicy tomato-base sauce, in the style of the owner's native Alabama. But not all is barbecue here. Try the broiled red snapper, stuffed with a crabmeat dressing in white-wine sauce, or the snapper piccata, sautéed in lemon, butter, and garlic. Come early to grab a table; Jimmy's is a popular hangout for Granada's growing expat community, and with just six tables and the bar arranged around the garden, it fills up later in the evening. Occasional live music rounds out the atmosphere. ✉*C. El Consulado, 2½ blocks west of Parque Colón* ☎*552–8115* ⊟*No credit cards.*

$$
✕**El Zaguán.** Grilled meat and fish are the order of the day at this semi-open-air courtyard restaurant organized around a centerpiece open grill. Beef, chicken, and the house fish specialty, the freshwater *guapote* (rainbow bass), are prepared Argentine style on the *parrillada* with your choice of barbecue or spicy chimichuri sauce. The occasional mariachi strolls through for an evening serenade. ✉*Behind cathedral* ☎*552–2522* ⊟*AE, MC, V* ⊙*Closed Mon.*

$–$$
✕**Kathy's Waffle House.** If you're lucky, you can grab one of the five precious tables on Kathy's front porch facing the San Francisco church across the street, and enjoy the best restaurant view in town. That porch fronts directly east however, and rattan shades will be drawn to block out the direct morning sun. Primitivist art decorates the walls of the two small inside dining rooms. Outside or inside, you'll dine on the same pancakes, waffles, French toast, eggs, and coffee. ✉*C. El Arsenal, across from San Francisco church* ☎*552–7488* ⊟*No credit cards* ⊙*No dinner.*

5

$–$$ ✗**Nica Buffet.** Here's an old-fashioned breakfast-only diner right in the center of town. Despite the name, this is a sit-down place, and it dishes up omelettes, pancakes, French toast, and bagels, just like back home. There's more exotic fare on the menu too: Nicaraguan-style gallo pinto or huevos rancheros. It's worth a stop even if your hotel does include breakfast in the room rate. ✉*1 block south and ½ block west of Parque Colón, across from Casa Pellas* ☎*No phone* 🚫*No credit cards* 🕐*Closed Thurs. No lunch or dinner.*

$ ✗**Hospedaje Nuevo Central.** This *very* basic backpackers' lodging has great appeal as an incredibly friendly place to stop for a drink or evening meal. Particularly popular are the all-you-can-eat spaghetti dinners. Informality reigns here: if the small dining room is full, someone will help you carry a table and chairs out to the sidewalk. The Central has become the unofficial information-exchange center in town, to which nonguests are welcome. The place is loaded with people who were "only going to visit Nicaragua for a few days" but have decided to stay on longer. ✉*C. La Calzada, 2 blocks east of Parque Colón* ☎*552–7044* 🚫*No credit cards.*

WHERE TO STAY

No place in Nicaragua has seen the rise of quality lodgings in recent years the way Granada has, and the city is the province of several charming boutique hotels. Numbers of hotel rooms are still small, meaning advance reservations are a good idea no matter what the season.

$$$–$$$$ 🏨 **La Gran Francia.** Even William Walker could not spare his own house when he torched Granada in the 19th century, but a 21st century restoration and reconstruction yielded one of Granada's most sumptuous lodgings. You can't beat the location: the colonial building sits right on the corner of Parque Colón. All rooms are decorated with tile floors and carved-wood furniture. The standard rooms are a little on the small side, but $20 extra gets you a far-more-spacious junior suite. Rates include an ample breakfast in the first-floor restaurant. ✉*Southeast corner of Parque Colón* ☎*552–6000* 🖨*552–6001* 🌐*www.lagranfrancia. com* ⬇*21 rooms* ◊*In-room: refrigerator (some), safe (some). In-hotel: 2 restaurants, rooms service, bar, pool, laundry service, public Internet* 🚫*AE, D, DC, MC, V* 🍴*CP.*

$$$ 🏨 **Casa La Merced.** It's the little touches like fresh flowers in the rooms that make this hotel special. It is housed in a converted 18th century house that sits across from the Merced church just west of Parque Colón. Rooms front the arcade, which surrounds the central garden, and contain carved oak furnishings, and some four-post beds. ✉*C. Real Xalteva, across from La Merced church* ☎*552–2744* 🌐*www. casalamerced.com* ⬇*10 rooms* ◊*In-room: safe. In-hotel: bar, laundry service, concierge, public Internet* 🚫*AE, D, DC, MC, V.*

$$$ 🏨 **Hotel Colonial.** This hotel, with its attentive service, sits just north of the central park. Keep your disappointment in check when you walk in: the futuristic tile lobby gives little hint of the colonial-style elegance of the rooms, which have canopied beds and Nicaraguan art. ✉*West of Parque Colón* ☎*552–7581* 🖨*552–7299* 🌐*www.nicaragua-vacations.*

com ⟿*37 rooms* ♿*In-room: Wi-Fi. In-hotel: restaurant, room service, bar, 2 pools, laundry service, public Internet* ▤*AE, D, DC, MC, V.*

$$$ ⛶ **Hotel Darío.** You can't miss the green-and-white part-colonial, part-Victorian gingerbread facade of Granada's newest luxury lodging. It sits on Calle La Calzada just a bock off the central park. Rooms have lake, volcano, or cathedral views, depending on which way they face. Five of them come with private balcony. All include plush colonial-style, wrought-iron furnishings. All have showers, but a few include bathtubs, too. To top it off, you're just upstairs from the yummy El Tranvía restaurant. ⊠*C. La Calzada, 1½ blocks east of Parque Colón* ☎*552–3400* 🖷*552–3690* ⊕*www.hoteldario.com* ⟿*23 rooms* ♿*In-room: safe, Wi-Fi. In-hotel: 2 restaurants, room service, bar, pool, gym, no elevator, laundry service, public Internet, airport shuttle* ▤*AE, D, DC, MC, V.*

$$ ⛶ **Casa San Francisco.** Among other things, the friendly management makes this place, just around the corner from the San Francisco church, special. The nine rooms surround a pleasant garden. Each is different, and mixes and matches balconies or patios, mosaic tiles or hardwood floors, hand-carved wood or wrought-iron furniture. Some can be joined suite-style for groups or families. The restaurant serves Central American cuisine, and its Sunday brunch is a Granada institution. ⊠*C. Coral* ☎*552–8235* ⊕*www.casasanfrancisco.com* ⟿*9 rooms* ♿*In-room: no phone, Wi-Fi. In-hotel: restaurant, bar, pool, no elevator, laundry service, public Internet* ▤*AE, D, DC, MC, V* ⦿*CP.*

$$ ⛶ **Hostal La Casona los Estrada.** The lobby and restaurant of one of Granada's most sumptuous lodgings ooze colonial elegance and an attention to detail reflecting the owners' impeccable tastes in colonial art. Count on being entertained by a pianist at the Steinway in the restaurant while you dine on meats and pastas. The much more modern rooms are pleasantly furnished with splashes of modern Nicaraguan art. ⊠*½ block west of the Iglesia de San Francisco* ☎*552–7393* 🖷*552–7394* ⊕*www.casonalosestrada.com* ⟿*5 rooms, 1 suite* ♿*In-room: no TV. In-hotel: restaurant, room service, bar, laundry service, parking (no fee), airport shuttle* ▤*AE, MC, V.*

$$ ⛶ **Hotel Alhambra.** A jewel on Granada's shady Parque Colón, the two-★ story Alhambra is traditionally the essential Granada spot. The colon-naded, comfortably furnished lobby wraps around an interior courtyard garden with a murmuring fountain. Guest rooms are filled with a hodge-podge of modern desks, lamps, and the like, matched with old carved-wooden cabinets, double beds, and atmospheric pieces. The second-story rooms overlooking the plaza are simply wonderful, though rooms overlooking the pool in back are quieter but smaller. ⊠*West side of Parque Colón* ☎*552–4486* 🖷*552–2035* ⊕*www.hotelalhambra.com.ni* ⟿*56 rooms* ♿*In-hotel: 2 restaurants, room service, bar, pool, laundry service* ▤*AE, D, DC, MC, V.*

$$ ⛶ **Hotel Kekoldi.** You can't miss this place, with its hot-pink façade, a few blocks west of the central park. This is Kekoldi's first foray into Nicaragua—two branches already existed in Costa Rica—and all indications point to success. Rooms are arranged in Granada style around a garden laden with trees bearing fruit, which end up part of the ample breakfast

5

buffet. Wicker rocking chairs and a mix of indigenous art and works by contemporary Nicaraguan artist Robert Barberena de la Rocha decorate the spacious rooms. You can get a discount on the already good prices with stays of three or more nights. ⊠*C. El Consulado, 300 yds west of Parque Colón* ☎☎*552–4106* ⊕*www.kekoldi-nicaragua.com* ↩*12 rooms* ⅃*In-room: no phone, Wi-Fi. In-hotel: bar, laundry service, no elevator* ⊟*AE, D, DC, MC, V* ⊠*CP.*

NIGHTLIFE

Raucous nightlife would be unseemly in this gracious old colonial city. Dining and conversation at one of the restaurants are usually the order of the night here. You can step more lively at the string of discos along the waterfront patronized largely by locals, though tourists are welcome, too.

Backpackers' digs, the **Bearded Monkey** (⊠*C. 14 de Septiembre* ☎*552–4028*) screens classic and late-release films on DVD nightly at 6 and 8 PM. DJ's spin Latin dance music many evenings at hotel-slash-restaurant **El Club** (⊠*C. La Libertad* ☎*552–4245*). Everyone makes a point to stop for drinks at **Hospedaje Nuevo Central** (⊠*C. La Calzada, 2 blocks east of Parque Colón* ☎*552–7044*) sometime during their stay here. Restaurant **Jimmy's Three-Finger Rib Shack** (⊠*C. El Consulado* ☎*552–8115*) has live music many evenings. The city and INTUR sponsor the Friday evening **Noche de Serenatas,** a spectacle of food and music on the Plaza de los Leones just north of Parque Colón. **Tu Bodeguita** (⊠*C. La Calzada, 2 blocks east of Parque Colón* ☎*883–2015*) is a quiet two-story indoor-outdoor bar with a wide selection of appetizers.

GRANADA ESSENTIALS

BUS TRAVEL

Granada's long-distance bus station sits nine blocks west and one block north of Parque Colón, just north of the Hospital San Juan de Dios. Express minivans to Managua leave nearly continually from a small station ½ block south of the southwest corner of Parque Colón.

CAR TRAVEL

Reach Granada from Managua via the Carretera a Masaya. The trip takes 45 to 60 minutes, depending on traffic.

EMERGENCIES

Emergency Contacts Ambulance (☎*552–2711*). **Fire** (☎*552–4440*). **Hospital San Juan de Dios** (⊠*West side of town, near bus station* ☎*552–2022*). **Police** (☎*552–2929*).

INTERNET

The largest supply of walk-in Web cafés in the country keeps hourly rates for Internet access (C$15) lower than elsewhere in Nicaragua. Try Interk@fenet, just off Parque Colón.

Internet Service Interk@fenet (⊠*Across from Hotel Colonial, off Parque Colón* ☎*No phone*).

MAIL

Mail Service **Correos de Nicaragua** (✉ *C. Atravezada, just west of Parque Colón, downtown* ☎ *552–3331* ⊙ *Mon.–Sat. 8–noon and 1–4:30*).

MONEY MATTERS

You can change cash here (U.S. dollars only) at any bank around town. Rates vary little from place to place. Banco América Central (BAC) will cash American Express traveler's checks and is generally open weekdays 8 to 4, as well as Saturday morning. Find ATMs at BAC (Visa/Plus and MasterCard/Cirrus cards) or Bancentro (Visa/Plus cards only).

Bank Information **Bancentro** (✉ *C. Atravezada* ☎ *552–6555*). **Banco América Central** (*BAC* ✉ *C. La Calzada* ☎ *552–3352*).

SHUTTLE SERVICE

Paxeos, with offices next to the cathedral, offers daily shuttle service in air-conditioned minivans to San Juan del Sur, the Tica Bus Terminal in Managua, and several runs daily to Augusto César Sandino International Airport. It can also arrange private transfers to destinations of your choosing.

Shuttle Service **Paxeos** (✉ *Next to cathedral on Parque Colón* ☎ *552–8291* ⊕ *www.paxeos.com*).

TELEPHONES

If your room doesn't have a phone, the Empresa Nicaragüense de Telecomunicaciones (Enitel) provides local and international telephone service.

Phone Service **Empresa Nicaragüense de Telecomunicaciones** (*Enitel* ✉ *East side of Parque Colón, just north of the cathedral*).

TRANSPORTATION AROUND GRANADA

Granada's city center is most enjoyably explored on foot. The city has standard automobile taxis, but more fun are the horse-drawn carriages that locals use as well. An hour-long tour by carriage runs about C$200. Drivers can offer commentary, usually in Spanish only.

VISITOR INFORMATION

The government tourist office, the Instituto Nicaragüense de Turismo (INTUR), maintains a branch in Granada with an exceptionally helpful staff. It's open weekdays 8 to 12:30 and 1:30 to 5.

Tourist Information **Instituto Nicaragüense de Turismo** (*INTUR* ✉ *Across from Convento San Francisco* ☎ *552–6858*).

VOLCÁN MOMBACHO NATURAL RESERVE

Fodor'sChoice
★

10 km (6 mi) south of Granada.

The Mombacho Volcano, which looms over Granada, used to be one of those so-close-and-yet-so-far attractions. This unique cloud-forest reserve (the Reserva Natural Volcán Mombacho) is now open to the public with the support of the private Cocibolca Foundation and USAID and has a research station and visitor center at its summit. Well-marked hiking trails totaling 5 km (3 mi) meander the verdant crater of this dormant volcano, and numerous signs (in Spanish) explain the reserve's diverse flora and fauna—more than 450 species of plants, 87 varieties of orchids, and 118 species of birds—some of which exist nowhere else. At 4,440 feet above sea level, the park has excellent views of the valley and lakes below. Though the volcano is officially listed as dormant, the sputtering fumaroles may lead you to think otherwise. The reserve is only 10 km (6 mi) and a cheap taxi ride from Granada. Watch for signs on the Nandaime highway. Turn right, continuing another 1½ km (1 mi) to the park entrance. From here it's 5 km (3 mi) to the trail, hiking up through pretty coffee plantations. If you're tuckered out, ride in the back of the reserve's 20-seat truck to the top. The drive up the steep road takes about 20 minutes. A chilly altitude difference between the volcano summit and the warm lowlands is noticeable; bring long sleeves. **Oro Travel** (☎552–4568) in Granada can arrange transport to the volcano. **Mombotour** (☎552–4548 ⊕*www.mombotour.com*) operates a C$1,000 canopy tour on Mombacho that guides you through the treetops via secure cables and body harness across 17 platforms and a "Tarzan swing." Mombotour also manages and offers tours of **Hacienda Cutirre,** an organic coffee plantation on the volcano's eastern slope. ☎552–5858 ⊕*www.mombacho.org* ⊠*C$180* ⊗*Thurs.–Sun. 8–5, Tues.–Wed. by reservation only.*

SOUTHWEST NICARAGUA

Colonial Granada holds two attractions: in and of itself, it is a repository of artifacts from the grandest era of Nicaraguan history, but it also anchors the country's most popular tourist area. The stretch of land between Managua and the Costa Rican border makes up only a sliver of Nicaragua, but aside from Managua it's the most densely populated region in the country. For hundreds of years the isthmus—bounded by the enormous Lago de Nicaragua to the north and east, and the Pacific to the south and west—has attracted settlers who saw promise in the fertile earth and abundant waters. It has always been the richest part of the country, with Granada leading the way to prosperity through trade with the rest of America and Europe.

From its wide swaths of unspoiled coastline to its massive volcanoes, this corner of Nicaragua is a sampler of the entire country. It draws more travelers than any other region, from dollar-clutching tourists haggling over trinkets at the Masaya craft market to serious volcano-climbers in search of personal epiphany to a growing expatriate population. Whatever brings you here, you'll find the traveling easy and the climate generally cooperative.

VOLCÁN MASAYA NATIONAL PARK

23 km (14 mi) southeast of Managua.

The evocative landscapes of Volcán Masaya, also known as Popogatepe ("Mountain That Burns"), suggest a moon with shrubbery—these

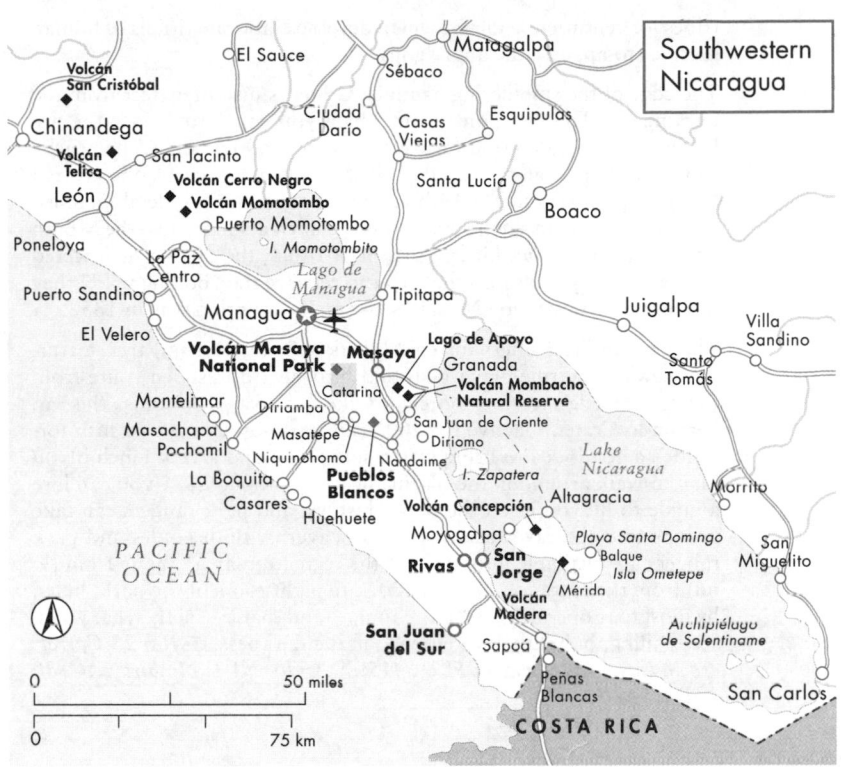

Southwestern
Nicaragua

5

sterile lava fields slowly turn fertile, invaded by native vegetation and bedecked with thousands of colorful flowers, even orchids, during the dry season. Along with the plants come animals, including coyotes, skunks, raccoons, deer, iguanas, rabbits, and monkeys. Birds are plentiful, with flocks of parakeets gamboling within the craters' otherwise toxic confines. Look for them in late afternoon, along with motmots, magpie jays, and woodpeckers.

The turnoff for Parque Nacional Volcán Masaya is 5 km (3 mi) north of Masaya along the main highway from Managua heading toward Granada. It is the country's first, and given its proximity to Managua, most visited national park. A 6-km (4-mi) road leads past a checkpoint (C$75 per car) and up to the steaming Santiago Crater, the largest of four in the volcano.

Stop first at the expansive **Centro de Interpretacion Ambiental** (visitor center), one of Nicaragua's best museums, for an overview of the region's cultural and geological history. There's a lot of fascinating information here, though most of the text is in Spanish. Other exhibits detail the history of volcanic activity in the rest of the country and give a rundown on the local exotic wildlife. As portrayed in a large painting inside the visitor center, the volcano's eruptions terrorized nearby tribes for centuries, leading them to develop elaborate rituals of human sacrifice to appease the angry gods.

The edge of the smoldering **Santiago Crater** is just a few feet from the parking lot. The viewpoint from which you can actually see the fire below in the steaming, sulfuric crater is an awesome sight.The nearby **Bobadilla Cross,** at the top of 200 stairs, is a replica of one erected by Spanish priests in the 16th century to exorcise the devil. Spanish priests were convinced the crater was the Boca del Infierno—the Mouth of Hell. In their own bizarre sacrificial ritual, the Spaniards lowered several unlucky fools into the crater to retrieve the "boiling gold" they thought they saw there. Masaya's last major eruption was in 1852.

The **Coyote Trail** offers intrepid hikers a 5 -km (3½-mi) trek featuring views of petrified-lava beds and bird-filled forests en route from the crater's edges to the shores of Lake Masaya. Don't miss the **San Fernando Crater,** inactive for 200 years and now home to a lush forest. It's a good idea to bring water, sunscreen, and a sack lunch if you plan to walk around in the blazing heat. For about C$75 you can hire a guide to fill you in on the park's history, and park rangers can take groups to some caves leading to lava caverns. Both guides and park rangers are available in or around the recreation area, about 1 km (½ mi) from the entrance. New in 2007 are night tours of the park, billed by most tour operators as "Lava Tours," and that is exactly what you'll see: boiling, bubbling lava glowing in the darkness. ⊠*Km 23 Carretera Masaya–Managua* ☎*522–5415* ⌖*Apdo. NI-1, Nindiri* ☜*C$80* ⊙*Daily 9–5.*

MASAYA

29 km (17 km) southeast of Managua.

Some 30 to 45 minutes southeast of Managua by car, the city of Masaya offers great shopping, pleasant strolling, and not much else. A half-day trip from Managua or Granada should give you enough time to prowl through the city's two markets for hammocks, leather goods, weavings, pottery, paintings, and other crafts and to explore the town. (Masaya has little in the way of lodging.) Most visitors do the market(s) as an organized day excursion. Every Managua and Granada tour operator includes the town in a tour that usually takes in nearby Volcán Masaya National Park.

Be aware that the market names can be deceiving: the so-called **Mercado Nuevo (New Market)** is the more ramshackle crafts bazaar within the labyrinthine confines of the main city market, five blocks east of the Parque 17 de Octubre, the main plaza. It is the far-more-colorful of the city's two markets, with livestock, fruits and vegetables, and primarily the day-to-day necessities of life for the average Nicaraguan, more than souvenirs. Watch your things: the narrow walkways between the stalls host a pickpocket or two as well.

Masaya's true tourist magnet is the walled older market, the **Mercado Viejo (Old Market),** closer to the center of town. It dates from 1888,

A NOTE ON ELECTRICITY

Nicaragua experienced major electricity shortages during 2007 with blackouts lasting a few hours each day, but rarely according to any predictable schedule. The situation is expected to improve markedly by 2008 and beyond, but periodic power outages will likely remain an annoying fact of life as the country struggles to upgrade its aging energy grid. (You'll learn the word for a blackout: *apagón*.) Higher-end lodgings usually have generators; smaller places may not. Ask. Remember: no electricity means no air-conditioning, no fan, and, sometimes, no water. (Electricity powers water pumps in many places here.) Restaurants that cook with gas stoves can stay open during power outages. Resign yourself to a romantic candlelight dinner if that happens.

but today looks like a more modern arts-and-crafts complex, thanks to extensive restoration in the 1990s. (General wear and tear, earthquakes, and even fighting during the 1979 revolution took their toll.) The quality of souvenirs is higher here than in the Mercado Nuevo, even if it lacks some of the other market's color. Prices are fixed but fair; there is no bargaining here. Vendors accept dollars or córdobas, and several also take credit cards. An ATM here also gives cash against Plus-affiliated cards, and DHL even maintains an office inside the market if you wish to ship your purchases home. Each Thursday evening the market hosts Jueves de Verbena (Thursday-night festival), with music, food and, of course, shopping until midnight.

The Mercado Viejo also houses Masaya's branch of the **Instituto Nicaragüense de Turismo** (*INTUR* ⊠*1 block east of Parque 17 de Octubre* ☎*522–7615*) the government tourist office. It's open daily 8 to 6 and Thursday from 8 AM to midnight; and it's closed one rotating day during the week.

One kilometer (½ mi) south of the Parque 17 de Octubre lies **Monimbó,** a community inhabited by descendants of the indigenous Darianés people who proudly cling to their customs and folklore. The neighborhood's colorful murals depict their ancestors' struggle against the Spaniards. During the day the streets are filled with craftspeople hard at work making baskets, carvings, and leather goods. Check with INTUR in the Mercado Viejo for suggestions of the best workshops to visit.

THE PUEBLOS BLANCOS

On a plateau west of Granada and south of Masaya lie the Pueblos Blancos, or "white towns," a string of charming little villages alive with folklore and artisan work. (Much of what you see for sale at Masaya's markets comes from here.) The grouping takes its collective name from the white volcanic rock used as traditional construction material here. Alas, the Pueblos Blancos are no longer really white; most of the structures have been painted over with a rainbow of tropical colors. The towns make for a nice day's drive if you have your own vehicle, but most Granada- and Managua-based tour operators offer organized Pueblos Blancos excursions, too.

Watch for the turnoff to **Catarina,** 16 km (10 mi) along the road from Granada to Masaya—it takes you up to a spectacular *mirador* (lookout point) in this colorful little town overflowing with attractive plant stores. On the back side of town, past the cathedral, a cluster of gaudy souvenir stands (one sells respectable paintings by the young artist manning the stand) and a row of restaurants line the edge of a cliff overlooking the crater lake called **Laguna de Apoyo.** The restaurants are pricey by Nicaraguan standards but well worth it for the view of Lake Apoyo, Masaya, Granada, and, stretching into the distance, Lake Nicaragua. A different road off the main highway—at Kilometer 38—leads to Laguna de Apoyo itself, where the swimming is good.

Sandino groupies will want to visit **Niquinohomo,** where the general was born and raised. (Appropriately enough, Niquinohomo means "place of the warriors" in the indigenous Chorotega language.) Augusto César Sandino's childhood home, across from the church on the main square, is now a museum that is desperate for government funding. Admission is free, but donations are requested. Inside are the leader's personal effects, rare photos, and text embellishing the life of this legend. Masaya–Rivas buses pass through hourly. ✆*No phone* ⊙ *Tues.–Sat. 9–noon and 2–5.*

The area's clay soil translates into pottery for the village of **San Juan del Oriente,** the source of most such work you'll find for sale at the Mercado Viejo in Masaya and elsewhere around the country. The kilns are always fired up at numerous artisan shops lining the town's main street, and you can walk away with good buys on bowls, vases and wind chimes.

Diriomo combines candy and witchcraft, and not so incongruously. The village has been known as Nicaragua's center for all things magic since pre-colonial times, and many self-proclaimed *brujas* (witches) around town offer potions reputed to cure whatever ails you, from physical afflictions to affairs of the heart. Diriomo also has its *cajetas,* fruit-flavored hard candies made here, a few of which are thought to have magical properties, but most of which just simply satisfy your sweet tooth.

The largest of the Pueblos Blancos, **Masatepe,** is a veritable metropolis weighing in with 25,000 people. The well-preserved colonial-era town has a daily market, whose focus is quality furniture, wicker and wood.

RIVAS

111 km (67 mi) south of Managua.

Rivas is the capital of Nicaragua's main agricultural region. The last major town before the Costa Rican border, Rivas attracts lots of travelers taking a final look at the country before heading south to Costa

Rica. Others stop here because it's convenient to San Juan del Sur, on the Pacific coast, and Isla de Ometepe, in Lake Nicaragua. Rivas owes its place in history to its location a stone's throw from both Lago de Nicaragua and the Pacific Ocean. The town has long been a way station for travelers touring by land or water. Cornelius Vanderbilt made this a major junction for his Accessory Transit Company, which transported passengers between the two coasts of the United States.

Apart from its sleepy streets, Rivas has a couple of sights.

The **cathedral,** on the east side of Parque Central, is an open and airy colonial structure. Inside the dome is a painting portraying Catholicism, represented as a fearsome galleon, defeating ships representing Communism and Protestantism. Freemasonry, depicted as a warrior, lies dead amid the fray.

The **Museo de Rivas** (☎*453–0000*) is near the market and exhibits regional pre-Columbian artifacts. It's open weekdays 8:30 to noon and 2 to 5 and costs C$20.

WHERE TO STAY & EAT

$ ✕⊡**Hotel Cacique Nicarao.** Rivas's only upscale lodging option is a friendly, family-run place with bright, yet small rooms with exposed brick walls. The patio restaurant ($–$$), really the only decent dining option in Rivas, serves a mix of burgers, salads, and Nicaraguan cuisine. ⊠*1 block west of the main Sq.* ☎*453–3234* 📠*453–3120* 🛏*12 rooms* ♿ *In-room: no phone. In-hotel: restaurant, bar, laundry service* 🖃*AE, D, DC, MC, V.*

SAN JORGE

4 km (2 mi) east of Rivas.

Most people visit this small port town on the shore of Lake Nicaragua to take the boat to Isla de Ometepe. It's also worth a visit to dine at one of the many seafood restaurants with spectacular views of the lake. Buses for Rivas (30 minutes, 60¢) leave the dock every half hour 6 AM to 5 PM. Taxis hang around for arriving boat passengers; a ride to Rivas is C$30. The ferry to Moyogalpa on Isla de Ometepe (1 hour, C$35) departs from the dock daily at 10:30 AM and 6 PM; on Sunday the boat leaves at noon and 1 PM. The capacity of the tiny wooden craft never ceases to amaze its owners (and its passengers). Even smaller boats also run this route.

EN ROUTE Nicaragua and Costa Rica share a busy border crossing at Peñas Blancas, some 36 km (22 mi) southeast from Rivas. It is not an actual town with any accommodation, but rather a 1 km (½ mi) span of various checkpoints. The Costa Rican border post contains a cafeteria, the only dining option here. Posts on both sides are open weekdays 6 AM to 10 PM, weekends until 8 PM. Get an early start: exiting Nicaragua is straightforward—you do pay a $2 exit tax when leaving by land—but expect occasionally long immigration and customs procedures to enter Costa Rica here.

SAN JUAN DEL SUR

29 km (17 mi) southwest of Rivas.

After a brief stay in San Juan del Sur, Ernest Hemingway complained that the beer was warm, the music was lousy, and the women were ugly. That was his problem. Most present-day travelers will leave considerably more satisfied. This is Nicaragua's one quintessential beach town, and it moves at a wonderfully lazy, Jimmy Buffet–type pace. SJDS, as most locals write the long town name, began life as a remote fishing village, morphing into budget-travel central in the early 1990s with a minor influx of European budget travelers who came here primarily to surf. Today's San Juan contains a healthy mix of backpackers' digs and downright sumptuous lodgings; even visitors who come here once a year are astonished at the changes that have taken place since their last stay. Yet despite its meteoric rise to fame, and the presence of franchise offices of all the major U.S. real-estate firms lining the beach highway, San Juan del Sur and its pretty half-moon, white-sand beach remain a sweet but ramshackle little town at heart.

WHERE TO STAY

$$$$
Fodor'sChoice
★

Morgan's Rock Hacienda & Ecolodge. The "eco" word gets bandied about, but here's an eco-lodge that talks the talk and walks the walk. Fifteen bungalows, identical but for their angle facing the ocean, are constructed from volcanic rock and gleaming almond, walnut, and cedar wood cultivated on the property with reforestation in mind. Unobtrusive illumination, to avoid disturbing nesting sea turtles, makes the resort barely visible from the shore below. A handful of cabins stand at reception level; most lie across a suspension bridge and up the hill. Each cabin contains a king bed, sleeper sofa, spacious bath, and private deck with floor-to-ceiling screen covering the entire ocean-facing wall. If you can tear yourself away from the stupendous cabin views, the rancho restaurant orchestrates sophisticated meals, using ingredients grown on the property. Sign up for the active complement of tours around the tropical dry-forest reserve, or relax in a private cabana on the secluded beach below. This is one of the few places in Nicaragua that observe high- and low-season rates; discounts can be had from mid-May through October. ⊠*Playa Ocotal, 13 km (8 mi) northwest of San Juan del Sur* ☎*506/2232–6449 in San José, Costa Rica* 🖷*2232–6297 in San José, Costa Rica* ⊕*www.morgansrock.com* ➳*15 bungalows* &*In-room: no a/c, no phone, no TV. In-hotel: restaurant, bar, pool, beachfront, bicycles, laundry service, airport shuttle (fee)* ⊟*AE, D, DC, MC, V* ⍩*All meals included.*

$$$$
Fodor'sChoice
★

Pelican Eyes ... Piedras y Olas. The lengthy name combines that of the owner's boat—he sailed here almost two decades ago and still uses the boat for tours—and that of San Juan's most happening hotel itself. Piedras y Olas is one of those "so near, yet so far" places; it sits practically in the center of town, but its hillside locale turns it into a haven of tranquillity with spectacular views of the bay. The gorgeous cement-and-adobe units with false bamboo ceilings and private patio, scatter around the ample grounds. (One unit is fully wheelchair accessible, a real rarity in Nicaragua, yet overall, this is a vast property that does require a lot of walking.) And if you like your lodgings with a conscience, this place donates a substantial portion of its proceeds to local education and veterinary projects. On many levels, this is one of the country's top lodgings. ✉ *1½ blocks east of church* ☎ *568–2210, 866/350–0555 in North America* ☏ *568–2511* ⊕ *www.piedrasyolas. com* ➽ *8 suites* ♿ *In-room: no phone, safe, kitchen, refrigerator, DVD, Wi-Fi. In-hotel: 2 restaurants, bar, 3 pools, laundry service* ⊟ *AE, D, DC, MC, V* ❏ *BP.*

$$$ ▦ **Posada Azul.** Blue really does dominate in this friendly lodging whose name translates as "Blue Inn." You're just one-half block inland, but the tranquillity makes it seemingly a world removed from the hub-bub of San Juan's beach road. Although the ocean is not right out-side the door, the place offers an ample-sized pool and fountain in the bougainvillea-filled center courtyard. Rooms come with indigenous-designed fabrics on the beds—they contain either one queen or two full beds—and chairs, primitivist art and hardwood floors. A huge break-fast is included in the rates, which are discounted 20% for stays of two nights or more. ✉ *½ block east of BDF bank* ☎☏ *568–2524* ⊕ *www. laposadaazul.com* ➽ *6 rooms* ♿ *In-hotel: no phone, no TV. In-hotel: bar, pool* ⊟ *AE, D, DC, MC, V* ❏ *CP.*

$$ ▦ **Hotel Casablanca.** The Casablanca has a great location and outstand-ing, personalized service. Try to stay in the upstairs suite, which has a balcony overlooking the sea across the street. The other rooms are small, though comfortable and air-conditioned. ✉ *San Juan del Sur* ☎ *568–2135* ☏ *568–2307* ➽ *14 rooms* ♿ *In-room: no phone, refrig-erator (some). In-hotel: bar, pool, laundry service, parking (no fee)* ⊟ *AE, D, DC, MC, V* ❏ *CP.*

$$ ▦ **Hotel Colonial.** The Colonial sits one block and a quick walk from the ocean. The two-story hotel's brick construction is a rarity in Nicaragua. A little air-conditioning and a shady garden keep things nice and cool. Rooms, with tile floors, are pleasantly furnished, though the bathrooms lack hot water; you probably won't miss it in this heat. Chello, the owner, knows all the local surfing hot spots. ✉ *From bus stop, 1 block east, ½ block south* ☎☏ *458–2539* ⊕ *www.hotel-nicaragua.com* ➽ *12 rooms* ♿ *In-room: no phone. In-hotel: restaurant, no elevator, laundry service* ⊟ *AE, MC, V* ❏ *BP.*

$$ ▦ **Hotel Villa Isabella.** From the town's modest central plaza it's easy to spot this distinguished hotel—it's the white, colonial-style house with a colorful flower garden out front. The polished hardwood floors, hand-crafted wood furniture, walk-in closets, and large bathrooms with black Italian tiles give this hotel a touch of elegance. Full breakfast is included in the extremely reasonable price. ✉ *Ctl. Plaza, 3 blocks from oceanfront* ☎ *568–2568* ☏ *568–2549* ➽ *17 rooms* ♿ *In-room: no phone, DVD, VCR, Wi-Fi. In-hotel: restaurant, pool, no elevator, laundry service, parking, no-smoking rooms* ⊟ *AE, MC, V* ❏ *CP.*

$$ ▦ **Inn on the Pacific.** You'd practically miss the narrow facade of this small hotel on the beach road as you walk by, but what it lacks in width, it makes up in depth. Rooms on the highest of the three floors afford the best view of the bay. All are spacious, with double beds, wicker chairs, glass-and-wood tables, kitchenettes, and private balconies. ✉*150 yds north of Restaurante El Timón* ☎*568–2439* ⊕*www. innonthepacific.com* ⇆*7 rooms* ♿*In-room: kitchen, safe, Wi-Fi. In-hotel: pool, no elevator* ❄*Continental breakfast included.*

LAGO DE NICARAGUA

Though its western shore is only an hour away from Managua, the Lago de Nicaragua offers some of Nicaragua's most isolated and unspoiled territory. With over 300 islands, many of them uninhabited, and an abundance of aquatic life normally seen only in the ocean, it comes close to being a natural wonder. The lake's unique fish population (including the world's only freshwater sharks) has led scientists to speculate that it was once a large bay that was cut off from the Pacific by a volcanic eruption. As the salinity of the water decreased, the marine life slowly adapted. The people who live in the lake's tiny island settlements are among the friendliest and least harried of all Nicaraguans.

Lago de Nicaragua, the 10th-largest freshwater lake in the world, has played a key role in Nicaragua's history. The Chorotegans arrived here from Mexico early this last millennium as they fled from the war-making Olmec. They were guided here by an oracle's message that they would settle next to a freshwater sea with two mountains in it. Arriving at the lake, they named it Cocibolca, or "Sweet Sea." The Spanish recognized the lake's strategic value and founded their major settlement, Granada, on its northwestern shore. In the 1800s the lake made Nicaragua the preferred crossing point between the two oceans, and inspired the idea of a canal linking them. A U.S. company actually began work on the project in 1889, but went bust a few years later. (Panama was deemed a far better bet for construction of a canal a few years after.) As the Panama Canal ages, the prospect of a canal here in Nicaragua is still occasionally discussed, most recently by a group of Asian investors. The proposal these days is for a so-called "wet-dry canal" that would combine water transport from the Caribbean Sea, up the San Juan River, through the lake, then transfer to rail for the rest of the trip to the Pacific coast. Canal or no, the lake has little problem attracting visitors, who are drawn by the volcanoes of Ometepe, the rock drawings of Zapatera, and the work of the primitivist artisans of Solentiname.

LAS ISLETAS

15–60 mins east of Granada by boat.

South of Granada is a group of 300 tiny islands teeming with plant and animal life—and a few *ricos* (rich folks)—who have erected elaborate mansions on their own private islands. Most of the islet specks are privately owned or are being snapped up in Nicaragua's burgeoning real-estate boom; a few have bird reserves, small hotels, or restaurants. To tour the islands, head to Puerto Aseses by taxi, just outside Granada, to hire a boat (C$300 per hour). They'll stop at one of the

islands for lunch or dinner if you ask, and most likely arrange for a pick-up time. You can expect a meal of rice and fresh-caught fish. On the island farthest from shore is the Fuerte San Pablo, originally built in 1783. Intended as a defense against pirate raids on Granada, the fort underwent restoration in the 1970s and is now quite modern and has an observation deck with commanding views.

WHERE TO STAY

$$ ⛺ **Hotel Isleta La Ceiba.** The Isletas' best lodging takes up two of the private island specks. Bungalows, plainly furnished, encircle the open-air dining area and docks. The setting has spectacular views of the lake and the Mombacho volcano. Rates include transportation to and from Puerto Aseses and all meals, and you dine on upscale Nicaraguan cuisine prepared on an open grill, all to the accompaniment of marimba music. ⊠*Las Isletas* ☎*266–1018 in Managua* 🖷*266–0704 in Managua* ⇋*10 cabins* ⚡*In-room: no a/c, no phone, no TV. In-hotel: restaurant, bar* ⊟*AE, MC, V* ⦿*AI.*

ISLAS ZAPATERA & EL MUERTO

2 hrs southeast of Granada by boat.

Boats from Puerto Aseses are available for day trips to these two islands, about 19 km (12 mi) south of Granada. Both were once rich in archaeological treasures, but many of the best ones were carted off to museums in Managua and Granada. The Iglesia de San Francisco in Granada is actually the best present-day repository of Zapatera's former archaeological wealth. Zapatera, now protected as the Archipiélago de Zapatera National Park, contains the remains of Sozaofe, an ancient temple. El Muerto, once a sacred burial site, is full of tombs and petroglyphs. Be sure your fare includes the service of a guide. Only Zapatera is inhabited today, and neither island has food or lodging or facilities for visitors.

ISLA DE OMETEPE

★ *1 hr east of San Jorge by boat; 4 hrs southeast of Granada by boat.*

Ometepe, the twin-peaked island mentioned in the oracle's prophecy to the Chorotegans, draws the eye from miles away. Only a few miles off the lake's southern shore just east of Rivas, the island rises dramatically out of the water, swathed in greenery that gets richer the closer you get. Ometepe was formed by two volcanoes, Concepción (5,282 feet) and Maderas (4,573 feet), that rose out of the water side by side. The island soil is rich in volcanic ash, which accounts for the heartiness of its plant life. The forests are filled with wildlife, including several species of rambunctious monkeys and beautiful exotic birds. Explorers will have little trouble poking around this wilderness on foot or on horseback. If you're up for a climb, both volcanoes offer incredible views, and Madera (on the island's eastern side) has a hidden crater lake at the top. Also worth exploring are the archaeological sites scattered over the island, including stone carvings and petroglyphs made by the Chorotegans and other tribes.

The volcanoes tower menacingly over the island's villages, which shiver on the shore as far away from the two beasts as possible. Moyogalpa and Altagracia, both served by ferry from the mainland, are the island's main settlements. It's not very hard to get here—just four hours by boat from Granada and a far easier, and far more frequent one hour from San Jorge, near Rivas. But in many ways it's a world apart from the rest of the country. Mark Twain described Ometepe as "isolated from the world and its noise" during his 1866 trip here. Indeed, with just 35,000 residents and a scant 300 cars, it still is.

WHAT TO SEE

You'll have no trouble learning the lay of the land, as most hotels and restaurants proudly display a map of Ometepe that lists all the pertinent facts about the place. This island is best conceived of as two circular islands joined together by a narrow isthmus. (Visualize it as a barbell.) Concepción anchors the more developed half; Ometepe's two largest towns are here. Moyogalpa is on the western shore, and

Altagracia is on the northeast side near the isthmus that leads east to Madera, the other half of the island. A coast road circles Concepción, linking all of its settlements, and paved only between Moyogalpa and Altagracia. The rest of the island's rural roads are gravel and can be slow going. Another road runs south of Altagracia across the isthmus and halfway around Madera in either direction.

Beyond exploring the pastoral towns and beaches, the main activity on Ometepe is hiking the two volcanoes. Even if you're not a climber, it's worth walking up their slopes a little way to catch breathtaking views of the island and lake. The trail to the top of Concepción starts near Altagracia and takes about five hours each way. Another trail of similar length and difficulty begins near Moyogalpa. The trail up Madera Volcano, beginning at Balgüe, takes roughly four hours each way. The dazzling crater lake at the top makes it worth the effort. Wildlife abounds—monkeys, birds, sloths—and the views from both peaks are remarkable. A 460-foot waterfall on Madera is the easiest to reach of four known cataracts on the volcano. It is most easily accessed via San Ramón.

The use of a guide is highly recommended for both volcano hikes, as the trails are arduous and not always easy to follow. The vagaries of public transportation here—converted old U.S. school buses run about every 30 minutes on the road circling the Concepción side and stop *everywhere*—complicate getting around on your own. Your hotel can arrange a guide. (Avoid the self-appointed guides who offer services at the docks in Moyogalpa the minute you step off the boat.)

A great bet, with its knowledgeable bilingual guides, is **Exploring Ometepe** (☎777–3835) at the Hotel Ometepetl just up from the docks in Moyogalpa.

Julio Castillo (☎552–8744) at the Hotel Castillo in Altagracia comes from a long line of Ometepe experts. He can recommend guides, suggest itineraries, and let you peruse *Ometepe: Isla de Círculos y Espirales*, a rare illustrated book on the island's history and archaeology.

Altagracia's main square is decorated with pre-Columbian stone carvings discovered on the island. Near Balgüe, the largest settlement on the Madera side of the island, is a site with dozens of ancient petroglyphs; others can be found between Balgüe and Magdalena. They are thought to date from the 11th to 13th centuries, but their spiral etchings are of unknown significance. Ask Julio Castillo in Altagracia for directions. A few beaches east of Altagracia are well worth visiting, including Punta Tagüizapa, which is beautiful and isolated.

WHERE TO STAY
The island has a smattering of basic, but acceptable lodging options. None would pass for luxury accommodation on the mainland. All serve equally basic but filling meals.

$$ ⛺ **Villa Paraíso.** Facing east across Lake Nicaragua from Playa Santo Domingo, the Paraíso has basic, comfortable accommodations—6 rooms in the main building and 11 cabinas, the latter with private

baths. The hotel's bar and restaurant overlook the lake, and the staff can help organize volcano and other island tours. ⊠ *Playa Santo Domingo* ☎453–4675 ✉*ometepe@yahoo.com* ⟿*6 rooms with shared bath, 11 cabinas* ♿ *In-room: no a/c (some), no phone, no TV (some). In-hotel: restaurant, bar, beachfront, laundry service, public Internet* ☐*MC, V* ¶◯*CP.*

$ ☷**Hotel Castillo.** Julio Castillo continues his late father Ramón's long-held role as unofficial historian and general source of relevant Ometepe information. His one-story hotel encircling a quiet courtyard has clean, comfortable little rooms, within walking distance of Altagracia's petroglyph collection. ⊠*1 block south and ½ block west of Parque Ctl., Altagracia* ☎552–8744 ⟿*15 rooms, 7 with bath* ♿ *In-room: no a/c, no phone, no TV. In-hotel: restaurant, no elevator* ☐*MC, V.*

OMETEPE ESSENTIALS

BY BOAT

Ometepe is linked to the mainland by frequent boat service from San Jorge near Rivas, and less frequent service from Granada. Boats from Granada use the dock at Altagracia, whereas boats from San Jorge dock at Moyogalpa. Small wooden passenger boats from San Jorge (C$35) leave daily at 7:45, 9, 9:30, and 11:30 AM and 12:30, 3:30, and 4:30 PM. They return from Moyogalpa at 5:30, 6, 6:30, 7, 11, and 11:30 AM and 1:30 PM. A large car ferry leaves San Jorge daily at 10:30 AM and 1:30 and 5:30 PM; it returns from Moyogalpa at 6:45 AM and 12:30 and 4 PM. The ferry provides a much smoother ride than the smaller boats if you are prone to motion sickness, or feel more assured riding the choppy lake in a bigger boat. Large, steel passenger ferries (C$45) leave Granada on Monday and Thursday at 3 PM. Vehicles may be left in a secure parking facility at the docks in San Jorge. Although you can take your own car across to the island, room on the ferries is limited, and space for vehicles must be reserved 72 hours in advance. Given the rough conditions of island roads, don't bother. Leave your car on the mainland. If it's just you, you walk right on any of the boats.

MONEY MATTERS

Bring all the cash you think you'll need. There are no ATMs on the island.

TELEPHONES

The Empresa Nicaragüense de Telecomunicaciones (Enitel) in Moyogalpa provides local and international telephone service.

Phone Service Empresa Nicaragüense de Telecomunicaciones (*Enitel* ⊠*3 blocks east, 1 block south of dock, Moyogalpa*).

TRANSPORTATION AROUND OMETEPE

Buses (C$6) circle the Concepción half hourly 5 AM to 5 PM in both directions. (These buses give a great, but sometimes slow, tour of the island.) No official taxis serve the Ometepe, although your hotel can arrange for an informal driver.

NICARAGUA ESSENTIALS

To research prices, get advice from other travelers, and book travel arrangements, visit www.fodors.com.

AIR TRAVEL

American Airlines flies twice daily between Miami and Managua. Continental Airlines connects Houston and Managua with once-daily flights. Delta flies between Atlanta and Managua once daily. Spirit Air flies three times weekly between Fort Lauderdale and Managua. TACA flies twice daily between Miami and Managua, as well as connecting Nicaragua's capital with its hubs in San Salvador, El Salvador, and San José, Costa Rica. Panama's COPA connects Managua with other Central American capitals.

Airlines American (⊠ 3 blocks south of Plaza España, Barrio Jonathán González, Managua ☎ 266-3900). **Continental** (⊠ Km 4½ Carretera a Masaya, Planes de Altamira, Managua ☎ 278-7033). **COPA** (⊠ Km 4½ Carretera a Masaya, Planes de Altamira, Managua ☎ 267-0045). **Delta** (⊠ 1 block east of Plaza España, Planes de Altamira, Managua ☎ 278-7033). **TACA** (⊠ Plaza España, Barrio Bolonia, Managua ☎ 266-3136).

BUS TRAVEL

TicaBus has service to Tegucigalpa, departing daily at 5 AM (8 hours, C$380); to San José, daily at 6 and 7 AM and noon (10 hours, C$240); and to San Salvador, departing daily at 5 AM (11 hours, C$475). All buses are roomy and air-conditioned, and you should buy tickets one day before your departure. Service from San Salvador continues north to Guatemala City and Tapachula, Mexico; San José buses continue south to Panama City. Air-conditioned, spacious King Quality buses depart for Tegucigalpa daily at 4:30 AM (10 hours, C$280); to San Salvador daily (11 hours, C$420); and to San José daily (10 hours, C$400). Transnica leaves for San José daily at 5:30 AM (10 hours, C$140) and for San Salvador daily at 5 AM (12 hours, C$350).

Bus Information King Quality (⊠ Avda. Bolívar, across from Plaza Inter, Barrio Bolonia, Managua ☎ 222-3065). **TicaBus** (⊠ 2 blocks east of Cine Dorado, Barrio Martha Quezada, Managua ☎ 222-6094). **Transnica** (⊠ 1 block east of Rotonda Santo Domingo, Barrio El Carmen, Managua ☎ 270-1333).

BUSINESS HOURS

Normal business and government office hours are 8 AM to noon and 2 PM to 4 PM, weekdays. Banks usually do not take a midday break, and are also open on Saturday morning. Larger stores in Managua stay open continuously throughout the day. Smaller businesses in the capital, as well as out in the countryside observe a two-hour afternoon break.

CAR RENTAL

Managua is the best place to rent a car, where C$700 to C$1,200 will get you an economy vehicle with air-conditioning and a decent daily mileage allowance. Weekly rentals can be had for as little as C$3,000 and usually include unlimited mileage. All major companies have offices at the airport and in the city. Local firms, such as Lugo or Targa, will usually give slightly better rates than branches of North

American chains. Airport rates tend to be higher than those at the same firm's city branch. You must be at least 25 years old to rent a car. Your home-country license is valid here for up to one month.

Car-Rental Agencies Alamo (✉ *Airport* ☎ *277–1117*). **Avis** (✉ *Airport* ☎ *270–7916*). **Budget** (✉ *1 block west of Montoya statue, Barrio El Carmen* ☎ *255–9000* ✉ *Airport* ☎ *263–1222*). **Hertz** (✉ *Pista Juan Pablo II* ☎ *253–9533* ✉ *Airport* ☎ *233–1237*). **Lugo** (✉ *5 blocks south and 3 blocks west of Canal 2, Barrio Bolonia* ☎ *266–5240* ✉ *Airport* ☎ *263–2368*). **Targa** (✉ *1 block east, 2 blocks north of Avda. Bolívar Esso station, Barrio Martha Quezada* ☎ *222–4824* ✉ *Airport* ☎ *233–1176*).

CAR TRAVEL

There's less traffic in Managua than in other Central American cities, but this doesn't mean you won't run into congestion, especially during morning and evening rush hours. Take heart: it never lasts long. Directional signing is plentiful on main highways; less so off the beaten path. Streets may have names in cities, but are rarely used, and signing is almost nonexistent. (León is the surprising exception to this rule.) Your own vehicle gives you freedom to stop and go as you please: roadside stands and *miradores* (scenic lookout points) abound, and they're nearly impossible to visit passing through on a bus. Driving at night outside cities and towns is not recommended for several reasons: there is a remote possibility of robbery, but you are more likely to run into cars without headlights and unwitting two- and four-legged pedestrians on the roads.

GASOLINE   Gasoline sells for C$18 to C$19 per liter. Stations are plentiful in major cities. Fill up there if you're heading farther afield.

ROAD CONDITIONS   Major roads in the populated western half of the country are in good shape, but you'll need a four-wheel-drive vehicle to negotiate most smaller roads, especially during the rainy season. Roads in the heavily forested eastern half of the country are almost nonexistent.

DINING

Managua and Granada have seen an invasion of upscale restaurants in recent years. Basic dining places frequented by locals are often called a *comedor* or *cafetín*. Even in the most expensive places, dining is an informal affair, and reservations are rarely required or needed.

MEALTIMES   Upscale or slightly formal restaurants usually serve lunch until 3, then reopen again for dinner at 6. Comedores and eating places frequented by locals are generally open all day but rarely serve an evening meal.

EMBASSIES & CONSULATES

The U.S. embassy is open Monday to Wednesday and Friday 7 AM to 11:30 AM. Canada, the United Kingdom, Australia, and New Zealand have diplomatic relations with Nicaragua but do not maintain embassies here. Canadian and British citizens should contact their embassies in San José, Costa Rica. (*See Chapter 6.*) Nicaragua falls under the jurisdiction of Australia's and New Zealand's respective embassies in Mexico City.

Embassies & Consulates Contacts **United States** (⊠ *Km 4½ Carretera Sur, Barrio Batahola Sur, Managua* ☎ *266–6010* ⊕ *Managua.usembassy.gov*).

EMERGENCIES

Managua's Hospital Antonio Lenin Fonseca is the best and largest of Nicaragua's public hospitals. Treatment costs more, although still less than out-of-pocket costs at comparable facilities in the United States, at the private Hospital Metropolitano Vivian Pellas and Hospital Bautista, also in the capital. Both private facilities get high marks for quality care and have English-speaking staff. Bautista and Metropolitano are used by many in the foreign community who live here.

Emergency Contacts **Ambulance** (☎ *128*). **Fire** (☎ *115*). **Police** (☎ *118*).

Hospitals **Hospital Antonio Lenin Fonseca** (⊠ *Los Brisas, Managua* ☎ *266–6547*). **Hospital Bautista** (⊠ *Barrio Largespalda, Managua* ☎ *249–7070* ⊕ *www.hospitalbautistanicaragua.com*). **Hospital Metropolitano Vivian Pellas** (⊠ *Carretera a Masaya Km 9¾, Managua* ☎ *255–6900* ⊕ *www.metropolitano.com.ni*).

HEALTH

Managua's tap water is reputedly safe to drink but heavily chlorinated. Stick to bottled water in the capital and elsewhere around the country. The intense heat and sun make replenishment with fluids and protection with sunscreen a must.

Malaria remains a problem in parts of the heavily forested eastern half of the country. Take adequate precautions with a preventive medication. A pre-, during-, and post-trip regimen of chloroquine is the method of choice. Contact the Centers for Disease Control and Prevention for advice on medications and for other health-related matters.

Health Contact **Centers for Disease Control and Prevention** (☎ *877/394–8747* 🖷 *888/232–3299* ⊕ *www.cdc.gov*).

HOLIDAYS

New Year's Day (January 1); Holy Thursday to Easter Sunday (March or April); Labor Day (May 1); Anniversary of the 1979 Revolution (July 19); Battle of San Jacinto (September 14); Independence Day (September 15); Feast of the Immaculate Conception (December. 8); Christmas (December 25).

LANGUAGE

Spanish is the official language, spoken here with a fast, clipped accent. (Nicaraguans frequently do not pronounce the *s* at the end of words.) Those in the tourist industry will likely speak some English. The typical person on the street will probably know none. A Caribbean-accented English is the lingua franca of the Atlantic coast.

MAIL & SHIPPING

You can buy stamps from any office of Correos de Nicaragua, the country's privatized (and reasonably efficient) postal service. If posted from Managua, Granada, or León, cards and letters take about one week to reach the United States and Canada; two weeks to reach Europe. Anything more important should be sent via a private courier service.

MONEY MATTERS

ATMS ATMs (a *cajero automático* in Spanish) are beginning to catch on in Nicaragua. All branches of Banco América Central (BAC), in Managua, Granada, León, Masaya, Matagalpa, and Rivas, have red-and-gray ATMs with a lion's head symbol and accept MasterCard/Cirrus- or Visa/Plus-linked cards. (A very few of these give cash against American Express, Diners Club, and Discover cards, too.) Bancentro branches around the country operate their own CA$H network of ATMs that accept Visa/Plus cards only. Another good bet for finding a Cirrus- or Plus-linked machine is a shopping mall, or a large Esso, Shell, or Texaco gas-station convenience store on the highways heading out of Managua, Granada, Masaya, or León.

CURRENCY Nicaragua's currency is the córdoba, named after Spanish explorer Francisco Hernández de Córdoba, who founded León and Granada. Locals often refer to the unit of currency as a "peso." Bills come in 10-, 20-, 50-, 100- and 500-córdoba denominations. Coins come in 1- and 5-córdoba as well as 5, 10-, 25- and 50-centavo denominations. The currency is devalued by about 1% a month against the U.S. dollar; if you think in terms of dollars, prices do remain relatively stable in the face of local devaluation and inflation. At press time, the dollar, the only useful foreign currency here, was equal to roughly 18 córdobas. Dollars are also accepted by some large stores, hotels, restaurants, and taxi drivers—make sure the bills are in good condition, with no marks or tears—but plan on receiving change in córdobas.

CREDIT CARDS Upscale hotels and restaurants accept credit cards, Visa and MasterCard being the most widely accepted, and American Express and Diner's Club, third and fourth respectively. A growing number of places can now accept the Discover card, but may not be aware that they do. Many small businesses add up to 5% to the total if you pay by credit card to offset the high fees they're charged for card transactions.

TRAVELER'S CHECKS Traveler's checks remain difficult to cash in Nicaragua. All branches of Banco América Central (BAC) will cash American Express checks for a 5% commission and a long wait. Virtually no business accepts traveler's checks as payment.

PASSPORTS & VISAS

Citizens of the United States, Canada, the United Kingdom, Australia, and new Zealand may enter Nicaragua for 90 days with just a passport. (Any time spent in Guatemala, El Salvador, and Honduras—the four countries form a customs and immigration union—also counts toward that 90 days.) Immigration officials here ruthlessly enforce a requirement that your passport have at least six months' remaining validity beyond your exit from Nicaragua. Renew your passport if that time is approaching. All must purchase a $5 tourist card at the point of entry, payable in U.S dollars only.

SAFETY

Nicaragua has Central America's lowest crime rate, a mantra the tourism industry repeats often, but in a country where many workers make the equivalent of $3 per day, you'll represent enormous wealth. Watch your things carefully. Do not accept tours from random people you meet on the street, especially on Ometepe. Always go with a verifiable tour guide who is a part of a hotel or organization (with an office and phone).

The Pacific coast beaches have strong currents and undertows, although there are no warning signs or lifeguards. Some remote northern regions near the Honduran border, off the standard tourist itinerary, remain laced with land mines.

TELEPHONES

COUNTRY & AREA CODES The country code for calling Nicaragua from abroad is 505. There are no city codes within the country.

LOCAL CALLS All telephone numbers have seven digits. Simply dial that number when making a local call. (Ignore the old city codes still seen on signs, business cards and stationery.) Dial 112 for nationwide directory assistance.

PUBLIC PHONES Public telephones are sprouting up around Managua and, to a lesser extent, in other cities. They accept 1-córdoba coins or Publitel phone cards sold at most Enitel offices and many small stores and gas stations. Local calls from a pay phone cost an expensive C$1.95 per minute.

TIPPING

A tip is only expected at pricier restaurants, where it's often included (look for *servicio* on the check). Since most servers receive only minimal compensation, even a córdoba or two is a nice gesture at cheaper restaurants. Taxi drivers are not tipped. Generally, any stranger who offers to do you a favor (like watch your parked car) expects a tip.

TOURS

Careli Tours in Managua is Nicaragua's largest tour operator and specializes in large group excursions. Oro Travel in Granada is a smaller French-owned operation—English is spoken here, too—that gives friendly, attentive service. Tours Nicaragua, a smaller Managua-based operation, is operated by fun and friendly Nicaraguan-American management. León-based Quetzaltrekkers specializes in tours of northern Nicaragua, in particular to León Viejo and the Momotombo volcano.

Tour Companies **Careli Tours** (☎ 278-2572 ⊕ www.carelitours.com). **DeTour** (☎ 552-0155). **Gray Line Nicaragua** (☎ 268-2412 ⊕ www.graylinenicaragua. com). **Mombotour** (☎ 552-4548 ⊕ www.mombotour.com). **Oro Travel** (☎ 552–4568 ⊕ www.orotravel.com). **Quetzaltrekkers** (☎ 311–6695 ⊕ www.quetzal trekkers.com). **SchuVarTours** (☎ 266–3588 ⊕ www.schuvartours.com). **Tierra Tour** (☎ 552-8723 ⊕ www.tierratour.com). **Tours Nicaragua** (☎ 252-4035 ⊕ www. toursnicaragua.com).

TRANSPORTATION AROUND NICARAGUA

BY AIR Plane travel to some pretty remote destinations in Nicaragua is easy, if not exactly popular. La Costeña and Atlantic Airlines fly from Managua to the Corn Islands (RNI) via Bluefields (BEF) and a few other airfields around the country. A typical one-way flight from Managua to Big Corn Island off the Atlantic coast is about C$1,520. Check-in at smaller airports is very informal. You're allowed 30 pounds of luggage. Then you hop on the scale and the agent calls out your weight for all within earshot to hear. (They need to know how much weight the small plane is carrying.) The aircraft seats 10 to 15 people. The ride and the view are spectacular, but if you suffer fear of flying, you should probably stay away. Delays and cancellations are common during bad weather.

Domestic Airlines **Atlantic Airlines** (⊠ *Aeropuerto Internacional de Managua* ☎ *270–5355* ⊕ *www.atlanticairlinesint.com*). **La Costeña** (⊠ *Aeropuerto Internacional de Managua* ☎ *263–2142*).

VISITOR INFORMATION

The Instituto Nicaragüense de Turismo, or INTUR, is the government tourist office. It has branches in Managua (center city and airport), Granada, León, Masaya, and Peñas Blancas at the Costa Rican border. All have dedicated, helpful professionals genuinely interested in making your visit to Nicaragua easier. Come armed with specific questions and these great people will have the answer for you. You can also call the North American toll-free number weekdays 9 to 5 (Eastern Time) for planning information.

Tourism Information **Instituto Nicaragüense de Turismo** (*INTUR* ⊠ *Apartado 5088, Managua, Nicaragua* ☎ *222–3333 in Managua, 800/737–7253 in North America* ⊕ *www.visitanicaragua.com*).

WEB SITES

The right-center daily newspaper *La Prensa* (⊕ *www.laprensa.com.ni*) is a good source (in Spanish) of daily news about the country. The daily newspaper *El Nuevo Diario* (⊕ *www.elnuevodiario.com.ni*) covers daily news (in Spanish) with a leftist bent.

Costa Rica

WORD OF MOUTH

"Must sees include Corcovado, down in the Osa Peninsula. To sound completely like a guide, it was named as one of the most "biologically intensive places on earth" by National Geographic. Bring repellent! Definitely worth at least 3 days, 4 if you want to do some great snorkeling out by Cano Island. It's great, scarlet macaws everywhere!"

—ScottGauvin

WITH MORE BIRD SPECIES THAN the United States and Canada packed into an area about half the size of Kentucky, and an array of landscapes that run the gamut from lowland rain forest to highland páramo, Costa Rica offers nature lovers more interesting stuff than could ever fit in one vacation. The Costa Rican government realized several decades ago that the country's greatest assets were its flora, fauna, and natural beauty, and they set on a course of conservation that has left about a quarter of the national territory in national parks and other protected areas today. The tourism industry has capitalized on Costa Rica's natural assets and made it one of the easiest places in the world to experience the beauty and complexity of tropical nature. The country has become synonymous with ecotourism, but the term has many interpretations in Costa Rica—from travel that benefits conservation to an abundance of potted plants. Critics note that in Costa Rica not all that is green is eco. With a little bit of research, conscientious travelers have plenty of options for ensuring that their Costa Rica vacation contributes to the preservation of the nature they travel so far to see.

ORIENTATION & PLANNING

ORIENTATION

San José is the political, economic, and cultural center of the country. In the *Zona Norte* (Northern Zone) lies Monteverde Cloud Forest; a cooler tropical forest where you can zip along cables (while securely harnessed) between treetop platforms. Guanacaste Province is the country's most touristed region. A chain of enormously popular beaches lines the coast. The South Pacific has been called "the Amazon of Costa Rica" or "the most biodiverse place on the planet." Costa Rica's Caribbean doesn't have miles of white-sand beaches or crystal-blue waters but *does* have nature galore, with dense forests, coral reefs, and lumbering turtles engaging in age-old nesting rituals.

TAKE IT ALL IN

3 Days: Arrive in San José and head straight to one of the small luxury inns near Volcán Poás where you can hike the road up to the summit. The next day, a scenic drive takes you to the La Fortuna/Arenal Volcano area. Drop your luggage at one of many fantastic hotels, and go directly to Tabacón Hot Springs & Resort. Take a zip-line or hanging bridges tour through the forest canopy and then pamper yourself with a spa treatment. Finish the day by sinking into a volcanically heated mineral bath with a cocktail at your side as the sun sets behind fiery Arenal. On your third day, head back to San José to catch your flight.

5 days: Fly into Liberia, Costa Rica's second international airport, where most flights arrive in early afternoon. You can't go wrong with any North Pacific beach, but we like Playa Hermosa for its pivotal location, one that lets you use it as a base for visiting area attractions. Spend your first day on the beach and take an afternoon surf lesson. The next day explore Playa Hermosa's metropolis, the small town of

Playas del Coco. We like the town for its little souvenir shops, restaurants, and local color. Get up early the next morning for an excursion to the top of Rincón de la Vieja Volcano. It lies about 90 minutes from Hermosa. Don't miss a guided tour at Palo Verde National Park, one of the last remaining dry tropical forests in Central America. Spend your last day taking advantage of the surf.

TOP REASONS TO VISIT

- Walk in a cloud forest
- Enjoy beautiful beaches
- Surf legendary waves
- Spot an elusive bird
- Take a turtle-nesting tour

7 Days: If you have a full week, follow the itinerary above and spend your 6th day observing nature in a more relaxed fashion with a float down the nearby Río Corobicí. Make your final day a relaxing one with a few hours on the waves. Many sailboats operate out from this section of coast. Grab a last dip in the ocean this morning, because your flight departs from Liberia in the early afternoon. The advent of international flights to Liberia has fueled this region's meteoric rise to fame, but the airport's size has not kept pace with the number of passengers. Expansion is eventually on the way, but presently, lines can be long. Allow yourself plenty of time for check-in.

6

PLANNING

If you want to visit the beaches of Costa Rica, try to schedule at least a week to get into the rhythm of life. Logistically, you also need time for slow travel over bumpy roads. (By boat is faster and easier; boat-tour operators will collect you from almost any beach.) A beach with lots of restaurants and nightlife can keep you entertained for a week or more, whereas a more solitary beach might merit only a couple of days. Outdoorsy types should consider spending a few days around Rincón de la Vieja National Park, hiking, bird-watching, horseback riding, and doing canopy tours. You can easily stop at Monteverde en route to the coast from San José. Macaw Air flies directly from Tamarindo or Liberia to Puerto Jiménez, where you can spend a few days in a jungle lodge off the grid in the Osa Peninsula, a contrast to developed Nicoya beaches.

WHEN TO GO

Costa Rica has an astounding number of microclimates, dictated by its many forests and changes in altitude, so the weather varies dramatically for such a small country. The sunniest, driest season in most of the country occurs from roughly mid-December through April, which is the busiest tourist season. For you, that means more advance planning, some flexibility in choosing a hotel, and higher prices. Afternoon showers kick in by May and last through November most everywhere, with a brief dry season in June and July. The Caribbean coast flies in the face of these norms with rains spread out fairly evenly throughout

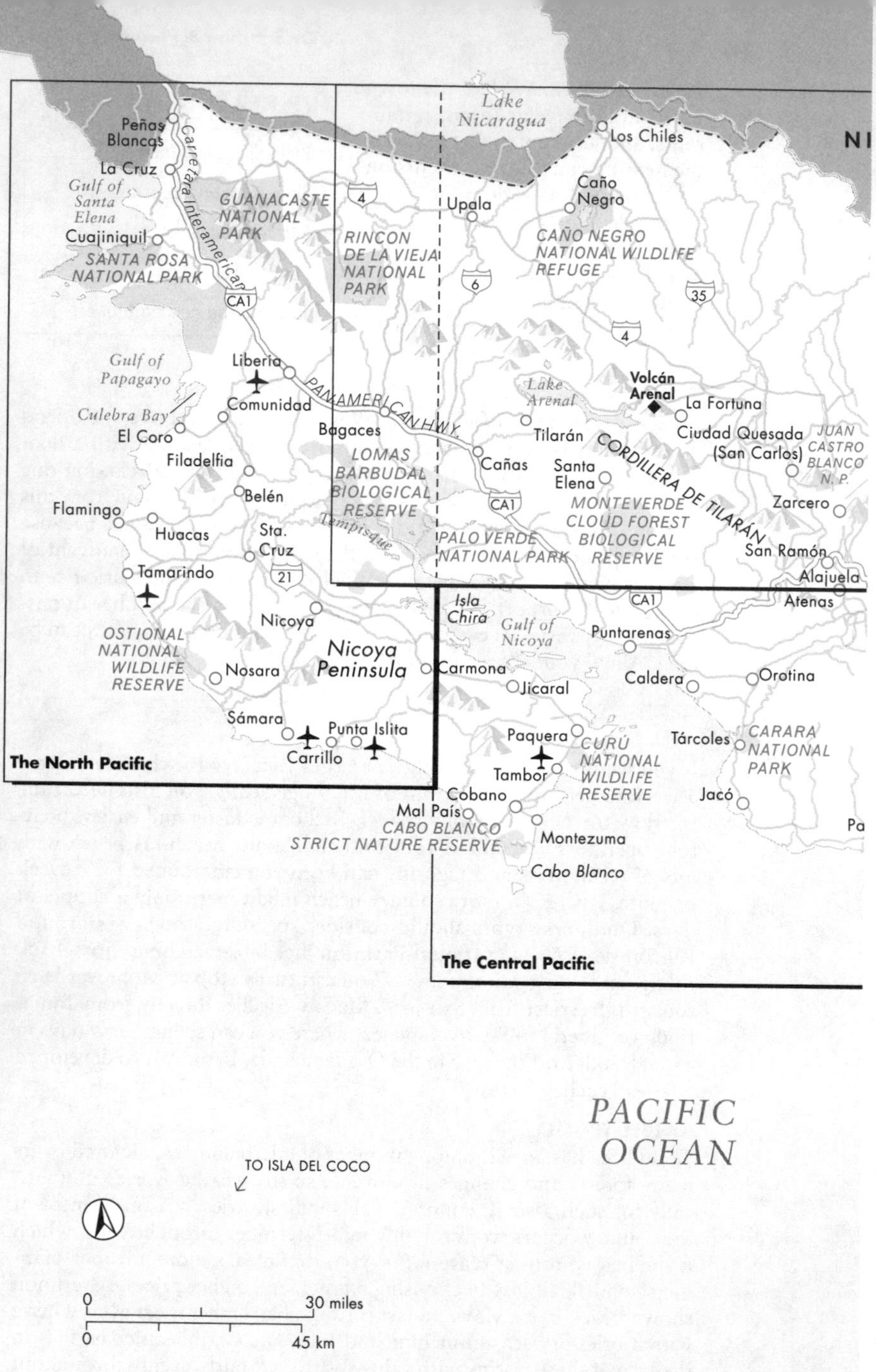

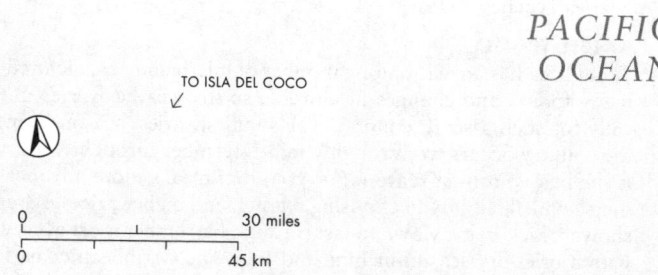

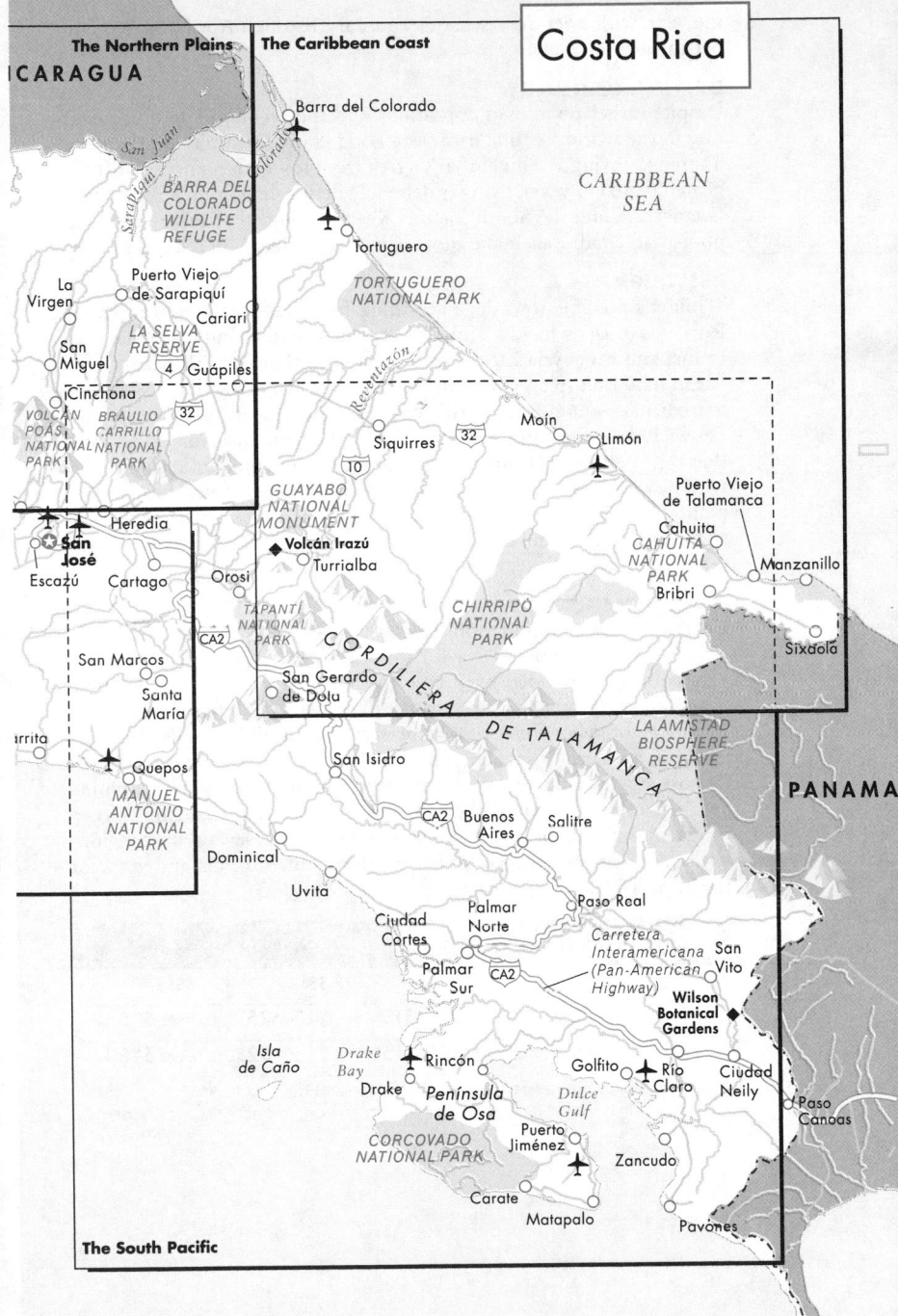

Costa Rica

The Northern Plains **The Caribbean Coast**

NICARAGUA

CARIBBEAN
SEA

Barra del Colorado

San Juan

*BARRA DEL
COLORADO
WILDLIFE
REFUGE*

Tortuguero

*TORTUGUERO
NATIONAL PARK*

La
Virgen

Puerto Viejo
de Sarapiquí

Cariari

*LA SELVA
RESERVE*

San
Miguel

4 Guápiles

Cinchona

32

*VOLCÁN
POÁS
NATIONAL
PARK*

*BRAULIO
CARRILLO
NATIONAL
PARK*

Siquirres

32

Moín

Limón

10

Reventazón

*GUAYABO
NATIONAL
MONUMENT*

Heredia

San
José

◆ **Volcán Irazú**

Turrialba

Puerto Viejo
de Talamanca

Cahuita

*CAHUITA
NATIONAL
PARK*

Manzanillo

Escazú

Cartago

Orosi

Bribri

*TAPANTÍ
NATIONAL
PARK*

*CHIRRIPÓ
NATIONAL
PARK*

CA2

San Marcos

Santa
María

San Gerardo
de Dota

CORDILLERA

Sixaola

DE TALAMANCA

rrita

Quepos

*MANUEL
ANTONIO
NATIONAL
PARK*

San Isidro

*LA AMISTAD
BIOSPHERE
RESERVE*

PANAMA

Dominical

CA2

Buenos
Aires

Salitre

Uvita

Palmar
Norte

Paso Real

Ciudad
Cortés

*Carretera
Interamericana
(Pan-American
Highway)*

San
Vito

Palmar
Sur

CA2

**Wilson
Botanical
Gardens** ◆

*Isla
de Caño*

*Drake
Bay*

Rincón

Golfito

Río
Claro

Ciudad
Neily

Drake

*Península
de Osa*

*Dulce
Gulf*

Paso
Canoas

*CORCOVADO
NATIONAL PARK*

Puerto
Jiménez

Zancudo

Carate

Matapalo

Pavones

The South Pacific

the year, with brief *drier* seasons February through April and September through October.

GETTING AROUND

Despite rather poor road conditions and the second-highest accident rate in the world, renting a car is a good choice if you're destination-hopping, staying at a hotel that's a trek from town, or going well off the beaten path. However, flying is definitely better than driving for visiting Guanacaste and the South Pacific. Keep in mind that mountains and poor road conditions make most trips longer than you'd expect.

RESTAURANTS & CUISINE

While it's possible to order everything from sushi to crepes in Costa Rica, most Ticos have a simple but delicious diet built around rice, beans, and the myriad fruits and vegetables that flourish here. Costa Rican food isn't spicy, and many dishes are seasoned with the same five ingredients—onion, salt, garlic, cilantro, and red bell pepper. Specialties include arroz con pollo (chicken with rice), ensalada de palmito (heart of palm salad), sopa negra (black bean soup), gallo pinto (rice with black beans for breakfast), and casados (plates of rice, beans, fried plantains, salad, cheese, and fish, chicken, or meat). Sodas—inexpensive restaurants comparable to diners—offer these choices for lunch and dinner

ABOUT THE HOTELS

Costa Rica has accomodations to fit every taste and budget, from modern luxury resorts complete with spas to rustic nature lodges with private cabins surrounded by jungle. Away from cities, hotels in small towns and rural areas aim to be more than just a place to rest your head for the night. Many have nature preserves with hiking trails, butterfly gardens, hot-springs spas, private beaches, and adventure tours. Most visitors stay a night or two in the capital, which has some charming colonial homes that have been converted to elegant and mid-price-range inns. Neighboring Escazú and Heredia have several upscale inns with excellent restaurants, which overlook coffee farms and are near the airport.

WHAT IT COSTS IN DOLLARS					
	¢	$	$$	$$$	$$$$
Restaurants	under $5	$5–$10	$10–$15	$15–$25	over $25
Hotels	under $50	$50–$75	$75–$150	$150–$250	over $250

Restaurant prices are per-person for a main course at dinner. Hotel prices are for two people in a standard double room in high season, excluding service and tax (16.4%).

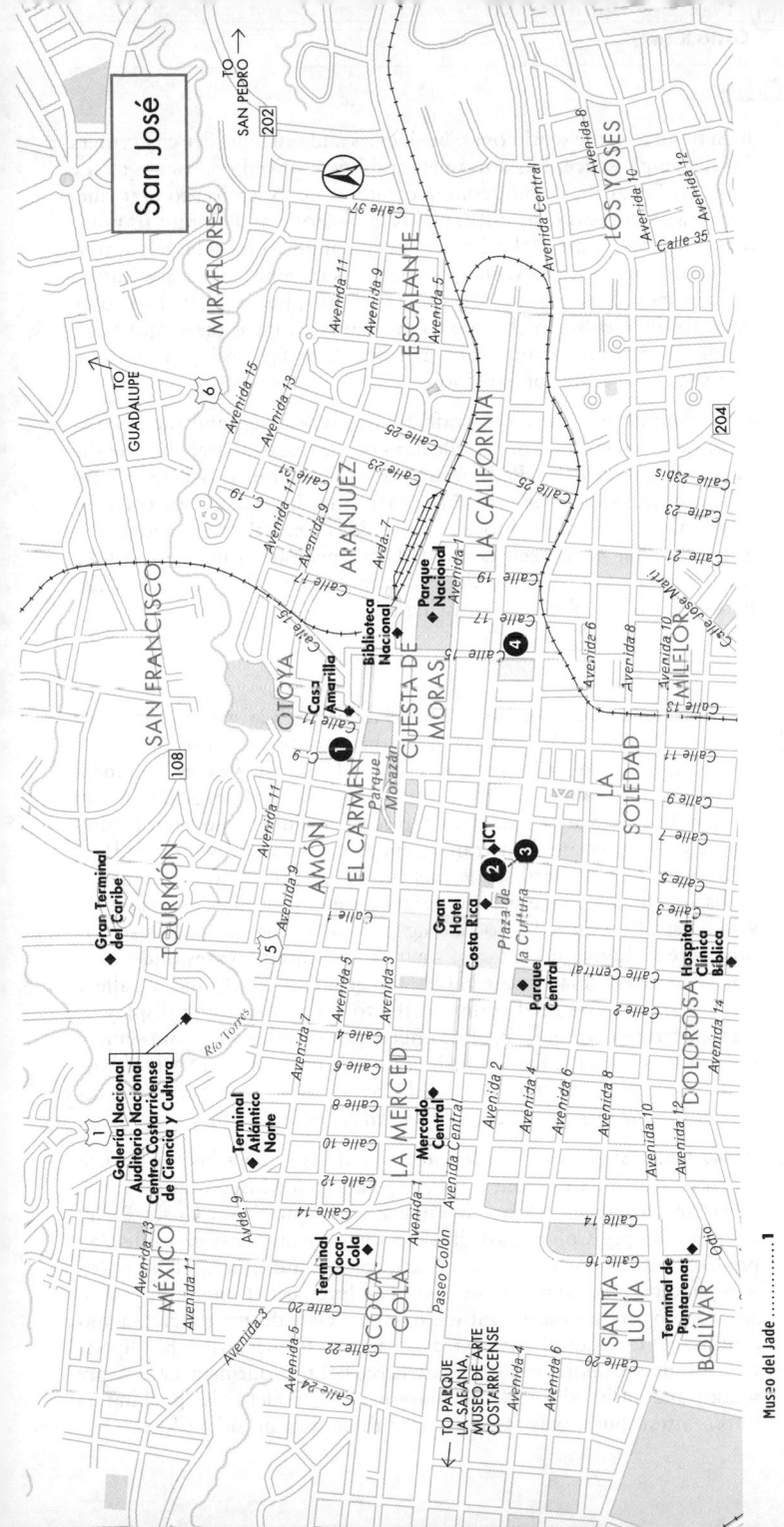

San José

TO SAN PEDRO → 202

MIRAFLORES

TO GUADALUPE ↗ 6

ESCALANTE

LOS YOSES

SAN FRANCISCO 108

ARANJUEZ

LA CALIFORNIA 204

OTOYA

Biblioteca Nacional

Parque Nacional

CUESTA DE MORAS ④

TOURNÓN

Gran Terminal del Caribe

EL CARMEN

AMÓN

Parque Morazán

Casa Amarilla ①

LA SOLEDAD

MÉXICO

Galería Nacional
Auditorio Nacional
Centro Costarricense
de Ciencia y Cultura 1

Terminal Atlántico Norte

ICT ② ③

Gran Hotel Costa Rica

Plaza de la Cultura

LA MERCED

Terminal Coca-Cola

Mercado Central

Parque Central

Hospital Clínica Bíblica

DOLOROSA

COCA COLA

Paseo Colón

SANTA LUCÍA

Terminal de Puntarenas

BOLÍVAR

TO PARQUE LA SABANA, MUSEO DE ARTE COSTARRICENSE

Museo del Jade **1**

Museo Nacional **4**

Museo del Oro
Precolombino **3**

Plaza de la Cultura **2**

SAN JOSÉ

By Jeffrey Van Fleet

It's a trend seen the world over: businesses and residents flee city centers for the ample space, blissful quiet, and lower-priced real estate of the suburbs. Costa Rica's burgeoning capital is no exception to that rule, but downtown San José still remains the historic and vibrant (if noisy and congested) heart of the city. Government offices have largely stayed put downtown—actually, the presidency is the only public institution to have moved its headquarters to the 'burbs, but it's slated to come back to the *Centro* in the next few years—as have the majority of tourist attractions. If you spend any time here sightseeing, you'll find yourself in the center of San José.

Make no mistake: the city's traffic is overwhelming, and the narrow downtown streets, laid out in the days of the oxcart, barely handle the daily influx of vehicles. Pedestrians have the right of way here, but no driver seems to know or care about that little annoyance. You can take refuge along the several blocks of Avenidas Central and 4 and Calles 2 and 17 that have been converted into pedestrian malls, and take heart that more of those traffic-free streets—they call them *bulevardes* here—are on city planners' drawing boards.

EXPLORING

★ **Museo del Jade** *(Jade Museum)*. This is the world's largest collection of
❶ American jade—that's "American" in the hemispheric sense. Nearly all the items on display were produced in pre-Columbian times, and most of the jade (pronounced *hah*-day in Spanish) dates from 300 BC to AD 700. In the spectacular Jade Room, pieces are illuminated from behind so you can appreciate their translucency. A series of drawings explains how this extremely hard stone was cut using string saws with quartz-and-sand abrasive. Jade was sometimes used in jewelry designs, but it was most often carved into oblong pendants. The museum also has other pre-Columbian artifacts, such as polychrome vases and three-legged *metates* (small stone tables for grinding corn), and a gallery of modern art. The final room on the tour has a startling display of ceramic fertility symbols. A photo-filled, glossy guide to the museum in English sells for $15; the Spanish version is only $3. ✉*INS building, Avda. 7, Cs. 9–11, 11th fl., Barrio El Carmen* ☎*287–6034* ⊕*portal.ins-cr.com/social/MuseoJade/* 🖳*$2* ⊙ *Weekdays 8–3:30, Sat. 9–1.*

❹ **Museo Nacional** *(National Museum)*. In the whitewashed Bellavista Fortress, which dates from 1870, the National Museum gives you a quick and insightful lesson in English and Spanish on Costa Rican culture from pre-Columbian times to the present. Glass cases display pre-Columbian artifacts, period dress, colonial furniture, religious art, and photographs. Some of the country's foremost ethnographers and anthropologists are on the museum's staff. Outside are a veranda and a pleasant, manicured courtyard garden. A former army headquarters, this now-tranquil building saw fierce fighting during a 1931 army mutiny and during the 1948 revolution, as the bullet holes pocking its turrets attest. But it was also here that three-time president José "Don

CLOSE UP

Teatro Nacional

★ **Fodor's Choice** The **National Theater** is easily the most enchanting building in Costa Rica, and San José's don't-miss sight. Chagrined that touring prima donna Adelina Patti bypassed San José in 1890, wealthy coffee merchants raised import taxes to hire Belgian architects to design this building, lavish with cast iron and Italian marble. The theater was inaugurated in 1897 with a performance of Gounod's *Faust*, featuring an international cast. The sandstone exterior is marked by Italianate arched windows, marble columns with bronze capitals, and statues of strange bedfellows Ludwig van Beethoven (1770–1827) and 17th-century Spanish golden-age playwright Pedro Calderón de la Barca (1600–81). The Muses of Dance, Music, and Fame are silhouetted in front of an iron cupola. Given the provenance of the building funds, it's not surprising that frescoes on the stairway inside depict coffee and banana production. Note Italian painter Aleardo Villa's famous ceiling mural *Alegoría del Café y Banano* (*Allegory of Coffee and Bananas*), a joyful harvest scene that appeared on Costa Rica's old five-colón note. (The now-defunct bill is prized by collectors and by tourists as a souvenir, and is often sold by vendors in the plaza between the theater and the Gran Hotel Costa Rica next door.) And what's an old theater with-

out its resident ghost? Patrons have claimed to see moving figures in the second-floor paintings in the Teatro Nacional. The sumptuous neo-Baroque interior sparkles thanks to an ongoing restoration project. French designer Alain Guilhot created the nighttime external illumination system for the building. (He did the same for the Eiffel Tower.) The soft coppers, golds, and whites highlight the theater's exterior nightly from 6 PM–5 AM.

The best way to see the theater's interior is to attend one of the performances, which take place several nights a week; intermission gives you a chance to nose around. The theater prizes punctuality, one of the few institutions in this country to do so. Performances start on time. Stop at the *boletería* (box office) in the lobby and see what strikes your fancy. (Don't worry if you left your tuxedo or evening gown back home; as long as you don't show up for a performance wearing shorts, jeans, or a T-shirt, no one will care.) Alternatively, a nominal admission fee gets you in beyond the lobby for an informative guided daytime visit. Thirty-minute tours in English and Spanish are given at 9, 10, and 11 AM, and 1, 2, and 3 PM. The theater is sometimes closed for rehearsals, so call before you go. ✉ *Plaza de la Cultura, Barrio La Soledad* ☎ *221-1329* ⊕ *www.teatronacional.go.cr* 🎫 *$5* ⊗ *Mon.–Sat. 9–4.*

6

Pepe" Figueres abolished the country's military in 1949. ✉ *C. 17, between Avdas. Central and 2, Barrio La Soledad* ☎ *257-1433* ⊕ *www. museocostarica.go.cr* 🎫 *$4* ⊗ *Tues.–Sat. 8:30–4:30, Sun. 9–4:30.*

★ **Museo del Oro Precolombino** (*Pre-Columbian Gold Museum*). The daz-
③ zling, modern museum of gold, in a three-story underground structure beneath the Plaza de la Cultura, contains the largest collection of pre-Columbian gold jewelry in Central America—20,000 troy ounces in more than 1,600 individual pieces—all owned by the Banco Central,

and displayed attractively in low-lit, bilingual exhibits. Many pieces are in the form of frogs and eagles, two animals perceived by the region's pre-Columbian cultures to have great spiritual significance. All that glitters here is not gold: Most spectacular are the varied shaman figurines, which represent the human connection to animal deities. One of the halls houses the **Museo Numismática** (Coin Museum; admission included with Gold Museum), a repository of historic coins and bills and other objects used as legal tender throughout the country's history. Rotating art exhibitions live on another level of the complex. ⊠ *Eastern end of Plaza de la Cultura, C. 5, Avdas. Central–2, Barrio La Soledad* ☎ *243–4202* ⊕ *www.museosdelbancocentral.org* ⊠ *$6* ⊙ *Daily 9:30–5.*

② Plaza de la Cultura. The crowds of people, vendors, and street entertainers at the Plaza de la Cultura—it's a favored spot for local marimba bands, clowns, jugglers, and colorfully dressed South Americans playing Andean music—hide the fact that the expanse is really just a mass of concrete. The ornate Teatro Nacional, one of San José's signature buildings, dominates the plaza's southern half. Pop in and buy a ticket for an evening performance—the prices are amazingly reasonable. The Museo del Oro Precolombino, with its highly visited exhibits of gold, lies under the plaza. The plaza's western edge is defined by the Gran Hotel Costa Rica, with its 24-hour Café 1930. ⊠ *Bordered by Avdas. Central–2 and Cs. 3–5, Barrio La Soledad.*

WHERE TO EAT

Wherever you eat in San José, be it a small *soda* (informal eatery) or a sophisticated restaurant, dress is casual. Meals tend to be taken earlier than in other Latin American countries; few restaurants serve past 10 PM. Local cafés usually open for breakfast at 7 AM and remain open until 7 or 9 in the evening. Restaurants serving international cuisine are usually open from 11 AM to 9 PM. Some cafés that serve mainly San José office workers are closed Sunday. Restaurants that do open on Sunday do a brisk business: it's the traditional family day out (and the maid's day off). Casino restaurants in downtown San José are open 24 hours.

ASIAN

Fodor'sChoice ★ ✕ **Tin Jo.** The colorful dining rooms of this converted house just southeast of downtown evoke Japan, India, China, Indonesia, or Thailand. $–$$$ In the Thai room an 11-meter (39-foot) mural depicts a Buddhist temple. You can select from all of the above cuisines, with menus to match the varied dining areas. Start with a powerful Singapore sling (brandy and fruit juices) before trying such treats as *kaeng* (Thai shrimp and pineapple curry in coconut milk), *mu shu* (a beef, chicken, or veggie stir-fry with crepes), samosas (stuffed Indian pastries), and sushi rolls. The vegetarian menu is extensive, too. Tin Jo stands out with always exceptional food, attention to detail, and attentive service that make it, hands down, the country's top Asian restaurant. ⊠ *C. 11, Avdas. 6–8, Barrio La Soledad* ☎ *257–3622 or 221–7605* ⊟ *AE, DC, MC, V.*

CAFÉS

Fodor'sChoice ✕**Café Mundo.** You could easily walk by this corner restaurant without
★ noticing its tiny sign behind the foliage. The upstairs café serves meals
$–$$$ on the porch, on a garden patio, or in two dining rooms. The soup
of the day and fresh-baked bread start you out; main courses include
shrimp in a vegetable cream sauce or *lomito en salsa de vino tinto*
(tenderloin in a red-wine sauce). Save room for the best chocolate cake
in town, drizzled with homemade blackberry sauce. Café Mundo is a
popular, low-key gay hangout that draws a mixed gay-straight clien-
tele. This is one of the few center-city restaurants with its own parking
lot. ⊠*C. 15 and Avda. 9, Barrio Otoya* ☎*222–6190* ⊟*AE, DC, MC,
V*⊘*Closed Sun. No lunch Sat.*

ECLECTIC

Fodor'sChoice ✕**Bakea.** Trendy, right down to its small art gallery and whimsical rest-
★ rooms, this restaurant in a restored Barrio Amón mansion is the place to
$–$$$ see and be seen, and is one of the few upscale places in town to grab a
very late night bite. The term "fusion cuisine" really does apply here: Le
Cordon Bleu–trained chef Camille Ratton-Pérez takes French and Costa
Rican cuisine and spices it with Thai and Middle Eastern influences.
Top off your meal with a *Cahuita caramelo*, a scrumptious chocolate-
banana-butterscotch concoction or *tarte tatin* (caramelized apple tart).
If you can't decide, go for the *paleta Bakea*, a dessert sampler platter.
⊠*C. 7 and Avda. 11, Barrio Amón* ☎*248–0303 or 221–1051* ⊟*AE,
DC, MC, V*⊘*Closed Sun. No dinner Mon. No lunch Sat.*

FRENCH

Fodor'sChoice ✕**L'Ile de France.** Long one of San José's most popular restaurants, L'Ile
★ de France, in the Hotel Le Bergerac—it's technically a separate busi-
$$–$$$ ness—has dining in a tropical garden courtyard. The fairly traditional
French menu has some interesting innovations. Start with the classic
onion soup or with *pâté de lapin* (rabbit liver pâté); then sink your teeth
into a pepper steak, broiled lamb with seasoned potatoes, or corvina
in a spinach sauce. Save room for the profiteroles filled with vanilla ice
cream and smothered in chocolate sauce. L'Ile de France blends exactly
the right level of intimacy, grace, and style, giving it an edge over the
sophisticated Chandelier. ⊠*Hotel Le Bergerac; C. 35, Avdas. Central–2, first Los Yoses entrance, San Pedro* ☎*283–5812* ⚑*Reservations
essential* ⊟*AE, DC, MC, V*⊘*Closed Sun. No lunch.*

PERUVIAN

★ $–$$$ ✕**Machu Picchu.** A few travel posters and a fishnet holding crab and lob-
ster shells are the only props used to evoke Peru, but no matter: the
food is anything but plain, and the seafood is excellent at both the east-
and west-side branches of this mainstay. The *pique especial de mariscos*
(special seafood platter), big enough for two, presents you with shrimp,
conch, and squid cooked four ways. The ceviche here is quite different
from and better than that served in the rest of the country. A blazing
Peruvian hot sauce served on the side adds zip to any dish, but be care-
ful—apply it by the drop. Oh, and one more warning: the pisco sours go
down very easily. ⊠*C. 32, 130 m north of KFC, Paseo Colón* ☎*222–
7384* ⊠*150 m south of Ferretería El Mar, San Pedro* ☎*283–3679* ⊟*AE,
DC, MC, V*⊘*Paseo Colón location closed Sun.*

6

SOUTHWESTERN

$-$$ ✕ **JR Ribs.** Frederic Remington meets Barrio Amón in this restaurant made to look like an Old West saloon. Texas-style ribs are still enough of a novelty cuisine in Costa Rica that the diners have fun here, even if they haven't mastered the art of not getting the tangy barbecue sauce on their ties, blouses, or plastic faux-rawhide tablecloths. For the less adventurous, an upstairs dining room serves Costa Rican food buffet-style weekdays for lunch. Stay downstairs; it's much more entertaining. ⊠ *Avda. 11 and C. 11, Barrio Amón* ☎ *223–0523* ⊟ *AE, DC, MC, V* ☺ *No dinner Sun.*

SPANISH

Fodor's Choice   ✕ **Casa Luisa.** A big open window looking into the kitchen—where chef

★   María Luisa Esparducer and her staff proudly show off their trade—is

$-$$$ the first thing you encounter as you're shown to your table in this homey, upscale Catalan restaurant. The place is eclectic, with wood floors, arresting artwork, soft lighting, and flamenco music in the background. Start the meal with gazpacho or eggplant pâté, accompanied by a glass of top Spanish wine. The excellent main dishes include rosemary lamb chops, suckling pig, and rabbit in white wine sauce with truffles. Finish with a platter of nuts, dates, and figs drizzled with a wine sauce or the decadent *crema catalana* with a *brûlée* glaze. Though Cocina de Terra Nostra is wonderfully elegant, we give Casa Luisa the nod in the Spanish-restaurant stakes for its combination of style and coziness. ⊠ *400 m south and 40 m east of the Contraloría, Sabana Sur* ☎ *296–1917* ⊟ *AE, DC, MC, V* ☺ *Closed Sun.*

VEGETARIAN

¢–$ ✕ **Shakti.** The baskets of fruit and vegetables at the entrance and the wall of herbal teas, health-food books, and fresh herbs for sale by the register tell you you're in a vegetarian-friendly joint. The bright and airy macrobiotic restaurant—much homier than Vishnu, its major veggie competition—serves breakfast, lunch, and an early dinner, closing at 7 PM each day. Homemade bread, soy burgers, pita sandwiches (veggie or, for carnivorous dining companions, chicken), macrobiotic fruit shakes, and a hearty plato del día that comes with soup, green salad, and a fruit beverage fill out the menu. The *ensalada mixta* is a meal in itself, packed with root vegetables native to Costa Rica. ⊠ *Avda. 8 and C. 13, Barrio La Soledad* ☎ *222–4475* ⚠ *Reservations not accepted* ⊟ *AE, DC, MC, V* ☺ *Closed Sun.*

WHERE TO STAY

Staying in the downtown area allows you to travel around the city as most Ticos do: on foot. Stroll the city's parks, museums, and shops, and then retire to one of the many small or historic hotels with plenty of character to offer. ■ **TIP→** **You'll get the hotel's best rates—a 30-percent discount—by walking in or reserving in advance via the local Costa Rican number.**

DOWNTOWN

★ $$ ⊞**Hotel Fleur de Lys.** We walked by this three-floor Victorian house with the hot-pink-and-lavender exterior dozens of times without ever peeking inside, assuming that a place so brassy on the outside couldn't offer anything of interest beyond its front doors. How wrong we were. A quiet elegance that you'd never imagine lies inside this 80-year-old home, with garden restaurant and art gallery, on a block-long street that gets little traffic. Unsurprisingly, given the name of the place, rooms are tagged with names of flowers rather than numbers. We like the suites, which have raised bathtubs—two of them have whirlpool tubs as well—and their dramatic glassed-in balcony entrances. Smoking is permitted in the hotel's common areas only. ⊠ *C. 13, Avdas. 2–6, Barrio La Soledad* ✆*Apdo. 10736–1000* ☎*223–1206 or 257–2621* ⊞*221–6310* ⊕*www.hotelfleurdelys.com* ⤳*30 rooms, 6 suites* ⭘*In-room: no a/c, safe. In-hotel: restaurant, bar, no elevator, laundry service, public Internet, public Wi-Fi, parking (no fee), no-smoking rooms* ⊟*AE, MC, V*⊙*BP.*

$-$$ ⊞**Hotel Balmoral.** You're just as likely to hear Japanese spoken in the Balmoral's lobby as you are Spanish and English; the place is quite popular with Asian visitors. As in the Presidente across the street, you'll find all the standard amenities of a medium-priced business-class hotel here, and like the Presidente, the Balmoral draws a huge number of leisure travelers, too. But we prefer the Balmoral's dark wood and plush, older feel, as well as the bright, airy El Patio Restaurant that dishes up Costa Rican specialties amid a lot of greenery. ⊠*Avda. Central and C. 7, Barrio La Soledad* ☎*222–5022, 800/691–4865 in U.S.* ⊞*221–1919* ⊕*www.balmoral.co.cr* ⤳*112 rooms, 8 suites* ⭘*In-room: safe, Wi-Fi. In-hotel: restaurant, bar, gym, laundry service, concierge, public Internet, parking (no fee)* ⊟*AE, DC, MC, V*⊙*BP.*

★ ¢ ⊞**Kap's Place.** This lodging literally sprawls around the neighborhood: one of the three annexes is almost two blocks away from the main building. (And if you drive by too quickly, you'll likely miss that main building with its unassuming sign and white metal door.) Inside are bright, tropical rooms with lots of tile and wood; coffee and tea are brewing all the time in the reception area, and you can use the shared kitchen. You'll be asked to sign a two-page agreement when you register attesting that you'll keep the noise down and won't bring unregistered guests to your room. The owners are anxious to maintain a family atmosphere here. ⊠*C. 19, Avdas. 11–13, 200 m west, 50 m north of Shell station, Barrio Aranjuez* ☎*221–1169 or 257–0432* ⊞*256–4850* ⊕*www.kapsplace.com* ⤳*22 rooms, 17 with bath* ⭘*In-room: no a/c, no TV (some), Wi-Fi (some). In-hotel: public Internet, no-smoking rooms* ⊟*AE, DC, MC, V*⊙*EP.*

ELSEWHERE IN SAN JOSÉ

Fodor'sChoice ★ $$-$$$ ⊞**Clarion Hotel Amón Downtown.** The pink Amón Plaza achieves everything we like in a business-class hotel. It transcends its chain status and provides you with all the services and amenities you need without being a cookie-cutter high-rise. Though large for a Barrio Amón lodging, the low-rise hotel doesn't overpower the surrounding neighborhood, and takes pride in the fact that each of its 80-plus rooms is slightly differ-

6

ent. (One common feature: there's nothing mini about the minibars.) The price of the suites (but not the double rooms) includes all international calls and shuttle transport to anywhere in the metro area. Friday night sees cocktails and a buffet dinner at the hotel's open-air Cafetal de la Luz to the accompaniment of light music, but the café makes for a pleasant stop any time, any day, whether you stay here or not. ⊠ *Avda. 11 and C. 3 Bis, Barrio Amón* ☎ *523–4600, 877/424–6423 in North America* 📠 *523–4614* ⊕ *www.choicehotels.com* ⇨ *60 rooms, 27 suites* ♿ *In-room: safe, refrigerator, ethernet, Wi-Fi. In-hotel: 2 restaurants, room service, bar, gym, spa, laundry service, airport shuttle, parking (no fee), no-smoking rooms* ⊟ *AE, DC, MC, V* ⧠ *BP.*

Fodor'sChoice
★
$$

🏨 **Hotel Grano de Oro.** Two wooden houses on San José's west side—one dates from the turn of the 20th century, and the other from the 1950s— have been melded together and converted into one of the city's most charming inns, decorated throughout with old photos of the capital and paintings by local artists. A 2007 remodeling has turned the public areas into glitz and elegance, but head up to your room for the old coffee-plantation feel for which the hotel is still known. Each room in the place is different, and although you can't go wrong with any of them, the older house's rooms are the nicest, especially the Garden Suite, with hardwood floors, high ceilings, and private garden. A sumptuous restaurant ($$$$), run by a French-trained chef, surrounds a lovely indoor patio and bromeliad-filled gardens. The hotel's sundeck has a view of both the city and the far-off volcanoes. ⊠ *C. 30, Avdas. 2–4, Paseo Colón* ☎ *1701 N.W. 97th Ave., SJO 36, Box 025216, Miami, FL33102-5216* ☎ *255–3322* 📠 *221–2782* ⊕ *www.hotelgranodeoro. com* ⇨ *40 rooms, 3 suites* ♿ *In-room: no a/c, safe, dial-up. In-hotel: restaurant, room service, no elevator, laundry service, public Internet, parking (no fee), no-smoking rooms* ⊟ *AE, DC, MC, V* ⧠ *EP.*

Fodor'sChoice
★
$$

🏨 **Hotel Le Bergerac.** Any other lodging of this caliber would be content to live off its reputation, and we'd never begrudge Le Bergerac if it did rest on its well-established laurels as one of San José's great hotels. But these folks are always tweaking and remodeling, and each time you return you'll likely discover something new. (What *doesn't* change much is the rates; they've kept pretty constant over time.) The hotel occupies two former private homes and is furnished with antiques. All rooms have custom-made wood-and-stone dressers and writing tables; deluxe rooms have two beds, private garden terraces or balconies, and large bathrooms. The location on a steep hill might disorient you; you could walk upstairs to your room, fling open the terrace doors, expecting to walk out onto a balcony, and find instead a ground-level patio and mountain view. The in-hotel restaurant, L'Ile de France (⇨ *Where to Eat*), is one of the city's best, so dinner reservations are essential, even for guests. Breakfast is served on a garden patio. Le Bergerac remains the cream of a crop of small, upscale San José hotels. There are many of them, but the service, attention to detail, and ample gardens set this place apart. Hands down, this is our favorite lodging in the city. ⊠ *C. 35, Avdas. Central–2, first entrance to Los Yoses, San Pedro* ☎ *Apdo. 1107–1002, San José* ☎ *234–7850* 📠 *225–9103* ⊕ *www.bergerachotel. com* ⇨ *26 rooms* ♿ *In-room: no a/c, safe, dial-up. In-hotel: restaurant,* *bar, no elevator, laundry service, public Internet, airport shuttle, parking (no fee), no-smoking rooms* ⊟*AE, DC, MC, V*⊚⏐*BP.*

★ $–$$ ⊞ **Hotel Don Carlos.** One of the city's first guesthouses (technically it's three different houses), the Don Carlos has been in the same family for four generations. But the spirit of Carlos Bálser, the hotel's Liechtenstein-born founder—painter, geologist, archaeologist, and general jack-of-all-trades—lives on. Most rooms in the rambling old coffee-baron house have ceiling fans and big windows. Those in the Colonial Wing have a bit more personality, and several newer rooms on the third floor have views of the Irazú and Barva volcanoes. Orchids and pre-Columbian statues adorn the abundant public areas, and the 272-tile mural in the lobby depicts the history of San José. Even if you don't stay here, the Don Carlos has arguably the best hotel gift shop in the country, well worth a stop. ⊠*C. 9 and Avda. 9, Barrio Amón* ⏃*Box 025216, Dept. 1686, Miami, FL33102-5216* 🕾*221–6707, 866/675–9259 in North America* 🖷*258–1152* ⊕*www.doncarloshotel.com* ⟿*33 rooms* ⟐ *In-room: no a/c (some), safe. In-hotel: restaurant, room service, no elevator, laundry service, public Internet, public Wi-Fi, airport shuttle, parking (no fee)* ⊟*AE, DC, MC, V*⊚⏐*BP.*

★ $–$$ ⊞**Hotel Santo Tomás.** Don't be put off by the fact that the front of this century-old former coffee-plantation house butts up against the sidewalk on a busy street; close the front door behind you and you'll find the lobby and rooms are set back away from the traffic noise. On the fringe of Barrio Amón, the hotel has spacious rooms with wood or tile floors and lots of deep, varnished-wood furnishings. Some of the tiled bathrooms have skylights. A bright breakfast room adjoins an interior patio, and if you keep traveling back into the interior of the building, you'll find a small outdoor pool, a rarity in a hotel of this size in the capital. Rates include 30 minutes of free Internet access per day, and the especially friendly, helpful staff makes this a real find. ⊠*Avda. 7, Cs. 3–5, Barrio Amón* 🕾*255–0448* 🖷*222–3950* ⊕*www.hotelsantotomas.com* ⟿*20 rooms* ⟐*In-room: no a/c, Wi-Fi. In-hotel: restaurant, bar, pool, gym, public Internet, parking (fee)* ⊟*AE, MC, V*⊚⏐*BP.*

SAN JOSÉ ESSENTIALS

BY AIR

Two airports serve San José. Aeropuerto Internacional Juan Santamaría is the destination for all international flights as well as those of domestic airline SANSA in a terminal a couple of blocks away. Domestic Nature Air flights depart from Aeropuerto Internacional Tobías Bolaños. Arrival and departure at the tiny Tobías Bolaños Airport is very informal.

Airports Aeropuerto Internacional Juan Santamaría (*(SJO)* ⊠*16 km/10 mi northwest of downtown San José, just outside Alajuela* 🕾 *437–2400)*. **Aeropuerto Internacional Tobías Bolaños** (*(SYQ)* ⊠*3 km/2 mi west of the city center, Pavas* 🕾 *232–2820)*.

BY BUS

San José has no central bus terminal, and buses to many destinations depart from street corners. The four largest bus stations—the Gran Terminal del Caribe, the Terminal Atlántico Norte, the Terminal de

Puntarenas, and the so-called Terminal Coca-Cola (the former Coke bottling plant)—are all in dicey neighborhoods. Always take a taxi to and from the bus station, and at the Coca-Cola *never* take your eyes off your belongings. Call your individual bus line for information about schedules rather than the terminal itself. Consider the comfort of a shuttle-van service in an air-conditioned minivan for travel out of the capital. *For bus and shuttle-van information and departure points from San José to other areas of the country, see Bus Travel in Essentials.*

Bus Terminals Gran Terminal del Caribe (⊠ *C. Central and Avda. 13, Barrio Tournón).* **Terminal Coca-Cola** (⊠ *C. 16, Avdas. 1–3, Barrio México).* **Terminal Atlántico Norte** (⊠ *C. 12 and Avda. 9, Barrio México).* **Terminal de Puntarenas** (⊠ *C. 16, Avdas. 10–12, Barrio Cuba).*

City bus service is absurdly cheap (30¢–50¢) and easy to use. For Paseo Colón and La Sabana, take buses marked SABANA–CEMENTERIO from stops at Avenida 2 between Calles 5 and 7, or on Avenida 3 next to the *correos* (post office). For the suburbs of Los Yoses and San Pedro near the university, take buses marked SAN PEDRO from Avenida Central, between Calles 9 and 11.

BY CAR

San José is the hub of the national road system. Paved roads fan out from Paseo Colón west to Escazú and northwest to the airport and Heredia. For the Pacific coast, Guanacaste, and Nicaragua, take the Carretera Interamericana (Pan-American Highway) north (CA1), which continues beyond the airport. Calle 3 runs north into the highway to Guápiles, Limón, and the Atlantic coast through Braulio Carrillo National Park, with a turnoff to the Sarapiquí region. If you follow Avenida Central or 2 east through San Pedro, you'll enter the Pan-American Highway south (CA2), which has a turnoff for Cartago, Volcán Irazú, and Turrialba before it heads southeast over the mountains toward Panama. Never leave shopping bags or valuables inside your parked car. *For car-rental information, see Car Rental in Essentials.*

EMERGENCIES

Hospitals The private Clínica Bíblica and Clínica Católica hospitals are superior (if more expensive) alternatives to San José's state hospitals. Both have English-speaking staff. **Clínica Bíblica** (⊠ *Avda. 14, Cs. Central–1, Barrio El Pacífico* ☎ *522–1000* ∰ *www.clinicabiblica.com).* **Clínica Católica** (⊠ *Attached to San Antonio Church on C. Esquivel Bonilla, Guadalupe* ☎ *246–3000).*

Late-Night Pharmacies Fischel Pharmacy (⊠ *Clínica Católica, attached to San Antonio Church on C. Esquivel Bonilla, Guadalupe* ☎ *283–6616* ⊠ *Across from Banco Popular, San Pedro* ☎ *295–7694).*

INTERNET

There are Internet cafés on almost every block in downtown San José. Many of those just south of the Universidad de Costa Rica in San Pedro are open 24 hours. Competition keeps prices at $1 or less per hour. Bagelmen's restaurants offer free Wi-Fi to their customers. Bring your laptop and munch on a yummy bagel or wrap while you surf the

Web. All gates at Juan Santamaría Airport are Wi-Fi-equipped for free last-minute logging-in.

VISITOR INFORMATION
The Instituto Costarricense de Turismo (ICT) staffs a tourist information office beneath the Plaza de la Cultura, next to the Museo del Oro Precolombino. Pick up free maps, bus schedules, and brochures weekdays 9–1 and 2–5.

Contacts **Instituto Costarricense de Turismo** *(ICT)* (⊠ *C. 5, Avdas. Central–2, Barrio La Soledad* ☎ *222–1090*).

THE NORTHERN PLAINS

By Jeffrey Van Fleet

Though much of the Northern Plains has been converted to farmland, this vast and verdant region holds some of Costa Rica's best ecological gems. The mountain ranges that define its western and southern borders are topped by lush cloud forest, and the rolling lowlands are dotted with protected rain forests and wetlands, which constitute important ecological oases. The region's principal national parks protect the impressive volcanoes of Poás and Arenal, and the vast wilderness of Braulio Carrillo. It also holds the the Monteverde Cloud Forest Preserve, one of the best places in the country to see wildlife.

6

LA FORTUNA

At the foot of massive Volcán Arenal, the small community of La Fortuna attracts visitors from around the world. Nobody comes to La Fortuna—an ever-expanding mass of hotels, tour operators, souvenir shops, and *sodas*—to see the town itself. Instead, thousands of tourists flock here each year to use it as a hub to visit the natural wonders that surround it. The volcano, as well as waterfalls, vast nature preserves, great rafting rivers, and an astonishing array of birds, are to be found within an hour or less of your hotel. La Fortuna is also the best place to arrange trips to the Caño Negro National Wildlife Refuge

After the 1968 eruption of Arenal Volcano, La Fortuna was transformed from a tiny, dusty farm town to one of Costa Rica's tourism powerhouses, where tourists converge to see the volcano in action. Volcano viewing can be hit or miss, though, especially during the rainy season (May–November). One minute Arenal looms menacingly over the village; the next minute clouds shroud its cone. Early morning is always the best time to catch a longer gaze.

TO & FROM LA FORTUNA
50 km/30 mi (45 mins) northwest of Ciudad Quesada, 17 km/11 mi east of Arenal Volcano, 190 km/118 mi (3 hrs by car; 25 mins by plane) north of San José.

NatureAir flies daily to La Fortuna (FTN); flights land at an airstrip at the hamlet of El Tanque, 7 km (4 mi) east of town. **Sunset Tours** (⊠ *south side of church, La Fortuna* ☎ *479–9800*) serves as the local agent for

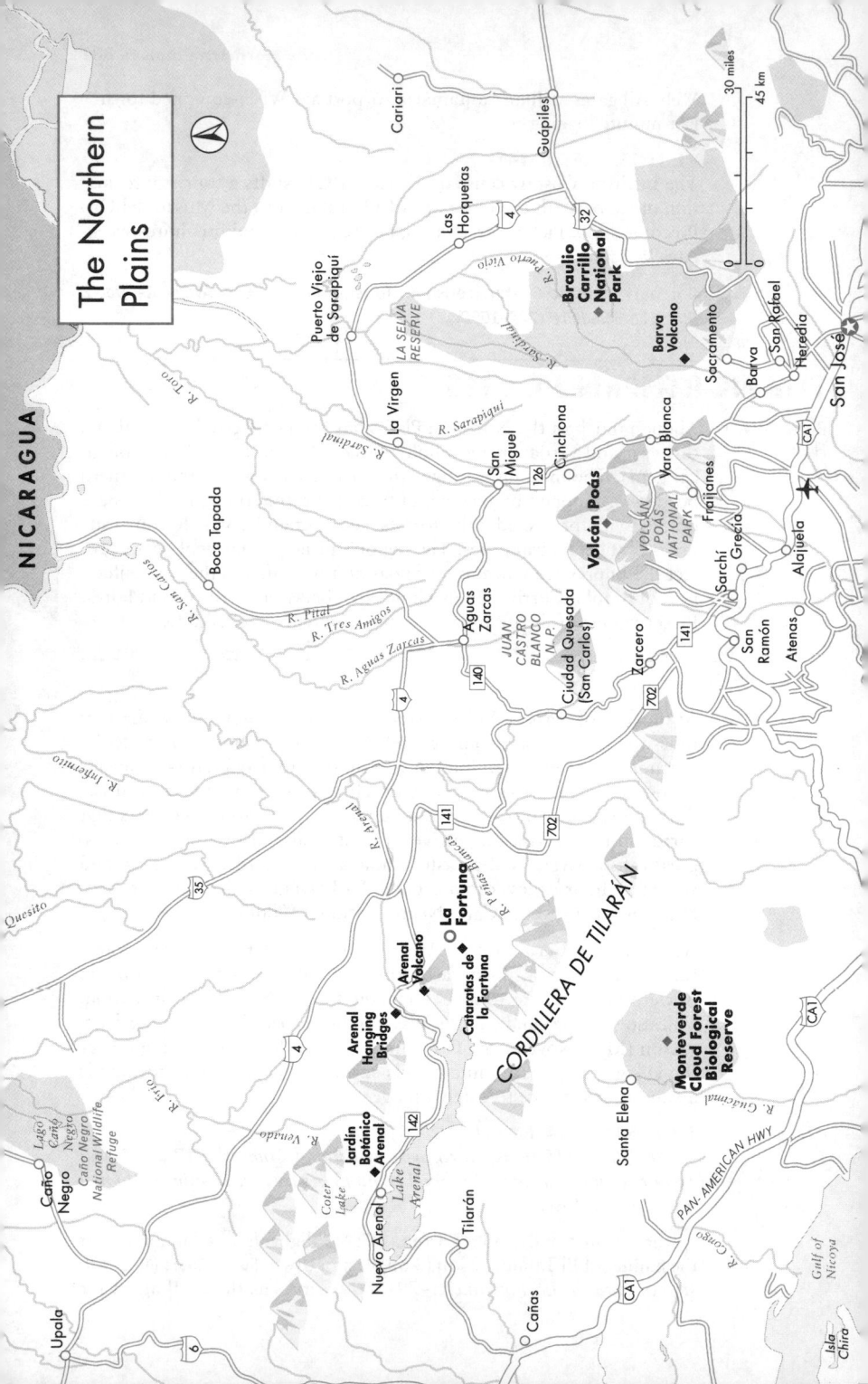

NatureAir and provides transportation to and from the airstrip for $5 each way. Shuttle-van service ($\Rightarrow$ *The Northern Plains Essentials, below*) is a cheaper way to get to La Fortuna, and the vans will pick you up from various hotels, traveling as far west as Tabacón. Buses head to La Fortuna from San José three times daily, departing in the

morning. Buses make multiple stops and can take much longer than driving yourself; for example, the trip from Ciudad Quesada can take 1½ hours by bus, but is only 45 minutes by car. **Desafío Adventures** (⊠*behind church, La Fortuna* ☎*479–9464* ⊕*www.desafiocostarica. com*) provides a fast, popular three-hour transfer between Monteverde and La Fortuna via taxi, boat, then another taxi, for $21 each way.

EXPLORING

Fodor'sChoice
★
☯

Getting to **Fortuna Waterfall** (*Cataratas de la Fortuna*), requires a strenuous walk down ¼ mi of precipitous steps, but is worth the effort. Allow 25 to 50 minutes to reach the falls. Swimming in the pool under the waterfall is usually safe. Wear sturdy shoes or water sandals with traction, and bring snacks and water. You can get to the trailhead from La Fortuna by walking or taking an inexpensive taxi ride. Arranging a tour with an agency in La Fortuna is the easiest option. ⊠*Yellow entrance sign off the main road toward the volcano, 7 km/4 mi south of La Fortuna* ☎*$6* ☉ *Daily 8–4.*

OUTDOOR ACTIVITIES

Fodor'sChoice
★

Desafío Adventures (⊠*Behind the church* ☎*479–9464* ⊕*www.desafiocostarica.com*) can take you rafting, horseback riding, hiking, canyoning, and rappelling.

WHERE TO STAY & EAT

$–$$$
✕**Don Rufino.** The town's most elegant-looking restaurant is really quite informal. The L-shaped bar fronting the main street has become a popular expat and tourist hangout and lends a relaxed air to the place. No need to dress up here: this is La Fortuna, after all. The friendly waitstaff might suggest tilapia in bacon and tomato sauce or spinach ricotta to the accompaniment of coconut rice. ⊠*Across from gas station* ☎*479–9997* ⊟*AE, DC, MC, V.*

$
✕**Lava Rocks Café.** A couple of trendy steps above the average *soda* in food and atmosphere (and a bit higher in price), this open-air café has tasty *casados* (plates with rice, beans, fried plantains, and fish, chicken, or meat) and sandwiches, and we love their rich fruit *batidos* (milk shakes). ⊠*Across from south side of church* ☎*479–8039* ⊟*MC, V.*

★ $$$–$$$$
▦**Tabacón Grand Spa & Thermal Resort.** Without question, Tabacón, with its impeccably landscaped gardens and hot-spring rivers at the base of Volcán Arenal, is one of Central America's most compelling resorts. The hot springs and small but lovely spa customarily draw visitors inland from the ocean with no regrets. All rooms have tile floors, a terrace or patio, and big bathrooms. Some have volcano views; others

overlook the manicured gardens. The suites are some of the country's finest lodgings, with tile floors, plants, beautiful mahogany armoires and beds, and two-person whirlpool baths. The hotel's intimacy is compromised by its scale and its popularity with day-trippers—a reservations system for day passes is limiting the intrusion and improving that situation somewhat—but it has some private areas for overnight guests only, including a dining room and pool. ⊠*13 km/8 mi northwest of La Fortuna on highway toward Nuevo Arenal*☎*460–2020, 519–1900 in San José, 877/277–8291 in North America*☎*460–5724, 519–1940 in San José, 877/277–8292 in North America* ✆*Apdo. 181–1007, San José*⊕*www.tabacon.com*✆*95 rooms, 11 suites*⌂*In-hotel: 2 restaurants, bars, pools, spa, public Wi-Fi, airport shuttle*☰*AE, DC, MC, V*✲⃝❙*BP.*

Fodor's Choice ★ $$–$$$ ⊡ **Montaña de Fuego.** On a manicured grassy roadside knoll, this highly recommended collection of cabins affords utterly spectacular views of Volcán Arenal. (If you don't stay here, Montaña de Fuego's Acuarela Restaurant dishes up tasty Costa Rican cuisine and throws in the same stupendous views.) The spacious, well-made hardwood structures have large porches, and rooms have rustic decor. The friendly management can arrange tours of the area. ⊠*8 km/5 mi west of La Fortuna*☎*460–1220*☎*460–1455*⊕*www.montanadefuego.com*✆*66   cabinas*⌂*In-room: refrigerator (some). In-hotel: restaurant, bars, pools, spa, laundry service*☰*AE, DC, MC, V*✲⃝❙*BP.*

★ $ ⊡ **Hotel San Bosco.** Covered in blue-tile mosaics, this two-story hotel is certainly the most attractive and comfortable in the main part of town. Two kitchen-equipped cabinas (which sleep 8 or 14 people) are a good deal for families. The spotlessly clean, white rooms have polished wood furniture and firm beds and are linked by a long veranda lined with benches and potted plants. ⊠*220 m north of La Fortuna's gas station*☎*479–9050*☎*479–9109*⊕*www.arenal-volcano.com*✆*34 rooms*⌂*In-room: no phone, no TV (some), Wi-Fi. In-hotel: pool, no elevator*☰*AE, DC, MC, V*✲⃝❙*BP.*

LA FORTUNA ESSENTIALS

Bank/ATM BAC San José (⊠*75 m north of gas station*). **Banco de Costa Rica** (⊠*money exchange booth; south side of church*). **Banco Nacional** (⊠*Central Plaza*☎*479–9022*). **Banco Popular** (⊠*50 m east of Central Plaza*☎*479–9422*).

Medical Clinic Seguro Social (⊠*300 m east of Parque Central*☎*479–9643*).

Pharmacy FarmaTodo (⊠*50 m north of La Fortuna's gas station*☎*479–8155*).

Internet Destiny Internet (⊠*50 m north of Banco Nacional*☎*479–9850*). **Expediciones Fortuna** (⊠*Across the street from Central Plaza*☎*479–9104*).

Post Office Correos (⊠*Across from north side of church*).

MONTEVERDE CLOUD FOREST BIOLOGICAL RESERVE

★   In close proximity to several fine hotels, the private Reserva Biológica Bosque Nuboso Monteverde is one of Costa Rica's best-kept reserves, with well-marked trails, lush vegetation, and a cool, damp climate.

The collision of moist winds with the Continental Divide here creates a constant mist whose particles provide nutrients for plants growing at the upper layers of the forest. Giant trees are enshrouded in a cascade of orchids, bromeliads, mosses, and ferns, and in those patches where sunlight penetrates, brilliantly colored flowers flourish. The sheer size of everything, especially the leaves of the trees, is striking. No less astounding is the variety: 2,500 plant species, 400 species of birds, 500 types of butterflies, and more than 100 different mammals have so far been catalogued at Monteverde. A damp and exotic mixture of shades, smells, and sounds, the cloud forest is also famous for its population of quetzals, which can be spotted feeding on the *aguacatillo* (similar to avocado) trees; best viewing times are early mornings from January until September, and especially during the mating season of April and May. Other forest-dwelling inhabitants include hummingbirds and multicolor frogs.

For those who don't have a lucky eye, a short-stay aquarium is in the field station; captive amphibians stay here just a week before being released back into the wild. Although the reserve limits visitors to 160 people at a time, Monteverde is one of the country's most popular destinations. Come early and allow a generous slice of time for leisurely hiking to see the forest's flora and fauna; longer hikes are made possible by some strategically placed overnight refuges along the way. At the reserve entrance you can buy self-guide pamphlets and rent rubber boots; a map is provided when you pay the entrance fee. You can navigate the reserve on your own, but a guided tour (7:30 and 11:30 AM and 1 PM) is invaluable for getting the most out of your visit. A two-hour guided night tour starts each evening at 7:15—reservations are required—and the reserve provides transport from area hotels for an extra $2. ☎645–5122 ⊕ *www.cct.or.cr* ✉$13, plus $15 with guide services; $13 night tour☉Daily 7–4.

TO & FROM MONTEVERDE BIOLOGICAL RESERVE
10 km/6 mi (30 mins) south of Santa Elena, 35 km/22 mi (2 hrs) southeast of Tilarán, 167 km/104 mi (5 hrs) northwest of San José.

Buses from Santa Elena leave at 6 AM and 1 PM daily. Taxis from Santa Elena are $7. Buses from Tilarán leave once a day, at 1 PM. Buses from San José leave twice daily from the Terminal Atlántico Norte (C. 12 at Avda. 9), at 6:30 AM and 1:30 PM. The roads to the area are some of the worst in the country.

MONTEVERDE & SANTA ELENA

The area's first residents were a handful of Costa Rican families fleeing the rough-and-ready life of nearby gold-mining fields during the 1940s. They were joined in the early 1950s by Quakers, conscientious objectors from Alabama fleeing conscription into the Korean War. A number of things drew them to Costa Rica: just a few years earlier it had abolished its military, and the Monteverde area offered good grazing. But it was the cloud forest that lay above their dairy farms that soon attracted the attention of ecologists. Educators and artisans followed,

CLOSE UP

What Is a Cloud Forest?

Cloud forests are a type of rain forest, but are very different from the hot, humid lowland forests with which most people are familiar. First of all, they're cooler. Temperatures in Monteverde Cloud Forest, for example, are in the 65°F range year-round, and feel colder due to the near-constant cool rain. Cloud forests—also known as montane forests—occur at elevations of around 6,500 to 11,500 feet. At this altitude, clouds accumulate around mountains and volcanoes, providing regular precipitation as well as shade, which in turn slows evaporation.

Moisture is deposited directly onto vegetation, keeping it lush and green. The trees here, on top of high ridges and near the summits of volcanoes, are transformed by strong, steady winds that sometimes topple them and regularly break off branches. The resulting collection of small, twisted trees and bushes is known as an elfin forest. The conditions in cloud forests create unique habitats that shelter an unusually high proportion of rare species, making conservation vital. Monteverde is Costa Rica's most touristed cloud forest, but not its only one.

giving Monteverde and its "metropolis," the village of Santa Elena, a mystique all their own. Monteverde's Quakers, or more officially, the Society of Friends, no longer constitute the majority these days, but their imprint on the community remains strong.

"Monteverde" refers generally to the entire area, but officially it's the original Quaker settlement that congregates around its dairy-processing plant down the mountain from the reserve entrance. (Road signs designate it that way.)

The only way to see the area's reserves, including the Monteverde Cloud Forest, is to hike them

TO & FROM MONTEVERDE & SANTA ELENA
Monteverde is 167 km/104 mi (5 hrs) northwest of San José. Santa Elena is 6 km/4 mi (30 mins) north of Monteverde and 35 km/22 mi (2 hrs) southeast of Tilarán.

Getting here means negotiating some of the country's legendarily rough roads, but don't let that deter you from a visit. Years of promises to pave the way up here have collided with politics and scarce funds, but many residents remain just as happy to keep Monteverde out of the reach of tour buses and day-trippers. ("Do we really want this to be shore excursion for cruise ships?" some residents ask.) Your own vehicle gives you the greatest flexibility, but a burgeoning number of shuttle-van services connect Monteverde with San José and other tourist destinations throughout the country. And once you're here, if without wheels, the community's rugged taxis can get you from hotel to restaurant to reserve. **Desafío Adventures** (✉ *Across from Supermercado La Esperanza* ☎645–5874 ⊕*www.desafiocostarica.com*) provides a fast, popular three-hour transfer between Monteverde and La Fortuna. The taxi-boat-taxi service costs $21 one-way.

EXPLORING

Several conservation areas that have sprung up near Monteverde make attractive day trips, particularly if the Monteverde Reserve is too busy. The **Santa Elena Reserve** just west of Monteverde is a project of the Santa Elena high school and has a series of trails (45 minutes–4 hours) that can be walked alone or with a guide. The **Camino Verde Information Center** (⊠ *Main street in town*) operates a shuttle

service to the reserve with fixed departures and returns. Reservations are required, and the cost is $2 each way. ⊠ *6 km/4 mi north of Santa Elena* ☎ *645–5390* ⊕ *www.reservasantaelena.org* 🖂 *$12* ☉ *Daily 7–4.*

☺ If your time in Monteverde is limited, consider spending it at **Selvatura,** a kind of nature theme park—complete with canopy tour and bridge walks—just outside the Santa Elena Reserve. A 100-bird hummingbird garden and an enormous enclosed 50-species *mariposario* (butterfly garden) sit near the visitor center. Not to be missed is the world's largest private insect collection. As if that weren't enough, a *herpetario* (frog and reptile house) opened in 2005. Transportation from area hotels is included in the price. You can choose from numerous mix-and-match packages, depending on which activities interest you, or take it all in, with lunch included, for $78. ⊠ *Office across from church, Santa Elena* ☎ *645–5929* ⊕ *www.selvatura.com* 🖂 *Prices vary, depending on package* ☉ *Daily 8:30–4:30.*

★ Bite your tongue before requesting Costa Rica's ubiquitous Café Britt up here. Export-quality Café Monteverde is the locally grown product. The **Monteverde Coffee Tour** lets you see the process up close from start to finish, from shade growing on the area's Turín plantation, 7 km (4 mi) north of Santa Elena; transport to the *beneficio*, the processing mill where the beans are washed and dried; and finally to the roaster. Reservations are required, and pickup is from area hotels. ☎ *645–7090* ⊕ *www.crstudytours.com* 🖂 *$25* ☉ *Tours at 8 AM and 1 PM.*

WHERE TO STAY & EAT

$–$$$ ✕ **Pizzería de Johnny.** Everyone makes it to this stylish but informal place with candles and white tablecloths. The Monteverde pizza, with the works, is the most popular dish, and pastas, sandwiches, and a decent wine selection round out the menu. ⊠ *Road to Monteverde Reserve, 1½ km/1 mi southeast of Santa Elena* ☎ *645–5066* 🖃 *MC, V.*

$ ✕ **Cafe Flor de Vida.** This popular vegetarian restaurant has a menu that includes chili, a huge veggie burger, sandwiches, soups, salads, bagels, and plenty of desserts. ⊠ *Road to Monteverde Reserve, 1½ km/1 mi southeast of Santa Elena* ☎ *645–6328* 🖃 *AE, DC, MC, V.*

Fodor's Choice ✕ 🏨 **Fonda Vela.** Owned by the Smith brothers, whose family was ★ among the first American arrivals in the 1950s, these steep-roof chalets $$ have large bedrooms with white-stucco walls, wood floors, and huge windows. Some have views of the wooded grounds; others, of the far-off Gulf of Nicoya. The most innovatively designed of Monteverde's hotels is also one of the closest to the reserve entrance. Both restaurants ($$) prepare local and international recipes with flair, served indoors or on the veranda. ⊠ *1½ km/1 mi northwest of Monteverde Reserve entrance, Monteverde* ☎*645–5125, 257–1413 in San José* 🖷*645–5119, 257–1416 in San José* ⊕*www.fondavela.com* 🖅*Apdo. 70060–1000, San José* 🖙*40 rooms* ⚐*In-room: no a/c, refrigerator. In-hotel: 2 restaurants, bar, no elevator, laundry service, public Internet* ⊟*AE, DC, MC, V*⍾⃝*EP.*

Fodor'sChoice
★
$$–$$$
🖼**Monteverde Lodge.** The well-established Costa Rica Expeditions operates this longtime favorite close to Santa Elena. Rooms have vaulted ceilings, bathtubs—an amenity rarely seen here—and great views. A table abuts the angled bay window overlooking the 15 acres of grounds, a perfect place to have a cup of coffee and bird-watch from indoors. The restaurant and bar congregate around an enormous but cozy lobby fireplace. Relax in the whirlpool tub in the enormous solarium, a perfect place to unwind after a day of tromping through the reserves. Or take in the evening slide presentation, showcasing cloud-forest life. ⊠ *200 m south of Ranario de Monteverde, Santa Elena* 🖅*Apdo. 6941–1000, San José* ☎*645–5057, 257–0766, or 222–0333* 🖷*257–1165, 800/886–2609 in U.S.* ⊕*www.costaricaexpeditions.com* 🖙*27 rooms* ⚐*In-room: no a/c, no TV. In-hotel: restaurant, bar, no elevator, public Internet* ⊟*AE, DC, MC, V*⍾⃝*EP, FAP, MAP.*

Fodor'sChoice
★
$$
🖼**El Sol.** A charming Spanish-German family tends to guests at one of those quintessential get-away-from-it-all places just 10 minutes down the mountain from—and a noticeable few degrees warmer than—Santa Elena. Two fully furnished *ojoche*-wood cabins perch on the mountainside on the 25-acre farm. Every vantage point in the cabins—the living area, the bed, the desk, the shower, and even the toilet—has stupendous views. The property has 3 km (2 mi) of trails, a stone-walled pool, and a Finnish sauna. Meals can be arranged and taken in the main house or brought to your cabin. ⊠*4 km/2½ mi southwest of Santa Elena* ☎*645–5838* 🖷*645–5042* ⊕*www.elsolnuestro.com* 🖙*2 cabins* ⚐*In-room: no a/c, no phone, no TV. In-hotel: restaurant, pool* ⊟*No credit cards* ⍾⃝*EP.*

★ ¢–$
🖼**Arco Iris Lodge.** Just outside the center of town, this tranquil spot has cozy cabins set on 4 acres of birding trails. Cabin decor ranges from rustic to plush, but all lodgings come with porches. Start your day with a delicious breakfast buffet, including homemade bread and granola. The laid-back German management can provide good advice about how to spend your time in the area. ⊠*70 m south of Banco Nacional, Santa Elena* ☎*645–5067* 🖷*645–5022* ⊕*www.arcoirislodge.com* 🖙*20 cabins* ⚐*In-room: no a/c, no phone, no TV. In-hotel: laundry service* ⊟*MC, V*⍾⃝*EP.*

VOLCÁN POÁS

Towering to the north of Alajuela, the verdant mass of the Poás Volcán is covered with a quilt of farms and topped by a dark green shawl of cloud forest. Arenal may be Costa Rica's most famous volcano, but you walk right up to the crater here at Poás. (Authorities are closely monitoring the volcano's activity following several eruptions in March 2006, the first significant activity since 1994. Access is open at this writing.) A paved road leads all the way from Alajuela to its 8,800-foot summit, winding past coffee fields, patches of forest, pastures, fern farms, and increasingly spectacular views of the Central Valley. Most of the volcano's southern slope is covered with coffee, but the higher altitudes, which are too cold for that crop, hold screened-in fern and flower farms, neat rows of strawberries, and the light green pastures of dairy farms. Only the volcano's upper slopes and summit are still covered with cloud forest, which stretches northward toward Cerro Congo and east toward Volcán Barva. The road divides at Poasito, not far from the summit, where the route to the left leads to the national park, and the one to the right heads toward the intersection of Vara Blanca. At Vara Blanca, you can turn left for the La Paz Waterfall Gardens and Northern Zone, or continue straight to wind your way down the slopes of Volcán Barva to Heredia.

TO & FROM VOLCÁN POÁS

37 km/23 mi (45 mins) north of Alajuela, 57 km/35 mi (1 hr) north of San José.

■ TIP→Avoid taking a public bus to the park, as it can take up to five hours. Taxis from San José are around $80 (and around $40 from Alajuela). From the Pan-American Highway north of Alajuela, follow the signs for Poás. The road is in relatively good condition. A slew of tours from San José take in the volcano and combine the morning excursion with an afternoon at the La Paz Waterfall Gardens.

EXPLORING

Fodor'sChoice
★ The 57-square-km (22-square-mi) **Poás Volcano National Park** *(Parque Nacional Volcán Poás)* protects epiphyte-laden cloud and elfin (small-tree) forest near the summit as well as a blue-green crater lake and the volcano's massive active crater. The main crater, nearly 1½ km (1 mi) across and 1,000 feet deep, is one of the largest active craters in the world. The sight of this vast, multicolored pit with smoking fumaroles and a gurgling, gray-turquoise sulfurous lake is captivating. All sense of scale is absent here, as the crater is devoid of vegetation. No one is allowed to venture into the crater, or walk along its edge.

The peak is frequently shrouded in mist, and many who come here see little beyond the lip of the crater. Be patient and wait awhile, especially if some wind is blowing—the clouds can disappear quickly. ■ TIP→The earlier in the day you go, the better your chance of a clear view. Aim to get there before 10 AM. If you're lucky, you'll see the famous geyser in action, spewing a column of gray mud high into the air. Poás last had a series of major eruptions in 2006; at any sign of danger the park is closed to visitors. It can be very cold and wet up top, so dress accordingly. If you come ill equipped, you can duck under a *sombrilla de pobre* (poor man's umbrella) plant, the leaves of which grow to diameters of 4 to 5 feet. ⊠ *From Alajuela, drive north through town, and follow signs* ☎ *482–2424, 192 in Costa Rica* ⊠ *$7* ⊙ *Daily 8:30–3:30.*

★ Five magnificent waterfalls are the main attractions at **La Paz Waterfall Gardens,** on the eastern edge of Volcán Poás National Park, but they are complemented by the beauty of the surrounding cloud forest, an abundance of hummingbirds and other avian species, and the country's biggest butterfly garden. A concrete trail leads down from the visitor center to the multilevel, screened butterfly observatory and continues to gardens where hummingbird feeders attract swarms of those multicolored creatures. The trail then enters the cloud forest, where it leads to a series of metal stairways that let you descend into a steep gorge to viewing platforms near each of the waterfalls. A free shuttle will transport you from the trail exit back to the main building, if you prefer to avoid the hike uphill. Several alternative paths lead from the main trail through the cloud forest and along the river's quieter upper stretch, providing options for hours of exploration—it takes about 1½ hours to hike down the waterfall trail. (Enter by 3:45 to give yourself adequate time.) The visitor center has a gift shop and open-air cafeteria with a great view. The gardens are 20 km (12 mi) northeast of Alajuela, and are a stop on many day-long tours from San José that take in the Poás volcano or area coffee tours. ⊠ *6 km/4 mi north of Vara Blanca* ☎ *482–2720, 225–0643 in San José* ☎ *225–1082* ⊕ *www.waterfallgardens.com* ⊠ *$25; $37 with lunch* ⊙ *Daily 8:30–5:30.*

WHERE TO STAY & EAT

Fodor's Choice ✕ **Chubascos.** Amid tall pines and colorful flowers on the upper slopes of
★ Poás Volcano, this popular restaurant has a small menu of traditional
$–$$ Tico dishes and delicious daily specials. Choose from the full selection of casados and platters of *gallos* (homemade tortillas with meat, cheese, or potato fillings). The *refrescos* (fresh fruit drinks) are top-drawer, especially the ones made from locally grown *fresas* (strawberries) and *moras* (blackberries) blended with milk. ⊠ *1 km/½ mi north of Fraijanes* ☎ *482–2280* ⊙ *Closed Tues.* ⊟ *AE, DC, MC, V.*

★ $$$$ ⌖ **Peace Lodge.** These rooms overlooking the misty forest of La Paz Waterfall Gardens seem like something out of the *Lord of the Rings,* with their curved, clay-stucco walls, hardwood floors (note that all but the top floors can be noisy due to creaky footsteps), stone fireplaces (gas), and four-poster beds made of varnished logs, complete with mosquito-net canopy. They are proper abodes for elfin kings, especially the spacious, grottolike bathrooms with two showers, a whirlpool tub, tropical gardens, and private waterfall. Most hotels settle for a room with a bath. Peace Lodge gives you a bath with a room. And as if that weren't enough, you can soak in your second whirlpool tub on a porch with a cloud-forest view. Being able to explore the waterfall gardens before they open is another perk; room rates include admission. The cuisine here is a couple of notches below the accommodations. ⊠ *3 km/2 mi north of Vara Blanca* ☎ *482–2720, 225–0643 in San José, 954/727–3997 in North America* ☎ *482–2722, 225–1082 in*

San José ⊕ www.waterfallgardens.com ⟳ 17 rooms, 1 villa ♿ In-room: no a/c, no phone, refrigerator. In-hotel: restaurant, no elevator ☰ AE, DC, MC, V ⏐◯⏐ BP.

BRAULIO CARRILLO NATIONAL PARK

Covering 443 square km (171 square mi), Braulio Carrillo's extremely diverse terrain ranges from 108 feet to about 9,500 feet above sea level and extends from the central volcanic range down the Caribbean slope to La Selva research station near Puerto Viejo de Sarapiquí. The park protects a series of ecosystems ranging from the cloud forests on the upper slopes to the tropical wet forest of the Magsasay sector; it is home to 6,000 tree species, 500 bird species, and 135 mammal species.

TO & FROM BRAULIO CARRILLO NATIONAL PARK
30 km/19 mi (45 mins) north of San José.

From San José, travel northeast on Calle 3, which becomes the Guápiles Highway (Hwy. 32), toward Limón. This highway winds through the park, entering at the main ranger station, Zurquí, and exiting at the Quebrada Gonzalez ranger station. The Barva station is on the west side of the park, north of Zurquí, and is the easiest to access. From Heredia, drive north to Sacramento on Highway 114. The station is 4 km (2½ mi) northeast of Sacramento on a trail that's accessible on foot or by 4WD (except during heavy rains).

Any bus going to Guapiles, Siquirres, and Puerto Viejo de Sarapiquí can drop you off at the Zurquí ranger station. Buses ($2) depart from San José Monday through Saturday from the Atlántico Norte bus station (for Guápiles) or the Gran Terminal del Caribe (for Siquirres or Puerto Viejo de Sarapiquí) several times daily. A cab from San José costs $40–$50. A number of tour companies offer one-day tours from San José.

EXPLORING
The **Zurquí ranger station** is to the right of the highway, ½ km (¼ mi) before the Zurquí Tunnel. Here a short trail loops through the cloud forest. Hikes are steep; wear hiking boots to protect yourself from mud, slippage, and snakes. The main trail through primary forest, 1½ km (1 mi) long, culminates in a *mirador* (lookout point), but alas, the highway mars the view. Monkeys, tapirs, jaguars, kinkajous, sloths, raccoons, margays, and porcupines all live in this forest, and resident birds include the quetzal and the eagle. Orchids, bromeliads, heliconias, fungi, and mushrooms live closer to the floor. Another trail leads into the forest to the right, beginning about 17 km (11 mi) after the tunnel, where it follows the Quebrada González, a stream with a cascade and swimming hole. There are no campsites in this part of the park. The **Carrillo ranger station**, 22 km (14 mi) northeast along the highway from Zurquí, marks the beginning of trails that are less steep. Farther north on this highway, near the park entrance/exit toward Guápiles is the **Quebrada Gonzalez** ranger station. To the east of Heredia, a road climbs **Barva Volcano** (⇨ *below*) from San Rafael. ☎ 283–

8004 Sistemas de Areas de Conservación, 192 (national parks hotline) ≊$7⊙Daily 7–4.

The 9,500-foot summit of **Barva Volcano** is the highest point in Braulio Carrillo National Park. Dormant for 300 years now, Barva is massive: its lower slopes are almost completely planted with coffee fields and hold more than a dozen small towns, nearly all of which are named after saints. On the upper slopes are pastures lined with exotic pines and the occasional native oak or cedar, giving way to the botanical diversity of the cloud forest near the top. The air is usually cool near the summit, which combines with the pines and pastures to evoke the European or North American countryside.

> **COSTA RICA'S NEWEST NATIONAL PARK**
>
> Heads up: Volcán Barva and surroundings are slated to be carved out of Braulio Carrillo, and will become the country's newest national park in late 2008. You heard it here first.

■ **TIP**➔**Bring rain gear, boots, and a warm shirt. Stay on the trail when hiking anywhere in Braulio; even experienced hikers who know the area have lost their way up here, and the rugged terrain makes wandering through the woods very dangerous. In addition, muggings of hikers have been reported in the park. Go with a ranger if possible.**

For access to the volcano, start from Sacramento, north of Heredia. North of Barva de Heredia the road grows narrow and steep. At Sacramento the paved road turns to dirt, growing worse as it nears the Barva ranger station. We recommend a 4WD vehicle, especially during the rainy season. From the ranger station you can take a 4WD vehicle over the extremely rocky road to the park entrance (dry season only), or hike up on foot. The walk through the cloud forest to the crater's two lakes takes two to four hours, but your efforts should be rewarded by great views (as long as you start before 8 AM, to avoid the mist). ✉*Access via the park's Barva ranger station* ☎*283–5906, 192 in Costa Rica* ≊*$7 (in addition to $6 Braulio Carrillo Park entrance)* ⊙*Tues.–Sun. 7–4.*

THE NORTHERN PLAINS ESSENTIALS

BY AIR
NatureAir has daily flights from San José to La Fortuna (FTN).

BY BUS

GETTING AROUND
Buses in this region are typically large, clean, and fairly comfortable, but often crowded Friday through Sunday. Don't expect air-conditioning. Service tends toward the agonizingly slow: even supposedly express buses marked *directo* (direct) often make numerous stops.

BY CAR

Road access to the northwest is by way of the paved two-lane Pan-American Highway (Carretera Interamericana, or CA1), which starts from the west end of Paseo Colón in San José and runs northwest through Cañas and Liberia and to Peñas Blancas at the Nicaraguan border.

This region manages to mix some of the country's smoothest highways with some of its most horrendous roads. (The road to Monteverde is legendary in the latter regard, but the final destination makes it worth the trip.) Four-wheel-drive vehicles are best on the frequently potholed roads. You'll encounter frequent one-lane bridges; if the triangular CEDA EL PASO faces you, yield to oncoming traffic.

La Fortuna is the only place in the region to rent a vehicle. Otherwise, rent in San José or Liberia.

Major Rental Agencies Alamo (✉ 100 m west of church, La Fortuna ☎ 479-9090 ⊕ www.alamocostarica.com).

Local Rental Agencies Poás Rentacar (✉ 50 m south of church, La Fortuna ☎ 479-8027).

BY SHUTTLE VAN

If you prefer a speedier, more private form of travel, consider taking a shuttle. Gray Line has daily service between San José, La Fortuna and Arenal ($27), and Monteverde ($38). Comfortable air-conditioned vans leave various San José hotels early in the morning and return mid-afternoon. Purchase tickets at least a day in advance. Service is also provided from Arenal and Monteverde to several Pacific-coast beaches.

Shuttle Van Services Gray Line Tourist Bus (☎ 232-3681 or 220-2126 ⊕ www.graylinecostarica.com). **Interbus** (☎ 283-5573 ⊕ www.interbusonline.com).

BANKS & EXCHANGE SERVICES

Most larger hotels, tour companies, and retailers accept credit and debit cards. Visa and MasterCard predominate; a few retailers accept American Express. You'll find a small but growing number of *cajeros automáticos* (ATMs) out here; Banco Nacional offices in La Fortuna and Santa Elena, as well as Banex in Ciudad Quesada and CooTilarán in Tilarán, are affiliated with the ATH (A Toda Hora) network, and accept Cirrus- and Plus-linked cards. BAC San José branches in Ciudad Quesada and La Fortuna have ATMs affiliated with the Red Total network and accept Cirrus- and Plus-linked cards as well as American Express and Diner's Club.

INTERNET

Internet cafés are easy to find in most areas of the Northern Plains, with hourly rates averaging around $1.50–$2. Most have only dial-up service. At upscale hotels or resorts rates can run as high as $6–$7 per hour.

Contact Pura Vida Tours (✉ 100 m west of church, La Fortuna ☎ 479-9045).

6

NORTH PACIFIC

Updated
by Dorothy
MacKinnon
These sweeping plains bordered by dormant volcanoes hold some of the last remnants of Central America's extremely rare tropical dry forest, which changes from a relatively lush wilderness during the rainy season to a desert-like panorama in the dry months (this actually facilitates wildlife watching). This region also holds the important sea-turtle nesting beaches of Playa Grande, where the massive leatherback lays its eggs from October to March, and Ostional, where thousands of olive ridley turtles clamber ashore on certain nights from July to January. The coastline also has some of the best surf beaches in the country.

RINCÓN DE LA VIEJA NATIONAL PARK

★ Parque Nacional Rincón de la Vieja is Costa Rica's mini-Yellowstone, with volcanic hot springs and boiling, bubbling mud ponds. The park protects more than 177 square km (54 square mi) of the volcano's upper slopes, much of which are covered by dry forest. Often enveloped in a mixture of sulfurous gases and cloud, the volcano dominates the scenery to the right of the Pan-American Highway as you head north. The volcano has two peaks: Santa María (1,916 m [6,284 feet]) and the barren Rincón de la Vieja (1,806 m [5,924 feet]). Fumaroles on the latter, which has one active crater, constantly let off steam, making it unlikely that it will erupt anytime soon. The wildlife here is diverse: more than 250 species of birds, including long-tailed manakins and blue-crowned motmots; plus mammals such as brocket deer, monkeys, and armadillos. There may still be a jaguar or two left, but these large cats are elusive and rarely seen.

The Las Pailas park entrance is the most common place to enter the park because it has the most accessible trails and there are more hotels along the road leading up to it. ■TIP→If you want to explore the slopes of the volcano, go with a guide—the abundant hot springs and geysers have given unsuspecting visitors some very nasty burns. In addition, the upper slopes often receive fierce and potentially dangerous winds—before ascending, check at either ranger station for conditions. The park does not have guides; we recommend the guides at Hacienda Guachipelín (⇨ below). You must sign in at the ranger station. ☎661–8139 ✉$6 ۞ Tues.–Sun. 7–5, last entry at 3 PM.

TO & FROM RINCÓN DE LA VIEJA NATIONAL PARK
25 km/15 mi (1 hr) northeast of Liberia.

There are two park entrances: the less traveled one at Hacienda Santa María on the road leading northeast from Liberia; and at Las Pailas, past Curubandé off the Pan-American Highway. To get to the Las Pailas entrance from Liberia, take the first entrance road 5 km (3 mi) northwest of Liberia off the Pan-American Highway. The turnoff is easy to miss—follow signs for Hacienda Guachipelín or the town of Curubandé. It's a rough 17-km (11-mi) dirt road, and you have to pay a small toll. The Santa María entrance is 25 km (15 mi) northeast of Liberia along the Colonia Blanca route, which follows the course of

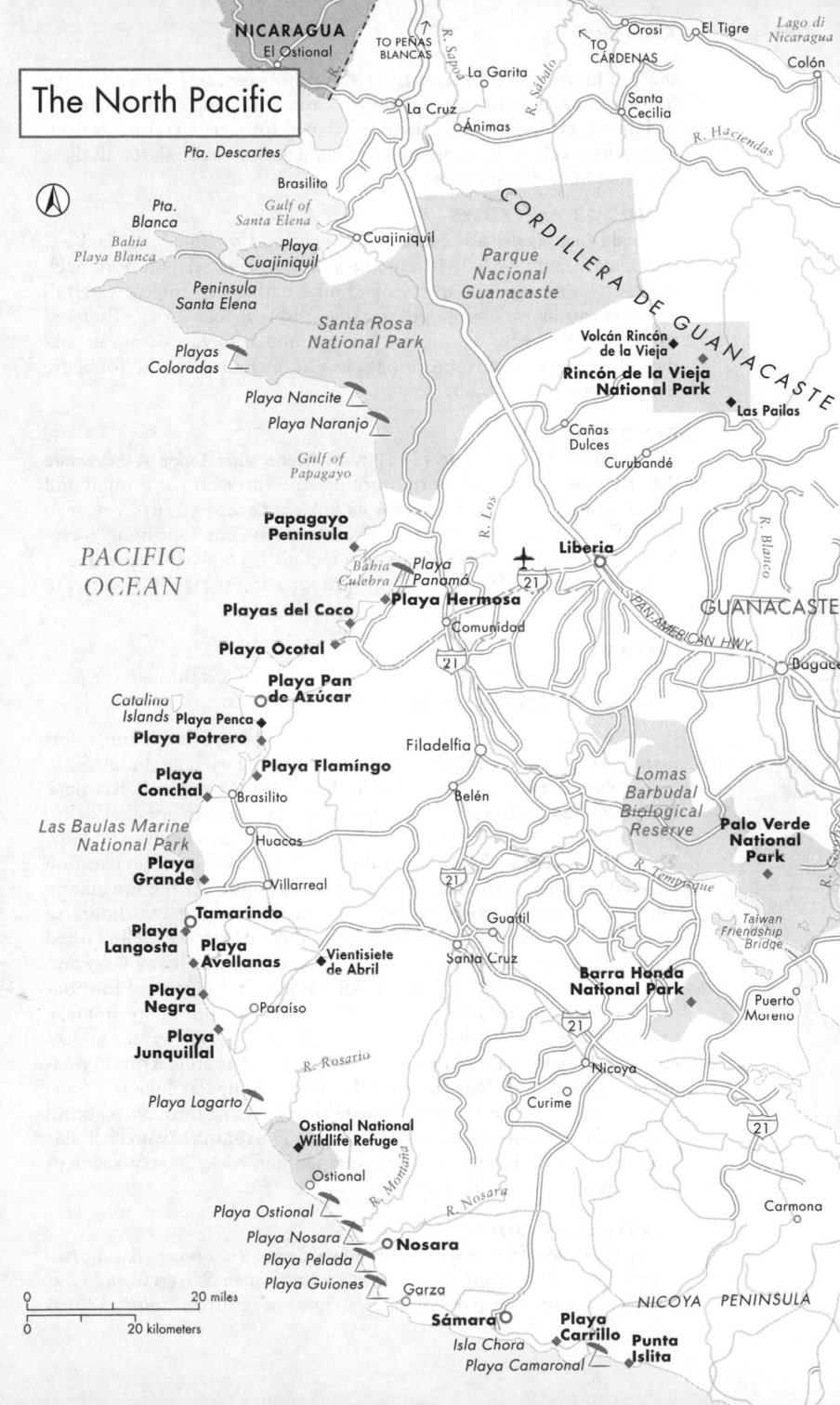

the Río Liberia. The turnoff from the Pan-American Highway to the hotels on the western slope of the volcano is 12 km (7 mi) northwest of Liberia, turning right at the road signed for Cañas Dulces. A four-wheel-drive vehicle is recommended, though not essential, for all these slow and bone-rattling rides.

OUTDOOR ACTIVITIES

Hacienda Guachipelín Adventure Center (⊠ *Road to Rincón de la Vieja National Park* ☎ *442–2818* ⊕ *www.guachipelin.com*) has horseback riding, river tubing, hot springs and mud baths, and guided waterfall and volcano hikes. The popular canyon tour incudes rock climbing, rappelling, zip lines, suspension bridges, and a Tarzan swing. A one-day, all-you-can-do adventure pass is $75, including lunch. Tours are designed for ages 8 to 80.

CANOPY TOURS

The zip-line canopy tour ($35) with **Buena Vista Lodge & Adventure Center** (⇨ *above*) has cables that are up to 90 feet off the ground and up to 450 feet long ($35). **Rincó de la Vieja Canopy** (⊠ *Rincón de la Vieja Volcano Mountain Lodge* ☎ *200–0238*) runs four-hour horse-back and canopy tours ($45), which include a 16-platform zip line, a ride to the Los Azufrales sulfur springs, or a forest hike to a waterfall with a box lunch.

HIKING

Nearly all the outfitters in the area have guided hikes through the park to volcano craters, hot springs, or waterfalls.

If you're doing a self-guided hike, stop for trail maps and hiking information at the park stations at both entrance gates. The 8-km (5-mi) **trail to the summit** heads up into the forest from the Las Pailas park entrance, then emerges onto a windy, exposed shale slope that's slippery and hard going, and has poor visibility owing to clouds and mist. It's a trip for serious hikers, best done in dry season with preparation for cold weather at the top. A less strenuous option is the fascinating 3-km (2-mi) **loop through the park,** which takes about two hours to complete, starting at the Las Pailas entrance. Along the well-marked trail you'll see fumaroles exuding steam, a *volcáncito* (baby volcano), and Las Pailas, the boiling mud fields named after pots used for boiling down sugarcane. If you tread softly, you can spot many animals, including howler, capuchin, and spider monkeys, as well as raccoonlike coatis looking for handouts. ■ TIP→ Remember the cardinal rule of wildlife encounters: Don't feed the animals. Another popular hike is a four-hour, 10-km (6-mi) **La Cangreja Waterfall loop,** passing through beautiful primary forests and windswept savannahs. The *catarata* (waterfall) has a cool swimming hole below; the surrounding rocks have pockets of hot springs.

HORSEBACK RIDING

Buena Vista Mountain Lodge & Adventure Center (⇨ *above*) has horse-back trips to hot springs ($15) and to Borinquen Waterfall ($25). If not everyone in your party is a horse-lover, tractor transport ($25) is available to the hot springs as well. **Rincón de la Vieja Volcano Mountain Lodge** (☎200–0238) has guides for hiking or horseback riding near the park. **Hacienda Guachipélin** (✉Road to Rincón de la Vieja National Park ☎442–2818 ⊕www.guachipelin.com) is a working ranch. It has 120 horses and miles of trails to three waterfalls, hot springs, mud baths, and thermal pools. Fees range from $20 for an hour to $60 for a 10-hour tour.

WHERE TO STAY

$$$–$$$$ ⊡**Borinquen Mountain Resort Thermae & Spa.** The luxury villas on this 12,000-acre ranch are shaded by old-growth trees on the volcano's windy west slope. The spa has volcanic mud (lodo) baths, a wooden sauna heated by steam from a fumarole, and naturally heated mineral pools—all included in room rates. The sulfur smell takes a little getting used to. Activities include hiking, horseback riding, ATV trips, a canopy tour, and a farm tour (with cow-milking). Reaching the restaurant and spa requires steep climbs, but the staff can transport you in a golf cart. The two-room, hacienda-style villas have large private verandas; single villas are more private and even more luxurious. ✉13 km/8 mi northwest of Liberia on the Pan-American Hwy., then 29 km/18 mi north on the dirt road toward Cañas Dulces ☎690–1900 ☎690–1903 ⊕www. borinquenresort.com ⟳22 villas, 17 bungalows ⚹In-room: refrigerator. In-hotel: restaurant, room service, bar, pool, spa, laundry service, public Internet ⊟AE, DC, MC, V⎮⚌⎮BP.

★ $ ⊡**Hacienda Guachipélin.** Day-trippers come here for hair-raising adventure tours (⇨Outdoor Activities, above), but this 3,706-acre working ranch is also famous for its horses—all 120 of them—and its nature trails leading to waterfalls, hot springs, and mud baths. Rugged ranch hands swaggering around give the place a real cowboy flavor. This lodge is the best value in the Rincón area. Rooms are large and pleasantly furnished, with windows front and back to let in cool mountain air. The newer rooms, Nos. 40 and up, are the most elegant and spacious, though a bit of a walk from the restaurant. Avoid Rooms 24–31, right beside the corral, unless you enjoy the aroma of horses. Excellent buffet meals are served in the open-air restaurant, which has valley views. Dairy and beef products come fresh from the hacienda's own herd; vegetarians may have trouble finding meat-free dishes here. Large groups often stay here, but you can always find a quiet trail on the vast, partially forested property. ✉17 km/10 mi north of the Pan-American Hwy., on road to Las Pailas park entrance ☎666–8075 ☎442–1910 ⊕www.guachipelin.com ⟳50 rooms ⚹In-room: no a/c, no phone, no TV. In-hotel: restaurant, bar, pool, laundry service, public Internet ⊟AE, DC, MC, V⎮⚌⎮BP.

¢–$ ⊡**Rancho Curubandé Lodge.** Convenient to Rincón de la Vieja and Santa Rosa, these equipped bungalows and modern rooms are part of a working farm owned by a Costa Rican family. The tidy, two-bedroom bungalows have modern comforts, including hot water, and the seven spacious new motel-style rooms have air-conditioning plus a view of the volcano from a deck under a giant Guanacaste tree. There is also a renovated wooden ranch home used to host large family gatherings, with four rooms sharing a kitchen and two cold-water bathrooms.

✉*Just off Pan-American Hwy. on road to Las Pailas* ☎*665–0374 or 369–8563* ✍*ranchocurubande@gmail.com* ⊂⊃*7 rooms, 2 villas* ⚐ *In-room: no a/c (some), no phone, no TV. In-hotel: restaurant* ⊟*MC, V* ⓘⓄⓁ*BP.*

LIBERIA

Once a dusty cattle-market town, Liberia is now galloping toward modernization. Though you can spot the occasional *sabanero* (cowboy) on horseback, the capital of Guanacaste province is well on its way to becoming one big shopping mall, complete with fast-food restaurants and a multiplex theater. The whitewashed adobe houses for which Liberia was nicknamed "The White City" are the only traces of its colonial past. Today Liberia is essentially a good place to have a meal and make a bank stop. The drive from San José takes between four and seven hours, so it makes sense to fly directly into Liberia if you're going to the North Pacific. It's easy to rent a car near the airport.

TO & FROM LIBERIA
234 km/145 mi (4 hrs) northwest of San José.

From San José, follow the Pan-American Highway west past the Puntarenas exit, then north past Cañas to Liberia. The road is paved but is poorly maintained in places. It's a heavily traveled truck and bus route and there are miles and miles where it is impossible to pass, but many drivers try, making this a dangerous road. Hourly direct buses leave San José for Liberia each day, so it might be worth busing up to Liberia and renting a car from there.

WHERE TO STAY & EAT

$–$$ ✕**Restaurante y Marisquería Paso Real.** A Liberia institution, this second-floor restaurant's terrace overlooks Liberia's Parque Central, which makes for great people-watching. Fresh, tangy ceviches or seafood-laden *sopas de mariscos* (seafood soup) are great light lunches. Save the huge fish fillet, topped with grilled shrimp and smothered in a brandy cream sauce, for when you're really hungry. Service is efficient and pleasant. It's open daily 11 AM to 10 PM. ✉*Avenida Central, south side of main square* ☎*666–3455* ⊟*MC, V.*

¢–$ ✕**Café Europa/The German Bakery.** The aroma of baking bread is irresistible as you pass this bakery just south of the Liberia airport, whose baked goods are delivered all over the peninsula. Stop in for strudels, bundt cakes, and flaky fruit pastries. Lunch choices include bratwurst with sauerkraut and (non-German) pizza. It's open from 6 AM to 6 PM. ✉*2 km/1 mi south of Liberia airport* ☎*668–1081* ⊟*AE, MC, V.*

$ ⛉**Best Western Hotel El Sitio.** The service may be a little impersonal, but this hotel has airy and spacious rooms with lots of storage space and some king-size beds. Ask for an even-numbered room with a view of the pools shaded by an ancient guanacaste tree in the hotel's garden court (odd-numbered rooms are likely to face a wall). Elevated wooden walkways framed with greenery lead to rooms. The restaurant is Italian. ✉*South of Burger King, on road heading west toward airport and beaches* ☎*666–1211* 🖷*666–2059* ⊕*www.bestwestern.com* ⊂⊃*52* *rooms ♿ In-room: safe. In-hotel: restaurant, bar, pools, spa, laundry service, public Internet, no elevator ▭ AE, MC, V ¶◎ BP.*

PAPAGAYO PENINSULA

If you are looking for a resort where you can get away from it all, Papagayo Peninsula, a crooked finger of land cradling the west side of Bahía Culebra (Snake Bay), is the place to do it. Five large hotels are situated around the Papagayo Bay; upwards of 15 others are slated to be built in the near future. Although the hotels are modeled on their Caribbean counterparts, the beaches are distinctly Costa Rican, with brown sand and cloudy, rough water not recommended for swimming. Isolation is the name of the game, which means that getting out of man-made "paradise" to explore anything off-property often entails hours in a van on a pricey tour.

High season here coincides with dry season. There's guaranteed sun January to April, but there's also intense heat and the landscape is brown and brittle. The sparkling water and spectacular sunsets are beautiful year-round. In the rainy season (August to December) the landscape is greener and lusher, and you can be outdoors more comfortably.

6

TO & FROM PAPAGAYO PENINSULA

All hotels here have airport pickup. To get to the Four Seasons from the Liberia airport (the hotel refuses to put up directional signs in order to "protect its privacy"), drive 10 km (6 mi) south of Guardia, over the Río Tempisque Bridge, then take the turn on the right signed for Papagayo Allegro Resort. Follow this road about 20 km (12 mi) to its end at the entrance to the resort.

WHERE TO STAY

$$$$ **Four Seasons Resort Costa Rica.** By far the most luxurious hotel in Costa Rica, the Four Seasons is extremely secluded (it's nearly 30 minutes from the main road). Service, provided by a cream-of-the-crop, bilingual staff, is faultless. The decor is tasteful and arty, if a little anonymous. Huge rooms have king-size beds, marble baths, and screened-in living-room terraces. The breezy 18-hole Arnold Palmer signature golf course has breathtaking views—and prices ($185 per round). The state-of-the-art spa is impressive but a little sterile. Dishes created at the dinner-only Di Mare restaurant are worth their wildly expensive price tags, but the rest of the hotel's food has been disappointing. ✉ *25 km/15 mi west of Guardia; follow signs to Papagayo Allegro Resort, and continue to the end of the road* ☎ *696–0000* 🖷 *696–0010* 🌐 *www.fourseasons.com* ⇨ *123 rooms, 36 suites, 21 villas* ♿ *In-room: safe, refrigerator, Wi-Fi. In-hotel: 4 restaurants, room service, bar, golf course, pools, gym, spa, beachfront, concierge, children's programs (ages 4 to 12), laundry facilities, public Internet, airport shuttle* ▭ *AE, DC, MC, V* ¶◎ *EP.*

PLAYA HERMOSA

Beautiful Playa Hermosa is one of the last laid-back beach towns on this part of the coast. It's the kind of place where the beach is still the town's main throroughfare, filled with joggers, people walking their dogs, and families out for a stroll. Not to be confused with the mainland surfers' beach of the same name south of Jacó, this Playa Hermosa is experiencing heavy development pressures, with new crops of sunny villas and high-rise condos filling up with American and Canadian expatriates. Luckily, though, the full length of the beach has long been occupied by small hotels, restaurants, and homes, so the newer hotel behemoths and other developments are forced to set up shop off the beach or on other beaches in the area. There is a positive side to all this growth: new restaurants and a wider choice of accommodations.

Hermosa's mile-long crescent of dark gray volcanic sand attracts heat, so the best time to be out on the beach is early morning or late afternoon, in time for the spectacular sunsets. The beach fronts a line of trees, so there's a welcome respite from the heat of the sun. The crystal-clear water—it's a Blue Flag beach—is usually calm, with no strong currents and with comfortable temperatures of 74°F–80°F. Sea views are as picturesque as they get, with bobbing fishing boats, jagged profiles of coastline, rocky outcroppings, and at night the twinkling lights of the Four Seasons Resort across the bay. At the beach's north end, low tide creates wide, rock-lined tidal pools.

TO & FROM PLAYA HERMOSA
27 km/17 mi (30 mins) southwest of Liberia airport.

From the Comunidad turnoff of Highway 21, heading from Liberia, Playa Hermosa is about 15 km (9 mi) northwest. The paved road forks after the small town of Sardinal, the right fork heading into Hermosa and the left leading to Playas del Coco. Local directions usually refer to the first and second entrance roads to the beach, the first entrance being the southern one. There is no through beachfront road, so you have to approach the beach from either of these two roads. Transportes La Pampa buses leave from Liberia for Playa Hermosa daily at 5:30, 7:30, and 11:30 AM and 1, 3:30, 5:30, and 7:30 PM. A taxi to Playas del Coco costs about $9.

OUTDOOR ACTIVITIES
Aqua Sport (✉ *Beach road; heading south, take second entrance to Playa Hermosa and follow signs* ☎ *672–0050* ⊕ *www.costa-rica-beach-hotel.com*) organizes fishing, surfing, and snorkeling trips and rents every kind of boat and board. **Charlie's Adventure** (✉ *Hotel Condovac, north end of beach* ☎ *672–1041* ⊕ *www.papagayotours.typepad.com*) organizes ATV tours ($75), horseback riding ($45), and sunset sails ($50), as well as boat tours of Hermosa Bay ($75, including drinks). **Hotel el Velero** (✉ *100 m north of Aqua Sport* ☎ *672–0036* ⊕ *www.costaricahotel.net*) will take you out for a five-hour sunset cruise on a 38-foot sailing yacht ($50 per person). Daytime tours include snorkeling, cave exploring, and sunbathing ($70).

DIVING & SNORKELING

Average temperatures of 75°F to 80°F, 20 to 60 feet of visibility, and frequent sightings of sea turtles, sharks, manta rays, moray eels, and very big fish make Hermosa a great place to dive.

Charlie's Adventure(⇨*above*) organizes snorkeling and diving trips. **Diving Safaris** (✉*Second entrance road to Playa Hermosa, almost at beach on left side* ☎*672–1259* ⊕*www.costaricadiving.net*) has a range of scuba activities, from beginner training to open-water PADI certification courses. Multitank dives are organized at more than 30 sites. Guides and trainers are very good, and their safety standards have the DAN (Divers Alert Network) seal of approval. This dive shop has also earned the coveted five-star, gold-palm status from PADI. Prices range from $75 for two-tank morning dives to $425 and up for PADI open-water and dive master certification courses.

FISHING

The fishing at Playa Hermosa is mostly close to the shores, and yields edible fish like *dorado* (mahimahi), amberjack, and yellowfin tuna. Local restaurants are happy to cook your catch for you. You can rent a boat with **Aqua Sport** (⇨*above*). **Charlie's Adventure** (⇨*above*) runs fishing trips.

6

WHERE TO STAY & EAT

★ ¢ $ ✕**Ginger.** This tapas restaurant, in a modernistic glass and steel tree house cantilevered on the side of a hill, is a big hit. The chef has created a half-Asiatic, half-Mediterranean menu with such intriguing appetizer-size offerings as chicken satay with a macadamia-nut rub and a taco basket filled with seared pepper-crusted tuna and pickled ginger slaw. Portions look small, but layerings of condiments and garnishes make them satisfying. The restaurant is also open for lunch, with a completely different menu that emphasizes salads and sandwiches. ✉*Main highway, south of Hotel Condovac* ☎*672–0041* ⚠*Reservations essential*☱*MC, V*⊙*Closed Mon.*

★ $$ ☷**Hotel El Velero.** This hotel is always hopping with local expats and visitors exchanging fishing, boating, and real-estate stories. The Canadian general manager is an ebullient host, full of local lore and advice. Spacious, attractive rooms at this two-story, white beachfront hotel have arched doorways, terra-cotta tiles, bamboo furniture, and large windows. The hotel runs daily snorkeling and sunset cruises on its own handsome 38-foot sailboat. In the restaurant, jumbo shrimp and always-fresh mahimahi are fixtures. Come on Wednesday or Saturday for beach barbecues. Saturday night there's live music. Drinks are two-for-one every day during happy hour, 4 to 6 PM. ✉*Second entrance to Playa Hermosa, on beach road* ☎*672–0036* ☱*672–0016* ⊕*www.costaricahotel.net* ⚓*22 rooms* ☖*In-room: safe. In-hotel: restaurant, bar, pool, water sports, laundry service, no elevator*☱*AE, MC, V*⊙❙*EP.*

$ ☷**Villas Huetares.** The best bargain in town, this long-established family hotel with two-bedroom garden villas also has a pleasant, two-story annex with 16 spacious rooms. In a quiet corner of the large garden, behind the pool, the newer rooms have two double beds, small refrigerators, cable TV, and air-conditioning. Two ground-floor rooms are wheelchair accessible. Oddly, a few of the rooms have only cold water, or as the Ticos like to say, *agua corriente* (room-temperature water). If you're willing to cook for yourself, the bungalows are a bargain, especially for families or groups. Be prepared for the sound of kids playing in the pool and garden. The walk to the beach is about 10 minutes. ⊠*Second entrance road to Playa Hermosa, 100 m (1 block) in from the main highway* ☎672–0052 🖷672–0051 ⇌*16 rooms, 15 bungalows* ⚅*In-room: no phone, kitchen (some), refrigerator (some). In-hotel: pools, no elevator, public Internet*☰*AE, DC, MC, V*⦿*EP.*

PLAYAS DEL COCO

Messy, noisy, colorful, and interesting, Playas del Coco is first and foremost a fishing port, with a port captain's office, a fish market, and an ice factory for keeping the catch of the day fresh—not for cooling margaritas, although many are drunk here. The town (called "El Coco" by locals) is not particularly scenic. The dark-sand beach is mostly a workplace, and it hasn't yet met the Blue Flag standards of cleanliness. The main street becomes a sea of mud when it rains and a dustbowl when it doesn't. So why do visitors flock here? They come to eat at the many excellent seafood restaurants and to shop at the big supermarket and myriad souvenir shops. But primarily they come to dive, surf, and fish. If you like your resorts to have some local color, Coco's slightly down-at-the-heels appearance can be appealing. It's also one of Guanacaste's most accessible beaches from San José. The north part of the beach has a couple of lovely restaurants and hotels, although condominium developers have moved in and the sounds of construction will be ringing out for a few years to come.

TO & FROM PLAYAS DEL COCO
25 km/16 mi (30 mins) southwest of Liberia airport.

It's an easy drive from the Liberia airport to Playas del Coco. This is the first major town south of Liberia. The paved highway turns into a grand, divided boulevard as you enter town and then dissolves into the dusty main street that leads directly to the beach. If you don't have a car, the best way to get here from Playa Hermosa is in a taxi, for about $9 each way.

OUTDOOR ACTIVITIES
BOATING
You can sail off into the sunset for $55, including drinks and appetizers, on **Drums of Bora** (☎845–9448), a 50-foot teak yacht. The company also offers snorkeling and diving trips

DIVING & SNORKELING
Half a dozen dive shops crowd into this small town. The standard price for a two-tank dive is $70; Catalina Island dives are $95. This coast doesn't have the coral reefs or the clear visibility of the Caribbean coast, but it does have a lot of plankton (hence the lower visibility) that feeds legions of fish, some of them really, really big. Manta rays and sharks (white-tipped, nurse, and bull varieties) are among the

stars of the undersea show. It takes about 20 to 45 minutes to reach the local sites.

Most of the dive shops have instruction, including **Summer-Salt Dive Center** (⊠ *Main street* ☎ *670–0308* ⊕ *www.summer-salt.com*). **Deep Blue Diving Adventures** (⊠ *Main street, in Hotel Coco Verde parking lot* ☎ *670–1004* ⊕ *www.deepblue-diving.com*) is a reliable option. **Rich Coast Diving** (⊠ *Main street, across from A&A office* ☎ *670–0176* ⊕ *www.richcoastdiving.com*) has enthusiastic guides and instructors and limits tours to 5 divers per instructor and 15 divers per boat.

FISHING

Fishing charter boats go out 15 to 40 mi seeking yellowfin tuna, mahimahi, grouper, and red snapper close-in, and sailfish, marlin, and roosterfish offshore (beyond 40 mi). Boats, moored here and in nearby Ocotal, can pick you up from a beach near your hotel. **TranquilaMar** (⊠ *Behind Louisiana Bar & Grill, off main street* ☎ *670–0833* ⊕ *www. tranquilamar.com*) has three 28-foot Cummins diesel-powered boats moored in nearby Ocotal. They can pick you up at any local beach. Just bring sunscreen and your hat, says the owner. Trips are $400 for a half day and $600 for a full day. **Blue Marlin Service** (⊠ *Main street* ☎ *670–0707 or 348–6510*) goes out in either a 25-foot boat for close-in fishing ($285 half-day) or in a luxury, 52-footer for a full day offshore ($1,700).

GOLF

The brand-new **Papagayo Golf & Country Club** (⊠ *2 km/1 mi south of Sardinal on road to San Blas* ☎ *697–0168* ⊕ *www.papagayo-golf.com*) is an 18-hole, par-72 course. It's also affordable; you can play the whole course for $70, including golf cart and a cooler with ice, or play nine holes for $40. There's a restaurant and bar, and a tournament every Sunday morning.

SURFING

★ Legendary **Witch's Rock and Ollie's Point** surfing spots are a one-hour boat ride away from Playas del Coco off the coast of Santa Rosa National Park. You can surf as long as you pay the $6 park entrance fee.

You can sign up for a surfing trip with any beach-town tour operator, but local authorities only allow excursions to Witch's Rock and Ollie's Point to originate from the main dock at Playas del Coco, in boats owned by local boat owners, in order to curb overcrowding and undue environmental stress. **Roca Bruja Surf Operation** (⊠ *Main street, about 3 blocks from beach* ☎ *670–0952* ⊕ *www.costaricasurftrips.com*) is the operator that officially represents the local association of boat operators. The trip is $50 to $75 per person, plus the park entrance fee.

WHERE TO STAY & EAT

$–$$ ✕**Restaurante Papagayo Pura Vida.** The best way to enjoy the beach and the bay is to sit yourself down at an outdoor table at this beachfront restaurant. The food is straightforward, reliably fresh, and flavorful. Sip a fruit smoothie, sample a ceviche of fish and shrimp, or slurp up a seafood soup generously packed with shrimp, squid, fish, and crab.

The lobster here is the best buy in town. There's also a lobster kebab for those who don't like the work of cracking shells. ⊠ *Main street, at the beach* ☎ *670–0272* ⊟ *AE, DC, MC, V.*

★ $ ✕ **El Sol y La Luna.** Finding haute-Italian cuisine in a romantic alfresco restaurant in Playas del Coco is a pleasant surprise. Host Alessandro Tolo brought his design ideas and superb jazz CD collection from Rome. Fans return for homemade pasta and homegrown basil and other distinctively Italian tastes, including a wide selection of Italian wines, sparkling San Pellegrino mineral water, and aromatic Sambuca liqueur. For dessert, try the Arenal, a moist, chocolate cake floating in a lake of chocolate sauce. If you're staying nearby, there's also pizza to go. ⊠ *La Puerta del Sol hotel, off main road to Playas del Coco* ☎ *670–0195* ⊟ *MC, V.*

$ ✕ **Tequila Bar and Grill.** Home of the Howler, a spicy shot of tequila laced with jalapeño and habañero peppers, with a chaser of tomatoey *sangrita,* this popular hangout with a concrete floor and old wooden tables is created in the image of a grubby Mexican restaurant. The meals are authentic and tasty, especially the fajitas in clay dishes with your choice of chicken, beef, shrimp, or *pulpo* (octopus). Along with its excellent margaritas, the bar is famous for its cool jazz and blues recordings, as well as owner Luis, king of the local karaoke scene. ⊠ *Main street, 100 m from beach* ☎ *670–0741* ⊟ *No credit cards* ⊙ *Closed Wed.*

$$$ ⌬ **Rancho Armadillo.** The eye-popping avenue of pink bougainvillea lining the long drive to this B&B is just a hint of the riotous garden beyond that attracts hummingbirds, butterflies, and tropical birds. At the foot of a forested mountain, the hotel has views of greenery as far as the eye can see, with the azure sea in the distance. There's nothing fussy here: this is a place to relax, with decks, terraces, and an elevated hammock house. The handsome rooms are large, with queen- and king-size beds with carved-wood headboards. Big bathrooms have rain-forest showerheads. You are welcome to cook in the commercially equipped kitchen, but owner and former culinary arts teacher Rick Vogel will prepare dinner for you on request. He also gives cooking lessons ($20 plus cost of the ingredients, which you get to eat). ⊠ *First left turn, just before divided boulevard, at entrance to Playas del Coco* ☎ *670– 0108* 🖶 *670–0441* ⊕ *www.ranchoarmadillo.com* ⇙ *4 rooms, 2 2-bed-room suites* ⚘ *In-room: no phone, refrigerator. In-hotel: pool, public Wi-Fi* ⊟ *AE, MC, V* ⦿ *BP.*

$$ ⌬ **La Puerta del Sol.** The most luxurious hotel in the area is a tranquil enclosure of stylish suites facing a formal garden with sculpted shrubs and a lovely pool. The modern, airy Mediterranean-style guest rooms are shot through with hot, tropical colors: fuchsia, orange, and aqua. King-size beds roost atop adobe platforms, and gleaming white, tiled bathrooms have high ceilings. Pasha, the resident Newfoundland dog, can usually be found lolling around the reception area, and there are various pet cats prowling in the garden. The restaurant, El Sol y La Luna *(⇨above),* is excellent. ⊠ *180 m to right (north) off main road to town* ☎ *670–0195* 🖶 *670–0650* ⧂ *lapuertadelsolcostarica@hotmail. com* ⇙ *10 suites* ⚘ *In-room: safe, refrigerator. In-hotel: restaurant, pool, gym* ⊟ *MC, V* ⦿ *BP.*

$-$$ ⚇**Villa Flores.** Extremely popular, this comfortable B&B with floral motifs inside and out books up quickly all year round. Comments in the guest book uniformly praise the homey feeling and the personalized attention by the American owners. The high-ceilinged upstairs suites are spacious, while the downstairs rooms are fairly small but cozy, with smallish bathrooms. The gardens are awash in flowering shrubs and the pool is inviting, as are the hammocks slung between an avenue of towering palm trees. A hearty breakfast is served at a tiled terrace restaurant, as is dinner, by reservation. Restaurant Sol y Luna is just around the corner. ✉*180 m east of main street* ⌖*Apdo. 61, Playas del Coco* ☎*670–0269* 🖷*670–0787* ⊕*www.hotel-villa-flores.com* ⇄*7 rooms, 2 deluxe rooms* ♿*In-room: no phone, no TV (some). In-hotel: restaurant, pool, laundry service, no elevator* ☰V⦿BP.

PLAYA OCOTAL

One of the most dramatic beaches in the country, this serene crescent is ringed by rocky cliffs. The sparkling, clean turquoise water contrasts with the black sand. It's only 1/3-mi long, but the vistas are endless, with offshore islands and the jagged profile of the Santa Elena Peninsula 21 mi away. Right at the entrance to the Gulf of Papagayo, it's a good place for sportfishing enthusiasts to hole up between excursions. There's good diving at Las Corridas, just 1 km (½ mi) away, and excellent snorkeling in nearby coves and islands, as well as right off the beach around the rocks at the east end of the beach.

6

TO & FROM PLAYA OCOTAL
3 km/2 mi (10 mins) of Playas del Coco.

The drive from Playas del Coco is on a paved road to the gated entrance of Playa Ocotal. The road winds through a heavily populated Tico residential area, so be on the lookout, especially at night, for bicyclists without lights, children, dogs, cows, and horses on the road. There are no buses from Playas del Coco to Ocotal, but it's about $5 by taxi.

OUTDOOR ACTIVITIES
DIVING & SNORKELING
The rocky outcrop at the north end of the beach near Los Almendros is good for close-in snorkeling. The dive shop at **El Ocotal Beach Resort** (✉*3 km/2 mi south of Playas del Coco* ⊕*www.ocotaldiving.com*) is the only PADI Instruction Development Center in Costa Rica, offering the highest-level diving courses. The shop has excellent equipment, safety standards, and instruction. A regular dive costs $72; equipment rental is another $25. The shop also rents snorkeling equipment for $10 per day.

WHERE TO STAY & EAT
☺ **$$** ✗**Picante.** It's hot and it's tropical and, as the name warns (*picante* means "spicy"), everything here makes your tastebuds tingle. The menu spices up (literally) local fish and tropical fruits in dishes like fresh-tuna *salade niçoise* and grilled mahimahi with a picante mango sauce. (There's also a milder kids' menu.) The large terrace restaurant

is poolside, facing the gorgeous beach backed by a cookie-cutter condominium development at Bahía Pez Vela. The cheap dinette furniture is out of sync with the innovative food, but you'll forgive the furniture faux pas when you taste the tart margarita pie or mango cobbler. ✉*At the beach, Bahía Pez Vela, 1½ km/1 mi south of Ocotal* ☎*670– 0901* ⊟*AE, DC, MC, V.*

★ $$ 🏨**Hotel Villa Casa Blanca.** For romance, you can't beat this Victorian-style, all-suites B&B in a hillside building buried in a bower of tropical plantings. Four-poster beds, plush furniture, and Victorian detailing set the mood. The Honeymoon Suites have deep soaking tubs built for two. The pool is small but pretty. There's no room service, but the obliging staff can arrange for local restaurants to deliver dinners *à deux,* to be enjoyed by candlelight at the pool or on the terrace. Waffles, pancakes, muffins, and savory dishes provide fuel in the morning. Breakfast entertainment is provided by two pet parrots who are vociferous as well as notorious moochers. Judging by the guest comments, people love them. ✉*Just inside gated entrance to El Ocotal Beach Resort* ✍*Apdo. 176–5019, Playas del Coco* ☎☎*670–0448* ⊕*www. hotelvillacasablanca.com* ☎*12 suites* ♨*In-room: no phone, no TV. In-hotel: pool, public Internet, no-smoking rooms* ⊟*AE, MC, V*⦿*BP.*

PLAYA PAN DE AZÚCAR

Playa Pan de Azúcar (Sugar Bread Beach) has a quality that can be hard to come by in this area: privacy. With only one built-up property, the entire stretch of brown-sugar sand feels practically deserted. The north end of the beach has some good snorkeling, and the swimming is good here—the ocean floor is soft and sandy. Playa Penca, a short walk south along the beach, has good swimming as well.

TO & FROM PLAYA PAN DE AZÚCAR
8 km/5 mi (20 mins) north of Flamingo Beach.

Getting to this beach is an adventure in itself. It's still a very bumpy road from Flamingo Beach. If you have a four-wheel-drive vehicle and an excellent sense of direction, you can attempt to drive (dry season only) the 16-km (11-mi) Monkey Trail, which cuts through the mountains from Coco to Flamingo. But even some Ticos get lost on this route, so keep asking for directions along the way. There are no buses to Playa Pan de Azúcar; a taxi from Playa Flamingo costs about $15.

OUTDOOR ACTIVITIES
Most of the operators who work out of Flamingo (⇨*below*) cover this whole area, where distances are short as the boat speeds, but much longer via road.

WHERE TO STAY
☾ $$–$$$ 🏨 **Hotel Sugar Beach.** Picture a thin, curving beach and a secluded hotel and shimmering pool shaded by tropical trees. This hotel has some ultrasophisticated suites, with elegant wicker furniture, high ceilings, and private terraces with idyllic sea views. A nice touch is a coffeemaker and milk in the minifridge to go with it. If you like serenity and

want to spend a little less on lodging, opt for one of the original rooms in the cool, maturely landscaped garden. Each room has a wooden door with a hand-carved local bird or animal, and a veranda with a garden or ocean view. The open-air rotunda restaurant serves good seafood dishes ($$–$$$, excluding the pricey lobster) and there's a kids' menu. ⊠ *8 km/5 mi north of Playa Flamingo* ☏ *654–4242* ☐ *654– 4239* ∰ *www.sugar-beach.com* ➷ *18 rooms, 5 suites, 2 houses* ⌂ *In-room: safe, kitchen (some), refrigerator. In-hotel: restaurant, bar, pool, diving, water sports, laundry service, airport shuttle (from Liberia), public Internet, no elevator* ▤ *AE, D, MC, V* ⑩*BP.*

PLAYA POTRERO

The small town of Potrero is a classic Tico community, with a church, school, and supermarket arranged around a soccer field. But Potrero Beach stretches for 4 km (2½ mi) all the way south from the village to the skyline of Flamingo. Development is picking up speed, with large houses and condominium developments springing up on any hill with a view. There's a large Italian contingent here, adding some style and flavor to area hotels. There are also some affordable, self-catering resorts, where you can set yourself up comfortably for a week or more. The brown-sand beach is safe for swimming, and the quietest stretch is midway between Flamingo and Potrero town. The best beach view and best breeze are from a bar stool at Bar Las Brisas. About 10 km (6 mi) offshore lie the Catalina Islands, a barrier-island mecca for divers and snorkelers.

TO & FROM PLAYA POTRERO
4 km/2½ mi (15 mins) north of Flamingo.

Just before crossing the bridge at the entrance to Flamingo, take the right fork signed for Potrero. The road, which is alternately muddy or dusty, is rough and follows the shoreline. You don't need four-wheel drive as long as you take it nice and slow. If you've come via the four-wheel-drive-only Monkey Trail from Coco, you'll reenter civilization at Potrero. Local buses run from Flamingo to Potrero, but it's so close that you're better off taking a taxi.

OUTDOOR ACTIVITIES

DIVING
Marked as Santa Catarina on maps, the **Catalina Islands,** as they are known locally, are a major destination for dive operations based all along the coast. These barrier islands are remarkable for their diversity, and appeal to different levels of divers. On one side, the islands have 20- to 30-foot drops, great for beginner divers. The other side has deeper drops of 60 to 80 feet, better suited to more experienced divers. The top dive sites around the Catalina Islands are **The Point** and **The Wall.** From January to May, when the water is colder, you are almost guaranteed manta-ray sightings at these spots. Cow-nosed and devil rays are also spotted here in large schools. Dive operators from Playa Hermosa south to Tamarindo offer trips to these islands. Reserve through your hotel.

Costa Rica Diving (⊠ *1 km/½ mi south of Flamingo on the main high-way* ☎ *654–4148* ⊕ *www.costarica-diving.com*) has been specializing in Catalina Islands dives for 16 years, with two-tank, two-location trips limited to five divers costing $75. The German owners also offer courses and are noted for their precision and high safety standards.

WHERE TO STAY & EAT

$ ✗ **Ristorante Marco Polo.** They came, they saw, they built a whole Tuscan-style village and imported a chef from Italy to cater to a demanding Italian clientele. Marco Polo, the main restaurant at the Villagio Flor de Pacífico mega-development of red-roofed villas east of Potrero, serves properly *al dente* pasta with homemade sauces and excellent wood-oven pizza. Tablecloths and elegant table settings add a continental touch. ⊠ *1 km/½ mi east of Potrero* ☎ *654–4664* ▭ *AE, DC, MC, V.*

$$ ✗ 🍴 **Bahía del Sol.** It has the premier location on the beach, but this luxury hotel doesn't rest on its well-situated laurels. The service matches the unbeatable surroundings. At the restaurant ($$), next to the gorgeous palm-fringed pool, smartly uniformed waiters serve jumbo shrimp, lobster (for a reasonable $25), and fish fresh from the sea with Costa Rican accents, such as hearts of palm and *pejibaye* (a nutty palm fruit). The continental breakfast includes heavenly, rich coffee and homemade bread. The hotel's design is modern, with elegant Costa Rica–made wood furniture and patterned ceramic tile floors. Arranged around an impressive topical garden, rooms are spacious, but a little bare. Three rooms have outdoor showers and soaking tubs in private patio gardens. ⊠ *South end of Potrero Beach, across from El Castil-lo* ☎ *654–4671* 📠 *654–5182* ⊕ *www.potrerobay.com* 🛏*28 rooms, 15 suites* 🍴 *In-hotel: restaurant, bar, pool, beachfront, concierge, laundry service, public Wi-Fi, public Internet* ▭ *AE, MC, V* 🍽*BP.*

PLAYA CONCHAL

Lovely, secluded Playa Conchal is aptly named—it's sprinkled with shells atop a base of fine white sand. Although you can access the beach from the water and by walking south from Brasilito at low tide, you can't get to it from the road without passing through the rigid security of the sprawling Paradisus Playa Conchal resort. The road north of the resort is also sprinkled—but with a cluster of restaurants and shops.

TO & FROM PLAYA CONCHAL
8 km/5 mi (10 mins) south of Flamingo.

The drive south from Flamingo is on a paved highway. Both town and beach are just 1 km (½ mi) north of the entrance to Paradisus Playa Conchal. Buses run from Flamingo to Conchal three times daily, at 7:30 and 11:30 AM and 2:30 PM. A taxi from Flamingo is about $6.

EXPLORING
A small, scruffy fishing village just 1 km (½ mi) north of Conchal, **Brasilito** has ramshackle houses huddled around its main square, which doubles as the soccer field. It's cluttered, noisy, and totally Tico, a lively contrast to the controlled sophistication of Playa Conchal. Fishing

boats moor just off a wide beach, about 3 km (2 mi) long, with golden sand flecked with pebbles and a few rocks. The surf is a little stronger here than at Flamingo Beach but the shallow, sandy bottom keeps it swimmable. The beach fronting the town of Brasilito has a few casual *marisquerias* (seafood eateries) and a couple of notable restaurants.

OUTDOOR ACTIVITIES

GOLF

One of the best golf courses in the country, the Paradisus Playa Conchal megaresort's **Garra de Léon Golf Course** (⊠ *Paradisus Playa Conchal, entrance less than 1 km/½ mi south of Brasilito* ☎ *654–4123*) is a par-72 course designed by Robert Trent Jones Jr. Hotel guests, and nonguests who reserve at least a day in advance, can try out their swing on 18 holes for $150 ($175 for nonguests), cart included.

WHERE TO STAY & EAT

$-$$$ ✗**El Camarón Dorado.** Much of the appeal of this bougainvillea-drenched bar-restaurant is its shaded location on Brasilito's beautiful beach. Some tables are practically on the beach, with the surf lapping just yards away, perfect for sunset drinks. The white-plastic tables and chairs are not up to the standards of the food and service, though. A small-vessel fishing fleet anchored offshore assures you of the freshness of the bountiful portions of seafood on the menu. If you have a reservation, a van can pick you up from Flamingo or Tamarindo hotels. ⊠ *200 m north of Brasilito Plaza* ☎ *654–4028* ▭ *AE, DC, MC, V.*

$-$$$ ✗**Il Forno Restaurant.** For a break from seafood, try lunch or dinner at this romantic Italian garden restaurant. There are 17 versions of thin-crust pizzas, plus fine homemade pastas and risotto. Vegetarians have lots of choices (if you can get past the thought that veal is on the menu), including an eggplant lasagna and interesting salads. At dinner, fairy lights and candles glimmer all through the garden, and some private tables are set apart under thatched roofs. Spanish and Italian wines are available by the glass or bottle. ⊠ *Main road, 200 m south of the bridge in Brasilito* ☎ *654–4125* ▭ *No credit cards* ☉ *Closed Mon.*

$$$$ ⬚**Paradisus Playa Conchal Beach & Golf Resort.** So vast that guests ride around in trucks covered with striped awnings and the staff gets around on bicycles, this all-inclusive resort, the top of the line of the Spanish Melía hotel chain, is luxurious, if lacking a bit in personality. The grounds encompass almost 4 square km (1½ square mi) that include a distant, picture-perfect beach. But in the labyrinthine guest village, the ocean disappears and the only views are of gardens and other buildings exactly like yours. The split-level Spanish Colonial–style villas have huge marble bathrooms and elegant sitting rooms. More than 100 "Royal Service" rooms are closer to the beach and have a private concierge. There are two kids' clubs for different ages, and grownups amuse themselves with nightly live shows, a casino, a gorgeous 18-hole golf course, and the largest—and perhaps warmest—pool in Central America. ⊠ *Entrance less than 1 km/½ mi south of Brasilito* ☎ *654–4123* 🖶 *654–4181* ⊕ *www.paradisusplayaconchal.travel* ⬏ *292 villas, 122 deluxe villas* ⚓ *In-room: safe, refrigerator, Wi-Fi. In-hotel: 7 restaurants, golf course, tennis courts, pool, gym, beachfront, bicycles,*

children's programs (ages 2–12), laundry service, public Wi-Fi, public Internet ⊟AE, DC, MC, V◎*AI.*

¢ **⋮⋮Hotel Brasilito.** For adventurers only, this vintage, all-wood hotel is definitely sans decorating frills, but it does have hot water now and its seafront location makes it the best—and only—choice if you want to stay right at Playa Brasilito. Be prepared for some noise: kids playing, dogs barking, and motors revving. The sparely furnished rooms occupy both floors of an old but well-maintained two-story wooden building behind the restaurant. Ask for one of the two larger rooms above the restaurant; they share a veranda with unobstructed sea views. You can't beat the price for seaside rooms. Outback Jack's, a new Australian restaurant, occupies the open-air lobby. ⊠*Next to the square and soccer field, Brasilito* ☎654–4237 ⊟654–4247 ⊕*www.brasilito.com* ⌕*15 rooms* 🛆 *In-room: no a/c (some), no phone, no TV. In-hotel: restaurant, beachfront, laundry service, no elevator* ⊟*MC, V*◎*EP.*

▌EN ROUTE Gas stations are few and far between in these hinterlands. If you're heading down to Tamarindo from the Flamingo/Conchal area, fill up first. Your best bet is the 24-hour Oasis Exxon, 3 km (2 mi) east of Huacas.

PLAYA GRANDE

A very bumpy 21 mi from Tamarindo by road, but only 5 minutes by boat across a tidal estuary, lies Playa Grande. The beach had largely escaped overdevelopment, thanks in part to a surfer who came ashore more than 30 years ago and traded in his surfboard for a conservationist's agenda. Louis Wilson, owner of Las Tortugas Hotel, spearheaded the campaign to create a wildlife refuge—now Las Baulas Marine National Park—to protect nesting *baulas* (leatherback turtles). The Blue Flag beach, edged by creeping sea-grape, is still a paradise for surfers and sunbathers by day and a haven for nesting turtles by night. The whole beach and miles of water offshore are, in fact, part of the national park.

Playa Grande isn't immune to development, though. The developers have finally arrived, and are about to start construction on 125 lots, well back from the beach at least, thanks to a legislated buffer zone and a decree that no lights can be visible from the beach, to avoid annoying the turtles. A few hotels and restaurants make this a pleasant, tranquil alternative to Tamarindo. And if you crave the bright lights, Tamarindo is only a boat ride away.

TO & FROM PLAYA GRANDE
21 km/13 mi (40 mins) north of Tamarindo.

About 10 km (6 mi) of the road from Tamarindo is paved, as far as Huacas, and then 11 km (7 mi) is a rough dirt road. Palm Beach Estates is about 3 km (2 mi) of bumpy but nicely shaded road east of the Playa Grande entrance of Las Baulas Marine National Park. Alternatively, you can take a small boat across the Tamarindo Estuary for about

50¢ per person and walk 40 minutes along the beach to Playa Grande; boats are at the guide kiosk at the north end of Tamarindo.

OUTDOOR ACTIVITIES

■ TIP→**Unless you are a strong swimmer attached to a surfboard, don't swim here.** There is some calmer water for snorkeling about a 20-minute walk north of Las Tortugas, at Playa Carbón.

Hotel Las Tortugas (⊠*Las Baulas Marine National Park* ☎*653–0423* ⊕*www.cool.co.cr/usr/turtles*) has a full menu of nature tours, including guided walks to pristine, remote areas; snorkeling at Playa Carbón; and canoeing and nature photography tours ($25–$55).

SURFING

Playa Grande is renowned for having the most consistent surf breaks in the country and impressive barrels. Only experienced surfers should attempt them. The waves are best at high tide, and it's customary to share waves. **Hotel Las Tortugas**(⇨*above*) rents boards for $20 a day. **Hotel Bula Bula** (⊠*Palm Beach Estates, 2 km/1 mi east of Playa Grande* ☎*653–0975, 877/658–2880 in U.S.* ⊕*www.hotelbulabula. com*) rents both long and short boards for $25 a day.

WHERE TO STAY & EAT

★ $$ ✕🖼 **Hotel Bula Bula.** At the far east end of Palm Beach Estates, Bula Bula (happy, happy) has its own dock and boat for ferrying guests and restaurant patrons the short distance to and from Tamarindo. Rooms march in two straight lines, forming a 45-degree angle to the curvy pool bordered by an impressive cactus garden. (Be careful where you walk in the dark!) Some people find the rooms too close together, but others like the four adjoining rooms, perfect for families. Walls painted in brilliant jewel colors, king-size beds, and generous bathrooms make for a very comfortable stay. Complimentary sarongs, bottled water, coffeemakers, and fluffy pool towels are unexpected touches of luxury in this boutique-style hotel. The menu at the excellent, alfresco Great Waltini Restaurant & Bar ($–$$) reads like that of a U.S.-style eatery: peel-and-eat shrimp, lobster tails, filet mignon, and New York strip steak. ⊠*Palm Beach Estates, 3 km/2 mi east of Playa Grande* ☎*653–0975, 877/658–2880 in U.S.* ⊕*www.hotelbulabula.com* ➪*10 rooms* &*In-room: no phone, refrigerator. In-hotel: restaurant, bar, pool, beachfront, laundry service* ⊟*AE, MC, V*⦿*BP.*

$$ ✕🖼 **Hotel La Cantarana.** This hotel is essentially a restaurant with hotel rooms. Chef Manfred Margraf brings to the table 30 years of cooking experience in Switzerland, Germany, and the Caribbean. The menu changes depending on availability of local ingredients—think lots of seafood—and on the chef's inspired whims, but is always classically continental, with elegant presentation. Clean lines, modern bathrooms, and twin beds make rooms, in a two-story terra-cotta building facing a beautifully landscaped pool, a comfortable, if not exciting, place to spend the night after an evening of feasting. The beach is a short walk away. ⊠*Palm Beach Estates, 2 km/1 mi east of Playa Grande* ☎*653–0486* 🖼*653–0491* ⊕*www.hotelcantarana.com* ➪*5 rooms* &*In-room: safe. In-hotel: restaurant, pool, no elevator* ⊟*AE, MC, V*⦿*BP.*

6

¢–$ ⛤**Hotel Las Tortugas.** Just steps from the entrance to Las Baulas Marine Park, this hotel was designed with turtles in mind. Owner/conservationist Louis Wilson made sure, for instance, that room windows do not overlook the nesting beaches, since light disorients the turtles. Rooms are quiet, with good beds, stone floors, and remodeled bathrooms. Dirt-cheap rooms—as low as $15 per person—are available in the apartment annex and student quarters that Louis reserves for ecotourists and turtle volunteers. Long-term-rental apartments, some of them quite luxurious, have kitchenettes. Some of the best breaks are right in front of the hotel, but the rip currents are dangerous. Many guests instead retreat to the pool shaped like a leatherback turtle (the turtle's head is the kiddie pool). A resident guide leads turtle tours at night, and the hotel also organizes canoeing, snorkeling, and other guided nature tours. ✉ *Entrance to Las Baulas Marine National Park, 33 km/20 mi north of Tamarindo* ☎ *653–0423* 🖷 *653–0458* ⊕ *www.cool.co.cr/usr/ turtles* ⇋ *10 rooms, 17 apartments* ♿ *In-room: no phone, safe, kitchen (some), refrigerator (some), no TV (some). In-hotel: restaurant, bar, pool, beachfront, laundry service* ▭ *MC, V* ⍟ *EP.*

PLAYA LANGOSTA

Every foot of beachfront property in beautiful Playa Langosta has been built up, but now the contractors' hammers are ringing out in every building space inland. Luckily, most of the development is tucked behind mangrove trees, so you can enjoy an unsullied dramatic beachscape, with surf crashing against rocky outcroppings. The sand here is coarse, black pulverized rock and shell, though there's a wider, whiter, softer stretch in front of the Barceló Resort. At low tide you can walk across the San Francisco estuary and walk a ways up the tidal river in search of wading birds: showy snowy egrets; hunting little blue herons; tail-bobbing spotted sandpipers; and if your eyes are sharp, tiny white-lored gnatcachers, endemic to these parts.

TO & FROM PLAYA LANGOSTA

2 km/1 mi (5 mins) south of Tamarindo.

The dirt road from Tamarindo is alternately dusty or muddy, but reliably rough. Or you can walk along the beach, at low tide, all the way from Tamarindo Beach. Most car-free visitors get picked up from Tamarindo by their hotels. Or you can take a taxi.

OUTDOOR ACTIVITIES

Tour operators in Tamarindo, just a few miles north, offer activities in the Playa Langosta area.

WHERE TO STAY & EAT

★ $$ ✕**Maria Bonita Restaurant.** This popular Latin-Caribbean restaurant is owned by a couple with years of hotel and restaurant experience in Cuba and throughout the Caribbean. Cheerful Adela serves (and makes delicious desserts) while Tom slaves away in the kitchen, turning out mouthwatering, perfectly spiced dishes such as smoked pork chops smothered in a tart tamarind sauce. The wine list focuses on South American and

Spanish vintages. There are just six tables in the pretty patio garden and four tables inside the intimate dining room—and they fill up fast. ⊠ *Beside the Playa Langosta supermarket* ☎ 653–0933 ⌕ *Reservations essential* ⊟ *MC, V* ⊙ *Closed Sun. and Oct. No lunch.*

Fodor's Choice
★
$$$
⛾**Sueño del Mar.** A garden gate opens into a dreamy world of intimate gardens and patios with frescoes, antique tiles, and a jungle of exotic *objets d'art.* This nearly flawless B&B occupies an adobe-style house. A stepped passageway is lined with double rooms with queen-size beds, and Balinese showers open to the sky. Casitas have large kitchens, sitting rooms, and a loft bedroom. The downstairs rooms are a little dark and closed-in, but full of interesting and often amusing pieces of folk art, such as a tissue dispenser in the shape of an Easter Island statue. If privacy is paramount, opt for the breezy honeymoon suite, a sensuous sultan's lair with rich, red fabrics, rugs, and hanging glass lamps bought on the owners' recent trip to Turkey. A lavish breakfast is served on the patio looking onto a tiny garden pool. Or you can take your morning coffee on the beach, sitting on driftwood furniture, desert-island style. ⊠ *130 m south of Capitán Suizo, turn right for 45 m, then right again for about 90 m to entrance gate, across from back of Cala Luna Hotel* ⌂ *Sueno del Mar, behind the Cala Luna Hotel, Playa Langosta, Guanacaste* ☎ *653–0284* 🖷 *653–0558* ⊕ *www.sueno-del-mar.com* ⇆ *3 rooms, 1 suite, 2 casitas* ⌕ *In-room: no phone, kitchen (some), no TV. In-hotel: restaurant, pool, beachfront, water sports, laundry service, public Wi-Fi* ⊟ *MC, V* ⦿ *BP.*

★ **$$$**
⛾**Villa Alegre.** A visit here is like coming to stay with friends who just happen to have a really terrific house on a fantastic beach. Owned by congenial and helpful Californians Barry and Suzye Lawson, this homey but sophisticated Spanish-style B&B is close to a stand of trees and a somewhat rocky but swimmable beach, which is visible from the pool. Rooms and casitas are furnished with souvenirs from the Lawsons' international travels, including Japan, Russia, and Guatemala. The Mexican honeymoon suite has a Frida Kahlo–esque canopy bed and a huge outdoor bathroom/lounge area. Lavish breakfasts are served on a terrace overlooking the infinity pool with a small waterfall. The hotel often plans and hosts weddings; ceremonies take place at a huge boulder on the beach dubbed Marriage Rock. ⊠ *Playa Langosta, 300 m south of Hotel Capitán Suizo* ☎ *653–0270* 🖷 *653–0287* ⊕ *www. villaalegrecostarica.com* ⇆ *4 rooms, 2 villas, 1 casita* ⌕ *In-room: no phone, no TV. In-hotel: pool, beachfront, no-smoking rooms* ⊟ *AE, MC, V* ⦿ *BP.*

PLAYA NEGRA

Surfer culture is apparent here in the wave of beach-shack surfer camps along the beach road. But there's also a big residential development here called Rancho Playa Negra, with more upscale development on the drawing boards. The beach is rocky and, true to its name, has very dark, hard-packed sand. Spindly mangrove trees edge the beach and there are views north of the wavy coastline.

6

TO & FROM PLAYA NEGRA
3 km/2 mi (10 mins) south of Playa Avellanas.

From Playa Avellanas, continue south on the rough beach road to Playa Negra, or if you don't have 4WD or it's rainy season, approach along a more civilized route from Santa Cruz. Drive 27 km (16½ mi) west, via Veintisiete de Abril, to Paraíso, then follow signs for Playa Negra for 4 km (2½ mi). Taxis are the easiest way to get around if you don't have a car.

OUTDOOR ACTIVITIES

SURFING
Surfing cognoscenti dig the waves here, which are almost all rights, with beautifully shaped barrels. The beach also has a spectacular rock-reef point break. Ask at Hotel Playa Negra, where some of the best breaks are, or just scan the ocean to see where everybody else is. **Hotel Playa Negra** (⊠ *4 km/2½ mi northwest of Paraíso on dirt road [watch for signs for Playa Negra], then follow signs carefully at forks in road* ☎ *658–8034* ⊕ *www.playanegra.com*) has a surfing school that specializes in beginners ($30 per hour), and rents boards ($15 to $20 per day). Trips to Ollie's Point and Witch's Rock can be arranged.

WHERE TO STAY & EAT

$ ✗ **Café Playa Negra Bistro.** The stylish creation of Peruvian artist Andrea Raffo, this hacienda-like hall showcases her art, with squares of stained glass built into the walls. There's also a separate art gallery and an Internet café. Andrea matches her passion for art with a talent for food, featuring such Peruvian specialties as ceviche and *causa,* cold mashed potatoes studded with shrimp and tuna chunks. Desserts are home-made and delicious. The only drawback is very slow service. Upstairs are six simple B&B rooms ($36 with fan, $48 with a/c) with colorful fabrics, private baths, and a shared terrace. ⊠ *Main Street, Playa Negra* ☎☎ *658–8351* ▭ *MC, V.*

★ $$ ▥ **Hotel Playa Negra.** This oceanfront place is gorgeous: brilliantly colored thatch-roof cabinas sprinkled across sunny lawns strewn with tropical plantings. The cabinas are perfectly round, and the two swimming pools are elliptical. Each hut has built-in sofas that can double as extra beds, and beautiful, curvaceous tile bathrooms. There's no air-conditioning, but the conical thatch roofs keep the cabinas cool. The ocean has tidal pools, swimming holes, and rock reefs providing some shelter. This is paradise for surfers, with a good swell running right in front of the hotel. The round restaurant serves typical food with a few Continental touches left over from a now-departed French chef. There's also an air-conditioned Internet café and beach boutique. ⊠ *4 km/2½ mi northwest of Paraíso on dirt road (watch signs for Playa Negra), then follow signs carefully at forks in road* ☎ *658–8034* ☎ *658–8035* ⊕ *www.playanegra.com* ⇨ *10   cabinas* ⌂ *In-room: no a/c, no phone, safe, no TV. In-hotel: restaurant, bar, pool, beachfront, laundry service* ▭ *AE, DC, MC, V* ◉ *EP* ⊙ *Restaurant closed Sept. 15–Nov. 1.*

PLAYA JUNQUILLAL

⟳ Seekers of tranquillity need look no farther than Junquillal (pronounced hoon-kcy-*yall*). To the south of Playa Negra, this long swath of picturesque beach stretches about 3 km (2 mi), with only one old, wooden hotel in sight. A surprisingly cosmopolitan *mélange* of restaurants—Peruvian, German, Italian, Swiss—adds an international flavor. Away from the beach, Junquillal is definitely getting livelier. There's finally a small supermarket in the village with a public Internet connection. Although it qualifies as a Blue Flag beach, the surf here is a little strong, so watch children carefully. There's a kids' playground right at the beach. If you're child-free, it's also a perfect beach for taking long, romantic strolls.

TO & FROM PLAYA JUNQUILLAL

4 km/2 ½ mi (30 mins) south of Paraíso, 34 km/22 mi (1 hr) south of Santa Cruz.

In rainy season, the 4-km-long (2½-mi-long) beach road from Playa Negra to Playa Junquillal is often not passable, and even in dry season and with a 4WD vehicle, it's challenging. Your safest bet is driving down from Santa Cruz on a road that's paved part of the way. Or take a bus. The Castillos company runs a bus to Junquillal from the central market in Santa Cruz four times a day (at 5 and 10:30 AM, and 2:30 and 5:30 PM); the trip takes about an hour. If you don't have a car, Junquillal is a bit difficult to access. A taxi from Santa Cruz costs about $25; from Tamarindo, $35.

OUTDOOR ACTIVITIES

HORSEBACK RIDING

At German-run **Paradise Riding** (☎ 658–8162 ⊕ *www.paradiseriding. com*) the 14 horses are in tip-top shape, as is the impressive tack room, with top-quality saddles lined up in a neat row. There are two-hour trail rides (about $50), or you can set off for a whole day of riding. The maximum number of riders they can handle is 10. You saddle up at the friendly owner's house, across from the entrance to Guacamaya Lodge.

WHERE TO STAY & EAT

★ $$$ ✕**La Puesta del Sol.** Italian food aficionado Alessandro Zangari and his wife Silvana have created what he modestly calls "a little restaurant in my home." But regulars drive all the way from San José to sit at one of the four tables and enjoy the dinner-only, haute-Italian menu. Alessandro spares no expense or effort to secure the best ingredients, and each fall he travels to Italy to buy white and black truffles in season. All the pasta is made from scratch; the fettucine *boscaiolo* contains a woodsy trio of cremini, porcini, and Portobello mushrooms and the *tagliolini al limón* is tartly sublime. The softly lighted patio restaurant, tinted in tangerine and deep blue, evokes a Moroccan courtyard. ✉ *Just north of Playa Junquillal* ☎ *658–8442* ⚓ *Reservations essential* ▤ *No credit cards* ⊘ *Closed end of Easter week to mid-Nov. No lunch.*

★ ⟳ $–$$ ▦**Guacamaya Lodge.** Secluded Guacamaya, on a breezy hill, has expansive views of surrounding rolling countryside and a generous-sized pool set amid lush plantings. The three-meal restaurant serves excellent, reasonably priced food, including such Swiss specialties as *rösti* (fried potatoes), as well as delicious, dense homemade bread and calorie-conscious "fitness plates." The spacious cabinas have lovely curtains and bedspreads and modern bathrooms. At night you don't need the quiet air conditioners, as screened windows let in the cooling evening breezes. The modern house has a full kitchen and a large covered veranda; the equipped suites are perfect for families. There's also a kids' pool, a playground, and a resident little girl happy to have playmates. The place fills up fast, so book early or come off-season. ⊠ *275 m off Playa Junquillal* ☞ *Apdo. 6, Santa Cruz* ☎ *658–8431* 🖷 *658–8164* ⊕ *www. guacamayalodge.com* ➥ *6 cabinas, 4 suites, 1 house* ⅙ *In-room: no phone, kitchen (some), no TV. In-hotel: restaurant, bar, tennis court, pool, laundry service, public Internet* ⊟ *AE, MC, V* ⊚ *EP.*

$ 🖭**Hotel Tatanka.** This Italian-run hotel has great style and great food. Ten big rooms are lined up under a tile-roofed veranda facing a kidney-shaped pool. They have Mayan-style wall paintings, arty bamboo closets, and scarlet fixtures in the tiled bathrooms. Wood-oven pizzas and homemade pastas—the *spaghetti a la carbonara* is *delicioso*—are served in a huge alfresco restaurant with elegant furniture. The beach is a three-minute walk away. ⊠ *Main Junquillal road, south of Guacamaya Lodge, 300 m from the beach* ☎ *658–8426* 🖷 *658–8312* ⊕ *www. hoteltatanka.com* ➥ *10 rooms* ⅙ *In-room: no phone, no TV. In-hotel: restaurant, pool* ⊟ *MC, V* ⊙ *Closed Sept. and Oct.; restaurant closed Mon.* ⊚ *BP.*

NOSARA

One of the last beach communities for people who want to get away from it all, Nosara's attractions are the wild stretches of side-by-side beaches called Pelada and Guiones, with surfing waves and miles of sand on which to stroll. The town itself is inland and not very interesting. The Nosara Yoga Institute is increasingly a draw for health-conscious, new-age visitors. Regulations here limit development to low-rise buildings 200 meters from the beach, where they are thankfully screened by trees. Americans and Europeans, with a large Swiss contingent, are building at a fairly rapid pace, but there appears to be an aesthetic sense here that is totally lacking in Tamarindo.

The access roads to Nosara are abysmal, and the labyrinth of woodsy roads around the beaches and hard-to-read signs make it easy to get lost.

TO & FROM NOSARA
28 km/17 mi (1 hr) southwest of Nicoya.

From Nicoya, drive south, almost to Sámara, but take the very first road signed for Nosara, 1 km (½ mi) south of the big gas station before Sámara. This higher road is rough, too, for about 8 km (5 mi) but there are bridges over all the river crossings. When you join up with the beach road near Garza, you still have a very bumpy 10 km (6 mi) to go. Whichever way you go, the roads into Nosara are in really bad shape, and a 4WD vehicle is definitely recommended. Even the high-speed highway buses for Nosara transfer passengers to crummy old buses to negotiate the last 20 km (12 mi). You can also fly directly to Nosara on daily scheduled SANSA and Nature Air flights or take an air-conditioned shuttle van from San José.

EXPLORING

With some of the best surf breaks around, **Playa Guiones** attracts a lot of surfboard-toting visitors. But the breezy beach, with tendrils of sea grape curling almost down to the high-tide mark, is also a haven for shell seekers and sun lovers. The only building in sight is the bizarre, surreal Hotel Nosara, chronically under construction. Otherwise, this glorious beach has 7 km (4 mi) of hard-packed sand, great for jogging and riding bikes. Since there's a 3-meter tide, it's safer to go swimming at either high or low tide, and avoid the strong currents when the tide is turning. Most hotels post tide charts. Guiones is at the south end of the Nosara agglomeration, with three public accesses. The easiest one to find is just past the Hotel Harmony, formerly the Hotel Villa Taype.

North along the shore, Playa Guiones segues seamlessly into crescent-shaped **Playa Pelada,** where the water is a little calmer. There are tide pools to explore and a blowhole that sends water shooting up. Lots of trees provide shade. Local Ticos have staked out their claim to the surfing waves here and don't always take kindly to interlopers. This is also the locals' favorite vantage point for watching sunsets. Olga's Bar, a ramshackle Tico beach bar, is a great place for a cool beer; or sip a sunset cocktail at the funky La Luna Bar & Grill, next door.

Ostional National Wildlife Refuge *(Refugio Nacional de Fauna Silvestre Ostional)* protects one of Costa Rica's major breeding grounds for olive ridley turtles. Locals have formed an association to run the reserve on a cooperative basis, and during the first 36 hours of the *arribadas* (mass nesting) they are allowed to harvest the eggs, on the premise that eggs laid during this time would likely be destroyed by subsequent waves of mother turtles or stolen by poachers. There are two nesting seasons. The largest arribadas, with thousands of turtles, occur from July to December during Costa Rica's so-called winter; smaller, less frequent arribadas occur from January to May. Guided tours of the nesting and hatching areas cost $7 per person, plus the $7 entrance fee. Stop at the kiosk at the entrance to the beach to arrange a tour. Before you go to the refuge, try to get a sense from the locals of when, if ever (some years they come in very small numbers), the turtles will arrive. ⊠ *7 km/4½ mi north of Nosara* ☎*682–0428* ☜*$7* ⊘ *Oct.–Apr., by tour only.*

★ **Nosara Biological Reserve** (Reserva Biológica Nosara) is a treasure. The 125-acre private reserve includes trails through a huge mangrove wetland and old-growth forest along the Nosara River. A concrete walkway passes over an eerily beautiful mangrove swamp, with fantastical roots and snap-crackling sound effects from respiring mollusks. More than 250 bird species have been spotted here, and there's an observation platform for observing wading birds. There are always crabs, lizards, snakes, and other creatures rustling in the grass and monkeys, iguanas, and boa constrictors hanging from the trees. Pick up a self-guided trail

6

map from the Lagarta Lodge (near the trailhead); call ahead to the lodge if you want to hire a guide. ✉ *Trailhead 168 steps down from Lagarta Lodge, top of hill at the north end of Nosara* ☎ 682–0035.

OUTDOOR ACTIVITIES

Iguana Expeditions (✉ *Gilded Iguana, Playa Guiones* ☎ 682–4089 ⊕ *www.iguanaexpeditions.com*) organizes canopy tours, kayaking, horseback riding, fishing, and nature tours. The **Harbor Reef Lodge** (✉ *Follow signs from Café de Paris turnoff, Playa Guiones* ☎ 682–0059 ⊕ *www.harborreef.com*) has an excellent tour desk that can arrange fishing, surfing, snorkeling, and nature tours.

BIRD-WATCHING

☺ On river trips with **Nosara Boat Tours** (✉ *Boat moored at bottom of hill leading to Lagarta Lodge, follow the yellow-fish signs to mouth of Nosara River* ☎ 822–1806 or 682–0610), you glide up the Nosara and Montaña rivers in a flat-bottomed catamaran with an almost noiseless electric motor. Wading herons, egrets, roseate spoonbills, ospreys, and kingfishers are common sights. The German-born naturalist guide also knows where river otters play and crocodiles hunker down in mud caves along the riverbank. Trips are $30 per person (half that for kids under 14).

SURFING

If you ever wanted to learn to surf, Nosara is the place. Guiones is the perfect beginners' beach, with no strong undercurrents and no reef to worry about. Local surf instructors say that the waves here are so consistent that there's no week throughout the year when you won't be able to surf. In March and April, the Costa Rican National Surf Circuit comes here for surf trials. Especially recommended for beginners, **Safari Surf School** (✉ *Road to Playa Guiones; ask for directions at Casa Tucán* ☎ 682–0573 ⊕ *www.safarisurfschool.com*) is run by two surfing brothers from Hawaii, one of whom lives here year-round. A one-hour private lesson costs $40, equipment included. The school is closed in October. **Corky Carroll's Surf School** (✉ *Near Casa Romántica, on the Playa Guiones road* ☎ 682–0385 ⊕ *www.surfschool.net*) has its own hotel for surfing students. **Coconut Harry's Surf Shop** (✉ *Main road, across from Café de Paris* ☎ 682–0574) has boards ($20 per day), gear, and lessons. **Nosara Surf Shop** (✉ *Café de Paris, road to Playa Guiones* ☎ 682–0186) rents boards by the day ($15 to $20) and has lots of gear, too.

WHERE TO STAY & EAT

$ ✕ **Café de Paris.** Despite the French-Swiss owners, this restaurant and bakery feels almost completely local. But the service is still efficiently Swiss. Fresh-baked pastries and desserts are a major draw. Sweet and savory croissants are excellent, as is the divine chocolate tart. In addition to the tried-and-true wood-oven pizzas, nachos, and hearty sandwiches, you can order one of the low-fat vegetarian dishes, favorites of the health-conscious people studying at the Nosara Yoga Institute. ✉ *Main road at Playa Guiones entrance* ☎ 682–0087 ▭ AE, MC, V.

★ $ ✕ **Giardino Tropical.** Famous for its crispy-crusted, wood-oven pizzas loaded with toppings and homemade chili-pepper sauce, this thatch-roof, two-story restaurant casts a wider net to include excellent fresh seafood and fish—the carpaccio of sea bass is a sure bet. Service is always fast and friendly. ✉ *Giardino Tropical Hotel, main street, past entrance to Playa Guiones* ☎ *682–0258* ▭ *No credit cards.*

$$$ 🏨 **Harmony Hotel.** Surf's up ... upscale, that is. Hotel Villa Taype, a frayed surfer's haunt, has been reborn as an ultracool, ultrasophisticated retreat. The new American owners are surfers, too, but of an age where comfort and quiet are more appealing than partying. The huge garden and gorgeous pool are oases of soft sage-and-cream-colored tranquillity. Every spacious room, villa, and bungalow has a king-size bed dressed in white linen. Outdoor decks with hot showers, a juice bar, and a retro '60s lounge bar with basket chairs all add to the harmonious vibe here. For the health-conscious traveler there's a spa and a lobby restaurant serving low-cal fare. The best surf breaks are just 200 meters down a shaded path to the beach. ✉ *From Café de Paris, take road almost all the way to Playa Guiones* ☎ *682–4114* 🖷 *682–4113* ⊕ *www. harmonynosara.com* ↘ *10 rooms, 15 bungalows* ♿ *In-room: safe, refrigerator, Wi-Fi. In-hotel: restaurant, bar, pool, beachfront* ▭ *AE, MC, V* ⦿ *BP.*

★ $$ ✕🏨 **Luna Azul.** The most luxurious, tasteful hotel in the Nosara area, Luna Azul is full of clever designs and healthful attributes—supplied by the zoologist and homeopathist Swiss owners. Birds and wildlife are abundant, thanks to the surrounding private nature reserve. Rooms are spacious, and the bathrooms are elegant, with hot-water showers open to nature. Three separate rooms have very private decks, cooled by overhead fans; four others have their own gardens. Acupuncture and homeopathic treatments and massages are available. The chic seafood restaurant overlooking the gorgeous infinity pool is drawing customers from Nosara (even when the river is flooded) with perfectly prepared seafood, cheesy fondues, and culinary theme nights. Breakfasts are hearty and delicious. The only drawback to this picture-perfect place is that it's hard to get to when the Ostional River overflows in rainy season, but you can always reach it via the slow but sure road from Veintisiete de Abril. ✉ *1 km/½ mi north of Ostional, 5 km/3 mi north of Nosara* ☎ *821–0075* ⊕ *www.hotellunaazul.com* ↘ *3 bungalows, 4 rooms in two buildings, 1 room in main building* ♿ *In-room: no phone, safe, refrigerator, no TV. In-hotel: restaurant, bar, pool* ▭ *AE, DC, MC, V* ⦿ *BP.*

★ $ 🏨 **Lagarta Lodge.** A birders' and nature-lovers' mecca, this magnificent property on a promontory has the best views of Ostional National Wildlife Refuge. The private Nosara Biological Reserve is directly below the lodge. A 10-minute steep walk down takes you through a monkey-filled forest to beautiful Playa Guiones and surfing waves. Swiss managers Regina and Amadeo Amacker have brightened up the rooms and updated bathrooms with new tile. The eagle's-nest lobby-restaurant, with great views, has family-style seating and a Swiss-inspired menu. There is also a new cocktails-and-canapes Sunset Bar. The breakfast buffet is delicious, with fresh breads and homemade jams. ✉ *Top of hill*

6

at the north end of Nosara ☎ 682–0035 🖷 682–0135 ⊕ www.lagarta.
com 🖙 6 rooms ◌ In-room: no a/c, no phone, no TV. In-hotel: restaurant, pool, laundry service, public Internet.

SÁMARA

The drive to Sámara from Nicoya may be one of the most scenic in
Costa Rica, past rolling hills and green vistas. Long a favorite with
well-off Ticos, many of whom built summer houses on the beach,
Sámara is flourishing and attracting a lot of Europeans.

A branch of the Heredia-based language school **Intercultura** (☎ 656–
0127) attracts students of all ages.

Sámara's wide sweep of beach is framed by two forest-covered hills
jutting out on either side. It's the perfect hang-out beach, with plenty
of natural shade and snack bars to take refuge in from the sun. The
waves break out on a reef that not only provides protection for this
giant cove and keeps the water calm for swimming, but also provides
a site for diving and snorkeling excursions. Isla Chora, at the south
end of the light-sand beach, is also a popular destination for kayakers
and snorkelers.

TO & FROM SÁMARA
*36 km/23 mi (1 hr) southwest of Nicoya, 26 km/16 mi (2 ½ hrs) south
of Nosara.*

The road from Nicoya is paved all the way for the scenic 36 km (23
mi) to Sámara. ■ TIP→ **Potholes are spreading, so keep your eyes on the
road instead of the beautiful views.** A rough beach road from Nosara is
passable in dry season (it's more direct, but takes just as long); do not
attempt this road when it rains. To get from Nosara to Sámara via the
paved road, drive south, 5 km (3 mi) past Garza. At a T intersection,
ignore the road toward Sámara (the beach road) and take the road to
the left, toward Nicoya. This will take you uphill to merge with the
main Nicoya-Sámara highway. No matter which way you go, the drive
to Sámara is long and bumpy. Sámara-bound buses leave Nicoya from
a stop 300 m east of the central park. They depart hourly from 5 AM
to 3 PM and then at 4:30, 6:30, 8, and 9:45 PM.

OUTDOOR ACTIVITIES
Sámara is known more for gentle watersports such as snorkeling and
kayaking than for surfing or diving, although there are a couple of surf
and dive shops. There are also two high-flying adventures here: zip-line
tours and ultralight flights and flying lessons. ATV tours, tearing along
dirt roads, are becoming popular. For information on area activities,
visit the town's official Web site at ⊕ www.samarabeach.com.

Tío Tigre Tours (✉ 50 m east of the school and 100 m north ☎ 656–0098)
has a full line of guided outdoor activities, including kayaking ($25),
snorkeling ($30), horseback riding ($30), and dolphin- and whale-
watching tours ($35). **Carrillo Tours** (✉ Main street, across from Las
Brasas restaurant ☎ 656–0935, 656–0543 in Carrillo) is another repu-

table general tour operator, with a small office in Sámara and the main office in nearby Carrillo. It offers local tours, as well as tours farther afield to Pala Verde and Arenal.

SURFING

The surf is relatively gentle around Sámara, so it's a good place for beginners. The challenging waves for more experienced surfers are farther south, past Puerto Carrillo at Playa Camaronal, which has both left and right breaks. **Jesse's Original Sámara Beach Surf School** (⊠ *on the beach, 500 m east of police station* ☎ *656–0055* ⊕ *www.samarasurfschool.com*) specializes in teaching beginners ($40 for private lesson). It also rents boards ($20 a day). **C&C Surf Shop** (⊠ *Across from Hotel Belvedere in town* ☎ *656–0628* ⊕ *www.samarasurfcamp.com*) has a beach-front surf school ($25 per lesson). You get one free surf lesson with a weekly board rental ($80).

WHERE TO STAY & EAT

$–$$ ✕ **Restaurante Las Brasas.** Seafood and meat grilled over hot *brasas* (coals) are the specialties at this Spanish restaurant, along with paella, gazpacho, and a variety of Spanish *tortillas* (hearty omelets). Avocado stuffed with shrimp salad makes an excellent shared starter or a light lunch. An upstairs balcony is a perfect place for sipping Spanish wines. Downstairs, enormous green elephant-ear leaves frame the rustic wooden-railed restaurant, decorated with ox horns and yokes. ⊠ *Main road to beach, beside soccer field* ☎ *656–0546* ▤ *MC, V.*

★ $ ✕ **Pizza & Pasta a Go-Go.** Exceptionally fine Italian food, including 25 fabulous pizzas, 26 pastas, generous salads, and a lengthy Italian wine list are just a few reasons to drop in at this sidewalk trattoria. Unlike the checkered tablecloths you'd find elsewhere, here you have glass tabletops showcasing shells. Save room for a tiramisu that transcends the tropics and delivers your taste buds to Italy. ⊠ *Hotel Giada lobby, main strip, 150 m from beach* ☎ *656–0132* ▤ *MC, V.*

$ ✕ **Restaurant El Dorado.** After one visit to Costa Rica, Andrea Dolcetti and his wife, Luigina Sivieri, sold their restaurant in Ferrara, Italy, and opened one here. We're glad they did. Their open-air *palenque* (wood-and-thatch building) specializes in seafood, pasta, and at dinner wood oven–baked pizzas. Andrea brings home the fish and Luigina works magic in the kitchen. Pasta is made from scratch, and cheese and salami are imported from Italy. Luigina's lasagna is the lightest imaginable, and the spaghetti *al mare* is an inspired marriage of local shellfish and Italian cooking. For dessert, there are fruit *crostatas* (tarts) and chocolate "salami." ⊠ *West off main road, just past church in Sámara* ☎ *656–0145* ▤ *AE, DC, MC, V* ⊙ *Closed Thurs. No lunch May–early Dec.*

$$ ▦ **Villas Kalimba.** You may never want to leave this dream world hidden behind scrolled white-and-orange walls. The architecture is Mexican but the style is all Italian, with filmy fabrics, custom ceramics, and artistic accents. Ochre-washed villas circle a garden pool with a cool cascade. Kitchens are state of the art, and dining is alfresco at a long wooden table on your own tiled *terrazza*. All the comforts of a luxury home—king-size bed, cable TV, a personal portable phone—are here,

just 50 meters from the beach. Barbecues are held each week and coffee is brewing away all day at the pool rancho. *✉200 m east of the Sámara Police Station, along the beach road ☎656–0929 📠656–0930 🌐www.villaskalimba.com ⇒6 villas ♢In-room: kitchen. In-hotel: pool, beachfront, public Internet ▭MC, V ¶◎|EP.*

$ **Casa del Mar.** Less than a block from the beach, you can't beat this pleasant, well-tended hotel for value. The bright, tidy rooms have dark-wood furniture, white walls, and ceramic-tile floors. Eleven of the rooms have private bath, and some have queen-size beds. Six of the rooms lack air-conditioning and share baths. (Evening beach breezes help to cool down the rooms, however.) The hotel has a giant cold-water whirlpool in a small garden and a big cage holding pet parrots. *✉Main strip, 45 m east of school ☎656–0264 📠656–0129 🌐www.casadelmarsamara.com ⇒17 rooms, 11 with bath ♢In-room: no a/c (some), no phone, refrigerator (some), no TV (some). In-hotel: restaurant, bar, no elevator ▭AE, MC, V ¶◎|BP.*

★ $ **Hotel Giada.** The gem of Sámara's small hotels, Giada, which means "jade," is the polished creation of artistic Italian owners. Watermelon, terra-cotta, and yellow washes give the walls an antique Mediterranean look. In contrast, thatch roofs cover private terraces, which overlook a tropical garden and curvaceous blue pool. The large rooms have elegant bamboo furniture, and whimsical sea creatures are hand-painted on the bathroom tiles. Pizza & Pasta a Go-Go *(⇨above)* is an excellent Italian restaurant. The hotel's only drawback is that the upstairs roadside rooms can be noisy; ask for a room overlooking the pool or one of the newer ones in the back garden. *✉Main strip, 150 m from beach ☎656–0132 📠656–0131 🌐www.hotelgiada.net ⇒24 rooms ♢In-room: safe, refrigerator (some). In-hotel: restaurant, pool, laundry service, no elevator ▭MC, V ¶◎|BP.*

¢–$ **Hotel Belvedere.** After a day on the beach, it's refreshing to retreat to this small hotel buried in a dense, cool garden. There's a shaded swimming pool with a trickling waterfall and a cool whirlpool. Friendly German owners Manfred and Michaela run a tight ship, keeping the garden moisture out of the large, bright rooms housed in a two-story, white-stucco building. Breakfast comes with ocean views. The beach is a 10-minute walk through town. Everything considered, this place is a hard-to-beat bargain. *✉Entering Sámara, go 100 m left at the first cross street ☎656–0213 📠656–0215 🌐www.belvederesamara.net ⇒18 rooms, 2 apartments ♢In-room: no phone, safe, kitchen (some), refrigerator. In-hotel: restaurant, pool ▭V ¶◎|BP.*

PLAYA CARRILLO

Fodor's Choice ★ With its long, reef-protected beach backed by an elegant line of swaying palms and sheltering cliffs, Playa Carrillo (interchangeably called Puerto Carrillo) is a candidate for the most picturesque beach in Costa Rica. Unmarred by a single building, it's ideal for swimming, snorkeling, walking, and lounging—just remember not to sit under a loaded coconut palm. There are some concrete tables and benches, but they get snapped up quickly. The main landmark here is the Hotel Guanamar, high above the beach. Unfortunately the former private fishing club and previously grand hotel has been bought and sold so often that its charm has faded. But its bar still has the best view. The closest bank, ATM, and post office is in Sámara.

TO & FROM PLAYA CARRILLO
7 km/4 mi (15 mins) southeast of Sámara.

You can fly into Playa Carrillo on SANSA or Nature Air and land at the airstrip, or head south on the smooth, paved road from Sámara. If you're not staying at a hotel in Carrillo you'll have to park your car either in a sun-baked concrete lot halfway along the beach or on the grassy median at the south end of the beach. You can also leave the driving to Interbus (⇨ *North Pacific Essentials, at end of chapter)* and get here in an air-conditioned van.

EXPLORING
Most nature lovers are no fans of zoos, but **La Selva Zoo & Bromeliad Garden,** a small zoo with mostly rescued small animals is a great chance to see them up close in chest-high corrals under the shade of trees. The zoo's focus is on hard-to-see nocturnal animals, so the best time to visit is at sunset when the roly-poly armadillos and big-eyed kinkajous are starting to stir. There are also a skunk, spotted pacas, raccoons, and scarier species like bats, boas, poison-dart frogs, caimans, and crocodiles (the latter two are just babies). A bromeliad and orchid collection is artistically arranged around the zoo. If you come early in the day, your ticket is also good for a return evening visit. ⊠ *Road behind Hotel Esperanza* ☎*305–1610* ☜*$8* ☉ *Daily 10–9.*

OUTDOOR ACTIVITIES

FISHING
From January to April, the boats moored off the beach take anglers on fishing expeditions. Experienced local skipper Rob Gordon lives right in Puerto Carrillo and runs fishing trips on the five-passenger *Kitty Kat* (☎*656–0170 or 359–9039* ⊕*www.sportfishcarrillo.com*), a 28-foot aluminum boat with twin diesels ($850 full-day, $550 half-day). He'll find catch-and-release marlin and sailfish out in the ocean as well as good-eating dorado, yellowfin tuna, and wahoo. There are also dolphins and occasional whales to watch if the fishing is slow.

WHERE TO STAY
$$ **Puerto Carrillo Sunset Luxury B&B.** High on a hill, these rooms can't be beat for spectacular views of distant Sámara Bay. New American owners have freshened up the spacious, sunny rooms, which have huge tiled bathrooms with solar-heated showers. Breakfast is served beside the large pool in an open rancho facing the water. Surrounded by secondary forest, the garden has flowers that lure hummingbirds and butterflies. The road to the hotel is incredibly steep and often heavily rutted after rain, but you can usually negotiate it in dry season without a four-wheel-drive vehicle. ⊠ *500 m up steep road to left of public parking area in Playa Carrillo* ☎*656–0011* 🖷*656–0009* ➥*7 rooms* ᗕ *In-room: safe. In-hotel: pool* ☰*MC, V* ⊙*BP.*

$$ **El Sueño Tropical.** This resort has everything but the beach, but there
are two just a shuttle van ride away, one for surfing and one for swim-
ming and snorkeling. The pool has a teak deck for blissful lounging
near the expansive gardens. White bungalows lie in a valley, so there
are steep steps to the pool and Japanese restaurant. Rooms are mod-
ern, with queen or king beds, quiet air-conditioning, and CD play-
ers. The hotel has a tour desk that can arrange horseback riding or
other adventures. *2 km/1 mi south of Puerto Carrillo, along a dirt
road 656–0151 656–0152 www.elsuenotropical.com 12
rooms, 4 apartments In-room: no phone, safe, no TV. In-hotel: res-
taurant, bar, pool CP.*

PUNTA ISLITA

Punta Islita is named for a tiny tuft of land that becomes an island at
high tide, but the name is synonymous in Costa Rica with Hotel Punta
Islita, one of the country's most luxurious and gorgeous resorts. The
curved beach is rather rocky but good for walking, especially at low tide
when tidal pools form in the volcanic rock. Another interesting stroll is
through the small village, which has become a work in progress, thanks
to a community art project led by renowned Costa Rican artists who use
town buildings as their canvas. Everything—from outdoor activities to
food—revolves around and is available through the resort.

TO & FROM PUNTA ISLITA

*8 km/5 mi (15 mins) south of Playa Carrillo in dry season, 50 km/31 mi
(1½ hrs) south of Carrillo by alternate route in rainy season.*

In rainy season it's often impossible to cross the Río Ora, south of Car-
rillo, so you have to make a much longer detour along dirt roads with
spectacular mountain views but lots of potholes. Most guests fly into
the hotel's private airstrip.

WHERE TO STAY

Fodor'sChoice **Hotel Punta Islita.** Overlooking the ocean from a forested ridge, this
★ secluded hotel is luxury incarnate. Hidden around the hillside are vil-
$$$$ las, casitas, suites, and spacious rooms, each with a private porch and
a hammock. Beds have rough-hewn wooden bedposts, and bathrooms
are tiled, with deep tubs. Casitas have their own private plunge pools
or outdoor whirlpools and private gardens, one of the main attractions
for the many honeymooners. A massive thatched dome covers the res-
taurant and opens onto an infinity-edge pool with a swim-up bar. If you
overdo it with the activities here—including golfing, mountain biking,
and zip-line tours—stop by the spa for massage treatments using local
herbs. *South of Playa Carrillo Apdo. 242–1225, Plaza Mayor,
San José 661–4044, 231–6122 in San José 661–4043, 231–0715
in San José www.hotelpuntaislita.com 14 rooms, 8 suites, 8 casi-
tas, 17 villas In-room: DVD (some), VCR (some). In-hotel: 3 res-
taurants, bars, golf course, tennis courts, pools, gym, spa, beachfront,
laundry service, public Wi-Fi AE, DC, MC, V CP.*

PALO VERDE NATIONAL PARK

One of the best wildlife- and bird-watching parks in Costa Rica, Palo Verde is bordered on the west by the Río Tempisque. Extending over 198 square km (76 square mi), the park protects a significant amount of deciduous dry forest. The terrain is fairly flat—the maximum elevation in the park is 268 meters (879 feet)—and the forest is less dense than a rain forest, which makes it easier to spot the fauna. The river is a temporary home for thousands of migratory birds toward the end of the rainy season, as well as crocodiles year-round. From September through March you can see dozens of species of aquatic birds, including herons, wood storks, jabirus, and elegant, flamingo-like roseate spoonbills. ■TIP→A raised platform near the ranger station, about 8 km (5 mi) past the park entrance, gives you a vantage point over a marsh filled with ducks and jacanas. But be prepared to climb a narrow metal ladder. Lodging in rustic dormitory facilities ($10) and meals ($5 breakfast; $7 for lunch or dinner) can be arranged through the park headquarters. ☎200–0125 ☜$6 ⊙ Daily 6–6; entrance gate open 8–noon and 1–4.

Sad but sobering, one of the few places left in the country where you are guaranteed to see large wild cats, including a jaguar, is **Las Pumas Rescue Shelter** (✉4½ km/3 mi north of Cañas on main highway ☎669–6044 ⊕www.laspumas.com). The small enclosures also hold jaguarundis, pumas, margays, ocelots, and oncillas. Some small animals and birds are rehabilitated and released into the wild. The larger cats are probably here for life, as it's dangerous for them to be released. The refuge relies on contributions. It's open daily 8 to 4.

OUTDOOR ACTIVITIES

The **Organization for Tropical Studies** (☎524–0628 ⊕www.ots.ac.cr) runs half-day hiking, mountain biking, and boat tours in Palo Verde Park. Packages combine a guided walk with three meals and lodging in small, bunk-bedded double rooms with private bath ($62 per person).

BIRD-WATCHING

A boat excursion to Isla Pájaros along the Río Tempisque is a must for birders. Toward the end of rainy season this 6-acre island near Puerto Moreno is an exciting place to see hundreds of nesting wood storks, cormorants, and anhingas. You can get close enough to see chicks being fed in nests. ■TIP→The best time to go is very early in the morning, to avoid heat and to guarantee the most bird sightings. **Aventuras Arenal** (☎479–9133 ⊕www.arenaladventures.com) guides have good eyes and usually know the English names for birds. The company specializes in ecological tours and runs $30 bird-watching boat tours to Isla Pájaros. Tours depart from docks along the Río Tempisque, including the dock at Palo Verde. **CATA Tours** (☎674–0180, 296–2133 in San José ⊕www. catatours.com) runs $59 wildlife and bird-watching boating adventures down the Río Bebedero into Palo Verde. Arrange hotel pickup from Nicoya beaches and Papagayo Peninsula when you book.

☾ On a calm adventure trip with **Safaris Corobicí** (✉Main highway to Liberia at Km 193, just south of Corobicí ☎669–6191 ☎669—6091 ⊕www. nicoya.com), guides do the rowing on large inflatable rafts while you look at the flora and fauna. Two- or three-hour float trips ($37 to $45) cover wildlife-rich territory not far from Palo Verde. A half-day trip includes lunch ($60). Trips require two or more passengers.

BARRA HONDA NATIONAL PARK

Once thought to be a volcano, 1,184-foot **Barra Honda peak** actually contains an intricate network of caves, a result of erosion after the ridge emerged from the sea. Some caves on the almost 23-square-km (14-square-mi) park remain unexplored, and they're home to abundant animal life, including bats, birds, blindfish, salamanders, and snails.

Every day from 7 AM to 1 PM local guides take groups 58 feet down to the **Terciopelo Cave**, which shelters unusual formations shaped (they say) like fried eggs, popcorn, and shark's teeth. You must wear a harness with a rope attached for safety. The tour costs $22, including equipment rental, guide, and entrance fee. Kids under 12 are not allowed to visit this cave, but they can visit the kid-size La Cuevita cavern ($14), which also has interesting stalagmites. Both cave visits include interpretive nature hikes.

If caving leaves you feeling claustrophobic, you can climb the 3-km (2-mi) Los Laureles trail (the same trail that leads to the Terciopelo cave) to Barra Honda's summit. From here you have fantastic views sweeping across the islet-filled Gulf of Nicoya. Wildlife includes howler monkeys, skunks, coatis, deer, parakeets, and iguanas. An off-site **park office** (⊠ *Across from colonial church, Nicoya* ☎ 686–6760) provides information and maps of the park. It's open weekdays 7–4. It's a good idea to hire a local guide from the **Asociación de Guías Ecologistas** (☎ 659–1551). The park has camping facilities; and the guide association runs a simple, inexpensive lodge ($6 per person) near the park entrance. Make reservations for weekend lodging in the park. ☎ 659–1551 🛏 $6 ⊙ *Daily 7:30–4.*

TO & FROM BARRA HONDA
100 km/62 mi (2 hrs) South of Liberia, 13 km/8 mi west of Río Tempisque Bridge.

From the Río Tempisque Bridge, drive west along a paved highway. Then follow a dirt road (signed off the highway) for 10 km (6 mi) to the park entrance. There are buses that come here from the town of Nicoya, but they don't leave until 12:30 and 4 PM, a little late to start a hike. You can also take a taxi from Nicoya to the park entrance or go with one of many tour companies in beach towns on the Nicoya Peninsula.

NORTH PACIFIC ESSENTIALS
BY AIR
ARRIVING & DEPARTING
International Aeropuerto Internacional Daniel Oduber (LIR) in Liberia is a good gateway to the coast. Tamarindo, Playa Nosara, Playa Sámara, Playa Carrillo, Punta Islita, and Tambor also have airstrips.

Flying in from San José to these airports is the best way to get here if you are already in the country. If your primary destination lies in Guanacaste or Nicoya, make sure you or your travel agent investigates the possibility of flying directly into Liberia instead of San José, which saves some serious hours on the road. *For more information, see Air Travel in Essentials.*

GETTING AROUND

SANSA and Nature Air have scheduled flights between San José and destinations on the Nicoya Peninsula. Macaw Air flies small planes between Liberia and Tamarindo, as well as between destinations on the Nicoya Peninsula and to mainland destinations like Quepos and Puerto Jiménez.

BY BUS

Bus service connects the larger cities to each other and to the more popular beaches, but forget about catching a bus from beach to beach; you'll generally have to backtrack to the inland hubs of Nicoya and Liberia unless you take a minibus, which may take just as long as a bus, although they're usually more comfortable. Your hotel front desk should be able to confirm which station specific buses and lines depart from. Buses don't serve Rincón de la Vieja National Park.

BY CAR

ARRIVING & DEPARTING

The northwest is accessed via the paved two-lane Pan-American Highway (CA1), which begins at the top of Paseo Colón in San José. Take the bridge across the Río Tempisque to get to the Pacific beaches south of Liberia. Paved roads run down the spine of the Nicoya Peninsula all the way to Playa Naranjo, with many unpaved and potholed stretches. Once you get off the main highway, the pavement holds out only so far, and then dirt, dust, mud, potholes, and other factors come into play. The roads to Playa Sámara, Playas del Coco, and Ocotal are paved all the way; every other destination requires some dirt-road maneuvering. If you're headed down to the coast via unpaved roads, be sure to get advance information on road conditions.

GETTING AROUND

If you want to drive around the Nicoya Peninsula, be prepared to spend some serious time in the car. The road to Nicoya's southern tip is partly paved and partly just gravel, and it winds up and down and around various bays. Some roads leading from Liberia to the coast are intermittently paved. As you work your way toward the coast, pay close attention to the assorted hotel signs at intersections—they may be the only indicators of which roads to take to your lodging.

Stick with the main car-rental offices in San José and their branches in Liberia—they have more cars available and you're more likely to reach an English-speaking agent on the phone; some have local satellite offices. Alamo has pickup and car delivery in Liberia. Budget has branches in San José and also 6 km (4 mi) west of Liberia's airport.

Economy, Alamo, and Elegante rent cars in Tamarindo; Economy has a good supply of automatic four-wheel-drive vehicles.

BY SHUTTLE VAN
You can ride in a comfortable, air-conditioned minibus with Gray Line Tourist Bus, connecting San José, Liberia, Playa Flamingo, Playa Hermosa, Tamarindo, and other destinations in Guanacaste. Fares range from $29 to $38, depending on destination. The Gray Line Tourist Bus from San José to Liberia and Tamarindo begins picking up passengers from hotels daily around 7 AM. The return bus leaves Tamarindo around 2 PM, then passes through Liberia around 3:30 PM; there's also an early bus leaving Tamarindo at 7:30 AM. Interbus has door-to-door minivan shuttle service from San José to all the major beach destinations (Papagayo, Panamá, Hermosa, Flamingo, Tamarindo, Cocos, Ocotal, Nosara, and Sámara in Nicoya) for $29 to $39 per person. Reserve at least one day in advance.

Shuttle Van Services **Gray Line Tourist Bus** (☎ *232–3681 or 220–2126* ⊕ *www.graylinecostarica.com*). **Interbus** (☎ *283–5573* ⊕ *www.interbusonline.com*).

Banks, Internet cafés, post offices, and emergency contacts follow each town listing in the chapter.

BANKS & EXCHANGING SERVICES
ATMs that accept international bank cards are few and far between in Guanacaste. ATH (A Todas Horas) machines are the most reliable, although even they may be out of cash during peak holiday times. You can get a cash advance on a Visa card at a bank, but be prepared for a long wait and be sure you have your passport (not a copy) with you. Your best bets for ready cash are the Burger King ATH near Liberia and the Coopmani ATH in Nicoya. Branches of Banco Nacional and Banco de Costa Rica can be found in Filadelfia, Liberia, Nicoya, and Santa Cruz. Banco Nacional also has a branch in Playas del Coco. Banco de Costa Rica is in Playa Flamingo and at the Liberia airport.

INTERNET
Apart from beach communities, public Internet access is not widespread in this part of the country. Expect to pay about $2 per hour of access time. Connections are less zippy than connections in San José.

MAIL & SHIPPING
Finding a post office in beach towns is almost impossible, since most beach areas are not incorporated towns. Liberia, La Cruz, Nicoya, Nosara, Playas del Coco, Sámara, and Santa Cruz all have post offices.

CENTRAL PACIFIC

Updated by David Dudenhoefer

An ecological transition zone between the dry forests of the North Pacific and the rain forests of the South Pacific, the Central Pacific is home to plants and animals found in both regions. The country's most gorgeous beaches, rain forests, waterfalls and tidal pools lie at the end of some of its worst roads. Within the region are quiet, well-preserved parks where you can explore pristine forests or travel by boat or sea kayak to idyllic islands for bird-watching or snorkeling. Other outdoor options include horseback riding, gliding through the treetops on a canopy tour, or surfing on some of the country's most consistent waves.

CURÚ NATIONAL WILDLIFE REFUGE

☺ Established by former farmer and logger turned conservationist Federico Schutt in 1933, Refugio Nacional de Vida Silvestre Curú was named after the indigenous word for the pochote trees that flourish here. Trails lead through the forest and mangrove swamps where you see hordes of phantom crabs on the beach, howler and white-faced capuchin monkeys in the trees, and plenty of hummingbirds, kingfishers, woodpeckers, trogons, and manakins (including the coveted long-tailed manakin). The refuge is working to reintroduce spider monkeys and scarlet macaws into the wild. Some very basic accommodations, originally designed for students and researchers, are available by the beach ($6 per person); call ahead to arrange for lodging, guides, and early-morning bird-watching walks. ☎641–0100 ⊕ *www.curuwildlife refuge.com* ≅$8 ⊙ Daily 7–4.

TO & FROM CURÚ NATIONAL WILDLIFE REFUGE

7 km/4½ mi south of Paquera, 1½ to 2 hrs southwest of Puntarenas by ferry.

From the town of Paquera it's a short drive to Curú National Wildlife Refuge. You can also take a bus bound for Cóbano, asking the driver to drop you off at the refuge's front gate.

OUTDOOR ACTIVITIES

Luis Schutt Tours (⊠ *Main road, across from Esso station, Paquera* ☎641–0004, 834–7343 [cell]) gives horseback tours of the refuge ($13) and also has a ride to sparkling-white Quesera Beach ($40). The company also offers inexpensive kayaking trips ($20) and tours to Tortuga Island ($17).

JACÓ

Its proximity to San José has made Jacó the most developed beach town in Costa Rica. Nature lovers and solitude-seekers should skip this place, which is known mostly for its nightlife, surf scene, and blatant prostitution. More than 50 hotels and cabinas back its long, gray-sand beach, and the mix of restaurants, shops, and bars lining Avenida Pastor Díaz (the town's main drag) gives it a cluttered appearance devoid of any greenery. Any real Costa Rican–ness evaporated years ago; U.S. chain hotels and restaurants have invaded, and you can pretty much find anything you need, from law offices and dental clinics to DVD rental shops and appliance stores. In terms of tours and outdoor activities, it's also got a bit of everything and makes a hub for exploring neighboring beaches and attractions.

Long, palm-lined **Playa Jacó,** just east of town, is a pleasant enough spot in the morning, but can burn the soles of your feet on a sunny

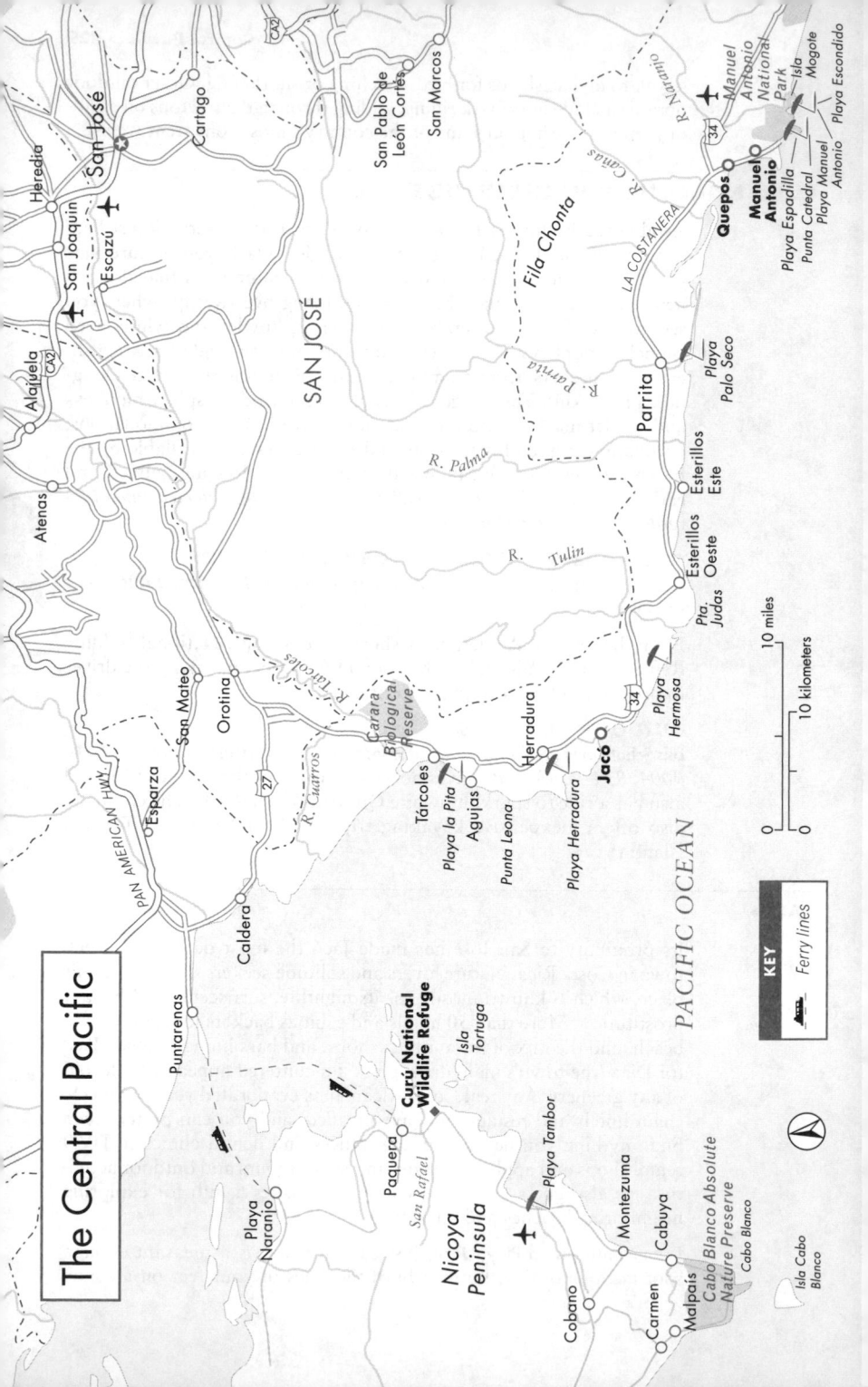

afternoon. Though the gray sand and beachside construction make it less attractive than most other Costa Rican beaches, it's a good place to soak up the sun or enjoy a sunset. Playa Jacó is popular with surfers for the consistency of its waves, making it less than ideal for swimmers.

TO & FROM JACÓ

2 km/1 mi south of Playa Herradura, 114 km/70 mi (2½ hrs) southwest of San José.

The drive from San José takes about three hours; take the Pan-American Highway past the airport to the exit for Atenas, then follow the signs to Orotina, Jacó, and Quepos. The exit, on the right after Herradura, is well marked. Buses leave from San José's Coca-Cola station five times daily. **Pacific Travel** (☎ *643–2520*) brings passengers across the Gulf of Nicoya to Montezuma.

OUTDOOR ACTIVITIES

You don't have to physically step into any tour office, since everyone from a reception desk attendant to a boutique salesperson can book you a local adventure. Almost every tour can pick you up at your hotel's doorstep. ■**TIP→ Keep in mind that part of your price tag includes the salesperson's commission, so if you hear higher or lower prices from two different people, it's likely a reflection of a shift in the commission. You can try negotiating a better deal directly from the outfitter.**

Costa Tropical Expeditions (☎ *393–6626*) is a small Jacó tour operator that specializes in trips to Carara Biological Reserve, but can arrange all kinds of personalized excursions. **Fantasy Tours** (✉ *Best Western Jacó Beach Resort* ☎*643–2231* ⊕*www.graylinecostarica.com*) is the biggest operator in Jacó and deals primarily with large groups, arranging day trips from Jacó to Arenal and Poás volcanoes, Manuel Antonio National Park, Sarchí, Tortuga Island, and rafting on the Savegre River, plus local tours like zip-line adventures and kayak and snorkeling trips, among many others. **Pacific Travel and Tours** (✉ *Centro comercial La Casona [La Casona shopping center]* ☎*643–2520 or 643–2449*) organizes tours for numerous activities in and around Jacó.

CANOPY TOURS

In the hills across the highway from Jacó Beach, **Canopy Adventure Jacó** (☎*643–3271* ⊕*www.adventurecanopy.com*) takes you sliding through the forest along cables strung between 13 treetop platforms, some of which have views of the coast. The price is $55 per person. **Waterfalls Canopy Tour** (☎*643–3322* ⊕*www.waterfallscanopy.com*), in a private reserve 4 km (2½) mi from Jacó, is a zip-line tour through trees, with a view of rain forest and waterfalls. You can combine the tour, which costs $55 per person, with a visit to a butterfly and frog garden.

HORSEBACK RIDING

Horse Tours at Hacienda Agujas (☎*643–2218 or 838–7940*) are serene enough for all ages and skill levels. Late-afternoon tours are on a cattle ranch about 25 minutes north of Jacó, include a trail ride through the rain forest and down a beach, and end with a colorful sunset bang ($50).

KAYAKING AND CANOEING

Kayak Jacó Costa Rica Outriggers (☎643–1233 ⊕ *www.kayakjaco.com*) takes you to less restless waters than those at Jacó Beach with sea-kayaking tours for novices and seasoned adventurers and Hawaiian-style outrigger canoe trips ($60). Both include snorkel excursions (conditions permitting) at secluded beaches.

SURFING

Jacó has several beach breaks, all of which are best around high tide. Surfboard-toting tourists abound in Jacó, but you don't need to be an expert to enjoy the waves—the swell is often small enough for beginners, especially around low tide. Abundant surf shops rent boards and give lessons. Prices range from $25 to $45 an hour and usually include a board and transportation. If you plan to spend more than a week surfing, it might be cheaper to buy a used board and sell it before you leave. If you don't have much experience, don't go out when the waves are really big—Jacó sometimes gets very powerful swells, which result in dangerous rip currents. During the rainy season, waves are more consistent than in the dry months, when Jacó sometimes lacks surf.

SWIMMING

The big waves and dangerous rip currents that make surfing so popular here can make swimming dangerous. Lifeguards are on duty only at specific spots, and only sporadically. If the ocean is rough, stay on the beach—dozens of swimmers have drowned over the years.

When the ocean is calm, you can swim just about anywhere along Jacó Beach. But always avoid the northern and southern ends, and the areas around any of several small rivers that flow into the ocean, where the beach and ocean bottom are littered with rocks.

WHERE TO STAY & EAT

★ $$-$$$$ ✕ **El Hicaco.** One of Jacó's best restaurants—and by far its most expensive—El Hicaco is known for serving copious servings of seafood. The house specialty is lobster, but the kitchen also offers fresh mahimahi, sea bass, tuna, shrimp, and other fruits of the sea with seasonings ranging from a teriyaki glaze to a papaya-ginger sauce. Seating is in a simple but elegant open-air dining room or on a gravel patio near the beach. Wednesday night brings a sumptuous buffet known as the "lobster feast," with lobster and other seafood cooked to order, an open bar, and a calypso band ($65). ⊠ *End of Calle Hicaco* ☎643–3226 ▤ *AE, DC, MC, V.*

★ $-$$$ ✕ **Las Sandalias.** Located in the Club del Mar, at the southern end of the beach, this colorful restaurant overlooking a pool and gardens serves consistently good food. Its short, eclectic menu ranges from quesadillas to chateaubriand, and includes such treats as seafood crepes and mahimahi sautéed with white wine, tomatoes, peppers, and hearts of palm. The nightly specials are also a good bet. Lunch consists of salads, sandwiches, and a few heartier dishes like fish-and-chips. It's a pleasant walk down the beach from the center of town by day, but you'll want to take a taxi here for dinner. ⊠ *Costanera, south of gas station* ☎643–3194 ▤ *AE, DC, MC, V.*

☾ ¢–$ ✕**Rioasis.** This large, colorful place on the town's main drag is one of the best pizzerias in Costa Rica. The eclectic menu includes Tex-Mex dishes, seafood, and salads, but the pizza is by far the best bet, with 34 varieties baked in an outdoor wood-burning oven. You can eat on the front patio or under a high roof dotted with ceiling fans. There's a long bar in back, a pool table, and foosball for after-dinner entertainment. ⊠*Avda. Pastor Diaz, north of Banco Nacional* ☎*643–3354* ▤*MC, V* ☾*Closed Sept.*

CAUTION

Riptides (or rip currents), common in Jacó and Manuel Antonio's Playa Espadilla, are dangerous and have led to many deaths in the area. If you get caught in one, don't panic and don't try to swim against it. Let the current take you out just past the breakers, where its power dissipates, then swim parallel to shore. Once the current is behind you, swim back to the beach. The best policy is not to go in deeper than your waist when the waves loom large.

Fodor's Choice
★
$$–$$$
🖫**Club del Mar.** Secluded at the beach's southern end, far from Jacó's crowds, Club del Mar is the area's priciest option. In the main building, above the restaurant, bar, and reception, standard green-and-cream-hued rooms have private teak balconies with screen doors that keep the sea breeze circulating. Comfortable condos, clustered in two-story buildings amid massive trees and verdant lawns, are considerably nicer. One- and two-bedroom apartments have abundant windows, modern kitchens, and pleasant furnishings; two-bedroom condos are a bargain for two couples. The nicest condos are those nearest the sea (Nos. 13–16); those farthest back suffer from highway noise. Las Sandalias restaurant serves some of the area's finest food. ⊠*Costanera, 275 m south of gas station* ☙*Apdo. 107–4023, Jacó* ☎*643–3194, 866/978–5669 in U.S.* ▤*643–3550* ⊕*www.clubdelmarcostarica.com* ☙*8 rooms, 22 condos, 2 suites* ⅙*In-room: safe, kitchen (some). In-hotel: restaurant, room service, bar, pool, beachfront, laundry service, public Wi-Fi, no elevator* ▤*AE, DC, MC, V* ⊙*BP.*

★ ☾ $$
🖫**Aparthotel Flamboyant.** Though nothing special, this small, tranquil hotel is a good deal, especially if you take advantage of the cooking facilities. Half the rooms have small kitchenettes; the others have air-conditioning instead. Larger apartments can fit five to six people. Terraces with chairs overlook a garden and pool area, where there's a grill for your use. Second-floor rooms have balconies with sea views. It's all just a few steps from the beach, and a block east of Jacó's busy main strip. ⊠*100 m east of Centro Comercial Il Galeone* ☎*643–3146* ▤*643–1068* ☙*20 rooms, 3 apartments* ⅙*In-room: no a/c (some), safe, kitchen (some), no TV (some), Wi-Fi (some). In-hotel: pool, beachfront, no elevator* ▤*AE, DC, MC, V* ⊙*EP.*

Fodor's Choice
★
$$
🖫**Hotel Canciones del Mar.** The poetically named "Songs of the Sea" is a tranquil, intimate, and charming hotel with rooms that are among the closest to the ocean of any hotel in the area. Tastefully and individually decorated, the one- and two-bedroom suites are in a two-story cream-colored building, with well-equipped kitchens. Each has a porch overlooking lush gardens and a blue-tile pool, except for the honey-

6

moon suite, which faces the beach. Breakfast and drinks can be enjoyed under a thatch roof next to the beach or in the shade of palms on the beach itself. A communal treehouse-like space behind the pool makes a pleasant reading or relaxing spot. ⊠*End of C. Bri Bri* ⌂*Apdo. 86–4023, Jacó* ☎*643–3273* 📠*643–3296* ⊕*www.cancionesdelmar. com* ⊅*12 suites* ♿*In-room: no phone, safe, kitchen, refrigerator, Wi-Fi. In-hotel: pool, beachfront, laundry service, no-smoking rooms, no elevator* ☱*AE, MC, V*⊙⏐*BP.*

QUEPOS

This hot and dusty town serves as a gateway to Manuel Antonio. It also serves as the area's hub for banks, supermarkets, and other services. Because nearby Manuel Antonio is so much more attractive, there is no reason to stay here, but many people stop by for dinner, for a night on the town, or to go sportfishing. Quepos's name stems from the indigenous tribe that inhabited the area until the violence, slavery, and disease that accompanied the Spanish conquest wiped them out. For centuries the town of Quepos barely existed, until the 1930s, when the United Fruit Company built a banana port and populated the area with workers from other parts of Central America. The town thrived for nearly two decades, until Panama disease decimated the banana plantations in the late 1940s. The fruit company then switched to less lucrative African oil palms, and the area declined. Only since the 1980s have tourism revenues lifted the town out of its slump, a renaissance owed to the beauty of the nearby beaches and nature reserves. Forests around Quepos were destroyed nearly a century ago, but the massive Talamanca Mountain Range, some 10 km (6 mi) to the east, holds one of the largest expanses of wilderness in Central America.

Spread over Fila Chota, a lower ridge of the Talamanca Range 22 km (13 mi) northeast of Quepos, **Rainmaker** is a private nature reserve which protects more than 1,500 acres of lush and precipitous forest. The lower part of the reserve can be visited on guided tours from Manuel Antonio, or as a stop on your way to or from Quepos. Tours ($45) begin at 8:30 and 12:30, and can include lunch. There are two tours available: a walk up the valley of the Río Seco, which includes a dip in a pool at the foot of a waterfall; or a hike into the hills above the waterfall and over a series of suspension bridges strung between giant tropical trees. The park also offers an early morning bird-watching tour and a night hike. The best value is a half-day package ($75) that includes transport from Manuel Antonio or Quepos, a guided tour, a river swim, and breakfast and lunch. The reserve is home to many of Costa Rica's endangered species, and you may spot birds here that you won't find in Manuel Antonio. It isn't as good a place to see animals as the national park, but Rainmaker's forest is different from the park's—lusher and more precipitous—and the view from its bridges is impressive. It's best to visit Rainmaker in the morning, since—true to its name—it often pours in the afternoon. ⊠*22 km/13 mi northeast of Quepos* ☎*777–3565* ⊕*www.rainmakercostarica.com* ☲*$45–$70 for guided tours* ⊙*Mon.–Sat. 8–4.*

TO & FROM QUEPOS

23 km/14 mi south of Parrita, 174 km/108 mi (3 hrs) southwest of San José.

It's a four-hour drive from San José to Quepos. Buses from San José's Coca-Cola bus station drop you off in downtown Quepos. Sansa and Nature Air run 10 flights per day between San José and Quepos, as well as direct flights between Quepos and other tourist destinations.

OUTDOOR ACTIVITIES

Your hotel's reception desk, a tour operator, or travel agency can arrange most activities, but some outfitters give discounts if you book directly through them. **Costa Rica's Temptations** (*CRT ⊠Downtown Quepos, next to Adobe car rental* ☎*777–0607* ⊕*www.costarica4u. com*) can book various tours.

The dry season is the best time to glide through the area's rain forests. If you're here during the rains, do a tour first thing in the morning. There are many zip-line tours in the area, but **Canopy Safari** (⊠*Downtown, next to the Poder Judicial* ☎*777–0100 or 777–3079* ⊕*www.canopysafari.com*) has earned a reputation for long and fast-paced rides. Its privately owned forest is about a 45-minute car ride from Quepos, and the tour ($65) includes a meal and swim in a river pool.

FISHING

Quepos is one of the best points of departure for deep-sea fishing in southwestern Costa Rica. **Bluefin Tours** (⊠*Downtown, across from the soccer field* ☎*777–2222 or 777–1676* ⊕*www.bluefinsportfishing.com*) has catch-and-release sportfishing, conventional and fly-fishing on half- and full-day charters ($380–$800). The company has a fleet of 25-, 28-, and 31-foot boats. **Costa Mar Dream Catcher** (⊠*Entrance to Quepos, next to Café Milagro* ☎*777–0593, 877/435–8068 in U.S.* ⊕*www.costamarsportfishing.com*) has half- and full-day charters ($450–$1,000) on the largest variety of boats in Quepos; 11 boats range from 25 to 42 feet. Half-, three-quarter-, and full-day catch-and-release fly and conventional trips ($625–$900) with **Luna Tours Sportfishing** (⊠*Downtown, next to Casino Kamuk* ☎*777–0725* ⊕*www.lunatours.net*) are available on 27-, 32-, or 33-foot boats.

KAYAKING & RAFTING

Iguana Tours (⊠*Downtown Quepos, across from the soccer field* ☎*777–2052* ⊕*www.iguanatours.com*) specializes in exploring the area's natural beauty through river-rafting excursions on the Naranjo and Savegre rivers and kayak adventures by sea or in a mangrove estuary.

WHERE TO STAY & EAT

★ $-$$$ ✕**El Gran Escape.** A favorite with sportfishermen ("You hook 'em, we cook 'em"), the Great Escape is the town's best place for seafood. The menu is dominated by marine entrées, from shrimp scampi to the highly recommended fresh tuna with mushrooms, but you can also get hearty burgers and a handful of Mexican dishes. You won't find any cooked billfish, like marlin or swordfish, owing to its conservation policy, but the back wall is covered with pictures of them (and their proud reelers).

Weathered fishing caps hang from the bar's ceiling. ✉ *150 m north of Hotel Kamuk* ☎ *777–0395* 🍴 *AE, DC, MC, V* ⊗ *Closed Tues.*

$-$$$ ✕ **La Lanterna.** Owned by a Milanese member of Quepos's small but visible Italian community, La Lanterna has a healthy selection of pastas, seafood, and meat dishes, as well as 18 types of crunchy, thin-crust pizza baked in a wood oven. In addition to many Italian standards, the menu includes such treats as *penne mare monti* (with shrimp and Gorgonzola) and *filetto pomodoro e olive* (sea bass with tomato sauce and olives). Tables covered with white cloths are distributed along the sidewalk of this corner restaurant, and under ceiling fans indoors. A wide variety of international wines is available. ✉ *Southwest corner of Quepos waterfront, diagonal to Banco Nacional* ☎ *777–0650* 🍴 *AE, DC, MC, V* ⊗ *Closed Wed.*

¢ 🏨 **Hotel Malinche.** The older rooms in the main building of this centrally located hotel are cooled by ceiling fans and have private baths without hot water. For double the price, the concrete annex holds larger, newer rooms with carpeted floors, air-conditioning, cable TV, hot water, and small balconies. ✉ *½ block west of Quepos bus station* ☎ *777–0093* ✉ *hotelmalinche@racsa.co.cr* ⇆ *24 rooms* ♿ *In-room: no a/c (some), no phone, refrigerator (some), no TV (some). In-hotel: laundry service, no elevator* 🍴 *MC, V* 🍽 *EP.*

MANUEL ANTONIO

You need merely reach the top of the forested ridge on which many of Manuel Antonio's hotels are perched to understand why it is one of Costa Rica's most popular destinations. That sweeping view of beaches, jungle, and shimmering Pacific dotted with rocky islets confirms its reputation. And unlike the tropical forests in other parts of the country, Manuel Antonio's humid tropical forest remains green year-round. The town itself is spread out across a hilly and curving 5-km (3-mi) road that originates in Quepos and dead-ends at the entrance to Manuel Antonio National Park. Along this main road, near the top of the hill or on its southern slope, are the area's most luxurious hotels and fine-dining restaurants, surrounded by rain forest with amazing views of the beaches and offshore islands. The only problem with staying in one of those hotels is that you'll need to drive or take public transportation to and from the main beach and national park, about 10 minutes away. More hotel and restaurant options are available at the bottom of the hill, within walking distance of the beach. Nearly the entire ridge is covered with thick foliage.

Manuel Antonio is a very gay-friendly town. Many hotels and bars cater to gay travelers, although almost all of them offer a warm welcome to anyone walking in the door. The area doesn't especially cater to budget travelers, but there are a few cheap places near the end of the road.

As the road approaches the national park, it skirts the lovely, forest-lined beach of **Playa Espadilla,** which stretches for more than a mile north from the rocky crag that marks the park's border to the base of the ridge that holds most of the hotels. One of the most popular beaches in Costa Rica, Playa Espadilla fills up with sunbathers, surfers, volleyball players, strand strollers, and sand-castle architects on dry-season weekends and holidays, but for most of the year it is surprisingly quiet. Even on the busiest days it is long enough to provide an escape from the crowd, which tends to gather around the restaurants and lounge chairs near its southern end. Though it is often safe for swimming, beware of rough seas, which create deadly rip currents.

TO & FROM MANUEL ANTONIO
3 km/2 mi south of Quepos, 179 km/111 mi (3½ hrs) southwest of San José.

Manuel Antonio is a 15-minute drive over the hill from Quepos and 25 minutes from the Quepos airport. Between Sansa and NatureAir, there are 10 flights per day linking San José and Quepos, as well as direct flights between Quepos and other tourist destinations. Buses depart from San José's Coca-Cola bus station for Manuel Antonio three times a day. A local public bus makes the 20-minute trip from Quepos to Manuel Antonio every half hour from 7 to 7, then hourly until 10 PM.

℧ **Fincas Naturales,** a former plantation, has been reforested to allow native trees to spring back and not-so-native trees, like teak, to take root next to them. A footpath winds through part of the 30-acre tropical forest, and naturalist guides do a good job of ecological instruction and identifying birds. The reserve is home to three kinds of monkeys, as well as iguanas, motmots, toucans, tanagers, and seed-chomping rodents called agoutis. Guided walks are given throughout the day: the first starts at 6:30 AM for bird-watching, and the last is a nighttime jungle trek that departs at 5:30 PM. Unfortunately, you can't explore the reserve at your own pace; only the Butterfly Botanical Garden can be seen without a guide. ✉ *Entrance across street from Sí Como No Hotel* ☎ *777-0850* ⊕ *www.butterflygardens.co.cr* ☒ *$15–$35, depending on the tour* ♡ *Daily 7 AM–6 PM.*

OUTDOOR ACTIVITIES
Manuel Antonio's list of outdoor activities is almost endless. Tours generally range from $40 to $60 per person and can be booked through your hotel's reception desk or directly through the outfitter. During the rainy season, some outdoor options might lose their appeal; but clouds usually let loose in the afternoon, so take advantage of sunny mornings.

★ **Tití Canopy Tours** (☎ *777-3130*) has a relatively slow-paced zip-line tour ($55) through a forest reserve that is contiguous with the national park. Guides go above and beyond to make you feel comfortable and safe, and will help you spot animals.

TOUR OPERATORS
A small company run by friendly young locals with a good grasp of the area's activities, **Espadilla Tours** (☎ *777-5334* ✐ *arellysmonge@yahoo. com*) can arrange any kind of activity in the Manuel Antonio area,

from surf lessons to sunset sails. The Internet café next to the Marlin Restaurant has information.

HIKING

Highly visited Manuel Antonio National Park is the obvious place to go, but in private reserves like Fincas Naturales (⇨*above)* and Rainmaker (⇨*Quepos, above)* you can do more solitary hikes, gaining a richer appreciation of the local forests' greenery and wildlife. ■TIP➡**Bring binoculars!**

HORSEBACK RIDING

Brisas del Nara (☎779–1235 ⊕*www.horsebacktour.com*) takes riders of all ages and levels through the protected Cerro Nara mountain zone, 10 mi from Manuel Antonio, and ends at a 350-foot waterfall within its property. Full-day tours include three hours on horseback; the ride on the half-day tour lasts two hours on easier terrain ($45–$55). All tours include a meal. **Finca Valmy Tours** (☎779–1118 ⊕*www.valmy-tours.com*) is known for its attentive service and expert guides. Its six-hour horseback tours take you through the forested mountains above Villa Nueva, east of Manuel Antonio ($55). Lunch and swimming in a pool below a waterfall are included.

Beach riding is the specialty of **Rancho Savegre** (☎779–4430 *or* 834–8687 ✉*diegosolis@racsa.co.cr*). Run by two cowboy hat–wearing brothers, trips set out from a cattle ranch about 15 minutes south of Manuel Antonio and include a stop at a waterfall for swimming or trail walking. Of the two half-day tours, only the morning tour includes a meal.

KAYAKING

Iguana Tours (☎777–2052 ⊕*www.iguanatours.com*) runs sea-kayaking trips ($65) to the islands of Manuel Antonio National Park—which require some experience when the seas are high—and a mellower paddle through the mangrove estuary of Isla Damas, where you might see monkeys, crocodiles, and various birds.

SNORKELING AND DIVING

Manuel Antonio Divers (☎777–3483 ⊕*www.manuelantoniodivers.com*) offers dives at half-a-dozen spots offshore where an array of fish and other marine life congregates around volcanic rock formations, as well as certification courses and snorkeling excursions. **Oceans Unlimited** (☎777–3171 ⊕*www.oceansunlimited.com*) offers various offshore sites; an all-day diving excursions to Caño Island, a 90-minute boat trip away ($89–$139); PADI certification courses; and snorkeling. Several tour operators in town can put you on an organized snorkel excursion.

SWIMMING

When the surf is up, riptides are a dangerous problem on long Playa Espadilla, Manuel Antonio's main beach, which runs parallel to the road to the park's entrance. For a less turbulent swim and smaller crowds, head to **Playa Biesanz** (✉*Near Hotel Parador*), which lies within a sheltered cove and also makes for great snorkeling. Manuel Antonio's safest swimming area is sheltered **Playa Manuel Antonio,** which lies within the national park. Its white sand makes it attractive for lounging around, and it's also a good place for snorkeling. ■TIP➜Never leave your valuables unattended while you're swimming.

WHITE-WATER RAFTING
The three white-water rivers in this area have limited seasons. The rains from August to October raise the rivers to their perfect peak. **Río Savegre,** which flows past patches of rain forest, has two navigable stretches: the lower section (Class II–III), which is a mellow trip perfect for neophytes, and the more rambunctious upper section (Class III–IV). It is usually navigable from June to March. **Río Naranjo** (Class III–IV) has a short but exciting run that requires some experience and can be done only from June to December. **Río Parrita** (Class II–III) is a relatively mellow white-water route, and in the dry season it can be navigated only in two-person, inflatable duckies.

Manuel Antonio's original rafting outfitter, **Amigos del Río** (☎777–1084 ⊕ *www.adventuremanuelantonio.com*), leads trips down the Savegre and Naranjo on two-day, full-day, and half-day tours ($69–$98). Naranjo River tours can be combined with kayaking in the nearby estuary. **Rios Tropicales** (☎777–4092 ⊕ *www.aventurash2o.com*), the biggest rafting outfitter in the country, runs kayaking excursions and rafting trips on the Savegre and Naranjo ($70–$99).

WHERE TO STAY & EAT

$–$$$ ✕**Agua Azul.** This simple second-floor restaurant offers a breathtaking view and a deliciously inventive selection of seafood. The lunch menu is strong on salads and sandwiches, but the dinner options include such original entrées as lightly seared tuna with a red wine broth, calamari sautéed with capers and olives, and coconut-crusted mahimahi. ⊠ *Above the Villas del Parque office* ☎777–5280 ⊟ *MC, V* ⊗ *Closed Wed. and Oct.*

★ $–$$$ ✕**Anaconda Restaurant.** Named for the humongous snake whose skin is mounted on the wall behind the bar, this open-air restaurant is hidden in the rainforest. You won't see any anacondas (they are found in South America), but you may spot iguanas, squirrel monkeys, or various species of birds from one of the restaurant's oversize chairs. You are sure to enjoy the view of the coast. The eclectic menu ranges from shrimp curry to filet mignon with porcini mushrooms, and includes some excellent pastas and salads as well. The restaurant is a short drive from the beach, making it an excellent option for a quiet lunch or dinner. ⊠ *Costa Verde Hotel* ☎777–1973 ⊟ *AE, DC, MC, V.*

★ $–$$$ ✕**Sunspot Bar and Grill.** The open-air, poolside restaurant of the exclusive Makanda by the Sea hotel has tables beneath purple cloth tents, which overlook the sea and surrounding trees. Its kitchen is cleverly hidden beneath and serves up such succulent treats as jumbo shrimp in a ginger sauce and grilled beef tenderloin with different sauces. The menu also includes poultry and pasta dishes, along with nightly specials that sometimes list tender New Zealand lamb. ⊠ *Makanda by the Sea hotel, 1 km/½ mi west of La Mariposa* ☎777–0442 ⚓ *Reservations essential* ⊟ *V.*

6

$-$$ ✕ **Barba Roja.** Near the top of the hill, with a sweeping view of the sea and jungle, pirate-themed "Red Beard" is one of this town's oldest and most popular restaurants. Hardwoods furnish the open-air brick-floored dining room. The view, which is most impressive at sunset and equally good from any seat in the house, compensates for the sparse decor. Tasty sandwiches are on the lunch menu; the most popular dinner plates are the seared ginger-soy tuna, wahoo with mushrooms, and grilled mahimahi. The bar fills up for a happy hour lighted by crepuscular colors. ⊠ *Main road to the park, across from Hotel Divisamar, on the right* ☎ *777–0331* ⊟ *MC, V.*

Fodor's Choice   ⌶ **Makanda by the Sea.** Hypnotic views of the jungle-framed Pacific
★   Ocean make this secluded rain-forest retreat perfect for honeymoon-
$$$$ ers. White-and-cream villas, which are among the country's best (and most expensive), have a comfortable seating area and king-size bed facing the glass doors that lead to large balconies with ocean views. The modern kitchens won't be necessary for breakfast, which is delivered to your room. Windows behind the bed maximize natural light, and the small Japanese-style garden out back adds to the subtle, well-designed touches. The smaller studios lack views. The Sunspot Bar and Grill *(⇨ above)* is one of the best restaurants in town. ⊠ *1 km/½ mi west of La Mariposa* ✆ *Apdo. 29, Quepos* ☎ *777–0442, 888/625–2632 in North America* 🖷 *777–1032* ⊕ *www.makanda.com* 🛏 *6 villas, 5 studios* ☺ *In-room: no a/c (some), safe, kitchen, Wi-Fi. In-hotel: restaurant, room service, bar, pool, beachfront, laundry service, concierge, no kids under 16* ⊟ *AE, MC, V*⧖*BP.*

Fodor's Choice   ⌶ **La Mariposa.** The best view in town—a sweeping panorama of ver-
★   dant hills, the aquamarine ocean, and offshore islands—is Mariposa's
$$$-$$$$ claim to fame. Accommodations range from standard rooms overlooking the rain forest to bright suites with ocean-view balconies to a penthouse. All are spacious, with hand-carved furniture and large baths, and are located in a series of buildings between the jungle and gardens ablaze with colorful flowers. The white four-story main building with external spiraling stairways on both sides holds the lobby, restaurant, pools, and suites, which have semiprivate balconies. Transportation is provided to the beach, about 2½ mi away. ⊠ *Road to park, past Café Milagro* ✆ *Apdo. 4, Quepos* ☎ *777–0355, 800/572–6440 in U.S.* 🖷 *777–0050* ⊕ *www.hotelmariposa.com* 🛏 *60 rooms* ☺ *In-room: safe, kitchen (some), no TV, ethernet. In-hotel: restaurant, room service, bars, pools, concierge, laundry service, public Wi-Fi* ⊟ *AE, DC, MC, V*⧖*BP.*

★ $$$-$$$$ ⌶ **Sí Como No.** This luxury resort goes to great lengths to be eco-
☽   friendly, and has earned a level-four Certificate of Sustainable Tourism (level five is the highest). Family-friendly is another adjective that could be used to describe this place. Rooms of varying sizes (and prices) are in two-story buildings scattered through the rain forest. Spring for a deluxe room for a sea view, which you can enjoy from your private balcony. There are two pools: the one reserved for adults has a hot tub and a swim-up bar, the other is open to all ages and has a water slide. A free shuttle heads frequently to the beach, about 2 mi away. If the weather isn't cooperating, movies are shown nightly. Concrete painted

to resemble bamboo and palm trees evokes Disneyland, but the forest and ocean views are 100 percent Costa Rica. ⊠*Road to park, just after Villas Nicolás, right-hand side* ☎777–0777 🖷777–1093 ⊕*www. sicomono.com* ⤷*60 rooms, 4 suites* ♿*In-room: safe, kitchen (some), no TV. In-hotel: 2 restaurants, bars, pools, spa, laundry service, concierge, no elevator* ⊟*AE, MC, V*⦿|*BP.*

Fodor'sChoice ★ $$ ⊞**La Posada.** Nestled on the edge of the national park, this cluster of bungalows is also just a short walk from the beach. Each bungalow has its own name—Fisherman's Wharf, Birds of Paradise, Jungle—and is decorated accordingly. The palm-thatched terraces face the small pool and lush greenery of the rain forest. As the charming North American owner who lives on-site says, it's as close as you'll get to sleeping in the park. The main building holds three spacious apartments. ⊠*On the road beside the Marlin Restaurant* ⬧*Apdo. 155–6350, Quepos* ☎🖷*777–1446* ⊕*www.laposadajungle.com* ⤷*4 bungalows, 2 apartments* ♿*In-room: no phone, safe, refrigerator. In-hotel: restaurant, pool, laundry service, no-smoking rooms, no elevator* ⊟*MC, V*⦿|*BP.*

Fodor'sChoice ★ $$ ⊞**Villas Nicolás.** On a hillside about 2 mi from the beach, terraced Mediterranean-style villas have impressive views. Villas on the upper levels have ocean views, while those on the lower level overlook the jungle. (Those in the lower left corner overlook the hotel next door.) Each unit is decorated differently, but the predominant motif is tropical. Most have balconies, some of which are large enough to hold a table, chairs, and hammock. Narrow walkways wind through this tranquil property's lush grounds to the villas and blue-tile pool. ⊠*Road to park, across from Hotel Byblos* ⬧*Apdo. 236, Quepos* ☎*777–0481* 🖷*777– 0451* ⊕*www.villasnicolas.com* ⤷*19 villas* ♿*In-room: no a/c (some), safe, kitchen (some), refrigerator, no TV. In-hotel: pool, laundry service, no-smoking rooms, no elevator* ⊟*AE, DC, MC, V*⦿|*CP.*

¢ ⊞**Hotel Los Almendros.** On a large, palm-filled lot, these budget rooms are within walking distance of the beach and national park. Choose from air-conditioned or economical fan-ventilated rooms. Bathrooms are small, and the beds are soft, but the price is right. Terraces with plastic chairs face the large tiled pool. The restaurant can be loud at night, so light sleepers should request a room in the back. ⊠*On the road beside the Marlin Restaurant* ☎🖷*777–0225* ⤷*21 rooms* ♿*In-room: no a/c (some), no phone, no TV. In-hotel: restaurant, bar, pool, no elevator* ⊟*No credit cards* ⦿|*EP.*

★ ¢ ⊞**Hotel Vela Bar.** Abutting the jungle not far from Playa Espadilla, this low-key eclectic hotel has rooms of varying sizes and amenities at competitive rates. Though small, each room has its own rustic charm, with simple wooden furniture and terra-cotta tile or wooden floors. White-walled Room 7 is particularly charming, with large windows and a bathtub. Balconies and terraces with rocking chairs and hammocks overlook the tall, lush gardens. Two casitas, with private patios, air-conditioning, and TV, sleep four. The restaurant, under a conical thatched roof in front, serves an eclectic mix of seafood and meat dishes with an array of sauces. ⊠*Up road from Marlin Restaurant, on left* ☎*777–0413* 🖷*777–1071* ⊕*www.velabar.com* ⤷*10 rooms, 2 casi-*

tas ⭜ *In-room: no a/c (some), no phone, safe (some), kitchen (some), refrigerator (some), no TV (some).* *In-hotel: restaurant, bar, laundry service, public Internet, no elevator* ⦿ǀ*EP* ⊟ *AE, DC, MC, V.*

CENTRAL PACIFIC ESSENTIALS

BY AIR
The 30-minute flight between San José and Quepos can save you the 3½-hour drive or bus trip, which involves a serpentine mountain road. Flights from San José get you to Tambor in a fraction of the time it takes to drive to Puntarenas and ferry over. *For more information about bus travel between the Central Pacific and San José, see Air Travel in Essentials.*

BY BUS
Buses are very inexpensive and easy to use. From San José to Puntarenas you'll pay about $3, and from San José to Quepos or Manuel Antonio you'll pay about $5. *For more information about bus travel between the Central Pacific and San José, see Bus Travel in Essentials.*

BY CAR
From San José, the best way to get to the southern tip of Nicoya is to take the Pan-American Highway (CA1) west to Puntarenas (two hours), and board a car ferry bound for Paquera (one hour). Take the road to Cóbano, which passes Tambor. Turn left in Cóbano to reach Montezuma, or drive straight to reach Malpaís and Santa Teresa.

The quickest way to the Central Pacific Coast from San José is to take the Pan-American Highway (CA1) west to the exit for Atenas, where you turn left (south). Once you leave the highway, the road is one lane in each direction for the rest of the route. Between Atenas and Orotina it is steep and full of curves. If you don't have experience in mountain driving, you're better off taking a bus, shuttle van, or flight to the coast. The coastal highway, or Costanera, heads south from Orotina to Tárcoles, Jacó, Hermosa, and Quepos. It is well marked and, except for a few stretches near bridges, very well paved.

BANKS & EXCHANGING SERVICES
There are ATMs in Jacó, Puntarenas, Cóbano, Atenas, Quepos, and Manuel Antonio that accept either Visa, MasterCard, or both. Ask the receptionist at your hotel where the nearest one is located.

INTERNET
There are plenty of Internet cafés in Jacó, Montezuma, Puntarenas, and the Quepos/Manuel Antonio area, and at least one each in Atenas, Tambor, Malpaís, and Playa Hermosa. They charge the equivalent of $1–$3 per hour.

THE SOUTH PACIFIC

By Dorothy
MacKinnon

Costa Rica's wildest corner, and one of the last region's of the country to be settled, the South Pacific encompasses the southern half of Puntarenas Province and La Amistad National Park. The region descends from mountainous forests just an hour south of San José to the humid Golfo Dulce and the richly forested Osa Peninsula, 8 to 10 hours from the capital by car. This region offers some of the best opportunities to see quetzals and other birds in San Gerardo de Dota, and scarlet macaws and countless other critters that abound on the Osa Peninsula. It also has some of the country's most impressive, though least accessible national parks, as well as the greatest concentration of eco-lodges and private preserves. Stunning marine wonders can be found at the Golfo Dulce, the dives spots around Caño Island Biological Reserve, and the seasonal whale migrations that pass between that island and Ballena Marine National Park

SAN VITO

Except for the tropical greenery, the rolling hills around the bustling hilltop town of San Vito could be mistaken for a Tuscan landscape. The town actually owes its 1952 founding to 200 Italian families who converted forest into coffee, fruit, and cattle farms. The Italian flavor lingers in outdoor cafés serving ice cream and pastries and an abundance of shoe stores. A statue dedicated to the *pioneros* stands proudly in the middle of town. San Vito is also the center of the Coto Brus coffee region. Many of the coffee pickers are from the Guaymí tribe, who live in a large reserve nearby and just over the border in Panama. They're easy to recognize by the women's colorful cotton dresses.

TO & FROM SAN VITO

110 km/68 mi southeast of San Isidro, 61 km/38 mi northeast of Golfito.

If you are driving south from San Isidro, your best route is along the wide, smooth Pan-American Highway via Buenos Aires to Paso Real, about 70 km (43 mi). Then take the scenic high road to San Vito, 40 km (25 mi) farther along. This road has its share of potholes but it is the most direct route and the prettiest. Another route, which many buses take, is via Ciudad Neilly, about 35 km (22 mi) northeast of Golfito, and then 24 km (15 mi) of winding steep road up to San Vito, at almost 1,000 meters (3,280 feet) above sea level. There are direct buses from San José three times a day; and buses from San Isidro six times a day. You can also fly to Coto 47 and take a taxi to San Vito.

EXPLORING

Fodor'sChoice
★

The compelling tourist draw here is the world-renowned **Wilson Botanical Garden,** a must-see for gardeners and bird-watchers and enchanting even for those who are neither. Paths through the extensive grounds are lined with exotic plants and shaded by avenues of palm trees and 50-foot-high bamboo stalks. In 1961 U.S. landscapers Robert and Catherine Wilson bought 30 acres of coffee plantation and started planting

6

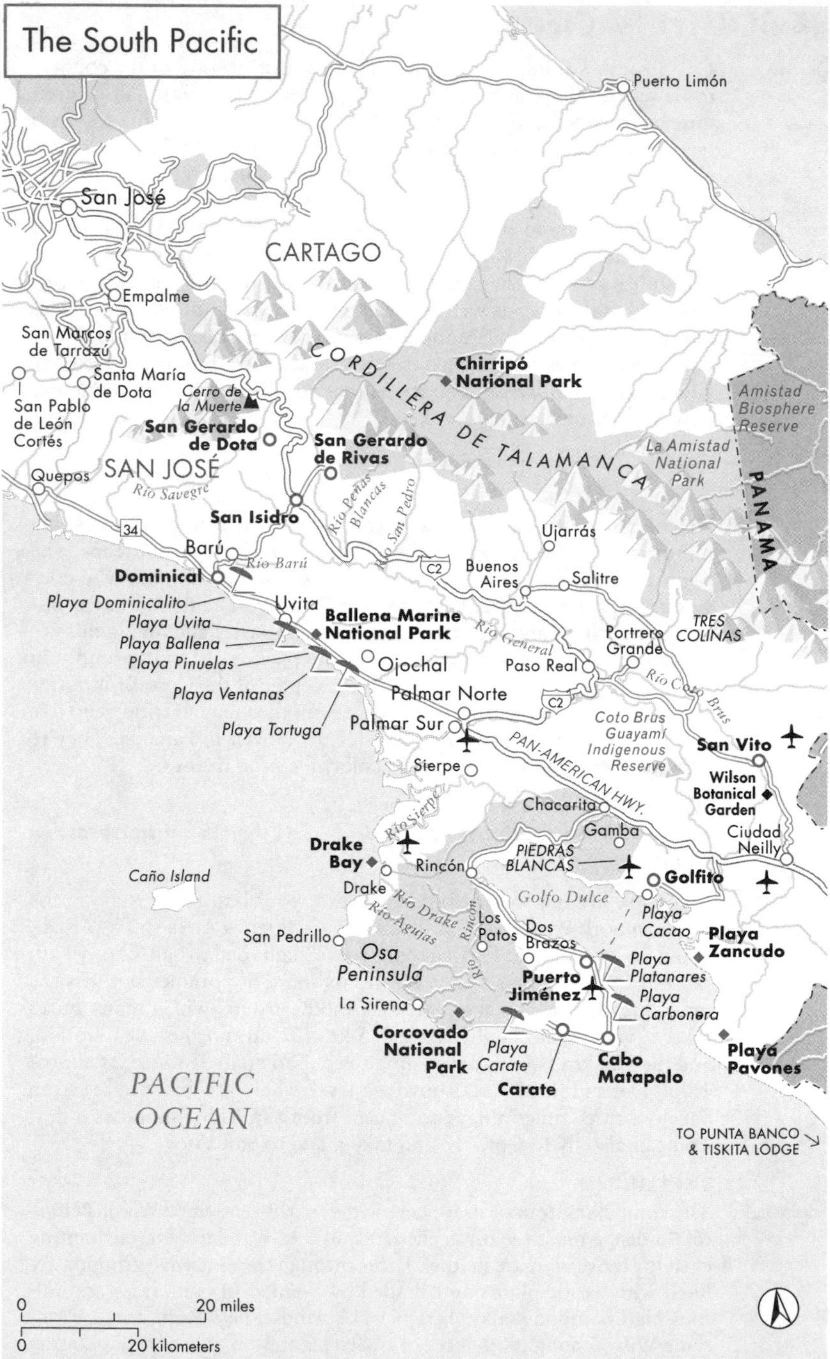

The South Pacific

Puerto Limón

San José

CARTAGO

Empalme

San Marcos
de Tarrazú

Santa María
de Dota

Cerro de
la Muerte

**San Gerardo
de Dota**

San Pablo
de León
Cortés

Quepos

SAN JOSÉ

Río Savegre

**San Gerardo
de Rivas**

CORDILLERA DE TALAMANCA

**Chirripó
National Park**

Amistad
Biosphere
Reserve

La Amistad
National
Park

PANAMA

San Isidro

34

Barú

Río Barú

Dominical

Río Peñas Blancas

Río San Pedro

C2

Ujarrás

Buenos
Aires

Salitre

TRES
COLINAS

Playa Dominicalito

Uvita

Playa Uvita

**Ballena Marine
National Park**

Playa Ballena

Playa Pinuelas

Playa Ventanas

Ojochal

Palmar Norte

Playa Tortuga

Palmar Sur

Sierpe

Río General

Paso Real

Portrero
Grande

Río Coto Brus

C2

PAN-AMERICAN HWY.

Coto Brus
Guayamí
Indigenous
Reserve

San Vito

**Wilson
Botanical
Garden**

Ciudad
Neilly

Río Sierpe

Caño Island

**Drake
Bay**

Rincón

Drake

Río Drake

San Pedrillo

Río Aguas

Río Rincón

Chacarita

Gamba

PIEDRAS
BLANCAS

Golfo Dulce

Los
Patos

Dos
Brazos

Osa
Peninsula

La Sirena

**Puerto
Jiménez**

**Corcovado
National
Park**

Playa
Carate

Carate

Playa
Cacao

Playa
Platanares

Playa
Carbonera

Golfito

**Playa
Zancudo**

**Cabo
Matapalo**

**Playa
Pavones**

PACIFIC
OCEAN

TO PUNTA BANCO
& TISKITA LODGE

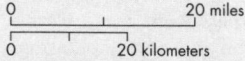

0   20 miles

0   20 kilometers

tropical species, including palms, orchids, bromeliads, and heliconias. Today the property extends over 635 acres, and the gardens hold around 2,000 native and more than 3,000 exotic species. The palm collection—more than 700 species—is the second largest in the world. Fantastically shaped and colored bromeliads, which usually live in the tops of trees, have been brought down to ground in impressive mass plantings, providing one of many photo opportunities. The property was transferred to the Organization for Tropical Studies in 1973, and in 1983 it became part of Amistad Biosphere Reserve. Under the name **Las Cruces Biological Station,** Wilson functions as a research and educational center, so there is a constant supply of expert botanists and biologists to take visitors on natural-history tours in the garden and the adjoining forest trails. If you spend a night at the garden lodge, you have the garden all to yourself in the late afternoon and early morning, when wildlife is most active. ✉ *6 km/4 mi south of San Vito on road to Ciudad Neilly* ✆ *Apdo. 73–8257, San Vito* ☎ *773–4004* 📠 *773–4109* 🌐 *www.esintro.co.cr* 🎫 *$8* ⏲ *Daily 8–4.*

6

WILDLIFE-WATCHING

If you are an overnight guest at **Wilson Botanical Garden** *(*⇨ *Exploring, above)*, you can walk the Río Java trail, through a forest thick with wildlife.

WHERE TO STAY

Fodor'sChoice ★ $$ 🏨 **Wilson Botanical Garden.** A highlight of any Costa Rican visit, this magical botanical garden has comfortable rooms in two modern buildings built of glass, steel, and wood that blend into a forested hillside. Private balconies cantilevered over a ravine make bird-watching a snap even from your room. Each room is named after the exotic plant growing at the doorway. Room rates include three excellent home-style meals, a guided tour of the grounds, and 24-hour access to the garden. Staying overnight is the only way to see the garden at dusk and dawn or to walk the Sendero Río Java, a trail that follows a stream through a forest teeming with birds and monkeys. The staff here is cheerful and professional, and the youthful enthusiasm of visiting research students is contagious. ✉ *6 km/4 mi south of San Vito on road to Ciudad Neilly* ✆ *OTS, Apdo. 676–2050, San Pedro* ☎ *524–0628* 📠 *524–0629* 🌐 *www.esintro.co.cr* ⇨ *12 rooms* ♿ *In-room: no a/c, no TV. In-hotel: restaurant, public Internet* 💳 *AE, MC, V* 🍴 *FAP.*

DOMINICAL

Sleepy fishing village turned scruffy surfer town, Dominical is changing again, as luxury villas pop up all over the hillsides above the beaches, bringing new wealth that is boosting the local economy. For now, it's still a major surfing destination, with a lively restaurant and nightlife scene. Bars and restaurants come and go with the waves of itinerant foreigners, so don't hesitate to try something new. Dominical's real magic lies beyond the town, in the surrounding terrestrial and marine wonders: the rain forest grows right up to the beach in some places, and the ocean offers world-class surfing.

TO & FROM DOMINICAL

34 km/21 mi (50 mins) southwest of San Isidro, 40 km/25 mi (1½ hrs) south of Quepos.

The paved road west over the mountains and down to Dominical is scenic at its best and fog-shrouded at its worst. There are lots of curves, and potholes pop up unexpectedly, so take your time and enjoy the scenery along the route from San Isidro. From Quepos, the road south is the only section of the Costanera still not paved, and it's a bumpy, dusty ride past palm-oil plantations. Buses from San Isidro and Quepos leave twice a day. If you want to avoid driving altogether, Easy Ride has air-conditioned minibuses with room for 6 to 8 passengers that make two trips to and from San José daily ($35).

EXPLORING

The **Hacienda Barú** nature reserve is a leader in both ecotourism and conservation, with a turtle protection project and nature education program in the local school. The bird-watching is spectacular, with excellent guides. You can stay at the cabins or just come for the day to walk the forest and mangrove trails, zip through the canopy on cables, or climb a tree or stake out birds on an observation platform. ⊠ *3 km/2 mi north of bridge into Dominical* ☎ *787–0003* ⊕ *www.haciendabaru. com* ✉ *$6, tours $20–$60* ⊙ *Daily 7* AM*–dusk.*

Five years in the making, **Parque Reptilandia** is an impressive reptile house with more than 150 specimens of snakes, lizards, frogs, turtles, and other creatures in terrariums and large enclosures. You can even catch a glimpse of Central America's only Komodo dragon. Kids love the maternity ward showcasing newborn snakes. More mature snakes live under a retractable roof that lets in sun and rain. They become much more active when it rains, so this is a great rainy-day-at-the-beach alternative activity. Night tours ($12) can also be arranged to watch nocturnal animals at work. If you're not squeamish, feeding day is Friday. ⊠ *11 km/7 mi east of Dominical on road to San Isidro* ☎ *787–8007* ⊕ *www.crreptiles.com* ✉ *$10* ⊙ *Daily 9–4.*

Playa Dominical is long and flat, rarely crowded, and good for beach-combing among all the flotsam and jetsam that the surf washes up onto the brown sand. Swimmers should beware of fatally dangerous rip currents. In high season, flags mark off a relatively safe area for swimming, under the watchful gaze of a professional lifeguard.

Playa Dominicalito, just 1 km (½ mi) south of Playa Dominical, is usually calmer and more suited to Boogie boarding.

WHERE TO STAY & EAT

$–$$ ✕ **Coconut Spice.** If you like rice with spice, you've come to the right place. This sophisticated restaurant has authentic Southeast Asian flavor in both the food and furnishings. Try the hot-and-sour tom yan goong soup, tart with lemongrass and lime and heated up with chilies. The jumbo shrimp vary in price and can get quite expensive, but they're worth it: buttery, sweet, and cooked in spicy coconut sauce. There are also satays, curries, and other Indian dishes. The restaurant recently moved to a larger location by the river. ⊠ *Pueblo del Río, at entrance to Dominical* ☎ *787–0073* ⊟ *MC, V* ☾ *Closed Mon.*

★ $-$$ 👤**Necochea Inn.** Though the forest setting feels primeval, the decor at this handsome mountain retreat is a sophisticated mix of plush, contemporary furniture. Downstairs living and dining rooms face a wall of sliding glass doors looking onto a stone-decked pool in the jungle and a slice of ocean for a view. Two streams run through the forested property, supplying a natural sound track. A curved stone stairway leads up to two luxurious, large rooms that share a spacious bath. Two suites have private porches, decadent bathrooms with deep tubs, antique armoires, and gleaming hardwood floors. Hosts Yvonne and Carlos are full of energy and make every guest feel at home. ⊠ *2 km/1 mi up Bella Vista road just south of Km 147, past the Pozo Azul, Dominicalito* ☎ *787–8072 or 395–2984* ⊕ *www.thenecocheainn. com* ⇋ *3 rooms with shared bath, 2 suites* ⚒ *In-room: no a/c, no phone, no TV. In-hotel: restaurant, pool* ⊟ *MC, V* ⭐ *BP.*

★ $ 👤**Villas Río Mar.** Upriver from the beach on exquisitely landscaped grounds, this hotel is awash in clouds of terrestrial orchids and aflame with bright bougainvillea and hibiscus. Rooms are in adobe-style cabinas with thatched roofs and cane ceilings, and have clean white-tile bathrooms. The newer junior suites have king-size beds, cable TV, and air-conditioning—a must, since the cabinas bake in the sun. Four also have whirlpool tubs. Every room has a private porch screened with mosquito netting and furnished with bamboo chairs and hammocks. Plants and elegant table settings fill the thatch-roof restaurant where the breakfast buffet ($6) is a good deal. A luxurious, large pool has a swim-up bar and handsome teak pool furniture. ⊠ *1 km/½ mi west of Dominical; turn right off highway into town and then right again under bridge and follow bumpy river road* ☎ *787–0052* ☎ *787–0054* ⊕ *www. villasriomar.com* ⇋ *40 rooms, 12 junior suites* ⚒ *In-room: no a/c (some), refrigerator, no TV (some). In-hotel: restaurant, bar, tennis court, pool, spa, beachfront, bicycles, public Internet* ⊟ *AE, MC, V* ⭐ *EP.*

6

GOLFITO

Overlooking a small gulf (hence its name) and hemmed in by a steep bank of forest, Golfito has a great location. Sport- and fly-fishing have taken off in this area, and many lodges run world-class fishing trips. The gulf water is warm, salty, and crystal-clear in the early mornings. When the sun sets behind the rolling silhouette of the Osa Peninsula, you can sometimes spot phosphorescent fish jumping. Golfito was a thriving banana port for several decades—United Fruit arrived in 1938—with elegant housing for its plantation managers. After United Fruit pulled out in 1985, Golfito slipped into a state of poverty and neglect. The town itself consists of a pleasant older section and a long, ugly strip of newer buildings. Visiting U.S. Navy ships dock here, and small cruise ships moor in the harbor. The Costa Rica Coast Guard Academy is also here.

TO & FROM GOLFITO

339 km/212 mi (8 hrs by car; 1 hr by plane) southeast of San José.

From San José the trip is a long and often grueling drive along paved roads crossing over often-foggy mountains. Your best bet, especially if you are visiting one of the lodges on the gulf, is to fly to Golfito. Direct buses from San José leave twice daily.

EXPLORING

The northwestern end of town is the so-called **American Zone,** full of wooden houses on stilts, where the expatriate managers of United Fruit lived amid flowering trees imported from all over the world. Some of these vintage houses, built of durable Honduran hardwoods, are now being spruced up.

Golfito doesn't have a beach of its own, but **Playa Cacao** is a mere five-minute boat ride across the bay from town. Hire a boat at the city dock or from a mooring opposite the larger cruise-ship dock, north of Golfito's center. Playa Cacao has two casual restaurants and one collection of basic cabinas, but it makes a cooler, quieter option when the heat and noise in Golfito get unbearable.

★ A Garden of Eden with mass plantings of ornamental palms, bromeliads, heliconias, cycads, orchids, flowering gingers, and spice trees, **Casa Orquideas** has been tended with care for more than 25 years by American owners Ron and Trudy MacAllister. The 2½-hour tour includes touching, tasting, and smelling, plus spotting toucans and hummingbirds. Trudy is also a font of information on local lore and medicinal plants. Guided tours, given for a minimum of three people, are $8 per person. Self-guided tours cost $5. The garden is accessible only by boat; a water taxi from Golfito to the garden (about $60 round-trip for up to four people) is a tour in itself. ⊠*North of Golfito on the Golfo Dulce* ☎*775–1614* ⌨*$5–$8* ☉ *Tours Sat.–Thurs. at 8:30* AM.

OUTDOOR ACTIVITIES

FISHING

The open ocean holds plenty of sailfish, marlin, and roosterfish during the dry months, as well as mahimahi, tuna, and wahoo during the rainy season; there's excellent bottom fishing any time of year. Captains are in constant radio contact with one another and tend to share fish finds.

Banana Bay Marina (☎*775–0838* ⊕*www.bananabaymarina.com*) has a fleet of five boats skippered by world-record-holding captains. A day's fishing for up to four starts at $850. **C-Tales** (⊠*Las Gaviotas Hotel* ☎*775–0062* ⊕*www.c-tales.com*) operates fishing boats with English-speaking captains. With 11 boats, **Golfito Sailfish Rancho** (☎*380–4262, 800/450–9908 in U.S.* ⊕*www.golfitosailfish.com*) has the area's largest fishing charter operation. **Land Sea** (⊠ *Waterfront next to Banana Bay Marina* ☎☎*775–1614* ⊕*www.marinaservices-yachtdelivery.com*) can hook you up with with independent captains in the area.

WHERE TO STAY

Fodor's Choice
★
$$$$

⊡ **Playa Nicuesa Rainforest Lodge.** Hands down, this is the best lodge on the gulf, with friendly but professional service and an emphasis on adventure. Out the front door of the lodge are beach, bay, and mangroves, with kayaks, snorkeling, fishing, sailing, and swimming; out the back door is a forested mountain with hiking trails, a waterfall, and plenty of wildlife and a resident naturalist to interpret the trails. The two-story main lodge is a palatial treehouse, crafted from 15 kinds of wood. Luxurious, hexagonal wooden cabins with open-air showers are scattered around a lush garden that ensures privacy. A stucco guest-house with four large, comfortable rooms is shaded by mango trees. Solar power ensures a steady supply of electricity and there's always lots of hot water. Imaginative meals are served in the second-story dining room–cum–lounge with an unbeatable tropical-garden view. ⊠ *Golfo Dulce, north of Golfito; accessible only by boat from Golfito or Puerto Jiménez* ⌖ *Apdo. 56, Golfito* ☎ *824–6571, 256–0085 in San José, 866/504–8116 in U.S.* ⊕ *www.nicuesalodge.com* ⟿ *5 cabins, 4 rooms* ☝ *In-room: no a/c, no phone, no TV. In-hotel: restaurant, bar, beachfront, water sports, no kids under 6* ⊟ *MC, V* ☯ *Closed Oct.– Nov. 15* ⫟⊙⫠ *AI.*

$$$

⊡ **Esquinas Rainforest Lodge.** This well-managed eco-lodge is run by an Austrian who has tried to instill a sense of Teutonic order. (More than 80 percent of the guests here are from Germany and Austria.) But the tidy gravel paths winding past wooden cabins in manicured gardens are being encroached upon by wild forest, with the garden looking wilder every year. Rooms have tile floors, good reading lamps, and airy bathrooms with plenty of hot water. A spring-fed pool is delightful, and the candlelit dining room serves excellent food. Fragrant white ginger and ylang-ylang encircle a pond with resident caimans. Thrilling trails head to the waterfalls and primary forest of Piedras Blancas Park. Local guides lead river walks and bird-watching tours. If you have 4WD, you can get here by following the dirt road from Golfito through the heart of Piedras Blancas National Park. In the dry season when it's passable, this back route can cut miles off a trip from the north, and it passes through some gorgeous wilderness. ⊠ *Near La Gamba, 5 km/3 mi west of Villa Briceño turnoff* ☎ *741–8001* ⊕ *www.esquinaslodge. com* ⟿ *14 rooms* ☝ *In-room: no a/c, no phone, no TV. In-hotel: restaurant, bar, pool* ⊟ *AE, MC, V* ⫟⊙⫠ *FAP.*

¢

⊡ **Hotel Las Gaviotas.** Just south of town on the water's edge, this hotel has wonderful views over the inner gulf. Rooms have terra-cotta floors, teak furniture, and a veranda with chairs overlooking the well-tended tropical gardens and the shimmering gulf beyond. A pleasant open-air restaurant with fresh-tasting food looks onto the large pool, whose terrace is barely divided from the sea. The restaurant has an extensive wine and cocktail list, and the weekend barbecue buffets ($15) are the best deal in town. The hotel books sportfishing trips and has a good gift shop. ⊠ *3 km/2 mi south of Golfito town center* ⌖ *Apdo. 12–8201, Golfito* ☎ *775–0062* 📠 *775–0544* ⟿ *18 rooms, 3 cabinas* ☝ *In-room: safe. In hotel: restaurant, bar, pool* ⊟ *AE, MC, V* ⫟⊙⫠ *EP.*

6

SHOPPING

Ticos are drawn to Golfito's duty-free bargains on such imported items as TV sets, stereos, tires, wine, and liquor. To shop at the **Depósito Libre** you have to spend the night in Golfito, because you have to register in the afternoon with your passport to shop the next morning. Shopping is sheer madness in December. It's closed on Mondays. **Tierra Mar** (✉ *Waterfront next to Banana Bay Marina*) has an excellent selection of painted wood masks. It also has one-of-a-kind local crafts, such as woven straw hats, cotton purses, and painted gourds.

★ In a class all its own, the **Mercado Artesania** (✉ *Hotel Samoa Sur, main street, 1 block north of town dock*) is the biggest emporium in the Southern Zone, filled with every imaginable—and unimaginable—souvenir. Large paintings by local artists, huge painted fans from Thailand, hammocks, beach clothes, and life-size snake carvings are just a few of the offerings here. Even if you don't buy a thing, it's fun to look. Ask the hotel manager to unlock the door and visit the Shell Museum, the hotel owner's personal, life-long collection of shells.

PLAYA ZANCUDO

For laid-back beaching involving hammocks strung between palms and nothing more demanding than watching the sun set, you can't beat breezy Playa Zancudo, with its miles of wide, flat beach and views of the Osa Peninsula. It isn't picture-perfect: the 10 km (6 mi) of dark brown sand is often strewn with flotsam and jetsam. But there's a constant breeze and a thick cushion of palm and almond trees between the beach and the dirt road running parallel. The standout feature is the magnificent view across the gulf to the tip of the Osa Peninsula. The beach runs almost due north–south, so you have center-stage seats for sunsets, too. Away from the beach breezes, be prepared for biting *zancudos* (no-see-ums).

There's a flurry of new construction here, with Canadians and Americans building substantial beachfront homes. Most hotels and restaurants are within sight of the beach. Life here is laid-back and very casual, centering on walking the beach, fishing, kayaking, swimming, and hanging out at the local bars and restaurants. Zancudo has a good surf break, but it's nothing compared with Playa Pavones a little to the south. Swimming is good two hours before or after high tide, and if you get tired of playing in the surf and sand, you can arrange a boat trip to the nearby mangrove estuary to see birds and crocodiles. Zancudo is also home to one of the area's best sportfishing operations, headquartered at Roy's Zancudo Lodge.

TO & FROM PLAYA ZANCUDO

51 km/32 mi (2½ hrs) south of Golfito.

The road from Golfito is paved for the first 11 km (7 mi), but after the turnoff at El Rodeo the trip entails almost two hours of bone shaking and a short ride on—but sometimes long wait for—a cable river ferry. You are much better off without a car here. You can hire a boat at the municipal dock in Golfito for the 25-minute ride ($30 for two) or take a $5 *collectivo* boat that leaves Zancudo Monday to Saturday at 6:30 AM; the return boat leaves Golfito's Hotel Samoa del Sur at noon. **Cabinas Los Cocos** (⊠*Beach road* 🏠776–0012) has water-taxi service to Golfito ($15 per person; minimum 2 people) and service to Puerto Jiménez ($15 per person; minimum 4 people).

OUTDOOR ACTIVITIES

FISHING

If you've got your own gear, you can do some good shore fishing from the beach or the mouth of the mangrove estuary, or hire a local boat to take you out into the gulf. The main edible catches are yellowfin tuna, snapper, and snook; catch-and-release fish include marlin, roosterfish, and swordfish.

Roy's Zancudo Lodge (⊠*North end of town on main road* 🏠*776–0008* ⊕*www.royszancudolodge.com*) runs the biggest charter operation in the area, with 12 boats ranging in length from 25 feet to 28 feet. Packages include gear, food, and drinks, and you can arrange to be picked up in Golfito, Puerto Jiménez, or San José. Captain John Olson at **Sportfishing Unlimited** (🏠776–0036 ⊕*www.sportfishing.co.cr*) offers 28-foot center-console boats with both fly and conventional tackle. The rate is $550 per day for two fishers, which includes lunch, drinks, and gear. Born and raised in Golfito, **Captain Ronny** (🏠776–0048 ✎*golfitocr@yahoo.com*) has worked at all the area fishing lodges. The daily rate is an all-inclusive $700.

KAYAKING

The kayaking is great at the beach and along the nearby Río Colorado, lined with mangroves. **Cabinas Los Cocos** (⊠*Beach road* 🏠776–0012) has a popular tour ($45) that takes you for a 1½-hour motorboat ride up the river, then a two-hour kayak tour along a jungly mangrove channel. The company also rents user-friendly sit-on-top kayaks with back rests for $5 per hour.

WHERE TO STAY & EAT

★ $–$$ ✗**Restaurant Sol y Mar.** On a breezy porch with a palm-fringed beach view, this restaurant has the most cosmopolitan food in Zancudo, with an eclectic menu of spicy *quesadillas,* savory chicken *cordon bleu,* and fresh fish with elegant French sauces. There's a touch of Thai here, too; one of the most popular dishes is mahimahi in a coconut-curry sauce. Desserts are decadent and delicious. ⊠*Hotel Sol y Mar, main road* 🏠776–0014 ▭*No credit cards.*

$ ✗▣**Oasis on the Beach.** The three wooden cabins at this laid-back beach hotel are reminiscent of old Nantucket cottages. Each has bright ceramic bathrooms and porches where you can catch the constant breeze and admire the view of coconut palms, blue sky, and white surf. Mini-fridges are stocked with water. The newest additions are the two air-conditioned rooms in a two-story villa. The contemporary restaurant/bar is the coolest place in Zancudo, meaning it has air-conditioning at night. ⊠*Main beach road, as you enter town* 🏠776–0087 🏠776–0052 ⊕*www.oasisonthebeach.com* ⌐3 cabins, 2 rooms ᘒ In-room: no

*a/c (some), no phone, refrigerator, no TV. In-hotel: restaurant, bar,
beachfront ☰ V ¶⭘ EP.*

$ 🏠**Cabinas Los Cocos.** This cluster of self-catering cabins is designed for
people who want to kick back and enjoy the beach. Artist Susan England
and her husband, Andrew Robertson, are Zancudo fixtures and
can organize any activity, including river safaris, kayaking tours, and
visits to nature preserves. Two idyllic tropical cabins have thatched
roofs and hammocks. The others are renovated 40-year-old banana-
company houses moved here from Palmar Norte. These charming
white-and-green wooden cottages give you the rare chance to share a
little bit of Costa Rican history. ✉*Beach road, about 300 m north of
Sol y Mar* 🖼️🖼️*776–0012* ⊕*www.loscocos.com* ⟿*4 cabins* ⚭*In-room:
no a/c, no phone, kitchen, no TV. In-hotel: beachfront* ☰*No credit
cards* ¶⭘ EP.*

PLAYA PAVONES

One of the most scenic beaches to drive past is remote Playa Pavones,
on the southern edge of the mouth of Golfo Dulce. Through a fringe of
palms you catch glimpses of brilliant blue, white surf crashing against
black rocks, and the soft silhouette of the Osa Peninsula across the gulf.
The area attracts serious surfer purists, but also has pristine black-sand
beaches and virgin rain forest. The coast is very rocky, so it's important to ask locals which beach to try. One of the best places to swim
is in the Río Claro, under the bridge or at the river mouth (dry season
only). The town of Pavones itself is an unprepossessing collection of
pensiones and sodas clustered around a soccer field.

TO & FROM PLAYA PAVONES
53 km/33 mi (2½ hrs) south of Golfito.

There's no avoiding the bumpy road from Golfito to Conte, where the
road forks north to Zancudo and south to Pavones. But the dirt road
to Pavones is usually well graded. A public bus leaves from Golfito
very early in the morning. A taxi from the airstrip in Golfito costs
more than $60.

OUTDOOR ACTIVITIES

SURFING
Pavones is famous for one of the longest waves in the world, thanks to
the mouth of the Río Claro, which creates ideal sand banks and well-
shaped waves. The ocean bottom is cobblestoned where the surfing
waves break. The most consistent waves are from April to September,
and that's when the surfing crowd heads down here from the Central
Pacific Coast beaches. But even at the crest of its surfing season Pavones
is tranquillity central compared to the surfing hot spots farther north.

Most surfers here are serious about their sport and bring their own
boards, but you can rent soft surfboards—$20 long, $15 short—
and Boogie boards at **Sea Kings Surf Shop** (✉*In town, by the soccer
field* 🖼️*393–6982 or 829–2409* ⊕*www.surfpavones.com*). Surf lessons
are $50, including board rental. **Cabinas La Ponderosa**(⇨ *Where to Stay*

& Eat, below) rents surfboards ($15) and Boogie boards ($5), as well as bicycles ($10).

WHERE TO STAY & EAT

¢–$ ✕**Cafe de la Suerte.** Fortunately for food-lovers, the "Good Luck Café" serves truly astonishing vegetarian food that even a carnivore could love, along with intriguing exotic juice combinations and thick fruit smoothies. The homemade yogurt is a revelation: light, almost fluffy, and full of flavor. The Israeli owners serve it over a cornucopia of exotic fruits, sprinkled with their own granola, and mix it into refreshing fruit-flavored *lassis* (a yogurt-based drink from India). Healthy sandwiches are heavy on excellent hummus, and hot daily specials might include curried hearts of palm. Don't leave without buying a fudgy brownie or a brown-sugar oatmeal square for the road. ⊠*Next to soccer field* ☎*No phone* ⊟*No credit cards.*

Fodor'sChoice   ⌃**Tiskita Jungle Lodge.** One of the premier attractions in the Southern
★   Zone for nature lovers, Tiskita was begun in 1977 by Peter Aspinall, a
$$$ passionate farmer and conservationist, and his wife Lisbeth. The property includes a vast fruit orchard, with more than 100 varieties of trees that attract monkeys, coatis, birds, and other wildlife. Surrounding the orchard are 800 acres of primary and secondary forest, a habitat for the more than 275 species of birds and a 90-strong troop of squirrel monkeys. Peter leads tours of the orchard, and expert naturalist guide Luis Vargas leads bird-watching and nature tours. Comfortable screened wooden cabins on stilts have rustic furniture and tiled bathrooms, some of them open-air. Trails invite you to explore the jungle and a cascading waterfall with freshwater pools. Very simple, rather meager buffet meals are served in an open-air dining room. Throughout the day you can help yourself to freshly squeezed tropical juices in the fridge, and the cookie jar is always full. Cabins are spread out, with lots of steps to climb. No. 6 has the most privacy, and a beautiful ocean view. The beach, with swimmable waters, is a steep 15-minute downhill walk. Most guests arrive by air taxi at the hotel's private airstrip. ⊠*6 km/4 mi south of Playa Pavones* ⌂*Apdo. 13411–1000, San José* ☎*296–8125* ⎙*296–8133* ⊕*www.tiskita-lodge.co.cr* ⇆*16 rooms in 3 single cabins, 3 doubles, and 1 triple* ♿*In-room: no a/c, no phone, no TV. In-hotel: restaurant, bar, pool, beachfront, bicycles* ⊟*No credit cards* ♥*Closed Sept. 15–Oct. 31* ⍾*AI.*

$–$$ ⌃**Cabinas La Ponderosa.** The world-famous Playa Pavones surfing break is just a 10-minute walk from this surfer-owned hotel. It's a cut above the usual surfer place, and a bargain, with three meals included in the rate. Screened porches overlook a lush garden, and nature trails wind through 14 acres. The house has two bedrooms that sleep up to six and a screened balcony but no kitchen. The common area has a Ping-Pong table, and there are volleyball and basketball courts. Everything is within walking distance, including a swimmable beach, so you don't need a car. ⊠*On beach* ☎*824–4145 for voice mail, 954/771–9166 in U.S.* ⊕*www.cabinaslaponderosa.com* ⇆*5 rooms, 1 house* ♿*In-room: no a/c (some), no phone, refrigerator (some). In-hotel: restaurant, beachfront, bicycles* ⊟*No credit cards* ⍾*EP.*

⊙ $ ⊞ **Casa Siempre Domingo.** High on a breezy hill, this B&B has the town's best view of the Golfo Dulce. Two of the four enormous rooms have 20-foot ceilings and double beds set high to catch the view out the large windows. The other two have pretty garden views. Even the big outdoor stone shower has narrow slits to capture the view. The owners have a young son and welcome playmates. Substantial breakfasts are served at a large communal table in a screened-in great room, and there's a communal fridge for storing food and drinks. The steep driveway up to this lofty perch can be a little daunting. You'll need 4WD or else you can build up a set of steely muscles climbing up on foot. ⊠ *2 km/1mi south of town; follow signs after Río Claro Bridge* ☎ *820–4709* ⊕ *www.casa-domingo.com* ➪ *4 rooms* ⅙ *In-room: no phone, no TV* ⊟ *No credit cards* ⎮⊙∣*BP.*

PUERTO JIMÉNEZ

You might not guess it from the main street filled with bicycles and ancient pickup trucks, but Puerto Jiménez is the largest town on the Osa Peninsula. This one-iguana town has a certain frontier charm, though. New restaurants, hotels, and "green" newcomers are lending an interesting, funky edge. It's also the last civilized outpost on the peninsula. Heading south, you fall off the grid. That means there is no public electricity or telephones. So make your phone calls, send your e-mails, get cash, and stock up on supplies here. Be prepared for the humidity and mosquitoes—Puerto Jiménez has plenty of both. If you need a refreshing dip, head south of the airport to Playa Platanares, where there is a long stretch of beach with swimmable (but still warm) waters.

The reason to come to Puerto Jiménez is to spend a night before or after visiting Corcovado National Park, since the town has the best access to the park's two main trailheads and an airport with flights from San José. It's also the base for the *collectivo* (public transport via pickup truck) to Carate.

The **National Parks Service Headquarters** (⊠ *Next to airport* ☎ *735–5036* ⊞ *735–5276*) has information about hiking trails in Corcovado National Park. The office is open weekdays 8 to 4.

TO & FROM PUERTO JIMÉNEZ

130 km/86 mi (3 hrs by car; 90 mins by boat) west of Golfito, 364 km/226 mi (8 hrs by car; 1 hr by plane) from San José.

Most visitors fly to Puerto Jiménez from San José, since the drive is grueling and long. The drive from Golfito is not recommended either—the road from Chacarita to Rincón is notoriously potholed, and the road from Rincón to Jiménez is dust-filled dirt all the way. A better option from Golfito is the motorboat launch. A rickety old passenger launch ($1.50 each way) leaves Golfito at 11:30 AM every day and takes 1½ hours. Faster motorboat launches (4$) make the trip in half an hour, leaving Golfito seven times a day starting at 5:10 AM. You can also hire private taxi boats at the city dock. Prices are $50 to $75 between Golfito and Puerto Jiménez. Water taxis can also take you to beachfront lodges.

A *collectivo,* an open-air communal truck ($8), leaves Puerto Jiménez twice daily for Cabo Matapalo and Carate. It's the cheapest way to travel, but the trip is along a very bumpy road—not recommended in rainy season (May–December). The collectivo leaves from Autotransportes Blanco, 200 meters west of the Super 96, at 6 AM and 1:30 PM.

OUTDOOR ACTIVITIES

Escondido Trex (⊠ *Restaurante Carolina, 200 m south of soccer field* ☎ *735–5210* ⊕ *www.escondidotrex.com*) arranges kayaking, charter-fishing, and small-boat outings for watching wildlife, in addition to a number of land-based outings. Isabel Esquivel at **Osa Tropical** (⊠ *Main road, across from Banco Nacional* ☎ *735–5062* ⊕ *www.osatropical.com*) runs the best general tour operation on the peninsula. Whatever travel question you ask the locals, they will usually say: "Ask Isabel." Along with arranging flights, ground transport, hotel bookings, tours, and car rentals, Osa Tropical is the radio communications center for all the Osa lodges and tour operators.

BIRD-WATCHING

The birding around the Osa Peninsula is world renowned, with more than 400 species. Endemic species include Baird's trogon, yellow-billed cotinga, whistling wren, black-cheeked ant tanager, and the glorious turquoise cotinga. There have even been sightings of the very rare harpy eagle in the last couple of years. One of the best spots on the peninsula to find a yellow-billed cotinga or a white-crested coquette is the bridge over the river at **Rincón** (⊠ *40 km/25 mi north of Puerto Jiménez*), if you get there before 7 AM.

★ The best English-speaking birding guides are Liz Jones and Abraham Gallo, who run **Bosque del Río Tigre Lodge** (⊠ *Dos Brazos del Tigre, 12 km/7½ mi northwest of Puerto Jiménez* ☎ *735–5725* ⊕ *www.osaadventures.com*). They lead birding trips all around the peninsula, including visits to Corcovado National Park.

FISHING

Along with Golfito across the water, Puerto Jiménez is a major fishing destination, with plenty of billfish and tuna, snapper and snook, almost all year, with the exception of June and July, when things slow down. The best offshore fishing is between December and April.

Parrot Bay Village (☎ *735–5180* ⊕ *www.parrotbayvillage.com*) is one of the biggest operations around. Its state-of-the-art boats have quiet four-stroke engines and custom rods and lures. A full-day offshore fishing trip for up to four costs $875. **Taboga Aquatic Tours** (☎ *735–5265*), a more modest local fishing outfit, offers half-day in-shore fishing for up to four for $250; a whole day offshore costs $350.

KAYAKING

☯ Puerto Jiménez is a good base for sea-kayaking trips on the calm Golfo Dulce and for exploring the nearby mangrove rivers and estuaries. Alberto Robleto, an enterprising local, has amassed an impressive fleet of kayaks with excellent safety equipment at **Aventuras Tropicales Golfo Dulce** (⊠ *South of airport on road to Playa Platanares* ☎ *735–*

5195 🏠*735–5692* ⊕*www.aventurastropicales.com*). Tours include snorkeling, dolphin-watching, and bird-watching. The most popular is the three-hour mangrove tour ($25). A three- to five-day kayaking tour ($80 per day) teaches survival skills in the tropical forest. **Escondido Trex** (⇨*above*) has kayak fishing trips ($20), mangrove tours ($35), and popular sunset dolphin tours ($50).

WHERE TO STAY & EAT

Playa Platanares is only about 6 km (4 mi) outside of Puerto Jiménez, but lodgings there have a very different feeling from those in town, as they are on a lovely and quiet beach. Bosque del Río Tigre, Villa Corcovado, and Río Nuevo Lodge are also outside of town, but in forested areas.

Fodor'sChoice
★
$$–$$$

✕**El Restaurante Jade Luna.** Haute cuisine is not what you'd expect in Puerto Jiménez, but New York chef Barbara Burckhardt has set a whole new standard at her elegantly arcaded terrace restaurant. Already famous for her ice creams and sorbets, Barbara has scoured the country to find the finest goat cheese, the best smoked trout, and the freshest herbs, and solicited local fishermen to deliver just-caught seafood, to create outstanding dinners as well. The menu changes daily, but you can count on such imaginative dishes as grilled loin pork chop with a coriander, cumin, orange, and black-peppercorn rub, and succulent coconut and macadamia-fried shrimp. Italian and French wines are reasonably priced ($16–$30). For dessert, the coconut and dulce de leche macadamia-nut pie with chocolate sauce is a hit. ⊠*500 m east of airport on road to Playa Platanares* 🏠*735–5739* ⊟*No credit cards* ⊗*No lunch. Closed Sun. and Sept. 15–Thanksgiving.*

$–$$$

✕**The Palms.** Spicy Mexican fare is the main attraction at this casual-but-chic café overlooking the harbor. All the regional specialties are done authentically and with style, including a taco filled with pork that has been slow-cooked in banana leaves. There are also steaks and seafood and, on weekends, barbecued ribs. Drinks are a little pricey, but you get to stay as long as you want, sitting on the dock and watching the Golfo Dulce tide roll away. ⊠*On the harbor, west of the town dock* 🏠*735–5555* ⊟*MC, V.*

¢–$

✕**Restaurante Carolina.** This simple alfresco restaurant in the heart of Puerto Jiménez serves decent *comida típica* (typical food) and reliably fresh seafood. It's also the central meeting place for every foreigner in town, ergo a good place to pick up information. Don't count on using a credit card, as phone lines are dodgy. ⊠*Main road, center of town* 🏠*735–5185* ⊟*MC, V.*

★ **$$$**

▦**Iguana Lodge.** If a long stretch of deserted beach is your idea of heaven, this luxury lodge with breezy, screened-in cabins set among mature trees is for you. The gentle Golfo Dulce waters are perfect for swimming, sea kayaking, and Boogie boarding. Cabins are furnished elegantly in bamboo, with thoughtful touches like Egyptian cotton sheets and a raft of candles for romantic evenings. The upper-level cabins have the nicest views and catch the best breezes. The pebble-lined showers have plenty of solar-heated hot water and excellent water pressure. Buffet-style dinners, with exotic foods reflecting the owners' worldwide travels, are served in a thatched-roof dining room with a huge table that can accommodate up to 32 diners. The lavish breakfasts are worth getting up for. There are also a communal kitchen, a yoga platform, and a Japanese soaking tub. Birds are plentiful in the Playa Preciosa Platanares Mixed Refuge, which borders the lodge. ⊠*Playa Platanares, 5 km/3 mi south of Puerto Jiménez airport* ☎*848–0752* 🖷*735–5436* ⊕*www.iguanalodge.com* ↪*4 rooms, 2 cabins, 1 house* &*In-room: no a/c, no phone, no TV. In-hotel: restaurant, beachfront, water sports* ⊟*MC, V*⦶⎮*AI.*

¢ 🏨 **Cabinas Marcelina.** Two elderly Italian sisters run the best bargain hotel in town. Fresh, spotlessly clean rooms look out onto the pleasant garden and have homey, old-fashioned touches like lace shower curtains. All have private bathrooms and hot water, and half are air-conditioned. If you're traveling solo or need a break from your traveling companion, two single rooms are $18 each. The lavish Continental breakfast, served in the garden, is an additional $4. ⊠*Main street, north side of Catholic church* ☎🖷*735–5007* ✎*cabmarce@hotmail. com* ↪*8 rooms* &*In-room: no a/c (some), no phone, no TV*⊟*No credit cards*⦶⎮*EP.*

CABO MATAPALO

The southern tip of the Osa Peninsula, where virgin rain forest meets the sea at a rocky point, retains the kind of natural beauty that people travel halfway across the world to experience. From its ridges you can look out on the blue Golfo Dulce and the Pacific Ocean, sometimes spotting whales in the distance. The forest is tall and dense, with the highest and most diverse tree species in the country, usually draped with thick lianas. The name refers to the strangler fig, which germinates in the branches of other trees and extends its roots downward, eventually smothering the supporting tree by blocking the sunlight. Flocks of brilliant scarlet macaws and troops of monkeys are the other draws here.

TO & FROM MATAPALO
21 km/14 mi (1 hr) south of Puerto Jiménez.

If you drive south from Puerto Jiménez, be prepared for a bumpy ride and a lot of river crossings. In rainy season cars are sometimes washed out along rivers to the ocean. Most hotels arrange transportation in 4WD taxis or their own trucks. The cheapest—and the roughest—way to travel is by *collectivo,* an open-air communal truck ($8) that leaves Puerto Jiménez twice a day (at 6 AM and 1:30 PM). Buses do not serve Cabo Matapalo.

OUTDOOR ACTIVITIES
☾ Outfitters in Puerto Jiménez run tours in this area. Each of the lodges listed has resident guides who can take guests on nature hikes. For extreme forest sports, **Everyday Adventures** (☎*353–8619* ⊕*www.psychotours.com*) takes you on not-so-everyday adventures: rappelling down waterfalls ($75), climbing up a 140-foot strangler fig tree ($55), ocean kayaking (with an optional 30-foot dive), and rain-forest hiking.

6

SURFING

On the eastern side of Cabo Matapalo, waves break over a platform that creates a perfect right, drawing surfers from far and wide, especially beginners. Mike Hennessey of **Captain Mike's Surf School** (☎382–7796) gives surfing lessons ($50) on long boards in the relatively safe waves at Playa Pan Dulce, in front of Lapa Ríos, where he lives. Mike guarantees you'll stand up on the board the first wave you try. He's taught everyone from kids to 70-year-olds, so he should know.

FISHING

Cabo Matapalo Sportfishing (☎382–7796 ⊕*www.cabo-matapalo.com*) has excellent, experienced fishing captains and top-of-the-line, well-equipped boats ($975 full day; $750 half day). Captain Mike Hennessey is always in demand as one of the most entertaining and fun guys to go fishing with in the Gulf.

WHERE TO STAY

Fodor'sChoice ★ $$$$ **Bosque del Cabo.** On a cliff at the tip of Cabo Matapalo, this lodge has unparalleled views of the blue waters of the gulf. The property, with hundreds of acres of animal-rich primary forest, also has the most beautiful landscaping on the peninsula. Deluxe cabins have king-size beds, and all the luxurious thatch-roof cabins have private, outdoor garden showers with hot water. A suspension bridge through the forest links the main lodge with three more rustic cabins set in a tropical garden that is great for bird-watching. Appetizing meals are served in a rancho restaurant overlooking a garden alive with hummingbirds by day and serenaded by a chorus of frogs at night. Solar- and hydro-powered generators provides enough light to read by, and ocean breezes make air-conditioning superfluous. Resident guides are on hand to lead you along forest trails—on foot or along a canopy zip line—and down to the beach with its natural warm tidal whirlpools and river waterfalls. Owners Kim and Phil Spier work hard to make their lodge as environmentally responsible as possible. ⊠*22 km/14 mi south of Puerto Jiménez on road to Carate* ☎*Box 02-5635, Miami, FL 33102* ☎☎*735-5206* ⊕*www.bosquedelcabo.com* ⤳*12 cabins, 3 houses* ⚐*In-room: no a/c, no phone, kitchen (some), no TV. In-hotel: restaurant, bar, pool, beachfront* ⊟*MC, V*⦿*FAP.*

Fodor'sChoice ★ $$$$ **Lapa Ríos.** The most spectacular eco-resort in Costa Rica, Lapa Ríos has won numerous awards for its mix of conservation and comfort. After catching your breath when you see the view from the high, breezy jungle ridge rife with wildlife, your next sharp intake may be when you see the bill. But in this case the price is not inflated. Spacious, airy cabins built of gleaming hardwoods have four-poster queen beds, up-to-date bathrooms, and showers with one screened wall open to nature. Private teak-decked garden terraces allow you to view passing monkeys and toucans from a lounge chair. There's an infinity pool, a spa, and a new yoga deck. Inspired meals, served under a soaring thatch roof, include lots of seafood, exotic local fruits and vegetables, and mouth-watering desserts. You can eat whenever—and as much as—you want. Resident naturalist guides lead tours through pristine wilderness and to nearby beaches on foot or on horseback. Along with the high cost of transporting and providing all these luxuries in a remote location, it's the exceptional service that justifies the high price tag, which includes transfers from Puerto Jiménez in new 4X4s. ■**TIP→If you don't like to climb stairs, request a cabin close to the main lodge.** ⊠*20 km/12 mi south of Puerto Jiménez* ⌖*Apdo. 100–8203, Puerto Jiménez* ☎*735–5130* 🖷*735–5179* ⊕*www.laparios.com* ⮫*16 cabinas* &*In-room: no a/c, no phone, no TV. In-hotel: restaurant, bar, pool, spa, beachfront, laundry service* ⊟*AE, MC, V* ❙⦿❙*AI.*

CARATE

Carate is literally the end of the road. The black volcanic-sand beach stretches for over 3 km (2 mi), with surf that's perfect for Boogie boarding and body surfing but not for serious board surfing or swimming. The main entertainment at the beach is watching the noisy but magnificent scarlet macaws feasting on almonds in the beach almond trees that edge the shore. Carate has no phone service; a couple of lodges have satellite phones, but radio is the main means of communication.

TO & FROM CARATE
60 km/37 mi (2 hrs) west of Puerto Jiménez.

The road from Matapalo to Carate covers 40 suspension-testing km (25 mi); you're better off taking the *collectivo* from Puerto Jiménez *(⇨To & from Puerto Jiménez, above).* Or give yourself a break and fly via charter plane to Carate's small airstrip, arranged through your lodge. From here it's just 3 km (2 mi), roughly a 40-minute walk along the beach to the La Leona ranger station entrance to Corcovado National Park. In rainy season (May–December) it is sometimes impossible to cross the raging Río Carate that separates the landing strip from the beach path to the park, and you may end up stranded on either side. Parking at the store in Carate is $5 per day.

WHERE TO STAY
★ $$ 🔆 **Luna Lodge.** Luna Lodge's charm lies in its remoteness and tranquillity. On a mountain overlooking the ocean and the rain forest, it's a true retreat, with a huge hardwood pavilion for practicing yoga or contemplating magnificent sunsets. Just below, there's an elegant massage hut with ethereal views. Round bungalows in the garden, spaced apart for privacy, have thatched roofs, garden showers, and decks for bird-watching or relaxing in wood-and-leather rocking chairs. Three deluxe rooms with private baths share a spacious deck. You can also rough it in a well-ventilated, comfortable tent. Guided hikes to nearby waterfalls and swimming holes are precipitous and thrilling. Healthful meals have an imaginative vegetarian flair, tempered with servings of fish and chicken spiced with herbs from a hilltop organic garden. Host Lana Wedmore is a model of amiable helpfulness. ⊠*2 km/1 mi up a steep, partially paved road from Carate* ⌖*Box 025216–5216, Miami, FL 33102* ☎*380–5036 or 358–5848, 888/409–8448 in U.S.* ⊕*www. lunalodge.com* ⮫*8 bungalows, 3 rooms, 7 tents* &*In-room: no a/c, no phone, no TV. In-hotel: restaurant, bar, pool, spa* ⊟*MC, V* ❙⦿❙*FAP.*

6

★ ☾ $–$$ 📺**Corcovado Lodge Tent Camp.** Ecotourist pioneer Costa Rica Expeditions owns this rustic lodge sitting on 400 acres of forest adjoining Corcovado National Park. At this camp you can fall asleep to the sound of surf pounding the beach in a tent on a wooden platform. Sitting side by side, the white tents have two single beds, no electricity, and share bathrooms. Excellent naturalist guides make this a prime destination for nature lovers. Family-style meals are served in an open-air thatched restaurant with communal tables overlooking the ocean. Bring a flashlight (there's no electricity after 9 PM), insect repellent, and sandals for river hikes. The package with all meals included is a great deal, especially since there's nowhere nearby to buy food. Packages usually include a charter flight to Carate. The 2-km (1-mi) walk from Carate is along a hot beach, so bring a sun hat. A horse and cart can pick up your luggage from the store with advance notice. ✉*On beach 2 km/1 mi north of Carate; 30–45 min on foot 🖃Apartado 6941–1000 San José ☎222–0333 or 257–0766 in San José 🖷257–1665, 800/886–2609 in U.S. ⊕www.costaricaexpeditions.com ⏎16 tents with shared bath &In-room: no a/c, no phone, no TV. In-hotel: restaurant, bar, beachfront, laundry service ⊟AE, MC, V.*

CORCOVADO NATIONAL PARK

For those who crave untamed wilderness, Corcovado is the experience of a lifetime. Covering one-third of the Osa Peninsula, the park is blanketed primarily by virgin rain forest and has one of Central America's last remaining tracts of lowland rain forest. Corcovado's remoteness results in its being one of the most pristine parks in the country—barely disturbed by human presence—where massive espavel and nazareno trees tower over the trails, thick lianas hang from the branches, and toucans, spider monkeys, scarlet macaws, and poison dart frogs abound. Your chances of spotting endangered species, such as boa constrictors, squirrel monkeys, and five wild cats, are better here than anywhere else in the country.

For day trips into the park, the most convenient place to base yourself is either in Drake Bay or at the Corcovado Lodge Tent Camp near Carate. There are three entrances: La Leona (to the south), San Pedrillo (to the north), and Los Patos (to the east). The park has no roads, however, and the roads that approach it are dirt tracks that require 4WD most of the year.

During the dry season the park takes reservations for bunks and camping on the first day of each month for the following month. You may be asked to deposit money into the Environment Ministry's Banco Nacional account to reserve space. Reconfirm your reservation a few days before visit. Camping is allowed at the Sirena, La Leona, Los Patos, and San Pedrillo stations, but only 35 people are allowed to camp at any given station, so reservations with the National Parks Service in Puerto Jiménez are essential in high season.

There are four main hiking routes to Corcovado. Two begin near Puerto Jiménez: one at the Los Patos entrance and the other an unmarked trail along the Río Nuevo; you'll need a guide for this latter route. Osa Aventura in Puerto Jiménez specializes in guiding along the Río Nuevo trail. There are also two beach trails to the park: one begins in Drake Bay and follows the coast down to the San Pedrillo entrance to the park; the other is an easy 40-minute beach walk from Carate to the La Leona entrance.

TO & FROM CORCOVADA NATIONAL PARK
2.25 km (1.5 mi) north of Carate.

The easiest way to visit Corcovado is on a day trip via boat from a Drake Bay lodge or on foot from the Corcovado Lodge Tent Camp. The 20-minute boat trip from Drake Bay gets you to the San Pedrillo entrance in the dry season (January-April). The Corcovado Lodge Tent Camp is a 10-minute walk from the La Leona entrance. You can fly in on a small charter plane ($220) to the tiny La Sirena airstrip in the park. You can also hire a taxi in Puerto Jiménez ($45) to the Los Patos trailhead. The cheapest, and least convenient, option is to take a morning bus for less than $1 from Puerto Jiménez at 8 AM to La Palma and then hike or take a taxi to the Los Patos entrance.

6

DRAKE BAY

This is castaway country, a real tropical adventure, with plenty of hiking and some rough but thrilling boat rides. The rugged coast that stretches south from the mouth of the Río Sierpe to Corcovado probably doesn't look much different from how it did in Sir Francis Drake's day (1540–96), when, as legend has it, the British explorer anchored here. Small, picture-perfect beaches with surf crashing against dark, volcanic rocks are backed by steaming, thick jungle. Nature lodges scattered along the coast are hemmed in by the rain forest, which is home to troops of monkeys, sloths, scarlet macaws, and hundreds of other bird species.

The cheapest accommodations in the area can be found in the town of **Drake,** which is spread out along the bay. A trio of nature lodges— Drake Bay Wilderness Resort, Aguila de Osa Inn, and La Paloma Lodge—are also clumped near the Río Agujitas on the bay's southern end. They all offer comprehensive packages, including trips to Corcovado and Caño Island. Lodges farther south, such as Punta Marenco Lodge and Casa Corcovado, run excursions from even wilder settings. During the dry season you can reach the town of Drake via a graded dirt road from Rincón.

TO & FROM DRAKE BAY
18 km/11 mi north of Corcovado, 40 km/25 mi southwest of Palmar Sur, 310 km/193 mi (7 hrs by car; 50 mins by plane) south of San José.

The fastest way to get to Drake Bay is to fly directly to the airstrip. You can also fly to Palmar Sur and take a taxi to Sierpe and then a boat to Drake Bay. From the airport it's a 25-minute taxi ride to Sierpe; small, open boats leave at low tide, usually 11–11:30 AM for the one-hour trip to Drake. Captains will often stop along the way to view wildlife in the river mangroves. Many lodges arrange boat transportation from Drake Bay or Sierpe. From Rincón you can drive to Drake on a 20-km (12-mi) graded dirt road. The drive from San José to Drake is scenic, but exhausting.

Exceptionally fit backpackers can hike to the northern entrance of Corcovado along a 18-km (11-mi) coastal path that follows the shoreline, cutting through shady forest when the coast gets too rocky. But it is impossible to walk during rainy season (September–December), when rivers flood and tides are too high.

OUTDOOR ACTIVITIES
Jinetes de Osa (⊠ *Drake village, west side of bay* ☎ *236–5637* ⊕ *www. costaricadiving.com*) has diving and snorkeling ($70) and dolphin-watching tours ($95), as well as a canopy tour ($55) with some interesting bridge, ladder, and rope transitions between platforms.

WHERE TO STAY
$$$$ 🏨 **Aguila de Osa Inn.** The spacious rooms here have hardwood interiors, bamboo beds, and luxurious bathrooms. Stained-glass lamps with tropical themes and hand-carved doors add artistic flair. Be prepared for a steep climb up a concrete path to your room with a view of Drake Bay. Morning coffee arrives outside your room before 6 AM. The inn has boats for sportfishing, its specialty. Two-night packages include transfers from the Drake or Palmar Sur airports. ⊠ *South end of Drake, at mouth of Río Agujitas* ☎ *Interlink 898 Box 025635, Miami, FL 33102* ☎ *296–2190 in San José* ☎ *232–7722* ⊕ *www.aguiladeosa.com* ⇆ *11 rooms, 2 suites* △ *In-room: no a/c, no phone, refrigerator, no TV. In-hotel: restaurant, bar, water sports, laundry service, public Internet* ⊟ *AE, MC, V* ¶○¶ *FAP.*

★ $$$$ 🏨 **Casa Corcovado.** This hilltop jungle lodge has it all: a prime location on the edge of Corcovado National Park, resident naturalists, luxury accommodations, and first-class service and food. Spanish colonial–style cabinas are spread around a garden for maximum privacy. Guest rooms have elegant furniture, four-poster beds, and huge tile bathrooms. There is laundry service for an extra charge. The sunset margarita bar at the top of the hill has excellent views. A tractor-towed cart transports guests and luggage. The restaurant serves upscale dinners and packs picnic lunches. The minimum stay is two nights, but the best deal is a three-night package that includes transportation from San José, all meals, and a trip to Caño Island and Corcovado National Park. ⊠ *Northern border of Corcovado* ☜ *Apdo. 1482–1250, Escazú* ☎ *256–3181, 888/896–6097 in U.S.* ☎ *256–7409* ⊕ *www.casacorcovado.com* ⇆ *14 rooms* △ *In-room: no a/c, no phone, no TV. In-hotel: restaurant, bars, pools, beachfront, water sports* ⊟ *AE, MC, V* ⊙ *Closed Sept.–mid-Nov.* ¶○¶ *AI.*

★ $$$$ 🏨 **La Paloma Lodge.** Sweeping ocean views and lots of privacy make these secluded cabinas the area's most romantic. Planted in a jungle garden on a ridge jutting into Drake Bay, the wooden villas have bedroom lofts, elegant bathrooms, and large porches with green wicker furniture. All cabins have been renovated, but Nos. 1 and 3 have the best views. A small pool overlooks forest and ocean, or you can head down the hill to Playa Cocolito, the hotel's gem of a beach at the edge of the coastal path to Corcovado. The hotel runs a diving school and offers river kayaking. The flower-filled restaurant serves tropical fare, and there's always afternoon tea and banana bread. Manager Nichole Dupont maintains a high standard of service. There's a three-night minimum stay; packages are the best bet, as they include transportation from San José, all meals, and some tours. ⊠*Drake Bay, 300 m past Drake Bay Wilderness Resort* ☜*Apdo. 97–4005, Heredia* ☎*293–7502* 📠*239–0954* ⊕*www.lapalomalodge.com* 📱*4 rooms, 7 cabinas* ☘*In-room: no a/c, no phone, no TV. In-hotel: restaurant, pool, beachfront, diving, water sports* ☰*AE, MC, V* ☻*Closed Oct.* �◎*FAP.*

☘ $$ 🏨 **Delfín Amor Eco Lodge.** Dolphin fans will flip over this lodge devoted to marine mammals. Six wooden cabins with dolphin decorations in every nook and cranny are set in a hilly garden by the ocean. Meals are tasty vegetarian fare, with some fish but no shrimp served. (Shrimp boats are the bane of maritime environmentalists.) The open-air dining room is spacious but can be buggy. The highlight of a visit here is a marine biologist–guided boat tour in search of whales and dolphins. The lodge is open during rainy season, the best time to see humpback whales. Boat tours are pricey at almost $100 per person; some of the fee goes to a dolphin research and conservation foundation. On land, there's hiking and birding. Kids under 12 are half-price for lodging and dolphin tours. ⊠*About 45-min walk south of La Paloma, 5 mins by boat from Drake village* ☎*847–3131* ⊕*www.divinedolphin.com* 📱*6 cabins* ☘*In-room: no a/c, no phone, no TV. In-hotel: restaurant, beachfront, water sports, public Internet* ☰*AE, MC, V* ◎*FAP.*

THE SOUTH PACIFIC ESSENTIALS

BY AIR

SANSA and Nature Air have direct flights to Drake Bay, Palmar Sur, and Puerto Jiménez. SANSA has the monopoly on Golfito and Coto 47 (for San Vito). *For more information about air travel to the South Pacific from San José, see Air Travel in Essentials.*

Alfa Romeo Aero Taxi, at the Puerto Jiménez airport (really more of an airstrip), flies small charter planes to Carate, Tiskita, and Corcovado National Park's airstrip at La Sirena. The one-way price is $315 for up to five people.

Contacts **Alfa Romeo Aero Taxi** (☎ *735–5178*).

BY BUS

Bus fares from San José range from about $3 to $8, depending on distance and number of stops. The best way to get around the region's roads is by bus—let someone else do the driving. Bus fares are cheap and you'll meet the locals. But the going is generally slow, buses often leave very early in the morning, and schedules change frequently, so check the day before you want to travel.

BY CAR

Owing to the dismal state of the roads and hazardous driving conditions—flooded rivers and potholes—we don't recommend driving to the South Pacific, especially in rainy season. If you decide to drive, make sure your vehicle has 4WD and a spare tire. Give yourself lots of time to get to where you are going.

Driving is fairly straightforward, if slow, around Cerro de la Muerte, San Isidro, Dominical, and Uvita. But as soon as you get off the main paved highways, the roads are rough and slow-going, and most require 4WD. On the Osa Peninsula and around the Golfo Dulce, the last thing you want is a car. Boat taxis and land taxis will save you time, if not money, and preserve your energy for activities that are more fun than navigating rotten roads.

BANKS & EXCHANGING SERVICES

In the major centers—San Isidro, Golfito, and San Vito—banks and ATMs are plentiful. But in Puerto Jiménez there is only one bank with one ATM, which may or may not be working. Many other places have no banking facilities at all. Don't count on being able to use a credit card, since phone lines—where they exist—are often out of order. Arrange to pay lodges in advance.

INTERNET

Internet cafés are popping up in all the major towns, but much of the south is still without phone service or even electricity. Internet service costs anywhere from $1 to $5 per hour, depending on the location and the type of connection.

MAIL & SHIPPING

Post offices are few and far between. You are better off saving up your postcards and mailing them from San José.

THE CARIBBEAN COAST

By Jeffrey Van Fleet

Costa Rica's Caribbean coast is sometimes called its Atlantic coast, so as not to confuse travelers looking for the white sand and clear-blue waters of the Caribbean Islands. This Caribbean is very different, with sands in shades of brown and black, waters that are rough and murky (ideal for surfing), dense jungle, heavy and frequent rain, and a less sophisticated, laid-back approach to tourism. It is beautiful and fascinating in its own way, but it's definitely not St. Barths.

TORTUGUERO NATIONAL PARK

Fodor'sChoice
★

50 km (31 mi) northwest of (3 hrs by boat from) Moín.

Tortuguero means "turtle region," which is apt, since turtles are the main attraction. Four species of turtles—green, hawksbill, loggerhead, and giant leatherback—lumber up the 35 km (22 mi) of beach at various times of the year and deposit their eggs for safekeeping. The park was, in fact, established to protect the sea turtles' nesting habitat and to protect the turtles themselves. From the time that Europeans set foot on Costa Rican shores in the mid-1500s up until the 20th century, turtles were aggressively hunted, and their eggs and carapaces exported. Some people still believe the turtle eggs to be a delicacy, and some bars (illegally) serve them as snacks.

Turtles have the limelight at Tortuguero, but also keep your eyes peeled for non-turtle species such as tapirs (in Jolillo groves), jaguars, anteaters, ocelots, howler monkeys, white-faced capuchin monkeys, and three-toed sloths. The palm-lined beaches of Parque Nacional Tortuguero stretch off as far as the eye can see. You can wander the beach independently, but riptides make swimming dangerous, and shark rumors persist.

It's virtually impossible to get around Tortuguero on your own. A package tour is the best way to go. Most Tortuguero tours are packaged through local lodges, with one- or two-night stays, and include transportation, meals, and guided tours. ⊠ Entrance at south end of Tortuguero Village ☎710–2929 or 710–2939 ☑$7 ☉ Daily 6–6.

TORTUGUERO

6

Fodor'sChoice
★

North of the national park, the hamlet of Tortuguero is a pleasant little place with 600 inhabitants, two churches, three bars, a handful of souvenir shops, and a growing selection of inexpensive lodgings. (And one more plus: there are no motor vehicles here, a refreshing change from the traffic woes that plague the rest of Costa Rica.) You can also take a stroll on the 32-km (20-mi) beach, but swimming is not recommended because of strong riptides and large numbers of bull sharks and barracuda.

The stretch of beach between the Colorado and Matina rivers was first mentioned as a nesting ground for sea turtles in a 1592 Dutch chronicle. Nearly a century earlier, Christopher Columbus compared traversing the north Caribbean coast and its swimming turtles to navigating through rocks. Because the area is so isolated—there's no road here to this day—the turtles nested undisturbed for centuries. By the mid-1900s, however, the harvesting of eggs and poaching of turtles had reached such a level that these creatures faced extinction. In 1963 an executive decree regulated the hunting of turtles and the gathering of eggs, and in 1970 the government established Tortuguero National Park; modern Tortuguero bases its economy on tourism.

TO & FROM TORTUGUERO

It's easier than you'd think to get to remote Tortuguero. Flying is the quickest (and most expensive) option. SANSA and Nature Air provide early-morning flights to and from San José. SANSA agent **Victor Barrantes** (☎709–8055 or 838–6330) meets both planes—they arrive and depart within 15 minutes of each other—and offers boat-taxi service to and from town for $3. Call and confirm with him the day before if you need a ride. If you're staying at one of the lodges, its boat will meet you at the airstrip.

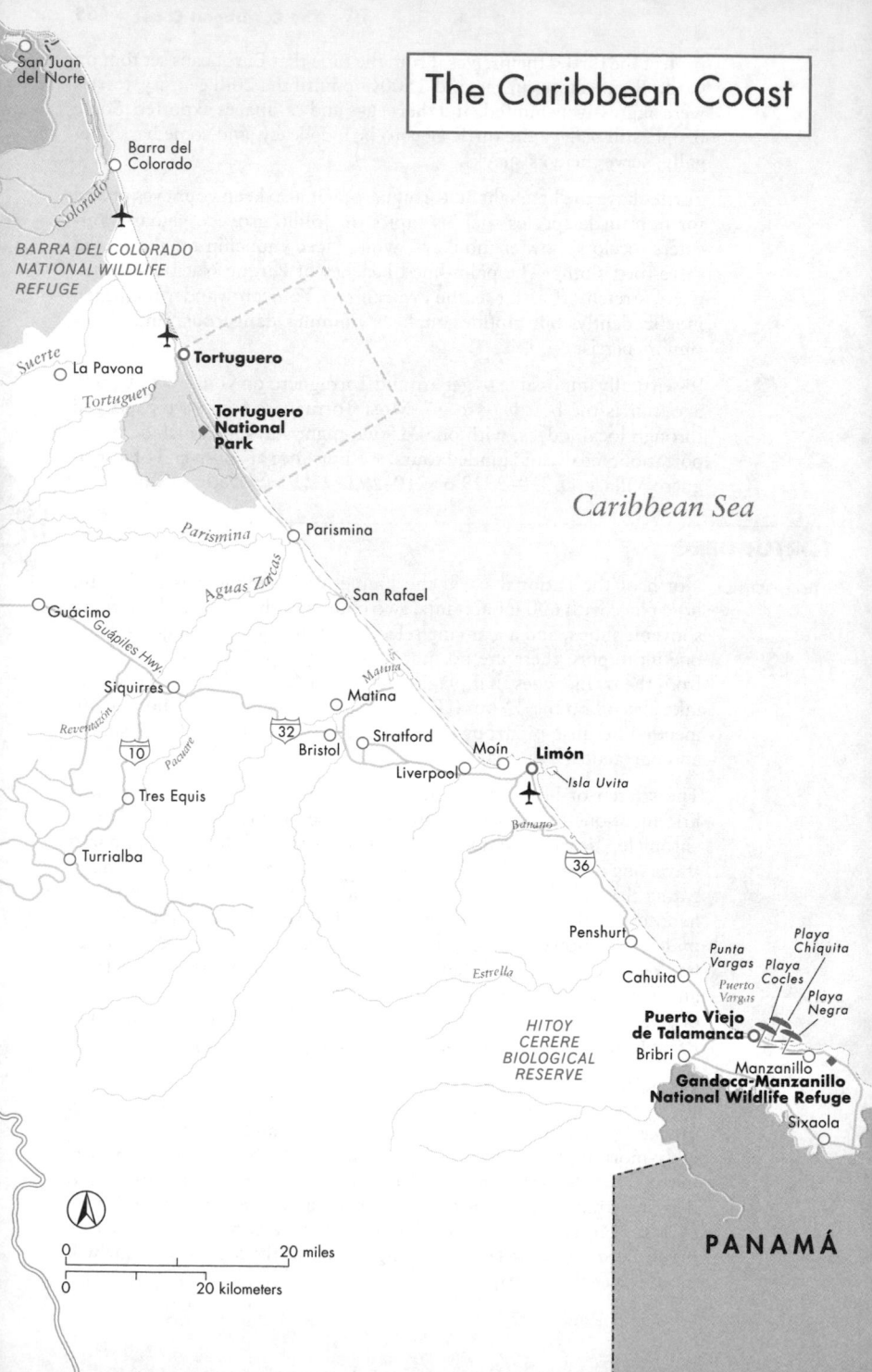

The Caribbean Coast

San Juan
del Norte

Barra del
Colorado

Colorado

BARRA DEL COLORADO
NATIONAL WILDLIFE
REFUGE

Suerte

La Pavona

Tortuguero

Tortuguero

**Tortuguero
National
Park**

Parismina Parismina

Caribbean Sea

Aguas Zarcas

San Rafael

Guácimo

Guápiles Hwy.

Matina

Siquirres

Reventazón

Matina

Pacuare

10

32

Bristol

Stratford

Moín **Limón**

Liverpool

Isla Uvita

Tres Equis

Banano

Turrialba

36

Penshurt

Playa
Chiquita

Estrella

Punta
Vargas Playa
Cocles

Cahuita

*Puerto
Vargas*

Playa
Negra

HITOY
CERERE
BIOLOGICAL
RESERVE

**Puerto Viejo
de Talamanca**

Bribri

Manzanillo

**Gandoca-Manzanillo
National Wildlife Refuge**

Sixaola

0   20 miles

0   20 kilometers

PANAMÁ

The big lodges all have packages that include transportation to and from San José along with lodging, meals, and tours. Guide-staffed minivans pick you up at your San José hotel and drive you to the put-in site, usually somewhere north of Siquirres, where you board a covered boat for the final leg on the canals to Tortuguero. The trip up entails sightseeing and animal viewing. The trip back to San José stops only for a lunch break. This is the classic "leave the driving to them" way to get to Tortuguero.

OUTDOOR ACTIVITIES

Tortuguero is one of those "everybody's a guide" places. Quality varies, but most guides are quite knowledgeable. If you stay at one of the lodges, guided tours are *usually* included in your package price (check when you book). If you hire a private guide, $5 per person per hour is the going rate, with most excursions lasting three hours.

TOUR GUIDES AND OPERATORS

Call or stop by the visitor center at the **Caribbean Conservation Corporation** (☎709–8091, 297–5510 in San José ⊕ *www.cccturtle.org*) to get a recommendation for good local guides.

★ **Daryl Loth** (☎833–0827 or 709–8011 ✉*safari@racsa.co.cr*) has a wealth of information about the area and conducts boat excursions on the canals and responsible turtle-watching tours in season with advance notice. **Victor Barrantes** (☎709–8055 or 838–6330 ✉ *tortuguero_info@racsa.co.cr*) is the local SANSA agent who conducts hiking tours to Cerro Tortuguero and around the area when he's not meeting the early-morning flights.

FISHING

You have your choice of mackerel, tarpon, snook, and snapper if you fish in the ocean; snook and calba if you fish in the canals. If you opt for the latter, the National Parks Service levies a $30 license fee (you are fishing in the confines of Tortuguero National Park), good for one month. Operators add the fee to your price.

Longtime area fishing expert **Eddie Brown** (☎710–8016) is based out of Tortuga Lodge and has daylong fishing packages for $500. **Elvin Gutiérrez** (☎709–8072 ⊕ *www.tortuguerosportsfishing.com*), known as "Primo" to everyone in town, takes two passengers out for two hours or more, at $75 per hour, or for a full nine-hour day ($500). Prices include boat, motor, guide, and refreshments.

TURTLE WATCHING

If you want to watch the *deshove* (egg laying), contact your hotel or the parks office to hire a certified local guide, required on turtle-watching excursions. Note that you won't be allowed to use a camera—flash or nonflash—on the beach, and only your guide is permitted to use a flashlight (and that must be covered with red plastic), because lights can deter the turtles from nesting. ■TIP➔**A few unscrupulous locals will offer to take you on a turtle-watching tour outside the allowed February-through-November season, disturbing sensitive nesting sites in the**

6

process. If it's not the season, don't go on a turtle excursion. As the signs around town admonish: DON'T BECOME ANOTHER PREDATOR.

WHERE TO STAY & EAT

¢–$ ✕ **Miss Junie.** Longtime Tortuguero doyenne Miss Junie has now deservedly retired as the village's best-known cook, a tradition she learned at her mother's knee more than a half century ago. Her daughters continue to serve cheap, filling, tasty food at an open-air restaurant adjoining their home. (Fidel Castro and Che Guevara were among the early diners here.) Selection is limited, and reservations are required, but you can usually count on a chicken, beef, or fish platter with rice and beans simmered in coconut milk. Your meal includes a beverage and dessert. ⊠ *150 m north of Paraíso Tropical, Tortuguero village* ☎ *709–8102* ⚑ *reservations essential* ▭ *No credit cards.*

Fodor'sChoice ★ $$$$ 🛏 **Evergreen Lodge.** Owned by the Pachira Lodge people, the Evergreen offers an entirely different (and intimate) concept in Tortuguero lodging: while other lodges have cabins arranged around a clearing, at Evergreen they penetrate deep into the forest. A network of walking trails extends to Canal Chiquerito, the third waterway inland. Cabins are made from deep-red almondwood or gypsum wood. All have one double and one single, as well as venetian blinds for privacy. Honeymooners make up a substantial portion of the clientele here. Watch for the whimsical ANT CROSSING signs as you walk around the grounds. ⊠ *2 km/1½ mi from Tortuguero village on Canal Penitencia* 🏠 *Apdo. 1818–1002, San José* ☎ *257–2242, 800/644–7438 in North America* ⊕ *www.pachiralodge.com* 🛏 *30 cabins* ⚑ *In-room: no a/c, no phone, no TV. In-hotel: restaurant, bar* ▭ *AE, DC, MC, V* ❦ *AI.*

$$$$ ★ 🛏 **Mawamba Lodge.** Nestled between the river and the ocean, Mawamba is the perfect place to kick back and relax. It is also the only jungle lodge within walking distance (about 10 minutes) of town. Packages include transport from San José; when you arrive at the river town of Matina, you're whisked into a launch for a 2½-hour ride to a 15-acre site with comfortable (hot-water!) rustic cabinas with garden views. Meals are taken in the spacious dining room, and are included in the price, along with transfers and guided tours of the jungle and canals; trips to turtle-heavy beaches cost $10 extra. Packages begin at $223 per person. ⊠ *½ km/¼ mi north of Tortuguero on ocean side of canal* 🏠 *Apdo. 10980–1000, San José* ☎ *293–8181* ⊕ *www.grupomawamba.com* 🛏 *58 cabinas* ⚑ *In-room: no a/c, no phone, no TV. In-hotel: restaurant, bar, pool, beachfront, laundry service* ▭ *AE, DC, MC, V* ❦ *AI.*

Fodor'sChoice ★ $$$$ 🛏 **Pachira Lodge.** This is the prettiest and most luxurious of Tortuguero's lodges, but not the costliest. Each almond-wood cabina in the lush, well-manicured gardens contains four guest rooms with high ceilings, king-size beds, and bamboo furniture. The stunning pool is shaped like a giant sea turtle: the head is a whirlpool tub, the left paw is a wading pool, and the right paw is equipped for swimmers with disabilities. There is no cross-river transportation into town. Package deals include transport from San José, a jungle tour, and all meals; rates begin at about $188 per person. Pachira is known for being the most competitive marketer of the lodges here, and the place is often full. ⊠ *Across river from Mawamba Lodge* 🏠 *Apdo. 1818–1002, San José* ☎ *256–*

7080 *or 257–2242, 800/644–7438 in North America* ⊕ *www.pachiralodge.com* ⤳ *88 rooms* ☁ *In-room: no a/c, no phone, no TV. In-hotel: restaurant, bar, pool, laundry service* ☰ *AE, MC, V* ⛨⊝*AI.*

¢ ▦ **Cabinas Miriam.** Village institution Miss Miriam is gone, but her daughters continue her long tradtion of fussing over guests in two 2-story buildings fronting the soccer field, just a short walk from the beach. Rooms are simple, with tile floors and three beds each. Grab a filling meal of Caribbean food at the restaurant next door. ⊠ *North and south side of soccer field, 300 m north of entrance to national park, Tortuguero Village* ☎ *821–2037, 709–8107, or 709–8002* ⤳ *14 rooms* ☁ *In-room: no a/c, no phone, no TV. In-hotel: restaurant* ☰ *No credit cards.*

Fodor'sChoice ▦ **Casa Marbella.** The best of the in-town hotels is a real find. Canadian owner and naturalist Daryl Loth is a respected authority on all
★ things Tortuguero, and one of the community's biggest boosters. If
¢ he's unable to take you out in his boat himself, he'll find someone who can. Immaculate rooms have tile floors and varnished-wood finishing with vaulted ceilings and skylights in the bathrooms. Ample breakfasts are served on the covered back patio facing the lodging's own private canal dock. The terrace is also a relaxing place for a coffee break on a rainy afternoon. There's a small kitchenette for your use. ⊠ *Across from Catholic church, Tortuguero village* ☎ *833–0827 or 709–8011* ⊕ *casamarbella.tripod.com* ⤳ *5 rooms* ☁ *In-room: no a/c, no phone, no TV* ☰ *No credit cards* ⛨⊝*BP.*

LIMÓN

Limón receives thousands of visitors every year, owing in large part to its newest incarnation as a port of call. Carnival, Celebrity, Cunard, Holland America, Norwegian, Princess, and Royal Caribbean cruise ships all dock at the Terminal de Cruceros, downtown, during the October–August season, with December–March seeing one or two boats each day, but many fewer outside those peak months. (At this writing, Cunard's new luxury liner, the *Queen Mary II*, is scheduled to make an occasional call here at Limón. Its first call in 2006 was cancelled due to bad weather.) This is the place to find telephones, Internet cafés, manicurists—they do quite a brisk business—a tourist-information booth, and tour-operator stands, too. Downtown shopkeepers have all learned how to convert their colón prices to dollars, and post the day's exchange rate. St. Thomas or Puerto Vallarta it is not—perhaps someday, residents hope—but Limón has a tourist vibe these days that the city has never before experienced. The terminal contains souvenir stands staffed by low-key vendors who invite you to look, but don't pester you if your answer is *"No, gracias."*

TO & FROM LIMÓN
100 km/62 mi southeast of Guápiles, 160 km/100 mi (3½ hrs) north and east of San José.

If you're coming to the Caribbean coast, you'll pass through Limón. The Guápiles Highway that began in San José ends here at the ocean, but bypasses the heart of downtown by a couple of blocks. Just after the sign to SIXAOLA and the coastal highway south to Cahuita and Puerto Viejo de Talamanca is the city center. The main bus terminal lies at Avenida 2 and Calle 8, across from the soccer stadium, and serves routes from San José, Guápiles, and Siquirres, with buses arriving several times daily from each. Opt for the *directo* (express) service from San José rather than the *corriente* buses, which make many stops along the route. Buses to Cahuita and Puerto Viejo de Talamanca and all points on the south coast arrive and depart from a stop across from Radio Casino on Avenida 4 between Calles 3 and 4.

EXPLORING

The aquamarine wooden port building faces the cruise terminal, and just to the east lies the city's palm-lined central park, **Parque Vargas**. From the promenade facing the ocean you can see the raised dead coral left stranded by the 1991 earthquake. Nine or so Hoffman's two-toed sloths live in the trees of Parque Vargas; ask a passerby to point them out, as spotting them requires a trained eye.

A couple of blocks west of the north side of Parque Vargas is the lively enclosed **Municipal Market** (*(Mercado Municipal)* ⊠ *Pedestrian mall, Avda. 2, Cs. 3–4*), where you can buy fruit for the road ahead and experience the sights, sounds, and smells of a Central American market.

SHOPPING

The cruise-ship terminal contains an orderly maze of souvenir stands. Vendors are friendly; there's no pressure to buy. Many shops populate the restored port building across the street as well. Spelling is not its forte, but the **Caribean Banana** (⊠ *50 m north Terminal de Cruceros, west side of Parque Vargas*) stands out from the other shops in the cruise-terminal area with a terrific selection of wood carvings.

PUERTO VIEJO DE TALAMANCA

This muddy, colorful little town has become one of the hottest spots on the international budget-travel circuit, and swarms with surfers, New Age hippies, beaded and spangled punks, would-be Rastafarians of all colors and descriptions, and wheelers and dealers—both pleasant and otherwise. Time was when most kids came here with only one thing on their mind: surfing. Today many seem to be looking for a party, with or without the surf.

But if alternative lifestyles aren't your bag, there are plenty of more "grown-up" offerings on the road heading southeast and northwest out of town. At last count, some 45 nationalities were represented in this tiny community, and most are united in concern for the environment and orderly development of tourism. (Few want to see the place become just another Costa Rican resort community.) Some locals bemoan the loss of their town's innocence, as drugs and other evils have surfaced, but only in small doses: this is still a fun town to visit, with a great variety of hotels, cabinas, and restaurants in every price range. Unlike other parts of Costa Rica, no one has been priced out of the market here.

Locals use "Puerto Viejo" to refer to the village. They drop the "de Talamanca" part; we use the complete name to avoid confusion with the other Puerto Viejo: Puerto Viejo de Sarapiquí in the Northern Plains. You have access to the beach right in town, and the Salsa Brava, famed in surfers' circles for its pounding waves, is here off the coast, too. The best strands of Caribbean sand are outside the village: Playa Cocles, Playa Chiquita (technically a series of beaches), and Punta Uva, all dark-sand beaches, line the road heading southeast from town. Playa Negra—not the Playa Negra near Cahuita—is the black-sand beach northwest of town. Punta Uva, with fewer hotels and the farthest from the village, sees fewer crowds and more tranquillity. Playa Negra shares that distinction, too—for now—but developers have eyed the beach as the next area for expansion.

TO & FROM PUERTO VIEJO DE TALAMANCA
16 km/10 mi (15 mins) south of Cahuita.

The turnoff to Puerto Viejo de Talamanca is 10 km (6 mi) down the coastal highway south of Cahuita. (The highway itself continues south to Bribrí and Sixaola at the Panamanian border.) The village lies another 5 km (3 mi) beyond the turnoff. The paved road passes through town and continues to Playas Cocles and Chiquita and Punta Uva before the pavement peters out at the entrance to the village of Manzanillo. "Badly potholed" describes the condition of the road from the highway into town, and as far as Playa Cocles. The newer paved sections beyond Cocles haven't disintegrated ... yet. Autotransportes MEPE buses travel from San José four times a day, and hourly throughout the day from Limón and Cahuita. All buses from San José go into Puerto Viejo de Talamanca; most, though not all, Limón-originating buses do as well, but a couple drop you off on the highway. Check if you board in Limón.

A scant three buses per day ply the 15-km (9-mi) paved road between Puerto Viejo and Manzanillo, so unless your schedule meshes exactly with theirs, you're better off biking or taking a taxi to and from the far-flung beaches along the way. Taxis charge $7 to Playas Cocles and Chiquita (as well as north to Playa Negra), $8 to Punta Uva, and $12 to Manzanillo.

EXPLORING
Cacao once ruled the Talamanca region, but few plantations are left these days. One friendly Swiss couple continues the tradition and shows you the workings of their chocolate plantation on their **Chocorart** chocolate tour. Follow the little-known life cycle of this crop from cultivation to processing. There's sampling at the tour's conclusion. Call or e-mail to reserve a tour (you need a minimum of four people) and to be picked up from the Playa Chiquita School. Since these folks are Swiss, they can tailor the commentary in German, French, or Italian, in addition to English or Spanish. ✉ *6 km/4 mi southeast of town at Playa Chiquita* ☎ *750–0075* ✉ *chocorart@racsa.co.cr* 💲 *$15/person* ☉ *By appointment.*

6

Unlike most such establishments in Costa Rica, which are for show only, the working **Butterfly Garden** cultivates 60 to 80 species of butterflies, three of which are unique to the area, for shipment to similar facilities around the world. The knowledgeable staff provides guided tours with bilingual commentary. ⊠ *7 km/4½ mi southeast of town at Punta Uva* ☎ *750–0086* ⌸ *$5* ⊙ *Daily 8–4.*

CAUTION

The conditions that make the Caribbean so popular among surfers spell danger for swimmers. Drownings occur each year. Strong riptides can pull you out to sea, even in waist-deep water, before you realize what's happening. Never swim alone in these parts—good advice anywhere.

OUTDOOR ACTIVITIES

As in Cahuita, tour operators and outfitters here can set up tours and activities anywhere on the south Caribbean coast.

Tours with **ATEC** (*Association for Ecotourism and Conservation of Talamanca*) ⊠ *Across from Restaurant Tamara* ☎ *750–0191* ⊕ *www. greencoast.com/atec.htm*) have an environmental or cultural bent, such as Afro-Caribbean or indigenous-culture walks—tours to the nearby Kekoldi indigenous reserve are especially popular—rain-forest hikes, coral-reef snorkeling trips, fishing trips, bird-watching tours, night walks, and adventure treks. Local organizations and wildlife refuges receive 15%–20% of ATEC's proceeds. Well-established operator **Terraventuras** (⊠ *100 m south of bus stop* ☎ *750–0750* ⊕ *www.terraventuras.com*) can lead you around Puerto Viejo de Talamanca and Cahuita, or take you on excursions to Tortuguero, the Gandoca-Manzanillo Wildlife Refuge, and Bocas del Toro in Panama. It also rents good-quality surfboards, bicycles, boogie boards, and snorkeling gear.

RAFTING

★ Rafting excursions lie about two hours away, but one San José–based outfitter has an office here. **Exploradores Outdoors** (⊠ *Across from ATEC* ☎ *750–0641, 222–6262 in San José* ⊕ *www.exploradoresoutdoors.com*) is highly regarded, and has day excursions on the Pacuare and Reventazón rivers, with a pickup point here or in San José, and the option to start in one place and be dropped off at the other.

SURFING

Surfing is the name of the game in Puerto Viejo, for everyone from newbies to Kelly Slaters. The best conditions are late December through March, but there's action all year. Longtime surfers compare the south Caribbean to Hawaii, but without the "who-do-you-think-you-are?" attitude. There are a number of breaks here, most famously **Salsa Brava,** which translates to "wild sauce." It breaks fairly far offshore and requires maneuvering past some tricky currents and a shallow reef. Hollow and primarily right-breaking, Salsa Brava is one gnarly wave when it gets big. If it gets *too* big, or not big enough, check out the breaks at Punta Uva, Punta Cocles, or Playa Chiquita. Boogie-boarders and bodysurfers can also dig the beach-break waves at various points along this tantalizingly beautiful coast.

If you're, say, over 30, but have always wanted to try surfing, consider the friendly, three-hour $35 surf school at **Aventuras Bravas** (⊠ *Across from Stanford's* ☎ *849-7600*). You start out with a small wave near the bus stop, and get a money-back guarantee that you'll be standing by the end of the lesson. You can also rent equipment here. A youthful surfing crowd staffs the small **Salsa Brava Surf Shop** (⊠ *Next to Hotel Puerto Viejo* ☎ *750-0668* ✐ *salsabravasurfshop@hotmail.com*), which rents, sells, and repairs surfboards and boogie boards.

WHERE TO STAY & EAT

★ $-$$$ ✕ **Amimodo.** The name translates to "my way," and the exuberant Italian owners really do it their way, combining the cuisine of their native northern Italy with Caribbean flavors. Your antipasto might be classic bruschetta or *jamón de tiburón* (shark ham with avocado dressing), and your ravioli might be stuffed with tropical shrimp, pineapple, and curry, with avocado sauce on the side. The tropical veranda with gingerbread trim spills over onto the beach with abundant greenery, and the restaurant is a popular gathering place for Puerto Viejo's Italian community. ⊠ *200 m east of Stanford's* ☎ *750-0257* ▤ *AE, DC, MC, V* ☉ *Closed Tues.*

$-$$$ ✕ **La Pecora Nera.** Though the name means "black sheep" in Italian, there's nothing shameful about this thatch-roof roadside restaurant. There's always a lot more to choose from than you'll see on the sparse-looking menu. Wait for owner/chef Ilario Giannoni to come out of the kitchen and triumphantly announce—with flair worthy of an Italian opera—which additional light Tuscan entrées, appetizers, and desserts they've concocted that day. Be prepared for a long, leisurely dining experience with attentive service. It's worth the wait; this is one of the country's top Italian restaurants. ⊠ *3 km/2 mi southeast of town at Playa Cocles* ☎ *750-0490* ▤ *AE, DC, MC, V* ☉ *Closed Mon. No lunch.*

$-$$ ✕ **Café Viejo.** This has fast become the hot place to see and be seen on Puerto Viejo's main drag. The owners, four brothers who learned to cook at the knee of their Italian grandmother back in Rimini, have concocted a menu, several pages long, of pizzas and handmade pastas. Recorded reggae and mambo music bops in the background. ⊠ *Across from ATEC* ☎ *750-0817* ▤ *AE, DC, MC, V* ☉ *Closed Tues. No lunch.*

Fodor's Choice ✕ **El Loco Natural.** El Loco Natural epitomizes Puerto Viejo: lively, ★ organic, all the rage, but confident enough not to seek trendiness. $ Ordering is by sauces: Thai peanut, Indonesian-Caribbean curry, Mexican chipotle, Jamaican jerk-style, or Malaysian-guayaba curry. Then select vegetables, chicken, shrimp, or fish (marlin or tuna). Bar stools on the balcony face the street and let you survey the goings-on below. You'll be better able to converse with your fellow diners if you sit at the tables inside: live music gets going late on Thursday and Sunday evenings, and in high season (December–April) often on another weeknight, too. It's easy to miss its second-floor location above the Color Caribe souvenir shop; look up as you walk by. ⊠ *100 m south of bus stop* ☎ *750-0263* ▤ *No credit cards* ☉ *Closed Wed. No lunch.*

★ ¢ ✕ **Bread & Chocolate.** The take-away line for brownies forms at the gate before this place opens at 6:30 AM, but stick around and fortify yourself with a hearty breakfast of cinnamon-oatmeal pancakes, French toast, or creamy scrambled eggs, washed down with a cup of French-press coffee. Lunch brings jerk chicken, roasted red peppers, and chocolate truffles. Everything is homemade, right down to the mayonnaise. Make your dinner early; the place closes at 6 PM. This is one of several bakery-slash-breakfast-and-lunch cafés open in town; the friendly owner gives this place the edge. ⊠ *50 m south of post office* ☎ *750–0051* ▤No *credit cards* ⊘ *Closed Mon. and Tues. No dinner Sun.*

¢ ✕**Soda Miss Sam.** Longtime restaurateur Miss Sam has retired after years of dishing up hearty Caribbean cuisine. (She prefers not to divulge how many.) Her family now carries on the tradition and the front porch is still full of diners. Rice and beans are usually going, or you can get a *casado* with chicken, beef, pork, or fish and freshly squeezed fruit juices as accompaniment. It's open for breakfast, too. ⊠ *300 m south, 200 m east of bus stop* ☎ *750–0108* ▤No *credit cards* ⊘ *Closed Tues.*

Fodor's Choice ⊞**Cariblue Hotel.** The youthful Italian owners who came here to surf
★ years ago stayed on and built a lodging that combines refinement with
$$ that hip Puerto Viejo vibe in exactly the right proportions. Cariblue's finely crafted all-wooden bungalows are spaciously arrayed on the edge of the jungle, across the road from the splendid white-sand beaches of Punta Cocles. Cabinas are linked to the main ranch-style building by paths that meander across a gently sloping lawn shaded by enormous trees. Expansive verandas and beautiful tile mosaics in the bathrooms add an air of refinement; hammocks add an air of relaxation. Breakfasts are huge. Italian cuisine dominates for lunch, and dinner is served at the lively Soleluna restaurant ($–$$) on-site. ⊠ *2 km/1 mi southeast of town at Playa Cocles* ⏱*Apdo. 51–7304, Puerto Viejo de Talamanca* ☎ *750–0035 or 750–0518* ⊕*www.cariblue.com* ⤳*22 bungalows* ⏃*In-room: no a/c (some), no phone, safe, no TV (some). In-hotel: restaurant, bars, pool, public Wi-Fi, laundry service* ▤*AE, DC, MC, V* ⏃⏃*BP.*

★ $$ ⊞**Shawandha Lodge.** The service is personalized and friendly at Shawandha, whose spacious, beautifully designed bungalows are well back from the road at Playa Chiquita. The thatch-roof bungalows have elegant hardwoods, four-poster beds, and verandas with hammocks. Each bathroom has a unique and beautiful tile mosaic. The hearty breakfast starts off with an impressive fruit plate. A white-sand beach lies 180 meters away, across the road. Even if you don't stay here, stop by and enjoy a distinctive French-Caribbean dinner in the open-air restaurant. ⊠ *6 km /4 mi southeast of town at Playa Chiquita* ☎ *750–0018* ⊕*www. shawandhalodge.com* ⤳*13 bungalows* ⏃*In-room: no a/c, no phone, safe, no TV. In-hotel: restaurant, bar, laundry service* ▤*AE, DC, MC, V* ⏃⏃*BP.*

$ ⊞**Azania.** Eight thatch-roof, A-frame bungalows spread around Azania's ample gardens, and sleep four. The first floor contains a queen-size bed, and a ladder leads to the second floor with a pair of single beds. Much-appreciated mosquito netting covers all of them. You'll luxuriate in the semi-open shower in the blue-tile bathrooms. Meals are served in the rancho dining area next to the free-form pool. ⊠ *1½ km/1 mi southeast of town at Playa Cocles* ☎ *750–0540* ⊕*www.aza-*

nia-costarica.com ↪ *8 bungalows* ♿ *In-room: no a/c, no phone, refrigerator, no TV. In-hotel: restaurant, bar, pool, no elevator* ⊟ *AE, DC, MC, V*⦿*BP.*

$ 🖼 **Escape Caribeño.** Wonderfully friendly Italian owners Gloria and Mauro Marchiori are what make this place: they treat you like family. A dozen immaculate hardwood bungalows line a pleasant garden amply populated with hummingbirds, just outside of town. All cabins have hammocks, mosquito nets, double beds, and even a bunk bed or two for larger groups. Across the road lie two stucco cabins in a wooded spot on the beach. Breakfast is served in a thatch-roof dining area in the center of the garden. You'll receive a small discount if you pay with cash. ✉ *400 m southeast of Stanford's* ☎ *750–0103* ⊕ *www. escapecaribeno.com* ↪ *16 cabins* ♿ *In-room: no a/c (some), no phone, safe, no TV* ⊟ *AE, DC, MC, V*⦿*EP.*

Fodor's Choice
★
¢–$
🖼 **Cabinas Casa Verde.** If you've graduated from your backpacker days and are a bit more flush with cash but still want to be near the action, this old standby on a quiet street a couple of blocks from the center of town is ideal. The comfortable cabinas are decorated with an interesting variety of touches such as shell mobiles, watercolor frescoes, and indigenous tapestries. Overall, rooms have a neat-as-a-pin quality. Exotic birds flutter constantly through the lush plantings that screen the cabinas from the street. The place is immensely popular, since the price is low and it's clean and well run; reserve well in advance. ✉ *200 m south and 200 m east of bus stop* 🖃*Apdo. 37–7304, Puerto Viejo de Talamanca* ☎ *750–0015* ⊕ *www.cabinascasaverde.com* ↪ *17 rooms, 9 with bath, 2 apartments* ♿ *In-room: no phone, refrigerator (some), no TV. In-hotel: restaurant, pool, bicycles, laundry service* ⊟ *AE, DC, MC, V*⦿*EP.*

GANDOCA-MANZANILLO NATIONAL WILDLIFE REFUGE

The Refugio Nacional de Vida Silvestre Gandoca-Manzanillo stretches along the southeastern coast from the town of Manzanillo to the Panamanian border. Because of weak laws governing the conservation of refuges and the rising value of coastal land in this area, Gandoca-Manzanillo is less pristine than Cahuita National Park and continues to be developed. However, the refuge still has plenty of rain forest, *orey* (a dark tropical wood) and Jolillo swamps, 10 km (6 mi) of beach where four species of turtles lay their eggs, and almost 3 square km (1 square mi) of *cativo* (a tropical hardwood) forest and coral reef. The Gandoca estuary is a nursery for tarpon and a wallowing spot for crocodiles and caimans.

The easiest way to explore the refuge is to hike along the coast south of Manzanillo. You can hike back out the way you came in, or arrange (in Puerto Viejo de Talamanca) to have a boat pick you up at Punta Mono (Monkey Point), a three- to four-hour walk from Manzanillo, where you find secluded beaches hidden by tall cliffs of fossilized coral. The mangroves of Gandoca, with abundant caimans, iguanas, and waterfowl, lie six to eight hours away. Park administrators can tell you more and recommend a local guide; inquire when you enter Man-

6

zanillo village and the locals will point you toward them. ☎750–0398 (ATEC) ⊘ Daily 7–4.

The nearby village of **Manzanillo** maintains that "end of the world" feel. Tourism is still in its infancy this far down the coast, though with the road paved all the way here, the town is now a popular destination among people in Limón for weekend day trips. The rest of the week, you'll likely have the place to yourself.

TO & FROM GANDOCA-MANZANILLO NATIONAL WILDLIFE REFUGE

15 km/9 mi (20 mins) southeast of Puerto Viejo.

The road from Puerto Viejo de Talamanca ends at the entrance to the village of Manzanillo. Just three buses each day—morning, midday, and late afternoon—connect the two. All taxi drivers in Puerto Viejo charge $10 for the trip here.

OUTDOOR ACTIVITIES

A guide can help you get the most out of this relatively unexplored corner of the country. The **Association of Naturalist Guides of Manzanillo** (✉ *Main road* ☎759–9064 *or* 843–9122 ✐*guiasmant@yahoo.com. mx*) is a consortium of quality, knowledgeable local guides who know the area well and lead a variety of half- and full-day tours. They can take you for a hike in the reserve or out to Monkey Point, with a return trip by boat. They also have horseback riding, bird-, dolphin-, and turtle-watching, and traditional fishing excursions.

DIVING & SNORKELING

The friendly staff at **Aquamor Talamanca Adventures** (✉ *Main road* ☎759–0612 ⊕*www.greencoast.com/aquamor.htm*) specializes in land- and ocean-focused tours of the Gandoca-Manzanillo Wildlife Refuge, and can tend to all your water-sporting needs in these parts, with guided kayaking, snorkeling, and scuba-diving tours, as well as equipment rental. They also offer the complete sequence of PADI-certified diving courses. Companies in Puerto Viejo de Talamanca (⇨*above*) can arrange boat trips to dive spots and beaches in the refuge as well.

DOLPHIN WATCHING

The **Talamanca Dolphin Foundation** (✉*Main road, Manzanillo* ☎759–9115 ⊕*www.dolphinlink.org*) has 2½-hour dolphin observation tours—excellent opportunities to see bottlenose, *tucuxi* (gray), and Atlantic spotted dolphins swimming this section of the coast.

WHERE TO STAY

$$$ ▣**Almonds & Corals Tent Lodge Camp.** Buried in a dark, densely atmospheric beachfront jungle within the Gandoca-Manzanillo Wildlife Refuge, Almonds & Corals takes tent camping to a new level. The "campsites" are freestanding platforms raised on stilts and linked by boardwalks lighted by kerosene lamps. Each safari-style tent is protected by a peaked roof, enclosed in mosquito netting, and has beds, electric lamps, hammocks, and hot water. A fine three-meal restaurant is tucked into the greenery halfway down to the property's exquisite,

secluded beach. Rustic camping this is not, but the locale does provide that close-to-nature experience. Your wake-up call is provided by howler monkeys and chatty parrots. ✉ *Near end of road to Manzanillo* ⌂*Apdo. 681–2300, San José* ☎*759–9056, 272–2024 in San José* ⊕*www.almondsandcorals.com* ⟿*25 tent-cabins* ♿*In-room: no a/c, no phone (some), refrigerator (some), no TV. In-hotel: restaurant, bar, laundry service, airport shuttle* ⊟*AE, DC, MC, V* ⓘⒸⓘ*MAP.*

THE CARIBBEAN ESSENTIALS

BY AIR

You can fly daily from San José to the airstrip in either Tortuguero (TTQ) or Barra del Colorado (BCL) via Nature Air or SANSA. Nature Air and SANSA fly daily to the small airport just south of Limón (LIO). A shuttle van meets all SANSA flights for overland travel to Puerto Viejo de Talamanca. Reserve space with the airline. Nature Air also serves the small airport in Bocas del Toro, Panama (BOC). *For more information about air travel between the Caribbean and San José, see Air Travel in Essentials.*

BY BUS

The transport companies serving this part of the country provide reliable service. London has retired its fabled double-decker buses, but you'll ride such vehicles on many of the runs to Limón and Guápiles. Autotransportes MEPE, which has a lock on bus service to the south Caribbean coast, has a reputation for being lackadaisical, but is really quite dependable. Drivers and ticket sellers are accustomed to dealing with foreigners; even if their English is limited, they'll figure out what you want. Bus fares to this region are reasonable. From San José, expect to pay $2 to Guápiles, $4 to Limón, $6 to Cahuita, $7 to Puerto Viejo de Talamanca, and $9 to Sixaola and the Panamanian border.

All bus service to this part of the country must take alternate routes when heavy rains and landslides close the highway through Braulio Carrillo National Park north of San José. The detour passes through Cartago, Paraíso, and Turrialba and rejoins the Caribbean highway at Siquirres. It can add anywhere from one to three hours to your journey. Check before you set out if you travel during the worst of the rainy season.

For more information about bus travel between the Caribbean and San José, see Bus Travel in Essentials.

BY CAR

There are no rental agencies in this region. Rent in San José. There are few major highways in this region, making your choices limited. The paved two-lane Guápiles Highway continues from Santa Clara southeast to Guápiles, EARTH, Siquirres, and Limón, a total distance from San José to the coast of about 160 km (100 mi). South of Limón, a paved road covers the roughly 40 km (25 mi) to Cahuita, then passes the Cahuita turnoff and proceeds for roughly 16 km (10 mi) toward Puerto Viejo de Talamanca. It is paved as far as the village of Manzanillo. Four-wheel drive is always preferable, but the major roads in this region are generally passable by any car. Just watch for potholes and unpaved sections—they can appear on any road at any time, without marking or warning. The heavier the previous year's rainy season has been, the deeper the *huecos* (potholes, in Costa Rican vernacular), and some years sections are *very* slow going. One-lane bridges appear frequently south of Limón. If the triangular CEDA EL PASO sign faces you, yield to oncoming traffic.

Road travel to and from this part of the country occasionally becomes more complicated when heavy rains cause landslides blocking the highway near the Zurquí Tunnel in Braulio Carrillo National Park just north of San José. The alternate route is a long, slow journey via Cartago, Paraíso, and Turrialba, rejoining the main route at Siquirres. Check before you set out when traveling during the heaviest of the rainy season.

You cannot drive to Tortuguero or Barra del Colorado; you must fly or take a boat.

■TIP→Several gas stations flank the highway between Guápiles and Limón, many open 24 hours. South of Limón you'll find just one, at Penshurt, north of Cahuita. Fill the tank when you get the chance.

BY SHUTTLE VAN
If you prefer a more private form of travel, consider taking a shuttle. Gray Line Tourist Bus has daily service that departs from many San José hotels at 6:30 AM for Cahuita and Puerto Viejo de Talamanca. Tickets are $29 and must be reserved at least a day in advance. Comfortable air-conditioned Interbus vans depart from San José hotels daily at 7:50 AM for Guápiles, Siquirres, Limón, Cahuita, and Puerto Viejo de Talamanca. Reserve tickets ($29) a day in advance.

Shuttle Van Services Gray Line Tourist Bus (☎ *232–3681 or 220–2126* ⊕ *www. graylinecostarica.com).* **Interbus** (☎ *283–5573* ⊕ *www.interbusonline.com).*

BANKS & EXCHANGING SERVICES
Most larger tourist establishments are prepared to handle credit cards. Banks are sparse in this region. Changing U.S. dollars or traveler's checks is possible at the few offices of Banco Nacional, but lines are long. The Scotiabank and BAC San José in downtown Limón have ATMs that accept Plus- and Cirrus-affiliated cards. The Banco de Costa Rica's ATM in Puerto Viejo de Talamanca accepts only Plus cards. You're best off getting cash with your ATM card back in San José before venturing here.

INTERNET
There are public computers for Internet use in Cahuita, Guápiles, Limón, Puerto Viejo de Talamanca, and Tortuguero. Expect to pay $2–$3 per hour. Connection times are slower in this part of the country than in San José, although a few now boast of their DSL connections.

MAIL & SHIPPING

The privatized Correos de Costa Rica provides reasonable postal service from this part of the country, but your best bet is to wait and mail letters and cards from San José. DHL and UPS have offices in Limón for express shipping of packages.

COSTA RICA ESSENTIALS

BY AIR

If you are visiting several regions of the country, flying into San José's Juan Santamaría Airport, in the center of the country, is the best option. Flying into Liberia's Daniel Oduber Airport makes sense if you are planning to spend your vacation in Guanacaste. Bus travel time between the Liberia airport and most of the resorts is less than two hours.

Most travelers fly into the larger San José airport, the transportation hub to nearly every point in the country. Rarely does an international flight get into San José early enough to make a domestic connection, particularly in the rainy season, as the weather is typically unsuitable for flying in the afternoon. So you'll likely end up spending your first night in or near the city, and leave for your domestic destination the next morning out of the SANSA terminal next to the international airport or via Nature Air out of tiny Tobias Bolaños Airport.

Once you're in Costa Rica, some airlines recommend that you call the San José office about three days before your return flight to reconfirm; others, such as TACA, explicitly say it's not necessary. It's always a good idea to call the local office the day before you are scheduled to return home to make sure your flight time hasn't changed.

Airlines & Airports Airline and Airport Links.com (⊕ www.airlineandairportlinks. com) has links to many of the world's airlines and airports.

Airport Information Aeropuerto Internacional Daniel Oduber ((LIR) ✉ 17 km/11 mi west of Liberia ☎ 506/668-1010 in Costa Rica). **Aeropuerto Internacional Juan Santamaría** ((SJO) ✉ 17 km/10 mi northwest of downtown San José, just outside Alajuela ☎ 506/443-1737, 506/437-2626 in Costa Rica for departure and arrival info).

Domestic & Charter Airlines Aerobell Air Charter (☎ 506/290-0000 in Costa Rica ⊕ www.aerobell.com). **Macaw Air** (☎ 506/364-1223 in Costa Rica ⊕ www. macawair.com). **Nature Air** (☎ 800/235-9272 in North America, 506/299-6000 in Costa Rica ⊕ www.natureair.com). **SANSA** (☎ 506/290-4100 in Costa Rica ⊕ www. flysansa.com).

BY BUS

All Costa Rican towns are connected by regular bus service. Bus service in Costa Rica is reliable, comprehensive, and inexpensive; fares for long-distance routes are usually $3–$10 one way. Buses between major cities are modern and air-conditioned, but once you get into the rural areas, you may get a converted school bus without air-conditioning. The kind of bus you get is the luck of the draw (no upgrades here). Bus travel in Costa Rica is formal, meaning no pigs or chickens inside and

6

no people or luggage on the roof. On longer routes, buses stop midway at modest restaurants. Near the ends of their runs many nonexpress buses turn into large taxis, dropping passengers off one by one at their destinations; to save time, take a *directo* (express) bus. Be prepared for bus-company employees and bus drivers to speak Spanish only.

Many visitors choose the more convenient (but more expensive) alternative of booking a private shuttle van or hiring a private driver. Both options are still cheaper than flying in most cases.

Bus Information Tica Bus (⊠ *200 meters north and 100 meters west of Torre Mercedes, Paseo Colón, San José* ☎ *221-0006* ⊕ *www.ticabus.com*). **Transnica** (⊠ *C. 22, Avdas. 3–5, San José* ☎ *223-4123* ⊠ *Hotel Guanacaste, Liberia* ☎ *666-0085* ⊕ *www.transnica.com*).

Shuttle Van Services Gray Line Tourist Bus (☎ *232-3681 or 220-2126* ⊕ *www.graylinecostarica.com*). **Interbus** (☎ *283-5573* ⊕ *www.interbusonline.com*).

BY CAR

The Óscar Arias administration has taken a hard line on Costa Rica's dreadful roadway safety record—one of the world's worst. At this writing, a bill to drastically hike penalties for traffic violations was awaiting debate in the Legislative Assembly. If the proposal is approved, the fines for speeding and drunk driving would skyrocket from 20,000 colones ($50) to 280,000 colones ($560), among other increases. Car seats are required for children ages four and under, but car-seat laws are not rigorously enforced. Many Tico babies and children ride on their parents' laps. Children over 12 are allowed in the front seat. Drivers are prohibited from using hand-held cell phones, but this is almost never enforced, and distracted chatters are the rule.

Fuel-efficiency measures restrict certain cars from the city center during rush hour once a week, according to the final license-plate number (e.g. plates that end in 9 are restricted on Fridays). This does not apply to rental cars; if you are stopped, don't pay a bribe. ■ TIP→There are plenty of questionable drivers on Costa Rican highways; be prepared for harebrained passing on blind corners, tailgating, and failing to signal. Watch, too, for two-lane roads that feed into one-lane bridges with specified rights-of-way.

There's not always a method to the driving madness, but locals use two tactics that are surprisingly effective. Stick your left hand out the window and wave slightly if you want to merge left (get your passenger to do it to maneuver to the right), and flick your lights if you want oncoming traffic to slow down so you can turn left. Hone your reflexes: drivers behind you will honk at you a millisecond before the light turns green. Green traffic lights flash just before turning to yellow; always look carefully, as drivers regularly speed through lights that have long since turned red.

EMERGENCIES

Dial 911 for an ambulance, the fire department, or the police. Costa Ricans are usually quick to respond to emergencies. In a hotel or restaurant, the staff will usually offer immediate assistance, and in a public area passersby can be counted on to stop and help.

For emergencies ranging from health problems to lost passports, contact your embassy.

U.S. Embassy United States Embassy (Embajada de los Estados Unidos ⊠ C. 120 and Avda. 0, Pavas, San José ☎ 506/519-2000, 506/220-3127 in Costa Rica for after-hours emergencies ⊕ www.usembassy.or.cr).

HEALTH

Malaria is not a problem in Costa Rica except in some remote northern Caribbean areas near the Nicaraguan border. Poisonous snakes, scorpions, and other pests pose a small (often overrated) threat.

MAIL

The Spanish word for post office is correos. Mail from the United States can take up to two to three weeks to arrive in Costa Rica (occasionally it never arrives at all). Within the country, mail service is even less reliable. Outgoing mail is marginally quicker, with delivery to North America in five to ten days, especially when sent from San José. Post offices are generally open weekdays 8–5:30, and on Saturdays 8–noon. Stamps can be purchased at post offices and some souvenir shops.

MONEY

In general, Costa Rica is cheaper than North America or Europe, but travelers looking for dirt-cheap developing-nation deals may find it's more expensive than they bargained for—and prices are rising as more foreigners visit and relocate here.

Although they are springing up at a healthy rate, don't count on using an ATM outside of San José. While not exhaustive, the A Todas Horas (ATH) company Web site lists locations of its cash machines, and notes which ones offer colones (usually in increments of 1,000 colones), dollars (in increments of $20), or both; click on *Cajeros automáticos* then *búsqueda de cajeros* to see the lists by region.

PASSPORTS & VISAS

Canadians, Australians, U.S. citizens, and citizens of the U.K. and New Zealand need only a passport to enter Costa Rica for stays of up to 90 days. Make sure it's up-to-date—you'll be refused entry if the passport is due to expire in less than six months. However, there is a lot of confusion around this detail. According to some officials, your passport must be good for 6 months. Other officials contend that a month before expiration is fine. If you have any problems, ask to speak to the *jefe de migración*. Once you're here, you can go to the *Migración* office in La Uruca and extend the visa to 90 days. In practice, dealing with local immigration is frustrating and time-consuming. It's easier and more fun to spend a weekend in Nicaragua or Panama—but don't expect to do that undetected more than a couple of times. Due to high rates of passport theft, travelers in Costa Rica are no longer required to carry their original documents with them at all times, although you must have easy access to them. Photocopies of the data page and your entry stamp are sufficient.

TAXES

The airport departure tax for tourists is $26, payable in cash or with VISA. All Costa Rican businesses charge a 13% sales tax. Hotels charge a 16.4% fee covering service and tax. Restaurants add 13% tax and 10% service fee to meals. Tourists are not refunded for taxes paid in Costa Rica.

TIPPING

Costa Rica doesn't have a tipping culture, but positive reinforcement goes a long way to fostering a culture of good service, which is hit and miss. Tip only for good service. Taxi drivers aren't tipped, but it's common courtesy to leave an extra 200–300 colones if they've helped you navigate a complicated set of directions. ■TIP➔Do not use U.S. coins to tip, because there is no way for locals to exchange them.

VISITOR INFORMATION

The official tourism board, the Instituto Costarricense de Turismo (ICT), has free maps, bus schedules, and brochures. However, these folks could do better with the information they provide. Arrive armed with specific questions and know that they will not recommend hotels. Visitor information is provided by the Costa Rica Tourist Board in Canada and in the United States.

Contacts **Instituto Costarricense de Turismo** (*ICT* ☎ *866/267–8274 in U.S. and Canada, 506/299–5800 in Costa Rica* ⊕ *www.visitcostarica.com* ✉ *Plaza de la Cultura, C. 5, Avdas. Central-2* ☎ *506/222–1090 in Costa Rica*).

Panama

WORD OF MOUTH

"Don't miss exploring the canal in some way—even if you THINK you're not interested. You can get a taxi out to Miraflores lock and have lunch outside on the deck there, watching ships come through the lock. We also enjoyed driving out Amador causeway. Lovely drive culminating in marina area with some restaurants. Good people watching spot."

—glover

By David
Dudenhoefer

MISTAKEN IMPRESSIONS OF PANAMA ARE COMMON EVEN among travelers who are well acquainted with the rest of Central America. At first glance, Panama City may seem much like the Western urban melee you're probably trying to escape, but if you take the time to explore it, you'll discover a rich history, vibrant culture, and a wildly diverse population that includes indigenous peoples, Spanish, and African, among other ethnicities. Even with its familiar American presence in the late twentieth century, the truth is that the country's top destinations date further back than this influence and Panama's natural sights remain largely untouched by tourism. These exceptional destinations include lush, tropical isles of the Bocas del Toro archipelago; the monumental volcano, mountains, and surrounding wildlife of Chiriquí province; the colonial towns of Portobelo and Casco Viejo in Panama City; and the villages of the Kuna, Emberá, and other indigenous peoples. And if you think you can find another Panama Canal, well, good luck.

ORIENTATION & PLANNING

ORIENTATION

The S-shape country lies between two oceans and is divided by mountains; it's a mere 80 km (48 mi) at its narrowest and a skinny 190 km (114 mi) at its widest. The Caribbean skirts the northern coast and the Pacific Ocean borders the southern coast. To the far east lies Darién and its impenetrable jungle. Beyond it is Colombia. The country's west or Chiriquí Province is high and mountainous, home to a volcano and an international park shared with Costa Rica. Farther north in Chiriquí, the Bocas del Toro archipelago has charming islands and cays. Las Tablas, the main city on the southern Azuero peninsula, is also home to numerous beaches and tiny islands. Rounding the top of the S-curve are the duty-free zone of Colón, the small colonial enclave of Portobelo with its centuries-old fortresses, and the San Blas Islands, inhabited by the Kuna Indians. The Panama Canal cuts across the middle of the country in a flat and narrow portion of land.

TAKE IT ALL IN

3 Days: Spend your first day sightseeing in Panama City and tour the Panama Canal. The next morning, drive or take a tour to Portobelo to see the fort. In the afternoon, leave Panama City and fly to Isla Colón on Bocas del Toro for the night. Wake up early and make for a long beach day at Isla Bastimentos or one of the beaches, such as Carenero, or Solarte in Isla Bastimentos National Marine Park, where you can dive or snorkel. Fly back to Panama City in the late afternoon.

5 Days: Follow the three-day Tour and on Day 4 take a boat tour from Bocas del Toro to Isla de Pájaros or nearby Boca del Drago. On the fifth day, fly to David on an early-morning flight, rent a car, and head for the mountain air of Boquete, which has a good selection of lodgings. Go for a bird-watching hike or pre-dawn drive up Volcán Barú. The next morning, drive to David and catch the first flight to Panama City.

7 Days: On Day 6, after overnighting in Boquete, get a pre-dawn start to drive up Volcán Barúto to catch the sunrise from the summit or go bird-watching, whichever one you didn't do the day before. Move on to Cerro Punta, which is higher and thus cooler. Stop off at the Los Quetzales hotel and join a tour of the Amistad International Park forests. Or go white-water rafting, from Boquete or Cerro Punta. (Book in advance for the Amistad Park tour and rafting.) If time's no object, take a trip, via the capital, to the San Blas Islands, where beaches and indigenous culture blend to create a gorgeous finale to your vacation.

PLANNING

WHEN TO GO

The dry season (December–March) is the best time to visit Panama, but the rains the rest of the year aren't much of an inconvenience unless you're trying to reach the Darién. The best time to visit Darién is immediately following the rainy season, December or January, since the jungle is lush and the rivers are high enough to navigate deep into the jungle. San Blas hosts huge cruise ships during the dry season, so you may want to visit in the rainy season or consider avoiding the touristy area around El Porvenir. Bocas del Toro, in the northwest, goes through two dry/rainy cycles annually: February to April is dry, May to July is wet, August to October is dry, and November to January is wet. (Keep in mind that in Bocas "dry" doesn't mean no rain, it just means less rain.) September is regarded as the best month to visit Bocas del Toro. There's no time of year when Panama is overrun with tourists, but the dry season is also when Panamanian students are on vacations, so resorts and beaches are most crowded.

GETTING AROUND

Panama City is the biggest transport hub and serves all points accessible by road. Buses connect the capital to the country's towns, and there is also regular service between these towns, so you can pretty much go where and when you want. To get to smaller cities and beaches, you'll need to catch minibuses out of regional transit hubs. Panama may have the best roads in Central America, and amazingly helpful signs make it easy to find your way around the countryside, should you decide to rent your own car. Domestic flights to regional hubs ike David are a good alternative if you need to cut travel time way down, and are practically the only way to visit San Blas and much of the Darién.

RESTAURANTS & CUISINE

Panama City has the largest selection of restaurants that appeal to sophisticated tastes. Many international restaurants also include some traditional *criollo*, or Panamanian dishes, which rely heavily on chicken, beef, and corn, and tend, like much of the local cuisine, to be a bit greasy by North American standards. If you don't mind a bit of *grasa* (fat), however, try Panamanian *carimañolas*, which are fried snacks made of diced and spiced meat surrounded by sticky yucca paste; *hojaldras*, which are crunchy, bubbly fried breads (the perfect quick breakfast food); and *bollos*, which are long corn tamales that

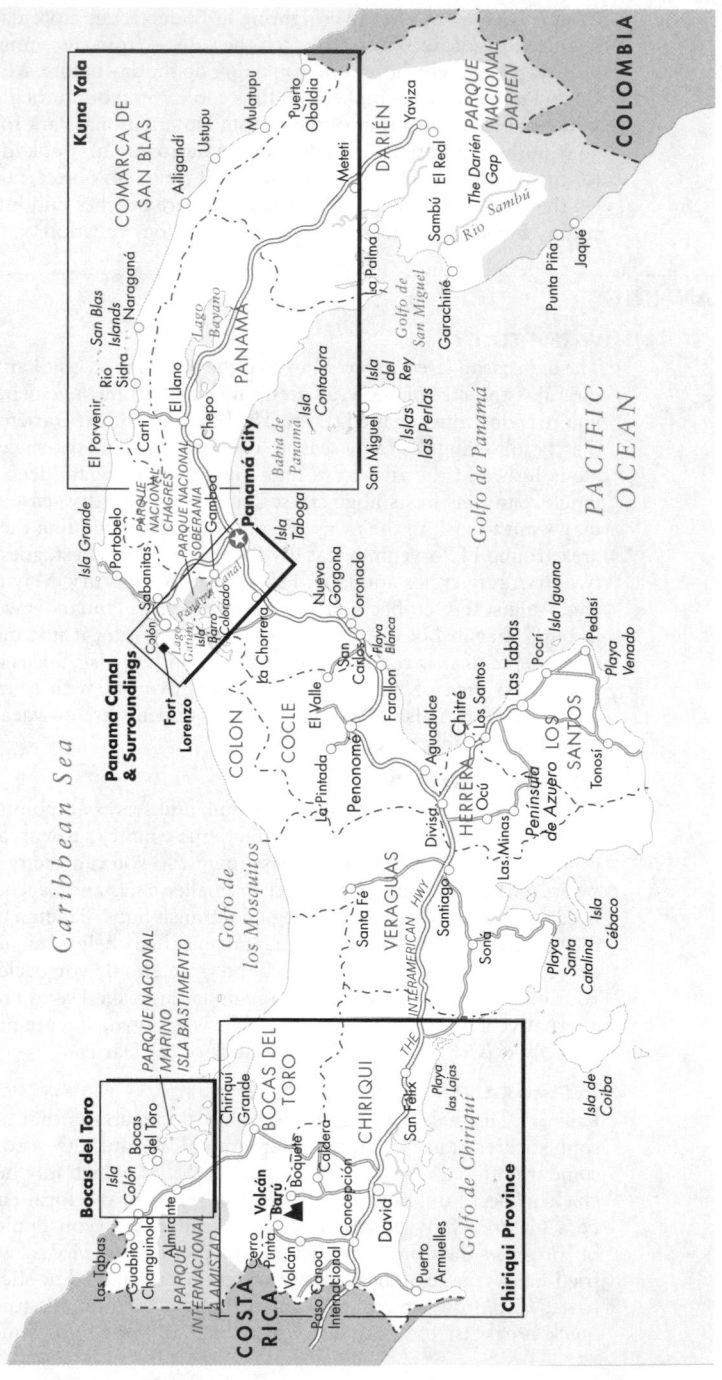

Panama

come in many flavors. Also sample the local tortillas—thick yellow-corn disks that are very different from their Mexican counterparts. Other great snack foods include meat-filled empanadas and ceviche. *Chichas* (tropical freshfruit drinks) are usually available to wash it all down with. Do not eat from street stands, even if the food looks appetizing. Hygiene is not always up to U.S. standards.

When you sit down for a proper meal, the grease level drops considerably. *Ropa vieja* (literally "old clothes"), one of the most popular Panamanian dishes, consists of shredded flank steak in a sauce of onions, peppers, and spices. *Mondongo* (tripe) is another popular dish. Chicken is prepared in myriad ways: *sancocho* is a chicken stew made with vegetables, spices, and starchy roots like yucca and naimey; *arroz con pollo* is rice with chicken and is served everywhere; *pollo guisado* is chicken stewed in a red sauce.

Plenty of fresh seafood is served around Bocas del Toro, and though local cooks aren't terribly inventive with it, a few resident foreigners are: Chinese and Italian foods are available on the islands. The Darién and San Blas are another story altogether: stick to bland choices when dining here.

Chichas (fresh-fruit drinks) are popular and come in a kaleidoscope of flavors: *maracuya* (passion fruit), *tamarindo* (a sour, brown-seed coating), *maíz* (corn), *zarzamora* (blackberry), *saril* (a small, tart red fruit), and *guanabana* (a white-pulped fruit also known as soursop). Panamanian beers are nothing to write home about, although there are two local dark brews: H B (pronounced "ah-chay bay") and Steinbock.

Breakfast is anywhere from 7:30 to 9; lunch may begin as early as noon in some restaurants; dinner is around 8 or 9 at night.

Dress is informal in Panama, although shorts are not appropriate. Reservations are usually not necessary unless it's the 15th or 30th of each month, when all Panamanians crowd restaurants and nightspots, especially the first Friday and Saturday, following payday.

The accepted currency is the U.S. dollar, also called the balboa.

WHAT IT COSTS IN U.S. DOLLARS					
	¢	$	$$	$$$	$$$$
RESTAURANTS	under $5	$5–$10	$10–$15	$15–$20	over $22
HOTELS	under $50	$50–$100	$100–$160	$160–$220	over $220

Restaurant prices are per person for a main course at dinner. Hotel prices are for two people in a standard double room, excluding service and 10% tax.

PANAMA CITY

Panama City is an incredibly diverse and hospitable place, with an assortment of urban and natural environments to please just about any taste. Baroque facades of the city's old quarter appear frozen in time, while the area around Punta Paitilla (Paitilla Point) is positively vaulting into the 21st century, with gleaming skyscrapers towering over the waterfront.

Though you may be stopping through on your way to other places (this is Panama's main transportation hub), you'll find an impressive array of restaurants, an abundance of shops and handicraft markets, and a vibrant nightlife scene. All international flights arrive at Panama City's Tocumen Airport (airport code PTY), which is 25 km (16 mi) east of the city; domestic flights and buses depart from the neighborhood of Albrook, just west of downtown.

The city can also serve as a base for an array of day trips, including Panama Canal transit tours, a boat ride to Isla Taboga, a trip on the Panama Canal Railway, a day at the colonial fortresses of Portobelo, or hikes through various rain-forest reserves.

The downside of Panama City is that its colorful contrasts include all the ugly aspects of urban life in the developing world. It has its fair share of slums, including several around must-see Casco Viejo. Traffic can be downright terrible, and the ocean along its coast is very polluted. Brand-new SUVs waiting at stoplights are solicited by people selling oranges and car accessories. The city has a high unemployment rate, and crime can be a problem in some neighborhoods. Be sure to use your common sense and be careful where you walk around, especially at night. The city as a whole, though, is quite safe, especially the downtown area, where you'll find its bustling hotels, restaurants, and bars.

EXPLORING PANAMA CITY

CASCO VIEJO

Panama City's charming historic quarter is known as the Casco Viejo, (pronounced CAS-coh Bee-EH-hoh), which translates as "old shell." It's spread over a small point in the city's southeast corner, where timeless streets and plazas are complemented by views of a modern skyline and the Bahía de Panamá. A stroll here offers opportunities to admire a beautiful mix of Spanish colonial, neoclassical, and art nouveau architecture. And though most of its buildings are in a lamentable state of neglect, and the neighborhood is predominantly poor, it is a lively and colorful place, where soccer balls bounce off the walls of 300-year-old churches and radios blare Latin music.

❷ ★ Iglesia de San José *(Saint Joseph's Church).* This church is an exact replica of the temple of the same name in Panamá Viejo. It is the sanctuary of the country's famous golden altar, the most valuable object to survive pirate Henry Morgan's razing of the old city. According to legend, a wily priest painted the altar with mud to discourage its theft. Not only did Morgan refrain from pilfering it, but the priest even managed to extract a donation from the pirate. The ornate baroque altar is made of carved mahogany covered with gold leaf. It is the only real attraction of the small church, though it does have several other wooden altars and a couple of lovely stained-glass windows. ✉*Av. A at Calle 8, Casco Viejo* ☎*No phone* 🌐*Free* ◷*Daily 8–4.*

⑥ Palacio de las Garzas *(Palacio Presidential).* The neoclassical lines of the ★ stunning, white presidential palace stand out against the Casco Viejo's skyline. Originally built in the 17th century by an official of the Spanish crown, the palace was a customs house for a while, and passed through various mutations before being renovated to its current shape in 1922, under the administration of Belisario Porras. President Porras also started the tradition of keeping pet herons, or egrets, in the fountain of the building's front courtyard, which led to its popular name: "Palace of the Egrets." Because the building houses the president's offices and is surrounded by ministries, security is tight in the area, though nothing compared to the White House. During the day the guards may let you peek into the palace's Moorish foyer at its avian inhabitants, two great egrets and two African cranes. ✉*Av. Alfaro, 2 blocks north of Plaza Mayor, Casco Viejo.*

④ Paseo Esteban Huertas. This promenade built atop the old city's outer ★ wall is named for one of Panama's independence leaders. It stretches around the eastern edge of the point at the Casco Viejo's southern tip. From the Paseo you can admire views of the Bay of Panama, the Amador Causeway, the Bridge of the Americas, the tenements of El Chorrillo, and ships awaiting passage through the canal. As it passes behind the Instituto Nacional de Cultura, the Paseo is shaded by a bougainvillea canopy where Kuna women sell handicrafts and couples cuddle on the benches. It's amazing to see the modern skyline across the bay: the new city viewed from the old city. ✉*Plaza Francia, between the stairway at the back of the plaza and Calle 1, Casco Viejo* ☎*No phone* 🌐*Free* ◷*always.*

⑤ Plaza Bolívar. A small plaza surrounded by 19th-century architecture,
Fodor'sChoice this is one of the Casco Viejo's most pleasant spots, especially at night,
★ when people gather at its various cafés for drinks and dinner. It's centered around a monument to the Venezuelan general Simón Bolívar, the "Liberator of Latin America," with decorative friezes marking events of his life and an Andean condor perched above him. In 1926 Bolívar organized a meeting of independence with leaders from all over Latin America in the Franciscan monastery in front of the plaza, which in the end, he was unable to attend. The hall in which the meeting took place, next to the Iglesia de San Francisco, holds a small museum called **Salón Bolívar,** (✉*Calle 3, Plaza Bolívar, Casco Viejo* ☎*228–9594* 🌐*$1* ◷*Tues.–Sat. 9–4*). The original San Francisco Church was destroyed by fire in the 18th century, and restored twice in the 20th century. The church is only open for mass on Sunday evening, and the former monastery is now occupied by a Catholic school. Across the plaza from it, on the corner of Avenida B and Calle 4, is the smaller church, the **Iglesia de San Philip Neri,** which was undergoing restoration work at press time. The **Hotel Colombia,** across the street from it, was one of the country's best when it opened its doors in 1937, but it fell into neglect during the late 20th century until it was renovated in the '90s and converted to luxury apartments. The restaurant on the ground

7

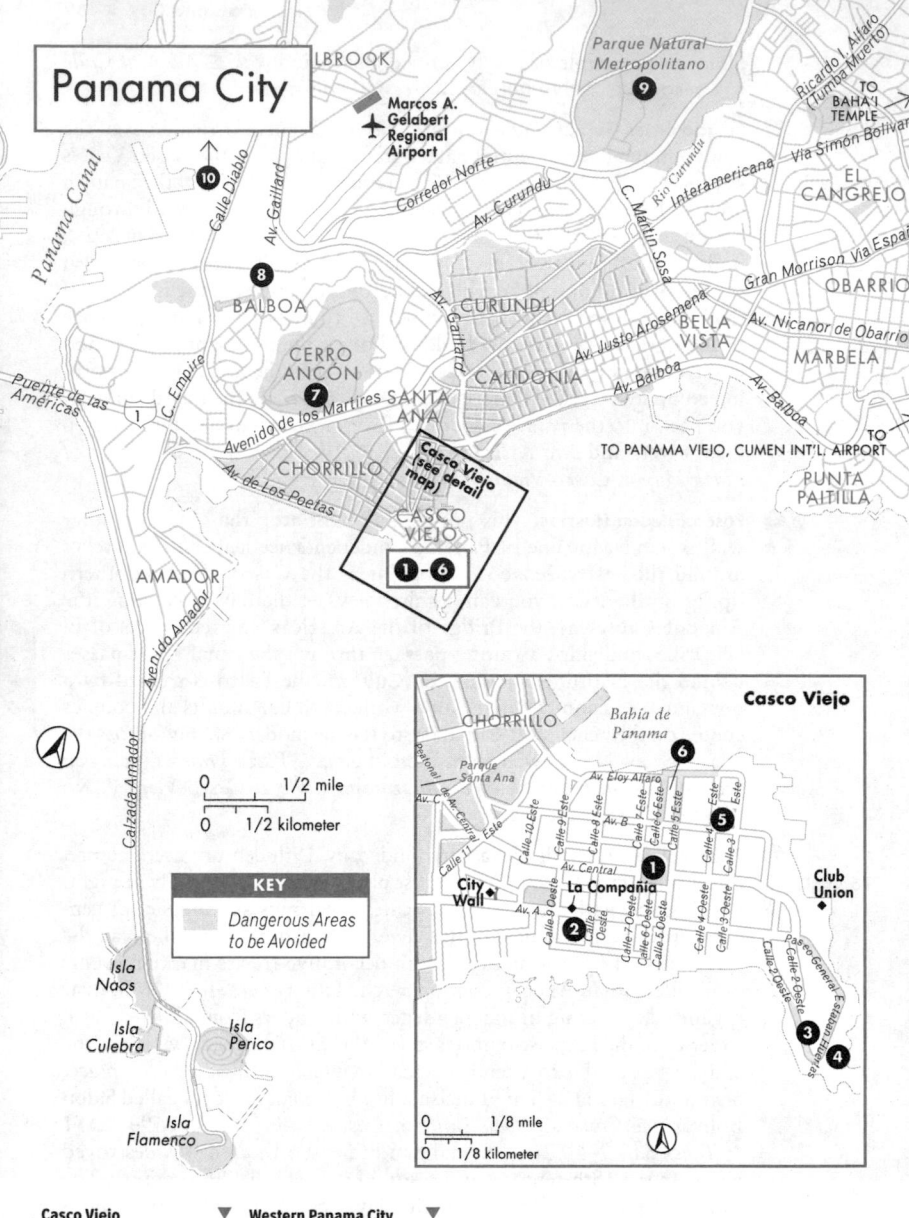

Panama City

LBROOK

Marcos A. Gelabert Regional Airport

Parque Natural Metropolitano **9**

Ricardo J. Alfaro (Tumba Muerto)

TO BAHA'I TEMPLE

Via Simón Bolívar

10 Calle Diablo

Av. Gaillard

Corredor Norte

Interamericana

C. Martín Sosa

Río Curundu

EL CANGREJO

Panama Canal

Av. Curundu

8 BALBOA

CERRO ANCÓN **7**

C. Empire

Av. Gaillard

CURUNDU

CALIDONIA

Av. Justo Arosemena

BELLA VISTA

Gran Morrison Via España

OBARRIO

Av. Nicanor de Obarrio

MARBELA

Av. Balboa

Av. Balboa

Puente de las Américas

1

C. Empire

Avenida de los Mártires SANTA ANA

Av. de Los Poetas

CHORRILLO

Casco Viejo (see detail map)

CASCO VIEJO

1 - 6

TO PANAMA VIEJO, CUMEN INT'L. AIRPORT

PUNTA PAITILLA

AMADOR

Avenida Amador

Calzada Amador

Isla Naos

Isla Culebra

Isla Perico

Isla Flamenco

0 — 1/2 mile
0 — 1/2 kilometer

KEY

Dangerous Areas to be Avoided

Casco Viejo

CHORRILLO

Bahía de Panama

Parque Santa Ana

Peatonal de Av. Central

Av. C

Calle 11 Este

Calle 10 Este

Calle 9 Este

Calle 8 Este

Av. Eloy Alfaro

Av. B

6

Calle 7 Este

Calle 6 Este

Calle 5 Este

Calle 4 Este

Calle 3 Este

Calle 2 Este

5

Av. Central

City Wall

La Compañía **1**

Av. A Oeste

Calle 10 Oeste

Calle 9 Oeste

2

Calle 8 Oeste

Calle 7 Oeste

Calle 6 Oeste

Calle 5 Oeste

Calle 4 Oeste

Calle 3 Oeste

Calle 2 Oeste

Club Union

Paseo General Esteban Huertas

3

4

0 — 1/8 mile
0 — 1/8 kilometer

floor is a good spot for a drink or snack. ⊠ *Av. B between Calles 3 and 4, Casco Viejo.*

❶ Plaza Catedral. The city's main square is also known as Plaza Mayor and
★ Plaza de la Independencia, since the country's independence from both Spain and Colombia were celebrated here. Busts of Panama's founding fathers are scattered around the plaza, at the center of which is a large gazebo. The plaza is surrounded by historic buildings such as the Palacio Municipal, the Museo del Canal Interoceánico, and the Hotel Central, which once held the city's best accommodations, but is now abandoned, awaiting renovation. Plaza Catedral is shaded by some large *tabebuia* trees, which are ablaze with pink blossoms during the dry months, when the plaza is sometimes the site of weekend concerts. ⊠ *Av. Central between Calles 5 and 7, Casco Viejo.*

❸ Plaza de Francia. Designed by Leonardo de Villanueva, this walled plaza
☾ at the southern tip of the Casco Viejo peninsula is dedicated to the
Fodor'sChoice French effort to build the canal, and the thousands who perished in the
★ process. An obelisk towers over the monument at the end of the plaza, where a dozen marble plaques recount the arduous task. Busts of Ferdinand de Lesseps and his lieutenants gaze across the plaza at the French Embassy—the large baby-blue building to the north of it. Next to them is a bust of Dr. Carlos Finlay, a Cuban physician who later discovered that yellow fever, which killed thousands during the French effort, originated from a mosquito bite—information that prompted the American campaign to eradicate mosquitos from the area before they began digging. The plaza itself is a pleasant spot shaded by ponciana trees, which carry bright-orange blossoms during the rainy months. At the front of the plaza is a statue of Pablo Arosemena, one of Panama's founding fathers and one of its first presidents. The infamous dungeons of Las Bóvedas line one side of the plaza, and next door stands a large white building that was once the city's main courthouse but now houses the Instituto Nacional de Cultura *(National Culture Institute).* ⊠ *Bottom of Av. Central, near the tip, Casco Viejo.*

NEED A BREAK? Exploring Casco Viejo's narrow streets can be a hot and exhausting affair, which makes the gourmet ice-cream shop of Gran Clement (⊠ *Av. Central and Calle 3* 🕾 *228–0737*) an almost obligatory stop. Located in the ground floor of a restored mansion one block west of the Policía de Turismo station, the shop serves a wide assortment of ice creams including ginger, coconut, passion fruit, and mango. Gran Clement is also open at night, and until 11 PM on weekends.

SANTA ANA, CERRO ANCÓN & BALBOA

For the better part of the 20th century, the area to the west of Casco Viejo held the border between the American Canal Zone and Panama City proper, and it continues to be an area of stark contrasts. The busy Avenida de Los Mártires (which separates the neighborhoods of El Chorrillo and Santa Ana from Cerro Ancón (Ancón Hill) was once lined with a chain-linked fence, and the martyrs it was named for were Panamanian students killed during demonstrations against American

DAY-TRIPPING FROM THE CAPITAL

Panama City is the perfect base for an array of half- and full-day trips; enough, even, to fill a week, or more. There are about a dozen day-trip options for exploring the canal and surrounding rain forest, which is protected within several national parks that you can explore on your own, or with a guide on a bird-watching or hiking tour. The canal is best experienced on a transit tour, which takes you through the series of locks and Gaillard Cut, but you can also get onto the water on one of several nature tours on Lago Gatún. One of the best nature tours on Gatún Lake is the Smithsonian Tropical Research Institutes' day tour to the island of **Barro Colorado**, one of the world's oldest nature reserves, which is an excellent place to see wildlife. A 30- to 40-minute drive, taxi ride, or bus trip northwest from Panama City will bring you to trails that wind into the forests of **Parque Nacional Soberanía**, a vast rain-forest reserve that is home to more than 400 bird species and an array of mammals that ranges from timid tapirs to tiny tamarins. At **Gamboa,** which lies between the park and the canal, it is easy spot wildlife on the grounds of the Gamboa Rainforest Resort, which has a rain-forest tram and an excellent restaurant, Los Lagartos, on the Chagres River, which is the perfect spot for lunch amidst nature.

For a fascinating day trip, ride the **Panama Canal Railway** through the forests and lakes that line the canal to the Caribbean port of Colón, and spend the day exploring either the rain forests around the colonial fort of **San Lorenzo** or the colonial fortresses, beaches, and forest of **Portobelo,** a trip that can be done independently or on a tour. There are several options for exploring nearby **Parque Nacional Chagres,** which include hiking in Cerro Azul, white-water rafting on the Chagres River, or a trip to one of several Emberá Indian communities within the park.

The beaches of the Central Pacific Coast can be visited on day trips, but note that most of them require a good deal of driving, which is why many Panamanians head to the nearby island of **Isla Taboga** on weekends. Historic Isla Taboga is a great day trip, since it has a small-but-lovely beach, and the boat trip there, which passes dozens of moored ships, is quicker and more pleasant than driving to the coastal beaches. For a real treat, consider **Isla Contadora**, one of the Pearl Islands, because it has more and nicer beaches than Taboga. It is usually visited on overnight trips, but since there are flights to the island most mornings and afternoons you could easily visit it on a day trip.

control of the zone in 1964. To the west of that busy avenue, which leads to the Bridge of the Americas and the other side of the Canal, rise the verdure and stately buildings of the former Canal Zone, whereas the area to the east of it is dominated by slums.

8 **Edificio de la Administració del Canal** *(Panama Canal Administration*
★ *Building).* Well worth a stop is this impressive structure set atop a ridge with a dramatic view of Balboa and the canal—a site chosen by the canal's chief engineer, George W Goethals. The building, designed by New York architect Austin W. Lord, was inaugurated in 1914, one

month before the SS *Ancon* became the first ship to navigate the canal. Since it holds the offices of the people in charge of running the canal, most of the building is off-limits to tourists, but you can enter its lovely rotunda and admire the historic murals of the canal's construction. The murals were painted by William B. Van Ingen, who also created murals for the U.S. Library of Congress and the Philadelphia Mint. They're quite dramatic, and capture the monumental nature of the canal's construction in a style that is part Norman Rockwell, part Frederic Edwin Church. The rotunda also houses busts of the three canal visionaries: Spain's King Carlos V, who first pondered the possibility in the 16th century; the Frenchman Ferdinand de Lesseps, who led the first attempt to dig it; and President Theodore Roosevelt, who launched the successful construction effort. The doors at the back of the rotunda are locked, but if you walk around the building you'll be treated to a view of the neat lawns and tree-lined boulevards of Balboa. ⊠*Calle Gorgas, Balboa* ☏*272–7602* ⊘*Daily 8–5.*

❼ Mi Pueblito. It might seem touristy, but this hillside re-creation of rural
Ⓒ Panama is worth a stop, especially if you won't be traveling to other
★ parts of the country. The main attraction is a small replica of a 19th-century rural town square, similar to those in many Azuero Peninsula towns, such as Parita. The collection of faux-adobe buildings is actually quite picturesque, and the plaza comes to life on Sunday afternoons (2 PM), when it becomes the stage for a free folk-dance performance. You can also visit the traditional Panamanian restaurant on the plaza; the small museum dedicated to the *pollera* (an intricately stitched dress); and the obligatory souvenir shops. Next door is a re-creation of a Caribbean town that bears some resemblance to Bocas de Toro. On Saturday evenings Kuna dancers perform for tips in a tiny reproduction of a Kuna Indian village above it. A trail through the forest leads to the re-creation of typical Emberá Indian homes. ⊠*Off Av. de los Mártires and Calle Jorge Wilbert, Cerro Ancón* ☏*228–9785* ▣*$2* ⊘*Tues.–Sun. 9–9.*

CALZADA AMADOR

The Calzada Amador (Amador Causeway) is the place to go when you tire of the city's cement and traffic jams. The sprawling views and refreshing breezes coming off the ocean seem a world apart from the hustle and bustle of Panama City, yet this oasis is less than 20 minutes from most downtown hotels. Located directly to the southeast of Balboa, the Calzada was originally constructed as a breakwater, when the canal's builders were looking for places to deposit the trainloads of debris that the digging produced. The resulting causeway and islands have views of the canal's Pacific entrance, the city's gleaming skyline, Isla Taboga, and the dozens of ships that anchor offshore on any given day.

ALBROOK, PARQUE NATURAL METROPOLITANO & MIRAFLORES

❿ Esclusas de Miraflores *(Miraflores Locks).* The four-story visitor cen-
Ⓒ ter next to these double locks provides a front-row view of massive
Fodor's Choice ships passing through the lock chambers. It also houses an excellent
★ museum about the canal's history, engineering, daily operations, and

7

environmental demands. Because most of the canal lies at 85 feet above sea level; each ship that passes through has to be raised to that level with three locks as they enter it, and brought back to sea level with three locks on the other end. Miraflores has two levels of locks, which move vessels between Pacific sea level and Miraflores Lake, a manmade stretch of water between Miraflores Locks and the Pedro Miguel Locks. Due to the proximity to Panama City, these locks have long been the preferred place to visit the canal, but the visitor center has made it even more popular.

There are observation decks on the ground and fourth floors of the massive cement building, from which you can watch vessels move through the locks as a bilingual narrator explains the process and provides information about each ship, including the toll they paid to use the canal. The museum contains an excellent combination of historic relics, photographs, videos, models, and even a simulator of a ship passing through the locks. There is also a gift shop, a snack bar, and a restaurant on the second floor called Restaurante Miraflores, which has an excellent view and a decent, though pricey, kitchen. ⊠ *Road to Gamboa, across from Ciudad del Saber, Clayton* ☎276–8325 ⊠*$8, children $5; deck only $5, children $3.* ⊙ *Daily 9–5.*

➒ ☾ ★ Parque Natural Metropolitano *(Metropolitan Natural Park).* A mere 10-minute drive from downtown, this 655-acre (265-hectare) expanse of protected wilderness is an excellent and remarkably convenient place to experience the flora and fauna of Panama's tropical rain forest. Its forest is home to 227 bird species ranging from migrant Baltimore orioles to keel-billed toucans. Five well-marked trails, covering a total of about 5.3 km (3 mi), range from a climb to the park's highest point to a fairly flat loop. On any given morning of hiking you may spot such spectacular birds as a grey-headed chachalaca, a collared aracari, a mealy parrot, or a red-legged honeycreeper. The park is also home to 45 mammal species, so keep an eye out for a sloth hanging from a branch or a dark brown agouti, which is a large jungle rodent. Keep your ears perked for tamarins: tiny monkeys that sound like birds. ⊠ *Av. Juan Pablo II, Altos de Curundú* ☎232–5552 ⊕*www.parque-metropolitano.org* ⊠*$2, children 50* ⊙ *Daily 6–6.*

WHERE TO EAT

It's not quite New York, or London, but Panama City's restaurant scene is pretty impressive for a city of its size. Panamanians like to eat out, and enough of them have incomes that allow for regular dining on the town, which has resulted in a growing cadre of excellent restaurants. The city is also quite cosmopolitan, which means the cuisine selection can take you right around the globe. Many of the best restaurants are clustered in parts of the Casco Viejo, El Cangrejo, and Area Bancária, the last two of which happen to be where most of the best hotels are. The area around Calle Uruguay, just south of the banking district, has a number of good restaurants, though it is better known for its bar scene. Java junkies will rejoice over the fact that you can get a good cup of coffee just about anywhere here; even the inexpensive restaurants usually grind their own beans and make every cup to order with espresso machines.

$$–$$$$
Fodor's Choice
★ **✕ Eurasia.** One of the city's most attractive restaurants, Eurasia has several dining rooms with high ceilings and walls hung with paintings by Latin American artists. It occupies the second floor of an elegant former home surrounded by condominium towers, and has a small tropical garden in back that seems a world apart from the traffic of nearby Avenida Balboa. Owners Gloria and Kim Chu offer a soothing ambience and an innovative mix of Asian and French cuisine, with dishes that range from veal chops in a mushroom sauce to duck in a pineapple-plum sauce. They also have some enticing seafood creations, such as prawns in a tamarind and coconut sauce, sea bass with Chinese parsley and pumpkin puree, and grouper with in seafood tomato sauce au gratin. You'll walk by a well-stocked pastry table as you enter the dining room, which should inspire you save room for dessert. Three-course executive lunches are a good deal, and an excellent excuse to take a break from the heat and hustle of the surrounding city. ✉ *Calle 48, just east of Parque Urraca, Bella Vista* 🖃 *Apdo. 6-4396, El Dorado* ☎ *264–7859* ▬ *AE, MC, V.*

$$–$$$$
Fodor's Choice
★ **✕ La Posta.** The ambience in this elegant, refurbished house just off Calle Uruguay is classic Caribbean, with ceiling fans spinning over the cane chairs, white tablecloths, colorful tile floors, potted palms, and an abundance of young waiters in white *guayaberas* (traditional pocketed tops). There is usually Cuban music playing, and the shiny, hardwood bar stretching down one end of the dining room is the perfect place to sip a *mojito*. La Posta is the work of New York restauranteur David Henesy, who ran the popular La Vitrola in Cartagena, Colombia, for years before opening what has become one of Panama City's hottest restaurants. His menu is an innovative mix of Latin American flavors with a bit of European flair thrown in for good measure. Starters range from a Peruvian *tiradito de salmon* (marinated fish in a yellow chili sauce) to Panamanian *carimañolas* (mashed cassava dumplings) stuffed with organic lamb. For the main course, consider *mero encebollado* (baked grouper topped with onions and red peppers), or *chuletón de cerdo* (thick pork chop baked in a wood oven with a spicy topping). There's a small selection of gourmet pizzas and some tasty pastas. Reserve a table in the back, overlooking the small, tropical garden. ✉ *Calle 49 and Calle Uruguay, Marbella* 🖃 *Apdo. 0832-0833, W. T. C.* ☎ *269–1076* ▬ *AE, MC, V* ⚑ *Reservations recommended.*

$$–$$$$
Fodor's Choice
★ **✕ S'cena.** One of Panama's most popular restaurants, S'cena sits above one of the city's most popular bars, Platea, which makes it a busy spot on weekend nights. The city's hip and affluent flock here for Mediterranean classics such as paella and original dishes such as *langosta en salsa mediterranea* (lobster in almond sauce), *filet a los tres hongos* (filet mignon with portobelo, shitake, and crimini mushrooms), and *atun rojo* (grilled tuna marinated in a cherry-soy sauce). It occupies the second floor of a restored colonial-era building, with patches of the stone walls exposed in spots and historic photos and paintings by local artists hanging on the plastered stretches. S'cena's location between Plaza Francia and Plaza Bolívar makes it a good spot to have lunch

before, or dinner after, exploring the Casco Viejo. It is also well worth the taxi trip, and if you have a late dinner there on a Thursday, or Saturday, you can step downstairs afterward for the live music. ✉ *Calle 1 Casco Viejo* ☎*228–4011* ▤*MC, V* ⊘*Closed Sun.*

$$–$$$$
Fodor'sChoice
★
✗**Ten Bistro.** This trendy, eclectic bistro in the ground floor of the Hotel De Ville is owned by Chef Fabién Migny, one of the founders of Eurasia. Ten's menu is similar to Eurasia's in its blending of French and Asian traditions, but the decor is something completely different. The rounded white walls, orange lights, abundant candles, and bird-of-paradise flowers suspended over the tables in giant test tubes, together with the beat of the house music, provide a very 21st-century ambience. You may start with saffron crab soup in a puff pastry, or dip some prawn spring rolls into a tropical sauce. The main fare ranges from grouper poached in coconut milk to beef tenderloin "Indochine"—with Chinese mushrooms and mustard leaves, served with potato tempura. The name refers to the fact that many main courses cost just $10, though some dishes are considerably more expensive. The desserts are decadent, so be sure to save room. ✉*Hotel De Ville, Calle Beatriz Miranda. Area Bancária* ⌂*Apdo. 0832-0172 W.T.C.* ☎*213–8250* ▤*MC, V* ⌕*Reservations recommended* ⊘*Closed Sun.*

$–$$$$
Fodor'sChoice
★
✗**Alberto's.** The best tables here are across the drive from the main restaurant, overlooking the Flamenco Marina and the city skyline beyond, but they are also the first ones to fill up. The other options are to sit on the large covered terrace, cooled by ceiling fans, or in the air-conditioned dining room. The food here is the best on the Causeway, but the service can be leisurely, especially if you sit by the marina. The menu has something for everyone, though seafood is definitely your best bet. You can start with a *duo de mar* (corvina and lobster in béchamel sauce), or a *mero* (grouper) carpaccio, and move on to a pizza, salmon ravioli in a creamy tomato sauce, *corvina al cartucho* (sea bass and julienne vegetables broiled in tinfoil), or *langostinos provencal* (prawns sautéed in with fine herbs and tomatoes). You may want to walk around the island a few times before visiting their Italian ice-cream shop. ✉*Edificio Fuerte Amador, Isla Flamenco, Calzada Amador* ⌂*Apdo. 11531–081, El Dorado* ☎*314–1134* ▤*AE, MC, V.*

$–$$$
Fodor'sChoice
★
✗**Parrillada Jimmy.** Jimmy is Greek, but there is very little Greek food on the menu. If he'd opened his restaurant in Chicago instead of Panama City, it would no doubt be called Jimmy's Grill. Its big draws are such local favorites as sizzling steaks, chicken, prawns, or octopus served with a green salad and baked potato or fries. You can also get a good *corvina al ajillo* (sea bass scampi), or *sancocho* (Panamanian chicken soup with tropical tubers). It's a big place, with lots of windows, red-tile floors, and a large terrace overlooking busy Vía Cincuentenaria, but it still manages to get packed on weekends. ✉*Vía Cincuentenaria, behind ATLAPA Convention Center, ATLAPA* ⌂*Apdo. 0816-04699, Panama City* ☎*226–1870* ▤*AE, MC, V.*

$–$$$
Fodor'sChoice
★
✗**Restaurante El Patio Mexicano.** This place is a feast for the eyes. Every surface seems to be painted a different bright color, and the walls are decorated with a collection of Mexican handicrafts that includes sombreros, angels, wooden statues, tin stars, ceramic suns, and a small

collection of *calacas* (skeleton statues made for the Day of the Dead). Owners Juan Manuel and Laura Uribe, who hail from Guadalajara, have assembled what amounts to a museum of Mexican handicrafts, and their menu is a comparable celebration of the country's varied cuisine. While they do a great job with the standard fajitas, enchiladas, and tacos, they earn kudos for dishes such as *estofado de puerco* (pork in a spicy sauce), *mole poblano* (chicken in a chili-chocolate sauce), *langostinos mayab* (prawns in a cheese sauce), and the hearty *mujer dormido* (sleeping woman), which includes a marinated steak, a quesadilla, and rice and beans. ⊠ *Calle Guatemala and Calle Alberto Navarro, El Cangrejo* ☎ *Apdo. 6-3035, El Dorado* ☎ *263–5684* ☐ *AE, MC, V* ☉ *Closed Mon.*

¢–$$$ ✕ **El Trapiche.** El Trapiche is one of the best places for traditional Panamanian food, thanks to its convenient location and the quality of its cuisine. The menu includes all the local favorites, from *ropa vieja* (stewed beef) to *cazuelo de mariscos* (seafood stew) and *sancocho* (chicken soup). They serve inexpensive set lunches, and a typical Panamanian breakfasts, which include *bistec encebollado* (skirt steak smothered in onions), *tortillas* (deep-fried corn patties), and *carimañolas* (fried yucca dumplings stuffed with ground beef). The decor is appropriately folksy, with a terra-cotta floor, Carnaval masks and other handicrafts hanging on the walls, and a barrel-tile awning over the front terrace, at the end of which is the old *trapiche* (traditional sugarcane press) for which the place is named. ⊠ *Vía Argentina, 2 blocks off Vía España, El Cangrejo* ☎ *269–4353* ☐ *AE, MC, V.*

$$ ✕ **Café René.** After managing Manolo Caracol for years, René opened his own place, while following Manolo's popular formula of offering a set menu that changes daily and consists of about a dozen items served in five or six courses. The difference is a more intimate setting, more Caribbean influence in the cuisine, and the fact that René is almost always there, making sure his guests are happy. The small restaurant is in a historic building on the northwest corner of Plaza Catedral, with a high ceiling and white walls that are invariably decorated with the work of a local artist. There are also several tables on the sidewalk with cathedral views. The dining experience is a sort of culinary journey, in which fresh dishes appear every time you complete a course, and you happily chew your way forward, toward a light dessert. Simpler, inexpensive lunches are an alternative to René's seemingly endless dinners. ⊠ *Plaza Catedral, Calle Pedro J. Sossa Casco Viejo* ☎ *262–3487* ☐ *MC, V* ☉ *Closed Mon.*

¢–$$ ✕ **Caffé Pomodoro.** The best thing about this popular Italian restaurant in the Hotel Las Vegas is the large interior patio, with its tropical trees, potted plants, and palms decorated with swirling Christmas lights. At breakfast and lunch it feels like a jungle oasis in the heart of the city, with birds singing in the branches above. The food is a close second, with eight varieties of homemade pastas served with a dozen different sauces, a variety of broiled meat and seafood dishes, personal pizzas, and focaccia sandwiches, all at very reasonable prices. For dessert, choose from homemade ice cream, chocolate cheesecake, tiramisu, and other treats. They often have a guitarist at dinnertime, and the Wine

FodorsChoice
★

7

Bar next door has acoustic Latin music until late. ⊠ *Vía Veneto and Calle Eusebio A. Morales, El Cangrejo* ⊕*Apdo. 0834-963, Plaza Concordia* ☎*269–5836* ⊟*MC, V.*

¢–$ ✕**Kayuco.** This collection of simple tables shaded by umbrellas at the
ⓒ   edge of the Flamenco Marina is the place to go for inexpensive seafood or a cold drink with a view. The food is basic but good—the Panamanian version of bar food—with dishes such as *ceviche,* chicken fingers, whole fried snapper, all served with *yuca* (fried cassava root) or *patacones* (plantain slices that have been fried and smashed). The relaxed atmosphere and low prices are a winning combination, and the place is usually packed. The proximity to the water and lovely view of the Panama City skyline are best enjoyed at sunset. ⊠*Isla Flamenco, Calzada de Amador* ☎*314–1988* ⊟*MC, V.*

WHERE TO STAY

Panama City has a good hotel selection, with plenty of variety for tastes and budgets. There are various large hotels scattered around the city, but the majority of the upper- and middle-range hotels are clustered in El Cangrejo and parts of the Area Bancária. There are also some decent budget hotels to the southwest of there, between Bella Vista and the northern end of Calidonia. For a quieter alternative, head to the Cerro Ancón and Amador. Demand has outpaced supply in recent years, so reserve your room well ahead of time, especially if your trip is during high season.

$$$$ 🖼**InterContinental Miramar.** No hotel in Panama City can top the Mira-
Fodor'sChoice   mar's view. Every room in this 25-story tower on the waterfront ends in
★   a wall of windows with views of the Bay of Panama, the skyscrapers of nearby Punta Paitilla, the Casco Viejo, and the islands of the Amador Causeway. It is just as spectacular at night, when the lights of dozens of ships anchored offshore shine against the sea. The higher the floor, the more breathtaking the view. Once you pry your eyes from that panorama, you'll see that the rooms themselves are nicely decorated in earth tones, with hints of art nouveau in the wooden furniture and antique prints of tropical flora on the wall. The top five floors hold executive rooms and suites, which share a lounge and a small pool on the 21st floor. George W. Bush once stayed in the Royal Suite. There is a bar on the fifth floor, and a spacious restaurant near the lobby that serves a finger-licking complimentary breakfast buffet. It overlooks a large pool with a bridge, islands, tropical gardens, and artificial waterfall, surrounded by plenty of spots to soak up the sun. Step out onto Avenida Balboa, one of the city's most beautiful streets, and you can or stroll down to the Balboa monument or to the shopping, restaurants, and nightlife of nearby Calle Uruguay and Punta Paitilla. ⊠*Miramar Plaza, Av. Balboa at Av. Federico Boyd, Bella Vista* ⊕*Apdo. 816-2009* ☎*206–8888* ⊕*www.miramarpanama.com* ⇝*181 rooms, 4 suites* ⚙*In-room: safe, Wi-Fi. In-hotel: Restaurant, room service, bar, pool, tennis court, concierge, laundry service, executive floors, airport shuttle (fee), parking (no fee), no-smoking rooms.* ⊟*AE, MC, V* 🍽*BP.*

$$$$
Fodor'sChoice
★
☰ **Panama Marriott Hotel.** Enter the ground floor of this sleek, 20-story tower in the heart of the banking district and you'll find yourself in an immaculate, airy lobby with high arches, marble floors, and leafy plants. The spacious rooms are equally attractive, with high ceilings, a hardwood desk, a couch and table, TV hidden in a cabinet, and a marble bathroom. The big windows have either impressive views of the sea through the office-tower jungle, or disappointing views of the skyscraper next door. The top-four executive floors share a lounge where complimentary breakfast and cocktail hour are served. There is a full-service gym and a small pool area hemmed by tropical foliage on the second floor. The expansive lobby has all the services of a small village: a large restaurant that specializes in buffets, an elegant lobby bar, airline and car-rental offices, a business center, a gift shop, a café, and a sports bar that serves a damn good burger. There's even a two-story casino next door, and the tree-lined streets that surround the hotel hold plenty more bars and restaurants. ⊠ *Calle 52 and Calle Ricardo Arias, Area Bancária* ⊕ *Apdo. 832-0498, W. T. C.* ☎ *210–9100, 888/236-2427 in the U.S.* ⊕ *www.marriott.com* ⬦ *290 rooms, 4 suites* ⬦ *In-room: safe, ethernet. In-hotel: Restaurants, room service, bars, pool, gym, laundry service, concierge, executive floors, public Wi-Fi, airort shuttle (fee), parking (no fee), no-smoking rooms.* ⊟ *AE, MC, V* ⦿ *EP.*

$$$
Fodor'sChoice
★
✗☰ **Radisson Decapolis.** Some hotels were clearly designed for business travelers, but this ultra-modern, 29-story high-rise is a party hotel. Consider the fact that guests are given a $20 voucher for the hotel's bars upon check-in, and that the lobby borders a large lounge that is often packed with people sipping martinis to the pulsating beat of house music. There are a business center and executive floors, but the ambience is definitely more conducive to relaxing and partying. The rooms are quite mod, with white-tile floors, splashes of bright green and orange, giant photos, and walls of windows with city views. Rooms on the west side of the building have knockout ocean views through the skyscrapers; those on the east side overlook cement. The hotel's trendy restaurant, Fusion, serves an eclectic menu in what may be the city's wildest ambience: round windows on the high ceiling allow guests to look up into the hotel's pool. An elevated walkway connects the hotel's lobby with the Multicentro shopping mall, which has a large casino, movie theater, and Hard Rock Cafe. ⊠ *Av. Balboa, next to Multicentro, Paitilla* ⊕ *Apdo. 0833-0293* ☎ *215–5000, 888/201-1718 in the U.S.* ☒ *215–5715* ⊕ *www.radisson.com/panamacitypan* ⬦ *240 rooms* ⬦ *In-room: safe, refrigerator, Wi-Fi. In-hotel: 2 restaurants, room service, 2 bars, pool, gym, spa, laundry service, concierge, public Wi-Fi, airport shuttle (fee), parking (no fee), no-smoking rooms* ⊟ *AE, MC, V* ⦿ *BP.*

7

$$$
☾
Fodor'sChoice
★
☰ **Sheraton Panama.** One of the city's original luxury hotels, the Sheraton has had various names over the years, and has hosted numerous heads of state, including King Juan Carlos of Spain, and Fidel Castro, who apparently went to the laundry to shake hands with the workers. It is now one of many luxury hotels, but remains one of the best, in no small part thanks to the spaciousness of its public areas. The lobby is designed to resemble a colonial courtyard, surrounded by wooden bal-

conies, with a central fountain and exuberant orchid displays. It spills into a gallery of shops with an excellent café. The pool area is also quite expansive, with gardens and tall coconut palms. The nearby health club is one of the city's best, and overlooking the pool is a 24-hour restaurant, next to which is the Italian restaurant Il Crostini. Guest rooms are quite chic but on the dark side, with stained-wood furniture, marble-top tables, and lots of beige and brown in the carpet and walls. There is nothing about them that is terribly Panamanian, but they are well equipped, with large desks, three phones, and a plasma TV screen perched on the wall. The executive floor has a lounge with great view of the ocean, where complimentary breakfast is served. ☒ *Vía Israel and Calle 77, next to ALTAPA convention center, San Francisco* ☏ *Apdo. 0819-05896* ☎ *305–5100, 800/325-3535 in the U.S.* ⊕ *www.sheratonpanama.com.pa* ⤶ *342 rooms, 19 suites* ౬ *In-room: safe, Wi-Fi. In-hotel: 2 restaurants, room service, bar, tennis courts, pool, gym, spa, laundry service, concierge, executive floor, public Wi-Fi, airport shuttle (fee), parking (no fee), no-smoking rooms.* ⊟ *AE, MC, V* ⦿ *EP.*

\$\$
Fodor's Choice
★

🖫 **Country Inn & Suites Panama Canal.** The homey lobby of this American chain hotel, with its fireplace and checkered armchairs, more resembles rural Pennsylvania than Panama, but historic photos of the canal's construction adorn the hallways, and the view from the pool and guest rooms of the Big Ditch's Pacific entrance is unmistakable. This is the only hotel with a Panama Canal view, which, together with the peace and quiet that comes with its out-of-town location, is the reason to stay here. The rooms are standard size with tile floors, colorful quilts, and sliding-glass doors that open onto a balcony. There is, however, a big difference between the various views, so be sure to pay the extra money for a view of the canal or you'll end up contemplating the hotel's parking lot. The canal view is partially obstructed by a large tree on the right side of the hotel, so get into a room in the left, or south wing, preferably one with a number between 300 and 313, or 200 and 215. It's a short drive to downtown, and minutes to the restaurants, nightlife, and ocean views of the Calzada Amador. ☒ *Calles Amador and Pelicáno, Balboa* ☎ *211–4500, 888/201–1746 in the U.S.* ⊕ *www.countryinns. com/panamacanalpan* ⤶ *101 rooms, 58 suites* ౬ *In-room: safe, refrigerator (some), Wi-Fi. In-hotel: restaurant, room service, tennis court, pool, gym, bicycles, laundry facilities, public Wi-Fi, airport shuttle (fee), parking (no fee), no-smoking rooms* ⊟ *AE, MC, V* ⦿ *BP.*

\$
Fodor's Choice
★

🖫 **Best Western La Huacas Hotel and Suites.** Rooms in this former apartment building are spacious and anything but bland, thanks to their bright colors and murals depicting tropical wildlife. But this hotel's greatest assets are its location on a quiet side street just blocks away from El Cangrejo's busy Vía Veneto and its reasonable rates. The bright, comfortable rooms have kitchenettes with breakfast bar separated from the bedrooms by a half wall, high ceilings, and smallish bathrooms with interesting mosaic or stone showers. Some rooms have balconies, but because the building is squeezed between two apartment towers, only those in front have a decent view. A complimentary breakfast buffet is served in Café Bijauas, a colorful restaurant behind the hotel that also serves inexpensive lunch specials and a mix of Panamanian and continental cuisine. ✉ *Calle 49, 1½ blocks north of Salsa's Bar & Grill, El Cangrejo* ☎*Apdo. 0819-12496* 📠*213–2222, 800/780–2734 in the U.S.* ⊕*www.lashuacas.com* 📶*32 rooms* ⚒*In-room: kitchen, refrigerator, Wi-Fi. In-hotel: restaurant, laundry service, parking (no fee), no-smoking rooms* ☰*AE, MC, V* ⫧*BP.*

$ 🏨**La Estancia.** One of the city's only bed & breakfasts, La Estancia is **Fodor'sChoice** the perfect spot for nature lovers, or anyone who wants to avoid the ★ noise and crowds downtown, since it sits at the edge of the forest that covers the top of Ancón Hill (Cerro Ancón). The breakfast area and common lounges include long balconies that overlook a strip of forest where you might see tamarins, tanagers, and toucans. The trail to the summit of Cerro Ancón starts just up the road, so it is the perfect spot from which to make that hike first thing in the morning. The owners, Gustavo and Tammy Liu, have a small travel agency; they can set up day trips, or tours of the country, but are also happy to offer friendly advice. The tile-floor rooms are small and simple. Because the hotel used to be an apartment building for the U.S. Army, the bathrooms of a few rooms are across the hall. There are also two suites that are full apartments with kitchens and balconies (these are the only rooms with TVs). Most guests hang out in the common areas, where complimentary continental breakfasts are served, and which have wicker furniture, balconies, Wi-Fi, and a self-service bar. ✉ *Quarry Heights, Casa No. 35; 50 yards south of ANCON office, Cerro Ancón* ☎*Apdo. 0832-01705 W.T.C.* 📠*314–1417* ⊕*www.bedandbreakfastpanama. com* 📶*10 rooms, 2 suites* ⚒*In-room: no TV (some), kitchen (some). In-hotel: no elevator, public Wi-Fi, parking (no fee) no-smoking rooms* ☰*MC, V* ⫧*CP.*

$ 🏨**Plaza Paitilla Inn.** Standing amidst the condominiums of Paitilla Point, **Fodor'sChoice** this round, 19-story tower was no doubt a giant when it opened in the ★ 1970s, but it is now a bit of a dwarf in Panama City's increasingly vertical skyline. Still, when you're on one of its upper floors peering across the bay, you feel like you're on top of the world. About half the rooms in this hotel have gorgeous views of the tower-lined Bay of Panama, Casco Viejo, and the Causeway. The views aren't quite as spectacular as those of the nearby Hotel Miramar, but they are a fraction of the price. The carpeted, wedge-shaped rooms have curved walls of windows but rather small bathrooms. Though they've been recently refurbished, one could wish for something better than the gold-trimmed wood furniture. Each room has a small desk, an armchair and table, and most of the same appliances that the luxury hotels offer. The only Internet access is in the business center. The circular pool has an ocean view. The hotel is on a quiet street just steps away from Avenida Balboa, various restaurants, and the Multicentro shopping mall. The refurbishers missed some parts of the lobby and grounds, which show their age, and you'll want to take meals other than breakfast elsewhere, but the ocean views from the upper floors here are priceless, and the rates quite reasonable. ✉ *Vía Italia at Av. Balboa, Punta Paitilla* ☎*Apdo. 0816-06579, Zona 5* 📠*208–0600* ⊕*www.plazapaitillainn.com* 📶*255 rooms* ⚒*In-room: safe. In-hotel: restaurant, rooms service, bar, pool, laundry service, parking (no fee), no-smoking rooms* ☰*AE, MC, V* ⫧*EP.*

$ ⚟ **Suites Ambassador.** Most rooms in this small, friendly hotel are
Fodor'sChoice extremely spacious, with a bedroom and a separate living room with a
★ kitchenette, a couch, and a table with chairs for meals. They are actually small apartments, and the management will add beds for families.
Rooms this size cost much more elsewhere, and the Ambassador is
conveniently located on one of El Cangrejo's quieter streets, a short
walk away from a dozen restaurants and the hustle and bustle of Vía
Veneto. They also have some "studios," with the kitchenette and and
bed packed into one large room, but those aren't much cheaper than
the suites, so they're hardly a bargain. There is a small pool and sun
deck on the roof, a workout room, and coin laundry. Internet access
is free, as is the continental breakfast they serve in a small lounge off
the lobby, next to which is a room with computers for guest use. They
cater to long-term guests with discounted weekly rates. ⊠ *Calle D,
half a block east of Vía Veneto, El Cangrejo* ⓓ *Apdo. 0816-01662*
☎ *263–7274* ⊕ *www.suitesambassador.com.pa* ⏴ *31 suites, 8 studios* ᗒ *In-room: safe, kitchen, refrigerator, Wi-Fi. In-hotel: pool, gym,
laundry facilities, public Internet, parking (no fee), no-smoking rooms*
⊟ *AE, MC, V* ⏵⏴ *CP.*

NIGHTLIFE & THE ARTS

There is plenty to do in Panama City once the sun sets, though it is
much more of a party town than a cradle of the arts. Because it is so
hot by day, the night is an especially inviting time to explore the city.
The entertainment and nightlife centers are Casco Viejo, Calzada Amador, El Cangrejo, and the Calle Uruguay area. The entertainment tends
more toward high culture in Casco Viejo, which holds the National
Theater and several jazz venues, while the scene in the other areas is
more about casinos, dining, and dancing the night away.

NIGHTLIFE

Panama City is a party town, no doubt about it. The city's after-dark
offerings range from a quiet drink on historic Plaza Bolívar to dancing
till dawn at one of the clubs on Calle Uruguay, with plenty of options
in between. While there are bars everywhere, nightlife is concentrated
in the Casco Viejo, Calzada Amador, El Cangrejo, and Calle Uruguay,
though there are also a few nice spots in the Area Bancária and near
Punta Paitilla.

While the Casco Viejo has several spots for quiet drinks, the neighborhood's most popular club, Platea, rocks till the wee hours on weekends.
The Calzada Amador offers something for everything, from a quiet
beer and a snack to throbbing techno bars that could be in Fort Lauderdale, all of it surrounded by lovely ocean views. The streets around
Calle Uruguay are packed on weekends, when a predominantly young
crowd fills its abundant bars and dance clubs, but it also has a few spots
for a quiet drink. There are a few night spots in the Area Bancária,
whereas across the Vía España, in El Cangrejo, the options range from
massive casinos to streetside cafés perfect for people-watching. The big
attraction in Paitilla is the martini lounge in the Hotel Decapolis, but
the area also has various other late-night spots.

There are half a dozen strip clubs, locally called "nightclubs," scattered between the Area Bancária and El Cangrejo. They have traditionally catered to business travelers, but are becoming a bit of a tourist attraction in their own right. Prostitution is legal in Panama, but streetwalking is not, so the world's oldest profession is based in the city's nightclubs and massage parlors. Those places all advertise in the free tourist publications *The Visitor* and *Focus Panama*.

BARS & MUSIC

CASCO VIEJO
FodorśChoice
★
Ego (⊠ *Calle 3 on Plaza Bolívar, Casco Viejo* ☎262–2045) is a tapas restaurant with tables on Plaza Bolívar, most of which overlook the illuminated facade of the Iglesia de San Francisco, making it one of the city's most romantic spots for a drink. **Casablanca** (⊠ *Calle 4 on Plaza Bolívar, Casco Viejo* ☎212–0040), on the ground floor of the old Hotel Colombi, has tables on beautiful Plaza Bolívar, which is a great spot for a quiet drink and conversation. **Las Bóvedas** (⊠ *Plaza Francia, Casco Viejo* ☎228–5068), the French restaurant on Plaza Francia, has tables on the plaza and a bar inside one of the Bóvedas that features live jazz on Friday nights. **Brooklyn Cafe** (⊠ *Calle 1 and Av. A, Casco Viejo* ☎211–0961), between Plaza Francia and Platea, is a pleasant spot for a quiet drink.

PUNTA
PAITILLA
Decapolis Martini Bar (⊠ *Av. Balboa next to Multicentro, Paitilla* ☎215–5000), a large lounge located in the chic Hotel Decapolis, is a very hot spot, with DJs spinning house music and martinis being consumed in dangerous quantities.

CALZADA
AMADOR
Bamboo (⊠ *South of Brisas del Amador shopping center, Calzada Amador* ☎314–3337), an open-air bar under a giant thatched roof, is one of the most popular spots on the Calzada Amador, with a young crowd squeezing in to try and converse above the loud music on weekend nights. **Kayuco** (⊠ *Isla Flamenco, Calzada Amador* ☎314–1998) is a popular open-air bar and restaurant overlooking the marina on Isla Flamenco, with a great view of the city's skyline. It's one of the only spots on the causeway for a drink by the water, and they serve fried seafood and other snacks into the wee hours.

CASINOS

Gambling is a popular pastime in Panama City, and there are casinos all over the place, ranging from fancy to seedy. The nicest by far are located in, or next to, the city's big hotels, namely the Marriott, Veneto, and Panamá, but few of the people who frequent them are guests. Panama City has a lot of gambling addicts.

DANCE CLUBS

The city's dance clubs play a broad mix of music, including American pop, salsa, merengue, reggaeton and the popular Panamanian music called *pindín*. Cover charges run between $3 and $10, and sometimes include a drink.

CASCO VIEJO
FodorśChoice
★
Platea (⊠ *Calle 1, in front of the old Club Union, Casco Viejo* ☎228–4011), the popular bar underneath S'cena restaurant, may not have much of a dance floor, but they book hot salsa bands and are packed

CLOSE UP

Panama, Musica

Panama's current musical panorama has its roots in the mixing of Spanish, African, and indigenous traditions centuries ago, which resulted in the development of the country's folk music. Panamanian musicians have also excelled in genres from other countries, such as jazz, calypso, and salsa. However, most Panamanians are especially fond of the country's home-grown music, namely *cantadera, mejorana, música foclórica,* and *pindín.*

Cantadera is a popular music form evocative of flamenco; it consists of an improvisational exchange between a guitarist and singer, with a consistent rhythm. The guitarist performs a simple chord progression punctuated by more complex melodic improvisations called *torrentes,* whereas the singer accompanies him with a series of *décimas,* traditional ten-lined poems that often have comic endings.

Mejorana is a Panamanian music that was developed on the Azuero Peninsula and is now played mostly at folk festivals and cultural celebrations. It is played on five-string guitar called the *mejoranera,* and usually accompanies folk dancing.

Folk dances are accompanied by what is simply called *música foclórica,* or folk music, which is similar to the *vallenato* of Colombia, a country of which Panama was a part for nearly a century. That rhythmic music is performed by groups with an accordion, different types of drums, and a *churuca*—a serrated gourd or metal cylinder that is scraped with a stick.

During the twentieth century *música foclórica* gave birth to a more popular form known as *pindín:* a lyric-driven, danceable music in which the accordion is accompanied by an electric guitar and bass, and the percussion includes a drum set. Pindín is the music that many rural Panamanians party, dance, and live to, but it's also popular in the city, where you're likely to hear it in taxis, bars, and restaurants. Pindín has its share of well-known stars, such as Dorindo Cárdenas, Victor Vergara, and the siblings Samy y Sandra Sandoval.

most Friday and Saturday nights, when people dance in the aisles or wherever else there's room. The bartenders and waiters, dressed in black with Panama hats, are part of the show, as they juggle bottles and dance while delivering mojitos and cuba libres.

EL CANGREJO **El Panamá Social Club** (⊠ *Vía Veneto and Calle Eusebio Morales, El Cangrejo* ☎ *215–9000*), the Hotel Panamá's dance club, was once one of the city's premier nightspots, but its star has faded. The good thing is that there is now plenty of room on the dance floor, and they don't charge a cover. The attractive bar has live bands on weekends, and salsa dancing classes on Thursdays at 8 PM that are a great introduction to those Latin dance steps; they cost $8. They also have a tango presentation and class on Wednesday nights at 8 PM that costs $5.

CALLE   **Mystik** (⊠ *Calle 47 east of Calle Uruguay, Bella Vista* ☎ *380–0550*),
URUGUAY a dark and modern club with stools and couches surrounding a small dance floor, is the current hot spot with the city's college-age set. They spin a good mix of modern Latin, Jamaican, American, and European

music, and charge a $10 cover on weekends. **La Bodeguita** (⊠ *Calle Uruguay, half a block north of Av. Balboa, Bella Vista* ☎213–2153), inspired by the famous Havana bar of the same name, sometimes has live bands, and always has Cuban or another Latin music playing. It gets packed on weekends, when it closes around 5 AM. **Bamboleo** (⊠ *Calle 48, 1 block east of Calle Uruguay, Bella Vista* ☎390–5905) is a popular dance club with an unreasonably small dance floor. It specializes in Latin music—salsa, merengue, reggaeton, and Panama's popular pindín. **BLG** (⊠ *Calle 49 and Calle Uruguay, Bella Vista* ☎265–1624) plays a mix of house, pop and Latin music for a predominantly gay clientele. **Azucar** (⊠ *Calle 49 and Calle Uruguay, Bella Vista* ☎302–7806) is a Latin dance club that tends to get busy late—after 4 AM—when the other bars around Calle Uruguay start closing.

CALZADA **Playa** (⊠ *South end of Brisas del Amador shopping center, Calzada Ama-*
AMADOR *dor* ☎314–3372) is a vast open-air dance club and lounge with low couches and half beds, and a small swimming pool with cement tables and benches in it, for dancers who overheat. They charge a $5 cover on weekends. **Pahya** (⊠ *Brisas del Amador shopping center, Calzada Ama-dor* ☎314–3366) is a fairly popular, modern dance club where they play a lot of reggaeton, as well as other Latin and pop music.

THE ARTS

Panama may be a commercial center, but its arts scene is lacking. There are a few small theaters downtown, and occasional dance or classical-music performances in Casco Viejo. The most popular arts attractions for tourists are the folk-dancing performances offered by several restaurants, and jazz or Latin music played at various bars and nightclubs. The Teatro Nacional hosts occasional concerts and performances by local and international artists that can be a wonderful way to experience that historic venue. For information on concerts, plays, and other performances, check out the listings in the free tourist newspaper called *The Visitor* or the IPAT Web site (⊕ *www.visitpanama.com*).

FOLK DANCING

Panamanians love their folk dancing, which forms an important part of regional festivals and other major celebrations. The typical folk dances have their roots in popular Spanish dances of the 18th century, but there are also African and Indigenous influences in the dances performed on certain holidays or in certain regions. The country's major indigenous groups also have their dances, though they are quite simple compared to the African and Spanish traditions. You can enjoy a free folk-dancing performance at **Mi Pueblito** on Sunday afternoons, around 2 PM, which makes it a good place to head for lunch. A group of young Kuna dancers performs for tips in front of the nearby reproduction of a Kuna village on Saturdays and Sundays around 4 PM.

Several restaurants in the capital offer folk-dancing performances with dinner that combine the country's varied dance traditions. **Tinajas** (⊠ *Calle 51 No. 22, near Av. Federico Boyd, Area Bancária* ☎269–3840) is an attractive Panamanian restaurant that offers the city's original folk-dancing show at a convenient location in the banking district every Tuesday, Thursday, Friday, and Saturday night. The hour-long show starts at 9 PM and costs $5—plus you need to consume $10 of food and drink. You should reserve several days ahead of time, and get there early to choose a good table, since the stage is at the center of the room and not all tables have great views.

JAZZ

Panama has long had a jazz scene, especially in the Caribbean port of Colón, but its best musicians have always moved abroad. The city's prodigal son is Danilo Pérez, a celebrated pianist who has played with the best, and lives in the States. Other notable Panamanian jazz musicians have included saxophonist Maurice Smith, who played with everyone from Charlie Mingus to Dizzy Gillespie, and pianist Victor Boa. Some very good musicians live in the city, though some of them have to play salsa and other popular genres to survive. Jazz fans do, however, have several opportunities per week to hear good music in the city. **Casa Góngora** (⊠ *Calle 9 and Av. Central, Casco Viejo* ☎ *506–5836*), a small cultural center in the Casco Viejo, offers free jazz concerts Wednesday nights at 7 PM, though sometimes the music is a Latin genre such as bolero, or trova. The bar at the French restaurant **Las Bóvedas** (⊠ *Plaza Francia, Casco Viejo* ☎ *228–8068*) has live jazz from the Colón tradition on Friday nights. It is a mellower atmosphere than the Latin vibe at nearby Platea, and they play early, starting around 7 PM. **Platea** (⊠ *Calle 1, in front of the old Club Union, Casco Viejo* ☎ *228–4011*), the Casco Viejo's most popular night spot, offers Latin jazz on Thursday nights with great ambience in the ground floor of a restored colonial building. The best time for jazz fans to visit the city is late January, during the Panama Jazz Festival, which features concerts by international stars in the beautiful Casco Viejo. For information on the next festival, check the Web site (⊕ *www.panamajazzfestival.com*).

SHOPPING

Panama City has more shopping options than you can shake a credit card at. Because of the country's role as an international port, manufactured goods from all over the world are cheaper in Panama than just about anywhere else in the hemisphere, and merchants from South and Central America regularly travel here to shop, though they tend to do their business in the Colón Free Zone.

Panama also produces some lovely handicrafts. The famous Panama hat is misnamed since it originated in Ecuador, but it has been associated with Panama since Teddy Roosevelt was photographed wearing one when he traveled to the country to check on canal construction. Panama does, however, produce some hand-woven hats, mostly in the provinces around the Azuero Peninsula, though they are stiffer than the Panama hat, and have dark brown patterns woven into them. Panamanian hats and imported Panama hats are available at souvenir shops and handicraft markets around the city.

The most popular Panamanian handicraft is the *mola,* a fabric picture sewn by Kuna Indian women and worn on their blouses as part of their traditional dress. They are lovely framed, and the Kuna also incorporate them into shirts, blouses, bags, and other items. The Kuna are also known for their bead bracelets and necklaces, as well as simple jewelry made from seeds and shells. The Emberá and Wounaan Indians also make some fine handicrafts.

HANDICRAFT MARKETS

Even if you're not interested in buying, take a walk around one of the city's various handicraft markets, all of which are open daily 9–6. The rows of stalls filled with native handicrafts are great places to browse and learn a bit about the local cultures. The city's biggest and nicest craft market occupies what was once the gym of the Balboa YMCA, which is why it is called the **Centro Artesanal Antiguo YMCA** (⊠ *Av. Arnulfo Arias and Av. Amador, Balboa* ☎ *211–0100*). The spacious building holds dozens of stands, each with a different owner and selection. Wares range from kitsch to native handicrafts, and include molas sewn into bags, shirts, glasses cases, and pot holders, plus embroidered blouses, jewelry, hand-woven hats, and plenty of work by the Emberá and Wounaan Indians of the Darién province. A good place to shop for molas is the **Centro Municipal de Artesanías Panameñas** (⊠ *Av. Arnulfo Arias, three blocks up from old YMCA, Balboa* ☎ *211–3924*), a small market where most of the stands are owned by Kuna women, who are often sewing molas as they wait for customers. They also sell bead necklaces called *chaquiras,* bags, hammocks, dresses, framed butterflies, T-shirts, and other souvenirs.

The **Mercado de Artesanía de Panamá Viejo**, (⊠ *Vía Cincuentenaria, Panama Viejo* ☎ *No phone*), next to the old cathedral tower at Panamá Viejo, is a two-story cement building packed with small shops and stalls selling everything from indigenous handicrafts—many shop owners are Indians—to woven hats, Carnaval masks, and other works of mestizo artisans in the country's interior. A number of Kuna families have simple stalls on the second floor, which is a good place to shop for *molas.*

HANDICRAFT SHOPS

Though the selections are never as impressive as those of the handicraft markets, the city's handicraft shops tend to have more convenient locations. **Galería Arte Indígena** (⊠ *Calle 1, No. 844, Casco Viejo* ☎ *228–9557*), just down the street from Plaza Francia, has an extensive selection of indigenous handicrafts, such as Emberá baskets, animal figures carved from *tagua* palm seeds, decorated gourds, hammocks, Panama hats (imported from Ecuador), and T-shirts. **Flory Saltzman Molas** (⊠ *Vía Veneto, by entrance to Hotel El Panamá, El Cangrejo* ☎ *223–6963*) has the country's biggest *mola* collection—thousands of those colorful creations divided by theme and quality, and stacked to the ceiling. Flory's daughter Lynne is usually there in the afternoons, and she is happy to explain the significance of the designs and their role in Kuna culture. The quality of their collection varies greatly, and the good ones tend to cost considerably more than the Kuna vendors charge on the streets or in the markets.

SPORTS & THE OUTDOORS

Thanks to its proximity to forest, canal, and ocean, Panama City offers plenty of options for enjoying the outdoors, which include hiking in the world's largest chunk of urban rain forest, biking down the causeway, navigating the Panama Canal, and white-water rafting in the jungle.

BEACHES

Because of the silt that the Panama Canal dumps into the ocean and the sewage from Panama City, the beaches near the city are not recommended for swimming. The closest beach is **Playa Bonita** (Playa Kobbe), 5 miles (8 km) southwest of the city, on the other side of the canal. It is the site of the massive, expensive Intercontinental Playa Bonita Resort, and the only option there for nonguests is to have lunch at the hotel's beachfront restaurant, Pelicano, though you need to reserve the day before, and you can't use the pool. **Playa Veracruz**, located 10 miles (16 km) southwest of the city, is a wide, gray public beach lined with a few open-air restaurants where you can get an inexpensive beer and fish lunch. The clearest water near Panama City is found on **Isla Taboga,** a 60-minute ferry ride from the Calzada Amador, which is a popular day trip. Some of the country's nicest Pacific beaches are on **Isla Contadora,** a 20-minute flight from the city, which is usually visited as an overnight trip but is an easy day trip because there are flights to the island in the morning and afternoon.

BIRD-WATCHING

Panama City has world-class bird-watching as close as the **Parque Nacional Metropolitano,** which is home to more than 200 avian species and is less than 15 minutes from most hotels. There are several spots in nearby **Parque Nacional Soberanía,** which has more than 400 bird species, all within 40 minutes of downtown, including **Pipeline Road,** where the Panama Audubon Society has held several world-record Christmas bird counts. Unless you're an expert, you're best off going with an experienced birding guide. Several local tour companies can set you up with a private guide, or can book you onto an existing trip, which is less expensive. You may need to call several companies to find a trip for your dates, though.

The **Panama Audubon Society** (✉ *Casa #2006-B, Altos de Curundú* ☎ *232-5977* ⊕ *www.panamaaudubon.org*) runs occasional, inexpensive bird walks and overnight excursions that require a bit of self-sufficiency, but can be a great way to meet locals and learn about other tour operators.

HIKING

The hiking options around Panama range from a 40-minute trek to the top of Cerro Ancón to more demanding expeditions into the vast lowland forest of Parque Nacional Soberanía and the mountains of Parque Nacional Altos de Campana. The **Parque Natural Metropolitano** has five well-marked trails covering a total of about three miles, which range from flat stretches to a steep road up to a viewpoint. **Parque Nacional Soberanía** has several trails ranging from the historic **Camino de Cruces** to the shorter **Sendero el Charco,** which is on the right after Summit

Botanical Gardens and Zoo. The mountains of Cerro Azul and Parque Nacional Altos de Campana, which lie less than an hour to the east and west of the city respectively, also have hiking trails as well as panoramic views, and some flora and fauna different from what you'll see in the lowland forests around the city.

PANAMA CITY ESSENTIALS

TRANSPORTATION

BY AIR

Panama City's airport, Aeropuerto Internacional de Tocumen (PTY), 26 km (15 mi) northeast of Panama City, is the gateway into the country. All U.S. carriers, and the Panamanian airline Copa, fly direct to Panama City. Domestic flights leave from Albrook Airport (Aeropuerto Marcos a Gelabert), which is located just a few miles west of downtown.

Airports Aeropuerto Internacional de Tocumen (⊠ *Corredor Norte, 26 km (15 mi) northeast of the city* ☎ *238-2600*). **Aeropuerto Marcos a Gelabert (Albrook Airport)** (⊠ *Av Gaillard, Albrook* ☎ *315-0241*).

Airlines Panama has two domestic airlines, which fly out of Aeropuerto Marcos a Gelabert to most of the same destinations for the same prices—between $70 and $150 round-trip—which vary according to the destination.

Aeroperlas (⊠ *Aeropuerto Marcos A. Gelabert, Albrook* ☎ *315-7500* ⊕ *www. aeroperlas.com*) flies to approximately 20 destinations in the country, with several flights daily to the more popular cities. The country's original domestic carrier, it forms part of the regional conglomerate Grupo Taca. The company prioritizes pilot training and safety.

Air Panama (⊠ *Aeropuerto Marcos a Gelabert, Albrook* ☎ *316-9000* ⊕ *www. flyairpanama.com*) is the country's newest domestic airline, and consequently has its newest fleet. It flies to about two dozen destinations in Panama, and to San José, Costa Rica. **Copa** (☎ *507/227-5000 in Panama* ⊕ *www.copaair.com* ⊕ *www. copaair.com*) is a Continental Airlines partner that flies throughout Central America and to the United States.

BY BUS

If you don't mind the heat and cramped seating, the local buses (converted Blue Bird school buses) are a cheap (25¢) way to get around the city. Most have wild paint jobs, and each bus has its destination and route painted broadly across the windshield. The word to remember when you want to get off is *parada* (stop). You pay your fare as you get off. All buses pass by the massive Terminal de Buses in Albrook, where you can catch buses to almost everywhere else in the city and the country. Buses to the Miraflores Locks, Summit Zoo, and Gamboa leave hourly from the SACA terminal, one block north of Plaza Cinco de Mayo.

BY CAR

Driving a car in Panama City is not an undertaking for the meek, but renting a car can be an excellent way to explore the surrounding coun-

7

tryside. Rentals usually cost $40–$50 per day, whereas four-wheel-drive vehicles cost $60–$70. All the big car-rental companies have one or more offices in the city, and at the airports.

Car-Rental Agencies Avis (☎ 238-4056). **Budget** (☎ 263-8777). **Dollar** (☎ 270-0355). **Hertz** (☎ 260-2111). **National** (☎ 265-3333). **Thrifty** (☎ 204-9555).

BY TAXI

Taxis in Panama are all independently owned, they tend to be smaller cars, and they don't have meters. The city is divided into zones, the flat fare for one person being $1, to which they add a quarter each time you cross into another zone, plus a quarter for each additional person. Fares also increase 20% after 10 PM. A short trip should cost about $1.50 for two people, whereas a trip to the domestic airport in Albrook or the Calzada Amador can run $3–$5, and the trip to Tocumen International Airport should cost $20. Tips are not expected. You will be charged double, or several times the standard rate by the taxis drivers who wait outside hotels, but their cars are usually standard size, and they are likely to speak some English. Flagging a cab in the street is widely considered to be safe. If you're alone, you may be expected to share a taxi, a common practice in Panama, as is sitting in the passenger seat next to the driver.

CONTACTS & RESOURCES

EMERGENCIES

One of the advantages of Panama City is that in the unlikely event that you suffer an accident or medical emergency, the police are relatively efficient, and there are good hospitals nearby. You are always better off having a local call the police or an ambulance, since they can communicate your location to the operator more easily than you can.

Emergency Services National police (☎ 104). **Fire department** (☎ 103). **Ambulance** (*Hospital Punta Pacífica* ☎ 204-8108).

Hospitals Hospital Punta Pacífica (✉ *Boulevard Pacífica y Vía Punta Darién, Punta Pacífica* ☎ 204-8000), afilliated with Johns Hopkins Medicine International, is the country's newest and best hospital, with 24-hour emergency and ambulance service and a medical tourism program. **Centro Medico Paitilla** (✉ *Calle 53 and Av. Balboa, Punta Paitilla* ☎ 265-8800) is a large, well-respected hospital and clinic with 24-hour emergency service and a complete out-patient clinic for consultations during the week.

INTERNET

Internet access is easy in Panama City. Most hotels have either wireless or cable broadband connections. Mid-range and budget hotels provide guests with free Internet access, however the luxury hotels tend to charge $10–$15 per day for it. Most hotels that don't have Wi-Fi have one or two computers with high-speed Internet connections for guest use, and in most neighborhoods there is an Internet café every block or two that charges $1 per hour.

TOURS

Fodor's Choice ★ Panama City has a plethora of tour companies, all of which offer tours of the city, canal, and nearby parks, but not all of them have guides of the same caliber, and few have true naturalist guides. The premier ecotourism company is **Ancón Expeditions**, but the comparable **Ecocircuitos** also has good guides and environmentally friendly policies. One of the oldest companies is **Pesantez Tours**, which has some good naturalist guides but concentrates on more traditional tours. The problem with such established companies is that their best guides are often reserved by the top U.S. companies, which hire them to run their Panama tours, so independent tourists may end up with newer, less experienced guides. Smaller, newer companies that can often provide a more customized service include **Panoramic Panama** and **Advantage Panama**, which specializes and bird-watching and nature. Other established tour operators that offer some unique day trips are **Margo Tours, Futura Travel,** and **Aventuras Panama,** a white-water outfitter that also offers hiking and visits to Emberá Indian communities in Chagres National Park.

VISITOR INFORMATION

The **Instituto Panameño de Turismo** (*IPAT* ✉ *Calle Ricardo Arias, across from Hotel Continental, Area Bancária* ☏ *269–8011, or 526–7000* ⊕ *www.visitpanama.com*) has a decent Web page and a small information office, together with the Policía de Turismo, at Vía España and Calle Ricardo Arias, where they answer basic questions and hand out brochures.

THE CANAL & CENTRAL PANAMA

The Panama Canal bisects the country just to the west of Panama City, which enjoys excellent views of the monumental waterway. Between the canal and the rain forest that covers its islands, banks, and adjacent national parks, there is enough to see and do to fill several days. Central Panama stretches out from the canal across three provinces and into two oceans to comprise everything from the mountains of the Cordillera Central, to the west, to the jungles around Bayano Lake, east of the canal, and from the coral reefs of the Caribbean coast in the north to the beaches of the Pearl Islands in the Bahía de Panamá (Bay of Panama) in the south. Much of the region can be visited on day trips from Panama City, but the hotels in gorgeous natural settings outside the city will make you want to do some overnights. You could easily limit your entire vacation to Central Panama; the region holds most of the nation's history and nearly all the things that draw people to the country—beaches, reefs, islands, mountains, rain forests, native cultures, and, of course, the Panama Canal. Within hours of Panama City, in many cases a fraction of an hour, you can enjoy bird-watching, sportfishing, hiking, golf, skin diving, white-water rafting, horseback riding, whale-watching, or lazing on a palm-lined beach.

The Panama Canal can be explored from Panama City, Gamboa, or Colón, and its attractions range from the wildlife of Barro Colorado Island to the feisty peacock bass that abound in Gatún Lake.

THE PANAMA CANAL

Panama's biggest attraction and most famous landmark, the Panama Canal stretches 80 km (50 mi) from the edge of Panama City to the Caribbean port of Colón, and a paved road follows its route between the islands of the Amador Causeway and the inland port of Gamboa. The most interesting spot for viewing the canal is the visitor center at the Miraflores Locks. North of Miraflores the road to Gamboa heads inland but still passes a couple of spots with canal vistas, namely the Pedro Miguel Locks and the one-way bridge over the Chagres River. The bridge, and Gamboa in general, offers front-row views of the big ships as they pass though the canal; it's one of the waterway's narrowest spots. The Panama Canal Railway train to Colón continues north from Gamboa past other vantage points, which is much of that trip's draw. Two other spots with impressive views are the monument erected by the country's Chinese community on the Bridge of the Americas' western side, and the Esclusas de Gatún (Gatún Locks), 10 km (6 mi) south of Colón. But nothing matches the experience of getting out onto the water, which can be done on a canal transit tour or on a nature tour or fishing trip on Gatún Lake.

Since the Panama Canal runs along the western edge of Panama City, there are various spots within the metroplitan area from which to admire it. A taxi should charge $8–$10 to Miraflores Locks and $15–$20 to Gamboa. Buses to Gamboa depart from the SACSA station near Plaza Cinco de Mayo about every hour and can drop you off at Miraflores Locks.

GAMBOA

32 km (20 mi) northwest of Panama City.

Though it lies a mere 40 minutes from downtown Panama City, the tiny community of Gamboa feels remote, no doubt due to the fact that it is surrounded by exuberant tropical nature. Its location on the north bank of the flooded Chagres River, nestled between the Panama Canal and rain forest of Soberanía National Park, makes Gamboa a world-class bird-watching destination, and the departure point for boat trips on Lago Gatún. It is also a great place to stroll, have lunch amid nature, or kick back and admire the impressive tropical scenery. It is home to a massive nature resort that offers enough diversions to fill several days, but Gamboa's proximity to the capital also makes it a convenient day trip from Panama City.

The town of Gamboa was built by Uncle Sam in the early 20th century to house workers at the Panama Canal dredging division, which is based here. The town's tiny port is full of canal maintenance equipment, but it's also the point of departure for the daily boat to Barro Colorado Island and for Pacific-bound partial canal transits. Private yachts sometimes spend a night near the port on the way through the canal, and a simple marina on the other side of the Chagres River holds

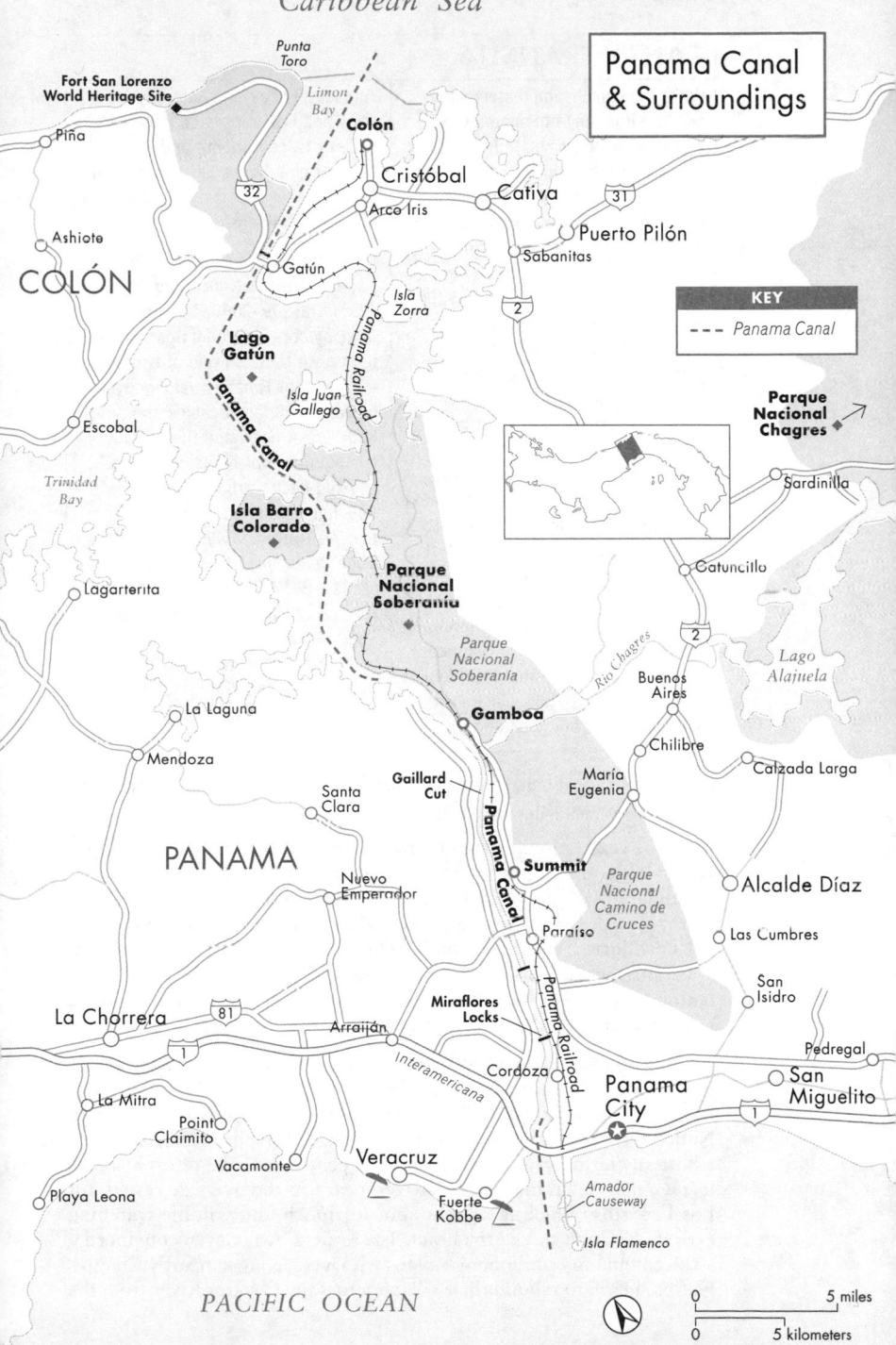

CANAL TRANSITS

While the canal is impressive when admired from any of Panama City's various viewing points, there's nothing quite like getting onto the water and navigating it amidst the giant cargo ships. People spend thousands of dollars on cruises that include a canal crossing, but you can have the same experience for $100–$200 and be free to spend the night in a spacious hotel room. Two companies offer partial transit tours, which travel through the canal's Pacific locks and Gaillard Cut, and full transits, which take you from one ocean to the other. All transits are accompanied by an expert guide who tells a bit of the canal's history, and include a continental breakfast, and, on full transits, a cold box lunch. Partial transits travel between the island marinas on the Amador Causeway and the port of Gamboa, on Gatún Lake, a trip that lasts four to five hours. They take place every Saturday May–December, and on Thursday, Friday, and Saturday January–April. Full transits take place once or twice a month and last eight or nine hours. Either trip is an unforgettable experience, suitable for travelers of all ages.

Canal Bay Tours (⊠ *Bahia Balboa Building, next to Nunciatura, Punta Paitilla* ☎ *209–2009* ⊕ *www.canalandbaytours.com*) offers partial and full transit tours on one of two ships: the 115-foot *Fantasia del Mar*, which has air-conditioned cabins and a large upper deck, and the 85-foot *Isla Morada*, which has one large covered deck. Partial transits are $99, full transits are $145. **Pacific Marine Tours** (⊠ *Villa Porras and Calle Belén, no. 106, San Francisco* ☎ *226–8417* ⊕ *www.pmatours.net*) runs canal transits on the 119-foot *Pacific Queen*, a comfortable ship with air-conditioned cabins and two large decks. Partial transits are $105, full transits are $165.

the boats of local fishermen and tour companies that take groups onto the canal for wildlife-watching along the forest's edge.

Over the years, biologists and bird-watchers have come to realize that Gamboa's combination of forests and wetlands make it home to an inordinate diversity of birds. The Panama Audubon Society has set world records for Christmas bird counts year after year on the **Camino del Oleoducto** (Pipleine Road), which heads into Parque Nacional Soberanía on the northwest end of town. That trail is the main destination for day visitors, but you can also see plenty of wildlife from the roads around town and the banks of the Chagres River.

The massive **Gamboa Rainforest Resort,** just east of town, is spread over a ridge with a panoramaic view of the Chagres River. The resort has a 340-acre forest reserve which is contiguous with Soberanía National Park, within which is an aerial tram, a small orchid collection, a butterfly farm, an aquarium, and a serpentarium. The resort also has its own marina on the Chagres River; near it is the riverside restaurant Los Lagartos, which is a great spot for lunch and wildlife-watching even if you don't stay at the hotel. The resort's owner even convinced a small community of Emberá Indians who were living in nearby Chagres National Park to rebuild their village across the Chagres River from the hotel, where they now receive tourists. The Gamboa Rainforest Resort has its own tour company, **Gamboa Tours** (☎314–9000), which offers a day tour to nonguests that includes the aerial tram, a wildlife-watching tour on Lago Gatún and Monkey Island, and lunch, for $90.

WHERE TO STAY & EAT

$–$$
Fodor'sChoice
★
✕**Los Lagartos.** Built out over the Chagres River, this open-air restaurant at the Gamboa Rainforest Resort is a great place to see turtles, fish, crocodiles, and waterfowl feeding in the hyacinth-laden water. If you travel with binoculars, you'll definitely want to bring them here, so that you can watch wildlife while you wait for your lunch. A small buffet is frequently available, but the à la carte selection is usually a better deal, with choices such as peacock bass in a mustard sauce, grouper topped with an avocado sauce and cheese, or the hearty, spicy fisherman's stew. Lighter items include Caesar salad, hamburgers, and quesadillas. It isn't Panama's best food, but it's good, and the view of the forest-hemmed Chagres River populated with grebes, jacanas, and mangrove swallows is worth the trip out here even if you have only a cup of tea. ⊠*Carretera Gamboa, right after bridge over Chagres River* ☎*314–9000* ⌂*Apdo. 0816-02009, Panama City* ⊟*AE, MC, V* ⊗*Closed Mon.*

$$–$$$$
☾
Fodor'sChoice
★
✕▥**Gamboa Rainforest Resort.** The panorama of the forested Chagres River valley through the lobby windows here is so captivating that it takes you a while to notice the bright, airy lobby itself; life-size crane sculptures hang overhead and a stream cascades through a three-story tropical atrium, flowing into a swimming pool below. Spacious rooms have wicker furniture, hammocks, and tropical-flower bedspreads, but it's the balcony views that make them special. Junior suites, with two additional queen beds in a loft, work well for families. Garden views are disappointing—stick with rooms with numbers in the 100s. Lower-priced refurbished villas, built by the U.S. government in the 1930s for canal workers, are tasteful apartments overlooking the forest; two-bedroom villas are good for families. Activities include bird-watching, the aerial tram, a boat trip to Monkey Island, kayaking, and fishing. Both restaurants serve good food with a great view—El Corotu offers buffets and à la carte; the more upscale Chagres River View serves three-course prix-fixe dinners for $35. ⊠*Carretera Gamboa, 32 km (19 mi) northwest of Panama City* ☎*314–9000, 877/800–1690 in the U.S.* ▤*314–9020* ⊕*www.gamboaresort.com* ⌂*Apdo. 0816-02009, Panama City* ⤳*160 rooms, 4 suites, 48 villas* ⚭*In-room: safe, ethernet. In-hotel: 2 restaurants, room service, 3 bars, tennis courts, pool, gym, spa, watersports, laundry service, concierge, public Wi-Fi, no-smoking rooms* ⊟*AE, MC, V* ⎟⊙⎟*BP.*

7

SPORTS & THE OUTDOORS

BIRD-
WATCHING
All the big nature tour operators offer bird-watching tours on Pipeline Road.

Guests at the Gamboa Rainforest Resort can book a morning of bird-watching on nearby Pipeline Road with **Gamboa Tours** (☎314–9000 Ext. 8158 ⊕*www.gamboatours.com*), which will have them in the national park by 7 AM.

HIKING   **Gamboa Tours** (☎314–9000 Ext. 8158 ⊕www.gamboatours.com) has a three-hour hiking tour on the historic Camino de Cruces, which ends on the other side of the Chagres River from the Gamboa Rainforest Resort—it's an excellent trip for seeing wildlife.

SPORTFISHING   Gatún Lake is full of peacock bass, and also has snook and tarpon, adding up to excellent sportfishing. Charters depart from Gamboa's two marinas, and anglers may hook as many as 20 or 30 peacock bass before returning in the afternoon. **Panama Canal Fishing** (☎315–1905 or 6699–0507 ⊕www.panamacanalfishing.com) is the best operator for fishing on Gatún Lake. An all-inclusive day of fishing on the Hurricane Fundeck with swivel chairs on the bow costs $260. **Gamboa Tours** (☎314–9000 Ext. 8158 ⊕www.gamboatours.com) offers full-day bass-fishing charters for up to three people for $263.

PARQUE NACIONAL SOBERANÍA (SOBERANÍA NATIONAL PARK)

★ *Park entrance 25 km (15 mi) northwest of Panama City.*

One of the planet's most accessible rain-forest reserves, Parque Nacional Soberanía comprises 19,341 hectares (48,000 acres) of lowland rain forest along the canal's eastern edge that is home to everything from howler monkeys to chestnut-mandible toucans. Long preserved as part of the U.S. Canal Zone, Soberanía was declared a national park after being returned to Panama, as part of an effort to protect the canal's watershed. Trails into its wilderness can be reached by public bus, taxi, or by driving the mere 25 km (15 mi) from downtown Panama City. Those trails wind past the trunks and buttress roots of massive kapok and strangler fig trees, and the twisted stalks of lianas dangling from their high branches. Though visitors can expect to see only a small sampling of its wildlife, the park is home to more than 500 bird species and more than 100 different mammals, including such endangered species as the elusive jaguar and the ocelot.

If you hike some of the park's trails, you run a good chance of seeing white-faced capuchin monkeys, tamandua anteaters, raccoonlike coatis, or large rodents called agouti. You may also see iridescent blue morpho butterflies, green iguanas, leafcutter ants, and other interesting critters. On any given morning here you might see dozens of spectacular birds, such as red-lored parrots, collared aracaris, volacious trogons, and purple-throated fruit crows. From November to April the native bird population is augmented by the dozens of migrant species that winter in the park, among them the scarlet tanager, Kentucky warbler, and Louisiana water thrush. It is the combination of native and migrant bird species, plus the ocean birds along the nearby canal, that have enabled the Panama Audubon Society to set the Christmas bird count world record for two decades straight.

✉*Ranger station on Carretera Gamboa, 25 km (15 mi) northwest of Panama City* 💲*Free* ☉*Daily 8–5.*

WHERE TO STAY & EAT

$$$
Fodor'sChoice
★

⌂ Canopy Tower Ecolodge. Occupying a former U.S. Army radar tower topped by a giant yellow ball, the Canopy Tower is perched on Semaphore Hill in the heart of Soberanía National Park, where it affords an amazing view of the rain forest. The innovative lodge is dedicated to serious bird-watchers and nature lovers with views of the forest canopy from every room, and daily guided hikes. Rooms are small and basic, with cement floors, painted metal walls, ceiling fans, and tiny bathrooms, but they have big windows with views of the lower canopy—they are on the third floor—where there are often birds flitting about. Amenities such as air-conditioning have been forgone as part of the lodge's commitment to keeping its environmental impact as low as possible. Suites are roomier, with hammocks and decent-sized bathrooms, but people tend to spend most of their time in the forest or on the fourth floor, which holds a dining room and a lounge with a small natural-history library, and has walls of windows that let you look right into the forest canopy. The best view is from the rooftop deck, just above the forest canopy, where you can watch birds and climbing animals and see portions of the canal and of Panama City's skyline. Three meals and one nature tour per day are included in the price. ⊠ *Carretera Gamboa, 25 km (15 mi) northwest of Panama City* ☏ *Apdo. 0832-2701, W.T.C.* ☎ *264–5720, 800/930–3397 in the U.S.* ⊕ *www.canopytower.com* ⇨ *10 rooms, 2 suites* ♿ *In room: no a/c, no phone. In-hotel: restaurant, no elevator, airport shuttle (fee), no-smoking rooms* ⊟ *AE, MC, V* ⚭*FAP.*

SPORTS & THE OUTDOORS

BIRD-
WATCHING
Fodor'sChoice
★

Soberanía has world-class bird-watching, especially from November to April, when the northern migrants boost the local population. Unless you're an expert, though, you're really better off joining a tour or hiring a guide through one of Panma City's nature-tour operators. Guests at the **Canopy Tower Ecolodge** enjoy almost nonstop birding and daily tours led by the lodge's resident guides. **Ancon Expeditions** (☎ *269–9415* ⊕ *www.anconexpeditions.com*) has excellent guides that can take you bird-watching on Pipeline Road or on Gatún Lake. **Advantage Panama** (☎ *6676–2466* ⊕ *www.advantagepanama.com*) has a day trip to Soberanía that combines a forest hike with a boat trip on Gatún Lake. **Eco Circuitos Panama** (☎ *314–0068* ⊕ *www.ecocircuitos.com*) has a Soberanía birding tour that starts with a hike and ends with a boat trip. **Pesantez Tours** (☎ *223–5374* ⊕ *www.pesantez-tours.com*) runs a half-day tour to Soberanía.

HIKING

Soberanía's natural treasures can be discovered along miles and miles of trails and roads, whereas the western edge of the park can be explored on boat tours through local companies. The park also protects a significant portion of the old **Camino de Cruces,** a cobbled road built by the Spanish that connected old Panama City with a small port on the Chagres River, near modern-day Gamboa. It's more than 10 km (6 mi) long, and intersects with the Plantation Road before reaching the river, but you don't have to hike far to find cobbled patches that were restored a couple of decades ago.

7

The **Plantation Road** is a dirt road that heads east into the forest from the road to Gamboa for about 4 mi to where it connects to the Camino de Cruces. That wide trail follows a creek called the Río Chico Masambi, and is a great place to see waterbirds and forest birds. Two kilometers (1 mi) past the entrance to the Canopy Tower is the **Sendero el Charco** (Pool Footpath), which forms a loop through the forest to the east of the road to Gamboa. The *charco* (pool) refers to a manmade pond near the beginning of the trail that was created by damming a stream. The trail follows that stream part of the way, which means you may spot waterbirds such as tiger herons in addition to such forest birds as toucans and chachalacas. It is one of the park's most popular trails because it's a loop, it's short (less than a kilometer), and it's flat enough to be an easy hike.

The park's most famous trail is the **Camino del Oleoducto** (Pipeline Road), a paved road that follows an oil pipeline for 17 km (11 mi) into the forest parallel to the canal. One of the country's premier bird-watching spots, it is here that the Panama Audubon Society has had record-breaking Christmas bird counts year after year. The Pipeline Road is a great place to see trogons (five species have been logged there), motmots, forest falcons, and other bird species as well as monkeys, tamandua anteaters, and agoutis. You can hike on your own, but you'll see and learn more of you take a bird-watching tour.

PARQUE NACIONAL CHAGRES (CHAGRES NATIONAL PARK)

40 km (24 mi) north of Panama City.

The mountains to the northeast of the canal form a vast watershed that feeds the Chagres River, which was one of the country's principal waterways until it was damned to create the canal, and is now the source of nearly half of the water used in the locks. To protect the forests that help water percolate into the ground and keep the river running through the dry season, the Panamanian government declared the entire watershed a national park in 1985. It is one of the country's largest parks, covering more than 320,000 acres, and it holds an array of ecosystems and expanses of inaccessible wilderness that is home to spider monkeys, harpy eagles, toucans, tapirs, and other endangered species. The park's northern border, defined by Sierra Llorona, and its southern extreme, in Cerro Azul, are the easiest areas to visit, thanks to paved roads. Most people visit the national park on day tours from Panama City to one of several Emberá Indian villages in it, but you can see more of its forests on a white-water rafting trip down the Chagres River, or by hiking on the trails of Cerro Azul.

All the major tour operators in Panama City offer day trips to **Emberá villages** in the park. Visiting the villages—relocated here from Alto Bayano three decades ago, when their land was flooded by a hydroelectric project—is an interesting cultural experience, but most itineraries aren't great for seeing wildlife. The Emberás' traditional territory stretches from eastern Panama to northwest Colombia, but the relocated communities live much as their relatives to the east do, in thatched huts with elevated floors and scant walls. Years of exposure to Western society and religion have led most people in the Chagres communities to wear clothes, but they switch to traditional dress when they know a tour is coming. The men wear loincloths and women wrap themselves in bright-color cloth skirts and no tops, sometimes covering their breasts with large necklaces. Men and women often paint their upper bodies with a dye made from mixing the sap of the *jagua* fruit with ashes. The tours are a bit of a show, but they provide an interesting introduction to Emberá culture. (However, if you will be traveling to the Darién or Alto Bayano, you can get a more authentic, if less picturesque, Emberá experience there.) Tours usually include demonstrations of how the Emberá live, a traditional dance, handicraft sales, and optional painting of visitors' arms with *jagua*. (Note the *jagua* tattoos take more than a week to wash off.) The community that receives the most visitors is Parara Puru, because it is accessible-year round. The town of San Juan de Pequiní, farther upriver, can be difficult to reach in the dry season, but it is a less scripted trip that includes some exposure to nature. The best trip for nature-lovers and adventurers is to Emberá Drua, which only the small companies book, since it entails a boat trip deeper into the park and a tough hike. For those who are up to the hike, this is the most authentic village trip in the Chagres area. ⊠ *Transístmica, Km. 40* ☎*500–0080* ☐*Free* ☉*Daily 8–5.*

SPORTS & THE OUTDOORS

HIKING Serious hikers can trek deep into the jungles of Parque Nacional Chagres by following the old **Camino Real** across the mountains to the Caribbean coast. Spanish colonists built the "Royal Road" in the 16th century to carry gold and other goods between Panamá Viejo and the Caribbean port of Nombre de Dios, and most of that route remains surrounded by lush rain forest. Week-long trips organized by **Ancon Expeditions** (☎269–9415 ⊕*www.anconexpeditions.com*) include visits to colonial ruins and an Emberá Indian village, and several nights in tent camps in the national park, plus lots of exposure to tropical nature.

WHITE-WATER
RAFTING **Aventuras Panama** (☎260–0044 ⊕*www.aventuraspanama.com*) runs white-water rafting trips on the Chagres River (class II–III), which flows through the heart of Parque Nacional Chagres. The full-day trip requires no previous rafting experience. It begins with a long drive down dirt roads deep into the national park, followed by a five-hour river trip that includes a picnic lunch. The trip is only available from May to late March; it lasts 11–12 hours and costs $175.

SHOPPING

A big part of a visit to an Emberá village is the opportunity to buy authentic indigenous handicrafts from the artisans themselves. Among the items usually sold are tightly woven baskets and platters, and animal figures carved from *tagua* palm seeds, or *cocobolo* wood.

LAGO GATÚN (GATÚN LAKE)

Covering about 163 square mi, an area about the size of the island nation Barbados, Gatún Lake extends northwest from Parque Nacional Soberanía to the locks of Gatún, just south of Colón. The lake was created when the U.S. government dammed the Chagres River, between 1907 and 1910, so that boats could cross the isthmus at 85 feet above sea level. By creating the lake, the U.S. saved decades of digging that a sea-level canal would have required. It took several years for the rain to fill the convoluted valleys, turning hilltops into islands and killing much forest (some trunks still tower over the water nearly a century later). When it was completed, Gatún Lake was the largest man-made lake in the world. The canal route winds through its northern half, past several forest-covered islands (the largest is Barro Colorado, one of the world's first biological reserves). To the north of Barro Colorado are the Islas Brujas and Islas Tigres, which together hold a primate refuge—visitors aren't allowed. The lake itself is home to crocodiles, manatees, and peacock bass, a species introduced from South America and popular with fishermen. Fishing charters for bass, snook, and tarpon are out of Gamboa.

ISLA BARRO COLORADO

55 km (34 mi) northwest of Panama City, in the Panama Canal.

The island of Barro Colorado in Lago Gatún is a former hilltop that became an island when the Río Chagres was dammed during construction of the Panama Canal. It covers 1,500 hectares (3,700 acres) of virgin rain forest and forms part of the Barro Colorado Nature Monument, which includes five peninsulas on the mainland, and protects an area several times that size. The reserve is home to more than 400 species of birds, 225 ant species, and 122 mammal species, including collared peccaries, ocelots, coatis, and five kinds of monkeys. Its forest has 1,200 plant species—more than are found in all of Europe—ranging from delicate orchids to massive strangler fig trees.

In 1923 the island was declared a biological reserve and a tropical research station was built there; it is now the oldest such facility in the world. The island is administered by the Smithsonian Tropical Research Institute (STRI), which facilitates research by 200 or so visiting scientists and students per year, and runs several weekly educational tours. Those tours are not only one of the most informative introductions to tropical ecology you can get in Panama, they are excellent opportunities to see wildlife; after decades of living in a protected area full of scientists the animals are hardly afraid of people.

Barro Colorado can be visited on full-day tours run by the **Smithsonian Tropical Research Institute (STRI)** (⊠ *Av. Roosevelt, Cerro Ancón, Panama City* ☎*212-8951* ⊕*www.stri.org*) every Tuesday, Wednesday, Friday, Saturday, and Sunday. The $70 tour is well worth the money, since the English-speaking guides do an excellent job of pointing out flora and fauna and explaining the rain forest's complex ecology. Lunch in the

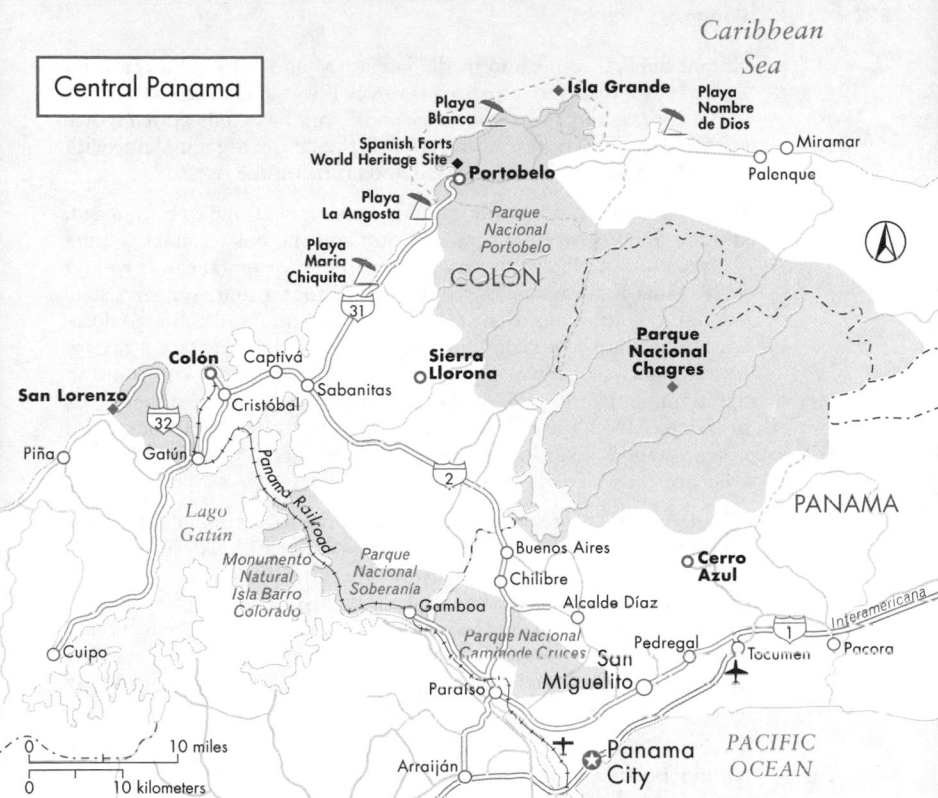

Central Panama

Caribbean Sea

research station's cafeteria and boat transportation to and from Gamboa are included. Tours tend to fill up months ahead, so fill out the form on the STRI Web site and reserve your trip as early as possible. Reservations that haven't been paid for a week before the tour will be canceled; to join one at the last minute, it's worth calling Tamara Castillo at the STRI office and asking whether there is space on a tour (there often is). In this case, you have to pay at least one day in advance. Bring your passport, tour receipt, bottled water, binoculars, and a poncho or raincoat (May–December). Wear long pants, hiking shoes, and socks to protect against chiggers. Be in decent shape, since the tour includes several hours of hiking on trails that are steep in places and can be slippery; children under 10 are not allowed. You can reserve and pay for tours at the STRI's Tupper Center in Panama City weekdays from 8 to 2.

COLÓN

79 km (49 mi) northwest of Panama City.

The provincial capital of Colón, beside the canal's Atlantic entrance, has clearly seen better days, as the architecture of its older buildings attests. Its predominantly Afro-Caribbean population has long had a vibrant musical scene, and in the late 19th- and early 20th centuries Colón was a relatively prosperous town. But it spent the second half of the 20th century in steady decay, and things have only gotten worse in the 21st century. For the most part, the city is a giant slum, with unemployment at 15 to 20 percent and crime on the rise.

Travelers who explore Colón on foot are simply asking to be mugged, and the route between the train station and the bus terminal is especially notorious; do all your traveling in a taxi or rental car. If you do the Panama Railway trip on your own without a tour company, take one of the shuttle vans to the Colón 2000 (pronounced coh-*loan* dose-*mill*) cruise-ship terminal, where you can rent a car or hire a taxi to see the sights near town. The Espinar neighborhood 10 km (6 mi) to the south, in the former U.S. Canal Zone, is a tranquil area that holds the Meliá Hotel and can serve as a base to visit Gatún Locks, San Lorenzo, and Portobelo. You probably won't want to be here for any other reason.

The easiest way to get to Colón is to take the Panama Canal Railway commuter train that departs from Panama City at 7:15 AM and returns at 5:15 PM. If you start your railway journey in Colón, you will need to purchase tickets from the conductor. Buses depart from Panama City's Albrook Terminal de Buses every 20 minutes, and the trip takes 90 minutes to two hours. Get directly into a taxi upon arrival at either the train or bus station; both are in unsafe neighborhoods. It usually takes 90 minutes to drive to Colón from Panama City.

Twelve kilometers (7 mi) south of Colón are the **Esclusas de Gatún** *(Gatún Locks),* a triple lock complex that's nearly a mile long and raises and lowers ships the 85 feet between sea level and Gatún Lake. There's a small viewing platform at the locks and a simple visitors center that's nothing compared to the center at Miraflores Locks. However, the sheer magnitude of the Gatún Locks is impressive, especially when packed with ships. You have to cross the locks on a swinging bridge to get to San Lorenzo and the **Represa Gatún** *(Gatún Dam),* which holds the water in Gatún Lake. At 1½ mi long, it was the largest dam in the world when it was built, a title it held for several decades. Get there by taking the first left after crossing the locks.

WHERE TO STAY & EAT

$$$ ⌘   🏨 **Meliá Panama Canal.** Perched on a lush peninsula 10 km (6 mi) south of Colón, overlooking Lago Gatún, the Meliá occupies buildings that were once the School of the Americas, a controversial U.S. training academy for Latin American military officers. It now promotes nothing more insidious than sportfishing, bird-watching, or lounging by the pool, which is surrounded by a lawn hemmed by tropical foliage. The hotel's interior is grand, with an Old Spain motif, handsome wooden furniture, stained-glass windows, and a four-story atrium in the lobby. Rooms have picture windows, large bathrooms with tubs, and are decorated with hand-painted tiles. A casino and business center are on-site. The steakhouse has views of the illuminated jungle and often offers poolside barbecues. If you get a discount rate on the resort's

Web site, this can be a decent base for a night or two, but the hotel has management problems, so don't expect four-star service. ⊠ *End of Calle Principal, Res. Espinar* ☎ *470–1100, 888/956–3542 in the U.S. and Canada* ☎ *470–1200* ⊕ *www.solmelia.com* ⬎ *310 rooms* ♿ *In-room: safe, Wi-Fi. In-hotel: 2 restaurants, bars, tennis courts, pool, gym, water sports, no elevator, laundry service, concierge, public Internet, airport shuttle (fee), parking (no fee), no-smoking rooms* ⊟ *MC, V* ⦿ *BP.*

SAN LORENZO PROTECTED AREA

40 km (25 mi) west of Colón.

For information about San Lorenzo's park, fort, tours, and accommodations, visit www.achiotecoturismo.com and www.sanlorenzo.org.pa.

Perched on a cliff overlooking the mouth of the Chagres River are the ruins of the ancient Spanish **Fuerte San Lorenzo** *(San Lorenzo Fort),* destroyed by pirate Henry Morgan in 1671. The Spaniards built Fort San Lorenzo in 1595 in an effort to protect the South American gold they were shipping down the Chagres River, which was first carried along the Camino de Cruces from Panamá Viejo. The gold was then shipped up the coast to the fortified city of Portobelo, where it was stored until the Spanish armada arrived to carry it to Spain. The fortress's commanding position and abundant cannons weren't enough of a deterrent for Morgan, whose men managed to shoot flaming arrows into the fort, causing a fire that set off stored gunpowder and forced the Spanish troops to surrender. Morgan then led his men up the river and across the isthmus to sack Panamá Viejo.

In the 1980s UNESCO restored the fort to its current condition, which is pretty sparse—it hardly compares to the extensive colonial ruins of Portobelo. Nevertheless, the setting is gorgeous, and the view from that promontory of the blue-green Caribbean, the coast, and the vast jungle behind it is breathtaking. Be careful walking around the edge outside the fort; there are some treacherous precipices. ⊠ *23 km (14 mi) northwest of Gatún Locks* ☎ *No phone* 🎫 *Free* ⊘ *Daily 8–4.*

The wilderness just behind the fortress is part of **Parque Nacional San Lorenzo**, a 23,843-acre (9,653-hectare) protected area that includes rain forest, wetlands, rivers, and coastline. For decades this was the U.S. Army's jungle training area, where tens of thousands of troops trained for warfare in the tropics. The army used parts of the park as a bombing range, and there may still be unexploded ordnance in its interior, though far from the roads and fortress. Today the park is the haunt of bird-watchers, who hope to focus their binoculars on some of the more than 400 bird species. Mammalian residents include spider monkeys, armadillos, tamarins, and coatis. The lush forest here gets nearly twice as much rain as Panama City, and it doesn't lose as much of its foliage during the dry season. Most of that rain falls at night, so mornings are often sunny, even during the rainy season.

7

The most famous bird-watching area in Parque Nacional San Lorenzo is the **Achiote Road** *(Camino a Achiote)* , which is about 25 km (15 mi) south of the fort. To reach it, turn left after crossing the locks and drive 15 km (9 mi) south. Members of the Panama Audubon Society once counted 340 bird species in one day on the Achiote Road during their Christmas bird count. Anchiote is an excellent place to observe the massive hawk and vulture migration in October and March. The community of Achiote, about 4 km (2½ mi) northwest of the park on the Achiote road, has trained birding guides and a visitor center with rustic accommodations. ✉*15 km (9 mi) west of Gatún Locks* ☎*6664–2339* ⊕*www.sanlorenzo.org.pa* 🖳*Free* ⊙*Daily 8–4.*

PORTOBELO

★ *99 km (62 mi) north of Panama City; 48 km (30 mi) northeast of Colón.*

Portobelo is an odd mix of colonial fortresses, clear waters, lushly forested hills, and an ugly little town of cement-block houses crowded higgledy-piggledy amid the ancient walls. It holds some of Panama's most interesting colonial ruins, with rusty cannons still lying in wait for an enemy assault, and is a UNESCO World Heritage Site, together with San Lorenzo. Depending on your timing, you can also see congo dancing or the annual Festival del Cristo Negro. Between the tourquoise sea, jungle, coral reefs (great for scuba diving or snorkeling), and beaches, you may feel like a castaway.

You can explore Portobelo's historic sites in a couple of hours, which leaves plenty of time for outdoor diversions. Several beaches in the area are worth visiting, half a dozen diving and snorkeling spots are nearby, and the bird-watching is good, too.

The forested hills that rise up behind the bay are part of **Parque Nacional Portobelo** *(Portobelo National Park)*, a vast marine and rain-forest reserve contiguous with Chagres National Park. Though several towns lie within the park, and much of its lowlands was deforested years ago, its inaccessible mountains are covered with dense forest that holds plenty of flora and fauna. Extending from offshore coral reefs up to the cloud forest atop 979-meter (3,212-foot) Cerro Brujo, the park comprises an array of ecosystems and is rich in biodiversity. While the coastal area is home to everything from ospreys to sea turtles, the mountains house spider monkeys, brocket deer, harpy eagles, and an array of other endangered wildlife. There is no proper park entrance, but you can explore patches of its forested coast and mangrove estuaries on boat trips from Portobelo, when you might see birds such as the ringed kingfisher and fasciated tiger heron. ✉*Surrounding Portobelo* ☎*448–2165 or 442–8348* 🖳*Free* ⊙*24 hrs.*

Fuerte San Fernando, one of three **Spanish forts** you can visit at Portobelo, is surrounded by forest and is a good place to see birds. It lies directly across the bay from **Batería Santiago,** on the left as you drive toward town, a large structure with cannons pointed at the entrance to the bay. The thick walls are coral, which was cut from the platform reefs that line the coast.

Portobelo's largest and most impressive fort is **Fuerte San Jerónimo**, at the end of the bay, which is surrounded by the "modern" town. It was built in the 1600s, but was destroyed during the conflict between English and Spanish forces—over trading rights, of course—called the War of Jenkins' Ear. It was rebuilt to its current state in 1758. Its large interior courtyard was once a parade ground, but it is now the venue for all annual celebrations involving congo dancers, including New Year's, Carnaval, the Festival de Diablos y Congos (shortly after Carnaval), and the town's patron saint's day (March 20).

Near the entrance to Fuerte San Jerónimo is the **Real Aduana** *(Royal Customs House)*, where servants of the Spanish crown made sure that the king and queen got their cut from every ingot that rolled through town. Built in 1630, the Real Aduana was damaged during pirate attacks and then destroyed by an earthquake in 1882, only to be rebuilt in 1998. It is an interesting example of colonial architecture—note the carved coral columns on the ground floor—and it holds a simple museum with some old coins, cannonballs, and displays on Panamanian folklore. ⊠ *Calle de la Aduana* ☎ *No phone* 🎫 *$1* ⊘ *Weekdays 8–4, weekends 8:30–3.*

One block east of the Real Aduana is the **Iglesia de San Felipe**, a large white church dating from 1814 that's home to the country's most venerated religious figure: the **Cristo Negro** *(Black Christ)*. According to legend, that statue of a dark-skinned Jesus carrying a cross arrived in Portobelo in the 17th century on a Spanish ship bound for Cartagena, Colombia. Each time the ship tried to leave, it encountered storms and had to return to port, convincing the captain to leave the statue in Portobelo. Another legend has it that in the midst of a cholera epidemic in 1821 parishioners prayed to the Cristo Negro, and the community was spared. The statue spends most of the year to the left of the church's altar, but once a year it's paraded through town in the Festival del Cristo Negro. Each year the Cristo Negro is clothed in a new purple robe, donated by somebody who's earned the honor. Many of the robes that have been created for the statue over the past century are on display in the Museo del Cristo Negro (Black Christ Museum) in the Iglesia de San Juan, a smaller, 17th-century church next to the Iglesia de San Felipe. ⊠ *Calle Principal* ☎ *No phone* 🎫 *$1* ⊘ *Weekdays 8–4, weekends 8:30–3.*

WHERE TO STAY & EAT

$-$$$$ ✕ **Restaurante Los Cañones.** This rambling restaurant with tables among palm trees and Caribbean views is one of Panama's most attractive lunch spots. Unfortunately, the food and service fall short of the setting, but not so far that you'd want to scratch it from your list. In good weather, dine at tables edging the sea surrounded by dark boulders and lush foliage. The other option is the open-air restaurant, decorated with shells, buoys, and driftwood, with a decent view of the bay and forested hills. House specialties include *pescado entero* (whole-fried red snapper), *langosta al ajillo* (lobster scampi), and *centolla al jengibre* (king crab in a ginger sauce). ⊠7 *km (4 mi) before Portobelo on left* ☎448–2980 ▤*No credit cards* ⊙*Closes at 7 PM.*

¢–$ 🍴**Scuba Portobelo.** A dive resort owned by Panama's biggest dive company, Scuba Panama, this small place has the best rooms in the Portobelo area, but since it works mostly with tour groups booked out of Panama City, it skimps on services. Accommodations range from a dorm rooms to bungalows; the second-floor "single" rooms—small, but bright and colorful, with ocean views and narrow balconies—are nice for couples. Free-standing *cabañas* (bungalows) are considerably bigger, and cost just $10 more. Large trees shade the ample grounds, and there's a gazebo atop some boulders over the water.

The resort has a full dive center with inexpensive trips like snorkeling to Isla Mogotes. The tiny, open-air restaurant serves breakfast and a limited seafood-heavy menu, but there's better food down the road. Rates are slightly lower during the week. ⊠*6 km (3 mi) before Portobelo on left* ☎448–2147 ☎261–9586 ⊕*www.scubapanama.com* ⇆*6 rooms, 5 cabañas* ⌂*In-room: no phone, no TV. In-hotel: restaurant, diving, no elevator, no-smoking rooms* ▤*AE, MC, V* ⍟*EP.*

SPORTS & THE OUTDOORS

BEACHES The easiest beach to visit is **Playa Langosta,** which is about 8 km (5 mi) before Portobelo. You may have that dark-grey beach to yourself during the week, but on weekends and holidays it is usually packed with visitors from Colón and Panama City. There are more isolated beaches to the east of Portobelo that are accessible only by sea; boatmen who hang out at the docks next to the Batería Santiago and Fuerte Jerónimo can take you to one for $20–$30 round-trip. About 20 minutes east of Portobelo by boat, **Playa Huertas** is a long beach backed by tropical vegetation and a good place for swimming. **Playa Blanca** is a small, white-sand beach about 30 minutes by boat east of Portobelo. It has the nicest sand of any beach in the area, but is backed by pasture and homes.

BIRD-WATCHING The bird-watching is quite good at the edge of town and around the ruins. Bird-watchers may want to hire one of the boatmen who hang out around the docks near Batería Santiago and Fuerte San Jerónimo to take them into the estuary behind town, which should cost $20.

HIKING **Salvaventura** (☎442–1042) is a small company, started by José Malet, that offers guided hikes into Portobelo National Park, including one to a small waterfall. Guides don't speak much English, though.

SCUBA DIVING
& SNORKELING
Miles of coral reefs awash in rainbows of underwater wildlife lie within the northern reaches of **Portobelo National Park,** and dive centers on the road to Portobelo provide easy access to those marine wonders. Though they've suffered some damage from fishermen and erosion, the reefs in the Portobelo area consist of nearly 50 coral species and are inhabited by more than 250 fish species. The underwater fauna ranges from moray eels to colorful butterfly fish, damselfish, trumpet fish, and other reef-dwellers. Popular spots include Buffet Reef, a plane wreck, a shipwreck, and the distant Escribano Bank, east of Isla Grande. Visibility varies according to the sea conditions, but tends to be low from December to April, when high seas can hamper dives. The best conditions are between September and December.

Most boat dives cost less than $50, and snorkeling equipment rentals are a mere $10 per day. PADI certification courses are also available. **Scuba Portobelo** (✉6 km (3 mi) before Portobelo on left ☎448–2147 or 261–3841) is a dive center owned by Scuba Panama, the country's oldest dive operator. **Panama Divers** (✉Coco Plum Ecolodge, 5 km (3 mi) before Portobelo on left ☎314–0817 or 448–2102), a small American-owned company, offers various boat dives, tours, and courses.

7

ISLA GRANDE

10- to 20-min boat trip from La Guaira; 25 km (16 mi) east of Portobelo.

Lushly forested hills, palm fronds swaying in the breeze, and glistening aquamarine waters give Isla Grande an idyllic, tropical ambience, but its scarcity of beaches (it has just one decent beach) and crowded, cement-block town make it less attractive than some of the country's other coastal destinations. It's comparable to Bocas del Toro, though smaller and with fewer things to do. If you're spending time in the latter, you can easily skip Isla Grande; it's popular mostly for its proximity to Panama City—just over a two-hour drive.

The island sits just a few hundred meters off the coast in front of the fishing town of **La Guaira,** a 30-minute drive east of Portobelo. Isla Grande (Big Island) is a misnomer, as the island is just 3 mi long. The funky little Afro-Caribbean community along its southern shore has neither roads nor addresses, people come and go by boat, and it takes less than 30 minutes to walk from one end of town to the other. Most of the island is quite precipitous, and hills covered with dense foliage rise up just behind town, thus visits are generally confined to the town, the small beach on the island's western tip ($3 entrance fee), or the north-shore bay where Bananas Village Resort is located.

A nicer beach with better snorkeling can be found on **Isla Mamey,** a short boat trip away. The main activity on Isla Grande, aside from eating and drinking, is skin diving. Though the reefs here are in bad shape, they have a good variety of fish and other marine life. There are, however, dozens of dive spots within 20 to 60 minutes from the island by boat, including healthy coral reefs, caves, and shipwrecks.

On weekend and holidays Isla Grande can get crowded, which in Panama means noise and littering. During the week it's a ghost town, and it's sometimes tough to find a meal. Only a few hundred people live on the island, surviving on a mix of fishing, farming on the mainland, and tourism. Despite their relative dependence on tourism, the people of Isla Grande are not terribly friendly. But they do a good job of preparing lobster and other local seafood. Ask at the restaurants in town if they have *fufu,* a seafood soup made with coconut milk, plantains, and jungle tubers such as *ñame.*

WHERE TO STAY & EAT

$–$$ ✕▦**Bananas Village Resort.** Nestled on the north side of the island in a private cove surrounded by jungle, Bananas is Isla Grande's best hotel by far. Bright, spacious rooms are in two-story buildings between the gardens and the forest. The ocean views from the hammocks on their balconies alone make the trip worthwhile. Suites, built out over the water, have a more impressive view for just $15 more. Apart from the caged birds, the only disappointment is the tiny beach, which is atop a coral platform, so the water is shallow. A swimming area at the end of the property has a dock and a nearby open-air bar. The use of kayaks and snorkeling equipment is included in the rates, as are volleyball, Ping-Pong, and a saltwater pool. Excursions such as a boat trip to Isla Mamey are extra. Guests arrive and depart by water, but you can also hike the 30-minute cement trail through the forest to town. The open-air restaurant ($–$$$$) serves fresh seafood, pastas, paella, and steaks, with an ocean view. ✉*North side of Isla Grande* ☎*448–2252 or 263–9510* 🖷*264-7556* ⊕*www.bananasresort.com* ➳*28 rooms* ◊*In-room: no phone, DVD (some), safe. In-hotel: restaurant, bar, pool, beach front, water sports, no elevator, parking, no-smoking rooms* ▭*AE, DC, MC, V* ⦿*CP.*

¢   ▦**Villa en Sueño.** Rooms in this brightly painted hotel in the heart of town are in two cement buildings behind the restaurant of the same name. They are simple, but clean, with cold-water showers, decent beds, and shared porches with hammocks overlooking a small lawn lined with lush gardens. The restaurant in front has an ocean view and is one of the better places to eat in town. The on-site store rents snorkeling equipment and can arrange boat tours. On weekends and holidays the hotel can get pretty crowded, since the hotel rents picnic areas on the grounds, but it's usually dead during the week. ✉*Isla Grande, in front of cross.* ☎*448–2964* 🖷*320–6321* ✉ *villaen@cwpanama.net* ➳*16 rooms* ◊*In-room: no phone, no TV. In-hotel: restaurant, water sports, no elevator, no-smoking rooms* ▭*AE, MC, V* ⦿*EP.*

THE CANAL & CENTRAL PANAMA ESSENTIALS

Because central Panama's sites and attractions literally surround Panama City, you are rarely more than two or three hours away from the capital. Panama City is consequently the place to go for most major services, such as hospitals, car rentals, banks, mail, and shipping. Some areas, such as the islands, lack ATMs and pharmacies; none of the clinics outside Panama City is suitable for anything beyond first aid.

TRANSPORTATION

BY AIR

The domestic airlines Aeroperlas and Air Panama both have daily 20-minute flights to Isla Contadora. Aeroperlas flies every morning and evening; Air Panama flies every afternoon. Only Air Panama flies to Isla San José, an hour from Panama City; flights are every Monday, Thursday, Friday, and Sunday morning. Both depart from the **Aeropuerto Marcos a Gelabert** (⊠*Av. Gaillard, Albrook, Panama City* ☎*315–0241*).

Airlines Aeroperlas (☎*315–7500* ⊕ *www.aeroperlas.com*). **Air Panama** (☎*316–9000* ⊕ *www.flyairpanama.com*).

BY BOAT

Barcos Calypso Taboga (⊠*Marina Isla Naos* ☎*314–1730*) has a daily ferry service from Panama City to Isla Taboga departing from the Marina on Isla Naos, on the Amador Causeway, Monday, Wednesday, and Friday at 8:30 and 3, Tuesday and Thursday at 8:30 only, and weekends and holidays at 8, 10:30, and 4. The ferry departs from Taboga from the pier on the west end of town Monday, Wednesday, and Friday at 9:30 and 4:30, Tuesday and Thursday at 4:30 only, and weekends and holidays at 9, 3, and 5. On weekends and holidays, arrive 30 minutes before departure to buy your ticket.

BY BUS

Buses to the Miraflores Locks, Summit, most of the trails into Parque Nacional Soberanía, and Gamboa depart from the **Terminal de Buses SACA** (⊠*Calle 9 de Enero, Plaza Cinco de Mayo, Panama City* ☎*No phone*), just to the north of Plaza Cinco de Mayo, every 60 to 90 minutes; the trip takes 30 to 40 minutes.

All regional buses depart from the massive **Terminal de Transporte de Albrook** (⊠*Av. Gaillard, Albrook, Panama City* ☎*232–5803*). Buses to Colón and Sabanitas, where you get off to catch the bus to Portobelo and Isla Grande, depart every 20 minutes, and the trip takes 90 minutes. Buses to Penonomé and Santiago, which depart every 30 minutes, will drop you off at the entrances to the Pacific beaches, though most of them are a long hike from the highway. Buses to El Valle de Antón depart every 30 minutes.

BY CAR

Renting a car is an easy way to visit many of the Central Pacific sites, since there are paved roads to just about everything but the islands. Cars can be rented in Panama City and Colón. Rentals usually cost $40–$50 per day, whereas 4WD vehicles cost $60–$70. All major car-rental companies have offices in Panama City; only Budget and Hertz have offices in Colón.

Car-Rental Agencies Budget (⊠ *Colón 2000, Colón* ☎ *441-7161*). **Hertz** (⊠ *Colón 2000, Colón* ☎ *441-3272*).

BY TRAIN

The Panama Canal Railway's commuter train to Colón departs from the train station in Panama City weekdays at 7:15 AM and departs from Colón at 5:15 PM. The trip costs $22 one-way, $44 round-trip.

Train Station Information Panama Canal Railway (☎ *317-6070*). **Corozal Passenger Station** (⊠ *Calle Corozal, Corozal, Panama City* ☎ *317-6070*). **Atlantic Passenger Station** (⊠ *Calle Mt. Hope, Mt Hope, Colón* ☎ *No phone*).

CONTACTS & RESOURCES

EMERGENCIES

Ambulance service can be slow in rural areas. There are clinics in some of the rural communities, but they are good for nothing more than first aid. If you suffer an accident, or have medical problems, get to the Hospital Punta Pacífica or Centro Médico Paitilla in Panama City as soon as possible.

Emergency Services Ambulance (*Alerta* ☎ *263-4522, Cruz Roja* ☎ *228-8127*). **Fire department** (☎ *103*). **National police** (☎ *104*).

MONEY MATTERS

Credit cards are widely accepted in this region, except for at the smaller restaurants and hotels. ATM distribution is less uniform outside of Panama City, so it is often a good idea to stock up on cash before exploring the Central Pacific's rural reaches. The only ATMs near the Caribbean Coast's attractions are in and around Colón, whereas the eastern sierras and Pacific islands have no ATMs, so get cash before driving east, or boarding the ferry or plane to Islas Taboga, Contadora, or San José. There are ATMs in the Albrook Airport terminal and at the Brisas de Amador shopping center, near the Taboga ferry dock, as well as in the lobby of the Gamboa Rainforest Resort, the Gatún Locks, and in the Super 99 supermarket in Colón 2000. To the west of Panama City you can find ATMs in the Rey supermarket at the entrance to Coronado, one block north of the Royal Decameron Beach Resort, in the lobby of the Playa Blanca Resort, on the Avenida Principal of El Valle, and at various banks in Penonomé, near Cerro de la Vieja.

SAFETY

When hiking through the forest, always be careful where you put your hand and where you step, since there are poisonous snakes and stinging insects. If you slip on a muddy trail in the rain forest, which happens quite frequently, resist the temptation to grab the nearest branch, because palms with spiny trunks are relatively common. If there are big waves at a beach you visit, don't go in unless you are an expert swimmer, since waves can create dangerous currents.

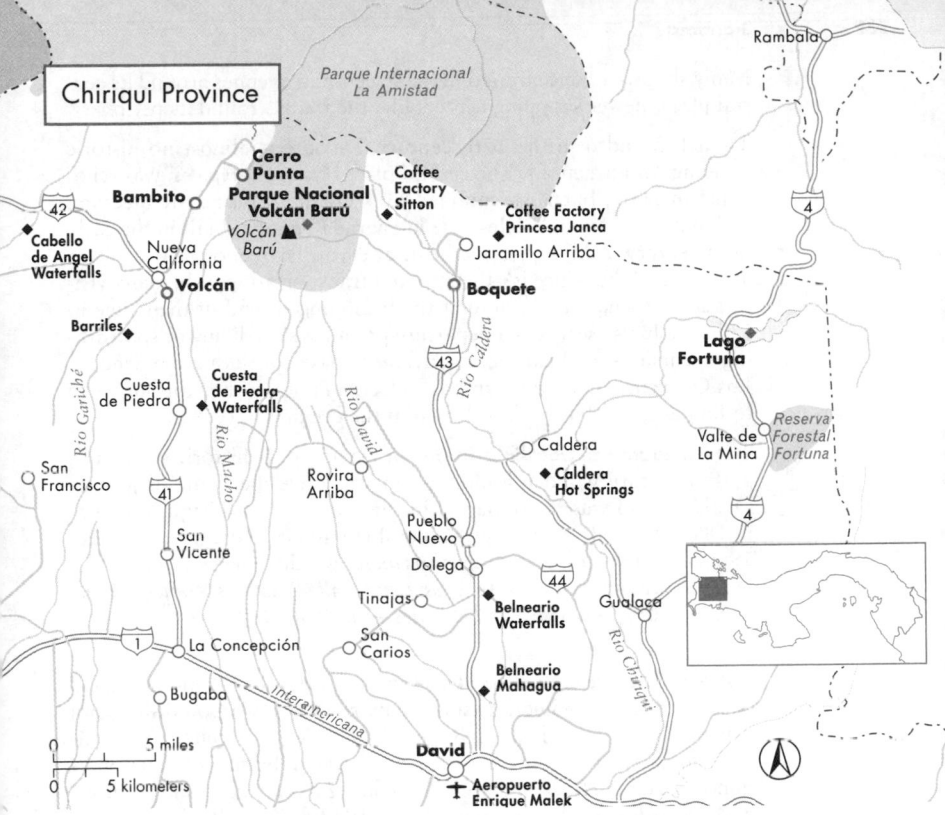

CHIRIQUÍ PROVINCE

Panama's southwest province of Chiriquí contains the country's most varied scenery. Landscapes that evoke different continents—from the alpine peak of Volcán Barú to the palm-lined beaches of Parque Nacional Golfo de Chiriquí—lie mere hours apart. The diverse environments provide conditions for world-class sportfishing, bird-watching, skin diving, river rafting, horseback riding, hiking, and surfing, making Chiriquí an ideal destination for nature lovers.

DAVID

440 km (274 mi) west of Panama City, 53 km (33 mi) east of Paso Canoa.

With almost 80,000 inhabitants, this provincial capital is Panama's second-largest city, yet it is of little value to travelers except as a waypoint en route to Boquete, Cerro Punta, and the rest of the region. The expansive town has zero zoning—business are scattered among the houses—and an equal amount of charm. David is the commercial and administrative center for a province of about 370,000, and consequently has plenty of banks, car-rental agencies, and other services.

Many shops are concentrated in the streets and avenues around its central plaza; newer shopping centers line the roads around its periphery.

Though founded in the 17th century, David has almost no historic buildings or attractions. The central plaza, **Parque Cervantes,** was renovated in 2007, but is surrounded by some uninspiring architecture, including the very ugly **Iglesia de la Sagrada Familia,** built in the early 20th century. Add oppressive heat, and you have enough reasons to avoid David, but since it's the regional transportation hub, many visitors must spend a night here at the beginning or end of their time in Chiriquí. It also serves as a departure point for skin diving or sportfishing excursions, and can be a convenient base for hiking the Sendero Los Quetzales, since you can bus to Cerro Punta in the morning, hike to Boquete, and bus back to David in the evening.

The **Museo José de Obaldía** is in one of David's only historic structures, a 19th-century wooden building that was once the home of José de Obaldía, who was instrumental in the creation of Chiriquí Province in 1849. Its small array of pre-Columbian and colonial items includes 19th-century swords and indigenous *metates*—three-legged stone tables used for grinding corn. ⊠ *Av. 8 Este and Calle Aristides Romero (Calle A Norte)* ☎ *774–1851* ⊠ *$1* ◷ *Tues.–Sat. 8:30–4:30.*

WHERE TO STAY & EAT

¢–$$ ✕ **Pizzería Gran Hotel Nacional.** This simple place serves 17 kinds of good pizza, as well as mediocre pastas, many meat and seafood dishes, and inexpensive, three-course lunch specials. The decor is limited to vibrant tablecloths and tacky art, but the place is clean, bright, and air-conditioned. ⊠ *Gran Hotel Nacional, Calle Pérez Balladares (Calle Central) at Av. 9 de Enero (Av. Central)* ☎ *775–1042* ⊟ *AE, MC, V.*

¢–$$ ✕ **Restaurante Steakhouse.** Though at the edge of town across from the *estadio* (stadium), this popular spot is worth the $2 taxi ride. It's a Chinese restaurant, but true to the name, its extensive menu includes lots of grilled items. The spacious dining room has a high ceiling, huge chandeliers, big Chinese prints on the walls, and a flat-screen TV. Locals pack in to feast on *chiau jiam ja* (spicy shrimp in fried noddles), *king tung* (pork ribs with sweet-and-sour sauce), and *langosta estilo cantonés* (lobster medallions stir-fried with vegetables. ⊠ *Calle Alberto Osorio at Av. 7 Oeste* ☎ *775–3385* ⊟ *MC, V* ◷ *Closed Sun.*

$ ✕ ⊡ **Gran Hotel Nacional.** The best hotel in town, this 1950s two-story complex with a colonial Spanish motif was remodeled in the 1990s. Rooms are spacious, but the decor's dated. Front rooms have views of the large trees that shade the parking area; rooms near the lobby have Wi-Fi. The small pool area's gardens and lawn may be the most pleasant spots in David. There's an in-house movie theater and casino; its three restaurants include a pizzeria and the open-air Barbacoa, which serves a small dinner selection of meat and seafood. ⊠ *Calle Pérez Balladares (Calle Central) and Av. 9 de Enero (Av. Central)* ☎ *775–1042* ⊟ *775–7729* ⊕ *www.hotelnacionalpanama.com* ⤏ *73 rooms, 2 suites* ⌂ *In-room: safe. In-hotel: 3 restaurants, room service, bar, pool, laundry service, public Wi-Fi, parking (no fee), no-smoking rooms* ⊟ *AE, MC, V* ⵏ⊡*EP.*

¢–$ 🏨**Hotel Castilla.** This three-story building catercorner from Parque Cervantes has basic rooms with good beds and small desks at a reasonable price. Interior rooms are dark, but corner junior suites have big windows and a private balcony, albeit overlooking busy streets. This place is nothing fancy, but well located and a good value. ✉️*Calle Aristides Romero (Calle A Norte) at Calle Bolívar (Calle 3 Este)* ☎️774–5236 📠774–5246 ✉️ *castilladavi@cwpanama.net* 🛏️*62 rooms, 6 suites* ♿*In-room: refrigerator (some). In-hotel: restaurant, bar, public Internet, laundry service, parking (no fee), no-smoking rooms* 🖃AE, MC, V ⊘EP.

BOQUETE

★ *38 km (24 mi) north of David.*

This pleasant town sits at 3,878 feet above sea level in the always springlike valley of the Río Caldera. The surrounding mountains are covered with forest and shade coffee farms, where coffee bushes grow amidst tropical trees. It's superb for bird-watching, and the roads and trails can be explored on foot, horseback, mountain bike, or four wheels. Boquete's main landmark is the country's highest mountain, **Volcán Barú**, an extinct volcano that towers over the valley's western edge. Much of Volcán Barú's green mantle of cloud forest is protected within Parque Nacional Volcán Barú. The rough road to Barú's summit begins just west of Boquete's commercial center, but its forests can also be explored on trails in the Alto Quiel area northwest of town.

Though the surrounding countryside holds most of Boquete's attractions, the town itself is quite nice, with tidy wooden houses and prolific flower gardens. Fewer than 30,000 people live there, most of them scattered around the valley. The town center is thus sparsely populated, with a simple *parque central* (central park), officially the Parque de las Madres, surrounded by shops, the town hall, and roads lined with patches of pink impatiens and the pale trumpet-like flowers of the deadly nightshade. Streams meander through town, and the Río Caldera flows through a wide swath of boulders along its eastern edge.

Unlike most Panamanian towns, Boquete was settled by European and North American immigrants at the beginning of the 20th century. This lineage is visible in everything from the architecture to the faces of many residents. There are also plenty of Ngöbe-Buglé Indians in Boquete who migrate there from the northeast of Chiriquí to work in the orange and coffee harvests. Recently the valley has become popular with U.S. retirees, drawn by the climate and beauty.

Fodor'sChoice ★ On the eastern slope of Volcán Barú, at an altitude of 1,600 meters (4,800 feet) above sea level, the **Finca Lerida** coffee farm has nearly 500 hectares of bird-filled cloud forest. The farm is recommended in *A Guide to the Birds of Panama* as the place to see quetzals, and you're practically guaranteed to see them here from February to June. You may also see silver-throated tangers, collared trogons, clorophonias, and about 150 other bird species. The farm's resident guide can take you along its 8 km (5 mi) of hiking trails, one of which leads to a small waterfall, but you can also explore them on your own. The guide is invaluable if you're looking for quetzals. If owner John Collins is available, you can get a coffee tour from a native English speaker who grew up on the farm. The farm has a moderately priced restaurant with a great view that serves Panamanian food, homemade desserts, and fresh-roasted coffee. ⊠ *7 km (4 mi) northwest of second Y, via Callejón Seco, Alto Quiel* ☎ *720–2285* ⊕ *www.fincalerida.com* ⊠ *$10, coffee tour $25, guided hike or bird-watching $35* ☉ *Daily 9–5.*

★ The **Bajo Mono road,** near San Ramón, leads to the trailhead for the **Sendero Los Quetzales,** which winds its way through the forest between Cerro Punta and Boquete. Start that hike in Cerro Punta, though; it's all uphill from Boquete. Head to Bajo Mono to look for quetzals and hundreds of other bird species; the best area for bird-watching is the beginning of the Sendero Los Quetzales, above the Alto Chiquero ranger station. Two other good hiking trials head off of the Bajo Mono road: the **Sendero Culebra,** on the right 1½ km (1 mi) up the road to Alto Chiquero, and **Pipeline Road,** a gravel track on the left that leads to a canyon and waterfall.

Kotowa Estate, in the hills of Palo Alto, has belonged to the Mac Intyre family for three generations. They produce one of Boquete's best coffees and own a small chain of coffee shops. The farm still has the original coffee mill. A Dutch couple, Hans and Terry van der Vooren, runs tours here that provide a close look at the cultivation, harvest, and processing of coffee. Go during the October-to-May harvest, and reserve for the tour a day in advance for free transport from your hotel. ⊠ *Palo Alto* ☎ *720–3852, or 6634–4698* ⊕ *www.coffeeadventures.net* ⊠ *Tour $22* ☉ *Tour daily at 9 AM by reservation.*

WHERE TO STAY & EAT

Hotels in Boquete don't have air-conditioning—the town's springlike climate makes it unnecessary. Theft has been a problem at some Boquete hotels, so lock your valuables in a safe if you can.

$–$$
Fodor'sChoice
★
✕ **Restaurante Panamonte.** Though Boquete's first hotel now faces stiff competition, its charming restaurant remains one of the best in town, if not the country. Inventive dishes are based on traditional Panamanian cuisine like pumpkin soup, shrimp and plantain croquettes, mountain trout sautéed with almonds, and grilled beef tenderloin topped with a three-pepper sauce. It's served in a historic European atmosphere that's hardly changed over the past century. Sunday brunch is popular, and on weekdays the three-course prix-fixe lunches are a deal. Service is friendly, but can be slow. ⊠ *Panamonte Inn and Spa, right at first Y north of town, on left* ☎ *720–1324* ☎ *Apdo 0413–3086, Boquete, Chiriquí* ☐ *AE, MC, V* ☉ *Closed 10 AM–noon and 2:30–6.*

$–$$
Fodor'sChoice
★
✕ **Ristorante e Pizzería Il Pianista.** There is something European about the stone building that houses this restaurant a short drive northeast of town, and Chef Giovanni Santoro completes the illusion with his authentic Italian cuisine. The small dining room is on the ground floor overlooking a stream surrounded by trees and impatiens. The menu includes fresh pastas such as vegetable lasagna and fetuccine *del Chef*

(with prawn-and-mushroom cream sauce) or *napolitano* (with tomato-clam sauce). Other specialties include *trucha al forno* (trout baked with tomatoes and mushrooms) and *calamares rellenos* (squid stuffed with tomatoes, cheese, and pine nuts). You can also build your own pizza or calzone. ✉*Right at first Y north of town, left after the bridge, 3½ km (2 mi) north on right, Arc Iris* ☎720–2728 ⏁*Giovanni Santoro, Entrega General, Boquete, Chiriquí* ⊟*No credit cards* ☾*Closed Mon.*

$–$$ ✕▦ **Panamonte Inn & Spa.** Opened in 1914, the Panamonte was long Boquete's only tourist hotel, and over the decades it has hosted the likes of Teddy Roosevelt, Charles Lindbergh, and Ingrid Bergman. You haven't been to Boquete unless you at least stop by the restaurant and wander the hotel's charming gardens, but staying at the historic inn isn't for everyone. The honeymoon suite and Quetzal I room are bright and pleasant, but some standard rooms are cramped, and the Fresal annex has historic mustiness. Though much less charming, the newer cement *cabañas* in the garden offer more room and privacy and have front porches. The cozy bar is a great spot to hang out, and the hotel has a small spa and arranges day tours. ✉*Right at first Y north of town, on left* ☎720–1324 ⊞720–2055 ⊕*www.panamonteinnandspa.com* ⌂*11 rooms, 1 suite, 4 cabañas, 1 apartment* ⌕*In-room: safe, Wi-Fi. In-hotel: restaurant, bar, spa, no elevator, laundry service, public Wi-Fi, airport shuttle (fee), no-smoking rooms* ⊟*AE, MC, V* ⏅*EP.*

$–$$$ ▦ **Finca Lerida.** This working coffee farm on the eastern slope of Volcán
Fodor'sChoice Barú above Boquete has almost 500 acres of bird-filled cloud forest.
★ The hotel has a resident nature guide and tours. Rooms are either in the newer mountainside "eco-lodge" or in the original farmhouse "B&B." Eco-lodge rooms are bright and spacious, with hardwood floors, high, sloping ceilings, one king or two queen beds, and picture windows with panoramic views, but immediate surroundings are a bit bare. They share a large lounge with a fireplace, self-service bar, and library. The small restaurant has views and serves hearty lunches and dinners. B&B rooms are smaller, older, and less expensive, but have character, and the house is surrounded by big trees and gardens—great for bird-watching. Kids under 10 aren't allowed in the B&B. ✉*7 km (4 mi) northwest of Av. Central, turn left at second Y, entrance on left, Callejón Seco, Alto Quiel* ☎☎720–2285 ✉*John Collins, Entrega General, Boquete, Chiriquí* ⊕*www.fincalerida.com* ⌂*16 rooms* ⌕*In-room: no a/c, no phone, no TV. In-hotel: restaurant, bar, no elevator, laundry service, public Internet, no-smoking rooms* ⊟*AE, MC, V* ⏅*BP.*

$$ ▦ **La Montaña y el Valle Coffee Estate Inn.** These charming bungalows on
Fodor'sChoice a six-acre shade coffee farm offer peace, privacy, plentiful birdlife and
★ one of Boquete's best views. Each unit has a kitchenette, sitting room with dining table, and large bedrooms. Big windows and ample balconies with lounge chairs frame Volcán Barú and the valley below. Use the footpaths and benches in the tropical gardens, coffee plants, and forest patches to spot the 130 avian species here. You can have a delicious dinner served by candlelight in your bungalow some nights, though you need to order in the morning. Friendly Canadian owners Barry and Jane sell crafts and coffee and will help you plan your time in Boquete. Reserve well ahead of time. ✉*1½ km (1 mi) northeast of town; right*

7

at first Y, first right north of bridge, just past El Explorador, Jaramillo Arriba 🖾🖾*720–2211* ⊕*www.coffeeestateinn.com* ➟*3 bungalows* ♿*In-room: no a/c, no phone, kitchen, Wi-Fi. In-hotel: room service, no elevator, laundry service, concierge, airport shuttle (fee), public Internet, no kids under 14, no-smoking rooms* ▤*MC, V* ⏝*CP.*

¢ 🈀 **Pensión Topaz.** This small, German-owned lodge near the parque central has several different room types and one of Boquete's only swimming pools. The brightest rooms are in a two-story cement building behind the house; the biggest ones are across from the tiny pool, in a low building with a covered terrace. They're all clean, well decorated, and have firm beds. A couple of tiny, dirt-cheap singles share a bathroom. Hearty breakfasts are a few dollars extra. ⊠*Calle 6 Sur and Av. Belisario Porras, behind Texaco station* 🖾*720–1005* ➟*8 rooms, 6 with bath* ♿*In room: no a/c, no phone, no TV. In-hotel: pool, no elevator, no-smoking rooms* ▤*No credit cards* ⏝*EP.*

NIGHTLIFE & THE ARTS

The most pleasant place in Boquete for a quiet cocktail is the bar in the **Panamonte Inn and Spa** (⊠*Right at first Y north of town, on left* 🖾*720–1324*), which has a terrace hemmed by gardens, a big fireplace, and lots of couches and cane chairs. The hip crowd hangs at **Zanzibar** (⊠*Av. Central, 2 blocks north of church* 🖾*No phone*), an attractive lounge with an odd African decor and comfy chairs.

SPORTS & THE OUTDOORS

BIRD-
WATCHING
Boquete is bird-watchers heaven, and diversity tops 400 species during the dry season. The mountain forests shelter emerald toucanets, collared redstarts, sulfur-winged parakeets, a dozen hummingbird species, and the resplendent quetzal. Even the gardens of homes and hotels offer decent birding; they're the best places to see migrant birds wintering in Boquete, from Tennessee warblers to the Baltimore orioles. The less-accessible upper slopes of Volcán Barú are home to rare species like the volcano junco and volcano hummingbird.

CANOPY TOUR
A canopy tour involves gliding along cables, to which you're attached via a harness, strung between platforms in the high branches of tropical trees. The sensation is that of flying through the treetops, and provides a bird's-eye view of the cloud forest. **Boquete Tree Trek** (⊠*Plaza Los Establos, Av. Central* 🖾*720–1635* ⊕*www.aventurist.com*) has trained guides that provide instruction and accompany groups through the tour ($60), which lasts about three hours. Prohibited from canopy tours are children under six and anyone weighing more than 250 pounds.

HIKING
★
Boquete is a great place for hiking, with countless farm roads and footpaths in and around the valley. The most popular hike here is the 9-km (5-mi) **Sendero Los Quetzales.** The forest here is a breeding area for quetzals, and holds many other birds and animals. It's best to go from Cerro to Boquete, since the reverse trip is completely uphill. For a day trip from Boquete, pay someone to drive you to El Respingo and pick you up at Alto Chiquero four hours later, or pay them to drop off your 4WD vehicle at Alto Chiquero. **Daniel Higgins** (🖾*6617–0570*) regularly drops people and cars off for this hike.

The summit hike to **Volcán Barú** in Parque Nacional Volcán Barú is more demanding than the Sendero Los Quetzales, as it's uphill and very steep. You can drive your 4WD vehicle to, or arrange for a ride to and from, the ANAM ranger station, 14 km (8½-mi) from the summit, above which the road is so rough that only high-suspension trucks can ascend it. Some people begin hiking around midnight in order to summit at sunrise, when you might see both the Atlantic and Pacific oceans, weather permitting. (You can always see the Pacific.) Bring at least three liters of water, snacks, sunblock, a hat, and warm, waterproof clothing; The **Bajo Mono** area, near Alto Quiel, has shorter trails into the park that can be explored in a matter of hours. The **Pipeline Road**, a dirt track that heads off of the main road to the left, leads into a forested canyon with a waterfall. The **Sendero Culebra** trailhead is on the right from the road to Alto Chiquiero, about 1.4 km from the Bajo Mono road.

SHOPPING

The small shop at **CEFATI** (⊠ *Av. Central, 1 km (½-mi) south of town* ☎720–4060) has a good selection of indigenous handicrafts such as Emberá woven bowls and Ngöbe-Buglé *chacaras* (colorful woven jute bags). **Folklorica** (⊠ *Av. Central, 2 blocks north of church* ☎720–2368) has an eclectic mix of antiques, ceramics, jewelry, and handicrafts. **Souvenirs Cacique** (⊠ *Av. Central, at park* ☎*No phone*) sells everything from handicrafts to T-shirts.

PARQUE NACIONAL VOLCÁN BARÚ

★ *15 km (9 mi) west of Boquete.*

Towering 11,450 feet above sea level, Barú Volcano is literally Chiriquí's biggest attraction, and Panama's highest peak to boot. The massive extinct volcano is visible from David, and is the predominant landmark in Boquete and Volcán, but Bambito and Cerro Punto are tucked so tightly into its slopes that you can hardly see it from there. The upper slopes, summit, and northern side of the volcano are protected within Barú Volcano National Park, which covers more than 14,000 hectares (35,000 acres) and extends northward to connect with the larger Parque Internacional La Amistad. The vast expanse of protected wilderness is home to everything from cougars to howler monkeys and more than 250 bird species. You might see white hawks, black guans, violet sabrewings, sulfur-winged parakeets, resplendent quetzals, and rare three-wattled bellbirds in the park's cloud forests. The volcano's craggy summit, on the other hand, is covered with a scrubby high-altitude ecosystem known as *páramo,* a collection of shrubs and grasses common in the Andes. There you may spot the rare volcano junco, a small grey bird that lives on the highest peaks of the Cordillera de Talamanca. The summit is also topped by radio towers and a cement bunker, and unfortunately many of its boulders are covered with graffiti.

Several paths penetrate the park's wilderness, including two trails to the summit. The main road to the summit begins in Boquete, across from the church, and is paved for the first 7 km (4 mi), where it passes a series of homes and farms, after which it becomes increasingly rough and rocky. You pay the park fee at the ANAM ranger station 15 km (9 mi) from town, which takes about 90 minutes to reach in a 4WD vehicle. Park your vehicle at the station, since the road above it can only be ascended in trucks with super-high suspension. From here it's a steep 14-km (8½-mi) hike to the summit. The other trail to the summit begins 7 km (4 mi) north of Volcán and ascends the volcano's more deforested western slope, a grueling trek only recommended for serious athletes. Another popular trail into the park is the **Sendero Los Quetzales**, which has excellent bird-watching. ☎774–6671 or 775–2055 ✎$3.50.

CERRO PUNTA

★ *75 km (45 mi) northwest of David, 15 km (9 mi) north of Volcán.*

This bowl-shaped highland valley northwest of Volcán Barú holds some splendid bucolic scenery, and is bordered by vast expanses of wilderness that invite bird-watchers, hikers, and nature lovers. A patchwork of vegetable farms covers the valley's undulant floor and clings to the steep slopes that surround it, and ridges are topped with dark cloud forest and rocky crags. The eastern side of the valley holds the large Harras Cerro Punta ranch, where thoroughbred racehorses graze. East of the ranch, a steep slope rises up into a wedge of granite for which the valley was named—*cerro punta* means "pointy hill." That eastern ridge, part of the country's continental divide, is often enveloped in clouds that the trade winds push against it. That mist, which locals call *bajareque,* often engulfs the valley then retreats back to the mountaintops. The results are frequent fleeting rain showers that keep the valley green year-round, and an inordinate number of rainbows.

The road that winds up through Bambito bursts into the expansive Cerro Punta just west of a few shops, restaurants, and a gas station next to an intersection that marks the beginning of a loop through the valley. If you head straight at that intersection, you soon pass the road and El Respingo, where the Sendero Los Quetzales begins. Shortly after that is Guadelupe, a small collection of farms including Los Quetzales Lodge and Spa and the orchid farm of Finca Dracula. If you turn left at the intersection, you reach the road to Las Nubes—the entrance to Parque Internacional La Amistad—more quickly, but the whole loop takes only 15 minutes to drive either way. If you take any of the side roads that head into the mountains from the loop, you quickly come upon patches of forest with plenty of birds.

Cerro Punta is the highest inhabited area in Panama, nearly 6,000 feet above sea level. It can get chilly when the sun goes down or behind the clouds, though it is usually warm enough for shorts and T-shirts by day. From December to March the temperature sometimes drops down to almost 4°C (40°F) at night, so you'll want to bring warm clothes and a waterproof jacket, as well as sturdy boots for the slippery mountain trails. Insects aren't a problem here, but the sun is intense, so use sunblock or wear a hat when you aren't in the woods.

★ The most popular hike in Cerro Punta is the **Sendero Los Quetzales,** a footpath through Parque Nacional Volcán Barú that ends in the mountains above Boquete (you can hike it in reverse, but it's entirely uphill). The trail begins at the ANAM station in El Respingo, east of town, where you pay the $3.50 park admission fee. From there it's a 9-km (5-mi) downhill hike to Alto Chiquero, a short drive from Boquete. The trail winds through the cloud forest and follows the Río Caldera, crossing it several times en route. You might see quetzals, emerald toucanets, collared redstarts, coatis, and other wildlife on the hike, which takes most people 3–4 hours. ■ TIP➜ Because the trail is not well marked, hire a guide or join an organized tour; the area's bird-watching guides regularly use the trail. Pack a lunch, lots of water, and rain gear, and wear sturdy waterproof boots. It's possible to hike first thing in the morning and return to Cerro Punta (via bus or taxi) by evening, but it takes 4–5 hours to bus from Boquete to Cerro Punta. The best option is to have your bags transferred to a Boquete hotel and end there for the night. Hire a taxi in Cerro Punta to drop you off at El Respingo, which should cost $15, and arrange for a Boquete taxi to pick you up in Alto Chiquero. Otherwise, walk 90 minutes from the end of the trail through farmland to Bajo Mono, where you can catch public transportation to Boquete.

★ **Los Quetzales Lodge and Spa** has a 400-hectare (988-acre) private reserve inside Parque Nacional Volcán Barú, a 20-minute drive, or 30-minute hike from the lodge. The reserve has well-maintained trails through the cloud forest, one of which leads to a small waterfall, and all of which pass moss-laden scenery. It is home to more than 100 bird species, including the resplendent quetzal and 10 kinds of hummingbirds. You must be accompanied by one of the reserve's (non-English-speaking) guides. Guests of the lodge are transported to the reserve every morning (at a mutually agreed-upon time) for $5; nonguests pay a $20 shared fee for transport, but it's an easy 30-minute hike. ⊠ *3 km (2 mi) east of Guadelupe* ☎ *771–2182* ⊕ *www.losquetzales.com* ⊠ *Free for guests, nonguests $5; guide $10 per hour* ☉ *Daily 6–6.*

★ Anyone with the slightest interest in orchids should visit **Finca Drácula,** which has one of Latin America's largest orchid collections. The farm's name is taken from a local orchid, which has a dark red flower. The main business here is reproducing orchids for export, but workers also give 40-minute tours, though in limited English. The farm has 2,700 orchid species from Panama and around the world, as well as a laboratory where plants are reproduced using micro-propagation methods. If you don't have a 4WD vehicle, walk 20 minutes from Guadelupe to get here. ⊠ *Road to Los Quetzales reserve, 1 km east of Guadelupe* ☎ *721–2070* ⊠ *$10* ☉ *Daily 8–noon and 1–5.*

FodorsChoice **Parque Internacional La Amistad** (PILA) stretches from the peaks above
★ Cerro Punta down to the remote hills of Bocas del Toro Province, comprising more than 200,000 hectares (more than 500,000 acres) of remote wilderness. It protects a succession of forest types that together hold most of the country's endangered animals, including jaguars and tapirs, and some 400 birds species, from the rare umbrellabird to the

harpy eagle. The name La Amistad—Spanish for "friendship"—refers to the park's binational status; Panama's park is contiguous with Costa Rica's Parque Internacional La Amistad, which is slightly smaller than its Panamanian twin and harder to reach. UNESCO has declared it a World Heritage site, and it forms the core of La Amistad Biosphere Reserve, a vast array of parks and indigenous reserves that stretches over much of the Cordillera de Talamanca in Panama and Costa Rica to cover 1.1 million hectares (2.7 million acres) of wilderness.

Cerro Punta provides the most convenient access to the park entrance and ANAM ranger station at Las Nubes, a 15-minute drive from town up a dirt road; several trails start here. You might see any of more than 150 bird species and mammals such as the coati and olingo. If you don't go with a guide, one of the (non-English-speaking) rangers may accompany you on the trails. An excellent bird-watching trail is the **Sendero el Retonio**, a 2-km (1 mi) loop over easy terrain that includes cloud forest and a stand of bamboo. If you have a few hours, hike the **Sendero La Cascada**, a 4-km (2 mi) trail to a ridge with views of the valley and a spectacular waterfall. To reach the park, drive around the loop to the intersection near Entre Ríos, on the northern end of the valley, and follow the road all the way to the park, veering left after you drive through the gate. The last stretch is fit only for 4WD vehicles; a Cerro Punta taxi will drop you there for $10. ✉ *Las Nubes, 5 km (3 mi) north of Cerro Punta* ☎ *775–2055* 💲*$3.50* ☉ *Daily 7–4.*

WHERE TO STAY & EAT

¢–$$ ✕▦ **Los Quetzales Lodge and Spa.** This eco-lodge owned by activist Car-
☺   los Alfaro has accommodations ranging from backpacker dorms to private cabins in the cloud forest. Rooms in wooden buildings have polished hardwood, photos of local birds, and original art. Standards are slightly cramped, but junior suites are spacious and bright, with wood stoves and kitchenettes; larger master suites also have balconies. Room 21, by the river, is our favorite. At night guests gather in the lounge with wood stoves, couches, and computers. The restaurant ($–$$) serves good pizza, pastas, soups, fresh trout, and organic salads. Bicycles and horseback riding are available; jeeps transport guests to the reserve each morning for a guided hike. Three cabins in the reserve itself lack electricity, but have gas stoves and lanterns. Cabins 2 and 3 are gorgeous, perfect for constant exposure to nature. Fresh trout is available; otherwise, you bring food to cook for yourself. Cabin 1, a cement duplex near the edge of the forest, is much less attractive. ✉ *Guadalupe* ☎ *771–2182* 📠 *771–2226* ⊕ *www.losquetzales.com* ⤵ *8 rooms, 4 junior suites, 2 suites, 3 cabins, 2 dormitories* ♿ *In-room: no a/c, refrigerator (some), no TV. In-hotel: restaurant, room service, bar, spa, bicycles, no elevator, laundry service, public Internet, airport shuttle (fee), no-smoking rooms* ⊟ *AE, MC, V.*

$ ▦ **Cielito Sur.** The best thing about this B&B is the service provided by its
Fodor's Choice   Canadian owners, Janet and Glenn Lee. They rent mountain bikes, pre-
★   pare box lunches, and organize tours ranging from bird-watching to a guided hike on the Sendero Los Quetzales with luggage transfer to your hotel in Boquete. Then there's its tranquil location at the forest edge,

where a stream runs through the gardens and birdsong plays from sunrise to sunset. Spacious, well-equipped guest rooms are decorated with indigenous Panamanian crafts. Brighter end rooms are worth the extra $10. Guests share a cozy lounge with a fireplace, DVD, stereo, and computer, as well as a wide covered terrace with rocking chairs for watching the hummingbirds. You might end up skipping lunch after the magnificent breakfasts. ⊠*4 km (2½ mi) south of Cerro Punta center, Nueva Suiza* ☎*771–2038 or 5502–3008* ⊕*www.cielitosur.com* ⇄*4 rooms* ⚿*In-room: no a/c, no phone, refrigerator (some), Wi-Fi. In-hotel: bicycles, no elevator, laundry service, public Internet, airport shuttle (fee), no kids under 12, no-smoking rooms* ⊟*AE, MC, V* ⦿*|BP.*

SPORTS & THE OUTDOORS

BIRD-WATCHING The valley's feathered creatures are most easily spotted around its edges, especially near streams and along the trails that head into the nearby national parks. A good guide can significantly increase the number of species you see. **Ito Santamaría** (☎*6591–1621*), who lives in Guadelupe, is Cerro Punta's best bird-watching guide, and the only one who speaks English. The private nature reserve of **Los Quetzales Lodge and Spa** (☎*771–2182* ⊕*www.losquetzales.com*) has guides who speak little English but are good at spotting birds, especially quetzals. **Western Wind Ventures** (☎*771–5049 or 6704–4251* ⊕*naturaltour.tripod.com/index.html*), a Volcán-based company, arranges birding hikes on the Sendero Los Quetzales or in Parque Internacional La Amistad.

HIKING Between La Amistad and Volcán Barú national parks, there are enough trails around Cerro Punta to keep you hiking for several days. The area's bird-watching guides are familiar with all the local trails and are happy to guide hikers. Wherever you hike, be sure to pack plenty of water, sunscreen, a hat, and warm, waterproof clothing, even if it's sunny, since the temperature can plummet when a storm rolls in.

CHIRIQUÍ PROVINCE ESSENTIALS

TRANSPORTATION

BY AIR

The easiest way to reach Chiriquí is by plane. There are half a dozen daily flights between Panama City and David's **Aeropuerto Enrique Malek** (⊠*Av. Reed Gray, 5 km [3 mi] south of town* ☎*721–1072*). Aeroperlas and Air Panama have daily flights between Panama City and David. Aeroperlas has one flight between David and Bocas del Toro on weekdays. Air Panama has direct flights between David and San José, Costa Rica, three days a week.

Airlines **Aeroperlas** (☎*315–7500 or 721–1230* ⊕*www.aeroperlas.com*). **Air Panama** (☎*316–9000 or 721–0841* ⊕*www.flyairpanama.com*).

BY BUS

Padafont has hourly buses between Panama City's Albrook Terminal and David from 6 AM to 8 PM and direct buses at 10:45 PM and midnight. The trip takes about 8 hours, with a meal stop in Santiago. Small buses to Boquete, Volcán, Cerro Punta, and Paso Canoa, the border post with Costa Rica, depart every 20–30 minutes during the day.

Bus Information Padafont (☎ *774–2974*). **Terminal de Buses** (*Piquera* ✉ *Av. del Estudiante, just east of where Av. Obaldía and Av 2 Este intersect, east side of town, David*).

BY CAR

A car is the best way to explore Chiriquí; roads are in good repair and relatively well marked. Most major rental companies have offices in David. Avenida Obaldía heads straight north out of David to Boquete, no turns required. All other areas are reached via the Carretera Interamericana (CA1), which skirts David to the north and east. To reach CA1 from David's airport, turn left onto Avenida Reed Gray, then left onto Calle F Sur at the police station, 1½ km north of which you'll reach the two-lane CA1. All rental agencies in David offer 4WD vehicles and less expensive standards (sufficient for most trips).

CONTACTS & RESOURCES

EMERGENCIES

If you have a medical emergency in Chiriquí, head straight to David, which has a modern hospital. Boquete and Volcán have ambulances, and there are police stations in every town.

Emergency ServicesAmbulance (☎ *775–4221 in David, 720–1356 in Boquete, 771–4283 in Volcán*). **Fire** (☎ *103*). **Police** (☎ *104*).

Hospital Hospital Chiriquí (✉ *Calle Central and Av. 3 Oeste, David* ☎ *775–2161*).

MONEY MATTERS

There are ATMs all over David, in front of banks and in the big supermarkets, pharmacies, and gas stations, though they tend to be concentrated around the central plaza and along the Interamericana. There are also ATMs at the banks in the centers of Boquete and Volcán.

ATMs BBVA (✉ *Av. 3 de Noviembre at Calle Pérez, David* ☎ *775–4136*). **Banco Nacional** (✉ *Calle B Norte, across from Parque Cervantes, David* ☎ *775–6011* ✉ *Av. Central, Boquete* ☎ *720–2776*). **Banistmo** (✉ *Av. Central, Boquete* ☎ *720–1790* ✉ *Calle Central, Volcán* ☎ *771–4711*).

SAFETY

Aside from the usual dangers associated with scuba diving and surfing, the province's big dangers are sunburn and hypothermia on the heights of Volcán Barú. If you hike to the summit of Barú, take warm, waterproof clothing, even in the dry season, since the weather can change radically near the peak within an hour. If you get wet and the temperature plummets, hypothermia can be a danger.

TELEPHONES

For international calls, buy a Telechip or Claro phone card at most supermarkets or convenience stores. Use them at pay phones or at most hotel phones. Dial ☎ 106 for international operator assistance.

VISITOR INFORMATION
People at the IPAT's regional office (open weekdays 8:30–4:30) in David are nice, but not very helpful. The CEFATI visitor center (open daily 9–5), on the southern end of Boquete, does a better job.

Tourist Information **IPAT** (⊠ *Av. Domingo Díaz, across from Cable & Wireless, David* ☎ *775–4120* ⊕ *www.chiriqui.org).* **CEFATI** (⊠ *Av. Central 1 km (½ mi) south of town* ☎ *720–4060* ⊕ *boquete.chiriqui.org).*

BOCAS DEL TORO ARCHIPELAGO

With its turquoise waters, sugar-sand beaches, and funky island towns, the relatively isolated archipelago of Bocas del Toro has the same attractions as major Caribbean destinations with a fraction of the crowds and development. Add to this the flora and fauna of its super-lush forests and the culture of the province's indigenous majority, and you've got St. Thomas-plus, at half the price.

As you fly over the archipelago, you see brown blotches of coral reefs scattered across the sea between islands. Below the surface is a kaleidoscope of corals, sponges, fish, and invertebrates. The crystalline waters that hold those coral gardens wash against half a dozen beaches ranging from forest-hemmed Red Frog Beach to the ivory sands of the Cayos Zapatillas, where lanky coconut palms stretch out over the tide line. The islands have a dozen surf spots—from fun beach breaks to challenging tubes over coral reefs—and trails into the jungle where you might see monkeys, toucans, and colorful poison dart frogs.

BOCAS DEL TORO TOWN

550 km (341 mi) northwest of Panama City, 170 km (105 mi) north of David.

The town of Bocas del Toro, which the locals simply call Bocas, sits on a little headland connected to the island's main bulk by a narrow isthmus. The western half of that headland is covered by a mangrove swamp, but the eastern half holds a neat grid packed with homes, businesses, and government offices. The town is surrounded by water on three sides, which means it has plenty of ocean views, but the nearest beach, on the isthmus that connects it to Isla Colón, is not nice. In order to play in the surf and sand you either have to boat to Isla Bastimentos or take a bike, taxi, bus, or boat to one of the beaches on Isla Colón. Luckily, Bocas has an abundance of boatmen eager to show you paradise, as well as several dive shops and tour operators with day trips to beaches and coral reefs.

Bocas has little in the way of museums and landmarks, but the laidback town is worth exploring, with its wide streets, weathered Caribbean architecture, and plentiful greenery. It is home to an interesting sampling of humanity, with a majority of Afro-Caribbean or Hispanic extraction, a fair number of Chinese, some Ngöbe Buglé and Kuna Indians, and a growing number of European and North American expatriates. There are domino-playing fishermen, Rastafarian artisans, and South American surfers. There seem to be a fair number of people for whom doing nothing seems to be a full-time occupation, and in the heat of the afternoon or the middle of a downpour you'll find that Bocas has plenty of spots to do just that, with a cool drink and an ocean view.

Most of Bocas's restaurants and other businesses are located along Calle 3, sometimes called Main Street—a wide, north-south track stretching from one end of town to the other (seven blocks) and running along the sea for its southern half. Boats to the mainland and other islands depart from docks along that stretch, as do tours bound for fun in the sun, while people from the other islands arrive here to shop and run errands. Halfway up Calle 3, Calle 1 branches off it to the right, passing various hotels and restaurants built over the water.

WHERE TO STAY & EAT

$–$$$ ✕ **Lemon Grass.** This restaurant's location on the second floor on an old
Fodor'sChoice   wooden building over the water gives it a great view of the turquoise
★   sea and nearby islands. Tables sit beneath a battery of ceiling fans. The English owner worked in Southeast Asia before landing in Bocas, where the sea provides the perfect ingredients for his Asian recipes that include the likes of spicy crab cakes, steak teriyaki, various curries, and fish-and-chips. The changing dessert selection could include such decadent inventions as Oreo-Baileys cheesecake and a cappuccino tiramisu sundae. ⊠ *Calle 2, above Starfleet Scuba* ☎757–9630 ⊟ *No credit cards* ⊘ *Closed Thurs. No lunch Sat.*

$–$$ ✕ **La Casbah.** To say that this tiny roadside eatery doesn't look like much is an understatement. With digs like these, you have to stay on top of your kitchen to compete with restaurants on the water, and the Belgian chef does just that. His global menu hops from falafel to gazpacho to shrimp in a Sambuca cream sauce. Daily specials are a good bet, or you can stick with such local favorites as pork loin in a Marsala sauce or fish of the day in a coconut sauce. ⊠ *Av. Norte, between Calles 3 and 4* ☎6477–4727 ⊟ *No credit cards* ⊘ *Closed Sun. and Mon. No lunch.*

$–$$ ✕ **El Pecado Da Sabor.** Occupying the second floor of one of the oldest
Fodor'sChoice   buildings in town, half a block south of Parque Bolívar, this place—
★   whose name translates as "The Sin Adds Flavor"—is one of Bocas's best. "The sin" might refer to gluttony—a temptation when faced with tuna fried in a crunchy herb breading or beef tenderloin with a creamy Dijon mustard sauce. Certainly, the food is sinfully good, and the colorful decor includes Christmas lights, candles, and giant devil masks left over from Carnaval celebrations. The nicest seating is on the wrap-around balcony overlooking Calle 3, though you can feel it vibrate every time somebody moves. The waitstaff is friendly and attentive. ⊠ *Calle 3, just south of Parque Bolívar* ☎6597–0296 ⊟ *No credit cards* ⊘ *Closed Sun. and May–June. No lunch.*

¢–$$ ✕ **The Reef.** Though slightly out of the way, at the southern end of Calle
Fodor'sChoice   3, this traditional *bocatoreño* restaurant has a pleasant open-air set-
★   ting over the water and serves fresh seafood at lower prices than the more centrally located places do. It is consequently a popular spot with

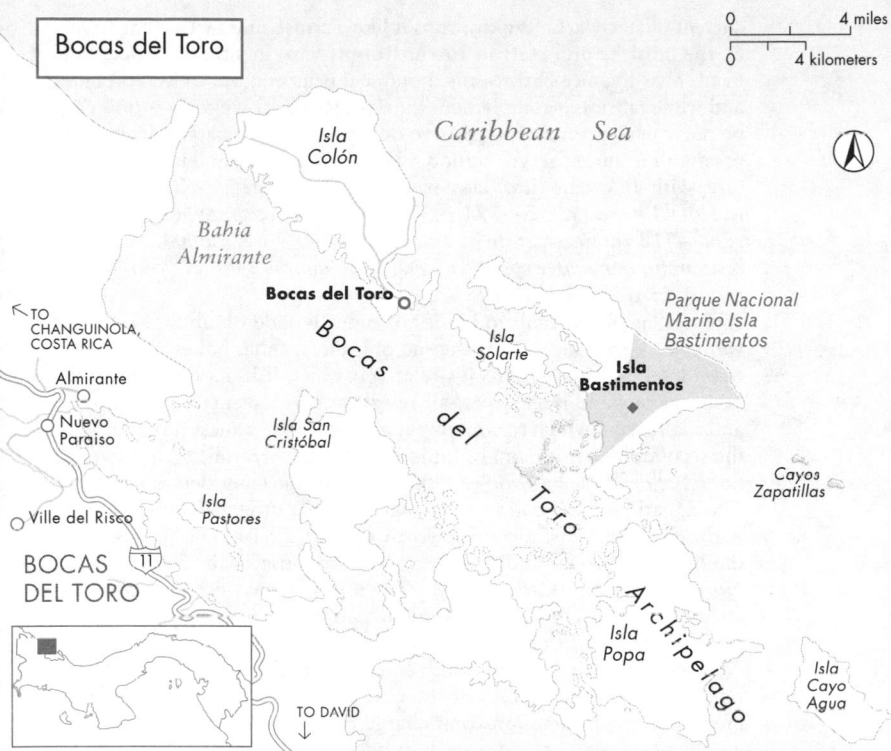

Bocas del Toro

0   4 miles
0   4 kilometers

Caribbean Sea

Isla
Colón

*Bahía
Almirante*

Bocas del Toro

← TO
CHANGUINOLA,
COSTA RICA

Almirante

Nuevo
Paraiso

Isla San
Cristóbal

Ville del Risco

Isla
Pastores

BOCAS
DEL TORO ⑪

Isla
Solarte

Bocas

del

Toro

Archipelago

**Isla
Bastimentos**

*Parque Nacional
Marino Isla
Bastimentos*

Cayos
Zapatillas

Isla
Popa

Isla
Cayo
Agua

TO DAVID
↓

---

locals. Fresh delicacies include whole fried red snapper, garlic prawns, a hearty seafood soup, and *parrillada de mariscos* (a seafood mixed grill for two). It has one of the best views in town, and its minimal decoration includes a couple of dugout canoes hanging from the rafters. It occupies a corner of what was once the United Fruit Company dock, where most of the town's able-bodied men once gathered each morning to catch boats to the banana plantations on the mainland. ⊠ *Calle 3, across from Hotel Bahia* ☎ *No phone* ▬ *No credit cards.*

$$-$$$ 🏨 **Tropical Suites.** The spacious rooms evoke Florida condos, with their tropical colors, tile floors, ceiling fans, and sliding glass doors opening onto balconies, half with ocean views. Each room has a queen bed, cable TV, a kitchenette with breakfast bar, and a large bathroom with a Jacuzzi tub. The hotel is built over the water, and there's a floating plastic dock in back with a swimming area, though the water here is not that clean. Pay the extra money for an ocean-view room—they're nicer and quieter. It is conveniently close to most restaurants and bars. ⊠ *South end of Calle 1* ☎ *757–9081* 🖶 *757–9080* ⊕ *www.tropical-suites.com* ➪ *20 suites* ᕇ *In-room: safe, kitchen, Wi-Fi. In-hotel, laundry facilities, no-smoking rooms* ▬ *AE, MC, V* ◍*EP.*

Fodor'sChoice
★

$-$$$ 🏨 **Hotel Bocas del Toro.** Guest rooms in this attractive wooden hotel on the water could be on a yacht, with their polished hardwoods and nautical decor, and it's no coincidence—it was made by a boat builder. The

Fodor'sChoice
★

current owner, Carla Rankin, runs it like a cruise ship, with what could be the most helpful staff in town. Rooms vary in size and price, but have cable TV, nice bathrooms, botanical prints on the walls, and blue and white fabrics to complement the dark wood. Town-view rooms can be noisy at night; more expensive ocean-view rooms are quieter. The open-air restaurant serves a good mix of Panamanian and international fare, with an ocean view. Day trips can be arranged. ⊠ *Calle 2, next to Hotel Limbo* ☎ *757–9771* ✆ *757–9018* ⊕ *www.hotelbocasdeltoro. com* ⊅ *10 rooms, 1 suite* ♿ *In-room: safes, Wi-Fi (some). In-hotel: restaurant, bar, water sports, no elevator, laundry service, no-smoking rooms* ⊟ *AE, MC, V* ⍁ *BP.*

$
Fodor's Choice
★

⛫ **Bocas Inn.** This small lodge in an older wooden building over the water has a great location at the end of Calle 3, and is buffered from the street by a large garden, so it's relatively quiet. It has a lovely second-floor balcony and large, open-air restaurant with plenty of hammocks and chairs from which to contemplate the sea. Most guest rooms are on the second floor of the main building; they have varnished hardwood floors, colorful tile bathrooms, and either one queen or two single beds. The Zapatilla and Escudo rooms, which open onto the common porch with an ocean view, are well worth the extra $10. The rooms over the office, Cristobal and Carenero, are too close to the street. ⊠ *Av. Norte just west of Calle 3* ☎ *757–9600* ⊕ *www.anconexpeditions. com* ⊅ *7 rooms* ♿ *In-room: no phone, no TV. In-hotel: restaurant, no elevator, laundry service, no-smoking rooms* ⊟ *AE, MC, V* ⍁ *BP.*

¢
Fodor's Choice
★

⛫ **Hotel Olas.** Hidden at the south end of town, this large wooden hotel built over the water is one of the best deals in Bocas, comparable to more centrally located inns that charge twice as much. It has an open-air restaurant and bar on a deck in back with a great view of the sea and mainland, where a hearty breakfast is served. Guest rooms are slightly cramped, but comfortable enough, with lots of wood, a small TV (with cable), and a/c. Those at the end have nice views. Affordable boat excursions depart from the floating platform at the back of the restaurant. ⊠ *Av. Sur, at Calle 5* ☎ *757–9930* ⊕ *www.hotelolas.com* ⊅ *24 rooms* ♿ *In-room: no phone, Wi-Fi. In-hotel: restaurant, bar, water sports, no elevator, laundry service, public Internet, no-smoking rooms* ⊟ *No credit cards* ⍁ *BP.*

ISLA BASTIMENTOS

Isla Bastimentos covers 52 square km (20 sq mi) of varied landscapes including lush tropical forest, mangrove estuaries, a lake, and several of the archipelago's nicest beaches. It also has several Afro-Caribbean and Ngöbe-Buglé indigenous communities, and some excellent snorkeling and surfing spots. Old Bank, the archipelago's second-largest town, overlooks a cove on the island's western tip. A 2-km (1-mi) trail leads north from there to a gorgeous swath of sand called Wizard's Beach. The island's northern coast holds four beaches separated by rocky points, the longest of which, Playa Larga, lies within Parque Nacional Marino Isla Bastimentos, which also protects a swath of rain forest and the nearby islands of Cayos Zapatillas. Bastimentos's southern side is lined with mangrove forests and dozens of mangrove islets.

There you'll find the indigenous community of Bahia Honda, and the beginning of a trail across the island to the second beach, known as Red Frog Beach.

The island's long southeast coast is more distant and remote, taking 40 minutes to reach from Bocas by boat. It lies near the archipelago's best skin-diving spots—Crawl Cay and Cayos Zapatillas—and is backed by thick jungle that is home to an array of wildlife and a small Ngöbe-Buglé community called Salt Creek. A narrow, forest-lined beach stretches along the coast near Old Point, the island's northeast tip. The coast's southern point, Macca Bite, is hemmed by mangroves, perfect for kayak exploration, and is next to the archipelago's most popular snorkeling spot, Crawl Cay. A short boat ride to the east of either point takes you to the bleached sand and vast coral gardens of the paradisiacal Cayos Zapatillas. There is enough to see and do in the area that you could spend a week boating, swimming, hiking, and paddling past its natural treasures.

A 20-minute hike north of Old Bank on a trail through cow pastures and forest patches takes you to **Wizard's Beach** *(First Beach)* , a splendid swath of pale sand hemmed by lush vegetation. The wide, beige beach extends into turquoise shallows that are perfect for swimming when the sea is calm, and there are large coral reefs around the points on either end of the beach. When the ocean is rough, however, this beach can develop strong rip currents that make swimming dangerous. Surfers enjoy the beach break, but when the swell gets really big, it closes out and is dangerous for surfers too. The trail to Wizard Beach starts at the east edge of town, just past the soccer field; it is sometimes muddy. On the east end of the beach, another footpath leads into the forest to Red Frog Beach, less than 1 km (½ mi) away.

Relative accessibility—a five minute walk from a dock—and remarkable natural beauty have combined to make **Red Frog Beach** *(Dreffe Beach)* one of the most popular spots in Bocas del Toro. The beach is almost a mile long, with golden sand backed by coconut palms, Indian almond trees, and other tropical greenery. It's the perfect spot for lounging on the sand, playing in the sea, and admiring the amazing scenery. Unfortunately, the area's pristine beauty is threatened by U.S. developers, who are selling lots and condos and bulldozing roads nearby. A tiny, rustic bar behind the beach sells basic Panamanian lunches and rents snorkeling equipment. ⚠ **Red Frog is usually a good swimming beach, but when the surf is up, rip currents can make it dangerous, so don't go in past your waist if the waves are big.** When the sea is calm, you can snorkel over the large coral reef off the point on the west end of the beach. To escape the crowd, hike around the point on Red Frog Beach's eastern end to **Polo's Beach,** named for a hermit who lived there for years until he sold his land to developers. Serious skin divers should check out the big reef around the island northeast of this beach. The owner of the dock and the land that the trail crosses charges $3 to enter Red Frog Beach.

PARQUE NACIONAL MARINO ISLA BASTIMENTOS

★ *8 km (5 mi) southeast of Old Point, 34 km (22 mi) southeast of Bocas.*

About one third of Isla Bastimentos and the two Cayos Zapatillas, to the southeast, lie within **Parque Nacional Marino Isla Bastimentos** *(Bastimentos Island National Marine Park)*. The park's 13,226 hectares (32,668 acres) comprise an array of ecosystems ranging from sea-grass beds to rain forest, and include some spectacular and ecologically important areas. A few of these are a large lake on Bastimentos, the vast expanses of coral reef to the north and east of the island, and the beaches of Playa Larga and Cayos Zapatillas, which are nesting areas for several sea-turtle species. **Playa Larga** is a long, pristine beach on the northern coast of Isla Bastimentos that is remote enough that few people make it there. It is nearly impossible to visit it at night, when turtles nest, which makes Playa Bluff a better option for turtle-watching. Playa Larga is most easily visited from Old Point, where a trail leads through the forest to that seemingly endless ribbon of windswept sand. Much of the park is almost inaccessible, especially the island's forested interior, but you can see most of its flora and fauna in the private reserves of adjacent jungle lodges.

Most people experience the park's reefs at **Cayos Zapatillas**, two cays southeast of Bastimentos that are the park's crown jewels. Their name translates as "Slipper Cays," which is may be due to their shoelike shapes. Those small, elongated isles with ivory sand shaded by coconut palms have the kind of picture-perfect tropical scenery that northern travel companies put in their brochures. But the Cayos' most impressive scenery is actually in the surrounding ocean, which holds 500 hectares (1,235 acres) of protected coral reef ranging from a shallow platform around the islands to steep walls pocked with caves. Scuba divers can explore the reef's outer expanses, but snorkelers can enjoy views of the shallow platform adorned with some impressive coral formations. The park tends to have more fish than Crawl Cay and other unprotected dive spots, and divers can expect to see tiny angelfish, parrotfish, squirrelfish, octopi, eels, stingrays, and countless other marine creatures. But when seas are rough, as they often are between December and March, skin diving is limited to the leeward side of the island, making Crawl Cay a more attractive dive spot then. There is a ranger station on the island, and a small nature trail through the forest. Bring sunblock, insect repellent, a hat, a towel, water, and snorkeling gear. ☎758–6822 ✉$10 ◷Daily 6–6. .

BOCAS DEL TORO ARCHIPELAGO ESSENTIALS

TRANSPORTATION

BY AIR

Because it is relatively remote, most people travel to and from Bocas del Toro by plane. The Aeropuerto Internacional Bocas del Toro, archipelago's tiny airport, is five blocks from the center of Bocas, at the west end of Avenida E. Domestic carriers Aeroperlas and Air Panama have

COSTA RICA BORDER CROSSING

Bocas del Toro lies geographically close to the Costa Rican beach towns of Puerto Viejo and Cahuita, but traveling between the two isn't as easy as it could be. It usually takes 4 to 5 hours to make the trip by land, but can take longer, due to infrequent bus service from the Costa Rican border post of Sixaola. From Bocas, take a water taxi to Finca 60, where share taxis frequently leave on the 20-minute trip to Guayabito, on the border with Costa Rica. It takes about 30 minutes to cross the border, which includes walking across the Sixaola River on an old railroad bridge. After that you have to wait for the next bus to Limón, or San José, all of which stop at Puerto Viejo (2 hours) and Cahuita (2½ hours). It is quicker, though considerably more expensive, to take a Nature Air flight to Limón, and hire a taxi to take you to Cahuita or Puerto Viejo, a 60- or 80-minute trip south.

three daily flights each between Bocas del Toro and Panama City, and one morning flight between Bocas del Toro and David. Costa Rican airline Nature Air has daily afternoon flights between Bocas and the nearby port of Limón, and San José.

Carriers Aeroperlas (☎ *315-7500* or *721-1230* ⊕ *www.aeroperlas.com*). **Air Panama** (☎ *316-9000* or *721-0841* ⊕ *www.flyairpanama.com*). **Nature Air** (☎ *506/299-6000 in Costa Rica, 800/235-9272 in the U.S.* ⊕ *www.natureair.com*).

BY BOAT & FERRY

Boats are the most common means of transport in Bocas del Toro, and the town of Bocas has several water-taxi companies and dozens of boatmen who provide transportation between Islas Colón, Carenero, and Bastimentos, as well as day tours. The water-taxi companies Bocas Marine & Tours, Jam Pan Tours, and Taxi 25 have hourly trips between Bocas and Almirante ($3), where you can catch a bus to David, and slightly less frequent trips between Bocas and Finca 60 ($7), a short taxi ride from the Costa Rican border. It takes 20 minutes to reach Almirante and 40 minutes to reach Finca 60, with departures from 6 AM to 6 PM. Jam Pan also provides transport to the other islands, as do independent boatmen who depart from the dock next to the Farmacia Rosa Blanca, on Calle 3 in Bocas. The fare to Carenero is $1, to Old Bank, $2.

A car is of little use in Bocas del Toro, but there is a car ferry, run by Trasbordadores Marinos, that travels between Almirante and Bocas every day but Sunday, departing from Almirante at 8 AM and Bocas at 4 PM. The trip takes an hour and costs $15–$30, according to the size of the vehicle.

Boat & Ferry Information Bocas Marine & Tours (✉ *Calle 3, at Av. C* ☎ *757-9033*). **Jam Pan Tours** (✉ *Calle 2, at Av D* ☎ *757-9619*). **Taxi 25** (✉ *Calle 1, at Av. Central* ☎ *757-9028*). **Trasbordadores Marinos** (✉ *Town port, Almirante* ☎ *6615-6674*).

BY BUS & TAXI

Bocas del Toro is too far from Panama City to travel by land, but if you're in Chiriquí you can bus or taxi from David or Boquete to Almirante (3 hours), where water taxis depart for Bocas every hour. Buses to David depart from Almirante every hour from the bus station on the other side of the train tracks from the water-taxi offices and charge $5. Boquete-based taxi driver Daniel Higgins provides transportation between Boquete and Almirante for $120, though you may get a better price from the taxis that hang out at the bus station in Almirante. Share taxis travel between the water-taxi station in Finca 60 and the border with Costa Rica; the 20-minute trip costs $3.

Bus & Taxi Information Almirante Bus (☎ 774–0585). **Daniel Higgins** (☎ 6617–0570). **Edgar Trotman** (☎ 6631–0120). **Transporte Boca del Drago** (☎ 774–9065).

CONTACTS & RESOURCES

EMERGENCIES

The clinic in Bocas is good only for first aid. If you have a serious medical problem, you should get on the next flight to Panama City or David.

Emergency Services Fire (☎ 757–9274 in Bocas del Toro). **Police** (☎ 757–9217 in Bocas del Toro).

Hospital Hospital de Bocas del Toro (✉ Av. G and Calle 10, Bocas del Toro ☎ 757–9201).

MONEY MATTERS

There are two ATMs in Bocas: at the Banco Nacional de Panama and on Calle 1, next to the Policía Nacional. They give cash withdrawals from Visa, MasterCard, and Cirrus- and Plus-affiliated debit cards and credit cards.

ATMs Banco Nacional (✉ Av. E and Calle 4, Bocas del Toro ☎ 757–9230). **HBSC ATM** (✉ Calle 1, at Av. Central, Bocas del Toro ☎ 997–0608).

SAFETY

Bocas is a safe town, but it has acquired a few sidewalk hustlers and drug dealers in recent years and has a growing drug problem, so don't wander its side streets late at night. The main dangers in the archipelago, however, are sunburn and bug bites. Take a hat, sunscreen, and insect repellent. Drowning is also a real danger, so don't swim at the beaches if the waves are big, unless you are an experienced surfer, and don't let a boatman take you into rough water in a dugout canoe.

TOURS

Three dive shops and two dozen local fishermen offer one-day excursions to spots such as Bocatorito, Crawl Cay, Cayos Zapatillas, Boca del Drago, and Swans Cay, which cost $17–$25, depending on the destination. Bocas Water Sports is the leading dive operator, but also offers snorkeling excursions, waterskiing, kayak rentals, and snorkeling-equipment rentals. Starfleet Scuba has diving and snorkeling excursions. Land, Sea & Air Adventures offers scuba diving, snorkeling, waterskiing, and glass-bottom kayak tours, as well as snorkeling-equipment rental. J&J Transparente Tours specializes in snorkeling excursions to the most popular spots. Boteros Bocatoreños offers day trips to the archipelago's most popular spots. Always confirm that there are life vests on board before you set out. Most hotels can arrange day trips for their guests. Hacienda del Toro offers horseback-riding tours on Isla Cristobal for $25. Transporte Boca del Drago has a day tour ($35) that includes a drive across the island, a boat trip to Swan's Cay, lunch, and snorkeling equipment. Javier, at Del Toro Surf, can organize surf tours, lessons, or transportation to breaks.

EASTERN PANAMA

The eastern provinces of Kuna Yala and the Darién are Panama at its most pristine, with spectacular scenery, wildlife, and indigenous cultures that have barely changed since the first Spanish explorers arrived here more than five centuries ago. The region's riveting tropical nature ranges from the colorful diversity of Caribbean coral reefs to amazing birdlife of the rain forest. The traditional Kuna, Emberá, and Wounaan communities that live here offer a fascinating alternative to the modern world, yet most of the region's lodges lie within a 60-minute flight from Panama City.

Nevertheless, true adventure has its price, and this region may not be for everyone. Remote attractions lie far from the nearest paved road, convenience store, or ATM, and may require that you put up with conditions you wouldn't stand for at home. Tours and accommodations can be quite expensive; for the cost of a suite in Panama City you may have to settle for a thatched hut with a shared bathroom. You may also have to deal with insects or less-than-fantastic food, but the prize is exposure to extraordinary wildlife, splendid scenery, and unique indigenous cultures.

7

EL PORVENIR

95 km (60 mi) northeast of Panama City.

The small island of El Porvenir, on the western end of Kuna Yala, is the most popular gateway into the indigenous territory, as it lies near a dozen other isles scattered around a deep bay. It is the official capital of Kuna Yala, though the indigenous government is decentralized and meets on other islands. El Porvenir is practically uninhabited, but has a police station, government offices, and an airstrip (no airport). Daily flights land here around 6:30 AM, when representatives of lodges on nearby islands await guests. The island also has a rudimentary hotel, a decent beach, and a small museum, but for most travelers it is simply a place to get on and off the plane. El Porvenir has one of Kuna Yala's two museums, the **Museo de la Nación Kuna** (Kuna Nation Museum) (⊠*El Porvenir* ☎*no phone* ☉*Daily 8–4* ☞*$1*), which is run by the Congreso Kuna. The simple museum housed in a cement building with a thatch roof near the police station has basic exhibits on Kuna culture and livelihood.

Several islands near El Porvenir hold crowded Kuna villages that are interesting places to visit, but the rudimentary hotels on them are the equivalent of backpackers' hostels. Kuna communities have neither sewage systems nor garbage collection, so the water around them is unsafe for swimming. A short boat trip beyond them takes you to uninhabited, white-sand cays shaded by coconut palms that are the area's big attractions. Those idyllic isles hold superb snorkeling, and two of them have rustic lodges that are the area's best options. This part of Kuna Yala has the highest concentration of islands, and receives more visitors than any other area, including seasonal visits by cruise ships. The people on these islands have seen a lot of tourists, and they consequently tend to greet you with the Kuna equivalent of "Come, buy my molas," or by setting their kids up for a one-dollar photo—the favorite pose is with a parakeet on their head. Don't be offended: it's always good-natured, and they truly need the money.

The most popular destinations are the uninhabited or sparsely inhabited islands to the east of the bay, which are perfect for snorkeling, swimming, and lounging. Most lodges near El Porvenir offer trips to
★ **Isla Perro** (Dog Island), with a palm-lined beach and just one resident family. Just off the beach in shallow water lies a sunken metal boat that is home to hundreds of colorful tropical fish. It's a perfect snorkeling spot, with enough marine life to please experienced divers; just beyond it is large coral reef. The owners of the island charge $1 to visit it; they sell soft drinks, shells, and molas. There are several other islands near Isla Perro which also cost $1, such as Isla Pelicano, with similar bleached beaches and coral reefs offshore, but fewer visitors.

WHERE TO STAY & EAT

Hotels here don't match the comfort and service levels offered farther east, but they are worth considering due to their proximity to Isla Perro and similar islands. They are expensive for rustic rooms with cold-water showers and nary a fan, but rates include three meals, transfers, daily tours to nearby villages and islands, and snorkeling equipment. Electricity comes from generators that run a few hours each night.

$$$ 🏠 **Cabañas Coco Blanco.** Located on a splendid island about the size of
Fodor'sChoice   a football field, called Ogobsibudup, this small lodge belongs to the
★   Sanchez family, who have four thatched *cabañas* on a stretch of lawn next to a sugar-sand beach. Each of those bungalows has cane walls, a wood floor, a tiny bathroom, and double or single beds. It's a gorgeous setting, and they do a better job than most of keeping rooms clean and insect-free. An Italian chef helped the Sanchez family improve the food, so you can expect it to be a notch above that of the competition. Hammocks are strung between palms, coral heads lie submerged offshore, and a long sandbar connects Ogobsibudup to a nearby island that you can wade to at low tide. The only problem is the staff don't speak English, but a cousin, Nelson Sanchez, does, and he can accompany tourists for about half what tour companies charge. ⊠ *Ogobsibudup*

THE KUNA

Kuna Yala is home to approximately 50,000 Kuna Indians, who live in some 50 villages on islands and, in a few cases, the coast. The name Kuna Yala means "Land of the Kuna" in their language, and the Kuna have been living here for about four centuries, after migrating north from South America. The Kuna—sometimes spelled Cuna—are a fiercely independent people who were never conquered by Spain and who managed to wrest their autonomy from the Panamanian government more than 80 years ago. They call anyone who's not Kuna (including Panamanians) a *waga* (foreigner); wagas are not allowed to own either property or businesses in Kuna Yala. The province is ruled by a congress of chiefs, or *sahilas*, from each island, called the Congreso General Kuna, which sets the local law and works for the preservation of Kuna culture. But the chiefs also recognize the value of modern education, which is why the Congreso provides scholarships for Kuna Yala's best and brightest to study in Panama City. There are plenty of Kuna teachers, lawyers, and other professionals. Tens of thousands of Kuna live and work in Panama City, but they must continue to pay taxes to the comarca government; if they don't, they can be prohibited from leaving the Kuna Yala the next time they visit their families.

Most Kuna are hard-working fishermen and farmers who are happy to share their traditions with visitors. The province is very poor, and tourism dollars are an important supplement to the local income, which is based on the sale of coconuts, lobster, and other seafood. It is, however, very important to respect their laws and customs: avoid especially rudeness or nude sunbathing. Everyone is subject to Kuna law while in the province, and when the chiefs feel their people's interests are threatened, they quickly assemble the warriors, as they did when they rebelled against Panamanian authorities in 1925. Their independence and defense of tradition is exemplary among the region's indigenous nations—they are even more noteworthy when you consider that the Kuna are the second-smallest race of people in the world after the pigmies. So what, you may ask, do these diminutive warriors do for entertainment? They play basketball. It's the Kuna's favorite sport, and nearly every island has a basketball court.

☏6715–2223 or 6700–9427 ✆*Familia Sanchez, Ogobsibudup, Entrega General, El Porvenir* ✉ *cabanascocoblanco@yahoo.it* 🛏4 *bungalows* ⌂*In-room: no a/c, no phone, no TV. In-hotel: restaurant, beachfront, water sports, no elevator, no-smoking rooms* ▭*No credit cards* ⧉*FAP.*

$ 🏨**Hotel El Porvenir.** This simple hotel next to the runway on El Porvenir is the best option for budget travelers. The rooms, in two cement buildings, are not at all spotless, but they have private bathrooms and tile floors. The advantages of staying here rather than the nearby islands are that the manager speaks some English, there's a beach with relatively clean water, it's quiet, and you can sleep a little later the day you fly out, since the runway is right there. ✉*El Porvenir* ☏*221–1397 or 6653–7766* ✆ *hotelporvenir@hotmail.com* 🛏*14 rooms* ⌂*In-room:*

no a/c, no phone, no TV. In-hotel: restaurant, beachfront, water sports, no elevator, no-smoking rooms ⊟*No credit cards* ⊠*FAP.*

SPORTS & THE OUTDOORS

All hotels include snorkeling equipment in their rates, but it isn't always in good shape. Walidup and Coco Blanco have fairly healthy reefs nearby, but the reefs near El Porvenir have been destroyed. The best dive spot in the area is **Isla Perro,** which has a shallow wreck surrounded by tropical fish. The healthiest reefs and other marine life in Kuna Yala are in the **Cayos Holandeses,** 30 km (19 mi) east of El Porvenir. You can hire a boat to take you there for $100–$120.

SHOPPING

Wherever you go in this area, somebody will try to sell you molas, shells, or other handicrafts. Molas usually cost $8 to $20; the Kuna are happy to barter.

ACHUTUPO & MAMITUPO

190 km (118 mi) northeast of Panama City.

Achutupo and Mamitupo are two medium-size communities on islands near the mainland in the eastern half of Kuna Yala. Their claim to fame is the fact that two of the best lodges in the archipelago are on private islands nearby. Since this is the most distant area that you can visit in Kuna Yala, it is the best destination if you're especially interested in Kuna culture or want to buy handicrafts. The people here see fewer tourists, and are thus more receptive to visitors. Though there are various uninhabited islands and plenty of coral near Achutupo, the beaches and diving aren't quite as spectacular as what you find around Isla Perro. It's possible to hike into the rain forest to a waterfall on the mainland (bring insect repellent). A tour to the local burial ground is another interesting option, especially early in the morning, when you may see Kuna women leaving gifts of food for their ancestors.

A short trip to the west of Achutupo is the rarely visited island community of **Aligandi,** which played an important role in the Kuna revolt of 1925. You'll see the orange-and-yellow Kuna flag displayed here, as well as a statue of the local revolutionary Simral Colman, one of the architects of the autonomous Kuna state.

WHERE TO STAY & EAT

$$$$
Fodor'sChoice
★

⊞**Uaguinega** *(Dolphin Island Lodge)* The best bungalows at this friendly lodge on a small island across a channel from Achutupo offer the nicest rooms in Kuna Yala. They have spacious, private bathrooms, high thatch roofs, and roomy back porches with splendid ocean views. Keep in mind when you are booking that the older, standard rooms lack the view and are slightly cramped; ask for a "junior suite." Those comfortable bungalows are spread along the shore of the grassy island with hammocks strung between palm trees. The only drawbacks are that the island lacks a beach and snorkeling isn't recommended there because of pollution from nearby Achutupo. However, excursions to nearby islands provide beach and snorkeling time, and the tour of Achutupo

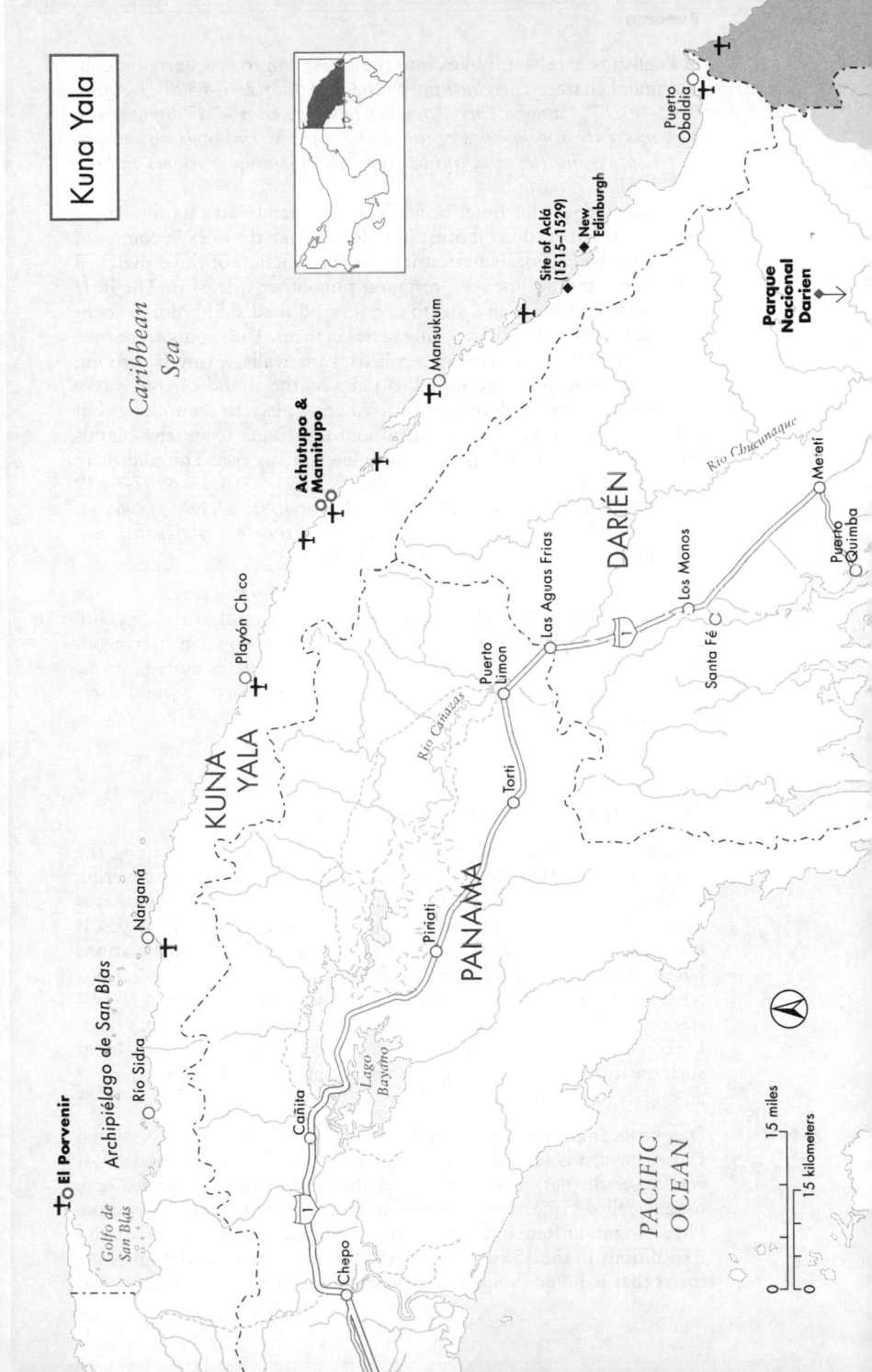

Kuna Yala

Caribbean
Sea

Golfo de
San Blas

✝ El Porvenir

Archipiélago de San Blas

Narganá ○

Río Sidra ○

KUNA
YALA

Playón Ch co ○ ✝

✝

Achutupo &
Mamitupo
○ ○ ✝

✝

Mansukum ○ ✝

Site of Acla
(1515–1529) ◆
✝
New ◆
Edinburgh

Puerto
Obaldía ○
✝

✝

Parque
Nacional
Darién ◆ →

Río Chucunaque

DARIÉN

Las Aguas Frias ○

Los Monos ○

Santa Fé ○

Meteti ○

Puerto
Quimba ○

Puerto
Limon ○

Río Cañazas

Torti ○

Piriati ○

PANAMA

Lago
Bayano

Cañita ○

Chepo ○

PACIFIC
OCEAN

0   15 miles

0   15 kilometers

in English is excellent. Hikes into the forest and to a waterfall are an additional charge. ⊠*Achutupo* ☎*263–7780, or 263–1500* ⌖*Apdo. 0823–00287, Panama City* ⊕*www.uaguinega.com* ⇆*17 bungalows, 3 rooms* ⌂*In-room: no a/c, no phone, no TV. In-hotel: restaurant, water sports, no elevator, public Internet, no-smoking rooms* ☰*MC, V* ⍧*FAP.*

$$$ 🖵 **Dadibe Lodge.** This hotel occupies a tiny island that's hardly bigger than a basketball court: it must have looked like the ones in comics of castaways before locals undertook the construction of three thatched bungalows and an open-air restaurant on either side of it. The little island is little more than a swath of pale sand shaded by a dozen coconut palms with hammocks strung between them. The rooms are simple but comfortable, with two queen beds, cane walls, a tiny bathroom, and a balcony. You'll be lulled to sleep by the sound of soft waves washing beneath the floorboards. It's a great place to do nothing, but you can rent snorkeling equipment and take tours to nearby islands and the community of Aligandi, which few tourists visit. The guide here speaks decent English. ⊠*Isla Dadibe* ☎*6500–2418, or 6487–6239* ⊕*www.dadibelodge.com* ⇆*3 huts* ⌂*In-room: no a/c, no phone, no TV. In-hotel: restaurant, beachfront, water sports, no elevator, no-smoking rooms* ☰*No credit cards* ⍧*FAP.*

SHOPPING

Shopping is inevitable here, since the streets of Achutupo and Aligandi fill with mola hawkers whenever tourists arrive. You can barter, but try to buy from various vendors so your money benefits more families. In addition to molas, you can often purchase beadwork, wood carvings, or shells.

PARQUE NACIONAL DARIÉN

265 km (164 mi) southeast of Panama City.

Parque Nacional Darién (Darién National Park) stretches along the border of Colombia from Kuna Yala to the Pacific Ocean, covering 579,000 hectares—more than 1.4 million acres—of wilderness that is home to such endangered animals as jaguars, tapirs, and harpy eagles. It is the largest national park in Central America, and the United Nations has designated it a World Heritage site. It comprises a mosaic of ecosystems that includes lowland rain forest, jungle-lined rivers, and several *serranías* (mountain ranges) topped with cloud forests. The park's wildlife consequently ranges from vine snakes to brocket deer, and includes such creatures as the great green macaw and golden-headed quetzal among its nearly 500 bird species.

Fodor'sChoice   Despite its ample natural assets, few people make it to Parque Nacional
★   Darién, which is remote and expensive to visit. The easiest and safest way to see the park is by taking a charter flight to **Santa Cruz de Cana,** usually called Cana, a former mining camp on the eastern slope of the Pirre Mountain Range that was converted to a field station by Ancón Expeditions in the 1990s. That rustic lodge is surrounded by pristine forest that is home to such spectacular birds as the crested guan and

the blue and gold macaw, plus various species of monkeys and plenty of other jungle denizens. Ancón Expeditions also has a tent camp in the cloud forest a four-hour hike uphill from Cana, where guests usually spend a night. The only other part of the park that accommodates visitors is on the west side of the Pirre Mountain Range, at the **Estación Pirre**, a ranger station 14 km (8 mi) south of the town of El Real. El Real can be reached by commercial flights from Panama City, but from there it's a long hike, or a combination of a dugout trip and a hike during the rainy season, to the Pirre Station. The National Environment Authority, ANAM, rents bunks at the ranger station for $10 a night, but you have to bring your own sheets and towels, and register in El Real before hiking in. ■**TIP→ Hiring a guide is recommended for this trip, since trails are not well marked, nobody speaks English, and the forest has plenty of poisonous snakes.** The ecotourism company **Advantage Tours** can organize four-day hiking tours to Estación Pirre for about $750. △ **Don't hike any deeper into the park than the area around the Pirre, because the border area can be unsafe.** (⊠ *14 km (8 mi) south of El Real* ☎ *299–6530* ⊠ *$3.50*)

WHERE TO STAY & EAT

$$$$ ⬚ **Cana Field Station.** Nestled in the forest of Parque Nacional Darién, this rustic field station is Panama's top bird-watching spot. The rooms are pretty basic—it's a refurbished mining camp that was abandoned early in the 20th century—with screened windows, battery-powered lights, and two single beds. Guests share several bathrooms, and the lodge generates electricity for a few hours in the morning and at night. The reward for roughing it is constant exposure to nature and access to rare wildlife. The lodge can only be visited on 5-, or 8-day packages that include charter flights from Panama City, daily tours led by expert birding guides, and hearty meals served family style. Guests need to be in decent shape. ⊠ *Santa Cruz de Cana* ☎ *269–9415* ⊕ *www.Ancon-expeditions.com* ⬚ *12 rooms* ⚲ *In-room: no a/c, no phone, no TV; In-hotel: restaurant, no elevator, no-smoking rooms* ⊟ *MC, V* ⍟ *FAP.*

SPORTS & THE OUTDOORS

Santa Cruz de Cana is Panama's top birding spot, with more than 400 species, many of which are found nowhere else in the country. Those feathered creatures include four kinds of macaw, six parrot species, about two dozen types of hummingbirds, and such rare species as the blue-fronted parrolet, orange-breasted falcon, and golden-headed quetzal. The field station's experienced guides, well-maintained trails, and cloud-forest camp facilitate seeing as many species as possible during your stay.

EASTERN PANAMA ESSENTIALS

TRANSPORTATION

BY AIR

The only way to get to most parts of Kuna Yala and the Darién is to fly. The domestic airlines Air Panama and Aeroperlas offer daily flights to half a dozen airstrips in Kuna Yala that depart at 6 AM and return between 35 and 75 minutes later. ■TIP➜ Flights often land at several airstrips, so make sure you get off at the correct one! Air Panama has flights to La Palma and El Real on Monday and Friday mornings. Charter flights to Santa Cruz de Cana and Bahía Piñas are arranged by lodges based in those locations. There are no airline offices in these regions, and no airports in Kuna Yala—only simple airstrips. El Real, Santa Cruz, and Bahía Piña have similar setups, but La Palma has a tiny airport: **Aeropuerto Ramon Xatruch** (✉2 km (1.2 mi) south of La Palma ☎299–6217).

Airlines Aeroperlas (☎315-7500 ⊕www.aeroperlas.com). **Air Panama** (☎316-9000 ⊕www.flyairpanama.com).

BY BOAT

Boat transportation is included in the rates of all Kuna Yala hotels and lodges near La Palma. Private boats can be hired at Kuna Yala lodges for special trips, such as to Cayos Holandeses or to nearby areas, but those trips can cost $100–$200. Boats can also be hired through the Hotel Baquirú Bagará in La Palma for trips to nearby Emberá communities for $100–$200.

BY BUS

The only part of Kuna Yala that can be reached by road is the western El Porvenir area, via the rough Llano–Cartí road. **Denesio Ramos** (☎6695–3229) runs a simple bus service to Cartí, where boats can be hired to lodges near El Porvenir and Río Sidra, departing from Panama City's Plaza Cinco de Mayo daily at 5 AM and returning at 10 AM. Several buses depart from Panama City's Albrook Bus Terminal every morning for Yavisa, where boats can be hired to El Real, but it's a rough 10- to 12-hour trip, and neither town has a decent hotel.

CONTACTS & RESOURCES

EMERGENCIES & TELEPHONE NUMBERS

Hotels near El Porvenir have cell-phone reception, but all other areas of Kuna Yala have only pay phones—usually two per island. The larger islands have police stations with radios to call Panama City for help in an emergency and tiny centros de salud (health centers) that can provide first aid. ■TIP➜ You should fly to Panama City if you have serious health problems in either Kuna Yala or the Darién. La Palma has the Darién's only hospital, the small Hospital San José La Palma. Lodges in Santa Cruz de Cana and Bahía Piñas have satellite phones to call Panama City for an air ambulance in case of emergencies.

INTERNET

The only place in Kuna Yala with Internet access is Uaguinega (Dolphin Island Lodge). In the Darién, the Tropic Star Lodge has Internet access.

MONEY MATTERS

There are no ATMs in this part of Panama, so bring all the money you'll need during your trip. Stock up on small bills in Panama City, since the indigenous vendors, and even some hotels, are usually short on change.

SAFETY

Visiting Parque Nacional Darién without a guide is not advisable. The area near the border of Colombia is dangerous, as armed guerrilla groups have been known to slip into Panamanian territory; some hikers were kidnapped there years ago. When hiking through the forest, be careful where you put your hands and feet, since there are plenty of palms with spiny trunks, some stinging insects, and the occasional poisonous snake.

PANAMA ESSENTIALS

AIR TRAVEL

All scheduled international flights land at Panama City's Aeropuerto Internacional de Tocumen. From New York or Chicago flying time is about 5 hours; from Miami 2¾ hours; from L.A. 5½ hours; and from Dallas or Houston 4¼ hours. Flights from Toronto via Newark take 9 hours, or 7 hours via Miami.

Domestic flights operate out of Aeropuerto Paitilla–Marcos A. Gelabert (PAC), more commonly known as Albrook Airport, after the U.S. military base that once stood here. Albrook has a tourist-information stand, an ATM, and some car-rental offices.

Taxis are the quickest way into Panama City from Tocumen Airport. The fare is a flat $25, an expensive ride for Panama, so it's worth finding out whether your hotel has a shuttle service. Sharing the ride with strangers is commonplace, and the tourist-information booth often helps travelers club together. The trip can take between 30 and 60 minutes, depending on traffic, and whether the driver takes the Corredor Sur toll road, which is quicker but costs an extra $2.50. Note that taxis are often scarce late at night.

Airline Contacts American Airlines (*507/269-6022 in Panama* ⊕*www. aa.com*). **Continental Airlines** (*507/265-0040 in Panama* ⊕*www.continental. com*). **Copa** (☎*507/227-5000 in Panama* ⊕*www.copaair.com*).**Delta Airlines** (*507/263-3802 in Panama* ⊕*www.delta.com*). **Iberia** (*507/227-3966 in Panama* ⊕*www.iberia.com*).

Domestic Carriers Aeroperlas (☎*507/315-7500 in Panama* ⊕*www.aeroperlas. com*). **Air Panama** (☎*507/316-9000 in Panama* ⊕*www.flyairpanama.com*).

ARRIVING &
DEPARTING

BUS TRAVEL

You can reach Panama by bus from Costa Rica. Most services cross the border at Paso Canoas. The Darién jungle causes a gap in the Panamerican Highway, meaning bus travel to Colombia is impossible.

Popular with budget travelers, Ticabus is an international bus company connecting all of Central America. A bus leaves Panama City daily at 11 AM and takes 16 hours (direct) to get to San José in Costa Rica. One-way tickets cost $25. Ticabus continues to Nicaragua, Honduras, Guatemala, and Mexico. The buses are usually clean, air-conditioned, and comfortable.

7

Costa Rican company Panaline has daily services between San José and Panama City. The trip costs $50 one way; buses leave Panama at midday, and take 16 hours.

International Bus Companies Panaline (☎ *507/314-6383* ⊕ *www.panalinecr. com*). **Ticabus** (☎ *507/314-6385* ⊕ *www.ticabus.com*).

Getting around Panama by bus is comfortable, cheap, and straightforward. Panama City is the main transport hub. Services to towns all over the country (and to the rest of Central America) leave from a huge building in Albrook—half terminal and half mall, it has shops, ATMs, Internet access, and restaurants. To get to smaller cities and beaches, you need to catch minibuses out of regional transit hubs.

Long-distance buses are usually clean and punctual, and the only real annoyance is the occasional blaring radio. The most comfortable buses are those running between Panama City and David. Routes are operated by many different bus companies, and there's no centralized timetable service. The best way to get departure times is to call the bus company or go to the terminal. Similarly, rates are not set in stone, but you can estimate $1–$2 per hour of travel.

BY BOAT

Within Panama, boats are the only way to get between points in the archipelagos of San Blas and Bocas del Toro and much of the Darién. There are regular, inexpensive water-taxi services connecting the city of Almirante with Bocas del Toro. In the Darién, water taxis run between Puerto Quimba and La Palma. To get farther afield, people wind their way up narrow waterways in dugouts with outboard motors. Rides can be expensive ($60–$200), especially when traveling alone, so you're often better off going with a tour company.

BY CAR

Panama is probably the best Central American country to drive in, and driving is a great way to see the country. The Panamerican Highway takes you to or near most towns in the country, and with a car you can also visit small villages and explore remote areas more easily. Even secondary roads are well signposted and in reasonable condition.

True, Panamanian drivers can be a little aggressive, but they're not much worse than New Yorkers or Angelinos. All the same, you're best saving the car for outside Panama City: traffic jams and lack of safe parking can make downtown driving very stressful.

GASOLINE

There are plenty of gas stations in and near towns in Panama, and along the Panamerican Highway. Most are open 24 hours. On long trips fill your tank whenever you can, even if you've still got gas left, as the next station could be a long way away. An attendant always pumps the gas and doesn't expect a tip, though a small one is always appreciated. Both cash and credit cards are usually accepted.

PARKING

On-street parking generally isn't a good idea in Panama City, as car theft is common. Instead, park in a guarded parking lot—many hotels have them. Note that many rental agencies insist you follow this rule.

ROAD CONDITIONS

The Panamerican Highway is paved along its entire length in Panama, and most secondary roads are paved, too. However, maintenance isn't always a regular process, so worn, pockmarked—or even potholed—surfaces are commonplace. Turnoffs are often sharp, and mountain roads can have terrifying hairpin bends.

In and around Panama City traffic is heavy. The mostly two-lane road from Panama City to the town of Colón is a nightmare between 8 and 9 in the morning and 5 to 6 in the afternoon because of rush-hour traffic. Two highways going north and south out of the city somewhat alleviate the congestion.

Turnoffs and distances are usually clearly signposted. Be especially watchful at traffic lights, as crossing on yellow (or even red) lights is common practice.

HEALTH

It's safe to drink tap water and have ice in your drinks in urban areas, but stick to bottled water in rural areas.

Two mosquito-borne diseases are prevalent in Panama: dengue fever (especially in Bocas del Toro) and malaria (in the Darién, Bocas del Toro, and San Blas). Prevention is better than a cure: cover up your arms and legs and use a strong insect repellent containing a high concentration of DEET. Don't hang around outside at sunset, and sleep under a mosquito net in jungle areas. Preventive antimalarial medication may also be necessary: consult your doctor well before you travel. There are no preventive drugs for dengue.

Sunburn and sunstroke are potential health hazards when visiting Panama. Stay out of the sun at midday and use plenty of high-SPF-factor sunscreen when on the beach or hiking. You can buy well-known brands in most Panamanian pharmacies. Protect your eyes with good-quality sun glasses, and bear in mind that you'll burn more easily at higher altitudes and in the water.

MAIL

Panama's national mail system is called Correo Nacional, or COTEL. There are branches in most cities and towns; standard opening hours are 7 AM to 5 or 6 PM. It's best to send mail from big cities—the more remote the origin of your letter, the better the chances of it getting lost. An airmail letter to the United States costs 35¢ and takes a week or two to arrive if posted from Panama City.

You can receive mail by Entrega General (general delivery) at most post offices. Letters should be addressed as follows: "[Name on your passport], Entrega General, [city], [province], República de Panamá." There's a Panama City, Florida, so be sure to include the "República de Panamá." Note that for letters to Panama City you also need to include the city zone.

Airbox is a private mail company with both incoming and outgoing services to and from the United States. Their standard charge for sending documents is $3.50.

MONEY MATTERS

Although Panama is more expensive than the rest of Central America, prices still compare favorably to those back home. Midrange hotels and restaurants where locals eat are excellent value. Rooms at first-class hotels and meals at the best restaurants, however, approach those in the United States. Trips into remote parts of the country and adventure travel are also relatively expensive.

You can plan your trip around ATMs—cash is king for day-to-day dealings—and credit cards (for bigger spending). U.S. dollars are the local currency; changing any other currency can be problematic. Traveler's checks are useful only as a reserve.

PASSPORTS & VISAS

Technically, all visitors to Panama should obtain tourist visas, which are issued by consulates and embassies throughout Central and North America; they are valid for 90 days, and cost $10. However, if you are staying for less than 30 days, you can purchase a tourist card ($5) on arrival.

If you decide to prolong your stay once in Panama, you can extend your tourist card for another 30 days by going to the closest *Oficina de Migración* (Immigration Office). There are offices in Panama City, David, Santiago, and Chitré; most are open 7:30–3:30. You need to show your return air ticket and photocopies of the photograph page of your passport, and the page with your Panama entry stamp. Visa extensions cost $10 and the process takes at least two hours.

SAFETY

As Latin American countries go, Panama is relatively safe. In most of the country crime against tourists is usually limited to pickpocketing and bag-snatching. Taking a few simple precautions is usually enough to keep you from being a target.

In urban areas attitude is essential. Strive to look aware and purposeful at all times. Look at maps before you go outside, not on a street corner; and keep a firm hold on your purse. At night exercise the same kind of caution you would in any big American city and stay in well-lit areas with plenty of people around. Ask hotel or restaurant staff to call you a taxi at night, rather than flagging one down. If you're driving, park in guarded lots, never on the street; and remove the front of the stereo if that's possible.

TAXES

Panama has a value added sales tax (IVA) of 5%–10%, which is usually included in the displayed price. Hotels also have a 10% tax. Visitors departing by air are charged an exit tax of $20, though this is sometimes included in your ticket.

TIME

Panama is 5 hours behind GMT, the same as U.S. Eastern Standard Time. Panama does not observe Daylight Savings.

TIPPING

In Panama tipping is a question of rewarding good service rather than an obligation. Restaurant bills don't include gratuities; adding 10% is customary. Bellhops and maids expect tips only in more expensive hotels, and $1–$2 per bag is the norm. You should also give a tip of up to $10 per day to tour guides. Rounding up taxi fares is a way of showing your appreciation to the driver, but it's not expected.

VISITOR INFORMATION

The Instituto Panameño de Turismo (Panamanian Tourism Institute, IPAT) is Panama's official tourism organization. Its bilingual Web site is an excellent pretrip planning resource: there are overviews of Panama's regions and links to tour operators and hotels.

IPAT has 15 offices around Panama, open weekdays 8–5. The English-speaking staff at IPAT's offices is friendly and helpful. Their resources—mostly Panama City brochures—tend to plug local tour companies rather than aid independent touring.

Other resources include *The Visitor,* a small, free paper that can be found at most hotels and travel agencies, and *Panama Planner* an excellent tourism magazine, available at large hotels.

Contacts Instituto Panameño de Turismo (*IPAT* ☎ *800/962-1526 in the U.S., 507/526-7000 in Panama* ⊕ *www.visitpanama.com*).

Adventure & Learning Vacations

Adventure Tours
Beaches & Relaxation
Diving Trips
Ecotourism
Language Schools
Mayan Ruins
Volunteer Vacations

By Nicholas
Gill

DESPITE CENTRAL AMERICA'S RELATIVELY SMALL size, the most diverse landscape on the planet offers a slew of tour possibilities. This chapter is meant to help you find the tour operators that are best for you.

PLANNING YOUR ADVENTURE

CHOOSING A TRIP

With hundreds of choices for special-interest trips to Central America, there are a number of factors to keep in mind when deciding which company and package will be right for you.

How strenuous do you want your trip to be? Adventure vacations are commonly split into "soft" and "hard" adventures. Hard adventures, such as strenuous treks (often at high altitudes) or Class IV or V rafting, generally require excellent physical conditioning and previous experience. Most hiking, biking, canoeing/kayaking, and similar soft adventures can be enjoyed by persons of all ages who are in good health and are accustomed to a reasonable amount of exercise. A little honesty goes a long way—recognize your own level of physical fitness and discuss it with the tour operator before signing on.

How far off the beaten path do you want to go? Depending on your tour operator and itinerary, you'll often have a choice between relatively easy travel and comfortable accommodations or more strenuous daily activities accompanied by overnights spent in basic lodgings or at campsites. Ask yourself if it's the *reality* or the *image* of roughing it that appeals to you. Be honest, and go with a company that can provide what you're looking for.

Is sensitivity to the environment important to you? If so, determine if it is equally important to your operator. Does the company protect the fragile environments you'll be visiting? Are some of the company's profits designated for conservation efforts or put back into the communities visited? Does it encourage indigenous people to dress up (or dress down) so that your group can get great photos, or does it respect their cultures as they are? Many of the companies included in this chapter are actively involved in environmental conservation and projects with indigenous communities.

What sort of group is best for you? At its best, group travel offers curious, like-minded people companions with which to share the day's experiences. Do you enjoy mixing with people from other backgrounds, or would you prefer to travel with people of different ages and backgrounds? Inquire about group size; many companies have a maximum of 10 to 16 members, but 30 or more is not unknown. The larger the group, the more time spent (or wasted) at rest stops, meals, and hotel arrivals and departures.

If groups aren't your thing, most companies will customize a trip for you. In fact, this has become a major part of many tour operators' business. Your itinerary can be as flexible or as rigid as you choose. Such

8

travel offers all the conveniences of a package tour, but the "group" is composed of only you and those you've chosen as travel companions. Responding to a renewed interest in multigenerational travel, many tour operators also offer family trips, with itineraries carefully crafted to appeal both to children and adults.

How much pre-trip help do you want? Gorgeous photos and well-written tour descriptions go a long way toward selling a company's trips. Once you've chosen your trip, though, there's a lot of room for your operator to help you out, or leave you out in the cold. For example, does the operator provide useful information about health (suggested or required inoculations, tips for dealing with high altitudes)? A list of frequently asked questions and their answers? Recommended readings? All of these things can make or break a trip, and you should know before you choose an operator whether or not you want their help getting answers to all these questions.

Are there hidden costs? Make sure you know what is and is not included in basic trip costs when comparing companies. International airfare is usually extra. Sometimes domestic flights in-country are too. Is trip insurance required, and if so, is it included? Are airport transfers included? Visa fees? Departure taxes? Gratuities? Paying extra for a number of excursions can significantly increase the total cost of the trip. Many factors affect the price, and the trip that looks cheapest in the brochure could well turn out to be the most expensive. Don't assume that roughing it will save you money, as prices rise when limited access and a lack of essential supplies on-site require costly special arrangements.

WHICH COUNTRY?

As you should know by now, Central America has a lot to offer that you can't get anywhere else. Guatemala, which has jungle-covered ruins at Tikal in the north—and Copán in Honduras just across the border—should be your choice if you seek traditional culture and Mayan ruins. Antigua is known for language study and volunteering.

The crystal-clear waters of Belize and the Bay Islands of Honduras are two of the world's diving hot spots.

If you want to get off the beaten track, El Salvador still has many hidden gems, including several great national parks such as Monetcristo, Cerro Verde, and El Imposible.

One quickly rising star of Central America is Nicaragua, which compared to the more established Costa Rica offers nearly as many things to do at half the cost. You can lounge on the Pacific beaches of San Juan del Sur, fish on the Río San Juan, or explore Lago de Nicaragua. You can hike up an island volcano at Ometepe, take a lazy boat ride past Spanish forts, or soak in the colonial culture of Grenada or León. Ecotourism centers around Reserva Natural Miraflor, a biosphere reserve set amidst lush cloud forests near Estelí, but there are dozens of hot spots that few have set foot in.

One advantage Costa Rica has over Nicaragua and the rest of Central America, though, is a well-established tourism infrastructure. National parks and reserves such as Corcovado, Tortuguero, and Monteverde cover approximately one quarter of the country. As a result, there are ample tourism opportunities in this highly biologically diverse nation, and many volunteering opportunities as well. An advanced tourism infrastructure and newly constructed resorts on endless beaches have turned Costa Rica into one of Central America's top tourist destinations. If you have the budget, Isla del Coco is a diver's paradise.

Panama still has a bit of catching up to do, but has much to offer. There are classics like the Canal and the bustling, chic Panama City. Farther afield, the Caribbean Islands of Bocas del Toro, near the Costa Rican border, and the San Blas Islands, home to the Kuna Yala Indians, are still unspoiled. For some of the most exciting adventure in the region, head to the Darien Gap, a roadless, lawless area with some of the planet's best bird-watching.

MONEY MATTERS

Tours in Central America can be found at all price points, but local operators are usually the best deal. Tours that are run by as many local people and resources as possible are generally cheaper, and also give the greatest monetary benefit to the local economy. These types of tours are not always possible to list in guidebooks, so check the Fodor's Travel Talk forums for some good word-of-mouth recommendations. Safety and date specificity can fluctuate. Guides don't always speak English, and are not always certified. Amenities such as lodging and transportation may be very basic in this category. Some agencies pay attention to the environment, whereas others do not. You really have to do your research on every operator, no matter the cost, to be sure you are getting exactly what you need. The payoff in terms of price and quality of experience can be great if you find the right match for your needs.

On the other end of the spectrum, the large (often international) tour agencies such as Abercrombie & Kent, G.A.P. Adventures and others are generally the most expensive; however, they provide the greatest range of itinerary choices and highest quality of services. They use the best transportation, like private planes, buses, and boats, which rarely break down. First-rate equipment and safe, reliable guides are the norm. Dates and times are set in stone, so you can plan your trip down to the time you step in and out of the airport. Guides are usually English-speaking, certified, and well paid. When food and lodging is provided it is generally of high quality. If you are a traveler who likes to have every creature comfort provided for, look for tour operators more toward this end of the spectrum.

LODGING

Overnight stays can cost as much or as little as you want them to in Central America. Your preference will help determine what type of tour operator is best for you. Most multiday tours include lodging, often at a discounted rate, and they generally have options that accommodate

WHAT TYPE OF TRIP?

Adventure Tours. Adrenaline-pumping sports and thrills for the active traveler.

Beaches & Relaxation. Find a place to hang your hammock after a volcanic mud bath.

Diving Trips. Central America's Caribbean coastline is one of the top diving destinations in the world.

Ecotourism. Spot a resplendent Quetzal while staying at a thatched jungle lodge in pristine cloud forests.

Language Schools. Learn Spanish while staying with a local family.

Mayan Ruins. Trek to pyramids hidden by lush jungle and surrounded by the roar of Howler monkeys.

Volunteer Vacations. Get your hands dirty helping save the rain forest or protect the leatherback-turtle breeding grounds.

most budgets through a number of hotels. On the other hand, many hotels have their own tour agency or will sell tours at a discounted rate to particular agencies. You can book through either one—it just depends on the specific tours and hotels that interest you. In many instances you don't have to book accommodation through your tour agency; however, you will often save money if you are combining services such as transportation, food, tours, and guides. If you are interested in specific hotels, such as beach resorts or eco-lodges, in many cases your best tour options will be directly through these establishments. Considering the small size of most countries in Central America, almost any single sight in a country can be seen on a one day tour, which allows you to leave your luggage at the hotel for less hassle.

EQUIPMENT

Good gear is essential. Sturdy shoes, a small flashlight or headlamp, rain gear, mosquito protection, and medicine are all things you should bring with you no matter what kind of tour you're taking. For more technical sports, your choice of tour operator will determine whether you bring your own gear, buy new gear, or rent what they already have. The decision will probably be yours in most cases. Tour operators can generally provide equipment, but the quality of this equipment varies a great deal. If you're going to use equipment that will be provided, ask your operator for a written statement of the gear to be used. When you arrive, check that your expectations have been met, and complain if they haven't. Many companies do use top-of-the-line equipment; however, the occasional company will cut corners. Prices on equipment purchased in Central America tend to be significantly more expensive (roughly 20 to 40% higher) than in North America or Europe. If you prefer or require a specific brand of equipment, bringing your own is a good idea. Airlines accommodate most types of equipment and will likely have packing suggestions if you call ahead. For instance, most bicycle shops can take apart and box up your bike for plane transport.

Airlines may charge additional fees for surpassing size and weight limits. Shipping equipment to Central America tends to be expensive, and if you're not using an agency such as FedEx or DHL (actually, even if you are!) expect the unexpected.

ADVENTURE & LEARNING VACATIONS

ADVENTURE TOURS

If you're looking for a heart-thumping adrenaline rush, Central America has a lot to offer. From biking down active volcanoes to rafting down raging Class IV rapids, every country here has an abundance of adventure tours. Wherever you go, you're never very far from a zip line through the rain forest or sport fishing for a 900-pound black marlin.

BELIZE
Season: November to April
Locations: Belize City, Placencia, the Cays
Cost: from $1,295 for eight days from Belize City
Tour Operators: G.A.P. Adventures, Island Expeditions, Slick Rock Adventures
Crystal-clear marine environments and short distances between cays make Belize's Caribbean coastline a premier kayaking destination. G.A.P. Adventures' Kayak Belize tour hops from island to cay by sea kayak. You'll paddle two to four hours per day while spending the rest of the time relaxing and enjoying fresh seafood. Island Expeditions' ten-day Coral Jaguar Expedition, which is operated in conjunction with the Belize Audubon Society, combines kayaking the reef with paddling inland through the tropical forests of the world-renowned Cockscomb Basin Jaguar Reserve. Slick Rock Adventures has several adventure programs, highlighted by a visit to their private atoll at Glover's Reef, lasting from four to eight days. The itineraries are multiple-sport adventures that combine sea kayaking, snorkeling, wind surfing, surf kayaking, jungle hiking, caving, underground rafting, and exploring Mayan ruins, depending on your preferences.

COSTA RICA
Season: Year-round
Locations: San José, Puerto Viejo de Talamanca, Tortuguero, Rara Avis, Arenal Volcano, Monteverde Reserve, Manuel Antonio National Park
Cost: from $1,295 for fifteen days from San José
Tour Operators: Rios Tropicales, Costa Rica Expeditions, G.A.P. Adventures, Serendipity Adventures
Costa Rica, one of the most biologically and geologically diverse countries in the world, has adventure lurking around every volcano-filled corner. Virtually every adventure activity is available here. If one tour operator doesn't offer what you're looking for, myriad others will. Rios Tropicales offers rafting trips on any of Costa Rica's major rivers, including a two-day trip on the Pacuare. Overnights are at the compa-

ny's own lodge in Braulio Carrillo National Park, where you can toss in an optional day of hiking. Costa Rica Expeditions combines several thrills in their weeklong multisport tour. You will bike down Arenal volcano, soak in thermal hot springs, kayak through Tortuguero National Park, and have a one-day rafting excursions down the Pacuare. G.A.P. Adventures' fifteen-day Costa Rica Hike, Bike, and Raft tour takes you to classic favorites and remote highlights across the country. You'll trek deep in the jungles at Moneteverde and Tortuguero, bike down the Arenal, and white-water raft both the Reventazon and Pacuare. Serendipity Adventures has two highly active itineraries. The first is an intense four-day hiking, biking, rafting, and horse-riding excursion through the lands of the Cabecar Indians. The other, their Tropical biking trip, uses customized bikes that will depart directly from San José's airport—literally from the parking lot—to lush cloud forests and volcanoes and ending at the relaxing Pacific coast in Nosara.

EL SALVADOR
Season: Year-round
Locations: Madresal Island, San Juan Peninsula, Izalco Volcano
Cost: from $674 for eight days from San Salvador
Tour Operators: Grayline Tours, Baja Surf Adventures, Punta Mango Surf Trips
Even just a week in El Salvador gives you ample time to explore pyramids, surf a handful of different beaches, climb a volcano or two, and visit a few national parks—all without spending much time in the car. Grayline's eight-day Adventure tour takes you kayaking at Isla Madre Sal Island and in the Jiquilisco Bay, plus hiking in lush El Imposible and Cerro Verde Volcano National Parks. The same itinerary includes several sightseeing tours, including Lago Suchitlan, Suchitoto, the pyramids at Tazumal, and the colonial city of Chalchuapa. Baja Surf Adventures has seven- to ten-day trips that take you across the country's many excellent surf spots. Their lodges on both the East and West Coast are located near most of the country's world-class swells, and if you like, you can add activities as diverse as horseback riding, moto tours, and kayak surfing. Punta Mango Surf Trips tailors your trip to any good break in the country.

GUATEMALA
Season: Year-round
Locations: Antigua, Lake Atitlan, Rio Dulce, Livingstone
Cost: from $395 for four days from Guatemala City
Tour Operators: Old Town Outfitters, Guatemala Ventures
If lava is what you seek, Old Town Outfitters will take you climbing to the best of Guatemala's thirty-three volcanoes on their seven-day tour. The highly active Pacaya and the dormant Agua volcanoes near Antigua are the first ascents, while the multiple night climbs of Acatenango and Fuego volcanoes make up the latter part of the trip. The climb to the top of Central America's highest peak, Tajamulco Volcano (13,840 feet), is an optional three-day addition. For something a bit cooler, try their four-day kayak trip down the Rio Dulce, which ends on the Caribbean, at Guatemala's only Garífuna village. If you're interested

in high-adrenaline sports, try Guatemala Adventures' Pacific Coast to Atlantic Coast tour, which combines hiking, biking, and rafting on an eight-day journey across Guatemala's most stunning landscapes. Exact destinations are tailored to meet your skill level.

HONDURAS

Season: February to March
Locations: Roatan, Pico Bonito National Park, Cuero y Salado, Turtle Bay
Cost: from $1,795 for eight days from Roatan
Tour Operators: Uncommon Adventures, Mountain Travel Sobek
Honduras offers more than just diving. Pristine turquoise shores surround the Bay Islands, and mystifying ruins lay hidden in the sultry jungle. Uncommon Adventures' eight-day kayaking tours originate at their lodge in East Roatan. You'll paddle out for day trips exploring the reef at Pigeon Cay, the mangrove tunnels, and other secret channels. Mountain Travel Sobek's Tropical Explorer program focuses on inland Honduras, where you'll go hiking at the mostly unexplored Pico Bonito National Park, and boating at Cuero y Salado reserve, which is a good place to spot manatees. A trip to the Mayan ruins at Copán rounds off the trip.

NICARAGUA

Season: Year-round
Locations: Lago Nicaragua, Lago Apoyo, Masaya Volcano
Cost: from $1,100 for fourteen days from Managua
Tour Operators: G.A.P. Adventures, Nicaragua Adventures, Costa Rica Expeditions, Mountain Travel Sobek
Nicaragua Adventures' eight-day itinerary takes you across the lakes and volcanoes of one of the region's truly up-and-coming destinations. You'll kayak on Lago Nicaragua, soak in boiling mud at San Jacinto, hike the active Cerro Negro Volcano, visit Laguna de Apoyo and Masaya Volcano National Park, and take a canopy tour on the slopes of the Mombacho Volcano. Nicaragua Expeditions also covers the country's major highlights on a number of tours across the country. G.A.P. Adventures allows you to hop on and off the beaten track with stops in Managua, the colonial gems of León and Grenada, the Corn Islands, San Juan del Sur, the islands of Lago Nicaragua, and Ometepe. Named *Outside* magazine's best adventure of 2007 for Mexico and Central America, Mountain Travel Sobek's Volcanoes, Lakes, and Rainforest adventure brings you hiking in the cloud forests on Volcan Mombacho and in Zapatera Island National Park. Also included is kayaking to Las Isletas on Lago Nicaragua. You're always under the watchful eyes of monkeys, toucans, and macaws—and sloths, too, if they can stay awake.

PANAMA

Season: Year-round
Locations: San Blas, Bocas del Toro, Chagres National Park
Cost: from $1,245 for eight days from Panama City
Tour Operators: G.A.P. Adventures, Explorers' Corner, Mountain Travel Sobek, Journeys Latin America, Seakunga

8

Hordes of kayak-toting adventure companies recently made their way to Panama from Costa Rica and have opened up a whole new frontier of Central America touring. Explorers' Corner has ten-day kayaking trips led by two Kuna Yala guides that take you camping in San Blas for a total of 96 to 129 km (60 to 80 mi) of paddling, while Mountain Travel Sobek makes almost the same trip in nine days. G.A.P. Adventures' eight-day Kayak Panama samples the best of the Caribbean coast with five days exploring San Blas and another few days inland hiking and rafting around the Mamoni river basin. Similarly, Seakunga Adventures' eight-day kayaking trip centers on San Blas, but adds rafting and hiking in Chagres National Park. For a bit more of a challenge, Journeys Latin Americas' Camino Real Trek takes you from the Pacific to the Caribbean, an 80 km (50 mi) transcontinental trek in the footsteps of Spanish conquistadors, with time to stop in Chagres National Park, Panama City, and Portobelo.

BEACHES & RELAXATION

There are thousands of miles of both Pacific and Caribbean coastline, some of it resort laden and some of it desolate. Clear waters and hammocks tied to swaying palms are the norm everywhere. As an added temptation, world-class spas have begun to appear in close proximity to volcanoes, where access to thermal springs and mud baths are plentiful.

BELIZE
Season: Year-round
Locations: Placencia, the Cayes
Cost: from $767 for seven days from Placencia
Tour Operators: Adventure Life, Island Expeditions, Journeys Latin America
Belize's white-sand beaches and Caribbean attitude are as inviting as a piña colada. Adventure Life gives you a week at the Inn at Robert's Grove resort near Placencia, which offers easy access for diving, kayaking, or wildlife-watching at the Cockscomb Jaguar Preserve. Island Expeditions' trips to Lighthouse Reef, also known as the Aquarium, combine diving, snorkeling, and kayaking while staying at their base camp at Half Moon Cay. If luxury is what you are after, Journeys Latin America's Coppola Tour combines stays at the posh nature lodges of Hollywood director Francis Ford Coppola throughout Belize and Guatemala, where you can snorkel the reefs at Placencia, enjoy the serene mountain air at Blancaneaux Lodge, or café hop in Antigua.

COSTA RICA
Season: Year-round
Locations: Manuel Antonio, Guanacaste, Cahuita, Osa Peninsula
Cost: from $1,025 for seven days from San José
Tour Operators: Tabacón Grand Spa and Thermal Resort, Wildland Adventures, Costa Rica Expeditions, G.A.P. Adventures, Kon-Tiki Tours

A building boom on both coasts has left the country packed with posh resorts and isolated retreats. It was only a matter of time. Where else can you build bubbling mud baths fed by volcanoes? World-class spas abound, such as the one at the super-indulgent Tabacón Grand Spa and Thermal Resort, right beside the active Arenal volcano. Book a package directly through the resort or combine with any tour operator, such as Kon-Tiki Tours, that goes to La Fortuna. Wedding and honeymoon packages to this area have quadrupled in the past few years, so go before it's overrun. Wildland Adventures and Costa Rica Expeditions have packages at stellar lodges on every part of both coastlines that can be combined with any of their other adventure trips. G.A.P. Adventures also offers multiple packages for those wanting to learn to surf, go sport fishing, ride horses, or just lounge on beaches.

EL SALVADOR
Season: Year-round
Locations: La Libertad, La Paz, Salinitas
Cost: from $300 for four days from San Salvador
Tour Operators: Grayline Tours
El Salvador's beaches are much less well known than those of neighboring Guatemala and Honduras, but they're just as good and much less crowded. Grayline Tours offers three basic four-day packages at three of El Salvador's top beaches and resorts including transportation, meals, and drinks.

HONDURAS
Season: Year-round
Locations: Roatan, La Ceiba, Punta Sal National Park
Cost: from $429 for seven days from San Pedro Sula
Tour Operators: Grayline Tours, Garifuna Tours
With the white-sand beaches of the Bay Islands and a practically untouched Caribbean coast, Honduras has options for fun and sun at every ruin- and jungle-filled corner. Grayline has special rates at many resorts, including transfers, and offers weeklong packages that combine a stay at Roatan with a trip to Copán. Garifuna Tours has several packages to Roatan, La Ceiba, or Punta Sal National Park that combine fine resorts with a few days of soft adventure.

NICARAGUA
Season: Year-round
Locations: Corn Islands, Pacific Coast
Cost: from $995 for eight days from Managua
Tour Operators: G.A.P. Adventures, Nicaragua Adventures, Careli Tours, Grayline Tours
Nicaragua's golden sands and empty beaches are slowly catching on. G.A.P. Adventures takes you snorkeling, swimming, scuba diving, and fishing on their eight-day Shipwrecked itinerary on Little Corn Island. Nicaragua Adventures takes you to unspoiled spots on the country's three major bodies of water (Little Corn Island, Lake Nicaragua, and Monetlimar beach on the Pacific coast). Careli Tours can book you a secluded lodge such as Morgan's Rock Hacienda and Ecolodge at Playa Ocotal on the Pacific, or elsewhere in the Corn Islands.

8

PANAMA

Season: Year-round
Locations: Bocas del Toro, San Blas, Veraguas
Cost: from $1,295 for seven days from Panama City
Tour Operators: Adventure Life, G.A.P. Adventures, Journeys Latin America, Seakunga, Costa Rica Expeditions, Willie's Tours, Wildland Adventures

Panama has dozens of beautiful resorts, from most major hotel chains, scattered all over the Pacific coastline, especially in the Veraguas Province. On the other hand, the best places to escape the crowds are on the Caribbean side where most places are only reachable by boat or charter jet. The San Blas Islands are some of the cleanest and most serene islands in the world and are home to the Kuna Yala Indians. There are just a couple of small guesthouses here, but the waters are crystal clear and the marine life is abundant. Every tour operator in the country will be able to arrange kayaking or sailing trips. For something more special, the Punta Caracol resort in Bocas del Toro offers bungalows that sit right above the water, much like the ones in Tahiti and Bora Bora, but for a fraction of the cost and a far shorter plane ride. Otherwise you can plan a number of excursions and lazy stays on several of the tiny islands.

DIVING TRIPS

The coral reef in the Caribbean waters of Belize and Honduras is the second-largest in the world. This is the best diving site in all of the Americas, but there are also a few scattered locations elsewhere, from spots up and down the Pacific coast to isolated island chains.

BELIZE

Season: Year-round
Locations: Placencia, Sapodilla Cays, Port Honduras, Southwater Cay, Glovers Reef, Ambergris Cay, the Blue Hole
Cost: from $1,645 for eight days from Belize City
Tour Operators: Adventure Life, Earthwatch, Island Expeditions, Wildland Adventures, Ecologic Divers

Belize's pristine waters are home to the world's second-largest coral reef and the famous Blue Hole, making it one of the premier diving destinations on the planet. Almost every tour operator that works out of Belize will offer some type of diving excursion on the Barrier Reef. Eight days with Adventure Life's Dive Belize trip takes you on three dives each day at various locations on the reef. The Coral Reefs of Belize itinerary from Earthwatch is more interactive. You'll help scientists record data on coral sizes, species, and density, collect samples, and take digital photos from two pristine marine reserves. Island Expeditions often combines kayaking trips and inland tours with diving at Lighthouse Reef, Southwater Cay, or their own private atoll, Glovers Reef. Wildland Adventures combines a few days of exploring the reef with other tours that visit the rest of the country to make a well-rounded week of exploring all of Belize. Ecologic Divers offers a number of different dives at different locations, including to the Blue Hole.

COSTA RICA

Season: Year-round
Locations: Islas del Cocos, Isla de Caño, Drake Bay, Manuel Antonio, Papagayo Bay
Cost: from $655 for five days from San José
Tour Operators: Costa Rica Adventure Divers, Costa Rica Expeditions, Undersea Hunter, Deep Blue Diving Adventures

Many complain that Costa Rica's waters are too turbulent and cloudy to dive, but maybe they just haven't been to the right places. Manuel Antonio, Drake Bay, Papagayo Bay, Isla de Caño, and the remarkable Islas del Coco are superb. Giant manta rays, bull sharks, white-tipped reef sharks, eagle rays, and huge schools of tropical fish are guaranteed at almost any of these Pacific coast locations. The Islas del Cocos, or Coco Islands, are a national reserve and World Heritage Site more than 483 km (300 mi) off the southwestern coast of the country. They hold untouched coral reefs and groups of hammerhead, white-tipped, and even whale sharks. These fascinating islands are only reachable by private charters or by operators such as Undersea Hunter, usually for trips of more than ten days, from Puntarenas.

EL SALVADOR

Season: Year-round
Locations: Ilopongo Crater
Cost: from $465 for two days from San Salvador
Tour Operators: El Salvador Divers

Diving in El Salvador centers not on its tiny coastline, but in the volcanic crater lake of Ilopongo, where some say mermaids live and whistling witches entrap fishermen at night. Here you can see one kind of crab, ten kinds of fish, several types of algae and fresh water sponges, and bullet holes from the civil war, when the Salvadoran Air Force used some of the islands in the lake for target practice. You can also visit Cerro La Caldera, a hill just thirty-five feet below the surface of Ilopongo, that emits hot-water currents of up to 120°F. El Salvador Divers has tours to the crater, as well as shipwrecks and other sites off the coast, plus some itineraries in Roatan.

8

HONDURAS

Season: Year-round
Locations: Utila, Roatan, Guanaja, Cayos Cochinos
Cost: from $445 for seven days from San Pedro Sula
Tour Operators: Uncommon Adventures, Garifuna Tours

Honduras's Bay Islands—aka Utila, Roatan, and Guanaja—have the same crystal-clear waters and fish-filled reefs that have made Belize so famous on the international dive scene. However, they are less developed. You won't find many cheaper places to get certified. Most companies even include charter flights from San Pedro Sula and lodging in their weeklong dive packages. Smaller cays elsewhere on the Caribbean coast have similar attributes and see even fewer visitors. Resorts can be found on Roatan, but staying on a yacht or tent camp is common elsewhere.

NICARAGUA
Season: Year-round
Locations: Corn Islands, San Juan del Sur, Laguna de Apoyo
Cost: from $470 for seven days from Little Corn Island
Tour Operators: G.A.P. Adventures, Careli Tours, Dive Little Corn, Scuba Shack Nicaragua, Tierra Tours
The two unspoiled and mostly undeveloped Corn Islands (Big and Little) are a part of Nicaragua's Autonomous Region and sit just 80 km (50 mi) off the Caribbean coastline. They have the best diving in the country. Any one of the above operators offers dive trips around the islands, and can combine them with certification courses, lodging, and tours on the mainland if desired. Scuba Shack Nicaragua is one of the few operators that are based on the Pacific side in San Juan del Sur, which has waters similar to Guanacaste, Costa Rica but without the crowds. Tierra Tours brings you to the volcanic-crater lake of Laguna de Apoyo, where certified divers can help researchers collect data on the rare species that inhabit the lake.

PANAMA
Season: Year-round
Locations: San Blas Islands, Bocas del Toro, Coiba Island, Las Perlas Islands, Portobelo, Panama Canal
Cost: from $580 for six days from Panama City
Tour Operators: Scuba Panama, Starfleet Scuba, Scuba Coiba
Panama has good diving on both coasts. The most extensive reef system on the Pacific side of Central America is near Coiba Island, more or less in the middle of Panama's Pacific coast. Scuba Coiba has a number of dives available exploring all reaches of the area. The islands of Contadora and Taboga are another option, reachable by day trip from Panama City, which are home to barracuda and white-tipped sharks. Scuba Panama can take you there. They allow you to skip the wildlife altogether and search out a bit of history instead if you choose. Scuba Panama can also take you to certain locations in the Panama Canal which yield views of old rail cars from the days of the canal's construction. On the Caribbean side, the undeniably native and raw San Blas Islands and tiny cays of Bocas del Toro are Panama's more isolated dive spots. Starfleet Scuba can get you to these.

ECOTOURISM

Ecotourism, a style of touring natural habitats to see flora and fauna while minimizing one's ecological impact, really began in the jungles of Costa Rica. It quickly spread across Central America and around the world. There are plenty of opportunities to spot wildlife or get in tune with nature in each of the Central American nations.

BELIZE
Season: Year-round
Locations: Tikal, San Ignacio, Cay Caulker, Cockscomb Jaguar Reserve
Cost: from $895 for fifteen days from Belize City

Tour Operators: G.A.P. Adventures, Island Expeditions, Wildland Adventures, Victor Emanuel Nature Tours

Many come to Belize for diving, but the inland jungle has unique opportunities for spotting diverse wildlife. More than seventy percent of the country is covered with forest. G.A.P. Adventures' Hummingbird Highway itinerary combines beaches, ruins, and jungle to bring you the best ecological experiences in Belize and Guatemala. First you visit the lush jungles surrounding Tikal, where you'll explore the ruins and hike through the forests. Back in Belize, you'll visit San Ignacio, then paddle the Belize River by canoe, ending with a snorkeling trip around Cay Caulker. Wildland Adventures offers similar combination tours. Island Expeditions combines trips to the reef with trips to the Cockscomb Basin Jaguar Reserve. Victor Emanuel Nature tours focuses on birding on select dates. Visits to their Chan Chich and Hidden Valley lodges sometimes include visits by the world's top naturalists.

COSTA RICA

Season: Year-round
Locations: Arenal, Manuel Antonio, Moneteverde, Osa Peninsula, Tortuguero
Cost: from $328 for three days from San José
Tour Operators: Costa Rica Expeditions, Eldertreks, Journey Latin America, Adventure Life, Abercrombie & Kent, Wildland Adventures, G.A.P. Adventures, Adventure Smith Explorations, Victor Emanuel Tours

Ecotourism was born in Costa Rica, and there are more ecotours here than perhaps any other place on earth. Hundreds of trips by dozens of agencies are available. Although the country covers just three-tenths of a percent of the earth's surface, it is home to more than six percent of the existing biodiversity. Monteverde, Arenal, Tortuguero, the Osa Peninsula, and Manuel Antonio are hot spots for encountering the diverse flora and fauna of the rain and cloud forests such as jaguars, macaws, caimans, hummingbirds, butterflys, sloths, monkeys, tapirs, and many other rare and wonderful creatures. National parks, several of them UNESCO World Heritage sites, cover nearly twenty-five percent of the country, and every tour combines entrance to one or more of them. Companies such as Costa Rica Expeditions cover the entire country with custom tours or their eleven-day packages that use charter planes and include overnight stays at stunning national-park lodges.

EL SALVADOR

Season: Year-round
Locations: El Imposible, Cerro Verde Volcano, Tecapa Volcano, Montecristo, El Pital, Chaguantique
Cost: from $64 per day from San Salvador
Tour Operators: Grayline Tours, Punta Mango Surf Trips

El Salvador is so small—slightly smaller than the state of Massachusetts—that you can pick and choose day tours to any of the country's national parks or volcanoes (Grayline Tours or Punta Mango Surf Trips have plenty of options) without ever changing hotels. You can go hiking through dense forests and up volcanic terrain at El Imposible, Cerro

Verde Volcano, or Tecapa Volcano National Parks, or climb to the highest point in El Salvador, El Pital. You might also walk through Montecristo Rainforest, one of the most important and most protected parks in the country. Spider monkeys and blue-morpho butterflies abound in the tropical forests of Chaguantique. Just figure out where you want to go, how much time you have, and create your own trip.

GUATEMALA

Season: Year-round
Locations: Flores, Petexbatun Lake, Aguateca, Yaxha, Tikal, Ixpanpanajul Natural Park
Cost: from $1,280 for eight days from Guatemala City
Tour Operators: Guatemala Ventures, Adventure Life, Old Town Outfitters, Abercrombie & Kent

The volcanic slopes, cloud forests, and lowland jungle regions of Guatemala are home to many rare-bird species such as quetzals, the mountain trogon, blue-throated green motmot, hairy woodpecker, hummingbirds, toucans, and macaws. Nineteen ecosystems in total can be found here, and they are home to not just birds, but more than 250 species of mammals and 200 species of reptiles and amphibians. Many are only found in isolated pockets around the country. Adventure Life explores the Peten jungle region heavily, bringing you to Flores, Petexbatun Lake, the Aguateca, Yaxha, and Tikal ruins, as well as Ixpanpajul Natural Park. Guatemala Ventures has one-day tours to many of the parks and other locations throughout the country. Old Town Outfitters offers hiking, biking, and kayaking trips to a number of these regions. Abercrombie & Kent's Marco Polo Club has a photographic tour lead by photographer and explorer Roger Moore that extends into Honduras, offered only on select dates in January.

HONDURAS

Season: Year-round
Locations: Roatan, Mosquito Coast, Tela, Copán, Punta Sal National Park, Punta Izopo National Park, Miami, Le Ceiba
Cost: from $969 for eleven days from San Pedro Sula
Tour Operators: Garifuna Tours, MEA, Emerald Planet, Victor Emanuel Nature Tours

The east coast of Honduras has many as-yet unexplored jungles. MEA's brilliant two-week rafting trip up the Rio Plátano, through the Mosquito Coast, one of the last unexplored places in Central America, brings you face-to-face with monkeys, anteaters, macaws, river otters, toucans, and sometimes tapirs, jaguars, and harpy eagles. Your guides are well-known naturalists and archaeologists who will bring you in contact with Pech, Miskito, and Garífuna cultures and to the rarely visited Río Plátano Biosphere Reserve. MEA also offers some of the most complete birding tours elsewhere in Honduras. Emerald Planet also visits the Rio Plátano, spending five days in the reserve meeting with indigenous communities and navigating the waterways in traditional canoes, called *pipantes*. Stops in Copán and the Pico Bonito lodge round out the trip. Garifuna Tours brings you to the reefs, pyramids, and jungles as you take boat tours, snorkel, kayak, and trek to see wildlife in select spots across the country in their eleven-day Eco Honduras. Victor Emanuel Nature tours gives you the chance to bird with some of the world's foremost authorities on the subject in a number of tours around the country, while staying at some of the best hotels and nature lodges.

NICARAGUA

Season: Year-round
Locations: Bosawas Biosphere Reserve, Cerro El Arenal Nature Reserve, Zapatera National Park, Rio San Juan, Mombacho Volcano, Lake Nicaragua, Laguna de Apoyo
Cost: from $2,590 for ten days from Managua
Tour Operators: Journeys International, MEA, Nicaragua Adventures
Nicaragua's complex lake and river system, together with 5.5 million hectares of forest and a mineral-rich volcanic landscape, produces a wildly diverse group of flora and fauna. Journeys International takes you bird-watching in Cerro El Arenal Nature Reserve, hiking to the Salto Escondido waterfall, or exploring the Bosawas Biosphere Reserve for the Forest and Fincas itinerary in January and February. Lakes, rivers, volcanoes, rain forest, and the diverse flora and fauna in and around them are the focus of MEA, which hikes, paddles, and floats you across Nicaragua's diverse landscape. You'll also visit Indian villages and artisan communities along the Rio San Juan and on Lake Nicaragua. Nicaragua Adventures Volcano Cocktail visits five volcanoes in a week: Concepción, Mombacho, Masaya, Maderas, and Cerro Negro. That's hot.

PANAMA

Season: July
Locations: Darien Gap, Chiriqui Highlands, La Amistad, San Blas Islands, Bocas del Toro, Chagres National Park, Baru Volcano, Soberanía National Park
Cost: from $1,195 for eleven days from Panama City
Tour Operators: Wildland Adventures, Journeys International, Abercrombie & Kent, MEA, Geographic Expeditions, Victor Emanuel
Reserves and parks are within easy reach of almost anywhere in Panama. The Darien Gap is the southern range to many Central American species, and northern range for many South American species such as the capybara. Wildland Adventures' fourteen-day program takes you right through the heart of this biologically rich zone. Your days are spent hiking and canoeing through jungle and cloud forests, stopping at Choco Indian villages, and traversing several national parks. Journeys International takes you to many of the hot spots, from cloud forests to the San Blas Islands. Abercrombie & Kent's ten-day Tailor Made Panama excursion covers some of the best natural highlights in the country, including the Chiriqui Highlands; Soberanía and Chagres National Parks; and Lake Gatún. MEA's eleven-day Hidden Panama expedition gets up close with Panama's natural environment by taking you snorkeling in San Blas, hiking the cloud forests surrounding Volcan Baru, visiting with the Embera Indians in Chagres National Park, and swimming with dolphins in Bocas del Toro. Geographic Expedi-

8

tions takes you in ten-days to Gamboa Rainforest Resort, Soberanía National Park, and high above the rain-forest canopy, while the last two nights reward you with the above-water bungalows at El Caracol resort in Bocas del Toro. Most of Victor Emanuel's world-class tours in Panama revolve around the Canopy Tower, a former U.S. radar station above Soberanía National Park, now an ecolodge with some of the best birding in the tropics. More than 900 species of birds can be found here, so be sure to bring a calculator along with your binoculars.

LANGUAGE SCHOOLS

You can study a day of Spanish with room and board in Central America for about the same price as a martini in a London club, which is why the activity has caught on. Prices are much lower than in Spain or in universities, and many of the courses are accredited. People in their teens to retirees come for weeks or even months at a time to places like Antigua, Guatemala, where the number of students seems to outnumber traditional tourists. Some never end up leaving.

COSTA RICA
Season: Year-round
Locations: Alajuela, San José, Manuel Antonio
Cost: from $900 for fourteen days from San José
Tour Operators: ICLC, COSI, Gap Year Diver
Costa Rica's large foreign population and many English-speaking locals allow easy assimilation into the Spanish language for those who don't want to be completely immersed. ICLC has Spanish programs focusing on a variety of specialties, including Spanish for teachers, doctors, tourists, police officers, flight attendants, tour guides, and volunteers. Their school is located in the hills of Alajuela just outside San José. The Costa Rica Spanish Institute has locations in the cosmopolitan capital of San José and at the beach at Manuel Antonio. Both of these schools provide twenty hours of classroom time a week, optional accommodation and homestays, and can arrange tours and college-transfer credit. Classes start on every Monday and many opt to stay for several weeks or months at a time. Gap Year Diver, based in Quepos near Manuel Antonio, combines dive training and certification with Spanish classes in ten- to sixteen-week increments for those without experience in either field. By the time you leave you will be qualified to teach diving in any Spanish-speaking country.

EL SALVADOR
Season: Year-round
Locations: San Salvador, La Libertad, Santa Ana
Cost: from $1,200 for four weeks from San Salvador
Tour Operators: IPSA
IPSA has three classrooms in El Salvador (San Salvador, La Libertad, and Santa Ana) that you can rotate through on a weekly basis if you desire. Classes in La Libertad can even start late to accommodate surf conditions. The one- to fourteen-week programs include homestays and two to three excursions per week. Courses are transferable for

college credit and classes on Salvadorian history, archaeology, and the civil war are also offered.

GUATEMALA

Season: Year-round
Locations: Antigua, Quetzaltenango
Cost: from $595 for one week from Guatemala City
Tour Operators: G.A.P. Adventures, Tucan Travel, Pop-Wuj

Guatemala is one of Latin America's language hot spots, where thousands of foreigners of all ages can be found practicing Spanish in the country at any given time. Antigua alone has more than seventy-five language programs with more opening up all the time. G.A.P.'s fourteen-day Guatemala Spanish Adventure teaches you Spanish as you visit locations such as Antigua, Lake Atitlán, Tikal, and Poptún, using hands-on learning as you bargain at the Chichicastenango market or chat up locals at a salsa bar. Tucan Travel's eight-day Spanish program is more typical of Guatemalan schools. Like many others, it's based in Antigua, where you will have twenty hours of classes per week, area tours, and local homestays. Volunteer community work projects are a must for all Pop-Wuj Spanish studies in Quetzaltenango. The projects are divided between community/social and medical/health care and will differ based on the type of language skills you want to learn.

HONDURAS

Season: Year-round
Locations: La Ceiba, Copán
Cost: from $930 for four weeks from San Pedro Sula
Tour Operators: ISPA, Amerispan

Located in La Ceiba, just a twenty minute flight from the Bay Islands, ISPA has Spanish courses for all skill levels. When you're finished, internships in ecotourism are readily available. Amerispan also has classes in La Ceiba, as well as a near the Mayan ruins of Copán. Classes include homestays with local families, meals, and weekly excursions.

NICARAGUA

Season: Year-round
Locations: Estelí, Granada, Laguna de Apoyo
Cost: from $1,295 for four weeks form Managua
Tour Operators: AmeriSpan, Apoyo Nicaragua

Spanish-language studies recently hit Nicaragua at full steam. Schools are popping up all over the country in places such as Estelí, Granada, León, Managua, and San Juan del Sur. Amerispan has classes in Granada just a few blocks from the Parque Central. Students, mostly Americans, Canadians, and Europeans, have twenty-five hours of class time a week. Homestays are with local families. Apoyo Nicaragua's nonprofit Proyecto Ecológico offers intensive Spanish lessons in a serene setting on Laguna de Apoyo. Students have the chance to explore the natural environment around them, while their payment provides grants for educational, ecological, and employment projects in the local community.

PANAMA
Season: Year-round
Locations: Panama City
Cost: from $1,500 for four weeks from Panama City
Tour Operators: Amerispan
Amerispan's program in Panama City provides twenty hours of classes per week and a private room with a host family. Classes and lodging are in Altos de Chases, a wealthy suburb of Panama City. It's just a stones throw from the city's best shopping, dining, and nightlife. Beaches, rain forests, and the canal are all less than an hour's drive away.

MAYAN RUINS

Centered in northeastern Guatemala, the Mayan civilization once stretched from Mexico to as far south as Costa Rica. Ruins of their magnificent stelae, temples, and ball courts are scattered throughout the region, Tikal being the most prominent, but others such as Copán and Palenque leave visitors just as breathless. Lesser-known ruins such as the many pyramids in El Salvador are still being excavated.

BELIZE
Season: Year-round
Locations: Lamanai, Caracol, Altun Ha, Hol Chan Marine Reserve, Cahal Pech, Tikal
Cost: for $2,590 for nine days from Belize City
Tour Operators: Tropical Expeditions Belize, Journeys International
Although most history buffs head to Copán or Tikal to get their Mayan fix, Belize has many fascinating ruins. Many are encircled by dense jungle and were only discovered in the past few decades. Caracol, meaning "snail" in Spanish, was one of the most important cities of the Mayan Classical period and is home to the 143-foot tall Caana pyramid. Much of the site is still under excavation, and visitor's permits are needed from the Belize Department of Archaeology, which your tour operator will hopefully arrange. Lamanai in north–central Belize, otherwise known as the submerged crocodile, was occupied for more than 1,000 years, making it one of the longest continuously occupied Mayan cities. There are more than 940 structures on the site, including two 16th-century Spanish churches that were evacuated after a Mayan revolt shortly after they were built. Tropical Expeditions brings you to both ancient cities, as well as the Mayan site of Altun Ha and the Hol Chan Marine Reserve on their eight-day Ancient Maya Cites & Coral Islands excursion. Journeys International's nine-day Mystery of the Maya program brings you to Caracol, Cahal Pech, and Tikal.

EL SALVADOR
Season: Year-round
Locations: Joya de Ceean, Cerro Verde, Chalchuapa, Pyramids of San Andres, Casa Blanca, El Tazumal, Lake Suchitlan
Cost: from $468 for eight days from San Salvador
Tour Operators: Grayline Tours

El Salvador's archaeological sites were neglected during the civil war and have only begun to attract both researchers and tourists. Grayline's eight-day Archeological Hideaways package visits the UNESCO World Heritage site of Joya de Ceren, the Cerro Verde National Park, the Pyramids of San Andres, Casa Blanca, El Tazumal, and the colonial city of Chalchuapa.

GUATEMALA

Season: Year-round
Locations: Playa del Carmen, Tulúm, Cay Caulker, Palenque, San Ignacio, Flores, Tikal, Rio Dulce, Antigua, Panajachel, Lake Atitlan, Chichicastenango, Totonicapan
Cost: from $1,895 for fourteen days from Guatemala City
Tour Operators: G.A.P. Adventures, Journeys Latin America, Adventure Smith Explorations, Wildland Adventures, Adventure Life, Geographic Expeditions, Maya Tours, Saca Tours, AIA

Guatemala has numerous ruins to explore. Dense jungle surrounds Tikal, the crown jewel, but that only adds an element of Indian Jones swashbuckling to your visit. A wide range of tour companies operate in the region, and infinite combinations of ruins and other sightseeing tours are possible. G.A.P. Adventures' Mayan Explorer program, among many others, gives you fourteen days visiting the Mayan ruins on Mexico's Yucatán peninsula, such as Chichen Itza and Palenque, moving all the way south to Guatemala and Tikal. En route you will explore traditional villages along Lake Atitlan and visit the market at Chichicastenango. Journeys Latin America's Hidden Maya brings you to the best ruins and sites in northeast Guatemala, plus Copán in Honduras, with a few days in exploring the reef at Cay Caulker in Belize. You can also add a three-day trip to Tikal to any of their excursions in Belize and Guatemala. Adventure Smith Explorations offers a five-day excursion between Tikal and Palenque stopping at lesser known ruins such as Yaxchilan and Bonampak along the way. Wildland Adventures extends the previous trip seven more days to add travels to Lake Atitlan and Copán, Honduras. With Adventure Life's Mundo Maya you visit Tikal and Lake Atitlan as on many other trips, but also the isolated and off-the-beaten-track highland town of Totonicapan. While there, you'll visit local artisans' workshops and indigenous markets, and even the home of a Mayan family. Geographic Expeditions combines Tikal, Antigua, Lake Atitlan, and Copán with luxury resorts, including Coppola's La Lancha lodge. Maya Tours' nine-day New Discoveries Tour takes you to the newest and least-known Mayan ruins in Guatemala, such as Canceun, Aguateca, Waka, La Joyanaca, Holmul, and Yaha. The tours are lead by top archaeologists and include overnights in scenic lodges. Saca Tours has shorter two- to three-day excursions that combine a visit to Tikal with lesser-known ruins such as Uaxactun and Ceibal. AIA explores six of the greatest Mayan sites: Copán, Quirigua, Tikal, Yaxchilan, Bonampak, and Palenque. This expert-lead tour gives you the time to enjoy each site, with the comfort of staying at five different jungle lodges in close proximity to each set of ruins.

8

HONDURAS

Season: Year-round
Locations: Copán
Cost: from $455 for three days from Guatemala City
Tour Operators: Journeys Latin America, Grayline Tours, Garifuna Tours

Only one ruin in Honduras approaches the scale of other Central American sites: Copán. Discovered in 1839, it is still hidden by dense vegetation, and the importance of the enormous site is still emerging. Journeys Latin America can combine almost any of their tours with a three-day, standard trip to Copán from Guatemala City, which gives you approximately two full days at the ruins. Grayline Tours has an eight-day guided excursion with several days exploring the ruins at Copán followed by Roatan for the remainder of your trip. Garifuna Tours includes the ruin on their eleven-day trip that also covers bird-watching in two national parks and relaxation at Roatan.

VOLUNTEER VACATIONS

Whether you help protect endangered sea turtles or help a struggling community build houses and schools, volunteering can be one of the most rewarding travel experiences you could ever have—plus there are plenty of opportunities to practice your Spanish and see some sights along the way.

BELIZE

Season: May through August
Locations: the Drowned Cays
Cost: from $2,549 for fourteen days from Belize City
Tour Operators: Earthwatch, Maya Research Program, BVAR

Conservation of culture, wildlife, and ancient architecture is a hot issue in Central America, and Belize is no exception. If you visit with Earthwatch, you can help protect Belize's manatees and dolphins while taking surveys and collecting environmental data in the cays and mangrove forests. You might also get the chance to track and camera-trap jaguars to help develop conservation plans for these endangered creatures. Maya Research Program involves you in ongoing field research and laboratory work at the Mayan site of Blue Creek, which is home to one of the largest ancient agricultural systems ever found, and also to an extensive jade cache. BVAR has two fieldwork opportunities in the Cayo district of Belize. The first is at Baking Pot, the former capital of a small kingdom dating to AD 250, which was never looted and remains unexcavated. The second is at the Caves Branch Rockshelter, a mortuary cave set in the rain forest. The projects are in conjunction with the Belize School of Archaeology (BVAR) and volunteers are involved in all aspects of the excavation process.

COSTA RICA

Season: Year-round
Locations: San José, Playa Matapalo, Las Baulas National Park, Monteverde Cloud Forest, La Fortuna

Cost: from $895 for thirteen days from San José
Tour Operators: G.A.P. Adventures, Earthwatch
Volunteer opportunities abound in Costa Rica. G.A.P. Adventures' Project Costa Rica combines five days of volunteering at Playa Matapalo's Sea Turtle Project with a few days of exploring the Monteverde cloud forest and Arenal Volcano. Not far away, at Las Baulas National Park, one of the most important leatherback-turtle nesting sites in the world, Earthwatch has a similar program. You will be given the chance to monitor, measure, tag, and count the eggs of nesting turtles on behalf of conservation officials. Earthwatch's Sustainable Coffee program gets you involved with field experiments to improve the ecological sustainability of shade-grown coffee while staying at a research station just below the Monteverde Cloud Forest Reserve. It has been discovered that shade-grown coffee under the right conditions can actually benefit the local ecosystem.

EL SALVADOR

Season: Year-round
Locations: San Salvador, Santa Ana, Sonsonote
Cost: from $1,150 for four weeks from San Salvador
Tour Operators: GVN
Teaching English, maintaining community projects, and working at orphanage are among the volunteer programs offered through GVN in El Salvador. If you want to improve your Spanish as well, there are additional survival language lessons through the program or available online before you start. Meals and accommodation will be with your host family for the duration of the project.

GUATEMALA

Season: Year-round
Locations: Antigua, Lake Atitlan, Tikal, Flores
Cost: from $1,450 for four weeks from Guatemala City
Tour Operators: G.A.P. Adventures, Global Crossroads
G.A.P. Adventures' Project Guatemala is a thirteen-day odyssey to help a remote village in the eastern highlands improve basic living conditions, while saving some time to visit Antigua, Lake Atitlan, and Tikal. Another option is to volunteer with Global Crossroads' Wildlife Rescue program at ARCS, a Wildlife Rescue Center in the Mayan Biosphere Reserve, to take care and rehabilitate rare and wild animals that were confiscated from the black market. The programs start at one-month in length and the initial weeks include Spanish-language study.

HONDURAS

Season: Year-round
Locations: La Tigra, La Esperanza
Cost: from $1,250 for four weeks from Tegucigalpa
Tour Operators: GVN
GVN's La Tigra Conservation program is set within the boundaries of La Tigra National Park, one of the most biologically diverse cloud forests in the country. Volunteers will work to promote reforestation, eliminate diseased trees, do nursery work, create inventories, and restore colonial buildings. GVN also has programs based in the town

of La Esperanza to help the underprivileged local population. Urban revitalization projects, medical help, teaching, building houses, and even soccer coaches are all needed in this rural community three hours from Tegucigalpa.

NICARAGUA

Season: Year-round
Locations: Managua
Cost: from $1,100 for fourteen days from Managua
Tour Operators: Sí a la Vida, Careli Tours, Potters for Peace

Sí a la Vida began when a Seattle Quaker and Nicaraguan activists began helping glue-sniffing street kids in the Managua's Montenegro market in the early nineties. With the help of many volunteers, Sí a la Vida's day center assists children with work, study, and recreation programs to help them give up their addictions and sometimes even reunite with their families. Careli Tours and the Wisconsin/Nicaragua Partners lead four-day seminars each month in Nicaragua to help communities understand basic health care, better farming and animal-breeding techniques, effective education systems, and ways for women to earn an income. Potters for Peace addresses the lack of a sanitary water supply by helping communities install low-cost ceramic water filters. They also help local potters bring their wares to market.

PANAMA

Season: Year-round
Locations: San Lorenzo National Park
Cost: from $1,4,99 for seven days from Panama City
Tour Operators: Emerald Planet

Emerald Planet's focus is the Panamanian community of Achiote. You will help the villagers attract ecotourists, who generally stop just short of this village, while also helping villagers to preserve their traditions. The project is in conjunction with the Conway School of Landscape Design and the Massachusetts Audubon Society. Days are divided between volunteering and diverse ecotours in San Lorenzo National Park, where single day bird counts have exceeded 300 species.

Tour Operators

There are far more adventure-tour operators in Central America than it's possible to include in this chapter. Most are small and receive little publicity outside their local areas; to get more information about them, you can either stop by their storefront locations (when available, they have been included below), or contact the relevant country or regional tourist office.

Abercrombie & Kent ⊠ *1520 Kensington Rd., Oak Brook, IL 59801* ☏ *800/323-7308* ⊕ *www.abercrombiekent.com.*

Adventure Life ⊠ *1655 S 3rd St. W, Suite 1, Missoula, M T59801* ☏ *800/344-6118* ⊕ *www. adventure-life.com.*

AmeriSpan ⊠ *117 South 17th Street, Suite 1401, Philadelphia, PA 19103* ☏ *215/751-1100* ⊕ *www.amerispan. com.*

Apoyo Nicaragua ⊕ *www.gaianicaragua.org.*

Archaeological Institute of America (AIA) ⊠ *Box 938, 47 Main St., Suite 1, Walpole, NH 03608* ☏ *800/748-6262* ⊕ *www. archaeological.org.*

Baja Surf Adventures ⊠ *Box 1381, Vista, CA 92085* ☏ *800/428-7873* ⊕ *www.bajasurfadventures.com.*

Belize Valley Archaeological Reconnaissance Project (BVAR) ⊕ *www.bvar.org.*

Careli Tours ⊠ *Nicabox 194, Box 52-7444, Miami, FL 33152* ⊕ *www. carelitours.com.*

Costa Rica Adventure Divers ⊠ *831 S. Newcombe Way, Lakewood, CO 80226* ☏ *866/466-5090* ⊕ *www. costaricadiving.com.*

Costa Rica Expeditions ⊠ *Box 25216, SJO 235, Miami, FL 33102* ☏ *506/710-8016* ⊕ *www. costaricaexpeditions.com.*

Costa Rica Spanish Institute (COSI) ⊠ *Box 1366-2050, San José, Costa Rica* ☏ *506/234-1001* ⊕ *www.cosi. co.cr.*

Costa Rica Tours ⊠ *Box 11071-1000, San José, Costa Rica* ☏ *704/541-8680* ⊕ *www.costaricatours.com.*

Cotton Tree Lodge ⊠ *Moho River, San Felipe, Toledo, Belize* ☏ *501/670-0557* ⊕ *www.cottontreelodge.com.*

Deep Blue Diving Adventures ⊠ *Box 61, Playas del Coco, Costa Rica* ☏ *506/670-1004* ⊕ *www. deepblue-diving.com.*

Dive Little Corn ☏ *505/263-1228* ⊕ *www.divelittlecorn.com.*

Ecologic Divers ⊠ *San Pedro beachfront, Ambergris Cay, Belize* ☏ *800/899-8004* ⊕ *www.ecologic divers.com.*

ElderTreks ⊠ *E. 597 Markham St.,Toronto, Ontario* ☏ *416/588-5000* ⊕ *www.eldertreks.com.*

El Salvador Divers ⊠ *3a. C. Poniente y 99 Avda. Norte #5020, Col. Escalón, San Salvador, El Salvador* ☏ *503/2264-0961* ⊕ *www. elsalvadordivers.com.*

Earthwatch ⊠ *3 Clock Tower Place, Suite 100, Box 75, Maynard, MA 01754* ☏ *800/776-0188* ⊕ *www.earthwatch. org.*

Emerald Planet ⊠ *1706 Constitution Ct., Fort Collins, CO 80526* ☏ *888/883-0736* ⊕ *www. emeraldplanet.com.*

8

Tour Operators

Explorers' Corner ✉ *1865 Solano Ave., PMB 926, Berkeley, CA 94707* ☎ *510/559–8099* ⊕ *www. explorerscorner.com.*

G.A.P. Adventures ✉ *E. 19 Charlotte St., Toronto, Ontario M5V 2H5* ☎ *800/465–5600* ⊕ *www.gap adventures.com.*

Gap Year Diver ✉ *Tyte Court, Farbury End, Great Rollright, Oxfordshire, UKOX7 5RS* ☎ *0845/257–3292* ⊕ *www.gapyeardiver.com.*

Garifuna Tours ⊕ *www.garifunatours. com.*

Geographic Expeditions ✉ *1008 General Kennedy Ave., Box 29902, San Francisco, CA 94129* ☎ *800/777–8183* ⊕ *www.geoex.com.*

Global Crossroad ✉ *11822 Justice Ave., Suite A-5, Baton Rouge, LA 70816* ☎ *972/252–4191* ⊕ *www. globalcrossroad.com.*

Global Volunteer Network (GVN) ✉ *Box 30-968, Lower Hutt, New Zealand 70816* ☎ *644/569–9080* ⊕ *www.volunteer.org.nz.*

Grayline Tours ✉ *1835 Gaylord St., Denver, CO 80206* ☎ *303/394–6920* ⊕ *www.grayline.com/Grayline/ destinations/latinamerica.aspx.*

Guatemala Ventures ☎ *866/464– 8183* ⊕ *www.guatemalaventures.com.*

Instituto de Cultura y Lengua Costarricense (ICLC) ✉ *Box 609-4050, Alajuela, Costa Rica* ☎ *506/458–8485* ⊕ *www. study-spanish-in-costa-rica.com.*

International Partners for Study Abroad (IPSA) ✉ *15801 N. 45th St., Phoenix, AZ 85032* ☎ *602/942–6734* ⊕ *www.studyabroadinternational.com.*

Island Expeditions ✉ *368-916 W. Broadway, Vancouver, British Columbia V5Z 1K7* ☎ *800/667–1630* ⊕ *www. islandexpeditions.com.*

Journeys International ✉ *E. 107 April Dr., Suite 3, Ann Arbor, MI 48103* ☎ *800/255–8735* ⊕ *www. journeys-intl.com.*

Journeys Latin America ✉ *12 & 13 Heathfield Terr., Chiswick, London, UKW4 4JE* ☎ *020/8747–8315* ⊕ *www.journeylatinamerica.co.uk.*

Maya Research Program ✉ *209 W. 2nd St. 295, Fort Worth, TX 76102* ☎ *817/350–4986* ⊕ *www.maya researchprogram.org.*

Maya Tour ✉ *207 Beach Breeze La., Arverne, NY 11692* ☎ *800/690–2072* ⊕ *www.mayatour.com.*

Mesoamerican Ecotourism Alliance (MEA) ✉ *4076 Crystal Ct., Boulder, CO 80304* ☎ *800/682–0584* ⊕ *www. travelwithmea.org.*

Mountain Travel Sobek ✉ *1266 66th St., Suite 4, Emeryville, CA 94608* ☎ *800/682–0584* ⊕ *www.mtsobek. com.*

Nicaragua Adventures ✉ *Contiguo a Consulado de España, Granada, Nicaragua* ☎ *505/883–7161* ⊕ *www. nica-adventures.com.*

Old Town Outfitters ✉ *5a Avda. Sur 12, Antigua, Guatemala* ☎ *502/5399– 0440* ⊕ *www.adventureguatemala. com.*

Pop-Wuj ✉ *Primera C., 17-72, Zona 1, Quetzaltenango, Guatemala* ☎ *502/7761–8286* ⊕ *www.pop-wuj. org.*

Tour Operators

Potters for Peace ✉ *Box 1043, Bisbee, AZ 85603* ☎ *502/7761–8286* ⊕ *www.pottersforpeace.org.*

PRODETUR ✉ *Alcaldía Municipal, Perquín, El Salvador* ☎ *503/2680–4311* ⊕ *www.perquin.org.*

Punta Mango Surf Trips ✉ *2424 Vista Way, Suite 203, Oceanside, CA 92054* ☎ *888/899–8823* ⊕ *www.puntamango.com.*

Rios Tropicales ☎ *888/722–8273* ⊕ *www.riostropicales.com.*

Saca Tours ✉ *44 Pond St., Nahant, MA 01908* ☎ *781/581–0844* ⊕ *www.saca.com.*

Scuba Coiba ✉ *Al lado de Cabinas Rolo, Sta. Catalina, Veraguas, Panama* ☎ *507/202–2171* ⊕ *www.scubacoiba.com.*

Scuba Panama ☎ *507/261–3841* ⊕ *www.scubapanama.com.*

Scuba Shack Nicaragua ☎ *505/632–7892* ⊕ *www.scubashack-nicaragua.com.*

Seakunga Adventures ✉ *908-1112 W. Pender St., Vancouver, British Columbia V6E 2S1* ☎ *800/781–2269* ⊕ *www.seakunga.com.*

Serendipity Adventures ✉ *Box 2325, Ann Arbor, MI 48106* ☎ *800/635–2325* ⊕ *www.serendipityadventures.com.*

Sí a la Vida ✉ *513 Madrona Way NE, Bainbridge Island, WA 98110* ☎ *206/842–8517* ⊕ *www.asalv.org.*

Slickrock Adventures ✉ *Box 1400, Moab, UT 84532* ☎ *800/390–5715* ⊕ *www.slickrock.com.*

Starfleet Scuba ✉ *2374 C. 1A, Isla Bocas del Toro, Panama* ☎ *507/757–9630* ⊕ *www.starfleetscuba.com.*

Tabacón Grand Spa and Thermal Resort ✉ *Arenal Volcano, La Fortuna, Costa Rica* ☎ *877/277–8291* ⊕ *www.tabacon.com.*

Tierra Tours ✉ *C. La Calzada, Granada, Nicaragua* ☎ *505/552–8723.*

Tours Nicaragua ✉ *Barcelona Modulo 5 Reparto Serrano, Managua, Nicaragua* ☎ *505/278–0234* ⊕ *www.toursnicaragua.com.*

Tropical Expeditions Belize ✉ *1449 Coney Dr., Belize City, Belize* ☎ *501/223–6939* ⊕ *www.tropicalexpeditionsbelize.com.*

Tucan Travel ✉ *316 Uxbridge Rd., Acton, London, UKW3 9QP* ☎ *020/8896–1600* ⊕ *www.tucantravel.com.*

Uncommon Adventures ✉ *Box 254, Beulah, MI 49617* ☎ *866/882–5525* ⊕ *www.uncommonadv.com.*

Wildland Adventures ✉ *3516 N.E. 155th St., Seattle, WA 98155* ☎ *800/345–4453 or 206/365–0686* ⊕ *www.wildland.com.*

Willie's Tours ☎ *506/843–4700* ⊕ *www.willies-costarica-tours.com.*

Undersea Hunter ✉ *Box 025216, Dept. 314, Miami, FL 33102* ☎ *800/203–2120 or 506/228–6613* ⊕ *www.underseahunter.com.*

Victor Emanuel Nature Tours ✉ *2525 Wallingwood Dr., Suite 1003, Austin, TX 78746* ☎ *800/328–8368* ⊕ *www.ventbird.com.*

8

Central America Essentials

PLANNING TOOLS, EXPERT INSIGHT, GREAT CONTACTS

There are planners and there are those who, excuse the pun, fly by the seat of their pants. We happily place ourselves among the planners. Our writers and editors try to anticipate all the issues you may face before and during any journey, and then they do their research. This section is the product of their efforts. Use it to get excited about your trip to Central America, to inform your travel planning, or to guide you on the road should the seat of your pants start to feel threadbare.

GETTING STARTED

We're really proud of our Web site: Fodors.com is a great place to begin any journey. Scan "Travel Wire" for suggested itineraries, travel deals, restaurant and hotel openings, and other up-to-the-minute info. Check out "Booking" to research prices and book plane tickets, hotel rooms, rental cars, and vacation packages. Head to "Talk" for on-the-ground pointers from travelers who frequent our message boards. You can also link to loads of other travel-related resources.

■ RESOURCES

ALL ABOUT CENTRAL AMERICA

Discover Central America (⊕www.discover centralamerica.com) has information about each Central American country and is a great starting point for planning your trip. **Drive Me Loco** (⊕www.drivemeloco.com) tells you all you need to know about driving to and through Central America. **Latin American Network Information Center (LANIC)** (⊕lanic. utexas.edu): run by the University of Texas, this Latin America portal has the most comprehensive country-by-country links around. **Centroamérica** (⊕www.visitcentroamerica.com) is run by the Central American Tourism Agency, and has useful overviews of Central American destinations and travel activities.

Currency Conversion Google (⊕www. google.com) does currency conversion. Just type in the amount you want to convert and an explanation of how you want it converted (e.g., "14 Swiss francs in dollars"), and then voilà. **Oanda.com** (⊕www.oanda.com) also allows you to print out a handy table with the current day's conversion rates. **XE.com** (⊕www.xe.com) is a good currency-conversion Web site.

Safety Transportation Security Administration (TSA; ⊕www.tsa.gov).

Time Zones Timeanddate.com (⊕www. timeanddate.com/worldclock) can help you figure out the correct time anywhere.

Weather Accuweather.com (⊕www. accuweather.com) is an independent weather-forecasting service with good coverage of hurricanes. **Weather.com** (⊕www.weather.com) is the Web site for the Weather Channel.

Other Resources CIA World Factbook (⊕www.odci.gov/cia/publications/factbook/index.html) has profiles of every country in the world. It's a good source if you need some quick facts and figures.

VISITOR INFORMATION

For detailed, well-organized information about Costa Rica's different regions and the activities you can do there, head to the Visit Costa Rica Web site. It's run by the Instituto Costarricense de Turismo, or ICT, the official tourism body. One of the best online resources for Central America, Lets Go Honduras is packed with trip ideas and helpful information. It's maintained by the Instituto Hondureño de Turismo. The Belize Tourism Board runs the excellent Travel Belize Web site, which has detailed information and photos to help plan your trip.

The government-run tourism organization in El Salvador is the Corporación Salvadoreña de Turismo, or CORSATUR. Its bilingual Web site has many listings of tour operators, but little practical information to help you plan your trip. There's lots of information about visiting Nicaragua on the Instituto Nicaragüense de

Turismo (INTUR) Web site, but it's all in Spanish.

Panama's official tourism organization is the Instituto Panameño de Turismo, known as IPAT. Their bilingual Web site is a detailed, user-friendly resource for planning your trip. The sheer quantity of businesses listed on the Web site run by Inguat, the Guatemala Tourist Commission, makes it difficult to navigate, but there is some useful information there, too.

Contacts Guatemala Tourist Commission (Inguat ☎800/464–8281 in U.S., 801/464–8281 in Guatemala ⊕www.visitguatemala.com). **Instituto Panameño de Turismo** (IPAT ☎800/962–1526 in the U.S., 507/526–7000 in Panama ⊕www.visitpanama.com). **Corporación Salvadoreña de Turismo** (CORSATUR ☎503/2243–7835 in El Salvador ⊕www.elsalvadorturismo.gob.sv). **Instituto Costarricense de Turismo** (ICT ☎866/COSTA RICA (866/343–6332) in the U.S., 506/223–1733 in Costa Rica ⊕www.visitcostarica.com). **Instituto Hondureño de Turismo** (IHT ☎800/410–9608 in the U.S., 504/222–2124 in Honduras ⊕www.letsgohonduras.com). **Belize Tourism Board** (☎800/624–0686 in the U.S., 501/223–11913 in Belize ⊕www.travelbelize.org). **Instituto Nicaragüense de Turismo** (INTUR ☎505/222–3333 in Managua ⊕www.intur.gob.ni).

■ THINGS TO CONSIDER

GOVERNMENT ADVISORIES

As different countries have different world views, look at travel advisories from a range of governments to get more of a sense of what's going on out there. And be sure to parse the language carefully. For example, a warning to "avoid all travel" carries more weight than one urging you to "avoid nonessential travel," and both are much stronger than a plea to "exercise caution." A U.S. government travel warning is more permanent (though not necessarily more serious) than a so-called public announcement, which carries an expiration date.

■**TIP→** Consider registering online with the State Department (https://travelregistration.state.gov/ibrs/), so the government will know to look for you should a crisis occur in the country you're visiting.

The U.S. Department of State's Web site has more than just travel warnings and advisories. The consular information sheets issued for every country have general safety tips, entry requirements (though be sure to verify these with the country's embassy), and other useful details.

General Information & Warnings U.S. Department of State (⊕www.travel.state.gov).

GEAR

Baggage carts are scarce at Central American airports, and international-luggage limits are increasingly tight. Whatever you do, pack light—go for casual, comfortable, hand-washable clothing.

If you're planning any serious hiking, walking boots (possibly amphibious ones) are a must, otherwise sneakers or flats are fine. Sandals—preferably ones that can be worn in the water—are also useful. Insect repellent, sunscreen, and sunglasses are indispensable. Bring your own, since good-quality brands can be hard to find.

Central American toilets often lack paper (and even water): Tissues and antibacterial-hand wipes make bathroom stops that bit pleasanter. Small bottles of alcohol gel are useful for "washing" your hands before meals.

Toiletries are easy to find in Central America, though brands are different (or more limited) than at home. If you're picky about your potions, bring adequate supplies. You can usually find contact-lens solution in big cities, but you often have to hunt it down, and it can be pricey. Disposable diapers are widely available.

PASSPORTS & VISAS

As a U.S. citizen, all you need to enter Belize, Costa Rica, Guatemala, and Honduras is a valid passport. You are automatically granted a 30-day tourist visa at immigration in Belize, and a 90-day one in Costa Rica, Guatemala, and Honduras.

Technically speaking, U.S.–passport holders should obtain visas to enter Panama, Nicaragua, and El Salvador. These are issued for free by consulates and embassies throughout Central and North America and are valid for 90 days. In practice, for short trips most people pay for a 30-day "tourist card," which is issued on arrival. Tourist cards cost $5 in Panama and Nicaragua, and $10 in El Salvador.

PASSPORTS

A passport verifies both your identity and nationality—a great reason to have one. Another reason is that you need a passport now more than ever. At this writing, U.S. citizens must have a passport when traveling by air between the United States and several destinations for which other forms of identification (e.g., a driver's license and a birth certificate) were once sufficient. These destinations include Mexico, Canada, Bermuda, and all countries in Central America and the Caribbean (except the territories of Puerto Rico and the U.S. Virgin Islands). Soon enough you'll need a passport when traveling between the United States and such destinations by land and sea, too.

U.S. passports are valid for 10 years. You must apply in person if you're getting a passport for the first time; if your previous passport was lost, stolen, or damaged; or if your previous passport has expired and was issued more than 15 years ago or when you were under 16. All children under 18 must appear in person to apply for or renew a passport. Both parents must accompany any child under 14 (or send a notarized statement with their permission) and provide proof of their relationship to the child.

TIP→ Before your trip, make two copies of your passport's data page (one for someone at home and another for you to carry separately). Or scan the page and e-mail it to someone at home and/or yourself.

There are 13 regional passport offices, as well as 7,000 passport-acceptance facilities in post offices, public libraries, and other governmental offices. If you're renewing a passport, you can do so by mail. Forms are available at passport-acceptance facilities and online.

The cost to apply for a new passport is $97 for adults, $82 for children under 16; renewals are $67. Allow six weeks for processing, both for first-time passports and renewals. For an expediting fee of $60 you can reduce this time to about two weeks. If your trip is less than two weeks away, you can get a passport even more rapidly by going to a passport office with the necessary documentation. Private expediters can get things done in as little as 48 hours, but charge hefty fees for their services.

VISAS

A visa is essentially formal permission to enter a country. Visas allow countries to keep track of you and other visitors—and generate revenue (from application fees). You *always* need a visa to enter a foreign country; however, many countries routinely issue tourist visas on arrival, particularly to U.S. citizens. When your passport is stamped or scanned in the immigration line, you're actually being issued a visa. Sometimes you have to stand in a separate line and pay a small fee to get your stamp before going through immigration, but you can still do this at the airport on arrival.

Getting a visa isn't always that easy. Some countries require that you arrange for one in advance of your trip. There's usually—but not always—a fee involved, and said fee may be nominal ($10 or less) or substantial ($100 or more).

If you must apply for a visa in advance, you can usually do it in person or by mail. When you apply by mail, you send your passport to a designated consulate, where your passport will be examined and the visa issued. Expediters—usually the same ones who handle expedited-passport applications—can do all the work of obtaining your visa for you; however, there's always an additional cost (often more than $50 per visa).

Most visas limit you to a single trip—basically during the actual dates of your planned vacation. Other visas allow you to visit as many times as you wish for a specific period of time. Remember that requirements change, sometimes at the drop of a hat, and the burden is on you to make sure that you have the appropriate visas. Otherwise, you'll be turned away at the airport or, worse, deported after you arrive in the country. No company or travel insurer gives refunds if your travel plans are disrupted because you didn't have the correct visa.

U.S.-Passport Information U.S. Department of State (☎877/487-2778 ⊕http:// travel.state.gov/passport).

U.S.-Passport & -Visa Expediters A. Briggs Passport & Visa Expeditors (☎800/806-0581 or 202/338-0111 ⊕www. abriggs.com). **American Passport Express** (☎800/455-5166 or 800/841-6778 ⊕www.americanpassport.com). **Passport Express** (☎800/362-8196 ⊕www.passport express.com). **Travel Document Systems** (☎800/874-5100 or 202/638-3800 ⊕www. traveldocs.com). **Travel the World Visas** (☎866/886-8472 or 301/495-7700 ⊕www. world-visa.com).

SHOTS & MEDICATIONS

Malaria is prevalent in all Central American countries in areas below 1,500 meters (4,900 feet). Another mosquito-borne disease, dengue, is also rife, particularly on the Pacific Coast. The best way to prevent both is to avoid being bitten: cover up your arms and legs and use ample repel-lent, preferably one containing DEET. The CDC recommends chloroquine as a preventative antimalarial for all Central American countries except Panama, where mefloquine, proguanil, and doxy-cline are preferred. Courses of most antimalarials need to start before you travel, so consult your doctor as early as possible. There is no preventative medication for dengue.

Yellow fever is endemic in eastern Panama. If you're traveling anywhere outside the canal zone, you need a yellow-fever vaccination. Remember to keep the certificate and carry it with you, as you may be asked to show it when entering another country after leaving Panama.

Use your upcoming trip as an opportunity to update routine immunizations, including measles, diphtheria, and tetanus. You should also consider getting inoculated against rabies, typhoid, and hepatitis A and B.

For more information see Health under On the Ground in Central America, below.

Health Warnings National Centers for Disease Control & Prevention (CDC ☎877/394-8747 international travelers' health line ⊕wwwn.cdc.gov/travel/default. aspx). **World Health Organization** (WHO ⊕www.who.int).

TRIP INSURANCE

What kind of coverage do you honestly need? Do you even need trip insurance at all? Take a deep breath and read on.

We believe that comprehensive trip insurance is especially valuable if you're booking a very expensive or complicated trip (particularly to an isolated region) or if you're booking far in advance. Who knows what could happen six months down the road? But whether or not you get insurance has more to do with how comfortable you are assuming all that risk yourself.

Trip Insurance Resources

INSURANCE-COMPARISON SITES		
Insure My Trip.com	800/487-4722	www.insuremytrip.com
SquareMouth.com	800/240-0369 or 727/490-5803	www.squaremouth.com
COMPREHENSIVE TRAVEL INSURERS		
Access America	800/729-6021	www.accessamerica.com
CSA Travel Protection	800/873-9855	www.csatravelprotection.com
HTH Worldwide	610/254-8700 or 888/243-2358	www.hthworldwide.com
Travelex Insurance	800/228-9792	www.travelex-insurance.com
Travel Guard International	715/345-0505 or 800/826-4919	www.travelguard.com
Travel Insured International	800/243-3174	www.travelinsured.com
MEDICAL-ONLY INSURERS		
International Medical Group	800/628-4664	www.imglobal.com
International SOS		www.internationalsos.com
Wallach & Company, Inc	800/237-6615 or 540/687-3166	www.wallach.com

Comprehensive travel policies typically cover trip-cancellation and interruption, letting you cancel or cut your trip short because of a personal emergency, illness, or, in some cases, acts of terrorism in your destination. Such policies also cover evacuation and medical care. Some also cover you for trip delays because of bad weather or mechanical problems as well as for lost or delayed baggage. Another type of coverage to look for is financial default—that is, when your trip is disrupted because a tour operator, airline, or cruise line goes out of business. Generally you must buy this when you book your trip or shortly thereafter, and it's only available to you if your operator isn't on a list of excluded companies.

If you're going abroad, consider buying medical-only coverage at the very least. Neither Medicare nor some private insurers cover medical expenses anywhere outside of the United States (including time aboard a cruise ship, even if it leaves from a U.S. port). Medical-only policies

typically reimburse you for medical care (excluding that related to preexisting conditions) and hospitalization abroad, and provide for evacuation. You still have to pay the bills and await reimbursement from the insurer, though.

Expect comprehensive travel-insurance policies to cost about 4% to 7% or 8% of the total price of your trip (it's more like 8% to 12% if you're over age 70). A medical-only policy may or may not be cheaper than a comprehensive policy. Always read the fine print of your policy to make sure that you are covered for the risks that are of most concern to you. Compare several policies to make sure you're getting the best price and range of coverage available.

BOOKING YOUR TRIP

Unless your cousin is a travel agent, you're probably among the millions of people who make most of their travel arrangements online.

But have you ever wondered just what the differences are between an online-travel agent (a Web site through which you make reservations instead of going directly to the airline, hotel, or car-rental company), a discounter (a firm that does a high volume of business with a hotel chain or airline and accordingly gets good prices), a wholesaler (one that makes cheap reservations in bulk and then re-sells them to people like you), and an aggregator (one that compares all the offerings so you don't have to)?

Is it truly better to book directly on an airline or hotel Web site? And when does a real live travel agent come in handy?

▮ ONLINE

You really have to shop around. A travel wholesaler such as Hotels.com or Hotel-Club.net can be a source of good rates, as can discounters such as Hotwire or Priceline, particularly if you can bid for your hotel room or airfare. Indeed, such sites sometimes have deals that are unavailable elsewhere. They do, however, tend to work only with hotel chains (which makes them just plain useless for getting hotel reservations outside of major cities) or big airlines.

Also, with discounters and wholesalers you must generally prepay, and everything is nonrefundable. And before you fork over the dough, be sure to check the terms and conditions, so you know what a given company will do for you if there's a problem and what you'll have to deal with on your own.

▮ TIP➜ To be absolutely sure everything was processed correctly, confirm reservations made through online-travel agents,

discounters, and wholesalers directly with your hotel before leaving home.

Booking engines like Expedia, Travelocity, and Orbitz are actually travel agents, albeit high-volume, online ones. And airline travel packagers like American Airlines Vacations and Virgin Vacations—well, they're travel agents, too. But they may still not work with all the world's hotels.

An aggregator site will search many sites and pull the best prices for airfares, hotels, and rental cars from them. Most aggregators compare the major travel-booking sites such as Expedia, Travelocity, and Orbitz; some also look at airline Web sites, though rarely the sites of smaller budget airlines. Some aggregators also compare other travel products, including complex packages—a good thing, as you can sometimes get the best overall deal by booking an air-and-hotel package.

▮ WITH A TRAVEL AGENT

If you use an agent—brick-and-mortar or virtual—you'll pay a fee for the service. And know that the service you get from some online agents isn't comprehensive. For example Expedia and Travelocity don't search for prices on budget airlines like AirTran, Southwest, or small foreign carriers. That said, some agents (online or not) *do* have access to fares that are difficult to find otherwise, and the savings can more than make up for any surcharge.

A knowledgeable brick-and-mortar travel agent can be a godsend if you're booking a cruise, a package trip that's not available to you directly, an air pass, or a complicated itinerary including several overseas flights. What's more, travel agents that specialize in a destination may have exclusive access to certain deals and insider information on things such as charter flights. Agents who specialize in types of travelers (senior citizens, gays and lesbians, naturists) or types of trips (cruises, luxury travel, safaris) can also be invaluable.

■**TIP→** Remember that Expedia, Travelocity, and Orbitz are travel agents, not just booking engines. To resolve any problems with a reservation made through these companies, contact them first.

A top-notch agent planning your trip to Russia will make sure you get the correct visa application and complete it on time; the one booking your cruise may get you a cabin upgrade or arrange to have bottle of champagne chilling in your cabin when you embark. And complain about the surcharges all you like, but when things don't work out the way you'd hoped, it's nice to have an agent to put things right.

Organizing your own trip to Central America is straightforward and usually cheaper than going through a travel agent. However, Central American time revolves around the concept of *ahorita* (in a little while). If you don't have time to sit around waiting for things to happen, an agent can help fit lots into a small trip.

Domestic flights within Central American countries and between one country and another are often cheaper if booked through a local travel agent, and not from the U.S. Many Central American airlines and hotels have Web sites, and sometimes you get the best rates by simply e-mailing them yourself.

Agent Resources American Society of Travel Agents (☎703/739–2782 ⊕www. travelsense.org).

■ ACCOMMODATIONS

From dirt-cheap cabanas on the beach to luxury resorts in the mountains, Central America has plenty of lodging options. Charming colonial-era houses are often a choice in smaller towns, while opulent mansions converted into hotels are common in larger cities. *Hotel* isn't the only tag you'll find on accommodation: *hospedaje, pensión, casa de huespedes,* and *posada* also refer to lodgings. Unfortunately, there are no hard and fast rules as to what each name means, though hotel and posada tend to be higher-end places. Breakfast isn't always included in the room price.

The usual big international-chain hotels have rooms and facilities equal to those at home, but usually lack a sense of place. If five-star luxury isn't your top priority, the best deals are undoubtedly with midrange local hotels. You won't get a gym or conference center, but comfortable rooms with private bathrooms, hot water, and much more local character often come at a fraction of the cost of a big chain.

Lodges—both eco- and not-quite-so—are popular in Central America. Some are incredibly luxurious, others more back-to-nature; all are way off the beaten path, so plan on staying a few nights to offset travel time.

The lodgings we list in this book are the ones we think give you the most for your money. We always list the facilities that are available—but we don't specify whether they cost extra. When pricing accommodations, always ask what's included. Properties are assigned price categories based on the range from their least-expensive standard double room at high season to the most expensive. Properties marked ✗⌷ are lodging establishments whose restaurants warrant a special trip.

Most hotels and other lodgings require you to give your credit-card details before they will confirm your reservation. If you don't feel comfortable e-mailing this information, ask if you can fax it (some places even prefer faxes). However you book, get confirmation in writing and have a copy of it handy when you check in.

Be sure you understand the hotel's cancellation policy. Some places allow you to cancel without any kind of penalty—

even if you prepaid to secure a discounted rate—if you cancel at least 24 hours in advance. Others require you to cancel a week in advance or penalize you the cost of one night. Small inns and B&Bs are most likely to require you to cancel far in advance. Most hotels allow children under a certain age to stay in their parents' room at no extra charge, but others charge for them as extra adults; find out the cutoff age for discounts.

■TIP→ Assume that hotels operate on the European Plan (EP, no meals) unless we specify that they use the Breakfast Plan (BP, with full breakfast), Continental Plan (CP, continental breakfast), Full American Plan (FAP, all meals), or Modified American Plan (MAP, breakfast and dinner) or are all-inclusive (AI, all meals and most activities).

APARTMENT & HOUSE RENTALS

Short-term furnished rentals aren't common in Central America. Most of the available properties are in Costa Rica: expect luxury villas (with a price tag to match) from Vacation Home Rentals Worldwide, Villas & Apartments Abroad, and Villas International. There are cheaper options at Away.com, which lists rentals in its hotel section. Sublet.com and Vacation Rentals By Owner list modest apartments, which start at $300 to $700 per week, depending on the country.

Contacts Away.com (⊕ www.away.com). **Sublet.com** ⊕ www.sublet.com Vacation Home Rentals Worldwide (☎ 201/767-9393 or 800/633-3284 ⊕ www.vhrww.com). **Vacation Rentals By Owner** ⊕ www.vrbo.com Villas & Apartments Abroad (☎ 212/213-6435 or 800/433-3020 ⊕ www.vaanyc.com). Villas International (☎ 415/499-9490 or 800/221-2260 ⊕ www.villasintl.com).

BED & BREAKFASTS

The Central American definition of "B&B" might not coincide with yours: the term is frequently extended to luxury hotels that happen to include breakfast in their price. Indeed, these make up most of the pickings at Bed & Breakfast.com and

Bed & Breakfast Inns Online. The longer lists at A Thousand Inns include both these and homelier midrange establishments. For cheap, family-run places, try looking at the Travellerspoint Web site.

Reservation Services A Thousand Inns (⊕ www.1000inns.com). **Bed & Breakfast.com** (☎ 512/322-2710 or 800/462-2632 ⊕ www.bedandbreakfast.com) also sends out an online newsletter. **Bed & Breakfast Inns Online** (☎ 615/868-1946 or 800/215-7365 ⊕ www.bbonline.com). **BnB Finder.com** (☎ 212/432-7693 or 888/547-8226 ⊕ www.bnbfinder.com). **Travellerspoint** (⊕ www.travellerspoint.com).

HOME EXCHANGES

With a direct home exchange you stay in someone else's home while they stay in yours. Some outfits also deal with vacation homes, so you're not actually staying in someone's full-time residence, just their vacant weekend place.

Home exchanges aren't big in Central America, and the offers available are mostly from American expats, often in gated communities, rather than locals.

Exchange Clubs Home Exchange.com (☎ 800/877-8723 ⊕ www.homeexchange.com); $59.95 for a 1-year online listing. **HomeLink International** (☎ 800/638-3841 ⊕ www.homelink.org); $90 yearly for Web-only membership; $140 includes Web access and two catalogs. **Intervac U.S.** (☎ 800/756-4663 ⊕ www.intervacus.com); $78.88 for Web-only membership; $126 includes Web access and a catalog.

HOSTELS

Hostels offer bare-bones lodging at low, low prices—often in shared-dorm rooms with shared baths—to people of all ages, though the primary market is young travelers, especially students. Most hostels serve breakfast; dinner and/or shared cooking facilities may also be available. In some hostels you aren't allowed to be in your room during the day, and there may be a curfew at night. Nevertheless, hostels provide a sense of community, with public rooms where travelers often

Online-Booking Resources

AGGREGATORS

Kayak	www.kayak.com	looks at cruises and vacation packages.
Mobissimo	www.mobissimo.com	examines airfare, hotels, cars, and tons of activities.
Qixo	www.qixo.com	compares cruises, vacation packages, and even travel insurance.
Sidestep	www.sidestep.com	compares vacation packages and lists travel deals and some activities.
Travelgrove	www.travelgrove.com	compares cruises and vacation packages and lets you search by themes.

BOOKING ENGINES

Cheap Tickets	www.cheaptickets.com	discounter.
Expedia	www.expedia.com	large online agency that charges a booking fee for airline tickets.
Hotwire	www.hotwire.com	discounter.
lastminute.com	www.lastminute.com	specializes in last-minute travel; the main site is for the U.K., but it has a link to a U.S. site.
Luxury Link	www.luxurylink.com	has auctions (surprisingly good deals) as well as offers on the high-end side of travel.
Onetravel.com	www.onetravel.com	discounter for hotels, car rentals, airfares, and packages.
Orbitz	www.orbitz.com	charges a booking fee for airline tickets, but gives a clear breakdown of fees and taxes before you book.
Priceline.com	www.priceline.com	discounter that also allows bidding.
Travel.com	www.travel.com	allows you to compare its rates with those of other booking engines.
Travelocity	www.travelocity.com	charges a booking fee for airline tickets, but promises good problem resolution.

ONLINE ACCOMMODATIONS

Hotelbook.com	www.hotelbook.com	focuses on independent hotels worldwide.
HotelClub	www.hotelclub.net	good for major cities and some resort areas.
Hotels.com	www.hotels.com	big Expedia-owned wholesaler that offers rooms in hotels all over the world.
Quikbook	www.quikbook.com	offers "pay-when-you-stay" reservations that allow you to settle your bill when you check out, not when you book; best for trips to U.S. and Canadian cities.

OTHER RESOURCES

Bidding For Travel	www.biddingfortravel.com	good place to figure out what you can get and for how much before you start bidding on, say, Priceline.

gather to share stories. Many hostels are affiliated with Hostelling International (HI), an umbrella group of hostel associations with some 4,500 member properties in more than 70 countries. Other hostels are completely independent and may be nothing more than a really cheap hotel.

Membership in any HI association, open to travelers of all ages, allows you to stay in HI–affiliated hostels at member rates. One-year membership is about $28 for adults; hostels charge about $10 to $30 per night. Members have priority if the hostel is full; they're also eligible for discounts around the world, even on rail and bus travel in some countries.

Central America is a popular backpacking destination, and has a reasonable selection of cheap, shared accommodation, be it in small B&B-style hotels and or in full-blown hostels. Budget lodging terminology varies: hostel, "*hostal*" and "*la casa de*" are common indicators of a cheap place to stay, whereas some places are listed as a hotel or *pensión*. Most establishments have a choice of shared dorms or private rooms. Bathrooms are usually communal.

Staff in most Central American hostels are young, enthusiastic, and knowledgeable, and can usually inform you about Spanish classes and excursions. Many have in-house travel agencies. Hostels do tend to cater to party animals, so if you're traveling with kids, a family-run hotel might be quieter.

Costa Rica is the only Central American country with Hostelling International–affiliated establishments. However, there are ample listings of independent hostels at Travellerspoint, Hostels.com, and Hostel World. You can book through these Web sites, too: consider reserving your first few nights before you arrive, then get recommendations from fellow travelers for your next port of call.

Information Hostels.com (⊕www.hostels.com). **Hostel World.com** (⊕www.hostel-

> ### WORD OF MOUTH
>
> Did the resort look as good in real life as it did in the photos? Did you sleep like a baby, or were the walls paper thin? Did you get your money's worth? Rate hotels and write your own reviews in "Travel Ratings" or start a discussion about your favorite places in "Travel Talk" on www.fodors.com. Your comments might even appear in our books. Yes, you, too, can be a correspondent!

world.com). **Hostelling International—USA** (☎301/495-1240 ⊕www.hiusa.org). **Travellerspoint** (⊕www.travellerspoint.com).

■ AIRLINE TICKETS

Most domestic airline tickets are electronic; international tickets may be either electronic or paper. With an e-ticket the only thing you receive is an e-mailed receipt citing your itinerary and reservation and ticket numbers.

The greatest advantage of an e-ticket is that if you lose your receipt, you can simply print out another copy or ask the airline to do it for you at check-in. You usually pay a surcharge (up to $50) to get a paper ticket, if you can get one at all.

The sole advantage of a paper ticket is that it may be easier to endorse over to another airline if your flight is canceled and the airline with which you booked can't accommodate you on another flight.

■**TIP→** Discount air passes that let you travel economically in a country or region must often be purchased before you leave home. In some cases you can only get them through a travel agent.

■ RENTAL CARS

When you reserve a car, ask about cancellation penalties, taxes, drop-off charges (if you're planning to pick up the car in one city and leave it in another), and surcharges (for being under or over a certain age, for additional drivers, or for driving across state or country borders or beyond a specific distance from your point of rental). All these things can add substantially to your costs. Request car seats and extras such as GPS when you book.

Driving in Central America is not for the faint of heart, and few travelers rent cars. The reasons are clear: in larger cities bad traffic and car theft are rampant; in rural areas roads are often unpaved, muddy, and dotted with potholes. However, a car can be a real asset to your trip. You don't have to worry about unreliable bus schedules, and you can control your itinerary and the pace of your trip, heading off to do some bushwhacking on a whim.

Consider carefully which type of vehicle is best for your trip. A *doble-tracción* (four-wheel-drive) vehicle is often essential to reach the remoter parts of Central America, especially during the rainy season. If money isn't an object, consider renting one no matter where you go: unpaved roads, mudslides in rainy season, and a general off-the-beaten-path landscape are status quo here. Reserve several weeks ahead of time if you plan to rent any kind of vehicle in peak season or during holidays.

Large, international rental agencies operate in all the Central American countries. Local agencies also abound; their rates are often cheaper for longer rentals. Compact cars like the Kia Pianto, Ford Fiesta, or VW Fox start at around $32 a day; for $40 to $50 you can rent a Mitsubishi Lancer or a VW Golf or a Polo. Four-wheel-drive pickups start at $70 a day, though for a full cabin you pay up to $120. Manual transmissions are the norm in Central America, so advise the rental agency if you only drive automatics.

Rental-car companies in Central America routinely accept driver's licenses from the United States, Canada, and most European countries. Most agencies require a major credit card for a deposit, and some require you be over 25, or charge extra insurance if you're not.

Your driver's license may not be recognized outside your home country. You may not be able to rent a car without an International Driving Permit (IDP), which can be used only in conjunction with a valid driver's license and which translates your license into 10 languages. Check the AAA Web site for more info as well as for IDPs ($10) themselves.

CAR-RENTAL INSURANCE

Everyone who rents a car wonders whether the insurance that the rental companies offer is worth the expense. No one—including us—has a simple answer. It all depends on how much regular insurance you have, how comfortable you are with risk, and whether or not money is an issue.

Most Central American car-rental agencies require you to have (or purchase) collision- or loss-damage waiver insurance (CDW), which also generally includes theft coverage. You have to pay extra (between $12 and $18 per day) for this unless you pay with a major credit card (which automatically covers the CDW), so ask the rental agency very carefully whether your credit card is eligible. There's usually also a deductible (around $2,000) you have to pay in case of a problem, so consider adding on the extra fee to reduce your liability: it's often as low as $6 a day.

TRANSPORTATION

The best ways to get around Central America are by plane and by bus; there is no passenger rail network. Bus travel often makes sense for short trips, but bad road conditions, dense forests, and long mountain ranges can make longer trips slow and trying. Thankfully, many Central American airlines operate regular flights both between and within the countries in the region.

▮ BY AIR

Flying nonstop to Central America takes two to four hours from Houston or Miami, four to seven hours from New York, and seven to nine hours from Los Angeles, depending on destination. Flights from Toronto or Montreal via Miami or Mexico City take seven to nine hours.

Pay attention to your arrival time when selecting a flight. It's generally safer to arrive or depart during the day.

For domestic flights *within* Central American countries you typically need not arrive earlier than one hour before departure. For international flights, two to three hours is the norm.

Airlines & Airports Airline and Airport Links.com (⊕ www.airlineandairportlinks.com) has links to many of the world's airlines and airports.

Airline Security Issues Transportation Security Administration (⊕ www.tsa.gov) has answers for almost every question that might come up.

GROUND TRANSPORTATION

Taxis are generally the quickest, safest and easiest way to get from Central American airports into the nearest cities. Ignore the drivers that are shouting at you for business. Instead go with one that leaves from an official stand: you usually pay a predetermined flat fare and the taxi number is registered before you leave the airport. In some countries, private shuttle buses are a slightly cheaper option. Local bus routes generally reach airports, but they're slow and uncomfortable, and it can be a hassle to hoist your luggage onto them.

FLIGHTS

TO CENTRAL AMERICA

Most major American carriers—American, Continental, Delta, United, and US Airways—fly to Central America. Some offer direct flights from New York or Los Angeles, while others connect through Miami, Houston, or Dallas.

Copa, Panama's national airline, has flights from New York's JFK, Los Angeles, Miami, Washington's Dulles, and Orlando. Copa is part of an alliance with Continental, and you can transfer air miles between the two.

TACA, an alliance of Central American airlines, offers additional flights from the United States to major cities in the region. Mexicana also has flights to the region, most connecting through Mexico City.

Some of the best deals around are with Spirit Air, a low-cost airline that flies daily from Fort Lauderdale and Los Angeles to Guatemala. Charter company Air Transat has flights to Panama, Nicaragua, and El Salvador from Montréal and Toronto, but only during some months of the year.

Regional Airline Contacts Air Transat (☎866/847–1112 ⊕www.airtransat.ca). **Copa** (☎800/359–2672 ⊕www.copaair.com). **TACA** (☎800/400–8222 ⊕www.taca.com). **Mexicana** (☎800/531–7921). **Spirit Airlines** (☎772–7117 ⊕www.spiritair.com).

WITHIN CENTRAL AMERICA

Central America's two flagship carriers are Copa Airlines (based in Panama) and TACA (from El Salvador). Both airlines have flights between many Central American cities, as well as services to North and South America.

Travel Times from	To	By Air	By Express Bus
Guatemala City	San Salvador	45 minutes	5 hours
San Salvador	Tegucigalpa	45 minutes	6½ hours
San Salvador	Managua	50 minutes	12 hours
Tegucigalpa	Managua	45 minutes	8 hours
Managua	San José	50 minutes	10 hours
San José	Panama City	1 hour	18 hours

Flying from one Central American city to another is quite inexpensive (although not when compared to the bargain-basement bus fares). Air travel can save you a lot of time, a real plus if you are only visiting for a week or two. Buying a ticket is wonderfully uncomplicated: either buy one online or just go to a travel agent or the airline's office. You seldom have to book in advance.

Airline Contacts Copa (☎800/359–2672 ⊕www.copaair.com). **TACA** (☎800/400–8222 ⊕www.taca.com).

∎ BY BOAT

Motorboat and sailboat services between Central American countries tend to be small outfits operated by boat owners, rather than large registered companies. Some are reliable, others have safety standards that would horrify North American sailors. Bear in mind that life jackets are not always provided on boats and that the seas can be rough. If the weather looks bad, postpone your trip, and don't be shy about waiting for another boat if the one offered looks unseaworthy or overcrowded.

Water taxis make the 90-minute trip between Punta Gorda in Belize and Puerto Barrios in Guatemala every day. There are one or two services each week between Dangriga and Placencia in Belize and Puerto Cortés in Honduras.

Private sailing boats operate between Cartagena in Colombia and San Blas on Panama's Caribbean coast. The few operators cater mainly to backpackers

and expect passengers to help with cooking, cleaning or even sailing on the five-day trip.

∎ BY BUS

Getting around Central America by bus is cheap and straightforward, though comfort levels vary greatly. Central American buses come in two very different sub-species. Recycled Bluebird school buses (often known as *camiones*) are by far the most common. However, the newer, dearer express services, or *pullmans* (often ex-Greyhound coaches), are gaining popularity for longer trips. Whichever type you ride, keep a close eye on your belongings on buses: pickpockets take advantage of the crowds and of dozing travelers.

Nonexpress buses are inexpensive (often less than a dollar for an hour-long journey) and run surprisingly often (in many cases departing several times an hour). Dressed up in the gaudiest paint jobs around and blaring merengue, they whiz along at breakneck speeds and screech to a halt whenever a potential passenger appears on the roadside.

Tickets are usually sold on the buses themselves. A fare collector will pass through periodically to take your fare. They have an amazing ability to keep track of all riders who have not paid, even on a jam-packed bus.

The cost and frequency of regular buses make them great for short trips. Tightly-squeezed seating, short routes and their drivers' disregard for basic road rules means they probably aren't a good idea on longer journeys. Their schedules are also loose, sometimes delaying departures until buses fill up. Be aware that on some routes the last bus of the day isn't always a sure thing, so always ask before waiting around.

For long-distance and international travel, express buses are more comfortable, though levels of luxury vary wildly. With one company, "first-class" might mean air-conditioning, fully-reclineable seats, toilets, and a TV, on others it simply denotes that all passengers have seats. Take the pictures shown at bus terminals and on Web sites with a pinch of salt, and keep your comfort expectations low even on deluxe routes: you never really know what you're getting until you board the bus.

Pullman services usually have fixed schedules and you can buy tickets in advance at bus terminals. However, it's often unnecessary for domestic routes: just arrive at the bus terminal about a half hour before your departure.

Several companies run international express services. Popular with budget travelers, Ticabus is an international company connecting all of Central America. Their buses are usually clean, air-conditioned, and comfortable. You can book tickets on their Web site.

Hedman Alas is a Honduran company that connects Guatemala and Antigua with Copán and Tegucigalpa in Honduras. Línea Dorada runs services from Guatemala City to Tapachula, Mexico; and from Flores to Belize City and Chetumal, Mexico. They offer connecting services to other Mexican cities. Costa Rican company Panaline has daily services between San José and Panama City. Transica is a Nicaraguan bus company that runs between Managua and San José.

Bus Information Hedman Alas (☎504/237-7143 in Tegucigalpa, 502/2362-5072 in Guatemala City ⊕www.hedmanalas.com). **Línea Dorada** (☎502/2232-5506 in Guatemala

City ⊕www.tikalmayanworld.com). **Panaline** (☎507/314-6383 in Panama City, 506/256-8721 in San José ⊕www.panalinecr.com). **Ticabus** (☎502/2366-4038 in Guatemala City, 507/314-6385 in Panama City ⊕www.ticabus.com). **Transnica** (☎505/270-3133 in Managua ⊕www.transnica.com).

▌BY CAR

Driving Central America's roads requires some courage. Local drivers pay scant attention to speed limits or traffic rules. Outside the big cities, potholed road surfaces are common and mountain roads are often bordered by sheer drops. However, having your own wheels means you can explore remote areas without being at the mercy of bus schedules.

In most Central American countries it's wisest to travel only by day, especially if you are driving alone. Keep your eyes peeled for children or animals on the road. If you arrive at a roadblock such as a downed tree, do not attempt to remove the roadblock. Simply turn around. Highway robbers often deliberately cut down trees to ensnare drivers.

GASOLINE

It's usually easy to get gas near big towns and along the Pan-American Highway. The next gas station may be miles away, so always fill up when you have the chance. An attendant always pumps the gas and doesn't expect a tip, though a small one is always appreciated. Plan to use cash, as credit cards aren't always accepted.

PARKING

Car theft is extremely common in Central America. Avoid on-street parking and always park in a guarded parking lot or locked garage—many hotels have their own. Rental agencies often stipulate that you do so, and hold you responsible if your rental car is stolen from the street. Never leave visible valuables in the car, and remove the front of the stereo if you can. Note that parking lots may be designated by a sign with a large *P* or an *E* (for *estacionamiento*).

ROAD CONDITIONS

Central American road conditions vary greatly. Surfaces are often well maintained near capital cities, but deteriorate rapidly as you head farther afield. Highways may only have one lane in each direction. Pot-holed, unmarked and even unpaved surfaces are common even on major routes like the Pan-American Highway. Dirt roads are the norm to get to small towns and villages. Mountain roads present hairpin bends, and often don't have guardrails; conditions are particularly tough in the rainy season. Always pick a four-wheel-drive vehicle for visiting rural areas.

Road signage in Central America leaves much to be desired. There are usually signs pointing to large towns, but routes to smaller towns may not be clearly marked. Look for intersections where people seem to be waiting for a bus—that's a good sign that there's an important turnoff nearby. *Alto* means "stop" and *Frene con motor* ("use engine to break" or downshift) means that a steep descent lies ahead.

FROM	TO	RTE./DIS-TANCE
Guatemala City	San Salvador	274 km (170 mi)
San Salvador	Tegucigalpa	363 km (225 mi)
San Salvador	Managua	575 km (357 mi)
Tegucigalpa	Managua	412 km (256 mi)
Managua	San José	550 km (342 mi)
San José	Panama City	885 km (550 mi)

ROADSIDE EMERGENCIES

Roadside-assistance clubs aren't common in Central America. Rental agencies usually provide customers with a list of numbers to call in case of car trouble, although these may not always bring a rapid response. Alternatively, you can call the police or the transport police, if there is one. Locals are very good about stopping for people whose cars have broken down.

RULES OF THE ROAD

Drivers in Central America stick to the right, as in the United States. You cannot turn right on a red light. Seat belts are required, and the law is enforced. Locals take speed-limit signs, the ban on driving with cell phones, and drunk-driving lightly, so drive very defensively. As you approach small towns, watch out for *topes,* the local name for speed bumps.

The Pan-American Highway runs through every country in Central America but Belize; its route roughly follows the Pacific coast. It is possible to drive between countries in Central America, but it must be done in a private vehicle. You need to carry car-ownership papers, ID, and documentation that proves your car is insured. Rental cars usually cannot be driven to another country. There will often be a vehicle tax of $20 to $40 for taking your car across a border: at times it's for real, at others it's a thinly-disguised bribe.

ON THE GROUND

■ COMMUNICATIONS

INTERNET

Internet access is widely available to travelers in Central America. Most midrange and top-end hotels in big cities have some kind of in-room access (often Wi-Fi) but you need to have a laptop. Computers for guest use are unusual in this kind of establishment, although hostels often have a PC or two for guests. You can also access a local dial-up Internet server using the phone jack in your room. Some Central American countries have special prepaid phone cards for this.

Don't worry if you're traveling laptop-free: Central American cities have a dazzling selection of cybercafés, and even small towns have at least one place to access the Web from. Rates vary, but usually range from 50¢ to $3 an hour. As a rule, the remotest locations have the costliest connection prices. Broadband connections are common, and in big cities you can expect speeds on par with the United States. Many cybercafés also have Internet phone services.

Contacts Cybercafes (⊕ www.cybercafes. com) lists over 4,000 Internet cafés worldwide.

PHONES

The good news is that you can now make a direct-dial telephone call from virtually any point on earth. The bad news? You can't always do so cheaply. Calling from a hotel is almost always the most expensive option; hotels usually add huge surcharges to all calls, particularly international ones. In some countries you can phone from call centers or even the post office. Calling cards usually keep costs to a minimum, but only if you purchase them locally. And then there are mobile phones (⇨ below), which are sometimes more prevalent—particularly in the developing world—than land lines; as expensive as mobile-phone calls can be, they are still usually a much cheaper option than calling from your hotel.

The country code for Belize is 501; for Costa Rica, 506; for El Salvador, 503; for Guatemala, 502; for Honduras, 504; for Panama, 507; and for Nicaragua, 505. Central American countries do not use area codes. Local numbers have seven or eight digits. To call Central America from the United States, dial the international access code (011) followed by the three-digit country code, and the seven- or eight-digit phone number, in that order.

CALLING WITHIN CENTRAL AMERICA

Local calls in Central America are cheap, and telecommunications services are relatively dependable. You can make local and long-distance calls from your hotel—usually with a surcharge—and from any public phone box or at call centers run by telephone companies.

Card-operated phone boxes are far more common than coin-operated phones. The procedure at most call centers is to wait for a free booth, then make all the calls you need, and pay for them together at the end. In some call centers you have to give the operator the number you wish to dial, then wait in a booth for the call to be connected.

CALLING OUTSIDE CENTRAL AMERICA

To make international calls from Central America, dial 00, then the country code, area code and number.

The country code for the United States is 1.

International call rates from Central America vary considerably from country to country, and can be extremely expensive. Using a prepaid calling card from a local phone company often brings big savings. Calling from a cybercafé by far the cheapest option: you use a regular handset and call normal landline numbers, but through an Internet connection. Most cybercafés post their call rates clearly outside. Note that communication quality can vary.

It's possible to use AT&T, Sprint, and MCI services from Central America, but using a prepaid calling card is cheaper.

CALLING CARDS

In most Central American countries, calling cards save you both time and money when using public phones. You can buy a phone card (*tarjeta telefónica*) at grocery stores, pharmacies, kiosks, gas stations, and at the offices and call centers run by local telephone companies.

MOBILE PHONES

If you have a multiband phone (some countries use different frequencies than what's used in the United States) and your service provider uses the world-standard GSM network (as do T-Mobile, AT&T, and Verizon), you can probably use your phone abroad. Roaming fees can be steep, however: 99¢ a minute is considered reasonable. And overseas you normally pay the toll charges for incoming calls. It's almost always cheaper to send a text message than to make a call, since text messages have a very low set fee (often less than 5¢).

If you just want to make local calls, consider buying a new SIM card (note that your provider may have to unlock your phone for you to use a different SIM card) and a prepaid service plan in the destination. You'll then have a local number and can make local calls at local rates. If your trip is extensive, you could also simply buy a new cell phone in your destination, as the initial cost will be offset over time.

■ TIP→ **If you travel internationally frequently, save one of your old mobile phones or buy a cheap one on the Internet; ask your cell-phone company to unlock it for you, and**

take it with you as a travel phone, buying a new SIM card with pay-as-you-go service in each destination.

Mobile phones are immensely popular in Central America—landlines are hard to get and expensive to maintain, so locals rely heavily on their cells for basic communication needs. As a result, cell-phone stores and stands are commonplace, and buying a phone or SIM card is easy.

Most Central American mobile phones use the GSM network. If you have an unlocked tri-band phone, and intend to call local numbers, it makes sense to buy a prepaid local SIM card on arrival—rates will be much better than using your U.S. network. In general you only pay for outgoing calls, which usually cost between 5¢ to 50¢ a minute to local numbers.

It's possible to rent cell phones in Central America, but by the time you've added up the rental price, insurance, and inflated call costs, you might find it cheaper to buy a basic phone and SIM package.

Contacts Cellular Abroad (☎ 800/287-5072 ⊕ www.cellularabroad.com) rents and sells GMS phones and sells SIM cards that work in many countries. **Mobal** (☎ 888/888-9162 ⊕ www.mobalrental.com) rents mobiles and sells GSM phones (starting at $49) that will operate in 140 countries. Per-call rates vary throughout the world. **Planet Fone** (☎ 888/988-4777 ⊕ www.planetfone.com) rents cell phones, but the per-minute rates are expensive.

▋ CUSTOMS & DUTIES

You're always allowed to bring goods of a certain value back home without having to pay any duty or import tax. But there's a limit on the amount of tobacco and liquor you can bring back duty-free, and some countries have separate limits for perfumes; for exact figures, check with your customs department. The values of so-called "duty-free" goods are included in these amounts. When you shop abroad, save all your receipts, as

LOCAL DO'S & TABOOS

CUSTOMS OF THE COUNTRY

Central Americans are open, friendly people, and there are generally few taboos to worry about when interacting with them. However, be especially judicious when visiting indigenous communities, many of which keep up ancient traditions and religious rites. Respect is called for when taking photos: always ask permission before snapping away at someone or their child—think how you'd feel if a stranger took photos of your children.

Ask when someone or something is due to arrive and you're likely to get *"ahorita"* (now-ish) as a reply. Be patient: local timing is often more flexible than in North America and people are often late for social encounters or even business meetings. Buses and airplanes usually run to schedule, however.

GREETINGS

Greetings in Central Americas tend to be formal, especially among older people. The use of the formal "you" form, *usted,* is much more common than in other Spanish-speaking areas. Strangers still rely on a handshake for first introductions—although a hearty *abrazo* (hug) or a kiss on the cheek will often replace the handshake on your second meeting. Other customs are more nuanced and vary from country to country, so you should observe locals and follow their lead.

SIGHTSEEING

Many of Central America's rules of etiquette are simply common sense. This is a conservative region, so dress modestly. Revealing clothing is frowned upon, especially in more rural areas. Be quiet when visiting a house of worship, and don't photograph people praying. Ask permission before you walk across someone's property, sit next to them on a bus, or take their picture. When on a bus, give up your seat to an elderly person or a woman carrying a child.

OUT ON THE TOWN

Beer and rum play a big part in Central American social life. It's common to consume alcohol both with meals and on its own, though local women don't tend to drink heavily. Smoking is prohibited on public transport and in some enclosed public spaces, although laws vary from country to country.

People usually dress up a little to go out for dinner, to the theater, or even the cinema. Seriously fancy clothes are kept for special occasions. If you're invited to someone's house for dinner, take a bottle of wine or some chocolates as a gift for the hostess.

Public displays of affection between heterosexual couples in big cities won't attract attention, but expect conservative—or even aggressive—reactions to same-sex couples.

LANGUAGE

Try to learn a little of the local language. You need not strive for fluency; even just mastering a few basic words and terms is bound to make chatting with the locals more rewarding.

Spanish is the predominant language in every Central American country except for English-speaking Belize. Pockets of other languages exist (Garífuna along the Caribbean coast, creole dialects in Panama, and Mayan offshoots in Guatemala) but Spanish is almost always spoken in these places as well. Wherever tourism and commerce are heaviest—major cities, beach towns, mountain resorts—English is widely understood. However, locals usually appreciate attempts to communicate in Spanish, and knowing a few useful phrases comes in handy in less touristy places.

Language schools are a huge business in Central America, and many travelers take a short, intensive course at the start of their trip to learn some basic phrases.

customs inspectors may ask to see them as well as the items you purchased. If the total value of your goods is more than the duty-free limit, you'll have to pay a tax (most often a flat percentage) on the value of everything beyond that limit.

Duty-free allowances for visitors to Central America vary from country to country, but always include alcohol, tobacco products, and perfume. Prescription drugs should always be accompanied by a doctor's authorization, just in case. Unless you bring in a lot of merchandise, customs officers probably won't even check your luggage when you arrive.

When it comes to leaving the country, however, customs officials are far stricter. All Central American countries prohibit the export of all pre-Columbian artifacts, regardless of whether you were given them or bought them. If you plan on buying antiques, do so only at reputable stores, and keep the receipt.

U.S. Information U.S. Customs and Border Protection (⊕ www.cbp.gov).

▌ EATING OUT

Admit it: when you think of Central American food, beans and rice are what spring to mind. It's true: they're the starchy backbone of the local diet, together with corn tortillas. But there are plenty of other delicious local dishes to try, many of which are hard to find outside the region. A caveat: most top-end restaurants specialize in European or American fare, so you have to look to cheaper places (including markets and street vendors) for truly Central American flavors.

Chicken is the most common meat in Central America, and often forms the base of robust stews and soups. Central Americans might not eat huge quantities of meat, but somehow shredded chicken, ground beef, ham, or meat stock manages to make its way into most dishes, so

truly vegetarian options can be limited. Remember that in Spanish *carne* (meat) usually refers to red meat, so don't be surprised to get fish or chicken if you ask for something *sin carne* (without meat). In big cities, Chinese and Italian restaurants abound, and are a good way for veggies to stop feeling "beaned out."

As you'd expect in a region with so much coast, seafood plays a big part in local dishes. Lobster, conch, and locally caught fish such as snapper, grouper, and sea bass are all favorites. Another standout dish is *ceviche*, chilled marinated seafood "cooked" using lime juice, rather than heat.

Tamales, tacos, and tostadas (toasted-corn tortillas with a variety of fillings) make quick and tasty snacks. When it's time for dessert, three firm favorites are *pan de banana* (banana bread), *flan* (crème caramel), and *tres leches*, a gooey cake made with evaporated, condensed, and fresh milk. Forget about cutting down your cholesterol while you're in Central America: deep-frying is a way of life here.

Food is much less expensive than in the United States or Canada. It's possible to have a wonderful set-price meal—often called *comida típica*, meaning "typical food"—for just a couple of dollars. Even choosing fancier places to dine won't break the bank; in most of Central America a three-course meal at an upscale restaurant will leave you change from a $20 bill.

The restaurants we list are the cream of the crop in each price category. Properties indicated by an ✕⯐ are lodging establishments whose restaurants warrant a special trip.

For information on food-related health issues, see Health below.

MEALS & MEALTIMES

People eat fairly early in Central America. *Desayuno* (breakfast) usually runs from 7 to 9 AM and typically consists of fried or scrambled eggs, tortillas, and refried beans, washed down with coffee. Most hotels catering to foreigners also offer fresh fruit, toast, and cereal. You can expect full breakfast buffets at five-star hotels.

Almuerzo (lunch), the most substantial meal of the day, can last from noon until 2 or 3 in the afternoon. Many restaurants do set-price meals of two or three courses at lunchtime.

Cena (dinner) starts soon after sunset, and often is little more than a light snack. Restaurants in major tourist areas offer more substantial fare and stay open later, but most places are all but deserted by 9 PM (except in Panama, where dinner starts later).

Unless otherwise noted, the restaurants listed in this guide are open daily for lunch and dinner.

PAYING

For guidelines on tipping see Tipping below.

In restaurants with waiter service, you pay the check (*la cuenta*) at the end of the meal. At street food stands and in markets, you sometimes pay upfront. Credit cards are accepted at some of the more expensive restaurants, but it's always a good idea to check before you order, especially as some establishments only accept one kind of credit card.

RESERVATIONS & DRESS

Regardless of where you are, it's a good idea to make a reservation if you can. In some places (Hong Kong, for example), it's expected. We only mention them specifically when reservations are essential (there's no other way you'll ever get a table) or when they are not accepted. For popular restaurants, book as far ahead as you can (often 30 days), and recon-

WORD OF MOUTH

Was the service stellar or not up to snuff? Did the food give you shivers of delight or leave you cold? Did the prices and portions make you happy or sad? Rate restaurants and write your own reviews in "Travel Ratings" or start a discussion about your favorite places in "Travel Talk" on www.fodors.com. Your comments might even appear in our books. Yes, you, too, can be a correspondent!

firm as soon as you arrive. (Large parties should always call ahead to check the reservations policy.) We mention dress only when men are required to wear a jacket or a jacket and tie.

WINES, BEER & SPIRITS

Alcohol is available in just about every restaurant in Central America, though cheaper places have limited selections.

Cerveza (beer) is the alcoholic drink of choice in Central America. Lager is the most popular style, and it's usually served ice-cold. Each country has its own national brands, and most bars will also offer a few American imports, at a higher price.

For more serious drinking, Central Americans reach for a bottle of *ron* (rum) and *aguardiente* ("firewater" distilled from sugarcane), strong spirits that get you under the table in no time.

Wine still isn't a big thing in most of Central America, but upmarket restaurants usually have imported bottles from the United States or Chile and Argentina. Imported liquor is also easy to find in supermarkets.

∎ ELECTRICITY

With the exception of Belize, the electrical current in Central America is 110 volts (AC). Outlets take either plugs with two flat prongs or two flat prongs with a circular ground prong.

To use electric-powered equipment purchased in the United States or Canada in Belize, bring a converter and adapter. The electrical current in Belize is 220 volts, 50 cycles alternating current; some wall outlets in Belize take Continental-type plugs, with two round prongs.

Power surges are fairly common in Central America, so consider carrying a surge stabilizer if you travel with expensive electrical devices, such as a laptop. In a few remote areas lodges and hotels may generate their own electricity. After the generators are turned off at night, light comes only from kerosene lanterns or your flashlight.

Consider making a small investment in a universal adapter, which has several types of plugs in one lightweight, compact unit. Most laptops and mobile-phone chargers are dual voltage (i.e., they operate equally well on 110 and 220 volts), so require only an adapter. These days the same is true of small appliances such as hair dryers. Always check labels and manufacturer instructions to be sure. Don't use 110-volt outlets marked FOR SHAVERS ONLY for high-wattage appliances such as hair dryers.

Contacts Steve Kropla's Help for World Travelers (⊕www.kropla.com) has information on electrical and telephone plugs around the world. **Walkabout Travel Gear** (⊕www. walkabouttravelgear.com) has a good coverage of electricity under "adapters."

▌EMERGENCIES

In a medical or dental emergency, ask your hotel staff for information on and directions to the nearest private hospital or clinic. Taxi drivers should also know how to find one, and taking a taxi is often quicker than an ambulance. In many Central American cities there is no centralized ambulance service, so you have to call for one from the hospital you want to go to; alternatively, you can call the Red Cross. Many private medical insurers provide

online lists of hospitals and clinics in different towns. It's a good idea to print out a copy of these before you travel.

For theft, wallet loss, small road accidents, and minor emergencies, contact the nearest police station. Expect all dealings with the police to be a bureaucratic business— it's probably only worth bothering if you need the report for insurance claims.

Pack a basic first-aid kit, especially if you're venturing into more remote areas. If you'll be carrying any medication, bring your doctor's contact information and prescription authorizations. Getting your prescription filled in Central America might be problematic, so bring enough medication for all your trip.

▌HEALTH

Central American public hospitals are chronically underfunded, underequipped, and under-staffed. Although they will tend to you in an emergency, wherever possible, seek private medical care. Most big cities have at least a couple of private clinics or hospitals; there's usually at least one English-speaker on the staff. Treatment at such clinics can be very expensive, so medical insurance is really a necessity.

In Central America it's best to drink only bottled water, called *agua purificada* or *agua mineral* in Spanish. It is available even at the smallest stores and is much cheaper than in North America. Always watch out for ice—it's rarely made from purified water, so it can contaminate otherwise safe beverages. To be especially safe, brush your teeth with purified water.

Two mosquito-born diseases are prevalent in Central America: dengue fever and malaria. Prevention is better than a cure: cover up your arms and legs and use a strong insect repellent containing a 25% to 50% concentration of DEET. Don't hang around outside at sunset, and sleep under a mosquito net in jungle areas. Preventive antimalarial medication may also be necessary: consult your doctor well before you travel. There are no preventive drugs for dengue.

If all of this sounds a bit too much like chemical warfare to you, you can try a few other options. Some people—including the U.S. Marine Corps—swear by Avon Skin-So-Soft, which was discovered to repel bugs. It works for many people, but not others. Others recommend taking extra doses of Vitamin B, as insects seem to dislike it.

Compared to the risks of malaria and dengue fever, sunburn may not seem very important, but you're much more likely to suffer from painful sunburn than any exotic disease. Even if you have a dark complexion, bring plenty of sunscreen and slather it on at every opportunity to protect yourself from the bright sunshine.

If you're a light sleeper, you might want to pack ear plugs. Monkeys howling throughout the night and birds chirping at the crack of dawn are only charming on the first night of your nature excursion.

Neophyte divers should have a complete physical exam before undertaking a dive. If you have travel insurance, make sure your policy applies to scuba-related injuries, as not all companies provide this coverage. Do not fly within 24 hours of scuba diving.

Cholera: Cholera is characterized by profuse diarrhea, vomiting, cramping, and dehydration. If you think you may have contracted cholera, seek medical attention right away. Most people recuperate with simple fluid and electrolyte-replacement treatment. Outbreaks are more common in Guatemala and El Salvador, but can happen in any country. The vaccine is only 50% effective, and the U.S. Centers for Disease Control do not recommend it for all travelers.

Diarrhea: For many people a trip to Latin America means at least one case of trav-

eler's diarrhea. Contaminated food and drink are the major causes. For mild cases the main concern is dehydration, so drink plenty of purified water or tea—chamomile is a good folk remedy. Pharmacies also sell sachets of rehydration salts (*suero oral*). If diarrhea lasts longer than a few days or is accompanied by cramping, vomiting, or mild fever, you probably have something more complicated, like a stomach infection, amoebas, giardia, or in extreme cases, cholera.

Hepatitis A: A viral infection that attacks the liver, hepatitis A is transmitted through contaminated food. It causes achiness, exhaustion, fever, loss of appetite, queasiness, jaundice, vomiting, light stools, and dark urine. There is no specific treatment available, so it's a good idea to be immunized before you leave home.

Typhoid Fever: This bacterial infection can be spread through contaminated food and water and through contact with contaminated people. Fever, headaches, exhaustion, loss of appetite, and constipation all indicate an onslaught of typhoid. If you think you have contracted typhoid, seek medical attention immediately. A vaccine is available in oral form, taken over a week, and as a series of injections spread over a month.

Dengue Fever: This disease is transmitted by mosquitos and usually flourishes during the rainy season. It is most common in urban areas, but it's found in rural areas as well. Dengue manifests itself with flu-like symptoms—high fever, severe headache, joint and muscle aches, nausea, and vomiting. About three or four days after the fever appears, a rash develops. There is no vaccination for dengue, and treatment consists of rest and fluids. Dengue lasts for up to 10 days, but full recovery may take as long as a month. There is no vaccine.

Malaria: Transmitted by the bite of the anopheles mosquito, which is usually out only after dark, malaria usually resembles the flu. The symptoms can include chills, aches, and fatigue. It can lead to anemia, kidney failure, and other serious problems. If you experience any of the telltale symptoms up to a year after exposure, seek medical attention. If you are going to a high-risk area, consider taking an antimalarial drug. At time of writing Malarone is the preferred drug, with almost none of the possible side effects of once popular Lariam (mefloquine). However, it might not be suitable for all areas, so consult a doctor well before you travel.

Yellow Fever: A virus spread by the bite of evening-feeding mosquitoes, yellow fever is a very rare problem these days. Characterized by headaches, chills, fever, and vomiting, yellow fever can develop into jaundice, internal bleeding, and kidney failure. There is no specific drug that can treat this disease, so you may want to consider getting a vaccine before you leave. The countries of Central America do not currently require a yellow-fever vaccination certificate to enter their borders.

In addition to all the diseases and viruses Central America has to offer, parasites abound. They are transmitted through bad food and water, through direct contact with infected water and soil, or by insect bites.

OVER-THE-COUNTER REMEDIES
Farmacias (pharmacies) in Central America carry *aspirina* (aspirin) and other pain relievers, Pepto-Bismol, Imodium, and other diarrhea treatments, and a range of other over-the-counter treatments, not to mention some drugs that would require a prescription in the United States. Familiar brands are easy to find, but generic versions of most drugs are available as well. Note that acetaminophen—or Tylenol—is known as *paracetomol* in Spanish. It's best to bring basic medications from home, in case you're staying in a remote area far from any pharmacies.

▌ HOURS OF OPERATION

Central American banks tend to open and close early: typical hours are from 8 or 9 AM to 4 PM on weekdays, and a few open on Saturday morning. Local businesses follow similar hours, though they usually take an hour for lunch (typically between noon and 1 PM) and close a little later.

The standard opening hours for shops are 9 AM to 6 PM; some may close for lunch. Shops in big malls stay open later, and small grocery stores keep much later hours than supermarkets.

Central American countries often grind to a halt during big religious or national holidays, as businesses, banks, and shops—sometimes even supermarkets—may be closed.

HOLIDAYS
Each country in Central America has its own holidays, but the following days are common to most of them. *Año Nuevo* (**New Year's Day**), January 1; *Semana Santa* (**Holy Week**), March 20–23, 2008, and April 9–12, 2009; *Día del Trabajador* (**Labor Day**), May 1; *Día de la Raza* (**Columbus or Pan-America Day**), October 12; *Día de los Muertos* (**All Souls' Day**), November 2; *Navidad* (**Christmas**), December 24 and 25.

▌ MAIL

In Central America the postal service is known as *el correo*. In most countries, it's far from reliable, and you'd do better to send correspondence by e-mail or fax, and packages by a private courier.

Mail from the States or Europe can take two or three weeks to arrive in a Central American country (occasionally it never does). Within these countries, mail service is even less reliable. Outgoing mail is marginally quicker, especially when sent from the capitals. Always use airmail for overseas cards and letters; delivery may take anywhere from five days to three weeks or more. Mail theft is a chronic problem, so do not mail checks, money, or anything else of value.

You can receive mail by General Delivery (known as *Entrega General*) at most post offices (except in Guatemala). Letters should be addressed to: "[Name on passport], Entrega General/Poste Restante, [city], [province], [country]." Anyone using an American Express card or traveler's checks can have mail sent to the company's offices in major cities.

SHIPPING PACKAGES

Expect packages sent through any Central American mail system to take a long, long time to arrive. They usually do get there in the end, but it's worth paying the extra for recorded delivery (*correo registrado*). Many stores—particularly upmarket ones—can ship your purchases for you. Valuable items are best send with private express services. Couriers operating in Central America include DHL, UPS, and Federal Express. Take the term "overnight delivery" with a pinch of salt: 2 to 3 days is usually the shortest time a package takes to arrive.

■ MONEY

Central America remains a good value for travelers, although costs vary widely depending on your destination and the time of year. Panama, Costa Rica, and Belize are the most expensive countries to travel in; Guatemala and Honduras can be remarkably cheap. Midrange hotels and restaurants where locals eat are excellent value for money. Rooms at first-class hotels and meals at the best restaurants, however, approach prices in developed countries.

You can plan your trip around ATMs—cash is king for day-to-day dealings—and credit cards (for bigger spending). U.S. dollars can be changed at any bank and are widely accepted as payment; changing any other currency can be problematic. Traveler's checks are useful only as a reserve.

Changing large-denomination bills is often a problem in Central America, even in big shops or expensive restaurants. If your purchase is only worth a fraction of the bill you're trying to use, expect to be met with dirty looks, or just a straight "no."

Prices throughout this guide are given for adults. Substantially reduced fees are almost always available for children, students, and senior citizens.

■ TIP→ Banks never have every foreign currency on hand, and it may take as long as a week to order. If you're planning to exchange funds before leaving home, don't wait until the last minute.

ATMS & BANKS

Your own bank will probably charge a fee for using ATMs abroad; the foreign bank you use may also charge a fee. Nevertheless, you'll usually get a better rate of exchange at an ATM than you will at a currency-exchange office or even when changing money in a bank. And extracting funds as you need them is a safer option than carrying around a large amount of cash.

■ TIP→ PIN numbers with more than four digits are not recognized at ATMs in many countries. If yours has five or more, remember to change it before you leave.

ATMs—known locally as *cajeros automáticos*—are easy to find in most major cities. In some smaller towns, finding an ATM is trickier. Technically, you should be able to go into the bank to withdraw money through a teller using your ATM card, but it's easier just to take ample cash supplies with you. Larger hotels may also give you a credit-card advance; smaller hotels that accept credit cards may add a small amount to your bill and give you the cash.

Make sure you only have a four-digit pin number, as many ATMs don't accept longer ones. You can easily change yours at your local bank. On-screen instructions

GETTING STARTED / BOOKING YOUR TRIP / TRANSPORTATION / ON THE GROUND

usually appear automatically in English. Changing large bills can be a problem, so try to withdraw change: if you want 300, ask for 290, for example.

Make withdrawals from ATMs in daylight, never at night. Where possible, choose ATMs inside banks rather than free-standing ones.

CREDIT CARDS

Throughout this guide, the following abbreviations are used: **AE,** American Express; **DC,** Diners Club; **MC,** MasterCard; and **V,** Visa.

Major credit cards are accepted at most larger hotels and more expensive restaurants throughout Central America. Visa is the most popular, followed by MasterCard and American Express. If possible, bring more than one credit card, as smaller establishments sometimes accept only one type.

As the phone system improves, many smaller hotels, restaurants, and other facilities are accepting credit cards. Still, don't count on using plastic—carry enough cash when traveling outside of the major cities. Some hotels, restaurants, tour companies, and other businesses will give you a 5% to 15% discount if you pay cash.

Reporting Lost Cards American Express (☎800/528-4800 in the U.S. or 336/393-1111 collect from abroad ⊕ www.american express.com). **Diners Club** (☎800/234-6377 in the U.S. or 303/799-1504 collect from abroad ⊕ www.dinersclub.com). **MasterCard** (☎800/627-8372 in the U.S. or 636/722-7111 collect from abroad ⊕ www.mastercard. com). **Visa** (☎800/847-2911 in the U.S. or 410/581-9994 collect from abroad ⊕ www. visa.com).

CURRENCY & EXCHANGE

Changing any foreign currency other than the U.S. dollar can be very tricky in Central America. Some countries even use the dollar as their currency. In others, luxury shops, hotels, and restaurants

readily accept dollars as well as the local currency. Banks are often picky about changing bills in bad condition, so bring the crispest ones you can find.

Try to change money at banks rather than streetside money changers: they are notorious for shortchanging tourists unfamiliar with the local currency.

■**TIP➔** Even if a currency-exchange booth has a sign promising no commission, rest assured that there's some kind of huge, hidden fee. Rates are almost always better at an ATM or bank.

TRAVELER'S CHECKS & CARDS

Some consider this the currency of the cave man, and it's true that fewer establishments accept traveler's checks these days. Nevertheless, they're a cheap and secure way to carry extra money, particularly on trips to urban areas. Both Citibank (under the Visa brand) and American Express issue traveler's checks in the United States, but Amex is better known and more widely accepted; you can also avoid hefty surcharges by cashing Amex checks at Amex offices. Whatever you do, keep track of all the serial numbers in case the checks are lost or stolen.

▮ RESTROOMS

Central American restrooms use Western-style toilets, but cleanliness standards are often low, especially in public facilities such as bus and gas stations. Despite this, you often have to pay a small fee to use these toilets. Toilet paper is a rarity, so carry tissues in your day pack. Alcohol gel and antibacterial hand wipes are also useful. Central American plumbing often can't handle toilet paper: throw it in the basket by the toilet instead.

The Spanish word for restroom is *baño* or *servicio*. Men's toilets are typically labeled *caballeros* (gentlemen); *hombres,* often shortened to "H" (men); or *varones* (male). Don't get caught out by an "M" on a door: it's short for *mujeres* (women), not "men." *Damas* (ladies) is another label for female facilities.

Find a Loo The Bathroom Diaries (⊕www. thebathroomdiaries.com) is flush with unsanitized info on restrooms the world over—each one located, reviewed, and rated.

▌ SAFETY

Central America has a bad reputation for safety. The situation is slowly improving, but crime—especially pickpocketing, mugging, and petty theft—is still a problem in most cities. That said, most Central Americans are extremely honest and trustworthy. Taking a few simple precautions when traveling in the region is usually enough to avoid being a target.

Attitude is essential: strive to look aware and purposeful at all times. Look at maps before you go outside, not on a street corner. Hire taxis only from official stands at the airport, and ask hotels or restaurants to order you a cab. If you do hail one on the street, do so only at major intersections.

Don't wear anything that looks—or is— valuable: even imitation jewelry makes you vulnerable to theft.

Small items attract attention (your wedding ring, for example), and are best left behind. Limit your accessories to cheap beads and the like. Whipping out a flashy digital (or even regular) camera on a busy city street isn't a good idea either. Keep a very firm hold of handbags when out and about, and keep them on your lap in restaurants, not dangling off your chair.

Take special care when driving. If you can avoid it, don't drive after sunset. A common ploy used by highway robbers is to construct a roadblock, such as logs strewn across the road, and then hide nearby. When unsuspecting motorists get out of their cars to remove the obstruction, they are waylaid. If you come upon a deserted roadblock, don't stop; turn around. In cities, always park in car parks, never on

the street; and remove the front of the stereo if that's possible.

Central Americans don't have much faith in their police forces: many officers are involved in highway robbery and protection rackets. At best the police are well-meaning but under-equipped, so don't count on them to come to your rescue in a difficult situation.

Machismo still holds sway here, and women may be subject to unwanted looks or comments. Catcalls rarely escalate into actual physical harassment—the best reaction is to make like local girls and ignore it; reply only if you're really confident with Spanish curse words. Going to a bar alone will be seen as an open invitation for attention. Likewise, local women tend to dress conservatively, so clothing that makes you stand out— revealing tops, shorts, miniskirts—makes you a more visible target for leers and jeers. If you're traveling to remote areas, it's a good idea to travel in a group. And if you're heading out for the night in a large city, it's wise to take a taxi.

The most important advice we can give you is that, in the unlikely event of being mugged or robbed, do not put up a struggle. Nearly all physical attacks on tourists are the direct result of resisting would-be pickpockets or muggers. Comply with demands, hand over your stuff, and try to get the situation over with as quickly as possible—then let your travel insurance take care of it.

PICKPOCKETS

Pickpockets are the most common threat in Central America. They typically work in pairs or in threes: one will distract you while another slips a hand into your pocket or backpack during the commotion. Distractions could include someone bumping into you, spilling something on you or asking you for the time. Crowded markets or street corners are hot spots for this, especially if your hands are full with your luggage or purchases. Remember that children and old women are just as likely to be pickpockets as men; many are so skillful you won't realize you've been robbed until later.

You can help deter pickpockets by holding on to your bag firmly and looking like you're on the ball. Keep your money in a pocket rather than a wallet, which is easier to steal. If you carry a purse, choose one with a zipper and a thick strap that you can drape across your body; adjust the length so that the purse sits in front of you at or above hip level. On buses and in crowded areas, hold purses or handbags close to your body; thieves use knives to slice the bottom of a bag and catch the contents as they fall out.

Try to keep your cash and credit cards in different places, so that if one gets stolen you can fall back on the other. Avoid carrying large sums of money around, but always keep enough to have something to hand over if you do get mugged. Another good idea is to keep a dummy wallet (an old one containing an expired credit card and a small amount of cash) in your pocket, with your real cash in an inside or vest pocket: if your "wallet" gets stolen you have little to lose.

■ **TIP→** Distribute your cash, credit cards, I.D.s, and other valuables between a deep front pocket, an inside jacket or vest pocket, and a hidden money pouch. Don't reach for the money pouch once you're in public.

■ TAXES

All Central American countries have an international departure tax of between $20 and $35. It's usually payable at the airport in U.S. dollars, though is sometimes included in your air ticket.

A tourist tax of 10% to 20% is levied on hotels (and sometimes on restaurants) in most Central American countries. A service charge of 10% is also common in restaurants. In some countries—Costa Rica, for example—both the tourist tax

AND the service charge will be added to your bill. Value-added sales tax, known in Spanish as *IVA*, is often charged on luxury items. The norm is 5% to 10%, usually included in the display price.

■ TIPPING

In Central America tipping is a question of rewarding good service rather than an obligation. Restaurant bills—even those that have a service charge—don't include gratuities; adding 10% is customary. Bellhops and maids expect tips only in very expensive hotels, where a tip in dollars is appreciated. You should also give a small tip to tour guides, or to guards who show you around ruins. Rounding up taxi fares is a way of showing your appreciation to the driver, but it's not expected.

INDEX

PHOTO CREDITS

8, *Jan Sonnenmair/Aurora Photos.* 9 (left), *ImageState/Alamy.* 9 (right), *Kim Karpeles/age fotostock.*
10, *Bruno Morandi/age fotostock.* 12, *Robb Kendrick/Aurora Photos.* 13 (left), *Hemis/Alamy.* 13
(right), *Alvaro Pantoja/Shutterstock.*

NOTES

NOTES

NOTES

NOTES

NOTES

NOTES

NOTES

NOTES

NOTES